Berliner Kommentare

WpPG

Wertpapierprospektgesetz

mit EU-Prospektverordnung und weiterführenden Vorschriften

Kommentar

Herausgegeben von

Dr. Timo Holzborn
Rechtsanwalt und Fachanwalt
für Bank- und Kapitalmarktrecht

Bearbeitet von

Dr. Holger Alfes, Prof. Dr. Anne d'Arcy, Dr. Marcus Assion,
Christiane Breuer, Philipp Dietz, Dr. Jörn Ebermann,
David Eckner, Martin E. Foelsch, Elke Glismann, Dr. Timo Holzborn,
Dr. Matthias Höninger, Sonja Kahler, Petra Kirchner,
Philipp Klöckner, Dr. Thorsten Kuthe, Dr. Dieter Leuering,
Christopher Mayston, Dr. Julius Neuberger, Prof. Dr. Peter Nobel,
Jens H. Pegel, Dr. Christian Pelz, Maren Pfeiffer, Dr. Thomas Preuße,
Nils Rahlf, Dr. Isabel Rauch, Hans-Helmut Schneider, Oliver Seifert,
Dr. Claudia Siebeneck, Prof. Dr. Gerald Spindler, Prof. Dr. Ulrich
Wackerbarth, Dr. Laurenz Wieneke, Prof. Dr. Dirk Zetzsche

2., völlig neu bearbeitete und wesentlich erweiterte Auflage

ERICH SCHMIDT VERLAG

Bibliografische Information der Deutschen Bibliothek
Die Deutsche Bibliothek verzeichnet diese Publikation
in der Deutschen Nationalbibliografie; detaillierte bibliografische Daten
sind im Internet über dnb.ddb.de abrufbar.

Weitere Informationen zu diesem Titel finden Sie im Internet unter
ESV.info/978 3 503 15476 0

Zitiervorschlag:
Bearbeiter, in: Holzborn (Hrsg.), WpPG,
§ … Rn. …

1. Auflage 2008
2. Auflage 2014

Gedrucktes Werk: ISBN 978 3 503 15476 0
eBook: ISBN 978 3 503 15606 1
ISSN 1865–4177

Dieses Papier erfüllt die Frankfurter Forderungen
der Deutschen Bibliothek und der Gesellschaft für das Buch
bezüglich der Alterungsbeständigkeit und entspricht sowohl den
strengen Bestimmungen der US Norm Ansi/Niso Z 39.48-1992
als auch der ISO Norm 9706.

Gesetzt aus 9/11 Candida

Satz: multitext, Berlin
Druck und buchbinderische Verarbeitung:
Kösel, Altusried-Krugzell

Vorwort

Ein Herzstück des europäischen Kapitalmarktrechts, welches im Rahmen der Implementierung des Financial Services Action Plan der Europäischen Union von 1999 bis 2005 einen einheitlichen europäischen Kapitalmarkt schaffen sollte, ist die EU-Prospektrichtlinie, die durch das Wertpapierprospektgesetz in deutsches Recht umgesetzt wurde. Seit 1. Juli 2005 regelt dieses Gesetz nun für den gesamten Bereich der Wertpapierprospekte die Grundlage.

Das Kapitalmarkrecht und mit ihm das Wertpapierprospektgesetz sind seit Erscheinen der ersten Auflage einer Reihe von Änderungen unterworfen gewesen. Dabei sind zuerst die Umsetzung der Prospektrichtlinienänderungsrichtline mit den Änderungen der EU-Prospektverordnung und die Verschiebung der Prospekthaftung vom Börsengesetz in das Wertpapierprospektgesetz zu nennen. Hinzu kommen andere Gesetzesänderungen mit Einflüssen auf das Prospektrecht, wie der Ersatz des Investmentgesetzes durch das Kapitalanlagegesetzbuch. Zudem haben sich durch Literatur und aufsichtsbehördliche Praxis sowie vor allem im Bereich der Prospekthaftung durch die Rechtsprechung Änderungen ergeben. All dies lässt eine Neuauflage sinnvoll erscheinen.

Zentraler Gegenstand der vorliegenden Kommentierung ist das Wertpapierprospektgesetz. Eine wichtige Ergänzung findet dieses in einer umfangreichen Kommentierung der Verordnung Nr. 809/2004/EG, die im Hinblick auf Gliederung und Mindestinhaltsvorgaben des Prospekts direkt anwendbares europäisches Recht darstellt. Dabei wurde die Kommentierung der maßgeblichen Anhänge dieser Verordnung hinter § 7 WpPG, der den Mindestinhalt betrifft, implementiert. Die anderen Verordnungsartikel wurden sodann inhaltsbezogen auf die Kommentierung des Wertpapierprospektgesetzes aufgeteilt.

Daneben sind wegen der Zuständigkeit der Börsen für die Zulassung von Wertpapieren die entsprechenden Hauptzulassungsnormen in §§ 32 ff. BörsG und §§ 1 bis 12 BörsZulV in diesem Zusammenhang ebenfalls Gegenstand des Kommentars. Die zuvor gesondert dargestellte Prospekthaftung aus §§ 44 ff. a. F. BörsG ist nunmehr in §§ 21 ff. WpPG zu finden. Einen wichtigen Einblick und hilfreichen Vergleichsmaßstab bietet der Blick auf das Schweizer Recht, welches dankenswerterweise von Peter Nobel und Claudia Siebeneck entsprechend erläutert wurde.

Der Herausgeber dankt sehr herzlich den Autoren und allen Mitarbeitern des Verlags, vor allem aber auch einer aufgrund ihrer Zahl hier namenlosen Gruppe von Sekretärinnen und Assistenten, die das Erscheinen der Kommentierung in der jetzt vorliegenden Form durch ihren besonderen Einsatz erst möglich gemacht haben, aus der insbesondere Frau Jana Schmidt aus dem Sekretariat in München wegen ihres unermüdlichen Einsatzes beson-

ders hervorzuheben ist. Die Kommentierung ist durchgängig auf dem Stand von Ende 2013. Später erschienene Literatur konnte nur noch vereinzelt berücksichtigt werden. Die Kommentierung soll dem Praktiker den Umgang mit dem Gesetz erleichtern, aber auch Gebietsfremden einen Einblick in die Materie gewähren. Herausgeber und Verlag freuen sich über jede Anregung und Kritik.

München, im April 2014 Dr. Timo Holzborn

Inhaltsverzeichnis

Inhaltsübersicht

13

15

Abkürzungsverzeichnis

a. A.	andere Auffassung/andere Ansicht
a. a. O.	am angegebenen Ort
ABl.	Amtsblatt
ABl. EG	Amtsblatt der europäischen Gemeinschaft
Abs.	Absatz
Abschn.	Abschnitt
ADR	American Depository Receipt
a. E.	am Ende
AfP	Archiv für Presserecht (Zeitschrift)
a. F.	alte Fassung
AG	Amtsgericht, Aktiengesellschaft und Die Aktiengesellschaft (Zeitschrift)
AGB	Allgemeine Geschäftsbedingungen
AJP	Allgemeine Juristische Praxis (schweizerische Zeitschrift)
AktG	Aktiengesetz vom 06. 09. 1965 (BGBl. I 1965, S. 1089)
Alt.	Alternative
a. M.	anderer Meinung
amtl.	amtlich
Anh.	Anhang
Anm.	Anmerkung
Art.	Artikel
AS	Amtliche Sammlung des Bundesrechts (der Schweiz <www.admin.ch>)
Aufl.	Auflage
AuslInvestmG	Gesetz über den Vertrieb ausländischer Investmentanteile und über die Besteuerung der Erträge aus ausländischen Investmentanteilen vom 09. 09. 1998 (BGBl. I 1998, S. 2820)
BaFin	Bundesanstalt für Finanzdienstleistungsaufsicht
BAKred	Bundesaufsichtsamt für das Kreditwesen
BankG	Bundesgesetz vom 08. 11. 1934 über die Banken und Sparkassen (Bankengesetz), SR 952.0
BAnz	Bundesanzeiger
BAV	Bundesaufsichtsamt für das Versicherungswesen
BAWe	Bundesaufsichtsamt für den Wertpapierhandel
BB	Der BetriebsBerater (Zeitschrift)
BBl.	Bundesblatt der Schweizerischen Eidgenossenschaft (<www.admin.ch>)
BC	Bilanzbuchhalter und Controller (Zeitschrift)
Bd.	Band
Begr	Begründung

BEHG	Bundesgesetz vom 24.03.1995 über die Börsen und den Effektenhandel (Börsengesetz), SR 954.1
BeschlEmpf	Beschlussempfehlung
BEHV	Verordnung vom 02.12.1996 über die Börsen und den Effektenhandel (Börsenverordnung), SR 954.11
BEHV-FINMA	Verordnung der Eidgenössischen Finanzmarktaufsicht über die Börsen und den Effektenhandel vom 25.10.2008, SR 954.193
BGB	Bürgerliches Gesetzbuch vom 18.08.1896 (RGBl. 1896, 195) in der Fassung vom 02.01.2002 (BGBl. I 2002, 42 Nr. 2)
BGBl.	Bundesgesetzblatt für die Bundesrepublik Deutschland
BGE	Bundesgerichtsentscheid (amtliche Sammlung des Schweizerischen Bundesgerichts, <www.bger.ch>)
BGer	(Schweizerisches) Bundesgericht
BGH	Bundesgerichtshof
BGHZ	Amtliche Entscheidungssammlung des Bundesgerichtshofs
BKR	Zeitschrift für Bank- und Kapitalmarktrecht (Zeitschrift)
BörsG	Börsengesetz vom 16.07.2007 (BGBl. I 2007, S. 1351 ff.)
BörsZulVO	Verordnung über die Zulassung von Wertpapieren zur amtlichen Notierung an einer Wertpapierbörse vom 09.09.1998 (BGBl. I 1998, S. 2832)
BPV	Bundesamt für Privatversicherungen (<www.bpv.admin.ch>)
BR-Drucks.	Bundesratsdrucksache
bspw.	beispielsweise
BT-Drucks.	Bundestagsdrucksache
BVerfG	Bundesverfassungsgericht
BVerfGE	Amtliche Entscheidungssammlung des Bundesverfassungsgerichts
BVerwG	Bundesverwaltungsgericht
BVerwGE	Amtliche Entscheidungssammlung des Bundesverwaltungsgerichts
bzgl.	bezüglich
bzw.	beziehungsweise
ca.	circa
CESR	The Committee of European Securities Regulators
DAX	Deutscher Aktienindex
DB	Der Betrieb (Zeitschrift)
dergl.	dergleichen
ders.	derselbe
d. h.	das heißt
DiskE	Diskussionsentwurf
Diss.	Dissertation
DJT	Deutscher Juristen Tag
DÖV	Die Öffentliche Verwaltung
DStR	Deutsches Steuerrecht (Zeitschrift)
DWiR	Deutsche Zeitschrift für Wirtschaftsrecht

E.	Entwurf
EBK	Eidgenössische Bankenkommission (<www.ebk.admin.ch>)
ehem.	ehemalig
EG	Vertrag zur Gründung der europäischen Gemeinschaft
Einf.	Einführung
Einl.	Einleitung
Erw.	Erwägung
etc.	et cetera
ETFs	Exchange Traded Funds
ETSFs	Exchange Traded Structure Funds
EUROSTOXX	Dow Jones Euro Stoxx Index
EU	Europäische Union
EU-ProspRL	EU-Prospektrichtlinie (2003/71/EG) des europäischen Parlaments und des Rates vom 04.11.2003
EU-ProspRL ÄndRL	Prospektrichtlinienänderungsrichtlinie 2010/73/EU vom 26.06.2012 (BGBl. I, S. 1375)
EU-ProspRLÄndRL-UmsG	Prospektrichtlinienänderungsrichtlinienumsetzungsgesetz
EU-ProspRL-UmsG	EU-Propsektrichtlinienumsetzungsgesetz vom 22.06.2005 (BGBl. I, S. 1698)
EU-ProspV	Verordnung (EG) Nr. 809/2004 der Kommission, Abl. L 186 vom 18.07.2005, 29.04.2004, zuletzt geändert durch Verordnung (EU) Nr. 759/2013 der Kommission vom 30.04.2013, Abl. L 213/1 vom 08.08.2013
EuZW	Europäische Zeitschrift für Wirtschaftsrecht (Zeitschrift)
evtl.	eventuell
EWG	Europäische Wirtschaftsgemeinschaft
EWIV	Europäische Wirtschaftliche Interessenvereinigung
EWR	Europäischer Wirtschaftsraum
EWS	Europäisches Wirtschafts- und Steuerrecht (Zeitschrift)
f.	folgende
FAQ	Frequently Asked Questions
FESE	Federation of European Stock Exchanges
ff.	fortfolgende
FIBV	International Federation of Stock Exchanges
FINMA	Eidgenössische Finanzmarktaufsicht (ab Januar 2009)
FINMAG	Bundesgesetz vom 22.06.2007 über die Eidgenössische Finanzmarktaufsicht (Finanzmarktaufsichtsgesetz), AS 2007, 4625 ff.
Fn.	Fußnote
FRUG	Finanzmarktrichtline-Umsetzungsgesetz vom 16.07.2007 (BGBl. I S. 1330)
FS	Festschrift
FSA	Financial Services Authority (Grossbritannien)

GbR	Gesellschaft bürgerlichen Rechts
gem.	gemäß
GesKR	Gesellschafts- und Kapitalmarktrecht (schweizerische Zeitschrift)
GG	Grundgesetz der Bundesrepublik Deutschland vom 23.05.1949 (BGBl. I 1949, S. 1)
Ggf.	gegebenenfalls
GKG	Gerichtskostengesetz vom 15.12.1975 (BGBl. I 1975, S. 3047)
GmbH	Gesellschaft mit beschränkter Haftung
GPR	Zeitschrift für Gemeinschaftsprivatrecht (Zeitschrift)
grds.	grundsätzlich
GVG	Gerichtsverfassungsgesetz vom 09.05.1975 (BGBl. I 1975, S. 1077)
GWB	Gesetz gegen Wettbewerbsbeschränkungen vom 26.08.1998 (BGBl. I 1998, S. 2521)
h. A.	herrschende Ansicht
HGB	Handelsgesetzbuch vom 10.05.1897 (RGBL. 1897, S. 219)
h. L.	herrschende Lehre
h. M.	herrschende Meinung
HR	Handelsregister
Hrsg.	Herausgeber
HRV	Handelsregisterverordnung
HS	Halbsatz
IAS	International Accounting Standards
i. d. F.	in der Fassung
i. d. R.	in der Regel
IDS	IOSCO International Disclosure Standards for Cross Border Offerings and Initial Listings by Foreign Issuers
IDW	Institut der Wirtschaftsprüfer in Deutschland e. V.
IDW HFA	Institut der Wirtschaftsprüfer in Deutschland e. V. Hauptfachausschuss
IDW PH	Institut der Wirtschaftsprüfer in Deutschland e. V. Prüfungshinweise
IDW PS	Institut der Wirtschaftsprüfer in Deutschland e. V. Prüfungsstandards
IDW RH	Institut der Wirtschaftsprüfer in Deutschland e. V. Rechnungslegungshinweise
IdW S.1	IdW Standard 1: Grundsätze zur Durchführung von Unternehmensbewertungen
i. Erg.	im Ergebnis
i. E.	im Einzelnen
i. e. S.	im engeren Sinne
IFRS	International Financial Reporting Standards
insb.	insbesondere
InvG	Investmentgesetz

IOSCO	The International Organisation of Securities Commissions, <www.iosco.org >
IPO	Initial Public Offering
IPRG	Bundesgesetz vom 18.12.1987 über das internationale Privatrecht, SR 291
i. R. d.	im Rahmen der/des
i. S. d.	im Sinne des
ISIN	International Security Identification Number
IStR	Internationales Steuerrecht (Zeitschrift)
i. S. v.	im Sinne von
i. V. m.	in Verbindung mit
KAG	Bundesgesetz vom 23.06.2006 über die kollektiven Kapitalanlagen (Kollektivanlagengesetz), SR 951.31
KAGB	Kapitalanlagegesetzbuch
KAGG	Gesetz über Kapitalanlagegesellschaften vom 09.09.1998 (BGBl. I 1998, S. 2726)
KapMuG	Gesetz über Musterverfahren in kapitalmarktrechtlichen Streitigkeiten (Kapitalanleger-Musterverfahrensgesetz) vom 16.08.2005 (BGBl. I S. 2437)
KG	Kammergericht Berlin, Kommanditgesellschaft
KGaA	Kommanditgesellschaft auf Aktien
KKV	Verordnung vom 20.11.2006 über die kollektiven Kapitalanlagen (Kapitalanlagenverordnung), SR 951.311
Komm.	Kommentar, Kommentierung
KontraG	Gesetz zur Kontrolle und Transparenz im Unternehmensbereich vom 27.04.1998 (BGBl. I 1998, S. 786)
KoR	Zeitschrift für internationale und kapitalmarktorientierte Rechnungslegung (Zeitschrift)
KR	Kotierungsreglement der SIX Swiss Exchange vom 23.04.2009
krit.	kritisch
KWG	Kreditwirtschaftsgesetz vom 09.09.1998 (BGBl. I 1998, S. 2776)
LG	Landgericht
Lit.	Literatur
lit.	Buchstabe
M-DAX	Midcap Index der Deutsche Börse AG
m. E.	meines Erachtens
MiFID	Markets in Financial Instruments Directive
m. N.	mit Nachweisen
MTF	Multilateral Trading Facilities
MüKo	Münchner Kommentar
m. w. N.	mit weiteren Nachweisen

NaStraG	Gesetz zur Namensaktie und zur Erleichterung der Stimm-rechtsausübung vom 18.01.2001 (BGBl. I 2001, S. 123)
n. F.	neue Fassung
NJW	Neue Juristische Wochenschrift (Zeitschrift)
NJW-RR	NJW-Rechtsprechungs-Report Zivilrecht
Nr.	Nummer
NWVBl.	Nordrhein-Westfälische Verwaltungsblätter (Zeitschrift)
NVwZ	Neue Zeitschrift für Verwaltungsrecht (Zeitschrift)
NZG	Neue Zeitschrift für Gesellschaftsrecht (Zeitschrift)
OHG	Offene Handelsgesellschaft
OLG	Oberlandesgericht
OR	Bundesgesetz vom 30.03.1911 betreffend die Ergänzung des Schweizerischen Zivilgesetzbuches (Fünfter Teil: Obligationenrecht), SR 220
OWiG	Gesetz über Ordnungswidrigkeiten vom 19.02.1987 (BGBl. I 1987, S. 602)
PP	Positionspapier
Prot.	Protokoll
Q&A	Questions & Answers
RD	Registration Document
RefE	Referentenentwurf
RegBegr.	Begründung zum Gesetzesentwurf der Bundesregierung
RegE	Regierungsentwurf
RIW	Recht der internationalen Wirtschaft (Zeitschrift)
RL	Richtlinie
Rn.	Randnummer
RS	Rundschreiben
Rs.	Rechtssache
SBVg	Schweizerische Bankiervereinigung
SEC	Securities and Exchange Commission
SemJud	Semaine Judiciaire (schweizerische Zeitschrift)
SJZ	Schweizerische Juristenzeitung
Slg.	Sammlung
SLI	Swiss Leader Index
SMI	Swiss Market Index
s. o.	siehe oben
sog.	so genannt
ST	Schweizer Treuhänder
StGB	Schweizerisches Strafgesetzbuch vom 21.12.1937, SR 311.0
StPO	Strafprozessordnung vom 07.04.1987 (BGBl. I 1987, S. 1074, 1319)
SR	Systematische Rechtssammlung des schweizerischen Bundesrechts

str.	streitig
stRspr.	ständige Rechtssprechung
s. u.	siehe unten
SIX	Schweizer Börse Swiss Exchange AG
SZW	Schweizerische Zeitschrift für Wirtschafts- und Finanzmarktrecht
Tz.	Teilziffer
UmwG	Umwandlungsgesetz vom 28.10.1994 (BGBl. I 1994, S. 3210; bereinigt BGBl. I 1995, S. 428)
u. a.	unter anderem
UK	United Kingdom
UKLA	UK Listing Authority
unstr.	unstreitig
usw.	und so weiter
u. U.	unter Umständen
UWG	Gesetz gegen den unlauteren Wettbewerb vom 07.06.1909 (RGBl. 1909, S. 499)
v.	von, vom
VerkProspG	Wertpapier-Verkaufsprospektgesetz vom 09.09.1998 (BGBl. I 1998, S. 2701)
VerkProspVO	Verordnung über Wertpapier-Verkaufsprospekte vom 09.09.1998 (BGBl. I 1998, S. 2853)
VerkProspVO	Verordnung über Vermögensanlagen Verkaufsprospekte vom 16.12.2004 (BGBl. I S. 3464) (Vermögensanlagen)
VermAnlG	vom 06.12.2011 (BGBl. I, S. 2481), zuletzt geändert 04.10.2013 (BGBl. I, S. 3746)
vgl.	vergleiche
VO	Verordnung
VwGO	Verwaltungsgerichtsordnung vom 19.03.1991 (BGBl. I 1991, S. 686)
VwVfG	Verwaltungsverfahrensgesetz vom 21.09.1998 (BGBl. I 1998, S. 3050)
VwVG	Verwaltungsvollstreckungsgesetz vom 27.04.1953 (BGBl. I 1953, S. 157)
VwZG	Verwaltungszustellungsgesetz vom 03.07.1952 (BGBl. I 1952, S. 379)
WKN	Wertpapierkennnummer
WM	Wertpapier-Mitteilungen (Zeitschrift)
WpAIV	Verordnung zur Konkretisierung von Anzeige-, Mitteilungs- und Veröffentlichungspflichten sowie der Pflicht zur Führung von Insiderverzeichnissen nach dem Wertpapierhandelsgesetz
WpHG	Wertpapierhandelsgesetz vom 09.09.1998 (BGBl. I 1978, S. 2708)

WpPG	Wertpapierprospektgesetz vom 22.06.2005 (BGBl. I 2005 S. 1698).
WpÜG	Wertpapiererwerbs- und Übernahmegesetz vom 20.12.2001 (BGBl. I 2001, S. 3822)
z. B.	zum Beispiel
ZBB	Zeitschrift für Bank- und Börsenrecht
ZEus	Zeitschrift für europarechtliche Studien (Zeitschrift)
ZFGK	Zeitschrift für das gesamte Kreditwesen (Zeitschrift)
ZGR	Zeitschrift für Unternehmens- und Gesellschaftsrecht (Zeitschrift)
ZHR	Zeitschrift für das gesamte Handelsrecht und Wirtschaftsrecht (Zeitschrift)
Ziff.	Ziffer
ZIP	Zeitschrift für Wirtschaftsrecht (Zeitschrift)
zit.	Zitiert
ZK	Zürcher Kommentar
ZPO	Zivilprozessordnung vom 12.09.1950 Neugefasst BGBl. I, S. 3202, 2006 S. 431, 2007 S. 1781
ZR EU	Zusatzreglement der Zulassungsstelle der Schweizer Börse SWX für die Kotierung im „EU-kompatiblen" Segment der SWX, in Kraft seit 01.03.2008
zutr.	zutreffend

Literaturverzeichnis

Kommentare/Handbücher/Monografien/
Aufsichtsbehördliche Veröffentlichungen

Adler/Düring/Schmaltz, Rechnleg
Rechnungslegung und Prüfung der Unternehmen, Kommentar zum
HGB, AktG, GmbHG, PublG nach den Vorschriften des Bilanzrichtli-
nien-Gesetzes, Teilband 3 Vorbem. zu §§ 290–315 HGB, §§ 290–315
HGB, 6. Aufl., Stuttgart 1996

Bearb., in: Assmann/Lenz/Ritz, VerkProspG
Heinz-Dieter Assmann, Jürgen Lenz, Corinna Ritz, Verkaufsprospektgesetz, Verkaufsprospektverordnung, Verkaufsprospektgebührenver-
ordnung, Kommentar, Köln 2001

Bearb., in: Assmann/Schlitt/von Kopp-Colomb, WpPG/VerkProspG
Heinz-Dieter Assmann, Michael Schlitt, Wolf von Kopp-Colomb, Wertpapierprospektgesetz, Verkaufsprospektgesetz, Kommentar, mit Anhängen zur ProspektVO (EG) Nr. 809/2004, VermVerkProspV, Verm-
VerkProspGebV, 2. Aufl., Köln 2010

Bearb., in: Assmann/Schneider, WpHG
Heinz-Dieter Assmann, Uwe H. Schneider, Wertpapierhandelsgesetz,
Kommentar, 6. Aufl., Köln 2012

Bearb., in: Assmann/Schütze, HdbKapAnlR
Heinz-Dieter Assmann, Rolf A. Schütze, Handbuch des Kapitalanlage-
rechts, 3. Aufl., München 2007

Baetge/Kirsch/Thiele, Konzernbilanzen
Baetge/Kirsch/Thiele, Konzernbilanzen, 10. Aufl., Düsseldorf 2013

BaFin, FAQ zum Basisprospektregime, Stand: 22.08.2013

BaFin, Häufig gestellte Fragen zum Basisprospektregime, 31. Mai 2012, zuletzt geändert am 22. August 2013

Baumbach/Hopt, HGB
Klaus J. Hopt, begründet von Adolf Baumbach, Handelsgesetzbuch:
HGB, mit GmbH & Co. KG, Handelsklauseln, Bank- und Börsenrecht,
Transportrecht (ohne Seerecht), 35. Aufl., München 2012

Bearb., in: Böcking/Castan/Heymann/Pfitzer/Scheffler, Hdb.Rechnleg
Hans-Joachim Böcking, Edgar Castan, Gerd Heymann, Norbert Pfit-
zer, Eberhard Scheffler, Beck'sches Handbuch der Rechnungslegung,
München, Stand: Dezember 2013

Bearb., in: Boos/Fischer/Schulte-Mattler, KWG
Karl-Heinz Boos, Reinfrid Fischer, Hermann Schulte-Mattler, Kredit-

wesengesetz: KWG, Kommentar zu KWG und Ausführungsvorschriften, 4. Aufl., München 2012

Bearb., in: Bösl/Sommer, MezzFin
Konrad Bösl, Michael Sommer, Mezzanine Finanzierung, München 2006

Bearb., in Bürgers/Körber, AktG
Tobias Bürgers, Thorsten Körber, Heidelberger Kommentar zum Aktiengesetz, 3. Aufl., Heidelberg 2013

Bearb., in: Callies/Ruffert, EUV/AEUV
Christian Callies, Matthias Ruffert, EUV/AEUV – Das Verfassungsrecht der europäischen Union mit Europäischer Grundrechtecharta, Kommentar, 4. Aufl., München 2011

CESR, public consultation possible implementation measures, Ref: CESR/02-185b
CESR Consultation on possible implementation measures of the proposed Prospectus Directive, Ref: CESR/02-185b, Oktober 2002

CESR, prospectus consultation feedback statement, Ref: CESR/03-129
CESR: Additional Draft Feedback Statement on Level 2 Implementing measures for the proposed Prospectus Directive, Ref: CESR/03-129, Mai 2003

CESR, advice disclosure obligations, Ref: CESR/03-208
CESR sends to the European Commission its Final Advice on Disclosure Obligations for listed and issuing companies, Final report, Ref: CESR/03-208, Juli 2003

CESR, disclosure requirements sovereign issuers, Ref: CESR/03-210b
CESR, CESR consults on Minimum Disclosure Requirements for Sovereign Issuers and Financial Information on Prospectus, Consultation paper, Ref: CESR/03-210b, Juli 2003

CESR, advice, content and format, Ref: CESR/03-300
CESR submits its final advice on the content and format of Prospectus, Final report, Ref: CESR/03-300, Oktober 2003

CESR, advice, advertisement, Ref: CESR/03-399
CESR submits to the European Commission its final advice on the content of Prospectus and dissemination of advertisements, Final report, Ref: CESR/03-399, Dezember 2003

CESR, advertisement, statement, Ref: CESR/03-400
CESR submits to the European Commission its final advice on the content of Prospectus and dissemination of advertisements, Feedback Statement, Ref: CESR/03-400, Dezember 2003

CESR, answers to questionnaire advertisement practices, Ref: CESR/03-494
CESR's submits to the European Commission its final advice on the content of Prospectus and dissemination of advertisements – Summary of answers of a questionnaire on factual information regarding advertisement practices in the Member States, Final report, Ref: CESR/03-494, Dezember 2003

CESR, answers to questionnaire exemption from obligation to publish, Ref: CESR/03-496
CESR's final advice on the content of Prospectus and dissemination of advertisements – Summary of answers to a questionnaire on Exemption from obligation to publish, Final report, Ref: CESR/03-496, Januar 2004

CESR, recommendations, consistent implementation, Ref: CESR/05-054b
CESR's recommendations for the consistent implementation of the European Commission's Regulation on Prospectuses no. 809/2004, CESR/05-054b, Januar 2005

CESR, consultations consistent implementation feedback statement, Ref: CESR/05-055b
CESR's consultations for the consistent implementation of the European Commission's Regulation on Prospectuses no. 809/2004, Feedback Statement, CESR/05-055b, Februar 2005

CESR, advice, equivalence, Ref: CESR/05-230b
CESR's technical advice on equivalence of certain third country GAAP and on description of certain third countrys mechanism of enforcement of financial information, Ref: CESR/05-230b, Juni 2005

CESR, technical advice MiFID, Ref.: CESR/05-290b
CESR's Technical Advice on Possible Implementing Measures of the Directive 2004/39/EG on Markets in Financial Instruments, Final report, Ref.: CESR/05-290b, Juli 2005

CESR, technical advice complex financial history, Ref.: CESR/05-428
CESR`s technical advice on a possible amendment to Regulation 809/2004 regarding the historical financial information which must be included in a prospectus, Ref.: CESR/05-428, Juni 2005

CESR, advice, historical financial information, Ref: CESR/05-582
CESR's advice to the European Commission on a possible amendment to Regulation information regarding the historical financial information which must be included in a prospectus, Final report, Ref: CESR/05-582, Oktober 2005

CESR, FAQ, prospectus February 2007, Ref.: CESR/07-110
CESR's frequently asked questions, regarding prospectuses: common positions agreed by CESR members, updated version, Ref.: CESR/07-110, Februar 2007

CESR, advice, standard setters, Ref: CESR/07-138
CESR's advice to the European Commission on the work programmes of the Canadian, Japanese and US standard setters, the definition of equivalence and the list of third country GAAPs currently used in the EU capital markets, Final report, Ref: CESR/07-138, März 2007

CESR, report, supervisory functioning, Ref: CESR/07-225
CESR's Report on the supervisory functioning of the Prospectus Directive and Regulation, Ref: CESR/07-225, Juni 2007

CESR, FAQ, prospectus November 2010, Ref.: CESR/10-1337
CESR's frequently asked questions, regarding prospectuses: common positions agreed by CESR members, 12th updated version, Ref.: CESR/ 10-1337, November 2010

CESR, overview, language requirements, Ref: CESR/07-520
CESR – Prospectus – Overview of language requirements for the vetting of Prospectus across the EU and a summary of CESR Members requirements regarding the translation of the 'Summary Prospectus', Dezember 2007

Claussen, Bank- und BörsR
Carsten P. Claussen, Bank- und Börsenrecht, 4. Aufl., München 2008

Bearb. in: Coenenberg/Pohle, Int Rechnleg
Adolf G. Coenneberg, Klaus Pohle, Internationale Rechnungslegung, Stuttgart 2001

Bearb., in: Ebenroth/Boujong/Joost/Strohn, HGB
Karlheinz Boujong, Carsten Thomas Ebenroth, Detlev Joost, Lutz Strohn, Handelsgesetzbuch, 2. Aufl., München 2009

Bearb., in: Ehlers, Europarecht
Dirk Ehlers, Europäische Grundrechte und Grundfreiheiten, Lehrbuch, 3. Aufl., Berlin 2009

Bearb., in: Ehlers/Erichsen, AllgVerwR
Hans-Uwe Erichsen, Dirk Ehlers, Allgemeines Verwaltungsrecht, 14. Aufl., Berlin, New York 2010

Ekkenga/Maas, WPEmissionen
Jens Ekkenga, Heyo Maas, Das Recht der Wertpapieremissionen, Berlin 2006

Bearb., in: Ellrott/Förschle/Kozikowski/Schmidt/Winkeljohann, Bil Komm
Helmut Ellrott, Gerhardt Förschle, Dr. Bernd Grottel, Michael Kozikowski, Stefan Schmidt, Norbert Winkeljohann, Beck'scher Bilanz-Kommentar, Handels- und Steuerbilanz, §§ 238 bis 339, 342 bis 342e HGB mit IFRS-Abweichungen, Kommentar, 8. Aufl., München 2012

Bearb., in: Erbs/Kohlhaas, Strafrechtliche Nebengesetze
Georg Erbs, Max Kohlhaas, Strafrechtliche Nebengesetze, 194. Aufl., München 2013

ESMA, technical advice on possible delegated acts, ESMA/2011/323
ESMA: ESMA's technical advice on possible delegated acts concerning the Prospectus Directive amended by the Directive 2010/73/EU, Final report, ESMA/2011/323, 4.10.2011

ESMA, report good practices approval process, ESMA/2012/300
ESMA: Report, Prospectus Directive: Peer Review Report on good practices in the approval process, ESMA/2012/300, 24.5.2012

ESMA, consultation paper – amendments recommendations consistent implementation Prospectus Regulation regarding mineral companies, ESMA/2012/607
ESMA: Consultation paper – further amendments to ESMA's Recom-

mendations for the consistent implementation of the Prospectus Regulation regarding mineral companies, ESMA/2012/607, 24.9.2012

ESMA, technical advice delegated acts Prospectus Directive, ESMA/2012/864
ESMA: ESMA's technical advice on possible delegated acts concerning the Prospectus Directive as amended by the Directive 2010/73/EU, ESMA/2012/864, 21.12.2012

ESMA, consultation paper, technical standards supplement, ESMA/2013/316
ESMA: Draft Regulatory Technical Standards on specific situations that require the publication of a supplement to the prospectus, Consultation paper, ESMA/2013/316, 15.3.2013

ESMA, opinion third country prospectuses, ESMA/2013/317
ESMA: Framework for the assessment of third country prospectuses under Article 20 of the Prospectus Directive, Opinion, ESMA/2013/317, 20.3.2013

ESMA, feedback statement, proposed amendments to recommendations consistent implementation Prospectuses Regulation regarding mineral companies, ESMA/2013/318
ESMA: Feedback statement on proposed amendments to the ESMA update of the CESR recommendations for the consistent implementation of the Prospectuses Regulation regarding mineral companies, ESMA/2013/318, 20.3.2013

ESMA, update CESR recommendation, consistent implementation, ESMA/2013/319
ESMA: ESMA update of the CESR recommendations, The consistent implementation of Commission Regulation (EC) No 809/2004 implementing the Prospectus Directive, ESMA/2013/319, 20.3.2013

ESMA, opinion, format base prospectus, ESMA/2013/1944
ESMA: Format of the base prospectus and consistent application of Article 26(4) of the Prospectus Regulation, Opinion, ESMA/2013/1944, 17.12.2013

ESMA, Q&A, 21st updated version, ESMA/2014/35
ESMA: Questions and Answers Prospectuses, 21st updated version, ESMA/2014/35, 14.1.2014

European Securities Markets Expert Group (ESME), Report on Directive 2003/71/EC
European Securities Markets Expert Group (ESME): Report on Directive 2003/71/EC of the European Parliament and of the Council on the prospectus to be published when securities are offered to the public or admitted to trading, Report, 5.9.2007

Bearb., in: Eyermann, VwGO
Erich Eyermann, Ludwig Fröhler, Verwaltungsgerichtsordnung, Kommentar, 13. Aufl., München 2010

Bearb., in: Frankf Komm WpPG
Carsten Berrar, Andreas Meyer, Cordula Müller, York Schnorbus,

Bernd Singhof, Christoph Wolf, Frankfurter Kommentar zum WpPG und zur EU ProspektVO, Frankfurt a.M. 2011

Frenz, Europarecht
Walter Frenz, Handbuch Europarecht 1, Europäische Grundfreiheiten, 2. Aufl. , Berlin 2012

Fischer, StGB
Thomas Fischer, Strafgesetzbuch und Nebengesetze, 60. Aufl., München 2013

Bearb., in: Fuchs, WpHG
Andreas Fuchs, Wertpapierhandelsgesetz (WpHG), Kommentar, 1. Aufl., München 2009

Bearb., in: Grabitz/Hilf/Nettesheim, EUV/AEUV
Eberhard Grabitz, Meinhard Hilf, Martin Nettesheim, Das Recht der Europäischen Union, Band I EUV/AEUV, München, Stand: August 2012

Groß, KapMR, 4. Aufl.
Wolfgang Groß, Kapitalmarktrecht, Kommentar zum Börsengesetz, zur Börsenzulassungs-Verordnung, und zum Verkaufsprospektgesetz, 4. Aufl., München 2009

Groß, KapMR
Wolfgang Groß, Kapitalmarktrecht, Kommentar zum Börsengesetz, zur Börsenzulassungs-Verordnung und zum Wertpapierprospektgesetz, 5. Aufl., München 2012

Bearb., in: Habersack/Mülbert/Schlitt, UntFinanzKM
Mathias Habersack, Peter Mülbert, Michael Schlitt, Unternehmensfinanzierung am Kapitalmarkt, 3. Aufl., Köln 2013

Haratsch/König/Peschstein, Europarecht
Andreas Haratsch, Christian König, Matthias Pechstein, Europarecht, 8. Aufl., Tübingen 2012

Heinze, Europäisches Kapitalmarktrecht
Stephan Heinze, Europäisches Kapitalmarktrecht, München, 1999

Bearb., in: Heidel, AktG
Thomas Heidel, Aktienrecht und Kapitalmarktrecht, 3. Aufl., Baden-Baden 2011

Bearb., in: Heymann, HGB
Norbert Horn, Sammlung Guttentag, Heymann Handelsgesetzbuch (ohne Seerecht) Kommentar, Band 3 Drittes Buch §§ 238–342a, 2. Aufl., Berlin, New York 1999

v. Hoffmann/Thorn, Int. Privatrecht
Bernd von Hoffmann, Karsten Thorn, Internationales Privatrecht, 9. Aufl., München 2007

Bearb., in: Holzborn, WpPG, 1. Aufl.
Timo Holzborn, Wertpapierprospektgesetz mit EU-Prospektverordnung und weiterführenden Vorschriften, 1. Aufl., Berlin 2009

Hufen, VerwProzR
Friedhelm Hufen, Verwaltungsprozessrecht, 8. Aufl., München 2011

Hüffer, AktG
Uwe Hüffer, Aktiengesetz, 10. Aufl., München 2012

Hüffer, VerkProspG
Jens Hüffer, Das Wertpapier-Verkaufsprospektgesetz: Prospektpflicht und Anlegerschutz, Köln, Berlin, Bonn, München 1996

Jäger, Aktiengesellschaft
Axel Jäger, Aktiengesellschaft – Unter besonderer Berücksichtigung der KGaA, München 2004

Bearb. in Just/Voß/Ritz/Zeising, WpPG
Clemens Just, Thorsten Voß, Corinna Ritz, Michael Zeising, Wertpapierprospektgesetz (WpPG) und EU-Prospektverordnung, München 2009

Kegel/Schurig, Internationales Privatrecht
Gerhard Kegel, Klaus Schurig, Internationales Privatrecht, 9. Aufl., München 2004

Keunecke, Prosp KapM
Ulrich Keunecke, Prospekte im Kapitalmarkt - Anforderungen, Prospekthaftung bei geschlossenen Fonds, Investmentfonds, Wertpapieren und Übernahmeangeboten, 2. Aufl., Berlin 2009

Kopp/Ramsauer, VwVfG
Ferdinand O. Kopp, Ulrich Ramsauer, Verwaltungsverfahrensgesetz: VwVfG, Kommentar, 13. Aufl., München 2012

Kopp/Schenke, VwGO
Ferdinand O. Kopp, Wolf-Rüdiger Schenke, Verwaltungsgerichtsordnung: VwGO, Kommentar, 19. Aufl., München 2013

Bearb., in: KölnKomm AktG
Wolfgang Zöllner, Kölner Kommentar zum AktG, Band 1/2 §§ 1–53 AktG, 3. Aufl., Köln, Berlin, Bonn, München 2009, Band 1/1 §§ 67–75 AktG, 3. Aufl., Köln, Berlin, Bonn, München 2008, Band 2/1 §§ 76–94 AktG, 3. Aufl., Köln, Berlin, Bonn, München 2009, Band 2/2 §§ 95–117 AktG, 3. Aufl., Köln, Berlin, Bonn, München 2012

Bearb., in: Kümpel/Wittig, BankKapMR
Siegfried Kümpel, Arne Wittig, Bank- und Kapitalmarktrecht, 4. Aufl., Köln 2011

Bearb., in: Kümpel/Hammen/Ekkenga, KapMR
Siegfried Kümpel, Horst Hammen, Jens Ekkenga, Kapitalmarktrecht, Handbuch für die Praxis Systemische Sammlung der Gesetze, Verordnungen, behördlichen Verlautbarungen sowie Einführungen und Kurzerläuterungen, 2 Bände, Berlin, Loseblattsammlung, Stand: 2012

Laars, FinDAG
Reinhard Laars, Finanzdienstleistungsaufsichtsgesetz, Baden-Baden 2012

Lenenbach, KapMR
Markus Lenenbach, Kapitalmarktrecht und kapitalmarktrelevantes Gesellschaftsrecht, Praxislehrbuch Wirtschaftsrecht, 2. Aufl., Köln 2010

Bearb., in: Lüdenbach/Hoffmann, IFRS
Norbert Lüdenbach, Wolf-Dieter Hoffmann, Haufe IFRS Kommentar, 11. Aufl., Freiburg, München 2013

Bearb., in: von Mangoldt/Klein/Starck, GG Bd. 1
Hermann von Mangoldt, Friedrich Klein, Christian Starck, Kommentar zum Grundgesetz, Kommentar in 3 Bänden, Band 1: Präambel, Artikel 1 bis 19, 6. Aufl., München 2010

Bearb., in: Maunz/Dürig, GG
Theodor Maunz, Günter Dürig, , Grundgesetz, Kommentar, Loseblattsammlung, Stand: April 2012

Bearb., in: Marsch-Barner/Schäfer, Hdb börsnot AG
Reinhard Marsch-Barner, Frank A. Schäfer, Handbuch der börsennotierten AG, 2. Aufl., Köln 2009

Moloney, EC Securities Regulation
Niamh Moloney, EC Securities Regulation, 2nd ed., Oxford 2008

Müller, WpPG
Robert Müller, Wertpapierprospektgesetz, Baden Baden 2012

Bearb., in: MüHdbAG
Michael Hoffmann-Becking, Münchener Handbuch des Gesellschaftsrechts, Band 4 Aktiengesellschaft, 3. Aufl., München 2007

Bearb., in: MüKo AktG
Wulf A. Goette, Matthias Habersack (Hrsg.), Münchener Kommentar zum Aktiengesetz, 2. Aufl. 1999 ff., 3. Aufl. 2008 ff. München.

Bearb., in: MüKo BGB
Münchener Kommentar zum Bürgerlichen Gesetzbuch, Band 2 Schuldrecht – Allgemeiner Teil §§ 241–432, 6. Aufl., München 2012

Bearb., in: MüKo BGB
Münchener Kommentar zum Bürgerlichen Gesetzbuch, Band 5 Schuldrecht – Besonderer Teil III §§ 705–853, Partnerschaftsgesellschaftsgesetz, Produkthaftungsgesetz, 6. Aufl., München 2013

Bearb., in: Müko BGB
Münchener Kommentar zum Bürgerlichen Gesetzbuch, Band 11, Internationales Privatrecht, Internationales Wirtschaftsrecht, Einführungsgesetz zum Bürgerlichen Gesetzbuche (Art. 25–248), 5. Aufl., München 2010

Bearb., in: MüKo HGB
Münchener Kommentar zum Handelsgesetzbuch, Band 4, Drittes Buch, Handelsbücher. Bilanzrecht § 238 bis § 342e, 3. Aufl., München 2012

Bearb., in: Müller/Rödder, Hdb. AG
Welf Müller, Thomas Rödder, Beck'sches Handbuch der AG, Gesellschaftsrecht –Steuerrecht – Börsengang, 2. Aufl., München 2009

Bearb., in: Palandt, BGB
Otto Palandt, Bürgerliches Gesetzbuch, 73. Aufl., München 2014

Bearb., in: Palmers Company Law
Palmers Company Law Vol. 1, bearbeitet von Clive M. Schmitthoff,
22. Aufl., London, Edinburgh 1976

Paskert, Informationspflicht
Dierk Paskert, Informations- und Prüfungspflichten bei Wertpapieremissionen, Düsseldorf 1991

Redeker/von Oertzen, VwGO
Begr. v. Konrad Redeker, Hans-Joachim von Oertzen, Verwaltungsgerichtsordnung, Kommentar, 15. Aufl., Stuttgart, Berlin, Köln 2010

Reiner, DerivFin
Günter Reiner, Derivative Finanzinstrumente im Recht, Baden-Baden
2002

Bearb., in: Röhricht/von Westphalen HGB
Volker Röhricht, Friedrich Graf von Westphalen, Kommentar zu Han-
delsstand, Handelsgesellschaften, Handelsgeschäften und besonderen
Handelsverträgen (ohne Bilanz-, Transport- und Seerecht), Köln
3. Aufl. 2008

Bearb., in: Schäfer/Hamann, KapMG (Stand)
Frank A. Schäfer, Uwe Hamann, Kapitalmarktgesetze, Wertpapierhandelsgesetz, Börsengesetz mit BörsZulV, Wertpapierprospektgesetz,
Verkaufsprospektgesetz, Wertpapiererwerbs- und Übernahmegesetz,
2. Aufl., Loseblattsammlung, Stand April 2012

Bearb., in: Schäfer (1999)
Frank A. Schäfer, Wertpapierhandelsgesetz, Börsengesetz mit BörsZu-
lVO, Verkaufsprospektgesetz mit VerkProspV, Kommentar, Stuttgart,
Berlin, Köln 1999

Bearb., in: Schäfer/Hamann, KapMG
Schäfer/Hamann, Kapitalmarktgesetze, 2. Aufl., Stuttgart 2007

Bearb., in: Schäfer/Sethe/Lang, Hdb. Vermögensverwaltung
Frank Schäfer, Rolf Sethe, Volker Lang, Handbuch Vermögensverwaltung, München 2012

Schammo, EU Prospectus Law
Pierre Schammo, EU Prospectus Law: New Perspectives on Regulatory
Competition in Securities Markets, 2nd ed., Cambridge 2011

Schanz, Börseneinführung
Kay-Michael Schanz, Börseneinführung, 4. Auflage, München 2012

Bearb., in: Schimansky/Bunte/Lwowski, Bankrechts-Handbuch
Herbert Schimansky, Hermann-Josef Bunte, Hans Jürgen Lwowski,
Bankrechts-Handbuch, 4. Aufl., München 2011

35

Schmidt, Gesellschaftsrecht
Karsten Schmidt, Gesellschaftsrecht, 4. Auflage, Köln 2002

Schmidt-Bleibtreu/Klein/Hopfauf, GG
Bruno Schmidt-Bleibtreu, Franz Klein, Axel Hopfauf, Kommentar zum Grundgesetz, 12. Aufl., Neuwied 2011

Bearb., in: Schoch/Schneider/Bier, VwGO – Kommentar, Loseblatt, Stand August 2012

Bearb., in: Schönke/Schröder, StGB
Horst Schröder, Adolf Schönke, Strafgesetzbuch Kommentar, 28. Aufl., München 2010

Bearb., in: Schwark, KapMRK, 3. Aufl.
Eberhard Schwark, Kapitalmarktrechts-, Kommentar Börsengesetz, Verkaufsprospekt-, Wertpapierhandels-, Wertpapiererwerbs- und Übernahmegesetz, 3. Aufl., München 2004

Bearb., in: Schwark/Zimmer, KapMRK
Eberhard Schwark, Daniel Zimmer, Kapitalmarktrechts-Kommentar, Börsengesetz mit Börsenzulassungsverordnung, Verkaufsprospektgesetz mit Vermögensanlagen-Verkaufsprospektverordnung, Wertpapierhandelsgesetz, Wertpapiererwerbs- und Übernahmegesetz, 4. Aufl., München 2010

Schwemer, Europarecht
Rolf O. Schwemer, Die Bindung des Gemeinschaftsgesetzgebers an die Grundfreiheiten, Frankfurt a.M. 1995

Bearb., in: Staudinger, BGB
J. von Staudingers Kommentar zum Bürgerlichen Gesetzbuch mit Einführungsgesetz und Nebengesetzen, Berlin 12. Aufl. 1978 ff., 13. Aufl. 1994

Bearb., in: Steinmeyer, WpÜG
Roland Steinmeyer, Wertpapiererwerbs- und Übernahmegesetz, 3. Aufl., Berlin 2013

Bearb., in: Stelkens/Bonk/Sachs, VwVfG
Paul Stelkens, Heinz-Joachim Bonk, Michael Sachs u.a., Verwaltungsverfahrensgesetz, Kommentar, 7. Aufl., München 2008

Bearb., in: Szagunn/Haug/Ergenzinger, KWG
Volkhard Szagunn, Ulrich Haug, Wilhelm Ergenzinger, Gesetz über das Kreditwesen in der Fassung vom 22. Januar 1996, Kommentar, 6. Aufl., Stuttgart, Berlin, Köln 1997

Bearb., in: Veil, Europäisches Kapitalmarktrecht
Rüdiger Veil, Europäisches Kapitalmarktrecht, Tübingen 2011

Bearb., in: VwGOKomm (Stand)
Friedrich Schoch, Eberhard Schmidt-Aßmann, Rainer Pietzner, Verwaltungsgerichtsordnung, Kommentar, Loseblattsammlung, Stand: September 2007, München

Wolff/Bachof/Stober, Verwaltungsrecht
    Hans J. Wolff, Otto Bachof, Rolf Stober, Verwaltungsrecht, ein Studienbuch, Band 2, 7. Aufl., München 2010

Bearb., in: Wymeersch/Hopt/Ferrarini, Financial Regulation and Supervision
    Eddy Wymeersch, Klaus J. Hopt, Guido Ferrarini, Financial Regulation and Supervision, Oxford 2012

Bearb., in: Zerey, Zweckgesellschaften
    Jean-Claude Zerey, Zweckgesellschaften, Baden-Baden 2012

Bearb., in: Zetzsche, The Alternative Investment Fund Managers Directive
    Dirk A. Zetzsche, The Alternative Investment Fund Managers Directive, Alphen aan Rijn 2012

Aufsätze

Adams, Haftung auf Schadensersatz für fehlerhafte Kapitalmarktinformation, BKR 2009, S. 277 ff.

Angersbach/von der Chevallerie, Prospektfreie Börsenzulassung von neuen Aktien aus einer reinen Bezugsrechtskapitalerhöhung ohne Volumenbegrenzung nach § 4 Abs. 2 Nr. 7 WpPG, ZIP 2009, S. 1302 ff.;

Andrejewski/Böckem, Die Bedeutung natürlicher Personen im Kontext des IAS 24, KoR 2004, S. 332 ff.

Assmann, Unternehmenszusammenschlüsse und Kapitalmarktrecht, ZHR 2008, S. 635 ff.

Bachmann, Kapitalmarktrechtliche Probleme bei der Zusammenführung von Unternehmen, ZHR 2008, S. 597 ff.

Barboutis/Kight, How Complex is Your Financial History? A Look at Prospectus Directive and US Requirements in European Equity Offerings, Butterworths Journal of International Banking & Financial Law 2012, Vol. 27, No. 9, S. 559 ff.

Bassler, Die Vermutung aufklärungsrichtigen Verhaltens – kritische Würdigung der richterrechtlichen Beweislastumkehr im Kapitalanlageberatungsrecht, WM 2013, S. 544 ff.

Baur/Boegl, Die neue europäische Finanzmarktaufsicht – Der Grundstein ist gelegt, BKR 2011, S. 177 ff.

Beck/Maier, Die neuen Mindestangaben der Vermögensanlagen-Verkaufsprospektverordnung, WM 2012, S. 1898 ff.

Beiersdorf/Bogajewskaja, Aktueller Stand beim SME-Projekt, Accounting 10/2005, S. 5 ff.

Binder, Verbesserte Krisenprävention durch paneuropäische Aufsicht?, GPR 2011, S. 34 ff.

Bloß/Schneider, Prospektfreie Teilzulassung für spätere ausgegebene Aktien, WM 2009, S. 879 ff.

Born, Aktuelle Steuerfragen im Zusammenhang mit Debt-Equity-Swap-Transaktionen, BB 2009, S. 1730 ff.;

Brinkmann/Spieß, Abschlussprüfung nach International Standards on Auditing – Überblick über aktuelle Entwicklungen durch die 8. EU-Richtlinie und das „Clarity-Project" des IAASB sowie Auswirkungen auf die IDW-Prüfungsstandards (Teil 1), KoR 2006, S. 395 ff.

Brocker/Wohlfarter, Die Auswirkungen der neuen Prospektpflicht für Bezugsrechtsemissionen auf die Eigenkapitalbeschaffung mittelständischer Unternehmen, BB 2013, S. 393 ff.

Bruchwitz/Voß, Der Regierungsentwurf für ein Gesetz zur Novellierung des Finanzanlagenvermittler- und Vermögensanlagenrechts, BB 2011, S. 1226 ff.

Buchheim/Gröner/Kühne, Übernahme von IAS/IFRS in Europa: Ablauf und Wirkung des Komitologieverfahrens auf die Rechnungslegung, BB 2004, S. 1783 ff.

Burmeister/Staebe, Grenzen des sog. Gold Plating bei der Umsetzung europäischer Richtlinien in nationales Recht, EuR 2009, S. 444

Burn, Disclosure in the EEA Securities Markets – Making Sense of the Puzzle, Capital Markets Law Journal 2008, Vol. 3, No. 2, S. 139 ff.

Bußalb/Unzicker, Auswirkungen der AIFM-Richtlinie auf geschlossene Fonds, BKR 2012, S. 309 ff.

Casper, Die Regulierung des Grauen Kapitalmarkts: Zu Risiken und Nebenwirkungen ..., BB 2011, S. 1

d'Arcy, Current developments in European and German financial reporting, EU Monitor Spezial 19/2004

d'Arcy, Mehr Transparenz oder Überregulierung? Zwischenberichterstattung nach dem Transparenzrichtlinie-Umsetzungsgesetz (TUG), Accounting, 8/2006, S. 3 ff.

d'Arcy/Leuz, Rechnungslegung am Neuen Markt – Eine Bestandsaufnahme, DB 2000, S. 385 ff.

d'Arcy/Meyer, Neue Anforderungen an die Zwischenberichterstattung durch die Transparenzrichtlinie, Der Konzern, 2005, S. 151 ff.

De Jong, Liability for Misrepresentation – European Lessons on Causation from the Netherlands, European Company and Financial Law Review 2011, Vol. 8, No. 3, S. 352 ff.

Einsele, Internationales Prospekthaftungsrecht – Kollisionsrechtlicher Anlegerschutz nach der ROM II-Verordnung, ZEuP 2012, S. 23 ff.

Elsen/Jäger, Revision der Prospektrichtlinie – Überblick wesentlicher Neuerungen, BKR 2010, S. 97 ff.

Elsen/Jäger, Revision der Prospektrichtlinie? – Ein erster Ausblick, BKR 2008, S. 459 ff.

Elsen/Jäger, Revision der Prospektrichtlinie? – Ein erster Ausblick, BKR 2008, S. 459 ff.

Fey/Deubert, Befreiender IFRS-Einzelabschluss nach § 325 Abs. 2a HGB für Zwecke der Offenlegung, KoR 2006, S. 91 ff.

Fischer-Appelt, Prospectus Directive Amendments – Discussion of Key Changes, Law & Financial Markets Review 2010, Vol. 4, No. 5, S. 490 ff.

Fischer-Appelt, The Revised EU Prospectus Regulation: Key Changes to the Contents of Prospectuses, Law & Financial Markets Review 2012, Vol. 6, No. 4, S. 249 ff.

Fleischer, Erweiterte Außenhaftung der Organmitglieder im Europäischen Gesellschafts- und Kapitalmarktrecht, ZGR 2004, S. 437 ff.

Fleischer/Bedkowski, Aktien- und kapitalmarktrechtliche Probleme des Pilot Fishing bei Börsengängen und Kapitalerhöhungen, DB 2009, S. 2195 ff.

Fleischer/Schneider/Thaten, Kapitalmarktrechtlicher Anlegerschutz versus aktienrechtliche Kapitalerhaltung – wie entscheidet der EuGH?, NZG 2012, S. 801 ff.

Freytag/Koenen, Neue Regeln für den Open Market, WM 2011, S. 1594 ff.

Garcimartin, The Law Applicable to Prospectus Liability in the European Union, Law & Financial Markets Review 2011, Vol. 5, No. 6, S. 449 ff.

Gilessen/Kiss, Bezugsrechtkapitalerhöhungen ohne Wertpapierprospekt, AG 2010, S. 188 ff.

Greene/Boehm, The Limits of „Name-and-Shame" in International Financial Regulation, 97 Cornell L. Rev. 1083 (2012)

Grünewald, Die Bankenunion: Euphemismus oder Grund zur Euphorie, EuZ 2013, S. 32 ff.

Gurlit, Gläserne Banken- und Kapitalmarktaufsicht?, WM 2009, S. 773 ff.

Habersack, Doppelzählung von Einzel- und Konzernabschluss im Rahmen der Vorschriften über die interne Rotation?, NZG 2007, S. 207 ff.

Häde, Jenseits der Effizienz: Wer kontrolliert die Kontrolleure?, EuZW 2011, S. 662 ff.

Hannich, Quo vadis, Kapitalmarktinformationshaftung? Folgt aufgrund des IKB-Urteils nun doch die Implementierung des KapInHaG?, WM 2013, S. 449 ff.

Hanten/Reinholz, Das Vermögensanlagengesetz, ZBB 2012, S. 36 ff.

Hartig, Die Befugnisse von EZB und ESRB auf dem Gebiet der Finanzsystemstabilität, EuZW 2012, S. 775 ff.

Hebrant, Schadensersatzhaftung für mangelhafte Wertpapier-Produktflyer außerhalb einer vertraglichen Sonderverbindung, ZBB 2011, S. 451 ff.

Heidelbach/Preuße, Die Anwendung des neuen europäischen Prospektregimes in der Praxis – ausgewählte Probleme, BKR 2012, S. 397 ff.

Heidelbach/Preuße, Zweieinhalb Jahre neues Prospektregime und noch viele Fragen offen, BKR 2008, S. 10 ff.

Hellgardt, Europarechtliche Vorgaben für die Kapitalmarktinformationshaftung, AG 2012, S. 154 ff.

Herdegen, Europäische Bankenunion: Wege zu einer einheitlichen Bankenaufsicht, WM 2012, S. 1889 ff.

Hilger/Lorenz, Mitarbeiterprogramme nach der Reform der Prospektrichtlinie, AG 2011, S. 119 f.

Hopt, Auf dem Weg zu einer neuen europäischen und internationalen Finanzmarktarchitektur, NZG 2009, S. 1401 ff.

Hopt, Die Haftung für Kapitalmarktinformationen, WM 2013, S. 101 ff.

Hupka, Kapitalmarktaufsicht im Wandel – Rechtswirkungen der Empfehlungen des Committee of European Securities Regulators (CESR) im deutschen Kapitalmarktrecht, WM 2009, S. 1351 ff.

Jäger/Maas, Hinweisbekanntmachungen – Neue Divergenz im Prospektrecht, BB 2009, S. 852 ff.

Just, Special Purpose Acqisition Companies (SPACs) – Börsengang durch die Hintertür?, ZIP 2009, S. 1698 ff.

Just/Voß, Zur Gebührenfestsetzung für Billigungsbescheide für Wertpapierprospekte, EWiR 2009, S. 627 ff.

Kalss, Wie scharf sind die Zähne des europäischen Kapitalmarktrechts?, EuZW 2012, S. 361 ff.

Kämmerer, Das neue Europäische Finanzaufsichtssytem (ESFS) – Modell für eine europäisierte Verwaltungsarchitektur?, NVwZ 2011, S. 1281 ff.

Kind/Haag, Der Begriff des Alternative Investment Fund nach der AIFM-Richtlinie – geschlossene Fonds und private Vermögensanlagegesellschaften im Anwendungsbereich?, DStR 2010, S. 1526 ff.

Kämpfer/Kayser/Schmidt, Das Grünbuch der EU-Kommission zur Abschlussprüfung, DB 2010, S. 2457 ff.

Klöhn, Grund und Grenzen der Haftung wegen unterlassener Prospektveröffentlichung gem. § 24 WpPG, § 21 VermAnlG, DB 2012, S. 1854 ff.

Klöhn, Die Ausweitung der bürgerlich-rechtlichen Prospekthaftung durch das „Rupert Scholz"-Urteil des BGH, WM 2012, 97 ff.

Klöhn/Hornuf, Crowdinvesting in Deutschland, ZBB 2012, S. 237 ff.

Köhler/Böhm, Nutzen- und Kosteneffekte einer möglichen Übernahme des ISA in der EU – Ausgewählte Ergebnisse, WPg 20/2009, S. 997 ff.

Köhler/Marten/Schlereth, Reformansätze zum HGB, DB 2006 S. 2301 ff.

König, Die neue europäische Prospektrichtlinie: Eine kritische Analyse und Überlegungen zur Umsetzung in das deutsche Kapitalmarktrecht, ZEuS, 2/2004, S. 251 ff.

Kramer/Recknagel, Die AIFM-Richtlinie – Neuer Rechtsrahmen für die Verwaltung alternativer Investmentfonds, DB 2011, S. 2077 ff.

Kubiciel, ‚Shame Sanctions' – Ehrenstrafen im Lichte der Straftheorie, ZStW 118 (2006), S. 44 ff.

Kuhn/Stibi, Änderung der IDW Prüfungsstandards aufgrund des Bilanzrechtsmodernisierungsgesetzes (BilMoG), WPg 23/2009, S. 1157 ff.

Kullmann/Metzger, Der Bericht der Expertengruppe „Europäische Wertpapiermärkte" (ESME) zur Richtlinie 2003/71/EG ("Prospektrichtlinie"), WM 2008, S. 1292 ff.

Kullmann/Sester, Inhalt und Form von Emissionsprospekten, ZBB 3/2005, S. 209 ff.

Kusserow, Opt-in Beschlüsse nach dem neuen Gesetz über Schuldverschreibungen aus Gesamtemissionen, WM 2011, S. 1645 ff.

Kusserow/Scholl, ESMA-Konsultationspapier und seine Auswirkungen auf Emissionsprogramme, RdF 2011, S. 310 ff.

Küting/Döge/Pfingsten, Neukonzeption der Fair-Value-Option nach IAS 39, KoR 2006, S. 597 ff.

Lachner/v. Heppe, Die prospektfreie Zulassung nach § 4 Abs. 2 Nr. 1 WpPG („10 %-Ausnahme") in der jüngsten Praxis, WM 2008, S. 576 ff.

Lawall/Maier, Änderungen im Wertpapierprospektgesetz (Teil 1), DB 2012, S. 2443 ff.

Lawall/Maier, Änderungen im Wertpapierprospektgesetz (Teil 2), DB 2012, S. 2503 ff.

Lehmann/Manger-Nestler, Das neue Europäische Finanzaufsichtssystem, ZBB 2011, S. 2 ff.

Lehmann/Manger-Nestler, Die Vorschläge zur neuen Architektur der europäischen Finanzaufsicht, EuZW 2010, S. 87 ff.

Leuering, Die Neuordnung der gesetzlichen Prospekthaftung, NJW 2012, S. 1905 ff.

Leuering, Prospektpflicht des Crowdfunding, NJW-Spezial 2012, S. 463 f.

Leuering/Stein, Prospektpflicht von Bezugsrechtemissionen, NJW-Spezial 2012, S. 591 f.

Leuering/Stein, Prospektpflichtige Anlässe im WpPG nach der Umsetzung der Änderungsrichtlinie, Der Konzern 2012, S. 382 ff.

Leuering/Rubner, Die Prospekthaftung im engeren und im weiteren Sinne, NJW-Spezial 2013, S. 143 ff.

Leuschner, Öffentliche Umplatzierung, Prospekthaftung und Innenregress, NJW 2011, S. 3275 ff.

Loritz/Wagner, Geschlossene Fonds: Prospektdarstellung von „weichen" Kosten und Anlageberatungspflichten in der Rechtsprechung des BGH vor dem 1. 7. 2005 und danach, NZG 2013, S. 367 ff.

Machin, EC's Changes to the Prospectus Directive Regulation: Likely Impact on MTN Programmes, Butterworths Journal of International Banking & Financial Law 2012, Vol. 27, No. 6, S. 378 ff.

Mack/Stretch, Updating the Prospectus Directive: a helping hand for equity raising?, Practial Law Companies 2010, Vol. 21 No. 7, S. 6 ff.

Mattil, Gesetz zur Novellierung des Finanzanlagenvermittler- und Vermögensanlagerechts, DB 2011, 2533 ff.

Mattil/Moslein, The Language of the Prospectus: Europeanisation and Investor Protection, Butterworths Journal of International Banking & Financial Law 2008, Vol. 23, No. 1, S. 27 ff.

Mayer, Die gegenwärtige und künftige Rolle der Europäischen Zentralbank bei der Verhütung und Bewältigung von Finanzkrisen, ZBB 2011, S. 25 ff.

Meixner, Das Gesetz zur Novellierung des Finanzanlagenvermittler- und Vermögensanlagenrechts, ZAP 2012, S. 471 ff.

Meyer, Anforderungen an Finanzinformationen in Wertpapierprospekten, Accounting 2/2006, S. 11 ff.

Möllers, Europäische Methoden- und Gesetzgebungslehre im Kapitalmarktrecht – Vollharmonisierung, Generalklauseln und soft law im Rahmen des Lamfalussy-Verfahrens als Mittel zur Etablierung von Standards, ZEuP 2008, S. 480 ff.

Möllers, Effizienz als Maßstab des Kapitalmarktrechts AcP 208 (2008), S. 1 ff.

Möllers, Auf dem Weg zu einer neuen europäischen Finanzmarktaufsichtsstruktur, NZG 2010, S. 285 ff.

Möllers/Voß, Schlaglicht Wertpapierprospektrecht: Der Wegfall des Daueremittentenprivilegs erfordert schnelles Handeln, BB 2008, S. 1131 f.

Moloney, EU Financial Market Regulation after the Global Financial Crisis: „More Europe" or More Risks?, 47:5 Common Market Law Review 1317 (2010)

Moloney, The European Securities and Markets Authority and Institutional Design for the EU Financial Market – A Tale of Two Competences: Part (1): Rule-Making, 12:1 European Business Organization Law Review 41 (2011)

Moloney, The European Securities and Markets Authority and Institutional Design for the EU Financial Market – A Tale of Two Competences: Part (2) Rules in Action, 12:2 European Business Organization Law Review 177 (2011)

Moloney, Reform or Revolution? The Financial Crisis, EU Financial Markets Law, and the European Securities and Markets Authority, 60:2 International & Comparative Law Quarterly 521 (2011)

Mujkanovic, Rechnungslegung und erstmalige Zwischenberichterstattung nach IFRS unter Berücksichtigung der Transparenzrichtlinie, KoR 2005, S. 146 ff.

Nicholds, Prospectus Directive two years on - success or nul point?, Financial Regulation International 2007/2008, S. 10 ff.

Nobbe, Prospekthaftung bei geschlossenen Fonds, WM 2013, S. 193 ff.

Oltmanns/Zöllter-Petzoldt, Bezugsrechtskapitalerhöhungen von Unternehmen im Entry-Standard, NZG 2013, S. 489 ff.

Oulds, Die Nachtragspflicht gemäß § 16 WpPG – Abgrenzung, Widerrufsrecht und die Novellierung der Prospektrichtlinie, WM 2011, S. 142 ff.

Oulds, Prospekthaftung bei grenzüberschreitenden Kapitalmarkttransaktionen, WM 2008, S. 1573 ff.

Paulus, Schuldverschreibungen, Restrukturierungen, Gefährdungen, WM 2012, S. 1109 ff.

Partsch, Die Harmonisierung der Europäischen Finanzaufsicht, ZBB 2010, S. 72 ff.

Priester, Emissions-Tranchen bei ordentlicher Kapitalerhöhung?, NZG 2010, S. 81 ff.

Reger/Stenzel, Der Kapitalschnitt auf Null als Mittel zur Sanierung von Unternehmen – Gesellschaftsrechtliche, börsenzulassungsrechtliche und kapitalmarktrechtliche Konsequenzen, NZG 2009, S. 1210 ff.

Reifner, Europäische Finanzaufsicht und Verbraucherschutz-Wie kann der Schutz der Verbraucherinteressen in die BaFin integriert werden?, VuR 2011, S. 410 ff.

Revell/Cotton, The Prospectus Directive amendments, Butterworths Journal of International Banking & Financial Law 2011, Vol. 26, No. 2, S. 82 ff.

Rieckhoff, Trendinformationen und Prognosen im Wertpapierprospekt – Ein Beitrag zur zukunftsbezogenen Unternehmensberichterstattung, BKR 2011, S. 221 ff.

Rötting/Lang, Das Lamfalussy-Verfahren im Umfeld der Neuordnung der europäischen Finanzaufsichtsstrukturen, EuZW 2012, S. 8 ff.

Schäfer, Prospekthaftung bei öffentlicher Umplatzierung von Aktien – Zur richtigen Verteilung der Risiken, ZIP 2010, S. 1877 ff.

Schäfer/Schäfer, Anforderungen und Haftungsfragen bei PIBs, VIBs und KI-IDs, ZBB 2013, S. 23 ff.

Schanbacher/Fuchs, Combined Financial Statements – Die Darstellung der Vermögens-, Finanz- und Ertragslage im Börsenprospekt vor dem Hintergrund einer komplexen finanztechnischen Vorgeschichte, IRZ 2009, S. 39 ff.

Schanz, SPACs – Neue Finanzierungsform und deutsches Recht, NZG 2011, S. 1407 ff.

Schlee/Maywald, PIB: Ein neues Risiko im Rahmen der Prospekthaftung?, BKR 2012, S. 320 ff.

Schlitt/Schäfer, Auswirkungen des Prospektrichtlinien-Umsetzungsgesetzes auf Aktien- und Equity-linked Emissionen, AG 2005, S. 498 ff.

Schlitt/Schäfer, Drei Jahre Praxis unter dem Wertpapierprospektgesetz – eine Zwischenbilanz, AG 2008, S. 525 ff.

Schmidt/Schrader, Leistungsversprechen und Leistungsbestimmungsrechte in Anleihebedingungen unter Berücksichtigung des neuen Schuldverschreibungsgesetzes, BKR 2009, S. 397 ff.

Schmuck/Ulbrich, Roadmap und Reziprozität sowie Delisting in den USA, KoR 2006, S. 530 ff.

Schneider, Auf dem Weg in die europäische Kapitalmarktunion, AG 2012, S. 823 ff.

Schnorbus, Die prospektfreie Platzierung von Wertpapieren nach dem WpPG, AG 2008, S. 389 ff.

Schnorbus, Prospektanforderungen für bestimmte Emittenten (Specialist Issuers), WM 2009, S. 249 ff.

Seibt/v. Bonin/Isenberg, Prospektfreie Zulassung von Aktien bei internationalen Aktientausch-Transaktionen mit gleichwertigen Dokumentenangaben (§ 4 Abs. 2 Nr. 3 WpPG), AG 2008, S. 565 ff.

Seitz, ESMA: Finaler Bericht zu den delegierten Rechtsakten zur Prospektrichtlinie, RdF 2011, S. 428 f.

Seitz/Juhnke/Seibold, PIBs, KIIDs und nun KIDs – Vorschlag der Europäischen Kommission für eine Verordnung über Basisinformationsblätter für Anlageprodukte im Rahmen der PRIPs-Initiative, BKR 2013, S. 1 ff.

Selzner, SPAC Transaktionen in Deutschland – Unternehmensübernahmen durch Special Purpose Acquisition Companies, ZHR 2010, S. 318 ff.

Skeel, Corporate Shaming Revisited, 2 Berkeley Bus. L.J. 105 (2005); Schmitz-Lippert, International Co-operation between Financial Supervisory Authorities, ECFR 2010, S. 266 ff.

Sonder, Rechtsschutz gegen Maßnahmen der neuen europäischen Finanzaufsichtsagenturen, BKR 2012, S. 8 ff.

Spindler, Informationsfreiheit und Finanzmarktaufsicht, ZGR 2011, S. 690 ff.

Suchomel, Konkurrenz von § 20 VermAnlG und bürgerlich-rechtlicher Prospekthaftung bei fehlerhaftem Prospekt, NJW 2013, S. 1126 ff.

Tabet/Archibald, The Prospectus Directive, Company Secretary's Review 2010, Vol. 34, No. 9, S. 65 ff.

Tanega, Some Principles of Disclosure for Asset Backed Securities under the EU Prospectus Regulation 2004, Journal of International Banking Law and Regulation 2008, Vol. 28, No. 6, S. 294 ff.

Tanega, Asset-backed Securities Disclosures under the EU Prospectus Regulation 2004, Finance & Credit Law 2008, S. 1 ff.

Urbanczik, „Presentation of Items of Other Comprehensive Income – Amendments to IAS 1" – Überblick und Auswirkungen, KoR 2012, S. 269 ff.

v. Kopp-Colomb/Seitz, Das neue Prospektregime – Auswirkungen der Änderungen der Prospektverordnung auf Basisprospekte für die Emission von Anleihen und verbrieften Derivaten, WM 2012, S. 1220 ff.

v. Livonius, ESMA: Zweiter Teil der Vorschläge zu den delegierten Rechtsakten zur Prospektrichtlinie, RdF 2012, S. 133

v. Livonius, Die Änderung der Prospektrichtlinie: Ein Schritt in die richtige Richtung, ..., EWS 2011, S. 63 f.

v. Rumpt, Integrating CSR principles in capital markets through the Prospectus Directive, European Company Law 2012, Vol. 9, No. 2, S. 81 ff.

Vaupel/Reers, Kapitalerhöhungen bei börsennotierten Aktiengesellschaften in der Krise, AG 2010, S. 93 ff.

Veil/Wundenberg, Prospektpflichtbefreiung nach § 4 Abs. 2 Nr. 3 WpPG bei Unternehmensübernahmen, WM 2008, S. 1285 ff.

Veranneman/Gärtner, Grenzüberschreitende Tauschangebote nach WpÜG, AG 2009, S. 648 ff.

Volhard/Jang, Der Vertrieb alternativer Investmentfonds, DB 2013, S. 273 ff.

Wagner, Anlegerschutzverbesserung und „Grauer Kapitalmarkt", NZG 2011, S. 609 ff.

Walla, Die Europäische Wertpapier- und Marktaufsichtsbehörde (ESMA) als Akteur bei der Regulierung der Kapitalmärkte Europas – Grundlagen, erste Erfahrungen und Ausblick, BKR 2012, S. 265 ff.

Weber, Die Entwicklung des Kapitalmarktrechts im Jahre 2008, NJW 2009, S. 33 ff.

Weber, Internationale Prospekthaftung nach der Rom II-Verordnung, WM 2008, S. 1581 ff.

Weber-Rey, Neue Finanzaufsichtsarchitektur für Europa, AG 2010, R453 f.

Weber-Rey, Errichtung des Europäischen Finanzaufsichtssystems – Einbindung der nationalen Aufseher in die neuen EU-Aufsichtsstrukturen, AG 2011, R 259 f.

Weber-Rey, Der Europäische Ausschuss für Systemrisiken (European Systemic Risk Board – ESRB), AG 2012, R204 ff.

Wieneke, Haftung der Konzernspitze für die (unrichtige) Darstellung des Unternehmensvertrags im Wertpapierprospekt der Konzerntochter, NZG 2012, S. 1420 ff.

Wink, Übernahme des Prospekthaftungsrisikos durch die Gesellschaft bei der Umplatzierung von Aktien und Verbot der Einlagenrückgewähr nach § 57 AktG, AG 2011, S. 569 ff.

Zülch/Hoffmann/Detzen, ESMA – Die neue europäische Wertpapier- und Kapitalmarktaufsicht, EWS 2011, S. 167 ff.

Einleitung

Inhalt

Literatur: *Althaus, Torsten,* Verbriefung in Deutschland aus Sicht der Ratingagentur, Kreditwesen 2003, S. 632 ff.; *Apfelbacher, Gabriele/Metzner, Manuel,* Das Wertpapierprospektgesetz in der Praxis – eine erste Bestandsaufnahme, BKR 2006, S. 81 ff.; *Assmann, Heinz-Dieter,* Anleihebedingungen und AGB-Recht, WM 2005, S. 1053 ff.; *Assmann, Heinz-Dieter,* Neues Recht für den Wertpapiervertrieb, Die Förderung für die Vermögensbildung durch Wertpapieranlage und die Geschäftstätigkeit von Hypothekenbanken, NJW 1991, S. 528 ff.; *Baur, Georg/Boegel, Martin,* Die neue europäische Finanzmarktaufsicht – Der Grundstein ist gelegt, BKR 2011, 177 ff.; *Binder, Jens-Hinrich/Broichhausen, Thomas N.,* Entwicklungslinien und Perspektiven des Europäischen Kapitalmarktrechts, ZBB 2006, S. 85 ff.; *Böckli, M.,* Europäische Börsenlandschaft im Umbruch?, Aktuelle Rechtsprobleme des Finanz- und Börsenplatzes Schweiz, Bern 2006, 13/2005; *Boos, Karl-Heinz/Preuße, Thomas,* Die Umsetzung der EU-Prospektrichtlinie in Deutschland – Folgen für daueremittierende Banken, ZFGK 2005, S. 523 ff.; *Brandt, Sven,* Kreditderivate – Zentrale Aspekte innovativer Kapitalmarktprodukte, BKR 2002, S. 243 ff.; *Buchheim, Regine/Gröner, Susanne/Kühne, Mareike,* Übernahme von IAS/IFRS in Europa: Ablauf und Wirkung des Komitologieverfahrens auf die Rechnungslegung, BB 2004, S. 1783 ff.; *Callies, Gralf-Peter,* Heimatstaatsprinzip und Europa-Pass (single licence principle) im europäischen Finanzmarktrecht – Wettbewerb der Finanzdienstleister oder der Finanzplätze?, EWS 2000, S. 432 ff.; *Caspar, Johannes,* Das europäische Tabakwerbeverbot und das Gemeinschaftsrecht, EuZW 2000, S. 237 ff.; *Claßen, Ruth/Heegemann, Volker,* Das Lamfalussy-Verfahren – Bestandsaufnahme, Bewertung und Ausblick, Kreditwesen 2003, S. 1200 ff.; *Crüwell, Christoph,* Die europäische Prospektrichtlinie, AG 2003, S. 243 ff.; *d'Arcy, Anne/Leuz, Christian,* Rechnungslegung am neuen Markt – Eine Bestandsaufnahme, DB 2000, S. 385 ff.; *Di Fabio, Udo,* Werbeverbote – Bewährungsprobe für europäische Grundfreiheiten und Grundrechte, AfP 1998, S. 564 ff.; *Eberhartinger, Michael,* Konvergenz und Neustrukturierung der Grundfreiheiten, EWS 1997, S. 43 ff.;

Einsele, Dorothee, Wertpapiere im elektronischen Bankgeschäft, WM 2001, S. 7 ff.; *Ekkenga, Jens*, Änderungs- und Ergänzungsvorschläge zum Regierungsentwurf eines neuen Wertpapierprospektgesetzes, BB 2005, S. 561 ff.; *Fischer, Anne*, Die Kapitalverkehrsfreiheit in der Rechtsprechung des EuGH – Entscheidungen „Trümmer & Mayer" vom 16.03.1999 und „Konle/Österreich" vom 01.06.1999; *Fleischer, Holger*, Marktschutzvereinbarungen beim Börsengang, WM 2002, S. 2305 ff.; *Fleischer, Holger*, Prognoseberichterstattung im Kapitalmarktrecht und Haftung für fehlerhafte Prognosen, AG 2006, S. 2 ff.; *Friedrichsen, Sönke/Weisner, Arnd*, Das Gesetz zur Novellierung des Finanzanlagenvermittler- und Vermögensanlagenrechts – Wesentliche Neuerungen im Bereich geschlossener Fonds, ZIP 2012, 756 ff.; *Früh, Andreas*, Asset Backed Securities/Securitization am Finanzplatz Deutschland, BB 1995, S. 105 ff.; *Fürhoff, Jens/Ritz, Corinna*, Richtlinienentwurf der Kommission über den Europäischen Pass für Emittenten, WM 2001, S. 2280 ff.; *Glöckner, Jochen*, Grundverkehrsbeschränkungen und Europarecht – Zugleich ein Beitrag zum Anwendungsbereich der Kapitalverkehrsfreiheit, EuR 2000, S. 592 ff.; *Grimme, Leoni/Ritz, Corinna*, Die Novellierung verkaufsprospektrechtlicher Vorschriften durch das Dritte Finanzförderungsgesetz, WM 1998, S. 2091 ff.; *Grosjean, Andreas*, Prospekthaftung auch ohne Prospekt, Going Public Sonderausgabe Kapitalmarktrecht 2007, S. 68 ff.; *Groß*, Bookbuilding, ZHR 1998, S. 318 ff.; *Grub, Maximilian/Thiem, Ulrich*, Das neue Wertpapierprospektgesetz – Anlegerschutz und Wettbewerbsfähigkeit des Finanzplatzes Deutschland, NZG 2005, S. 750 ff.; *Grundmann, Stefan/Möslein, Florian*, Die Golden Shares Grundsatzentscheidungen des Europäischen Gerichtshofs – Anmerkung zu den Entscheidungen EuGH, BKR 2002, S. 758 ff.; *Grundmann, Stefan/Möslein, Florian*, ECLR die goldene Aktie, Staatskontrollrechte in Europarecht und wirtschaftspolitischer Bewertung, ZGR 2003, S. 317 ff.; *Gündel, Matthias/Hirdes, Mario*, Mezzanine-Kapital zur Bilanzoptimierung und bankenunabhängigen Unternehmensfinanzierung – Praxisfall zur Beschaffung von Mezzanine-Kapital im Wege der Privatplatzierung, BC 2005, S. 205 ff.; *Habersack, Matthias*, Staatsbürgschaften und EG-vertragliches Beihilfeverbot, ZHR 159, (1995), S. 663 ff.; *ders.*, Doppelzählung von Einzel- und Konzernabschluss im Rahmen der Vorschriften über die interne Rotation, NZG, 2007, S. 207 ff.; *Heidelbach, Anna/Preuße, Thomas*, Einzelfragen in der praktischen Arbeit mit dem neuen Wertpapierprospektregime, BKR 2006, S. 316 ff.; *Hein, Thomas*, Rechtliche Fragen des Bookbuildings nach deutschem Recht, WM 1996, S. 1 ff.; *Hermanns, Marc*, Die Investmentaktiengesellschaft nach dem Investmentmodernisierungsgesetz eine neue Gesellschaftsform, ZIP 2004, S. 1297 ff.; *Holzborn, Timo/Israel, Alexander*, Das neue Wertpapierprospektrecht, ZIP 2005, S. 1668 ff.; *Holzborn, Timo/Schwarz-Gondek, Nicolai*, Die neue EU-Prospektrichtlinie, BKR 2003, S. 927 ff.; *Hopt, Klaus J.*, Europäisches Gesellschaftsrecht und deutsche Unternehmensverfassung – Aktionsplan und Interdependenzen, ZIP 2005, S. 461 ff.; *Hutter, Stephan/Kaulamo, Katja*, Transparenzrichtlinie-Umsetzungsgesetz: Änderungen der Regelungspublizität und das neue Veröffentlichungsregime für Kapitalmarktinformationen, NJW 2007, S. 550 ff.; *Ilberg, Philip von/Neises, Michael*, Die Richtlinienvorschläge der EU-Kommission zum „Einheitlichen europäischen Prospekt" und zum „Marktmissbrauch" aus Sicht der Praxis, WM 2002, S. 635 ff.; *Jäger, Axel*, Thema Börse (2) – Alternative Maßnahmen der Kapitalbeschaffung, NZG 1998, S. 718 ff.; *Kaum, Markus/Zimmermann, Martin*, Das jährliche Dokument nach § 10 WpPG, BB 2005, S. 1466 ff.; *Keller, Christoph/Langer, Julian*, Überblick über EG-Gesetzgebungsvorhaben im Finanzbereich, BKR 2003, S. 616 ff.; *Keul, Thomas/Erttmann, Dorothee*, Inhalt und Reichweite zivilrechtlicher Prospekthaftung, DB 2006, S. 1664 ff.; *König, Christian*, Grundfragen des EG-Beihilfenrechts, NJW 2000, S. 1065 ff.; *König, Kai-Michael*, Die neue EU-Prospektrichtlinie aus gemeinschaftsprivatrechtlicher Perspektive, GPR 2004, S. 152 ff.; *König, Kai-Michael*, Die neue europäische Prospektrichtlinie, Eine kritische Analyse und Überlegungen zur Umsetzung in das deutsche Kapitalmarktrecht, ZEuS 2004, S. 251 ff.; *Kopp-Colomb, Wolf von/Lenz, Jürgen*, Der europäische Pass für Emittenten, AG 2002, S. 24 ff.; *Krimphove, Dieter*, Aktuelle Entwicklung im europäischen Bank- und Kapitalmarktrecht, Kreditwesen 2005, S. 97 ff.; *Kullmann, Walburga/Sester, Peter*, Das Wertpapierprospektgesetz (WpPG) – Zentrale Punkte des neuen Regimes für Wertpapieremissionen, WM 2005, S. 1068 ff.; *Kullmann, Walburga/Sester, Peter*, Inhalt und Format von Emissionsprospekten nach dem WpPG, ZBB 2005, S. 209 ff.; *Kullmann, Walburga/Müller-Deku, To-*

bias, Die Bekanntmachung zum Wertpapier-Verkaufsprospektgesetz, WM 1996, S. 1989 ff.; *Kunold, Uta/Schlitt, Michael*, Die neue EU-Prospektrichtlinie, BB 2004, S. 501 ff.; *Küting, Karlheinz/Dürr, Ulrike*, „Genüsse" in der Rechnungslegung nach HGB und IFRS sowie Implikationen im Kontext von Basel II, DStR 2005, S. 938 ff.; *Kuntz, Thilo*, Internationale Prospekthaftung nach Inkrafttreten des Wertpapierprospektgesetzes, WM 2007, S. 432 ff.; *Lawall, Arne/Maier, Peter*, Änderungen im Wertpapierprospektgesetz (Teil 1), DB 2012, 2443 ff. *Lawall, Arne/Maier, Peter*, Änderungen im Wertpapierprospektgesetz (Teil 2), DB 2012, 2503 ff.; *Lehne, Klaus-Heiner*, Stand der europäischen Corporate Governance-Entwicklung, Der Konzern 2003, S. 272 ff.; *Lenz, Jürgen/Ritz, Corinna*, Die Bekanntmachung des Bundesaufsichtsamts für den Wertpapierhandel zum Wertpapier-Verkaufsprospektgesetz und zur Verordnung über Wertpapier-Verkaufsprospekte, WM 2000, S. 904 ff.; *Leuering, Dieter*, Die Ad-hoc Pflicht auf Grund der Weitergabe von Insiderinformationen (§ 15 I S. 3 WpHG), NZG 2005, S. 12 ff.; *Leuering, Dieter*, Prospektpflichtige Anlässe im WpPG, Der Konzern 2006, S. 4 ff.; *Leuering, Dieter*, Die Neuordnung der gesetzlichen Prospekthaftung, NJW 2012, 1905 ff.; *Leuering, Dieter/Stein, Philip*, Prospektpflichtige Anlässe im WpPG nach der Umsetzung der Änderungsrichtlinie, Der Konzern 2012, 382 ff.; *Meixner, Rüdiger*, Das Dritte Finanzmarktförderungsgesetz, NJW 1998, S. 1896 ff.; *Merkner, Andreas/Sustmann, Marco*, Insiderrecht und Ad-hoc-Publizität – Das Anlegerschutzverbesserungsgesetz „in der Fassung durch den Emittentenleitfaden der BaFin", NZG 2005, S. 729 ff.; *Meyer, Andreas*, Der Greenshoe und das Urteil des Kammergerichts, WM 2002, S. 1106 ff.; *Moritz, Hans/Grimm, Paul*, Licht im Dunkel des „Grauen Marktes"? Aktuelle Bestrebungen zur Novellierung des Verkaufsprospektgesetzes, BB 2004, S. 1352 ff.; *Mülbert, Peter O.*, Konzeption des europäischen Kapitalmarktrechts für Wertpapierdienstleistungen, WM 2001, S. 2085 ff.; *Müller, Robert/Oulds, Mark K.*, Transparenz im europäischen Fremdkapitalmarkt, WM 2007, S. 573 ff.; *Ohler, Christoph*, Die Kapitalverkehrsfreiheit und ihre Schranken, WM 1996, S. 1801 ff.; *Pannen, Klaus/Wolff, Patrick*, ABS-Transaktionen in der Insolvenz des Originiators – das Doppeltreuhandmodell und die neuen Refinanzierungsregister, ZIP 2006, S. 52 ff; *Rodewald, Jörg/Unger, Ulrike*, Zusätzliche Transparenz für die europäischen Kapitalmärkte – die Umsetzung der EU-Transparenzrichtlinie in Deutschland, BB 2006, S. 1917 ff.; *Samtleben, Jürgen*, Das Börsentermingeschäft ist tot – es lebe das Finanztermingeschäft? ZBB 2003, S. 69 ff.; *Sandberger, Christoph*, Die EU-Prospektrichtlinie – Europäischer Pass für Emittenten, EWS 2004, S. 297 ff.; *Schäfer, Frank A.*, Emission und Vertrieb von Wertpapieren nach dem Wertpapierverkaufsprospektgesetz, ZIP 1991, S. 1557 ff.; *Schäfer, Frank A.*, Stand und Entwicklungstendenzen der spezialgesetzlichen Prospekthaftung, ZGR 2006, S. 40 ff.; *Schlitt, Michael/Schäfer, Susanne*, Auswirkungen des Prospektrichtlinie-Umsetzungsgesetzes auf Aktien und Equity-linked Emissionen, AG 2005, S. 498 ff.; *Schlitt, Michael/Schäfer, Susanne/Singhof*, Aktuelle Rechtsfragen und neue Entwicklungen im Zusammenhang mit Börsengängen, BKR 2005, S. 251 ff.; *Schwenke, Michael*, Die Kapitalverkehrsfreiheit im Wandel? – Eine erste Analyse neuer Entwicklungen der Rechtsprechung des EuGH, ISTR 2006, S. 748 ff.; *Seibt, Christoph H./v. Bonin, Gregor*, Prospektfreie Zulassung von Aktien bei internationalen Aktientausch-Transaktionen mit gleichwertigen Dokumentationsangaben (§ 4 Abs. 2 Nr. 3 WpPG); *Seitz, Jochen*, Das neue Wertpapierprospektrecht, AG 2005, S. 678 ff.; *Seitz, Jochen*, Die Integration der europäischen Wertpapiermärkte und die Finanzgesetzgebung in Deutschland, BKR 2002, S. 340 ff.; *Spindler, Gerald*, Deutsches Gesellschaftsrecht in der Zange zwischen Inspire Art und Golden Shares?, RIW 2003, S. 850 ff.; *Spindler, Gerald/Christoph, Fabian*, Die Entwicklung des Kapitalmarktrechts in den Jahren 2003/2004, BB 2004, S. 2197 ff.; *Stadler, Markus*, Die Sanierung von Aktiengesellschaften unter Einsatz von Wandelgenussrechten, NZI 2003, S. 579 ff.; *Stephan, Klaus-Dieter*, Prospektaktualisierung, AG 2002, S. 3 ff.; *Süßmann, Rainer*, Wertpapierverkaufsprospektgesetz und Verkaufsprospekt-Verordnung, EuZW 1991, S. 210 ff.; *Than, Jürgen*, Wertpapierrecht ohne Wertpapiere? Bankrechtsschwerpunkte und Perspektiven, in: FS Schimansky, Horn/Lwoswski/Nobbe (Hrsg.), 1999, S. 821 ff.; *Tollmann, Claus*, Die Sicherstellung der Insolvenzfestigkeit bei der Asset Backed Securitization nach dem neuen Refinanzierungsregister gemäß §§ 22 a ff. KWG, WM 2005, S. 2017 ff.; *von Kopp-Colomb/Seitz*, Das neue Prospektregime – Auswirkungen der Änderungen der Prospektverordnung auf Basisprospekte für die Emmission

von Anleihen und verbrieften Derivaten, WM 2012, 1220 ff.; *Walla, Fabian,* Die Europäische Wertpapier- und Marktaufsichtsbehörde (ESMA) als Akteuer bei der Regulierung der Kapitalmärkte Europas – Grundlagen, erste Erfahrungen und Ausblick, BKR 2012, 265 ff.; *Wagner, Oliver,* Der Europäische Pass für Emittenten – die neue Prospektrichtlinie, Die Bank 2003, S. 681 ff.; *Waldeck, Michael/Süßmann, Rainer,* Die Anwendung des Wertpapier-Verkaufsprospektgesetzes, WM 1993, S. 361 ff.; *Waschbusch, Gerd,* Asset Backed Securities – eine moderne Form der Unternehmensfinanzierung, ZBB 1998, S. 408 ff.; *Weber, Martin,* Unterwegs zu einer europäischen Prospektkultur – Vorgaben der neuen Wertpapierprospektrichtlinie vom 04.11.2003, NZG 2004, S. 360 ff.; *Weber, Martin,* Die Entwicklung des Kapitalmarktrechts im Jahre 2005, NJW 2005, S. 3682 ff.; *Weber, Martin,* Die Entwicklung des Kapitalmarktrechts im Jahre 2006, NJW 2006, S. 3685 ff.; *Weber, Martin,* Die Entwicklung des Kapitalmarktrechts im Jahre 2011, NJW 2012, S. 274 ff.; *Wellige, Kristian,* Weg mit dem VW-Gesetz!, EuZW 2003, S. 427 ff.; *Wieneke, Laurenz,* Emissionspublizität – Praktische Anforderung und rechtliche Grenzen, NZG 2005, S. 109 ff.; *Wieneke, Laurenz,* Der Einsatz von Aktien als Akquisitionswährung, NZG 2004, S. 61 ff.; *Wittich, Georg,* Aktuelle Aspekte der Wertpapieraufsicht in Deutschland und Europa, Die Bank, S. 278 ff.; *Zahn, Andreas/Lemke, Rudolf,* Anleihen als Instrument der Finanzierung und Risikosteuerung, BKR 2002, S. 527 ff.

I. Die Grundfreiheiten
und das europäische Kapitalmarktrecht

1. Die Bedeutung der Grundfreiheiten für das europäische Kapitalmarktrecht

a) Der Binnenmarkt

1 Kapital ist international fungibel. Daher ist gerade für den europäischen Kapitalmarkt das Ziel der Europäischen Union nach Art. 3 Abs. 3 S. 1 EUV, einen Binnenmarkt herzustellen[1], besonders bedeutsam. Dies umfasst nach Art. 26 Abs. 2 AEUV „einen Raum ohne Binnengrenzen, in dem der freie Verkehr von Waren, Personen, Dienstleistungen und Kapital gemäß den Bestimmungen dieses Vertrages gewährleistet ist". Eine bereichsspezifische Konkretisierung findet zunächst mit dem Begriff des europäischen Finanzraums statt[2], der aus einem integrierten Wertpapier-, Banken- und Versicherungsmarkt besteht.[3]

2 Der europäische Binnenkapitalmarkt soll realisiert werden durch die vollständige Liberalisierung des Kapitalverkehrs, die vollständige Niederlassungsfreiheit für Finanzunternehmen sowie den möglichst weitgehenden Abbau von Beschränkungen und Hemmnissen aller Art, die die Erbringung von Finanzdienstleistungen behindern.[4] Für die europaweite Liberalisierung

---

1 *Becker,* in: Schwarze, EU-Komm., Art. 3 EUV Rn. 13; *Terhechte,* in: Grabitz/Hilf/Nettesheim, EUV/AEUV Komm, Art. 3 EUV Rn. 38.
2 Mitteilung der Kommission zur Schaffung eines europäischen Finanzraums KOM(87) 550 endg. v. 04.11.1987, Ratsdokument 9510/87, ABl. EG Nr. C-26 v. 01.02.1988, S. 1, BR-Drucks. 509/87 v. 16.11.1987.
3 *Jung,* in: Schulze/Zuleeg/Kadelbach, Europarecht, § 20 Rn. 14.
4 *Stünkel,* EG-Grundfreiheiten und Kapitalmärkte, S. 43; *Mülbert,* WM 2001, 2085, 2088; *Lomnicka,* in: Andenas/Kenyon-Slade FMR, S. 81.

der Kapitalmärkte ist vor allem die Kapitalverkehrsfreiheit gem. Art. 63 AEUV relevant, in erster Linie für Anleger und Emittenten. Doch auch die übrigen Marktteilnehmer wie Banken und Wertpapierfirmen als Finanzintermediäre und die Börse als Markt für den Handel mit Wertpapieren kommen in den Anwendungsbereich der Grundfreiheiten, wobei hier die Niederlassungsfreiheit (Art. 49 AEUV) und die Dienstleistungsfreiheit (Art. 56 AEUV) den Rechtsrahmen für den grenzüberschreitenden Verkehr bestimmen[5]; sie sind vor allem als Finanzintermediäre für ein reibungsloses Funktionieren der Kapitalmärkte auf europäischer Ebene von kaum zu überschätzender Bedeutung.[6]

b) Das Verhältnis von Grundfreiheiten und Sekundärrecht

Da die Grundfreiheiten unmittelbar anwendbar sind[7], sorgen sie vor allem dort für die Verwirklichung des Binnenmarktes, wo es an sekundärrechtlichen Regelungen fehlt[8], indem die nationalen Regelungen sich an den Grundfreiheiten messen lassen müssen. Die Grundfreiheiten sind darüber hinaus auch in den harmonisierten Regelungsbereichen von Relevanz, da sich das sekundäre Unionsrecht als das von den Organen der Union nach Maßgabe der Gründungsverträge erlassene Recht[9] daran messen lassen muss.[10] 3

In welchem Maße indes die Grundfreiheiten für das sekundäre Unionsrecht die Messlatte darstellen, ist nach wie vor umstritten: So wird verbreitet davon ausgegangen, dass die Unionsorgane zwar den Grundfreiheiten verpflichtet sind[11], allerdings nur in dem Sinne, dass sie keine Maßnahmen er- 4

---

5 *Stünkel*, EG-Grundfreiheiten und Kapitalmärkte, S. 32; *Jung*, in: Schulze/Zuleeg/Kadelbach, Europarecht, § 20 Rn. 10; *Randelzhofer/Forsthoff*, in: Grabitz/Hilf/Nettesheim, EUV/AEUV Komm, Art. 56/57 AEUV Rn. 2.

6 *Stünkel*, EG-Grundfreiheiten und Kapitalmärkte, S. 44.

7 Für die Kapitalverkehrsfreiheit: EUGH v. 14.12.1995 - verb. Rs. C-163/94, C-165/94 und C-250/94 (Sanz de LeRn u.a.), Slg. 1995 I-4821 Rn. 41 ff.; für die Dienstleistungsfreiheit: EUGH v. 03.12.1974 – Rs. C-33/74 (van Binsbergen), Slg. 1974, 1299 Rn. 27; für die Niederlassungsfreiheit: EuGH v. 01.04.2008 – Rs. C-212/06 (Gouvernement wallon), Slg. 2008, I-1683 Rn. 44; EUGH v. 21.06.1974 – Rs. C-2/74 (Reyners), Slg. 1974, 631, Rn. 28 ff.; grundlegend zur unmittelbaren Anwendbarkeit von Unionsnormen: EUGH v. 05.02.1963 – Rs. C-26/62 (Van Gend & Loos), Slg. 1963, 1.

8 *Jung*, in: Schulze/Zuleeg/Kadelbach, Europarecht, § 20 Rn. 14.

9 *Schulze/Kadelbach*, in: Schulze/Zuleeg/Kadelbach, Europarecht, Zur Einleitung S. 32 B.II., § 20 Rn. 22; *Stünkel*, EG-Grundfreiheiten und Kapitalmärkte, S. 62.

10 *Becker*, in: Schwarze, EU-Komm., Art. 34 AEUV Rn. 101; *Schwemer*, Die Bindung des Gemeinschaftsgesetzgebers an die Grundfreiheiten, 1995, 45; EuGH v. 09.08.1994 – Rs. C-51/93 (Meyhui), Slg. 1994 I-3879 Rn. 11; EuGH v. 11.07.1996 – verb. Rs. C-427/93, C-429/93 und C-436/93 (Bristol Myers-Squibb u.a), Slg 1996, I-3457 Rn. 36.

11 Vgl. etwa *Schwemer*, Europarecht, S. 25 ff.; *Scheffer*, Marktfreiheiten des EG-Vertrages, Frankfurt/a. M. 1997, S. 32 ff.;*Forsthoff*, in: Grabitz/Hilf/Nettesheim, EUV/AEUV Komm., Art. 45 AEUV Rn. 131; *Holoubek*, in: Schwarze, EU-Komm., Art. 67 Rn. 67; *Di Fabio*, AfP 1998, 564, 565 f.; *Caspar*, EuZW 2000, 237, 240 f. und *Pérau*, Werbeverbote im GemeinschaftsR, Baden-Baden 1997, S. 249 sprechen von einer analogen Anwendung der Grundfreiheiten gegenüber den Gemeinschaftsorganen.

greifen dürfen, die den Grundsätzen der Grundfreiheiten widersprechen. Die Rechtsakte seien nicht unmittelbar an den Grundfreiheiten zu überprüfen, da sie eine unterschiedliche Struktur und Zielsetzung als die nationalen Regelungen aufweisen.[12] Sekundäres Unionsrecht sei grundsätzlich als Ausführung der Grundfreiheiten und nicht als deren Beschränkung zu verstehen.[13]

5   Dem steht jedoch – zu Recht – die Rechtsprechung des EuGH gegenüber, der auch Rechtsakte der Union an den Grundfreiheiten prüft, etwa im Fall *„Alliance for Natural Health"*.[14] Allerdings weist das Gericht im Rahmen der Rechtfertigung der festgestellten Beschränkung darauf hin, dass der Unionsgesetzgeber bei der Frage der Erforderlichkeit und der Verhältnismäßigkeit der Maßnahme über ein weites Ermessen in den Bereichen verfügt, „die von ihm politische, wirtschaftliche und soziale Entscheidungen verlangt und in dem er komplexe Prüfungen durchführen muss". In solchen Bereichen erlassene Maßnahmen sind nur dann rechtswidrig, wenn sie zur Erreichung des verfolgten Zieles offensichtlich ungeeignet sind.[15] Entscheidend ist jedoch, dass Sekundärrechtsakte unmittelbar an den Grundfreiheiten zu messen sind.[16]

6   Über die Frage der Rechtmäßigkeit von Sekundärrechtsakten hinaus haben die Grundfreiheiten aber auch Bedeutung für deren Auslegung und Ergänzung. Insb. bei einer Mehrdeutigkeit sekundärrechtlicher Vorschriften zieht der EuGH die Grundfreiheiten als Auslegungsmaßstab heran.[17] Im Hinblick auf die Überprüfung von nationalen Regelungen anhand der Grundfreiheiten bei bestehendem Sekundärrecht ist entscheidend, ob die sekundärrechtliche Regelung abschließend ist oder nicht. Im Falle einer Mindestharmonisierung sind allein die Grundfreiheiten möglicher Prüfungsmaßstab für

---

12 *Schwemer*, Europarecht, S. 42 ff. m.w.N; *Forsthoff*, in: Grabitz/Hilf/Nettesheim, EUV/AEUV Komm., Art. 45 AEUV Rn. 360; *Kingreen*, in: Calliess/Ruffert, EUV/AEUV, Art. 34–36 AEUV Rn. 110.

13 *Stünkel*, EG-Grundfreiheiten und Kapitalmärkte, S. 67; *Forsthoff*, in: Grabitz/Hilf/Nettesheim, EUV/AEUV Komm., Art. 45 AEUV Rn. 349, 352; *Kingreen*, in: Calliess/Ruffert, EUV/AEUV, Art. 34–36 AEUV Rn. 110.

14 EuGH v. 12.07.2005 – verb. Rs. C-154/04 und C-155/04 (Alliance for Natural Health), Slg. 2005 I-6451 Rn. 47; unter Verweis auf die Urteile v. 17.05.1984 in der Rs. C-15/83 (Denkavit Nederland), Slg. 84, 2171 Rn. 15, v. 09.08.1994 – Rs. C-51/93 (Meyhui), Slg. 1994 I-3879 Rn. 11, v. 25.06.1997 in der Rs. C-114/96 (Kieffer und Thill), Slg. 1997, 1-3629 Rn. 27 und v. 12.12.2004 – Rs. C-434/02 (Arnold André), Slg. I-11825 Rn. 57.

15 EuGH v. 12.07.2005 – verb. Rs. C-154/04 und C-155/04 (Alliance for Natural Health), Slg. 2005 I-6451 Rn. 52; unter Verweis auf EuGH v. 10.12.2002 – Rs. C-491/01 (British American Tobacco), Slg. 2002 I-11453.

16 Im Urteil v. 28.04.1998 zur Rs. C-120/95 (Decker), Slg. 1998 I-1831 f. Rn. 27 wählt der EuGH die Formulierung, dass eine nationale Maßnahme, die einer Bestimmung des abgeleiteten Rechts entspricht, an den Bestimmungen des EGV zu messen sei.

17 EuGH v. 19.01.1999 – Rs. C-348/96 (Calfa), Slg. 1999 I-11 Rn. 28 f.; EuGH v. 01.10.1998 – Rs. C-410/96 (Ambry), Slg. 1998 I-7875 Rn. 25; EuGH v. 28.04.1998 – Rs. C-158/96 (Kohll), Slg. 1996 I-1931 Rn. 25 ff.; hierzu *Stünkel*, EG-Grundfreiheiten und Kapitalmärkte, S. 67 ff.; *Van Gerven/Wouters*, in: Andenas/Kenyon-Slade FMR, S. 43, 64.

strengere nationale Regelungen. Bei einer vollständigen, abschließenden Harmonisierung sind nationale Vorschriften in erster Linie am Maßstab der jeweiligen Richtlinie zu prüfen.[18] Allerdings behalten die Grundfreiheiten auch in diesem Rahmen ihre Bedeutung als Auslegungsmaßstab.

c) Anwendungsbereich und Einschränkung der Grundfreiheiten

Einschlägig für die Akteure an Kapitalmärkten sind die Kapitalverkehrsfreiheit, die Niederlassungsfreiheit und die Dienstleistungsfreiheit. Die Kapitalverkehrsfreiheit wurde erst 1993 mit dem Vertrag von Maastricht in den EG-Vertrag eingefügt und bildet eine einheitliche Regelung mit der Freiheit des Zahlungsverkehrs (heute Art. 63 Abs. 2 AEUV).[19] Als Kapitalverkehr kann die Werteübertragung in Form von Sach- oder Geldkapital verstanden werden, die nicht Gegenleistung eines Austauschverhältnisses ist und in der Regel zu Investitions- und Anlagezwecken erfolgt.[20] Der persönliche Schutzbereich weist mit der Einbeziehung von in einem Drittstaat ansässigen Drittstaatsangehörigen (sog. „Erga-Omnes"-Wirkung) eine Besonderheit auf.[21] Hinsichtlich des Gewährleistungsbereichs enthält die Kapitalverkehrsfreiheit nicht nur ein Diskriminierungsverbot, sondern auch ein Beschränkungsverbot.[22]

7

Vom EuGH noch nicht endgültig geklärt ist in diesem Rahmen, ob vergleichbar zur Keck-Rechtsprechung zur Warenverkehrsfreiheit[23] auch für die Kapitalverkehrsfreiheit immanente Bereichsausnahmen bestehen. Derartige immanente Schranken der Grundfreiheiten liegen jedoch nahe, da zwischen den Grundfreiheiten keine strukturellen Unterschiede bestehen.[24] Die Problematik wurde vom EuGH in einer Reihe von Entscheidungen zu den Golden

8

---

18 EuGH v. 23.05.1996 – Rs. C-5/94 (Hedley Lomas), Slg. 1996 I-2553 Rn. 21 ff.; EuGH v. 11.05.1999 – Rs. C-350/97 (Monsees), Slg. 1999 I-2921 Rn. 24; EuGH v. 11.12.2003 – Rs. C-322/01 (Deutscher Apothekerverband e.V./DocMorris NV), Slg. 2003 I-14887 Rn. 102; siehe dazu auch *Stünkel*, EG-Grundfreiheiten und Kapitalmärkte, S. 67 f.

19 *Schwenke*, IStR 2006, 748; *Ress/Ukrow*, in: Grabitz/Hilf/Nettesheim, EUV/AEUV Komm., Art. 63 AEUV Rn. 1 ff.

20 EuGH v. 31.01.1984 verb. Rs. 286/82 und 26/83 (Luisi und Carbone), Slg. 1984 377, Rn. 21; *Jung*, in: Schulze/Zuleeg/Kadelbach, Europarecht, § 20 Rn. 22; *Bröhmer*, in: Calliess/Ruffert, EUV/AEUV, Art. 63 AEUV Rn. 8.

21 Dazu siehe *Schwenke*, IStR 2006, 748, 751 ff.

22 EuGH v. 04.06.2002 – Rs. C-367/98 (Kommission/Portugal), Slg. 2002 I-4731 Rn. 43 ff.; dazu *Grundmann/Möslein*, BKR 2002, 758, 761 f.; *dies.*, ZGR 2003, 317, 320; EuGH v. 13.05.2003 – Rs. C-98/01 (Kommission/Vereinigtes Königreich), Slg. 2003 I-4641 Rn. 43; EuGH v. 23.02.2006 – Rs. C-513/03 (Van Hilten-van der Heijden), Slg. 2006 I-1957 Rn. 44; *Stünkel*, EG-Grundfreiheiten und Kapitalmärkte, S. 51.

23 EuGH v. 24.11.1993 – verb. Rs. C-267/91, C-268/91 (Keck und Mithouard), Slg. 1993 I-6097, 6129 Rn. 8; EuGH v. 10.05.1995 – Rs. C-384/93 (Alpine Investments), Slg. 1995 I-1141, 1177 Rn. 37.

24 Siehe hierzu *Ress/Ukrow*, in: Grabitz/Hilf/Nettesheim, EUV/AEUV Komm., Art. 63 AEUV Rn. 22; zum Problem der Kategorisierung kapitalmarktrechtlicher Regelungen im Hinblick auf die Golden Shares siehe *Spindler*, RIW 2003, 850, 853.

Shares[25] behandelt, wenn auch mit keinem eindeutigen Ergebnis für die grundlegende Fragestellung. Immerhin zeichnet sich in diesen Entscheidungen die Übertragbarkeit der Keck-Rechtsprechung ab[26], wenn auch in den konkreten Fällen eine Marktzugangsbeschränkung festgestellt wurde. Denkbar ist etwa eine Differenzierung nach Regelungen in einem Mitgliedstaat, die rein vertriebsbezogen wirken, also Inländer wie Ausländer gleichermaßen betreffen und den Marktzugang nicht diskriminierend beschränken (Modalitäten),[27] und solchen, die sich auf das Kapitalmarktprodukt selbst beziehen und in vollem Umfang der Überprüfung am Maßstab der Kapitalverkehrsfreiheit unterliegen. Zu vertriebsbezogenen bzw. allgemeinen, nicht produktspezifischen Modalitäten können etwa allgemeine Regelungen des Anlegerschutzes und des Steuerwesens zählen.[28] Wie indes konkret die vertriebsbezogenen von den produktbezogenen Regelungen abzugrenzen sind, ist nach wie vor weitgehend offen: Nach einer Auffassung sollen Investitionsmodalitäten allein Sachverhalte regeln, die sich nach dem Grenzübertritt des Kapitals abspielen und dabei die Rahmenbedingungen für die Kapitalallokation festlegen, wohingegen kapitalbezogene Regelungen etwa den Ursprung oder die Generierung von Kapital betreffen.[29] Richtigerweise – und dem freiheitssichernden Gedanken der Kapitalverkehrsfreiheit entsprechend – sind jedoch allein mittelbare Behinderungen von Kapitalbewegungen, die das Resultat allgemeiner Beschränkungen eines kapitalverkehrsrelevanten Vorgangs darstellen, nicht von dem Beschränkungsverbot erfasst. Handelsmodalitäten sind demnach die äußeren Rahmenbedingungen für Kapitalverkehrsgeschäfte wie z. B. Grundbuchvorschriften oder Notarpflichten im Immobilienbereich, der rechtliche Rahmen für den Schutz von Investoren[30] sowie Regeln zur Ausgestaltung des Steuersystems in den Mitgliedstaaten.[31]

---

25 EuGH v. 21.10.2010 – Rs. C-81/09 (Idryma Typou), ZIP 2010, 2493 Rn. 58 ff.; EuGH v. 11.11.2010 – Rs. C-543/08 (Engergias de Portugal), EuZW 2011, 17 Rn. 66 ff.; EuGH v. 08.07.2010 – Rs. C-171/08 (Portugal Telecom), WM 2010, 1362 Rn. 65 ff.; EuGH v. 04.06.2002 – Rs. C-367/98 (Kommission/Portugal), Slg. 2002 I-4731; EuGH v. 04.06.2002 – Rs. C-483/99 (Kommission/Frankreich), Slg. 2002 I-4781.

26 *Lutter/Bayer/Schmidt*, Europäisches Unternehmens- und Kapitalmarktrecht, § 15 Rn. 10, 31; *Ress/Ukrow*, in: Grabitz/Hilf/Nettesheim, EUV/AEUV Komm., Art. 63 AEUV Rn. 134, 137; *Bröhmer*, in: Calliess/Ruffert, EUV/AEUV, Art. 63 AEUV Rn. 62; *Sedlaczek/Züger*, in: Streinz, EUV/AEUV, Art. 65 AEUV Rn. 19, 24; *Müller*, Kapitalverkehrsfreiheit in der Europäischen Union, Berlin 2000, S. 165; *Stünkel*, EG-Grundfreiheiten und Kapitalmärkte S. 329; *Frenz*, Europarecht, S. 1161 Rn. 3712; *Wellige*, EuZW 2003, 427, 432; *Glöckner*, EuR 2000, 592, 616; *Ohler*, WM 1996, 1801, 1806; krit. dagegen *Kimms*, Kapitalverkehrsfreiheit, Frankfurt/a. M. 1996, S. 183; *Fischer*, ZEuS 2000, 391,393, 404; *Ruge*, EuZW 2003, 540, 541.

27 *Jung*, in: Schulze/Zuleeg/Kadelbach, Europarecht, § 20 Rn. 29; EuGH v. 13.05.2003 – Rs. C-98/01 (Kommission/Vereinigtes Königreich), Slg. 2003 I-4641 Rn. 52.

28 *Bröhmer*, in: Calliess/Ruffert, EUV/AEUV, Art. 63 EG Rn. 62.

29 *Wellige*, EuZW 2003, 427, 432.

30 Dies kann natürlich nicht sämtliche Anlegerschutzbestimmungen betreffen, denn Ansonsten wäre fast das gesamte Kapitalmarktrecht, dessen Säulen der Anleger- und der Funktionsschutz ist, dem Anwendungsbereich der Kapitalverkehrsfreiheit entzogen.

31 *Ress/Ukrow*, in: Grabitz/Hilf/Nettesheim, EUV/AEUV Komm., Art. 63 AEUV Rn. 330.

Die Niederlassungsfreiheit gewährt den Trägern etwa von Kreditinstituten   9
oder Wertpapierhäusern das Recht, ihren eigenen Sitz gemeinschaftsweit frei
zu wählen und zu verlegen (primäre Niederlassungsfreiheit nach Art. 49
Abs. 1 S. 1, 54 AEUV), bzw. Agenturen, Zweigniederlassungen oder Tochtergesellschaften in anderen Mitgliedstaaten zu gründen (sekundäre Niederlassungsfreiheit nach Art. 49 Abs. 1 S. 2, 54 AEUV). Sofern eine nationale Vorschrift ein bestimmtes Nationalitätserfordernis aufstellt und damit zwischen
ausländischen und inländischen Marktteilnehmern differenziert, greift das
Diskriminierungsverbot ein; dabei sind die in Art. 52 AEUV genannten Ausnahmen bei kapitalmarktrechtlichen Regelungen nicht einschlägig. Daneben
sind auch sonstige Beschränkungen z. B. in Form von Genehmigungserfor-
dernissen, Zulassungsprüfungen und Investitionsgrenzen, vor allem aber
auch die Anwendung des Gesellschaftsrechts, wie etwa das Recht der Kapitalaufbringung,[32] grundsätzlich verboten.[33]

Marktteilnehmer wie Banken und sonstige Wertpapierfirmen fallen dann in   10
den Anwendungsbereich der Dienstleistungsfreiheit, wenn Leistungen in der
Regel gegen Entgelt erbracht werden (Art. 57 Abs. 1 AEUV) – was bei den
genannten Teilnehmern am Kapitalmarkt typischerweise der Fall ist –, es
sich um eine selbständige Tätigkeit handelt und diese vorübergehend in
einem anderen Mitgliedsaat erfolgt (Art. 57 Abs. 2 und 3 AEUV), wobei letzteres Merkmal der Abgrenzung zur Niederlassungsfreiheit dient. Sowohl
Leistungserbringer als auch Leistungsempfänger können sich auf die Dienstleistungsfreiheit berufen.[34] Ein grenzüberschreitender Sachverhalt liegt vor,
wenn der Dienstleister, der Leistungsempfänger oder die Dienstleistung eine
mitgliedstaatliche Grenze überschreitet.[35] Die Dienstleistungsfreiheit beinhaltet nicht nur ein Diskriminierungsverbot, sondern auch ein Beschränkungsverbot, was zunächst in der Entscheidung *„Van Binsbergen"*[36] An-

---

32 EuGH v. 13.12.2005 – Rs. C-411/03 (SEVIC Systems AG), Slg. 2005, I-10805; EuGH v.
    30.09.2003 – Rs. C-167/01 (Kamer van Koophandel en Fabrieken voor Amsterdam/Ins-
    pire Art), Slg. 2003 I-10155; EuGH v. 05.11.2002 – Rs. C-208/00 (Überseering BV/Nordic
    Construction Company Baumanagement GmbH (NCC)), Slg. 2002 I-9919; EuGH v.
    09.03.1999 – Rs. C-212-97 (Centros Ltd-Erhvervsog Selskabsstyrelsen), Slg. 1999 I-1459;
    wobei der EuGH in seinem Urt. v. 16.12.2008 in der Rs. C-210/06 (Cartesio), Slg. 2008,
    I-9641 Rn. 110 auch klarstellte, dass allein der jeweilige Mitgliedsstaat darüber be-
    stimmt, unter welchen Voraussetzungen eine Gesellschaft nach seinem innerstaatlichen
    Recht als gegründet und weiterhin existent angesehen werden kann; so zuletzt auch
    EuGH v. 29.11.2011 – Rs. C-371/10, EuZW 2011, 951 Rn. 26; s. zur Entwicklung der
    EuGH-Judikatur von Daily Mail bis Cartesio auch *Lutter/Bayer/Schmidt*, Europäisches
    Unternehmens- und Kapitalmarktrecht, § 6 Rn. 13 ff.
33 *Jung*, in: Schulze/Zuleeg/Kabelbach, Europarecht, § 20 Rn. 15; *Pache*, in: Schulze/Zu-
    leeg/Kabelbach, Europarecht, § 10 Rn. 185 ff.
34 EuGH v. 26.10.1999 – Rs. C-294/97 (Eurowings Luftverkehrs AG/Finanzamt Dortmund-
    Unna), Slg. 1999 I-7447.
35 EuGH v. 10.05.1995 – Rs. C-384/93 (Alpine Investments), Slg. 1995 I-1141 Rn. 22, 30;
    Kort, JZ 1996, 132,133 f.
36 EuGH v. 03.12.1974 – Rs. C-33/74 (van Binsbergen), Slg. 1974, 1299 Rn. 10, 12; siehe
    hierzu *Schnichels*, Niederlassungsfreiheit, Baden-Baden 1995, S. 73.

klang und schließlich in der Entscheidung *„Säger"*[37] endgültig festgestellt wurde. Erfasst werden insb. Regelungen über die Organisation, Befähigung, Berufspflichten, Kontrolle, Verantwortlichkeit und Haftung, die zwar im Allgemeininteresse gerechtfertigt sein können, aber der Prüfung auf ihre Verhältnismäßigkeit unterliegen.[38] Art. 52 (i.V.m. Art. 62 AEUV) ist bei kapitalmarktrechtlichen Regelungen im Rahmen der Dienstleistungsfreiheit ebenso wenig einschlägig wie im Rahmen der Niederlassungsfreiheit.

11 Damit können Beschränkungen dieser beiden Grundfreiheiten nur gerechtfertigt werden, sofern die betreffende in nicht diskriminierender Weise angewandte Regelung aus zwingenden Gründen des Allgemeinwohls erforderlich ist.[39] Da die Rechfertigung von Eingriffen in die Kapitalverkehrsfreiheit nach Art. 65 AEUV einen sehr eingeschränkten Anwendungsbereich hat bzw. engen Voraussetzungen unterliegt, ist dieser ungeschriebene Rechtfertigungsgrund bzw. Ausnahmetatbestand auch im Rahmen der Kapitalverkehrsfreiheit von Bedeutung.[40]

12 Dabei stellt sich die Frage, ob die Regelungsziele des Gläubiger- bzw. Anleger- und Funktionsschutzes, die in der Regel als Begründung für kapitalmarktrechtliche Regelungen genannt werden, zwingende Gründe des Allgemeinwohls darstellen. Der EuGH hat bislang den Anleger- und Funktionsschutz nicht ausdrücklich als zwingende Gründe anerkannt, auch nicht in der Entscheidung *„Alpine Investments"*,[41] in der der EuGH nur die Aufrechterhaltung des guten Rufs des nationalen Finanzsektors als zwingenden Grund anerkannt hat.[42] Allerdings erkannte der EuGH bei der Beurteilung von Regelungen betreffend Versicherungen und kommerzielle Bankge-

---

37 EuGH v. 25.06.1991 – Rs. C-76/90 (Säger), Slg. 1991 I-4221 Rn. 12; siehe aus der jüngeren Rspr. auch EuGH v. 12.12.1996 – Rs. C-3/95 (Reisebüro Broede), Slg. 1996, I-6511 Rn. 25; EuGH v. 09.07.1997 – Rs. C-222/95 (Parodi), Slg. 1997, I-3899 Rn. 18; EuGH v. 08.09.2005 – verb. Rs. C-544/03 und C-545/03 (Mobistar u.a.), Slg. 2005, I-7723 Rn. 29; EuGH v. 11.01.2007 – Rs. C-208/05 (ITC), Slg. 2007, I-181 Rn. 55; siehe dazu auch *Stünkel*, EG-Grundfreiheiten und Kapitalmärkte, S. 141; *Eberhartinger*, EWS 1997, 43, 44.
38 *Jung*, in: Schulze/Zuleeg/Kadelbach, Europarecht, § 20 Rn. 17; EuGH v. 03.12.1974 – Rs. C-33/74 (van Binsbergen), Slg. 1974, 1299 Rn. 10, 12; EuGH v. 12.12.1996 – Rs. C-3/95 (Reisebüro Broede), Slg. 1996, I-6511 Rn. 38.
39 Betreffend Finanzdienstleistungen siehe EuGH v. 10.05.1995 – Rs. C-384/93 (Alpine Investments), Slg. 1995 I-1141 Rn. 40 ff. und EuGH v. 04.12.1986 Rs. 205/84 (Kommission v. Deutschland), Slg. 1986 3755, Rn. 27; siehe dazu auch die Mitteilung der Kommission v. 20.06.1997 zu Auslegungsfragen über den freien Dienstleistungsverkehr und das Allgemeininteresse in der Zweiten BankenRL (ABl. EG Nr. C-209 v. 10.07.1997, S. 6).
40 Grundsätzlich vom EuGH anerkannt in EuGH v. 15.05.2003 – Rs. C-300/01 (Salzmann), Slg. 2003 I-4899, Rn. 42; s. auch EuGH v. 11.11.2010 – Rs. C-543/08, Slg. 2010, I-11241 Rn. 83; EuGH v. 19.5.2009 – Rs. C-531/06, Slg. 2009, I-4103 Rn. 49; EuGH v. 23.10.2007 – Rs. C-112/05. Slg. 2007, I-8995 Rn. 72; EuGH v. 05.03.2002 – verb. Rs. C-515/99, C-519/99 bis C-524/99 und C-526/99 bis 540/99 (Reisch u.a.), Slg. 2002 I-2157, Rn. 37 ff.
41 EuGH v. 10.05.1995 – Rs. C-384/93 (Alpine Investments), Slg. 1995 I-1141.
42 EuGH v. 10.05.1995 – Rs. C-384/93 (Alpine Investments), Slg. 1995, I-1441 Rn. 45 ff.; siehe dazu *Stünkel*, EG-Grundfreiheiten und Kapitalmärkte, S. 77; *Moloney*, in: Ferrarini/Hopt/Wymeersch, Capital Markets, The Hague 2002, S. 17, 28 f.

schäfte den Verbraucherschutz ausdrücklich als zwingendes Erfordernis im Allgemeininteresse an.[43] In den Entscheidungen *„Kommission/Deutschland"* und *„Parodi"* stellte der EuGH ferner fest, dass der Versicherungssektor bzw. der Bankensektor für den Verbraucherschutz höchst sensible Bereiche sind, was sich aus den konkreten Unwägbarkeiten der Versicherungsbranche bzw. den möglichen Schädigungen durch Illiquidität der Banken ergibt. Diese Rechtsprechung ist auch auf Wertpapiergeschäfte übertragbar, da Kapitalanlagen auf den Finanzmärkten einen hohen Risikofaktor enthalten und missbraucht werden können, so dass Anleger geschützt werden müssen.[44] Dabei müssen allerdings auch die Anforderungen des EuGH hinsichtlich der Verhältnismäßigkeit übertragen werden, so dass eine nationale Vorschrift nur dann erforderlich ist, wenn sowohl die Natur, Komplexität und Risikoträchtigkeit des Produkts als auch die Schutzbedürftigkeit des Anlegers einen höheren Schutz gebietet.[45] Neben dem Anlegerschutz könnte auch das zweite das Kapitalmarktrecht prägende Regelungsziel, der Funktionsschutz, als zwingendes Erfordernis im Allgemeininteresse der Rechtfertigung dienen. Allerdings hat der EuGH rein wirtschaftliche Gründe als zwingendes Erfordernis ausgeschlossen.[46] Allein die Berufung auf die Bedeutung des Kapitalmarktes für den Staatshaushalt im Rahmen von Staatsanleihen rechtfertigt nicht die Annahme eines nicht rein wirtschaftlichen Grundes für die na-

---

43 Bzgl. Versicherungsdienstleistungen siehe EuGH v. 04.12.1986 – Rs. 205/84 (Kommission/Deutschland), Slg. 1986 3755 Rn. 33; bzgl. Bankendienstleistungen siehe EuGH v. 09.07.1997 – Rs. C-222/95 (Parodi), Slg. 1997 I-3899 Rn. 26.

44 Schlussanträge d. GA *Jacobs* v. 26.01.1996 in der Rs. C-384/93 (Alpine Investments), Slg. 1995 I-1141 Rn. 71; dazu *Stünkel*, EG-Grundfreiheiten und Kapitalmärkte S. 80 ff.; zur rechtspolitischen Sichtweise des Anlegerschutzes siehe *Hopt*, Kapitalanlegerschutz, München 1975, S. 8 f; die Anerkennung des Interesses an einer Sicherung der Funktionsfähigkeit der Kapitalmärkte als zwingendes Erfordernis als Folge der Alpine Investments Entscheidung sehend *Ress/Ukrow*, in: Grabitz/Hilf/Nettesheim, EUV/AEUV Komm, Art. 63 EUV Rn. 180.

45 Dieses Prinzip wurde im Hinblick auf Versicherungsdienstleistungen begründet und für Bankendienstleistungen bestätigt, siehe dazu EuGH v. 04.12.1986 – Rs. 205/54 (Kommission/Deutschland), Slg. 1986, 3755 Rn. 49; EuGH v. 09.07.1997 – Rs. C-222/95 (Parodi), Slg. 1997 I-3899 Rn. 29; *Moloney*, EC-Regulation in Financial Services Law, S. 329, 574; zur Übertragung auf Finanzdienstleistungen *EG-Kommission*, Mitteilung v. 20.06.1997 zu Auslegungsfragen über den freien Dienstleistungsverkehr und das Allgemeininteresse in der Zweiten BankenRL, ABl. EG Nr. C 209 v. 10.07.1997, S. 6, 25.

46 EuGH v. 25.07.1991 – Rs. C-288/89 (Collective Antennevoorziening Gouda), Slg. 1991 I-4007 Rn. 11; EuGH v. 04.05.1993 – Rs. C-17/92 (Fedicine), Slg. 1993 I-2239 Rn. 16 f.; EuGH v. 05.06.1997 – Rs. C-398/95 (SETTG), Slg. 1997 I-3091 Rn. 22 f.; EuGH v. 09.12. 1997 – Rs. C-265/95 (Kommission/Frankreich), Slg. 1997 I-6959 Rn. 62; EuGH v. 16.07. 1998 – Rs. C-264/96 (ICI), Slg. 1998, I-4695 Rn 28; in der Entscheidung EuGH v. 28.04. 1998 – Rs. C-158/96 (Kohll), Slg. 1998 I-1931 Rn. 41 wurde klargestellt, dass nur rein wirtschaftliche Gründe nicht der Rechtfertigung dienen können; diese Wertung ist auch in Sekundärrechtsakten zu finden, siehe etwa Art. 9 der RL 2000/12/EG v. 30.03.2000 über die Aufnahme und Ausübung der Tätigkeit der Kreditinstitute, ABl. EG Nr. L 126 v. 26.05.2000, S. 1 und Art. 6 Abs. 6 der RL 2002/83/EG v. 05.11.2002 über Lebensversicherungen, ABl. EG Nr. L 345 v. 19.12.2002, S. 1.

tionalen Regelungen.[47] Zu berücksichtigen ist aber der enge Zusammenhang zwischen Anleger- und Funktionsschutz,[48] der dazu führt, dass Regelungen in dem Bereich des Kapitalmarktrechts in der Regel nicht dahingehend ausgelegt werden können, dass sie nur eines dieser Regelungsziele verfolgen.

2. Die Bedeutung der Grundfreiheiten für das Prospektrecht

13 Auch für das Prospektrecht sind die Grundfreiheiten von Bedeutung: Denn eine Prospektpflicht trifft den Emittenten oder Anbieter (im Sinne der *Prospektrichtlinie*[49]) bzw. den Anbieter oder Zulassungsantragssteller (im Sinne des WpPG).[50] Damit ist allein die Kapitalverkehrsfreiheit einschlägig.[51] Angesichts der schon vor dem Erlass der Prospektrichtlinie bestehenden mitgliedstaatlichen Vorschriften zur Prospektpflicht und Prospekthaftung – in Deutschland etwa schon seit dem BörsG von 1896 – und angesichts lange Zeit fehlender Harmonisierungen auf europäischer Ebene spielten die Grundfreiheiten eine bedeutende Rolle für die Binnenmarktharmonisierung. Auch die Verabschiedung der Börsenzulassungsrichtlinie änderte an dieser Situation (noch) nichts Entscheidendes, da sie das Nebeneinander nationaler Anforderungen unberührt ließ.[52] Ebenso ließen die Börsenzulassungspros-

---

47 So aber *Stünkel*, EG-Grundfreiheiten und Kapitalmärkte, S. 84.

48 Der enge Zusammenhang wird vor allem dadurch erkennbar, dass der Anlegerschutz nicht nur als Individualschutz, sondern auch als kapitalmarktorientierter Funktionsschutz verstanden wird. Erfasst werden Regelungen, die institutionelle Voraussetzungen schaffen, die rationale Anlegerentscheidungen ermöglichen und das Vertrauen der Anleger in die Kapitalmärkte sichern, und auf diese Weise zur Funktionsfähigkeit des Kapitalmarktes beitragen. Siehe dazu *Assmann* in: Assmann/Schütze, HdbKapAnlR, § 1, Rn. 63; *Prechtel*, Wertpapierhandelssysteme, Frankfurt/a. M. 2001, S. 112; konkret zum Zusammenspiel der Schutzziele siehe *Stünkel*, EG-Grundfreiheiten und Kapitalmärkte, S. 74 und *Köndgen*, in: Ferrarini, European Securities Markets, London (u. a.) 1998, S. 15 f.

49 I. S. v. Art. 2 Abs. 1 lit. h) und i) RL 2003/71/EG des Europäischen Parlaments und des Rates v. 04.11.2003 betreffend den Prospekt, der beim öffentlichen Angebot von Wertpapieren oder bei deren Zulassung zum Handel zu veröffentlichen ist, und zur Änderung der RL 2001/34/EG, ABl. EG Nr. L 345 v. 31.12.2003, S. 64–89.

50 Pflicht zur Veröffentlichung eines Prospekts nach § 3 Abs. 1 S. 1 und Abs. 3 WpPG i.V.m. § 2 Nr. 10 und 11 WpPG.

51 Zur exklusiven Anwendung der Kapitalverkehrsfreiheit *Jung*, in: Schulze/Zuleeg/Kadelbach, Europarecht, § 20 Rn. 16, 26, unter Verweis auf Art. 50 Abs. 1 *Brömer*, in: Calliess/Ruffert, EUV/EGV, 3. Aufl., Art. 56 Rn. 28 ff.; entgegen der Entscheidung des EuGH v. 28.04.1998 – Rs. C-118/96 (Safir), Slg. 1998 I-1897, in der er dem Parallelitätskonzept folgt; ansonsten besteht zu dieser Problematik keine konsequente Rechtsprechung des EuGH.

52 RL 79/279/EWG des Rates v. 05.03.1979 zur Koordinierung der Bedingungen für die Zulassung von Wertpapieren zur amtl. Notierung an einer Wertpapierbörse, ABl. EG Nr. L 66 v. 16.03.1979, S. 21–32; Art. 13 Abs. 2 lässt es den nationalen Stellen offen, die Emittenten aufzufordern bestimmte Informationen zu veröffentlichen.

pektrichtlinie[53] und die Emissionsprospektrichlinie[54] strengere Regelungen
der Mitgliedstaaten zu – wenn auch unter der Verpflichtung, Regelungen geringeren Schutzstandards in den anderen Mitgliedstaaten anzuerkennen.
Die weiterhin bestehenden nationalen Regelungen waren allein am Maßstab
der Kapitalverkehrsfreiheit zu überprüfen. Da die unterschiedlichen Regelungen in den Mitgliedstaaten dazu führten, dass ein Emittent bei jeder Zulassung zu einem nationalen geregelten Markt (die Prospektpflicht im OTC
Markt wurde zunächst nicht geregelt) einen veränderten Prospekt erstellen
musste, war die Ausübung der Kapitalverkehrsfreiheit in Form eines Angebots oder eines Antrags zur Zulassung der Kapitalverkehrsfreiheit behindert
oder jedenfalls wenig attraktiv gestaltet.[55]

Einigkeit herrscht darüber, dass es sich im Falle der auf nationalem Recht   *14*
beruhenden Prospektpflicht um kapital- bzw. produktbezogene Regelungen
handelt. Denn zum einen besteht die Prospektpflicht nicht erst während des
tatsächlichen Angebots und Handels, vielmehr muss der Prospekt bereits
veröffentlicht sein, bevor die Wertpapiere zum Handel zugelassen werden
bzw. angeboten werden dürfen; zum anderen kann man die Prospektpflicht
auch nicht als eine bloß äußere Rahmenbedingung verstehen, da sie sich auf
die Verkehrsfähigkeit des Wertpapiers selbst bezieht. Auch die Tatsache,
dass der Prospekt ex ante veröffentlicht werden muss, spricht für die Qualifizierung der Prospektpflicht als Marktzugangsbeschränkung.[56] Dagegen
könnte man allenfalls einwenden, dass der Prospekt auch einen werbeähn-
lichen Aspekt hat, so dass mangels Übertragbarkeit der Mars-Rechtspre-
chung[57] eine Handelsmodalität vorläge. Zwar haben die im Prospekt enthaltenen Informationen gerade den Zweck, die Anlageentscheidungen der
Investoren zu beeinflussen, jedoch ist die Veröffentlichung des Prospekts
Vorbedingung der Zulassung bzw. des Angebots, die nicht als reine Werbe-
regulierung aufgefasst werden kann.

---

53 RL 80/390/EWG des Rates v. 17.03.1980 zur Koordinierung der Bedingungen für die Er-
    stellung, die Kontrolle und die Verbreitung des Prospekts, der für die Zulassung von
    Wertpapieren zur amtl. Notierung an einer Wertpapierbörse zu veröffentlichen ist, ABl.
    EG Nr. L 100 v. 17.04.1980, S. 1–26; konsolidiert mit der Börsenzulassungsrichtlinie in
    der EU-Richtlinie 2001/34/EG des Europäischen Parlaments und des Rates v. 28.05. 2001
    über die Zulassung von Wertpapieren zur amtl. Börsennotierung und über die hinsicht-
    lich dieser Wertpapiere zur veröffentlichenden Informationen.
54 RL 89/298/EWG des Rates v. 17.04.1989 zur Koordinierung der Bedingungen für die Er-
    stellung, Kontrolle und Verbreitung des Prospekts, der im Falle öffentlicher Angebote
    von Wertpapieren zu veröffentlichen ist, ABl. EG Nr. L 124 v. 05.05.1989, S. 8–15.
55 EuGH v. 09.07.1997 – Rs. C-222/95 (Parodi), Slg. 1997 I-3899.
56 Im Rahmen der Kapitalverkehrsfreiheit siehe EuGH v. 13.05.2003 – Rs. C-463/00 (Kom-
    mission/Spanien), Slg. 2003 I-4581 Rn. 58; EuGH v. 13.05.2003 – Rs. C-98/01 (Kommis-
    sion/Großbritannien), Slg. 2003 I-4641 Rn. 45.
57 EuGH v. 06.07.1995 – Rs. C-470/93 (Mars), Slg. 1995 I-1923; dazu *Lüder*, EuZW 1995,
    609 f.; Regelungen, die sich auf die Werbung beziehen und die sich unmittelbar auf das
    physische Erscheinungsbild einer Ware auswirken, sind anhand von Art. 28 EG zu über-
    prüfen, da sie nicht reine Verkaufsmodalitäten darstellen. Der Prospekt betrifft nicht di-
    rekt die Ausgestaltung oder den Inhalt des eingeräumten Rechts, sondern die Pflicht zur
    Veröffentlichung des Prospekts stellt eine Nebenpflicht dar.

15 Auch wenn die Prospektpflicht eine Marktzugangsbeschränkung und damit eine Beeinträchtigung der Kapitalverkehrsfreiheit darstellt, kann sie doch vor dem Hintergrund des Anlegerschutzes gerechtfertigt werden. Die Verhältnismäßigkeit hängt davon ab, dass der gewährte Schutz der Natur, Komplexität und Risikoträchtigkeit des Produkts als auch der Schutzbedürftigkeit des Anlegers entspricht. Da der Kapitalmarkt gerade darauf angelegt ist, Informationen zu verarbeiten und die Investitionsentscheidung des Anlegers von einer möglichst fundierten Informationsgrundlage abhängt, kann eine standardisierte Information in Gestalt eines zwingenden Prospekts dem Anlegerschutz dienen, ohne den Emittenten unverhältnismäßig in seinen Rechten zu beeinträchtigen.

16 Die Kapitalverkehrsfreiheit ist jedoch nach der Verabschiedung der Prospekt-Richtlinie[58] mit einer weitgehenden Vollharmonisierung als Maßstab für nationale Rechte beträchtlich in den Hintergrund getreten. Allerdings ist sie nach wie vor von Bedeutung für die Auslegung der Richtlinie; im Falle von Widersprüchlichkeiten ist diejenige Auslegung heranzuziehen, die am ehesten zur Verwirklichung der Kapitalverkehrsfreiheit beiträgt.

II. Die Entwicklung des Prospektrechts auf europäischer und deutscher Ebene

1. Die Einordnung der Prospektrichtlinie in die allgemeine Entwicklung des europäischen Kapitalmarktrechts

17 Den generellen Rahmen für die Entwicklung des Prospektrechts bildet der Financial Services Action Plan (FSAP). Auf Vorschlag des Europäischen Rates[59] veröffentlichte die Kommission zunächst am 28.10.1998 die Mitteilung „Finanzdienstleistungen: Abstecken eines Aktionsrahmens",[60] die vor allem im Hinblick auf die Einführung des Euro die Leitlinien für die zukünftige Politik zur vollen Entfaltung des Kapitalmarktes und der Finanzdienstleistungen im Binnenmarkt abstecken sollte und Grundlage für den späteren eigentlichen Aktionsplan für Finanzdienstleistungen bildete,[61] der vom Europäischen Rat gebilligt und dem in der Lissabon-Strategie[62] höchste Priorität eingeräumt und ein strenger Zeitplan vorgegeben wurde. Verfolgt werden drei strategische Ziele: die Errichtung eines einheitlichen Firmenkundenmarktes für Finanzdienstleistungen, die Schaffung offener und sicherer Privatkundenmärkte und die Modernisierung der Aufsichtsregeln. Im

---

58 RL 2003/71/EG des Europäischen Parlaments und des Rates v. 04.11.2003 betreffend den Prospekt, der beim öffentlichen Angebot von Wertpapieren oder bei deren Zulassung zum Handel zu veröffentlichen ist, und zur Änderung der Richtlinie 2001/34/EG (Text von Bedeutung für den EWR), ABl. EG Nr. L 345 v. 31.12.2003, S. 64–89.

59 Pt. 17, Presidency Conclusion, Cardiff European Council (15/16 June 1998).

60 Mitteilung der Kommission v. 28.10.1998 „Finanzdienstleistungen: Abstecken eines Aktionsrahmens" (KOM(1998) 625 endg.).

61 Mitteilung der Kommission v. 11.05.1999 „Umsetzung des Finanzmarktrahmens: Aktionsplan" (KOM(1999) 232 endg.).

62 Pt. 21, Presidency Conclusions, Europäischer Rat von Lissabon, März 2000.

Rahmen der Zielsetzung eines einheitlichen Firmenkundenmarktes liegt der Schwerpunkt auf der Regulierung der Emission und des Handels von Wertpapieren.[63] In diesem Rahmen stellt nicht nur die Prospektrichtlinie eine Teilverwirklichung des Planes dar, sondern auch die Richtlinie über Märkte für Finanzinstrumente (MiFID)[64], die durch das Finanzmarktrichtlinie-Umsetzungsgesetz (FRUG)[65] in innerstaatliches Recht transformiert wurde. Eines der zentralen Elemente dieser Richtlinie ist die Einführung eines Europapasses[66], der es Wertpapierfirmen, Banken und Börsen erlaubt, ihre Dienstleistungen grenzüberschreitend auf der Grundlage der in ihrem Herkunftsmitgliedstaat erteilten Zulassung zu erbringen. Außerdem soll der Anlegerschutz durch die Einführung wirksamer Verfahren für eine verzögerungsfreie Zusammenarbeit bei der Ermittlung und Verfolgung von Richtlinienverstößen verstärkt werden. Auf den FSAP geht ferner die Transparenzrichtlinie[67] zurück, die die Transparenz der Beteiligungen und der Rechnungslegung erhöhen soll,[68] wobei diese Regelungen durch die Verordnungen zur Rechnungslegung ergänzt werden.[69]

Aus verfahrenstechnischer Sicht basieren die Prospektrichtlinie und die Prospektverordnung, wie auch die MiFID, maßgeblich auf dem Lamfalussy-Bericht. Um eine fristgerechte Umsetzung des FSAP zu gewährleisten, billigte der Europäische Rat in Stockholm[70] den Vorschlag des „Ausschusses der Weisen" unter Vorsitz von Baron Lamfalussy[71] zur Einführung eines beschleunigten Rechtssetzungsverfahrens für die Regulierung der europäi- *18*

---

63 Dazu siehe *Löber*, The developing EU legal framework and settlement of financial instruments, Frankfurt/a. M. 2006, European Central Bank, Legal working paper series, No. 1, February 2006, S. 10.

64 RL 2004/39/EC v. 21.04.2004 über Märkte für Finanzinstrumente zur Änderung der Richtlinien 85/611/EWG und 93/6/EWG des Rates und der Richtlinie 2000/12/EG des Europäischen Parlaments und des Rates und zur Aufhebung der Richtlinie 93/22/EWG des Rates – ABl. EG Nr. L 145 v. 30.04.2004.

65 Gesetz zur Umsetzung der RL über Märkte für Finanzinstrumente (2004/39/EG, MiFID) und der DVRL (2006/73/EG) der Kommission (Finanzmarkt-Richtlinie-Umsetzungsgesetz) v. 16.07.2007, BGBl. I 2007, 1330.

66 *Lutter/Bayer/Schmidt*, Europäisches Unternehmens- und Kapitalmarktrecht, § 34 Rn. 12 bezeichnen diesen sogar als „Herzstück der RL".

67 RL 2004/109/EG des Europäischen Parlaments und des Rates v. 15.12.2004 zur Harmonisierung der Transparenzanforderungen in Bezug auf Informationen über Emittenten, deren Wertpapiere zum Handel auf einem geregelten Markt zugelassen sind, ABl. EG Nr. L 390 v. 31.12.2004.

68 Siehe etwa *Rodewald/Unger*, BB 2006, 1917.

69 Z.B. die VO (EG) Nr. 1606/2002 des Europäischen Parlaments und des Rates v. 19.07. 2002 betreffend die Anwendung internationaler Rechnungslegungsstandards ABl. EG Nr. L 243 v. 11.09.2002, S. 14.

70 Entschließung des Europäischen Rates von Stockholm v. 23.03.2001 über eine wirksamere Regulierung der Wertpapiermärkte in der Europäischen Union, ABl. EG Nr. C 138 v. 11.05.2001, S. 1.

71 Schlussbericht des „Ausschusses der Weisen über die Regulierung der Europäischen Wertpapiermärkte" (Lamfalussy-Bericht), 15.02.2001, abrufbar unter: http://ec.europa. eu/internal_market/securities/docs/lamfalussy/wisemen/final-report-wise-men_de.pdf (zuletzt abgerufen am 03.12.2012).

schen Wertpapiermärkte, dem so genannten Lamfalussy-Verfahren. Dieses war gekennzeichnet durch eine Aufteilung des Verfahrens in vier Stufen. Auf der ersten Stufe des Lamfalussy I-Verfahrens erging der Basisrechtsakt im Mitentscheidungsverfahren nach einer vorherigen umfassenden Konsultation der betroffenen Wirtschaftskreise. Kernelement war die zweite Stufe, auf der technische Durchführungsbestimmungen durch die Kommission mit der Unterstützung durch den EU-Wertpapierausschuss (European Securities Committee – ESC, bestehend aus Vertretern der Mitgliedstaaten) und den Ausschuss der EU-Wertpapierbehörden (Committee of European Securities Regulators – CESR[72]) verabschiedet worden sind, dessen Ratschläge wiederum auf der Konsultation mit Marktteilnehmern, Endnutzern und Verbrauchern beruhten. Die generelle Ermächtigung zur Einräumung von Durchführungsbefugnissen befand sich in Art. 202, 3. Spiegelstrich EG[73]; eine entsprechende Festlegung erfolgte im „Komitologie- bzw. Modalitäten-Beschluss" des Rates.[74] Der Aufforderung des Europäischen Rates folgend setzte die Kommission mit Beschlüssen vom 06.06.2001 die genannten Ausschüsse ein.[75] Das CESR wurde auch auf der dritten Stufe tätig und erarbeitete gemeinsame Empfehlungen zu Auslegungsfragen, schlüssige Leitlinien und gemeinsame Standards in nicht von EU-Rechtsvorschriften erfassten Bereichen. Auch wenn diesen Empfehlungen keine rechtliche Bindungswirkung zukam, orientierten sich die nationalen Aufsichtsbehörden im Rahmen ihrer Aufsichtspraxis zum WpPG grundsätzlich an diesen, so dass sie jedenfalls eine gewisse faktische Bindungswirkung entfalteten.[76] Das CESR hatte in diesem Rahmen die Aufgabe, eine einheitliche Umsetzung und Anwendung der Vorschriften durch die nationalen Regulierungsbehörden zu gewährleisten. Darüber hinaus oblag es der Kommission auf der vierten Stufe die bereits aus dem EG-Vertrag folgende Pflicht, die Einhaltung der europäischen Rechtsvorschriften zu überprüfen und rechtliche Schritte gegen Mitgliedstaaten einzuleiten, die ihren Pflichten scheinbar nicht nachkommen.[77]

19 Als Folge der Finanzmarktkrise beauftragte die Europäische Kommission im Oktober 2008 eine Gruppe herausragender Experten unter dem Vorsitz von

---

72 Mittlerweile durch die ESMA ersetzt, vgl. Rn. 19.
73 Für die Übertragung legislativer Befugnisse auf die Kommission finden seit Inkrafttreten des Vertrages von Lissabon die Art. 290 und 291 AEUV Anwendung, wobei sich die Kommission dazu verpflichtet hat, bei Ausarbeitung ihrer Entwürfe für delegierte Rechtsakte weiterhin die von den Mitgliedsstaaten benannten Experten hinzu zu ziehen, siehe *Walla*, in: Veil, Europäisches Kapitalmarktrecht, § 2 Rn. 45.
74 Beschluss 1999/468/EG v. 28.06.1999, ABl. EG Nr. L 184 v. 17.07.1999, S. 23, den Beschluss des Rates v. 13.07.1987 ersetzend.
75 ABl. EG Nr. L 191 v. 13.07.2001, S. 45, 43.
76 *Schnorbus*, in: Berrar/Meyer/Müller/Schnorbus/Singhof/Wolf, WpPG, vor §§ 1 ff. Rn. 3; *Ritz/Voß*, in: Just/Voß/Ritz/Zeising, WpPG, Einl. Rn. 40.
77 Darstellung des Verfahrens bei *von Kopp-Colomb/Lenz*, AG 2002, 24, 25 f.; *Seitz*, BKR 2002, 340, 341 f.; *Stirbu*, Financial Market Integration in a Wider European Union, HWWA Discussion paper 297, 2004, S. 10 f., Schaubild Annex i; Moloney, C.M.L.R. 40(2003), 809, 813 ff.; *Holzborn/Schwarz-Gondek*, BKR 2003, 927 f.; *Groß*, KapMR, Vorb. zum BörsG Rn. 15 f.

Jacques de Larosière, Empfehlungen zur künftigen Regulierung und Beaufsichtigung der europäischen Finanzmärkte auszuarbeiten. Im Februar 2009 veröffentlichte diese Expertengruppe dann den hundertseitigen de Larosière-Bericht, der u. a. ein neues europäisches Finanzaufsichtssystem empfiehlt.[78] So sollte insbesondere die CESR zu einer Behörde aufgewertet werden,[79] was mit ihrer Ablösung durch die neue europäische Aufsichtsbehörde für den Wertpapierhandel (ESMA)[80] am 01.01.2011 auch geschehen ist.[81] Im Übrigen wurde das vierstufige Lamfalussy-Verfahren im Grundsatz beibehalten,[82] im Detail weist das „neue" Lamfalussy II-Verfahren allerdings signifikante Unterschiede im Vergleich zu seinem Vorgänger auf.[83] Auf der ersten Stufe werden Rahmenrichtlinien und Verordnungen durch das Parlament und den Rat im ordentlichen Gesetzgebungsverfahren nach Art. 294 ff. AEUV erlassen.[84] Dabei wird festgelegt, dass gewisse Regelungsbereiche durch die Kommission konkretisiert werden. Diese widerrum erlässt auf der zweiten Stufe in Zusammenarbeit mit den zu diesem Zweck für die jeweiligen Sektoren speziell geschaffenen Ausschüsse – im Wertpapiersektor wäre dies das European Securities Committee (ESC) – entsprechende Durchführungsmaßnahmen. Bereits auf dieser Stufe haben nun auch die neu geschaffenen Europäischen Aufsichtsbehörden (ESA), d. h. die Europäische Wertpapier- und Marktaufsichtsbehörde (ESMA), die Europäische Bankaufsichtsbehörde (EBA) und die Europäische Aufsichtsbehörde für das Versicherungswesen und die betriebliche Altersversorgung (EIOPA)[85], die Befugnis – jedenfalls soweit dies in den jeweiligen Basisrechtsakten vorgesehen ist[86] – technische Regulierungs- und Durchführungsstandards zu entwerfen, welche die Kommission in Form einer Verordnung oder mittels eines Beschlusses verabschiedet.[87] Im Wertpapiersektor würde die ESMA entsprechende Entwürfe erarbeiten, die dann einen „quasi-finalen" Charakter haben, da die Kommission nur innerhalb enger Grenzen von diesen abweichen

---

78 *Veil*, in: Veil, Europäisches Kapitalmarktrecht, § 1 Rn. 35; *de Larosière*, The High-Level Group on Financial Supervision in the EU, Report v. 25.02.2009.

79 *de Larosière*, The High-Level Group on Financial Supervision in the EU, Report v. 25.02. 2009, S. 52 ff., 55.

80 Gegründet durch das Inkrafttreten der ESMA-Verordnung am 01.01.2011, VO (EU) Nr. 1095/2010 des Europäischen Parlamentes und des Rates zur Errichtung einer Europäischen Aufsichtsbehörde (Europäische Wertpapier- und Marktaufsichtsbehörde), ABl. EU Nr. L 331/84 v. 24.11.2010, S. 93.

81 *Veil*, in: Veil, Europäisches Kapitalmarktrecht, § 1 Rn. 36 f.; *Walla*, in: Veil, Europäisches Kapitalmarktrecht, § 6 Rn. 37; zur neuen europäischen Finanzarchitektur siehe unten Rn. 38.

82 *Walla*, in: Veil, Europäisches Kapitalmarktrecht, § 2 Rn. 45 ff.

83 *Lutter/Bayer/Schmidt*, Europäisches Unternehmens- und Kapitalmarktrecht, § 17 Rn. 47.

84 *Lutter/Bayer/Schmidt*, Europäisches Unternehmens- und Kapitalmarktrecht, § 17 Rn. 49; *Walla*, in: Veil, Europäisches Kapitalmarktrecht, § 2 Rn. 47.

85 Siehe zu diesen auch Rn. 38.

86 Diese wurden zunächst durch die sog. „Omnibus I" Richtlinie angepasst und sollen durch die „Omnibus II" Richtlinie noch weiter angepasst werden, siehe hierzu Fn. 192.

87 *Lutter/Bayer/Schmidt*, Europäisches Unternehmens- und Kapitalmarktrecht, § 17 Rn. 50 f.; *Walla*, in: Veil, Europäisches Kapitalmarktrecht, § 2 Rn. 47.

darf – was im Vergleich zum „alten" Verfahren, bei dem die frühreren Level-3-Ausschüsse ebenfalls Entwürfe für technische Standards erstellten, eine Neuerung darstellt.[88] Auf der dritten Stufe übernehmen die ESA die Funktion der bisherigen Level-3-Ausschüsse CESR, CEBS und CEIOPS und arbeiten Leitlinien und Empfehlungen für die Aufsichtspraxis aus.[89] So arbeitet die ESMA entsprechende Dokumente für Wertpapiere aus, denen die zuständigen Behörden und Finanzmarktteilnehmer nach Art. 16 Abs. 3 ESMA-VO[90] auch nachzukommen haben bzw. begründen müssen, warum sie von ihnen abweichen.[91] Auf der letzten vierten Stufe prüft die Kommission die fristgemäße und korrekte Umsetzung der EU-Vorschriften in das nationale Recht. Neu ist hier, dass die ESA, für Wertpapiere im Speziellen die ESMA, dies ebenfalls kontrollieren und mittels eines 3-Stufen-Mechanismuses gegen Unionsrechtsverletzungen vorgehen. [92]

19 a Vergleicht man dieses Regime bestehend aus dem ambitionierten FSAP und der Möglichkeit einer flexiblen und schnellen Rechtsetzung durch das Lamfalussy-Verfahren mit der bisherigen Harmonisierung im Bereich der Wertpapiermärkte, so wird deutlich, dass sich der Unionsgesetzgeber nicht mehr mit der bloßen Rahmengebung eines sich entwickelnden europäischen Kapitalmarktes auf der Grundlage des Prinzips der gegenseitigen Anerkennung im Binnenmarkt zufrieden gibt, sondern dass er das Ziel einer zusammenhängenden Regulierung der Wertpapiermärkte verfolgt.[93] Bereits die Einsetzung des Forum of European Securities Commissions (FESCO), erst recht aber die Etablierung des CESR und schließlich die Gründung der ESMA machen deutlich, dass die Kooperation der europäischen Aufsichtsbehörden nicht mehr allein in einem traditionellen Informationsaustausch liegt, sondern in der Entwicklung gemeinsamer Aufsichtsstandards und in der Angleichung der Aufsichtspraktiken.[94]

2. Die Verabschiedung der Prospektrichtlinie

20 Die Prospektrichtlinie war von Anfang an von der Zielsetzung bestimmt, den Unternehmen eine leichtere, schnellere und billigere Kapitalaufnahme zu er-

---

88 *Lutter/Bayer/Schmidt*, Europäisches Unternehmens- und Kapitalmarktrecht, § 17 Rn. 52.

89 *Walla*, in: Veil, Europäisches Kapitalmarktrecht, § 2 Rn. 47; *Lutter/Bayer/Schmidt*, Europäisches Unternehmens- und Kapitalmarktrecht, § 17 Rn. 53.

90 Verordnung (EU) Nr. 1095/2010 v. 24.11.2010.

91 *Walla*, in: Veil, Europäisches Kapitalmarktrecht, § 2 Rn. 47.

92 *Lutter/Bayer/Schmidt*, Europäisches Unternehmens- und Kapitalmarktrecht, § 17 Rn. 54; *Walla*, in: Veil, Europäisches Kapitalmarktrecht, § 2 Rn. 47; für eine ausfürhliche Darstellung der Befugnisse der ESMA auf der zweiten, dritten und vierten Stufe des Verfahren siehe *Walla*, in: Veil, Europäisches Kapitalmarktrecht, § 6 Rn. 37 ff.

93 So bereits *Moloney*, C.M.L.R. 40 (2003), 809, 812 mit dem Hinweis auf die Problematik der Regelungskompetenz, va. im Hinblick auf die Entscheidung des EuGH v. 05.10.2000 in der Rs. C-376/98 (Deutschland v. Parlament und Rat, „Tobacco Advertising"), Slg. 2000 I-8419.

94 *Wittich*, Die Bank 2001, 278, 282.

möglichen.[95] Die tatsächlichen Marktbedingungen sind durch eine wachsende Nachfrage der Marktteilnehmer nach Kapitalaufnahme im europäischen Ausland gekennzeichnet, insb. vor dem Hintergrund der Einführung des Euro.[96] Sowohl die Markteffizienz als auch der Anlegerschutz sollen verbessert werden.[97] Nicht allein die Erweiterung der Investitionsmöglichkeiten durch eine größere Anzahl an grenzüberschreitenden Emissionen ist Ziel der Regelung, sondern auch eine Verminderung des Informationsungleichgewichts[98], das aus einem naturgemäß eingeschränkten Zugang der Anleger zu Informationen über das Wertpapier und das Unternehmen folgt.[99]

Vorläufer der Prospektrichtlinie waren die Kapitalmarktpublizitätsrichtlinie[100], die u. a. die Börsenzulassungs- und die Börsenzulassungsprospektrichtlinie konsolidierte,[101] sowie die Wertpapierverkaufsprospektrichtlinie.[102] Der Anwendungsbereich der erstgenannten Richtlinie war eröffnet, wenn die Zulassung zur amtl. Notierung beantragt wurde; der Emittent musste grundsätzlich einen Prospekt erstellen, der bestimmte Mindestinformationen enthält. Beabsichtigte der Emittent ein Dual Listing, so war der Prospekt zunächst von der zuständigen Stelle des Heimatstaates, also des Mitgliedstaates, in dem der Emittent seinen Sitz hat, zu billigen. Nach dem Prinzip der gegenseitigen Anerkennung war der gebilligte Prospekt auch in den ande-

21

---

95 Nach Erwg. Nr. 4 der EU-ProspRL soll der weitestmögliche Zugang zu Anlagekapital erleichtert werden, vor allem im Hinblick auf kleine und mittlere Unternehmen und Jungunternehmen; siehe auch Pt. 21, Presidency Conclusions, Europäischer Rat von Lissabon, März 2000; *Keller/Langer*, BKR 2003, 616, 617; *Seitz*, BKR 2002, 340, 344.
96 *Groß*, KapMR, Vorb. zum WpPG Rn 2.
97 *Holzborn/Schwarz-Gondek*, BKR 2003, 927, 928 f.
98 Erwg. 18 ff. der EU-ProspRL; siehe auch *Wittich*, in: Lenz/von Kopp-Colomb, Wertpapierverkaufsprospekte, DAI 2001, Geleitwort S. 19.
99 Zum Anlegerschutz durch Information siehe etwa *Koller*, in: Assmann/Schneider, WpHG vor § 31, Rn. 11; *Hopt*, ZHR 159 (1995), 135, 159 f.; *Assmann*, in: Assmann/Schütze, Hdb KapAnlR, § 1 Rn. 63 ff.; *Assmann*, ZBB 1989, 49 ff.; *Binder/Broichhausen*, ZBB 2006, 85.
100 RL 2001/34/EG des Europäischen Parlaments und des Rates v. 28.05.2001 über die Zulassung von Wertpapieren zur amtl. Börsennotierung und über die hinsichtlich dieser Wertpapiere zu veröffentlichenden Informationen, ABl. EG Nr. L 184 v. 06.07.2001, S. 1–66 (berichtigte Fassung, ABl. EG Nr. L 217 v. 11.08.2001, S. 18–84).
101 RL 80/390/EWG des Rates v. 17.05.1980 zur Koordinierung der Bedingungen für die Erstellung, die Kontrolle und die Verbreitung des Prospekts, der für die Zulassung von Wertpapieren zur amtl. Notierung an einer Wertpapierbörse zu veröffentlichen ist (BörsenzulassungsprospektRL) ABl. EG Nr. L 100 v. 17.04.1980; RL 79/279/EWG des Rates v. 05.03.1979 zur Koordinierung der Bedingungen für die Zulassung von Wertpapieren zur amtl. Notierung an einer Wertpapierbörse (BörsenzulassungsRL); RL 82/121/EWG des Rates v. 15.02.1982 über regelmäßige Informationen, die von Gesellschaften zu veröffentlichen sind, deren Aktien zur amtl. Notierung an einer Wertpapierbörse zugelassen sind (RL über Halbjahresberichte); RL 88/627/EWG des Rates v. 12.12.1988 über die bei Erwerb und Veräußerung einer bedeutenden Beteiligung an einer börsennotierten Gesellschaft zu veröffentlichenden Informationen gehört.
102 RL 89/298/EWG des Rates v. 17.04.1989 zur Koordinierung der Bedingungen für die Erstellung, Kontrolle und Verbreitung des Prospekts, der im Falle öffentlicher Angebote von Wertpapieren zu veröffentlichen ist, ABl. EG Nr. L 124 v. 05.05.1989, S. 8–15.

ren Mitgliedstaaten anzuerkennen. Den Mitgliedstaaten stand es allerdings frei, eine Übersetzung des gesamten Prospekts zu fordern. Außerdem konnten sie spezifische Angaben für den Markt des jeweiligen Zulassungslandes verlangen, so dass etwa unterschiedliche Anforderungen von steuerlichen Informationen, zu Zahlstellen und über die Art der Veröffentlichung von Bekanntmachungen zu beachten waren. Die Verkaufsprospektrichtlinie führte ferner die Prospektpflicht für das öffentliche Angebot von Wertpapieren ein, für die keine amtl. Notierung beantragt wird. Auch in diesem Bereich galt das Prinzip der gegenseitigen Anerkennung unter Einschränkung der Übersetzungsanforderungen und der länderspezifischen Angaben.[103]

22   Die bis dahin bestehende Rechtslage war aus mehreren Gründen unbefriedigend, vor allem im Hinblick auf die genannten Einschränkungen des Prinzips der gegenseitigen Anerkennung. Die Befugnis der Mitgliedstaaten länderspezifische Angaben im Prospekt zu fordern, führte dazu, dass die Liste der vorgeschriebenen Zusatzinformationen von Land zu Land unterschiedlich ausgestaltet wurde, so dass der Emittent die Rechtslage in jedem Mitgliedstaat, in dem emittiert werden sollte, mit einem erhöhten Zeit- und Kostenaufwand überprüfen musste,[104] z. B. hinsichtlich des nicht überall anerkannten Bookbuilding-Verfahrens, der einzureichenden Unterlagen und der Preisfestsetzungen.[105] Auch der Lamfalussy-Bericht kritisierte das Fehlen klarer europaweiter Regelungen auch im Rahmen des Prospektrechts, was einer effektiven Einführung des Systems der gegenseitigen Anerkennung entgegenstand.[106] Der Aufnahmemitgliedstaat musste den gebilligten Prospekt nur dann anerkennen, wenn auch das hier geltende Recht entsprechende Ausnahme- und Befreiungsvorschriften vorsah und diese erfüllt waren.[107] Vor allem die Pflicht zur Übersetzung des Prospekts, die angesichts der Eigenschaft des Prospekts als Haftungsgrundlage juristisch qualifiziert und damit besonders sorgfältig erfolgen musste, hatte bei grenzüberschreitenden Emissionen Zeitverluste und mangelnde Flexibilität sowie höhere Kosten zur Folge; dasselbe galt für unterschiedliche Regelungen zu Art und Frist der Veröffentlichung des Prospekts und etwaigen Prospektnachträgen.[108] Darüber hinaus konnte es zu Friktionen kommen, wenn der Begriff des „öffentlichen Angebots" in den Mitgliedstaaten unterschiedlich ausgelegt wurde, da das Beste-

---

103 Darstellung der bisher bestehenden Rechtslage etwa bei von *Ilberg/Neises*, WM 2002, 635, 638; *Fürhoff/Ritz*, WM 2001, 2280, 2281.
104 *von Ilberg/Neises*, WM 2002, 635, 638; *Sandberger*, EWS 2004, 297, 298; *Seitz*, BKR 2002, 340, 344.
105 Dazu i. E. *von Ilberg/Neises*, WM 2002, 635, 638.
106 Schlussbericht des „Ausschusses der Weisen über die Regulierung der Europäischen Wertpapiermärkte" (Lamfalussy-Bericht), 15. 02. 2001, S. 16, abrufbar unter: http://ec. europa.eu/internal_market/securities/docs/lamfalussy/wisemen/final-report-wise-men_ de.pdf (zuletzt abgerufen am 3.12.2012).
107 *Fürhoff/Ritz*, WM 2001, 2280, 2281.
108 *Fürhoff/Ritz*, WM 2001, 2280, 2281 f.; *von Kopp-Colomb/Lenz*, AG 2002, 24, 29; *von Ilberg/Neises*, WM 2002, 635, 639; *Sandberger*, EWS 2004, 297, 298; zum Übersetzungserfordernis ausführlich *Crüwell*, AG 2003, 243, 248 f.

hen einer Prospektpflicht davon abhing und somit die Emission in einem Land eine Prospektpflicht begründete, in einem anderen nicht.[109]

Auf den Bedarf an harmonisierten Regelungen reagierte die EU schließlich   23
mit der der Richtlinie 2003/71/EG des Europäischen Parlaments und Rates vom 04.11.2003 betreffend den Prospekt, der beim öffentlichen Angebot von Wertpapieren oder bei deren Zulassung zum Handel zu veröffentlichen ist, und zur Änderung der Richtlinie 2001/34/EG.[110] Bereits 1998 initiierte die Kommission ein Konsultationsverfahren zur Reform des Prospektrechts, an das sich ein Bericht des Forum of European Securities Commissions (FESCO, zwischenzeitlich Committee of European Securities Regulations – CESR[111], mittlerweile European Securities and Market Authority, ESMA[112]) Ende 2000 zur Einführung eines Europäischen Passes anschloss.[113] Resultat der Bemühungen war Ende 2001 der Vorschlag für eine neue Prospektrichtlinie,[114] der allerdings noch Anlass für erhebliche Kritik bot, da die Emittenten nach wie vor für Übersetzungen sorgen mussten, sowie hinsichtlich der Pflicht zur jährlichen Aktualisierung des Registrierungsdokuments als Bestandteil des Prospekts mit Angaben über den Emittenten.[115] Das Europäische Parlament unterbreitete zahlreiche Änderungsvorschläge, u. a. sollten die Emittenten die Zulassungsbehörde frei wählen können, die Genehmigungsfristen sollten drastisch verkürzt werden, die Erstellung eines Vollprospekts statt eines dreigeteilten Prospekts sollte als Option erhalten bleiben, eine Ausnahme von der Prospektpflicht sollte bestehen bei Unterschreiten einer Marktkapitalisierung von 350 Mio. Euro und einer gleichzeitigen Begrenzung der Emission auf den Sitzstaat, die Pflicht zur jährlichen Aktualisierung sollte wegfallen und für die Übersetzungsanforderungen war eine Erleichterung vorgesehen.[116] Die Kommission reagierte mit einem zweiten Entwurf im August 2002,[117] der allerdings die Vorschläge des Parlaments nur teilweise berücksichtigte; so wurde etwa die Ausnahmevorschrift bei Unterschreiten der genannten Marktkapitalisierung nicht akzeptiert und auch das Wahlrecht der Emittenten sollte auf Emissionen von Schuldverschreibungen mit einer Stückelung von mehr als 50.000 Euro begrenzt werden. Im Rahmen einer politischen Einigung, die in der Verabschiedung des Gemeinsamen

---

109 *von Ilberg/Neises*, WM 2002, 635, 638.

110 ABl. EG Nr. L 345 v. 31.12.2003, S. 64.

111 Eingesetzt durch die Kommission mit Beschluss 2001/527/EG v. 06.06.2001 (ABl. EG Nr. L 191 v. 13.7.2001, S. 43).

112 Gegründet durch das Inkrafttreten der ESMA-Verordnung am 01.01.2011, Verordnung (EU) Nr. 1095/2010 des Europäischen Parlamentes und des Rates zur Errichtung einer Europäischen Aufsichtsbehörde (Europäische Wertpapier- und Marktaufsichtsbehörde), ABl. EU L Nr. L 331 v. 24.11.2010, S. 84, 93; zu den ersten Erfahrungen mit der ESMA siehe *Walla*, BKR 2012, 265 ff.

113 FESCO, a european passport for issuers, Ref. 00–138 b; siehe dazu etwa *Fürhoff/Ritz*, WM 2001, 2280 (2282).

114 KOM(2001)280 endg. v. 30.05.2001.

115 Zu alledem siehe *Wagner*, Die Bank 2003, 680.

116 *von Ilberg/Neises*, WM 2002, 635, 643; *Keller/Langner*, BKR 2003, 616, 617 f.; *Wagner*, Die Bank 2003, 680, 681.

117 KOM(2002) 460 endg.

Standpunkts vom 24.03.2003 mündete, kam man zu dem Schluss, dass hinsichtlich des Wahlrechts eine Schwelle von 5.000 Euro gelten sollte. Bei weiteren Verhandlungen mit dem Parlament einigte man sich schließlich auf das Bestehen eines Wahlrechts bei Nicht-Dividendenwerten mit einer Mindeststückelung von 1.000 Euro.[118] Im Hinblick auf die Zuständigkeit zur Prospektprüfung und -billigung einigte man sich schließlich auf die Pflicht der Mitgliedstaaten, eine zentrale zuständige Verwaltungsbehörde festzulegen, die zudem vollständig unabhängig von allen Marktteilnehmern sein muss (Art. 21 Abs. 1 EU-ProspRL)[119], wobei als Kompromiss eine Übergangsfrist von acht Jahren vorgesehen ist (Art. 21 Abs. 2 EU-ProspRL).[120] Der Verabschiedung der Prospektrichtlinie standen damit keine weiteren Hindernisse entgegen.[121]

3. Einzelne Aspekte der Prospektrichtlinie und Bewertung

24 Der Anwendungsbereich der Prospektrichtlinie umfasst den der bis dahin geltenden Kapitalmarktpublizitätsrichtlinie und Verkaufsprospektrichtlinie, so dass die Emission von Wertpapieren insgesamt einem einheitlichen Prospektregime unterstellt wurde. Neu war aber nicht nur die aufgegebene Differenzierung zwischen Prospekten für öffentliche Angebote und Zulassungsprospekten, sondern auch die einheitliche Behandlung von Prospekten für die Zulassung zum amtl. Handel und solchen für die Zulassung zu anderen, also geregelten Märkten.[122] Dabei betrifft der Regelungsbereich der Prospektrichtlinie ebenso wie der der vor ihr geltenden Richtlinien allein die anfänglichen Offenlegungsvorschriften; für die Zulassung zur Börsennotierung gelten weiterhin die bestehenden europäischen und nationalen Vorschriften.[123]

Des Weiteren nimmt die Prospektrichtlinie vor allem zwei Kritikpunkte am alten Recht auf, die der Effektivität des Systems der gegenseitigen Anerkennung bisher entgegenstanden. Zum einen wurde zum ersten Mal der Begriff des „öffentlichen Angebots" definiert, so dass die Prospektpflichtigkeit einer Emission grundsätzlich in allen Mitgliedstaaten einheitlich geregelt wird.[124] Zum anderen wurde das Problem der Übersetzungsanforderungen dadurch entschärft, dass die Mitgliedstaaten künftig nur die Übersetzung der Zusam-

---

118 Vgl. Art. 2 Abs. 1 lit. m) ii) EU-ProspRL; dazu *Wagner*, Die Bank 2003, 680, 681 f.; *Keller/Langner*, BKR 2003, 616, 617 f.; *Seitz*, BKR 2002, 340, 345 f.; *Holzborn/Schwarz-Gondek*, BKR 2003, 927, 934 weisen darauf hin, dass wegen des niedrigen Schwellenwertes außerhalb des Aktienbereichs faktisch eine Wahlfreiheit besteht.

119 Dazu *Fürhoff/Ritz*, WM 2001, 2280, 2287; *von Ilberg/Neises*, WM 2002, 635, 639.

120 Dazu siehe etwa *Crüwell*, AG 2003, 243, 249 f.; *Keller/Langner*, BKR 2003, 616, 617 f.; *Kunold/Schlitt*, BB 2004, 501, 509 f.; *Seitz*, BKR 2002, 340, 346.

121 RL 2003/71/EG des Europäischen Parlaments und des Rates v. 04.11.2003 betreffend den Prospekt, der beim öffentlichen Angebot von Wertpapieren oder bei deren Zulassung zum Handel zu veröffentlichen ist, und zur Änderung der Richtlinie 2001/34/EG, ABl. EG Nr. L 345 v. 31.12.2003, S. 64–89.

122 *Groß*, KapMR, Vorb. zum WpPG Rn 6.

123 *Keller/Langer*, BKR 2003, 616, 617; *Holzborn/Schwarz-Gondek*, BKR 2003, 927, 929.

124 *Kunold/Schlitt*, BB 2004, 501, 503; *von Ilberg/Neises*, WM 2002, 635, 639 f.

menfassung des Prospektinhalts verlangen können, was natürlich die Bedeutung dieses Teils des Prospekts steigerte, aber vor allem die Übersetzungskosten und das Haftungsrisiko minimierte.[125]

Die Prospektrichtlinie ging aber über die Verbesserung der praktischen   25
Wirksamkeit des Systems der gegenseitigen Anerkennung hinaus, in dem ein so genannter „Europäischer Pass" durch die Regelungen in Art. 17 und 18 eingeführt wurde. Art. 17 Abs. 1 sieht ein Notifizierungsverfahren vor, so dass eine Emission im Aufnahmemitgliedstaat ohne erneute Billigung durch die dortige Behörde erfolgen kann, wie sich auch aus Art. 17 Abs. 1 S. 2 ergibt. Basis des Verfahrens ist eine Billigungsbescheinigung, die die Behörde des Sitzstaates des Emittenten als nach Art. 13 Abs. 1 zuständige Behörde nach Art. 18 Abs. 1 S. 1 auf dessen Antrag zu erstellen und der Behörde des Aufnahmestaates innerhalb von drei Tagen zuzusenden hat.[126]

Die bis dahin geltenden Richtlinien sahen ein System der gegenseitigen An-   26
erkennung vor, allerdings nur in einem eingeschränkten Maße, das zum einen auf dem Heimatstaatprinzip beruhte, wonach für die Zulassung und Beaufsichtigung grundsätzlich die Behörden am Sitz des Unternehmens zuständig sind, zum anderen auf dem Vertrauensprinzip. Letzteres begründet die gegenseitige Anerkennung der divergierenden Regelungen und Aufsichtssysteme der Mitgliedstaaten auf der Basis von Mindeststandards und dem Vertrauen in die effiziente Aufsicht durch die Behörde des Herkunftslandes.[127] Ausgangspunkt des Vertrauensprinzips, das eng mit dem Modell der Mindestharmonisierung zusammenhängt, ist die *Cassis*-Rechtsprechung des EuGH.[128] Beschränken nationale Regelungen in einem nicht sekundärrechtlich geregelten Bereich die Warenverkehrsfreiheit, so können sie aus zwingenden Gründen des Allgemeinwohls gerechtfertigt sein, allerdings nur, wenn sie nicht unverhältnismäßig in die Warenverkehrsfreiheit eingreifen, wenn es sich um die Einfuhr von in einem anderen Mitgliedstaat rechtmäßig hergestellten und in den Verkehr gebrachten Waren handelt. Nach dieser These von der funktionalen Äquivalenz gilt die widerlegliche Vermutung, dass ein von der Behörde des Herkunftslandes zugelassenes Produkt auch in den anderen Mitgliedstaaten als z. B. für den Verbraucher sicher genug zu gelten hat.[129] Die Kommission übernahm zunächst diesen Ansatz und zog eine Mindestharmonisierung einer Vollharmonisierung vor. Dies galt auch für den Bereich des Kapitalmarktrechts, wie die bisherigen Prospekt- und Publizitätsrichtlinien zeigen. Von diesem ursprünglich verfolgten Konzept der Mindestharmonisierung weicht die Kommission mittlerweile jedoch

---

125 Zum Sprachenregime ausführlich *Crüwell*, AG 2003, 243, 248 f.
126 Darstellung bei *Crüwell*, AG 2003, 243, 253.
127 Zu den Prinzipien siehe *Calliess*, EWS 2000, 432; *Horn*, ZBB 1989, 107 ff., 110 ff.; *Horn*, ZBB 1994, 130 ff.; *Bader*, EuZW 1990, 117 ff.
128 EuGH v. 20.02.1979 – Rs. C-120/78 (Rewe/Bundesmonopolverwaltung – Cassis de Dijon), Slg. 1979 649.
129 *Calliess*, EWS 2000, 432, 433 m.w.N.; Dauses, in: ders.,Wirtschaftsrecht, 17. Aufl., Band 1, C I. Rn. 116, 117; zur Äquivalenzanerkennung siehe näher EuGH v. 12.03.1987 – Rs. C-178/84 (Kommission/Deutschland – Reinheitsgebot für Bier), Slg. 1987 1227, Rn. 28.

ab, da nunmehr Rechtsakte zunehmend in Form einer Verordnung verabschiedet werden, die aufgrund ihrer unmittelbaren Geltung anders als Richtlinien den Mitgliedsstaaten keinen Umsetzungsspielraum mehr lassen.[130] Aber selbst bei den verabschiedeten (kapitalmarktrechtlichen) Richtlinien ist eine Steigerung des Detailgrades feststellbar, so dass den Mitgliedsstaaten auch hier faktisch kaum noch ein Umsetzungsspielraum bleibt.[131] Insgesamt zeichnet sich somit im Kapitalmarktrecht ein Strategiewechsel der Kommission von der Mindest- zur Vollharmonisierung ab.[132]

27 Der mit der Prospektrichtlinie eingeführte Europapass für Emittenten geht über dieses System der gegenseitigen Anerkennung hinaus, indem allein die im Herkunftsstaat erfolgte Billigung des Prospekts einen Anspruch auf ein europaweites Angebot bzw. auf Zulassung der Wertpapiere begründet, ohne dass es einer weiteren Billigung bzw. Zulassung in den Aufnahmemitgliedstaaten bedarf. Die Prospektrichtlinie führt zudem zu einer Vollharmonisierung im Interesse einer Erleichterung grenzüberschreitender Emissionen, was zu einem Verlust an Flexibilität im nationalen Bereich führt.[133] Außerdem ist zu bedenken, dass die Entscheidung für die Begründung eines europäischen Passes eine verstärkte Harmonisierung geradezu bedingt,[134] da nur im Falle einheitlicher Prospektanforderungen ein vollkommener Verzicht auf die Kontrolle durch den Aufnahmestaat diesem gegenüber zu rechtfertigen ist. Eine Vollharmonisierung hat zur Folge, dass der Unionsgesetzgeber für den Anlegerschutz ein eigenes Schutzniveau festlegen muss.

28 Im Rahmen dieser Vollharmonisierung wurde aber nicht nur der Prospektinhalt, sondern auch das Prospektprüfungsverfahren und die Prospektveröffentlichung vereinheitlicht.[135] Die Prospektrichtlinie wird mit der Verordnung Nr. 809/2004/EG konkretisiert[136] als zweite Stufe des Lamfalussy- bzw. Komitologieverfahrens.[137] Regelungsgegenstand der Verordnung sind der notwendige Inhalt, die Zulässigkeit des Verweises auf andere Dokumente, das Format, die Veröffentlichung der Prospekte und die Verbreitung von Werbung. Nach Art. 7 Abs. 3 EU-ProspRL müssen diese Regelungen auf den

---

130 *Lutter/Bayer/Schmidt*, Europäisches Unternehmens- und Kapitalmarktrecht, § 17 Rn. 16.

131 *Lutter/Bayer/Schmidt*, Europäisches Unternehmens- und Kapitalmarktrecht, § 17 Rn. 16; so im Hinblick auf die MIFD etwa auch Weichert/Wenniger, WM 2007, 627, 628.

132 *Lutter/Bayer/Schmidt*, Europäisches Unternehmens- und Kapitalmarktrecht, § 17 Rn. 16; *Walla*, in: Veil, Europäisches Kapitalmarktrecht, § 2 Rn. 53; *Fleischer/Schmolke*, NZG 2010, 1241, 1243 f.

133 *Crüwell*, AG 2003, 243, 253.

134 *Keller/Langner*, BKR 2003, 616, 617; *Crüwell*, AG 2003, 243, 253.

135 *Sandberger*, EWS 2004, 297, 302.

136 VO (EG) Nr. 809/2004 der Kommission v. 29.04.2004 zur Umsetzung die RL 2003/71/EG des Europäischen Parlaments und des Rates betreffend die in Prospekten enthaltenen Informationen sowie das Format, die Aufnahme von Informationen mittels Verweis und die Veröffentlichung solcher Prospekte und die Verbreitung von Werbung, in der berichtigten Fassung, ABl. EG Nr. L 215 v. 16.06.2004, S. 3.

137 Zu den vorangegangenen Ratschlägen von CESR i. E. siehe *Holzborn/Schwarz-Gondek*, BKR 2003, 927, 932.

Standards im Bereich der Finanz- und der Nichtfinanzinformationen basieren, die von den internationalen Organisationen der Aufsichtsbehörde für den Wertpapierhandel, wie der International Organisation of Securities Commissions (IOSCO) ausgearbeitet wurden. Die daraus folgende Übereinstimmung der gebilligten Wertpapierprospekte mit internationalen Offenlegungsvorschriften erhöht die Anerkennungsfähigkeit der Prospekte auch außerhalb Europas.[138]

Auch die dritte Stufe des Komitologieverfahrens wurde zumindest teilweise   29
verwirklicht in Form der CESR Empfehlungen für die einheitliche Umsetzung der Durchführungsbestimmungen.[139]

Diese Neuerungen, vor allem die Einführung des Europäischen Passes, wur-   30
den überwiegend positiv als eine Erleichterung grenzüberschreitender Emissionen bewertet. Dennoch erfährt auch die Prospektrichtlinie Kritik: Teilweise wird die sich aus Art. 2 Abs. 1 lit. m EU-ProspRL ergebende Zuständigkeit mehrerer mitgliedstaatlicher Behörden kritisiert; allerdings schreibt Art. 22 Abs. 1 S. 1 die Zusammenarbeit der Behörden vor. Auch bewirkt auf der dritten Stufe des Komitologieverfahrens das CESR, nunmehr die ESMA, eine bessere Koordinierung und Vereinheitlichung der Aufsichtstätigkeit.[140] Außerdem wird befürchtet, dass die von der Prospektrichtlinie und der Verordnung vorgeschriebenen Prospektinhalte zu komplex sind, um dem Anleger als Informationsgrundlage zu dienen.[141] Indes stellt die nun obligatorische Zusammenfassung der Prospektinhalte eine geeignete Grundlage für die Information der Anleger dar. Kritisiert wird auch die Erhöhung der Anforderungen an öffentlich angebotene Wertpapiere durch die Vereinheitlichung der Regelungen;[142] dies trifft aber nur für die Rechtslage in den wenigen Mitgliedstaaten zu, die die Differenzierung der Rechtslage im Hinblick auf die Börsenzulassung und das öffentliche Angebot im nationalen Recht mit vollzogen haben.

Ein wesentlicher Kritikpunkt bildet dagegen die fehlende Harmonisierung   31
der Prospekthaftung: In Art. 6 EU-ProspRL wurde nur die Pflicht der Mitgliedstaaten festgeschrieben, eine Prospekthaftung sicherzustellen, wobei den Mitgliedstaaten hier ein weiter Spielraum verbleibt. Der Fortbestand national unterschiedlicher Haftungsregelungen führt dazu, dass die Emittenten ihr zum Teil bestehendes Wahlrecht im Hinblick auf die Genehmigungsbehörde entsprechend der Haftungsstandards ausüben werden, was zu einem „race to the bottom" führen kann.[143] Allerdings spielt die Prospekthaftung

---

138 *Sandberger*, EWS 2004, 297, 299.
139 CESR, recommendation, consistent implementation, Ref. 05-054 b; CESR FAQ Prospectus, 12th updated version – November 2010; mittlerweile aktualisiert durch die ESMA recommendations vom 20.03.2013 ESMA/2013/318 und ESMA, Q&A, prospectuses, 21st updated version, ESMA/2014/35 – Januar 2014.
140 *Sandberger*, EWS 2004, 297, 303.
141 *von Ilberg/Neises*, WM 2002, 635, 640.
142 *von Kopp-Colomb/Lenz*, AG 2002, 24, 29.
143 Dazu und zu den Haftungsrisiken durch die neuen Prospektvorschriften siehe *Holzborn/Schwarz-Gondek*, BKR 2003, 927, 934.

nicht in allen Mitgliedstaaten die gleiche Rolle; teilweise steht die Amtshaftung der Behörde im Vordergrund.[144]

4. Novellierung der Prospektrichtlinie

31a Die Prospektrichtlinie[145] wurde am 31.12.2010 durch die Richtlinie 2010/73/EU (Änderungsrichtlinie) geändert. Die Änderungsrichtlinie geht dabei auf die in Art. 31 der Prospektrichtlinie verpflichtend vorgesehene Überprüfung durch die Europäische Kommission fünf Jahre nach ihrem Inkrafttreten zurück und zielt auf eine Erhöhung der Effizienz und der Klarheit bestimmter Regelungen, auf eine Entlastung der Emittenten und Finanzintermediären von unnötigem bürokratischen Aufwand sowie auf eine Verbesserung des Anlegerschutzes ab.[146] Zur Erreichung dieses Ziels sieht die Änderungsrichtlinie insbesondere folgende Veränderungen vor: Die Anhebung bestimmter Schwellenwerte und Obergrenzen sowie die Klarstellung deren Berechnungsgrundlagen,[147] die Anpassung der Definition des qualifizierten Anlegers an die Definition des professionellen Kunden und der geeigneten Gegenpartei im Sinne der Richtlinie 2004/39/EG (MIFID),[148] eine Klarstellung im Bezug auf die Prospektpflicht sog. retail cascaden,[149] die Erweiterung der Ausnahme von der Prospektpflicht im Rahmen von Wertpapierangeboten an Führungskräfte oder Beschäftigte,[150] die Verbesserung der Form und des Inhalts der Prospektzusammenfassung,[151] die Begründung einer Prospektpflicht für Bezugsrechtsemissionen,[152] die Aufhebung der Pflicht zur Erstellung des jährlichen Dokuments[153] sowie eine Klarstellung im Bezug auf die Nachtragsfrist bei Vorliegen neuer Umstände, wesentlicher Unrichtigkeit oder Ungenauigkeit der im Prospekts enthaltenen Angaben und des damit verbundenen Widerufsrechts der Anleger.[154] Dabei wurde der Anlegerschutz insbesondere durch die in Art. 1 Nr. 5 lit. a) i) der Änderungsrichtlinie vorgesehene Weiterentwicklung der Zusammenfassung dahingehend wirksamer gestaltet, dass diese nun in knapper Form und in allgemein verständlicher

---

144 *Kunold/Schlitt*, BB 2004, 501, 511 verweist etwa auf die Rechtslage in Italien.
145 RL 2003/71/EG.
146 *Assmann*, in: Assmann/Schlitt/von Kopp-Colomb, WpPG/VerkProspG, Einl. Rn. 7; *Müller*, WpPG, Einl. Rn. 4 f.; *Lutter/Bayer/Schmidt*, Europäisches Unternehmens- und Kapitalmarktrecht, § 34 Rn. 4.
147 Art. 1 Nr. 1, Nr. 3, Nr. 7 lit. b) i) und Nr. 18 der Änderungsrichtlinie; s. auch Erwägungsgrund 6.
148 Art. 1 Nr. 2 der Änderungsrichtlinie.
149 Art. 1 Nr. 3 lit. a) ii) der Änderungsrichtlinie.
150 Art. 1 Nr. 4 i) lit. e), ii) der Änderungsrichtlinie.
151 Art. 1 Nr. 5 der Änderungsrichtlinie.
152 Art. 1 Nr. 7 iii) der Änderungsrichtlinie, wobei die BaFin und die österreichischen Aufsichtsbehörde die einzigen Behörden in Europa waren, die bei reinen Bezugsrechtsemissionen keine Prospektpflicht vorsahen, siehe hierzu *Schnorbus*, in: Berrar/Meyer/Müller/Schnorbus/Singhof/Wolf, WpPG, § 2 Rn. 77 f.
153 Art. 1 Nr. 10 der Änderungsrichtlinie.
154 Art. 1 Nr. 16 der Änderungsrichtlinie; siehe auch die Übersichten bei *Müller*, WpPG, Einl. Rn. 4 f.; *Schnorbus*, in: Frankf Komm WpPG, Vor §§ 1 ff. Rn. 8.

Sprache alle Schlüsselinformationen enthält und daher eine Art „key investor information"[155] darstellt.[156] War die Prospektrichtlinie bislang bestrebt, die Haftung wegen einer fehlerhaften Zusammenfassung auszuschließen, haben die Mitgliedsstaaten mit dieser Aufwertung der Zusammenfassung nach Art. 1 Nr. 6 der Änderungsrichtlinie nunmehr sicherzustellen, „dass niemand lediglich aufgrund der Zusammenfassung einschließlich einer Übersetzung davon haftet, es sei denn, die Zusammenfassung ist irreführend, unrichtig oder widersprüchlich, wenn sie zusammen mit anderen Teilen des Prospekts gelesen wird, oder sie vermittelt, wenn sie zusammen mit den anderen Teilen des Prospekts gelesen wird, nicht alle Schlüsselinformationen, um den Anlegern bei der Prüfung der Frage, ob sie in diese Wertpapiere investieren sollten, behiflich zu sein".[157]

Außerdem bedient sich die Änderungsrichtlinie zur Regelung von Einzelfragen der durch den Vertrag von Lissabon in Art. 290 AEUV neu geschaffenen Gestaltungsmethode, den delegierten Rechtsakten, und überträgt damit der Europäischen Kommission die Befugnis, Rechtsakte ohne Gesetzescharakter mit allgemeiner Geltung zur Ergänzung oder Änderung bestimmter, nicht wesentlicher Vorschriften zu erlassen.[158] Insoweit sieht Art. 1 Nr. 21 der Änderungsrichtlinie vor, dass die Prospektrichtlinie um Art. 24a bis 24c ergänzt wird, welche die Befugnisse der Kommission und das Verfahren im Allgemeinen regeln. Die Europäische Kommission hat bereits von dieser neuen Kompetenz Gebrauch gemacht und veröffentlichte die Änderungen der Prospektverordnung[159] im Wege einer sog. „delegierten Verordnung".[160] Das WpPG wurde entsprechend geändert.[161]   *31b*

5. Die Entwicklung des WpPG

Das Prospektrichtlinien-Umsetzungsgesetz[162] trat am 01.07.2005 in Kraft. In   *32*
Art. 1 ist das „Gesetz über die Erstellung, Billigung und Veröffentlichung des Prospekts, der beim öffentlichen Angebot von Wertpapieren oder bei der Zulassung von Wertpapieren zum Handel an einem organisierten Markt zu veröffentlichen ist (Wertpapierprospektgesetz – WpPG)" enthalten. Dieses ist Teil des Gesamtkonzepts der Bundesregierung zur Stärkung der Unternehmensintegrität und zur Verbesserung des Anlegerschutzes,[163] dient aber vor allem der Umsetzung der Prospektrichtlinie 2003/71/EG und der Prospekt-

---

155 *Vokuhl*, in: Veil, Europäisches Kapitalmarktrecht, § 13 Rn. 5.

156 *Vokuhl*, in: Veil, Europäisches Kapitalmarktrecht, § 13 Rn. 5.

157 *Vokuhl*, in: Veil, Europäisches Kapitalmarktrecht, § 13 Rn. 44.

158 *Leuering/Stein*, Der Konzern 2012, 382 (383); siehe hierzu auch Erwg. 27 bis 29 sowie Art. 1 Nr. 21 der Änderungsrichtlinie.

159 EU-ProspV Nr. 809/2004 ABl. EG L 149 v. 30.04.2004, S. 1; für eine Übersicht bzgl. der Änderungen der Prospektverordnung siehe *von Kopp-Colomb/Seitz*, WM 2012, 1220.

160 Delegierte VO (EU) Nr. 486/2012 v. 30.03.2012, ABl. EU Nr. L 150 v. 09.06.2012, S. 1 ff.; siehe dazu auch *von Kopp-Colomb/Seitz*, WM 2012, 1220

161 Siehe hierzu Rn. 34 ff.

162 BGBl. I 2005, 1698.

163 *Keunecke*, Prosp KapM, Rn. 161.

verordnung. Deshalb ist das WpPG insb. im Hinblick auf seine unbestimmten Rechtsbegriffe gemeinschaftsrechtskonform, insb. richtlinienkonform auszulegen.[164] Dabei geht allerdings die Bedeutung des Europarechts für die Anwendung des WpPG in Hinsicht auf die europäische Prospektverordnung über einen bloßen Auslegungsmaßstab hinaus, da die Verordnung unmittelbar in den Mitgliedstaaten geltendes Recht ist.[165] Dies wird durch die Vorschrift des § 7 WpPG deutlich, der keine eigenständige Regelung enthält, sondern einen schlichten Verweis auf diese Verordnung.[166] Vor allem die zweite und dritte Stufe des Komitologieverfahrens führt zu solch einer hohen Regelungsdichte, dass aus nationaler Sicht praktisch kein Umsetzungsfreiraum bleibt.[167]

33 Zur Umsetzung der Prospektrichtlinie wurde auch die Differenzierung zwischen Börsenzulassungsprospekten und Verkaufsprospekten aufgehoben,[168] die aus der Umsetzung der Börsenzulassungsprospektrichtlinie und der Verkaufsprospektrichtlinie folgte. Damit wird automatisch eines der Probleme der alten Rechtslage, nämlich das aus deutscher Sicht bestehende Problem der fehlenden Anerkennung von in Deutschland gebilligten Verkaufsprospekten, gelöst und das deutsche Recht an die in den meisten Mitgliedstaaten schon bislang bestehende einheitliche rechtliche Behandlung von Börsenzulassungs- und Verkaufsprospekten angepasst. Damit bedarf es nicht mehr spezieller Maßnahmen um eine doppelte Veröffentlichungspflicht zu verhindern.[169] Im Hinblick auf die Zuständigkeit zur Prospektprüfung und -billigung verlangt die Prospektrichtlinie eine zentrale zuständige Verwaltungsbehörde, die zudem vollständig unabhängig von allen Marktteilnehmern sein muss (Art. 21 Abs. 1 EU-ProspRL), wobei eine Übergangsfrist von acht Jahren durchgesetzt wurde (Art. 21 Abs. 2 EU-ProspRL).[170] Der „Europäische Pass" wird im deutschen Recht in § 18 WpPG umgesetzt, der es dem Emittenten ermöglicht, eine Notifizierung zu beantragen.

---

164 *Groß*, KapMR, Vorb. zum WpPG Rn 5; allgemein dazu *Groß*, in: Henssler/Kolbeck/Moritz/Rehm, Europ. Integr., Heidelberg 1993, S. 391, 399 ff.; *Assmann*, in: Assmann/Schlitt/von Kopp-Colomb WpPG/VerkProspG, Einl. WpPG Rn. 15; speziell zum WpPG *Kullmann/Sester*, WM 2005, 1068.

165 *Schnorbus*, in: Frankf Komm WpPG, Vor §§ 1 ff. Rn. 2; *Vokuhl*, in: Veil, Europäisches Kapitalmarktrecht, § 13 Rn. 15.

166 Siehe auch die RegBegr. zum EU-ProspRL-UmsG, BT-Drucks. 15/4999, S. 25.

167 *Groß*, KapMR, Vorb. zum WpPG Rn. 4; *Crüwell*, AG 2003, 243, 244 verweist allgemein darauf, dass die deutschen Gesetze derart eng mit den bisher geltenden RL verwoben ist, dass es kaum möglich ist, das eine ohne das andere zu erörtern.

168 Die Regelung der Prospektanforderungen im Falle einer Zulassung von Wertpapieren zum amtl. Handel fand sich früher im BörsG und in der BörseZulVO. Für öffentlich angebotene Wertpapiere waren das VerkProspG und die VerkProspVO einschlägig.

169 Siehe vor allem die mittlerweile aufgehobenen §§ 5 f. VerkProspG a.F.; dazu *Assmann*, in: Assmann/Lenz/Ritz, VerkProspG, § 5 Rn. 1 ff.; *Lenz*, in: Assmann/Lenz/Ritz, VerkProspG, § 6 Rn. 1 ff.; zur alten Rechtslage siehe auch *Lenz/von Kopp-Colomb*, Wertpapierverkaufsprospekte, DAI 2001, 19, 23.

170 Dazu siehe etwa *Crüwell*, AG 2003, 243, 249 f.; *Keller/Langner*, BKR 2003, 616, 617 f.; *Kunold/Schlitt*, BB 2004, 501, 509 f.; *Seitz*, BKR 2002, 340, 346.

Im ersten Halbjahr 2012 wurden aufgrund des Gesetzes zur Umsetzung der   34
Richtlinie 2010/73/EU und zur Änderung des Börsengesetzes[171], des Gesetzes zur Novellierung des Finanzanlagenvermittler- und Vermögensanlagenrechts[172] sowie des Gesetzes zur Umsetzung der Richtlinie 2010/78/EU vom
24. November 2010 im Hinblick auf die Errichtung des Europäischen Finanzaufsichtssystems[173] alle relevanten Normen des deutschen Prospektrechts
im WpPG vereinigt.[174]

Durch das Gesetz zur Umsetzung der Richtlinie 2010/73/EU und zur Ände-   35
rung des Börsengesetzes vom 26.06.2012[175] wurde im Wesentlichen der
Überarbeitung der Prospktrichtlinie Rechnung getragen und die Änderungsrichtlinie[176] „eins-zu-eins" umgesetzt.[177] Sowohl die Richtlinie als auch das
Umsetzungsgesetz zielen auf die Entlastung der Emittenten und Finanzintermediären von unnötigem bürokratischen Aufwand, auf die Erhöhung der
Klarheit und Effizienz bestimmter Regelungen sowie auf die Verbesserung
des Anlegerschutzes ab.[178] Daher wurden im Bereich des WpPG insbesondere bestimmte Obergrenzen und Schwellenwerte für die Anwendbarkeit
von Ausnahmen vom Anwendungsbereich des WpPG bzw. von Prospektpflichten erhöht, der Anwendungsbereich der Prospektfreiheit von Mitarbei-
terbeteiligungsprogrammen erweitert, der Begriff des qualifizierten Anlegers
nach dem WpPG dem des professionellen Kunden nach dem WpHG angepasst (wodurch das Register nach § 32 WpPG bzw. § 27 WpPG a. F. entfällt),
Wertpapierdienstleistungsunternehmen – vorbehaltlich einer schriftlichen
Einwilligung des jeweiligen Kunden – dazu verpflichtet Emittenten oder Anbietern auf Antrag die Einstufung von Kunden mitzuteilen, das Format des
dreiteiligen Prospekts bei Basisprospekten und das Registrierungsformular
als unmittelbarer Gegenstand des Nachtrags erlaubt, die Pflicht zur Verfügungstellung des jährlichen Dokuments nach § 10 WpPG a. F. aufgehoben
und geregelt, dass die Zusammenfassung, die erst ab einer Mindeststückelung von 100.000 Euro entbehrlich ist, für die Anlageentscheidung des Anlegers behilfliche Schlüsselinformationen enthalten soll.[179] Nach § 36 Abs. 3

---

171 BGBl. I 2012, 1375.
172 BGBl. I 2011, 2481.
173 BGBl. I 2011, 2427.
174 *Müller*, WpPG, Einl. Rn. 3.
175 BGBl. I 2012, 1375.
176 RL 2010/73/EU ABl. EU Nr. L 327 v. 11.12.2010.
177 Siehe Reg.Begr. zum Entwurf eines Gesetzes zur Umsetzung der Richtlinie 2010/73/EU
    und zur Änderung des Börsengesetzes, BT-Drucks. 17/8684, S. 13; *Müller*, WpPG, Einl.
    Rn. 3; *Groß*, KapMR, Vorb. zum WpPG Rn. 8; zu den Neuregelungen im Einzelnen siehe
    Lawall/Maier, DB 2012, 2443 ff.; sowie *dies.*, DB 2012, 2503 ff.; zur Änderungsrichtlinie
    siehe Rn. 31 a f.
178 Reg.Begr. zum Entwurf eines Gesetzes zur Umsetzung der Richtlinie 2010/73/EU und
    zur Änderung des Börsengesetzes, BT-Drucks. 17/8684, S. 1; *Assmann*, in: Assmann/
    Schlitt/von Kopp-Colomb WpPG/VerkProspG, Einl. WpPG Rn. 8 f.; *Müller*, WpPG, Ein-
    leitung Rn. 4 ff., der in diesem Zusammenhang übersichtsmäßig darstellt, wie die Än-
    derungsrichtlinie dieses Ziel erreichen will.
179 Siehe zum Ganzen RegBegr. zum Entwurf eines Gesetzes zur Umsetzung der Richtlinie
    2010/73/EU und zur Änderung des Börsengesetzes, BT-Drucks. 17/8684, S. 13 f.

WpPG n. F. ist das jährliche Dokument letztmalig für den Zeitraum des vor dem 01.07.2012 zu veröffentlichenden Jahresabschluss zu erstellen, dem Publikum zur Verfügung zu stellen und bei der Bundesanstalt zu hinterlegen. Über die Umsetzung der Änderungsrichtlinie hinaus wurde außerdem sowohl die Dauer der Prospektveröffentlichung, die Form der Übermittlung des zu billigenden Prospektes als auch die Übersetzung der Zusammenfassung an die Bundesanstalt neu geregelt.[180] Zudem stellt § 9 Abs. 2 WpPG nun klar, dass nach Ablauf von 12 Monaten grundsätzlich ein neuer Prospekt zu erstellen ist, wobei dies – mit Ausnahme des Basisprospekts – selbst für ein ursprünglich öffentliches Angebot an Wertpapieren gilt, das weder beendet nocht verändert wurde.[181]

36 Die Stärkung des Anlegerschutzes will der Gesetzgeber mit dem Gesetz zur Novellierung des Finanzanlagenvermittler- und Vermögensanlagenrechts realisieren.[182] Dies soll u.a. durch schäfere Produktregulierungen, erhöhte Vertriebsanforderungen und eine erleichterte Prospekthaftung auf den Bereich des Grauen Kapitalmarktes erreicht werden.[183] Mit seinem Art. 2 hebt das Gesetz zudem das Verkaufsprospektgesetz auf und verschiebt dessen Regelungen in das WpPG sowie in das mit Art. 1 neu geschaffene Gesetz über Vermögensanlagen (VermAnlG).[184] Das VermAnlG löste am 01.06.2012 das VerkProspG ab, was auch zur Aufgabe der „künstlichen" Trennung der Haftungsregeln in §§ 13, 13 a VerkProspG einerseits und §§ 44 ff. BörsG andererseits[185] führte.[186] Das Haftungsregime selbst wurde jedoch nahezu wortgleich in einen neu eingeführten Abschnitt 6 (§§ 21 ff. WpPG n. F.)[187] des Wertpapierprospektgesetzes konzentriert[188], wodurch jedenfalls die seit dem 3. Finanzmarktförderungsgesetz 1998 ergangene Rechtsprechung und Literatur weiterhin maßgeblich bleibt.[189] Lediglich die kurzen Sonderverjährungsfristen im Prospekthaftungsrecht wurden aufgehoben, so dass sich die

---

180 BGBl. I 2012, 1375; *Müller*, WpPG, Einl. Rn. 7; *Groß*, KapMR, Vorb. zum WpPG Rn. 8.
181 *Groß*, KapMR, Vorb. zum WpPG Rn. 8; *Müller*, WpPG, Einl. Rn. 7.
182 Siehe Reg.Begr. zum Entwurf eines Gesetzes zur Novellierung des Finanzanlagenvermittler- und Vermögensanlagenrechts, BT-Drucks. 17/6051, S. 1; *Müller*, WpPG, Einl. Rn. 8.
183 *Groß*, KapMR, Vorb. zum WpPG Rn. 7; *Müller*, WpPG, Einl. Rn. 9, 11; *Weber*, NJW 2012, 274, 279.
184 Zur Verbesserung des Anlegerschutzes sieht das VermAnlG neue gesetzliche Rahmenbedingungen für geschlossene Fonds sowie schärfere Anforderungen an die Produkte und ihre Vermittler vor, *Weber*, NJW 2012, 274, 279; für einen Überblick über das VermAnlG siehe etwa *Friedrichsen/Weisner*, ZIP 2012, 756 ff.
185 Reg.Begr. zum Entwurf eines Gesetzes zur Novellierung des Finanzanlagenvermittler- und Vermögensanlagenrechts, BT-Drucks. 17/6051, S. 30, 46.
186 *Leuering*, NJW 2012, 1905, 1906, 1909; *Groß*, KapMR, Vorb. zum WpPG Rn. 7; *Müller*, WpPG, Einl. Rn. 9, 11.
187 Der bisherige Abschnitt 6 wurde zu Abschnitt 7.
188 Dies gilt jedenfalls für die Haftung für fehlerhafte Wertpapier-Verkaufsprospekte; bei Verkaufsprospekte für nicht in Wertpapieren verbriefte Vermögensanlangen findet sich die Prospekthaftung seit dem 01.06.2012 in § 20 VermAnlG, siehe hierzu sowie für eine tabellarische Übersicht über die Neuordnung *Leuering*, NJW 2012, 1905, 1908 ff.
189 *Leuering*, NJW 2012, 1905, 1906.

Spindler

Verjährung seit dem 01.06.2012 nach den allgemeinen Verjährungsvorschriften des BGB richtet.[190] Ob die darüber hinaus vorgesehene Erweiterung der Möglichkeit weitergehende Ansprüche geltend zu machen, indem § 25 Abs. 2 WpPG n. F. auf die in § 47 Abs. 2 BörsG a. F. enthaltene Einschränkung auf eine „vorsätzliche oder grob fahrlässige unerlaubte Handlung" verzichtet, gelungen ist, kann jedoch bezweifelt werden. Denn die in Betracht kommenden deliktischen Ansprüche setzen allesamt Vorsatz voraus, so dass diese Streichung zu keiner materiellen Änderung führt.[191] Insgesamt sind die Änderungen dennoch zu begrüßen, da sie die Haftungsvoraussetzungen für den Bereich der Prospekthaftung für Vermögensanlagen erleichtern.[192]

Als Übergangsbestimmung zur Aufhebung des VerkProspG wurde § 37 WpPG neu in das WpPG eingeführt. Satz 2 der Norm bestimmt, dass die bis zum 31.05.2012 entstandenen Ansprüche bei einem nicht veröffentlichten Prospekt weiterhin dem VerkProspG in der bis zum 31.05.2012 geltenden Fassung unterliegen. Nach § 37 S. 1 WpPG sind bei Haftungsansprüchen wegen eines vor dem 01.06.2012 im Inland veröffentlichten fehlerhaften Prospekts, der nicht Grundlage für die Zulassung von Wertpapieren zum Handel an einer inländischen Börse ist, die §§ 44 bis 47 des BörsG jeweils in der bis zum 31.05.2012 geltenden Fassung anzuwenden. **37**

Zum 01.01.2011 wurde durch das Gesetz zur Umsetzung der Richtlinie 2010/ 78/EU vom 24. November 2010[193] ein Europäisches Finanzaufsichtssystem (European System of Financial Supervision, ESFS) zur Sicherstellung der Aufsicht über das Finanzsystem der Union geschaffen.[194] Das Hauptziel des ESFS besteht gem. Art. 2 Abs. 1 ESMA-VO[195] in der Erhaltung der Finanzstabilität sowie der Gewährleistung des Vertrauens in das Finanzsystem insgesamt als auch der Sicherstellung eines ausreichenden Schutzes der Kunden, die Finanzdienstleistungen in Anspruch zu nehmen. Dabei ist dessen Kernelement die Errichtung dreier zentraler sowie unabhängiger europäi- **38**

---

190 *Groß*, KapMR, Vorb. zum WpPG Rn. 7; *Müller*, WpPG, Einleitung Rn. 9, 11; *Leuering*, NJW 2012, 1905, 1906.

191 So auch *Leuering*, NJW 2012, 1905, 1906; kritisch zur Erweiterung *Lorenz/Schönemann/Wolf*, CFL 2011, 346, 347 f, 349.

192 So auch *Müller*, WpPG, Einl. Rn. 11; wohl auch *Leuering*, NJW 2012, 1905.

193 Auch „Omnibus I"-Richtlinie genannt; weitere Anpassungen der Prospektrichtline aufgrund der neuen Europäischen Finanzmarktaufsicht sollen durch die sog. „Omnibus II"-Richtlinie erfolgen, welche derzeit aufgrund des Vorschlags für eine Richtlinie des Europäischen Parlaments und des Rates zur Änderung der Richtlinien 2003/71/EG und 2009/138/EG im Hinblick auf die Befugnisse der Europäischen Aufsichtsbehörde für das Versicherungswesen und die betriebliche Altersversorgung und der Europäischen Wertpapieraufsichtsbehörde, KOM (2011) endg. v. 19.01.2011 noch verhandelt wird; siehe zu dieser etwa auch *Böhne*, GmbHR 2011, R58 ff.

194 Art. 5 Abs. 1 VO (EU) Nr. 1095/2010 v. 24.11.2010 (ESMA-Verordnung); siehe auch *Walla*, BKR 2012, 265 (266); *Baur/Boegel*, BKR 2011, 177; *Veil*, in: Veil, Europäisches Kapitalmarktrecht, § 1 Rn. 35; *Lutter/Bayer/Schmidt*, Europäisches Unternehmens- und Kapitalmarktrecht, § 17 Rn. 272; zur Entwicklungsgeschichte siehe *Lutter/Bayer/ Schmidt*, Europäisches Unternehmens- und Kapitalmarktrecht, § 17 Rn. 263 ff.

195 Siehe aber auch Art. 2 Abs. 1 EBA-VO und Art. 2 Abs. 1 EIOPA-VO.

scher Behörden mit eigener Rechtspersönlichkeit.[196] Denn die bisherigen Ausschüsse für Banken- und Wertpapieraufsicht (CEBS, CESR) besaßen als bloße Zusammenschlüsse nationaler Aufsichtsbehörden keine eigenständigen Kompetenzen, so dass deren Entscheidungen keine Bindungswirkung entfalten konnten. Vielmehr sollten sie lediglich Empfehlungen und Leitlinien für die Aufsichtspraxis entwickeln und waren darauf angewiesen, dass die von ihnen beratene Kommission diese übernahm und die nationalen Behörden die erteilten Empfehlungen und Leitlinien auch umsetzten.[197] Um dies zu ändern, wurden Europäische Finanzaufsichtsbehörden (European Supervisory Authorities, ESA) im Banken- (European Banking Authority, EBA), Versicherungs- (European Insurance and Occupational Pensions Authority, EIOPA) und Wertpapiersektor (European Securities and Markets Authority, ESMA) gegründet, die mit den nationalen Aufsichtsbehörden und dem Europäischen Ausschuss für Systemrisiken (European Systematic Risk Board, ESRB) sowie dem behördenübergreifenden gemeinsamen Ausschuss der Europäischen Aufsichtsbehörden (Joint Committee) Teil dieser neuen europäischen Finanzmarktaufsichtsarchitektur sind.[198] Die hierzu erforderlichen Änderungen wurden insbesondere durch die Einbindung der BaFin in das Europäische Finanzaufsichtssystem, durch Mitteilungs- und Unterrichtungspflichten der BaFin gegenüber den Europäischen Finanzaufsichtsbehörden sowie durch die Anpassung der Verschwiegenheitspflichten für die Beschäftigten der BaFin und die Einbeziehung der Europäischen Finanaufsichtsbehörden bei Meinungsverschiedenheiten oder mangelnder Zusammenarbeit zwischen den nationalen Aufsichtsbehörden in das WpPG umgesetzt.[199] Letztlich verbleibt die Zuständigkeit für die laufende Aufsicht aber bei den nationalen Aufsichtsbehörden, so dass die ESA neben der Angleichung der Aufsichtsstandards lediglich für die Koordinierung und Überwachung der nationalen Behörden zuständig sind.[200]

---

196 Art. 5 Abs. 1 VO (EU) Nr. 1095/2010 v. 24.11.2010 (ESMA-Verordnung); siehe auch *Walla*, BKR 2012, 265 (266); *Baur/Boegel*, BKR 2011, 177; *Veil*, in: Veil, Europäisches Kapitalmarktrecht, § 1 Rn. 35; *Lutter/Bayer/Schmidt*, Europäisches Unternehmens- und Kapitalmarktrecht, § 17 Rn. 274, 276.
197 *Baur/Boegel*, BKR 2011, 177; siehe hierzu auch Rn. 18.
198 *Walla*, BKR 2012, 265, 266; *Müller*, WpPG, Einl. Rn. 12; ein Überblick über die neue europäische Finanzmarktaufsicht ist zu finden bei *Baur/Boegel*, BKR 2011, 177 ff., *Lutter/Bayer/Schmidt*, Europäisches Unternehmens- und Kapitalmarktrecht, § 17 Rn. 272 ff. sowie bei *Walla*, in: Veil, Europäisches Kapitalmarktrecht, § 6 Rn. 33 ff.; siehe auch Rn. 19.
199 Siehe zum Ganzen *Müller*, WpPG, Einl. Rn. 12.
200 *Lutter/Bayer/Schmidt*, Europäisches Unternehmens- und Kapitalmarktrecht, § 17 Rn. 276.

ABSCHNITT 1
Anwendungsbereich und Begriffsbestimmungen

§ 1
Anwendungsbereich

(1) Dieses Gesetz ist anzuwenden auf die Erstellung, Billigung und Veröffentlichung von Prospekten für Wertpapiere, die öffentlich angeboten oder zum Handel an einem organisierten Markt zugelassen werden sollen.

(2) Dieses Gesetz findet keine Anwendung auf

1. Anteile oder Aktien von offenen Investmentvermögen im Sinne des § 1 Absatz 4 des Kapitalanlagegesetzbuchs;

2. Nichtdividendenwerte, die von einem Staat des Europäischen Wirtschaftsraums oder einer Gebietskörperschaft eines solchen Staates, von internationalen Organisationen des öffentlichen Rechts, denen mindestens ein Staat des Europäischen Wirtschaftsraums angehört, von der Europäischen Zentralbank oder von den Zentralbanken der Staaten des Europäischen Wirtschaftsraums ausgegeben werden;

3. Wertpapiere, die uneingeschränkt und unwiderruflich von einem Staat des Europäischen Wirtschaftsraums oder einer Gebietskörperschaft eines solchen Staates garantiert werden;

4. Wertpapiere, die von CRR-Kreditinstituten oder von Emittenten, deren Aktien bereits zum Handel an einem organisierten Markt zugelassen sind, ausgegeben werden; dies gilt nur, wenn der Verkaufspreis für alle im Europäischen Wirtschaftsraum angebotenen Wertpapiere weniger als 5 Millionen Euro beträgt, wobei diese Obergrenze über einen Zeitraum von zwölf Monaten zu berechnen ist;

5. Nichtdividendenwerte, die von CRR-Kreditinstituten dauernd oder wiederholt für einen Verkaufspreis aller im Europäischen Wirtschaftsraum angebotenen Wertpapiere von weniger als 75 Millionen Euro ausgegeben werden, wobei diese Obergrenze über einen Zeitraum von zwölf Monaten zu berechnen ist, sofern diese Wertpapiere

   a) nicht nachrangig, wandelbar oder umtauschbar sind oder

   b) nicht zur Zeichnung oder zum Erwerb anderer Wertpapiere berechtigen und nicht an ein Derivat gebunden sind.

(3) Unbeschadet des Absatzes 2 Nr. 2 bis 5 sind Emittenten, Anbieter oder Zulassungsantragsteller berechtigt, einen Prospekt im Sinne dieses Gesetzes zu erstellen, wenn Wertpapiere öffentlich angeboten oder zum Handel an einem organisierten Markt zugelassen werden.

Inhalt

I. Übersicht

1 § 1 WpPG setzt Art. 1 der Prospektrichtlinie um, indem der grundsätzliche Anwendungsbereich umschrieben wird. Abs. 2 regelt Ausnahmen des Anwendungsbereiches, während Abs. 3 eine Opt-In-Regelung enthält, indem für die Emission der in den Ausnahmefällen Nr. 2 bis 5 genannten Wertpapiere ein Prospekt freiwillig erstellt werden kann. Aufgrund der Richtlinie 2010/73/EU (Änderungsrichtlinie) wurden durch das Gesetz zur Umsetzung der Richtlinie 2010/73/EU und zur Änderung des Börsengesetzes vom 26. Juni 2012[1] die Wertgrenzen des § 1 Abs. 2 Nr. 4 und 5 WpPG von 2,5 auf 5 Millionen Euro bzw. von 50 auf 75 Millionen Euro erhöht. Zudem nutzte der Gesetzgeber die Gelegenheit, um in der Regierungsbegründung „klarzustellen", dass bei der Ermittlung der Höhe des Volumens auf die im Europäischen Wirtschaftsraum angebotenen Wertpapiere abzustellen ist.[2] Im Zuge der Umsetzung der Richtlinie 2011/61/EU und der Richtlinie 2013/36/EU wurde § 1 WpPG zuletzt geändert.

2 Das WpPG regelt Pflichten zur Erstellung, die Billigung und die Veröffentlichung von Prospekten für Wertpapiere, die öffentlich angeboten oder zum Handel an einem organisierten Markt zugelassen werden sollen. Damit ist vor allem eine nähere Bestimmung der Begriffe „Wertpapier", „öffentliches Angebot" und „organisierter Markt" erforderlich.[3] Dabei konnte der deutsche Gesetzgeber im Prospektbereich nicht auf europäische Grundlagen zurückgreifen: Denn weder die Börsenzulassungsprospektrichtlinie noch die Emissionsprospektrichtlinie enthalten eine Definition dieser Begriffe, auch wenn andere Begriffe legal definiert wurden, wie etwa der Anteil an Organismen für gemeinsame Anlagen. Auch

---

1 BGBl. I 2012, 1375.
2 RegBegr. BT-Drucks. 17/8684, S. 16; dies entspricht Erwg. 6 der Änderungsrichtlinie 2010/73/EU.
3 *Groß*, KapMR, § 1 WpPG Rn. 2.

das BörsG und das VerkProspG regelten diese Begriffe nicht.[4] Mit der Transformation der MiFID-Richtlinie[5] durch das Finanzmarktrichtlinie-Umsetzungsgesetz (FRUG)[6] wurden jedoch in § 2 Abs. 1, 5 WpHG entsprechende Definitionen aufgenommen. In gleicher Weise schlossen § 2 Nr. 1 („Wertpapiere"), Nr. 4 („öffentliches Angebot") und Nr. 16 („organisierter Markt") WpPG, die nunmehr Legaldefinitionen dieser Begriffe enthalten, diese Lücke.

Auf ein bestimmtes Marktsegment wird mangels entsprechender Definitionen auf Unionsebene nicht Bezug genommen.[7] Allerdings wurde der Anwendungsbereich insofern erweitert, als auf die Zulassung zum Handel an einem organisierten Markt Bezug genommen wird und nicht mehr wie früher nur auf die Zulassung zur amtlichen Börsennotierung.[8] Damit sollen Aufsichtslücken vermieden werden, da die Aufsicht nicht in allen Mitgliedstaaten zwangsläufig mit der Zulassung zum Handel verbunden ist oder der Begriff der „amtlichen Notierung" in Folge der Umsetzung der Wertpapierdienstleistungsrichtlinie in manchen Mitgliedstaaten gänzlich abgeschafft worden war.[9]   **3**

Über die Beschränkung des Anwendungsbereichs in § 1 Abs. 2 WpPG hinaus sind in § 3 Abs. 2 und § 4 Abs. 1 WpPG Ausnahmen von der Prospektpflicht für das öffentliche Angebot von Wertpapieren enthalten, sofern nicht zusätzlich eine Börsenzulassung beantragt wird.[10] Diese an einem organisierten Markt zugelassenen Papiere sind ebenfalls von der Prospektpflicht befreit, § 4 Abs. 2 WpPG. Die Befreiung bestimmter Angebotsformen bzw. bestimmter Arten von Wertpapieren von der Prospektpflicht entspricht den Befreiungstatbeständen der Prospektrichtlinie in Art. 3 Abs. 2 und Art. 4.[11]   **4**

---

4 Allerdings wird in der Bekanntmachung des BAWe zum Wertpapier-Verkaufsprospekt und zur VerkProspVO v. 06.09.1998, BAnz Nr. 177 v. 21.09.1999, S. 16180 eine nähere Bestimmung des Begriffes „öffentliches Angebot" vorgenommen. Hier findet sich auch eine Definition des „Wertpapiers".

5 RL 2004/39/EG des Europäischen Parlaments und des Rates v. 21.04.2004 über Märkte für Finanzinstrumente, zur Änderung der RL 85/611/EWG und 93/6/EWG des Rates und der RL 2000/12/EG des Europäischen Parlaments und des Rates und zur Aufhebung der RL 93/22/EWG des Rates, ABl. EG Nr. L 145 v. 30.04.2004, S. 1.

6 Gesetz zur Umsetzung der RL über Märkte für Finanzinstrumente (2004/39/EG, MiFID) und der DVRL (2006/73/EG) der Kommission (Finanzmarkt-Richtlinie-Umsetzungsgesetz) v. 16.07.2007, BGBl. I 2007, 1330.

7 *Fürhoff/Ritz*, WM 2001, 2280, 2283; *von Kopp-Colomb/Witte*, in: Assmann/Schlitt/von Kopp-Colomb, WpPG/VerkProspG, § 1 WpPG Rn. 1.

8 Siehe zuletzt noch die RL 2001/34/EG des Europäischen Parlaments und des Rates v. 28.05.2001 über die Zulassung v. Wertpapieren zur amtl. Börsennotierung und über die hinsichtlich dieser Wertpapiere zu veröffentlichenden Informationen, ABl. EG Nr. L 184 v. 06.07.2001 S. 1–66 (berichtigte Fassung, ABl. EG Nr. L 217 v. 11.08.2001 S. 18–084).

9 *Fürhoff/Ritz*, WM 2001, 2280, 2283; *von Kopp-Colomb/Witte*, in: Assmann/Schlitt/von Kopp-Colomb, WpPG/VerkProspG, § 1 WpPG Rn. 1.

10 *Kullmann/Sester*, WM 2005, 1068, 1069.

11 Näher zu den unterschiedlichen Ausnahmetatbeständen siehe *Heidelbach/Preuße*, BKR 2006, 316.

II. Anwendungsbereich

5 § 1 WpPG eröffnet den Anwendungsbereich des Gesetzes für das öffentliche Angebot von Wertpapieren oder für die Zulassung von Wertpapieren zum Handel an einem organisierten Markt. Negativ betrachtet ist der Anwendungsbereich des WpPG nicht eröffnet,

– wenn kein Wertpapier im Sinne des § 2 Nr. 1 WpPG emittiert werden soll, oder

– eine der in § 1 Abs. 2 WpPG genannten Ausnahmen vorliegt, oder

– eine Übergangsbestimmung[12] eingreift.[13]

Da die relevanten Definitionen in § 2 WpPG geregelt sind, kommt § 1 WpPG neben der grundsätzlichen Festlegung des Anwendungsbereichs im Wesentlichen eine negative Abgrenzungsfunktion zu.

III. Ausnahmen

1. Die unvollständige Umsetzung der Ausnahmeregelungen der Prospektrichtlinie ins WpPG

6 Entsprechend Art. 1 Abs. 2 der Prospektrichtlinie werden in § 1 Abs. 2 WpPG bestimmte Wertpapiere vom Anwendungsbereich ausgenommen. Allerdings werden nicht alle von der Prospektrichtlinie vorgesehenen Ausnahmen übernommen: Nicht umgesetzt wurden Art. 1 Abs. 2 lit. c), e), f), g) und i) EU-ProspRL; Art. 1 Abs. 2 lit. h EU-ProspRL betreffend Kleinstemissionen wurde auf Emissionen von Einlagekreditinstituten beschränkt.[14]

7 Diese Abweichung des nationalen Rechts vom Unionsrecht und die damit verbundene nationale Erweiterung des Anwendungsbereichs ist europarechtlich zulässig: Zwar kommen die Wertpapiere bzw. Emissionen, die allein vom nationalen Regelungsbereich erfasst werden, nicht in den Genuss der von der Richtlinie vorgesehenen Regelungen zu einem europäischen Pass.[15] Doch ist die Richtlinie hinsichtlich der Ausnahmen nicht abschließend, da der Richtliniengeber zwischen Ausnahmen vom Anwendungsbereich in Art. 1 Abs. 2 und Ausnahmen von der Prospektpflicht in Art. 3 Abs. 2 und Art. 4 unterscheidet.[16] Da der Unionsgesetzgeber die in Art. 1 Abs. 2 genannten Bereiche bewusst nicht geregelt hat, steht es dem nationalen Gesetzgeber nicht nur frei, die in der Richtlinie vorgesehenen Bereichsaus-

---

12 In erster Linie enthält § 37 WpPG die relevanten Übergangsbestimmungen; siehe hierzu bereits in der Einleitung Rn. 37 sowie *Groß*, KapMR, § 37 WpPG.

13 Dazu siehe *Seitz*, AG 2005, 678, 681.

14 Ausführlich hierzu *von Kopp-Colomb/Witte*, in: Assmann/Schlitt/von Kopp-Colomb, WpPG/VerkProspG, § 1 WpPG Rn. 2 ff.

15 *Crüwell*, AG 2003, 243, 245; *Holzborn/Schwarz-Gondek*, BKR 2003, 927, 928; *Kunold/ Schlitt*, BB 2004, 501, 503.

16 Siehe hierzu auch *von Kopp-Colomb/Witte*, in: Assmann/Schlitt/von Kopp-Colomb, WpPG/VerkProspG, § 1 WpPG Rn. 1.

nahmen nachzuzeichnen,[17] sondern er kann in diesen nicht geregelten Bereichen grundsätzlich eine Prospektpflicht selbst begründen.[18] Im Falle eines Dual Listing führt dies dazu, dass ein Emittent, der die Wertpapiere bspw. in seinem Heimatstaat und zugleich auch in Deutschland anbieten will, nur für die Emission in Deutschland einen Prospekt erstellen muss, sofern die Heimatstaatsregelung weitergehende Ausnahmen als die nach dem WpPG vorsieht.

Dass der deutsche Gesetzgeber nicht sämtliche Ausnahmen bzw. Privilegierungen des Art. 1 Abs. 2 EU-ProspRL umsetzte, ist nicht zuletzt darauf zurückzuführen, dass einige der Ausnahmen des Art. 1 Abs. 2 EU-ProspRL auf rein nationale Besonderheiten zugeschnitten sind,[19] wie etwa in Art. 1 Abs. 2 lit. i) EU-ProspRL der Bezug auf die schwedischen „Bostadsobligationer", in Art. 1 Abs. 2 lit. c) EU-ProspRL die Ausnahme für Anteile am Kapital der Zentralbanken für solche Mitgliedstaaten, in denen die Zentralbank die Form einer Aktiengesellschaft hat[20] oder Art. 1 Abs. 2 lit. g) EU-ProspRL die nicht fungiblen Kapitalanteile, die bestimmte Nutzungsrechte an Immobilien verleihen, was auf die rechtliche Sondersituation in einigen Mitgliedstaaten, wie etwa Finnland, zurückgeht.[21]   8

Ebenso wenig wurde Art. 1 Abs. 2 lit. e) EU-ProspRL, der auf Art. 2 Nr. 2 lit. j) der Emissionsprospektrichtlinie zurückgeht, umgesetzt, der eine Privilegierung von gemeinnützigen Vereinigungen, die Wertpapiere für ihre nicht erwerbsorientierten Ziele ausgeben, vorsieht. Dies wurde schon frühzeitig aus deutscher Sicht als systemfremd empfunden, da sich die Gemeinnützigkeit allein auf die Zweckverfolgung beziehe, nicht aber auf die Mittelaufnahme am Kapitalmarkt, die selbst nicht gemeinnützig wird, und zudem der Anlegerschutz nicht von der besonderen Zweckverfolgung berührt wird.[22]   9

Im Bereich dieser nationalen Erweiterungen der Prospektpflicht ist schließlich fraglich, ob aus Sicht des europäischen Primärrechts unzulässige Hemmnisse im Binnenmarkt errichtet werden (Kapitalverkehrsfreiheit). Denn diese Wertpapiere fallen bei einem Dual Listing evtl. nur in Deutschland unter die Prospektpflicht. Eine solche Ungleichbehandlung kann aber durch den Anlegerschutz gerechtfertigt werden.[23] Das Prinzip der funktionalen Äquiva-

---

17 Die RegBegr. EU-ProspRL-UmsG, BT-Drucks. 15/4999, 25, 27 verwendet eine positive Formulierung: „Dies bedeutet, dass der nationale Gesetzgeber frei ist, solche Ausnahmen im nationalen Recht vorzusehen."

18 So auch *Crüwell*, AG 2003, 243, 245; *Holzborn/Schwarz-Gondek*, BKR 2003, 927, 928; *Kunold/Schlitt*, BB 2004, 501, 503.

19 *Crüwell*, AG 2003, 243, 245; *von Kopp-Colomb/Witte*, in: Assmann/Schlitt/von Kopp-Colomb, WpPG/VerkProspG, § 1 WpPG Rn. 10.

20 Begr. des Rates i. R. d. gemeinsamen Standpunktes, ABl. EG Nr. C 125 E v. 27.05.2003, S. 47, 48.

21 Begr. des Rates i. R. d. gemeinsamen Standpunktes, ABl. EG Nr. C 125 E v. 27.05.2003, S. 47, 48.

22 *Crüwell*, AG 2003, 243, 245.

23 Siehe dazu Einl. Rn. 12.

lenz[24] führt hierbei nicht zu erhöhten Anforderungen an die Rechtfertigung, da eine Prüfung im Herkunftsland nicht stattfindet und damit kein gleichwertiger Schutzstandard besteht.

2. Die Ausnahmeregelungen

a) Genereller Ansatz: Qualifizierte Emittenten

10 Die in das WpPG übernommenen Ausnahmen vom Anwendungsbereich lassen sich dahingehend systematisieren, dass es sich jeweils um qualifizierte Emittenten handeln muss, indem Anleger nicht wie bei anderen Emittenten gleichermaßen schutzbedürftig sind.[25] So betreffen § 1 Abs. 2 Nr. 2 sowie Nr. 4 und 5 WpPG Emittenten mit besonderer Bonität (Staaten des Europäischen Wirtschaftsraums, Gebietskörperschaften eines solchen Staates, internationale Organisationen, die Europäische Zentralbank, Zentralbanken der Staaten des Europäischen Wirtschaftsraums und CRR-Kreditinstitute[26]), im Falle der Nr. 3 wird die Garantie von öffentlich-rechtlichen Gebietskörperschaften gegeben, die im Hinblick auf ihre Insolvenzfestigkeit traditionell eine besondere Bonität genießen. Aber auch im Fall der Nr. 1 folgt die Qualifizierung (auch) aus den für sie geltenden besonderen aufsichtsrechtlichen Bestimmungen (offene Investmentvermögen im Sinne des § 1 Abs. 4 KAGB).[27]

b) Einzelne Ausnahmen

aa) § 1 Abs. 2 Nr. 1

11 Nach § 1 Abs. 2 Nr. 1 werden vom WpPG nicht Anteile oder Aktien von offenen Investmentvermögen im Sinne des § 1 Abs. 4 des Kapitalanlagegesetzbuchs erfasst. Die Vorschriften des KAGB genießen insoweit spezialgesetzlichen Anwendungsvorrang.[28] Der Ausnahmetatbestand des § 1 Abs. 2 Nr. 1 WpPG wurde zuletzt durch das AIFM-Umsetzungsgesetzes[29] geändert. Zuvor wurde Art. 1 Abs. 2 lit. a) der Prospektrichtlinie umgesetzt, der wiederum Art. 3 Abs. 2 lit. a) der Kapitalmarktspublizitätsrichtlinie[30] bzw. Art. 2 Nr. 2

24 Siehe dazu Einl. Rn. 26 f.
25 So auch zum aufgebobenen VerkProspG Assmann, NJW 1991, 528, 529 f.; von Kopp-Colomb/Witte, in: Assmann/Schlitt/von Kopp-Colomb, WpPG/VerkProspG, § 1 WpPG Rn. 22.
26 Capital Requirements Regulation (CRR).
27 Zu § 3 VerkProspG a.F. siehe Ritz, in: Assmann/Lenz/Ritz, VerkProspG, § 3 VerkProspG Rn. 2.
28 Ritz/Zeising, in: Just/Voß/Ritz/Zeising, WpPG, § 1 Rn. 11.
29 Gesetz zur Umsetzung der RL 2011/61/EU über die Verwalter alternativer Investmentfonds (AIFM-Umsetzungsgesetz – AIFM-UmsG) v. 04.07.2013, BGBl. I 2013, 1981.
30 RL 2001/34/EG des Europäischen Parlaments und des Rates v. 28.05.2001 über die Zulassung v. Wertpapieren zur amtl. Börsennotierung und über die hinsichtlich dieser Wertpapiere zu veröffentlichenden Informationen, ABl. EG Nr. L 184 v. 06.07.2001, S. 1–66 (berichtigte Fassung, ABl. EG Nr. L 217 v. 11.08.2001, S. 18–84).

lit. b) der Emissionsprospektrichtlinie[31] entspricht, im Unterschied zu diesen Vorschriften aber nicht nur Anteilsscheine sondern auch Aktien erfasst. Nach der Regierungsbegründung ist diese Ausnahme an die Regelungen des Investmentgesetzes a. F. (jetzt KAGB) angepasst und orientiert sich an § 3 Nr. 3 VerkProspG a. F.[32] Die Ausnahme ist angesichts des in den anderen Regulierungen gewährleisteten Anlegerschutzes gerechtfertigt, insb. durch die spezialgesetzlich geregelte Aufsicht und besondere Publizitätspflichten, wie etwa § 297 KAGB über die Anlegerinformation und § 299–302 KAGB über die Veröffentlichungs- und Informationspflichten oder der Mindestangaben im Verkaufsprospekt (§ 165 Abs. 2 KAGB).

Die betreffenden Wertpapiere müssen daher auch tatsächlich vom KAGB erfasst werden.[33] Es muss sich demnach um Anteile oder Aktien von offenen Investmentvermögen im Sinne des § 1 Abs. 4 KAGB handeln. Aufgrund der neuen Systematisierung durch das KAGB kann es für einzelne Organismen zweifelhaft sein, ob diese „Investmentvermögen" gem. § 1 Abs. 1 KAGB darstellen.[34] Liegt jedoch zweifelsfrei ein „Investmentvermögen" vor, ist ein offenes Investmentvermögen dann gegeben, wenn entweder ein OGAW (Organismus für gemeinsame Anlagen in Wertpapieren) vorliegt (§ 1 Abs. 4 Nr. 1 KAGB) oder ein AIF (Alternativer Investmentfonds)[35], seinen Anlegern oder Aktionären mindestens einmal pro Jahr die Möglichkeit bietet, ihre Anteile oder Aktien gegen Auszahlung zurückzugeben, wobei die Möglichkeit der Aussetzung oder Einschränkungen der Rücknahme der Anteile sowie Mindesthaltefristen keine Berücksichtigung finden (§ 1 Abs. 4 Nr. 2 KAGB). Da schon nach der Definition des offenen Investmentvermögens gem. § 1 Abs. 4 Nr. 2 KAGB alle AIFs erfasst sind, welche mindestens einmal jährlich ein Rückgaberecht gewähren, ist auch anders als noch in § 1 Abs. 2 Nr. 1 WpPG a. F. im Gesetzeswortlaut ein Rückgaberecht nicht mehr explizit erwähnt. Daher sind insbesondere offene inländische Investmentvermögen (§§ 91 ff. KAGB) von der Ausnahme erfasst. Je nachdem, ob es sich um ein inländisches Sondervermögen oder eine inländische Investmentgesellschaft mit veränderlichem Kapital handelt, gelten unterschiedliche Rücknahmevorschriften. Für die Rücknahme im Zusammenhang mit inländischem Sondervermögen normiert § 98 Abs. 1 S. 1 KAGB, dass jedem Anleger „gegen Rückgabe des Anteils sein Anteil an dem Sondervermögen aus diesem ausgezahlt wird". Für Spezialsondervermögen (wie z. B. Immobiliensondervermögen gem. §§ 230 ff. KAGB) können bestimmte Rücknahmetermine vereinbart werden, wobei eine Rücknahme mindestens einmal pro Jahr erfolgen

12

---

31 RL 89/298/EWG des Rates v. 17.04.1989 zur Koordinierung der Bedingungen für die Erstellung, Kontrolle und Verbreitung des Prospekts, der im Falle öffentlicher Angebote v. Wertpapieren zu veröffentlichen ist, ABl. EG Nr. L 124 v. 05.05.1989, S. 8–15.
32 Reg.Begr. EU-ProspRL-UmsG, BT-Drucks. 15/4999, S. 25, 27.
33 So bereits zu § 3 Nr. 3 VerkProspG a. F. siehe *Ritz*, in: Assmann/Lenz/Ritz, VerkProspG, § 3 VerkProspG Rn. 31 ff.
34 Siehe zur Konkretisierung des Begriffs „Investmentvermögen" im Rahmen des KAGB das Auslegungsschreiben der BaFin v. 14.06.2013 (Gz.: WA 41-Wp 2137-2013/0001).
35 Gem. § 1 Abs. 3 KAGB sind AIF (Alternativer Investmentfonds) alle Investmentvermögen, die keine OGAW sind.

muss, § 98 Abs. 1 S. 2 KAGB. Für die Investmentgesellschaft mit veränderlichem Kapital sieht § 116 Abs. 1 KAGB ein jederzeitiges Aus- und Rückgaberecht vor, wobei die Satzung ein Mindest. bzw. Höchstkapital festlegt und gem. § 116 Abs. 2 KAGB die weiteren Einzelheiten regelt.

13   Die in § 164 Abs. 1 KAGB statuierte Prospektpflicht ist im Vergleich zur allgemeinen Prospektpflicht des WpPG weniger streng ausgestaltet, da der Prospekt nach § 164 Abs. 4 KAGB lediglich nach seiner ersten Verwendung bei der BaFin einzureichen ist. Allerdings bestimmt § 297 KAGB, dass dem Erwerber von Fondanteilen vor Vertragsschluss ein Verkaufspropekt kostenlos zur Verfügung zu stellen ist. Die erforderlichen Angaben des Verkaufsprospekts sind in § 165 KAGB festgelegt. Es bestehen jedoch teilweise spezielle Vorschriften für einzelne Investmentvermögen, so legt § 228 KAGB besondere Anforderungen an den Prospekt bei Dach-Hedgefonds fest; § 256 KAGB ergänzt beim Immobilien-Sondervermögen die Mindestanforderungen des Verkaufsprospekts. Für den Inhalt von Verkaufsprospekten beim Vertrieb von EU-AIF und ausländischen AIF an Privatanleger ist der § 318 KAGB maßgeblich. § 166 KAGB regelt allgemein Inhalt, Form und Gestaltung der wesentlichen Anlegerinformation, doch auch hier sind lex specialis Regelungen im KAGB zu finden. Zudem ist ggf. die Geltung von Übergangsvorschriften (§§ 343 ff. KAGB) zu berücksichtigen.

bb) § 1 Abs. 2 Nr. 2

14   Die Befreiung für Nichtdividendenwerte, die von den genannten staatlichen Organisationen nach § 1 Abs. 2 Nr. 2 WpPG emittiert werden, dient der Umsetzung von Art. 1 Abs. 2 lit. b) der Prospektrichtlinie, der den Art. 3 Abs. 2 lit. b) der Kapitalmarktspublizitätsrichtlinie und Art. 2 Nr. 2 lit. c) der Emissionsprospektrichtlinie nachgebildet ist, dabei aber einen weiteren Kreis an Emittenten erfasst; dafür beschränkt sich die Ausnahme auf Nichtdividendenwerte. § 1 Abs. 2 Nr. 2 WpPG entspricht weitgehend der aktuellen Fassung des § 37 BörsG und § 3 Nr. 1 VerkProspG a. F.[36], die der Umsetzung der genannten Richtlinien dienten, wobei die Regelungen des BörsG bereits auf Schuldverschreibungen beschränkt waren. Der Begriff „Nichtdividendenwerte" ist in § 2 Nr. 3 WpPG definiert; erfasst sind davon auch Umtauschanleihen, sofern sie nicht vom Emittenten der zugrunde liegenden Aktien oder von einem konzernverbundenen Unternehmen begeben werden.[37]

15   Nach dem Gesetzeswortlaut sind folgende Emittenten privilegiert: die Staaten des Europäischen Wirtschaftsraums[38] oder die Gebietskörperschaften dieser Staaten,[39] internationale Organisationen des öffentlichen Rechts, de-

---

36 *Groß*, KapMR, § 1 WpPG Rn. 5.
37 *Groß*, KapMR, § 2 WpPG Rn. 7; zu den Umtauschanleihen siehe *Groß*, in: Marsch-Barner/Schäfer, Hdb Börsnot AG, § 51 Rn. 18 f.
38 Zum Europäischen Wirtschaftsraum gehören derzeit die 27 Mitgliedstaaten der Europäischen Union und die Mitgliedsstaaten der Europäischen Freihandelszone (EFTA) mit Ausnahme der Schweiz, also Island, Liechtenstein und Norwegen.
39 In Deutschland sind dies sowohl die Bundesländer als auch die Kommunen.

nen mindestens ein Staat des Europäischen Wirtschaftsraums angehört,[40] die Europäische Zentralbank und die Zentralbanken der Staaten des Europäischen Wirtschaftsraums.

Aus unionsrechtlicher Sicht sind diese Ausnahmen auf Grund des inlandsbezogenen Wesens am besten auf nationaler Ebene zu regeln.[41] Für die Übernahme dieser Ausnahme in das nationale Recht spricht, dass – wie bereits dargestellt[42] – die genannten öffentlich-rechtlichen Emittenten erfahrene Daueremittenten erster Bonität sind, so dass insoweit kein Bedürfnis für den Schutz der Anleger besteht.[43]   *16*

cc) § 1 Abs. 2 Nr. 3

§ 1 Abs. 2 Nr. 3 WpPG nimmt aus dem Anwendungsbereich des WpPG und *17* damit aus der Prospektpflicht alle Wertpapiere aus, die uneingeschränkt und unwiderruflich von einem Staat des Europäischen Wirtschaftsraums oder einer Gebietskörperschaft eines solchen Staates garantiert werden. Damit wird Art. 1 Abs. 2 lit. d) der Prospektrichtlinie umgesetzt, unter Orientierung[44] an § 3 Nr. 4 VerkProspG a. F., der wiederum auf Art. 5 lit. b) der Emissionsprospektrichtlinie beruht. Im Vergleich zur früheren Regelung im VerkProspG wurde zwar einerseits die Beschränkung auf Schuldverschreibungen aufgehoben, andererseits aber die Alternative der Gesellschaft oder juristische Person, die ihre Tätigkeit unter einem Staatsmonopol ausübt, aufgegeben. Auch die entfallene Privilegierung staatlich garantierter Emissionen durch Staatsmonopolisten in § 45 Nr. 3 lit. e) BörsZulVO geht in § 1 Abs. 2 Nr. 3 WpPG auf. Wie bereits dargestellt,[45] ist die Ausnahmeregelung auf die besondere Bonität des Garantiegebers zurückzuführen.[46]

Als Garanten kommen insbesondere der Bund, die Länder und Gemeinden *17a* sowie gem. §§ 1 ff. FMStFG auch der Finanzmarktstabilisierungsfonds (FMS oder auch Sonderfonds Finanzmarktstabilisierung „SoFFin") in Betracht.[47] Somit kann der Ausnahmetatbestand des § 1 Abs. 2 Nr. 3 WpPG auch Garantien des FMS für ab Inkrafttreten des FMStFG am 18.10.2008 begebene

---

40 Dazu gehören z. B. die EU selbst, der Europarat, der Internationale Währungsfonds, die Weltbank, die Europäische Investitionsbank, die Asiatische und die Interamerikanische Entwicklungsbank; siehe dazu *Groß*, KapMR, 2. Aufl., § 3 VerkProspG Rn. 5.

41 Begr. des Rates i. R. d. gemeinsamen Standpunktes, ABl. EG Nr. C 125 E v. 27.05.2003, S. 47, 49; *Holzborn/Schwarz-Gondek*, BKR 2003, 927, 928 f.

42 Siehe dazu Rn. 10.

43 *Groß*, KapMR, § 1 WpPG Rn. 5; *von Kopp-Colomb/Witte*, in: Assmann/Schlitt/von Kopp-Colomb, WpPG/VerkProspG, § 1 WpPG Rn. 31; *Müller*, WpPG, § 1 Rn. 4; *Ritz/Zeising*, in: Just/Voß/Ritz/Zeising, WpPG, § 1 Rn. 16.

44 Reg.Begr. EU-ProspRL-UmsG, BT-Drucks. 15/4999, S. 25, 27.

45 Siehe dazu Rn. 10.

46 *Groß*, KapMR, § 1 WpPG Rn. 6; *Müller*, WpPG, § 1 Rn. 5; *von Kopp-Colomb/Witte*, in: Assmann/Schlitt/von Kopp-Colomb, WpPG/VerkProspG, § 1 WpPG Rn. 32; *Ritz/Zeising*, in: Just/Voß/Ritz/Zeising, WpPG, § 1 Rn. 20.

47 *Ritz/Zeising*, in: Just/Voß/Ritz/Zeising, WpPG, § 1 Rn. 21 f.; *von Kopp-Colomb/Witte*, in: Assmann/Schlitt/von Kopp-Colomb, WpPG/VerkProspG, § 1 WpPG Rn. 35; *Schnorbus*, in: Frankf Komm WpPG, § 1 Rn. 9.

Schuldtitel von Unternehmen des Finanzsektors gem. § 6 Abs. 1 S. 1 FMStFG, § 2 Abs. 1 FMStFV umfassen, sofern diese uneingeschränkt und unwiderruflich sind.[48] Ob dies der Fall ist, muss im Einzelfall anhand der Garantiebedingungen beurteilt werden, da gem. § 2 Abs. 2 S. 2 FMStFV die näheren Bedingungen der Garantiegewährung durch den Fond im Einzelfall festgelegt werden.[49]

18 Um dem Ausnahmetatbestand zu entsprechen, muss die Garantie – wie bereits auch im Rahmen etwa des mittlerweile aufgehobenen VerkProspG – als unbedingte und uneingeschränkte Gewährleistung für die Verzinsung und die Rückzahlung übernommen werden. Entsprechend dem Zweck der Vorschrift, solche Emissionen von der Prospektpflicht zu befreien, hinter denen ein Staat oder eine Gebietskörperschaft als zahlungsfähiger Garantiegeber mittelbar steht und damit ein nur geringes Kreditrisiko besteht, ist der Begriff der Garantie weit zu fassen.[50] Da die Emission von Wertpapieren als Kapitalaufnahme am Kapitalmarkt für die Unternehmen eine Alternative zur Aufnahme eines Bankkredits darstellt, bietet sich eine parallele Auslegung und rechtliche Beurteilung zu den staatlichen Garantien für Bankkredite an. Dies bedeutet zum einen, dass der Staat ähnlich einer Bank, wenn auch nicht zur Gewinnerwirtschaftung, Garantiegeschäfte tätigt, so dass die Legaldefinition in § 1 Abs. 1 Nr. 8 KWG[51] einen Anhaltspunkt bieten kann, nach der unter den Begriff des Garantiegeschäfts die Übernahme von Bürgschaften, Garantien und sonstigen Gewährleistungen für andere fallen.[52] Da die Gewährleistung jedoch unbedingt und unbeschränkt sein soll, ist zu verlangen, dass die Bürgschaft oder sonstige Gewährleistung (wie eine Schuldmitübernahme) derart ausgestaltet sein müssen, dass sie einer abstrakten Garantie, die von der zu sichernden Schuld aus dem Wertpapier unabhängig ist,[53] zumindest nahe kommen;[54] im Falle der Bürgschaft ist also etwa zu verlangen, dass sie als eine selbstschuldnerische Bürgschaft mit Zahlung auf erstes Auffordern vereinbart wird.[55]

---

48 *Ritz/Zeising*, in: Just/Voß/Ritz/Zeising, WpPG, § 1 Rn. 22; *von Kopp-Colomb/Witte*, in: Assmann/Schlitt/von Kopp-Colomb, WpPG/VerkProspG, § 1 WpPG Rn. 35, siehe für die Anforderungen an die Garantieausgestaltung Rn. 18.

49 *von Kopp-Colomb/Witte*, in: Assmann/Schlitt/von Kopp-Colomb, WpPG/VerkProspG, § 1 WpPG Rn. 35.

50 *Schnorbus*, in: Frankf Komm WpPG, § 1 Rn. 10; *Ritz/Zeising*, in: Just/Voß/Ritz/Zeising, WpPG, § 1 Rn. 21.

51 Dazu siehe *Schäfer*, in: Boos/Fischer/Schulte-Mattler, KWG, § 1 Rn. 77 ff.

52 *Schnorbus*, in: Frankf Komm WpPG, § 1 Rn. 10.

53 *Schäfer*, in: Boos/Fischer/Schulte-Mattler, KWG, § 1 Rn. 81; *Horn*, Bürgschaften und Garantien, Rn. 7, 100 f.

54 a. A. *Schnorbus*, in: Frankf Komm WpPG, § 1 Rn. 11, wonach keine abstrakte Garantie erforderlich ist, wohl aber ein direkter – vom Verhalten des Emittenten unabhängiger – Zahlungsanspruch des Wertpapierinhabers gegen den Garanten.

55 *Schnorbus*, in: Frankf Komm WpPG, § 1 Rn. 12; a. A. *von Kopp-Colomb/Witte*, in: Assmann/Schlitt/von Kopp-Colomb, WpPG/VerkProspG, § 1 WpPG Rn. 36,die aufgrund des Normwortlautes die Bürgschaft überhaupt nicht von dieser Ausnahmevorschift erfasst sehen.

Zum anderen fällt auch diese Form der staatlichen Garantie als Gewährung   19
eines geldwerten Vorteils in Form einer direkten Zuwendung unter den weiten Begriff der Beihilfe nach Art. 107 AEUV,[56] so dass sie den üblichen Beschränkungen für staatliche Beihilfen unterfällt.

dd) § 1 Abs. 2 Nr. 4

§ 1 Abs. 2 Nr. 4 WpPG nimmt Wertpapiere vom WpPG aus, die von CRR-Kre-   20
ditinstituten oder von Emittenten, deren Aktien bereits zum Handel an einem organisierten Markt zugelassen sind, ausgegeben werden, allerdings
nur, wenn der Verkaufspreis für alle angebotenen Wertpapiere weniger als
5 Millionen Euro beträgt, wobei diese Obergrenze über einen Zeitraum von
zwölf Monaten zu berechnen ist. Diese Ausnahme beruht auf Art. 1 Abs. 2
lit. h) der Prospektrichtlinie,[57] schränkt die Ausnahmeregelung allerdings
über die in der Prospektrichtlinie genannten Obergrenze des Emissionsvolumens von 5 Millionen Euro stärker ein, in dem der Kreis der privilegierten
Emittenten begrenzt wird auf CRR-Kreditinstitute als Unternehmen i. S. d.
§ 1 Abs. 3 d Satz 1 des KWG[58], auf den in § 2 Nr. 8 WpPG verwiesen wird,
und Emittenten, deren Aktien bereits zum Handel an einem organisierten
Markt zugelassen sind. Für Kreditinstitute resultiert diese Privilegierung aus
der staatlichen Aufsicht nach dem KWG und der daraus folgenden Vermutung der Bonität und des anlegergerechten Verhaltens.[59] Für Emittenten mit
Zulassung zum Handel an einem organisierten Markt, also börsennotierte
Unternehmen, spricht die bereits im Rahmen der Zulassung erfolgte Prüfung
für deren Bonität. Wie sich bereits aus Art. 1 Abs. 2 lit. h) EU-ProspRL ergibt,
ist die Obergrenze von 5 Millionen Euro über einen Zeitraum von zwölf Monaten zu berechnen. Die Regierungsbegründung[60] konkretisiert die Fristberechnung und die Berechnung des Ausgabevolumens. Danach ist für den
Beginn der Frist von zwölf Monaten der Tag maßgeblich, an dem der Anbieter oder Zulassungsantragssteller erstmals einen Ausgabepreis öffentlich bekannt macht; die Berechnung der Frist erfolgt dann entsprechend den

---

56 Statt vieler *Habersack*, ZHR 159 (1995), 663, 672 ff.; *König*, NJW 2000, 1065, 1066; *Roth*,
   in: Koenig/Roth/Schön, EG-BeihR, Frankfurt/a. M. 1996, 133, 134 m. w. N.; siehe dazu die
   Mitteilung der Kommission über die Anwendung der Art. 87 und 88 EG-Vertrag auf
   staatliche Beihilfen in Form von Haftungsverpflichtungen und Bürgschaften (2000/C 71/
   07) ABl. C 71/14.
57 Zur Entwicklung dieser Ausnahme siehe *Holzborn/Schwarz-Gondek*, BKR 2003, 927,
   928; der beschriebene Fall sollte ursprünglich nicht von der Definition des öffentlichen
   Angebots erfasst sein (Art. 2 Abs. 2 RL-Vorschlag v. 09.08.2002) bzw. eine Ausnahme
   nach Art. 3 Abs. 2 RL bilden.
58 CRR-Kreditinstitute sind nach § 1 Abs. 3d S. 1 KWG Kreditinstitute im Sinne des Art. 4
   Abs. 1 Nr. 1 der Verordnung (EU) Nr. 575/2013 des Europäischen Parlaments und des
   Rates v. 26.06.2013, mithin Unternehmen, deren Tätigkeit darin besteht, Einlagen oder
   andere rückzahlbare Gelder des Publikums entgegen zu nehmen und Kredite für eine
   Rechnung zu gewähren.
59 Siehe dazu die Ausführungen in Rn. 10.; zu § 3 VerkProspG, siehe *Heidelbach*, in:
   Schwark KapMRK, 3. Aufl., § 3 VerkProspG Rn. 8.
60 RegBegr. EU-ProspRL-UmsG, BT-Drucks. 15/4999, S. 25, 27.

§§ 187 ff. BGB. Für die Berechnung des Ausgabevolumens ist der erste Ausgabepreis entscheidend; sofern dieser nicht festgelegt ist, gilt als Ausgabepreis der erste nach Einführung der Wertpapiere festgestellte oder gebildete Börsenpreis, im Fall einer gleichzeitigen Feststellung oder Bildung an mehreren Börsen der höchste erste Börsenpreis.

20a Aufgrund der Systematik der Ausnahmeregelungen und den unterschiedlichen Gestaltungsspielräumen, die die Prospektrichtlinie den Mitgliedsstaaten bei der Umsetzung der Ausnahmeregelungen einräumt[61], ist eine Kombination der Ausnahmen vom Anwendungsbereich des Gesetzes gem. § 1 Abs. 2 WpPG und eine Ausnahme von der Pflicht zur Prospektveröffentlichung gem. § 3 Abs. 2 WpPG und § 4 WpPG möglich.[62] Dies führt dazu, dass bei der Berechnung des Volumens von 5 Millionen Euro nur die Emissionen einzubeziehen sind, die aufgrund des § 1 Abs. 2 Nr. 4 WpPG prospektfrei angeboten wurden[63], während von anderen Ausnahmeregelungen erfasste Emissionen unberücksichtigt bleiben.[64]Die Obergrenze wird dabei nicht je Mitgliedstaat, sondern vielmehr anhand sämtlicher innerhalb der Staaten des Europäischen Wirtschaftsraums emittierten Wertpapiere ermittelt.[65] Emissionen außerhalb Europas zählen bei der Berechnung des Schwellenwertes nicht mit.[66] Auch sind Emissionen, die unter Verwendung eines Prospekts während des Zeitraums von zwölf Monaten ausgegeben werden, bei der Berechnung des Emissionsvolumens ebenso wenig zu berücksichtigen[67] wie „Rückflüsse", d. h. Wertpapiere, die zunächst emittiert und dann wieder zurückgekauft wurden, um sie danach erneut zu emittieren.[68] Die ESMA führt hierfür an, dass dem Interesse der Anleger schon durch den ursprüng-

---

61 Siehe hierzu auch Rn. 33.
62 *von Kopp-Colomb/Witte*, in: Assmann/Schlitt/von Kopp-Colomb, WpPG/VerkProspG, § 1 WpPG Rn. 48; *Groß*, KapMR, § 1 WpPG Rn. 7.
63 Insofern wird die in der Vorauflage vertretenen Auffassung, dass alle Wertpapiere bei der Berechnung des Ausgabevolumens einzubeziehen sind, aufgegeben.
64 *ESMA*, Q&A, prospectuses, 21st updated version ESMA/2014/35, Question No. 26c; *von Kopp-Colomb/Witte*, in: Assmann/Schlitt/von Kopp-Colomb, WpPG/VerkProspG, § 1 WpPG Rn. 48; *Groß*, KapMR, § 1 WpPG Rn. 7; *Ritz/Zeising*, in: Just/Voß/Ritz/Zeising, WpPG, § 1 Rn. 29; *Schnorbus*, in: Frankf Komm WpPG, § 1 Rn. 19; *Heidelbach*, in: Schwark/Zimmer, KapMRK, § 1 WpPG Rn. 15 unter ausdrücklicher Aufgabe der zuvor in *Heidelbach/Preuße*, BKR 2006, 316 vertretenen Auffassung (Fn. 44).
65 Siehe auch noch *ESMA* Q&A, prospectuses, 17th updated version – September 2012, Question No. 26a, allerdings wurde diese Frage seit der 18th updated version – Dezember 2012 gestrichen; *von Kopp-Colomb/Witte*, in: Assmann/Schlitt/von Kopp-Colomb, WpPG/VerkProspG, § 1 WpPG Rn. 41; *Ritz/Zeising*, in: Just/Voß/Ritz/Zeising, WpPG, § 1 Rn. 29; *Groß*, KapMR, § 1 WpPG Rn. 7; *Müller*, WpPG § 1 Rn. 6; *Schnorbus*, in: Frankf Komm WpPG, § 1 Rn. 17, siehe auch Rn. 1.
66 *Schnorbus*, in: Frankf Komm WpPG, § 1 Rn. 17.
67 *ESMA*, Q&A, prospectuses, 21st updated version ESMA/2014/35, Question No. 26d; *von Kopp-Colomb/Witte*, in: Assmann/Schlitt/von Kopp-Colomb, WpPG/VerkProspG, § 1 WpPG Rn. 47; *Ritz/Zeising*, in: Just/Voß/Ritz/Zeising, WpPG, § 1 Rn. 28.
68 *von Kopp-Colomb/Witte*, in: Assmann/Schlitt/von Kopp-Colomb, WpPG/VerkProspG, § 1 WpPG Rn. 47; *Schnorbus*, in: Frankf Komm WpPG, § 1 Rn. 20; *Heidelbach*, in: Schwark/Zimmer, KapMRK, § 1 WpPG Rn. 15.

lichen Prospekt genüge getan wurde, so dass Rückflüsse nicht in die Berechnung des Limits einbezogen werden.[69] Im Fall einer Verschmelzung nach dem UmwG ist bei zwei gem. § 1 Abs. 2 Nr. 4 WpPG berechtigten Emittenten für die Berechung der Obergrenze auf die Emissionen beider Gesellschaften abzustellen.[70]

Im Übrigen ist grundsätzlich zwischen den unterschiedlichen Wertpapierarten **20b** zu unterscheiden, sofern die Aufspaltung in unterschiedliche Wertpapierarten nicht zur Umgehung der Prospektpflicht führt.[71] Auch wenn der Wortlaut des § 1 Abs. 2 Nr. 4 WpPG („... für alle im Europäischen Wirtschaftsraum angebotenen Wertpapiere ... ") gegen ein derartiges Verständnis spricht, so zeigt ein Rückgriff auf den Wortlaut des Art. 1 Abs. 2 lit. h der Prospektrichtlinie („... Wertpapiere eines Angebots mit einem Gesamtgegenwert ... "), dass eine derartige Unterscheidung durchaus möglich ist.[72] So sind etwa Emissionen von Dividenden- und Nichtdividendenwerten nicht zusammenzurechnen.[73] Im Hinblick auf Erwägungsgrund 13 der Richtlinie ist eine weitere Unterteilung der Wertpapiere in einzelne Arten nicht möglich.[74] Um die Umgehung der Prospektpflicht zu verhindern, hat die BaFin zudem die Möglichkeit, Wertpapiere verschiedener – nicht vergleichbarer – Tranchen einer Emission zusammenzufassen.[75] Wird die in § 1 Abs. 2 Nr. 4 WpPG gesetzte Grenze überschritten, ergibt sich bereits aus dem Sinn der Prospektpflicht – die Zurverfügungstellung einer Grundlage für eine fundierte Anlageentscheidung – , dass nur die Emission, die zum Überschreiten der Grenze führt, prospektpflichtig wird, nicht jedoch auch „rückwirkend" alle vorhergehenden Emissionen.[76]

Bereits im Vorfeld des WpPG wurde die Ausnahme des § 1 Abs. 2 Nr. 4 da- **21** hingehend kritisiert, dass mangels einer Korrelation zwischen dem Angebotsvolumen und dem Risikograd kein geringeres Niveau des Anlegerschutzes geboten und damit keine Privilegierung zu rechtfertigen sei.[77] Daran ist richtig, dass der Anlegerschutz nicht vom Emissionsvolumen abhängt; doch ist der Gesetzgeber weder verfassungsrechtlich noch europarechtlich ge-

---

69 *ESMA*, Q&A, prospectuses, 21st updated version ESMA/2014/35, Question No. 26d.

70 *von Kopp-Colomb/Witte*, in: Assmann/Schlitt/von Kopp-Colomb, WpPG/VerkProspG, § 1 WpPG Rn. 46; *Schnorbus*, in: Frankf Komm WpPG, § 1 Rn. 20.

71 *Schnorbus*, in: Frankf Komm WpPG, § 1 Rn. 18; *Ritz/Zeising*, in: Just/Voß/Ritz/Zeising, WpPG, § 1 Rn. 28; *Heidelbach*, in: Schwark/Zimmer, KapMRK, § 1 WpPG Rn. 15; *von Kopp-Colomb/Witte*, in: Assmann/Schlitt/von Kopp-Colomb, WpPG/VerkProspG, § 1 WpPG Rn. 40.

72 So auch *Ritz/Zeising*, in: Just/Voß/Ritz/Zeising, WpPG, § 1 Rn. 28; *Heidelbach*, in: Schwark/Zimmer, KapMRK, § 1 WpPG Rn. 15.

73 *ESMA*, Q&A, prospectuses, 21st updated version ESMA/2014/35, Question No. 26b; *Schnorbus*, in: Frankf Komm WpPG, § 1 Rn. 18; *Ritz/Zeising*, in: Just/Voß/Ritz/Zeising, WpPG, § 1 Rn. 28.

74 *Schnorbus*, in: Frankf Komm WpPG, § 1 Rn. 18.

75 *Schnorbus*, in: Frankf Komm WpPG, § 1 Rn. 18; *Ritz/Zeising*, in: Just/Voß/Ritz/Zeising, WpPG, § 1 Rn. 28; *von Kopp-Colomb/Witte*, in: Assmann/Schlitt/von Kopp-Colomb, WpPG/VerkProspG, § 1 WpPG Rn. 40.

76 *Ritz/Zeising*, in: Just/Voß/Ritz/Zeising, WpPG, § 1 Rn. 30; *von Kopp-Colomb/Witte*, in: Assmann/Schlitt/von Kopp-Colomb, WpPG/VerkProspG, § 1 WpPG Rn. 44.

77 *Holzborn/Schwarz-Gondek*, BKR 2003, 927, 928; *Crüwell*, AG 2003, 243, 245.

zwungen, einen Anlegerschutz auch für Kleinstemissionen zu gewährleisten, da der Gesetzgeber den Anlegerschutz gegenüber anderen öffentlichen Interessen abwägen kann und dabei eine breite Einschätzungsprärogative genießt. Die Ausnahme vom Anwendungsbereich der Richtlinie ist demnach vor allem als Erleichterung der Kapitalaufnahme für kleinere und mittlere Unternehmen gedacht.[78] Die Einschränkung der Ausnahmeregelung im WpPG lässt erkennen, dass der deutsche Gesetzgeber eine eigene Wertung dahingehend vorgenommen hat, dass die Regelung der Prospektpflicht sowohl den Anlegerschutzinteressen als auch den Interessen der KMU an einer erleichterten Kapitalaufnahme gerecht werden soll.

ee) § 1 Abs. 2 Nr. 5

22 Mit § 1 Abs. 2 Nr. 5 WpPG sollen Nichtdividendenwerte, die von CRR-Kreditinstituten dauernd oder wiederholt für einen Verkaufspreis aller angebotenen Wertpapiere von weniger als 75 Millionen Euro ausgegeben werden, vom WpPG ausgenommen werden; dabei soll diese Obergrenze über einen Zeitraum von zwölf Monaten berechnet werden, sofern diese Wertpapiere nicht nachrangig, wandelbar oder umtauschbar sind oder nicht zur Zeichnung oder zum Erwerb anderer Wertpapiere berechtigen und nicht an ein Derivat gebunden sind. Damit setzt § 1 Abs. 2 Nr. 5 WpPG die Ausnahme nach Art. 1 Abs. 2 lit. j) der Prospektrichtlinie um. Die Vorgängerregelung findet sich in § 3 Nr. 2 VerkProspG a. F. in Umsetzung des Art. 5 lit. a) der Emissionsprospektrichtlinie; allerdings war die Privilegierung dabei noch nicht auf ein bestimmtes Emissionsvolumen begrenzt.

23 Der Zweck der Ausnahmeregelung ist wie schon bei der Vorgängerregelung im mittlerweile aufgehobenen VerkProspG darin zu sehen, dass die CRR-Kreditinstitute nicht mit der wiederholten Erstellung von im Wesentlichen gleichen Verkaufsprospekten belastet werden sollen, da dies ihre Refinanzierung behindern würde.[79] Unter Anlegerschutzgesichtspunkten ist diese Wertung gerechtfertigt, da die Anleger ausreichend durch die Aufsicht der betroffenen Emittenten durch die BaFin geschützt sind, die auch darauf abzielt, Missständen im Kreditwesen entgegenzuwirken.[80]

24 Das Daueremittentenprivileg[81] kommt einem CRR-Kreditinstitut nur im Falle einer „dauernden oder wiederholten Ausgabe von Wertpapieren" entsprechend § 2 Nr. 12 WpPG zugute. Nach der Legaldefinition erfordert letztere Voraussetzung eine dauernde oder mindestens zwei Emissionen umfassende Ausgabe von Wertpapieren ähnlicher Art oder Gattung während eines Zeitraums von zwölf Monaten. In der Formulierung in § 3 Nr. 2 VerkProspG a. F. bezog sich die Frist von zwölf Monaten allein auf die Alternative der wie-

---

78 Dass die besondere Situation der KMU allgemein in die Betrachtung mit einzubeziehen ist, folgt bereits aus Erwg. Nr. 4 der EU-ProspRL.

79 Zum aufgehobenen § 3 Nr. 2 VerkProspG siehe RegBegr. VerkProspG, BT-Drucks. 11/6340, S. 10, 12; *Ritz*, in: Assmann/Lenz/Ritz, VerkProspG, § 3 VerkProspG Rn. 2.

80 Zum aufgehobenen § 3 Nr. 2 VerkProspG siehe RegBegr. VerkProspG, BT-Drucks. 11/6340, S. 10, 12.

81 Dazu näher *Seitz*, AG 2005, 678, 682.

derholten Ausgaben, so dass die erste Alternative der dauernden Ausgabe eine eigenständige Bedeutung hatte, wenn der längere Zeitraum, in dem die frühere Emission angeboten wurde, vor der zwölfmonatigen Frist lag.[82] Dagegen ist die Legaldefinition in § 2 Nr. 12 WpPG weiter gefasst, indem die zeitliche Einschränkung sich auf beide Alternativen bezieht („die dauernde oder mindestens zwei Emissionen umfassende Ausgabe"). Die dauernde Ausgabe muss daher innerhalb der Frist erfolgt sein. Die dauernde Emission ist ferner – entsprechend der bisherigen Definition[83] – als ein über mehrere Wochen fortlaufendes, ohne Unterbrechung erfolgendes Angebot zu verstehen.[84] Hinsichtlich der Fristberechnung und der Berechnung des Angebotsvolumens gelten dieselben Kriterien wie für § 1 Abs. 2 Nr. 4 WpPG.[85]

Aus dem dargelegten Zweck der Ausnahmevorschrift könnte abgeleitet werden, dass auch die vorherigen Emissionen prospektpflichtig gewesen sein müssen. Für diese Ansicht spräche auch, dass der Gesetzgeber ansonsten die Ausnahmevorschrift weiter hätte fassen und eine allgemeine Privilegierung der CRR-Kreditinstitute bei der Emission bestimmter Wertpapiere schaffen müssen.[86] Indes[87] kann ein Prospekt aus einer vorherigen Emission für die aktuelle Emission ohnehin nur von geringer Bedeutung sein, zumal sich die wirtschaftlichen Verhältnisse in der Regel zu schnell ändern, als dass der Prospekt noch ausreichende Informationen über den Emittenten enthalten könnte.[88] Wenn aber somit der eigentliche Anlegerschutz ohnehin nur durch die Aufsicht und sonstige Publizitätspflichten gewährleistet wird, ist nicht einzusehen, weshalb dieses zusätzliche Tatbestandsmerkmal noch ergänzt werden sollte, zumal der Wortlaut keinerlei Anhaltspunkte bietet und vom Gesetzgeber auch in Kenntnis dieses Streits keine Klärung erfolgte. Die vorherigen Emissionen müssen damit nicht prospektpflichtig gewesen sein, um das Daueremittentenprivileg zu begründen.   **25**

Die durch diesen Ausnahmetatbestand geschaffene Rechtslage geht aber noch über die Privilegierung trotz prospektfreier Erstemission hinaus. Im Hinblick auf die Alternative der wiederholten Ausgabe ermöglicht die geänderte Definition in § 2 Nr. 12 WpPG und dabei insb. die Formulierung „mindestens zwei Emissionen umfassende Ausgabe [...] während eines Zeitraums von zwölf Monaten" auch eine Ausnahme für eine Erstemission,   **26**

---

82 *Ritz*, in: Assmann/Lenz/Ritz, VerkProspG, § 3 VerkProspG Rn. 11.

83 *Heidelbach*, in: Schwark, KapMRK, 3. Aufl., § 3 VerkProspG Rn. 10; BT-Drucks. 13/8933, S. 84.

84 Die Regelungen soll sich, wie bereits dargestellt, an den nunmehr aufgehobenen § 3 Nr. 2 VerkProspG orientieren, BT-Drucks. 15/4999, S. 27; *Heidelbach/Preuße*, BKR 2006, 316, 317.

85 RegBegr. EU-ProspRL-UmsG, BT-Drucks. 15/4999, S. 25, 27; siehe dd) § 1 Abs. 2 Nr. 4.

86 Zu § 3 Nr. 2 VerkProspG siehe *Ritz*, in: Assmann/Lenz/Ritz, VerkProspG, § 3 VerkProspG Rn. 16 f.

87 Zur Gegenansicht i. R. d. § 3 VerkProspG siehe etwa *Hamann*, in: Schäfer, (1999), § 3 VerkProspG Rn. 4.

88 Insofern einräumend *Ritz*, in: Assmann/Lenz/Ritz, VerkProspG, § 3 VerkProspG Rn. 17.

sofern nur die zweite Emission innerhalb der nächsten 12 Monate erfolgt; ansonsten wird die prospektfreie Erstemission unzulässig.[89]

27 Die Ausnahmeregelung ist insb. für öffentliche Angebote kleinerer Kreditinstitute interessant, für die sich somit nicht viel ändern wird.[90] Auch für größere Kreditinstitute, deren Emissionsvolumen die Obergrenze von 75 Millionen Euro überschreitet, ist die praktische Bedeutung der Änderung der Rechtslage eher gering einzuschätzen, da sie in der Regel entweder eine Börsenzulassung beantragen, die auch bisher prospektpflichtig war, oder eine Privatplatzierung vornehmen, die mangels öffentlichem Angebot nach wie vor nicht prospektpflichtig ist.

28 Die Ausnahmevorschrift schränkt ferner den Kreis der von der Privilegierung erfassten Wertpapiere weiter ein, indem die Wertpapiere entweder nicht nachrangig, wandelbar oder umtauschbar sein dürfen oder nicht zur Zeichnung oder zum Erwerb anderer Wertpapiere berechtigen und nicht an ein Derivat gebunden sind. Diese Neuerung gegenüber der alten Rechtslage des § 3 Nr. 2 VerkProspG a. F. stellte eine Konkretisierung des Schuldverschreibungsbegriffs dar, der schon im alten Recht umstritten war.[91] Nach einer Ansicht sollten nur rückzahlbare auf den Nennwert lautende Anleihen, Pfandbriefe, Kommunalobligationen und Bankschuldverschreibungen erfasst sein,[92] während andere von einem weiten Begriff ausgingen und alle Schuldverschreibungen darunter subsumierten.[93] Die Diskussion wurde vor allem in Hinsicht auf das Informationsbedürfnis der Anleger geführt, wobei von den Vertretern der engen Auslegung darauf hingewiesen wurde, dass nur bei den Schuldverschreibungen im engeren Sinne die Erfüllung der vertraglichen Zins- und insb. der Tilgungspflichten durch die Bonität und Seriosität des der staatlichen Aufsicht unterliegenden Emittenten gesichert werde.[94]

29 Dieser Streit setzt sich indes auch für § 1 Abs. 2 Nr. 5 WpPG fort, für den ebenfalls eine einschränkende Auslegung befürwortet wird.[95] Zunächst stellt sich die Frage, ob die Bestimmungen in § 1 Abs. 2 Nr. 5 a) bzw. b) WpPG dem Wortlaut entsprechend als alternative negative Voraussetzungen für die Privilegierung aufzufassen sind, oder ob nur diejenigen Nichtdividendenwerte von der Ausnahmebestimmung erfasst werden, die beide Negativabgrenzungen erfüllen. Der Wortlaut des Art. 1 Abs. 2 lit. f) der Prospektricht-

---

89 *Heidelbach*/Preuße, BKR 2006, 316, 317.

90 *Wagner*, Die Bank 2003, 681, 681; *Kunold/Schlitt*, BB 2004, 501, 503 Fn. 39.

91 Siehe dazu *Seitz*, AG 2005, 678, 682.

92 VG Frankfurt, WM 1998, 762, 763 f.; *Ritz*, in: Assmann/Lenz/Ritz, VerkProspG, § 3 VerkProspG Rn. 21 ff.; *Heidelbach*, in: Schwark, KapMRK, 3. Aufl., § 3 VerkProspG Rn. 4 ff.; *Lenz/Ritz*, WM 2000, 904, 907; eine weitergehende Einschränkung des Schuldverschreibungsbegriffs erfolgt in der Bekanntmachung des BAWe v. 06.09.1999, BAnz. Nr. 177 v. 21.09. 1999, Anm. III.1 zu § 3.

93 *Süßmann*, EuZW 1991, 210, 212; *Schäfer*, ZIP 1991, 1557, 1562; *Waldeck/Süßmann*, WM 1993, 361, 366.

94 *Heidelbach*, in: Schwark, KapMRK, 3. Aufl., § 3 VerkProspG Rn. 4 f.

95 Siehe etwa *Seitz*, AG 2005, 678, 682; auch die RegBegr. EU-ProspRL-UmsG, BT-Drucks. 15/4999, S. 27 merkt an, dass sich diese Ausnahme an § 3 Nr. 2 VerkProspG orientiert.

linie ist hier wenig hilfreich, da er weder einen Hinweis auf eine kumulative noch auf eine alternative Aufzählung enthält. Vom Wortlaut des § 1 Abs. 2 Nr. 5 WpPG („oder") ausgehend wird daher vertreten, dass die Regelungen als alternative negative Voraussetzungen aufzufassen sind, so dass die Prospektpflicht bei Wertpapieren nach a) oder b) entfallen würde.[96] Begründet wird dies neben dem Wortlaut vor allem damit, dass Wertpapiere, die kumulativ die Merkmale von a) und b) aufweisen, schwer vorstellbar und in der Praxis daher auch nicht vorhanden seien.[97] Auch verkörperten sowohl Wertpapiere nach a) als auch solche nach b) ein von der Bonität des Emittenten unabhängiges gesteigertes Risiko, das mit einem gesteigerten Informationsinteresse des Anlegers einhergeht.[98] Zudem wäre es bei einem kumulativen negativen Voraussetzungsverständnis denkbar, dass auch nicht nachrangige derivative Produkte vom Ausnahmetatbestand erfasst sein könnten, was dem Willen des Gesetzgebers nicht entsprechen würde.[99] Indes geht der Gesetzgeber in der Gesetzesbegründung selbst von einem „und" und somit von einer kumulativen Formulierung aus[100], so dass die „oder"-Verknüpfung am Ende des § 1 Abs. 2 Nr. 5 a WpPG eher als ein Redaktionsversehen anzusehen ist.[101] Zudem erscheint auch nur eine kumulative Aufzählung sinnvoll, da ansonsten Wertpapiere, die zwar die Voraussetzung des § 1 Abs. 2 Nr. 5 a) WpPG erfüllen (also weder nachrangig, wandelbar oder umtauschbar sind), aber unter b) fallen, aufgrund der „oder"-Verbindung von der Privilegierung erfasst wären, obwohl diese Art von Wertpapieren gerade in den Anwendungsbereich des WpPG fallen sollen.[102] So fällt etwa eine Optionsanleihe unter die Regelung des § 1 Abs. 2 Nr. 5 b) WpPG (müsste also an sich vom Anwendungsbereich des WpPG erfasst sein), erfüllt aber nicht den Tatbestand des § 1 Abs. 2 Nr. 5 a) WpPG; es kann aber nicht angenommen werden, dass der Gesetzgeber Optionsanleihen vom Anwendungsbereich ausnehmen wollte, was aber aus dem „oder" folgen würde. Nicht privilegiert sind damit Emissionen von nachrangigen Schuldverschreibungen, Genussscheinen, Wandel-, Umtausch-, Bezugs- oder sonstigen Optionsrechten; in

---

96 *Schnorbus*, in: Frankf Komm WpPG, § 1 Rn. 25 ff.; *Ritz/Zeising*, in: Just/Voß/Ritz/Zeising, WpPG, § 1 Rn. 40 f.; *von Kopp-Colomb/Witte*, in: Assmann/Schlitt/von Kopp-Colomb, WpPG/VerkProspG, § 1 WpPG Rn. 53.

97 *Schnorbus*, in: Frankf Komm WpPG, § 1 Rn. 26; *von Kopp-Colomb/Witte*, in: Assmann/Schlitt/von Kopp-Colomb, WpPG/VerkProspG, § 1 WpPG Rn. 53.

98 *Schnorbus*, in: Frankf Komm WpPG, § 1 Rn. 27.

99 *Schnorbus*, in: Frankf Komm WpPG, § 1 Rn. 27 mit Verweis auf BT-Drucks. 15/4999, S. 25, 27; *Ritz/Zeising*, in: Just/Voß/Ritz/Zeising, WpPG, § 1 Rn. 41.

100 Reg.Begr. BT-Drucks. 15/4999, S. 27.

101 So auch *Heidelbach/Preuße*, BKR 2006, 316, 317, Fn. 16; *Heidelbach*, in: Schwark/Zimmer, KapMRK, § 1 Rn. 22, Fn. 68; *Seitz*, AG 2005, 678, 682; selbst *von Kopp-Colomb/Witte*, in: Assmann/Schlitt/von Kopp-Colomb, WpPG/VerkProspG, § 1 WpPG Rn. 53 räumen als Vertreter der Gegenauffassung ein, dass die „oder"-Verknüpfung nicht der Prospektlinie und dem Wortlaut der Gesetzesbegründung entspricht.

102 So im Ergebnis auch *Heidelbach/Preuße*, BKR 2006, 316, 317, Fn. 16; in diese Richtung auch *Seitz*, AG 2005, 678, 682.

den Ausnahmebereich fallen aber alle Garantieprodukte, fest- und variabel verzinsliche Anleihen und Null-Kupon-Anleihen.[103]

30 Zu berücksichtigen ist in diesem Rahmen ferner, dass die von § 1 Abs. 2 Nr. 5 b) WpPG geforderte fehlende Bindung des Wertpapiers an ein Derivat sich auf die Rückzahlung des Nennbetrages bezieht, nicht aber auf dessen Verzinsung. Mit anderen Worten kann die Rückzahlung nicht von einem Index oder anderen Ereignissen abhängig gemacht werden, wohl aber die Verzinsung. Denn nach Art. 15 Abs. 2 ProspV[104] sind bei derivativen Wertpapieren die Zahlungs- und/oder Lieferungsverpflichtungen an einen Basiswert gebunden, während nach Art. 8 EU-ProspV ein Schuldtitel durch den Zahlungsanspruch des Anlegers auf 100 % des Nominalwertes gekennzeichnet ist.[105] § 1 Abs. 2 Nr. 5 b) WpPG (und damit der Anwendungsbereich des WpPG) erfasst somit nur solche Derivate, bei denen auch der Rückzahlungsanspruch derivativ ausgestaltet ist.

3. Verhältnis der Ausnahmeregelungen zu § 30 Abs. 3 Nr. 2 BörsG und die Problemlösung durch das FRUG

31 Nach § 30 Abs. 3 Nr. 2 BörsG i. d. F. v. 20.01.2007 setzte die Zulassung zum amtl. Markt an der Börse voraus, dass dem Zulassungsantrag ein Prospekt beigefügt wurde. Dabei konnte es sich um einen Prospekt nach dem WpPG oder nach dem InvG a. F. handeln. In der Neufassung des BörsG im Rahmen des Finanzmarkt-Richtlinie-Umsetzungsgesetzes (FRUG), die am 01.11.2007 in Kraft trat, ist diese Regelung in § 32 Abs. 3 Nr. 2 BörsG n. F. enthalten. Auch die Ausnahmeregelung, wonach ein Prospekt nicht erforderlich ist, soweit nach § 1 Abs. 2 oder § 4 Abs. 2 WpPG keine Prospektpflicht besteht, wurde in § 32 Abs. 3 Nr. 2 letzter Halbsatz überführt. Diese Ausnahme erklärt sich aus dem Zweck der genannten Vorschriften, bestimmte Emittenten bzw. Emissionen zu privilegieren; diese Privilegierung würde im Falle einer Börsenzulassung wieder entfallen.[106] Dabei wird nunmehr auf alle Ausnahmetatbestände des § 1 Abs. 2 WpPG verwiesen. Nach § 30 Abs. 3 Nr. 2 BörsG a. F. wurde nur auf § 1 Abs. 2 Nr. 5 WpPG verwiesen, was allgemein als Redaktionsversehen angesehen wurde.[107] Dies hat der Gesetzgeber nun korrigiert.

---

103 *Heidelbach/Preuße*, BKR 2006, 316, 317; *Seitz*, AG 2005, 678, 682; *Ritz/Zeising*, in: Just/Voß/Ritz/Zeising, WpPG, § 1 Rn. 44; *Schnorbus*, in: Frankf Komm WpPG, § 1 Rn. 28 f.

104 EU-ProspV (EG) 809/2004 der Kommission v. 29.04.2004 zur Umsetzung der RL 2003/71/EG des Europäischen Parlaments und des Rates betreffend die in Prospekten enthaltenen Informationen sowie das Format, die Aufnahme v. Informationen mittels Verweis und die Veröffentlichung solcher Prospekte und die Verbreitung v. Werbung.

105 *Seitz*, AG 2005, 678, 682; *Heidelbach/Preuße*, BKR 2006, 316, 317; *Schnorbus*, in: Berrar/Meyer/Müller/Schnorbus/Singhof/Wolf, WpPG, § 1 Rn. 31; *von Kopp-Colomb/Witte*, in: Assmann/Schlitt/von Kopp-Colomb, WpPG/VerkProspG, § 1 WpPG Rn. 56.

106 Stellungnahme BR und Gegenäußerung BReg., BT-Drucks. 15/5219, S. 6, 8.

107 Zu § 1 Abs. 2 Nr. 4 WpPG siehe auch *Heidelbach/Preuße*, BKR 2006, 316, 317.

IV. Fakultative Anwendung des WpPG

Entsprechend Art. 1 Abs. 3 EU-ProspRL sieht § 1 Abs. 3 WpPG eine „opt-in"-   32
Regelung vor.[108] Den Emittenten wird die Möglichkeit gegeben, einen Prospekt nach den Vorgaben des Gesetzes auch dann zu erstellen, wenn die
Emission nicht in den Anwendungsbereich des Gesetzes fällt. Der Anreiz für
ein solches „opt-in" besteht darin, den Europäischen Pass zu erlangen und
damit von den Erleichterungen für grenzüberschreitende Emissionen zu profitieren. Diese Möglichkeit ist aber auf die Ausnahmen des § 1 Abs. 2 Nr. 2
bis 5 WpPG beschränkt,[109] da für die vom Ausnahmetatbestand der Nr. 1 erfassten Emissionen andere Prospektregelungen gelten,[110] so dass kein Raum
für eine freiwillige Prospekterstellung bleibt. Mit der freiwilligen Erstellung
eines Prospekts gelangt das gesamte WpPG einschließlich der Durchführungsverordnung zur Anwendung.[111] Für die Aufsichtsbehörde des Herkunftsmitgliedstaats besteht jedoch die Möglichkeit, das Weglassen von Angaben nach § 8 WpPG und Art. 23 Abs. 4 EU-ProspektVO zuzulassen.[112]

Strittig ist, ob die Erstellung eines freiwilligen Prospekts im Sinne des WpPG   33
auch dann möglich ist, wenn aufgrund anderer Ausnahmetatbestände als
der in § 1 Abs. 3 WpPG genannten, insbesondere aufgrund der in §§ 3, 4
WpPG aufgeführten Tatbestände keine Prospektpflicht besteht. Gegen die
Möglichkeit, freiwillig einen Prospekt trotz der Ausnahmeregelngen in §§ 3,
4 WpPG zu erstellen, soll die Prospektrichtlinie sprechen, insbesondere der
unterschiedliche Umsetzungsrahmen, den die Prospektrichtlinie hinsichtlich
der „opt-in"-Möglichkeiten den Mitgliedsstaaten der EU gesetzt hat. So
stand die Implementierung der Ausnahmeregeln bezüglich des Anwendungsbereiches in nationales Recht den Mitgliedsstaaten frei, wohingegen
die in Art. 3, 4 der Prospektrichtlinie aufgeführten Ausnahmetatbestände
den Mitgliedsstaaten keinen Spielraum überließen.[113] Da die Ausnahmeregelungen der Art. 3, 4 Prospektrichtlinie europaweit einheitlich umgesetzt
wurden, kann bei Vorliegen eines Ausnahmetatbestandes nach §§ 3, 4
WpPG ein prospektfreies öffentliches Angebot im gesamten Europäischen
Wirtschaftsraum erfolgen, so dass hier kein Bedarf an einer freiwilligen Pro-

---

108 Siehe dazu *Kunold/Schlitt*, BB 2004, 501, 504; *Holzborn/Schwarz-Gondek*, BKR 2003,
   927 929.
109 Zur Reichweite der „Opting in" Möglichkeit im Hinblick auf die v. der RL ausgenommenen Bereiche siehe Begr. des Rates i. R. d. gemeinsamen Standpunktes, ABl. EG
   Nr. C 125 E v. 27.05.2003, S. 47, 49.
110 Siehe hierzu die Anm. zu § 1 Abs. Nr. 1 Rn. 11.
111 RegBegr. EU-ProspRL-UmsG, BT-Drucks. 15/4999, S. 27; *Groß*, KapMR, § 2 WpPG
   Rn. 9; *von Kopp-Colomb/Witte*, in: Assmann/Schlitt/von Kopp-Colomb, WpPG/VerkPro-
   spG, § 1 WpPG Rn. 67, 69; *Ritz/Zeising*, in: Just/Voß/Ritz/Zeising, WpPG, § 1 Rn. 51;
   Schnorbus, in: Frankf Komm WpPG, § 1 Rn. 36; a. A. *Heidelbach*, in: Schwark/Zimmer,
   KapMRK, § 1 WpPG Rn. 31.
112 *von Kopp-Colomb/Witte*, in: Assmann/Schlitt/von Kopp-Colomb, WpPG/VerkProspG,
   § 1 WpPG Rn. 68.
113 Siehe hierzu auch Rn. 6 ff.

spekterstellung nach dem WpPG bestehen soll.[114] Demzufolge fördert § 1 Abs. 3 WpPG – trotz der Beschränkung auf § 1 Abs. 2 Nr. 2 bis 5 WpPG – grenzüberschreitend ein öffentliches Angebot und die Zulassung zum Handel an einem organisierten Markt,[115] was weder im Widerspruch zum Sinn und Zweck der Prospektrichtlinie noch des WpPG steht. Darüber hinaus soll auch der klare Wortlaut des § 1 Abs. 3 WpPG, der ausdrücklich nur auf § 1 Nr. 2 bis 5 WpPG verweist, sowie die Gesetzesbegründung, wonach § 1 Abs. 3 WpPG den in § 1 Abs. 2 Nr. 2 bis 5 WpPG genannten Emittenten die Möglichkeit eröffnet, einen Wertpapierprospekt zu erstellen,[116] dafür sprechen, dass andere Ausnahmetatbestände als die in § 1 Abs. 3 WpPG genannten keine „opt-in"-Option besitzen.[117]

34 Damit wird indes den Ausnahmevorschriften der §§ 3, 4 WpPG bzw. den entsprechenden Tatbeständen der Prospekt-RL quasi ein Verbotscharakter beigelegt, den diese nicht aufweisen.[118] Nach allgemeinen Grundsätzen des Verwaltungsrechts kann ein Antragsteller von auschließlich ihn begünstigenden Ausnahmevorschriften nach belieben Gebrauch machen, so dass er auch hierauf verzichten kann.[119] Warum für öffentliche, nicht dem Anwendungsbereich des WpPG unterliegende Angebote die Möglichkeit besteht, ein Prospekt im Sinne des WpPG zu erstellen, nicht aber für Angebote, die zwar dem Anwendungsbereich des WpPG unterliegen, innerhalb dieses Anwendungsbereiches allerdings von der Prospektpflicht befreit wurden, wäre nicht einsichtig.[120] Auch die ratio der Prospektrichtlinie und somit des WpPG – die Sicherstellung von Markteffizienz und Anlegerschutz[121] – streiten für ein derartiges Verständnis; gerade hinsichtlich der nach §§ 3, 4 WpPG privilegierten, im Vergleich zu § 1 Abs. 3 WpPG aber risikoreicheren Angebote wäre es nicht verständlich, warum hier im Interesse des Anlegers eine Prospektbilligung ausgeschlossen sein sollte.[122] Allerdings ist die BaFin nicht verpflichtet, eine solche Billigung durchzuführen.

---

114 Zum Ganzen siehe *Ritz/Zeising*, in: Just/Voß/Ritz/Zeising, WpPG, § 1 Rn. 53 sowie *von Kopp-Colomb/Witte*, in: Assmann/Schlitt/von Kopp-Colomb, WpPG/VerkProspG, § 1 WpPG Rn. 65.

115 RegBegr. BT-Drucks. 15/4999, S. 25 f.; *Ritz/Zeising*, in: Just/Voß/Ritz/Zeising, WpPG, § 1 Rn. 53.

116 RegBegr. BT-Drucks. 15/4999, S. 27; *von Kopp-Colomb/Witte*, in: Assmann/Schlitt/von Kopp-Colomb, WpPG/VerkProspG, § 1 WpPG Rn. 65.

117 So auch *Groß*, KapMR, § 2 WpPG Rn. 9; *von Kopp-Colomb/Witte*, in: Assmann/Schlitt/ von Kopp-Colomb, WpPG/VerkProspG, § 1 WpPG Rn. 65; *Ritz/Zeising*, in: Just/Voß/ Ritz/Zeising, WpPG, § 1 Rn. 52 f.; auch *Schnorbus*, in: Frankf Komm WpPG, § 1 Rn. 40 räumt ein, dass der Wortlaut und die Gesetzesbegründung auf den „ersten Blick" für ein derartiges Verständnis sprechen.

118 *Schnorbus*, in: Frankf Komm WpPG, § 1 Rn. 39 ff.; *Heidelbach*, in: Schwark/Zimmer, KapMRK, § 1 Rn. 30; *Schnorbus*, AG 2008, 389, 401; *Seitz*, AG 2005, 678, 684.

119 *Schnorbus*, in: Frankf Komm WpPG, § 1 Rn. 40; *Schnorbus*, AG 2008, 389, 401.

120 *Schnorbus*, in: Frankf Komm WpPG, § 1 Rn. 41; *Schnorbus*, AG 2008, 389, 401.

121 Erwg. 10 der Richtlinie.

122 *Schnorbus*, in: Frankf Komm WpPG, § 1 Rn. 42; ähnlich *Heidelbach*, in: Schwark/Zimmer, KapMRK, § 1 Rn. 30, nach der eine generelle Zulässigkeit eines „Opting in" im Einklang mit den Vorstellungen des europäischen Gesetzgebers stehe.

V. Anpassungsregelung

Art. 1 b) der Änderungsrichtline 2010/73/EU ergänzt § 1 der Prospektricht- *35*
line 2003/71/EG mit einem 4. Absatz und ermächtigt die Kommission, die in
Art. 1 Abs. 2 h) und j) der Prospektrichtlinie aufgezählten Wertgrenzen eigenständig durch delegierte Rechtsakte gem. des neu geschaffenen Art. 24a
und unter den in Art. 24b und 24c der Prospektrichtie genannten Bedingungen anzupassen. Hierdurch soll „den technischen Entwicklungen auf den Finanzmärkten einschließlich der Inflation" Rechnung getragen werden.[123]
Macht die Kommission von dieser Ermächtigung Gebrauch, so ist der deutsche Gesetzgeber verpflichtet, diese unverzüglich in § 1 Abs. 2 Nr. 4 und 5
WpPG umsetzen; bis zur Umsetzung finden die Anpassungsregelungen der
Kommission im Wege der richtlinienkonformen Auslegung Anwendung und
müssten von der BaFin berücksichtigt werden.[124]

---

123 Art. 1 Nr. 1 b) Änderungsrichtlinie.
124 *Schnorbus*, in: Frankf Komm WpPG, § 1 Rn. 44; *Groß*, KapMR, § 1 Rn. 11.

| ARTIKEL 1 | ARTICLE 1 |
| **Gegenstand** | Subject matter |

In dieser Verordnung ist Folgendes festgeschrieben:

This regulation lays down:

1. **die Aufmachung des Prospekts, auf die in Artikel 5 der Richtlinie 2003/71/EG Bezug genommen wird;**

1. the format of prospectus referred to in Article 5 of Directive 2003/71/EC;

2. **die in einen Prospekt gemäß Artikel 7 der Richtlinie 2003/71/EG aufzunehmenden Mindestangaben;**

2. the minimum information requirements to be included in a prospectus provided for in Article 7 of Directive 2003/71/EC;

3. **(aufgehoben);**

3. (deleted)

4. **die Modalitäten, gemäß deren Angaben in Form eines Verweises im Sinne von Artikel 11 der Richtlinie 2003/71/EG in einen Prospekt aufgenommen werden können;**

4. the modalities according to which information can be incorporated by reference in a prospectus provided for in Article 11 of Directive 2003/71/EC;

5. **die Veröffentlichungsart eines Prospekts, um sicherzustellen, dass ein Prospekt gemäß Artikel 14 der Richtlinie 2003/71/EG öffentlich verfügbar ist;**

5. the publication methods of a prospectus in order to ensure that a prospectus is publicly available according to Article 14 of Directive 2003/71/EC;

6. **die Art zur Verbreitung von Werbung, auf die in Artikel 15 der Richtlinie 2003/71/EG Bezug genommen wird.**

6. the methods of dissemination of advertisements referred to in Article 15 of Directive 2003/71/EC.

Diesbezüglich wird auf die Kommentierungen zu §§ 5, 7, 11, 14 und 15 WpPG verwiesen.

§ 2
Begriffsbestimmungen

Im Sinne dieses Gesetzes ist oder sind

1. Wertpapiere: übertragbare Wertpapiere, die an einem Markt gehandelt werden können, insbesondere

    a) Aktien und andere Wertpapiere, die Aktien oder Anteilen an Kapitalgesellschaften oder anderen juristischen Personen vergleichbar sind, sowie Zertifikate, die Aktien vertreten,

    b) Schuldtitel, insbesondere Schuldverschreibungen und Zertifikate, die andere als die in Buchstabe a genannten Wertpapiere vertreten,

    c) alle sonstigen Wertpapiere, die zum Erwerb oder zur Veräußerung solcher Wertpapiere berechtigen oder zu einer Barzahlung führen, die anhand von übertragbaren Wertpapieren, Währungen, Zinssätzen oder -erträgen, Waren oder anderen Indizes oder Messgrößen bestimmt wird,

    mit Ausnahme von Geldmarktinstrumenten mit einer Laufzeit von weniger als zwölf Monaten;

2. Dividendenwerte: Aktien und andere Wertpapiere, die Aktien vergleichbar sind, sowie jede andere Art übertragbarer Wertpapiere, die das Recht verbriefen, bei Umwandlung dieses Wertpapiers oder Ausübung des verbrieften Rechts die erstgenannten Wertpapiere zu erwerben, sofern die letztgenannten Wertpapiere vom Emittenten der zugrunde liegenden Aktien oder von einem zum Konzern des Emittenten gehörenden Unternehmen begeben wurden;

3. Nichtdividendenwerte: alle Wertpapiere, die keine Dividendenwerte sind;

4. öffentliches Angebot von Wertpapieren: eine Mitteilung an das Publikum in jedweder Form und auf jedwede Art und Weise, die ausreichende Informationen über die Angebotsbedingungen und die anzubietenden Wertpapiere enthält, um einen Anleger in die Lage zu versetzen, über den Kauf oder die Zeichnung dieser Wertpapiere zu entscheiden; dies gilt auch für die Platzierung von Wertpapieren durch Institute im Sinne des § 1 Abs. 1b des Kreditwesengesetzes oder ein nach § 53 Abs. 1 Satz 1 oder § 53b Abs. 1 Satz 1 oder Abs. 7 des Kreditwesengesetzes tätiges Unternehmen, wobei Mitteilungen auf Grund des Handels von Wertpapieren an einem organisierten Markt oder im Freiverkehr kein öffentliches Angebot darstellen;

5. Angebotsprogramm: ein Plan, der es erlauben würde, Nichtdividendenwerte ähnlicher Art oder Gattung sowie Optionsscheine jeder Art dauernd oder wiederholt während eines bestimmten Emissionszeitraums zu begeben;

6. qualifizierte Anleger:

    a) Kunden und Unternehmen, die vorbehaltlich einer Einstufung als Privatkunde professionelle Kunden oder geeignete Gegenparteien im

Sinne des § 31a Absatz 2 oder 4 des Wertpapierhandelsgesetzes sind, oder die gemäß § 31a Absatz 5 Satz 1 oder Absatz 7 des Wertpapierhandelsgesetzes auf Antrag als solche eingestuft worden sind oder gemäß § 31a Absatz 6 Satz 5 des Wertpapierhandelsgesetzes weiterhin als professionelle Kunden behandelt werden,

b) natürliche oder juristische Personen, die nach in anderen Staaten des Europäischen Wirtschaftsraums erlassenen Vorschriften zur Umsetzung der Bestimmungen des Anhangs II Abschnitt I Nummer 1 bis 4 der Richtlinie 2004/39/EG des Europäischen Parlaments und des Rates vom 21. April 2004 über Märkte für Finanzinstrumente, zur Änderung der Richtlinien 85/611/EWG und 93/6/EWG des Rates und der Richtlinie 2000/12/EG des Europäischen Parlaments und des Rates und zur Aufhebung der Richtlinie 93/22/EWG des Rates (ABl. L 145 vom 30.4.2004, S. 1) in der jeweils geltenden Fassung als professionelle Kunden angesehen werden und nicht eine Behandlung als nichtprofessionelle Kunden beantragt haben,

c) natürliche oder juristische Personen, die nach in anderen Staaten des Europäischen Wirtschaftsraums erlassenen Vorschriften zur Umsetzung der Bestimmungen des Anhangs II der Richtlinie 2004/39/EG auf Antrag als professioneller Kunde behandelt werden,

d) natürliche oder juristische Personen, die nach in anderen Staaten des Europäischen Wirtschaftsraums erlassenen Vorschriften zur Umsetzung des Artikels 24 der Richtlinie 2004/39/EG als geeignete Gegenpartei anerkannt sind und nicht eine Behandlung als nichtprofessioneller Kunde beantragt haben, und

e) natürliche oder juristische Personen, die durch Wertpapierfirmen nach in anderen Staaten des Europäischen Wirtschaftsraums erlassenen Vorschriften zur Umsetzung des Artikels 71 Absatz 6 der Richtlinie 2004/39/EG als vor dem Inkrafttreten der Richtlinie bestehende professionelle Kunden weiterhin als solche behandelt werden;

7. (weggefallen)

8. Einlagenkreditinstitute: Unternehmen im Sinne des § 1 Abs. 3d Satz 1 des Kreditwesengesetzes;

9. Emittent: eine Person oder Gesellschaft, die Wertpapiere begibt oder zu begeben beabsichtigt;

10. Anbieter: eine Person oder Gesellschaft, die Wertpapiere öffentlich anbietet;

11. Zulassungsantragsteller: die Personen, die die Zulassung zum Handel an einem organisierten Markt beantragen;

12. Dauernde oder wiederholte Ausgabe von Wertpapieren: die dauernde oder mindestens zwei Emissionen umfassende Ausgabe von Wertpapieren ähnlicher Art oder Gattung während eines Zeitraums von zwölf Monaten;

13. Herkunftsstaat:

a) für alle Emittenten von Wertpapieren, die nicht in Buchstabe b genannt sind, der Staat des Europäischen Wirtschaftsraums, in dem der Emittent seinen Sitz hat,

b) für jede Emission von Nichtdividendenwerten mit einer Mindeststückelung von 1 000 Euro sowie für jede Emission von Nichtdividendenwerten, die das Recht verbriefen, bei Umwandlung des Wertpapiers oder Ausübung des verbrieften Rechts übertragbare Wertpapiere zu erwerben oder einen Barbetrag in Empfang zu nehmen, sofern der Emittent der Nichtdividendenwerte nicht der Emittent der zugrunde liegenden Wertpapiere oder ein zum Konzern dieses Emittenten gehörendes Unternehmen ist, je nach Wahl des Emittenten, des Anbieters oder des Zulassungsantragstellers der Staat des Europäischen Wirtschaftsraums, in dem der Emittent seinen Sitz hat, oder der Staat des Europäischen Wirtschaftsraums, in dem die Wertpapiere zum Handel an einem organisierten Markt zugelassen sind oder zugelassen werden sollen, oder der Staat des Europäischen Wirtschaftsraums, in dem die Wertpapiere öffentlich angeboten werden; dies gilt auch für Nichtdividendenwerte, die auf andere Währungen als auf Euro lauten, wenn der Wert solcher Mindeststückelungen annähernd 1 000 Euro entspricht,

c) für alle Drittstaatemittenten von Wertpapieren, die nicht in Buchstabe b genannt sind, je nach Wahl des Emittenten, des Anbieters oder des Zulassungsantragstellers entweder der Staat des Europäischen Wirtschaftsraums, in dem die Wertpapiere erstmals öffentlich angeboten werden sollen, oder der Staat des Europäischen Wirtschaftsraums, in dem der erste Antrag auf Zulassung zum Handel an einem organisierten Markt gestellt wird, vorbehaltlich einer späteren Wahl durch den Drittstaatemittenten, wenn der Herkunftsstaat nicht gemäß seiner Wahl bestimmt wurde;

14. Aufnahmestaat: der Staat, in dem ein öffentliches Angebot unterbreitet oder die Zulassung zum Handel angestrebt wird, sofern dieser Staat nicht der Herkunftsstaat ist;

15. Staat des Europäischen Wirtschaftsraums: die Mitgliedstaaten der Europäischen Union und die anderen Vertragsstaaten des Abkommens über den Europäischen Wirtschaftsraum;

16. Organisierter Markt: ein im Inland, in einem anderen Mitgliedstaat der Europäischen Union oder einem anderen Vertragsstaat des Abkommens über den Europäischen Wirtschaftsraum betriebenes oder verwaltetes, durch staatliche Stellen genehmigtes, geregeltes und überwachtes multilaterales System, das die Interessen einer Vielzahl von Personen am Kauf und Verkauf von dort zum Handel zugelassenen Finanzinstrumenten innerhalb des Systems und nach festgelegten Bestimmungen in einer Weise zusammenbringt oder das Zusammenbringen fördert, die zu einem Vertrag über den Kauf dieser Finanzinstrumente führt;

17. Bundesanstalt: die Bundesanstalt für Finanzdienstleistungsaufsicht;

18. Schlüsselinformationen: grundlegende und angemessen strukturierte Informationen, die dem Anleger zur Verfügung zu stellen sind, um es ihm zu ermöglichen, Art und Risiken des Emittenten, des Garantiegebers und der Wertpapiere, die ihm angeboten oder zum Handel an einem organisierten Markt zugelassen werden sollen, zu verstehen und unbeschadet des § 5 Absatz 2b Nummer 2 zu entscheiden, welchen Wertpapierangeboten er weiter nachgehen sollte.

Inhalt

I. Bedeutung der Norm
und europarechtlicher Hintergrund

1 Die Regelung des § 2 definiert die für den Anwendungsbereich und die Anknüpfungstatbestände des Wertpapierprospektgesetzes wesentlichen Begriffe[1] und ist daher für die Frage der Prospektpflicht (§§ 3 Abs. 1 und Abs. 3 WpPG) einer Emission von Wertpapieren und für die Auslegung der Ausnahmetatbestände (§ 3 Abs. 2 und 3 sowie § 4 WpPG) von grundlegender praktischer Bedeutung.

Die Vorschrift dient der Umsetzung von Art. 2 Abs. 1 lit. a bis n der EU-ProspRL. Nicht in die Definitionen des § 2 WpPG aufgenommen wurden die Begriffe des in § 6 geregelten Basisprospekts (Art. 2 Abs. 1 lit. r), die nach der Terminologie des InvG als Investmentfonds bezeichneten und dort gere-

---

1 RegBegr. EU-ProspRL-UmsG, BT-Drucks. 15/4999, S. 25, 28 f.

gelten „Organismen für gemeinsame Anlagen" und deren Anteile (Art. 2 Abs. 1 lit. o und p) und den nach der gängigen deutschen Rechtsprache selbsterklärenden Begriff der „Billigung" aus Art. 2 Abs. 1 lit. q der EU-ProspRL. Durch Änderung der EU-ProspRL wurde der Begriff des qualifizierten Anleger nach Art. 2 Abs. 1 Buchst. e mit dem des professionellen Kunden nach Art. 24 der EU-Finanzmarktrichtlinie gleichgesetzt, was mit dem Gesetz zur Umsetzung der RL 2010/73/EU und zur Änderung des BörsG (ProspRLÄndRL-UmsG) in § 2 Nr. 6 nachvollzogen wurde. Die Definition von kleineren und mittleren Unternehmen in der bisherigen Nr. 7 ist aufgrund der Änderungen durch dieses Gesetz ebenfalls nicht mehr erforderlich und wurde daher gestrichen. Neu eingefügt als Nr. 18 wurde die Definition der in der Prospektzusammenfassung anzugebenden Schlüsselinformationen, die ebenfalls auf die EU-ProspRLÄndRL zurückgeht.

In dem Bericht einer von der Europäischen Kommission eingesetzten Expertengruppe wird u.a. bemängelt, dass die Begriffe in der EU-Prospekt-RL von den MS teilweise sehr unterschiedlich ausgelegt werden, so insbes. der Wertpapierbegriff oder der Begriff des öffentlichen Angebots[2]. Dies wurde jedoch bisher von der Europäischen Kommission nicht aufgegriffen.

II. Die Definitionen im Einzelnen

Die einzelnen Begriffsdefinitionen wurden in enger Anlehnung an den Wortlaut der Definitionen in Art. 2 der EU-ProspRL formuliert und sind in diesem Kontext auch als europäische Rechtsbegriffe zu interpretieren. 2

1. Wertpapiere

Nr. 1 definiert den Begriff „Wertpapiere". Dieser Begriff bezog sich ursprünglich noch auf Art. 1 Abs. 4 der Richtlinie 93/22/EWG, der sog. „EU-Wertpapierdienstleistungsrichtlinie". Infolge der „dynamischen" Verweisung in Art. 69 der Richtlinie 2004/39/EG über Märkte für Finanzinstrumente (EU-Finanzmarktrichtlinie), welche die ehem. Wertpapierdienstleistungsrichtlinie ersetzt, gelten Bezugnahmen auf Begriffsbestimmungen oder Artikel der Richtlinie 93/22/EWG jedoch als Bezugnahmen auf die entsprechenden Begriffsbestimmungen oder Artikel der Richtlinie 2004/39/EG. Damit beruht die Definition der Wertpapiere in Nr. 1 letztlich auf der Definition des Art. 4 Abs. 1 Nr. 18 der EU-Finanzmarktrichtlinie, welcher in § 2 WpHG in der Fassung des Finanzmarktrichtlinie-Umsetzungsgesetzes umgesetzt wurde.[3] 3

---

2 Bericht der European Securities Markets Expert Group (ESME), urspr. abrufbar unter http://ec.europa.eu/internal_market/securities/esme/index_en.htm, jetzt jedoch nicht mehr auf der Website verfügbar. Zur Reform der EU-ProspRL s. auch Elsen/Jäger, BKR 2010, 97 ff.
3 FinanzmarktRL-UmsG (FRUG) v. 16.07.2007, BGBl. I, 1330; siehe auch die RegBegr. EU-ProspRL-UmsG, BT-Drucks. 15/4999, S. 25, 28.

4 Entscheidend für die Einstufung als Wertpapier i. S. d. Nr. 1 ist die Übertragbarkeit und Handelbarkeit (Fungibilität) des betreffenden Produkts am Kapitalmarkt. Damit fallen analog zum börsenrechtlichen Wertpapierbegriff[4] sämtliche derzeit am Kapitalmarkt gehandelten Wertpapiere, wie etwa Aktien, Aktien vertretende Zertifikate, handelbare Schuldverschreibungen, wie z. B. Industrieschuldverschreibungen, Wandelanleihen, Optionsscheine und Genussscheine oder Investmentzertifikate unter den prospektrechtlichen Wertpapierbegriff. Der internationalen Tendenz zum „papierlosen" Wertpapier folgend[5], kommt es nach der Regierungsbegründung jedoch nicht darauf an, ob jeweils eine Einzelverbriefung der gehandelten Produkte erfolgt ist. Wertpapiere sind demnach entsprechend der bisherigen Rechtslage[6] auch Sammel- und Globalurkunden und Wertrechte sowie inländische und ausländische Registerrechte, wie etwa die bereits in Deutschland vielfach gehandelten ADRs (American Depository Receipts).

5 Erfasst werden jedoch nur diejenigen übertragbaren Wertpapiere, die zusätzlich die besonderen weiteren Begriffsmerkmale des Art. 2 Abs. 1 lit. a) der EU-ProspRL erfüllen. Geldmarktinstrumente i. S. d. Richtlinie 2004/39/EG mit einer Laufzeit von weniger als zwölf Monaten sind nach dem letzten Halbsatz des § 2 Nr. 1 nicht als Wertpapiere im Sinne des WpPG anzusehen. Dies bedeutet, dass Schatzanweisungen, Einlagenzertifikate und Commercial Papers mit dieser Laufzeit daher nicht im Anwendungsbereich der EU-ProspRL und daher nicht Gegenstand des Wertpapierprospektgesetzes sind.

6 Keine Wertpapiere sind auch Namensschuldverschreibungen, Schuldscheindarlehen, Termingeld und Sparbriefe oder Anteilsscheine an einer GmbH oder Anteile an Personengesellschaften, wie der OHG, der KG (sofern nicht auf Aktien) oder einer BGB-Gesellschaft[7], da in diesen Fällen jeweils weitere formale Voraussetzungen zur Übertragung der Anteile erforderlich erfüllt werden müssen und daher ein (standardisierter) Handel am Kapitalmarkt nicht möglich ist[8].

7 Bei Wertpapieren, deren Emittent seinen Sitz im Ausland hat, richtet sich zwar gem. Art. 43 EGBGB auch die Frage nach dem Vorliegen eines Wertpapiers grds. nach der jeweiligen ausländischen Rechtsordnung, der das in der Urkunde verbriefte Recht unterliegt.[9] Aufgrund des Schutzbedürfnisses

---

4 Siehe statt vieler *Heidelbach*, in: Schwark/Zimmer, KapMRK, § 30 BörsG Rn. 8 ff.

5 Vgl. zur sog. „Entmaterialisierung" Einsele, WM 2001, 7; *Than*, FS Schimansky, 821; im deutschen Rechtsraum ist in der Zwischenzeit in § 10 Abs. 5 AktG festgelegt, dass der Anspruch auf Einzelverbriefung in der Satzung ganz ausgeschlossen werden kann. Bei Anleihen erfolgt dagegen häufig ein Ausschluss in den Anleihebedingungen, siehe Mustertext bei *Bosch*, in: Bosch/Groß, Rn. 10/242.

6 Auch bereits die Bekanntmachung des ehem. BAWe zum Verkaufsprospektgesetz, abgedr. im BAnz Nr. 177 v. 21.09.1999, S. 16180 ff., abrufbar unter www.bafin.de.

7 Siehe *Heidelbach*, in: Schwark/Zimmer, KapMRK, § 2 WpPG Rn. 3 Rn. 8.

8 *Müller*, WpPG, § 2 Rn. 2 verneint u. a. bei Namensschuldverschreibungen eine Fungibilität, da diese nur durch Abtretung übertragbar seien. Entscheidend ist jedoch, dass hierdurch ein standardisierter Handel am Kapitalmarkt nicht möglich ist.

9 So auch *Groß*, KapMR, § 2 WpPG, Rn. 2; *von Kopp-Colomb/Knobloch*, in: Assmann/Schlitt/von Kopp-Colomb, WpPG/VerkProspG, § 2 WpPG Rn. 13.

deutscher Anleger wird jedoch diese Bestimmung auch nach der Verwaltungspraxis der BaFin dahingehend teleologisch ausgelegt, dass immer dann das Vorliegen eines Wertpapiers i. S. d. WpPG anzunehmen ist, wenn nach deutschem Recht der Wertpapierbegriff einschlägig ist.[10] Letzlich ist eine Prüfung der Gleichwertigkeit der ausländischen Rechtsfigur mit den entsprechenden inländischen Rechtsfiguren anzustellen.[11]

2. Dividendenwerte

Nr. 2 definiert die „Dividendenwerte" und setzt damit Art. 2 Abs. 1 lit. b) der EU-ProspRL um. Unter den Begriff fallen neben Aktien auch andere Wertpapiere, die mit Aktien vergleichbar sind. Vergleichbare Wertpapiere sind etwa vom Aktienemittenten selbst oder einem seiner Konzernunternehmen im Sinne des § 18 des Aktiengesetzes begebene Wandelanleihen (sog. Convertible Bonds) und Optionsanleihen. Die in der Regierungsbegründung ausdrücklich in diesem Kontext genannten Aktienanleihen[12] erfüllen in der Praxis dieses Kriterium in der überwiegenden Zahl der Fälle nicht, da sie in der Regel von Wertpapierhandelsbanken und nicht vom Emittenten selbst ausgegeben werden. Aktien vertretende Zertifikate, sog. „depositary receipts" fallen nach der eindeutigen Gesetzesformulierung der Nr. 1 lit. a) und 2 nicht unter den Begriff der Dividendenwerte.[13] Problematisch ist die Einordnung von weitgehend frei gestaltbaren Wertpapieren wie Genussscheinen, die dividendenpapierähnlich ausgestaltet sein können. Darauf deutet etwa eine Teilnahme am Verlust und die Bilanzierung als Eigenkapital, außer im Falle von KWG-konformen Genussscheinen hin. Bei der Betrachtung ist auf die Einzelfallgestaltung abzustellen.

8

3. Nichtdividendenwerte

Nr. 3 definiert den Begriff der Nichtdividendenwerte in Abgrenzung zu Nr. 2 als alle Wertpapiere, die keine Dividendenwerte sind. Hierunter fallen z. B. die zumeist von Banken emittierten „klassischen" Aktienanleihen, bei denen die Anleger bei Fälligkeit entweder den Nominalbetrag der Anleihe als Geldbetrag oder eine bestimmte, vorab festgelegte Anzahl von Aktien zurückerhalten, wobei das Wahlrecht über die Art der Rückzahlung bei der Bank liegt. Zu den Nichtdividendenwerten gehören nach der Terminologie der EU-ProspRL und des WpPG auch Aktien vertretende Zertifikate, obgleich diese im praktischen Handel an den Börsen Aktien bisher im Wesentlichen gleichgestellt waren. Vor dem Hintergrund dass auch die EU-Finanzmarkt-

9

---

10 Siehe *Heidelbach*, in: Schwark/Zimmer, KapMRK, § 2 WpPG Rn. 10 c; *Schnorbus*, in: Frankf Komm WpPG, § 2 WpPG Rn. 11; vgl. auch *Kullmann/Müller-Deku*, WM 1996, 1989, 1991.

11 Hierzu ausführlich von *Kopp-Colomb/Knobloch*, in: Assmann/Schlitt/von Kopp-Colomb, WpPG/VerkProspG, § 2 WpPG Rn. 13 ff.

12 RegE des EU-ProspRL-UmsG, BT-Drucks. 15/4999, S. 28.

13 Siehe daher insoweit die Komm. zu § 2 Nr. 3 Rn. 9 sowie *Groß*, KapMR, § 2 WpPG, Rn. 3; *Schnorbus*, in: Frankf Komm WpPG, § 2 WpPG Rn. 13; *Heidelbach*, in: Schwark/Zimmer, KapMRK, § 2 WpPG Rn. 7.

richtlinie Aktien vertretende Zertifikate nicht entsprechend der Regelung für Aktien den Transparenzanforderungen für geregelte Märkte oder multilaterale Handelsysteme unterwirft, erscheint die unterschiedliche Behandlung jedoch zumindest in sich konsistent.[14] Für Aktien vertretende Zertifikate sieht die EU-ProspV dementsprechend ein eigenes Schema für die Gestaltung des Prospekts vor, welches schwerpunktmäßig Informationen über den Emittenten der als Basiswert dienenden Aktien und nicht über das Zertifikat selbst vorsieht.[15]

4. Öffentliches Angebot von Wertpapieren

10 Zweites zentrales Anknüpfungsmerkmal für die Anwendung des WpPG ist neben der Zulassung zum Handel an einem organisierten Markt das Vorliegen eines öffentlichen Angebots. Noch in der EU-EmissionsprospRL vom 17.04.1989 wurde eine Definition des „öffentlichen Angebots" von Wertpapieren als „nicht möglich" angesehen zum damaligen Zeitpunkt für den Begriff „öffentliches Angebot" und alle seine Bestandteile eine gemeinsame Definition festzulegen.[16] Vierzehn Jahre später führt Art. 2 Abs. 1 lit. d) der EU-ProspRL für diese Begrifflichkeit eine weit gefasste, jedoch inhaltlich den praktischen Erfordernissen i. W. gerecht werdende Legaldefinition ein. Diese Definition wird in § 2 Nr. 4 Satz 1 WpPG nahezu wortlautgetreu umgesetzt. Für die Auslegung der Definition ist zum einen die EU-Richtlinie und das europäische Verständnis des Begriffs zugrunde zu legen. Andererseits stellt die Begründung des Regierungsentwurfs ausdrücklich klar, dass die Definition auch dem Begriffsverständnis des öffentlichen Angebots nach dem Verkaufsprospektgesetz entspricht.[17] Dies ermöglicht die Heranziehung von in der Praxis bewährten Auslegungsgrundsätzen zum VerkProspG, wie sie insbesondere durch die Bekanntmachung des BAWe vom 21.09.1999[18] getroffen wurden, allerdings selbstverständlich nur soweit wie diese nicht dem europäischen Verständnis entgegenstehen.

a) Reichweite des Angebotsbegriffs

11 Der Begriff des Angebots ist nicht im Sinne des deutschen Zivilrechts, sondern vor dem Hintergrund der europäischen Zielrichtung der EU-ProspRL zu verstehen.[19] Insb. ist es nicht erforderlich, dass die Mitteilung analog § 145 BGB so gestaltet sein muss, dass dem potentiellen Käufer durch eine bloße

---

14 Vgl. Art. 29 f. und 30 f. der EU-FinanzmarktRL.
15 Vgl. Art. 13 und Anh. X der EU-ProspV.
16 Vgl. Erwg. 7 der EU-VerkaufsprospRL (89/298/EWG).
17 RegBegr. EU-ProspRL-UmsG, BT-Drucks. 15/4999, S. 28.
18 Bekanntmachung des Bundesaufsichtsamtes für den Wertpapierhandel zum Wertpapier-Verkaufsprospektgesetz (Verkaufsprospektgesetz) i. d. F. der Bekanntmachung v. 09.09. 1998 (BGBl. I S. 2701 ff.) und zur VO über Wertpapier-Verkaufsprospekte (Verkaufsprospekt-VO) i. d. F. der Bekanntmachung v. 09.09.1998 (BGBl. I S. 2853 ff.) v. 06.09.1999 – BAnz Nr. 177 v. 21.09.1999, S. 16180 – http://www.bafin.de/bekanntmachungen/ bek99_01.pdf.
19 Siehe RegBegr. EU-ProspRL-UmsG, BT-Drucks. 15/4999, S. 28.

Zustimmung ein Vertragsschluss möglich ist. Es reicht vielmehr aus, wenn das Publikum durch eine entsprechende Mitteilung aufgefordert wird, ein Angebot abzugeben (sog. „invitatio ad offerendum"). Die Formulierung des § 2 Nr. 4 WpPG, welche das Angebot als eine Mitteilung an Kauf- oder Zeichnungsinteressenten beschreibt, macht deutlich, dass sich die Definition ausschließlich auf öffentliche Verkaufsangebote und nicht auf Kaufangebote bezieht. Aus den Ausnahmetatbeständen des § 4 WpPG ergibt sich weiter, dass die dort nicht genannten Angebote zur Durchführung eines Aktientauschs mit dem Ziel des Beteiligungserwerbs ebenso unter den Begriff des Angebots fallen.[20] Die Praxis der BaFin folgt diesbezüglich nach wie vor Ziff. I.2. und II.1. der BAWe-Bekanntmachung zum VerkProspG und zur VerkProspVO vom 06.09.1999[21]. Ein öffentliches Angebot setzt damit kumulativ voraus: 1. Eine Mitteilung an das Publikum, 2. eine konkrete Zeichnungsmöglichkeit für den Anleger, 3. eine zielgerichtete Ansprache der Anleger durch Werbemaßnahmen im Rahmen des Angebots und 4. ein Informationsbedürfnis des Anlegers.

b) Konkrete Zeichnungsmöglichkeit

Der Anleger muss im Zusammenhang mit den Informationen die konkrete Möglichkeit haben, eine Anlageentscheidung in Bezug auf den Erwerb der Wertpapiere zu treffen. Besteht eine solche Entscheidungsmöglichkeit nicht, so liegt daher nach der Definition auch dann kein öffentliches Angebot vor, wenn er ausführliche Informationen über die Wertpapiere erhält. Dies setzt neben der hinreichenden Bestimmtheit der Angebotsbedingungen auch eine konkrete Erwerbsmöglichkeit voraus[22]. Eine allgemein gehaltene öffentliche Werbung, die lediglich auf eine künftige Börsennotierung hinweist oder eine allgemeine Beschreibung des Emittenten oder der betreffenden Wertpapiere enthält, ohne dass eine konkrete Zeichnungsmöglichkeit besteht, stellt daher kein Angebot i. S. d. § 2 Nr. 4 WpPG dar.[23] So fallen etwa Werbemaßnahmen im Vorfeld eines Börsengangs oder einer an den Märkten zu platzierenden Kapitalerhöhung, wie etwa sog. „road shows" grds. nicht unter den Begriff des Angebotes i. S. d. § 2 Nr. 4 WpPG.[24] Auch ESMA – wie zuvor CESR – hat sich in der Frage der Prospektpflicht bei der Ausgabe kostenloser Wertpapiere an Mitarbeiter als Bestandteil einer mit dem Arbeitgeber vereinbarten Vergütung ausdrücklich gegen eine Prospektpflicht ausgesprochen.[25]

12

---

20 Ausgenommen sind nach § 4 Abs. 1 Nr. 2 lediglich Tauschangebote im Rahmen von Übernahmeangeboten, nicht aber Angebote zum Erwerb anderer Beteiligungen.

21 Siehe statt vieler *Heidelbach*, in: Schwark/Zimmer, KapMRK, § 30 BörsG Rn. 8 ff.

22 Vgl. *Schnorbus*, S. 392 f.

23 Dazu weitere Erläuterungen siehe unten e).

24 Siehe Fn. 13 und vgl. zur alten Rechtslage *Grimme/Ritz*, WM 1998, 2091, 2095; *Groß*, ZHR 1998, 318, 324; *Hüffer*, VerkProspG S. 16, 18; abl. *Kullmann/Müller-Deku*, WM 1996, 1989, 1992 f.

25 Vgl. ESMA, Q&A, 21st updated version, ESMA/2014/35, question 6; zur BaFin-Praxis bei Mitarbeiterbeteiligungen siehe auch § 4 Rn. 10.

c) Mitteilung an das Publikum

13 Ausreichend, aber im Sinne einer Mindestanforderung auch erforderlich, ist nach der Regierungsbegründung als eine solche „Mitteilung" jede Handlung (mit Erklärungsgehalt) zu verstehen, die auf den Abschluss eines Kaufvertrags gerichtet ist.[26] Dies bedeutet im Umkehrschluss, dass ein Erwerb von Wertpapieren, der auf einer anderen Grundlage als auf einem Kaufvertrag beruht, nicht zwingend einen Prospekt des Emittenten erforderlich macht. Dies gilt für alle gesetzlichen Erwerbstatbestände, wie etwa bei einer Kapitalerhöhung aus Gesellschaftsmitteln und der Ausgabe junger Aktien, bei der Auf- oder Abspaltung nach § 131 Abs. 1 Nr. 3 UmwG, der Umwandlung von Aktiengattungen oder bei der Durchführung eines Aktiensplits.

14 Weiterhin muss ein Angebot i. S. d. § 2 Nr. 4 WpPG an das „Publikum" gerichtet sein. Allein die Begrifflichkeit des „öffentlichen" Angebots legt hierbei eine Mitteilung an einen unbestimmten Personenkreis nahe, was sich nach alter Rechtslage auch noch aus dem Umkehrschluss aus § 2 Nr. 2 VerkProspG a. F. schließen ließ.[27] Nach der Auslegungspraxis der BaFin zu § 2 Nr. 4 WpPG ist der Begriff des Publikums grundsätzlich zunächst nach quantitativen Kriterien zu bestimmen[28]. Nachdem der gesetzliche Ausnahmetatbestand des § 2 Nr. 2 VerkProspG a. F. mit der Umsetzung der EU-ProspRL entfallen ist, kann nun auch ein zahlenmäßig begrenzter Adressatenkreis ein „Publikum" i. S. d. WpPG darstellen. Eine quantitative Abgrenzung des Begriffs des Publikums erfolgt durch die Begrenzung des Adressatenkreises auf mehr als 150 (früher: 100) nicht qualifizierte Anleger in der Ausnahme des § 3 Abs. 2 Nr. 2 WpPG.[29] Nach der Aufsichtspraxis der BaFin ist bei einem darüber hinausgehenden Adressatenkreis grds. ein öffentliches Angebot anzunehmen. Lediglich ausnahmsweise kann ein Angebot an das „Publikum" abzulehnen sein, wenn im Einzelfall kein Informationsbedürfnis in Form eines Wertpapierprospekts besteht.[30] Ein solches Informationsbedürfnis wird bei einem unbestimmten Personenkreis regelmäßig anzunehmen sein. In der Vergangenheit hat die BaFin die Auffassung vertreten, dass die Emission von Bezugsrechten kein öffentliches Angebot darstellt, solange kein öffentlicher Bezugsrechtshandel vorliegt. Dies wurde aufgrund der Einfügung des neuen Art. 7 Abs. 2 lit. g) in die EU-ProspRL durch die EU-ProspRLÄndRL und die neu eingefügten Mindestangaben für Bezugsrechtsemissionen in den Anhängen XXIII sowie XXIV EUProspV aufgegeben. Auch die Emission von Bezugsrechten stellt daher ein öffentliches Angebot dar, solange die anderen Voraussetzungen nach Nr. 4 gegeben sind[31].

---

26 RegBegr. EU-ProspRL-UmsG, BT-Drucks. 15/4999, S. 28.

27 Siehe hierzu mit abweichender Auffassung *Groß*, KapMR, § 2 WpPG Rn. 16, vgl. auch zum Wertpapierprospektgesetz *Schlitt/Schäfer*, AG 2005, 498, 500 Fn. 30. Zum Verkaufsprospektgesetz ausdrücklich *Kullmann/Müller-Deku*, WM 1996, 1989, 1992; *Hüffer*, VerkProspG, S. 51; ähnlich *Bosch*, in: Bosch/Groß, Emissionsgeschäft Rn. 10/111.

28 Abweichend (qualtitativ) *Groß*, KapMR, § 2 WpPG Rn. 17; *Müller*, WpPG, § 2 Rn. 7, die auch auf die Nutzung quantitativer Kriterien verweisen.

29 Hierzu und sog. „Kaskadenangebote" innerhalb der EU siehe § 3 Rn. 16 m. w. N.

30 Dazu weitere Erläuterungen siehe unten e).

31 S. Komm. zu Art. 26 a ProspV.

Ferner muss die Mitteilung nach dem Wortlaut des § 2 Nr. 4 WpPG „ausrei- 15
chende Informationen über die Angebotsbedingungen und die anzubietenden Wertpapiere" enthalten, „um einen Anleger in die Lage zu versetzen,
über den Kauf oder die Zeichnung dieser Wertpapiere zu entscheiden". Dies
bedeutet grundsätzlich, dass allgemeine Werbemaßnahmen, die lediglich
den Kreis potentieller Anleger über die Emission informieren, ohne für den
Anleger wesentliche Einzelheiten zu nennen, kein Angebot i. S. d. § 2 Nr. 4
WpPG darstellen. Eine allgemein gehaltene öffentliche Werbung, die lediglich auf eine künftige Börsennotierung hinweist oder eine allgemeine Beschreibung des Emittenten oder der betreffenden Wertpapiere enthält, stellt
wie auch Road Shows und Vorabanalystenkonferenzen insofern mangels wesentlicher Vertragsbestandteile insofern kein Angebot i. S. d. § 2 Nr. 4 WpPG
dar.[32] Dagegen können die im Rahmen einer Analystenkonferenz von den
Analysten in Publikationen der Öffentlichkeit zugänglich gemachten Informationen dann ein öffentliches Angebot von Wertpapieren darstellen, wenn
die Publikationen auch Angaben über die von dem Unternehmen emittierten
Wertpapiere nebst etwaigen Angebotsbedingungen enthalten, die Anleger
in die Lage versetzen, eine Anlageentscheidung zu treffen. Ebenso kann es
ein öffentliches Angebot darstellen, wenn Anleihebedingungen eines Wertpapiers, das an einer Börse gehandelt wird, im Internet veröffentlicht werden, sofern ein werbender Kontext gegeben ist. Die Anleihebedingungen
enthalten ausreichende Informationen über die Anleihe und die Angebotsbedingungen, die als Entscheidungsgrundlage für den Kauf dienen können.
Eine Pressenotiz über die Einbeziehung eines Wertpapiers in den Freiverkehr an einer inländischen Börse kann nach der Auslegungspraxis der BaFin
dann ein öffentliches Angebot darstellen, wenn hierin Informationen über
den ersten Preis und die Ausstattung der Wertpapiere (z. B. Stamm- oder
Vorzugsaktien) zusammen mit Aussagen werbenden Charakters, die den
sachlichen Charakter der Pressemitteilung überlagern, enthalten sind. Dagegen wird der bloße Hinweis auf einen bevorstehenden Börsengang etwa in
einer Fernsehwerbung für Produkte des Emittenten regelmäßig kein öffentliches Angebot darstellen. Sobald jedoch Werbemaßnahmen bzw. Unternehmensnachrichten des betreffenden Emittenten mit konkreten inhaltlichen
Details zu der Emission, d.h. mit einem Hinweis zur konkret bestehenden Erwerbsmöglichkeit, kombiniert werden, könnte im Einzelfall ein öffentliches
Angebot vorliegen[33]. Ein vom Emittenten beauftragtes „Research"-Gutach-
ten über die Kursentwicklung der Wertpapiere kann im Einzelfall zu einem
öffentlichen Angebot führen, wenn hierdurch gezielt gesetzte werbende Un-
ternehmensangaben mit dem Hinweis zum Handel verbunden werden. Kein
öffentliches Angebot wird dagegen anzunehmen sein, wenn lediglich eine
Übersetzung der für die Zulassung an einem anderen regulierten Markt auf
der Website des Emittenten eingestellten Pflichtangaben (z. B. ein „Admission Document" für den AiM in London) erfolgt. Hier werden zwar ebenfalls
Unternehmensinformationen mit dem Hinweis auf Handelsmöglichkeiten

---

32 Vgl. hierzu *Groß*, KapMR, § 2 WpPG Rn. 11; *Bosch*, in: Bosch/Groß, Emissionsgeschäft
  Rn. 10/106; *Hüffer*, VerkProspG, S. 16; *Schäfer/Hamann*, KapMG, § 1 VerkProspG Rn. 6.
33 Vgl. RegE Begr EU-ProspRL-UmsG, BT-Drucks. 15/4999, 25, 28.

verbunden, allerdings wird es hier zumeist an dem werbenden Charakter der Information fehlen.

16 Die Frage jedoch, wie konkret der Inhalt des Angebots sein muss, damit ein Anleger ausreichende Informationen erhält, lässt sich nicht pauschal beantworten. Nach der Bekanntmachung des BAWe vom 06.09.1999 ist zumindest mit der Veröffentlichung der Aufforderung zur Abgabe von Zeichnungsangeboten im Anschluss an die Bekanntmachung des Preisrahmens eine hinreichende Konkretisierung gegeben. Dies bedeutet, dass beim sog. Bookbuilding das „Verkaufsangebot" vor Beginn der Order-Taking-Period noch nicht als öffentliches Angebot i. S. d. § 1 VerkProspG a. F. anzusehen ist, wenn noch keine Preisspanne bekannt gegeben wurde.[34] Das BAWe hielt in seiner ersten Bekanntmachung zum Verkaufsprospektgesetz von 1996 die „Aufforderung zur Abgabe von Zeichnungsangeboten" für ausreichend, ohne dass es einer weiteren Konkretisierung bedurfte. Seit der zweiten Bekanntmachung des BAWe zum Verkaufsprospektgesetz wird eine ausreichende Konkretisierung und damit ein öffentliches Angebot erst dann angenommen, wenn eine konkrete Erwerbsmöglichkeit für den Interessenten eröffnet wird und Details zu den essentialia negotii, wie etwa die Preisspanne veröffentlicht sind. Eine auf ein Wertpapier bezogene werbende Aussage (z. B.: „die Aktie ist unterbewertet") kann jedoch ein öffentliches Angebot darstellen, wenn durch die Angabe der WKN der Zugang zu den erforderlichen Details, wie etwa dem Preis und der Zeichnungsmöglichkeit, ermöglicht wird. Das Angebot der unentgeltlichen Übertragung oder Gewährung von Wertpapieren, insbesondere an Mitarbeiter, wird bei fehlender Zurückweisungsmöglichkeit des Empfängers regelmäßig kein Angebot darstellen bzw. andernfalls unter die 100.000 Euro-Ausnahme des § 3 Abs. 2 Satz 1 Nr. 5 WpPG fallen.[35] Die Gewährung von nicht übertragbaren Aktienoptionen an Mitarbeiter beinhaltet mangels Wertpapiereigenschaft kein öffentliches Angebot; auch die nachfolgende Ausübung bzw. Ausübbarkeit der Option ist im Regelfall nicht als öffentliches Angebot (der zugrundeliegenden Aktien) anzusehen.[36]

16a In diesem Zusammenhang ist jedoch nunmehr das Auslegungsschreiben der BaFin zum Begriff des öffentlichen Angebots im Sinne des § 2 Nr. 4 WpPG im Rahmen des Sekundärmarkthandels von Wertpapieren vom 24.06.2013[37] zu beachten. Hiernach wird die Wiedergabe sämtlicher Ausstattungsmerkmale eines im organisierten Markt oder im Freiverkehr einer deutschen Börse gehandelten Wertpapiers, die Veröffentlichung von An- und Verkaufskursen für die betreffenden Wertpapiere auf der Internetseite während der Handelszeiten sowie die Bekanntgabe weitergehender, nicht lediglich werblicher Informationen in Bezug auf diese Wertpapiere auf der Internetseite

---

34 Zum Bookbuilding-Verfahren und dessen Ablauf, *Groß*, ZHR 1998, 318, 320 ff.

35 ESMA, Q&A, 21st updated version, ESMA/2014/35, question 6; vgl. die Kommentierung zu § 4 WpPG Rn. 10.

36 ESMA, Q&A, 21st updated version, ESMA/2014/35, question 5; vgl. die Kommentierung zu § 4 WpPG Rn. 10.

37 Gz. PRO 1 – Wp 2030 – 2012/0013.

des Emittenten, wenn und soweit der Emittent zur Veröffentlichung verpflichtet ist, von der BaFin nicht mehr als öffentliches Angebot angesehen. Dies gilt jedoch nur für den Fall, dass bereits ein von der BaFin gebilligter Wertpapierprospekt veröffentlicht wurde und der Vertrieb der betroffenen Wertpapiere im Primärmarkt abgeschlossen ist (insbesondere darf der Emittent keine eigenen aktiven Vertriebsaktivitäten mehr entfalten). Das BaFin-Schreiben stellt noch weitere Hinderungsgründe auf, wie etwa die Verlinkung zu Online-Brokern und die Veröffentlichung von Kursen außerhalb der Handelszeiten. Diese Hinderungsgründe sind a maiore ad minus auch für den Fall heranzuziehen, dass noch nie ein Prospekt für die betroffenen Wertpapiere veröffentlicht wurde. Bei den seit 2011 für Banken vorgeschriebenen Produktinformationsblättern (PIB)[38] ließe sich wegen ihrer Informationsanforderung zwar ein öffentliches Angebot diskutieren, das Auslegungschreiben schließt dies aber auch nach Ende des Primärmarktvertriebes unter den genannten Voraussetzungen aus. Auch die Bereithaltung gebilligter, jedoch nicht mehr nach § 9 WpPG für öffentliche Angebote gültiger Wertpapierprospekte nebst zugehöriger endgültiger Emissionsbedingungen nach § 6 Abs. 3 WpPG durch einen Emittenten stellt auch nach dem Ende des Vertriebs im Primärmarkt kein öffentliches Angebot dar. Durch die Änderung des § 9 Abs. 2 WpPG gewinnt der Begriff des öffentlichen Angebotes insbesondere für dauerhaft angebotene Schuldverschreibungen, etwa von Kreditinstituten, deutlich mehr an Bedeutung. Es ist nunmehr erforderlich, weiterhin zulässige einfache Informationen über Wertpapiere, etwa auf der Website des Emittenten, von solchen Informationen abzugrenzen, die beispielsweise aufgrund ihres Umfangs und werblichen Charakters ein öffentliches Angebot darstellen können. Die BaFin hat hierfür in ihrem Auslegungsschreiben vom 24.06.2013 Kriterien genannt (s.o.).

d) Zielgerichtete Anlegerwerbung

Besteht eine konkrete Erwerbsmöglichkeit, wie etwa bei einer Börsennotie- *17* rung im regulierten[39] Markt oder im Freiverkehr, ist nur dann ein öffentliches Angebot anzunehmen, wenn die Anleger zielgerichtet im Hinblick auf den Erwerb der Anteile angesprochen werden[40]. Der bloße Antrag auf Einbeziehung von Wertpapieren in den Freiverkehr sowie die Entscheidung der Börsengeschäftsführung, Wertpapiere in den Freiverkehr einzubeziehen ist daher kein zur Prospektpflicht führendes öffentliches Angebot.[41] Andere europäische Finanzmärkte haben diesbezüglich vergleichbare Ausnahmen ge-

---

38 § 31 Abs. 3a WpHG, § 5a WpDVerOV; vgl. dazu Schlee/Maywald, BKR 2012, 320 ff.
39 Mit Inkrafttreten des FinanzmarktRL-UmsG (FRUG) v. 16.07.2007, BGBl. I 2007, S. 1330 v. 19.07.2007 wurden der amtliche und der geregelte Markt abgeschafft und durch den regulierten Markt ersetzt.
40 Schnorrbus, AG 2008, 389, 393 f.
41 Vgl. RegBegr. EU-ProspRL-UmsG, BT-Drucks. 15/4999, S. 25, 28 sowie Gegenäußerung der Bundesregierung zu den Empf des BR zum EU-ProspRL-UmsG, BT-Drucks. 15/5219, S. 7. Zur alten Rechtslage siehe *Schwark*, FS Schimansky, 739, 741 ff.; *Waldeck/Süßmann*, WM 1993, 361, 363; *Bosch*, in: Bosch/Groß, Emissionsgeschäft Rn. 10/106 a.E. m.w.N.; ebenso Bekanntmachung des BAWe siehe Fn. 13.

schaffen, wie etwa den AIM (Alternative Investment Market) im Vereinigten Königreich, Alternext in Frankreich oder der Dritte Markt in Österreich. Praktisch bedeutsam ist diese Ausnahmebestimmung v. a. für Wertpapiere, die im Wege eines „private placements", also ohne vorherige Börsenzulassung an einer anderen europäischen Börse im Inland an einem börslichen Markt handelbar gemacht werden sollen. Der Börsenhandel selbst stellt keine gezielte Werbung für ein Wertpapier dar. Über den Wortlaut der EU-ProspRL hinausgehend stellt ergänzend § 2 Nr. 4 WpPG a. E. klar, dass Mitteilungen auf Grund des Handels von Wertpapieren an einem organisierten Markt oder im Freiverkehr kein öffentliches Angebot darstellen. Dies bedeutet, dass z. B. weder Kursmitteilungen, noch reine „ad hoc"-Mitteilungen nach § 15 WpHG oder andere Mitteilungs- und Veröffentlichungspflichten für börsennotierte Unternehmen, wie etwa die Rechnungslegungspublizitätsvorschriften der §§ 37 v bis 37 x WpHG, öffentliche Angebote darstellen und eine Prospektpflicht auslösen können. Siehe hierzu jedoch die Hinderungsgründe für die Prospektfreiheit aus dem BaFin-Auslegungsschreiben vom 24.06.2013 (Rn. 16a).

18 Allerdings ist dies nach der Praxis der BaFin dann anders zu bewerten, wenn die Kurse oder Handelsinformationen technisch oder in anderer Weise unmittelbar mit entsprechenden, für den Vertrieb der Wertpapiere werbende Informationen seitens des Emittenten verbunden werden. Dem entsprechend kommt es insb. bei Qualitätssegmenten des Freiverkehrs, die Emittenten besondere Transparenzverpflichtungen auferlegen, besonders auf die Ausgestaltung der betreffenden Transparenzverpflichtungen an, ob ein „private placement" nach der Auslegungspraxis der BaFin noch möglich ist.[42] Die reine Erfüllung einer Transparenzverpflichtung zur Veröffentlichung von Tatsachen durch den Emittenten stellt noch keine zielgerichtete Werbung dar und kann daher noch nicht zu einem öffentlichen Angebot führen. Bei einer „Verlinkung" einer Handelsplattform mit der Webseite des Emittenten würde jedoch die Schwelle zum öffentlichen Angebot nach der Auslegungspraxis der BaFin dadurch überschritten, dass eine gezielte Verbindung von Kursangaben als konkrete Erwerbsmöglichkeit und werbenden emittentenbezogenen Informationen erfolgt[43]. Insgesamt ist die diesbezügliche Auslegungspraxis der BaFin stark einzelfallorientiert.

e) Informationsbedürfnis

19 Schließlich besteht eine Prospektpflicht nach der Aufsichtspraxis der BaFin nur dann, wenn ein Informationsbedürfnis in Form eines Wertpapiersprospekts besteht. Diese ist zu verneinen, wenn eine ausreichende Information

---

42 Vgl. etwa den „Entry Standard" im Freiverkehr der Frankfurter Wertpapierbörse, bei welchem die Notierung an die Veröffentlichung bestimmter Tatsachen, z. B. eines testierten Konzern-Jahresabschlusses, eines Zwischenberichts sowie die Veröffentlichung eines aktuellen Unternehmenskurzportraits, eines Unternehmenskalenders und wesentlichen Unternehmensnachrichten auf den Internetseiten des Emittenten verknüpft ist. Einzelheiten hierzu abrufbar unter www.deutsche-boerse.com.
43 BaFin-Auslegungsschreiben vom 24.06.2013, Gz. PRO 1 – Wp 2030 – 2012/0013.

der Anleger bereits in anderer Weise im Vorfeld der Emission gegeben war. Eine Ausnahme von der Schutzbedürftigkeit wurde früher von der BaFin dann angenommen, wenn ein Bezugsrechtsangebot ausschließlich an Altaktionäre gerichtet wurde. Der Kreis der Altaktionäre sei bereits über die Emittentin und die Aktien informiert, da grds. davon auszugehen sei, dass beim Erwerb der ursprünglichen Aktien Informationen geflossen seien, so dass das Informationsbedürfnis regelmäßig entfalle. Diese Auffassung ist jedoch mittlerweile aufgegeben worden (siehe oben Rn. 14). Eine ähnliche Fallgestaltung kann gegeben sein, wenn eine KAG Anleihen aus einem Fondsbestand ausschließlich den Fondsinhabern anbietet. Dagegen ist ein entsprechendes Informationsbedürfnis stets anzunehmen, wenn auch Dritte die Aktien erwerben können. Im Fall von Mitarbeiterbeteiligungen stellt die BaFin bei der Prüfung dieses Kriteriums insb. auf die Funktion der Mitarbeiter, die in den Genuss des Beteiligungsprogramms kommen sollen, ab, so dass in jedem Fall eine individuelle Prüfung durch die Gesellschaft, die das Programm auflegen will, erfolgen muss. In der Regel wird die BaFin nach der derzeitigen Rechtslage angesichts der spezifischen Ausnahme des § 4 Abs. 1 Nr. 5 WpPG bei Mitarbeiterprogrammen in aller Regel von einem öffentlichen Angebot ausgehen. Das Ergebnis dieser Einzelfallprüfung kann ggf. im Rahmen einer Schadensersatzklage nach § 13 a Verkaufsprospektgesetz durch die ordentlichen Gerichte überprüft werden. Fraglich ist ein Informationsbedürfnis insbesondere dann, wenn im Nachgang einer Notierung im Regulierten Markt oder im Freiverkehr und einem bereits veröffentlichten Prospekt werbende Maßnahmen im Hinblick auf die Wertpapiere ergriffen werden. Für im Regulierten Markt zugelassene Wertpapiere kann vertreten werden, dass der Schutzzweck der Prospektpflicht, der Schutz der Anleger durch umfassende Information, durch die Erfüllung der umfangreichen Zulassungsfolgepflichten (§§ 15 ff., 30 a ff. WpHG) gewährleistet wird und deshalb ein weitergehendes Informationsbedürfnis nicht gegeben ist.[44] Für in den Freiverkehr einbezogene Wertpapiere greift dieses Argument jedoch nicht, so dass hier bei entsprechenden Werbemaßnahmen der Emittenten ggf. ein Informationsbedürfnis seitens der Anleger besteht und ein öffentliches Angebot anzunehmen ist.

5. Angebotsprogramm

Das Angebotsprogramm in § 2 Nr. 5 WpPG wird als Plan definiert, der es erlaubt, die in Nr. 3 genannten Wertpapiere in einem bestimmten Emissionszeitraum dauernd oder wiederholt zu begeben. Das Merkmal der ähnlichen Art und Gattung meint Art. 22 Abs. 6 EU-ProspV. Es dient der Ausgabe von Nichtdividendenwerten, regelmäßig Schuldverschreibungen, Zertifikaten und Optionen. Das Merkmal „bestimmter Zeitraum" grenzt zu Daueremissionen ab, ohne eine zeitliche Begrenzung zu bilden. Vielmehr stellt die Vorschrift klar, dass Angebotsprogramme, im Gegensatz zu Daueremmissionen, auf Basis eines konkreten rechtlichen Rahmens stehen und einer Aktualisie-   20

---

44 Siehe zu dieser Zweitmarktproblematik auch Komm. zu § 3 Rn. 5.

rungspflicht unterliegen[45]. Sie sind wegen § 9 WpPG jährlich auf eine neue Grundlage zu stellen.[46]

6. Qualifizierte Anleger

21 Der Begriff des qualifizierten Anlegers in § 2 Nr. 6 lit. a WpPG verweist nun im Vergleich zur Vorfassung auf die Bestimmungen des § 31 a WpHG zu professionellen Kunden und setzt damit die durch die EU-ProspRLÄndRL geänderte Definition in Art. 2 Abs. 1 lit. e EU-ProspRL entsprechend um. Die Änderungsrichtlinie stellt bei der Definition des qualifizierten Anlegers auf diejenigen Personen ab, die gemäß Anhang II Abschnitt I Nr. 1 bis 4 der EU-Finanzmarktrichtlinie als professionelle Kunden angesehen oder auf Antrag als professionelle Kunden behandelt werden bzw. gemäß Art. 24 der EU-Finanzmarktrichtlinie als geeignete Gegenparteien anerkannt sind, sofern sie nicht eine Behandlung als nicht professionelle Kunden beantragt haben.

Bezüglich der Einstufung von juristischen Personen aus dem Europäischen Wirtschaftsraum verweist der Gesetzgeber in lit. b bis e auf die Qualifizierung dieser Personen als professionelle Kunden nach den dortigen Umsetzungsgesetzen der EU-Finanzmarktrichtlinie. Entsprechend dieser Einstufung nach dem einschlägigen ausländischen Recht erfolgt dann auch die Einstufung als qualifizierter Anleger nach Nr. 6.[47]

7. Kleine und mittlere Unternehmen (gestrichen)

22 § 2 Nr. 7 WpPG regelte die Merkmale, anhand derer sich die Einordnung als kleines oder mittleres Unternehmen bestimmt, und wurde durch das Gesetz zur Umsetzung der Richtlinie 2010/73/EU und zur Änderung des Börsengesetzes überflüssig und daher gestrichen.

8. CRR-Kreditinstitute

23 Der früher in § 2 Nr. 8 WpPG bestimmte Begriff des Einlagenkreditinstituts wurde mit Umsetzung der CRD IV ersetzt durch den Begriff des CRR-Kreditinstitutes, definiert als die in Art. 2 Abs. 1 lit. g) der Prospektrichtlinie in Bezug genommenen Kreditinstitute durch Verweis auf § 1 Abs. 3d Satz 1 KWG. Der wiederum verweist auf Einlagenkreditinstitute als Kreditinstitute im Sinne von Art. 4 Nr. 1 der Richtlinie 2006/48/EG des Europäischen Parlaments und des Rates vom 14.06.2006 über die Aufnahme und die Ausübung der Tätigkeit der Kreditinstitute (EU-Bankenrichtlinie).[48] Dies sind Unternehmen, deren Tätigkeit darin besteht, Einlagen oder andere rückzahlbare Gelder des Publikums entgegen zunehmen. Für die Zwecke des WpPG kommt

---

45 Ritz in Just/Voß/Ritz/Zeising WpHG, § 2 Rn. 181.
46 Müller WpPG, § 2 Rn. 9
47 Vgl. RegE Begr. ProspRLÄndRL-UmsG, BT-Drucks. 17/8684, 23 f.; siehe auch *Müller*, WpPG, Rn. 10 f.
48 ABl. EU Nr. L 177 v. 30.05.2006, S. 1; zuletzt geändert durch die RL 2010/16/EU (ABl. EU Nr. L 60 v. 10.03.2010, S. 15).

es dabei allein darauf an, dass das Kreditinstitut eine entsprechende Erlaubnis zum Betreiben des Einlagengeschäfts hat.

9. Emittent

Die in § 2 Nr. 9 WpPG enthaltene Definition des Emittenten umfasst in Anlehnung an die Definition im VerkProspG Personen und Gesellschaften. Zu den Personen zählen sowohl juristische Personen des öffentlichen Rechts als auch solche des Privatrechts.   24

10. Anbieter

a) Allgemeines

Das Begriffsverständnis des „Anbieters" entspricht, wie auch die Begrün-   25
dung des Regierungsentwurfs klarstellt, ebenfalls dem des früheren Verkaufsprospektgesetzes. Anbieter ist danach derjenige, der für das öffentliche Angebot der Emission verantwortlich ist. Allerdings ist diese „Verantwortlichkeit" weniger im Sinne einer haftungsrechtlichen Verantwortung zu verstehen, was vielmehr eine der Folgen der Anbietereigenschaft ist. Die Verantwortlichkeit setzt vielmehr einen bedeutsamen aktiven Beitrag oder die Kontrolle über das öffentliche Angebot im Sinne der Verantwortung für die Koordination der Vertriebsaktivitäten voraus[49]. Nach Zusammenschau mit Art. 2 Abs. 1 lit. i) der Prospektrichtlinie ist auch entscheidend, wer den Anlegern gegenüber als der Verantwortliche auftritt. Anbieter ist demnach grds. derjenige, der nach außen erkennbar als solcher in Erscheinung tritt, z. B. in Werbeanzeigen.

Anbieter ist somit in erster Linie der Emittent, unabhängig davon, ob er selbst die Wertpapiere platziert oder ob andere juristische Personen als Emissionshäuser oder auch -konsortien gewählt werden. Indiz sind entsprechende Vereinbarungen, Aufträge an Untervertriebe oder Provisionsabreden mit selbstständigen oder freiberuflich tätigen Vermittlern[50]. Wenn er allerdings keinen Beitrag leistet und keine Kenntnis von der Weiterveräußerungsabsicht hat bzw. haben kann, ist es möglich, dass der Emittent als Anbieter ausscheidet. Allerdings könnenAnbieter i. S. d. § 2 Nr. 10 WpPG neben dem Emittenten auch die Emissionsbanken sein, sofern sie gegenüber potentiellen Käufern der Wertpapiere das Angebot zum Abschluss des Kaufvertrages abgeben oder entgegennehmen, oder in dieser Rolle werbend tätig sind. Bei einem öffentlichen Angebot im Internet stellt die BaFin für die Bestimmung des Anbieters auf das Telemediengesetz (TMG) ab. Nach § 5 TMG ist der Dienstanbieter (Provider) und dessen Anschrift zu nennen, wobei auch hier entscheidend ist, wer für den Inhalt der betreffenden Internetseite tatsächlich verantwortlich ist.

---

49 *Schnorbus*, in: Frankf Komm WpPG, § 2 WpPG Rn. 104; *von Kopp-Colomb/Knobloch*, in: Assmann/Schlitt/von Kopp-Colomb, WpPG/VerkProspG, § 2 WpPG Rn. 72; *Schnorrbus*, AG 2008, 390.
50 RegE Begr EU-ProspRL-UmsG, BT-Drucks. 15/4999, 25, 29.

b) Weitervertrieb nach Privatplatzierung

26   Eine problematische Fallkonstellation für die Frage nach der Person des Anbieters stellt die öffentliche Weiterveräußerung von Wertpapieren dar, die
etwa z. B. bei einem öffentlichen Weitervertrieb von am Freiverkehr privat
platzierten Wertpapieren denkbar ist. Ist bereits zu Beginn ein Publikums-
vertrieb durch vom Emittenten vorgesehen und ergibt sich dies aus den entsprechenden Vertriebsvereinbarungen mit den Emissionsbanken und auch
aus dem Geschäftsgebaren des Emittenten, wird der Emittent selbst in aller
Regel zumindest auch als Anbieter i. S. d. § 2 Nr. 10 WpPG anzusehen sein.
Ist die Erstemission jedoch prospektfrei, z. B. durch Platzierung bei institu-
ionellen Investoren oder am Freiverkehr und besteht keine (nach außen erkennbare) Weiterveräußerungsabsicht oder wird die Weiterveräußerung
durch Vereinbarung mit den Emissionshäusern sogar ausgeschlossen, ist die
Person des Anbieters bei einem dennoch vorgenommenen öffentlichen Vertrieb schwerer zu bestimmen. Eine Prospektpflicht des Emittenten erscheint
in diesem Fall unbillig; vielmehr wird im Gleichlauf mit der Praxis zum VerkProspG der Wiederveräußerer als Anbieter anzusehen sein.[51] In diesem Zusammenhang ist auf den neuen Anh. XXX der Prospekt-VO hinzuweisen,
der auf die Aufnahme der Zustimmung zur Verwendung des Prospekts in
dem Prospekt selbst verweist (siehe auch § 3 Rn. 23). Im Falle der Emission
von Aktien eines Investmentvermögens im Sinne von § 1 Abs. 1 KAGB steht
auch die Privatplatzierung unter dem Vorbehalt der Erlaubnis- bzw. Registrierungspflicht nach KAGB.

27   In dem Sonderfall, dass die Weiterveräußerung nach Aufnahme der Wertpapiere in den Freiverkehr erfolgt, muss beachtet werden, dass allein die Aufnahme in den Freiverkehr noch nicht als öffentliches Angebot anzusehen ist.
Erfolgt eine Weiterveräußerung nach einer Handelsaufnahme im Freiverkehr
ohne den Willen des Emittenten, kann auch hier dieser nicht als Emittent in
Frage kommen, da er hier weder nach außen als der für den Vertrieb Verantwortliche auftritt, noch der Vertrieb von ihm tatsächlich zu verantworten
ist.[52] Genauso wenig kann der Börsenteilnehmer, der die Aufnahme des
Emittenten in den Freiverkehr beantragt, Anbieter sein, denn er ermöglicht
lediglich die Privatplatzierung an der Börse[53], die Verantwortung für den
Zweitvertrieb kann ihm jedoch nicht angelastet werden.

28   Sofern der Emittent jedoch ausdrücklich auf den Ausschluss der Weiterveräußerung hingewiesen hat, sind die Tatbestandsvoraussetzungen des § 2
Nr. 10 WpPG bei ihm nicht gegeben. Durch ein vertragliches Weiterveräu-
ßerungsverbot gegenüber den Emissionshäusern kann der Emittent nicht nur
sicherstellen, dass er, sofern er dies nach außen auch vertritt, nicht als An-

---

51   So auch *Groß*, KapMR, § 2 WpPG, Rn. 27; und *Bosch*, in: Bosch/Groß, Emissionsgeschäft
     Rn. 10/109; *Carl/Machunsky*, S. 35; *Hüffer*, VerkProspG, S. 82 f.; *Schäfer*, ZIP 1991, 1557,
     1561.
52   Für eine Prospektpflicht des Emittenten in diesem Fall dagegen – allerdings noch vor
     dem Hintergrund der Rechtslage von 1991 – *Hopt*, Die Verantwortlichkeit der Banken
     bei Emissionen, 1991, Rn. 133.
53   So jedoch *Waldeck/Süßmann*, WM 1993, 361, 363.

bieter anzusehen ist, sondern auch sich im Innenverhältnis bei einem vertragswidrigen Verhalten eines Emissionshauses einen Schadensersatzanspruch sichern.[54] Hat der Emittent jedoch im Außenverhältnis nicht ausreichend klargestellt, dass er nicht hinter dem Vertrieb an die Öffentlichkeit steht, läuft er Gefahr, dass er bei einer Weiterveräußerung indirekt als Anbieter anzusehen ist und damit prospektpflichtig wird. Ein Emittent, der nicht Anbieter sein möchte, sollte daher nach außen deutlich auf die gesetzlichen Verkaufsbeschränkungen hinweisen.

c) Weitervertrieb durch eine Vertriebsorganisation

Erfolgt der Vertrieb der Wertpapiere über Vertriebsorganisationen, wie etwa einem Netzwerk von angestellten oder freien Vermittlern, ist derjenige als Anbieter anzusehen, der die Verantwortung für Vertriebsaktivitäten trägt. Anhaltspunkte hierfür können insb. entsprechende Vereinbarungen mit dem Emittenten, Aufträge an Untervertriebe und Provisionsvereinbarungen mit selbstständigen oder freiberuflich tätigen Vermittlern sein. *29*

d) Verbriefte Derivate und Wandelanleihen

Die BaFin sieht bei Options- und Wandelanleihen grundsätzlich den Emittenten dieser Finanzierungsinstrumente als Anbieter an, unabhängig davon, ob sich das Options- oder Wandelungsrecht auf vom Anbieter selbst emittierte Wertpapiere oder z. B. auf Aktien einer dritten Gesellschaft bezieht. Gleiches gilt für Index-Optionsscheine, Optionsscheine mit einem Aktien- oder Wertpapierkorb als Underlying und auch für Optionsscheine, die unter Ausschluss eines Optionsrechts lediglich einen Zahlungsanspruch verbriefen, d. h. sog. Differenzoptionsscheine. *30*

11. Zulassungsantragsteller

§ 2 Nr. 11 WpPG definiert als Zulassungsantragsteller die Personen, die den Antrag auf Zulassung zum Handel an einem organisierten Markt stellen. Dies sind i. d. R., aber nicht notwendigerweise der Emittent sowie die in § 32 Abs. 2 BörsG genannten Institute oder Unternehmen *31*

12. Dauernde oder wiederholte Ausgabe von Wertpapieren

In § 2 Nr. 12 WpPG ist bestimmt unter welchen Voraussetzungen eine dauernde oder wiederholte Ausgabe von Wertpapieren vorliegt. Die in diesem Zusammenhang verlangte Ähnlichkeit zwischen Wertpapieren besteht, wenn die Wertpapiere vergleichbare Ausstattungsmerkmale aufweisen. Das Tatbestandsmerkmal „wiederholt" in den §§ 1 Abs. 2 Nr. 5 und 31 Abs. 2 WpPG sieht die BaFin als erfüllt an, wenn zuvor innerhalb eines Zeitraums *32*

---

54 Diesen rechtlichen Hintergrund haben vor allem die in Übernahmeverträgen angelsächsischen Typs enthaltenen umfangreichen Regelungen „Selling Restrictions", vgl. Ziff. VIII. der bei *Groß*, in: BuB, Rn. 10/324 und 10/326 abgedruckten Vertragsmuster.

von zwölf Monaten bereits eine Emission stattgefunden hat. Dabei kann schon die erste Emission hinzugezählt werden, wenn eine zweite innerhalb dieses Zeitraums geplant war. Fällt die zweite Emission weg, wird die nach § 1 Abs. 2 Nr. 5 prospektfreie Emission nach Ablauf von zwölf Montaen unzulässig[55]. Ein „dauerndes" Angebot schon mit Beginn der ersten Emission liegt vor, wenn ein Wertpapier mindestens vier Wochen lang fortlaufend angeboten wird. Bei Verschmelzung von zwei Daueremittenten sind die Volumina beider Daueremittenten zu addieren, sollte nur der übertragende Rechtsträger Daueremittent sein, so geht das Privileg nach § 20 Abs. 1 UmwG auf den aufnehmenden Rechtsräger über[56].

13. Herkunftsstaat

33   In lit. a findet sich die Grundregel für den Herkunftsstaat von Emittenten mit Sitz in der Europäischen Union oder im Europäischen Wirtschaftsraum, das sog. Herkunftsstaatsprinzip. Dieses geht davon aus, dass prinzipiell nur die Aufsichtsbehörde des Staats zuständig sein soll, in dem der Emittent seinen Sitz hat. Das strenge Herkunftsstaatsprinzip gilt insb. bei der Emission von Aktien. Für einen EWR-Emittenten ist mithin die Aufsichtsbehörde des Staats, in dem der Emittent seinen Sitz hat, zuständig. Für diese Frage ist formal auf den satzungsmäßigen Sitz abzustellen.[57] Davon unabhängig ist, wo der Emittent seinen faktischen Sitz (Verwaltungssitz) hat. Die Sitzfrage lässt sich daher leicht anhand eines HR-Auszugs klären. Eine materielle Abgrenzung nach dem Schwerpunkt der Tätigkeit o. ä. erscheint dagegen nicht praktikabel. So ist die Zuständigkeit der BaFin etwa zu verneinen, wenn der Sitz des Emittenten lediglich „briefkastenartig" in England ist und die faktische Tätigkeit zwar in Deutschland erfolgt, hier aber nur eine Niederlassung eingetragen ist.

Lit. b begründet im Fall der Emission bestimmter Nichtdividendenwerte für alle Emittenten ein Wahlrecht zwischen dem Sitzstaat des Emittenten und dem Aufnahmestaat, in dem öff. Angebot bzw. Börsenzulassung erfolgen sollen. Das Wahlrecht kann durch ausdrückliche Erklärung gegenüber der Bundesanstalt oder konkludent durch Einreichung eines Registrierungsformulars und einer Wertpapierbeschreibung ausgeübt werden[58]. Deutschland hat sich in den Verhandlungen zur EU-ProspRL für ein möglichst weitgehendes Wahlrecht ausgesprochen, das insb. auch die derivativen Wertpapiere umfassen soll. Eine derart eindeutige Lösung wurde nicht erzielt. Während man bei Optionsscheinen keine Probleme sah, diese unter b) zu subsumieren, erschien die Subsumtion bei Zertifikaten fraglich. In der Praxis wird eine „weite Auslegung" vorgenommen, wonach auch Zertifikate in das Wahlrecht fallen, sofern eine Ausübungsfiktion oder eine automatische Ausübung in den Bedingungen vorgesehen ist. Hinsichtlich der Nichtdividendenwerte, die auf andere Währungen als auf Euro lauten, ist für die Bestimmung der

---

55 *Heidelbach/Preuße,* BKR 2006, 316, 317.
56 *Heidelbach/Preuße,* BKR 2006, 316, 318; *Müller,* WpHG § 2 Rn. 14.
57 Ebenfalls für den statuarischen Sitz *Kullmann/Sester,* WM 2005, 1068, 1070.
58 *Müller,* WpPG, § 2 Rn. 15.

Schwelle von annährend 1.000 Euro auf den Wechselkurs am Tag des Eingangs des Prospekts bei der Bundesanstalt abzustellen. Dies ist geeignet, die für die Ausübung des Rechts zur Wahl des Herkunftsstaats erforderliche Sicherheit zu schaffen. Für die Einordnung als Drittstaatemittent von Wertpapieren, die nicht in lit. b genannt sind, ist wie bei den Gemeinschaftsemittenten der Sitz des Emittenten entscheidend. Aus dem Umkehrschluss zu lit. b ist nach der Auslegungspraxis der BaFin zu entnehmen, dass insb. bei der Emission von Aktien jeweils (nur) der Sitzstaat zuständiger Herkunftsstaat ist.

Die Einordnung als Drittstaatemittent von Wertpapieren, die nicht in § 2 Nr. 13 lit. b WpPG genannt sind, richtet sich wie bei den Emittenten aus den Mitgliedstaaten nach dem Sitz des Emittenten. Im Einzelfall kann die Bestimmung des Drittstaates schwierig sein, da bestimmte Gebiete – oft bedingt durch früher kolonial geprägte Strukturen – noch eine besondere Nähebeziehung zum einstigen „Mutterland" aufweisen (vgl. etwa Art. 299 Abs. 3 EUV und dazugehörigen Anhang II). Die Britischen Jungferninseln sind etwa, wie auch die britische FSA bestätigt hat, Drittstaat im Sinne der Prospektrichtlinie. Ein Emittent mit Sitz in Jersey kann durch Wahl Deutschlands als Herkunftsstaat nach § 2 Nr. 13 lit. c WpPG die Zuständigkeit der BaFin begründen, da Jersey gleichfalls zutreffend nach der Aufsichtspraxis der BaFin als Drittstaat im Sinne dieser Vorschrift einzuordnen ist, da Art. 299 Abs. 6 lit. c EGV als Sonderbestimmung für die Kanalinseln festlegt, dass in Jersey europäisches Primär- und Sekundärrecht – und somit auch das europäische Prospektrecht – gerade nicht gilt. Das ihnen zustehende Wahlrecht gem. lit. c können Drittstaatemittenten auch durch die Einreichung eines Registrierungsformulars ausüben.

14. Aufnahmestaat

§ 2 Nr. 14 WpPG definiert spiegelbildlich zu Nr. 13 den Aufnahmestaat als denjenigen Staat, in dem ein öffentliches Angebot unterbreitet oder die Zulassung zum Handel angestrebt wird, sofern dieser Staat nicht der Herkunftsstaat ist. **34**

15. Staat des Europäischen Wirtschaftsraums

§ 2 Nr. 15 WpPG enthält eine Definition des Begriffs „Staat des Europäischen Wirtschaftsraums". Er umfasst die jeweils aktuellen Mitgliedstaaten der Europäischen Union sowie die anderen Vertragsstaaten des Abkommens vom 02.05.1992 über den Europäischen Wirtschaftsraum (Island, Liechtenstein und Norwegen). **35**

16. Organisierter Markt

Die Definition des organisierten Markts in § 2 Nr. 16 WpPG verweist auf die Definition des organisierten Marktes in § 2 Abs. 5 WpHG und setzt zugleich den Begriff des geregelten Markts in der EU-Finanzmarktrichtlinie für den Prospektbereich um. Der Begriff des organisierten Markts ist zugleich iden- **36**

tisch mit dem Begriff des geregelten Markts in der Verordnung der Kommission zur Durchführung der Prospektrichtlinie. In Deutschland umfasst er derzeit den regulierten Markt nach dem Börsengesetz. Nicht zum organisierten Markt zählt der Freiverkehr.

17. Bundesanstalt

37 § 2 Nr. 17 WpPG definiert die Bundesanstalt für Finanzdienstleistungsaufsicht (BaFin), welche die in Deutschland zuständige Behörde für die Prospektprüfung ist.

18. Schlüsselinformationen

38 In Nr. 18 wird der Begriff der Schlüsselinformationen definiert, die in der Zusammenfassung des Prospeks nach § 5 Abs. 2 WpPG enthalten sein müssen. Die Bestimmung entspricht Art. 2 lit. s in der Fassung der Änderungsrichtlinie zur EU-ProspRL. Die dort genannten Regelbeispiele zur näheren Bestimmung des Begriffs hat der Gesetzgeber in § 5 Abs. 2 a WpPG übernommen. Der Begriff kann im Falle von unvollständigen oder fehlerhaften Informationen in der Zusammenfassung haftungsrechtliche Relevanz erlangen[59].

---

59 *Müller*, WpPG, § 2 Rn. 18.

ARTIKEL 2
Begriffsbestimmungen

ARTICLE 2
Definitions

Im Sinne dieser Verordnung und ergänzend zur Richtlinie 2003/71/EG gelten folgende Begriffsbestimmungen:

For the purposes of this Regulation, the following definitions shall apply in addition to those laid down in Directive 2003/71/EC:

1. **„Schema" bezeichnet eine Liste von Mindestangaben, die auf die spezifische Natur der unterschiedlichen Arten von Emittenten und/oder die verschiedenen betreffenden Wertpapiere abgestimmt sind;**

1. 'schedule' means a list of minimum information requirements adapted to the particular nature of the different types of issuers and/or the different securities involved;

2. **„Modul" bezeichnet eine Liste zusätzlicher Angaben, die nicht in den Schemata enthalten sind und einem oder mehreren dieser Schemata anzufügen sind, je nachdem, um welches Instrument und/oder um welche Transaktion es sich handelt, für die ein Prospekt oder ein Basisprospekt erstellt wurde;**

2. 'building block' means a list of additional information requirements, not included in one of the schedules, to be added to one or more schedules, as the case may be, depending on the type of instrument and/or transaction for which a prospectus or base prospectus is drawn up;

3. **„Risikofaktoren" bezeichnet eine Liste von Risiken, die für die jeweilige Situation des Emittenten und/oder der Wertpapiere spezifisch und für die Anlageentscheidungen wesentlich sind;**

3. 'risk factors' means a list of risks which are specific to the situation of the issuer and/or the securities and which are material for taking investment decisions;

4. **„Zweckgesellschaft" bezeichnet einen Emittenten, dessen Tätigkeit und Zweck in erster Linie in der Emission von Wertpapieren besteht;**

4. 'special purpose vehicle' means an issuer whose objects and purposes are primarily the issue of securities;

5. **„Durch Vermögenswerte unterlegte Wertpapiere" („Asset backed securities/ABS") bezeichnet Wertpapiere, die:**

5. 'asset backed securities' means securities which:

a) **einen Anspruch auf Vermögenswerte darstellen, einschließlich der Rechte, mit denen eine Bedienung der Wertpapiere, der Eingang oder die Pünktlichkeit des Eingangs zahlbarer Beträge von Seiten der Inhaber der Vermögenswerte sichergestellt werden soll, wenn es um die in diesem Rahmen zahlbaren Beträge geht;**

(a) represent an interest in assets, including any rights intended to assure servicing, or the receipt or timeliness of receipts by holders of assets of amounts payable there under;

or

b) **durch Vermögenswerte unterlegt sind und deren Bedingungen vorsehen, dass Zahlungen erfolgen, die sich auf Zahlungen oder angemessene Zahlungsprognosen beziehen, die unter Bezugnahme auf bestimmte**

(b) are secured by assets and the terms of which provide for payments which relate to payments or reasonable projections of payments calculated by reference to identified or identifiable assets;

Foelsch 123

oder bestimmbare Vermögenswerte
berechnet werden;

6. „Dachorganismus für gemeinsame
   Anlagen"/(„Umbrella collective investment undertaking") bezeichnet
   einen Organismus für gemeinsame
   Anlagen, dessen Vermögen in Anteilen eines oder mehrerer Organismen
   für gemeinsame Anlagen angelegt ist
   und der sich aus unterschiedlichen
   Wertpapierkategorien oder Wertpapieren unterschiedlicher Bezeichnung zusammensetzt;

6. 'umbrella collective investment undertaking' means a collective investment undertaking invested in one or
   more collective investment undertakings, the asset of which is composed
   of separate class(es) or designation(s)
   of securities;

7. „Organismus für gemeinsame Anlagen in Immobilien"/(„Property collective investment undertaking") bezeichnet einen Organismus für
   gemeinsame Anlagen, dessen Anlageziel die Beteiligung am langfristigen Halten von Immobilien ist.;

7. '9roperty collective investment undertaking' means a collective investment
   undertaking whose investment objective is the participation in the holding
   of property in the long term;

8. „Öffentliche internationale Einrichtung" bezeichnet eine durch einen
   internationalen Vertrag zwischen
   souveränen Staaten gegründete juristische Person öffentlicher Natur,
   zu deren Mitgliedern ein oder mehrere Mitgliedstaaten zählen;

8. 'public international body' means a
   legal entity of public nature established by an international treaty between sovereign States and of which
   one or more Member States are members;

9. „Werbung" bezeichnet Bekanntmachungen, die:

9. 'advertisement' means announce-
   ments:

a) sich auf ein bestimmtes öffentliches
   Angebot von Wertpapieren oder deren Zulassung zum Handel auf einem
   geregelten Markt beziehen;

(a) relating to an specific offer to the
    public of securities or to an admission
    to trading on a regulated market;
    and

b) darauf abzielen, die mögliche Zeichnung oder den möglichen Erwerb
   von Wertpapieren besonders zu fördern;

(b) aiming to specifically promote the po-
    tential subscription or acquisition of
    securities;

10. „Gewinnprognose" bezeichnet einen
    Text, in dem ausdrücklich oder im-
    plizit eine Zahl oder eine Mindest-
    bzw. Höchstzahl für die wahrschein-
    liche Höhe der Gewinne oder Ver-
    luste im laufenden Geschäftsjahr
    und/oder in den folgenden Ge-
    schäftsjahren genannt wird, oder der
    Daten enthält, aufgrund deren die
    Berechnung einer solchen Zahl für
    künftige Gewinne oder Verluste
    möglich ist, selbst wenn keine be-
    stimmte Zahl genannt wird und das
    Wort „Gewinn" nicht erscheint;

10. '9rofit forecast' means a form of words
    which expressly states or by implica-
    tion indicates a figure or a minimum
    or maximum figure for the likely level
    of profits or losses for the current fi-
    nancial period and/or financial peri-
    ods subsequent to that period, or con-
    tains data from which a calculation of
    such a figure for future profits or
    losses may be made, even if no par-
    ticular figure is mentioned and the
    word "profit" is not used.;

11. „Gewinnschätzung" bezeichnet eine Gewinnprognose für ein abgelaufenes Geschäftsjahr, für das die Ergebnisse noch nicht veröffentlicht wurden;

11. 'profit estimate' means a profit forecast for a financial period which has expired and for which results have not yet been published;

12. „Vorgeschriebene Informationen" bezeichnet alle Angaben, die der Emittent oder jede Person, die ohne dessen Einwilligung die Zulassung von Wertpapieren zum Handel auf einem geregelten Markt beantragt hat, nach der Richtlinie 2001/34/EG oder nach Artikel 6 der Richtlinie 2003/6/EG offen legen muss.

12. 'regulated information' means all information which the issuer, or any person who has applied for the admission of securities to trading on a regulated market without the issuer's consent, is required to disclose under Directive 2001/34/EC or under Article 6 of Directive 2003/6/EC of the European Parliament and of the Council[1].

13. „Bezugsrechtsemission" ist jede Emission satzungsmäßiger Bezugsrechte, in deren Rahmen neue Anteile gezeichnet werden können und die sich nur an bestehende Anteilseigner richtet. Eine Bezugsrechtsemission schließt auch eine Emission ein, bei der solche satzungsmäßigen Bezugsrechte außer Kraft gesetzt und durch ein Instrument oder eine Bestimmung ersetzt sind, das/die den bestehenden Anteilseignern nahezu identische Rechte verleiht, wenn diese Rechte folgende Bedingungen erfüllen:

13. 'rights issue', means any issue of statutory preemption rights which allow for the subscription of new shares and is addressed only to existing shareholders. Rights issue also includes an issue where such statutory pre-emption rights are disabled and replaced by an instrument or a provision conferring near identical rights to existing shareholders when those rights meet the following conditions:

a) die Anteilseigner erhalten die Rechte kostenlos;

(a) shareholders are offered the rights free of charge;

b) die Anteilseigner sind berechtigt, neue Anteile im Verhältnis zu ihrer bestehenden Beteiligung oder bei anderen Wertpapieren, die zur Teilnahme an der Anteilsemission berechtigen, im Verhältnis zu ihren Rechten auf die zugrunde liegenden Anteile zu zeichnen;

(b) shareholders are entitled to take up new shares in proportion to their existing holdings, or, in the case of other securities giving a right to participate in the share issue, in proportion to their entitlements to the underlying shares;

c) die Zeichnungsrechte sind handelbar und übertragbar oder — falls dies nicht der Fall ist — die aus den Rechten hervorgehenden Anteile werden bei Ablauf der Angebotsfrist zugunsten jener Anteilseigner verkauft, die diese Rechte nicht in Anspruch genommen haben;

(c) the rights to subscribe are negotiable and transferable or, if not, the shares arising from the rights are sold at the end of the offer period for the benefit of those shareholders who did not take up those entitlements;

d) der Emittent kann in Bezug auf die unter Buchstabe b genannten Rechte

(d) the issuer is able, as regards the entitlements referred to in point (b), to

Höchstgrenzen, Einschränkungen oder Ausschlüsse vorsehen und für den Umgang mit nicht ausgegebenen Anteilen, Bruchteilsrechten sowie Anforderungen, die in einem anderen Land oder Gebiet gesetzlich oder durch eine Regulierungsbehörde festgelegt wurden, Regelungen treffen, die er für angemessen hält;	impose limits or restrictions or exclusions and make arrangements it considers appropriate to deal with treasury shares, fractional entitlements and requirements laid down by law or by a regulatory authority in any country or territory;
e) die Mindestfrist, innerhalb deren Anteile gezeichnet werden können, ist mit der Frist für die Ausübung der in Artikel 29 Absatz 3 der Richtlinie 77/91/EWG des Rates geregelten satzungsmäßigen Bezugsrechte (*) identisch;	(e) the minimum period during which shares may be taken up is the same as the period for the exercise of statutory pre-emption rights laid down in Article 29(3) of Council Directive 77/91/EEC (*);
f) die Rechte verfallen nach Ablauf der Ausübungsfrist.	(f) the rights lapse at the expiration of the exercise period.

(*) ABl. L 26 vom 31.1.1977, S. 1.

(¹) OJ L 96, 12.42.2003, p.16.
(*) OJ L 26, 31.1.1977, p. 1.

Inhalt

I. Die Definitionen der EU-ProspV

Art. 2 EU-ProspV definiert ergänzend zu den Begriffsbestimmungen der ProspektRL die für den Anwendungsbereich der EU-ProspV wesentlichen Begriffe.

II. Schema

1 Der in Art. 2 Nr. 1 definierte Begriff „Schema" bezeichnet eine Liste von Mindestangaben für Prospekte, die auf die spezifische Natur der unterschiedlichen Arten von Emittenten und/oder die verschiedenen betreffenden Wertpapiere abgestimmt sind. Nach der Vorgabe in Erwägungsgrund 6 der

EU-ProspV enthält die EU-ProspV aufgeteilt nach den verschiedenen Kategorien der Emittenten und dem Typ der involvierten Wertpapiere eine Typologie mit Mindestangaben, die den in der Praxis am häufigsten verwendeten Prospektinhalten entsprechen (s. Anhänge I bis XVII zur EU-ProspV) sowie Regelungen über die Kombinationsmöglichkeiten dieser Schemata (s. Anhang XVIII zur EU-ProspV). Die Schemata stützen sich auf die Informationsbestandteile, die den bereits gängigen internationalen Standards, wie den IOSCO-Offenlegungsstandards für das grenzübergreifende Angebot und Erstnotierungen entsprechen[1], sowie auf die bereits bestehenden Schemata der EU-Kapitalmarktpublizitätsrichtlinie.[2]

III. Modul

Art. 2 Nr. 2 EU-ProspV definiert das Modul als eine Liste zusätzlicher Angaben, die nicht in den Schemata enthalten sind und einem oder mehreren dieser Schemata anzufügen sind, je nachdem, um welches Instrument und/oder um welche Transaktion es sich handelt, für die ein Prospekt oder ein Basisprospekt nach dem WpPG und der EU-ProspV erstellt werden muss. Die Module sind abhängig vom Typ des Emittenten und der Art der Wertpapiere, nach den Vorgaben der EU-ProspV und ihren Anhängen anzuwenden, wobei auch die in Anhang XVIII zur EU-ProspV vorgesehenen Kombinationsmöglichkeiten zu beachten sind. *2*

IV. Risikofaktoren

Als Risikofaktoren bezeichnet Art. 2 Nr. 3 EU-ProspV eine Liste von Risiken, die für die jeweilige Situation des Emittenten und/oder der Wertpapiere spezifisch und für die Anlageentscheidungen wesentlich sind. Die Risikofaktoren sind nach Art. 25 EU-ProspV ein essentieller Bestandteil des Prospektformats, gleichgültig, ob es sich um einen Basisprospekt oder um einen Einzelprospekt handelt. Die Anhänge der EU-ProspV enthalten für die unterschiedlichen Emittenten oder Wertpapiertypen detaillierte Vorgaben über diejenigen Risikofaktoren, die in dem jeweiligen im Prospekt zu nennen sind.[3] *3*

V. Zweckgesellschaft

Unter einer Zweckgesellschaft versteht Art. 2 Nr. 4 EU-ProspV einen Emittenten, dessen Tätigkeit und Zweck in erster Linie in der Emission von Wert- *4*

---

1 IOSCO International Disclosure Standards for Cross-Border Offerings and Initial Listings by Foreign Issuers, September 1998, Part I, S. 1 ff., abrufbar unter http://www.iosco.org.
2 RL 2001/34/EG des Europäischen Parlaments und des Rates vom 28.05.2001 über die Zulassung von Wertpapieren zur amtl. Börsennotierung und über die hinsichtlich dieser Wertpapiere zu veröffentlichenden Informationen, ABl. EU Nr. L 184 vom 06.07.2001, S. 1, berichtigt in ABl. EU Nr. L 217 vom 11.08.2001, S. 18.
3 Vgl. insb. die Komm. zu Anh. I EU-ProspV.

papieren besteht.[4] Nach Erwägungsgrund 17 der EU-ProspV soll eine Zweckgesellschaft, die Schuldtitel und derivative Wertpapiere, die von einer Bank garantiert sind, emittiert, nicht das Registrierungsformular für Banken verwenden. Zweckgesellschaften für Emissionen werden zum einen aus haftungsrechtlichen Gründen errichtet, wobei die Rechtsform einer solchen Gesellschaft zumeist die einer GmbH oder etwa einer vergleichbaren „Ltd."-Company ausländischen Rechts ist. Ferner werden entsprechende Zweckgesellschaften oft im steuergünstigeren Ausland, wie etwa auf den Kanalinseln oder „offshore" errichtet. Nach Ziff. 4.1. des Anh. VII zur EU-ProspV (Mindestangaben für das Registrierungsformular für durch Forderungen unterlegte Wertpapiere) muss der Prospekt eine Erklärung enthalten, ob der Emittent als eine Zweckgesellschaft oder als Unternehmen für den Zweck der Emission von durch Vermögenswerte unterlegte Wertpapiere (Asset Backed Securities – ABS) gegründet wurde (siehe dazu folgende Rn. 5).

VI. Durch Vermögenswerte unterlegte Wertpapiere/ABS

5   Art. 2 Nr. 5 EU-ProspV unterteilt durch Vermögenswerte unterlegte Wertpapiere/ABS grundsätzlich in zwei Kategorien: Nach lit. a sind dies zum einen solche Wertpapiere, die einen Anspruch auf Vermögenswerte darstellen, einschließlich der Rechte, mit denen eine Bedienung der Wertpapiere, der Eingang oder die Pünktlichkeit des Eingangs zahlbarer Beträge von Seiten der Inhaber der Vermögenswerte sichergestellt werden soll, wenn es um die in diesem Rahmen zahlbaren Beträge geht. Die durch diese Alternative beschriebene „True Sale Struktur" beschreibt einen tatsächlichen Forderungsverkauf (z. B. aus Leasing, oder Wohnungsbaudarlehen) an eine Zweckgesellschaft.

Ferner fallen nach lit. b auch „Wertpapiere, die durch Vermögenswerte unterlegt sind und deren Bedingungen vorsehen, dass Zahlungen erfolgen, die sich auf Zahlungen oder angemessene Zahlungsprognosen beziehen, die unter Bezugnahme auf bestimmte oder bestimmbare Vermögenswerte berechnet werden" unter den Begriff. Diese – in der deutschen Übersetzung kaum verständliche – zweite Kategorie beschreibt ABS-Konstruktionen einer synthetischen Verbriefung, bei der lediglich das Risiko des Forderungsausfall übertragen wird, nicht aber die Forderung selbst (Übertragung des Risikotransfers in Form von Derivaten). Der Anspruch aus den ABS ist jeweils abhängig von der Wertentwicklung der zugrunde liegenden Vermögenswerte.

Aus der deutschen Fassung der EU-ProspV sind die beiden Alternativen in lit. a und b nur durch ein Semikolon getrennt, weshalb auch eine Lesart denkbar wäre, wonach die in lit. a und b genannten Voraussetzungen kumulativ gegeben sein müssten, damit die Definition von Nr. 5 erfüllt ist. Aller-

---

4   Ausführlich zu (Verbriefungs-) Zweckgesellschaften, *Zerey* (Hrsg.), Zweckgesellschaften. Zur Abgrenzung von Verbriefungsgesellschaften und Organismen für gemeinsame Anlagen, insbesondere Alternative Investmentfonds (AIF), ausführlich *Zetzsche/Eckner*, in: Zetzsche, The Alternative Investment Fund Managers Directive, S. 527 ff. m. w. N.

dings ist aus der englischen Textfassung der EU-ProspV durch das dort eingeschobene „or" eindeutig zu entnehmen, dass lit. a und b alternativ nebeneinander stehen.

Der Anwendungsbereich des ABS-Blocks ist auf europäischer Ebene noch nicht abschließend geklärt. Insbesondere ist auch seitens der BaFin bislang nicht entschieden, ob sog. Credit Linked Notes ebenfalls hierunter subsumiert werden sollen.[5]

VII. Dachorganismus für gemeinsame Anlagen

Ein „Dachorganismus für gemeinsame Anlagen" (engl., „umbrella collective investment undertaking") bezeichnet nach Art. 2 Nr. 6 EU-ProspV einen Organismus für gemeinsame Anlagen, dessen Vermögen in Anteilen eines oder mehrerer anderer Organismen in gemeinsame Anlagen angelegt ist und der sich aus unterschiedlichen Wertpapierkategorien oder Wertpapieren unterschiedlicher Bezeichnung zusammensetzt. Der Begriff Organismen für gemeinsame Anlagen als Zentralbegriff des europäischen Investmentrechts wird häufig verwandt, jedoch nicht weiter definiert. Annäherungen finden sich in der OGAW-RL[6] und AIFM-RL[7]. Im Übrigen begegnet der Begriff zahlreichen Abgrenzungsproblemen.[8]

6

Der Begriff des Dachorganismus für gemeinsame Anlagen wird in der EU-ProspV nur in Ziff. 7.1. des Anhangs XV (Mindestangaben für das Registrierungsformular für Wertpapiere, die von Organismen für gemeinsame Anlagen des geschlossenen Typs ausgegeben werden) verwendet, welcher das Schema der Mindestangaben für Organismen für gemeinsame Anlagen des geschlossenen Typs vorschreibt.[9] Nach dieser Bestimmung müssen in einem Prospekt für Anteile an einem Dachorganismus für gemeinsame Anlagen etwaige Überkreuz-Verpflichtungen, die zwischen verschiedenen Kategorien oder Anlagen in andere Organismen für gemeinsame Anlagen auftreten können, und Angabe der Maßnahmen zur Begrenzung derartiger Verpflichtungen angegeben werden.

7

---

5 Vgl. Komm. zu Art. 10 EU-ProspV, Rn. 6. Siehe auch Rechtsfragen im Zusammenhang mit der Emission und dem Vertrieb der Credit Linked Note unter deutschem Recht erläutern eingehend *Zahn/Lemke*, BKR 2002, 527.

6 Vgl. Art. 1 Abs. 2 der RL 2009/65/EG des Europäischen Parlaments und des Rates vom 13.07.2009 zur Koordinierung der Rechts- und Verwaltungsvorschriften betreffend bestimmte Organismen für gemeinsame Anlagen in Wertpapieren (OGAW), ABl. EG Nr. L 302, 17.11.2009, S. 32 (OGAW IV-RL).

7 Vgl. Art. 4 Abs. 1 lit. a der RL 2011/61/EU des Europäischen Parlaments und des Rates vom 08.06.2011 über die Verwalter alternativer Investmentfonds und zur Änderung der RL 2003/41/EG und 2009/65/EG und der VO (EG) Nr. 1060/2009 und (EU) Nr. 1095/2010, ABl. EU Nr. L 174, 01.07.2011, S. 1 (AIFM-RL).

8 Dazu ausführlich die Komm. zu Art. 18 EU-ProspV sowie im Detail nur *Zetzsche*, Prinzipien der kollektiven Vermögensanlage, § 1.

9 Vgl. dazu die Komm. *ebd.*, auch zur Abgrenzung des Anh. XV zur AIFM-RL bzw. zum KAGB sowie Art. 23 EU-ProspV. Im Übrigen ausführlich *Zetzsche*, in: Zetzsche, The Alternative Investment Fund Managers Directive, S. 333 ff.

VIII. Organismus für gemeinsame Anlagen in Immobilien

8 Der in Art. 2 Nr. 7 EU-ProspV definierte „Organismus für gemeinsame Anlagen in Immobilien" (oder „Property collective investment undertaking") bezeichnet einen Organismus für gemeinsame Anlagen, dessen Anlageziel eine langfristige Immobilienbeteiligung ist.[10] Dieser Begriff (engl., „property collective investment undertaking"), der auch in Ziff. 2.7. des Anhangs XV verwendet wird, betrifft Organismen des geschlossenen Typs, die zumindest auch in Immobilien investieren und verpflichtet diese, im Prospekt bestimmte Mindestangaben zu machen.[11] Das dort festgelegte Schema schreibt vor, dass im Prospekt die Tatsache, dass in Immobilien investiert wird und der Prozentsatz des Portfolios anzugeben ist, der in die Immobilie(n) investiert werden soll. Ferner sind eine Beschreibung der Immobilie(n) vorzunehmen und etwaige bedeutende Kosten anzugeben, die mit dem Erwerb und dem Halten der Immobilie(n) einhergehen. Zudem ist ein Schätzgutachten für die Immobilie(n) beizubringen.

IX. Öffentliche internationale Einrichtung

9 Die in Art. 2 Nr. 8 EU-ProspV definierte „öffentliche internationale Einrichtung" bezeichnet eine durch einen internationalen Vertrag zwischen souveränen Staaten eingesetzte juristische Person öffentlicher Natur, zu deren Mitgliedern ein oder mehrere Mitgliedstaaten zählen. Zwar sind Nichtdividendenwerte, die von der Europäischen Zentralbank oder anderen internationalen Organisationen des Öffentlichen Rechts, denen mindestens ein Staat des EWR angehört, ausgegeben werden, nach Art. 1 Abs. 2 lit. b) der EU-ProspRL (vgl. § 1 Abs. 2 Nr. 2 WpPG) generell vom Anwendungsbereich der EU-ProspRL und ihrer Durchführungsbestimmungen ausgeschlossen. Internationale Organisationen können nach Art. 1 Abs. 3 EU-ProspV (§ 1 Abs. 3 WpPG) jedoch freiwillig einen entsprechenden Prospekt erstellen, wenn sie dies wollen. Dieser Fall dürfte in der Praxis jedoch sehr selten sein, in der Aufsichtspraxis der BaFin ist ein solcher Fall nicht bekannt. In diesem Fall haben die Emissionen solcher Organe in Prospekten die Anforderungen nach dem Schema aus Art. 20 i. V. m. Anhang XVII der EU-ProspV zu erfüllen.

X. Werbung

10 Art. 2 Nr. 9 EU-ProspV definiert Werbung als Bekanntmachungen, die (a) sich auf ein bestimmtes öffentliches Angebot von Wertpapieren oder deren Zulassung zum Handel auf einem geregelten Markt beziehen und (b) darauf

---

10 Zur „Immobiliengesellschaft" des Anh. XIX der EU-ProspV, vgl. die Komm. *ebd.* sowie die Komm. zu Art. 23 EU-ProspV.

11 Vgl. Komm. zu Art. 18 sowie Anh. XV der EU-ProspV.

abzielen, die potenzielle Zeichnung oder den möglichen Erwerb von Wertpapieren besonders zu fördern.[12]

Der Werbungsbegriff wird von der EU-ProspV selbst nur in Art. 34 EU-ProspV verwendet. Diese Vorschrift zählt beispielhaft mögliche Kanäle auf, durch welche Werbeanzeigen, die sich auf ein Angebot von Wertpapieren an das Publikum oder die Zulassung von Wertpapieren zum Handel auf einem geregelten Markt beziehen, von interessierten Parteien (wie z. B. dem Emittenten, dem Anbieter, der Person, die die Zulassung zum Handel beantragt oder Finanzintermediären, die an der Platzierung und/oder Emission von Wertpapieren teilhaben) an das Publikum weitergegeben werden können. Solche Kanäle sind demnach insb. Drucksachen, Broschüren, Plakate, Poster, elektronische Nachrichten, Werbung an Mobiltelefone oder Pager, Standardschreiben, Anzeigen in der Presse mit oder ohne Bestellformular, Kataloge, durch Telefon mit oder ohne menschlichen Ansprechpartner, Seminare und Präsentationen, Radio, Videophon, Videotext, E-Mail, Fax und Fernsehen. Nachdem die EU-ProspRL keine Begriffsdefinition enthält, ist aus Gründen der Konsistenz davon auszugehen, dass die Definition in Art. 2 Nr. 9 EU-ProspV auch auf die Regulierung von Werbung in Art. 15 EU-ProspRL bzw. § 15 WpPG und die sich daraus ergebenden Pflichten für den Vertrieb anzuwenden ist.

XI. Gewinnprognose und Gewinnschätzung

Nach der Definition in Art. 2 Nr. 10 EU-ProspV bezeichnet eine Gewinnprognose einen Text, in dem ausdrücklich oder implizit eine Zahl oder eine Mindest- bzw. Höchstzahl für die wahrscheinliche Höhe der Gewinne oder Verluste im laufenden Geschäftsjahr und/oder in den folgenden Geschäftsjahren genannt wird oder der Daten enthält, aufgrund deren die Berechnung einer solchen Zahl für künftige Gewinne oder Verluste möglich ist, selbst wenn keine bestimmte Zahl genannt wird und z. B. das Wort „Gewinn" nicht erscheint.[13] Entscheidend für das Vorliegen einer Gewinnprognose ist demnach, dass in dem Text entweder ausdrücklich oder mittelbar eine konkrete Zahl oder eine Mindest- oder Höchstzahl hinsichtlich der zukünftigen Gewinne oder Verluste des Emittenten genannt wird. Hierbei reicht es aus, wenn in dem Text Angaben enthalten sind, die entsprechende Berechnungen ermöglichen. Nach der Aufsichtspraxis der BaFin ist dies noch nicht der Fall, wenn der Hinweis gegeben wird, dass das Vorjahresergebnis voraussichtlich gehalten werden wird. Insb. stellt dieser Hinweis auch keine Angabe dar, die Berechnungen der wahrscheinlichen Gewinne und Verluste des Emittenten ermöglicht. Die im Lagebericht enthaltenen Geschäftsaussichten stellen nach der Auslegungspraxis der BaFin prinzipiell keine Gewinnprognose dar.

11

---

12 Vgl. dazu die Komm. zu § 15 WpPG und Art. 15 und 34 EU-ProspRL.
13 Vgl. hierzu *Meyer*, in: Frankf Komm WpPG, Anh. I ProspVO Ziff. 13. Rn. 4 ff.

12 Als „Gewinnschätzung" wird nach Art. 2 Nr. 11 EU-ProspV eine Gewinnprognose für ein abgelaufenes Geschäftsjahr bezeichnet, für das die Ergebnisse noch nicht veröffentlicht wurden.[14] Detaillierte Vorgaben für die Angabe von Gewinnprognosen und -schätzungen finden sich sowohl in Ziff. 13. des Moduls Mindestangaben für das Registrierungsformular für Aktien (Anh. I zur EU-ProspV), in Ziff. 9. des Schemas für Mindestangaben für das Registrierungsformular für Schuldtitel und derivative Wertpapiere mit einer Stückelung unter 100.000 Euro (Anh. IV zur EU-ProspV), in Ziff. 8. des Schemas für Mindestangaben für das Registrierungsformular für Schuldtitel und derivative Wertpapiere mit einer Mindeststückelung von 100.000 Euro (Anh. IX zur EU-ProspV), in Ziff. 13. des Schemas Mindestangaben für Hinterlegungsscheine für Aktien (Anh. X zur EU-ProspV), in Ziff. 8. des Schemas Mindestangaben für das Registrierungsformular für Banken (Anh. XI zur EU-ProspV), in Ziff. 8. des Schemas Mindestangaben für das Aktienregistrierungsformular bei Bezugsrechtsemissionen (Anh. XXIII zur EU-ProspV), in Ziff. 13. des Schemas für das Aktienregistrierungsformular von KMU und Unternehmen mit geringer Marktkapitalisierung (Anh. XXV zur EU-ProspV), in Ziff. 9. des Schemas Mindestangaben für das Registrierungsformular für Schuldtitel und derivative Wertpapiere (< 100.000 EUR) von KMU und Unternehmen mit geringer Marktkapitalisierung (Anh. XXVI zur EU-ProspV), in Ziff. 13. des Schemas Mindestangaben für Aktienzertifikate von KMU und Unternehmen mit geringer Marktkapitalisierung (Anh. XXVIII zur EU-ProspV) und in Ziff. 8. des Schemas Mindestangaben bei Emissionen von Kreditinstituten gemäß Art. 1 Abs. 2 lit. j der Richtlinie 2003/71/EG (Anh. XXIX zur EU-ProspV). Nach Anh. I, Ziff. 13.2. muss, wer eine Gewinnprognose oder -schätzung aufnimmt, einen Bericht eines Wirtschaftsprüfers oder unabhängigen Buchprüfers beibringen. Teilweise finden sich als Prognose oder Schätzung auslegbare Informationen in den zwingend in den Prospekt aufzunehmenden Zwischenfinanzinformationen (vgl. Anh. I, Ziff. 20.6.1.).

XII. Vorgeschriebene Informationen

13 Mit der Bezeichnung „vorgeschriebene Informationen" werden in Art. 2 Nr. 12 EU-ProspV alle Angaben erfasst, die der Emittent oder jede Person, die ohne dessen Einwilligung die Zulassung von Wertpapieren zum Handel auf einem geregelten Markt beantragt hat, nach der EU-Kapitalmarktpublizitätsrichtlinie (2001/34/EG)[15] oder nach Art. 6 der EU-Marktmissbrauchsrichtlinie[16] offen legen muss. Es handelt sich hierbei insb. u. a. um sog. ad

---

14 Vgl. *Meyer*, in: Frankf Komm WpPG, Anh. I ProspV Ziff. 13. Rn. 8 ff.
15 Siehe Fn. 1; Art. 68 Abs. 1 und 81 Abs. 1 der RL 2001/34/EG des Europäischen Parlaments und des Rates vom 28.05.2001 über die Zulassung von Wertpapieren zur amtl. Börsennotierung und über die hinsichtlich dieser Wertpapiere zu veröffentlichenden Informationen wurden zum Zeitpunkt des Inkrafttretens der EU-MarktmissbrauchsRL am 12.04.2003 aufgehoben.
16 RL 2003/6/EG des Europäischen Parlaments und des Rates vom 28.01.2003 über Insider-Geschäfte und Marktmanipulation, ABl. Nr. L 96 vom 12.04.2003, S. 16.

hoc-Mitteilungen nach § 15 WpHG und Meldungen über Eigengeschäfte von Führungspersonen (sog. Directors Dealings) nach § 15 a WpHG. Nach Art. 28 Abs. 1 Nr. 6 der EU-ProspV können diese Angaben in Form eines Verweises in den Prospekt bzw. den Basisprospekt aufgenommen werden.

XIII. Bezugsrechtsemission

Die Definition der Bezugsrechtsemission ist aufgrund der Neueinführung des   *14* Art. 26a EU-ProspV, welcher in den Anh. XXIII und XXIV nummehr ein verhältnismäßiges Schemata für Bezugsrechtsemissionen (verhältnismäßige Angaben) vorsieht, eingefügt worden. Nach der Definition in Art. 2 Nr. 13 EU-ProspV ist eine Bezugsrechtsemission jede Emission satzungsmäßiger Bezugsrechte, in deren Rahmen neue Anteile gezeichnet werden können und die sich nur an bestehende Anteilseigner richtet. Auch wenn die deutsche Fassung der Verordnung nur von satzungsmäßigen Bezugsrechten spricht, fallen unter die Legaldefinition insbesondere auch die gesetzlichen Bezugsrechte.[17] Eine andere Auslegung würde dem Sinn und Zweck der Neueinführung des verhältnismäßigen Schemata zuwiderlaufen, da bei Emissionen durch Ausgabe neuer Anteile gundsätzlich von Gesetzes wegen bereits ein Bezugsrecht besteht und daher kein satzungsmäßiges Bezugsrecht mehr vereinbart werden muss[18]. Die englische Fassung spricht daher auch von *„statutory preemption rights"*; begrifflich umfasst dies auch gesetzliche Bezugsrechte. Daher ist nach deutschem Recht von einer Bezugsrechtemission i. S. d. der Legaldefinition im Falle einer Kapitalerhöhung einer Aktiengesellschaft nach §§ 182 ff. AktG auszugehen, die den Altaktionären nach § 186 Abs. 1 S. 1 AktG ein gesetzliches Bezugsrecht einräumt.[19] Dieses besteht grundsätzlich im Verhältnis der Beteiligung der Altaktionäre am bisherigen Grundkapital der Gesellschaft. Das Bezugsrecht soll sicherstellen, dass Altaktionäre ihre bisherige Beteiligung an der Gesellschaft sowohl qualitativ, also bezogen auf ihre Stimmrechte, als auch quantitativ, d. h. bezogen auf den Wert ihrer Anteile, beibehalten können.[20] Nicht unter die Legaldefinition fallen daher grundsätzlich solche Kapitalerhöhungen nach §§ 182 ff. AktG, bei denen das Bezugsrecht gem. § 186 Abs. 3 AktG legitimerweise ausgeschlossen wurde, z. B. bei Ausübung von genehmigtem Kapital unter Ausschluss des Bezugrechts. Hierbei ist zu beachten, dass die Legaldefinition Art. 2 Nr. 13 EU-ProspV auch solche Emissionen umfasst, bei denen die *„satzungsmäßigen"* Bezugsrechte außer Kraft gesetzt und durch ein Instrument oder eine Bestimmung ersetzt sind, das/die den bestehenden Anteilseignern nahezu identische Rechte verleiht, wenn diese Rechte die in Art. 2 Nr. 13 a)–f) EU-ProspV weiter genannten Bedingungen erfüllt. Auch hier

---

17 *Henningsen*, BaFin-Journal 09/12, 5, 7.

18 Vgl. Art. 29 Abs. 3 der Richtlinie 7/91/EWG des Rates, welcher ein zwingendes Bezugsrecht der Aktionäre vorsieht. In Deutschland ist dieses Bezugsrecht in § 186 Abs.1 S.1 AktG umgesetzt worden.

19 *Servatius*, in: Spindler/Stilz, AktG, 2. Aufl. 2010, § 186 Rn. 1.

20 *Peifer*, in: MüKo AktG, § 186 Rn. 1.

muss man die Definition sinngemäß in der Weise lesen, dass das „gesetzliche" Bezugsrecht ausgeschlossen ist und den Anteilseignern nichtsdestotrotz die einem gesetztlichen Bezugsrecht ähnlichen Rechte eingeräumt werden. Dies erscheint zumindest nach deutschem Recht ein ungewöhnlicher Fall zu sein. Ist das gesetzliche Bezugsrecht nach § 186 Abs. 3 AktG ausgeschlossen, z. B. bei einer Kapitalerhöhung aus genehmigtem Kapital zum Zwecke der Beteiligung eines neuen Investors, dann liegen die in Art. 2 Nr. 13 a)–f) EU-ProspV genannten Bedingungen, wie z. B. das Bezugsrecht der Altaktionäre im Verhältnis ihrer Beteiligung[21], gerade nicht vor, so dass der praktische Anwendungsbereich der entsprechenden Anwendung der Legaldefinition nach Art. 2 Nr. 13 EU-ProspV a)–f) eher gering erscheint.[22]

---

21 Art. 2 Nr. 13 b).
22 Dem Sinn nach könnte das mittelbare Bezugsrecht nach § 186 Abs. 3 AktG ein praktischer Anwendungsfall sein. Jedoch liegt in diesen Fällen gerade kein Ausschluss des Bezugsrechts vor, so dass keine entsprechende Anwendung der Legaldefinition erforderlich ist, da eine Kapitalerhöhung im Wege des mittelbaren Bezugs direkt unter die Legaldefinition subsumiert werden kann.

§ 3
Pflicht zur Veröffentlichung eines Prospekts und Ausnahmen im Hinblick auf die Art des Angebots

(1) Sofern sich aus den Absätzen 2 und 3 oder aus § 4 Absatz 1 nichts anderes ergibt, darf der Anbieter Wertpapiere im Inland erst dann öffentlich anbieten, wenn er zuvor einen Prospekt für diese Wertpapiere veröffentlicht hat.

(2) Die Verpflichtung zur Veröffentlichung eines Prospekts gilt nicht für ein Angebot von Wertpapieren,

1. das sich ausschließlich an qualifizierte Anleger richtet,

2. das sich in jedem Staat des Europäischen Wirtschaftsraums an weniger als 150 nicht qualifizierte Anleger richtet,

3. das sich nur an Anleger richtet, die Wertpapiere ab einem Mindestbetrag von 100 000 Euro pro Anleger je Angebot erwerben können,

4. die eine Mindeststückelung von 100 000 Euro haben oder

5. sofern der Verkaufspreis für alle angebotenen Wertpapiere im Europäischen Wirtschaftsraum weniger als 100 000 Euro beträgt, wobei diese Obergrenze über einen Zeitraum von zwölf Monaten zu berechnen ist.

Jede spätere Weiterveräußerung von Wertpapieren, die zuvor Gegenstand einer oder mehrerer der in Satz 1 genannten Angebotsformen waren, ist als ein gesondertes Angebot anzusehen.

(3) Die Verpflichtung zur Veröffentlichung eines Prospekts gilt nicht für ein späteres Angebot oder eine spätere endgültige Platzierung von Wertpapieren durch Institute im Sinne des § 1 Absatz 1b des Kreditwesengesetzes oder ein nach § 53 Absatz 1 Satz 1 oder § 53b Absatz 1 Satz 1 oder Absatz 7 des Kreditwesengesetzes tätiges Unternehmen, solange für das Wertpapier ein gültiger Prospekt gemäß § 9 vorliegt und der Emittent oder die Personen, die die Verantwortung für den Prospekt übernommen haben, in dessen Verwendung schriftlich eingewilligt haben.

(4) Für Wertpapiere, die im Inland zum Handel an einem organisierten Markt zugelassen werden sollen, muss der Zulassungsantragsteller einen Prospekt veröffentlichen, sofern sich aus § 4 Absatz 2 nichts anderes ergibt.

Inhalt

I. Übersicht

1 Die Norm statuiert in Abs. 1 eine generelle Prospektpflicht für öffentliche Angebote im Inland. Für bestimmte Angebotsformen wird die Prospektpflicht durch Abs. 2 ausgeschlossen. Ausdrücklich ausgenommen sind ferner bestimmte Arten von Wertpapieren nach § 4 Abs. 1 WpPG, für die keine zusätzliche Dokumentation für erforderlich gehalten wird. Ebenfalls ausgenommen wird gemäß Abs. 3 auch ein späteres Angebot oder eine spätere endgültige Platzierung von Wertpapieren durch Finanzintermediäre, wenn bereits ein gültiger Prospekt nach den Vorschriften des WpPG vorliegt und der Emittent bzw. die Prospektveranwortlichen in die Prospektverwendung eingewilligt haben. Daneben sieht § 3 Abs. 4 WpPG eine Prospektpflicht für die Zulassung von Wertpapieren zum organisierten Markt vor. Mit § 3 WpPG wurde Art. 3 der EU-ProspRL vollständig in nationales Recht umgesetzt;[1] die Vorschrift orientierte sich an § 1 VerkProspG a. F.[2] Durch das ProspRLÄndRL-UmsG[3] wurde insbesondere Abs. 1 neu formuliert. In Abs. 2 wurden die Grenzen einiger Ausnahmen an die EU-ProspRLÄndRL angepasst. Der die Prospektpflicht für die Platzierung durch Finanzintermediäre regelnde Abs. 2 Satz 3 wurde zu einem eigenen Abs. 3 und wurde in seinem Regelungsgehalt verändert. Abs. 3 wurde zu Abs. 4.

II. Prospektpflicht

2 Öffentliche Angebote von Wertpapieren mit Inlandsbezug lösen bei dem Anbieter eine Prospektpflicht aus, wenn keine Ausnahmen nach Abs. 2, Abs. 3 oder § 4 Abs. 1 WpPG greifen. Insgesamt wurde 2005 die Prospektpflicht durch das WpPG gegenüber dem Regelungsumfang des VerkProspG a. F. erheblich ausgeweitet.[4] Das ProspRLÄndRL-UmsG hat die Ausnahmen von der Prospektpflicht überwiegend eingeschränkt, im Falle des Abs. 2 Nr. 2 jedoch erweitert.

3 Neben den Anforderungen des WpPG (welches nach § 295 Abs. 8 Satz 1 KAGB durch das KAGB unberührt bleibt) steht möglicherweise eine Erlaubnis- bzw. Registrierungspflicht für Kapitalverwaltungsgesellschaften im

---

1 Vgl. RegBegr. EU-ProspRL-UmsG, BT-Drucks. 15/4999, S. 29.
2 Vgl. RegBegr. EU-ProspRL-UmsG, BT-Drucks. 15/4999, S. 29.
3 BGBl. I 2012, S. 1375.
4 Im Einzelnen *Groß*, KapMR, § 3 WpPG Rn. 3.

Sinne des KAGB sowie das Erfordernis einer Vertriebsanzeige mit Prospektpflicht nach dem KAGB bei Fondskonstruktionen. Bei Aufnahme der Mindestangaben nach KAGB in den Wertpapierprospekt (in den Fällen, in denen der Ausnahmetatbestand nach § 1 Abs. 2 Nr. 1 WpPG nicht greift, so bei Publikumsinvestmentaktiengesellschaften mit fixem Kapital) entfällt das Erfordernis eines KAGB-Prospekts (§§ 268 Abs. 1 Satz 3, 318 Abs. 3 Satz 2, 295 Abs. 8 Satz 2 KAGB).

1. Normadressat

Adressat der Prospektpflicht ist der Anbieter i. S. d. § 2 Nr. 10 WpPG,[5] somit   4
jede natürliche oder juristische Person, die Wertpapiere öffentlich anbietet bzw. für diese Emission als Verantwortlicher öffentlich auftritt.[6] Die Anbietereigenschaft bestimmt sich somit aus Sicht des potentiellen Anlegers daraus, wer den Anlegern gegenüber als Angebot Abgebender oder explizit als Verantwortlicher auftritt.

2. Öffentliches Angebot

In § 2 Nr. 4 WpPG findet sich eine Legaldefinition des „öffentlichen Ange-   5
bots".[7] Erfasst sind hiervon Mitteilungen an das Publikum in jeder Form und auf jede Art und Weise, die Informationen zu dem Emittenten und den Wertpapieren enthält und den Adressaten in die Lage versetzen, eine Entscheidung über ihren Erwerb oder Zeichnung zu treffen. Damit ist nach dem Wortlaut nicht mehr die Annahmemöglichkeit ausschlaggebend,[8] sondern es wird in Erweiterung des Anwendungsbereichs ggü. dem früheren VerkProspG[9] auf die ausreichende Information abgestellt. Da der Gesetzgeber aber beabsichtigte, weitgehend dem Begriffsverständnis des § 1 VerkProspG a. F. zu folgen, sind reine Werbemaßnahmen sowie Veröffentlichungen und Informationen, die allein auf die Erwerbsmöglichkeit hinweisen, ausgenommen.[10] Diese Einschränkung unter Zugrundelegung einer Erwerbsmöglichkeit gilt gemäß Mitteilung der BaFin,[11] obwohl der Wortlaut von WpPG und auch Prospektrichtlinie nicht auf die tatsächliche Zeichnungsmöglichkeit abstellen.[12] Kein öffentliches Angebot stellen Mitteilungen aufgrund des Handels mit Wertpa-

---

5 Ausführlich § 2 Rn. 17 ff.

6 RegBegr. EU-ProspRL-UmsG, BT-Drucks. 15/4999, S. 29, wobei auch insoweit auch auf die Grundsätze zu § 1 VerkProspG a. F. zurückgegriffen werden soll; vgl. BAWe, BAnz v. 30.04.1996, S. 5069 ff., BAWe, BAnz v. 21.09.1999, S. 16180 ff.

7 Ausführlich § 2 Rn. 6 cff.

8 Vgl. *Holzborn/Israel*, ZIP 2005, 1668; *Kunold/Schlitt*, BB 2004, 503; *Seitz*, AG 2005, 683.

9 *Schlitt/Schäfer*, AG 2005, 498, 500.

10 RegBegr. EU-ProspRL-UmsetzungsG, BT-Drucks. 15/4999, S. 28.

11 *BaFin:* 100 Tage WpPG „Rechtsfragen aus der Anwendungspraxis"; *Groß*, KapMR, § 2 WpPG Rn. 13 mit Verweis auf § 15 WpPG.

12 Vgl. *Holzborn/Israel*, ZIP 2005, 1668, 1669 f.; krit. mit Verweis auf die EU-ProspRL *Grosjean*, in: Heidel, AktG, § 2 WpPG Rn. 9.

pieren an einem organisierten Markt oder im Freiverkehr[13] dar, soweit keine konkreten Werbemaßnahmen hiermit verbunden werden.[14]

Emissionen aus Kapitalerhöhungen mit Bezugsrecht der Altaktionäre hatte die BaFin – anders als die Aufsichtsbehörden anderer EU-Mitgliedstaaten – wegen des begrenzten Adressatenkreises nicht als öffentliches Angebot angesehen, sofern nicht Dritte im Rahmen eines Bezugsrechtshandels die neuen Aktien erwerben konnten.[15] Nach Einführung der neuen Anhänge XXIII und XXIV zur EU-ProspV mit Vorgaben für Prospekte bei Bezugsrechtsemissionen hat die BaFin ihre Auffassung aufgegeben.[16]

3. Wertpapiere

6 Das Kriterium Wertpapier wird ebenfalls in § 2 Nr. 1 WpPG legal definiert, der inhaltlich Art. 4 Abs. 1 Nr. 18 der EU-FinanzmarktRL entspricht.[17] Dies gilt auch für § 2 WpHG nach Änderung durch das FRUG.[18] Wesentliches Kriterium ist die Handelbarkeit, so dass alle kapitalmarktfähigen Produkte erfasst sind,[19] unabhängig von einer Individualverbriefung. Entsprechend sind solche Anlageinstrumente ausgeschlossen, deren kapitalmarktmäßigen Handelbarkeit formelle Übertragungsvoraussetzungen entgegenstehen.[20] Geldmarktinstrumente gem. der EU-FinanzmarktRL mit einer Laufzeit von weniger als zwölf Monaten sind gemäß § 2 Nr. 1 WpPG a. E. ausdrücklich keine Wertpapiere.[21]

4. Inlandsbezug

7 Erfasst sind nur solche Angebote, die Inlandsbezug haben. Auch insoweit ist der Rückgriff auf die Auslegungspraxis zum VerkProspG a. F. geboten,[22] obwohl sich hierzu keine Hinweise in den Gesetzesmaterialien finden.[23] Entsprechend ist darauf abzustellen, ob mögliche Anleger im Inland zielgerichtet angesprochen werden, sich das öffentliche Angebot also auf das Inland

---

13 Klargestellt wird damit, dass allein die Einbeziehung in den Freiverkehr (kein geregelter Markt i. S. v. Art. 4 MiFID) keine Prospektpflicht auslöst, ausf. Rn. 9.

14 RegBegr. EU-ProspRL-UmsG, BT-Drucks. 15/4999, S. 28, eine Verlinkung von Unternehmens- und Handelsseite kann als solches gewertet werden.

15 Zum Hintergrund vgl. z. B. *Lawall/Maier*, DB 2012, 2443, 2444 f.

16 Ausf. § 2 Rn. 14.

17 *von Kopp-Colomb/Knobloch*, in: Assmann/Schlitt/von Kopp-Colomb, WpPG/VerkProspG, § 2 WpPG Rn. 5; ausf. § 2 Rn. 3.

18 FRUG, 16.07.2007, BGBl. I, 1330, siehe *Holzborn/Israel*, NJW 2008, 791.

19 Vgl. auch Art. 40 MiFID; CESR, technical advice MiFID, Ref.: CESR/05-290b, S. 84 ff.

20 Bspw. Anteile von GmbH, OHG, KG oder GbR; für die Personengesellschaften im Einzelnen noch diskutiert, da diese grds. unter den Wertpapierbegriff fallen können, *Spindler/Kasten*, WM 2007, 1749, 1751.

21 Vgl. Art. 2. Abs. 1 a) EU-ProspRL.

22 Vgl. RegBegr. EU-ProspRL-UmsG, BT-Drucks. 15/4999, S. 28.

23 *Groß*, KapMR, § 3 WpPG, Rn. 4.

auswirkt.[24] Dabei ist unerheblich, ob es möglicherweise aus dem Ausland abgegeben wurde.[25] Maßgeblich ist, ob Anleger in Deutschland angesprochen werden, was durch die Verwendung der deutschen Sprache oder die Nennung von Vertriebsquellen in Deutschland indiziert sein kann. Ähnlich wie in der Praxis zu Angebotsunterlagen im Rahmen von öffentlichen Angeboten an die Anteilseigner gem. § 24 WpÜG[26] kann ein Inlandsbezug durch einen sog. Disclaimer, der in Art. 29 Abs. 2 EU-ProspV vorausgesetzt wird, ausgeschlossen werden.[27] Hierbei ist – insbesondere bei Internetangeboten aufgrund ihrer weltweiten Zugangsmöglichkeit – eine ausdrückliche Beschränkung nicht nur im Prospektdokument (auch Offering Circular, Offering Memorandum, Investment Memorandum) für deutsche Anleger kenntlich zu machen. Allerdings kann von dem Anbieter nicht gefordert werden, dass er die Beteiligung von deutschen Anlegern gänzlich verhindern muss, sondern ihm obliegen angemessene Vorkehrungen dahingehend.[28] Art. 29 Abs. 2 Satz 1 EU-ProspV sieht diese bei Internetangeboten vor, um zu vermeiden, dass Gebietsansässige in Mitgliedsstaaten oder Drittstaaten angesprochen werden, in denen die Wertpapiere nicht angeboten werden. Nach Art. 29 Abs. 2 Satz 2 EU-ProspV ist es möglich, dies durch eine deutliche Adressatenerklärung vorzunehmen.

5. Öffentliches Angebot von zugelassenen Wertpapieren

§ 3 Abs. 1 Satz 2 WpPG a. F. normierte, dass keine Prospektpflicht für die 8
Fälle besteht, in denen bereits ein Prospekt nach den Vorschriften des WpPG veröffentlicht wurde. Dies bezog sich nach wohl überwiegender Auffassung auf dieselbe Gattung an Wertpapieren,[29] wobei Gegenstand der Zulassung nicht die Gattung, sondern die jeweiligen Wertpapiere sind. Dem konnte aufgrund des eindeutigen Wortlauts von § 3 Abs. 1 WpPG und Art. 3 Abs. 1 EU-ProspRL allein ein Prospekt genügen, der insgesamt den Vorschriften des WpPG entsprach. Dementsprechend genügten Prospekte, die vor dem Inkrafttreten des WpPG nach den Vorschriften des VerkProspG erstellt wurden, nicht diesen Anforderungen.[30] Auch für bereits börsennotierte Wertpa-

---

24 Vgl. die entsprechenden Bekanntmachungen der BAWe zum Verkaufsprospektgesetz: BAWe, BAnz v. 30.04.1996, S. 5069 ff., BAWe, BAnz v. 21.09.1999, S. 16180 ff.; *Groß*, KapMR, § 3 WpPG Rn. 4; *Zeising*, in: Just/Voß/Ritz/Zeising, WpPG, § 3 Rn. 13.

25 *Grosjean*, in: Heidel, AktG, § 3 WpPG Rn. 1.

26 Hierzu ausf. *Holzborn*, BKR 2002, 67 ff.

27 Sog. Selling Restrictions/Verkaufsbeschränkungen; zu dem umgekehrten Fall für eine Begrenzung des Angebots für bestimmte andere Länder *Schlitt/Singhof/Schäfer*, BKR 2005, 251, 259; zur alten Rechtslage BAWe, BAnz v. 21.09.1999, S. 3.

28 Überzeugend *Groß*, KapMR, § 3 WpPG, Rn. 4.

29 *Holzborn/Israel*, in: Holzborn, WpPG, 1. Aufl., § 3 Rn. 8; *Grosjean*, in: Heidel, AktG, § 3 WpPG Rn. 2; *Heidelbach*, in: Schwark/Zimmer, KapMRK, § 3 WpPG Rn. 13; *Schnorbus*, in: Frankf Komm WpPG, § 3 WpPG Rn. 13; a. A. *von Kopp-Colomb/Gajdos*, in: Assmann/Schlitt/von Kopp-Colomb, WpPG/VerkProspG, § 3 WpPG Rn. 16, wonach sich der bereits veröffentlichte Prospekt auf dieselben Wertpapiere beziehen musste.

30 *Zeising*, in: Just/Voß/Ritz/Zeising, WpPG, § 3 Rn. 16; *Schnorbus*, in: Frankf Komm WpPG, § 3 WpPG Rn. 11; *Schlitt/Schäfer*, AG 2005, 498, 500.

piere, für die noch kein Prospekt nach dem WpPG erstellt wurde, war bei einem späteren öffentlichen Angebot, bspw. nach einem vorherigen Paketerwerb im Rahmen einer Kapitalerhöhung,[31] ein Prospekt zu erstellen. Durch das ProspRLÄndRL-UmsG ist § 3 Abs. 1 Satz 2 WpPG jedoch gestrichen worden.

Nach § 3 Abs. 1 WpPG n. F. gilt die Prospektpflicht nicht für einen Anbieter, wenn „er zuvor einen Prospekt für diese Wertpapiere veröffentlicht hat". Der Wortlaut legt nahe, dass diese Befreiung sich nur auf vom Anbieter selbst veröffentlichte Prospekte bezieht. Angebote Dritter können nur unter den engen Voraussetzungen des Abs. 3 auf einen bereits veröffentlichten Prospekt gestützt werden; andere Dritte als die dort genannten Finanzinterdiäre haben diese Möglichkeit nicht.[32]

Ferner muss der zuvor veröffentlichte Prospekt vom Anbieter „für diese Wertpapiere" veröffentlicht worden sein. Diese vom gestrichenen § 3 Abs. 1 Satz 2 WpPG a. F. abweichende Formulierung spricht eher dafür, dass Gattungsidentität der Wertpapiere für die Prospektfreiheit nicht ausreicht.[33]

Vor der Änderung durch das ProspRLÄndRL-UmsG war fraglich, ob sich die Prospektfreiheit nur auf gemäß § 9 WpPG gültige und erforderlichenfalls nach § 16 WpPG aktualisierte Prospekte bezieht.[34] Dass dies der Fall ist, ist durch die Neuformulierung des Abs. 3, der verlangt, dass ein gültiger Prospekt gemäß § 9 vorliegt, nun klargestellt worden.[35] § 9 WpPG knüpft an die Billigung an; dennoch setzt das „Vorliegen" des Prospekts die Veröffentlichung nach § 14 WpPG voraus.

6. Einbeziehung in den Freiverkehr

9 Der privatrechtlich ausgestaltete Freiverkehr, der durch § 48 Abs. 1 BörsG den Börsen ermöglicht wird, stellt keinen organisierten Markt gem § 3 Abs. 3 WpPG dar und die Einbeziehung erfordert somit grundsätzlich keinen Prospekt. Allerdings kann die Einbeziehung eine Prospektpflicht nach § 3 Abs. 1 WpPG auslösen, wenn in ihr ein öffentliches Angebot von Wertpapieren zu sehen ist. Dies ist dann gegeben, wenn Erwerbsinformationen oder Details zu den Wertpapieren mitgeteilt werden, die über die reinen Emissionsdaten hinausgehen.[36] Die Ausnahmevorschriften des Abs. 2 ermöglichen aber z. B. ein Angebot ausschließlich an qualifizierte Anleger (vgl. Rn. 13) bzw. an we-

---

31 Hierzu *Leuering*, Der Konzern 2006, 4, 6 f., der hinsichtlich der zur Prospekterstellung erforderlichen Informationen eine vorherige vertragliche Vorsorge anrät.

32 Kritisch hierzu *Groß*, KapMR, § 3 WpPG Rn. 10d.

33 Ebenso *Groß*, KapMR, § 3 WpPG Rn. 10c.

34 So *Grosjean*, in: Heidel, AktG, § 3 WpPG Rn. 3; *Zeising*, in: Just/Voß/Ritz/Zeising, WpPG, § 3 Rn. 23 ff.; *Schnorbus*, AG 2008, 389, 402; wohl auch *Schlitt/Schäfer*, AG 2005, 500; a. A. *Holzborn/Israel*, in: Holzborn, WpPG, 1. Aufl., § 3 Rn. 8; *Heidelbach*, in: Schwark/Zimmer, KapMRK, § 3 WpPG Rn. 13.

35 RegBegr. ProspRLÄndRL-UmsG, BT-Drs. 17/8684, S. 17.

36 Vgl. *Leuering*, Der Konzern 2006, 4, 8, der diesbezüglich den Preis oder den aktuellen Kurs nennt.

niger als 150 nicht qualifizierte Anleger. Spätere Angebote des Erwerbers können für diesen eine (erneute) Prospektpflicht auslösen.[37]

7. Freiwillige Prospekte

Unabhängig von einer Prospektpflicht kann ein Anbieter auch freiwillig **10** einen Prospekt i. S. d. WpPG erstellen und der BaFin zur Billigung vorlegen (vgl. oben § 1 WpPG Rn. 32), wenn keine Prospektpflicht besteht oder ein Ausnahmetatbestand vorliegt. Zielsetzung kann hierbei die spätere Zulassung zu einem organisierten Markt oder das Bestreben sein, ein entsprechendes Produkt grenzüberschreitend anzubieten.[38] Allerdings kann in diesen Fällen nur ein Prospekt erstellt werden, der sämtliche Vorgaben des WpPG einhält, bei einer Teilerstellung wäre das Regelungsziel der angemessenen Anlegerinformation nicht zu gewährleisten. Die Wahlmöglichkeit besteht ausweislich des eindeutigen Wortlauts von § 1 Abs. 3 WpPG nur in den Fällen des § 1 Abs. 2 Nr. 2 bis 5 WpPG, nicht bei Vorliegen einer Ausnahme nach § 3 Abs. 2 oder § 4 Abs. 1 WpPG.[39]

8. Rechtsfolgen bei fehlenden Prospekten

Fehlt ein erforderlicher Prospekt, kann die BaFin das Angebot nach § 26 **11** Abs. 4 WpPG untersagen. Ferner kann darin eine Ordnungswidrigkeit nach § 35 Abs. 1 Nr. 1 WpPG liegen und eine Haftung für einen fehlenden Prospekt nach § 24 WpPG begründet werden. Ein Verstoß gegen § 3 Abs. 1 WpPG hat keine Auswirkungen auf die Wirksamkeit der Erwerbsverträge. Die Prospektpflicht ist kein Verbotsgesetz gem. § 134 BGB, da nicht der Erwerb selbst untersagt ist, sondern nur das öffentliche Angebot von Wertpapieren ohne Prospekt.[40]

III. Ausnahmen aufgrund der Angebotsform

Die Ausnahmetatbestände aufgrund der Angebotsform nach § 3 Abs. 2 **12** WpPG beziehen sich ausschließlich auf die Prospektpflicht wegen öffentlichem Angebot gem. Abs. 1. Sie unterscheiden sich somit erheblich von den Ausnahmen des § 1 WpPG, die eine Anwendung des WpPG insgesamt ausschließen und damit auch weitergehende Pflichten nach dem WpPG nicht zur Anwendung bringen.[41]

---

37 Im Einzelnen *Leuering*, Der Konzern 2006, 4, 8.

38 *Ritz/Zeising*, in: Just/Voß/Ritz/Zeising, WpPG, § 1 Rn. 51; *Keunecke*, Prosp KapM, Rn. 175.

39 So *Spindler*, bei § 1 Rn. 10; *von Kopp-Colomb/Witte*, in: Assmann/Schlitt/von Kopp-Colomb, WpPG/VerkProspG, § 1 WpPG Rn. 65; *Groß*, KapMR, § 1 WpPG Rn. 10; a. A. *Heidelbach*, in: Schwark/Zimmer, KapMRK, § 1 WpPG Rn. 30; *Schnorbus*, in: Frankf Komm WpPG, § 1 WpPG Rn. 39 ff.; *Schnorbus*, AG 2008, 389, 401.

40 *Groß*, KapMR, § 3 WpPG Rn. 14.

41 *Heidelbach/Preuße*, BKR 2006, 316; vgl. ferner § 1 Rn. 3.

13   Abweichend von der Praxis zum VerkProspG, die als antragsgebundene Ermessensentscheidung der Zulassungsstelle (durch FRUG abgelöst) ausgestaltet war, statuiert § 3 Abs. 2 WpPG Legalausnahmen. Allerdings können diese weiterhin bei einem Zulassungsverfahren für eine Börsenzulassung nach Abs. 3 Beachtung finden. Die Geschäftsführung der Börse prüft zwar grundsätzlich nicht den Prospekt, eine Ausnahme könnte aber im Rahmen der Prüfung nach § 32 Abs. 3 Nr. 2 Alt. 2 BörsG überprüft werden.[42]

1. Qualifizierte Anleger (Nr. 1)

14   Richtet sich ein öffentliches Angebot von Wertpapieren ausschließlich an sog. qualifizierte Anleger, besteht keine Prospektpflicht. Die Personengruppe der qualifizierten Anleger wird in § 2 Nr. 6 WpPG definiert:[43] Die ProspRLÄndRL hat diese an diejenige des „professionellen Kunden" im Sinne der FinanzmarktRL 2004/39/EG angepasst. Nun verweist § 2 Nr. 6 a) WpPG n. F. auf die Regelung des § 31a WpHG, welche die Umsetzung der Definition des professionellen Anlegers im Sinne der FinanzmarktRL 2004/39/EG enthält:

Qualifizierte Anleger umfassen damit zum einen die sog. geborenen professionellen Kunden (Status kraft Gesetzes) und geeigneten Gegenparteien, also insbesondere zulassungs- oder aufsichtspflichtige Wertpapierdienstleistungsunternehmen, Finanzinstitute, Versicherungsunternehmen, OGAW, Pensionsfonds, Unternehmen im Sinne des § 2a Abs. 1 Nr. 8 WpHG, Börsen- und Warenderivatehändler und sonstige institutionelle Anleger, nationale und regionale Regierungen sowie Stellen der öffentlichen Schuldenverwaltung, Zentralbanken, bestimmte internationale und überstaatliche Einrichtungen wie die Weltbank, andere nicht zulassungs- oder aufsichtspflichtige institutionelle Anleger, deren Haupttätigkeit in der Investition in Finanzinstrumente besteht, und Einrichtungen, die die Verbriefung von Vermögenswerten und andere Finanzierungsgeschäfte betreiben, sowie KMU[44]. Gleichfalls erfasst sind die sog. gekorenen professionellen Kunden, die auf Antrag als solche eingestuft werden.[45]

§ 2 Nr. 6 b) bis e) WpPG erstrecken den Begriff des qualifizierten Anlegers auch auf Anleger, die nicht in Deutschland, sondern in einem anderen EWR-Staat ansässig sind. Die Einstufung solcher ausländischen Anleger als professionelle Kunden nach den jeweiligen ausländischen Rechtsvorschriften, welche in Umsetzung der FinanzmarktRL 2004/39/EG erlassen wurden, führt

---

42 *Holzborn/Israel*, ZIP 2005, 1668, 1669 f.; von Zulassungsstelle auf Geschäftsführung geändert durch FRUG, vgl. *Holzborn/Israel*, NJW 2008, 791, 796.

43 Dazu § 2 Rn. 13.

44 Die mindestens zwei der drei Merkmale „20 Mio. Euro Bilanzsumme", „40 Mio. Euro Umsatzerlöse" und „2 Mio. Euro Eigenmittel" überschreiten.

45 Die Einstufung kommt nur in Betracht, wenn der Kunde zwei der folgenden drei Eigenschaften hat: (1) in den letzten vier Quartalen durchschnittlich mindestens zehn Transaktionen pro Quartal an Wertpapiermärkten vorgenommen, (2) Bankguthaben und Finanzinstrumente im Wert von mehr als 500.000 Euro besitzt, (3) mehr als ein Jahr einschlägige berufliche Erfahrung.

zu einer Einstufung als qualifizierte Anleger im Sinne des deutschen WpPG.[46]

Der Gesetzgeber geht davon aus, dass qualifizierten Anlegern typischerweise   15
andere Erkenntnisquellen zur Verfügung stehen, die eine angemessene Informationsgrundlage für eine Erwerbsentscheidung ermöglichen.[47] Ein besonderes Aufklärungs- oder Schutzbedürfnis besteht somit bei ihnen nicht, so dass ein Prospekt nach den Grundsätzen des WpPG nicht erforderlich ist.[48] Die Ausnahme bezieht sich aber nur auf Angebote, die sich ausschließlich an diese Anlegergruppe richten, was durch entsprechende Verkaufs- bzw. Angebotsbeschränkungen im Rahmen von Disclaimern und durch entsprechendes Angebotsverhalten sicherzustellen ist (siehe oben Rn. 7).

2. Begrenzter Adressatenkreis (Nr. 2)

Angebote sind dann nicht prospektpflichtig, wenn sie sich in jedem Staat des   16
EWR an weniger als 150 nicht qualifizierte Anleger richten. Maßgeblich ist dabei allein die Anzahl der angesprochenen potentiellen Anleger, nicht die Anzahl der Anleger, die tatsächlich Wertpapiere erwerben.[49] Durch die Regelung wurde der begrenzte Adressatenkreis des § 2 Nr. 2 VerkProspG a. F. aufgegriffen und hinsichtlich der konkreten Zahl klargestellt.[50] Das ProspRL-ÄndRL-UmsG hat die Grenze von weniger als 100 auf weniger als 150 Anleger heraufgesetzt. Die Ausnahmeregelung ist unabhängig vom Tatbestandsmerkmal des öffentlichen Angebots in Abs. 1 und kann deshalb nicht zu dessen Abgrenzung herangezogen werden.[51] Die Anzahl der nicht qualifizierten Anleger ist für jeden Mitgliedstaat des EWR gesondert zu bestimmen,[52] so dass sich ein Angebot theoretisch an bis zu 4470 nicht qualifizierte Anleger richten kann, ohne dass eine Prospektpflicht entsteht. Diese quantitative Ausnahme schließt aber eine qualitative Abgrenzung des Personenkreises nicht aus, d. h. es sind hieraus keine Rückschlüsse auf den Tatbestand öffentliches Angebot zu ziehen.[53] Das Vorliegen dieser Ausnahme kann aus Anbietersicht z. B. im Falle einer Emission aus einer Kapitalerhöhung mit Bezugsrecht der Altaktionäre – die nunmehr grundsätzlich als öffentliches Angebot anzusehen ist, siehe oben Rn. 5 – problematisch sein, da es für kleine Unternehmen ggf. schwierig ermittelbar ist, ob sie weniger als 150 Altaktionäre haben oder nicht. Man wird hier zumindest zur Abwen-

---

46 RegBegr. ProspRLÄndRL-UmsG, BT-Drucks. 17/8684, S. 16.
47 RegBegr. EU-ProspRL-UmsG, BT-Drucks. 15/4999, S. 29.
48 *Holzborn/Israel*, ZIP 2005, 1668, 1669 f.
49 *Heidelbach/Preuße*, BKR 2006, 316, 319.
50 *Groß*, KapMR, § 3 WpPG Rn. 7.
51 *Schlitt/Schäfer*, AG 2005, 498, 500; *Groß*, KapMR, § 2 WpPG Rn. 16.
52 RegBegr. EU-ProspRL-UmsG, BT-Drucks. 15/4999, S. 29; vgl. auch *Schnorbus*, in: Frankf
   Komm WpPG, § 3 WpPG Rn. 71.
53 Auch bei mehr als 150 nicht qualifizierten Anlegern kann es daher an einem öffentlichen
   Angebot fehlen, wenn die Angesprochenen dem Emittenten bekannt sind, vgl. *Holzborn/Israel*, ZIP 2005, 1668, 1669; offen: *Heidelbach/Preuße*, BKR 2006, 316, 319; a. A.
   Kullmann/Sester, WM 2005, 1068, 1069. Zur Bezugsrechtsemission siehe oben Rn. 5 a. E.

dung des Leichtfertigkeitsvorwurfs i. S. v. § 35 Abs. 1 Nr. 1 WpPG genügen lassen müssen, dass das Unternehmen alle ihm zumutbaren Nachforschungsmöglichkeiten ausgeschöpft hat, was regelmäßig bei Inhaberaktien eine Anfrage über eine Bank beim Zentralverwahrer und die dort eingetragenen Banken sowie bei Namensaktien eine Nachfrage an den Inhaber zum Berechtigten nach § 67 Abs. 1 Satz 2 AktG einschließt. Da auch wegen eventueller zeitgleicher Verkäufe Unsicherheiten über die genaue Zahl bestehen werden, ist auf jeden Fall ein gewisser Sicherheitspuffer zu empfehlen. Dass eine Prospekthaftung wegen fehlenden Prospekts geltend gemacht werden kann, wenn doch mehr Altaktionäre als 149 vorhanden sind, lässt sich jedoch nicht sicher ausschließen, trifft allerdings auch beim Anspruchssteller auf Beweisprobleme.

3. Mindesterwerb (Nr. 3)

17 Setzt ein Angebot einen Mindestbetrag für alle erworbenen Wertpapiere eines Angebots von 100.000 Euro voraus, besteht nach § 3 Abs. 2 Satz 1 Nr. 3 WpPG keine Prospektpflicht. Hierbei ist die Stückelung der jeweiligen Wertpapiere ohne Belang, wenn der Mindesterwerb pro Anleger addiert 100.000 Euro beträgt. Bei einer Anlageentscheidung in dieser Größenordnung wird davon ausgegangen, dass der Anleger eine ausreichende Informationslage über das Wertpapier und den Emittenten sicherstellt und keine zusätzliche Transparenz durch einen Prospekt erforderlich ist.[54] Es ist dabei allein auf den betreffenden Kaufpreis abzustellen und Erwerbskosten bleiben unberücksichtigt.[55] Durch das ProspRLÄndRL-UmsG wurde der Betrag von 50.000 Euro auf 100.000 Euro heraufgesetzt, da sich ausweislich der RegBegr sowie des EG 9 der EU-ProspRLÄndRL gezeigt habe, dass auch Kleinanleger Investitionen von über 50.000 Euro in einer einzigen Transaktion getätigt hätten.

4. Mindeststückelung (Nr. 4)

18 Auch Angebote für Wertpapiere mit einer Stückelung von mindestens 100.000 Euro werden durch § 3 Abs. 2 Satz 1 Nr. 4 WpPG von der Prospektpflicht ausgenommen.[56] Auch hier wird davon ausgegangen, dass der entsprechende Anleger über eine angemessene Informationsgrundlage verfügt, wenn er eine Anlageentscheidung von entsprechender Tragweite trifft.[57] Die Heraufsetzung von 50.000 Euro auf 100.000 Euro durch das ProspRLÄndRL-UmsG erfolgte parallel zu der Änderung des § 3 Abs. 2 Satz 1 Nr. 3 WpPG.

---

54 *Groß*, KapMR, § 3 WpPG Rn. 8; *Zeising*, in: Just/Voß/Ritz/Zeising, WpPG, § 3 Rn. 48.

55 Vgl. die Bekanntmachungen der BAWe zum Verkaufsprospektgesetz, BAnz. v. 21.09. 1999, S. 16180 ff., die auch hier herangezogen werden können, da die WpPG-Regelung § 2 Nr. 4 Alt. 2 VerkProspG a. F. mit anderem Schwellenwert entspricht; *Heidelbach*, in: Schwark/Zimmer, KapMRK, § 3 WpPG Rn. 20; *Schnorbus*, in: Frankf Komm WpPG, § 3 WpPG Rn. 36.

56 Der Regelungsgehalt orientiert sich an § 2 Nr. 4 Alt. 1 VerkProspG a. F.

57 *Heidelbach/Preuße*, BKR 2006, 316, 319; siehe oben Rn. 17.

5. Emission unter 100.000 Euro (Nr. 5)

Eine weitere Ausnahme, basierend auf Art. 3 Abs. 2 e) EU-ProspRL, gilt für   *19*
sog. Kleinstemissionen, die ein Gesamtvolumen (Einzeltranchen sind zusammen zu beurteilen) von höchstens 100.000 Euro[58] über einen Zeitraum von zwölf Monaten, beginnend mit der erstmaligen Bekanntmachung des Ausgabepreises, haben. Der Betrag ist durch das ProspRLÄndRL-UmsG nicht geändert worden. Es wurde lediglich klargestellt, dass sich die 100.000 Euro-Grenze auf den gesamten EWR bezieht,[59] was bisher in einem Umkehrschluss aus § 3 Abs. 2 Nr. 2 WpPG, in dem ein Einzelmitgliedstaatsbezug explizit geregelt ist, gefolgert wurde,[60] nun aber ausdrücklich gesetzlich geregelt ist. Durch § 3 Abs. 2 Satz 1 Nr. 5 WpPG wird eine Konkordanz zwischen Anlegerschutz und Kosten für eine Prospekterstellung erstrebt. Bei entsprechenden Kleinstemissionen würde der zu erzielende Anlegerschutz die damit verbundenen Kosten nicht rechtfertigen. Die Frist von zwölf Monaten ist auf Grundlage von §§ 187 ff. BGB zu berechnen. Das relevante Emissionsvolumen ist auf Grundlage des ersten Ausgabepreises zu bestimmen, andernfalls der erste festgestellte oder gebildete Börsenpreis bzw. bei mehreren Börsenplätzen der höchste Preis.[61] Der eigenständige Regelungsgehalt gegenüber der Anwendungsausnahme in § 1 Abs. 2 Nr. 4 WpPG (5 Mio. Euro Verkaufspreis) besteht darin, dass es nicht darauf ankommt, ob es sich um ein CRR-Kreditinstitut oder einen Emittenten, dessen Aktien bereits eine Marktzulassung haben, handelt. Die Ausnahme gilt wie alle Ausnahmen des § 3 Abs. 2 WpPG nur für öffentliche Angebote, nicht für die Zulassung.

6. Kumulation von Ausnahmen und Kettenemissionen

Nicht ausdrücklich geregelt ist die Kombination der Ausnahmetatbestände.   *20*
Allerdings geht § 3 Abs. 2 Satz 2 WpPG davon aus, dass ein Angebot Gegenstand von mehreren Ausnahmetatbeständen sein kann. Nicht als Begrenzung der Kombination ist dabei § 3 Abs. 2 Satz 1 Nr. 1 WpPG zu verstehen, denn die dortige Formulierung „ausschließlich" bezieht sich nicht auf andere Ausnahmetatbestände, sondern soll allein gemischte Angebote ausschließen, also solche an qualifizierte und nicht qualifizierte Anleger.[62] Ausgangspunkt der Auslegung muss daher das Regelungsziel der Ausnahmetatbestände darstellen, die grundsätzlich für die bezeichneten Angebotsformen ein gerin-

---

58 Die Norm hebt die bisherige Schwelle des § 2 Nr. 4 Alt. 3 VerkProspG a. F. von 40.000
Euro an.
59 *Müller*, WpPG, § 3 Rn. 7.
60 *Holzborn/Israel*, in: Holzborn, WpPG, 2009, § 3 WpPG Rn. 19; *Grosjean*, in: Heidel, AktG, § 3 WpPG Rn. 11; *Zeising*, in: Just/Voß/Ritz/Zeising, WpPG, § 3 Rn. 56; *Schnorbus*, in: Frankf Komm WpPG, § 3 WpPG Rn. 40.
61 Vgl. RegBegr. EU-ProspRL-UmsG, BT-Drucks. 15/4999, S. 27, 29.
62 Ebenso *Groß*, KapMR, § 3 WpPG Rn. 6; *Heidelbach*, in: Schwark/Zimmer, KapMRK, § 3 WpPG Rn. 14; *Müller*, WpPG, § 3 Rn. 3; a. A. *Heidelbach/Preuße*, BKR 2006, 316, 319 f.; mit anderem Verständnis bei gleichem Ergebnis *Grosjean*, in: Heidel, AktG, § 3 WpPG Rn. 7.

geres Schutzbedürfnis bzw. eine anderweitige, aber hinreichende Informationsgrundlage annehmen. Daher kann eine Kombination der Ausnahmetatbestände immer dann erfolgen, wenn das niedrigere Schutzbedürfnis damit nicht entfällt. Dieses dürfte in der Regel für die Nr. 1 – Nr. 4 möglich sein. Dies zeigt sich auch am Wortlaut der englischsprachigen Fassung der EU-ProspRL „and/or" zu Nr. 1. Eine Kombination der Ausnahme der Kleinstemission (Nr. 5) ist zwar auch mit qualifizierten Anlegern (Nr. 1) oder einem begrenzten Personenkreis (Nr. 2) grundsätzlich möglich, aber aufgrund des geringen Gesamtvolumens wenig praktikabel.[63] Maßgeblich muss insoweit immer das Gesamtvolumen der Emission sein, denn nur dann können die entsprechenden Kosten den Anlegerschutz aufwiegen.

21 Wiederholende Angebote (Kettenemission) unter dem Ausnahmetatbestand begrenzter Anlegerkreis, also mehrere aufeinanderfolgende Angebote an jeweils weniger als 150 nicht qualifizierte Anleger, würden dem Schutzzweck der Vorschrift widersprechen und sind somit unzulässig, wenn es sich um identische Wertpapiere handelt. Daher kann die Ausnahmevorschrift für jeden einzelnen Fall greifen, wenn jeweils andere Wertpapiermerkmale gegeben sind.[64]

IV. Weiterveräußerung, Abs. 2 Satz 2

22 Der durch das ProspRLÄndRL-UmsG nicht geänderte § 3 Abs. 2 Satz 2 WpPG stellt klar,[65] dass jede Weiterveräußerung von Wertpapieren, nachdem ein oder mehrere Ausnahmetatbestände in Anspruch genommen wurden, ein öffentliches Angebot darstellen kann und damit eine Prospektpflicht auslösen kann, wenn kein Ausnahmetatbestand mehr gegeben ist. Dies ergibt sich ausdrücklich aus dem fast wortgleichen Art. 3 Abs. 2 Satz 2, Hs. 1 der EU-ProspRL, der insoweit umgesetzt wurde. Maßgeblich ist also allein der Charakter der Weiterveräußerung, diese ist nach § 3 Abs. 1 WpPG zu beurteilen; nur eine Weiterveräußerung, die ein öffentliches Angebot beinhaltet, löst dabei eine Prospektpflicht aus.[66] Damit ist klargestellt, dass eine Ausnahme gem. Abs. 2 Satz 1 keine Fortwirkung für weitere Angebote entfaltet. Bietet also ein Ersterwerber die prospektfrei angebotenen Wertpapiere seinerseits erneut an, so ist nur der Ersterwerber prospektpflichtiger Anbieter, wenn der Emittent das erneute Angebot nicht veranlasst hat.[67]

---

63 Zu Kombinationsmöglichkeiten mit Ausnahmetatbeständen des § 4 vgl. § 4 Rn. 15 f.
64 Überzeugend *Heidelbach/Preuße*, BKR 2006, 316, 319, die beispielhaft Laufzeit, Valuta, Rückzahlungstag, Verzinsung oder Stückelungen nennen.
65 Diesen Charakter betonend *Groß*, KapMR, § 3 WpPG Rn. 10.
66 Dies ergibt sich aus Art. 3 Abs. 2 Satz 2, Hs. 2 der EU-ProspRL, wonach „anhand der Begriffsbestimmung nach Artikel 2 Absatz 1 d) zu entscheiden ist, ob es sich bei dieser Weiterveräußerung um ein öffentliches Angebot handelt"; kritisch zu der insoweit hinter der EU-ProspRL zurückbleibenden Formulierung des Abs. 2 Satz 2: DAI-Stellungnahme zum Ref-E des ProspRLÄndRL-UmsG, S. 3 f.
67 *Grosjean*, in: Heidel, AktG, § 3 WpPG Rn. 12.

Aus der Beschränkung der Ausnahme in § 3 Abs. 3 WpPG auf Finanzintermediäre (s.u. Rn. 23) bei gleichzeitiger Streichung von § 3 Abs. 1 Satz 2 WpPG a. F., wonach keine Prospektpflicht bei Vorliegen eines veröffentlichten WpPG-Prospektes besteht, lässt sich folgern, dass sonstige Dritte, die nicht Finanzintermediäre sind, auch bei Vorliegen[68] eines gültigen Prospekts gemäß § 9 WpPG diesen nicht für ein öffentliches Angebot, z. B. im Rahmen einer Umplatzierung (sog. *Secondary Public Offering*),[69] nutzen können.[70] Es bleibt bei der Prospektpflicht nach § 3 Abs. 2 Satz 2 WpPG, da die Voraussetzungen der Ausnahme in Abs. 3 nicht vorliegen.

V. Platzierungen durch Finanzintermediäre

Erfüllt die endgültige Platzierung von Wertpapieren durch bestimmte Kredit- und Finanzdienstleistungsinstitute[71] nicht die Voraussetzungen für eine Ausnahme nach § 3 Abs. 2 Satz 1 WpPG, so wird durch § 3 Abs. 3 WpPG festgelegt, dass ausnahmsweise keine Prospektpflicht nach Abs. 1 besteht, wenn für das Wertpapier bereits ein gültiger Prospekt gemäß § 9 WpPG vorliegt und der Emittent oder die Personen, die die Verantwortung für den Prospekt übernommen haben (die Prospektverantwortlichen, vgl. § 5 Abs. 4 Satz 1 WpPG), in dessen Verwendung schriftlich eingewilligt haben. Dies betrifft die bei Kapitalmarkttransaktionen gängige Praxis der Übernahme und Platzierung von Emissionen durch begleitende Kreditinstitute (z. B. beim Börsengang). Abs. 3 in seiner aktuellen Fassung ist durch das ProspRLÄndRL-UmsG in das WpPG eingefügt worden und setzt Art. 1 Nr. 3 a) Ziff. ii der EU-ProspRLÄndRL um.

§ 3 Abs. 2 Satz 3 WpPG a. F. enthielt die Regelung, dass bei der Platzierung von Wertpapieren durch Finanzintermediäre ein Prospekt zu veröffentlichen sei, wenn keine der Ausnahmen des Satzes 1 Nr. 1 bis 5 eingriff. Der Regelungsgehalt der Vorschrift erschöpfte sich darin, dass auch eine Platzierung durch Finanzintermediäre den Ausnahmen des Abs. 2 Satz 1 zugänglich war.[72] Es war insbesondere im Rahmen von Vertriebsketten (Retail Cascades) im Grundsatz zu prüfen, ob auf der jeweiligen Stufe bzw. durch den je-

23

---

68 Siehe oben Rn. 8.

69 Nach alter Rechtslage war dies möglich, allerdings mit erheblichen praktischen Problemen verbunden; vgl. hierzu *Schnorbus*, in: Frankf Komm WpPG, § 3 WpPG Rn. 47.

70 *Groß*, KapMR, § 3 WpPG Rn. 10 b.

71 Erfasst sind: Kredit- und Finanzdienstleistungsinstitute (§ 1 Abs. 1b KWG), inländische Zweigstellen ausländischer Unternehmen, die Bankgeschäfte betreiben oder Finanzdienstleitungen erbringen (§ 53 KWG), CRR-Kreditinstitut bzw. Wertpapierhandelsunternehmen mit Sitz in einem anderen Staat des Europäischen Wirtschaftsraums (§ 53 b Abs. 1 Satz 1 KWG) oder ein Unternehmen mit Sitz in einem anderen Staat des Europäischen Wirtschaftsraums, das Bankgeschäfte im Sinne des betreibt, Finanzdienstleistungen erbringt oder sich als Finanzunternehmen betätigt (§ 53 b Abs. 7 KWG).

72 *Leuering/Stein*, Der Konzern 2012, 382, 385.

weiligen Anbieter ein öffentliches Angebot vorlag.[73] Ein bestehender Prospekt erlaubte den Vertrieb über alle Stufen, ohne eine neue Prospektpflicht auszulösen. Eine Fehlerhaftigkeit des Prospekts kam bei fehlender Beschreibung der nicht vom Emittenten initiierten Vertriebskette nicht in Betracht, da nur angemessen zu erreichende Angaben gefordert waren.[74]

Nach der RegBegr. zum ProspRLÄndRL-UmsG müssen der von der Einwilligung begünstigte Finanzintermediär sowie der Zeitraum, für den die Einwilligung gelten soll, im Interesse der Rechtssicherheit bestimmt oder bestimmbar sein.[75] Durch die Verordnung (EU) Nr. 862/2012 vom 04.06.2012 wurde die Prospekt-VO dahingehend ergänzt, dass bestimmte Informationen über die – für spezifische oder allgemein für Finanzintermediäre – erteilte Zustimmung des Emittenten oder der für die Erstellung des Prospekts zuständigen Person zur Verwendung des Prospekts in den Prospekt selbst zu inkorporieren sind (Art. 20 a sowie Anhang XXX der Prospekt-VO).[76] Es gilt dabei die Übergangsbestimmung in Art. 2 Abs. 1 der Verordnung (EU) Nr. 862/2012, wonach die Verordnung nicht für die Billigung eines Nachtrags zu einem Prospekt oder Basisprospekt gilt, sofern der Prospekt oder der Basisprospekt vor der Veröffentlichung im EU-Amtsblatt (dem 22. 09.2012) gebilligt wurde; es ist also kein Nachtrag notwendig, der die geforderten Informationen zur Zustimmung enthält.[77] Für die Anwendung von § 3 Abs. 3 WpPG selbst gibt es dagegen keine Übergangsbestimmung.

Schriftlich bedeutet nicht, dass die Anforderungen des § 126 BGB einzuhalten sind; die Darstellung der Einwilligung in die Prospektnutzung im Prospekt genügt diesem Erfordernis.[78]

VI. Prospektpflicht für den Zulassungsantragsteller

24 Durch § 3 Abs. 4 WpPG wird der Zulassungsantragsteller für die Zulassung von Wertpapieren zu einem organisierten Markt im Inland verpflichtet, einen Prospekt i. S. d. WpPG zu veröffentlichen, soweit sich aus § 4 Abs. 2 WpPG keine Ausnahme ergibt. In § 2 Nr. 16 WpPG wird beschrieben, welche Kriterien ein organisierter Markt erfordert. Die Definition stimmt mit § 2 Abs. 5 WpHG überein.[79] Erfasst ist nur der regulierte Markt nach dem Börsengesetz, nicht dagegen der Freiverkehr. Der Zulassungsantragsteller wird in § 2 Nr. 11 WpPG legal definiert und erfasst neben dem Emittenten die in § 30 Abs. 2 BörsG genannten Institute oder Unternehmen.[80]

---

73 *Schlitt/Schäfer*, AG 2005, 498, 501.
74 Überzeugend *Heidelbach/Preuße*, BKR 2008, 10, 11.
75 RegBegr. zum ProspRLÄndRL-UmsG, BT-Drucks. 17/8684, S. 13, 17.
76 Ausführlich Komm. zu Anh. XXX EU-ProspV Rn. 1 ff.
77 So BaFin, FAQ zu neuem Basisprospektregime, Stand: 06.11.2012, Ziff. VI.1.; vgl. auch *Lawall/Maier*, DB 2012, 2443, 2446.
78 *Müller*, WpPG, § 3 Rn. 3.
79 Ausführlich § 2 Rn. 27.
80 Ausführlich § 2 Rn. 21.

Ein gebilligter Prospekt i. S. d. WpPG[81] ist nach § 32 Abs. 3 Nr. 2 BörsG dem   25
Zulassungsantrag beizufügen, wenn die Zulassung zum regulierten Markt
(vor FRUG amtlicher und geregelter Markt) an der Börse beantragt wird. Der
Regelungsbereich ist nicht abschließend, so dass sich aus anderen Vorschriften, insbesondere §§ 1 ff. BörsZulV, weitere Zulassungsvoraussetzungen ergeben können.[82] Ausnahmen von der Prospektpflicht können sich ausschließlich nach § 4 Abs. 2 WpPG für Situationen ergeben, in denen bereits
durch eine gleichwertige Dokumentation eine ausreichende Information des
Kapitalmarkts sichergestellt ist.[83] Rechtsfolge eines fehlenden Prospekts ist
somit nur eine Versagung der Zulassung durch die Geschäftsführung der jeweiligen Börse.[84]

---

[81] Gem. § 32 Abs. 3 Nr. 2 BörsG kann ebenfalls ein Verkaufsprospekt nach § 42 InvG, soweit dieser noch verwendet werden darf, oder ein Verkaufsprospekt i. S. d. § 165 oder
§ 318 Abs. 3 KAGB beigefügt werden.
[82] RegBegr. EU-ProspRL-UmsG, BT-Drucks. 15/4999, S. 30, siehe §§ 1–12 BörsZulV.
[83] Ausführlich § 4 Rn. 16 ff.
[84] *Groß*, KapMR, § 3 WpPG Rn. 12; *Heidelbach*, in: Schwark/Zimmer, KapMRK, § 3 WpPG
Rn. 34.

§ 4
Ausnahmen von der Pflicht zur Veröffentlichung eines Prospekts im Hinblick auf bestimmte Wertpapiere

(1) Die Pflicht zur Veröffentlichung eines Prospekts gilt nicht für öffentliche Angebote folgender Arten von Wertpapieren:

1. Aktien, die im Austausch für bereits ausgegebene Aktien derselben Gattung ausgegeben werden, ohne dass mit der Ausgabe dieser neuen Aktien eine Kapitalerhöhung verbunden ist;

2. Wertpapiere, die anlässlich einer Übernahme im Wege eines Tauschangebots angeboten werden, sofern ein Dokument verfügbar ist, dessen Angaben denen des Prospekts gleichwertig sind;

3. Wertpapiere, die anlässlich einer Verschmelzung oder Spaltung angeboten oder zugeteilt werden oder zugeteilt werden sollen, sofern ein Dokument verfügbar ist, dessen Angaben denen des Prospekts gleichwertig sind;

4. an die Aktionäre ausgeschüttete Dividenden in Form von Aktien derselben Gattung wie die Aktien, für die solche Dividenden ausgeschüttet werden, sofern ein Dokument zur Verfügung gestellt wird, das Informationen über die Anzahl und die Art der Aktien enthält und in dem die Gründe und Einzelheiten zu dem Angebot dargelegt werden;

5. Wertpapiere, die derzeitigen oder ehemaligen Mitgliedern von Geschäftsführungsorganen oder Arbeitnehmern von ihrem Arbeitgeber oder einem anderen mit ihm verbundenen Unternehmen im Sinne des § 15 des Aktiengesetzes als Emittent angeboten werden, sofern ein Dokument zur Verfügung gestellt wird, das über die Anzahl und die Art der Wertpapiere informiert und in dem die Gründe und die Einzelheiten zu dem Angebot dargelegt werden, und

   a) der Emittent seine Hauptverwaltung oder seinen Sitz in einem Staat des Europäischen Wirtschaftsraums hat,

   b) Wertpapiere des Emittenten bereits an einem organisierten Markt zugelassen sind oder

   c) Wertpapiere des Emittenten bereits an dem Markt eines Drittlands zugelassen sind, die Europäische Kommission für diesen Markt einen Beschluss über die Gleichwertigkeit erlassen hat und ausreichende Informationen einschließlich des genannten Dokuments in einer in der internationalen Finanzwelt üblichen Sprache vorliegen.

(2) Die Pflicht zur Veröffentlichung eines Prospekts gilt nicht für die Zulassung folgender Arten von Wertpapieren zum Handel an einem organisierten Markt:

1. Aktien, die über einen Zeitraum von zwölf Monaten weniger als 10 Prozent der Zahl der Aktien derselben Gattung ausmachen, die bereits zum Handel an demselben organisierten Markt zugelassen sind;

2. Aktien, die im Austausch für bereits an demselben organisierten Markt zum Handel zugelassene Aktien derselben Gattung ausgegeben werden,

Holzborn/Mayston

ohne dass mit der Ausgabe dieser neuen Aktien eine Kapitalerhöhung verbunden ist;

3. Wertpapiere, die anlässlich einer Übernahme im Wege eines Tauschangebots angeboten werden, sofern ein Dokument verfügbar ist, dessen Angaben denen des Prospekts gleichwertig sind;

4. Wertpapiere, die anlässlich einer Verschmelzung oder Spaltung angeboten oder zugeteilt werden oder zugeteilt werden sollen, sofern ein Dokument verfügbar ist, dessen Angaben denen des Prospekts gleichwertig sind;

5. Aktien, die nach einer Kapitalerhöhung aus Gesellschaftsmitteln den Inhabern an demselben organisierten Markt zum Handel zugelassener Aktien derselben Gattung angeboten oder zugeteilt werden oder zugeteilt werden sollen, sowie Dividenden in Form von Aktien derselben Gattung wie die Aktien, für die solche Dividenden ausgeschüttet werden, sofern ein Dokument zur Verfügung gestellt wird, das Informationen über die Anzahl und die Art der Aktien enthält und in dem die Gründe und Einzelheiten zu dem Angebot dargelegt werden;

6. Wertpapiere, die derzeitigen oder ehemaligen Mitgliedern von Geschäftsführungsorganen oder Arbeitnehmern von ihrem Arbeitgeber oder von einem verbundenen Unternehmen im Sinne des § 15 des Aktiengesetzes angeboten oder zugeteilt werden oder zugeteilt werden sollen, sofern es sich dabei um Wertpapiere derselben Gattung handelt wie die Wertpapiere, die bereits zum Handel an demselben organisierten Markt zugelassen sind, und ein Dokument zur Verfügung gestellt wird, das Informationen über die Anzahl und den Typ der Wertpapiere enthält und in dem die Gründe und Einzelheiten zu dem Angebot dargelegt werden;

7. Aktien, die nach der Ausübung von Umtausch- oder Bezugsrechten aus anderen Wertpapieren ausgegeben werden, sofern es sich dabei um Aktien derselben Gattung handelt wie die Aktien, die bereits zum Handel an demselben organisierten Markt zugelassen sind;

8. Wertpapiere, die bereits zum Handel an einem anderen organisierten Markt zugelassen sind, sofern sie folgende Voraussetzungen erfüllen:

   a) die Wertpapiere oder Wertpapiere derselben Gattung sind bereits länger als 18 Monate zum Handel an dem anderen organisierten Markt zugelassen,

   b) für die Wertpapiere wurde, sofern sie nach dem 30. Juni 1983 und bis einschließlich 31. Dezember 2003 erstmalig börsennotiert wurden, ein Prospekt gebilligt nach den Vorschriften des Börsengesetzes oder den Vorschriften anderer Staaten des Europäischen Wirtschaftsraums, die auf Grund der Richtlinie 80/390/EWG des Rates vom 17. März 1980 zur Koordinierung der Bedingungen für die Erstellung, die Kontrolle und die Verbreitung des Prospekts, der für die Zulassung von Wertpapieren zur amtlichen Notierung an einer Wertpapierbörse zu veröffentlichen ist (ABl. EG Nr. L 100 S. 1) in der jeweils geltenden

Fassung oder auf Grund der Richtlinie 2001/34/EG des Europäischen Parlaments und des Rates vom 28. Mai 2001 über die Zulassung von Wertpapieren zur amtlichen Börsennotierung und über die hinsichtlich dieser Wertpapiere zu veröffentlichenden Informationen (ABl. EG Nr. L 184 S. 1) in der jeweils geltenden Fassung erlassen worden sind; wurden die Wertpapiere nach dem 31. Dezember 2003 erstmalig zum Handel an einem organisierten Markt zugelassen, muss die Zulassung zum Handel an dem anderen organisierten Markt mit der Billigung eines Prospekts einhergegangen sein, der in einer in § 14 Abs. 2 genannten Art und Weise veröffentlicht wurde,

c) der Emittent der Wertpapiere hat die auf Grund der Richtlinien der Europäischen Gemeinschaft erlassenen Vorschriften betreffend die Zulassung zum Handel an dem anderen organisierten Markt und die hiermit im Zusammenhang stehenden Informationspflichten erfüllt,

d) der Zulassungsantragsteller erstellt ein zusammenfassendes Dokument in deutscher Sprache,

e) das zusammenfassende Dokument nach Buchstabe d wird in einer in § 14 vorgesehenen Art und Weise veröffentlicht und

f) der Inhalt dieses zusammenfassenden Dokuments entspricht den Schlüsselinformationen gemäß § 5 Absatz 2 a. Ferner ist in diesem Dokument anzugeben, wo der neueste Prospekt sowie Finanzinformationen, die vom Emittenten entsprechend den für ihn geltenden Publizitätsvorschriften offen gelegt werden, erhältlich sind.

(3) Das Bundesministerium der Finanzen kann im Einvernehmen mit dem Bundesministerium der Justiz durch Rechtsverordnung, die nicht der Zustimmung des Bundesrates bedarf, bestimmen, welche Voraussetzungen die Angaben in den in Absatz 1 Nr. 2 und 3 sowie Absatz 2 Nr. 3 und 4 genannten Dokumenten im Einzelnen erfüllen müssen, um gleichwertig im Sinne des Absatzes 1 Nr. 2 oder 3 oder im Sinne des Absatzes 2 Nr. 3 oder 4 zu sein. Dies kann auch in der Weise geschehen, dass Vorschriften des deutschen Rechts oder des Rechts anderer Staaten des Europäischen Wirtschaftsraums bezeichnet werden, bei deren Anwendung die Gleichwertigkeit gegeben ist. Das Bundesministerium der Finanzen kann die Ermächtigung durch Rechtsverordnung auf die Bundesanstalt für Finanzdienstleistungsaufsicht übertragen.

Inhalt

Holzborn/Mayston

I. Übersicht

Die Vorschrift regelt besondere Ausnahmen von der Prospektpflicht und   1
setzt Art. 4 der EU-ProspRL um. Insbesondere die Arbeitnehmer-Ausnahme
in Abs. 1 Nr. 5 ist durch das ProspRLÄndRL-UmsG in ihrem Regelungsgehalt
verändert worden. § 4 WpPG ergänzt § 3 Abs. 2 WpPG, der ebenfalls Ausnahmen aufgrund der Form eines öffentlichen Angebots vorsieht.[1] Neben
gesonderten Ausnahmen von der Prospektpflicht aufgrund öffentlichen Angebots (Abs. 1) und weitgehend wortlautidentisch aufgrund der Zulassung
zu einem organisierten Markt (Abs. 2), findet sich in Abs. 3 auch eine Verordnungsermächtigung zur Regelung der Gleichwertigkeit von Dokumenten. Ebenso wie im Hinblick auf § 3 Abs. 2 WpPG wird hier von einer Prospektpflicht abgesehen, da die Angebotsadressaten keiner Information durch
einen Prospekt bedürfen.[2] Eine angemessene Information und damit hinreichender Anlegerschutz wird bei den in die Ausnahme einbezogenen Wertpapieren durch ein bereits veröffentlichtes, gleichwertiges Dokument oder
anderweitige Informationspflichten sichergestellt.[3]

II. Ausnahmecharakter

Ebenso wie die Ausnahmevorschriften des § 3 Abs. 2 WpPG[4] stellen Abs. 1   2
und 2 Legalausnahmen dar, es sind keine weiteren Schritte durch BaFin oder
Geschäftsführungen der Börsen erforderlich, damit die Ausnahme greifen
kann.[5] Bei den Zulassungsausnahmen nach § 4 Abs. 2 WpPG ist jedoch regelmäßig eine Beteiligung der Geschäftsführungen der Börsen über die Zulassung (§ 32 BörsG) und Notierungsaufnahme bzw. Einführung der Wertpapiere (§ 38 BörsG) erforderlich. Im Diskussionsentwurf zum WpPG wurde
dagegen noch, ebenso wie in Art. 4 EU-ProspRL, auf die Zustimmung der zuständigen Behörde abgestellt.[6] Der Hinweis in den Gesetzesmaterialien auf

---

1 Vgl. § 3 Rn. 12 ff.
2 Vgl. RegBegr. EU-ProspRL-UmsG, BT-Drucks. 15/4999, S. 30.
3 *Grosjean*, in: Heidel, AktG, § 4 WpPG Rn. 1.
4 Vgl. § 3 Rn. 13.
5 Vgl. *Zeising*, in: Just/Voß/Ritz/Zeising, WpPG, § 4 Rn. 34; *Schnorbus*, in: Frankf Komm
   WpPG, § 4 WpPG Rn. 2.
6 Dazu *Holzborn/Israel*, ZIP 2005, 1668, 1669 f.

die Entscheidung der BaFin im öffentlichen Interesse führt zu keiner anderen Einordnung, sondern ist rein deklaratorischer Natur,[7] für den Fall einer Untersagung eines Angebots nach § 26 Abs. 4 WpPG.[8] Diese Klarstellung dürfte auch auf die Entscheidung der Geschäftsführung der Börsen zu übertragen sein, die durch den Zulassungsbescheid über eine prospektfreie Zulassung entscheiden.[9]

3 Die Ausnahmen ähneln den Ausnahmetatbeständen, die bereits nach dem VerkProspG a. cF. und der BörsZulV a. F. bestanden, bleiben jedoch teilweise hinter diesen zurück.[10] Grundsätzlich handelt es sich bei den in § 4 WpPG geregelten Ausnahmen um solche, die sich auf die Eigenart bestimmter Wertpapierarten beziehen, für die typischerweise eine genügende Informationsbasis der Anleger besteht oder durch andere Dokumente geschaffen wird.

III. Ausnahmen von der Prospektpflicht gemäß § 4 Abs. 1 WpPG

4 Die in Abs. 1 erfassten Ausnahmetatbestände beziehen sich ausdrücklich auf die Prospektpflicht aufgrund eines öffentlichen Angebots nach § 3 Abs. 1 WpPG. Der Wortlaut ist nicht eindeutig, denn teilweise stellen die den Ausnahmetatbeständen zugrunde liegenden Sachverhalte schon kein öffentliches Angebot im Sinne des § 2 Nr. 4 WpPG dar, da die Aktien ex lege erworben werden. Daher ist dort der Anwendungsbereich – insb. bei Abs. 1 Nr. 1, 3 und 4 – auf ausländische Emittenten und Konstellationen beschränkt, in denen eine Zuzahlung erfolgt.[11]

1. Aktientausch, Abs. 1 Nr. 1

5 Werden Aktien gegen Aktien derselben Gattung getauscht, ohne damit eine Kapitalerhöhung zu bewirken, ist kein Prospekt erforderlich, denn insoweit besteht kein erweitertes Informationsbedürfnis des Empfängers. Dieser Ausnahmetatbestand setzt Art. 4 Abs. 1 a) EU-ProspRL um. Dieselbe Gattung von Aktien ist dann gegeben, wenn die durch sie verbrieften Rechte identisch mit denen der getauschten Aktien sind.[12] Keine andere Gattung im Sinne der wertpapierrechtlichen Ausnahme stellt eine abweichende Dividendenberechtigung dar, da junge, noch nicht zugelassene Aktien meist mit

---

7 A. A. wohl *Grosjean*, in: Heidel, AktG, § 4 WpPG Rn. 1, der eine Stellungnahme der BaFin in der Praxis mit Recht aber für unwahrscheinlich hält.

8 Ausf. § 26 Rn. 2 ff.

9 Ebenso *Grosjean*, in: Heidel, AktG, § 4 WpPG Rn. 1.

10 *Groß*, KapMR, § 4 WpPG Rn. 2; *Schlitt/Schäfer*, in: Assmann/Schlitt/von Kopp-Colomb, WpPG/VerkProspG, § 4 WpPG Rn. 27; *Holzborn/Israel*, ZIP 2005, 1668, 1669 f.

11 *Grosjean*, in: Heidel, AktG, § 4 WpPG Rn. 2.

12 *Grosjean*, in: Heidel, AktG, § 4 WpPG Rn. 3.; *Schnorbus*, in: Frankf Komm WpPG, § 4 WpPG Rn. 4; siehe auch § 11 AktG, dazu *Westermann*, in: Bürgers/Körber, AktG, § 11 Rn. 6 ff.; *Hüffer*, AktG, § 11 Rn. 7.

Dividendenberechtigung für das laufende Jahr ausgegeben werden, während sie vor der Hauptversammlung noch die Vorjahresberechtigung in sich tragen.[13] Ein Grund für eine Ungleichbehandlung zu den anderen Ausnahmen ist nicht ersichtlich. Ein entsprechender Tausch erfolgt bei der Neustückelung oder bei der Umstellung auf nennwertlose Stückaktien und war auch schon von § 45 Nr. 2c) BörsZulV a.F. erfasst.[14] Richtigerweise ist eine Übertragung auf Aktien vertretende Zertifikate, wie es nach § 4 Abs. 1 Nr. 5 VerkProspG a.F. und § 45 Nr. 3g) BörsZulV a.F. möglich war, nach dem jetzigen Wortlaut ausgeschlossen.[15] Die entsprechende Ausnahme für die Zulassung ist in Abs. 2 Nr. 2 enthalten.

2. Übernahmeangebote, Abs. 1 Nr. 2

Ausgenommen sind zur Vermeidung einer doppelten Publizitätspflicht auch Tauschangebote im Rahmen von öffentlichen Übernahmeangeboten, bei denen als Gegenleistung Wertpapiere angeboten werden und ein dem Prospekt nach WpPG gleichwertiges Dokument verfügbar ist, was mindestens eine Veröffentlichung auf der Internetseite voraussetzt. Dies ist für eine Gegenleistung nach § 31 Abs. 2 WpÜG bei liquiden Wertpapieren, die an einem organisierten Markt gehandelt werden, der Fall.[16] Durch die Norm wurde Art. 4 Abs. 1b) EU-ProspRL umgesetzt, der Regelungsumfang entspricht weitgehend § 4 Abs. 1 Nr. 9 VerkProspG a.F. Der Inhalt einer Angebotsunterlage[17] nach WpÜG wird durch den Verweis in § 2 Nr. 2 WpÜG-AV auf § 7 WpPG i.V.m. der EU-ProspV regelmäßig diesen Anforderungen gerecht werden. Dies muss umso mehr gelten, als die Haftung für die Angebotsunterlage (§ 12 WpÜG) der Haftung nach §§ 21ff. WpPG weitgehend entspricht.[18] Im Gegenzug reicht im Falle eines gültigen Prospekts nach WpPG der Hinweis auf diesen in der Angebotsunterlage aus (§ 2 Nr. 2 WpÜG-AV). Die Ausnahmevorschrift ist aber nicht auf Tauschangebote nach WpÜG beschränkt.[19] Die Gleichwertigkeit der mit dem jeweiligen Angebot verbundenen Dokumentation, etwa eines ausländischen Bieters (im Falle der Zulassung gemäß Abs. 2 Nr. 3 nur bei Inlandszulassung), ist dann aber gesondert zu bewerten. Von einer Gleichwertigkeit kann bei Bietergesellschaften aus dem EWR jedoch mit Blick auf die EU-ProspRL und EU-ÜbernahmeRL regelmäßig ausgegangen werden. Sie ist in einem hypothetischen Vergleich mit den Mindestangabepflichten nach WpPG (mindestens in eng-

6

13 *Heidelbach*, in: Schwark/Zimmer, KapMRK, § 4 WpPG Rn. 6; RegBegr. EU-ProspRL-UmsetzungsG, BT-Drucks. 15/4999, S. 30 zur Ausnahme in § 4 Abs. 2 Nr. 1; a.A. *Grosjean*, in: Heidel, AktG, § 4 WpPG Rn. 3; *Schnorbus*, in: Frankf Komm WpPG, § 4 WpPG Rn. 4.
14 Dazu *Heidelbach*, in: Schwark, KapMRK, 3. Aufl., § 45 BörsZulV Rn. 6.
15 *Grosjean*, in: Heidel, AktG, § 4 WpPG Rn. 3; *Schnorbus*, in: Frankf Komm WpPG, § 4 WpPG Rn. 5; a.A. noch *Groß*, KapMR, 4. Aufl., § 4 WpPG Rn. 2.
16 Vgl. RegBegr. EU-ProspRL-UmsG, BT-Drucks. 15/4999, S. 30.
17 Vgl. dazu *Holzborn*, in: Zschocke/Schuster, Übernahmerecht, C Rn. 2f.
18 *Grosjean*, in: Heidel, AktG, § 4 WpPG Rn. 4, den Anlegerschutz hervorhebend.
19 *Seibt/von Bonin/Isenberg*, AG 2008, 565, 567; zweifelnd *Ekkenga/Maas*, WP Emissionen S. 140, Fn. 359.

lischer Sprache mit deutscher Zusammenfassung) zu ermitteln, wobei eine Identität der Informationen nicht gefordert ist.[20]

3. Verschmelzungen oder Spaltungen, Abs. 1 Nr. 3

7 Eine Prospektpflicht besteht nicht für im Rahmen einer Verschmelzung oder Spaltung angebotene oder zuzuteilende Wertpapiere, wenn die diesbezügliche Dokumentation eine gleichwertige Information gewährleistet. Nach Änderung von Art. 4 Abs. 1 c) EU-ProspRL durch die EU-ProspRLÄndRL und Umsetzung dieser Änderung in nationales Recht gilt die Vorschrift auch für Spaltungen, was allerdings auch schon vorher vertreten[21] und insoweit lediglich klargestellt wurde. Der Ausnahmetatbestand schließt zunächst schon systematisch Verschmelzungsvorgänge aus, in denen Wertpapiere kraft Gesetzes erworben werden.[22] Dies trifft auch auf Spaltungen zu.[23] Die Verschmelzung bzw. Spaltung wird mit Eintragung in das HR zwangsweise wirksam, so dass kein Entscheidungsspielraum des Anlegers besteht und folglich schon kein öffentliches Angebot und keine Prospektpflicht vorliegen kann. Damit beschränkt sich der Anwendungsbereich zum einen auf Verschmelzungen nach § 29 UmwG bzw. Spaltungen nach §§ 125 Satz 1, 29 UmwG, denn dort besteht ein Wahlrecht des Anlegers, und zum anderen auf Verschmelzungs- bzw. Spaltungsvorgänge mit einer Zuzahlungspflicht, denn hier trifft der Anteilsinhaber eine Anlageentscheidung.[24] Für Wertpapiere, die ohne Zuzahlung ausgegeben werden, besteht keine Prospektpflicht.[25] Ein solcher Vorgang ist aber, sofern andere Anleger beworben werden, prospektpflichtig. Zudem können Verschmelzungs- bzw. Spaltungsvorgänge erfasst sein, die nach ausländischem Recht erfolgen, wenn kein Rechtserwerb kraft Gesetzes erfolgt und somit ein öffentliches Angebot im Sinne von § 2 Nr. 4 WpPG nicht ausgeschlossen ist. Dies ist insb. dann der Fall, wenn der aufnehmende Rechtsträger seinen Sitz im Ausland hat (internationale Verschmelzung ggf. möglich nach §§ 122 a ff. UmwG). Regelmäßig wird aber ein Verschmelzungsbericht nach § 8 UmwG (i. V. m. Verschmelzungsvertrag, § 4 UmwG) bzw. ein (Ab-)Spaltungsbericht nach § 127 UmwG (i. V. m. (Ab-)Spaltungs- und Übernahmevertrag, § 126 UmwG) nicht einem Prospekt gleichwertig sein, denn in ihm sind grds. keine Angaben zu Risikofaktoren enthalten und er enthält keine Zusammenfassung.[26] Daneben wird ein

---

20 Näher *Schnorbus*, in: Frankf Komm WpPG, § 4 WpPG Rn. 14 ff.; mit Vergleich zu US-Prospektanforderungen außerdem *Seibt/von Bonin/Isenberg*, AG 2008, 565, 567 ff.

21 Vgl. *Schnorbus*, in: Frankf Komm WpPG, § 4 WpPG Rn. 25.

22 Vgl. *Schlitt/Schäfer*, in: Assmann/Schlitt/von Kopp-Colomb, WpPG/VerkProspG, § 4 WpPG Rn. 16; *Schnorbus*, in: Frankf Komm WpPG, § 4 WpPG Rn. 26 ff.; a. A. mit Verweis auf den Willen des europäischen Gesetzgebers *Zeising*, in: Just/Voß/Ritz/Zeising, WpPG, § 4 Rn. 13.

23 Vgl. RegBegr. zum ProspRLÄndRL-UmsG, BT-Drucks. 17/8684, S. 17.

24 *Groß*, KapMR, § 4 WpPG Rn. 4; *Grosjean*, in: Heidel, AktG, § 4 WpPG Rn. 5.

25 EU-ProspRL-UmsetzungsG, BT-Drucks. 15/4999, S. 30.

26 *Grosjean*, in: Heidel, AktG, § 4 WpPG Rn. 5; *Schnorbus*, in: Frankf Komm WpPG, § 4 WpPG Rn. 79 ff.; *Seibt/von Bonin/Isenberg*, AG 2008, 565, 570; a. A. wohl *Groß*, KapMR, § 4 WpPG Rn. 14 „im Großen und Ganzen" Gleichwertigkeit vertretbar.

Verschmelzungs- bzw. Spaltungsbericht nicht immer gewährleisten, dass er ausreichend aktuelle Informationen enthält, die denen des Prospekts entsprechen. Das zumindest reduzierte Schutzbedürfnis der Anleger,[27] gem. § 12 UmwG (ggf. i. V. m. § 125 UmwG) muss eine Bestätigung eines Wirtschaftsprüfers zum Wertverhältnis von Angebot und Preis erfolgen, hat keinen Einfluss auf die Gleichwertigkeit der Dokumente. Dieser Umstand sollte bei der Ausübung der Verordnungsermächtigung des Abs. 3 Berücksichtigung finden und nur eine entsprechend ergänzte Dokumentation verbunden mit der Bestätigung nach § 12 UmwG für gleichwertig erklärt werden. Ein Teilzusatzprospekt, der die fehlenden Informationen enthält, ist nicht zulässig, jedoch ein freiwilliger Mehrinhalt. Die Gleichwertigkeit ist materiell an § 7 WpPG i. V. m. EU-ProspV zu prüfen, im Übrigen muss das Dokument aktuell sein. Bei der Beurteilung ist auf die Gültigkeitsfrist eines Prospekts nach § 9 WpPG abzustellen.[28]

4. Sachdividenden, Abs. 1 Nr. 4

Von der Prospektpflicht ausgenommen ist auch die Ausschüttung von Aktien als Dividenden für Aktien ders. Aktiengattung. Voraussetzung ist aber, dass ein Dokument vorliegt, in dem Informationen über die Anzahl und Art der Aktien sowie die Gründe und Einzelheiten zu dem Angebot enthalten sind. Art. 4 Abs. 1 d) der EU-ProspRL wurde hierdurch umgesetzt. Durch das ProspRLÄndRL-UmsG wurde – basierend auf der Änderung von Art. 4 Abs. 1 d) der EU-ProspRL durch die EU-ProspRLÄndRL – der in Abs. 1 Nr. 4 a. F. enthaltene Anwendungsfall der Kapitalerhöhung aus Gesellschaftsmitteln gestrichen. Laut der RegBegr. ist ein solches Angebot bereits nach § 3 Abs. 2 Satz 1 Nr. 5 WpPG (100.000 Euro-Ausnahme) von der Prospektpflicht befreit.[29] Für deutsche Aktiengesellschaften lag zudem schon kein öffentliches Angebot im Sinne des § 2 Nr. 4 WpPG vor, da die Aktien bei einer Kapitalerhöhung aus Gesellschaftsmitteln direkt zugebucht werden bzw. dem Altaktionär direkt zustehen (§ 212 AktG).[30] Auch der Anwendungsbereich für Sachdividenden ist begrenzt, da in der Regel kein öffentliches Angebot vorliegt. Sachdividenden werden nicht angeboten, sondern eingebucht, ohne dass vom Aktionär eine gesonderte Entscheidung getroffen wird.[31] Damit beschränkt sich diese Ausnahme im Wesentlichen auf ausländische Emittenten, bei denen ein Angebot im Sinne von § 2 Nr. 4 WpPG bei entsprechenden Dividenden möglich ist.[32]

8

---

27 *Groß*, KapMR, § 4 WpPG Rn. 4 b.

28 *Schnorbus*, in: Frankf Komm WpPG, § 4 WpPG Rn. 80.

29 RegBegr. zum ProspRLÄndRL-UmsG, BT-Drucks. 17/8684, S. 17; so auch EG 13 der EU-ProspRLÄndRL zu Art. 4 Abs. 1 d) der EU-ProspRL.

30 *Grosjean*, in: Heidel, AktG, § 4 WpPG Rn. 6; *Groß*, KapMR, § 4 WpPG Rn. 5.

31 Vgl. *Groß*, KapMR, § 4 WpPG Rn. 5; *Schlitt/Schäfer*, in: Assmann/Schlitt/von Kopp-Colomb, WpPG/VerkProspG, § 4 WpPG Rn. 16; zur Sachdividende allg. *Holzborn/Bunneman*, AG 2003 671.

32 Ebenso *Grosjean*, in: Heidel, AktG, § 4 WpPG Rn. 7; *Groß*, KapMR, § 4 WpPG Rn. 5; *Schnorbus*, in: Frankf Komm WpPG, § 4 WpPG Rn. 36.

9 Erforderlich ist aber daneben, dass ein Dokument verfügbar ist, das Art und Anzahl der Aktien sowie die Gründe und Einzelheiten des Angebots enthält. Eine gesonderte Veröffentlichung oder Hinweisbekanntmachung ist nicht erforderlich.[33] Inhaltlich muss es den Emittenten identifizieren und eine Quelle für weitere diesbezügliche Informationen nennen. Ferner sind Gründe für das Angebot und ein Bezug zu der Ausnahmevorschrift und detaillierte Informationen zum Angebot selbst zu geben. Letzteres sollte die wesentlichen Bedingungen enthalten wie Adressat, Angebotszeitraum, Orderumfang und Preis.[34] Darüber hinaus sollten die mit den angebotenen Aktien verbundenen Rechte summarisch beschrieben werden. Es handelt sich dabei nicht um einen Prospekt, so dass eine Billigung oder eine Anzeige nicht erforderlich ist.[35] Ein gesetzlicher Haftungstatbestand hierfür besteht nicht.[36]

5. Mitarbeiterbeteiligungsprogramme, Abs. 1 Nr. 5

10 Ausgenommen sind Wertpapierangebote, bei denen durch den Arbeitgeber oder ein mit ihm i. S. d. § 15 AktG verbundenes Unternehmen als Emittent Wertpapiere an derzeitige oder ehemalige Mitglieder von Geschäftsführungsorganen oder Arbeitnehmer ausgegeben werden.[37] Vor ihrer Änderung durch das ProspRLÄndRL-UmsG setzte diese Ausnahme, im Gegensatz zur Vorgängernorm, § 2 Nr. 3 VerkProspG a. F., voraus, dass das Angebot der betreffenden Wertpapiere durch einen Arbeitgeber bzw. verbundenes Unternehmen erfolgte, dessen Wertpapiere bereits zum Handel an einem organisierten Markt zugelassen waren. Diese Voraussetzung ist durch das ProspRLÄndRL-UmsG, welches insoweit die Änderung von Art. 4 Abs. 1 der EU-ProspRL durch die EU-ProspRLÄndRL umsetzt, eingeschränkt worden: Für im Europäischen Wirtschaftsraum ansässige Emittenten fällt das Notierungserfordernis ersatzlos weg (vgl. § 4 Abs. 1 Nr. 5 a) WpPG). Drittlandsemittenten können die Ausnahme nutzen, wenn Wertpapiere bereits an einem organisierten Markt in der EU (Abs. 1 Nr. 5 b)) oder an einem Drittlandsmarkt, für den die Europäische Kommission einen Beschluss über die Gleichwertigkeit erlassen hat (Abs. 1 Nr. 5 c)), zugelassen sind.

Weitere Voraussetzung der Ausnahme ist, dass den Arbeitnehmern ein Dokument zur Verfügung gestellt wird, das über Art und Anzahl der Wertpa-

---

33 *ESMA*, update CESR recommendation, consistent implementation, ESMA/2013/319, Tz. 176.

34 Im Einzelnen *ESMA*, update CESR recommendation, consistent implementation, ESMA/2013/319, Tz. 173 f.; ähnlich früher § 45 Nr. 2 a) BörsZulV a. F., wobei dort eine Bekanntmachung erfolgte, die der Haftung nach § 44 Abs. 4 BörsG unterlag.

35 *ESMA*, update CESR recommendation, consistent implementation, ESMA/2013/319, Tz. 175.

36 Siehe § 21 Rn. 25; vgl. auch *Grosjean*, in: Heidel, AktG, § 4 WpPG Rn. 8, *Schnorbus*, in: Frankf Komm WpPG, § 4 WpPG Rn. 21.

37 Vgl. zu Aktienoptionsprogrammen *Holzborn*, in: Marsch-Barner/Schäfer, Hdb börsnot AG, § 50.

piere sowie Gründe und Einzelheiten zum Angebot informiert.[38] Art. 4 Abs. 1 e) der EU-ProspRL wurde hierdurch umgesetzt.[39] Dieses Dokument wird teilweise als „kleiner Prospekt" bezeichnet,[40] was insoweit irreführend ist, dass sich es sich ersichtlich nicht um einen (zu billigenden) Prospekt im Sinne des WpPG handelt.[41] Das Informationsdokument ist von der Haftungsnorm des § 21 Abs. 4 WpPG nicht umfasst.[42] Bei dem Informationsdokument ist darauf zu achten, dass Insiderverstöße durch asymmetrische Information vermieden werden.[43] Erwägungsgrund 14 der EU-ProspRLÄndRL weist darauf hin, dass ein nicht notierter Emittent weder den Offenlegungspflichten noch den Marktmissbrauchsvorschriften unterliegt und das Informationsdokument „erforderlichenfalls" aktualisiert werden sollte, „damit die Wertpapiere angemessen bewertet werden können". Dies ist schwer einzuordnen, da das Informationsdokument lediglich Informationen (über Anzahl und Art der Wertpapiere und Gründe sowie Einzelheiten zu dem Angebot) enthalten muss, die regelmäßig nicht Gegenstand von zulassungsbezogenen Offenbarungspflichten sind und auch selten nachfolgenden Änderungen unterliegen.[44]

Bei Drittlandsemittenten mit Drittlandsnotierung ist zusätzlich vonnöten, dass ausreichende Informationen einschließlich des genannten Dokuments in einer in der internationalen Finanzwelt üblichen Sprache (d. h. Englisch) vorliegen (vgl. Abs. 1 Nr. 5 c)). Inwieweit „ausreichende Informationen" über das für die anderen Fälle des Abs. 1 Nr. 5 vorgesehene Informationsdokument hinausgehen, ist noch unklar.

Hinter § 4 Abs. 1 Nr. 5 WpPG soll der Gedanke stehen, dass die Mitarbeiter typischerweise eine überdurchschnittliche Kenntnis über den Emittenten haben, so dass eine eingeschränkte Dokumentation ausreichend sein soll.[45] Allerdings kann dies bereits bei mittelgroßen Einheiten nur noch für entsprechende Führungskräfte tragfähig gemacht werden, da der einzelne Mitarbeiter gerade bei börsennotierten Gesellschaften kaum Einblicke in die Geschäftstätigkeit und das Gesamtgefüge erhält. Als Gesetzeszweck wird ferner herangezogen, dass im Falle der Notierung an einem organisierten Markt (insb. auch für Abs. 2 Nr. 6) aus den Zulassungsfolgepflichten (z. B.

---

38 Vgl. dazu Rn 9 und *ESMA*, update CESR recommendation, consistent implementation, ESMA/2013/319, Tz. 173 f.; vgl. auch *Schnorbus*, in: Frankf Komm WpPG, § 4 WpPG Rn. 49 f.; *Schlitt/Schäfer*, in: Assmann/Schlitt/von Kopp-Colomb, WpPG/VerkProspG, § 4 WpPG Rn. 30 f. *Leuering/Stein*, Der Konzern 2012, 382, 387, verweisen auf *ESMA*, Q&A, 18th updated version, ESMA/2012/855, Tz. 71, die sich jedoch unmittelbar nur auf den Verzicht auf Prospektangaben gemäß Art. 23 Abs. 4 EU-ProspV bezieht.
39 Vgl. RegBegr. EU-ProspRL-UmsG, BT-Drucks. 15/4999, S. 30.
40 Vgl. insoweit auch die RegBegr. ProspRLÄndRL-UmsG, BT-Drucks. 17/8684, S. 18.
41 Ebenso *Groß*, KapMR, § 4 WpPG Rn. 6.
42 Vgl. § 21 Rn. 25.
43 *Holzborn*, in: Marsch-Barner/Schäfer, Hdb börsnot AG, § 50 Rn. 133 ff.
44 Vgl. in diesem Zusammenhang zum Repricing von Aktienoptionsplänen *M. Käpplinger/ S. Käpplinger*, WM 2004, 712.
45 *Groß*, KapMR, § 4 WpPG Rn. 6; an diesem Argument zweifelnd *Grosjean*, in: Heidel, AktG, § 4 WpPG Rn. 11.

§§ 12 ff., 15 WpHG) eine ausreichende Dokumentation und Transparenz gegeben sei, die es rechtfertige, nur eingeschränkte Prospektierungspflichten hinsichtlich des konkreten Angebots vorzusehen.[46] Nach Streichung des Notierungserfordernisses für EWR-Emittenten kann so nunmehr nur für Drittlandsemittenten argumentiert werden.

Die Fälle, in denen Mitarbeiter Wertpapiere unentgeltlich zugewendet bekommen (sog. free offers), erfüllen nicht den Begriff des öffentlichen Angebots und sind bereits aus diesem Grunde prospektfrei möglich. Dies gilt allerdings nur, wenn der Mitarbeiter keine Wahlmöglichkeit hat und die Zuwendung nicht zurückweisen kann.[47] Kann der Mitarbeiter die (unentgeltliche) Zuwendung ablehnen, liegt grundsätzlich – bei Vorhandensein der übrigen Merkmale – ein öffentliches Angebot vor, welches jedoch unter die 100.000 Euro-Ausnahme des § 3 Abs. 2 Satz 1 Nr. 5 WpPG fällt.[48] Besondere Beachtung muss jedoch der Frage geschenkt werden, ob nicht ausnahmsweise doch eine (versteckte) Gegenleistung für die Zuwendung in der Arbeitsleistung des Mitarbeiters liegt.[49] Dies kann insbesondere dann der Fall sein, wenn die zugewendeten Wertpapiere anstelle eines anderen, quantifizierbaren finanziellen Vorteils (z. B. Bonuszahlung) gewählt werden können.

Bei Mitarbeiteroptionsprogrammen beinhaltet die Gewährung von Aktienoptionen selbst regelmäßig kein Angebot, wenn mangels Verbriefung und Übertragbarkeit keine Wertpapiereigenschaft im Sinne des § 2 Nr. 1 WpPG vorliegt.[50] Nach der herkömmlichen Auffassung, die der Verwaltungspraxis der BaFin folgte, konnte bei Optionen ohne Wertpapiereigenschaft jedoch zum Zeitpunkt der Ausübbarkeit der Option ein öffentliches Angebot vorliegen, wenn eine Verbriefung bzw. Handelbarkeit der Aktien vorlag.[51] Ausnahmsweise konnte zudem bereits die Optionsgewährung ein öffentliches Angebot beeinhalten, sofern der Erwerb der Optionen ohne weiteres Zutun zum Erwerb der Aktien führte.[52] Die BaFin hat jedoch ihre bisherige Praxis an die Auffassung der ESMA[53] angepasst und nimmt im Zeitpunkt der Ausübung der Option ein öffentliches Angebot nur noch in Ausnahmefällen an, etwa wenn ein Angebot von Aktien rechtsmissbräuchlich als Option „ge-

---

46 Vgl. *Holzborn/Israel*, in: Holzborn, WpPG, 1. Aufl., § 4 Rn. 10.
47 Vgl. *ESMA*, Q&A, 21st updated version, ESMA/2014/38, question 6; vgl. auch *Kollmorgen/Feldhaus*, BB 2007, 225, 227; ohne diese Einschränkung *Schlitt/Schäfer*, in: Assmann/Schlitt/von Kopp-Colomb, WpPG/VerkProspG, § 4 WpPG Rn. 25; *Heidelbach*, in: Schwark/Zimmer, KapMRK, § 4 WpPG Rn. 23.
48 *ESMA*, Q&A, 21st updated version, ESMA/2014/35, question 6; *Kollmorgen/Feldhaus*, BB 2007, 225, 227.
49 *Kollmorgen/Feldhaus*, BB 2007, 225, 227.
50 *ESMA*, Q&A, 21st updated version, ESMA/2014/35, question 5; *Ritz/Zeising*, in: Just/Voß/Ritz/Zeising, WpPG, § 2 Rn. 144; *Schnorbus*, in: Frankf Komm WpPG, § 2 WpPG Rn. 16; *Kollmorgen/Feldhaus*, BB 2007, 225; *Seitz*, AG 2005, 678, 680.
51 *Ritz/Zeising*, in: Just/Voß/Ritz/Zeising, WpPG, § 2 Rn. 145; ablehnend *Schnorbus*, in: Frankf Komm WpPG, § 4 WpPG Rn. 85.
52 *Schnorbus*, in: Frankf Komm WpPG, § 4 WpPG Rn. 85; zweifelnd *Kollmorgen/Feldhaus*, BB 2007, 225, 226.
53 *ESMA*, Q&A, 21st updated version, ESMA/2014/34, question 5.

tarnt" wird. Phantom Stocks und Stock Appreciation Rights sind als reine Wertsteigerungsrechte keine Wertpapiere im Sinne des WpPG.[54]

Das Erfordernis, dass die Wertpapiere des anbietenden Arbeitgebers bzw.   *11* verbundenen Unternehmens bereits an einem organisierten Markt im Sinne von § 2 Nr. 16 WpPG zugelassen sind, galt vor Änderung durch das ProspRL-ÄndRL-UmsG ohne Einschränkung. Dies betraf in der Praxis besonderes konzernweite Mitarbeiterbeteiligungsprogramme von internationalen Gesellschaften mit Drittlandsnotierung. Mit Blick auf den Regelungszweck – der auf eine anderweitige Informationsgrundlage abstellt – erschien jedoch zweifelhaft, ob eine entsprechend restriktive Auslegung der Vorschrift angezeigt war.[55] Eine Klarstellung, die die Ausnahme auch im Falle gleichwertiger Drittstaatenzulassung anwendet, erschien wünschenswert, zumal die Prospektpflicht in diesen Fällen im europäischen Vergleich nur in Deutschland angenommen wurde. EU-ProspRLÄndRL und ProspRLÄndRL-UmsG haben diese Kritik aufgegriffen und den Anwendungsbereich für EWR- wie für Drittlandsemittenten erheblich erweitert: Nunmehr können im EWR ansässige Emittenten auch ohne Notierung an einem organisierten Markt Mitarbeitern oder Führungskräften Wertpapiere prospektfrei anbieten. Grund für die Erweiterung der Ausnahme für EWR-Emittenten ist ausweislich EG 14 der EU-ProspRLÄndRL, dass die bestehenden Befreiungen insbesondere für KMU „zu restriktiv" seien. Für Drittlandsemittenten (mit Sitz außerhalb des EWR) bleibt die Notierung an einem organisierten Markt im Sinne von § 2 Nr. 16 WpPG (also innerhalb des EWR) eine von zwei Möglichkeiten für die Inanspruchnahme der Ausnahme (Abs. 1 Nr. 5 b)).[56] Eine abschließende Bezeichnung der erfassten Marktplätze findet sich in den gem. Art. 4 der FinanzmarktRL erfolgenden Mitteilungen.[57] Die Einbeziehung in den Freiverkehr genügt nicht. Die Alternative ist die Zulassung in einem Drittlandsmarkt, für den die Europäische Kommission einen Beschluss über die Gleichwertigkeit erlassen hat (Abs. 1 Nr. 5 c).

Dem (geänderten) Wortlaut des § 4 Abs. 1 Nr. 5 WpPG kann entnommen   *12* werden, dass der anbietende Arbeitgeber bzw. das anbietende verbundene Unternehmen der Emittent der als Mitarbeiterbeteiligung auszugebenden Wertpapiere sein muss, da durch das ProspRLÄndRL-UmsG die Worte „als Emittent" eingefügt wurden. Vor Änderung wurde teilweise vertreten, dass dies nicht erforderlich sei.[58] Bei Drittlandsemittenten müssen nicht die jeweiligen in das Mitarbeiterprogramm einbezogenen Wertpapiere an einem organisierten Markt bzw. Drittlandsmarkt zugelassen sein. Dabei ist nicht er-

---

54 Zu diesen *Holzborn,* in: Marsch-Barner/Schäfer, Hdb börsnot AG, § 51 Rn. 13.
55 Vgl. hierzu *Holzborn/Israel,* in: Holzborn, WpPG, 1. Aufl., § 4 Rn. 11.
56 Dies kritisierend *Groß,* KapMR, § 4 WpPG Rn. 6.
57 Art. 1 Nr. 13 und Art. 16 der WertpapierdienstleistungsRL 93/22/EWG, auf den auch Art. 2 Abs. 1 j) der EU-ProspRL verweist.
58 So etwa *Holzborn/Israel,* in: Holzborn, WpPG, 1. Aufl., § 4 Rn. 12; *Schlitt/Schäfer,* in: Assmann/Schlitt/von Kopp-Colomb, WpPG/VerkProspG, § 4 WpPG Rn. 27; in diese Richtung auch *Leuering,* Der Konzern 2006, 4, 9; a. A. *Grosjean,* in: Heidel, AktG, § 4 WpPG Rn. 11.

forderlich, dass die angebotenen Wertpapiere derselben Gattung wie die bereits zugelassenen Wertpapiere angehören müssen.[59]

IV. Ausnahmen von der Prospektpflicht gem. § 4 Abs. 2 WpPG

13 Die Ausnahmetatbestände des § 4 Abs. 2 beschränken sich auf die prospektfreie Zulassung von Wertpapieren. Auch sie stellen eine Legalausnahme dar, so dass keine Entscheidung der Börsengeschäftsführung (früher Zulassungsstellen) erforderlich ist. Allerdings werden die Voraussetzungen inzident Gegenstand der Prüfung der Zulassung sein, denn die Geschäftsführung erlässt den Zulassungsbescheid nur, wenn die formellen Voraussetzungen für eine prospektfreie Zulassung gegeben sind.[60] Eine materielle Prüfung, also die tatsächliche Gleichwertigkeit einer fraglichen Dokumentation mit dem Informationsgehalt eines WpPG-Prospekts und deren inhaltliche Richtigkeit, wäre schon mit der Systematik der Legalausnahme nicht vereinbar.[61] Ferner würde dies über die Prüfungsgrundsätze für Vollprospekte der BaFin hinausgehen, die die Richtigkeit der enthaltenen Informationen materiell nur auf innere Widerspruchsfreiheit (Kohärenz) eingeschränkt prüft.[62] Schließlich ermöglicht Abs. 3 eine Verordnungsermächtigung auch an die BaFin, Kriterien für die Gleichwertigkeit zu regeln, so dass auch dieses gegen eine entsprechend weitgehende Prüfungspflicht der Geschäftsführung spricht, zumal das Verbot mit Erlaubnisvorbehalt gerade durch die Legalausnahme ersetzt worden ist. Dies beschneidet aber nicht das Recht der Börsengeschäftsführung, bei inzidenter Prüfung im Rahmen des § 32 BörsG in offensichtlichen Missbrauchsfällen die Zulassung zu verweigern. Ein Negativtestat der BaFin wird regelmäßig nicht erteilt.

1. 10 % der zugelassenen Aktien, Abs. 2 Nr. 1

14 Keine Prospektpflicht besteht für die Zulassung von Aktien, wenn sie innerhalb von zwölf Monaten weniger als 10 % der bereits zum Handel an dem-

---

59 Unter Aufgabe der Auffassung aus *Holzborn*, WpPG, 1. Aufl., § 4 Rn. 12; vgl. *Schlitt/Schäfer*, in: Assmann/Schlitt/von Kopp-Colomb, WpPG/VerkProspG, § 4 WpPG Rn. 27; *Schnorbus*, in: Frankf Komm WpPG, § 4 WpPG Rn. 48. Es kann daher auch der Emittent einer börsenzugelassenen Anleihe Mitarbeitern Aktien ohne Börsenzulassung prospektfrei anbieten.

60 Eine solche Prüfungspflicht ist auch mit der WpPG-Systematik konsistent, denn diese Prüfung betrifft gerade keinen Prospekt, dessen Prüfung allein der BaFin nach § 13 Abs. 1 Satz 2 zugewiesen ist, sondern allein die Frage nach dem entsprechenden Ausnahmetatbestand; *Seibt/von Bonin/Isenberg*, AG 2008, 565, 566; a.A. *Groß*, KapMR, § 4 WpPG Rn. 9; folgend *Grosjean*, in: Heidel, AktG, § 4 WpPG Rn. 12.

61 A.A. eine materielle Prüfungspflicht *Grosjean*, in: Heidel, AktG, § 4 WpPG Rn. 12; einschränkend auf den Prüfungsumfang der BaFin für Vollprospekte *Mülbert/Steup*, WM 2005, 1633, 1641; folgend *Groß*, KapMR, § 4 WpPG Rn. 9; *Seibt/von Bonin/Isenberg*, AG 2008, 565, 567.

62 Vgl. § 13 Rn. 18 f.

selben organisierten Markt zugelassenen Aktien derselben Gattung ausmachen. Der mit § 45 Nr. 3 b) BörsZulV a. F. vergleichbare Ausnahmetatbestand setzt Art. 4 Abs. 1 a) um. Berechnungsgrundlage der 10 %-Quote sind alle an demselben organisierten Markt zugelassenen Aktien gleicher Gattung. Dabei wird teilweise in der Praxis auf eine bestimmte Börse abgestellt, während in der Literatur mehrheitlich vertreten wird, den regulierten Markt im Inland insgesamt zu betrachten.[63] Für eine weitere Differenzierung nach Börsenplätzen gibt weder der Regelungs- und Schutzzweck noch der Wortlaut ausreichend Grundlage.[64] Praktisch hat die Frage an Bedeutung verloren, da die Zulassung von Aktien am regulierten Markt bei verschiedenen Börsen jeweils sämtliche Aktien derselben Gattung beinhalten muss.[65] Weitere Voraussetzung ist die Existenz der zuzulassenden Aktien, d. h. deren wirksame Ausgabe, etwa im Rahmen einer Kapitalerhöhung nach Durchführung. Es ist allein eine rechnerische Unterschreitung der 10 %-Grenze erforderlich, also genügt insoweit auch die Unterschreitung um einen Bruchteil (bzw. eine Aktie).[66] Begrenzt wird die Ausnahme durch die Zwölfmonatsfrist, die sich nach §§ 187 ff. BGB berechnet. Somit ist maßgeblicher Zeitpunkt für die Berechnung die Zulassung der Aktien.[67] Richtigerweise wird bei einer Rückrechnung der zwölf Monate der Zeitpunkt des Zulassungsbeschlusses maßgeblich sein.[68] Soll eine Zulassung auf dieser Basis erfolgen, so ist die Frist mit Blick darauf zurückzurechnen, ob eine in 12 Monaten zuvor erfolgte Zulassung (z. B. 8 %) den Spielraum verringert. Dabei ist dann die ursprüngliche Gesamtzahl zugelassener Aktien zugrunde zu legen (also ohne die bereits erfolgten 8 %, im Beispiel verbleiben unter 2 % auf die alte Gesamtzahl). Nach Ablauf der zwölf Monate im Hinblick auf die erste Zulassung ist die um die erste Zulassung erhöhte Gesamtzahl (im Beispiel zzgl. 8 %) als Basis zu nehmen und um die neue Zulassung (hier unter 2 % auf den alten Wert) zu reduzieren, um die Grenze einer dritten Zulassung zu ermitteln. Eine künstliche Aufspaltung einer Kapitalerhöhung (z. B. zunächst unter 10 % und nach Ablauf eines Jahres eine weitere Zulassung aus derselben Kapitalerhöhung) ist nicht möglich, und würde auch keinen Vorteil bringen, da eine Zulassungspflicht innerhalb eines Jahres aus § 40 BörsG i. V. m. § 69 BörsZulV

---

63 Vgl. *Groß*, KapMR, § 4 WpPG, Rn. 10a; *Schlitt/Schäfer*, in: Assmann/Schlitt/von Kopp-Colomb, WpPG/VerkProspG, § 4 WpPG Rn. 41; *Heidelbach*, in: Schwark/Zimmer, Kap-MRK, § 4 WpPG Rn. 34; a.A. *Schnorbus*, in: Frankf Komm WpPG, § 4 WpPG Rn. 63; *Zeising*, in: Just/Voß/Ritz/Zeising, WpPG, § 4 Rn. 33.

64 Überzeugend *Groß*, KapMR, § 4 WpPG Rn. 10a.

65 *Groß*, KapMR, § 4 WpPG Rn. 10a; *Schlitt/Schäfer*, in: Assmann/Schlitt/von Kopp-Colomb, WpPG/VerkProspG, § 4 WpPG Rn. 41.

66 *Grosjean*, in: Heidel, AktG, § 4 WpPG Rn. 13.

67 Die RegBegr. EU-ProspRL-UmsG, BT-Drucks. 15/4999, S. 30, bezieht sich auf die Einführung, die als gesonderter Verwaltungsakt nach der Zulassung liegt, der Gesetzeswortlaut spricht aber von „zugelassenen" Aktien. Dies ist auch unproblematisch, da eine Zulassung nach drei Monaten erlischt, sofern keine Einführung erfolgt, § 38 Abs. 4 BörsG.

68 Ebenso *Schlitt/Schäfer*, in: Assmann/Schlitt/von Kopp-Colomb, WpPG/VerkProspG, § 4 WpPG Rn. 40; *Zeising*, in: Just/Voß/Ritz/Zeising, WpPG, § 4 Rn. 34; *Grosjean*, in: Heidel, AktG, § 4 WpPG Rn. 13.

folgt. Derselben Gattung gehören Aktien auch dann an, wenn sie sich nur hinsichtlich des Beginns der Dividendenberechtigung unterscheiden.[69]

2. Aktientausch, Abs. 2 Nr. 2

15   Von der Prospektpflicht sind ebenfalls solche Zulassungen ausgenommen, bei denen für die betreffenden Aktien ein Austausch mit bereits zu einem organisierten Markt zugelassenen Aktien erfolgt, ohne dass damit eine Kapitalerhöhung verbunden ist. Die Regelung entspricht weitgehend Abs. 1 Nr. 1 (vgl. Rn. 5), ist mit § 45 Nr. 2 c) BörsZulV a. F. vergleichbar und setzt Art. 4 Abs. 2 b) der EU-ProspRL um.[70]

3. Übernahmeangebote, Abs. 2 Nr. 3

16   Keiner Prospektpflicht unterliegt die Zulassung von Aktien, die im Rahmen eines Tauschangebots bei öffentlichen Übernahmen angeboten werden und für die eine einem Prospekt gleichwertige Dokumentation verfügbar ist. Die Vorschrift fußt auf Art. 4 Abs. 2 c) der EU-ProspRL und ist im Regelungsumfang mit Abs. 1 Nr. 2 vergleichbar (vgl. Rn. 6). Sie umfasst die Fälle, die zuvor durch § 45 Nr. 1 b) BörsZulV a. F. geregelt wurden. Hierunter fallen sowohl die Zulassung zu einem organisierten Markt bei gleichzeitigem öffentlichen Angebot wie auch eine Zulassung und Zuteilung der Aktien ohne öffentliches Angebot.[71]

4. Verschmelzungen oder Spaltungen, Abs. 2 Nr. 4

17   Steht für Aktien, die im Wege einer Verschmelzung oder Spaltung zugeteilt oder angeboten werden, ein dem Prospekt gleichwertiges Dokument zur Verfügung, erfolgt ihre Zulassung prospektfrei. Hierdurch wird Art. 4 Abs. 2 d) der EU-ProspRL umgesetzt, wobei die Regelung dem Ausnahmetatbestand des Abs. 1 Nr. 3 für öffentliche Angebote entspricht (vgl. Rn. 7). Parallel zu der Änderung des Abs. 1 Nr. 3 wurde der Wortlaut von Abs. 2 Nr. 4 durch das ProspRLÄndRLUmsG auf die Spaltung erstreckt. Die Vorschrift ist mit dem Befreiungstatbestand des § 45 Nr. 1 b) BörsZulV a. F. vergleichbar. Unerheblich für die Anwendbarkeit der Ausnahme ist, ob gleichzeitig ein öffentliches Angebot erfolgt.[72]

5. Kapitalerhöhungen und Sachdividenden, Abs. 2 Nr. 5

18   Ebenso wie für öffentliche Angebote nach Abs. 1 Nr. 4 (vgl. Rn. 8 ff.) ist für Sachdividenden in Form von Aktien eine Ausnahme von der Prospektpflicht für die Zulassung gegeben, wenn Aktien derselben Gattung bereits an ei-

---

69 Vgl. oben Rn. 5; RegBegr. EU-ProspRL-UmsG, BT-Drucks. 15/4999, S. 30.
70 Vgl. RegBegr. EU-ProspRL-UmsG, BT-Drucks. 15/4999, S. 30.
71 Vgl. RegBegr. EU-ProspRL-UmsG, BT-Drucks. 15/4999, S. 30, zur Gleichwertigkeit *Seibt/ von Bonin/Isenberg*, AG 2008, 565, 567 ff. und oben Rn. 6.
72 Vgl. RegBegr. EU-ProspRL-UmsG, BT-Drucks. 15/4999, S. 30.

nem organisierten Markt zugelassen sind. Anders als Abs. 1 Nr. 4 gilt die Vorschrift auch für Kapitalerhöhungen aus Gesellschaftsmitteln, da dieser Anwendungsfall nicht durch das ProspRLÄndRLUmsG gestrichen wurde. Die Ausnahmeregelung setzt Art. 4 Abs. 2 e) der EU-ProspRL um und knüpft hinsichtlich der Kapitalerhöhung aus Gesellschaftsmitteln an § 45 Nr. 2 a) BörsZulV a. F. an.[73] Im Hinblick auf die Alternative der Kapitalerhöhung aus Gesellschaftsmitteln ist die Vorschrift überflüssig, denn § 33 Abs. 4 EGAktG sieht ohnehin vor, dass eine Zulassung bei entsprechenden Kapitalmaßnahmen automatisch erfolgt.[74] Vor diesem Hintergrund erscheint es als wenig sinnvoll, dass die Kapitalerhöhung aus Gesellschaftsmitteln hier beibehalten wurde.

6. Mitarbeiterbeteiligungsprogramme, Abs. 2 Nr. 6

Die Vorschrift setzt Art. 4 Abs. 2 f) der EU-ProspRL um und ist mit § 45 Nr. 3 c) BörsZulV a. F. vergleichbar.[75] Keiner Prospektpflicht können solche Zulassungen von Wertpapieren unterliegen, bei denen der Arbeitgeber an derzeitige oder ehemalige Mitglieder von Geschäftsführungsorganen oder Arbeitnehmer diese Wertpapiere ausgibt und dessen Wertpapiere bereits zum Handel an einem organisierten Markt zugelassen sind. Auch hier besteht die Erweiterung der Ausnahme auf nach § 15 AktG verbundene Unternehmen. Erforderlich ist allerdings, dass auch hier ein Dokument verfügbar ist, das Art und Anzahl der Wertpapiere sowie Gründe und Einzelheiten zum Angebot enthält.[76] Die Vorschrift entspricht in ihrem Regelungsgehalt weitgehend Abs. 1 Nr. 5 (vgl. Rn. 10 ff.) mit dem Unterschied, dass für die prospektfreie Zulassung weiterhin eine Notierung von Wertpapieren derselben Gattung an demselben organisierten Markt besteht (während ein öffentliches Angebot für EWR-Emittenten kein Notierungserfordernis beinhaltet und für Drittlandsemittenten die Notierung an einem organisierten Markt oder eine gleichwertige Drittlandsnotierung bestehen muss). Die Börse verlangt regelmäßig, dass das Programm bereits konkretisiert ist, also beschlossen wurde.[77]

7. Umtausch- und Bezugsvorgänge, Abs. 2 Nr. 7

Sollen Aktien, die nach der Ausübung von Wandlungs- oder Bezugsrechten aus anderen Wertpapieren ausgegeben werden, zugelassen werden, besteht keine Prospektpflicht, sofern bereits Aktien derselben Gattung an demsel-

19

20

---

73 Vgl. RegBegr. EU-ProspRL-UmsG, BT-Drucks. 15/4999, S. 30.
74 Ausführlich *Schlitt/Schäfer*, in: Assmann/Schlitt/von Kopp-Colomb, WpPG/VerkProspG, § 4 WpPG Rn. 40; *Zeising*, in: Just/Voß/Ritz/Zeising, WpPG, § 4 Rn. 47; *Groß*, KapMR, § 4 WpPG Rn. 17; *Grosjean*, in: Heidel, AktG, § 4 WpPG Rn. 16, der darauf hinweist, dass insoweit lediglich ein Antrag zur Aufnahme der Notierung erforderlich ist.
75 Vgl. RegBegr. EU-ProspRL-UmsG, BT-Drucks. 15/4999, S. 31.
76 Vgl. dazu Rn 9 und *ESMA*, update CESR recommendation, consistent implementation, ESMA/2013/319, Tz. 173 f.
77 *Schlitt/Schäfer*, in: Assmann/Schlitt/von Kopp-Colomb, WpPG/VerkProspG, § 4 WpPG Rn. 48.

ben organisierten Markt zugelassen sind. Der Regelungsgehalt entspricht dem bisherigen § 45 Nr. 2 b) BörsZulV a. F. Wichtigster Fall ist die Zulassung von Aktien, die durch Ausübung von Wandel-, Options- oder Umtauschanleihen ausgegeben werden.[78] Während für eine Einbeziehung des bedingten Kapitals in einen Prospekt eine Konkretisierung in Form von Beschluss und Ausgabe nötig ist, bedarf es für Nr. 7 einer bereits laufenden Wandelanleihe, deren Ausübung in frühestens 3 Monaten beginnt. Hinsichtlich der Entstehung der betreffenden Aktien gibt es keine Einschränkung, so dass auch Aktien aus bedingten oder genehmigten Kapitalerhöhungen erfasst sind[79] und keine Einschränkung der Anzahl der Aktien gegeben ist. Ebenfalls erfasst sind solche Wertpapiere, bei denen eine Umtausch- oder Wandelpflicht besteht, denn dies ist allein eine vertragliche Verpflichtung aus der ursprünglichen Anleihe.[80] Telos der Norm ist, im Einklang mit der systematischen Stellung, die Vermeidung einer Doppelpublizität, so dass praktisch nur Wandelanleihen betroffen wären, bei denen für die Anleihe ein Prospekt erstellt wurde. Vor diesem Hintergrund ist bislang nicht abschließend geklärt, wie Konstruktionen behandelt werden, bei denen durch die Begebung von Pflichtwandelanleihen mit einem kurzen Wandlungszeitraum mangels öffentlichen Angebots oder Zulassung eine Prospektpflicht ausgeschlossen wird, ohne dass ein Anleiheprospekt veröffentlicht wurde. Für eine Prospektpflicht fehlt es an einem Anknüpfungspunkt im Wortlaut des Gesetzes und des darin umgesetzten Art. 4 Abs. 2 g) EU-ProspRL. Für das Erfordernis eines Anleiheprospekts gibt es somit keine überzeugenden Anhaltspunkte. Jedenfalls dürfte in dieser Konstruktion kein Missbrauchstatbestand zu sehen sein, solange die ausgegebene Wandelanleihe einen substantiellen Zeitraum bestanden hat und nicht nur für eine juristische Sekunde entsteht.[81] Die Börsen lassen nach Nr. 7 neben Wandelanleihen ohne Prospektpflicht nach dem Prinzip der Meistbegünstigung regelmäßig auch Mitarbeiteroptionsprogramme (siehe auch Nr. 6) zu.

8. Altfälle, Abs. 2 Nr. 8

21 Für bereits vor dem Inkrafttreten des WpPG zugelassene Wertpapiere besteht eine Ausnahmeregelung. Hiervon erfasst sind Fälle, in denen diese oder Wertpapiere derselben Gattung zuvor länger als 18 Monate zum Handel an einem organisierten Markt im EWR zugelassen sind und für die ein nach den jeweils gültigen Vorschriften erstellter Prospekt veröffentlicht wurde, vgl. Nr. 8 a) und b). Voraussetzung ist aber, dass die Zulassungsfolgepflichten eingehalten wurden, vgl. Nr. 8 c), und eine Zusammenfassung in deutscher Sprache veröffentlicht wird, vgl. Nr. 8 d). Inhaltlich muss dieses

---

78 *Groß*, KapMR, § 4 WpPG Rn. 19; *Grosjean*, in: Heidel, AktG, § 4 WpPG Rn. 18; *Zeising*, in: Just/Voß/Ritz/Zeising, WpPG, § 4 Rn. 49.
79 *Groß*, KapMR, § 4 WpPG Rn. 19; *Grosjean*, in: Heidel, AktG, § 4 WpPG Rn. 18; *Zeising*, in: Just/Voß/Ritz/Zeising, WpPG, § 4 Rn. 47.
80 Schon *Schlitt/Schäfer*, AG 2005, 501.
81 Wohl gleichfalls *Grosjean*, in: Heidel, AktG, § 4 WpPG Rn. 18, der schon auf diese Problematik hinweist.

Dokument den Schlüsselinformationen gemäß § 5 Abs. 2 a WpPG zzgl. eines Hinweises auf erhältliche Prospektunterlagen entsprechen, vgl. Nr. 8 f), und in der Form des § 14 veröffentlicht werden, vgl. Nr. 8 e). Die Vorschrift setzt Art. 4 Abs. 2 h) der EU-ProspRL um und ähnelt dem alten § 45 a) BörsZulV a. F., der diesbezüglich aber eine Frist von drei Jahren vorsah. Damit können Altemittenten, die Einhaltung der Zulassungsfolgepflichten vorausgesetzt, vereinfacht den Kapitalmarkt in Anspruch nehmen.[82]

V. Kombinierbarkeit

Die Ausnahmetatbestände des § 4 WpPG sind in der Regel kumulativ anwendbar, sofern sich aus dem Charakter der Kapitalmarktmaßnahme keine andere Bewertung ergibt. Dies gilt insb. für die Kombination bei öffentlichem Angebot aus Abs. 1 und Zulassung aus Abs. 2, die bei börsennotierten Gesellschaften typischerweise gemeinsam auftreten. Bei Verschmelzungen bzw. Spaltungen und Übernahmeangeboten dürften weitere Ausnahmetatbestände schon mangels Praktikabilität ausgeschlossen sein. 22

Gleiches gilt für die kumulative Anwendung mit Ausnahmen nach § 3 WpPG. Die gleichzeitige Anwendung der Ausnahme aufgrund der Angebotsform nach § 3 Abs. 2 WpPG wird jedoch regelmäßig nicht greifen, da bei ausgenommener Angebotsform meist auch keine Zusatzdokumentation vorliegen wird und die 10 % Ausnahme aus § 4 Abs. 2 Nr. 1 WpPG nur für die Zulassung gilt. Von Kapitalmaßnahmen sind regelmäßig alle Aktionäre betroffen, so dass nur § 4 WpPG in Frage kommt. Evtl. könnte es bei einem Mitarbeiterbeteiligungsprogramm an weniger als 150 Arbeitnehmer trotzdem ein Informationsdokument geben, so dass § 3 Abs. 3 Nr. 2 und § 4 Abs. 1 Nr. 5 bzw. Abs. 2 Nr. 6 WpPG vorliegen. 23

Von den Ausnahmen ist die Anwendbarkeit nach § 1 WpPG zu unterscheiden. § 1 WpPG beschreibt den Anwendungsbereich des WpPG, der nicht als Kombination herangezogen werden kann. Dies hat Auswirkungen insb. bei der 10 % Ausnahme in Abs. 2 Nr. 1. Entgegen der Praxis der Geschäftsführungen einiger Wertpapierbörsen ist eine zuvor unter der 5 Mio. Ausnahme (§ 1 Abs. 2 Nr. 4 WpPG) erfolgende Zulassung in den Berechnungsbetrag einer 10 % Ausnahmezulassung innerhalb von zwölf Monaten reduzierend einzubeziehen. Dies folgt schon aus dem Wortlaut, wie auch aus der systematischen Stellung gegenüber einem expliziten Ausnahmetatbestand. Erst wenn die Schwelle innerhalb der zwölf Monate überschritten ist, kann der Ausnahmetatbestand, in den dann das/die vorher unter der Schwelle liegende Angebot/Zulassung einberechnet wird, eingreifen. Ferner rechnet die Praxis bei entgegen gesetzter Konstellation (zuerst Nutzung der 10 % Ausnahme, dann weiterer Schritt unter 5 Mio. Euro) die Beträge zusammen. Eine solche unterschiedliche Behandlung nach zeitlicher Reihenfolge ist nicht gerechtfertigt. 24

---

82 Vgl. RegBegr. EU-ProspRL-UmsG, BT-Drucks. 15/4999, S. 31.

VI. Verordnungsermächtigung, Abs. 3

25 Durch Abs. 3 wird dem Bundesministerium der Finanzen eine Verordnungs-ermächtigung eingeräumt, die Voraussetzungen für Dokumente zu regeln, die als dem Prospekt gleichwertig anzusehen sind. Dieses betrifft die Ausnahmetatbestände des Abs. 1 Nr. 2 und Nr. 3 sowie Abs. 2 Nr. 3 und Nr. 4. Ausdrücklich vorgesehen ist, dass auf diesem Wege auch auf andere inländische Vorschriften oder das Recht eines anderen Mitgliedstaats des EWR Bezug genommen werden kann (Satz 2). Diese Ermächtigung kann auf die BaFin übertragen werden (Satz 3), bislang ist aber von ihr nicht Gebrauch gemacht worden.[83]

---

83 Krit. hierzu *Groß*, KapMR, § 4 WpPG Rn. 15.

ABSCHNITT 2
Erstellung des Prospekts

§ 5
Prospekt

(1) Der Prospekt muss unbeschadet der Bestimmungen des § 8 Abs. 2 in leicht analysierbarer und verständlicher Form sämtliche Angaben enthalten, die im Hinblick auf den Emittenten und die öffentlich angebotenen oder zum Handel an einem organisierten Markt zugelassenen Wertpapiere notwendig sind, um dem Publikum ein zutreffendes Urteil über die Vermögenswerte und Verbindlichkeiten, die Finanzlage, die Gewinne und Verluste, die Zukunftsaussichten des Emittenten und jedes Garantiegebers sowie über die mit diesen Wertpapieren verbundenen Rechte zu ermöglichen. Insbesondere muss der Prospekt Angaben über den Emittenten und über die Wertpapiere, die öffentlich angeboten oder zum Handel an einem organisierten Markt zugelassen werden sollen, enthalten. Der Prospekt muss in einer Form abgefasst sein, die sein Verständnis und seine Auswertung erleichtert.

(2) Der Prospekt muss vorbehaltlich des Satzes 5 eine Zusammenfassung enthalten, die die Schlüsselinformationen nach Absatz 2a und die Warnhinweise nach Absatz 2b umfasst. Die Zusammenfassung ist in derselben Sprache wie der ursprüngliche Prospekt zu erstellen. Form und Inhalt der Zusammenfassung müssen geeignet sein, in Verbindung mit den anderen Angaben im Prospekt den Anlegern bei der Prüfung der Frage, ob sie in die betreffenden Wertpapiere investieren sollten, behilflich zu sein. Die Zusammenfassung ist nach dem einheitlichen Format zu erstellen, das durch die Delegierte Verordnung (EU) Nr. 486/2012 der Kommission vom 30. März 2012 zur Änderung der Verordnung (EG) Nr. 809/2004 in Bezug auf Aufmachung und Inhalt des Prospekts, des Basisprospekts, der Zusammenfassung und der endgültigen Bedingungen und in Bezug auf die Angabepflichten (ABl. L 150 vom 9.6.2012, S. 1) vorgegeben ist. Betrifft der Prospekt die Zulassung von Nichtdividendenwerten mit einer Mindeststückelung von 100 000 Euro an einem organisierten Markt, muss keine Zusammenfassung erstellt werden.

(2a) Die erforderlichen Schlüsselinformationen umfassen in kurzer Form und allgemein verständlicher Sprache unter Berücksichtigung des jeweiligen Angebots und der jeweiligen Wertpapiere:

1. eine kurze Beschreibung der Risiken und wesentlichen Merkmale, die auf den Emittenten und einen etwaigen Garantiegeber zutreffen, einschließlich der Vermögenswerte, Verbindlichkeiten und der Finanzlage des Emittenten und etwaigen Garantiegebers,

2. eine kurze Beschreibung der mit der Anlage in das betreffende Wertpapier verbundenen Risiken und der wesentlichen Merkmale dieser Anlage einschließlich der mit den Wertpapieren verbundenen Rechte,

3. die allgemeinen Bedingungen des Angebots einschließlich einer Schätzung der Kosten, die dem Anleger vom Emittenten oder Anbieter in Rechnung gestellt werden,

4. Einzelheiten der Zulassung zum Handel und

5. Gründe für das Angebot und die Verwendung der Erlöse.

(2b) Die erforderlichen Warnhinweise umfassen die Hinweise, dass

1. die Zusammenfassung als Einführung zum Prospekt verstanden werden sollte,

2. der Anleger jede Entscheidung zur Anlage in die betreffenden Wertpapiere auf die Prüfung des gesamten Prospekts stützen sollte,

3. für den Fall, dass vor einem Gericht Ansprüche auf Grund der in einem Prospekt enthaltenen Informationen geltend gemacht werden, der als Kläger auftretende Anleger in Anwendung der einzelstaatlichen Rechtsvorschriften der Staaten des Europäischen Wirtschaftsraums die Kosten für die Übersetzung des Prospekts vor Prozessbeginn zu tragen haben könnte und

4. diejenigen Personen, die die Verantwortung für die Zusammenfassung einschließlich der Übersetzung hiervon übernommen haben oder von denen der Erlass ausgeht, haftbar gemacht werden können, jedoch nur für den Fall, dass die Zusammenfassung irreführend, unrichtig oder widersprüchlich ist, wenn sie zusammen mit den anderen Teilen des Prospekts gelesen wird, oder sie, wenn sie zusammen mit den anderen Teilen des Prospekts gelesen wird, nicht alle erforderlichen Schlüsselinformationen vermittelt.

(3) Der Prospekt ist mit dem Datum seiner Erstellung zu versehen und vom Anbieter zu unterzeichnen. Sollen auf Grund des Prospekts Wertpapiere zum Handel an einem organisierten Markt zugelassen werden, ist der Prospekt vom Zulassungsantragsteller zu unterzeichnen.

(4) Der Prospekt muss Namen und Funktionen, bei juristischen Personen oder Gesellschaften die Firma und den Sitz der Personen oder Gesellschaften angeben, die für seinen Inhalt die Verantwortung übernehmen; er muss eine Erklärung dieser Personen oder Gesellschaften enthalten, dass ihres Wissens die Angaben richtig und keine wesentlichen Umstände ausgelassen sind. Im Falle des Absatzes 3 Satz 2 hat stets auch das Kreditinstitut, Finanzdienstleistungsinstitut oder nach § 53 Abs. 1 Satz 1 oder 53b Abs. 1 Satz 1 des Kreditwesengesetzes tätige Unternehmen, mit dem der Emittent zusammen die Zulassung der Wertpapiere beantragt, die Verantwortung zu übernehmen und muss der Prospekt dessen Erklärung nach Satz 1 enthalten.

Holzborn/Mayston

Inhalt

I. Vorbemerkungen

Mit § 5 WpPG hat der Gesetzgeber Art. 5 Abs. 1 und 2 sowie Art. 6 Abs. 1   *1*
der EU-ProspRL sowie deren Änderungen durch die EU-ProspRLÄndRL umgesetzt.[1] Überwiegend eng am Wortlaut der europarechtlichen Vorgaben angelehnt, paraphrasiert der durch das ProspRLÄndRL-UmsG nicht geänderte
§ 5 Abs. 1 WpPG die grundlegenden Anforderungen, die ein Prospekt übereinstimmend sowohl für ein öffentliches Angebot als auch für eine Zulassung
von Wertpapieren an einem organisierten Markt (engl.: regulated market)
erfüllen muss. Danach gliedern sich die in einem Prospekt grundsätzlich aufzunehmenden Themenkomplexe erstens in Angaben über den Emittenten
– diese werden im sog. Registrierungsformular festgehalten – und zweitens
in Angaben über die zu emittierenden Wertpapiere – diese werden im Rahmen der sog. Wertpapierbeschreibung erteilt. Die in dieser Weise darzustellenden inhaltlichen Mindestinformationsbestandteile konkretisiert gemäß § 7
WpPG die EU-ProspV (EG) 809/2004 mit ihren Anhängen. Schließlich bedarf
es – außer in den Fällen des § 5 Abs. 2 Satz 5 WpPG – als drittem Informati-
onsblock einer in § 5 Abs. 2 WpPG geregelten Zusammenfassung des Prospekts, welche die Schlüsselinformationen nach § 5 Abs. 2a WpPG sowie die
Warnhinweise nach § 5 Abs. 2b WpPG umfasst. § 5 Abs. 2 WpPG wurde
durch das ProspRLÄndRL-UmsG grundlegend geändert und in § 5 Abs. 2a
eine Definition der nunmehr erforderlichen Schlüsselinformationen eingefügt. Abs. 2 Satz 3 a. F., der die auch nach altem Recht erforderlichen Warnhinweise regelte, wurde zu Abs. 2b. Der Aufbau des Prospekts (Prospektfor-
mat) kann zum einen in Form eines einzigen Dokuments erfolgen, welches

---

1 Vgl. RegBegr. EU-ProspRL-UmsG, BT-Drucks. 15/4999, S. 31. Der dort enthaltene Hinweis auf die Umsetzung auch von Art. 5 Abs. 3 der EU-ProspRL trifft nicht ganz zu. Dieser wurde durch § 12 WpPG umgesetzt, vgl. RegBegr. EU-ProspRL-UmsG, BT-Drucks.
15/4999, S. 34; Groß, KapMR, § 5 WpPG Rn. 1, nennt nur Art. 5 Abs. 1 und 2.

dann gemäß Art. 25 Abs. 1 EU-ProspV aus Inhaltsverzeichnis, Zusammenfassung, Risikofaktoren und den sonstigen Informationsbestandteilen, die Gegenstand der anwendbaren Schemata und Module sind, bestehen muss.[2] Gem. § 12 WpPG sowie Art. 25 Abs. 2 EU-ProspV ist aber ebenfalls eine Zusammensetzung aus mehreren Einzeldokumenten möglich.[3] Letztere Möglichkeit folgt auch der in § 5 Abs. 1 und 2 bis 2 b WpPG vorgegebenen Einteilung in drei Informationskomplexe und sieht die Aufteilung in ein sich auf den Emittenten[4] beziehendes Registrierungsformular, eine Beschreibung des Wertpapiers[5] sowie eine Zusammenfassung[6] vor. Die Notwendigkeit, den Prospekt zu unterzeichnen und die Prospektverantwortlichen zu benennen, regeln die Absätze 3 und 4, die durch das ProspRLÄndRL-UmsG nicht geändert wurden.

2 Weiterhin bilden die in § 5 WpPG abstrakt verankerten Anforderungen an die Prospektangaben eine wesentliche Grundlage für etwaige Haftungsansprüche des Anlegers. Das Thema Prospekthaftung wurde vom europäischen Gesetzgeber und folgend auch vom nationalen Gesetzgeber aus dem Regelungsbereich des WpPG zunächst weitgehend ausgeklammert. Es verblieb bei der Anwendung bestehender Rechtsquellen der Prospekthaftung, insbesondere §§ 44 ff. BörsG, § 13 VerkProspG i. V. m. §§ 44 ff. BörsG bei fehlerhaften Prospekten und § 13 a VerkProspG bei fehlendem Prospekt. Erst durch das Gesetzes zur Novellierung des Finanzanlagenvermittler- und Vermögensanlagenrechts[7] wurde die Haftung für fehlerhafte bzw. fehlende Wertpapierprospekte in die §§ 21 ff. WpPG integriert. Die nach dem WpPG und der Prospektverordnung aufzunehmenden Angaben sind als Wertungsmaßstab bindend. Sie dienen zur Beurteilung der Frage, wann ein Prospekt vollständig und richtig (vgl. Wortlaut § 21 Abs. 1 Satz 1 WpPG) bzw. fehlerfrei ist. Zu den verbindlichen Inhaltsprinzipien des Prospekts enthält § 5 WpPG einige grundlegende Aussagen.[8]

II. Angaben über den Emittenten
und die Wertpapiere (§ 5 Abs. 1 WpPG)

3 Ein Prospekt dient als zentrale Beurteilungsgrundlage für das Publikum[9] und muss dieses demgemäß nach § 5 Abs. 1 Satz 1 WpPG in die Lage versetzen, ein zutreffendes Urteil über den Emittenten und die Wertpapiere zu bilden.[10] Mithin wird also der Zweck verfolgt, das Verständnis und die Auswertung des Prospektes zu erleichtern. Hierfür bestimmt der Gesetzgeber in § 5

---

2 Siehe Art. 25 Rn. 1 ff.
3 Siehe § 12 Rn. 1 und Art. 25 Rn. 1 ff.
4 Definition in § 2 Nr. 9 WpPG.
5 Definition in § 2 Nr. 1 WpPG.
6 Nach § 5 Abs. 2–2b WpPG.
7 BGBl. I S. 2481.
8 Zur Prospekthaftung weiterführend vgl. § 21 WpPG Rn. 1 ff.
9 Vgl. *Fleischer*, Gutachten zum 64. DJT, 2002, Fn. 27.
10 Vgl. RegBegr. EU-ProspRL-UmsG, BT-Drucks. 15/4999, S. 31.

Abs. 1 Satz 1 WpPG generalklauselartig Angaben über die Vermögenswerte und Verbindlichkeiten, die Finanzlage, die Gewinne und Verluste, die Zukunftsaussichten des Emittenten und jedes Garantiegebers sowie über die mit diesen Wertpapieren verbundenen Rechte[11] für erforderlich und übernimmt damit nahezu inhaltsgleich Art. 5 Abs. 1 Satz 1 der EU-ProspRL. Die in § 5 Abs. 1 Satz 2 WpPG enthaltene erneute Anordnung, dass der Prospekt insbesondere Angaben über den Emittenten und über die zum Handel an einen organisierten Markt zuzulassenden Wertpapiere enthalten muss, ist nur eine (einschränkende) Wiederholung von Satz 1 ohne eigenständige Bedeutung.[12]

Ausnahmen können durch die BaFin lediglich bei sogenannten sensiblen Informationen zugelassen werden, wenn die Voraussetzungen des § 8 Abs. 2 WpPG vorliegen. Die von § 5 WpPG geforderten Voraussetzungen sind dabei streng von den inhaltlichen Anforderungen der BörsZulV zu trennen, welche im Falle einer Börsenzulassung von der Börsengeschäftsführung zu überprüfen sind.

1. Prospektvollständigkeit und Prospektwahrheit

Eine Kernaussage trifft die Vorschrift mit der Anforderung, der Prospekt *4* müsse sämtliche Angaben enthalten, die notwendig sind, um sich ein zutreffendes Urteil bilden zu können. Dieser hierdurch verankerte Grundsatz der Vollständigkeit des Prospekts erstreckt sich zunächst unverkennbar auf die inhaltliche Vollständigkeit, d. h. die vollzählige Aufnahme aller erforderlichen Angaben in einen Prospekt.

Zu den aus den §§ 21 ff. WpPG folgenden Generalmaßstäben zur Beurtei- *5* lung von Prospekten gehört, dass ein Prospekt nicht nur aus vollständigen, sondern auch richtigen Inhaltsangaben bestehen muss. Hierbei findet durch die BaFin stets nur eine formelle Prüfung sowie eine Kohärenzprüfung, nicht jedoch eine materielle Prüfung statt. Dazu normiert § 21 Abs. 1 WpPG ausdrücklich, dass der Prospekt auf Angaben beruhen muss, die richtig und vollständig wiedergegeben werden. Dies gilt für die Angaben nach dem WpPG i. V. m. der EU-ProspV, obwohl der in diesem Zusammenhang entwickelte Richtigkeitsmaßstab in die Formulierung des § 5 Abs. 1 WpPG nicht explizit mit übernommen wurde. Dem Gesetzeszweck entsprechend, ist für die Beurteilung eines Prospekts nämlich nicht ausschließlich erheblich, ob ein Prospekt jedwede Einzelangabe enthält. Vielmehr ist auch hier zu berücksichtigen, ob der Prospekt dem Publikum tatsächlich ein zutreffendes Bild des Emittenten und der Wertpapiere vermittelt. Ein solches Urteil wird dem Publikum jedoch nur dann ermöglicht, wenn der Prospekt richtig, d. h. wahrheitsgetreu ist (Grundsatz der Prospektwahrheit). Dies greift der Gesetzgeber mit der Formulierung der Ermöglichung eines „zutreffenden" Bildes in § 5 Abs. 1 Satz 1 WpPG auf. Nur so kann die vom Gesetzgeber ver-

---

11 Siehe dazu im Detail *Meyer*, in: Frankf Komm WpPG, § 5 WpPG Rn. 20 ff.
12 So auch zum inhaltsgleichen Verhältnis von Art. 5 Abs. 1 Satz 1 und Art. 5 Abs. 2 Satz 1 der EU-ProspRL *Crüwell*, AG 2003, 243, 246.

folgte Funktionsfähigkeit des Kapitalmarkts, mithin das Anlegervertrauen in diesen – und soweit man dem Gesetzeszweck auch konkreten Anlegerschutz zuordnet – die Risikominderung der Anleger nachhaltig erreicht werden. Erst eine verlässliche Information eröffnet dem Anleger die Möglichkeit der eigenen, gesicherten Beurteilung seines Investitionsrisikos und somit einer selbstbestimmten, eigenverantwortlichen Anlageentscheidung. Demgemäß verfolgt die Gesetzesbegründung zu § 5 Abs. 1 WpPG ausdrücklich eine Anknüpfung an die Regelung des § 13 Abs. 1 Satz 1 BörsZulV a. F. und § 2 Abs. 1 Satz 1 VerkProspVO a. F.[13]

6 Diese gesetzgeberische Intention eines „richtigen" Prospektresultats folgt bereits aus dem genannten Erfordernis sämtlicher Angaben, da die Unvollständigkeit eines Prospekts unstreitig auch dessen Unrichtigkeit zur Folge hat: Bei dem Merkmal der Unvollständigkeit handelt es sich letztlich um einen Unterfall der Unrichtigkeit, weil ein unvollständiger Prospekt, der, gemessen an den tatsächlich verfügbaren Informationen, nicht der Realität entspricht, bezogen auf das entscheidende Gesamtbild von der Lage des Unternehmens, schließlich unrichtig ist und nicht alle erforderlichen (wesentlichen) Angaben enthält.[14]

7 Des Weiteren verblieb es mit Einführung des WpPG bei den bis dahin geltenden Maßstäben zur Beurteilung der Richtigkeit oder Unvollständigkeit von Prospekten auch unter dem Gesichtspunkt, dass die Prospekthaftung bewusst auf die damaligen Regelungen der §§ 44 Abs. 1 ff. BörsG, § 13 VerkProspG i. V. m. §§ 44 Abs. 1 ff. BörsG bei fehlerhaften Prospekten abstellte. Diese knüpften in der Sache übereinstimmend, wie nun die §§ 21 ff. WpPG, an das hier genannte Vollständigkeits- und Richtigkeitsgebot an.[15]

8 Die Vollständig- und Richtigkeit orientiert sich zunächst an den gemäß § 7 WpPG i.V.m. der EU-ProspV niedergelegten Mindestangaben.[16] Darüber hinaus können die allgemeinen Informationsanforderungen aus § 5 WpPG zur Erlangung eines zutreffenden Urteils über den Publikumszweck Erhaltung von Vollständig- und Richtigkeit weitere Angaben nötig machen.[17] Für die Prospekterstellung ist daher stets im Einzelfall zu überprüfen, ob das Publikum trotz Berücksichtigung aller Mindestanforderungen der EU-ProspV (i. V. m. § 7 WpPG) tatsächlich ausreichend informiert ist oder nicht vielmehr die Notwendigkeit besteht, über die in der Prospektverordnung geforderten

---

13 Vgl. RegBegr. EU-ProspRL-UmsG, BT-Drucks. 15/4999, S. 31. Ebenso i. E. *Ekkenga*, BB 2005, 561, 563; *Groß*, KapMR, § 5 WpPG Rn. 2.

14 *Groß*, KapMR, § 5 WpPG Rn. 3; *Schlitt/Schäfer*, in: Assmann/Schlitt/von Kopp-Colomb, WpPG/VerkProspG, § 5 WpPG Rn. 12.

15 Im Weiteren wird auf die Ausführungen zur Prospekthaftung verwiesen § 21 WpPG Rn. 16 ff.

16 Vgl. § 7 Rn. 2, *Groß*, KapMR, § 7 WpPG Rn. 2; *Müller*, WpPG, § 5 Rn. 2; *Meyer*, in: Frankf Komm WpPG, § 5 WpPG Rn. 11.

17 Ebenso *Just*, in: Just/Voß/Ritz/Zeising, WpPG, § 5 Rn. 12; *Schlitt/Schäfer*, in: Assmann/Schlitt/von Kopp-Colomb, WpPG/VerkProspG, § 5 WpPG Rn. 13; *Meyer*, in: Frankf Komm WpPG, § 5 WpPG Rn. 11; zu Vollständigkeit und inhaltlichen Mindestangaben siehe auch § 7 Rn. 3.

Angaben hinaus weitere Informationen in den Prospekt aufzunehmen, um das Risiko der Investition hinreichend einstufen zu können.

a) Wesentlichkeit

In diesem Kontext reiht sich ebenfalls die Beurteilung nach der Wesentlich-   *9*
keit der Prospektangaben ein. Auch das bereits zur früheren Rechtslage ge-
läufige Wesentlichkeitskriterium wird zwar – anders als im Wortlaut des § 21
Abs. 1 WpPG – in § 5 Abs. 1 WpPG nicht ausdrücklich benannt.[18] Dass sich
die Angaben des Prospekts aber auf die entscheidungserheblichen Sachverhalte konzentrieren sollen, folgt aus der Anforderung der Ermöglichung
eines zutreffenden Urteils.[19] Eine Überladung mit Nebensächlichkeiten ver-
stellt den Blick auf das Wesentliche. Außerdem folgt das Wesentlichkeitskriterium aus der in § 5 Abs. 1 i.V.m. § 7 WpPG und der EU-ProspV resultierenden Zusammensetzung der zu erteilenden Informationen. Sie sind, im vor
Inkrafttreten des WpPG so gesetzlich nicht fixierten, breit angelegten Umfang, in ihrer Summe als diejenigen Angaben anzusehen, die zu den wertbildenden Faktoren einer Investition gehören.

Allgemeine Wesentlichkeitsgrenzen können dabei nicht festgesetzt werden,   *10*
vielmehr müssen diese im Einzelfall beurteilt werden, da sie sich erst aus einer Zusammenschau aller Umstände mit regelmäßig relativen Wertangaben
bestimmen lassen. Weiterhin ist nicht jede unrichtige Angabe eines Prospekts automatisch so erheblich, dass der Prospekt unter einem dermaßen
gravierenden Mangel leiden würde, dass er diesen – auch im Hinblick auf
einen Prospekthaftungsanspruch – unrichtig werden ließe. Hier ist die kont-
rollierende Gegenfrage aufzuwerfen, ob sich im konkreten Fall bei einer
ordnungsgemäßen Angabe die für die Beurteilung der Wertpapiere bzw. des
Emittenten relevanten maßgeblichen tatsächlichen oder rechtlichen Verhältnisse ändern und eine andere Beurteilung durch den Anleger begründen
würden, so dass kein zutreffendes Urteil mehr ermöglicht wird.[20] Im Zweifel
sollten Angaben und Informationen jedoch Aufnahme finden.

b) Prognosen

Unzutreffende Werturteile und Prognosen begründen wie Tatsachen die Un-   *11*
richtigkeit eines Prospekts bzw. vereiteln das zutreffende Anlegerurteil.
Werturteile und Prognosen sind dann unzutreffend, wenn sie nicht durch
sorgfältig ermittelte Tatsachen gedeckt oder kaufmännisch nicht vertretbar
sind.[21] Zwar verbleibt damit ein weiterer Beurteilungsspielraum. Es muss
sich aber um Schlussfolgerungen aus anderen Tatsachen, wie insbesondere
den historischen Finanzinformationen, handeln. Diese dürfen nicht im Wi-

---

18 Kritisch dazu *Ekkenga*, BB 2005, 561, 563.
19 *Straßner,* in: Heidel, AktG, § 5 WpPG Rn. 2; *Meyer*, in: Frankf Komm WpPG, § 5 WpPG
    Rn. 7, 9.
20 Vgl. § 21 WpPG Rn. 70 ff.
21 BGH, NJW 1982, 2823, 2826; BGH, NZG 2012, 789, 790; vgl. auch *Just*, in: Just/Voß/Ritz/
    Zeising, WpPG, § 5 Rn. 15; *Meyer*, in: Frankf Komm WpPG, § 5 WpPG Rn. 34.

derspruch zur Rechnungslegung und zu anderen Unterlagen und Tatsachen sowie sonstigen Angaben im Prospekt stehen.[22] Prognosen sind als solche ausdrücklich zu kennzeichnen. Für Gewinnprognosen oder -schätzungen[23] des Emittenten im Prospekt machen die Anhänge der EU-ProspV zwingende Vorgaben zu ihrer Darstellung im Prospekt:[24] Es muss insbesondere ein Prüfbericht eines unabhängigen Buchprüfers oder Abschlussprüfers im Prospekt enthalten sein, wobei durch die Verordnung (EU) Nr. 862/2012 vom 4. Juni 2012[25] die Möglichkeit geschaffen wurde, unter bestimmten Voraussetzungen auf den Prüfbericht zu verzichten.[26]

c) Gesamteindruck

12 Ebenso kann es unter Berücksichtigung des Verständnis- und Beurteilungshorizonts im Einzelfall erforderlich werden, dem für sich genommen vollständigen Datenmaterial eine für den Durchschnittsanleger (siehe Rn. 16) verständliche und nachvollziehbare Erläuterung im Einzelfall bis hin zu Schlussfolgerungen über die zukünftige Entwicklung des Unternehmens beizufügen, um so die Prospektangaben vollständig werden zu lassen. Schließlich kann ein unrichtiger Prospekt auch dann vorliegen, wenn er in seinem Gesamteindruck unrichtig ist; die Richtigkeit des Prospekts erfordert nämlich nicht nur, dass die Einzelangaben richtig sind, sondern auch, dass die Darstellung im Prospekt insgesamt kein falsches Bild von dem Emittenten bzw. den Wertpapieren vermittelt.[27] Hier sind Tatsachen, Werturteile und Prognosen in ihrer Gesamtheit zu berücksichtigen und ein Gesamterscheinungsbild zu ermitteln. Damit einhergehend gilt der Grundsatz der formalen Prospektklarheit und Übersichtlichkeit.[28]

d) Zeitpunkt der Beurteilung

13 Die Beurteilung der Gesetzmäßigkeit der im Prospekt enthaltenen Angaben erfolgt aus einer ex-ante Sichtweise und bezieht sich somit auf den Zeitpunkt seiner Veröffentlichung bzw. bis zum Ende einer etwaigen Nachtragspflicht gemäß § 16 WpPG, also regelmäßig bis zum Ende eines Angebots.[29] Bei länger gültigen Prospekten (§ 9 WpPG) kann sich dies auf bis zu ein Jahr nach Billigung erstrecken. Dabei muss sich die Beurteilung nach der objektiven

---

22 Dazu näher Komm. zu Anh. I Ziff. 20.1. EU-ProspV Rn. 87 ff.

23 Zum Begriff vgl. die Definitionen in Art. 2 Abs. 10 bzw. 11 EU-ProspV.

24 Vgl. Anh. I Ziff. 13., Anh. IV Ziff. 9., Anh. IX Ziff. 8., Anh. X Ziff. 13., Anh. XI Ziff. 8., Anh. XXIII Ziff. 8., Anh. XXV Ziff. 13., Anh. XXVI Ziff. 9., Anh. XXVII Ziff. 8., Anh. XXVIII Ziff. 13. und Anh. XXIX Ziff. 8. EU-ProspV.

25 ABl. L 256/4 vom 22.09.2012.

26 Vgl. z. B. Anh. I Ziff. 13.2. EU-ProspV. Siehe hierzu die Komm. von Anh. I EU-ProspV Rn. 67.

27 Siehe u. a. BGH, NJW 1982, 2823, 2824; BGH, NZG 2012, 1262, 1264; BGH, NZG 2012, 789, 790.

28 Siehe unten Rn. 15.

29 *Groß*, KapMR, § 5 WpPG Rn. 3; *Just*, in: Just/Voß/Ritz/Zeising, WpPG, § 5 Rn. 18; *Meyer*, in: Frankf Komm WpPG, § 5 WpPG Rn. 9.

Sachlage bestimmen, das heißt, sie muss von Erkenntnissen abstrahieren, die sich erst später – etwa im Zusammenhang mit dem Eintritt eines Schadensfalls und den aus diesem folgenden Erfahrungen – eingestellt haben.[30]

Grundsätzlich besteht die Pflicht, ggf. auch nach Einreichung bis zur Billigung des Prospekts[31] einen richtigen Prospekt einzureichen und anschließend zu veröffentlichen, so dass unter Umständen die Antragsfassung zu berichtigen bzw. zu aktualisieren ist (allgemeine Aktualisierung). Vervollständigungs- und Nachtragspflichten ergeben sich, wenn der Prospekt nach seiner Billigung bis zum Ende des Angebots (§ 16 WpPG) und ggf. bei Gültigkeitserstreckung (§ 9 WpPG) unrichtig bzw. unvollständig wird, näher dazu in § 16 WpPG.[32] Hinzu treten Ergänzungen einzelner Angaben nach § 8 WpPG. **14**

Für das Vorliegen eines Mangels ist es unerheblich, ob der Prospekt zuvor von der BaFin gebilligt wurde.[33] Unregelmäßigkeiten im Rahmen der Prospektprüfung, die zu einer unzutreffenden Billigung des Prospekts geführt haben, sollen nicht den Anlegern angelastet werden.[34] Diese sind getrennt von dem Recht der Prospektverantwortlichen zur Berichtigung und von der allgemeinen Aktualisierung zu betrachten.

2. Prospektverständlichkeit (Prospektklarheit)

Gemäß § 5 Abs. 1 Satz 1 und 3 WpPG muss der Prospekt in leicht analysierbarer und verständlicher Form abgefasst sein, die dessen Verständnis und Auswertung erleichtern. Die Merkmale des „erleichternden Verständnisses" und der „erleichternden Auswertung" in Abs. 1 Satz 3 sind aus § 13 Abs. 1 Satz 2 BörsZulV a. F. sowie § 2 Abs. 1 Satz 3 VerkProspVO a. F. übernommen worden. Die zusätzliche wortlautmäßige Erstreckung auf eine leicht analysierbare Form des Prospekts in Abs. 1 Satz 1 hat vorwiegend klarstellende Funktion, da die Analyse eines Prospekts ein Mittel der Auswertung ist.[35] Die Regelung setzt Art. 5 Abs. 1 Satz 2 der Prospektrichtlinie um. **15**

a) Anlegermaßstab

Grundsätzlich sind die Prospektinformationen so zusammenzustellen, dass sie geeignet sind, der Urteilsfähigkeit eines durchschnittlichen aufmerksa- **16**

---

30 *Assmann,* in: Assmann/Schütze, HdbKapAnlR, § 7 Rn. 65.

31 Zur Möglichkeit, die Unrichtigkeit bzw. Unvollständigkeit des Prospekts nachträglich (ohne Rückwirkung) zu beseitigen, vgl. § 23 WpPG Rn. 101 f. (Berichtigung nach § 23 Abs. 2 Nr. 4 WpPG).

32 Siehe auch unten Rn. 27 ff.

33 *Groß,* KapMR, § 13 WpPG Rn. 12.

34 *Assmann,* in: Assmann/Lenz/Ritz, VerkProspG, § 13 a. F. Rn. 16; zum Prüfungsumfang und etwaiger Haftung der BaFin vgl. § 13 Rn. 18 ff., 34 ff.

35 Vgl. die europarechtliche Vorgabe zu § 13 Abs. 1 Satz 2 BörsZulVO a. F., die in Art. 22. Abs. 2 der KoordinierungsRL 2001/34/EG, Abl. EG Nr. L 184/1 v. 06.07.2001 von einer „das Verständnis und Analyse erleichternden Form" spricht, was der frühere Gesetzgeber allein durch die Begriffe „Verständnis" und „Auswertung" umgesetzt hat.

men Anlegers zu entsprechen.[36] Die Frage nach der Konformität der im Prospekt zu erteilenden Angaben kann dabei nur einheitlich für alle Anleger beantwortet werden und nicht nach den individuellen Verhältnissen eines jeden Anlegers. Dementsprechend wendet sich § 5 Abs. 1 WpPG auch an das „Publikum" in seiner Gesamtheit. Dieser Adressatentyp entspricht der von der Rechtsprechung früher begründeten Definition zu Verkaufs- und Börsenzulassungsprospekten. Damit wird die nicht unbestrittene Definition gestützt, dass bei der Prospekterstellung davon auszugehen ist, dass der Prospektadressat einerseits über kein überdurchschnittliches Fachwissen verfügen muss, er andererseits aber eine Bilanz zu lesen versteht.[37] Dieser Ansicht folgt offenbar auch der Gesetzgeber, der eine laienverständliche Erläuterung von komplexen Rechnungslegungssachverhalten nicht explizit fordert. Allerdings richtet sich der Empfängerhorizont bei Wertpapierprospekten für Wertpapiere, die nicht an der Börse gehandelt werden sollen, sofern sich der Emittent ausdrücklich auch an das unkundige und börsenunerfahrene Publikum wenden möchte, nach den Fähigkeiten und Erkenntnismöglichkeiten eines durchschnittlichen (Klein-)Anlegers, der sich allein anhand der Prospektangaben über die Anlage informiert und über keinerlei Spezialkenntnisse verfügt.[38]

b) Überprüfungsmaßstab

17 Zur Rechtslage vor Inkrafttreten des WpPG stellte sich bei der Beurteilung der Prospektverständlichkeit als Prüfungsgegenstand des Billigungsverfahrens die Frage, inwieweit das Erfordernis eines „erleichternden Verständnisses" überprüfungsfähig („justitiabel") sei und als Grundlage einer Untersagung der Veröffentlichung des Prospekts herangezogen werden konnte. Unter Hinweis darauf, dass der Begriff „erleichtert" ein relationaler sei, er also seinerseits einen nicht existenten und auffindbaren Bezugsmaßstab voraussetze, wurde dieses Tatbestandsmerkmal teilweise nicht als Kontrollkriterium im Billigungsverfahren erachtet.[39] Schließlich könne ein Prospekt stets noch detaillierter gefasst werden als in seinem vorherigen (Einreichungs-) Zustand.[40] Diese Betrachtungsweise kann in das WpPG nicht übertragen werden: In der Sache selbst ist kein Anhaltspunkt ersichtlich, warum die Veröffentlichung eines Prospekts allein auf Grund einer fehlenden verständlichen und auswertbaren Form durch die BaFin nicht untersagt werden dürfte.[41] Ist ein Prospekt nach dem Empfängerhorizont eines durchschnittlich

---

36 *Straßner*, in: Heidel AktG, § 5 WpPG Rn. 2.

37 BGH, NJW 1982, 2823, 2824; *Groß*, KapMR, § 5 WpPG Rn. 4; *Meyer*, in: Frankf Komm WpPG, § 5 WpPG Rn. 39. Krit. dazu *Groß*, KapMR, § 21 WpPG Rn. 41 m. w. N.

38 Vgl. BGH, NZG 2012, 1262, 1265.

39 Zum Börsenprospekt *Heidelbach*, in: Schwark, KapMRK, 3. Aufl., § 13 BörsZulV a. F. Rn. 1; zum Verkaufsprospekt *Assmann*, in: Assmann/Lenz/Ritz, VerkProspG, § 2 VerkProspVO a. F. Rn. 14.

40 Zum Verkaufsprospekt *Assmann*, in: Assmann/Lenz/Ritz, VerkProspG, § 2 VerkProspVO a. F. Rn. 14.

41 So aber damit einen Billigungsanspruch bejahend *Heidelbach*, in: Schwark, KapMRK, 3. Aufl., § 13 BörsZulV a. F. Rn. 1 zum Börsenprospekt vor Einführung des WpPG.

kundigen Prospektadressaten unverständlich und somit als Informationsquelle untauglich, verliert er seine Funktion und ist nicht billigungsfähig.[42] Die prinzipielle Überprüfbarkeit unbestimmter Rechtsbegriffe ist im Verwaltungsverfahren und der Verwaltungsgerichtsbarkeit gebräuchlich.[43] Zu dieser Kategorie zählt auch der Begriff des „erleichterten Verständnisses und der erleichterten Auswertbarkeit", der entsprechend im Billigungsverfahren mit Beurteilungsspielraum von der BaFin als Verwaltungsbehörde im Rahmen ihrer Prüfung zu würdigen ist. Der Gesetzgeber hat dies bedacht und demgemäß in § 13 Abs. 1 WpPG ausdrücklich angeordnet, dass die BaFin den Prospekt auch auf seine Kohärenz und Verständlichkeit prüft.[44]

c) Einzelfälle

Als typischerweise nicht hinreichend verständliche Darstellungsformen lassen sich exemplarisch anführen der übermäßige Einsatz von Fachausdrücken sowie formelhaften, juristisch übertrieben verklauselierten Formulierungen, ferner die Verwendung von unverhältnismäßig langen Satzkonstruktionen, unüberschaubaren, nicht erklärten Zeichnungen, Skizzen oder Aufstellungen, der außerordentliche, das Lesen erschwerende Gebrauch von Verweisen und Abkürzungen sowie ein das Lesen erschwerender Gebrauch von zu kleinen Schriftgrößen und Zeilenabständen.[45] Dass der europäische und der nationale Gesetzgeber keine an die Vorgaben der plain English rule der amerikanischen SEC angelehnte Detailregelung zur Prospektklarheit geschaffen haben,[46] ist im Ergebnis unschädlich. Auch ohne eine so ausführliche Aufzählung wie die in der Fassung der plain English rule[47] sind die zu wahrenden Anforderungen hinsichtlich einer standardisierten Prospektverständlichkeit ausreichend festgehalten.[48] Aus Klarstellungsgründen und zur Etablierung eines europäischen Standards wäre eine entsprechende Definition von Klartext-Regeln aber förderlich gewesen.[49] In die gleiche Richtung zielten die früheren, von der Deutsche Börse AG 2002 herausgegebenen, aber rechtlich unverbindlichen Going-Public-Grundsätze[50] zur (auch formel-

18

---

42 Im Ergebnis ebenso *Gebhardt*, in: Schäfer/Hamann, KapMG, § 13 WpPG Rn. 16. Bei „schlechthin unmöglicher Auswertung und/oder unmöglichem Verständnis darf der Prospekt nicht gebilligt werden", *Assmann*, in: Assmann/Lenz/Ritz, VerkProspG, § 2 VerkProspVO a. F. Rn. 15.

43 *Maurer*, Allgemeines Verwaltungsrecht, 18. Aufl., § 7; *Sachs*, in: Stelkens/Bonk/Sachs, VwVfG, § 40 Rn. 147 ff. jew. m. w. N.

44 Vgl. auch § 13 Rn. 20 f.

45 *Gebhardt*, in: Schäfer/Hamann, KapMG, § 13 BörsZulV a. F. Rn. 35.

46 *Groß*, KapMR, § 5 WpPG Rn. 4.

47 Sec. 7, 8 US Securities Act (1933); Rule 421 (d) SEC C.F.R.230.421.

48 *Groß*, KapMR, § 5 WpPG Rn. 4; *Schlitt/Schäfer*, in: Assmann/Schlitt/von Kopp-Colomb, WpPG/VerkProspG, § 5 WpPG Rn. 22.

49 *Crüwell*, AG 2003, 243, 246 zu Art. 5 EU-ProspRL; zu bedenken ist allerdings die in Europa vorhandene Vielzahl von Sprachen, so dass solche Regeln ggf. nur eine Standardsprache (etwa Englisch) bezogen werden könnten.

50 Mit Inkrafttreten des EU-ProspRL-UmsG zum 01.07.2005 aufgehoben.

len) Prospektgestaltung.[51] Weiterhin können auch Aspekte der Gesamtbetrachtung des Prospekts im Einzelfall in die Beurteilung dessen formaler Verständlichkeit sowohl erleichternd als auch erschwerend einfließen.[52] Die in diesem Zusammenhang früher umstrittene Behandlung der Wahl bzw. Einhaltung der Sprache wird seit Inkrafttreten des WpPG von der Sprachenregelung in § 19 WpPG normiert. Der für die Prospekterstellung erhebliche Grundsatz der Prospektaktualität ist eigenständig in § 16 WpPG geregelt.

III. Prospektzusammenfassung
(§ 5 Abs. 2–2 b WpPG)

19   § 5 Abs. 2, 2 a und 2 b WpPG regeln die Anforderungen an die Zusammenfassung des Prospekts, die, von dem Ausnahmefall des § 5 Abs. 2 Satz 5 WpPG abgesehen, Zwangsbestandteil des Prospekts ist.[53] Sie hat die Schlüsselinformationen gemäß Abs. 2a sowie die Warnhinweise nach Abs. 2 b zu enthalten. Die zum Hauptteil des Prospekts dargestellten formellen[54] wie materiellen Anforderungen[55] sind zudem als Vorgaben für die Prospektzusammenfassung mit heranzuziehen. Für das Format der Zusammenfassung verweist § 5 Abs. 2 Satz 3 WpPG nunmehr auf die Verordnung (EU) Nr. 486/ 2012 vom 30.03.2012 zur Änderung der EU-ProspV[56]; Art. 24 der EU-ProspV i. V. m. dem neuen Anhang XXII enthält die maßgeblichen Regelungen. Sowohl die Inklusion von Schlüsselinformationen als auch die Formatvorgaben gehen auf die Änderung von Art. 5 der EU-ProspRL durch die EU-ProspR-LÄndRL[57] zurück und sollen insbesondere die Vergleichbarkeit mit Zusammenfassungen ähnlicher Wertpapiere erhöhen.[58]

§ 5 Abs. 2 Satz 2 WpPG n.F. stellt nunmehr klar, dass die Zusammenfassung in derselben Sprache wie der ursprüngliche Prospekt zu erstellen ist, was vor der Änderung im WpPG nicht ausdrücklich geregelt war, wovon aber der Gesetzgeber ersichtlich ausging;[59] insbesondere war die europarechtliche Vorgabe in Art. 5 Abs. 2 Satz 3 EU-ProspRL a.F. insoweit eindeutig. Die auf Deutsch verfasste Zusammenfassung tritt bei anderssprachigen (insbeson-

---

51 Vgl. dazu *Gebhardt*, in: Schäfer/Hamann, KapMG, § 13 BörsZulV a. F. Rn. 23 ff.

52 *Schlitt/Schäfer*, in: Assmann/Schlitt/von Kopp-Colomb, WpPG/VerkProspG, § 5 WpPG Rn. 23; zur materiellen Gesamtbetrachtung siehe oben Rn. 5, 12.

53 Vor Inkrafttreten des WpPG bestand für eine Prospektzusammenfassung noch keine rechtliche Grundlage; in der Praxis war sie dennoch weithin üblich, *Groß*, KapMR, § 5 WpPG Rn. 6.

54 Verständlichkeitskriterien wie z.B. Sprachklarheit, Satzbau, Lesbarkeit, siehe oben Rn. 15 f. und Erwg. 21 der EU-ProspRL.

55 Inhaltskriterium, sämtliche entscheidungserhebliche Angaben zu berücksichtigen, siehe oben Rn. 4 ff.

56 ABl. L 150 vom 09.06.2012.

57 Vgl. Art. 1 Ziff. 5 a) i) der EU-ProspRLÄndRL

58 Vgl. den Wortlaut von Art. 5 Abs. 2 Unterabs. 1 der EU-ProspRL i. d. F. der EU-ProspRLÄndRL sowie RegBegr. zum ProspRLÄndRL-UmsG, BT-Drucks. 17/8684, S. 18.

59 Vgl. RegBegr. EU-ProspRL-UmsG, BT-Drucks. 15/4999, S. 31; vgl. auch *Just*, in: Just/ Voß/Ritz/Zeising, WpPG, § 5 Rn. 24.

dere englischsprachigen) Prospekten (vgl. §§ 19 Abs. 1 Satz 2, 19 Abs. 3 Satz 2 WpPG) zusätzlich neben die in der jeweiligen Prospektsprache formulierte Zusammenfassung.[60]

Form und Inhalt der Zusammenfassung müssen geeignet sein, in Verbindung mit den anderen Prospektangaben Anlegern bei ihrer Investitionsentscheidung behilflich zu sein (§ 5 Abs. 2 Satz 3 WpPG). Diese auf Art. 5 Abs. 2 Unterabs. 1 Satz 3 der EU-ProspRL i. d. F. der EU-ProspRLÄndRL zurückgehende Regelung macht die Aufwertung der Zusammenfassung durch die EU-ProspRLÄndRL deutlich, die gemäß EG 15 „zentrale Informationsquelle" für die Anleger sein und alle Schlüsselinformationen enthalten soll, die die Anleger für ihre Entscheidung über die Weiterverfolgung der Anlage brauchen. Dieses Anliegen ist nicht ohne Widerspruch zu dem nach Abs. 2b Nr. 2 erforderlichen Warnhinweis, wonach Anleger ihre Investitionsentscheidung auf die Prüfung des gesamten Prospekts stützen sollten. Eine Ausnahmeregelung besteht in Abs. 2 Satz 5 für die Zulassung von Nichtdividendenwerten mit Mindeststückelung von 100.000 Euro an einem organisierten Markt, die keine Zusammenfassung als Bestandteil des Prospekts erfordert.

a) Warnhinweise

§ 5 Abs. 2 b WpPG nennt die erforderlichen Warnhinweise, welche die Zusammenfassung nach Abs. 2 Satz 1 enthalten muss. Diese waren vor den Änderungen durch das ProspRLÄndRL-UmsG in Abs. 2 Satz 3 enthalten. Lediglich Nr. 4 ist durch das ProspRLÄndRL-UmsG in der Sache geändert worden. Nach Abs. 2 b Nr. 1 muss die Zusammenfassung vorab den Hinweis enthalten, dass sie als eine Einführung zum Prospekt verstanden werden sollte. Demgemäß ist sie einleitend nach dem Inhaltsverzeichnis im Prospekt zu platzieren.[61] Gemäß Nr. 2 ist dem Anleger ausdrücklich mitzuteilen, dass er seine Entscheidung zur Anlage in die betreffenden Wertpapiere auf die Prüfung des gesamten Prospekts stützen soll, was nicht vollständig vereinbar mit der Zielsetzung gemäß EG 15 der EU-ProspRLÄndRL zu sein scheint, wonach die Zusammenfassung alle Schlüsselinformationen enthalten soll, die die Anleger für ihre Entscheidung über die Weiterverfolgung der Anlage brauchen.[62] In einer weiteren Belehrung ist dem Anleger pauschal zu verdeutlichen, dass er bei auf den Prospekt gestützten Klagen ggf. schon vor Prozessbeginn mit den Übersetzungskosten für den Prospekt belegt werden könnte.[63] Aufzunehmen ist daher der Hinweis, dass für den Fall, dass vor einem Gericht Ansprüche auf Grund der in einem Prospekt enthaltenen Informationen geltend gemacht werden, der als Kläger auftretende Anleger in Anwendung der einzelstaatlichen Rechtsvorschriften der Staaten des Europäischen Wirtschaftsraums die Kosten für die Übersetzung des Prospekts vor Prozessbeginn zu tragen haben könnte (Nr. 3). Zuletzt bedarf es im Hinblick

20

---

60 Vgl. RegBegr. EU-ProspRL-UmsG, BT-Drucks. 15/4999, S. 31; kritisch zum Erfordernis einer Übersetzung der Zusammenfassung *Müller*, WpPG, § 5 Rn. 8.
61 Vgl. Art. 25 Abs. 1 Nr. 2 EU-ProspV.
62 Siehe oben Rn. 19.
63 Hierzu näher *Meyer*, in: Frankf Komm WpPG, § 5 WpPG Rn. 65.

auf die Haftungsbeschränkung gemäß § 23 Abs. 2 Nr. 5 WpPG eines Warn-
hinweises darauf, dass diejenigen Personen, die die Verantwortung für die
Zusammenfassung einschließlich einer Übersetzung dieser übernommen haben, oder von denen deren Erlass ausgeht, haftbar gemacht werden können,
jedoch nur für den Fall, dass die Zusammenfassung irreführend, unrichtig
oder widersprüchlich ist, wenn sie zusammen mit den anderen Teilen des
Prospekts gelesen wird, oder sie, wenn sie zusammen mit den anderen Teilen des Prospekts gelesen wird, nicht alle erforderlichen Schlüsselinformationen vermittelt. Der zweite Haftungsfall ist durch das ProspRLÄndRL-UmsG,
parallel zu § 23 Abs. 2 Nr. 5 WpPG, ergänzt worden und setzt Art. 1 Nr. 6 der
EU-ProspRLÄndRL[64] um (siehe unten Rn. 23). Für die Warnhinweise ist eine
gesetzesnahe Formulierung im Prospekt empfehlenswert.

b) Inhalt und Format

21 Während inhaltlich § 5 Abs. 2 a. F. die Nennung der wesentlichen Merkmale
und Risiken bezüglich Emittent, etwaiger Garantiegeber und Wertpapiere
erforderte und Art. 24 EU-ProspV a.F. den genauen Inhalt der Zusammenfassung in das Ermessen des Prospektaufstellers stellte,[65] machen mittlerweile
§ 5 Abs. 2 a WpPG (Schlüsselinformationen) sowie Art. 24 i. V. m. Anh. XXII
der geänderten EU-ProspV detaillierte inhaltliche Vorgaben.

Die in Abs. 2 a genannten Schlüsselinformationen stellen eine fast wortgleiche Umsetzung der Definition in Art. 1 Ziff. 2 a) ii) der EU-ProspRLÄndRL[66]
dar. Abs. 2 a ordnet für die Schlüsselinformationen eine kurze Form und allgemein verständliche Sprache an. Sie umfassen eine kurze Beschreibung der
Risiken und wesentlichen Merkmale des Emittenten und eines etwaigen Garantiegebers, einschließlich der Vermögenswerte, Verbindlichkeiten und Finanzlage (Nr. 1). Hierbei geht zumindest das Erfordernis der Nennung der
Vermögenswerte und Verbindlichkeiten über Anh. IV der EU-ProspRL, nicht
jedoch über die bisherige Praxis, hinaus.[67] Erforderlich ist ferner eine kurze
Beschreibung der mit der Anlage in das betreffende Wertpapier verbundenen Risiken und der wesentlichen Merkmale der Anlage einschließlich der
damit verbundenen Rechte (Nr. 2), die ebenfalls nicht von Anh. IV der EU-
ProspRL gefordert wurde. Gemäß Nr. 3 sind die allgemeinen Angebotsbedingungen einschließlich einer Schätzung der dem Anleger vom Emittenten

---

64 Vgl. Art. 6 Abs. 2 Unterabs. 2 der EU-ProspRL i. d. F. der EU-ProspRLÄndRL.
65 Anh. IV der EU-ProspRL betraf den Inhalt der Zusammenfassung, hatte jedoch keinen
   zwingenden Charakter, vgl. Art. 7 Abs. 3 EU-ProspektRL; *Meyer,* in: Habersach/Mül-
   bert/Schlitt, UntFinanzKM, § 24 Rn. 51; *Schlitt/Schäfer,* in: Assmann/Schlitt/von Kopp-
   Colomb, WpPG/VerkProspG, § 5 WpPG Rn. 27; *Meyer,* in: Frankf Komm WpPG, § 5
   WpPG Rn. 52.
66 Vgl. Art. 2 Abs. 1 s) der EU-ProspRL i. d. F. der EU-ProspRLÄndRL.
67 Vgl. *Meyer,* in: Frankf Komm WpPG, § 5 WpPG Rn. 93; umgekehrt sind in Anh. IV EU-
   ProspRL bspw. Angaben zu Geschäften mit verbundenen Parteien zu machen, die weder
   als Schlüsselinformationen gemäß § 5 Abs. 2 b WpPG noch in Anh. XXII der EU-ProspV
   auftauchen.

oder Anbieter in Rechnung zu stellenden Kosten[68] wiederzugeben. Schließlich sind die Einzelheiten der Zulassung zum Handel sowie die Gründe für das Angebot und die Verwendung der Erlöse darzustellen (Nr. 4 bzw. 5).

§ 5 Abs. 2 Satz 4 WpPG verweist für das Format der Zusammenfassung auf Art. 24 i.V.m. Anh. XXII der geänderten EU-ProspV.[69] Aus der Zusammenschau und dem Regelungsgehalt der Vorschriften ergibt sich jedoch, dass Art. 24 i.V.m. Anh. XXII der EU-ProspV nicht nur formattechnische Vorgaben für Prospektzusammenfassungen macht, sondern darüber hinaus sehr konkrete inhaltliche Anforderungen an die Schlüsselinformationen in Form der in Anh. XXII genannten Pflichtangaben enthält. Dies wird auch aus der Verordnungsermächtigung in Art. 5 Abs. 5 c) der EU-ProspRL[70] deutlich, wonach die Kommission in der Verordnung „den detaillierten Inhalt und die konkrete Form der in die Zusammenfassung aufzunehmenden Schlüsselinformationen" regelt. Hieraus lässt sich zudem folgern, dass eine Einhaltung der Vorgaben des Anh. XXII gleichzeitig die erforderlichen Schlüsselinformationen gemäß § 5 Abs. 2 a WpPG abdeckt, die ja mit der Definition gemäß EU-ProspRLÄndRL übereinstimmen. So findet sich beispielsweise die Schlüsselinformation „Beschreibung der Risiken und wesentlichen Merkmale des Emittenten und eines etwaigen Garantiegebers" (§ 5 Abs. 2 a Nr. 1) in Tabelle D – Risiken des Anh. XXII EU-ProspV wieder.

21a

Aus Anh. XXII ergibt sich die Notwendigkeit einer Darstellung der zu machenden Angaben im Tabellenformat auf Modularbasis gemäß den Anhängen der EU-ProspV.[71] Hinsichtlich der Einzelheiten wird auf die Kommentierung zu Art. 24 EU-ProspV verwiesen.

Für die Länge der Zusammenfassung schreibt Art. 24 Abs. 1 Unterabs. 2 Satz 3 nunmehr vor, dass sich die Länge der Zusammenfassung an der Komplexität von Emittent und Wertpapieren zu orientieren hat, aber maximal 7 % des Prospekts oder 15 Seiten betragen darf.[72]

c) Risikofaktoren, Haftung

Eine in der Literatur zur Vorfassung des § 5 WpPG geäußerte Kritik an den in die Zusammenfassung aufzunehmenden Angaben über Risikofaktoren ist aus Praxissicht nachvollziehbar, da sich eine im Hinblick auf die Vorgaben zum Maximalumfang der Zusammenfassung so komprimierte Risikodarstellung schwerlich umsetzen lässt.[73] Der rechtspolitische und funktionale Regelungszweck der Normierung ist aber ebenfalls unverkennbar und schafft eine Existenzgrundlage für die Vorschrift: Aus § 19 WpPG folgt die Möglich-

22

---

68 Auch die Nennung der Kosten für die Anleger geht über den Rahmen von Anh. IV der EU-PropRL hinaus; *Meyer*, in: Frankf Komm WpPG, § 5 WpPG Rn. 93.
69 Während nach früherer Rechtslage lediglich Anh. IV der EU-ProspRL als Entscheidungshilfe für die Gliederung dienen konnte (siehe oben Fn. 62).
70 I.d.F. der EU-ProspRLÄndRL, vgl. Art. 1 Ziff. 5 d).
71 Anh. XXII Ziff. 1. EU-ProspV.
72 Zu den Einzelheiten siehe Art. 24 EU-ProspV Rn. 3.
73 Vgl. *Groß*, KapMR, 3. Aufl., § 5 WpPG Rn. 6.

keit, entweder im Ausnahmefall oder grundsätzlich den Prospekt in einer anderen Sprache zu verfassen. Ist in diesen Fällen ein Inlandsbezug für die Prospektadressaten gegeben (§ 19 Abs. 1 und 3 WpPG), ist die Zusammenfassung des Prospekts dessen einzige deutschsprachige Informationsquelle und dementsprechend unter Umständen doch die tragende Entscheidungsgrundlage für seine Investition. Die zusammengefasste Darstellung der Risiken, die auf den Emittenten, jeden Garantiegeber und die Wertpapiere zutreffen, sollen daher jedem Prospektleser zumindest komprimiert zugänglich gemacht werden. Demgemäß forderte die BaFin bisher wenigstens eine stichwortartige Aufzählung aller im Prospekt enthaltenen Risikofaktoren auch bei Überschreitung der Vorgaben zum Maximalumfang. Im europäischen Ausland wurde der quantitativen Obergrenze mehr Beachtung geschenkt, dafür waren Verweise auf die Risikodarstellung im Prospekt üblich, die von der Bafin nicht erlaubt werden (z. B. in Irland).

23 Zu der Zusammenfassung wird in den Warnhinweisen gemäß Art. 5 Abs. 2 Unterabs. 2 lit. a) und b) der EU-ProspRL sowie § 5 Abs. 2b Nr. 1 und 2 WpPG klargestellt, dass die Zusammenfassung als solche zu verstehen ist und demgemäß eine Investitionsentscheidung auf der Grundlage des gesamten Prospekts erfolgen sollte. Dies entspricht der durch Art. 6 Abs. 2 Unterabs. 2 der EU-ProspRL den Mitgliedstaaten vorgeschriebenen Beschränkung der Haftung für die Zusammenfassung. Daher löst die Zusammenfassung gemäß § 23 Abs. 2 Nr. 5 WpPG eine Haftung nur dann aus, soweit sie aus ex-ante Sicht und im Kontext mit dem Prospekt irreführend, falsch oder widersprüchlich ist, d. h. die Irreführung, der Fehler oder der Widerspruch nicht allein auf der für die Zusammenfassung notwendigen Reduktion der Informationen beruht,[74] oder soweit sie, wenn sie zusammen mit den anderen Teilen des Prospekts gelesen wird, nicht alle erforderlichen Schlüsselinformationen vermittelt (siehe oben Rn. 20). Hintergrund der Aufnahme der letztgenannten Variante durch die EU-ProspRL sowie das ProspRLÄnd-RLUmsG ist die nun im Gesetz erfolgte ausdrückliche Benennung der für die Zusammenfassung zu machenden Angaben (als Schlüsselinformationen). Der ursprüngliche Kommissionsvorschlag[75] zur Änderung von Art. 6 Abs. 2 Unterabs. 2 der EU-ProspRL sah jedoch noch nicht den Einschub „wenn sie zusammen mit den anderen Teilen des Prospekts gelesen wird" vor, welcher die Haftung abschwächt. Wie die Prüfung der Vollständigkeit der Zusammenfassung im Hinblick auf die erforderlichen Angaben durch das Lesen „zusammen mit den anderen Teilen des Prospekts" erfolgen soll, ist nicht auf Anhieb ersichtlich.[76]

---

74 *Crüwell*, AG 2003, 243, 248; *Schlitt/Schäfer*, AG 2005, 498, 501.
75 Vorschlag der Kommission für eine RL des Europäischen Parlaments und des Rates zur Änderung der Richtlinie 2003/71/EG vom 23.9.2009, KOM(2009) 491, siehe auch *Meyer*, in: Frankf Komm WpPG, § 5 WpPG Rn. 95.
76 Siehe hierzu § 21 Rn. 103a.

d) Ausnahme von der Pflicht der Erstellung der Zusammenfassung

Dass grundsätzlich alle Prospekte, also auch in Fällen ohne Sprach- und   24
Adressatenüberschneidung, eine in gleicher Weise zu gestaltende Zusammenfassung enthalten müssen, verkörpert wiederum das Regelungsziel, einen einheitlichen Prospektstandard zu schaffen. Dennoch gelten Ausnahmen.

Neben der in Abs. 2 Satz 5 geregelten Befreiung von der Zusammenfassung für die Zulassung von Nichtdividendenwerten mit einer Mindeststückelung von 100.000 Euro[77] zum Handel an einem organisierten Markt soll nach einer Ansicht eine Prospektzusammenfassung – entgegen des insoweit einschränkenden Wortlauts – auch bei öffentlichen Angeboten von Wertpapieren mit entsprechender Stückelung entbehrlich sein.[78] Dafür spricht zwar, dass nach § 3 Abs. 2 Nr. 4 WpPG ohnehin keine Verpflichtung zur Veröffentlichung eines Prospekts für öffentlich angebotene Wertpapiere mit einer Mindeststückelung von 100.000 Euro besteht. Demgemäß soll es möglich sein, einen dahingehend freiwillig erstellten Prospekt auch ohne Zusammenfassung zu erstellen.[79]

Diese Ausnahme kann aber nur für Nichtdividendenwerte gelten, da für   25
diese das genannte Argument ebenfalls gilt. Für den Fall, dass Dividendenwerte mit einer Mindeststückelung von 100.000 Euro öffentlich angeboten werden sollen, wird man eine Zusammenfassung in einem freiwillig erstellten Prospekt in Ermangelung einer entsprechenden Regelung wie in § 5 Abs. 2 Satz 5 WpPG nicht für entbehrlich erachten können, da insoweit die Regel des dreiteiligen Prospekts vorgeht, zumal ansonsten eine Erstreckung der Erleichterung auf Dividendenwerte – trotz der insoweit offen gehaltenen Gesetzesbegründung[80] – vor dem Hintergrund der europäischen Vorgabe in Art. 5 Abs. 2 Unterabs. 2 EU-ProspRL nicht vorgesehen ist.[81] Für solche öffentlich angebotenen Wertpapiere bleibt freilich die Möglichkeit, auf einen Prospekt nach WpPG gänzlich zu verzichten (§ 3 Abs. 2 Satz 1 Nr. 4 WpPG).

e) Änderung

Für den Fall, dass der Prospekt geändert bzw. nachgetragen werden muss,   26
kann der Prospektersteller nach Art. 25 Abs. 5 Unterabs. 1 wählen, ob er die neuen Informationen im Rahmen einer neuen Fassung in die Ursprungsfassung einbeziehen oder einen Nachtrag zur Zusammenfassung erstellen will.[82]

---

77 Früher Abs. 2 Satz 3, damals mit Mindeststückelung von 50.000 Euro.
78 *Kullmann/Sester*, WM 2005, 1068, 1071.
79 *Kullmann/Sester*, WM 2005, 1068, 1071 f.
80 Vgl. RegBegr. EU-ProspRL-UmsG, BT-Drucks. 15/4999, S. 31 spricht von der „Zulassung von Wertpapieren mit einer Mindeststückelung".
81 A. A. *Kullmann/Sester*, WM 2005, 1068, 1071 f.; *Kullmann/Sester*, ZBB 2005, 209, 211; *Straßner*, in: Heidel, AktG, § 5 WpPG Rn. 21; *Meyer*, in: Frankf Komm WpPG, § 5 WpPG Rn. 69.
82 Siehe Art. 25 EU-ProspV Rn. 5.

IV. Prospektdatum und -unterzeichnung
(§ 5 Abs. 3 WpPG)

27 Die Pflicht aus § 5 Abs. 3 WpPG, in den Prospekt das Datum seiner Aufstellung aufzunehmen und mit einer Unterschrift zu versehen, findet ihre Vorläufer in § 2 Abs. 2 VerkProspVO a. F. sowie im Hinblick auf die Unterzeichnungspflicht in § 13 Abs. 1 Satz 5 BörsZulV a. F.[83] Dagegen geht der in diesem Zusammenhang enthaltene Hinweis in der Regierungsbegründung auf die Umsetzung des Art. 6 Abs. 1 EU-ProspRL ins Leere; eine Richtlinienvorgabe besteht für diese Anordnung nicht.[84]

28 Das Prospektdatum (mit Tag, Monat, Jahr) und die Unterschrift sind Bestandteile des Prospekts und somit geeignet, bei Fehlen dessen Unvollständigkeit zu begründen, die im Rahmen des Billigungsverfahrens zu einer Untersagung führen kann, ohne dass dadurch eine haftungsrelevante Prospektunvollständigkeit eintreten würde.[85] Für die Prospektverantwortlichkeit und die damit einhergehende Beurteilung der Richtigkeit und Vollständigkeit des Prospekts maßgeblich ist nicht das im Prospekt ausgewiesene Datum, sondern der Zeitpunkt der Veröffentlichung.[86] Die Einreichung eines Prospekts mit einem zu weit zurückliegenden Datum kann zur Beanstandung durch die BaFin führen, wenn zu besorgen ist, dass aus der durch das Datum ausgewiesenen Zeitspanne zwischen Erstellung und Einreichung bei der BaFin das Gebot der allgemeinen Prospektaktualität nicht gewährleistet ist, für die gerade die Nachtragspflicht aus § 16 WpPG nicht greift.[87]

a) Adressaten

29 Der Prospekt ist bei öffentlich angebotenen Wertpapieren vom Anbieter (§ 2 Nr. 10 WpPG) und bei Wertpapieren, die zum Handel an einem organisierten Markt zugelassen werden sollen, von den Zulassungsantragstellern (§ 2 Nr. 11 WpPG) zu unterzeichnen. Die Beteiligung des Emittenten ist ausdrücklich nicht vorgesehen, es kann sich bei diesem aber auch einerseits zugleich um die Person des Anbieters handeln und andererseits ist er als Zulassungsantragsteller (§ 32 Abs. 2 BörsG) neben dem Emissionsbegleiter ohnehin regelmäßig zu beteiligen. Bei einem öffentlichen Angebot ohne Zulassung (etwa bei einer Einbeziehung in den Freiverkehr) wird der Emittent allerdings meist als Anbieter anzusehen sein.

30 Der Prospekt ist original zu unterzeichnen, d. h. die Unterschrift muss den Text räumlich abschließen.[88] Bei den Zulassungsantragstellern oder soweit mehrere unterschiedlichen Anbieter auftreten, wird es in Anlehnung an die

---

83 *Straßner*, in: Heidel, AktG, § 5 WpPG Rn. 22.
84 RegBegr. EU-ProspRL-UmsG, BT Drucks. 15/4999, S. 25, 31, vgl. auch *Groß*, KapMR, § 5 WpPG Rn. 7.
85 So auch *Straßner*, in: Heidel, AktG, § 5 WpPG Rn. 22.
86 Vgl. Rn. 13.
87 Vgl. *Groß*, KapMR, § 16 WpPG Rn. 4. Vgl. oben Rn. 14 a. E. und die Komm. zu § 16.
88 *Just*, in: Just/Voß/Ritz/Zeising, WpPG, § 5 Rn. 38.

Rechtslage vor Inkrafttreten des WpPG ausreichend sein, wenn jeder der Beteiligten ein separates, aber inhaltsgleiches Exemplar der Billigungsfassung des Prospekts unterzeichnet.[89] Das Bedürfnis nach Vermeidung von unnötigem Formalismus besteht auch hier.

Der Zeitpunkt, in dem spätestens die Unterschrift vorliegen muss, ist derjenige der Billigung durch die BaFin. Die frühere Praxis der BaFin, eine Faxkopie ausreichen zu lassen und das Orginal erst im Nachgang zur Billigung zu fordern, ist aufgegeben worden. Im Vorfeld der Billigung akzeptiert dagegen die BaFin zur Einleitung des Verfahrens auch die Unterzeichnung des Antragsexemplars des Prospekts nur durch einen an sich vom WpPG im Billigungsverfahren nicht zwingend vorgesehenen Emissionsbegleiter.[90] In jedem Fall abschließend zu unterzeichnen ist die Billigungsfassung des Prospekts.[91] Eine zusätzliche, neben die des Anbieters bzw. der Zulassungsantragsteller tretende Unterzeichnung eines Dritten ist für die Vollständigkeit des Prospekts unschädlich.[92] Für die veröffentlichte Prospektfassung ist die Wiedergabe der Originalunterschrift nicht notwendig; es genügt der Zusatz „gez." über den Namen der Unterzeichner.[93] 31

Setzt sich ein Prospekt aus mehreren Einzeldokumenten gemäß § 12 WpPG zusammen, ist jeder der Teile mit einem Datum und einer entsprechenden Unterschrift zu versehen. Ebenso ist mit etwaigen Nachträgen gemäß § 16 WpPG zu verfahren, die von dem nachtragspflichtigen Anbieter oder Zulassungsantragsteller wie auch der Hauptprospekt zu unterzeichnen sind. 32

b) Vertretung

Aus der Anordnung des § 5 Abs. 3 WpPG folgt nicht, dass eine Vertretung des Anbieters oder der Zulassungsantragsteller bei der Unterschriftsleistung durch einen Bevollmächtigten unzulässig wäre. Aus verwaltungsrechtlicher Sicht greift hier § 14 Abs. 1 VwVfG. Gleichfalls findet § 126 BGB keine Anwendung, der das zwingende Erfordernis einer eigenhändigen Unterschrift begründen könnte. Es handelt sich – trotz der ggf. haftungsbegründenden Wirkung einer Unterschrift (§§ 21 ff. WpPG)[94] – nicht um höchstpersönliche Erklärungen, die Eigenhändigkeit erfordern. Dies war bereits zur früheren Rechtslage anerkannt.[95] Entscheidet man sich für eine vertretende Unterzeichnung, wird hierfür der schriftliche Nachweis der umfänglichen Vollmacht zu erbringen sein (§ 14 Abs. 1 Satz 3 VwVfG), da sich die gesetzliche 33

---

89 Zum früheren Recht vgl. *Gebhardt*, in: Schäfer/Hamann, KapMG, § 13 BörsZulV a. F. Rn. 36.

90 Vgl. dagegen § 32 Abs. 2 BörsG.

91 Vgl. dazu auch § 13 WpPG Rn. 17.

92 Zu der Frage, ob dadurch auch eine Haftung des Dritten begründet wird, vgl. § 21 WpPG Rn. 34 f. zum Verschuldensmaßstab Rn. 88.

93 *Just*, in: Just/Voß/Ritz/Zeising, WpPG, § 5 Rn. 44; *Meyer*, in: Frankf Komm WpPG, § 5 WpPG Rn. 81.

94 Dazu § 21 WpPG Rn. 34 f.

95 Vgl. *Gebhardt*, in: Schäfer/Hamann, KapMG, § 13 BörsZulV a. F. Rn. 37. Offen dagegen bei *Assmann*, in: Assmann/Lenz/Ritz, VerkProspG, § 2 VerkProspV a. F. Rn. 17.

Vermutung des § 14 Abs. 1 Satz 2 VwVfG im Zweifel nicht auf die Befugnis zur Unterschriftsleistung erstreckt. Die Vertretung bei der Unterzeichnung macht es zudem erforderlich, an einer geeigneten Stelle und direkt bei der Unterschrift des Vertreters auf das Handeln des Unterzeichners im fremden Namen ausdrücklich hinzuweisen.[96] Vorzugswürdig wird es häufig sein, weiterhin der bisherigen Praxis zu folgen und auf die eigenhändige Unterschrift des Anbieters oder der Zulassungsantragsteller abzustellen. Lediglich im Fall von Konsortien wird die vertretungsweise Zeichnung aller Konsorten durch einen vertretungsberechtigten Mitarbeiter des Konsortialführers von der BaFin akzeptiert.

V. Prospektverantwortlichkeit
(§ 5 Abs. 4 WpPG)

34 § 5 Abs. 4 WpPG setzt Art. 6 Abs. 1 Satz 2 EU-ProspRL um und fordert die Aufnahme einer sog. Verantwortlichkeitsklausel in den Prospekt. Vergleichbare Vorgängervorschriften fanden sich in § 14 BörsZulV a. cF. und § 3 Verk-ProspVO a. F.[97] Die Regelung dient der Information des Publikums über die mögliche gegnerische Haftungspartei, ohne dass mit ihr ein (weiterer) Prospekthaftungstatbestand begründet wird. Die haftungsrechtliche Bedeutung erschöpft sich aber darin, dass diejenigen Personen, die eine Prospektverantwortung übernehmen, prinzipiell als Haftungsadressaten (sog. Prospekterlasser) für die Richtigkeit und Vollständigkeit herangezogen werden können.[98] Der Haftung unterliegen darüber hinaus diejenigen, von denen der Erlass des Prospekts ausgeht (sog. Prospektveranlasser).[99] Wie auch das Prospektdatum und die Unterschrift ist die Verantwortungsklausel Bestandteil des Prospekts, deren Fehlen im Billigungsverfahren regelmäßig zu einer Versagung der Billigung führt.

35 Nach § 5 Abs. 4 WpPG muss ein Prospekt als erste Normvoraussetzung bei natürlichen Personen den Namen und deren Funktion, d. h. Beruf und berufliche Position, bei juristischen Personen oder Gesellschaften die Firma und deren Sitz benennen.

36 Der Kreis der in Betracht kommenden Normadressaten ist über den Personenkreis der für den Prospekt haftenden Personen zu bestimmen.[100] Prinzipiell sind dies der Emittent, Anbieter und die Zulassungsantragsteller, was schon aus ihrer Funktion als Unterzeichner (§ 5 Abs. 3 WpPG) folgt. Das Gebot der Richtigkeit und Vollständigkeit fordert nämlich bereits die Aufnahme aller Prospektunterzeichner in die Verantwortungsklausel, um der materiel-

---

96 *Gebhardt*, in: Schäfer/Hamann, KapMG, § 13 BörsZulV a. F. Rn. 37 a. E., der als geeigneten Hinweisort im Prospekt die „Verantwortungsklausel" i. S. d. § 14 BörsZulV a. F. – nunmehr also § 5 Abs. 4, siehe unten. – vorschlägt.

97 *Straßner*, in: Heidel, AktG, § 5 WpPG Rn. 23.

98 Vgl. § 21 Abs. 1 Satz 1 Nr. 1 WpPG; siehe hierzu im Detail § 21 Rn. 34 ff.

99 § 21 Abs. 1 Satz 1 Nr. 2 WpPG.

100 Vgl. § 21 WpPG Rn. 34 ff.

len Rechtslage zu entsprechen und mit der Verantwortungsklausel ein richtiges Bild über alle Haftungsgegner zu vermitteln.

§ 5 Abs. 4 Satz 2 WpPG stellt bei der Zulassung von Wertpapieren zum Handel an einem organisierten Markt auch für den Emissionsbegleiter (Kreditinstitut, Finanzdienstleistungsinstitut, Zweigstelle eines Unternehmens mit Sitz im Ausland, CRR-Kreditinstitut oder Wertpapierhandelsunternehmen mit Sitz im EU-Ausland, mit dem der Emittent zusammen die Zulassung der Wertpapiere beantragt) nochmals ausdrücklich klar, dass er eine Verantwortlichkeitserklärung im Prospekt abgeben muss.[101] Ein zusätzlicher Regelungsbereich verschließt sich der Bestimmung allerdings, da der Emissionsbegleiter börsenrechtlich als Antragsteller zwingend zu beteiligen ist und daher in diesem Fall schon gemäß § 2 Nr. 11 WpPG als eine der Personen, die die Zulassung zum Handel an einem organisierten Markt beantragt, an der Prospektunterzeichnung als einer der Zulassungsantragsteller beteiligt wird und in die Verantwortungsklausel einzubeziehen ist. Die Beteiligung der Zulassungsantragsteller, mithin also die des Emissionsbegleiters, geht dabei im Ergebnis über die Vorgabe des Art. 6 Abs. 1 EU-ProspRL hinaus. Diese gesetzliche Regelung ist auch im Vergleich mit anderen europäischen Finanzplätzen anders und lässt eine für den Finanzstandort Deutschland als Wahlort hinderliche Wirkung vermuten.[102] Sie schafft aber zumindest eine transparente Rechtslage, da die Haftungsvoraussetzungen der Emissionsbegleiter in anderen EU-Staaten im Einzelnen nicht unumstritten sind und auch nicht immer ausgeschlossen werden können. 37

Als zweite Voraussetzung hat die Erklärung der im Prospekt als prospektverantwortliche Personen genannten Personen bzw. Gesellschaften zu beinhalten, dass ihres Wissens die Prospektangaben richtig und keine wesentlichen Umstände ausgelassen sind. Die Erklärung hat sich auf den gesamten Prospekt, insbesondere auch auf die Zusammenfassung, zu beziehen.[103] Sie muss zwingend spätestens in die Billigungsfassung des Prospekts aufgenommen werden. Im Wege eines Nachtrags gemäß § 16 WpPG kann sie nicht eingebracht werden, da durch Nachträge nur Angaben berichtigt oder ergänzt werden können.[104] Das setzt aber ihre vorherige existenzbegründende Aufnahme im Prospekt voraus. 38

Den Ort der Platzierung im Prospekt bestimmt § 5 Abs. 4 WpPG nicht näher. Der Prospekt als solcher stellt in seiner Gesamtheit ein einheitliches und so auch zu lesendes Objekt dar,[105] so dass die in § 5 Abs. 4 WpPG genannten 39

---

101 *Straßner*, in: Heidel, AktG, § 5 WpPG, Rn. 23.
102 Kritisch zur Erweiterung der Verantwortlichkeitsklausel mit Verweis auf Art. 4 EU-ProspRL, *Groß*, KapMR, § 5 WpPG Rn. 8.
103 Vgl. RegBegr. EU-ProspRL-UmsG, BT-Drucks. 15/4999, S. 31; *Straßner*, in: Heidel, AktG, § 5 WpPG, Rn. 23; *Schlitt/Schäfer*, in: Assmann/Schlitt/von Kopp-Colomb, WpPG/VerkProspG, § 5 WpPG Rn. 47.
104 Vgl. RegBegr. EU-ProspRL-UmsG, BT-Drucks. 15/4999, S. 31 f.; *Straßner*, in: Heidel, AktG, § 5 WpPG, Rn. 23 (Fn. 59); *Just*, in: Just/Voß/Ritz/Zeising, WpPG, § 5 Rn. 53.
105 Vgl. BGH, WM 1992, 901, 904.

Informationen im Zweifel auch vereinzelt an verschiedenen Stellen platziert werden können. Um zu verdeutlichen, dass sich die genannte Richtigkeits- und Vollständigkeitserklärung auf den gesamten Prospekt bezieht, empfiehlt sich zumindest, diese einleitend oder abschließend im Prospekt zu verorten. Marktstandard ist die Platzierung im Anschluss an die Risikofaktoren. Einer gesonderten Unterschrift bedarf es nicht, da die den Prospekt räumlich abschließende Unterschrift die Verantwortlichkeitserklärung deckt.[106]

---

106 *Just,* in: Just/Voß/Ritz/Zeising, WpPG, § 5 Rn. 52; *Meyer,* in: Frankf Komm WpPG, § 5 WpPG Rn. 84.

Holzborn/Mayston

ARTIKEL 24
Inhalt der Zusammenfassung des Prospekts, des Basisprospekts und der einzelnen Emission

ARTICLE 24
Content of the summary of the prospectus, of the base prospectus and of the individual issue

(1) Der genaue Inhalt der in Artikel 5 Absatz 2 der Richtlinie 2003/71/EG genannten Zusammenfassung wird vom Emittenten, vom Anbieter oder von der die Zulassung zum Handel an einem geregelten Markt beantragenden Person gemäß dem vorliegenden Artikel festgelegt.

(1) The issuer, the offeror or the person asking for the admission to trading on a regulated market shall determine the detailed content of the summary referred to in Article 5(2) of Directive 2003/71/EC in accordance with this Article.

Die Zusammenfassung enthält die in Anhang XXII aufgeführten zentralen Angaben. Ist ein Informationsbestandteil für einen Prospekt irrelevant, wird hierfür in der Zusammenfassung an der betreffenden Stelle ,entfällt' vermerkt. Die Länge der Zusammenfassung trägt der Komplexität des Emittenten und der angebotenen Wertpapiere Rechnung, darf aber nicht mehr als 7 % des Prospekts oder nicht mehr als 15 Seiten betragen, je nachdem, was länger ist. Sie enthält keine Querverweise auf andere Teile des Prospekts.

A summary shall contain the key information items set out in Annex XXII. Where an item is not applicable to a prospectus, such item shall appear in the summary with the mention "not applicable". The length of the summary shall take into account the complexity of the issuer and of the securities offered, but shall not exceed 7 % of the length of a prospectus or 15 pages, whichever is the longer. It shall not contain cross-references to other parts of the prospectus.

Die in Anhang XXII vorgegebene Reihenfolge der Rubriken und der darin enthaltenen Angaben ist verbindlich. Die Zusammenfassung wird klar verständlich formuliert, wobei die zentralen Angaben auf leicht zugängliche und verständliche Weise präsentiert werden. Ist ein Emittent nicht dazu verpflichtet, gemäß Artikel 5 Absatz 2 der Richtlinie 2003/71/EG eine Zusammenfassung in seinen Prospekt aufzunehmen, fügt aber einen Abschnitt mit einer Übersicht in seinen Prospekt ein, so wird dieser Abschnitt nicht mit der Überschrift „Zusammenfassung" versehen, es sei denn, der Emittent erfüllt alle in diesem Artikel und in Anhang XXII für Zusammenfassungen vorgeschriebenen Angabepflichten.

The order of the sections and of the elements of Annex XXII shall be mandatory. The summary shall be drafted in clear language, presenting the key information in an easily accessible and understandable way. Where an issuer is not under an obligation to include a summary in a prospectus pursuant to Article 5(2) of Directive 2003/71/EC, but produces an overview section in the prospectus, this section shall not be entitled "Summary" unless the issuer complies with all disclosure requirements for summaries laid down in this Article and Annex XXII.

(2) Die Zusammenfassung des Basisprospekts kann folgende Angaben enthalten:

(2) The summary of the base prospectus may contain the following information:

a) die im Basisprospekt enthaltenen Angaben;

b) Optionen für Angaben, die durch das Schema für die Wertpapierbeschreibung und sein(e) Modul(e) vorgeschrieben sind;

c) freie Stellen für die durch das Schema für die Wertpapierbeschreibung und sein(e) Modul(e) vorgeschriebenen Angaben, die später in den endgültigen Bedingungen ausgefüllt werden.

(3) Die Zusammenfassung der einzelnen Emission enthält die zentralen Angaben der Zusammenfassung des Basisprospekts sowie die relevanten Bestandteile der endgültigen Bedingungen. Die Zusammenfassung der einzelnen Emission enthält Folgendes:

a) die nur für die einzelne Emission relevanten Angaben aus der Zusammenfassung des Basisprospekts;

b) die nur für die einzelne Emission relevanten, im Basisprospekt genannten Optionen, wie sie in den endgültigen Bedingungen festgelegt wurden;

c) die im Basisprospekt ausgelassenen, in den endgültigen Bedingungen genannten relevanten Angaben.

Beziehen sich die endgültigen Bedingungen auf verschiedene Wertpapiere, die sich nur in einigen sehr beschränkten Einzelheiten unterscheiden, etwa in Bezug auf den Emissionskurs oder den Fälligkeitstermin, so kann für all diese Wertpapiere eine einzige Zusammenfassung der einzelnen Emission angefügt werden, sofern die Angaben zu den verschiedenen Wertpapieren klar voneinander getrennt sind.

Die Zusammenfassung der einzelnen Emission unterliegt denselben Anforderungen wie die endgültigen Bedingungen und wird diesen beigefügt.

a) information included in the base prospectus;

b) options for information required by the securities note schedule and its building block(s);

c) information required by the securities note schedule and its building block(s) left in blank for later insertion in the final terms.

(3) The summary of the individual issue shall provide the key information of the summary of the base prospectus combined with the relevant parts of the final terms. The summary of the individual issue shall contain the following:

a) the information of the summary of the base prospectus which is only relevant to the individual issue;

b) the options contained in the base prospectus which are only relevant to the individual issue as determined in the final terms;

c) the relevant information given in the final terms which has been previously left in blank in the base prospectus.

Where the final terms relate to several securities which differ only in some very limited details, such as the issue price or maturity date, one single summary of the individual issue may be attached for all those securities, provided the information referring to the different securities is clearly segregated.

The summary of the individual issue shall be subject to the same requirements as the final terms and shall be annexed to them.

Inhalt

I. Vorbemerkungen

Art. 24 der EU-ProspV regelt i.V.m. dem neuen Anh. XXII Format und Inhalt   *1*
der Zusammenfassung des Prospekts, des Basisprospekts und der einzelnen
Emission. Die Vorschrift ist durch die Verordnung (EU) Nr. 486/2012 vom
30. 03.2012 zur Änderung der EU-ProspV[1] umfassend geändert worden.[2]
Art. 24 a. F. überließ es dem Emittenten, Anbieter oder Zulassungsantragsteller, über den detaillierten Inhalt der Prospektzusammenfassung im Sinne der
EU-PropRL zu entscheiden. Art. 5 Abs. 2 Satz 2 EU-ProspRL a. F. enthielt insbesondere die Vorgabe, dass die Zusammenfassung kurz und in allgemein
verständlicher Sprache die wesentlichen Merkmale und Risiken von Emittent, Garantiegeber und Wertpapieren nennen und bestimmte Warnhinweise
enthalten müsse. Die neue Fassung von Art. 5 Abs. 2 EU-ProspRL[3] sieht nunmehr die Inklusion von bestimmten Schlüsselinformationen sowie ein
einheitliches Format der Zusammenfassungen vor. Art. 24 Abs. 1 i.V.m.
Anh. XXII EU-ProspV regelt den detaillierten Inhalt und die konkrete Form
der in die Zusammenfassung aufzunehmenden Schlüsselinformationen.

II. Vorgaben für die Zusammenfassung

1. Aufbau der Zusammenfassung

Art. 24 Abs. 1 Unterabs. 2 Satz 1 EU-ProspV nimmt Bezug auf die im neuen   *2*
Anh. XXII der EU-ProspV enthaltenen Angaben. Aus Anh. XXII ergibt sich
die Notwendigkeit einer Darstellung der erforderlichen Angaben im Tabellenformat auf Modularbasis gemäß den Anhängen der EU-ProspV,[4] wobei
jede Zusammenfassung aus den fünf Tabellen A – Einleitung und Warnhinweise, B – Emittent und etwaige Garantiegeber, C – Wertpapiere, D – Risiken und E – Angebot bestehen muss. In den Tabellen müssen die für die jeweils anwendbaren Anhänge in Anh. XXII geforderten Angaben gemacht

---

1   ABl. L 150 vom 09.06.2012, S. 1. Rechtsgrundlage der VO ist Art. 1 Ziff. 5 d) EU-Prosp-
     RLÄndRL.
2   Vgl. Art. 1 Ziff. 10. Verordnung (EU) Nr. 486/2012 vom 30.03.2012.
3   Art. 1 Ziff. 5 a) EU-ProspRLÄndRL.
4   Anh. XXII Ziff. 1. EU-ProspV.

werden (mit Nennung des jeweiligen Punktes gemäß Anh. XXII samt Bezeichnung).

Bei Irrelevanz der vorgeschriebenen Angabe muss diese mit „entfällt" (engl.: „not applicable") gekennzeichnet werden; zulässig ist eine kurze Erläuterung des Entfallensgrundes, beispielsweise bei „Art etwaiger Beschränkungen im Bestätigungsvermerk zu den historischen Finanzinformationen" eine Klarstellung, dass der Vermerk ohne Beschränkungen erteilt wurde.

Die Reihenfolge der Rubriken aus Anh. XXII und der darin enthaltenen Angaben ist verbindlich (Art. 24 Abs. 1 Unterabs. 3 Satz 1; Anh. XXII Ziff. 3. EU-ProspV). Die Beschreibungen sollen nicht länger sein, als es die jeweilige Angabe erfordert; Querverweise auf den übrigen Prospekt sind unzulässig,[5] was der bisherigen BaFin-Praxis entspricht.[6] Zur Zusammenfassung wird im Übrigen auf die Kommentierung zu § 5 WpPG, Rn. 19 ff., verwiesen.

2. Länge der Zusammenfassung

3 Für die Länge der Zusammenfassung gab bisher Erwg. 21 der EU-ProspRL eine Indikation mit „in der Regel nicht mehr als 2.500 Wörter".[7] Nunmehr schreibt Art. 24 Abs. 1 Unterabs. 2 Satz 3 vor, dass sich die Länge der Zusammenfassung an der Komplexität von Emittent und Wertpapieren zu orientieren hat, aber maximal 7 % des Prospekts oder 15 Seiten betragen darf (je nachdem, welche Vorgabe länger ist)[8]. Bei der für die 7 %-Grenze maßgeblichen Länge des Prospekts sind die Finanzinformationen und in den Prospekt über einen Verweis aufgenommenen Dokumente (vgl. Art. 28 EU-ProspV) mit zu berücksichtigen, sodass es in der Praxis kaum zu Problemen mit der Länge kommen dürfte.[9]

3. Verständlichkeit

4 Nach Art. 24 Abs. 1 Unterabs. 3 Satz 2 EU-ProspV ist die Zusammenfassung klar verständlich zu formulieren, wobei die zentralen Angaben auf leicht zugängliche und verständliche Weise präsentiert werden. Dies entspricht der Regelung in Art. 5 Abs. 2 Unterabs. 1 Satz 2 n. F. EU-ProspRL[10], der durch § 5 Abs. 2a WpPG in deutsches Recht umgesetzt wird. Die leichte Zugänglichkeit ergibt sich schon aus der zwingend vorgegebenen Platzierung am Anfang des Prospekts nach dem Inhaltsverzeichnis.[11]

---

5 Anh. XXII Ziff. 5. bzw. 6. EU-ProspV.

6 *Schlitt/Schäfer*, in: Assmann/Schlitt/von Kopp-Colomb, WpPG/VerkProspG, § 5 WpPG Rn. 30.

7 In der Sprache, in der der Ursprungsprospekt abgefasst wurde; Erwg. 21 EU-ProspRL.

8 *Müller*, WpPG, § 5 Rn. 2.

9 *Müller*, WpPG, § 5 Rn. 2.

10 Vgl. Art. 1 Ziff. 5 a) i) EU-ProspRLÄndRL.

11 Vgl. Art. 25 Abs. 1 EU-ProspV.

3. Sonstiges

Ist ein Emittent nicht dazu verpflichtet, eine Zusammenfassung in seinen 5
Prospekt aufzunehmen, d. h. bei Zulassung von Nichtdividendenwerten mit
einer Mindeststückelung von 100.000 Euro an einem organisierten Markt,[12]
fügt er aber einen Abschnitt mit einer Übersicht in den Prospekt ein, so darf
gemäß Art. 24 Abs. 1 Unterabs. 3 Satz 3 EU-ProspV dieser Abschnitt nicht
mit der Überschrift „Zusammenfassung" versehen werden, es sei denn, die
rechtlichen Vorgaben für Zusammenfassungen werden eingehalten.

III. Die Zusammenfassung des Basisprospekts
(Art. 24 Abs. 2 EU-ProspV) und der einzelnen Emission
(Art. 24 Abs. 3 EU-ProspV)

Art. 24 Abs. 1 EU-ProspV verlangt die Aufnahme der in Anh. XXII aufge- 6
führten zentralen Angaben im Prospekt. Dabei müssen die in Anhang XXII
EU-ProspV vorgesehenen Angaben vollständig und in der dort genannten
Reihenfolge aufgeführt werden. Enthält Anh. XXII EU-ProspV Informationsbestandteile, die für den entsprechenden Prospekt irrelevant sind, müssen
diese trotzdem aufgeführt und mit „entfällt" gekennzeichnet werden. Im
Hinblick auf den vorgegebenen maximalen Umfang der Zusammenfassung
und dem Ziel, die Zusammenfassung für Anleger leichter lesbar zu gestalten,
ist diese Anforderung schwer nachvollziehbar. Grundsätzlich bliebe die Reihenfolge der Angaben auch erhalten, wenn die Angaben, die in einem Basisprospekt keine Anwendung finden, auch nicht erwähnt werden. Insofern
würde die Vergleichbarkeit nicht eingeschränkt, dem Leser aber erspart,
sich auch mit den Angaben beschäftigen zu müssen, die er gar nicht benötigt, die aber trotzdem, wenn auch mit Kennzeichnung, aufzunehmen sind.
Querverweise auf andere Teile des Prospektes sind nicht zulässig.

Für Basisprospekte regelt Art. 24 Abs. 2 b) EU-ProspV, dass deren Zusammenfassung zusätzlich Optionen für Angaben enthalten kann. Gemäß
Art. 24 Abs. 2 c) sind darüber hinaus freie Stellen für die gemäß den Modulen in den endgültigen Bedingungen auszufüllendne Angaben erlaubt.[13]

In jedem Fall muss eine Zusammenfassung für jede einzelne Emission erstellt werden, indem die für einzelne Emission relevanten Angaben aus der
Zusammenfassung des Basisprospekts mit den relevanten Teilen der endgültigen Bedingungen kombiniert werden.[14]

Das bedeutet für Emissionen unter einem Basisprospekt einen erheblichen
Mehraufwand, da die Zusammenfassung zunächst für den Basisprospekt und
zusätzlich für die einzelne Emissionen zu erstellen ist. Dabei muss die Zusammenfassung für die einzelne Emission gem. Art. 24 Abs. 3 EU-ProspV
alle für diese Emission relevanten Angaben enthalten, ergänzt um die in den

---

12 § 5 Abs. 2 Satz 5 WpPG.
13 Vgl. auch BaFin FAQ vom 31.05.2012, zuletzt geändert am 06.11.2012, Tz. 6.
14 Erwg. 8, Delegierte VO (EU) Nr. 486/2012, ABl. EU 2012, L150/1, L150/2.

endgültigen Bedingungen ausgewählten Optionen und ausgelassenen und hier zu ergänzenden relevanten Angaben.

Art. 24 Abs. 3 EU-ProspV erlaubt grundsätzlich, mehrere Wertpapiere, die sich nur in wenigen Einzelheiten unterscheiden, in einer Zusammenfassung darzustellen. Die zusammenfassende Darstellung muss übersichtlich und verständlich sein.[15] Eine Möglichkeit kann dabei die Nutzung von Tabellen sein. Dabei kann die Zusammenfassung eine Tabelle enthalten, in der für alle Wertpapiere die entsprechenden unterschiedlichen Einzelheiten aufgeführt werden. Alternativ können bei den jeweiligen Merkmalen Tabellen mit den unterschiedlichen Merkmalen zu dieser Einzelheit aufgenommen werden.[16] Von der Möglichkeit, Tabellen zu nutzen, haben inzwischen einige Emittenten Gebrauch gemacht.

Im Übrigen wird auf die Kommentierung zu § 5 WpPG sowie Art. 25 EU-ProspV verwiesen.

---

15 BaFin, FAQ vom 31.05.2012, zuletzt geändert am 06.11.2012, Tz. 10.
16 *ESMA*, Q&A, 21st updated version, ESMA/2014/35, question 91.

Holzborn/Glismann

ANHANG XXII
Für die Zusammenfassung vorgeschriebene Angabe

LEITFADEN FÜR DIE TABELLEN

1. Die Zusammenfassungen werden auf Modularbasis gemäß den Anhängen dieser Verordnung verfasst, auf deren Grundlage der Prospekt erstellt wurde. So würde beispielsweise die Zusammenfassung eines Aktienprospekts die in den Anhängen I und III verlangten Angaben enthalten.

2. Jede Zusammenfassung besteht aus fünf Tabellen (siehe unten).

3. Die Reihenfolge der Abschnitte A–E ist verbindlich. Innerhalb der einzelnen Abschnitte sind die Angaben in der in den Tabellen angegebenen Reihenfolge zu machen.

4. Ist eine Angabe für einen Prospekt irrelevant, sollte in der Zusammenfassung an der betreffenden Stelle „entfällt" vermerkt werden.

5. Die Beschreibungen sollten kurz, d.h. nicht länger sein, als es die jeweilige Angabe erfordert.

6. Die Zusammenfassungen sollten keine Querverweise auf spezielle Teile des Prospekts enthalten.

7. Betrifft ein Prospekt die Zulassung von Nichtdividendenwerten mit einer Mindeststückelung von 100 000 EUR zum Handel an einem geregelten Markt gemäß Anhang IX oder XIII oder beiden, und wird von einem Mitgliedstaat gemäß Artikel 5 Absatz 2 und Artikel 19 Absatz 4 der Richtlinie 2003/71/EG eine Zusammenfassung verlangt oder eine solche freiwillig erstellt, so sind in der Zusammenfassung für die Anhänge IX und XIII die in den Tabellen genannten Angaben zu veröffentlichen. Ist ein Emittent nicht dazu verpflichtet, eine Zusammenfassung in den Prospekt aufzunehmen, möchte darin aber einen Überblick über seinen Prospekt geben, sollte er für den Fall, dass er dabei nicht alle Angabepflichten für Zusammenfassungen erfüllt, dafür sorgen, dass dieser Abschnitt nicht die Überschrift „Zusammenfassung" trägt.

Abschnitt A — Einleitung und Warnhinweise

Anhänge	Punkt	Geforderte Angaben
Alle	**A.1**	Warnhinweis, dass – die [betreffende] Zusammenfassung als Prospekteinleitung verstanden werden sollte, – sich der Anleger bei jeder Entscheidung, in die Wertpapiere zu investieren, auf den Prospekt als Ganzen stützen sollte, – ein Anleger, der wegen der in dem [betreffenden] Prospekt enthaltenen Angaben Klage einreichen will, nach den nationalen Rechtsvorschriften seines Mitgliedstaats mögli cherweise für die Übersetzung des Prospekts aufkommen muss, bevor das Verfahren eingeleitet werden kann, und – zivilrechtlich nur diejenigen Personen haften, die die Zusammenfassung samt etwaiger Übersetzungen vorgelegt und übermittelt haben, und dies auch nur für den Fall, dass die Zusammenfassung verglichen mit den anderen Teilen des Prospekts irreführend, unrichtig oder inkohärent ist oder verglichen mit den anderen Teilen des Prospekts wesentliche Angaben, die in Bezug auf Anlagen in die betreffenden Wertpapiere für die Anleger eine Entscheidungshilfe darstellen, vermissen lassen.
Alle	**A.2**	– Zustimmung des Emittenten oder der für die Erstellung des Prospekts verantwortlichen Person zur Verwendung des Prospekts für die spätere Weiterveräußerung oder endgültige Platzierung von Wertpapieren durch Finanzintermediäre – Angabe der Angebotsfrist, innerhalb deren die spätere Weiterveräußerung oder endgültige Platzierung von Wertpapieren durch Finanzintermediäre erfolgen kann und für die die Zustimmung zur Verwendung des Prospekts erteilt wird – Alle sonstigen klaren und objektiven Bedingungen, an die die Zustimmung gebunden ist und die für die Verwendung des Prospekts relevant sind – Deutlich hervorgehobener Hinweis für die Anleger, dass Informationen über die Bedingungen des Angebots eines Finanzintermediärs von diesem zum Zeitpunkt der Vorlage des Angebots zur Verfügung zu stellen sind.

Abschnitt B — Emittent und etwaige Garantiegeber

Anhänge	Punkt	Geforderte Angaben
1, 4, 7, 9, 11	**B.1**	Gesetzliche und kommerzielle Bezeichnung des Emittenten.
1, 4, 7, 9, 11	**B.2**	Sitz und Rechtsform des Emittenten, das für den Emittenten geltende Recht und Land der Gründung der Gesellschaft.

Anhänge	Punkt	Geforderte Angaben
1	B.3	Art der derzeitigen Geschäftstätigkeit und Haupttätigkeiten des Emittenten samt der hierfür wesentlichen Faktoren, wobei die Hauptprodukt- und/oder -dienstleistungskategorien sowie die Hauptmärkte, auf denen der Emittent vertreten ist, anzugeben sind.
1	B.4a	Wichtigste jüngste Trends, die sich auf den Emittenten und die Branchen, in denen er tätig ist, auswirken.
4, 11	B.4b	Alle bereits bekannten Trends, die sich auf den Emittenten und die Branchen, in denen er tätig ist, auswirken.
1, 4, 9, 11	B.5	Ist der Emittent Teil einer Gruppe, Beschreibung der Gruppe und der Stellung des Emittenten innerhalb dieser Gruppe.
1	B.6	Soweit dem Emittenten bekannt, Name jeder Person, die eine direkte oder indirekte Beteiligung am Eigenkapital des Emittenten oder einen Teil der Stimmrechte hält, die/der nach den für den Emittenten geltenden nationalen Rechtsvorschriften meldepflichtig ist, samt der Höhe der Beteiligungen der einzelnen Personen. Angabe, ob die Hauptanteilseigner des Emittenten unterschiedliche Stimmrechte haben, falls vorhanden. Soweit dem Emittenten bekannt, ob an ihm unmittelbare oder mittelbare Beteiligungen oder Beherrschungsverhältnisse bestehen, wer diese Beteiligungen hält bzw. diese Beherrschung ausübt und welcher Art die Beherrschung ist.
1	B.7	Ausgewählte wesentliche historische Finanzinformationen über den Emittenten, die für jedes Geschäftsjahr des von den historischen Finanzinformationen abgedeckten Zeitraums und für jeden nachfolgenden Zwischenberichtszeitraum vorgelegt werden, sowie Vergleichsdaten für den gleichen Zeitraum des vorangegangenen Geschäftsjahres, es sei denn, diese Anforderung ist durch Vorlage der Bilanzdaten zum Jahresende erfüllt. Sollten sich Finanzlage und Betriebsergebnis des Emittenten in oder nach dem von den wesentlichen historischen Finanzinormationen abgedeckten Zeitraum erheblich geändert haben, sollten auch diese Veränderungen dargelegt werden.
1, 2	B.8	Ausgewählte wesentliche Pro-forma-Finanzinformationen, die als solche gekennzeichnet sind. Diese müssen einen klaren Hinweis auf den hypothetischen Charakter von Pro-Forma- Finanzinformationen, d. h. darauf enthalten, dass sie nicht die tatsächliche Finanzlage oder die tatsächlichen Ergebnisse des Unternehmens widerspiegeln.
1, 4, 9, 11	B.9	Liegen Gewinnprognosen oder -schätzungen vor, ist der entsprechende Wert anzugeben.
1, 4, 9, 11	B.10	Art etwaiger Beschränkungen im Bestätigungsvermerk zu den historischen Finanzinformationen.
3	B.11	Reicht das Geschäftskapital des Emittenten nicht aus, um die bestehenden Anforderungen zu erfüllen, sollte eine Erläuterung beigefügt werden.

Anhänge	Punkt	Geforderte Angaben
4, 9, 11	B.12	**Berücksichtigen Sie unter Punkt B.7 nur den ersten Absatz und liefern Sie darüber hinaus:** – eine Erklärung, dass sich die Aussichten des Emittenten seit dem Datum des letzten veröffentlichten geprüften Abschlusses nicht wesentlich verschlechtert haben, oder beschreiben Sie jede wesentliche Verschlechterung, – eine Beschreibung wesentlicher Veränderungen bei Finanzlage oder Handelsposition des Emittenten, die nach dem von den historischen Finanzinformationen abgedeckten Zeitraum eingetreten sind.
4, 9, 11	B.13	Beschreibung aller Ereignisse aus der jüngsten Zeit der Geschäftstätigkeit des Emittenten, die für die Bewertung seiner Zahlungsfähigkeit in hohem Maße relevant sind.
4, 9, 11	B.14	**B.5 sowie:** „Ist der Emittent von anderen Unternehmen der Gruppe abhängig, ist dies klar anzugeben."
4, 9, 11	B.15	Beschreibung der Haupttätigkeiten des Emittenten.
4, 7, 9, 11	B.16	**Berücksichtigen Sie unter Punkt B.6 nur den letzten Absatz.**
5, 13	B.17	Die Ratings, die im Auftrag des Emittenten oder in Zusammenarbeit mit ihm beim Ratingverfahren für den Emittenten oder seine Schuldtitel erstellt wurden.
6	B.18	Beschreibung von Art und Umfang der Garantie.
6	B.19	Es sind die in Abschnitt B vorgesehenen Angaben zum Garantiegeber zu liefern, als wäre er der Emittent der gleichen Art von Wertpapieren, die Gegenstand der Garantie ist. Legen Sie deshalb für den betreffenden Anhang die für eine Zusammenfassung vorgeschriebenen Angaben vor.
7	B.20	Angabe, ob der Emittent als Zweckgesellschaft zur Emission von ABS gegründet wurde.
7	B.21	Beschreibung der Haupttätigkeiten des Emittenten einschließlich eines Gesamtüberblicks über die Teilnehmer des Verbriefungsprogramms, sowie Angaben über unmittelbare oder mittelbare Beteiligungen oder Beherrschungsverhältnisse zwischen diesen Teilnehmern.
7	B.22	Hat ein Emittent seit seiner Gründung oder Niederlassung seine Tätigkeit nicht aufgenommen und wurde zum Datum des Registrierungsformulars kein Abschluss erstellt, ist dies anzugeben.
7	B.23	**Berücksichtigen Sie unter Punkt B.7 nur den ersten Absatz**
7	B.24	Beschreibung jeder wesentlichen Verschlechterung der Aussichten des Emittenten seit dem Datum des letzten veröffentlichten geprüften Abschlusses.

Anhänge	Punkt	Geforderte Angaben
8	B.25	Beschreibung der Basiswerte, einschließlich – einer Bestätigung, dass die der Emission zugrunde liegenden verbrieften Aktiva so beschaffen sind, dass sie die Erwirtschaftung von Finanzströmen gewährleisten, die alle für die Wertpapiere fälligen Zahlungen abdecken, – einer Beschreibung der allgemeinen Charakteristika der Schuldner und bei einer kleineren Zahl leicht identifizierbarer Schuldner eine allgemeine Beschreibung der einzelnen Schuldner, – einer Beschreibung der Rechtsnatur der Aktiva, – der Beleihungsquote oder des Besicherungsgrades, – für den Fall, dass der Prospekt ein Immobiliengutachen enthält, eine Beschreibung der Schätzung.
8	B.26	Wenn der Emission ein aktiv gemanagter Pool von Aktiva zugrunde liegt, Beschreibung der Parameter, innerhalb deren die Anlagen getätigt werden können, Name und Beschreibung des für die Verwaltung zuständigen Unternehmens, einschließlich einer kurzen Beschreibung der Beziehung dieses Unternehmens zu allen anderen an der Emission beteiligten Parteien.
8	B.27	Schlägt ein Emittent die Ausgabe weiterer Wertpapiere vor, die mit den gleichen Aktiva unterlegt sind, ist dies anzugeben.
8	B.28	Beschreibung der Struktur der Transaktion, erforderlichenfalls mit Strukturdiagramm.
8	B.29	Beschreibung des Mittelflusses und Angabe von Swap-Vertragsparteien und etwaigen anderen wesentlichen Formen der Bonitäts- oder Liquiditätsverbesserung sowie deren Steller.
8	B.30	Name und Beschreibung der Originatoren der verbrieften Aktiva.
10	B.31	Angaben zum Emittenten der Basiswerte: – B.1 – B.2 – B.3 – B.4 – B.5 – B.6 – B.7 – B.9 – B.10 – D.4
10	B.32	Angaben zum Emittenten der Zertifikate, die Aktien vertreten: – „Name und eingetragener Sitz." – „Rechtsordnung, unter der der Emittent tätig ist, und Rechtsform, die er unter dieser Rechtsordnung angenommen hat."

Anhänge	Punkt	Geforderte Angaben
15	B.33	Folgende Angaben aus Anhang 1: – B.1 – B.2 – B.5 – B.6 – B.7 – B.8 – B.9 – B.10 – C.3 – C.7 – D.2
15	B.34	Beschreibung des Anlageziels und der Anlagepolitik (einschließlich etwaiger Anlagebeschränkungen), die der Organismus für gemeinsame Anlagen verfolgt, einschließlich einer Beschreibung der genutzten Instrumente.
15	B.35	Obergrenzen für die Kreditaufnahme und/oder Leverage-Limits, denen der Organismus für gemeinsame Anlagen unterliegt. Sind keine Obergrenzen vorhanden, ist dies anzugeben.
15	B.36	Beschreibung des Status des Organismus für gemeinsame Anlagen, der durch eine Regulierungs- oder Aufsichtsbehörde kontrolliert wird, und Angabe des Namens der Regulierungs- bzw. Aufsichtsbehörde(n) im Land seiner Gründung.
15	B.37	Kurzes Profil des Anlegertyps, auf den der Organismus für gemeinsame Anlagen zugeschnitten ist.
15	B.38	Wird im Hauptteil des Prospekts angegeben, dass mehr als 20 % der Bruttovermögenswerte des Organismus für gemeinsame Anlagen a) direkt oder indirekt in einen einzigen Basiswert investiert werden können oder b) in einen oder mehrere Organismen für gemeinsame Anlagen investiert werden können, die ihrerseits mehr als 20 % ihrer Bruttovermögenswerte in andere Organismen für gemeinsame Anlagen investieren können, oder c) eine über diesen Betrag hinausgehende Exposition in Bezug auf die Bonität oder Zahlungsfähigkeit einer anderen Vertragspartei besteht, sollte dieses Unternehmen genannt und die Exposition (z. B der Vertragspartner) beschrieben werden und sollten Angaben zu dem Markt gemacht werden, an dem die Wertpapiere dieses Unternehmens zum Handel zugelassen sind.
15	B.39	Darf ein Organismus für gemeinsame Anlagen mehr als 40 % seiner Bruttovermögenswerte in einen anderen Organismus für gemeinsame Anlagen investieren, sollte(n) in der Zusammenfassung entweder

Anhänge	Punkt	Geforderte Angaben
		a) die Exponierung und der Name des Basisorganismus für gemeinsame Anlagen genannt und die gleichen Angaben geliefert werden, die in einer Zusammenfassung von diesem Organismus für gemeinsame Anlagen verlangt würden, oder
		b) für den Fall, dass die von einem Basisorganismus für gemeinsame Anlagen emittierten Wertpapiere bereits zum Handel an einem geregelten oder gleichwertigen Markt zugelassen sind, der Name des Basisorganismus für gemeinsame Anlagen angegeben werden.
15	B.40	Beschreibung der Dienstleister des Antragstellers einschließlich der maximal zu entrichten den Entgelte.
15	B.41	Name und Regulierungsstatus aller etwaigen Vermögensverwalter, Anlageberater, Verwahrer, Verwalter oder sonstigen Treuhänder (einschließlich etwaiger delegierter Verwahrungsverträge).
15	B.42	Häufigkeit der Bestimmung des Nettoinventarwerts des Organismus für gemeinsame Anlagen und Art der Übermittlung dieses Werts an die Anleger.
15	B.43	Bei einem Dachorganismus für gemeinsame Anlagen ist jede wechselseitige Haftung, die zwischen verschiedenen Teilfonds oder Anlagen in andere Organismen für gemeinsame Anlagen auftreten kann, darzulegen.
15	B.44	B.7 sowie: – „Hat ein Organismus für gemeinsame Anlagen seine Tätigkeit noch nicht aufgenommen und wurde zum Datum des Registrierungsformulars kein Abschluss erstellt, ist dies anzugeben."
15	B.45	Beschreibung des Portfolios des Organismus für gemeinsame Anlagen.
15	B.46	Angabe des aktuellsten Nettoinventarwerts pro Wertpapier (falls anwendbar).
16	B.47	Beschreibung des Emittenten, einschließlich – seiner gesetzlichen Bezeichnung und seiner Stellung im nationalen öffentlichen Rahmen, – der Rechtsform des Emittenten, – aller etwaigen Ereignisse aus jüngster Zeit, die für die Bewertung seiner Zahlungsfähigkeit relevant sind, – einer Beschreibung des wirtschaftlichen Umfelds des Emittenten, einschließlich der Wirtschaftsstruktur mit detaillierten Angaben zu den Hauptwirtschaftszweigen.
16	B.48	Beschreibung/Eckdaten der öffentlichen Finanzen und Handelsinformationen für die beiden Geschäftsjahre, die dem Datum des Prospekts vorausgehen, samt einer Beschreibung aller wesentlichen Veränderungen, die seit Ende des letzten Geschäftsjahres bei diesen Angaben eingetreten sind.

Anhänge	Punkt	Geforderte Angaben
17	B.49	Beschreibung des Emittenten, einschließlich – seiner gesetzlichen Bezeichnung und einer Beschreibung seines Rechtsstatus, – seiner Rechtsform, – einer Beschreibung seiner Zielsetzung und Aufgaben, – seiner Finanzierungsquellen sowie der Garantien und anderer Verpflichtungen, die seine Mitglieder ihm gegenüber übernommen haben, – aller etwaigen Ereignisse aus jüngster Zeit, die für die Bewertung seiner Zahlungsfähigkeit relevant sind.
17	B.50	Ausgewählte wesentliche historische Finanzinformationen der letzten beiden Geschäftsjahre samt einer Beschreibung aller wesentlichen Veränderungen, die seit den letzten geprüften Finanzinformationen bei der Finanzlage des Emittenten eingetreten sind.

Abschnitt C — Wertpapiere

Anhänge	Punkt	Geforderte Angaben
3, 5, 12, 13	C.1	Beschreibung von Art und Gattung der angebotenen und/oder zum Handel zuzulassenden Wertpapiere, einschließlich jeder Wertpapierkennung.
3, 5, 12, 13	C.2	Währung der Wertpapieremission.
1	C.3	Zahl der ausgegebenen und voll eingezahlten Aktien und der ausgegebenen, aber nicht voll eingezahlten Aktien. Nennwert pro Aktie bzw. Angabe, dass die Aktien keinen Nennwert haben.
3	C.4	Beschreibung der mit den Wertpapieren verbundenen Rechte.
3, 5, 12, 13	C.5	Beschreibung aller etwaigen Beschränkungen für die freie Übertragbarkeit der Wertpapiere.
3	C.6	Angabe, ob für die angebotenen Wertpapiere die Zulassung zum Handel an einem geregelten Markt beantragt wurde bzw. werden soll, und Nennung aller geregelten Märkte, an denen die Wertpapiere gehandelt werden oder werden sollen.
1	C.7	Beschreibung der Dividendenpolitik.
5, 12, 13	C.8	C.4 sowie: – „einschließlich der Rangordnung" – „einschließlich Beschränkungen dieser Rechte"
5, 13	C.9	C.8 sowie: – „nominaler Zinssatz" – „Datum, ab dem die Zinsen zahlbar werden und Zinsfälligkeitstermine" – „ist der Zinssatz nicht festgelegt, Beschreibung des Basiswerts, auf den er sich stützt"

Anhänge	Punkt	Geforderte Angaben
		– „Fälligkeitstermin und Vereinbarungen für die Darlehenstilgung, einschließlich der Rückzahlungsverfahren" – „Angabe der Rendite" – „Name des Vertreters der Schuldtitelinhaber"
5	C.10	**C.9 sowie:** – „wenn das Wertpapier eine derivative Komponente bei der Zinszahlung hat, eine klare und umfassende Erläuterung, die den Anlegern verständlich macht, wie der Wert ihrer Anlage durch den Wert des Basisinstruments/der Basisinstrumente beeinflusst wird, insbesondere in Fällen, in denen die Risiken am offensichtlichsten sind"
5, 12	C.11	Es ist anzugeben, ob für die angebotenen Wertpapiere ein Antrag auf Zulassung zum Handel gestellt wurde oder werden soll, um sie an einem geregelten Markt oder anderen gleichwertigen Märkten zu platzieren, wobei die betreffenden Märkte zu nennen sind.
8	C.12	Mindeststückelung einer Emission.
10	C.13	Angaben über die zugrunde liegenden Aktien: – C.1 – C.2 – C.3 – C.4 – C.5 – C.6 – C.7
10	C.14	Angaben zu den Zertifikaten, die Aktien vertreten: – C.1 – C.2 – C.4 – C.5 – „Beschreibung der Wahrnehmung und Nutzung der an die zugrunde liegenden Aktien gebunden Rechte, insbesondere der Stimmrechte, der Bedingungen, unter denen der Zertifikateemittent diese Rechte wahrnehmen kann, und der Maßnahmen, die geplant sind, um von den Zertifikateinhabern entsprechende Anweisungen — sowie das Recht auf Beteiligung am Gewinn und am Liquidationserlös, die nicht auf den Inhaber der Zertifikate übertragen werden, zu erhalten." – „Beschreibung der Bankgarantien oder sonstigen Garantien, die für die Zertifikate gestellt werden und die Verpflichtungen des Emittenten unterlegen sollen."
12	C.15	Beschreibung, wie der Wert der Anlage durch den Wert des Basisinstruments/der Basisinstrumente beeinflusst wird, es sei denn, die Wertpapiere haben eine Mindeststückelung von 100 000 EUR.

Anhänge	Punkt	Geforderte Angaben
12	C.16	Verfalltag oder Fälligkeitstermin der derivativen Wertpapiere – Ausübungstermin oder letzter Referenztermin.
12	C.17	Beschreibung des Abrechnungsverfahrens für die derivativen Wertpapiere.
12	C.18	Beschreibung der Ertragsmodalitäten bei derivativen Wertpapieren.
12	C.19	Ausübungspreis oder endgültiger Referenzpreis des Basiswerts.
12	C.20	Beschreibung der Art des Basiswerts und Angabe des Ortes, an dem Informationen über den Basiswert erhältlich sind.
13	C.21	Angabe des Markts, an dem die Wertpapiere künftig gehandelt werden und für den ein Prospekt veröffentlicht wurde.
14	C.22	Angaben über die zugrunde liegenden Aktien: – „Beschreibung der zugrunde liegenden Aktie." – C.2 – C.4 sowie „und des Verfahrens für die Wahrnehmung dieser Rechte." – „Ort und Zeitpunkt der künftigen bzw. erfolgten Zulassung der Aktien zum Handel." – C.5 – „Ist der Emittent des Basistitels ein Unternehmen derselben Gruppe, sind zu diesem Emittenten die gleichen Angaben zu liefern wie im Aktien-Registrierungsformular. Legen Sie deshalb für Anhang 1 die für eine Zusammenfassung vorgeschriebenen Angaben vor."

Abschnitt D — Risiken

Anhänge	Punkt	Geforderte Angaben
1	D.1	Zentrale Angaben zu den zentralen Risiken, die dem Emittenten oder seiner Branche eigen sind.
4, 7, 9, 11, 16, 17	D.2	Zentrale Angaben zu den zentralen Risiken, die dem Emittenten eigen sind.
3, 5, 13	D.3	Zentrale Angaben zu den zentralen Risiken, die den Wertpapieren eigen sind.
10	D.4	Angaben zum Emittenten der zugrunde liegenden Aktien: – D.2
10	D.5	Angaben zu den Zertifikaten, die Aktien vertreten: – D.3
12	D.6	**D.3 sowie:** – „Diese müssen einen Risikohinweis darauf enthalten, dass der Anleger seinen Kapitaleinsatz ganz oder teilweise verlieren könnte, sowie gegebenenfalls einen Hinweis darauf, dass die Haftung des Anlegers nicht auf den Wert seiner An-

Anhänge	Punkt	Geforderte Angaben
		lage beschränkt ist, sowie eine Beschreibung der Umstände, unter denen es zu einer zusätzlichen Haftung kommen kann und welche finanziellen Folgen dies voraussichtlich nach sich zieht."

Abschnitt E — Angebot

Anhänge	Punkt	Geforderte Angaben
3, 10	E.1	Gesamtnettoerlöse und geschätzte Gesamtkosten der Emission/des Angebots, einschließlich der geschätzten Kosten, die dem Anleger vom Emittenten oder Anbieter in Rechnung gestellt werden.
3, 10	E.2a	Gründe für das Angebot, Zweckbestimmung der Erlöse, geschätzte Nettoerlöse.
5, 12	E.2b	Gründe für das Angebot und Zweckbestimmung der Erlöse, sofern diese nicht in der Gewinnerzielung und/oder der Absicherung bestimmter Risiken liegt.
3, 5, 10, 12	E.3	Beschreibung der Angebotskonditionen.
3, 5, 10, 12, 13	E.4	Beschreibung aller für die Emission/das Angebot wesentlichen, auch kollidierenden Beteiligungen.
3, 10	E.5	Name der Person/des Unternehmens, die/das das Wertpapier zum Verkauf anbietet. Bei Lock-up-Vereinbarungen die beteiligten Parteien und die Lock-up-Frist.
3, 10	E.6	Betrag und Prozentsatz der aus dem Angebot resultierenden unmittelbaren Verwässerung. Im Falle eines Zeichnungsangebots an die existierenden Anteilseigner Betrag und Prozentsatz der unmittelbaren Verwässerung, für den Fall, dass sie das neue Angebot nicht zeichnen.
Alle	E.7	Schätzung der Ausgaben, die dem Anleger vom Emittenten oder Anbieter in Rechnung gestellt werden.

ANNEX XXII
Disclosure requirements in summaries

GUIDE TO USING THE TABLES

1. Summaries are constructed on a modular basis according to the Annexes from this Regulation on which the prospectus has been based. For example, the summary for a share prospectus would disclosure the information required for the Elements for Annexes I and III.

2. Each summary will be made up of five tables as detailed below.

3. The order of the sections A–E is mandatory. Within each of the sections the elements shall be disclosed in the order they appear in the Tables.

4. Where an element is not applicable to a prospectus the element should appear in the summary with the mention "not applicable".

5. To the extent required by an element, descriptions should be brief.

6. Summaries should not contain cross-references to specific parts of the prospectus.

7. Where a prospectus relates to the admission to trading on a regulated market of non-equity securities having a denomination of at least EUR 100 000 in accordance with either or both of Annexes IX or XIII and a summary is required by a Member State in accordance with Articles 5(2) and 19(4) of Directive 2003/71/EC, or is produced on a voluntary basis, the disclosure requirements for the summary in relation to Annexes IX and XIII are as set out in the Tables. Where an issuer is not under an obligation to include a summary in a prospectus but wishes to produce some overview section in the prospectus, it should ensure that it is not titled "summary" unless it complies with all the disclosure requirements for summaries.

Section A — Introduction and warnings

Annexes	Element	Disclosure requirement
All	**A.1**	Warning that: — [this] summary should be read as introduction to the prospectus; — any decision to invest in the securities should be based on consideration of the prospectus as a whole by the investor; — where a claim relating to the information contained in [the] prospectus is brought before a court, the plaintiff investor might, under the national legislation of the Member States, have to bear the costs of translating the prospectus before the legal proceedings are initiated; and — civil liability attaches only to those persons who have tabled the summary including any translation thereof, but only if the summary is misleading, inaccurate or incon sistent when read together with the other parts of the prospectus or it does not provide, when read together with the other parts of the prospectus, key information in order to aid investors when considering whether to invest in such securities.
All	**A.2**	— Consent by the issuer or person responsible for drawing up the prospectus to the use of the prospectus for subsequent resale or final placement of securities by financial intermediaries. — Indication of the offer period within which subsequent resale or final placement of securities by financial intermediaries can be made and for which consent to use the prospectus is given. — Any other clear and objective conditions attached to the consent which are relevant for the use of the prospectus. – Notice in bold informing investors that information on the terms and conditions of the offer by any financial intermediary is to be provided at the time of the offer by the financial intermediary.'

Holzborn/Glismann

Section B — Issuer and any guarantor

Annexes	Element	Disclosure requirement
1, 4, 7, 9, 11	**B.1**	The legal and commercial name of the issuer.
1, 4, 7, 9, 11	**B.2**	The domicile and legal form of the issuer, the legislation under which the issuer operates and its country of incorporation.
1	**B.3**	A description of, and key factors relating to, the nature of the issuer's current operations and its principal activities, stating the main categories of products sold and/or services performed and identification of the principal markets in which the issuer competes.
1	**B.4a**	A description of the most significant recent trends affecting the issuer and the industries in which it operates.
4, 11	**B.4b**	A description of any known trends affecting the issuer and the industries in which it operates.
1, 4, 9, 11	**B.5**	If the issuer is part of a group, a description of the group and the issuer's position within the group.
1	**B.6**	In so far as is known to the issuer, the name of any person who, directly or indirectly, has an interest in the issuer's capital or voting rights which is notifiable under the issuer's national law, together with the amount of each such person's interest. Whether the issuer's major shareholders have different voting rights if any. To the extent known to the issuer, state whether the issuer is directly or indirectly owned or controlled and by whom and describe the nature of such control.
1	**B.7**	Selected historical key financial information regarding the issuer, presented for each financial year of the period covered by the historical financial information, and any subsequent interim financial period accompanied by comparative data from the same period in the prior financial year except that the requirement for comparative balance sheet information is satisfied by presenting the year-end balance sheet information. This should be accompanied by a narrative description of significant change to the issuer's financial condition and operating results during or subsequent to the period covered by the historical key financial information.
1, 2	**B.8**	Selected key pro forma financial information, identified as such. The selected key pro forma financial information must clearly state the fact that because of its nature, the pro forma financial information addresses a hypothetical situation and, therefore, does not represent the company's actual financial position or results.
1, 4, 9, 11	**B.9**	Where a profit forecast or estimate is made, state the figure.
1, 4, 9, 11	**B.10**	A description of the nature of any qualifications in the audit report on the historical financial information.

Annexes	Element	Disclosure requirement
3	B.11	If the issuer's working capital is not sufficient for the issuer's present requirements an explanation should be included.
4, 9, 11	B.12	**Use only the first paragraph of B.7, plus:** – A statement that there has been no material adverse change in the prospects of the issuer since the date of its last published audited financial statements or a description of any material adverse change. – A description of significant changes in the financial or trading position subsequent to the period covered by the historical financial information.
4, 9, 11	B.13	A description of any recent events particular to the issuer which are to a material extent relevant to the evaluation of the issuer's solvency.
4, 9, 11	B.14	**B.5 plus:** "If the issuer is dependent upon other entities within the group, this must be clearly stated."
4, 9, 11	B.15	A description of the issuer's principal activities.
4, 7, 9, 11	B.16	**Use only the final paragraph of B.6**
5, 13	B.17	Credit ratings assigned to an issuer or its debt securities at the request or with the cooperation of the issuer in the rating process.
6	B.18	A description of the nature and scope of the guarantee.
6	B.19	Section B information about the guarantor as if it were the issuer of the same type of security that is the subject of the guarantee. Therefore provide such information as required for a summary for the relevant annex.
7	B.20	A statement whether the issuer has been established as a special purpose vehicle or entity for the purpose of issuing asset backed securities.
7	B.21	A description of the issuer's principal activities including a global overview of the parties to the securitisation program including information on the direct or indirect ownership or control between those parties.
7	B.22	Where, since the date of incorporation or establishment, an issuer has not commenced operations and no financial statements have been made up as at the date of the registration document, a statement to that effect.
7	B.23	**Use only the first paragraph of B.7**
7	B.24	A description of any material adverse change in the prospects of the issuer since the date of its last published audited financial statements.
8	B.25	A description of the underlying assets including: – confirmation that the securitised assets backing the issue have characteristics that demonstrate capacity to produce funds to service any payments due and payable on the securities

Annexes	Element	Disclosure requirement
		– a description of the general characteristics of the obligors and in the case of a small number of easily identifiable obligors, a general description of each obligor – a description of the legal nature of the assets – loan to value ratio or level of collateralisation – Where a valuation report relating to real property is included in the prospectus, a description of the valuation.
8	B.26	In respect of an actively managed pool of assets backing the issue a description of the parameters within which investments can be made, the name and description of the entity responsible for such management including a brief description of that entity's relationship with any other parties to the issue.
8	B.27	Where an issuer proposes to issue further securities backed by the same assets a statement to that effect.
8	B.28	A description of the structure of the transaction, including, if necessary, a structure diagram.
8	B.29	A description of the flow of funds including information on swap counterparties and any other material forms of credit/liquidity enhancements and the providers thereof.
8	B.30	The name and a description of the originators of the securitised assets.
10	B.31	Information about the issuer of the underlying shares: – B.1 – B.2 – B.3 – B.4 – B.5 – B.6 – B.7 – B.9 – B.10 – D.4
10	B.32	Information about the issuer of the depository receipts: – "Name and registered office of the issuer of the depository receipts." – "Legislation under which the issuer of the depository receipts operates and legal form which it has adopted under the legislation."
15	B.33	The following information from Annex 1: – B.1 – B.2 – B.5 – B.6 – B.7 – B.8

Annexes	Element	Disclosure requirement
		– B.9
		– B.10
		– C.3
		– C.7
		– D.2
15	**B.34**	A description of the investment objective and policy, including any investment restrictions, which the collective investment undertaking will pursue with a description of the instruments used.
15	**B.35**	The borrowing and/or leverage limits of the collective investment undertaking. If there are no such limits, include a statement to that effect.
15	**B.36**	A description of the regulatory status of the collective investment undertaking together with the name of any regulator in its country of incorporation.
15	**B.37**	A brief profile of a typical investor for whom the collective investment undertaking is designed.
15	**B.38**	Where the main body of the prospectus discloses that more than 20 % of the gross assets of the collective investment undertaking may be: (a) invested, directly or indirectly, in a single underlying asset, or (b) invested in one or more collective investment undertakings which may in turn invest more than 20 % of gross assets in other collective investment undertakings, or (c) exposed to the creditworthiness or solvency of any one counterparty the identity of the entity should be disclosed together with a description of the exposure (e.g. counter-party) as well as information on the market in which its securities are admitted.
15	**B.39**	Where a collective investment undertaking may invest in excess of 40 % of its gross assets in another collective investment undertaking the summary should briefly explain either: (a) the exposure, the identity of the underlying collective investment undertaking, and provide such information as would be required in a summary note by that collective investment undertaking; or (b) where the securities issued by an underlying collective investment undertaking have already been admitted to trading on a regulated or equivalent market, the identity of the underlying collective investment undertaking.
15	**B.40**	A description of the applicant's service providers including the maximum fees payable.
15	**B.41**	The identity and regulatory status of any investment manager, investment advisor, custodian, trustee or fiduciary (including and delegated custody arrangements).

Annexes	Element	Disclosure requirement
15	B.42	A description of how often the net asset value of the collective investment undertaking will be determined and how such net asset value will be communicated to investors.
15	B.43	In the case of an umbrella collective investment undertaking, a statement of any cross liability that may occur between classes or investment in other collective investment undertaking.
15	B.44	B.7 plus: – "Where a collective investment undertaking has not commenced operations and no financial statements have been made up as at the date of the registration document, a statement to that effect."
15	B.45	A description of the collective investment undertaking's portfolio.
15	B.46	An indication of the most recent net asset value per security (if applicable).
16	B.47	A description of the issuer, including: – The legal name of the issuer and a description of the issuer's position within the national government framework. – The legal form of the issuer. – Any recent events relevant to the evaluation of the issuer's solvency. – A description of the issuer's economy including its structure with details of its main sectors.
16	B.48	A description/the key facts of public finance and trade information for the 2 fiscal years prior to the date of the prospectus. With a description of any significant changes to that information since the end of the last fiscal year.
17	B.49	A description of the issuer, including: – The legal name of the issuer and a description of the issuer's legal status. – The legal form of the issuer. – A description of the issuer's purpose and functions. – The sources of funding, guarantees and other obligations owed to the issuer by its members. – Any recent events relevant to the evaluation of the issuer's solvency.
17	B.50	Selected key historical financial information covering the latest 2 financial years. This should be accompanied by a description of any significant changes to the issuer's financial position since the last audited financial information.

Section C — Securities

Annexes	Element	Disclosure requirement
3, 5, 12, 13	C.1	A description of the type and the class of the securities being offered and/or admitted to trading, including any security identification number.
3, 5, 12, 13	C.2	Currency of the securities issue.
1	C.3	The number of shares issued and fully paid and issued but not fully paid. The par value per share, or that the shares have not par value.
3	C.4	A description of the rights attached to the securities.
3, 5, 12, 13	C.5	A description of any restrictions on the free transferability of the securities.
3	C.6	An indication as to whether the securities offered are or will be the object of an application for admission to trading on a regulated market and the identity of all the regulated markets where the securities are or are to be traded.
1	C.7	A description of dividend policy.
5, 12, 13	C.8	C.4 plus: – "including ranking" – "including limitations to those rights"
5, 13	C.9	C.8 plus: – "the nominal interest rate" – "the date from which interest becomes payable and the due dates for interest" – "where the rate is not fixed, description of the underlying on which it is based" – "maturity date and arrangements for the amortisation of the loan, including the repayment procedures" – "an indication of yield" – "name of representative of debt security holders"
5	C.10	C.9 plus: – "if the security has a derivative component in the interest payment, provide a clear and comprehensive explanation to help investors understand how the value of their investment is affected by the value of the underlying instrument(s), especially under the circumstances when the risks are most evident"
5, 12	C.11	An indication as to whether the securities offered are or will be the object of an application for admission to trading, with a view to their distribution in a regulated market or other equivalent markets with indication of the markets in question.
8	C.12	The minimum denomination of an issue.

Annexes	Element	Disclosure requirement
10	**C.13**	Information about the underlying shares: – C.1 – C.2 – C.3 – C.4 – C.5 – C.6 – C.7
10	**C.14**	Information about the depository receipts: – C.1 – C.2 – C.4 – C.5 – "Describe the exercise of and benefit from the rights attaching to the underlying shares, in particular voting rights, the conditions on which the issuer of the depository receipts may exercise such rights, and measures envisaged to obtain the instructions of the depository receipt holders – and the right to share in profits and any liquidations surplus which are not passed on to the holder of the depository receipt." – "Description of the bank or other guarantee attached to the depository receipt and intended to underwrite the issuer's obligations."
12	**C.15**	A description of how the value of the investment is affected by the value of the underlying instrument(s), unless the securities have a denomination of at least EUR 100 000.
12	**C.16**	The expiration or maturity date of the derivative securities – the exercise date or final reference date.
12	**C.17**	A description of the settlement procedure of the derivative securities.
12	**C.18**	A description of how the return on derivative securities takes place.
12	**C.19**	The exercise price or the final reference price of the underlying.
12	**C.20**	A description of the type of the underlying and where the information on the underlying can be found.
13	**C.21**	Indication of the market where the securities will be traded and for which prospectus has been published.
14	**C.22**	Information about the underlying share: – "A description of the underlying share." – C.2 – C.4 plus the words "... and procedure for the exercise of those rights". – "Where and when the shares will be or have been admitted to trading."

Annexes	Element	Disclosure requirement
		– C.5
		– "Where the issuer of the underlying is an entity belonging to the same group, the information to provide on this issuer is the information required by the share registration document. Therefore provide such information required for a summary for Annex 1."

Section D — Risks

Annexes	Element	Disclosure requirement
1	D.1	Key information on the key risks that are specific to the issuer or its industry
4, 7, 9, 11, 16, 17	D.2	Key information on the key risks that are specific to the issuer.
3, 5, 13	D.3	Key information on the key risks that are specific to the securities.
10	D.4	Information about the issuer of the underlying shares: – D.2
10	D.5	Information about the depository receipts: – D.3
12	D.6	**D.3 plus:** – "This must include a risk warning to the effect that investors may lose the value of their entire investment or part of it, as the case may be, and/or, if the investor's liability is not limited to the value of his investment, a statement of that fact, together with a description of the circumstances in which such additional liability arises and the likely financial effect."

Section E — Offer

Annexes	Element	Disclosure requirement
3, 10	E.1	The total net proceeds and an estimate of the total expenses of the issue/offer, including estimated expenses charged to the investor by the issuer or the offeror.
3, 10	E.2a	Reasons for the offer, use of proceeds, estimated net amount of the proceeds.
5, 12	E.2b	Reasons for the offer and use of proceeds when different from making profit and/or hedging certain risks.
3, 5, 10, 12	E.3	A description of the terms and conditions of the offer.
3, 5, 10, 12, 13	E.4	A description of any interest that is material to the issue/offer including conflicting interests.

Annexes	Element	Disclosure requirement
3, 10	E.5	Name of the person or entity offering to sell the security. Lock-up agreements: the parties involved; and indication of the period of the lock up.
3, 10	E.6	The amount and percentage of immediate dilution resulting from the offer. In the case of a subscription offer to existing equity holders, the amount and percentage of immediate dilution if they do not subscribe to the new offer.
All	E.7	Estimated expenses charged to the investor by the issuer or the offeror.

Inhalt

I. Überblick

Art. 5 EU-ProspRL i. V. m. Art. 24 und Art. 25 der EU-ProspV i. V. m. Anh. XXII   *1* der EU-ProspV unterscheiden zwischen der Zusammenfassung als Bestandteil eines Basisprospekts und der Endgültigen Bedingungen. Art. 5 Abs. 2 EU-ProspRL[1] sieht die Inklusion von bestimmten Schlüsselinformationen sowie ein einheitliches Format der Zusammenfassungen vor. Art. 24 EU-ProspV i. V. m. Anh. XXII EU-ProspV regelt das Format und den Inhalt der in die Zusammenfassung aufzunehmenden Schlüsselinformationen. Diese Zusammenfassung soll den Anlegern die in Art. 5 Abs. 2 EU-ProspRL vorgeschriebenen zentralen Angaben liefern.[2] Es soll erreicht werden, dass ähnliche Produkte leicht miteinander verglichen werden können, in dem gleichwertige Angaben in der Zusammenfassung stets an gleicher Stelle stehen.[3]

Neben den Tabellen im Anhang XXII EU-ProspV, die die erforderlichen Angaben und Formate der Zusammenfassung vorgeben, werden im vorangestellten Leitfaden für die Tabellen diverse Punkte explizit geregelt. U. a. wird dort geregelt, dass sich die Inhalte der Zusammenfassung nach den Inhalten der Anhänge richtet, auf deren Grundlage der Prospekt erstellt wurde. Ebenso wird die Verbindlichkeit der Reihenfolge festgelegt und klargestellt, dass auch die Bestandteile der Tabellen mit aufzunehmen sind, die ggf. nicht benötigt werden. Diese sind dann mit „entfällt" zu kennzeichnen.[4] Wichtig

---

1   Art. 1 Ziff. 5 a) EU-ProspRLÄndRL.
2   Erwg. 8, Delegierte VO (EU) Nr. 486/2012, ABl. EU 2012, L 150/1, L 150/2.
3   Erwg. 10, Delegierte VO (EU) Nr. 486/2012, ABl. EU 2012, L 150/1, L 150/2.
4   Anh. XXII, Leitfaden für die Tabellen, Ziff. 4.

ist die Vorgabe, dass die Zusammenfassungen keine Querverweise auf spezielle Teile des Prospekts enthalten sollte.[5] Als letzte Ergänzung wird die Angabe zur Nutzung des Basisprospekts auch in der Zusammenfassung verlangt.[6]

II. Zusammenfassung im Basisprospekt und den endgültigen Bedingungen

2   Die Zusammenfassung ist als eigenständiger Bestandteil des Basisprospekts aufzunehmen. Da bei Basisprospekten zum Zeitpunkt der Prospektbilligung noch nicht alle Angaben vollständig vorliegen, enthält die Zusammenfassung gem. Art. 24 Abs. 2 EU-ProspV Optionen für Angaben, die durch das Schema für die Wertpapierbeschreibung und ihre ergänzenden Module vorgesehen sind. Freie Stellen sind gem. Art. 24 Abs. 2 EU-ProspV nur für solche Angaben erlaubt, die später in den endgültigen Bedingungen aufgeführt werden.

Diese Vorgabe führt dazu, dass die Tabelle aus Anh. XXII EU-ProspV nicht vollständig im jeweiligen Basisprospekt aufzunehmen ist, sondern nur die Punkte, die für die jeweiligen Anhänge verlangt werden, auf deren Basis die Wertpapierbeschreibung im Basisprospekt erstellt wurde[7]. In der Konsequenz ist die dann verbleibende zwingend aus dem Anhang XXII EU-ProspV zu verwendende Nummerierung in sich nicht mehr fortlaufend, was die Lesbarkeit kaum fördert.[8] Sinnvoll ist dieses System jedoch für die Emittenten, denn sie haben bestimmte Angaben immer unter feststehenden Punkten, unabhängig davon, für welchen Prospekt sie diese Angabe machen müssen. Dies erleichtert die Bearbeitung im Falle von Nachträgen erheblich. Für Fragestellungen im Zusammenhang mit Nachträgen wird auf die Kommentierung zu § 16 WpPG verwiesen.

Neben dieser im Basisprospekt enthaltenen Zusammenfassung wird eine Zusammenfassung der einzelnen Emission verlangt. Sie ist den endgültigen Bedingungen anzufügen und enhält gem. Art. 24 Abs. 3 EU-ProspV alle zentralen Angaben der Zusammenfassung des Basisprospektes sowie nur die für die einzelne Emission relevanten Bestandteile der endgültigen Bedingungen.[9] Dabei sind alle Punkte aufzunehmen, die aufgrund der für die Wertpapierbeschreibung verwendeten Module des Basisprospektes relevant sind.[10] Sollten dabei einzelne Punkte für die konkrete Emission nicht rele-

---

5 Anh. XXII, Leitfaden für die Tabellen, Ziff. 6.
6 Anh. XXII, Delegierte VO (EU) Nr. 862/2012, ABl. EU 2012, L 256/4, L 256/10.
7 von Kopp-Colomb/Seitz, WM 2012, S. 1220, S. 1224.
8 von Kopp-Colomb/Seitz, WM 2012, S. 1220, S. 1224.
9 Art. 24 Abs. 3 EU-ProspV; Erwg. 8, Delegierte VO (EU) Nr. 486/2012, ABl. EU 2012, L 150/1, L 150/2.
10 Vgl. Anh. XXII, Delegierte VO (EU) Nr. 486/2012, ABl. EU 2012, L 150/1, L 150/26.

vant sein, sind sie trotzdem aufzuführen und mit „entfällt" zu kennzeichnen.[11] Ergänzend wird auf die Kommentierung zu Art. 5, Art. 24 und Art. 25 EU-ProspV verwiesen.

III. Ausnahmen

Gem. § 5 Abs. 2 WpPG muss keine Zusammenfassung erstellt werden, wenn   3
der Prospekt die Zulassung von Nichtdividendenwerten mit einer Mindeststückelung von 100.000 Euro an einem organisierten Markt betrifft.

---

11 Anhang XXII, Delegierte VO (EU) Nr. 486/2012, ABl. EU 2012, L 150/1, L 150/26.

ARTIKEL 25
Aufmachung des Prospekts

ARTICLE 25
Format of the prospectus

(1) Entscheidet sich ein Emittent, ein Anbieter oder eine Person, die die Zulassung zum Handel auf einem geregelten Markt beantragt hat, dazu, im Sinne von Artikel 5 Absatz 3 der Richtlinie 2003/71/EG den Prospekt als ein einziges Dokument zu erstellen, so ist der Prospekt wie folgt aufzubauen

1. klares und detailliertes Inhaltsverzeichnis;

2. Zusammenfassung im Sinne von Artikel 5 Absatz 2 der Richtlinie 2003/71/EG;

3. Angabe der Risikofaktoren, die mit dem Emittenten und der Art von Wertpapier, die Bestandteil der Emission ist, einhergehen/verbunden sind;

4. Angabe der sonstigen Informationsbestandteile, die Gegenstand der Schemata und Module sind, auf deren Grundlage der Prospekt erstellt wurde.

(2) Entscheidet sich ein Emittent, ein Anbieter oder eine Person, die die Zulassung zum Handel auf einem geregelten Markt beantragt hat, dazu, im Sinne von Artikel 5 Absatz 3 der Richtlinie 2003/71/EG den Prospekt in Form mehrerer Einzeldokumente zu erstellen, so sind die Wertpapierbeschreibung und das Registrierungsformular jeweils wie folgt aufzubauen:

1. klares und detailliertes Inhaltsverzeichnis;

2. je nach Fall Angabe der Risikofaktoren, die mit dem Emittenten bzw. der Art des Wertpapiers, das Bestandteil der Emission ist, verbunden sind;

3. Angabe der sonstigen Informationsbestandteile, die Gegenstand der Schemata und Module sind, auf deren Grundlage der Prospekt erstellt wurde.

(3) In den in Absatz 1 und 2 genannten Fällen steht es dem Emittenten, dem Anbieter oder der Person, die die Zulas-

(1) Where an issuer, an offeror or a person asking for the admission to trading on a regulated market chooses, according to Article 5(3) of Directive 2003/71/EC to draw up a prospectus as a single document, the prospectus shall be composed of the following parts in the following order:

1. a clear and detailed table of contents;

2. the summary provided for in Article 5 (2) of Directive 2003/71/EC;

3. the risk factors linked to the issuer and the type of security covered by the issue;

4. the other information items included in the schedules and building blocks according to which the prospectus is drawn up.

(2) Where an issuer, an offeror or a person asking for the admission to trading on a regulated market chooses, according to in Article 5(3) of Directive 2003/71/EC, to draw up a prospectus composed of separate documents, the securities note and the registration document shall be each composed of the following parts in the following order:

1. a clear and detailed table of content;

2. as the case may be, the risk factors linked to the issuer and the type of security covered by the issue;

3. the other information items included in the schedules and building blocks according to which the prospectus is drawn up.

(3) In the cases mentioned in paragraphs 1 and 2, the issuer, the offeror or the person asking for admission to trading on a

sung zum Handel auf einem geregelten Markt beantragt hat, frei, die Reihenfolge der Darstellung der erforderlichen Informationsbestandteile festzulegen, die Gegenstand der Schemata und Module sind, auf deren Grundlage der Prospekt erstellt wurde.

(4) Stimmt die Reihenfolge der Informationsbestandteile nicht mit derjenigen überein, die in den Schemata und Modulen genannt wird, auf deren Grundlage der Prospekt erstellt wurde, so kann die zuständige Behörde des Herkunftsmitgliedstaates den Emittenten, den Anbieter oder die Person, die die Zulassung zum Handel auf einem geregelten Markt beantragt hat, bitten, eine Aufstellung der Querverweise für die Prüfung des Prospekts vor seiner Billigung zu erstellen. In einer solchen Liste sind die Seiten zu nennen, auf denen die jeweiligen Angaben im Prospekt gefunden werden können.

(5) Ist die Zusammenfassung eines Prospekts im Sinne von Artikel 16 Absatz 1 der Richtlinie 2003/71/EG zu ergänzen, so kann der Emittent, der Anbieter oder die Person, die die Zulassung zum Handel auf einem geregelten Markt beantragt, in Einzelfällen entscheiden, ob die neuen Angaben in die ursprüngliche Zusammenfassung einbezogen werden, indem eine neue Zusammenfassung erstellt wird, oder ob ein Nachtrag zur Zusammenfassung erstellt wird.

Werden die neuen Angaben in die ursprüngliche Zusammenfassung einbezogen, haben der Emittent, der Anbieter oder die Person, die die Zulassung zum Handel auf einem geregelten Markt beantragt, insbesondere mittels Fußnoten sicherzustellen, dass die Anleger die Änderungen leicht erkennen können.

Bei Angeboten, die vor der Erstellung einer neuen Zusammenfassung oder eines Nachtrags zur Zusammenfassung unterbreitet werden, müssen die endgültigen Bedingungen und die diesen beigefügte Zusammenfassung der einzelnen Emission auf keinen Fall erneut eingereicht werden.

regulated market shall be free in defining the order in the presentation of the required information items included in the schedules and building blocks according to which the prospectus is drawn up.

(4) Where the order of the items does not coincide with the order of the information provided for in the schedules and building blocks according to which the prospectus is drawn up, the competent authority of the home Member State may ask the issuer, the offeror or the person asking for the admission to trading on a regulated market to provide a cross reference list for the purpose of checking the prospectus before its approval. Such list shall identify the pages where each item can be found in the prospectus.

(5) Where the summary of a prospectus must be supplemented according to Article 16(1) of Directive 2003/71/EC, the issuer, the offeror or the person asking for admission to trading on a regulated market shall decide on a case-by-case basis whether to integrate the new information in the original summary by producing a new summary, or to produce a supplement to the summary.

If the new information is integrated in the original summary, the issuer, the offeror or the person asking for admission to trading on a regulated market shall ensure that investors can easily identify the changes, in particular by way of footnotes.

In any case, a new filing of final terms and summary of the individual issue annexed there to corresponding to offers made prior to the production of a new summary or a supplement to the summary shall not be required.

Inhalt

I. Vorbemerkungen

1   Art. 25 EU-ProspV regelt ausweislich seiner Überschrift die „Aufmachung"
(engl.: format) des Prospektes. Abs. 1 nennt die verschiedenen Teile des Prospekts, sofern er in einem Dokument erstellt wird, während Abs. 2 den Aufbau von Wertpapierbeschreibung und Registrierungsformular betrifft, sofern
eine Erstellung des Prospektes in mehreren Einzeldokumenten gewählt
wurde. Abs. 3 und 4 betreffen die Reihenfolge der Darstellung der erforderlichen Informationsbestandteile gemäß der anwendbaren Schemata und Module bzw. die Möglichkeit der Anforderung der Querverweise durch die zuständige Aufsichtsbehörde. Art. 5 regelt den Fall der nachträglichen
Ergänzung der Zusammenfassung. Unterabs. 3 des Abs. 5 ist durch die Verordnung (EU) Nr. 486/2012 vom 30.03.2012 zur Änderung der EU-ProspV angefügt worden.[1]

II. Bestandteile des Prospekts als einziges Dokument
(Art. 25 Abs. 1 EU-ProspV)

2   Nach § 12 WpPG, der insoweit Art. 5 Abs. 3 der EU-ProspRL umsetzt, kann
ein Prospekt entweder als ein einziges Dokument oder in mehreren Einzeldokumenten erstellt werden. Art. 25 Abs. 1 EU-ProspV ordnet an, dass ein
als ein einziges Dokument erstellter Prospekt dem Aufbau Inhaltsverzeichnis
(Nr. 1) – Zusammenfassung (Nr. 2) – Risikofaktoren (Nr. 3) – sonstige Informationsbestandteile, die Gegenstand der Schemata und Module sind, auf
deren Grundlage der Prospekt erstellt wurde (Nr. 4), folgen muss.

Aus der deutschen Sprachfassung der EU-ProspV geht nicht eindeutig hervor, ob dieser Aufbau im Sinne einer zwingenden Reihenfolge zu verstehen
ist oder ob lediglich die genannten Bestandteile vorhanden sein müssen. Ersteres folgt jedoch aus der englischen Sprachfassung von Art. 25 Abs. 1 EU-
ProspV („shall be composed of the following parts in the following order").[2]
Die verbindliche Reihenfolge schließt nicht aus, dass ein „Cover Note" mit

---

1   Vgl. Art. 1 Ziff. 11. der VO (EU) Nr. 486/2012 vom 30.03.2012.
2   *ESMA*, Q&A, 21st updated version, ESMA/2014/35, question 9; vgl. auch *Heidelbach/Do-
    leczik*, in: Schwark/Zimmer, KapMRK, § 7 WpPG Rn. 15.

allgemeinen Informationen über den Emittenten und das Angebot vorangestellt wird.[3]

Das Inhaltsverzeichnis muss nach der Vorgabe von Abs. 1 Nr. 1 klar und de-   3
tailliert sein. Die vorgeschriebene Detaillierung macht es erforderlich, nicht
lediglich die oberste Gliederungsebene des Prospekts im Inhaltsverzeichnis
wiederzugeben. In der Praxis wird weithin in Prospekt und Inhaltsverzeichnis auf eine Bezifferung der Gliederungsebenen verzichtet, was der Klarheit
nicht dient, jedoch von der BaFin nicht beanstandet wird.

Die Zusammenfassung (Abs. 1 Nr. 2) muss die in Art. 5 Abs. 2 EU-ProspRL   4
vorgeschriebenen Schlüsselinformationen und Warnhinweise enthalten und
im Format gemäß Art. 24 i.V.m. Anh. XXII EU-ProspV erstellt werden. Vgl.
hierzu die Kommentierung zu § 5 Rn. 19 ff.

Die Risikofaktoren (Abs. 1 Nr. 3) sind solche, die mit dem Emittenten und der   5
Art von Wertpapier, die Bestandteil der Emission ist, einhergehen/verbunden
sind. Die zu nennenden Risiken sind in den jeweiligen Schemata und Modulen näher beschrieben (z.B. im Falle einer Aktienemission Anh. I Ziff. 4.,
und Anh. III Ziff. 2.).

Weiter erforderlich sind die sonstigen Informationsbestandteile, die Gegen-   6
stand der Schemata und Module sind, auf deren Grundlage der Prospekt erstellt wurde (Abs. 1 Nr. 4).

III. Aufbau bei Erstellung in mehreren Einzeldokumenten (Art. 25 Abs. 2 EU-ProspV)

Bei Erstellung des Prospekts in mehreren Einzeldokumenten müssen Wert-   7
papierbeschreibung und das Registrierungsformular den Aufbau Inhaltsverzeichnis (Nr. 1) – (je nach Fall) Risikofaktoren (Nr. 2) – sonstige Informationsbestandteile, die Gegenstand der Schemata und Module sind, auf deren
Grundlage der Prospekt erstellt wurde (Nr. 3) einhalten. Dies entspricht dem
Aufbau gemäß Abs. 1 für den Prospekt als ein einziges Dokument, nur ohne
die Zusammenfassung, die nach § 12 Abs. 1 Satz 2 WpPG das dritte Einzeldokument darstellt.

IV. Reihenfolge der Informationsbestandteile (Art. 25 Abs. 3 und 4 EU-ProspV)

Die Reihenfolge der nach den Schemata und Modulen erforderlichen Infor-   8
mationsbestandteile – d.h. die Angaben gemäß Abs. 1 Nr. 4 bzw. Abs. 2
Nr. 3, nicht jedoch der in Abs. 1 und 2 vorgeschriebenen Teile des Prospekts
(siehe oben Rn. 2) – kann gemäß Art. 25 Abs. 3 EU-ProspV frei gewählt werden.

---

3 *ESMA*, Q&A, 21st updated version, ESMA/2014/35, question 9.

Wird jedoch von der Reihenfolge , die in den Schemata und Modulen genannt ist, abgewichen, so kann nach Art. 25 Abs. 4 Satz 1 EU-ProspV die zuständige Aufsichtsbehörde eine Aufstellung der Querverweise für die Prüfung des Prospekts vor seiner Billigung verlangen. Die BaFin hat von dieser Möglichkeit Gebrauch gemacht. In der sog. Überkreuz-Checkliste sind im Sinne einer Synopse die Seiten zu nennen, auf denen die jeweiligen Angaben im Prospekt gefunden werden können (vgl. § 70 Rn. 8).

V. Ergänzung der Zusammenfassung
(Art. 25 Abs. 5 EU-ProspV)

9 Für den Fall, dass der Prospekt geändert bzw. nachgetragen werden muss (§ 16 WpPG, vgl. dort), kann der Prospektersteller nach Art. 25 Abs. 5 Unterabs. 1 wählen, ob er die neuen Informationen im Rahmen einer neuen Fassung in die Ursprungsfassung einbeziehen oder einen Nachtrag zur Zusammenfassung erstellen will. In beiden Fällen sind – etwa mit Hilfe von Fußnoten – dem Anleger die Änderungen so darzustellen, dass dieser sie leicht erkennen kann.

Nach dem neuen Unterabs. 3 zu Abs. 5 müssen bei Angeboten, die vor der Erstellung einer neuen Zusammenfassung oder eines Nachtrags zur Zusammenfassung unterbreitet werden, die endgültigen Bedingungen und die diesen beigefügte Zusammenfassung der einzelnen Emission auf keinen Fall erneut eingereicht werden.

§ 6
Basisprospekt

(1) Für die folgenden Wertpapierarten kann der Anbieter oder der Zulassungsantragsteller einen Basisprospekt erstellen, der alle nach den §§ 5 und 7 notwendigen Angaben zum Emittenten und den öffentlich anzubietenden oder zum Handel an einem organisierten Markt zuzulassenden Wertpapieren enthalten muss, nicht jedoch die endgültigen Bedingungen des Angebots:

1. Nichtdividendenwerte sowie Optionsscheine jeglicher Art, die im Rahmen eines Angebotsprogramms ausgegeben werden;

2. Nichtdividendenwerte, die dauernd oder wiederholt von CRR-Kreditinstituten begeben werden,

   a) sofern die Wertpapiere durch in ein Deckungsregister eingetragene Vermögensgegenstände gedeckt werden, die eine ausreichende Deckung der aus den betreffenden Wertpapieren erwachsenden Verbindlichkeiten bis zum Fälligkeitstermin bieten, und

   b) sofern die Vermögensgegenstände im Sinne des Buchstaben a im Falle der Insolvenz des CRR-Kreditinstituts unbeschadet der auf Grund der Richtlinie 2001/24/EG des Europäischen Parlaments und des Rates vom 4. April 2001 über die Sanierung und Liquidation von Kreditinstituten (ABl. EG Nr. L 125 S. 15) erlassenen Vorschriften vorrangig zur Rückzahlung des Kapitals und der aufgelaufenen Zinsen bestimmt sind.

(2) Die Angaben des Basisprospekts sind erforderlichenfalls durch aktualisierte Angaben zum Emittenten und zu den Wertpapieren, die öffentlich angeboten oder zum Handel an einem organisierten Markt zugelassen werden sollen, nach Maßgabe des § 16 zu ergänzen.

(3) Werden die endgültigen Bedingungen des Angebots weder in den Basisprospekt noch in einen Nachtrag nach § 16 aufgenommen, hat der Anbieter oder Zulassungsantragsteller sie spätestens am Tag des öffentlichen Angebots in der in § 14 genannten Art und Weise zu veröffentlichen. Der Anbieter oder Zulassungsantragsteller hat die endgültigen Bedingungen des Angebots zudem spätestens am Tag der Veröffentlichung bei der Bundesanstalt zu hinterlegen und der zuständigen Behörde des oder der Aufnahmestaaten zu übermitteln. Die endgültigen Angebotsbedingungen können anstatt in Papierform auch ausschließlich elektronisch über das Melde- und Veröffentlichungssystem der Bundesanstalt hinterlegt werden. Kann eine Veröffentlichung, Hinterlegung oder Übermittlung aus praktischen Gründen nicht fristgerecht durchgeführt werden, ist sie unverzüglich nachzuholen. § 8 Abs. 1 Satz 1 und 2 ist in den in Satz 1 genannten Fällen entsprechend anzuwenden. Die endgültigen Bedingungen des Angebots bedürfen nicht der Unterzeichnung.

Inhalt

I. Einführung

1 § 6 WpPG setzt Art. 5 Abs. 4 der EU-ProspRL in nationales Recht um. Mit § 6 WpPG wurde ein Instrument geschaffen, das es Emittenten erlaubt, bei ihrer Emissionstätigkeit dauerhaft, schnell und effektiv auf Marktentwicklungen zu reagieren und dabei den Informationsinteressen der Anleger gerecht zu werden, indem es die Möglichkeit zulässt, bestimmte Angaben zu Wertpapieren in den endgültigen Bedingungen spätestens am Tag des öffentlichen Angebots in der in § 14 WpPG genannten Art und Weise zu veröffentlichen.[1] § 6 WpPG beschränkt die Anwendungsmöglichkeit auf die in Abs. 1 genannten Wertpapierarten, so dass die Nutzungsmöglichkeit von Basisprospekten für Emittenten eingeschränkt ist und nicht für alle Wertpapierarten zur Verfügung steht.

Der neue Art. 2 a EU-ProspV führt Kategorien für Angaben im Basisprospekt und den endgültigen Bedingungen ein. Damit müssen jetzt sehr viel mehr Informationen als nach bisherigem Recht bereits im Basisprospekt abgebildet werden mit der Folge, dass die Flexibilität für die Emittenten entschei-

---

1 So auch *Just/Ritz*, in: Just/Voß/Ritz/Zeisig, WpPG, § 6 Rn. 6.

dend eingeschränkt wird[2]. Ein Basisprospekt kann in Verbindung mit den endgültigen Bedingungen sowohl für ein öffentliches Angebot sowie für eine Börsenzulassung genutzt werden.[3]

Innerhalb eines Basisprospekts können alle in Art. 22 Abs. 6 EU-ProspV genannten Arten von Wertpapieren zusammengefasst werden[4]. Auch wenn ggf. rechtlich verschiedene Basisprospekte vorhanden sind, können diese trotzdem in einem Dokument zusammengefasst werden,[5] z. B. ein Basisprospekte für Pfandbriefe mit einem Basisprospekt für Zertifikate.[6]

Nachdem in § 12 Abs. 1 Satz 6 WpPG a. F. gestrichen wurde, kann der Basisprospekt nunmehr auch aus mehreren Einzeldokumenten bestehen.[7] Inzwischen hat die ESMA eine Opinion veröffentlicht, in der sie den dreiteiligen Basisprospekt für unzulässig hält.[8] Die konkreten Anforderungen an einen Basisprospekt sind insbesondere in Art. 2 a, Art. 22, Art. 24 und Art. 26 der EU-ProspV enthalten. Art. 22 EU-ProspV regelt die in einen Basisprospekt aufzunehmenden Mindestangaben und dessen dazugehörigen endgültigen Bedingungen, Art. 24 regelt die Zusammenfassung und Art. 26 EU-ProspV die Aufmachung des Basisprospekts und seiner endgültigen Bedingungen.[9]

Diese Regelungen werden aufgrund des Sachzusammenhangs im Folgenden zusammenhängend kommentiert. Für die Gültigkeit von Basisprospekten wird auf die Kommentierung zu § 9 Abs. 2 und 3 WpPG verwiesen.

II. Anwendbarkeit des § 6 WpPG

§ 6 WpPG bietet die Möglichkeit eines Basisprospekts für zwei verschiedene 2 Fälle. § 6 Abs. 1 Nr. 1 WpPG setzt voraus, dass für Nichtdividendenwerte und Optionsscheine ein Angebotsprogramm besteht. § 6 Abs. 1 Nr. 2 WpPG dagegen verlangt, dass Nichtdividendenwerte dauernd oder wiederholt von CRR-Kreditinstituten ausgegeben werden und die in § 6 Abs. 1 Nr. 2 a) und b) WpPG genannten Voraussetzungen erfüllen. Hiermit sind grds. unterschiedliche Fälle genannt. Insbesondere kann die Variante von § 6 Abs. 1 Nr. 2 WpPG nicht von allen Emittenten genutzt werden sondern ausschließlich von CRR-Kreditinstituten[10], da sie ausschließlich diese nennt. Sofern es sich bei Wertpapieren um Geldmarktinstrumente mit einer Laufzeit von weniger als zwölf Monaten handelt, unterliegen diese gem. § 2 Nr. 1 WpPG

---

2 Vgl. auch *Heidelbach/Preusse*, BKR 2012, 397, 398.
3 *Just/Ritz*, in: Just/Voß/Ritz/Zeisig, WpPG, § 6 Rn. 7.
4 *Groß*, KapMR, § 6 Rn. 2; *Ritz/Zeisig*, in: Just/Voß/Ritz/Zeisig, WpPG, § 6 Rn. 12 mit Begründung.
5 *Ritz/Zeisig*, in: Just/Voß/Ritz/Zeisig, WpPG, § 6 Rn. 12 und Rn. 13.
6 Vgl. *Just/Ritz*, in: Just/Voß/Ritz/Zeisig, WpPG, § 6 Rn. 12 und 13.
7 Vgl. von Kopp-Colomb/Seitz, WM 2012, S. 1220, S. 1226.
8 ESMA: opinion, format base prospectus, ESMA/2013/1944, 17.12.2013.
9 *Seitz*, AG 2005, 678, 685.
10 *Groß*, KapMR, § 6 Rn. 2.

nicht dem Wertpapierbegriff des WpPG und damit nicht der Prospektpflicht des WpPG.[11] Vgl. hierzu die Kommentierung zu § 2 WpPG.

1. Wertpapiere gem. § 6 Abs. 1 Nr. 1 WpPG

3 Die Wertpapiere, für die ein Basisprospekt im Zusammenhang mit einem Angebotsprogramm erstellt werden kann, sind in § 6 Abs. 1 Nr. 1 und 2 WpPG genannt. Für die Frage, was unter Nichtdividendenwerten zu verstehen ist, wird zusätzlich auf die Kommentierung von § 2 WpPG in diesem Kommentar verwiesen. Eine entsprechende Beschränkung für die Nutzung von Basisprospekten findet sich in Art. 22 Abs. 6 EU-ProspV.

a) Nichtdividendenwerte und Optionsscheine gemäß § 6 Abs. 1 Nr. 1 WpPG

4 Nichtdividendenwerte sind in § 2 Nr. 3 WpPG definiert. Hierunter fallen alle Wertpapiere, die keine Dividendenwerte gem. § 2 Nr. 2 WpPG sind. Eine Unterscheidung zwischen Nichtdividendenwerten mit und solchen ohne derivativen Elementen wurde nicht vorgenommen, so dass bereits aufgrund dieser Definition derivative Elemente bei Nichtdividendenwerten vorhanden sein können, ohne dass dadurch die Nutzung eines Basisprospekts ausgeschlossen wäre.[12]

Die historische Entwicklung unterstützt diese Sichtweise. § 6 Abs. 1 Nr. 1 WpPG nennt „Optionsscheine jeglicher Art". Angestoßen von Deutschland sollte die dort vorhandene Möglichkeit der unvollständigen Verkaufsprospekte auch unter der neuen Rechtssetzung aufrechterhalten werden.[13] In den meisten anderen Mitgliedstaaten waren lediglich Optionsscheine bekannt. Daher wurde bei Abfassung der Prospektrichtlinie der Begriff „Optionsschein" als Synonym für „derivative Wertpapiere" gewählt.[14]

b) Angebotsprogramm unter § 6 Abs. 1 Nr. 1 WpPG

5 § 6 Abs. 1 Nr. 1 WpPG verlangt das Bestehen eines Angebotsprogramms. Eine Definition für Angebotsprogramme enthält § 2 Nr. 5 WpPG, nach dem hierunter ein Plan zu verstehen ist, der es erlauben würde, Nichtdividendenwerte ähnlicher Art oder Gattung sowie Optionsscheine jeder Art dauernd oder wiederholt während eines bestimmten Emissionszeitraums zu begeben.[15] Wie dieser Plan exakt auszusehen hat, bleibt jedoch offen.

aa) Merkmale eines Angebotsprogramms

6 In der Praxis haben sich bestimmte Merkmale für Programme, unter denen Anlageprodukte, wie z. B. Wertpapiere nach dem WpPG angeboten werden,

---

11 *Grub/Thiem*, NZG 2005, 750, 750.
12 Ebenso *Groß*, KapMR, § 6 Rn. 3.
13 Vgl. *Kullmann/Sester*, ZBB 2005, 209, 211.
14 Vgl. *Kullmann/Sester*, ZBB 2005, 209, 211, 212.
15 *Seitz*, AG 2005, 678, 685.

Glismann

herausgebildet. Hierzu gehören bspw. interne Beschlüsse zur Erstellung des entsprechenden Programms, eine Beschreibung des Inhalts und des Emittenten, was regelmäßig in einem Offering Circular, sofern keine Prospekt im Sinne des WpPG bei deutschen Emittenten erofrderlich ist, dargelegt wurde. Ergänzend enthalten internationale Programme mit mehreren Beteiligten (Arranger, Dealer, Agents) verschiedene Vertragskomponenten, die die Rechtsbeziehungen der jeweils Beteiligten und die technischen Details der Durchführung von Geschäften unter dem Programm regeln, z. B. die Programme-, Dealer- oder Agency-Agreements.

Gemeinsame Basis aller Programme ist der Wille des Emittenten, einen Rahmen für die Produkte vorzugeben, die unter einem Angebotsprogramm angeboten werden sollen sowie die Festlegung, welche Produkte ein solches Angebotsprogramm umfassen soll. Diese Faktoren dürften in der Praxis durch entsprechende interne Beschlüsse gefasst und dokumentiert werden, in denen sich der Wille für ein Angebotsprogramm manifestiert. Er wird auf verschiedene Weise umgesetzt oder dokumentiert mit dem Ziel, dass die mit der späteren Anwendung betrauten Personen diesen Rahmen kennen und beachten. Häufig werden daher entsprechende Programmdokumente erstellt, die die Möglichkeiten und ggf. Aufgaben der Beteiligten festlegen. Je weniger Beteiligte später für die wirtschaftliche und technische Umsetzung und Ausführung im Rahmen eines solchen Programms eingebunden sind, umso geringer ist der Festlegungsbedarf, mit der Folge, dass ggf. auch bereits in einem Beschluss für ein solches Programm der gesamte Rahmen ausreichend festgelegt wird oder nur Arbeitsanweisungen erstellt werden und keine weitere Dokumentation mehr erfolgen muss.

Eine zeitliche Beschränkung ist für ein solches Angebotsprogramm nicht erforderlich.[16] Es wird z. B. vertreten, dass ein solches Angebotsprogramnm einen „bestimmten" Emissionszeitraum haben muss.[17] Diese Anforderung wird dann als erfüllt angesehen, wenn erkennbar ist, dass das Programm in gewissen zeitlichen Abständen aktualisiert wird.[18] Ob dieses Erfordernis tatsächlich erfüllt werden muss, kann für die Praxis dahinstehen, da allein durch die Begrenzung der Gültigkeit der erforderlichen Wertpapierprospekte sowie der Pflicht, Nachträge zu schalten, eine regelmäßige Überprüfung stattfindet.

bb) Zeitraum

Der Gesetzgeber hat in § 2 Nr. 5 WpPG nur Nichtdividendenwerte ähnlicher Art oder Gattung sowie Optionsscheine jeder Art aufgenommen, die dauernd oder wiederholt während eines bestimmten Zeitraums begeben werden sollen. Der Gesetzgeber hat lediglich die Vorgabe gemacht, dass es sich bei dem Zeitraum für die Begebung der Nichtdividendenwerte bzw. Optionsscheine um einen bestimmten Zeitraum handeln muss. Damit kann sich das

7

---

16 So auch *Ritz/Zeisig*, in: Just/Voß/Ritz/Zeisig, WpPG, § 2 Rn. 181.
17 *Ritz/Zeisig*, in: Just/Voß/Ritz/Zeisig, WpPG, § 2 Rn. 181.
18 *Ritz/Zeisig*, in: Just/Voß/Ritz/Zeisig, WpPG, § 2 Rn. 181.

Programm faktisch auf die Existenzdauer des Emittenten beziehen, was immer dann anzunehmen sein wird, wenn der Emittent keine anderweitigen Angaben in der Programmdokumentation bzw. seinen Beschlüssen aufgenommen hat. Z.T. wird vertreten, dass erkennbar sein muss, dass das Programm in gewissen zeitlichen Abständen aktualisiert wird.[19] Dies dürfte in der Praxis regelmäßig erfüllt sein (vgl. vorstehenden Absatz).

Damit die Nichtdividendenwerte dauernd oder wiederholt ausgegeben werden, müssen gem. § 2 Ziff. 12. WpPG mindestens zwei Emissionen ähnlicher Art oder Gattung während eines Zeitraums von zwölf Monaten emittiert werden. Entfallen ist die Voraussetzung, die noch im VerkProspG a. F. i. V. m. der BörsZulV a. F. enthalten war, dass bereits innerhalb von zwölf Monaten vor dem öffentlichen Angebot eine andere Emission von Wertpapieren ähnlicher Art und Gattung erfolgt sein musste.[20] Nunmehr wird es als ausreichend angesehen, wenn innerhalb von zwölf Monaten nach dem öffentlichen Angebot einer ersten Emission eine weitere Emission von Wertpapieren ähnlicher Art und Gattung erfolgt.[21] Wird die weitere Emission versäumt, wäre die Erstemission prospektpflichtig gewesen und der Emittent haftet für den fehlenden Prospekt.

Ob und inwieweit für die Produkte Prospekte zu erstellen sind, regeln die jeweiligen Gesetze, wie z. B. das Wertpapierprospektgesetz, so dass im Rahmen eines Angebotsprogramms unterschiedliche Prospekte existieren können oder sogar aufgrund der unterschiedlichen gesetzlichen Basis für verschieden Angebotsprodukte erstellt werden müssen. Eine dieser Möglichkeiten ist dabei die Erstellung eines Basisprospekts nach dem WpPG.

2. Nichtdividendenwerte gemäß § 6 Abs. 1 Nr. 2 WpPG

8 Weiterhin kann gem. § 6 Abs. 1 Nr. 2 WpPG für Nichtdividendenwerte, die dauernd oder wiederholt[22] von CRR-Kreditinstituten begeben werden und die Merkmale von § 6 Abs. 1 Nr. 2 a) und b) WpPG erfüllen, ein Basisprospekt erstellt werden. Nach den Merkmalen der genannten Nr. 2 a) und b) werden im Wesentlichen Hypothekenpfandbriefe, öffentliche Pfandbriefe und Schiffspfandbriefe nach dem Pfandbriefgesetz erfasst,[23] aber auch andere spezialgesetzlich geregelte gedeckte Schuldverschreibungen.[24]

---

19 *Ritz/Zeisig*, in: Just/Voß/Ritz/Zeisig, WpPG, § 2 Rn. 181.
20 So auch *Heidelbach/Preuße*, BKR 2006, 316, 317.
21 So auch *Heidelbach/Preuße*, BKR 2006, 316, 317.
22 Vgl. bb).
23 *Seitz*, AG 2005, 678, 685.
24 *Just/Ritz*, in: Just/Voß/Ritz/Zeisig, WpPG, § 6 Rn. 10 m. w. N.

III. Inhalt eines Basisprospekts
gemäß § 6 WpPG, Art. 22 EU-ProspV

Gem. § 6 Abs. 1 WpPG hat der Basisprospekt alle notwendigen Angaben   9
zum Emittenten und zu den öffentlich anzubietenden oder zum Handel an
einem organisierten Markt zuzulassenden Wertpapieren zu enthalten, nicht
jedoch die endgültigen Bedingungen.[25] Die nähere Ausgestaltung eines
Wertpapierprospekts nach dem Wertpapierprospektgesetz regelt die EU-ProspV. Hierzu gehören gem. Art. 1 Abs. 1 und 2 der EU-ProspV die Aufmachung des Prospekts und die aufzunehmenden Mindestangaben.

Bislang konnte die zuständige Behörde zusätzliche Angaben verlangen,
wenn dies zum Schutz des Publikums geboten erschien.[26] Diese zusätzlichen
Angaben durften sich nur auf Informationsbestandteile beziehen, die nach
dem WpPG und der EU-ProspV Inhalt des Prospekts sein mussten, da anderenfalls die Basis, ein europaweit einheitliches Prospektrecht zu schaffen,
unterlaufen worden wäre. Dieses Verständnis wurde nunmehr von der EU-
ProspV bestätigt, indem Art. 22 Abs. 1 der EU-ProspV ausdrücklich klarstellt,
dass die zuständige Behörde keine Angaben verlangen darf, die nicht in den
Anhängen I bis XVII, XX oder XXIII bis XXX EU-ProspV aufgeführt sind.
Allerdings kann die zuständige Behörde gem. Art. 22 Abs. 1 verlangen, dass
bestimmte Informationen aus dem Basisprospekt auch in die Zusammenfassung aufgenommen werden.

Sofern bestimmte Informationsbestandteile, die in den Schemata und Modulen gefordert werden, oder gleichwertige Informationsbestandteile für bestimmte Wertpapiere nicht relevant und damit nicht anwendbar sind, brauchen sie gem. Art. 23 Abs. 4 EU-ProspV nicht aufgenommen werden.[27]
Anpassungen an die Mindestangaben im Basisprospekt werden in Art. 23
EU-ProspV geregelt, auf dessen Kommentierung verwiesen wird.

Gem. Art. 22 Abs. 1 EU-ProspV sind je nach Art der betreffenden Emissionen
und Wertpapiere die Angaben gem. den Anhängen I bis XVII, Anhang XX
bis XXX der EU-ProspV aufzunehmen. Dabei stellt Art. 22 Abs. 3 EU-ProspV
klar, dass die in Anhang XVIII genannten Kombinationsmöglichkeiten für
die Erstellung von Basisprospekten, die Arten von Wertpapieren betreffen,
auf die die Kombinationen im Sinne dieser Tabelle zutreffen, verbindlich
sind. Sofern die vorhandenen Schemata und Module für ein Wertpapier nicht
geeignet sind, können diese Wertpapiere gleichwohl Bestandteil eines Prospekts und damit auch eines Basisprospekts sein. In diesen Fällen ist der Inhalt mit der zuständigen Behörde abzustimmen. Soweit aufgrund vorhandener Ähnlichkeiten irgend möglich, ist dabei auf vorhandene Schemata
abzustellen.[28]

---

25 *Kullmann/Sester*, ZBB 2005, 209, 211.
26 Vgl. *Kunold/Schlitt*, BB 2004, 501, 509.
27 Siehe auch Erwg. 24 vor Art. 1 EU-ProspV.
28 Vgl. Erwg. 23 vor Art. 1 EU-ProspV, Art. 23 Abs. 2 und 3 EU-ProspV.

1. Angaben der endgültigen Bedingungen

10 Abweichend von den anderen Prospektarten kann ein Basisprospekt in einem weiteren Umfang auf Angaben verzichten. Gem. Art. 22 Abs. 2 EU-ProspV sind dies Angaben von Informationsbestandteilen, die

– zum Zeitpunkt der Billigung des Basisprospekts nicht bekannt sind und
– erst zum Zeitpunkt der jeweiligen Emission bestimmt werden können.[29]

Anders als bei Nachträgen nach § 16 WpPG gibt es dabei nicht die Merkmale der Wichtigkeit oder Wesentlichkeit. Die Aufnahme solcher Informationen erfolgt vor Beginn des öffentlichen Angebots oder der Börsenzulassung in den endgültigen Bedingungen.

Dabei beschränkt Art. 22 Abs. 4 EU-ProspV die Angaben in den endgülitgen Bedingungen über ein neu eingeführtes System von Kategorien für Informationsbestandteile auf Informationsbestandteile der Kategorien B und C, sowie die Wiederholung von oder den Verweis auf im Basisprospekt enthaltene Optionen. Letzteres wird zustäzlich in Art. 22 Abs. 1a EU-ProspV für den Basisprospkt erlaubt. Freiwillige zusätzliche Angaben werden auf Informationen gem. Anhang XXI EU-ProspV beschränkt. Eine Änderung oder Ersetzung von Angaben im Basisprospekt selbst darf in den endgültigen Bedingungen gem. Art. 22 Abs. 4 EU-ProspV nicht erfolgen.[30]

Die Detaillierung zu den Kategorien findet sich in Art. 2 a der EU-ProspV, der ausführlich den Flexibilitätsgrad regelt, mit dem Angaben im Basisprospekt oder in den endgültigen Bedingungen enthalten sein dürfen. Dabei wird die Flexibilität durch eine Einteilung aller Informationsbestandteile in sogenannte Kategorien eingeschränkt, die in Anhang XX dargelegt werden. Durch die Einteilung in die Kategorien wird festgelegt, inwieweit Angaben in den endgültigen Bedingungen neu aufgenommen, ergänzt oder konkretisiert werden dürfen.

Informationsbestandteile, die der Kategorie A zugeordnet werden, müssen bereits vollständig im Prospekt enthalten sein[31]. Die Informationsbestandteile der Kategorie B müssen ebenfalls im Basisprospekt enthalten sein, jedoch können hier bestimmte Details in den endgültigen Bedingungen ergänzt werden. Für Informationsbestandteile der Kategorie C darf der Basisprospekt Auslassungen enthalten, die dann in den endgültigen Bedingungen ergänzt werden dürfen. Diese Auslassungen können im Basisprospekt mit einem Platzhalter gekennzeichnet werden, z. B. für ISINs, Zinssätze oder Angebotskonditionen.[32] Zusätzlich stellt Art. 22 Abs. 1a EU-ProspV klar, dass die jeweiligen Kategorien Optionen enthalten dürfen, auf die in den endgültigen Bedingungen verwiesen wird, oder die in den endgültigen Bedingungen wiederholt werden dürfen. Dadurch wird erreicht, dass auch solche Angaben, die im Basisprospekt abschließend darzustellen sind, in ver-

---

29 *Kullmann/Sester*, WM 2005, 1068, 1072.
30 *von Kopp-Colomb/Seitz*, WM 2012, S. 1220, S. 1223.
31 *Heidelbach/Preusse*, BKR 2012, 397, 398.
32 *Heidelbach/Preusse*, BKR 2012,397, 399.

schiedenen Variationen aufgenommen werden können und so z. B. Risikofaktoren für verschiedene Basiswerte darstellbar werden. Die im Basisprospekt enthaltenen Angaben dürfen jedoch in den endgültigen Bedingungen
weder verändert noch ersetzt werden.[33] Im Übrigen wird auf die Kommentierung zu Art. 2 a EU-ProspV und Anhang XX EU-ProspV, der die Zuordnung der Informationsbestandteile zu den verschiedenen Kategorien festlegt, verwiesen.

a) Angaben über den Emittenten

Eine Änderung oder Ersetzung von Angaben im Basisprospekt selbst darf in   *11*
den endgültigen Bedingungen gem. Art. 22 Abs. 4 EU-ProspV nicht erfolgen.[34] Dies gilt auch für die Angaben über die Emittenten.[35]

b) Angaben zu den Wertpapieren

Angaben zu Informationsbestandteilen von Wertpapieren lassen sich abhän-   *12*
gig von dem jeweiligen Wertpapier und einem möglicherweise notwendigen
Hedge (Absicherungsgeschäft) erst unmittelbar vor Beginn eines öffentlichen Angebots oder der Valuta festlegen. Sofern zum Zeitpunkt der Billigung Angaben zu Informationsbestandteilen aus den Schemata für Wertpapierbeschreibungen noch nicht feststehen und erst zum Zeitpunkt der
Emission bestimmt werden können, werden sie in den endgültigen Bedingungen aufgenommen, nicht dagegen im Basisprospekt.

Je höher ein Wertpapier strukturiert ist, umso weniger können vor der genauen Festlegung der Struktur die Informationsbestandteile festgelegt und
konkretisiert werden. Der Verordnungsgeber hatte ursprünglich konsequen-
ter Weise in Art. 22 Abs. 4 EU-ProspV keine Einschränkungen vorgenommen, sondern über den Verweis auf die verschiedenen Schemata für Wertpapierbeschreibungen alle darin enthaltenen Informationsbestandteile
zugelassen, wie z. B. Angaben über den Umfang der Emission, den Bege-
bungstag, die Ausgestaltung des Wertpapiers sowie die sich aus der Ausgestaltung des Wertpapiers ergebenden spezifischen wirtschaftlichen Risiken
und/oder wirtschaftlichen Merkmale.

Dies wurde nunmehr durch die Einführung der Kategorien in großen Teilen
eingechränkt. Nur für Informationsbestandteile der Kategorie C darf der Basisprospekt Auslassungen enthalten, die dann in den endgültigen Bedingungen ergänzt werden dürfen. Diese Auslassungen können im Basisprospekt
mit einem Platzhalter gekennzeichnet werden, z. B. für ISINs, Zinssätze oder
Angebotskonditionen.[36] Entscheidend ist dabei, dass gem. Art. 22 Abs. 4 EU-
ProspV klargestellt wird, dass im Basisprospekt enthaltenen Angaben weder
verändert noch ersetzt werden dürfen. Inwieweit dann solche produktbezo-

---

33 *von Kopp-Colomb/Seitz*, WM 2012, 1220, 1223.
34 *von Kopp-Colomb/Seitz*, WM 2012, S. 1220, S. 1223.
35 Vgl. Erwg. 7, Delegierte VO (EU) Nr. 486/2012, ABl. EU 2012, L 150/1, L 150/2.
36 *Heidelbach/Preusse*, BKR 2012,397, 399.

genen Ergänzungen als Nachtrag ergänzt werden können, bleibt abzuwarten. Sollte die Auslegung und Verwaltungspraxis im Zusammenhang mit den Kategorien und Nachtragsmöglichkeiten sehr eng bleiben, bliebe einem Emittenten während der Gültigkeit eines Basisprospektes nur die Möglichkeit wegen einer nicht dargestellten Variante, z. B. bei der Darstellung des öffentlichen Angebots, der Lieferung der Wertpapiere oder einer eventuellen Zuteilung, einen neuen Basisprospekt einzureichen. Als negative Folgen wäre mit sinkenden Transparenz, mit steigenden Kosten für Anleger[37] und steigender Prüfungsflut für Behörden zu rechnen.

c) Sonstige Angaben

13   Zusätzlich hat ein Basisprospekt gem. Art. 22 Abs. 5 EU-ProspV

– einen Hinweis auf die endgültigen Bedingungen
– die Beschreibung des Programms
– sowie die Art der Veröffentlichung für die endgültigen Bedingungen oder
– ist der Emittent im Zeitpunkt der Billigung des Prospekts hierzu nicht in der Lage, einen Hinweis, wie das Publikum über die Art, die für die Veröffentlichung der endgültigen Bedingungen verwendet werden soll, informiert wird

zu enthalten.

Neu eingeführt wurde der Art. 22 Abs. 5 Nr. 1 a EU-ProspV, der verlangt, dass eine Rubrik aufgenommen werden muss mit einem Modell für das Formular der endgültigen Bedingungen, das für jede einzelne Emission auszufüllen ist.

Gem. Art. 22 Abs. 6 EU-ProspV können nur die dort in Ziff. 1. bis 4. genannten Wertpapierkategorien Gegenstand eines Basisprospekts und seiner entsprechenden endgültigen Bedingungen sein. Aus dem Wortlaut der Verordnung ergibt sich nicht zwingend, dass für jede der dort genannten Wertpapierkategorien ein gesonderter Basisprospekt zu erstellen ist, denn der Wortlaut „Gegenstand eines Basisprospekts" besagt nur, dass es möglich ist, einen Basisprospekt für diese Wertpapierkategorie zu erstellen. Der Verordnungsgeber hat mit diesem Wortlaut nicht festgelegt, dass jede dieser Wertpapierkategorien Gegenstand eines gesonderten oder eigenen Basisprospekts sein muss.

Art. 22 Abs. 6 Satz 2 EU-ProspV verlangt eine Trennung zwischen den spezifischen Angaben über die Wertpapiere, die in den verschiedenen Wertpapierkategorien enthalten sind.[38] Das Gebot der Trennung besagt aber nicht, dass dadurch die Darstellung in einem Dokument ausgeschlossen ist.[39] Eine solche Trennung kann z. B. durch eine entsprechende Gliederung und Überschriften herbeigeführt werden. Daher können alle in Art. 22 Abs. 6 EU-

---

37 Vgl. *Kusserow/Scholl*, Recht der Finanzinstrumente 2011, S. 310, 314, 316.
38 *Kullmann/Sester*, WM 2005, 1068, 1072.
39 *Seitz*, AG 2005, 678, 685.

ProspV genannten Arten von Wertpapieren zusammengefasst werden[40]. Auch wenn ggf. rechtlich verschiedene Basisprospekte vorhanden sind, können diese trotzdem in einem Dokument zusammengefasst werden,[41] z. B. ein Basisprospekte für Pfandbriefe mit einem Basisprospekt für Zertifikate.[42]

Art. 22 Abs. 7 EU-ProspV regelt die Pflicht, Nachträge zu schalten, sofern ein nachtragspflichtiger Umstand in Bezug auf die Wertpapiere eintritt. Hier wird auf die Kommentierung zu § 16 WpPG sowie die nachstehende Kommentierung IX zu Nachträgen verwiesen. Neu aufgenommen wurde die Regelung, dass bei einem Nachtrag, der sich nur auf eine oder mehrere spezifische Emissionen bezieht, das Rücktrittsrecht der Anleger nur für die betreffenden Emissionen besteht und nicht für alle Emissionen im Rahmen des Basisprospekts.

2. Anzuwendende Schemata bzw. Module bei Basisprospekten gemäß Art. 22 Abs. 3 EU-ProspV

Gem. Art. 22 Abs. 1 EU-ProspV sind je nach Art der betreffenden Emissionen *14* und Wertpapiere die Angaben gem. den Anhängen I bis XVII, Anhang XX bis XXX der EU-ProspV aufzunehmen.

Dabei stellt Art. 22 Abs. 3 EU-ProspV klar, dass die in Anhang XVIII genannten Kombinationsmöglichkeiten für die Erstellung von Basisprospekten, die Arten von Wertpapieren betreffen, auf die die Kombinationen im Sinne dieser Tabelle zutreffen, verbindlich sind. Sofern die vorhandenen Schemata und Module für ein Wertpapier nicht geeignet sind, können diese Wertpapiere gleichwohl Bestandteil eines Prospekts und damit auch eines Basisprospekts sein. In diesen Fällen ist der Inhalt mit der zuständigen Behörde abzustimmen. Soweit aufgrund vorhandener Ähnlichkeiten irgend möglich, ist dabei auf vorhandene Schemata abzustellen.[43]

IV. Aufmachung des Basisprospekts und seiner entsprechenden endgültigen Bedingungen gemäß Art. 26 EU-ProspV

Die Aufmachung eines Basisprospekts gem. Art. 26 Abs. 1 Ziff. 1. bis 4. EU- *15* ProspV entspricht im Wesentlichen dem Aufbau und der Aufmachung, die auch für die anderen Prospektvarianten des WpPG gilt (vgl. Art. 25 EU-ProspV).[44] Art. 26 Abs. 1 EU-ProspV regelt, wie der Basisprospekt aufzubauen ist und gibt damit die Reihenfolge der Informationsbestandteile vor. Auch durch Art. 26 Abs. 2 EU-ProspV hat der Gesetzgeber keine Wahlmöglichkeiten für diesen Teil des Aufbaus gegeben. Denn Art. 26 Abs. 2 EU-ProspV nimmt ausdrücklich die zwingende Reihenfolge von Abs. 1 aus, indem

40 *Groß*, KapMR, § 6 Rn. 2; *Ritz/Zeisig*, in: Just/Voß/Ritz/Zeisig, § 6 Rn. 12 mit Begr.
41 *Ritz/Zeisig*, in: Just/Voß/Ritz/Zeisig, § 6 Rn. 12 und Rn. 13.
42 Vgl. *Just/Ritz*, in: Just/Voß/Ritz/Zeisig, § 6 Rn. 12 und Rn. 13.
43 Vgl. Erwg. 23 vor Art. 1 EU-ProspV, Art. 23 Abs. 2 und 3 EU-ProspV.
44 *Seitz*, AG 2005, 678, 685.

die in Abs. 2 normierten Wahlrechte vom Wortlaut („unbeschadet Abs. 1")
ausdrücklich ausgenommen wurden.

- Der Basisprospekt muss somit gem. Art. 26 Abs. 1 Ziff. 1. EU-ProspV zu-
  nächst ein detailliertes Inhaltsverzeichnis enthalten.
- Es folgt die Zusammenfassung des Basisprospekts gem. Art. 26 Abs. 1
  Ziff. 2. EU-ProspV.
- Anschließend sind gem. Art. 26 Abs. 1 Ziff. 3. EU-ProspV die Risikofaktoren, die mit dem Emittenten und der Art der Wertpapiere, die Bestandteile
  der Emission(en) ist, darzulegen.
- Erst daran anschließend folgen gem. Art. 26 Abs. 1 Ziff. 4. EU-ProspV die
  sonstigen Informationsbestandteile, die Gegenstand der Schemata und
  Module sind, auf deren Grundlage der Prospekt erstellt wird, also Anga-
  ben zum Emittenten und die Wertpapierbeschreibung.[45]

Bei den sonstigen Informationsbestandteilen, die Gegenstand der Schemata
und Module sind, hat der Emittent, der Anbieter oder die Person, die die Zulassung zum Handel an einem geregelten Markt beantragt, gem. Art. 26
Abs. 2 EU-ProspV die Möglichkeit, von der Reihenfolge der Darstellung der
erforderlichen Informationsbestandteile, die nach den Vorgaben der Schemata und Module für die im Basisprospekt enthaltenen Wertpapiere aufzunehmen sind, abzuweichen. Eine Ausnahme besteht jedoch aufgrund der
Änderungen in Art. 24 Abs. 1 EU-ProspV für die Zusammenfassung gem.
Anhang XXII. Hier ist die vorgegeben Reihenfolge der Rubriken und der darin enthaltenen Angaben verbindlich. Vgl. Hierzu auch nachstehend Rn. 16.
Zu beachten ist zugleich, dass gem. Art. 26 Abs. 2 Satz 2 EU-ProspV die Angaben über die verschiedenen im Basisprospekt enthaltenen Wertpapiere
deutlich zu trennen sind und ein Prospekt klar und verständlich abzufassen
ist, wobei Wiederholungen insb. dann zu vermeiden sind, wenn sich der Prospekt aus mehreren Dokumenten zusammensetzt.[46]

Aus diesen verschiedenen Anforderungselementen ergibt sich der Rahmen,
innerhalb dessen der Inhalt eines Prospekts in zulässiger Weise gestaltet
werden kann. Entscheidend ist dabei immer, dass der Prospekt der Information der Anleger dient. Das kann im Einzelfall dazu führen, dass Angaben
getrennt werden und dabei Wiederholungen in Kauf genommen werden. Es
kann aber, gerade wenn der Prospekt komplex strukturierte Wertpapiere
enthält, die Lesbarkeit und Verständlichkeit erleichtern, wenn die Teile, die
für alle Wertpapiere gelten, nicht für jedes Wertpapier wiederholt werden.
Dies gilt sinngemäß auch für die Reihenfolge der Informationsbestandteile,
wenn diese abweichend von den vorgegebenen Schemata und Modulen im
Basisprospekt behandelt werden, um so auch hier Wiederholungen zu vermeiden oder die Verständlichkeit zu erhöhen. Feststehende Regelungen
kann es hier nicht geben, sondern die Entscheidung für den Aufbau sollte
sich stets nach dem konkreten Prospekt und den darin dargestellten Wertpapieren richten.

---

45 *Seitz*, AG 2005, 678, 685.
46 Siehe Erwg. 4 vor Art. 1 EU-ProspV.

V. Zusammenfassung gemäß Art. 25 Abs. 1 Ziff. 2.
in Verbindung mit Art. 26 Abs. 6 und Art. 24 EU-ProspV

In einem Basisprospekt darf gem. Art. 26 Abs. 6 EU-ProspV nur eine Zusam- 16
menfassung enthalten sein, auch wenn mehrere Wertpapierarten in einem
Basisprospekt zusammengefasst werden.[47] Bezieht sich ein Basisprospekt auf
verschiedene Wertpapiere, so muss sich die Zusammenfassung auf alle Wertpapiere beziehen. Die verschiedenen Wertpapiere sind klar voneinander zu
trennen.[48] Gem. Art. 24 Abs. 1 EU-ProspV muss die Zusammenfassung die
in Anhang XXII EU-ProspV genannten zentralen Angaben enthalten und
solche Angaben, die irrelevant sind, mit „entfällt" kennzeichnen. Die Zusammenfassung darf nicht mehr als 7 % des Prospektes oder 15 Seiten
umfassen, um die Klarheit und allgemeine Verständlichkeit der Zusammenfassung zu sichern.[49] Für Details wird auf die Kommentierung zu Art. 24 verwiesen.

VI. Aufstellung von Querverweisen
gemäß Art. 26 Abs. 3 EU-ProspV

Da das Abweichen von der in den Schemata und Modulen vorgegebenen 17
Reihenfolge zugleich den Prüfungsaufwand für die Vollständigkeit erhöht,
hat der Verordnungsgeber für die Behörden die Möglichkeit geschaffen, sich
die Vollständigkeit dadurch belegen zu lassen, dass eine Aufstellung von
Querverweisen eingereicht wird, aus der sich ergibt, auf welchen Seiten im
Prospekt die entsprechenden Angaben zu finden sind. Der Verordnungsgeber verlangt lediglich, dass sich hieraus die Seiten des Prospektes, die die
Angaben enthalten, ergeben muss. Damit besteht die Möglichkeit, die konkreten Abschnittsbezeichnungen des Prospekts als Querverweis aufzunehmen und auf konkrete Seitenzahlen zu verzichten. Dies dürfte im Hinblick
auf die Anforderung des detaillierten Inhaltsverzeichnisses gem. Art. 26
Abs. 1 Ziff. 1. EU-ProspV sinnvoller sein, da so sichergestellt wird, dass die
Bezeichnungen auch bei Seitenumbrüchen durch unterschiedliche Formate
(z. B. word oder pdf) korrekt sind und der prüfenden Behörde das Auffinden
der entsprechenden Angaben ermöglichen.

VII. Einbeziehung von Angaben in einem Basisprospekt
in Form von Verweisen gemäß Art. 26 Abs. 4 EU-ProspV

Die Einbeziehung von Angaben in Form von Verweisen ist bei Basisprospek- 18
ten gem. Art. 26 Abs. 4 EU-ProspV möglich. So kann z. B. ein zuvor gebilligtes Registrierungsformular einbezogen werden.[50] Da jedoch das Registrie-

---

47 *Kunold/Schlitt*, BB 2004, 501, 506.
48 *Seitz*, AG 2005, 678, 685; *Kullmann/Sester*, WM 2005, 1068, 1072.
49 Vgl. Erwg. 11, Delegierte VO (EU) Nr. 486/2012, ABl. 2012, L 150/1, L 150/2.
50 *Seitz*, AG 2005, 678, 685 f.

rungsformular auch der Aktualisierungspflicht unterliegt, stellt sich die Frage, wie eine solche Einbeziehung gestaltet werden kann, da dynamische Verweise nach Ansicht der BaFin nicht zulässig sein sollen.[51]

Klargestellt hat der Gesetzgeber inzwischen in § 9 Abs. 4 WpPG, dass ein Registrierungsformular nachgetragen werden kann. Insofern ist dann auch der entsprechende Prospekt, in den das Registrierungsformular einbezogen wurde, automatisch mit nachgetragen. In der Praxis dürfte dies aber nur eine eingeschränkte Hilfe sein, da in den meisten Fällen neben den Angaben des Registrierungsdokuments ebenfalls die Angaben der Zusammenfassung eines Basisprospekts betroffen sein dürften.[52] In diesen Fällen müssten dann zusätzlich die Basisprospekte nachgetragen werden.[53]

Probleme entstehen auch, wenn das Registrierungsformular von einer anderen Behörde gebilligt wurde. In diesem Fall können sich die billigenden Behörden auf den Standpunkt stellen, dass sie den Prospekt als Ganzes und damit auch das per Verweis einbezogene Dokument zu billigen und damit auch zu prüfen hätten. Konsequenterweise kann dann ein solches Registrierungsdokument nicht per Verweis in einen Basisprospekt einbezogen werden.[54] Hierfür spricht auch, dass eventuelle Änderungsvorgaben nicht in ein bereits gebilligtes Registrierungsdokument aufgenommen werden könnten. Zwingend erscheint diese Auslegung jedoch nicht, denn das Prospektrecht geht ja durch die Vereinheitlichung des Prospektrechts gerade davon aus, dass alle Billigungen gleichwertig sind und die Behörden der jeweiligen Länder die Billigungen der anderen anzuerkennen haben. Wenn dies für den gesamten Prospekt gilt, sollte dies erst recht für Teile eines Prospekts bzw. das Registrierungsdokument gelten. Konsequenterweise müsste es dann auch möglich sein, bereits gebilligte Prospektteile per Verweis einzubeziehen und zwar unabhängig davon, ob dieser Teil bzw. das Registrierungsdokument von der gleichen Behörde gebilligt wurde, denn die Einhaltung der Prospektanforderungen für diesen Teil sind ja bereits geprüft. Ein entsprechender Hinweis könnte hier Klarheit über den jeweils geprüften Teil der Behörden schaffen. Ein Nachteil für Anleger ist daraus nicht erkennbar. Im Moment dürfte jedoch das Argument entscheidend sein, dass das Prospektregime vorsieht, dass „Prospekte" von einer Behörde zu billigen sind; dagegen jedoch nicht vorsieht, dass Teile eines Prospektes gebilligt werden können. Ausdrücklich verboten wurde es aber auch nicht. Ebenfalls nicht geklärt wären die sich ergebenden Folgefragen, wie die Zuständigkeit für die Billigung von Nachträgen, wenn der Basisprospekt in Teilen von verschiedenen Behörden gebilligt wurde.[55]

In Deutschland besteht zur Zeit keine Möglichkeit, ein von einer anderen Behörde gebilligtes Registrierungsdokument per Verweis in einen von der

---

51 *Seitz*, AG 2005, 678, 686.
52 *von Kopp-Colomb/Seitz*, WM 2012, 1220, 1226.
53 Vgl. *BaFin*, FAQ vom 31.05.2012, zuletzt geändert am 06.11.2012, IV.
54 So *BaFin*, FAQ vom 31.05.2012, zuletzt geändert am 06.11.2012, I.1.
55 *von Kopp-Colomb/Seitz*, WM 2012, 1220, 1226.

BaFin zu billigenden Prospekt einzubeziehen.[56] Die Einbeziehung der Übersetzung des geprüften Jahresabschlusses und geprüften Lageberichts ist prospektrechtlich möglich.[57] Inwieweit dies die Zustimmung der Wirtschaftsprüfungsgesellschaft erfordert, richtet sich nach dem jeweiligen Landesrecht.[58] Ebenso ist es grundsätzlich zulässig, Teile aus einem in der Vergangenheit gebilligten, aber nicht mehr gültigen Prospekt, per Verweis einzubeziehen, sofern dabei die aktuellen prospektrechtlichen Vorgaben eingehalten werden.[59]

VIII. Aufmachung der endgültigen Bedingungen gemäß Art. 26 Abs. 4 und 5 EU-ProspV

Zulässige Informationsbestandteile der endgültigen Bedingungen sind Angaben, die in den Schemata und Modulen verlangt werden. Dies bedeutet jedoch nicht, dass diese Informationsbestandteile vollständig in den endgültigen Bedingungen aufzunehmen sind oder aufgenommen werden können. Vielmehr ergänzen die endgültigen Bedingungen die Angaben des Prospekts für das konkret zu begebende Wertpapier. 19

Der genaue Inhalt der endgültigen Bedingungen richtet sich nach den im Folgenden dargelegten Möglichkeiten des Art. 26 Abs. 5 EU-ProspV. Es gibt gem. Art. 26 Abs. 5 EU-ProspV zwei Möglichkeiten, die endgültigen Bedingungen darzustellen:

– Sie können als gesondertes Dokument erstellt werden, oder
– sie werden in den Basisprospekt aufgenommen.[60]

Dabei müssen sie in leicht zu analysierender und verständlicher Form abgefasst sein.

Die Einbeziehung im Basisprospekt erscheint in den Fällen sinnvoll, wenn eine konkrete Emission öffentlich angeboten werden soll, für die es noch keinen Prospekt gibt und der Emittent zugleich davon ausgeht, dass er diese Art Wertpapier weitere Male begeben will, so dass er für die weiteren Wertpapiere die endgültigen Bedingungen jeweils nach Billigung des Basisprospekts getrennt einreicht.[61] Ob dieser Möglichkeit tatsächlich praktische Bedeutung zukommen wird, ist fraglich.[62]

Die in Anhang XXI genannten zusätzlichen Angaben sowie die in Art. 26 Abs. 5 a) bis d) EU-ProspV genannten Erklärungen müssen hervorgehoben in den endgültigen Bedingungen enthalten sein. Hierzu gehören der Hinweis, dass die vollständigen Angaben über den Emittenten und das Angebot

56 Vgl. *BaFin*, FAQ vom 31.05.2012, zuletzt geändert am 06.11.2012, I.1.
57 *ESMA*, Q&A, 21st updated version, ESMA/2014/35, 7.
58 *ESMA*, Q&A, 21st updated version, ESMA/2014/35, 7.
59 *ESMA*, Q&A, 21st updated version, ESMA/2014/35, 8.
60 *von Kopp-Colomb/Seitz*, WM 2012, 1220, 1223.
61 Vgl. auch *von Kopp-Colomb/Seitz*, WM 2012, 1220, 1223.
62 Vgl. auch *von Kopp-Colomb/Seitz*, WM 2012, 1220, 1223.

sich aus dem Basisprospekt und den endgültigen Bedingungen zusammen ergeben und an welcher Stelle der Basisprospekt verfügbar ist. Dem Hinweis auf die Verfügbarkeit des Basisprospekts kann in diesen Fällen nur klarstellende Bedeutung zukommen. Die im Basisprospekt enthaltenen Informationsbestandteile aus dem betreffenden Schema für die Wertpapierbeschreibung und seinen Modulen werden in den endgültigen Bedingungen nicht wiederholt. Damit ist der ausdrückliche Erlaubnistatsbestand für jene Fälle, in denen die endgültigen Bedingungen als gesondertes Dokuement dargestellt werden, entfallen.

Der Verordnungsgeber hatte in der alten Fassung durch die Erlaubnis, Angaben zu wiederholen, die Möglichkeit eingeräumt, die in den endgültigen Bedingungen dargestellten Informationsbestandteile in sich vollständig und zusammenhängend darzustellen, um die Verständlichkeit des Dokumentes für den Anleger zu gewährleisten. Durch die Formulierung, dass zusätzliche Angaben aufgenommen werden können, hatte der Verordnungsgeber verdeutlicht, dass er hier keine verpflichtenden Vorgaben machen will, sondern vielmehr sinnvolle Gestaltungsspielräume schaffen wollte, die den jeweiligen Besonderheiten des Einzelfalls Rechnung tragen. Die Grenzen wurden durch die allgemeinen Prospektgrundsätze der Verständlichkeit und Klarheit gesetzt.

Diese Möglichkeiten sind jetzt durch Art. 26 Abs. 5 Unterabs. 2 EU-ProspV, der die Wiederholung der im Basisprospekt enthaltenen Inorfmationsbestandteile in den endgültigen Bedingungen verbietet, stark eingeschräkt.[63] Diese Einschränkung wird zum Teil wieder aufgehoben durch Art. 22 Abs. 1a EU-ProspV, der die Wiederholung von optional ausgestalteten Informationsbestandteilen ausdrücklich erlaubt. Dass das Verbot „konsolidierter Bedingungen" tatsächlich zu einer höheren Transparenz für die Anleger führt, darf bezweifelt werden,[64] denn damit wird die Möglichkeit genommen, das konkrete Wertpapier zusammenhängend und vor allem vollständig in den endgültigen Bedingungen abzubilden. Im Übrigen wird auf die Kommentierung zu Art. 22 und Art. 2a EU-ProspV verwiesen.

Neu aufgenommen wurde in Art. 25 Abs. 5a EU-ProspV die Sprachenregelung. Dabei richten sich die Übersetzungsanforderungen der engültigen Bedingungen nach denen des Basisprospektes. Muss die Zusammenfassung des Basisprospektes übersetzt werden, so gilt für die Zusammenfassung der endgültigen Bedingungen die gleiche Anforderung. Ist der gesamte Basisprospekt zu übersetzen, so gilt für die Zusammenfassung der endgültigen Bedingungen die gleiche Anforderung wie für den Basisprospekt. Die Übersetzung ist zusammen mit den endgültigen Bedingungen der jeweils zuständigen Behörde der Aufnahmemitgliedstaaten zu übermitteln.

---

63 von *Kopp-Colomb/Seitz*, WM 2012, 1220l, 1224; *Heidelbach/Preusse*, BKR 2012, 397, 398.
64 *Heidelbach/Preusse*, BKR 2012, 397, 398; *Kusserow/Scholl*, Recht der Finanzinstrumente 2011, 310, 314 ff.

IX. Nachtragspflicht gemäß § 6 Abs. 2 WpPG

Die Angaben des Basisprospekts sind erforderlichenfalls durch aktualisierte   20
Angaben zum Emittenten und zu den Wertpapieren, die öffentlich angeboten oder zum Handel an einem organisierten Markt zugelassen werden sollen, nach Maßgabe des § 16 WpPG zu ergänzen. Damit ist auch bei Basisprospekten der Maßstab für notwendige Nachträge der gleiche wie für die
anderen Prospektformen nach dem WpPG.

Für Basisprospekte heißt das, dass eine Aktualisierung nur für wichtige neue
Umstände oder wesentliche Unrichtigkeiten in Bezug auf die im Prospekt
enthaltenen Angaben, die die Beurteilung der Wertpapiere beeinflussen
könnten und die nach der Billigung des Prospekts und vor dem endgültigen
Schluss des öffentlichen Angebots oder der Einführung oder Einbeziehung
in den Handel auftreten oder festgestellt werden, in Form eines Nachtrags
gem. § 16 WpPG erfolgen muss.[65] Für die Frage, was unter wichtigen Umständen zu verstehen ist, wird auf die Kommentierung zu § 16 WpPG und
§ 5 Abs. 1 Satz 1 WpPG verwiesen. Eine Aktualisierung von nicht wichtigen
Umständen oder einer nicht wesentlichen Unrichtigkeit in Bezug auf die im
Prospekt enthaltenen Angaben wird auch für den Basisprospekt nicht verlangt und ist rechtlich problematisch (vgl. auch III.1.a)).

Gem. § 16 Abs. 2 WpPG ist die Zusammenfassung eines Basisprospekts um
die in einem Nachtrag enthaltenen Informationen zu ergänzen. Die Ausgestaltung einer solchen Ergänzung richtet sich nach Art. 26 Abs. 7 EU-ProspV,
der sowohl die Aufnahme durch Erstellung einer neuen Zusammenfassung
als auch einen Nachtrag zur Zusammenfassung zulässt. Erfolgt die Aufnahme durch einen Nachtrag, wird durch die Formulierung des Nachtrags
sichergestellt, dass der Anleger die Änderung der Information erkennen
kann. Wird der Nachtrag dagegen in Form einer neuen Zusammenfassung
erstellt, ist dies nicht gewährleistet. Insofern hat der Verordnungsgeber in
diesen Fällen vorgeschrieben, dass die Änderungen in der Zusammenfassung leicht erkennbar sein müssen. Dies kann gem. Art. 26 Abs. 7 EU-ProspV durch Fußnoten geschehen, kann aber auch durch anderweitige Kennzeichnung erfolgen.

Bereits der Wortlaut von § 6 Abs. 2 WpPG schränkt die Nachtragspflicht
nicht auf neue Umstände von solchen Wertpapieren ein, die bereits angeboten werden oder zum Handel an einem organisierten Markt zugelassen sind.
Vielmehr wird die Zukunftsform verwendet. Damit lässt der Gesetzgeber
grundsätzlich zu, dass neue Umstände zu den in einem Basisprospekt beschriebenen Wertpapieren erlaubt sind. Für diese Argumentation spricht
auch, dass der Erwägungsgrund 7 Delegierte Verordnung (EU) Nr. 486/2012
die Möglichkeit zum Nachtrag oder neuen Basisprospekt zur Aufnahme nuer
Wertpapierinformationen gleichwertig behandelt.[66] Folgt man dieser Argumentation, könnten neue Produkte in Form von Produktnachträgen in einen
bereits gebilligten Basisprospekt aufgenommen werden.

---

65 Vgl. *Holzborn/Israel*, ZIP 2005, 1668, 1674.
66 *Heidelbach/Preusse*, BKR 2012, 397, 404.

Die BaFin nimmt bezüglich der Möglichkeit, einen Basisprospekt mittels eines Nachtrags zu ergänzen, bislang einen restriktiven Standpunkt ein, mit der Argumentation, dass nachträglich durch einen Nachtrag nicht der Billigungsgegenstand eines Prospektes erweitert werden darf.[67] Da für solche Nachträge die Billigung der zuständigen Behörde erforderlich ist, kommt es aber letztlich auf deren Vorgehensweise an. Die Klärung dieser Frage dürfte damit für Deutschland davon abhängen, wie sich die ESMA zu der Frage äußert, wann ein Nachtrag oder ein neuer (Basis-) Prospekt erforderlich ist.[68] Für die detaillierte Darstellung der verschiedenen Standpunkte wird auf die Kommentierung zu Art. 2a EU-ProspV verwiesen.

X. Bekanntmachung der endgültigen Bedingungen gemäß § 6 Abs. 3 WpPG

21 Es gibt mehrere Möglichkeiten, die endgültigen Bedingungen zu erstellen und zu veröffentlichen. So können sie gem. § 6 Abs. 3 WpPG im Basisprospekt oder in einen Nachtrag nach § 16 WpPG aufgenommen werden. Dies wird nur in seltenen Ausnahmefällen möglich sein, wenn eine Emission sofort mit Billigung des Basisprospekts oder eines Nachtrags erfolgen soll und tatsächlich alle Informationsbestandteile zu diesem Zeitpunkt bereits festgelegt werden können. Die andere Möglichkeit besteht gem. § 6 Abs. 3 WpPG darin, dass der Anbieter oder Zulassungsantragsteller sie spätestens am Tag des öffentlichen Angebots in der in § 14 WpPG genannten Art und Weise veröffentlicht. In diesem Fall sind sie zusätzlich bei der BaFin zu hinterlegen und der zuständigen Behörde der Aufnahmestaaten zu übermitteln. Möglich ist durch die Gesetzesänderung eine ausschließlich elektronische Hinterlegung bei der BaFin über deren Melde- und Veröffentlichungssystem[69]. Der Gesetzgeber hat nunmehr ausdrücklich klargestellt, dass die Unterzeichnung der endgültigen Bedingungen nicht mehr erforderlich ist.[70]

Der Gesetzeswortlaut verlangt nicht, dass die Veröffentlichung der endgültigen Bedingungen in der gleichen Art und Weise zu erfolgen hat, wie der Basisprospekt selbst veröffentlicht wurde. Somit kann für die Veröffentlichung der endgültigen Bedingungen jeder der in § 14 WpPG genannten Möglichkeiten genutzt werden. Da § 6 Abs. 3 WpPG nur auf die in § 14 WpPG genannte Art und Weise der Veröffentlichung verweist und damit auf § 14 Abs. 2 WpPG, nicht dagegen pauschal auf § 14 WpPG, verlangt das Gesetz für die endgültigen Bedingungen keine Hinweisbekanntmachung. Eine entsprechende Auslegung von § 6 Abs. 3 WpPG, dass bei endgültigen Bedingungen eine Hinweisbekanntmachung erforderlich wäre, wäre europarechtswidrig.[71] Mit der Streichung des § 14 Abs. 3, 2. Satz WpPG wurde

---

67 *von Kopp-Colomb/Seitz*, WM 2012, 1220, 1224.

68 Vgl. *von Kopp-Colomb/Seitz*, WM 2012, 1220, 1225.

69 *Heidelbach/Preusse*, BKR 2012, 397, 398 mit Hinweis in Fn. 18 auf www.bafin.de/MVP-Portal/Meldeplattform.

70 *Groß*, KapMR, § 6 Rn. 11.

71 *Kullmann/Sester*, WM 2005, 1068, 1074.

nunmehr ausdrücklich klargestellt, dass eine zusätzliche Hinweisbekanntmachung nicht erforderlich ist. § 6 Abs. 3 WpPG verlangt, dass in den Fällen, in denen der Prospekt gem. § 14 Abs. 2 Nr. 1 oder Nr. 2 veröffentlicht wird, zusätzlich nach Nr. 3 zu veröffentlichen ist. Da die dort genannten Möglichkeiten lediglich aufgezählt werden, ohne eine kummulative Anwendung vorzuschreiben, sind sie alternativ zu verstehen.[72]

Eine Ausnahme zum Zeitpunkt der Veröffentlichung der endgültigen Bedingungen hat der Gesetzgeber für den Fall aufgenommen, dass eine fristgerechte Veröffentlichung oder Hinterlegung aus praktischen Gründen nicht durchführbar ist. Darüber hinaus ist sie unverzüglich nachzuholen und unterliegt den Maßgaben des § 8 Abs. 1 Satz 1 und 2 WpPG. Aus Anlegergesichtspunkten ist diese Ausnahme eng auszulegen. Es kann sich daher nur um Gründe handeln, auf die der Anbieter oder Zulassungsantragsteller keinen Einfluss hat.[73] Sofern die Wertpapiere auch in Ländern angeboten werden, in die der Basisprospekt notifiziert wurde, sind die endgültigen Bedingungen der zuständigen Behörde des Aufnahmestaats zu übermitteln.[74]

---

[72] Mit gleichem Ergebnis *Görke/Preusse*, WpPG, § 14 Rn. 12; *Heidelbach/Preusse*, BKR 2012, 397, 397.

[73] *Groß*, KapMR, § 6 Rn. 9.

[74] Vgl. *Heidelbach/Preusse*, BKR 2012, S. 397, 398.

ARTIKEL 22
**In einen Basisprospekt aufzu-
nehmende Mindestangaben und
seine dazugehörigen endgültigen
Bedingungen**

ARTICLE 22
Minimum information to be included
in a base prospectus and its related
final terms

**(1) Ein Basisprospekt wird erstellt, in-
dem eines oder eine Kombination der in
dieser Verordnung niedergelegten
Schemata und Module verwendet wird;
dabei werden die in Anhang XVIII für
die verschiedenen Wertpapierarten vorgesehenen Kombinationsmöglichkeiten
zugrunde gelegt.**

(1) A base prospectus shall be drawn up
using one or a combination of schedules
and building blocks provided for in this
Regulation according to the combinations
for various types of securities set out in
Annex XVIII.

**Ein Basisprospekt enthält die in den An-
hängen I bis XVII, Anhang XX und in
den Anhängen XXIII bis XXX genannten Informationsbestandteile. Diese
richten sich nach der Art des jeweiligen
Emittenten und der Art der jeweiligen
Wertpapiere. Die zuständigen Behörden
verlangen für den Basisprospekt keine
Angaben, die nicht in den Anhängen I
bis XVII, Anhang XX oder den Anhängen XXIII bis XXX aufgeführt sind.**

A base prospectus shall contain the information items required in Annexes I to
XVII, Annex XX and Annexes XXIII to
XXX depending on the type of issuer and
securities involved. Competent authorities shall not require that a base prospectus contains information items which are
not included in Annexes I to XVII, Annex
XX or Annexes XXIII to XXX.

**Um die Einhaltung der in Artikel 5 Ab-
satz 1 der Richtlinie 2003/71/EG genannten Verpflichtung zu gewährleisten, kann die zuständige Behörde des
Herkunftsmitgliedstaats bei der Billigung eines Basisprospekts gemäß Artikel 13 der genannten Richtlinie bei jedem Informationsbestandteil im
Einzelfall verlangen, dass die von dem
Emittenten, dem Anbieter oder der die
Zulassung zum Handel an einem geregelten Markt beantragenden Person gemachten Angaben ergänzt werden.**

In order to ensure conformity with the
obligation referred to in Article 5(1) of
Directive 2003/71/EC, the competent authority of the home Member State, when
approving a base prospectus in accordance with Article 13 of that Directive,
may, on a case-by-case basis, require the
information provided by the issuer, the
offeror or the person asking for admission to trading on a regulated market to
be completed for each of the information
items.

**Ist der Emittent, der Anbieter oder die
die Zulassung zum Handel an einem geregelten Markt beantragende Person gemäß Artikel 5 Absatz 2 der Richtlinie
2003/71/EG verpflichtet, eine Zusammenfassung in einen Prospekt aufzunehmen, so kann die zuständige Behörde
des Herkunftsmitgliedstaats bei der Billigung des Prospekts gemäß Artikel 13
der genannten Richtlinie im Einzelfall
verlangen, dass bestimmte im Basisprospekt gemachte Angaben in die Zusammenfassung aufgenommen werden.**

Where the issuer, the offeror or the person asking for the admission to trading
on a regulated market is required to include a summary in a base prospectus, in
accordance with Article 5(2) of Directive
2003/71/EC, the competent authority of
the home Member State, when approving the base prospectus in accordance
with Article 13 of that Directive, may, on
a case-by-case basis, require certain information provided in the base prospectus to be included in the summary.

(1a) Der Basisprospekt kann für die als Kategorien A, B und C eingestuften Angaben, die nach den in Anhang XX dargestellten Schemata und Modulen für die Wertpapierbeschreibung vorgeschrieben sind, Optionen enthalten. In den endgültigen Bedingungen wird festgelegt, welche dieser Optionen für die einzelne Emission gilt, entweder indem auf die betreffenden Rubriken des Basisprospekts verwiesen wird oder indem die betreffenden Angaben wiederholt werden.

(2) Der Emittent, der Anbieter oder die Person, die die Zulassung zum Handel auf einem geregelten Markt beantragt, kann auf die Angabe von Informationsbestandteilen verzichten, die zum Zeitpunkt der Billigung des Basisprospekts nicht bekannt sind und die erst zum Zeitpunkt der jeweiligen Emission bestimmt werden können.

(3) Die Verwendung der Kombinationsmöglichkeiten im Sinne der Tabelle in Anhang XVIII ist für die Erstellung von Basisprospekten verbindlich, die die Arten von Wertpapieren betreffen, auf die die Kombinationen im Sinne dieser Tabelle zutreffen.

Demgegenüber können für Wertpapiere, auf die diese Kombinationsmöglichkeiten nicht zutreffen, weitere Kombinationsmöglichkeiten verwendet werden.

(4) Die endgültigen Bedingungen, die einem Basisprospekt angefügt sind, enthalten ausschließlich Folgendes:

a) im Rahmen der verschiedenen Wertpapierbeschreibungsschemata, nach denen der Basisprospekt erstellt wurde, die als Kategorien ‚B' und ‚C' eingestuften, in Anhang XX aufgeführten Informationsbestandteile. Ist ein Informationsbestandteil für einen Prospekt irrelevant, wird hierfür in den endgültigen Bedingungen an der betreffenden Stelle ‚entfällt' vermerkt;

b) auf freiwilliger Basis etwaige „zusätzliche Angaben" gemäß Anhang XXI;

(1a) The base prospectus may contain options with regard to information categorised as Category A, Category B and Category C, required by the relevant securities note schedules and building blocks, and set out in Annex XX. The final terms shall determine which of these options is applicable to the individual issue, by referring to the relevant sections of the base prospectus or by replicating such information.

(2) The issuer, the offeror or the person asking for admission to trading on a regulated market may omit information items which are not known when the base prospectus is approved and which can only be determined at the time of the individual issue.

(3) The use of the combinations provided for in the table in Annex XVIII shall be mandatory when drawing up base prospectuses for the types of securities to which those combinations correspond according to this table.

However, for securities not covered by those combinations further combinations may be used.

(4) The final terms attached to a base prospectus shall only contain the following:

(a) within the various securities notes schedules according to which the base prospectus is drawn up, the information items in Categories B and C listed in Annex XX. When an item is not applicable to a prospectus, the item shall appear in the final terms with the mention "not applicable";

(b) on a voluntary basis, any "additional information" set out in Annex XXI;

c) eine Wiederholung der oder einen Verweis auf die bereits im Basisprospekt genannten Optionen, die für die einzelne Emission gelten.

Durch die endgültigen Bedingungen werden die im Basisprospekt enthaltenen Angaben weder verändert noch ersetzt.

(5) Zusätzlich zu den Angaben, die in den Schemata und Modulen genannt werden, auf die in Artikel 4 bis 20 verwiesen wird, sind folgende Angaben in einen Basisprospekt aufzunehmen:

1. Hinweis auf die Angaben, die in die endgültigen Bedingungen aufzunehmen sind;

1a. eine Rubrik mit einem Modell für das „Formular der endgültigen Bedingungen", das für jede einzelne Emission auszufüllen ist;

2. Art der Veröffentlichung für die endgültigen Bedingungen. Ist der Emittent zum Zeitpunkt der Billigung des Prospekts nicht in der Lage, die Art der Veröffentlichung für die endgültigen Bedingungen zu nennen, so ist ein Hinweis aufzunehmen, wie das Publikum über die Art, die für die Veröffentlichung der endgültigen Bedingungen verwendet werden soll, informiert wird;

3. im Falle der Emission von Nichtdividendenwerten im Sinne von Artikel 5 Absatz 4 Buchstabe a der Richtlinie 2003/71/EG eine allgemeine Beschreibung des Programms.

(6) Lediglich die nachfolgend genannten Wertpapierkategorien können Gegenstand eines Basisprospekts und seiner entsprechenden endgültigen Bedingungen sein, die die Emission von verschiedenen Alten von Wertpapieren abdecken:

1. „Asset backed securities" (ABS);

2. Optionsscheine im Sinne von Artikel 17;

3. Nichtdividendenwerte im Sinne von Artikel 5 Absatz 4 Buchstabe b der Richtlinie 2003/71/EG;

(c) any replication of, or reference to, options already provided for in the base prospectus which are applicable to the individual issue.

The final terms shall not amend or replace any information in the base prospectus.

(5) In addition to the information items set out in the schedules and building blocks referred to in Articles 4 to 20 the following information shall be included in a base prospectus:

1. indication on the information that will be included in the final terms;

1a. a section containing a template, the "form of the final terms", which has to be filled out for each individual issue;

2. the method of publication of the final terms; if the issuer is not in a position to determine, at the time of the approval of the prospectus, the method of publication of the final terms, an indication of how the public will be informed about which method will be used for the publication of the final terms;

3. in the case of issues of non equity securities according to point (a) of Article 5(4) of Directive 2003/71/EC, a general description of the programme.

(6) Only the following categories of securities may be contained in a base prospectus and its related final terms covering issues of various types of securities:

1. asset backed securities;

2. warrants falling under Article 17;

3. non-equity securities provided for under point (b) of Article 5(4) of Directive 2003/71/EC;

4. alle sonstigen Nichtdividendenwerte, einschließlich Optionsscheine, mit Ausnahme jener, die unter Nummer 2) genannt werden.

4. all other non-equity securities including warrants with the exception of those mentioned in (2).

Bei der Erstellung eines Basisprospekts wird der Emittent, der Anbieter oder die Person, die die Zulassung zum Handel auf einem geregelten Markt beantragt, eine klare Trennung zwischen den spezifischen Angaben über die verschiedenen Wertpapiere vornehmen, die in diesen Kategorien enthalten sind.

In drawing up a base prospectus the issuer, the offeror or the person asking for admission to trading on a regulated market shall clearly segregate the specific information on each of the different securities included in these categories.

(7) Tritt ein in Artikel 16 Absatz 1 der Richtlinie 2003/71/EG genannter Fall in dem Zeitraum zwischen dem Zeitpunkt der Billigung des Basisprospekts und dem endgültigen Abschluss des Angebots für eine Wertpapieremission im Rahmen des Basisprospekts bzw. dem Zeitpunkt ein, an dem der Handel mit den Wertpapieren auf einem geregelten Markt beginnt, so hat der Emittent, der Anbieter oder die Person, die die Zulassung zum Handel auf einem geregelten Markt beantragt, einen Nachtrag zum Prospekt vor dem endgültigen Abschluss des Angebots oder der Zulassung dieser Wertpapiere zum Handel zu veröffentlichen.

(7) Where an event envisaged under Article 16(1) of Directive 2003/71/EC occurs between the time that the base prospectus has been approved and the final closing of the offer of each issue of securities under the base prospectus or, as the case may be, the time that trading on a regulated market of those securities begins, the issuer, the offeror or the person asking for admission to trading on a regulated market shall publish a supplement prior to the final closing of the offer or the admission of those securities to trading.

Muss der Emittent für Angaben im Basisprospekt, die sich nur auf eine oder mehrere spezifische Emissionen beziehen, einen Nachtrag erstellen, so gilt das Recht der Investoren, ihre Zusagen gemäß Artikel 16 Absatz 2 der Richtlinie 2003/71/EG zurückzuziehen, nur für die betreffenden Emissionen und nicht für andere Emissionen von Wertpapieren im Rahmen des Basisprospekts.

Where the issuer needs to prepare a supplement concerning information in the base prospectus that relates to only one or several specific issues, the right of investors to withdraw their acceptances pursuant to Article 16(2) of Directive 2003/71/EC shall only apply to the relevant issues and not to any other issues of securities under the base prospectus.

Art. 22 EU-ProspV regelt die in einen Basisprospekt aufzunehmenden Mindestangaben und seine dazugehörigen endgültigen Bedingungen. Er ist im Zusammenhang mit Art. 26 EU-ProspV und § 6 WpPG zu lesen. Die Kommentierungen dieser beiden Artikel findet sich zusammenhängend in der Kommentierung zu § 6 WpPG.

ARTIKEL 26
Aufmachung des Basisprospekts und seiner entsprechenden endgültigen Bedingungen

ARTICLE 26
Format of the base prospectus and its related final terms

(1) Entscheidet sich ein Emittent, ein Anbieter oder eine Person, die die Zulassung zum Handel auf einem geregelten Markt beantragt hat dazu, im Sinne von Artikel 5 Absatz 4 der Richtlinie 2003/71/EG den Prospekt als einen Basisprospekt zu erstellen, so ist der Basisprospekt wie folgt aufzubauen:

(1) Where an issuer, an offeror or a person asking for the admission to trading on a regulated market chooses, according to Article 5 (4) of Directive 2003/71/EC to draw up a base prospectus, the base prospectus shall be composed of the following parts in the following order:

1. klares und detailliertes Inhaltsverzeichnis;

1. a clear and detailed table of contents;

2. Zusammenfassung im Sinne von Artikel 5 Absatz 2 der Richtlinie 2003/71/EG;

2. the summary provided for in Article 5 (2) of Directive 2003/71/EC;

3. Angabe der Risikofaktoren. die mit dem Eminenten und der Art des Wertpapiers, das Bestandteil der Emission(en)ist, verbunden sind;

3. the risk factors linked to the issuer and the type of security or securities covered by the issue(s);

4. Angabe der sonstigen Informationsbestandteile, die Gegenstand der Schemata und Module sind, auf deren Grundlage der Prospekt erstellt wurde.

4. the other information items included in the schedules and building blocks according to which the prospectus is drawn up

(2) Unbeschadet Absatz 1 steht es dem Emittenten. dem Anbieter oder der Person, die die Zulassung zum Handel auf einem geregelten Markt beantragt, frei, die Reihenfolge der Darstellung der erforderlichen Informationsbestandteile festzulegen, die Gegenstand der Schemata und Module sind, auf deren Grundlage der Prospekt erstellt wurde. Die Angaben über die verschiedenen im Basisprospekt enthaltenen Wertpapiere sind klar zu trennen.

(2) Notwithstanding paragraph 1, the issuer, the offeror or the person asking for admission to trading on a regulated market shall be free in defining the order in the presentation of the required information items included in the schedules and building blocks according to which the prospectus is drawn up. The information on the different securities contained in the base prospectus shall be clearly segregated.

(3) Stimmt die Reihenfolge der Informationsbestandteile nicht mir derjenigen überein, die in den Schemata und Modulen genannt wird, auf deren Grundlage der Prospekt erstellt wurde, so kann die zuständige Behörde des Herkunftsmitgliedstaates den Emittenten, den Anbieter oder die Person, die die Zulassung zum Handel auf einem geregelten Markt beantragt hat, bitten, eine Aufstellung von Querverweisen für die Prüfung des Prospekts vor seiner Billi-

(3) Where the order of the items does not coincide with the order of the information provided for by the schedules and building blocks according to which the prospectus is drawn up, the home competent authority may ask the issuer, the offeror or the person asking for admission to trading on a regulated market to provide a cross reference list for the purpose of checking the prospectus before its approval. Such list should identify the pages where each item can be found in

Glismann

gung zu erstellen. In einer solchen Liste sind die Seiten zu nennen, auf denen die jeweiligen Angaben im Prospekt gefunden werden können.

(4) Für den Fall, dass der Emittent, der Anbieter oder die Person, die die Zulassung zum Handel auf einem geregelten Markt beantragt hat, zu einem früheren Zeitpunkt bereits ein Registrierungsformular für eine bestimmte Wertpapierart hinterlegt hat, zu einem späteren Zeitpunkt aber beschließt, einen Basisprospekt gemäß den Bedingungen von Artikel 5 Absatz 4 Buchstaben a und b der Richtlinie 2003/71/EG zu erstellen, muss der Basisprospekt Folgendes enthalten:

1. die Angaben, die im zuvor oder gleichzeitig eingereichten und gebilligten Registrierungsformular enthalten sind, sind per Verweis gemäß den Bedingungen in Artikel 28 dieser Verordnung aufzunehmen;

2. die Angaben, die ansonsten in der entsprechenden Wertpapierbeschreibung enthalten wären, sind ohne die endgültigen Bedingungen wieder zu geben, sofern letztere nicht Gegenstand des Basisprospekts sind.

(5) Die endgültigen Bedingungen erhalten die Form eines gesonderten Dokuments oder werden in den Basisprospekt aufgenommen. Die endgültigen Bedingungen werden in leicht zu analysierender und verständlicher Form abgefasst.

Die im Basisprospekt enthaltenen Informationsbestandteile aus dem betreffenden Schema für die Wertpapierbeschreibung und seinen Modulen werden in den endgültigen Bedingungen nicht wiederholt.

Der Emittent, der Anbieter oder die die Zulassung zum Handel an einem geregelten Markt beantragende Person kann jede der in Anhang XXI genannten zusätzlichen Angaben in die endgültigen Bedingungen aufnehmen.

the prospectus.

(4) In case the issuer, the offeror or the person asking for admission to trading on a regulated market has previously filed a registration document for a particular type of security and, at a later stage, chooses to draw up base prospectus in conformity with the conditions provided for in points (a) and (b) of Article 5(4) of Directive 2003/71/EC, the base prospectus shall contain:

1. the information contained in the previously or simultaneously filed and approved registration document which shall be incorporated by reference, following the conditions provided for in Article 28 of this Regulation;

2. the information which would otherwise be contained in the relevant securities note less the final terms where the final terms are not included in the base prospectus.

(5) The final terms shall be presented in the form of a separate document or be included in the base prospectus. The final terms shall be prepared in an easily analysable and comprehensible form.

The items of the relevant securities note schedule and its building blocks, which are included in the base prospectus, shall not be reproduced in the final terms.

The issuer, the offeror or the person asking for admission to trading on a regulated market may include any of the additional information set out in Annex XXI in the final terms.

Die endgültigen Bedingungen müssen eine hervorgehobene, eindeutige Erklärung enthalten, aus der hervorgeht:

a) dass die endgültigen Bedingungen für die Zwecke des Artikels 5 Absatz 4 der Richtlinie 2003/71/EG abgefasst wurden und in Verbindung mit dem Basisprospekt und dem/den dazugehörigen Nachtrag/Nachträgen zu lesen sind;

b) wo der Basisprospekt und dessen Nachtrag/Nachträge gemäß Artikel 14 der Richtlinie 2003/71/EG veröffentlicht werden;

c) dass der Basisprospekt in Zusammenhang mit den endgültigen Bedingungen zu lesen ist, um sämtliche Angaben zu erhalten;

d) dass den endgültigen Bedingungen eine Zusammenfassung für die einzelne Emission angefügt ist.

Die endgültigen Bedingungen können je nach den einschlägigen nationalen Rechtsvorschriften die Unterschrift des Rechtsvertreters des Emittenten oder der für den Prospekt haftenden Person oder die Unterschrift beider tragen.

(5a) Die endgültigen Bedingungen und die Zusammenfassung der einzelnen Emission werden in derselben Sprache abgefasst wie die gebilligte Fassung des Formulars der endgültigen Bedingungen im Basisprospekt bzw. die Zusammenfassung des Basisprospekts.

Werden die endgültigen Bedingungen gemäß Artikel 5 Absatz 4 der Richtlinie 2003/71/EG der zuständigen Behörde des Aufnahmemitgliedstaats oder den zuständigen Behörden der Aufnahmemitgliedstaaten übermittelt, falls es sich um mehr als einen Aufnahmemitgliedstaat handelt, so gilt für die endgültigen Bedingungen und die angefügte Zusammenfassung folgende Sprachenregelung:

a) muss gemäß Artikel 19 der Richtlinie 2003/71/EG die Zusammenfassung des Basisprospekts übersetzt werden, so gelten für die Zusammenfassung der einzelnen Emission, die den end-

A clear and prominent statement shall be inserted in the final terms indicating:

(a) that the final terms have been prepared for the purpose of Article 5(4) of Directive 2003/71/EC and must be read in conjunction with the base prospectus and its supplement(s);

(b) where the base prospectus and its supplement(s) are published in accordance with Article 14 of Directive 2003/71/EC;

(c) that in order to get the full information both the base prospectus and the final terms must be read in conjunction;

(d) that a summary of the individual issue is annexed to the final terms.

The final terms may include the signature of the legal representative of the issuer or the person responsible for the prospectus according to the relevant national law or the signature of both.

(5a) The final terms and the summary of the individual issue shall be drawn up in the same language respectively as the approved version of the form of the final terms of the base prospectus and as the summary of the base prospectus.

When the final terms are communicated to the competent authority of the host Member State or, if there is more than one host Member State, to the competent authorities of the host Member States, in accordance with Article 5(4) of Directive 2003/71/EC, the following language rules shall apply to the final terms and the annexed summary:

(a) where the summary of the base prospectus is to be translated pursuant to Article 19 of Directive 2003/71/EC, the summary of the individual issue annexed to the final terms shall be

gültigen Bedingungen angefügt ist, dieselben Übersetzungsanforderungen wie für die Zusammenfassung des Basisprospekts;

b) muss gemäß Artikel 19 der Richtlinie 2003/71/EG der Basisprospekt übersetzt werden, so gelten für die endgültigen Bedingungen und die diesen beigefügte Zusammenfassung der einzelnen Emission dieselben Übersetzungsanforderungen wie für den Basisprospekt.

Der Emittent übermittelt diese Übersetzungen samt den endgültigen Bedingungen der zuständigen Behörde des Aufnahmemitgliedstaats oder den zuständigen Behörden der Aufnahmemitgliedstaaten, falls es sich um mehr als einen Aufnahmemitgliedstaat handelt.

(6) Bezieht sich ein Basisprospekt auf verschiedene Wertpapiere, so hat der Emittent, der Anbieter oder die Person, die die Zulassung zum Handel auf einem geregelten Markt beantragt hat, eine einzige Zusammenfassung für sämtliche Wertpapiere in den Basisprospekt aufzunehmen. Die Angaben zu den verschiedenen Wertpapieren, die in dieser einzigen Zusammenfassung enthalten sind, sind jedoch klar voneinander zu trennen.

(7) Ist die Zusammenfassung eines Basisprospekts im Sinne von Artikel 16 Absatz 1 der Richtlinie 2003/71/EG zu ergänzen, so kann der Emittent, der Anbieter oder die Person, die die Zulassung zum Handel auf einem geregelten Markt beantragt, in Einzelfällen entscheiden, ob die neuen Angaben in die ursprüngliche Zusammenfassung aufgenommen werden, indem eine neue Zusammenfassung erstellt wird, oder ob ein Nachtrag zur Zusammenfassung erstellt wird.

Werden die neuen Angaben in die ursprüngliche Zusammenfassung des Basisprospekts aufgenommen, indem eine neue Zusammenfassung erstellt wird, haben der Emittent, der Anbietet oder die Person, die die Zulassung zum Han-

subject to the same translation requirements as the summary of the base prospectus;

(b) where the base prospectus is to be translated pursuant to Article 19 of Directive 2003/71/EC, the final terms and the summary of the individual issue annexed thereto, shall be subject to the same translation requirements as the base prospectus.

The issuer shall communicate those translations, together with the final terms, to the competent authority of the host Member State or, if there is more than one host Member State, to the competent authorities of the host Member States.

(6) Where a base prospectus relates to different securities, the issuer, the offeror or the person asking for admission to trading on a regulated market shall include a single summary in the base prospectus for all securities. The information on the different securities contained in the summary, however, shall be clearly segregated.

(7) Where the summary of a base prospectus must be supplemented according to Article 16(1) of Directive 2003/71/EC, the issuer, the offeror or the person asking for admission to trading on a regulated market shall decide on a case-by-case basis whether to integrate the new information in the original summary by producing a new summary, or by producing a supplement to the summary.

If the new information is integrated in the original summary of the base prospectus by producing a new summary, the issuer, the offeror or the person asking for admission to trading on a regulated market shall ensure that investors

del auf einem geregelten Markt beantragt, insbesondere mittels Fußnoten sicherzustellen, dass die Anleger die
Änderungen leicht erkennen können.

can easily identify the changes, in particular by way of footnotes.

(8) Emittenten, Anbieter oder Personen,
die die Zulassung zum Handel auf einem geregelten Markt beantragen, können zwei oder mehrere verschiedene
Basisprospekte in einem einzigen Dokument zusammenfassen.

(8) Issuers, offerors or persons asking for
admission to trading on a regulated market may compile in one single document
two or more different base prospectuses.

Art. 26 EU-ProspV regelt die Aufmachung des Basisprospektes und seiner
entsprechenden endgültigen Bedingungen. Er ist im Zusammenhang mit
Art. 22 EU-ProspV und § 6 WpPG zu lesen. Die Kommentierungen dieser
beiden Artikel findet sich zusammenhängend in der Kommentierung zu § 6
WpPG.

ANHANG XXI **Liste der zusätzlichen Angaben in den endgültigen Bedingungen**	ANNEX XXI List of additional information in final therms
ZUSÄTZLICHE ANGABEN	ADDITIONAL INFORMATION
Beispiel(e) für die in Erwägungsgrund 18 der Prospektverordnung genannten komplexen derivativen Wertpapiere.	Example(s) of complex derivatives securities as referred to in recital 18 of the Prospectus Regulation
In der entsprechenden Wertpapierbeschreibung nicht vorgeschriebene zusätzliche Bestimmungen zum Basiswert.	Additional provisions, not required by the relevant securities note, relating to the underlying
Land/Länder, in dem/denen das Wertpapier öffentlich angeboten wird.	Country(ies) where the offer(s) to the public takes place
Land/Länder, in dem/denen die Zulassung zum Handel am geregelten Markt/ an den geregelten Märkten beantragt wird.	Country(ies) where admission to trading on the regulated market(s) is being sought
Land/Länder, dem/denen die Billigung des betreffenden Basisprospekts mitgeteilt wurde.	Country(ies) into which the relevant base prospectus has been notified
Seriennummer	Series Number
Tranchennummer	Tranche Number

Inhalt

I. Überblick

Anhang XXI EU-ProspV wurde aufgenommen, um Angaben, für die bislang in der Wertpapierbeschreibung kein Raum war, die jedoch für die Anleger als nützlich angesehen werden, in den Endgültigen Bedingungen aufnehmen zu können.[1] Leider wurde dies nicht in Form eines Freitextfeldes umgesetzt, sondern über Anhang XXI EU-ProspV konkretisiert. **1**

II. Liste der zusätzlichen Angaben

Zu diesen Angaben gehören insbesondere Angaben zum öffentlichen Angebot, wie z.B. die Angabe der Länder, in denen die Wertpapiere öffentlich angeboten werden, Angaben zur Handelbarkeit, wie z.B. Angabe der Länder, in denen die Zulassung zum Handel an einem geregelten Markt beantragt wird, in welchem Land der Basisprospekt gebilligt wurde sowie Serien- und **2**

---

1 Erwg. 6, Delegierte VO (EU) Nr. 486/2012, ABl. EU 2012, L 150/1, L 150/2.

Tranchennummer der konkreten Emission[2]. Letztere sind nicht nur für den Anleger relevant, sondern auch für die Bearbeitung, Börse und Handel. Möglich sind nunmehr auch ergänzende Angaben zu Basiswerten.[3]

2   Anh. XXI, Delegierte VO (EU) Nr. 486/2012, ABl. EU 2012, L 150/1, L 150/25.
3   Anh. XXI, Delegierte VO (EU) Nr. 486/2012, ABl. EU 2012, L 150/1, L 150/25.

§ 7
Mindestangaben

Die Mindestangaben, die in einen Prospekt aufzunehmen sind, bestimmen sich nach der Verordnung (EG) Nr. 809/2004 der Kommission vom 29. April 2004 zur Umsetzung der Richtlinie 2003/71/EG des Europäischen Parlaments und des Rates betreffend die in Prospekten enthaltenen Informationen sowie das Format, die Aufnahme von Informationen mittels Verweis und die Veröffentlichung solcher Prospekte und die Verbreitung von Werbung (ABl. EU Nr. L 149 S. 1, Nr. L 215 S. 3) in der jeweils geltenden Fassung.

Inhalt

I. Allgemeines

§ 7 WpPG baut auf der Generalnorm des § 5 Abs. 1 WpPG auf und regelt *1* zum einen grundlegend, dass jeder Prospekt Mindestangaben beinhalten muss, und zum anderen, welche die erforderlichen Angaben sind, damit ein Prospekt die inhaltlichen Mindestanforderungen erfüllt. Ohne weitere Regelungen zu treffen, verweist hierzu § 7 WpPG nur klarstellend auf die EU-ProspV, die bereits gem. Art. 288 AEUV (früher Art. 249 EG bzw. Art. 189 EGV) allgemein verbindliche und unmittelbare Geltung hat. Sie gilt seit dem 01.07.2005 (Art. 36 EU-ProspV), ohne dass es weiterer Umsetzung in innerstaatliches Recht bedurfte.[1] § 7 WpPG i. V. m. EU-ProspV stellt die zentrale Gestaltungsgrundlage für die Prospekterstellung dar, indem sie detailliert die Gliederung bzw. den Mindestinhalt von Prospekten regeln. Ihre europaweit unmittelbare Geltungswirkung soll eine weitgehende Vereinheitlichung von Wertpapierprospekten unterstützen.

Mit § 7 WpPG folgt der nationale Gesetzgeber dem Aufbau der EU-ProspRL, *2* die in Art. 7 die Vorgabe sowohl für § 7 WpPG als auch die EU-ProspV bietet. Die EU-ProspRL aber vor allem auch die EU-ProspV sind im seit 2002 eingeführten sog. Lamfalussy-Verfahren[2] ergangen,[3] welches das Rechtssetzungsverfahren in Form von gleichberechtigter Mitentscheidung des Ministerrats und des Europäischen Parlaments, beruhend auf Vorschlag der Kommission (Art. 294 AEUV, früher Art. 251 EG bzw. Art. 189 b EGV), im Bereich der Wertpapierregulierung durch ein vierstufiges Rechtssetzungsverfahren ersetzt hat. Danach treffen auf der ersten Stufe die Mitgliedstaaten (ECO-FIN-Rat) und das Europäische Parlament grundsätzliche politische Rahmenentscheidungen und definieren die Reichweite von Durchführungsbefug-

---

1 Vgl. auch RegBegr. EU-ProspRL-UmsG, BT-Drucks. 15/4999, 525.
2 Eingehend zum Lamfalussy-Verfahren: *Claßen/Heegemann*, Kreditwesen 2003, 1200 ff.
3 *Röhrborn*, in: Heidel, AktG, § 7 WpPG Rn. 1.

nissen. Dies geschah im Prospektrecht mit der EU-ProspRL (EG 809/2004).[4] In der zweiten Stufe werden die Rahmengesetze der ersten Stufe durch Umsetzungsvorschriften präzisiert. Hierzu arbeitet die Kommission mit der Europäische Wertpapier- und Marktaufsichtsbehörde (ESMA von engl. European Securities and Markets Authority), die aus dem speziell einberufenen Ausschuss der Europäischen Wertpapierregulierungsbehörden (CESR) hervorging, und dem Europäischen Wertpapierausschuss (ESC), dem auch Vertreter nationaler Regierungen angehören, zusammen. Konkret schlägt die Kommission nach Beratung durch ESMA, früher CESR, Maßnahmen vor, über die der ESC abstimmt; erlassen wird die Maßnahme schließlich von der Kommission.[5] Auf dieser Gesetzgebungsstufe wurde die EU-ProspV verabschiedet. Auf Stufe 3 erarbeitete ESMA, früher CESR, einheitliche Leitlinien und Empfehlungen zur nationalen Umsetzung der europäischen Vorgaben. Dadurch soll eine einheitliche Interpretation und Anwendung der Vorschriften durch Abstimmung und Zusammenarbeit der nationalen Regulierungsbehörden – in Deutschland die BaFin – gewährleistet werden. Zu der EU-ProspV wurde Anfang 2005 der Empfehlungskatalog CESR/05-054b[6] und das CESR Dokument bezüglich der sog. „Complex Financial History"[7] herausgegeben, die in Ergänzung der EU-ProspV mündete. Zudem hat CESR einen umfassenden Katalog von Fragen und Antworten zu Prospekten herausgegeben, der von ESMA fortgeführt wird.[8] Diese Veröffentlichungen geben zu einigen ausgewählten Punkten der Anhänge der EU-ProspV eine in englischer Sprache verfasste Interpretationshilfe, die sich zwar vorrangig an die Mitglieder von ESMA bzw. CESR richtet, dem Prospekterstellter aber ebenso als Interpretationsanleitung dienlich sein kann. Schließlich sieht das Lamfalussy-Verfahren auf Stufe 4 vor, dass die Kommission die korrekte und fristgerechte Umsetzung der EU-Vorschriften in nationales Recht überprüft. Die Kernumsetzung der EU-ProspRL und der EU-ProspRLÄndRL wurde im WpPG vorgenommen.

II. Mindestangaben

3   Sinn und Zweck der Regelung eines Mindestinhalts eröffnet sich vor dem Hintergrund des in § 5 Abs. 1 WpPG verankerten und dort bereits angesprochenen Gebots der Prospektvollständigkeit (§ 5 Rn. 4 ff.). Damit ein Prospekt im Einzelfall sämtliche erforderliche Angaben i. S. d. § 5 Abs. 1 WpPG beinhaltet, bietet § 7 WpPG i. V. m. EU-ProspV einen richtungsweisenden Inhaltsmaßstab. Die Erfüllung des gesetzlichen Inhaltskatalogs schafft eine Vermu-

---

4   Zur Entstehungsgeschichte der EU-ProspRL *Crüwell*, AG 2003, 243 f.; *Holzborn/Schwarz-Gondek*, BKR 2003, 927 f.

5   Vgl. *von Kopp-Colomb/Lenz*, AG 2002, 24, 25 f.

6   *CESR*, CESR's recommendations for the consistent implementation of the European Commission's Regulation on Prospectuses no 809/2004, Ref: CESR/05-054b; jetzt *ESMA*, Update CESR recommendation, consistent implementation, ESMA/2013/319.

7   *CESR*, technical advice complex financial history Ref.: CESR/05-428; siehe auch *CESR*, advice historical financial information Ref.: CESR/05-582.

8   *ESMA*, Q&A, 21st updated version, ESMA/2014/35.

tung, dass der Prospekt i. d. R. vollständig ist.[9] Die BaFin darf gem. Art. 3 Unterabs. 2 Satz 2 EU-ProspV keine über die in der EU-ProspV enthaltenen Informationsbestandteile hinausgehenden Angaben verlangen, damit der Prospekt ihrer Billigungsprüfung standhält, sondern höchstens eine Konkretisierung bzw. Detaillierung von vorgegebenen Bestandteilen.[10] Davon zu unterscheiden ist zwar die Frage, ob ein als vollständig gebilligter Prospekt zugleich auch die Vollständigkeit des Prospekts aus haftungsrechtlicher Sicht in gleichem Umfang erfüllt (vgl. §§ 21, 22, 23 Rn. 65 ff.). Aber auch in diesem Zusammenhang bieten die Vorgaben der EU-ProspV zunächst einen allgemein verlässlichen Indikator.

Unabhängig davon, ob man nun im Einzelnen die Vollständigkeit eines Pro-   4
spekts aus dem Blickwinkel des Billigungsverfahrens bei der BaFin und/oder aus einem haftungsrechtlichen betrachtet, kann die Beurteilung der Vollständigkeit des Prospekts jedoch durch alleinige Erfüllung der Vorgaben der EU-ProspV nicht unreflektiert erfolgen. So ist einerseits der Fall zu erwägen, dass ein Prospekt vollständig ist, ohne dass er sämtliche in § 7 WpPG i. V. m. EU-ProspV genannten Angaben erhält. Dies kann zum einen daran liegen, dass die in einem Schema und Modul geforderten Informationsbestandteile auf Grund der Beschaffenheit der betreffenden Wertpapiere nicht relevant sind oder tatbestandlich nicht erfüllt werden können (z. B. Emittent verfügt über keine Forschung und Entwicklung, Patente oder Lizenzen) und folglich im Prospekt nicht umsetzbar sind. Daher kann der Emittent auf solche Angaben verzichten.[11] Regelmäßig werden diesbezüglich jedoch Erklärungen bzw. Negativtestate angezeigt sein, um klarzustellen, dass eine Fehlanzeige vorliegt. Weiterhin besteht auf der Basis des Erwägungsgrundes 24 der EU-ProspV[12] die Möglichkeit, von der Einbringung bestimmter Angaben befreit zu werden. Dies regelt § 8 WpPG näher (vgl. dort). Eine in der hier genannten Art fehlende Angabe kann im Prospekt durch eine auf diese Umstände hinweisende Leermeldung bzw. Erklärung oder Negativtestat im Prospekt aufgenommen werden.[13] Zum einen enthalten Leermeldungen eigene inhaltliche Aussagekraft und dienen zum anderen zur formellen Klarstellung eines vollständigen Prospektaufbaus. Von ihrer Häufigkeit im Einzelfall abhängig, sollten dann die Leermeldungen entweder als Erklärung in den Kon-

---

9 *Just*, in: Just/Voß/Ritz/Zeising, WpPG, § 7 Rn. 13; *Groß*, KapMR, § 7 WpPG Rn. 2.

10 *Groß*, KapMR, § 7 WpPG Rn. 5; *Röhrborn*, in: Heidel, AktG § 7 WpPG Rn. 2; a. A. *Meyer*, in: Frankf Komm WpPG, § 7 WpPG Rn. 14, wonach die BaFin die Billigung von der Aufnahme weiterer Informationen abhängig machen darf, um den Anlegern ein zutreffendes Urteil zu ermöglichen.

11 Vgl. Erwg. 24 der EU-ProspV; ebenso *Groß*, KapMR, § 7 WpPG Rn. 3.

12 Ausnahme in Art. 23 Abs. 1 Unterabs. 1 Satz 1 EU-ProspV für Emittenten, deren Tätigkeit unter die Kategorien in Anh. XIX EU-ProspV (z. B. junge Unternehmen) fällt.

13 Dafür *Groß*, KapMR, § 21 WpPG Rn. 46, einschränkend zu § 8 Abs. 2 Nr. 1 und 2 WpPG. A. A. *Hamann*, in: Schäfer/Hamann, § 44, 45 BörsG Rn. 151 unter Einbeziehung von § 7 WpPG. Hiernach sei die Gefahr zu erheblich, der Prospekt könnte durch Fehlanzeigen verwirrend überlastet werden und für das Billigungsverfahren seien Fehlanzeigen nicht erforderlich, da die BaFin bei abweichender Reihenfolge von Prospektangaben auf eine Aufstellung von Querverweisen zurückgreifen könne.

text aufgenommen oder zusammenfassend als Negativteste platziert werden, um den Prospekt übersichtlich zu gestalten. In jedem Fall sind sie in der für die BaFin bestimmten Überkreuzcheckliste zu berücksichtigen. Obwohl die Aufnahme von Fehlmeldungen gesetzlich nicht zwingend erforderlich ist, wird sie häufig von der BaFin erwartet.

Ferner ist das Fehlen von einzelnen Angaben – auch wenn es sich bei diesen verallgemeinernd um Mindestangaben handelt, die auch als „notwendige", „wesentliche" oder „erhebliche" Angaben bezeichnet werden können[14] – nicht automatisch und ausschließlich geeignet, eine inhaltliche Unvollständigkeit des Prospekts zu begründen. Unterbleibt eine bestimmte Inhaltsangabe, so ist ein mit nicht allen vorgegebenen Angaben vorgelegter Prospekt formal gesehen zwar unvollständig. Der Prospekt kann aber materiell „vollständig" i. S. d. § 5 Abs. 1 WpPG sein, ohne dass er alle durch die EU-ProspV vorgegebenen Angaben enthält.[15] Dies z. B., wenn sich eine fehlende Angabe aus anderen vorhandenen Angaben erschließt, eine Angabepflicht nicht anwendbar ist oder wenn einzelne Angaben für sich betrachtet für den Gesamtprospekt nicht als notwendig, mit anderen Worten nicht als wesentlich zu bezeichnen sind.

5   Andererseits schließt die Pflicht zur Erteilung der Mindestangaben nicht die Aufnahme weiterer Angaben im Prospekt aus. Zunächst besagt Erwägungsgrund 5 der EU-ProspV dazu, dass in einem Prospekt oder Basisprospekt zusätzliche Informationen gegeben werden können, die über die in den Schemata und Modulen genannten Informationsbestandteile hinausgehen dürfen. Solche Angaben sollten der Art des Wertpapiers oder des betreffenden Emittenten angemessen sein. Dies können also Angaben sein, die über das Vollständigkeitskriterium hinausgehen, d. h. zusätzliche freiwillige Angaben, die zur Vollständigkeit nicht zwingend erforderlich sind.

Es kann aber auch erforderlich sein, zu den Mindestangaben weitere Angaben aufzunehmen, um ein für den Anleger zutreffendes Bild über den Emittent oder die Wertpapiere bieten zu können, der Prospekt also „vollständig" im Haftungssinne ist.[16] Zwar indiziert das Entsprechen des in den Bestimmungen und Anhängen der EU-ProspV enthaltenen Inhaltskatalogs regelmäßig die Vollständigkeit.[17] Die gesetzgeberische Bezeichnung von Mindestangaben verdeutlicht aber bereits, dass es sich nur um die geringsten zu machenden Anforderungen handelt. Liest man dies mit der Generalnorm des § 5 Abs. 1 WpPG zusammen, wird deutlich, dass Mindestangaben nicht immer geeignet sein werden, um sämtliche Informationen zu enthalten, die im Hinblick auf den Emittenten und die öffentlich angebotenen oder zum Handel an einem organisierten Markt zugelassenen Wertpapiere notwendig sind, um dem Publikum ein zutreffendes Urteil über die Vermögenswerte

---

14 *Schwark*, in: Schwark/Zimmer, KapMRK, § 45 BörsG Rn. 27.

15 So auch zum § 7 WpPG *Hamann*, in: Schäfer/Hamann, KapMG, §§ 44, 45 BörsG Rn. 151.

16 *Just*, in: Just/Voß/Ritz/Zeising, WpPG, § 7 Rn. 15; *Groß*, KapMR, § 7 WpPG Rn. 4 f.; *Straßner*, in: Heidel, AktG, § 5 WpPG Rn. 13 f.; *Meyer*, in: Frankf Komm WpPG, § 7 WpPG Rn. 14.

17 *Just*, in: Just/Voß/Ritz/Zeising, WpPG, § 7 Rn. 13; *Groß*, KapMR, WpPG, § 7 Rn. 2.

und Verbindlichkeiten, die Finanzlage, die Gewinne und Verluste, die Zukunftsaussichten des Emittenten und jedes Garantiegebers sowie über die mit diesen Wertpapieren verbundenen Rechte zu ermöglichen.

Die materielle Vollständigkeit zu beurteilen, obliegt im Einzelfall vorrangig 6
dem Prospektersteller und hat unter Berücksichtigung aller Umstände zu erfolgen. Die Rolle der BaFin ist – gemessen an ihrem Prüfungsauftrag und der tatsächlichen Prüfungsfähigkeit[18] – in diesem Zusammenhang untergeordneter Natur. Dabei kann sie zwar, um die Einhaltung der in § 5 Abs. 1 WpPG genannten Anforderungen sicherzustellen, im Rahmen des Billigungsverfahrens fordern, dass die im Prospekt beigebrachten Angaben zu den jeweiligen Informationsbestandteilen im Einzelfall ergänzt werden.[19] Grds. andere als in der EU-ProspV genannten Inhaltsangaben wird die BaFin zur Aufnahme in einem Prospekt aber nicht verlangen können.[20] Zumal sie die Erforderlichkeit meist nicht erkennen kann. Davon ausgenommen sind wiederum die zusätzlichen Informationen bei bestimmten Emittenten, die infolge der besonderen Art der Tätigkeit dieser Emittenten von der BaFin als zuständige Behörde gefordert werden können. Zudem können andere als in der EU-ProspV genannten Informationsbestandteile bei neu konzipierten Wertpapieren verlangt werden.[21] Letzteres aber ohne dass der BaFin zusätzliche Befugnisse erwachsen. Die Zusammensetzung der Mindestangaben bestimmt sich nach dem „Baukastenprinzip"[22], das sich am Emittenten und an der Art der Wertpapiere orientiert und dafür in den Anhängen (I–XVII und XX–XXX) unterschiedliche Kataloge von Pflichtangaben in Form von Schemata und Modulen vorsieht. Die umfassende Kombinationsfähigkeit (Übersicht in Anh. XVIII EU-ProspV) der einzelnen Schemata und Module soll die Abfassung vollständiger Prospekte für alle Arten von Emittenten und Wertpapieren ermöglichen.[23]

Mit den Vorgaben zum Mindestinhalt und der näheren Ausgestaltung durch 7
die EU-ProspV sollen die Prospekte eine überwiegende Standardisierung erhalten und dem Prospektverantwortlichem ein hinreichendes Muster hinsichtlich der Erfüllung der Vollständigkeit des von ihm zu erstellenden Pro-

---

18 Zum Prüfungsumfang formelle Vollständigkeit und Kohärenz siehe § 13 Rn. 19 ff.
19 Vgl. Art. 3 Unterabs. 2 Satz 2 und 22 Abs. 1 EU-ProspV.
20 So eindeutig Art. 3 Unterabs. 2 Satz 2 EU-ProspV zum Prospekt allgemein („nur die in den Anhängen I bis XVII oder den Anhängen XX bis XXX genannten Informationsbestandteile") und Art. 22 Abs. 1 Unterabs. 2 Satz 2 ProspV („nur die in den Anhängen I bis XVII genannten Informationsbestandteile"); *Groß*, KapMR, § 7 WpPG Rn. 5; *Röhrborn*, in: Heidel, AktG § 7 W pPG Rn. 2; a. A. *Meyer*, in: Frankf Komm WpPG, § 7 WpPG Rn. 14, wonach die BaFin die Billigung von der Aufnahme weiterer Informationen abhängig machen darf, um den Anlegern ein zutreffendes Urteil zu ermöglichen.
21 Zu beiden Varianten sowie zur Möglichkeit, Informationsbestandteile zu ergänzen, wenn es sich um die Zulassung von den in der Kombinationsübersicht XVIII EU-ProspV genannten ähnlichen Wertpapieren handelt; vgl. näher die Kommentierung zu Art. 23 EU-ProspV.
22 *Schlitt/Schäfer*, AG 2005, 498, 502.
23 Vgl. Art. 3 EU-ProspV.

spekts gewähren.[24] Zugleich kann sich der Prospektadressat auf eine formal-inhaltliche Prospektqualität verlassen, die geeignet ist, die kapital-marktrechtliche Risikoverteilung ausreichend zu berücksichtigen und den Anleger vor einer über die wirtschaftlichen Risiken einer informierten Anlageentscheidung hinausgehenden Schädigung und Übervorteilung schützen kann. Allerdings können vor dem Hintergrund der Auslegungsdifferenzen der unterschiedlichen Aufsichtsbehörden, der freien Wahl der meisten Gliederungsaspekte und der Beschaffenheit der unbestimmten Rechtsbegriffe weiterhin eine Reihe von unterschiedlichen Gestaltungsmöglichkeiten in Betracht kommen.

8 Für den regelmäßig anzutreffenden Fall, dass der Prospekt nicht streng anhand der Gliederung der Anhänge der EU-ProspV aufgebaut ist, so fordert die BaFin gem. der Ermächtigung in Art. 25 Abs. 4, 26 Abs. 3 EU-ProspV eine so genannte Überkreuz-Checkliste, die angibt auf welcher Prospektseite sich eine in der EU-ProspV aufgeführte Information befindet. Hierbei ist die genaue Stelle zu nennen. In dieser Überkreuz-Checkliste können auch kurze stichwortartige Angaben zu Besonderheiten, wie etwa dem Fehlen einer Angabe gemacht werden.

---

24 *Straßner*, in: Heidel, AktG, § 5 WpPG Rn. 11.

ARTIKEL 3

In einen Prospekt aufzunehmende Mindestangaben

Ein Prospekt wird erstellt, indem eines oder eine Kombination der in dieser Verordnung niedergelegten Schemata und Module verwendet wird.

Ein Prospekt enthält die in den Anhängen I bis XVII und in den Anhängen XX bis XXX genannten Informationsbestandteile abhängig von der Art des jeweiligen Emittenten und der Art der jeweiligen Wertpapiere. Vorbehaltlich des Artikels 4a Absatz 1 verlangen die zuständigen Behörden für den Prospekt nur die in den Anhängen I bis XVII oder den Anhängen XX bis XXX genannten Informationsbestandteile.

Um die Einhaltung der in Artikel 5 Absatz 1 der Richtlinie 2003/71/EG genannten Verpflichtung zu gewährleisten, kann die zuständige Behörde des Herkunftsmitgliedstaats bei der Billigung eines Prospekts gemäß Artikel 13 der genannten Richtlinie bei jedem Informationsbestandteil im Einzelfall verlangen, dass die von dem Emittenten, dem Anbieter oder der die Zulassung zum Handel an einem geregelten Markt beantragenden Person gemachten Angaben ergänzt werden.

Ist der Emittent, der Anbieter oder die die Zulassung zum Handel an einem geregelten Markt beantragende Person gemäß Artikel 5 Absatz 2 der Richtlinie 2003/71/EG verpflichtet, eine Zusammenfassung in einen Prospekt aufzunehmen, so kann die zuständige Behörde des Herkunftsmitgliedstaats bei der Billigung des Prospekts gemäß Artikel 13 der genannten Richtlinie im Einzelfall verlangen, dass bestimmte im Prospekt gemachte Angaben in die Zusammenfassung aufgenommen werden.

ARTICLE 3

Minimum information to be included in a prospectus

A prospectus shall be drawn up by using one or a combination of the schedules and building blocks set out in this Regulation.

A prospectus shall contain the information items required in Annexes I to XVII and Annexes XX to XXX depending on the type of issuer or issues and securities involved. Subject to Article 4a(1), a competent authority shall not require that a prospectus contains information items which are not included in Annexes I to XVII or Annexes XX to XXX.

In order to ensure conformity with the obligation referred to in Article 5(1) of Directive 2003/71/EC, the competent authority of the home Member State, when approving a prospectus in accordance with Article 13 of that Directive, may, on a case-by-case basis, require the information provided by the issuer, the offeror or the person asking for admission to trading on a regulated market to be completed, for each of the information items.

Where the issuer, the offeror or the person asking for the admission to trading on a regulated market is required to include a summary in a prospectus, in accordance with Article 5(2) of Directive 2003/71/EC, the competent authority of the home Member State, when approving the prospectus in accordance with Article 13 of that Directive, may, on a case-by-case basis, require certain information provided in the prospectus, to be included in the summary.

Diesbezüglich wird auf die Kommentierung zu § 7 WpPG hingewiesen.

ARTIKEL 4
Schema für das Registrierungs-
formular für Aktien

ARTICLE 4
Share registration document
schedule

(1) Die Angaben für das Aktienregistrierungsformular werden gemäß dem in Anhang I festgelegten Schema zusammengestellt.

(1) For the share registration document information shall be given in accordance with the schedule set out in Annex I.

(2) Das in Absatz 1 genannte Schema gilt für:

(2) The schedule set out in paragraph 1 shall apply to the following:

1. Aktien und andere übertragbare, Aktien gleichzustellende Wertpapiere;

1. shares and other transferable securities equivalent to shares;

2. andere Wertpapiere, die die folgenden Bedingungen erfüllen:

2. other securities which comply with the following conditions:

a) sie können nach dem Ermessen des Emittenten oder des Anlegers oder aufgrund der bei der Emission festgelegten Bedingungen in Aktien oder andere übertragbare, Aktien gleichzustellende Wertpapiere umgewandelt oder umgetauscht werden, oder sie ermöglichen auf andere Art und Weise den Erwerb/Bezug von Aktien oder anderen übertragbaren, Aktien gleichzustellenden Wertpapieren,

a) they can be converted or exchanged into shares or other transferable securities equivalent to shares, at the issuer's or at the investor's discretion, or on the basis of the conditions established a the moment of the issue, or give, in any other way, the possibility to acquire shares or other transferable securities equivalent to shares;

und

and

b) diese Aktien oder anderen übertragbaren, Aktien gleichzustellenden Wertpapiere werden zu diesem oder einem künftigen Zeitpunkt vom Emittenten des Wertpapiers emittiert und nehmen zum Zeitpunkt der Billigung des die Wertpapiere betreffenden Prospekts noch nicht am Handel auf einem geregelten oder einem vergleichbaren Markt außerhalb der Gemeinschaft teil und die zu Grunde liegende Aktie oder anderen übertragbaren, Aktien gleichzustellende Wertpapiere können stückemäßig geliefert werden.

b) provided that these shares or other transferable securities equivalent to shares are or will be issued by the issuer of the security and are not yet traded on a ragulated market or an equivalent market outside the Community at the thime of the approval of the prospectus covering the securities, and that the underlying shares or other transferable securities equivalent to shares can be delivered with physical settlement.

Diesbezüglich wird auf die Kommentierung zu Anh. I EU-ProspV verwiesen.

ANHANG I
Mindestangaben für das Registrierungsformular für Aktien (Modul)

ANNEX I
Minimum Disclosure Requirements for the Share Registration Document (schedule)

1. VERANTWORTLICHE PERSONEN

1.1. Alle Personen, die für die im Registrierungsformular gemachten Angaben bzw. für bestimmte Abschnitte des Registrierungsformulars verantwortlich sind. Im letzteren Fall sind die entsprechenden Abschnitte aufzunehmen. Im Fall von natürlichen Personen, zu denen auch Mitglieder der Verwaltungs-, Geschäftsführungs- und Aufsichtsorgane des Emittenten gehören, sind der Name und die Funktion dieser Person zu nennen. Bei juristischen Personen sind Name und eingetragener Sitz der Gesellschaft anzugeben.

1.2. Erklärung der für das Registrierungsformular verantwortlichen Personen, dass sie die erforderliche Sorgfalt haben walten lassen, um sicherzustellen, dass die im Registrierungsformular genannten Angaben ihres Wissens nach richtig sind und keine Tatsachen ausgelassen worden sind, die die Aussage des Registrierungsformulars wahrscheinlich verändern können. Ggf. Erklärung der für bestimmte Abschnitte des Registrierungsformulars verantwortlichen Personen, dass sie die erforderliche Sorgfalt haben walten lassen, um sicherzustellen, dass die in dem Teil des Registrierungsformulars genannten Angaben, für den sie verantwortlich sind, ihres Wissens nach richtig sind und keine Tatsachen ausgelassen worden sind, die die Aussage des Registrierungsformulars wahrscheinlich verändern können.

1. PERSONS RESPONSIBLE

1.1. All persons responsible for the information given in the Registration Document and, as the case may be, for certain parts of it, with, in the latter case, an indication of such parts. In the case of natural persons including members of the issuer's administrative, management or supervisory bodies indicate the name and function of the person; in case of legal persons indicate the name and registered office.

1.2. A declaration by those responsible for the registration document that, having taken all reasonable care to ensure that such is the case, the information contained in the registration document is, to the best of their knowledge, in accordance with the facts and contains no omission likely to affect its import. As the case may be, a declaration by those responsible for certain parts of the registration document that, having taken all reasonable care to ensure that such is the case, the information contained in the part of the registration document for which they are responsible is, to the best of their knowledge, in accordance with the facts and contains no omission likely to affect its import.

2. ABSCHLUSSPRÜFER

2.1. Namen und Anschrift der Abschlussprüfer des Emittenten, die für den von den historischen Finanzinformationen abgedeckten Zeitraum zuständig waren (einschließlich der Angabe ihrer Mitgliedschaft in einer Berufsvereinigung).

2. STATUTORY AUDITORS

2.1. Names and addresses of the issuer's auditors for the period covered by the historical financial information (together with their membership in a professional body).

2.2. Wurden Abschlussprüfer während des von den historischen Finanzinformationen abgedeckten Zeitraums abberufen, nicht wieder bestellt oder haben sie ihr Mandat niedergelegt, so sind entsprechende Einzelheiten zu veröffentlichen, wenn sie von wesentlicher Bedeutung sind.

2.2. If auditors have resigned, been removed or not been re-appointed during the period covered by the historical financial information, indicate details if material.

3. AUSGEWÄHLTE FINANZINFORMATIONEN

3.1. Ausgewählte historische Finanzinformationen über den Emittenten sind für jedes Geschäftsjahr für den Zeitraum vorzulegen, der von den historischen Finanzinformationen abgedeckt wird, und für jeden nachfolgenden Zwischenberichtszeitraum und zwar in derselben Währung wie die Finanzinformationen.

Die ausgewählten historischen Finanzinformationen müssen die Schlüsselzahlen enthalten, die einen Überblick über die Finanzlage des Emittenten geben.

3.2. Werden ausgewählte Finanzinformationen für Zwischenzeiträume vorgelegt, so sind auch Vergleichsdaten für den gleichen Zeitraum des vorhergehenden Geschäftsjahres vorzulegen, es sei denn, die Anforderungen der Beibringung vergleichbarer Bilanzinformationen wird durch die Vorlage der Bilanzdaten zum Jahresende erfüllt.

3. SELECTED FINANCIAL INFORMATION

3.1. Selected historical financial information regarding the issuer, presented for each financial year for the period covered by the historical financial information, and any subsequent interim financial period, in the same currency as the financial information.

The selected historical financial information must provide the key figures that summarise the financial condition of the issuer.

3.2. If selected financial information for interim periods is provided, comparative data from the same period in the prior financial year must also be provided, except that the requirement for comparative balance sheet information is satisfied by presenting the year end balance sheet information.

4. RISIKOFAKTOREN

Klare Offenlegung von Risikofaktoren, die für den Emittenten oder seine Branche spezifisch sind (unter Rubrik „Risikofaktoren").

4. RISK FACTORS

Prominent disclosure of risk factors that are specific to the issuer or its industry in a section headed 'Risk Factors'.

5. ANGABEN ÜBER DEN EMITTENTEN

5.1. Geschäftsgeschichte und Geschäftsentwicklung des Emittenten

5.1.1. Juristischer und kommerzieller Name des Emittenten;

5.1.2. Ort der Registrierung des Emittenten und seine Registrierungsnummer;

5. INFORMATION ABOUT THE ISSUER

5.1. History and development of the issuer

5.1.1. The legal and commercial name of the issuer

5.1.2. The place of registration of the issuer and its registration number

5.1.3. Datum der Gründung und Existenzdauer des Emittenten, soweit diese nicht unbefristet ist;

5.1.3. The date of incorporation and the length of life of the issuer, except where indefinite

5.1.4. Die Rechtsform und der Sitz des Emittenten; Rechtsordnung in der er tätig ist; Land der Gründung der Gesellschaft; Geschäftsanschrift und Telefonnummer seines eingetragenen Sitzes (oder Hauptort der Geschäftstätigkeit, falls nicht mit dem eingetragenen Sitz identisch);

5.1.4. The domicile and legal form of the issuer, the legislation under which the issuer operates, its country of incorporation, and the address and telephone number of its registered office (or principal place of business if different from its registered office)

5.1.5. Wichtige Ereignisse in der Entwicklung der Geschäftstätigkeit des Emittenten.

5.1.5. The important events in the development of the issuer's business.

5.2. Investitionen

5.2. Investments

5.2.1. Beschreibung (einschließlich des Betrages) der wichtigsten Investitionen des Emittenten für jedes Geschäftsjahr, und zwar für den Zeitraum, der von den historischen Finanzinformationen abgedeckt wird, bis zum Datum des Registrierungsformulars.

5.2.1. A description, (including the amount) of the issuer's principal investments for each financial year for the period covered by the historical financial information up to the date of the registration document

5.2.2. Beschreibung der wichtigsten laufenden Investitionen des Emittenten, einschließlich der geografischen Verteilung dieser Investitionen (im Inland und im Ausland) und der Finanzierungsmethode (Eigen- oder Fremdfinanzierung).

5.2.2. A description of the issuer's principal investments that are in progress, including the geographic distribution of these investments (home and abroad) and the method of financing (internal or external)

5.2.3. Angaben über die wichtigsten künftigen Investitionen des Emittenten, die von seinen Verwaltungsorganen bereits verbindlich beschlossen sind.

5.2.3. Information concerning the issuer's principal future investments on which its management bodies have already made firm commitments.

6. GESCHÄFTSÜBERBLICK

6. BUSINESS OVERVIEW

6.1. Haupttätigkeitsbereiche

6.1. Principal Activities

6.1.1. Beschreibung der Wesensart der Geschäfte des Emittenten und seiner Haupttätigkeiten (sowie damit im Zusammenhang stehenden Schlüsselfaktoren) unter Angabe der wichtigsten Arten der vertriebenen Produkte und/oder erbrachten Dienstleistungen, und zwar für jedes Geschäftsjahr innerhalb des Zeitraums, der von den historischen Finanzinformationen abgedeckt wird; und

6.1.1. A description of, and key factors relating to, the nature of the issuer's operations and its principal activities, stating the main categories of products sold and/or services performed for each financial year for the period covered by the historical financial information; and

6.1.2. Angabe etwaiger neuer Produkte und/oder Dienstleistungen, die eingeführt wurden, und – in dem Maße, wie

6.1.2. An indication of any significant new products and/or services that have been introduced and, to the extent the

die Entwicklung neuer Produkte oder Dienstleistungen offen gelegt wurde – Angabe des Stands der Entwicklung.

development of new products or services has been publicly disclosed, give the status of development.

6.2 Wichtigste Märkte

Beschreibung der wichtigsten Märkte, auf denen der Emittent tätig ist, einschließlich einer Aufschlüsselung der Gesamtumsätze nach Art der Tätigkeit und geografischem Markt für jedes Geschäftsjahr innerhalb des Zeitraums, der von den historischen Finanzinformationen abgedeckt wird.

6.2. Principal Markets

A description of the principal markets in which the issuer competes, including a breakdown of total revenues by category of activity and geographic market for each financial year for the period covered by the historical financial information.

6.3. Falls die unter den Punkten 6.1. und 6.2. genannten Angaben durch außergewöhnliche Faktoren beeinflusst wurden, so sollte dies angegeben werden.

6.3. Where the information given pursuant to items 6.1 and 6.2 has been influenced by exceptional factors, mention that fact.

6.4. Kurze Angaben über die etwaige Abhängigkeit des Emittenten in Bezug auf Patente, Lizenzen, Industrie-, Handels- und Finanzierungsverträge oder neue Herstellungsverfahren, wenn diese Faktoren von wesentlicher Bedeutung für die Geschäftstätigkeit oder Rentabilität des Emittenten sind.

6.4. If material to the issuer's business or profitability, a summary information regarding the extent to which the issuer is dependent, on patents or licences, industrial, commercial or financial contracts or new manufacturing processes.

6.5. Grundlagen für etwaige Angaben des Emittenten zu seiner Wettbewerbsposition.

6.5. The basis for any statements made by the issuer regarding its competitive position.

7.   ORGANISATIONSSTRUKTUR

7.1. Ist der Emittent Teil einer Gruppe, kurze Beschreibung der Gruppe und der Stellung des Emittenten innerhalb dieser Gruppe.

7.   ORGANISATIONAL STRUCTURE

7.1. If the issuer is part of a group, a brief description of the group and the issuer's position within the group.

7.2. Liste der wichtigsten Tochtergesellschaften des Emittenten einschließlich Name, Land der Gründung oder des Sitzes, Anteil an Beteiligungsrechten und – falls nicht identisch – Anteil der gehaltenen Stimmrechte.

7.2. A list of the issuer's significant subsidiaries, including name, country of incorporation or residence, proportion of ownership interest and, if different, proportion of voting power held.

8.   SACHANLAGEN

8.1. Angaben über bestehende oder geplante wesentliche Sachanlagen, einschließlich geleaster Vermögensgegenstände, und etwaiger größerer dinglicher Belastungen der Sachanlagen.

8.   PROPERTY, PLANTS AND EQUIPMENT

8.1. Information regarding any existing or planned material tangible fixed assets, including leased properties, and any major encumbrances thereon.

8.2. Skizzierung etwaiger Umweltfragen, die die Verwendung der Sachanlagen von Seiten des Emittenten u. U. beeinflussen können.

8.2. A description of any environmental issues that may affect the issuer's utilisation of the tangible fixed assets.

9. ANGABEN ZUR GESCHÄFTS- UND FINANZLAGE

9. OPERATING AND FINANCIAL REVIEW

9.1. Finanzlage

9.1. Financial Condition

Soweit nicht an anderer Stelle im Registrierungsformular vermerkt, Beschreibung der Finanzlage des Emittenten, Veränderungen in der Finanzlage und Geschäftsergebnisse für jedes Jahr und jeden Zwischenzeitraum, für den historische Finanzinformationen verlangt werden, einschließlich der Ursachen wesentlicher Veränderungen, die von einem Jahr zum anderen in den Finanzinformationen auftreten, sofern dies für das Verständnis der Geschäftstätigkeit des Emittenten insgesamt erforderlich ist.

To the extent not covered elsewhere in the registration document, provide a description of the issuer's financial condition, changes in financial condition and results of operations for each year and interim period, for which historical financial information is required, including the causes of material changes from year to year in the financial information to the extent necessary for an understanding of the issuer's business as a whole.

9.2. Betriebsergebnisse

9.2. Operating Results

9.2.1. Angaben über wichtige Faktoren, einschließlich ungewöhnlicher oder seltener Vorfälle oder neuer Entwicklungen, die die Geschäftserträge des Emittenten erheblich beeinträchtigen, und über das Ausmaß, in dem die Erträge derart geschmälert wurden.

9.2.1. Information regarding significant factors, including unusual or infrequent events or new developments, materially affecting the issuer's income from operations, indicating the extent to which income was so affected.

9.2.2. Falls der Jahresabschluss wesentliche Veränderungen bei den Nettoumsätzen oder den Nettoerträgen ausweist, sind die Gründe für derlei Veränderungen in einer ausführlichen Erläuterung darzulegen.

9.2.2. Where the financial statements disclose material changes in net sales or revenues, provide a narrative discussion of the reasons for such changes.

9.2.3. Angaben über staatliche, wirtschaftliche, steuerliche, monetäre oder politische Strategien oder Faktoren, die die Geschäfte des Emittenten direkt oder indirekt wesentlich beeinträchtigt haben oder u. U. können.

9.2.3. Information regarding any governmental, economic, fiscal, monetary or political policies or factors that have materially affected, or could materially affect, directly or indirectly, the issuer's operations.

10. EIGENKAPITALAUSSTATTUNG

10. CAPITAL RESOURCES

10.1. Angaben über die Eigenkapitalausstattung des Emittenten (sowohl kurz- als auch langfristig);

10.1. Information concerning the issuer's capital resources (both short and long term);

10.2. Erläuterung der Quellen und der Beträge des Kapitalflusses des Emittenten und eine ausführliche Darstellung dieser Posten;

10.3. Angaben über den Fremdfinanzierungsbedarf und die Finanzierungsstruktur des Emittenten;

10.4. Angaben über jegliche Beschränkungen des Rückgriffs auf die Eigenkapitalausstattung, die die Geschäfte des Emittenten direkt oder indirekt wesentlich beeinträchtigt haben oder u. U. können;

10.5. Angaben über erwartete Finanzierungsquellen, die zur Erfüllung der Verpflichtungen der Punkte 5.2.3. und 8.1. benötigt werden.

11. FORSCHUNG UND ENTWICKLUNG, PATENTE UND LIZENZEN

Falls wesentlich, Beschreibung der Forschungs- und Entwicklungsstrategien des Emittenten für jedes Geschäftsjahr innerhalb des Zeitraums, der von den historischen Finanzinformationen abgedeckt wird, einschließlich Angabe des Betrags für vom Emittenten gesponserte Forschungs- und Entwicklungstätigkeiten.

12. TRENDINFORMATIONEN

12.1. Angabe der wichtigsten Trends in jüngster Zeit in Bezug auf Produktion, Umsatz und Vorräte sowie Kosten und Ausgabepreise seit dem Ende des letzten Geschäftsjahres bis zum Datum des Registrierungsformulars.

12.2. Angaben über bekannte Trends, Unsicherheiten, Nachfrage, Verpflichtungen oder Vorfälle, die voraussichtlich die Aussichten des Emittenten zumindest im laufenden Geschäftsjahr wesentlich beeinflussen dürften.

13. GEWINNPROGNOSEN ODER -SCHÄTZUNGEN

Entscheidet sich der Emittent dazu, eine Gewinnprognose oder eine Gewinnschätzung aufzunehmen, dann hat das

10.2. An explanation of the sources and amounts of and a narrative description of the issuer's cash flows;

10.3. Information on the borrowing requirements and funding structure of the issuer;

10.4. Information regarding any restrictions on the use of capital resources that have materially affected, or could materially affect, directly or indirectly, the issuer's operations.

10.5. Information regarding the anticipated sources of funds needed to fulfil commitments referred to in items 5.2.3 and 8.1.

11. RESEARCH AND DEVELOPMENT, PATENTS AND LICENCES

Where material, provide a description of the issuer's research and development policies for each financial year for the period covered by the historical financial information, including the amount spent on issuer-sponsored research and development activities.

12. TREND INFORMATION

12.1. The most significant recent trends in production, sales and inventory, and costs and selling prices since the end of the last financial year to the date of the registration document.

12.2. Information on any known trends, uncertainties, demands, commitments or events that are reasonably likely to have a material effect on the issuer's prospects for at least the current financial year.

13. PROFIT FORECASTS OR ESTIMATES

If an issuer chooses to include a profit forecast or a profit estimate the registration document must contain the informa-

Registrierungsformular die unter den Punkten 13.1. und 13.2. genannten Angaben zu enthalten.

13.1. Eine Erklärung, die die wichtigsten Annahmen erläutert, auf die der Emittent seine Prognose oder Schätzung gestützt hat.

Bei den Annahmen muss klar zwischen jenen unterschieden werden, die Faktoren betreffen, die die Mitglieder der Verwaltungs-, Geschäftsführungs- und Aufsichtsorgane beeinflussen können, und Annahmen in Bezug auf Faktoren, die klar außerhalb des Einflussbereiches der Mitglieder der Verwaltungs-, Geschäftsführungs- und Aufsichtsorgane liegen. Diese Annahmen müssen für die Anleger leicht verständlich und spezifisch sowie präzise sein und dürfen nicht der üblichen Exaktheit der Schätzungen entsprechen, die der Prognose zu Grunde liegen.

13.2. Einen Bericht, der von unabhängigen Buchprüfern oder Abschlussprüfern erstellt wurde und in dem festgestellt wird, dass die Prognose oder Schätzung nach Meinung der unabhängigen Buchprüfer oder Abschlussprüfer auf der angegebenen Grundlage ordnungsgemäß erstellt wurde und dass die Rechnungslegungsgrundlage, die für die Gewinnprognose oder -schätzung verwendet wurde, mit den Rechnungslegungsstrategien des Emittenten konsistent ist.

Beziehen sich die Finanzinformationen auf das letzte Geschäftsjahr und enthalten ausschließlich nicht irreführende Zahlen, die im Wesentlichen mit den im nächsten geprüften Jahresabschluss zu veröffentlichenden Zahlen für das letzte Geschäftsjahr konsistent sind, sowie die zu deren Bewertung nötigen erläuternden Informationen, ist kein Bericht erforderlich, sofern der Prospekt alle folgenden Erklärungen enthält:

a) die für diese Finanzinformationen verantwortliche Person, sofern sie nicht mit derjenigen identisch ist, die für den Prospekt insgesamt verantwortlich ist, genehmigt diese Informationen;

tion set out in items 13.1 and 13.2.:

13.1. A statement setting out the principal assumptions upon which the issuer has based its forecast, or estimate.

There must be a clear distinction between assumptions about factors which the members of the administrative, management or supervisory bodies can influence and assumptions about factors which are exclusively outside the influence of the members of the administrative, management or supervisory bodies; the assumptions must be readily understandable by investors, be specific and precise and not relate to the general accuracy of the estimates underlying the forecast.

13.2. A report prepared by independent accountants or auditors stating that in the opinion of the independent accountants or auditors the forecast or estimate has been properly compiled on the basis stated and that the basis of accounting used for the profit forecast or estimate is consistent with the accounting policies of the issuer.

Where financial information relates to the previous financial year and only contains non-misleading figures substantially consistent with the final figures to be published in the next annual audited financial statements for the previous financial year, and the explanatory information necessary to assess the figures, a report shall not be required provided that the prospectus includes all of the following statements:

(a) the person responsible for this financial information, if different from the one which is responsible for the prospectus in general, approves that information;

b) unabhängige Buchprüfer oder Abschlussprüfer haben bestätigt, dass diese Informationen im Wesentlichen mit den im nächsten geprüften Jahresabschluss zu veröffentlichenden Zahlen konsistent sind;

(b) independent accountants or auditors have agreed that this information is substantially consistent with the final figures to be published in the next annual audited financial statements;

c) diese Finanzinformationen wurden nicht geprüft.

(c) this financial information has not been audited.

13.3. Die Gewinnprognose oder -schätzung muss auf einer Grundlage erstellt werden, die mit den historischen Finanzinformationen vergleichbar ist.

13.3. The profit forecast or estimate must be prepared on a basis comparable with the historical financial information.

13.4. Wurde in einem Prospekt, der noch aussteht, eine Gewinnprognose veröffentlicht, dann sollte eine Erklärung abgegeben werden, in der erläutert wird, ob diese Prognose noch so zutrifft wie zur Zeit der Erstellung des Registrierungsformulars, oder eine Erläuterung zu dem Umstand vorgelegt werden, warum diese Prognose ggf. nicht mehr zutrifft.

13.4. If a profit forecast in a prospectus has been published which is still outstanding, then provide a statement setting out whether or not that forecast is still correct as at the time of the registration document, and an explanation of why such forecast is no longer valid if that is the case.

14. VERWALTUNGS-, GESCHÄFTS-FÜHRUNGS- UND AUFSICHTSORGANE SOWIE OBERES MANAGEMENT

14. ADMINISTRATIVE, MANAGEMENT, AND SUPERVISORY BODIES AND SENIOR MANAGEMENT

14.1. Namen und Geschäftsanschriften nachstehender Personen sowie ihre Stellung bei dem Emittenten unter Angabe der wichtigsten Tätigkeiten, die sie außerhalb des Emittenten ausüben, sofern diese für den Emittenten von Bedeutung sind:

14.1. Names, business addresses and functions in the issuer of the following persons and an indication of the principal activities performed by them outside that issuer where these are significant with respect to that issuer:

a) Mitglieder der Verwaltungs-, Geschäftsführungs- oder Aufsichtsorgane;

(a) members of the administrative, management or supervisory bodies;

b) persönlich haftende Gesellschafter bei Kommanditgesellschaften auf Aktien;

(b) partners with unlimited liability, in the case of a limited partnership with a share capital;

c) Gründer, wenn es sich um eine Gesellschaft handelt, die seit weniger als fünf Jahren besteht;

(c) founders, if the issuer has been established for fewer than five years;

und

and

d) Mitglieder des oberen Managements, die geeignet sind um festzustellen, dass der Emittent über die angemessene Sachkenntnis und über die geeigneten Erfahrungen in Bezug

(d) any senior manager who is relevant to establishing that the issuer has the appropriate expertise and experience for the management of the issuer's business.

auf die Führung der Geschäfte des Emittenten verfügt.

Art einer etwaigen verwandtschaftlichen Beziehung zwischen diesen Personen.

Für jedes Mitglied der Verwaltungs-, Geschäftsführungs- oder Aufsichtsorgane des Emittenten und für jede der in Unterabsatz b und d genannten Personen detaillierte Angabe der entsprechenden Geschäftsführungskompetenz und -erfahrung sowie die folgenden Angaben:

a) Namen sämtlicher Unternehmen und Gesellschaften, bei denen die besagte Person während der letzten fünf Jahre Mitglied der Verwaltungs-, Geschäftsführungs- oder Aufsichtsorgane bzw. Partner war, unter Angabe der Tatsache, ob die Mitgliedschaft in diesen Organen oder als Partner weiter fortbesteht. Es ist nicht erforderlich, sämtliche Tochtergesellschaften des Emittenten aufzulisten, bei denen die besagte Person ebenfalls Mitglied der Verwaltungs-, Geschäftsführungs- oder Aufsichtsorgane ist;

b) etwaige Schuldsprüche in Bezug auf betrügerische Straftaten während zumindest der letzten fünf Jahre;

c) detaillierte Angaben über etwaige Insolvenzen, Insolvenzverwaltungen oder Liquidationen während zumindest der letzten fünf Jahre, die eine in (a) und (d) des ersten Unterabsatzes beschriebene Person betreffen, die im Rahmen einer der in (a) und (d) des ersten Unterabsatzes genannten Position handelte;

und

d) detaillierte Angaben zu etwaigen öffentlichen Anschuldigungen und/oder Sanktionen in Bezug auf die genannte Person von Seiten der gesetzlichen Behörden oder der Regulierungsbehörden (einschließlich bestimmter Berufsverbände) und eventuell Angabe des Umstands, ob diese Person jemals vor Gericht für

The nature of any family relationship between any of those persons.

In the case of each member of the administrative, management or supervisory bodies of the issuer and of each person mentioned in points (b) and (d) of the first subparagraph, details of that person's relevant management expertise and experience and the following information:

(a) the names of all companies and partnerships of which such person has been a member of the administrative, management or supervisory bodies or partner at any time in the previous five years, indicating whether or not the individual is still a member of the administrative, management or supervisory bodies or partner. It is not necessary to list all the subsidiaries of an issuer of which the person is also a member of the administrative, management or supervisory bodies;

(b) any convictions in relation to fraudulent offences for at least the previous five years;

(c) details of any bankruptcies, receiverships or liquidations with which a person described in (a) and (d) of the first subparagraph who was acting in the capacity of any of the positions set out in (a) and (d) of the first sub-paragraph was associated for at least the previous five years;

and

(d) details of any official public incrimination and/or sanctions of such person by statutory or regulatory authorities (including designated professional bodies) and whether such person has ever been disqualified by a court from acting as a member of the administrative, management or supervisory bodies of an issuer or

die Mitgliedschaft in einem Verwaltungs-, Geschäftsführungs- oder Aufsichtsorgan eines Emittenten oder für die Tätigkeit im Management oder die Führung der Geschäfte eines Emittenten während zumindest der letzten fünf Jahr als untauglich angesehen wurde.

from acting in the management or conduct of the affairs of any issuer for at least the previous five years.

Falls keinerlei entsprechende Informationen offen gelegt werden, ist eine entsprechende Erklärung abzugeben.

If there is no such information to be disclosed, a statement to that effect is to be made.

14.2. Interessenkonflikte zwischen den Verwaltungs-, Geschäftsführungs- und Aufsichtsorganen sowie dem oberen Management

14.2. Administrative, Management, and Supervisory bodies and Senior Management conflicts of interests

Potenzielle Interessenkonflikte der in Punkt 14.1. genannten Personen zwischen ihren Verpflichtungen gegenüber dem Emittenten sowie ihren privaten Interessen oder sonstigen Verpflichtungen müssen klar festgehalten werden. Falls keine derartigen Konflikte bestehen, ist eine dementsprechende Erklärung abzugeben.

Potential conflicts of interests between any duties to the issuer, of the persons referred to in item 14.1. and their private interests and or other duties must be clearly stated. In the event that there are no such conflicts, a statement to that effect must be made.

Ferner ist jegliche Vereinbarung oder Abmachung mit den Hauptaktionären, Kunden, Lieferern oder sonstigen Personen zu nennen, aufgrund deren eine in Punkt 14.1. genannte Person zum Mitglied eines Verwaltungs-, Geschäftsführungs- oder Aufsichtsorgans bzw. zum Mitglied des oberen Managements bestellt wurde.

Any arrangement or understanding with major shareholders, customers, suppliers or others, pursuant to which any person referred to in item 14.1. was selected as a member of the administrative, management or supervisory bodies or member of senior management.

Zudem sind die Einzelheiten jeglicher Veräußerungsbeschränkungen anzugeben, die von den in Punkt 14.1. genannten Personen für die von ihnen gehaltenen Wertpapiere des Emittenten vereinbart wurden und für sie während einer bestimmten Zeitspanne gelten.

Details of any restrictions agreed by the persons referred to in item 14.1. on the disposal within a certain period of time of their holdings in the issuer's securities.

15. BEZÜGE UND VERGÜNSTIGUNGEN

15. REMUNERATION AND BENEFITS

Für das letzte abgeschlossene Geschäftsjahr sind für die in Unterabsatz 1 von Punkt 14.1. unter den Buchstaben a und d genannten Personen folgende Angaben zu machen:

In relation to the last full financial year for those persons referred to in points (a) and (d) of the first subparagraph of item 14.1.:

15.1. Betrag der gezahlten Vergütung (einschließlich etwaiger erfolgsgebun-

15.1. The amount of remuneration paid (including any contingent or deferred

dener oder nachträglicher Vergütungen) und Sachleistungen, die diesen Personen von den Emittenten und seinen Tochterunternehmen für Dienstleistungen jeglicher Art gezahlt oder gewährt werden, die dem Emittenten oder seinen Tochtergesellschaften von einer jeglichen Person erbracht wurden.

compensation), and benefits in kind granted to such persons by the issuer and its subsidiaries for services in all capacities to the issuer and its subsidiaries by any person.

Diese Angaben sind auf Einzelfallbasis beizubringen, es sei denn, eine individuelle Offenlegung ist im Herkunftsland des Emittenten nicht erforderlich und wird vom Emittenten nicht auf eine andere Art und Weise öffentlich vorgenommen.

That information must be provided on an individual basis unless individual disclosure is not required in the issuer's home country and is not otherwise publicly disclosed by the issuer.

15.2. Angabe der Gesamtbeträge, die vom Emittenten oder seinen Tochtergesellschaften als Reserve oder Rückstellungen gebildet werden, um Pensions- und Rentenzahlungen vornehmen und ähnliche Vergütungen auszahlen zu können.

15.2. The total amounts set aside or accrued by the issuer or its subsidiaries to provide pension, retirement or similar benefits.

16. PRAKTIKEN DER GESCHÄFTS- FÜHRUNG

16. BOARD PRACTICES

Für das letzte abgeschlossene Geschäftsjahr des Emittenten sind – soweit nicht anderweitig spezifiziert – für die im ersten Unterabsatz von Punkt 14.1. unter Buchstabe (a) genannten Personen folgende Angaben zu machen:

In relation to the issuer's last completed financial year, and unless otherwise specified, with respect to those persons referred to in point (a) of the first subparagraph of 14.1.:

16.1. Ende der laufenden Mandatsperiode und ggf. Angabe des Zeitraums, während dessen die jeweilige Person ihre Aufgabe ausgeübt hat.

16.1. Date of expiration of the current term of office, if applicable, and the period during which the person has served in that office.

16.2. Angaben über die Dienstleistungsverträge, die zwischen den Mitgliedern der Verwaltungs-, Geschäftsführungs- oder Aufsichtsorgane und dem Emittenten bzw. seinen Tochtergesellschaften geschlossen wurden und die bei Beendigung des Dienstleistungsverhältnisses Vergütungen vorsehen. Ansonsten ist eine negative Erklärung abzugeben.

16.2. Information about members of the administrative, management or supervisory bodies' service contracts with the issuer or any of its subsidiaries providing for benefits upon termination of employment, or an appropriate negative statement.

16.3. Angaben über den Auditausschuss und den Vergütungsausschuss, einschließlich der Namen der Ausschussmitglieder und einer Zusammenfassung des Aufgabenbereichs des Ausschusses.

16.3. Information about the issuer's audit committee and remuneration committee, including the names of committee members and a summary of the terms of reference under which the committee operates.

16.4. Erklärung, ob der Emittent der/
den Corporate-Governance-Regelung/
en im Land der Gründung der Gesellschaft genügt. Sollte der Emittent einer
solchen Regelung nicht folgen, ist eine
dementsprechende Erklärung zusammen mit einer Erläuterung aufzunehmen, aus der hervorgeht, warum der
Emittent dieser Regelung nicht Folge
leistet.

16.4. A statement as to whether or not
the issuer complies with its country's of
incorporation corporate governance re-
gime(s). In the event that the issuer does
not comply with such a regime, a statement to that effect must be included together with an explanation regarding
why the issuer does not comply with
such regime.

17. BESCHÄFTIGTE

17.1. Entweder Angabe der Zahl der Beschäftigten zum Ende des Berichtszeitraums oder Angabe des Durchschnitts
für jedes Geschäftsjahr innerhalb des
Zeitraums, der von den historischen Finanzinformationen abgedeckt wird bis
zum Datum der Erstellung des Registrierungsformulars (und Angabe der Veränderungen bei diesen Zahlen, sofern
diese von wesentlicher Bedeutung sind).
Wenn es möglich und wesentlich ist,
Aufschlüsselung der beschäftigten Personen nach Haupttätigkeitskategorie
und geografischer Belegenheit. Beschäftigt der Emittent eine große Zahl von
Zeitarbeitskräften, ist die durchschnittliche Zahl dieser Zeitarbeitskräfte während des letzten Geschäftsjahrs anzugeben.

17. EMPLOYEES

17.1. Either the number of employees at
the end of the period or the average for
each financial year for the period covered by the historical financial information up to the date of the registration
document (and changes in such numbers, if material) and, if possible and material, a breakdown of persons employed
by main category of activity and geographic location. If the issuer employs a
significant number of temporary employees, include disclosure of the number of
temporary employees on average during
the most recent financial year.

17.2. Aktienbesitz und Aktienoptionen
In Bezug auf die in Punkt 14.1. Unterabsatz 1 unter Buchstaben a) und d) genannten Personen sind so aktuelle Angaben wie möglich über ihren
Aktienbesitz und etwaige Optionen auf
Aktien des Emittenten beizubringen.

17.2. Shareholdings and stock options
With respect to each person referred to in
points (a) and (d) of the first subparagraph of item 14.1. provide information
as to their share ownership and any options over such shares in the issuer as of
the most recent practicable date.

17.3. Beschreibung etwaiger Vereinbarungen, mittels deren Beschäftigte am
Kapital des Emittenten beteiligt werden.

17.3. Description of any arrangements
for involving the employees in the capital
of the issuer.

18. HAUPTAKTIONÄRE

18.1. Soweit dem Emittenten bekannt
ist, Angabe des Namens jeglicher Person, die nicht Mitglied der Verwal-
tungs-, Geschäftsführungs- oder Aufsichtsorgane ist und die direkt oder
indirekt eine Beteiligung am Kapital des
Emittenten oder den entsprechenden
Stimmrechten hält, die gemäß den nati-

18. MAJOR SHAREHOLDERS

18.1. In so far as is known to the issuer,
the name of any person other than a
member of the administrative, management or supervisory bodies who, directly
or indirectly, has an interest in the issuer's capital or voting rights which is notifiable under the issuer's national law,
together with the amount of each such

onalen Bestimmungen zu melden ist, zusammen mit der Angabe des Betrags der Beteiligung dieser Person. Ansonsten ist eine negative Erklärung abzugeben.

person's interest or, if there are no such persons, an appropriate negative statement.

18.2. Information über den Umstand, ob die Hauptaktionäre des Emittenten unterschiedliche Stimmrechte haben. Ansonsten ist eine negative Erklärung abzugeben.

18.2. Whether the issuer's major shareholders have different voting rights, or an appropriate negative statement.

18.3. Sofern dem Emittenten bekannt, Angabe, ob an dem Emittenten unmittelbare oder mittelbare Beteiligungen oder Beherrschungsverhältnisse bestehen, und wer diese Beteiligungen hält bzw. diese Beherrschung ausübt. Beschreibung der Art und Weise einer derartigen Kontrolle und der vorhandenen Maßnahmen zur Verhinderung des Missbrauchs einer derartigen Kontrolle.

18.3. To the extent known to the issuer, state whether the issuer is directly or indirectly owned or controlled and by whom and describe the nature of such control and describe the measures in place to ensure that such control is not abused.

18.4. Beschreibung etwaiger dem Emittenten bekannten Vereinbarungen, deren Ausübung zu einem späteren Zeitpunkt zu einer Veränderung bei der Kontrolle des Emittenten führen könnte.

18.4. A description of any arrangements, known to the issuer, the operation of which may at a subsequent date result in a change in control of the issuer.

19. GESCHÄFTE MIT VERBUNDENEN PARTEIEN

19. RELATED PARTY TRANSACTIONS

Anzugeben sind Einzelheiten zu Geschäften mit verbundenen Parteien (die in diesem Sinne diejenigen sind, die in den Standards dargelegt werden, die infolge der VO (EG) Nr. 1606/2002 angenommen wurden), die der Emittent während des Zeitraums abgeschlossen hat, der von den historischen Finanzinformationen abgedeckt wird bis zum Datum der Erstellung des Registrierungsformulars. Dies hat in Übereinstimmung mit dem jeweiligen Standard zu erfolgen, der infolge der VO (EG) 1606/2002 angenommen wurde (falls anwendbar).

Details of related party transactions (which for these purposes are those set out in the Standards adopted according to the Regulation (EC) No 1606/2002), that the issuer has entered into during the period covered by the historical financial information and up to the date of the registration document, must be disclosed in accordance with the respective standard adopted according to Regulation (EC) No 1606/2002 if applicable.

Finden diese Standards auf den Emittenten keine Anwendung, müssen die folgenden Angaben offen gelegt werden:

If such standards do not apply to the issuer the following information must be disclosed:

a) Art und Umfang der Geschäfte, die als einzelnes Geschäft oder insgesamt für den Emittenten von wesentlicher Bedeutung sind. Erfolgt der Abschluss derartiger Geschäfte mit verbundenen Parteien nicht auf

(a) the nature and extent of any transactions which are – as a single transaction or in their entirety – material to the issuer. Where such related party transactions are not concluded at arm's length provide an explanation

marktkonforme Weise, ist zu erläutern, weshalb. Im Falle ausstehender Darlehen einschließlich Garantien jeglicher Art ist der ausstehende Betrag anzugeben;

b) Betrag oder Prozentsatz, zu dem die Geschäfte mit verbundenen Parteien Bestandteil des Umsatzes des Unternehmens sind.

20. FINANZINFORMATIONEN ÜBER DIE VERMÖGENS-, FINANZ- UND ERTRAGSLAGE DES EMITTENTEN

20.1. Historische Finanzinformationen

Beizubringen sind geprüfte historische Finanzinformationen, die die letzten drei Geschäftsjahre abdecken (bzw. einen entsprechenden kürzeren Zeitraum, während dessen der Emittent tätig war), sowie der Bestätigungsvermerk des Abschlussprüfers für jedes Geschäftsjahr. Hat der Emittent in der Zeit, für die historische Finanzinformationen beizubringen sind, seinen Bilanzstichtag geändert, so decken die geprüften historischen Finanzinformationen mindestens 36 Monate oder – sollte der Emittent seiner Geschäftstätigkeit noch keine 36 Monate nachgegangen sein – den gesamten Zeitraum seiner Geschäftstätigkeit ab. Derartige Finanzinformationen sind nach der Verordnung (EG) Nr. 1606/2002 bzw. für den Fall, dass diese Verordnung nicht anwendbar ist, nach den nationalen Rechnungslegungsgrundsätzen des betreffenden Mitgliedstaats zu erstellen. Bei Emittenten aus Drittstaaten sind diese Finanzinformationen nach den im Verfahren des Artikels 3 der Verordnung (EG) Nr. 1606/2002 übernommenen internationalen Rechnungslegungsstandards oder nach diesen Standards gleichwertigen nationalen Rechnungslegungsgrundsätzen eines Drittstaates zu erstellen. Ist keine Äquivalenz zu den Standards gegeben, so sind die Finanzinformationen in Form eines neu zu erstellenden Jahresabschlusses vorzulegen.

of why these transactions were not concluded at arms length. In the case of outstanding loans including guarantees of any kind indicate the amount outstanding;

(b) the amount or the percentage to which related party transactions form part of the turnover of the issuer.

20. FINANCIAL INFORMATION CONCERNING THE ISSUER'S ASSETS AND LIABILITIES, FINANCIAL POSITION AND PROFITS AND LOSSES

20.1. Historical financial information

Audited historical financial information covering the latest three financial years (or such shorter period that the issuer has been in operation), and the audit report in respect of each year. If the issuer has changed its accounting reference date during the period for which historical financial information is required, the audited historical information shall cover at least 36 months, or the entire period for which the issuer has been in operation, whichever is the shorter. Such financial information must be prepared according to Regulation (EC) No 1606/2002, or if not applicable to a Member State national accounting standards for issuers from the Community. For third country issuers, such financial information must be prepared according to the international accounting standards adopted pursuant to the procedure of Article 3 of Regulation (EC) No 1606/2002 or to a third country's national accounting standards equivalent to these standards. If such financial information is not equivalent to these standards, it must be presented in the form of restated financial statements.

Die geprüften historischen Finanzinformationen müssen für die letzten zwei Jahre in einer Form dargestellt und erstellt werden, die mit der konsistent ist, die im folgenden Jahresabschluss des Emittenten zur Anwendung gelangen wird, wobei Rechnungslegungsgrundsätze- und -strategien sowie die Rechtsvorschriften zu berücksichtigen sind, die auf derlei Jahresabschlüsse Anwendung finden.

Ist der Emittent in seiner aktuellen Wirtschaftsbranche weniger als ein Jahr tätig, so sind die geprüften historischen Finanzinformationen für diesen Zeitraum gemäß den Standards zu erstellen, die auf Jahresabschlüsse im Sinne der Verordnung (EG) Nr. 1606/2002 anwendbar sind bzw. für den Fall, dass diese Verordnung nicht anwendbar ist, gemäß den nationalen Rechnungslegungsgrundsätzen eines Mitgliedstaats, wenn der Emittent aus der Gemeinschaft stammt. Bei Emittenten aus Drittstaaten sind diese historischen Finanzinformationen nach den im Verfahren des Artikels 3 der Verordnung (EG) Nr. 1606/ 2002 übernommenen internationalen Rechnungslegungsstandards oder nach diesen Standards gleichwertigen nationalen Rechnungslegungsgrundsätzen eines Drittstaates zu erstellen. Diese historischen Finanzinformationen müssen geprüft worden sein.

Wurden die geprüften Finanzinformationen gemäß nationaler Rechnungslegungsgrundsätze erstellt, dann müssen die unter dieser Rubrik geforderten Finanzinformationen zumindest Folgendes enthalten:

a) die Bilanz;

b) die Gewinn- und Verlustrechnung;

c) eine Übersicht, aus der entweder alle Veränderungen im Eigenkapital hervorgehen oder Veränderungen im Eigenkapital mit Ausnahme der Kapitaltransaktionen mit Eigentümern oder Ausschüttungen an diese zu entnehmen sind;

d) eine Kapitalflussrechnung;

The last two years audited historical financial information must be presented and prepared in a form consistent with that which will be adopted in the issuer's next published annual financial statements having regard to accounting standards and policies and legislation applicable to such annual financial statements.

If the issuer has been operating in its current sphere of economic activity for less than one year, the audited historical financial information covering that period must be prepared in accordance with the standards applicable to annual financial statements under the Regulation (EC) No 1606/2002, or if not applicable to a Member State national accounting standards where the issuer is an issuer from the Community. For third country issuers, the historical financial information must be prepared according to the international accounting standards adopted pursuant to the procedure of Article 3 of Regulation (EC) No 1606/2002 or to a third country's national accounting standards equivalent to these standards. This historical financial information must be audited.

If the audited financial information is prepared according to national accounting standards, the financial information required under this heading must include at least:

(a) balance sheet;

(b) income statement;

(c) a statement showing either all changes in equity or changes in equity other than those arising from capital transactions with owners and distributions to owners;

(d) cash flow statement;

e) Bilanzierungs- und Bewertungsmethoden und erläuternde Anmerkungen.

Die historischen jährlichen Finanzinformationen müssen unabhängig und in
Übereinstimmung mit den in dem jeweiligen Mitgliedstaat anwendbaren Prüfungsstandards oder einem äquivalenten
Standard geprüft worden sein, oder es
muss für das Registrierungsformular
vermerkt werden, ob sie in Übereinstimmung mit dem in dem jeweiligen Mitgliedstaat anwendbaren Prüfungsstandard oder einem äquivalenten Standard
ein den tatsächlichen Verhältnissen entsprechendes Bild vermitteln.

(e) accounting policies and explanatory
notes.

The historical annual financial information must be independently audited or
reported on as to whether or not, for the
purposes of the registration document, it
gives a true and fair view, in accordance
with auditing standards applicable in a
Member State or an equivalent standard.

20.2. Pro forma-Finanzinformationen

Im Falle einer bedeutenden Brutto-Veränderung ist eine Beschreibung der Art
und Weise, wie die Transaktion ggf. die
Aktiva und Passiva sowie die Erträge
des Emittenten beeinflusst hat, aufzunehmen, sofern diese Transaktion zu Beginn des Berichtszeitraums oder zum
Berichtszeitpunkt durchgeführt wurde.

Dieser Anforderung wird normalerweise durch die Aufnahme von Pro
forma-Finanzinformationen Genüge getan.

Diese Pro forma-Finanzinformationen
sind gemäß Anh. II zu erstellen und
müssen die darin geforderten Angaben
enthalten.

Pro forma-Finanzinformationen ist ein
Bericht beizufügen, der von unabhängigen Buchprüfern oder Abschlussprüfern
erstellt wurde.

20.2. Pro forma financial information

In the case of a significant gross change,
a description of how the transaction
might have affected the assets and liabilities and earnings of the issuer, had the
transaction been undertaken at the commencement of the period being reported
on or at the date reported.

This requirement will normally be satisfied by the inclusion of pro forma financial information. This pro forma financial
information is to be presented as set out
in Annex II and must include the information indicated therein. Pro forma financial information must be accompanied by a report prepared by independent accountants or auditors.

20.3. Jahresabschluss

Erstellt der Emittent sowohl einen Jahresabschluss als auch einen konsolidierten Abschluss, so ist zumindest der konsolidierte Abschluss in das Registrierungsformular aufzunehmen.

20.3. Financial statements

If the issuer prepares both own and consolidated annual financial statements, include at least the consolidated annual
financial statements in the registration
document.

20.4. Prüfung der historischen jährlichen Finanzinformationen

20.4. Auditing of historical annual financial information

20.4.1. Es ist eine Erklärung dahingehend abzugeben, dass die historischen Finanzinformationen geprüft wurden. Sofern ein Bestätigungsvermerk über die historischen Finanzinformationen von den Abschlussprüfern nicht erteilt wurde bzw. sofern er Vorbehalte oder Verzichtserklärungen enthält, ist diese Nichterteilung bzw. sind diese Vorbehalte oder Verzichtserklärungen in vollem Umfang wiederzugeben und die Gründe dafür anzugeben.

20.4.1 A statement that the historical financial information has been audited. If audit reports on the historical financial information have been refused by the statutory auditors or if they contain qualifications or disclaimers, such refusal or such qualifications or disclaimers must be reproduced in full and the reasons given.

20.4.2. Angabe sonstiger Informationen im Registrierungsformular, das von den Abschlussprüfern geprüft wurde.

20.4.2. Indication of other information in the registration document which has been audited by the auditors.

20.4.3. Wurden die Finanzdaten im Registrierungsformular nicht dem geprüften Jahresabschluss des Emittenten entnommen, so ist die Quelle dieser Daten und die Tatsache anzugeben, dass die Daten ungeprüft sind.

20.4.3. Where financial data in the registration document is not extracted from the issuer's audited financial statements state the source of the data and state that the data is unaudited.

20.5. Alter der jüngsten Finanzinformationen

20.5. Age of latest financial information

20.5.1. Das letzte Jahr der geprüften Finanzinformationen darf nicht älter sein als:

20.5.1. The last year of audited financial information may not be older than one of the following:

a) 18 Monate ab dem Datum des Registrierungsformulars, sofern der Emittent geprüfte Zwischenabschlüsse in sein Registrierungsformular aufnimmt,

(a) 18 months from the date of the registration document if the issuer includes audited interim financial statements in the registration document;

oder

or

b) 15 Monate ab dem Datum des Registrierungsformulars, sofern der Emittent ungeprüfte Zwischenabschlüsse in sein Registrierungsformular aufnimmt.

(b) 15 months from the date of the registration document if the issuer includes unaudited interim financial statements in the registration document.

20.6. Zwischenfinanzinformationen und sonstige Finanzinformationen

20.6. Interim and other financial information

20.6.1. Hat der Emittent seit dem Datum des letzten geprüften Jahresabschlusses vierteljährliche oder halbjährliche Finanzinformationen veröffentlicht, so sind diese in das Registrierungsformular aufzunehmen. Wurden diese vierteljähr-

20.6.1. If the issuer has published quarterly or half yearly financial information since the date of its last audited financial statements, these must be included in the registration document. If the quarterly or half yearly financial information has

lichen oder halbjährlichen Finanzinformationen einer Prüfung oder prüferischen Durchsicht unterzogen, so sind die entsprechenden Berichte ebenfalls aufzunehmen. Wurden die vierteljährlichen oder halbjährlichen Finanzinformationen keiner Prüfung oder prüferischen Durchsicht unterzogen, so ist diese Tatsache anzugeben.

20.6.2. Wurde das Registrierungsformular mehr als neun Monate nach Ablauf des letzten geprüften Finanzjahres erstellt, muss es Zwischenfinanzinformationen enthalten, die u.U. keiner Prüfung unterzogen wurden (auf diesen Fall muss eindeutig hingewiesen werden) und die sich zumindest auf die ersten sechs Monate des Geschäftsjahres beziehen sollten. Diese Zwischenfinanzinformationen müssen einen vergleichenden Überblick über denselben Zeitraum wie im letzten Geschäftsjahr enthalten. Der Anforderung vergleichbarer Bilanzinformationen kann jedoch auch ausnahmsweise durch die Vorlage der Jahresendbilanz nachgekommen werden.

20.7. Dividendenpolitik

Aufnahme einer Beschreibung der Politik des Emittenten auf dem Gebiet der Dividendenausschüttungen und etwaiger diesbezüglicher Beschränkungen.

20.7.1. Angabe des Betrags der Dividende pro Aktie für jedes Geschäftsjahr innerhalb des Zeitraums, der von den historischen Finanzinformationen abgedeckt wird. Wurde die Zahl der Aktien an der emittierenden Gesellschaft geändert, ist eine Bereinigung zu Vergleichszwecken vorzunehmen.

20.8. Gerichts- und Schiedsgerichtsverfahren

Angaben über etwaige staatliche Interventionen, Gerichts- oder Schiedsgerichtsverfahren (einschließlich derjenigen Verfahren, die nach Kenntnis des Emittenten noch anhängig sind oder eingeleitet werden könnten), die im Zeitraum der mindestens 12 letzten Monate bestanden/abgeschlossen wurden,

been reviewed or audited, the audit or review report must also be included. If the quarterly or half yearly financial information is unaudited or has not been reviewed state that fact.

20.6.2. If the registration document is dated more than nine months after the end of the last audited financial year, it must contain interim financial information, which may be unaudited (in which case that fact must be stated) covering at least the first six months of the financial year. The interim financial information must include comparative statements for the same period in the prior financial year, except that the requirement for comparative balance sheet information may be satisfied by presenting the years end balance sheet.

20.7. Dividend policy

A description of the issuer's policy on dividend distributions and any restrictions thereon.

20.7.1. The amount of the dividend per share for each financial year for the period covered by the historical financial information adjusted, where the number of shares in the issuer has changed, to make it comparable.

20.8. Legal and arbitration proceedings

Information on any governmental, legal or arbitration proceedings (including any such proceedings which are pending or threatened of which the issuer is aware), during a period covering at least the previous 12 months which may have, or have had in the recent past significant effects on the issuer and/or group's finan-

oder die sich erheblich auf die Finanzlage oder die Rentabilität des Emittenten und/oder der Gruppe auswirken bzw. in jüngster Zeit ausgewirkt haben. Ansonsten ist eine negative Erklärung abzugeben.

cial position or profitability, or provide an appropriate negative statement.

20.9. Wesentliche Veränderungen in der Finanzlage oder der Handelsposition des Emittenten

20.9. Significant change in the issuer's financial or trading position

Beschreibung jeder wesentlichen Veränderung in der Finanzlage oder der Handelsposition der Gruppe, die seit dem Ende des letzten Geschäftsjahres eingetreten ist, für das entweder geprüfte Finanzinformationen oder Zwischenfinanzinformationen veröffentlicht wurden. Ansonsten ist eine negative Erklärung abzugeben.

A description of any significant change in the financial or trading position of the group which has occurred since the end of the last financial period for which either audited financial information or interim financial information have been published, or provide an appropriate negative statement.

21. ZUSÄTZLICHE ANGABEN

21. ADDITIONAL INFORMATION

21.1. Aktienkapital

21.1. Share Capital

Aufzunehmen sind die folgenden Angaben zum Stichtag der jüngsten Bilanz, die Bestandteil der historischen Finanzinformationen sind:

The following information as of the date of the most recent balance sheet included in the historical financial information:

21.1.1. Betrag des ausgegebenen Kapitals und für jede Kategorie des Aktienkapitals:

21.1.1. The amount of issued capital, and for each class of share capital:

a) **Zahl der zugelassenen Aktien;**

(a) the number of shares authorised;

b) **Zahl der ausgegebenen und voll eingezahlten Aktien sowie der ausgegebenen aber nicht voll eingezahlten Aktien;**

(b) the number of shares issued and fully paid and issued but not fully paid;

c) **Nennwert pro Aktie bzw. Meldung, dass die Aktien keinen Nennwert haben;**

(c) the par value per share, or that the shares have no par value;

und

and

d) **Abstimmung der Zahl der Aktien, die zu Beginn und zu Ende des Geschäftsjahres noch ausstehen. Wurde mehr als 10 % des Kapitals während des Zeitraums, der von den historischen Finanzinformationen abgedeckt wird, mit anderen Aktien als Barmitteln finanziert, so ist dieser Umstand anzugeben.**

(d) a reconciliation of the number of shares outstanding at the beginning and end of the year. If more than 10 % of capital has been paid for with assets other than cash within the period covered by the historical financial information, state that fact.

21.1.2. Sollten Aktien vorhanden sein, die nicht Bestandteil des Eigenkapitals

21.1.2. If there are shares not representing capital, state the number and main

sind, so sind die Anzahl und die wesentlichen Merkmale dieser Aktien anzugeben.

characteristics of such shares.

21.1.3. Angabe der Anzahl, des Buchwerts sowie des Nennwerts der Aktien, die Bestandteil des Eigenkapitals des Emittenten sind und die vom Emittenten selbst oder in seinem Namen oder von Tochtergesellschaften des Emittenten gehalten werden.

21.1.3. The number, book value and face value of shares in the issuer held by or on behalf of the issuer itself or by subsidiaries of the issuer.

21.1.4. Angabe etwaiger wandelbarer Wertpapiere, umtauschbarer Wertpapiere oder Wertpapiere mit Optionsscheinen, wobei die geltenden Bedingungen und Verfahren für die Wandlung, den Umtausch oder die Zeichnung darzulegen sind.

21.1.4. The amount of any convertible securities, exchangeable securities or securities with warrants, with an indication of the conditions governing and the procedures for conversion, exchange or subscription.

21.1.5. Angaben über eventuelle Akquisitionsrechte und deren Bedingungen und/oder über Verpflichtungen in Bezug auf genehmigtes, aber noch nicht geschaffenes Kapital oder in Bezug auf eine Kapitalerhöhung.

21.1.5. Information about and terms of any acquisition rights and or obligations over authorised but unissued capital or an undertaking to increase the capital.

21.1.6. Angaben über das Kapital eines jeden Mitglieds der Gruppe, worauf ein Optionsrecht besteht oder bei dem man sich bedingt oder bedingungslos darauf geeinigt hat, dieses Kapital an ein Optionsrecht zu knüpfen, sowie Einzelheiten über derlei Option, die auch jene Personen betreffen, die diese Optionsrechte halten.

21.1.6. Information about any capital of any member of the group which is under option or agreed conditionally or unconditionally to be put under option and details of such options including those persons to whom such options relate.

21.1.7. Die Entwicklung des Aktienkapitals mit besonderer Hervorhebung des Angaben über etwaige Veränderungen, die während des von den historischen Finanzinformationen abgedeckten Zeitraums erfolgt sind.

21.1.7. A history of share capital, highlighting information about any changes, for the period covered by the historical financial information.

21.2. Satzung und Statuten der Gesellschaft

21.2. Memorandum and Articles of Association

Beschreibung der Zielsetzungen des Emittenten und an welcher Stelle sie in der Satzung und den Statuten der Gesellschaft verankert sind.

21.2.1. A description of the issuer's objects and purposes and where they can be found in the memorandum and articles of association.

21.2.2. Zusammenfassung etwaiger Bestimmungen der Satzung und der Statuten des Emittenten sowie der Gründungsurkunde oder sonstiger Satzungen, die die Mitglieder der Verwal-

21.2.2. A summary of any provisions of the issuer's articles of association, statutes, charter or bylaws with respect to the members of the administrative, management and supervisory bodies.

tungs-, Geschäftsführungs- und Aufsichtsorgane betreffen.

21.2.3. Beschreibung der Rechte, Vorrechte und Beschränkungen, die an jede Kategorie der vorhandenen Aktien gebunden sind.

21.2.4. Erläuterung, welche Maßnahmen erforderlich sind, um die Rechte der Inhaber von Aktien zu ändern, wobei die Fälle anzugeben sind, in denen die Bedingungen strenger ausfallen als die gesetzlichen Vorschriften.

21.2.5. Beschreibung der Art und Weise, wie die Jahreshauptversammlungen und die außerordentlichen Hauptversammlungen der Aktionäre einberufen werden, einschließlich der Teilnahmebedingungen.

21.2.6. Kurze Beschreibung etwaiger Bestimmungen der Satzung und der Statuten des Emittenten sowie der Gründungsurkunde oder sonstiger Satzungen, die u. U. eine Verzögerung, einen Aufschub oder sogar die Verhinderung eines Wechsels in der Kontrolle des Emittenten bewirken.

21.2.7. Angabe (falls vorhanden) etwaiger Bestimmungen der Satzung oder der Statuten des Emittenten sowie der Gründungsurkunde oder sonstiger Satzungen, die für den Schwellenwert gelten, ab dem der Aktienbesitz offen gelegt werden muss.

21.2.8. Darlegung der Bedingungen, die von der Satzung und den Statuten des Emittenten sowie der Gründungsurkunde oder sonstigen Satzungen vorgeschrieben werden und die die Veränderung im Eigenkapital betreffen, sofern diese Bedingungen strenger sind als die gesetzlichen Vorschriften.

22. WESENTLICHE VERTRÄGE

Zusammenfassung jedes in den letzten beiden Jahren vor der Veröffentlichung des Registrierungsformulars abgeschlossenen wesentlichen Vertrages (bei denen es sich nicht um jene handelt, die im Rahmen der normalen Geschäftstätigkeit abgeschlossen wurden), bei dem

21.2.3. A description of the rights, preferences and restrictions attaching to each class of the existing shares.

21.2.4. A description of what action is necessary to change the rights of holders of the shares, indicating where the conditions are more significant than is required by law.

21.2.5. A description of the conditions governing the manner in which annual general meetings and extraordinary general meetings of shareholders are called including the conditions of admission.

21.2.6. A brief description of any provision of the issuer's articles of association, statutes, charter or bylaws that would have an effect of delaying, deferring or preventing a change in control of the issuer.

21.2.7. An indication of the articles of association, statutes, charter or bylaw provisions, if any, governing the ownership threshold above which shareholder ownership must be disclosed.

21.2.8. A description of the conditions imposed by the memorandum and articles of association statutes, charter or bylaw governing changes in the capital, where such conditions are more stringent than is required by law.

22. MATERIAL CONTRACTS

A summary of each material contract, other than contracts entered into in the ordinary course of business, to which the issuer or any member of the group is a party, for the two years immediately preceding publication of the registration document.

der Emittent oder ein sonstiges Mitglied der Gruppe eine Vertragspartei ist.

Zusammenfassung aller sonstigen zum Datum des Registrierungsformulars bestehenden Verträge (bei denen es sich nicht um jene handelt, die im Rahmen der normalen Geschäftstätigkeit abgeschlossen wurden), die von jedem Mitglied der Gruppe abgeschlossen wurden und eine Bestimmung enthalten, der zufolge ein Mitglied der Gruppe eine Verpflichtung oder ein Recht erlangt, die bzw. das für die Gruppe von wesentlicher Bedeutung ist.

A summary of any other contract (not being a contract entered into in the ordinary course of business) entered into by any member of the group which contains any provision under which any member of the group has any obligation or entitlement which is material to the group as at the date of the registration document.

23. ANGABEN VON SEITEN DRITTER, ERKLÄRUNGEN VON SEITEN SACHVERSTÄNDIGER UND INTERESSENERKLÄRUNGEN

23. THIRD PARTY INFORMATION AND STATEMENT BY EXPERTS AND DECLARATIONS OF ANY INTEREST

23.1. Wird in das Registrierungsformular eine Erklärung oder ein Bericht einer Person aufgenommen, die als Sachverständiger handelt, so sind der Name, die Geschäftsadresse, die Qualifikationen und – falls vorhanden – das wesentliche Interesse am Emittenten anzugeben. Wurde der Bericht auf Ersuchen des Emittenten erstellt, so ist eine diesbezügliche Erklärung dahingehend abzugeben, dass die aufgenommene Erklärung oder der aufgenommene Bericht in der Form und in dem Zusammenhang, in dem sie bzw. er aufgenommen wurde, die Zustimmung von Seiten der Person erhalten hat, die den Inhalt dieses Teils des Registrierungsformulars gebilligt hat.

23.1. Where a statement or report attributed to a person as an expert is included in the registration document, provide such person's name, business address, qualifications and material interest if any in the issuer. If the report has been produced at the issuer's request a statement to the effect that such statement or report is included, in the form and context in which it is included, with the consent of the person who has authorised the contents of that part of the registration document.

23.2. Sofern Angaben von Seiten Dritter übernommen wurden, ist zu bestätigen, dass diese Angaben korrekt wiedergegeben wurden und dass – soweit es dem Emittenten bekannt ist und er aus den von diesem Dritten veröffentlichten Informationen ableiten konnte – keine Tatsachen unterschlagen wurden, die die wiedergegebenen Informationen unkorrekt oder irreführend gestalten würden. Darüber hinaus ist/sind die Quelle(n) der Informationen anzugeben.

23.2. Where information has been sourced from a third party, provide a confirmation that this information has been accurately reproduced and that as far as the issuer is aware and is able to ascertain from information published by that third party, no facts have been omitted which would render the reproduced information inaccurate or misleading. In addition, identify the source(s) of the information.

24. EINSEHBARE DOKUMENTE

Abzugeben ist eine Erklärung dahingehend, dass während der Gültigkeitsdauer des Registrierungsformulars ggf. die folgenden Dokumente oder deren Kopien eingesehen werden können:

a) die Satzung und die Statuten der Emittenten;

b) sämtliche Berichte, Schreiben und sonstigen Dokumente, historischen Finanzinformationen, Bewertungen und Erklärungen, die von einem Sachverständigen auf Ersuchen des Emittenten abgegeben wurden, sofern Teile davon in das Registrierungsformular eingeflossen sind oder in ihm darauf verwiesen wird;

c) die historischen Finanzinformationen des Emittenten oder im Falle einer Gruppe die historischen Finanzinformationen für den Emittenten und seine Tochtergesellschaften für jedes der Veröffentlichung des Registrierungsformulars vorausgegangenen beiden letzten Geschäftsjahre.

Anzugeben ist auch, wo in diese Dokumente entweder in Papierform oder auf elektronischem Wege Einsicht genommen werden kann.

25. ANGABEN ÜBER BETEILIGUN-GEN

Beizubringen sind Angaben über Unternehmen, an denen der Emittent einen Teil des Eigenkapitals hält, dem bei der Bewertung seiner eigenen Vermögens-, Finanz- und Ertragslage voraussichtlich eine erhebliche Bedeutung zukommt.

24. DOCUMENTS ON DISPLAY

A statement that for the life of the registration document the following documents (or copies thereof), where applicable, may be inspected:

(a) the memorandum and articles of association of the issuer;

(b) all reports, letters, and other documents, historical financial information, valuations and statements prepared by any expert at the issuer's request any part of which is included or referred to in the registration document;

(c) the historical financial information of the issuer or, in the case of a group, the historical financial information for the issuer and its subsidiary undertakings for each of the two financial years preceding the publication of the registration document.

An indication of where the documents on display may be inspected, by physical or electronic means.

25. INFORMATION ON HOLDINGS

Information relating to the undertakings in which the issuer holds a proportion of the capital likely to have a significant effect on the assessment of its own assets and liabilities, financial position or profits and losses.

Inhalt

I. Einleitung

Der Anh. I EU-ProspV enthält das Schema (siehe Definition in Art. 2 Ziff. 1.   *1*
EU-ProspV[1]) mit den vorgeschriebenen Mindestangaben für das Registrierungsformular für Aktien. Trotz der Überschrift des Anhangs I gilt dieses

---

1   Der Klammerzusatz „Modul" der deutschen Fassung entspricht nicht der Definition der
    Begriffe „Schema" und „Modul" in Art. 2 Ziff. 1. und 2. EU-ProspV. In der englischen
    Fassung ist die Liste des Anhang I zutreffend als „schedule" (nach der deutschen Ter-
    minologie „Schema") bezeichnet.

Schema gemäß Art. 4 Abs. 2 Ziff. 2. EU-ProspV auch für andere Wertpapiere, insbesondere für übliche Wandelschuldverschreibungen, die etwa von der Gesellschaft gem. § 221 AktG oder von einer Finanzierungstochtergesellschaft begeben werden.[2] Dies gilt unabhängig davon, ob das Wandlungsrecht bei dem Emittenten oder dem Anleger liegt. Nicht erfasst sind hingegen harte Pflichtwandelanleihen.[3] Bei den Aktienemissionen werden infolge des Umstands, dass die Erwerber der Aktien Teilhaber des Unternehmens werden und aufgrund des vollen unternehmerischen Risikos daher ein besonderes Informationsbedürfnis haben, die höchsten Anforderungen an die Mindestangaben gestellt[4] (siehe Art. 21 Abs. 2 EU-ProspV). Für Wandelschuldverschreibungen gilt dies aufgrund des Rechts bzw. der Pflicht zur Wandlung in Aktien entsprechend. Daher ist Anhang I das strengste Schema mit den weitestgehenden Informationsanforderungen. Es darf gem. Art. 21 Abs. 2 EU-ProspV auch für Emissionen von Wertpapieren verwendet werden, für die ein weniger umfassendes und strenges Registrierungsformularschema vorgesehen ist.

2   Die EU-ProspV schreibt für die Prospektstruktur ein klares und detailliertes Inhaltsverzeichnis vor, eine Zusammenfassung i. S. d. Art. 5 Abs. 2 der EU-ProspRL, die Angabe der Risikofaktoren, die mit dem Emittenten und der Art von Wertpapier, das Bestandteil der Emission ist, einhergehen/verbunden sind, und eine Angabe der sonstigen Informationsbestandteile, die Gegenstand der Schemata und Module sind, auf deren Grundlage der Prospekt erstellt wurde (Art. 25 Abs. 1 EU-ProspV). Die Reihenfolge der Informationsbestandteile ist hingegen nicht verbindlich (Art. 25 Abs. 3 EU-ProspV). Die BaFin hat aber von ihrer Möglichkeit nach Art. 25 Abs. 4 EU-ProspV Gebrauch gemacht und verlangt eine Aufstellung der Querverweise für die Prüfung des Prospekts vor seiner Billigung, wenn der Prospekt nicht in der Reihenfolge des entsprechenden Anhangs der EU-ProspV aufgebaut ist.[5] Dasselbe gilt beispielsweise für die CSSF.

---

2   Zum Geltungsbereich über Aktien hinaus siehe Art. 4 der EU-ProspV; siehe ferner *Schlitt/Schäfer*, in: Assmann/Schlitt/von Kopp-Colomb, WpPG/VerkProspG, Anh. I EU-ProspV Rn. 1. Weitere Wertpapiere, die von Anhang I erfasst sein können, sind Zwischenscheine gemäß § 8 Abs. 6 AktG sowie Genussscheine (insb. § 221 Abs. 3 AktG), die aufgrund ihrer Bedingungen Aktien nahestehen (eingehend *Fingerhut/Voß*, in: Just/Voß/Ritz/Zeising, WpPG, Anh. I EU-ProspV Rn. 8 ff.).

3   *Schlitt/Schäfer*, in: Assmann/Schlitt/von Kopp-Colomb, WpPG/VerkProspG, Anh. I EU-ProspV Rn. 1.

4   *Kunold/Schlitt*, BB 2004, 501, 508; *Fingerhut/Voß*, in: Just/Voß/Ritz/Zeising, WpPG, Anh. I EU-ProspV Rn. 1.

5   Diesem Erfordernis wird in der Praxis üblicherweise dadurch Rechnung getragen, dass dem Prospektentwurf ein Ausdruck des entsprechenden Anhangs der EU-ProspV beigefügt ist, der jeweils einen Hinweis auf Abschnitt und Seitenzahl der entsprechenden Darstellung im Prospektentwurf enthält (so genannte Überkreuzliste oder geläufiger Überkreuz-Checkliste).

II. Verantwortliche Personen, Ziff. 1.

1. Prospekthaftung und verantwortliche Personen, Ziff. 1.1.

Die Angabe der für den Prospekt verantwortlichen Personen, die Anh. I 3
Ziff. 1.1. EU-ProspV verlangt, ist für den Anleger der Anknüpfungspunkt um
zu ermitteln, welche Personen für den Prospekt haften. § 5 Abs. 4 Satz 1,
1. Halbs. WpPG nimmt diese Pflichtangabe auf, ohne die verantwortlichen
Personen explizit zu nennen. Wer als verantwortliche Person für den Prospektinhalt zu haften hat, ergibt sich aus den jeweiligen mitgliedstaatlichen
Bestimmungen, denn es gibt bislang kein gemeinschaftsweites einheitliches
Haftungsregime. In Art. 6 Abs. 1 Satz 1 EU-ProspRL ist lediglich normiert,
dass die Mitgliedstaaten zumindest die Haftung des Emittenten oder seiner
Organe, der Anbieter, der Zulassungsantragsteller oder des Garantiegebers
für den Prospektinhalt sicherzustellen haben. Im deutschen Recht ist die Prospekthaftung seit dem 1. Juni 2012 für fehlerhafte Börsenzulassungsprospekte bzw. für fehlerhafte Prospekte im Zusammenhang mit öffentlich angebotenen Wertpapieren in den §§ 21, 22 WpPG normiert.[6] Gleichwohl ist der
Kreis der Prospektverantwortlichen i. S. v. Anh. I Ziff. 1.1. und der Haftungs-
verantwortlichen i. S. d. Prospekthaftung nicht identisch. Das ergibt sich bereits daraus, dass die Anforderungen an die Prospektangaben europarechtlich vereinheitlicht sind, während dies für die Prospekthaftung nicht gilt. Wer
im Prospekt die Verantwortung übernimmt, unterliegt nach deutschem Recht
gemäß § 21 Abs. 1 Satz 1 Nr. 1 WpPG der Prospekthaftung. Sind dort Personen genannt, die nicht zwingend dort hätten genannt werden müssen und
auch ohne ihre Nennung nicht der Prospekthaftung unterlägen, haften sie
aufgrund der Nennung gleichwohl. Darüber hinaus haften nach § 21 Abs. 1
Satz 1 Nr. 2 WpPG aber auch diejenigen, „von denen der Erlass des Prospekts ausgeht", auch wenn sie im Prospekt nicht ausdrücklich die Verantwortung für diesen übernommen haben und dies aufgrund von Anh. I
Ziff. 1.1. EU-ProspV auch nicht tun mussten. Mit dieser Hintermannhaftung
werden nach der Rechtsprechung des BGH die Personen erfasst, die ein
wirtschafliches Interesse an der Emission der Wertpapiere haben und darauf
hinwirken, dass ein unrichtiger oder unvollständiger Prospekt veröffentlicht
wird.[7] Diese Hintermannhaftung soll gerade den treffen, der nicht nach außen hin in Erscheinung tritt und die Haftung übernimmt. Insofern stellen die

---

6 Für Ansprüche wegen fehlerhafter Prospekte, die vor dem 01.06.2012 im Inland veröffentlicht worden sind, gilt nach den Übergangsvorschriften des § 52 Abs. 8 BörsG und
des § 37 S. 1 WpPG das bisherige Haftungsregime fort: für öffentlich angebotene Wertpapiere, die zum Handel an einem organisierten Markt zugelassen wurden, kommen
Ansprüche gemäß § 44 BörsG in Betracht; sind die öffentlich angebotenen Wertpapiere
nicht zugelassen worden, so ist § 44 BörsG über § 13 VerkProspG anwendbar. Zur Prospekthaftung nach altem Recht siehe *Keul/Erttmann*, DB 2006, 1664; *Holzborn/Israel*,
ZIP 2005, 1668, 1675; *Kiethe*, MDR 2006, 843 ff.; *Kuntz*, WM 2007, S. 432 ff. Zur Prospekthaftung nach neuem Recht siehe Komm. zu §§ 21 ff. WpPG.
7 BGH, NZG 2012, 1262, Rn. 36 f., m.w.N. Die vom BGH vorgenommene pauschale Einbeziehung von Konzernmuttergesellschaften in die Veranlasserhaftung ist freilich problematisch (vgl. hierzu *Wieneke*, NZG 2013, 1420 ff.), eine Haftungsübernahme der Kon-
zernmutter im Prospekt ist jedenfalls prospektrechtlich nicht gefordert.

Prospektangaben für den Investor nur einen ersten Anknüpfungspunkt für die Prospekthaftung dar.

4 Regelmäßig reicht es aus, dass aus der Sphäre des Emittenten dieser selbst die Verantwortung übernimmt. Eine Übernahme der Prospektverantwortung durch weitere Personen aus der Sphäre der emittierenden Gesellschaft ist nicht zwingend vorgeschrieben. Daher wird regelmäßig nur die emittierende Gesellschaft als verantwortliche Person angegeben und auf die Angabe von Mitgliedern der Organe des Emittenten o. ä. verzichtet. Werden im Rahmen des Prospekts Aktien aus einer Kapitalerhöhung und zusätzlich Aktien von Altaktionären angeboten, ist es nicht erforderlich, dass neben dem Emittenten die veräußernden Aktionäre eine Verantwortlichkeitserklärung abgeben. Entscheidend ist, dass zumindest eine der in Art. 6 der EU-ProspRL genannten Personen die Verantwortung für den gesamten Prospekt übernimmt.[8] Liegt eine reine Umplatzierung vor, so ist nach der grundlegenden Entscheidung des BGH aus dem Jahre 2011 zu beachten, dass die Übernahme des Prospekthaftungsrisikos durch den Emittenten bei der Platzierung von Altaktien an der Börse eine durch § 57 Abs. 1 Satz 1 AktG verbotene Einlagenrückgewähr an den Altaktionär bedeutet, wenn dieser die Gesellschaft nicht von der Prospekthaftung freistellt.[9] Bei einer reinen Umplatzierung veranlasse der Emittent weder das öffentliche Angebot noch die Prospektveröffentlichung auf der Suche nach Kapitalgebern; vielmehr solle der Kapitalgeber nur gewechselt werden. Die Anleger und damit Kapitalgeber der Gesellschaft suche insoweit nicht die Gesellschaft, sondern der Altaktionär, sodass er Veranlasser der Umplatzierung und auch wirtschaftlich Profitierender derselben sei. Die Übernahme der Prospektverantwortung stellt demnach eine Leistung an den Altaktionär dar, die dieser nach Auffassung des BGH nur durch eine Freistellungsvereinbarung kompensieren könne. Ein Eigeninteresse der Gesellschaft sei nur dann relevant, wenn dieses auch bilanziell messbar sei. Diese strikte Orientierung an der bilanziellen Erfassbarkeit ist in der Literatur mit dem Hinweis kritisiert worden, dass sie den vielfältigen Lebenssachverhalten und Motivlagen bei öffentlichen Umplatzierungen nicht in jedem Fall gerecht werde.[10] Die Aussage, dass ausschließlich bilanziell messbare Vorteile als kompensationsgeeignet anzusehen sind, finde im Gesetz keine Stütze; zudem lasse der BGH bei der Beurteilung der Frage, ob eine Zuwendung der Gesellschaft an den Aktionär vorliege, jedweden Vorteil genügen.[11] Die bis zu diesem Urteil wohl h. M. erkannte zu berück-

---

8 *ESMA*, Q&A, 21st updated version, ESMA/2014/35, Questions 47, 48.

9 So ausdrücklich BGH, NZG 2011, 829, Rn. 13. Trotz dieser grundlegenden Aussage ist festzuhalten, dass dem Urteil eine reine Umplatzierung zugrunde liegt, diese vergleichsweise selten vorkommen und daher der Verallgemeinerung des Urteils gewisse Grenzen gesetzt sind. Zur Auswirkung auf gemischte Platzierungen vgl. *Fleischer/Thaten*, NZG 2011, 1081, 1083 f. und *Wink*, AG 2011, 569, 578.

10 *Fleischer/Thaten*, NZG 2011, 1081, 1082 f. Zu denken ist etwa auch an den Fall eines reinen Zulassungsprospekts für Aktien, die die Gesellschaft gegen Sacheinlage ausgegeben hat. In solchen Fällen schuldet die Gesellschaft typischerweise auch die Zulassung der Aktien einschließlich der Erstellung des Prospekts.

11 *Krämer/Gillessen/Kiefner*, CFL 2011, 328, 330.

Alfes/Wieneke

sichtigende Eigeninteressen insbesondere in der Erlangung der Unabhängigkeit von einem beherrschenden Aktionär, der Stärkung des Streubesitzes oder der Erlangung eines größeren allgemeinen Bekanntheitsgrades.[12] Für die Praxis ist damit allerdings nur das Haftungsverhältnis zwischen der Gesellschaft und dem abgebenden Altaktionär geklärt. Dies bedeutet allerdings nicht, dass dieser zwingend auch im Prospekt die Verantwortung übernimmt und damit im Außenverhältnis in die Haftung geht. Dies kann prospektrechtlich weiterhin durch die Gesellschaft erfolgen.[13] Da die Gesellschaft allerdings grds. nur dann für ein öffentliches Angebot von Aktien, die ausschließlich aus dem Bestand eines bisherigen Aktionärs stammen, haften darf, wenn dieser sie im Innenverhältnis von der Haftung freigestellt hat, ist eine solche Übernahme der Verantwortung im Außenverhältnis nur dann zulässig, wenn sich die Gesellschaft von der Werthaltigkeit des Freistellungsanspruchs überzeugt hat.

Des Weiteren ist Prospektverantwortlicher im Fall der Börsenzulassung das *4a* emissionsbegleitende Kredit- oder Finanzdienstleistungsinstitut, das zusammen mit dem Emittenten Zulassungsantragsteller nach § 32 Abs. 2 Satz 1 BörsG ist und daher gem. § 5 Abs. 3 Satz 2 WpPG den Prospekt mit unterzeichnen muss. Es hat damit stets neben dem Emittenten die den Vorgaben des § 5 Abs. 4 Satz 1, 2. Halbs. WpPG entsprechende Verantwortlichkeitserklärung abzugeben. Sollen die öffentlich angebotenen Aktien nicht an einem organisierten Markt zugelassen, sondern in den Freiverkehr einbezogen werden, so ist die emissionsbegleitende Bank zwar nicht nach § 5 Abs. 4 Satz 2 WpPG gezwungen, die Verantwortlichkeitserklärung im Prospekt abzugeben. Davon unberührt bleibt indes die Pflicht zur Unterzeichnung des Prospekts, sofern die emissionsbegleitende Bank nach der Transaktionsstruktur als Anbieter i. S. d. § 2 Nr. 10 WpPG anzusehen ist[14] und insofern auch eine mögliche damit verbundene Prospekthaftung übernimmt. Wenn der Prospekt allein der Börsenzulassung dienen soll, wie etwa bei einem Segmentwechsel, bei Aktien aus einer Sachkapitalerhöhung bzw. bei Wandelanleihen, die ausschließlich institutionellen Investoren angeboten werden, genügt es, wenn allein der Zulassungsantragsteller den Prospekt unterzeichnet und damit die Veranwortung übernimmt.[15] Dritte, die bei der Erstellung des Prospekts mitgewirkt haben (etwa Rechtsanwälte, Wirtschaftsprüfer oder sonstige Berater, wie etwa Gutachter, die für Immobilienunternehmen das gem. Art. 23 Abs. 1 EU-ProspV i. V. m. Anhang XIX aufzunehmende Wertgutachten erstellt haben), sind keine Prospektverantwortlichen und an dieser Stelle des Prospekts nicht zu erwähnen.[16]

---

12 *Fleischer*, ZIP 2007, 1969, 1974, m. w. N.
13 Wobei in diesen Fällen typischerweise eine Veranlasserhaftung nach § 21 Abs. 1 S. 1 Nr. 2 WpPG zu bejahen wäre.
14 *Groß*, KapMR, § 2 Nr. 10 WpPG Rn. 26 f.
15 *Schlitt/Schäfer*, in: Assmann/Schlitt/von Kopp-Colomb, WpPG/VerkProspG, Anh. I EU-ProspV Rn. 5.
16 *Schwark*, in: Schwark, KapMRK, §§ 44, 45 BörsG Rn. 12. Zu der Prospektverantwortlichkeit der Mitglieder eines (Börseneinführungs-)Konsortiums siehe *Groß*, KapMR, § 21 WpPG Rn. 33 f.

5 Der Name der juristischen Person ist gleichbedeutend mit deren Firma (vgl. § 5 Abs. 4 Satz 1 WpPG). Auch wenn der Wertpapierprospekt ausführliche Angaben zum Emittenten, einschließlich des Sitzes enthalten muss (siehe Anh. I Ziff. 5. EU-ProspV), ist der Sitz der Gesellschaft auch bei der Angabe des Emittenten als verantwortliche Person gesondert anzugeben. Eine persönliche Verantwortungsübernahme natürlicher Personen innerhalb der juristischen Person, so etwa der Vorstandsmitglieder einer Aktiengesellschaft bei einem öffentlichen Angebot von Aktien, ist nicht vorgesehen.[17]

2. Sorgfaltserklärung, Ziff. 1.2.

6 Die Erklärungen zum Prospektinhalt und zur Anwendung der erforderlichen Sorgfalt nach Anh. I Ziff. 1.2. EU-ProspV geben die juristischen Personen selbst ab und nicht deren Organe. Art. 6 Abs. 1 Satz 2, 2. Halbs. EU-ProspRL ist zu entnehmen, dass die Prospekthaftung nach mitgliedstaatlichem Recht nicht durch die Sorgfaltserklärung überlagert oder hinfällig werden soll ("der Prospekt muss ,zudem' eine Erklärung enthalten ..."). Die Sorgfaltserklärung dient demnach ausschließlich der Information des Investors und hat auf die Anwendung und Auslegung der möglichen (nationalen) Haftungstatbestände keine Auswirkung.[18] Eine Haftungsbeschränkung ist indes für die Zusammenfassung[19] des Prospekts vorgesehen. Nur, wenn die Zusammenfassung unter Heranziehung des übrigen Prospekts irreführend, unrichtig oder widersprüchlich ist, kommt eine Haftung in Betracht, vgl. § 5 Abs. 2b Ziff. 4. WpPG, der Art. 6 Abs. 2 Satz 2 EU-ProspRL umsetzt. Die Erklärung nach Anh. I Ziff. 1.2. EU-ProspV erstreckt sich in aller Regel auf den gesamten Prospektinhalt. Zwar sieht Ziff. 1.1. die Möglichkeit vor, die Reichweite der Erklärung zu beschränken. Dies dürfte jedoch von sehr geringer praktischer Bedeutung sein. Teilweise wird als Anwendungsfall die Aufnahme von Sachverständigengutachten (z. B. gem. Art. 23 Abs. 1 EU-ProspV i. V. m. Anh. XIX) in den Pospekt genannt.[20] In diesen Fällen beanstandet die BaFin Formulierungen (insbesondere in beigefügten AGBs), die als eine Einschränkung der Haftung verstanden werden könnten. So darf der Gutachter beispielsweise nicht auf eine mit dem Emittenten vereinbarte Haftungsbeschränkung hinweisen. Umgekehrt verlangt die BaFin aber auch nicht, dass die Sachverständigen ihrerseits aktiv die Verantwortung für die von ihnen beigesteuerten Teile des Prospekts übernehmen.[21] Jedenfalls dürfte eine Beschränkung der Verantwortung des Emittenten oder der begleitenden Bank

---

17 *Schlitt/Schäfer*, in: Assmann/Schlitt/von Kopp-Colomb, WpPG/VerkProspG, Anh. I EU-ProspV Rn. 7.

18 So auch *Fingerhut/Voß*, in: Just/Voß/Ritz/Zeising, WpPG, Anh. I EU-ProspV Rn. 15.

19 Der Prospekt muss nach § 5 Abs. 2 WpPG eine Zusammenfassung enthalten, vgl. Art. 5 Abs. 2 EU-ProspRL i. V. m. Anh. XXII EU-ProspV.

20 *Schlitt/Schäfer*, in: Assmann/Schlitt/von Kopp-Colomb, WpPG/VerkProspG, Anh. I EU-ProspV Rn. 8.

21 Da die Frage, ob Sachverständige im Außenverhältnis den Anlegern gegenüber überhaupt haften, ungeklärt ist, kann die Übernahme der Verantwortung im Prospekt durchaus haftungsbegründende Wirkung haben.

regelmäßig nicht in Betracht kommen, zumal jedenfalls eine Person immer die Verantwortung für den Prospekt in seiner Gesamtheit übernehmen muss.[22]

Trotz der rein informatorischen Bedeutung der Sorgfaltserklärung hat sich in der Praxis gezeigt, dass die BaFin äußersten Wert auf eine getreue Wiedergabe des Wortlauts der entsprechenden Formulierung gemäß § 5 Abs. 4 S. 1 WpPG und Anh. I Ziff. 1.2. S. 1 EU-ProspV legt. Prospekersteller sollten jegliche Modifizierung dieser Formulierung vermeiden, insbesondere wenn diese als Relativierung oder gar Beschränkung der Haftung (miss-)verstanden werden könnte. Ob Mischformen zwischen den Formulierungen gemäß § 5 Abs. 4 S. 1 WpPG und gemäß Anh. I Ziff. 1.2. S. 1 EU-ProspV möglich sind oder besser vermieden werden sollten, ist unklar.[23]

Die Übernahme der Verantwortung ist nicht nur in Ziff. 1. des Anhangs I, sondern auch in Ziff. 1. des Anhangs III der EU-ProspV vorgesehen. Bei einem einteiligen Prospekt ist es allerdings nicht erforderlich, die Übernahmeerklärung zweimal abzugeben. Praktische Bedeutung entfaltet die Mehrfachnennung dieser Angabe dagegen in den Fällen, in denen ein mehrteiliger Prospekt angefertigt wird – hier bedarf es der Aufnahme der Erklärung sowohl im Registrierungsformular also auch in der Wertpapierbeschreibung.[24] Die Zusammenfassung muss gemäß Punkt A.1 von Anh. XXII einen eigenen Warnhinweis enthalten.

Die formellen Anforderungen an die Sorgfaltserklärung ergeben sich daraus, dass der Wertpapierprospekt – und damit auch die Sorgfaltserklärung – schriftlich abgefasst werden muss. Dem Erfordernis gemäß § 126 BGB, eine schriftliche Willenserklärung eigenhändig durch Namensunterschrift oder mittels notariell beglaubigten Handzeichens zu unterzeichnen, wird in der Regel mit der Unterzeichnung des Prospekt gemäß § 5 Abs. 3 WpPG erfüllt. Nur wenn die Unterzeichner des Prospekts gemäß § 5 Abs. 3 WpPG und die Personen, welche die Verantwortung für den Prospekt übernehmen, verschieden sind, bedarf es separat unterzeichneter Erklärungen.[25] Das im Original unterzeichnete Exemplar des Prospekts ist bei der BaFin im Rahmen des Antrags auf Billigung des Prospekts einzureichen.

---

22 *Schlitt/Schäfer*, in: Assmann/Schlitt/von Kopp-Colomb, WpPG/VerkProspG, Anh. I EU-ProspV Rn. 8, 9; *Fingerhut/Voß*, in: Just/Voß/Ritz/Zeising, WpPG, Anh. I EU-ProspV Rn. 21, 22.

23 *Fingerhut/Voß*, in: Just/Voß/Ritz/Zeising, WpPG, Anh. I EU-ProspV Rn. 20, 36; *Schlitt/ Schäfer*, in: Assmann/Schlitt/von Kopp-Colomb, WpPG/VerkProspG, Anh. I EU-ProspV Rn. 10, welche die beiden Formulierungen kombinieren. Erschwerend kommt hinzu, dass ungeachtet der strengen formellen Anforderungen die Verwaltungspraxis zu gewissen Schwankungen neigt.

24 So auch *Schlitt/Schäfer*, in: Assmann/Schlitt/von Kopp-Colomb, WpPG/VerkProspG, Anh. I EU-ProspV Rn. 14, 15; *Fingerhut/Voß*, in: Just/Voß/Ritz/Zeising, WpPG, Anh. I EU-ProspV Rn. 28, 29.

25 *Fingerhut/Voß*, in: Just/Voß/Ritz/Zeising, WpPG, Anh. I EU-ProspV Rn. 25.

III. Abschlussprüfer, Ziff. 2.

1. Abschlussprüfer, Ziff. 2.1.

7   Bereits nach § 9 VerkProspVO und § 30 BörsZulVO waren die Namen, die Anschrift und die Berufsbezeichnung der Abschlussprüfer, welche die Jahresabschlüsse der letzten drei Geschäftsjahre des Emittenten nach Maßgabe der gesetzlichen Vorschriften geprüft haben, anzugeben. Anh. I Ziff. 2.1. EU-ProspV benennt als maßgeblichen Zeitraum für die Angaben zu den Abschlussprüfern jetzt den der historischen Finanzinformationen (i. d. R. drei Jahre); siehe dazu Anh. I Ziff. 20.1. EU-ProspV. Hat der Emittent in dieser Zeit den Abschlussprüfer gewechselt oder waren verschiedene Abschlussprüfer für die Jahres- bzw. Konzernabschlüsse zuständig, sind alle anzugeben.

8   Die Angabe der Namen und der Anschrift der Abschlussprüfer des Emittenten, die für den von den historischen Finanzinformationen abgedeckten Zeitraum zuständig waren, setzt nicht die namentliche Nennung der einzelnen Wirtschaftsprüfer einer Wirtschaftsprüfungsgesellschaft voraus.[26] Die Angabe des Unternehmens mit der vollständigen Firmierung reicht aus. Mit Anschrift ist die vollständige Geschäftsadresse des Wirtschaftsprüfers gemeint. Die Privatanschrift der Wirtschaftsprüfer ist nicht anzugeben.[27]

Aufgrund der Verwandtschaft mit den Angaben, die gemäß Anh. I Ziff. 20.4. EU-ProspV zu machen sind (Angaben zur Prüfung der historischen jährlichen Finanzinformationen), empfiehlt es sich, diese mit den Angaben nach Anh. I Ziff. 2. EU-ProspV zu kombinieren.[28]

9   Als Berufsvereinigung wird in Deutschland zunächst die zur Erfüllung der beruflichen Selbstverwaltungsaufgaben nach § 4 Abs. 1 WPO gebildete Wirtschaftsprüferkammer mit Sitz in Berlin verstanden, bei der die Abschlussprüfer verpflichtend Mitglied sind. Ob Anh. I Ziff. 2.1. EU-ProspV so zu verstehen ist, dass auch fakultative Mitgliedschaften – etwa beim Institut der Wirtschaftsprüfer in Deutschland e. V. („IDW") – zu benennen sind, geht aus der Norm nicht eindeutig hervor. Nach zutreffender Ansicht müssen solche fakultativen Mitgliedschaften nicht aufgeführt werden, dies ist allerdings möglich.[29] Üblicherweise reicht daher die Aussage „... ist Mitglied der Wirtschaftsprüferkammer, Berlin" aus. Unter Berufsvereinigungen sind allerdings nicht ausschließlich deutsche Vereinigungen zu verstehen. Auch wenn der Emittent seinen Sitz im Ausland hat und deswegen auch der Wirtschafts-

---

26 *Fingerhut/Voß*, in: Just/Voß/Ritz/Zeising, WpPG, Anh. I EU-ProspV Rn. 39; *Müller*, in: Berrar/Meyer u. a., Frankf Komm WpPG, Anh. I EU-ProspV Ziff. 2. Rn. 4.

27 RegBegr. zur BörsZulVO, BR-Drucks. 72/87, S. 67, 76. Vermeintlich anderer Ansicht: *Schlitt/Schäfer*, in: Assmann/Schlitt/von Kopp-Colomb, WpPG/VerkProspG, Anh. I EU-ProspV Rn. 17 („Wohnort").

28 *Müller*, in: Berrar/Meyer u. a., Frankf Komm WpPG, Anh. I EU-ProspV Ziff. 2. Rn. 2.

29 *Schlitt/Schäfer*, in: Assmann/Schlitt/von Kopp-Colomb, WpPG/VerkProspG, Anh. I EU-ProspV Rn. 18; *Fingerhut/Voß*, in: Just/Voß/Ritz/Zeising, WpPG, Anh. I EU-ProspV Rn. 42; *Müller*, in: Berrar/Meyer u. a., Frankf Komm WpPG, Anh. I EU-ProspV Ziff. 2. Rn. 5.

prüfer im Ausland ansässig ist, sind die (Pflicht-) Mitgliedschaften in Berufsvereinigungen dieses Landes (und jedes anderen Landes) in vergleichbarer Weise anzugeben.[30]

2. Wechsel des Abschlussprüfers, Ziff. 2.2.

Einzelheiten zu der Abberufung, der nicht erfolgten Wiederbestellung oder einer Mandatsniederlegung sind zu veröffentlichen, wenn sie von wesentlicher Bedeutung sind. Durch diese unbestimmte Formulierung ist die Reichweite dieser Vorschrift nicht eindeutig festgelegt. Es scheint jedoch einiges dafür zu sprechen, dass eine Veränderung in der Person des Abschlussprüfers etwa aufgrund der Dauer der Prüfungstätigkeit – etwa aus Gründen des Eintritts in den Ruhestand oder weil ein Wechsel turnusgemäß vorgesehen[31] ist – ohne weitere Umstände nicht als wesentlich zu verstehen ist. Obwohl nach dem Wortlaut der Vorschrift nicht jede Abberufung von wesentlicher Bedeutung sein muss, ist bei einer Abberufung nach § 318 Abs. 3 HGB grds. naheliegend, dass sie von wesentlicher Bedeutung ist. Der in § 318 Abs. 3 Satz 1 HGB i.V.m. § 319 Abs. 2 HGB genannte Abberufungsgrund der Befangenheit ist regelmäßig von wesentlicher Bedeutung, da er eine für potenzielle Investoren maßgebliche Aussagekraft hinsichtlich der Bewertung des Bilanzkontrollergebnisses des Abschlussprüfers hat. Ferner ist es von wesentlicher Bedeutung, wenn der Wechsel erfolgt, weil der Abschlussprüfer im Vorjahr ein eingeschränktes Testat erteilt, etwa infolge von Meinungsverschiedenheiten bei Bewertungsfragen, oder gar die Erteilung des Testats verweigert hat.[32] Inhaltlich reicht es in solchen Fällen aus, den Sachverhalt kurz und schlagwortartig anzusprechen. Eine ausführliche Analyse der Problematik ist im Zusammenhang mit den formalen Prospektangaben nicht angebracht. Ein Wechsel des Abschlussprüfers findet in der Praxis zudem gelegentlich statt, wenn der Emittent für die geplante Zulassung zum Handel an einem organisierten Markt seine Finanzinformationen von den nationalen Rechnungslegungsvorschriften des HGB auf IFRS umstellt.[33] Die Prüfung nach IFRS erfordert einen entsprechend qualifizierten Abschlussprüfer. Ein Wechsel des Abschlussprüfers aufgrund der erstmaligen Anwendung der IFRS dürfte jedoch grundsätzlich aus Sicht des Investors nicht wesentlich und daher auch nicht im Prospekt erläuterungsbedürftig sein, weil der Emittent i.d.R. lediglich die Qualität der Prüfung sicherstellen möchte.

10

---

30 So anscheinend auch: *Fingerhut/Voß*, in: Just/Voß/Ritz/Zeising, WpPG, Anh. I EU-ProspV Rn. 43 (für die USA).

31 *Fingerhut/Voß*, in: Just/Voß/Ritz/Zeising, WpPG, Anh. I EU-ProspV Rn. 47; *Schlitt/Schäfer*, in: Assmann/Schlitt/von Kopp-Colomb, WpPG/VerkProspG, Anh. I EU-ProspV Rn. 21.

32 *Fingerhut/Voß*, in: Just/Voß/Ritz/Zeising, WpPG, Anh. I EU-ProspV Rn. 48; *Schlitt/Schäfer*, in: Assmann/Schlitt/von Kopp-Colomb, WpPG/VerkProspG, Anh. I EU-ProspV Rn. 19, 20; *Müller*, in: Berrar/Meyer u.a., Frankf Komm WpPG, Anh. I EU-ProspV Ziff. 2. Rn. 7.

33 Siehe hierzu die Anm. zu Anh. I Ziff. 20.1. XXIV. Rn. 97 ff.

IV. Ausgewählte Finanzinformationen, Ziff. 3.

1. Ausgewählte Finanzinformationen, Ziff. 3.1.

11 Neben den Finanzinformationen, die in die Zusammenfassung aufzunehmen sind, den Angaben zur Geschäfts- und Finanzlage nach Anh. I Ziff. 9. EU-ProspV und den Finanzinformationen über die Vermögens-, Finanz- und Ertragslage des Emittenten nach Anh. I Ziff. 20.1. EU-ProspV sind in den Prospekt ausgewählte Finanzinformationen aufzunehmen. Die ausgewählten Finanzinformationen sollen die wesentlichen Daten der historischen Finanzinformationen zusammenfassen.[34] Entsprechend beschreibt Anh. I Ziff. 3.1. Satz 2 EU-ProspV die ausgewählten Finanzinformationen als die Schlüsselzahlen, die einen Überblick über die Finanzlage des Emittenten geben. Dabei ist der Begriff Finanzlage nicht in Abgrenzung zur Vermögens- und Ertragslage zu verstehen,[35] sondern erfasst die gesamte Vermögens-, Finanz- und Ertragslage.[36] So wird in der englischen Fassung der Begriff „financial condition" verwendet, der im Gegensatz zur Bezeichnung „financial position" steht, mit der die Finanzlage bezeichnet wird. Auch in Anh. I Ziff. 9. EU-ProspV wird der Begriff Finanzlage verwendet, obwohl hier (über die Aufnahme der Abschlüsse nach Anh. I Ziff. 20. EU-ProspV hinaus) eine Darstellung insb. der Veränderungen der Vermögens-, Finanz- und Ertragslage gefordert ist.

12 Die Schlüsselzahlen müssen unmittelbar den Finanzinformationen entnommen werden.[37] Es spricht allerdings nichts dagegen, bestimmte zusätzliche Kennzahlen aufzunehmen, die sich rechnerisch aus anderen Positionen ergeben (etwa EBIT oder EBITDA). Dies kann insbesondere dann von Interesse sein, wenn diese Kennzahlen für die Bewertung oder Vergleichbarkeit des Emittenten von Bedeutung sind. Für Immobilienunternehmen sind das etwa immobilienwirtschaftliche Kennzahlen wie FFO (Funds From Operations), LTV (Loan To Value) oder NAV (Net Asset Value). Welche Finanzdaten sich zur Aufnahme in den Abschnitt der ausgewählten Finanzinformationen anbieten, hat die ESMA in ihren aktualisierten Empfehlungen beispielhaft zusammengefasst. Hierzu zählen ausgewählte wesentliche Daten der Gewinn- und Verlustrechnung, wesentliche Bilanzdaten und ausgewählte Angaben zur Kapitalflussrechnung.[38] Diese Angaben müssen in je-

---

34 *ESMA*, update CESR recommendation, consistent implementation, Ref.: ESMA/2013/ 319, Tz. 20.

35 Zum Begriff der Finanzlage in Abgrenzung zur Vermögens-, und Ertragslage siehe *Winkeljohann/Schellhorn*, in: Ellrott/Förschle/Hoyos/Winkeljohann, Bil Komm, § 264 Rn. 37.

36 So auch *Müller*, in: Berrar/Meyer u. a., Frankf Komm WpPG, Anh. I EU-ProspV Ziff. 3. Rn. 4, zu Recht darauf hinweisend, dass hiermit zugleich die Pflicht verbunden ist, nicht nur einseitig positive oder negative Informationen aufzunehmen.

37 *ESMA*, update CESR recommendation, consistent implementation, Ref.: ESMA/2013/ 319, Tz. 22.

38 *ESMA*, update CESR recommendation, consistent implementation, Ref.: ESMA/2013/ 319, Tz. 25. Einschränkend *Schlitt/Schäfer*, in: Assmann/Schlitt/von Kopp-Colomb, WpPG/VerkProspG, Anh. I EU-ProspV Rn. 27, die Angaben aus der Bilanz „jedenfalls" für erforderlich halten, wenn Angaben zur Bilanz in der Darstellung und Analyse der Vermögens-, Finanz- und Ertragslage gem. Anh. I Ziff. 9. im Prospekt enthalten sind.

dem Fall in derselben Währung wie die historischen Finanzinformationen erfolgen.[39] Zusätzlich ist es auch möglich, Finanzinformationen in weiteren Währungen anzugeben, wenn dies für das Verständnis des Prospekts hilfreich ist. Im Übrigen obliegt es der Einschätzung des Prospekterstellers, welche Finanzinformationen er in Bezug auf das Unternehmen und dessen konkrete Situation sowie in Bezug auf die Branchengepflogenheiten für wesentlich im Sinne des § 5 WpPG hält.[40] Die verschiedenen Finanzinformationen, die in den ESMA Recommendations aufgelistet sind, sind ausdrücklich als „examples [...] that the issuer may choose" gekennzeichnet, so dass diese Liste nicht abschließend und zudem die in ihr genannten Informationen nicht dasselbe Maß an Verbindlichkeit haben dürften wie die sonstigen ESMA Recommendations.[41] In der Praxis stehen die ausgewählten Finanzinformationen im Prospekt häufig unmittelbar vor den Angaben zur Geschäfts- und Finanzlage (Anh. I Ziff. 9. EU-ProspV). Aus diesem Funktionszusammenhang ergibt sich, dass in den ausgewählten Finanzinformationen insbesondere diejenigen Informationen aufzunehmen sind, die sodann diskutiert und erläutert werden.[42] Die Darstellung von Finanzdaten aus den Jahresabschlüssen ist an dieser Stelle neben denjenigen aus den Konzernabschlüssen allenfalls in Ausnahmefällen erforderlich.

Üblich aber nicht erforderlich ist, in die ausgewählten Finanzinformationen   13
einen Hinweis aufzunehmen, dass und von wem die Kennzahlen geprüft wurden. Sofern die Angaben nicht geprüft sind, ist der Zusatz „ungeprüft" aufzunehmen. Zudem sollte angegeben werden, aus welchen Abschlüssen die Zahlen entnommen wurden, insbesondere wenn die Angaben nicht aus dem Abschluss des entsprechenden Jahres selbst, sondern aus den Vorjahresvergleichszahlen des Folgejahres stammen. Da die Beurteilung, was für den Anleger relevant ist und als Schlüsselzahl in die ausgewählten Finanzinformationen aufgenommen werden sollte, schwierig sein kann und immer das Ergebnis einer Wertung ist, wird in der Praxis üblicherweise ein Hinweis aufgenommen, dass die ausgewählten Finanzinformationen gemeinsam mit dem Abschnitt „Darstellung und Analyse der Vermögens-, Finanz- und Ertragslage", den im Finanzteil enthaltenen geprüften Jahresabschlüssen und ggf. Konzernabschlüssen, den ggf. vorhandenen Zwischenabschlüssen und den Erläuterungen zu diesen Abschlüssen sowie sonstigen an anderen Stellen des Prospekts enthaltenen Finanzangaben zu lesen sind.

---

39 *Müller*, in: Berrar/Meyer u. a., Frankf Komm WpPG, Anh. I EU-ProspV Ziff. 3. Rn. 2.

40 *Schlitt/Schäfer*, in: Assmann/Schlitt/von Kopp-Colomb, WpPG/VerkProspG, Anh. I EU-ProspV Rn. 28; *Müller*, in: Berrar/Meyer u. a., Frankf Komm WpPG, 2011, Anh. I EU-ProspV Ziff. 3. Rn. 3.

41 Ähnlich: *Fingerhut/Voß*, in: Just/Voß/Ritz/Zeising, WpPG, Anh. I EU-ProspV Rn. 57; bei der freiwilligen Aufnahme weiterer Finanzkennzahlen, die sich aus den historischen Finanzinformationen errechnen, ist im Prospekt zu erläutern, wie sich diese errechnen lassen – hier ist auch auf Verständlichkeit und Widerspruchsfreiheit zu den übrigen Angaben zu achten (ebd., Rn. 64).

42 Ähnlich: *Schlitt/Schäfer*, in: Assmann/Schlitt/von Kopp-Colomb, WpPG/VerkProspG, Anh. I EU-ProspV Rn. 29.

2. Maßgeblicher Zeitraum, Ziff. 3.2.

14 Die Daten sind für den Zeitraum der historischen Finanzinformationen (siehe Anh. I Ziff. 20.1. EU-ProspV) anzugeben. Wurden Zwischenberichte erstellt oder sind sie zu erstellen (vgl. Anh. I Ziff. 20.6. EU-ProspV), so müssen auch für diesen Zeitraum ausgewählte Finanzinformationen dargestellt werden. In dem Fall sind nach Anh. I Ziff. 3.2. EU-ProspV Vergleichsdaten für den gleichen Zeitraum des vorhergehenden Geschäftsjahres vorzulegen. Diese sind aus den Finanzinformationen des vorhergehenden Geschäftsjahres zu ermitteln, bedürfen aber keiner gesonderten Prüfung. Mit Ausnahme der Vergleichszahlen aus der Kapitalflussrechnung und Gewinn- und Verlustrechnung, die auf den entsprechenden Vorjahreszeitraum abstellen müssen, ist es aber auch ausreichend – sowie nach IFRS erforderlich – den Vergleich mit den Vorjahreszahlen zum Jahresende zu ziehen. Anh. I Ziff. 3.2. EU-ProspV ist insofern missverständlich übersetzt worden.[43]

Sofern der Prospekt auch Pro Forma-Finanzinformationen enthält, müssen diese nach überwiegender Ansicht in den ausgewählten Finanzinformationen gleichfalls dargestellt werden.[44] Maßstab für die auszuwählenden Finanzinformationen dürften auch insoweit die aktualisierten Empfehlungen der ESMA sein.

Wenn die Vergleichbarkeit der Finanzinformationen dadurch beeinträchtigt wird, dass im maßgeblichen Zeitraum unterschiedliche Rechnungslegungsstandards angewendet worden sind, empfiehlt die ESMA, hiermit in derselben Weise umzugehen wie bzgl. der historischen Finanzinformationen gemäß Anh. I Ziff. 20.1.[45]

V. Risikofaktoren, Ziff. 4.

1. Überblick

15 Anh. I Ziff. 4. EU-ProspV verlangt die klare Offenlegung von Risikofaktoren, die für den Emittenten oder seine Branche spezifisch sind. Eine Offenlegung der mit dem Erwerb von Wertpapieren verbundenen Risiken war bereits vor dem Inkrafttreten des WpPG üblich, jedoch nicht durch das VerkProspG oder die BörsZulVO vorgeschrieben.[46] Vielfach waren die jeweiligen Ab-

---

43 Eingehend: *Schlitt/Schäfer*, in: Assmann/Schlitt/von Kopp-Colomb, WpPG/VerkProspG, Anh. I EU-ProspV Rn. 29.

44 *Schlitt/Schäfer*, in: Assmann/Schlitt/von Kopp-Colomb, WpPG/VerkProspG, Anh. I EU-ProspV Rn. 26; *Fingerhut/Voß*, in: Just/Voß/Ritz/Zeising, WpPG, Anh. I EU-ProspV Rn. 62. A. A.: *Müller*, in: Berrar/Meyer u. a., Frankf Komm WpPG, Anh. I EU-ProspV Ziff. 3. Rn. 6.

45 *ESMA*, update CESR recommendation, consistent implementation, Ref.: ESMA/2013/319, Tz. 26. Siehe hierzu eingehend die Kommentierung zu Anh. I Ziff. 20.1. Rn. 114 ff.

46 Die von der Deutsche Börse AG herausgegebenen Going Public Grundsätze, die als freiwillige Selbstverpflichtung der Marktteilnehmer bis zur ihrer Aufhebung am 01.07.2005 galten, sahen die Aufnahme von Risikofaktoren vor. Dies entsprach auch der damaligen Praxis. Hierzu auch *Gebauer*, in: Kümpel/Hammen/Ekkenga, KapMR, Kz. 100, S. 50 m. w. N. Eingehend *Fingerhut/Voß*, in: Just/Voß/Ritz/Zeising, WpPG, Anh. I EU-ProspV Rn. 68.

schnitte nicht mit „Risikofaktoren" überschrieben, sondern als „Hinweise für
den Anleger" oder auch als „Anlageerwägungen" bezeichnet. Letzteres
insb. auch bei Prospekten, die in den Anwendungsbereich des VerkProspG
fielen. Ferner wurden die Risikofaktoren ursprünglich nicht in die Zusammenfassung aufgenommen, da diese andere Zwecke erfüllte, beispielsweise
eher auf die Vermarktung zielte, als unter der gegenwärtigen Rechtslage,
die eine Darstellung der Risikofaktoren in der Zusammenfassung vorschreibt
(„Schlüsselinformationen" – § 5 Abs. 2 a WpPG).

Die nunmehr vorgeschriebene Bezeichnung als „Risikofaktoren" entspricht
der gängigen internationalen, insb. US-amerikanischen Praxis. Der Abschnitt „Risikofaktoren" beginnt üblicherweise mit einer standardisierten
Einleitung, die u. a. den Hinweis enthält, dass „Anleger vor der Entscheidung über den Kauf von Aktien der Gesellschaft die nachfolgend beschriebenen Risiken und die übrigen in diesem Prospekt enthaltenen Informationen sorgfältig lesen und berücksichtigen" sollten.

Der Prospekt ist nicht nur ein Vermarktungs-, sondern auch ein Haftungsdo- *16*
kument. Sind die Angaben in dem Prospekt unrichtig oder unvollständig,
droht für den Emittenten und die emissionsbegleitenden Banken die Prospekthaftung. Eine solche Haftung besteht allerdings dann nicht, wenn das
konkrete Risiko, das den wirtschaftlichen Erfolg des Emittenten beeinträchtigt oder gar zu seinem Scheitern geführt hat, im Prospekt angemessen dargestellt ist. Aus diesem Grund haben die Risikofaktoren aus haftungsrechtlicher Sicht eine besondere Bedeutung.[47] Selbstverständlich besteht eine
Haftung auch dann nicht, wenn sich ein Risiko verwirklicht hat, das bei Erstellung des Prospekts nicht absehbar war oder bei verständiger Würdigung
als fernliegend angesehen werden konnte. Auch hier kann es nicht Ziel sein,
alle denkbaren Risiken aufzureihen, sondern dem Investor eine informierte
Entscheidung zu ermöglichen.

2. Risikofaktoren

Als Risikofaktor versteht die EU-ProspV Risiken, die für die jeweilige Situation *17*
des Emittenten und/oder der Wertpapiere spezifisch und für die Anlageentscheidung wesentlich sind, Art. 2 Ziff. 3. EU-ProspV. Unter Berücksichtigung
dieser Definition reicht es mithin nicht aus – wie man dem Wortlaut von Anh. I
Ziff. 4. EU-ProspV entnehmen könnte – die nicht unternehmensbezogenen
branchenspezifischen Risikofaktoren anzugeben. Die Maßstäbe für die Auswahl der aufzuführenden Faktoren werden indes weder in Art. 2 Ziff. 3. noch
in Anh. I Ziff. 4. EU-ProspV vorgegeben.[48] Hier sind die Prospektersteller gefordert, die emittenten- bzw. wertpapierspezifischen Risiken[49] von den allgemeinen Geschäftsrisiken abzugrenzen, richtig einzuschätzen und entsprechend umfassend und aussagekräftig im Prospekt darzustellen.

---

47 Ähnlich *Schlitt/Schäfer*, in: Assmann/Schlitt/von Kopp-Colomb, WpPG/VerkProspG,
    Anh. I EU-ProspV Rn. 34.
48 Zu den allgemeinen Maßstäben siehe Komm. zu Art. 2 Ziff. 3. EU-ProspV.
49 Zu den wertpapierspezifischen Risiken siehe auch Anh. III Ziff. 2. EU-ProspV und Erl.
    dort.

Der Begriff des Risikos wird allgemein als ein mit einem Vorhaben verbundenes Wagnis, die Möglichkeit eines negativen Ausgangs einer Unternehmung, oder die Möglichkeit eines Verlustes bzw. Misserfolgs definiert. In Bezug auf die Wertpapiere, auf die sich der Prospekt bezieht, sind vor allem vermögensspezifische, aber auch alle anderen Nachteile gemeint, die einen Anleger im Falle eines Erwerbs der Wertpapiere treffen könnten.[50] Hat der Prospekt Aktien zum Gegenstand, muss die Beschreibung der Risikofaktoren tendenziell ausführlicher sein als bei Schuldtiteln. Grund dafür ist, dass Aktien auf Risiken sensibler reagieren, während den Gläubigern das Schicksal der Gesellschaft gleichgültig sein kann, solange die Rückzahlung aus den Schuldtiteln gewährleistet ist.

18   In dem Risikofaktor ist das potenzielle Risiko verständlich, sachlich und möglichst präzise zu beschreiben. Hier muss sich die Geschäftsleitung die Frage stellen, welche möglichen negativen Entwicklungen die wesentlichen Risiken für den unternehmerischen Erfolg des Emittenten darstellen. Dies erfordert eine individuelle Analyse der Geschäfts- und Wettbewerbssituation des einzelnen Emittenten.

Risikofaktoren, die nach einer individuellen Analyse der Geschäfts- und Wettbewerbssituation des einzelnen Emittenten regelmäßig Berücksichtigung finden, sind etwa ein zunehmender Wettbewerbsdruck (Markteintritt neuer Wettbewerber), nachteilige Änderungen im regulatorischen Umfeld, Verschlechterung der Finanzierungskonditionen (Zinssteigerungen), Erhöhung des Innovationsdrucks oder mögliche Fehlinvestitionen oder Fehleinschätzungen von Marktentwicklungen. Daneben sind die Risiken von Bedeutung, welche die rechtliche, steuerliche und finanzielle Due Diligence offen gelegt haben, wie etwa maßgebliche Rechtsstreitigkeiten[51], nachteilige Vertragsgestaltungen, Altlasten bei Grundstücken, Umfang von Nutzungsrechten, mögliche Steuernachforderungen oder zukünftige nicht abgesicherte Zins- und Währungsrisiken.[52] Ausgangspunkt für die Auswahl der Risikofaktoren können die im Lagebericht des Emittenten dargestellten Risiken sein, allerdings geht die Beschreibung der Risiken im Prospekt regelmäßig deutlich hierüber hinaus. Ferner ist es üblich, Prospekte von Wettbewerbern als Vergleichmaßstab zu verwenden, um zu verstehen, wie bestimmte Risiken durch Wettbewerber beurteilt werden.[53] Der spezifische Bezug jedes einzelnen Risikofaktors zum Geschäftsbetrieb und -umfeld und zur Geschäftsstrategie des Emittenten muss jeweils ausführlich dargestellt werden. Ferner muss es erläutert werden, wenn der Eintritt mehrerer Risiken

---

50 So *Fingerhut/Voß*, in: Just/Voß/Ritz/Zeising, WpPG, Anh. I EU-ProspV Rn. 70.
51 Zur Aufnahme von Rechtsstreitigkeiten in den Prospekt siehe auch Anh. I Ziff. 20.8. EU-ProspV.
52 Zu Umfang und Intensität der Due Diligence anlässlich von Kapitalmarkttransaktionen siehe *Krämer*, in: Marsch-Barner/Schäfer, Hdb börsnot AG, § 10 Rn. 58 ff.
53 Vgl. *Schlitt/Schäfer*, in: Assmann/Schlitt/von Kopp-Colomb, WpPG/VerkProspG, Anh. I EU-ProspV Rn. 49.

zugleich eine kumulierende Wirkung hat, also hiermit ein deutlich erhöhter Schaden verbunden wäre.

Mangels spezifischen Bezugs zum Emittenten müssen die mit dem Erwerb des Wertpapieres verbundenen Risiken, die allein der Sphäre des Anlegers zuzurechnen sind (etwa spezifische steuerrechtliche Risiken), nicht beschrieben werden.[54] Auch Risiken rein theoretischer Natur und solche, deren Eintritt äußerst unwahrscheinlich ist, müssen nicht in den Prospekt aufgenommen werden. Im Gegenteil kann das – auch in der Praxis zunehmend zu beobachtende – Bestreben, möglichst umfassend Risiken mit dem Ziel der Minimierung der Haftungsgefahr zu benennen, auch wenn einige dieser Risiken das Kriterium der Wesentlichkeit bei Weitem nicht erfüllen, im Einzelfall sogar kontraproduktiv sein. Die exzessive Beschreibung von Risiken kann nämlich die Lesbarkeit des Abschnitts erschweren und dazu führen, dass die wirklich wesentlichen Risiken aus dem Blickfeld des Anlegers geraten und dadurch relativiert werden.[55]

Bei der Beschreibung der einzelnen Risiken ist darauf zu achten, dass keine Relativierung oder Abschwächung der Risiken, insbesondere im Sinne von „zwar-aber"-Formulierungen vorgenommen wird (sog. *mitigating language*).[56] Auch die Betonung der Chancen, die ggfs. mit dem riskanten Umstand verbunden sind, ist insofern als unzulässige Relativierung des Risikos einzustufen. Insoweit besteht ein striktes Trennungsgebot; die Chancen können an anderer Stelle, etwa im Zusammenhang mit der Unternehmensstrategie, dargestellt werden. Ferner wird es teilweise als unzulässige Relativierung angesehen, wenn die Risikofaktoren unterschiedlich gewichtet werden.[57] Ob dieser Ansicht uneingeschränkt zu folgen ist, erscheint zweifelhaft. Dem Prospektersteller muss es jedenfalls möglich sein, Risiken, die mit einer besonders hohen Eintrittswahrscheinlichkeit verbunden sind oder deren Eintritt eine besonders starke Beeinträchtigung der Vermögens-, Finanz- und Ertragslage mit sich brächte, sprachlich entsprechend hervorzuheben.[58]

Schließlich ist es im Regelfall zulässig, in sachlicher Form auf Vorsichts- und Sicherungsmaßnahmen, die der Emittent zur Minimierung des Risikos vorge-

---

54 *Fingerhut/Voß*, in: Just/Voß/Ritz/Zeising, WpPG, Anh. I EU-ProspV Rn. 82.

55 Tendenziell offener *Fingerhut/Voß*, in: Just/Voß/Ritz/Zeising, WpPG, Anh. I EU-ProspV Rn. 86; *Schlitt/Schäfer*, in: Assmann/Schlitt/von Kopp-Colomb, WpPG/VerkProspG, Anh. I EU-ProspV Rn. 37. *Fingerhut/Voß* ist freilich dahingehend zuzustimmen, dass die Verkürzung der Risikofaktoren aus vertriebstechnischen Gründen unangebracht und haftungsrechtlich problematisch ist.

56 „Zwar-aber"-Formulierungen werden von der BaFin regelmäßig beanstandet. Zutreffend weisen allerdings *Fingerhut/Voß*, in: Just/Voß/Ritz/Zeising, WpPG, Anh. I EU-ProspV Rn. 90, darauf hin, dass die Darstellung etwaiger Vorkehrungsmaßnahmen des Emittenten zur Risikominimierung zulässig ist, soweit sie zur Erläuterung und Gewichtung des jeweiligen Risikos notwendig ist.

57 *Fingerhut/Voß*, in: Just/Voß/Ritz/Zeising, WpPG, Anh. I EU-ProspV Rn. 79.

58 So auch *Schlitt/Schäfer*, in: Assmann/Schlitt/von Kopp-Colomb, WpPG/VerkProspG, Anh. I EU-ProspV Rn. 38, die eine einheitliche Vorgehensweise zwar für vorzugswürdig, jedoch nicht für zwingend halten.

nommen hat, hinzuweisen. Da jedoch auch diese Vorkehrungen versagen können, ist der Prospektersteller aus Gründen der Transparenz gehalten, stets das „Bruttorisiko" zu beschreiben und als dasjenige Risiko darzustellen, welches ohne diese Vorkehrungen bzw. bei deren Versagen eintreten würde.[59]

Allgemeine Geschäftsrisiken, denen jeder Geschäftsbetrieb gleichermaßen unterliegt, sind als Risikofaktoren nicht gefragt, werden dennoch häufig aufgenommen. So ist die Darstellung der Risiken, die mit der seit einigen Jahren schwelenden Wirtschafts- und Finanzkrise verbunden sind, mittlerweile als branchenübergreifend marktüblich zu bezeichnen.[60]

3. Darstellung

19 Ausweislich des Klammerzusatzes der Ziff. 4. des Anh. I müssen die Risikofaktoren in einem Abschnitt mit der Bezeichnung „Risikofaktoren" aufgeführt werden. In der Praxis folgen sodann zunächst einleitende Hinweise und Warnungen. Insbesondere werden die Anleger regelmäßig aufgefordert, „vor der Entscheidung über den Kauf der Wertpapiere die nachfolgend beschriebenen Risiken und die übrigen in diesem Prospekt enthaltenen Informationen sorgfältig zu lesen und bei ihrer Anlageentscheidung zu berücksichtigen". Darüber hinaus wird darauf hingewiesen, dass in der Zukunft weitere Risiken und Aspekte von Bedeutung sein können, die dem Prospektersteller gegenwärtig nicht bekannt sind oder nicht als wesentlich einzustufen sind. Dieser Hinweis ist zulässig, da er den falschen Eindruck vermeidet, dass der nachfolgende Katalog der Risikofaktoren abschließend sei, und damit der Verständlichkeit dient.[61]

Im Anschluss an die einleitenden Hinweise und Warnungen erfolgt die Darstellung der einzelnen Risikofaktoren. Diesen wird jeweils ein Satz vorangestellt, der das jeweilige Risiko in Kürze aus sich heraus verständlich wiedergibt.[62] Dieser Satz wird in der Regel drucktechnisch hervorgehoben (als Überschrift, durch Fettdruck etc.). Nachdem die Zusammenfassung auch wesentliche Angaben zu den Risikofaktoren enthalten muss, § 5 Abs. 2 Satz 1 WpPG i. V. m. Anh. XXII Punkt D.1 bis D.3 EU-ProspV, bietet es sich an, diese Sätze in die Zusammenfassung wortgleich aufzunehmen.

20 Die Herausforderung bei der Formulierung der einzelnen Risikofaktoren besteht darin, die wesentlichen finanziellen, rechtlichen und geschäftlichen Risiken konkret zu beschreiben und dabei auch die „benachbarten" Risiken so abzudecken, dass sie in der Darstellung mit erfasst werden. Die einzelnen

---

59 *Fingerhut/Voß*, in: Just/Voß/Ritz/Zeising, WpPG, Anh. I EU-ProspV Rn. 90; ähnlich: *Schlitt/Schäfer*, in: Assmann/Schlitt/von Kopp-Colomb, WpPG/VerkProspG, Anh. I EU-ProspV Rn. 37.

60 *Schlitt/Wilczek*, in: Habersack/Mülbert/Schlitt, Handbuch der Kapitalmarktinformation, 2. Aufl. 2013, § 5 Rn. 53; *Schlitt/Schäfer*, in: Assmann/Schlitt/von Kopp-Colomb, WpPG/VerkProspG, Anh. I EU-ProspV Rn. 46.

61 *Schlitt/Schäfer*, in: Assmann/Schlitt/von Kopp-Colomb, WpPG/VerkProspG, Anh. I EU-ProspV Rn. 36.

62 *Schlitt/Schäfer*, in: Assmann/Schlitt/von Kopp-Colomb, WpPG/VerkProspG, Anh. I EU-ProspV Rn. 50.

Risikofaktoren enden häufig mit dem standardisierten Hinweis, dass der Eintritt der genannten Faktoren „(erhebliche) nachteilige Auswirkungen auf die Geschäftstätigkeit der Gesellschaft sowie auf ihre Vermögens-, Finanz- und Ertragslage" hätte. Zudem sollte die Darstellung der Risikofaktoren aus sich heraus verständlich sein. Verweise in andere Prospektteile (etwa auf die Darstellung der Geschäftstätigkeit oder der Rechtsstreitigkeiten) sind daher nicht sachgerecht, insbesondere wenn nur so die Verständlichkeit erreicht wird.

Die Position des Abschnitts „Risikofaktoren" im Wertpapierprospekt ist im   *21* Unterschied zu den meisten anderen Informationsbestandteilen nach Anhang I festgelegt. Gemäß Art. 25 Abs. 1 Ziff. 3. EU-ProspV sind im einteiligen Prospekt die Risikofaktoren nach dem Inhaltsverzeichnis und der Zusammenfassung, sowie vor den sonstigen Informationsbestandteilen, die Gegenstand der Schemata und Module sind, darzustellen. Dasselbe gilt gemäß Art. 26 Abs. 1 Ziff. 3. EU-ProspV auch für den Basisprospekt. Im mehrteiligen Prospekt sind die Risikofaktoren gem. Art. 25 Abs. 2 Ziff. 2. EU-ProspV unmittelbar nach dem Inhaltsverzeichnis darzustellen. Aus diesen Vorgaben sowie aus Art. 2 Ziff. 3. EU-ProspV („Liste von Risikofaktoren") ergibt sich zugleich, dass die Risikofaktoren in geschlossener Weise in einem eigenen Abschnitt dargestellt werden müssen. Nicht nur die inhaltliche, sondern auch eine drucktechnische bzw. gestalterische Relativierung der Risikofaktoren soll insoweit vermieden werden. Nicht zulässig wäre es daher, einzelne Risiken allein an anderer Stelle im Prospekt zu beschreiben oder den jeweiligen Risikofaktoren die entsprechenden „Chancen" gegenüberzustellen.[63] Ohne weiteres zulässig dürfte es dagegen sein, die Risiken zusätzlich an anderer Stelle aufzunehmen (etwa bei der Beschreibung der Geschäftstätigkeit), sofern dies nicht über die Darstellung im Abschnitt „Risikofaktoren" hinausgeht und nicht der Relativierung oder Verschleierung von Risiken dient. Es sollte daher immer auf den entsprechenden Abschnitt innerhalb der Risikofaktoren verwiesen werden.

Die Reihenfolge der einzelnen Risikofaktoren innerhalb dieses Abschnitts sollte sorgfältig gewählt werden. Vielfach wird es sachgerecht sein und dem Leser die Orientierung erleichtern, die verschiedenen Risikofaktoren durch Zwischenüberschriften einzuteilen und etwa nach (i) markt- bzw. branchenbezogenen Risiken, (ii) unternehmensbezogenen Risiken und (iii) mit der Transaktion bzw. der Kapitalmarktsituation verbundenen Risiken zu trennen. Dies bietet sich auch im Hinblick darauf an, dass die Zusammenfassung in Punkt D.1 bis D.3 von Anhang XXII der EU-ProspV eine entsprechende Anordnung vorgibt. Innerhalb dieser Zwischenüberschriften empfiehlt es sich, die Risikofaktoren nach der Größe des möglichen Schadens (also nicht der Höhe ihrer Eintrittswahrscheinlichkeit) zu sortieren[64], obleich die Einleitung zu diesem Abschnitt üblicherweise einen Hinweis enthält, wonach die gewählte Reihenfolge weder eine Aussage über die Eintrittswahrscheinlichkeit

---

63 Eingehend *Fingerhut/Voß*, in: Just/Voß/Ritz/Zeising, WpPG, Anh. I EU-ProspV Rn. 72–75.

64 *Schlitt/Schäfer*, in: Assmann/Schlitt/von Kopp-Colomb, WpPG/VerkProspG, Anh. I EU-ProspV Rn. 39.

noch über die Schwere bzw. die Bedeutung der einzelnen Risiken trifft. Gegebenenfalls empfiehlt sich nach der Darstellung der unternehmensbezogenen Risiken auch eine weitere separate Zwischenüberschrift für rechtliche und steuerliche Risiken. Dient die Kapitalmarkttransaktion der Finanzierung des Erwerbs eines anderen Unternehmens, so werden ferner – häufig unter einer weiteren Zwischenüberschrift – die mit dieser Transaktion verbundenen Risiken gesondert dargestellt.

VI. Informationen über den Emittenten, Ziff. 5.

1. Formelle Angaben über den Emittenten, Ziff. 5.1.1., Ziff. 5.1.2., Ziff. 5.1.3.

22   Anh. I Ziff. 5. EU-ProspV verlangt im Wesentlichen verschiedene formelle Angaben über den Emittenten (Firma, Sitz, Registrierungsnummer, Investitionen etc.), die weitgehend aus sich heraus verständlich sind. Allerdings sieht Anh. I Ziff. 5.1.5. EU-ProspV auch die Darstellung bestimmter wichtiger Ereignisse der Unternehmensgeschichte vor.

Als juristischer Name wird die Firma des Emittenten verstanden. Dies ist gem. § 17 Abs. 1 HGB der Name, unter dem ein Kaufmann seine Geschäfte betreibt. Mit dem Ausdruck „kommerzieller Name" ist der Name gemeint, unter dem der Emittent geschäftlich tätig ist. Vielfach ist dieser Name mit der Firma identisch, gewöhnlicherweise wird lediglich die Rechtsformbezeichnung oder ein anderer Firmenzusatz, etwa i. R. d. Produktwerbung, weggelassen. Zum kommerziellen Namen gehören auch etwaig verwendete Abkürzungen; Wort(bild)marken oder Logos müssen dagegen an dieser Stelle nicht aufgeführt werden.[65]

23   Nach deutschem Aktienrecht ist der Ort der Registrierung der Sitz des Amtsgerichts, das die Eintragung des Emittenten in das Handelsregister vornimmt. Dies ist das Gericht des nach § 5 AktG satzungsmäßig bestimmten Sitzes der Gesellschaft (siehe §§ 36, 14 AktG). Der Sitz einer nach deutschem Recht gegründeten AG oder KGaA hat sich nach § 5 AktG im Inland zu befinden; ansonsten wäre auch ein Registerverfahren mangels Bestimmbarkeit der Zuständigkeit nicht möglich. Die örtliche Zuständigkeit für die Ersteintragung in das Handelsregister richtet sich nach dem in der Gründungsurkunde (§ 23 Abs. 3 Nr. 1 AktG) und der Gründungssatzung bestimmten Sitz der Gesellschaft. Dieser muss sich zwar in Deutschland, aber nicht (mehr) notwendig am Ort einer Betriebsstätte, der Geschäftsleitung oder der Verwaltung befinden.[66] Die Re-

---

65 Weitergehend *Fingerhut/Voß*, in: Just/Voß/Ritz/Zeising, WpPG, Anh. I EU-ProspV Rn. 94; *Schlitt/Schäfer*, in: Assmann/Schlitt/von Kopp-Colomb, WpPG/VerkProspG, Anh. I EU-ProspV Rn. 52.

66 Durch das Gesetz zur Modernisierung des GmbH-Rechts und zur Bekämpfung von Missbräuchen ist § 4 a Abs. 2 GmbHG und § 5 Abs. 2 AktG aufgehoben worden, wonach i. d. R. der Ort, an dem die Gesellschaft einen Betrieb hat, oder der Ort, an dem sich die Geschäftsleitung befindet oder die Verwaltung geführt wird, auch Sitz der Gesellschaft sein sollte.

gistrierungsnummer ist die HRB-Nummer, unter der die Gesellschaft im Handelsregister eingetragen wird (Registerblatt, vgl. § 13 HRV).

Ob mit „Datum der Gründung" tatsächlich das Datum des nach deutschem 24 Recht als Gründung zu bezeichnenden Vorgangs[67] gemeint ist, ist fraglich. Einiges spricht dafür, dass mit dem Begriff der Gründung in Anh. I EU-ProspV die Entstehung bzw., sofern diese konstitutiv ist, das Datum der Eintragung der Gesellschaft in das Handelsregister gemeint ist.[68] Anführen lässt sich auch die englische Fassung der EU-ProspV. Danach ist das Datum der „incorporation" anzugeben, was die Registrierung der Gesellschaft umfasst.[69] In einem Prospekt sollten daher sowohl das Datum des nach deutschem Recht als Gründung zu bezeichnenden Vorgangs als auch das Datum der Eintragung in das Handelsregister genannt werden. Welches der maßgebliche Gründungsvorgang ist, ergibt sich aus deutschem Gesellschaftsrecht. In den weitaus meisten Fällen wird es bei einer Kapitalgesellschaft auf das Datum der notariellen Gründungsurkunde ankommen. Ist bei Gesellschaften, die sehr alt sind, das Gründungsdatum nicht mehr genau feststellbar, reicht ein allgemeiner Hinweis aus, etwa dass der Emittent auf die „im Jahr 1882 gegründete Gesellschaft mit der Firma ... zurückgeht". Schwierigkeiten können sich auch ergeben, wenn der Emittent im Wege der formwechselnden Umwandlung aus einer Personenhandelsgesellschaft entstanden ist. Dann kann auch der Geschäftsbeginn der maßgebliche Zeitpunkt sein (vgl. § 123 Abs. 2 HGB). Ausreichend dürfte sein, das Datum der Handelsregistereintragung der Umwandlung in die AG oder KGaA anzugeben.[70] Da jedenfalls Emittenten aus Deutschland aufgrund der Handelsregisterdaten klar identifizierbar sind, können formale Anforderungen insofern hinter praktischen Schwierigkeiten zurücktreten. Es spricht allerdings auch nichts dagegen, zusätzlich das Datum der Beurkundung der neuen Satzung zu nennen.

Die Existenzdauer wird für Aktiengesellschaften oder Kommanditgesellschaften auf Aktien i. d. R. unbefristet sein. Der Gesetzgeber verlangt die Offenlegung im Prospekt nur für den Fall, dass die Existenzdauer befristet ist. Obgleich die Angabe des Umstands, dass die Existenzdauer des Emittenten unbefristet ist, nach dem Wortlaut der Ziff. 5.1.3. des Anh. I EU-ProspV nicht gefordert ist, verlangt die BaFin dies dennoch regelmäßig. Daher sollte diese Angabe in den Prospekt aufgenommen werden.

---

67 Dies war nach § 18 Nr. 2 BörsZulVO anzugeben, vgl. *Heidelbach*, in: Schwark, KapMRK, 3. Aufl. § 18 Rn. 1.

68 In der Praxis finden sich beide Varianten.

69 *Schmitthoff*, Palmer's Company Law, Rn. 15-02 ff. So im Ergebnis auch *Fingerhut/Voß*, in: Just/Voß/Ritz/Zeising, WpPG, Anh. I EU-ProspV Rn. 96, der allein das Datum der Eintragung für maßgeblich hält.

70 Für diesen Zeitpunkt generell bei formwechselnden Umwandlungen: *Fingerhut/Voß*, in: Just/Voß/Ritz/Zeising, WpPG, Anh. I EU-ProspV Rn. 97.

2. Rechtsform, Sitz, Maßgebliche Rechtsordnung und andere Angaben gem. Ziff. 5.1.4.

25 Nach Anh. I Ziff. 5.1.4. EU-ProspV sind zunächst die Rechtsform und der Sitz des Emittenten zu nennen. Emittenten nach deutschem Recht, die Wertpapiere im Sinne des Anh. I begeben, können nur Aktiengesellschaften (AG), Kommanditgesellschaften auf Aktien (KGaA) und Europäische Aktiengesellschaften (SE) sein. Sog. REIT-AGs haben keine eigenständige Rechtsform, sondern sind gemäß § 1 Abs. 1 REIT-G Aktiengesellschaften mit besonderem Unternehmensgegenstand. Da § 6 REIT-G vorsieht, dass die „REIT-Aktiengesellschaft" Teil der Firma ist, sollte dieser Umstand entsprechend hervorgehoben werden.

Sitz der Gesellschaft ist gemäß § 5 AktG der Ort im Inland, den die Satzung bestimmt.[71]

Die Formulierung „Rechtsordnung, in der er [der Emittent] tätig ist" ist missverständlich. Sie stellt darauf ab, welcher gesellschaftsrechtlichen Rechtsordnung der Emittent unterliegt. Es ist also keine Aufzählung der Rechtsordnungen gefordert, in denen der Emittent insgesamt geschäftlich tätig ist. Eine solche, sich allein am Wortlaut orientierende Auslegung, würde systematisch nicht an diese Stelle gehören. Die gegenteilige Auffassung[72] verkennt zudem die erheblichen praktischen Schwierigkeiten, die mit einem Erfordernis zur erschöpfenden Auflistung aller dieser Rechtsordnungen verbunden wären, zumal bereits im Abschnitt „Geschäftstätigkeit" die wesentlichen Länder (aber nicht alle Länder), in denen die Geschäftstätigkeit stattfindet, genannt werden müssten. Bei ausländischen Emittenten richtet sich die Frage der anwendbaren Rechtsordnung nach dem Gesellschaftsstatut des jeweils auf sie anwendbaren Rechts und kann sich aus dem Sitz der Gesellschaft oder aus dem von den Gründern beim Konstitutionsakt gewählten Recht ergeben. Dabei ist es aufgrund der europarechtlichen Liberalisierung theoretisch möglich, dass das Gesellschaftsstatut und das Sitzland der Gesellschaft auseinanderfallen.

Ferner ist das Land der Gründung des Emittenten anzugeben, das ebenfalls nicht mit der Rechtsordnung, der er unterliegt, identisch sein muss.

Unter Geschäftsanschrift des eingetragenen Sitzes ist nur die Postanschrift zu verstehen – die Angabe eines Postfachs ist nicht ausreichend.[73] Für die weiter anzugebende Telefonnummer ist die Nummer der Zentrale ausreichend. Sofern der eingetragene Sitz und der Hauptort der Geschäftstätigkeit auseinanderfallen, bestimmt Anh. I Ziff. 5.1.4. EU-ProspV, dass die Geschäftsanschrift und die Telefonnummer allein für den letzteren anzugeben sind.

---

71 Die frühere Vorgabe, wonach die Satzung als Sitz in der Regel den Ort, wo die Gesellschaft einen Betrieb hat, oder den Ort bestimmen muss, wo sich die Geschäftsleitung befindet oder die Verwaltung geführt wird, ist mit Wirkung zum 01.11.2008 ersatzlos aufgehoben worden.

72 *Fingerhut/Voß*, in: Just/Voß/Ritz/Zeising, WpPG, Anh. I EU-ProspV Rn. 101.

73 *Fingerhut/Voß*, in: Just/Voß/Ritz/Zeising, WpPG, Anh. I EU-ProspV Rn. 103.

3. Geschäftsentwicklung, Ziff. 5.1.5.

Unter wichtige Ereignisse in der Geschichte des Emittenten sollten in erster   26
Linie nicht gesellschaftsrechtliche Ereignisse, wie etwa die Änderung des
Geschäftsgegenstandes, die formwechselnde Umwandlung der Gesellschaft,
die Sitzverlegung, der Abschluss eines Beherrschungs- bzw. Ergebnisabfüh-
rungsvertrages zugunsten eines anderen Unternehmens oder eine rechtliche
Umstrukturierung des Unternehmens beschrieben werden. Wichtiger sind
regelmäßig geschäftliche Ereignisse von wesentlicher Bedeutung, bspw. das
Erreichen bestimmter Kundenzahlen, die Eröffnung neuer Geschäftsfelder,
Unternehmenszusammenschlüsse, die Entwicklung wichtiger Produkte und
Dienstleistungen, die Erschließung ausländischer Märkte oder die erstmalige
Erzielung der Gewinnschwelle. Eine Verdopplung der Information aus Anh. I
Ziff. 21.1.7. EU-ProspV (Entwicklung des Aktienkapitals) sollte dabei vermieden werden. Es bietet sich daher an, diese Darstellung an den Beginn
des Abschnitts „Geschäftstätigkeit" zu stellen. Der Prospekterstellser sollte
sich einer sachlichen Sprache bedienen und auf eine vollständige Darstellung aller wichtigen – positiven wie negativen – Ereignisse Wert legen.

Als Maßstab für die „Wichtigkeit" wird teilweise darauf abgestellt, ob es sich
bei dem Ereignis um einen „wesentlichen Umstand" gemäß § 16 WpPG handeln würde, wenn er innerhalb der Nachtragsfrist eintreten würde.[74] Das ist
für die Ereignisse der jüngeren Vergangenheit sicherlich ein geeigneter
Maßstab. Für weiter zurückliegende Ereignisse dürfte es aber mehr darauf
ankommen, inwieweit sie noch auf die gegenwärtigen Verhältnisse ausstrah-
len und insofern weiterhin wirkungsmächtig sind.

4. Investitionen, Ziff. 5.2.

Die Regelungen zu Anh. I Ziff. 5.2. EU-ProspV stimmen im Wesentlichen mit   27
den Vorgaben gemäß § 20 Abs. 1 Ziff. 7. BörsZulVO a. F. überein. § 7 Abs. 1
Ziff. 4. VerkProspVO a. F. hatte verringerte Anforderungen, da danach nur
Angaben über die wichtigsten laufenden Investitionen mit Ausnahme der Finanzanlagen erforderlich waren.[75] Gem. Anh. I Ziff. 5.2.1. EU-ProspV ist jetzt
klargestellt, dass eine Beschreibung der wichtigsten Investitionen einschließlich der jeweiligen Beträge der Investitionen[76] erforderlich ist.

Der maßgebliche Zeitraum ist der der historischen Finanzinformationen   28
(siehe Anh. I Ziff. 20.1.), also i. d. R. die letzten drei Geschäftsjahre, und der
Zeitraum bis zum Datum des Registrierungsformulars, d. h. das Datum der
Unterzeichnung des Prospekts. Im Hinblick auf die Unterscheidung zwi-
schen getätigten Investitionen (Anh. I Ziff. 5.2.1.), laufenden Investitionen
(Anh. I Ziff. 5.2.2.) und geplanten Investitionen (Anh. I Ziff. 5.2.3.) ist diese

---

74 *Fingerhut/Voß*, in: Just/Voß/Ritz/Zeising, WpPG, Anh. I EU-ProspV Rn. 105; *Schlitt/
Schäfer*, in: Assmann/Schlitt/von Kopp-Colomb, WpPG/VerkProspG, Anh. I EU-ProspV
Rn. 56, 57, jeweils mit weiteren Hinweisen.

75 *Gebauer*, in: Kümpel/Hammen/Ekkenga, KapMR, Kz. 100, S. 39.

76 So auch nach alter Rechtslage, siehe RegBegr. BörsZulVO, BR-Drucks. 72/87, S. 67 f.

Formulierung unter Verwendung eines Stichtages präziser als die Formulierung in § 20 Abs. 1 Ziff. 7. BörsZulVO a. F. (laufendes Geschäftsjahr).

29 Es bietet sich an, die Investitionen nach Bereichen aufgeschlüsselt anzugeben (u. a. Sachanlagen, Finanzanlagen, immaterielle Vermögenswerte) und darzustellen, welches die wesentlichen Investitionsgegenstände der einzelnen Kategorien sind (z. B. Anlagen der Betriebs- und Geschäftsausstattung, Art und Höhe der Finanzanlagen). Ferner sind die Angaben über das Investitionsvolumen um konkrete Informationen über die jeweilige Investition als solche zu ergänzen.[77]

30 Welche Investitionen für das Unternehmen und die Geschäftstätigkeit des Unternehmens als wichtig einzustufen sind, kann letztendlich nur betriebswirtschaftlich beurteilt werden. Als Kriterien für die Bewertung der Bedeutung der Investition können sich das Investitionsvolumen und dessen Vergleich zu den Kennzahlen der Vermögens-, Finanz- und Ertragslage des Unternehmens oder auch die Funktion der Investition i. R. d. zukünftigen Geschäftstätigkeit anbieten. In der Literatur wurde vorgeschlagen, Investitionen jedenfalls dann als wichtig einzustufen, wenn der Investitionsbetrag bezogen auf die gesamten im Geschäftsjahr getätigten Investitionen mehr als 10 % beträgt.[78] Nicht überzeugen kann dagegen die in der älteren Literatur vertretene Auffassung, dass nur solche Investitionen zu nennen sind, die der Summe nach mindestens 10 % des Jahresumsatzes des Emittenten ausmachen, da diese Schwelle dazu führen würde, dass ein Großteil aller Investitionen unter den Tisch fallen würde.[79] Als Ausgangspunkt für die Überlegung kann in der Regel der Konzernlagebericht dienen, in dem Umfang und Hauptzweck der im Geschäftsjahr getätigten Investitionen anzugeben sind.[80] Ein weiterer Anhaltspunkt ist der Ausweis des Cashflows aus der Investitionstätigkeit in der Kapitalflussrechnung. Darzustellen ist dabei, wozu die entsprechenden Mittel verwendet wurden.

31 Bei der Angabe der wichtigsten laufenden Investitionen ist dem Zusatz „im In- und Ausland" zu entnehmen, dass es als Angaben zur geografischen Verteilung der Investitionen ausreicht, die Länder zu nennen, in denen investiert wurde. Kommt dem Ausland gegenüber dem Inland eine untergeordnete Rolle zu, reicht eine zusammenfassende Darstellung aus. Eine weitere Aufschlüsselung ist nicht erforderlich. Des Weiteren ist anzugeben, ob es

---

77 So auch nach alter Rechtslage: RegBegr. BörsZulVO, BR-Drs. 72/87, S. 67/78, vgl. *Groß*, KapMR, 2. Aufl. §§ 13–32 BörsZulVO Rn. 11.

78 So bereits zur VerkProspVO *Gebauer*, in: Kümpel/Hammen/Ekkenga, KapMR, Kz. 100, S. 40 m. w. N. Siehe auch *Fingerhut/Voß*, in: Just/Voß/Ritz/Zeising, WpPG, Anh. I EU-ProspV Rn. 108, und *Schlitt/Schäfer*, in: Assmann/Schlitt/von Kopp-Colomb, WpPG/VerkProspG, Anh. I EU-ProspV Rn. 59, die zu Recht hervorheben, dass es sich hierbei nur um eine Richtschnur handeln sollte, im Einzelfall also auch kleinere Investitionen darzustellen sind, etwa wenn diese für einen einzelnen Geschäftszweig von besonderer Bedeutung sind.

79 *Fingerhut/Voß*, in: Just/Voß/Ritz/Zeising, WpPG, Anh. I EU-ProspV Rn. 108.

80 Eingehend *Fingerhut/Voß*, in: Just/Voß/Ritz/Zeising, WpPG, Anh. I EU-ProspV Rn. 107, unter Hinweis auf DRS 15 Rn. 69.

sich um eigen- oder fremdfinanzierte Investitionen handelt. Genauere Angaben zum Investitionsvolumen sowie zu Art und Umfang der Fremdfinanzierung können sich anbieten, sind aber nicht ausdrücklich verlangt.

Wie bereits nach der BörsZulVO sind bei künftigen wichtigen Investitionen   32
auch solche zu berücksichtigen, die der Emittent mit Hilfe der aus der Emission zufließenden Mittel tätigen will.[81] Diese Investitionen, die für einen Anleger durchaus von Interesse sind, sind dann auch bei der Darstellung zur Verwendung des Emissionserlöses kurz zu beschreiben. Da der Eintritt einer zukünftigen Investition naturgemäß mit einer gewissen Unsicherheit behaftet ist, stellt sich die Frage, welcher Grad an Gewissheit mit dem Eintritt der zukünftigen Investition verbunden sein muss. Es erscheint zu weitgehend, jede beabsichtigte bzw. unverbindlich angestrebte Investitionsplanung im Detail zu schildern. Auf der anderen Seite wäre es zu eng, nur die Investitionen darzustellen, die in Zukunft mit Sicherheit getätigt werden, etwa weil bereits verbindliche Vereinbarungen mit Dritten getroffen wurden. Vorzugswürdig erscheint es stattdessen, gem. dem Wortlaut des Anh. I Ziff. 5.2.3. EU-ProspV darauf abzustellen, ob die zuständigen Entscheidungsorgane der Gesellschaft bereits beschlossen haben, die Investition zu tätigen, auch wenn dieser Beschluss unter Vorbehalten oder Bedingungen steht.[82] Auch hier sind Angaben zu Art und Volumen der Investition sowie zum Umfang der beabsichtigten Fremdfinanzierung zu machen, soweit dies zum Datum des Prospekts bereits möglich ist.

Besonders bei den Angaben zu zukünftigen Investitionen stehen sich das Informationsinteresse der Anleger und das – im Interesse der Altaktionäre und letztendlich auch im Interesse neuer Anleger liegende – Bedürfnis des Emittenten gegenüber, wettbewerbsrelevante Angaben vertraulich zu behandeln.[83] Dem Geheimhaltungsinteresse des Emittenten wird zwar durch § 8 Abs. 2 WpPG Rechnung getragen, der Art. 8 Abs. 2 EU-ProspRL entspricht und § 47 BörsZulVO sowie § 14 VerkProspVO ersetzt. In der Praxis bietet es sich aber an, im Prospekt solche Formulierungen zu wählen, die den Anleger ausreichend informieren, aber den Geheimhaltungsinteressen des Emittenten dennoch genügen.

---

81 So für die BörsZulVO *Heidelbach*, in: Schwark, KapMRK, 3. Aufl. § 20 BörsZulVO Rn. 2. Dies ist in erster Linie bei dreiteiligen Börsenprospekten relevant, da die Angaben andernfalls gem. Anh. III Ziff. 3.4. EU-ProspV aufzunehmen sind.

82 Ähnlich: *Fingerhut/Voß*, in: Just/Voß/Ritz/Zeising, WpPG, Anh. I EU-ProspV Rn. 111; *Schlitt/Schäfer*, in: Assmann/Schlitt/von Kopp-Colomb, WpPG/VerkProspG, Anh. I EU-ProspV Rn. 61.

83 So für die BörsZulVO *Heidelbach*, in: Schwark, KapMRK, 3. Aufl. § 20 BörsZulVO Rn. 2; zu der Interessenlage nach der VerkProspV a. F. siehe *Hüffer*, VerkProspG, S. 110.

VII. Geschäftsüberblick, Ziff. 6.

1. Überblick Ziff. 6.1.

33 Die Beschreibung der Geschäftstätigkeit stellt neben den Risikofaktoren und der Beschreibung der Geschäfts- und Finanzlage (i. d. R. als „Darstellung und Analyse der Vermögens-, Finanz- und Ertragslage" bezeichnet) denjenigen Teil des Prospekts dar, dessen Erstellung den meisten Aufwand erfordert und dem daher große Aufmerksamkeit geschenkt werden sollte. Die Beschreibung der Geschäftstätigkeit ist aus der Sicht des Investors ein maßgebliches Kriterium für die Beurteilung des angebotenen oder zugelassenen Wertpapieres. Häufig werden daher nicht nur Informationen zu den Mindestangaben aus Anh. I Ziff. 6. EU-ProspV aufgeführt, sondern zusätzlich freiwillige Angaben, wie z. B. eine Darstellung der Wettbewerbsstärken und der Unternehmensstrategie.[84] Begrenzt wird die Möglichkeit freiwilliger Angaben durch die Vorgabe des Abs. 5 der Präambel der EU-ProspV, wonach zusätzliche Angaben der Art des Wertpapieres oder des betreffenden Emittenten angemessen sein sollen. Auch eine Schilderung der rechtlichen Rahmenbedingungen der Geschäftstätigkeit des Emittenten sieht Anh. I Ziff. 6.1. EU-ProspV nicht ausdrücklich vor. Während damit aus rechtlicher Sicht grds. eine kurze Beschreibung bei der Darstellung der Geschäftstätigkeit ausreicht, ist jedenfalls aus Vermarktungsgründen eine ausführlichere Beschreibung geboten. Hierzu gehört auch, in Einzelfällen genauer auf das rechtliche Umfeld des Emittenten einzugehen, so z.B. wenn er in einer stark regulierten oder subventionierten Branche tätig ist und damit mehr als gewöhnlich von rechtlichen Gegebenheiten abhängt.[85]

Zentrale Bedeutung hat die Beschreibung der Geschäftstätigkeit insb. bei öffentlichen Angeboten von Wertpapieren, bei denen eine überzeugende „equity story" i. R. d. Beschreibung der Geschäftstätigkeit für den Erfolg einer Transaktion (mit-)entscheidend ist. Im Wesentlichen muss die Beschreibung der Geschäftstätigkeit als eine grds. für die Beurteilung der Wertpapiere wesentliche Angabe entsprechend § 5 Abs. 1 WpPG richtig und vollständig sein sowie dem Anleger ein zutreffendes Urteil ermöglichen. Üblicherweise beginnt die Beschreibung der Geschäftstätigkeit mit einem Überblick, in dem kurz und prägnant beschrieben wird, wie sich die Geschäftstätigkeit der Gesellschaft seit ihrer Gründung entwickelt hat, welche die wesentlichen Geschäftsbereiche der Gesellschaft sind und welche Entwicklung die Umsatzerlöse und das Ergebnis in den letzten Geschäftsjahren genommen haben. Der Überblick über die Geschäftstätigkeit sollte so strukturiert sein, dass er auch in der Zusammenfassung des Prospekts und gegebenenfalls als Einführung im Abschnitt der Beschreibung der Geschäfts- und Finanzlage verwendet werden kann.

---

84 Zu weiteren möglichen Angaben: *Schlitt/Schäfer*, in: Assmann/Schlitt/von Kopp-Colomb, WpPG/VerkProspG, Anh. I EU-ProspV Rn. 62.

85 So *Schlitt/Schäfer*, in: Assmann/Schlitt/von Kopp-Colomb, WpPG/VerkProspG, Anh. I EU-ProspV Rn. 72.

2. Haupttätigkeiten, Ziff. 6.1.1.

Anh. I Ziff. 6.1.1. EU-ProspV verlangt die Beschreibung der Wesensart der 34 Geschäfte des Emittenten und seiner Haupttätigkeiten (sowie der damit im Zusammenhang stehenden Schlüsselfaktoren) unter Angabe der wichtigsten Arten der vertriebenen Produkte und/oder erbrachten Dienstleistungen. Die Auslegung der BaFin orientiert sich hinsichtlich des Geschäftsüberblicks am Wortlaut der Vorschrift, so dass die Haupttätigkeiten unter Angabe der wichtigsten Arten der vertriebenen Produkte und/oder erbrachten Dienstleistungen für jedes Geschäftsjahr, welches von den historischen Finanzinformationen abgedeckt ist, jeweils anzugeben sind. Allgemeine Beschreibungen der Geschäftstätigkeit, wie sie vor Inkrafttreten des WpPG teils in Prospekten zu finden waren, erfüllen heute nicht mehr die Anforderungen, können aber regelmäßig als Einführung zur Schaffung des erforderlichen Vorverständnisses für den Investor nützlich sein. Bei der Auslegung des Begriffs der Geschäftstätigkeit kann auf § 20 Abs. 1 Nr. 1 BörsZulVO a. F. zurückgegriffen werden, wonach die „wichtigsten Tätigkeitsbereiche" des Emittenten dargestellt werden sollten. An eine mögliche allgemein gehaltene Einführung der Geschäftstätigkeit anknüpfend müssen daher die wichtigsten Tätigkeitsbereiche konkret und hinreichend detailliert dargestellt werden. Die Darstellung eines Schwerpunkts der Geschäftstätigkeit genügt den Anforderungen von Anh. I Ziff. 6.1. EU-ProspV deshalb ebensowenig wie die bloße Auflistung der wichtigsten Tätigkeitsbereiche.[86]

Mit Tätigkeitsbereich ist jede sich deutlich abhebende, differenzierbare Organisationseinheit gemeint, die auf den Absatz bestimmter Produkte oder Produktgruppen bzw. Dienstleistungen oder Dienstleistungsgruppen ausgerichtet ist.[87] Sofern der Emittent über eine Segmentberichterstattung verfügt, sollte die Darstellung der Geschäftstätigkeit entsprechend den Segmenten strukturiert sein, um dem Investor ein in Finanzdaten und der Darstellung der Geschäftstätigkeit konsistentes Bild zu geben. Ausgangspunkt für die Segmentbildung ist die interne Berichtsstruktur des Unternehmens *(management approach)*. Die Produkte und Dienstleistungen werden sich regelmäßig den einzelnen Segmenten zuordnen lassen.

Bei Gesellschaften, die „breit" aufgestellt sind, kann die Entscheidung, was 36 unter Wesensart und Beschreibung der Haupttätigkeiten zu verstehen ist, schwierig sein. Die Anforderung des § 20 Abs. 1 Nr. 1 BörsZulVO a. F., der auf die „wichtigsten" Tätigkeitsbereiche abstellte, war in dieser Hinsicht ähnlich, aber ebenfalls nicht präzise. Letztlich handelt es sich bei dem Ausdruck um einen unbestimmten Rechtsbegriff. Dieser kann grds. uneingeschränkt verwaltungsgerichtlich überprüft und ggf. durch eine eigene Ent-

---

86 *Fingerhut/Voß*, in: Just/Voß/Ritz/Zeising, WpPG, Anh. I EU-ProspV Rn. 117.
87 Vgl. *Gebauer*, in: Kümpel/Hammen/Ekkenga, KapMR, Kz. 100, S. 38 f. m. w. N.; mit weitergehender Auslegung des Begriffs: *Fingerhut/Voß*, in: Just/Voß/Ritz/Zeising, WpPG, Anh. I EU-ProspV Rn. 116, wonach auch Schwerpunkte in der Geschäftstätigkeit, die keiner separaten Organisationseinheit zugeordnet sind, als Tätigkeitsbereich verstanden werden können.

scheidung des Verwaltungsgerichts ersetzt werden.[88] Inwieweit tatsächlich die Haupttätigkeitsbereiche genannt sind, kann die BaFin nur im Rahmen ihrer Vollständigkeitprüfung (einschließlich der Prüfung der Kohärenz und der Verständlichkeit) gem. § 13 Abs. 1 Satz 2 WpPG feststellen. Wie bereits nach altem Recht bei der Prüfung der „wichtigsten" Tätigkeitsbereiche durch die Zulassungsstelle gem. § 31 Abs. 1 Satz 1 BörsG a. F. bestehen auch für die Prüfung der „Haupttätigkeiten" durch die BaFin weder generelle Kriterien noch eindeutige zahlenmäßige Größenordnungen. Gleichwohl dürfte die in § 20 Abs. 1 Nr. 3 BörsZulVO a. F. genannte 10 %-Grenze des Umsatzes nach wie vor als Richtwert dienen können.[89] Von diesem sollte jedoch abgewichen werden, wenn sich bei umfassender Betrachtung ergibt, dass einem einzelnen Tätigkeitsbereich auch dann wichtige Bedeutung zukommt, wenn er weniger als 10 % des Gesamtumsatzes erzielt. Beispielhaft seien hier Tätigkeitsbereiche genannt, die trotz geringeren Umsatzes besondere Verlustrisiken oder auch besonderes Zukunfts- oder Entwicklungspotenzial ausweisen und deshalb im Rahmen der „wichtigen" Tätigkeitsbereiche als solche aufgeführt werden sollten.[90]

37 Die weiteren Merkmale, d. h. die Angabe der Wesensart der Geschäfte des Emittenten sowie die mit den Haupttätigkeiten im Zusammenhang stehenden Schlüsselfaktoren, sollen die Anforderungen an die Beschreibung der Geschäftstätigkeit weiter konkretisieren. Die Wesensart der Geschäfte muss schon deswegen dargestellt werden, um das Geschäftsmodell des Emittenten verständlich zu machen. Auf die Schlüsselfaktoren wird vielfach in einem Abschnitt mit der Überschrift „Wettbewerbsstärken" gesondert eingegangen, in dem die Gesellschaft die Besonderheiten ihres Geschäftsmodells darstellt. Zudem enthält der Abschnitt über die „Darstellung und Analyse der Vermögens-, Finanz- und Ertragslage" typischerweise eine Zusammenstellung der für das Verständnis der Geschäftszahlen wesentlichen Faktoren *(key drivers)*.[91]

3. Neue Produkte/Dienstleistungen, Ziff. 6.1.2.

38 Anders als § 20 Abs. 1 Nr. 1 BörsZulVO a. F. unterscheidet Anh. I Ziff. 6.1.2. EU-ProspV zwischen Einführung und der Entwicklung neuer Produkte. Wichtige eingeführte Produkte und/oder Dienstleistungen sind in jedem Fall anzugeben. Dagegen legt der Wortlaut von Anh. I Ziff. 6.1.2. EU-ProspV nahe, dass noch in der Entwicklung befindliche Produkte und/oder Dienstleistungen nicht zwingend angegeben werden müssen. Dies wird dem Geheimhaltungsinteresse des Emittenten im Bereich wettbewerbsrelevanter Informationen gerecht, zu dem insb. der Bereich Forschung und Entwicklung

---

88 Vgl. hierzu *Gebhardt*, in: Schäfer/Hamann, KapMG, § 20 BörsZulVO Rn. 3.
89 Vgl. *Gebhardt*, in: Schäfer/Hamann, KapMG, § 20 BörsZulVO Fn. 3; *Groß*, KapMR, 2. Aufl. §§ 13–32 BörsZulVO Rn. 11; *Heidelbach*, in: Schwark, KapMRK, 3. Aufl. § 20 BörsZulVO Rn. 1.
90 *Fingerhut/Voß*, in: Just/Voß/Ritz/Zeising, WpPG, Anh. I EU-ProspV Rn. 118.
91 *Schlitt/Schäfer*, in: Assmann/Schlitt/von Kopp-Colomb, WpPG/VerkProspG, Anh. I EU-ProspV Rn. 66.

zählt.[92] In der Entwicklung befindliche Produkte sind allerdings unter den Voraussetzungen von Anh. I Ziff. 11. EU-ProspV anzugeben, soweit sie Bestandteil einer Entwicklungsstrategie sind. Dem Geheimhaltungsinteresse wird über § 8 Abs. 2 WpPG Rechnung getragen, der die Vorgaben des Art. 8 Abs. 2 EU-ProspRL umsetzt, in der Praxis allerdings keine Bedeutung hat. Werden in der Entwicklung befindliche Produkte und/oder Dienstleistungen angegeben, ist der Stand der Entwicklung darzustellen, damit potenzielle Anleger einschätzen können, wann mit der Marktreife des Produktes zu rechnen ist. Im Rahmen der Produktbeschreibung tendieren Emittenten gelegentlich dazu, die Zielgruppe des Wertpapierprospekts aus dem Blick zu verlieren. Es handelt sich, plakativ gesprochen, nicht um ein Dokument, mit dem die Produkte der Gesellschaft gegenüber dem Kunden beworben werden, sondern um ein Dokument, das sich an (potenzielle) Investoren richtet und für diese die Geschäftätigkeit darstellt. Technische Produkte müssen daher in einer für den Investor verständlichen Weise dargestellt werden. Der Detailgrad der Darstellung soll in erster Linie der Einschätzung der Geschäftschancen dienen, die mit den Produkten verbunden sind, und nicht ihrer Vorzüge und Verwendungsmöglichkeiten für den Kunden.

4. Wichtigste Märkte, Ziff. 6.2.

Anh. I Ziff. 6.2. EU-ProspV verlangt eine Beschreibung der wichtigsten Märkte, auf denen der Emittent tätig ist. Die Vorschrift greift den Gedanken des § 20 Abs. 1 Nr. 3 BörsZulVO a. F. auf, vermeidet aber die damaligen hervorgerufenen Auslegungsschwierigkeiten[93] und stellt klar, dass eine Aufschlüsselung sowohl nach Tätigkeitsbereichen als auch nach geografischen Märkten zu erfolgen hat.[94] Damit erübrigt es sich auch zu fordern, dass Abweichungen von der normalen Geschäftätigkeit des Emittenten bei einzelnen Tätigkeitsbereichen oder geografischen Märkten deutlich gemacht werden.[95] Sie werden durch die in Anh. I Ziff. 6.2. EU-ProspV geforderte Aufschlüsselung ohnehin offen gelegt. Während die geografischen Märkte, in denen der Emittent tätig ist, nach Ländern und Regionen aufgeschlüsselt dargestellt werden können, eignet sich für die Einteilung von Märkten im Internet der Rückgriff auf kartellrechtliche Kriterien.[96] In der Praxis werden die Märkte, auf denen der Emittent tätig ist, vielfach abstrakt zu Beginn der Geschäftätigkeit und orientiert an industrieüblichen Marktabgrenzungen dargestellt. Die Aufschlüsselung der Umsatzangaben erfolgt dann an einer späteren Stelle im Prospekt. Eine solche Trennung ist trotz der Formulierung ("einschließlich") im Regelfall sachgerecht. Bei der Aufschlüsselung der Umsätze bietet sich dann eine Orientierung an den Segmenten der Gesellschaft, an deren Produkten bzw. Produktgruppen oder anhand anderer gesellschafts-

39

92 *Hüffer*, VerkProspG, S. 110.
93 Vgl. dazu *Heinze*, Europäisches Kapitalmarktrecht, S. 127 f.
94 So bereits zu § 20 Abs. 1 Nr. 1 und 3 BörsZulVO *Heidelbach*, in: Schwark, KapMRK, 3. Aufl. § 20 BörsZulVO Rn. 1.
95 Zur alten Rechtslage *Heinze*, Europäisches Kapitalmarktrecht, S. 127.
96 So *Fingerhut/Voß*, in: Just/Voß/Ritz/Zeising, WpPG, Anh. I EU-ProspV Rn. 124.

bezogener Kriterien an. Eine Orientierung an der allgemeinen Marktdarstellung ist nicht zwingend erforderlich, da es um eine Gewichtung der Geschäftstätigkeit des Emittenten geht. Auch eine Volumendarstellung der Märkte, in denen der Emittent tätig ist, mag zwar hilfreich sein, ist aber rechtlich nicht erforderlich, zumal hierfür vielfach keine verlässlichen Daten vorliegen. Bei der Beschreibung des Marktes sollte soweit möglich auf Marktstudien, Umfragen unter Marktteilnehmern etc. zurückgegriffen werden, die allgemein zugänglich und beispielsweise von Fach- oder Interessenverbänden herausgegeben sind. Angaben über Marktvolumina, die Entwicklung des Marktes in der Vergangenheit oder Erwartungen an eine zukünftige Marktentwicklung etc. sollten immer unter Angabe einer Quelle zitiert werden. In Einzelfällen kann es vorkommen, dass für den Geschäftsbereich des Emittenten keine oder nicht ausreichende Quellen für eine umfassende Beschreibung des Marktes vorhanden sind. Die Darstellung sollte dann unter dem Hinweis erfolgen, dass die Angaben auf die Ansicht der Gesellschaft bzw. deren Einschätzung des Marktes zurückzuführen sind. Eine kurze Einleitung, die auf diesen Umstand hinweist, kann an den Anfang der Marktbeschreibung oder in einen Abschnitt zu allgemeinen Informationen gestellt werden.

40 Wohl um eine starre Anwendung der 10 %-Klausel zu vermeiden, wurde in Anh. I Ziff. 6.2. EU-ProspV darauf verzichtet, die Erforderlichkeit der Angaben durch einen bestimmten Umsatzanteil zu definieren. Trotzdem kann bei der Frage, wann ein Markt als wichtig einzustufen ist, die 10 %-Klausel des § 20 Abs. 1 Ziff. 3. BörsZulVO a. F. als Anhaltspunkt dienen.

5. Außergewöhnliche Faktoren, Ziff. 6.3.

41 Anh. I Ziff. 6.3. EU-ProspV korrespondiert mit § 20 Abs. 2 BörsZulVO a. F. und verlangt eine Angabe, falls die Geschäftstätigkeit oder die Märkte durch außergewöhnliche Faktoren beeinflusst worden sind. Der Begriff des Faktors in Anh. I Ziff. 6.3. EU-ProspV ist zwar umfassender als der Begriff des Ereignisses in § 20 Abs. 2 BörsZulVO a. F.; bereits nach alter Rechtslage wurde die Vorschrift aber dahingehend ausgelegt, dass sämtliche außergewöhnlichen Einflüsse anzugeben waren.[97] Außergewöhnlich sind solche Faktoren, die unregelmäßig auftreten und vom Kapitalanleger innerhalb des typischen Geschäftsgangs nicht erwartet werden können.[98] In Betracht kommen Ereignisse rechtlicher oder tatsächlicher Art, welche die unter Anh. I Ziff. 6.1. und 6.2. EU-ProspV gemachten Angaben des Emittenten unerwarteterweise beeinträchtigen. Sie müssen geeignet sein, die Vermögens-, Finanz- und Ertragslage des Emittenten zu beeinflussen.[99] Beispiele sind unvorhersehbare Kostensteigerungen oder stark rückläufige Marktpreise, Betriebsstilllegungen, Naturereignisse, die sich auf die Rohstoffgewinnung auswirken oder

---

97 *Heidelbach*, in: Schwark, KapMRK, 3. Aufl. § 20 BörsZulVO Rn. 3.

98 *Paskert*, Informationspflicht, S. 73.

99 Mit weiteren Beispielen: *Fingerhut/Voß*, in: Just/Voß/Ritz/Zeising, WpPG, Anh. I EU-ProspV Rn. 126.

gravierende technische Probleme.[100] Dies dürften i. d. R. auch diejenigen Faktoren sein, die i. R. d. Darstellung und Analyse der Vermögens- und Ertragslage diskutiert werden sollten.

6. Besondere Abhängigkeiten, Ziff. 6.4.

Anh. I Ziff. 6.4. EU-ProspV entspricht weitgehend der Regelung in § 20 **42** Abs. 1 Ziff. 5. BörsZulVO a. F. Auf eine § 20 Abs. 1 Ziff. 4. BörsZulVO a. F. entsprechende Regelung wurde verzichtet. Darzustellen sind Abhängigkeiten des Emittenten in Bezug auf Patente und Lizenzen, Industrie-, Handelsoder Finanzierungsverträge oder neue Herstellungsverfahren, wenn diese Faktoren von wesentlicher Bedeutung für die Geschäftstätigkeit oder Rentabilität des Emittenten sind. Der Begriff der Lizenzen ist weit zu verstehen. So sind Abbaurechte als Lizenzen i. S. d. Anh. I Ziff. 6.4. EU-ProspV anzugeben. Angaben nach Ziff. 6.4. sind allerdings nur erforderlich, soweit sie für die Geschäftstätigkeit oder Rentabilität des Unternehmens von wesentlicher Bedeutung sind. Entsprechend dem Wortlaut von Anh. I Ziff. 6.4. EU-ProspV, der in jedem Fall nur „kurze Angaben" über die etwaige Abhängigkeit des Emittenten in Bezug auf Patente und Lizenzen, Industrie-, Handels- oder Finanzierungsverträge oder neue Herstellungsverfahren verlangt, kann auf ausführliche Angaben verzichtet werden. Eine Abhängigkeit des Emittenten kann gedanklich dann angenommen werden, wenn der mögliche Wegfall eines gewerblichen Schutzrechts oder eines Vertrags unter Anh. I Ziff. 4. EU-ProspV als Risikofaktor aufzunehmen wäre.[101] Bei Industrie-, Handels- oder Finanzierungsverträgen ist dabei zu beachten, dass nicht erforderlich ist, dass der Emittent selbst Vertragspartner des im Prospekt darzustellenden Vertrags ist. Es reicht aus, wenn er beispielsweise Begünstigter des Vertrags ist.[102] Die Abhängigkeit muss von wesentlicher Bedeutung für die Geschäftstätigkeit oder Rentabilität des Emittenten sein. Wie auch bei der Beurteilung der „Wichtigkeit" eines Tätigkeitsbereichs bei Anh. I Ziff. 6.1. EU-ProspV kann für die Frage, ab wann eine „wesentliche Bedeutung" vorliegt, in einem ersten Schritt auf den prozentualen Anteil beispielsweise eines Produkts, das auf Basis einer bestimmten Lizenz erstellt oder vertrieben wird, am Umsatz der Geschäftstätigkeit abgestellt werden. Nicht entscheidend ist das jeweilige Vertragsvolumen selbst. So kann eine Abhängigkeit von einem bestimmten Rohstoff, einer Komponente, einer Lizenz oder einer Software auch dann bestehen, wenn das jeweilige Vertragsvolumen für den Erwerb vergleichsweise gering ist, allerdings eine Abhängigkeit im Produktionsoder Leistungsprozess besteht, weil keine Beschaffungsalternativen vorhanden sind. So sollte durch eine umfassende Gesamtbetrachtung unabhängig von starren Prozentgrenzen beurteilt werden, welches Gewicht dem Patent oder der Lizenz, dem Industrie-, Handels- oder Finanzierungsvertrag oder einem neuen Herstellungsverfahren im Rahmen der Geschäftstätigkeit zu-

---

100 *Paskert*, Informationspflicht, S. 74.
101 Mit dieser Schwelle zur Ermittlung der „Abhängigkeit" des Emittenten: *Schlitt/Schäfer*, in: Assmann/Schlitt/von Kopp-Colomb, WpPG/VerkProspG, Anh. I EU-ProspV Rn. 68.
102 *Fingerhut/Voß*, in: Just/Voß/Ritz/Zeising, WpPG, Anh. I EU-ProspV Rn. 132.

kommt.[103] In der Vergangenheit wurde in der Praxis in Bezug auf die nach § 20 Abs. 1 Ziff. 5. BörsZulVO a. F. geforderten Angaben eine Negativerklärung aufgenommen, soweit sie für das Unternehmen nicht relevant waren.[104] Angesichts der Bedeutung von Marken, des Internetauftritts und des internetbasierten Vertriebs wird heute bei einem Großteil der Unternehmen ein Abschnitt zu geistigem Eigentum, Marken und Domains aufzunehmen sein.

7. Wettbewerbsposition, Ziff. 6.5.

43   Die Grundlagen von Angaben zur Wettbewerbsposition sind nur wiederzugeben, sofern der Emittent Angaben zu seiner Wettbewerbsposition in den Prospekt aufnimmt. Grundlagen i. S. d. Vorschrift können z. B. Statistiken über die Marktentwicklung sein, die von den jeweiligen Fachverbänden herausgegeben werden. Liegen sich widersprechende Studien vor, so kann der Emittent diejenige Studie zugrundelegen, die nach seiner Einschätzung die Marktentwicklung am besten nachzeichnet, muss dann aber auch auf die widersprechenden Studien hinweisen. Im Falle des Fehlens neutraler Quellen sollte die Darstellung als „nach Einschätzung des Emittenten" gekennzeichnet werden.[105] In der Praxis wird die Wettbewerbsposition des Emittenten vor dem Hintergrund des Informationsbedürfnisses des Anlegers meist ausführlich erörtert. Angaben zu den Grundlagen sind insbesondere dann erforderlich, wenn der Emittent im Prospekt für sich in Anspruch nimmt, „der führende" oder „einer der führenden Anbieter" auf einem bestimmten Markt zu sein, aber auch, wenn ein bestimmter Marktanteil für ihn angegeben ist. Dabei müssen rein werbende Aussagen des Emittenten, die ohne vergleichende Bezugnahme auskommen, von der Darstellung der Wettbewerbsposition des Emittenten, bei der vergleichende Angaben zu Mitbewerbern erfolgen, abgegrenzt werden.[106] Angaben zur Wettbewerbsposition können dabei nicht nur zu Gegebenheiten auf der Vertriebsseite gemacht werden, auch Wettbewerb im Bereich des Einkaufs und der Beschaffung kann für den Emittenten von Bedeutung sein. Die Wettbewerber des Emittenten, auf Vertriebsseite oder im Bereich des Einkaufs, sind ausdrücklich zu nennen.[107]

VIII. Organisationsstruktur, Ziff. 7.

44   Anh. I Ziff. 7. EU-ProspV verlangt eine Beschreibung der Gruppe und der Stellung des Emittenten innerhalb dieser Gruppe. Die Angaben über die Stellung des Emittenten in einer Gruppe dienen, so wie die Angaben nach

---

103 *Fingerhut/Voß*, in: Just/Voß/Ritz/Zeising, WpPG, Anh. I EU-ProspV Rn. 129.

104 *Groß*, KapMR, 2. Aufl., §§ 13–32 BörsZulVO Rn. 11; *Heidelbach*, in: Schwark, KapMRK, 3. Aufl. § 20 BörsZulVO Rn. 2.

105 *Schlitt/Schäfer*, in: Assmann/Schlitt/von Kopp-Colomb, WpPG/VerkProspG, Anh. I EU-ProspV Rn. 70.

106 *Fingerhut/Voß*, in: Just/Voß/Ritz/Zeising, WpPG, Anh. I EU-ProspV Rn. 136.

107 *Schlitt/Schäfer*, in: Assmann/Schlitt/von Kopp-Colomb, WpPG/VerkProspG, Anh. I EU-ProspV Rn. 71.

Anh. I Ziff. 18. EU-ProspV über Hauptaktionäre, dem Interesse potenzieller Anleger, die Beherrschungsstrukturen im Hinblick auf das Unternehmen nachzuvollziehen.[108] Solche Auskünfte sind für Anleger wichtig, da ein beherrschtes Unternehmen nicht nur den eigenen Unternehmensinteressen verpflichtet ist, sondern regelmäßig auch übergeordnete Konzerninteressen zu berücksichtigen hat. So können Beherrschungsverhältnisse nicht nur Auswirkungen auf die Verwendung des Bilanzgewinns haben,[109] sondern auch auf allgemeine Fragen der strategischen Ausrichtung, etwa der Produktentwicklung etc. Anh. I Ziff. 7.1. EU-ProspV entspricht § 18 Ziff. 7. BörsZulVO a. F. Die Verwendung des Begriffs „Gruppe" ist auf eine wörtliche Übersetzung zurückzuführen und nach der deutschen gesellschaftsrechtlichen Terminologie gleichbedeutend mit Konzern, der als solcher in § 18 AktG legaldefiniert ist. Nach alter Rechtslage wurde teilweise ein Schaubild zur Übersicht über die Konzernstruktur verlangt.[110] Ein solches ist zur Veranschaulichung regelmäßig hilfreich und wird in der Praxis auch in den Prospekt aufgenommen, insbesondere wenn die Konzernstruktur komplex ist und eine einfache Auflistung und Beschreibung der beteiligten Unternehmen unübersichtlich bliebe. Kern der Darstellung ist die Konzernstruktur mit der Stellung des Emittenten innerhalb des Konzerns und der bestehenden Abhängigkeiten zu anderen Unternehmen im Konzern. Die Darstellung von Abhängigkeiten kann dabei im Abschnitt „Aktionärsstruktur" zu Anh. I Ziff. 18.3. EU-ProspV erfolgen. Als Grundlage dieser Darstellung kann der Abhängigkeitsbericht nach § 312 Abs. 1 Satz 1 AktG herangezogen werden.[111] Der Wortlaut der Bestimmung („kurze Beschreibung") macht deutlich, dass ein allgemeiner Überblick grds. ausreichend ist. Die konkret erforderlichen Angaben hängen vom Einzelfall ab. Kommt es durch das Angebot zu einer Änderung der Stellung des Emittenten innerhalb der Gruppe, etwa im Rahmen einer Umplatzierung, ist diese Information in den Prospekt aufzunehmen.[112] Sachgerecht dürfte zumindest sein, die Märkte anzugeben, in denen die Gesamtgruppe tätig ist, und Umsatzangaben, aus denen sich die Größenverhältnisse ergeben. Nicht im Zusammenhang mit den Angaben aus der EU-ProspV hat der BGH in 2012 entschieden, dass bei der Darstellung einer Abhängigkeit im Konzern der Hinweis auf die Höhe der Beteiligung der Konzernmuttergesellschaft am Emittenten und darauf, dass der Emittent mit der Konzernmuttergesellschaft einen „Gewinnabführungs- und Beherrschungsvertrag" abgeschlossen habe, ohne weitere Erläuterung nicht ausreichend ist. Im konkreten Fall ging es um einen Einzelkaufmann, der 74 % des Grundkapitals einer emittierenden AG hielt und diese auf Grundlage eines

---

108 Vgl. zur alten Rechtslage *Heinze*, Europäisches Kapitalmarktrecht, S. 125 f.

109 *Heinze*, Europäisches Kapitalmarktrecht, S. 125.

110 *Heidelbach*, in: Schwark, KapMRK, 3. Aufl. § 18 BörsZulVO Rn. 1; *Keunecke*, Prosp KapM, Rn. 57.

111 *Fingerhut/Voß*, in: Just/Voß/Ritz/Zeising, WpPG, Anh. I EU-ProspV Rn. 139.

112 *Schlitt/Schäfer*, in: Assmann/Schlitt/von Kopp-Colomb, WpPG/VerkProspG, Anh. I EU-ProspV Rn. 76.

Beherrschungs- und Ergebnisabführungsvertrags kontrollierte.[113] Erforderlich sei vielmehr eine konkrete Darstellung der Einflussnahmemöglichkeiten der beherrschenden Muttergesellschaft, insbesondere ein Hinweis auf die sich aus § 308 Abs. 1 Satz 2 AktG ergebende Möglichkeit der Muttergesellschaft, Weisungen zu erteilen, die für die beherrschte Gesellschaft nachteilhaft sind, wenn sie nur den Belangen des herrschenden Unternehmens oder anderer Konzerngesellschaften dienen.[114]

Allerdings gehören zu einer Beschreibung der Gruppe nicht nur die Verhältnisse „oberhalb", sondern auch „unterhalb" des Emittenten. Das ist schon vor dem Hintergund angebracht, dass eine Konzernbildung zu einer Mediatisierung des Einflusses und des Zugriffs der Aktionäre, aber auch des Managements auf die Betriebsmittel und Gewinne innerhalb des Konzerns führt.

45 Neben den Angaben über Beteiligungen nach Anh. I Ziff. 25. EU-ProspV ist eine Liste der wichtigsten Tochtergesellschaften des Emittenten beizufügen (Anh. I Ziff. 7.2. EU-ProspV). Für die die Auslegung des Begriffs der Tochtergesellschaft sollte auf § 290 HGB zurückgegriffen werden. Wichtigste Tochtergesellschaften sind insbesondere die Unternehmen, zu denen auch nach Anh. I Ziff. 25. EU-ProspV Angaben gemacht werden müssen. Daneben kommen solche Tochtergesellschaften in Betracht, die für das Geschäftsmodell des Emittenten besondere Bedeutung im Rahmen der Gruppe haben.[115] Hat ein Tochterunternehmen selbst ein Tochterunternehmen, liegt mithin ein mehrstufiger Konzern vor, so kann gegebenenfalls auch die Darstellung der wichtigsten Tochterunternehmen des Teilkonzerns erforderlich sein.[116] Es kommt ausschließlich auf die Bedeutung innerhalb der Gruppe an und nicht auf die Anzahl der Zwischen (Holding)-Gesellschaften. Als Name ist auch hier die Firma des Unternehmens anzugeben. Es spricht viel dafür, dass als Land der Gründung[117] das Land/der Ort anzugeben ist, in dem die jeweilige Tochtergesellschaft in das HR eingetragen wurde. Der Anteil an Beteiligungsrechten wird i. d. R. dem Anteil am gezeichneten Kapital entsprechen. Neben den von Anh. I Ziff. 7.2. EU-ProspV geforderten Angaben werden zudem häufig der Unternehmensgegenstand bzw. Tätigkeitsbereich (z. B. Holding, Produktion, Vertrieb) der Tochtergesellschaft genannt sowie jeweils zum letzten Bilanzstichtag das gezeichnete Kapital, die Rücklagen, das Ergebnis (vor einer etwaigen Gewinnabführung), der Beteiligungsbuchwert und die Erträge/Verluste aus der Beteiligung bei der Obergesellschaft sowie

---

113 BGH, NZG 2012, 1262. Der Prospekt hatte sich ausdrücklich auch an das börsenunerfahrene Publikum gerichtet, sodass der Beurteilung des BGH der Empfängerhorizont eines durchschnittlichen (Klein-) Anlegers zugrunde gelegt ist. Für Prospekte mit (zumindest auch) dieser Adressatengruppe gelten dementsprechend primär die Aussagen des BGH.

114 Hierbei handelt es sich sicherlich um eine Einzelfallentscheidung, vgl. *Wieneke*, NZG 2012, 1420, 1422, die in der Praxis allerdings beachtet werden sollte.

115 *Schlitt/Schäfer*, in: Assmann/Schlitt/von Kopp-Colomb, WpPG/VerkProspG, Anh. I EU-ProspV Rn. 78.

116 *Fingerhut/Voß*, in: Just/Voß/Ritz/Zeising, WpPG, Anh. I EU-ProspV Rn. 142.

117 Zur Auslegung des Begriffs siehe Erläuterungen zu Anh. I Ziff. 5. EU-ProspV Rn. 23.

die Forderungen/Verbindlichkeiten gegenüber der Obergesellschaft dargestellt.

IX. Sachanlagen, Ziff. 8.

1. Wesentliche Sachanlagen, Ziff. 8.1.

Die BörsZulVO a. F. verpflichtete die Emittenten im Bereich der Sachanlagen   46
nur dazu, kurze Angaben über den bebauten und den unbebauten Grund-
besitz aufzunehmen (siehe § 20 Abs. 1 Nr. 3 BörsZulVO a. F. a. E.). Nach
Anh. I Ziff. 8.1. EU-ProspV sind demgegenüber sämtliche bestehenden oder
geplanten wesentlichen Sachanlagen aufzunehmen. Zur Auslegung des Begriffs lässt sich § 266 Abs. 2 HGB heranziehen, in dessen Kategorisierung zu
Sachanlagen Grundstücke, grundstücksgleiche Rechte und Bauten einschließlich der Bauten auf fremden Grundstücken; technische Anlagen und
Maschinen; andere Anlagen, Betriebs- und Geschäftsausstattung und
schließlich geleistete Anzahlungen und Anlagen im Bau gezählt werden.
Abstrakt formuliert wird man zu Sachanlagen alle diejenigen materiellen
Vermögensgegenstände zählen können, die auf Dauer im Eigentum des Unternehmens verbleiben und für den Fortgang der Produktion und des Betriebs unabdingbar und damit betriebsnotwendig sind. Wesentlicher Teil der
Sachanlagen werden wegen ihres Werts häufig die Grundstücke sein.[118]
Aufgrund des Bezugs zur Bilanz bietet es sich an, die entsprechenden An-
gaben im Abschnitt über die Darstellung und Analyse der Vermögens-, Fi-
nanz- und Ertragslage zu machen. Neben bereits bestehenden sind auch in
Planung befindliche Sachanlagen darzustellen, wobei dann die Finanzierung
der geplanten Sachanlage darzustellen ist.[119] Zu achten ist dabei auf eine
Kohärenz zur Darstellung der Verwendung des Emissionserlöses nach
Anh. III Ziff. 3.4. EU-ProspV und den Investitionen nach Anh. I Ziff. 5.2. EU-
ProspV andererseits. Da es sich bei geplanten Sachanlagen regelmäßig um
das Resultat eines Teils der geplanten Investitionen handelt, kann es sich anbieten, Angaben zu geplanten Sachanlagen (auch) in den Abschnitt des Prospekts zu Investitionen (siehe Anh. I Ziff. 5.2. EU-ProspV) aufzunehmen. Anhaltspunkte dafür, dass eine Sachanlage wesentlich ist, bestehen, wenn sie
im Gesamtwert der Sachanlagen von Gewicht oder für die Geschäftstätigkeit
von nicht unerheblicher Bedeutung ist.

Zu den Angaben in Bezug auf die Sachanlagen gehören insb.[120] Größe und   47
Verwendungsart, Produktionskapazität sowie Maß der Auslastung. Des Weiteren sind die Eigentumsverhältnisse an den Sachanlagen darzulegen, d. h.

---

118 *Schlitt/Schäfer*, in: Assmann/Schlitt/von Kopp-Colomb, WpPG/VerkProspG, Anh. I EU-
ProspV Rn. 80; *Fingerhut/Voß*, in: Just/Voß/Ritz/Zeising, WpPG, Anh. I EU-ProspV
Rn. 145.

119 *Schlitt/Schäfer*, in: Assmann/Schlitt/von Kopp-Colomb, WpPG/VerkProspG, Anh. I EU-
ProspV Rn. 83.

120 *ESMA*, update CESR recommendation, consistent implementation, ESMA/2013/319,
Tz. 146.

ob sie im Eigentum des Emittenten stehen oder gemietet, gepachtet bzw. ge-
least sind und ob und in welchem Umfang sie dinglich belastet sind. Bei geleasten Gegenständen können nur solche als wesentliche Sachanlagen i. S. d.
Anh. I Ziff. 8.1. EU-ProspV aufgenommen werden, die auch als Sachanlagen
bilanziert werden.[121]

48 Detailliertere Angaben zu Sachanlagen sind bei Immobiliengesellschaften
erforderlich. Hier werden etwa Lage, Größe, Nutzungsart, Baujahr, Vermie-
tungssituation, erzielter Mietzins, Wertansatz etc. angegeben. Unternehmen,
die Rohöl oder Erdgas fördern, haben Angaben zu den bestehenden Vorkommen und deren geologischen Beschaffenheit zu machen. Die BaFin fordert unter Hinweis auf Art. 23 Abs. 1 EU-ProspV i. V. m. Anh. XIX EU-
ProspV[122] umfassende Wertgutachten zu den jeweiligen Sachanlagen.[123]

2. Umweltfragen, Ziff. 8.2.

49 Nach Anh. I Ziff. 8.2. EU-ProspV sind solche Umweltfragen zu skizzieren,
welche die Verwendung der Sachanlagen beeinflussen könnten. Kann die
Verwendung von Sachanlagen durch Umweltfragen i. S. d. Anh. I Ziff. 8.2.
EU-ProspV beeinflusst werden, ist dies regelmäßig schon i. R. d. Risikofaktoren anzugeben, sofern die Sachanlagen für die Geschäftätigkeit des Emittenten eine wesentliche Bedeutung haben und Einschränkungen der Nutz-
barkeit sich daher auf die Geschäftätigkeit des Emittenten auswirken
können. Unter Umständen kann es auch dazu kommen, dass umweltrechtli-
che Risiken mehrfach behandelt werden. Möglich sind Umweltrisiken, die
sich auf das Unternehmen auswirken können (Hochwasser, Erdbeben etc.),
aber auch Risiken, die von dem Unternehmen ausgehen (Altlasten, Emissionen etc.). Wurde eine geschäftliche und (umwelt-)rechtliche Due Diligence
durchgeführt, lassen sich regelmäßig hieraus die für die Angaben nach
Anh. I Ziff. 8.2. EU-ProspV maßgeblichen Informationen entnehmen. Ob und
wie Umweltfaktoren die Nutzung einer Sachanlage beeinflussen können,
bestimmt sich in erster Linie nach den für die Anlagen geltenden Vorschriften des Umwelt-, Planungs- und Arbeitsschutzrechts. Entsprechend sind
Umstände anzugeben, aufgrund derer sich aus dem für die Sachanlagen gel-

---

121 *Schlitt/Schäfer*, in: Assmann/Schlitt/von Kopp-Colomb, WpPG/VerkProspG, Anh. I EU-
ProspV Rn. 82.

122 *ESMA*, update CESR recommendation, consistent implementation, Ref.: ESMA/2013/
319, Tz. 128 ff.

123 Bei Immobiliengesellschaften sind dies i. d. R. Marktwertgutachten von Gutachtern,
welche eine Bewertung der Immobilien auf Basis anerkannter Bewertungsmethoden
vorgenommen haben. Bei Unternehmen, die Rohöl oder Erdgas fördern, sollten diese
Wertgutachten Angaben zu der Qualifikation des Sachverständigen, der geografischen
Lage und Beschaffenheit der Fördergebiete, der vorhandenen Infrastruktur, der angewandten Bewertungsmethoden, Angaben zu Umweltaspekten und insbesondere zu der
Größe der vorhandenen Reserven enthalten. Es bietet sich an, die jeweiligen Anforderungen an die Inhalte des Prospekts eines Emittenten, der einen der in Anh. XIX der
EU-ProspV aufgezählten besonderen Tätigkeitsbereich ausübt, frühzeitig mit der BaFin
abzustimmen.

tenden Umwelt-, Planungs- und Arbeitsschutzrecht eine Nutzungsänderung, -einschränkung oder -aufgabe oder eine Verpflichtung zu umweltschützenden Maßnahmen (z. B. Bodensanierung, lärmbegrenzende Baumaßnahmen, Filternachrüstung) ergeben kann. Die Abgabe einer Negativerklärung für den Fall, dass Umweltfragen für den jeweiligen Emittenten nicht relevant sind, ist nicht erforderlich. Negativerklärungen sollten nur dann abgegeben werden, wenn dies nach dem Wortlaut der EU-ProspV verlangt wird.

X. Angaben zur Geschäfts- und Finanzlage, Ziff. 9.

1. Angaben zur Finanzlage – Überblick

Anh. I Ziff. 9. EU-ProspV sieht Angaben zur Geschäfts- und Finanzlage vor,   50
die sich nach Anh. I Ziff. 9.1. EU-ProspV auf die Finanzlage und nach Anh. I Ziff. 9.2. EU-ProspV auf die Betriebsergebnisse beziehen. Die Angaben zur Geschäfts- und Finanzlage, im englischen Sprachgebrauch „operating and financial review", abgekürzt „OFR", werden im Prospekt regelmäßig als „Darstellung und Analyse der Vermögens-, Finanz- und Ertragslage" überschrieben und entsprechen dem Beispiel der US-amerikanischen Prospektpraxis, in der der OFR im Abschnitt „Management's Discussion and Analysis" enthalten ist, abgekürzt „MD&A".[124] Wie bei der Verwendung des Begriffs der Finanzlage in Anh. I Ziff. 3. gilt auch bei Anh. I Ziff. 9., dass der Begriff nicht im engen Sinne des § 264 Abs. 2 Satz 1 HGB gemeint ist, sondern auch die Vermögens- und Ertragslage umfasst.[125] Die Darstellung und Analyse der Vermögens-, Finanz- und Ertraglage gehört neben den Risikofaktoren und der Darstellung der Geschäftstätigkeit des Emittenten zu denjenigen Abschnitten, denen besondere Bedeutung für eine sachgerechte und ausreichende Information des Anlegers zukommt und daher besonderes Augenmerk gewidmet werden sollte.[126]

Die Angaben zur Geschäfts- und Finanzlage stehen neben den historischen Finanzinformationen nach Anh. I Ziff. 20. EU-ProspV und sollen dem Investor eine Übersicht über die bisherige Entwicklung des Emittenten sowie seiner Vermögens-, Finanz- und Ertragslage „through the eyes of management" geben.[127] Nur ein Investor, der die finanziellen Verhältnisse des Emittenten kennt und versteht, wird in der Lage sein, die für eine fundierte Preisbildung erforderliche Zukunftsprognose abzugeben. Ziel der Darstellung ist, dass der Investor die Änderungen in den Finanzangaben nicht nur sieht, sondern auch die zugrundeliegenden Gründe versteht. Beispielhaft gesprochen geht es also nicht nur darum darzustellen, dass sich der Umsatz in

---

124 *Meyer*, in: Berrar/Meyer u. a., Frankf Komm WpPG, Anh. I EU-ProspV Ziff. 9. Rn. 1; *Schlitt/Schäfer*, in: Assmann/Schlitt/von Kopp-Colomb, WpPG/VerkProspG, Anh. I EU-ProspV Rn. 87.

125 Vgl. oben Anm. zu Anh. I Ziff. 3. EU-ProspV.

126 Vgl. oben Anm. zu Anh. I Ziff. 6. EU-ProspV.

127 *ESMA*, update CESR recommendation, consistent implementation, ESMA/2013/319, Tz. 27, zu den allgemeinen Grundsätzen, nach denen die Darstellung und Analyse der Vermögens-, Finanz- und Ertragslage erfolgen sollte siehe Tz. 32.

einer bestimmten Periode um einen bestimmten Prozentsatz erhöht oder reduziert hat, sondern in erster Linie darum, worauf dieser Effekt zurückzuführen ist, etwa auf die Einführung eines neuen eigenen Produkts oder, im Fall einer Reduktion, auf Produktinnovationen der Wettbewerber oder auf einen schrumpfenden Markt. Kommt es etwa innerhalb einer Periode zu einer Erhöhung des Personalaufwands, kann dies an Neueinstellungen oder Gehaltserhöhungen liegen; daneben ist freilich von Interesse, in welchem Bereich das neue Personal erforderlich war und aus welchem Grund. Ziel ist es dabei, auch einem nicht professionellen Anleger die wesentlichen Zusammenhänge verständlich zu machen.[128] Bei größeren Emittenten bestehen aufgrund der Komplexität der Geschäfts- und Finanzierungsmodelle allerdings praktische Grenzen. So wird es etwa kaum möglich sein, die Rechnungslegung großer Banken oder Versicherungen einem durchschnittlichen (Klein-) Anleger mit einem überschaubaren Darstellungsaufwand verständlich zu machen. Dann macht es keinen Sinn, kontrafaktisch an dem unrealistischen Prospektleitbild des „durchschnittlichen (Klein-) Anlegers" festzuhalten. Von der Darstellungstiefe sind daher regelmäßig auch solche Ausführungen erforderlich, bei denen man den Kleinanleger „verliert". Zielgruppe dieses Prospektabschnitts ist dann in erster Linie der professionelle oder institutionelle Anleger.[129]

51 Die Gliederung des Abschnitts ist nicht durch die EU-ProspV vorgegeben und ist daher in der Praxis nicht einheitlich. Häufig wird in der Einleitung dieses Abschnitts insb. darauf hingewiesen, dass die Informationen in Verbindung mit den im Finanzteil abgedruckten Abschlüssen und deren Erläuterungen sowie den übrigen im Prospekt enthaltenen Finanzangaben zu lesen sind. Zudem sollte einleitend erklärt werden, nach welchen Rechnungslegungsstandards die Abschlüsse erstellt wurden, wobei Schwerpunkt der Analyse regelmäßig die (bei Emittenten im regulierten Markt) nach IFRS aufgestellten Konzernabschlüsse sein werden. Daneben ist der nach Anh. I Ziff. 20.3. EU-ProspV aufgenommene (HGB-)Einzelabschluss für das letzte Geschäftsjahr im Prospekt zu diskutieren, der als Grundlage für die Bemessung der Gewinnausschüttung und die steuerliche Gewinnermittlung von Bedeutung ist und dessen wesentliche Positionen aus der Bilanz sowie der Gewinn- und Verlustrechnung daher kurz analysiert werden sollten.[130] Einleitend sollte weiter angeführt werden, dass die Darstellungen Prognosen

---

128 Siehe hierzu CESR/05-054 b Tz. 32 (Wortgleich erhalten im ESMA update zu den CESR recommendations): „Audience: The OFR should focus on matters that are relevant to investors and should not assume a detailed prior knowledge of the business, nor of the significant features of its operation environment. Thus, issuers should not assume that all investors are qualified investors." Vgl. hierzu *Fingerhut/Voß*, in: Just/Voß/Ritz/Zeising, WpPG, Anh. I Rn. 156: Zielgruppe ist eben auch der Privatanleger; sowie *Meyer*, in: Berrar/Meyer u. a., Frankf Komm WpPG, Anh. I EU-ProspV Ziff. 9. Rn. 4.

129 *Wieneke*, in: Grundmann (Hrsg.), Anleger- und Funktionsschutz durch Kapitalmarktrecht, S. 44; *Wieneke*, NZG 2012, 1420 ff.

130 *Meyer*, in: Berrar/Meyer u. a., Frankf Komm WpPG, Anh. I EU-ProspV Ziff. 9. Rn. 13; *Schlitt/Schäfer*, in: Assmann/Schlitt/von Kopp-Colomb, WpPG/VerkProspG, Anh. I EU-ProspV Rn. 98.

enthalten, die auf Annahmen zur zukünftigen Geschäftsentwicklung basieren, und dass künftige Ergebnisse durch den Einfluss zahlreicher Faktoren (wie etwa Risikofaktoren) von diesen Prognosen wesentlich abweichen können. Nach der Einleitung und einem knappen Überblick über die Geschäftstätigkeit des Emittenten werden üblicherweise Faktoren genannt, welche die Vermögens-, Finanz- und Ertragslage beeinflusst haben und voraussichtlich künftig beeinflussen. Mit der weitestgehend erfolgten Umstellung der Rechnungslegung auf IFRS kann von einer grundsätzlichen Darstellung der Unterschiede der verschiedenen Rechnungslegungsmethoden i. d. R. abgesehen werden. Dies gilt auch bei Emissionen in den USA, da bei der Darstellung der Finanzinformationen ausländischer Emittenten nun eine Rechnungslegung nach IFRS erfolgen kann und daher davon ausgegangen wird, dass US-amerikanischen Anlegern die wesentlichen Unterschiede zur Rechnungslegung nach US-GAAP bekannt sind.[131] Erfolgt die Rechnungslegung nach den IFRS-Grundsätzen des IASB, wird daher eine „reconciliation" zu US-GAAP von der SEC nicht mehr gefordert.[132]

Die detaillierte Beschreibung erfolgt „für jedes Jahr und für jeden Zwischenzeitraum, für den historische Finanzinformationen verlangt werden", d. h. in der Regel über die vergangenen drei Geschäftsjahre sowie ggf. der Zwischenfinanzinformationen, mit einer vergleichenden Darstellung der Ertragslage anhand der Positionen der Gewinn- und Verlustrechnungen sowie der Vermögens- und Finanzlage anhand der Bilanzpositionen und der Kapitalflussrechnungen. Bei größeren Emissionen gliedert sich dieser Prospektabschnitt i. d. R. in eine vergleichende Darstellung der Ertragslage einerseits und der Liquidität und Kapitalausstattung mit einer Beschreibung der Cashflows, der Investitionen und Kapitalausstattung andererseits. Darüber hinaus werden Angaben zu finanziellen Verpflichtungen, Eventualverbindlichkeiten, quantitativen und qualitativen Markt- und Betriebsrisiken sowie ggf. kritischen Bilanzierungsgrundsätzen gemacht. Daneben sollten auch die in der Unternehmenskommunikation üblichen Ertragskennzahlen wie EBT, EBIT oder EBITDA erörtert werden, wodurch eine bessere Vergleichbarkeit des Emittenten mit seinen Wettbewerbern möglich ist. Wird in den Abschlüssen des Emittenten nach Geschäftsbereichen oder Regionen segmentiert (wie dies in IFRS vorgesehen ist), sind auch diese Angaben zu analysieren, womit Investoren insbesondere eine präzisere Beurteilung der Unternehmensentwicklung ermöglicht wird.[133]

2. Finanzinformationen, Ziff. 9.1.

Grds. sollten in diesem Abschnitt die wesentlichen in den historischen Finanzinformationen und in den Lageberichten enthaltenen Informationen er-   52

---

131 *Meyer*, in: Berrar/Meyer u. a., Frankf Komm WpPG, Anh. I EU-ProspV Ziff. 9. Rn. 14.
132 Securities Act Release No. 33-8879, Exchange Act Release No. 34-57026 (Dec. 21, 2007), im Internet abrufbar: www.sec.gov/rules/final/2007/33-8879.pdf.
133 *Schlitt/Schäfer*, in: Assmann/Schlitt/von Kopp-Colomb, WpPG/VerkProspG, Anh. I EU-ProspV Rn. 96 f.

örtert werden.[134] Dabei ist darauf zu achten, dass die Darstellung und Analyse der Vermögens-, Finanz- und Ertragslage sowie die Lageberichte, soweit im Prospekt enthalten, kohärent sind.[135] Die BaFin geht allerdings davon aus, dass der Inhalt eines Lageberichts für die Angaben zur Geschäfts- und Finanzlage üblicherweise nicht ausreicht.[136] Insgesamt kann die Darstellung und Analyse der Vermögens-, Finanz- und Ertragslage, soweit erforderlich, sowohl finanzielle als auch nicht-finanzielle Schlüsselindikatoren für die Entwicklung des Emittenten enthalten.[137] Dabei sollte die Entwicklung im Hinblick auf die langfristige Unternehmensperspektive dargestellt werden.[138]

53   An dieser Stelle bietet es sich an, alle wesentlichen Positionen in der Gewinn- und Verlustrechnung, in den Bilanzen und in der Kapitalflussrechnung der Reihe nach durchzugehen, die Veränderungen der jeweiligen Positionen über die Perioden darzustellen und jeweils die maßgeblichen Gründe dafür anzugeben. Beispielhaft gesprochen soll der Investor – wie oben dargestellt – nicht nur sehen, dass der Personalaufwand zurückgegangen ist, sondern auch den Grund dafür wissen (Personalabbau, Gehaltskürzungen, Outsourcing, Verkauf von Unternehmensbereichen etc.). Für das Verständnis der Geschäftstätigkeit des Emittenten insgesamt erforderlich und damit erläuterungsbedürftig sind solche Positionen etwa von Bilanz und Gewinn- und Verlustrechnung, die im Gesamtbild von maßgeblicher Bedeutung sind. Dies gilt jedenfalls für die Positionen der Bilanz und Gewinn- und Verlustrechnung, in denen sich die Geschäftstätigkeit widerspiegelt. Die Darstellung sollte laut ESMA jedenfalls die einzelnen Positionen enthalten, aus denen sich Umsatz und Cashflow zusammensetzen, um dem Investor eine Einschätzung der Nachhaltigkeit der Erträge zu ermöglichen.[139] Eine wesentliche Bedeutung der Anforderungen nach Anh. I Ziff. 9. EU-ProspV liegt zudem in der Darstellung und Erläuterung der Veränderungen in den Bilanzen, Gewinn- und Verlust- sowie Kapitalflussrechnungen.

54   Die Darstellung und Analyse ist für jedes Jahr des Zeitraums der historischen Finanzinformationen (Anh. I Ziff. 20.1. EU-ProspV), d. h. regelmäßig für drei Geschäftsjahre, vorzunehmen. Hinzu kommen mögliche Zwischenabschlüsse. Diesbezüglich sind die Veränderungen zu der entsprechenden Vorjahresperiode zu erläutern; bei der Zwischenbilanz ist auf den letzten Konzern- bzw. Jahresabschluss abzustellen. Bei Vorliegen eines Rumpfgeschäftsjahres ergeben sich Schwierigkeiten bei der vergleichenden Darstellung, wenn für den zu vergleichenden Zeitraum keine vergleichbaren Ab-

134 *Apfelbacher/Metzner*, BKR 2006, 81, 88.
135 *Apfelbacher/Metzner*, BKR 2006, 81, 88.
136 *BaFin*, Finanzinformationen, Präsentation vom 29.05.2006 zum Workshop vom 17. und 22.05.2006, S. 5.
137 *ESMA*, update CESR recommendation, consistent implementation, Ref.: ESMA/2013/319, Tz. 28.
138 *ESMA*, update CESR recommendation, consistent implementation, Ref.: ESMA/2013/319, Tz. 29.
139 *ESMA*, update CESR recommendation, consistent implementation, Ref.: ESMA/2013/319, Tz. 31.

schlüsse vorliegen. In diesem Fall kann bei Aufnahme von Pro Forma-Finanzinformationen ein Vergleich der Pro Forma-Finanzinformationen des Rumpfgeschäftsjahres mit denen des Vorjahres erfolgen.[140]

3. Complex Financial History

Obgleich grds. für die nach Anh. I Ziff. 9. und 20 EU-ProspV geforderten Fi-   55
nanzinformationen der rechtliche Emittent maßgeblich ist[141], kann es mitunter vorkommen, dass die Finanzdaten lediglich des Emittenten für den potenziellen Investoren nicht ausreichen, um sich ein fundiertes Bild über den Emittenten machen zu können. So kann bei Emittenten mit einer komplexen historischen Gesellschafts- und Kapitalstruktur („complex financial history") nicht die gesamte operative Geschäftätigkeit durch die historischen Finanzinformationen des Emittenten erfasst sein. Dies kann etwa der Fall sein, wenn der Emittent nach Aufspaltung eines Unternehmens als rechtliche Einheit erst seit weniger als drei Jahren existiert. Seit Februar 2007 sind in der EU-ProspV nun die gesteigerten Anforderungen an die Darstellung der Unternehmensgeschichte und die diesbezüglichen Finanzinformationen in den neu eingefügten Art. 4 a aufgenommen.[142]

4. Beeinträchtigende Faktoren und Veränderungen, Ziff. 9.2., Ziff. 9.2.1., Ziff. 9.2.2., Ziff. 9.2.3.

In Anh. I Ziff. 9.2. EU-ProspV sind einzelne Anforderungen an die Darstel-   56
lung der Geschäftsergebnisse normiert. Diese werden häufig als wesentliche ergebnisbeeinflussende Faktoren der Einzelanalyse *(key drivers)* vorangestellt. Diese sind von besonderer Bedeutung, da sie für das Verständnis der Vergangenheitszahlen und in der Regel auch für die zukünftige Entwicklung von Bedeutung sind. Diese wesentlichen Faktoren werden in der Praxis regelmäßig vorangestellt und damit „vor die Klammer gezogen". Im Übrigen erfolgt die Darstellung aber nicht nur separat, sondern im Folgenden im Rahmen der Darstellung und Analyse der einzelnen Positionen der Finanzangaben im Jahresvergleich. Dabei ist davon auszugehen, dass die Überschrift zu Anh. I Ziff. 9.2. EU-ProspV (Betriebsergebnisse statt Geschäftslage) keine eingrenzende Funktion im Hinblick auf die geforderten Informationen hat. In der englischen Fassung findet sich keine derartige Abgrenzung. Zudem können je nach rechtlicher Organisationsform der Tätigkeit des Emittenten auch Faktoren und Veränderungen im Hinblick auf Erträge aus Beteiligungen (u. U. auch aus sonstigen Finanzanlagen) für das Verständnis der Geschäftstätigkeit von Bedeutung sein.

---

140 *Schlitt/Schäfer*, in: Assmann/Schlitt/von Kopp-Colomb, WpPG/VerkProspG, Anh. I EU-ProspV Rn. 95.

141 *BaFin*, Finanzinformationen, Präsentation v. 29.05.2006 zum Workshop vom 17. und 22.05.2006, S. 7.

142 Vgl. VO (EG) Nr. 211/2007 v. 27.02.2007 zur Änderung der EU-ProspV. Siehe auch *BaFin*, „Complex Financial History" und weitere Neuerungen bei den Finanzinformationen, Präsentation vom 04.09.2007. Siehe hierzu auch Komm. zu Anh. I Ziff. 20.1. EU-ProspV Rn. 88 und Anh. II EU-ProspV hinsichtlich Pro forma-Finanzinformationen.

57 Eine weitere sprachliche Ungenauigkeit, die wohl aus der Übersetzung resultiert, betrifft die Frage, ob tatsächlich, wie der Wortlaut des Anh. I Ziff. 9.2.1. EU-ProspV vermuten lässt, nur Faktoren anzugeben sind, die die Erträge schmälern. Da insb. die englische und französische Fassung der EU-ProspV keine derartige Einschränkung enthalten, ist nicht davon auszugehen. Abgesehen davon wird der Emittent regelmäßig ein Interesse haben, auch die Erträge positiv beeinflussende Faktoren darzustellen.

58 Anh. I Ziff. 9.2.1. EU-ProspV verlangt, dass sowohl der beeinflussende Faktor als auch das Ausmaß des Einflusses auf die Geschäftserträge des Emittenten zu nennen sind. Dies bedeutet laut ESMA nicht, dass Faktoren, deren Einfluss auf das Geschäftsergebnis nicht quantifizierbar ist, nicht genannt werden müssen. Auch solche Faktoren sind aufzuführen,[143] ggf. mit dem Hinweis, dass sich das Ausmaß des Einflusses auf die Geschäftserträge nicht quantifizieren lässt. Welches die für die Geschäftätigkeit des Emittenten wichtigen unternehmensspezifischen Faktoren sind, lässt sich nur im Einzelfall beurteilen. Beispiele sind: Auslastung der Kapazitäten, technischer Stand des Emittenten und allgemeine Entwicklungen im Wettbewerbsumfeld, erhöhter Personalaufwand durch Geschäftätigkeit oder vereinbarte besondere Vergütungsprogramme, besondere Abschreibungen und Wertberichtigungen, Preisgestaltung und Kundenverhalten, Kosten anlässlich Marketingmaßnahmen und der Einsatz besonderer Hard- und/oder Software. Grds. ist darauf zu achten, dass keine Widersprüche zwischen den hier genannten Faktoren und den Faktoren bestehen, welche die Geschäftätigkeit wesentlich beeinflusst haben (siehe Anh. I Ziff. 6.3. oder Ziff. 4. EU-ProspV).

Die Anforderung in Anh. I Ziff. 9.2.2. EU-ProspV stellt klar, dass wesentliche Veränderungen des Jahresabschlusses bei den Nettoumsätzen oder Nettoerträgen zu beschreiben sind. Eine solche Beschreibung ist für eine sachgerechte Information des Anlegers i. R. d. Darstellung der Analyse der Vermögens- und Ertraglage ohnehin erforderlich.

Die unternehmensspezifischen Faktoren sind nach Anh. I Ziff. 9.2.3. EU-ProspV zu ergänzen durch die externen Faktoren. Ist das Geschäftsergebnis des Emittenten in besonderer Weise abhängig von rechtlichen, volkswirtschaftlichen, steuerlichen, monetären oder politischen Umständen und Entwicklungen, muss dies im Prospekt herausgestellt werden. Dazu gehören z. B. Besonderheiten, die sich durch Förderprogramme ergeben (etwa im Zusammenhang mit dem Erneuerbare-Energien-Gesetz) sowie sonstige Veränderungen im regulatorischen Umfeld, eine besondere Abhängigkeit des Emittenten von Energie- und Rohstoffpreisen oder Wechselkursrisiken. Vielfach werden solche Faktoren auch i. R. d. Beschreibung der Risikofaktoren zu nennen sein.

---

143 *ESMA*, update CESR recommendation, consistent implementation, Ref.: ESMA/2013/319, Tz. 30.

XI. Eigenkapitalausstattung, Ziff. 10.

1. Überblick

Die nach Anh. I Ziff. 10. EU-ProspV erforderlichen Angaben zur Eigenkapi-   59
talausstattung überschneiden sich zum Teil mit anderen Vorgaben, insb. mit
den Anforderungen nach Anh. III Ziff. 3.2. EU-ProspV (Kapitalbildung und
Verschuldung).[144] Entsprechend werden die nach Anh. I Ziff. 10. EU-ProspV
geforderten Angaben teilweise auch unter der Überschrift „Kapitalisierung"
bzw. „Kapitalausstattung und Verschuldung" aufgenommen. Teilweise werden die erforderlichen Angaben auch in den Abschnitten „Darstellung und
Analyse der Vermögens-, Finanz- und Ertragslage", „Investitionen" oder bei
der Beschreibung der wesentlichen Verträge näher erläutert. Grds. gilt, dass
in diesem Abschnitt keine Angaben aus anderen Abschnitten wiederholt
werden müssen und Querverweise genügen.[145] Die ESMA setzt sich in ihren
Empfehlungen relativ ausführlich mit den nach Anh. I Ziff. 10. EU-ProsPV zu
stellenden Anforderungen auseinander; die BaFin legt Wert auf die Befolgung dieser Empfehlungen.

Bei einteiligen Prospekten wird an dieser Stelle meist die ggf. nach Anh. III
Ziff. 3.1. EU-ProspV erforderliche Erklärung zum Geschäftskapital (sog. *Working Capital Statement*) aufgenommen.

2. Angaben zur Kapitalausstattung

Tabellarisch[146] aufgeführt werden sollten liquide Mittel (unter Angabe der   60
Währung)[147], Eigenkapital sowie kurz- und langfristige Verbindlichkeiten
(Anh. I Ziff. 10.1. EU-ProspV). Daneben kann es angezeigt sein, die Eigen-
kapitalquote oder den Zinsaufwand gesondert darzustellen,[148] wobei zu berücksichtigen ist, dass sich hier durch unterschiedliche Rechnungslegungsstandards erhebliche Differenzen ergeben können, die ggf. zu verdeutlichen
sind.

Soweit Kapitalflüsse des letzten Geschäftsjahres nicht i. R. d. Darstellung und
Analyse der Vermögens-, Finanz- und Ertragslage diskutiert werden, hat
dies i. R. d. Eigenkapitalausstattung zu erfolgen (siehe Anh. I Ziff. 10.2. EU-
ProspV).[149] Zurückgegriffen werden kann dabei auf den Konzernabschluss,
der gem. § 297 Abs. 1 Satz 1 HGB bzw. den IFRS-Regelungen eine Kapitalflussrechnung enthält. Dabei sollten die Quellen und Beträge des Kapitalflusses unter Darstellung der wesentlichen Positionen der Kapitalflussrech-

---

144 Siehe auch Erläuterungen zu Anh. III Ziff. 3.2. EU-ProspV.
145 *ESMA*, update CESR recommendation, consistent implementation, Ref.: ESMA/2013/
319, Tz. 35, 37.
146 Vgl. auch Komm. zu Anh. III Ziff. 3.2. EU-ProspV.
147 *ESMA*, update CESR recommendation, consistent implementation, Ref.: ESMA/2013/
319, Tz. 35.
148 *ESMA*, update CESR recommendation, consistent implementation, Ref.: ESMA/2013/
319, Tz. 33.
149 *ESMA*, update CESR recommendation, consistent implementation, Ref.: ESMA/2013/
319, Tz. 34.

nung erläutert und verzerrende Sondereffekte erklärend herausgestellt werden. Der Investor soll ersehen können, wie die bisherige Finanzierung des Emittenten erfolgt ist und wie groß das Innenfinanzierungspotenzial des Emittenten in Zukunft ist.[150] Sofern einschlägig, sollten in der Diskussion rechtliche oder wirtschaftliche Hindernisse im Bereich der konzerninternen Finanztransfers aufgeführt werden.[151]

Bei Auslegung des Anh. I Ziff. 10.3. EU-ProspV ergibt sich aus einer Gesamtschau mit Anh. III Ziff. 3.2. EU-ProspV (Kapitalbildung und Verschuldung), dass hier über den zukünftigen Fremdfinanzierungsbedarf und die Finanzstruktur des Emittenten zu berichten ist, während bei Anh. III Ziff. 3.2. EU-ProspV Aussagen über die gegenwärtigen Lage zu machen sind.[152] Die Diskussion der Finanzierungspolitik des Emittenten sollte inbesondere Angaben über mögliche Zinsänderungen im Bereich der Verbindlichkeiten und über vom Emittenten eingesetzte Absicherungsinstrumente enthalten.[153] Sollten Beschränkungen des Rückgriffs auf die Eigenkapitalausstattung für den Emittenten im Raume stehen sind diese zu erläutern, sofern sie die Geschäfte des Emittenten direkt oder indirekt wesentlich beeinträchtigen oder beinträchtigt haben (Anh. I Ziff. 10.4. EU-ProspV). Einer Erläuterung bedarf es insbesondere dann, wenn die Beschränkung im Zusammenhang mit Kreditverpflichtungen steht. Beschränkungen können sich aus spezifischen Darlehensbedingungen, sog. Covenants, ergeben, die es dem Kreditgeber bei Unterschreitung einer bestimmten Eigenkapitalausstattung ermöglichen, den Kredit vorzeitig zu kündigen. Des Weiteren sind nähere Angaben im Hinblick auf die erwarteten Finanzierungsquellen zu machen, welche zur Finanzierung künftiger Investitionen sowie bestehender und geplanter Sachanlagen verwendet werden sollen. Dabei sind insb. Angaben zu machen über den Umfang der Fremdfinanzierung, die Saisonalität des Fremdmittelbedarfs sowie zu den Laufzeiten der Finanzierungsverträge (Anh. I Ziff. 10.5. EU-ProspV).[154]

Zuletzt wird in diesem Zusammenhang meist die Erklärung dazu aufgenommen, dass das Geschäftskapital zur Erfüllung fällig werdender Zahlungsverpflichtungen mindestens in den nächsten zwölf Monaten ausreicht (sog. *Clean Working Capital Statement*) oder, sofern dies nicht der Fall ist, wie die Erfüllung der Zahlungsverpflichtungen finanziert wird, Anh. III Ziff. 3.1. EU-ProspV.[155] Ein *Clean Working Capital Statement* darf dabei nicht abgegeben werden, wenn der Emittent zur Erfüllung seiner zukünftigen Zahlungsverpflichtungen den Emissionserlös benötigt, der ihm aus dem öffentlichen An-

---

150 *Schlitt/Schäfer*, in: Assmann/Schlitt/von Kopp-Colomb, WpPG/VerkProspG, Anh. I EU-ProspV Rn. 103.

151 *ESMA*, update CESR recommendation, consistent implementation, Ref.: ESMA/2013/319, Tz. 34.

152 *Fingerhut/Voß*, in: Just/Voß/Ritz/Zeising, WpPG, Anh. I EU-ProspV Rn. 170.

153 *ESMA*, update CESR recommendation, consistent implementation, Ref.: ESMA/2013/319, Tz. 35.

154 *ESMA*, update CESR recommendation, consistent implementation, Ref.: ESMA/2013/319, Tz. 36.

155 Vgl. Erl. zu Anh. III Ziff. 3.1. EU-ProspV.

gebot der neuen Aktien zufließt. In diesem Fall ist in den Prospekt eine Erklärung aufzunehmen, dass das vorhandene Kapital nicht ausreicht, und es sind zusätzliche Angaben aufzunehmen, zu deren Inhalt die ESMA im Einzelnen Stellung genommen hat.[156]

XII. Forschung und Entwicklung, Patente und Lizenzen, Ziff. 11.

Anh. I Ziff. 11. EU-ProspV verlangt eine Beschreibung der wesentlichen Forschungs- und Entwicklungsstrategien. Der Regelungsgehalt des Anh. I Ziff. 11. EU-ProspV deckt sich teilweise mit dem des § 20 Abs. 3 Satz 2 Ziff. 2. BörsZulVO a. F. und erweitert diesen um das Erfordernis, die in Forschung und Entwicklung investierten Beträge anzugeben. Es ist nicht davon auszugehen, dass mit der Verwendung des Begriffs Forschungs- und Entwicklungsstrategie anstelle des Begriffs der Tätigkeit die Anforderungen an diesbezügliche Prospektangaben geändert werden sollten. Von Interesse ist für den Investor nicht nur, welche Ziele der Emittent sich in Forschung und Entwicklung gesetzt hat und wie er sie erreichen möchte, sondern insb. inwieweit diese Planungen bereits umgesetzt, d. h. neuartige Verfahren, Produkte etc. entwickelt wurden. Die in Anh. I Ziff. 11. EU-ProspV geforderte Angabe von Investitionsbeträgen bezieht sich ausweislich des Wortlauts nur auf die Forschungs- und Entwicklungstätigkeiten. Der Betrag kann dabei im Abschnitt der „Geschäftstätigkeit" i. R. d. Darstellung der Forschungs- und Entwicklungsvorhaben oder bei „Darstellung und Analyse der Vermögens-, Finanz- und Ertragslage" genannt werden.[157] Bei Darstellung von in Zukunft geplanten Ausgaben muss auf Kohärenz zu den Angaben in Anh. III Ziff. 3.4. EU-ProspektV (Gründe für das Angebot und Verwendung der Erträge) geachtet werden, wo die Verwendung des Emissionserlöses dargestellt wird.[158]   61

Erforderlich sind Angaben zu Forschung und Entwicklung, falls diese für die Geschäftstätigkeit des Emittenten wesentlich sind. Folglich kann sich der Emittent darauf beschränken, den Bereich der Forschung und Entwicklung darzustellen, der auf die Entwicklung neuer Produkte und Dienstleistungen bzw. deren Verbesserung ausgerichtet ist.[159] In Betracht kommen nicht nur eigene Forschungstätigkeiten, sondern auch die gesponsorte Forschungs- und Entwicklungstätigkeit Dritter, etwa von Universitäten oder Instituten.[160] Dabei kann auf die Angaben im Lagebericht zurückgegriffen werden (vgl. § 289 Abs. 2 Nr. 3 HGB bzw. § 315 Abs. 2 Nr. 3 HGB).[161] Regelmäßig bietet   62

---

156 *ESMA*, update CESR recommendation, consistent implementation, Ref.: ESMA/2013/ 319, Tz. 116 ff.

157 *Schlitt/Schäfer*, in: Assmann/Schlitt/von Kopp-Colomb, WpPG/VerkProspG, Anh. I EU-ProspV Rn. 109.

158 *Schlitt/Schäfer*, in: Assmann/Schlitt/von Kopp-Colomb, WpPG/VerkProspG, Anh. I EU-ProspV Rn. 110.

159 Vgl. zur alten Rechtslage *Paskert*, Informationspflicht, S. 63.

160 *Fingerhut/Voß*, in: Just/Voß/Ritz/Zeising, WpPG, Anh. I EU-ProspV Rn. 177.

161 Vgl. zur alten Rechtslage *Paskert*, Informationspflicht, S. 63 Fn. 3.

es sich an, die Angaben zu Forschung und Entwicklung im Zusammenhang mit den Angaben zur Abhängigkeit von Patenten und Lizenzen nach Anh. I Ziff. 6.4. EU-ProspV darzustellen. Wird eine Forschungs- und Entwicklungsstrategie für den Emittenten als wesentlich eingestuft, so sollte regelmäßig auch geprüft werden, ob eine Abhängigkeit in Bezug auf Patente oder Lizenzen nach Anh. I Ziff. 6.4. EU-ProspektV besteht.[162]

63 Wie bei den Angaben zu künftigen Investitionen stehen sich bei den Angaben zu Forschung und Entwicklung das Informationsinteresse der Anleger und das Geheimhaltungsinteresse des Emittenten (und seiner Anteilsinhaber) gegenüber.[163] Dem Geheimhaltungsinteresse kann, soweit erforderlich, durch eine Gestattung nach § 8 Abs. 2 WpPG Rechnung getragen werden, auch wenn von dieser Bestimmung in der Regel kein Gebrauch gemacht wird. In der Praxis wird dann vielmehr eine Formulierung gewählt, die den Anleger sachgerecht und ausreichend informiert, aber den Geheimhaltungsinteressen durchaus Rechnung trägt.

XIII. Trendinformationen, Ziff. 12.

64 Anh. I Ziff. 12. EU-ProspV verlangt die Angabe der wichtigsten jüngsten Trends hinsichtlich Produktion, Umsätzen und Vorräten sowie Kosten und Ausgabepreise. Diese Trendinformationen[164] werden regelmäßig unter der Bezeichnung „Geschäftsgang und Aussichten" dargestellt, und, soweit angebracht, im jeweiligen Sachzusammenhang beschrieben. Gefragt ist in erster Linie die Angabe von Veränderungen unternehmensinterner oder externer Umstände, die sich auf die genannten Bereiche auswirken können. Sofern Zwischenabschlüsse in den Prospekt aufgenommen werden, müssen derartige Informationen schon in die Darstellung der Geschäftstätigkeit oder die Darstellung und Analyse der Finanz-, Vermögens- und Ertragslage aufgenommen werden. Zusätzliche Informationen sind nach Anh. I Ziff. 12.2. EU-ProspV erforderlich, wenn wesentliche Ereignisse in den Zeitraum fallen, der nach dem für die historischen Finanzinformationen maßgeblichen Zeitraum liegt. Bezugsgrößen sind nach Anh. I Ziff. 12.1. EU-ProspV dabei Produktion, Umsätze und Vorräte sowie Kosten und Ausgabepreise. Das ist allerdings nicht statisch zu verstehen, sondern eher beispielhaft. Welche Werte anzugeben sind, hängt von dem Geschäftsmodell des jeweiligen Unternehmens ab. Bei Immobilienunternehmen sind etwa Angaben zu Vorräten typischerweise nicht relevant. In Betracht kommen dann vielmehr Informationen zu Mieteinnahmen und Leerstandsquoten.

Daneben sind Trendaussagen für das gesamte laufende Geschäftsjahr aufzunehmen.[165] Eine konkrete Bezifferung der erwarteten Umsätze und Ergeb-

---

162 *Fingerhut/Voß*, in: Just/Voß/Ritz/Zeising, WpPG, Anh. I EU-ProspV Rn. 176.

163 Vgl. Anm. oben Rn. 32.

164 Zur Abgrenzung des Begriffs der Trendinformation zur Gewinnprognose gem. Anh. I Ziff. 13. EU-ProspV siehe Rn. 66.

165 Siehe zu Prognosen im Kapitalmarktrecht ausführlich *Siebel/Gebauer*, WM 2001, 118 ff. und 173 ff.

nisse (quantitative Aussagen) ist hier allerdings nicht erforderlich und wird im Hinblick auf mögliche Haftungsrisiken üblicherweise auch vermieden. Erforderlich ist aber die Aufnahme qualitativer Aussagen und die Darstellung, ob die Geschäftsentwicklung den Erwartungen des Managements entspricht und mit derjenigen des Vorjahres vergleichbar ist, sie übertrifft oder dahinter zurückbleibt.

XIV. Gewinnprognosen oder -schätzungen, Ziff. 13.

1. Veröffentlichung von Gewinnprognosen oder -schätzungen, Ziff. 13.

Grds. ist die Veröffentlichung von Gewinnprognosen oder -schätzungen kein notwendiger Prospektinhalt. Anh. I Ziff. 13. EU-ProspV normiert nach seiner Einl. Anforderungen für den Fall, dass sich der Emittent für die Aufnahme von solchen Angaben entscheidet. Für diese grds. Wahlfreiheit im Hinblick auf die Aufnahme von Informationen zu Gewinnprognosen bestimmt Anh. I Ziff. 13.4. EU-ProspV eine Ausnahme, nach der bei einer in einem noch gültigen Prospekt enthaltenen Gewinnprognose in einem neuen Prospekt hierzu eine Erläuterung aufgenommen werden muss. **65**

Eine weitere Ausnahme wird auf Grundlage der Empfehlungen der ESMA diskutiert.[166] Diese Ausnahme lässt sich dem Wortlaut des Anh. I Ziff. 13. EU-ProspV nicht entnehmen, wird aber durch die ESMA auf die allgemeine Pflicht gestützt, wesentliche Informationen in den Prospekt aufzunehmen (§ 5 Abs. 1 Satz 1 WpPG). Danach wird besonders bei Börsengängen vermutet, dass eine Gewinnprognose eine wesentliche Information und damit in den Prospekt aufzunehmen ist, wenn der Emittent außerhalb des Prospekts (z. B. bei einer Analystenkonferenz[167]) eine solche Prognose abgegeben hat.[168] Ungeachtet der Frage, ob dies der Wahlfreiheit des Anh. I Ziff. 13.

---

166 *ESMA*, update CESR recommendation, consistent implementation, ESMA/2013/319, Tz. 38 ff.

167 Zu diesen und weiteren Beispielen siehe *Apfelbacher/Metzner*, BKR 2006, 81, 89.

168 *ESMA*, update CESR recommendation, consistent implementation, ESMA/2013/319, Tz. 44, die in *ESMA*, Q&A, 21st updated version, ESMA/2014/35, question 25, aber auch eine Einzelfallbetrachtung zulässt. Die Tragweite dieser Haltung lässt sich an §§ 289 Abs. 1 Satz 4, 315 Abs. 1 Satz 5 HGB erkennen, wonach im Lagebericht die voraussichtliche Entwicklung mit ihren Chancen und Risiken darzustellen ist und auch eine Quantifizierung empfohlen wird. Folgt man der Auffassung der ESMA, würde sich bei der Aufnahme von quantifizierbaren Gewinnprognosen in den Lagebericht eine Umkehr des Freiwilligkeitsgrundsatzes des Anh. I Ziff. 13. EU-ProspV ergeben. Diese Schlussfolgerung wird in der Literatur unter Hinweis auf die Rangfolge des Lamfalussy-Verfahrens und die Rangstufe der Empfehlungen der ESMA auf Ebene 3 gegenüber den Bestimmungen der EU-ProspV der Ebene 2 abgelehnt. Vertretbar scheint es daher unter grundsätzlicher Respektierung des Freiwilligkeitsgrundsatzes nur, eine Aufnahme der Prognose zu fordern, wenn nach Veröffentlichung einer Prognose außerhalb des Prospekts wesentliche Umstände eintreten, die dieser Prognose entgegenstehen und ein Schweigen hierauf einer Irreführung der Adressaten gleichkäme. Vgl. hierzu *Rieckhoff*, BKR 2011, 221, 225; *Schlitt/Schäfer*, in: Assmann/Schlitt/von Kopp-Colomb,
(Fortsetzung auf Seite 332)

EU-ProspV widerspricht, dürfte es sich vielfach bereits aus dem Grundsatz der informationellen Gleichbehandlung der Anleger ergeben. So regelt § 15 Abs. 5 Satz 2 WpPG, dass „wesentliche Informationen [...], die sich an qualifizierte Anleger oder andere Anlegergruppen richten", auch in den Prospekt aufgenommen werden müssen. Verwendet der Emittent die in seinen Lageberichten enthaltenen Prognosen allerdings in der Vermarktung der Aktien nicht, muss er diese auch nicht in den Prospekt aufnehmen. Sind die Prognosen allerdings in den Analysten- und Investorenpräsentationen enthalten, ist die Aufnahme in den Prospekt mit den nach Anh. I Ziff. 13. EU-ProspV erforderlichen Detailangaben zwingend.

Liegt jedenfalls keine Pflicht vor, Informationen zu Gewinnprognosen in den Prospekt aufzunehmen, sollten Emittenten bei der Aufnahme solcher Prognosen zumindest in Anbetracht der Haftungsrisiken eher Zurückhaltung walten lassen.[169] In der Literatur wurde die grundsätzliche Annahme einer Rechtspflicht zur Zurückhaltung bei Angaben zu zukunftsgerichteten Aussagen, wie vom BGH in seinem grundlegenden Urteil aus dem Jahre 1982[170] angenommen, indes lange kritisiert.[171] Bei Voraussagen und Werturteilen, so der BGH damals, sei allgemein Zurückhaltung geboten, vor allem, wenn es sich um risikoreiche Projekte handele. In einer Entscheidung des BGH aus dem Jahre 2009 wird diese Linie der grundsätzlichen Zurückhaltung wohl aufgegeben, wenn dort festgestellt wird, dass Prognosen auch auf optimistische Erwartungen gestützt werden dürfen, solange deren Tatsachengrundlage sorgfältig ermittelt und die darauf gestützte Vorhersage kaufmännisch vertretbar ist. Darüber hinausgehende Risikoabschläge, die der einer Prognose innewohnenden Unsicherheit Rechnung tragen sollen, sind nach dieser Entscheidung für eine angemessene Darstellung des Risikos der Anlage nicht mehr erforderlich. [172] Trotz der Kritik der Literatur an der zuvor vom BGH vertretenen Rechtspflicht zur Zurückhaltung bei zukunftsgerichteten Aussags wird angesichts der neuen Linie des BGH nunmehr teilweise eine Situation befürchtet, in der dem Emittenten und anderen Prospektverantwortlichen „gefährliche Anreize"[173] zur Verwendung optimistischer Prognosen gesetzt werden. Dabei verpflichte der BGH die Prospektverantwortlichen nicht zu einer Offenlegung ihrer Prognosegrundlagen oder Berechnungsmethoden, die der Prognose zugrundeliegen, sodass der Anleger keine Möglichkeit habe, sich anhand der zugrunde liegenden Daten selbst ein Bild zu machen und seine Entscheidung möglicherweise zu überdenken. Dem ist angesichts der detaillierten Offenlegungspflichten des Anh. I Ziff. 13. EU-ProspV und der Notwen-

---

WpPG/VerkProspG, Anh. I Rn. 118; *Fingerhut/Voß*, in: Just/Voß/Ritz/Zeising, WpPG, Anh. I EU-ProspV Rn. 188; *Meyer*, in: Berrar/Meyer u. a., Frankf Komm WpPG, Anh. I EU-ProspV Ziff. 13. Rn. 19; vgl. zu Gewinnprognosen insgesamt *Apfelbacher/Metzner*, BKR 2006, 81, 88 f.; *Schlitt/Schäfer*, AG 2005, 498, 504.

169 Siehe auch *Apfelbacher/Metzner*, BKR 2006, 81, 88; *Wieneke*, in: Grundmann (Hrsg.), Anleger- und Funktionsschutz durch Kapitalmarktrecht, 2006 S. 48.

170 BGH, WM, 1982, 862, 865.

171 *Fingerhut/Voß*, in: Just/Voß/Ritz/Zeising, WpPG, Anh. I EU-ProspV Rn. 189.

172 BGH, WM, 2009, 2303, Rn. 22; Besprechung durch *Klöhn*, WM 2010, 289, 291.

173 So *Klöhn*, WM 2010, 289, 294.

digkeit der sachverständigen Prüfung für den Bereich richtlinienkonform erstellter Prospekte nicht zuzustimmen. Der Emittent ist zur Reduzierung von Haftungsrisiken freilich gehalten, die Planung, auf der die Prognosen beruhen, professionell zu erstellen und zu dokumentieren.

Ein wesentliches Anwendungsproblem, das sich bei Anh. I Ziff. 13. EU- 66 ProspV stellt, ist die Frage, wann – über Trendinformationen hinaus – eine Gewinnprognose vorliegt, und damit die Anforderungen der Vorschrift greifen.[174] Gem. Art. 2 Ziff. 10. EU-ProspV ist eine Gewinnprognose „ein Text, in dem ausdrücklich oder implizit eine Zahl oder eine Mindest- bzw. Höchstzahl für die wahrscheinliche Höhe der Gewinne oder Verluste im laufenden Geschäftsjahr und/oder in den folgenden Geschäftsjahren genannt wird, oder der Daten enthält, aufgrund deren die Berechnung einer solchen Zahl für künftige Gewinne oder Verluste möglich ist, selbst wenn keine bestimmte Zahl genannt wird und das Wort ‚Gewinn' nicht erscheint". Schwierigkeiten bereitet diese Definition, soweit nicht nur bezifferte und als solche bezeichnete Gewinnprognosen erfasst werden, sondern auch Informationen auf deren Grundlage sich Gewinnprognosen berechnen lassen. Hier kann die Abgrenzung zu Trendinformationen nach Anh. I Ziff. 12. EU-ProspV schwierig sein, auf deren Notwendigkeit bereits in Erwägungsgrund 8 der EU-ProspektV hingewiesen wird.[175] Die ESMA sieht in allgemeinen Informationen zu den wirtschaftlichen Aussichten des Emittenten keine Gewinnprognose i. S. d. EU-ProspV.[176] Obwohl auch dieses Abgrenzungskriterium die Auslegungsschwierigkeiten nicht ausräumen kann[177], gibt es eine Richtung vor. Es zeigt, dass bei konkreten Aussagen über die zukünftige Geschäftsentwicklung eines Unternehmens, insb. wenn diese durch Zahlen untermauert werden sollen (quantitative Angaben), Vorsicht geboten ist, weil sie zu einer Anwendung des Anh. I Ziff. 13. EU-ProspV führen können, wohingegen Trendinformationen allgemeiner gehalten sind und keine Schlüsse auf konkrete Zahlen zulassen (qualitative Angaben).

2. Erforderliche Angaben, Ziff. 13.1. bis Ziff. 13.4.

Entscheidet sich der Emittent für die Aufnahme einer Gewinnprognose, sind 67 die Annahmen, auf denen die Prognose basiert, zu nennen, wobei zwischen unternehmensinternen und externen Faktoren zu unterscheiden ist (Anh. I Ziff. 13.1. Sätze 1 und 2 EU-ProspV). Dabei ist zwischen den Faktoren zu unterscheiden, die die Geschäftsführung beeinflussen kann, und solchen, die

174 Die Gewinnschätzung ist in Art. 2 Ziff. 11. EU-ProspV als Gewinnprognose für ein abgelaufenes Geschäftsjahr, für das Ergebnisse noch nicht veröffentlicht wurden, definiert und bereitet weniger Probleme, vgl. *ESMA*, update CESR recommendation, consistent implementation, Ref.: ESMA/2013/319, Tz. 38 f. Weiterführend zum Begriff der Prognoseinformation: *Fleischer*, AG 2006, 2, 4.
175 *ESMA*, update CESR recommendation, consistent implementation, Ref.: ESMA/2013/319, Tz. 49; *Apfelbacher/Metzner*, BKR 2006, 81, 89.
176 *ESMA*, update CESR recommendation, consistent implementation, Ref.: ESMA/2013/319, Tz. 49.
177 *Apfelbacher/Metzner*, BKR 2006, 81, 89.

nicht beeinflusst werden können.[178] Die Angaben müssen mit den sonstigen Prospektinformationen, insbesondere den Risikofaktoren, konsistent sein. In der Praxis führt dies zu einer langen, ungewichteten Auflistung von möglichen Einflussfaktoren. Eine Offenlegung der Planung und eine rechnerische Ableitung der Prognosezahlen, wie dies bei Unternehmensbewertungen erforderlich ist, ist nicht erforderlich. Zudem müssen sie auf einer Grundlage erstellt werden, die mit den historischen Finanzinformationen vergleichbar ist, d. h. dass die im letzten Abschluss angewandte Rechnungslegungsmethode zugrundegelegt werden muss. Welche Kriterien u. a. in die Prognose einfließen sollten, ist in den ESMA Empfehlungen formuliert.[179] Die Prognose muss gem. Anh. I Ziff. 13.2. EU-ProspV von einem unabhängigen Buch- oder Abschlussprüfer in einem Bericht bestätigt werden.[180] Nach Änderung des Anh. I Ziff. 13.2. EU-ProspV durch Verordnung 862/2012 der Kommission vom 04.06.2012 kann auf einen Bericht unter der Voraussetzung verzichtet werden, dass sich die Finanzinformationen auf das letzte Geschäftsjahr beziehen und ausschließlich nicht irreführende Zahlen enthalten, die im Wesentlichen mit den im nächsten geprüften Jahresabschluss zu veröffentlichenden Zahlen für das letzte Geschäftsjahr konsistent sind. Ferner müssen die zu der Bewertung der Zahlen nötigen erläuternden Informationen enthalten sein. Intention der Änderung war es gem. der Verordnungsbegründung insbesondere, die Bürokratiekosten für Emittenten bei der Kapitalbeschaffung zu senken.[181] Es ist in der Regel aufwändig, entsprechende Berichte von unabhängigen Buch- oder Abschlussprüfern zu erhalten; der Zeitaufwand ist im Rahmen der Transaktionsplanung zu berücksichtigen.

---

178 Siehe für Beispiele aus der Praxis den Prospekt der Merck KGaA vom 22.01.2007, der Wacker Construction Equipment AG vom 04.02.2008, der Rhön-Kliniken AG vom 20.07.2009 und der TAG Immobilien AG vom 29.02.2012.

179 *ESMA*, update CESR recommendation, consistent implementation, ESMA/2013/319, Tz. 50: zurückliegende Geschäftsergebnisse, Marktanalysen, strategische Entwicklungen, Marktanteil und -position des Emittenten, Vermögens-, Finanz- und Ertragslage und mögliche diesbezügliche Änderungen, Beschreibung des Einflusses von Unternehmensakquisitionen und -veräußerungen, Änderung der Unternehmensstrategie oder wesentliche Änderungen in Umwelt und Technik, Änderungen der rechtlichen und steuerlichen Rahmenbedingungen, Verpflichtungen gegenüber Dritten.

180 Zur Schwierigkeit, einen solchen Bericht zu erhalten, siehe *Apfelbacher/Metzner*, BKR 2006, 81, 89. Siehe auch *Schlitt/Schäfer*, in: Assmann/Schlitt/von Kopp-Colomb, WpPG/VerkProspG, Anh. I EU-ProspV Rn. 119, sowie *Fingerhut/Voß*, in: Just/Voß/Ritz/Zeising, WpPG, Anh. I EU-ProspV Rn. 194 f., mit Hinweis auf den einschlägigen IDW Rechnungslegungshinweis „Erstellung von Gewinnprognosen und -schätzungen nach den besonderen Anforderungen der Prospektverordnung" (IDW RH HFA 2.003) vom 22.02.2008.

181 VO (EU) Nr. 862/2012 der Kommission vom 04.06.2012 zur Änderung der VO (EG) Nr. 809/2004.

XV. Verwaltungs-, Geschäftsführungs- und Aufsichtsorgane sowie oberes Management, Ziff. 14.

1. Überblick

Anh. I Ziff. 14. bis 16. EU-ProspV verlangen verschiedene Angaben zu den   68
Organen der Gesellschaft. Anh. I Ziff. 14. bis 16. (und Ziff. 17.2.) EU-ProspV
greifen Anh. I, Schemata A, B, Kapitel 6 der Koordinierungsrichtlinie[182] auf
(umgesetzt in § 28 BörsZulVO a. F.), wobei die Anforderungen erweitert und
konkretisiert werden.[183] Die nach Anh. I Ziff. 14. bis 16. EU-ProspV verlangten Angaben werden üblicherweise in einem einheitlichen mit Angaben
über die (Verwaltungs-, Geschäftsführungs- und Aufsichts-)Organe des
Emittenten betitelten Abschnitt erörtert. Ihnen werden meist Ausführungen
über die Unternehmensverfassung einer deutschen AG, KGaA oder SE nach
geltendem Aktienrecht bzw. Recht der SE vorangestellt. Neben den Angaben zu Organmitgliedern und deren Bezügen (vgl. Anh. I Ziff. 15. EU-
ProspV) können an dieser Stelle – dem ehem. Aufbau nach der Koordinierungsrichtlinie folgend – auch die Angaben zu Aktienbesitz und Aktienoptionen der Organmitglieder aufgenommen werden (siehe Anh. I Ziff. 17.2. EU-
ProspV). Daneben bietet es sich an, an dieser Stelle einzelne Ausführungen
zu den Satzungen und Statuten nach Anh. I Ziff. 21.2. EU-ProspV aufzunehmen, soweit sie Organe der AG, KGaA oder SE betreffen.[184] Bei einer KGaA
ist aufgrund der erheblich weiteren Gestaltungsfreiheit, welche diese
Rechtsform für die satzungsmäßige Ausgestaltung der Corporate Governance bietet, eine detaillierte Darstellung der Besonderheiten der Corporate
Governance im Einzelfall erforderlich.[185] Gleiches dürfte insbesondere dann
auch für die SE gelten, wenn die Corporate Governance, wie etwa im Fall
einer monistischen Struktur, von der einer AG wesentlich abweicht.

Der überwiegende Teil der Anforderungen in Anh. I Ziff. 14. bis 16. EU-ProspV ist aus sich selbst heraus verständlich. Es bedarf lediglich einiger Anmerkungen:

2. Angaben zu Organmitgliedern und Management, Ziff. 14.1.

Die Anforderungen nach Anh. I Ziff. 14.1. Unterabs. 1 EU-ProspV entspre-   69
chen weitgehend § 28 Abs. 1 BörsZulVO a. F. Ausdrücklich klargestellt
wurde, dass nur die Angabe der Geschäftsanschrift der genannten Personen

---

182 RL 2001/34/EG des Europäischen Parlaments und des Rates v. 28.05.2001 über die Zu-
    lassung v. Wertpapieren zur amtlichen Börsennotierung und über die hinsichtlich dieser
    Wertpapiere zu veröffentlichenden Informationen, ABl. EG L 184 v. 06.07.2001, S. 1.
183 Einige nunmehr zusätzlich verlangte Angaben waren allerdings schon in ähnlicher
    Form nach den von der Deutschen Börse AG herausgegebenen Going Public Grundsät-
    zen verlangt (Angaben zu beruflichem Werdegang und Vorstrafen allerdings nur in Be-
    zug auf die Mitglieder des Geschäftsführungsorgans, vgl. Ziff. 4.5. der Going Public
    Grundsätze v. 01.08.2004).
184 U. a. die Ausführungen zur Hauptversammlung, siehe Rn. 201.
185 Siehe hierzu ausführlich *Wieneke/Fett*, in: Schütz/Bürgers/Riotte, Die Kommanditge-
    sellschaft auf Aktien, 2002 § 10 Rn. 67 ff.

erforderlich ist.[186] Üblich ist, bei den Vorstandsmitgliedern auch deren Zuständigkeitsbereich anzugeben. Im Hinblick auf wichtige außerhalb des Emittenten ausgeübte Tätigkeiten (§ 28 Abs. 1 Nr. 2 BörsZulVO) wurde nach alter Rechtslage davon ausgegangen, dass die nach § 285 Nr. 10 HGB im Anhang des letzten Jahresabschlusses gemachten Angaben ausreichen.[187] Nach neuer Rechtslage ist in Anh. I Ziff. 14.1. Unterabs. 3 lit. a) und Ziff. 14.2. Unterabs. 2 EU-ProspV konkretisiert, welche Tätigkeiten der Geschäftsführungs- und Aufsichtsorgane in Gremien anderer Unternehmen anzugeben sind. Es kann davon ausgegangen werden, dass grds. über die Angaben nach Anh. I Ziff. 14.1. Unterabs. 3 lit. a) und Ziff. 14.2. Unterabs. 2 EU-ProspV hinaus keine weiteren Informationen verlangt sind.

Angaben über Mitglieder des oberen Managements nach Unterabs. 1 lit. d) sind nur erforderlich, sofern im Unternehmen eine entsprechende Managementebene etwa mit Vorstandsmitgliedern vergleichbaren Kompetenzen existiert. Das ist vielfach nicht der Fall. Sofern darauf hingewiesen wird, dass Mitglieder des oberen Managements leitende Angestellte i. S. d. § 14 Abs. 2 Satz 1 KSchG sein müssen, die zur selbständigen Einstellung oder Entlassung von Arbeitnehmern berechtigt sind,[188] handelt es sich dabei um ein notwendiges, allerdings nicht hinreichendes Kriterium.

Die Aufzählung des Anh. I Ziff. 14.1. EU-ProspV enthält keine Angaben zu Beiräten einer Aktiengesellschaft. Zur Aufnahme der Mitglieder solcher durch Satzung geschaffener Beiräte mit regelmäßig rein beratender Funktion ohne Organstellung besteht aufgrund des Wortlauts des Anh. I Ziff. 14.1. EU-ProspV und der fehlenden Vergleichbarkeit eines Beirats zu den aufgezählten Organen und den Mitgliedern des oberen Managements grds. keine Pflicht.[189] Zur Ermittlung der in Ziff. 14.1. Unterabs. 2 EU-ProspV geforderten Darstellung verwandtschaftlicher Beziehungen kann grds. auf die Regeln des vierten Buchs des BGB (§§ 1297 ff. BGB) zurückgegriffen werden.[190]

70 Aufgrund der Tatsache, dass für die Eignung einer Person als Geschäftsführungs- und Aufsichtsorgan nicht nur eine Verurteilung wegen betrügerischer Taten, sondern auch sonstiger Delikte aus dem Bereich der Wirtschaftskriminalität relevant ist, mutet die Formulierung in Unterabs. 3 lit. b) EU-ProspV („etwaige Schuldsprüche in Bezug auf betrügerische Straftaten während zumindest der letzten fünf Jahre") etwas eng an. Es ist davon auszugehen, dass mit dieser Formulierung alle auf Täuschung basierenden kapitalmarktrele-

---

186 Hiervon wurde auch nach alter Rechtslage ausgegangen, vgl. *Heidelbach*, in: Schwark, KapMRK, 3. Aufl. § 28 BörsZulVO Rn. 1 m.w.N.
187 *Heidelbach*, in: Schwark, KapMRK, 3. Aufl. § 28 BörsZulVO Rn. 1.
188 *Fingerhut/Voß*, in: Just/Voß/Ritz/Zeising, WpPG, Anh. I EU-ProspV Rn. 219.
189 *Schlitt/Schäfer*, in: Assmann/Schlitt/von Kopp-Colomb, WpPG/VerkProspG, Anh. I EU-ProspV Rn. 127.
190 *Schlitt/Schäfer*, in: Assmann/Schlitt/von Kopp-Colomb, WpPG/VerkProspG, Anh. I EU-ProspV Rn. 122; Legaldefinition der Verwandtschaft in § 1589 Abs. 1 BGB.

vanten Delikte erfasst werden.[191] Allerdings sollte die nach Unterabs. 4 verlangte Negativerklärung unter Rückgriff auf den Wortlaut des Unterabs. 3 lit. b) EU-ProspV formuliert werden. Als öffentliche Anschuldigung im Sinne des Unterabs. 3 lit. d) EU-ProspV ist es im Prospekt darzustellen, wenn gegen den Beschuldigten öffentliche Anklage erhoben und das Verfahren im Nachgang eingestellt wurde. Nicht ausreichend ist hingegen die Einleitung eines Ermittlungsverfahrens durch die Staatsanwaltschaft, wenn dieses mangels hinreichenden Tatverdachts gem. § 170 Abs. 2 StPO eingestellt wurde.[192] Wie sich aus der englischen Fassung ergibt, bezieht sich die Fünf-Jahresgrenze auf den gesamten Unterabsatz 3.[193]

3. Interessenkonflikte, Ziff. 14.2.

Anh. I Ziff. 14.2. EU-ProspV verpflichtet die Emittenten allgemein, poten- **71** zielle Interessenkonflikte der Organmitglieder aufzuführen, ohne die in § 28 Abs. 2 Ziff. 4. BörsZulVO a. F. aufgeführte Beteiligung der Organmitglieder am Unternehmen ausdrücklich zu nennen. Dennoch führt eine direkte oder indirekte Beteiligung einzelner Organmitglieder an dem Emittenten nach wie vor zu einem angabepflichtigen potenziellen Interessenkonflikt zwischen den Verpflichtungen der Organmitglieder gegenüber der Gesellschaft und privaten Interessen. Grds. ist nach der Formulierung der Vorschrift nicht nur der Grund für einen möglichen Interessenkonflikt zu nennen, sondern es ist der Umstand auch ausdrücklich als Interessenkonflikt zu kennzeichnen. Begrifflich kann ein Interessenkonflikt angenommen werden, wenn von dem Organmitglied zwei sich widersprechende Interessen verfolgt werden, wobei damit in Anh. I Ziff. 14.2. EU-ProspV konkret Konflikte zwischen den Verpflichtungen gegenüber dem Emittenten einerseits und den privaten und sonstigen Interessen der in Anh. I Ziff. 14.1. EU-ProspV genannten Personen andererseits genannt sind. Besonders bei Aufsichtsratsmitgliedern können sich berufliche Sonderinteressen daraus ergeben, dass das Aufsichtsratsmandat grds. nicht als Haupt-, sondern Nebenamt ausgestaltet ist und daher der berufliche Schwerpunkt eines Aufsichtsratsmitglieds außerhalb seiner Funktion beim Emittenten liegen kann.[194] Interessenkonflikte können sich aber

---

191 Nach den Going Public Grundsätzen der Deutschen Börse AG waren im Prospekt Sanktionen (z. B.: Verurteilungen, Strafen, Bußgelder, Berufsverbote) gegenüber den einzelnen Mitglieder des Geschäftsführungsorgans des Emittenten während mindestens der letzten fünf Jahre für die Verletzung in- und ausländischer Bestimmungen des Straf- und Kapitalmarktrechts (z. B. Wertpapierhandelsrecht, Börsenrecht) anzugeben, die für eine Geschäftsführungstätigkeit von erheblicher Bedeutung sind (z. B. Untreue, Betrug, Kapitalanlagebetrug, Kreditbetrug, Bilanzfälschung, Insolvenzstraftaten, Insiderstraftaten). Siehe hierzu auch die Neufassung des § 76 Abs. 3 Satz 2 bis 4 AktG durch Art. 5 Nr. 6 MoMiG, wodurch eine Ausdehnung der Bestellungshindernisse erfolgt ist.
192 *Schlitt/Schäfer,* in: Assmann/Schlitt/von Kopp-Colomb, WpPG/VerkProspG, Anh. I EU-ProspV Rn. 125; *Fingerhut/Voß,* in: Just/Voß/Ritz/Zeising, WpPG, 2009, Anh. I Rn. 226.
193 *Schlitt/Schäfer,* in: Assmann/Schlitt/von Kopp-Colomb, WpPG/VerkProspG, Anh. I EU-ProspV Rn. 124.
194 *Wilsing,* in: Wilsing, Deutscher Corporate Governance Kodex, Kommentar, Ziff. 5.5.2. Rn. 3.

auch bei Vorstandsmitgliedern ergeben, insbesondere wenn sie oder mit ihnen verbundene Personen geschäftliche Beziehungen mit der Gesellschaft unterhalten. Bei der Auslegung des Begriffs des Interessenkonflikts kann insbesondere die Empfehlung der EU-Kommission vom 15.02.2005 zu den Aufgaben von nicht geschäftsführenden Direktoren/Aufsichtsratsmitgliedern börsennotierter Gesellschaften sowie zu den Ausschüssen des Verwaltungs-/Aufsichtsrats, 2005/162/EG, herangezogen werden. Die Empfehlung hat zwar keinen rechtsverbindlichen Charakter, ist aber bei der Auslegung des zur Durchführung von Gemeinschaftsrecht ergangenen nationalen Rechts und verbindlicher gemeinschaftsrechtlicher Vorschriften anzuwenden.[195] Spiegelbildlich zum Interessenkonflikt wird in Erwägungsgrund 7 der Kommissionsempfehlung die Unabhängigkeit definiert. Unabhängigkeit soll demnach verstanden werden als die Abwesenheit jeglicher signifikanter Interessenskonflikte. In Anh. II der Kommissionsempfehlung finden sich Regelbeispiele fehlender Unabhängigkeit, die im Umkehrschluss bei der Auslegung des Begriffs des Interessenkonflikts herangezogen werden können.

Als Anhaltspunkt für Umfang und Inhalt der Offenlegung von Interessenkonflikten kann der für börsennotierte Gesellschaften nach Ziff. 3.10. des Corporate Governance Kodex erforderliche Corporate Governance Bericht bzw. der Bericht des Aufsichtsrates an die Hauptversammlung, in dem nach Ziff. 5.5.3. des Corporate Governance Kodex über aufgetretene Interessenkonflikte und deren Behandlung im abgelaufenen Geschäftsjahr informiert werden soll, angesehen werden.

72   Die Angaben zu Veräußerungsbeschränkungen betreffen den Bereich der so genannten Lock-up-Vereinbarungen. Deren Angabe war nach alter Rechtslage nicht verpflichtend.[196] Nach neuer Rechtslage[197] sind sie anzugeben, wobei nach wie vor zwischen der Angabe derartiger Vereinbarungen im Prospekt und deren Einhaltung zu unterscheiden ist. Die Prospektverantwortlichen haften für die richtige Darstellung der Lock-up-Vereinbarung. Bei der Prospekterstellung ist daher darauf zu achten, dass die Formulierung der Lock-up-Vereinbarung der Vereinbarung mit den Altaktionären bzw. der Gesellschaft und den Regelungen im Übernahmevertrag entspricht. Sollte ein Aktionär als Partei dieser Vereinbarung gegen diese verstoßen, stellt dies keinen Fall der Prospekthaftung dar.[198]

XVI. Bezüge und Vergünstigungen, Ziff. 15.

73   Gem. Anh. I Ziff. 15.1. EU-ProspV sind neben den Vergütungen auch Sachleistungen (z. B. Dienstwagen, abgeschlossene Versicherungen) an die Organmitglieder anzugeben. Im Rahmen der Darstellung nachvertraglicher Vergütung kann es sich anbieten, in diesem Zusammenhang auch nachver-

---

195 *Scholderer*, NZG 2012, 168, 172, m. w. N.
196 Vgl. *Groß*, KapMR, 2. Aufl. §§ 13–32 BörsZulVO Rn. 10 b.
197 Siehe Anh. III Ziff. 7.3. EU-ProspV und Erläuterungen dort.
198 Dazu *Groß*, KapMR, 2. Aufl. §§ 13–32 BörsZulVO Rn. 10 b.

tragliche Wettbewerbsverbote zu erläutern.[199] Soweit es sich nicht um Barmittel handelt, ist der geschätzte Wert der Leistungen anzuführen.[200] Nähere Angaben sind erforderlich, wenn die Vergütung nach Maßgabe eines Bonus- oder Gewinnbeteiligungssystems gezahlt wurde. Hier sollte das Vergütungssystem erläutert werden, insb. auf welcher Grundlage die betroffenen Personen entsprechende Leistungen bekommen.[201] Ebenso sind weitere Ausführungen vorzunehmen, wenn Aktienbezugsrechte gewährt wurden, wie etwa die Anzahl der davon erfassten Aktien, der Bezugspreis sowie die Frist zur Ausübung des Bezugsrechts.[202] Die Offenlegung für börsennotierte AGs ist in § 285 Satz 1 Nr. 9 a) Satz 5 HGB bzw. § 314 Abs. 1 Nr. 6 a) HGB gesetzlich vorgeschrieben.[203] Die entsprechenden Angaben sind in den Prospekt zu übernehmen. Gem. § 286 Abs. 5 HGB kann die in § 285 Nr. 9 a) Satz 5 HGB verlangte individualisierte Offenlegung unterbleiben, wenn die Hauptversammlung dies mit einer ¾ Mehrheit beschlossen hat. Keinen Effekt hat diese Möglichkeit im Falle börsennotierter Unternehmen mit einem Alleinvorstand, da auch hier Angaben zur (dann identischen) Gesamtvergütung des Vorstands zu machen sind. Teilweise wird daher eine teleologische Erweiterung des § 286 Abs. 5 HGB für börsennotierte AGs mit Alleinvorstand angenommen, wonach auch die Offenlegung der Gesamtvergütung unterbleiben können soll. Die BaFin geht im Billigungsverfahren bislang davon aus, dass es grds. den testierten Jahresabschlüssen zu entnehmen ist, ob eine Offenlegung der Gesamtvergütung erfolgen muss oder nicht. Sind in die testierten Jahresabschlüsse die Angaben zur Vorstandsvergütung nicht aufgenommen, so wird nach Praxis der BaFin auch eine Aufnahme in den Prospekt nicht verlangt.[204] Eine Stellungnahme zu der zugrundeliegenden Frage, ob im Abschluss nach opt-out-Beschluss beim Alleinvorstand auch auf Angaben zur Gesamtvergütung verzichtet werden kann, ist durch die BaFin auf Ebene des Billigungsverfahrens, soweit bekannt, nicht beantwortet worden und hat durch Beschluss des OLG Frankfurt a. M. vom 31.05.2012 wieder an Aktualität gewonnen.[205] Danach ist die Nichtaufnahme der Gesamtbezüge

---

199 *Schlitt/Schäfer*, in: Assmann/Schlitt/von Kopp-Colomb, WpPG/VerkProspG, Anh. I EU-ProspV Rn. 132.

200 *ESMA*, update CESR recommendation, consistent implementation, Ref.: ESMA/2013/319, Tz. 148.

201 *ESMA*, update CESR recommendation, consistent implementation, Ref.: ESMA/2013/319, Tz. 148.

202 *ESMA*, update CESR recommendation, consistent implementation, Ref.: ESMA/2013/319, Tz. 148 mit weiteren Angaben.

203 Siehe hierzu ausführlich *Hennke/Fett*, BB 2007, 1267.

204 *Fingerhut/Voß*, in: Just/Voß/Ritz/Zeising, WpPG, Anh. I EU-ProspV Rn. 241; *Schlitt/Schäfer*, in: Assmann/Schlitt/von Kopp-Colomb, WpPG/VerkProspG, Anh. I EU-ProspV Rn. 131.

205 NZG 2012, 996. Danach stellt die vollständig unterbliebene Angabe der Gesamtbezüge des Vorstands einer börsennotierten AG nach § 285 Nr. 9 a S. 1 bis 4 HGB auch dann einen wesentlichen und somit im Enforcement-Verfahren zu beanstandenden Rechnungslegungsfehler dar, wenn der Vorstand der Gesellschaft nur aus einer Person besteht. Siehe auch die Besprechung *Bischof/Oser*, BB 2012, 2615; die besondere Relevanz des Beschlusses ergibt sich aus der Tatsache, dass das OLG Frankfurt die allein zuständige fachliche Rechtsschutzinstanz für Anordnungen der BaFin i. R. d. Enforcement-Verfahrens ist.

durch die DPR e.V. und die BaFin als Rechnungslegungsfehler qualifiziert und durch die BaFin eine Fehlerbekanntmachungsanordnung ausgesprochen worden. Vor diesem Hintergrund bleibt abzuwarten, ob die bisherige Praxis der BaFin bei der Prospektprüfung fortgeführt wird.

Darüber hinaus sollte es nicht erforderlich sein, Angaben zur Vergütung aufzunehmen, wenn die Organmitglieder ihre Tätigkeit erst nach dem letzten abgeschlossenen Geschäftsjahr aufgenommen haben.

74 Die nach Anh. I Ziff. 15.2. EU-ProspV verlangten Angaben zu Pensionsrückstellungen werden üblicherweise ebenfalls im Abschnitt der Beschreibung der Vergütung der Organe des Emittenten aufgenommen, wobei bei ihrer Darstellung insbesondere auf Kohärenz zu den historischen Finanzinformationen zu achten ist.[206]

XVII. Praktiken der Geschäftsführung, Ziff. 16.

75 Bei den Angaben zu Dienstleistungsverträgen (Anh. I Ziff. 16.2. EU-ProspV) ist zu beachten, dass es zu inhaltlichen Überschneidungen mit den an anderer Stelle geforderten Angaben zu Vergütungen und möglichen Interessenkonflikten kommen kann, sodass auf Kohärenz der Angaben nach Anh. I Ziff. 16.2., 15.1. und 14.2. EU-ProspV zu achten ist. Hierbei reicht grds. eine kurze, am Interesse des Anlegers orientierte Darstellung zu den Dienstleistungsverträgen, wobei meist Angaben zur Dauer des Vertrags und zur vereinbarten Vergütung im Mittelpunkt stehen werden.[207] Ob bei den gewünschten Angaben über das Gremium, das über die Vorstandsvergütung entscheidet (Anh. I Ziff. 16.3. EU-ProspV), Angaben über den Auditausschuss und einen Vergütungsausschuss getroffen werden können, hängt davon ab, ob der Aufsichtsrat entsprechende Ausschüsse gebildet hat. Bei dem Auditausschuss handelt es sich um den Prüfungsausschuss, der nach § 107 Abb. 3 Satz 2 AktG gebildet werden kann. Der Deutsche Corporate Governance Kodex sieht zwar die Bildung von Audit- und Vergütungsausschüssen im Aufsichtsrat vor.[208] Da er die Bildung solcher Ausschüsse aber nicht bindend vorschreibt und Anh. I Ziff. 16.3. EU-ProspV keine materiellen gesellschaftsrechtlichen Anforderungen normiert, wird der Hinweis auf den Aufsichtsrat als Entscheidungsgremium bisher als ausreichend angesehen, wenn keine Ausschüsse gebildet wurden.[209] Dessen Mitglieder sind schon nach Anh. I Ziff. 14.1. EU-ProspV zu nennen. Soweit entsprechende Ausschüsse vorhanden sind, sind ihre entsprechenden Befugnisse und Mitglieder ebenfalls anzuführen.

---

206 *Fingerhut/Voß*, in: Just/Voß/Ritz/Zeising, WpPG, Anh. I EU-ProspV Rn. 246.
207 *Schlitt/Schäfer*, in: Assmann/Schlitt/von Kopp-Colomb, WpPG/VerkProspG, Anh. I EU-ProspV Rn. 135.
208 Siehe Ziff. 5.3.2, Deutscher Corporate Governance Kodex i.d.F. v. 13.05.2013, aktuell jeweils abrufbar unter http://www.corporate-governance-code.de/ger/kodex/index.html.
209 Es wird sogar darauf verzichtet, bei den Angaben nach Anh. I Ziff. 16.4. EU-ProspV eine Erklärung dazu aufzunehmen.

Den Anforderungen nach Anh. I Ziff. 16.4. EU-ProspV wird bei Prospekten 76
im Rahmen einer Börseneinführung üblicherweise durch einen Hinweis darauf genügt, dass der Emittent nach seiner Börsennotierung eine Erklärung gem. § 161 AktG abgeben und welchen Inhalt diese Erklärung voraussichtlich haben wird. Beabsichtigt der Emittent, von seiner nach § 161 AktG bestehenden Möglichkeit, vom Corporate Governance Kodex abzuweichen, Gebrauch zu machen, ist dies schon im Wertpapierprospekt offen zu legen und zu begründen. Dies kann freilich nur für die Abweichungen gelten, die bereits feststehen. In dem Fall ist davon auszugehen, dass ein Hinweis auf die später zu veröffentlichende Erklärung nach § 161 AktG nicht ausreicht. Handelt es sich beim Emittenten nicht um eine börsennotierte Gesellschaft i. S. d. § 3 Abs. 2 AktG, etwa weil die Aktien in den Entry Standard an der Frankfurter Wertpapierbörse einbezogen werden sollen, so ist eine Erklärung gem. § 161 AktG nicht abzugeben. Eine entsprechende Erläuterung ist jedoch in den Prospekt aufzunehmen, da die in § 161 AktG getroffene Unterscheidung zwischen börsennotierten und nicht börsennotierten Gesellschaften in Anh. I Ziff. 16.4. EU-ProspV nicht vorgesehen ist. Hat der Emittent dagegen als börsennotiertes Unternehmen bereits Entsprechenserklärungen in der Vergangenheit abgegeben, etwa bei Prospekten im Rahmen von Sekundärplatzierungen, wird die aktuelle Entsprechenserklärung in den Prospekt aufgenommen.

XVIII. Beschäftigte, Ziff. 17.

1. Beschäftigte, Ziff. 17.1.

Anders als nach § 20 Abs. 3 Ziff. 1. BörsZulVO a. F. sind nicht nur die Arbeit- 77
nehmer im Wertpapierprospekt zu nennen, sondern sämtliche Beschäftigte einschließlich der freien Mitarbeiter, Zeitarbeitskräfte und Auszubildenden. Insoweit können Unterschiede zu den Angaben im Jahresabschluss nach §§ 285 Satz 1 Nr. 7 HGB bzw. 314 Abs. 1 Nr. 4 HGB auftreten, da nach dieser Vorschrift nur die Zahl der Arbeitnehmer anzuführen ist.[210] Wenn es für den Emittenten möglich und wesentlich ist, können die Angaben nach ihrem Haupttätigkeitsbereich oder nach geografischer Belegenheit aufgeschlüsselt werden. Beschäftigt der Emittent eine große Anzahl von Zeitarbeitskräften, ist die Durchschnittszahl für das letzte Geschäftsjahr anzugeben, wobei eine große Zahl dann vorliegen soll, wenn mehr als 50 % der Beschäftigen als solche einzustufen sind.[211] Hinsichtlich der Ermittlung der maßgeblichen Zahl kann weiterhin auf die in § 267 Abs. 5 HGB normierte Vorgehensweise zurückgegriffen werden.[212] Als Richtwert für die Frage, wann von Veränderun-

---

210 Zum Arbeitnehmerbegriff in den Bilanzvorschriften des HGB siehe *Winkeljohann/Lawall*, in: Ellrott/Förschle/Hoyos/Winkeljohann, Bil Komm, § 267 Rn. 9 ff.
211 *Fingerhut/Voß*, in: Just/Voß/Ritz/Zeising, WpPG, Anh. I EU-ProspV Rn. 263.
212 Vgl. zum Rückgriff auf § 267 HGB nach alter Rechtslage Paskert, Informationspflicht, S. 62.

gen von wesentlicher Bedeutung auszugehen ist, kann die 10 %-Grenze herangezogen werden.[213]

78 Üblich ist, in den Abschnitt zu Mitarbeitern des Emittenten eine Erklärung darüber aufzunehmen, ob und ggf. welche tarifvertraglichen Bestimmungen gelten und ob das Unternehmen dem Mitbestimmungsrecht unterliegt.

2. Beteiligung, Ziff. 17.2., Ziff. 17.3.

79 Die Erklärung zu einer Beteiligung von Mitgliedern der Organe des Emittenten wird üblicherweise in den Abschnitt zu diesen Organen aufgenommen.[214] Die Vorschrift wird weit ausgelegt und darf nicht formal verstanden werden. Anzugeben sind nicht nur die Inhaberschaft von Aktien oder Aktienoptionen am Emittenten selbst, sondern auch mittelbare Beteiligungen etwa über Gesellschaften. Ob darüber hinaus auch der Aktienbesitz von nahestehenden Personen angeführt werden muss, ist fraglich.[215] Angesichts des Umstands, dass den Organmitgliedern der Umfang ihrer Beteiligungen bekannt sein sollte, ist davon auszugehen, dass die Angabe des Status quo der Beteiligung zum Zeitpunkt der Billigung des Prospekts möglich und erforderlich ist. Um der geforderten Aktualität zu genügen, sind auch Angaben dazu zu machen, ob und wie Organmitglieder sonstige Wertpapiere in Aktien umwandeln können (siehe auch Anforderungen nach Anh. I Ziff. 21.1.4. EU-ProspV). Die Angaben zu den Beteiligungen sind aus Verständnisgründen als Prozentsatz anzugeben. Kommt es im Rahmen des Angebots zur Abgabe von Aktien durch die Mitglieder der Organe oder des oberen Managements, so ist die Anzahl der nach dem Angebot voraussichtlich noch gehaltenen Aktien anzugeben.[216] Hier bietet sich eine Darstellung i. R. d. Abschnitts zur Aktionärsstruktur des Anh. I Ziff. 18.1. EU-ProspV an.

Sofern eine Vereinbarung nach Anh. I Ziff. 17.3. EU-ProspV über die Beteiligung von Beschäftigten am Kapital existiert, wird diese regelmäßig in den nach Anh. III Ziff. 5.2.3. EU-ProspV darzustellenden Zuteilungsregeln berücksichtigt. Sofern Angaben nach Anh. I Ziff. 17.3. EU-ProspV zu machen sind, werden sie daher meist in den Abschnitt zum Angebot aufgenommen; aus dem Begriff der Beschreibung lässt sich ableiten, dass hierzu detaillierte Angaben zu machen sind, insbesondere zur Frage des Adressatenkreises und den Vorausstzungen einer Beteiligung.[217]

---

213 Vgl. dazu und zu einer Bezifferung des Begriffs der wesentlichen Veränderung *Paskert*, Informationspflicht, S. 63 und 43 f.

214 Vgl. oben Anm. zu Anh. I Ziff. 14. bis 16. EU-ProspV.

215 Es erscheint nicht abwegig, die Zurechnungsvorschriften in § 15 a WpHG entsprechend anzuwenden.

216 *Fingerhut/Voß*, in: Just/Voß/Ritz/Zeising, WpPG, Anh. I EU-ProspV Rn. 266.

217 *Fingerhut/Voß*, in: Just/Voß/Ritz/Zeising, WpPG, Anh. I EU-ProspV Rn. 270.

XIX. Hauptaktionäre, Ziff. 18.

1. Hauptaktionäre, Ziff. 18.1., Ziff. 18.2.

Bereits nach § 19 Abs. 2 Ziff. 5. lit. a BörsZulVO a. F. waren die Hauptaktio- **80**
näre des Emittenten im Prospekt zu nennen. Gem. Anh. I Ziff. 18.1. EU-
ProspV i. V. m. §§ 21 Abs. 1, 1 a, 22 WpHG sind alle Personen, die nicht Mitglieder der Organe des Emittenten sind, zu nennen, denen direkt oder indirekt 3 % oder mehr der Stimmrechte am Emittenten zustehen, sofern es sich
dabei um ein an einem organisierten Markt notiertes Unternehmen handelt.

Die Angaben nach Anh. I Ziff. 18.1. EU-ProspV stehen unter dem Vorbehalt, **81**
dass sie dem Emittenten bekannt sind. Rechtlich ist die emittierende Gesellschaft auf die Information der Aktionäre angewiesen, sofern diese Inhaberaktien halten. Die Mitteilungspflicht nach §§ 21, 22 WpHG trifft die Aktionäre und führt auch nur zu „Momentaufnahmen", da nur bestimmte
Schwellen die Mitteilungspflicht auslösen, nicht aber Bewegungen zwischen
diesen Schwellen. Auch die Teilnahmeverzeichnisse von Hauptversammlungen stellen keine verlässliche Informationsquelle dar. Es empfiehlt sich, auf
entsprechende Probleme hinzuweisen.[218] Da § 21 WpHG bei Emittenten, die
noch nicht an einem organisierten Markt notiert sind, nicht anwendbar ist,
stellt sich hier die Frage, welche Meldeschwelle in diesem Fall Anwendung
findet. Teilweise wird angenommen, dass die Praxis der BaFin auch in diesem Fall, dem auch hier bestehenden Interesse der Anleger an der Kenntnis
der Hauptaktionäre folgend, die Schwelle des § 21 WpHG anwendet.[219] Ein
nur geringerer Erkenntnisgewinn kann erwartet werden, wenn stattdessen
nur die Schwelle des § 20 AktG i. H. v. 25 bzw. 50 % zur Anwendung kommen soll.[220] In der Praxis werden die Aktionäre dem Emittenten bei nicht
börsennotierten Gesellschaften mit nicht öffentlich gehandelten Anteilen
gleichwohl vielfach bekannt sein. Dies gilt jedenfalls (in einem gewissen
Umfang[221]), wenn Namensaktien ausgegeben wurden. Grds. hat die emittierende Gesellschaft bzw. haben deren Organe besonders bei wenigen Aktionären mit hohen Aktienanteilen ein wirtschaftliches Interesse, die Einfluss
ausübenden Gesellschafter zu kennen. Die Aktionäre sind zudem bekannt,
wenn die Gesellschaft erst zum Zwecke des Börsengangs unmittelbar vor
diesem in eine AG, KGaA oder SE umgewandelt wurde.

---

218 Zu der bei alter Rechtslage gegebenen Empfehlung, dies zur Vermeidung von Haftungsrisiken im Prospekt ausdrücklich klarzustellen siehe *Groß*, KapMR 2. Aufl., §§ 13–32
BörsZulVO Rn. 9; *Heidelbach*, in: Schwark, KapMRK, 3. Aufl. § 19 BörsZulVO Rn. 2.

219 *Fingerhut/Voß*, in: Just/Voß/Ritz/Zeising, WpPG, Anh. I EU-ProspV Rn. 274, der die Praxis der BaFin entsprechend auslegt, der Anwendung der Schwelle des § 21 WpHG in
diesem Fall aber zu Recht kritisch gegenübersteht.

220 *Schlitt/Schäfer*, in: Assmann/Schlitt/von Kopp-Colomb, WpPG/VerkProspG, Anh. I EU-
ProspV Rn. 148.

221 Nach geltendem Recht gibt es keine Pflicht des Aktionärs, sich im Aktienregister ein-
tragen zu lassen; vgl. *Wieneke*, in: Bürgers/Körber, AktG, § 67 Rn. 1; *Schneider/Müller-
von Pilchau*, AG 2007, 181.

Der Fall des Anh. I Ziff. 18.2. EU-ProspV hat in Deutschland geringe Bedeutung; einzig Vorzugsaktien, die nach § 12 AktG als Aktien ohne Stimmrecht ausgegeben werden können, stellen eine relevante Fallgruppe dar.

2. Beteiligungen und Beherrschungsverhältnisse, Ziff. 18.3., Ziff. 18.4.

82 Anh. I Ziff. 18.3. EU-ProspV erweitert die Anforderungen von Anh. I Ziff. 7.1. EU-ProspV.[222] Anders als nach der alten Rechtslage (siehe § 19 Abs. 2 Ziff. 5. lit. b BörsZulVO a. F.) löst die bloße Möglichkeit der Beherrschung nach dem Wortlaut der Vorschrift keine Angabepflicht mehr aus.[223] Da in jedem Fall die (natürlichen oder juristischen) Personen, die mehr als 3 % der Anteile bzw. Stimmrechte halten, zu nennen sind, kann eine wesentliche Bedeutung des Anh. I Ziff. 18.3. EU-ProspV darin liegen, dass ein Beherrschungsverhältnis als solches zu deklarieren ist und mögliche über die Beteiligung hinausgehende Beherrschungsvereinbarungen in einem Beherrschungsvertrag (oder einem anderen Unternehmensvertrag nach § 292 AktG) oder aufgrund einer Satzungsregelung offen zu legen sind.[224] Dem Wortlaut des Anh. I Ziff. 18.3. EU-ProspV entsprechend fallen hierunter auch mittelbare Beteiligungen oder Beherrschungsverhältnisse. In jedem Fall ist darzulegen, dass und wie eine Beherrschung ausgeübt wird und welche Maßnahmen (z. B. in der Satzung durch Vorschriften zur Besetzung der Organe oder durch Regelungen in einem Unternehmensvertrag) getroffen wurden, um einen Missbrauch zu verhindern.

83 Anh. I Ziff. 18.4. EU-ProspV stellt insb. auf Optionsvereinbarungen auf den Erwerb von Aktien des Emittenten ab. Wenigstens bei Zulassung der Aktien an einem organisierten Markt ist für die Beurteilung der Frage, ab welcher Schwelle von einer Kontrolle i. S. d. Anh. I Ziff. 18.4. EU-ProspV ausgegangen werden muss, die Regelung des § 29 Abs. 2 WpÜG heranzuziehen, wonach Kontrolle das Halten von mindestens 30 % der Stimmrechte bedeutet.[225] In der Praxis dürfte der Emittent insbesondere aufgrund der Mitteilungspflichten nach §§ 25, 25 a WpHG über Informationen zu Optionsvereinbarungen oder vergleichbare Instrumente verfügen. In diesen Fällen sind die sich aus den entsprechenden Mitteilungen ergebenden Informationen in den Prospekt aufzunehmen, wenn sie zu einer Veränderung der Kontrolle führen könnten.

---

222 Vgl. auch Rn. 44.

223 Zur alten Rechtslage vgl. *Groß*, KapMR, 2. Aufl., §§ 13–32 BörsZulVO Rn. 10 c.

224 Zu den nötigen Angaben im Falle einer Beherrschungsvereinbarung bei Prospekten, die sich zumindest auch an (Klein-) Anleger richten, vgl Rn. 44 und *Wieneke*, NZG 2012, 1420.

225 *Schlitt/Schäfer*, in: Assmann/Schlitt/von Kopp-Colomb, WpPG/VerkProspG, Anh. I EU-ProspV Rn. 155.

XX. Geschäfte mit verbundenen Parteien, Ziff. 19.

Die Geschäfte mit verbundenen Parteien werden in einem Prospekt übli- 84
cherweise als „Geschäfte mit nahe stehenden Personen" bezeichneten Abschnitt erörtert. Die Verwendung des Begriffs nahe stehend entspricht der
Terminologie der Internationalen Rechnungslegungsstandards, die nach der
VO (EG) Nr. 1606/2002 angenommen wurden. Welche Unternehmen und
Personen nach den Internationalen Rechnungslegungsstandards als nahe
stehend angesehen werden, ist in IAS 24 (Internationaler Rechnungslegungsstandard – Angaben über Beziehungen zu nahe stehenden Unternehmen und Personen)[226] Ziff. 9.[227] festgelegt. Aus IAS 24 ergeben sich auch die
Kriterien, nach denen Einzelheiten zu den Geschäften mit nahe stehenden
Personen anzugeben sind.

XXI. Überblick Finanzinformationen

Finanzinformationen sind wesentlicher Prospektinhalt. Mittlerweile machen 85
die Finanzteile von Prospekten („F-Pages") bis zu 50 % des Prospektinhalts
aus.[228] Art und Umfang der aufzunehmenden Abschlüsse sind dabei oft Gegenstand intensiver Diskussion mit Abschlussprüfern und der BaFin. Aus
diesem Grund haben Finanzinformationen nicht nur für den Inhalt des Prospekts, sondern auch für den Ablauf der Prospekterstellung wesentliche Bedeutung. Erfreulicherweise sieht die neue Fassung der EU-ProspV von 2012
keine Änderungen für Anh. I Ziff. 20. vor, so dass die mittlerweile etablierte
Praxis in Hinblick auf den Finanzteil eines Prospektes grundsätzlich beibehalten werden kann.[229] Eine Ausnahme bilden nur Erleichterungen für bestimmte Emittenten wie z. B. kleine und mittlere Unternehmen oder bei Bezugsrechtsemissionen, die nun nicht mehr nach Anh. I berichten müssen.[230]
Die folgenden Ausführungen gelten somit grundsätzlich für alle Aktienemissionen, sofern nicht die genannten Erleichterungen in Anspruch genommen
werden.

Anh. I Ziff. 20. EU-ProspV fordert für Aktienemittenten einen umfangreichen 86
Finanzteil mit Abschlüssen, die grds. drei Geschäftsjahre umfassen. Für

---

226 Die in der EG maßgebliche Fassung des IAS 24 – ursprünglich angenommen nach der
    VO (EG) Nr. 1606/2002 durch die VO (EG) Nr. 1727/2002 (ABl. EG L 261 v. 13.10.2003)
    – wurde zuletzt geändert durch die VO (EG) Nr. 2238/2004 (ABl. EG L 394 v. 31.12.
    2004).
227 Siehe Anh. zur VO (EG) Nr. 2238/2004, IAS 24 Ziff. 9. (ABl. EG L 394 v. 31.12.2004,
    S. 111).
228 *Meyer*, Accounting 2/2006, 11.
229 Damit gelten die bisher hierzu veröffentlichten Kommentierungen weiterhin als rele-
    vant. Siehe insbesondere *Müller* bzw. *Meyer*, in: Frankf Komm WpPG, Anh. I EU-
    ProspV Ziff. 20.; *Kunold*, in: Assmann/Schlitt/von Kopp-Colomb, WpPG/VerkProspG,
    Anh. I EU-ProspV Ziff. 20. sowie *Fingerhut/Voß* in: Just/Voß/Ritz/Zeising, WpPG, Anh. I
    EU-ProspV Ziff. 20.
230 Siehe hierzu die jeweilige Komm. für die Anh. XXIII, XXV, XXVII und XXVIII EU-
    ProspV.

Emittenten an geregelten Märkten muss die IAS-Verordnung beachtet werden, so dass in der Regel Konzernabschlüsse nach den IAS/IFRS erstellt werden müssen.[231] Diese Abschlüsse liegen in den meisten Fällen vor dem Börsengang nicht vor und müssen entsprechend für diesen Zweck erstellt und geprüft werden. Oft erschweren Umstrukturierungen und Akquisitionen im Vorfeld der Emission die Vergleichbarkeit der Finanzinformationen verschiedener Geschäftsjahre. Daher sind häufig die Regelungen nur schwer auf die konkrete Situation des Emittenten anwendbar. Die EU-ProspV trägt dem zwar teilweise durch Regelungen zu einer komplexen finanztechnischen Historie (Art. 4 a EU-ProspV) und Pro forma-Finanzinformationen Rechnung (Anh. I Ziff. 20.2., Anh. II EU-ProspV), doch bleiben einzelne Regelungen interpretationsbedürftig. Die EU Kommission wie auch die zuständige Europäische Aufsichtsbehörde ESMA (bzw. deren Vorgängerorganisation CESR) stellen daher Interpretationshilfen zur Verfügung, die bei Einzelfragen zusätzlich zum Verordnungstext hinzuzuziehen sind.

XXII. Begriff der historischen Finanzinformationen, Ziff. 20.1. Satz 1

87 Anh. I Ziff. 20.1. Satz 1 EU-ProspV fordert die Aufnahme geprüfter historischer Finanzinformationen der letzten drei Geschäftsjahre in den Prospekt. Vorrangiger Zweck ist die Information des Investors über die Vermögens-, Finanz- und Ertragslage des Emittenten der abgelaufenen Berichtsperioden. Die historischen Finanzinformationen sollen dabei die operative Geschäftstätigkeit des Emittenten bis zur Prospekterstellung zeigen.[232]

88 Historische Finanzausweise sollten die Transaktionen der abgelaufenen Berichtszeiträume inklusive Akquisitionen und Verkäufe widerspiegeln.[233] In einigen Fällen zeigen die historischen Finanzausweise jedoch nicht alle Transaktionen des Emittenten. Dies ist insbesondere bei gesellschaftsrechtlichen Veränderungen üblich. Beispiele sind die Neugründung des Emittenten und Eingliederung in eine bereits bestehende Gesellschaft und umgekehrt der Zusammenschluss von ehemaligen Tochterunternehmen zu einer neuen Konzerneinheit (Emittent) sowie die Ausgliederung eines Teilbereiches mit selbstständigem Börsengang. In diesem Zusammenhang spricht man von einer komplexen finanziellen Historie („complex financial history").[234] Entsprechende Regelungen werden unter Art. 4 a sowie in Ziff. 20.2. i. V. m. Anh. II EU-ProspV im Zusammenhang mit Pro forma-Finanzausweisen erläutert. Vor diesem Hintergrund gestattet die EU-ProspV den Emittenten, Abschlüsse nur für Prospektzwecke zu erstellen und diese als historische Finanzinformationen aufzunehmen.[235]

---

231 Siehe Rn. 103 ff.
232 *CESR*, advice, historical financial information, Ref.: CESR/05-582, Tz. 15.
233 *CESR*, advice, historical financial information, Ref.: CESR/05-582, Tz. 16.
234 *CESR*, advice, historical financial information, Ref.: CESR/05-582, Tz. 35 f.
235 *Meyer*, in: Frankf Komm WpPG, EU-ProspV Anh. I Ziff. 20.1., Rn. 4.

Unter dem Begriff der Finanzinformationen kann man in Anlehnung an die   *89*
IAS/IFRS einen vollständigen Abschluss verstehen, der gemäß IAS 1.10 folgende Elemente umfasst: eine vollständige Bilanz zum Abschlussstichtag,
eine Gesamtergebnisrechnung für die Periode, eine Eigenkapitalveränderungsrechnung für die Periode, eine Kapitalflussrechnung für die Periode sowie erläuternde Anhangangaben.[236] In der für die EU gültigen Version des
IAS 1 ist nun explizit eine reine Gewinn- und Verlustrechnung (GuV) im
klassischen Sinne nicht mehr ausreichend. Vielmehr ist entweder eine Gesamtergebnisrechnung inklusive solcher Gewinnanteile vorzusehen, die
noch nicht ergebniswirksam sind (sonstige Ergebnisse/„other comprehensive
income"), so dass in Summe das Gesamtergebnis/„comprehensive income"
ausgewiesen wird, oder separat über das sonstige Ergebnis zu informieren.[237] Im Kern soll die Darstellung von bestimmten Ergebnisbestandteilen
verbessert werden. Insbesondere soll klarer unterschieden werden, welche
Posten des sonstigen Ergebnisses potenziell in den realisierten Gewinn oder
Verlust umgegliedert werden können und welche nicht.[238] Diese Änderungen der Ergebnisdarstellung ist für Unternehmen in der EU für Geschäftsjahre verpflichtend, die nach dem 01.01.2013 beginnen.[239] Damit dürften Abschlüsse nach den IFRS und nationale Abschlüsse noch mehr Unterschiede
als bisher aufweisen.[240] Die Segmentberichterstattung als separates Abschlusselement wird zwar in der EU-ProspV nicht genannt, ist aber dennoch
Bestandteil eines vollständigen Abschlusses nach IAS/IFRS und daher grds.
verpflichtend, falls die Voraussetzungen zur Segmentberichterstattung erfüllt
sind.[241] Dies dürfte bei den meisten Aktienemittenten der Fall sein. Der Lagebericht gem. § 289 bzw. § 315 HGB ist explizit nicht genannt und muss
demgemäß nicht in den Prospekt aufgenommen werden. Die Funktion der
Erläuterungen im Rahmen eines Lageberichts übernehmen andere Teile des
Prospekts, u. a. die Angaben zur Geschäfts- und Finanzlage.[242] Allerdings

---

236 IAS 1 schlägt sogar vor, folgende Begriffe zu verwenden, obwohl die Verwendung bisheriger Begriffe ausdrücklich erlaubt ist: statt „Bilanz" (balance sheet) „Darstellung der
Vermögenslage" (statement of financial position), statt „Kapitalflussrechnung" (cash
flow statement) „Darstellung der Zahlungsströme" (statement of cash flows), statt „Gesamtergebnisrechnung" (statement of comprehensive income) „Darstellung von Ge-
winn- oder Verlust und sonstigem Gesamtergebnis" (statement of profit or loss and
other comprehensive income). Siehe ausführlich *Lüdenbach*, in: Lüdenbach/Hoffmann,
IFRS, §2.
237 Diese Änderungen kamen schon 2009 in Europäisches Recht, mit der Verordnung von
2012 werden nun Änderungen des IAS 1 übernommen, welche die Angabepflichten
weiter präzisieren: VO (EU) Nr. 475/2012 der Kommission v. 05.06.2012 zur Änderung
der Verordnung (EG) Nr. 1126/2008 zur Übernahme bestimmter internationaler Rechnungslegungsstandards gemäß der Verordnung (EG) Nr. 1606/2002 des Europäischen
Parlaments und des Rates im Hinblick auf den International Accounting Standard (IAS)
1 und den International Accounting Standard (IAS) 19 i. V. m. IAS 1.10A.
238 Erwg. 2, VO Nr. 475/2012.
239 Art. 2 Abs. 2 VO Nr. 475/2012.
240 Siehe für eine Analyse der Änderungen des IAS 1 *Urbanczik*, KOR 2012, 269.
241 IFRS 8.2.
242 Anh. I Ziff. 20.1. Nr. 9 EU-ProspV. Siehe auch die Ausführungen zu Konsistenz bei
Meyer, in: Habersack/Mülbert/Schlitt, UntFinanzKM, Rn. 31.

steht es dem Emittenten frei, den Lagebericht mit aufzunehmen. Dies ist angesichts der praktischen Erstellung von Testaten in Deutschland durchaus üblich.[243] Sollte er nicht aufgenommen werden, wird dies in der Regel in einem Hinweis erläutert.

90 *Beispiel: Hinweis bei Nichtaufnahme des Lageberichts*

Der nachfolgend abgedruckte Bestätigungsvermerk wurde gem. § 322 Handelsgesetzbuch auf den von der XXX AG zum 31.12.2XXX aufgestellten Konzernabschluss, bestehend aus Konzernbilanz, Konzerngewinn- und -verlustrechnung, Konzerneigenkapitalveränderungsrechnung, Konzernkapitalflussrechnung, Konzernanhang und Konzernlagebericht erteilt. Der Bestätigungsvermerk muss sich nach deutschem Recht auch auf den Konzernlagebericht beziehen. Der nachstehend abgedruckte Bestätigungsvermerk bezieht sich daher nur auf den Konzernabschluss der XXX AG zum 31.12.2XXX einschließlich des Konzernlageberichts, obwohl der Konzernlagebericht in diesem Prospekt nicht enthalten ist.

91 Der Konzernlagebericht kann im vollständigen Wortlaut in dem auf der Website der Gesellschaft unter http://..... öffentlich zugänglichen Konzernabschluss zum 31.12.2XXX eingesehen werden.

XXIII. Umfang der aufzunehmenden Finanzinformationen, Ziff. 20.1. Satz 1 Fortsetzung und Satz 2

92 Besteht der Emittent drei Jahre und länger, so ist er gem. Anh. I Ziff. 20.1. Satz 1 EU-ProspV grds. verpflichtet, die Abschlüsse der letzten drei Geschäftsjahre und die drei dazugehörigen Bestätigungsvermerke in den Prospekt aufzunehmen. Hiernach werden bei der Darstellung des letzten Abschlusses die Finanzinformationen des letzten mit denen des vorletzten Finanzjahres (Vergleichszahlen des Vorjahres) gegenübergestellt, erläutert und in testierter Form gezeigt. Bei der Abbildung des vorletzten Abschlusses werden die Finanzinformationen des zweitletzten mit denen des drittletzten Finanzjahres verglichen und im Anhang erläutert. Der Ausweis des drittletzten Abschlusses und des nunmehr verpflichtenden Bestätigungsvermerks, der neben dem drittletzten auch das viertletzte Finanzjahr umfasst, stellt den größten Mehraufwand in punkto Erstellung von Finanzausweisen und erläuternden Angaben für den Emittenten dar. Um für den drittletzten Abschluss Vergleichsangaben des Vorjahres ableiten zu können, muss vom Zahlenwerk des fünftletzten Jahres ausgegangen werden. Mit der Anforderung der EU-ProspV, wonach der Emittent drei separate Abschlüsse und entsprechende Bestätigungsvermerke in den Prospekt aufnehmen muss, wird der Emittent verpflichtet, für das historisch älteste Abschlussjahr einen gemessen an der Aktualität und am Wert der Information hohen Aufstellungsaufwand zu betreiben.

---

243 Siehe hierzu die Erläuterungen zu den anzuwendenden Prüfungsstandards unter Rn. 137 ff.

Damit geht diese Regel der EU-ProspV u. E. über den eigentlichen Sinn und 93
Zweck sowie der früher bewährten Regelung hinaus, welche die Aufnahme
der letzten drei Abschlüsse in Form einer vergleichenden Darstellung verlangte.[244] Die nun geforderte Abbildung der Finanzausweise führt zu einer
geringeren Vergleichbarkeit und Transparenz und steht darüber hinaus im
Widerspruch zu den allgemeinen Grundsätzen der Prospekterstellung. Danach soll der Prospekt in einer Form abgefasst sein, die sein Verständnis und
seine Auswertung erleichtern.[245]

Existiert der Emittent weniger als drei Jahre, also z. B. zwei oder ein Jahr, so 94
hat er entsprechend seines Bestehens Abschlüsse in den Prospekt aufzunehmen. Diese können ggf. auch Rumpfgeschäftsjahresabschlüsse sein. Unter
Emittent ist hierbei stets die rechtliche Einheit zum Zeitpunkt der Antragstellung zu verstehen. Allerdings müssen in der Regel dann zusätzliche Informationen aufgenommen werden, wenn die Geschäftätigkeit schon in
anderer Form bestanden hat. Dies betrifft dann Regelungen zu Pro forma-
Finanzausweisen bzw. zu so genannten „Complex Financial History"-Tatbe-
ständen, die in Art. 4 a EU-ProspV geregelt sind.[246]

Der Begriff des Geschäftsjahres im Sinne der EU-ProspV umfasst grds. einen 95
Zeitraum von zwölf Monaten. Beschreiben die letzten drei Geschäftsjahre
weniger als 36 Monate, so soll der Emittent zusätzliche Geschäftsjahre in
den Prospekt aufnehmen. Dies kann dann der Fall sein, wenn der Emittent
seinen Abschlussstichtag in den letzten Jahren mehrmals geändert hat. Damit soll eine Ungleichbehandlung von Emittenten mit und ohne Rumpfge-
schäftsjahre verhindert werden.[247] Existiert der Emittent kürzer als drei
Jahre und hat er in dieser Zeit seine Abschlussstichtage geändert, so hat er
entsprechend seines Bestehens sämtliche Abschlüsse unabhängig von der
Anzahl der Geschäftsjahre auszuweisen.[248]

Nach Anh. I Ziff. 20.1. S. 1 und 2 sind geprüfte Finanzausweise und die ent- 96
sprechenden Bestätigungsvermerke aufzunehmen. Das Bilanzrechtsmoder-

---

244 § 21 (1) Nr. 1. BörsZulVO, Stand 21.06.2002. Die ESMA weist zwar darauf hin, dass eine
    Tabellenform möglich wäre (*ESMA*, Q&A, 21st updated version, ESMA/2014/35, Ques-
    tion 15) faktisch kommt es aber in der Regel zur Aufnahme der gesamten Abschlüsse.
    Auch *Kunold*, in: Assmann/Schlitt/v. Kopp-Colomb, WpPG/VerkProspG Anh. I EU-
    ProspV Ziff. 20., Rn. 171, kommt zum Ergebnis, „dass die ProspVO keine von der ur-
    sprünglichen Darstellung abweichende Gestaltung der „F-Pages" vorsieht und Erwä-
    gungsgrund 28 ProspV von einer Darstellung nach Maßgabe der anwendbaren Rech-
    nungslegungsvorschriften ausgeht ... die Abschlüsse selbst abzudrucken ...".
245 § 5 Abs. 1 WpPG.
246 Diese Änderung der EU-ProspV wurde erst durch eine VO im Februar 2007 vorgenom-
    men (Ziff. 1. Abs. 2 VO Nr. 211/2007 zur Änderung der EU-ProspV Nr. 809/2004).
247 *Müller*, in: Frankf Komm WpPG, Anh. I EU-ProspV Ziff. 20.1., Rn. 10. Zur Entwicklungs-
    geschichte dieser Regelung *Kunold*, in: Assmann/Schlitt/von Kopp-Colomb, WpPG/Ver-
    kProspG, Anh. I EU-ProspV Ziff. 20., Rn. 175.
248 Diese Änderung in Anh. I Ziff. 20.1. Satz 2 EU-ProspV wurde durch eine VO im Februar
    2007 vorgenommen (Ziff. 3. VO Nr. 211/2007 zur Änderung der VO Nr. 809/2004),
    wurde jedoch auch schon früher von CESR vorgeschlagen (*CESR*, Working document
    ESC/16/2006).

nisierungsgesetz (BilMoG) transformiert im Jahr 2009 Vorschriften der EU-Abschlussprüferrichtlinie in nationales Recht, die insgesamt 10 IDW Prüfungsstandards betreffen.[249] § 317 Abs. 5 HGB sieht nun die Verwendung der International Standards on Auditing (ISA) vor, falls diese in den EU Rechtsrahmen übernommen werden. Da dieser Vorgang noch nicht abgeschlossen ist, richtet sich nach wie vor die Form des Bestätigungsvermerks bei deutschen Emittenten nach dem IDW Prüfungsstandard IDW PS 400. Dieser basiert bereits auf dem internationalen Prüfungsstandard ISA 700 und den Anforderungen, die sich aus ISA ergeben[250], so dass sich materiell wenig Änderungen in Zukunft ergeben sollten. Der Bestätigungsvermerk für ausländische Emittenten kann nach den Normen des ISA 700 erstellt werden.[251] Die BaFin akzeptiert Bescheinigungen über eine Prüfung der historischen Finanzinformationen im Sinne eines Bestätigungsvermerks, wobei inhaltliche Äquivalenz sichergestellt sein muss.[252]

XXIV. Anzuwendende Rechnungslegungsstandards, Ziff. 20.1. Satz 3

97 Nach Anh. I Ziff. 20.1. Satz 3 EU-ProspV sind die aufzunehmenden Finanzinformationen gem. der Verordnung (EG) Nr. 1606/2002 („IAS-V") zu erstellen bzw. wenn diese nicht anwendbar ist nach den Regelungen des betreffenden Mitgliedstaates. Gem. der IAS-V sind alle kapitalmarktorientierten Unternehmen mit Sitz in der EU verpflichtet, ihre Konzernabschlüsse nach internationalen Rechnungslegungsstandards aufzustellen.[253] Im Sinne dieser Verordnung bezeichnen „internationale Rechnungslegungsstandards" die „International Accounting Standards" (IAS), die „International Financial Reporting Standards" (IFRS) und damit verbundene Auslegungen (SIC/IFRIC-Interpretationen), spätere Änderungen dieser Standards und damit verbundene Auslegungen sowie künftige Standards und damit verbundene Auslegungen, die vom International Accounting Standards Board (IASB) herausgegeben oder angenommen wurden.[254] Als kapitalmarktorientiert gelten mit Verweis auf die Wertpapierdienstleistungsrichtlinie solche Unternehmen, deren Wertpapiere an einem organisierten (in Deutschland regulierten) Markt innerhalb der EU zugelassen sind.[255] Im Umkehrschluss wird hiermit auch klargestellt, dass solche Unternehmen, deren Wertpapiere im Freiverkehr einbezogen sind, nicht dieser Verordnung unterliegen. Diese können oder müssen demnach weiterhin nach nationalen Rechnungslegungsstandards bilanzieren.

---

249 Siehe für einen Überblick *Kuhn/Stibi*, WPg 2009, 1157.
250 IDW PS 400.
251 Siehe für Details zur Prüfung historischer Finanzinformationen Rn. 157 ff.
252 *Kunold*, in: Assmann/Schlitt/von Kopp-Colomb, WpPG/VerkProspG, Anh. I EU-ProspV Ziff. 20., Rn. 174.
253 Vgl. für eine Übersicht *d'Arcy*, EU Monitor Finanzmarkt Spezial 19/2004.
254 IAS-V, Art. 2.
255 IAS-V, Art. 4 i.V.m. Art. 1 Abs. 13 der RL 93/22/EWG des Rates vom 10.05.1993 über Wertpapierdienstleistungen.

Im Rahmen der IAS-V gelten nicht automatisch alle vom IASB verabschie-   98
deten Standards als verbindlich. Der dynamische Verweis innerhalb einer
EU-Verordnung auf einen dem EU-Rechtsrahmen fremden Standard erfordert ein rechtsverbindliches Anerkennungsverfahren, die so genannte Komitologie.[256] Für die betroffenen Unternehmen besteht zwischen der Veröffentlichung eines neuen Standards durch den IASB bis zur Übernahme in
europäisches Recht keine Rechtssicherheit bzgl. der anzuwendenden Normen. Aus praktischer Sicht ist nicht nur die Ablehnung eines gesamten Standards oder Teile eines Standards problematisch, sondern auch die zeitliche
Verzögerung. So sind bspw. Teile von IAS 39 zur Bilanzierung von Finanzinstrumenten nicht in europäisches Recht übernommen worden. Die Anerkennung des IFRS 1 zur Erstanwendung der IAS/IFRS hat zehn Monate in Anspruch genommen.[257] Es empfiehlt sich daher im Rahmen der Erstellung von
Finanzausweisen für einen Prospekt, nicht nur den aktuellen Stand der anerkannten Standards zu berücksichtigen,[258] sondern darüber hinaus die Entwicklungen bei den entsprechenden Gremien im Rahmen der Komitologie
zu beobachten.[259] Für den Fall, dass die Veröffentlichung des Endorsements
eines Standards zwischen dem Abschlussdatum und dem Datum der Unterschriften liegt, kann das Unternehmen frei entscheiden, ob es den alten oder
den neuen Standard anwendet. Dies setzt allerdings voraus, dass eine vorzeitige Anwendung des neuen Standards sowohl im IAS/IFRS als auch in der
EU Durchführungsbestimmung vorgesehen ist.[260] Die freiwillige Anwendung
vom IASB bereits erlassener aber noch nicht in den EU Rechtsrahmen aufgenommener IFRS ist in diesem Sinne nur dann möglich, wenn die IFRS
nicht in Widerspruch mit den in der EU aktuell anwendbaren IFRS stehen.
Damit sind EU-Emittenten gegenüber Drittstaatenemittenten ungleichbe-
handelt, weil letztere auch die vom IASB erlassenen IFRS verwenden können.[261]

Die IAS-V gilt unmittelbar und regelt damit die Konzernabschlusspublizität   99
für kapitalmarktorientierte Unternehmen abschließend. Die Verordnung

---

256 IAS-V, Art. 3. Vgl. zum Verfahren *Beiersdorf/Bogajewskaja*, Accounting 10/2005, 5;
    Buchheim/Gröner/Kühne, BB 2004, 1783.
257 *Beiersdorf/Bogajewskaja*, Accounting 10/2005, 5, 9.
258 Die Anerkennung wird im Rahmen von einzelnen VO festgestellt und jeweils im Amts-
    blatt der EU veröffentlicht. Eine Übersicht aller entsprechenden VO findet sich auf der
    Website der DG Binnenmarkt unter http://ec.europa.eu/internal_market/accounting/le-
    gal_framework/regulations_adopting_ias_text_de.htm, Stand 22.03.2013. Eine konsoli-
    dierte, allerdings rechtlich nicht bindende und nicht ständig aktualisierte Fassung der
    anwendbaren IFRS findet sich hier: http://ec.europa.eu/internal_market/accounting/ias/
    index_de.htm, Stand 22.03.2013.
259 Zur Einschätzung der Anerkennungsverfahren empfiehlt es sich insbesondere, den
    Stand der Diskussion beim beratenden Gremium European Financial Reporting Advi-
    sory Group (EFRAG) zu konsultieren. Siehe zur Rolle der EFRAG *Tonne*, Accounting 7/
    2006, 9. Zum aktuellen Stand siehe die Website der EFRAG sowie die dort zu erhalten-
    den EFRAG Endorsement Status Reports: http://www.efrag.org/, Stand v. 22.03.2013.
260 *CESR*, public statement, Ref: CESR 05-758, Tz. 2.
261 Siehe hierzu ausführlich *Müller*, in: Frankf Komm WpPG, Anh. I EU-ProspV Ziff. 20.1.,
    Rn. 24 f. und die dort angegebene Literatur. Zu Drittstattenemittenten siehe Rn. 104 ff.

stellt es den Mitgliedstaaten darüber hinaus im Rahmen von Wahlrechten frei, zusätzlich eine IAS/IFRS-Pflicht oder ein Wahlrecht für nicht kapitalmarktorientierte Unternehmen oder im Einzelabschluss vorzusehen, die durchaus auf bestimmte Unternehmen begrenzt werden kann.[262] Der deutsche Gesetzgeber hat im Einklang mit der EU-ProspV und dem WpPG eine Pflicht zur Anwendung der IAS/IFRS auch dann vorgesehen, wenn bis zum jeweiligen Bilanzstichtag die Zulassung eines Wertpapiers zum Handel an einem organisierten Markt im Inland beantragt worden ist.[263] Bei einem Emittenten aus einem anderen Mitgliedsstaat können diese Pflichten bis hin zur Übernahme der IAS/IFRS als nationaler Standard noch weitaus weiter gefasst sein.[264]

100 Der deutsche Gesetzgeber hat das Mitgliedstaatenwahlrecht der IAS-V, wonach auch nicht kapitalmarktorientierte Unternehmen ihren Konzernabschluss nach IAS/IFRS aufstellen dürfen, als Wahlrecht an die Unternehmen weitergegeben.[265] Unternehmen werden damit in die Lage versetzt, schon im Vorfeld einer Erstemission einen Konzernabschluss nach internationalen Standards aufzustellen und zu publizieren, ohne die Kosten für zwei parallele Konzernabschlüsse tragen zu müssen. Eine frühzeitige Umstellung der Konzernabschlusspublizität auf IAS/IFRS erleichtert nicht nur die erforderlichen Schritte im Rahmen der Due Diligence zur Prospekterstellung, sondern erhöht auch die Flexibilität für das gezielte Timing einer Erstemission, da die aufwändige Erstellung und Prüfung der historischen Finanzinformationen als separater Schritt im Emissionsprozess entfällt. Auch Freiverkehrsemittenten können im Rahmen ihrer Kommunikationsstrategie erwägen, freiwillig Konzernabschlüsse nach den IAS/IFRS zu erstellen.

101 Für Aktienemittenten sind grds. zwei Fälle denkbar, bei der die IAS-V nicht anwendbar sein könnte.[266] Zum einen unterliegen Unternehmen, deren Wertpapiere an einem nicht organisierten Markt notiert sind, nicht der IAS-V. Damit haben Freiverkehrsemittenten grds. nur Abschlüsse nach nationalem Recht in den Prospekt aufzunehmen.

102 Zum anderen müssen solche Emittenten keinen Abschluss nach den IAS/IFRS vorlegen, bei denen keine Konzernabschlusspflicht besteht. Gem. § 243 HGB sind Einzelabschlüsse nach den Grundsätzen ordnungsmäßiger Buchführung aufzustellen. Das Mitgliedstaatenwahlrecht zur Anwendung der IAS/IFRS im Einzelabschluss der IAS-V wurde damit vom deutschen Gesetzgeber nicht genutzt. Es besteht für große Kapitalgesellschaften lediglich die Möglichkeit, einen zu Informationszwecken erstellten Einzelabschluss auf

---

262 IAS-V, Art. 5.

263 § 315 a HGB i. V. m. §§ 2 Abs. 1 Satz 1 und Abs. 5 WpHG.

264 Eine Übersicht zur Umsetzung der Mitgliedstaatenwahlrechte in den EU Mitgliedstaaten mit Stand Februar 2012 findet sich unter http://ec.europa.eu/internal_market/accounting/docs/ias/ias-use-of-options_de.pdf, Stand 22.03.2013.

265 § 315 a Abs. 3 HGB.

266 Die Verordnung sah im Rahmen bestimmter Mitgliedstaatenwahlrechte Übergangsfristen bis maximal 31.12.2006 vor, die heute nicht mehr relevant sind (IAS-V, Art. 9 b).

IAS/IFRS-Basis im Bundesanzeiger zu veröffentlichen.[267] Bei Emittenten innerhalb der EU ist das jeweilige nationale Recht anwendbar.[268]

Die Konzernabschlusspflicht ergibt sich aus den jeweiligen nationalen Vorschriften, die infolge der Siebenten Bilanzrichtlinie erlassen wurden,[269] in Deutschland demgemäß nach § 290 bis § 293 HGB.[270] Hierdurch werden Neuregelungen zum Konsolidierungskreis indirekt in Fragen der Anwendbarkeit der IAS-V im Prospekt relevant. So hat der Gesetzgeber die Vorschläge des deutschen Standardsetzers aufgegriffen und im Rahmen der Änderungen des HGB durch das Bilanzrechtsmodernisierungsgesetz den Konsolidierungskreis erheblich erweitert.[271] Damit dürften einige Emittenten, die vorher noch als Einzelunternehmen galten, nun der Konzernabschlusspflicht und hiermit der IAS-V unterliegen, sofern sie einen organisierten Markt nutzen wollen. Gemäß der neuen Fassung des § 290 Abs. 1 Satz 1 HGB muss für das Bestehen einer Mutter-Tochterbeziehung kein Beteiligungsverhältnis mehr vorliegen.[272] Damit werden so genannte Zweckgesellschaften, die früher nicht zu konsolidieren waren, zu Tochterunternehmen, was unmittelbar eine Konsolidierungspflicht zur Folge hat. Im Rahmen der Emissionsplanung sollte daher auch auf Änderungen im nationalen Recht bzgl. des Konsolidierungskreises geachtet werden, falls der Emittent nicht bereits einen Konzernabschluss erstellt.

103

XXV. Anzuwendender Rechnungslegungsstandard bei Drittstaatenemittenten, Ziff. 20.1. Satz 4 und 5

Emittenten mit Sitz außerhalb der EU sollen gem. Anh. I Ziff. 20.1. Satz 4 EU-ProspV Finanzinformationen in den Prospekt aufnehmen, die den internationalen Standards wie zuvor beschrieben entsprechen oder zumindest gleichwertig sind.[273] Dies bedeutet, dass es grds. nicht ausreichend wäre,

104

---

267 § 325 Abs. 2 a HGB.

268 Danach könnte durchaus auch eine IAS/IFRS-Pflicht im Einzelabschluss bestehen. Siehe hierzu die Übersicht zur Umsetzung der Mitgliedstaatenwahlrechte in den EU-Mitgliedstaaten Fn. 157.

269 Siebente RL 83/349/EWG, insb. Art. 1, 2, 3(1), 4, 5–9, 11, 12. Siehe auch die Klarstellung bei Europäische Kommission, Komm. zu bestimmten Art. der VO (EG) Nr. 1606/2002 des Europäischen Parlaments und des Rates v. 19.07.2002 betreffend die Anwendung internationaler Rechnungslegungsstandards und zur Vierten RL 78/660/EWG des Rates v. 25.07.1978 sowie zur Siebenten RL 83/349/EWG des Rates v. 13.06.1983 über Rechnungslegung, 2.2.2.

270 Siehe grds. z. B. *Baetge/Kirsch/Thiele*, Konzernbilanzen.

271 RegE des Gesetzes zur Modernisierung des Bilanzrechts (Bilanzrechtsmodernisierungsgesetz – BilMoG) v. 23.05.2008 BR-Drucks. 344/08. Siehe zu den Vorschlägen des Deutschen Standardisierungsrats die entsprechende Pressemitteilung v. 03.05.2005 unter www.standardsetter.de/drsc/docs/press_releases/Vorschlag%20BilMoG_DSR.pdf, Stand v. 15.03.2007. Zur Einschätzung der Vorschläge siehe *Köhler/Marten/Schlereth*, Reformansätze zum HGB, DB 2006, 2301ff.

272 § 290 Abs. 1 Satz 1 i. V. m. § 271 Abs. 1 HGB.

273 Dies ergibt sich auch aus § 20 Abs. 1 Nr. 2 WpPG.

einen Abschluss vorzulegen und zu testieren, der allein den Standards des IASB genügt. Vielmehr müsste der Abschluss den durch das Komitologieverfahren in der EU anerkannten Standards entsprechen. Dies könnte solchen Drittstaatenemittenten Probleme bereiten, deren Wertpapiere zusätzlich an einer Börse in einem Land außerhalb der EU zugelassen sind. Falls die dortige Behörde oder Börse nur die IAS/IFRS in der vom IASB veröffentlichten Form akzeptiert, könnten die Finanzinformationen zu den in der EU anerkannten Standards im Widerspruch stehen. Ein vergleichbarer Fall kann vorliegen, wenn das nationale Rechnungslegungsrecht den IAS/IFRS entspricht.[274] Aus diesem Grund erachtet die EU Kommission solche IFRS-Abschlüsse von Drittstaatenemittenten für zulässig, die vollumfänglich den Standards des IASB genügen.[275] Art. 1 a) fordert lediglich, dass der Anhang zum geprüften Abschluss eine ausdrückliche und uneingeschränkte Erklärung enthält, wonach dieser Abschluss gemäß IAS 1 den IFRS entspricht.[276]

105 Sind die Rechnungslegungsstandards eines Drittstaates nicht äquivalent, so muss ein Emittent gem. Anh. I Ziff. 20.1. Satz 5 EU-ProspV Finanzinformationen neu erstellen und vorlegen. Die EU-ProspV selbst gibt keine weiteren Hinweise, was unter den IAS/IFRS äquivalenten Standards zu verstehen ist. Allerdings wird im WpPG darauf verwiesen, dass das Bundesministerium der Finanzen durch Rechtsverordnung bestimmen kann, unter welchen Voraussetzungen die Gleichwertigkeit gegeben ist, bzw. welche Standards zu einer Gleichwertigkeit führen. Diese Ermächtigung ist auf die Bundesanstalt für Finanzdienstleistungsaufsicht übertragbar.[277] Davon hat das Bundesfinanzministerium noch keinen Gebrauch gemacht. Eine einzelstaatliche Regelung könnte zur inkonsistenten Auslegung innerhalb der EU führen.

106 Vor diesem Hintergrund wurde CESR im Jahr 2004 von der EU Kommission beauftragt, einen Mechanismus für die Einschätzung der Äquivalenz von nationalen Rechnungslegungsstandards zu den IAS/IFRS zu entwickeln und

---

274 Siehe hierzu die Übersicht zur weltweiten Anwendung der IFRS auf http://www.iasplus.com/de/resources/use-of-ifrs, Stand 22.3.2013.

275 *Europäische Kommission:* Entscheidung der Kommission vom 12.12.2008 über die Verwendung der nationalen Rechnungslegungsgrundsätze bestimmter Drittländer und der International Financial Reporting Standards durch Wertpapieremittenten aus Drittländern bei der Erstellung ihrer konsolidierten Abschlüsse (bekannt gegeben unter Aktenzeichen K(2008) 8218), Art. 1a. Zuvor galt eine inhaltlich zum gleichen Ergebnis kommende Übergangsregelung: Europäische Kommission v. 04.12.2006, C(2006) 5804, Commission Decision of 4 December 2006 on the use by third country issuers of securities of information prepared under internationally accepted accounting standards, C(2006) 5804, (2006/891/EC), Art. 1 (a).

276 Umgekehrt müssen Emittenten mit Sitz in der EU bei einem Zweitlisting außerhalb der EU beachten, dass ihre Abschlüsse evtl. nicht anerkannt werden, obwohl die Aufsichtsbehörde im Drittland grds. Abschlüsse nach IAS/IFRS anerkennt. In praktischer Hinsicht könnte das in erster Linie Fragen zur Bilanzierung von Finanzinstrumenten betreffen, da der diesbezügliche Standard IAS 39 nur teilweise in der EU anerkannt ist (carve out). Zum IAS 39 siehe *Küting/Döge/Pfingsten,* KoR 2006, 597.

277 § 20 Abs. 3 WpPG.

eine Empfehlung bis spätestens Juni 2005 vorzulegen.[278] Schon in diesem Mandat wurden die möglichen äquivalenten nationalen Standards auf US GAAP, japanische Grundsätze ordnungsmäßiger Buchführung (Japanese GAAP) sowie kanadische Grundsätze ordnungsmäßiger Buchführung (Canadian GAAP) begrenzt.[279] Im Umkehrschluss bedeutete dies, dass alle anderen nationalen Rechnungslegungsnormen, also z. B. auch die der Schweiz oder Israels, als grds. nicht den IAS/IFRS äquivalent angesehen wurden.

Dies hatte eine große praktische Relevanz, da im Aktienbereich nach einer Übersicht der CESR 295 Unternehmen ein Drittstaaten-GAAP verwendenden, wobei nach Abzug der drei zu untersuchenden nationalen Rechnungslegungsstandards immerhin noch 168 Unternehmen verblieben, deren Rechnungslegungsstandards als nicht äquivalent anzusehen waren. Darüber hinaus verwendeten ca. 130 Drittstaatenemittenten (Aktien und Schuldverschreibungen) nationale Rechnungslegungsstandards eines EU Mitgliedsstaats, die ebenfalls als nicht äquivalent einzustufen waren. Damit publizierten 5,8 % aller Emittenten an Börsen in EU-Mitgliedstaaten Finanzausweise nach nicht äquivalenten Standards. 28 nationale Rechnungslegungsstandards waren betroffen.[280] *107*

Die Kommission hatte allerdings angesichts der Konvergenzbemühungen *108* der verschiedenen nationalen Standardsetter beschlossen, die Entscheidung über eine Äquivalenz sowie die Pflicht zur Anwendung der IAS/IFRS für Drittstaatenemittenten bis 2009 zu vertagen.[281] So sollte die notwendige Zeit gewonnen werden, um in Abstimmung mit anderen nationalen Standardsettern die Konvergenz zu den IAS/IFRS zu fördern. Dies sollte nicht nur gewährleisten, dass die EU-Märkte für ausländische Emittenten attraktiv bleiben, sondern vergrößert den Spielraum bei den Bemühungen der EU, Auflagen für EU-Emittenten im Ausland, insbesondere in den USA, zu beseitigen.[282] Das Jahr 2009 war nicht zufällig gewählt, sondern stand im Einklang mit den Plänen der US-amerikanischen Börsenaufsichtsbehörde SEC, die IAS/IFRS unter bestimmten Bedingungen ab 2009 an US-amerikanischen Börsen anzuerkennen.[283] Mittlerweile hat die SEC zugestimmt, die Überleitungsrechnung von IFRS auf US-GAAP für ausländische Emittenten an US-

---

278 *Europäische Kommission* v. 25.06.2004, G2 D(2004), Formal Mandate to CESR for technical advice on implementing measures on the equivalence between certain third country GAAP and IAS/IFRS.

279 *Europäische Kommission* v. 25.06.2004, G2 D(2004), Formal Mandate to CESR for technical advice on implementing measures on the equivalence between certain third country GAAP and IAS/IFRS 3.1.

280 *CESR*, advice, standard setters, Ref: CESR/07-138, Tz. 21.

281 *Europäische Kommission* v. 04.12.2006, C(2006) 5804, ABI L 343/96 v. 08.12.2006.

282 *Europäische Kommission* v. 06.12.2006, IP706/1691. An EU-Börsen können zwei Jahre länger Nicht-EU-Rechnungslegungsstandards verwendet werden.

283 *Securities and Exchange Commission (SEC):* Accounting Standards: SEC Chairman Cox and EU Commissioner McCreevy Affirm Commitment to Elimination of the Need for Reconciliation Requirements, Press release v. 08.02.2006. Siehe auch *Schmuck/Ulbrich*, KoR 2006, 530, und die dort angegebene Literatur.

Börsen zu eliminieren. Dies gilt schon für Geschäftsjahre, die nach dem 15.11.2007 enden.[284]

109 Angesichts der Entwicklungen sieht die in 2007 verabschiedete Verordnung zum Mechanismus für die Feststellung der Äquivalenz eine Übergangsfrist bis 2012 für solche Standards vor, für deren Konvergenz zu IFRS vom nationalen Standardsetter ein entsprechendes Arbeitsprogramm bis 2008 aufgestellt und kommuniziert wurde.[285] Zeitgleich ersuchte die Kommission CESR, fachlich zur Frage der Gleichwertigkeit der GAAP der Vereinigten Staaten, Chinas und Japans Stellung zu nehmen. Die Anfrage wurde im März 2008 auf Südkorea, Kanada und Indien ausgeweitet.

110 Mit ihrer Entscheidung vom 12.12.2008 sind ab dem 01.01.2009 für die Erstellung der jährlichen und halbjährlichen konsolidierten Abschlüsse folgende Standards als gleichwertig mit den IAS-V-kompatiblen IAS/IFRS anzusehen und daher für Drittstaatenemittenten uneingeschränkt anwendbar:[286]

– Die vom IASB herausgegebenen IFRS. Es ist lediglich im Anhang eine Erklärung aufzunehmen, wonach der Abschluss gemäß IAS 1 den IFRS entspricht.
– Die Generally Accepted Accounting Principles Japans.
– Die Generally Accepted Accounting Principles der Vereinigten Staaten von Amerika.

Die Entscheidung über die Anerkennung der Rechnungslegungsstandards Chinas, Kanadas, Südkoreas und Indiens wurde zunächst auf 2012 vertagt. Für bis vor dem 01.01.2012 beginnende Geschäftsjahre können solche Standards im Sinne einer Übergangsregelung angewendet werden.[287]

111 Auch die jüngsten Entscheidungen der Kommission im Jahr 2012 kommen zu keiner abschließenden Regelung. Die Europäische Kommission hat zwei Verordnungen und einen Durchführungsbeschluss verabschiedet, mit denen der Mechanismus für die Anerkennung der Gleichwertigkeit von Rech-

---

284 *Securities and Exchange Commission (SEC):* Acceptance From Foreign Private Issuers of Financial Statements Prepared in Accordance With International Financial Reporting Standards Without Reconciliation to U.S. GAAP, Release No 33-8879 v. 21.12.2007.

285 VO (EG) Nr. 1569/2007 der Kommission v. 21.12.2007 über die Einrichtung eines Mechanismus zur Festlegung der Gleichwertigkeit der von Drittstaatenemittenten angewandten Rechnungslegungsgrundsätzen gemäß den Richtlinien 2003/71/EG und 2004/109/EG des Europäischen Parlaments und des Rates.

286 *Europäische Kommission* v. 12.12.2008, K(2008) 8218, ABl. L 340/112 v. 19.12.2008, Art. 1. Zeitgleich ändert die VO (EG) Nr. 1289/2008 der Kommission v. 12.12.2008 zur Änderung der Verodnung (EG) Nr. 809/2004 zur Umsetzung der Richtlinie 2003/71/EG des Euroäischen Parlaments und des Rates im Hinblick auf bestimmte Angaben für den Prospekt und auf Werbung, ABl. L 340/17 v. 19.12.2008 den entsprechen Artikel 35 der Richtlinie.

287 *Müller,* in: Frankf Komm WpPG, Anh. I EU-ProspV Ziff. 20.1., Rn. 35.

nungslegungsstandards von Drittstaaten verlängert wird.[288] Die Verlautbarungen treten rückwirkend zum 01.01.2012 in Kraft. Die Kommission erklärt, dass die Verlängerung bestimmten Ländern mehr Zeit gibt, die sich verpflichtet haben, ihre lokalen Rechnungslegungstandards mit den IFRS zu konvergieren oder sie durch die IFRS zu ersetzen, und dabei wichtige Fortschritte gemacht haben. Sie setzt außerdem die Kommission in die Lage, den Austausch mit anderen Ländern fortzusetzen, um die Anwendung der IFRS in allen globalen Finanzmärkten zu fördern. Sie folgt damit den Analysen der ESMA bzw. der Vorgängerorganisation CESR, die bei ihrem Fortschrittsbericht zur Konvergenz der IFRS mit bestimmten Rechnungslegungsregeln von Drittländern in 2010 die entsprechende Entwicklung in China, Kanada, Indien und Südkorea positiv beurteilt.[289] Mit den nun verabschiedeten Verlautbarungen wird die Anerkennung der Rechnungslegungsvorschriften von China, Kanada und Südkorea unbefristet verlängert. Die Anerkennung für indische Rechnungslegungsgrundsätze wurde bis zum 31.12.2014 verlängert. Ferner prüft die Kommission weiterhin die Rechnungslegungsvorschriften von Beitrittskandidaten und Partnerländern der Europäischen Nachbarschaftspolitik. Dies sind insbesondere Kroatien, die Türkei und die Ukraine.

Diese Regelung ist eine deutliche Verschärfung gegenüber der vorherigen *112* Norm, wonach bei solchen Emittenten ein Abschluss ausreichend war, der ein den tatsächlichen Verhältnissen entsprechendes Bild von der Vermögens-, Finanz- und Ertragslage des ausländischen Antragstellers widerspiegelt. Nur wenn dies nicht der Fall war, wurden Zusatzinformationen verlangt.[290] In der Praxis wurden die Abschlüsse von Emittenten aus Industrienationen stets anerkannt.[291] Die Anerkennung von Drittstaaten-GAAP

---

288 Delegierte VO (EU) Nr. 310/2012 der Kommission v. 21.12.2011 zur Änderung der Verordnung (EG) Nr. 1569/2007 über die Einrichtung eines Mechanismus zur Festlegung der Gleichwertigkeit der von Drittstaatenemittenten angewandten Rechnungslegungsgrundsätzen gemäß den RL 2003/71/EG und 2004/109/EG des Europäischen Parlaments und des Rates ABl L 103/11 v. 13.04.2012. Delegierte VO (EU) Nr. 311/2012 der Kommission v. 21.12.2011 zur Änderung der VO (EG) Nr. 809/2004 zur Umsetzung der RL 2003/71/EG des Europäischen Parlaments und des Rates im Hinblick auf bestimmte Angaben für den Prospekt und auf Werbung, ABl L 103/13 v. 13.04. 2012, Europäische Kommission v. 11.04.2012, C(2012) 2256, ABl. L 103/49 v. 13.4.2012.

289 Auf Grundlage dieser Analysen verfasst die Kommission einen entsprechenden Bericht an den Europäischen Wertpapierausschuss und das Europäische Parlament: *Europäische Kommission* v. 04.06.2011, SEK(2010)681 final. Dort finden sich auch Analysen zu anderen Drittstaaten, nämlich Argentinien, Brasilien, Mexiko, Russland und Taiwan. Eine aktualisierte Fassung in Englisch ist als Arbeitspapier erhältlich: *Europäische Kommission* v. 28.07.2011, Commission Staff Working Paper: State of play on convergence between International Financial Reporting Standards (IFRS) and third country national Generally Accepted Accounting Principles (GAAP), SEC(2011) 991 final. Es empfiehlt sich, auf der entsprechenden Internetseite den aktuellen Stand zu überprüfen: http:// ec.europa.eu/internal_market/accounting/third_countries/index_de.htm (abgerufen am 22.03.2013).

290 § 22 Abs. 4 BörsZulVO, Stand 21.06.2002.

291 Allerdings wurden im Rahmen privatvertraglicher Vereinbarungen wie z.B. beim Neuen Markt teilweise schon im Prospekt Abschlüsse nach internationalen Standards verlangt. *d'Arcy*, in: Coenenberg/Pohle, Int. Rechnleg, Stuttgart 2001, S. 1382.

kommt aber nach dem neuen Mechanismus nur in Frage, wenn die Standards sehr ähnlich den IFRS sind.

XXVI. Konsistenzgebot, Ziff. 20.1. Satz 6

113 Das Gebot der Konsistenz nach Anh. I Ziff. 20.1. Satz 6 EU-ProspV gilt sowohl für die Erstellungs- und Darstellungsstetigkeit der historischen Finanzinformationen der letzten zwei Geschäftsjahre als auch im Hinblick auf die Vergleichbarkeit und Transparenz mit den zukünftigen Finanzinformationen.[292] Insbesondere haben die historischen Finanzinformationen denselben Rechnungslegungsgrundätzen, Bilanzierungs- und Bewertungsmethoden zu folgen wie der nächste Abschluss. Dabei soll insbesondere die Lage von neuen Emittenten berücksichtigt werden, die in der Regel bei einem IPO erstmalig nach IAS/IFRS bilanzieren.[293] Darüber hinaus können jedoch auch neben Börsenzulassungsprospekten Prospekte für öffentliche Angebote betroffen sein.[294]

114 Im Falle einer bevorstehenden Änderung der vom Emittenten angewandten Rechnungslegungsgrundsätze hat CESR den Begriff des Bridge-Approach geprägt. Dieser hat angesichts der grundsätzlichen Anwendung der IAS/IFRS auf den Konzernabschluss deutscher kapitalmarktorientierter Unternehmen erhebliche praktische Bedeutung.[295] Folgt der jüngste Abschluss den neuen Rechnungslegungsgrundsätzen der IAS/IFRS, die beiden älteren (vorletzte und drittletzte) dargestellten Abschlüsse aber den zuvor angewandten (HGB oder nationalen Rechnungslegungsvorschriften), dann ist das mittlere Jahr zusätzlich nach neuen (IAS/IFRS) Rechnungslegungsgrundsätzen aufzustellen.[296] Bei der Erstellung des mittleren Jahres ist darauf zu achten, dass alle Positionen der Finanzausweise auf Basis von IAS/IFRS umgestellt werden. Der neue angepasste (mittlere) Abschluss muss geprüft sein.[297] Das mittlere Jahr fungiert als „Brückenjahr", um die Auswirkung der Umstellung auf die neue Rechnungslegung zu veranschaulichen. So wird die Vergleichbarkeit des ältesten mit dem mittleren Jahr einerseits sowie des mittleren mit dem jüngsten Jahr andererseits ermöglicht und lässt eine Beurteilung der Entwicklung des Emittenten in den vergangenen drei Jahren zu.

115 Für die Darstellung der Finanzinformationen, die nach nationalen Rechnungslegungsstandards aufgestellt wurden, kann der Emittent zwischen verschiedenen Formaten wählen. Neben den Spalten für die Zahlen nach IAS/

---

292 *ESMA*, update CESR recommendation, consistent implementation, Ref.: ESMA/2013/ 319, Tz. 53.

293 Zur Entstehungsgeschichte *Müller*, in: Frankf Komm WpPG, Anh. I EU-ProspV Ziff. 20.1., Rn. 37.

294 *Müller*, in: Frankf Komm WpPG, Anh. I EU-ProspV Ziff. 20.1., Rn. 38.

295 *Meyer*, Accounting 2/2006, 11.

296 *ESMA*, update CESR recommendation, consistent implementation, Ref.: ESMA/2013/ 319, Tz. 58.

297 *ESMA*, update CESR recommendation, consistent implementation, Ref.: ESMA/2013/ 319, Tz. 56.

IFRS- und Bridge-Approach, können die Zahlen nach nationalen Standards entweder als zusätzliche Spalte abgebildet werden, oder sie werden auf einer separaten Seite gezeigt.

Eine solche Übersichtsform empfiehlt sich nur bei ausreichender Vergleich- 116 barkeit der Finanzinformationen. Bei Anwendung der vergleichenden Anordnung der neuen, Bridge-Approach- und alten Finanzdaten ist darauf zu achten, dass sie als solche entsprechend eindeutig gekennzeichnet sind.[298]

Der Bridge-Approach stellt einen Kompromiss zwischen der Informations- 117 funktion für den Investor und Kosten für den Ersteller dar. Aus Investorensicht ist es wünschenswert, dass für alle gezeigten Geschäftsjahre Finanzinformationen nach einem Rechnungslegungsstandard, in der Regel die IAS/ IFRS, vorliegen.

Hat sich der Emittent entschlossen, eine rückwirkende Anpassung seines zuvor 118 nach nationalen Rechnungslegungsstandards erstellten Abschlusses an IAS/ IFRS vorzunehmen, so unterliegt er IFRS 1 Erstmalige Anwendung der Internationalen Financial Reporting Standards. Gem. IFRS 1 sind für einen vollständigen Abschluss im Sinne des IAS 1 sowohl Finanzinformationen für den abgelaufenen Berichtszeitraum als auch Vergleichsangaben für das Vorjahr auszuweisen. Durch die dafür notwendige Eröffnungsbilanz sind somit grundsätzlich drei Bilanzen, zwei Gesamtergebnisrechnungen, zwei Eigenkapitalveränderungsrechnungen sowie die jeweiligen Anhangangaben zu erstellen.[299]

Nach Ansicht des CESR geht die Aufstellung von Vergleichsangaben im 119 Brückenjahresabschluss über den Sinn und Zweck der EU-ProspV hinaus, da sie lediglich für Prospektzwecke erstellt wurde. Es gilt als ausreichend, wenn nur das Brückenjahr selbst (ohne Vergleichszahlen) an die Anforderungen der IAS/IFRS angepasst wird.[300] Dieser Abschluss kann jedoch vom Abschlussprüfer nicht als vollständig im Sinne des IFRS 1 bzw. IAS 1 testiert werden. Daraus folgt, dass der Abschlussprüfer im Bestätigungsvermerk des für den Börsengang speziell aufgestellten Prüfungsberichts nur das angepasste Brückenjahr testiert sowie das Einhalten des true and fair view-Prinzips ohne Vorjahresvergleich bestätigt.[301] Der IDW empfiehlt daher, die Finanzinformationen ohne entsprechende Vergleichszahlen nicht als Abschluss, sondern explizit als Finanzinformationen zu bezeichnen. Auch soll der Prüfer explizit darauf hinweisen, dass es sich nicht um einen vollständigen IFRS-Abschluss handelt.[302] Darüber hinaus verlangt CESR ergänzende

---

298 *ESMA*, update CESR recommendation, consistent implementation, Ref.: ESMA/2013/ 319, Tz. 60.

299 IFRS 1.21; *ESMA*, update CESR recommendation, consistent implementation, ESMA/ 2013/319, Tz. 64.

300 *CESR*, consultations consistent implementation feedback statement, Ref.: CESR/05-05b, Tz. 32 f.

301 *CESR*, consultations consistent implementation feedback statement, Ref.: CESR/05-05b, Tz. 35. IFRS 1.22 geht explizit auf den Fall ein, dass kein vollständiger Abschluss im Sinne des IFRS 1.21 erstellt wird und regelt die für den Fall notwendigen Angabepflichten.

302 IDW RH HFA 2.002, Tz. 13, WPg Supplement 3/2008, 66 sowie *Kunold*, in: Assmann/ Schlitt/von Kopp-Colomb, WpPG/VerkProspG, Anh. I EU-ProspV Ziff. 20., Rn. 190.

Informationen für den Prospekt, die über IAS 8 hinausgehen können, wenn die Anwendung der neuen Standards einen wesentlichen Einfluss auf die Ertrags- und Finanzlage des Emittenten haben. Dies dürfte insbesondere bei Ansatz und Bewertung von Finanzinstrumenten gemäß IAS 39 bzw. IFRS 7 oder für die Bilanzierung von Pensionsrückstellungen der Fall sein.[303]

120 Behält der Emittent sein bisheriges Rechnungslegungsregime (IAS/IFRS) auch für die Zukunft bei, so hat er die vom IASB verlautbarten und von der EU anerkannten fortlaufenden Standards zu beachten. Wurden Standards vor Veröffentlichung der Finanzinformationen des Emittenten herausgegeben und wurden diese vom Emittenten noch nicht angewandt, da sie noch nicht in Kraft waren, so ist diese Tatsache gem. IAS 8 anzugeben.[304] Eine Neudarstellung sämtlicher Finanzausweise ist nicht erforderlich.[305]

121 Der Emittent hat im Hinblick auf die zukünftigen Standards, die auf die nächsten zu veröffentlichenden Finanzberichte anwendbar sind, zusätzliche Angaben im Prospekt zur Verfügung zu stellen. Danach zeigt er, welche materiellen Auswirkungen auf das Ergebnis und die Finanzlage des Emittenten zu erwarten sind.[306]

122 Grds. behandelt IAS 8 die Anpassung von Vergleichsinformationen, die aufgrund eines Wechsels der Bilanzierungs- und Bewertungsmethoden zustande kamen. IAS 8 behandelt keine Änderung der Bilanzierungs- und Bewertungsmethoden, die durch die erstmalige Anwendung der IFRS bei einem Emittenten auftreten.[307] Wenn ein Emittent seine Methoden nach erstmaliger Anwendung der IAS/IFRS ändert und es keine spezifischen Übergangsbestimmungen gibt oder die Änderung selbst freiwillig war, so sind sämtliche Anpassungsmaßnahmen rückwirkend vorzunehmen.[308] ESMA behandelt darüber hinaus den Fall, wie mit den Vergleichsinformationen zu verfahren ist, wenn ein Wechsel der Bilanzierungsmethode im Sinne des IAS 8 durchgeführt wird und die Voraussetzungen für eine Anpassung der Vorperiode erfüllt sind. IAS 8 regelt nur explizit den Fall, dass die Vergleichsinformation im aktuellen Abschluss anzupassen ist. ESMA geht aber davon aus, dass die IFRS nicht die EU-ProspektV verdrängen. Daher müssen die Abschlüsse der beiden Vorjahre nicht angepasst und damit auch nicht neu

---

303 *Fingerhut/Voß* in: Just/Voß/Ritz/Zeising, WpPG, Anh. I EU-ProspV Ziff. 20., Rn. 326. Diese verweisen auch auf den Widerspruch zwischen den Anforderungen der CESR und dem IDW HFA RH 2.002, Rn. 7–8, wonach solche Angaben nicht notwendig sind.

304 *ESMA*, update CESR recommendation, consistent implementation, Ref.: ESMA/2013/319, Tz. 71.

305 *ESMA*, update CESR recommendation, consistent implementation, Ref.: ESMA/2013/319, Tz. 72.

306 *ESMA*, update CESR recommendation, consistent implementation, Ref.: ESMA/2013/319, Tz. 73.

307 Dies regelt IFRS 1.

308 *ESMA*, update CESR recommendation, consistent implementation, Ref.: ESMA/2013/319, Tz. 70.

testiert werden.[309] Eine Darstellung in vergleichender Spaltenform über drei Jahre schließt sich dann allerdings aus.

Sofern eine rückwirkende Anwendung nach IAS 8 undurchführbar ist, sind   *123*
die Tatsachen, die dazu führten, detailliert zu beschreiben. Die Undurchführbarkeitsdefinition bezieht sich dabei auf die Fälle des IAS 8.5. Danach kann auf eine rückwirkende Anwendung verzichtet werden, wenn nach angemessener Anstrengung kumulierte und/oder periodenbezogene Anpassungsbeträge nicht ermittelt werden können.[310]

XXVII. Finanzinformationen bei kurzfristiger Geschäftstätigkeit, Ziff. 20.1. Satz 7–9

Ist der Emittent in seiner aktuellen Wirtschaftsbranche weniger als ein Jahr   *124*
tätig und wurden damit noch keine Finanzinformationen veröffentlicht, so sind nach Anh. I Ziff. 20.1. Satz 7 EU-ProspV die Finanzausweise für diesen Zeitraum in den Prospekt aufzunehmen. Alle oben genannten Regelungen zur Verwendung der Standards sowie zu Fragen der Gleichwertigkeit der Finanzinformationen bei Emittenten aus einem Drittland gelten entsprechend.

Aus rechtlicher Sicht sind insbesondere die Fälle denkbar, bei denen die Ge-   *125*
schäftstätigkeit im Hinblick auf den Börsengang in einen neuen rechtlichen Mantel eingefügt wird. Gesellschaftsrechtliche Maßnahmen, wie Sacheinlageneinbringung in einen AG-Mantel, Verschmelzung mit einem AG-Mantel etc., werden oft erst einige Monate vor dem Börsengang durchgeführt. Dies entbindet den Emittenten jedoch nicht von der Veröffentlichung vollständiger Abschlüsse, da die Rechtsvorgänger in der Regel entsprechende Finanzausweise aufgestellt haben, die vollständig oder in modifizierter Form in den Prospekt aufzunehmen sind. Entsprechende Abbildungsfragen werden im Rahmen der Darstellung der Regelungen bei einer komplexen Finanzhistorie sowie bei Pro forma-Abschlüssen diskutiert.[311]

Unberührt vom Abdruck von Pro forma- oder kombinierten Abschlüssen sind   *126*
jedoch auch stets die aktuellen Abschlüsse der neuen rechtlichen Einheit zu zeigen, auch wenn diese seit weniger als einem Jahr agiert. Die Regel bezieht sich somit eindeutig auf die rechtliche Einheit.[312] Im Umkehrschluss wird der Emittent davon befreit, Abschlüsse der rechtlichen Einheit zu zeigen, die noch nicht die aktuelle Geschäftstätigkeit abbilden. Damit soll verhindert werden, dass wenig aussagekräftige, „leere" Abschlüsse von AG-Mänteln in den Prospekt aufgenommen werden müssen. Das Merkmal „aktuelle Wirtschaftsbranche" soll jedoch im Sinne des § 5 Abs. 1 WpPG weit

---

309 *ESMA*, Q&A, 21st updated version, ESMA/2014/35, question 15. Siehe auch *Kunold*, in: Assmann/Schlitt/von Kopp-Colomb, WpPG/VerkProspG, Anh. I EU-ProspV Ziff. 20., Rn. 189 mit dem Verweis auf den entsprechenden Prüfungsstandard IDW PS 318.

310 *Lüdenbach*. in: Lüdenbach/Hoffmann, IFRS, § 24, Rn. 29.

311 Siehe Ziff. 4.a EU-ProspV sowie Anh. II EU-ProspV. So auch der Hinweis der ESMA in: *ESMA*, Q&A, 21st updated version, ESMA/2014/35, question 16 c.

312 *ESMA*, Q&A, 21st updated version, ESMA/2014/35, question 16 c.

ausgelegt werden. Eine grundlegende Änderung der Geschäftstätigkeit ist dann einer kürzlich erfolgten Neugründung gleichzustellen.[313] Auch hat sie sich – falls relevant – auf den Konzern des Emittenten zu beziehen.[314]

127 Diese Interpretation ist mit der ESMA-Auslegung von Start-up-Unternehmen insofern konsistent, als dass von der Geschäftstätigkeit als auslösender Faktor der Darstellungspflicht ausgegangen wird. Danach fallen auch solche Unternehmen unter den Begriff Start-up-Unternehmen, die zwar länger als drei Jahre existieren, deren Geschäftstätigkeit sich jedoch innerhalb der letzten drei Geschäftsjahre so fundamental geändert hat, dass es sich praktisch um ein neues Unternehmen handelt. Ausgenommen hiervon sind andererseits Holding-Unternehmen und Zweckgesellschaften, da diese zum Zweck der Ausgabe von Wertpapieren und nicht zur Änderung der Geschäftstätigkeit gegründet wurden.[315] Parallel hierzu sollten also fundamentale Veränderungen innerhalb eines Geschäftsjahres beachtet werden. Konzernrechtliche Maßnahmen im Zusammenhang mit Holding- und Zweckgesellschaften sind nicht im Sinne eines Wechsels der Geschäftstätigkeit auszulegen, sondern sind im Rahmen der Regelungen für komplexe Finanzhistorien oder Pro forma-Abschlüssen aufzustellen.

128 Der Zeitraum des Rumpfgeschäftsjahres beginnt zum Zeitpunkt der Gründung des Emittenten oder des Beginns der (neuen) operativen Geschäftstätigkeit, die in der Regel mit dem Zeitpunkt der Einbringung dieser Geschäftstätigkeit zusammenfallen dürfte. Fälle, bei denen tatsächlich eine Geschäftstätigkeit aufgenommen wird und innerhalb eines Jahres Wertpapiere notiert werden sollen, sind zwar nicht auszuschließen, dürften aber eine seltene Ausnahme darstellen.[316]

129 Das Rumpfgeschäftsjahr endet in der Regel mit dem Ende des satzungsmäßig festgelegten Geschäftsjahresendes. Damit wird die konsistente Darstellung mit den zukünftigen Geschäftsjahren sichergestellt.[317] Das Informationsdefizit im Hinblick auf echte Start-up-Unternehmen ist mittels zusätzlicher Informationen zur strategischen Ausrichtung inklusive einer Analyse der Wettbewerbssituation auszugleichen.[318]

130 Die ESMA fordert darüber hinaus unter bestimmten Bedingungen eine Anpassung des Rumpfgeschäftsjahres bzw. die Erstellung eines Abschlusses für Prospektzwecke. Sollte der Beginn der Geschäftstätigkeit und damit der Anfang der Berichtsperiode und das Ende des Geschäftsjahres relativ nahe zusammenliegen sowie zwischen dem Ende des Geschäftsjahres und der Ver-

---

313 *Kunold*, in: Assmann/Schlitt/von Kopp-Colomb, WpPG/VerkProspG, Anh. I EU-ProspV Ziff. 20., Rn. 199.

314 *Müller*, in: Frankf Komm WpPG, Anh. I EU-ProspV Ziff. 20.1., Rn. 54.

315 *ESMA*, update CESR recommendation, consistent implementation, Ref.: ESMA/2013/319, Tz. 136.

316 Am neuen Markt gab es einen einzigen Fall, nämlich die Ricardo.de AG, die tatsächlich wenige Monate nach der Gründung und Aufnahme der Geschäftstätigkeit im Jahr 1999 einen Börsengang durchgeführt hatte.

317 *ESMA*, Q&A, 21st updated version, ESMA/2014/35, question 16 a.

318 *ESMA*, update CESR recommendations, ESMA/2011/81, Tz. 135–139.

öffentlichung des Prospekts ohne Veröffentlichung eines Zwischenberichts relativ viel Zeit verstrichen sein, so sollten die Finanzausweise einen Zeitraum umfassen, der möglichst nahe am Veröffentlichungsdatum des Prospekts endet („most practicable date before the publication of the prospectus").[319]

ESMA nennt das Beispiel, dass ein Emittent seine Geschäftätigkeit im November aufnimmt, das Geschäftsjahr mit dem Kalenderjahr endet und der Prospekt im Juni des darauf folgenden Jahres erstellt wird. Zwischenberichte wären gem. Anh. I Ziff. 20.6.2. EU-ProspV noch nicht aufzunehmen. Damit würde der Prospekt nur Finanzberichte über zwei Monate Geschäftätigkeit des Emittenten zeigen, obwohl die Geschäftätigkeit schon acht Monate umfasst. Daher soll der Emittent in diesem Fall ein Rumpfgeschäftsjahr wählen, das zu einem späteren Zeitpunkt endet bzw. einen entsprechenden Abschluss in den Prospekt aufnehmen. Im Hinblick auf die erforderlichen Testate käme hierfür der 31.03. in Frage.[320]   *131*

U. E. kann eine solche Anforderung nicht zwingend aus dem Verordnungstext abgeleitet und damit nur als Empfehlung angesehen werden. ESMA selbst geht auch nur von „exceptional circumstances" aus, da normalerweise die sonstigen Finanzinformationen mit den nach Anh. I Ziff. 20.9. und den ESMA-Empfehlungen für Start-up-Unternehmen ausreichende Informationen bieten sollten.[321] Das folgende Geschäftsjahr wäre nur durch ein weiteres Rumpfgeschäftsjahr zu harmonisieren bzw. durch einen Abschluss, der nur für den Prospekt aufgestellt wird.[322] Aus diesen Gründen empfehlen wir, anstatt die Geschäftjahre zu spalten, einen Zwischenbericht auf freiwilliger Basis aufzunehmen, der die weitere Entwicklung der Geschäftätigkeit illustriert.[323] Die Verwaltungspraxis der BaFin favorisiert einen Abschluss, der so nah wie möglich am Prospektaufstellungsdatum liegen soll und im Vorfeld mit ihr abzustimmen ist. Insbesondere ist es nicht ausreichend, nur eine Eröffnungsbilanz aufzunehmen.[324]   *132*

Vergleichbares gilt für den Fall, dass ein Emittent innerhalb des ersten Jahres der Geschäftätigkeit zwei Prospekte erstellt und veröffentlicht. ESMA führt das schon genannte Beispiel in dem Sinne fort, dass ein Emittent noch im November einen Prospekt veröffentlicht, nachdem der erste im Juni veröffentlicht wurde. ESMA fordert in diesem Fall, dass die im ersten Prospekt bis zum letztmöglichen Datum erstellten Finanzausweise im zweiten Prospekt um einen Zwischenbericht ergänzt werden.[325] Das entspricht auch der   *133*

---

319 *ESMA*, Q&A, 21st updated version, Ref.: ESMA/2014/35, question 16 a.
320 *ESMA*, Q&A, 21st updated version, Ref.: ESMA/2014/35, question 16 a.
321 *ESMA*, update CESR recommendations, ESMA/2011/81, Tz. 135–139.
322 Ähnlich *Müller*, in: Frankf Komm WpPG, Anh. I EU-ProspV Ziff. 20.1., Rn. 58 mit der ausführlichen Diskussion von drei Fällen sowie *Fingerhut/Voß* in: Just/Voß/Ritz/Zeising, WpPG, Anh. I EU-ProspV Ziff. 20., Rn. 329.
323 Ähnlich *Kunold*, in: Assmann/Schlitt/von Kopp-Colomb, WpPG/VerkProspG, Anh. I EU-ProspV Ziff. 20., Rn. 204 f.
324 *Fingerhut/Voß* in: Just/Voß/Ritz/Zeising, WpPG, Anh. I EU-ProspV Ziff. 20., Rn. 333.
325 *ESMA*, Q&A, 21st updated version, ESMA/2014/35, question 16 b.

Verwaltungspraxis der BaFin.[326] U.E. sollte es auch möglich sein, dass in beiden Prospekten neben einem Abschluss des Rumpfgeschäftsjahres, das am satzungsgemäßen Geschäftsjahresende endet, jeweils um einen Zwischenbericht ergänzt wird. Dabei umfasst der Zwischenbericht im zweiten Prospekt einen größeren Zeitraum der Geschäftätigkeit als der im ersten Prospekt. In diesem Zusammenhang sind die Regelungen zur Aufnahme von bereits veröffentlichten Zwischenfinanzinformationen zu berücksichtigen.[327]

XXVIII. Inhalt der Finanzinformationen nach nationalen Rechnungslegungsgrundsätzen, Ziff. 20.1. Satz 10

134 Der Emittent unterliegt dann nicht der IAS-Verordnung, wenn die Wertpapiere lediglich an einem nicht organisierten Markt (Freiverkehr/Open Market) notiert sind, er nicht der Konzernabschlusspflicht unterliegt oder eine entsprechende Übergangsregelung genutzt wird. Dann erfolgen die Erstellung und Abbildung der Finanzausweise nach nationalen Rechnungslegungsgrundsätzen. Gem. Anh. I Ziff. 20.1. Satz 10 EU-ProspV müssen solche Abschlüsse für jedes dargestellte Geschäftsjahr mindestens alle Bestandteile eines IAS/IFRS-Abschlusses enthalten. IAS 1 beschreibt die Grundlagen für die Darstellung eines vollständigen IAS/IFRS-Abschlusses, wobei nun eine Gesamtergebnisrechnung und nicht mehr nur eine reine GuV vorgesehen ist. Demzufolge sind eine Bilanz, Gesamtergebnisrechnung (vormals GuV), Eigenkapitalveränderungsrechnung, Kapitalflussrechnung und ein Anhang, der die wesentlichen Bilanzierungs- und Bewertungsmethoden zusammenfasst sowie sonstige Erläuterungen enthält, aufzunehmen.[328] Die Regel gilt für alle drei Geschäftsjahre.[329] Für deutsche Emittenten ist dies mit den geforderten Bestandteilen für Konzernabschlüsse gem. § 297 HGB kongruent. Da es nur um die Bestandteile des Abschlusses geht und die EU-ProspV im Wortlaut nicht angepasst wurde, dürfte weiterhin eine klassische GuV den Anforderungen genügen, auch wenn die IAS/IFRS eine erweiterte Ergebnisrechnung inklusive noch nicht realisierter Ergebnisbestandteile vorsieht, da ansonsten eine Inkongruenz zum nationalen Recht entstehen könnte. Auch beziehen sich diese Anforderungen nicht auf zusätzlich zum Konzernabschluss aufzunehmende Einzelabschlüsse.[330]

135 Falls die Rechnungslegungsstandards des jeweiligen Mitgliedstaates keine bestimmten Vorschriften zur Aufstellung von Eigenkapitalveränderungs- und Kapitalflussrechnung enthalten, sollte eine Orientierung an den IAS/

---

326 *Kunold*, in: Assmann/Schlitt/von Kopp-Colomb, WpPG/VerkProspG, Anh. I EU-ProspV Ziff. 20., Rn. 206.

327 Siehe Rn. 171 ff.

328 Siehe ausführlich Rn. 89 und die dort angegebene Literatur.

329 *Müller*, in: Frankf Komm WpPG, Anh. I EU-ProspV Ziff. 20.1., Rn. 46 und Meyer, Accounting 2/2006, 12.

330 *Kunold*, in: Assmann/Schlitt/von Kopp-Colomb, WpPG/VerkProspG, Anh. I EU-ProspV Ziff. 20., Rn. 210.

IFRS erfolgen.[331] Zum Inhalt und zur Gliederung einer Kapitalflussrechnung und der Darstellung der Veränderung des Eigenkapitals kann ein deutscher Emittent DRS 2 sowie DRS 7 zu Rate ziehen. DRS 7 regelt auch die Darstellung des Gesamtergebnisses, also Informationen zu noch nicht erfolgswirksamen Ergebnisbestandteilen.

Bei HGB-Abschlüssen sowie bei anderen nach nationalen Rechnungsle-   *136*
gungsstandards aufgestellten Finanzausweisen sind daher Eigenkapitalveränderungs- und Kapitalflussrechnung im Sinne einer materiellen Beibringungspflicht neu zu erstellen.[332] Diese zusätzlichen Abschlusselemente ergänzen lediglich den zugrunde liegenden Jahresabschluss um die nach der EU-ProspV erforderlichen Bestandteile. Es ist nicht erforderlich, den gesamten Abschluss neu aufzustellen und zu prüfen. Es reicht aus, diese zusätzlichen Abschlusselemente zu prüfen und eine entsprechende Bescheinigung auszustellen. In Deutschland ist der entsprechende Prüfungshinweis des IDW zu berücksichtigen, der auch einen Formulierungsvorschlag enthält.[333] Die Bescheinigung muss in den Prospekt aufgenommen werden.[334]

XXIX. Anzuwendender Prüfungsstandard, Ziff. 20.1. Satz 11

Der Begriff der unabhängig geprüften Finanzinformationen zielt auf die Un-   *137*
abhängigkeit des Abschlussprüfers ab. Diese ist in der Richtlinie 2006/43/EG des Europäischen Parlaments und Rates (RL zur Abschlussprüfung)[335] in einem Anforderungskatalog erläutert. Er beschreibt neben den Pflichten des gesetzlichen Abschlussprüfers, seine Unabhängigkeits- und Ethikanforderungen, die Verpflichtung zur externen Qualitätssicherung und die solide öffentliche Aufsicht über den Prüferberuf. Die Anforderungen der Richtlinie wurden durch das BilMoG in deutsches Recht umgesetzt. Für deutsche Emittenten regeln § 316 ff. HGB die Pflichten der gesetzlichen Abschlussprüfung. Details ergeben sich aus den berufsständischen Standards des IDW. § 51 Abs. 4 Satz 4 WPO sieht nun vor, dass der Abschlussprüfer im Sinne des § 316 HGB die Maßnahmen zu Überprüfung seiner Unabhängigkeit, seine Unabhängigkeit gefährdende Umstände und ergriffene Schutzmaßnahmen in seinen Arbeitspapieren dokumentiert.[336]

---

331 *ESMA*, update CESR recommendations, Ref.: ESMA/2011/81, Tz. 86.
332 *Meyer*, Accounting 2/2006, 11, 12; *Fingerhut/Voß* in: Just/Voß/Ritz/Zeising, WpPG, Anh. I EU-ProspV Ziff. 20., Rn. 335.
333 *IDW PH 9.960.2* Prüfung von zusätzlichen Abschlusselementen für deutsche Emittenten. Für ausländische Emittenten siehe den entsprechenden internationalen Standard ISA 800, The independent auditor's report on special purpose audit engagements.
334 *Kunold*, in: Assmann/Schlitt/von Kopp-Colomb, WpPG/VerkProspG, Anh. I EU-ProspV Ziff. 20., Rn. 209 und *Fingerhut/Voß* in: Just/Voß/Ritz/Zeising, WpPG, Anh. I EU-ProspV Ziff. 20., Rn. 337.
335 RL (EG) 43/2006 v. 17.05.2006 ABl. 2006 Nr. L 157/87 v. 09.06.2006.
336 *Kunold*, in: Assmann/Schlitt/von Kopp-Colomb, WpPG/VerkProspG, Anh. I EU-ProspV Ziff. 20., Rn. 214; *Kuhn/Stibi*, WPg 2009, 1157, 1159.

138 Das Prüfungsurteil des Abschlussprüfers wird nur dann als vertrauenswürdig angesehen, wenn der Prüfer seiner Tätigkeit unbefangen und unabhängig vom zu prüfenden Emittenten nachgeht.[337] Als Gefährdung der Unabhängigkeit gelten Eigeninteresse (mittelbare oder unmittelbare finanzielle Interessen, wie z. B. Anteilsbesitz), Interessensvertretung in Form von Wahrnehmung von Leitungs- und Aufsichtsmandaten sowie Vertrautheit und Vertrauensbeziehung bei dem zu prüfenden Emittenten. Die Erbringung von zusätzlichen prüfungsfremden Leistungen (z. B. Durchführung der internen Revision, Unternehmens- und Finanzdienstleistungen sowie versicherungsmathematische Bewertungsdienstleistungen), die Höhe und/oder die Zusammensetzung der Prüfungshonorare können ebenfalls das Gebot der Unabhängigkeit des Prüfers gefährden.[338] Ferner kann die Unabhängigkeit des Prüfers durch Selbstprüfung[339] bei dem zu prüfenden Emittenten in Frage gestellt werden.

139 Zu einer weiteren Stärkung der Unabhängigkeit des Prüfers tragen die speziell für die Prüfung von Unternehmen von öffentlichem Interesse gültigen Vorschriften bei. Hierzu zählen stets alle kapitalmarktorientierten Unternehmen.[340] Um die zuvor genannten Gefährdungsgründe zu vermeiden bzw. die Unabhängigkeit des Prüfers zu gewährleisten, führt die Prüfer-RL das interne Prüferrotationsprinzip ein. Demnach hat der hauptverantwortliche Prüfer nach einem Zeitraum von sechs Jahren das Mandat abzulegen. Des Weiteren darf er erst nach weiteren zwei Jahren wieder zurückkehren oder eine Führungsposition bei dem geprüften Unternehmen annehmen.[341] In der Aufarbeitung der Finanzkrise hat die EU das Thema Unabhängigkeit der Abschlussprüfung im Rahmen eines Grünbuchs[342] und in einem seit 2011 vorliegenden Richtlinienentwurf weiterentwickelt, der u. a. eine verpflichtende Rotation der Prüfungsgesellschaft vorsieht.[343] Im Zuge der Konsultationen ist es jedoch absehbar, dass einige Vorschläge im Sinne der Prüfungsgesellschaften entschärft werden. Dies betrifft z. B. die verpflichtende externe Prü-

---

337 *Mandler*, KoR 7/2003, 343, 347.

338 RL (EG) 43/2006 v. 17.05.2006 ABl. 2006 Nr. L 157/87 v. 09.06.2006, Abs. 11 i.V.m. Art. 22.

339 Der Grundsatz des Selbstprüfungsverbotes besagt, dass ein Wirtschaftsprüfer jedenfalls dann von der Abschlussprüfung ausgeschlossen ist, wenn er am Zustandekommen von Sachverhalten mitgewirkt hat, die im Rahmen der Abschlussprüfung zu beurteilen sind. RL (EG) 43/2006 v. 17.05.2006 ABl. 2006 Nr. L 157/87 v. 09.06.2006, Abs. 12.

340 RL (EG) 43/2006 v. 17.05.2006 ABl. 2006 Nr. L 157/87 v. 09.06.2006, Abs. 23 i.V.m. Art. 2 Ziff. 13.

341 RL (EG) 43/2006 v. 17.05.2006 ABl. 2006 Nr. L 157/87 v. 09.06.2006, Art. 42, Ziff. 2. und 3.

342 *Europäische Kommission*, Grünbuch, Weiteres Vorgehen im Bereich der Abschlussprüfung: Lehren aus der Krise, Kom(2010) 561 endgültig v. 13.10.2010. Für eine Übersicht über die Vorschläge *Kämpfer/Kayser/Schmidt*, Der Betrieb, 45/2010, 2457.

343 *Europäische Kommission*, Vorschlag für eine Verordnung des europäischen Parlaments und des Rates über spezifische Anforderungen an die Abschlussprüfung bei Unternehmen von öffentlichem Interesse, KOM(2011) 779 endg. v. 30.11.2011. *Europäische Kommission*, Vorschlag für eine Richtlinie des Europäischen Parlamentes und des Rates zur Änderung der Richtlinie 2006/43/EG über Abschlussprüfungen von Jahresabschlüssen und konsolidierten Abschlüssen, KOM(2011) 778 endg. v. 30.11.2011.

ferrotation und eine noch striktere Trennung zwischen Prüfung und Beratung im Sinne von sogenannten „pure audit firms". Trotzdem ist insgesamt mit einer weiteren Verschärfung der Regelungen zu rechnen.[344]

In diesem Zusammenhang ist auf eine strikte Interpretation der entsprechenden deutschen Norm § 319 a Abs. 1 Nr. 4 HGB zu achten. Nach einer Auslegung des OLG Düsseldorf zählen keinesfalls nur die geprüften Geschäftsjahre unabhängig von der Anzahl der geprüften Abschlüsse, sondern alle geprüften Abschlüsse zur Feststellung einer möglichen Abhängigkeit eines Abschlussprüfers. Prüft also ein Abschlussprüfer bspw. den Einzel- und Konzernabschluss eines Emittenten und leistet damit jährlich zwei Unterschriften, so ist schon nach drei Jahren die zulässige Obergrenze erreicht. Dieser Zeitraum kann sich bei weiterer Prüfung von Tochtergesellschaften oder Sonderprüfungen z. B. im Rahmen konzernrechtlicher Maßnahmen entsprechend verkürzen. Demnach muss ein anderer Prüfer, der durchaus der gleichen Prüfungsgesellschaft angehören darf, die Abschlüsse testieren.[345] *140*

Darüber hinaus hat der Prüfer bzw. seine Prüfungsgesellschaft jährlich einen Transparenzbericht, der Informationen über die Leitungsstruktur, die internationalen Netzwerke, die internen Qualitätssicherungssysteme und die Honorarstellung enthält, offen zu legen.[346] In Zusammenhang mit seiner Auskunft über die Rotation (Prüferrotation) hat er eine schriftliche Bestätigung der Unabhängigkeit gegenüber dem Prüfungsausschuss des Emittenten abzugeben.[347] Für Abschlussprüfer von deutschen Emittenten sind die Gründe der Befangenheit sowie das Selbstprüfungsverbot in § 319 Abs. 2 und 3 HGB kodifiziert.[348] Die gesetzlichen Bestimmungen gelten ebenso für die Prüfer von Konzernabschlüssen.[349] Darüber hinaus regelt § 319 a HGB weitere Ausschlussgründe bei Unternehmen von öffentlichem Interesse, wobei ein kapitalmarktorientiertes Unternehmen stets hierunter zu subsumieren ist. *141*

Gem. der Richtlinie zur Abschlussprüfung müssen die Finanzinformationen in Übereinstimmung mit den in dem jeweiligen Mitgliedstaat anwendbaren Prüfungsstandards oder einem äquivalenten Standard geprüft worden sein. Um dem Anspruch der Gleichwertigkeit gerecht zu werden, sind die Ab- *142*

---

344 Zum Stand der Diskussion nach der Debatte im Rechtsausschuss v. 27.11. 2012 des EU Parlaments siehe IDW, Aktuelle Informationen zur Regulierung der Abschlussprüfung, v. 07.12.2012, herunterladbar unter http://www.idw.de/idw/portal/d606170, Stand 19.04.2013. Die Debatte im Rechtsauschuss ist auf der Homepage des EU Parlaments dokumentiert http://www.europarl.europa.eu/ep-live/en/committees/video?event= 20121127-0945-COMMITTEE-JURI&category=COMMITTEE&format=wmv, Stand 19. 04. 2013. Der Wirtschaftsausschuss (ECON) des EU-Parlamentes verabschiedete am 11. 03. 2013 seine Stellungnahmen zu den Vorschlägen. Auch hier wird eine gewisse Entschärfung der relativ weitgehenden Vorschläge deutlich.
345 OLG Düsseldorf v. 14.12.2006 – 6 U 241/05 (nicht rechtskräftig). Zwar beschäftigt sich das Urteil mit § 319 III Nr. 6 HGB a. F., doch entspricht diese Regel der des § 319 a (1) Nr. 4 HGB. Siehe hierzu auch *Habersack*, NZG 2007, 207.
346 RL (EG) 43/2006 v. 17.05.2006 ABl. 2006 Nr. L 157/87 v. 09.06.2006, Art. 40.
347 RL (EG) 43/2006 v. 17.05.2006 ABl. 2006 Nr. L 157/87 v. 09.06.2006, Art. 42.
348 § 319 (2) und (3) HGB, Stand 04.12.2004.
349 § 319 (5) HGB, Stand 04.12.2004.

schlussprüfungen nach den internationalen Prüfungsstandards durchzuführen. Internationale Prüfungsstandards sind die International Standards of Auditing (ISA) und damit zusammenhängende Stellungnahmen und Standards.[350] Die Einführung und Anwendung solcher Standards innerhalb der EU setzt voraus, dass sie international anerkannt sind.[351] In diesem Zusammenhang war es auch ein wichtiger Schritt der IOSCO in 2009, die verbesserten und restrukturierten ISA anzuerkennen. Das Ziel besteht darin, die Glaubwürdigkeit und Qualität für die Jahres- und Konzernabschlüsse zu erhöhen. Ferner soll ein den tatsächlichen Verhältnissen entsprechendes Bild über den Emittenten vermittelt werden.[352]

143 Die Europäische Kommission hat daher in 2009 eine Konsultation zur Übernahme der ISA in Europäisches Recht durchgeführt, die insgesamt zu einer positiven Beruteilung einer Übernahme kommt.[353] Damit dürften zukünftige Abschlüsse, die nach nationalen Prüfungsstandards innerhalb der EU geprüft werden, den Anforderungen der EU-ProspV entsprechen.

144 Das IDW hat sich bereits 1998 entschieden, die deutschen Prüfungsgrundsätze unter Berücksichtigung gesetzlicher Rahmenbedingungen in Umfang und Detaillierungsgrad den ISA anzupassen. Die IDW Prüfungsstandards (IDW-PS) lösten nach und nach die bisherigen Verlautbarungen ab.[354] Für die Abschlussprüfung von historischen Finanzinformationen deutscher Emittenten gelten aktuell die Standards IDW PS 201 sowie IDW PS 400.[355]

145 Wurden historische Finanzinformationen ausländischer Emittenten mit Sitz in der EU geprüft, so ist die Prüfung nach dem jeweiligen nationalen Prüfungsstandard durchzuführen. Dieser soll auf den internationalen Standards ISA 200 und ISA 700 basieren. Für Emittenten aus Drittstaaten ist zu prüfen, ob die jeweiligen nationalen Prüfungsstandards mit den ISA äquivalent sind. Dabei ist zu berücksichtigen, dass die Äquivalenz der Prüfungsstandards eines Landes grundsätzlich unabhängig von der Äquivalenz der Rechnungslegungsstandards zu beurteilen ist, selbst wenn in der Praxis ein gewisser Gleichklang zu beobachten ist.[356] Praktisch anerkannt werden zurzeit die japanischen, kanadischen und US-amerikanischen Prüfungsstandards.[357] Das Ergebnis der Prüfungshandlung ist in jedem Fall im Bestätigungsvermerk festgehalten.

---

350 RL (EG) 43/2006 v. 17.05.2006 ABl. 2006 Nr. L 157/87 v. 09.06.2006, Art. 2, Ziff. 13.

351 RL (EG) 43/2006 v. 17.05.2006 ABl. 2006 Nr. L 157/87 v. 09.06.2006, Abs. 14.

352 RL (EG) 43/2006 v. 17.05.2006 ABl. 2006 Nr. L 157/87 v. 09.06.2006, Abs. 14 i.V.m. Art. 26.

353 *IDW-HFA*, Die künftige Pflicht zur Anwendung der ISAs, FN-IDW 2004, 622. *Köhler/ Böhm*, WPg 2009, 997–1004.

354 *Brinkmann/Spieß*, KoR 2006, 395.

355 Der aktuelle Stand für den IDW PS 201 (09.09.2009) findet sich in WPg Supplement 4/2009, 1 ff. und für den IDW PS 400 (12.12.2012) WPg Supplement 4/2010, 25 ff. sowie in WPg Supplement 1/2013, 7, 31.

356 *Kunold*, in: Assmann/Schlitt/von Kopp-Colomb, WpPG/VerkProspG, Anh. I EU-ProspV Ziff. 20., Rn. 212.

357 *Fingerhut/Voß* in: Just/Voß/Ritz/Zeising, WpPG, Anh. I EU-ProspV Ziff. 20., Rn. 342.

XXX. Pflicht zur Erstellung von Pro forma-Finanzinformationen, Ziff. 20.2.

Erstmalig regelt in der EU und in Deutschland ein Gesetzestext die Fälle, bei   *146*
denen bedeutende Veränderungen zu wenig aussagefähigen historischen Finanzausweisen des Emittenten führen. Zuvor waren in der Vergangenheit lediglich laut Regelwerk Neuer Markt so genannte Als-ob-Abschlüsse gefordert, wenn die historischen Finanzausweise für eine vergleichende Darstellung ungeeignet waren.[358] Dabei können viele Gründe eine Umstrukturierung begünstigen, wie z.B. der Ausstieg von Altaktionären im Rahmen eines Börsengangs oder die Refinanzierungsstruktur bei einer Unternehmensübernahme.[359] Gem. Anh. I Ziff. 20.2. EU-ProspV ist nun bei wesentlichen „Brutto-Veränderungen" eine Beschreibung über Art und Weise, wie die Transaktion die Bilanz sowie die Erträge des Emittenten beeinflusst haben, in den Prospekt aufzunehmen. In der Regel sollen in diesen Fällen Pro forma-Finanzinformationen in den Prospekt aufgenommen werden. Details zur Erstellung und den zusätzlich geforderten Angaben regelt Anh. II der EU-ProspV.

In der EU-ProspV gibt Erwägungsgrund 9 erste Hinweise auf eine Ausle-   *147*
gung des unbestimmten Rechtsbegriffs „wesentliche Bruttoveränderung". Danach liegt dann eine bedeutende Gesamtveränderung der Situation des Emittenten vor, wenn als Folge einer speziellen Transaktion eine oder mehrere Indikatoren, die den Umfang der Geschäftätigkeit bestimmen, zu mehr als 25 % schwanken. Ausgenommen hiervon sind Fälle, bei denen eine entsprechende Rechnungslegung bei Fusionen erforderlich ist. Für solche Transaktionen ist die auf einen fiktiven Sachverhalt abstellende Pro forma-Darstellung ungeeignet. Vielmehr werden kombinierte Abschlüsse (combined financial statements) aufgenommen.[360]

Laut ESMA kann sich die 25 %-Regel u. a. auf die Bilanzsumme, Umsätze so-   *148*
wie Gewinne oder Verluste beziehen, die auf dem letzten oder kommenden Abschluss des Emittenten basieren.[361] Es kommen aber auch andere Indikatoren in Frage. Dies gilt insbesondere dann, wenn die Vorgenannten unübliche Effekte zeigen oder nicht branchenüblich sind. Dann soll der Emittent

---

358 Dies ergab sich aus Ziff. 4.1.8. (1) 1. Regelwerk Neuer Markt. Siehe auch *d'Arcy/Leuz*, DB 2000, 385, 386.

359 Hierzu ausführlich *Meyer*, in: Frankf Komm WpPG, Anh. I EU-ProspV Ziff. 20.2., Rn. 1 f. und die dort angegebene Literatur. Beispiele im Sinne des Begriffs der Transaktion inspiriert von der US-amerikanischen Regelung liefert *Kunold*, in: Assmann/Schlitt/ von Kopp-Colomb, WpPG/VerkProspG, Anh. I EU-ProspV Ziff. 20., Rn. 220.

360 Siehe die Komm. zum Anh. II EU-ProspV. *Meyer* weist in diesem Zusammenhang darauf hin, dass es eine zwingend anzuwendende spezifische Sonderregelung für Verschmelzungen im Sinne des deutschen Umwandlungsrechts nicht gibt. Zudem ist auch eine Fusion im Sinne des IFRS 3 ein Unternehmenszusammenschluss und damit als Erwerb zu qualifizieren. Daher hat die angeführte Ausnahme in der Praxis keine Relevanz (*Meyer*, in: Frankf Komm WpPG, Anh. I EU-ProspV Ziff. 20.2., Rn. 15).

361 *ESMA*, update CESR recommendations, consistent implementation, ESMA/2013/319, Tz. 92, 94.

die verwendeten Indikatoren mit der zuständigen Behörde abstimmen.[362] Mit dieser Regel lässt ESMA dem Emittenten somit eine gewisse Flexibilität hinsichtlich der Indikatoren und dem Abschluss, der hierfür zugrunde zu legen ist. Ziel ist, möglichst alle Fälle abzudecken und den zuständigen nationalen Behörden einen gewissen Spielraum zu lassen, damit auf Sonderfälle eingegangen werden kann.[363] Der 25 %-Test bezieht sich dabei auf die einzelne Transaktion, es sei denn, eine Transaktion ist in mehrere Phasen aufgespalten.[364] Daher müssen grundsätzlich keine Pro forma-Finanzinformationen aufgenommen werden, wenn in einer Periode mehrere Transaktionen in Summe zu einer signifikanten Bruttoveränderung führen, nicht aber die jeweils einzelne Transaktion. Die Einzelfallbetrachtung muss aber dazu führen, dass die Darstellung nicht irreführend ist.[365] Um einen Sonderfall handelt es sich, wenn mangels Zugang zu den erforderlichen Informationen keine Pro forma-Finanzinformationen erstellt werden können.[366] Dann ist es nach ESMA ausreichend, wenn entsprechende erläuternde Beschreibungen aufgenommen werden. Dies kann beispielsweise bei feindlichen Übernahmen der Fall sein.[367] Die BaFin fordert in diesem Zusammenhang, dass diese Beschreibung sich klar von den Pro forma-Finanzinformationen abhebt.[368] Hinsichtlich einer freiwilligen Aufnahme von Pro forma-Finanzinformationen kann zudem die US-amerikanische Regel hinzugezogen werden, die im Wesentlichen auf die Relationen wie z. B. Anschaffungskosten und Bilanzsumme abstellt.[369] Allerdings kann hieraus wohl keine Pflicht zur Aufnahme abgeleitet werden.[370]

149 Für deutsche Emittenten ist zusätzlich der IDW Rechnungslegungshinweis zur Erstellung von Pro forma-Finanzinformationen zu beachten, der zwar keine rechtliche Bindung entfaltet, jedoch durch die von der EU-ProspV geforderte Bescheinigung eines Wirtschaftsprüfers quasi bindend wirkt.[371] Dieser Hinweis spezifiziert den Begriff der Unternehmenstransaktion dahingehend, dass darunter solche Transaktionen zu verstehen sind, die zu einer Änderung der Unternehmensstruktur führen. Als typisches Beispiel wird der Zu- oder Abgang eines Tochterunternehmens, Teilkonzerns oder Unternehmensteils genannt. Explizit sind Formwechsel nach den Regelungen des Um-

---

362 *ESMA*, update CESR recommendations, consistent implementation, ESMA/2013/319, Tz. 93.

363 Siehe auch *CESR*, consistent implementation feedback statement, Ref: CESR/05-055b, Tz. 43–45.

364 *Meyer*, in: Frankf Komm WpPG, Anh. I EU-ProspV Ziff. 20.2., Rn. 14.

365 *ESMA*, Q&A, 21st updated version, ESMA/2014/35, question 52 Ab).

366 Davon zu unterscheiden sind Angaben, wie sie in Angebotsunterlagen nach dem WpÜG gefordert sind. Hierzu ausführlich *Meyer*, in: Frankf Komm WpPG, Anh. I EU-ProspV Ziff. 20.2., Rn. 18.

367 *ESMA*, Q&A, 21st updated version, ESMA/2014/35, question 50; *Kunold*, in: Assmann/Schlitt/von Kopp-Colomb, WpPG/VerkProspG, Anh. I EU-ProspV Ziff. 20., Rn. 230.

368 *Kunold*, in: Assmann/Schlitt/von Kopp-Colomb, WpPG/VerkProspG, Anh. I EU-ProspV Ziff. 20., Rn. 230.

369 Regulation S-X Rule 11-01(b) i. V. m. Rule 1-02(w)(1) Securities Act von 1933.

370 *Meyer*, in: Frankf Komm WpPG, Anh. I EU-ProspV Ziff. 20.2., Rn. 11.

371 *IDW PH 9.960.1* Ziff. 5. i. V. m. IDW RH HFA 1.004, Stand 29.11.2005.

wandlungsgesetzes ausgenommen.[372] Im Sinne des Rechnungslegungshinweises gelten solche Transaktionen als relevant, welche die 25 %-Regel der EU-ProspV für die Bilanzsumme, die Umsatzerlöse sowie das Jahresergebnis erfüllen.[373] Anders als bei der ESMA-Interpretation wird nicht auf eine offene Regelung hingewiesen und damit die von ESMA geforderte Flexibilität nicht explizit nachvollzogen.[374] Einschränkend kann die Forderung gem. des IDW PH 9.960.1 Ziff. 6. wirken, dass maßgeblicher Anknüpfungspunkt der letzte den Pro forma-Finanzinformationen zugrunde liegende Abschluss sei. Noch nicht durchgeführte Transaktionen dürfen nur dann in den Pro forma-Informationen abgebildet werden, wenn diese konkret bevorstehen. Der IDW hält dies in der Regel bei einem bereits abgeschlossenen, aber nicht durchgeführten Unternehmensvertrag oder im Ausnahmefall bei einem entsprechenden Vorvertrag für gegeben. Die BaFin sieht ebenso in ihrer Verwaltungspraxis einen noch nicht durchgeführten Unternehmensvertrag selbst mit Kartellvorbehalt oder einen entsprechenden Vorvertrag als ausreichende Grundlage an. Zudem sind Pro forma-Finanzinformationen in einen Prospekt aufzunehmen, wenn der zu prüfende Prospekt den Finanzierungsmaßnahmen für die noch nicht durchgeführte Transaktion dient.[375]

Diese Pro forma-Finanzinformationen können zwar nicht testiert werden, da   *150*
es sich um die Abbildung eines hypothetischen Sachverhalts handelt. Doch muss eine Bescheinigung des Abschlussprüfers bestätigen, dass die Pro forma-Finanzinformationen ordnungsgemäß erstellt wurden und im Einklang mit den Rechnungslegungsgrundsätzen sowie den Ausweis-, Bilanzierungs- und Bewertungsmethoden der Gesellschaft stehen. Hierbei ist zu beachten, dass weder die Ausgangszahlen noch die Angemessenheit der von der Geschäftsleitung getroffenen Annahmen zur Erstellung der Pro forma-Finanzinformationen Gegenstand dieser Prüfung sind.

In Deutschland regelt dies der IDW Prüfungshinweis Prüfung von Pro forma-   *151*
Finanzinformationen.[376] Dieser verweist schon im Abschnitt zur Auftragsannahme, dass üblicherweise die von einem Wirtschaftsprüfer geforderten Kenntnisse dadurch gewonnen wurden, dass dieser alle oder die wesentlichen historischen Abschlüsse geprüft oder durchgesehen hat, die in den Pro forma-Abschlüssen Eingang gefunden haben.[377] Ferner sollte ein Auftrag zur Prüfung nur angenommen werden, wenn die Pro forma-Finanzinformationen auf Grundlage des entsprechenden IDW Rechnungslegungshinweises erstellt wurden.[378] Diese Bescheinigung sollte nur im Zusammenhang mit den vollständigen Pro forma-Finanzinformationen sowie den ihnen zugrunde liegenden historischen Abschlüssen abgedruckt werden.

---

372 *IDW RH HFA 1.004*, Ziff. 3., Stand 29.11.2005.
373 *IDW RH HFA 1.004*, Ziff. 5., Stand 29.11.2005.
374 Trotzdem sieht Meyer keine Unterschiede in der Auslegung der Regelung, auch wenn man die IDW-Regelung im Vergleich zur ESMA enger auslegen könnte (Meyer, in: Frankf Komm WpPG, Anh. I EU-ProspV Ziff. 20.2., Rn. 6).
375 *Fingerhut/Voß* in: Just/Voß/Ritz/Zeising, WpPG, Anh. I EU-ProspV Ziff. 20., Rn. 363.
376 *IDW PH 9.960.1*, Stand 29.11.2005.
377 *IDW PH 9.960.1*, Ziff. 4., Stand 29.11.2005.
378 *IDW PH 9.960.1*, Ziff. 5., Stand 29.11.2005.

XXXI. Aufnahme von Einzel- und Konzernabschlüssen, Ziff. 20.3.

152   Erstellt ein Emittent sowohl Einzel- als auch Konzernabschlüsse, so sind gem. Anh. I Ziff. 20.3. EU-ProspV zumindest die Konzernabschlüsse in den Prospekt aufzunehmen. Grds. ist immer dann die Aufnahme von Einzelabschlüssen zu erwägen, wenn diese zusätzliche Informationen bieten. Dies ist regelmäßig dann der Fall, wenn der Einzelabschluss gem. dem jeweiligen gültigen nationalen Gesellschaftsrechts mehreren Zwecken dient. Dann ist nämlich davon auszugehen, dass dieser grds. für einen Investor relevante Informationen enthält. Da der Einzelabschluss ohnehin aufgestellt und testiert werden muss, entstehen durch die Aufnahme im Prospekt kaum zusätzliche Kosten, so dass diese Pflicht auch als verhältnismäßig angesehen werden kann.

153   In Deutschland sind dabei die Funktionen der Ausschüttungsbemessung, der steuerlichen Gewinnermittlung, der Ermittlung des haftungsrelevanten Kapitals sowie die Erstellung für aufsichtsrechtliche Zwecke zu nennen. Bei Aktienemittenten dürfte insbesondere die Information zur Fähigkeit, Dividenden auszuschütten, für Investoren von Interesse sein. Vor diesem Hintergrund ist die derzeitige Praxis der BaFin, den Abdruck des aktuellen HGB-Einzelabschlusses des Emittenten zu verlangen, nachvollziehbar und zweckmäßig.[379]

154   In der Regel wäre daher eine befreiende Wirkung des Abdrucks eines IFRS-Einzelabschlusses zu verneinen. Dieser kann zwar nach § 325 Abs. 2 a HGB anstatt des HGB-Abschlusses offen gelegt werden,[380] informiert aber nicht oder zumindest nicht vollständig im Sinne der oben genannten Zwecke. Zwar könnten diese Informationsdefizite teilweise durch die zusätzlichen Offenlegungspflichten gem. § 325 Abs. 2 b Nr. 1–3 HGB bzw. durch andere freiwillige Angaben geheilt werden, doch müsste die BaFin jeweils den Einzelfall prüfen. Es kann als wahrscheinlich angesehen werden, dass im Regelfall die Pflicht zur Aufnahme des aktuellen HGB-Einzelabschlusses bestehen bleiben wird. Einer Aufnahme beider Arten von Einzelabschlüssen, also nach HGB und IAS/IFRS, steht zwar theoretisch nichts entgegen, der zusätzliche Informationsnutzen erscheint jedoch als gering. Vor diesem Hintergrund ist ein IFRS-Einzelabschluss nur in solchen Fällen relevant, bei denen kein Konzernabschluss zu erstellen ist.

155   Falls ein Einzelabschluss gem. dem Gesellschaftsrechts eines Drittstaates ausschließlich der Informationsfunktion dienen sollte, wäre eine Nichtaufnahme zu erwägen.

156   Es ist fraglich, ob ein neben dem Konzernabschluss zusätzlich aufgenommener Einzelabschluss alle in der EU-ProspV genannten Elemente enthalten

---

379 *Meyer*, Accounting 2/2006, 11, 12; *Kunold*, in: Assmann/Schlitt/von Kopp-Colomb, WpPG/VerkProspG, Anh. I EU-ProspV Ziff. 20., Rn. 238; *Fingerhut/Voß* in: Just/Voß/ Ritz/Zeising, WpPG, Anh. I EU-ProspV Ziff. 20., Rn. 370.
380 Hierzu ausführlich *Fey/Deubert*, KoR 2006, 91.

muss. Da es sich um eine zusätzliche Information handelt, sollte es ausreichend sein, dass der Abschluss lediglich dem jeweiligen Regeln des Sitzstaates entspricht. Damit wäre es in vielen Fällen nicht erforderlich, zusätzliche Bestandteile wie z. B. eine Kapitalflussrechnung oder eine Eigenkapitalveränderungsrechnung zu erstellen und prüfen zu lassen. Diese zusätzlichen Elemente sind auch in der Regel im Sinne des geforderten Informationsnutzens nicht erforderlich. Zudem würde dies einen zusätzlichen Aufwand bedeuten, der nicht durch einen Zusatznutzen gerechtfertigt wäre. Hiervon bleibt die Regel zu den Pflichtbestandteilen von Abschlüssen im Prospekt bei Einzelunternehmen unberührt.[381] Wie alle in den Prospekt aufzunehmenden Finanzinformationen muss der Einzelabschluss geprüft sein und es ist entsprechend der Bestätigungsvermerk mit aufzunehmen.[382]

XXXII. Prüfung der historischen Finanzinformationen, Ziff. 20.4.

Ziff. 20.4. EU-ProspV fordert über die Aufnahme der Bestätigungsvermerke *157* hinaus im Prospekt eine Erklärung zur Prüfung der historischen Finanzinformationen und eventuell anderer sonstiger Informationen. In Übereinstimmung mit den Vorschriften der Vierten und Siebten EU-Bilanzrichtlinie müssen sowohl deutsche als auch ausländische Emittenten mit Sitz in der EU ihre Abschlüsse von einem Wirtschaftsprüfer bzw. einer Prüfungsgesellschaft nach den auf die Emittenten anwendbaren Prüfungsstandards prüfen lassen. Diese Bestimmung betrifft, sofern der Emittent einen Einzelabschluss aufstellt, den Einzelabschluss und, sofern er konzernabschlusspflichtig ist, den Konzernabschluss.[383] Für beide Abschlussformen gilt, dass der Bestätigungsvermerk ein den Verhältnissen entsprechendes Bild (true and fair view) des Emittenten attestiert.[384]

Falls die historischen Finanzinformationen rückwirkend angepasst wurden, *158* so muss sich der Prüfungsbericht, der zum Zweck der Prospekterstellung angefertigt wurde, auf alle Bestandteile der Finanzausweise beziehen. Die Prüfungshandlung muss nach den für den Emittenten gültigen Prüfungsstandards durchgeführt werden.[385] Für deutsche Emittenten gelten die Prüfungsstandards des IDW. In jedem Fall muss die Einhaltung des True and Fair View-Prinzips bestätigt werden.[386] Das Ergebnis einer solchen Prüfung ist in Form eines Bestätigungsvermerks im Prospekt abzubilden.

---

381 Siehe Rn. 89.

382 *Fingerhut/Voß,* in: Just/Voß/Ritz/Zeising, WpPG, Anh. I EU-ProspV Ziff. 20., Rn. 373.

383 Vierte RL (EG/78/660) v. 25.07.1978, Art. 51; Siebte RL (EG/83/349) v. 13.06.1983, Art. 37 i. V. m. CESR/05-054b vom Januar 2005, Tz. 77.

384 *ESMA,* update CESR recommendations, consistent implementation, Ref.: ESMA/2013/ 319, Tz. 76.

385 *ESMA,* update CESR recommendations, consistent implementation, Ref.: ESMA/2013/ 319, Tz. 78.

386 *ESMA,* update CESR recommendations, consistent implementation, Ref.: ESMA/2013/ 319, Tz. 79.

159 Hat der Emittent sich entschieden, den Bridge Approach für die retrospektive Darstellung seiner Finanzinformationen anzuwenden,[387] in dem er das mittlere Jahr – sog. Brückenjahr – sowohl nach seinen nationalen Rechnungslegungsstandards als auch nach IAS/IFRS aufstellt, so bezieht sich der Bestätigungsvermerk nur auf das Brückenjahr. Auch hier ist wiederum das True and Fair View-Prinzip zu testieren.[388] ESMA hält in diesem Fall den True and Fair View durch das Fehlen von Vergleichszahlen aus dem Vorjahr nicht für beeinträchtigt. Dagegen sehen sich Wirtschaftsprüfer in der Praxis regelmäßig aufgrund der anzuwendenden Prüfungsstandards ohne Vergleichszahlen an der Bestätigung des True and Fair View gehindert, so dass Vorjahresvergleichszahlen erforderlich werden.[389]

160 Die Erklärung über die Prüfung der historischen Finanzinformationen findet sich üblicherweise im Kapitel „Abschlussprüfer" des Prospektes wieder. Dort sind Name und Sitz des Abschlussprüfers anzugeben, welche Abschlüsse dieser geprüft hat und mit welchem Bestätigungsvermerk diese versehen sind.[390]

161 Grds. hat der Bestätigungsvermerk in Bezug auf den Jahresabschluss im Einklang mit der Vierten EU-Bilanzrichtlinie und in Bezug auf den Konzernabschluss der Siebten EU-Bilanzrichtlinie zu stehen. Der Bestätigungsvermerk beinhaltet auch Erklärungen zur Einhaltung der Anforderungen der ISA.[391]

162 Bei deutschen Emittenten richtet sich der Bestätigungsvermerk an den Bestimmungen des IDW PS 400 – Grundsätze für die ordnungsgemäße Erteilung von Bestätigungsvermerken bei Abschlussprüfungen – aus. Dieser Prüfungsstandard entspricht dem ISA 700 und den Anforderungen, die sich aus anderen ISA ergeben, soweit nicht gesetzliche Besonderheiten im Einzelfall Abweichungen erfordern. Die Abweichungen sind in Abschnitt 7 des IDW PS 400 beschrieben. Der IDW PS 400 betrifft Abschlussprüfungen, d. h. Prüfungen von Jahres- und Konzernabschlüssen gleichermaßen.[392]

163 Prinzipiell sieht er drei Formen, nämlich den uneingeschränkten, den eingeschränkten Bestätigungsvermerk sowie den Versagungsvermerk vor. Der Versagungsvermerk kann nur bei Vorliegen von Einwendungen oder gravierenden Prüfungshemmnissen erteilt werden.

164 In der Praxis dürften betreuende Emissionsbanken in der Regel wohl nur solche Unternehmen an einen Kapitalmarkt begleiten, deren Abschlüsse einen uneingeschränkten Bestätigungsvermerk aufweisen. Mit dem uneingeschränkten Bestätigungsvermerk trifft der Abschlussprüfer eine positive Ge-

---

387 Siehe Rn. 114 ff.
388 *ESMA*, update CESR recommendations, consistent implementation, Ref.: ESMA/2013/ 319, Tz. 78, letzter Satz, i. V. m. Tz. 79.
389 *Meyer*, Accounting 2/2006, 11, 12.
390 Siehe Rn. 7 ff. Zur Sinnhaftigkeit dieser Erklärung neben des Abdrucks des Bestätigungsvermerks siehe kritisch *Fingerhut/Voß*, in: Just/Voß/Ritz/Zeising, WpPG, Anh. I EU-ProspV Ziff. 20., Rn. 375 ff.
391 RL (EG) 43/2006 v. 17.05.2006 ABl. 2006 Nr. L 157/87 v. 09.06.2006.
392 *IDW PS 400*, Ziff. 1., Stand 12.12.2012.

samtaussage, dass die Prüfung zu keinen Einwendungen geführt hat. Er bestätigt damit, dass die gesetzlichen Vorschriften eingehalten wurden, ein zutreffendes Bild von der Lage der Gesellschaft vermittelt wurde und die Chancen und Risiken der zukünftigen Entwicklung zutreffend dargestellt wurden.[393]

Falls ein Bestätigungsvermerk über die historischen Finanzinformationen von den Abschlussprüfern mit Vorbehalten erteilt wurde, so handelt es sich um einen so genannten eingeschränkten Bestätigungsvermerk. Zwar gelangt der Abschlussprüfer bezogen auf die wesentlichen Teile der Rechnungslegung noch zu einem Positivbefund, jedoch liegen bereits Beanstandungen, Mängel oder Prüfungshemmnisse vor, die eine Einschränkung erforderlich machten. Eine Beanstandung liegt in der Regel dann vor, wenn der Prüfer abgrenzbare Teile der Rechnungslegung des Emittenten nicht mit hinreichender Sicherheit beurteilen kann. Ferner kann eine Einschränkung des Bestätigungsvermerks bei Mängeln aufgrund von festgestellten Verstößen gegen Gesetz, Gesellschaftervertrag, Satzung oder Gesellschafterbeschlüsse geboten sein, soweit sich diese auf die Rechnungslegung beziehen. Zu Prüfungshemmnissen führen u. a. die vom Unternehmen verweigerte direkte Kontaktaufnahme mit dem Anwalt des zu prüfenden Unternehmens, Beschränkungen beim Einholen von Saldenbestätigungen, mangelnde Nachprüfbarkeit von Geschäftsvorfällen, unzureichende Auskunfts- und Nachweispflicht sowie fehlende Verwertbarkeit der Ergebnisse anderer Prüfer. Aus der Formulierung der Einschränkung (Beanstandung von Mängeln/Prüfungshemmnisse) muss der Grund der Beanstandung, des Mangels oder des Prüfungshemmnisses eindeutig hervorgehen.[394] Der eingeschränkte Bestätigungsvermerk ist in vollem Umfang, unter Angabe des Grundes der Beanstandung, des Mangels oder des Prüfungshemmnisses, im Prospekt wiederzugeben. Eine verkürzte Wiedergabe des Wortlautes ist nach Anh. I Ziff. 20.4.1. EU-ProspV nicht zulässig.

Sofern der Abschlussprüfer einen Bestätigungsvermerk über die historischen Finanzinformationen nicht erteilt hat, spricht man von einem Versagungsvermerk. Der Standard IDW PS 400 kennt zwei Formen von Versagungsvermerken: Die Versagung aufgrund von Einwendungen oder aufgrund von Prüfungshemmnissen. Gelangt der Prüfer zu dem Prüfungsurteil, dass wesentliche Beanstandungen gegen den Abschluss zu erheben sind, und sich diese als Ganzes auf die Rechnungslegung des Emittenten auswirken, so ist eine einfache Einschränkung nicht mehr angemessen. Um die missverständliche oder unvollständige Darstellung im Abschluss zu verdeutlichen, hat der Prüfer eine negative Gesamtaussage im Rahmen seines Versagungsvermerks zu treffen.

Ein Versagungsvermerk aufgrund von Prüfungshemmnissen wird dann erteilt, wenn die Auswirkungen der Prüfungshemmnisse so wesentlich sind,

165

166

167

393 Siehe das Formulierungsbeispiel in *IDW PS 400*, Anh. 4 a, Stand 12.12.2012.
394 *IDW PS 400*, Ziff. 3.4.2.2., Stand 12.12.2012.

dass der Prüfer nach Ausschöpfung aller angemessenen Möglichkeiten zur Klärung der Sachverhalte zu keiner positiven Gesamtaussage über den Abschluss gelangt. Solche Prüfungshemmnisse können z. B. in nicht behebbaren Mängeln der Buchhaltung oder in der Verletzung der Vorlage- und Auskunftspflichten begründet sein.[395] Falls der Abschluss des Emittenten mit einem Versagungsvermerk versehen ist, so hat er diesen in vollem Umfang, unter Angabe des Grundes für die Prüfungshemmnisse, im Prospekt darzustellen. Eine verkürzte Wiedergabe des Wortlautes ist nicht zulässig. Formulierungsbeispiele zu den einzelnen Formen des Bestätigungsvermerks bzw. Versagungsvermerks gibt der IDW PS 400.

168 Für ausländische Emittenten mit Sitz in der EU gilt, dass deren Bestätigungs- oder Versagungsvermerk nach den auf den Emittenten anwendbaren nationalen Prüfungsstandards zu erstellen ist. Auf Emittenten aus Drittstaaten findet die Richtlinie über die Abschlussprüfung (EG/2006/43) ebenfalls Anwendung. Sie ermächtigt die EU-Kommission im Rahmen des Komitologieverfahrens, über die Gleichwertigkeit der Prüfungsstandards zu befinden. Durch Konsultation soll ermittelt werden, welche Auffassungen zu einer vorübergehenden Anwendung von Drittstaatenstandards, wie z. B. der amerikanischen GAAS (United States Generally Accepted Auditing Standards) besteht.[396] Daher ist bei Emittenten aus Drittstaaten auf die Zulässigkeit der Prüfungsstandards zu achten.

169 Sind sonstige Angaben im Prospekt vom Abschlussprüfer geprüft, ist explizit darauf hinzuweisen. Wurden Finanzdaten nicht aus den geprüften Jahresabschluss des Emittenten entnommen, so ist ein entsprechender Hinweis aufzunehmen. Ebenfalls sind dann die Quellen dieser Daten zu nennen und es ist anzugeben, dass diese Daten ungeprüft sind.

XXXIII. Alter der jüngsten Finanzinformationen, Ziff. 20.5.

170 Der Bilanzstichtag des letzten durch geprüfte Finanzinformationen dargestellten Geschäftsjahres darf gem. Anh. I Ziff. 20.5. EU-ProspV nicht mehr als 18 Monate vor dem Datum des Prospekts liegen, wenn der Prospekt einen geprüften Zwischenabschluss enthält. Dieser Zeitraum verkürzt sich auf 15 Monate, wenn nur ein ungeprüfter Zwischenabschluss im Prospekt enthalten ist. Dabei interpretiert ESMA den Begriff Zwischenabschluss in gleicher Weise wie Zwischenfinanzinformationen.[397] Der Zeitraum berechnet sich nach dem Abstand zwischen dem Abschlussstichtag und dem Prospektbilli-

---

395 *IDW PS 400*, Ziff. 3.4.2.3., Stand 12.12.2012.

396 *Europäische Kommission:* Kommission startet Konsultation über die Regulierung von Prüfungsgesellschaften aus Drittländern, 11.01.2006. Siehe zu äquivalenten Prüfungsstandards Rn. 142 ff.

397 *ESMA*, update CESR recommendations, consistent implementation, Ref.: ESMA/2013/ 319, Tz. 100.

gungsdatum.[398] Da Zwischenberichte selten testiert werden, wird in der Praxis häufig der 15-Monatsabstand zu beachten sein.[399] Bei zeitkritischen Transaktionen sollte diese Frist nicht aus den Augen verloren werden oder ein Zwischenbericht mit Testat versehen werden. Allerdings wird der Abschlussprüfer in der Regel keine vollständige Prüfung der Zwischenfinanzinformationen vornehmen wollen.

XXXIV. Pflicht zur Aufnahme von bereits veröffentlichten Zwischenfinanzinformationen, Ziff. 20.6.1.

Zwischenfinanzinformationen, die in der Zeit zwischen Ablauf des letzten Geschäftsjahres und der Veröffentlichung des Prospekts veröffentlicht wurden, sind gem. Anh. I Ziff. 20.6.1. EU-ProspV in jedem Fall in den Prospekt aufzunehmen. Dabei handelt es sich um Zwischen- oder Halbjahresfinanzberichte. Dies gilt auch dann, wenn sich keine Zwischenabschlusspflicht gem. Anh. I Ziff. 20.6.2. EU-ProspV ergibt. Damit sollen dem Prospektleser alle aktuellen Finanzinformationen zur Verfügung gestellt werden.[400] *171*

Wurden zwischen Geschäftsjahresende und Prospektveröffentlichung mehrere Zwischenberichte veröffentlicht, so muss laut ESMA grds. nur der aktuelle Zwischenbericht in den Prospekt aufgenommen werden. Es sind dann mehrere Berichte aufzunehmen, wenn der Ältere zusätzliche, nicht duplizierende Informationen enthält.[401] Dies kann vor Allem dann der Fall sein, wenn ein im Sinne der TransparenzRL[402] vollständiger Halbjahresfinanzbericht, aber zum dritten Quartal lediglich eine Zwischenmitteilung der Geschäftsführung veröffentlicht wurde, die keinen vollständigen Abschluss enthält.[403] U.E. dürfte aber ein dritter Quartalsbericht in jedem Fall genügen, wenn dieser die Anforderungen des Art. 5 TransparenzRL bzw. für deutsche Emittenten § 37 w i.V.m. WpHG erfüllt. Dabei sollte es ausreichend sein, nur den Zwischenabschluss in den Prospekt aufzunehmen, da konsistent mit der Auslegung zu den Inhalten von Zwischenfinanzinformationen in Prospekten gem. Anh. I Ziff. 20.6.2. EU-ProspV weder der Zwischenlagebericht noch der „Bilanzeid" Pflichtbestandteile sind.[404] *172*

Jeweilige Testate oder Bescheinigungen der Zwischenberichte sind in den Prospekt aufzunehmen. Ansonsten ist auf die Tatsache hinzuweisen, dass die Zwischenfinanzinformationen ungeprüft sind. Sollte ein Zwischenbericht nur *173*

---

398 *Kunold*, in: Assmann/Schlitt/von Kopp-Colomb, WpPG/VerkProspG, EU-ProspV Anh. I Ziff. 20., Rn. 244. Mit Verweis auf das Prospektaufstellungsdatum, das praktisch jedoch mit dem Billigungsdatum zusammenfallen dürfte, *Fingerhut/Voß* in: Just/Voß/Ritz/Zeising, WpPG, Anh. I EU-ProspV Ziff. 20., Rn. 385.
399 *Meyer*, Accounting 2/2006, 12. Zum gewissen Widerspruch gegenüber der Regelpublizität *Meyer*, in: Frankf Komm WpPG, Anh. I EU-ProspV Ziff. 20.5. und 20.6., Rn. 4.
400 *ESMA*, update CESR recommendations, consistent implementation, Ref.: ESMA/2013/319, Tz. 98.
401 *ESMA*, Q&A, 21st updated version, ESMA/2014/35, question 24.
402 RL 109/2004/EG.
403 Art. 5 und 6 TransparenzRL.
404 Rn. 180.

für interne Zwecke geprüft oder einer prüferischen Durchsicht unterzogen werden, so entfällt die Aufnahme in den Prospekt.[405]

XXXV. Pflicht zur Aufnahme und Inhalte von Zwischenfinanzinformationen, Ziff. 20.6.2.

174 Wird der Prospekt mehr als neun Monate nach Ablauf des letzten Geschäftsjahres, für das geprüfte Abschlüsse vorliegen, erstellt, müssen gem. Anh. I Ziff. 20.6.2. EU-ProspV in den Prospekt Zwischenfinanzinformationen aufgenommen werden. Diese müssen sich auf mindestens die ersten sechs Monate des Geschäftsjahres beziehen. Damit sollen dem Investor möglichst aktuelle Informationen zur Vermögens-, Finanz- und Ertragslage zur Verfügung gestellt werden.[406] Da bei Start-up-Unternehmen unter Umständen die Anknüpfung an den letzten geprüften Abschluss nicht möglich ist, geht die BaFin in diesen Fällen von einer Neun-Monats-Frist ab dem Stichtag der Eröffnungsbilanz aus.[407] Handelt es sich beim letzten geprüften Abschluss um einen Abschluss über ein Rumpfgeschäftsjahr, so sollte dieser mindestens sechs Monate umfassen, sonst begründet sich ebenfalls eine Zwichenberichtspflicht.[408]

175 Die Zwischenfinanzinformationen können auch einen längeren Zeitraum von bspw. drei Quartalen umfassen. Dies ist dann zu empfehlen, wenn möglichst aktuelle Finanzinformationen zur Verfügung gestellt werden sollen. Ähnlich ist vorzugehen, wenn die Neun-Monatsfrist noch nicht erreicht ist, aber Informationen zur Geschäftstätigkeit in den ersten Monaten des laufenden Geschäftsjahres zur Verfügung gestellt werden sollen. Sofern nicht nur der Emittent die Verantwortung für den Prospekt übernimmt, ist es üblich, dass der Abschlussprüfer dem weiteren Verantwortlichen, z. B. der Emissionsbank, die inhaltliche korrekte Übernahme der historischen Finanzinformationen in den Prospekt bestätigt („Comfort Letter"). Üblicherweise bestätigt der Abschlussprüfer auch im Comfort Letter, dass ihm keine Hinweise bekannt geworden sind, die ihn zu der Annahme veranlassen würden, dass sich bestimmte im Zwischenbericht aufgenommene Angaben (z. B. Eigenkapital, Verbindlichkeiten etc.) wesentlich verändert hätten („negative Assurance"). Diese negative Assurance gibt der Abschlussprüfer gem. IDW PS 910 nur innerhalb von 135 Tagen (30/360-Zählung) nach dem Stichtag des Zwischenberichtes ab.[409] Da der Comfort Letter üblicherweise zum Tag der Billigung des Prospektes, zum Tag der Zulassung der Wertpapiere, zum Tag

---

405 *Kunold*, in: Assmann/Schlitt/von Kopp-Colomb, WpPG/VerkProspG, Anh. I EU-ProspV Ziff. 20., Rn. 255.

406 *ESMA*, update CESR recommendations, consistent implementation, Ref.: ESMA/2013/319, Tz. 99.

407 *Kunold*, in: Assmann/Schlitt/von Kopp-Colomb, WpPG/VerkProspG, Anh. I EU-ProspV Ziff. 20., Rn. 257.

408 *Fingerhut/Voß* in: Just/Voß/Ritz/Zeising, WpPG, Anh. I EU-ProspV Ziff. 20., Rn. 394.

409 Dies ergibt sich aus dem IDW Prüfungsstandard 910 4.8.3.1 (Stand 4.3.2004) bzw. aus dem internationalen Standard ISRE 2400 und ISRE 2410. *Schlitt/Schäfer*, AG 2005, 498, 503. Zur 135-Tage-Regel siehe auch *Kunold*, in: Habersack/Mülbert/Schlitt, UntFinanzKM, § 21, Rn. 35 ff. Ausführlich *Meyer*, in: Frankf Komm WpPG, Anh. I EU-ProspV Ziff. 20.5. und 20.6., Rn. 17.

der Aufnahme der Notierung und zum Tag der Abrechnung der Kapitalmaß-
nahme abgegeben wird, muss diese Zeitrestriktion bei der Planung der Maßnahme sehr genau berücksichtigt werden.

Dieser Zwischenfinanzbericht ist nicht prüfungspflichtig. Allerdings ist ein-   *176*
deutig darauf hinzuweisen, wenn der Bericht nicht geprüft wurde. In diesem
Zusammenhang ist auf die unterschiedlichen Fristen gem. Anh. I Ziff. 20.5.1.
EU-ProspV zu achten. Die Pflicht zur Aufnahme von geprüften Finanzinformationen kann um drei Monate nach hinten verschoben werden, wenn geprüfte anstatt ungeprüfte Zwischenabschlüsse in den Prospekt aufgenommen werden.

Gem. Anh. I Ziff. 20.6.2. EU-ProspV werden hinsichtlich der Inhalte der Zwi-   *177*
schenfinanzinformationen lediglich Aussagen zu den Vergleichsperioden getroffen. Danach ist ein vergleichender Überblick über denselben Zeitraum
wie im letzten Geschäftsjahr aufzunehmen. Dies gilt explizit für die Gewinn-
und Verlustrechnung, die Kapitalflussrechnung sowie die Eigenkapitalveränderungsrechnung. Für die Bilanz als Bestandsrechnung ist es auch zulässig, als Vergleichszahlen die entsprechenden Zahlen der Jahresendbilanz zu
verwenden. Im Verordnungstext wird dies als Ausnahme dargestellt. Dies ist
insofern erstaunlich und wohl eher der Übersetzung geschuldet, als diese
Darstellung anerkannten Prinzipien zur Zwischenberichterstattung entspricht.[410] In der Praxis dürfte sich daher die Darstellung der Vorjahresbilanz
gem. IAS 34 bzw. DRS 16 durchsetzen. Die Aufnahme von Bilanzinformationen, die sich auf den Zeitpunkt des vergleichbaren Zwischenberichts des
Vorjahres beziehen, ist nicht sinnvoll.

Bzgl. der Inhalte von Zwischenfinanzinformationen weist ESMA darauf hin,   *178*
dass trotz der unterschiedlichen Bezeichnungen in den Ziff. 20.5. und 20.6.2.
des Anh. I der EU-ProspV mit Zwischenabschlüssen und Zwischenfinanzinformationen von den gleichen Informationen ausgegangen werden soll.[411]
Hinsichtlich der anzuwendenden Standards unterscheidet ESMA nach Emittenten, deren Wertpapiere schon an einem organisierten Markt notiert sind,
und Erstemittenten.

Bei bereits notierten Emittenten orientieren sich die Inhalte eines Zwischen-   *179*
finanzberichts an den Anforderungen der TransparenzRL und ihrer jeweiligen nationalen Umsetzung. Für deutsche Emittenten sind diese im WpHG
kodifiziert.[412] Damit können einzelstaatliche Regelungen in manchen Fällen
strenger sein, als es die Richtlinie vorgibt („Inländerdiskriminierung").

---

410 Vgl. IAS 34.20a sowie DRS 16.15a, die jeweils explizit eine Bilanz zum Ende der aktuellen Zwischenberichtsperiode und eine vergleichende Bilanz zum Ende des unmittelbar vorangegangenen Geschäftsjahres fordern.
411 *ESMA*, update CESR recommendations, consistent implementation, Ref.: ESMA/2013/
319, Tz. 100.
412 *ESMA*, update CESR recommendations, consistent implementation, Ref.: ESMA/2013/
319, Tz. 101. Deutsche Umsetzung durch Gesetz zur Umsetzung der RL EG/2004/109
des Europäischen Rates v. 15.12.2004 zur Harmonisierung der Transparenzanforderungen in Bezug auf Informationen über Emittenten, deren Wertpapiere zum Handel auf
einem geregelten Markt zugelassen sind, und zur Änderung der RL 2001/34/EG (TransparenzRL-UmsG – TUG) v. 05.01.2007.

180   Gem. Art. 5 Abs. 2 TransparenzRL bzw. § 37 w Abs. 2 WpHG umfasst ein Halbjahresfinanzbericht einen verkürzten Abschluss, einen Zwischenlagebericht sowie eine Erklärung der beim Emittenten verantwortlichen Personen zur Einhaltung des True and Fair View ("Bilanzeid").[413] Die Empfehlung der ESMA fordert jedoch explizit nur die entsprechende Anwendung der Regelungen zum verkürzten Abschluss (condensed set of financial statement included in a half-yearly financial report covering the first six months of the financial year)[414], so dass weder ein Zwischenlagebericht noch ein "Bilanzeid" in den Prospekt aufgenommen werden müssen.

181   Unterliegt der Emittent der IAS-Verordnung und muss er daher einen Konzernabschluss nach den IAS/IFRS veröffentlichen, hat der (verkürzte) Abschluss die Anforderungen des IAS 34 zu erfüllen. Damit sind nicht nur Umfang und Vergleichsperioden, sondern auch Abgrenzungsfragen abschließend und konsistent zur geforderten Publizität am Geschäftsjahresende geregelt.[415] So sind neben der Bilanz und Gewinn- und Verlustrechnung eine Darstellung der Eigenkapitalentwicklung sowie eine Kapitalflussrechnung jeweils mit entsprechenden Vorjahresvergleichszahlen, das Ergebnis je Aktie sowie bestimmte Anhangangaben aufzunehmen.[416]

182   Emittenten, deren Wertpapiere zwar schon an einem regulierten Markt zugelassen sind, die jedoch aufgrund von Übergangsbestimmungen noch nicht den Regelungen der TransparenzRL genügen müssen, sollen Zwischenabschlüsse gem. den Regelungen für Erstemittenten in den Prospekt aufnehmen.[417] Mit dieser Regel will CESR sicherstellen, dass dieselben Ausnahmen für die Zwischenberichtspflicht im Prospekt gelten, die auch sonst von Emittenten in Anspruch genommen werden können.[418]

183   Im Gegensatz zu einem IAS 34-konformen Abschluss fordert die TransparenzRL von Zwischenabschlüssen gem. nationaler Standards lediglich eine zusammengefasste Gewinn- und Verlustrechnung, eine zusammengefasste Bilanz sowie ergänzende Anhangangaben.[419] In einer DurchführungsRL spezifiziert die Kommission diese Anforderungen.[420] Die verkürzte Bilanz und Gewinn- und Verlustrechnung haben demnach jeweils die Überschriften und Zwischensummen auszuweisen, die im letzten Abschluss des Emittenten enthalten sind. Zusätzliche Posten sind dann aufzunehmen, wenn diese für die Vermittlung der Vermögens-, Finanz- und Ertragslage wesentlich sind

---

413 Siehe ausführlich d'Arcy/Meyer, Der Konzern, 2005, 151 sowie d'Arcy,, Accounting, 8/2006, 3.

414 *ESMA*, update CESR recommendations, consistent implementation, Ref.: ESMA/2013/319, Tz. 101.

415 Siehe hierzu bspw. *Hoffmann*, in: Lüdenbach/Hoffmann, IFRS, § 37.

416 IAS 34.9; IAS 34.11; IAS 34.16.

417 *ESMA*, update CESR recommendations, consistent implementation, Ref.: ESMA/2013/319, Tz. 102.

418 *CESR*, consultations consistent implementation feedback statement, Ref: CESR/05-05b, Tz. 49.

419 Art. 5 Abs. 3 TransparenzRL.

420 RL (EG) 14/2007 v. 08.03.2007, ABl 2007 Nr. L 69/27 v. 09.03.2007.

bzw. ihr Weglassen irreführend wäre. Der Anhang soll ausreichende Informationen enthalten, welche die Vergleichbarkeit des Zwischenabschlusses mit dem Jahresabschluss gewährleistet. Darüber hinaus sind solche Informationen und Erläuterungen gefordert, welche dem Interessenten alle wesentlichen Änderungen der Beträge und die Entwicklungen in dem betreffenden Halbjahr angemessen verständlich machen.

Für deutsche Emittenten ist zudem DRS 16 zu beachten. Dieser geht diesbezüglich jedoch nicht über die Anforderungen der TransparenzRL sowie der DurchführungsRL hinaus. Eine verkürzte Kapitalflussrechnung sowie ein verkürzter Eigenkapitalspiegel werden als ergänzende Bestandteile empfohlen.[421] Ebenso wird die Aufnahme von Segmentinformationen angeregt.[422] Ferner wird auf die Bilanzierung von Ertragsteuern eingegangen. Diese sollen in jeder Berichtsperiode auf der Grundlage der besten Schätzung des gewichteten durchschnittlichen jährlichen Ertragsteuersatzes erfasst werden, der für das Gesamtjahr erwartet wird.[423]   *184*

Für Erstemittenten gilt, dass ein im Prospekt aufzunehmender Zwischenbericht den Rechnungslegungsstandards zugrunde liegen muss, die auch für die Erstellung der Jahresabschlüsse verwendet wurden. Damit wird deutlich gemacht, dass ein Zwischenbericht den letzten Abschluss aktualisieren soll und daher bestimmte Informationen nicht wiederholt werden müssen. Eine Ausnahme besteht lediglich für Änderungen von Bilanzierungsmethoden, wenn diese auch im folgenden Abschluss gelten sollen.[424]   *185*

Sollte der Emittent einen Jahresabschluss nach nationalen Standards erstellen und freiwillig den im Prospekt aufzunehmenden Zwischenabschluss nach den IAS/IFRS aufstellen wollen, so ist dies nur zulässig, wenn zusätzliche Angaben und Überleitungsrechnungen gem. IFRS 1 den Abschluss ergänzen.[425]   *186*

Ist der Erstemittent konzernabschlusspflichtig oder erstellt freiwillig Konzernabschlüsse und hat gem. Anh. I Ziff. 20.1. EU-ProspV IAS/IFRS-Abschlüsse in den Prospekt aufgenommen, so gelten die Regelungen des IAS 34 für den Zwischenabschluss entsprechend. ESMA fordert zwar nicht direkt die Anwendung des IAS 34, jedoch ergibt sich aus der Pflicht zur Anwendung konsistenter Rechnungslegungsstandards sowie aus den von ESMA explizit genannten Zwischenabschlussbestandteilen eine entsprechende Verpflichtung.[426]   *187*

Für Erstemittenten, die nicht konzernabschlusspflichtig sind, wiederholt ESMA die Mindestbestandteile eines Zwischenabschlusses gem. TransparenzRL, nämlich eine verkürzte Bilanz, eine verkürzte Gewinn- und Verlust-   *188*

---

421 DRS 16.16.
422 DRS 16.33.
423 DRS 16.24.
424 *CESR*, recommendation, consistent implementation, Ref: CESR/05-054b, Tz. 103.
425 *Mujkanovic*, KoR 2005, 146.
426 *ESMA*, update CESR recommendations, consistent implementation, Ref.: ESMA/2013/ 319, Tz. 105.

rechnung sowie ausgewählte erläuternde Anhangangaben.[427] Entsprechend werden die Anforderungen zu den Vorjahresvergleichsperioden herausgestellt.[428]

XXXVI. Dividendenpolitik, Ziff. 20.7.

189   Als ein weiterer Teil der Finanzinformationen ist auch eine Beschreibung der Politik des Emittenten hinsichtlich der Dividendenausschüttungen in den Prospekt aufzunehmen. Es ist dabei nicht ausreichend, nur auf die Möglichkeit einer fehlenden Dividendenausschüttung hinzuweisen bzw. diesbezüglich eine reine Absichtserklärung abzugeben. Vielmehr ist gem. Anh. I Ziff. 20.7. EU-ProspV explizit auf etwaige Beschränkungen zur Fähigkeit, Dividenden auszuschütten, einzugehen. Dies können vertragliche Vereinbarungen mit Dritten in Kreditverträgen (covenants) sein, oder auch das Fehlen der Voraussetzungen zur Ausschüttung von Dividenden gem. § 150 AktG. Danach müssen Beträge aus dem Jahresüberschuss zunächst in die gesetzlichen Rücklagen eingestellt werden, die nur eingeschränkt wieder aufgelöst werden können (Ausschüttungssperrfunktion im Rahmen der Ausschüttungsbemessungsfuntion des Jahresabschlusses).[429] Gerade bei Start-up-Unternehmen, die in der Regel noch nie Überschüsse erzielt haben, kann die Fähigkeit zur Dividendenausschüttung stark eingeschränkt sein.

190   Darüber hinaus ist gem. Anh. I Ziff. 20.7.1. EU-ProspV die Historie der Dividendenpolitik mittels der Kennzahl Dividende pro Aktie für die in den Finanzinformationen abgebildeten Geschäftsjahre, also in der Regel die letzten drei Jahre, zu zeigen. Zu Vergleichszwecken soll die Kennzahl dann angepasst werden, wenn sich die Aktienzahl geändert hat. Diese Regel ist etwas missverständlich, da gerade eine Kennziffer, die im Nenner die Anzahl der Aktien enthält, nicht von der Aktienanzahl abhängig ist, sondern vielmehr den Aktionär die Ausschüttung pro Aktie zeigt. Vielmehr sind hier wohl Fälle des Aktiensplits oder vergleichbare Maßnahmen gemeint, die eine solche Kennzahl verfälschen würden. Dann sind Anpassungen zu Vergleichszwecken vorzunehmen. Die Aktienzahl sollte sich – anders als bei der Kennzahl Ergebnis je Aktie – sinnvollerweise auf die Aktienanzahl beziehen, für die tatsächlich Dividenden gezahlt wurden. Es empfiehlt sich, um Missverständnisse zu vermeiden, stets auch die Dividendensumme sowie die entsprechende Anzahl der dividendenberechtigten Aktien mit abzubilden.

---

427 *ESMA*, update CESR recommendations, consistent implementation, Ref.: ESMA/2013/319, Tz. 104.

428 *ESMA*, update CESR recommendations, consistent implementation, Ref.: ESMA/2013/319, Tz. 106.

429 *Hinz*, in: Castan et al., Beck'sches Hdb. d. Rechnungslegung, Mai 2010, B 100, Rn. 35 ff.

XXXVII. Gerichts- und Schiedsverfahren, Ziff. 20.8.

Im Rahmen der Finanzausweise sind Angaben zu Gerichts- und Schiedsver-   *191*
fahren zu machen, die auch staatliche Interventionen wie z. B. Kartellverfah-
ren umfassen können. Dabei sind grds. nach deutschem Wortlaut alle Verfahren zu nennen, die nach Kenntnis des Emittenten in den letzten zwölf
Monaten bestanden, abgeschlossen wurden, noch anhängig sind oder eingeleitet werden könnten. Die deutsche Formulierung der EU-ProspV verknüpft
diese Anforderungen in einer Oder-Verbindung mit dem Wesentlichkeitskriterium für die Finanzlage oder die Rentabilität des Emittenten oder der
Gruppe. Die englische Fassung der EU-ProspektV zeigt jedoch deutlich, dass
das Wesentlichkeitskriterium in jedem Fall anwendbar ist und somit nur für
die Finanz- und Ertragslage wesentliche Verfahren im Prospekt zu nennen
sind.[430] Das Wesentlichkeitskriterium muss dabei sowohl auf den Einzel- als
auch auf den Konzernabschluss angewendet werden. Ansonsten ist eine negative Erklärung aufzunehmen, dass solche Verfahren nicht bestanden haben. Da es sich bei Gerichts- und Schiedsverfahren häufig um hohe Schadenssummen handeln kann, ist im Zweifel das Wesentlichkeitskriterium
streng auszulegen. Solche Verfahren sollten im Prospekt aufgenommen werden, auch wenn das Management den Ausgang des Verfahrens positiv einschätzt. In diesem Sinne sind nicht die Kriterien anzulegen, nach denen eine
Prozessrückstellung zu bilden wäre. Darüber hinaus sollten die Angaben in
diesem Abschnitt mit den Informationen zu den Risikofaktoren gem. Anh. I
Ziff. 4. EU-ProspV abgestimmt werden.

XXXVIII. Wesentliche Veränderungen in der Finanzlage oder der Handelsposition des Emittenten, Ziff. 20.9.

Gem. Anh. I Ziff. 20.9. EU-ProspV sind wesentliche Veränderungen in der Fi-   *192*
nanzlage oder der Handelsposition aufzunehmen, die nach dem Stichtag des
zuletzt im Prospekt abgedruckten Abschlusses eingetreten sind. Dies können
zum einen wertbeeinflussende Ereignisse nach dem Bilanzstichtag sein, die
gem. IAS 10.21 ohnehin im Anhang zu erläutern sind. Zu nennen sind bspw.
Unternehmenserwerbe, die Zerstörung einer Produktionsstätte oder umfangreiche Transaktionen im Bezug auf Stammaktien.[431] Darüber hinaus sind
aber auch wesentliche Veränderungen der Handelsposition zu nennen, die
aufgrund externer Einflüsse oder interner Gründe eine nicht zu erwartende
Entwicklung aufweisen. Auch wenn die Überschrift von der Finanzlage und
der Handelsposition des Emittenten ausgeht, geht aus dem Verordnungstext
klar hervor, dass das Wesentlichkeitskriterium sich auf die gesamte Gruppe
und somit den Konzernabschluss bezieht, falls es sich nicht um ein Einzelunternehmen handelt. Der Begriff der Handelsposition ist nicht definiert. Es

---

430 So auch der Hinweis auf die nun angewendete Praxis bei *Schlitt/Schäfer*, in: Assmann/
    Schlitt/von Kopp-Colomb, WpPG/VerkProspG, Anh. I EU-ProspV Ziff. 20., Rn. 276 und
    die dort angegebene Literatur.
431 Siehe hierzu auch die Beispiele in IAS 10.22.

sind solche Kennzahlen aufzunehmen, welche nicht direkt Teil der Finanzangaben sind, aber die Geschäftstätigkeit des Emittenten gut illustrieren. Zu denken ist beispielsweise an Auftragseingänge.[432] Sind keine wesentlichen Veränderungen aufgetreten, ist eine entsprechende negative Erklärung aufzunehmen. Mittlerweile hat sich ein entsprechendes Kapitel am Ende des Prospekts vor dem Glossar und der Unterschriftsseite etabliert.[433]

XXXIX. Zusätzliche Angaben, Ziff. 21.1. bis 21.2.

193 In Anh. I Ziff. 21. EU-ProspV (Aktienkapital; Satzung und Statuten der Gesellschaft) finden sich einige Formulierungen, die – anders als §§ 16 und 19 BörsZulVO a. F. – nicht an die Begrifflichkeiten des deutschen Aktienrechts angepasst und daher erläuterungsbedürftig sind. Die Angaben erfolgen im Prospekt zumeist in einem eigenen Abschnitt unter der Überschrift „Angaben über das Kapital der Gesellschaft". Nach Anh. I Ziff. 21.1.1. EU-ProspV ist zunächst der Betrag des Grundkapitals der Gesellschaft anzugeben (vgl. §§ 1 Abs. 2, 6 AktG). Außerdem sind für jede Aktienkategorie (d. h. Gattung i. S. d. § 11 AktG) weitere Angaben zur Zahl der Aktien zu machen, nämlich zunächst in Bezug auf die „zugelassenen Aktien" (lit. a). Hierbei dürfte es sich allerdings nicht um die zum Handel an einem organisierten Markt zugelassenen Aktien handeln; die englische Sprachfassung weist mit „the number of shares authorised" vielmehr auf eine Verfassung der Gesellschaft nach englischem Recht hin. Aus Sicht des deutschen Aktienrechts ist in diesem Zusammenhang eine Darstellung des genehmigten Kapitals (§§ 202 ff. AktG) und bedingten Kapitals (§§ 192 ff. AktG) geboten. Hierzu werden üblicherweise die einschlägigen Satzungsbestimmungen wörtlich aufgenommen. Des Weiteren ist der Umfang der geleisteten bzw. nicht voll geleisteten Einlagen auf ausgegebene Aktien (lit. b)[434] sowie der Nennwert pro Aktie (vgl. § 8 Abs. 1 AktG) anzugeben (lit. c); bei nennwertlosen Aktien (Stückaktien) wird vielfach der rechnerische Nennwert, d. h. der geringste Ausgabebetrag (§ 9 Abs. 1 AktG) hinzugefügt. Die Angabe in lit. d) knüpft an Anh. I Ziff. 21.1.7. EU-ProspV an, geht in seinem Anwendungsbereich aber darüber hinaus. Die Bezeichnung als „ausstehende Aktie" (englisch: „outstanding shares"), die es so im deutschen Recht nicht gibt, weist darauf hin, dass eigene Aktien des Emittenten gesondert zu berücksichtigen und von den ausstehenden, d.h. im Umlauf befindlichen Aktien zu unterscheiden sind. Diese Auslegung des Begriffs der ausstehenden Aktien ergibt sich aus dem Rückgriff auf die englische Bedeutung, wo „outstanding shares" als Ge-

---

432 *Schlitt/Schäfer*, in: Assmann/Schlitt/von Kopp-Colomb, WpPG/VerkProspG, Anh. I EU-ProspV Ziff. 20., Rn. 280.

433 *Schlitt/Schäfer*, in: Assmann/Schlitt/von Kopp-Colomb, WpPG/VerkProspG, Anh. I EU-ProspV Ziff. 20., Rn. 281.

434 Zur alten Rechtslage vgl. § 19 Abs. 1 Ziff. 1. BörsZulVO a. F.; siehe zur Problematik nicht voll eingezahlter Namensaktien (vgl. § 10 Abs. 2 AktG) etwa *Schinzler*, Die teileingezahlte Namensaktie als Finanzierungsinstrument der Versicherungswirtschaft, 1999.

genbegriff zu „treasury shares", d. h. eigenen Aktien des Emittenten, stehen.[435] Nach dem deutschem Rechtsverständnis bleibt aber eine Überschneidung mit Anh. I Ziff. 21.1.3. EU-ProspV bestehen. Sofern mehr als 10 % der Aktien aus einer Kapitalerhöhung aus Gesellschaftsmitteln oder gegen Sacheinlage ausgegeben wurden (hierzu wird man auch Verschmelzungen rechnen müssen; vgl. § 69 Abs. 1 UmwG), ist dies nach Satz 2 anzugeben. Insofern kann sich eine Überschneidung mit den von Anh. I Ziff. 21.1.7. EU-ProspV geforderten Angaben ergeben. Üblicherweise wird an dieser Stelle auch die nach Anh. I Ziff. 21.2.3. EU-ProspV geforderte Beschreibung der Rechte, Vorrechte und Beschränkungen, die mit den Aktien der einzelnen Gattungen verbunden sind, aufgenommen. Die Angaben nach Anh. I Ziff. 21.1. EU-ProspV sind zum Stichtag der jüngsten Bilanz zu machen. Gemeint ist mit dem Geschäftsjahr das letzte zum für die historischen Finanzinformationen maßgeblichen Zeitraum gehörende Geschäftsjahr bzw. der entsprechende Zwischenberichtszeitraum. Möglich und in der Praxis üblich ist es freilich, aktuelle Angaben zum Stichtag der Billigung des Prospekts zu machen.[436] Dies ist sachgerecht, da der Investor hierdurch aktuellere Informationen erhält. Üblich ist daneben, in den Abschnitt zum Grundkapital der Gesellschaft Angaben zu den in der Satzung festgelegten Modalitäten der Verbriefung der Aktien aufzunehmen, die regelmäßig in einer oder mehreren Globalurkunden erfolgt. Falls Globalurkunden ausgegeben und in Girosammelverwahrung gegeben wurden, wird zudem angegeben, bei welcher Wertpapiersammelbank die Globalurkunden hinterlegt sind.[437]

Anh. I Ziff. 21.1.2. EU-ProspV bezieht sich auf Aktien, die nicht Bestandteil *194* des Eigenkapitals sind. Grds. sind die Aktien Bruchteil des Grundkapitals[438] und damit als Teil des gezeichneten Kapitals[439] nach deutschen Bilanzierungsvorschriften Eigenkapital. Als Aktien, die nicht mehr Bestandteil des Eigenkapitals sind, kommen z. B. die vom Emittenten erworbenen eigenen Anteile in Betracht, deren Nennbetrag oder rechnerischer Wert nach § 272 Abs. 1a) HGB vom gezeichneten Kapital abzusetzen ist. Soweit die nach der VO (EG) Nr. 1606/2002 übernommenen internationalen Rechnungslegungsstandards Aktien unter bestimmten Umständen vom Eigenkapital ausneh-

435 A. A.: *Fingerhut/Voß*, in: Just/Voß/Ritz/Zeising, WpPG, Anh. I EU-ProspV Rn. 422, mit ausstehenden Aktien seien die Aktien gemeint, auf die noch Einlagen ausstehen. Diese Auffassung überzeugt allerdings nicht, da zu den ausstehenden Einlagen bereits in lit. b) Angaben verlangt werden.
436 So auch *Fingerhut/Voß*, in: Just/Voß/Ritz/Zeising, WpPG, Anh. I EU-ProspV Rn. 417. Darüber hinausgehend *Schlitt/Schäfer*, in: Assmann/Schlitt/von Kopp-Colomb, WpPG/ VerkProspG, Anh. I EU-ProspV Rn. 283, die aus dem Prinzip der Richtigkeit und Vollständigkeit des Prospekts eine Pflicht zur Angabe wesentlicher Änderungen bis zum Zeitpunkt der Prospektbilligung herleiten.
437 Zur depotmäßigen Verwahrung siehe *Kümpel*, in: Kümpel/Hammen/Ekkenga, Kz. 050 Rn. 293.
438 *Schmidt*, Gesellschaftsrecht, S. 776; vgl. § 1 Abs. 2 AktG.
439 Das gezeichnete Kapital i. S. d. § 266 Abs. 3 lit. A HGB ist bei einer Aktiengesellschaft das Grundkapital, *Ellrott/Krämer*, in: Ellrott/Förschle/Hoyos/Winkeljohann, Bil Komm § 266 Rn. 170.

men, können auch solche Aktien nach Anh. I Ziff. 21.1.2. EU-ProspV gesondert aufzuführen sein. In jedem Fall ist der Bestand eigener Aktien nach Anh. I Ziff. 21.1.3. EU-ProspV (siehe nachfolgend) in den Prospekt aufzunehmen.

195   Gem. Anh. I Ziff. 21.1.3. EU-ProspV sind zum einen Anzahl, Buchwert und Nennwert der Aktien anzugeben, die vom Emittenten selbst gehalten werden und die zum Eigenkapital des Emittenten gehören, unabhängig davon, ob deren Erwerb nach § 71 AktG zulässig war.[440] Zum anderen sind die Anzahl, der Buchwert sowie der Nennwert der Aktien anzugeben, die im Namen des Emittenten, z.B. treuhänderisch, von Dritten oder von Tochtergesellschaften gehalten werden (vgl. § 71 d AktG). Es geht bei den Angaben nach Anh. I Ziff. 21.1.3. EU-ProspV also nicht nur darum, den Investoren Informationen über die Kapitalerhaltung zu vermitteln, sondern auch, inwieweit die Gesellschaft in der Lage ist, Aktien im Rahmen von Akquisitionen oder anderweitig zu nutzen. Vor diesem Hintergrund wird üblicherweise auch – soweit einschlägig – die durch die Hauptversammlung erteilte Ermächtigung zum Erwerb bzw. zur Veräußerung eigener Aktien dargestellt (vgl. insb. § 71 Abs. 1 Satz 1 Nr. 8 AktG).

196   Anh. I Ziff. 21.1.4. EU-ProspV erfasst zudem die Wandel- und Optionsanleihen, die bereits ausgegeben worden sind oder aufgrund einer bestehenden Ermächtigung der Hauptversammlung unter den Voraussetzungen des § 221 Abs. 2 AktG noch ausgegeben werden können. In diesem Zusammenhang werden auch Ausführungen zum bedingten Kapital gemacht, das üblicherweise zur Absicherung der Bezugsrechte geschaffen wird.[441] Nicht nach dieser Vorschrift erforderlich ist die Angabe der aus Anleihen entstehenden Zinsverpflichtungen,[442] da es sich nicht um in Bezug auf das Aktienkapital des Emittenten relevante Informationen handelt. Ebenso kann auf eine Angabe zu Umtauschanleihen verzichtet werden, die im Unterschied zu Wandelanleihen nicht zum Tausch in Aktien der ausgebenden Gesellschaft, sondern in Aktien einer anderen Gesellschaft, welche der Emittent der Umtauschanleihe in seinem Bestand hat, berechtigen.[443] An dieser Stelle des Prospekts soll der Investor eine mögliche zukünftige Verwässerung durch Ausgabe neuer Aktien absehen können, während bei Umtauschanleihen keine neuen Aktien ausgegeben werden und damit auch eine Gefahr der Verwässerung nicht besteht. Daraus ergibt sich, dass es auf eine Verbriefung der Wandlungs- bzw. Bezugsrechte nicht ankommt; auch unverbriefte Optionen, etwa im Rahmen von Aktienoptionsprogrammen für Führungskräfte (vgl. § 192 Abs. 2 Nr. 3 AktG), sind insofern hier darzustellen.

---

440 Zum Erwerb eigener Aktien durch eine Aktiengesellschaft siehe z. B. *Schäfer/Gätsch*, in: Marsch-Barner/Schäfer, Hdb börsnot AG, § 50; *Wiesner/Kraft*, in: MüHdbAG § 15.

441 Angaben zu Aktienoptionen für Organmitglieder sind zudem nach Anh. I Ziff. 17.2. EU-ProspV erforderlich.

442 Sie werden regelmäßig allerdings i. R. d. Darstellung und Analyse der Vermögens-, Finanz- und Ertragslage nach Anh. I Ziff. 9. EU-ProspV zu erörtern sein.

443 *Schlitt/Schäfer*, in: Assmann/Schlitt/von Kopp-Colomb, WpPG/VerkProspG, Anh. I EU-ProspV Rn. 287. Eine Darstellung solcher Instrumente wird aber regelmäßig im Rahmen der wesentlichen Verträge erforderlich sein.

Die erforderlichen Angaben nach Anh. I Ziff. 21.1.5. EU-ProspV zu Akquisi-   *197*
tionsrechten oder Verpflichtungen in Bezug auf genehmigtes Kapital oder
eine Kapitalerhöhung haben für deutsche Gesellschaften regelmäßig keine
Bedeutung. Grund dafür ist § 187 Abs. 1 AktG, wonach Rechte auf den Bezug neuer Aktien immer unter dem Vorbehalt des Bezugsrechts der existierenden Aktionäre stehen. Systematisch stehen die Anforderungen im engen
Zusammenhang zur vorangehenden Ziff. 21.1.4. EU-ProspV. Insbesondere
bei den Wandel- und Optionsanleihen gewähren die damit einhergehenden
Wandlungs- und Bezugsrechte einen schuldrechtlichen Anspruch auf Erwerb der Mitgliedsrechte, was letztlich zu einer Kapitalerhöhung beim Emittenten führt. Je nachdem, ob die Wandlungs- und Bezugsrechte durch bedingtes (in der Praxis der Regelfall) oder genehmigtes Kapital (in der Praxis
selten)[444] gesichert sind, müssen hierzu weitere Ausführungen zu den jeweiligen Bestimmungen der Satzung über die Beschreibung der jeweiligen Ka-
pitalia aufgenommen werden. Die Ausführungen im Prospekt müssen den
entsprechenden Regelungen der Satzung entsprechen. Anzugeben sind
etwa der Betrag aller ausgegebenen Wertpapiere, die einen entsprechenden
Anspruch auf Erwerb des Mitgliedschaftsrechts haben, die Höhe etwaigen
genehmigten oder bedingten Kapitals, die zeitliche Befristung im Hinblick
auf das genehmigte Kapital, Angaben zu Personen, die bevorrechtigt be-
zugsberechtigt sind sowie die näheren Bedingungen und das Verfahren für
die Zuteilung der Aktien.[445]

Sofern die Gesellschaft Genussrechte i. S. v. § 221 Abs. 3 AktG ausgegeben   *198*
hat, wird man sie aus systematischen Gründen im Zusammenhang mit den
Angaben in Anh. I Ziff. 21.1.4. und 5. EU-ProspV ebenfalls an dieser Stelle
im Prospekt darstellen müssen.

Der Anwendungsbereich von Anh. I Ziff. 21.1.6. EU-ProspV scheint über die   *199*
Angaben zu dem bedingten Kapital hinaus in der Praxis gering zu sein. Über
die mit dem bedingten Kapital verbundenen Optionsrechte etwa aus Mitar-
beiterbeteiligungsprogrammen wird bereits im Rahmen der Vorstandsvergütung und bei der Beschreibung gemäß Anh. I Ziff. 21.1.5. EU-ProspV zu berichten sein.

Neben dem Status quo des Aktienkapitals ist nach Anh. I Ziff. 21.1.7. EU-   *200*
ProspV auch dessen Entwicklung im für die historischen Finanzinformationen maßgeblichen Zeitraum (siehe Anh. I Ziff. 20.1. EU-ProspV) aufzunehmen. Dabei sind die jeweiligen Ereignisse getrennt darzustellen unter Angabe der Höhe der Veränderung des Grundkapitals einschließlich der
Anzahl und Kategorie (d. h. Gattung) der Aktien. Außerdem sind wesentliche Details im Hinblick auf die jeweiligen Kapitalerhöhungen wie etwa der
Ausgabepreis zu beschreiben. Anzuführen sind zudem jeweils das Datum

---

444 Siehe z. B. *Stadler*, in: Bürgers/Körber, AktG, § 221 Rn. 51 ff.; *Hüffer*, AktG, § 221 Rn. 60.
445 *ESMA*, update CESR recommendation, consistent implementation, Ref.: ESMA/2013/
319, Tz. 150.

des Beschlusses über die Kapitalerhöhung und, soweit möglich,[446] das Datum der Eintragung der Durchführung der Kapitalerhöhung in das Handelsregister (vgl. § 188 AktG). Bei Sacheinlagen sind die entsprechenden Bewertungsmaßstäbe beizubringen.[447] Darüber hinaus sind nähere Ausführungen im Prospekt erforderlich, wenn etwa zunächst unwirksame verdeckte Sacheinlagen geheilt wurden. Auch werden Angaben zu Kapitalherabsetzungen erwartet, wie etwa der Umfang der Reduzierung des Grundkapitals sowie der Grund für derartige Maßnahmen.[448] Dem Wortlaut von Anh. I Ziff. 21.1.7. EU-ProspV entsprechend, nach dem eine besondere Hervorhebung für Veränderungen erforderlich ist, die während des von den historischen Finanzinformationen abgedeckten Zeitraums erfolgt sind, kann entnommen werden, dass grds. auch außerhalb dieses Zeitraums liegende Veränderungen darzustellen sind, zumindest dann, wenn sie grundlegender Natur sind. Für diesen Zeitraum bietet sich eine kurze Beschreibung seit Gründung der Gesellschaft an, in der zu Beginnn das Grundkapital zum Gründungszeitpunkt und darauf folgend die wesentlichen Kapitalveränderungen dargestellt werden.[449]

201 Einige der nach Anh. I Ziff. 21.2. EU-ProspV geforderten Angaben zu der Satzung des Emittenten werden üblicherweise im jeweiligen Sachzusammenhang gemacht. Dabei ist zu beachten, dass die reine Bezugnahme auf die Satzung des Emittenten einige der Unterabschnitte der Ziff. 21.2. bedeutungslos werden lassen würde, da die umfassenden Regelungen des deutschen AktG eine Bestimmung in der Satzung der Gesellschaft häufig überflüssig machen. Daher werden grundlegende gesetzliche Regelungen zu den in Ziff. 21.2. geforderten Angaben in der Praxis üblicherweise ebenfalls im Prospekt in standardisierter Form dargestellt.[450] Der Gesellschaftszweck[451] des Emittenten wird meist im Rahmen der allgemeinen Angaben über die Gesellschaft (siehe Anh. I Ziff. 6. EU-ProspV) beschrieben. Organmitglieder betreffende Bestimmungen der Satzung (Ziff. 21.2.2. EU-ProspV) und die Ausführungen zu Einberufung und Teilnahmebedingungen der Hauptver-

---

446 Das genaue Datum der Eintragung der Durchführung der Kapitalerhöhung, aus der die jungen Aktien hervorgehen, die im Rahmen eines öffentlichen Angebots angeboten werden sollen, steht zum Zeitpunkt der Billigung des dafür erforderlichen Prospekts regelmäßig noch nicht fest. Aus diesem Grund wird üblicherweise das voraussichtliche Datum der Eintragung in den Prospekt aufgenommen.

447 *ESMA*, update CESR recommendation, consistent implementation, Ref.: ESMA/2013/319, Tz. 153.

448 *ESMA*, update CESR recommendation, consistent implementation, Ref.: ESMA/2013/319, Tz. 154.

449 *Schlitt/Schäfer*, in: Assmann/Schlitt/von Kopp-Colomb, WpPG/VerkProspG, Anh. I EU-ProspV Rn. 290.

450 *Schlitt/Schäfer*, in: Assmann/Schlitt/von Kopp-Colomb, WpPG/VerkProspG, Anh. I EU-ProspV Rn. 291.

451 Die EU-ProspV verwendet zwar in Anh. I Ziff. 21.2.1. der Terminus der Zielsetzung des Emittenten. Damit kann jedoch nur der Gesellschaftszweck bzw. Unternehmensgegenstand gemeint sein (vgl. § 23 Abs. 3 Nr. 2 AktG). Dies zeigt auch ein Blick in die englische Fassung der EU-ProspV, die von „the issuer's object's and purposes" spricht. Ausreichend ist, die einschlägige Satzungsbestimmung wörtlich aufzunehmen.

Alfes/Wieneke

sammlung (Ziff. 21.2.5. EU-ProspV) werden in den eigenen Abschnitt zu den Gesellschaftsorganen unter der Überschrift „Organe der Gesellschaft" aufgenommen. Dies wird üblicherweise verbunden mit einer Kurzdarstellung, welche Rolle das jeweilige Gesellschaftsorgan in der Corporate Governance der Gesellschaft spielt. Nicht erforderlich ist i. d. R. eine Darstellung der Regelungen der Geschäftsordnungen von Vorstand und Aufsichtsrat. Unter dem Begriff der Teilnahmebedingungen für Hauptversammlungen werden neben einer Zusammenfassung der gesetzlichen und satzungsmäßigen Anmelde- und Nachweisanforderungen (vgl. § 123 Abs. 2 und 3 AktG) auch wesentliche Angaben zu Rechten der Aktionäre in Bezug auf die Hauptversammlung einschließlich grundsätzlicher Angaben zu erforderlichen Mehrheitsverhältnissen verstanden. Die mit den einzelnen Aktiengattungen verbundenen Rechte, Vorrechte und Beschränkungen (Anh. I Ziff. 21.2.3. EU-ProspV) können zusammen mit den sonstigen Angaben zum Grundkapital (Anh. I Ziff. 21.1.1. EU-ProspV) erörtert werden. Hier werden etwa Angaben zu Dividenden- und Stimmrechten (insbesondere bei Vorzugsaktien nach §§ 139 ff. AktG) sowie Gewinnanteilberechtigungen erwartet.[452] Erläuterungen zur Änderung von Aktionärsrechten (Anh. I Ziff. 21.2.4. EU-ProspV) erübrigen sich, wenn die Gesellschaft nur eine Aktiengattung ausgegeben hat; ansonsten sind etwa Erläuterungen im Hinblick auf §§ 141, 179 Abs. 3 AktG erforderlich. Bestimmungen der Satzung,[453] die einen Kontrollwechsel beim Emittenten verhindern oder erschweren können (siehe Anh. I Ziff. 21.2.6. EU-ProspV), d. h. insbesondere eine Vinkulierung von Namensaktien (§ 68 Abs. 2 AktG) oder Satzungsregelungen i. S. d. §§ 33 a ff. WpÜG, sind zu erläutern. Zudem sind an dieser Stelle Entsendungsrechte in den Aufsichtsrat (vgl. § 101 Abs. 2 AktG) darzustellen (soweit dies nicht bereits im Rahmen von Anh. I Ziff. 21.2.3. EU-ProspV erfolgt). Schuldrechtliche Vereinbarungen, die einen Kontrollwechsel erschweren sollen (sog. poison pills), sind von Anh. I Ziff. 21.2.6. EU-ProspV grds. nicht umfasst. Sofern solche Angaben nach §§ 289 Abs. 4 Nr. 8, 315 Abs. 4 Nr. 8 HGB ohnehin im Lagebericht offengelegt sind, kommt allerdings eine Erläuterung im Rahmen der Ausführungen zu den wesentlichen Verträgen (Anh. I Ziff. 22. EU-ProspV) in Betracht. Das ist insbesondere dann der Fall, wenn derartige Vereinbarungen eine für die Beurteilung der Wertpapiere wesentliche Angabe oder erforderlich sind, um dem Anleger ein zutreffendes Urteil über den Emittenten zu ermöglichen (vgl. § 5 Abs. 1 WpPG). Entschädigungsvereinbarungen für Vorstandsmitglieder für den Fall, dass sie wegen eines Übernahmeangebots kündigen, fallen unter Anh. I Ziff. 16.2. EU-ProspV.

Satzungsregelungen i. S. v. Anh. I Ziff. 21.2.7. EU-ProspV, die erst ab einem   202
bestimmten Schwellenwert gelten, dürften in Deutschland selten sein. In der Regel sind daher Ausführungen an dieser Stelle nicht erforderlich. Schließlich schreibt Anh. I Ziff. 21.2.8. EU-ProspV eine Darstellung der Satzungsbe-

---

452 *ESMA*, update CESR recommendation, consistent implementation, Ref.: ESMA/2013/ 319, Tz. 155.
453 Nicht offenzulegen sind Übertragungsbeschränkungen, die die Aktionäre auf schuldrechtlicher Basis, etwa in Pool-Verträgen, treffen. Siehe hierzu allerdings §§ 289 Abs. 4 Nr. 2, 315 Abs. 4 Nr. 2 HGB.

stimmungen vor, welche die „Veränderung im Eigenkapital" betreffen, aber nur, sofern die Satzung(en) und Statuten strengere als die gesetzlichen Regelungen vorsehen. In Betracht kommt etwa die Verschärfung des Mehrheitserfordernisses (vgl. etwa §§ 182 Abs. 1 Satz 2, 193 Abs. 1 Satz 2, 222 Abs. 1 Satz 2 AktG). Die Praxis geht vielfach darüber hinaus und macht noch allgemeine Ausführungen zur deutschen Corporate Governance, die sich insbesondere bei internationalen Transaktionen anbieten. Dabei handelt es sich etwa um Ausführungen über die aktienrechtlichen Bestimmungen zur Erhöhung des Grundkapitals und daraus resultierende Bezugsrechte, die Verwendung des Gewinns, Dividendenrechte, die Auszahlung von Dividenden sowie die Melde- und Anzeigepflichten nach dem WpHG und dem WpÜG. Bei einer KGaA besteht die Möglichkeit, dass der persönlich haftende Gesellschafter mit einer Vermögenseinlage an der Gesellschaft beteiligt ist (vgl. § 281 Abs. 2 AktG). Aufgrund der vielfältigen Gestaltungsmöglichkeiten, die hinsichtlich der vermögensmäßigen Beteiligung des persönlich haftenden Gesellschafters bestehen, ist eine detaillierte Darstellung der Struktur der KGaA im Einzelfall erforderlich.[454]

XL. Wesentliche Verträge, Ziff. 22.

203 Die Angaben zu wesentlichen Verträgen werden üblicherweise im Abschnitt zur Geschäftstätigkeit der Gesellschaft aufgenommen (vgl. Anh. I Ziff. 6. EU-ProspV). Anders als nach alter Rechtslage (vgl. § 20 Abs. 1 Nr. 5 BörsZulVO a. F.) sind wesentliche Verträge nicht nur solche, von denen der Emittent abhängig ist. Anzugeben sind alle Verträge von besonderer Bedeutung für die Geschäftstätigkeit des Emittenten. Indiz hierfür kann beispielsweise das Vertragsvolumen sein. Aber auch andere Kriterien können relevant sein, wie etwa die Vertragsdauer, die Bedeutung des Vertragspartners oder der bezogenen Waren oder Dienstleistungen, die Abhängigkeit des Emittenten von dem Vertrag oder die mit ihm verbundenen Risiken. Zu den wesentlichen Verträgen können Vereinbarungen mit Großkunden gehören, ebenso Kooperationsvereinbarungen, Vereinbarungen über die Auslagerung von wesentlichen Vorgängen der Geschäftstätigkeit, Verträge über die Ausstattung des Emittenten mit unabdingbaren Sachmitteln, Finanzierungsverträge, die einen im Verhältnis zum Umsatz erheblichem Umfang aufweisen, oder Unternehmensverträge i. S. v. §§ 291 f. AktG. Der Klammerzusatz in Anh. I Ziff. 22. EU-ProspV, der wesentliche Verträge ausnimmt, die im Rahmen der normalen Geschäftstätigkeit abgeschlossen worden sind, ist schwierig zu konkretisieren. Beispielhaft könnte man etwa an ein Handelsunternehmen denken, das einen großvolumigen Einkaufsvertrag mit einem Lieferanten abschließt, der zwar aufgrund seines Volumens von erheblicher Bedeutung ist, aber zum alltäglichen Geschäft gehört und keine Abhängigkeit von dem einzelnen Lieferanten begründet. Aufgrund des übergeordneten Prinzips der Richtigkeit und Vollständigkeit eines Prospekts aus § 5 Abs. 1 Satz 1 WpPG ist je-

---

454 Siehe hierzu ausführlich *Wieneke/Fett*, in: Schütz/Bürgers/Riotte, Die Kommanditgesellschaft auf Aktien, 2002, § 10 Rn. 67 ff.

doch grds. auch zu prüfen, ob nicht auch andere Verträge darzustellen sind, die als wesentlich für den Emittenten betrachtet werden müssen.[455] Obgleich dies dem Wortlaut des Anh. I Ziff. 22. EU-ProspV widerspricht, ist aufgrund ihrer Bedeutung für die Geschäfts- und Finanzlage des Emittenten eine Veröffentlichung mit Blick auf § 5 Abs. 1 Satz 1 WpPG daher häufig angezeigt. Nach Anh. I Ziff. 22. Abs. 1 EU-ProspV sind Verträge der vergangenen zwei Jahre aufzunehmen und zwar auch dann, wenn sie bereits vollständig abgewickelt sind. Demgegenüber erfasst Anh. I Ziff. 22. Abs. 2 EU-ProspV auch frühere Verträge, sofern sich aus ihnen noch wesentliche Rechtsfolgen ergeben können. Grds. ist eine allgemeine Beschreibung der wesentlichen Verträge ausreichend. Angegeben werden sollten Laufzeit und Kündigungsmöglichkeiten sowie sog. Change-of-Control-Klauseln, nach denen dem Vertragspartner im Falle eines Kontrollwechsels beim Emittenten ein Sonderkündigungsrecht zukommt. Besteht eine Vielzahl ähnlich ausgestalteter Verträge, so können diese in Kategorien dargestellt und die jeweils typischen Klauseln zusammengefasst erläutert werden.[456] Unter dem unbestimmten Rechtsbegriff der „normalen Geschäftstätigkeit" wird regelmäßig die Tätigkeit des Emittenten zu verstehen sein, die dieser in seiner Satzung als Geschäftszweck bezeichnet.[457]

Fraglich ist, ob tatsächlich auch alle wesentlichen Verträge von Konzernmitgliedern untereinander anzugeben sind, wenn der Emittent nicht die Muttergesellschaft, sondern z. B. Tochtergesellschaft eines u. U. weit verzweigten und auf vielen Gebieten tätigen Konzerns ist. Dies ginge sicherlich zu weit. Anh. I Ziff. 22. EU-ProspV ist daher vor dem Hintergrund der allgemeinen Anforderungen an die Offenlegung von Informationen in Prospekten dahingehend auszulegen, dass wesentliche Verträge des Mutterunternehmens oder dessen Tochterunternehmen nur anzugeben sind, sofern sie für die Geschäftstätigkeit des Emittenten von Bedeutung sind. Demgegenüber sind Verträge von abhängigen Unternehmen uneingeschränkt darzustellen, wenn sie für den Emittenten von wesentlicher Bedeutung sind. *204*

Aus Wettbewerbssicht kann es für den Emittenten nachteilig sein, genauere Angaben zu den wesentlichen Verträgen zu machen, da seine Wettbewerber auf diese Weise Einsicht in die Vertragsgestaltungen erhalten und damit wichtige Informationen wie etwa Preise, Abnahmeverpflichtungen oder Lieferbestimmungen erfahren würden. Es ist ferner zu prüfen, inwieweit die jeweiligen Verträge Vertraulichkeitsvereinbarungen enthalten, wobei der Emittent durch solche Vereinbarungen nicht von seiner Pflicht zur Darstellung wesentlicher Angaben befreit wird. Die vereinbarte Vertraulichkeit ist dabei häufig nur für die Vergütung von großer Relevanz, die für die Darstel- *205*

---

455 Vgl. auch *Schlitt/Schäfer*, in: Assmann/Schlitt/von Kopp-Colomb, WpPG/VerkProspG, Anh. I EU-ProspV Rn. 300.
456 *Schlitt/Schäfer*, in: Assmann/Schlitt/von Kopp-Colomb, WpPG/VerkProspG, Anh. I EU-ProspV Rn. 301 ff.
457 *Fingerhut/Voß*, in: Just/Voß/Ritz/Zeising, WpPG, Anh. I EU-ProspV Rn. 435.

lung im Prospekt ohnehin grds. nicht von Interesse ist.[458] Das Interesse der Vertragsparteien an der Geheimhaltung kann aber dennoch mit den Anforderungen an die Veröffentlichung der EU-ProspV kollidieren. In derartigen Fällen empfiehlt es sich, die Darstellung der Vertragsbestimmungen so weit wie möglich allgemein zu halten. Sollte dies nicht möglich sein, kann ggf. auf § 8 Abs. 2 WpPG zurückgegriffen werden. Jedenfalls ist eine sorgfältige Abwägung zwischen dem Wunsch des Emittenten nach Geheimhaltung mit seinen damit verbundenen wirtschaftlichen Interessen und einer sachgerechten Information des Anlegers erforderlich.

Sollten beim Emittenten keine Verträge i. S. d. Anh. I Ziff. 22. EU-ProspV vorliegen, so ist ein Negativtestat nicht erforderlich.[459]

XLI. Angaben von Seiten Dritter, Erklärungen von Seiten Sachverständiger und Interessenerklärungen, Ziff. 23.

206   Erklärungen und Berichte von Sachverständigen i. S. v. Anh. I Ziff. 23.1. EU-ProspV wird man in der Praxis selten in den Prospekt aufnehmen. In Betracht kommt hier allerdings z. B. der „Bericht eines anderen Sachverständigen", der gemäß Art. 23 Abs. 1 EU ProspV i. V. m. Anh. XIX EU-ProspV erforderlich sein kann. Typisches Beispiel sind Immobiliengesellschaften, die Wertgutachten für ihre Renditeliegenschaften in den Prospekt aufnehmen müssen. In diesen Fällen sind die entsprechenden formalen Angaben wie Name, Geschäftsadresse und Qualifikation des Gutachters anzugeben. Zudem ist auf ein „wesentliches Interesse" des Sachverständigen am Emittenten hinzuweisen. Hier hat die ESMA in ihren Empfehlungen einen Beispielkatalog von Umständen entworfen, die bei der Ermittlung, ob ein wesentliches Interesse vorliegt, zu berücksichtigen sind.[460] In Betracht kommt etwa der Besitz von Aktien des Emittenten oder einer Gesellschaft, die zum selben Konzern gehört, sowie etwaige Erwerbs- oder Bezugsrechte für solche Aktien, ein früheres Anstellungsverhältnis beim Emittenten oder die Mitgliedschaft in Verwaltungs-, Geschäftsführungs- oder Aufsichtsorganen des Emittenten. Kommt der Emittent zu dem Ergebnis, dass aufgrund bestimmter Umstände ein wesentliches Interesse des Sachverständigen vorliegt, so soll dieses im Prospekt dargelegt und genau beschrieben werden, da es sich hierbei um potenzielle Interessenkonflikte handelt, die dem Investor gegenüber offenzulegen sind.[461]

207   Demgegenüber betrifft Anh. I Ziff. 23.2. EU-ProspV sonstige Angaben von Seiten Dritter, etwa allgemein zugängliche Informationen, die in die Darstellung des Marktes einfließen. Hier reicht eine allgemeine Quellenangabe,

---

458   *Schlitt/Schäfer*, in: Assmann/Schlitt/von Kopp-Colomb, WpPG/VerkProspG, Anh. I EU-ProspV Rn. 302.

459   *Fingerhut/Voß*, in: Just/Voß/Ritz/Zeising, WpPG, Anh. I EU-ProspV Rn. 439.

460   *ESMA*, update CESR recommendation, consistent implementation, Ref.: ESMA/2013/319, Tz. 157.

461   *ESMA*, update CESR recommendation, consistent implementation, Ref.: ESMA/2013/319, Tz. 158, 159.

etwa die Bezeichnung eines Marktforschungsinstituts und der Studie aus. Daneben wird üblicherweise in den Prospektabschnitt zu allgemeinen Informationen eine Erklärung zu solchen Quellen aufgenommen, die wörtlich den Vorgaben von Anh. I Ziff. 23.2. EU-ProspV entspricht. Die Wiedergabe entsprechender Informationen muss dieser Erklärung entsprechen. In der Praxis ist der zusätzliche Hinweis üblich, dass Emittent und die Emission begleitende Bank die in den Angaben Dritter enthaltenen Zahlenangaben, Marktdaten und sonstigen Angaben nicht überprüft haben und keine Gewähr für die Richtigkeit derselben übernehmen.

XLII. Einsehbare Dokumente, Ziff. 24.

Die Hinweise zur Einsichtnahme in Dokumente werden üblicherweise in den *208* Prospektabschnitt zu den allgemeinen Informationen aufgenommen. Anh. I Ziff. 24. EU-ProspV begründet nach seinem Wortlaut nicht die Offenlegungspflicht selbst. Sie ergibt sich aus den jeweiligen Publizitätsvorschriften.[462] Aus der Formulierung „ggf." kann kein Wahlrecht des Emittenten abgeleitet werden, welche der genannten Kategorie von Dokumenten er zur Einsicht bereit hält.[463] Die Dokumente sind detailliert und einzeln aufzulisten. Anzugeben ist auch der Ort und die Form der Einsichtnahme; neben der meist verwandten Möglichkeit der Einsichtnahme am Sitz des Emittenten (dann regelmäßig in Papierform) ist es ausreichend, dass die Dokumente in elektronischer Form auf der Internetseite des Emittenten einsehbar sind.[464]

XLIII. Angaben über Beteiligungen, Ziff. 25.

Neben den wichtigsten Tochtergesellschaften (siehe Anh. I Ziff. 7.2. EU-Pro- *209* spV) sind auch Angaben über sonstige Beteiligungen von erheblicher Bedeutung für die Bewertung der Vermögens-, Finanz- und Ertragslage aufzunehmen. Sofern sie für die Geschäftätigkeit von Bedeutung sind, können die Beteiligungen im Rahmen der allgemeinen Angaben über den Emittenten beschrieben werden. Handelt es sich um reine Finanzanlagen, ist davon auszugehen, dass ein Hinweis auf wesentliche Finanzbeteiligungen im Rahmen der Darstellung und Analyse der Vermögens-, Finanz- und Ertragslage (siehe Anh. I Ziff. 9. EU-ProspV) den Anforderungen aus Anh. I Ziff. 25. EU-ProspV genügt. Ansonsten sind insb. Informationen wie die Firma und der Sitz des Unternehmens, Tätigkeitsbereich, Beteiligung und Stimmrecht des Emittenten am Unternehmen, Grundkapital, Rücklagen, Bilanzergebnis nach Steuern für das letzte Geschäftsjahr, ausstehende Einlagen des Emittenten, erhaltene Dividenden während des letzten Geschäftsjahres und Schulden,

---

462 Z.B. kann die Satzung der Gesellschaft als Anlage zur Anmeldung (§ 37 Abs. 4 Ziff. 1. AktG) beim HR eingesehen werden (§ 9 HGB). Die Jahresabschlüsse der Aktiengesellschaft sind gem. § 325 Abs. 1 HGB bekannt zu geben.
463 *Schlitt/Schäfer*, in: Assmann/Schlitt/von Kopp-Colomb, WpPG/VerkProspG, Anh. I EU-ProspV Rn. 310.
464 *Fingerhut/Voß*, in: Just/Voß/Ritz/Zeising, WpPG, Anh. I EU-ProspV Rn. 452.

die der Emittent gegenüber dem Unternehmen hat, an dem er beteiligt ist, erforderlich.[465] Anzugeben sind die aufgeführten Informationen, wenn der Beteiligungsbuchwert am Unternehmen mindestens zehn Prozent des Eigenkapitals des Emittenten (einschließlich Rücklagen) beträgt, oder mindestens zehn Prozent zum Jahresergebnis des Emittenten beigetragen hat oder, im Falle eines Konzerns, wenn der Beteiligungsbuchwert mindestens zehn Prozent des konsolidierten Eigenkapitals beträgt oder der Beteiligungsbuchwert mindestens zehn Prozent zum konsolidierten Jahresergebnis des Emittenten beigetragen hat.[466] Die Formulierung in den Empfehlungen der ESMA „in any event" stellt klar, dass die aufgeführten Fälle nicht als abschließende Aufzählung gemeint sind. Beispielsweise denkbar ist eine (zumindest voraussichtlich) erhebliche Bedeutung einer Beteiligung, wenn ihr aus strategischer Sicht besondere Bedeutung zukommt.[467] Allerdings nennt die ESMA auch Ausnahmen, wonach aus ihrer Sicht eine Aufzählung in dem beschriebenen Umfang nicht erforderlich ist. Dies gilt etwa, wenn Informationen bereits in den konsolidierten Finanzinformationen enthalten bzw. aus ihnen ersichtlich sind und eine Irreführung des Marktes nicht zu befürchten ist.[468]

465 *ESMA*, update CESR recommendation, consistent implementation, Ref.: ESMA/2013/319, Tz. 160.
466 *ESMA*, update CESR recommendation, consistent implementation, Ref.: ESMA/2013/319, Tz. 161. Unter bestimmten Umständen sind einzelne Angaben zu den Beteiligungen nicht erforderlich, siehe hierzu die Tz. 162–165. Siehe zu der Beschreibung der Beteiligungen auch Rn. 45.
467 *Schlitt/Schäfer*, in: Assmann/Schlitt/von Kopp-Colomb, WpPG/VerkProspG, Anh. I EU-ProspV Rn. 312.
468 *ESMA*, update CESR recommendation, consistent implementation, Ref.: ESMA/2013/319, Tz. 163.

ARTIKEL 4 a
Schema für Aktienregistrierungs-formulare bei komplexer finanz-technischer Vorgeschichte oder bedeutenden finanziellen Verpflichtungen

ARTICLE 4 a
Share registration document schedule in cases of complex financial history or significant financial commitment

(1) Hat der Emittent eines unter Artikel 4 Absatz 2 fallenden Wertpapiers eine komplexe finanztechnische Vorge-schichte oder ist er bedeutende finanzielle Verpflichtungen eingegangen, so dass bestimmte Teile der Finanzinforma-tionen einer anderen Gesellschaft als dem Emittenten in das Registrierungs-formular aufgenommen werden müssen, um die in Artikel 5 Absatz 1 der Richtli-nie 2003/71/EG festgelegten Pflicht zu erfüllen, werden diese Teile für Finanz-informationen des Emittenten erachtet. Die zuständige Behörde des Herkunfts-mitgliedstaats verlangt von dem Emit-tenten, dem Anbieter oder der die Zu-lassung zum Handel an einem geregelten Markt beantragenden Person in einem solchen Fall, diese Informati-onsbestandteile in das Registrierungs-formular aufzunehmen.

(1) Where the issuer of a security covered by Article 4(2) has a complex financial history, or has made a significant financial commitment, and in consequence the inclusion in the registration document of certain items of financial information relating to an entity other than the issuer is necessary in order to satisfy the obligation laid down in Article 5(1) of Directive 2003/71/EC, those items of financial information shall be deemed to relate to the issuer. The competent authority of the home Member State shall in such cases request that the issuer, the offeror or the person asking for admission to trading include those items of information in the registration document.

Die Bestandteile der Finanzinformatio-nen können gemäß Anhang II erstellte Pro forma-Informationen umfassen. Ist der Emittent bedeutende finanzielle Verpflichtungen eingegangen, werden die Auswirkungen der Transaktion, zu der der Emittent sich verpflichtet hat, in diese Pro forma-Informationen antizi-piert und ist der Begriff „die Transak-tion" in Anhang II entsprechend auszu-legen.

Those items of financial information may include pro forma information prepared in accordance with Annex II. In this context, where the issuer has made a significant financial commitment any such pro forma information shall illustrate the anticipated effects of the transaction that the issuer has agreed to undertake, and references in Annex II to "the transaction" shall be read accordingly.

(2) Die zuständige Behörde stützt jedes Ersuchen gemäß Absatz 1 Unterabsatz 1 auf die Anforderungen, die unter Punkt 20.1 des Anhangs I, Punkt 15.1 des An-hangs XXIII, Punkt 20.1 des Anhangs XXV, Punkt 11.1 des Anhangs XXVII und Punkt 20.1 des Anhangs XXVIII in Bezug auf den Inhalt der Finanzinforma-tionen und die anwendbaren Rech-nungslegungs- und Prüfungsgrundsätze festgelegt sind, wobei Abweichungen davon zulässig sind, wenn sie durch ei-nen der folgenden Faktoren gerechtfer-tigt sind:

(2) The competent authority shall base any request pursuant to the first subparagraph of paragraph 1 on the requirements set out in item 20.1 of Annex I, item 15.1 of Annex XXIII, item 20.1 of Annex XXV, item 11.1 of Annex XXVII and item 20.1 of Annex XXVIII as regards the content of financial information and the applicable accounting and auditing principles, subject to any modification which is appropriate in view of any of the following factors:

a) Wesensart der Wertpapiere,

b) Art und Umfang der bereits im Prospekt enthaltenden Informationen sowie das Vorhandensein von Finanzinformationen einer anderen Gesellschaft als dem Emittenten, die unverändert in den Prospekt übernommen werden könnten;

c) Die Umstände des Einzelfalls, einschließlich der wirtschaftlichen Substanz der Transaktionen, mit denen der Emittent sein Unternehmen oder einen Teil desselben erworben oder veräußert hat, sowie der speziellen Art des Unternehmens;

d) Die Fähigkeit des Emittenten, sich unter zumutbarem Aufwand Finanzinformationen über eine andere Gesellschaft zu beschaffen.

Kann die in Artikel 5 Absatz 1 der Richtlinie 2003/71/EG festgelegte Pflicht im Einzelfall auf verschiedenen Wegen erfüllt werden, so ist der kostengünstigeren oder der mit dem geringsten Aufwand verbundenen Variante der Vorzug zu geben.

(3) Von Nummer 1 unberührt bleibt die durch nationale Rechtsvorschriften gegebenenfalls festgelegte Verantwortung anderer Personen für die im Prospekt enthaltenen Informationen, wozu auch die in Artikel 6 Absatz 1 der Richtlinie 2003/71/EG genannten Personen zählen. Diese Personen sind vor allem dafür verantwortlich, dass sämtliche von der zuständigen Behörde gemäß Nummer 1 geforderten Informationen in das Registrierungsformular aufgenommen werden.

(4) Für die Zwecke der Nummer 1 wird ein Emittent als Emittent mit komplexer finanztechnischer Vorgeschichte behandelt, wenn alle der nachfolgend genannten Bedingungen zutreffen:

a) Die historischen Finanzinformationen, die er gemäß Punkt 20.1 des Anhangs I, Punkt 15.1 des Anhangs XXIII, Punkt 20.1 des Anhangs XXV, Punkt 11.1 des Anhangs XXVII und Punkt 20.1 des Anhangs XXVIII vor-

a) the nature of the securities;

b) the nature and range of information already included in the prospectus, and the existence of financial information relating to an entity other than the issuer in a form that might be included in a prospectus without modification;

c) the facts of the case, including the economic substance of the transactions by which the issuer has acquired or disposed of its business undertaking or any part of it, and the specific nature of that undertaking;

d) the ability of the issuer to obtain financial information relating to another entity with reasonable effort.

Where, in the individual case, the obligation laid down in Article 5(1) of Directive 2003/71/EC may be satisfied in more than one way, preference shall be given to the way that is the least costly or onerous.

(3) Paragraph 1 is without prejudice to the responsibility under national law of any other person, including the persons referred to in Article 6(1) of Directive 2003/71/EC, for the information contained in the prospectus. In particular, those persons shall be responsible for the inclusion in the registration document of any items of information requested by the competent authority pursuant to paragraph 1.

(4) For the purposes of paragraph 1, an issuer shall be treated as having a complex financial history if all of the following conditions apply:

a) its entire business undertaking at the time that the prospectus is drawn up is not accurately represented in the historical financial information which it is required to provide under item 20.1 of Annex I, item 15.1 of Annex

zulegen hat, geben die Lage seines gesamten Unternehmens zum Zeitpunkt der Prospekterstellung nicht genau wieder;

b) Diese Ungenauigkeit beeinträchtigt die Fähigkeit des Anlegers, sich ein fundiertes Urteil im Sinne von Artikel 5 Absatz 1 der Richtlinie 2003/71/EG zu bilden; und

c) Informationen über seine operative Geschäftstätigkeit, die ein Anleger für die Bildung eines solchen Urteils benötigt, sind Gegenstand von Finanzinformationen über ein anderes Unternehmen.

(5) Für die Zwecke der Nummer 1 werden als Emittenten, die bedeutende finanzielle Verpflichtungen eingegangen sind, Gesellschaften behandelt, die eine verbindliche Vereinbarung über eine Transaktion eingegangen sind, die nach ihrem Abschluss voraussichtlich eine bedeutende Bruttoveränderung bewirkt.

Selbst wenn der Abschluss der Transaktion in einer solchen Vereinbarung an Bedingungen, einschließlich der Zustimmung durch die Regulierbehörde, geknüpft wird, ist die Vereinbarung in diesem Zusammenhang als bindend zu betrachten, sofern diese Bedingungen mit hinreichender Wahrscheinlichkeit eintreten werden.

Eine Vereinbarung wird insbesondere dann als verbindlich betrachtet, wenn sie den Abschluss der Transaktion vom Ergebnis des Angebots der Wertpapiere, die Gegenstand des Prospekts sind, abhängig macht, oder wenn bei einer geplanten Übernahme das Angebot der Wertpapiere, die Gegenstand des Prospekts sind, der Finanzierung dieser Übernahme dienen soll.

(6) Für die Zwecke des Absatzes 5 dieses Artikels und des Punkts 20.2 des Anhangs I, des Punkts 15.2 des Anhangs XXIII und des Punkts 20.2 des Anhangs XXV liegt eine bedeutende Bruttoveränderung vor, wenn sich die Situation des Emittenten gemessen an einem oder mehreren Größenindikatoren seiner Geschäftstätigkeit um mehr als 25 % verändert.

XXIII, item 20.1 of Annex XXV, item 11.1 of Annex XXVII and item 20.1 of Annex XXVIII;

b) that inaccuracy will affect the ability of an investor to make an informed assessment as mentioned in Article 5(1) of Directive 2003/71/EC; and

c) information relating to its business undertaking that is necessary for an investor to make such an assessment is included in financial information relating to another entity.

(5) For the purposes of paragraph 1, an issuer shall be treated as having made a significant financial commitment if it has entered into a binding agreement to undertake a transaction which, on completion, is likely to give rise to a significant gross change.

In this context, the fact that an agreement makes completion of the transaction subject to conditions, including approval by a regulatory authority, shall not prevent that agreement from being treated as binding if it is reasonably certain that those conditions will be fulfilled.

In particular, an agreement shall be treated as binding where it makes the completion of the transaction conditional on the outcome of the offer of the securities that are the subject matter of the prospectus or, in the case of a proposed takeover, if the offer of securities that are the subject matter of the prospectus has the objective of funding that takeover.

(6) For the purposes of paragraph 5 of this Article, and of item 20.2 of Annex I, item 15.2 of Annex XXIII and item 20.2 of Annex XXV, a significant gross change means a variation of more than 25 %, relative to one or more indicators of the size of the issuer's business, in the situation of an issuer.

Inhalt

I. Überblick

1 Mit dem nachträglich in die EU-ProspV eingeführten Art. 4a erhöht die EU-Kommission auf Vorschlag von CESR deutlich die Flexibilität der zuständigen Aufsichtsbehörden, bestimmte Finanzinformationen für den Prospekt abhängig von der spezifischen Situation zu fordern.[1] Zusätzlich wurde Art. 3 Abs. 2 Satz 2 EU-ProspV unter den Vorbehalt dieses Art. gestellt.[2] In der Ursprungsfassung der EU-ProspV waren Informationspflichten in Fällen von einer komplexen Finanzhistorie bzw. einer komplexen finanztechnischen Vorgeschichte (offizielle Übersetzung des Begriffs „complex financial history") nicht explizit geregelt. Lediglich für den enger gefassten Sachverhalt der Pro forma-Finanzinformationen ist ein Schema vorgesehen.[3] In dieser Klarstellung zu diesbezüglichen Informationspflichten für Aktienemittenten werden nun mögliche Fälle definiert sowie die Kompetenz der zuständigen Behörde, weitere Finanzinformationen zu fordern, explizit herausgestellt. Die Änderung der Verordnung vom März 2012 führt dieses Prinzip fort, erweitert die diesbezüglichen Regelungen auf die neu eingeführten Anhänge für kleine und mittlere Unternehmen (KMU) sowie Unternehmen mit geringer Marktkapitalisierung und Bezugsrechtsemissionen, für die bisher keinerlei Erleichterungen existierten. Mindestangaben sollen entsprechend der Größe von Unternehmen angepasst werden.[4] Dementsprechend verweisen Art. 4a Abs. 2 Satz 1 EU-ProspV sowie Art. 4a Abs. 4a) EU-ProspV neben Anhang I auch auf die neuen Anhänge XXIII, XXV, XXVII und XXVIII sowie Art. 4a Abs. 6 auf die Anhänge I, XXIII und XXV.[5] Damit wird klar, dass sich solche Angabepflichten weiterhin ausschließlich auf Emmittenten von Aktien und

---

1 Zur Entstehungsgeschichte siehe auch *Kunold*, in: Assmann/Schlitt/von Kopp-Colomb, WpPG/VerkProspG, Anh. I EU-ProspV Rn. 261 ff.
2 Art. 1 VO (EG) 211/2007 v. 27.02.2007 sowie *CESR*, advice, historical financial information, Ref: CESR/05-582.
3 Siehe Erl. zu Anh. II EU-ProspV.
4 Art. 7 Abs. 2e) RL2010/73/EU v. 24.11.2010 zur Änderung der RL 2003/71/EG betreffend den Prospekt, der beim öffentlichen Angebot von Wertpapieren oder bei deren Zulassung zum Handel zu veröffentlichen ist, und der RL 2004/109/EG zur Harmonisierung der Transparenzanforderungen in Bezug auf Informationen über Emittenten, deren Wertpapiere zum Handel auf einem geregelten Markt zugelassen sind. Abl. Nr. L 327 v. 11.12.2010, S. 1–12.
5 Delegierte VO (EG) 486/2012 v. 30.03.2012.

vergleichbare Rechte beziehen, aber auch solche mit kleinerer Marktkapitalisierung oder KMU weiterhin betroffen sein können. Erleichterungen, welche die EU-ProspV nun neu vorsieht, gelten entsprechend für die Finanzinformationen einer anderen Gesellschaft, die gemäß Art. 4 a EU-ProspV aufgenommen werden. Im Folgenden wird zur besseren Lesbarkeit insbesondere auf die Fälle des Anhang I eingegangen.

II. Generalklausel, Abs. 1

In bestimmten Fällen kann die Finanzlage eines Emittenten so eng mit der   2
anderer Gesellschaften verknüpft sein, dass ein Investor ohne Finanzinformationen dieser Gesellschaften nicht ausreichend informiert wäre.[6] Dann gelten die Informationspflichten gem. Art. 5 Abs. 1 ProspRL nur als erfüllt, wenn historische Finanzinformationen dieser anderen Gesellschaften ebenfalls in den Prospekt aufgenommen werden. Da in diesen Fällen die historischen Finanzinformationen dieser anderen Gesellschaften als solche des Emittenten gelten, sind Informationen entsprechend Anh. I EU-ProspV aufzunehmen.[7] Dazu zählen somit grundsätzlich vollständige, testierte Abschlüsse der letzten drei Geschäftsjahre.[8] Können Erleichterungen im Sinne der Anhänge XXIII, XXV, XXVII bzw. XXVIII in Anspruch genommen werden, gelten die dort jeweils geforderten Mindestangaben. Dann sind für Bezugsrechtsemission gemäß Anhang XXIII Ziff. 15.1. nur die Finanzausweise des letzten Geschäftsjahrs in den Prospekt aufzunehmen, für Aktienemissionen von KMU und Unternehmen mit geringer Marktkapitalisierung gemäß Anhang XXV Ziff. 20.1. in der Regel für zwei Geschäftsjahre. Für andere Wertpapiere im Sinne des Anhang XXVII Ziff. 11.1. reicht eine Erklärung, dass geprüfte historische Finanzinformationen für das letzte Geschäftsjahr erstellt wurden unter der Angabe, wo diese Abschlüsse erhältlich sind. Gemäß Anhang XXVIII Ziff. 20.1. für Aktienzertifikate muss sich diese Erklärung auf zwei Geschäftsjahre beziehen.[9]

Mit Verweis auf Art. 4 Abs. 2 EU-ProspV gilt dies nur für Aktien bzw. andere   3
übertragbare Wertpapiere, die Aktien gleichzustellen sind.[10] Damit bezieht sich Art. 4 a ausschließlich auf Finanzausweise, die gem. Anhang I EU-ProspV in einen Prospekt aufgenommen werden müssen, sowie für Angaben hinsichtlich Finanzausweisen, die gem. Anhänge XXIII, XXV, XXVII sowie XXVIII EU-ProspV aufgenommen werden müssen.

Die zuständige Aufsichtsbehörde fordert in gerechtfertigten Fällen somit zu-   4
sätzliche Informationsbestandteile, die den Informationsgehalt des Prospekts erhöhen sollen. Art. 4 a Abs. 1 Satz 3 EU-ProspV stellt klar, dass solche Be-

---

6 Erwg. 2, VO (EG) 211/2007.
7 Art. 4 a Abs. 1 Satz 1 EU-ProspV sowie Erwg. 3, VO (EG) 211/2007.
8 Siehe hierzu ausführlich die Komm. zu Anh. I Ziff. 20.1. EU-ProspV.
9 Siehe hierzu die Komm. zu Anh. XXIII Ziff. 15.1., Anh. XXV Ziff. 20.1., Anh. XXVII, Ziff. 11.1., Anh. XXVIII Ziff. 20.1. EU-ProspV.
10 Siehe die entsprechende Komm. zu Art. 4 EU-ProspV.

standteile von Finanzinformationen auch Pro forma-Informationen gem. Anhang II EU-ProspV umfassen können. Eine Äquivalenz zwischen dem Begriff der bedeutenden Verpflichtung einerseits und dem im Anhang II EU-ProspV verwendeten Begriff der Transaktion andererseits wird somit hergestellt.[11] Hieraus folgt, dass in den Prospekt einzeln oder kombiniert grds. vier Arten von Finanzinformationen aufgenommen werden können bzw. sollen:

- Die historischen Finanzinformationen des Emittenten im Sinne der rechtlichen Einheit. Dies entspricht dem Wortlaut von Anhang I Ziff. 20.1. EU-ProspV bzw. denen in Rn. 2 genannten, falls Erleichterungen in Anspruch genommen werden.

- Die historischen Finanzinformationen einer anderen Gesellschaft, die jedoch die Geschäftätigkeit des Emittenten ganz oder teilweise abbildet. Hierbei gelten gem. Art. 4 a Abs. 1 Satz 1 ebenfalls die Anforderungen des Anhang I Ziff. 20.1. EU-ProspV bzw. die in Rn. 2 genannten, falls Erleichterungen in Anspruch genommen werden.

- Pro forma-Finanzinformationen gem. Anhang II EU-ProspV.

- Neu durch die Erleichterungen für kleinere Unternehmen sind neben den Finanzausweisen selbst auch Erklärungen zur Existenz von historischen Finanzinformationen unter Angabe des Veröffentlichungsortes im Sinne der Anhänge XXVII oder XXVIII möglich.

5 Die folgenden Absätze spezifizieren die Faktoren, welche eine Erweiterung der Informationspflichten, die Bedingungen für eine komplexe finanztechnische Vorgeschichte, den Sachverhalt der bedeutenden finanziellen Verpflichtungen sowie den Sachverhalt einer bedeutenden Bruttoveränderung rechtfertigen.

III. Aufgaben der zuständigen Behörde, Abs. 2

6 Im Gegensatz zu den detaillierten Angabepflichten bei bedeutenden finanziellen Verpflichtungen im Sinne von Pro forma-Tatbeständen delegiert die Verordnung die Entscheidung über zusätzliche Angabepflichten im Rahmen von komplexen Finanzhistorien an die zuständige Aufsichtsbehörde. Dies wird als Pflicht („duty") der Behörde aufgefasst.[12] Damit wird klargestellt, dass in jedem Einzelfall unter Abwägung des Informationsnutzens gegenüber den Kosten zu entscheiden ist, welche Informationen aufzunehmen sind.

7 Dabei darf die Behörde nur über die Anforderungen des Anhang I Ziff. 20.1. bzw. Anhang XXIII Ziff. 15.1., Anhang XXV Ziff. 20.1., Anhang XXVII Ziff. 11.1. oder Anhang XXVIII Ziff. 20.1. EU-ProspV hinausgehen bzw. diese modifizieren, wenn bestimmte Faktoren dies rechtfertigen. Bei den Faktoren

---

11 Art. 4 a Abs. 1 Satz 3 EU-ProspV.
12 Siehe zur Begründung auch *CESR*, comparison between draft amendment to Commission Regulation (EC) No. 809/2004 and CESR, advice, ESC/17/2006.

kann es sich um die Wesensart der Wertpapiere, Art und Umfang der bereits im Prospekt enthaltenen Finanzinformationen, die wirtschaftliche Substanz der Transaktion sowie die Fähigkeit des Emittenten handeln, unter zumutbarem Aufwand Finanzinformationen anderer Gesellschaften zu beschaffen.

Als Beispiel führt die Verordnung den Fall einer feindlichen Übernahme an,   8
bei der aus Sicht des Bieters die Beschaffung von Finanzinformationen des Zielunternehmens oft unzumutbar sein dürfte. Als ebenso wenig verhältnismäßig können Fälle gelten, wenn bei Prospekterstellung Finanzausweise noch nicht vorliegen.[13] Allerdings kann es sich hierbei nur um Finanzausweise handeln, die nicht ohnehin gem. Anhang I Ziff. 20.1. aufzunehmen wären.

Kosten-/Nutzen-Erwägungen müssen von der Aufsichtsbehörde stets beach-   9
tet werden.[14] Dieses Prinzip wird in Art. 4a Abs. 2 Satz 2 EU-ProspV dahingehend spezifiziert, dass immer die kostengünstigste Variante zu wählen ist, wenn es mehrere Alternativen gibt. Daher hat eine Behörde stets die Verhältnismäßigkeit nachzuweisen, wenn sie eine Prüfung oder Neuerstellung zusätzlicher Finanzinformationen fordert.[15] In der Praxis wären daher in der Regel vorhandene Abschlüsse noch zu erstellenden Pro forma-Abschlüssen vorzuziehen, wenn erstere im Wesentlichen vergleichbare Informationen enthalten.

Letztlich soll unter Bewahrung der notwendigen Flexibilität für die Behörde   10
sichergestellt werden, dass der ökonomische Gehalt der Geschäftstätigkeit abgebildet wird („economic substance of the business carried out").[16] Diese Information soll ausreichend und angemessen sein.[17]

IV. Informationspflichten anderer Personen, Abs. 3

Art. 4a Abs. 3 EU-ProspV stellt klar, dass die Interpretation der Finanzaus-   11
weise anderer Gesellschaften als solche des Emittenten gem. Abs. 1 nicht zu einer Erweiterung der Prospekthaftung nach nationalen Vorschriften bzw. gem. Art. 6 Abs. 1 ProspRL führen kann. Er spezifiziert darüber hinaus die Zuständigkeit zur Erfüllung der Informationspflichten mit Verweis auf die ProspRL. Danach können neben dem Emittenten auch dessen Verwaltungs-, Management-, bzw. Aufsichtsstellen, der Anbieter, die Person, die die Zulassung zum Handel beantragt, oder der Garantiegeber für den Prospekt verantwortlich sein. Da die Anwendung des Art. 4a jedoch auf Aktienemissionen beschränkt ist, dürfte es sich bei den zuständigen Personen in der Regel um den Emittenten bzw. dessen Organe handeln.

---

13 Erwg. 13, Satz 2, VO (EG) 211/2007.
14 Art. 4a Abs. 2 EU-ProspV.
15 Erwägungsgrund 13, Satz 3, Verordnung Nr. 211/2007.
16 *CESR*, Comparison between draft amendment to Commission Regulation (EC) No. 809/2004 and CESR, advice, ESC/17/2006.
17 Erwg. 9, VO (EG) 211/2007.

V. Bedingungen für eine komplexe finanztechnische Vorgeschichte, Abs. 4

12   Art. 4 a Abs. 4 EU-ProspV spezifiziert den Begriff der komplexen finanztechnischen Vorgeschichte und nennt drei Bedingungen, die kumulativ erfüllt sein müssen, damit ein Emittent als solcher mit einer komplexen Finanzhistorie behandelt wird. Zum einen geben die Finanzausweise des Emittenten die Lage seines gesamten Unternehmens zum Zeitpunkt der Prospekterstellung nicht genau wieder. Diese neue Formulierung in der Fassung der EU-ProspV von 2012 scheint lediglich eine Anpassung an die bis auf die Verweise auf die neuen Anhänge unveränderte englischsprachige Fassung zu sein.[18] Als Zweites ist noch gefordert, dass diese Ungenauigkeit einen Anleger in seiner Entscheidung beeinträchtigen könnte. Schließlich muss die Bedingung erfüllt sein, dass Informationen Gegenstand von Finanzinformationen eines anderen Unternehmens sind, die für die Bildung des Anlegerurteils benötigt werden.

Kennzeichnend für Konstellationen einer komplexen finanztechnischen Vorgeschichte ist damit die Tatsache, dass die operative Geschäftstätigkeit des Emittenten für die Zeit, auf die sich die historischen Finanzinformationen beziehen, ganz oder teilweise von einer oder mehreren anderen Gesellschaften betrieben wurde. Damit ist die operative Geschäftstätigkeit nicht oder nur unvollständig in den historischen Finanzinformationen des Emittenten abgebildet. Die Fähigkeit eines Anlegers, sich ein fundiertes Urteil zu bilden, ist hierdurch beeinträchtigt. Für den Anleger relevante Informationen sind Gegenstand von Finanzinformationen über ein anderes Unternehmen. Das letzte Kriterium ist damit ein Hauptunterscheidungsmerkmal gegenüber Konstellationen, wo Pro forma-Finanzinformationen zu erstellen wären.

13   Informationen im Zusammenhang mit einer komplexen finanztechnischen Historie haben damit keinen, wie Pro forma-Finanzinformationen, hypothetischen Charakter.[19] Vielmehr wird hier nur auf eine abweichende juristische Form abgestellt. Die Geschäftstätigkeit wurde in einem oder mehreren anderen Unternehmen ausgeübt.

14   Die EU-Kommission vermeidet eine Aufstellung aller möglichen Fälle, um die Definition der komplexen finanztechnischen Vorgeschichte möglichst weit zu fassen. Damit soll sichergestellt werden, dass auch neuere, innovative Transaktionsformen von der Verordnung erfasst werden.[20] Als Beispiel nennt die Verordnung neben dem schon im Zusammenhang mit Pro forma-Informationen aufgeführten bedeutenden Erwerb die Fälle von neu eingetragenen Holdinggesellschaften, von Gruppen unter gemeinsamer Leitung, die jedoch juristisch nicht in einem Konzernverbund waren, oder die Aufspaltung von unselbständigen Unternehmensteilen in eine neue juristische Per-

---

18 In der alten Fassung wurde Bezug auf die operative Geschäftstätigkeit genommen, die nicht vollständig in den historischen Finanzinformationen dargestellt ist. Somit wurde „nicht vollständig" durch „nicht genau wiedergeben" ersetzt.
19 *CESR*, advice, historical financial information, Ref: CESR/05-582, Tz. 26.
20 Erwg. 6, VO (EG) 211/2007.

son.[21] Damit ist insbesondere die in Deutschland häufig verwendete Form der Sacheinlageneinbringung von GmbH-Anteilen in einen leeren AG-Mantel abgedeckt.

CESR nennt das Beispiel einer neu gegründeten Holdinggesellschaft als   *15*
Emittent, in die eine etablierte Geschäftstätigkeit eingebracht wurde.[22] In diesem Fall wären neben dem Einzel- und Konzernabschluss der neuen Holding Pro forma-Finanzinformationen für das abgelaufene Geschäftsjahr sowie die Einzelabschlüsse der in die neuen Holding eingebrachten Einheiten für drei Geschäftsjahre in den Prospekt aufzunehmen.

In diesem Zusammenhang ist es auch denkbar, dass für die Holding noch   *16*
kein vollständiger Abschluss, sondern nur eine Gründungsbilanz vorliegt. Da die Abschlüsse der Vorgängergesellschaften als historische Finanzinformationen des Emittenten gelten, können die Pro forma-Informationen auch auf Grundlage des oder der Rechtsvorgänger/s erstellt werden. Dies wird von manchem Abschlussprüfer mit Hinweis auf IDW RH HFA 1.004 zwar abgelehnt, doch lässt der Verordnungstext ein solches Vorgehen explizit zu.

Ergibt sich die Geschäftstätigkeit der neuen Holding durch eine einfache   *17*
Summierung der einzelnen rechtlichen Einheiten, so müssen in der Regel keine Pro forma-Finanzinformationen erstellt werden. Vielmehr ist es dann ausreichend, so genannte kombinierte Abschlüsse („combined financial statements") zur Verfügung zu stellen. Dieser Gruppenabschluss wird in der Regel für Prospektzwecke erstellt.[23] Da es sich lediglich um eine Summierung von testierten Abschlüssen handelt, sind nicht die strengen Regeln für Pro forma-Abschlüsse anzulegen. Insb. können solche Abschlüsse testiert und für drei Geschäftsjahre erstellt werden. Allerdings sind einige technische Details zur Erstellung solcher Abschlüsse nach IFRS nicht geregelt.[24]

VI. Sachverhalt der bedeutenden finanziellen Verpflichtung, Abs. 5

Bedeutende finanzielle Verpflichtungen entstehen, wenn der Emittent ver-   *18*
bindliche Vereinbarungen über Transaktionen eingeht, die nach Abschluss

---

21 Erwg. 5, VO (EG) 211/2007. Ähnliche Fälle nennt auch die BaFin selbst. *Böttcher*, Präsentation „Complex Financial History in der Fallpraxis", S. 10 im Rahmen des 5. BaFin-Workshop „Wertpapierprospekte: Prüfungspraxis und Änderungen auf europäischer Ebene", v. 9.11.2009.

22 *CESR*, advice, historical financial information, Ref: CESR/05-582, Tz. 26.

23 *Kunold*, in: Assmann/Schlitt/von Kopp-Colomb, WpPG/VerkProspG, Anh. I EU-ProspV Rn. 272. Siehe auch *Mayer*, in: Habersack/Mülbert/Schlitt, UntFinanzKM, Rn. 46.

24 Der Europäische Wirtschaftsprüferverband (Fédération des Experts Comptables Européens, FEE) hat ein Papier „Combined and Carve out Financial Statements Analysis of Common Practices" am 15.02.2013 herausgegeben (erhältlich unter www.fee.be). In dem Papier werden die geläufigen Vorgehensweisen und die Probleme und Herausforderungen untersucht, die sich bei der Erstellung von kombinierten und „Carve-out"-Abschlüssen nach IFRS ergeben. Dies dürfte in Zukunft auch Anhaltspunkte für die Aufsichtsbehörden und ESMA liefern.

voraussichtlich eine bedeutende Bruttoveränderung bewirken. Als bedeutende Bruttoveränderung gilt gem. Abs. 6 dabei eine 25-prozentige Änderung der Situation des Emittenten gemessen an einem oder mehreren Indikatoren für seine Geschäftstätigkeit.

19 Dabei kann der Begriff der bedeutenden Verpflichtung einerseits und der im Anhang I und II EU-ProspV im Zusammenhang mit Pro forma-Finanzinformationen verwendete Begriff der Transaktion andererseits als äquivalent angesehen werden.[25] Damit gelten die Ausführungen zu Transaktionen entsprechend.[26] Insbesondere ist für deutsche Emittenten zusätzlich der IDW Rechnungslegungshinweis zur Erstellung von Pro forma-Finanzinformationen zu beachten, der zwar keine rechtliche Bindung entfaltet, jedoch durch die von der EU-ProspV geforderte Bescheinigung eines Wirtschaftsprüfers quasi bindend wirkt.[27] Dieser Hinweis spezifiziert den Begriff der Unternehmenstransaktion dahingehend, dass darunter solche Transaktionen zu verstehen sind, die zu einer Änderung der Unternehmensstruktur führen. Als typisches Beispiel wird der Zu- oder Abgang eines Tochterunternehmens, Teilkonzerns oder Unternehmensteils genannt. Explizit sind Formwechsel nach den Regelungen des Umwandlungsgesetzes ausgenommen.[28]

20 Sollte die Transaktion an Bedingungen geknüpft sein, ist es gem. Art. 4a Abs. 5 Satz 2 EU-ProspV ausreichend, wenn diese mit hinreichender Wahrscheinlichkeit eintreten. Dies gilt auch für die Zustimmung durch Regulierungsbehörden. Die Verordnung selbst nennt als Beispiel Transaktionen, deren Abschluss vom Ergebnis eines Angebots von Wertpapieren abhängig ist oder die im Rahmen von Übernahmeangeboten der Finanzierung dienen.

21 Dagegen formuliert der IDW für deutsche Emittenten, dass noch nicht durchgeführte Transaktionen nur dann in den Pro forma-Informationen abgebildet werden dürfen, wenn diese konkret bevorstehen. Der IDW hält dies in der Regel bei einem bereits abgeschlossenen, aber nicht durchgeführten Unternehmensvertrag oder im Ausnahmefall bei einem entsprechenden Vorvertrag für gegeben.[29]

VII. Definition bedeutende Bruttoveränderung, Abs. 6

22 Als bedeutende Bruttoveränderung gilt gem. Abs. 6 eine 25-prozentige Änderung der Situation des Emittenten gemessen an einem oder mehreren Indikatoren für seine Geschäftstätigkeit. Diese Definition ist kongruent mit Erwägungsgrund 9 EU-ProspV zur Definition von Pro forma-Tatbeständen, so dass diese gleichgesetzt werden können. Art. 4a Abs. 6 EU-ProspV liefert

25 Art. 4a Abs. 1 Satz 3 EU-ProspV.
26 Siehe insbesondere die Komm. zu Anh. I Ziff. 20.2. EU-ProspV, Rn. 152 ff. sowie zu Anh. II EU-ProspV.
27 *IDW PH 9.960.1* Ziff. 5. Stand 29.11.2005 i.V.m. IDW RH HFA 1.004.
28 *IDW RH HFA 1.004,* Ziff. 3., Stand 29.11.2005.
29 *IDW PH 9.960.1* Ziff. 6., Stand 29.11.2005.

damit eine etwas präzisere Definition, stellt aber inhaltlich keine Neuerung dar.[30]

Gem. Erwägungsgrund 9 EU-ProspV liegt dann eine bedeutende Gesamt- 23 veränderung der Situation des Emittenten vor, wenn als Folge einer speziellen Transaktion eine oder mehrere Indikatoren, die den Umfang der Geschäftstätigkeit bestimmen, zu mehr als 25 % schwanken. Ausgenommen hiervon sind Fälle, bei denen eine entsprechende Rechnungslegung bei Fusionen erforderlich ist.[31]

Laut ESMA kann sich die 25 %-Regel unter anderem auf die Bilanzsumme, 24 Umsätze sowie Gewinne oder Verluste beziehen, die auf dem letzten oder kommenden Abschluss des Emittenten basieren.[32] Es kommen aber auch andere Indikatoren in Frage. Dies gilt insb. dann, wenn die Vorgenannten unübliche Effekte zeigen oder nicht branchenüblich sind. Dann soll der Emittent die verwendeten Indikatoren mit der zuständigen Behörde abstimmen.[33] Mit dieser Regel lässt CESR dem Emittenten somit eine gewisse Flexibilität hinsichtlich der Indikatoren und dem Abschluss, der hierfür zugrunde zu legen ist. Die Zielsetzung besteht darin, möglichst alle Fälle abzudecken und den zuständigen nationalen Behörden einen gewissen Spielraum zu lassen, damit auf Sonderfälle eingegangen werden kann.[34]

Im Sinne des IDW Rechnungslegungshinweises gelten ebenfalls solche 25 Transaktionen als relevant, welche die 25 %-Regel der EU-ProspV für die Bilanzsumme, die Umsatzerlöse sowie das Jahresergebnis erfüllen.[35] Hiervon ist auszugehen, wenn mindestens eines der drei Kriterien erfüllt ist. Es werden keine weiteren Indikatoren genannt, so dass die Definition im Vergleich zur ESMA-Auslegung etwas enger gefasst ist.[36]

---

30 Siehe *Meyer*, in: Frankf Komm WpPG, Anh. I EU-ProspV Ziff. 20.2., Rn. 7.
31 Siehe die diesbezügliche Komm. zum Anh. II EU-ProspV.
32 *ESMA*, update CESR recommendation, consistent implementation, Ref.: ESMA/2013/ 319, Tz. 92, 94.
33 *ESMA*, update CESR recommendation, consistent implementation, Ref.: ESMA/2013/ 319, Tz. 93.
34 Siehe auch *CESR*, consultations consistent implementation feedback statement, Ref: CESR/05-055b, Tz. 43–45.
35 *IDW RH HFA 1.004*, Ziff. 5., Stand 29.11.2005.
36 Andere Sicht *Meyer*, in: Frankf Komm WpPG, Anh. I EU-ProspV Ziff. 20.2., Rn. 9 und Fn. 13, der davon ausgeht, dass die Aufzählung nicht abschließend gemeint sein dürfte.

ARTIKEL 35
Historische Finanzinformationen

(1) Die Verpflichtung für Emittenten aus der Gemeinschaft, in einem Prospekt die historischen Finanzinformationen im Sinne der Verordnung (EG) Nr. 1606/ 2002 anzupassen, so wie sie in Anhang I Punkt 20.1, Anhang IV Punkt 13.1, Anhang VII Punkt 8.2, Anhang X Punkt 20.1 und Anhang XI Punkt 11.1 dargelegt sind, gilt erst ab dem 1. Januar 2004 bzw. für den Fall, dass Wertpapiere eines Emittenten am 1. Juli 2005 zum Handel auf einem geregelten Markt zugelassen sind, erst wenn der Emittent seinen ersten konsolidierten Abschluss nach der Verordnung (EG) Nr. 1606 veröffentlicht hat.

(2) Unterliegt ein Emittent aus der Gemeinschaft nationalen Übergangsbestimmungen, die nach Artikel 9 der Verordnung (EG) Nr. 1606/2002 angenommen wurden, so gilt die Verpflichtung zur Anpassung der historischen Finanzinformationen im Prospekt erst ab dem 1. Januar 2006 bzw. für den Fall, dass Wertpapiere eines Emittenten am 1. Juli 2005 zum Handel auf einem geregelten Markt zugelassen sind, erst wenn der Emittent seinen ersten konsolidierten Abschluss nach der Verordnung (EG) Nr. 1606 veröffentlicht hat.

(3) Bis zum 1. Januar 2007 gilt die Verpflichtung zur Neuformulierung der historischen Finanzinformationen im Prospekt gemäß der Verordnung (EG) Nr. 1606/2002, so wie sie in Anhang I Punkt 20.1, Anhang IV Punkt 13.1, Anhang VII Punkt 8.2, Anhang X Punkt 20.1 und Anhang XI Punkt 11.1 dargelegt sind, nicht für Emittenten aus Drittstaaten,

1. deren Wertpapiere am 1. Januar 2007 zum Handel auf einem geregelten Markt zugelassen sind;

2. die ihre historischen Finanzinformationen gemäß den nationalen Rechnungslegungsgrundsätzen erstellt und vorbereitet haben.

In diesem Fall sind die historischen Finanzinformationen durch weitere detaillierte und/oder zusätzliche Angaben zu

ARTICLE 35
Historical financial information

(1) The obligation for Community issuers to restate in a prospectus historical financial information according to Regulation (EC) No 1606/2002, set out in Annex 1 item 20.1, Annex IV item 13, Annex VII items 8.2, Annex X items 20.1 and Annex XI item 11.1 shall not apply to any period earlier than 1 January 2004 or, where an issuer has securities admitted to trading on a regulated market on 1 July 2005, until the issuer has published its first consolidated annual accounts with accordance with Regulation (EC) No 1606/ 2002.

(2) Where a Community issuer is subject to transitional national provisions adopted pursuant Article 9 of Regulation (EC) No 1606/2002, the obligation to restate in a prospectus historical financial information does not apply to any period earlier than 1 January 2006 or, where an issuer has securities admitted to trading on a regulated market on 1 July 2005, until the issuer has published its first consolidated annual accounts with accordance with Regulation (EC) No 1606/ 2002.

(3) Until 1 January 2007 the obligation to restate in a prospectus historical financial information according to Regulation (EC) No 1606/2002, set out in Annex I item 20.1, Annex IV item 13.1, Annex VII items 8.2, Annex X items 20.1 and Annex XI item 11.1 shall not apply to issuers from third countries:

1. who have their securities admitted to trading on a regulated market on 1 January 2007; and

2. who have presented and prepared historical financial information according to the national accounting standards of a third country.

In this case, historical financial information shall be accompanied with more detailed and/or additional information if the

ergänzen, wenn die in den Prospekt aufgenommenen Abschlüsse nicht ein den tatsächlichen Verhältnissen entsprechendes Bild von der Vermögens-, Finanz- und Ertragslage des Emittenten vermitteln.

(4) Drittstaatemittenten, die ihre historischen Finanzinformationen gemäß international akzeptierten Standards im Sinne von Artikel 9 der Verordnung (EG) Nr. 1606/2002 erstellt haben, können diese Informationen in jedem Prospekt verwenden, der vor dem 1. Januar 2007 vorgelegt wird, ohne der Verpflichtung zur Neuformulierung genügen zu müssen.

(5) Ab dem 1. Januar 2009 können Drittstaatenmitglieder für die Erstellung ihrer historischen Finanzinformationen eine der folgenden Möglichkeiten wählen:

a) die gemäß der Verordnung (EG) Nr. 1606/2002 übernommenen International Financial Reporting Standards;

b) die International Financial Reporting Standards, sofern der Anhang zum geprüften Abschluss, der Teil der historischen Finanzinformationen ist, ein ausdrückliche und uneingeschränkte Erklärung enthält, wonach dieser Abschluss gemäß IAS 1 „Darstellung des Abschlusses" den International Financial Reporting Standards entspricht;

c) die Generally Accepted Accounting Principles Japans;

d) die Generally Accepted Accounting Principles der Vereinigten Staaten von Amerika.

Ab dem 1. Januar 2012 können Drittlandemittenten für die Darstellung ihrer historischen Finanzinformationen neben den in Unterabsatz 1 genannten Standards die folgenden Standards verwenden:

a) die Generally Accepted Accounting Principles der Volksrepublik China,

b) die Generally Accepted Accounting Principles Kanadas,

financial statements included in the prospectus do not give a true and fair view of the issuer's assets and liabilities, financial position and profit and loss.

(4) Third country issuers having prepared historical financial information according to internationally accepted standards as referred to in Article 9 of Regulation (EC) No 1606/2002 may use that information in any prospectus filed before 1 January 2007, without being subject to restatement obligations.

(5) From 1 January 2009, third country issuers shall present their historical financial information in accordance either with one of the following accounting standards:

a) International Financial Reporting Standards adopted pursuant to Regulation (EC) No 1606/2002;

b) International Financial Reporting Standards provided that the notes to the audited financial statements that form part of the historical financial information contain an explicit and unreserved statement that these financial statements comply with International Financial Reporting Standards in accordance with IAS 1 Presentation of Financial Statements;

c) Generally Accepted Accounting Principles of Japan;

d) Generally Accepted Accounting Principles of the United States of America.

In addition to standards referred to in the first subparagraph, from 1 January 2012, third country issuers may present their historical financial information in accordance with the following standards:

a) Generally Accepted Accounting Principles of the People's Republic of China;

b) Generally Accepted Accounting Principles of Canada;

c) die Generally Accepted Accounting Principles der Republik Korea.

c) Generally Accepted Accounting Principles of Korea.

(5a) Drittstaatemittenten unterliegen für den Fall, dass sie ihre historischen Finanzinformationen nach den Generally Accepted Accounting Principles der Republik Indien erstellen, weder der Bestimmung in Anhang I Punkt 20.1, Anhang IV Punkt 13.1, Anhang VII Punkt 8.2, Anhang X Punkt 20.1, Anhang XI Punkt 11.1, Anhang XXIII Punkt 15.1, Anhang XXV Punkt 20.1, Anhang XXVI Punkt 13.1, Anhang XXVIII Punkt 20.1 oder Anhang XXIX Punkt 11, wonach die in einem Prospekt enthaltenen historischen Finanzinformationen über vor dem 1. Januar 2015 beginnende Geschäftsjahre in Form eines neu zu erstellenden Abschlusses vorgelegt werden müssen, noch der Bestimmung in Anhang VII Punkt 8.2a, Anhang IX Punkt 11.1, Anhang X Punkt 20.1a, Anhang XXVII Punkt 11.1 oder Anhang XXVIII Punkt 20.1, wonach die Unterschiede zwischen den im Rahmen der Verordnung (EG) Nr. 1606/2002 übernommenen International Financial Reporting Standards und den Rechnungslegungsgrundsätzen, nach denen diese Informationen für vor dem 1. Januar 2015 beginnende Geschäftsjahre erstellt wurden, dargelegt werden müssen.

(5a) Third country issuers are not subject to a requirement under item 20.1 of Annex I, item 13.1 of Annex IV, item 8.2 of Annex VII, item 20.1 of Annex X, item 11.1 of Annex XI, item 15.1 of Annex XXIII, item 20.1 of Annex XXV, item 13.1 of Annex XXVI, item 20.1 of Annex XXVIII or item 11 of Annex XXIX, to restate historical financial information included in a prospectus and relevant for the financial years prior to financial years starting on or after 1 January 2015, or to a requirement under item 8.2.a of Annex VII, item 11.1 of Annex IX, item 20.1.a of Annex X, item 11.1 of Annex XXVII or item 20.1 of Annex XXVIII to provide a narrative description of the differences between International Financial Reporting Standards adopted pursuant to Regulation (EC) No 1606/2002 and the accounting principles in accordance with which such information is drawn up relating to the financial years prior to financial years starting on or after 1 January 2015, provided that the historical financial information is prepared in accordance with the Generally Accepted Accounting Principles of the Republic of India.

(6) Die Bestimmungen dieses Artikels gelten auch für Anhang VI Punkt 3.

(6) The provisions of this Article shall also apply to Annex VI, item 3.

Die Abs. 1–4 regeln Übergangsbestimmungen zu historischen Finanzinformationen bis 2007, die nunmehr nicht mehr relevant sind. Zur Frage der Äquivalenz von anzuwendenden Rechnungslegungsregeln bei Drittstaatenemittenten wird auf die Ausführungen zu Anh. I Ziff. 20.1. Sätze 4 und 5 EU-ProspV, Rn. 110 ff., verwiesen.

ANHANG II
**Modul für Pro forma-Finanz-
informationen**

ANNEX II
Pro forma financial information building block

**1. Die Pro forma-Informationen müssen
eine Beschreibung der jeweiligen Transaktion, der dabei beteiligten Unternehmen oder Einheiten sowie des Zeitraums, über den sich die Transaktion
erstreckt, umfassen und eindeutig folgende Angaben enthalten:**

1. The pro forma information must include a description of the transaction, the
businesses or entities involved and the
period to which it refers, and must clearly
state the following:

a) Zweck ihrer Erstellung;

a) the purpose to which it has been prepared;

**b) Tatsache, dass die Erstellung ledig-
lich zu illustrativen Zwecken erfolgt;**

b) the fact that it has been prepared for
illustrative purposes only;

**c) Erläuterung, dass die Pro forma-Fi-
nanzinformationen auf Grund ihrer
Wesensart lediglich eine hypothetische Situation beschreiben und folglich nicht die aktuelle Finanzlage des
Unternehmens oder seine aktuellen
Ergebnisse widerspiegeln.**

c) the fact that because of its nature, the
pro forma financial information addresses a hypothetical situation and,
therefore, does not represent the company's actual financial position or results.

**2. Zur Darstellung der Pro forma-Finan-
zinformationen kann unter Umständen
die Bilanz sowie die Gewinn- und Verlustrechnung eingefügt werden, denen
ggf. erläuternde Anmerkungen beizufügen sind.**

2. In order to present pro forma financial
information, a balance sheet and profit
and loss account, and accompanying explanatory notes, depending on the circumstances may be included.

**3. Pro forma-Finanzinformationen sind
in der Regel in Spaltenform darzustellen
und sollten Folgendes enthalten:**

3. Pro forma financial information must
normally be presented in columnar format, composed of:

**a) die historischen unberichtigten In-
formationen;**

a) the historical unadjusted information;

b) die Pro forma-Bereinigungen;

b) the pro forma adjustments;

und

and

**c) die resultierenden Pro forma-Finanz-
informationen in der letzten Spalte.**

c) the resulting pro forma financial information in the final column.

**Anzugeben sind die Quellen der Pro
forma-Finanzinformationen. Ggf. sind
auch die Jahresabschlüsse der erworbenen Unternehmen oder Einheiten dem
Prospekt beizufügen.**

The sources of the pro forma financial information have to be stated and, if applicable, the financial statements of the acquired businesses or entities must be
included in the prospectus.

**4. Die Pro forma-Informationen sind auf
eine Art und Weise zu erstellen, die mit
den vom Emittenten in den letzten Jahresabschlüssen zu Grunde gelegten
Rechnungslegungsstrategien konsistent
sind, und müssen Folgendes umfassen:**

4. The pro forma information must be
prepared in a manner consistent with the
accounting policies adopted by the issuer
in its last or next financial statements and
shall identify the following:

a) die Grundlage, auf der sie erstellt wurden;

a) the basis upon which it is prepared;

b) die Quelle jeder Information und Bereinigung.

b) the source of each item of information and adjustment.

5. Pro forma-Informationen dürfen lediglich in folgendem Zusammenhang veröffentlicht werden:

5. Pro forma information may only be published in respect of:

a) den derzeitigen Berichtszeitraum;

a) the current financial period;

b) den letzten abgeschlossenen Berichtszeitraum;

b) the most recently completed financial period;

und/oder

and/or

c) den letzten Zwischenberichtszeitraum, für den einschlägige unberichtigte Informationen veröffentlicht wurden oder noch werden oder im gleichen Dokument publiziert werden.

c) the most recent interim period for which relevant unadjusted information has been or will be published or is being published in the same document.

6. Pro forma-Berichtigungen in Bezug auf Pro forma-Finanzinformationen müssen:

6. Pro forma adjustments related to the pro forma financial information must be:

a) klar ausgewiesen und erläutert werden;

a) clearly shown and explained;

b) direkt der jeweiligen Transaktion zugeordnet werden können;

b) directly attributable to the transaction;

c) mit Tatsachen unterlegt werden können.

c) factually supportable.

In Bezug auf eine Pro forma-Gewinn- und Verlustrechnung bzw. eine Pro forma-Kapitalflussrechnung müssen sie klar in Berichtigungen unterteilt werden, die für den Emittenten voraussichtlich einen bleibenden Einfluss haben, und jene, bei denen dies nicht der Fall ist.

In addition, in respect of a pro forma profit and loss or cash flow statement, they must be clearly identified as to those expected to have a continuing impact on the issuer and those which are not.

7. In dem von unabhängigen Buchprüfern oder Abschlussprüfern erstellten Bericht ist anzugeben, dass ihrer Auffassung nach:

7. The report prepared by the independent accountants or auditors must state that in their opinion:

a) die Pro forma-Finanzinformationen ordnungsgem. auf der angegebenen Basis erstellt wurden;

a) the pro forma financial information has been properly compiled on the basis stated;

und

and

b) dass diese Basis mit den Rechnungslegungsstrategien des Emittenten konsistent ist.

b) that basis is consistent with the accounting policies of the issuer.

Inhalt

I. Überblick

Erstmalig regelt mit Art. 5 EU-ProspV ein Gesetzestext in der EU und in 1
Deutschland die Fälle, bei denen bedeutende Veränderungen zu wenig aussagefähigen historischen Finanzausweisen des Emittenten führen.[1] Zuvor waren nach dem Regelwerk Neuer Markt lediglich so genannte Als-ob-Abschlüsse gefordert, wenn die historischen Finanzausweise für eine vergleichende Darstellung ungeeignet waren.[2] Gem. Anh. I Ziff. 20.2. EU-ProspV ist nun bei wesentlichen Brutto-Veränderungen eine Beschreibung der Art und Weise, wie die Transaktion die Bilanz sowie die Erträge des Emittenten beeinflusst haben, in den Prospekt aufzunehmen. In der Regel sollen in diesen Fällen Pro forma-Finanzinformationen in den Prospekt aufgenommen werden. Details zur Erstellung und den zusätzlich geforderten Angaben regelt Anh. II EU-ProspV. Mit Änderung der EU-ProspV können bestimmte Emittenten bzw. bei bestimmten Transaktionen Erleichterungen nach Art. 26 EU-ProspV in Anspruch genommen werden. Die neu eingeführten Anh. XXIII Ziff. 13.2. und Anh. XXV Ziff. 20.2. EU-ProspV fordern jedoch in gleichem Maße die Aufnahme von Pro forma-Informationen gem. Anh. II EU-ProspV, so dass sich für Aktienemittenten unabhängig von der Größe, Liquidität bzw. einem Bezugsrechtsangebot keine Unterschiede ergeben. Auch weist ESMA explizit darauf hin, dass keine Unterscheidung zwischen verpflichtend und freiwillig aufgenommenen Pro forma-Finanzinformationen besteht. Für beide gelten die Bestimmungen des Anh. II EU-ProspV uneingeschränkt.[3] Für deutsche Emittenten ist zusätzlich der IDW Rechnungslegungshinweis zur Erstellung von Pro forma-Finanzinformationen zu beachten, der zwar keine rechtliche Bindung entfaltet, jedoch durch die geforderte Bescheinigung eines Wirtschaftsprüfers quasi bindend wirkt.[4] Dies entspricht auch der Ver-

---

1 *Schlitt/Schäfer* sprechen in diesem Zusammenhang von einem Paradigmenwechsel. AG 2005, 498, 504.
2 Dies ergab sich aus Ziff. 4.1.8. (1) 1. Regelwerk Neuer Markt. Siehe auch *d'Arcy/Leuz*, DB 2000, 385, 386.
3 *ESMA*, Q&A, 21st updated version, ESMA/2014/35, question 54.
4 *IDW PH 9.960.1* Ziff. 5. i.V.m. IDW RH HFA 1.004, Stand 29.11.2005. Zur Entstehungsgeschichte und Bedeutung im Berufsrecht der Wirtschaftsprüfer *Kunold*, in: Assmann/Schlitt/von Kopp-Colomb, WpPG/VerkProspG, Anh. II, EU-ProspV Rn. 2.

waltungpraxis der BaFin.[5] Für internationale Emittenten liegt seit Dezember 2011 ein International Standard on Assurance Engagements (ISAE 3420) zur Erstellung von Pro forma-Finanzinformationen für Wertpapierprospekte vor, der für Berichte ab dem 31.03.2013 anzuwenden ist.[6]

II. Abgrenzung zwischen Pro forma-Finanz-informationen und Darstellungen im Zusammenhang mit einer komplexen Finanzhistorie

2   Im Sinne des Anh. II EU-ProspV sind Pro forma-Finanzinformationen dann gefordert, wenn sich als Folge einer speziellen Transaktion die Gesamtsituation des Emittenten so verändert hat, dass historische Finanzinformationen allein einen Interessenten nicht ausreichend informieren.[7] Als typisches Beispiel gelten Zu- oder Abgänge von Unternehmen, Unternehmensteilen oder Teilkonzernen. Dagegen ist der Begriff einer komplexen Finanzhistorie bzw. einer komplexen finanztechnischen Vorgeschichte (offizielle Übersetzung des Begriffs „complex financial history") sowie einer bedeutenden finanziellen Verpflichtung des Emittenten weiter gefasst. Diese waren in der Ursprungsfassung der EU-ProspV nicht geregelt, so dass die Kommission die Verordnung nach einem Vorschlag der CESR um einen Artikel zur Klarstellung der diesbezüglichen Informationspflichten für Aktienemittenten erweitert hat.[8]

3   Danach kann in bestimmten Fällen die Finanzlage eines Emittenten so eng mit der Finanzlage anderer Gesellschaften verknüpft sein, dass ein Investor ohne Finanzinformationen dieser Gesellschaften nicht ausreichend informiert wäre.[9] In diesen Fällen gelten die Informationspflichten gem. Art. 5 Abs. 1 ProspektRL nur als erfüllt, wenn historische Finanzinformationen dieser anderen Gesellschaften ebenfalls in den Prospekt aufgenommen werden. Anh. I EU-ProspV ist entsprechend anzuwenden, da die historischen Finanzinformationen dieser Gesellschaften als solche des Emittenten gelten.[10]

4   Kennzeichnend für Konstellationen einer komplexen finanztechnischen Vorgeschichte ist die Tatsache, dass die operative Geschäftstätigkeit des Emittenten für die Zeit, auf die sich die historischen Finanzinformationen beziehen, ganz oder teilweise von einer oder mehreren anderen Gesellschaften betrieben wurde. Damit ist die operative Geschäftstätigkeit nicht oder nur

---

5   *Meyer*, in: Frankf Komm WpPG, Anh. II EU-ProspV Rn. 1; *Fingerhut*, in: Just/Voß/Ritz/ Zeising, WpPG, Anh. II EU-ProspV Rn. 6.

6   *International Auditing and Assurance Standards Board* (IAASB), International Standard on Assurance Engagements (ISAE) 3420, Assurance Engagements to Report on the Compilation of Pro Forma Financial Information Included in the Prospectus, Dezember 2011, www.iaasb.org (abgerufen am 24.04.2013).

7   Erwg. 9 EU-ProspV sowie die Komm. zu Anh. I EU-ProspV, Rn. 149 ff.

8   Art. 4 a EU-ProspV eingeführt durch Art. 1 VO (EG) 211/2007 v. 27.02.2007 sowie *CESR*, advice, historical financial information, Ref: CESR/05-582.

9   Erwg. 2, VO (EG) 211/2007.

10   Art. 4 a Abs. 1 Satz 1 EU-ProspV sowie Erwg. 3, VO (EG) 211/2007.

unvollständig in den historischen Finanzinformationen des Emittenten abgebildet. Sie ist vielmehr Gegenstand von Finanzinformationen über ein anderes Unternehmen, so dass die Fähigkeit eines Anlegers, sich ein fundiertes Urteil zu bilden, bei Fehlen dieser Finanzinformationen beeinträchtigt wäre.[11] Informationen im Zusammenhang mit einer komplexen finanztechnischen Historie haben damit nicht wie Pro forma-Finanzinformationen einen hypothetischen Charakter.[12]

Bedeutende finanzielle Verpflichtungen entstehen, wenn der Emittent verbindliche Vereinbarungen über Transaktionen eingeht, die nach Abschluss voraussichtlich eine bedeutende Bruttoveränderung bewirken. Als bedeutende Bruttoveränderung gilt dabei eine 25-prozentige Änderung der Situation des Emittenten gemessen an einem oder mehreren Indikatoren für seine Geschäftstätigkeit. Diese Definition ist somit kongruent mit Erwägungsgrund 9 EU-ProspV zur Definition von Pro forma-Tatbeständen, so dass diese mit dem Begriff der finanziellen Verpflichtungen gleichgesetzt werden können. Die Angabepflichten gem. Anh. II EU-ProspV sowie die ESMA-Interpretationen gelten entsprechend.[13] Sollte die Transaktion an Bedingungen geknüpft sein, ist es ausreichend, wenn diese mit hinreichender Wahrscheinlichkeit eintreten. Dies gilt auch für die Zustimmung durch Regulierungsbehörden. Die Verordnung selbst nennt als Beispiel Transaktionen, deren Abschluss vom Ergebnis eines Angebots von Wertpapieren abhängig ist oder die im Rahmen von Übernahmeangeboten der Finanzierung dienen.[14]

5

Die EU-Kommission vermeidet eine Aufstellung aller möglichen Fälle, um die Definition der komplexen finanztechnischen Vorgeschichte möglichst weit zu fassen. Damit soll sichergestellt werden, dass auch neuere, innovative Transaktionsformen von der Verordnung erfasst werden.[15] Als Beispiel nennt die Verordnung neben dem schon im Zusammenhang mit Pro forma-Informationen aufgeführten bedeutenden Erwerb die Fälle von neu eingetragenen Holdinggesellschaften, von Gruppen unter gemeinsamer Leitung, die jedoch juristisch nicht in einem Konzernverbund waren, oder die Aufspaltung von unselbständigen Unternehmensteilen in eine neue juristische Person.[16] Damit ist insb. die in Deutschland häufig verwendete Form der Sacheinlageneinbringung von GmbH-Anteilen in einen leeren AG-Mantel abgedeckt.

6

Im Gegensatz zu den detaillierten Angabepflichten bei bedeutenden finanziellen Verpflichtungen im Sinne von Pro forma-Tatbeständen delegiert die Verordnung die Entscheidung über Angabepflichten im Rahmen von komplexen Finanzhistorien an die zuständige Aufsichtsbehörde. Dies wird als

7

---

11 Art. 4a Abs. 4 EU-ProspV.

12 *CESR*, advice, historical financial information, Ref: CESR/05-582, Rz. 26.

13 *ESMA*, update CESR recommendation, ESMA/2011/81, Tz. 92–94. Siehe Komm. zu Anh. I, Rn. 146 ff.

14 Art. 4a Abs. 5 EU-ProspV.

15 Erwg. 6, VO (EG) 211/2007.

16 Erwg. 5, VO (EG) 211/2007.

Pflicht („duty") der Behörde aufgefasst.[17] Diese hat in jedem Einzelfall unter Beachtung einiger Prinzipien zu entscheiden, welche Informationen aufzunehmen sind. Dabei darf sie nur über die Anforderungen des Anh. I Ziff. 20.1. EU-ProspV hinausgehen, wenn bestimmte Faktoren dies rechtfertigen. Bei diesen Faktoren kann es sich um die Wesensart der Wertpapiere, Art und Umfang der bereits im Prospekt enthaltenen Finanzinformationen, die wirtschaftliche Substanz der Transaktion sowie die Fähigkeit des Emittenten handeln, unter zumutbarem Aufwand Finanzinformationen anderer Gesellschaften zu beschaffen. Kosten-/Nutzen-Erwägungen müssen von der Aufsichtsbehörde stets beachtet werden.[18] Letztlich soll unter Bewahrung der notwendigen Flexibilität für die Behörde sichergestellt werden, dass der ökonomische Gehalt der Geschäftstätigkeit abgebildet wird („economic substance of the business carried out").[19]

8   In den Prospekt können demnach einzeln oder kombiniert grundsätzlich drei Arten von Finanzinformationen aufgenommen werden:

– Die historischen Finanzinformationen des Emittenten im Sinne der rechtlichen Einheit. Dies entspricht dem Wortlaut von Anh. I Ziff. 20.1. EU-ProspV.

– Die historischen Finanzinformationen einer anderen Gesellschaft, die jedoch die Geschäftstätigkeit des Emittenten ganz oder teilweise abbildet. Hierbei gelten gem. Art. 4 a Abs. 1 Satz 1 EU-ProspV ebenfalls die Anforderungen des Anh. I Ziff. 20.1. EU-ProspV.

– Pro forma-Finanzinformationen gem. Anh. II EU-ProspV.

9   CESR nennt das Beispiel einer neu gegründeten Holdinggesellschaft als Emittent, in die eine etablierte Geschäftstätigkeit eingebracht wurde. In diesem Fall wären neben Einzel- und Konzernabschluss der neuen Holding Pro forma-Finanzinformationen für das abgelaufene Geschäftsjahr sowie die Einzelabschlüsse der in die neuen Holding eingebrachten Einheiten für drei Geschäftsjahre in den Prospekt aufzunehmen.[20]

10   In diesem Zusammenhang ist es auch denkbar, dass für die Holding noch kein vollständiger Abschluss, sondern nur eine Gründungsbilanz vorliegt. Da die Abschlüsse der Vorgängergesellschaften als historische Finanzinformationen des Emittenten gelten, können die Pro forma-Informationen auch auf Grundlage des oder der Rechtsvorgänger erstellt werden. Dies wird von manchem Abschlussprüfer mit Hinweis auf IDW RH HFA 1.004 zwar abgelehnt, doch lässt der Verordnungstext ein solches Vorgehen explizit zu.

11   Ergibt sich die Geschäftstätigkeit der neuen Holding durch eine einfache Summierung der einzelnen rechtlichen Einheiten, so müssen in der Regel

---

17 Siehe zur Begründung auch *CESR*, comparison between draft amendment to commission regulation (EC) No. 809/2004 and CESR, advice, ESC/17/2006.

18 Art. 4 a Abs. 2 EU-ProspV.

19 *CESR*, comparison between draft amendment to commission regulation (EC) No. 809/ 2004 and CESR, advice, ESC/17/2006.

20 *CESR*, advice, historical financial information, Ref: CESR/05-582, Tz. 26.

keine Pro forma-Finanzinformationen erstellt werden. Vielmehr ist es dann ausreichend, so genannte kombinierte Abschlüsse („combined financial statements") zur Verfügung zu stellen. Da es sich lediglich um eine Summierung von testierten Abschlüssen handelt, sind nicht die strengen Regeln für Pro forma-Abschlüsse anzulegen. Insb. können solche Abschlüsse testiert werden.

III. Angabepflichten zu Pro forma-Finanz-informationen, Ziff. 1.

In Anh. II Ziff. 1. EU-ProspV wird gefordert, dass im Prospekt im Rahmen von Pro forma-Finanzinformationen die Transaktion bzw. Transaktionen mit Nennung der beteiligten Unternehmen oder Einheiten beschrieben werden. Es ist auch auf den zeitlichen Ablauf einzugehen. Dabei scheint der Berichtszeitraum gemeint zu sein, auf den sich die Pro forma-Finanzinformationen beziehen.[21] Es ist immer eine Erläuterung voranzustellen, die den Grund für die Erstellung von solchen Informationen nennt.[22] Ferner sollen Erklärungen klarstellen, dass solche Informationen lediglich illustrativen Zwecken dienen und hypothetische Sachverhalte beschreiben. Es soll hiermit betont werden, dass nicht die aktuelle Ergebnis- oder Finanzlage des Emittenten dargestellt wird. *12*

Gem. IDW sollen die Erläuterungen im Rahmen von Pro forma-Finanzinformationen aus drei Teilen bestehen. Neben einem einleitenden Teil, der inhaltlich den Anforderungen der Ziff. 1. Anh. II EU-ProspV genügen sollte, sind die Grundlagen der Erstellung zu beschreiben sowie die Pro forma-Anpassungen im Detail zu erläutern.[23] *13*

IV. Umfang von Pro forma-Finanz-informationen, Ziff. 2.

Pro forma-Finanzinformationen stellen in der Regel keinen vollständigen Abschluss im Sinne des IAS 1 mit allen erforderlichen Abschlussbestandteilen dar. Vielmehr soll eine Pro forma-Bilanz, eine Pro forma-GuV und dazugehörige Erläuterungen die Vermögens- und Ertragslage unter Berücksichtigung bestimmter Transaktionen illustrieren. Es handelt sich um eine Simulation, als ob diese Transaktionen zu einem früheren Zeitpunkt stattgefunden hätten. Pro forma-Informationen müssen aus historischen Abschlüssen abgeleitet werden und basieren nicht auf einem eigenen Rechnungswesen. Daher wäre der Aufwand für die Erstellung anderer Abschlussbestandteile im Verhältnis zum Informationsgewinn in der Regel unverhältnismäßig. *14*

---

21 Mit Verweis auf die englische Sprachfassung *Meyer*, in: Frankf Komm WpPG, EU-ProspV Anh. II, Rn. 4.
22 So auch schon Art. 5 Satz 2 EU-ProspV.
23 *IDW RH HFA 1.004*, Ziff. 32.–36., Stand 29.11.2005.

15 Die Formulierung „unter Umständen" lässt aber offen, welche Bestandteile im Einzelfall zu wählen sind. Der IDW gibt in seinem Rechnungslegungshinweis zusätzliche Vorgaben zum Umfang der Pro forma-Finanzinformationen. Danach sind je nach Anwendungsfall eine oder zwei GuVs aufzunehmen, ggf. eine Bilanz sowie immer entsprechende Erläuterungen. Darüber hinaus kann freiwillig eine Pro forma-Kapitalflussrechnung erstellt werden.[24] Auch ESMA weist darauf hin, dass erläuternde Angaben immer Pflichtbestandteil sind und gibt verschiedene Bespiele, unter welchen Konstellationen neben der GuV eine Bilanz aufzunehmen ist oder nicht.[25] Ist nach dem zugrunde liegenden Rechnungslegungsstandard das Ergebnis je Aktie anzugeben, so müssen auch bei Pro forma-Informationen im Rahmen der GuV entsprechende Angaben gemacht werden.[26] Dies wäre nach IAS 33.2 für Aktienemittenten im Konzernabschluss der Fall.

16 Eine Pro forma-GuV ist dann ausreichend, wenn die relevante Transaktion während oder nach der abzubildenden Periode stattgefunden hat. In einer GuV wird folglich ein Zustand simuliert, der die Transaktion so darstellt, als hätte sie zum Zeitpunkt des Beginns des abgebildeten Geschäftsjahres stattgefunden, obwohl sie tatsächlich zu einem späteren Zeitpunkt, also im Laufe des Geschäftsjahres oder sogar danach durchgeführt wurde. Ist zusätzlich ein Zwischenabschluss aufzustellen, in der die Transaktion noch nicht abgebildet ist, so bezieht sich die Pro forma-Darstellung sowohl auf das volle Geschäftsjahr als auch auf den Zwischenabschluss.[27]

17 Eine Pro forma-Bilanz ist nur dann aufzustellen, wenn die Transaktion in der Bilanz des letzten Abschlusses nicht abgebildet ist, weil sie nach dem Bilanzstichtag durchgeführt wurde.[28]

V. Darstellungsform, Ziff. 3.

18 Anh. II Ziff. 3. EU-ProspV fordert in der Regel die Darstellung in Spaltenform. Dabei sollten die einzelnen Spalten zumindest die historischen Finanzinformationen, die Korrekturen und die daraus resultierenden Pro forma-Finanzinformationen enthalten.[29] Darüber hinaus sind bei Erwerbsvorgängen die Abschlüsse der erworbenen Einheiten oder Unternehmen in den Prospekt aufzunehmen. Die Quellen, auf denen die Pro forma-Finanzinformationen basieren, sind stets anzugeben. Dies dürften i. d. R. die zugrundliegenden historischen Finanzinformationen sein.[30]

19 Der IDW spezifiziert diese Anforderungen und illustriert sie anhand eines Beispiels. Danach sollen die ggf. angepassten historischen Abschlüsse in einzel-

---

24 *Meyer*, in: Frankf Komm WpPG, Anh. II EU-ProspV Rn. 13.
25 *ESMA*, Q&A, 21st updated version, ESMA/2014/35, question 51.
26 *IDW RH HFA 1.004*, Ziff. 7., Stand 29.11.2005.
27 *IDW RH HFA 1.004*, Ziff. 8., Stand 29.11.2005, sowie die Beispiele in Ziff. 11.
28 Siehe die Beispiele bei Rn. 24.
29 Siehe auch das Beispiel bei *Meyer*, in: Frankf Komm WpPG, Anh. II EU-ProspV Rn. 27.
30 *Meyer*, in: Frankf Komm WpPG, Anh. II EU-ProspV Rn. 22.

nen Spalten dargestellt und dann zunächst in einer Summenspalte zusammengefasst werden. Eine Zusammenfassung mehrerer historischer Abschlüsse in einer Spalte ist nur zulässig, wenn die historischen Finanzinformationen in den Erläuterungen einzeln dargestellt werden.[31] Die Summenspalte zusammen mit der Spalte der Pro forma-Korrekturen leitet auf eine Ergebnisspalte über.[32] Im Prinzip ähnelt diese Darstellung damit dem Ermittlungsschema bei der Kapitalkonsolidierung.

Für die GuV kann das bspw. beim Kauf eines Unternehmens oder Unternehmensteils bedeuten, dass Aufwendungen und Erträge, die vor dem Erwerbszeitpunkt, aber innerhalb des abzubildenden Geschäftsjahres entstanden sind, in einer Spalte erfasst werden. Die Summenspalte zeigt somit alle Aufwendungen und Erträge des Konzerns, als ob die Transaktion schon zu Anfang des Geschäftsjahres durchgeführt worden wäre. Im Falle des Abgangs ist in entsprechender Weise eine Differenzspalte zu zeigen. Hier würde somit simuliert, dass das Unternehmen bzw. der Unternehmensteil bereits zu Anfang des Berichtszeitraums abgegangen wäre.[33]   20

VI. Konsistenzgebot, Ziff. 4.

Für Pro forma-Finanzinformationen gilt gem. Anh. II Ziff. 4. EU-ProspV insofern ein Konsistenzgebot, als dass für diese Informationen dieselben Rechnungslegungsstrategien zugrunde gelegt werden müssen, mit denen der Emittent den letzten Jahresabschluss erstellt hat.[34] Die historischen Finanzinformationen des erstellenden Unternehmens können somit übernommen werden.[35] Dies bedeutet, dass in einem ersten Schritt die historischen Finanzinformationen der anderen einbezogenen Unternehmen bzw. Unternehmensteile an die Rechnungslegungsgrundsätze angepasst sowie einheitliche Ausweis-, Bilanzierungs- und Bewertungsmethoden angewendet werden müssen.[36] Eine Beschreibung im einleitenden Abschnitt ist zwar ausreichend, doch können die Anpassungen auch durch eine separate Spalte dargestellt werden.[37] Auf keinen Fall dürfen diese Anpassungen mit den Pro forma-Anpassungen vermischt werden.   21

Vor diesem Hintergrund sollte der Zeitaufwand für die Erstellung und Prüfung von Pro forma-Informationen nicht unterschätzt werden. Unter Umständen stellt das jeweilige Rechnungslegungssystem die erforderlichen Daten zur Anwendung bestimmter Bilanzierungsmethoden nicht zur Verfügung und sie müssen entsprechend für diesen Zweck ermittelt werden. Daher   22

---

31 *IDW RH HFA 1.004*, Ziff. 13., Stand 29.11.2005.
32 *IDW RH HFA 1.004*, Ziff. 12., Stand 29.11.2005.
33 *IDW RH HFA 1.004*, Ziff. 15., Stand 29.11.2005. Siehe auch die Beispiel der ESMA in *ESMA*, Q&A, 21st updated version, ESMA/2014/35, question 51.
34 ESMA nennt den letzten oder kommenden Abschluss. *ESMA*, ESMA update CESR recommendation, consistent implementation, ESMA/2013/319, Tz. 89.
35 *IDW RH HFA 1.004*, Ziff. 14. sowie Ziff. 17., Stand 29.11.2005.
36 *IDW RH HFA 1.004*, Ziff. 12. Satz 2 sowie Ziff. 16., Stand 29.11.2005.
37 *IDW RH HFA 1.004*, Ziff. 16. Satz 4, Stand 29.11.2005.

sollte für das Timing von Transaktionen im Vorfeld einer Emission dieser Zusatzaufwand berücksichtigt werden. Umstritten ist in diesem Zusammenhang, ob wertaufhellende Ereignisse in den Ausgangszahlen zu berücksichtigen sind. Zwar sieht die Erstellung von Pro forma-Zahlen grundsätzlich nicht die Korrektur der Ausgangszahlen in diesem Sinne vor, doch könnten wesentliche Erkenntnisse zu einer besseren Informationsbasis führen. Daher bleibt dies im Einzelfall zu beurteilen.[38]

23 Es sind stets die Grundlagen, auf der die Pro forma-Finanzinformationen erstellt wurden, zu erläutern sowie die Quellen der Informationen und daraus folgenden Bereinigungen zu nennen. Bezüglich der angewendeten Rechnungslegungsgrundsätze, Ausweis-, Bilanzierungs- und Bewertungsmethoden dürfte in der Regel der Verweis auf den Anhang des erstellenden Unternehmens ausreichen, sofern sich keine Besonderheiten ergeben.[39]

VII. Abzubildende Zeiträume, Ziff. 5.

24 Im Gegensatz zur Praxis vor Einführung der EU-ProspV dürfen gem. Ziff. 5. EU-ProspV lediglich im Zusammenhang mit dem derzeitigen Berichtszeitraum und dem letzten abgeschlossenen Berichtszeitraum Pro forma-Finanzinformationen gezeigt werden, die ggf. durch einen Zwischenbericht ergänzt sind. ESMA erläutert den derzeitigen Berichtszeitraum in dem Sinne, dass eine schon abgeschlossene Periode im laufenden Geschäftsjahr gemeint ist, für die außerordentlich Zwischenfinanzinformationen erstellt worden sind.[40] Mit dem Begriff „letzter abgeschlossener Berichtszeitraum" ist das abgelaufene Geschäftsjahr des Emmittenten gemeint, das normalerweise 12 Monate umfassen sollte.[41] Mit dem letzten Zwischenberichtszeitraum wird die Periode bezeichnet, für die bereits Zwischenfinanzinformationen vorliegen, also typischerweise 6 oder 3 Monate.[42] Darstellungen über mehrere Berichtsperioden sind somit nicht zulässig. Hiermit soll dem hypothetischen Charakter dieser Finanzinformation Rechnung getragen werden. Auch ist diese Vorschrift an die US-amerikanische Regel Regulation S-X angelehnt.[43] Damit bestehen auch keine Besonderheiten hinsichtlich der Anforderungen von Emittenten, die gemäß Anh. XXIII oder Anh. XXV über weniger Geschäftsjahre zu berichten haben. Grundsätzlich geht die derzeitige Verwaltungspraxis der BaFin davon aus, dass für die genannten Zeiträume Pro forma-Finanzinformationen aufzunehmen sind. Allerdings könnte in begründeten Einzelfällen auf Pro forma-Finanzinformationen für das abgelaufene

---

38 Hierzu ausführlich *Kunold*, in: Assmann/Schlitt/von Kopp-Colomb, WpPG/VerkProspG Anh. II EU-ProspV Rn. 21 und die dort angegebene Literatur.

39 *IDW RH HFA 1.004*, Ziff. 34., Stand 29.11.2005.

40 *ESMA*, Q&A, 21st updated version, ESMA/2014/35, question 51.

41 *ESMA*, Q&A, 21st updated version, ESMA/2014/35, question 51; *Meyer*, in: Frankf Komm WpPG, EU-ProspV Anh. II, Rn. 35.

42 *ESMA*, Q&A, 21st updated version, ESMA/2014/35, question 51.

43 Gem. Regulation S-X Rule 11-01 sind Pro forma-Informationen in vergleichbarer Form in Verbindung mit wesentlichen Käufen oder Verkäufen von Unternehmen oder Unternehmensteilen sowie bei ähnlichen Transaktionen gefordert.

Geschäftsjahr verzichtet werden, wenn Pro forma-Informationen für einen
kürzeren und aktuelleren Zeitraum ausreichend Informationen bieten.[44] Ein
denkbares Beispiel wäre auch, wenn der Beginn der Berichtsperiode und der
Erwebszeitpunkt so nah zusammenliegen, so dass die GuV auch bei einer
Nichtdurchführung von Pro forma-Korrekturen weitgehend die Verhältnisse
vollständig abbildet, so dass zusätzliche Erläuterungen im Sinne des IFRS
3.59 ausreichen dürften.[45] Allerdings ist zu beachten, dass diese Angabepflichten in den überwiegenden Fällen im Rahmen eines Unternehmenser-
werbs nicht ausreichen dürften, um auf Pro forma-Angaben verzichten zu
können.[46] ESMA diskutiert konkret vier Fallkonstellationen, um anhand
konkreter Beispiele den Umfang der aufzunehmenden Pro forma-Finanzinformationen zu illustrieren:[47]

– Fall 1 und 2: Die Unternehmenstransaktion wird vor dem Stichtag des letzten Abschlusses durchgeführt und der Prospekt wird im aktuellen Geschäftsjahr erstellt. Fall 1 und 2 unterscheiden sich nur nach dem Erstel-
  lungsdatum des Prospekts, im ersten bzw. im zweiten Halbjahr des
  laufenden Geschäftsjahrs. In der Bilanz als Bestandsrechnung sind die Informationen bereits enthalten, so dass eine Pro forma-Bilanz daher nicht
  notwendig ist. Es bedarf jedoch in Fall 1 einer Pro forma-GuV und Erläuterungen des abgelaufenen Geschäftsjahres, um die Auswirkungen der
  Transaktion auf die Aufwendungen und Erträge zu illustrieren. In der aktuellen Version der ESMA Q&A wird argumentiert, dass in Fall 2 keine Pro
  forma-GuV notwendig ist, weil die Aufwands- und Ertragseffekte der
  Transaktion bereits im Zwischenbericht abgebildet werden. Angabepflichten gemäß IFRS 3 sind hiervon unberührt. Dies entspricht nicht der bisherigen Verwaltungspraxis der BaFin und konnte teilweise von anderen europäischen Aufsichtsbehörden abweichend gehandhabt werden.

– Fall 3: Die Unternehmenstransaktion wird nach dem Stichtag des letzten
  Abschlusses durchgeführt, der Prospekt wird nach der Durchführung der
  Transaktion erstellt, aber im ersten Halbjahr des Geschäftsjahres. Hier ist
  nun im Unterschied zu Fall 1 neben einer Pro forma-GuV und Erläuterungen auch eine Pro forma-Bilanz für das abgelaufene Geschäftsjahr aufzunehmen.

– Fall 4: Die Unternehmenstransaktion wird nach dem Stichtag des letzten
  Abschlusses durchgeführt, der Prospekt wird nach der Durchführung der
  Transaktion erstellt, aber nach dem Stichtag des letzten Zwischenabschlus-

44 *Meyer*, in: Frankf Komm WpPG, Anh. II EU-ProspV Rn. 37.
45 *Meyer*, in: Frankf Komm WpPG, Anh. II EU-ProspV Rn. 38 mit Verweis auf den Wertpapierprospekt der Commerzbank AG vom 17.06.2009 in Fn. 52.
46 Hierzu ausführlich *Meyer*, in: Frankf Komm WpPG, Anh. II EU-ProspV Rn. 38 mit dem
   Beispiel der Versatel AG vom 11.2007 in Fn. 51. Zum Verhältnis zwischen Pro forma-Angaben und Angaben gemäß Rechnungslegungsvorschriften *Kunold*, in: Assmann/Schlitt/
   von Kopp-Colomb, WpPG/VerkProspG, Anh. II EU-ProspV Rn. 10 ff.
47 *ESMA*, Q&A, 21st updated version, ESMA/2014/35, question 51. Siehe hierzu die ausführliche Kommentierung bei *Kunold*, in: Assmann/Schlitt/von Kopp-Colomb, WpPG/
   VerkProspG, Anh. II EU-ProspV Rn. 12 ff.

ses. Wurde noch kein Zwischenabschluss veröffentlicht, wird dieser Fall wie Fall 3 behandelt. Wurde ein Zwischenabschluss bereits veröffentlich, ist jeweils eine Pro forma-GuV für das abgelaufene Geschäftsjahr und bzw. oder für das erste Halbjahr notwendig sowie die entsprechenden Erläuterungen. Eine Pro forma-Bilanz dürfte in der Regel nicht notwendig sein, da die Transaktion bereits im Halbjahresbericht abgebildet ist.

VIII. Darstellung der Pro forma-Berichtigungen, Ziff. 6.

25 Ziff. 6. EU-ProspV fordert, dass Pro forma-Finanzinformationen klar ausgewiesen und erläutert werden müssen sowie direkt der jeweiligen Transaktion zugeordnet werden können (directly attributable to transactions). Damit wird betont, dass in den Pro forma-Berichtigungen nur die eigentliche Transaktion und keine späteren Maßnahmen berücksichtigt werden dürfen, selbst wenn diese für die Kauf-/Verkaufsintention des Emittenten zentral sein sollten.[48] Das IDW empfiehlt für eine eindeutige Zuordnung der Erläuterungen, dass mittels Fußnoten die einzelnen Pro forma-Korrekturposten zu den Detailerläuterungen referenziert werden.[49]

26 Die Informationen müssen stets mit Fakten unterlegt werden können (factually supportable). Dies bedeutet nach Auslegung des IDW, dass die dargestellten Fakten inhaltlich ausreichend nachvollziehbar und begründbar sein müssen. Auch dürfen sie sich nicht auf zukünftige Ereignisse beziehen.[50] ESMA stellt in diesem Zusammenhang klar, dass normalerweise publizierte Abschlüsse, interne Abschlüsse, aber auch andere Finanzinformationen wie Unternehmensbewertungen oder Kauf- bzw. Verkaufsvereinbarungen hinzugezogen werden können.[51]

27 Bei einer GuV oder Kapitalflussrechnung müssen die Berichtigungen klar zwischen solchen unterschieden werden, die voraussichtlich einen bleibenden Einfluss haben werden, und jenen, bei denen dies nicht der Fall ist.

28 Das IDW nennt einige Beispiele für typische Anpassungen und grenzt diese gegen Aufwendungen und Erträge ab, die nicht zu den Pro forma-Anpassungen gehören.[52] Für Anpassungen bei Zugang eines Unternehmens oder Unternehmensteils bzw. Teilkonzerns kommen insbesondere Maßnahmen im Zusammenhang mit der fiktiven Vorverlegung der Erstkonsolidierung in Betracht. Bei Erstellung einer Pro forma-Bilanz sind dann Eigenkapitalveränderungen zu korrigieren, wenn sich zwischen dem fiktiven und dem tatsächlichen Zugangszeitpunkt Unterschiede ergeben haben, da der Beteiligungsbuchwert stets den tatsächlichen Anschaffungskosten entsprechen

---

48 *ESMA*, update CESR recommendation, consistent implementation, Ref.: ESMA/2013/ 319, Tz. 88.

49 *IDW RH HFA 1.004*, Ziff. 36., Stand 29.11.2005.

50 *IDW RH HFA 1.004*, Ziff. 19., Stand 29.11.2005.

51 *ESMA*, update CESR recommendation, consistent implementation, Ref.: ESMA/2013/ 319, Tz. 87.

52 *IDW RH HFA 1.004*, Ziff. 21.–31., Stand 29.11.2005.

muss.[53] Bei einem Abgang sind in der GuV insbesondere fiktive Zinserträge anzusetzen, die gem. der tatsächlichen Verwendung der aus der Transaktion zufließenden Mittel bestimmt werden. Noch zu nennen sind Aufwendungen für Abschreibungen, zusätzliche Zinsaufwendungen oder Anpassungen des Steueraufwands. Erlöse aus Börsenplatzierungen dürfen nur berücksichtigt werden, wenn sie zur Finanzierung der abzubildenden Unternehmenstransaktion dienen. Aufwendungen, die sich als Folge geänderter Rahmenbedingungen aus der Transaktion ergeben, sind nicht als Pro forma-Anpassungen zu behandeln. Dies können bspw. Hauptversammlungskosten oder geänderte Gremienvergütungen sein. Ebenso sind erwartete Folgen aus der Transaktion, wie bspw. Synergieeffekte, nicht anzusetzen.

IX. Bescheinigung des Abschlussprüfers, Ziff. 7.

Pro forma-Finanzinformationen können nicht testiert werden, da es sich um 29 die Abbildung eines hypothetischen Sachverhalts handelt. Doch muss gem. Anh. II Ziff. 7. EU-ProspV eine Bescheinigung des Abschlussprüfers bestätigen, dass die Pro forma-Finanzinformationen ordnungsgemäß erstellt wurden und im Einklang mit den Rechnungslegungsgrundsätzen sowie den Ausweis-, Bilanzierungs- und Bewertungsmethoden der Gesellschaft stehen.[54] Hierbei ist zu beachten, dass weder die Ausgangzahlen noch die Angemessenheit der von der Geschäftsleitung getroffenen Annahmen zur Erstellung der Pro forma-Finanzinformationen Gegenstand dieser Prüfung sind.[55] Daher sind die Prüfer angehalten, eine Vollständigkeitserklärung der Geschäftsleitung zu verlangen, in der die Geschäftsleitung die Verantwortung für die zugrunde liegenden Pro forma-Annahmen und -Anpassungen übernimmt sowie die Aussagefähigkeit im Hinblick auf die Anwendung des Rechnungslegungsstandards und der Abbildung der Transaktion bestätigt.[56]

In Deutschland regelt dies der IDW Prüfungshinweis Prüfung von Pro forma- 30 Finanzinformationen.[57] Dieser verweist schon im Abschnitt zur Auftragsannahme darauf, dass üblicherweise die von einem Wirtschaftsprüfer geforderten Kenntnisse dadurch gewonnen wurden, dass dieser alle oder die wesentlichen historischen Abschlüsse geprüft oder durchgesehen hat, die in die Pro forma-Abschlüsse Eingang gefunden haben.[58] Ferner sollte ein Auftrag zur Prüfung nur angenommen werden, wenn die Pro forma-Finanzinformationen auf Grundlage des entsprechenden IDW Rechnungslegungshinweises erstellt wurden.[59] Diese Bescheinigung sollte nur im Zusammenhang mit den

53 *IDW RH HFA 1.004*, Ziff. 22., Stand 29.11.2005.
54 Die Bescheinigungpflicht ergibt sich aus Anh. I Ziff. 20.2. Satz 4 EU-ProspV.
55 Allerdings könnte erwogen werden, wertaufhellende Ereignisse zu berücksichtigen. Siehe hierzu Rn. 22.
56 *IDW PH 9.960.1*, Ziff. 1., Stand 29.11.2005, sowie *Fingerhut*, in: Just/Voß/Ritz/Zeising, WpPG, Anh. II EU-ProspV Rn. 53.
57 *IDW PH 9.960.1*, Stand 29.11.2005.
58 *IDW PH 9.960.1*, Ziff. 4., Stand 29.11.2005.
59 *IDW PH 9.960.1*, Ziff. 5., Stand 29.11.2005.

vollständigen Pro forma-Finanzinformationen sowie den ihnen zugrunde liegenden historischen Abschlüssen abgedruckt werden. Da die Bescheinigung somit im Prospekt abzudrucken ist, besteht keine Notwendigkeit mehr, einen Bericht über die Prüfung in den Comfort Letter aufzunehmen.[60] International liegt nun der ISAE 3420 vor, der für Berichte nach dem 31.03.2013 direkt auf die Anforderungen des Anh. II Ziff. 7. EU-ProspV anwendbar ist.[61] ESMA betont, dass in jedem Fall der genaue Wortlaut der Bescheinigung abzudrucken ist und rät auch von Hervorhebungen oder ähnlichen Markierungen ab.[62]

---

60 *Kunold*, in: Assmann/Schlitt/von Kopp-Colomb, WpPG/VerkProspG, Anh. II EU-ProspV Rn. 42.

61 Fn. 6 sowie *Kunold*, in: Assmann/Schlitt/von Kopp-Colomb, WpPG/VerkProspG, Anh. II EU-ProspV Rn. 44.

62 *ESMA*, Q&A, 21st updated version, ESMA/2014/35, question 55.

ARTIKEL 5	ARTICLE 5
Modul für Pro forma-Finanz-informationen	Pro forma financial information building block

Die Pro forma-Finanzinformationen werden gemäß dem in Anhang II festgelegten Modul zusammengestellt. Den Pro forma-Finanzinformationen sollte ein erläuternder einleitender Absatz vorangehen, aus dem klar hervorgeht, weshalb diese Informationen in den Prospekt aufgenommen worden sind.	For pro forma financial information, information shall be given in accordance with the building block set out in Annex II. Pro forma financial information should be preceded by an introductory explanatory paragraph that states in clear terms the purpose of including this information in the prospectus.

Zum Begriff und zur Handhabung von Pro forma-Finanzinformationen sowie zu den geforderten Angaben zum Zweck ihrer Erstellung wird auf die Ausführungen zu Anh. II EU-ProspV verwiesen.

ARTIKEL 6 **Schema für die Wertpapier- beschreibung für Aktien**	ARTICLE 6 Share securities note schedule
(1) Die Angaben für die Wertpapierbe-schreibung für Aktien werden gemäß dem in Anhang III festgelegten Schema zusammengestellt.	1. For the share securities note information is necessary to be given in accordance with the schedule set out in Annex III.
(2) Das Schema gilt für Aktien und andere übertragbare, Aktien gleichzustellende Wertpapiere.	2. The schedule shall apply to shares and other transferable securities equivalent to shares.
(3) Berechtigen Aktien mit Optionsscheinen zum Erwerb von Aktien des Emittenten und sind diese Aktien nicht zum Handel an einem geregelten Markt zugelassen, so werden außer den unter Punkt 4.2.2 genannten Angaben auch die im Schema des Anhangs XII verlangten Angaben vorgelegt.	3. Where shares with warrants give the right to acquire the issuer's shares and these shares are not admitted to trading on a regulated market, the information required by the schedule set out in Annex XII except item 4.2.2 shall also be given.

Inhalt

I. Aktien

1 Gem. Erwägungsgrund 10 der EU-ProspV soll das Schema für die Wertpapierbeschreibung für Aktien auf jede Aktienkategorie anwendbar sein, da Angaben gefordert werden, die die mit den Wertpapieren einhergehenden Rechte und das Verfahren für die Ausübung dieser Rechte betreffen. Zu den verschiedenen Aktienkategorien bzw. Aktiengattungen siehe die Anmerkungen zu Anh. III Ziff. 4.1. der EU-ProspV. Mit der Delegierten Verordnung (EU) Nr. 759/2013, L 213/1 wurde die Anwendbarkeit des Schemas für die Wertpapierbeschreibung für Aktien auf wandelbare und umtauschbare Schuldtitel erstreckt.

II. Gleichzustellende Wertpapiere

2 Laut Abs. 2 gelten die Anforderungen des Anhangs für die Wertpapierbeschreibung für Aktien auch für andere übertragbare und Aktien gleichzustellende Wertpapiere. Darunter können bspw. Wandelschuldverschreibungen auf eigene Aktien oder Genussscheine fallen, sofern sie als aktien- und nicht als schuldverschreibungsähnlich anzusehen sind. Wandelschuldverschreibungen und Genussscheine gewähren zwar allein schuldrechtliche

Rauch

Vermögensrechte im Gegensatz zu einer gesellschaftsrechtlichen Mitglied-schaft.[1] Da ihre inhaltliche Ausgestaltung jedoch gesetzlich nicht vorgege-ben ist und daher flexibel erfolgen kann, können den Wertpapieren sowohl eigenkapital- als auch fremdkapitalähnliche Merkmale zugewiesen werden.[2]

Zu den Abgrenzungskriterien gehört zunächst die Erfolgsbeteiligung des   3 Wertpapierinhabers. Hängt die Gewinn- und Verlustbeteiligung bspw. vom wirtschaftlichen Ergebnis der Gesellschaft ab, so spricht dies für den Eigen-kapitalcharakter.[3] Dabei kann der Ausschüttungsbetrag z. B. an das Erwirt-schaften eines in den Wertpapierbedingungen festgelegten Mindestgewinns geknüpft oder mit einem gewinnbezogenen Bonus ausgestattet werden. Ins-besondere weist eine Verlustbeteiligung auf den Charakter einer Mitglied-schaft hin.[4] Wird hingegen eine Mindestverzinsung oder eine sonstige feste Vergütung zugesagt, ähnelt die Ausgestaltung eher einer festverzinslichen Schuldverschreibung.[5] Zusammenfassend lassen Wertpapiere mit konstan-ten Erträgen auf eine schuldverschreibungsähnliche, Wertpapiere mit varia-blen, von der Wertentwicklung des Unternehmens abhängigen Ausschüttun-gen auf eine aktienähnliche Gestaltung schließen.

Auch die Rückzahlungsmodalitäten können Hinweise auf die Einordnung   4 der Wertpapiere geben: Orientiert sich die Rückzahlung des Kapitals an der Wertentwicklung der Emittentin, d. h. partizipiert der Wertpapierinhaber an den Wertsteigerungen und Wertverlusten des Unternehmens, weisen die Pa-piere Eigenkapitalcharakter auf. Wird dem Wertpapierinhaber die Rückzah-lung des Kapitals hingegen ohne jegliche Berücksichtigung von Gewinnen oder Verlusten des Unternehmens zugesagt, so spricht die Gestaltung für die Vergleichbarkeit mit Schuldverschreibungen.

Ein weiteres Abgrenzungskriterium kann die Dauer der Kapitalüberlassung   5 sein. So deutet eine langfristige Überlassung von Kapital auf eine eigen-kapitalähnliche Struktur hin.[6] Hingegen spricht ein Kündigungsrecht des Wertpapierinhabers aufgrund der dadurch entstehenden unbedingten Rück-zahlungsverpflichtung der Gesellschaft für die Annahme einer fremdkapita-lähnlichen Gestaltung.

Nicht zuletzt kann auch die Nachrangigkeit der Ausschüttungs- und Rück-   6 zahlungsbeträge im Liquidations- oder Insolvenzfall auf den aktienähnlichen Charakter der Wertpapiere hinweisen. Müssen Genussrechte im Falle der In-solvenz oder Liquidation im Range vor den Aktionären zurückgezahlt wer-den, so sind sie fremdkapitalähnlich ausgestaltet.[7]

---

1 *Kümpel*, BankKapMR, Rn. 9.232.
2 BGH v. 05.10.1992 – II ZR 172/9 – NJW 1993, 57, 59; *Gündel/Hirdes*, BC 2005, 205, 206; *Kümpel*, BankKapMR, Rn. 8.138.
3 *Gündel/Hirdes*, BC 2005, 205, 206; *Heinemann/Kraus*, in: Bösl/Sommer, MezzFin, S. 172; *Küting/Dürr*, DStR 2005, 938, 939; *Stadler*, NZI 2003, 579, 580.
4 BGH v. 05.10.1992 – II ZR 172/9 – NJW 1993, 57, 59; *Stadler*, NZI 2003, 579, 580.
5 *Heinemann/Kraus*, in: Bösl/Sommer, MezzFin, S. 172.
6 *Gündel/Hirdes*, BC 2005, 205, 206; *Stadler*, NZI 2003, 579, 580.
7 BGH v. 05.10.1992 – II ZR 172/9 – NJW 1993, 57; *Gündel/Hirdes*, BC 2005, 205, 206; *Küting/Dürr*, DStR 2005, 938, 939; *Stadler*, NZI 2003, 579, 580.

7 Letztendlich ist die Qualifizierung des Wertpapiers als aktien- oder schuldverschreibungsähnlich aufgrund einer Gesamtschau der in den Vertragsbedingungen geregelten Konditionen vorzunehmen.

III. Schuldtitel

8 Der neue Abs. 3 sieht vor, dass für Aktien mit Optionsscheinen zum Erwerb von Aktien des Emittenten Anhang III sowie das Schema für derivative Wertpapiere des Anhangs XII Anwendung findet und zwar mit Ausnahme der Anforderungen in Ziff. 4.2.2. des Anhangs XII. Voraussetzung ist, dass die Wertpapiere nicht zum Handel an einem geregelten Markt zugelassen sind.

Hintergrund für die Neuregelung ist, dass Informationen über den Emittenten für Anleger nicht ohne Weiteres erhältlich sind, wenn der Emittent der zugrunde liegenden Aktien und der Emittent der wandel- oder umtauschbaren Schuldtitel der gleichen Gruppe angehören, die zugrunde liegenden Aktien aber nicht zum Handel an einem geregelten Markt zugelassen sind.[8]

---

8 Erwg. 5, Delegierte VO (EU) Nr. 759/2013, L 213/1, L 213/1.

ANHANG III
Mindestangaben für die Wertpapierbeschreibung für Aktien (Schema)

ANNEX III
Minimum disclosure requirements for the share securities note (schedule)

1. Verantwortliche Personen

1.1. Alle Personen, die für die im Prospekt gemachten Angaben bzw. für bestimmte Abschnitte des Prospekts verantwortlich sind. Im letzteren Fall sind die entsprechenden Abschnitte aufzunehmen. Im Falle von natürlichen Personen, zu denen auch Mitglieder der Verwaltungs-, Geschäftsführungs- und Aufsichtsorgane des Emittenten gehören, sind der Name und die Funktion dieser Person zu nennen. Bei juristischen Personen sind Name und eingetragener Sitz der Gesellschaft anzugeben.

1. Persons Responsible

1.1. All persons responsible for the information given in the prospectus and, as the case may be, for certain parts of it, with, in the latter case, an indication of such parts. In the case of natural persons including members of the issuer's administrative, management or supervisory bodies indicate the name and function of the person; in case of legal persons indicate the name and registered office.

1.2. Erklärung der für den Prospekt verantwortlichen Personen, dass sie die erforderliche Sorgfalt haben walten lassen, um sicherzustellen, dass die im Prospekt genannten Angabe ihres Wissens nach richtig sind und keine Tatsachen ausgelassen worden sind, die die Aussage des Prospekts wahrscheinlich verändern können. Ggf. Erklärung der für bestimmte Abschnitte des Prospekts verantwortlichen Personen, dass sie die erforderliche Sorgfalt haben walten lassen, um sicherzustellen, dass die in dem Teil des Prospekts genannten Angaben, für den sie verantwortlich sind, ihres Wissens nach richtig sind und keine Tatsachen ausgelassen worden sind, die die Aussage des Prospekts wahrscheinlich verändern können.

1.2. A declaration by those responsible for the prospectus that, having taken all reasonable care to ensure that such is the case the information contained in the prospectus is, to the best of their knowledge, in accordance with the facts and contains no omission likely to affect its import. As the case may be, declaration by those responsible for certain parts of the prospectus that, having taken all reasonable care to ensure that such is the case the information contained in the part of the prospectus for which they are responsible is, to the best of their knowledge, in accordance with the facts and contains no omission likely to affect its import.

2. Risikofaktoren

Klare Offenlegung der Risikofaktoren, die für die anzubietenden und/oder zum Handel zuzulassenden Wertpapiere von wesentlicher Bedeutung sind, wenn es darum geht, das Marktrisiko zu bewerten, mit dem diese Wertpapiere behaftet sind. Diese Offenlegung muss unter der Rubrik „Risikofaktoren" erfolgen.

2. Risk Factors

Prominent disclosure of risk factors that are material to the securities being offered and/or admitted to trading in order to assess the market risk associated with these securities in a section headed "Risk Factors".

3.   Grundlegende Angaben

3.1. Erklärung zum Geschäftskapital

Erklärung des Emittenten, dass das Geschäftskapital seiner Auffassung nach für seine derzeitigen Bedürfnisse ausreicht. Ansonsten ist darzulegen, wie das zusätzlich erforderliche Geschäftskapital beschafft werden soll.

3.2. Kapitalbildung und Verschuldung

Aufzunehmen ist eine Übersicht über Kapitalbildung und Verschuldung (wobei zwischen garantierten und nicht garantierten, besicherten und unbesicherten Verbindlichkeiten zu unterscheiden ist). Diese Übersicht darf nicht älter sein als 90 Tage vor dem Datum des Dokuments. Zur Verschuldung zählen auch indirekte Verbindlichkeiten und Eventualverbindlichkeiten.

3.3. Interessen von Seiten natürlicher und juristischer Person, die an der Emission/dem Angebot beteiligt sind

Beschreibung jeglicher Interessen – einschließlich möglicher Interessenskonflikte –, die für die Emission/das Angebot von wesentlicher Bedeutung sind, wobei die beteiligten Personen zu spezifizieren und die Art der Interessen darzulegen ist.

3.4. Gründe für das Angebot und Verwendung der Erträge

Angabe der Gründe für das Angebot und ggf. des geschätzten Nettobetrages der Erträge, aufgegliedert nach den wichtigsten Verwendungszwecken und dargestellt nach Priorität dieser Verwendungszwecke. Sofern der Emittent weiß, dass die antizipierten Erträge nicht ausreichend sein werden, um alle vorgeschlagenen Verwendungszwecke zu finanzieren, sind der Betrag und die Quellen anderer Mittel anzugeben. Die Verwendung der Erträge muss im Detail dargelegt werden, insbesondere wenn sie außerhalb der normalen Geschäftsvorfälle zum Erwerb von Aktiva ver-

3.   Essential Information

3.1. Working capital Statement

Statement by the issuer that, in its opinion, the working capital is sufficient for the issuer's present requirements or, if not, how it proposes to provide the additional working capital needed.

3.2. Capitalisation and indebtedness

A statement of capitalisation and indebtedness (distinguishing between guaranteed and ungaranteed, secured and unsecured indebtedness) as of a date no earlier than 90 days prior to the date of the document. Indebtedness also includes indirect and contingent indebtedness.

3.3. Interest of natural and legal persons involved in the issue/offer

A description of any interest, including conflicting ones that is material to the issue/offer, detailing the persons involved and the nature of the interest.

3.4. Reasons for the offer and use of proceeds

Reasons for the offer and, where applicable, the estimated net amount of the proceeds broken into each principal intended use and presented by order of priority of such uses. If the issuer is aware that the anticipated proceeds will not be sufficient to fund all the proposed uses, state the amount and sources of other funds needed. Details must be given with regard to the use of the proceeds, in particular when they are being used to acquire assets, other than in the ordinary course of business, to finance announced acquisitions of other busi-

wendet, zur Finanzierung des angekündigten Erwerbs anderer Unternehmen oder zur Begleichung, Reduzierung oder vollständigen Tilgung der Schulden eingesetzt werden.

ness, or to discharge, reduce or retire indebtedness.

4. Angaben über die anzubietenden bzw. zum Handel zuzulassenden Wertpapiere

4. Information concerning the Securities to be offered/admitted to trading

4.1. Beschreibung des Typs und der Kategorie der anzubietenden und/oder zum Handel zuzulassenden Wertpapiere einschließlich der ISIN (International Security Identification Number) oder eines anderen Sicherheitscodes.

4.1. A description of the type and the class of the securities being offered and/or admitted to trading, including the ISIN (international security identification number) or other such security identification code.

4.2. Rechtsvorschriften, auf deren Grundlage die Wertpapiere geschaffen wurden.

4.2. Legislation under which the securities have been created.

4.3. Angabe, ob es sich bei den Wertpapieren um Namenspapiere oder um Inhaberpapiere handelt und ob die Wertpapiere verbrieft oder stückelos sind. In letzterem Fall sind der Name und die Anschrift des die Buchungsunterlagen führenden Instituts zu nennen.

4.3. An indication whether the securities are in registered form or bearer form and whether the securities are in certificated form or book-entry form. In the latter case, name and address of the entity in charge of keeping the records.

4.4. Währung der Wertpapieremission.

4.4. Currency of the securities issue.

4.5. Beschreibung der Rechte die an die Wertpapiere gebunden sind – einschließlich ihrer etwaigen Beschränkungen –, und des Verfahrens zur Ausübung dieser Rechte;

4.5. A description of the rights attached to the securities, including any limitations of those rights, and procedure for the exercise of those rights.

– Dividendenrechte:

– Dividend rights:

– Fester/e Termin/e, an dem/denen die Dividendenberechtigung beginnt;

– fixed date(s) on which the entitlement arises,

– Verjährungsfrist für den Verfall der Dividendenberechtigung und Angabe des entsprechenden Begünstigten;

– time limit after which entitlement to dividend lapses and an indication of the person in whose favour the lapse operates,

– Dividendenbeschränkungen und Verfahren für gebietsfremde Wertpapierinhaber;

– dividend restrictions and procedures for the non-resident holders,

– Dividendensatz oder Methode zu seiner Berechnung, Angabe der Frequenz und der kumulativen oder nichtkumulativen Wesensart der Zahlungen.

– rate of dividend or method of its calculation, periodicity and cumulative or nun-cumulative nature of payments.

– Stimmrechte;

– Voting rights.

– Vorzugsrechte bei Angeboten zur Zeichnung von Wertpapieren derselben Kategorie;

– Pre-emption rights in offers for subscription of securities of the same class.

– Recht auf Beteiligung am Gewinn des Emittenten;

– Right to share in the issuer's profits.

– Recht auf Beteiligung am Saldo im Falle einer Liquidation;

– Rights to share in any surplus in the event of liquidation.

– Tilgungsklauseln;

– Redemption provisions.

– Wandelbedingungen.

– Conversion provisions.

4.6. Im Falle von Neuemissionen Angabe der Beschlüsse, Ermächtigungen und Genehmigungen, die die Grundlage für die erfolgte bzw. noch zu erfolgende Schaffung der Wertpapiere und/oder deren Emission bilden.

4.6. In the case of new issues, a statement of the resolutions, authorisations and approvals by virtue of which the securities have been or will be created and/or issued.

4.7. Im Falle von Neuemissionen Angabe des erwarteten Emissionstermins der Wertpapiere.

4.7. In the case of new issues, the expected issue date of the securities.

4.8. Darstellung etwaiger Beschränkungen für die freie Übertragbarkeit der Wertpapiere.

4.8. A description of any restrictions on the free transferability of the securities.

4.9. Angabe etwaig bestehender obligatorischer Übernahmeangebote und/oder Ausschluss- und Andienungsregeln in Bezug auf die Wertpapiere.

4.9. An indication of the existence of any mandatory takeover bids and/or squeeze-out and sell-out rules in relation to the securities.

4.10. Angabe öffentlicher Übernahmeangebote von Seiten Dritter in Bezug auf das Eigenkapital des Emittenten, die während des letzten oder im Verlauf des derzeitigen Geschäftsjahres erfolgten. Zu nennen sind dabei der Kurs oder die Umtauschbedingungen für derlei Angebote sowie das Resultat.

4.10. An indication of public takeover bids by third parties in respect of the issuer's equity, which have occurred during the last financial year and the current financial year. The price or exchange terms attaching to such offers and the outcome thereof must be stated.

4.11. Hinsichtlich des Landes des eingetragenen Sitzes des Emittenten und des Landes bzw. der Länder, in dem bzw. denen das Angebot unterbreitet oder die Zulassung zum Handel beantragt wird, sind folgende Angaben zu machen:

4.11. In respect of the country of registered office of the issuer and the country(ies) where the offer is being made or admission to trading is being sought:

– Angaben über die an der Quelle einbehaltene Einkommensteuer auf die Wertpapiere;

– information on taxes on the income from the securities withheld at source,

– Angabe der Tatsache, ob der Emittent die Verantwortung für die Einbehaltung der Steuern an der Quelle übernimmt.

– indication as to whether the issuer assumes responsibility for the withholding of taxes at the source.

5. **Bedingungen und Voraussetzungen für das Angebot**

5. Terms and Conditions of the Offer

5.1. **Bedingungen, Angebotsstatistiken, erwarteter Zeitplan und erforderliche Maßnahmen für die Antragstellung**

5.1. Conditions, offer statistics, expected timetable and action required to apply for the offer

5.1.1. **Bedingungen, denen das Angebot unterliegt.**

5.1.1. Conditions to which the offer is subject.

5.1.2. **Gesamtsumme der Emission/des Angebots, wobei zwischen den zum Verkauf und den zur Zeichnung angebotenen Wertpapieren zu unterscheiden ist. Ist der Betrag nicht festgelegt, Beschreibung der Vereinbarungen und des Zeitpunkts für die Ankündigung des endgültigen Angebotsbetrags an das Publikum.**

5.1.2. Total amount of the issue/offer, distinguishing the securities offered for sale and those offered for subscription; if the amount is not fixed, description of the arrangements and time for announcing to the public the definitive amount of the offer.

5.1.3. **Frist – einschließlich etwaiger Änderungen –, während deren das Angebot gilt und Beschreibung des Antragsverfahrens.**

5.1.3. The time period, including any possible amendments, during which the offer will be open and description of the application process.

5.1.4. **Angabe des Zeitpunkts und der Umstände, ab dem bzw. unter denen das Angebot widerrufen oder ausgesetzt werden kann, und der Tatsache, ob der Widerruf nach Beginn des Handels erfolgen kann.**

5.1.4. An indication of when, and under which circumstances, the offer may be revoked or suspended and whether revocation can occur after dealing has begun.

5.1.5. **Beschreibung der Möglichkeit der Reduzierung der Zeichnungen und der Art und Weise der Erstattung des zu viel gezahlten Betrags an die Zeichner.**

5.1.5. A description of the possibility to reduce subscriptions and the manner for refunding excess amount paid by applicants.

5.1.6. **Einzelheiten zum Mindest- und/oder Höchstbetrag der Zeichnung (entweder in Form der Anzahl der Wertpapiere oder des aggregierten zu investierenden Betrags).**

5.1.6. Details of the minimum and/or maximum amount of application (whether in number of securities or aggregate amount to invest).

5.1.7. **Angabe des Zeitraums, während dessen ein Antrag zurückgezogen werden kann, sofern dies den Anlegern überhaupt gestattet ist.**

5.1.7. An indication of the period during which an application may be withdrawn, provided that investors are allowed to withdraw their subscription.

5.1.8. **Methode und Fristen für die Bedienung der Wertpapiere und ihre Lieferung.**

5.1.8. Method and time limits for paying up the securities and for delivery of the securities.

5.1.9. **Vollständige Beschreibung der Art und Weise und des Termins, auf die bzw. an dem die Ergebnisse des Angebots offen zu legen sind.**

5.1.9. A full description of the manner and date in which results of the offer are to be made public.

5.1.10. **Verfahren für die Ausübung eines etwaigen Vorzugsrechts, die Übertragbarkeit der Zeichnungsrechte und**

5.1.10. The procedure for the exercise of any right of pre-emption, the negotiability of subscription rights and the treat-

die Behandlung der nicht ausgeübten Zeichnungsrechte.

ment of subscription rights not exercised.

5.2. Plan für die Aufteilung der Wertpapiere und deren Zuteilung

5.2. Plan of distribution and allotment

5.2.1. Angabe der verschiedenen Kategorien der potenziellen Investoren, denen die Wertpapiere angeboten werden. Erfolgt das Angebot gleichzeitig auf den Märkten in zwei oder mehreren Ländern und wurde/wird eine bestimmte Tranche einigen dieser Märkte vorbehalten, Angabe dieser Tranche.

5.2.1. The various categories of potential investors to which the securities are offered. If the offer is being made simultaneously in the markets of two or more countries and if a tranche has been or is being reserved for certain of these, indicate any such tranche.

5.2.2. Soweit dem Emittenten bekannt, Angabe, ob Hauptaktionäre oder Mitglieder der Geschäftsführungs-, Aufsichts- oder Verwaltungsorgane des Emittenten an der Zeichnung teilnehmen wollen oder ob Personen mehr als 5 % des Angebots zeichnen wollen.

5.2.2. To the extent known to the issuer, an indication of whether major shareholders or members of the issuer's management, supervisory or administrative bodies intended to subscribe in the offer, or whether any person intends to subscribe for more than five per cent of the offer.

5.2.3. Offenlegung vor der Zuteilung:

5.2.3. Pre-allotment disclosure:

a) Aufteilung des Angebots in Tranchen, einschließlich der institutionellen Tranche, der Privatkundentranche und der Tranche für die Beschäftigten des Emittenten und sonstige Tranchen;

a) the division into tranches of the offer including the institutional, retail and issuer's employee tranches and any other tranches;

b) Bedingungen, zu denen eine Rückforderung verlangt werden kann, Höchstgrenze einer solchen Rückforderung und alle eventuell anwendbaren Mindestprozentsätze für einzelne Tranchen;

b) the conditions under which the clawback may be used, the maximum size of such clawback and any applicable minimum percentages for individual tranches;

c) Zu verwendende Zuteilungsmethode oder -methoden für die Privatkundentranche und die Tranche für die Beschäftigten des Emittenten im Falle der Mehrzuteilung dieser Tranchen;

c) the allotment method or methods to be used for the retail and issuer's employee tranche in the event of an over-subscription of these tranches;

d) Beschreibung einer etwaigen vorher festgelegten Vorzugsbehandlung, die bestimmten Kategorien von Anlegern oder bestimmten Gruppen Nahestehender (einschließlich friends and family-Programme) bei der Zuteilung vorbehalten wird, des Prozentsatzes des für die Vorzugsbehandlung vorgesehenen Angebots

d) a description of any pre-determined preferential treatment to be accorded to certain classes of investors or certain affinity groups (including friends and family programmes) in the allotment, the percentage of the offer reserved for such preferential treatment and the criteria for inclusion in such classes or groups;

und der Kriterien für die Aufnahme in derlei Kategorien oder Gruppen;

e) Angabe des Umstands, ob die Behandlung der Zeichnungen oder der bei der Zuteilung zu zeichnenden Angebote eventuelle von der Gesellschaft abhängig gemacht werden kann, durch die oder mittels deren sie vorgenommen werden;

f) Angestrebte Mindesteinzelzuteilung, falls vorhanden, innerhalb der Privatkundentranche;

g) Bedingungen für das Schließen des Angebots sowie der Termin, zu dem das Angebot frühestens geschlossen werden darf;

h) Angabe der Tatsache, ob Mehrfachzeichnungen zulässig sind und wenn nicht, wie trotzdem auftauchende Mehrfachzeichnungen behandelt werden.

5.2.4. Verfahren zur Meldung gegenüber den Zeichnern über den zugeteilten Betrag und Angabe, ob eine Aufnahme des Handels vor der Meldung möglich ist.

5.2.5. Mehrzuteilung und Greenshoe-Option:

a) Existenz und umfang einer etwaigen Mehrzuteilungsmöglichkeit und/oder Greenshoe-Option;

b) Dauer einer etwaigen Mehrzuteilungsmöglichkeit und/oder Greenshoe-Option;

c) Etwaige Bedingungen für die Inanspruchnahme einer etwaigen Mehrzuteilungsmöglichkeit oder Ausübung der Greenshoe-Option.

5.3. Preisfestsetzung

5.3.1. Angabe des Preises, zu dem Wertpapiere angeboten werden. Ist der Preis nicht bekannt oder besteht kein etablierter und/oder liquider Markt für die Wertpapiere, ist die Methode anzugeben, mittels deren der Angebotspreis festgelegt wird, einschließlich Angabe der Person, die die Kriterien festgelegt hat oder offiziell für deren Festlegung

e) whether the treatment of subscriptions or bids to subscribe in the allotment may be determined on the basis of which firm they are made through or by;

f) a target minimum individual allotment if any within the retail tranche;

g) the conditions for the closing of the offer as well as the date on which the offer may be closed at the earliest;

h) whether or not multiple subscriptions are admitted, and where they are not, how any multiple subscriptions will be handled.

5.2.4. Process for notification to applicants of the amount allotted and indication whether dealing may begin before notification is made.

5.2.5. Over-allotment and 'green shoe':

a) the existence and size of any over-allotment facility and/or 'green shoe'.

b) the existence period of the over-allotment facility and/or 'green shoe'.

c) any conditions for the use of the over-allotment facility or exercise of the 'green shoe'.

5.3. Pricing

5.3.1. An indication of the price at which the securities will be offered. If the price is not known or if there is no established and/or liquid market for the securities, indicate the method for determining the offer price, including a statement as to who has set the criteria or is formally responsible for the determination. Indication of the amount of any expenses and

verantwortlich ist. Angabe der Kosten und Steuern, die speziell dem Zeichner oder Käufer in Rechnung gestellt werden.

5.3.2. Verfahren für die Offenlegung des Angebotspreises.

5.3.3. Besitzen die Anteilseigner des Emittenten Vorkaufsrechte und werden diese Rechte eingeschränkt oder zurückgezogen, ist die Basis des Emissionspreises anzugeben, wenn die Emission in bar erfolgt, zusammen mit den Gründen und den Begünstigten einer solchen Beschränkung oder eines solchen Rückzugs.

5.3.4. Besteht tatsächlich oder potenziell ein wesentlicher Unterschied zwischen dem öffentlichen Angebotspreis und den effektiven Barkosten der von Mitgliedern der Verwaltungs-, Geschäftführungs- oder Aufsichtsorgane oder des oberen Managements oder nahe stehenden Personen bei Transaktionen im letzten Jahr erworbenen Wertpapiere oder deren Recht zum Erwerb ist ein Vergleich des öffentlichen Beitrags zum vorgeschlagenen öffentlichen Angebot und der effektiven Bar-Beiträge dieser Personen einzufügen.

5.4. Platzierung und Übernahme (Underwriting)

5.4.1. Name und Anschrift des Koordinators bzw. der Koordinatoren des gesamten Angebots oder einzelner Teile des Angebots und – sofern dem Emittenten oder dem Bieter bekannt – Angaben zu den Platzierern in den einzelnen Ländern des Angebots.

5.4.2. Name und Anschrift der Zahlstellen und der Verwahrstellen in jedem Land.

5.4.3. Name und Anschrift der Institute, die bereit sind, eine Emission auf Grund einer bindenden Zusage zu übernehmen, und Name und Anschrift der Institute, die bereit sind, eine Emission ohne bindende Zusage oder gemäß Vereinbarungen „zu den bestmöglichen Bedingungen" zu platzieren. Angabe der

taxes specifically charged to the subscriber or purchaser.

5.3.2. Process for the disclosure of the offer price.

5.3.3. If the issuer's equity holders have pre-emptive purchase rights and this right is restricted or withdrawn, indication of the basis for the issue price if the issue is for cash, together with the reasons for and beneficiaries of such restriction or withdrawal.

5.3.4. Where there is or could be a material disparity between the public offer price and the effective cash cost to members of the administrative, management or supervisory bodies or senior management, or affiliated persons, of securities acquired by them in transactions during the past year, or which they have the right to acquire, include a comparison of the public contribution in the proposed public offer and the effective cash contributions of such persons.

5.4. Placing and Underwriting

5.4.1. Name and address of the coordinator(s) of the global offer and of single parts of the offer and, to the extend known to the issuer or to the offeror, of the placers in the various countries where the offer takes place.

5.4.2. Name and address of any paying agents and depository agents in each country.

5.4.3. Name and address of the entities agreeing to underwrite the issue on a firm commitment basis, and name and address of the entities agreeing to place the issue without a firm commitment or under 'best efforts' arrangements. Indication of the material features of the agreements, including the quotas. Where not

Hauptmerkmale der Vereinbarungen, einschließlich der Quoten. Wird die Emission nicht zur Gänze übernommen, ist eine Erklärung zum nicht abgedeckten Teil einzufügen. Angabe des Gesamtbetrages der Übernahmeprovision und der Platzierungsprovision.

5.4.4. Angabe des Zeitpunkts, zu dem der Emissionsübernahmevertrag abgeschlossen wurde oder wird.

6. **Zulassung zum Handel und Handelsregeln**

6.1. Angabe, ob die angebotenen Wertpapiere Gegenstand eines Antrags auf Zulassung zum Handel sind oder sein werden und auf einem geregelten Markt oder sonstigen gleichwertigen Märkten vertrieben werden sollen, wobei die jeweiligen Märkte zu nennen sind. Dieser Umstand ist anzugeben, ohne jedoch den Eindruck zu erwecken, dass die Zulassung zum Handel auch tatsächlich erfolgen wird. Wenn bekannt, sollte eine Angabe der frühestmöglichen Termine der Zulassung der Wertpapiere zum Handel erfolgen.

6.2. Angabe sämtlicher geregelten oder gleichwertigen Märkte, auf denen nach Kenntnis des Emittenten Wertpapiere der gleichen Wertpapierkategorie, die zum Handel angeboten oder zugelassen werden sollen, bereits zum Handel zugelassen sind.

6.3. Falls gleichzeitig oder fast gleichzeitig zur Schaffung von Wertpapieren, für die eine Zulassung zum Handel auf einem geregelten Markt beantragt werden soll, Wertpapiere der gleichen Kategorie privat gezeichnet oder platziert werden, oder falls Wertpapiere anderer Kategorien für eine öffentliche oder private Platzierung geschaffen werden, sind Einzelheiten zur Natur dieser Geschäfte sowie zur Zahl und den Merkmalen der Wertpapiere anzugeben, auf die sie sich beziehen.

6.4. Detaillierte Angaben zu den Instituten, die aufgrund einer bindenden Zusage als Intermediäre im Sekundärhandel tätig sind und Liquidität mittels Geld- und Briefkursen zur Verfügung

all of the issue is underwritten, a statement of the portion not covered. Indication of the overall amount of the underwriting commission and of the placing commission.

5.4.4. When the underwriting agreement has been or will be reached.

6. Admission to Trading and Dealing Arrangements

6.1. An indication as to whether the securities offered are or will bet he object of an application for admission to trading, with a view to their distribution in a regulated market or other equivalent markets with indication of the markets in question. This circumstance must be mentioned, without creating the impression that the admission to trading will necessarily be approved. If known, the earliest dates on which the securities will be admitted to trading.

6.2. All the regulated markets or equivalent markets on which, to the knowledge of the issuer, securities of the same class of the securities to be offered or admitted to trading are already admitted to trading.

6.3. If simultaneously or almost simultaneously with the creation of the securities for which admission to a regulated market is being sought securities of the same class are subscribed for or placed privately or if securities of other classes are created for public or private placing, give details of the nature of such operations and of the number and characteristics of the securities to which they relate.

6.4. Details of the entities which have a firm commitment to act as intermediaries in secondary trading, providing liquidity through bid and offer rates and description of the main terms of their commit-

stellen, und Beschreibung der Hauptbedingungen der Zusagevereinbarung.

6.5. Stabilisierung: Hat ein Emittent oder ein Aktionär mit einer Verkaufsposition eine Mehrzuteilungsoption erteilt, oder wird ansonsten vorgeschlagen, dass Kursstabilisierungsmaßnahmen im Zusammenhang mit einem Angebot zu ergreifen sind, so ist Folgendes anzugeben

6.5.1. Die Tatsache, dass die Stabilisierung eingeleitet werden kann, dass es keine Gewissheit dafür gibt, dass sie eingeleitet wird und jederzeit gestoppt werden kann;

6.5.2. Beginn und Ende des Zeitraums, während dessen die Stabilisierung erfolgen kann;

6.5.3. Die Identität der für die Stabilisierungsmaßnahmen in jeder Rechtsordnung verantwortlichen Person, es sei denn, sie ist zum Zeitpunkt der Veröffentlichung nicht bekannt;

6.5.4. Die Tatsache, dass die Stabilisierungstransaktionen zu einem Marktpreis führen können, der über dem liegt, der sich sonst ergäbe.

7. Wertpapierinhaber mit Verkaufsposition

7.1. Name und Anschrift der Person oder des Instituts, die/das Wertpapiere zum Verkauf anbietet; Wesensart etwaiger Positionen oder sonstiger wesentlicher Verbindungen, die die Personen mit Verkaufspositionen in den letzten drei Jahren bei dem Emittenten oder etwaigen Vorgängern oder verbundenen Unternehmen innehatte oder mit diesen unterhielt.

7.2. Zahl und Kategorie der von jedem Wertpapierinhaber mit Verkaufsposition angebotenen Wertpapiere.

7.3. Lock-up-Vereinbarungen:

– **Anzugeben sind die beteiligten Parteien;**

– **Inhalt und Ausnahmen der Vereinbarung;**

– **Der Zeitraum des „lock up".**

ment.

6.5. Stabilisation: where an issuer or a selling shareholder has granted an overallotment option or it is otherwise proposed that price stabilising activities may be entered into in connection with an offer:

6.5.1. The fact that stabilisation may be undertaken, that there is no assurance that it will be undertaken and that it may be stopped at any time;

6.5.2. The beginning and the end of the period during which stabilisation may occur;

6.5.3. The identity of the stabilisation manager for each relevant jurisdiction unless this is not known at the time of publication;

6.5.4. The fact that stabilisation transactions may result in a market price that is higher than would otherwise prevail.

7. Selling Securities Holders

7.1. Name and business address of the person or entity offering to sell the securities, the nature of any position office or other material relationship that the selling persons has had within the past three years with the issuer or any of its predecessors or affiliates.

7.2. The number and class of securities being offered by each of the selling security holders.

7.3. Lock-up agreements:

– The parties involved;

– Content and exceptions of the agreement;

– Indication of the period of the lock up.

8. Kosten der Emission/des Angebots

8.1. Angabe der Gesamtnettoerträge und Schätzung der Gesamtkosten der Emission/des Angebots.

9. Verwässerung

9.1. Betrag und Prozentsatz der unmittelbaren Verwässerung, die sich aus dem Angebot ergibt.

9.2. Im Falle eines Zeichnungsangebots an die existierenden Aktionäre Betrag und Prozentsatz der unmittelbaren Verwässerung, wenn sie das neue Angebot nicht zeichnen.

10. Zusätzliche Angaben

10.1. Werden an einer Emission beteiligte Berater in der Wertpapierbeschreibung genannt, ist eine Erklärung zu der Funktion abzugeben, in der sie gehandelt haben.

10.2. Hinweis auf weitere Angaben in der Wertpapierbeschreibung, die von gesetzlichen Abschlussprüfern geprüft oder einer prüferischen Durchsicht unterzogen wurden und über die die Abschlussprüfer einen Bestätigungsvermerk erstellt haben. Reproduktion des Berichts oder mit Erlaubnis der zuständigen Behörden Zusammenfassung des Berichts.

10.3. Wird in die Wertpapierbeschreibung eine Erklärung oder ein Bericht einer Person aufgenommen, die als Sachverständiger handelt, so sind der Name, die Geschäftsadresse, die Qualifikationen und – falls vorhanden – das wesentliche Interesse am Emittenten anzugeben. Wurde der Bericht auf Ersuchen des Emittenten erstellt, so ist eine diesbezügliche Erklärung dahingehend abzugeben, dass die aufgenommene Erklärung oder der aufgenommene Bericht in der Form und in dem Zusammenhang, in dem sie bzw. er aufgenommen wurde, die Zustimmung von Seiten dieser Person erhalten hat, die den Inhalt dieses Teils der Wertpapierbeschreibung gebilligt hat.

8. Expense of the Issue/Offer

8.1. The total net proceeds and an estimate of the total expenses of the issue/offer.

9. Dilution

9.1. The amount and percentage of immediate dilution resulting from the offer.

9.2. In the case of a subscription offer to existing equity holders, the amount and percentage of immediate dilution if they do not subscribe to the new offer.

10. Additional Information

10.1. If advisors connected with an issue are mentioned in the Securities Note, a statement of the capacity in which the advisors have acted.

10.2. An indication of other information in the Securities Note which has been audited or reviewed by statutory auditors and where auditors have produced a report. Reproduction of the report or, with permission of the competent authority, a summary of the report.

10.3. Where a statement or report attributed to a person as an expert is included in the Securities Note, provide such person's name, business address, qualifications and material interest if any in the issuer. If the report has been produced at the issuer's request a statement to the effect that such statement or report is included, in the form and context in which it is included, with the consent of the person who has authorised the contents of that part of the Securities Note.

10.4. Sofern Angaben von Seiten Dritter übernommen wurden, ist zu bestätigen, dass diese Information korrekt wiedergegeben wurde und dass – soweit es dem Emittenten bekannt ist und er aus den von dieser dritten Partei veröffentlichten Angaben ableiten konnte – keine Fakten unterschlagen wurden, die die reproduzierten Angaben unkorrekt oder irreführend gestalten würden. Darüber hinaus hat der Emittent die Quelle(n) der Angaben anzugeben.

10.4. Where information has been sourced from a third party, provide a confirmation that this information has been accurately reproduced and that as far as the issuer is aware and is able to ascertain from information published by that third party, no facts have been omitted which would render the reproduced information inaccurate or misleading. In addition, identify the source(s) of the information.

Inhalt

I. Verantwortliche Personen, Ziff. 1.

1 Gemäß Ziff. 1.1. sind die für die Angaben im Prospekt verantwortlichen Personen anzugeben. Gemäß Ziff. 1.2. haben diese Personen eine Erklärung abzugeben, dass sie bei Prospekterstellung die erforderliche Sorgfalt haben walten lassen. Aufgrund des identischen Wortlauts mit den Ziff. 1.1. und 1.2. des Anh. I EU-ProspV wird auf die dortigen Kommentierungen verwiesen.

II. Risikofaktoren, Ziff. 2.

1. Überblick

2 Gemäß Ziff. 2. sind die für die anzubietenden oder zuzulassenden Wertpapiere relevanten Risikofaktoren (wertpapierspezifische Risiken) in Ergänzung zu den unter Ziff. 4. des Anh. I EU-ProspV aufzunehmenden Risikofaktoren betreffend den Emittenten und seine Branche (emittentenspezifische Risiken) offenzulegen. Zur Darstellungsweise der Risikofaktoren wird auf die Kommentierung zu Ziff. 4. des Anh. I EU-ProspV verwiesen.

2. Wertpapierspezifische Risiken

3 Wertpapierspezifische Risiken entstehen im Zusammenhang mit dem Angebot oder ergeben sich aus der Anlageform der Aktien. Sie können sich bspw. aus folgenden Umständen ergeben: mangelnde Liquidität der Wertpapiere,[1] Abweichung des im Bookbuilding-Verfahren ermittelten Emissionspreises vom späteren Börsenpreis, erhebliche Schwankungen des Börsenpreises,

---

[1] So auch *Fingerhut/Voß*, in: Just/Voß/Ritz/Zeising, WpPG, Anh. III EU-ProspV Rn. 15; *Schlitt/Schäfer*, in: Assmann/Schlitt/von Kopp-Colomb, WpPG/VerkProspG, Anh. III EU-ProspV Rn. 9.

Auswirkungen von späteren Aktienverkäufen von Altaktionären auf den Börsenpreis,[2] Verstöße gegen Lock-up-Verpflichtungen,[3] Interessenkollisionen zwischen Alt- und Neuaktionären[4] oder beherrschender Einfluss eines Mehrheitsaktionärs, Verwässerung durch Ausgabe weiterer Aktien aus genehmigtem Kapital[5] oder andere zukünftige Kapitalmaßnahmen, ungewisse Ausschüttungspolitik des Unternehmens.

III. Grundlegende Angaben, Erklärung zum Geschäftskapital, Ziff. 3.1.

Gemäß Ziff. 3.1. muss der Emittent eine Erklärung abgeben, dass das Ge- 4 schäftskapital seiner Auffassung nach für seine derzeitigen Bedürfnisse ausreicht. Diese Erklärung wird auch als Working Capital Statement bezeichnet. Ist dies nicht der Fall, hat er darzulegen, wie das zusätzlich erforderliche Geschäftskapital beschafft werden soll. Vom Geschäftskapital erfasst sind das Barvermögen des Emittenten sowie sonstige verfügbaren liquiden Mittel, mit denen der Emittent seine Verbindlichkeiten bei Fälligkeit begleichen kann.[6] Handelt es sich bei dem Emittenten um einen Konzern, ist die Erklärung für den Konzern abzugeben.[7]

1. Wörtliche Wiedergabe der Erklärung

Zunächst fragt sich, ob die Erklärung dem Wortlaut der EU-ProspV entspre- 5 chen muss, d.h. ob der Emittent wörtlich erklären muss, dass „das Geschäftskapital seiner Auffassung nach für seine derzeitigen Bedürfnisse ausreicht", oder ob er vom Wortlaut abweichen kann. Der Wortlaut der Ziff. 3.1. legt die Abgabe der wortgetreuen Erklärung zum Geschäftskapital nahe. Auch ist eine anders lautende Erklärung mit demselben Aussagegehalt schwer vorstellbar. Aus Anlegerschutzgesichtspunkten empfiehlt sich daher die wörtliche Wiedergabe der Erklärung.

2. Abgabe der Erklärung unter Bedingungen

Sofern der Emittent die Erklärung nicht uneingeschränkt abgeben kann, 6 könnte er gewillt sein, dieselbe unter bestimmten Bedingungen abzugeben.

---

2 So auch *Fingerhut/Voß*, in: Just/Voß/Ritz/Zeising, WpPG, Anh. III EU-ProspV Rn. 10; *Schlitt/Schäfer*, in: Assmann/Schlitt/von Kopp-Colomb, WpPG/VerkProspG, Anh. III EU-ProspV Rn. 9.

3 Zu Lock-up-Vereinbarungen siehe die Anm. zu Ziff. 7.3.

4 So auch *Fingerhut/Voß*, in: Just/Voß/Ritz/Zeising, WpPG, Anh. III EU-ProspV Rn. 12.

5 So auch *Schlitt/Schäfer*, in: Assmann/Schlitt/von Kopp-Colomb, WpPG/VerkProspG, Anh. III EU-ProspV Rn. 9.

6 *Schlitt/Schäfer*, in: Assmann/Schlitt/von Kopp-Colomb, WpPG/VerkProspG, Anh. III EU-ProspV Rn. 11 m.w.N.

7 *Fingerhut/Voß*, in: Just/Voß/Ritz/Zeising, WpPG, Anh. III EU-ProspV Rn. 22; *Schlitt/Schäfer*, in: Assmann/Schlitt/von Kopp-Colomb, WpPG/VerkProspG, Anh. III EU-ProspV Rn. 11 m.w.N.

Denkbar ist insb. die Angabe, dass die derzeitigen Bedürfnisse gedeckt werden, sofern das mit dem Prospekt begleitete Angebot bzw. die Zulassung erfolgreich abgeschlossen werden. Die Zulässigkeit einer derartigen Einschränkung der Erklärung ist jedoch abzulehnen.[8] Mit einer solchen Formulierung käme nicht klar zum Ausdruck, dass der Emittent seine derzeitigen Bedürfnisse aktuell gerade nicht decken kann. Zum Schutz des Publikums sollte der Emittent in einem solchen Fall explizit erklären, dass sein Geschäftskapital nicht ausreicht, um seine derzeitigen Bedürfnisse zu decken. Auch die CESR-Empfehlungen[9] verlangen eine eindeutige Erklärung dahingehend, ob das derzeitige Geschäftskapital ausreicht oder nicht (sog. clean statement).[10]

Reicht das Kapital derzeit nicht aus, so hat der Emittent die Maßnahmen zu erläutern, mit denen er seine Liquidität zu steigern beabsichtigt. Darüber hinaus schlagen die CESR-Empfehlungen die Angabe weiterer Umstände vor: Der Emittent sollte angeben, zu welchem Zeitpunkt er den Eintritt des Liquiditätsengpasses vermutet, die voraussichtliche Höhe der fehlenden Mittel, die gegen den Liquiditätsengpass geplanten Maßnahmen sowie die Folgen, die ein Fehlschlagen der geplanten Maßnahmen mit sich bringen könnten.[11] Besteht die Gefahr einer Zahlungsunfähigkeit oder Insolvenz, hat der Emittent hierauf eindeutig hinzuweisen.[12]

3. Zeitraum von zwölf Monaten

7 Die Bundesanstalt verlangt, dass die Erklärung ausdrücklich für den Zeitraum von zwölf Monaten abgegeben wird.[13] Diese Anforderung geht zwar über den Wortlaut der Vorschrift hinaus, erscheint jedoch vor dem Hintergrund der Gültigkeitsdauer des Prospekts gem. Art. 9 Abs. 1 der ProspektRL und § 9 Abs. 1 WpPG sinnvoll. Eine Erstreckung der Erklärung auf den Zeitraum eines Jahres sehen auch die CESR-Empfehlungen in Tz. 107 vor.[14]

IV. Kapitalbildung und Verschuldung, Ziff. 3.2.

8 Gem. Ziff. 3.2. ist eine Übersicht über die Kapitalbildung und die Verschuldung des Emittenten und damit dessen Kapitalausstattung aufzunehmen.

---

8 So auch *Fingerhut/Voß*, in: Just/Voß/Ritz/Zeising, WpPG, Anh. III EU-ProspV Rn. 17.

9 *CESR*, recommendations, consistent implementation, Ref: CESR/05-054b.

10 *CESR*, recommendations, consistent implementation, Ref: CESR/05-054b, Tz. 111; so auch *Fingerhut/Voß*, in: Just/Voß/Ritz/Zeising, WpPG, Anh. III EU-ProspV Rn. 28.

11 *CESR*, recommendations, consistent implementation, Ref: CESR/05-054b. Tz. 119–123.

12 *Schlitt/Schäfer*, in: Assmann/Schlitt/von Kopp-Colomb, WpPG/VerkProspG, Anh. III EU-ProspV Rn. 14.

13 Vgl. auch *Fingerhut/Voß*, in: Just/Voß/Ritz/Zeising, WpPG, Anh. III EU-ProspV Rn. 23; *Schlitt/Schäfer*, in: Assmann/Schlitt/von Kopp-Colomb, WpPG/VerkProspG, Anh. III EU-ProspV Rn. 12 m.w.N.; *Schlitt/Schäfer*, AG 2005, 498, 504.

14 *CESR*, recommendations, consistent implementation, Ref: CESR/05-054b.

Entsprechend der Erklärung zum Geschäftskapital (Ziff. 3.1.) ist die Übersicht bei einem Konzern auf den Konzern zu beziehen.[15]

1. Form der Angaben

Die englische Fassung der EU-ProspV sieht ein „statement" vor, während in   9
der deutschen Fassung der Begriff „Übersicht" gewählt wurde. Aus Gründen
der Übersichtlichkeit empfiehlt es sich, die Angaben grds. in Form einer Tabelle zu machen. Zwingend ist dies jedoch nicht.

2. Inhalt der Übersicht

Ein Vorschlag für eine detaillierte Gliederung der Kapitalbildungsübersicht   10
– auch als cap table bezeichnet – findet sich in Tz. 127 der CESR-Empfehlungen.[16] Demgem. sollen Kapitalbildung und Verschuldung wie folgt untergliedert werden:

KAPITALISIERUNG UND VERSCHULDUNG	
Gesamte kurzfristige Verbindlichkeiten	
– garantiert (mit Beschreibung der Garantien)	
– gesichert (unter Angabe der besicherten Vermögensgegenstände)	
– nicht garantiert/nicht gesichert	
Gesamte langfristige Verbindlichkeiten	
– garantiert (mit Beschreibung der Garantien)	
– gesichert (unter Angabe der besicherten Vermögensgegenstände)	
– nicht garantiert/nicht gesichert	
Eigenkapital	
a. Gezeichnetes Kapital	
b. Gesetzliche Rückstellungen	
c. Sonstige Rückstellungen	
NETTOVERSCHULDUNG	
A. Flüssige Mittel	
B. Zahlungsmitteläquivalente (im Detail)	
C. Liquide Wertpapiere	
D. Liquidität (Saldo aus A., B. und C.)	
E. Kurzfristige Forderungen	
F. Kurzfristige Verbindlichkeiten gegenüber Kreditinstituten	
G. Kurzfristiger Anteil von langfristigen Verbindlichkeiten	
H. Sonstige kurzfristige Finanzverbindlichkeiten	

---

15 *Fingerhut/Voß*, in: Just/Voß/Ritz/Zeising, WpPG, Anh. III EU-ProspV Rn. 38; *Schlitt/Schäfer*, in: Assmann/Schlitt/von Kopp-Colomb, WpPG/VerkProspG, Anh. III EU-ProspV Rn. 17.
16 *CESR*, recommendations, consistent implementation, Ref: CESR/05-054b.

I. Kurzfristige Verschuldung (Saldo aus F., G. und H.)	
J. Kurzfristige Nettoverschuldung (Saldo aus I., E. und D.)	
K. Langfristige Verbindlichkeiten gegenüber Kreditinstituten	
L. Ausgegebene Wandelschuldverschreibungen und Anleihen	
M. Sonstige langfristige Verbindlichkeiten	
N. Langfristige Verschuldung (Saldo aus K., L. und M.)	
O. Gesamtnettoverschuldung (Saldo aus J. und N.)	

11   Zu beachten ist zwar, dass die CESR-Empfehlungen nicht bindendes Recht sind. Zwingend muss die Kapitalbildungsübersicht daher nur zwischen den in Ziff. 3.2. angegebenen Kategorien differenzieren, so dass nur zwischen garantierten und nicht garantierten, besicherten und nicht besicherten, indirekten und Eventualverbindlichkeiten zu unterscheiden ist. Allerdings hat sich in der Praxis die Darstellung von Kapitalisierung und Verschuldung seit Inkrafttreten des WpPG der Gliederung der CESR-Empfehlungen angenähert. Als Standard hat sich mittlerweile die Aufnahme einer Tabelle herausgebildet, innerhalb derer zunächst die kurz- und die langfristigen Finanzverbindlichkeiten, jeweils untergliedert in garantierte und nicht garantierte, besicherte und nicht besicherte Verbindlichkeiten und anschließend das Eigenkapital, differenziert nach gezeichnetem Kapital, Kapitalrücklage, Gewinn- bzw. Verlustvortrag und Jahresüberschuss aufgenommen werden. Eine Aufgliederung v. garantierten und nicht garantierten sowie besicherten und unbesicherten Finanzverbindlichkeiten in Fußnoten ist aufgrund fehlender Übersichtlichkeit nicht zu empfehlen.

12   Eine Kapitalisierungs- und Verschuldungstabelle sollte daher wie folgt aufgebaut werden:

	Vorjahr	Letztes abgeschlossenes Geschäftsjahr	90-Tages-Zeitraum
Kurzfristige Finanzverbindlichkeiten			
davon garantiert			
davon besichert			
davon nicht garantiert/unbesichert			
Langfristige Finanzverbindlichkeiten			
davon garantiert			
davon besichert			
davon nicht garantiert/unbesichert			
Eigenkapital			
davon gezeichnetes Kapital			
davon Kapitalrücklage			

davon Gewinnrücklage			
davon Gewinn-/Verlustvortrag			
davon Jahresüberschuss			
Kapitalausstattung (Summe aus Finanzverbindlichkeiten und Eigenkapital)			

Zusätzlich empfiehlt sich, die indirekten und Eventualverbindlichkeiten i. E.   *13*
gesondert aufzuführen und zu erläutern.

Darüber hinaus wird im Prospekt üblicherweise eine Liquiditätstabelle auf-   *14*
genommen, innerhalb derer die nachstehenden Angaben gemacht werden:

	Vorjahr	Letztes abge-schlossenes Geschäftsjahr	90-Tages-Zeitraum
Liquidität			
davon Kassenbestand (Guthaben bei Kreditinstituten)			
davon Zahlungsmitteläquivalente			
davon Wertpapiere			
Kurzfristige Finanzverbindlichkeiten			
davon gegenüber Kreditinstituten			
davon gegenüber sonstigen Gläubigern			
Kurzfristige Forderungen			
Langfristige Finanzverbindlichkeiten			
davon gegenüber Kreditinstituten			
davon gegenüber sonstigen Gläubigern			
davon Genussscheine			
davon Anleihen			
Langfristige Forderungen			
Nettofinanzverbindlichkeiten bzw. Nettofinanzforderungen (Saldo aus Liquidität, kurz- und langfristigen Finanzverbindlichkeiten)			

3. Frist

Gem. Ziff. 3.2. Satz 2 ist die 90-Tages-Frist ab dem „Datum des Dokuments"   *15*
zu berechnen. Die CESR-Empfehlungen verstehen unter dem Datum des Dokuments das Datum der Billigung und berechnen die Frist folglich rückwärts
ab dem Datum der Billigung.[17] Dieses Verständnis ist jedoch nicht mit der

---

17 *CESR*, recommendations, consistent implementation, Ref: CESR/05-054b, Tz. 127.

EU-ProspV vereinbar. Die Formulierung ist richtigerweise so zu verstehen, dass das Datum der Erstellung des Prospekts – und nicht der Billigung durch die Bundesanstalt – entscheidend ist.[18] Dies ist insb. auch deshalb die einzig praktikable Lösung, als der Prospektersteller auf das Datum der Billigung keinen Einfluss nehmen kann und insoweit für die Fristwahrung vollständig von der Bundesanstalt abhängig wäre.

Zu überlegen ist, ob eine Ausnahme von der 90-Tages-Frist gewährt werden sollte, wenn ein Prospekt zu Beginn eines neuen Quartals erstellt wird und der Emittent über keine (vergleichbaren) Monatszahlen verfügt. Für internationale Konzerne wird es nur schwer durchführbar sein, eine entsprechend aktuelle Aussage zu treffen. Andererseits darf eine Aufweichung der Frist nicht dem missbräuchlichen Verschweigen einer mittlerweile erhöhten Verschuldung des Emittenten Vorschub leisten. Daher lässt die Bundesanstalt die Angabe der letzten Quartalszahlen zu, sofern gleichzeitig eine Erklärung abgegeben wird, dass sich seitdem keine wesentlichen Änderungen ergeben haben.

V. Interessen beteiligter Personen, Ziff. 3.3.

16 Gem. Ziff. 3.3. sind die Interessen an der Emission bzw. dem Angebot beteiligter natürlicher und juristischer Personen zu beschreiben, die für die Emission bzw. das Angebot von wesentlicher Bedeutung sein können.

1. Interessen

17 Erforderlich ist somit zum einen eine Beteiligung der Person an der Emission bzw. am Angebot und zum anderen ein Interesse daran. Unter Beteiligung ist nicht zwingend eine gesellschafterliche Beteiligung am Emittenten zu verstehen. Beteiligt können auch Berater, Finanzintermediäre und Gutachtere sein.[19]

Das primäre Interesse an dem öffentlichen Angebot liegt typischerweise bei dem Emittenten selbst, dessen Finanzierung gesichert werden soll. Im Rahmen eines Zulassungsprospekts können Aktieninhaber ein Interesse an der infolge der Zulassung entstehenden besseren Handelbarkeit der Aktien haben. Des Weiteren haben die beteiligten Konsortialbanken aufgrund vereinbarter Erfolgsprovisionen typischerweise ein Interesse an der Emission.[20] Darüber hinaus sind Berater, die mit dem Emittenten in einer vertraglichen Beziehung stehen, wie z.B. Rechtsanwälte,[21] Wirtschaftsprüfer, Steuer- und sonstige Unternehmensberater, an der Transaktion beteiligt und interes-

---

18 So auch *Fingerhut/Voß*, in: Just/Voß/Ritz/Zeising, WpPG, Anh. III EU-ProspV Rn. 36.

19 *Fingerhut/Voß*, in: Just/Voß/Ritz/Zeising, WpPG, Anh. III EU-ProspV Rn. 42.

20 So auch *Fingerhut/Voß*, in: Just/Voß/Ritz/Zeising, WpPG, Anh. III EU-ProspV Rn. 48.

21 Einschränkend für begleitende Rechtsanwälte, die eine an die Qualität der Leistung und nicht an die Höhe des Emissionserlöses anknüpfende Performance Fee erhalten, *Schlitt/ Schäfer*, in: Assmann/Schlitt/von Kopp-Colomb, WpPG/VerkProspG, Anh. III EU-ProspV Rn. 21.

siert.[22] Sowohl für die Konsortialbanken als auch die Berater sind die Provisionen oder sonstigen Vergütungen der beteiligten Kreditinstitute bzw. die Tatsache, ob diese ungewöhnlich sind, zu erläutern.[23] Typischerweise sind nur die Provisionen der Konsortialbanken und nicht die der sonstigen Berater vom Erfolg der Transaktion abhängig, so dass diese näher zu erläutern sind. Handelt es sich um ein Secondary Offering,[24] so haben für gewöhnlich auch die Altaktionäre ein Interesse an der Emission. Diesbez. können Angaben zur Höhe des den Altaktionären zufließenden (erfolgsorientierten) Emissionserlöses gemacht werden. Das Interesse muss von wesentlicher Bedeutung für die Emission bzw. das Angebot sein. Die Wesentlichkeitsschwelle dürfte jedenfalls dann überschritten sein, wenn ein Interessenkonflikt Auswirkungen auf die Emission hat.[25] Anzugeben sind der Name bzw. die Firma der Personen.[26]

2. Interessenkonflikte

Im Hinblick auf die unter Ziff. 3.3. geforderten Angaben zu potentiellen Interessenkonflikten sind im Unterschied zu den in Ziff. 14.2. des Anh. I EU-ProspV geforderten Angaben keine Interessenkonflikte zwischen den Mitgliedern der Geschäftsführungs- und Aufsichtsorgane darzustellen. An dieser Stelle sind lediglich solche Interessen relevant, die im Konflikt zum Interesse an dem Angebot oder der Zulassung stehen, d. h. die sich gegen das Angebot oder die Zulassung wenden.

18

VI. Gründe für das Angebot und Verwendung der Erträge, Ziff. 3.4.

Gem. Ziff. 3.4. sind die Gründe für das Angebot und die geplante Verwendung für die Erträge aus dem Angebot anzugeben. Die Verwendungszwecke müssen dabei im Detail dargelegt werden.

19

1. Anwendbarkeit auf reine Zulassungsprospekte

Gem. Ziff. 3.4. sind die Gründe für das Angebot anzugeben. Damit ist diese Vorschrift ausschließlich im Fall eines öffentlichen Angebots anwendbar.[27] In

20

---

22 *Schlitt/Schäfer*, in: Assmann/Schlitt/von Kopp-Colomb, WpPG/VerkProspG, Anh. III EU-ProspV Rn. 21.

23 *Schlitt/Schäfer*, in: Assmann/Schlitt/von Kopp-Colomb, WpPG/VerkProspG, Anh. III EU-ProspV Rn. 21.

24 Zum Secondary Offering siehe die Anm. zu Ziff. 4.6.

25 *Fingerhut/Voß*, in: Just/Voß/Ritz/Zeising, WpPG, Anh. III EU-ProspV Rn. 45.

26 *Fingerhut/Voß*, in: Just/Voß/Ritz/Zeising, WpPG, Anh. III EU-ProspV Rn. 46.

27 *Schlitt/Schäfer*, in: Assmann/Schlitt/von Kopp-Colomb, WpPG/VerkProspG, Anh. III EU-ProspV Rn. 22.

einem reinen Zulassungsprospekt ist der Emittent zwar berechtigt, nicht jedoch verpflichtet, entsprechende Angaben zu machen.[28]

2. Nettoerträge

20a Zur Ermittlung der Nettoerträge siehe die Anm. zu Ziff. 8.1.

3. Verwendungszwecke

Aus der Formulierung „aufgegliedert nach den wichtigsten Verwendungszwecken und dargestellt nach Priorität dieser Verwendungszwecke" ergibt sich, dass eine möglichst detaillierte Aufschlüsselung der Nettobeträge und deren Verwendungszwecke im Prospekt aufzunehmen ist. Insb. verlangt die Bundesanstalt eine Differenzierung zwischen den Erlösen der Gesellschaft und den Erlösen, die den Altaktionären zufließen. Pauschale Aussagen wie „zur Finanzierung der weiteren Geschäftsentwicklung" oder „für die weitere Entwicklung der Geschäftstätigkeit" genügen den Anforderungen der EU-ProspV nicht.[29] Allerdings kann es teilweise schwierig sein, eine genauere Aufteilung anzugeben, da sich aufgrund der Emissionserlöse und der zukünftigen Geschäftsentwicklung gerade auch Opportunitäten ergeben. Letztlich ist eine angemessene Prognoseentscheidung erforderlich.

4. Andere Finanzierungsquellen

21 Darüber hinaus verlangt die EU-ProspV die Angabe sonstiger Finanzierungsquellen sowie die Höhe der sonstigen Mittel. Ggf. ist eine bloße Zusage einer Fremdfinanzierung anzugeben.[30] Hier können zwar keine detaillierten Angaben verlangt werden, die vollständige Finanzierung der verfolgten Verwendungszwecke sollte jedoch plausibel gemacht werden.

VII. Angaben zu den Wertpapieren, Ziff. 4.1.

22 Gem. Ziff. 4.1. sind der Typ und die Kategorie der anzubietenden oder zuzulassenden Wertpapiere einschließlich der ISIN oder eines anderen Sicherheitscodes anzugeben.

1. Typ der Wertpapiere

23 Gem. Ziff. 4.1. ist der Typ der Wertpapiere anzugeben. Die unter Anh. III EU-ProspV fallenden Wertpapiertypen werden von Art. 6 Abs. 2 der EU-ProspV benannt: Anh. III gilt für Aktien und für alle anderen übertragbaren und Ak-

---

28 Für Anwendbarkeit auch auf Börsenzulassungsprospekte *Fingerhut/Voß*, in: Just/Voß/Ritz/Zeising, WpPG, Anh. III EU-ProspV Rn. 49.

29 So auch *Schlitt/Schäfer*, in: Assmann/Schlitt/von Kopp-Colomb, WpPG/VerkProspG, Anh. III EU-ProspV Rn. 23.

30 *Fingerhut/Voß*, in: Just/Voß/Ritz/Zeising, WpPG, Anh. III EU-ProspV Rn. 55.

tien gleichzustellenden Wertpapiere. Zu den unter Anh. III fallenden Wertpapieren siehe die Anm. zu Art. 6 EU-ProspV.

Entweder an dieser Stelle im Zusammenhang mit dem Typ des Wertpapiers oder im Zusammenhang mit den Angaben zur Art der Aktien (Namens- oder Inhaberaktien; siehe unten Anm. zu Ziff. 4.3.) sollte angegeben werden, ob es sich um Stück- oder Nennbetragsaktien handelt. Nennbetragsaktien lauten auf einen bestimmten Nennbetrag, während Stückaktien am Grundkapital der Gesellschaft in gleichem Umfang beteiligt sind (§ 8 AktG).[31]

2. Kategorie der Wertpapiere

Die deutsche Fassung der EU-ProspV verlangt die Angabe der Kategorie der Wertpapiere. Eine treffendere Übersetzung des in der englischen Fassung aufgenommenen Begriffs der „class of the securities" hätte wohl der Begriff Aktiengattung geliefert. Aktien gehören zu einer Aktiengattung, wenn sie dieselben Rechte gewähren (§ 11 Satz 2 AktG).[32] Im Hinblick auf das mit Aktien verbundene Stimmrecht ist wiederum zwischen Stamm- und Vorzugsaktien zu unterscheiden (§ 139 AktG). Während Stammaktien das volle Stimmrecht auf der Hauptversammlung verbriefen, ist das Stimmrecht bei Vorzugsaktien zumeist ausgeschlossen. Zum Ausgleich dafür stehen dem Inhaber von Vorzugsaktien typischerweise eine höhere Dividende, eine Garantiedividende und/oder andere Vorrechte zu (z. B. eine bevorzugte Behandlung im Falle der Liquidation der Gesellschaft).[33] *24*

3. Sicherheitscode

Neben – nicht aber anstelle[34] – der internationalen zwölfstelligen ISIN (International Securities Identification Number) können z. B. die nationale sechsstellige WKN (Wertpapierkennnr.), der Common Code oder das Börsenkürzel angegeben werden.[35] Wertpapiere mit ders. ISIN oder mit ders. WKN gehören zu einer Gattung und verkörpern somit dieselben Rechte. *25*

VIII. Anwendbares Recht, Ziff. 4.2.

Gem. Ziff. 4.2. sind die Rechtsvorschriften anzugeben, auf deren Grundlage die Wertpapiere geschaffen wurden. Diese Anforderung scheint auf den ersten Blick nicht eindeutig zu sein. Nach der englischen Fassung ist die „legislation under which the securities have been created" anzugeben. Daraus *26*

---

31 Siehe *Gätsch*, in: Marsch-Barner/Schäfer, Hdb börsnot AG, § 4 Rn. 37.

32 Siehe *Gätsch*, in: Marsch-Barner/Schäfer, Hdb börsnot AG, § 5 Rn. 44 ff.

33 Siehe *Gätsch*, in: Marsch-Barner/Schäfer, Hdb börsnot AG, § 5 Rn. 47.

34 So auch *Schlitt/Schäfer*, in: Assmann/Schlitt/von Kopp-Colomb, WpPG/VerkProspG, Anh. III EU-ProspV Rn. 28.

35 *Fingerhut/Voß*, in: Just/Voß/Ritz/Zeising, WpPG, Anh. III EU-ProspV Rn. 59; *Schlitt/Schäfer*, in: Assmann/Schlitt/von Kopp-Colomb, WpPG/VerkProspG, Anh. III EU-ProspV Rn. 28.

ergibt sich, dass im Prospekt die Rechtsordnung anzugeben ist, unter der die Wertpapiere geschaffen wurden (z. B. unter deutschem Recht).[36]

IX. Verbriefung der Wertpapiere, Ziff. 4.3.

27 Gem. Ziff. 4.3. ist anzugeben, ob es sich um Namens- oder Inhaberpapiere handelt und ob diese verbrieft sind.

1. Namens- oder Inhaberpapiere

28 Mit der Qualifizierung als Namens- oder Inhaberpapiere wird die Art der Wertpapiere nach deren wertpapiermäßiger Verbriefung unterschieden: Namensaktien lauten auf den Namen des Aktionärs, Inhaberaktien auf ihren Inhaber.

Entweder an dieser Stelle oder im Zusammenhang mit dem Typ des Wertpapiers (siehe oben Anm. zu Ziff. 4.1.) sollte angegeben werden, ob es sich um Stück- oder Nennbetragsaktien handelt. Nennbetragsaktien lauten auf einen bestimmten Nennbetrag, während Stückaktien am Grundkapital der Gesellschaft in gleichem Umfang beteiligt sind (§ 8 AktG).[37]

2. Verbriefung oder Stückelosigkeit

29 Anzugeben ist ferner, ob die Aktien „verbrieft oder stückelos" sind. Diese Wortwahl ist unklar, da einer Verbriefung von Wertpapieren nicht ihre „Stückelosigkeit" als Gegenteil gegenüber steht. Tatsächlich kann nur die Unterscheidung zwischen Verbriefung in einer Einzelurkunde oder einer Global- oder Sammelurkunde gemeint sein. Der Begriff der „Stückelosigkeit" ist somit zu vermeiden. Eine Einzelurkunde liegt vor, wenn in einer Urkunde ein einzelnes Mitgliedschaftsrecht verbrieft ist. Der Anspruch des Aktionärs auf Einzelverbriefung seines Anteils kann in der Satzung ausgeschlossen werden (§ 10 Abs. 5 AktG). In der Literatur wird verlangt, dass im Prospekt angegeben wird, ob der Aktionär eine Einzelverbriefung verlangen kann oder ob der Anspruch auf Einzelverbriefung in der Satzung ausgeschlossen wurde.[38] Bei Wandelschuldverschreibungen kann die Einzelverbriefung in den Anleihebedingungen ausgeschlossen werden. In diesen Fällen ist die Gesellschaft jedoch verpflichtet, eine Globalurkunde auszustellen. In einer Globalurkunde werden mehrere Mitgliedschaftsrechte gleicher Art (Namens- oder Inhaberaktien) und gleicher Gattung (Stamm- oder Vorzugsaktien) zusammengefasst. Globalurkunden können nicht gleichzeitig Stück-

---

36 *Fingerhut/Voß*, in: Just/Voß/Ritz/Zeising, WpPG, Anh. III EU-ProspV Rn. 60; *Schlitt/Schäfer*, in: Assmann/Schlitt/von Kopp-Colomb, WpPG/VerkProspG, Anh. III EU-ProspV Rn. 29.
37 Vgl. die Anm. zu Ziff. 4.1.
38 *Fingerhut/Voß*, in: Just/Voß/Ritz/Zeising, WpPG, Anh. III EU-ProspV Rn. 62; *Schlitt/Schäfer*, in: Assmann/Schlitt/von Kopp-Colomb, WpPG/VerkProspG, Anh. III EU-ProspV Rn. 30.

und Nennbetragsaktien verbriefen. Rechtlich gesehen handelt es sich bei einer Globalurkunde um eine Sammelurkunde, d.h. ein Wertpapier, das mehrere Rechte verbrieft, die jedes für sich in einem Wertpapier ders. Art verbrieft sein könnten (§ 9 a Abs. 1 Satz 1 DepotG).[39]

Bei der Emission von Namensaktien durch Kleinemittenten wird teilweise   30
unter Hinweis auf Probleme bei der Verwahrung der Globalurkunde ganz
auf die Errichtung einer Urkunde verzichtet und lediglich ein Aktienregister
geführt. In solchen Fällen verlangt die Bundesanstalt die Angabe, dass die
Aktionäre einen Anspruch auf Verbriefung ihrer Rechte in einer Globalurkunde haben, der auch durch § 10 Abs. 5 AktG nicht ausgeschlossen werden
kann.

3. Buchungsunterlagen

Globalurkunden werden ausschließlich von der Clearstream Banking AG als   31
Wertpapiersammelbank und Zentralverwahrer i. R. d. sog. Girosammelverwahrung verwahrt.[40] Im Prospekt anzugeben sind somit Name und Anschrift
der Clearstream Banking AG.[41] Möglich wäre zwar auch die Verwahrung
der Globalurkunden durch eine andere Wertpapiersammelbank, derzeit ist
die Clearstream Banking AG jedoch die einzige deutsche Wertpapiersammelbank.

X. Währung der Wertpapiere, Ziff. 4.4.

Gem. Ziff. 4.4. ist die Währung der Wertpapiere anzugeben.   32

XI. Rechte an den Wertpapieren, Ziff. 4.5.

Gem. Ziff. 4.5. ist eine Beschreibung der an die Wertpapiere gebundenen   33
Rechte, etwaiger Einschränkungen derselben und des Verfahrens zur Ausübung der Rechte im Prospekt aufzunehmen.

1. Dividendenpolitik

Im Zusammenhang mit den Angaben unter Ziff. 4.5. sind die Angaben zur   34
Dividendenpolitik sowie zu den in den vergangenen Jahren ausgeschütteten
Dividenden gem. Ziff. 20.7. und 20.7.1. des Anh. I der EU-ProspV darzustellen.[42]

---

39 Siehe *Gätsch*, in: Marsch-Barner/Schäfer, Hdb börsnot AG, § 5 Rn. 59 ff.; *Kümpel*, in:
   Kümpel/Hammen/Ekkenga, KapMR, Kennz. 220, S. 18; *Will*, in: Kümpel/Wittig, Bank-
   KapMR, Rn. 18.118.
40 *Will*, in: Kümpel/Wittig, BankKapMR, Rn. 18.95.
41 *Fingerhut/Voß*, in: Just/Voß/Ritz/Zeising, WpPG, Anh. III EU-ProspV Rn. 62.
42 Zu den im Einzelnen geforderten Angaben siehe *Fingerhut/Voß*, in: Just/Voß/Ritz/Zei-
   sing, WpPG, Anh. III EU-ProspV Rn. 66 ff.

2. Stimmrechte

35 Während an dieser Stelle die Beschreibung von (ggf. unterschiedlichen) Stimmrechten sämtlicher Aktionäre verlangt wird, ist unter Ziff. 18.2. des Anh. I der EU-ProspV anzugeben, ob die Hauptaktionäre unterschiedliche Stimmrechte haben. Hier ist anzugeben, ob Vorzugsaktien ohne Stimmrecht emittiert werden und ob es Höchststimmrechte und gesetzliche Stimmverbote gibt.[43]

3. Vorzugsrechte

36 Vorzugsrechte sind bspw. Bezugsrechte, d. h. die Rechte der Altaktionäre, die i. R. d. Kapitalerhöhung geschaffenen neuen Aktien entsprechend ihren Anteilen am bisherigen Grundkapital zu zeichnen (vgl. § 186 AktG). Statt einer Beteiligung entsprechend den bisherigen Anteilen kann die Satzung die Bezugsrechte alternativ auch derart gestalten, dass die Altaktionäre zum Erwerb von neuen Aktien im Verhältnis 3 : 1 (d. h. drei neue für eine alte Aktie) berechtigt werden. Das Verfahren zur Ausübung der Vorzugsrechte ist unter Ziff. 5.1.10. darzustellen.[44]

XII. Grundlagen für die Schaffung der Wertpapiere, Ziff. 4.6.

37 Gem. Ziff. 4.6. sind bei Neuemissionen die die Grundlage der Schaffung der Wertpapiere oder deren Emission bildenden Beschlüsse, Ermächtigungen und Genehmigungen anzugeben.

1. Neuemission

38 Als Neuemission i. S. v. Ziff. 4.6. ist die erstmalige Schaffung und Zulassung von Wertpapieren im Rahmen eines Börsengangs (sog. Going Public oder Initial Public Offering – IPO) oder einer Kapitalerhöhung zu verstehen. Den Gegensatz bildet eine Sekundärplatzierung (sog. Secondary Offering), bei der bereits geschaffene und zugelassene Wertpapiere angeboten werden.[45]

2. Beschlüsse, Ermächtigungen und Genehmigungen

39 Typischerweise geht der Aktienemission einer deutschen AG ein Kapitalerhöhungsbeschluss der Hauptversammlung voraus (§§ 182 ff. AktG).[46] Alternativ kann die Hauptversammlung den Vorstand in der Satzung oder mittels Satzungsänderung dazu ermächtigen, das Grundkapital bis zu einem bestimmten Nennbetrag durch Ausgabe neuer Aktien gegen Einlagen zu erhö-

---

43 *Fingerhut/Voß*, in: Just/Voß/Ritz/Zeising, WpPG, Anh. III EU-ProspV Rn. 79.

44 Zu den Angaben betreffend die verschiedenen Zuteilungsmethoden siehe die Anm. zu Ziff. 5.2.3.

45 Siehe *Brandt*, in: Kümpel/Wittig, BankKapMR, Rn. 15.483; *Ekkenga/Maas*, in: Kümpel/Hammen/Ekkenga, KapMR, Kennz. 055, Rn. 1; *Jäger*, NZG 1998, 718, 720; ders., NZG 1998, 932.

46 *Fingerhut/Voß*, in: Just/Voß/Ritz/Zeising, WpPG, Anh. III EU-ProspV Rn. 87.

hen (genehmigtes Kapital gem. § 202 Abs. 1 AktG). Auf dieser Grundlage entscheidet der Vorstand (mit Zustimmung des Aufsichtsrats) durch Beschluss über die Ausgabe neuer Aktien und damit über die Durchführung der Kapitalerhöhung. In der Satzung kann darüber hinaus bestimmt werden, dass ein Beirat oder vergleichbares Gremium der Emission zustimmen muss.[47]

Unabhängig vom beschließenden Gremium sind Datum und konkreter Inhalt der jeweiligen Beschlüsse sowie sonstiger, damit im Zusammenhang stehender Ermächtigungen und Genehmigungen anzugeben. Nicht erforderlich ist eine wortgetreue Wiedergabe der Inhalte, solange die wesentlichen Kernaussagen dargestellt werden. Wurden die Beschlüsse noch nicht gefasst, so sollte der voraussichtliche Termin der Beschlussfassung angegeben werden.[48] Darüber hinaus ist in einem solchen Fall immer auch ein Hinweis auf den gem. § 16 Abs. 1 WpPG erforderlichen Nachtrag aufzunehmen.[49]

XIII. Emissionstermin, Ziff. 4.7.

Gem. Ziff. 4.7. ist bei Neuemissionen der erwartete Emissionstermin anzugeben.   *40*

1. Neuemission

Zum Begriff der Neuemission siehe die Anm. zu Ziff. 4.6.   *41*

2. Emissionstermin

Der Emissionstermin ist das konkrete Datum der Ausgabe der Aktien durch   *42*
den Emittenten. Werden – wie üblich – die Aktien zunächst an eine Emissionsbank gegeben, ist Emissionstermin die Lieferung der Aktien durch Einbuchung bei den Anlegern durch die Emissionsbank.[50] Auch wenn der Termin lediglich erwartet wird, ist ein konkretes Datum anzugeben.[51]

XIV. Übertragbarkeit der Wertpapiere, Ziff. 4.8.

Gem. Ziff. 4.8. sind etwaige Beschränkungen der freien Übertragbarkeit der   *43*
Wertpapiere darzustellen. Eine Beschränkung der freien Übertragbarkeit der Wertpapiere liegt z. B. bei vinkulierten Namensaktien vor. Bei einer Vinku-

---

47 *Fingerhut/Voß*, in: Just/Voß/Ritz/Zeising, WpPG, Anh. III EU-ProspV Rn. 87.

48 So auch *Schlitt/Schäfer*, in: Assmann/Schlitt/von Kopp-Colomb, WpPG/VerkProspG, Anh. III EU-ProspV Rn. 33.

49 A. A. *Schlitt/Schäfer*, in: Assmann/Schlitt/von Kopp-Colomb, WpPG/VerkProspG, Anh. III EU-ProspV Rn. 33 (kein Nachtrag erforderlich, wenn der Beschluss nicht wesentlich von der Ankündigung abweicht).

50 *Schlitt/Schäfer*, in: Assmann/Schlitt/von Kopp-Colomb, WpPG/VerkProspG, Anh. III EU-ProspV Rn. 34.

51 *Fingerhut/Voß*, in: Just/Voß/Ritz/Zeising, WpPG, Anh. III EU-ProspV Rn. 88.

lierung bestimmt die Satzung, dass die Aktien nur mit Zustimmung der Gesellschaft oder eines Gesellschaftsorgans übertragen werden können (vgl. § 68 Abs. 2 Satz 1 AktG).[52] Die Zustimmung muss zum Verfügungsgeschäft erteilt werden. Bis zur Erteilung der Zustimmung ist die Verfügung schwebend unwirksam; bei Verweigerung der Zustimmung wird die Verfügung endgültig unwirksam. Bestehen solche Beschränkungen der freien Übertragbarkeit der Wertpapiere, sind Ausführungen zum Zustimmungsverfahren zu machen.

Übertragbarkeitsbeschränkungen können sich zudem aus rechtsgeschäftlichen Vereinbarungen, wie z. B. Marktschutzabreden bzw. Lock up-Vereinbarungen ergeben (siehe auch die Anm. zu Ziff. 5.4.3.).[53] Des Weiteren können Verkaufsbeschränkungen (sog. selling restrictions) die freie Verfügbarkeit der Wertpapiere z. B. in bestimmten Staaten einschränken.

XV. Obligatorische Übernahmeangebote, Ausschluss- und Andienungsregeln, Ziff. 4.9.

44 Gem. Ziff. 4.9. sind etwaig bestehende obligatorische Übernahmeangebote, Ausschluss- und Andienungsregeln anzugeben.

1. Obligatorische Übernahmeangebote

45 Ein obligatorisches Übernahmeangebot ist nach deutschem Recht ein Pflichtangebot gem. § 35 Abs. 1 Satz 1 WpÜG.[54]

2. Ausschlussregeln

46 Unter Ausschlussregeln sind zum einen die aktienrechtlichen Regelungen zu einem Zwangsausschluss einer Aktionärsminderheit gem. §§ 327 a ff. AktG (sog. Squeeze-out) sowie die übernahmerechtlichen Regelungen des § 39 a WpÜG zu verstehen.[55] Dies ergibt sich aus der englischen Fassung der EU-ProspV. Nicht erforderlich ist dabei die Wiedergabe der Rechtsgrundlagen für ein Squeeze-out.

3. Andienungsregeln

47 Andienungsrechte sind in §§ 16, 39 c WpÜG geregelt.[56].

---

52 Siehe *Brandt*, in: Kümpel/Wittig, BankKapMR, Rn. 15.35.
53 *Fingerhut/Voß*, in: Just/Voß/Ritz/Zeising, WpPG, Anh. III EU-ProspV Rn. 97.
54 *Fingerhut/Voß*, in: Just/Voß/Ritz/Zeising, WpPG, Anh. III EU-ProspV Rn. 99.
55 *Fingerhut/Voß*, in: Just/Voß/Ritz/Zeising, WpPG, Anh. III EU-ProspV Rn. 104; zum Squeeze-out siehe *Eckhold*, in: Marsch-Barner/Schäfer, Hdb börsnot AG, § 63 Rn. 14 ff.
56 *Fingerhut/Voß*, in: Just/Voß/Ritz/Zeising, WpPG, Anh. III EU-ProspV Rn. 105.

XVI. Freiwillige Übernahmeangebote, Ziff. 4.10.

Gem. Ziff. 4.10. sind freiwillige Erwerbsangebote anzugeben, die während *48*
des letzten oder im Verlauf des aktuellen Geschäftsjahres des Emittenten erfolgten. Mitzuteilen sind dabei der Kurs, d. h. der für die Wertpapiere angebotene Preis, die Umtauschbedingungen (sofern kein reines Barangebot) sowie das Ergebnis des freiwilligen Angebots.[57] Die Angaben können nicht
durch bloße Bezugnahme auf die nach WpÜG veröffentlichte Angebotsunterlage gemacht werden, sondern bedürfen der expliziten Aufnahme im Prospekt (§ 11 WpPG).[58]

XVII. Besteuerung, Ziff. 4.11.

Gem. Ziff. 4.11. sind steuerliche Angaben für das Land des Sitzes des Emit- *49*
tenten und die Länder, in denen das Angebot unterbreitet bzw. die Zulassung zum Handel beantragt wird, zu machen.

1. Quellensteuer

Anzugeben ist die vom Emittenten einbehaltene Einkommensteuer, unter *50*
die auch Kapitalertragsteuern, Solidaritätszuschlag, Körperschaft- und Ge-
werbesteuer, Erbschaft- und Schenkungsteuer fallen, sofern diese als Quellensteuern im engeren Sinn anzusehen sind.[59] Die Steuern müssen an der
Quelle und zwar vom Emittenten oder einer von ihm beauftragten Zahlstelle
einbehalten werden.[60] Anfallen kann die Steuer auf Dividenden, Sonderaus-
schüttungen und Liquidationserlöse.[61]

2. Umfang der steuerlichen Angaben

Aus der Formulierung „Angaben" geht der Umfang der geforderten Anga- *51*
ben nicht hervor. Da die Darstellung der Steuern und insbesondere deren
Auswirkungen auf den individuellen Anleger sehr umfangreich sein kann,
muss es neben einer Beschreibung der Grundstrukturen, d. h. der Art der
Steuer, der Steuersubjekte, des Steuersatzes und ggf. von Freibeträgen,
möglich sein, auf individuelle Beratung durch einen Rechtsanwalt oder Steuerberater zu verweisen.

I. d. R. wird in den Prospekten ein eigener Abschnitt unter der Bezeichnung
„Besteuerung in Deutschland" aufgenommen, der Aussagen zur Besteue-

57 *Fingerhut/Voß*, in: Just/Voß/Ritz/Zeising, WpPG, Anh. III EU-ProspV Rn. 106.
58 *Fingerhut/Voß*, in: Just/Voß/Ritz/Zeising, WpPG, Anh. III EU-ProspV Rn. 106; *Schlitt/ Schäfer*, in: Assmann/Schlitt/von Kopp-Colomb, WpPG/VerkProspG, Anh. III EU-ProspV Rn. 37.
59 *Schlitt/Schäfer*, in: Assmann/Schlitt/von Kopp-Colomb, WpPG/VerkProspG, Anh. III EU-ProspV Rn. 38.
60 *Fingerhut/Voß*, in: Just/Voß/Ritz/Zeising, WpPG, Anh. III EU-ProspV Rn. 108.
61 *Schlitt/Schäfer*, in: Assmann/Schlitt/von Kopp-Colomb, WpPG/VerkProspG, Anh. III EU-ProspV Rn. 38.

rung der Gesellschaft und der Aktionäre enthält. Dabei wird üblicherweise zwischen Dividendeneinkünften und Veräußerungsgewinnen sowie zwischen in Deutschland und im Ausland ansässigen Anteilseignern unterschieden. Zudem werden die Unterschiede erläutert, die sich ergeben, wenn die Anteilseigner ihre Aktien im Privat- oder Betriebsvermögen halten.

3. Angebot in verschiedenen Ländern

52 Die Vorschrift verlangt Angaben für Quellensteuern im Land des eingetragenen Sitzes des Emittenten sowie in den Ländern, in denen das Angebot unterbreitet oder die Zulassung zum Handel beantragt wird. Damit wären theoretisch in einem Basisprospekt, der für ein europaweites Angebot erstellt wird, Angaben zur Quellensteuer in sämtlichen dieser Länder aufzunehmen. Darüber hinaus wären jegliche Gesetzesänderungen durch den Emittenten zu verfolgen und mittels eines Nachtrags gem. § 16 Abs. 1 WpPG zu veröffentlichen, sofern die Wesentlichkeitsschwelle überschritten wird. Der damit verbundene Aufwand des Emittenten wäre jedoch auch aus Anlegerschutzgesichtspunkten nicht gerechtfertigt. Der Anleger muss nur dann über die Quellensteuern eines Landes informiert werden, wenn dort tatsächlich ein Angebot gemacht wird. Daher muss es im Falle eines Basisprospekts ausreichen, wenn der Basisprospekt Angaben zu den Quellensteuern des Herkunftsstaates des Emittenten enthält und die Quellensteuern für die weiteren Länder erst in den endgültigen Bedingungen des Angebots für das jeweilige Land dargestellt werden.

XVIII. Bedingungen und Voraussetzungen für das Angebot, Ziff. 5.

53 Gem. Ziff. 5. sind diverse Angaben zu den Bedingungen und Voraussetzungen des „Angebots" zu machen. Damit bezieht sich der Wortlaut der Vorschrift ausdrücklich ausschließlich auf öffentliche Angebote und nicht auf Zulassungen zum Handel an einem organisierten Markt, so dass die Angaben bei reinen Zulassungsprospekten entbehrlich wären.[62] Der überwiegende Teil der Vorschriften ist tatsächlich nur bei öffentlichen Angeboten sinnvoll. Sofern die Angaben auch bei reinen Zulassungen gemacht werden können (wie z. B. die Angaben zu Ziff. 5.4.2.), sollten sie aus Anlegerschutzgesichtspunkten auch in einem reinen Zulassungsprospekt aufgenommen werden.[63]

---

[62] Anders in Ziff. 9.

[63] So auch *Fingerhut/Voß*, in: Just/Voß/Ritz/Zeising, WpPG, Anh. III EU-ProspV Rn. 111; *Schlitt/Schäfer*, in: Assmann/Schlitt/von Kopp-Colomb, WpPG/VerkProspG, Anh. III EU-ProspV Rn. 40.

XIX. Angebot, Ziff. 5.1.

Gem. Ziff. 5.1. sind die Bedingungen, Angebotsstatistiken, der erwartete   54
Zeitplan und erforderliche Maßnahmen für die Antragstellung anzugeben.

1. Angebotsbedingungen, Ziff. 5.1.1.

Zu den Angebotsbedingungen gehören ein Mindestemissionsvolumen (d. h.   55
eine mindestens erforderliche Nachfrage), Mindestordergrößen, Orderlimits,
die Preisspanne, innerhalb derer Erwerbsangebote abgegeben werden können, oder der Platzierungspreis, sofern dieser bereits feststeht.[64]

2. Verkauf oder Zeichnung, Ziff. 5.1.2. Satz 1

Anzugeben ist die Gesamtsumme der Emission bzw. des Angebots. Diese   56
Angabe kann nur dann gemacht werden, wenn die Gesamtsumme bei Prospektbilligung bereits feststeht. Dies ist häufig bei Bezugsrechtsemissionen
der Fall. Anzugeben ist sodann, wie viele der Aktien durch die Altaktionäre
zum Verkauf angeboten werden und wie viele der Aktien aus einer Kapitalerhöhung stammen und damit erstmalig zur Zeichnung angeboten werden.

3. Festlegung des Betrags, Ziff. 5.1.2. Satz 2

Ziff. 5.1.2. Satz 2 verlangt Angaben für den Fall, dass „der Betrag nicht fest-   57
gelegt" ist. Da hier nicht der (monetäre) Betrag des Angebots, sondern das
Angebotsvolumen, d. h. die Anzahl der angebotenen Wertpapiere gemeint
ist (vgl. Satz 1: „Gesamtsumme des Angebots"), würde die Formulierung „Ist
die Summe nicht festgelegt" die geforderten Angaben besser treffen. Das
Angebotsvolumen wird regelmäßig bei Börsengängen oder öffentlichen Sekundärplatzierungen erst im Bookbuilding-Verfahren festgelegt. In solchen
Fällen sind im Prospekt eine Beschreibung der Vereinbarungen und des
Zeitpunkts für die Ankündigung des endgültigen Angebotsvolumens aufzunehmen. Angaben zum Erwerbspreis der Wertpapiere sind unter Ziff. 5.3. zu
machen.

4. Angabe einer maximalen Zahl der angebotenen Wertpapiere, Ziff. 5.1.2. Satz 2

Aus Satz 2 geht hervor, dass die Gesamtsumme des Angebots nicht zwin-   58
gend angegeben werden muss. Dies entspricht der Regelung in § 8 Abs. 1
Satz 1 WpPG, gemäß der es nicht zwingend erforderlich ist, das Gesamtvolumen der angebotenen Wertpapiere im Prospekt anzugeben. Daher muss es
erlaubt sein, statt einer konkreten Anzahl der angebotenen Wertpapiere die
Gesamtsumme der Emission mit einem Maximalbetrag zu beziffern („bis zu

---

64 *Schlitt/Schäfer*, in: Assmann/Schlitt/von Kopp-Colomb, WpPG/VerkProspG, Anh. III EU-
ProspV Rn. 42; nach *Fingerhut/Voß*, in: Just/Voß/Ritz/Zeising, WpPG, Anh. III EU-
ProspV Rn. 114 ist der Platzierungspreis nicht an dieser Stelle, sondern unter Ziff. 5.3.
darzustellen.

... ").[65] Eine allgemeine Umschreibung des Angebotsvolumens ist nach Auffassung der Bundesanstalt nicht ausreichend.[66] Möglich ist allerdings die nachträgliche Reduzierung des zunächst im Prospekt angegebenen Maximalvolumens im Rahmen eines Nachtrags nach § 16 WpPG.[67] Für eine spätere Erhöhung des im Prospekt angegebenen Maximalvolumens bedarf es nach Auffassung der Bundesanstalt einer erneuten Prospektbilligung.[68]

Nach Ansicht der Bundesanstalt bedarf es auch beim Decoupled Bookbuilding der Angabe eines Maximalbetrags („bis zu ... "). Diese Ansicht wird in der Literatur unter Verweis auf den Wortlaut des § 8 Abs. 1 WpPG teilweise bestritten.[69]

5. Zeitpunkt für die Ankündigung des endgültigen Angebotsbetrags, Ziff. 5.1.2. Satz 2

59 Ziff. 5.1.2. verlangt die Angabe des Zeitpunkts der Ankündigung des endgültigen Angebotsbetrags. Dieser steht bei Erstellung des Prospekts zumeist noch nicht endgültig fest. Sofern er sich verschiebt, müsste der Emittent einen Nachtrag gem. § 16 Abs. 1 WpPG mit dem neuen Zeitpunkt veröffentlichen. Um dies zu vermeiden, muss es ausreichen statt eines konkreten Datums eine Zeitraumangabe zu machen („frühestens am ..., spätestens am ... ").[70]

6. Bekanntmachung des endgültigen Angebotsbetrags

60 Der endgültige Angebotsbetrag (besser: das endgültige Angebotsvolumen) ist gemeinsam mit dem endgültigen Angebotspreis gem. § 8 Abs. 1 Satz 6 WpPG unverzüglich nach seiner Festlegung entsprechend den Regelungen des § 14 Abs. 2 WpPG zu veröffentlichen.[71] Zur Veröffentlichung des endgültigen Angebotspreises siehe die Anm. zu Ziff. 5.3.1. und 5.3.2.

---

65 *Fingerhut/Voß*, in: Just/Voß/Ritz/Zeising, WpPG, Anh. III EU-ProspV Rn. 122; *Schlitt/Schäfer*, AG 2005, 498, 505.

66 A. A. *Schlitt/Schäfer*, in: Assmann/Schlitt/von Kopp-Colomb, WpPG/VerkProspG, Anh. III EU-ProspV Rn. 44.

67 *Fingerhut/Voß*, in: Just/Voß/Ritz/Zeising, WpPG, Anh. III EU-ProspV Rn. 125; *Schlitt/Schäfer*, in: Assmann/Schlitt/von Kopp-Colomb, WpPG/VerkProspG, Anh. III EU-ProspV Rn. 44.

68 A. A. *Fingerhut/Voß*, in: Just/Voß/Ritz/Zeising, WpPG, Anh. III EU-ProspV Rn. 125 (Erhöhung per Nachtrag möglich).

69 *Fingerhut/Voß*, in: Just/Voß/Ritz/Zeising, WpPG, Anh. III EU-ProspV Rn. 123.

70 So auch *Fingerhut/Voß*, in: Just/Voß/Ritz/Zeising, WpPG, Anh. III EU-ProspV Rn. 126; *Schlitt/Schäfer*, in: Assmann/Schlitt/von Kopp-Colomb, WpPG/VerkProspG, Anh. III EU-ProspV Rn. 44.

71 *Fingerhut/Voß*, in: Just/Voß/Ritz/Zeising, WpPG, Anh. III EU-ProspV Rn. 128; *Schlitt/Schäfer*, in: Assmann/Schlitt/von Kopp-Colomb, WpPG/VerkProspG, Anh. III EU-ProspV Rn. 44.

XX. Zeitraum des Angebots, Ziff. 5.1.3.

Gem. Ziff. 5.1.3. ist die Frist anzugeben, während der das Angebot gilt. Ferner ist das Antragsverfahren zu beschreiben. *61*

1. Angebotsfrist

Ziff. 5.1.3. verlangt die Angabe der Frist, während der das Angebot gilt. Nach *62*
dem Wortlaut sind damit konkrete Angaben zum Fristbeginn und zum Fristende zu machen. Sofern dem Emittenten dies nicht möglich ist, muss es erlaubt sein, den frühesten Termin für den Fristbeginn sowie den spätesten Termin für das Fristende anzugeben. Für diese Angaben sind jedoch konkrete Zeitpunkte („beginnt frühestens am …, endet spätestens am …") zu nennen. Unzulässig ist insofern die Aufnahme voraussichtlicher Daten („beginnt voraussichtlich am …, endet wahrscheinlich am …"), da der Emittent damit nicht einmal einen verbindlichen Zeitraum angeben und sich damit von jeglicher Verbindlichkeit freizeichnen würde.[72] Im Übrigen dürfen Fristbeginn und Fristende nicht soweit auseinander liegen, dass ein unüblich langer Angebotszeitraum möglich wäre. Eine Formulierung kann bspw. wie folgt lauten:

„Das öffentliche Angebot beginnt in Anlehnung an § 14 Abs. 1 WpPG frühestmöglich einen Werktag nach Veröffentlichung des Prospekts und endet mit der Vollplatzierung des Angebots. Dies gilt auch, wenn die Platzierung länger als zwölf Monate dauern sollte, da der Prospekt um die entsprechenden Nachträge ergänzt werden wird."[73]

2. Angebotszeitraum

Sofern Beginn und Ende der Angebotsfrist nicht konkret angegeben werden, *63*
ist im Prospekt zumindest der Angebotszeitraum, d.h. die Dauer des Angebots (z.B. zwei Wochen), genau zu beziffern. Eine Formulierung kann im Bookbuilding-Verfahren bspw. wie folgt lauten:

„Die Preisspanne sowie konkrete Zeitpunkte für Beginn und Ende des Angebotszeitraums werden in Form eines Nachtrags zu diesem Prospekt vor Beginn des Angebotszeitraums unter der Internetadresse des Emittenten veröffentlicht. Der Nachtrag wird außerdem während der üblichen Geschäftszeiten bei dem Emittenten, den Konsortialbanken sowie bei der Zulassungsstelle der Frankfurter Wertpapierbörse kostenlos erhältlich sein."[74]

3. Antragsverfahren

Im Rahmen des Antragsverfahrens sind die Zeichnungs- bzw. Bezugsstellen *64*
anzugeben, bei denen Angebote zum Erwerb von Aktien angegeben werden

---

[72] Vgl. die Anm. zu Ziff. 5.1.8.
[73] Zitiert nach *Fingerhut/Voß*, in: Just/Voß/Ritz/Zeising, WpPG, Anh. III EU-ProspV Rn. 131.
[74] Zitiert nach *Fingerhut/Voß*, in: Just/Voß/Ritz/Zeising, WpPG, Anh. III EU-ProspV Rn. 125.

können.[75] Anzugeben sind dabei Name bzw. Firma sowie die Anschrift der Zeichnungsstellen.[76]

XXI. Vorzeitige Beendigung des Angebots, Ziff. 5.1.4.

65 Gem. Ziff. 5.1.4. ist mitzuteilen, zu welchem Zeitpunkt und unter welchen Voraussetzungen ein Angebot widerrufen oder ausgesetzt werden kann. Hierzu gehören insbesondere die Bedingungen, die der Emittent mit seiner Emissionsbank im Rahmen des Übernahmevertrags vereinbart hat, wie z. B. die Möglichkeit einer vorzeitigen Beendigung des Angebots aufgrund einer wesentlichen nachteiligen Veränderung der Vermögens-, Finanz- und Ertragslage des Emittenten.[77]

XXII. Reduzierung von Zeichnungen, Ziff. 5.1.5.

66 Gem. Ziff. 5.1.5. sind die Möglichkeiten der Anleger zur Reduzierung bereits erfolgter Zeichnungen und die Erstattung etwaig zu viel gezahlter Beträge zu beschreiben. Unter dem Begriff „Betrag" ist nicht der Zeichnungsbetrag, sondern eine bereits gezahlte Zeichnungsgebühr zu verstehen.[78] Die Bedingungen für die Rückerstattung werden dabei zumeist von den Zeichnungs- bzw. Bezugsstellen festgelegt.[79]

XXIII. Mindest- oder Höchstbetrag der Zeichnung, Ziff. 5.1.6.

67 Gem. Ziff. 5.1.6. sind Mindest- und/oder Höchstbetrag für die Anzahl und den Umfang von Zeichnungen, die pro Depot eines Anlegers zugelassen werden, anzugeben. Angegeben werden kann entweder eine Mindest- bzw. Höchstanzahl an Wertpapieren oder eine Mindest- bzw. Höchstzeichnungssumme.[80]

---

75 *Fingerhut/Voß*, in: Just/Voß/Ritz/Zeising, WpPG, Anh. III EU-ProspV Rn. 129; *Schlitt/ Schäfer*, in: Assmann/Schlitt/von Kopp-Colomb, WpPG/VerkProspG, Anh. III EU-ProspV Rn. 45.

76 *Fingerhut/Voß*, in: Just/Voß/Ritz/Zeising, WpPG, Anh. III EU-ProspV Rn. 129.

77 Vgl. *Fingerhut/Voß*, in: Just/Voß/Ritz/Zeising, WpPG, Anh. III EU-ProspV Rn. 136; *Schlitt/Schäfer*, in: Assmann/Schlitt/von Kopp-Colomb, WpPG/VerkProspG, Anh. III EU-ProspV Rn. 45.

78 *Fingerhut/Voß*, in: Just/Voß/Ritz/Zeising, WpPG, Anh. III EU-ProspV Rn. 137.

79 *Schlitt/Schäfer*, in: Assmann/Schlitt/von Kopp-Colomb, WpPG/VerkProspG, Anh. III EU-ProspV Rn. 46.

80 *Fingerhut/Voß*, in: Just/Voß/Ritz/Zeising, WpPG, Anh. III EU-ProspV Rn. 138.

XXIV. Zeitraum für die Rücknahme von Zeichnungen, Ziff. 5.1.7.

Gem. Ziff. 5.1.7. ist der Zeitraum anzugeben, innerhalb dessen Zeichnungen 68
durch Anleger zurückgenommen werden können, sofern dies überhaupt
möglich ist. Eine Möglichkeit besteht z. B. dann, wenn – wie bei Börsengängen üblich – die Zeichnung durch den Anleger lediglich eine invitatio ad offerendum ist. In solchen Fällen kann der Anleger seinen Auftrag während
des gesamten Angebotszeitraums widerrufen.[81] Ein Widerruf ist auch unter
den Voraussetzungen des § 16 Abs. 3 WpPG möglich.

XXV. Bedienung und Lieferung der Wertpapiere, Ziff. 5.1.8.

Gem. Ziff. 5.1.8. sind die Methode und die Fristen für die Bedienung und 69
Lieferung der Wertpapiere anzugeben.

Unter der Methode der Bedienung der Wertpapiere sind die Zahlungsmodalitäten für den Erwerbspreis, d. h. eine Kontoverbindung und der Zahlungs-
empfänger zu verstehen[82] Als Frist der Bedienung der Wertpapiere ist das
genaue Datum anzugeben, bis zu dem der Erwerbspreis zu zahlen ist. Typischerweise werden die Wertpapiere geliefert, indem sie auf das Konto der
Depotbank des Anlegers bei der Clearstream Banking AG oder einer vergleichbaren Stelle eingebucht werden.[83]

Da die Frist für die Lieferung der Wertpapiere zum Zeitpunkt der Prospekterstellung meist noch nicht genau festgelegt werden kann, muss es dem
Emittenten möglich sein, wie für die Angebotsfrist gem. Ziff. 5.1.3. den frühesten Termin für den Fristbeginn sowie den spätesten Termin für das Fristende anzugeben.[84] Auch hier sollten keine voraussichtlichen Angaben zulässig sein, da sich der Emittent damit nicht einmal auf einen bestimmten
Zeitraum verbindlich festlegt.[85]

XXVI. Offenlegung der Ergebnisse des Angebots, Ziff. 5.1.9.

Gem. Ziff. 5.1.9. ist eine Beschreibung der Art und Weise und des Termins 70
der Offenlegung des Ergebnisses des Angebots aufzunehmen. Diese Angaben sind erforderlich, wenn der Emissionspreis und/oder das Emissionsvolumen gemäß den Regelungen des § 8 WpPG nicht genannt werden.

---

81 *Fingerhut/Voß*, in: Just/Voß/Ritz/Zeising, WpPG, Anh. III EU-ProspV Rn. 139.
82 *Fingerhut/Voß*, in: Just/Voß/Ritz/Zeising, WpPG, Anh. III EU-ProspV Rn. 141.
83 *Fingerhut/Voß*, in: Just/Voß/Ritz/Zeising, WpPG, Anh. III EU-ProspV Rn. 142; *Schlitt/
Schäfer*, in: Assmann/Schlitt/von Kopp-Colomb, WpPG/VerkProspG, Anh. III EU-ProspV
Rn. 48.
84 So auch *Fingerhut/Voß*, in: Just/Voß/Ritz/Zeising, WpPG, Anh. III EU-ProspV Rn. 143;
Schlitt/Schäfer, in: Assmann/Schlitt/von Kopp-Colomb, WpPG/VerkProspG, Anh. III EU-
ProspV Rn. 48.
85 Vgl. die Anm. zu Ziff. 5.1.8.

1. Ergebnisse des Angebots

71 Zum Ergebnis des Angebots gehört zum einen die Anzahl der tatsächlich platzierten Wertpapiere und zum anderen die Angabe, ob ein Greenshoe bzw. eine Mehrzuteilungsmöglichkeit gezogen wurde.[86] Nicht dazu gehören der Platzierungspreis und damit im Zusammenhang stehende Angaben. Diese sind entsprechend den Anforderungen gem. Ziff. 5.3. im Prospekt aufzunehmen.[87]

2. Zeitlicher Ablauf des Angebots

72 Der zeitliche Ablauf des Angebots hängt v. der jeweiligen Angebotsstruktur ab. Entscheidend ist insb., ob es sich um eine Privatplatzierung oder ein öffentliches Angebot, um eine Bezugsrechtsemission oder eine „freie" Platzierung handelt. Nicht zuletzt ist das Verfahren für den Ablauf relevant, nach dem der Emissions- bzw. Platzierungspreis bestimmt wird.[88]

3. Termin

73 Der Zeitpunkt für die Mitteilung an den Anleger, wie viele Aktien ihm zugeteilt wurden, kann entweder mit konkreter Datumsangabe oder mit „x Tage vor dem ersten Handelstag" konkretisiert werden.[89]

XXVII. Vorzugsrechte, Ziff. 5.1.10.

74 Gem. Ziff. 5.1.10. sind das Verfahren für die Ausübung etwaiger „Vorzugsrechte", die Übertragbarkeit der Zeichnungsrechte und die Behandlung nicht ausgeübter Zeichnungsrechte zu beschreiben. Gemeint sind hier nicht Vorzugsrechte im aktienrechtlichen Sinn, sondern Bezugsrechte; die Regelung findet vornehmlich auf Bezugsrechtsemissionen Anwendung.[90] Anzugeben ist das Bestehen von Bezugsrechten der Altaktionäre, das Verfahren der Bezugsrechtsausübung, die Übertragbarkeit von Bezugsrechten und die Rechtsfolgen der Nichtausübung von Bezugsrechten.[91]

XXVIII. Kategorien der Investoren und Tranchen, Ziff. 5.2.1.

75 Gem. Ziff. 5.2.1. sind verschiedene Kategorien von Investoren und Ländertranchen anzugeben. Zu den unterschiedlichen Investoren können instituti-

---

86 So auch *Fingerhut/Voß*, in: Just/Voß/Ritz/Zeising, WpPG, Anh. III EU-ProspV Rn. 146; vgl. dazu die Anm. zu Ziff. 5.2.5.

87 So auch *Fingerhut/Voß*, in: Just/Voß/Ritz/Zeising, WpPG, Anh. III EU-ProspV Rn. 146.

88 Zu den Einzelheiten siehe *Meyer*, in: Marsch-Barner/Schäfer, Hdb börsnot AG, § 7 Rn. 77 ff.

89 So auch *Fingerhut/Voß*, in: Just/Voß/Ritz/Zeising, WpPG, Anh. III EU-ProspV Rn. 147.

90 *Fingerhut/Voß*, in: Just/Voß/Ritz/Zeising, WpPG, Anh. III EU-ProspV Rn. 149.

91 *Fingerhut/Voß*, in: Just/Voß/Ritz/Zeising, WpPG, Anh. III EU-ProspV Rn. 150.

onelle Investoren, Privatanleger und Mitarbeiter des Emittenten gehören. Werden die Wertpapiere in verschiedenen Ländern angeboten und wird einzelnen dieser Länder eine Tranche vorbehalten, so ist dies ebenfalls anzugeben.

XXIX. Am Angebot teilnehmende Personen, Ziff. 5.2.2.

Gem. Ziff. 5.2.2. ist, soweit dies dem Emittenten bekannt ist, im Prospekt an-   76
zugeben, ob Hauptaktionäre oder Mitglieder der Verwaltungsorgane des Emittenten an der Zeichnung teilzunehmen beabsichtigen und ob Personen mehr als 5 % des Angebots zeichnen wollen.

Es stellt sich die Frage, ob Ziff. 5.2.2. lediglich die Angabe verlangt, dass die genannten Personenkreise an der Zeichnung teilnehmen bzw. mehr als 5 % des Angebots zeichnen wollen oder ob ihre Identifizierung im Prospekt verlangt werden kann. Letzteres kann nicht gefordert werden. Zunächst ergibt sich ein solches Erfordernis nicht aus dem Wortlaut der EU-ProspV. Des Weiteren kann die Angabe der jeweiligen Namen einem Anleger im Zweifel keine wertvolle Information über die Wertpapiere liefern. Insb. ist zum Zeitpunkt der Prospekterstellung noch nicht sicher, dass eine der Personen an der Zeichnung teilnehmen wird („an der Zeichnung teilnehmen wollen"). In keinem Fall kann das Interesse des Publikums an der Offenlegung der Identität der zeichnenden Personen das Interesse der genannten Personen an der Geheimhaltung ihrer persönlichen Investitionsentscheidung überwiegen. Die Offenlegung der Identität der an der Zeichnung teilnehmenden Personen kann somit nicht verlangt werden.[92]

Die Angabe, dass die genannten Personenkreise an der Zeichnung teilnehmen bzw. mehr als 5 % zeichnen wollen, muss nur dann im Prospekt aufgenommen werden, wenn der Emittent diesbezüglich positive Kenntnis hatte. Ein Kennenmüssen reicht nicht aus.[93]

XXX. Zuteilung der Wertpapiere, Ziff. 5.2.3.

Gem. Ziff. 5.2.3. sind diverse Angaben zur geplanten Zuteilung der Wertpa-   77
piere zu machen.

1. Aufteilung in Tranchen

Anzugeben ist eine etwaige Aufteilung des Angebots in Tranchen (Ziff.   78
5.2.3. lit. a)). Ausreichend ist eine prozentuale Angabe der einzelnen Tranchen.[94]

---

92 So auch *Fingerhut/Voß*, in: Just/Voß/Ritz/Zeising, WpPG, Anh. III EU-ProspV Rn. 156;
   Schlitt/Schäfer, in: Assmann/Schlitt/von Kopp-Colomb, WpPG/VerkProspG, Anh. III EU-ProspV Rn. 52.
93 *Fingerhut/Voß*, in: Just/Voß/Ritz/Zeising, WpPG, Anh. III EU-ProspV Rn. 155.
94 *Fingerhut/Voß*, in: Just/Voß/Ritz/Zeising, WpPG, Anh. III EU-ProspV Rn. 159.

Zum Zeitpunkt der Erstellung des Prospekts hat sich die Gesellschaft bezüglich der Aufteilung des Angebots in Tranchen allerdings oftmals noch nicht festgelegt. In solchen Fällen können im Prospekt dazu keine Angaben gemacht werden. Sollte nach der Veröffentlichung des Prospekts eine Aufteilung erfolgen, ist von dem Emittenten zu prüfen, ob dieser Umstand einen nachtragspflichtigen Umstand i. S. d. § 16 Abs. 1 WpPG darstellt, und ggf. ein entsprechender Nachtrag zu veröffentlichen.

2. Mehrzuteilung

79 Ziff. 5.2.3. lit. c) verlangt die Angabe der Zuteilungsmethode für die Privatkundentranche und die Tranche für die Beschäftigten des Emittenten im Falle einer Mehrzuteilung. Die Formulierung „Mehrzuteilung" könnte treffender gefasst werden mit „Überzeichnung".[95] Dies entspricht auch eher der englischen Fassung, in der die Formulierung „over-subscription" gewählt wurde.

3. Zuteilungsmethoden

80 Zulässige Zuteilungsverfahren werden z. B. in den „Grundsätzen für die Zuteilung von Aktienemissionen an Privatanleger", herausgegeben von der Börsensachverständigenkommission beim Bundesministerium der Finanzen am 07.06.2000, dargestellt.[96] Diese Zuteilungsmethoden sind nicht zwingend, sie sind jedoch allgemein anerkannt und werden daher üblicherweise verwendet.[97]

Zu den dargestellten Zuteilungsmethoden gehören die folgenden Verfahren:

– Losverfahren: Verteilung der verfügbaren Aktien nach einem für alle Kaufwilligen identischen Losschema oder nach verschiedenen Losgrößen

– Zuteilung nach Ordergrößen: Oders innerhalb einer Ordergrößenklasse erhalten die gleiche pauschale oder prozentuale Zuteilung, wobei verschiedene Ordergrößenklassen unterschiedliche Zuteilungen erhalten können

– Zuteilung anhand einer bestimmten Quote: quotale Verteilung der Aktien, d. h. gem. eines festen Bruchteils des Kaufangebots, auf alle oder die Kaufwilligen einer bestimmten Stückzahl (Rundungen zulässig)

– Zuteilung nach dem Zeitpunkt des Eingangs des Kaufangebots: Bedienung der Kaufangebote nach der zeitlichen Reihenfolge ihres Eingangs

---

95 So auch *Fingerhut/Voß*, in: Just/Voß/Ritz/Zeising, WpPG, Anh. III EU-ProspV Rn. 162.
96 Im Internet abrufbar auf der Website der Bundesanstalt unter www.bafin.de; zu weiteren Zuteilungsmethoden siehe *Meyer*, in: Marsch-Barner/Schäfer, Hdb börsnot AG, § 8 Rn. 54.
97 *Fingerhut/Voß*, in: Just/Voß/Ritz/Zeising, WpPG, Anh. III EU-ProspV Rn. 163 (freiwillige Selbstverpflichtung); *Schlitt/Schäfer*, in: Assmann/Schlitt/von Kopp-Colomb, WpPG/VerkProspG, Anh. III EU-ProspV Rn. 53.

– Zuteilung nach anderen sachgerechten Kriterien: Zuteilung nach regionalen Aspekten oder unter Berücksichtigung bestehender langfristiger Kundenbindungen unter Berücksichtigung der o. g. Kriterien.

4. Friends und Family-Programme

Unter sog. Friends- und Family-Programmen versteht man die Zuteilung von   81
Aktien an Investoren, die zuvor v. der Gesellschaft ausgesucht wurden. Üblicherweise werden Geschäftspartner, aber auch Führungskräfte oder sonstige Mitarbeiter des Unternehmens ausgewählt, um auf diese Weise eine besondere Bindung an die Gesellschaft zu schaffen.[98]

5. Vorzeitige Beendigung

Nach dem Sinn und Zweck der Vorschrift der Ziff. 5.2.3. lit. g) kann es sich   82
hier nicht um das bei Prospekterstellung vorgesehene Angebotsende handeln, sondern um eine vorzeitige, d. h. bei Erstellung des Prospekts nicht vorgesehene Beendigung des Angebots. Im Prospekt müssen für diesen Fall die Bedingungen angegeben werden, unter denen das Angebot frühzeitig beendet werden kann, sowie der früheste Termin für die vorzeitige Beendigung des Angebots.

XXXI. Mitteilung der erfolgten Zuteilung, Ziff. 5.2.4.

Gem. Ziff. 5.2.4. ist das Verfahren der Mitteilung erfolgter Zuteilungen dar-   83
zustellen. Es ist mithin zu erläutern, wann und bei welchen Stellen Anleger erfragen können, ob ihre Angebote angenommen wurden und ob ihnen Wertpapiere zugeteilt wurden.[99] Des Weiteren ist auch das Verfahren der Zuteilung mitzuteilen, sofern es den Grundsätzen der Börsensachverständigenkommission für die Zuteilung von Aktienemissionen an Privatanleger[100] folgt.[101] Ferner ist anzugeben, ob die Aufnahme des Handels vor der Zuteilung zulässig ist.

XXXII. Greenshoe, Ziff. 5.2.5.

Gem. Ziff. 5.2.5. sind Angaben zu einer etwaigen Greenshoe-Option zu ma-   84
chen. Bei einem Greenshoe handelt es sich um ein Instrument der Kursstabilisierung, bei dem der Emittent dem Emissionskonsortium für den Fall, dass die Nachfrage das ursprünglich vorgesehene Emissionsvolumen erheblich überschreitet, Mehrzuteilungen zu den Ursprungskonditionen einräumt.

---

98 *Meyer*, in: Marsch-Barner/Schäfer, Hdb börsnot AG, § 8 Rn. 56.
99 *Fingerhut/Voß*, in: Just/Voß/Ritz/Zeising, WpPG, Anh. III EU-ProspV Rn. 174.
100 Siehe die Anm. zu Anh. III Ziff. 5.2.3. der EU-ProspV.
101 *Fingerhut/Voß*, in: Just/Voß/Ritz/Zeising, WpPG, Anh. III EU-ProspV Rn. 174; *Schlitt/Schäfer*, in: Assmann/Schlitt/von Kopp-Colomb, WpPG/VerkProspG, Anh. III EU-ProspV Rn. 54.

Die Greenshoe-Aktien können aus dem Bestand der Altaktionäre oder aus einer Kapitalerhöhung stammen. Der Umfang des Greenshoes beläuft sich regelmäßig auf 10–15 % des ursprünglichen Emissionsvolumens.[102] Typischerweise dauert eine solche Stabilisierungsphase dreißig Tage.[103] Dieser Zeitraum (dreißig Kalendertage) ist im Übrigen gem. § 20 a Abs. 3 Satz 1 WpHG i. V. m. Art. 8 der VO (EG) Nr. 2273/2003 der Kommission vom 22.12. 2003 zur Durchführung der RL 2003/6/EG des Europäischen Parlaments und des Rates – Ausnahmeregelungen für Rückkaufprogramme und Kursstabilisierungsmaßnahmen (ABl. EU Nr. L 336 S. 33) auch die Höchstgrenze für solche Kursstabilisierungsmaßnahmen. Die vorgenannte Verordnung normiert darüber hinaus weitere Voraussetzungen, unter denen Kursstabilisierungsmaßnahmen zulässig sind (siehe auch die Anm. zu Ziff. 6.5.).

XXXIII. Preisfestsetzung, Ziff. 5.3.

85 Gem. Ziff. 5.3. sind diverse Angaben zur Preisfestsetzung im Prospekt aufzunehmen.

1. Methode für die Festlegung des Angebotspreises

86 Wenn der Preis noch nicht bekannt ist, was gem. § 8 WpPG zulässig ist, hat der Prospekt Angaben zu den Methoden für die Festlegung des Preises zu enthalten. Zu den üblichen Preisfindungsverfahren gehören das Festpreisverfahren, das Bookbuilding-Verfahren und das Auktionsverfahren, wobei sich das Bookbuilding-Verfahren mittlerweile weitgehend durchgesetzt hat.[104]

87 – Festpreisverfahren: Beim Festpreisverfahren werden die Aktien zu einem vor dem Angebot festgelegten Platzierungspreis angeboten. Dieser Preis wird bei bereits börsennotierten Unternehmen vom Börsenpreis der börsennotierten Aktien abgeleitet. Bei noch nicht börsennotierten Unternehmen, deren Aktien im Rahmen eines IPO erst an der Börse zugelassen werden sollen, wird eine Indikation für den Platzierungspreis auf Basis einer fundamentalen Unternehmensanalyse und -bewertung unter Berücksichtigung der Börsenbewertung vergleichbarer Unternehmen sowie der allgemeinen Marktsituation ermittelt (z. B. unter Anwendung der Grundsätze des Instituts der Wirtschaftsprüfer IDW S1).[105]

88 – Bookbuilding-Verfahren: Beim Bookbuilding-Verfahren geben Emittent und Bankenkonsortium vor der Zeichnungsperiode eine Preisspanne bekannt, innerhalb derer interessierte Anleger ihre Kaufanträge abgeben

---

102 Zu den Einzelheiten der Wirkungsweise und den Gestaltungsformen des Greenshoe siehe *Hein*, WM 1996, 1, 6 f.; *Meyer*, WM 2002, 1106 ff.; *Meyer*, in: Marsch-Barner/Schäfer, Hdb börsnot AG, § 8 Rn. 63.

103 *Brandt*, in: Kümpel/Wittig, BankKapMR, Rn. 15.532.

104 *Meixner*, NJW 1998, 1896, 1900.

105 *Brandt*, in: Kümpel/Wittig, BankKapMR, Rn. 15.514; *Meyer*, in: Marsch-Barner/Schäfer, Hdb börsnot AG, § 8 Rn. 26 f.

können. Diese Preisspanne wird im Rahmen einer Pre-Marketing-Phase und einer Marketing-Phase unter Einbeziehung der institutionellen Investoren ermittelt.[106] Sämtliche Kaufanträge werden beim Konsortialführer (sog. Lead Manager oder Bookrunner) gemeldet und in einem elektronischen Orderbuch zusammengestellt. Nach Abschluss des i. d. R. fünf bis zehn Tage dauernden Bookbuilding-Verfahrens wird der Platzierungspreis ermittelt.[107] Bei der Variante des sog. Accelerated Bookbuilding-Verfahrens wird der Platzierungszeitraum abhängig vom Volumen und der Aufnahmebereitschaft der Investoren auf wenige Stunden verkürzt. Ein auf diese Weise beschleunigtes Bookbuilding-Verfahren wird vornehmlich bei Sekundärplatzierungen angewandt. Die Abkürzung des Preisfindungszeitraums bringt dem Emittenten den Vorteil, dass die vorgegebene Preisspanne nur kurzzeitig den möglicherweise extremen Schwankungen des Börsenumfelds ausgesetzt wird. Bei dem unter der Bezeichnung Decoupled Bookbuilding-Verfahren bekannten Preisfindungsverfahren finden sich im Prospekt weder Angaben zu Emissionsvolumen und Emissionspreis, noch zu einer Preisspanne. Letztere wird nach einer ein- bis zweiwöchigen Road-Show bei institutionellen Investoren am Tag vor dem Beginn der Zeichnungsfrist im Wege eines Nachtrags in den Prospekt aufgenommen.[108] Auf diese Weise können die Vorstellungen der angesprochenen Investoren bei der Preisbestimmung berücksichtigt werden. Die konkrete Höhe des Emissionsvolumens und des Emissionspreises werden nach dem Ende der Zeichnungsfrist (gem. § 8 Abs. 1 WpPG) veröffentlicht.

– Auktionsverfahren: Beim Auktionsverfahren geben interessierte Anleger ihre Kaufgebote ohne Vorgabe einer Preisspanne ab. Die Aktien werden nach Ablauf der Angebotsfrist, angefangen beim höchsten Gebot, so lange verteilt, bis das Emissionsvolumen erschöpft ist. **89**

Das Verfahren zur nachträglichen Bekanntmachung des Emissionspreises (sowie des Emissionsvolumens) erfolgt nach § 8 WpPG. Zur nachträglichen Bekanntmachung des Emissionsvolumens siehe auch Ziff. 5.1.2.

2. Bekanntmachung des endgültigen Angebotspreises

Der endgültige Angebotspreis ist gemeinsam mit dem endgültigen Emissionsvolumen gem. § 8 Abs. 1 Satz 6 WpPG unverzüglich nach seiner Festlegung gem. § 14 Abs. 2 WpPG zu veröffentlichen. Zur Veröffentlichung des endgültigen Emissionsvolumens siehe Ziff. 5.1.2. Zur Nachtragspflicht für den Fall, dass der Prospekt bereits veröffentlicht ist, siehe die Anm. zu § 8 WpPG. **90**

---

106 *Brandt*, in: Kümpel/Wittig, BankKapMR, Rn. 15.518.
107 *Brandt*, in: Kümpel/Wittig, BankKapMR, Rn. 15.518; *Hein*, WM 1996, 1 ff.; *Meyer*, in: Marsch-Barner/Schäfer, Hdb börsnot AG, § 8 Rn. 30.
108 A. A. *Groß*, KapMR, § 8 WpPG Rn. 3b.

3. Kosten und Steuern

91 Gem. Ziff. 5.3.1. Satz 3 sind auch Kosten und Steuern anzugeben, die dem Zeichner in Rechnung gestellt werden. Nicht unter diese Regelung fallen Steuern auf die Erträge aus den Wertpapieren (siehe hierzu Ziff. 4.11.). Die Regelung ist insbesondere auf die Stempelsteuer zugeschnitten, die v. a. in Großbritannien anfällt. Des Weiteren können Kosten oder Gebühren anzugeben sein, die vom Emittenten erhoben werden.[109] Auch von den Instituten erhobenen Zeichnungsgebühren und ein etwaiges Agio fallen unter die anzugebenden Kosten.[110]

XXXIV. Fremdemission, Ziff. 5.4.

92 Gem. Ziff. 5.4. sind Angaben zum Verhältnis zwischen dem Emittenten und den Emissionsbanken zu machen, welches typischerweise in einem Übernahmevertrag geregelt wird. Hieran beteiligt sein können auch Dritte, wie z. B. Altaktionäre.[111]

Sofern der Emittent seine Wertpapiere nicht selbst an seine Aktionäre oder an neue Kapitalgeber emittieren möchte (sog. Selbstemission bzw. Direktplatzierung), kann er sich zur Ausgabe der Wertpapiere auch der Mitwirkung von Kreditinstituten bedienen (sog. Fremdemission).[112] In einem solchen Fall werden die Wertpapiere üblicherweise von einem Bankenkonsortium übernommen (sog. Underwriting). Die dem Konsortium angehörigen Banken („Koordinatoren") werden dabei von einem Konsortialführer (auch sog. Lead Manager) vertreten.

XXXV. Koordinatoren und Platzierer, Ziff. 5.4.1.

93 Gem. Ziff. 5.4.1. sind sowohl der Konsortialführer als auch die weiteren Konsortialbanken als Koordinatoren mit Namen und Anschrift sowie den Verkaufsstellen (selling agents) als Platzierer anzugeben.

XXXVI. Zahl- und Verwahrstellen, Ziff. 5.4.2.

94 Gem. Ziff. 5.4.2. sind die Zahl- und Verwahrstellen in jedem Land anzugeben.

---

109 *Fingerhut/Voß*, in: Just/Voß/Ritz/Zeising, WpPG, Anh. III EU-ProspV Rn. 192; *Schlitt/Schäfer*, in: Assmann/Schlitt/von Kopp-Colomb, WpPG/VerkProspG, Anh. III EU-ProspV Rn. 56.

110 *Fingerhut/Voß*, in: Just/Voß/Ritz/Zeising, WpPG, Anh. III EU-ProspV Rn. 192.

111 *Schlitt/Schäfer*, in: Assmann/Schlitt/von Kopp-Colomb, WpPG/VerkProspG, Anh. III EU-ProspV Rn. 59.

112 *Müller*, in: Kümpel/Wittig, BankKapMR, Rn. 15.85.

1. Zahlstellen

Unter der Zahlstelle sind Finanzinstitute zu verstehen, bei denen sämtliche 95
Maßnahmen bez. der Wertpapiere vorgenommen werden können. Bspw.
können hier Zins- und Dividendenscheine sowie ausgeloste oder gekündigte
Schuldverschreibungen eingelöst und Bezugsrechte ausgeübt werden.[113] Bei
der Zahlstelle werden darüber hinaus sonstige Gewinnanteile ausgezahlt.
Bei außerbörslich angebotenen Wertpapieren muss die Zahlstelle nicht bei
einem Kreditinstitut angesiedelt sein. Neben der Benennung der Stelle ist
auch deren Adresse anzugeben.[114]

2. Verwahrstellen

Darüber hinaus ist die Verwahrstelle (auch Depot- oder Hinterlegungsstelle) 96
aufzunehmen. Verwahrstellen sind die Stellen, bei denen Aktien zu hinterlegen sind, um an der Hauptversammlung teilnehmen oder dort das Stimmrecht ausüben zu können (siehe i. E. § 123 Abs. 2 und 3 AktG). Dies ist auch
die Wertpapiersammelbank, bei der die Globalurkunde über die Wertpapiere regelmäßig hinterlegt ist.[115] Auch hier ist neben dem Namen der Verwahrstelle deren Adresse anzugeben.

3. In jedem Land

Wenn es sich um ein grenzüberschreitendes Angebot handelt, sind sowohl 97
die inländischen als auch die ausländischen Zahl- und Verwahrstellen aufzunehmen. Problematisch wird dies dann, wenn bei der Erstellung eines Basisprospekts noch nicht feststeht, in welchen Ländern das Angebot letztlich
gemacht werden soll. In einem solchen Fall reicht die Angabe der Zahl- und
Verwahrstelle im Inland zunächst aus. Die Zahl- und Verwahrstellen im jeweiligen (Aus-)Land sind sodann in den endgültigen Bedingungen aufzunehmen. Die Zahl- und Verwahrstellen im Ausland sind jedoch nur dann anzugeben, sofern in dem jeweiligen Land eine solche Stelle auch tatsächlich
bestimmt wurde.[116]

XXXVII. Offenlegung der Quoten, Ziff. 5.4.3.

Gem. Ziff. 5.4.3. ist mitzuteilen, welche Banken sich zur Zeichnung der Wert- 98
papiere verpflichtet haben (firm underwriting) und welche nur eine bestmögliche Platzierung anbieten (best efforts underwriting).[117] Sofern eine
quotale Aufteilung der Aktien zwischen den Banken vereinbart ist, sollte

---

113 *Fingerhut/Voß*, in: Just/Voß/Ritz/Zeising, WpPG, Anh. III EU-ProspV Rn. 203.
114 *Fingerhut/Voß*, in: Just/Voß/Ritz/Zeising, WpPG, Anh. III EU-ProspV Rn. 204.
115 *Schlitt/Schäfer*, in: Assmann/Schlitt/von Kopp-Colomb, WpPG/VerkProspG, Anh. III
    EU-ProspV Rn. 61.
116 So auch *Fingerhut/Voß*, in: Just/Voß/Ritz/Zeising, WpPG, Anh. III EU-ProspV Rn. 207.
117 *Schlitt/Schäfer*, in: Assmann/Schlitt/von Kopp-Colomb, WpPG/VerkProspG, Anh. III
    EU-ProspV Rn. 60.

diese dargestellt werden. Oftmals stehen die Quoten zum Zeitpunkt der Pro-spekterstellung noch nicht fest. In solchen Fällen ist zumindest der Zeitpunkt anzugeben, an dem die Quoten festgelegt und bekannt gegeben werden. Des Weiteren bedarf es der Angabe der Höhe der den Banken geschuldeten Provisionen sowie sonstiger wesentlicher Inhalte des Übernahmevertrags, wie z. B. der Kündigungsmöglichkeiten, etwaig bestehender Veräußerungs-beschränkungen und der Haftungsverpflichtungen des Emittenten.[118]

XXXVIII. Emissionsübernahmevertrag, Ziff. 5.4.4.

99 Gem. Ziff. 5.4.4. ist anzugeben, wann der Emissionsübernahmevertrag abge-schlossen wurde. Sofern der Vertrag erst nach der Erstellung und Billigung des Prospekts abgeschlossen wird, ist im Prospekt der voraussichtliche Zeit-punkt für den Abschluss des Übernahmevertrags aufzunehmen.

XXXIX. Zulassung zum Handel und Handelsregeln, Ziff. 6.

100 Gem. Ziff. 6. sind die Regeln zur Zulassung zum Handel und die Handelsre-geln darzustellen. Das BörsG versteht unter der Zulassung von Wertpapieren die Erlaubnis, die Börseneinrichtungen für den Handel mit den Wertpapie-ren zu benutzen. Dabei steht die Börse jedem Emittenten gleichermaßen of-fen.

XL. Märkte, auf denen die Wertpapiere zugelassen werden sollen, Ziff. 6.1.

101 Gem. Ziff. 6.1. ist anzugeben, ob die Wertpapiere auf „einem geregelten Markt oder sonstigen gleichwertigen Märkten" und auf welchen dieser Märkte sie vertrieben werden sollen. Unter die geregelten Märkte fallen zum einen die EU-regulierten Märkte (EU-Regulated Markets) und zum anderen die von den Börsen selbst regulierten Märkte (Regulated Unofficial Markets). Erstere umfassen das Börsensegment Amtlicher Markt, dessen Zulassungs-voraussetzungen in §§ 30 ff. BörsG geregelt werden, und das Börsensegment Geregelter Markt, welches in §§ 49 ff. BörsG normiert ist. Eine Zulassung von Wertpapieren zum Amtlichen Markt oder zum Geregelten Markt führt in den General Standard oder – sofern weitere internationale Transparenz-standards eingehalten werden – in dessen Teilbereich Prime Standard. Amt-licher und Geregelter Markt sind gem. § 2 Abs. 7 WpÜG organisierte Märkte i. S. d. § 2 Abs. 5 WpHG, da sie von staatlich anerkannten Stellen geregelt und überwacht werden, regelmäßig stattfinden und für das Publikum unmit-

---

118 *Fingerhut/Voß*, in: Just/Voß/Ritz/Zeising, WpPG, Anh. III EU-ProspV Rn. 210; *Schlitt/ Schäfer*, in: Assmann/Schlitt/von Kopp-Colomb, WpPG/VerkProspG, Anh. III EU-ProspV Rn. 60.

telbar oder mittelbar zugänglich sind.[119] Das jeweilige Marktsegment sollte ebenfalls angegeben werden.[120]

Neben einer Zulassung zum Amtlichen Markt oder zum Geregelten Markt   *102* können Emittenten auch die Zulassung zum in § 57 BörsG geregelten Freiverkehr beantragen. Dieses Marktsegment ist nicht in die öffentlich-rechtliche Organisation der Börse als Anstalt öffentlichen Rechts integriert, sondern reguliert sich selbst.[121] Der Freiverkehr ist kein organisierter Markt i. S. d. § 2 Abs. 5 WpHG, da er ausschließlich privatrechtlich normiert ist.[122] Er wird von der Deutschen Börse AG auch als Open Market bezeichnet. Das neue Handelssegment Entry Standard startete am 25.10.2005 im Freiverkehr der Frankfurter Wertpapierbörse als Teilbereich für kleine und mittlere Unternehmen.[123]

Im Prospekt anzugeben ist, wann die Wertpapiere zum Handel zugelassen   *103* werden sollen, wann der Zulassungsantrag gestellt werden soll und wann die Zulassung voraussichtlich erfolgen wird.[124] Dabei darf in der Darstellung nicht der Eindruck erweckt werden, die Wertpapiere seien bereits zugelassen worden. Es empfiehlt sich die Verwendung der Formulierung „voraussichtlich".[125]

XLI. Märkte, auf denen die Wertpapiere bereits zugelassen sind, Ziff. 6.2.

Gem. Ziff. 6.2. sind die geregelten oder gleichwertigen Märkte anzugeben,   *104* auf denen Wertpapiere der gleichen Kategorie bereits zum Handel zugelassen sind. Selbst wenn für die Zulassung der Wertpapiere keine Prospektpflicht unter dem WpPG besteht, sind die geregelten oder gleichwertigen Märkte anzugeben, auf denen sie bereits zugelassen sind. Denkbar ist dies bspw. für Wertpapiere, die ohne öffentliches Angebot i. S. d. §§ 3, 4 WpPG am Entry Standard einbezogen werden sollen, wenn bereits eine Zulassung besteht.

Zur Kategorie der Wertpapiere siehe die Anm. zu Ziff. 4.1.

---

119 Zu den Einzelheiten siehe *Meyer*, in: Marsch-Barner/Schäfer, Hdb börsnot AG, § 7 Rn. 41 ff.

120 *Fingerhut/Voß*, in: Just/Voß/Ritz/Zeising, WpPG, Anh. III EU-ProspV Rn. 216.

121 *Oulds*, in: Kümpel/Wittig, BankKapMR, Rn. 14.306.

122 *Noack/Holzborn*, in: Schwark/Zimmer, KapMRK, § 2 WpÜG Rn. 47.

123 Siehe *Weber*, NJW 2005, 3682, 3683; *Weber*, NJW 2006, 3685, 3686.

124 *Schlitt/Schäfer*, in: Assmann/Schlitt/von Kopp-Colomb, WpPG/VerkProspG, Anh. III EU-ProspV Rn. 63.

125 *Fingerhut/Voß*, in: Just/Voß/Ritz/Zeising, WpPG, Anh. III EU-ProspV Rn. 217.

XLII. Privat zu platzierende Wertpapiere, Ziff. 6.3.

105 Gem. Ziff. 6.3. sind Einzelheiten, Anzahl und Merkmale der Wertpapiere anzugeben, die privat gezeichnet oder platziert werden sollen, sofern gleichzeitig Papiere der gleichen Kategorie zum Handel an einem geregelten Markt zugelassen werden sollen.

Zur Kategorie der Wertpapiere siehe die Anm. zu Ziff. 4.1.

XLIII. Intermediäre, Ziff. 6.4.

106 Gem. Ziff. 6.4. ist das Institut anzugeben, welches die Funktion des Intermediärs im Zweithandel, üblicherweise als Designated Sponsor oder Market Makter bezeichnet, übernimmt. Die vorrangige Aufgabe eines solchen Intermediärs besteht darin, die Handelbarkeit bzw. Liquidität der Wertpapiere zu sichern, indem er verbindliche Geld- und Briefkurse einstellt.[126] Diese Funktion sollte zum besseren Verständnis im Prospekt kurz erläutert werden. Üblicherweise wird folgende Formulierung im Prospekt aufgenommen:

„Der Designated Sponsor sorgt insbesondere für eine höhere Liquidität der Aktien, indem er verbindliche Preise für Kauf und Verkauf der Aktien festlegt."

Zwischen dem Intermediär und dem Emittenten wird ein Vertrag abgeschlossen, in dem sich der Intermediär zur Übernahme dieser Aufgabe verpflichtet. Inhaltlich können sich die Bedingungen dieser Zusagevereinbarung bspw. nach den Regeln der Deutsche Börse AG für das Designated Sponsoring richten. Im Prospekt empfehlen sich Angaben zur Vergütung des Intermediärs sowie zu dessen Haftungsbeschränkungen.

XLIVX. Kursstabilisierung, Ziff. 6.5.

107 Gem. Ziff. 6.5. sind Angaben zu neben einer etwaigen Greenshoe-Option (siehe die Anm. zu Ziff. 5.2.5.) bestehenden Kursstabilisierungsmaßnahmen zu machen.

1. Aktionär mit Verkaufsposition

108 Zum Aktionär mit Verkaufsposition siehe die Anm. zu Ziff. 7.1.

2. Kursstabilisierung

109 Um extremen Kursausschlägen neu platzierter Wertpapiere entgegenzuwirken, führen die an der Emission beteiligten Banken eigene Wertpapiergeschäfte zur Kursstabilisierung durch. Dazu gehören der Kauf von Wertpapie-

---

126 *Seiffert*, in: Kümpel/Wittig, BankKapMR, Rn. 4.291; *Meyer*, in: Marsch-Barner/Schäfer, Hdb börsnot AG, § 8 Rn. 11 f.

ren, die Gegenstand der Wertpapieremissionen sind, und der Kauf von Wertpapieren oder Derivaten, die sich auf die Wertpapiere beziehen, die Gegenstand von Wertpapieremissionen sind.[127] Bei der Vornahme solcher Maßnahmen sind die strikten Voraussetzungen des § 20 a WpHG sowie der auf der Ermächtigungsgrundlage des § 20 a Abs. 5 WpHG am 01.03.2005 erlassenen VO zur Konkretisierung des Verbotes der Marktmanipulation (Marktmanipulations-KonkretisierungsVO – MaKonV)[128] zu beachten. Beide Regelungen sollen Kurs- und Marktpreismanipulationen verhindern. Die MaKonV enthält Leitlinien zu der Frage, welche Handlungen und Unterlassungen als Marktmanipulationen i. S. d. § 20 a WpHG anzusehen sind. Anzugeben sind die Art der möglichen Stabilisierungsmaßnahmen, der Stabilisierungszeitraum und die für die Stabilisierung zuständige Person (sog. Stabilisierungsmanager).[129]

XLV. Wertpapierinhaber mit Verkaufsposition, Ziff. 7.1.

Gem. Ziff. 7.1. sind die Personen anzugeben, die die Wertpapiere zum Verkauf anbieten. I. R. d. Transaktion werden die Aktien von einzelnen oder allen Altaktionären und/oder dem Emittenten selbst und/oder Emissionsbanken zum Verkauf angeboten. Zum Teil binden die verkaufenden Aktionäre die Abgabe der Aktien an die Ausübung des Greenshoes bzw. der Mehrzuteilungsoption. In einem solchen Fall stellen die Altaktionäre dem Emissionsbegleiter ihre Aktien leihweise zur Verfügung, damit dieser den Greenshoe bzw. die Mehrzuteilungsoption nutzen kann. Die Altaktionäre treten dabei meist nicht selbst als Anbieter auf, sondern verkaufen ihre Aktien an die Emissionsbanken.[130] 110

XLVI. Kategorie der Wertpapiere, Ziff. 7.2.

Gem. Ziff. 7.2. sind die Anzahl und Kategorie der von den Wertpapierinhabern mit Verkaufsposition angebotenen Wertpapiere mitzuteilen. Zur Kategorie der Wertpapiere siehe die Anm. zu Ziff. 4.1. 111

---

127 Zu den Einzelheiten siehe *Brandt*, in: Kümpel/Wittig, BankKapMR, Rn. 15.529 und *Meyer*, in: Marsch-Barner/Schäfer, Hdb börsnot AG, § 8 Rn. 6354 ff.
128 BGBl. I 2005 S. 515.
129 *Fingerhut/Voß*, in: Just/Voß/Ritz/Zeising, WpPG, Anh. III EU-ProspV Rn. 229 ff.; *Schlitt/ Schäfer*, in: Assmann/Schlitt/von Kopp-Colomb, WpPG/VerkProspG, Anh. III EU-ProspV Rn. 68.
130 *Schlitt/Schäfer*, in: Assmann/Schlitt/von Kopp-Colomb, WpPG/VerkProspG, Anh. III EU-ProspV Rn. 70.

XLVII. Lock-up-Vereinbarungen, Ziff. 7.3.

112 Gem. Ziff. 7.3. sind die Parteien und der Inhalt von Lock-up-Vereinbarungen sowie der Zeitraum des Lock-up darzustellen. Unter einem Lock-up oder einer Halte- oder Marktschonungsvereinbarung ist eine Vereinbarung zu verstehen, in der sich Wertpapierinhaber gegenüber dem Emittenten dazu verpflichten, ihre Wertpapiere während eines bestimmten Zeitraums nicht zu verkaufen.[131] Dasselbe gilt für einem Lock-up entsprechende Geschäfte, wie z. B. Optionsgeschäfte.[132] Mitzuteilen sind der wesentliche Inhalt der Lock-up-Vereinbarung sowie etwaige Ausnahmen von der Lock-up-Verpflichtung.

113 Im Prospekt sind darüber hinaus Marktschutzvereinbarungen aufzunehmen. Darunter fallen Verpflichtungen des Emittenten, für einen bestimmten Zeitraum keine neuen Aktien aus genehmigtem Kapital zu begeben, der Hauptversammlung keine Kapitalerhöhung vorzuschlagen und keine vergleichbaren Transaktionen vorzunehmen.[133]

XLVIII. Kosten der Emission, Ziff. 8.1.

114 Gem. Ziff. 8.1. sind die Gesamtnettoerträge und eine Schätzung der Gesamtkosten der Emission anzugeben. Diese Angaben können entfallen, wenn nur die Zulassung von Wertpapieren beantragt wird.

1. Gesamtkosten

115 Die Gesamtkosten der Emission umfassen die Kosten für die Börsenzulassung, die Börseneinführung, die Erstellung, Veröffentlichung und Distribution des Prospekts, Werbemaßnahmen einschließlich Investorengespräche sowie Provisionen von Emissionsbegleitern und Vergütungen für Berater und Emissionsbanken.[134]

2. Verhältnis zu § 8 Abs. 1 Satz 1 WpPG

116 Ziff. 8.1. verlangt die Angabe der Gesamtnettoerträge des Angebots. Dem gegenüber gestattet § 8 Abs. 1 Satz 1 WpPG die Nichtaufnahme der Angabe des Emissionspreises und deren spätere Veröffentlichung nach Festlegung. Diese Vorschrift liefe weitgehend leer, verlangte man dennoch die Angabe der Gesamtnettoerträge, da daraus der Emissionspreis ermittelt werden könnte. Dieser Widerspruch darf jedoch nicht dahingehend gelöst werden,

---

131 Zur rechtlichen Zulässigkeit und zu Gestaltungsvarianten von Lock-ups siehe *Fleischer*, WM 2002, 2305, 2313; *Meyer*, in: Marsch-Barner/Schäfer, Hdb börsnot AG, § 8 Rn. 98 ff.; *Technau*, AG 1998, 445, 457; *Wieneke*, NZG 2004, 61, 70.
132 *Schlitt/Schäfer*, in: Assmann/Schlitt/von Kopp-Colomb, WpPG/VerkProspG, Anh. III EU-ProspV Rn. 71.
133 *Schlitt/Schäfer*, in: Assmann/Schlitt/von Kopp-Colomb, WpPG/VerkProspG, Anh. III EU-ProspV Rn. 72.
134 *Schlitt/Schäfer*, in: Assmann/Schlitt/von Kopp-Colomb, WpPG/VerkProspG, Anh. III EU-ProspV Rn. 78.

dass vollständig auf die Angabe der Gesamtnettoerträge verzichtet werden kann. Vielmehr sind die Gesamtnettoerträge wie die Gesamtkosten der Emission jedenfalls mit einem Schätzbetrag anzugeben, damit sich das Publikum zumindest eine Vorstellung von den erwarteten Erträgen machen kann. Alternativ kann auch eine Spanne für die Gesamtnettoerträge angegeben werden.

Sofern eine Preisspanne angegeben wird, innerhalb derer der Preis im Rahmen eines Bookbuilding-Verfahrens bestimmt wird, kann die Schätzung entweder auf der Grundlage des Mittelwerts der Preisspanne (multipliziert mit der Anzahl der angebotenen Aktien) oder auf der Grundlage des untersten und des obersten Wertes der Preisspanne (jeweils multipliziert mit der Anzahl der angebotenen Aktien) erfolgen.[135] Um auf der Grundlage der Preisspanne in Verbindung mit der Anzahl der angebotenen Aktien möglichst nicht den Preis berechnen zu können, wird beim sog. Decoupled Bookbuilding eine eher höhere Maximalzahl angebotener Aktien angegeben und der gewünschte Mindestemissionserlös im Prospekt genannt.[136] Dabei wird die Angabe einer gedachten Spanne von bis zu 5 % des höchsten angenommenen Nettoemissionserlöses noch für zulässig erachtet.[137]

XLIX. Anwendbarkeit und Verwässerungsschutz, Ziff. 9.

Gem. Ziff. 9. sind Angaben zum Verwässerungsschutz zu machen. Die Regelungen in Ziff. 9.1. und 9.2. beziehen sich ausdrücklich nur auf Angebote und nicht auf Zulassungen zum Handel an einem organisierten Markt. Dabei dürfte es sich jedoch um ein Redaktionsversehen handeln. Die Angaben sind auch bei reinen Zulassungsprospekten sinnvoll und daher zwingend im Prospekt aufzunehmen.[138] *117*

Über die in Ziff. 9.1. und 9.2. geforderten Angaben hinaus sind – soweit vorhanden – im Übernahmevertrag geregelte Verwässerungsschutzvereinbarungen aufzunehmen.[139] Mittels solcher Vereinbarungen verpflichtet sich der Emittent gegenüber dem Emissionskonsortium, innerhalb eines bestimmten Zeitraums keine weiteren Kapitalerhöhungen vorzunehmen, um auf diese Weise den Erfolg der Platzierung, eine stabile Kursentwicklung nach der Anfangsphase und das Ansehen des Emissionskonsortiums zu si- *118*

---

135 *Schlitt/Schäfer*, in: Assmann/Schlitt/von Kopp-Colomb, WpPG/VerkProspG, Anh. III EU-ProspV Rn. 74.

136 *Schlitt/Schäfer*, in: Assmann/Schlitt/von Kopp-Colomb, WpPG/VerkProspG, Anh. III EU-ProspV Rn. 75.

137 Zu dem nach Festsetzung des endgültigen Emissionspreises und damit der Bestimmung der tatsächlichen Gesamtnettoerträge erforderlichen Nachtrag gem. § 16 WpPG siehe die Kommentierung zu § 8 WpPG.

138 *Schlitt/Schäfer*, in: Assmann/Schlitt/von Kopp-Colomb, WpPG/VerkProspG, Anh. III EU-ProspV Rn. 80; anders in Ziff. 5.

139 So auch *Fingerhut/Voß*, in: Just/Voß/Ritz/Zeising, WpPG, Anh. III EU-ProspV Rn. 262.

chern. Grundlage einer derartigen Vereinbarung sollte ein Hauptversammlungsbeschluss sein, da dem Vorstand die gesellschaftsrechtliche Kompetenz zur Eingehung einer solchen Verpflichtung fehlt, sofern es sich nicht um genehmigtes Kapital handelt.[140]

L. Verwässerung, Ziff. 9.1.

119   Gem. Ziff. 9.1. sind der Betrag und der Prozentsatz der aus dem Angebot unmittelbar folgenden Verwässerung anzugeben. Von einer Verwässerung der Beteiligung eines Aktionärs spricht man, wenn sich der Wert seiner Aktien durch die Ausgabe neuer Aktien im Rahmen einer Kapitalerhöhung verringert und sich daraus ein Vermögensnachteil des Aktionärs ergibt. Die Beteiligung des Anlegers ist dabei im Verhältnis zum Gesamtwert des Emittenten zu bemessen. Zu bestimmen ist die Verwässerung auf der Grundlage des Nettobuchwerts des Emittenten, der sich aus den Gesamtaktiva abzüglich Firmenwert, anderer immaterieller Anlagenwerte, Verbindlichkeiten, Rückstellungen und abgegrenzter Erträge ergibt.[141]

LI. Zeichnungsangebot an Altaktionäre, Ziff. 9.2.

120   Gem. Ziff. 9.2. sind bei Zeichnungsangeboten an Altaktionäre der Betrag und Prozentsatz der unmittelbaren Verwässerung anzugeben für den Fall, dass sie das neue Angebot nicht zeichnen. Hierfür ist der Nettobuchwert je Aktie zum letzten Abschlussstichtag anzugeben sowie wie hoch er pro Aktie gewesen wäre, wenn der Emissionserlös bereits zu jenem Stichtag zugeflossen wäre.[142]

LII. Beteiligte Berater, Ziff. 10.1.

121   Gem. Ziff. 10.1. ist die Funktion von in der Wertpapierbeschreibung genannten beteiligten Beratern zu nennen. Beteiligte Berater können neben der transaktionsbegleitenden Emissionsbank die Rechts- und sonstigen Wirtschaftsberater sein. Ihre Funktion ist nur dann anzugeben, wenn sie ausdrücklich als Berater im Prospekt angegeben werden. Werden sie lediglich im Zusammenhang mit anderen Angaben genannt, wie z.B. bei der Angabe von Interessen Dritter an der Emission gem. Ziff. 3.3., ist Ziff. 10.1. nicht einschlägig.[143]

---

140 *Brandt*, in: Kümpel/Wittig, BankKapMR, Rn. 15.462.

141 *Schlitt/Schäfer*, in: Assmann/Schlitt/von Kopp-Colomb, WpPG/VerkProspG, Anh. III EU-ProspV Rn. 81.

142 *Fingerhut/Voß*, in: Just/Voß/Ritz/Zeising, WpPG, Anh. III EU-ProspV Rn. 261; *Schlitt/Schäfer*, in: Assmann/Schlitt/von Kopp-Colomb, WpPG/VerkProspG, Anh. III EU-ProspV Rn. 82.

143 *Schlitt/Schäfer*, in: Assmann/Schlitt/von Kopp-Colomb, WpPG/VerkProspG, Anh. III EU-ProspV Rn. 84.

LIII. Geprüfte Abschlüsse, Ziff. 10.2.

Gem. Ziff. 10.2. ist ein Hinweis auf geprüfte oder einer prüferischen Durch- *122* sicht unterzogene und mit einem Bestätigungsvermerk versehene sonstige Angaben zu machen. Neben den zwingend erforderlichen Jahresabschlüssen und Zwischenabschlüssen können freiwillig zusätzliche (Einzel-/Konzern-)Abschlüsse oder einzelne Finanzinformationen des Emittenten bzw. einem seiner Konzernunternehmen geprüft oder prüferisch durchgesehen, mit einem Bestätigungsvermerk versehen und dem Prospekt beigefügt werden. In Betracht kommen dafür hauptsächlich Prognosen bezüglich der zukünftigen Entwicklung des Unternehmens.

LIV. Sachverständigenberichte, Ziff. 10.3.

Gem. Ziff. 10.3. sind Name, Adresse, Qualifikation und wesentliches Inter- *123* esse am Emittenten solcher Sachverständiger anzugeben, die eine im Prospekt aufgenommene Erklärung oder einen Bericht abgegeben haben. Da die Regelung der Ziff. 10.3. des Anh. III EU-ProspV der Bestimmung der Ziff. 23.1. des Anh. I EU-ProspV entspricht, wird auf die dortige Kommentierung verwiesen.

LV. Angaben Dritter, Ziff. 10.4.

Gem. Ziff. 10.4. ist im Fall der Aufnahme von Erklärungen Dritter zu bestä- *124* tigen, dass die Erklärungen korrekt wiedergegeben wurden. Ferner sind die Quellen der Angaben mitzuteilen. Da die Regelung der Ziff. 10.4. des Anh. III EU-ProspV der Bestimmung der Ziff. 23.2. des Anh. I EU-ProspV entspricht, wird auf die dortige Kommentierung verwiesen.

ARTIKEL 7	ARTICLE 7
Schema für das Registrierungsformular für Schuldtitel und derivate Wertpapiere mit einer Stückelung von weniger als 100.000 EUR	Debt and derivative securities registration document schedule for securities with a denomination per unit of less than 100 000 EUR

Bei nicht unter Artikel 4 fallenden Wertpapieren mit einer Stückelung von weniger als 100.000 EUR oder bei nennwertlosen Wertpapieren, die bei der Emission nur für weniger als 100.000 EUR pro Stück erworben werden können, werden die Angaben für das Registrierungsformular für Schuldtitel und derivative Wertpapiere gemäß dem in Anhang IV festgelegten Schema zusammengestellt.	For the debt and derivative securities registration document concerning securities which are not covered in Article 4 with a denomination per unit of less than 100 000 EUR or, where there is no individual denomination, securities that can only be acquired on issue for less than 100 000 EUR per security, information shall be given in accordance with the schedule set out in Annex IV.

Inhalt

I. Überblick

1 Art. 7 EU-ProspV gibt vor, dass für Wertpapiere, die nicht unter Art. 4 EU-ProspV fallen und mit einer Stückelung von weniger als 100.000 Euro oder als nennwertlose Wertpapiere, die für weniger als 100.000 Euro erworben werden können, öffentlich angeboten werden oder an einem organisierten Markt zugelassen werden, sich die Emittentenangaben nach Schema IV des Anhangs zur EU-ProspV richten.

Die Erhöhung der Grenze von 50.000 Euro auf 100.000 Euro erfolgte zur Umsetzung der Änderungen in Art. 3 der Richtlinie 2010/73/EG[1]. Sie hat zur Folge, dass Wertpapiere, die ursprünglich mit einer Stückelung von 50.000 Euro ohne Prospekt öffentlich angeboten werden, erfordern, nun einen Prospekt, sofern sie nach dem 1.7.2012 öffentlich angeboten werden und keine der Übergangsregelungen des § 36 WpPG greift. Hierzu wird auf die Kommentierung zu § 36 WpPG verwiesen.

II. Wertpapiere

2 Wertpapiere sind dabei alle Wertpapiere gem. § 2 WpPG bzw. Art. 2 der EU-ProspRL. Hier wird auf die Kommentierung zu § 2 WpPG verwiesen.

---

1 Erwg. 3, Delegierte VO (EU) Nr. 486/2012, ABl. EU 2012, L 150/1, L 150/1.

ANH. IV EU-PROSPV
Mindestangaben für das
Registrierungsformular
für Schuldtitel und derivative
Wertpapiere (Schema)
(Schuldtitel und derivative Wert-
papiere mit einer Stückelung
von weniger als EUR 100.000)

ANNEX IV
Minimum disclosure requirements
for the debt and derivative securities
registration document (schedule)
(Debt and derivative securities with
a denomination
per unit of less than EUR 100 000)

1. Verantwortliche Personen

**1.1. Alle Personen, die für die im Regis-
trierungsformular gemachten Angaben
bzw. für bestimmte Abschnitte des Registrierungsformulars verantwortlich
sind. Im letzteren Fall sind die entsprechenden Abschnitte aufzunehmen. Im
Falle von natürlichen Personen, zu denen auch Mitglieder der Verwaltungs-,
Geschäftsführung-, und Aufsichtsorgane
des Emittenten gehören, sind der Name
und die Funktion dieser Person zu nennen. Bei juristischen Personen sind
Name und eingetragener Sitz der Gesellschaft anzugeben.**

**1.2. Erklärung der für das Registrie-
rungsformular verantwortlichen Personen, dass sie die erforderliche Sorgfalt
haben walten lassen, um sicherzustellen,
dass die im Registrierungsformular genannten Angaben ihres Wissens nach
richtig sind und keine Tatsachen weggelassen werden, die die Aussage des Registrierungsformulars wahrscheinlich
verändern können. Ggf. Erklärung der
für bestimmte Abschnitte des Registrierungsformulars verantwortlichen Personen, dass sie die erforderliche Sorgfalt
haben walten lassen, um sicherzustellen,
dass die in dem Teil des Registrierungsformulars genannten Angaben, für die
sie verantwortlich sind, ihres Wissens
nach richtig sind und keine Tatsachen
weggelassen werden, die die Aussage
des Registrierungsformulars wahrscheinlich verändern können.**

1. Persons Responsible

1.1. All persons responsible for the information given in the registration document and, as the case may be, for certain
parts of it, with, in the latter case, an indication of such parts. In the case of natural persons including members of the issuer's administrative, management or
supervisory bodies indicate the name
and function of the person; in case of legal persons indicate the name and registered office.

1.2. A declaration by those responsible
for the registration document that, having taken all reasonable care to ensure
that such is the case the information contained in the registration document is, to
the best of their knowledge, in accordance with the facts and contains no
omission likely to affect its import. As the
case may be, declaration by those responsible for certain parts of the registration document that, having taken all reasonable care to ensure that such is the
case, the information contained in the
part of the registration document for
which they are responsible is, to the best
of their knowledge, in accordance with
the facts and contains no omission likely
to affect its import.

2. Abschlussprüfer

**2.1. Namen und Anschrift der Ab-
schlussprüfer des Eminenten, die für
den von den historischen Finanzinfor-**

2. Statutory Auditors

2.1. Names and addresses of the issuer's
auditors for the period covered by the
historical financial information (together

mationen abgedeckten Zeitraum zuständig waren (einschließlich der Angabe
ihrer Mitgliedschaft in einer Berufsvereinigung).

2.2. Wurden Abschlussprüfer während
des von den historischen Finanzinformationen abgedeckten Zeitraums abberufen, nicht wieder bestellt oder haben
sie ihr Mandat niedergelegt, so sind entsprechende Einzelheiten offen zu legen,
wenn sie von wesentlicher Bedeutung
sind.

3. Ausgewählte Flnanzinformatlonen

3.1. Ausgewählte historische Finanzinformationen über den Emittenten sind
für jedes Geschäftsjahr für den Zeitraum
vorzulegen, der von den historischen Finanzinformationen abgedeckt wird und
für jeden späteren Zwischenberichtszeitraum, und zwar in derselben Währung
wie die Finanzinformationen.

Die ausgewählten historischen Finanzinformationen müssen die Schlüsselzahlen enthalten, die einen Überblick über
die Finanzlage des Emittenten geben.

3.2. Werden ausgewählte Finanzinformationen für Zwischenberichtszeit-
räume vorgelegt, so sind auch Vergleichsdaten für den gleichen Zeitraum
des vorhergehenden Geschäftsjahres
vorzulegen, es sei denn, die Anforderung der Beibringung vergleichbarer Bilanzinformationen wird durch die Vorlage der Bilanzdaten zum Jahresende
erfüllt.

4. Risikofaktoren

Hervorgehobene Offenlegung von Risikofaktoren, die die Fähigkeit des Emittenten beeinflussen können, seinen Verpflichtungen im Rahmen der Wertpapiere gegenüber den Anlegern nachzukommen (unter der Rubrik „Risikofaktoren").

with their membership in a professional
body).

2.2. If auditors have resigned, been removed or not been re-appointed during
the period covered by the historical financial information, details if material.

3. Selected Financial Information

3.1. Selected historical financial information regarding the issuer, presented, for
each financial year for the period covered by the historical financial information, and any subsequent interim financial period, in the same currency as the
financial information.

The selected historical financial information must provide key figures that summarise the financial condition of the issuer.

3.2. If selected financial information for
interim periods is provided, comparative
data from the same period in the prior financial year must also be provided, except that the requirement for comparative balance sheet data is satisfied by
presenting the year end balance sheet
information.

4. Risk Factors

Prominent disclosure of risk factors that
may affect the issuer's ability to fulfil its
obligations under the securities to investors in a section headed 'Risk Factors'.

5. Angaben über den Emittenten	5. Information about the Issuer
5.1. Geschäftsgeschichte und Geschäftsentwicklung des Emittenten	5.1. History and development of the Issuer
5.1.1. Juristischer und kommerzieller Name des Emittenten;	5.1.1. the legal and commercial name of the issuer;
5.1.2. Ort der Registrierung des Emittenten und seine Registrierungsnummer;	5.1.2. the place of registration of the issuer and its registration number;
5.1.3. Datum der Gründung und Existenzdauer des Emittenten, soweit diese nicht unbefristet ist;	5.1.3. the date of incorporation and the length of life of the issuer, except where indefinite;
5.1.4. Sitz und Rechtsform des Emittenten; Rechtsordnung, in der er tätig ist; Land der Gründung der Gesellschaft: Anschrift und Telefonnummer seines eingetragenen Sitzes (oder Hauptort der Geschäftätigkeit. falls nicht mit dem eingetragenem Sitz identisch);	5.1.4. the domicile and legal form of the issuer, the legislation under which the issuer operates, its country of incorporation, and the address and telephone number of its registered office (or principal place of business if different from its registered office);
5.1.5. Ereignisse aus jüngster Zeit in der Geschäftätigkeit des Emittenten, die in erheblichem Maße für die Bewertung der Solvenz des Emittenten relevant sind.	5.1.5. any recent events particular to the issuer which are to a material extent relevant to the evaluation of the issuer's solvency.
5.2. Investitionen	5.2. Investments
5.2.1. Beschreibung der wichtigsten Investitionen seit dem Datum der Veröffentlichung des letzten Jahresabschlusses.	5.2.1. A description of the principal investments made since the date of the last published financial statements.
5.2.2. Angaben über die wichtigsten künftigen Investitionen des Emittenten. die von seinen Verwaltungsorganen bereits fest beschlossen sind.	5.2.2. Information concerning the issuer's principal future investments, on which its management bodies have already made firm commitments.
5.2.3. Angaben über voraussichtliche Quellen für Finanzierungsmittel, die zur Erfüllung der in 5.2.2. genannten Verpflichtungen erforderlich sind.	5.2.3. Information regarding the anticipated sources of funds needed to fulfil commitments referred to in item 5.2.2.
6. Geschäftsüberblick	6. Business Overview
6.1. Haupttätigkeitsbereiche	6.1. Principal activities
6.1.1. Beschreibung der Haupttätigkeiten des Emittenten unter Angabe der wichtigsten Arten der vertriebenen Produkte und/oder erbrachten Dienstleistungen; und	6.1.1. A description of the issuer's principal activities stating the main categories of products sold and/or services performed; and
6.1.2. Angabe etwaiger wichtiger neuer Produkte und/oder Dienstleistungen.	6.1.2. an indication of any significant new products and/or activities.

6.2. Wichtigste Märkte

Kurze Beschreibung der wichtigsten Märkte, auf denen der Emittent tätig ist.

6.3. Grundlage für etwaige Angaben des Emittenten zu seiner Wettbewerbsposition.

7. Organisationsstruktur

7.1. Ist der Emittent Teil einer Gruppe, kurze Beschreibung des Konzerns und der Stellung des Emittenten innerhalb der Gruppe.

7.2. Ist der Emittent von anderen Einheiten innerhalb der Gruppe abhängig, ist dies klar anzugeben und eine Erläuterung zu seiner Abhängigkeit abzugeben.

8. Trendinformationen

8.1. Einzufügen ist eine Erklärung, der zufolge es keine wesentlichen nachteiligen Veränderungen in den Aussichten des Emittenten seit dem Datum der Veröffentlichung der letzten geprüften Jahresabschlüsse gegeben hat.

Kann der Emittent keine derartige Erklärung abgeben, dann sind Einzelheiten über diese wesentlichen nachteiligen Änderungen beizubringen.

8.2. Informationen über bekannte Trends, Unsicherheiten, Nachfrage, Verpflichtungen oder Vorfälle, die voraussichtlich die Aussichten des Emittenten zumindest im laufenden Geschäftsjahr wesentlich beeinflussen dürften.

9. Gewinnprognosen oder -schätzungen

Entscheidet sich ein Emittent dazu, eine Gewinnprognose oder eine Gewinnschätzung aufzunehmen, dann hat das Registrierungsformular die nachfolgend genannten Angaben der Punkte 9.1. und 9.2. zu enthalten:

9.1. Eine Erklärung, die die wichtigsten Annahmen erläutert, auf die der Emittent seine Prognose oder Schätzung gestützt hat.

6.2. Principal markets

A brief description of the principal markets in which the issuer competes.

6.3. The basis for any statements made by the issuer regarding its competitive position.

7. Organisational Structure

7.1. If the issuer is part of a group, a brief description of the group and of the issuer's position within it.

7.2. If the issuer is dependent upon other entities within the group, this must be clearly stated together with an explanation of this dependence.

8. Trend Information

8.1 Include a statement that there has been no material adverse change in the prospects of the issuer since the date of its last published audited financial statements.

In the event that the issuer is unable to make such a statement, provide details of this material adverse change.

8.2. Information on any known trends, uncertainties, demands, commitments or events that are reasonably likely to have a material effect on the issuer's prospects for at least the current financial year.

9. Profit Forecasts or Estimates

If an issuer chooses to include a profit forecast or a profit estimate, the registration document must contain the information items 9.1 and 9.2:

9.1. A statement setting out the principal assumptions upon which the issuer has based its forecast, or estimate.

Bei den Annahmen sollte klar zwischen jenen unterschieden werden, die Faktoren betreffen, die die Mitglieder der Verwaltungs-, Geschäftsführungs- und Aufsichtsorgane beeinflussen können, und Annahmen in Bezug auf Faktoren, die ausschließlich außerhalb des Einflussbereiches der Mitglieder der Verwaltungs-, Geschäftsführungs- und Aufsichtsorgane liegen. Die Annahmen müssen für die Anleger leicht verständlich und spezifisch sowie präzise sein und dürfen nicht der üblichen Exaktheit der Schätzungen entsprechen, die der Prognose zu Grunde liegen.

There must be a clear distinction between assumptions about factors which the members of the administrative, management or supervisory bodies can influence and assumptions about factors which are exclusively outside the influence of the members of the administrative, management or supervisory bodies; the assumptions must be readily understandable by investors, be specific and precise and not relate to the general accuracy of the estimates underlying the forecast.

9.2. Einen Bericht, der von unabhängigen Buchprüfern oder Abschlussprüfern erstellt wurde und in dem festgestellt wird, dass die Prognose oder die Schätzung nach Meinung der unabhängigen Buchprüfer oder Abschlussprüfer auf der angegebenen Grundlage ordnungsgemäß erstellt wurde und dass die Rechnungslegungsgrundlage, die für die Gewinnprognose oder -schätzung verwendet wurde, mit den Rechnungslegungsstrategien des Emittenten konsistent ist.

9.2. A report prepared by independent accountants or auditors stating that in the opinion of the independent accountants or auditors the forecast or estimate has been properly compiled on the basis stated, and that the basis of accounting used for the profit forecast or estimate is consistent with the accounting policies of the issuer.

Beziehen sich die Finanzinformationen auf das letzte Geschäftsjahr und enthalten ausschließlich nicht irreführende Zahlen, die im Wesentlichen it den im nächsten geprüften Jahresabschluss zu veröffentlichenden Zahlen für das letzte Geschäftsjahr konsistent sind, sowie die zu deren Bewertung nötigen erläuternden Informationen, ist kein Bericht erforderlich, sofern der Prospekt alle folgenden Erklärungen enthält:

Where financial information relates to the previous financial year and only contains non-misleading figures substantially consistent with the final figures to be published in the next annual audited financial statements for the previous financial year, and the explanatory information necessary to assess the figures, a report shall not be required provided that the prospectus includes all of the following statements:

a) die für diese Finanzinformationen verantwortliche Person, sofern sie nicht mit derjenigen identisch ist, die für den Prospekt insgesamt verantwortlich ist, genehmigt diese Informationen;

(a) the person responsible for this financial information, if different from the one which is responsible for the prospectus in general, approves that information;

b) unabhängige Buchprüfer oder Abschlussprüfer haben bestätigt, dass diese Informationen im Wesentlichen mit den im nächsten geprüften Jahresabschluss zu veröffentlichenden Zahlen konsistent sind;

(b) independent accountants or auditors have agreed that this information is substantially consistent with the final figures to be published in the next annual audited financial statements;

c) diese Finanzinformationen wurden nicht geprüft.

9.3. Die Gewinnprognose oder -schätzung muss auf einer Grundlage erstellt werden, die mit den historischen Finanzinformationen vergleichbar ist.

10. Verwaltungs-, Geschäftsführungs- und Aufsichtsorgane

10.1. Namen und Geschäftsadressen nachstehender Personen sowie ihre Stellung bei dem Emittenten unter Angabe der wichtigsten Tätigkeiten, die sie außerhalb des Emittenten ausüben, sofern diese für den Emittenten von Bedeutung sind:

a) Mitglieder der Verwaltungs-, Geschäftsführungs- und Aufsichtsorgane;

b) persönlich haftende Gesellschafter bei einer Kommanditgesellschaft auf Aktien.

10.2. Verwaltungs-, Geschäftsführungs- und Aufsichtsorgane sowie oberes Management/Interessenkonflikte

Potenzielle Interessenkonflikte zwischen den Verpflichtungen gegenüber dem Emittenten von Seiten der in Punkt 10.1. genannten Personen sowie ihren privaten Interessen oder sonstigen Verpflichtungen müssen klar festgehalten werden. Falls keine derartigen Konflikte bestehen, ist eine dementsprechende Erklärung abzugeben.

11. Praktiken der Geschäftsführung

11.1. Detaillierte Angaben zum Audit-Ausschuss des Emittenten, einschließlich der Namen der Ausschussmitglieder und einer Zusammenfassung des Aufgabenbereichs für die Arbeit des Ausschusses.

11.2. Erklärung, ob der Emittent der Corporate-Governance-Regelung (falls vorhanden) im Land der Gründung der Gesellschaft genügt. Sollte der Emittent einer solchen Regelung nicht folgen, ist eine dementsprechende Erklärung zusammen mit einer Erläuterung aufzu-

(c) this financial information has not been audited.

9.3. The profit forecast or estimate must be prepared on a basis comparable with the historical financial information

10. Administrative, Management, and Supervisory Bodies

10.1. Names, business addresses and functions in the issuer of the following persons, and an indication of the principal activities performed by them outside the issuer where these are significant with respect to that issuer:

a) members of the administrative, management or supervisory bodies;

b) partners with unlimited liability, in the case of a limited partnership with a share capital.

10.2. Administrative, Management, and Supervisory bodies conflicts of interests

Potential conflicts of interests between any duties to the issuing entity of the persons referred to in item 10.1 and their private interests and or other duties must be clearly stated. In the event that there are no such conflicts, make a statement to that effect.

11. Board Practices

11.1. Details relating to the issuer's audit committee, including the names of committee members and a summary of the terms of reference under which the committee operates.

11.2. A statement as to whether or not the issuer complies with its country's of incorporation corporate governance regime(s). In the event that the issuer does not comply with such a regime a statement to that effect must be included together with an explanation regarding

nehmen, aus der hervorgeht, warum der Emittent dieser Regelung nicht Folge leistet.

why the issuer does not comply with such regime.

12. Hauptaktionäre

12.1. Sofern dem Emittenten bekannt, Angabe, ob an dem Emittenten unmittelbare oder mittelbare Beteiligungen oder Beherrschungsverhältnisse bestehen, und wer diese Beteiligungen hält bzw. diese Beherrschung ausübt. Beschreibung der Art und Weise einer derartigen Kontrolle und der vorhandenen Maßnahmen zur Verhinderung des Missbrauchs einer derartigen Kontrolle.

12.2. Sofern dem Eminenten bekannt, Beschreibung etwaiger Vereinbarungen, deren Ausübung zu einem späteren Zeitpunkt zu einer Veränderung bei der Kontrolle des Emittenten führen könnte.

12. Major Shareholders

12.1. To the extent known to the issuer, state whether the issuer is directly or indirectly owned or controlled and by whom and describe the nature of such control, and describe the measures in place to ensure that such control is not abused.

12.2. A description of any arrangements, known to the issuer, the operation of which may at a subsequent date result in a change in control of the issuer.

13. Finanzinformationen über die Vermögens-, Finanz- und Ertragslage des Emittenten

13. Financial Information Concerning the Issuer's Assets and Liabilities, Financial Position and Profits and Losses

13.1. Historische Finanzinformationen

Beizubringen sind geprüfte historische Finanzinformationen, die die letzten zwei Geschäftsjahre abdecken (bzw. einen entsprechenden kürzeren Zeitraum, während dessen der Emittent tätig war), sowie ein Bestätigungsvermerk für jedes Geschäftsjahr. Hat der Emittent in der Zeit, für die historische Finanzinformationen beizubringen sind, seinen Bilanzstichtag geändert, so decken die geprüften historischen Finanzinformationen mindestens 24 Monate oder – sollte der Emittent seiner Geschäftstätigkeit noch keine 24 Monate nachgegangen sein – den gesamten Zeitraum seiner Geschäftstätigkeit ab. Derartige Finanzinformationen sind gemäß der Verordnung (EG) Nr. 1606/2002 zu erstellen bzw. für den Fall, dass diese Verordnung nicht anwendbar ist, gemäß den nationalen Rechnungslegungsgrundsätzen eines Mitgliedstaats, wenn der Emittent aus der Gemeinschaft stammt. Bei Emittenten aus Drittstaaten sind diese Finanzinformationen nach den im Verfahren

13.1. Historical financial information

Audited historical financial information covering the latest two financial years (or such shorter period that the issuer has been in operation), and the audit report in respect of each year. If the issuer has changed its accounting reference date during the period for which historical financial information is required, the audited historical information shall cover at least 24 months, or the entire period for which the issuer has been in operation, whichever is the shorter. Such financial information must be prepared according to Regulation (EC) No 1606/2002, or if not applicable to a Member State national accounting standards for issuers from the Community. For third country issuers, such financial information must be prepared according to the international accounting standards adopted pursuant to the procedure of Article 3 of Regulation (EC) No 1606/2002 or to a third country's national accounting standards equivalent to these standards. If such financial information is not equiva-

des Artikels 3 der Verordnung (EG) Nr. 1606/2002 übernommenen internationalen Rechnungslegungsstandards oder nach diesen Standards gleichwertigen nationalen Rechnungslegungsgrundsätzen eines Drittstaates zu erstellen. Ist keine Äquivalenz zu den Standards gegeben, so sind die Finanzinformationen in Form eines neu zu erstellenden Jahresabschlusses vorzulegen.

Die historischen Finanzinformationen müssen für das jüngste Geschäftsjahr in einer Form dargestellt und erstellt werden, die mit der konsistent ist, die im folgenden Jahresabschluss des Emittenten zur Anwendung gelangen wird, wobei Rechnungslegungsstandards- und -strategien sowie die Rechtsvorschriften zu berücksichtigen sind, die auf derlei Jahresabschlüsse Anwendung finden.

Ist der Emittent in seiner aktuellen Wirtschaftsbranche weniger als ein Jahr tätig, so sind die geprüften historischen Finanzinformationen für diesen Zeitraum gemäß den Standards zu erstellen, die auf Jahresabschlüsse im Sinne der Verordnung (EG) Nr. 1606/2002 anwendbar sind bzw. für den Fall, dass diese Verordnung nicht anwendbar ist, gemäß den nationalen Rechnungslegungsgrundsätzen eines Mitgliedstaats, wenn der Emittent aus der Gemeinschaft stammt. Bei Emittenten aus Drittstaaten sind diese historischen Finanzinformationen nach den im Verfahren des Artikels 3 der Verordnung (EG) Nr. 1606/2002 übernommenen internationalen Rechnungslegungsstandards oder nach diesen Standards gleichwertigen nationalen Rechnungslegungsgrundsätzen eines Drittstaates zu erstellen. Diese historischen Finanzinformationen müssen geprüft worden sein.

Wurden die geprüften Finanzinformationen gemäß nationaler Rechnungslegungsgrundsätze erstellt, dann müssen die unter dieser Rubrik geforderten Finanzinformationen zumindest Folgendes enthalten:

a) die Bilanz;

b) die Gewinn- und Verlustrechnung;

lent to these standards, it must be presented in the form of restated financial statements.

The most recent years's historical financial information must be presented and prepared in a form consistent with that which will be adopted in the issuer's next published annual financial statements having regard to accounting standards and policies and legislation applicable to such annual financial statements.

If the issuer has been operating in its current sphere of economic activity for less than one year, the audited historical financial information covering that period must be prepared in accordance with the standards applicable to annual financial statements under the Regulation (EC) No 1606/2002, or if not applicable to a Member States national accounting standards where the issuer is an issuer from the Community. For third country issuers, the historical financial information must be prepared according to the international accounting standards adopted pursuant to the procedure of Article 3 of Regulation (EC) No 1606/2002 or to a third country's national accounting standards equivalent to these standards. This historical financial information must be audited.

If the audited financial information is prepared according to national accounting standards, the financial information required under this heading must include at least:

(a) balance sheet;

(b) income statement;

c) eine Kapitalflussrechnung; und

d) Rechnungslegungsstrategien und erläuternde Anmerkungen.

Die historischen jährlichen Finanzinformationen müssen unabhängig und in Übereinstimmung mit den in dem jeweiligen Mitgliedstaat anwendbaren Prüfungsstandards oder einem äquivalenten Standard geprüft worden sein, oder es muss für das Registrierungsformular vermerkt werden, ob sie in Übereinstimmung mit den in dem jeweiligen Mitgliedstaat anwendbaren Prüfungsstandards oder einem äquivalenten Standard ein den tatsächlichen Verhältnissen entsprechendes Bild vermitteln.

13.2. Jahresabschluss

Erstellt der Emittent sowohl einen Jahresabschluss als auch einen konsolidierten Abschluss, so ist zumindest der konsolidierte Abschluss in das Registrierungsformular aufzunehmen.

13.3. Prüfung der historischen jährlichen Finanzinformationen

13.3.1. Es ist eine Erklärung dahingehend abzugeben, dass die historischen Finanzinformationen geprüft wurden. Sofern Bestätigungsvermerke über die historischen Finanzinformationen von den Abschlussprüfern abgelehnt wurden bzw. sofern sie Vorbehalte oder enthalten oder eingeschränkt erteilt wurden, sind diese Ablehnung bzw. diese Vorbehalte oder eingeschränkte Erteilung in vollem Umfang wiederzugeben und die Gründe dafür anzugeben.

13.3.2. Angabe sonstiger Informationen im Registrierungsformular, das von den Abschlussprüfern geprüft wurde.

13.3.3. Wurden die Finanzdaten im Registrierungsformular nicht dem geprüften Jahresabschluss des Emittenten entnommen, so sind die Quelle dieser Daten und die Tatsache anzugeben, dass die Daten ungeprüft sind.

(c) cash flow statement;

(d) accounting policies and explanatory notes.

The historical annual financial information must have been independently audited or reported on as to whether or not, for the purposes of the registration document, it gives a true and fair view, in accordance with auditing standards applicable in a Member State or an equivalent standard.

13.2. Financial statements

If the issuer prepares both own and consolidated financial statements, include at least the consolidated financial statements in the registration document.

13.3. Auditing of historical annual financial information

13.3.1. A statement that the historical financial information has been audited. If audit reports on the historical financial information have been refused by the statutory auditors or if they contain qualifications or disclaimers, such refusal or such qualifications or disclaimers must be reproduced in full and the reasons given.

13.3.2. An Indication of other information in the registration document which has been audited by the auditors.

13.3.3. Where financial data in the registration document is not extracted from the issuer's audited financial statements state the source of the data and state that the data is unaudited.

13.4. „Alter" der jüngsten Finanzinformationen

13.4. Age of latest financial information

13.4.1. Die geprüften Finanzinformationen dürfen nicht älter sein als 18 Monate ab dem Datum des Registrierungsformulars.

13.4.1. The last year of audited financial information may not be older than 18 months from the date of the registration document.

13.5. Zwischenfinanzinformationen und sonstige Finanzinformationen

13.5. Interim and other financial information

13.5.1. Hat der Emittent seit dem Datum des letzten geprüften Jahresabschlusses vierteljährliche oder halbjährliche Finanzinformationen veröffentlicht, so sind diese in das Registrierungsformular aufzunehmen. Wurden diese vierteljährlichen oder halbjährlichen Finanzinformationen einer prüferischen Durchsicht oder Prüfung unterzogen, so sind die entsprechenden Berichte ebenfalls aufzunehmen. Wurden die vierteljährlichen oder halbjährlichen Finanzinformationen keiner prüferischen Durchsicht oder Prüfung unterzogen, so ist diese Tatsache anzugeben.

13.5.1. If the issuer has published quarterly or half yearly financial information since the date of its last audited financial statements, these must be included in the registration document. If the quarterly or half yearly financial information has been reviewed or audited, the audit or review report must also be included. If the quarterly or half yearly financial information is unaudited or has not been reviewed state that fact.

13.5.2. Wurde das Registrierungsformular mehr als neun Monate nach Ablauf des letzten geprüften Finanzjahres erstellt, muss es Zwischenfinanzinformationen enthalten, die sich zumindest auf die ersten sechs Monate des Geschäftsjahres beziehen sollten. Wurden die Zwischenfinanzinformationen keiner Prüfung unterzogen, ist diesen Fall eindeutig zu verweisen. Diese Zwischenfinanzinformationen müssen einen vergleichenden Überblick über denselben Zeitraum wie im letzten Geschäftsjahr enthalten. Der Anforderung vergleichbarer Bilanzinformationen kann jedoch auch durch die Vorlage der Jahresendbilanz nachgekommen werden.

13.5.2. If the registration document is dated more than nine months after the end of the last audited financial year, it must contain interim financial information, covering at least the first six months of the financial year. If the interim financial information is un-audited state that fact. The interim financial information must include comparative statements for the same period in the prior financial year, except that the requirement for comparative balance sheet information may be satisfied by presenting the years end balance sheet.

13.6. Gerichts- und Schiedsgerichtsverfahren

13.6. Legal and arbitration proceedings

Angaben über etwaige staatliche Interventionen, Gerichts- oder Schiedsgerichtsverfahren (einschließlich derjenigen Verfahren, die nach Kenntnis des Emittenten noch anhängig sind oder eingeleitet werden könnten), die im Zeitraum der mindestens 12 letzten Mo-

Information on any governmental, legal or arbitration proceedings (including any such proceedings which are pending or threatened of which the issuer is aware), during a period covering at least the previous 12 months which may have, or have had in the recent past significant ef-

nate bestanden/abgeschlossen wurden, und die sich erheblich auf die Finanzlage oder die Rentabilität des Emittenten und/oder der Gruppe auswirken bzw. in jüngster Zeit ausgewirkt haben. Ansonsten ist eine negative Erklärung abzugeben.

fects on the issuer and/or group's financial position or profitability, or provide an appropriate negative statement.

13.7. Wesentliche Veränderungen in der Finanzlage oder der Handelsposition des Emittenten

Beschreibung jeder wesentlichen Veränderung in der Finanzlage oder der Handelsposition der Gruppe, die seit dem Ende des letzten Geschäftsjahres eingetreten ist, für das entweder geprüfte Finanzinformationen oder Zwischenfinanzinformationen veröffentlicht wurden. Ansonsten ist eine negative Erklärung abzugeben.

13.7. Significant change in the issuer's financial or trading position

A description of any significant change in the financial or trading position of the group which has occurred since the end of the last financial period for which either audited financial information or interim financial information have been published, or provide an appropriate negative statement.

14. Zusätzliche Angaben

14.1. Aktienkapital

14.1.1. Anzugeben sind der Betrag des ausgegebenen Kapitals, die Zahl und Kategorien der Aktien, aus denen es sich zusammensetzt, einschließlich deren Hauptmerkmale; der Teil des ausgegebenen, aber noch nicht eingezahlten Kapitals mit Angabe der Zahl oder des Gesamtnennwerts und der Art der noch nicht voll eingezahlten Aktien, eventuell aufgegliedert nach der Höhe, bis zu der sie bereits eingezahlt wurden.

14. Additional Information

14.1. Share Capital

14.1.1. The amount of the issued capital, the number and classes of the shares of which it is composed with details of their principal characteristics, the part of the issued capital still to be paid up, with an indication of the number, or total nominal value, and the type of the shares not yet fully paid up, broken down where applicable according to the extent to which they have been paid up.

14.2. Satzung und Statuten der Gesellschaft

14.2.1. Anzugeben sind das Register und ggf. die Nummer, unter der die Gesellschaft in das Register eingetragen ist, sowie eine Beschreibung der Zielsetzungen des Emittenten und an welcher Stelle sie in der Satzung und den Statuten der Gesellschaft verankert sind.

14.2. Memorandum and Articles of Association

14.2.1. The register and the entry number therein, if applicable, and a description of the issuer's objects and purposes and where they can be found in the memorandum and articles of association.

15. Wesentliche Verträge

Kurze Zusammenfassung aller abgeschlossenen wesentlichen Verträge, die nicht im Rahmen der normalen Ge-

15. Material Contracts

A brief summary of all material contracts that are not entered into in the ordinary course of the issuer's business, which

schäftstätigkeit abgeschlossen wurden und die dazu führen könnten, dass jedwedes Mitglied der Gruppe eine Verpflichtung oder ein Recht erlangt, die bzw. das für die Fähigkeit des Emittenten, seinen Verpflichtungen gegenüber den Wertpapierinhabern in Bezug auf die ausgegebenen Wertpapiere nachzukommen, von wesentlicher Bedeutung ist.

could result in any group member being under an obligation or entitlement that is material to the issuer's ability to meet its obligation to security holders in respect of the securities being issued.

16. Angaben von Seiten Dritter, Erklärungen von Seiten Sachverständiger vnd Interessenerklärungen

16. Third Party Information and Statement by Experts and Declarations of any Interest

16.1. Wird in das Registrierungsformular eine Erklärung oder ein Bericht einer Person aufgenommen, die als Sachverständiger handelt, so sind der Name, die Geschäftsadresse, die Qualifikationen und – falls vorhanden – das wesentliche Interesse am Emittenten anzugeben. Wurde der Bericht auf Ersuchen des Emittenten erstellt, so ist eine diesbezügliche Erklärung dahingehend abzugeben, dass die aufgenommene Erklärung oder der aufgenommene Bericht in der Form und in dem Zusammenhang, in dem sie bzw. er aufgenommen wurde, die Zustimmung von Seiten dieser Person erhalten hat, die den Inhalt dieses Teils des Registrierungsformulars gebilligt hat.

16.1. Where a statement or report attributed to a person as an expert is included in the registration document, provide such person's name, business address, qualifications and material interest if any in the issuer. If the report has been produced at the issuer's request a statement to that effect that such statement or report is included, in the form and context in which it is included, with the consent of that person who has authorised the contents of that part of the registration document.

16.2. Sofern Angaben von Seiten Dritter übernommen wurden, ist zu bestätigen, dass diese Angaben korrekt wiedergegeben wurden und dass – soweit es dem Emittenten bekannt ist und er aus den von dieser dritten Partei veröffentlichten Informationen ableiten konnte – keine Tatsachen unterschlagen wurden, die die wiedergegebenen Informationen unkorrekt oder irreführend gestalten würden. Darüber hinaus hat der Emittent die Quelle(n) der Informationen anzugeben.

16.2. Where information has been sourced from a third party, provide a confirmation that this information has been accurately reproduced and that as far as the issuer is aware and is able to ascertain from information published by that third party, no facts have been omitted which would render the reproduced information inaccurate or misleading. In addition, the issuer shall identify the source(s) of the information.

17. Einsehbare Dokumente

17. Documents On Display

Abzugeben ist eine Erklärung dahingehend, dass während der Gültigkeitsdauer des Registrierungsformulars ggf.

A statement that for the life of the registration document the following documents (or copies thereof), where applica-

die folgenden Dokumente (oder deren Kopien) eingesehen werden können:

a) die Satzung und die Statuten des Eminenten;

b) sämtliche Berichte, Schreiben und sonstigen Dokumente, historischen Finanzinformationen, Bewertungen und Erklärungen, die von einem Sachverständigen auf Ersuchen des Emittenten abgegeben wurden, sofern Teile davon in das Registrierungsformular eingeflossen sind oder in ihm darauf verwiesen wird;

c) die historischen Finanzinformationen des Emittenten oder im Falle einer Gruppe die historischen Finanzinformationen für den Eminenten und seine Tochtergesellschaften für jedes der Veröffentlichung des Registrierungsformular vorausgegangenen beiden letzten Geschäftsjahre.

Anzugeben ist auch, wo in diese Dokumente entweder in Papierform oder auf elektronischem Wege Einsicht genommen werden kann.

ble, may be inspected:

a) the memorandum and articles of association of the issuer;

b) all reports, letters, and other documents, historical financial information, valuations and statements prepared by any expert at the issuer's request any part of which is included or referred to in the registration document;

c) the historical financial information of the issuer or, in the case of a group, the historical financial information of the issuer and its subsidiary undertakings for each of the two financial years preceding the publication of the registration document.

An indication of where the documents on display may be inspected, by physical or electronic means.

Inhalt

I. Einleitung

1 Dieser Anh. IV EU-ProspV enthält gegenüber Anh. IX EU-ProspV die für
Schuldtitel und derivative Wertpapiere strengeren Anforderungen, da er auf
Schuldtitel mit einer Stückelung von weniger als 100.000 Euro anzuwenden
ist, die häufig auch von nicht qualifizierten Anlegern erworben werden.
Nicht qualifizierte Anleger haben in der Regel nicht die Möglichkeiten, sich
über einen Emittenten zu informieren, während sich qualifizierte Anleger
wie bspw. Banken und Versicherungen ausreichende Kenntnisse über Emittent und Emission auch ohne Prospekt verschaffen können.[1] Insofern ging
der Verordnungsgeber davon aus, dass alle Angaben, die für die Beurteilung
des Emittenten notwendig sind, auch im Prospekt enthalten sein müssen. So
müssen hier bspw. Angaben zu Investitionen, neuen Produkten und Märkten, Trendinformationen gemacht werden, die im Rahmen von Wertpapierprospekten mit einer Mindeststückelung von 100.000 Euro nicht verlangt
werden.

Die Anwendung dieses strengeren Anh. IV EU-ProspV an Stelle des Anh. IX
EU-ProspV kann im Einzelfall sinnvoll sein, wenn ohne diese Angaben der
Prospekt kein vollständiges Bild gewährleisten würde und diese Angaben
für die Beurteilung des Emittenten notwendig sind. Anhang XI EU-ProspV
ist nach Art. 14 EU-ProspV das maßgebliche Schema für Banken. Die dort
geringeren Anforderungen gegenüber den Anhängen IV und IX lässt sich
damit begründen, dass Banken einer staatlichen Kontrolle unterliegen und

---

1 *Heidelbach/Preuße*, BKR 2006, 316, 319; *Seitz/Maier*, in: Assmann/Schlitt/von Kopp-Colomb, WpPG/VerkProspG, Anh. IV EU-ProspV Rn. 6.

damit strenge Anforderungen an die Eigenkaptialausstattung und das Risiko- und Liquiditätsmanagement erfüllen müssen.[2]

Sofern der Emittent der hier bezeichneten Wertpapiere eine Bank ist, gilt grds. Anh. XI EU-ProspV. Allerdings kann Anh. IV EU-ProspV oder Anh. IX EU-ProspV alternativ gewählt werden.[3]

Die Erhöhung der Grenze von 50.000 Euro auf 100.000 Euro erfolgte zur Um-   2
setzung der Änderungen in Art. 3 der Richtlinie 2010/73/EG[4]. Sie hat zur Folge, dass die Erleichterungen des Anh. IX, die ursprünglich bereits bei Wertpapieren mit einer Stückelung von 50.000 Euro anwendbar waren, nunmehr erst bei Wertpapieren ab 100.000 Euro genutzt werden können. Sofern also Wertpapiere mit einer Stückelung von 50.000 Euro nach dem 01.07.2012 öffentlich bzw. erneut öffentlich angeboten werden, fallen diese nunmehr unter die Prospektpflicht und können nicht mehr die Erleichterungen des Anh. IX nutzen, sondern erfordern einen Prospekt mit den Angaben des Anh. IV. Anders lediglich bei Wertpapieren, für die eine der Übergangsregelungen des § 36 WpPG greift. Hierzu wird auf die Kommentierung zu § 36 WpPG verwiesen.

II. Verantwortliche Personen, Ziff. 1.

Ziff. 1. verlangt die Nennung aller für das Registrierungsformular verant-   3
wortlichen Personen. Gem. Ziff. 1.2. sind sie unter Zuordnung der Verantwortlichkeiten zu den entsprechenden Abschnitten des Registrierungsformulars und Gesamtverantwortung zu nennen.

Ziff. 1.2. gibt den Wortlaut für die Erklärung vor, die von den Verantwortli-   4
chen im Registrierungsformular abzugeben ist. Aus dem Wortlaut ergibt sich nicht, dass es eine Person geben muss, die für das gesamte Registrierungsformular die Verantwortung übernimmt. Neben diesen Verantwortlichen muss eine natürliche oder juristische Person für den gesamten Prospekt die Verantwortung übernehmen, da der Prospekt eine Einheit bildet und zwar unabhängig davon, ob er als einteiliger, als dreiteiliger Prospekt oder als Basisprospekt erstellt wird. Ein Prospekt muss als Ganzes für einen Anleger ein vollständiges Bild über den Emittenten und die Wertpapiere ergeben und diesen für dieses Gesamtbild Verantwortlichen soll der Anleger dem Prospekt entnehmen können.

Dies kann jedoch dann nicht gelten, wenn ein Prospekt für mehrere Emittenten oder für Garanten erstellt wird, die entsprechende Angaben zuliefern. In diesen Fällen haben nur die zuliefernden Stellen die Möglichkeit, die Vollständigkeit und Richtigkeit ihrer Angaben zu prüfen und sicherzustellen.

---

2   *Seitz/Maier*, in: Assmann/Schlitt/von Kopp-Colomb, WpPG/VerkProspG, Anh. IV EU-ProspV Rn. 4.

3   *Kullmann/Sester*, ZBB 2005, 209, 213; *Seitz/Maier*, in: Assmann/Schlitt/von Kopp-Colomb, WpPG/VerkProspG, Anh. IV EU-ProspV Rn. 8.

4   Erwg. 3, Delegierte VO (EU) Nr. 486/2012, ABl. EU 2012, L 150/1, L 150/1.

Sofern sie dann auch die Verantwortung für „ihre" Prospektteile übernehmen, gibt es keinen Grund, warum ein Dritter die Verantwortung zusätzlich übernehmen sollte.[5]

III. Abschlussprüfer, Ziff. 2.

5   Der im Registrierungsformular gem. Ziff. 2.1. zu nennende Abschlussprüfer kann eine natürliche oder eine juristische Person sein. In der Regel wird es sich um eine Prüfungsgesellschaft handeln, die mit ihrer Adresse zu nennen ist. Dabei sollte die Geschäftsadresse die relevante Adresse sein, falls sie vom Sitz der Prüfungsgesellschaft abweicht, denn für den Leser ist entscheidend, wo die Gesellschaft zu erreichen ist. Entscheidend für die Frage, ob eine natürliche oder eine juristische Person als Abschlussprüfer zu nennen ist, kann nur das Vertragsverhältnis zwischen dem Emittenten und dem Wirtschaftsprüfer sein. Sofern dieses mit einer Wirtschaftsprüfungsgesellschaft und damit einer juristischen Person abgeschlossen wurde, muss diese aufgeführt werden. Als Angabe zur Mitgliedschaft in einer Berufsvereinigung ist es üblich, die Mitgliedschaft der Wirtschaftsprüfungsgesellschaft in der Wirtschaftsprüferkammer, Anstalt des öffentlichen Rechts, zu nennen, sofern es sich um Wirtschaftsprüfungsgesellschaften in Deutschland handelt.

Die Offenlegung der Einzelheiten für eine Abberufung, nicht Wiederbestellung oder Niederlegung des Mandats stellt eine Schutzvorschrift für Anleger dar, die anhand der Einzelheiten die Gründe und damit auch evtl. Risiken erkennen können. Gem. Ziff. 2.2. sind die Gründe und die Einzelheiten hierzu nur offen zu legen, wenn sie von wesentlicher Bedeutung sind. Somit wird der Hinweis, dass es sich um einen turnusmäßigen Wechsel gehandelt hat, zwar nicht erforderlich sein, dürfte aber als Klarstellung für den Anleger zumindest hilfreich sein.

IV. Ausgewählte Finanzinformationen, Ziff. 3.

6   Ziff. 3.1. Es wird auf die Kommentierung zu Anh. I Ziff. 3.1. EU-ProspV verwiesen.

7   Ziff. 3.2. Es wird auf die Kommentierung zu Anh. I Ziff. 3.2. EU-ProspV verwiesen.

V. Risikofaktoren, Ziff. 4.

8   Der Begriff „Risikofaktoren" ist in Art. 2 Ziff. 3. EU-ProspV legal definiert und bezeichnet eine Liste von Risiken, die für die jeweilige Situation des Emittenten und/oder der Wertpapiere spezifisch und für die Anlageentscheidung wesentlich sind.[6]

---

5   Vgl. hierzu auch *Seit/Maier*, in: Assmann/Schlitt/von Kopp-Colomb, WpPG/VerkProspG, Anh. IV EU-ProspV Rn. 10.

6   *Holzborn/Israel*, ZIP 2005, 1668, 1672, Fn. 69.

Darzulegende Risikofaktoren sind gem. Ziff. 4. nicht sämtliche Risikofaktoren, sondern durch die Qualifizierung im Wortlaut der Ziff. 4. nur solche, die die Fähigkeit des Emittenten beeinträchtigen können, seinen aus dem Wertpapier resultierenden Verpflichtungen gegenüber den Anlegern nachzukommen. Bei den Verpflichtungen aus den hier einschlägigen Wertpapieren handelt es sich regelmäßig um Lieferungs- und Zahlungsverpflichtungen sowie um die Fähigkeit, die derivativen Elemente der Wertpapiere zu erfüllen. Die Erfüllung dieser Verpflichtungen wird insb. dann gefährdet, wenn sich die Bonität des Emittenten deutlich verschlechtert, so dass bonitätsrelevante Fakten darzulegen sind.

Dabei ist zunächst von der tatsächlichen Geschäftstätigkeit auszugehen und diese Geschäftstätigkeit wird dann auf die Risiken hin analysiert, die insb. Einfluss auf Zahlungsfähigkeit und Bonität des Emittenten haben.

Die Darstellung hat in leicht analysierbarer und verständlicher Form zu erfolgen.[7]

Typischerweise zu beschreibende Risikofaktoren sind das Kreditrisiko[8], das Bonitätsrisiko des Emittenten,[9] Marktrisiken,[10] Geschäftsrisiken,[11] Refinanzierungsrisiko[12], was z. T. auch im Liquiditätsrisiko beschrieben wird, operationelle Risiken.[13] Die Darstellung der fehlenden Zugehörigkeit zu einer Einlagensicherung kann an untershiedlichen Stellen erfolgen, da sie sowohl die Zahlungsfähigkeit des Emittenten als auch seine Bonität beeinflussen kann bzw. eine Frage des Sicherungsumfangs des konkreten Wertpapiers darstellt. Solange dieses Risiko für den Anleger in leicht erkennbarer Form erfolgt, spielt es letztlich keine Rolle, wo die Darstellung erfolgt.

Auf eine vollständige Darstellung aller nur denkbaren Risiken wurde in der EU-ProspV verzichtet, denn dann wäre eine sinnvolle Einschätzung und Abwägung aufgrund der Menge und fehlenden Gewichtung in der Beschreibung nicht mehr oder nur eingeschränkt möglich. Es können auch nur solche Risikofaktoren dargestellt werden, die im Zeitpunkt der Erstellung des Prospektes vorhanden und dem Emittenten bekannt sind. Insofern kann es durchaus Risikofaktoren geben, die erst nach Erstellung des Prospektes eintreten oder bekannt werden und insofern nicht im Prospekt enthalten sind. 9

---

7 *Seitz/Maier*, in: Assmann/Schlitt/von Kopp-Colomb, WpPG/VerkProspG, Anh. IV EU-ProspV Rn. 19.

8 Vgl. hierzu die Def. bei *Seitz/Maier*, in: Assmann/Schlitt/von Kopp-Colomb, WpPG/VerkProspG, Anh. IV EU-ProspV Rn. 21.

9 Vgl. hierzu die Def. bei *Seitz/Maier*, in: Assmann/Schlitt/von Kopp-Colomb, WpPG/VerkProspG, Anh. IV EU-ProspV Rn. 22.

10 Vgl. hierzu die Def. bei *Seitz/Maier*, in: Assmann/Schlitt/von Kopp-Colomb, WpPG/VerkProspG, Anh. IV EU-ProspV Rn. 23.

11 Vgl. hierzu die Def. bei *Seitz/Maier*, in: Assmann/Schlitt/von Kopp-Colomb, WpPG/VerkProspG, Anh. IV EU-ProspV Rn. 24.

12 Vgl. hierzu die Def. bei *Seitz/Maier*, in: Assmann/Schlitt/von Kopp-Colomb, WpPG/VerkProspG, Anh. IV EU-ProspV Rn. 25.

13 Vgl. hierzu die Def. bei *Seitz/Maier*, in: Assmann/Schlitt/von Kopp-Colomb, WpPG/VerkProspG, Anh. IV EU-ProspV Rn. 26.

Da solche Risiken nie ausgeschlossen werden können, war es unter altem Recht üblich und muss es auch heute erlaubt sein, dass ein Prospekt auch einen Hinweis auf solche zukünftigen oder dem Emittenten nicht bekannte Risiken enthält, ohne dass diese konkret genannt werden könnten.

10 Um Risiken eines Emittenten verstehen zu können, muss der Anleger zunächst gesagt bekommen, worauf – auf welchen Emittenten, mit welchem wesentlichen Geschäftsinhalt – sich die Risikobeschreibung bezieht. In vielen Fällen, wie bspw. bei Banken, wird es ausreichen, nur kenntlich zu machen, dass es sich um eine Bank handelt. Auch in der weiteren Beschreibung werden kurze Angaben, was dem Risiko zugrunde liegt, notwendig werden, um überhaupt das Risiko darstellen zu können. Chancen sind in diesem Abschnitt nicht darzustellen.[14]

Die Risikofaktoren sind zusammenhängend und abschließend darzustellen. Damit soll erreicht werden, dass der Anleger einen zusammenhängenden Gesamtüberblick über die Risiken erhält. Er soll nicht durch die gleichzeitige Darstellung der Chancen von den tatsächlich vorhandenen Risiken abgelenkt werden.

11 Auch wenn der Wortlaut dieser Ziff. 4. vom Wortlaut der entsprechenden Ziff. 3. aus Anh. IX EU-ProspV in der deutschen Übersetzung abweicht, werden dadurch keine inhaltlichen Unterschiede begründet, denn in der englischsprachigen Originalfassung findet sich diese Abweichung nicht.

Bei beiden Anhängen kommt es auf eine gut verständliche und erkennbare Darlegung der Risiken an. Um zu vermeiden, dass Anleger diesen Abschnitt für „unwichtig" halten, muss darauf geachtet werden, dass nicht durch Druckbild oder Schriftgröße Unwichtigkeit suggeriert wird.

VI. Angaben über den Emittenten, Ziff. 5.

12 Die in Anh. IV EU-ProspV erforderlichen Angaben über den Emittenten sind umfangreicher, als die in Anh. IX Ziff. 5. EU-ProspV geforderten. Der wesentliche Unterschied besteht darin, dass in Prospekten, die Anh. IX EU-ProspV zugrunde legen, keine Angaben mehr zu Investitionen gemacht werden müssen. Vor dem Hintergrund, dass sich qualifizierte Anleger fortlaufend über Emittenten informieren, in deren Schuldtitel sie investieren, ist eine Momentaufnahme zum Zeitpunkt der Erstellung des Prospektes nicht erforderlich. Diese Angaben werden folgerichtig bei Prospekten auf Basis des Anh. IX EU-ProspV nicht gefordert. Trotzdem kann es auch dort im Einzelfall notwendig sein, Angaben zu Investitionen aufzunehmen, wenn diese Angaben notwendig sind, um den Emittenten beurteilen zu können.

13 Während die Ziff. 5.1. zunächst vermuten lässt, dass hier ein historischer Abriss zur Entwicklung des Emittenten dargestellt werden soll, ergibt sich aus den nachfolgenden Unterziffern ein anderer Inhalt. Die meisten Punkte, die

---

14 Vgl. hierzu auch *Kullmann/Sester*, ZBB 2005, 209, 212.

in diesem Abschnitt verlangt werden, sind selbsterklärend und dürften nur in Ausnahmefällen Probleme bereiten.

Bemerkenswert ist, dass unter der Überschrift Ziff. 5.1. „Geschäftsgeschichte und Geschäftsentwicklung des Emittenten" gerade zu diesen Angaben kein Raum mehr bleibt, wenn der Prospektaufbau den entsprechenden Unterpunkten folgt. Die Geschichte des Emittenten allerdings vor der Angabe des Namens aufzuführen, erscheint ebenfalls wenig sinnvoll. Insofern dürfte für die eigentliche Historie des Emittenten nur in dem hier aufgeführten, eingeschränkten Umfang Raum bleiben.

Im Übrigen sind die Ziff. 5.1.1. bis 5.1.4. weitgehend selbsterklärend.

Insbesondere die Ziff. 5.1.5. und 5.2. beziehen sich gerade nicht auf die Historie, sondern vielmehr auf aktuelle Angaben. Diese werden nur dann im Prospekt aufgenommen, wenn es zu diesen Punkten aktuelle Ereignisse gibt.

Nach dem Wortlaut ist unter Ziff. 5.1.5. kein Raum für eine kurze historische Beschreibung, da der Wortlaut eine Beschränkung auf solche Ereignisse enthält, die für die Solvenz des Emittenten relevant sind. Als Beispiele könnten neu aufgetretene Klumpenrisiken oder drohende massive Kreditausfälle zu nennen sein.

Da für die Solvenz relevante Ereignisse in Jahresabschlüssen zu berücksichtigen sind, kann man hier davon ausgehen, dass nur solche Ereignisse gemeint sind, die nach dem Datum des letzten Jahresabschlusses eingetreten sind. Zu diesem Unterpunkt werden daher in einigen Fällen keine Angaben erforderlich und möglich sein.

Da der Wortlaut solche Ereigniss umfasst, die in erheblichem Maße für die Solvenz des Emittenten relevant sind, fehlt es an einer Beschränkung auf negative Einflüsse, so dass sowohl sich positiv auswirkende als auch sich negativ auswirkende Ereignisse darzustellen sind.[15]

Mit Ziff. 5.2. und den Unterziffern wird die Darstellung von wichtigen Investitionen seit dem Datum der Veröffentlichung des letzten Jahresabschlusses und deren Finanzierung verlangt. Dadurch erhält der Anleger eine Basis für eine Einschätzung zum laufenden Geschäftsjahr.   *14*

VII. Geschäftsüberblick, Ziff. 6.

Wie in Ziff. 5. zu Anh. IX EU-ProspV umfasst Ziff. 6. die eigentliche Darstellung der Tätigkeiten und des Geschäftes des Emittenten. Die vorgenommene Unterteilung in die verschiedenen Unterpunkte ist nicht zwingend. Sofern sich die Darstellung jedoch an diesen Unterpunkten exakt orientiert, ist die Darstellung des Emittenten klar und deutlich gegliedert.   *15*

---

15 Vgl. auch *Seitz/Maier*, in: Assmann/Schlitt/von Kopp-Colomb, WpPG/VerkProspG, Anh. IV EU-ProspV Rn. 33.

Es werden die Haupttätigkeitsbereiche mit Schwerpunkt der vertriebenen Produkte bzw. angebotenen Dienstleistungen dargelegt. Sofern der Emittent aktuell neue Produkte bzw. Dienstleistungen anbietet, ist dies ebenfalls aufzuführen. Daraus kann ein Anleger entnehmen, wo das Unternehmen Erfahrung hat oder wo es „Neuland" betritt.[16]

Im nächsten Abschnitt sind die Märkte darzustellen und damit das Umfeld, in dem die Produkte bzw. Dienstleistungen vertrieben werden. Hierbei sind sowohl regionale als auch produktbezogene Aspekte zu berücksichtigen.[17] Dies kann bspw. der Immobilienmarkt sein, der unter regionalen Aspekten auf Basis der relevanten Immobilienarten dargestellt werden kann. Als Beispiel sei der Wohnungs- oder Büroimmobilienmarkt in Nord-, Süd-, Mitteldeutschland, Metropolregionen im In- oder Ausland genannt. Eine Aufschlüsselung der Gesamtumsätze ist hier in der Regel nicht erforderlich.[18]

In einem dritten Schritt wird dann erläutert, wo sich der Emittent in diesem Umfeld befindet, seine Wettbewerbsposition beschrieben. Die Beschreibung hängt wesentlich vom jeweiligen Emittenten ab. Beim Beispiel des Immobilienmarktes könnte sie aus Sicht der erfolgten Finanzierungen oder aus Sicht der Investitions- oder Verwaltungsseite dargestellt werden.

Diese Angabe ist nach dem Wortlaut „etwaige Angaben" nicht zwingend. Sofern sie aufgenommen wird, sind die Grundlagen und Quellen der aufgenommenen Informationen zu nennen.[19] Eventuelle werbliche Angaben (z. B. „führender Anbieter ... ") müssen eine Bezugsgröße enthalten („führend bezogen auf ... ") und sind mit Zahlen zu belegen.[20]

Letztlich muss dem Anleger ein umfassendes Bild über das wesentliche Umfeld und die Tätigkeiten des Emittenten gegeben werden. Hiernach wird sich auch richten, inwieweit die Angaben zur Wettbewerbsposition erforderlich sind.

VIII. Organisationsstruktur, Ziff. 7.

16 In diesem Abschnitt gem. Ziff. 7. ist Raum für die Darstellung des Emittenten unter Konzern-/Gruppenaspekten. Hier sind insb. Abhängigkeiten und ggf. Machtverhältnisse offenzulegen, so dass der Anleger einschätzen kann, wer in welchem Umfang Einfluss auf den Emittenten nehmen kann. Ziff. 7. beschränkt vom Wortlaut die zu nennenden Abhängigkeiten nicht darauf, wel-

---

16 Mit gleichem Ergebnis *Seitz/Maier*, in: Assmann/Schlitt/von Kopp-Colomb, WpPG/ VerkProspG, Anh IV EU-ProspV Rn. 37.

17 Vgl. *Seitz/Maier*, in: Assmann/Schlitt/von Kopp-Colomb, WpPG/VerkProspG, Anh. IV EU-ProspV Rn. 38.

18 Vgl. *Seitz/Maier*, in: Assmann/Schlitt/von Kopp-Colomb, WpPG/VerkProspG, Anh. IV EU-ProspV Rn. 38.

19 *Seitz/Maier*, in: Assmann/Schlitt/von Kopp-Colomb, WpPG/VerkProspG, Anh. IV EU-ProspV Rn. 39.

20 Vgl. hierzu *Seitz/Maier*, in: Assmann/Schlitt/von Kopp-Colomb, WpPG/VerkProspG, Anh. IV EU-ProspV Rn. 39 m. w. N.

che Angaben nach anderen Gesetzen, wie bspw. dem Aktiengesetz, offenzulegen sind. Vielmehr müssen auch tatsächliche Abhängigkeiten, die sich bspw. aus vertraglichen Verhältnissen ergeben können, aufgeführt werden.[21]

Sinnvollerweise sollte sich die Darstellung des Konzerns oder der Gruppe an möglichen wirtschaftlichen Auswirkungen orientieren. Hier empfiehlt sich eine Darstellung entsprechend der Darstellung im Jahresabschluss, sofern nicht aktuellere Fakten eingetreten sind.

IX. Trendinformationen, Ziff. 8.

Trendinformationen gem. Ziff. 8. sind nicht in jedem Falle relevant. An dieser Stelle wird der Zeitraum beschrieben, der nicht bereits durch die vorstehenden Angaben, insb. durch den letzten veröffentlichten Jahresabschluss abgedeckt wurde. Sie ist somit in die Zukunft gerichtet.[22] Sofern es keine wesentlichen Veränderungen gegeben hat, ist die nachstehend genannte Negativverklärung aufzunehmen, anderenfalls sind die wesentlichen nachteiligen Änderungen aufzuführen.   *17*

Da der Wortlaut ausdrücklich nachteilige Änderungen nennt, ist für positive Entwicklungen an dieser Stelle kein Raum.[23] Eine Anpassung des Wortlauts ist in der Praxis nur begrenzt möglich. Jedoch kann der Prospekt an anderer Stelle durchaus eine Beschreibung von Faktoren enthalten, die sich in der Zukunft negativ auswirken können. In diesen Fällen kann die Erklärung auf diese Faktoren konkret Bezug nehmen und dadurch den Umfang der Erklärung beschränken.[24]

Die Darstellung positiver Entwicklungen kann aber unter Ziff. 8.2. erfolgen, den der Verordnungsgeber neutraler gefasst hat. Auch die Darstellung dieser positiven Entwicklungen unter Ziff. 8.2. setzt voraus, dass diese Entwicklungen die Aussichten des Emittenten zumindest im laufenden Geschäftsjahr wesentlich beeinflussen dürften. Dabei ist jedoch darauf zu achten, dass eine positive Darstellung nicht die Grenze zur Gewinnprognose im Sinne der Ziff. 9. überschreitet.

Bereits eingetretene Veränderungen in der Finanzlage des Emittenten sind unter Ziff. 13.7. darzustellen.

---

21 Vgl. hierzu *Seitz/Maier*, in: Assmann/Schlitt/von Kopp-Colomb, WpPG/VerkProspG, Anh. IV EU-ProspV Rn. 42 mit Beispielen.

22 *Seitz/Maier*, in: Assmann/Schlitt/von Kopp-Colomb, WpPG/VerkProspG, Anh. IV EU-ProspV Rn. 43.

23 Vgl. *Seitz/Maier*, in: Assmann/Schlitt/von Kopp-Colomb, WpPG/VerkProspG, Anh. IV EU-ProspV Rn. 49 m. w. N.

24 Vgl. *Seitz/Maier*, in: Assmann/Schlitt/von Kopp-Colomb, WpPG/VerkProspG, Anh. IV EU-ProspV Rn. 47 mit Beispielen.

X. Gewinnprognosen oder -schätzungen, Ziff. 9.

18 Die Anforderungen gem. Ziff. 9. an eine Gewinnprognose oder Gewinn-schätzung sind vom Verordnungsgeber so hoch gesetzt, dass die Aufnahme dieser Angaben nur in Ausnahmefällen empfehlenswert erscheint. Die Anforderungen dürften in der Praxis – wenn überhaupt – nur mit erheblichem Aufwand erfüllt werden können. Sichergestellt werden soll für die Anleger, dass keinerlei Werbeprognosen aufgenommen werden, die sich später als nicht haltbar erweisen.

Was konkret unter einer Gewinnprognose oder Gewinnschätzung zu verstehen ist, lässt der Wortlaut der EU-ProspV offen. Da zu den Finanzangaben auch Jahresabschlüsse gehören, können Pflichtangaben bspw. in Jahresab-schlüssen, an die vergleichbare Prüfungsanforderungen nicht gestellt werden, nicht gemeint sein, da anderenfalls durch diese EU-ProspV gesetzliche Anforderungen abgeändert würden.[25]

Ob und wann Gewinnprognosen oder Gewinnschätzungen im Prospekt auf-zunehmen sind, wenn sie in Roadshows verwendet werden, ist strittig.[26] Letztlich wird sich nur im Einzelfall entscheiden lassen, ob und inwieweit die entsprechenden Angaben – oder trotz Verwendung in Roadshows, das Fehlen im Prospekt – für einen Investor wesentlich waren.

Die neue Ziff. 9.2. wurde eingefügt, um die Bürokraktiekosten bei der Kapi-talbeschaffung zu senken, indem nunmehr die Bedingungen festgelegt wur-den, unter denen ein Bericht eines unabhängig Buchprüfers oder Abschluss-prüfers nicht erforderlich ist.[27] Dies inbesondere für den Fall, dass die für den Jahresabschluss benötigten vollständigen Unterlagen nicht verfügbar sind und die unabhängigen Buchprüfer oder Abschlussprüfer den Bestäti-gungsvermerk daher nicht unterzeichnen können.[28]

XI. Verwaltungs-, Geschäftsführungs- und Aufsichtsorgane, Ziff. 10.

19 Durch Angaben der Ziff. 10. werden personelle Verflechtungen und Zuord-nungen von Aufgaben im Bereich der Entscheidungsträger offengelegt.

Interessenkonflikte sind ebenfalls offenzulegen. Sofern tatsächlich vorhan-dene Interessenkonflikte im Zeitpunkt der Prospekterstellung bekannt sind, müssen diese Angaben aufgenommen werden.[29]

Hiervon zu unterscheiden sind potentielle Interessenkonflikte, die mögli-cherweise eintreten werden, sich aber noch nicht konkretisiert haben. In die-

---

25 Vgl. zu Gewinnprognosen auch *Kullmann/Sester*, ZBB 2005, 209, 215.
26 Vgl. hierzu *Seitz/Maier*, in: Assmann/Schlitt/von Kopp-Colomb, WpPG/VerkProspG, Anh. IV EU-ProspV Rn. 54 m.w.N.
27 Erwg. 6, Delegierte VO (EU) Nr. 809/2004 L 256/4, L 265/5.
28 Erwg. 6, Delegierte VO (EU) Nr. 809/2004 L 256/4, L 265/5.
29 Vgl. Interessenkonflikten mit ausführlichen Beispielen *Mülbert*, WM 2007, 1149, 1157 ff.

sen Fällen kann kein Emittent ausschließen, dass solche Interessenkonflikte zu einem späteren Zeitpunkt auftauchen.

Es ist für den Anleger wichtig, zu erfahren, wie der Emittent mit möglichen Interessenkonflikten umgeht, welche Regelungen er sich in diesem Zusammenhang gegeben hat. Sofern er funktionierende Regelungen hat, die dazu führen, dass sich evtl. auftauchende Interessenkonflikte auf die Geschäfte des Emittenten nicht auswirken, ist diese Information für den Anleger eine sinnvolle Angabe zu diesem Themenkomplex, auch wenn ein potentieller Interessenkonflikt noch nicht dargestellt wird.

XII. Praktiken der Geschäftsführung, Ziff. 11.

Sofern der Emittent einen Audit-Ausschuss hat, sollte dieser zusammen mit den Namen der Ausschussmitglieder und einer Zusammenfassung seines Aufgabenbereichs gem. Ziff. 11.1. angegeben werden. 20

Die Corporate-Governance-Regelungen stellen so genannte Wohlverhaltensregelungen dar, zu denen sich Gesellschaften auf freiwilliger Basis verpflichten. Diese Selbstverpflichtung von AGs, deren Aktien an einer Börse notiert sind, ist inzwischen auch im Hinblick auf Anlegerinteressen üblich. Wenn diese Selbstverpflichtung nicht erfolgt, stellt sich die Frage, aus welchen Gründen dies nicht erfolgt. Hier besteht ein grundsätzliches Anlegerinteresse, dem mit dieser Offenlegungspflicht Rechnung getragen wird. Eine Erklärung, dass die Aktien der Gesellschaft nicht an einer Börse notiert werden und die Gesellschaft aus diesem Grund keiner Selbstverpflichtung bzgl. der Corporate-Governance-Regelungen unterliegt, ist zwar rechtlich ausreichend. Allerdings sollte ein Emittent berücksichtigen, dass bei der fehlenden Selbstverpflichtung ohne weitergehende Begründung möglicherweise kein ausreichendes Vertrauen für Anleger in den Emittenten erreicht wird.

XIII. Hauptaktionäre, Ziff. 12.

Zu den Angaben gem. Ziff. 12. gehören Beherrschungsverhältnisse, da sie Einfluss auf die Gewinnverwendungs- und/oder Geschäftsführung eines Unternehmens und damit seine Wirtschaftlichkeit haben. Solche Verträge sind im deutschen Recht bspw. im Aktienrecht unter dem Abschnitt „Unternehmensverträge" in §§ 291 f. AktG geregelt. Maßgebliches Merkmal solcher Verträge ist ihr regelmäßig in die Unternehmensstruktur eingreifender Charakter.[30] Die jeweils erforderliche Beschreibung richtet sich nach dem Einzelfall und der entsprechenden Rechtsordnung, der der Emittent unterliegt. 21

Bspw. zu nennen sind hier Gewinnabführungsverträge gegenüber einem Aktionär oder Vereinbarungen zwischen Hauptaktionären über einen künftigen Aktienerwerb (bspw. Call- oder Putvereinbarungen).[31]

---

30 *Hüffer*, AktG, § 291, Rn. 2.
31 *Kullmann/Sester*, ZBB 2005, 209, 215.

XIV. Finanzinformationen über die Vermögens-, Finanz- und Ertragslage, Ziff. 13.

1. Überblick

22 Zum Schutz der Investoren sieht Ziff. 13. auch bei Schuldtiteln und ähnlichen Wertpapieren mit einer Stückelung von weniger als 100.000 Euro Finanzinformationen als wesentlichen Prospektinhalt. Art und Umfang der aufzunehmenden Abschlüsse können Gegenstand intensiver Diskussion mit Abschlussprüfern und der BaFin sein. Aus diesem Grund haben Finanzinformationen nicht nur für den Inhalt des Prospekts, sondern auch für den Ablauf der Prospekterstellung wesentliche Bedeutung.

23 Anh. IV Ziff. 13. EU-ProspV fordert für Schuldtitelemittenten sowie für Emittenten von derivativen Wertpapieren mit einer Stückelung von weniger als 100.000 Euro einen umfangreichen Finanzteil mit Abschlüssen, der grds. zwei Geschäftsjahre umfasst. Für Emittenten an geregelten Märkten muss die IAS-Verordnung beachtet werden, so dass in der Regel Konzernabschlüsse nach den IAS/IFRS erstellt werden müssen. Diese Abschlüsse liegen bei einer Erstnotierung in den meisten Fällen nicht vor und müssen entsprechend für diesen Zweck erstellt und geprüft werden. Ziff. 13. ist von der Änderung der EU-ProspektV nicht betroffen. Lediglich die Stückelung wurde von 50.000 auf 100.000 Euro erhöht, die bei Schuldtiteln zu beachten ist. Nach wie vor müssen daher für Schuldtitel mit kleineren Stückelungen umfangreiche Finanzinformationen in den Prospekt aufgenommen werden. Hinsichtlich Ziff. 13. Anh. IV EU-ProspV wird für wesentliche Teile auch auf die Kommentierung von Ziff. 20. Anh. I EU-ProspV verwiesen.

2. Begriff und Umfang der historischen Finanzinformationen, Ziff. 13.1. Satz 1

24 Anh. IV Ziff. 13.1. Satz 1 EU-ProspV fordert die Aufnahme geprüfter historischer Finanzinformationen der letzten zwei Geschäftsjahre in den Prospekt. Vorrangiger Zweck ist die Information des Investors über die Vermögens-, Finanz- und Ertragslage des Emittenten der abgelaufenen Berichtsperioden.[32] Allerdings steht im Gegensatz zu Aktienemissionen nicht unbedingt die Darstellung der operativen Entwicklung im Vordergrund, so dass Anpassungen der historischen Finanzausweise bei einer so genannten komplexen Finanzhistorie gem. Art. 4a nicht geboten sind. Auch Pro forma-Finanzinformationen gemäß Anh. II sind nicht zu erstellen.[33]

25 Unter dem Begriff der Finanzinformationen kann man in Anlehnung an die IAS/IFRS einen vollständigen Abschluss verstehen, der gemäß IAS 1.10 folgende Elemente umfasst: eine vollständige Bilanz zum Abschlussstichtag, eine Gesamtergebnisrechnung für die Periode, eine Eigenkapitalverände-

---

32 Diese Aussage der CESR zu Aktienemittenten gilt grds. auch für andere Wertpapierarten. *CESR*, advice, historical financial information, Ref: CESR/05-582, Tz. 15.

33 Zur unterschiedlichen Interessenlage bei Aktien- versus Schuldtiteln *Seitz/Maier*, in: Assmann/Schlitt/von Kopp-Colomb, WpPG/VerkProspG, Anh. IV EU-ProspV Rn. 63.

rungsrechnung für die Periode, eine Kapitalflussrechnung für die Periode sowie erläuternde Anhangangaben.[34] Die Segmentberichterstattung als separates Abschlusselement wird zwar in der EU-ProspV nicht genannt, ist aber dennoch Bestandteil eines vollständigen Abschlusses nach IAS/IFRS und daher grds. verpflichtend, falls die Voraussetzungen zur Segmentberichterstattung erfüllt sind.[35] Der Lagebericht gem. § 289 bzw. § 315 HGB ist explizit nicht genannt und muss demgemäß nicht in den Prospekt aufgenommen werden. Allerdings steht es dem Emittenten frei, den Lagebericht mit aufzunehmen. Dies ist angesichts der praktischen Erstellung von Testaten in Deutschland durchaus üblich.[36] Sollte er nicht aufgenommen werden, wird dies in der Regel in einem Hinweis erläutert.

Beispiel: Hinweis bei Nichtaufnahme des Lageberichts   26
Der nachfolgend abgedruckte Bestätigungsvermerk wurde gem. § 322 Handelsgesetzbuch auf den von der XXX AG zum 31.12.2XXX aufgestellten Konzernabschluss, bestehend aus Konzernbilanz, Konzerngewinn- und -verlustrechnung, Konzerneigenkapitalveränderungsrechnung, Konzernkapitalflussrechnung, Konzernanhang und Konzernlagebericht erteilt. Der Bestätigungsvermerk muss sich nach deutschem Recht auch auf den Konzernlagebericht beziehen. Der nachstehend abgedruckte Bestätigungsvermerk bezieht sich daher nur auf den Konzernabschluss der XXX AG zum 31.12. 2XXX einschließlich des Konzernlageberichts, obwohl der Konzernlagebericht in diesem Prospekt nicht enthalten ist.

„Der Konzernlagebericht kann im vollständigen Wortlaut in dem auf der   27
Website der Gesellschaft unter http://..... öffentlich zugänglichen Konzernabschluss zum 31.12.2XXX eingesehen werden."

Besteht der Emittent zwei Jahre und länger, so ist er gem. Anh. IV Ziff. 13.1.   28
Satz 1 grds. verpflichtet, die Abschlüsse der letzten zwei Geschäftsjahre und die dazugehörigen Bestätigungsvermerke in den Prospekt aufzunehmen. Hiernach werden bei der Darstellung des letzten Abschlusses die Finanzinformationen des jüngsten denen des vorletzten Abschlusses (Vergleichszahlen des Vorjahres) gegenübergestellt, erläutert und in testierter Form gezeigt. Bei der Abbildung des vorletzten Abschlusses werden die Finanzdaten des zweitletzten mit denen des drittletzten Abschlusses verglichen und im Anhang erläutert. Der Bestätigungsvermerk bezieht sich auf das Zahlenwerk des zweitletzten und drittletzten Geschäftsjahrs. Mit der Anforderung der EU-ProspV, wonach der Emittent zwei separate Abschlüsse und entspre-

---

34 IAS 1 schlägt sogar vor, folgende Begriffe zu verwenden, obwohl die Verwendung bisheriger Begriffe ausdrücklich erlaubt ist: statt „Bilanz" (balance sheet) „Darstellung der Vermögenslage" (statement of financial position), statt „Kapitalflussrechnung" (cash flow statement) „Darstellung der Zahlungsströme" (statement of cash flows), statt „Gesamtergebnisrechnung" (statement of comprehensive income) „Darstellung von Gewinn- oder Verlust und sonstigem Gesamtergebnis" (statement of profit or loss and other comprehensive income). Siehe ausführlich Lüdenbach, in: Lüdenbach/Hoffmann, IFRS, § 2.
35 IFRS 8.2.
36 Siehe hierzu die Erl. zu den anzuwendenden Prüfungsstandards unter Rn. 48.

chende Bestätigungsvermerke in den Prospekt aufnehmen muss, wird der Emittent verpflichtet, für das historisch älteste Abschlussjahr einen gemessen an der Aktualität und am Wert der Information hohen Aufstellungsaufwand zu betreiben.

29 Damit geht diese Regel u. E. über die früher bewährte Regelung für börsennotierte Schuldtitelemittenten hinaus, welche lediglich die Aufnahme des letzten Abschlusses inklusive Vergleichszahlen des Vorjahres verlangte.[37]

30 Ziff. 13.1. Satz 1 EU-ProspV fordert den Abdruck des Bestätigungsvermerks für jedes Geschäftsjahr. Das Bilanzrechtsmodernisierungsgesetz (BilMoG) transformiert im Jahr 2009 Vorschriften der EU-Abschlussprüferrichtlinie in nationales Recht, die insgesamt 10 IDW Prüfungsstandards betreffen.[38] § 317 Abs. 5 HGB sieht nun die Verwendung der International Standards on Auditing (ISA) vor, falls diese in den EU Rechtsrahmen übernommen werden. Da dieser Vorgang noch nicht abgeschlossen ist, richtet sich nach wie vor die Form des Bestätigungsvermerks bei deutschen Emittenten nach dem IDW Prüfungsstandard IDW PS 400. Dieser basiert bereits auf dem internationalen Prüfungsstandard ISA 700 und den Anforderungen, die sich aus ISA ergeben[39], so dass sich materiell wenige Änderungen in Zukunft ergeben sollten. Der Bestätigungsvermerk für ausländische Emittenten kann nach den Normen des ISA 700 erstellt werden.[40]

3. Regelungen bei Änderungen des Bilanzstichtags und kurzfristiger Geschäftstätigkeit, Ziff. 13.1. Satz 2

31 Existiert der Emittent weniger als zwei Jahre, so hat er entsprechend seines Bestehens Abschlüsse in den Prospekt aufzunehmen. Diese können ggf. auch Rumpfgeschäftsjahresabschlüsse sein. Unter Emittent ist hierbei stets die rechtliche Einheit zum Zeitpunkt der Antragstellung zu verstehen.

32 Der Begriff des Geschäftsjahres im Sinne der EU-ProspV umfasst grds. einen Zeitraum von zwölf Monaten. Beschreiben die letzten zwei Geschäftsjahre weniger als 24 Monate, so soll der Emittent zusätzliche Geschäftsjahre in den Prospekt aufnehmen. Dies kann dann der Fall sein, wenn der Emittent seinen Abschlussstichtag in den letzten Jahren mehrmals geändert hat. Existiert der Emittent kürzer als zwei Jahre und hat er in dieser Zeit seine Abschlussstichtage geändert, so hat er entsprechend seines Bestehens sämtliche Abschlüsse unabhängig von der Anzahl der Geschäftsjahre auszuweisen.[41]

---

37 § 34 Abs. 2 BörsZulVO, Stand 21.06.2002.

38 Siehe für einen Überblick *Kuhn/Stibi*, WPg 2009, 1157.

39 IDW PS 400, Stand 12.12.2012.

40 Siehe zur Prüfung historischer Finanzinformationen Rn. 48.

41 Diese Änderung in Anh. IV Ziff. 13.1. Satz 2 EU-ProspV wurde erst durch eine VO im Februar 2007 vorgenommen (Ziff. 4. VO (EG) 211/2007 zur Änderung der VO (EG) 809/2004), wurde jedoch auch schon früher von CESR vorgeschlagen (*CESR*, Working document ESC/16/2006).

4. Anzuwendende Rechnungslegungsstandards, Ziff. 13.1. Satz 3

Nach Anh. IV Ziff. 13.1. Satz 3 sind die aufzunehmenden Finanzinformatio- *33*
nen gem. der Verordnung (EG) Nr. 1606/2002 („IAS-V") zu erstellen bzw.
wenn diese nicht anwendbar ist nach den Regelungen des betreffenden Mitgliedstaates. Gem. der IAS-V sind alle kapitalmarktorientierten Unternehmen
mit Sitz in der EU verpflichtet, ihre Konzernabschlüsse nach internationalen
Rechnungslegungsstandards aufzustellen.[42] Im Sinne dieser Verordnung bezeichnen „internationale Rechnungslegungsstandards" die „International Accounting Standards" (IAS), die „International Financial Reporting Standards"
(IFRS) und damit verbundene Auslegungen (SIC/IFRIC-Interpretationen),
spätere Änderungen dieser Standards und damit verbundene Auslegungen
sowie künftige Standards und damit verbundene Auslegungen, die vom International Accounting Standards Board (IASB) herausgegeben oder angenommen wurden.[43] Als kapitalmarktorientiert gelten mit Verweis auf die
Wertpapierdienstleistungsrichtlinie solche Unternehmen, deren Wertpapiere
an einem organisierten Markt innerhalb der EU zugelassen sind, also auch
Fremdkapitaltitel.[44] Im Umkehrschluss wird hiermit auch klargestellt, dass
solche Unternehmen, deren Wertpapiere im Freiverkehr einbezogen sind,
nicht dieser Verordnung unterliegen. Diese können demnach weiterhin nach
nationalen Rechnungslegungsstandards bilanzieren.

Grundsätzlich ergeben sich somit keine Unterschiede zu Aktienemittenten. *34*
Zu Einzelheiten der im EU-Rechtsrahmen anwendbaren IAS/IFRS, zur Erstanwendung sowie zu den Mitgliedstaatenwahlrechten der IAS-Verordnung
siehe die entsprechenden Ausführungen zu Anh. I, Rn. 97 ff.

Für Fremdkapitalemittenten sind grds. drei Fälle denkbar, bei der die IAS-V *35*
nicht anwendbar sein könnte.[45] Zum einen unterliegen Unternehmen, deren
Wertpapiere an einem nicht organisierten Markt notiert sind, nicht der IAS-V.
Damit haben Freiverkehrsemittenten grds. nur Abschlüsse nach nationalem
Recht in den Prospekt aufzunehmen. Zum anderen müssen solche Emittenten
keinen Abschluss nach den IAS/IFRS vorlegen, bei denen keine Konzernab-
schlusspflicht besteht.[46] Schließlich können auch Fremdkapitalemittenten mit
Wertpapieren mit einer Stückelung von mindestens 100.000 Euro von der IAS/
IFRS-Pflicht befreit sein.[47]

---

42 Vgl. für eine Übersicht *d'Arcy*, EU Monitor Finanzmarkt Spezial 19/2004.
43 IAS-V, Art. 2.
44 IAS-V, Art. 4 i. V. m. Art. 1 Abs. 13 der RL 93/22/EWG des Rates vom 10.05.1993 über
   Wertpapierdienstleistungen.
45 Die Verordnung (IAS-V, Art. 9 a) sah im Rahmen bestimmter Mitgliedstaatenwahlrechte
   Übergangsfristen bis maximal 31.12.2006 vor, die nun nicht mehr relevant sind.
46 Siehe die Komm. zu Anh. I, Rn. 102–103.
47 Anh. IX Ziff. 11.1.a) und b).

5. Anzuwendender Rechnungslegungsstandard bei Drittstaatenemittenten, Ziff. 13.1. Sätze 4 und 5

36 Emittenten mit Sitz außerhalb der EU sollen gem. Anh. IV Ziff. 13.1. Satz 4 Finanzinformationen in den Prospekt aufnehmen, die den internationalen Standards wie zuvor beschrieben entsprechen oder zumindest gleichwertig sind.[48] Dies bedeutet, dass es grds. nicht ausreichend wäre, einen Abschluss vorzulegen und zu testieren, der allein den Standards des IASB genügt. Vielmehr müsste der Abschluss den durch das Komitologieverfahren in der EU anerkannten Standards entsprechen. Sind die Rechnungslegungsstandards eines Drittstaates nicht äquivalent, so muss ein Emittent gem. Anh. IV Ziff. 13.1. Satz 5 Finanzinformationen neu erstellen und vorlegen. Fragen der Äquivalenz und zum Anerkennungsverfahren der IAS/IFRS in der EU werden detailliert im Rahmen der Ausführungen zu Anh. I, Rn. 104–112 diskutiert.

6. Konsistenzgebot, Ziff. 13.1. Satz 6

37 Das Gebot der Konsistenz nach Anh. IV Ziff. 13.1. Satz 6 gilt sowohl für die Erstellung- als auch Darstellungsstetigkeit im Hinblick auf die Vergleichbarkeit und Transparenz mit den zukünftigen Finanzinformationen.[49] Insbesondere haben die historischen Finanzinformationen denselben Rechnungslegungsgrundsätzen, Bilanzierungs- und Bewertungsmethoden zu folgen wie der nächste Abschluss. Dies gilt aber im Unterschied zu Aktienemittenten lediglich für das letzte Geschäftsjahr und somit nicht für die Vergleichszahlen des Vorjahres.[50]

38 Im Falle einer bevorstehenden Änderung der vom Emittenten angewandten Rechnungslegungsgrundsätze hat CESR den Begriff des Bridge-Approach geprägt. Dieser hat angesichts der grundsätzlichen Anwendung der IAS/IFRS auf den Konzernabschluss deutscher kapitalmarktorientierter Unternehmen erhebliche praktische Bedeutung.[51] Folgt der jüngste Abschluss den nationalen Rechnungslegungsgrundsätzen (HGB oder bei ausländischen Emittenten anderen nationalen Rechnungslegungsvorschriften), dann ist das jüngste Jahr (Brückenjahr) zusätzlich auch nach den IAS/IFRS aufzustellen.[52] Bei der Erstellung des Brückenjahres ist darauf zu achten, dass alle Positionen der Finanzausweise auf Basis von IAS/IFRS umgestellt werden. Der neue angepasste Abschluss muss laut Verordnungstext nicht geprüft sein.

---

48 Dies ergibt sich auch aus § 20 Abs. 1 Nr. 2 WpPG.
49 Dies ergibt sich als äquivalente Interpretation zu der entsprechenden Regel nach Anh. I. *ESMA*, update CESR recommendation, consistent implementation, ESMA/2013/319, Tz. 53.
50 *CESR*, consultations consistent implementation feedback statement, Ref: CESR/05-05b, Tz. 30.
51 *Meyer*, Accounting 2/2006, 11.
52 *ESMA*, update CESR recommendation, consistent implementation, ESMA/2013/319, Tz. 61.

Der Bridge-Approach stellt einen Kompromiss zwischen der Informations- 39
funktion für den Investor und Kosten für den Ersteller dar. Aus Investorensicht ist es wünschenswert, dass für alle gezeigten Geschäftsjahre Finanzinformationen nach einem Rechnungslegungsstandard, in der Regel die IAS/
IFRS, vorliegen.

Hat sich der Emittent entschlossen, eine rückwirkende Anpassung seines zu- 40
vor nach nationalen Rechnungslegungsstandards erstellten Abschlusses an
IAS/IFRS vorzunehmen, so unterliegt er IFRS 1 Erstmalige Anwendung der
Internationalen Financial Reporting Standards. Gem. IFRS 1 sind für einen
vollständigen Abschluss im Sinne des IAS 1 sowohl Finanzinformationen für
den abgelaufenen Berichtszeitraum als auch Vergleichsangaben für das Vorjahr auszuweisen. Durch die dafür notwendige Eröffnungsbilanz sind somit
grundsätzlich drei Bilanzen, zwei Gesamtergebnisrechnungen, zwei Eigenkapitalveränderungsrechnungen sowie die jeweiligen Anhangangaben zu
erstellen.[53]

Nach Ansicht der CESR geht die Aufstellung von Vergleichsangaben des 41
Vorjahres in einem so genannten Brückenjahresabschluss über den Sinn und
Zweck der EU-ProspV jedoch hinaus, da sie lediglich für Prospektzwecke er-
stellt wurde. Es gilt als ausreichend, wenn nur das Brückenjahr selbst (ohne
Vergleichszahlen) an die Anforderungen der IAS/IFRS angepasst wird.[54]
Dieser Abschluss ist jedoch nicht vollständig im Sinne des IFRS 1 bzw.
IAS 1.[55] Damit gilt der Emittent nicht als Erstanwender im Sinne des IFRS 1
und kann keine darin vorgesehenen Erleichterungen in Anspruch nehmen.[56]
Aus praktischer Sicht empfehlen wir daher, einen vollständigen Abschluss
nach IAS/IFRS mit Vergleichszahlen des Vorjahres in den Prospekt aufzu-
nehmen. In einigen Fällen dürfte der Aufwand für die Erstellung des IAS/
IFRS-Abschlusses des Vorjahres geringer sein, als auf die Erleichterungen
des IFRS 1 zu verzichten.

Behält der Emittent sein bisheriges Rechnungslegungsregime (IAS/IFRS) 42
auch für die Zukunft bei, so hat er die vom IASB verlautbarten und von der
EU anerkannten fortlaufenden Standards zu beachten. Wurden Standards
vor Veröffentlichung der Finanzinformationen des Emittenten herausgegeben und wurden diese vom Emittenten noch nicht angewandt, da sie noch
nicht in Kraft waren, so ist diese Tatsache gem. IAS 8 anzugeben.[57] Eine

---

53 IFRS 1.21; *ESMA*, update CESR recommendation, consistent implementation, ESMA/
   2013/319, Tz. 64.
54 *CESR*, consultation consistent implementation feedback statement, Ref: CESR/05-05b,
   Tz. 30.
55 *CESR*, consultation consistent implementation feedback statement, Ref: CESR/05-05b,
   Tz. 31. IFRS 1.22 geht explizit auf den Fall ein, dass kein vollständiger Abschluss im
   Sinne des IFRS 1.21 erstellt wird und regelt die für den Fall notwendigen Angabepflichten.
56 Zu den Erleichterungen siehe IFRS 1 und Andrejewski/Böckem, KoR 9/2004, 332.
57 *ESMA*, update CESR recommendation, consistent implementation, ESMA/2013/319,
   Tz. 71.

Neudarstellung sämtlicher Finanzausweise ist nicht erforderlich.[58] Die Erläuterungen zu Anh. I, Rn. 121–123 gelten entsprechend.

7. Finanzinformationen bei kurzfristiger Geschäftstätigkeit, Ziff. 13.1. Sätze 7–9

43 Ist der Emittent in seiner aktuellen Wirtschaftsbranche weniger als ein Jahr tätig und wurden somit noch keine Finanzinformationen veröffentlicht, so sind nach Anh. IV Ziff. 13.1. Satz 7 die Finanzausweise für diesen Zeitraum in den Prospekt aufzunehmen. Alle oben genannten Regelungen zur Verwendung der Standards sowie zu Fragen der Gleichwertigkeit der Finanzinformationen bei Emittenten aus einem Drittland gelten entsprechend.

44 Der Zeitraum des Rumpfgeschäftsjahres beginnt zum Zeitpunkt der Gründung des Emittenten oder des Beginns der Geschäftstätigkeit, die in der Regel mit dem Zeitpunkt der Einbringung dieser Geschäftstätigkeit zusammenfallen dürfte. Fälle, bei denen tatsächlich eine Geschäftstätigkeit aufgenommen wird und innerhalb eines Jahres Wertpapiere notiert werden sollen, sind zwar nicht auszuschließen, dürften aber eine seltene Ausnahme darstellen. Das Rumpfgeschäftsjahr endet in der Regel mit dem Ende des satzungsmäßig festgelegten Geschäftsjahresendes. Damit wird die konsistente Darstellung mit den zukünftigen Geschäftsjahren sichergestellt.[59] Zu weiteren Besonderheiten, siehe die Ausführungen zu Anh. I, Rn. 130–133.

8. Inhalt der Finanzinformationen nach nationalen Rechnungslegungsgrundsätzen, Ziff. 13.1. Satz 10

45 Der Emittent unterliegt dann nicht der IAS-Verordnung, wenn die Wertpapiere lediglich an einem nicht organisierten Markt (Freiverkehr) notiert sind, er nicht der Konzernabschlusspflicht unterliegt oder die Stückelung groß genug ist. Dann erfolgen die Erstellung und Abbildung der Finanzausweise nach nationalen Rechnungslegungsgrundsätzen. Gem. Anh. IV Ziff. 13.1. Satz 10 müssen solche Abschlüsse eine Bilanz, GuV, Kapitalflussrechnung und einen Anhang, der die Rechnungslegungsstrategien zusammenfasst sowie sonstige Erläuterungen enthält, aufweisen. Unter dem Begriff Rechnungslegungsstrategien können u. E. nur die wesentlichen Bilanzierungs- und Bewertungsmethoden gemeint sein.[60] Der nach § 297 HGB geforderte Eigenkapitalspiegel ist in der EU-ProspV nicht vorgesehen.[61]

---

58 *ESMA*, update CESR recommendation, consistent implementation, ESMA/2013/319, Tz. 72.

59 Siehe hierzu die Auslegung der ESMA zum äquivalenten Fall bei Aktienemittenten. *ESMA*, Q&A, 21st updated version, ESMA/2014/35, question 16 a.

60 In der englischen Version werden sowohl für Anh. I als auch IV „Accounting policies" gefordert. Nur in der deutschen Übersetzung werden zwei unterschiedliche Begriffe verwendet, so dass sich hieraus wohl keine inhaltlichen Unterschiede zwischen Anh. I und IV ergeben.

61 *Seitz/Maier*, in: Assmann/Schlitt/von Kopp-Colomb, WpPG/VerkProspG, Anh. IV EU-ProspV Rn. 66.

Falls die Rechnungslegungsstandards des jeweiligen Mitgliedstaates keine   *46*
bestimmten Vorschriften zur Aufstellung von Kapitalflussrechnungen enthalten, sollte eine Orientierung an den IAS/IFRS erfolgen.[62] Zum Inhalt und zur
Gliederung einer Kapitalflussrechnung kann ein deutscher Emittent den
Deutschen Rechnunglegungs Standard (DRS) 2 zu Rate ziehen.

Bei HGB-Abschlüssen sowie bei anderen nach nationalen Rechnungslegungs-   *47*
standards aufgestellten Finanzausweisen sind daher Kapitalflussrechnungen
neu zu erstellen.[63] Dieses zusätzliche Abschlusselement ergänzt lediglich den
zugrunde liegenden Jahresabschluss um die nach der EU-ProspV erforderlichen Bestandteile. Es ist nicht erforderlich, den gesamten Abschluss neu aufzustellen und zu prüfen. Es reicht aus, dieses zusätzliche Abschlusselement zu
prüfen und eine entsprechende Bescheinigung auszustellen.[64]

9. Anzuwendender Prüfungsstandard, Ziff. 13.1. Satz 11

Ziff. 13.1. Satz 11 fordert, dass die historischen Finanzinformationen unab-   *48*
hängig und in Übereinstimmung mit den im jeweiligen Mitgliedstaat anwendbaren Prüfungsstandards oder einem äquivalenten Standard geprüft
worden sind. Zum Begriff der Unabhängigkeit, des anwendbaren Prüfungsstandards sowie zur Äquivalenz von Prüfungsstandards siehe die Ausführungen zu Anh. I, Rn. 138–145.

10. Aufnahme von Einzel- und Konzernabschlüssen, Ziff. 13.2.

Erstellt ein Emittent sowohl Einzel- als auch Konzernabschlüsse, so sind   *49*
gem. Anh. IV Ziff. 13.2. zumindest die Konzernabschlüsse in den Prospekt
aufzunehmen. Grds. ist immer dann die Aufnahme von Einzelabschlüssen zu
erwägen, wenn diese zusätzliche Informationen bieten. Dies ist regelmäßig
dann der Fall, wenn der Einzelabschluss gem. dem jeweiligen gültigen nationalen Gesellschaftsrecht mehreren Zwecken dient. Dann ist nämlich davon auszugehen, dass dieser grds. für einen Investor relevante Informationen
enthält. Da der Einzelabschluss ohnehin aufgestellt und testiert werden
muss, entstehen durch die Aufnahme im Prospekt kaum zusätzliche Kosten,
so dass diese Pflicht auch als verhältnismäßig angesehen werden kann. Allerdings sollte dann von einer Aufnahme abgesehen werden, wenn der Einzelabschluss keine wesentlichen Informationen enthält.

In Deutschland sind dabei die Funktionen der Ausschüttungsbemessung, der   *50*
steuerlichen Gewinnermittlung, der Ermittlung des haftungsrelevanten Kapitals sowie die Erstellung für aufsichtsrechtliche Zwecke zu nennen. Bei
Fremdkapitalemittenten dürfte insb. die Information zum haftungsrelevanten
Kapital für Investoren von Interesse sein. Vor diesem Hintergrund ist die der-

---

62 *ESMA*, update CESR recommendation, consistent implementation, ESMA/2013/319,
   Tz. 86.
63 *Meyer*, Accounting 2/2006, 12.
64 *IDW PH 9.960.2* Prüfung von zusätzlichen Abschlusselementen für deutsche Emittenten.
   Für ausländische Emittenten siehe den entsprechenden internationalen Standard ISA
   800, The independent auditor's report on special purpose audit engagements.

zeitige Praxis der BaFin, den Abdruck des aktuellen HGB-Einzelabschlusses des Emittenten zu verlangen, nachvollziehbar und zweckmäßig.[65] Allerdings ist es angesichts der Informationsfülle im Prospekt zu begrüßen, wenn vom Abdruck bei nur unwesentlichem Informationsnutzen abgesehen werden kann.[66] Zu der möglichen befreienden Wirkung eines IFRS-Einzelabschlusses, dem Einzelabschluss eines Drittstaates, die erforderlichen Elemente eines Einzelabschlusses sowie die zu erwartenden Vereinfachungen gem. HGB siehe die Ausführungen zu Anh. I, Rn. 154–156.

11. Prüfung der historischen Finanzinformationen, Ziff. 13.3.

51   In Übereinstimmung mit den Vorschriften der Vierten und Siebten EU-Bilanzrichtlinie müssen sowohl deutsche als auch ausländische Emittenten mit Sitz in der EU ihre Abschlüsse von einem Wirtschaftsprüfer bzw. einer Prüfungsgesellschaft nach den auf die Emittenten anwendbaren Prüfungsstandards prüfen lassen. Diese Bestimmung betrifft, sofern der Emittent einen Einzelabschluss aufstellt, den Einzelabschluss und, sofern er konzernabschlusspflichtig ist, den Konzernabschluss.[67] Für beide Abschlussformen gilt, dass der Bestätigungsvermerk ein den Verhältnissen entsprechendes Bild (true and fair view) des Emittenten attestiert.[68]

52   Falls nur das letzte Geschäftsjahr gem. der IAS/IFRS als Brückenjahr gezeigt wird, muss dieses nicht testiert werden. Dann sind lediglich die historischen Finanzinformationen nach nationalen Standards zu testieren.[69]

53   Die Erklärung über die Prüfung der historischen Finanzinformationen findet sich üblicherweise im Kapitel „Abschlussprüfer" des Prospektes wieder. Dort sind gem. Anh. IV Ziff. 2. Name und Sitz des Abschlussprüfers anzugeben, welche Abschlüsse dieser geprüft hat und mit welchem Bestätigungsvermerk diese versehen sind.

54   Bei deutschen Emittenten richtet sich der Bestätigungsvermerk an den Bestimmungen des IDW PS 400 – Grundsätze für die ordnungsgemäße Erteilung von Bestätigungsvermerken bei Abschlussprüfungen – aus. Dieser Prüfungsstandard entspricht dem ISA 700 und den Anforderungen, die sich aus anderen ISA ergeben, soweit nicht gesetzliche Besonderheiten im Einzelfall Abweichungen erfordern. Die Abweichungen sind in Abschnitt 7 des IDW PS 400 beschrieben. Der IDW PS 400 betrifft Abschlussprüfungen, d. h. Prüfungen von Jahres- und Konzernabschlüssen gleichermaßen.[70] Zu Formen

---

65 *Meyer,* Accounting 2/2006, 11, 12. *Seitz/Maier,* in: Assmann/Schlitt/von Kopp-Colomb, WpPG/VerkProspG, Anh. IV EU-ProspV Rn. 64.

66 In diesem Sinne kritisch zur BaFin-Praxis bei Nichtdividendenwerten *Fingerhut/Voß,* in: Just/Voß/Ritz/Zeising, WpPG, Anh. XI EU-ProspV Rn. 53.

67 Vierte RL (EG/78/660) v. 25.07.1978, Art. 51; Siebte RL (EG/83/349) v. 13.06.1983, Art. 37 i. V. m. CESR, recommendations, consistent implementation, Ref: CESR/05-054b.

68 *ESMA,* update CESR recommendation, consistent implementation, ESMA/2013/319, Tz. 76.

69 *ESMA,* update CESR recommendation, consistent implementation, ESMA/2013/319, Tz. 80.

70 *IDW PS 400,* Ziff. 1., Stand 12.12.2012.

des Bestätigungsvermerks sowie des Versagungsvermerks bei in- und ausländischen Emittenten siehe die Ausführungen zu Anh. I, Rn. 163–169.

Sind sonstige Angaben im Prospekt vom Abschlussprüfer geprüft, ist explizit 55 darauf hinzuweisen. Wurden Finanzdaten nicht aus dem geprüften Jahresabschluss des Emittenten entnommen, so ist ein entsprechender Hinweis aufzunehmen. Ebenfalls sind dann die Quellen dieser Daten zu nennen und es ist anzugeben, dass diese Daten ungeprüft sind.

12. Alter der jüngsten Finanzinformationen, Ziff. 13.4.

Der Bilanzstichtag des letzten durch geprüfte Finanzinformationen darge- 56 stellten Geschäftsjahres darf gem. Anh. IV Ziff. 13.4. nicht mehr als 18 Monate vor dem Datum des Prospekts liegen. Dabei bezieht sich die genaue Fristberechnung wohl auf das Billigungsdatum. Bei zeitkritischen Transaktionen sollte diese Frist nicht aus den Augen verloren werden.[71]

13. Pflicht zur Aufnahme von bereits veröffentlichten Zwischenfinanzinformationen, Ziff. 13.5.1.

Zwischenfinanzinformationen, die in der Zeit zwischen Ablauf des letzten 57 Geschäftsjahres und der Veröffentlichung des Prospekts veröffentlicht wurden, sind gem. Anh. IV Ziff. 13.5.1. in jedem Fall in den Prospekt aufzunehmen. Dabei handelt es sich um Zwischen- oder Halbjahresfinanzberichte. Dies gilt auch dann, wenn sich keine Zwischenabschlusspflicht gem. Anh. IV Ziff. 13.5.2. ergibt. Damit sollen dem Prospektleser alle aktuellen Finanzinformationen zur Verfügung gestellt werden.[72]

Wurden zwischen Geschäftsjahresende und Prospektveröffentlichung meh- 58 rere Zwischenberichte veröffentlicht, so muss laut ESMA grds. nur der aktuelle Zwischenbericht in den Prospekt aufgenommen werden. Es sind dann mehrere Berichte aufzunehmen, wenn der Ältere zusätzliche, nicht duplizierende Informationen enthält.[73] Dies kann vor allem dann der Fall sein, wenn ein im Sinne der TransparenzRL[74] vollständiger Halbjahresfinanzbericht, aber zum dritten Quartal lediglich eine Zwischenmitteilung der Geschäftsführung veröffentlicht wurde, die keinen vollständigen Abschluss enthält.[75] U. E. dürfte aber ein dritter Quartalsbericht in jedem Fall genügen, wenn dieser die Anforderungen des Art. 5 TransparenzRL bzw. für deutsche Emittenten § 37 w i. V. m. WpHG erfüllt. Dabei sollte es ausreichend sein, nur den Zwischenabschluss in den Prospekt aufzunehmen, da konsistent mit der Auslegung zu den Inhalten von Zwischenfinanzinformationen in Prospekten

---

71 Siehe die Ausführungen zu Anh. I Ziff. 20. EU-ProspV, Rn. 170.

72 *ESMA*, update CESR recommendation, consistent implementation, ESMA/2013/319, Tz. 98.

73 Äquivalente Auslegung zu *ESMA*, Q&A, 21st updated version, ESMA/2014/35, question 24.

74 RL 109/2004/EG.

75 Art. 5 und 6 TransparenzRL.

gem. Anh. IV Ziff. 13.5.2. weder der Zwischenlagebericht noch der „Bilanzeid" Pflichtbestandteile sind.[76]

59 Jeweilige Testate oder Bescheinigungen der Zwischenberichte sind in den Prospekt aufzunehmen. Ansonsten ist auf die Tatsache hinzuweisen, dass die Zwischenfinanzinformationen ungeprüft sind.

14. Pflicht zur Aufnahme und Inhalte von Zwischenfinanzinformationen, Ziff. 13.5.2.

60 Wird der Prospekt mehr als neun Monate nach Ablauf des letzten Geschäftsjahres, für das geprüfte Abschlüsse vorliegen, erstellt, müssen gem. Anh. IV Ziff. 13.5.2. in den Prospekt Zwischenfinanzinformationen aufgenommen werden. Diese müssen sich mindestens auf die ersten sechs Monate des Geschäftsjahres beziehen. Damit sollen dem Investor möglichst aktuelle Informationen zur Vermögens-, Finanz- und Ertragslage zur Verfügung gestellt werden.[77] Dieser Zwischenfinanzbericht ist nicht prüfungspflichtig. Allerdings ist eindeutig darauf hinzuweisen, wenn der Bericht nicht geprüft wurde.

61 Gem. Anh. IV Ziff. 13.5.2. werden hinsichtlich der Inhalte der Zwischenfinanzinformationen lediglich Aussagen zu den Vergleichsperioden getroffen. Danach ist ein vergleichender Überblick über denselben Zeitraum wie im letzten Geschäftsjahr aufzunehmen. Dies gilt explizit für die Gewinn- und Verlustrechnung und die Kapitalflussrechnung. Für die Bilanz als Bestandsrechnung ist es auch zulässig, als Vergleichszahlen die entsprechenden Zahlen der Jahresendbilanz zu verwenden. In der Praxis dürfte sich die Darstellung der Vorjahresbilanz gem. IAS 34 bzw. DRS 16 durchsetzen.

62 Hinsichtlich der anzuwendenden Standards unterscheidet CESR nach Emittenten, deren Wertpapiere schon an einem organisierten Markt notiert sind, und Erstemittenten.

63 Bei bereits notierten Emittenten orientieren sich die Inhalte eines Zwischenfinanzberichts an den Anforderungen der TransparenzRL und ihrer jeweiligen nationalen Umsetzung. Für deutsche Emittenten sind diese im WpHG kodifiziert.[78] Damit können einzelstaatliche Regelungen in manchen Fällen strenger sein, als es die Richtlinie vorgibt („Inländerdiskriminierung").

64 Gem. Art. 5 Abs. 2 TransparenzRL bzw. § 37 w Abs. 2 WpHG umfasst ein Halbjahresfinanzbericht einen verkürzten Abschluss, einen Zwischenlagebe-

---

76 Siehe Rn. 65.
77 *ESMA*, update CESR recommendation, consistent implementation, ESMA/2013/319, Tz. 99.
78 *ESMA*, update CESR recommendation, consistent implementation, ESMA/2013/319, Tz. 101. Deutsche Umsetzung durch Gesetz zur Umsetzung der RL EG/2004/109 des Europäischen Rates vom 15.12.2004 zur Harmonisierung der Transparenzanforderungen in Bezug auf Informationen über Emittenten, deren Wertpapiere zum Handel auf einem geregelten Markt zugelassen sind, und zur Änderung der RL 2001/34/EG (TransparenzRL-UmsG – TUG) v. 05.01.2007.

richt sowie eine Erklärung der beim Emittenten verantwortlichen Personen zur Einhaltung des True and Fair View („Bilanzeid").[79] Die Empfehlung der ESMA fordert jedoch explizit nur die entsprechende Anwendung der Regelungen zum verkürzten Abschluss (condensed set of financial statement included in a half-yearly financial report covering the first six months of the financial year)[80], so dass weder ein Zwischenlagebericht noch ein „Bilanzeid" in den Prospekt aufgenommen werden müssen.

Unterliegt der Emittent der IAS-Verordnung und muss er daher einen Konzernabschluss nach den IAS/IFRS veröffentlichen, hat der (verkürzte) Abschluss die Anforderungen des IAS 34 zu erfüllen. Damit sind nicht nur Umfang und Vergleichsperioden, sondern auch Abgrenzungsfragen abschließend und konsistent zur geforderten Publizität am Geschäftsjahresende geregelt.[81] So sind neben der Bilanz und GuV eine Darstellung der Eigenkapitalentwicklung sowie eine Kapitalflussrechnung jeweils mit entsprechenden Vorjahresvergleichszahlen, das Ergebnis je Aktie sowie bestimmte Anhangangaben aufzunehmen.[82] Zu Übergangsbestimmungen, Zwischenberichten gem. nationalen Standards und spezifischen Fragen bei Erstemittenten siehe die Ausführungen zu Anh. I, Rn. 182–188.

65

15. Gerichts- und Schiedsverfahren, Ziff. 13.6.

Im Rahmen der Finanzausweise sind Angaben zu Gerichts- und Schiedsverfahren zu machen, die auch staatliche Interventionen wie z. B. Kartellverfahren umfassen können. Dabei sind grds. solche für den Emittenten wesentliche Verfahren zu nennen, die nach Kenntnis des Emittenten in den letzten zwölf Monaten bestanden, abgeschlossen wurden, noch anhängig sind oder eingeleitet werden könnten. Es sind nur für die Finanz- und Ertragslage wesentliche Verfahren im Prospekt zu nennen. Die Frage, wann ein Prozess wesentlich ist, muss im Einzelfall geprüft werden und kann u. a. von der Schadenshöhe, anderen Folgen oder möglichen Nachfolgeprozessen abhängig sein. Das Wesentlichkeitskriterium muss dabei sowohl auf den Einzel- als auch auf den Konzernabschluss angewendet werden. Ansonsten ist eine negative Erklärung aufzunehmen, dass solche Verfahren nicht bestanden haben. Da es sich bei Gerichts- und Schiedsverfahren häufig um hohe Schadenssummen handeln kann, ist im Zweifel das Wesentlichkeitskriterium streng auszulegen. Solche Verfahren sollten im Prospekt aufgenommen werden, auch wenn das Management den Ausgang des Verfahrens positiv einschätzt. In diesem Sinne sind nicht die Kriterien anzulegen, nach denen eine Prozessrückstellung zu bilden wäre. Darüber hinaus sollten die Angaben in diesem Abschnitt mit den Informationen zu den Risikofaktoren gem. Anh. IV Ziff. 4. abgestimmt werden.

66

---

79 Siehe ausführlich *d'Arcy/Meyer*, Der Konzern, 2005, 151 sowie *d'Arcy*, Accounting, 8/2006, 3.

80 *ESMA*, update CESR recommendation, consistent implementation, ESMA/2013/319, Tz. 101.

81 Siehe hierzu bspw. *Hoffmann*, in: Lüdenbach/Hoffmann, IFRS, § 37.

82 IAS 34.8; IAS 34.11; IAS 34.16.

**16. Wesentliche Veränderungen in der Finanzlage oder der Handels-
position des Emittenten, Ziff. 13.7.**

67   Gem. Anh. IV Ziff. 13.7. sind wesentliche Veränderungen in der Finanzlage
oder der Handelsposition aufzunehmen, die nach dem Stichtag des zuletzt
im Prospekt abgedruckten Abschlusses eingetreten sind. Dies können zum
einen wertbeeinflussende Ereignisse nach dem Bilanzstichtag sein, die gem.
IAS 10.21 ohnehin im Anhang zu erläutern sind. Zu nennen sind bspw. Unternehmenserwerbe oder die Zerstörung einer Produktionsstätte.[83] Insb. bei
Fremdkapitalemittenten könnte die wesentliche Veränderung der Risikoposition von Interesse sein, so z. B. eine wesentliche Veränderung in der Zusammensetzung des Kreditportfolios. Darüber hinaus sind aber auch wesentliche Veränderungen der Handelsposition zu nennen, die aufgrund externer
Einflüsse oder interner Gründe eine nicht zu erwartende Entwicklung aufweisen. Auch wenn die Überschrift von der Finanzlage und der Handelsposition des Emittenten ausgeht, geht aus dem Verordnungstext klar hervor,
dass das Wesentlichkeitskriterium sich auf die gesamte Gruppe und somit
den Konzernabschluss bezieht, falls es sich nicht um ein Einzelunternehmen
handelt. Sind keine wesentlichen Veränderungen aufgetreten, ist eine entsprechende negative Erklärung aufzunehmen.

XV. Zusätzliche Angaben, Ziff. 14.

68   Ziff. 14. ist weitgehend selbsterklärend. Unter Ziff. 14.1. sind verschiedene
Kategorien der Aktien zu nennen. Die hier erforderlichen Angaben richten
sich nach der Rechtsordnung, der der Emittent unterliegt, und den bei ihm
tatsächlich zutreffenden Aktien. Das deutsche Recht gibt in § 11 AktG die
Möglichkeit verschiedene Gattungen zu bilden. Der Begriff Aktiengattung
wird als Zusammenfassung von Aktien mit gleichen Rechten definiert.[84]
Dabei können nur solche Rechte erfasst werden, die durch Aktien gewährt
werden können, also mitgliedschaftliche Befugnisse.[85] Sie werden in Herr-
schafts- und Verwaltungsrechte einerseits und Vermögensrechte andererseits unterteilt.[86] Voraussetzung ist dabei, dass für diese Unterscheidung eine
Grundlage in der Satzung besteht.[87] So können bspw. das Stimmrecht ge-
währende Stammaktien und stimmrechtslose Vorzugsaktien jeweils eine Aktiengattung darstellen[88] und wären hier für deutsche Emittenten in Form der
AG zu nennen. Für andere Gesellschaftsformen oder Rechtsordnungen wären die vergleichbaren Regelungen aufzuführen.

Ebenfalls aufzuführen wäre hier, wenn und in welcher Höhe das Gesell-
schaftskapital noch nicht voll eingezahlt ist. Dadurch soll transparent wer-

---

83 Siehe hierzu auch die Beispiele in IAS 10.22.
84 *Hüffer*, AktG, § 11, Rn. 1.
85 *Hüffer*, AktG, § 11, Rn. 3.
86 *Hüffer*, AktG, § 11, Rn. 3.
87 *Hüffer*, AktG, § 11, Rn. 2.
88 *Hüffer*, AktG, § 11, Rn. 7.

den, ob das angegebene Kapital der Gesellschaft auch als Vermögen zur Verfügung steht. Ein entsprechender Grundsatz findet sich im deutschen Aktienrecht als „Prinzip der Kapitalaufbringung" und wird an verschiedenen Stellen im Aktiengesetz, bspw. durch das Verbot der Stufengründung verankert.[89]

XVI. Wesentliche Verträge, Ziff. 15.

Verträge, die im unmittelbaren Zusammenhang zu den konkreten Wertpapieren stehen, auf die sich der Prospekt bezieht, werden nicht unter Ziff. 15., sondern im Rahmen der Wertpapierbeschreibung dargestellt.   69

Unter diese Ziff. 15. fallen nur Verträge, die allgemein für alle Wertpapiere eines Emittenten von Bedeutung sind. Das sind Verträge, die auf die Zahlungsfähigkeit bzw. die Bonität des Emittenten Einfluss haben, wie bspw. Gewinnabführungs- oder Garantieverträge, sofern diese nicht bereits im Rahmen von Ziff. 12. genannt wurden.

XVII. Angaben von Seiten Dritter, Erklärungen von Seiten Sachverständiger und Interessenerklärungen, Ziff. 16.

Diese Anforderungen sind weitgehend selbsterklärend. Es soll sichergestellt werden, dass ein Anleger erkennen kann, woher Informationen stammen, wenn sie nicht direkt vom Emittenten stammen. Dabei muss darauf geachtet werden, dass es zu Urheberrechtsverletzungen kommen kann, sofern urheberrechtlich geschützte Angaben in einem Prospekt verwendet werden. Ebenfalls soll erkennbar werden, welches wesentliche Interesse der Emittent letztlich an diesen Informationen hat.   70

Bescheinigungen des Wirtschaftsprüfers fallen nur dann unter diese Ziffer, sofern er außerhalb seiner Wirtschaftsprüfungstätigkeit Gutachten als Sachverständiger abgegeben hat – hierzu ausführlich die Kommentierung zu Anh. I EU-ProspV.

XVIII. Einsehbare Dokumente, Ziff. 17.

Der Anleger soll darüber informiert werden, wo er die in Ziff. 17. genannten Unterlagen einsehen bzw. erhalten kann. Viele Emittenten nutzen die Möglichkeit, den Anlegern diese Dokumente über das Internet auf ihrer Homepage zur Verfügung zu stellen.   71

---

89 Vgl. hierzu *Hüffer*, AktG, § 1, Rn. 11.

ARTIKEL 8
Schema für die Wertpapier-beschreibung für Schuldtitel mit einer Stückelung von weniger als EUR 100.000

(1) Bei der Wertpapierbeschreibung für Schuldtitel mit einer Stückelung von weniger als 100.000 EUR werden die Angaben gemäß dem in Anhang V festgelegten Schema zusammengestellt.

(2) Das Schema gilt für Schuldtitel, bei denen der Emittent aufgrund der Emissionsbedingungen verpflichtet ist, dem Anleger 100 % des Nominalwertes zu zahlen, wobei zusätzlich noch eine Zinszahlung erfolgen kann.

(3) Sind Schuldtitel in bereits zum Handel an einem geregelten Markt zugelassene Aktien wandel- oder umtauschbar, so werden auch die unter Punkt 4.2.2 des Schemas in Anhang XII verlangten Angaben vorgelegt.

(4) Sind Schuldtitel in Aktien wandel-oder umtauschbar, die zu diesem oder einem künftigen Zeitpunkt vom Schuldtitelemittenten oder von einem Unternehmen derselben Gruppe emittiert werden, und sind diese zugrunde liegenden Aktien nicht schon zum Handel an einem geregelten Markt zugelassen, so werden auch zum Emittenten der zugrunde liegenden Aktien die unter Punkt 3.1 und 3.2 des Schemas in Anhang III oder gegebenenfalls des verhältnismäßigen Schemas in Anhang XXIV aufgeführten Angaben vorgelegt.

(5) Berechtigen Schuldtitel mit Optionsscheinen zum Erwerb von Aktien des Emittenten und sind diese Aktien nicht zum Handel an einem geregelten Markt zugelassen, so werden außer den unter Punkt 4.2.2 genannten Angaben auch die im Schema des Anhang XII verlangten Angaben vorgelegt.

ARTICLE 8
Securities note schedule for debt securities with a denomination per unit of less than 100 000 EUR

(1) For the securities note for debt securities with a denomination per unit of less than 100 000 EUR information shall be given in accordance with the schedule set out in Annex V.

(2) The schedule shall apply to debt where the issuer has an obligation arising on issue to pay the investor 100 % of the nominal value in addition to which there may be also an interest payment.

(3) Where debt securities are exchangeable or convertible into shares already admitted to trading on a regulated market, the information required by item 4.2.2 of the schedule set out in Annex XII shall also be given.

(4) Where debt securities are convertible or exchangeable into shares or will be issued by the issuer of the debt security or by an entity belonging to its group and these underlying shares are not already admitted to trading on a regulated market, information on the issuer of the underlying shares shall also be given in accordance with items 3.1 and 3.2 of the schedule set out in Annex III or, as the case may be, of the proprotionate schedule set out in Annex XXIV.

(5) Where debt securities with warrants give the right to acquire the issuer's shares and these shares are not admitted to trading on a regulated market, the information required by the schedule set out in Annex XII except item 4.2.2 shall also be given.

Inhalt

Rn.

I. Überblick

Art. 8 EU-ProspV gibt vor, dass auf Schuldtitel mit einer Stückelung von we-   *1*
niger als 100.000 Euro der Anh. V der EU-ProspV Anwendung findet. Vom
Wortlaut weicht dieser Art. 8 von Art. 7 EU-ProspV bzgl. der Anwendbarkeit
ab. Inhaltlich dürfte der Verordnungsgeber aber keinen Unterschied beabsichtigt haben, denn Art. 4 ist die Sonderbestimmung für Aktien, die auch
hier ausgenommen sind, da auch für die Wertpapierbeschreibung von Aktien mit Art. 6 EU-ProspV eine speziellere und damit vorgehende Regelung
vorhanden ist.

Die Ausnahme bzgl. der Mindestverkaufsgröße von 100.000 Euro dürfte hier
ebenfalls einschlägig sein, auch wenn sie nicht ausdrücklich aufgenommen
wurde, da anderenfalls, auch unter Anlegerschutzaspekten, das Zusammenspiel von Art. 7 und Art. 8 EU-ProspV nicht funktionieren würde. Für Wertpapiere, die nicht öffentlich angeboten und nicht an einem organisierten
Markt zugelassen werden, sind WpPG und die EU-ProspV nicht anwendbar.
Somit gilt auch für Art. 8 EU-ProspV, dass er für Wertpapiere, die nicht unter
Art. 4 fallen und mit einer Stückelung von weniger als 100.000 Euro oder als
nennwertlose Wertpapiere, die für weniger als 100.000 Euro erworben werden können, öffentlich angeboten werden oder an einem organisierten
Markt zugelassen werden, sich die Wertpapierbeschreibung eines Prospekts
nach Schema V des Anh. zur EU-ProspV richten.

Die Erhöhung der Grenze von 50.000 Euro auf 100.000 Euro erfolgte zur Umsetzung der Änderungen in Art. 3 der Richtlinie 2010/73/EG[1]. Sie hat zur
Folge, dass Wertpapiere, die ursprünglich mit einer Stückelung von 50.000
Euro ohne Prospekt öffentlich angeboten werden durften, nun einen Prospekt erfordern, sofern sie nach dem 1.7.2012 öffentlich angeboten werden
und keine der Übergangsregelungen des § 36 WpPG greift. Hierzu wird auf
die Kommentierung zu § 36 WpPG verwiesen.

II. Wertpapiere

Wertpapiere sind dabei alle Wertpapiere gem. § 2 WpPG bzw. Art. 2 der EU-   *2*
ProspRL. Hier wird auf die Kommentierung zu § 2 WpPG verwiesen. Diese
Wertpapiere müssen eine Rückzahlung von 100 % ihres Nominalwertes und
dürfen zusätzlich Zinsen gewähren. Geht man davon aus, dass der Gesetzgeber schlicht sicherstellen wollte, dass Anleger zumindest den Nominalwert
in voller Höhe zurückgezahlt bekommen, so bedeutet dies, dass unter Zinsen

---

1 Erwg. 3, Delegierte VO (EU) Nr. 486/2012, ABl. EU 2012, L 150/1, L 150/1.

hier alle darüber hinausgehenden Zahlungen zu verstehen sind, unabhängig davon, ob sie zivil- oder steuerrechtlich als Zinsen zu betrachten sind.

III. Wandel- oder umtauschbare Schuldtitel

3   Mit der Delegierten VO (EU) Nr. 759/2013 wurden neue Vorgaben für wandelbare oder umtauschbare Schuldtitel eingeführt. Ziel ist, Anlegern von wandel- oder umtauschbaren Schuldtiteln grundsätzlich vergleichbare Informationen zu geben, die sie bei einer direkten Anlage in das Papier, das sie aufgrund der Wandlung oder des Umtausches erhalten, vorliegen hätten.

Dem folgend, sind drei Fallvarianten zu unterscheiden.

1. Die Angaben unter Punkt 4.2.2. des Schemas in Anhang XII sind zu verwenden, wenn die Schuldtitel in an einem geregelten Markt zugelassene Aktien gewandelt oder umgetauscht werden können. In diesem Fall verfügen Aktionäre und Anleger im allgemeinen bereits über Anhaben zu den zugrunde liegenden Aktien, so dass es ausreicht, ein Erklärung zur Art des Basiswerts aufzunehmen und genau anzugeben, an welcher Stelle der zur Erstellung der Wertpapierbeschreibung des Prospekts verwendeten Kombinationen Angaben zum Basiswert zu finden sind.[2]

2. Bei Schuldtiteln, die in Aktien wandel- oder umtauschbar sind, die vom Schuldtitelemittenten oder einem Emittenten aus der Gruppe des Schuldtitelemittenten begeben werden, aber noch nicht zum Handel an einem geregelten Markt zugelassen sind, sollte den Anlegern eine Erklärung zum Geschäftskapital und eine Erklärung zu Kapitalbildung und Verschuldung des Emittenten der Aktien zu Verfügung gestellt werden. Hiermit soll erreicht werden, dass den Anlegern der Schuldtitel die gleichen Angaben zur Fähigkeit des Emittenten der zugrunde liegenden Aktien zu Unternehmensfortführung sowie zu seiner Verschuldung im Verhältnis zur Kapitalbildung geliefert werden, wie bei einer direkten Investition in die Aktien.[3] Daher sind die Angaben unter den Punkten 3.1 und 3.2 des Schemas in Anhang III oder ggf. des verhältnismäßigen Schemas in Anhang XXIV aufzunehmen.

3. Wenn Schultitel mit Optionsscheinen zum Erwerb von Aktien des Emittenten berechtigen und diese Aktien nicht zum Handel an einem geregelten Markt zugelassen sind, sind alle Angaben des Schemas des Anhangs XII aufzunehmen. Die Verordnung unterscheidet zwischen dem Begriff „Schuldtitelemittent" und „Emittent". Damit soll klargestellt werden, dass unter die Fallvariante des Art. 8 Abs. 5 alle Aktien fallen, die nicht vom Schuldtitelemittent emittiert werden.[4] Sofern diese Aktien nicht zum Handel an einem geregelten Markt zugelassen sind, ist eine Beschreibung der zu Grunde liegenden Aktien für die Anleger nicht ohne Weite-

---

2   Erwg. 5, Delegierte VO (EU) Nr. 759/2013, L 213/1, L 213/1
3   Vgl. Erwg. 6, Delegierte VO (EU) Nr. 759/2013, L 213/1, L 213/1
4   Vgl. Erwg. 7, Delegierte VO (EU) Nr. 759/2013, L 213/1, L 213/1

res erhältlich, so dass für diese Aktien außer den unter Punkt 4.2.2 genannten Angaben auch die im Schema des Anhangs XII verlangten Angaben aufzunehmen sind.[5]

Diese Angaben sind nicht in Prospekte aufzunehmen, die gebilligt wurden, bevor die Delegierte VO (EU) Nr. 759/2013 in Kraft getreten ist. [6]

---

5   Vgl. Erwg. 7, Delegierte VO (EU) Nr. 759/2013, L 213/1, L 213/1
6   Delegierte VO (EU) Nr. 759/2013, Art. 3, L 213/1, L 213/3

ANHANG V
Mindestangaben für die
Wertpapierbeschreibung
für Schuldtitel (Schema)
(Schuldtitel mit einer Stückelung
von weniger als EUR 100.000)

ANNEX V
Minimum disclosure requirements
for the securities note related to debt
securities (schedule)
(Debt securities with a denomination
per unit of less than
EUR 100 000)

1. Verantwortliche Personen

1. Persons Responsible

1.1. Alle Personen. die für die im Prospekt gemachten Angaben bzw. für bestimmte Abschnitte des Prospekts verantwortlich sind. Im letzteren Fall sind die entsprechenden Abschnitte aufzunehmen. Im Falle von natürlichen Personen, zu denen auch Mitglieder der Verwaltungs-, Geschäftsführungs- und Aufsichtsorgane des Emittenten gehören, sind der Name und die Funktion dieser Person zu nennen. Bei juristischen Personen sind Name und eingetragener Sitz der Gesellschaft anzugeben

1.1. All persons responsible for the information given in the prospectus and, as the case may be, for certain parts of it, with, in the latter case, an indication of such parts. In the case of natural persons including members of the issuer's administrative, management or supervisory bodies indicate the name and function of the person; in case of legal persons indicate the name and registered office.

1.2. Erklärung der für den Prospekt verantwortlichen Personen, dass sie die erforderliche Sorgfalt haben walten lassen, um sicherzustellen. dass die im Prospekt genannten Angaben ihres Wissens nach richtig sind und keine Tatsachen weggelassen werden, die die Aussage des Prospekts wahrscheinlich verändern können. Ggf. Erklärung der für bestimmte Abschnitte des Prospekts verantwortlichen Personen, dass sie die erforderliche Sorgfalt haben walten lassen, um sicherzustellen, die in dem Teil des Prospekts genannten Angaben. für die sie verantwortlich sind, ihres Wissens nach richtig sind und keine Tatsachen weggelassen werden, die die Aussage des Prospekts wahrscheinlich verändern.

1.2. A declaration by those responsible for the prospectus that, having taken all reasonable care to ensure that such is the case, the information contained in the prospectus is, to the best of their knowledge, in accordance with the facts and contains no omission likely to affect its import. As the case may be, declaration by those responsible for certain parts of the prospectus that the information contained in the part of the prospectus for which they are responsible is, to the best of their knowledge, in accordance with the facts and contains no omission likely to affect its import.

2. Risikofaktoren

2. Risk Factors

Klare Offenlegung der Risikofaktoren, die für die anzubietenden und/oder zum Handel zuzulassenden Wertpapiere von wesentlicher Bedeutung sind, wenn es darum geht, das Marktrisiko zu bewerten, mit dem diese Wertpapiere behaftet

2.1. Prominent disclosure of risk factors that are material to the securities being offered and/or admitted to trading in order to assess the market risk associated with these securities in a section headed 'Risk Factors'.

**sind. Diese Offenlegung muss unter der
Rubrik „Risikofaktoren" erfolgen.**

3. Grundlegende Angaben

**3.1. Interessen von Seiten natürlicher
und juristischer Personen, die an
der Emission/dem Angebot beteiligt
sind**

Beschreibung jeglicher Interessen- einschließlich Interessenkonflikte – die für
die Emission/das Angebot von wesentlicher Bedeutung sind, wobei die betroffenen Personen zu spezifizieren und die
Art der Interessen darzulegen ist.

**3.2. Gründe für das Angebot und Ver-
wendung der Erträge**

Gründe für das Angebot, wenn nicht die
Ziele Gewinnerzielung und/oder Absicherung bestimmter Risiken verfolgt
werden. Ggf. Offenlegung der geschätzten Gesamtkosten für die Emission/das
Angebot und des geschätzten Nettobetrages der Erträge, aufgeschlüsselt nach
den wichtigsten Verwendungszwecken
und dargestellt nach Priorität dieser
Verwendungszwecke. Sofern der Emi-
nent weiß, dass die antizipierten Erträge
nicht ausreichend sein werden, um alle
vorgeschlagenen Verwendungszwecke
zu finanzieren, sind der Betrag und die
Quellen anderer Mittel anzugeben.

**4. Angaben über die anzubietenden
bzw. zum Handel zuzulassenden
Wertpapiere**

**4.1. Beschreibung des Typs und der Ka-
tegorie der anzubietenden und/oder
zum Handel zuzulassenden Wertpapiere
einschließlich der ISIN (International
Security Identification Number) oder eines anderen Sicherheitscodes.**

**4.2. Rechtsvorschriften,   auf   deren
Grundlage die Wertpapiere geschaffen
wurden.**

**4.3. Angabe, ob es sich bei den Wertpa-
pieren um Namenspapiere oder um Inhaberpapiere handelt und ob die Wertpapiere verbrieft oder stückelos sind. In**

3. Essential Information

3.1. Interest of natural and legal persons
involved in the issue/offer

A description of any interest, including
conflicting ones, that is material to the is-
sue/offer, detailing the persons involved
and the nature of the interest.

3.2. Reasons for the offer and use
of proceeds

Reasons for the offer if different from
making profit and/or hedging certain
risks. Where applicable, disclosure of the
estimated total expenses of the issue/of-
fer and the estimated net amount of the
proceeds. These expenses and proceeds
shall be broken into each principal intended use and presented by order of
priority of such uses. If the issuer is
aware that the anticipated proceeds will
not be sufficient to fund all the proposed
uses, state the amount and sources of
other funds needed.

4. Information concerning the Securities
to be offered/admitted to Trading

4.1. A description of the type and the
class of the securities being offered and/
or admitted to trading, including the ISIN
(International Security Identification
Number) or other such security identification code.

4.2. Legislation under which the securities have been created.

4.3. An indication of whether the securities are in registered form or bearer form
and whether the securities are in certificated form or book-entry form. In the lat-

letzterem Fall sind der Name und die Anschrift des die Buchungsunterlagen führenden Instituts zu nennen.

ter case, name and address of the entity in charge of keeping the records.

4.4. Währung der Wertpapieremission.

4.4. Currency of the securities issue.

4.5. Rang der Wertpapiere, die angeboten und/oder zum Handel zugelassen werden sollen, einschließlich der Zusammenfassung etwaiger Klauseln, die den Rang beeinflussen können oder das Wertpapier derzeitigen oder künftigen Verbindlichkeiten des Emittenten nachordnen können.

4.5. Ranking of the securities being offered and/or admitted to trading, including summaries of any clauses that are intended to affect ranking or subordinate the security to any present or future liabilities of the issuer.

4.6. Beschreibung der Rechte die an die Wertpapiere gebunden sind - einschließlich ihrer etwaigen Beschränkungen-, und des Verfahrens zur Ausübung dieser Rechte.

4.6. A description of the rights attached to the securities, including any limitations of those rights, and procedure for the exercise of those rights.

4.7. Angabe des nominalen Zinssatzes und Bestimmungen zur Zinsschuld:

4.7. The nominal interest rate and provisions relating to interest payable:

– **Datum, ab dem die Zinsen zahlbar werden, und Zinsfälligkeitstermine;**

– the date from which interest becomes payable and the due dates for interest,

– **Gültigkeitsdauer der Ansprüche auf Zins- und Kapitalrückzahlungen.**

– the time limit on the validity of claims to interest and repayment of principal.

Ist der Zinssatz nicht festgelegt, eine Erklärung zur Art des Basiswerts und eine Beschreibung des Basiswerts, auf den er sich stützt, und der bei der Verbindung von Basiswert und Zinssatz angewandten Methode und Angabe, wo Informationen über die vergangene und künftige Wertentwicklung des Basiswertes und seine Volatilität eingeholt werden können.

Where the rate is not fixed, a statement setting out the type of underlying and a description of the underlying on which it is based and of the method used to relate the underlying and the rate and an indication where information about the past and the further performance of the underlying and its volatility can be obtained.

– **Beschreibung etwaiger Ereignisse, die eine Störung des Markts oder der Abrechnung bewirken und den Basiswert beeinflussen,**

– a description of any market disruption or settlement disruption events that affect the underlying,

– **Anpassungsregeln in Bezug auf Ereignisse, die den Basiswert betreffen,**

– adjustment rules with relation to events concerning the underlying,

– **Name der Berechnungsstelle.**

– name of the calculation agent.

Wenn das Wertpapier bei der Zinszahlung eine derivative Komponente aufweist, ist den Anlegern klar und umfassend zu erläutern, wie der Wert ihrer Anlage durch den Wert des Basisinstruments/der Basisinstrumente beeinflusst wird, insbesondere in Fällen, in denen

If the security has a derivative component in the interest payment, provide a clear and comprehensive explanation to help investors understand how the value of their investment is affected by the value of the underlying instrument(s), es-

die Risiken am offensichtlichsten sind.

4.8. Fälligkeitstermin und Vereinbarungen für die Darlehenstilgung, einschließlich der Rückzahlungsverfahren. Wird auf Initiative des Emittenten oder des Wertpapierinhabers eine vorzeitige Tilgung ins Auge gefasst, so ist sie unter Angabe der Tilgungsbedingungen und -voraussetzungen zu beschreiben.

4.9. Angabe der Rendite. Dabei ist die Methode zur Berechnung der Rendite in Kurzform darzulegen.

4.10. Vertretung von Schuldtitelinhabern unter Angabe der die Anleger vertretenden Organisation und der auf die Vertretung anwendbaren Bestimmungen, Angabe des Ortes, an dem die Öffentlichkeit die Verträge einsehen kann, die diese Vertretung regeln.

4.11. Im Falle von Neuemissionen Angabe der Beschlüsse. Ermächtigungen und Billigungen, die die Grundlage für die erfolgte bzw. noch zu erfolgende Schaffung der Wertpapiere und/oder deren Emission bilden.

4.12. Im Falle von Neuemissionen Angabe des erwarteten Emissionstermins der Wertpapiere.

4.13. Darstellung etwaiger Beschränkungen für die freie Übertragbarkeit der Wertpapiere.

4.14. Hinsichtlich des Herkunftslands des Emittenten und des Landes bzw. der Länder, in dem bzw. denen das Angebot unterbreitet oder die Zulassung zum Handel beantragt wird, sind folgende Angaben zu machen:

– **Angaben über die an der Quelle einbehaltene Einkommensteuer auf die Wertpapiere;**

– **Angabe der Tatsache. ob der Emittent die Verantwortung für die Einbehaltung der Steuern an der Quelle übernimmt.**

pecially under the circumstances when the risks are most evident.

4.8. Maturity date and arrangements for the amortisation of the loan, including the repayment procedures. Where advance amortisation is contemplated, on the initiative of the issuer or of the holder, it shall be described, stipulating amortisation terms and conditions.

4.9. An indication of yield. Describe the method whereby that yield is calculated in summary form.

4.10. nRepresentation of debt security holders including an identification of the organisation representing the investors and provisions applying to such representation. Indication of where the public may have access to the contracts relating to these forms of representation.

4.11. In the case of new issues, a statement of the resolutions, authorisations and approvals by virtue of which the securities have been or will be created and/ or issued.

4.12. In the case of new issues, the expected issue date of the securities.

4.13. A description of any restrictions on the free transferability of the securities.

4.14. In respect of the country of registered office of the issuer and the country(ies) where the offer being made or admission to trading is being sought:

– information on taxes on the income from the securities withheld at source;

– indication as to whether the issuer assumes responsibility for the withholding of taxes at the source.

5. **Bedingungen und Voraussetzungen für das Angebot**

5.1. **Bedingungen, Angebotsstatistiken, erwarteter Zeitplan und erforderliche Maßnahmen für die Antragstellung**

5.1.1. **Bedingungen, denen das Angebot unterliegt.**

5.1.2. **Gesamtsumme der Emission/des Angebots. Ist der Betrag nicht festgelegt, Beschreibung der Vereinbarungen und des Zeitpunkts für die Ankündigung des endgültigen Angebotsbeitrags an das Publikum.**

5.1.3. **Frist – einschließlich etwaiger Änderungen – während deren das Angebot gilt und Beschreibung des Antragsverfahrens.**

5.1.4. **Beschreibung der Möglichkeit zur Reduzierung der Zeichnungen und der Art und Weise der Erstattung des zu viel gezahlten Betrags an die Zeichner.**

5.1.5. **Einzelheiten zum Mindest- und/ oder Höchstbetrag der Zeichnung (entweder in Form der Anzahl der Wertpapiere oder des aggregierten zu investierenden Betrags).**

5.1.6. **Methode und Fristen für die Bedienung der Wertpapiere und ihre Lieferung.**

5.1.7. **Vollständige Beschreibung der Art und Weise und des Termins, auf die bzw. an dem die Ergebnisse des Angebots offen zu legen sind.**

5.1.8. **Verfahren für die Ausübung eines etwaigen Vorzugsrechts, die Übertragbarkeit der Zeichnungsrechte und die Behandlung von nicht ausgeübten Zeichnungsrechten.**

5.2. **Plan für die Aufteilung der Wertpapiere und deren Zuteilung**

5.2.1. **Angabe der verschiedenen Kategorien der potenziellen Investoren, denen die Wertpapiere angeboten werden. Erfolgt das Angebot gleichzeitig auf den Märkten in zwei oder mehreren Ländern und wurde/wird eine bestimmte Tranche einigen dieser Märkte vorbe-**

5. Terms and Conditions of the Offer

5.1. Conditions, offer statistics, expected timetable and action required to apply for the offer

5.1.1. Conditions to which the offer is subject.

5.1.2. Total amount of the issue/offer; if the amount is not fixed, description of the arrangements and time for announcing to the public the definitive amount of the offer.

5.1.3. The time period, including any possible amendments, during which the offer will be open and description of the application process.

5.1.4. A description of the possibility to reduce subscriptions and the manner for refunding excess amount paid by applicants.

5.1.5. Details of the minimum and/or maximum amount of application, (whether in number of securities or aggregate amount to invest).

5.1.6. Method and time limits for paying up the securities and for delivery of the securities.

5.1.7. A full description of the manner and date in which results of the offer are to be made public.

5.1.8. The procedure for the exercise of any right of pre-emption, the negotiability of subscription rights and the treatment of subscription rights not exercised.

5.2. Plan of distribution and allotment

5.2.1. The various categories of potential investors to which the securities are offered. If the offer is being made simultaneously in the markets of two or more countries and if a tranche has been or is being reserved for certain of these, indicate any such tranche.

halten, Angabe dieser Tranche.

5.2.2. Verfahren zur Meldung des den Zeichnern zugeteilten Betrags und Angabe, ob eine Aufnahme des Handels vor dem Meldeverfahren möglich ist.

5.2.2. Process for notification to applicants of the amount allotted and indication whether dealing may begin before notification is made.

5.3. Preisfestsetzung

5.3.1. Angabe des Preises, zu dem die Wertpapiere angeboten werden, oder der Methode, mittels deren der Angebotspreis festgelegt wird, und des Verfahrens für die Offenlegung. Angabe der Kosten und Steuern, die speziell dem Zeichner oder Käufer in Rechnung gestellt werden.

5.3. Pricing

5.3.1. An indication of the expected price at which the securities will be offered or the method of determining the price and the process for its disclosure. Indicate the amount of any expenses and taxes specifically charged to the subscriber or purchaser.

5.4. Platzierung und Übernahme (Underwriting)

5.4.1. Name und Anschrift des Koordinators/der Koordinatoren des gesamten Angebots oder einzelner Teile des Angebots und – sofern dem Emittenten oder dem Bieter bekannt – Angaben zu den Platzierern in den einzelnen Ländern des Angebots.

5.4. Placing and Underwriting

5.4.1. Name and address of the co-ordinator(s) of the global offer and of single parts of the offer and, to the extend known to the issuer or to the offeror, of the placers in the various countries where the offer takes place.

5.4.2. Namen und Geschäftsanschriften der Zahlstellen und der Depotstellen in jedem Land.

5.4.2. Name and address of any paying agents and depository agents in each country.

5.4.3. Name und Anschrift der Institute, die bereit sind, eine Emission auf Grund einer bindenden Zusage zu übernehmen, und Name und Anschrift der Institute, die bereit sind, eine Emission ohne bindende Zusage oder gemäß Vereinbarungen „zu den bestmöglichen Bedingungen" zu platzieren. Angabe der Hauptmerkmale der Vereinbarungen, einschließlich der Quoten. Wird die Emission nicht zur Gänze übernommen, ist eine Erklärung zum nicht abgedeckten Teil einzufügen. Angabe des Gesamtbetrages der Übernahmeprovision und der Platzierungsprovision.

5.4.3. Name and address of the entities agreeing to underwrite the issue on a firm commitment basis, and name and address of the entities agreeing to place the issue without a firm commitment or under 'best efforts' arrangements. Indication of the material features of the agreements, including the quotas. Where not all of the issue is underwritten, a statement of the portion not covered. Indication of the overall amount of the underwriting commission and of the placing commission.

5.4.4. Angabe des Zeitpunkts, zu dem der Emissionsübernahmevertrag abgeschlossen wurde oder wird.

5.4.4. When the underwriting agreement has been or will be reached.

6. Zulassung zum Handel und Handelsregeln

6.1. Angabe, ob die angebotenen Wertpapiere Gegenstand eines Antrags auf Zulassung zum Handel auf einem geregelten Markt oder sonstigen gleichwertigen Märkten sind oder sein werden, wobei die jeweiligen Märkte zu nennen sind. Dieser Umstand ist anzugeben, ohne jedoch den Eindruck zu erwecken, dass die Zulassung zum Handel notwendigerweise erfolgen wird. Wenn bekannt, sollte eine Angabe der frühestmöglichen Termine der Zulassung der Wertpapiere zum Handel erfolgen.

6.2. Angabe sämtlicher geregelten oder gleichwertigen Märkte, auf denen nach Kenntnis des Emittenten Wertpapiere der gleichen Wertpapierkategorie, die zum Handel angeboten oder zugelassen werden sollen, bereits zum Handel zugelassen sind.

6.3. Name und Anschrift der Institute, die aufgrund einer bindenden Zusage als Intermediäre im Sekundärhandel tätig sind, um Liquidität mittels Geld- und Briefkursen zur Verfügung stellen, und Beschreibung der Hauptbedingungen der Zusage.

7. Zusätzliche Angaben

7.1. Werden an einer Emission beteiligte Berater in der Wertpapierbeschreibung genannt, ist eine Erklärung zu der Funktion abzugeben, in der sie gehandelt haben.

7.2. Angabe weiterer Informationen in der Wertpapierbeschreibung die von gesetzlichen Abschlussprüfern geprüft oder einer prüferischen Durchsicht unterzogen wurden und über die die Abschlussprüfer einen Prüfungsbericht erstellt haben. Reproduktion des Berichts oder mit Erlaubnis der zuständigen Behörden Zusammenfassung des Berichts.

7.3. Wird in die Wertpapierbeschreibung eine Erklärung oder ein Bericht einer Person aufgenommen, die als Sachverständiger handelt, so sind der Name, die Geschäftsadresse, die Qualifi-

6. Admission to Trading and Dealing Arrangements

6.1. An indication as to whether the securities offered are or will be the object of an application for admission to trading, with a view to their distribution in a regulated market or other equivalent markets with indication of the markets in question. This circumstance must be mentioned, without creating the impression that the admission to trading will necessarily be approved. If known, give the earliest dates on which the securities will be admitted to trading.

6.2. All the regulated markets or equivalent markets on which, to the knowledge of the issuer, securities of the same class of the securities to be offered or admitted to trading are already admitted to trading.

6.3. Name and address of the entities which have a firm commitment to act as intermediaries in secondary trading, providing liquidity through bid and offer rates and description of the main terms of their commitment.

7. Additional Information

7.1. If advisors connected with an issue are mentioned in the Securities Note, a statement of the capacity in which the advisors have acted.

7.2. An indication of other information in the Securities Note which has been audited or reviewed by statutory auditors and where auditors have produced a report. Reproduction of the report or, with permission of the competent authority, a summary of the report.

7.3. Where a statement or report attributed to a person as an expert is included in the Securities Note, provide such persons' name, business address, qualifications and material interest if any

kationen und – falls vorhanden – das wesentliche Interesse am Emittenten anzugeben. Wurde der Bericht auf Ersuchen des Emittenten erstellt, so ist eine diesbezügliche Erklärung dahingehend abzugeben, dass die aufgenommene Erklärung oder der aufgenommene Bericht in der Form und in dem Zusammenhang, in dem sie bzw. er aufgenommen wurde, die Zustimmung von Seiten dieser Person erhalten hat, die den Inhalt dieses Teils der Wertpapierbeschreibung gebilligt hat.

7.4. Sofern Angaben von Seiten Dritter übernommen wurden, ist zu bestätigen, dass diese Information korrekt wiedergegeben wurde und dass - soweit es dem Emittenten bekannt ist und er aus den von dieser dritten Partei veröffentlichten Informationen ableiten konnte - keine Tatsachen unterschlagen wurden, die die wiedergegebenen Informationen unkorrekt oder irreführend gestalten würden. Darüber hinaus hat der Emittent die Quelle(n) der Informationen anzugeben.

7.5. Angabe der Ratings, die einem Emittenten oder seinen Schuldtiteln auf Anfrage des Emittenten oder in Zusammenarbeit mit dem Emittenten beim Ratingverfahren zugewiesen wurden. Kurze Erläuterung der Bedeutung der Ratings, wenn sie erst unlängst von der Ratingagentur erstellt wurden.

in the issuer. If the report has been produced at the issuer's request a statement to that effect that such statement or report is included, in the form and context in which it is included, with the consent of that person who has authorised the contents of that part of the Securities Note.

7.4. Where information has been sourced from a third party, provide a confirmation that this information has been accurately reproduced and that as far as the issuer is aware and is able to ascertain from information published by that third party, no facts have been omitted which would render the reproduced information inaccurate or misleading. In addition, identify the source(s) of the information.

7.5. Credit ratings assigned to an issuer or its debt securities at the request or with the co-operation of the issuer in the rating process. A brief explanation of the meaning of the ratings if this has previously been published by the rating provider.

Inhalt

I. Einleitung

1 Dieser Anh. V EU-ProspV enthält gegenüber Anh. XIII EU-ProspV die für Schuldtitel und derivative Wertpapiere strengeren Anforderungen, da er auf Schuldtitel mit einer Stückelung von weniger als 100.000 Euro anzuwenden ist, die häufig auch von nicht qualifizierten Anlegern erworben werden. Nicht qualifizierte Anleger haben in der Regel nicht die Möglichkeiten, sich über Wertpapiere zu informieren, während sich qualifizierte Anleger wie bspw. Banken und Versicherungen ausreichende Kenntnisse über Emittent und Emission auch ohne Prospekt verschaffen können.[1] Insofern ging der Verordnungsgeber davon aus, dass alle Angaben, die für die Beurteilung des Wertpapiers notwendig sind, auch im Prospekt enthalten sein müssen. So müssen hier bspw. die Gründe für das Angebot und die Verwendung der Erträge, die Angaben zur Zulassung zum Handel und Handelsregeln genannt werden. Diese Angaben werden im Rahmen von Wertpapierprospekten für Wertpapiere mit einer Mindeststückelung von 100.000 Euro nicht oder nur in verringertem Umfang verlangt.

Auch wenn die ursprüngliche Grenze von 50.000 Euro nunmehr in Anpassung an die Richtlinie 2010/73/EU auf 100.000 Euro heraufgesetzt wurde[2], ist der Hintergrund der unterschiedlichen Anforderungen unverändert. Die Erhöhung der Grenze von 50.000 Euro auf 100.000 Euro erfolgte zur Umsetzung der Änderungen in Art. 3 der Richtlinie 2010/73/EG[3]. Sie hat zur Folge, dass Wertpapiere, die ursprünglich mit einer Stückelung von 50.000 Euro ohne Prospekt öffentlich angeboten werden durften, nun einen Prospekt erfordern, sofern sie nach dem 01.07.2012 öffentlich angeboten werden und keine der Übergangsregelungen des § 36 WpPG greift. Hierzu wird auf die Kommentierung zu § 36 WpPG verwiesen.

2 Die Anwendung dieses strengeren Anhangs an Stelle des Anh. XIII EU-ProspV kann im Einzelfall sinnvoll sein. Dies ist der Fall, wenn für die Wertpapiere Anh. XIII EU-ProspV anwendbar wäre, aber ohne die zusätzlichen Angaben des Anh. V EU-ProspV der Prospekt kein vollständiges Bild ge-

---

1 *Heidelbach/Preuße*, BKR 2006, 316, 319.
2 Erwg. 3, Delegierte VO (EU) Nr. 486/2012, ABl. EU 2012, L 150/1, L 150/1 Erwg. 3.
3 Erwg. 3, Delegierte VO (EU) Nr. 486/2012, ABl. EU 2012, L150/1, L150/1.

währleisten würde und diese Angaben für die Beurteilung der Wertpapiere notwendig sind.

Anders als in Anh. XIII EU-ProspV, der nur auf Wertpapiere abstellt, die zum Handel zuzulassen sind, stellt dieser Anh. V EU-ProspV in den Ziff. 2. und 4. sowohl auf Wertpapiere ab, die zum Handel zuzulassen sind, als auch auf solche, die angeboten werden. Hieraus dürfte sich jedoch keine inhaltliche Unterscheidung ableiteten lassen, da die EU-ProspRL in Art. 1 (1) klarstellt, dass sie für Prospekte anwendbar ist, die bei der Zulassung zum Handel an einem organisierten Markt oder für ein öffentliches Angebot von Wertpapieren erforderlich sind.

Mit der Delegierten Verordnung (EU) Nr. 759/2013 wurden neue Vorgaben für wandelbare oder umtauschbare Schuldtitel eingeführt. Diese Angaben sind nicht in Prospekte aufzunehmen, die gebilligt wurden, bevor die Delegierte VO (EU) Nr. 759/2013 in Kraft getreten ist.[4] Die Angaben unter Punkt 4.2.2. des Schemas in Anhang XII sind auch unter diesem Anhang aufzunehmen, wenn die Schuldtitel in an einem geregelten Markt zugelassene Aktien gewandelt oder umgetauscht werden können. Bei Schuldtiteln, die in Aktien wandel- oder umtauschbar sind, die vom Schuldtitelemittenten oder einem Emittenten aus der Gruppe des Schuldtitelemittenten begeben werden, aber noch nicht zum Handel an einem geregelten Markt zugelassen sind, sollte den Anlegern eine Erklärung zum Geschäftskapital und eine Erklärung zu Kapitalbildung und Verschuldung des Emittenten der Aktien zu Verfügung gestellt werden[5]. Daher sind die Angaben unter den Punkten 3.1 und 3.2 des Schemas in Anhang III oder ggf. des verhältnismäßigen Schemas in Anhang XXIV aufzunehmen. Wenn Schultitel mit Optionsscheinen zum Erwerb von Aktien des Emittenten berechtigen und diese Aktien nicht zum Handel an einem geregelten Markt zugelassen sind, sind auch unter diesem Anhang außer den unter Punkt 4.2.2 des Anhangs XII genannten Angaben zusätzlich die gesamten im Schema des Anhangs XII verlangten Angaben aufzunehmen.[6] Im Übrigen wird auf die Kommentierung zu Art. 8 sowie zu den Anhängen III, Ziff. 3.1. und 3.2, XII und XXIV verwiesen. Die Zuordnung der nachstehenden Angaben zu den verschiedenen Kategorien erfolgt über Art. 2a EU-ProspV und deren Anhang XX, auf deren Kommentierung verwiesen wird.

II. Verantwortliche Personen, Ziff. 1.

Ziff. 1. verlangt die Nennung der Personen, die für die im Prospekt gemachten Angaben verantwortlich sind. Sofern Personen nur für bestimmte Abschnitte des Prospektes verantwortlich sind, müssen diese Abschnitte ebenfalls hier genannt werden. Personen können sowohl natürliche Personen als auch juristische Personen sein. Sofern es sich um juristische Personen han-

3

---

4 Delegierte VO (EU) Nr. 759/2013, Art. 3, L 213/1, L 213/3.
5 Vgl. Erwg. 6, Delegierte VO (EU) Nr. 759/2013, L 213/1, L 213/1.
6 Erwg. 7, Delegierte VO (EU) Nr. 759/2013, L 213/1, L 213/1.

delt, muss neben dem Namen auch der eingetragene Sitz der Gesellschaft angegeben sein. Zugleich muss die in Ziff. 1.2. genannte Erklärung für diese Person oder Personen im Prospekt aufgenommen werden. Diese stimmt im Wortlaut nicht mit der offiziellen Übersetzung der EU-ProspRL überein. Trotzdem wird der Wortlaut des WpPG bei solchen Prospekten heranzuziehen sein, die unter dem WpPG gebilligt werden.

Aus dem Wortlaut ergibt sich nicht, dass es eine Person geben muss, die für den gesamten Prospekt die Verantwortung übernimmt. Der Prospekt bildet jedoch eine Einheit und zwar unabhängig davon, ob er als einteiliger, als dreiteiliger Prospekt oder als Basisprospekt erstellt wird, denn nur der Prospekt als Ganzes kann für einen Anleger ein vollständiges Bild über den Emittenten und die Wertpapiere ergeben. Und dieses Gesamtbild muss in sich den Prospektgrundsätzen entsprechen. Die Bestätigung, dass dieses Gesamtbild den Prospektgrundsätzen entspricht, kann nur für den gesamten Prospekt abgegeben werden, so dass mindestens eine juristische oder natürliche Person auch für dieses Gesamtbild die Verantwortung übernehmen muss.

Dies kann jedoch dann nicht gelten, wenn ein Prospekt für mehrere Emittenten oder für Garanten erstellt wird, die entsprechende Angaben zuliefern. In diesen Fällen haben nur die zuliefernden Stellen die Möglichkeit, die Vollständigkeit und Richtigkeit ihrer Angaben zu prüfen und sicherzustellen. Sofern sie dann auch die Verantwortung für „ihre" Prospektteile übernehmen, gibt es keinen Grund, warum ein Dritter die Verantwortung zusätzlich übernehmen sollte.[7]

III. Risikofaktoren, Ziff. 2.

4 Der Begriff „Risikofaktoren" ist in Art. 2 Ziff. 3. EU-ProspV legal definiert und bezeichnet eine Liste von Risiken, die für die jeweilige Situation des Emittenten und/oder der Wertpapiere spezifisch und für die Anlageentscheidung wesentlich sind.[8] Darzulegende Risikofaktoren sind nicht sämtliche Risikofaktoren, sondern durch die Qualifizierung im Wortlaut des Art. 2 Ziff. 3. EU-ProspV nur solche, die für die beschriebenen Wertpapiere spezifisch und für die Anlageentscheidung wesentlich sind.[9] Soweit diese Risiken auf den Emittenten bezogen sind, wird hier auf die Kommentierung zum Registrierungsformular verwiesen. Im Rahmen der Wertpapierbeschreibung werden wertpapierspezifische Risiken dargelegt. Hierzu gehören insb. Risiken, die Einfluss auf die Bewertung des Wertpapiers selbst haben, wie bspw. allgemeine Marktrisiken, zu denen bspw. Zins- oder Währungsänderungsrisiken, Wiederanlagerisiken oder Liquiditätsrisiken gehören. Daneben können sich

---

7 Vgl. hierzu auch *Seitz/Maier*, in: Assmann/Schlitt/von Kopp-Colomb, WpPG/VerkProspG, Anh. IV EU-ProspektV Rn. 10.

8 *Holzborn/Israel*, ZIP 2005, 1668, 1672, Fn. 69.

9 Vgl. *Seitz/Maier*, in: Assmann/Schlitt/von Kopp-Colomb, WpPG/VerkProspG, Anh. V EU-ProspV Rn. 19 ff. mit Beispielen typischer Risiken.

aber auch Risiken aus Strukturen in der Verzinsung und Rückzahlung ergeben, die dann ebenfalls darzustellen sind. Hierzu gehören Risiken, die sich
ergeben, wenn die Zins- oder Rückzahlung an die Entwicklung von bestimmten Preisen oder Werten gebunden ist, wie bspw. die Bindung an die
Entwicklung von bestimmten Aktienwerten, Indices oder anderen Basiswerten.[10]

Auf eine vollständige Darstellung aller nur denkbaren Risiken hat der Ver- 5
ordnungsgeber verzichtet, denn dann wäre eine sinnvolle Einschätzung und
Abwägung aufgrund der Menge und fehlenden Gewichtung in der Beschreibung nicht mehr oder nur eingeschränkt möglich. Es können auch nur solche
Risikofaktoren dargestellt werden, die im Zeitpunkt der Erstellung des Prospektes vorhanden und dem Emittenten bekannt sind. Insofern kann es
durchaus Risikofaktoren geben, die erst nach Erstellung des Prospektes eintreten oder bekannt werden und insofern nicht im Prospekt enthalten sind.
Da solche Risiken nie ausgeschlossen werden können, war es unter altem
Recht üblich und muss es auch heute erlaubt sein, dass ein Prospekt auch
einen Hinweis auf solche zukünftigen oder dem Emittenten nicht bekannte
Risiken enthält, ohne dass diese konkret genannt werden könnten.

Um Risiken bzgl. der Wertpapiere verstehen zu können, muss der Anleger 6
aber zumindest vorher gesagt bekommen, worauf – auf welches Wertpapier
und ggf. welche Struktur – sich die Risikobeschreibung bezieht. In vielen
Fällen, wie bspw. bei nicht strukturierten Inhaberschuldverschreibungen,
reicht es aus, zunächst nur kenntlich zu machen, dass es sich um eine Inha-
berschuldverschreibung handelt und die Verzinsung/Rückzahlung zu nennen. Handelt es sich dagegen um ein strukturiertes Produkt, muss hier zumindest grob die Struktur genannt werden können, um auch solche Risiken
darstellen zu können, die sich konkret aus der Struktur ergeben. Chancen
sind in diesem Abschnitt nicht darzustellen.[11]

Die Risikofaktoren sind zusammenhängend und abschließend darzustellen. 7
Damit soll erreicht werden, dass der Anleger sich einen zusammenhängenden Gesamtüberblick über die Risiken erhält. Er soll nicht durch die gleichzeitige Darstellung der Chancen von den tatsächlich vorhandenen Risiken
abgelenkt werden.

Die Darstellung hat in leicht analysierbarer und verständlicher Form zu erfolgen.[12]

Mit der Zuordnung zu Kategorie A[13] ist damit klargestellt, dass Ergänzungen
in den Endgültigen Bedingungen nicht zulässig sind. Dies könnte in der Praxis dazu führen, dass die Risiken künftig allgemeiner dargestellt werden,
z. B. bezogen auf bestimmte Arten von Basiswerten. Die VO hat damit prak-

---

10 Vgl. zu Risiken in Prospekten und Beratung mit ausführlichen Beispielen *Mülbert*, WM
   2007, 1149, 1157 ff.
11 Vgl. hierzu auch *Kullmann/Sester*, ZBB 2005, 209, 212.
12 *Seitz/Maier*, in: Assmann/Schlitt/von Kopp-Colomb, WpPG/VerkProspG, Anh. IV EU-
   ProspV Rn. 19.
13 Delegierte VO (EU) Nr. 486/2012, ABl. EU 2012, L 150/1, L 150/17 Ziff. 18.

tisch die Möglichkeit abgeschnitten, bei Basisprospekten auf Risiken bestimmter einzelner Basiswerte einzugehen, da bei der Prospekterstellung der konkrete Basiswert und damit auch die für diesen einzelnen Basiswert spezifischen Risiken noch nicht bekannt sein können. In der Regel wird eine allgemeiner Darstellung auf Ebene bestimmter Arten von Basiswerten völlig ausreichen, da es keine spezifischen Risiken gibt. Das hat zur Folge, dass in den Fällen, in denen auf spezifische Risiken einzugehen wäre, die noch nicht im Basisprospekt beschreiben sind, ein neuer Prospekt erforderlich wird. Dies ist ein unverhältnismäßiger Aufwand für den Emittent, zumal der Kunde die Endgültigen Bedingungen in jedem Fall benötigt und zur Kenntnis nimmt, da nur dort die emissionsspezifischen Details enthalten sind.

IV. Zentrale Angaben, Ziff. 3.

8   Während Anh. XIII EU-ProspV auf die Offenlegung der Gründe für das Angebot und die Angabe der Verwendung der Erträge verzichtet, werden diese Angaben in diesem Anh. V Ziff. 3. verlangt. Der Anleger eines Wertpapiers soll erfahren, welche Personen die Nutznießer der Emission oder bestimmter Teile einer Struktur sind und welche Interessen sie dabei verfolgen. Dies kann z. B. die bloße Gewinnerzielungsabsicht und/oder die Absicherung bestimmter Risiken sein[14], ebenso wie Erfüllung satzungsgemäßer Aufgaben. Sofern tatsächlich vorhandene Interessenkonflikte im Zeitpunkt der Prospekterstellung bekannt sind, müssen diese Angaben aufgenommen werden. Hiervon zu unterscheiden sind potentielle Interessenkonflikte, die möglicherweise eintreten werden, aber noch nicht konkretisiert haben. In diesen Fällen kann kein Emittent ausschließen, dass solche Interessenkonflikte zu einem späteren Zeitpunkt auftauchen.[15]

Im Zusammenhang mit Wertpapieren, für die nach diesem Anhang ein Prospekt zu erstellen ist, wird es in der Regel keine Interessenkonflikte geben. Auch die geplante Verwendung der Erlöse aus der Emission ist nach Ziff. 3.2. offenzulegen. Damit wird für den Anleger erkennbar, wofür das Geld verwendet wird. Sofern mit der Emission bspw. die Finanzierung eines konkreten Projektes erfolgen soll, soll dabei transparent werden, wenn zusätzliche Mittel erforderlich sind, d. h. bei deren Fehlen das Projekt von vornherein gefährdet wäre.

Bei Banken wird der Emissionserlös in der Regel zur Erfüllung ihrer satzungsgemäßen Aufgaben verwendet, so dass eine darüber hinausgehende Angabe nicht erfolgt.

Da diese Angaben unter die Kategorie C fallen, können sie ggf. in den Endgültigen Bedingungen ergänzt werden.[16] Da in Anhang XX keine Änderun-

---

14 *Seitz/Maier*, in: Assmann/Schlitt/von Kopp-Colomb, WpPG/VerkProspG, Anh. V EU-ProspV Rn. 30.
15 Vgl. auch die Komm. zu Registrierungsdokumenten zu Interessenkonflikten.
16 Delegierte VO (EU) Nr. 486/2012, ABl. EU 2012, L 150/1, L 150/17 mit ungenauer Wiedergabe von Anh. XIII.

gen der anderen Anhänge erfolgt, ist mit der ungenauen Wiedergabe keine andere Angabe gemeint als „Interessenkonflikte".

V. Angaben über die anzubietenden bzw. zum Handel zuzulassenden Wertpapiere, Ziff. 4.

Die Angaben gem. Ziff. 4. beschreiben die wichtigsten Inhalte des Wertpa- 9 piers und seiner Rahmenbedingungen. Sie sind weitgehend selbsterklärend. Für die Zuordnung dieser Angaben zu den verschiedenen Kategorien wird auf Anhang XX verwiesen. In den meisten Fällen dürfte die Zuordnung auch für die Erstellung eines Basisprospektes unproblematisch und über die Nutzung von Optionen gut lösbar sein. Fraglich ist dies jedoch z. B. bei den Angaben zu Ziff. 4.7 oder 4.13., vgl. dort. Zu den Rahmenbedingungen gehören bspw. die Angaben gem. Ziff. 4.11., 4.13. und 4.14.

Anders als im Anh. XIII EU-ProspV, werden nach diesem Anhang V EU-ProspV Angaben zu Quellensteuern verlangt. Dies erscheint insofern sachgerecht, da es sich bei Anh. XIII EU-ProspV um Wertpapiere mit einer Mindeststückelung oder Verkaufsgröße von 100.000 Euro handelt, die von qualifizierten Anlegern erhoben werden, die sich regelmäßig über die für sie relevanten Steuervorgaben informieren und denen mögliche Steuerproblematiken normalerweise bekannt sind, so dass sie nicht auf Angaben des Emittenten angewiesen sind.[17] An mehreren Stellen finden sich zwischen dem Anh. V EU-ProspV und dem Anh. XIII EU-ProspV Wortabweichungen. So verwendet Anh. XIII EU-ProspV in Ziff. 4.8. die Worte „Marktzerrüttung" und „Störung", dieser Anh. V EU-ProspV dagegen „Marktstörung" und „Unterbrechung". Ein inhaltlicher Unterschied lässt sich daraus jedoch nicht herleiten.

Ziff. 4.1. verlangt die Angaben, die erforderlich sind, um die Wertpapiere zu 10 identifizieren. Anders als im Anh. XIII EU-ProspV wurde dabei auf die Aufnahme des Emissions- oder Angebotsvolumens verzichtet.

Ferner sind der Typ und die Kategorie der Wertpapiere anzugeben. Hierunter kann eine Kurzbeschreibung der Wertpapiere, für die der Prospekt erstellt wurde, verstanden werden. Die Angaben sind vom jeweiligen Emittenten und den von ihm begebenen Wertpapieren abhängig. Eine ebenfalls mögliche Unterscheidung lehnt sich an die Systematik der Anhänge an und bildet eine Kategorisierung nach der Rückzahlung. Die Unterscheidung wird dabei zwischen einer Rückzahlung von mindestens 100 % oder von weniger als 100 % getroffen und dies entsprechend angeben. Ebenso kann hier abgegeben werden, ob es sich um eine Tranche eines Wertpapiers handelt oder um welche konkrete Serie unter einem Programm es sich handelt.

Ziff. 4.2. verlangt die Angabe, unter welchem Recht die Wertpapiere bege- 11 ben wurden. Bei deutschen Emittenten wird dies in der Regel Deutsches Recht sein. Dies ist aber nicht zwingend und insb. Emissionsprogramme oder

---

17 Vgl. zu Quellensteuer Anh. V EU-ProspV.

für Anleihen, die international vertrieben werden, sind auch andere rechtliche Grundlagen, wie bspw. Englisches Recht, üblich.

12 Ziff. 4.3. unterscheidet zwischen Namens- und Inhaberpapieren und verlangt für Namenspapiere die Angabe, ob die Wertpapiere verbrieft oder stückelos begeben werden. Bei Wertpapieren, die nach deutschem Recht begeben werden, ist gem. § 793 BGB für ihre Entstehung grds. eine Verbriefung erforderlich.[18] Für Wertpapiere nach deutschem Recht ist hier anzugeben, ob es effektive Stücke gibt oder ob das Wertpapier in einer Sammelurkunde verbrieft wird, an der der Erwerber Miteigentum erlangt. Sofern Wertpapiere außerhalb des BGB in dematerialisierter Form begeben werden, wäre dies im Prospekt aufzunehmen zusammen mit der Angabe des „Buchungsunterlagen führenden Instituts", also der Stelle, die die Zuordnung der Wertpapiere beim jeweiligen Erwerb vornimmt.

13 Ziff. 4.4. verlangt die Angabe, in welcher Währung die Wertpapiere begeben werden.

14 Ziff. 4.5. verlangt die Angabe zur Rangfolge der Wertpapiere. Gemeint ist hier die Angabe, ob die Wertpapiere gleichrangig mit bestimmten anderen Wertpapieren des Emittenten oder nachrangig zu bestimmten anderen Wertpapieren des Emittenten begeben werden.

15 Ziff. 4.6.: Zu den Rechten, einschließlich ihrer etwaigen Beschränkungen, die an die Wertpapiere gebunden sind, gehören bspw. Emittenten- und Gläubigerkündigungsrechte. Damit zusammenhängend zu beschreiben ist das Verfahren, mit dem die Kündigung ausgeübt wird. Bei Emittentenkündigungsrechten wird die Kündigung häufig durch Veröffentlichung der Kündigung erfolgen. Auch Rückkaufsrechte des Emittenten können an dieser Stelle erwähnt werden. Für nachrangige Schuldverschreibungen nach deutschem Recht gehört hierher auch der Hinweis auf die entsprechenden Beschränkungen, die sich aus dem KWG ergeben.

16 Auch wenn in Ziff. 4.7. der deutschen Fassung etliche Änderungen in der Wortwahl gegenüber der bisher gültigen Fassung auffallen, führen diese Änderungen nicht zu einer inhaltlichen Änderung, wie die englische Fassung zeigt, in der sich keine Änderungen in der Wortwahl finden. Ziff. 4.7. regelt mehrere Fälle. Zunächst wird die Angabe von Zinsen bzw. eines Zinssatzes sowie die Berechnungsbasis für den Zinsbetrag und die Rückzahlungsmodalitäten verlangt. Ebenfalls unter diesem Punkt werden Verjährungsfristen erwähnt, wie bspw. in § 801 BGB geregelt, mit der Möglichkeit, die Vorlegungsfristen vertraglich zu bestimmen.

Als weitere Möglichkeit sieht die EU-ProspV vor, dass die Zinsen und die Rückzahlung noch durch eine Betragsangabe konkretisiert sind, sondern eine Bindung an einen Basiswert vorgesehen wird. Dabei verlangt die EU-ProspV die Beschreibung des Basiswerts und der verwendeten Methode zur Verbindung beider Werte. Neben diesen beiden Angaben wird jetzt zusätz-

---

18 *Sprau*, in: Palandt, BGB, § 793 Rn. 1.

lich eine Erklärung zur Art des Basiswertes verlangt.[19] Die geforderten Angaben werden von der EU-ProspV konkretisiert. Die Erwägungsgründe 7 und 9 in der Delegierten VO (EG) 486/2012 legen zu diesem Punkt dar, dass die im Basisprospekt enthaltenen Angaben durch die endgültigen Bedingungen weder verändert noch ersetzt werden sollten. Dabei sind insbesondere alle Angaben, die die Bewertung des Emittenten oder der Wertpapiere beeinflussen könnten, entweder im Prospekt selbst darzustellen oder durch einen Nachtrag einzufügen. Konsequenterweise sollen somit alle zum Zeitpunkt der Prospektbilligung bereits bekannten Angaben zur Art des Basiswerts enthalten sein. Lediglich emissionsspezifische Einzelheiten sollen noch in den endgültigen Bedingungen aufgenommenwerden.[20]

In Anh. XX EU-ProspV ist die Angabe der Art des Basiswertes mit der Kategorie A[21] belegt, so dass dort keine ergänzenden oder konkretisierenden Angaben in den endgültigen Bedingungen mehr gemacht werden können. Als Kategorien kommen z.B. „Zinssatz" oder „Aktie" oder „Index" in Frage. Anders verhält es sich dagegen mit der Beschreibung des Basiswerts selbst. Dieser ist mit Kategorie C belegt[22], so dass dieser Teil vollständig in den endgültigen Bedingungen ergänzt werden kann, da die nähere Beschreibung erst möglich ist, wenn auch feststeht, welcher Basiswert verwendet werden soll.

Wie in Anh. XIII EU-ProspV werden auch hier keine konkreten Angaben zum Inhalt des Basiswerts oder – bspw. bei Aktien – keine Beschreibung eines eventuellen Emittenten des Basiswerts verlangt. Vielmehr soll der Anleger verstehen, um was für einen Basiswert es sich handelt, wie z.B. einen Index oder einen Zinssatz. Insbesondere muss der Prospekt darüber Auskunft geben, wie sich der Basiswert auf das Wertpapier auswirkt. Ausdrücklich verlangt wird „eine Beschreibung der bei der Verbindung von Basiswert und Zinssatz angewandten Methode"[23]. Grundlage für eine Beschreibung kann z.B. eine Formel sein, anhand derer beschrieben wird, wie die Berechnungen erfolgen und auf welcher Basis, also auf welchen Feststellungen sie erfolgen. Zwingend ist dies jedoch nicht, wenn die Beschreibung in Worten möglich ist. Allerdings unterliegt diese Angabe der Kategorie B, sodass alle grundlegenden Angaben bereits im Prospekt enthalten sein müssen. Nur die Einzelheiten, die bei Billigung des Basisprospekts noch nicht bekannt sind, dürfen in die endgültigen Bedingungen eingefügt werden.[24] Ebenso zu beschreiben sind Anpassungs- und Marktstörungsregelungen für den Basiswert. In Anh. XX EU-ProspV ist die Angabe der Anpassungs- und Marktstörungsregelungen für den Basiswertes mit der Kategorie B[25] belegt. Damit sind alle grundlegenden Angaben im Basisprospekt aufzunehmen. Auch für

---

19 Delegierte VO (EU) Nr. 486/2012, ABl. EU 2012, L 150/1, L 150/8 Ziff. 18.
20 Erwg. 9, Delegierte VO (EU) Nr. 486/2012, ABl. EU 2012, L 150/1, L 150/2.
21 Delegierte VO (EU) Nr. 486/2012 ABl. EU 2012, L 150/1, L 150/10.
22 Delegierte VO (EU) Nr. 486/2012, ABl. EU 2012, L 150/1, L 150/10.
23 Delegierte VO (EU) Nr. 486/2012, ABl. EU 2012, L 150/1, L 150/8.
24 Delegierte VO (EU) Nr. 486/2102 ABl. EU 2012, L 150/1, L 150/3 Ziff. 3.
25 Delegierte VO (EU) Nr. 486/2012 ABl. EU 2012, L 150/1, L 150/8.

diese Angabe gilt, dass nur die Einzelheiten, die bei Billigung des Basispro-spekts noch nicht bekannt sind, in die endgültigen Bedingungen eingefügt werden dürfen.[26] Hier bleibt abzuwarten, wie sich die Abgrenzung in der Praxis zwischen grundlegenden Angaben und möglichen Ergänzungen in den endgültigen Bedingungen entwickeln wird.

17 Ziff. 4.8. bezieht sich vom Wortlaut her auf eine Darlehenstilgung. Da Darle-hen nicht unter das WpPG fallen, kann hier nur die Tilgung/Rückzahlung der Wertpapiere gemeint sein. Grds. kann zwischen Rückzahlung in einer Summe am Ende der Laufzeit oder einer ratenweisen Tilgung während der Laufzeit der Wertpapiere unterschieden werden. Daneben fällt auch eine vorzeitige Rückzahlung unter Ziff. 4.9. Diese kann insb. bei Änderungen der steuerlichen Basis oder bei derivativen Elementen einer Anleihe in Frage kommen. Die zu beschreibende Ausgestaltung hängt vom jeweiligen Einzel-fall ab.

18 Zu Ziff. 4.9. können nicht in allen Fällen Angaben gemacht werden. Dies ist insbensondere dann nicht möglich, wenn die Wertpapiere keinen von vorn-herein festgelegten Zinssatz und Rückzahlungsbetrag haben, da eine Rendi-teberechnung voraussetzt, dass diese Beträge feststehen.

19 Ziff. 4.10.: Unter diesen Punkt fallen bspw. Gläubigerversammlungen, die bei unter englischem Recht begebenen Wertpapiere einschlägig sind. Eben-falls hierunter genannt werden bspw. die Bestimmungen zu Mehrheitsbe-schlüssen der Gläubiger im Rahmen des Gesetzes über Schuldverschreibun-gen aus Gesamtamissionen (Schuldverschreibungsgesetz).

20 Ziff. 4.11. umfasst im Wesentlichen gesetzliche, behördliche und nach Sat-zung oder anderer Gesellschaftsstatuten des Emittenten erforderliche Ge-nehmigungen und Beschlüsse. Bei Emissionsprogrammen wird in der Regel das Programm vom Vorstand beschlossen. Dieser Beschluss umfasst dann üblicherweise auch die Begebung von Anleihen unter diesem Emissionspro-gramm, so dass dann für die Begebung der jeweiligen Anleihe kein erneuter Beschluss des Vorstandes erforderlich ist.

21 Ziff. 4.12. verlangt die Angabe des erwarteten Emissionstermins. Angegeben wird unter diesem Punkt regelmäßig die Valuta, in der Regel der Termin der Lieferung und Bezahlung bzw. erstmalige Einbuchung bei einer Wertpapier-sammelbank[27] des Wertpapiers. Anders als in Anh. XIII EU-ProspV, wird hier der erwartete Emissionstermin verlangt. Inhaltlich ist trotz des abweichen-den Wortlautes kein Unterschied erkennbar, da der Prospekt vor dem öffent-lichem Angebot zu erstellen ist und damit in der Regel nur der erwartete Emissionstermin angegeben werden kann. Der tatsächliche Emissionstermin wäre dann anzugeben, wenn der Prospekt nach Valuta, bspw. für die Zulas-sung an einem organisierten Markt erstellt wird.

---

26 Delegierte VO (EU) Nr. 486/2102 ABl. EU 2012, L 150/1, L 150/3 Ziff. 3.
27 *Seitz/Maier*, in: Assmann/Schlitt/von Kopp-Colomb, WpPG/VerkProspG, Anh. V EU-ProspV Rn. 45.

Ziff. 4.13.: Zu den Beschränkungen für die freie Übertragbarkeit der Wertpa-   22
piere gehören zunächst gesetzliche Bestimmungen. Daneben dürfen hier
aber auch faktische Beschränkungen ausgewiesen werden, wie bspw. Verkaufsbeschränkungen, die in den jeweiligen Ländern gelten. Insb. für die
USA und Großbritannien werden regelmäßig Verkaufsbeschränkungen aufgenommen. Im Übrigen richten sich die Angaben nach der geplanten Verkaufstätigkeit bei der Begebung der jeweiligen Anleihe.

Diese Angaben sind mit Kategorie A belegt, so dass sie bereits vollständig
im Basisprospekt aufzunehmen sind. Sofern also nach der Billigung eines
Basisprospektes dieser in ein noch nicht im Basisprospekt genanntes Land
notifiziert wird, müsste dieser Punkt als Nachtrag im Basisprospekt aufgenommen werden. Dies sollte auch zulässig sein, da diese Notifizierung ein
für die Wertpapiere neuer und wesentlicher Umstand im Sinne des § 16
WpPG darstellt. Vgl. hierzu auch die Kommentierung zu Art. 20 a EU-ProspV
und dessen Anh. XXX.

Ziff. 4.14. verlangt Angaben zu Quellensteuern. Diese Angaben sind hin-   23
sichtlich des Herkunftslands des Emittenten und des Landes bzw. der Länder, in dem bzw. denen das Angebot unterbreitet oder die Zulassung zum
Handel beantragt wird, aufzunehmen. Als Pflichtangabe werden jedenfalls
Quellensteuerangaben zu dem Land, in dem der Emittent seinen Sitz hat,
aufgenommen werden. Unstreitig zu Quellensteuern zählen alle Steuern, die
unmittelbar beim Emittenten erhoben werden. Sie sind als Pflichtangabe
aufzunehmen. Angaben zu Steuern, die in den Ländern erhoben werden, in
denen die Wertpapiere verkauft werden sollen, sind freiwillige Zusatzangaben, die in der Regel unter Beratungs- und Aufklärungsgesichtspunkten aufgenommen werden. Unter dem Gesichtspunkt der EU-ProspRL ist eine andere Ansicht kaum denkbar, da anderenfalls der Prospekt nach Billigung
aufgrund der in diesem Punkt nicht mehr vollständigen Angaben nicht mehr
in weitere Länder als die bei Erstellung vorgesehenen notifiziert werden
könnte. Dies stünde in deutlichem Widerspruch zum Ziel des WpPG, den Zugang zum europäischen Wertpapiermarkt zu vereinheitlichen und zu erleichtern. Auch unter Anlegerschutzaspekten erscheint die Aufnahme nicht als
zwingend erforderlich, da ein Prospekt immer den Hinweis enthält, dass sich
der Anleger vor Kauf steuerlich beraten lassen muss, da ein Prospekt nie auf
die persönlichen steuerlichen Gegebenheiten eines einzelnen Anlegers eingehen kann. Insofern würde dann die steuerliche Situation im Land des Anlegers abgedeckt. Die Quellensteuern, die im Land, in dem der Emittent
sitzt, erhoben werden, sind als Pflichtangabe im Prospekt angegeben und
können entsprechend bei den anlegerspezifischen Steuerüberlegungen mit
einbezogen werden.

VI. Bedingungen und Voraussetzungen
für das Angebot, Ziff. 5.

Anders als in Anh. XIII EU-ProspV, gehören die Angaben zu den Bedingun-   24
gen für das Angebot hier zu den Pflichtangaben.

Ziff. 5.1.1. verlangt die Angabe der Bedingungen, denen das Angebot unterliegt. Hierzu gehört, je nach Art des Angebots, der Zeichnungs- oder Ausgabepreis und ggf. die Basis, auf der er ermittelt wird.

Ziff. 5.1.2. umfasst die Gesamtsumme der Emission oder das Angebotsvolumen.

Ziff. 5.1.3. verlangt, dass die Möglichkeit der Änderungen der Angebotsfrist im Prospekt aufgenommen wird. Als Beispiel kann die Möglichkeit des Emittenten, die Angebotsfrist zu verkürzen, wenn in Höhe des Angebotsvolumens der Emission Zeichnungen vorliegen, genannt werden. Durch dieses Verfahren wird eine Überzeichnung und damit ein Zuteilungsverfahren vermieden.[28]

Ziff. 5.1.4. umfasst die Beschreibung der Möglichkeit, Zeichnungen zu reduzieren. In der Praxis führen Zuteilungsverfahren dazu, dass Wertpapiere nicht in dem gezeichneten Umfang geliefert werden, also entweder ein geringeres Nominalvolumen oder eine geringere Anzahl der Wertpapiere geliefert wird.[29]

Ziff. 5.1.5. behandelt Angebotsvarianten, bei denen ein Zeichner einen Mindestbetrag oder eine Mindestanzahl der Wertpapiere zeichnen muss.

Ziff. 5.1.6. verlangt Angaben zur Lieferung und Bedienung der Wertpapiere. Hierunter fallen bspw. Angaben des Clearingsystems, das genutzt werden soll.

Ziff. 5.1.7. und 5.1.8. sowie Ziff. 5.2. sind typische Angaben aus dem Aktienemissionsbereich und dem dort genutzten „Bookbuildingverfahren". Die praktische Bedeutung im Fall von Prospekten auf Nicht-Dividendenwerte ist gering.[30]

25   Ziff. 5.2. umfasst bspw. Fälle, in denen Teile einer Emission dem Angebot in einem bestimmten Land vorbehalten sein sollen, so dass dies dann anzugeben wäre. Es kann aber auch vorkommen, dass im Falle eines öffentlichen Angebots eine Überzeichnung eintritt. Sofern nicht bereits im Angebotsverfahren sichergestellt wird, dass keine Überzeichnung erfolgen kann, müsste hier das Zuteilungsverfahren beschrieben werden.

26   Ziff. 5.3.: Angegeben werden kann unter diesem Punkt der erste Angebotskurs. Er wird üblicherweise vom Emittenten auf Basis der aktuellen Marktlage festgelegt. Bei Emissionsprogrammen kann er daher nicht schon im Prospekt genannt werden.

Bei einem Kauf über eine Börse richtet sich die Kursfestsetzung nach den dort gültigen Börsenregelungen. Ein Hinweis auf Gebühren durch Banken bzw. Börsen sollte im Prospekt enthalten sein. Darüber hinausgehende An-

---

28   Vgl. auch Ziff. 5.1.4.

29   Vgl. auch Ziff. 5.1.3.; *Seitz/Maier*, in: Assmann/Schlitt/von Kopp-Colomb, WpPG/VerkProspG, Anh. V EU-ProspV Rn. 49.

30   *Seitz/Maier*, in: Assmann/Schlitt/von Kopp-Colomb, WpPG/VerkProspG, Anh. V EU-ProspV Rn. 50.

gaben werden erforderlich, wenn besondere Verfahren zur Festsetzung herangezogen werden. Dies dürfte bei Anleihen aber eine Ausnahme darstellen.

Ziff. 5.4.1.: Bei Anleihen kann unter diesem Punkt eine Platzierung durch   27
Vermittler oder in Kommission beschrieben werden. Unter Koordinator dürfte hier bspw. der Konsortialführer zu verstehen sein. Unter Platzierern dürften hier die Konsorten oder Dealer zu nennen sein, sofern diese nicht aufgrund einer bindenden Zusage gem. Ziff. 5.4.3. agieren.

Ziff. 5.4.2.: Als Zahlstellen können bspw. Clearingstellen, wie Clearstream Banking AG, Frankfurt, genannt werden, falls sie den Zahlstellendienst übernehmen.

Ziff. 5.4.3.: Bei Anleihen kann unter diesem Punkt eine Platzierung durch ein Konsortium oder durch eine Bank beschrieben werden, sofern diese die Wertpapiere verbindlich übernehmen. Unter Ziff. 5.4.1. wäre/n dann der/die Konsortialführer zu nennen sowie die Konsorten, jeweils mit ihren Quoten, die sie von den Wertpapieren übernehmen.[31] Sofern dabei ein fester Preis für die Übernahme vereinbart wurde, ist dieser zu nennen, anderenfalls die Angabe, dass die Übernahme „zu den bestmöglichen Bedingungen" platziert werden soll. Ebenfalls anzugeben sind nicht übernommene Teile sowie evtl. vereinbarte Übernahme- und Platzierungsprovisionen.

Ziff. 5.4.4. verlangt weiterhin die Angabe des Zeitpunktes, zu dem der Emissionsübernahmevertrag abgeschlossen wurde oder wird.

VII. Zulassung zum Handel und Handelsregeln, Ziff. 6.

Ziff. 6.1. Anders als in Anhang XIII EU-ProspV wird hier nicht die Angabe   28
des Gesamtbetrags der Wertpapiere, die zum Handel zuzulassen sind, verlangt. Hier wird darauf abgestellt, ob die angebotenen Wertpapiere bereits an einem geregelten Markt zugelassen sind oder sein werden. Sofern im Zeitpunkt der Prospektbilligung die Zulassung noch nicht vorliegt, kann nur angegeben werden, ob beabsichtigt ist, eine entsprechende Zulassung zu beantragen bzw. ob er sie bereits beantragt hat. Dies wird jetzt ausdrücklich in Anh. XX so als Angabe der Kategorie B verlangt.[32] Dabei ist darauf zu achten, dass deutlich wird, dass ein gestellter Zulassungsantrag nicht zwingend die Aufnahme der Notierung an einem geregelten Markt zur Folge hat, da die Börsen hierüber autonom entscheiden. Auch hier findet sich jetzt eine ausdrückliche Klarstellung in Anh. XX.[33] Bei Programmen können Zulassungsanträge insgesamt bis zur Höhe des Programmvolumens gestellt werden, da dies das maximale Volumen ist, das unter dem Programm an einer

---

31 Vgl. auch *Seitz/Maier*, in: Assmann/Schlitt/von Kopp-Colomb, WpPG/VerkProspG, Anh. V EU-ProspV Rn. 51.
32 Delegierte VO (EU) Nr. 486/2012 ABl. EU 2012, L 150/1, L 150/12.
33 Delegierte VO (EU) Nr. 486/2012 ABl. EU 2012, L 150/1, L 150/12.

Börse zugelassen werden kann, beschränkt jedoch auf das Gesamtvolumen der entsprechenden Wertpapierprospekte für dieses Programm.

29 Ziff. 6.2. und 6.3. enthalten Angaben, die dazu führen, dass der Anleger einschätzen kann, ob und evtl. ab wann er die Möglichkeit haben wird, seine Papiere an einem Markt wieder zu verkaufen. Ebenso soll er darüber informiert werden, ob es bereits einen Handel gibt und damit bereits eine Preisbildung stattfindet. Ebenfalls soll er darüber informiert werden, ob es verschiedene Märkte für diese Papiere geben wird und welche Institute Liquidität zur Verfügung stellen werden.

VIII. Zusätzliche Angaben, Ziff. 7.

30 Ziff. 7.1. führt dazu, dass evtl. ausgeübter Einfluss bei der Gestaltung einer Emission für den Anleger transparent gemacht wird und ist weitgehend selbsterklärend.

31 Die gem. Ziff. 7.2. geforderten Angaben sollen Transparenz schaffen, inwieweit Angaben von gesetzlichen Abschlussprüfern geprüft oder einer prüferischen Durchsicht unterzogen wurden sowie die Ergebnisse dieser Prüfung bzw. prüferischen Durchsicht oder des Berichts für den Anleger erkennbar machen.

32 Ziff. 7.3. und 7.4. stellen sicher, dass ein Anleger erkennen kann, woher Informationen stammen, wenn sie nicht direkt vom Emittenten stammen. Insbensondere sollen eventuelle Interessenkonflikte erkennbar werden. Dabei muss darauf geachtet werden, dass es hier zu Urheberrechtsverletzungen kommen kann. Bezüglich Angaben zu Beratern, zu Angaben von Seiten Dritter oder Sachverständiger soll sichergestellt werden, dass ein Anleger erkennen kann, woher Informationen stammen und in welchem Zusammenhang sie erstellt wurden. Nicht zu den in Ziff. 7.3. genannten Erklärungen gehören Wirtschaftsprüfertestate. Als Beispiel können Wertgutachten genannt werden.

33 Ziff. 7.5. verlangt die Angabe der Ratings, die einem Emittenten oder seinen Schuldtiteln zugewiesen wurden. Sofern das Rating erst unlängst erstellt wurde, ist eine Erläuterung zum Rating zu geben. Durch die Bezugnahme auf die Anfrage des Emittenten/die Zusammenarbeit mit ihm wird klargestellt, dass der Emittent nicht verpflichtet ist, zu überwachen, ob ohne seinen Antrag oder Mitwirkung entsprechende Ratings vorhanden sind und obliegt dann auch keiner Pflicht zur Aufnahme im Prospekt. Sofern er selbst jedoch den Antrag gestellt hat oder beteiligt war, sind die Ratings und ggf. die Bedeutung aufzunehmen. Es sollte insb. der Hinweis aufgenommen werden, dass eine Ratingveränderung erst erfolgt, wenn sich auch die Bonität des Emittenten geändert hat. Ein Rating des Emittenten selbst ist zwingend im Basisprospekt anzugeben, da es der Kategorie A zugeordnet wurde.[34]

---

34 Delegierte VO (EU) Nr. 486/2012 ABl. EU 2012, L 150/1, L 150/13.

ARTIKEL 9	ARTICLE 9
Modul für Garantien	Guarantees building block

Bei Garantien werden die Angaben gemäß dem in Anhang VI festgelegten Modul zusammengestellt.

For guarantees information shall be given in accordance with the building block set out in Annex VI.

Anhang VI Punkt 3 wird nicht angewendet, wenn ein Mitgliedstaat als Garantiegeber auftritt.

Item 3 of Annex VI shall not apply where a Member State acts as guarantor.

Diesbezüglich wird auf die Kommentierung zu Anh. VI EU-ProspV verwiesen.

ANHANG VI
Mindestangaben für Garantien
(Zusätzliches Modul)

ANNEX VI
Minimum disclosure require-
ments for guarantees
(Additional building block)

1. Art der Garantie

Beschreibungen jeder Vereinbarung, mit der sichergestellt werden soll, dass jeder Verpflichtung, die für die Emissionen von großer Bedeutung ist, angemessen nachgekommen wird, und zwar in Form einer Garantie, Sicherheit, „Keep well"-Übereinkunft, „Mono-line"-Versicherungspolice oder einer gleichwertigen Verpflichtung (nachfolgend unter dem Oberbegriff „Garantien" zusammengefasst, wobei ihr Steller diesbezüglich als „Garantiegeber" bezeichnet wird).

Unbeschadet der vorangehenden allgemeinen Bemerkungen umfassen derartige Vereinbarungen auch Verpflichtungen zur Gewährleistung der Rückzahlung von Schuldtiteln und/oder der Zahlung von Zinsen. In der Beschreibung sollte auch dargelegt werden, wie mit der Vereinbarung sichergestellt werden soll, dass die garantierten Zahlungen ordnungsgemäß bedient werden.

1. Nature of the guarantee

A description of any arrangement intended to ensure that any obligation material to the issue will be duly serviced, whether in the form of guarantee, surety, Keep well Agreement, Mono-line Insurance policy or other equivalent commitment (hereafter referred to generically as «guarantees» and their provider as «guarantor» for convenience).

Without prejudice to the generality of the foregoing, such arrangements encompass commitments to ensure obligations to repay debt securities and/or the payment of interest and the description shall set out how the arrangement is intended to ensure that the guaranteed payments will be duly serviced.

2. Anwendungsbereich der Garantie

Es sind Einzelheiten über die Bedingungen und den Anwendungsbereich der Garantie offen zu legen. Unbeschadet der vorangehenden allgemeinen Bemerkungen müssen diese detaillierten Angaben jede Besonderheit bei der Anwendung der Garantie im Falle eines Ausfalls im Sinne der Sicherheit und der wesentlichen Bedingungen einer „Mono-line"-Versicherung oder einer „Keep well"-Übereinkunft zwischen dem Emittenten und dem Garantiegeber umfassen. Auch müssen detaillierte Angaben zu einem eventuellen Vetorecht des Garantiegebers in Bezug auf Veränderungen bei den Rechten eines Wertpapierinhabers gemacht werden, so wie dies bei einer „Mono-line"-Versicherung oft der Fall ist.

2. Scope of the guarantee

Details shall be disclosed about the terms and conditions and scope of the guarantee. Without prejudice to the generality of the foregoing, these details should cover any conditionality on the application of the guarantee in the event of any default under the terms of the security and the material terms of any mono-line insurance or keep well agreement between the issuer and the guarantor. Details must also be disclosed of any guarantor's power of veto in relation to changes to the security holder's rights, such as is often found in Mono-line Insurance.

3. **Offenzulegende Informationen über den Garantiegeber**	3. Information to be disclosed about the guarantor
Der Garantiegeber muss Informationen über sich selbst offen legen, so als wäre er der Emittent desselben Wertpapiertyps, der Gegenstand der Garantie ist.	The guarantor must disclose information about itself as if it were the issuer of that same type of security that is the subject of the guarantee.
4. **Einsehbare Dokumente**	4. Documents on display
Angabe des Ortes, an dem das Publikum die wesentlichen Verträge und sonstige Dokumente in Bezug auf die Garantie einsehen kann.	Indication of the places where the public may have access to the material contracts and other documents relating to the guarantee.

Inhalt*

I. Allgemeines

Gem. Art. 9 Verordnung (EG) Nr. 809/2004 werden bei Garantien die Informationen nach dem in Anh. VI EU-ProspV festgelegten (zusätzlichen) Modul zusammengestellt. Das zusätzliche Modul in Bezug auf „Garantien" sollte nach dem EG 12 der EU-ProspV für jede sich aus einem etwaigen Wertpapier ergebende Verpflichtung gelten. Eine ähnliche Vorschrift enthielt § 17 Nr. 10 BörsZulV für andere Wertpapiere als Aktien.[1] Danach waren Art und Umfang der Gewährleistungsverträge zur Sicherung der Verzinsung und Rückzahlung der Wertpapiere und die Stellen, bei denen die Verträge hierüber vom Publikum einzusehen sind, anzugeben. Anhang VI EU-ProspV ist deutlich weiter gefasst, insbesondere ist die Pflicht zur Angabe nicht auf Zins- und Kapitalgarantien beschränkt. § 17 BörsZulVO basierte „zuletzt" auf der „Koordinierungsrichtlinie" (2001/34/EG), und zwar auf deren Anhang I, Schema B, Kapitel 2.

Durch die Verordnung (EU) Nr. 486/2012 vom 30.03.2012 zur Änderung der EU-ProspV[2] wurde dem Art. 9 der EU-ProspV ein zweiter Absatz hinzugefügt, wonach Anhang VI Punkt 3 nicht angewendet wird, wenn ein Mitgliedstaat als Garantiegeber auftritt.

1

---

* Überarbeitete und aktualisierte Fassung der Kommentierung von Holzborn/Heisse aus der Vorauflage

1 Vgl. auch BörsenzulassungsprospektRL 80/390/EG Schema B 2.2.1.

2 ABl. L 150 vom 09.06.2012.

II. Garantie (Nr. 1)

1. Begriff der Garantie

2   Die Garantie ist laut vorgegebener Definition unter Nr. 1 Abs. 1 jede Vereinbarung, mit der sichergestellt werden soll, dass jeder Verpflichtung, die für die Emissionen von großer Bedeutung ist, angemessen nachgekommen wird, und zwar in Form einer Garantie (im engeren Sinne), Sicherheit, „Keep well"-Übereinkunft, „Mono-line"-Versicherungspolice oder einer gleichwertigen Verpflichtung. Abs. 2 Satz 1 stellt klar, dass von Abs. 1 auch Kapital- und Zinsgarantien erfasst werden. Der Begriff der Garantie ist weit zu verstehen.[3] Ein Keep-Well-Agreement ist eine Vereinbarung zwischen dem von der Garantie Begünstigten und einer Konzerngesellschaft des Emittenten (Garantiegeber), wonach sich der Garantiegeber dazu verpflichtet, den Emittenten finanziell so auszustatten, dass dieser jederzeit die Ansprüche des Gläubigers bedienen kann. Diese Vereinbarung entspricht der Patronatserklärung im deutschen Recht.[4] Monoline-Insurance ist ein Sicherungsgeschäft zwischen Emittent und Garantiegeber zur Gewährleistung des Zahlungsanspruchs bei Kreditausfall, in der Regel im Rahmen von Forderungsverbriefungen.[5] Es handelt sich dabei um eine individuelle Finanzabsicherung für eine Risikoart (in der Regel zur Verbesserung des Ratings) und nicht um eine allgemeine Absicherung.

3   Nach deutschem Rechtsverständnis würde man den Anh. VI EU-ProspV eher mit „Sicherheiten" als mit „Garantie" überschreiben, weil im deutschen Recht die Garantie zwar atypischer Vertrag ist und somit keinen festen Inhalt hat, sie jedoch weit weniger Konstellationen umfasst als die Garantie im Sinne des Anh. VI EU-ProspV, welche sämtliche Gewährleistungsverpflichtungen erfassen will, welche dem Standard einer Garantie im engeren Sinne (hierfür ist der Begriff guarantee aus dem anglo-amerikanischen Recht heranzuziehen), einer Sicherheit („surety"), eines Keep-Well-Agreements oder einer Monoline-Insurance entsprechen. Diese etwas versteckte Voraussetzung sonstiger Garantien, dass sie den ausdrücklich genannten Garantieformen vergleichbar sind, wird dahingehend zu verstehen sein, dass die Garantie verbindlich eine Verpflichtung durch Begründung eines weiteren Rechtsverhältnisses absichert. Das bedeutet jedoch nicht, dass sie bedeutendes Sicherungspotential besitzen (Mindestmaß: Keep-Well-Agreement), dass das Rechtsverhältnis zwischen Emittenten und Garantiegeber bestehen müsste, dass die Garantie für einen Dritten übernommen wird oder dass die Gewährleistung in Form der Zahlung erfolgt. Ob die Garantie nur eine Pflicht oder mehrere absichert, ist hierfür ohne Auswirkung. Die objektive Ausgestaltung hat bei der Qualifizierung als Garantiegeschäft größere Bedeutung als die subjektive Intention von der Funktion dieses Geschäfts.

---

3   *Kullmann/Sester*, ZBB 2005, 209, 214.

4   *Schlitt/Schäfer*, in: Assmann/Schlitt/von Kopp-Colomb, WpPG/VerkProspG, Anh. VI EU-ProspV Rn. 5.

5   *Jobst*, Verbriefung und ihre Auswirkung auf die Finanzmarktstabilität, S. 13 Fn. 9.

Im deutschen Recht sind insoweit insbesondere die folgenden Vereinbarun- **4**
gen zu nennen[6]:

Die Garantie im engeren Sinne, auch als Gewährvertrag bezeichnet, stellt
das selbständige und rechtsverbindliche Versprechen dar, einem anderen für
den Eintritt eines bestimmten Erfolges (bzw. den Nicht-Eintritt eines künftigen Schadens) einzustehen. Dieses selbständige „Einstehenwollen" begründet damit eine vom Bestand des gesicherten Geschäfts grundsätzlich unabhängige, d. h. nicht akzessorische sowie in der Regel nicht subsidiäre
Haftung des Garantiegebers, mag sie auch ihrer Art und Höhe nach oder
zeitlich begrenzt sein. Maßgeblich ist insoweit stets die getroffene Vereinbarung, deren Inhalt durch Auslegung zu ermitteln ist. Die Vereinbarung bedarf grundsätzlich keiner besonderen Form; die Regeln über die Bürgschaft
(§§ 765 ff. BGB) finden im Grundsatz weder direkt noch analog Anwendung.

Die Garantievereinbarung stellt wohl das am häufigsten verwendete Siche-
rungsmittel dar; dies gilt jedenfalls für die Praxis internationaler Anleihen[7]
und dort insbesondere für Finanztochtergesellschaften von Konzernen, deren
Anleihen ohne entsprechende Garantie der Muttergesellschaft regelmäßig
kaum marktfähig wären.[8] Die Garantieübernahme fällt grundsätzlich in die
Entscheidungskompetenz des Geschäftsführers (bei der GmbH) bzw. des
Vorstands (bei der AG), meist ist die Zustimmung des Aufsichtsrates erforderlich, und erfolgt regelmäßig durch entsprechende Vereinbarung zwischen
dem Garanten und dem Emittenten (denkbar, aber nicht notwendig, ist z. B.
bei der Anleihe auch ein (Anleihe-)Treuhänder) zugunsten des Gläubigers.[9]
Im Falle der Einschaltung eines Treuhänders erfolgt ein (erstes) Anfordern
über diesen. Bei High-Yield-Anleihen sieht sich der Anleihegläubiger, wenn
Emittent eine Konzern-Holding oder eine Finanztochtergesellschaft mit nur
geringen eigenen Vermögenswerten bzw. nur einem beschränkt operativen
Geschäftsbetrieb ist, der Problematik ausgesetzt, lediglich nachrangigen Zugriff auf das Vermögen der Tochter- bzw. Schwestergesellschaften des Emittenten, auf deren Cash-flow der Emittent zur Bedienung seiner Anleihe angewiesen ist, zu haben.[10] Durch sog. Upstream-Garantien der operativen
Tochtergesellschaften wird diese „strukturelle Nachrangigkeit" gegenüber
den „eigenen" Gläubigern dieser Tochtergesellschaften grundsätzlich über-
wunden; allerdings wird dies wiederum dadurch in Frage gestellt, dass auch
die Forderungen der „eigenen" Gläubiger häufig besichert sein werden. Beeinträchtigt wird der Wert einer Upstream-Garantie auch dadurch, dass der
gewissenhafte Geschäftsführer einer Tochter-GmbH, um eine mögliche persönliche Haftung für den Fall der Unterbilanz zu vermeiden, die Garantie in
der Regel durch geeignete „limitation language" betragsmäßig auf das im

---

6 Zu konkreten Beispielen vgl. auch Ziff. 2.
7 Vgl. *Hutter*, in: Habersack/Mülbert/Schlitt, UntFinanzKM, § 14 Rn. 31.
8 Vgl. z. B. *Hutter*, in: Habersack/Mülbert/Schlitt, UntFinanzKM, § 14 Rn. 31.
9 Vgl. *Hutter*, in: Habersack/Mülbert/Schlitt, UntFinanzKM, § 14 Rn. 31; *Siebel*, Rechtsfragen internationaler Anleihen, S. 445 ff.
10 Vgl. zu dieser Thematik der „strukturellen Nachrangigkeit" z. B. *Schlitt/Merkmat/Kas-*
   ten, AG 2011, 429, 437; *Kusserow/Dittrich*, WM 2000, S. 745 ff.

Zeitpunkt ihrer Inanspruchnahme vorhandene Nettovermögen der Tochter-GmbH beschränken wird.[11]

5   Im Gegensatz zur Garantie ist die Bürgschaft akzessorisch und – nach ihrem gesetzlichen Grundtypus – subsidiär zu dem durch sie gesicherten Geschäft ausgestaltet. Auch die Bürgschaft stellt eine verbindliche Absicherung der Hauptschuld dar. Die Abgrenzung zur Garantie kann jedoch im Einzelfall schwierig sein, insbesondere wenn – wie im Bankenverkehr häufig zu finden – auf die Bürgschaft „auf erstes Anfordern" gezahlt werden soll. In diesen Fällen kann eine Inanspruchnahme – ähnlich wie bei der Garantie – zunächst ohne Rücksicht auf die materielle Berechtigung des Gläubigers aus dem gesicherten Geschäft erfolgen. Allerdings muss es aufgrund der Akzessorietät der Bürgschaft zu der gesicherten Forderung – anders als bei der Garantie – stets dabei bleiben, dass der Bürge nach Erfüllung seiner Bürgschaftsverpflichtung in einem Rückforderungsprozess etwaige Einreden und Einwendungen prüfen lassen und eine zu Unrecht erfolgte Leistung zurückfordern kann. Angesichts des besonderen Risikos, das mit dieser Form der Bürgschaft verbunden ist, muss die Verpflichtung zur Zahlung auf erstes Anfordern eindeutig aus der Bürgschaftserklärung hervorgehen; problematisch kann dies insbesondere bei formularmäßigen Erklärungen sein.[12] Bürgschaften sind in der Emissionspraxis seltener anzutreffen als Garantien. Zum einen ist dies darauf zurückzuführen, dass in der Regel eine einredefreie und unmittelbare Rückgriffsmöglichkeit auf den Sicherungsgeber ein wesentliches Merkmal der Besicherung – insbesondere internationaler Anleihen – ist, zum anderen darauf, dass die Akzessorietät der Bürgschaft es erfordern würde, dass diese gegenüber allen Gläubigern abzugeben wäre, die Bürgschaft sich also nicht als Sicherheit zugunsten eines Treuhänders eignet.[13]

6   Gleich der Garantie ist auch die Schuldmitübernahme bzw. der Schuldbeitritt zu der gesicherten Forderung weder akzessorisch noch – typischerweise – subsidiär. Der Gläubiger erhält vielmehr einen zusätzlichen, selbständigen und gleichrangigen Schuldner. Dennoch gestaltet sich häufig gerade die praktische Abgrenzung zur – insbesondere selbstschuldnerischen – Bürgschaft als schwierig, da sich der Mitübernehmer mit seiner Erklärung verpflichtet, neben dem Hauptschuldner für dessen Schuld gesamtschuldnerisch mitzuhaften. Im Gegensatz zur Bürgschaft soll bei der Schuldmitübernahme aber gerade der Wille zur Übernahme einer selbständigen Verpflichtung vorliegen[14], was jeweils durch Auslegung im Einzelfall zu ermitteln ist.

7   Mit einer Patronatserklärung wird, regelmäßig von der jeweiligen Muttergesellschaft, versprochen, den Emittenten wirtschaftlich zu unterstützen bzw. ein Verhalten zu entfalten, das die Aussicht auf Erfüllung der gesicherten

---

11 Vgl. z.B. *Kollmorgen/Santelmann/Weiß*, BB 2009, 1818, 1819; *Orthmann/Weber*, BB 2012, 1039, 1043 ff.

12 Vgl. hierzu *Horn*, in: Staudinger, BGB, Vorb. 24 ff. zu § 765; *Sprau*, in: Palandt, BGB, Einf. v. § 765, Rn. 14 ff.

13 Vgl. *Hutter*, in: Habersack/Mülbert/Schlitt, UntFinanzKM, § 14 Rn. 35; *Kümpel*, Bank-KapMR, Rz. 9.223.

14 *Horn*, in: Staudinger, BGB, Vorb. 367 zu § 765.

Verpflichtung verbessert. Insbesondere in der internationalen Emissionspraxis sind Patronatserklärungen jedoch seltener anzutreffen, da an den internationalen Kapitalmärkten ein gewisses Misstrauen – vor allem aufgrund der schwierigeren Durchsetzbarkeit – gegen dieses Sicherungsinstrument vorzuherrschen scheint.[15] Es wird, je nach Ausgestaltung, zwischen weichen und harten Patronatserklärungen unterschieden; der Anforderung, verbindlich eine Verpflichtung abzusichern, dürfte allerdings nur die harte Patronatserklärung, die garantieartig ausgestaltet ist, gerecht werden. Diesem „harten" Erklärungstypus angehörig ist beispielsweise die sog. Ausstattungsverpflichtung, mit der sich der Garantiegeber rechtsverbindlich verpflichtet, den Emittenten stets finanziell so auszustatten, dass dieser seinen Verpflichtungen nachzukommen imstande ist; dies dürfte dem „Keep-Well-Agreement" entsprechen.

Erfasst werden auch Sicherheiten nach anderen Rechtsordnungen, zumal im internationalen Wirtschaftsverkehr ähnliche Sicherungsbedürfnisse bestehen. Daher werden in den meisten Ländern und im internationalen Wirtschaftsverkehr der Garantie, der Bürgschaft und der Patronatserklärung ähnliche Sicherheiten verwendet. So unterliegt z. B. die Bürgschaft im kontinentaleuropäischen Recht weitestgehend ähnlichen Regelungen, beispielsweise findet sie sich im französischen Code Civil als grundsätzlich akzessorische und subsidiäre „cautionnement". Eine selbständige Verpflichtung ähnlich der Garantie im engeren Sinne findet sich ebenfalls in zahlreichen europäischen Rechtssystemen, in Frankreich beispielsweise kennt man sie als „garantie indépendante". Auch im Common Law wird insbesondere im Hinblick auf die Selbständigkeit einer Sicherheit differenziert. Beispielsweise kennen viele Staaten der USA den „(payment) bond" bzw. die „suretyship" (als im Grundsatz gleichrangige Einstandsverpflichtung) und die „guarantee" (als im Grundsatz subsidiäre Einstandsverpflichtung).[16] Dabei ist auch eine Ausgestaltung als nicht akzessorische Verpflichtung grundsätzlich denkbar. Aufgrund bankaufsichtsrechtlicher Vorgaben erklären Banken jedoch häufig in einem „letter of credit", unabhängig von der zugrunde liegenden Vereinbarung haften zu wollen. *8*

Weitere Voraussetzung ist, dass die durch die Garantie gesicherte Verpflichtung für die Emissionen von großer Bedeutung ist. Damit scheiden Garantien für untergeordnete, die Emission nur begleitende Pflichten aus. Die Bedeutung ist objektiv zu bestimmen und unterliegt vollständig gerichtlicher Kontrolle. Auf subjektive Vorstellungen kommt es nicht an. Welche Pflichten darunter fallen, ist nach dem konkreten Einzelfall zu beurteilen. Indem sich die Bedeutung auf die Emission bezieht und nicht nur auf einen der daran Beteiligten, muss bezüglich der Bewertung hinsichtlich der Bedeutung sowohl auf den Vorgang, die rechtliche und faktische Durchführbarkeit der Emission als auch auf die Bedeutung für alle Beteiligten abgestellt werden. Diese Einschränkung der Erforderlichkeit der Bedeutung für die Emission gilt theoretisch auch für Nr. 1 Abs. 2 Satz 1 (Kapital- und Zinsgarantien), allerdings *9*

---

15 Vgl. *Hutter*, in: Habersack/Mülbert/Schlitt, UntFinanzKM, § 14 Rn. 36.
16 Weiterführend hierzu *Horn*, in: Staudinger, BGB, Vorb. 453 ff. zu § 765.

sind Fälle, in denen die Zins- oder Kapitalrückzahlungspflicht für die Emission von untergeordneter Bedeutung ist, praktisch kaum denkbar.

2. Beispiele

10 Erfasst werden z. B. die Platzierungsgarantie (die Platzierungsgarantie stellt die Ausführung der Investition entsprechend der Planung sicher, ggf. vor Zeichnung alle Anteile), allgemein Finanzgarantien, die Dividendengarantie (Mindestdividende), Zinsgarantie und sonstige Garantien bzgl. der (rechtzeitigen) Zahlung von Erträgen aus dem Wertpapier, Kapitalgarantie (Garantie der Rückzahlung der Einlage) und sonstige Rückzahlungsgarantien, Garantie bzgl. der Weiterveräußerbarkeit der Wertpapiere oder der Entwicklung eines Bezugsrechtshandels, Garantie, dass bestimmter Erlös aus Veräußerung von Wertpapieren erzielt wird, Ausschüttungsgarantie und Garantien bzgl. des Bilanzgewinns, Garantie bzgl. der Besteuerung, Bürgschaften, Patronatserklärungen[17], Garantie bzgl. Stabilisierungsmaßnahmen, Eigenkapitalgarantie (Garantie bzgl. Mindestbetrags des handelsrechtlichen Eigenkapitals), emissionsbezogene Versicherungsgeschäfte, Gewährträger bei Gewährträgerhaftung[18] (Haftung für eine öffentlich-rechtliche Anstalt, insbesondere öffentlich-rechtliche Kreditinstitute, durch den Anstaltsträger, z. B. eine Gebietskörperschaft) und umfängliche Garantien bzgl. der Verpflichtungen aus dem Wertpapier bzw. aus dem zugrunde liegenden Vertrag (einige der genannten Garantien können im Hinblick auf die zu sichernde Verpflichtung von untergeordneter Bedeutung sein, vgl. oben Rn. 9).

Bei Credit Enhancements ist hinsichtlich der Erfassung zu differenzieren.[19] Die als Garantie ausgestalteten Credit Enhancements (etwa in Form von einer Drittpartei-Garantie oder einer Monoline-Versicherung) werden erfasst, während ein Credit Enhancement durch Überbesicherung „over collateralisation" oder durch Subordinierung von Tranchen nicht unter den Anh. VI EU-ProspV fällt. Ein Credit Default Swap (CDS) kann eine Garantie im Sinne von Anh. VI EU-ProspV darstellen. Er unterscheidet sich von einer Garantie in der Regel dadurch, dass er Credit Events vorsieht, die über die reine Bonitätsabsicherung hinausgehen. Es handelt sich meist um eine Vereinbarung zwischen zwei Parteien, in der sich der eine Vertragspartner dazu verpflichtet, dem anderen Ersatz zu leisten für ein bestimmtes Ereignis (Credit Event), z. B. dass sich das Rating der Kreditausleihungen des zweiten Vertragspartners an Dritte verschlechtert. Als Gegenleistung für die Übernahme dieses Risikos erhält der erste Vertragspartner eine Prämie. Der Credit Default Swap ist eine Art Versicherung gegen Kreditausfälle. Daher werden CDS-Transaktionen auch buchhalterisch (z. B. unter IFRS) in vielen Fällen anders behandelt als die Finanzgarantie (Financial Guarantee). Auch die Zahlungsströme sind unterschiedlich (z. B. deckt die Garantie meist Kapital und Zins ab, während CDS diesbzgl. nicht festgelegt sind).

---

17 Siehe schon oben Rn. 3 zum Keep-Well-Agreement.
18 *Kullmann/Sester*, ZBB 2005, 209, 214.
19 Offen lassend *Kullmann/Sester*, ZBB 2005, 209, 214.

Es stellt sich daher die Frage, ob Credit Default Swaps, je nach Ausgestaltung, nicht ausschließlich unter den Derivate-Anhang fallen. Bei Exchangeable Bonds (Umtauschanleihe), bei welchen der Emittent nicht auch der Emittent des Basiswerts ist, ist es ohne Belang, ob die Pflichten des Emittenten der Exchangeable Bonds oder die des Emittenten des Basiswerts durch die Garantie gesichert sind. Der Umstand, ob die Garantie bedingt ist, und der Umfang der Garantie sind unerheblich. Voraussetzung ist aber immer, dass die durch die Garantie gesicherte Verpflichtung für die Emissionen von großer Bedeutung ist.

3. Art der Darstellung (u. a. Nr. 2)

Es gilt die allgemeine Vorschrift § 5 WpPG; die Angaben müssen in leicht analysierbarer und verständlicher Form gemacht sein. Ein Fall nach § 8 Abs. 2 WpPG dürfte bzgl. der Garantien die Ausnahme sein. Gem. Nr. 2 Abs. 1 Satz 1 sind Einzelheiten über die Bedingungen und den Anwendungsbereich der Garantie offen zu legen. Gemeint sind damit Tatbestand und Rechtsfolge. Nr. 1 Abs. 2 Satz 2 verlangt, dass dargelegt wird, wie mit der Vereinbarung sichergestellt werden soll, dass die garantierten Zahlungen ordnungsgemäß bedient werden. Die Kombinierbarkeit der Schemata und Module regelt grds. Anh. XVIII EU-ProspV,[20] allerdings betrifft Anh. VI EU-ProspV ein Zusatzmodul, so dass dieses Modul für jede sich aus einem etwaigen Wertpapier ergebende Verpflichtung gilt.[21] **11**

Detaillierte Angaben müssen zu einem eventuellen Vetorecht des Garantiegebers in Bezug auf Veränderungen bei den Rechten eines Wertpapierinhabers gemacht werden. Damit werden all diejenigen Fälle erfasst, in denen eine Veränderung des der Garantie (der Sicherheit) zugrunde liegenden Rechts geändert und dadurch auch der Umfang der Garantie erweitert wird. Denn ein Veto würde die Erstreckung der Garantie auf die Erweiterung des zugrunde liegenden Rechts verhindern, so dass die Kongruenz zwischen Garantie und garantiertem Recht verlustig gehen könnte. Die diesbezüglich zu machende Angabe hat auf diesen Fall hinzuweisen. **12**

4. Offenlegung über den Kreditgeber (Nr. 3)

Der Garantiegeber muss Informationen über sich selbst offen legen, so als wäre er selbst der Emittent desselben Wertpapiertyps, der Gegenstand der Garantie ist. Damit wird auf Anh. I–XVII EU-ProspV verwiesen und nicht nur auf z. B. Anh. IV Nr. 5 EU-ProspV, also z. B. auch Gewinnprognosen und -schätzungen (Nr. 9), Risikofaktoren (Nr. 4), Organisationsstruktur (Nr. 7) etc. Regelmäßig ist jedoch nur die Emittentenbeschreibung betroffen und nicht die Wertpapierbeschreibung, da diese bereits vom Emittenten selbst zu liefern ist. Insoweit gilt der Ausschluss der Doppelangabe. Der Umfang der Of- **13**

---

20 Z. B. Schema für Schuldtitel mit dem Modul für Wertpapiere, die mit der Garantie eines Dritten ausgestattet sind, *Kunold/Schlitt*, BKR 2004, 501, 508.
21 Erwg. 12 der EU-ProspV .

fenlegungspflicht des Garantiegebers ist kongruent zu der des Emittenten.[22] Hinsichtlich des Offenlegungsumfangs werden angesichts des klaren Wortlauts kaum Einschränkungen zu machen sein. Die Offenlegungspflicht nach Nr. 3 gilt gemäß Art. 9 Abs. 2 der EU-ProspV n. F. nicht, wenn ein Mitgliedstaat als Garantiegeber auftritt.

5. Einsehbare Dokumente (Nr. 4)

14   Der Ort, an dem das Publikum die wesentlichen Verträge und sonstige Dokumente in Bezug auf die Garantie einsehen kann, muss ferner angegeben werden (etwa Land, Ort, Platz/Straße, Nr.).[23] Im Unterschied zu Anh. I Ziff. 24 EU-ProspV (und den anderen Anhängen) werden nicht die Alternativen „in Papierform oder auf elektronischem Wege" genannt, sondern schlicht der Ort, an dem die wesentlichen Verträge und sonstige Dokumente eingesehen werden können. Grund ist wohl eine Anlehnung an die Börsenzulassungsprospektrichtlinie 80/390/EG Art. 13 Abs. 4 (Einsicht bei von juristischen Personen garantierten Schuldverschreibungen). Diese Richtlinie hat keinen Unterschied bei der Einsicht der verschiedenen Dokumente gemacht (vgl. diese Richtlinie Art. 15). Ein Grund für eine unterschiedliche Behandlung ist auch sonst nicht ersichtlich, auch gebietet der Schutz des Publikums nicht, von der elektronischen Bereitstellung abzusehen.

In der Praxis werden üblicherweise die Zahlstelle oder der Garantiegeber als Ort genannt.[24]

---

22 *Kullmann/Sester*, ZBB, 2005, 209, 214; vgl. auch BörsenzulassungsprospektRL 80/390/EG Art. 13 Abs. 1 und 2.

23 Siehe hierzu eingehend die Komm. zur vergleichbaren Regelung des Anh. I Ziff. 24 EU-ProspV bzw. zu den entsprechenden Regelungen in den anderen Anhängen.

24 *Schlitt/Schäfer*, in: Assmann/Schlitt/von Kopp-Colomb, WpPG/VerkProspG, Anh. VI EU-ProspV Rn. 10

ARTIKEL 10	ARTICLE 10
Schema für das Registrierungs-formular für durch Vermögens-werte unterlegte Wertpapiere ("Asset backed securities"/ABS)	Asset backed securities registration document schedule
Die Angaben für das Registrierungsfor-mular für durch Vermögenswerte unter-legte Wertpapiere werden gemäß dem in Anhang VII festgelegten Schema zusam-mengestellt.	For the asset backed securities registra-tion document information shall be given in accordance with the schedule set out in Annex VII.

Inhalt

I. Einleitung

Aufgrund des Anspruchs der Verordnung (EG) Nr. neu 809/2004 auf umfas-sende Harmonisierung[1] gelten die Mindestangaben für durch Vermögens-werte unterlegte Wertpapiere (asset backed securities) in Deutschland, wie auch allen anderen Mitgliedstaaten der Europäischen Union unmittelbar, ohne Umsetzungsakt und ohne dass eine unterschiedliche Implementierung möglich wäre.[2] Mit großen Befürchtungen haben die Arrangeure von asset backed securities der Einführung der Prospektrichtlinie und den damit ver-bundenen neuen Anforderungen an die Wertpapierprospekte entgegengese-hen, da die Prospektangaben aufgrund des WpPG und der EU-ProspV in Quantität und Detaillierungsgrad erheblich über bisherige Anforderungen hinausgehen.[3] Nach näherem Hinsehen und gemachten Erfahrungen mit der Bundesanstalt für Finanzdienstleistungsaufsicht (BaFin) sowie den Regulie-rungsbehörden der anderen EU-Staaten, haben sich diese Befürchtungen je-doch nicht bestätigt. Die asset backed securities sind die von der Prospekt-richtlinie am wenigsten beeinflussten Wertpapiere. Dies beruht zum einen darauf, dass der Ausschuss der Europäischen Wertpapieraufsichtsbehörden (CESR) sich erst zum Ende der Konsultationen über die Prospektrichtlinie mit diesem Thema beschäftigt hat.[4] Da die meisten Mitglieder des CESR aus den südeuropäischen Ländern stammten, in denen die Aktivitäten bezüglich asset backed securities relativ gering sind, wurde es hauptsächlich den iri-schen Mitgliedern im Ausschuss überlassen, sich mit diesem Thema ausein-anderzusetzen. Diese haben – mit Unterstützung Großbritanniens – auf der in ihren Märkten gemachten Erfahrung und den Regelungen der Irischen Börse hinsichtlich asset backed securities aufgebaut.

1

---

1 *Seitz*, AG 2005, 678, 678; *Joseph Tanega*, Journal of International Banking Law and Re-gulation 2008, S. 308 ff.
2 EU-ProspRL-UmsG, BT-Drucks. 15/4999, S. 25.
3 *Schlitt/Schäfer*, AG 2005, 498, 502; *Seitz*, AG 2005, 678, 687.
4 *CESR*, public consultation possible implementation measures, Ref: CESR/02-185b, Tz. 127.

Zudem haben weder CESR noch ESMA Hinweise hinsichtlich der Interpretation der Schemata für das Registrierungsformular und das Modul für durch Vermögenswerte unterlegte Wertpapiere abgegeben, die in die Analyse des Anh. VII und VIII EU-ProspV mit einzubeziehen wären.[5]

Des Weiteren muss betont werden, dass die Ausnahmeregelung, dass ein Prospekt im Sinne des Gesetzes nicht veröffentlicht werden muss, sofern sich die Mindeststückelung der Wertpapiere über 100.000 Euro bewegt und die Wertpapiere nicht in Deutschland an einem organisierten Markt zugelassen werden,[6] insbesondere bei asset backed securities zur Anwendung kommen wird.

Dementsprechend hat sich das Aussehen der Prospekte für asset backed securities nach dem 01.07.2005 im Vergleich zu den Prospekten vor diesem Datum nicht grundlegend verändert. Die wesentlichen Änderungen finden sich im Bereich der zu verwendenden Terminologie und der Struktur des Prospektes. Darüber hinaus sind Bestätigungen im Prospekt abzugeben, die es in dieser Form vorher nicht gab.[7] Lediglich in den Strukturen von asset backed securities, in denen Dividendenwerte verbrieft werden[8] oder die subordinierteste Tranche durch ein völlig anderes Produkt (z. B. durch eine Vorzugsaktie mit einer geringen Stückelung) dargestellt oder unbesichert gelassen wird und dementsprechend nicht als asset backed securities gilt, sind umfassende Darstellungen aufgrund separater Beschreibung dieser Transaktionsmerkmale, die bisher nicht notwendig waren, erforderlich und führen zu umfangreichen und schwerer zu erstellenden Prospekten.

Vielfach wurden die asset backed securities Strukturen für die Finanzkrise 2007/2008 verantwortlich gemacht.[9] Seitdem haben sich die internationalen Gesetzgeber und Behörden durch eine Vielzahl an neuen Regulierungsmaßnahmen hervorgetan, um eine Wiederkehr einer derartigen Finanzkrise zu vermeiden. Auch im Bereich der asset backed securities gibt es neue regulatorische Maßnahmen[10], jedoch sind keine Änderungen an den diese betreffenden Regelungen des WpPG und der EU-ProspV vorgenommen worden. Dennoch gab es diverse Vorstöße von Vereinigungen, die Standards bei der Erstellung von Prospekten von asset backed securities entwickelt haben. Die wesentlichsten dieser Maßnahmen für den deutschen Markt dürften die

---

5 *CESR*, advice disclosure obligations, Ref: CESR/03-208 Tz. 64–66.

6 § 3 Abs. 2 Nr. 4 WpPG, geändert von EUR 50.000 durch RL 2010/73/EU und Delegierte VO (EG) Nr. 486/2012.

7 Z. B. die Bestätigung, dass die verbrieften Aktiva, die die Emission unterlegen, Merkmale aufweisen, denen zufolge sie in der Lage sind, Mittel zu erwirtschaften, die der Bedienung der fälligen Zahlungen für die Wertpapiere zugute kommen.

8 Vor dem Hintergrund der Anforderungen von Ziff. 2.2.15 v. Anh. VIII EU-ProspV.

9 Siehe u. a. Der aktuelle Begriff vom 17.10.2008, „Asset Backed Securities und die Subprime Krise", Deutscher Bundestag, Wissenschaftlicher Dienst.

10 Siehe insb. §§ 18 a/b KWG; *Kaiser/Weber*, Kreditwesen 2011, S. 1041 ff. Dies hat insofern eine Auswirkung auf Prospekte von asset backed securites, als entsprechende ergänzende Hinweise zum Risikorückbehalt und regelmäßigem Reporting aufgenommen werden. Dies sind jedoch keine Anforderungen des WpPG oder der EU-ProspV.

Disclosure Principles for Public Offerings and Listings of Asset-Backed Securities der International Organisation of Securities Commissions (IOSCO) vom April 2010[11], die Industry Good Practice Guidelines on Pillar 3 Disclosure Requirements for Securitisations (Januar 2010) und die Zertifizierungsstandards der True Sale International[12] darstellen.

Zudem werden Emittenten von asset backed securities von neuen Informationsstandards nach deren Zulassung erfasst[13].

Wie bei anderen Produkten auch, kann ein Prospekt für asset backed securities als einteiliges oder als dreiteiliges Dokument erstellt werden.[14] In der Regel werden asset backed securities von Einzweckgesellschaften (einem sog. SPV) emittiert, so dass die Möglichkeit, einen dreiteiligen Prospekt zu erstellen, nur selten gewählt wird. Zudem sind bei einer einmaligen Emission von asset backed securities mit einer fixen Laufzeit zum Datum der Prospektveröffentlichung sämtliche Einzelheiten der Emission bekannt und, vorbehaltlich wesentlicher Änderungen an der Transaktionsstruktur, während der Laufzeit der Emission, regelmäßig keine Nachträge erforderlich. Von einem dreiteiligen Dokument werden Emittenten in der Regel nur dann Gebrauch machen, wenn es sich bei ihnen um Emittenten von Angebotsprogrammen von asset backed securities handelt, um damit die erneute Prüfung der endgültigen Bedingungen durch die zuständige Aufsichtsbehörde zu vermeiden. 2

Neu zu beachten ist bei der Erstellung von endgültigen Bedingungen, dass eine umfangreiche Zusammenfassung zu ergänzen ist, die die in Anh. XXII EU-ProspV definierten Mindestinhalte und Vorgaben umfassen muss. Diese Zusammenfassung muss unter anderem eine Zustimmung des Emittenten oder der für die Erstellung des Prospekts verantwortlichen Person zur Verwendung des Prospekts für die spätere Weiterveräußerung oder endgültige Platzierung von Wertpapieren durch Finanzintermediäre enthalten.[15]

Allen asset backed securities Transaktionen ist es gemein, dass die Bedienung der Wertpapiere hinsichtlich Kapital und Zins allein von den erworbenen Vermögensgegenständen sowie den sonstigen vertraglich festgelegten Zahlungsströmen abhängt, während auf sonstige, dem Emittenten zur Verfügung stehende Mittel nicht zurückgegriffen werden darf. Prinzipiell sind zwei Grundstrukturen von asset backed securities vorherrschend.[16] 3

---

11 www.iosco.org (Library/Policy Documents/Public Documents/2010 Nr. 24).
12 www.true-sale-international.de
13 Siehe insb. auch IOSCO Principles for Ongoing Disclosure for Asset Backed Securities (www.iosco.org (Library/Policy Documents/Public Documents/2012 FR10/12); Europäische Zentralbank, ABS loan level initiative (www.ecb.int (Payments&Markets/Collateral/ABS Loan-level Initiative).
14 § 12 Abs. 1 WpPG.
15 § 5 Abs. 2a und b WpPG i.V.m Delegierte VO (EG) Nr. 486/2012 und Delegierte VO (EU) Nr. 862/2012. Siehe dazu BaFin Journal 09/12, S. 5ff.
16 Ausführlich zur Beschreibung von asset backed securities Strukturen siehe *Kümpel*, BankKapMR, 3. Aufl., 2004, Rz. 14.58f.; *Früh*, BB 1995, 105, 106, zu den beteiligten Parteien siehe auch *Waschbusch*, ZBB 1998, S. 408, 414.

4   Die erste Variante sieht vor, dass die Vermögensgegenstände, welchen das mit den asset backed securities primär verbundene Risiko (in der Regel Bonitätsrisiken) innewohnt, mit dem Emissionserlös der Wertpapiere von dem Originator der Vermögensgegenstände erworben werden.[17] Der Investor in die asset backed securities erwirbt dabei das Risiko, dass die Zahlungen auf die Vermögensgegenstände unzureichend oder gar nicht erfolgen, weil der oder die Schuldner der Vermögensgegenstände Zahlungsschwierigkeiten haben oder insolvent werden, und somit der Emittent mangels Zahlungseingang die asset backed securities nicht bedienen kann. In diesen Strukturen von asset backed securities kann vorgesehen werden, dass Kreditinstitute (sog. Liquiditätsbanken) sich bereit erklären, dem Emittenten eine Kreditlinie zu gewähren, um zeitliche Verzögerungen von Zahlungen auf noch nicht ausgefallene Vermögensgegenstände zu überbrücken, die zur zwischenzeitlichen Bedienung der asset backed securities erforderlich sind. Andere mit dem Vermögensgegenstand verbundene Risiken (zum Beispiel Zinsänderungs- oder Währungsrisiken bei zinstragenden und/oder Fremdwährungsforderungen), die nicht auf den Investor in die asset backed securities übertragen werden sollen, werden über derivative Transaktionen mit dem sog. Hedging Vertragspartner auf diesen übertragen.

5   Bei der zweiten Grundart von asset backed securities werden zwar mit dem Emissionserlös der asset backed securities auch Vermögensgegenstände erworben, die der Rückführung der Wertpapiere dienen, das mit den asset backed securities verbundene Risiko für den Investor ergibt sich jedoch primär aus einem derivativen Instrument, welches der Emittent mit einer Drittpartei abschließt. Auf diese Weise können mit einer asset backed securities Transaktion eine Vielzahl von Risiken (z. B. Zins-, Währungs-, Rohstoffpreis und insbesondere Kreditrisiken) verbrieft werden.[18] Der Emittent derartiger Wertpapiere braucht, beziehungsweise kann, diese asset backed securities nicht zurückzahlen, wenn sich das mit diesem Derivat verbundene Risiko (bei der vorherrschenden Variante des Kreditderivates in der Regel die Insolvenz des Schuldners der referenzierten Forderung, die Nichtbegleichung von Teilen oder der komplette Ausfall sowie die auf die Zahlungsströme einflussnehmende Restrukturierung der referenzierten Forderung) realisiert. Nur sekundär ist der Emittent der asset backed securities von dem Zahlungsrisiko der mit dem Emissionserlös erworbenen Vermögensgegenstände abhängig, da es sich bei diesen (wenn nicht gar der Emissionserlös in bar hinterlegt wird) um mit einer guten Bonität ausgestattete Vermögensgegenstände handelt.

6   Die Erlöse aus diesen Vermögensgegenständen werden zunächst dazu verwendet, die Verpflichtung des Emittenten unter dem Derivat, d. h. die Aus-

---

17 Man spricht bei einer solchen Transaktion von einer sog. „True Sale Transaktion". Zu beachten ist, dass es allein um den rechtlich wirksamen Übergang der Vermögensgegenstände und die Übernahme des Delkredererisikos durch den Emittenten geht. Die damit verbundene Frage, ob die Forderung bilanziell aus dem Vermögen des Verkäufers der Vermögensgegenstände abgegangen ist, bleibt unberücksichtigt.

18 In diesem Fall spricht man von sog. synthetischen asset backed securities Transaktionen. Detailliert hierzu *Althaus*, Kreditwesen 2003, 632, 634.

gleichszahlung, zu erfüllen und dienen erst zweitrangig der Rückführung der asset backed securities. Bei der Verbriefung von Kreditrisiken kann es sich bei den durch das Kreditderivat referenzierten Kreditforderungen um welche des Hedging Vertragspartners oder um Kreditforderungen einer Drittpartei handeln, die mit dem Hedging Vertragspartner (sog. Intermediär) des Emittenten ein anderes Kreditderivat abgeschlossen hat.

Obwohl es sich bei diesem Strukturmerkmal der synthetischen asset backed securities um ein Element handelt, welches typischerweise im Rahmen des Schemas über derivative Wertpapiere (Anh. XII EU-ProspV) darzustellen wäre,[19] folgt aus der Definition von asset backed securities in Art. 2 Nr. 5(b) EU-ProspV und dem Wortlaut der Ziff. 3.6 von Anh. VIII EU-ProspV, dass auch synthetische asset backed securities, deren Bedingungen vorsehen, dass Zahlungen unter Bezugnahme auf Entwicklungen bestimmter oder bestimmbarer Vermögenswerte zu erfolgen haben, dem Begriff und damit dem Anhängen für asset backed securities unterliegen.

Besonders deutlich wird dies in Abgrenzung zu den Fällen, in denen Banken unter eigenem Namen sog. credit linked notes emittieren, deren Emissionserlös allein dem allgemeinen Geschäftszweck der Bank zufließt und mit dem kein Vermögensgegenstand erworben wird. Derartige Wertpapiere, obwohl auch sie über das Kreditderivat auf einen Vermögensgegenstand Bezug nehmen, unterliegen, mangels erworbenen Vermögensgegenstandes, entsprechend der Praxis der BaFin nicht den Regelungen zu den asset backed securities, sondern gelten richtigerweise allein als derivative Wertpapiere.[20]

In allen Formen von asset backed securities, übernimmt der Originator der risikobehafteten Vermögensgegenstände in der Regel die weitere Verwaltung der Vermögensgegenstände (z. B. das Mahnwesen und den Einzug der Forderungen) und agiert als sog. Servicer/Forderungsverwalter. Werden mit dem Emissionserlös eine Vielzahl von Vermögensgegenständen erworben, denen das verbriefte Risiko innewohnt, die einem einzelnen Originator nicht zuzuordnen sind[21], kann dem Emittent der asset backed securities entweder ein Portfolio Manager (oder Collateral Manager), der für den Emittenten die Investmententscheidung trifft, oder ein sonstiger Berater (sog. Investment Advisor), der den Emittenten bei der Entscheidung über das Investment in einen bestimmten Gegenstand unterstützt, zur Seite gestellt sein. Zur Sicherung der Wertpapiergläubiger und der anderen an der Transaktion beteiligten Parteien, werden die mit dem Emissionserlös der asset backed securities erworbenen Vermögensgegenstände auf einen Treuhänder übertragen, dem eine evtl. erforderliche Verwertung der Vermögensgegenstände für die Gläubiger des Emittenten (in den True Sale Transaktionen primär die Anlei- 7

---

19 Erwg. 18 EU-ProspV.
20 Siehe hierzu die Darstellung über credit linked notes in *Brandt*, BKR 2002, 243 ff.
21 Sog. Arbitrage Collaterised Debt Obligations (CDO), siehe hierzu Standard & Poor's, Criteria for Rating Synthetic CDO Transactions 2003, S. 49 ff.

hegläubiger, in den synthetischen Transaktionen primär der Hedging Vertragspartner und nur zweitrangig die Anleihegläubiger) obliegt.[22]

II. Inhalt der Norm

8 Art. 10 EU-ProspV verweist auf den Anh. VII der EU-ProspV, und schreibt die Mindestinhalte des Registrierungsdokumentes für mit Vermögenswerten unterlegte Wertpapiere (asset backed securities) vor. Durch Anh. VII EU-ProspV werden Angaben über die verantwortliche Person, Angaben über den Emittenten, finanzielle Informationen des Emittenten und Angaben von Seiten Dritter gefordert. Spezifische emittentenbezogene Risikofaktoren sind in Ergänzung zu den allgemeinen Risikohinweisen aufzuführen.

9 Art. 10 EU-ProspV behandelt allein die Angaben, die in einem Registrierungsdokument für asset backed securities erforderlich sind. Da es kein eigenes Schema für die Wertpapierbeschreibung von asset backed securities gibt, sind die darüber hinaus notwendigen Informationen anhand der sonstigen verfügbaren Schemata in den Prospekt für asset backed securities einzuarbeiten. Je nach Art der asset backed securities ist das Schema für die Wertpapierbeschreibung für Schuldtitel (Art. 8 i.V.m. Anh. V EU-ProspV oder Art. 16 i.V.m. Anh. XIII EU-ProspV) oder das Schema für die Wertpapierbeschreibung für derivative Wertpapiere (Art. 15 i.V.m. Anh. XII EU-ProspV) zu wählen. Grundsätzlich sehen die Kombinationsmöglichkeiten vor, dass das Registrierungsdokument für asset backed securities mit dem Schema für die Wertpapierbeschreibung für Schuldtitel zu kombinieren ist.[23] Die Hinweise von CESR diesbezüglich sind offener formuliert und sehen lediglich eine regelmäßige Kombinierung mit der Wertpapierbeschreibung für Schuldtitel vor.[24]

10 Gem. Abs. 2 von Art. 8 EU-ProspV und Art. 16 EU-ProspV handelt es sich bei Schuldtiteln um Wertpapiere, bei denen der Emittent aufgrund der Emissionsbedingungen verpflichtet ist, dem Anleger 100 % des Nominalwertes zu zahlen, wobei zusätzlich noch eine Zinszahlung erfolgen kann. Dieser Wortlaut ist so auszulegen, dass dem Anleger mindestens 100 % des Nominalwertes zurückzuzahlen sind.[25] Dies kann im Rahmen von asset backed securities

---

22 Typische Prospekte und Transaktionen für (i) True Sale Transaktion siehe TS Co.mit One GmbH Transaktion der Commerzbank AG (Prospekt datiert vom 26.07.2006, Zulassung in Irland), (ii) für synthetische Transaktion siehe die Epic Transaktionen der Royal Bank of Scotland plc (Prospekt für die Epic (Ayton) plc Transaktion datiert vom 13.12.2005, Zulassung in Irland) und (iii) für Arbitrage CDOs siehe die Adagio Transaktionen für AXA Investment Managers Paris S.A. (Prospekt für die Adagio III CLO plc Transaktion datiert vom 17.08.2006, Zulassung in Irland).

23 Art. 21 EU-ProspV i.V.m. Anh. XVIII EU-ProspV.

24 *CESR*, advice, content and format, Ref: CESR/03-300, Tz. 108 und 129, 130 sowie Erwg. 5 und 6 EU-ProspV. Siehe auch *Joseph Tanega*, Journal of International Banking Law and Regulation 2008, S. 308, 313 ff.

25 *Kullmann/Sester*, ZBB 2005, 209, 214; *CESR*, advice, content and format, Ref: CESR/03-300, Tz. 103.

nur dann vorkommen, wenn es sich um ein kapitalgarantiertes Produkt handelt,[26] da es sonstigen asset backed securities gemeinsam ist, dass die Rückzahlung der Wertpapiere von der Mittelzuführung durch die Vermögensgegenstände abhängig ist. Zwar sehen die Emissionsbedingungen von asset backed securities eine regelmäßige Rückzahlung zu 100 % des Nominalwertes vor. Dies ist jedoch als die maximale Rückzahlung anzusehen, da mit asset backed securities typischerweise das Risiko der nur teilweisen Rückzahlung verbunden ist.

Es handelt sich bei asset backed securities in diesem Sinne mehr um derivative Wertpapiere,[27] welches insbesondere bei den synthetischen asset backed securities Strukturen[28] deutlich wird. Insofern wird durch die Angaben nach Art. 10 i. V. m. Anh. VII EU-ProspV zumeist die Wertpapierbeschreibung nach Art. 15 i. V. m. Anh. XII EU-ProspV ergänzt werden. Zu diesem Ergebnis kommt man auch über die Auslegung von Ziff. 4.7 von Anh. V der EU-ProspV, der dem Wortlaut nach nur dann relevant ist, wenn der „Zinssatz" der Wertpapiere von einem Basiswert abhängt.[29]   *11*

Bei derivativen Wertpapieren und asset backed securities ist jedoch meistens zusätzlich der Rückzahlungsbetrag der Wertpapiere von den referenzierten Vermögens-/Basiswerten abhängig. Bei Emissionsprogrammen von asset backed securities, die beide Arten von Transaktionsstrukturen vorsehen, kann es vorkommen, dass sowohl die Schemata für die Wertpapierbeschreibung für Schuldtitel als auch für derivative Wertpapiere eingehalten werden müssen.[30] Da zwischen diesen beiden Schemata aber keine gravierenden Unterschiede bestehen, werden sich die zusätzlichen Angaben im Regelfall auf ein Minimum beschränken können.

Die Mindestinhalte aus Anh. VII EU-ProspV sind unabhängig von der Klassifizierung der asset backed securities immer einzuhalten. Während der grundsätzliche Aufbau eines Prospektes als solches zwingend vorgeschrieben ist,[31] ist der Emittent in Aufbau und Reihenfolge der Darstellung der Vorgaben des Anh. VII EU-ProspV im Prospekt grundsätzlich frei.[32] Sollte jedoch die Reihenfolge im Prospekt nicht dem im Anh. VII EU-ProspV genannten Muster entsprechen, so verlangt die BaFin vom Emittenten die Ein-   *12*

---

26 Dies wird in der Regel durch die Hinzufügung einer Nullkuponanleihe zu den erworbenen Vermögensgegenständen erreicht.

27 Siehe hierzu auch Wortlaut von Ziff. 4.1.2 von Anh. XII EU-ProspV, welcher die Beschreibung des Zusammenhangs zwischen dem Wert des Basiswertes und dem Wert der Anlage vorschreibt.

28 Siehe hierzu Rdn. 4 oben.

29 *Kullmann/Sester*, ZBB 2005, 209, 214.

30 Siehe auch *Joseph Tanega*, Journal of International Banking Law and Regulation 2008, S. 308, 313 ff.; a. A. *Bierwirth*, in: Assmann/Schlitt/von Kopp-Colomb, WpPG/VerkProsG, 2. Aufl. 2010, Vorbemerkung vor Anh. VII und VIII, Rn. 17 f., der zwar den derivativen Charakter der asset backed securities beschreibt, aber dem reinen Wortlaut der EU-ProspV folgt und allein die Wertpapierbeschreibung zu Schuldtiteln zur Anwendung kommen lässt.

31 Art. 25 Abs. 1 und 2 EU-ProspV.

32 Art. 25 Abs. 3 EU-ProspV.

reichung einer Referenzliste, aus deren Querverweisen ersichtlich ist, an welcher Stelle im Prospekt sich die jeweilige Information befindet (sog. Überkreuzliste).[33] Unabhängig davon, ob ein Emittent die Form eines einteiligen oder mehrteiligen Prospektes wählt, sind die in Anh. VII EU-ProspV vorgegebenen Mindestinhalte in den zu erstellenden Prospekt aufzunehmen, sofern sie auf das zu emittierende Wertpapier anwendbar sind.[34]

13 Die Nichtanwendbarkeit von bestimmten Mindestinhalten[35] auf den zu erstellenden Prospekt aufgrund nicht relevanter Emissionsspezifika ist in der jeweiligen Überkreuzliste anzugeben. Insofern bietet es sich an, in jedem Fall eine Überkreuzliste bei der Einreichung des Prospektes bei der BaFin beizulegen. Im Rahmen eines Anleiheprogramms ist es inzwischen herrschende Praxis, dass die im Basisprospekt[36] enthaltene Form der endgültigen Bedingungen die von Art. 10 EU-ProspV bestimmten Mindestangaben enthalten, um dem Anleger in ein bestimmtes unter diesem Programm begebenes Wertpapier den leichten Zugang zu den wesentlichen Angaben über den Emittenten zu ermöglichen und nur auf diejenigen Informationen in den endgültigen Bedingungen zu verzichten, die zum Zeitpunkt der Billigung des Basisprospektes noch nicht bekannt sind und erst später bestimmt werden können.[37]

Entsprechend den Vorgaben der EU-ProspV ist das Prozedere der Billigung von Prospekten, die Einreichung von Überkreuzlisten und die Anforderungen an die Darstellungen im Prospekt auch in den für asset backed securities wesentlichen Börsenplätzen Luxemburg und Irland nahezu identisch zu den Vorgaben der BaFin, wobei diese jedoch weniger auf die Einhaltung sämtlicher Formalia hinsichtlich der Wortwahl im Prospekt achten und mehr Wert auf die Einhaltung der grundsätzlichen Prinzipen der EU-ProspV legen. Letzteres gilt insbesondere im Hinblick auf die Verweistechnik im Prospekt. Während die BaFin auf eine ausführliche Darstellung insbesondere im Rahmen der Risikohinweise besteht, ist es in Luxemburg und Irland möglich, in den Risikohinweisen auf die detaillierten Darstellungen an anderen Stellen des Prospektes zu verweisen und so Wiederholungen zu vermeiden.

---

33 Art. 25 Abs. 4 EU-ProspV.
34 *Kullmann/Sester*, ZBB 2005, 209, 212.
35 Erwg. 24 EU-ProspV.
36 § 6 WpPG.
37 Erwg. 21 und 25 EU-ProspV, Art. 26 EU-ProspV; *Seitz*, AG 2005, 678, 686.

ANHANG VII
**Mindestangaben für das Registrie-
rungsformular für durch
Vermögenswerte unterlegte
Wertpapiere
(„asset backed securities"/ABS)
(Schema)**

ANNEX VII
Minimum disclosure requirements
for asset-backed securities registration document (schedule)

1. Verantwortliche Personen

**1.1. Alle Personen, die für die im Regist-
rierungsformular gemachten Angaben
bzw. für bestimmte Abschnitte des Registrierungsformulars verantwortlich sind.
Im letzteren Fall sind die entsprechenden
Abschnitte aufzunehmen. Im Falle von
natürlichen Personen, zu denen auch
Mitglieder der Verwaltungs-, Geschäfts-
führungs- und Aufsichtsorgane des Emittenten gehören, sind der Name und die
Funktion dieser Person zu nennen. Bei
juristischen Personen sind Name und
eingetragener Sitz der Gesellschaft anzugeben.**

1. Persons Responsible

1.1. All persons responsible for the information given in the registration document and, as the case may be, for certain
parts of it, with, in the latter case, an indication of such parts. In the case of natural persons including members of the issuer's administrative, management or
supervisory bodies indicate the name
and function of the person; in case of legal persons indicate the name and registered office.

**1.2. Erklärung der für das Registrie-
rungsformular verantwortlichen Personen, dass sie die erforderliche Sorgfalt
haben walten lassen, um sicherzustellen,
dass die im Registrierungsformular genannten Angaben ihres Wissens nach
richtig sind und keine Tatsachen ausgelassen worden sind, die die Aussage des
Registrierungsformulars wahrscheinlich verändern. Ggf. Erklärung der für
bestimmte Abschnitte des Registrierungsformulars verantwortlichen Personen, dass sie die erforderliche Sorgfalt
haben walten lassen, um sicherzustellen,
dass die in dem Teil des Registrierungsformulars genannten Angaben, für den
sie verantwortlich sind, ihres Wissens
nach richtig sind und keine Tatsachen
ausgelassen worden sind, die die Aussage des Registrierungsformulars wahrscheinlich verändern.**

1.2. A declaration by those responsible
for the registration document that, having taken all reasonable care to ensure
that such is the case, the information
given in the registration document is, to
the best of their knowledge, in accordance with the facts and does not omit
anything likely to affect its import. As the
case may be, declaration by those responsible for certain parts of the registration document that having taken all reasonable care to ensure that such is the
case, the information contained in that
part of the registration document for
which they are responsible is, to the best
of their knowledge, in accordance with
the facts and contains no omission likely
to affect its import.

2. Abschlussprüfer

**Namen und Anschrift der Abschlussprü-
fer des Emittenten, die für den von den
historischen Finanzinformationen abgedeckten Zeitraum zuständig waren (ein-**

2. Statutory Auditors

Names and addresses of the issuer's auditors for the period covered by the historical financial information (together

schließlich der Angabe ihrer Mitgliedschaft in einer Berufsvereinigung).

with any membership of any relevant professional body).

3. Risikofaktoren

Vorrangige Offenlegung von Risikofaktoren, die für den Emittenten oder seine Branche spezifisch sind, und zwar unter der Rubrik „Risikofaktoren".

3. Risk Factors

The document must prominently disclose risk factors in a section headed 'Risk Factors' that are specific to the issuer and its industry.

4. Angaben über den Emittenten

4.1. Erklärung, ob der Emittent als eine Zweckgesellschaft gegründet wurde oder als Unternehmen für den Zweck der Emission von ABS;

4.2. Juristischer und kommerzieller Name des Emittenten;

4.3. Ort der Registrierung des Emittenten und seine Registrierungsnummer;

4.4. Datum der Gründung und Existenzdauer des Emittenten, soweit diese nicht unbefristet ist;

4.5. Sitz und Rechtsform des Emittenten; Rechtsordnung, in der er tätig ist; Land der Gründung der Gesellschaft; Anschrift und Telefonnummer seines eingetragenen Sitzes (oder Hauptort der Geschäftstätigkeit, falls nicht mit dem eingetragenen Sitz identisch);

4.6. Angabe des Betrags des genehmigten und ausgegebenen Kapitals sowie des Kapitals, dessen Ausgabe bereits genehmigt ist, sowie Zahl und Kategorie der Wertpapiere, aus denen es sich zusammensetzt.

4. Information About The Issuer:

4.1. A statement whether the issuer has been established as a special purpose vehicle or entity for the purpose of issuing asset backed securities;

4.2. The legal and commercial name of the issuer;

4.3. The place of registration of the issuer and its registration number;

4.4. The date of incorporation and the length of life of the issuer, except where indefinite;

4.5. The domicile and legal form of the issuer, the legislation under which the issuer operates its country of incorporation and the address and telephone number of its registered office (or principal place of business if different from its registered office).

4.6. Description of the amount of the issuer's authorised and issued capital and the amount of any capital agreed to be issued, the number and classes of the securities of which it is composed.

5. Geschäftsüberblick

5.1. Kurze Beschreibung der Haupttätigkeitsbereiche des Emittenten.

5.2. Gesamtüberblick über die Teilnehmer des Verbriefungsprogramms, einschließlich Angaben über direkte oder indirekte Besitz- oder Kontrollverhältnisse zwischen diesen Teilnehmern.

5. Business Overview

5.1. A brief description of the issuer's principal activities.

5.2. A global overview of the parties to the securitisation program including information on the direct or indirect ownership or control between those parties.

6. Verwaltungs-, Geschäftsführungs- und Aufsichtsorgane

Name und Geschäftsanschrift nachstehender Personen sowie ihre Stellung beim Emittenten unter Angabe der wichtigsten Tätigkeiten, die sie außerhalb des Emittenten ausüben, sofern diese für den Emittenten von Bedeutung sind:

a) Mitglieder der Verwaltungs-, Geschäftsführungs- oder Aufsichtsorgane;

b) persönlich haftende Gesellschafter bei einer Kommanditgesellschaft auf Aktien.

6. Administrative, Management and Supervisory Bodies

Names, business addresses and functions in the issuer of the following persons, and an indication of the principal activities performed by them outside the issuer where these are significant with respect to that issuer:

a) members of the administrative, management or supervisory bodies;

b) partners with unlimited liability, in the case of a limited partnership with a share capital.

7. Hauptaktionäre

Sofern dem Emittenten bekannt, Angabe, ob an dem Emittenten unmittelbare oder mittelbare Beteiligungen oder Beherrschungsverhältnisse bestehen, und wer diese Beteiligungen hält bzw. diese Beherrschung ausübt. Beschreibung der Art und Weise einer derartigen Kontrolle und der vorhandenen Maßnahmen zur Verhinderung des Missbrauchs einer derartigen Kontrolle.

7. Major Shareholders

To the extent known to the issuer, state whether the issuer is directly or indirectly owned or controlled and by whom, and describe the nature of such control and describe the measures in place to ensure that such control is not abused.

8. Finanzinformationen über Vermögens-, Finanz- und Ertragslage des Emittenten

8. Financial Information concerning the Issuer's Assets and Liabilities, Financial Position, and Profits and Losses

8.1. Hat ein Emittent seit seiner Gründung oder Niederlassung noch nicht mit der Geschäftstätigkeit begonnen und wurde zum Termin der Abfassung des Registrierungsformulars noch kein Jahresabschluss erstellt, so ist in dem Registrierungsformular ein entsprechender Vermerk aufzunehmen.

8.1. Where, since the date of incorporation or establishment, an issuer has not commenced operations and no financial statements have been made up as at the date of the registration document, a statement to that effect shall be provided in the registration document.

8.2. Historische Finanzinformationen

Hat ein Emittent seit seiner Gründung oder Niederlassung bereits mit der Geschäftstätigkeit begonnen und wurde ein Jahresabschluss erstellt, so sind in dem Registrierungsformular geprüfte historische Finanzinformationen aufzunehmen, die die letzten zwei Geschäftsjahre ab-

8.2. Historical Financial Information

Where, since the date of incorporation or establishment, an issuer has commenced operations and financial statements have been made up, the registration document must contain audited historical financial information covering the latest 2 financial years (or shorter period that the is-

decken (bzw. einen entsprechenden kürzeren Zeitraum, während dessen der Emittent tätig war), sowie ein Bestätigungsvermerk für jedes Geschäftsjahr. Hat der Emittent in der Zeit, für die historische Finanzinformationen beizubringen sind, seinen Bilanzstichtag geändert, so decken die geprüften historischen Finanzinformationen mindestens 24 Monate oder – sollte der Emittent seiner Geschäftstätigkeit noch keine 24 Monate nachgegangen sein – den gesamten Zeitraum seiner Geschäftstätigkeit ab. Derartige Finanzinformationen sind gemäß der Verordnung (EG) Nr. 1606/2002 zu erstellen bzw. für den Fall, dass diese Verordnung nicht anwendbar ist, gemäß den nationalen Rechnungslegungsgrundsätzen eines Mitgliedstaats, wenn der Emittent aus der Gemeinschaft stammt. Bei Emittenten aus Drittstaaten sind diese Finanzinformationen nach den im Verfahren des Artikels 3 der Verordnung (EG) Nr. 1606/2002 übernommenen internationalen Rechnungslegungsstandards oder nach diesen Standards gleichwertigen nationalen Rechnungslegungsgrundsätzen eines Drittstaates zu erstellen. Ist keine Äquivalenz zu den Standards gegeben, so sind die Finanzinformationen in Form eines neu zu erstellenden Jahresabschlusses vorzulegen.

Die historischen Finanzinformationen müssen für das jüngste Geschäftsjahr in einer Form dargestellt und erstellt werden, die mit der konsistent ist, die im folgenden veröffentlichten Jahresabschluss des Emittenten zur Anwendung gelangen wird, wobei Rechnungslegungsstandards und -strategien sowie die Rechtsvorschriften zu berücksichtigen sind, die auf derlei Jahresabschlüsse Anwendung finden.

Ist der Emittent in seiner aktuellen Wirtschaftsbranche weniger als ein Jahr tätig, so sind die geprüften historischen Finanzinformationen für diesen Zeitraum gemäß den Standards zu erstellen, die auf Jahresabschlüsse im Sinne der Verordnung (EG) Nr. 1606/2002 anwendbar sind bzw. für den Fall, dass

suer has been in operation) and the audit report in respect of each year. If the issuer has changed its accounting reference date during the period for which historical financial information is required, the audited historical information shall cover at least 24 months, or the entire period for which the issuer has been in operation, whichever is the shorter. Such financial information must be prepared according to Regulation (EC) No 1606/2002, or if not applicable to a Member's State national accounting standards for issuers from the Community. For third country issuers, such financial information must be prepared according to the international accounting standards adopted pursuant to the procedure of Article 3 of Regulation (EC) No 1606/2002 or to a third country's national accounting standards equivalent to these standards. If such financial information is not equivalent to these standards, it must be presented in the form of restated financial statements.

The most recent year's historical financial information must be presented and prepared in a form consistent with that which will be adopted in the issuer's next annual published financial statements having regard to accounting standards and policies and legislation applicable to such annual financial statements.

If the issuer has been operating in its current sphere of economic activity for less than one year, the audited historical financial information covering that period must be prepared in accordance with the standards applicable to annual financial statements under Regulation (EC) No 1606/2002, or if not applicable to a Mem-

diese Verordnung nicht anwendbar ist, gemäß den nationalen Rechnungslegungsgrundsätzen eines Mitgliedstaats, wenn der Emittent aus der Gemeinschaft stammt. Bei Emittenten aus Drittstaaten sind diese historischen Finanzinformationen nach den im Verfahren des Artikels 3 der Verordnung (EG) Nr. 1606/2002 übernommenen internationalen Rechnungslegungsstandards oder nach diesen Standards gleichwertigen nationalen Rechnungslegungsgrundsätzen eines Drittstaates zu erstellen. Diese historischen Finanzinformationen müssen geprüft worden sein.

Wurden die geprüften Finanzinformationen gemäß nationaler Rechnungslegungsgrundsätze erstellt, dann müssen die unter dieser Rubrik geforderten Finanzinformationen zumindest Folgendes enthalten:

a) die Bilanz;

b) die Gewinn- und Verlustrechnung;

c) die Rechnungslegungsstrategien und erläuternde Anmerkungen.

Die historischen jährlichen Finanzinformationen müssen unabhängig und in Übereinstimmung mit den in dem jeweiligen Mitgliedstaat anwendbaren Prüfungsstandards oder einem äquivalenten Standard geprüft worden sein oder es muss für das Registrierungsformular vermerkt werden, ob sie in Übereinstimmung mit dem in dem jeweiligen Mitgliedstaat anwendbaren Prüfungsstandard oder einem äquivalenten Standard ein den tatsächlichen Verhältnissen entsprechendes Bild vermitteln.

8.2a Dieser Absatz darf lediglich auf Emissionen von ABS mit einer Mindeststückelung von 100.000 EUR angewandt werden. Hat der Emittent in der Zeit, für die historische Finanzinformationen beizubringen sind, seinen Bilanzstichtag geändert, so decken die geprüften historischen Finanzinformationen mindestens 24 Monate oder – sollte der Emittent seiner Geschäftstätigkeit noch keine 24 Monate nachgegangen sein – den gesamten Zeitraum seiner Geschäftstätigkeit ab.

ber States national accounting standards where the issuer is from the Community. For third country issuers, the historical financial information must be prepared according to the international accounting standards adopted pursuant to the procedure of Article 3 of Regulation (EC) No 1606/2002 or to a third country's national accounting standards equivalent to these standards. This historical financial information must be audited.

If the audited financial information is prepared according to national accounting standards, the financial information required under this heading must include at least the following:

a) the balance sheet;

b) the income statement;

c) the accounting policies and explanatory notes.

The historical annual financial information must be independently audited or reported on as to whether or not, for the purposes of the registration document, it gives a true and fair view, in accordance with auditing standards applicable in a Member State or an equivalent standard.

8.2a This paragraph may be used only for issues of asset backed securities having a denomination per unit of at least EUR 100 000. If the issuer has changed its accounting reference date during the period for which historical financial information ist required, the audited historical information shall cover at least 24 monthes, or the entire period for which the issuer has been in operation, whichever is the shorter.

Hat ein Emittent seit seiner Gründung oder Niederlassung bereits mit der Geschäftstätigkeit begonnen und wurde ein Jahresabschluss erstellt, so sind in dem Registrierungsformular geprüfte historische Finanzinformationen aufzunehmen, die die letzten zwei Geschäftsjahre abdecken (bzw. einen entsprechenden kürzeren Zeitraum, während dessen der Emittent tätig war), sowie ein Bestätigungsvermerk für jedes Geschäftsjahr. Derartige Finanzinformationen sind gemäß der Verordnung (EG) Nr. 1606/2002 zu erstellen bzw. für den Fall, dass diese Verordnung nicht anwendbar ist, gemäß den nationalen Rechnungslegungsgrundsätzen eines Mitgliedstaats, wenn der Emittent aus der Gemeinschaft stammt. Bei Emittenten aus Drittstaaten sind diese Finanzinformationen nach den im Verfahren des Artikels 3 der Verordnung (EG) Nr. 1606/2002 übernommenen internationalen Rechnungslegungsstandards oder nach diesen Standards gleichwertigen nationalen Rechnungslegungsgrundsätzen eines Drittstaates zu erstellen. Ansonsten müssen folgende Angaben in das Registrierungsformular aufgenommen werden:

a) Eine eindeutige Erklärung dahingehend, dass die in das Registrierungsformular aufgenommenen Finanzinformationen nicht nach den im Verfahren des Artikels 3 der Verordnung (EG) Nr. 1606/2002 übernommenen internationalen Rechnungslegungsstandards erstellt wurden und dass die Finanzinformationen erhebliche Unterschiede aufweisen könnten, wenn die Verordnung (EG) Nr. 1606/2002 doch auf die historischen Finanzinformationen angewandt worden wäre;

b) Unmittelbar nach den historischen Finanzinformationen sind die Unterschiede zwischen den im Verfahren des Artikels 3 der Verordnung (EG) Nr. 1606/2002 übernommenen internationalen Rechnungslegungsstandards und den Rechnungslegungsgrundsätzen in einer Beschreibung darzulegen, die der Emittent bei der

Where, since the date of incorporation or establishment, an issuer has commenced operations and financial statements have been made up, the registration document must contain audited historical financial information covering the latest 2 financial years (or shorter period that the issuer has been in operation) and the audit report in respect of each year. Such financial information must be prepared according to Regulation (EC) No 1606/2002 or, if not applicable, to a Member's State national accounting standards for issuers from the Community. For third country issuers, such financial information must be prepared according to the international accounting standards adopted pursuant to the procedure of Article 3 of Regulation (EC) No 1606/2002 or to a third country's national accounting standards equivalent to these standards. Otherwise, the following information must be included in the registration document:

a) a prominent statement that the financial information included in the registration document has not been prepared in accordance with the international accounting standards adopted pursuant to the procedure of Article 3 of Regulation (EC) No 1606/2002 and that there may be material differences in the financial information had Regulation (EC) No 1606/2002 been applied to the historical financial information;

b) immediately following the historical financial information a narrative description of the differences between the international accounting standards adopted pursuant to the procedure of Article 3 of Regulation (EC) No 1606/2002 and the accounting principles adopted by the issuer in

Erstellung seines Jahresabschlusses zugrunde gelegt hat.

Die historischen Finanzinformationen müssen für das letzte Jahr in einer Form dargestellt und erstellt werden, die mit der konsistent ist, die im folgenden Jahresabschluss des Emittenten zur Anwendung gelangen wird, wobei die Rechnungslegungsgrundsätze und -strategien sowie die Rechtsvorschriften zu berücksichtigen sind, die auf derlei Jahresabschlüsse Anwendung finden.

Wurden die geprüften Finanzinformationen gemäß nationaler Rechnungslegungsgrundsätze erstellt, dann müssen die unter dieser Rubrik geforderten Finanzinformationen zumindest Folgendes enthalten:

a) die Bilanz;

b) die Gewinn- und Verlustrechnung; und

c) die Rechnungslegungsstrategien und erläuternde Anmerkungen.

Die historischen jährlichen Finanzinformationen müssen unabhängig und in Übereinstimmung mit den in dem jeweiligen Mitgliedstaat anwendbaren Prüfungsstandards oder einem äquivalenten Standard geprüft worden sein oder es muss für das Registrierungsformular vermerkt werden, ob sie in Übereinstimmung mit dem in dem jeweiligen Mitgliedstaat anwendbaren Prüfungsstandard oder einem äquivalenten Standard ein den tatsächlichen Verhältnissen entsprechendes Bild vermitteln. Ansonsten müssen folgende Angaben in das Registrierungsformular aufgenommen werden:

c) eine eindeutige Erklärung dahingehend, welche Prüfungsstandards zugrunde gelegt wurden;

d) eine Erläuterung für die Fälle, in denen von den Internationalen Prüfungsstandards in erheblichem Maße abgewichen wurde.

preparing its annual financial statements.

The most recent year's historical financial information must be presented and prepared in a form consistent with that which will be adopted in the issuer's next annual financial statements having regard to accounting standards and policies and legislation applicable to such annual financial statements.

If the audited financial information is prepared according to national accounting standards, the financial information required under this heading must include at least the following:

a) the balance sheet;

b) the income statement;

c) the accounting policies and explanatory notes.

The historical annual financial information must be independently audited or reported on as to whether or not, for the purposes of the registration document, it gives a true and fair view, in accordance with auditing standards applicable in a Member State or an equivalent standard. Otherwise, the following information must be included in the registration document:

c) a prominent statement disclosing which auditing standards have been applied;

d) an explanation of any significant departures from International Standards on Auditing.

8.3. Gerichts- und Schiedsgerichts-verfahren

Angaben über etwaige staatliche Interventionen, Gerichts- oder Schiedsgerichtsverfahren (einschließlich derjenigen Verfahren, die nach Kenntnis des Unternehmens noch anhängig sind oder eingeleitet werden könnten), die im Zeitraum der mindestens letzten 12 Monate bestanden/abgeschlossen wurden, und die sich erheblich auf die Finanzlage oder die Rentabilität des Emittenten und/oder der Gruppe auswirken bzw. in jüngster Zeit ausgewirkt haben. Ansonsten ist eine negative Erklärung abzugeben.

8.4. Bedeutende negative Veränderungen in der Finanzlage des Emittenten

Hat ein Emittent einen Jahresabschluss erstellt, so ist darin eine Erklärung aufnehmen, der zufolge sich seine Finanzlage oder seine Aussichten seit dem Datum des letzten veröffentlichten und geprüften Jahresabschlusses nicht negativ verändert hat bzw. haben. Ist eine bedeutende negative Veränderung eingetreten, so ist sie im Registrierungsformular zu erläutern.

9. Angaben von Seiten Dritter, Erklärungen von Seiten Sachverständiger und Interessenerklärungen

9.1. Wird in das Registrierungsformular eine Erklärung oder ein Bericht einer Person aufgenommen, die als Sachverständiger handelt, so sind der Name, die Geschäftsadresse, die Qualifikationen und – falls vorhanden – das wesentliche Interesse am Emittenten anzugeben. Wurde der Bericht auf Ersuchen des Emittenten erstellt, so ist eine diesbezügliche Erklärung dahingehend abzugeben, dass die aufgenommene Erklärung oder der aufgenommene Bericht in der Form und in dem Zusammenhang, in dem sie bzw. er aufgenommen wurde, die Zustimmung von Seiten dieser Person erhalten hat, die den Inhalt dieses

8.3. Legal and arbitration proceedings

Information on any governmental, legal or arbitration proceedings (including any such proceedings which are pending or threatened of which the company is aware), during a period covering at least the previous 12 months, which may have, or have had in the recent past, significant effects on the issuer and/or group's financial position or profitability, or provide an appropriate negative statement.

8.4. Material adverse change in the issuer's financial position

Where an issuer has prepared financial statements, include a statement that there has been no material adverse change in the financial position or prospects of the issuer since the date of its last published audited financial statements. Where a material adverse change has occurred, this must be disclosed in the registration document.

9. Third Party Information and Statement by Experts and Declarations of any Interest

9.1. Where a statement or report attributed to a person as an expert is included in the registration document, provide such person's name, business address, qualifications and material interest if any in the issuer. If the report has been produced at the issuer's request a statement to that effect that such statement or report is included, in the form and context in which it is included, with the consent of that person who has authorised the contents of that part of the registration document.

Teils des Registrierungsformulars gebilligt hat.

9.2. Sofern Angaben von Seiten Dritter übernommen wurden, ist zu bestätigen, dass diese Angaben korrekt wiedergegeben wurden und dass – soweit es dem Emittenten bekannt ist und er aus den von dieser dritten Partei veröffentlichten Informationen ableiten konnte – keine Tatsachen unterschlagen wurden, die die wiedergegebenen Informationen unkorrekt oder irreführend gestalten würden. Darüber hinaus hat der Emittent die Quelle(n) der Informationen anzugeben.

9.2. Where information has been sourced from a third party, provide a confirmation that this information has been accurately reproduced and that as far as the issuer is aware and is able to ascertain from information published by that third party, no facts have been omitted which would render the reproduced information inaccurate or misleading In addition, the issuer shall identify the source(s) of the information.

10. Einsehbare Dokumente

10. Documents on Display

Abzugeben ist eine Erklärung dahingehend, dass während der Gültigkeitsdauer des Registrierungsformulars ggf. die folgenden Dokumente oder deren Kopien eingesehen werden können:

10.1. A statement that for the life of the registration document the following documents (or copies thereof), where applicable, may be inspected:

a) die Satzung und die Statuten des Emittenten;

a) the memorandum and articles of association of the issuer;

b) sämtliche Berichte, Schreiben und sonstigen Dokumente, historischen Finanzinformationen, Bewertungen und Erklärungen, die von einem Sachverständigen auf Ersuchen des Emittenten abgegeben wurden, sofern Teile davon in das Registrierungsformular eingefügt worden sind oder in ihm darauf verwiesen wird;

b) all reports, letters, and other documents, historical financial information, valuations and statements prepared by any expert at the issuer's request any part of which is included or referred to in the registration document;

c) die historischen Finanzinformationen des Emittenten oder im Falle einer Gruppe die historischen Finanzinformationen für den Emittenten und seine Tochtergesellschaften für jedes der Veröffentlichung des Registrierungsformulars vorausgegangenen beiden letzten Geschäftsjahre.

c) the historical financial information of the issuer or, in the case of a group, the historical financial information of the issuer and its subsidiary undertakings for each of the two financial years preceding the publication of the registration document.

Anzugeben ist auch, wo in diese Dokumente in Papierform oder auf elektronischem Wege Einsicht genommen werden kann.

An indication of where the documents on display may be inspected, by physical or electronic means.

Inhalt

I. Verantwortliche Person

1 Diesem Punkt kommt bei asset backed securities besondere Bedeutung zu, weil die die Verbriefung der Vermögensgegenstände vorantreibende Bank oder Gesellschaft (der „Originator" der Vermögensgegenstände) nicht mit dem Emittenten identisch sein muss und in der Regel auch nicht sein wird.[1] Wie bei anderen Produkten ebenfalls übernimmt der Emittent der Wertpapiere weitestgehenst die Verantwortung für den Prospektinhalt.[2] Die Schuldner der Vermögensgegenstände, auf die sich die jeweiligen Wertpapiere beziehen, sind nicht an der Erstellung des Prospektes beteiligt und haben in den meisten Fällen keine Kenntnis von der Verbriefung der auf sie bezogenen Vermögensgegenstände. Selbst in den asset backed securities Strukturen, in denen auf nur wenige Vermögensgegenstände bzw. auf einen Originator und wenige Schuldner der verbrieften Vermögensgegenstände Bezug genommen wird, ist deren Beteiligung und Verantwortungsübernahme meistens nicht möglich oder vorgesehen. Es ist wesentliches Element einer derartigen Transaktion, allein die mit dem Vermögensgegenstand verbundenen Risiken auf die Investoren zu übertragen.[3]

Die Passagen des Prospektes, die Informationen von (z. B. auch über die Natur der Vermögensgegenstände) bzw. über Drittparteien, die gewisse Funktionen im Rahmen der asset backed securities Transaktion übernehmen (insbesondere ein Treuhänder, ein Forderungsverwalter/Servicer, eine Liquiditätsbank, ein Hedging-Vertragspartner, ein Portfolio Manager oder Berater), enthalten und die an der Prospekterstellung beteiligt wurden, können der Verantwortung dieser jeweiligen Drittpartei zugewiesen werden. Diese Verantwortung der Drittparteien sollte dann ausdrücklich auf die konkreten Passagen des Prospektes beschränkt werden, in denen die Informationen,

---

1 In der Regel werden asset backed securities von Einzweckgesellschaften (sog. SPV) begeben, die eigens für die Zwecke der Transaktion gegründet werden.
2 Siehe § 5 Abs. 4 WpPG.
3 Anders z. B. im Prospekt der CB MezzCAP 2006-1 Transaktion der Commerzbank, deren Prospekt von der CB MezzCAP Limited Partnership v. 20.04.2006 datiert (Zulassung in Irland), in dem die Beschreibung der Unternehmen der Verantwortung der Schuldner der Vermögensgegenstände zugeordnet wurde.

die von diesen Drittparteien stammen, enthalten sind. Obwohl von der Haftungsmasse besser ausgestattet als der Emittent der asset backed securities in Form eines SPV, ist ihnen eine Haftungsübernahme für weitere Teile des Prospektes kaum zuzumuten und auch von allen beteiligten Parteien regelmäßig nicht gewollt. Der Arrangeur (in der Regel der Konsortialführer des Übernahmekonsortiums) der Wertpapiere als Adressat der Zusicherung des Emittenten im Rahmen des Übernahmevertrages, dass die Prospektinhalte korrekt und vollständig sind, wird nur dann im Kreis der verantwortlichen Personen zu finden sein, wenn er eine der oben genannten Funktionen als Drittpartei übernimmt. Wie erwähnt, sind die Emittenten von asset backed securities in der Regel nur für die Zwecke der spezifischen Transaktion oder für die Zwecke des Emissionsprogramms gegründete SPV, die von unabhängigen Servicegesellschaften verwaltet werden. Selten ist die verbriefende Bank/Gesellschaft direkt der Emittent der asset backed securities. Diese unabhängigen Servicegesellschaften stellen in der Regel auch allein die Geschäftsführer/Direktoren des SPV. Nur in den wenigsten Fällen ist ein Mitglied der arrangierenden Bank oder der Gesellschaft Mitglied der Geschäftsführung dieses SPV.

Grundsätzlich ist durch die EU-Prospektrichtlinie keine Harmonisierung der Prospekthaftung eingeführt worden, es wurde jedoch ein gewisser Mindeststandard geschaffen, indem der Emittent oder seine Organe, der Anbieter, die Personen, die die Zulassung an einem geregelten Markt beantragen oder ein evtl. Garantiegeber (Art. 9 i.V.m. Anh. VI EU-ProspV) für die im Prospekt enthaltenen Angaben haften sollen.[4] In vielen Fällen wird sich bei asset backed securities dieser Kreis wieder auf den Emittenten und seine Organe reduzieren (sowie die den Zulassungsantrag stellende Bank bei Börsenzulassung in Deutschland). Diese Servicegesellschaften und die Direktoren des Emittenten, werden den Prospektinhalt jedoch mangels intensiver Beteiligung bei der Prospekterstellung nicht genau überprüfen können. Insofern ist es entscheidend für derartige Emittenten, ihre Direktoren und die jeweilige Servicegesellschaft, bereits an dieser Stelle des Prospektes deutlich zu machen, dass es sich bei der Verantwortlichkeit für den Prospektinhalt allein um eine Verantwortung des Emittenten als Gesellschaft als solche handelt und nicht um eine persönliche Verantwortung der Direktoren, Angestellten, Beauftragten oder Bevollmächtigten des Emittenten. Ein Hinweis, dass gegen die Gesellschafter, Mitglieder, leitenden Angestellten oder Direktoren/ Geschäftsführer des Emittenten als solche ein Rückgriff und persönliche Haftung aufgrund von Verpflichtungen oder Zusicherungen des Emittenten ausgeschlossen ist und dabei lediglich eine Gesellschaftshaftung des Emittenten begründet wird, ist entweder an dieser Stelle des Prospektes oder bei den emittentenbezogenen Risikohinweisen aufzunehmen.

2

---

4 *Schlitt/Schäfer*, AG 2005, 498, 510. Dies ist z.B. bei der Umsetzung der EU-ProspRL in das irische Recht erfolgt, welches jetzt eine am Wortlaut der RL orientierte Haftungsregelung vorsieht (Prospectus (Directive 2003/71/EC) Regulations 2005).

3 Die Information über die verantwortlichen Personen muss zusätzlich die Erklärung enthalten, dass die gemachten Angaben richtig sind und keine Tatsachen ausgelassen wurden, die die Aussagen im Registrierungsdokument wahrscheinlich verändern können. Der Wortlaut der Bestätigung nach Ziff. 1.2 von Anh. VII EU-ProspV konkurriert mit der Erklärung der Verantwortungsübernahme nach § 5 Abs. 4 Satz 1 WpPG. Die BaFin verlangt, dass zumindest der in § 5 Abs. 4 Satz 1 WpPG genannte Wortlaut in den Prospekt aufgenommen wird. Dieser unterscheidet sich nur unwesentlich vom Wortlaut der Ziff. 1.2 von Anh. VII EU-ProspV, so dass der Wortlaut nach § 5 Abs. 4 Satz 1 WpPG gewählt werden kann und nicht beide Wortlaute verwendet werden müssen.[5] Hinsichtlich der sich aus der Verantwortungsübernahme folgenden Haftung sind keine unterschiedlichen Auslegungen der beiden Texte zu erwarten. Beim Prüfungsmaßstab wird auf das Wissen der verantwortlichen Person abgestellt und dessen erforderliche Sorgfalt bei der Prospekterstellung. In vielen Jurisdiktionen ist vorgesehen, dass die Geschäftsführer einer Gesellschaft zudem persönlich haftbar sind, wenn mangels Sorgfalt eines ordentlichen Geschäftsmannes in den Angelegenheiten der Gesellschaft, dieser ein Schaden entsteht.[6]

Daher setzt der oben genannte Prüfungsmaßstab voraus, dass die verantwortliche Person (d. h. der Emittent handelnd durch seine Geschäftsführer/ Direktoren) sich ein Bild über die Korrektheit und Vollständigkeit des Prospektes gemacht hat, ansonsten verletzen diese zumindest die Sorgfalt in eigenen Angelegenheiten oder handelt sogar grob fahrlässig gegenüber der Emissionsgesellschaft[7] und somit diese gegenüber dem Investor. Insofern ist es entscheidend, dass die Direktoren über Erfahrung im Bereich der Emission von asset backed securities verfügen.[8] Die Direktoren von SPV können ihrer Sorgfaltspflicht im Sinne einer Prüfungs- bzw. Nachforschungspflicht im Wesentlichen nur dadurch nachkommen, indem sie mit dem an der Prospekterstellung wesentlich beteiligten Personen (in der Regel der Arrangeur) der asset backed securities Transaktion in engem Kontakt über die Inhalte des Prospektes stehen und auf diese Art darauf achten, dass entsprechend des oben genannten Sorgfaltsmaßstabes die Prospekterstellung in den von den verantwortlichen Personen kontrollierten Bereichen (insb. im Hinblick auf die Zusammenfassung, die Risikofaktoren und natürlich über die Informationen über das zu verbriefende Portfolio von Vermögensgegenständen) betrieben wurde. Bisher hat es im Bereich der asset backed securities jedoch

---

5 Siehe beispielhaft den Basisprospekt der HT-Finanzanlage Limited v. 14.06.2012 (hinterlegt bei der BaFin) S. 46.

6 So z. B. auch in Deutschland (§§ 93 Abs. 2 AktG, 43 GmbHG), in Irland (Prospectus (Directive 2003/71/EC) Regulations 2005) und in Großbritannien (Prospectus Regulations 2005). Siehe hierzu auch *Mülbert/Steup*, in: Habersack/Mülbert/Schlitt, UntFinanzKM, § 26.

7 BGHZ 115, 213, 217, 218; BGHZ 145, 187, 193.

8 OLG Hamm, NJW-RR 1993, 536, 536.

noch keine Fälle gegeben, in denen gerichtlich für asset backed securities Transaktionen die Prospektverantwortung[9] geklärt werden musste.[10]

II. Abschlussprüfer

Die geforderten Angaben über den Abschlussprüfer sind selbst für Einzweckgesellschaften unproblematisch zu erbringen. Teilweise ist es jedoch für im Ausland ansässige Abschlussprüfer unmöglich Angaben zur Mitgliedschaft in einer Berufsvereinigung zu machen, da es etwas derartiges dort vielfach nicht gibt. In einem solchen Fall kann diese Angabe entfallen oder sich darauf beschränken, die Mitgliedschaft der leitenden Angestellten in einer Berufsvereinigung zu erwähnen.

4

III. Risikofaktoren

Die in Ziff. 3 von Anh. VII EU-ProspV geforderten Angaben zu den Risikofaktoren, ergänzen die allgemeinen Risikofaktoren, die mit der Emission der Wertpapiere verbunden und nach Art. 25 EU-ProspV in den Prospekt einzuarbeiten sind.[11] Die wesentlichen Risiken einer asset backed securities Transaktion, dass lediglich die unterliegenden Vermögensgegenstände die notwendigen Zahlungsströme generieren können, um die Wertpapiere zu bedienen, sind im Rahmen der Schemata der Wertpapierbeschreibung entweder zu Schuldtiteln oder derivativen Wertpapieren zu behandeln.[12] Zu diesen allgemeinen Risikofaktoren zählt die Beschreibung der mit den Vermögensgegenständen verbundenen Risiken (insb. das Ausfallrisiko des zugrunde liegenden Schuldners und die vertraglichen Möglichkeiten, aufgrund derer eine Zahlung unter dem Vermögensgegenstand nicht in der vereinbarten Höhe zu der vereinbarten Zeit erfolgen muss).[13] Hinweise auf die „Branche" in der der Emittent tätig ist, sind in asset backed securities Transaktionen, bis auf wenige Ausnahmen, nicht zwingend erforderlich. Nur selten wird der Originator der verbrieften Vermögenswerte selbst Emittent der Wertpapiere sein. Jedoch ist auch in diesen Fällen zu berücksichtigen, dass die Rückzahlung der asset backed securities allein von der Entwicklung der zugrunde liegenden Vermögensgegenstände und das Risiko des Invest-

5

---

9 Vgl. Komm. zu §§ 44 ff. BörsG, § 13 VerkProspG; *Mülbert/Steup*, in: Habersack/Mülbert/ Schlitt, UntFinanzKM, § 26.

10 So wurde ein Streitfall zwischen der HSH Nordbank AG und Barclays Bank plc außergerichtlich geklärt (siehe Handelsblatt v. 15.02.2005). Ein neuerer Streitfall zwischen der HSH Nordbank AG und der UBS AG betrifft nicht die Darstellungen im Prospekt (siehe Handelsblatt v. 25.02.2008).

11 Zu beachten ist auch Abschnitt A (Einleitung und Warnhinweise) und Abschnitt D.2 von Anh. XXII EU-ProspV zu den für die Zusammenfassung vorgeschriebenen Angaben.

12 *Kullmann/Sester*, ZBB 2005, 209, 213; je nach Art des anzufertigenden Prospektes, siehe Anh. V oder XII EU-ProspV.

13 Siehe exemplarisch den Prospekt v. 20.04.2006 der CB MezzCAP Limited Partnership (Zulassung in Irland) zu nachrangigen Forderungen in Form von Genussrechten.

ments in die asset backed securities nur sekundär von der Zahlungsfähigkeit des Emittenten abhängt. Insofern sind selbst bei Handelsgesellschaften oder Körperschaften als Emittenten von asset backed securities nur dann Risiken, die mit dem allgemeinen Geschäftsbetrieb des Emittenten zusammenhängen, aufzunehmen, wenn diese gleichzeitig Einfluss auf die Verwertung der verbrieften Vermögensgegenstände haben können. Ein derartiges Szenario wird wohl nur dann eintreten, wenn die wirtschaftliche Lage des Emittenten derart bedroht ist, dass die Gefahr der Anfechtung der mit der Begebung der asset backed securities einhergehenden Rechtsgeschäfte droht.

6 Als wesentliche emittentenbezogene und zwingend in einem Prospekt für asset backed securities aufzuführende Risikofaktoren sind die folgenden zu nennen:

7 1. Der Emittent ist alleiniger Schuldner der Wertpapiere. Es ist hierbei ausdrücklich festzuhalten, dass sämtliche an der asset backed securities Transaktion beteiligten Drittparteien nur verpflichtet sind, Zahlungen unter den jeweiligen Transaktionsdokumenten an den Emittenten bzw. den Treuhänder zu leisten und nur gegenüber diesen verpflichtet sind, die in der Transaktionsdokumentation vorgesehenen Handlungen vorzunehmen. Direkte Ansprüche der Anleihegläubiger gegen diese beteiligten Parteien bestehen nicht. Dies ist insb. bei Emittenten in Form eines SPV relevant, da diese neben den transaktionsspezifischen Vermögensgegenständen über kein nennenswertes Vermögen verfügen und primär auf das ordnungsgemäße Verhalten der an der Transaktion beteiligten Drittparteien angewiesen sind, um ihren Verpflichtungen unter den asset backed securities nachzukommen.

8 2. Im Regelfall, dass der Emittent ein SPV ist, ist darauf hinzuweisen, dass der Emittent nur eine begrenzte Geschäftstätigkeit ausübt und dass der Rückgriff auf das Vermögen des Emittenten durch die im Rahmen der asset backed securities Transaktion erworbenen Vermögenswerte und Ansprüche gegen die Drittparteien beschränkt ist und kein weiteres Vermögen zur Befriedigung der Ansprüche der Anleihegläubiger zur Verfügung steht. Aufgrund der ausgedehnten Beschreibung der Transaktionsmerkmale und der Zahlungsströme innerhalb der Transaktion im Rahmen des Art. 11 i.V.m. Anh. VIII EU-ProspV müssen im Rahmen der Darstellung dieses Risikofaktors nicht sämtliche Zusammenhänge, die zu diesem beschränkten Rückgriff auf das Vermögen des Emittenten führen, aufgeführt werden. Wesentlich ist in diesem Bereich jedoch der Hinweis, dass ein Verkauf der Vermögensgegenstände im freien Markt evtl. zum Verwertungszeitpunkt nicht möglich sein kann.

Im Zusammenhang mit Angebotsprogrammen, ist darauf hinzuweisen, dass der Rückgriff auf die mit der einzelnen unter dem Programm begebenen Anleihe erworbenen Vermögensgegenstände beschränkt ist, und dass auf die mit der Emission von weiteren Anleihen erworbenen Vermögensgegenstände nicht zurückgegriffen werden kann. Um dieser mit diesem sog. vertraglich vereinbarten „ring fencing" der einzelnen erworbenen Vermögensgegenständen verbundenen Unsicherheit zu begegnen, ob diese vertragliche Konstruktion im Fall der Insolvenz des Emittenten

gerichtlich Bestand haben wird,[14] werden als Emittenten von asset backed securities Emissionsprogrammen zunehmend sog. „protected cell companies"[15] herangezogen. Durch diese Gesellschaftsform werden auf gesellschaftsrechtlicher Ebene und nicht nur auf vertraglicher Ebene die Vermögensgegenstände, die der jeweiligen Emission unterliegen, voneinander abgegrenzt. Ist der Emittent der asset backed securities in dieser Gesellschaftsform gegründet oder in eine derartige umgewandelt worden, so ist in diesem Risikofaktor darauf hinzuweisen, dass der Rückgriff der Anleihegläubiger nur auf das Vermögen der einzelnen Zelle/Compartment, die als Emittent der Anleihe gilt, beschränkt ist. Die Darstellung der gesellschaftsrechtlichen Struktur als solcher ist im Bereich der Informationen über den Emittenten (siehe hierzu unten IV.) vorzunehmen.

3. In die gleiche Richtung wie der Risikofaktor, dass der Rückgriff auf die   9
   unterliegenden Vermögensgegenstände beschränkt ist, zielt der erforderliche Hinweis auf die bei der Zahlungsausführung und die im Verwertungsfall der Vermögensgegenstände vom Emittenten einzuhaltende Zahlungsreihenfolge. Hierbei wird erneut betont, dass nur die im Rahmen dieser Zahlungsreihenfolge zu verteilenden Mittel zur Bedienung der asset backed securities zur Verfügung stehen, und dass der Anleihegläubiger mit Erwerb dieser Wertpapiere akzeptiert, dass er keine weitergehenden Ansprüche gegen den Emittenten hat. Dieser Risikohinweis ist so zu gestalten, dass dem Anleger deutlich gemacht wird, dass er mit dem Erwerb der asset backed securities auf die Geltendmachung der verbleibenden Forderung verzichtet. Dieser Forderungsverzicht ist ebenfalls Element der Anleihebedingungen der asset backed securities und soll insb. bei Transaktionen, bei denen mehrere Anleiheklassen vom Emittenten begeben werden, sicherstellen, dass Investoren in nachrangige Anleihen, die von den Verlusten bei den Vermögensgegenständen am ehesten betroffenen sind, keine weiteren Schritte unternehmen können, um auf evtl. noch vorhandene Vermögensgegenstände, die jedoch den Gläubigern vorrangiger Anleiheklassen zustehen, zurückzugreifen.[16]

4. Ähnlich wie die unter 2. und 3. dargestellten Risikofaktoren, dient der   10
   Hinweis, dass der Anleger mit Erwerb der asset backed securities auf das Recht verzichtet, gegen den Emittenten ein Insolvenz- oder ähnliches Verfahren zur Abwicklung des Emittenten einzuleiten, dem Schutz vor Insolvenzverfahren und der Einhaltung der für die asset backed securities Transaktion vereinbarten Zahlungs- und Verwertungsreihenfolge, um so

---

14 Bisher haben lediglich Jersey und Luxemburg Gesetze geschaffen, welche die Rückgriffbeschränkung (sog. limited recourse Klauseln) auch in der Insolvenz sicherstellen.

15 Inzwischen gibt es die Möglichkeit der Protected Cell Companies oder ähnlicher Formen in 34 Ländern weltweit. In Europa kann insbesondere in Frankreich (Fonds Commun de Créances (FCC)) Luxemburg (Securitisation companies (compartements)), Guernsey und Jersey von einer derartigen gesellschaftsrechtlichen Konstruktion Gebrauch gemacht werden.

16 Siehe hierzu z.B. im Prospekt der Volkswagen Leasing GmbH Transaktion VCL MultiCompartment S.A., Compartment VCL 16 (Prospekt hierzu datiert v. 25.10.2012, Zulassung in Luxemburg).

die Nachrangigkeit (Subordination) der verschiedenen Tranchen der asset backed securities bzw. wenn nur eine Tranche emittiert wird, den Vorrang vor anderen an der Transaktion beteiligten Parteien im Rahmen der Zahlungs- und Verwertungserlöse sicherzustellen und daraus folgend das Rating der asset backed securities zu erreichen bzw. zu verbessern.[17]

11 5. In der Regel wird der Sitzstaat des Emittenten im Hinblick auf die in der Transaktion enthaltenen Steuer- und Verwertungsrisiken bewusst gewählt. Dennoch können abhängig vom Sitzland und der Art des dem Wertpapier zugrunde liegenden Vermögensgegenstandes steuerliche Risiken oder Probleme mit der Verwertung des Vermögensgegenstandes verbunden sein, die aufgrund des beschränkten Vermögens des Emittenten zu Ausfällen unter den asset backed securities führen können. So können Quellensteuern auf die Zahlungen aus dem Vermögensgegenstand anfallen, die entweder gar nicht oder erst nach einem Steuerbescheid des einbehaltenden Steuerlandes wiedererlangt werden. Derartige Steuerrisiken sind ebenfalls im Rahmen der emittentenbezogenen Risikofaktoren darzustellen.[18] Gleiches gilt, wenn ein Mindererlös bei vorzeitiger oder zwangsweiser Verwertung der Vermögensgegenstände droht.

12 Jedes hier angesprochene Risiko ist grds. mit einer asset backed securities Transaktion verbunden. Je nach Struktur der einzelnen Transaktion muss über die Ausführlichkeit der Darstellung der Risikofaktoren entschieden werden. Bestehen die asset backed securities aus vielen Anleiheklassen oder unterteilen sich die Anleiheklassen erneut in Tranchen[19], so ist im Rahmen des Hinweises auf die Nachrangigkeit der einzelnen Klassen und Tranchen zueinander, ebenfalls darzustellen, wie im Rahmen der Verwertung der Vermögensgegenstände die unterschiedlichen Klassen der Anleihegläubiger behandelt werden und wessen Anweisungen Folge zu leisten ist. Gelten für einzelne Anleiheklassen oder Tranchen spezifische Nachrangmerkmale, so sind diese getrennt von den im Übrigen gleichförmigen Klassen und Tranchen darzustellen.

13 Neben den Risiken, die mit den Geldzuflüssen unter den Vermögensgegenständen und dem damit verbundenen beschränkten Rückgriff auf das Vermögen des Emittenten zusammenhängen, ergeben sich insb. bei True Sale Transaktionen (siehe hierzu Einleitung zu Art. 10 EU-ProspV) diverse rechtliche Unsicherheiten bei der Übertragung von Forderungen auf den Emittenten, insb. im Zusammenhang mit der Insolvenz des Forderungsverkäufers und des Forderungsverwalters (Servicer)[20], möglichen Abtretungsverboten,

---

17 *Schwarcz*, Structured Finance, 3rd Edition, 2005, S. 16 f.; Standard & Poor's, European Legal Criteria 2005, S. 12.

18 Siehe exemplarisch den Prospekt v. 17.07.2012 der Bavaria Sky S.A. (compartment 3) (Zulassung in Luxembourg).

19 *Früh*, BB 1995, 105, 108.

20 Absonderung (§ 48 InsO) oder Aussonderung (§ 47 InsO) der Vermögensgegenstände im Falle der Insolvenz des Forderungsverkäufers; vgl. Praxis des BGH zu „echtem" und „unechtem" Factoring, BGHZ 69, 254, 255, 257; BGHZ 126, 261, 263 und BFH, WM 1999, 1763, 1764 f.

Datenschutzrecht und Aufrechnung durch den Forderungsschuldner[21] oder bei Handelsforderungen bei potentieller Kollision mit Vorbehaltslieferanten.[22]

IV. Exkurs – Refinanzierungsregister

Ein wesentlicher Aspekt einer True Sale asset backed securities Transaktion stellt die insolvenzfeste Übertragung der Vermögensgegenstände vom Originator auf den Emittenten dar. Bisher gab es in diesem Zusammenhang zwei wesentliche Unsicherheiten, die es zu überwinden galt. Während aus rein juristischer Sicht die Übertragung des Eigentums an Sachen, Forderungen und Rechten ohne Weiteres möglich ist, stellt sich im Fall der Insolvenz des Originators/Forderungsverkäufers häufig die Frage, ob die Übertragung auf den Emittenten im Rahmen der asset backed securities Transaktion zum Vollrechtserwerb des SPV an den Forderungen diente oder lediglich sicherungshalber für die Gewährung eines Kredites durch das SPV an den Originator erfolgte. Entscheidend für die Beantwortung dieser Frage ist die erfolgreiche Übertragung des Delkredererisikos am Vermögensgegenstand. Ob ein Insolvenzverwalter diese Frage allein aus rechtlicher Sicht betrachtet[23] oder sich dabei zugleich an den wirtschaftlichen Beurteilungen der Wirtschaftsprüfer[24] orientiert, ist fraglich.

Die zweite Hürde bildet insbesondere im Bereich der sog. Mortgage Backed Securitisations (MBS), bei denen durch Grundpfandrechte besicherte Kreditforderungen verbrieft werden, die Höhe der Kosten, die mit einer wirksamen Übertragung der Grundpfandrechte auf den Emittenten einhergehen. Während die Übertragung der Forderung formlos möglich ist, und in den Fällen akzessorischer Sicherheiten die Sicherheit mit der Abtretung der Forderung auf den Erwerber übergeht, bedarf es bei Buchgrundschulden der Umschreibung des Grundbuches zur insolvenzfesten Übertragung.[25] Dies ist nicht nur Zeit, sondern auch kostenaufwendig. Dementsprechend wurden derartige Transaktionen entweder als synthetische asset backed securities strukturiert oder es haben sich der Originator und Arrangeur von True Sale Transaktionen darauf geeinigt, dass erst bei Eintritt einer Ratingverschlechterung des Originators eine derartige Übertragung zu erfolgen hat und der Originator unterdessen die Buchgrundschuld (verwaltungs-) treuhänderisch im Interesse des Emittenten hält, um somit im Falle der Insolvenz des Originators ein

14

---

21 Allgemein: *Waschbusch*, ZBB 1998, S. 408, 414; exemplarisch auch der Prospekt der Transaktion der Commerzbank AG, TS Co. mit One GmbH, deren Prospekt v. 26.06. 2006 datiert (Zulassung in Irland).

22 Grundlegend hierzu der Vorlagebschluss des Großen Senats v. 27.11.1997, WM 1999, 227 f.; BGHZ 82, 283; BGHZ 75, 391.

23 BGHZ 82, 283, BGHZ 75, 391.

24 Siehe IDW Stellungnahme zu „Zweifelsfragen der Bilanzierung v. ABS-Gestaltungen oder ähnlichen Securitisation-Transaktionen" IDW ERS HFA 8; zu finden auf der Homepage des IDW (www.idw.de).

25 *Pannen/Wolff*, ZIP 2006, 52, 54.

Aussonderungsrecht nach § 47 InsO geltend machen zu können. Dem steht aber die Rechtsprechung des BGH entgegen, wonach das Unmittelbarkeitsprinzip zu beachten und bei Grundschulden sogar die Eintragung einer Vormerkung erforderlich ist.[26] Mangels einer solchen, stünde dem Emittenten im Falle der Insolvenz des Originators bei MBS Transaktionen nur eine Insolvenzforderung zu. Aufgrund der damit verbundenen Tragung bestimmter Insolvenzkosten durch das SPV ist das gute Rating der asset backed securities nicht oder nur durch kostenträchtige Barreserven zu erreichen. Durch die neuen Regelungen zu Basel II und III und der teilweise fehlenden Refinanzierungsmöglichkeit im Rahmen von synthetischen asset backed securities Transaktionen, werden True Sale Transaktionen zur Refinanzierung von grundpfandrechtlich besicherten Krediten für die Kreditinstitute immer relevanter.

15 Um dieser Probleme Herr zu werden, wurde das Refinanzierungsregister (§§ 22 a–22 o und § 1 Abs. 24–26 KWG) eingeführt.[27] Gleichzeitig wurde damit auf die Diskussion reagiert, ob aus dem Bankgeheimnis ein stillschweigender Ausschluss der Abtretbarkeit von Forderungen aus Verbraucherkrediten folgen kann.[28] Vergleichbar ist das Refinanzierungsregister mit dem Deckungsregister des Pfandbriefgesetzes, jedoch mit weniger strengen Anforderungen hinsichtlich des Inhalts und der Prüfungspflichten des Registerverwalters (Verwalter).[29] Die zentrale Vorschrift ist § 22 j KWG. Danach können Gegenstände des Refinanzierungsunternehmens, die ordnungsgemäß im Refinanzierungsregister eingetragen sind, in Falle der Insolvenz des Refinanzierungsunternehmens vom Übertragungsberechtigten nach § 47 InsO ausgesondert werden. Diese Regelung begründet die insolvenzfeste Rechtsposition des Emittenten (als Übertragungsberechtigter) ohne Übertragung der relevanten Vermögensgegenstände.[30]

16 Entscheidend für die Darstellungen im Prospekt von asset backed securities ist somit zweierlei. Zunächst ist im Rahmen der Risikohinweise darauf aufmerksam zumachen, dass der Emittent von asset backed securities nur dann einen Anspruch auf Übertragung der Vermögensgegenstände des Refinanzierungsunternehmens hat, wenn diese und der Emittent (als „Übertragungsberechtigter") ordnungsgemäß im Refinanzierungsregister eingetragen sind (§ 22 d Abs. 2 und Abs. 5 Satz 1 KWG).[31] Entscheidend ist des Weiteren, dass der Originator/Forderungsverkäufer (d. h. das Refinanzierungsunternehmen), zum Zwecke der Refinanzierung in seinem Eigentum

---

26 BGH, ZIP 1993, 213, 214; BGH, ZIP 2003, 1613, 1615, 1616.
27 Gesetz zur Neuorganisierung der Bundesfinanzverwaltung und zur Schaffung eines Refinanzierungsregisters, BR-Drucks. 515/05 und BT-Drucks. 15/5852; Änderung vorgesehen durch CRD IV-UmsG BR-Drucks. 510/12 und BT-Drucks.17/10974 (jeweils Entwürfe) wonach auch Versicherungsunternehmen Übertragungsberechtigte sein können.
28 § 22 d Abs. 4 Satz 1 KWG; BT-Drucks. 15/5852, S. 22 in Antwort auf OLG Frankfurt/M., ZIP 2004, 1449 ff.
29 BT-Drucks. 15/5852, S. 16.
30 *Pannen/Wolff*, ZIP 2006, 52, 57.
31 Abschließende Aufzählung der Angaben zur ordnungsgemäßen Eintragung; BT-Drucks. 15/5852, S. 19.

befindliche Gegenstände (oder Ansprüche auf deren Übertragung) veräußern muss. Bemerkenswert ist bei multi-jurisdiktionalen Transaktion zudem, dass auch Vermögensgegenstände, die nicht dem deutschen Recht unterliegen, eintragungsfähig sind, sofern der Originator rechtlich zur Übertragung berechtigt ist.[32] Dies stellt insofern ein Risiko für die asset backed securities Transaktion dar, als gem. § 22 g Abs. 1 Satz 2 KWG der Verwalter des Registers die Berechtigung des Originators am Vermögensgegenstand und die Eintragungsfähigkeit des Vermögensgegenstandes (also die inhaltliche Richtigkeit des Registers) nicht zu prüfen braucht. Eintragungsfähig sind nur Forderungen, Grundpfandrechte sowie Registerpfandrechte an Luftfahrzeugen und Schiffshypotheken.[33] Nicht eintragungsfähig und veräußerbar sind Forderungen, bei denen ein schriftliches Abtretungsverbot vereinbart wurde (§ 399 Alt. 2 BGB).[34]

Ferner sind in das Refinanzierungsregister einzutragen, der Übertragungsberechtigte, d. h. die Zweckgesellschaft, der Refinanzierungsmittler oder eine Pfandbriefbank,[35] der Zeitpunkt der Eintragung[36] und falls ein Vermögensgegenstand als Sicherheit dient, der rechtliche Grund, der Umfang, der Rang der Sicherheit und das Datum des Tages, an dem der den rechtlichen Grund für die Absicherung enthaltende Vertrag geschlossen wurde (§ 22 d Abs. 2 KWG). In Bezug auf den letzten Punkt, die einzutragenden Forderungen bzw. die sie sichernden Grundpfandrechte ist zu bemerken, dass die Angaben nicht genau bestimmt, sondern nur objektiv eindeutig bestimmbar sein müssen.[37] Wichtiges Merkmal insb. im Hinblick auf die Beurteilung der Wirtschaftprüfer zu asset backed securities Transaktionen ist auch, dass es einer Eintragung nicht entgegensteht, dass das Refinanzierungsunternehmen im Rahmen des Verkaufs das Risiko für die Werthaltigkeit ganz oder teilweise trägt.[38] Zudem ist in einem Prospekt darauf hinzuweisen, dass die Eintragung die Wirksamkeit von späteren Verfügungen über den Vermögensgegenstand unberührt lässt (§ 22 j Abs. 1 Satz 3, 4 KWG), welches dazu führt, dass der Gegenstand nicht mehr zum Vermögen des Refinanzierungsunternehmens gehört und dementsprechend an ihm auch kein Aussonderungsrecht geltend gemacht werden kann.[39] Einwendung und Einreden Dritter gegen die eingetragenen Forderungen und Rechte bleiben erhalten (§ 22 j Abs. 2 Satz 1 und 4 KWG), so dass ein gutgläubiger Erwerb der Einredefreiheit ausgeschlossen ist.[40] Zu beachten ist, dass sich das Aussonde-

---

32 § 22 a Abs. 1 Satz 1, § 22 b Abs. 1 Satz 1 KWG; BT-Drucks. 15/5852, S. 17 und 18.

33 Durch § 22 a Abs. 1 Satz 1 KWG erhält der weite Begriff in § 1 Abs. 24 KWG eine wesentliche Einschränkung, siehe *Tollmann*, WM 2005, 2017, 2023.

34 Gleichwohl kann eine Forderung unter den Voraussetzungen des § 354 a HGB eingetragen werden.

35 § 1 Abs. 25 und 26 KWG und § 1 Abs. 1 Satz 1 PfandbriefG.

36 Mit Zeitpunkt ist nicht nur das Datum, sondern auch die konkrete Uhrzeit der Registereintragung gemeint. BT-Drucks. 15/5852, S. 20.

37 Ausreichend ist z. B. die Identifikation des Gegenstandes durch Bezugnahme auf Kreditakten oder Kontonr., BT-Drucks. 15/5852, S. 20.

38 BT-Drucks. 15/5852, S. 23.

39 BT-Drucks. 15/5852, S. 23.

rungsrecht in der Insolvenz des Refinanzierungsunternehmens nicht auf eine Befriedigung aus der Grundschuld, sondern deren Übertragung in Höhe des eingetragenen Umfanges bezieht.[41]

17 Als zweites muss das registerführende Unternehmen und die Person des Verwalters im Prospekt beschrieben werden. Dabei kann sich die Darstellung an den von Ziff. 2.3.2 von Anh. VIII EU-ProspV[42] und Ziff. 3.2 von Anh. VIII EU-ProspV vorgegebenen Kriterien orientieren. Vorausgesetzt das Refinanzierungsunternehmen ist ein Kreditinstitut oder eine in § 2 Abs. 1 Nr. 1–3 a KWG genannte Einrichtung, muss das Refinanzierungsregister durch das Refinanzierungsunternehmen selbst geführt werden (§ 22 a KWG). Sofern das Refinanzierungsunternehmen nicht dazu befugt ist oder es für ein als Refinanzierungsunternehmen auftretendes Kreditinstitut eine unangemessene Belastung darstellt, das Register selbst zu führen, wird das Refinanzierungsregister von einem (anderen) Kreditinstitut oder der Kreditanstalt für Wiederaufbau geführt (§ 22 b KWG). Bei dem registerführenden Unternehmen ist eine natürliche Person als Verwalter des Refinanzierungsregisters zu bestellen. Die Bestellung erfolgt dabei durch die BaFin auf Vorschlag des registerführenden Unternehmens, vorausgesetzt, dass die Unabhängigkeit, Zuverlässigkeit und Sachkunde der vorgeschlagenen Person gewährleistet erscheint (§ 22 e KWG). Die Aufgabe des Verwalters ist nicht die Führung des Registers selbst, sondern beschränkt sich nach § 22 g KWG im Wesentlichen auf die Überprüfung der Ordnungsgemäßheit der Eintragung anhand des ihm nach § 22 h KWG zustehenden Einsichtsrechts. Prospektrelevant ist zudem die freiwillige Beendigung der Registerführung oder deren Übertragung auf ein anderes, geeignetes Kreditinstitut (§ 22 k Abs. 1 KWG), wenn alle eingetragenen Übertragungsberechtigten und deren Gläubiger (also auch die Inhaber der asset backed securities) zustimmen. Eine zwangsweise Übertragung der Registerführung auf ein anderes Kreditinstitut durch die BaFin kann ohne Zustimmung erfolgen (§ 22 k Abs. 2 KWG), wobei zu beachten ist, dass eine zwangsweise Übertragung in der Insolvenz des registerführenden Unternehmens nicht möglich ist, wenn es gleichzeitig Refinanzierungsunternehmen ist (§ 22 k Abs. 3 KWG). Eine Übertragung ist dann nur mit Zustimmung der Übertragungsberechtigten und deren Gläubiger gem. § 22 k Abs. 1 KWG möglich.[43]

V. Informationen über den Emittenten

18 1. Die Informationen über den Emittenten, sind insb. bei einem SPV als Emittenten in einfacher Form darzustellen. Ist der Emittent der asset backed securities hingegen kein SPV sind die Darstellungen über den Emittenten aufgrund dessen, dass derartige Emittenten über eine Geschäftshistorie verfügen, deutlich ausführlicher zu gestalten. Treten Banken,

---

40 BT-Drucks. 15/5852, S. 23.
41 *Pannen/Wolff*, ZIP 2006, 52, 58.
42 Siehe Rn. 40 v. Art. 11 i. V. m. Anh. VIII EU-ProspV zum Portfolio Manager.
43 BT-Drucks. 15/5852, S. 29.

Staaten/Körperschaften oder internationale Organisationen als Emittenten von asset backed securities auf, so können diese sich bei der Darstellung über den Emittenten an dem Schema für das Registrierungsformular für Banken[44], dem Schema für das Registrierungsformular für Mitgliedstaaten, Drittstaaten und ihren regionalen und lokalen Gebietskörperschaften[45] oder dem Schema für das Registrierungsformular für internationale öffentliche Organisationen und für Emittenten von Schuldtiteln, deren Garantiegeber ein OECD-Mitgliedstaat ist[46], orientieren. Entscheidendes Kriterium für die Ausführlichkeit der erforderlichen Angaben ist daher die Erklärung, ob der Emittent als eine Zweckgesellschaft gegründet wurde. In der Regel wird die Aussage, dass der Emittent als eine Zweckgesellschaft[47] für die Begebung von asset backed securities gegründet wurde, in den Prospekt aufzunehmen sein. Weder bei den Investoren in asset backed securities noch bei den Rating Agenturen ist es gern gesehen, wenn eine Gesellschaft, die bereits eine Geschäftätigkeit ausübt, als Emittent von asset backed securities auftritt, da in diesen Fällen der Emittent aufgrund dessen sonstiger Geschäftätigkeit das Rating der asset backed securities beeinflussen könnte.[48] Zu beachten ist auch hier, dass keineswegs an der Vorgabe der Verwendung des Begriffes „Zweckgesellschaft" festgehalten werden, sondern der jeweiligen transaktionsspezifischen Situation Rechnung getragen muss.[49] So ist insb. bei Gesellschaften, wie den im englischrechtlichen Raum verwendeten Limited Partnerships[50], die keine eigene Rechtspersönlichkeit haben, darauf zu achten, dass bei Verwendung des Begriffes „Zweckgesellschaft" nicht der Eindruck entsteht, dass es sich bei dem Emittenten um eine eigenständige juristische Person handelt. In einem solchen Fall ist die Darstellung zu wählen, dass es sich bei dem Emittenten in der gewählten Gesellschaftsform um ein Subjekt, welches allein für den Zweck dieser asset backed securities Transaktion geformt wurde, handelt, um den geforderten Einzweckcharakter des Emittenten aufzuzeigen.

2. Bei der Namensdarstellung des Emittenten ist sowohl der kommerzielle *19* (z. B. BMW Group) als auch der juristische Name (z. B. Bayerische Motoren-Werke AG) des Emittenten anzugeben. Hat der Emittent seinen Na-

---

44 Art. 14 i. V. m. Anh. XI EU-ProspV; CESR, advice, content and format, Ref: CESR/03-300, Tz. 115.

45 Art. 19 i. V. m. Anh. XVI EU-ProspV; Erwg. 20 EU-ProspV.

46 Art. 20 i. V. m. Anh. XVII EU-ProspV.

47 Auch in der Zusammenfassung zu berücksichtigen, siehe Abschnitt B.20 von Anh. XXII EU-ProspV. Der Unterscheidung zwischen Zweckgesellschaft und Unternehmen im Wortlaut der EU-ProspV kommt keine Bedeutung zu, da beide den Zweck der Begebung von asset backed securities haben müssen, siehe *Bierwirth*, in: Assmann/Schlitt/von Kopp-Colomb, WpPG/VerkProsG, Anh. II EU-ProspV Rdn. 13.

48 *Schwarcz*, Structured Finance, 3rd Edition, 2005, S. 16 ff.; Standard & Poor's, European Legal Criteria 2005, S. 11 ff.

49 § 133 BGB; BGHZ 121, 13, 16.

50 Vergleichbar einer KG.

men geändert, so ist ein Hinweis auf diese Namensänderung und den dazu gefassten Gesellschafterbeschluss aufzunehmen.

20   3. Der Ort der Registrierung bzw. Eintragung des Emittenten und seine Registrierungsnummer erfordert den Hinweis auf das jeweilige lokale Handelsregister (oder die entsprechende Form des jeweiligen Sitzlandes des Emittenten[51]) und die Nummer, unter der die betreffende Gesellschaft eingetragen ist.

21   4. Einige Zweckgesellschaften für asset backed securities werden für die bestimmte Zeit der Transaktion gegründet. Dies kann insb. den Kostenvorteil haben, dass, sofern das lokale Recht dem der Emittenten unterworfen ist, dies vorsieht, die Gesellschaft automatisch gelöscht wird oder ein vereinfachtes Abwicklungsverfahren möglich ist[52], bringt jedoch den Nachteil mit sich, dass sämtliche die asset backed securities Transaktion betreffenden Zahlungen bis zu diesem Datum abgewickelt sein müssen, da nach diesem Datum der Emittent nicht mehr existiert.

22   5. Im Rahmen der Beschreibung des Emittenten ist neben der Angabe von Sitz und Hauptort der Geschäftätigkeit (sofern nicht mit dem eingetragenen Sitz identisch), Anschrift und Telefonnummer besonderes Augenmerk auf die Rechtsform des Emittenten zu legen, wenn dieser nicht in Form der typischen Gesellschaften (GmbH/Limited Liability Company (Ltd.), Aktiengesellschaft/Public Limited Company (plc)) gegründet ist. So sind bei einer Kommanditgesellschaft/Limited Partnership, der Komplementär und der Kommanditist zu beschreiben sowie das Verhältnis der Anteile, die diese an dem Emittenten halten und die daraus resultierenden Haftungs- und Kontrollverhältnisse.[53] Wird der Emittent in einer Sonderform (Protected Cell Company (PCC) Verbriefungsgesellschaft oder Fonds Commune de Créances (FCC)) gegründet, so ist eine Darstellung der Beschreibung des Emittenten beizufügen, die die Rechtsnatur dieser Rechtsform darstellt.[54] Im Rahmen dieser Darstellung sind Land der Gründung des Emittenten und Rechtsordnung, der seine Tätigkeiten unterliegen, zu nennen.

23   6. Bei Emittenten, die als Zweckgesellschaften gegründet wurden, schwankt das erforderliche Mindestkapital, sowohl hinsichtlich des genehmigten als auch des ausgegebenen Kapitals abhängig von der Jurisdiktion, in der der Emittent gegründet wurde, zwischen wenigen Euro (Ltd. werden in der Regel mit einem Mindestkapital von Euro 2/Brit. Pfund 2 gegründet)

---

51 Z. B. Companies House in England.
52 Z. B. Art. 3H und 205A Companies (Jersey) Law 1991.
53 Dabei ist teilweise zu beachten, dass sich das Verhältnis der Anteile an einer Limited Partnership nicht unbedingt an der Kapitaleinlage orientieren muss.
54 So ist zu beachten, dass die einzelne Zelle (PC) einer PCC keine eigene Rechtspersönlichkeit hat, sondern nur die PCC als solche. Anders die sog. Incorporated Cell Company (ICC), in der jede Zelle eigene Rechtspersönlichkeit besitzt. Beispielhaft für einen Prospekt, in dem eine Verbriefungsgesellschaft genutzt wird und als Emittent auftritt, der Prospekt der Bavaria Sky S. A. für compartment v. 17.07.2012 (Zulassung an der Luxemburger Börse), S. 41 ff.

bis hin zu einem Betrag von 40.000 Euro für eine plc in Irland. Die Art des Kapitals (Aktien, Gesellschaftsanteile (shares) oder Einlagen/Partnership Interests in eine Kommanditgesellschaft/Limited Partnership) und, soweit abgrenzbar, die Zahl der Anteile am Emittenten sind in wenigen Worten zu beschreiben. Bilden einen Teil der asset backed securities Vorzugsaktien des Emittenten, so ist an dieser Stelle lediglich ein Hinweis auf dieses Kapital anzuführen und auf die ausführlichen Darstellungen im Rahmen des gem. Art. 4 i. V. m. Anh. I EU-ProspV zusätzlich zu erstellenden Registrierungsformular für Aktien[55] zu verweisen. Kein zwingendes Erfordernis ist es an dieser Stelle den Betrag einzufügen, der durch die asset backed securities als Fremdkapital emittiert wird. Aufgrund der spezifischen Benennung des genehmigten und des ausgegebenen Kapitals, welche im Sinne des Aktienrechts als Eigenkapitalpositionen anzusehen sind[56], ist Ziff. 4.6 von Anh. VII EU-ProspV so auszulegen, dass hier zwingend lediglich das Eigenkapital des Emittenten der Erwähnung bedarf. Insb. bei Angebotsprogrammen für asset backed securities sollten jedoch die ausstehenden Emissionen angegeben werden, um im Sinne des WpPG[57] den Anlegerschutz zu verbessern und dem Anleger, gerade bei dünn kapitalisierten Zweckgesellschaften, einen Überblick über die ausstehenden Verbindlichkeiten zu geben.

VI. Geschäftsüberblick[58]

1. Die Kurzbeschreibung der Haupttätigkeitsbereiche des Emittenten wird in der Regel seiner Satzung/Gesellschaftsvertrag entnehmbar sein und stellt den Gegenstand des Unternehmens bzw. dessen Geschäftszweck dar. **24**

2. In Prospekten von asset backed securities ist es nach Ziff. 3.2. von Anh. VIII EU-ProspV erforderlich, die Teilnehmer der Verbriefungstransaktion im Rahmen der Beschreibung der Struktur der Transaktion darzustellen. Eine ähnliche Anforderung scheint die hier behandelte Ziff. 5.2. von Anh. VII EU-ProspV zu stellen. Jedoch deutet der in dieser Ziffer verwendete Begriff „Verbriefungsprogramm" (securitisation programme) darauf hin, dass die hier geforderten Informationen nur im Rahmen von Angebotsprogrammen Relevanz haben, da der Begriff „Programm" im WpPG und der EU-ProspV nur in diesem Zusammenhang Anwendung findet. Die Beziehungen der an einer asset backed securities Transaktion Beteiligten zueinander und insbesondere zum Emittenten, sind jedoch grds. bei jeder Transaktion von Wichtigkeit. Daher ist diese Information in alle Prospekte für asset backed securities aufzunehmen.[59] Eine Be- **25**

---

55 Erwg. 7 EU-ProspV.
56 §§ 23, 220 ff. AktG; Ziff. 21.1.1 von Anh. I EU-ProspV.
57 BT-Drucks. 15/5373, S. 81.
58 Relevanz für die Zusammenfassung siehe Abschnitt B.21 von Anh. XXII EU-ProspV.
59 So auch *Bierwirth*, in: Assmann/Schlitt/von Kopp-Colomb, WpPG/VerkProsG, Anh. II EU-ProspV Rdn. 19.

schreibung der an der asset backed Transaktion beteiligten Parteien erfolgt bereits auf Grund von Ziff. 3.2 von Anh. VIII EU-ProspV. Aus dem Zusammenhang der übrigen Vorschriften dieser Ziff. 5 des Anh. VII EU-ProspV, die sich mit der Geschäftätigkeit des Emittenten beschäftigen, ist abzuleiten, dass es der Zweck dieser Regelungen ist, die gesellschaftsrechtliche Struktur des Emittenten zu beschreiben und evtl. bestehende Interessenkonflikte zum Emittenten aufzuzeigen. Daher kann auf eine Darstellung der an der asset backed securities Transaktion oder einem Angebotsprogramm für asset backed securities beteiligten Personen an dieser Stelle des Prospektes verzichtet werden, sofern diese keine gesellschaftsrechtlichen Beziehung zum Emittenten haben. Es müssen in diesem Zusammenhang nur diejenigen Personen erwähnt werden, die im Hinblick auf den Zweck der Regelungen erforderlich sind, also ein potentieller Konflikt in ihrer Funktion als an der asset backed securities Transaktion beteiligte Drittpartei und ihrer Eigenschaft als für den Emittenten gesellschaftsrechtlich relevante Person. Besonders hervorzuheben sind im Rahmen der Beschreibung des Emittenten daher, sofern es sich beim Emittenten um ein SPV handelt, die Beziehung zur Servicegesellschaft, die die Geschäftsführer/Direktoren des Emittenten stellt (der sog. corporate services provider), da diese die wesentlichen gesellschaftsrechtlichen Verwaltungsfunktionen des Emittenten ausübt. Wie bei den übrigen Vertragsbeziehungen des Emittenten[60] sind die wesentlichen Vertragsbestandteile des Vertrags mit dem corporate services provider an dieser Stelle des Prospektes aufzuführen. Darunter fallen die wichtigsten Aufgabenbereiche des corporate services providers, die Voraussetzungen unter denen der Vertrag gekündigt werden kann, und dass der corporate services provider für seine Tätigkeit ein Entgelt erhält. Der Nennung der konkreten Höhe des Entgeltes bedarf es nicht, da diese Kosten im Vergleich zu den sonstigen Zahlungsströmen nur eine unwesentliche Rolle spielen.

VII. Verwaltungs-, Geschäftsführungs- und Aufsichtsorgane

26 Die in Ziff. 6 von Anh. VII EU-ProspV aufzuführenden Angaben unterscheiden sich nur im Grad der Detailliertheit bei Emittenten in Form einer Zweckgesellschaft (SPV) von denen eines solchen in der Form eines sonstigen Handelsunternehmens/eines Kreditinstituts. Handelt es sich bei dem Emittenten nicht um ein SPV, so sind die Angaben zu den Mitgliedern des Vorstands/der Geschäftsführung und des Aufsichtsrat/des Beirats/der Gesellschafterversammlung nebst Wohnsitz und der wichtigsten Tätigkeit, die sie außerhalb des Emittenten ausüben, aufzuführen. Die Beschreibung muss sich nicht von den erforderlichen Darstellungen in einem Jahresabschluss der betreffenden Gesellschaft unterscheiden.

---

60 Hierzu siehe Ziff. 15 v. Anh. VI und Ziff. 12 v. Anh. IX EU-ProspV.

In den Fällen, in denen es sich bei dem Emittenten um ein SPV handelt, ist 27
das einzige Organ, welches hier Erwähnung finden muss, die Geschäftsführung/Direktoren. An den Umfang der Informationen (Hauptnebentätigkeit
und Geschäftsanschrift) sind dieselben Anforderungen zu stellen, wie bei einer Nichtzweckgesellschaft. Besonderes Augenmerk ist bei Direktoren von
Zweckgesellschaften darauf zu legen, dass evtl. Konflikte mit der Tätigkeit
als Direktor der Zweckgesellschaft offen gelegt werden. In den meisten Fällen sind die Direktoren des Emittenten zugleich Direktoren des corporate
services provider, Direktoren des Treuhänders, der die Anteile an dem Emittenten für eine gemeinnützige Stiftung[61] hält, und Direktoren der Gesellschaft, die die alltägliche Verwaltung der Gesellschaft übernimmt (sog. company secretary). Einen Aufsichtsrat gibt es bei Zweckgesellschaften in der
Regel nicht.

Handelt es sich bei dem Emittenten um eine KGaA, ist der persönlich haf- 28
tende Gesellschafter, sofern nicht bereits im Rahmen von Ziff. 4.5 dieses
Anh. VII EU-ProspV erfolgt, zu beschreiben. Auch die englische Version der
EU-ProspV nennt in diesem Zusammenhang allein die „limited partnership
with a share capital". Jedoch hat auch die einfache KG einen persönlich haftenden Gesellschafter und das Informationsbedürfnis des Anlegers ist bei
dieser nicht geringer als bei einer KGaA. Zweck der Angaben in diesem Teil
des Prospektes ist, es den Anleger über die dem Emittenten als Eigenkapital
zur Verfügung stehende Haftungsmasse aufzuklären. Neben dem deutschen
Gesellschaftsrecht, kennen nur Spanien, Luxemburg, die Niederlande, Italien, Belgien und Frankreich den Unterschied der Personengesellschaft (KG)
und der juristischen Person (KGaA).[62] Eine derartige Unterscheidung gibt es
z.B. im englischen[63] oder polnischen Recht[64] nicht. Viele andere europäische
Länder kennen nur die KG als Personengesellschaft.[65] Insofern sind über den
Wortlaut der Ziff. 6(b) des Anh. VII EU-ProspV hinaus auch dann Angaben
zum persönlich haftenden Gesellschafter zu machen, wenn es sich um eine
einfache KG/Limited Partnership handelt.[66]

---

61 Die typischen Formen einer gemeinnützigen Stiftung im europäischen Ausland sind in
England, Irland und den Kanalinseln ein sog. „Charitable Trust" und in den Niederlanden die sog. „Stichting". Da diese, bis auf die Stichting, keine eigenen juristischen Person
sind, handeln sie durch einen Treuhänder. Bei einer Stichting werden i. d. R. die Direktoren der Stichting dieselben der SPV sein.

62 Die KGaA ist wie eine AG eine juristische Person, unterscheidet sich von dieser jedoch
dadurch, dass es neben den (Kommandit-) Aktionären mindestens einen persönlich haftenden Gesellschafter gibt, dessen Stellung der des Komplementärs in einer KG ähnlich
ist, siehe zur GmbH & Co. KGaA auch BGH NJW 1997, 1923.

63 Nur die Limited Liability Partnership hat eigene Rechtspersönlichkeit (Art. 1 Limited Liability Partnership Act 2000), die Limited Liability Partnership hingegen nicht (Art. 4 Limited Partnerships Act 1907).

64 In Polen ist die KGaA (die sog. S. K. A.) ebenfalls eine Personengesellschaft.

65 So im skandinavischen Raum, Griechenland, Irland und Österreich.

66 Siehe beispielhaft den Prospekt der CB MezzCAP Limited Partnership v. 20.04.2006 (Zulassung in Irland).

VIII. Hauptaktionäre

29   Soweit dem Emittenten bekannt ist, sind Angaben zu den wesentlichen unmittelbaren und mittelbaren Beteiligungen oder Beherrschungsverhältnissen
an dem Emittenten in den Prospekt aufzunehmen. Dies schließt die Art und
Weise der Kontrolle durch die Beherrschung und Maßnahmen zur Verhinderung des Missbrauchs einer derartigen Kontrolle ein. Bei Emittenten, die
kein SPV sind, ist die Darstellung dieser Beteiligungs- und Beherrschungsverhältnisse ein wesentliches Element, den Anleger über die Bonitätsverhält-
nisse des Emittenten aufzuklären, damit dieser sich ein Bild über die hinter
dem Emittenten stehenden Anteilseigner machen kann.[67] Neben einer hohen Anteils-/Aktienbeteiligung sind insbesondere die Unternehmensverträge im Sinne der §§ 291, 300 ff. AktG an dieser Stelle von Relevanz. Der
Umfang der Darstellung in diesem Bereich kann sich an den geforderten Informationen (Art und Weise des Beherrschungsverhältnisses und der dadurch ausgeübten Kontrolle und Vorsorgemaßnahmen) orientieren, wobei
die Möglichkeit der Auflösung des Beherrschungsverhältnisses ebenfalls zu
thematisieren ist, da dieses insb. zum Wegfall der Haftung (§ 302 AktG) für
Verluste führen kann.

30   Ist der Emittent eine Zweckgesellschaft, so wird sich die Darstellung der
Hauptaktionäre auf die Nennung der Stiftung oder Stiftungen (Trusts), die
die Anteile an der Zweckgesellschaft halten, der Rechtsordnung, der diese
Stiftung(en) unterliegt, und der Nennung von deren Rechtsnatur[68] beschränken. In seltenen Fällen ist die arrangierende Bank oder der Originator der
Vermögensgegenstände Anteilseigner an der Zweckgesellschaft.[69] In vielen
Jurisdiktionen ist eine Stiftung, anders als in Deutschland, nicht rechtsfähig
und handelt durch einen Treuhänder, der als juristischer Eigentümer der Anteile an der Zweckgesellschaft diese zu Gunsten der jeweiligen Stiftung und
der durch sie Begünstigten hält. Vergleichbar mit dem Stifter im deutschen
Stiftungsrecht[70], hat dieser Treuhänder keinen Zugriff auf das Vermögen der
Stiftung/Trust.[71] Werden somit die Anteile an der Zweckgesellschaft von einem Treuhänder gehalten, so ist dieser bei der Darstellung der Hauptaktionäre mit dem Verweis, dass dieser die Anteile an der Zweckgesellschaft
treuhänderisch zu Gunsten der Begünstigen der Stiftung/Trust hält, zu erwähnen. Dies erfolgt, um deutlich zu machen, dass der wirtschaftliche Eigentümer die Stiftung und deren Begünstigte sind, und dass das Stiftungs-/
Trustvermögen von dem des Treuhänders als getrennt anzusehen ist. Weder
der Wortlaut der EU-ProspV noch die meisten Vorschriften der Sitzstaaten

---

67   BGH, WM 2000, 1441, 1443.
68   I. d. R. wird es sich um eine gemeinnützige Stiftung nach dem Recht des Sitzstaates des
Emittenten handeln.
69   *Schwarcz*, Structured Finance, 3rd Edition, 2005, S. 16 ff.; Standard & Poor's, European
Legal Criteria 2005, S. 11 ff.
70   *Reuter*, in: MüKo BGB, 6. Aufl., 2012, vor § 80 Rn. 51 ff.
71   Ein entsprechendes Verhalten des Treuhänders, welches zum Verlust des Stiftungs-/
Trustvermögens führt, löst eine entsprechende Schadensersatzpflicht des Treuhänders
aus.

von Stiftungen (z. B. Irland, Großbritannien, die Niederlande und Deutschland) verlangt die Erwähnung der Begünstigten der Stiftung/Trust im Prospekt. In vielen Fällen wird ein Begünstigter noch nicht feststehen, allenfalls der Bereich, der gefördert werden soll.

IX. Finanzinformationen

1. Im Rahmen von asset backed securities spielen die Finanzinformationen   *31*
des Emittenten nur eine untergeordnete Rolle. Um den Kriterien der Rating Agenturen zu entsprechen, wird für eine asset backed securities Transaktion in den meisten Fällen eine Zweckgesellschaft neu gegründet, die erst mit Begebung der Wertpapiere ihre Geschäftstätigkeit aufnimmt.[72] In diesem Fall werden keine historischen Finanzinformationen zur Verfügung stehen, die in den Prospekt eingearbeitet werden können. Der Wortlaut der Regelung von Ziff. 8.1 von Anh. VII EU-ProspV trägt dieser Besonderheit Rechnung.[73]

In einigen europäischen Jurisdiktionen muss ein erster Jahresabschluss   *32*
erst nach einer bestimmten Zeit nach Gründung der Gesellschaft erstellt werden (z. B. in Irland 18 Monate nach Gründung). Insofern kann vom Emittenten nicht verlangt werden, einen Jahresabschluss zur Einfügung in das Registrierungsformular zu erstellen, wenn es die lokalen Rechtsgrundlagen nicht erfordern. Derartige Abschlüsse müssen auch für einen Fall der Erstnotiz der asset backed securities an europäischen Börsen nicht erstellt werden. Es muss dementsprechend keine Eröffnungsbilanz in den Prospekt von asset backed securities eingefügt werden. Der Prospekt muss in diesem Fall jedoch den Hinweis darauf enthalten, dass noch kein Jahresabschluss erstellt wurde, ergänzt um den Hinweis, wann der Emittent den ersten Jahresabschluss zu erstellen gedenkt und ab wann dieser den Investoren spätestens zur Einsicht zur Verfügung stehen soll.[74]

Der Wortlaut der EU-ProspV verlangt vom Emittenten der asset backed   *33*
securities keine Angaben zu bestimmten weiteren Schlüsselinformationen über die Finanzsituation des Emittenten. So ist die Erforderlichkeit der Angabe des zur Verfügung stehenden Eigenkapitals bereits von Ziff. 4.6 dieses Anh. VII EU-ProspV abgedeckt.

Entscheidend ist im Rahmen der Ziff. 8.1 von Anh. VII EU-ProspV, dass   *34*
der Emittent der asset backed securities noch keine Geschäftstätigkeit aufgenommen hat. Aufgrund der lokalen Besonderheiten, dass keine Eröffnungsbilanz erstellt werden muss, kann es vorkommen, dass selbst bei bereits aufgenommener Geschäftstätigkeit vor Erstellung des Prospektes kein Jahresabschluss bei Abfassung des Registrierungsformulars zur Verfügung steht.

---

72 Standard & Poor's, European Legal Criteria 2005, S. 11.
73 Zur Relevanz für die Zusammenfassung, siehe Abschnitt B.22 von Anh. XXII EU-ProspV.
74 Siehe beispielhaft den Prospekt der Precise Mortgage Funding No. 1 plc v. 03.12.2013 (Zulassung in Irland), S. 111.

35   Bei Emittenten von asset backed securities mit einer Mindeststückelung von mindestens 100.000 Euro besteht auch im Fall der bereits aufgenommen Geschäftätigkeit keine Notwendigkeit Rumpfgeschäftsjahresabschlüsse zu erstellen, wenn ein Prospekt erst nach bereits erfolgter Aufnahme der Geschäftätigkeit aber vor Geschäftsjahresschluss erstellt wird, auch wenn erst zu diesem späteren Zeitpunkt eine Erstnotiz der Wertpapiere an einer europäischen Börse erfolgt.[75]

36   Wie im Zusammenhang von Ziff. 8.2 Satz 6 von Anh. VII EU-ProspV darzustellen sein wird, ist dieses bei asset backed securities mit einer Mindeststückelung von weniger als 100.000 Euro nicht gestattet. So sind bei bereits aufgenommener Geschäftätigkeit vor Prospekterstellung, aber vor dem Ende des ersten Geschäftsjahres, also vor dem Zeitpunkt der ursprünglich vorgesehen Jahresabschlusserstellung, historische Finanzinformationen zu erstellen, die den Anforderungen der EU-ProspV und der Verordnung (EG) Nr. 1606/2002 entsprechen.[76] Eine entsprechende Pflicht wird auch bei Zweckgesellschaften, die aus mehreren Zellen bzw. Compartments bestehen, ausgehen müssen, wenn andere Zellen/Compartments bereits Wertpapiere begeben haben.[77]

37   2. Hat ein Emittent von asset backed securities bereits einen Jahresabschluss erstellt, so müssen die Finanzinformationen den Anforderungen der Ziff. 8.2 bzw. Ziff. 8.2 a bis 8.4 von Anh. VII EU-ProspV genügen. Dies gilt z. B. im Rahmen von Emissionsprogrammen, deren dazugehöriger Basisprospekt zu aktualisieren ist.

38   Die Nähe der asset backed securities zu den derivativen Wertpapieren und den Schuldtiteln[78] zeigt sich auch in den Anforderungen an den Informationsumfang zu den Finanzinformationen. Wird zum Vergleich für asset backed securities mit einer Mindeststückelung von unter 100.000 Euro (Ziff. 8.2, 8.3 und 8.4 von Anh. VII EU-ProspV) der Wortlaut der Ziff. 13 von Anh. IV EU-ProspV herangezogen, so stellt man neben marginalen sprachlichen Ungleichheiten, wenige Unterschiede fest. Gleiches gilt bei dem Vergleich für asset backed securities mit einer Mindeststückelung von mindestens 100.000 Euro (Ziff. 8.2 a, 8.3 und 8.4 von Anh. VII EU-ProspV) mit der Ziff. 11 von Anh. IX EU-ProspV.

39   Hinsichtlich des Begriffes und Umfanges der historischen Finanzinformationen die entsprechend von Ziff. 8.2 Satz 1 von Anh. VII EU-ProspV bzw. Ziff. 8.2 a Satz 1 von Anh. VII EU-ProspV in den Prospekt aufzunehmen sind, kann daher auf die Ausführungen zu Ziff. 13.1 Satz 1 von Anh. IV

---

75 Siehe beispielhaft den Prospekt der Adagio III CLO p.l.c. v. 17.08.2006 (Zulassung in Irland), S. 263 und 264.

76 Siehe beispielhaft den bei der BaFin hinterlegten Basisprospekt der HT-Finanzanlage Limited v. 14.06.2012.

77 So auch *Bierwirth*, in: Assmann/Schlitt/von Kopp-Colomb, WpPG/VerkProsG, Anh. VII EU-ProspV Rdn. 31. Anders ist dies wohl zu beurteilen, wenn es sich bei der individuellen Zelle um eine eigene Rechtsperson und somit um eine separate Gesellschaft handelt, z. B. bei den sog. incorporated cell companies.

78 Siehe hierzu Rn. 7 zu Art. 10 EU-ProspV.

EU-ProspV[79] bzw. Ziff. 11.1 Satz 1 von Anh. IX EU-ProspV[80] verwiesen werden.

Der Besonderheit, dass asset backed securities zumeist von Einzweckge-   *40* sellschaften mit begrenzter Geschäftshistorie emittiert werden, wird im Wortlaut der Ziff. 8.2 bzw. 8.2 a von Anh. VII EU-ProspV Rechnung getragen. Während Ziff. 11.1 Satz 2 von Anh. IX EU-ProspV bzw. Ziff. 13.1 Satz 2 von Anh. IV EU-ProspV Ausnahmetatbestände für Emittenten mit kurzfristiger Geschäftätigkeit oder geänderten Bilanzstichtagen vorsieht, fehlt ein derartiger Wortlaut in Ziff. 8.2 von Anh. VII EU-ProspV bzw. Ziff. 8.2 a von Anh. VII EU-ProspV. Existiert der Emittent von asset backed securities weniger als zwei Jahre, so hat er entsprechend seines Bestehens Abschlüsse in den Prospekt aufzunehmen. Dennoch kann diese Regelung für Emittenten von asset backed securities nicht ignoriert werden. Existiert der Emittent von asset backed securities länger als zwei Geschäftsjahre[81] und beschreiben die vorhandenen letzten zwei Geschäftsjahresabschlüsse einen Zeitraum von weniger als 24 Monaten, so muss auch der Emittent von asset backed securities Finanzinformation zusätzlicher Geschäftsjahre in den Prospekt aufnehmen. Gleiches gilt bei Änderung des Abschlussstichtages.[82]

Bis auf eine im Folgenden zu nennende Ausnahme ist der restliche Wort-   *41* laut der Ziff. 8.2 von Anh. VII EU-ProspV bzw. Ziff. 8.2 a von Anh. VII EU-ProspV zu den entsprechenden Wortlauten der Ziff. 13.1 ab Satz 3 von Anh. IV EU-ProspV bzw. der Ziff. 11.1 ab Satz 3 von Anh. IX EU-ProspV identisch und insofern kann auf die hierzu gemachten Ausführungen verwiesen werden.[83]

Es ist Augenmerk darauf zu legen, dass Emittenten von asset backed se-   *42* curities mit einer Mindeststückelung von weniger als 100.000 Euro einen Jahresabschluss nach den Regelungen der IAS/IFRS zu erstellen haben (Ziff. 8.2 Satz 2 von Anh. VII EU-ProspV).[84] Zudem müssen sie einen Jahresabschluss für ein Rumpfgeschäftsjahr dann erstellen, wenn die Geschäftätigkeit bereits vor der Prospekterstellung aufgenommen wurde (Ziff. 8.2 Satz 6 von Anh. VII EU-ProspV).

Die einzige Inkongruenz der Anforderungen von Ziff. 8.2 von Anh. VII   *43* EU-ProspV mit dem Wortlaut der Ziff. 13.1 von Anh. IV EU-ProspV besteht darin, dass wenn der Emittent der asset backed securities seine Finanzinformationen nach den auf ihn anwendbaren nationalen Rech-

---

79 Siehe dort Rn. 25 bis 31.

80 Siehe dort Rn. 20 bis 23.

81 Dies ist im Sinne der EU-ProspV grds. ein Zeitraum von zwölf Monaten. Siehe hierzu Darstellungen zu Ziff. 20.1 von Anh. I EU-ProspV (dort Rn. 95).

82 Siehe hierzu Ziff. 13.1 Satz 2 v. Anh. IV EU-ProspV (dort Rn. 33) und Ziff. 11.1 Satz 2 von Anh. IX EU-ProspV (dort Rn. 24/25).

83 Siehe hierzu Ziff. 13.1 ab Satz 3 von Anh. IV EU-ProspV (dort Rn. 34–49) und Ziff. 11.1 ab Satz 3 von Anh. IX EU-ProspV (dort Rn. 26–31).

84 Siehe hierzu auch *ESMA*, update CESR recommendation, consistent implementation, ESMA/2013/319, Ziff. 80.

nungslegungsvorschriften und damit nicht nach IAS/IFRS Regelungen erstellt[85], keine Kapitalflussrechnung aufstellen muss. Dieser Unterschied ist darin begründet, dass der Prospekt zu asset backed securities bereits ausführliche Darstellungen zum Kapitalfluss beinhaltet.[86] Diese Abweichung ist somit bewusst vorgesehen worden.

Sollte der Emittent der asset backed securities seine Finanzinformationen in den Vorjahren nach lokalen Rechnungslegungsvorschriften und erst später unter den IAS/IFRS Regelungen erstellt haben, so muss der Emittent grundsätzlich seine Jahresabschlüsse der vergangenen zwei Jahre – sofern vorhanden – neu erstellen.[87] Eine Ausnahme hierzu bildet der sog. „bridge approach" wonach, lediglich das Übergangsjahr, zwischen der Anwendung der lokalen Rechnungslegungsvorschriften und der Erstanwendung der IAS/IFRS Regelungen, in beiden Rechnungslegungsformaten erstellt werden braucht. Diese Ausnahme kann jedoch nur dann gewählt werden, wenn das alte und neue Format der Jahresabschlüsse vergleichbar ist.[88]

44   Es gibt Regelungen, die in Anh. IV und Anh. IX EU-ProspV enthalten sind, die nicht auf Emittenten von asset backed securities Anwendung finden. Diese Abweichungen sind darauf zurückzuführen, dass asset backed securities nur selten im Rahmen von Emissionsprogrammen begeben werden, deren Basisprospekte regelmäßig zu aktualisieren sind. In der Regel erstellt der Emittent von asset backed securities nur einen Prospekt zum Zeitpunkt der Emission des jeweiligen Wertpapiers.

45   Es fehlt zum einen die Vorschrift zur Aufnahme von Einzel- und Konzernabschlüssen (Ziff. 13.2 von Anh. IV bzw. Ziff. 11.2 von Anh. IX EU-ProspV). Die Situation, dass ein Emittent von asset backed securities einen Konzernabschluss erstellt, dürfte nur selten vorkommen.[89] Dass dieses Erfordernis fehlt, geht zudem zurück auf die Tatsache, dass bei asset backed securities der Einzelabschluss des Emittenten für einen Investor relevantere Informationen zu den verbrieften Vermögenswerten enthalten wird.

46   Von besonderer Bedeutung für Emittenten von asset backed securities mit einer Mindeststückelung von weniger als 100.000 Euro ist das Fehlen der Vorschrift zur Aufnahme von bereits veröffentlichten Zwischenfinanzinformationen. Es stellt sich somit die Frage, ob bei einer eventuellen Aktualisierung eines Basisprospektes, Zwischenfinanzinformationen, die

---

85 Siehe zu den Voraussetzungen für die Anwendbarkeit der nationalen Vorschriften gegenüber IAS/IFRS die Ausführungen zu Ziff. 13.1 Satz 10 von Anh. IV EU-ProspV (dort Rn. 46–48).

86 Siehe Ziff. 3 von Anh. VIII EU-ProspV.

87 *ESMA*, update CESR recommendation, consistent implementation, ESMA/2013/319, Tz. 56.

88 *ESMA*, update CESR recommendation, consistent implementation, ESMA/2013/319, Tz. 61.

89 Als Beispiel ist die Aareal Bank AG zu nennen, die Emittent von asset backed securities unter anderem im Rahmen der Global Commercial Two Transaktion ist.

aufgrund der Anforderungen der Transparenzrichtline[90] zu erstellen sind, in diesen aufzunehmen sind oder ob gar die EU-ProspV über die Anforderungen der Transparenzrichtlinie hinaus, die Erstellung von Zwischenfinanzinformationen verlangt. Aufgrund der Bedeutung der Transparenzrichtline für den Kapitalmarkt erscheint es unwahrscheinlich, dass CESR diese Regelung für asset backed securities übersehen hat. Zudem schreibt Art. 22 der EU-ProspV vor, dass die zuständigen Behörden für den Basisprospekt keine Angaben verlangen dürfen, die nicht in den in den Anh. I bis XVII EU-ProspV genannten Informationsbestandteilen enthalten sind. Eine offizielle Äußerung der BaFin zu diesem Thema liegt nicht vor, jedoch hat die BaFin angedeutet, dass es die Auslassung dieses Erfordernisses als bewusste Regelung ansieht und somit keine Zwischenfinanzinformationen verlangen wird. Insofern kann sich ein Emittent von asset backed securities darauf berufen, dass eine derartige Vorschrift im Anh. VII EU-ProspV fehlt und muss keine Zwischenfinanzinformationen erstellen oder, sofern vorhanden, in einen Prospekt mit aufnehmen.

3. Der Wortlaut der Ziff. 8.3 von Anh. VII EU-ProspV entspricht dem Wortlaut der Ziff. 13.6 von Anh. IV EU-ProspV bzw. dem der Ziff. 11.5 von Anh. IX EU-ProspV, so dass auf die dort gemachten Ausführungen verwiesen werden kann.[91] *47*

4. Der Wortlaut der Ziff. 8.4 von Anh. VII EU-ProspV unterscheidet sich zu dem Wortlaut der Ziff. 13.7 von Anh. IV EU-ProspV bzw. dem der Ziff. 11.6 von Anh. IX EU-ProspV. Es stellt sich allerdings die Frage, ob nicht die identischen Informationen gefordert sind. Den meisten Emittenten von asset backed securities ist es gemein, dass zum Zeitpunkt der Prospekterstellung kein Jahresabschluss vorliegt. Aus der Natur der asset backed securities, dass dem Anleger in diese nur bestimmte Vermögensgegenstände als Haftungsmasse zur Verfügung stehen, ergibt sich, dass negative Einflüsse besondere Bedeutung für die Investoren haben. Insofern ist es auch wenig erstaunlich, dass eine eventuelle negative Veränderung im Prospekt zu erläutern ist. Es zeigt sich zu dem ein Unterschied im deutschen und englischen Text der EU-ProspV. Während der deutsche Text der EU-ProspV vorschreibt, dass die Negativerklärung in einen Jahresabschluss aufzunehmen ist, verlangt der englische Text der EU-ProspV die Aufnahme der Negativerklärung in den Prospekt. Deutsche Emittenten müssen gem. §§ 289 Abs. 2 Nr. 1 bzw. 315 Abs. 2 Nr. 1 HGB im Rahmen der Lageberichterstattung auf besondere Vorgänge nach Abschluss des Geschäftsjahres eingehen. Erstellt ein Emittent einen Abschluss nach IAS/IFRS, so muss er im Anhang gem. IAS 10.21 über wertbeeinflussende *48*

---

90 RL (EG/2004/109) des Europäischen Rates v. 15.12.2004 zur Harmonisierung der Transparenzanforderungen in Bezug auf Emittenten, deren Wertpapiere zum Handel an einen geregelten Markt zugelassen sind. Diese Regelungen finden keine Anwendung, wenn die asset backed securities lediglich im Freiverkehr und nicht an einer europäischen Wertpapierbörse gehandelt werden.

91 Siehe hierzu Ziff. 13.6 von Anh. IV EU-ProspV (dort Rn. 67) und Ziff. 11.5 von Anh. IX EU-ProspV (dort Rn. 40).

Ereignisse nach dem Bilanzstichtag berichten.[92] Insofern ist das Erfordernis des deutschen Textes der EU-ProspV irrelevant, da eine derartige Verpflichtung für Emittenten bereits besteht. Dies bedeutet auch, dass sofern bei einem Emittenten von asset backed securities ein Jahresabschluss nicht vorliegt, dementsprechend eine Negativerklärung keinen Eingang in den Prospekt finden würde. Es ist daher dem englischen Wortlaut der EU-ProspV zu folgen und eine Negativerklärung im Prospekt abzugeben.

Eine in den Prospekt aufzunehmende Negativerklärung muss beinhalten, dass seit dem Tag der Gründung des Emittenten keine bedeutende negative Veränderung eingetreten ist. Ansonsten ist eine derartige Veränderung im Prospekt darzustellen.

49 Hinsichtlich der Anforderungen an das Vorliegen einer negativen Veränderung und die Qualität der Darstellung hierzu kann sich bei der Prospekterstellung von asset backed securities an den Anforderungen der Ziff. 13.7 von Anh. IV EU-ProspV [93] bzw. Ziff. 11.6 von Anh. IX EU-ProspV [94] orientiert werden.

X. Angaben von Seiten Dritter, Erklärungen von Seiten Sachverständiger und Interessenerklärungen

50 1. Relevanz im Zusammenhang mit den Angaben gem. Ziff. 9.1 von Anh. VII EU-ProspV haben für asset backed securities insb. Berichte (Gutachten) von Schätzern über den Wert einer die verbriefte Hypothekarkreditforderung sichernde Immobilie, Aussagen von Wirtschaftsprüfern über das Prüfungsergebnis zu bestimmten Vermögensgegenständen, über bilanzielle Auswirkungen der Transaktion auf die die Vermögensgegenstände verbriefende Gesellschaft, sowie rechtsgutachterliche Stellungnahmen von Rechtsanwälten über rechtliche Auswirkungen bestimmter Transaktionsmerkmale. Neben Name, Anschrift und Qualifikationsaussagen über den Dritten, sind Angaben über die wesentlichen Interessen dieses Dritten am Emittenten darzulegen. In einer Klarstellung zu der Interpretation „wesentliche Interessen" stellt ESMA[95] auf die Beteiligungsverhältnisse des Dritten am Emittenten, auf ein früheres Angestelltenverhältnis oder sonstige Vergütung durch den Emittenten, die Mitgliedschaft in einem Organ des Emittenten oder eine sonstige Verbindung zu den an dem Angebot der zu emittierenden Wertpapiere beteiligten Intermediären ab. Zu beachten ist, dass allein die Vergütung für die Erstellung eines Gutachtens kein wesentliches Interesse auslöst. Darüber hinaus muss die Zustimmung der Person, die den Inhalt dieses Teils des Registrierungsdokumentes bestätigt hat, also die verantwortliche Person in Bezug auf diesen Teil ist, eingeholt

---

92 Siehe Rn. 68 zu Ziff. 13.7 von Anh. IV EU-ProspV.
93 Siehe dort Rn. 68.
94 Siehe dort Rn. 41.
95 *ESMA*, update CESR recommendation, consistent implementation, ESMA/2013/319, Tz. 156 ff.

werden. Eine dem Wortlaut dieser Ziff. 9.1 von Anh. VII EU-ProspV entsprechende Erklärung des Emittenten, ob der Bericht/das Gutachten auf sein Bestreben erstellt wurde, und dass der Ersteller des Berichtes/des Gutachtens sein Einverständnis zum Abdruck im Prospekt gegeben hat, ist in den Prospekt an den Anfang der diesbezüglichen Darstellungen aufzunehmen.

2. Obwohl die nach dieser Ziff. 9.2 von Anh. VII EU-ProspV geforderte Bestätigung in ihrem Wortlaut der Bestätigung nach Ziff. 1.2 von Anh. VIII EU-ProspV ähnelt, sind diese beiden Zusicherungen hinsichtlich prospektrelevanter Angaben nicht miteinander gleichzustellen und ebenso sind die Anforderungen an diese Bestätigungen verschieden. Aus seiner Stellung im Rahmen des Anh. VII EU-ProspV ergibt sich, dass es bei der in dieser Ziff. 9.2 von Anh. VII EU-ProspV geforderte Betätigung von Seiten des Emittenten allein um diejenigen Informationen handelt, die im Rahmen der Ziff. 9.1 von Anh. VII EU-ProspV eingefügt wurden. Zwar ist der Begriff „Dritter" weitergehender als die in Ziff. 9.1 von Anh. VII EU-ProspV herangezogenen „Personen", jedoch ist der Kreis derjenigen Personen, die im Rahmen von Ziff. 9.1 von Anh. VII EU-ProspV als relevante Bezugspersonen in Frage kommen, weit auszulegen, da es in diesem Zusammenhang entscheidend darauf ankommt, dass ein Bericht oder eine Erklärung von einer zur Investitionsentscheidung beitragenden Person stammt, nicht jedoch auf die Titulierung dieser Person als solcher. Im Sinne der Prospektverantwortung ist diese Person als „Dritter" anzusehen, da die Person, die den Bericht zur Verfügung gestellt bzw. die Erklärung abgegeben hat, weder notwendigerweise prospektverantwortliche Person ist, noch dies in der Regel sein wird. Weitere Auslegungshilfe hinsichtlich des Bezugs der in diesem Zusammenhang abzugebenden Bestätigung ist der englischsprachige Text der EU-ProspV, die in dieser Ziff. den Begriff „sourced" verwendet, sich also auf Informationen bezieht, die von einem Dritten stammen. Im Rahmen der nach Ziff. 1.2 von Anh. VIII EU-ProspV abzugebenden Bestätigung wird hingegen von Informationen „about" – d. h. über – einen Dritten gesprochen. Auch der Wortlaut dieser beiden Bestätigungen ist geringfügig aber entscheidend unterschiedlich. Während sich im Rahmen der Ziff. 1.2 von Anh. VIII EU-ProspV der Emittent nur im Zusammenhang von Satz 2 genannt wird und seine alleinige Verantwortung sich nur auf die Vollständigkeit des Prospektinhaltes bezieht, ist der Emittent vollumfänglich für die Angaben im Rahmen der hier behandelten Ziff. 9.1 des Anh. VII EU-ProspV verantwortlich. Dementsprechend geht es um verschiedene Bestätigungen die in verschiedenen Zusammenhängen abzugeben sind. Ist eine Erklärung oder ein Bericht im Sinne von Ziff. 9.1 dieses Anh. VII EU-ProspV nicht aufgenommen worden, so ist dementsprechend keine entsprechende Bestätigung des Emittenten gem. Ziff. 9.2 von Anh. VII EU-ProspV erforderlich. Falls eine derartige Bestätigung jedoch notwendig ist, muss sie sich zum einen auf die Korrektheit der Wiedergabe der Information beziehen und gleichzeitig darauf, dass nach Kenntnis des Emittenten und auf Basis der verfügbaren Informationen, keine wesentlichen Information ausgelassen wurden. Zusätzlich sind die relevanten Informationsquellen zu benennen.

51

Dem Emittenten ist es in diesem Zusammenhang zu empfehlen, die Bestätigung präzise und fallbezogen zu formulieren und dabei die Korrektheit und Vollständigkeit der Angaben auf diese Informationsquelle, aus der Bericht bzw. Erklärung des Dritten stammen, in die Bestätigung einzuarbeiten.

XI. Einsehbare Dokumente

52 Unproblematisch für jede Art von Emittenten von asset backed securities ist es meist die Erklärung nach Ziff. 10.1 von Anh. VII EU-ProspV über die einsehbaren Dokumente (sofern sie auf den jeweiligen Emittenten und das betreffende Registrierungsformular zutreffen) abzugeben. Die relevante Passage des Prospektes hat vorzusehen, dass diese Dokumente sowohl beim Emittenten selbst als auch bei der Zahlstelle vorzuliegen haben. Dadurch, dass die EU-ProspV das Vorliegen der Dokumente in Papier- oder in elektronischer Form zulässt, wird den beteiligten Parteien die Bürde abgenommen, unzählige Ausdrucke der betreffenden Dokumente vorzuhalten. Entscheidend ist es an dieser Stelle, lediglich die einsehbaren Dokumente genau zu beschreiben, um die Frage, ob das richtige Dokument eingesehen werden konnte, zu vermeiden. So sollten bei einem im Ausland ansässigen Emittenten und einem in deutscher Sprache abgefassten Prospekt nicht der entsprechende deutsche Begriff für das Dokument verwendet, sondern das Dokument in seiner korrekten Bezeichnung in der Sprache des Emittenten bezeichnet werden, ergänzt um das deutschsprachige Äquivalent in Klammern, um dem Anleger mit der vertrauten Begriffsbezeichnung die Art des Dokuments aufzuzeigen. Eine weitere Klarstellung zur bisherigen Prospektpraxis bringt diese Stelle der EU-ProspV mit sich, nämlich die Begrenzung des Verweises auf bestimmte Dokumente. Aufgrund der Vorschriften, dass nur wesentliche Vertragsdokumente und ihr wesentlicher Inhalt im Rahmen des Prospektes zu beschreiben sind[96], liegt kein Bedürfnis aus Sicht des Anlegerschutzes vor, dass sämtliche Verträge zur Einsicht vorgehalten werden müssen. Zur Einsicht bereit zu halten sind jedoch die Gründungsdokumente des Emittenten sowie sämtliche zukünftigen Jahresabschlüsse des Emittenten hinsichtlich der asset backed securities.

Durch die neuen Anforderungen des KWG[97] an gehaltene Verbriefungspositionen ergeben sich für die Emittenten von asset backed securities zusätzliche laufende Berichtspflichten. Entsprechend der vom Markt entwickelten Informationsstandards[98] sind nicht nur Angaben zu den für das einzelne Wertpapier relevanten Daten und Zahlungen zu machen, sondern auch Details zu den Vermögensgegenständen als solchen, zu veröffentlichen.[99]

---

96 Ziff. 12 von Anh. IX EU-ProspV oder Ziff. 15 von Anh. IV EU-ProspV.
97 § 18 b KWG.
98 Siehe insb. IOSCO Principles for Ongoing Disclosure for Asset Backed Securities (www.iosco.org (Library/Policy Documents/Public Documents/2012 FR10/12).
99 Siehe beispielhaft den Prospekt der Driver Eleven GmbH v. 19.07.2013 (Zulassung in Luxembourg), S. 3, 190.

ARTIKEL 11	ARTICLE 11
Modul für durch Vermögenswerte unterlegte Wertpapiere („Asset backed securities"/ABS)	**Asset backed securities building block**

Für das zusätzliche Modul zur Wertpapierbeschreibung für ABS werden die Angaben gemäß dem in Anhang VIII festgelegten Modul zusammengestellt. For the additional information building block to the securities note for asset backed securities information shall be given in accordance with the building block set out in Annex VIII.

I. Inhalt der Norm

Art. 11 EU-ProspV verweist auf den Anh. VIII der EU-ProspV und schreibt 1 die zusätzlichen Informationen, die ein Prospekt für mit Vermögenswerten unterlegte Wertpapiere (asset backed securities) enthalten muss vor (Zusatzmodul). Durch Anh. VIII EU-ProspV werden die transaktionsbezogen Angaben, die die asset backed securities ausmachen, in den Prospekt eingeführt. Dieses Zusatzmodul ist in der Regel durch weitere Angaben aus dem Schema zu den Mindestangaben für das Registrierungsformular für Schuldtitel und derivative Wertpapiere zu ergänzen[1], sofern die jeweils geforderten Informationen nicht von Art. 10 i.V.m. Anh. VII EU-ProspV abgedeckt sind. Abhängig von der Stückelung der asset backed securities ist Art. 7 i.V.m. Anh. IV EU-ProspV (Stückelung von weniger als 100.000 Euro)[2] oder Art. 12 i.V.m Anh. IX EU-ProspV (Mindeststückelung von 100.000 Euro)[3] heranzuziehen. Im Rahmen von asset backed securities bestimmen vielfach auch die Investoren und Ratingagenturen die Breite der Darstellung über die mit der Emission der Wertpapiere verbundene Information zu den unterliegenden Vermögenswerten. Insbesondere Investoren in die subordinierten und somit schlechter von den Ratingagenturen bewerteten asset backed securities verlangen eine detailliertere Darstellung der wirtschaftlichen Risiken, die mit den verbrieften Vermögenswerten verbunden sind. Während früher diese Investoren in den mit der Vermarktung der zu begebenden Wertpapiere einhergehenden Roadshows Informationsvorteile erhielten, verbietet sich ein derartiges Verhalten nach Einführung der EU-ProspV[4], da die im Verlauf von Werbeveranstaltungen gegebenen Informationen zum Pflichtbestandteil eines Prospektes werden, wenn aus der Darstellung der Informationen außerhalb des Prospektes auf die Relevanz für den Prospekt und die mit dem Wertpapier einhergehenden Risiken zu schließen ist.[5] Insofern ist bei der Erstellung des Prospektes dem Umfang der Informationen Rechnung zu tragen, welche die Investoren in die mit dem meisten Risiko behafteten Wertpapiere

---

1 *CESR*, avice disclosure obligations, Ref: CESR/03-208, Tz. 66. Dies trifft insbesondere auf die Beschreibung der Wesentlichen Verträge und Risikohinweise zu.
2 Geändert von EUR 50.000 durch Delegierte VO (EG) Nr. 486/2012.
3 Geändert von EUR 50.000 durch Delegierte VO (EG) Nr. 486/2012.
4 In einigen Ländern war dies schon zuvor der Fall (so in Großbritannien, FSA Handbook in der vor dem 01.07.2005 geltenden Fassung).
5 *CESR*, recommendations, consistent implementations, Ref: CESR/05-054b, Tz. 43.

zu erhalten gedenken. Art. 11 i. V. m Anh. VIII EU-ProspV schreibt jedoch lediglich vor, welche Inhalte der Prospekt mindestens haben muss[6], weitergehende Informationen bleiben dem Emittenten vorbehalten. Im Hinblick darauf, dass das WpPG verlangt, dass Prospekte leicht analysierbar und in verständlicher Form abgefasst werden[7], sollte mit dem Umfang der Informationen, insbesondere wenn es sich um Informationen über eine nicht an der Prospekterstellung beteiligte Person handelt, vor dem Hintergrund der Verantwortungsübernahme Zurückhaltung geübt werden.

Nach Einführung der EU-ProspV wurde vielfach von den Aufsichtsbehörden bemängelt, dass zu viele Informationen in die endgültigen Bedingungen eingeflossen sind, während auf eine Ergänzung des Basisprospektes verzichtet wurde. Durch die Delegierte Verordnung (EG) Nr. 486/2012 wird die EU-ProspV um Anh. XX ergänzt, der insofern Einfluss auf Anh. VIII EU ProspV hat, als eine Kategorisierung ergänzt wird, die bestimmt, in welchem Umfang bestimmte Angaben im Basisprospekt vorhanden sein müssen. Dieser Anh. XX EU-ProspV enthält eine detaillierte Tabelle, welche somit gravierende Auswirkungen auf die Darstellungen eines Basisprospektes und der endgültigen Bedingungen hat. Je nachdem, welche Information von einer Änderung oder Ergänzung betroffen ist, muss ein Nachtrag zum Basisprospekt erstellt werden oder die Information kann in die endgültigen Bedingungen aufgenommen werden.

---

6   *Seitz*, AG 2005, 678, 687.
7   § 5 Abs. 1 Satz 1 WpPG. Siehe auch BGH WM 2013, 734, 735, wonach für die Beurteilung, ob ein Prospekt unrichtig oder unvollständig ist, nicht isoliert auf eine bestimmte Formulierung, sondern auf das Gesamtbild des Prospekts abzustellen ist.

ANHANG VIII
Mindestangaben für durch Vermögenswerte unterlegte Wertpapiere („asset backed securities"/ ABS) (Zusätzliches Modul)

ANNEX VIII
Minimum disclosure requirements for the asset-backed securities additional (building block)

1. **Wertpapiere**

1. The Securities

1.1. **Mindeststückelung einer Emission.**

1.1. The minimum denomination of an issue.

1.2. **Werden Angaben über ein Unternehmen/einen Schuldner veröffentlicht, das bzw. der in die Emission nicht involviert ist, ist zu bestätigen, dass die das Unternehmen oder den Schuldner betreffenden Angaben korrekt den Informationen entnommen wurden, die vom Unternehmen oder vom Schuldner selbst publiziert wurden, und dass – soweit es dem Emittenten bekannt ist und er aus den von dem Unternehmen bzw. dem Schuldner übermittelten Informationen ableiten konnte – keine Tatsachen unterschlagen wurden, die die wiedergegebenen Informationen irreführend gestalten würden.**

1.2. Where information is disclosed about an undertaking/obligor which is not involved in the issue, provide a confirmation that the information relating to the undertaking/obligor has been accurately reproduced from information published by the undertaking/obligor. So far as the issuer is aware and is able to ascertain from information published by the undertaking/obligor no facts have been omitted which would render the reproduced information misleading.

1.3. **Darüber hinaus ist die Quelle(n) der Informationen in der Wertpapierbeschreibung zu ermitteln, die den Informationen entnommen wurden, die das Unternehmen oder der Schuldner selbst publiziert haben.**

1.3. In addition, identify the source(s) of information in the Securities Note that has been reproduced from information published by an undertaking/obligor.

2. **Basisvermögenswerte**

2. The Underlying Assets

2.1. **Es ist zu bestätigen, dass die verbrieften Aktiva, die die Emission unterlegen, Merkmale aufweisen, denen zufolge sie in der Lage sind, Mittel zu erwirtschaften, die der Bedienung der fälligen Zahlungen für die Wertpapiere zugute kommen.**

2.1. Confirmation that the securitised assets backing the issue have characteristics that demonstrate capacity to produce funds to service any payments due and payable on the securities.

2.2. **In Bezug auf einen Pool von Aktiva, über die eine Dispositionsbefugnis besteht, sind die folgenden Angaben beizubringen:**

2.2. In respect of a pool of discrete assets backing the issue:

2.2.1. **Die Rechtsordnung, unter die dieser Aktiva-Pool fällt.**

2.2.1. The legal jurisdiction by which the pool of assets is governed

2.2.2. a) **Im Falle einer kleineren Zahl von leicht identifizierbaren Schuldnern**

2.2.2. a) In the case of a small number of easily identifiable obligors, a general description of each obligor.

ist eine allgemeine Beschreibung jedes
Schuldners beizubringen.

b) In allen anderen Fällen ist eine Beschreibung folgender Aspekte beizubringen: die allgemeinen Merkmale der
Schuldner; und das wirtschaftliche Umfeld sowie die globalen statistischen Daten in Bezug auf die verbrieften Aktiva.

b) In all other cases, a description of: the
general characteristics of the obligors;
and the economic environment, as well
as global statistical data referred to the
securitised assets.

2.2.3. Die Rechtsnatur der Aktiva;

2.2.3. The legal nature of the assets;

2.2.4. Der Fälligkeitstermin bzw. die Fälligkeitstermine der Aktiva;

2.2.4. The expiry or maturity date(s) of
the assets;

2.2.5. Der Betrag der Aktiva;

2.2.5. The amount of the assets;

2.2.6. Die Beleihungsquote oder den
Grad der Besicherung;

2.2.6. Loan to value ratio or level of collateralisation;

2.2.7. Die Methode der Entstehung oder
der Schaffung der Aktiva sowie bei Darlehen oder Kreditverträgen die Hauptdarlehenskriterien und einen Hinweis
auf etwaige Darlehen, die diesen Kriterien nicht genügen, sowie etwaige
Rechte oder Verpflichtungen im Hinblick
auf die Zahlung weiterer Vorschüsse;

2.2.7. The method of origination or creation of the assets, and for loans and
credit agreements, the principal lending
criteria and an indication of any loans
which do not meet these criteria and any
rights or obligations to make further ad-
vances;

2.2.8. Hinweis auf wichtige Zusicherungen und Sicherheiten, die dem Emittenten in Bezug auf die Aktiva gemacht oder
gestellt wurden;

2.2.8. An indication of significant repre-
sentations and collaterals given to the issuer relating to the assets;

2.2.9. Etwaige Substitutionsrechte für die
Aktiva und eine Beschreibung der Art
und Weise, wie die Aktiva so ersetzt werden können und der Kategorie der Aktiva, die ersetzt werden können. Sollte
die Möglichkeit bestehen, Aktiva durch
Aktiva einer anderen Kategorie oder
Qualität zu ersetzen, so ist eine diesbezügliche Erklärung samt einer Beschreibung der Auswirkungen einer solchen
Substitution aufzunehmen;

2.2.9. Any rights to substitute the assets
and a description of the manner in which
and the type of assets which may be so
substituted; if there is any capacity to
substitute assets with a different class or
quality of assets a statement to that effect
together with a description of the impact
of such substitution;

2.2.10. Beschreibung sämtlicher relevanten Versicherungspolicen, die für die
Aktiva abgeschlossen wurden. Eine Konzentration bei ein und derselben Versicherungsgesellschaft sollte gemeldet
werden, wenn sie für die Transaktion von
wesentlicher Bedeutung ist;

2.2.10. A description of any relevant insurance policies relating to the assets.
Any concentration with one insurer must
be disclosed if it is material to the transaction.

2.2.11. Setzen sich die Aktiva aus Verpflichtungen von fünf oder weniger
Schuldnern zusammen, bei denen es sich
um juristische Personen handelt, oder
sind mehr als 20 % der Aktiva einem ein-

2.2.11. Where the assets comprise obligations of 5 or fewer obligors which are
legal persons or where an obligor accounts for 20 % or more of the assets, or
where an obligor accounts for a material

zigen Schuldner zuzurechnen bzw. hält ein einziger Schuldner einen wesentlichen Teil der Aktiva – sofern dies dem Emittenten bekannt ist und/oder er in der Lage ist, dies aus den veröffentlichten Informationen des/der Schuldners/Schuldner abzuleiten – so ist eine der beiden folgenden Angaben beizubringen:

a) Angaben über jeden Schuldner, so als träte er an die Stelle eines Emittenten, der ein Registrierungsformular für Schuldtitel und derivative Wertpapiere mit einer Mindeststückelung von EUR 100 000 zu erstellen hat;

b) Name, Anschrift, Land der Gründung, Art der Geschäftstätigkeit und Bezeichnung des Marktes, auf dem die Wertpapiere zugelassen sind, wenn es sich um einen Schuldner oder Garantiegeber handelt, dessen Wertpapiere bereits zum Handel auf einem geregelten oder vergleichbaren Markt zugelassen wurden, oder wenn die Verpflichtungen von einem Unternehmen garantiert werden, das ebenfalls bereits zum Handel auf einem geregelten oder vergleichbaren Markt zugelassen wurde.

2.2.12. Besteht zwischen dem Emittenten, dem Garantiegeber und dem Schuldner eine Beziehung, die für die Emission von wesentlicher Bedeutung ist, sind die wichtigsten Aspekte dieser Beziehung im Detail zu erläutern.

2.2.13. Umfassen die Aktiva Verpflichtungen in Bezug auf Wertpapiere, die nicht auf einem geregelten oder vergleichbaren Markt gehandelt werden, so ist eine Beschreibung der wichtigsten Bedingungen dieser Verpflichtungen beizubringen.

2.2.14. Umfassen die Aktiva Dividendenwerte, die zum Handel auf einem geregelten oder vergleichbaren Markt zugelassen sind, so sind folgende Angaben beizubringen:

a) eine Beschreibung der Wertpapiere;

b) eine Beschreibung des Marktes, auf dem sie gehandelt werden, ein-

portion of the assets, so far as the issuer is aware and/or is able to ascertain from information published by the obligor(s) indicate either of the following:

a) information relating to each obligor as if it were an issuer drafting a registration document for debt and derivative securities with an individual denomination of at least EUR 100 000;

b) if an obligor or guarantor has securities already admitted to trading on a regulated or equivalent market or the obligations are guaranteed by an entity admitted to trading on a regulated or equivalent market, the name, address, country of incorporation, nature of business and name of the market in which its securities are admitted.

2.2.12. If a relationship exists that is material to the issue, between the issuer, guarantor and obligor, details of the principal terms of that relationship.

2.2.13. Where the assets comprise obligations that are not traded on a regulated or equivalent market, a description of the principal terms and conditions of the obligations.

2.2.14. Where the assets comprise equity securities that are admitted to trading on a regulated or equivalent market indicate the following:

a) a description of the securities;

b) a description of the market on which they are traded including its date of

schließlich Angabe des Gründungs-datums dieses Marktes, der Art und Weise der Veröffentlichung der Kur-sinformationen, der täglichen Han-delsvolumina, der Bedeutung des Marktes in seinem Land und der für den Markt zuständigen Regulie-rungsbehörde;

c) Häufigkeit der Veröffentlichung der Kurse für die einschlägigen Wertpa-piere.

2.2.15. Umfassen mehr als zehn (10) Pro-zent der Aktiva Dividendenwerte, die nicht auf einem geregelten oder ver-gleichbaren Markt gehandelt werden, sind eine Beschreibung dieser Dividen-denwerte sowie Angaben für jeden Emit-tenten dieser Wertpapiere beizubringen, die den Angaben vergleichbar sind, die in dem Schema für das Registrierungsfor-mular für Aktien gefordert werden.

2.2.16. Wird ein bedeutender Teil der Aktiva durch Immobilien besichert oder unterlegt, ist ein Schätzgutachten für diese Immobilie beizubringen, in dem sowohl die Schätzung der Immobilie als auch die Kapitalfluss- und Einkommens-ströme erläutert werden.

Dieser Offenlegung muss nicht nachge-kommen werden, wenn es sich um eine Emission von Wertpapieren handelt, die durch Hypothekendarlehen unterlegt sind, wobei die Immobilien als Sicher-heiten dienen, sofern diese Immobilien im Hinblick auf die Emission nicht neu geschätzt wurden und klar ist, dass es sich bei den besagten Schätzungen um diejenigen handelt, die zum Zeitpunkt des ursprünglichen Hypothekendarle-hens vorgenommen wurden.

2.3. In Bezug auf einen aktiv gemanag-ten Pool von Aktiva, die die Emission un-terlegen, sind folgende Angaben beizu-bringen

2.3.1. Gleichwertige Angaben wie in 2.1. und 2.2., um eine Bewertung des Typs, der Qualität, der Hinlänglichkeit und der Liquidität der im Portfolio gehaltenen Aktiva vornehmen zu können, die der Besicherung der Emission dienen.

establishment, how price information is published, an indication of daily trading volumes, information as to the standing of the market in the country and the name of the market's regula-tory authority;

c) the frequency with which prices of the relevant securities, are published.

2.2.15. Where more than ten (10) per cent of the assets comprise equity securi-ties that are not traded on a regulated or equivalent market, a description of those equity securities and equivalent informa-tion to that contained in the schedule for share registration document in respect of each issuer of those securities.

2.2.16. Where a material portion of the assets are secured on or backed by real property, a valuation report relating to the property setting out both the valua-tion of the property and cash flow/in-come streams.

Compliance with this disclosure is not re-quired if the issue is of securities backed by mortgage loans with property as secu-rity, where there has been no revaluation of the properties for the purpose of the is-sue, and it is clearly stated that the valu-ations quoted are as at the date of the original initial mortgage loan origination.

2.3. In respect of an actively managed pool of assets backing the issue:

2.3.1. Equivalent information to that con-tained in items 2.1. and 2.2. to allow an assessment of the type, quality, suffi-ciency and liquidity of the asset types in the portfolio which will secure the issue;

2.3.2. Die Parameter, innerhalb deren die Anlagen getätigt werden können; Name und Beschreibung des Unternehmens, das für ein derartiges Management zuständig ist, einschließlich einer Beschreibung des in diesem Unternehmen vorhandenen Sachverstands bzw. der bestehenden Erfahrungen; Zusammenfassung der Bestimmungen, die die Beendigung des Vertragsverhältnisses mit dem entsprechenden Unternehmen und die Bestellung eines anderen Managementunternehmens festlegen und Beschreibung des Verhältnisses dieses Unternehmens zu anderen an der Emission beteiligten Parteien.

2.4. Schlägt ein Emittent vor, weitere Wertpapiere zu emittieren, die von denselben Aktiva unterlegt werden, ist eine entsprechende eindeutige Erklärung abzugeben und - sofern nicht diese neuen Wertpapiere mit den Kategorien der bestehenden Schuldtitel fungibel oder diesen nachgeordnet sind - eine Beschreibung der Art und Weise, wie die Inhaber der bestehenden Schuldtitel unterrichtet werden sollen.

3. Struktur und Kapitalfluss

3.1. Beschreibung der Struktur der Transaktion, einschließlich ggf. eines Strukturdiagramms.

3.2. Beschreibung der an der Emission beteiligten Unternehmen und der von ihnen auszuführenden Aufgaben.

3.3. Beschreibung der Methode und des Datums des Verkaufs, der Übertragung, der Novation oder der Zession der Aktiva bzw. etwaiger sich aus den Aktiva ergebende Rechte und/oder Pflichten gegenüber dem Emittenten, oder ggf. der Art und Weise und der Frist, auf die bzw. innerhalb deren der Emittent die Erträge der Emission vollständig investiert haben wird.

3.4. Erläuterung des Mittelflusses, einschließlich

3.4.1. der Art und Weise, wie der sich aus den Aktiva ergebende Kapitalfluss den Emittenten in die Lage versetzen soll,

2.3.2. The parameters within which investments can be made, the name and description of the entity responsible for such management including a description of that entity's expertise and experience, a summary of the provisions relating to the termination of the appointment of such entity and the appointment of an alternative management entity, and a description of that entity's relationship with any other parties to the issue.

2.4. Where an issuer proposes to issue further securities backed by the same assets, a prominent statement to that effect and unless those further securities are fungible with or are subordinated to those classes of existing debt, a description of how the holders of that class will be informed.

3. Structure and Cash Flow

3.1. Description of the structure of the transaction, including, if necessary, a structure diagram

3.2. Description of the entities participating in the issue and description of the functions to be performed by them.

3.3. Description of the method and date of the sale, transfer, novation or assignment of the assets or of any rights and/or obligations in the assets to the issuer or, where applicable, the manner and time period in which the proceeds from the issue will be fully invested by the issuer.

3.4. An explanation of the flow of funds including:

3.4.1. how the cash flow from the assets will meet the issuer's obligations to holders of the securities, including, if neces-

seinen Verpflichtungen gegenüber den Wertpapierinhabern nachzukommen. Erforderlichenfalls sind eine Tabelle mit der Bedienung der finanziellen Verpflichtungen aufzunehmen sowie eine Beschreibung der Annahmen, die der Erstellung dieser Tabelle zugrunde liegen;

sary, a financial service table and a description of the assumptions used in developing the table;

3.4.2. Angaben über die Verbesserung der Kreditwürdigkeit der Anleiheemission; Angabe, wo bedeutende potenzielle Liquiditätsdefizite auftreten könnten und Verfügbarkeit etwaiger Liquiditätshilfen; Angabe der Bestimmungen, die die Zinsrisiken bzw. Hauptausfallrisiken auffangen sollen;

3.4.2. information on any credit enhancements, an indication of where material potential liquidity shortfalls may occur and the availability of any liquidity supports and indication of provisions designed to cover interest/principal shortfall risks;

3.4.3. unbeschadet des in 3.4.2. Gesagten, Einzelheiten zu etwaigen Finanzierungen von nachgeordneten Verbindlichkeiten;

3.4.3. without prejudice to item 3.4.2, details of any subordinated debt finance;

3.4.4. Angabe von Anlageparametern für die Anlage von zeitweiligen Liquiditätsüberschüssen und Beschreibung der für eine solche Anlage zuständigen Parteien;

3.4.4. an indication of any investment parameters for the investment of temporary liquidity surpluses and description of the parties responsible for such investment;

3.4.5. Beschreibung der Art und Weise, wie Zahlungen in Bezug auf die Aktiva zusammengefasst werden;

3.4.5. how payments are collected in respect of the assets;

3.4.6. Rangordnung der Zahlungen, die vom Emittenten an die Inhaber der entsprechenden Wertpapierkategorien geleistet werden, und

3.4.6. the order of priority of payments made by the issuer to the holders of the class of securities in question;

3.4.7. detaillierte Angaben zu Vereinbarungen, die den Zins- und Kapitalzahlungen an die Anleger zugrunde liegen;

3.4.7. details of any other arrangements upon which payments of interest and principal to investors are dependent;

3.5. Name, Anschrift und wesentliche Geschäftstätigkeiten der ursprünglichen Besitzer der verbrieften Aktiva.

3.5. The name, address and significant business activities of the originators of the securitised assets.

3.6. ist die Rendite und/oder Rückzahlung des Wertpapiers an die Leistung oder Kreditwürdigkeit anderer Aktiva geknüpft, die keine Aktiva des Emittenten sind, gilt das unter 2.2 und 2.3 Gesagte.

3.6. Where the return on, and/or repayment of the security is linked to the performance or credit of other assets which are not assets of the issuer, items 2.2 and 2.3 are necessary;

3.7. Name, Anschrift und wesentliche Geschäftstätigkeiten des Verwalters, der Berechnungsstelle oder einer gleichwertigen Person, zusammen mit einer Zusammenfassung der Zuständigkeiten des Verwalters bzw. der Berechnungsstelle;

3.7. The name, address and significant business activities of the administrator, calculation agent or equivalent, together with a summary of the administrator's/ calculation agents responsibilities, their relationship with the originator or the

ihr Verhältnis zum ursprünglichen Besitzer oder „Schaffer" der Aktiva und eine Zusammenfassung der Bestimmungen, die das Ende der Bestellung des Verwalters/der Berechnungsstelle und die Bestellung eines anderen Verwalters/Berechnungsstelle regeln.

3.8. Namen und Anschriften sowie kurze Beschreibung:

a) etwaiger Swap-Vertragsparteien und Beschaffer anderer wesentlicher Formen von Bonitäts- oder Liquiditätsverbesserungen;

b) der Banken, bei denen die Hauptkonten in Bezug auf die Transaktion geführt werden.

4. „EX POST"-Informationen

4.1. Angabe im Prospekt, ob beabsichtigt ist, „ex post"-Transaktionsinformationen nach Abschluss der Emission in Bezug auf Wertpapiere zu veröffentlichen, die zum Handel zugelassen werden sollen, sowie in Bezug auf die Leistungskraft der Basissicherheit. Hat der Emittent eine derartige Absicht bekundet, ist im Prospekt zu spezifizieren, welche Informationen veröffentlicht werden, wo sie erhalten werden können und wie häufig sie publiziert werden.

creator of the assets and a summary of the provisions relating to the termination of the appointment of the administrator/calculation agent and the appointment of an alternative administrator/calculation agent;

3.8. The names and addresses and brief description of:

a) any swap counterparties and any providers of other material forms of credit/liquidity enhancement;

b) the banks with which the main accounts relating to the transaction are held.

4. Post Issuance Reporting

4.1. Indication in the prospectus whether or not it intends to provide post-issuance transaction information regarding securities to be admitted to trading and the performance of the underlying collateral. Where the issuer has indicated that it intends to report such information, specify in the prospectus what information will be reported, where such information can be obtained, and the frequency with which such information will be reported.

Inhalt

Pegel 601

I. Wertpapiere

1 Während bei den Angaben zu der Mindeststückelung einer Emission lediglich darauf zu achten ist, dass, sofern die Mindeststückelung für einzelne Tranchen unterschiedlich ist, dieses eindeutig dargestellt wird, ist die Bestätigung gem. Ziff. 1.2. von Anh. VIII EU-ProspV über die Angaben über ein Unternehmen/einen Schuldner, das bzw. der in die Emission nicht involviert ist, und die im Prospekt veröffentlicht wurden, eine in dieser Schärfe formulierte Neuerung der Prospektverordnung.

2 Im Gegensatz zu der wohl seltener vorkommenden Bestätigung nach Ziff. 9.2. von Anh. VII EU-ProspV, ist dieser Aspekt im Rahmen von asset backed securities von großem Gewicht. Insbesondere werden die Schuldner der verbrieften Vermögensgegenstände zumeist bei der Erstellung von Prospekten von asset backed securities nicht beteiligt und übernehmen dementsprechend auch keine Verantwortung für die über sie abgebildeten Informationen. Der Wortlaut der EU-ProspV bringt jedoch gleichzeitig die Möglichkeit mit sich, dass der Emittent von asset backed securities (und dies ist insb. entscheidend für einen Emittenten in Form von Zweckgesellschaften) nicht allein die Verantwortung für die Informationen über die Dritten zu übernehmen braucht, wenn er selbst nicht an deren Ermittlung beteiligt war und sich auf die beteiligten Drittparteien in diesem Zusammenhang verlassen muss. Der Wortlaut der EU-ProspV stellt auf den Emittenten nur ab, wenn es um die Bestätigung geht, dass keine relevanten Tatsachen ausgelassen wurden. Der Wortlaut hinsichtlich der Korrektheit der Angaben über den Dritten ist weitergehender formuliert und gibt somit dem Emittenten die Möglichkeit die Verantwortung für eine bestimmte Information der jeweiligen Quelle für die Informationen über den/die Dritten zu übertragen und diese als die verantwortliche Person im Prospekt zu benennen. Diese Bestätigung bezieht sich allein auf das akkurate Wiedergeben der Informationen, nicht auf die Aussagekraft und die Richtigkeit des Inhalts der Informationen. Insofern ist es entscheidend, auch vor dem Hintergrund, dass die Informationsquelle zu benennen ist, dass die Informationen über den betreffenden

Dritten sich aus öffentlich zugänglichen Informationsquellen beziehen. Ein Verweis auf weitere Informationen von Seiten Dritter sollte nur dann in den Prospekt aufgenommen werden, wenn sie im Streitfall von dem Emittenten vorgelegt werden können. Dass andere als öffentliche Informationen nicht als Informationsquelle herangezogen werden müssen, kann insb. bei Betrachtung des englischsprachigen Textes belegt werden, der im Gegensatz zum deutschsprachigen Text der EU-ProspV immer das Wort „published" verwendet, welches allein „veröffentlicht" bedeutet und sich nicht auf jegliche (auf irgendeine Art und Weise) „übermittelten" Informationen bezieht.

Es kann dem Emittenten im Rahmen der Prospektverantwortung nicht abgenommen werden, zu bestätigen, dass nach seiner Kenntnis und auf Basis der verfügbaren/veröffentlichten Informationen, keine wesentliche Information nicht in den Prospekt aufgenommen wurde. In dieser Hinsicht ist der Wortlaut der EU-ProspV eindeutig. Der Umfang der in den Prospekt aufzunehmenden Informationen über den Dritten wird sich an der Wichtigkeit des Dritten für die Transaktion, insbesondere für die Fähigkeit des Emittenten die Wertpapiere zurückzahlen zu können, orientieren müssen. Ein genereller Leitfaden kann einem Emittenten nicht an die Hand gegeben werden. Da dem Emittenten aber gleichzeitig der Zugang zu den Informationen des Dritten, wenn dieser selbst nicht an der Prospekterstellung beteiligt ist, beschränkt ist, muss eine interessengerechte Abwägung zwischen dem Informationsbedürfnis des Anlegers und der Fähigkeit des Emittenten sich über die wirtschaftliche Lage des Dritten informieren zu können (auch vor dem Hintergrund bestehender datenschutzrechtlicher Bestimmungen) abgewogen werden.[1] In diesem Zusammenhang hat der Emittent seiner Nachforschungspflicht Genüge getan, wenn sich die Informationsquellen des Emittenten auf den HR-Auszug, die Internetseite und den Jahresabschluss des Dritten und evtl. vorhandene aktuelle öffentliche Informationsquellen (Rating Agenturen, Bloomberg) beschränken.[2] Eine Pflicht des Emittenten nachzuprüfen, ob die ihm zur Verfügung stehenden Informationen ausreichend sind, ein komplettes Bild über den Dritten zu zeichnen, besteht ebenso wenig, wie die Pflicht sämtliche potentiellen Informationsquellen zu durchforsten. In der Regel werden weder Emittent noch die Verantwortung übernehmende Person die Angaben zu den Dritten hinterfragen können. Insofern ist auf die Formulierung der Bestätigung hinsichtlich der Angaben von Seiten Dritter besonderes Augenmerk zu legen. Der Emittent sollte sich so nah wie möglich am vorgegebenen Wortlaut der EU-ProspV halten und die dritte Partei, von der die Informationen (über sich selbst oder die Schuldner der Vermögensgegenstände, sofern diese nicht vom Emittenten selbst ermittelt wurden) stammen, im Rahmen der Bestätigung benennen, um Zweifel über die Person oder Personengruppe auf die sich die Informationen beziehen und die Quelle(n) der Informationen zu vermeiden.[3] Zeitgleich mit der an

3

---

1 Siehe exemplarisch den Prospekt der CB MezzCAP Limited Partnership v. 20.04.2006.
2 Siehe exemplarisch die bei der BaFin hinterlegten Endgültigen Bedingungen v. 17.08. 2006 der HT Finanzanlage Limited zum KS-Solar-PLUS-Zertifikat, S. 53.
3 Siehe exemplarisch den Prospekt der CB MezzCAP Limited Partnership v. 20.04.2006.

dieser Stelle geforderten Bestätigung über die Korrektheit der Extrahierung der Informationen von der Informationsquelle und dass keine wesentlichen Informationen ausgelassen wurden, ist der Hinweis aufzunehmen, dass keine der an der Emission beteiligten Parteien, insb. der Emittent, die Verantwortung dafür übernehmen kann, dass die Informationsquellen korrekt und vollständig die wirtschaftliche Situation des jeweiligen Unternehmens/ Schuldners abbilden.[4]

II. Die Basisvermögenswerte

4 Dieser Abschnitt bildet das Herzstück eines jeden Prospektes von asset backed securities. Nach ihm sind die Vermögenswerte zu beschreiben, die der Deckung der asset backed securities dienen.[5] Zu beachten ist, dass Angaben zu den Basisvermögenswerten, die nicht auf die Art der emittierten asset backed securities passen, weggelassen werden können.[6] Viele der im Rahmen diese Abschnittes von Anh. VIII EU-ProspV geforderten Angaben überschneiden sich hinsichtlich der Art und des Inhaltes der Information. Wiederholungen sind entsprechend der Prinzipien der EU-ProspV nicht erforderlich[7], so dass bei der Erstellung des Prospektes sorgfältig darauf geachtet werden sollte, dass der Anleger durch eine geschlossene Darstellung der für die Basisvermögenswerte relevanten Informationen, die mit der Anlage verbundenen Risiken in leicht analysierbarer und verständlicher Form vorfindet.

5 Die gem. Ziff. 2.1. von Anh. VIII EU-ProspV abzugebende Bestätigung ist ebenfalls eine Neuerung der Prospektrichtlinie im Rahmen von Prospekten für asset backed securities. Die Wichtigkeit dieser Bestätigung ist auch der Kategorisierung (Kategorie A) des Anh. XX der EU-ProspV zu entnehmen.[8] Asset backed securities sind so strukturiert, dass zum Zeitpunkt ihrer Emission prinzipiell die verbrieften Aktiva oder die mit dem Emissionserlös zu erwerbenden Aktiva ausreichen oder Merkmale aufweisen, um die von dem Emittenten begebenen asset backed securities sowohl hinsichtlich Kapital als auch hinsichtlich Zinsen zu bedienen.[9] Es ist jedoch gleichzeitig Emissionen von asset backed securities immanent, dass sich die Fähigkeit des Emittenten die Anleihen aus den verbrieften Aktiva zu bedienen, während der Laufzeit der asset backed securities verändern kann und dass aufgrund hoher Ausfälle oder Wertverluste bei den Aktiva, eine vollständige oder teilweise Rückzahlung oder die Zahlung von Zinsen auf die asset backed securities nicht mehr gewährleistet werden kann.

4 Siehe exemplarisch den Prospekt der TS Co.mit One GmbH v. 26.07.2006.
5 Zur Beschreibung der Arten von asset backed securities siehe Kommentierung zu Art. 2 Nr. 5 EU-ProspV und Art. 10 EU-ProspV
6 Erwg. 24 EU-ProspV.
7 Erwg. 4 EU-ProspV.
8 Siehe Abschnitt B.25 von Anh. XXII EU-ProspV im Zusammenhang mit der Zusammenfassung.
9 Standard & Poor's, European Legal Criteria 2005, S. 17.

Es ist bisher ungeklärt, ob die hier geforderte Bestätigung wortgleich abgegeben werden muss oder entsprechend der Struktur der asset backed securities zu formulieren ist. Für die wortgleiche Abgabe der Bestätigung spricht der mit der EU-ProspV verbundene Gedanke des Anlegerschutzes[10], und dass dieses zusätzliche Modul für asset backed securities unabhängig von dem angesprochenen Anlegerkreis Anwendung findet. Vor diesem Hintergrund ist es ein für die Anlageentscheidung wesentlicher Hinweis, dass die verbrieften Aktiva ausreichend Mittel für die Bedienung der Wertpapiere erwirtschaften. Andererseits ist das Charakteristikum der asset backed securities zu beachten, dass eine vollständige Bedienung der Wertpapiere allein von den Mittelzuflüssen der verbrieften Aktiva abhängt. Dementsprechend kann es vorkommen, dass eine Bestätigung in dem hier geforderten Wortlaut lediglich für den Zeitpunkt der Emission, aber nicht für einen Zeitraum danach (im Extremfall schon für den nächsten Tag) Gültigkeit besitzt. Dies kann auch im Sinne des Anlegerschutzes nicht gewollt sein, da eine entsprechende Aussage über die Werthaltigkeit der Vermögensgegenstände sogar irreführend wäre.

Eine ähnliche Interpretation ist mit dem von den Rating Agenturen vergebenen Bewertungen der Wertpapiere verbunden, sofern eine derartige vorliegt.[11] Mit der Vergabe eines Rating wird die Wahrscheinlichkeit ausgedrückt, mit der die Anleger in die jeweiligen asset backed securities mit der zeitgerechten Zahlung von Zinsen und der Rückzahlung der Wertpapiere rechnen können. Nicht jedoch, wann und in welchem Umfang sich das Risiko mit dem Investment realisiert. Dementsprechend ist im Rahmen der Prospekterstellung eine Bestätigung über den Zusammenhang zwischen den Merkmalen der verbrieften Aktiva und der Bedienung der Wertpapiere so darzustellen, wie er sich tatsächlich im Rahmen der Transaktion verhält und nicht nur, wie er im Idealszenario und im Zeitpunkt der Prospektveröffentlichung ausfällt.

Der Emittent hat, wenn ein ähnlicher Wortlaut wie der in der EU-ProspV geforderte verwendet wird, diesem unmittelbar den Hinweis anzufügen, dass bei Eintritt bestimmter Szenarien und insbesondere im Falle, dass der/die Schuldner der verbrieften Aktiva seinen/ihren Verpflichtungen unter diesen nicht nachkommt, eine Bedienung der asset backed securities nicht gewährleistet werden kann.[12] Es ist somit davon auszugehen, dass der hier geforderte Wortlaut nicht zwingend wörtlich zu übernehmen ist, sondern die geforderte Bestätigung ist vielmehr von dem Emittenten derart zu formulieren, wie er einerseits die Bedienung der Wertpapiere vorsieht und gleichzeitig, dass bei Unsicherheit aufgezeigt wird, warum es nicht sichergestellt werden

---

10 BT-Drucks. 15/5219, S. 2 und 3.

11 Im Hinblick auf die Ratingerfordernisse für die Zwecke der Eigenkapitalforderungen der Banken und Hinterlegbarkeit bei der EZB sowie die Anforderung an ein Rating von asset backed securities siehe VO (EU) Nr. 462/2013 über Ratingverfahren (CRA3) und VO (EU) Nr. 575/2013 über Aufsichtsanforderungen an Kreditinstitute (CRD IV).

12 So auch *Bierwirth,* in: Assmann/Schlitt/von Kopp-Colomb, WpPG/VerkProsG, Anh. VIII EU-ProspV Rn. 9.

kann, dass der Emittent aus den verbrieften Aktiva ausreichend Mittel erwerben wird, um die jederzeite Bedienung der asset backed securities zu gewährleisten. Diese Darstellung wird in der Regel bereits im Zuge der Risikofaktoren deutlich gemacht und detailliert in die Beschreibung der Zahlungsströme der Transaktion einfließen.[13]

1. Beschreibung der Basisvermögenswerte

a) Ziff. 2.2.

6 Ziff. 2.2. von Anh. VIII EU-ProspV findet seinem Wortlaut nach nur Anwendung auf diejenigen asset backed securities, die einen Pool von Aktiva verbriefen, über die eine Dispositionsbefugnis besteht. Im Rahmen von asset backed securities Transaktionen wird jedoch zur Sicherheit der Anleger und zur Sicherstellung eines evtl. zu vergebenden Ratings der Wertpapiere dem Emittenten normalerweise die Verfügungsbefugnis über die verbrieften Aktiva durch Bestellung von umfangreichen Sicherungsrechten zugunsten eines Sicherheitentreuhänders/-verwalters entzogen.[14] Insofern handelt es sich bei dem deutschsprachigen Text der EU-ProspV um eine ungenaue Übersetzung des Begriffs „discrete" des englischen Textes der EU-ProspV. Gemeint ist vielmehr ein eigenständiger, separater Pool von Aktiva in Abgrenzung zu den sonstigen Vermögensgegenständen auf der Bilanz des Emittenten (sofern vorhanden).

Die deutsche Fassung des Textes der Ziff. 2.2. von Anh. VIII EU-ProspV ist jedoch insoweit hilfreich, als aus ihrem Wortlaut entnommen werden kann, dass es sich bei den zu beschreibenden Vermögensgegenständen um Aktiva des Emittenten handeln muss. Dies ist in Abgrenzung zur Vorschrift der Ziff. 3.6. von Anh. VIII EU-ProspV, die für Transaktionen, in denen die Verzinsung und/oder Rückzahlung des Wertpapiers an die Leistung oder Kreditwürdigkeit anderer Aktiva geknüpft ist, die keine Aktiva des Emittenten sind, gleichwerte Angaben verlangt, zu sehen.

Diese Differenzierung im Wortlaut von Ziff. 2.2. und Ziff. 3.6. von Anh. VIII EU-ProspV macht deutlich, dass von den Anforderungen der Ziff. 2.2. des Anh. VIII EU-ProspV auch diejenigen Vermögensgegenstände erfasst werden sollen, die im Rahmen von sog. synthetischen asset backed securities mit dem Emissionserlös erworben werden. Bei dieser Form der asset backed securities wird mit dem Emissionserlös kein Vermögensgegenstand erworben, aus dem sich das mit den asset backed securities verbundene Risiko ergibt, sondern es wird mittels eines derivativen Instrumentes (in der Regel ein Kreditderivat) auf einen oder mehrere Vermögensgegenstände, die keine Aktiva des Emittenten darstellen, Bezug genommen.[15] Deren Wertentwicklung ist

---

13 Siehe beispielhaft den Prospekt der Bavaria Ska S.A. (compartment 3) v. 17.07.2012, der den Wortlaut der EU-ProspV gar nicht beinhaltet, jedoch ausführlich die Zahlungsströme der Transaktion und die damit verbundenen Risiken beschreibt.

14 Standard & Poor's, European Legal Criteria for Structured Finance Transactions 2008, S. 11 ff.

15 Die Beschreibung dieser so referenzierten Vermögenswerte erfolgt in Rahmen synthetischer asset backed securities gem. Ziff. 3.6. von Anh. VIII EU-ProspV.

für die Rückführung der asset backed securities entscheidend.[16] Mit dem Anleiheerlös werden hingegen entweder ein oder mehrere Wertpapiere, Pfandbriefe oder Schuldscheine[17] erworben oder der Anleiheerlös wird entweder dauerhaft bar hinterlegt oder zwischenzeitlich in Wertpapiere investiert (z. B. im Rahmen von Wertpapierleihe Geschäften).

Diese mit dem Emissionserlös erworbenen Vermögensgegenstände dienen primär als Sicherheit für die anderen an der Transaktion beteiligten Parteien, denn die Erlöse aus diesem Vermögensgegenstand werden zunächst dazu verwendet, die Verpflichtung des Emittenten unter dem Derivat, d. h. die Ausgleichszahlung, zu erfüllen und erst sekundär der Rückführung der asset backed securities.[18] Aus diesen Vermögensgegenständen leitet der Emittent aber auch Mittel her, mit denen er die asset backed securities zurückführen möchte und sollten sich die mit der Transaktion verbundenen Risiken nicht in dem Maße auswirken, dass zur Begleichung der Forderung mit dem Hedging Vertragspartner diese Vermögensgegenstände vollständig verwertet werden müssen, dienen sie dem Emittenten zur Rückzahlung der asset backed securities. Dies bedeutet für die Darstellungen im Rahmen von Ziff. 2.2. von Anh. VIII EU-ProspV, dass sich die geforderte Beschreibung auf sämtliche Vermögensgegenstände zu beziehen hat, die mit dem Emissionserlös der asset backed securities erworben wurden und dem Emittenten zur Rückführung der asset backed securities zur Verfügung stehen.

b) Ziff. 2.2.1.

Im Zusammenhang von Ziff. 2.2.1. von Anh. VIII EU-ProspV ist die Rechts- 7 ordnung, welche auf den oder die Vermögensgegenstände anzuwenden ist, aufzuführen. Unterliegen die Vermögensgegenstände verschiedenen Rechtsordnungen, so ist bei einer geringen Anzahl von Aktiva, im Rahmen der Beschreibung dieses Vermögensgegenstandes, die jeweilige Rechtsordnung anzugeben. Bei einer Vielzahl von Vermögensgegenständen sind im Rahmen der Geeignetheitskriterien der Vermögensgegenstände für die asset backed securities Transaktion, die jeweiligen zulässigen Rechtsordnungen aufzuführen. Dies gilt unabhängig davon, ob es sich um einen statischen Pool von Aktiva handelt oder ob die Vermögensgegenstände im Laufe der Transaktion um weitere ergänzt oder ausgetauscht werden können. Bei gemanagten asset backed securities sind als Geeignetheitskriterium für die Aktiva, in die in diesen Transaktionen investiert werden kann, die potentiellen Rechtsordnungen, denen diese unterliegen dürfen, zu benennen.

---

16 Siehe hierzu Art. 10 i.V.m. Anh. VII dort I; *Althaus*, Kreditwesen 2003, S. 632 ff.
17 Z. B. werden entsprechend des Ratings der asset backed securities entsprechend unterschiedlich geratete Wertpapiere erworben.
18 Siehe beispielhaft den Prospekt der Semper Finance 2006-1 Limited v. 05.12.2006.

c) Ziff. 2.2.2.

8 Im Rahmen der Beschreibung der Schuldner der den Wertpapieren unterliegenden Vermögensgegenstände sind verschiedene Szenarien zu unterscheiden:

9 – Der in Ziff. 2.2.2. von Anh. VIII EU-ProspV nicht genannte Fall, in dem es sich bei den Schuldnern der den Wertpapieren unterliegenden Vermögensgegenstände um eine einzige oder weniger als fünf juristische Personen handelt oder mehr als 20 % der Aktiva einem einzigen Schuldner zuzurechnen sind bzw. ein einziger Schuldner einen wesentlichen Teil dieser Aktiva hält, wird von Ziff. 2.2.11. von Anh. VIII EU-ProspV abgedeckt, der als lex specialis der allgemeineren Regelung der Ziff. 2.2.2. von Anh. VIII EU-ProspV vorgeht.

Der in Ziff. 2.2.2.(a) von Anh. VIII EU-ProspV beschriebene Fall, dass wenige Vermögensgegenstände Teil einer asset backed securities Transaktion sind, wird zunehmend in der Praxis relevanter. Aus dem Sachzusammenhang mit Ziff. 2.2.11. von Anh. VIII EU-ProspV, lässt sich folgern, dass dieser Abschnitt der EU-ProspV auf Transaktionen, deren Aktiva aus Verpflichtungen von mehr als fünf Schuldnern bestehen, Anwendung findet. Es ist jedoch fraglich, ob bei der Anzahl der Aktiva allein auf die Schuldner der relevanten Verbindlichkeiten abzustellen ist. So kann es insb. bei asset backed securities, welche Hypothekarkredite als verbriefte Aktiva enthalten, vorkommen, dass die Anzahl der Kreditschuldner unter der Grenze von fünf liegt, jedoch die Zahl der diese Kredite besichernden Grundschulden oder Hypotheken, und somit die Zahl der Sicherungsgeber, größer als fünf ist. In einem solchen Fall, kommt es im Wesentlichen auf die Werthaltigkeit der zur Verfügung gestellten Sicherheiten an und weniger auf die Bonität der jeweiligen Schuldner. Zudem ist im Rahmen derartiger asset backed securities Transaktionen zu beachten, dass die jeweiligen Schuldner der verbrieften Kredite häufig selbst Zweckgesellschaften sind, die zum Erwerb der entsprechenden Immobilien gegründet wurden, so dass der Aussagegehalt der Jahresabschlussinformationen, sofern vorhanden, von diesen Gesellschaften von geringem Wert ist. In derartigen Fällen ist eine Abwägung des Informationsgehaltes der zur Verfügung zu stellenden Angaben vorzunehmen. Ist hinsichtlich des Kreditrisikos der verbrieften Verbindlichkeit im Wesentlichen auf den Schuldner der Verbindlichkeit abzustellen, so geht Ziff. 2.2.11. von Anh. VIII EU-ProspV in Fällen in denen fünf oder weniger Verbindlichkeiten Bestandteil der asset backed securities sind, als Spezialregelung den Anforderungen von Ziff. 2.2.2.(a) von Anh. VIII EU-ProspV vor. Bilden jedoch die von mehr als fünf Personen zur Verfügung gestellten Sicherheiten das wesentliche Element der asset backed securities (dies wird insbesondere bei so genannten Commercial Mortgage Backed Securities der Fall sein), so ist nicht auf die Anzahl der Schuldner der verbrieften Verbindlichkeiten abzustellen, sondern es findet aufgrund der Mehrzahl an Sicherungsgebern, die Regelung der Ziff. 2.2.2.(a) von Anh. VIII EU-ProspV Anwendung.[19] Aufgrund der Kategorisierung (Kategorie A) gemäß Anh. XX der EU-ProspV wird der Darstellung einer kleinen Zahl von Schuldnern mehr Bedeutung beigemessen, als bei den anderen Fällen

(Ziff. 2.2.2.(b) von Anh. VIII EU-ProspV), welche nur der Kategorie B unterfallen, so dass bei Prospekten die der Regelung der Ziff. 2.2.2.(a) von Anh. VIII EU-ProspV unterfallen alle einschlägigen Angaben im Basisprospekt enthalten sein müssen.

Der Umfang der im Rahmen der Ziff. 2.2.2.(a) von Anh. VIII EU-ProspV dar- **10** zustellenden Angaben beschränkt sich neben dem Namen des Schuldners, auf dessen Anschrift, Industriezweig(e), in dem bzw. denen der Schuldner tätig ist, eine kurze Beschreibung seiner Geschäftshistorie (z. B. Gründungsjahr, Gründer und Geschäftsentwicklung) sowie Abbildung der relevanten Zahlen aus den Finanzinformationen zu Umsatz, Vermögen und Ertrag aus den letzten zwei Geschäftsjahren sowie eine kurze Beschreibung zu der Geschäftsentwicklung im letzten Geschäftsjahr, sofern der öffentlichen Informationsquelle, die dem Emittenten zugänglich ist, entnehmbar. Soweit bekannt, ist der Abschlussprüfer des relevanten Schuldners zu benennen. Entscheidend ist es des Weiteren, die Informationsquelle, der die relevanten Informationen entnommen wurden, aufzuführen.[20]

Handelt es sich bei den asset backed securities um Wertpapiere, denen **11** Verbindlichkeiten von fünf oder weniger Schuldnern zugrunde liegen, sind diese Verbindlichkeiten aber mit einer Mehrzahl von Sicherheiten besichert, so sind im Prospekt derartiger asset backed securities schwerpunktmäßig die Sicherheiten, der Besicherungsgrad und die Zahlungsströme unter diesen Sicherheiten (z. B. jährliche Mieteinnahmen) darzustellen. Dies beinhaltet primär eine kurze Beschreibung des/der Sicherungsobjekte (Lage, Eigennutzung oder vermietetes Objekt, industrielle, Büro oder Wohnzwecken dienende Nutzung) und deren Bewertung. Dazu gehört aber auch der Hinweis auf die mit der Realisierung der Sicherheiten einhergehenden Risiken (z. B. Nennung der Anzahl der Mieter des als Sicherheit dienenden Objektes und der größten Mieter) sowie die auf dem Verstoß bestimmter Zusicherungen hinsichtlich Bewertungsgrößen basierenden Kündigungs- und damit zur Verwertung der Sicherheiten berechtigenden Gründe (z. B. Loan to Value Covenant, Debt Service Cover Ratio Covenant oder Interest Cover Ratio Covenant).[21]

Generell im Rahmen der Ziff. 2.2.2.(a) von Anh. VIII EU-ProspV darzustel- **12** len sind die mit der verbrieften Verbindlichkeit oder mit der einhergehenden Sicherheit besonderen vertraglichen Vereinbarungen. Dies schließt insb. eventuelle Subordinierungsklauseln, Treuhandvereinbarungen im Zuge der Verwertung der Sicherheiten oder Intercreditorvereinbarungen ein.

19 Siehe beispielhaft die Prospekte der Epic Transaktionen der Royal Bank of Scotland plc, insbesondere der Epic (Ayton) plc v. 13.12.2005 und der Epic (Brodie) plc v. 26.06.2006.
20 Siehe beispielhaft den Prospekt der CB MezzCAP Limited Partnership v. 20.04.2006, S. 161 ff.
21 Siehe beispielhaft die Prospekte der Epic Transaktionen der Royal Bank of Scotland plc, insb. von der Epic (Ayton) plc v. 13.12.2005, der Epic (Brodie) plc v. 26.06.2006, der Epic (Industrious) plc v. 28.09.2005 und der Epic (Culzean) plc v. 21.12.2006.

13   – Der für die meisten asset backed securities relevante Fall, dass auf Vermö-
       gensgegenstände einer Vielzahl von Schuldnern Bezug genommen wird
       bzw. dass die Details über die zugrunde liegenden Schuldner nur allge-
       mein feststehen, wird in Ziff. 2.2.2.(b) von Anh. VIII EU-ProspV behandelt.

14   In diesen Fällen sind zum einen die allgemeinen Merkmale der Schuldner
       sowie globale Angaben hinsichtlich der verbrieften Aktiva darzustellen.
       Auch im Rahmen dieser Vorschrift der EU-ProspV kann keinesfalls am
       Wortlaut der EU-ProspV als solcher festgehalten werden, vielmehr ist ent-
       sprechend der jeweiligen asset backed securities Transaktion darauf zu
       achten, dass sich der Anleger ein umfassendes Bild über die mit der Emis-
       sion verbundenen Risiken machen kann.[22] Nur bei gleichförmigen Vermö-
       gensgegenständen (z. B. Leasingforderungen, Hypothekendarlehen, Ge-
       nussrechten von mittelständischen Unternehmen) wird bei der Erstellung
       des dazugehörigen Prospektes eine Darstellung der generellen Angaben,
       die mit einem derartigen Vermögensgegenstand verbunden sind, möglich
       sein. Derartige Informationen, sofern nicht bereits im Rahmen der Risi-
       kohinweise behandelt, haben sich mit den vermögensgegenstandstypi-
       schen Merkmalen (insb. Verwertungsprobleme der zugrunde liegenden
       Mobilien oder Immobilien bei Kaufpreis-, Leasing- oder Darlehensforde-
       rungen, Subordinierung der Ansprüche des Emittenten im Verwertungsfall
       bei nachrangigen Darlehensforderungen) zu beschäftigen. Handelt es sich
       bei den verbrieften Aktiva um eine Vielzahl von Verbindlichkeiten eines
       feststehenden Kreises von Unternehmen, so sind Name (auch der eines
       eventuellen Garantiegebers), Kurzbeschreibung der Geschäftstätigkeit[23]
       und (sofern vorhanden) Markt, an dem Wertpapiere des Schuldners ge-
       handelt werden, aufzuführen.[24] Verfügt der Schuldner oder ein Garant
       über ein Rating, so sollte dieses ebenfalls (einschließlich des Hinweises,
       wann dieses Rating zugeteilt wurde) der Beschreibung des betreffenden
       Unternehmens hinzugefügt werden, ohne dass aus dem Hinweis auf das
       Rating eine Einschätzung des Emittenten hinsichtlich der Kreditwürdigkeit
       dieses Unternehmens abgeleitet werden darf (ein entsprechender Hinweis
       ist der Beschreibung des referenzierten Pools an Unternehmen hinzuzufü-
       gen).[25]

15   Im Rahmen von asset backed securities, bei denen auf diverse, in einigen
       Fällen noch nicht abschließend feststehende Unternehmen diverser Bran-
       chen referenziert wird, ist eine derartige Darstellung der Schuldner der
       verbrieften Vermögensgegenstände (z. B. einer Vielzahl von Leasing oder
       Darlehensforderungen) oder bei Privatpersonen als Schuldner der verbrief-
       ten Verbindlichkeiten (deren Informationen datenschutzrechtlich geschützt
       sind) nicht durchführbar. Insofern ist vielmehr eine detaillierte Beschrei-
       bung der Geeignetheitskriterien, denen die verbrieften Aktiva zu folgen

---

22 *Kullmann/Sester*, ZBB 2005, 209, 213.

23 Z. B. die Beschreibung eines Unternehmens i. R. d. Bloomberg Veröffentlichung.

24 Dies ergibt sich aus der Systematik mit Ziff. 2.2.11. von Anh. VIII EU-ProspV und den
    darin geforderten Informationen.

25 Siehe beispielhaft den Prospekt der CB MezzCAP Limited Partnership v. 20.04.2006.

haben, entscheidend. Eine abschließende Aufzählung der einzelnen Merkmale ist nicht möglich und wird sich transaktionsspezifisch unterscheiden. Entsprechend der in diesem Anh. VIII EU-ProspV verlangten Angaben werden die Geeignetheitskriterien zumindest die Themen Rechtsordnung, aus der der Schuldner des Vermögensgegenstandes stammen darf bzw. in der der Schuldner des Vermögensgegenstandes seinen Sitz zu haben hat, Rechtsnatur des Aktivums, zulässige Währungen, Übertragbarkeit des Vermögensgegenstandes und zulässige Fälligkeitstermine, behandeln müssen. In vielen Fällen wird auch ein evtl. vorhandenes Rating des Schuldners des Vermögensgegenstandes zum Geeignetheitskriterium gemacht werden. Lassen sich die Verbindlichkeiten bzw. deren Schuldner in eine einzige Kategorie einordnen, so sind allgemeine Angaben zu Marktumfeld und Branche zu machen. Weitere statistische Daten zu den Vermögensgegenständen und damit relevante Geeignetheitskriterien ergeben sich aus den weiteren Anforderungen der Ziff. 2.2. von Anh. VIII EU-ProspV. So folgt im Umkehrschluss aus dem Erfordernis der Ziff. 2.2.7. von Anh. VIII EU-ProspV, die Information über evtl. bestehende Verpflichtungen des Darlehensgebers, weitere Zahlungen auf das Darlehen zu leisten, dass es ein Geeignetheitskriterium für die Darlehen von asset backed securities sein muss, ob es sich bei diesen um vollständig ausgezahlte Darlehen handelt, oder ob bisher nur eine teilweise Auszahlung erfolgt ist. Im letzteren Fall ist das Datum und der Betrag anzugeben, bis wann und in welcher Höhe die jeweiligen Darlehen noch in Anspruch genommen werden können, damit sich der Anleger ein Bild davon machen kann, inwieweit ein nicht in die Verbriefung einbezogener Teil des Darlehens die Werthaltigkeit der relevanten Sicherheit beeinflussen kann.[26]

Zu beachten im Zusammenhang mit der Darstellung der Geeignetheitskriterien ist, dass darauf hingewiesen wird, dass es für die Beurteilung der Erfüllung der Geeignetheitskriterien allein auf den Zeitpunkt ankommt, in dem das Aktivum der Transaktion hinzugefügt wurde.[27]   16

d) Ziff. 2.2.3.

Die von Ziff. 2.2.3. von Anh. VIII EU-ProspV geforderte Darstellung der   17
Rechtsnatur der Aktiva zielt darauf ab, dass sich der Anleger ein Bild davon machen kann, welches die verbrieften Vermögensgegenstände sind. Die Zahl der potentiellen, im Rahmen von asset backed securities erwerbbaren Vermögensgegenstände ist vielfältig. So kann es sich hier um einfache Schuldverschreibungen, Pfandbriefe, andere asset backed securities, Darlehens- oder Leasingforderungen, (seltener) Handelsforderungen, Immobilien oder sogar zukünftige Ticketeinnahmen eines Fußballstadions handeln. Zur Darstellung der Rechtsnatur der Aktiva zählt auch die Beschreibung der Verträge, auf denen die Aktiva beruhen. So können einerseits die Vertragsbe-

---

26 Siehe beispielhaft den Prospekt der Semper Finance 2006-1 Limited v. 05.12.2006, S. 86 ff.
27 Siehe beispielhaft den Prospekt der Adagio III CLO plc v. 17.08.2006, S. 206.

dingungen selbst abgedruckt werden[28] oder es ist eine kurze Zusammenfassung der relevanten Vertragsbedingungen aufzuführen.[29] Eine derartige Pflicht ergibt sich aus dem Zusammenhang zu Ziff. 2.2.13. von Anh. VIII EU-ProspV, der vorsieht, dass bei verbrieften Verpflichtungen aus einem nicht auf einem geregelten oder vergleichbaren Markt gehandelten Wertpapier eine Beschreibung der wichtigsten Bedingungen dieses Wertpapiers beizubringen ist. Es kann keinen Unterschied machen, ob eine Verpflichtung aus einem Wertpapier verbrieft wird oder eine Verpflichtung aus einem Leasing-, Kauf oder Darlehensvertrag. Entscheidend im Sinne der Anlegeraufklärung ist es, dass sich der Anleger ein Bild von den Ansprüchen, die mit dem verbrieften Aktivum einhergehen, machen kann. Der Umfang der darzustellenden Informationen kann sich an den Kriterien orientieren, die zum einen für Ziff. 2.2.13. von Anh. VIII EU-ProspV gelten, zum anderen an den Vorschriften zur Beschreibung der wesentlichen Verträge der Transaktion.[30]

e) Ziff. 2.2.4.

18 Der Fälligkeitstermin bzw. die Fälligkeitstermine der verbrieften Aktiva, die gem. Ziff. 2.2.4. von Anh. VIII EU-ProspV in den Prospekt aufgenommen werden müssen, dürfen nicht mit der erwarteten Laufzeit der asset backed securities, die sich aus wirtschaftlichen Erwägungen an anderen Kriterien als der Laufzeit der Vermögensgegenstände orientieren kann, verwechselt werden. Bei der Erstellung des Prospektes ist darauf zu achten, dass die Fälligkeiten der Aktiva getrennt von den Fälligkeiten bzw. erwarteten Rückzahlungsterminen der asset backed securities dargestellt werden. Handelt es sich bei dem Pool der verbrieften Aktiva um einige wenige Vermögensgegenstände, so ist für jeden Vermögensgegenstand dessen Fälligkeitstermin zu benennen. Im Rahmen von asset backed securities, in denen der Pool der verbrieften Aktiva nur über Geeignetheitskriterien definiert ist oder wieder aufgefüllt werden kann, ist darauf zu achten, dass die Einhaltung bestimmter Fälligkeitstermine eines der Geeignetheitskriterien darstellt.

f) Ziff. 2.2.5.

19 Im Rahmen des sich durch das zusätzliche Modul für asset backed securities ziehende Prinzip, dass Angaben zu machen sind, aus denen der Anleger sich ein Bild machen kann, ob die verbrieften Aktiva geeignet sind, Mittel zu generieren, die ausreichen, um die emittierten Wertpapiere zurückzuführen, darf die Angabe zum Betrag und Währung der Aktiva, entsprechend Ziff. 2.2.5. von Anh. VIII EU-ProspV, nicht fehlen. Auch hier ist, dem grundsätzlichen Aufbau von Anh. VIII EU-ProspV folgend, in den Fällen, in denen wenige Aktiva verbrieft werden, der Betrag der auf das einzelne Aktivum

---

28 Siehe beispielhaft den Prospekt der CB MezzCAP Limited Partnership v. 20.04.2006, S. 74 ff.

29 Siehe beispielhaft den Prospekt der Driver Eleven GmbH v. 19.07.2013, S. 59.

30 Siehe hierzu Ziff. 15. von Anh. IV EU-ProspV oder Ziff. 12. von Anh. IX EU-ProspV (insbesondere im Hinblick auf eventuelle Kündigungsrechte).

entfällt, zu benennen. Im Rahmen von Transaktionen mit nicht leicht zu identifizierenden Vermögensgegenständen muss nur die Gesamtsumme, die den Pool von Aktiva am Datum der Emission der asset backed securities ausmacht, aufgeführt werden. Gleiches gilt für die Darstellung in welchen Währungen die Aktiva denominiert sind und wie die prozentuale Gewichtung dieser Währungen im Pool ist. Entspricht der Wert der mit dem Erlös aus der Emission der asset backed securities erworbenen Vermögensgegenstände am Emissionsdatum nicht dem Nennwert der asset backed securities, so ist im Prospekt darzustellen, bis wann weitere Vermögensgegenstände erworben werden, um den ausgewiesen Zielwert des Pools von Aktiva zu erreichen. Darüber hinaus ist aufzuführen, wie in der Zwischenzeit der verbleibende Emissionserlös angelegt bzw. verwendet wird.[31]

g) Ziff. 2.2.6.

Die gem. Ziff. 2.2.6. von Anh. VIII EU-ProspV erforderlichen Angaben dürfen nicht mit den Anforderungen von Ziff. 3.4.2. von Anh. VIII EU-ProspV verwechselt werden. Die in Ziff. 2.2.6. geforderte Information bezieht sich auf die Besicherung des verbrieften Vermögensgegenstandes und nicht auf die Besicherung der asset backed securities. Die Beleihungsquote spielt insb. bei der Verbriefung von Hypothekendarlehen und den mit ihnen verbunden Grundpfandrechten eine Rolle. Hier muss der Wert des Grundpfandrechtes im Vergleich zum verbrieften Hypothekendarlehen beschrieben werden. Für andere Arten von Sicherheiten, die dem Vermögensgegenstand zugeordnet werden können, spiegelt der Grad der Besicherung die erforderliche Information wieder. Nicht fehlen darf ein Hinweis darauf, ob sich verbriefte Aktiva und nicht verbriefte Aktiva bestimmte Sicherheiten teilen (sog. cross collateralisation). Aus der jeweils relevanten Quote soll der Anleger ableiten können, wie hoch die Wahrscheinlichkeit ist, dass bei Verwertung des Vermögensgegenstandes bzw. zugehöriger Sicherungsrechte die Verwertungserlöse zur Rückführung der asset backed securities verwendet werden können. Sind hinsichtlich der verbrieften Vermögenswerte nur generelle Geeignetheitskriterien vorgegeben, ist zumindest die Beleihungsquote bzw. der Grad der Besicherung, die der Vermögensgegenstand mit sich bringen muss, um für die asset backed securities Transaktion geeignet zu sein, in den Prospekt aufzunehmen.[32]

20

h) Ziff. 2.2.7.

Die im Allgemeinen verwendete Methode zur Darstellung der Entstehung und Schaffung der Aktiva im Sinne von Ziff. 2.2.7. von Anh. VIII EU-ProspV (sog. „origination"), ist die Aufnahme der Prinzipien und Grundsätze des die Forderung originierenden Unternehmens (in der Regel der Forderungsverkäufer), wie dieses im Hinblick auf die Gewährung von Zahlungszielen und Kreditlimiten seiner Schuldner verfährt. Eine derartige Beschreibung muss

21

---

31 Dies ergibt sich aus dem Zusammenhang mit Ziff. 3.4.4. von Anh. VIII EU-ProspV.
32 Siehe beispielhaft den Prospekt der Precise Mortgage Funding No. 1 plc v. 03.12.2013, S. 132 ff.

zumindest stichpunktartig beschreiben, welche Prozesse bei der Einräumung von Zahlungszielen eingehalten werden müssen. Entsprechend der Vorgaben der Ziff. 2.2.7. von Anh. VIII EU-ProspV müssen bei der Verbriefung von Darlehensforderungen oder Vermögenswerten, die auf Kreditverträgen beruhen, die Hauptdarlehenskriterien in den Prospekt aufgenommen werden. Dabei handelt es sich nicht um die Geeignetheitskriterien, die die Darlehen erfüllen müssen. Diese sind bereits im Rahmen von Ziff. 2.2.2. von Anh. VIII EU-ProspV zu beschreiben. Entsprechend des englischen Textes der EU-ProspV, sind hier die wesentlichen Kriterien, die für die Kreditvergabe („lending criteria") eine Rolle spielen, aufzuführen. Dabei sind insb. die Methoden der Bonitätsanalyse des Darlehensnehmers und der Bewertung von Sicherheiten darzustellen.[33] Aus den prinzipiellen Erwägungen des WpPG folgt auch hier, dass je weniger Vermögensgegenstände den asset backed securities zugrunde liegen, desto detaillierter der Grad der Information sein muss. Ziff. 2.2.7. von Anh. VIII EU-ProspV verlangt zudem die Aufnahme eines Hinweises in den Prospekt, wenn ein Darlehen, die genannten Vergabekriterien nicht erfüllt. Dabei ist im Rahmen der Kreditvergabekriterien aufzunehmen, in welchen Fällen von der Kreditvergabepolitik abgewichen werden darf, so dass der Anleger sich nach wie vor ein Bild davon machen kann, welchen Maßgaben das verbriefte Darlehen folgt. Ein weiterer wichtiger Hinweis, welcher gem. Ziff. 2.2.7. von Anh. VIII EU-ProspV in der Darstellung nicht fehlen darf, ist der Hinweis auf evtl. bestehende Pflichten des Darlehensgebers, weitere Zahlungen auf das Darlehen leisten zu müssen und ob diese weiteren Zahlungen ebenfalls Bestandteil der asset backed securities werden oder außerhalb der Transaktion stehen.

22 Wesentlicher Teil der im Rahmen dieser Ziff. 2.2.7. von Anh. VIII EU-ProspV erforderlichen Darstellung ist nicht nur, wie die Aktiva originiert werden und welcher Kreditvergabepolitik sie unterliegen müssen, sondern auch, wie mit den Vermögensgegenständen nach deren Schaffung umgegangen wird (sog. Forderungsverwaltung). Diese so genannten Inkassoprinzipien, sind integraler Bestandteil der Kreditprozesse und gewähren dem Anleger in asset backed securities die Sicherheit, dass nach Übertragung des Vermögensgegenstandes an den Emittenten (sofern verschieden vom Forderungsoriginator) bzw. Übertragung des mit dem Vermögensgegenstand verbundenen Kreditrisikos auf den Anleger, der Forderungsverwalter denselben Prinzipien folgt, als hätte die Verbriefung nicht stattgefunden. In diesem Zusammenhang muss der Emittent die wesentlichen Prinzipien aufzählen, denen der Mahn- und Verwertungsprozess der verbrieften Aktiva zu folgen hat. Der Prospekt muss aber gleichzeitig aufführen, in welchen Szenarien diese Prinzipien geändert und angepasst werden können.[34]

---

[33] Siehe beispielhaft den Prospekt der Precise Mortgage Funding No. 1 plc v. 03.12.2013, S. 64, 127 ff.

[34] Siehe beispielhaft den Prospekt der Driver Eleven GmbHv. 19.07.2013, S. 129 ff. Auch richtig *Biertwirth*, in: Assmann/Schlitt/von Kopp-Colomb, WpPG/VerkProsG, Anh. VIII EU-ProspV Rdn. 40, danach sind die Forderungsverwaltungsprozesse allein im Rahmen von Ziff. 3.4.4. von Anh. VIII EU-ProspV relevant, welches allerdings die Prospektdarstellung verzerren könnte, so dass je nach Sachzusammenhang abzuwägen ist, wo die Forderungsverwaltungsprozesse aufgeführt werden sollten.

i) Ziff. 2.2.8.

Der Wortlaut von Ziff. 2.2.8. von Anh. VIII EU-ProspV ist im Hinblick auf as- 23
set backed securities, in denen der Emittent der Wertpapiere nicht identisch
ist mit dem Forderungsoriginator, missverständlich. Die hier angesprochenen
Zusicherungen und Sicherheiten beziehen sich nicht auf das Rechtsverhältnis zwischen dem Forderungsverkäufer und dem Emittenten, sondern auf
die Zusicherungen und Sicherheiten in Bezug auf die Aktiva. Diese müssen
aber nicht gegenüber dem Emittenten direkt abgegeben bzw. gewährt worden sein. Erforderlich ist somit die Darstellung der mit dem Vermögensgegenstand verbundenen Zusicherungen und Sicherheiten.[35]

j) Ziff. 2.2.9.

Die Geeignetheitskriterien (Ziff. 2.2.9. von Anh. VIII EU-ProspV) sind nicht 24
nur im Rahmen eines noch nicht feststehenden Pools von Aktiva oder einem
Pool aus einer Vielzahl von Aktiva relevant, sondern auch in den Fällen, in
denen die asset backed securities Transaktion vorsieht, dass Aktiva in einem
Pool, der sich aufgrund von Tilgungszahlungen auf die verbrieften Aktiva
oder Reduzierungen des Pools der Aktiva durch ausgefallene Vermögensgegenstände im Wert verringert hat, ausgetauscht werden können bzw. der
Pool wieder aufgefüllt werden kann.[36] Einige asset backed securities sehen
zudem vor, dass Aktiva, bei denen sich herausgestellt hat, dass sie nicht oder
nicht mehr die ursprünglichen Geeignetheitskriterien erfüllen, ein derartiges
Substitutionsrecht besteht. Sind derartige Substitutionsrechte vorgesehen, so
sind sie im Prospekt die Kriterien aufzuführen, an denen sich der Austausch
zu orientieren hat. Neben den Kriterien, die dafür Sorge tragen, dass der
Pool von Aktiva homogen bleibt, können auch Kriterien aufgeführt werden,
dass sich das neue Aktivum an Ratingmethoden zu orientieren hat. In einem
solchen Fall ist die entsprechende Ratingmethode im Prospekt nachvollziehbar darzustellen. Entweder im Zusammenhang mit den Risikohinweisen oder
im Rahmen der Beschreibung der Substitutionsmöglichkeiten. Bei der Möglichkeit Aktiva durch Vermögensgegenstände einer anderen Kategorie oder
Qualität auszutauschen, ist eine Erklärung und Beschreibung in den Prospekt aufzunehmen, welche Auswirkungen eine derartige Substitution auf
den Pool der Aktiva, die mit der asset backed securities Transaktion verbundenen Zahlungsströme und die Merkmale hat, denen zufolge die Mittel erwirtschaftet werden, die der Bedienung der fälligen Zahlungen für die Wertpapiere zugutekommen.

---

35 Siehe beispielhaft den Prospekt der Driver Eleven GmbH v. 19.07.2013, S. 59. Differen-
   zierter *Bierwirth,* in: Assmann/Schlitt/von Kopp-Colomb, WpPG/VerkProsG, Anh. VIII
   EU-ProspV Rdn. 18, der sowohl Zusicherungen und Sicherheiten i.V.m. den Vermögenswerten nennt, als auch Zusicherungen des Forderungsverkäufers an den Emittenten.
36 Nicht verwechselt werden darf dieses Recht mit den Aktivitäten im Rahmen eines aktiv
   gemanagten Portfolios i.S.d. Ziff. 2.3 von Anh. VIII EU-ProspV.

k) Ziff. 2.2.10.

25 Neben der Beschreibung der Sicherheiten, die in Bezug auf die Aktiva ge-
währt wurden, dient auch die Beschreibung der relevanten Versicherungspolicen, die für die Aktiva abgeschlossen wurden (Ziff. 2.2.10. von Anh. VIII
EU-ProspV), der Information des Anlegers über die mit dem verbrieften Aktivum verbundenen Rechte, die diesem im Hinblick auf die Rückzahlung der
Wertpapiere aus den verbrieften Aktiva zusätzliche Sicherheit gewähren.
Die in diesem Zusammenhang einschlägigen Versicherungspolicen, sind die
Gebäudeversicherung bei der Verbriefung von Hypothekendarlehen sowie
die Sachversicherung bei der Verbriefung von Leasingforderungen. Kommt
es zu einer Konzentration bei ein und ders. Versicherungsgesellschaft, so ist
ein entsprechender Hinweis in den Prospekt aufzunehmen. Dies kann entfallen, wenn die Leistungen dieser Versicherungsgesellschaft keinen wesentlichen Beitrag zur Bedienung der asset backed securities leisten.

l) Ziff. 2.2.11.

26 Der Beschreibung der Schuldner, wenn sich der Pool der verbrieften Aktiva
aus Verpflichtungen von fünf oder weniger Schuldnern zusammensetzt, oder
mehr als zwanzig Prozent der Aktiva einem einzigen Schuldner zuzurechnen
sind bzw. ein einziger Schuldner einen wesentlichen Teil der Aktiva hält,
kommt nach Ziff. 2.2.11. von Anh. VIII EU-ProspV besondere Bedeutung zu.
Zu beachten ist, dass diese Regelung nur dann zur Anwendung kommt,
wenn es sich bei dem Schuldner der verbrieften Aktiva um juristische Personen handelt. In diesem Fall sind an die Darstellung des/der Schuldner dieselben Anforderungen zu stellen, wie an den Emittenten der asset backed
securities selbst. Dies begründet sich darin, dass im Rahmen einer solchen
asset backed securities Transaktion, das mit der Anlage in diese Wertpapiere
verbundene Kreditrisiko bei dem/den Schuldner/n des/der unterliegenden
Vermögensgegenstände liegt und nicht beim Emittenten, da dieser lediglich
als „Durchleitungsstelle" der Zahlungsströme aus den Vermögensgegenständen an die Anihegläubiger dient. Aus dem Wortlaut von Ziff. 2.2.11.(b)
lässt sich ableiten, dass eine identische Informationspflicht besteht, wenn die
Verpflichtungen des/der Schuldner/s von einer dritten Person garantiert werden. In einem solchen Fall ist anhand der Bonitätsbeurteilung von Schuldner
und Garant abzuwägen, auf welche Person es im Hinblick auf die Werthaltigkeit der verbrieften Aktiva ankommt, um zu entscheiden, über wen derart
umfängliche Informationen abzubilden sind. Kommt sowohl dem Schuldner
als auch dem Garanten gleiches Gewicht zu, sind die relevanten Informationen für beide in den Prospekt einzufügen.

27 Wichtig ist in diesem Zusammenhang zu bemerken, dass sich der Emittent
nur auf veröffentlichte Informationen des relevanten Schuldners/Garanten
zu beziehen braucht, sofern ihm darüber hinaus keine weiteren Informationen bekannt sind. Aus dem Wortlaut der Ziff. 2.2.11. von Anh. VIII EU-
ProspV, welcher lediglich die verschiedenen Möglichkeiten der Informationsquelle aufzeigen will, folgt nicht, dass im Hinblick auf die abzubildenden
Informationen über den Schuldner oder Garantiegeber, der Emittent bestätigen muss, dass ihm eine bestimmte Information bekannt ist, wenn er diese

lediglich aus den Veröffentlichungen des Schuldner hergeleitet hat. Ähnlich wie bei der Abgabe der Bestätigung im Rahmen von Ziff. 1.2. von Anh. VIII EU-ProspV, ist es für den Emittenten entscheidend, darzustellen, auf welche Informationen er die Abbildungen im Rahmen der Ziff. 2.2.11. von Anh. VIII EU-ProspV stützt. Nur wenn ihm Informationen, die über den Inhalt veröffentlichter Informationen des Schuldners hinausgehen, bekannt sind, muss eine entsprechende Formulierung im Rahmen der Beschreibung des Schuldners im Prospekt gewählt werden.[37]

Der Umfang der Darstellungen im Rahmen der Ziff. 2.2.11. von Anh. VIII EU-ProspV hängt entscheidend davon ab, ob Wertpapiere des Schuldners des verbrieften Vermögensgegenstandes auf einem geregelten oder vergleichbaren Markt zugelassen wurden. Falls noch keine Wertpapiere des Schuldners auf einem geregelten oder vergleichbaren Markt zugelassen wurden (Ziff. 2.2.11.(a)), sind in Bezug auf den Schuldner die Informationen in den Prospekt aufzunehmen, die im Rahmen des Anh. IV und IX EU-ProspV zu erbringen wären, wenn der Schuldner selbst Emittent eines derartigen Wertpapiers wäre. Dies schließt insb. die Abbildung der letzten Jahresabschlüsse des Schuldners ein. Ausgenommen ist lediglich eine Darstellung der Informationen gem. Ziff. 9. von Anh. IV EU-ProspV bzw. Ziff. 8 von Anh. IX EU-ProspV, da der Emittent der asset backed securities für den relevanten Schuldner des Vermögensgegenstandes keine Gewinnprognosen oder Gewinnschätzungen abgeben kann bzw. diese nur selten aus öffentlichen Informationen entnehmen können wird. Von der BaFin wird zudem eine Aussage verlangt, dass, sofern aus den veröffentlichten Informationen des Schuldners oder Garanten entnehmbar, im Falle der Zugehörigkeit des Schuldners oder Garanten zu einer Gruppe von Gesellschaften, eine kurze Beschreibung dieser Gruppe und der Stellung des Schuldners oder Garanten innerhalb dieser Gruppe in den Prospekt aufzunehmen. Des Weiteren sind, sofern den öffentlichen Informationsquellen entnehmbar oder auf sonstige Weise dem Emittenten bekannt gemacht, jüngste Ereignisse, die in Bezug auf den Schuldner oder Garanten eine Bedeutung haben und die in hohem Maße für die Bewertung der Solvenz relevant sein können, unter Berücksichtigung des jeweiligen Einzelfalles des jeweiligen Schuldners/Garanten anzugeben. An dieser Stelle sind auch bei einem Schuldner, der noch keine Wertpapiere an einem geregelten oder vergleichbaren Markt zugelassen hat, die hervorzuhebenden Risikofaktoren in Bezug auf den Schuldner/Garanten anzugeben, die die Fähigkeit des Schuldners/Garanten, seinen Verpflichtungen aus dem Vermögensgegenstand nachzukommen, beinträchtigen können. Dies kann primär durch die Entnahme der Beschreibung der Risiken aus dem Lagebericht des jüngsten Jahresabschlusses erfolgen. Entsprechend der Vorgabe für Ziff. 2.2.2. (a) von Anh. VIII EU-ProspV sind auch im Fall von Ziff. 2.2.11. (a) von Anh. VIII EU-ProspV die einschlägigen Angaben gemäß Kategorisierung (Kategorie A) des Anh. XX EU-ProspV in den Basisprospekt aufzuneh-

28

---

37 Siehe hierzu auch *Bierwirth*, in: Assmann/Schlitt/von Kopp-Colomb, WpPG/VerkProsG, Anh. VIII EU-ProspV Rdn. 22, der ebenfalls keine Untersuchungspflicht in der Regelung der EU-ProspV begründet sieht.

men. Der Verbriefung kleiner Portfolien mit nicht anderweitig zugänglicher Information wird sinnvollerweise eine größere Bedeutung beigemessen, als der Verbriefung von Aktiva „bekannter" Emittenten (Kategorie C).

29   Sind bereits Wertpapiere des betreffenden Schuldners an einem geregelten oder vergleichbaren Markt zugelassen worden (Ziff. 2.2.11.(b)), so können sich die Angaben über diesen Schuldner oder Garantiegeber auf Name, Anschrift, Land der Gründung, Art der Geschäftstätigkeit und Bezeichnung des Marktes, auf dem die Wertpapiere zugelassen sind, beschränken. Diese Ziffer ist insb. hinsichtlich der Vermögensgegenstände relevant, welche im Rahmen synthetischer asset backed securities mit dem Emissionserlös erworben werden. Dabei handelt es sich in der Regel um Anleihen, Pfandbriefe oder Schuldscheine eines oder weniger Schuldner, die eine dem Rating der asset backed securities entsprechende Bonität mitbringen.[38]

m) Ziff. 2.2.12.

30   Ziff. 2.2.12. von Anh. VIII EU-ProspV kommt nur dann zur Anwendung, wenn zwischen dem Emittenten und dem Schuldner und/oder einem eventuellen Garantiegeber der verbrieften Aktiva eine besondere Beziehung besteht. Diese Beziehung zwischen den Parteien kann vertraglicher oder gesellschaftsrechtlicher Natur sein. Ein typischer Fall einer derartigen Beziehung ist gegeben, wenn der Emittent der asset backed securities eine Tochtergesellschaft des Schuldners oder Garantiegebers ist, und somit Bonitätsaspekte auf dieser Ebene Einfluss auf die Zahlungsfähigkeit des Emittenten unter den asset backed securities haben können. Ist eine solche Beziehung vorhanden und kann diese Einfluss auf die Bedienung der asset backed securities haben, so sind die wesentlichen Aspekte zu erläutern.

n) Ziff. 2.2.13.

31   Handelt es sich bei den verbrieften Aktiva um Wertpapiere, die selbst nicht auf einem geregelten oder vergleichbaren Markt gehandelt werden, so ist gem. Ziff. 2.2.13. eine Beschreibung der wichtigsten Bedingungen dieser Verpflichtungen beizubringen. Wie bereits der Wortlaut dieser Ziffer vermuten lässt, ist die Übersetzung des Textes der Verordnung in diesem Punkt zu eng erfolgt. Der englische Text der Verordnung bezieht sich auf „obligations" und somit auf jede Art von Verpflichtungen, unabhängig ob in Form eines Wertpapiers. Vor dem Hintergrund der Vielzahl der verbriefbaren Verpflichtungen macht eine Beschränkung auf in Wertpapieren festgelegte Verpflichtungen wenig Sinn, so dass in jedem Fall eine Beschreibung der wichtigsten Bedingungen der verbrieften Verpflichtungen zu erfolgen hat. Entscheidend sind zum einen die Klauseln über die Zahlungsmodalitäten,

---

[38] Siehe beispielhaft die bei der BaFin hinterlegten Endgültigen Bedingungen der HT Finanzanlage Limited zum KS-Solar-PLUS Zertifikat v. 17.08.2006 mit der enthaltenen Beschreibung der Kasseler Sparkasse und im Vergleich dazu die Beschreibung der Eurohypo Europäische Hypothekenbank S.A. im Prospekt der Semper Finance 2006-1 Limited v. 05.12.2006.

Rechte zur Änderungen derartiger Klauseln, Aufrechnungsmöglichkeiten der Schuldners, Verzugsregelungen, Zuständigkeitsregelungen bei Rechtsstreitigkeiten und insb. Kündigungsrechte und deren Auswirkungen auf die Zahlungsverpflichtungen.

Zu den elementaren Vertragsbedingungen zählt bei Kauf- oder Leasingver- **32** trägen auch der mit dem Vertrag verbundene Gegenstand sowie Folgen von Mängeln an diesem auf die Leistungspflicht des Schuldners.[39] Bei einer größeren Anzahl der Vermögenswerte kann die Beschreibung von wesentlichen Merkmalen genügen.

o) Ziff. 2.2.14.

Setzen sich die verbrieften Aktiva aus Dividendenwerten zusammen, die **33** zum Handel auf einem geregelten oder vergleichbaren Markt zugelassen sind, so muss der Emittent derartiger asset backed securities Informationen gem. Ziff. 2.2.14. von Anh. VIII EU-ProspV zu diesen Aktiva in seinen Prospekt aufnehmen. Bei diesen Informationen handelt es sich zum einen um die Beschreibung des Wertpapiers, welches insb. Nennbetrag, Laufzeit, Verzinsung und Options- oder Umwandlungsrechte bei Wandel- oder Optionsanleihen einschließt. Des Weiteren hat eine Beschreibung des Marktes, auf dem die Dividendenwerte gehandelt werden, anhand der in Ziff. 2.2.14. von Anh. VIII EU-ProspV genannten Punkte zu erfolgen und es ist die Information über die Häufigkeit der Veröffentlichung der Kurse für die relevanten Dividendenwerte in den Prospekt aufzunehmen.

p) Ziff. 2.2.15.

Eine wesentlich größere Bürde für den Emittenten bedeuten die Anforderun- **34** gen der Ziff. 2.2.15. von Anh. VIII EU-ProspV. Danach muss der Emittent der asset backed securities zu jedem Dividendenwert und dessen Emittenten Angaben beibringen, die den Angaben entsprechen, die gem. Anh. I EU-ProspV gefordert werden, wenn der Pool der verbrieften Aktiva zu mehr als zehn Prozent aus Dividendenwerten besteht, die nicht auf einem geregelten oder vergleichbaren Markt gehandelt werden. Dabei ist der Wortlaut sowohl des englischen als auch des deutschen Textes der EU-ProspV eindeutig, dass dieses Informationserfordernis nicht nur dann besteht, wenn ein einzelner Dividendenwert mehr als zehn Prozent des Pools der verbrieften Aktiva ausmacht, sondern den Anforderungen auch dann Genüge getan werden muss, wenn mehrere Dividendenwerte zusammengenommen dazu führen, dass die geforderte zehn Prozent Grenze überschritten wird. Aufgrund der Eindeutigkeit des Wortlautes der EU-ProspV beziehen sich die Anforderungen auf jeden Dividendenwert des verbrieften Pools und nicht lediglich auf den Dividendenwert, welcher allein 10 % des Gesamtpools ausmacht. Der Wichtig-

---

39 Siehe beispielhaft den Prospekt der Graphite Mortgages plc v. 09.12.2005 und die darin enthaltenen Beschreibung der Schuldscheine der Kreditanstalt für Wiederaufbau, S. 149 ff.

keit dieser Darstellung wird auch durch die Kategorisierung (Kategorie A) nach Anh. XX EU-ProspV Rechnung getragen.

q) Ziff. 2.2.16.

35 Ein Schätzgutachten für eine Immobilie muss in den Prospekt eingearbeitet werden, wenn ein bedeutender Teil der Aktiva durch Immobilien besichert oder unterlegt ist (Ziff. 2.2.16. von Anh. VIII EU-ProspV). Dieser Offenlegungspflicht muss nicht nachgekommen werden, wenn es sich bei den verbrieften Aktiva um Hypothekendarlehen handelt, welche durch eine Immobilie besichert sind und für diese Immobilie eine Schätzung vorliegt, welche bei der Vergabe des Hypothekendarlehens vorgenommen wurde. Aufgrund dieser Einschränkung stellt sich die Frage, wann die Ziff. 2.2.16. von Anh. VIII EU-ProspV zur Anwendung kommt. Aufgrund des Wortlautes der EU-ProspV kann ein Anwendungsbereich bei Hypothekendarlehen nur dann gegeben sein, wenn im Rahmen der Vergabe der verbrieften Hypothekendarlehen ein Schätzgutachten nicht erstellt wurde. Aus diesem Grundsatz lässt sich ableiten, dass dann ein Schätzgutachten einzuholen ist, wenn die zur Besicherung des verbrieften Vermögenswertes dienende Immobilie nicht zuvor von dem Originator des Aktivums schätzen gelassen wurde und somit eine unabhängige Bewertung, die Einfluss auf die Gewährung des verbrieften Aktivums hätte nehmen können, fehlt.

36 Im Hinblick auf den Wert der Immobilie handelt es sich für die asset backed securities um ein entscheidendes Bonitätsmerkmal für die Bedienung der Wertpapiere. Gleiches gilt für die Regelung der Ziff. 2.2.11. (a) von Anh. VIII EU-ProspV, welcher als Wesentlichkeitsgrenze Aktiva von weniger als fünf Schuldnern nennt oder auf die Zurechenbarkeit von mehr als 20 Prozent der Aktiva zu einem Schuldner abstellt. Da es durchaus vorkommen kann, dass einzelne Schuldner nur geringes Gewicht am Volumen der verbrieften Aktiva haben, ist die 20-Prozent-Grenze ein eindeutigeres Indiz für die Abhängigkeit der Bedienung der Wertpapiere von der Bonität eines einzelnen Schuldners. Insofern lässt sich argumentieren, dass auch für die Wesentlichkeitsgrenze der Ziff. 2.2.16. von Anh. VIII EU-ProspV ein derartiger Grenzwert Gültigkeit hat. Dies wird auch dadurch unterstützt, als die Kategorisierung (Kategorie A) nach Anh. XX EU-ProspV für Ziff. 2.2.16. von Anh. VIII EU-ProspV der Kategorisierung für Ziff. 2.2.11. (a) entspricht. Ein Schätzgutachten für eine Immobilie ist demnach beizubringen, wenn diese Immobile Aktiva besichert oder unterlegt, die mehr als 20 Prozent des verbrieften Pools ausmachen.

2. Angaben bei gemanagten Pools von Basisvermögenswerten

37 Neben den Angaben nach Ziff. 2.1. und Ziff. 2.2. von Anh. VIII EU-ProspV, die sich mit der Darstellung der verbrieften Vermögenswerte befassen, sind gem. Ziff. 2.3. von Anh. VIII EU-ProspV in asset backed securities Transaktionen, denen ein aktiv gemanagter Pool von Aktiva zugrunde liegt, gleichwertige und zusätzliche Informationen beizubringen.[40] Durch den Verweis auf Ziff. 2.1 und 2.2 von Anh. VIII EU-ProspV werden auch die Vorgaben für

die Kategorisierung der Angaben gemäß Anh. XX EU-ProspV in diese Regelung einbezogen.

Im Rahmen einer gemanagten asset backed securities Transaktion kommt 38
den Geeignetheitskriterien, denen die Vermögensgegenstände entsprechen müssen, besondere Bedeutung zu. Zum einen muss der Prospekt die Geeignetheitskriterien darstellen, denen die Vermögensgegenstände bei ihrer Anschaffung mit dem Emissionserlös genügen müssen. Dabei hat sich die Beschreibung im Prospekt an den in Ziff. 2.3.1. von Anh. VIII EU-ProspV genannten Informationsbedürfnissen zu orientieren. Der Investor muss sich ein Bild von der Art, der Qualität (hier spielen insb. die Ratingkriterien eine besondere Rolle) und der Liquidität der im Portfolio gehaltenen Aktiva machen können. Darüber hinaus müssen auch in einer gemanagten asset backed securities Transaktion die Vermögenswerte hinreichend Mittel erwirtschaften, um die emittierten Anleihen bedienen zu können.

Darüber hinaus ist es gem. Ziff. 2.3.2. von Anh. VIII EU-ProspV ebenso ent- 39
scheidend, darzustellen, welche Kriterien auf die Vermögensgegenstände Anwendung finden, die im Laufe der Zeit, in der die asset backed securities ausstehen, neu angeschafft werden dürfen. Dies gilt zum einen für die Verwendung der nach der Emission der asset backed securities noch vorhandenen freien Liquidität, aber auch für Anlagen aufgrund freigewordener Liquidität nach Verkauf im Portfolio enthaltener Vermögensgegenstände. Dementsprechend ist in einem derartigen Prospekt festzuhalten, bis zu welchem Zeitpunkt die Aufnahmekriterien in den gemanagten Pools von Aktiva und ab welchem Zeitpunkt die Reinvestitionskriterien gelten, sofern unterschiedliche Kriterien Anwendung finden sollen. In asset backed securities Transaktionen, in denen der Portfoliomanager berechtigt ist, die im Portfolio enthaltenen Vermögensgegenstände auszutauschen, muss der Prospekt einer derartigen Anleiheemission die Parameter enthalten, nach denen ein Verkauf und die Neuanschaffung von Vermögensgegenständen erfolgen darf. Augenmerk sollte auch darauf gelegt werden, die von den Ratingagenturen vorgegebenen Tests (z. B. CDO monitor tests) oder an der Qualität und/oder Profitabilität des Portfolios orientierende Tests (z. B. percentage limitations/diversity score, interest cover test/minimum spread test, collateral quality test), denen das Portfolio vor und nach Erwerb oder Verkauf eines Vermögensgegenstandes entsprechen muss, detailliert darzustellen, um beurteilen zu können, inwieweit sich das Portfolio im Laufe der asset backed securities Transaktion verändern kann. Sollte der Portfolio Manager berechtigt sein, die im Portfolio gehaltenen Vermögensgegenstände zu Wertpapierleihegeschäften einzusetzen, so sind die Parameter, an die er sich dabei zu halten hat, ebenfalls im Prospekt aufzunehmen.

Neben den portfoliospezifischen Darstellungen muss entsprechend Ziff. 40
2.3.2. von Anh. VIII EU-ProspV auch der Portfolio Manager beschrieben werden. Die Kriterien, denen die Beschreibung des Portfolio Managers zu folgen

---

40 Siehe für die Inhalte der Zusammenfassung Abschnitt B.26 von Anh. XXII EU-ProspV, sowie beispielhaft für eine gemanagte asset backed securities Transaktion den Prospekt der Adagio III CLO plc v. 17.08.2006.

hat, entsprechen grds. denen der sonstigen Drittparteien, die an einer asset backed securities Transaktion teilnehmen. Zunächst ist ein genereller Überblick über die Geschäftätigkeit des Portfolio Managers zu geben einschließlich eines kurzen Abrisses über die Geschäftshistorie. In diese kann auch das ergänzende Kriterium gem. Ziff. 2.3.2. von Anh. VIII EU-ProspV eingeflochten werden, die Beschreibung des Sachverstandes und der Erfahrung als Portfolio Manager, welche auch die Investment Strategie des Unternehmens als solche beinhalten sollte. Zu dieser Beschreibung gehört zusätzlich die Nennung der hauptverantwortlichen Personen und deren Erfahrung im Portfolio Management der spezifischen Transaktion, im Rahmen derer die asset backed securities begeben wurden. Diese Informationen sollten stichpunktartig umfassen, wann diese Person beim Portfoliomanager eingestellt wurde, welcher Aufgabenbereich wahrgenommen wird und welche Ausbildung die Person genossen hat. Eine weitere entsprechend Ziff. 2.3.2. von Anh. VIII EU-ProspV darzustellende Information ist das Verhältnis des Portfolio Managers zu den anderen an der Emission beteiligten Unternehmen. Dies ist insb. bei der Einschaltung von Tochtergesellschaften relevant.[41]

41 Des Weiteren sind entsprechend der Kriterien, nach denen alle wesentlichen Verträge der asset backed securities Transaktion zu beschreiben sind, die wesentlichen Elemente des Portfoliomanagementvertrages aufzuführen. Diese umfassen insbesondere die in Ziff. 2.3.2. von Anh. VIII EU-ProspV genannten Punkte, Kündigungsgründe und Anforderungen an die Bestellung eines ersatzweisen Portfolio Managers. Ziff. 2.3.2 von Anh. VIII EU-ProspV stellt keineswegs eine Spezialregelung zu den Vorschriften in Anh. IV oder Anh. IX EU-ProspV dar. Insofern sind entsprechend der dort gestellten Anforderungen auch die Bestimmungen über die Vergütungsregelung und Haftungsbegrenzungen aufzuführen.[42]

3. Emmission von weiteren Wertpapieren mit Bezug auf dieselben Basisvermögenswerte

42 Die gem. Ziff. 2.4. von Anh. VIII EU-ProspV zu erbringende Beschreibung wird insbesondere im Rahmen von Anleiheprogrammen relevant sein, im Rahmen derer ein Emittent mehrere Anleihen ders. Art begibt, die aber nicht mit einer bereits begebenen Anleihe fungibel sind. In derartigen Szenarien kann es vorkommen, dass auf denselben Vermögensgegenstand Bezug genommen wird. Entscheidend für die Prospekterstellung ist es, dass eine derartige Information nicht aufgenommen werden muss, wenn die in Zukunft zu begebenen Anleihen mit der im Prospekt beschriebenen Emission fungibel oder nachgeordnet sind. Zu beachten ist des Weiteren, dass eine derartige Beschreibung nur dann erfolgen kann, wenn der Vermögensgegenstand eindeutig in dem Prospekt der Emission beschrieben ist. In den Fällen, in denen lediglich die Möglichkeit besteht, dass der Schuldner des Vermögensgegenstandes in einer neuen Emission ebenfalls referenziert wird oder die Ver-

---

41 Siehe beispielhaft den Prospekt der Adagio III CLO plc v. 17.08.2006, S. 266 f.
42 So auch *Bierwirth*, in: Assmann/Schlitt/von Kopp-Colomb, WpPG/VerkProsG, Anh. VIII EU-ProspV Rn. 29 f.

mögensgegenstände nur nach bestimmten Kriterien beschrieben sind, ist eine derartige Beschreibung nach der allgemeinen Praxis nicht erforderlich.

III. Struktur und Kapitalfluss

Die in diesem Abschnitt 3 von Anh. VIII EU-ProspV geforderten Informatio-   *43*
nen beschreiben die wesentlichen wirtschaftlichen Aspekte einer asset backed securities Transaktion[43] und sollen dem Anleger einen Überblick über die mit der Transaktion verbundenen Zahlungsströme geben. Entsprechend dieser Intention haben die Darstellungen zu erfolgen. Der Wichtigkeit dieser Darstellung wird auch durch die Kategorisierung nach Anh. XX EU-ProspV Rechnung getragen. So sind die Angaben nach Ziff. 3.1, 3.2, 3.4.6., 3.4.7, 3.8.(a) von Anh. VIII EU-ProspV der Kategorie A und die Angaben nach Ziff. 3.3, 3.4.1, 3.4.2, 3.4.4, 3.4.5 von Anh. VIII EU-ProspV der Kategorie B des Anh. XX EU-ProspV zugeordnet.

1. Strukturdiagramm

Bei der Beschreibung der Struktur der Transaktion und eines eventuellen er-   *44*
gänzenden Strukturdiagramms, welche entsprechend Ziff. 3.1. von Anh. VIII EU-ProspV in den Prospekt von asset backed securities aufzunehmen sind, muss es sich nicht unbedingt um eine Beschreibung der rechtlichen Beziehungen der Parteien untereinander handeln. In den meisten Fällen wird es sinnvoll sein, dass die graphische Transaktionsstruktur die Zahlungsströme im Rahmen der Transaktion wiedergibt. Diese Beschränkung ergibt sich zum einen aus der Stellung dieser Ziffer im Anh. VIII EU-ProspV und zum anderen aus dem Grundprinzip, dem das Modul folgt, dass die Merkmale der asset backed securities darzustellen sind, denen zufolge der Emittent in die Lage versetzt wird, die asset backed securities zu bedienen.[44]

2. Beteiligte Unternehmen und deren Aufgaben

Die Beschreibung der beteiligten Unternehmen[45] und deren Aufgabenberei-   *45*
che gemäß Ziff. 3.2. von Anh. VIII EU-ProspV ist in zwei Bereiche zu unterteilen. Zum einen sind in der Beschreibung der Transaktion die beteiligten Unternehmen zu nennen, nebst Anschrift und Tätigkeitsbereich, der ihnen in der Transaktion zugewiesen wird. Des Weiteren muss hinsichtlich der Parteien, die eine wesentliche Funktion im Rahmen der asset backed securities Transaktion einnehmen, in einer eigenen Rubrik, eine Beschreibung erfolgen, die eine kurze Geschäftsbeschreibung des Unternehmens sowie eine

---

43 Siehe Details in Komm. zu Art. 10 EU-ProspV.
44 Siehe beispielhaft den Prospekt der Driver Eleven GmbH v. 19.07.2013, S. 6. Sehr ausführlich der Prospekt der Precise Mortgage Funding No. 1 plc v. 03.12.2013, S. 54 ff. A. A. *Bierwirth,* in: Assmann/Schlitt/von Kopp-Colomb, WpPG/VerkProsG, Anh. VIII EU-ProspV Rn. 33.
45 Nicht zu verwechseln mit den Schuldnern oder Garantiegebern der Vermögenswerte (für diese siehe Ziff. 2.2.2 oder 2.2.11 von Anh. VIII der EU-ProspV).

knappe Darstellung der Geschäftshistorie enthalten muss. Auch in diesem Fall ergibt sich aus der Stellung dieser Vorschrift, dass eine ausführlichere Beschreibung eines der beteiligten Unternehmen nur dann zu erfolgen hat, wenn dieses Einfluss auf den Kapitalfluss der Transaktion hat. Dies gilt insb. für einen Hedging Vertragspartner, einen Vertragspartner in einer Wertpapierleihetransaktion oder eine Bank, die eine Kreditfazilität zur Verfügung stellt.[46] Diese sind entsprechend der speziellen Bestimmungen des Anh. VIII darzustellen (z.B. Ziff. 3.5, 3.7 und 3.8 von Anh. VIII EU-ProspV).

3. Methoden der Übertragung der Basisvermögenswerte

46 Im Rahmen der Anforderungen der Ziff. 3.3. von Anh. VIII EU-ProspV ist besonders darauf acht zu geben, dass eine juristisch korrekte Beschreibung des Übertragungsmechanismus der Vermögensgegenstände, die mit dem Emissionserlös der asset backed securities erworben werden, dargestellt wird. Grds. erfordert dies keine Einfügung eines Rechtsgutachtens. Jedoch ist sicherzustellen, dass, sofern die Vermögensgegenstände, soweit dies bereits zum Zeitpunkt der Prospekterstellung bekannt ist, verschiedenen Jurisdiktionen unterworfen sind, die Methode der Übertragung nach der jeweiligen Rechtsordnung beschrieben wird.[47]

47 Eine Besonderheit beinhaltet Ziff. 3.3. von Anh. VIII EU-ProspV im Hinblick auf diejenigen asset backed securities Transaktionen, in denen der Emissionserlös nicht vollständig am Tag der Emission in die zu erwerbenden Vermögensgegenstände investiert wird. Dies kann insb. bei Transaktionen vorkommen, in denen der Pool der Vermögensgegenstände von einem Portfolio Manager verwaltet wird. In diesem Fall sind im Prospekt Angaben zu machen, auf welche Art und Weise und in welchem Zeitraum, die noch nicht verwendeten Emissionserlöse investiert werden sollen. In der Regel wird auf die Geeignetheitskriterien der Vermögensgegenstände (siehe Ziff. 2.2. von Anh. VIII EU-ProspV) verwiesen werden können. Sollten jedoch hier andere Kriterien zum Tragen kommen, so sind an ihre Beschreibung dieselben Anforderungen zu stellen, wie bei der Beschreibung der Parameter, innerhalb derer ein Portfolio Manager Investitionsentscheidungen fällen kann (siehe Ziff. 2.3.2. von Anh. VIII EU-ProspV).[48]

4. Erläuterungen zum Mittelfluss (Cashflow)

48 Von besonderer Bedeutung für die asset backed securities ist die Beschreibung des Mittelflusses nach Ziff. 3.4 von Anh. VIII EU-ProspV, aufgrund derer der Anleger sich ein Bild von den Mitteln machen kann, die der Emittent zur Bedienung der asset backed securities erwirtschaftet.

---

46 Siehe beispielhaft für diese Aufteilung Prospekt der Bavaria Sky S.A. (compartment 3) v. 17.07.2012 (Nennung der an der Transaktion beteiligten Parteien (S. 12ff.), sowie die Darstellung der DZ Bank AG als Hedging Vertragspartner (S. 196).
47 Siehe beispielhaft die Prospekte der Driver France One v. 02.10.2013, S. 99ff. bzw. der Driver UK Master S.A. v. 19.11.2013, S. 66ff.
48 Siehe oben Rn. 39–41.

Neben der Beschreibung der Zahlungsströme im Rahmen der Darstellung   *49*
der Struktur der Transaktion (siehe Ziff. 3.1. von Anh. VIII EU-ProspV[49]) und
den Aussagen zur Zuordnung der Verluste, der Behandlung von Eingängen
auf bereits abgeschriebene und ausgebuchte Vermögensgegenstände (sog.
Recoveries) und von fehlerhaften Verlustzuordnungen in den Anleihebedingungen der asset backed securities sowie den Darstellungen zu der Zahlungsreihenfolge (siehe Ziff. 3.4.6. von Anh. VIII EU-ProspV[50]) sollte der Prospekt eine Kurzbeschreibung der Art und Weise, wie die Zuordnung der mit
den Vermögensgegenständen erwirtschafteten Mitteln auf die asset backed
securities erfolgt, beinhalten. Aufgrund der Tatsache, dass wesentliche Elemente des Kapitalflusses im Rahmen der weiteren Anforderungen des
Anh. VIII EU-ProspV behandelt werden, sind Darstellungen, die über die Beschreibung der Mittelherkunft und die Mittelverwendung im Rahmen der asset backed securities hinausgehen, nicht erforderlich. Entscheidend ist, dass
sämtliche mit den Vermögensgegenständen verbundenen Ansprüche (wie
z. B. Zinszahlungen auf die Vermögensgegenstände, die dem Emittenten zustehen) sowie sonstige sich aus der Verbriefung der Vermögensgegenstände
ergebenden Rechte (z. B. aus den nicht verwendeten Mittelzuflüssen der
Vermögensgegenstände erwirtschaftete Reserven auf Konten des Emittenten) in die Beschreibung des Kapitalflusses einfließen. Bereits aus den Darstellungen zu den Vermögensgegenständen sollte hervorgehen, ob diese in
Raten an den Emittenten zurückgezahlt werden oder in einer Einmalzahlung
zu einem bestimmten Zeitpunkt zur Rückführung der asset backed securities
zur Verfügung stehen, sowie welche Gründe es gibt, dass die Vermögensgegenstände vorzeitig zurückgezahlt werden. Eine etwaige Tabelle könnte
insb. die geplante Rückzahlung der Vermögensgegenstände an den Emittenten beschreiben. Die dieser Tabelle zugrunde liegenden Annahmen sind unmittelbar im Anschluss oder im Rahmen der Tabelle darzustellen.[51]

a) Verlustteilnahme, Ziff. 3.4.2.

Ein weiteres entscheidendes Merkmal von asset backed securities ist es, dass   *50*
der Erwerber dieser Wertpapiere in der Regel nicht an jedem Verlust oder
jedem Risiko der vorübergehenden Zahlungsverzögerung im Zusammenhang mit den erworbenen Vermögensgegenständen beteiligt wird, sondern
dass eine Verlustzone eingezogen wird, in der andere an der Transaktion beteiligte Personen (in den überwiegenden Fällen der Verkäufer der Vermögensgegenstände), einige Verluste im Hinblick auf die verbrieften Aktiva
übernehmen oder Banken Liquiditätshilfen zur Verfügung stellen.

Diese partielle Verlustübernahme (sog. credit enhancement) kann auf unter-   *51*
schiedliche Art und Weise herbeigeführt werden. In jedem Fall sind die Details der Maßnahmen, welche dazu führen, dass sich die Kreditqualität (und

---

49 Siehe oben Rn. 44.
50 Siehe unten Rn. 64 ff.
51 Siehe beispielhaft die bei der BaFin hinterlegten Endgültigen Bedingungen der HT-
    Finanzanlage Limited zu den KS-Solar-PLUS Zertifikaten v. 17.08.2006 (S. 45 und 47 f.)
    und den Prospekt der Driver Eleven GmbH v. 19.07.2013, S. 121.

damit das Rating) der asset backed securities verbessert, im Prospekt darzustellen. Im Unterschied zu den Risikofaktoren, im Rahmen derer das mit den asset backed securities verbundene Risiko, dass Zahlungen aus den oder auf die Vermögensgegenstände ausfallen können, generell dargestellt wird, kann den Anforderungen der Ziff. 3.4.2. von Anh. VIII EU-ProspV nur durch transaktionsspezifische und konkrete Darstellungen der Maßnahmen im Rahmen der jeweiligen asset backed securities Rechnung getragen werden. Beispielhaft sind folgende Möglichkeiten der Verbesserung der Kreditqualität zu nennen:

52 In den meisten Fällen, werden mehr Vermögensgegenstände erworben, als notwendig sind, um die asset backed securities zurückzuführen. Dies wird durch einen Kaufpreisabschlag auf die Vermögensgegenstände erreicht. Es können somit einige Vermögensgegenstände Verluste erleiden, bevor die Gefahr besteht, dass die asset backed securities nicht mehr ganz oder teilweise zurückgezahlt werden können. In diesem Zusammenhang ist es wichtig, im Prospekt den Kaufpreis und den Wert der erworbenen Vermögensgegenstände am Datum der Emission aufzunehmen. Wesentlich im Rahmen der Darstellungen in einem Prospekt ist in einem solchen Fall auch die Beschreibung, wie Zuflüsse aus diesen überzähligen Vermögensgegenständen, die nicht für den Ausgleich von Verlusten unter anderen Vermögensgegenständen genutzt werden, verwendet werden.[52]

53 In anderen Fällen wird ein Mindestbetrag von den an der asset backed securities Transaktion beteiligten Parteien (und den Rating Agenturen) festgelegt, ab dem erst Verluste unter den Vermögensgegenständen den asset backed securities zugeordnet werden. Der Prospekt muss in einem solchen Fall diesen Mindestbetrag nennen sowie beschreiben, ob dieser Mindestbetrag evtl. wieder durch Recoveries oder sonstige Ereignisse aufgefüllt wird, sollte er durch entstandenen Verlust bei den Vermögensgegenständen angegriffen worden sein.[53]

54 Des Weiteren wird in vielen Fällen eine Barreserve hinterlegt oder durch überschüssige Zuflüsse aus den Vermögensgegenständen aufgebaut, die als Puffer für auftretende Verluste dient.

55 Es sind jedoch auch Fälle des credit enhancements vorstellbar, in denen eine dritte Partei Mittel zur Verbesserung der Kreditwürdigkeit der Anleiheemission zur Verfügung stellt, in der Regel in Form eines nachrangigen Darlehens oder einer Kreditversicherung. Wie im Rahmen der sonstigen wesentlichen Vertragsverhältnisse des Emittenten, muss die Beschreibung eines solchen Vertrages die Zahlungsbedingungen darstellen, unter denen derartige Mittel in Anspruch genommen werden können, wie eventuelle Rückzahlungsmodalitäten gestaltet und welche Kündigungsgründe vorgesehen sind.

---

52 Z.B. zum Aufbau von Barreserven oder als Ausschüttungen an den Forderungsverkäufer (als Nachzahlung auf den Kaufpreis). Siehe beispielhaft den Prospekt der Bavaria Sky S.A. (compartment 3) v. 17.07.2012, S. 11, 19, 23.
53 Siehe beispielhaft den Prospekt der Semper Finance 2006-1 Limited v. 05.12.2006 (bzgl. des Outstanding Threshold Amounts, S. 37).

Der am häufigsten verwendete Fall der Verbesserung der Kreditqualität ist   56
der Fall, dass die höherrangigen Anleiheklassen von der Subordinierung
der nachrangigen Anleiheklassen profitieren. Hierbei werden mit dem Emissionserlös zwar volumen- und wertgleiche Vermögensgegenstände erworben, aber es stehen keine weiteren Mittel zur Verfügung, um die asset backed securities zurückzuführen. In einem solchen Fall tragen die Investoren
in die nachrangigen Klassen von asset backed securities das vorrangige Risiko des Verlustes, welches mit den Vermögensgegenständen verbunden ist,
und bilden somit das credit enhancement für die weniger nachrangigen
Wertpapiere. Zugleich handelt es sich bei der nicht zeitgerechten Zahlung
auf die Vermögensgegenstände für die nachrangigste Klasse der asset backed securities um ein mögliches wesentliches Liquiditätsdefizit, welches
beim Emittenten auftreten kann. Der Prospekt muss hierbei Aussagen beinhalten, die die Liquiditätszuflüsse des Emittenten beschreiben, um auf diese
Art und Weise die Risiken zu erläutern, wann es zu Ausfällen unter den verschiedenen Klassen der asset backed securities kommen kann.[54]

Ebenfalls im Rahmen der Ziff. 3.4.2. von Anh. VIII EU-ProspV zu beschrei-   57
ben sind Tatsachen, die dazu führen, dass dem Emittenten zum Zeitpunkt
der Rückzahlung der asset backed securities möglicherweise noch nicht
sämtliche Mittel zur Rückzahlung der Wertpapiere zur Verfügung stehen.
Dies ist insb. der Fall, wenn die erworbenen Vermögensgegenstände erst
nach der geplanten (aber noch innerhalb der in den Anleihebedingungen
vorgesehenen[55]) Fälligkeit der asset backed securities zurückgezahlt werden. In Abgrenzung zu den evtl. zur Verfügung stehenden Liquiditätshilfen
ist hier jedoch zu betonen, dass ein derartiger Fall nicht von den Liquiditätshilfen abgedeckt ist, sondern zu einer Verzögerung der Rückzahlung der asset backed securities führt.[56]

Aufgrund des Wortlautes der Ziff. 3.8.(a) von Anh. VIII EU-ProspV, welcher   58
neben den Swap-Vertragsparteien die Beschaffer anderer wesentlicher Formen von Bonitäts- oder Liquiditätsverbesserungen nennt, ist die zur Verfü-
gungsstellung von Hedging Fazilitäten ebenfalls als Mittel zur Verbesserung
der Kreditqualität der Anleiheemissionen zu sehen. Diese Auslegung wird
des Weiteren durch den letzten Halbsatz von Ziff. 3.4.2. von Anh. VIII EU-
ProspV gestützt, welcher Beschreibungen fordert, die es dem Anleger ermöglichen sollen, auf die Bestimmungen der asset backed securities hingewiesen
zu werden, durch die die Zinsrisiken und Hauptausfallrisiken mitigiert werden. Dementsprechend muss auch die Beschreibung der Hedging Fazilitäten
den Anforderungen an die sonstigen wesentlichen Vertragsbeziehungen genügen. Neben der Darstellung der Zahlungsströme und der mit den Hedging
Fazilitäten abgedeckten Risiken ist besonderes Augenmerk auf die Kündi-

---

54 Siehe beispielhaft den Prospekt der Precise Mortgage Funding No. 1 plc v. 03.12.2013,
   S. 68 ff.
55 Sog. rechtlicher Fälligkeitstag (legal maturity date) im Unterschied zum geplanten Fälligkeitstag (scheduled maturity date).
56 Siehe hierzu die Darstellungen im Prospekt der Driver Eleven GmbH v. 19.07.2013,
   S. 53.

gungsgründe und evtl. Verpflichtungen des Swap-Vertragspartners, seine Verpflichtungen mit entsprechenden Mitteln zu unterlegen, zu legen.[57]

59   Gem. Ziff. 3.4.2. von Anh. VIII EU-ProspV sind auch etwaige Liquiditätshilfen darzustellen. Dies hat insb. dann Relevanz, wenn die Zahlungsströme aus den Vermögensgegenständen zeitlich oder vorübergehend volumenmäßig[58] nicht mit den Zahlungsströmen unter den asset backed securities übereinstimmen. Um den Anforderungen der Ratingagenturen gerecht zu werden, wird ein mit adäquatem Rating ausgestattetes Kreditinstitut eine Kreditzusage zugunsten des Emittenten zur Abdeckung dieses Risikos abgeben müssen. Auch in diesem Fall muss der Prospekt die entscheidenden Vertragsbestandteile beschreiben, zu denen die Möglichkeiten und Voraussetzungen zur Nutzung der Fazilität unter dem Kreditvertrag, der Zinssatz einschließlich Verzugszinsregelung und sonstiger Kosten zulasten des Emittenten der asset backed securities, die Laufzeit und die Mechanismen zur Vertragsverlängerung, die Rückzahlungsmodalitäten sowie die Kündigungsgründe zählen.[59]

b) Finanzierung nachrangiger Verbindlichkeiten, Ziff. 3.4.3.

60   Aufgrund des mit ihnen verbundenen erhöhten Risikos, dass eine Rückzahlung der asset backed securities nicht vollständig möglich ist, fordert Ziff. 3.4.3. von Anh. VIII EU-ProspV eine Darstellung von Einzelheiten zu Finanzierungen von nachrangigen Verbindlichkeiten. Dem Wortlaut der EU-ProspV nach ist unklar, welche nachrangigen Verbindlichkeiten gemeint sind. Aufgrund des Zusammenhangs mit Ziff. 3.4.2 von Anh. VIII EU-ProspV können hier nur solche subordinierten Tranchen der asset backed securities von Relevanz sein, die nicht im Rahmen desselben Prospektes Investoren angeboten und an einer Börse zum Handel zugelassen werden sollen. Ansonsten käme diesen im Prospekt eine eigenständige Bedeutung zu. Die Kreditverbesserung durch nachrangige Darlehen seitens Dritter scheidet als Anknüpfungspunkt für diese Ziffer aus, da diese nicht durch die asset backed securities finanziert werden.[60] Auch der englische Text der EU-ProspV hilft hier nicht weiter.

c) Liquiditätsüberschüsse, Ziff. 3.4.4

61   Stehen dem Emittenten der asset backed securities vorübergehend überschüssige Liquiditätsmittel zur Verfügung, muss gem. Ziff. 3.4.4. von

---

57 Dies können entweder Barmittel oder entsprechend des Ratings der asset backed securities geratete Wertpapiere sein, die zu Gunsten des Emittenten zu hinterlegen sind. Siehe beispielhaft den Prospekt der Bavaria Sky S.A. (compartment 3) v. 17.07.2012, S. 92 f.

58 Z. B. wenn sich der Schuldner des Vermögensgegenstandes im Verzug befindet, die Forderung aber noch nicht als ausgefallen gilt oder wenn Quellensteuern zunächst einzubehalten sind und erst später vom Finanzamt zurück verlangt werden können.

59 Siehe beispielhaft Prospekt der CB MezzCAP Limited Partnership v. 20.04.2006, S. 37 ff., 121.

60 Siehe auch *Bierwirth,* in: Assmann/Schlitt/von Kopp-Colomb, WpPG/VerkProsG, Anh. VIII EU-ProspV Rn. 38.

Anh. VIII EU-ProspV der Prospekt Angaben zur Verwendung dieser Liquiditätsüberschüsse enthalten. Grundsätzlich kann sich die Beschreibung dieser Merkmale an den Kriterien für das Erstinvestment der Emissionserlöse gem. Ziff. 3.3. von Anh. VIII EU-ProspV[61] oder den Parametern für die Anlage von Emissionserlösen im Rahmen von gemanagten asset backed securities nach Ziff. 2.3.2. von Anh. VIII EU-ProspV[62] orientieren. Zu berücksichtigen ist hierbei jedoch, dass es grds. in asset backed securities nicht vorgesehen ist, dass derartige Überschüsse den Gläubigern der asset backed securities zur Verfügung stehen sollen. Zwar bilden diese vorübergehenden überschüssigen Liquiditätsmittel einen zusätzlichen Puffer für Verluste unter den Vermögensgegenständen, der Anleger soll jedoch von der mit der Emission von asset backed securities verbundenen Intention der arrangierenden Parteien auf die geplanten Zuflüsse aus den Vermögensgegenständen beschränkt sein und nicht an Übererlösen partizipieren. Aufgrund dieser Tatsache braucht den Beschreibungen im Rahmen der Ziff. 3.4.4. von Anh. VIII EU-ProspV nicht ders. Umfang eingeräumt werden wie den Anforderungen zum Erwerb der Vermögensgegenstände, von denen die Rückzahlung der asset backed securities abhängt. Im Rahmen von Ziff. 3.4.4. von Anh. VIII EU-ProspV sind dementsprechend die Dauer und die Kriterien der Vermögensgegenstände anzugeben, in die diese vorübergehenden Liquiditätsüberschüsse investiert werden können. Darüber hinaus muss dargestellt werden, in welchem Umfang und wann derartige Liquiditätsüberschüsse den Investoren in die asset backed securities zu Gute kommen.[63]

d) Einzugsinformationen, Ziff. 3.4.5.

Der deutsche Text von Ziff. 3.4.5. von Anh. VIII EU-ProspV verwendet im Vergleich zum englischen Text der EU-ProspV einen ungenaueren Wortlaut hinsichtlich der hierunter geforderten Darstellungen. Zieht man den englischen Text zu Rate, so ergibt sich, dass der Prospekt die Informationen beinhalten muss, welche für den Einzug der mit dem verbrieften Vermögensgegenstand verbundenen Forderung relevant sind. Je geringer die Möglichkeit des Emittenten ist, auf die Einziehung der Forderung Einfluss zu nehmen, desto detaillierter müssen die Darstellungen erfolgen. Aufgrund der mangelnden Klarheit des Wortlauts der EU-ProspV läßt sich zur Verdeutlichung der Darlegungskriterien auf die US Regulation AB verweisen.[64] So kann die Beschreibung genügen, dass der Emittent oder ein von ihm beauftragter Verwalter lediglich dafür Sorge zu tragen hat, dass die aufgrund der vertraglichen Beziehungen, die der Emittent mit den diversen Drittparteien

62

---

61 Siehe oben Rn. 46.
62 Siehe oben Rn. 39 f.
63 Siehe beispielhaft den Prospekt der Adagio III CLO plc v. 17.08.2006, S. 212.
64 Federal Register „Part II Securities and Exchange Commission 17 CFR Parts 210, 229 ff., Asset Backed Securities, Final Rule" (version March 28, 2011), Item 1122.

in Bezug auf die Vermögensgegenstände hat, eingehenden Zahlungen[65] den Anleihegläubigern zufließen. Erfordert die Verwaltung der Vermögensgegenstände weitere Schritte eines Verwalters (sog. Servicer), so muss der Prospekt stichpunktartig, die Prozedur (Forderungsüberwachung, Mahnwesen, Forderungsvollstreckung und Kriterien der Forderungsabschreibung) beschreiben, im Rahmen derer der Verwalter den Einzug der Forderungen betreibt.[66] Überschneidungen mit den Darstellungen gem. Ziff. 2.2.7. von Anh. VIII EU-ProspV sind zu vermeiden[67] und einer erneuten, separaten Darstellung bedarf es nicht. Die Anforderungen an die Darstellungen der Vertragsbeziehung mit dem Forderungsverwalter werden von Ziff. 3.7. von Anh. VIII EU-ProspV definiert.[68]

63 Der Wortlaut der EU-ProspV legt es nahe, allein auf diejenigen Vermögenswerte abzustellen, die der Emittent der asset backed securities mit den Emissionserlös erworben hat. Dies würde bedeuten, dass im Rahmen der synthetischen asset backed securities, Zahlungen auf die Vermögensgegenstände, auf die durch das Derivat referenziert wird, von einer Beschreibung ausgeschlossen wären, und allein eine Beschreibung der Zahlungseingänge auf die im Eigentum des Emittenten stehenden Aktiva Bezug genommen werden müsste. Aus der Stellung der Ziff. 3.6. von Anh. VIII EU-ProspV kann man zwar erkennen, dass die synthetischen asset backed securities bei der Erstellung der EU-ProspV zu einem sehr späten Zeitpunkt behandelt wurden, aus dem Wortlaut der Ziff. 3.6. von Anh. VIII EU-ProspV[69] lässt sich jedoch entnehmen, dass die Basisvermögensgegenstände, auf die in einer derartigen Transaktion Bezug genommen wird, den selben Publizitätsanforderungen unterliegen, wie diejenigen asset backed securities, bei denen der Vermögensgegenstand, der das mit den asset backed securities verbundene Risiko beinhaltet und mit dem Emissionserlös der Wertpapiere erworben wird. Dementsprechend sind unter dieser Ziff. 3.4.5. von Anh. VIII EU-ProspV auch die Grundsätze der Forderungsverwaltung darzustellen[70], welche sich mit der Verwaltung der referenzierten Vermögensgegenstände in einer synthetischen asset backed securities Transaktion befassen. Aufgrund der Einfachheit dieser Verwaltung genügen Hinweise auf die Wechselwirkung mit der Rückzahlung der asset backed securities.

---

65 Dies kann in der einfachsten Variante der Zufluss aus einem bei einer Depotbank liegenden Wertpapier und den Zahlungen unter einem Swapvertrag bestehen. Siehe beispielhaft die bei der BaFin hinterlegten Endgültigen Bedingungen der KS-Solar-PLUS Zertifikate v. 17.08.2006, S. 45/46.

66 Siehe beispielhaft den Prospekt der Driver Eleven GmbH v. 19.07.2013, S. 129 ff.

67 Siehe oben Rn. 21.

68 Siehe beispielhaft den Prospekt der Bavaria Sky S.A. (compartment 3) v. 17.07.2012, S. 87 ff.

69 Siehe unten Rn. 69.

70 Siehe auch oben Rn. 22.

e) Zahlungsreihenfolge, Ziff. 3.4.6.

Mit jeglicher Form der asset backed securities ist eine bestimmte Reihen- 64
folge verbunden, aufgrund derer die Mittel, die dem Emittenten unter den
Vermögensgegenständen zufließen, zur Begleichung der Verbindlichkeiten
des Emittenten verteilt werden. Diese Zahlungsreihenfolge wird in allen Fällen in den Bedingungen der asset backed securities wieder zu finden sein.
Aufgrund der Tatsache, dass die Verbindlichkeiten des Emittenten nicht nur
aus den asset backed securities bestehen werden, greift der Wortlaut von
Ziff. 3.4.6. von Anh. VIII EU-ProspV zu kurz. Dies gilt insb. vor dem Hintergrund, dass die administrativen Kosten der Transaktion in der Regel vor der
Bedienung der asset backed securities zu begleichen sind. Die Beschreibung
der Rangordnung der Zahlungen wird sich nicht auf die Verteilung an die
Inhaber der asset backed securities beschränken können, sondern muss
sämtliche Zahlungsverpflichtungen, die der Emittent unter allen Vertragsbeziehungen die er im Rahmen der asset backed securities eingeht, darstellen.
Von Ziff. 3.4.6. von Anh. VIII EU-ProspV erfasst wird zudem nicht nur die
Zahlungsreihenfolge, welche der Emittent einzuhalten hat, wenn es um die
Verteilung der ihm zufließenden Gelder aus den Vermögensgegenständen
geht, sondern auch diejenige Zahlungsreihenfolge, welche ein Treuhänder,
welcher im Falle der Kündigung der asset backed securities Transaktion die
aus der Verwertung der Vermögensgegenstände zufließenden Mittel an die
Gläubiger des Emittenten zu verteilen hat, einhalten muss. Aufgrund des
klaren Wortlautes der EU-ProspV muss über die Zahlungsreihenfolge als solche keine ergänzende Beschreibung zu der Verteilung der Mittel aus den
Vermögensgegenständen erfolgen.[71]

Entsprechend des Wortlautes von Ziff. 2.2. und 2.3. von Anh. VIII EU-ProspV 65
erfolgt dort lediglich die Beschreibung der mit der asset backed securities
Transaktion verbundenen Vermögensgegenstände.[72] Entscheidendes Merkmal der Fähigkeit des Emittenten, seinen Zahlungsverpflichtungen unter
den asset backed securities nachzukommen, ist die Zuordnung der Verluste
bei den Vermögensgegenständen. Da diese Verlustzuordnung auch dadurch
erfolgen kann, dass die damit verbundenen Mindereinnahmen des Emittenten dazu führen können, dass im Rahmen der Zahlungsreihenfolge eine Bedienung einzelner Klassen von asset backed securities nicht möglich ist, hat
im Rahmen der Ziff. 3.4.6. neben der Beschreibung der Zahlungsreihenfolge
auch die Darstellung der Zuordnung der Verluste auf die an der asset backed securities Transaktion beteiligten Parteien und die Anleihegläubiger zu
erfolgen, sofern diese sich nicht aus der Zahlungsreihenfolge selbst ergeben.
Aufgrund der Tatsache, dass die Verlustzuordnung wie die Zahlungsreihenfolge als solche vorab festgelegten Regeln folgen muss, werden die Darstellungen sich auf eine Zusammenfassung und die entsprechenden Klauseln

---

71 Siehe beispielhaft den Prospekt der Bavaria Sky S.A. (compartment 3) v. 17.07.2012,
   S. 83 ff.
72 Aufgrund des Verweises des Wortlautes von Ziff. 3.6. von Anh. VIII EU-ProspV auf die
   Anforderungen von Ziff. 2.2. und 2.3. von Anh. VIII EU-ProspV gilt Entsprechendes für
   die synthetischen asset backed securities.

der Anleihebedingungen beschränken können. Insb. bei den synthetischen asset backed securities ist in diesem Zusammenhang darzustellen, inwieweit die Verluste in den Basiswerten Einfluss auf die zur Rückzahlung der asset backed securities zur Verfügung stehenden Vermögensgegenstände haben, damit auch in diesem Fall der Anleger sich ein Bild davon machen kann, inwieweit sich in den Basiswerten Verluste realisieren müssen, bevor die die Rückzahlung der Wertpapiere sichernden Vermögenswerte angegriffen werden und nicht mehr zugunsten der Gläubiger der asset backed securities zur Verfügung stehen.[73]

e) Abhängigkeit der Zins- und Tilgungsleistung, Ziff. 3.4.7.

66 Durch den Wortlaut der Ziff. 3.4.7. von Anh. VIII EU-ProspV und der Stellung dieser Ziffer im Anh. VIII der EU-ProspV entsteht der Eindruck, dass lediglich auf die sich mit der Zins- und Tilgungszahlung befassenden Klauseln der Bedingungen der asset backed securities zu verweisen ist. Wird jedoch der englische Text der EU-ProspV zur Auslegung herangezogen und dem Grundprinzip dieses Abschnittes von Anh. VIII EU-ProspV gefolgt, nachdem sich der Anleger ein Bild von den Mitteln und Zahlungsströmen machen soll, die zur Rückführung der asset backed securities zur Verfügung stehen, so wird deutlich, dass im Rahmen der Ziff. 3.4.7. von Anh. VIII EU-ProspV, die Zusammenhänge, von denen die Zins- und Tilgungszahlungen auf die asset backed securities abhängen, darzustellen sind. Ebenfalls im deutschen Text der EU-ProspV unterschlagen wird der weitergehende Zweck der Ziff. 3.4.7. von Anh. VIII EU-ProspV. Sämtliche Darstellungen der Ziff. 3.4. dienen der Information des Anlegers über die Mittel und Zahlungsströme, von denen die Fähigkeit des Emittenten abhängt, die asset backed securities zu bedienen. Insofern wird durch den englischen Text von Ziff. 3.4.7. von Anh. VIII EU-ProspV deutlich, dass weitergehende Darstellungen nur dann erforderlich sind, wenn es ergänzende und wesentliche, bisher nicht behandelte Aspekte gibt, die für die Zins- und Kapitalzahlungen an die Anleger von Bedeutung sind. Im Gegensatz zum deutschen Text der EU-ProspV verwendet der englische Text in diesem Zusammenhang die Worte „any other arrangements", also „eventuelle weitere Maßnahmen". Sofern noch nicht im Zusammenhang mit den anderen Ziffern von Anh. VIII EU-ProspV oder den allgemeinen Risikofaktoren von asset backed securities dargestellt, sind im Rahmen von Ziff. 3.4.7. von Anh. VIII EU-ProspV z. B. die Abhängigkeit von der Bonität der anderen an der asset backed securities Transaktion beteiligten Vertragsparteien und die Struktur der u.a. zugunsten der Anihegläubiger bestellten Sicherheiten im Rahmen der asset backed securities Transaktion darzustellen.

---

73 Siehe beispielhaft den Prospekt der Semper Finance 2006-1 Limited v. 05.12.2006, S. 15, 35.

5. Beschreibung des Urhebers (Organisators), Ziff. 3.5.

Ähnlich wie bei anderen Anforderungen des Anh. VIII EU-ProspV ist der 67
deutsche Wortlaut der Ziff. 3.5. von Anh. VIII EU-ProspV der Wortlaut der
EU-ProspV zu ungenau, um den unterschiedlichen Anforderungen an true
sale und synthetischen asset backed securities gerecht zu werden. Dem reinen Wortlaut nach bedarf es bei den Darstellungen zu dieser Ziffer der EU-
ProspV nur der Darstellungen zu einem früheren Besitzer der mit dem Emissionserlös erworbenen Aktiva, da allein bei diesen ein Besitz-, in den meisten Fällen sogar ein Eigentumswechsel, stattfindet. Die „Schaffer" der referenzierten Vermögensgegenstände bei den synthetischen asset backed
securities würden einer Beschreibung nach Ziff. 3.5. von Anh. VIII EU-
ProspV nicht unterliegen. Richtiger ist auch in diesem Fall der englische Text
von Ziff. 3.5. von Anh. VIII EU-ProspV, der den Begriff des „Originators" der
verbrieften Aktiva verwendet. Der Begriff „Originator", wörtlich übersetzt
„Urheber"[74], spiegelt auch die Situation der synthetischen asset backed securities wieder, im Rahmen derer bei denjenigen Vermögensgegenständen,
die über das Derivat das Risiko, welches mit den asset backed securities verbunden ist, ausmachen, ein Besitz- und Eigentumswechsel nicht stattfindet.[75]
Des Weiteren spiegelt der Begriff „Originator" auch die Situation wieder, die
bei synthetischen asset backed securities nicht ungewöhnlich ist, dass die
Vertragspartei zum Derivat nicht zwangsläufig auch im Besitz/Eigentum des
referenzierten Vermögensgegenstandes sein muss.

Im Gegensatz zu den sonstigen an der asset backed securities Transaktion 68
beteiligten Parteien, bedarf es bei der ausführlichen Beschreibung des Originators der wesentlichen Geschäftstätigkeiten. Ist der Originator in mehreren Geschäftszweigen aktiv, ist besonderes Augenmerk auf den Bereich zu
legen, dem die Vermögensgegenstände, die Teil der asset backed securities
Transaktion sind, entstammen.[76]

6. Synthetische ABS-Transaktionen

Ziff. 3.6. von Anh. VIII EU-ProspV ist die Spezialregelung für die Anforde- 69
rungen an die Beschreibung der Basisvermögenswerte, von denen die Zuweisung der Verluste im Rahmen von synthetischen asset backed securities

---

74 BT-Drucks. 15/5852 S. 17 zum Refinanzierungsregister über die fehlende Aussagekraft
des Begriffes „Originator" im Zusammenhang mit dem Refinanzierungsregister, i. R. d.
EU-ProspV ist jedoch der weite Begriff derjenigen Person relevant, der der Urheber der
referenzierten Vermögensgegenstände ist.
75 Zwar unterscheidet der englische Text der EU-ProspV in Ziff. 3.7. von Anh. VIII EU-
ProspV einmalig im kompletten Text der EU-ProspV zwischen originator und creator,
dies spiegelt jedoch lediglich die Tatsache wieder, dass ein Vermögensgegenstand nicht
zwangsläufig von der an der asset backed securities Transaktion beteiligten Partei selbst
geschaffen worden sein muss, sondern auch i. R. d. eigenen Geschäftsbetriebes erworben
worden sein kann. Dies begründet dennoch nicht die Übersetzung des Begriffes „originator" mit „Besitzer" im deutschen Text der EU-ProspV.
76 Siehe beispielhaft die Prospekte der Driver Eleven GmbH v. 19.07.2013 (S. 127) und der
Turbo Finance 4 plc v. 13.11.2013, S. 126 f.

abhängen. Ausdrücklich werden vom Wortlaut der Ziff. 3.6. von Anh. VIII EU-ProspV diejenigen Vermögensgegenstände ausgenommen, die Aktiva des Emittenten der asset backed securities sind. Dabei handelt es sich um die mit dem Emissionserlös erworbenen Vermögenswerte, die durch diesen Erwerb zu Aktiva des Emittenten werden und im Rahmen der Definition von asset backed securities, die Wertpapiere unterlegen. Diese mit dem Emissionserlös erworbenen Aktiva werden direkt vom Wortlaut der Ziff. 2.2. und 2.3. von Anh. VIII EU-ProspV erfasst.[77] Im Rahmen von synthetischen asset backed securities Transaktionen wird mit dem Emissionserlös zwar auch ein oder mehrere Vermögensgegenstände erworben, jedoch ist dies kein Vermögensgegenstand, aus dem sich das mit den asset backed securities verbundene Risiko ergibt, sondern es wird mittels eines Derivates auf einen oder mehrere Basisvermögensgegenstände Bezug genommen, deren Wertentwicklung für die Rückführung der asset backed securities entscheidend ist.[78]

70 Die Reglung zu den synthetischen asset backed securities an dieser Stelle des Anh. VIII EU-ProspV scheint überraschend, da aus dem Wortlaut dieser Ziff. 3.6. eindeutig hervorgeht, dass es sich hierbei um die Regelung zu den Anforderungen an die Beschreibung der Basisvermögenswerte handelt, aus denen sich die mit einer derartigen Transaktion verbundenen Risiken realisieren können, während der Titel von Ziff. 3 von Anh. VIII EU-ProspV vermuten lässt, dass im Rahmen dieses Abschnittes des Anh. VIII EU-ProspV lediglich die Struktur und der Kapitalfluss einer asset backed securities Transaktion darzustellen sind. Bei den synthetischen asset backed securities Transaktionen verbinden die Basisvermögenswerte jedoch beides. Die Zahlungen auf die Basisvermögenswerte und damit die ihnen zugrunde liegende Vertragsstruktur, Laufzeit und Werthaltigkeit sind gleichzeitig für den Kapitalfluss unter den asset backed securities entscheidend. Je nach Verlustzuordnung auf die Basisvermögenswerte muss der Emittent der asset backed securities, die mit dem Emissionserlös erworbenen Vermögensgegenstände verwerten und zur Zahlung an den Vertragspartner des Derivates verwenden. Dementsprechend wird die Fähigkeit des Emittenten, die asset backed securities aus seinen eigenen Aktiva zu bedienen, geschmälert und die Verluste aus den Basisvermögenswerten an die Anleihegläubiger weitergereicht.

71 Richtigerweise stellt somit Ziff. 3.6. von Anh. VIII EU-ProspV die Anforderungen an die referenzierten Basisvermögenswerte mit denjenigen Vermögensgegenständen gleich, die mit dem Emissionserlös erworben werden und von deren Natur und/oder der Bonität ihres Schuldners es ebenso abhängt, ob der Emittent ausreichend Mittel erwirtschaftet, um die asset backed securities zurückzuzahlen. Gem. der Regelung der Ziff. 3.6. von Anh. VIII EU-ProspV gelten dieselben Anforderungen hinsichtlich des Grades an Informa-

---

77 Siehe zu Ziff. 2.2. v. Anh. VIII EU-ProspV, Rn. 6.
78 Siehe Einl. Art. 10 EU-ProspV, Rn. 4; *Althaus*, Kreditwesen 2003, S. 632 ff.

tionen und Beschreibung in einem Prospekt wie von Ziff. 2.2. und 2.3. von Anh. VIII EU-ProspV gefordert.[79]

7. Verwalter, Berechnungsstelle und gleichwertige Personen

Ziff. 3.7. von Anh. VIII EU-ProspV definiert die Anforderungen an die Dar- 72
stellungen der Person eines Verwalters, einer Berechnungsstelle oder einer gleichwertigen Person und die Vertragsbeziehung zu dem Emittenten. Ein Verwalter wird vom Emittenten insb. mit dem Einzug der verbrieften Aktiva beauftragt.[80] Eine Berechnungsstelle kann diverse Funktionen im Rahmen einer asset backed securities Transaktion einnehmen. Dabei ist die Funktion, die Höhe der Zinsen, die auf die asset backed securities zu zahlen sind, zu berechnen, jedoch eine derart untergeordnete, dass es einer detaillierten Beschreibung, wie von Ziff. 3.7. von Anh. VIII EU-ProspV gefordert, nicht bedarf.[81] Aus der Nennung der Berechnungsstelle in ders. Ziffer wie der Verwalter, kann man entnehmen, dass ihr eine besondere Stellung für die Beurteilung der verbrieften Aktiva zukommen muss. Daher muss eine Berechnungsstelle für die Berechnung der Verluste und auch für die Beurteilung, ob ein Verlust eingetreten ist und dieser den asset backed securities zuzuordnen ist, zuständig sein, um Bedeutung genug für die asset backed securities Transaktion zu haben, um den Anforderungen von Ziff. 3.7. von Anh. VIII EU-ProspV zu unterfallen.

Gleiches gilt für die „gleichwertigen Personen". Ihnen muss eine Funktion 73
zukommen, die mit den auf die Aktiva erfolgenden Zahlungsströmen verbunden sind, um den Anforderungen von Ziff. 3.7. von Anh. VIII EU-ProspV genügen zu müssen. Zu diesen Personen wird insb. diejenige Institution zählen, die mit der Durchführung der Zahlungen auf die mit der asset backed securities Transaktion verbundenen Verbindlichkeiten im Rahmen der Zahlungsreihenfolge sowie der Treuhänder, der mit der Verwaltung und Verwertung der Sicherheiten, die zugunsten der Gläubiger des Emittenten der asset backed securities eingeräumt wurden, beauftragt wurde.

Neben den Kontaktdaten (Name und Anschrift) und den wesentlichen Ge- 74
schäftsaktivitäten dieser Personen sind im Rahmen der Ziff. 3.7. von Anh. VIII EU-ProspV die wesentlichen Bedingungen die dem Vertragsverhältnis mit dem Emittenten zugrunde liegen, darzustellen. Neben den Kündigungsgründen und den Klauseln, die sich mit der Ersetzung dieser Person

---

79 Siehe beispielhaft die Prospekte der Epic (Industrious) plc v. 28.09.2006, S. 61 ff. (der nur auf einen Basiswert referenziert), der Epic (Brodie) plc v. 26.06.2006, S. 72 ff. (in dem ein Portfolio von wenigen Basiswerten enthalten ist) oder der Semper Finance 2006-1 Limited v. 05.12.2006, S. 82 ff., (in dem der Reference Pool nur durch Geeignetheitskriterien dargestellt wird).

80 Zu weiteren Funktionen siehe Ziff. 3.4.5. von Anh. VIII EU-ProspV.

81 So ist z. B. in der Transaktion der Precise Mortgage Funding No. 1 plc die Agent Bank für die Berechnung der Zinszahlungen zuständig, eine Beschreibung ders. erfolgt jedoch richtigerweise im Prospekt v. 03.12.2013 nicht. Die Darstellungen zur Funktion und der Benennung einer Berechnungsstelle (Calculation Agent) im Prospekt der Adagio III CLO plc v. 17.08.2006 (S. 270) sind dementsprechend wenig aussagekräftig.

durch eine gleichwertige auseinandersetzen, müssen die Darstellungen im Prospekt, den Umfang der Zuständigkeiten der Drittpartei und deren Beschränkungen und Entscheidungsfreiräume hinsichtlich der Verwaltung der Forderungen, der zu tätigenden Berechnungen und der mit der Transaktion verbundenen Zahlungszuflüsse beinhalten. Der Abdruck des kompletten Vertragswerkes mit der jeweiligen Drittpartei ist nicht erforderlich.

75 Um evtl. bestehende Interessenkonflikte zwischen der Drittpartei, deren Aufgabenerfüllung letztendlich den Inhabern der asset backed securities zugutekommen soll, und derjenigen Person, von der die Aktiva des Emittenten oder die referenzierten Basisvermögensgegenstände herrühren, beurteilen zu können, muss der Prospekt ein eventuelles Verhältnis zwischen diesen Parteien aufzeigen. Zumeist wird insb. der Verwalter ein dem Originator[82] der Aktiva nahestehende Person sein, vielfach eine Tochtergesellschaft.[83]

8. Vertragsparteien mit Relevanz für den Mittelfluss (Cashflow)

76 Aufgrund der Tatsache, dass die dem Emittenten zur Verfügung stehenden Hedging Fazilitäten, Bonitätsverbesserungen und Liquiditätshilfen bereits im Rahmen von Ziff. 3.4.2. von Anh. VIII EU-ProspV zusammen mit den sie bestimmenden Vertragsbeziehungen darzustellen sind, genügt es im Rahmen der Beschreibungen gem. Ziff. 3.8. von Anh. VIII EU-ProspV die relevante Vertragspartei sowie die Bank, bei der die Hauptkonten des Emittenten der asset backed securities geführt werden, mit Name, Anschrift und kurzer Beschreibung zu erwähnen. Die Inhalte der Kurzbeschreibung können sich dabei an den Anforderungen an die sonstigen Personen orientieren und sich auf die Geschäftstätigkeit dieser Unternehmen beschränken.

IV. „EX POST"-Informationen

77 Wie bereits bei anderen Passagen der EU-ProspV hilft bei der Auslegung dieser Ziffer des Anh. VIII EU-ProspV der englische Text der EU-ProspV, die Anforderungen genauer zu verstehen. Gefordert ist eine ausdrückliche Aussage im Prospekt, ob die Intention vorhanden ist, weitere Informationen zu den emittierten asset backed securities der dahinter stehenden Transaktion und den Basisvermögensgegenständen zu veröffentlichen, oder nicht. Beide Texte der EU-ProspV sind aber insofern ungenau, als erstmals der Begriff „Basissicherheit" bzw. „underlying collateral" verwendet wird. Während im englischen Text der EU-ProspV der Begriff „collateral" nur noch im Anh. XV EU-ProspV im Rahmen von Risiken mit einer Gegenpartei in derivativen Geschäften Verwendung findet, wird der Begriff „Basissicherheit" in deutschen Text der EU-ProspV kein weiteres Mal benutzt. Dennoch ist davon auszugehen, dass durch die Ziff. 4. von Anh. VIII EU-ProspV keine neuen Begrifflichkeiten oder Beschreibungsanforderungen eingeführt werden sollten, sondern

82 In der umfassenden Bedeutung als „Urheber", vorhergehender Besitzer der Aktiva und Begründer der Aktiva, siehe hierzu Ausführungen zu Ziff. 3.5. von Anh. VIII EU-ProspV.
83 Siehe hierzu beispielhaft den Prospekt der Epic (Industrious) plc v. 28.09.2006, S. 123 ff.

vielmehr eine Variante der bereits bekannten Begriffe gewählt wurde. Insofern muss es sich um Informationen in Bezug auf die zugrunde liegenden (Basis-)Vermögenswerte handeln. In vielen asset backed securities Transaktionen werden die Investoren mit laufendem Informationsmaterial zu der Entwicklung des Portfolios an Vermögensgegenständen versorgt. Entsprechend ist im Prospekt anzugeben, in welcher Form und wie oft ein derartiges sog. Reporting erfolgt. Aufgrund der Bestrebungen in der Regulierung der asset backed securities kommt diesem Element zunehmend Bedeutung zu.[84] Gleichzeitig ist aber die Kategorisierung gemäß Anh. XX EU-ProspV zu beachten. Hier wird dieses Element des Prospektes nur der Kategorie C zugeordnet, wonach der Prospekt – bei Angaben, die bei Billigung des Basisprospektes nicht bekannt waren – Auslassungen enthalten darf. Nicht fehlen darf der Hinweis auf die Stelle, bei welcher die jeweiligen Informationen erhältlich sind. Dies wird in der Regel der Emittent, die Zahlstelle oder ein unabhängiger Dritter sein.[85]

---

84 Siehe zusammenfassend: International Organization of Securities Commissions (IOSCO), Final Report Global Developments in Securitisation Regulation vom 16.11.2012.
85 Beispielhaft Driver Eleven GmbH v. 19. 07. 2013, S. 3, 190.

ARTIKEL 12	ARTICLE 12
Schema für das Registrierungsfor- mular für Schuldtitel und derivate Wertpapiere mit einer Mindeststückelung von 100.000 EUR	Debt and derivative securities registration document schedule for securities with a denomination per unit of at least 100 000 EUR

Bei nicht unter Artikel 4 fallenden Wert-papieren mit einer Stückelung von min-destens 100.000 EUR oder bei nennwert-losen Wertpapieren, die bei der Emission nur für mindestens 100.000 EUR pro Stück erworben werden können, werden die Angaben für das Registrierungsfor-mular für Schuldtitel und derivative Wertpapiere gemäß dem in Anhang IX festgelegten Schema zusammengestellt.	For the debt and derivative securities registration document concerning securi-ties which are not covered in Article 4 with a denomination per unit of at least 100 000 EUR or, where there is no indi-vidual denomination, securities that can only be acquired on issue for at least 100 000 EUR per security, information shall be given in accordance with the schedule set out in Annex IX.

Inhalt

Rn.

I. Überblick

1   Art. 12 EU-ProspV gibt vor, dass sich die Emittentenangaben für Wertpa-piere, die nicht unter Art. 4 EU-ProspV fallen und mit einer Stückelung von mindestens 100.000 Euro oder als nennwertlose Wertpapiere, die nur für mindestens als 100.000 Euro erworben werden können, öffentlich angeboten werden oder an einem organisierten Markt zugelassen werden, nach Schema IX des Anhangs zur EU-ProspV richten.

Die Erhöhung der Grenze von 50.000 Euro auf 100.000 Euro erfolgte zur Um-setzung der Änderungen in Art. 3 der Richtlinie 2010/73/EG[1]. Sie hat zur Folge, dass Wertpapiere, die ursprünglich mit einer Stückelung von 50.000 Euro ohne Prospekt öffentlich angeboten werden durften, nun einen Pros-pekt erfordern, sofern sie nach dem 01.07.2012 öffentlich angeboten werden und keine der Übergangsregelungen des § 36 WpPG greift. Hierzu wird auf die Kommentierung zu § 36 WpPG verwiesen.

II. Wertpapiere

2   Wertpapiere sind dabei alle Wertpapiere gem. § 2 WpPG bzw. Art. 2 der EU-ProspRL. Hier wird auf die Kommentierung zu § 2 WpPG verwiesen.

---

1   Erwg. 3, Delegierte VO (EU) Nr. 486/2012, ABl. EU 2012, L 150/1, L 150/1.

ANHANG IX

Mindestangaben für das Registrierungsformular für Schuldtitel und derivative Wertpapiere (Schema) (Schuldtitel und derivative Wertpapiere mit einer Mindeststückelung von EUR 100.000)

ANNEX IX

Minimum disclosure requirements for the debt and derivative securities registration document (schedule) (Debt and derivative securities with a denomination per unit of at least EUR 100 000)

1. Verantwortliche Personen

1.1. Alle Personen, die für die im Registrierungsformular gemachten Angaben bzw. für bestimmte Abschnitte des Registrierungsformulars verantwortlich sind. Im letzteren Fall sind die entsprechenden Abschnitte aufzunehmen. Im Falle von natürlichen Personen, zu denen auch Mitglieder der Verwaltungs-, Geschäftsführungs-, und Aufsichtsorgane des Emittenten gehören, sind der Name und die Funktion dieser Person zu nennen. Bei juristischen Personen sind Name und eingetragener Sitz der Gesellschaft anzugeben.

1.2. Erklärung der für das Registrierungsformular verantwortlichen Personen, dass sie die erforderliche Sorgfalt haben walten lassen, um sicherzustellen, dass die im Registrierungsformular genannten Angaben ihres Wissens nach richtig sind und keine Tatsachen ausgelassen worden sind, die die Aussage des Registrierungsformulars wahrscheinlich verändern. Ggf. Erklärung der für bestimmte Abschnitte des Registrierungsformulars verantwortlichen Personen, dass sie die erforderliche Sorgfalt haben walten lassen, um sicherzustellen, dass die in dem Teil des Registrierungsformulars genannten Angaben, für die sie verantwortlich sind, ihres Wissens nach richtig sind und keine Tatsachen ausgelassen worden sind, die die Aussage des Registrierungsformulars wahrscheinlich verändern.

1. Persons Responsible

1.1. All persons responsible for the information given in the registration document and, as the case may be, for certain parts of it, with, in the latter case, an indication of such parts. In the case of natural persons including members of the issuer's administrative, management or supervisory bodies indicate the name and function of the person; in case of legal persons indicate the name and registered office.

1.2. A declaration by those responsible for the registration document that, having taken all reasonable care to ensure that such is the case, the information contained in the registration document is, to the best of their knowledge, in accordance with the facts and contains no omission likely to affect its import. As the case may be, declaration by those responsible for certain parts of the registration document that, having taken all reasonable care to ensure that such is the case, the information contained in the part of the registration document for which they are responsible is, to the best of their knowledge, in accordance with the facts and contains no omission likely to affect its import.

2. Abschlussprüfer

2.1. Namen und Anschrift der Abschlussprüfer des Emittenten, die für den von den historischen Finanzinformationen abgedeckten Zeitraum zuständig waren

2. Statutory Auditors

2.1. Names and addresses of the issuer's auditors for the period covered by the historical financial information (together

(einschließlich der Angabe ihrer Mitgliedschaft in einer Berufsvereinigung).

2.2. Wurden Abschlussprüfer während des von den historischen Finanzinformationen abgedeckten Zeitraums abberufen, nicht wieder bestellt oder haben sie ihr Mandat niedergelegt, so sind entsprechende Einzelheiten offen zu legen, wenn sie von wesentlicher Bedeutung sind.

3. Risikofaktoren

3.1 Klare Offenlegung von Risikofaktoren, die die Fähigkeit des Emittenten beeinträchtigen können, seinen aus dem Wertpapier resultierenden Verpflichtungen gegenüber den Anlegern nachzukommen (unter der Rubrik „Risikofaktoren").

4. Angaben über den Emittenten

4.1. Geschäftsgeschichte und Geschäftsentwicklung des Emittenten

4.1.1. Juristischer und kommerzieller Name des Emittenten;

4.1.2. Ort der Registrierung des Emittenten und seine Registrierungsnummer;

4.1.3. Datum der Gründung und Existenzdauer des Emittenten, soweit diese nicht unbefristet ist;

4.1.4. Sitz und Rechtsform des Emittenten; Rechtsordnung, unter der er tätig ist; Land der Gründung der Gesellschaft; Anschrift und Telefonnummer seines eingetragenen Sitzes (oder Hauptort der Geschäftstätigkeit, falls nicht mit dem eingetragenem Sitz identisch);

4.1.5. Jüngste Ereignisse, die für den Emittenten eine besondere Bedeutung haben und die in hohem Maße für die Bewertung der Solvenz des Emittenten relevant sind.

5. Geschäftsüberblick

5.1. Haupttätigkeitsbereiche

5.1.1. Kurze Beschreibung der Haupttätigkeiten des Emittenten unter Angabe der wichtigsten Kategorien der vertrie-

with their membership in a professional body).

2.2. If auditors have resigned, been removed or not been re-appointed during the period covered by the historical financial information, details if material.

3. Risk Factors

3.1. Prominent disclosure of risk factors that may affect the issuer's ability to fulfil its obligations under the securities to investors in a section headed 'Risk Factors'.

4. Information about the Issuer

4.1. History and development of the Issuer

4.1.1. nthe legal and commercial name of the issuer;

4.1.2. the place of registration of the issuer and its registration number;

4.1.3. the date of incorporation and the length of life of the issuer, except where indefinite;

4.1.4. the domicile and legal form of the issuer, the legislation under which the issuer operates, its country of incorporation, and the address and telephone number of its registered office (or principal place of business if different from its registered office;

4.1.5. any recent events particular to the issuer and which are to a material extent relevant to the evaluation of the issuer's solvency.

5. Business Overview

5.1. Principal activities:

5.1.1. A brief description of the issuer's principal activities stating the main cate-

benen Produkte und/oder erbrachten Dienstleistungen;

5.1.2. Kurze Erläuterung der Grundlage für etwaige Erklärungen des Emittenten im Registrierungsformular hinsichtlich seiner Wettbewerbsposition.

6. Organisationsstruktur

6.1. Ist der Emittent Teil einer Gruppe, kurze Beschreibung der Gruppe und der Stellung des Emittenten innerhalb dieser Gruppe.

6.2. Ist der Emittent von anderen Instituten innerhalb der Gruppe abhängig, ist dies klar anzugeben und eine Erklärung zu seiner Abhängigkeit abzugeben.

7. Trendinformationen

7.1. Einzufügen ist eine Erklärung, der zufolge es keine wesentlichen negativen Veränderungen in den Aussichten des Emittenten seit dem Datum der Veröffentlichung der letzten geprüften Jahresabschlüsse gegeben hat.

Kann der Emittent keine derartige Erklärung abgeben, dann sind Einzelheiten über diese wesentliche negative Änderung beizubringen.

8. Gewinnprognosen oder -schätzungen

Entscheidet sich ein Emittent dazu, eine Gewinnprognose oder eine Gewinnschätzung aufzunehmen, dann hat das Registrierungsformular unter den Punkten 8.1. und 8.2. folgendes zu enthalten:

8.1. Eine Erklärung, die die wichtigsten Annahmen erläutert, auf die der Emittent seine Prognose oder Schätzung gestützt hat.

Bei den Annahmen sollte klar zwischen jenen unterschieden werden, die Faktoren betreffen, die die Mitglieder der Verwaltungs-, Geschäftsführungs- oder Aufsichtsorgane beeinflussen können, und Annahmen in Bezug auf Faktoren, die klar außerhalb des Einflussbereiches der Mitglieder der Verwaltungs-, Geschäftsführungs- und Aufsichtsorgane liegen.

gories of products sold and/or services performed;

5.1.2. The basis for any statements in the registration document made by the issuer regarding its competitive position.

6. Organisational Structure

6.1. If the issuer is part of a group, a brief description of the group and of the issuer's position within it.

6.2. If the issuer is dependent upon other entities within the group, this must be clearly stated together with an explanation of this dependence.

7. Trend Information

7.1. Include a statement that there has been no material adverse change in the prospects of the issuer since the date of its last published audited financial statements.

In the event that the issuer is unable to make such a statement, provide details of this material adverse change.

8. Profit Forecasts or Estimates

If an issuer chooses to include a profit forecast or a profit estimate, the registration document must contain the information items 8.1 and 8.2 the following:

8.1. A statement setting out the principal assumptions upon which the issuer has based its forecast, or estimate.

There must be a clear distinction between assumptions about factors which the members of the administrative, management or supervisory bodies can influence and assumptions about factors which are exclusively outside the influence of the members of the administrative, management or supervisory bodies; be readily understandable by investors;

Diese Annahmen müssen für die Anleger leicht verständlich, spezifisch sowie präzise sein und dürfen nicht der üblichen Exaktheit der Schätzungen entsprechen, die der Prognose zu Grunde liegen.

be specific and precise; and not relate to the general accuracy of the estimates underlying the forecast.

8.2. Jeder Gewinnprognose im Registrierungsformular ist eine Erklärung beizufügen, in der bestätigt wird, dass die besagte Prognose auf der angegebenen Grundlage ordnungsgemäß erstellt wurde und dass die Rechnungslegungsgrundlage mit den Rechnungslegungsstrategien des Emittenten konsistent ist.

8.2. Any profit forecast set out in the registration document must be accompanied by a statement confirming that the said forecast has been properly prepared on the basis stated and that the basis of accounting is consistent with the accounting policies of the issuer.

8.3. Die Gewinnprognose oder -schätzung ist auf einer Grundlage zu erstellen, die mit den historischen Finanzinformationen vergleichbar ist.

8.3 The profit forecast or estimate must be prepared on a basis comparable with the historical financial information.

9. **Verwaltungs-, Geschäftsführungs- und Aufsichtsorgane**

9. Administrative, Management, and Supervisory Bodies

9.1. Name und Geschäftsanschrift nachstehender Personen sowie ihre Stellung beim Emittenten unter Angabe der wichtigsten Tätigkeiten, die sie neben der Tätigkeit für den Emittenten ausüben, sofern diese für den Emittenten von Bedeutung sind:

9.1. Names, business addresses and functions in the issuer of the following persons, and an indication of the principal activities performed by them outside the issuer where these are significant with respect to that issuer:

a) Mitglieder der Verwaltungs-, Geschäftsführungs- und Aufsichtsorgane;

a) members of the administrative, management or supervisory bodies;

b) persönlich haftende Gesellschafter bei einer Kommanditgesellschaft auf Aktien.

b) partners with unlimited liability, in the case of a limited partnership with a share capital.

9.2. Verwaltungs-, Geschäftsführungs- und Aufsichtsorgane -Interessenkonflikte

9.2. Administrative, Management, and Supervisory bodies conflicts of interests

Potenzielle Interessenkonflikte zwischen den Verpflichtungen gegenüber dem Emittenten seitens der in Punkt 9.1 genannten Personen und ihren privaten Interessen oder sonstigen Verpflichtungen müssen klar festgehalten werden. Falls keine derartigen Konflikte bestehen, ist eine dementsprechende Erklärung abzugeben.

Potential conflicts of interests between any duties to the issuing entity of the persons referred to in item 9.1 and their private interests and/or other duties must be clearly stated. In the event that there are no such conflicts, a statement to that effect.

10. Hauptaktionäre

10.1. Sofern dem Emittenten bekannt, Angabe, ob an dem Emittenten unmittelbare oder mittelbare Beteiligungen oder Beherrschungsverhältnisse bestehen, und wer diese Beteiligungen hält bzw. diese Beherrschung ausübt. Beschreibung der Art und Weise einer derartigen Kontrolle und der vorhandenen Maßnahmen zur Verhinderung des Missbrauchs einer derartigen Kontrolle.

10.2. Sofern dem Eminenten bekannt, Beschreibung etwaiger Vereinbarungen, deren Ausübung zu einem späteren Zeitpunkt zu einer Veränderung bei der Kontrolle des Emittenten führen könnte.

11. Finanzmarktinformationen über die Vermögens-, Finanz- und Ertragslage des Emittenten

11.1. Historische Finanzinformationen

Beizubringen sind geprüfte historische Finanzinformationen, die die letzten zwei Geschäftsjahre abdecken (bzw. einen entsprechenden kürzeren Zeitraum, während dessen der Emittent tätig war), sowie ein Bestätigungsvermerk für jedes Geschäftsjahr. Hat der Emittent in der Zeit, für die historische Finanzinformationen beizubringen sind, seinen Bilanzstichtag geändert, so decken die geprüften historischen Finanzinformationen mindestens 24 Monate oder – sollte der Emittent seiner Geschäftstätigkeit noch keine 24 Monate nachgegangen sein – den gesamten Zeitraum seiner Geschäftstätigkeit ab. Derartige Finanzinformationen sind gemäß der Verordnung (EG) Nr. 1606/2002 bzw. für den Fall, dass diese Verordnung nicht anwendbar ist, gemäß den nationalen Rechnungslegungsgrundsätzen eines Mitgliedstaats zu erstellen, wenn der Emittent aus der Gemeinschaft stammt. Bei Emittenten aus Drittstaaten sind diese Finanzinformationen nach den im Verfahren des Artikels 3 der Verordnung (EG) Nr. 1606/2002 übernommenen internationalen Rechnungslegungsstandards oder nach diesen

10. Major Shareholders

10.1. To the extent known to the issuer, state whether the issuer is directly or indirectly owned or controlled and by whom, and describe the nature of such control, and describe the measures in place to ensure that such control is not abused.

10.2. A description of any arrangements, known to the issuer, the operation of which may at a subsequent date result in a change in control of the issuer.

11. Financial Information concerning the Issuer's Assets and Liabilities, Financial Position and Profits and Losses

11.1. Historical Financial Information

Audited historical financial information covering the latest two financial years (or such shorter period that the issuer has been in operation), and the audit report in respect of each year. If the issuer has changed its accounting reference date during the period for which historical financial information is required, the audited historical information shall cover at least 24 months, or the entire period for which the issuer has been in operation, whichever ist the shorter. Such financial information must be prepared according to Regulation (EC) No 1606/2002, or if not applicable to a Member's State national accounting standards for issuers from the Community. For third country issuers, such financial information must be prepared according to the international accounting standards adopted pursuant to the procedure of Article 3 of Regulation (EC) No 1606/2002 or to a third country's national accounting standards equivalent to these standards. Otherwise, the following information must be included in the registration document:

Standards gleichwertigen nationalen Rechnungslegungsgrundsätzen eines Drittstaates zu erstellen. Ansonsten müssen folgende Angaben in das Registrierungsformular aufgenommen werden:

a) Eine eindeutige Erklärung dahingehend, dass die in das Registrierungsformular aufgenommenen Finanzinformationen nicht nach den im Verfahren des Artikels 3 der Verordnung (EG) Nr. 1606/2002 übernommenen internationalen Rechnungslegungsstandards erstellt wurden und dass die Finanzinformationen erhebliche Unterschiede für den Fall aufweisen, dass die Verordnung (EG) Nr. 1606/2002 doch auf die historischen Finanzinformationen angewandt worden wäre;

b) Unmittelbar nach den historischen Finanzinformationen sind die Unterschiede zwischen den im Verfahren des Artikels 3 der Verordnung (EG) Nr. 1606/2002 übernommenen internationalen Rechnungslegungsstandards und den Rechnungslegungsgrundsätzen in einer Beschreibung darzulegen, die der Emittent bei der Erstellung seines Jahresabschlusses zugrunde gelegt hat.

Die geprüften historischen Finanzinformationen müssen für das letzte zurückliegende Jahr in einer Form dargestellt und erstellt werden, die mit der konsistent ist, die im folgenden Jahresabschluss des Emittenten zur Anwendung gelangen wird, wobei die Rechnungslegungsgrundsätze– und -strategien sowie die Rechtsvorschriften zu berücksichtigen sind, die auf derlei Jahresabschlüsse Anwendung finden.

Wurden die geprüften Finanzinformationen gemäß nationaler Rechnungslegungsgrundsätze erstellt, dann müssen die unter dieser Rubrik geforderten Finanzinformationen zumindest Folgendes enthalten:

a) die Bilanz;

b) die Gewinn- und Verlustrechnung;

c) die Rechnungslegungsstrategien und erläuternde Anmerkungen.

(a) a prominent statement that the financial information included in the registration document has not been prepared in accordance with the international accounting standards adopted pursuant to the procedure of Article 3 of Regulation (EC) No 1606/2002 and that there may be material differences in the financial information had Regulation (EC) No 1606/2002 been applied to the historical financial information.

(b) immediately following the historical financial information a narrative description of the differences between the international accounting standards adopted pursuant to the procedure of Article 3 of Regulation (EC) No 1606/2002 and the accounting principles adopted by the issuer in preparing its annual financial statements.

The most recent year's historical financial information must be presented and prepared in a form consistent with that which will be adopted in the issuer's next published annual financial statements having regard to accounting standards and policies and legislation applicable to such annual financial statements.

If the audited financial information is prepared according to national accounting standards, the financial information required under this heading must include at least the following:

(a) the balance sheet;

(b) the income statement;

(c) the accounting policies and explanatory notes.

Die historischen jährlichen Finanzinformationen müssen unabhängig und in Übereinstimmung mit den in dem jeweiligen Mitgliedstaat anwendbaren Prüfungsstandards oder einem äquivalenten Standard geprüft worden sein oder es muss für das Registrierungsformular vermerkt werden, ob sie in Übereinstimmung mit dem in dem jeweiligen Mitgliedstaat anwendbaren Prüfungsstandard oder einem äquivalenten Standard ein den tatsächlichen Verhältnissen entsprechendes Bild vermitteln. Ansonsten müssen folgende Informationen in das Registrierungsformular aufgenommen werden:

a) Eine eindeutige Erklärung dahingehend, welche Prüfungsstandards zugrunde gelegt wurden;

b) eine Erläuterung für die Fälle, in denen von den Internationalen Prüfungsgrundsätzen in erheblichem Maße abgewichen wurde.

The historical annual financial information must be independently audited or reported on as to whether or not, for the purposes of the registration document, it gives a true and fair view, in accordance with auditing standards applicable in a Member State or an equivalent standard. Otherwise, the following information must be included in the registration document:

(a) a prominent statement disclosing which auditing standards have been applied;

(b) an explanation of any significant departures from international standards on auditing.

11.2. Jahresabschluss

Erstellt der Emittent sowohl einen Jahresabschluss als auch einen konsolidierten Abschluss, so ist zumindest der konsolidierte Abschluss in das Registrierungsformular aufzunehmen.

11.2. Financial statements

If the issuer prepares both own and consolidated financial statements, include at least the consolidated financial statements in the registration document.

11.3. Prüfung der historischen jährlichen Finanzinformationen

11.3.1. Es ist eine Erklärung dahingehend abzugeben, dass die historischen Finanzinformationen geprüft wurden. Sofern vom Abschlussprüfer kein oder nur ein eingeschränkter Bestätigungsvermerk für die historischen Finanzinformationen erteilt wurde, sind diese Ablehnung oder eingeschränkte Erteilung in vollem Umfang wiederzugeben und die Gründe dafür anzugeben.

11.3.2. Angabe sonstiger Informationen im Registrierungsformular, das von den Abschlussprüfern geprüft wurde.

11.3.3. Wurden die Finanzdaten im Registrierungsformular nicht dem geprüften Jahresabschluss des Emittenten entnommen, so sind die Quelle dieser Daten

11.3. Auditing of historical annual financial information

11.3.1. A statement that the historical financial information has been audited. If audit reports on the historical financial information have been refused by the statutory auditors or if they contain qualifications or disclaimers, such refusal or such qualifications or disclaimers must be reproduced in full and the reasons given.

11.3.2. An indication of other information in the registration document which has been audited by the auditors.

11.3.3. Where financial data in the registration document is not extracted from the issuer's audited financial statements,

und die Tatsache anzugeben, dass die Daten ungeprüft sind.

state the source of the data and state that the data is unaudited.

11.4. „Alter" der jüngsten Finanzinformationen

11.4. Age of latest financial information

11.4.1. Die geprüften Finanzinformationen dürfen nicht älter sein als 18 Monate ab dem Datum des Registrierungsformulars.

11.4.1. The last year of audited financial information may not be older than 18 months from the date of the registration document.

11.5. Gerichts- und Schiedsgerichtsverfahren

11.5. Legal and arbitration proceedings

Angaben über etwaige staatliche Interventionen, Gerichts- oder Schiedsgerichtsverfahren (einschließlich derjenigen Verfahren, die nach Kenntnis des Emittenten noch anhängig sind oder eingeleitet werden könnten), die im Zeitraum der mindestens letzten 12 Monate bestanden/abgeschlossen wurden, und die sich erheblich auf die Finanzlage oder die Rentabilität des Emittenten und/oder der Gruppe auswirken bzw. in jüngster Zeit ausgewirkt haben. Ansonsten ist eine negative Erklärung abzugeben.

Information on any governmental, legal or arbitration proceedings (including any such proceedings which are pending or threatened of which the issuer is aware), during a period covering at least the previous 12 months which may have, or have had in the recent past, significant effects on the issuer and/or group's financial position or profitability, or provide an appropriate negative statement.

11.6. Wesentliche Veränderungen in der Finanzlage oder der Handelsposition des Emittenten

11.6. Significant change in the issuer's financial or trading position

Beschreibung jeder wesentlichen Veränderung in der Finanzlage oder der Handelsposition der Gruppe, die seit dem Ende des letzten Geschäftsjahres eingetreten ist, für das entweder geprüfte Finanzinformationen oder Zwischenfinanzinformationen veröffentlicht wurden. Ansonsten ist eine negative Erklärung abzugeben.

A description of any significant change in the financial or trading position of the group which has occurred since the end of the last financial period for which either audited financial information or interim financial information have been published, or an appropriate negative statement.

12. Wesentliche Verträge

12. Material Contracts

Kurze Zusammenfassung aller abgeschlossenen wesentlichen Verträge, die nicht im Rahmen der normalen Geschäftstätigkeit abgeschlossen wurden und die dazu führen könnten, dass jedwedes Mitglied der Gruppe eine Verpflichtung oder ein Recht erlangt, die bzw. das für die Fähigkeit des Emittenten, seinen Verpflichtungen gegenüber

A brief summary of all material contracts that are not entered into in the ordinary course of the issuer's business, which could result in any group member being under an obligation or entitlement that is material to the issuer's ability to meet its obligation to security holders in respect of the securities being issued.

den Wertpapierinhabern in Bezug auf die ausgegebenen Wertpapiere nachzukommen, von wesentlicher Bedeutung ist.

13. Angaben von Seiten Dritter, Erklärungen von Seiten Sachverständiger und Interessenerklärungen

13.1. Wird in das Registrierungsformular eine Erklärung oder ein Bericht einer Person aufgenommen, die als Sachverständiger handelt, so sind der Name, die Geschäftsadresse, die Qualifikationen und - falls vorhanden - das wesentliche Interesse am Emittenten anzugeben. Wurde der Bericht auf Ersuchen des Emittenten erstellt, so ist eine diesbezügliche Erklärung dahingehend abzugeben, dass die aufgenommene Erklärung oder der aufgenommene Bericht in der Form und in dem Zusammenhang, in dem sie bzw. er aufgenommen wurde, die Zustimmung von Seiten dieser Person erhalten hat, die den Inhalt dieses Teils des Registrierungsformulars gebilligt hat.

13.2. Angaben von Seiten Dritter

Sofern Angaben von Seiten Dritter übernommen wurden, ist zu bestätigen, dass diese Angaben korrekt wiedergegeben wurden und dass - soweit es dem Emittenten bekannt ist und er aus den von dieser dritten Partei veröffentlichten Informationen ableiten konnte - keine Tatsachen unterschlagen wurden, die die wiedergegebene Informationen unkorrekt oder irreführend gestalten würden. Darüber hinaus ist/sind die Quelle(n) der Informationen anzugeben.

14. Einsehbare Dokumente

Abzugeben ist eine Erklärung dahingehend, dass während der Gültigkeitsdauer des Registrierungsformulars ggf. die folgenden Dokumente oder deren Kopien eingesehen werden können:

a) die Satzung und die Statuten des Emittenten;

b) sämtliche Berichte, Schreiben und sonstigen Dokumente, historischen Finanzinformationen, Bewertungen

13. Third Party Information and Statement by Experts and Declarations of any Interest

13.1. Where a statement or report attributed to a person as an expert is included in the registration document, provide such person's name, business address, qualifications and material interest if any in the issuer. If the report has been produced at the issuer's request a statement to that effect that such statement or report is included, in the form and context in which it is included, with the consent of that person who has authorised the contents of that part of the registration document.

13.2. Third party information

Where information has been sourced from a third party, provide a confirmation that this information has been accurately reproduced and that as far as the issuer is aware and is able to ascertain from information published by that third party, no facts have been omitted which would render the reproduced information inaccurate or misleading; in addition, identify the source(s) of the information.

14. Documents on Display

A statement that for the life of the registration document the following documents (or copies thereof), where applicable, may be inspected:

(a) the memorandum and articles of association of the issuer;

(b) all reports, letters, and other documents, historical financial information, valuations and statements pre-

und Erklärungen, die von einem Sachverständigen auf Ersuchen des Emittenten abgegeben wurden, sofern Teile davon in das Registrierungsformular eingeflossen sind oder in ihm darauf verwiesen wird;

c) die historischen Finanzinformationen des Emittenten oder im Falle einer Gruppe die historischen Finanzinformationen für den Emittenten und seine Tochtergesellschaften für jedes der Veröffentlichung des Registrierungsformulars vorausgegangenen beiden letzten Geschäftsjahre.

Anzugeben ist auch, wo in diese Dokumente entweder in Papierform oder auf elektronischem Wege Einsicht genommen werden kann.

pared by any expert at the issuer's request any part of which is included or referred to in the registration document;

(c) the historical financial information of the issuer or, in the case of a group, the historical financial information of the issuer and its subsidiary undertakings for each of the two financial years preceding the publication of the registration document.

An indication of where the documents on display may be inspected, by physical or electronic means.

Inhalt

I. Einleitung

Dieser Anh. IX EU-ProspV enthält gegenüber dem Anh. IV EU-ProspV Er- 1
leichterungen, da bei einer Mindeststückelung von 100.000 Euro unterstellt
wird, dass Käufer nur qualifizierte Anleger sind, die sich ausreichende
Kenntnisse über Emittent und Emission auch ohne Prospekt verschaffen können.[1] Zwar müssen auch in diesem Prospekt alle Angaben enthalten sein,
die für die Beurteilung des Emittenten notwendig sind. Sie sind aber weniger detailliert darzustellen. So müssen hier z. B. Angaben zu Investitionen,
neuen Produkten und Märkten, Trendinformationen oder Praktiken der Geschäftsführung nicht gemacht werden, die im Rahmen von Wertpapierprospekten mit einer Mindeststückelung von weniger als 100.000 Euro verlangt
werden. Die Anwendung des strengeren Anh. IV EU-ProspV kann im Einzelfall jedoch sinnvoll sein, wenn ohne die zusätzlichen Angaben gem.
Anh. IV EU-ProspV der Prospekt kein vollständiges Bild gewährleisten
würde und diese Angaben für die Beurteilung des Emittenten notwendig
sind.

Sofern der Emittent der hier bezeichneten Wertpapiere eine Bank ist, gilt 2
grds. Anh. XI EU-ProspV. Allerdings kann Anh. IV oder IX EU-ProspV alternativ gewählt werden.[2] Die Erhöhung der Grenze von 50.000 Euro auf
100.000 Euro erfolgte zur Umsetzung der Änderungen in Art. 3 der Richtlinie
2010/73/EG[3]. Sie hat zur Folge, dass die Erleichterungen, die ursprünglich
bereits bei Wertpapieren mit einer Stückelung von 50.000 Euro anwendbar
waren, nunmehr erst bei Wertpapieren ab 100.000 Euro genutzt werden können. Sofern also Wertpapiere mit einer Stückelung von 50.000 Euro nach
dem 01.07.2012 öffentlich bzw. erneut öffentlich angeboten werden, fallen
diese nunmehr unter die Prospektpflicht und können nicht mehr die Erleichterungen dieses Anh. IX nutzen. Anders lediglich bei Wertpapieren, für die
eine der Übergangsregelungen des § 36 WpPG greift. Hierzu wird auf die
Kommentierung zu § 36 WpPG verwiesen.

II. Verantwortliche Personen, Ziff. 1.

Ziff. 1. verlangt die Nennung aller für das Registrierungsformular verant- 3
wortlichen Personen. Gem. Ziff. 1.2. sind sie unter Zuordnung der Verantwortlichkeiten zu den entsprechenden Abschnitten des Registrierungsformu-

---

1 *Heidelbach/Preuße*, BKR 2006, 316, 319.
2 *Kullmann/Sester*, ZBB-Report 2005, 209, 213.
3 Erwg. 3, Delegierte VO (EU) Nr. 486/2012, ABl. EU 2012, L 150/1, L 150/1.

lars und Gesamtverantwortung zu nennen. Ziff. 1.2. gibt den Wortlaut für die Erklärung vor, die von den Verantwortlichen im Registrierungsformular abzugeben ist.

4 Aus dem Wortlaut ergibt sich nicht, dass es eine Person geben muss, die für das gesamte Registrierungsformular die Verantwortung übernimmt. Neben diesen Verantwortlichen muss eine natürliche oder juristische Person für den gesamten Prospekt die Verantwortung übernehmen, da der Prospekt eine Einheit bildet und zwar unabhängig davon, ob er als einteiliger, als dreiteiliger Prospekt oder als Basisprospekt erstellt wird. Ein Prospekt muss als Ganzes für einen Anleger ein vollständiges Bild über den Emittenten und die Wertpapiere ergeben und diesen für dieses Gesamtbild Verantwortlichen soll der Anleger dem Prospekt entnehmen können.

III. Abschlussprüfer, Ziff. 2.

5 Der im Registrierungsformular gem. Ziff. 2.1. zu nennende Abschlussprüfer kann eine natürliche oder eine juristische Person sein. In der Regel wird es sich um eine Prüfungsgesellschaft handeln, die mit ihrer Adresse zu nennen ist. Zu Fragen der anzugebenden Adresse, Mitgliedschaft in einer Berufsvereinigung und Offenlegung der Einzelheiten für eine Abberufung, nicht Wiederbestellung oder Niederlegung des Mandats wird auf die Kommentierung von Anh. IV Ziff. 2. EU-ProspV verwiesen.

IV. Risikofaktoren, Ziff. 3.

6 Der Begriff „Risikofaktoren" ist in Art. 2 Ziff. 3 EU-ProspV legal definiert und bezeichnet eine Liste von Risiken, die für die jeweilige Situation des Emittenten und/oder der Wertpapiere spezifisch und für die Anlageentscheidung wesentlich sind.[4]

Darzulegende Risikofaktoren sind nicht sämtliche Risikofaktoren, sondern durch die Qualifizierung im Wortlaut der Ziff. 3. nur solche, die die Fähigkeit des Emittenten beeinträchtigen können, seinen aus dem Wertpapier resultierenden Verpflichtungen gegenüber den Anlegern nachzukommen. Bei den Verpflichtungen aus den hier einschlägigen Wertpapieren handelt es sich regelmäßig um Lieferungs- und Zahlungsverpflichtungen sowie um die Fähigkeit, die derivativen Elemente der Wertpapiere zu erfüllen. Die Erfüllung dieser Verpflichtungen wird insb. dann gefährdet, wenn sich die Bonität des Emittenten deutlich verschlechtert, so dass bonitätsrelevante Fakten darzulegen sind. Dabei ist zunächst von der tatsächlichen Geschäftstätigkeit auszugehen und diese Geschäftstätigkeit wird dann auf die Risiken hin analysiert, die insbesondere Einfluss auf Zahlungsfähigkeit und Bonität des Emittenten haben.

4 *Holzborn/Israel*, ZIP 2005, 1668, 1672, Fn. 69.

Auf eine vollständige Darstellung aller nur denkbaren Risiken wurde in der   7
Verordnung verzichtet, denn dann wäre eine sinnvolle Einschätzung und
Abwägung aufgrund der Menge und fehlenden Gewichtung in der Beschrei-
bung nicht mehr oder nur eingeschränkt möglich. Es können auch nur solche
Risikofaktoren dargestellt werden, die im Zeitpunkt der Erstellung des Pro-
spektes vorhanden und dem Emittenten bekannt sind. Insofern kann es
durchaus Risikofaktoren geben, die erst nach Erstellung des Prospektes ein-
treten oder bekannt werden und insofern nicht im Prospekt enthalten sind.
Da solche Risiken nie ausgeschlossen werden können, war es unter altem
Recht üblich und muss es auch heute erlaubt sein, dass ein Prospekt auch
einen Hinweis auf solche zukünftigen oder dem Emittenten nicht bekannte
Risiken enthält, ohne dass diese konkret genannt werden könnten.

Um Risiken eines Emittenten verstehen zu können, muss der Anleger zu-   8
nächst gesagt bekommen, worauf – auf welchen Emittenten, mit welchem
wesentlichen Geschäftsinhalt – sich die Risikobeschreibung bezieht. In vielen Fällen, wie z. B. bei Banken, wird es ausreichen, nur kenntlich zu machen, dass es sich um eine Bank handelt. Auch in der weiteren Beschreibung
werden kurze Angaben, was dem Risiko zugrunde liegt, notwendig werden,
um überhaupt das Risiko darstellen zu können. Chancen sind in diesem Abschnitt nicht darzustellen.[5] Die Risikofaktoren sind zusammenhängend und
abschließend darzustellen. Damit soll erreicht werden, dass der Anleger
einen zusammenhängenden Gesamtüberblick über die Risiken erhält. Er soll
nicht durch die gleichzeitige Darstellung von Chancen von den tatsächlich
vorhandenen Risiken abgelenkt werden.

Auch wenn der Wortlaut dieser Ziff. 3. vom Wortlaut der entsprechenden   9
Ziff. 4. aus Anh. IV EU-ProspV in der deutschen Übersetzung abweicht, werden dadurch keine inhaltlichen Unterschiede begründet, denn in der englischsprachigen Originalfassung findet sich diese Abweichung nicht. Bei beiden Anhängen kommt es auf eine gut verständliche und erkennbare
Darlegung der Risiken an. Um zu vermeiden, dass Anleger diesen Abschnitt
für „unwichtig" halten, muss darauf geachtet werden, dass nicht durch
Druckbild oder Schriftgröße Unwichtigkeit suggeriert wird.

V. Angaben über den Emittenten, Ziff. 4.

Die in Anh. IV EU-ProspV erforderlichen Angaben über den Emittenten sind   10
umfangreicher, als die in Anh. IX EU-ProspV geforderten. Der wesentliche
Unterschied besteht darin, dass in Prospekten, die Anh. IX EU-ProspV zugrunde liegen, keine Angaben mehr zu Investitionen gemacht werden müssen. Vor dem Hintergrund, dass sich qualifizierte Anleger fortlaufend über
Emittenten informieren, in deren Schuldtitel sie investieren, ist eine Momentaufnahme zum Zeitpunkt der Erstellung des Prospektes nicht erforderlich. Diese Angaben werden folgerichtig bei Prospekten auf Basis des
Anh. IX EU-ProspV nicht gefordert. Trotzdem kann es auch dort im Einzelfall

---

5   Vgl. hierzu auch *Kullmann/Sester*, ZBB-Report 2005, 209, 212.

notwendig sein, Angaben zu Investitionen aufzunehmen, wenn diese Angaben notwendig sind, um den Emittenten beurteilen zu können.

11 Während die Ziff. 4.1. zunächst vermuten lässt, dass hier ein historischer Abriss bis hin zum aktuellen Zeitpunkt zur Entwicklung des Emittenten dargestellt werden soll, ergibt sich aus den nachfolgenden Unterziffern ein anderer Inhalt. Die meisten Punkte, die in diesem Abschnitt verlangt werden, sind selbsterklärend und dürften nur in Ausnahmefällen Probleme bereiten. Bemerkenswert ist, dass unter der Überschrift „Geschäftsgeschichte und Geschäftsentwicklung des Emittenten" gerade zu diesen Angaben kein Raum mehr bleibt, wenn der Prospektaufbau den entsprechenden Unterpunkten folgt. Die Geschichte des Emittenten allerdings vor der Angabe des Namens aufzuführen, erscheint ebenfalls wenig sinnvoll. Insofern dürfte für die eigentliche Historie des Emittenten nur in dem hier aufgeführten, eingeschränkten Umfang Raum bleiben. Im Übrigen sind die Ziff. 4.1.1. bis 4.1.4. weitgehend selbsterklärend.

Insbesondere die Ziff. 4.1.5. bezieht sich gerade nicht auf die Historie, sondern vielmehr auf aktuelle Angaben. Diese werden nur dann im Prospekt aufgenommen werden, wenn es zu diesen Punkten aktuelle Ereignisse gibt. Nach dem Wortlaut ist unter Ziff. 4.1.5. kein Raum für eine kurze historische Beschreibung, da der Wortlaut eine Beschränkung auf solche Ereignisse enthält, die für die Solvenz des Emittenten relevant sind. Als Beispiele könnten neu aufgetretene Klumpenrisiken oder drohende massive Kreditausfälle zu nennen sein.

Da für die Solvenz relevante Ereignisse in Jahresabschlüssen zu berücksichtigen sind, kann man hier davon ausgehen, dass nur solche Ereignisse gemeint sind, die nach dem Datum des letzten Jahresabschlusses eingetreten sind. Zu diesem Unterpunkt werden daher nicht immer Angaben erforderlich und möglich sein.

VI. Geschäftsüberblick, Ziff. 5.

12 Wie in Ziff. 6. zu Anh. IV EU-ProspV umfasst dieser Abschnitt die eigentliche Darstellung der Tätigkeiten und des Geschäftes des Emittenten. Als Erleichterung brauchen hier jedoch keine Angaben zu neuen Produkten und den Märkten, in denen der Emittent tätig ist, aufgenommen zu werden. Der Grund liegt auch für diese Erleichterung darin, dass sich qualifizierte Anleger normalerweise fortlaufend über den Emittenten informieren und daher diese Angaben, die beschränkt wären auf den Zeitpunkt der Prospekterstellung, für diesen Anlegerkreis wenig Bedeutung haben. Im Einzelfall kann des aber trotzdem notwendig sein, diese Angaben aufzunehmen, sofern sie zur Beurteilung des Emittenten erforderlich sind. Die vorgenommene Unterteilung in die verschiedenen Unterpunkte ist nicht zwingend. Sofern sich die Darstellung jedoch an diesen Unterpunkten exakt orientiert, ist die Darstellung des Emittenten klar und deutlich gegliedert.

Im Übrigen wird auf die Kommentierung zu Anh. IV Ziff. 6. EU-ProspV verwiesen.

VII. Organisationsstruktur, Ziff. 6.

In diesem Abschnitt ist Raum für die Darstellung des Emittenten unter Kon- *13*
zern-/Gruppenaspekten. Inhaltlich wird auf die Kommentierung zu Anh. IV
Ziff. 7. EU-ProspV verwiesen.

VIII. Trendinformationen, Ziff. 7.

Trendinformationen sind nicht in jedem Falle relevant. An dieser Stelle wird *14*
der Zeitraum beschrieben, der nicht bereits durch die vorstehenden Angaben, insb. durch den letzten veröffentlichten Jahresabschluss abgedeckt
wird. Sofern es keine wesentlichen Veränderungen gegeben hat, ist die
nachstehend genannte Negativerklärung aufzunehmen, anderenfalls sind
die wesentlichen nachteiligen Änderungen aufzuführen.

Die Möglichkeit, wie sie Ziff. 8.2. in Anh. IV EU-ProspV bietet, auch positive
Entwicklungen darzustellen, bietet dieser Anh. vom Wortlaut nicht. Er stellt
ausdrücklich auf nachteilige Änderungen ab. Die Darstellung einer positiven
Entwicklungen kann ggf. über andere Abschnitte, wie z. B. Ziff. 5. Geschäftsüberblick einfließen, sofern diese Entwicklungen die Aussichten des Emittenten zumindest im laufenden Geschäftsjahr wesentlich beeinflussen dürften. Dabei ist jedoch darauf zu achten, dass eine positive Darstellung nicht
die Grenze zur Gewinnprognose im Sinne der Ziff. 9. überschreitet.

IX. Gewinnprognosen oder -schätzungen, Ziff. 8.

Die Anforderungen an eine Gewinnprognose oder Gewinnschätzung sind *15*
vom Verordnungsgeber auch in Anh. IX EU-ProspV so hoch gesetzt, dass die
Aufnahme dieser Angaben nur in Ausnahmefällen empfehlenswert erscheint. Allerdings verlangt Anh. IX EU-ProspV – anders als Anh. IV EU-
ProspV – nicht, dass die Erklärung zu den Gewinnprognosen gem. Ziff. 8.1.
zwingend von einem unabhängigen Wirtschaftsprüfer abgegeben werden
muss. Insofern würde hier eine Erklärung, die der Emittent selbst abgibt,
ausreichen. Sichergestellt werden soll für die Anleger, dass keinerlei Werbeprognosen aufgenommen werden, die sich später als nicht haltbar erweisen.

Was konkret unter einer Gewinnprognose oder Gewinnschätzung zu verstehen ist, lässt der Wortlaut der Verordnung offen. Da zu den Finanzangaben
auch Jahresabschlüsse gehören, können Pflichtangaben z. B. in Jahresabschlüssen, an die vergleichbare Prüfungsanforderungen nicht gestellt werden, nicht gemeint sein, da anderenfalls durch diese Verordnung gesetzliche
Anforderungen abgeändert würden.[6]

---

6 Vgl. zu Gewinnprognosen auch *Kullmann/Sester*, ZBB-Report 2005, 209, 215.

X. Verwaltungs-, Geschäftsführungs- und Aufsichtsorgane, Ziff. 9.

16   Durch Angaben der Ziff. 9. werden personelle Verflechtungen und Zuordnungen von Aufgaben im Bereich der Entscheidungsträger offengelegt. Interessenkonflikte sind ebenfalls offenzulegen. Sofern tatsächlich vorhandene Interessenkonflikte im Zeitpunkt der Prospekterstellung bekannt sind, müssen diese Angaben aufgenommen werden.[7] Im Übrigen wird auf die Kommentierung zu Anh. IV Ziff. 10. EU-ProspV verwiesen.

XI. Hauptaktionäre, Ziff. 10.

17   Beherrschungsverhältnisse haben Einfluss auf die Gewinnverwendung- und/ oder Geschäftsführung eines Unternehmens und damit seine Wirtschaftlichkeit. Solche Verträge sind im deutschen Recht bspw. im Aktienrecht unter dem Abschnitt „Unternehmensverträge" in §§ 291 f. AktG geregelt. Maßgebliches Merkmal solcher Verträge ist ihr regelmäßig in die Unternehmensstruktur eingreifender Charakter.[8] Die jeweils erforderliche Beschreibung richtet sich nach dem Einzelfall und der entsprechenden Rechtsordnung, der der Emittent unterliegt.

Bspw. zu nennen sind hier Gewinnabführungsverträge gegenüber einem Aktionär oder Vereinbarungen zwischen Hauptaktionären über einen künftigen Aktienerwerb (z. B. Call- oder Putvereinbarungen).[9]

XII. Finanzinformationen, Ziff. 11.

1. Überblick

18   Zum Schutz der Investoren sieht die ProspV auch bei Schuldtiteln und ähnlichen Wertpapieren Finanzinformationen als wesentlichen Prospektinhalt vor. Für Stückelungen von 100.000 Euro oder größer sind allerdings erhebliche Erleichterungen vorgesehen. Insbesondere müssen nicht die Abschlüsse nach den IAS/IFRS aufgestellt werden. Auch sind keine Zwischenfinanzinformationen gefordert.[10] Trotzdem können Art und Umfang der aufzunehmenden Abschlüsse Gegenstand von Diskussionen mit Abschlussprüfern und der BaFin sein. Aus diesem Grund haben Finanzinformationen nicht nur für den Inhalt des Prospekts, sondern auch für den Ablauf der Prospekterstellung wesentliche Bedeutung.

19   Anh. IX Ziff. 11. EU-ProspV fordert für Schuldtitelemittenten sowie für Emittenten von derivativen Wertpapieren mit einer Mindeststückelung von 100.000 Euro einen Finanzteil mit Abschlüssen, die grundsätzlich zwei Ge-

---

7   Vgl. Interessenkonflikten mit ausführlichen Beispielen *Mülbert*, WM 2007, 1149, 1157 ff.
8   *Hüffer*, AktG, § 291 Rn. 2.
9   *Kullmann/Sester*, ZBB-Report 2005, 209, 215.
10 Diese Befreiungstatbestände sind mit denen der Folgepflichten kongruent, Art. 8 (1) b TransparenzRL.

schäftsjahre umfassen. Für Emittenten mit Wertpapieren an geregelten Märkten sollte zwar grundsätzlich die IAS-Verordnung beachtet werden, so dass unter Umständen Konzernabschlüsse nach den IAS/IFRS erstellt werden. Dies kann jedoch mit einem Verweis auf die Nichtanwendung vermieden werden.

2. Begriff und Umfang der historischen Finanzinformationen, Ziff. 11.1. Satz 1

Anh. IX Ziff. 11.1. Satz 1 EU-ProspV fordert die Aufnahme geprüfter histori- 20
scher Finanzinformationen der letzten zwei Geschäftsjahre in den Prospekt. Vorrangiger Zweck ist die Information des Investors über die Vermögens-, Finanz- und Ertragslage des Emittenten der abgelaufenen Berichtsperioden.[11] Allerdings steht nicht unbedingt die Darstellung der operativen Entwicklung im Vordergrund, so dass Anpassungen der historischen Finanzausweise bei einer so genannten komplexen Finanzhistorie gemäß Art. 4 a EU-ProspV nicht notwendig sind. Auch Pro forma-Finanzinformationen gemäß Anhang II EU-ProspV sind nicht gefordert.

Der Begriff der Finanzinformationen umfasst gemäß der Verordnung lediglich 21
eine vollständige Bilanz, Gewinn- und Verlustrechnung (GuV) sowie erläuternde Anhangangaben. Allerdings sieht bereits § 297 HGB für den Konzernabschluss zusätzlich eine Kapitalflussrechnung und eine Eigenkapitalveränderungsrechnung vor. Diese sind auch Pflichtbestandteile eines vollständigen Abschlusses nach IAS/IFRS. Der Lagebericht gemäß § 289 bzw. § 315 HGB ist explizit nicht genannt und muss demgemäß nicht in den Prospekt aufgenommen werden. Allerdings steht es dem Emittenten frei, den Lagebericht mit aufzunehmen. Dies ist angesichts der praktischen Erstellung von Testaten in Deutschland durchaus üblich.[12] Sollte er nicht aufgenommen werden, wird dies in der Regel in einem Hinweis erläutert.[13]

Besteht der Emittent zwei Jahre und länger, so ist er gemäß Anh. IX Ziff. 11.1. 22
Satz 1 EU-ProspV grundsätzlich verpflichtet, die Abschlüsse der letzten zwei Geschäftsjahre und die dazugehörigen Bestätigungsvermerke in den Prospekt aufzunehmen. Hiernach werden bei der Darstellung des letzten Abschlusses die Finanzinformationen des jüngsten denen des vorletzten Finanzjahres (Vergleichszahlen des Vorjahres) gegenübergestellt, erläutert und in testierter Form gezeigt. Bei der Abbildung des vorletzten Abschlusses werden die Finanzdaten des zweitletzten mit denen des drittletzten Finanzjahres verglichen und im Anhang erläutert. Der Bestätigungsvermerk bezieht sich auf das Zahlenwerk des zweitletzten und drittletzten Geschäftsjahres.

Die Form des Bestätigungsvermerks richtet sich bei deutschen Emittenten 23
nach dem IDW Prüfungsstandard IDW PS 400. Dieser basiert auf dem internationalen Prüfungsstandard ISA 700 und den Anforderungen, die sich aus

---

11 Diese Aussage der CESR zu Aktienemittenten gilt grundsätzlich auch für andere Wertpapierarten. CESR, advice, historical financial information, Ref. CESR/05-582, Tz. 15.
12 Siehe hierzu die Erläuterungen zu den anzuwendenden Prüfungsstandards unter Rn. 32 ff.
13 Siehe das Beispiel in Anh. IV EU-ProspV, Rn. 17.

ISA ergeben.[14] Der Bestätigungsvermerk für ausländische Emittenten kann nach den Normen des ISA 700 erstellt werden.

3. Regelungen bei Änderungen des Bilanzstichtags und kurzfristiger Geschäftstätigkeit, Ziff. 11.1. Satz 2

24 Existiert der Emittent weniger als zwei Jahre, so hat er entsprechend seines Bestehens Abschlüsse in den Prospekt aufzunehmen. Diese können ggf. auch Rumpfgeschäftsjahresabschlüsse sein. Unter Emittent ist hierbei stets die rechtliche Einheit zum Zeitpunkt der Antragsstellung zu verstehen.

25 Der Begriff des Geschäftsjahres im Sinne der EU-ProspV umfasst grundsätzlich einen Zeitraum von zwölf Monaten. Beschreiben die letzten zwei Geschäftsjahre weniger als 24 Monate, so soll der Emittent zusätzliche Geschäftsjahre in den Prospekt aufnehmen. Dies kann dann der Fall sein, wenn der Emittent seinen Abschlussstichtag in den letzten Jahren mehrmals geändert hat. Existiert der Emittent kürzer als zwei Jahre und hat er in dieser Zeit seine Abschlussstichtage geändert, so hat er entsprechend seines Bestehens sämtliche Abschlüsse unabhängig von der Anzahl der Geschäftsjahre auszuweisen.[15]

4. Anzuwendende Rechnungslegungsstandards, Ziff. 11.1. Satz 3

26 Nach Anh. IX Ziff. 11.1. Satz 3 EU-ProspV sind die aufzunehmenden Finanzinformationen grundsätzlich gemäß der Verordnung (EG) Nr. 1606/2002 („IAS-V") zu erstellen bzw. wenn diese nicht anwendbar ist, nach den Regelungen des betreffenden Mitgliedstaates. Gemäß der IAS-V sind alle kapitalmarktorientierten Unternehmen mit Sitz in der EU verpflichtet, ihre Konzernabschlüsse nach internationalen Rechnungslegungsstandards aufzustellen.[16] Im Sinne dieser Verordnung bezeichnen „internationale Rechnungslegungsstandards" die „International Accounting Standards" (IAS), die „International Financial Reporting Standards" (IFRS) und damit verbundene Auslegungen (SIC/IFRIC-Interpretationen), spätere Änderungen dieser Standards und damit verbundene Auslegungen sowie künftige Standards und damit verbundene Auslegungen, die vom International Accounting Standards Board (IASB) herausgegeben oder angenommen wurden.[17]

Als kapitalmarktorientiert gelten zwar mit Verweis auf die Wertpapierdienstleistungsrichtlinie solche Unternehmen, deren Wertpapiere an einem organisierten Markt innerhalb der EU zugelassen sind, also auch Fremdkapitaltitel.[18] Allerdings eröffnet die Verordnung die Möglichkeit für Mindeststückelungen

---

14 *IDW PS 400.*
15 Diese Änderung in Anh. IX Ziff. 11.1 Satz 2 EU-ProspV wurde erst durch eine Verordnung im Februar 2007 vorgenommen (Ziff. 4 VO Nr. 211/2007 zur Änderung der VO Nr. 809/2004), wurde jedoch auch schon früher von CESR vorgeschlagen (CESR, Working document ESC/16/2006).
16 Vgl. für eine Übersicht *d'Arcy*, EU Monitor Finanzmarkt Spezial 19/2004.
17 IAS-V, Art. 2.
18 IAS-V, Art. 4 i.V. m. Art. 1 Abs. 13 der RL 93/22/EWG des Rates v. 10.05.1993 über Wertpapierdienstleistungen.

von 100.000 Euro, auf die Abbildung von IAS/IFRS-Abschlüsse zu verzichten und dafür lediglich einen entsprechenden Hinweis aufzunehmen. Daher dürfte diese Ausnahme in der Praxis den Regelfall darstellen. Die finanziellen Verhältnisse des Emittenten können dann auf Grundlage nationaler Rechnungslegungsstandards dargestellt werden, wenn in dem Prospekt an prominenter Stelle darauf hingewiesen wird. Im Einzelnen muss angegeben werden, dass die Angaben nicht den IAS/IFRS entsprechen und die Unterschiede zwischen den IFRS und den angewandten Rechnungslegungsstandards erläutert werden.[19] Sollten IAS/IFRS im Prospekt angewendet werden, wird auf die Ausführungen zu Anh. I EU-ProspV Rn. 98–100 verwiesen.

5. Anzuwendender Rechnungslegungsstandard bei Drittstaatenemittenten, Ziff. 11.1. Sätze 4 und 5

Emittenten mit Sitz außerhalb der EU sollen gemäß Anh. IX Ziff. 11.1. Satz 4   *27*
EU-ProspV Finanzinformationen in den Prospekt aufnehmen, die den internationalen Standards wie zuvor beschrieben entsprechen oder zumindest gleichwertig sind.[20] Allerdings eröffnet die Verordnung auch Drittstaatenemittenten die Möglichkeit, auf die Abbildung von IAS/IFRS-Abschlüssen zu verzichten und lediglich einen entsprechenden Hinweis mit Erläuterungen aufzunehmen.

6. Erklärung zur Nichtanwendung der IAS/IFRS, Ziff. 11.1. Sätze 6 und 7

Ziff. 11.1. Satz 6 fordert dann die Aufnahme einer Erklärung in den Prospekt,   *28*
wenn keine IAS/IFRS-Abschlüsse aufgenommen wurden. Diese muss einen eindeutigen Hinweis auf die Nichtanwendung der IAS/IFRS im Sinne der IAS-V enthalten. Darüber hinaus ist darauf hinzuweisen, dass es bei einer Anwendung der IAS/IFRS zu erheblichen Unterschieden in den Finanzinformationen im Vergleich zu den aufgenommen Informationen nach nationalen Standards gekommen wäre. In einem erläuternden Teil sind die wesentlichen Unterschiede zwischen den angewendeten Rechnungslegungsprinzipien und denen nach IAS/IFRS zu beschreiben. Dieser Teil ist unmittelbar nach den Finanzinformationen im Prospekt abzudrucken.

7. Konsistenzgebot, Ziff. 11.1. Satz 8

Das Gebot der Konsistenz nach Anh. IX Ziff. 11.1. Satz 8 EU-ProspV gilt so-   *29*
wohl für die Erstellung- als auch Darstellungsstetigkeit im Hinblick auf die Vergleichbarkeit und Transparenz mit den zukünftigen Finanzinformationen.[21] Insbesondere haben die historischen Finanzinformationen denselben Rechnungslegungsgrundsätzen, Bilanzierungs- und Bewertungsmethoden zu folgen wie der nächste Abschluss.[22] Da dieser gemäß Art. 8 (1) b auch na-

---

19 *König*, ZEuS, 2/2004, 251, 278.
20 Dies ergibt sich auch aus § 20 Abs. 1 Nr. 2 WpPG.
21 Dies ergibt sich als äquivalente Interpretation zu der entsprechenden Regel nach Anh. I.
    ESMA, update CESR recommendation, consistent implementation, Ref.: ESMA/2013/319.
22 *CESR*, consultations consistent implementation feedback statement, Ref: CESR/05-05b,
    Tz. 30.

tionalen Rechnungslegungsstandards folgen kann, ist es ausreichend, die bereits vorhandenen Abschlüsse in den Prospekt aufzunehmen.

8. Inhalt der Finanzinformationen nach nationalen Rechnungslegungsgrundsätzen, Ziff. 11.1. Satz 9

30 Der Emittent ist nicht verpflichtet, einen nach der IAS-Verordnung konformen Abschluss in den Prospekt aufzunehmen. Daher dürften bei nicht börsennotierten Emittenten Abschlüsse nach nationalen Standards der Regelfall sein. Gemäß Anh. IX Ziff. 11.1. Satz 9 EU-ProspV müssen Abschlüsse nach nationalen Standards eine Bilanz, GuV, und einen Anhang, der die Rechnungslegungsstrategien zusammenfasst sowie sonstige Erläuterungen enthält, aufweisen. Unter dem Begriff Rechnungslegungsstrategien können u. E. nur die wesentlichen Bilanzierungs- und Bewertungsmethoden gemeint sein.[23] Für deutsche Emittenten ist zusätzlich gemäß § 297 HGB eine Kapitalflussrechnung sowie ein Eigenkapitalspiegel zu erstellen.

9. Anzuwendender Prüfungsstandard, Ziff. 11.1. Sätze 10 und 11

31 Ziff. 11.1. Satz 10 sieht grundsätzlich vor, dass die historischen Finanzinformationen unabhängig und in Übereinstimmung mit den im jeweiligen Mitgliedstaat anwendbaren Prüfungsstandards oder einem äquivalenten Standard geprüft worden sind. Für deutsche Emittenten ist der IDW PS 400 maßgeblich, der mit den ISA 200 äquivalent ist, so dass diese Voraussetzungen erfüllt sind. Zum Begriff der Unabhängigkeit, des anwendbaren Prüfungsstandards sowie zur Äquivalenz von Prüfungsstandards siehe die Ausführungen zu Anh. I EU-ProspV, Rn. 137–145. Allerdings eröffnet die Verordnung in Ziff. 11.1. Satz 11 die Möglichkeit, auf die Anwendung äquivalenter Standards zu verzichten. Dann ist eine Erklärung aufzunehmen, welche Prüfungsstandards angewendet wurden. Weichen die angewendeten Prüfungsstandards erheblich von den internationalen Prüfungsstandards ab, so sind diese wesentlichen Unterschiede zu erläutern. Diese Option ist vor allem für Drittstaatenemittenten relevant, da die meisten Prüfungsstandards innerhalb der EU bereits mit den ISA äquivalent sind.

10. Aufnahme von Einzel- und Konzernabschlüssen, Ziff. 11.2.

32 Erstellt ein Emittent sowohl Einzel- als auch Konzernabschlüsse, so sind gemäß Anh. IX Ziff. 11.2. EU-ProspV zumindest die Konzernabschlüsse in den Prospekt aufzunehmen. Grundsätzlich ist immer dann die Aufnahme von Einzelabschlüssen zu erwägen, wenn diese zusätzliche Informationen bieten. Dies ist regelmäßig dann der Fall, wenn der Einzelabschluss gemäß dem jeweiligen gültigen nationalen Gesellschaftsrechts mehreren Zwecken dient. Dann ist nämlich davon auszugehen, dass dieser grundsätzlich für einen In-

---

23 In der englischen Version werden sowohl für Anh. I als auch IX EU-ProspV „Accounting policies" gefordert. Nur in der deutschen Übersetzung werden zwei unterschiedliche Begriffe verwendet, so dass sich hieraus wohl keine inhaltlichen Unterschiede zwischen Anh. I und IX EU-ProspV ergeben.

vestor relevante Informationen enthält. Da der Einzelabschluss ohnehin aufgestellt und testiert werden muss, entstehen durch die Aufnahme im Prospekt kaum zusätzliche Kosten, so dass diese Pflicht auch als verhältnismäßig angesehen werden kann.

In Deutschland sind dabei die Funktionen der Ausschüttungsbemessung, der   *33*
steuerlichen Gewinnermittlung, der Ermittlung des haftungsrelevanten Kapitals sowie die Erstellung für aufsichtsrechtliche Zwecke zu nennen. Bei Fremdkapitalemittenten dürfte insbesondere die Information zum haftungsrelevanten Kapital für Investoren von Interesse sein.

11. Prüfung der historischen Finanzinformationen, Ziff. 11.3.

In Übereinstimmung mit den Vorschriften der Vierten und Siebten EU-Bi-   *34*
lanzrichtlinie müssen sowohl deutsche als auch ausländische Emittenten mit Sitz in der EU ihre Abschlüsse von einem Wirtschaftsprüfer bzw. einer Prüfungsgesellschaft nach den auf die Emittenten anwendbaren Prüfungsstandard prüfen lassen. Diese Bestimmung betrifft, sofern der Emittent einen Einzelabschluss aufstellt, den Einzelabschluss und, sofern er konzernabschlusspflichtig ist, den Konzernabschluss.[24] Für beide Abschlussformen gilt, dass der Bestätigungsvermerk ein den Verhältnissen entsprechendes Bild (true and fair view) des Emittenten attestiert.[25]

Die Erklärung über die Prüfung der historischen Finanzinformationen findet   *35*
sich üblicherweise im Kapitel „Abschlussprüfer" des Prospektes wieder. Dort sind gemäß Anh. IX Ziff. 2. EU-ProspV Name und Sitz des Abschlussprüfers anzugeben, welche Abschlüsse dieser geprüft hat und mit welchem Bestätigungsvermerk diese versehen sind.

Bei deutschen Emittenten richtet sich der Bestätigungsvermerk an den Be-   *36*
stimmungen des IDW PS 400 – Grundsätze für die ordnungsgemäße Erteilung von Bestätigungsvermerken bei Abschlussprüfungen – aus. Dieser Prüfungsstandard entspricht dem ISA 700 und den Anforderungen, die sich aus anderen ISA ergeben, soweit nicht gesetzliche Besonderheiten im Einzelfall Abweichungen erfordern. Die Abweichungen sind in Abschnitt 7 des IDW PS 400 beschrieben. Der IDW PS 400 betrifft Abschlussprüfungen, d. h. Prüfungen von Jahres- und Konzernabschlüssen gleichermaßen.[26] Zu Formen des Bestätigungsvermerks sowie des Versagungsvermerks bei in- und ausländischen Emittenten siehe die Ausführungen zu Anh. I EU-ProspV, Rn. 163–169.

Sind sonstige Angaben im Prospekt vom Abschlussprüfer geprüft, ist explizit   *37*
darauf hinzuweisen. Wurden Finanzdaten nicht aus dem geprüften Jahresabschluss des Emittenten entnommen, so ist ein entsprechender Hinweis

---

24 Vierte RL (EG/78/660) vom 25.07.1978, Art. 51; Siebte RL (EG/83/349) v. 13.06.1983, Art. 37 i. V. m. CESR, recommandations, consistent implementation, Ref: CESR/05-054b.
25 *ESMA*, update CESR recommendation, consistent implementation, Ref.: ESMA/2013/ 319, Tz. 76.
26 *IDW PS 400*, Ziff. 1., Stand 12.12.2012.

aufzunehmen. Ebenfalls sind dann die Quellen dieser Daten zu nennen und es ist anzugeben, dass diese Daten ungeprüft sind.

12. Alter der jüngsten Finanzinformationen, Ziff. 11.4.

38 Der Bilanzstichtag des letzten durch geprüfte Finanzinformationen darge-stellten Geschäftsjahres darf gemäß Anh. IX Ziff. 11.4. EU-ProspV nicht mehr als 18 Monate vor dem Datum des Prospekts liegen. Dabei bezieht sich die genaue Fristberechnung wohl auf das Billigungsdatum. Bei zeitkritischen Transaktionen sollte diese Frist nicht aus den Augen verloren werden. Wie bei den Folgepflichten sind Fremdkapitalemittenten mit einer Mindeststü-ckelung von 100.000 Euro von einer Zwischenberichtspflicht befreit.

13. Gerichts- und Schiedsverfahren, Ziff. 11.5.

39 Im Rahmen der Finanzausweise sind Angaben zu Gerichts- und Schiedsver-fahren zu machen, die auch staatliche Interventionen wie z. B. Kartellverfah-ren umfassen können. Dabei sind grundsätzlich alle Verfahren zu nennen, die nach Kenntnis des Emittenten in den letzten zwölf Monaten bestanden, ab-geschlossen wurden, noch anhängig sind oder eingeleitet werden könnten. Es sind nur für die Finanz- und Ertragslage wesentliche Verfahren im Pros-pekt zu nennen. Das Wesentlichkeitskriterium muss dabei sowohl auf den Einzel- als auch auf den Konzernabschluss angewendet werden. Ansonsten ist eine negative Erklärung aufzunehmen, dass solche Verfahren nicht be-standen haben. Da es sich bei Gerichts- und Schiedsverfahren häufig um hohe Schadenssummen handeln kann, ist im Zweifel das Wesentlichkeitskri-terium streng auszulegen. Solche Verfahren sollten im Prospekt aufgenom-men werden, auch wenn das Management den Ausgang des Verfahrens po-sitiv einschätzt. In diesem Sinne sind nicht die Kriterien anzulegen, nach denen eine Prozessrückstellung zu bilden wäre. Darüber hinaus sollten die Angaben in diesem Abschnitt mit den Informationen zu den Risikofaktoren gemäß Anh. IX Ziff. 3. EU-ProspV abgestimmt werden.

14. Wesentliche Veränderungen in der Finanzlage oder der Handels-position des Emittenten, Ziff. 11.6.

40 Gemäß Anh. IX Ziff. 11.6. EU-ProspV sind wesentliche Veränderungen in der Finanzlage oder der Handelsposition aufzunehmen, die nach dem Stich-tag des zuletzt im Prospekt abgedruckten Abschlusses eingetreten sind. Deutsche Emittenten müssen ohnehin gemäß §§ 289 Abs. 2 Nr. 1 bzw. 315 Abs. 2 Nr. 1 HGB im Rahmen der Lageberichterstattung auf besondere Vor-gänge nach Abschluss des Geschäftsjahres eingehen. Sollte der Lagebericht nicht im Prospekt abgedruckt werden, so sind solche Informationen grund-sätzlich aufzunehmen. Darüber hinaus ist auch auf Ereignisse zwischen Ver-öffentlichung des Abschlusses und des Prospektes einzugehen, wenn diese wesentlich sind. Erstellt ein Emittent einen Abschluss nach IAS/IFRS, so muss er im Anhang gemäß IAS 10.21 über wertbeeinflussende Ereignisse nach dem Bilanzstichtag berichten. Zu nennen sind beispielsweise Unter-

nehmenserwerbe oder die Zerstörung einer Produktionsstätte.[27] Insbesondere bei Fremdkapitalemittenten dürfte die wesentliche Veränderung der Risikoposition von Interesse sein, so z. B. die Zusammensetzung des Kreditportfolios. Darüber hinaus sind aber auch wesentliche Veränderungen der Handelsposition zu nennen, die aufgrund externer Einflüsse oder interner Gründe eine nicht zu erwartende Entwicklung aufweisen. Auch wenn die Überschrift von der Finanzlage und der Handelsposition des Emittenten ausgeht, geht aus dem Verordnungstext klar hervor, dass das Wesentlichkeitskriterium sich auf die gesamte Gruppe und somit den Konzernabschluss bezieht, falls es sich nicht um ein Einzelunternehmen handelt. Sind keine wesentlichen Veränderungen aufgetreten, ist eine entsprechende negative Erklärung aufzunehmen.

XIII. Wesentliche Verträge, Ziff. 12.

Verträge, die im unmittelbaren Zusammenhang zu den konkreten Wertpa- *41*
pieren stehen, auf die sich der Prospekt bezieht, werden nicht unter dieser
Ziff. 12. dargestellt, sondern sind im Rahmen der Wertpapierbeschreibung
dargestellt.

Unter diese Ziff. 12. fallen nur Verträge, die allgemein für alle Wertpapiere eines Emittenten von Bedeutung sind. Das sind Verträge, die auf die Zahlungsfähigkeit bzw. die Bonität des Emittenten Einfluss haben, wie z. B. Gewinnabführungs- oder Garantieverträge, sofern diese nicht bereits im Rahmen von Ziff. 10. genannt wurden.

XIV. Angaben von Seiten Dritter, Erklärungen von Seiten Sachverständiger und Interessenerklärungen, Ziff. 13.

Diese Anforderungen sind weitgehend selbsterklärend. Es soll sichergestellt *42*
werden, dass ein Anleger erkennen kann, woher Informationen stammen,
wenn sie nicht direkt vom Emittenten stammen. Dabei muss darauf geachtet
werden, dass es zu Urheberrechtsverletzungen kommen kann, sofern urheberrechtlich geschützte Angaben in einem Prospekt verwendet werden.
Ebenfalls soll erkennbar werden, welches wesentliche Interesse der Emittent
letztlich an diesen Informationen hat. Bescheinigungen des Wirtschaftsprüfers fallen nur dann unter diese Ziffer, sofern er außerhalb seiner Wirtschaftsprüfungstätigkeit Gutachten als Sachverständiger abgegeben hat – hierzu
ausführlich Kommentierung zu Anh. I EU-ProspV.

XV. Einsehbare Dokumente, Ziff. 14.

Der Anleger soll darüber informiert werden, wo er die in Ziff. 14. genannten *43*
Unterlagen einsehen bzw. erhalten kann. Viele Emittenten nutzen die Möglichkeit, den Anlegern diese Dokumente über das Internet auf ihrer Homepage zur Verfügung zu stellen.

---

27 Siehe hierzu auch die Beispiele in IAS 10.22.

ARTIKEL 13
**Schema für Zertifikate,
die Wertpapiere vertreten
(„depository receipts")**

ARTICLE 13
Depository receipts schedule

Bei Zertifikaten, die Aktien vertreten, werden die Angaben gemäß dem in Anhang X festgelegten Schema zusammengestellt.

For depository receipts issued over shares information shall be given in accordance with the schedule set out in Annex X.

Diesbezüglich wird auf die Kommentierung zu Anh. X verwiesen.

ANHANG X
Mindestangaben für Zertifikate, die Aktien vertreten (Schema) Angaben über den Emittenten der zugrunde liegenden Aktien

ANNEX X
Minimum disclosure requirements fort he depository receipts issued over shares (schedule) Information about the Issuer of the Underlying Shares

1. **Verantwortliche Personen**

1.1. Alle Personen, die für die im Prospekt gemachten Angaben bzw. für bestimmte Abschnitte des Prospekts verantwortlich sind. Im letzteren Fall sind die entsprechenden Abschnitte aufzunehmen. Im Falle von natürlichen Personen, zu denen auch Mitglieder der Verwaltungs-, Geschäftsführungs- oder Aufsichtsorgane des Emittenten gehören, sind der Name und die Funktion dieser Person zu nennen. Bei juristischen Personen sind Name und eingetragener Sitz der Gesellschaft anzugeben.

1. Persons Responsible

1.1. All persons responsible for the information given in the prospectus and, as the case may be, for certain parts of it, with, in the latter case, an indication of such parts. In the case of natural persons including members of the issuer's administrative, management or supervisory bodies indicate the name and function of the person; in case of legal persons indicate the name and registered office.

1.2. Erklärung der für den Prospekt verantwortlichen Personen, dass sie die erforderliche Sorgfalt haben walten lassen, um sicherzustellen, dass die im Prospekt genannten Angaben ihres Wissens nach richtig sind und keine Tatsachen ausgelassen worden sind, die die Aussage des Prospekts wahrscheinlich verändern. Ggf. Erklärung der für bestimmte Abschnitte des Prospekts verantwortlichen Personen, dass sie die erforderliche Sorgfalt haben walten lassen, um sicherzustellen, dass in dem Teil des Prospekts genannten Angaben, für die sie verantwortlich sind, ihres Wissens nach richtig sind und keine Tatsachen ausgelassen werden, die die Aussage des Prospekts wahrscheinlich verändern.

1.2. A declaration by those responsible for the prospectus that, having taken all reasonable care to ensure that such is the case, the information contained in the prospectus is, to the best of their knowledge, in accordance with the facts and contains no omission likely to affect its import. As the case may be, declaration by those responsible for certain parts of the prospectus that, having taken all reasonable care to ensure that such is the case, the information contained in the part of the prospectus for which they are responsible is, to the best of their knowledge, in accordance with the facts and contains no omission likely to affect its import.

2. **Abschlussprüfer**

2.1. Namen und Anschrift der Abschlussprüfer des Emittenten, die für den von den historischen Finanzinformationen abgedeckten Zeitraum zuständig waren (einschließlich der Angabe ihrer Mitgliedschaft in einer Berufsvereinigung).

2. Statutory Auditors

2.1. Names and addresses of the issuer's auditors for the period covered by the historical financial information (together with their membership in a professional body).

2.2. Wurden Abschlussprüfer während des von den historischen Finanzinformationen abgedeckten Zeitraums abberufen, nicht wieder bestellt oder haben sie ihr Mandat niedergelegt so sind entsprechende Einzelheiten offen zu legen, wenn sie von wesentlicher Bedeutung sind.

2.2. If auditors have resigned, been removed or not been re-appointed during the period covered by the historical financial information, indicate details if material.

3.   Ausgewählte Finanzinformationen

3.1. Ausgewählte historische Finanzinformationen über den Emittenten sind für jedes Geschäftsjahr für den Zeitraum vorzulegen, der von den historischen Finanzinformationen abgedeckt wird, und in der Folge für jeden Zwischenfinanzzeitraum, und zwar in derselben Währung wie die Finanzinformationen.

Die ausgewählten historischen Finanzinformationen müssen die Schlüsselzahlen enthalten, die einen Überblick über die Finanzlage des Emittenten geben.

3.2. Werden ausgewählte Finanzinformationen für Zwischenzeiträume vorgelegt, so sind auch Vergleichsdaten für den gleichen Zeitraum des vorhergehenden Geschäftsjahres vorzulegen, es sei denn, die Anforderung der Beibringung vergleichbarer Bilanzinformationen wird durch die Vorlage der Bilanzdaten zum Jahresende erfüllt.

4.   Risikofaktoren

Klare Offenlegung von Risikofaktoren, die für den Emittenten oder seine Branche spezifisch sind, und zwar unter der Rubrik „Risikofaktoren".

5.   Angaben über den Emittenten

5.1. Geschäftsgeschichte und Geschäftsentwicklung des Emittenten

5.1.1. Juristischer und kommerzieller Name des Emittenten;

5.1.2. Ort der Registrierung des Emittenten und seine Registrierungsnummer;

5.1.3. Datum der Gründung und Existenzdauer des Emittenten, soweit diese nicht unbefristet ist;

3.   Selected Financial Information

3.1. Selected historical financial information regarding the issuer, presented for each financial year for the period covered by the historical financial information, and any subsequent interim financial period, in the same currency as the financial information.

The selected historical financial information must provide the key figures that summarise the financial condition of the issuer.

3.2. If selected financial information for interim periods is provided, comparative data from the same period in the prior financial year shall also be provided, except that the requirement for comparative balance sheet information is satisfied by presenting the year end balance sheet information.

4.   Risk Factors

Prominent disclosure of risk factors that are specific to the issuer or its industry in a section headed "Risk Factors".

5.   Information about the Issuer

5.1. History and Development of the Issuer

5.1.1. the legal and commercial name of the issuer;

5.1.2. the place of registration of the issuer and its registration number;

5.1.3. the date of incorporation and the length of life of the issuer, except where indefinite;

5.1.4. Sitz und Rechtsform des Emittenten; Rechtsordnung, unter der er tätig ist; Land der Gründung der Gesellschaft; Anschrift und Telefonnummer seines eingetragenen Sitzes (oder Hauptort der Geschäftstätigkeit, falls nicht mit dem eingetragenen Sitz identisch);

5.1.5. Wichtige Ereignisse in der Entwicklung der Geschäftstätigkeit des Emittenten.

5.1.4. the domicile and legal form of the issuer, the legislation under which the issuer operates, its country of incorporation, and the address and telephone number of its registered office (or principal place of business if different from its registered office);

5.1.5. the important events in the development of the issuer's business.

5.2. Investitionen

5.2. Investments

5.2.1. Beschreibung (einschließlich des Betrages) der wichtigsten Investitionen des Emittenten für jedes Geschäftsjahr, und zwar für den Zeitraum, der von den historischen Finanzinformationen abgedeckt wird bis zum Datum des Prospekts;

5.2.1. A description, (including the amount) of the issuer's principal investments for each financial year for the period covered by the historical financial information up to the date of the prospectus;

5.2.2. Beschreibung der wichtigsten laufenden Investitionen des Emittenten, einschließlich der geografischen Verteilung dieser Investitionen (im Inland und im Ausland) und der Finanzierungsmethode (Eigen- oder Fremdfinanzierung);

5.2.2. A description of the issuer's principal investments that are currently in progress, including the distribution of these investments geographically (home and abroad) and the method of financing (internal or external);

5.2.3. Angaben über die wichtigsten künftigen Investitionen des Emittenten, die von seinen Verwaltungsorganen bereits fest beschlossen sind.

5.2.3. Information concerning the issuer's principal future investments on which its management bodies have already made firm commitments.

6. Geschäftsüberblick

6. Business Overview

6.1. Haupttätigkeitsbereiche

6.1. Principal Activities

6.1.1. Beschreibung der Wesensart der Geschäfte des Emittenten und seiner Haupttätigkeiten (sowie der damit im Zusammenhang stehenden Schlüsselfaktoren) unter Angabe der wichtigsten Arten der vertriebenen Produkte und/oder erbrachten Dienstleistungen, und zwar für jedes Geschäftsjahr innerhalb des Zeitraums, der von den historischen Finanzinformationen abgedeckt wird;

6.1.1. A description of, and key factors relating to, the nature of the issuer's operations and its principal activities, stating the main categories of products sold and/or services performed for each financial year for the period covered by the historical financial information;

6.1.2. Angabe etwaiger wichtiger neuer Produkte und/oder Dienstleistungen, die eingeführt wurden, und – in dem Maße, wie die Entwicklung neuer Produkte oder Dienstleistungen offen gelegt wurde – Angabe des Stands der Entwicklung.

6.1.2. An indication of any significant new products and/or services that have been introduced and, to the extent the development of new products or services has been publicly disclosed, give the status of development.

6.2. Wichtigste Märkte

Beschreibung der wichtigsten Märkte, auf denen der Emittent tätig ist, einschließlich einer Aufschlüsselung der Gesamtumsatzerträge nach Art der Tätigkeit und geografischem Markt für jedes Geschäftsjahr innerhalb des Zeitraums, der von den historischen Finanzinformationen abgedeckt wird.

6.3. Falls die unter den Punkten 6.1. und 6.2. genannten Angaben durch außergewöhnliche Faktoren beeinflusst wurden, so ist dies anzugeben.

6.4. Kurze Angaben über die etwaige Abhängigkeit des Emittenten in Bezug auf Patente oder Lizenzen, Industrie-, Handels- oder Finanzierungsverträge oder neue Herstellungsverfahren, wenn diese Faktoren von wesentlicher Bedeutung für die Geschäftstätigkeit oder die Rentabilität des Emittenten sind.

6.5. Grundlage für etwaige Angaben des Emittenten zu seiner Wettbewerbsposition.

7.   Organisationsstruktur

7.1. Ist der Emittent Teil einer Gruppe, kurze Beschreibung der Gruppe und der Stellung des Emittenten innerhalb dieser Gruppe.

7.2. Auflistung der wichtigsten Tochtergesellschaften des Emittenten, einschließlich Name, Land der Gründung oder des Sitzes, Anteil an Beteiligungsrechten und – falls nicht identisch – Anteil der gehaltenen Stimmrechte.

8.   Sachanlagen

8.1. Angaben über bestehende oder geplante wesentliche Sachanlagen, einschließlich geleaster Vermögensgegenstände, und etwaiger größerer dinglicher Belastungen der Sachanlagen.

8.2. Skizzierung etwaiger Umweltfragen, die die Verwendung der Sachanlagen von Seiten des Emittenten u. U. beeinflussen können.

6.2. Principal Markets

A description of the principal markets in which the issuer competes, including a breakdown of total revenues by category of activity and geographic market for each financial year for the period covered by the historical financial information.

6.3. Where the information given pursuant to items 6.1. and 6.2. has been influenced by exceptional factors, mention that fact.

6.4. If material to the issuer's business or profitability, disclose summary information regarding the extent to which the issuer is dependent, on patents or licences, industrial, commercial or financial contracts or new manufacturing processes.

6.5. The basis for any statements made by the issuer regarding its competitive position.

7.   Organisational Structure

7.1. If the issuer is part of a group, a brief description of the group and the issuer's position within the group.

7.2. A list of the issuer's significant subsidiaries, including name, country of incorporation or residence, proportion of ownership interest and, if different, proportion of voting power held.

8.   Property, Plants and Equipment

8.1. Information regarding any existing or planned material tangible fixed assets, including leased properties, and any major encumbrances thereon.

8.2. A description of any environmental issues that may affect the issuer's utilisation of the tangible fixed assets.

9. Angaben zur Geschäfts- und Finanzlage	9. Operating and Financial Review
9.1. Finanzlage	9.1. Financial Condition
Sofern nicht an anderer Stelle im Prospekt vermerkt, Beschreibung der Finanzlage des Emittenten, Veränderungen in der Finanzlage und Geschäftsergebnisse für jedes Jahr und jeden Zwischenzeitraum, für den historische Finanzinformationen verlangt werden, einschließlich der Ursachen wesentlicher Veränderungen, die von einem Jahr zum anderen in den Finanzinformationen auftreten, sofern dies für das Verständnis der Geschäftstätigkeit des Emittenten insgesamt erforderlich ist.	To the extent not covered elsewhere in the prospectus, provide a description of the issuer's financial condition, changes in financial condition and results of operations for each year and interim period, for which historical financial information is required, including the causes of material changes from year to year in the financial information to the extent necessary for an understanding of the issuer's business as a whole.
9.2. Betriebsergebnisse	9.2. Operating Results
9.2.1. Angaben über wichtige Faktoren, einschließlich ungewöhnlicher oder seltener Vorfälle oder neuer Entwicklungen, die die Geschäftserträge des Emittenten erheblich beeinträchtigen, und über das Ausmaß, zu dem dies die Erträge beeinträchtigt hat.	9.2.1. Information regarding significant factors, including unusual or infrequent events or new developments, materially affecting the issuer's income from operations, indicating the extent to which income was so affected.
9.2.2. Falls der Jahresabschluss wesentliche Veränderungen bei den Nettoumsätzen oder den Nettoerträgen ausweist, sind die Gründe für derlei Veränderungen in einer ausführlichen Erläuterung darzulegen.	9.2.2. Where the financial statements disclose material changes in net sales or revenues, provide a narrative discussion of the reasons for such changes.
9.2.3. Angaben über staatliche, wirtschaftliche, steuerliche, monetäre oder politische Strategien oder Faktoren, die die Geschäfte des Emittenten direkt oder indirekt wesentlich beeinträchtigt haben oder u. U. können.	9.2.3. Information regarding any governmental, economic, fiscal, monetary or political policies or factors that have materially affected, or could materially affect, directly or indirectly, the issuer's operations.
10. Eigenkapitalausstattung	10. Capital Resources
10.1. Angaben über die Eigenkapitalausstattung des Emittenten (sowohl kurz- als auch langfristig);	10.1. Information concerning the issuer's capital resources (both short and long term);
10.2. Erläuterung der Quellen und der Beträge des Kapitalflusses des Emittenten und eine ausführliche Darstellung dieser Posten;	10.2. An explanation of the sources and amounts of and a narrative description of the issuer's cash flows;

10.3. Angaben über den Fremdfinanzierungsbedarf und die Finanzierungsstruktur des Emittenten; und

10.3. Information on the borrowing requirements and funding structure of the issuer;

10.4. Angaben über jegliche Beschränkungen des Rückgriffs auf die Eigenkapitalausstattung, die die Geschäfte des Emittenten direkt oder indirekt wesentlich beeinträchtigt haben oder u. U. können;

10.4. Information regarding any restrictions on the use of capital resources that have materially affected, or could materially affect, directly or indirectly, the issuer's operations.

10.5. Angaben über erwartete Finanzierungsquellen, die zur Erfüllung der Verpflichtungen der Punkte 5.2.3. und 8.1. benötigt werden.

10.5. Information regarding the anticipated sources of funds needed to fulfil commitments referred to in items 5.2.3. and 8.1.

11. Forschung und Entwicklung, Patente und Lizenzen

11. Research and Development, Patents and Licences

Falls wichtig, Beschreibung der Forschungs- und Entwicklungsstrategien des Emittenten für jedes Geschäftsjahr innerhalb des Zeitraums, der von den historischen Finanzinformationen abgedeckt wird, einschließlich Angabe des Betrags für vom Emittenten gesponserte Forschungs- und Entwicklungstätigkeiten.

Where material, provide a description of the issuer's research and development policies for each financial year for the period covered by the historical financial information, including the amount spent on issuer-sponsored research and development activities.

12. Trendinformationen

12. Trend Information

12.1. Angabe der wichtigsten Trends in jüngster Zeit in Bezug auf Produktion, Umsatz und Vorräte sowie Kosten und Ausgabepreise seit dem Ende des letzten Geschäftsjahres bis zum Datum des Prospekts.

12.1. The most significant recent trends in production, sales and inventory, and costs and selling prices since the end of the last financial year to the date of the prospectus.

12.2. Informationen über bekannte Trends, Unsicherheiten, Nachfrage, Verpflichtungen oder Vorfälle, die voraussichtlich die Aussichten des Emittenten zumindest im laufenden Geschäftsjahr wesentlich beeinflussen dürften.

12.2. Information on any known trends, uncertainties, demands, commitments or events that are reasonably likely to have a material effect on the issuer's prospects for at least the current financial year.

13. Gewinnprognosen oder -schätzungen

13. Profit Forecasts or Estimates

Entscheidet sich ein Emittent dazu, eine Gewinnprognose oder Gewinnschätzung aufzunehmen, dann hat der Prospekt unter den Punkten 13.1. und 13.2. Folgendes zu enthalten:

If an issuer chooses to include a profit forecast or a profit estimate the prospectus must contain the information items 13.1 and 13.2:

13.1. Eine Erklärung, die die wichtigsten Annahmen erläutert, auf die der Emit-

13.1. A statement setting out the principal assumptions upon which the issuer

tent seine Prognose oder Schätzung gestützt hat.

Bei den Annahmen sollte klar zwischen jenen unterschieden werden, die Faktoren betreffen, die die Mitglieder der Verwaltungs-, Geschäftsführungs- oder Aufsichtsorgane beeinflussen können, und Annahmen in Bezug auf Faktoren, die klar außerhalb des Einflussbereiches der Mitglieder der Verwaltungs-, Geschäftsführungs- oder Aufsichtsorgane liegen. Die Annahmen müssen für die Anleger leicht verständlich, spezifisch sowie präzise sein und dürfen nicht der üblichen Exaktheit der Schätzungen entsprechen, die der Prognose zu Grunde liegen.

has based its forecast, or estimate.

There must be a clear distinction between assumptions about factors which the members of the administrative, management or supervisory bodies can influence and assumptions about factors which are exclusively outside the influence of the members of the administrative, management or supervisory bodies; the assumptions must be readily understandable by investors, be specific and precise and not relate to the general accuracy of the estimates underlying the forecast.

13.2. Einen Bericht, der von unabhängigen Buchprüfern oder Abschlussprüfern erstellt wurde und in dem festgestellt wird, dass die Prognose oder die Schätzung nach Meinung der unabhängigen Buchprüfer oder Abschlussprüfer auf der angegebenen Grundlage ordnungsgemäß erstellt wurde und dass die Rechnungslegungsgrundlage, die für die Gewinnprognose oder -schätzung verwendet wurde, mit den Rechnungslegungsstrategien des Emittenten konsistent ist.

13.2. A report prepared by independent accountants or auditors stating that in the opinion of the independent accountants or auditors the forecast or estimate has been properly compiled on the basis stated, and that the basis of accounting used for the profit forecast or estimate is consistent with the accounting policies of the issuer.

Beziehen sich die Finanzinformationen auf das letzte Geschäftsjahr und enthalten ausschließlich nicht irreführende Zahlen, die im Wesentlichen mit den im nächsten geprüften Jahresabschluss zu veröffentlichenden Zahlen für das letzte Geschäftsjahr konsistent sind, sowie die zu deren Bewertung nötigen erläuternden Informationen, ist kein Bericht erforderlich, sofern der Prospekt alle folgenden Erklärungen enthält:

Where financial information relates to the previous financial year and only contains non-misleading figures substantially consistent with the final figures to be published in the next annual audited financial statements for the previous financial year, and the explanatory information necessary to assess the figures, a report shall not be required provided that the prospectus includes all of the following statements:

a) die für diese Finanzinformationen verantwortliche Person, sofern sie nicht mit derjenigen identisch ist, die für den Prospekt insgesamt verantwortlich ist, genehmigt diese Informationen;

(a) the person responsible for this financial information, if different from the one which is responsible for the prospectus in general, approves that information;

b) unabhängige Buchprüfer oder Abschlussprüfer haben bestätigt, dass diese Informationen im Wesentlichen mit den im nächsten geprüften Jah-

(b) independent accountants or auditors have agreed that this information is substantially consistent with the final figures to be published in the next annual audited financial statements;

resabschluss zu veröffentlichenden Zahlen konsistent sind;

c) diese Finanzinformationen wurden nicht geprüft.

(c) this financial information has not been audited.

13.3. Die Gewinnprognose oder -schätzung sollte auf einer Grundlage erstellt werden, die mit den historischen Finanzinformationen vergleichbar ist.

13.3. The profit forecast or estimate prepared on a basis comparable with the historical financial information.

13.4. Hat der Emittent in einem Prospekt, der noch aussteht, eine Gewinnprognose veröffentlicht, dann sollte er eine Erklärung abgeben, in der er erläutert, ob diese Prognose noch so zutrifft wie zur Zeit der Erstellung des Prospekts, oder eine Erläuterung zu dem Umstand vorlegen, warum diese Prognose ggf. nicht mehr zutrifft.

13.4. If the issuer has published a profit forecast in a prospectus which is still outstanding, provide a statement setting out whether or not that forecast is still correct as at the time of the prospectus, and an explanation of why such forecast is no longer valid if that is the case.

14. Verwaltungs-, Geschäftsführungs- und Aufsichtsorgane sowie oberes Management

14. Administrative, Management, and Supervisory Bodies and Senior Management

14.1. Name und Geschäftsanschrift nachstehender Personen sowie ihre Stellung beim Emittenten unter Angabe der wichtigsten Tätigkeiten, die sie neben der Tätigkeit für den Emittenten ausüben, sofern diese für den Emittenten von Bedeutung sind:

14.1. Names, business addresses and functions in the issuer of the following persons and an indication of the principal activities performed by them outside that issuer where these are significant with respect to that issuer:

a) Mitglieder der Verwaltungs-, Geschäftsführungs- oder Aufsichtsorgane;

(a) members of the administrative, management or supervisory bodies;

b) persönlich haftende Gesellschafter bei einer Kommanditgesellschaft auf Aktien;

(b) partners with unlimited liability, in the case of a limited partnership with a share capital;

c) Gründer, wenn es sich um eine Gesellschaft handelt, die seit weniger als fünf Jahren besteht;

(c) founders, if the issuer has been established for fewer than five years;

d) sämtliche Mitglieder des oberen Managements, die geeignet sind um festzustellen, dass der Emittent über die angemessene Sachkenntnis und über die geeigneten Erfahrungen in Bezug auf die Führung der Geschäfte des Emittenten verfügt.

(d) any senior manager who is relevant to establishing that the issuer has the appropriate expertise and experience for the management of the issuer's business.

Art einer etwaigen verwandtschaftlichen Beziehung zwischen diesen Personen.

The nature of any family relationship between any of those persons.

Für jedes Mitglied der Verwaltungs-, Geschäftsführungs- oder Aufsichtsor-

In the case of each member of the administrative, management or supervisory

gane des Emittenten und der unter Unterabsatz 1 Buchstaben b und d des ersten Unterabsatzes beschriebenen Personen detaillierte Angabe der entsprechenden Managementkompetenz und -erfahrung sowie die folgenden Angaben:

a) Namen sämtlicher Unternehmen und Gesellschaften, bei denen die besagte Person während der letzten fünf Jahre Mitglied der Verwaltungs-, Geschäftsführungs- oder Aufsichtsorgane bzw. Partner war, unter Angabe der Tatsache, ob die Mitgliedschaft in diesen Organen oder als Partner weiter fortbesteht. Es ist nicht erforderlich, sämtliche Tochtergesellschaften des Emittenten aufzulisten, bei denen die besagte Person ebenfalls Mitglied der Verwaltungs-, Geschäftsführungs- oder Aufsichtsorgane ist;

b) etwaige Schuldsprüche in Bezug auf betrügerische Straftaten während zumindest der letzten fünf Jahre;

c) detaillierte Angaben über etwaige Insolvenzen, Insolvenzverwaltungen oder Liquidationen während zumindest der letzten fünf Jahre, die eine in Buchstabe (a) und (d) des ersten Unterabsatzes beschriebene Person betreffen, die im Rahmen einer der in Buchstabe (a) und (d) des ersten Unterabsatzes genannten Positionen handelte;

und

d) detaillierte Angaben zu etwaigen öffentlichen Anschuldigungen und/oder Sanktionen in Bezug auf die genannte Person von Seiten der gesetzlichen Behörden oder der Regulierungsbehörden (einschließlich bestimmter Berufsverbände) und eventuell Angabe des Umstands, ob diese Person jemals von einem Gericht für die Mitgliedschaft in einem Verwaltungs-, Geschäftsführungs- oder Aufsichtsorgan eines Emittenten oder für die Tätigkeit im Management oder die Führung der Geschäfte eines Emittenten während

bodies of the issuer and person described in points (b) and (d) of the first subparagraph, details of that person's relevant management expertise and experience and the following information:

(a) the names of all companies and partnerships of which such person has been a member of the administrative, management or supervisory bodies or partner at any time in the previous five years, indicating whether or not the individual is still a member of the administrative, management or supervisory bodies or partner. It is not necessary to list all the subsidiaries of an issuer of which the person is also a member of the administrative, management or supervisory bodies;

(b) any convictions in relation to fraudulent offences for at least the previous five years;

(c) details of any bankruptcies, receiverships or liquidations with which a person described in points (a) and (d) of the first subparagraph who was acting in the capacity of any of the positions set out in points (a) and (d) of the first subparagraph member of the administrative, management or supervisory bodies was associated for at least the previous five years;

(d) details of any official public incrimination and/or sanctions of such person by statutory or regulatory authorities (including designated professional bodies) and whether such person has ever been disqualified by a court from acting as a member of the administrative, management or supervisory bodies of an issuer or from acting in the management or conduct of the affairs of any issuer for at least the previous five years. If there is no such information to be disclosed, a statement to that effect must be made.

zumindest der letzten fünf Jahre als untauglich angesehen wurde.

Falls keinerlei entsprechende Angaben offen gelegt werden, ist eine entsprechende Erklärung abzugeben.

14.2. Verwaltungs-, Geschäftsführungs- und Aufsichtsorgane sowie oberes Management – Interessenkonflikte

Potenzielle Interessenkonflikte zwischen den Verpflichtungen gegenüber dem Emittenten von Seiten der in 14.1. genannten Personen und ihren privaten Interessen oder sonstigen Verpflichtungen müssen klar festgehalten werden. Falls keine derartigen Konflikte bestehen, ist eine dementsprechende Erklärung abzugeben.

Ferner ist jegliche Vereinbarung oder Abmachung mit den Hauptaktionären, Kunden, Lieferern oder sonstigen Personen zu nennen, aufgrund deren eine in Punkt 14.1. Unterabsatz 1 genannte Person zum Mitglied eines Verwaltungs-, Geschäftsführungs- oder Aufsichtsorgans bzw. zum Mitglied des oberen Managements bestellt wurde.

15. Bezüge und Vergünstigungen

Für das letzte abgeschlossene Geschäftsjahr sind für die in Punkt 14.1. Unterabsatz 1 unter Buchstaben a und d genannten Personen folgende Angaben zu machen:

15.1. Betrag der gezahlten Vergütung (einschließlich etwaiger erfolgsgebundener oder Pensionszusagen nachträglicher Vergütungen) und Sachleistungen, die diesen Personen von dem Emittenten und seinen Tochterunternehmen für Dienstleistungen jeglicher Art gezahlt oder gewährt werden, die dem Emittenten oder seinen Tochtergesellschaften von einer jeglichen Person erbracht wurden.

Diese Angaben müssen individuell dargestellt werden, es sei denn, eine individuelle Offenlegung ist im Herkunftsland des Emittenten nicht erforderlich und wird vom Emittenten nicht auf eine an-

14.2. Administrative, Management, and Supervisory bodies and Senior Management conflicts of interests

Potential conflicts of interests between any duties to the issuer of the persons referred to in the first subparagraph of item 14.1. and their private interests and or other duties must be clearly stated. In the event that there are no such conflicts, make a statement to that effect.

Any arrangement or understanding with major shareholders, customers, suppliers or others, pursuant to which any person referred to in the first subparagraph of item 14.1 was selected as a member of the administrative, management or supervisory bodies or member of senior management.

15. Remuneration and Benefits

In relation to the last full financial year for those persons referred to in points (a) and (d) of the first subparagraph of item 14.1:

15.1. The amount of remuneration paid (including any contingent or deferred compensation), and benefits in kind granted, to such persons by the issuer and its subsidiaries for services in all capacities to the issuer and its subsidiaries by any person.

This information must be provided on an individual basis unless individual disclosure is not required in the issuer's home country and is not otherwise publicly disclosed by the issuer.

dere Art und Weise öffentlich vorgenommen.

15.2. Angabe der Gesamtbeträge, die vom Emittenten oder seinen Tochtergesellschaften als Reserve oder Rückstellungen gebildet werden, um Pensions- und Rentenzahlungen vornehmen oder ähnliche Vergünstigungen auszahlen zu können.

15.2. The total amounts set aside or accrued by the issuer or its subsidiaries to provide pension, retirement or similar benefits.

16. Praktiken der Geschäftsführung

16. Board Practices

Für das letzte abgeschlossene Geschäftsjahr des Emittenten sind – soweit nicht anderweitig spezifiziert – für die in Punkt 14.1. Unterabsatz 1 unter Buchstabe a genannten Personen folgende Angaben zu machen:

In relation to the issuer's last completed financial year, and unless otherwise specified, with respect to those persons referred to in point (a) of the first subparagraph of item 14.1.:

16.1. Ende der laufenden Mandatsperiode und ggf. Angabe des Zeitraums, während dessen die jeweilige Person ihre Aufgabe ausgeübt hat.

16.1. Date of expiration of the current term of office, if applicable, and the period during which the person has served in that office.

16.2. Angaben über die Dienstleistungsverträge, die zwischen den Mitgliedern der Verwaltungs-, Geschäftsführungs- oder Aufsichtsorgane und dem Emittenten bzw. seinen Tochtergesellschaften geschlossen wurden und die bei Beendigung des Dienstleistungsverhältnisses Vergünstigungen vorsehen. Ansonsten ist eine negative Erklärung abzugeben.

16.2. Information about members of the administrative, management or supervisory bodies' service contracts with the issuer or any of its subsidiaries providing for benefits upon termination of employment, or an appropriate negative statement.

16.3. Angaben über den Auditausschuss und den Vergütungsausschuss, einschließlich der Namen der Ausschussmitglieder und einer Zusammenfassung des Aufgabenbereichs des Ausschusses.

16.3. Information about the issuer's audit committee and remuneration committee, including the names of committee members and a summary of the terms of reference under which the committee operates.

16.4. Erklärung, ob der Emittent der Corporate Governance-Regelung im Land der Gründung der Gesellschaft genügt. Sollte der Emittent einer solchen Regelung nicht folgen, ist eine dementsprechende Erklärung zusammen mit einer Erläuterung aufzunehmen, aus der hervorgeht, warum der Emittent dieser Regelung nicht Folge leistet.

16.4. A statement as to whether or not the issuer complies with its country's of incorporation corporate governance regime(s). In the event that the issuer does not comply with such a regime, a statement to that effect together with an explanation regarding why the issuer does not comply with such regime.

17. Beschäftigte

17. Employees

17.1. Entweder Angabe der Zahl der Beschäftigten zum Ende des Berichtzeit-

17.1. Either the number of employees at the end of the period or the average for

raums oder Angabe des Durchschnitts für jedes Geschäftsjahr innerhalb des Zeitraums, der von den historischen Finanzinformationen abgedeckt wird bis zum Datum der Erstellung des Prospekts (und Angabe der Veränderungen bei diesen Zahlen, sofern diese von wesentlicher Bedeutung sind). Wenn es möglich und wesentlich ist, Aufschlüsselung der beschäftigten Personen nach Haupttätigkeitskategorie und geografischer Belegenheit. Beschäftigt der Emittent eine große Zahl von Zeitarbeitskräften, ist die durchschnittliche Zahl dieser Zeitarbeitskräfte während des letzten Geschäftsjahrs anzugeben.

each financial year for the period covered by the historical financial information up to the date of the prospectus (and changes in such numbers, if material) and, if possible and material, a breakdown of persons employed by main category of activity and geographic location. If the issuer employs a significant number of temporary employees, include disclosure of the number of temporary employees on average during the most recent financial year.

17.2. Aktienbesitz und Aktienoptionen

In Bezug auf die unter Punkt 14.1. Unterabsatz 1 unter Buchstaben a und d genannten Personen sind so aktuelle Angaben wie möglich über ihren Aktienbesitz und etwaige Optionen auf Aktien des Emittenten beizubringen.

17.2. Shareholdings and stock options

With respect to each person referred to in points (a) and (b) of the first subparagraph of item 14.1., provide information as to their share ownership and any options over such shares in the issuer as of the most recent practicable date.

17.3. Beschreibung etwaiger Vereinbarungen, mittels deren Beschäftigte am Kapital des Emittenten beteiligt werden können.

17.3. Description of any arrangements for involving the employees in the capital of the issuer.

18. Hauptaktionäre

18.1. Soweit dem Emittenten bekannt ist, Angabe des Namens jeglicher Person, die nicht Mitglied der Verwaltungs-, Geschäftsführungs- oder Aufsichtsorgane ist und die direkt oder indirekt eine Beteiligung am Kapital des Emittenten oder den entsprechenden Stimmrechten hält, die gemäß den nationalen Bestimmungen zu melden ist, zusammen mit der Angabe des Betrags der Beteiligung dieser Person. Ansonsten ist eine negative Erklärung abzugeben.

18. Major Shareholders

18.1. In so far as is known to the issuer, the name of any person other than a member of the administrative, management or supervisory bodies who, directly or indirectly, has an interest notifiable under the issuer's national law in the issuer's capital or voting rights, together with the amount of each such person's interest or, if there are no such persons, an appropriate negative statement.

18.2. Information über den Umstand, ob die Hauptaktionäre des Emittenten unterschiedliche Stimmrechte haben. Ansonsten ist eine negative Erklärung abzugeben.

18.2. Whether the issuer's major shareholders have different voting rights, or an appropriate negative statement.

18.3. Sofern dem Emittenten bekannt, Angabe, ob an dem Emittenten unmittelbare oder mittelbare Beteiligungen oder

18.3. To the extent known to the issuer, state whether the issuer is directly or indirectly owned or controlled and by

Beherrschungsverhältnisse bestehen, und wer diese Beteiligungen hält bzw. diese Beherrschung ausübt. Beschreibung der Art und Weise einer derartigen Kontrolle und der vorhandenen Maßnahmen zur Verhinderung des Missbrauchs einer derartigen Kontrolle.

whom and describe the nature of such control and describe the measures in place to ensure that such control is not abused.

18.4. Sofern dem Emittenten bekannt, Beschreibung etwaiger Vereinbarungen, deren Ausübung zu einem späteren Zeitpunkt zu einer Veränderung bei der Kontrolle des Emittenten führen könnte.

18.4. A description of any arrangements, known to the issuer, the operation of which may at a subsequent date result in a change in control of the issuer.

19. Geschäfte mit verbundenen Parteien

19. Related Party Transactions

Anzugeben sind Einzelheiten über Geschäfte mit verbundenen Parteien (die in diesem Sinne diejenigen sind, die in den Standards dargelegt werden, die gemäß der Verordnung (EG) Nr. 1606/2002 angenommen wurden), die der Emittent während des Zeitraums abgeschlossen hat, der von den historischen Finanzinformationen abgedeckt wird bis zum Datum der Erstellung des Prospekts. Diese Einzelheiten sind gemäß dem entsprechenden Standard darzulegen, der infolge der Verordnung (EG) Nr. 1606/2002 angenommen wurde (falls anwendbar).

Details of related party transactions (which for these purposes are those set out in the Standards adopted according to Regulation (EC) No 1606/2002), that the issuer has entered into during the period covered by the historical financial information and up to the date of the prospectus must be disclosed in accordance with the respective standard adopted according to Regulation (EC) No 1606/2002 if applicable.

Finden diese Standards auf den Emittenten keine Anwendung, sollten die folgenden Angaben offen gelegt werden:

If such standards do not apply to the issuer the following information must be disclosed:

a) Art und Umfang der Geschäfte, die als einzelnes Geschäft oder insgesamt für den Emittenten von wesentlicher Bedeutung sind. Erfolgt der Abschluss derartiger Geschäfte mit verbundenen Parteien nicht auf marktkonforme Weise, ist zu erläutern, weshalb. Im Falle ausstehender Darlehen einschließlich Garantien jeglicher Art ist der ausstehende Betrag anzugeben;

(a) The nature and extent of any transactions which are – as a single transaction or in their entirety – material to the issuer. Where such related party transactions are not concluded at arm's length provide an explanation of why these transactions were not concluded at arms length. In the case of outstanding loans including guarantees of any kind indicate the amount outstanding.

b) Betrag oder Prozentsatz, zu dem die Geschäfte mit verbundenen Parteien Bestandteil des Umsatzes des Unternehmens sind.

(b) The amount or the percentage to which related party transactions form part of the turnover of the issuer.

20. Finanzinformationen über die Vermögens-, Finanz- und Ertragslage des Emittenten

20. Financial Information concerning the Issuer's Assets and Liabilities, Financial Position and Profits and Losses

20.1. Historische Finanzinformationen

20.1. Historical Financial Information

Beizubringen sind geprüfte historische Finanzinformationen, die die letzten drei Geschäftsjahre abdecken (bzw. einen entsprechenden kürzeren Zeitraum, während dessen der Emittent tätig war), sowie ein Bestätigungsvermerk für jedes Geschäftsjahr. Hat der Emittent in der Zeit, für die historische Finanzinformationen beizubringen sind, seinen Bilanzstichtag geändert, so decken die geprüften historischen Finanzinformationen mindestens 36 Monate oder – sollte der Emittent seiner Geschäftstätigkeit noch keine 36 Monate nachgegangen sein – den gesamten Zeitraum seiner Geschäftstätigkeit ab. Derartige Finanzinformationen sind gemäß der Verordnung (EG) Nr. 1606/2002 bzw. für den Fall, dass diese Verordnung nicht anwendbar ist, gemäß den nationalen Rechnungslegungsgrundsätzen eines Mitgliedstaats zu erstellen, wenn der Emittent aus der Gemeinschaft stammt. Bei Emittenten aus Drittstaaten sind diese Finanzinformationen nach den im Verfahren des Artikels 3 der Verordnung (EG) Nr. 1606/2002 übernommenen internationalen Rechnungslegungsstandards oder nach diesen Standards gleichwertigen nationalen Rechnungslegungsgrundsätzen zu erstellen. Ist keine Äquivalenz zu den Standards gegeben, so sind die Finanzinformationen in Form eines neu zu erstellenden Jahresabschlusses vorzulegen.

Audited historical financial information covering the latest 3 financial years (or such shorter period that the issuer has been in operation), and the audit report in respect of each year. If the issuer has changed its accounting reference date during the period for which historical financial information is required, the audited historical information shall cover at least 36 months, ot the entire period for which the issuer has been in operation, whichever is the shorter. Such financial information must be prepared according to Regulation (EC) No 1606/2002, or if not applicable to a Member States national accounting standards for issuers from the Community. For third country issuers, such financial information must be prepared according to the international accounting standards adopted pursuant to the procedure of Article 3 of Regulation (EC) No 1606/2002 or to a third country's national accounting standards equivalent to these standards. If such financial information is not equivalent to these standards, it must be presented in the form of restated financial statements.

Die geprüften historischen Finanzinformationen müssen für die letzten zwei Jahre in einer Form dargestellt und erstellt werden, die mit der konsistent ist, die im folgenden Jahresabschluss des Emittenten zur Anwendung gelangen wird, wobei die Rechnungslegungsgrundsätze– und -strategien sowie die Rechtsvorschriften zu berücksichtigen sind, die auf derlei Jahresabschlüsse Anwendung finden.

The last two years audited historical financial information must be presented and prepared in a form consistent with that which will be adopted in the issuer's next published annual financial statements having regard to accounting standards and policies and legislation applicable to such annual financial statements.

Ist der Emittent in seiner aktuellen Wirtschaftsbranche weniger als ein Jahr tätig, so sind die geprüften historischen Finanzinformationen für diesen Zeitraum gemäß den Standards zu erstellen, die auf Jahresabschlüsse im Sinne der Verordnung (EG) Nr. 1606/2002 anwendbar sind bzw. für den Fall, dass diese Verordnung nicht anwendbar ist, gemäß den nationalen Rechnungslegungsgrundsätzen eines Mitgliedstaats, wenn der Emittent aus der Gemeinschaft stammt. Bei Emittenten aus Drittstaaten sind diese historischen Finanzinformationen nach den im Verfahren des Artikels 3 der Verordnung (EG) Nr. 1606/2002 übernommenen internationalen Rechnungslegungsstandards oder nach diesen Standards gleichwertigen nationalen Rechnungslegungsgrundsätzen von Drittstaaten zu erstellen. Diese historischen Finanzinformationen müssen geprüft worden sein.

Wurden die geprüften Finanzinformationen gemäß nationaler Rechnungslegungsgrundsätze erstellt, dann müssen die unter dieser Rubrik geforderten Finanzinformationen zumindest Folgendes enthalten:

a) die Bilanz;

b) die Gewinn- und Verlustrechnung;

c) eine Übersicht, aus der entweder alle Veränderungen im Eigenkapital oder Veränderungen im Eigenkapital hervorgehen, bei denen es sich nicht um jene handelt, die sich aus Eigenkapitaltransaktionen mit Eigenkapitalgebern oder Ausschüttungen an diese ergeben;

d) die Kapitalflussrechnung;

e) die Rechnungslegungsstrategien und erläuternde Anmerkungen.

Die historischen jährlichen Finanzinformationen müssen unabhängig und in Übereinstimmung mit den in dem jeweiligen Mitgliedstaat anwendbaren Prüfungsstandards oder einem äquivalenten Standard geprüft worden sein oder es muss für den Prospekt vermerkt werden, ob sie in Übereinstimmung mit dem in

If the issuer has been operating in its current sphere of economic activity for less than one year, the audited historical financial information covering that period must be prepared in accordance with the standards applicable to annual financial statements under Regulation (EC) No 1606/2002, or if not applicable to a Member States national accounting standards where the issuer is an issuer from the Community. For third country issuers, the historical financial information must be prepared according to the international accounting standards adopted pursuant to the procedure of Article 3 of Regulation (EC) No 1606/2002 or to a third country's national accounting standards equivalent to these standards. This historical financial information must be audited.

If the audited financial information is prepared according to national accounting standards, the financial information required under this heading must include at least the following:

(a) the balance sheet;

(b) the income statement;

(c) a statement showing either all changes in equity or changes in equity other than those arising from capital transactions with owners and distributions to owners;

(d) the cash flow statement;

(e) the accounting policies and explanatory notes.

The historical annual financial information must be independently audited or reported on as to whether or not, for the purposes of the prospectus, it gives a true and fair view, in accordance with auditing standards applicable in a Member State or an equivalent standard.

dem jeweiligen Mitgliedstaat anwendbaren Prüfungsstandard oder einem äquivalenten Standard ein den tatsächlichen Verhältnissen entsprechendes Bild vermitteln.

20.1a Dieser Absatz darf lediglich auf Emissionen von Zertifikaten, die Aktien vertreten, mit einer Mindeststückelung von 100 000 EUR angewandt werden.

Aufzunehmen sind hier die geprüften historischen Finanzinformationen, die die letzten drei Geschäftsjahre abdecken (bzw. einen entsprechenden kürzeren Zeitraum, während dessen der Emittent tätig war), sowie ein Bestätigungsvermerk für jedes Geschäftsjahr. Hat der Emittent in der Zeit, für die historische Finanzinformationen beizubringen sind, seinen Bilanzstichtag geändert, so decken die geprüften historischen Finanzinformationen mindestens 36 Monate oder – sollte der Emittent seiner Geschäftstätigkeit noch keine 36 Monate nachgegangen sein – den gesamten Zeitraum seiner Geschäftstätigkeit ab. Derartige Finanzinformationen sind gemäß der Verordnung (EG) Nr. 1606/2002 bzw. für den Fall, dass diese Verordnung nicht anwendbar ist, gemäß den nationalen Rechnungslegungsgrundsätzen eines Mitgliedstaats zu erstellen, wenn der Emittent aus der Gemeinschaft stammt. Bei Emittenten aus Drittstaaten sind diese Finanzinformationen nach den im Verfahren des Artikels 3 der Verordnung (EG) Nr. 1606/2002 übernommenen internationalen Rechnungslegungsstandards oder nach diesen Standards gleichwertigen nationalen Rechnungslegungsgrundsätzen von Drittstaaten zu erstellen. Ansonsten müssen folgende Angaben in den Prospekt aufgenommen werden:

a) Eine hervorgehobene Erklärung dahingehend, dass die in das Registrierungsformular aufgenommenen Finanzinformationen nicht nach den im Verfahren des Artikels 3 der Verordnung (EG) Nr. 1606/2002 übernommenen internationalen Rechnungslegungsstandards erstellt wurden und dass die Finanzinformationen erheb-

20.1a This paragraph may be used only for issues of depository receipts having a denomination per unit of at least EUR 100 000.

Audited historical financial information covering the latest 3 financial years (or such shorter period that the issuer has been in operation), and the audit report in respect of each year. If the issuer has changed its accounting reference date during the period for which historical information is required, the audited historical information shall cover at least 36 months, or the entire period for which the issuer has been in operation, whichever is the shorter. Such financial information must be prepared according to Regulation (EC) No 1606/2002 , or if not applicable to a Member's State national accounting standards for issuers from the Community. For third country issuers, such financial information must be prepared according to the international accounting standards adopted pursuant to the procedure of Article 3 of Regulation (EC) No 1606/2002 or to a third country's national accounting standards equivalent to these standards. Otherwise, the following information must be included in the prospectus:

(a) a prominent statement that the financial information included in the registration document has not been prepared in accordance with the international accounting standards adopted pursuant to the procedure of Article 3 of Regulation (EC) No 1606/2002 and that there may be material differences in the financial informa-

liche Unterschiede aufweisen könnten, wenn die Verordnung (EG) Nr. 1606/2002 doch auf die historischen Finanzinformationen angewandt worden wäre;

b) Unmittelbar nach den historischen Finanzinformationen sind die Unterschiede zwischen den im Verfahren des Artikels 3 der Verordnung (EG) Nr. 1606/2002 übernommenen internationalen Rechnungslegungsstandards und den Rechnungslegungsgrundsätzen in einer Beschreibung darzulegen, die der Emittent bei der Erstellung seines Jahresabschlusses zugrunde gelegt hat.

Die geprüften historischen Finanzinformationen müssen für die letzten zwei Jahre in einer Form dargestellt und erstellt werden, die mit der konsistent ist, in der der folgende Jahresabschluss des Emittenten erscheint, wobei die Rechnungslegungsgrundsätze und -strategien sowie die Rechtsvorschriften zu berücksichtigen sind, die auf derlei Jahresabschlüsse Anwendung finden.

Wurden die geprüften Finanzinformationen gemäß nationaler Rechnungslegungsgrundsätze erstellt, dann müssen die unter dieser Rubrik geforderten Finanzinformationen zumindest Folgendes enthalten:

a) Bilanz;

b) die Gewinn- und Verlustrechnung;

c) eine Übersicht, aus der entweder alle Veränderungen im Eigenkapital oder Veränderungen im Eigenkapital hervorgehen, bei denen es sich nicht um jene handelt, die sich aus Eigenkapitaltransaktionen mit Eigenkapitalgebern oder Ausschüttungen an diese ergeben;

d) die Kapitalflussrechnung;

e) die Rechnungslegungsstrategien und erläuternde Anmerkungen.

Die historischen jährlichen Finanzinformationen müssen unabhängig und in Übereinstimmung mit den in dem jeweiligen Mitgliedstaat anwendbaren Prü-

tion had Regulation (EC) No 1606/2002 been applied to the historical financial information;

(b) immediately following the historical financial information a narrative description of the differences between the international accounting standards adopted pursuant to the procedure of Article 3 of Regulation (EC) No 1606/2002 and the accounting principles adopted by the issuer in preparing its annual financial statements

The last two years audited historical financial information must be presented and prepared in a form consistent with that which will be adopted in the issuer's next published annual financial statements having regard to accounting standards and policies and legislation applicable to such annual financial statements.

If the audited financial information is prepared according to national accounting standards, the financial information required under this heading must include at least the following:

(a) the balance sheet;

(b) the income statement;

(c) a statement showing either all changes in equity or changes in equity other than those arising from capital transactions with owners and distributions to owners;

(d) the cash flow statement;

(e) the accounting policies and explanatory notes.

The historical annual financial information must be independently audited or reported on as to whether or not, for the purposes of the prospectus, it gives a true

fungsstandards oder einem äquivalenten Standard geprüft worden sein oder es muss für den Prospekt vermerkt werden, ob sie in Übereinstimmung mit dem in dem jeweiligen Mitgliedstaat anwendbaren Prüfungsstandard oder einem äquivalenten Standard ein den tatsächlichen Verhältnissen entsprechendes Bild vermitteln. Ansonsten müssen folgende Informationen in den Prospekt aufgenommen werden:

a) eine eindeutige Erklärung dahingehend, welche Prüfungsstandards zugrunde gelegt wurden;

b) eine Erläuterung für die Fälle, in denen von den Internationalen Prüfungsgrundsätzen in erheblichem Maße abgewichen wurde.

and fair view, in accordance with auditing standards applicable in a Member State or an equivalent standard. Otherwise, the following information must be included in the prospectus:

(a) a prominent statement disclosing which auditing standards have been applied;

(b) an explanation of any significant departures from international standards on auditing

20.2. Jahresabschluss

Erstellt der Emittent sowohl einen Jahresabschluss als auch einen konsolidierten Abschluss, so ist zumindest der konsolidierte Abschluss in den Prospekt aufzunehmen.

20.2. Financial statements

If the issuer prepares both own and consolidated annual financial statements, include at least the consolidated annual financial statements in the prospectus.

20.3. Prüfung der historischen jährlichen Finanzinformationen

20.3.1. Es ist eine Erklärung dahingehend abzugeben, dass die historischen Finanzinformationen geprüft wurden. Sofern vom Abschlussprüfer kein oder nur ein eingeschränkter Bestätigungsvermerk für die historischen Finanzinformationen erteilt wurde, sind diese Ablehnung oder eingeschränkte Erteilung in vollem Umfang wiederzugeben und die Gründe dafür anzugeben.

20.3. Auditing of historical annual financial information

20.3.1. A statement that the historical financial information has been audited. If audit reports of the historical financial information have been refused by the statutory auditors or if they contain qualifications or disclaimers, such refusal or such qualifications or disclaimers must be reproduced in full and the reasons given.

20.3.2. Angabe sonstiger Informationen im Prospekt, der von den Prüfern geprüft wurde.

20.3.2. Indication of other information in the prospectus which has been audited by the auditors.

20.3.3. Wurden die Finanzdaten im Prospekt nicht dem geprüften Jahresabschluss des Emittenten entnommen, so sind die Quelle dieser Daten und die Tatsache anzugeben, dass die Daten ungeprüft sind.

20.3.3. Where financial data in the prospectus is not extracted from the issuer's audited financial statements state the source of the data and state that the data is unaudited.

20.4. „Alter" der jüngsten Finanzinformationen

20.4.1. Das letzte Jahr der geprüften Finanzinformationen darf nicht älter sein als:

a) **18 Monate ab dem Datum des Prospekts, sofern der Emittent geprüfte Zwischenabschlüsse in seinen Prospekt aufnimmt;**

b) **15 Monate ab dem Datum des Prospekts, sofern der Emittent ungeprüfte Zwischenabschlüsse in seinen Prospekt aufnimmt.**

20.5. Interims- und sonstige Finanzinformationen

20.5.1. Hat der Emittent seit dem Datum des letzten geprüften Jahresabschlusses vierteljährliche oder halbjährliche Finanzinformationen veröffentlicht, so sind diese in den Prospekt aufzunehmen. Wurden diese vierteljährlichen oder halbjährlichen Finanzinformationen einer Prüfung oder prüferischen Durchsicht unterworfen, so sind die entsprechenden Berichte ebenfalls aufzunehmen. Wurden die vierteljährlichen oder halbjährlichen Finanzinformationen keiner Prüfung oder prüferischen Durchsicht unterzogen, so ist diese Tatsache anzugeben.

20.5.2. Wurde der Prospekt mehr als neun Monate nach Ablauf des letzten geprüften Finanzjahres erstellt, muss er Zwischenfinanzinformationen enthalten, die u. U. keiner Prüfung unterzogen wurden (auf diese Tatsache sollte eindeutig hingewiesen werden) und die sich zumindest auf die ersten sechs Monate des Geschäftsjahres beziehen sollten.

Diese Zwischenfinanzinformationen sollten einen vergleichenden Überblick über denselben Zeitraum wie im letzten Geschäftsjahr enthalten. Der Anforderung vergleichbarer Bilanzinformationen kann jedoch auch ausnahmsweise durch die Vorlage der Jahresendbilanz nachgekommen werden.

20.4. Age of latest financial information

20.4.1. The last year of audited financial information may not be older than:

(a) 18 months from the date of the prospectus if the issuer includes audited interim financial statements in the prospectus;

(b) 15 months from the date of the prospectus if the issuer includes unaudited interim financial statements in the prospectus.

20.5. Interim and other financial information

20.5.1. If the issuer has published quarterly or half yearly financial information since the date of its last audited financial statements, these must be included in the prospectus. If the quarterly or half yearly financial information has been reviewed or audited the audit or review report must also be included. If the quarterly or half yearly financial information is unaudited or has not been reviewed, state that fact.

20.5.2. If the prospectus is dated more than nine months after the end of the last audited financial year, it must contain interim financial information, which may be unaudited (in which case that fact shall be stated) covering at least the first six months of the financial year.

The interim financial information must include comparative statements for the same period in the prior financial year, except that the requirement for comparative balance sheet information may be satisfied by presenting the years end balance sheet.

20.6. Dividendenpolitik

Aufnahme einer Beschreibung der Politik des Emittenten auf dem Gebiet der Dividendenausschüttungen und etwaiger diesbezüglicher Beschränkungen.

20.6.1. Angabe des Betrags der Dividende pro Aktie für jedes Geschäftsjahr innerhalb des Zeitraums, der von den historischen Finanzinformationen abgedeckt wird. Wurde die Zahl der Aktien des Emittenten geändert, ist eine Anpassung zu Vergleichszwecken vorzunehmen.

20.7. Gerichtsverfahren und Schiedsgerichtsverfahren

Angaben über etwaige staatliche Interventionen, Gerichts- oder Schiedsgerichtsverfahren (einschließlich derjenigen Verfahren, die nach Kenntnis des Emittenten noch anhängig sind oder eingeleitet werden könnten), die im Zeitraum der mindestens letzten 12 Monate bestanden/abgeschlossen wurden, und die sich erheblich auf die Finanzlage oder die Rentabilität des Emittenten und/oder der Gruppe auswirken bzw. in jüngster Zeit ausgewirkt haben. Ansonsten ist eine negative Erklärung abzugeben.

20.8. Wesentliche Veränderungen in der Finanzlage oder der Handelsposition des Emittenten

Beschreibung jeder wesentlichen Veränderung in der Finanzlage oder der Handelsposition der Gruppe, die seit dem Ende des letzten Geschäftsjahres eingetreten ist, für das entweder geprüfte Finanzinformationen oder Zwischenfinanzinformationen veröffentlicht wurden. Ansonsten ist eine negative Erklärung abzugeben.

21.   Zusätzliche Angaben

21.1. Aktienkapital

Aufzunehmen sind die folgenden Angaben zum Stichtag der jüngsten Bilanz,

20.6. Dividend policy

A description of the issuer's policy on dividend distributions and any restrictions thereon.

20.6.1. The amount of the dividend per share for each financial year for the period covered by the historical financial information adjusted, where the number of shares in the issuer has changed, to make it comparable.

20.7. Legal and arbitration proceedings

Information on any governmental, legal or arbitration proceedings (including any such proceedings which are pending or threatened of which the issuer is aware), during a period covering at least the previous 12 months which may have, or have had in the recent past significant effects on the issuer and/or group's financial position or profitability, or provide an appropriate negative statement.

20.8. Significant change in the issuer's financial or trading position

A description of any significant change in the financial or trading position of the group which has occurred since the end of the last financial period for which either audited financial information or interim financial information have been published, or provide an appropriate negative statement.

21.   Additional Information

21.1. Share capital

The following information as of the date of the most recent balance sheet in-

die Bestandteil der historischen Finanz-informationen sind:

21.1.1. Betrag des ausgegebenen Kapitals und für jede Kategorie des Aktienkapitals:

a) Zahl der genehmigten Aktien;

b) Zahl der ausgegebenen und voll eingezahlten Aktien sowie der ausgegebenen, aber nicht voll eingezahlten Aktien;

c) Nennwert pro Aktie bzw. Meldung, dass die Aktien keinen Nennwert haben;

d) Abstimmung der Zahl der Aktien, die zu Beginn und zu Ende des Geschäftsjahres noch ausstehen. Wurde mehr als 10 % des Kapitals während des Zeitraums, der von den historischen Finanzinformationen abgedeckt wird, mit anderen Aktiva als Barmitteln eingezahlt, so ist dieser Umstand anzugeben.

21.1.2. Sollten Aktien vorhanden sein, die nicht Bestandteil des Eigenkapitals sind, so sind die Anzahl und die wesentlichen Merkmale dieser Aktien anzugeben.

21.1.3. Angabe der Anzahl, des Buchwertes sowie des Nennbetrages der Aktien, die Bestandteil des Eigenkapitals des Emittenten sind und die vom Emittenten selbst oder in seinem Namen oder von Tochtergesellschaften des Emittenten gehalten werden.

21.1.4. Angabe etwaiger wandelbarer Wertpapiere, umtauschbarer Wertpapiere oder Wertpapiere mit Optionsscheinen, wobei die geltenden Bedingungen und Verfahren für die Wandlung, den Umtausch oder die Zeichnung darzulegen sind.

21.1.5. Angaben über eventuelle Akquisitionsrechte und deren Bedingungen und/oder über Verpflichtungen in Bezug auf genehmigtes, aber noch nicht ausgegebenes Kapital oder in Bezug auf eine Kapitalerhöhung.

21.1.6. Angaben über den Anteil eines Mitglieds der Gruppe, worauf ein Opti-

cluded in the historical financial information:

21.1.1. The amount of issued capital, and for each class of share capital:

(a) the number of shares authorised;

(b) the number of shares issued and fully paid and issued but not fully paid;

(c) the par value per share, or that the shares have no par value;

(d) a reconciliation of the number of shares outstanding at the beginning and end of the year. If more than 10 % of capital has been paid for with assets other than cash within the period covered by the historical financial information, state that fact.

21.1.2. If there are shares not representing capital, state the number and main characteristics of such shares.

21.1.3. The number, book value and face value of shares in the issuer held by or on behalf of the issuer itself or by subsidiaries of the issuer.

21.1.4. The amount of any convertible securities, exchangeable securities or securities with warrants, with an indication of the conditions governing and the procedures for conversion, exchange or subscription.

21.1.5. Information about and terms of any acquisition rights and or obligations over authorised but unissued capital or an undertaking to increase the capital.

21.1.6. Information about any capital of any member of the group which is under

onsrecht besteht oder bei dem man sich bedingt oder bedingungslos darauf geeinigt hat, diesen Anteil an ein Optionsrecht zu knüpfen, sowie Einzelheiten über derlei Optionen, die auch jene Personen betreffen, die diese Optionsrechte erhalten haben.

option or agreed conditionally or unconditionally to be put under option and details of such options including those persons to whom such options relate.

21.1.7. Die Entwicklung des Eigenkapitals mit besonderer Hervorhebung der Angaben über etwaige Veränderungen, die während des von den historischen Finanzinformationen abgedeckten Zeitraums erfolgt sind.

21.1.7. A history of share capital, highlighting information about any changes, for the period covered by the historical financial information.

21.2. Satzung und Statuten der Gesellschaft

21.2. Memorandum and Articles of Association

21.2.1. Beschreibung der Zielsetzungen des Emittenten und an welcher Stelle sie in der Satzung und den Statuten der Gesellschaft verankert sind.

21.2.1. A description of the issuer's objects and purposes and where they can be found in the memorandum and articles of association.

21.2.2. Zusammenfassung etwaiger Bestimmungen der Satzung und der Statuten des Emittenten sowie der Gründungsurkunde oder sonstiger Satzungen, die die Mitglieder der Verwaltungs-, Geschäftsführungs- und Aufsichtsorgane betreffen.

21.2.2 A summary of any provisions of the issuer's articles of association, statutes or charter and bylaws with respect to the members of the administrative, management and supervisory bodies.

21.2.3. Beschreibung der Rechte, Vorrechte und Beschränkungen, die an jede Kategorie der vorhandenen Aktien gebunden sind.

21.2.3. A description of the rights, preferences and restrictions attaching to each class of the existing shares.

21.2.4. Erläuterung, welche Maßnahmen erforderlich sind, um die Rechte der Inhaber von Aktien zu ändern, wobei die Fälle anzugeben sind, in denen die Bedingungen strenger ausfallen als die gesetzlichen Vorschriften.

21.2.4. A description of what action is necessary to change the rights of holders of the shares, indicating where the conditions are more significant than is required by law.

21.2.5. Beschreibung der Art und Weise, wie die Jahreshauptversammlungen und die außerordentlichen Hauptversammlungen der Aktionäre einberufen werden, einschließlich der Aufnahmebedingungen.

21.2.5. A description of the conditions governing the manner in which annual general meetings and extraordinary general meetings of shareholders are called including the conditions of admission.

21.2.6. Kurze Beschreibung etwaiger Bestimmungen der Satzung und der Statuten des Emittenten sowie der Gründungsurkunde oder sonstiger Satzungen, die u. U. eine Verzögerung, einen Aufschub oder sogar die Verhin-

21.2.6. A brief description of any provision of the issuer's articles of association, statutes, charter or bylaws that would have an effect of delaying, deferring or preventing a change in control of the issuer.

derung eines Wechsels in der Kontrolle des Emittenten bewirken.

21.2.7. Angabe (falls vorhanden) etwaiger Bestimmungen der Satzung und der Statuten des Emittenten sowie der Gründungsurkunde oder sonstiger Satzungen, die für den Schwellenwert gelten, ab dem der Aktienbesitz offen gelegt werden muss.

21.2.8. Darlegung der Bedingungen, die von der Satzung und den Statuten des Emittenten sowie der Gründungsurkunde oder sonstigen Satzungen vorgeschrieben werden und die die Veränderungen im Eigenkapital betreffen, sofern diese Bedingungen strenger sind als die gesetzlichen Vorschriften.

22. Wesentliche Verträge

Zusammenfassung jedes in den letzten beiden Jahren vor der Veröffentlichung des Prospekts abgeschlossenen wesentlichen Vertrages (bei denen es sich nicht um jene handelt, die im Rahmen der normalen Geschäftstätigkeit abgeschlossen wurden), bei dem der Emittent oder ein sonstiges Mitglied der Gruppe eine Vertragspartei ist.

Zusammenfassung aller sonstigen zum Datum des Prospekts bestehenden Verträge (bei denen es sich nicht um jene handelt, die im Rahmen der normalen Geschäftstätigkeit abgeschlossen wurden), die von jedwedem Mitglied der Gruppe abgeschlossen wurden und eine Bestimmung enthalten, der zufolge ein Mitglied der Gruppe eine Verpflichtung oder ein Recht erlangt, die bzw. das für die Gruppe von wesentlicher Bedeutung ist.

23. Angaben von Seiten Dritter, Erklärungen von Seiten Sachverständiger und Interessenerklärungen

23.1. Wird in den Prospekt eine Erklärung oder ein Bericht einer Person aufgenommen, die als Sachverständiger handelt, so sind der Name, die Geschäftsadresse, die Qualifikationen und – falls vorhanden – das wesentliche Inte-

21.2.7. An indication of the articles of association, statutes, charter or bylaws provisions, if any, governing the ownership threshold above which shareholder ownership must be disclosed.

21.2.8. A description of the conditions imposed by the memorandum and articles of association statutes, charter or bylaws governing changes in the capital, where such conditions are more stringent than is required by law.

22. Material Contracts

A summary of each material contract, other than contracts entered into in the ordinary course of business, to which the issuer or any member of the group is a party, for the two years immediately preceding publication of the prospectus.

A summary of any other contract (not being a contract entered into in the ordinary course of business) entered into by any member of the group which contains any provision under which any member of the group has any obligation or entitlement which is material to the group as at the date of the prospectus.

23. Third Party Information, Statement by Experts and Declarations of any Interest

23.1. Where a statement or report attributed to a person as an expert is included in the prospectus provide such person's name, business address, qualifications and material interest if any in the issuer. If the report has been produced at

resse am Emittenten anzugeben. Wurde der Bericht auf Ersuchen des Emittenten erstellt, so ist eine diesbezügliche Erklärung dahingehend abzugeben, dass die aufgenommene Erklärung oder der aufgenommene Bericht in der Form und in dem Zusammenhang, in dem sie bzw. er aufgenommen wurde, die Zustimmung von Seiten dieser Person erhalten hat, die den Inhalt dieses Teils des Prospekts gebilligt hat.

23.2. Sofern Angaben von Seiten Dritter übernommen wurden, ist zu bestätigen, dass diese Angaben korrekt wiedergegeben wurden und dass – soweit es dem Emittenten bekannt ist und er aus den von diesem Dritten veröffentlichten Informationen ableiten konnte – keine Tatsachen unterschlagen wurden, die die wiedergegebenen Informationen unkorrekt oder irreführend gestalten würden. Darüber hinaus hat der Emittent die Quelle(n) der Informationen anzugeben.

24. Einsehbare Dokumente

Abzugeben ist eine Erklärung dahingehend, dass während der Gültigkeitsdauer des Prospekts ggf. die folgenden Dokumente oder deren Kopien eingesehen werden können:

a) die Satzung und die Statuten des Emittenten;

b) sämtliche Berichte, Schreiben und sonstigen Dokumente, historischen Finanzinformationen, Bewertungen und Erklärungen, die von einem Sachverständigen auf Ersuchen des Emittenten abgegeben wurden, sofern Teile davon in den Prospekt eingeflossen sind oder in ihm darauf verwiesen wird;

c) die historischen Finanzinformationen des Emittenten oder im Falle einer Gruppe die historischen Finanzinformationen für den Emittenten und seine Tochtergesellschaften für jedes der Veröffentlichung des Prospekts vorausgegangenen beiden letzten Geschäftsjahre.

the issuer's request a statement to that effect that such statement or report is included, in the form and context in which it is included, with the consent of that person who has authorised the contents of that part of the prospectus.

23.2. Where information has been sourced from a third party, provide a confirmation that this information has been accurately reproduced and that as far as the issuer is aware and is able to ascertain from information published by that third party, no facts have been omitted which would render the reproduced information inaccurate or misleading. In addition, the issuer shall identify the source(s) of the information.

24. Documents on Display

A statement that for the life of the prospectus the following documents (or copies thereof), where applicable, may be inspected:

(a) the memorandum and articles of association of the issuer;

(b) all reports, letters, and other documents, historical financial information, valuations and statements prepared by any expert at the issuer's request any part of which is included or referred to in the prospectus;

(c) the historical financial information of the issuer or, in the case of a group, the historical financial information for the issuer and its subsidiary undertakings for each of the two financial years preceding the publication of the prospectus.

Anzugeben ist auch, wo in diese Dokumente entweder in Papierform oder auf elektronischem Wege Einsicht genommen werden kann.

An indication of where the documents on display may be inspected, by physical or electronic means.

25. Angaben über Beteiligungen

25.1. Beizubringen sind Angaben über Unternehmen, an denen der Emittent einen Teil des Eigenkapitals hält, dem bei der Bewertung ihrer eigenen Vermögens-, Finanz- und Ertragslage voraussichtlich eine erhebliche Bedeutung zukommt.

25. Information on Holdings

25.1. Information relating to the undertakings in which the issuer holds a proportion of the capital likely to have a significant effect on the assessment of its own assets and liabilities, financial position or profits and losses.

26. Angaben über den Emittenten der Zertifikate, die Aktien vertreten

26.1. Name, eingetragener Sitz und Hauptverwaltung, falls nicht mit dem eingetragenen Sitz identisch.

26. Information about the Issuer of the Depository Receipts

26.1. Name, registered office and principal administrative establishment if different from the registered office.

26.2. Datum der Gründung und Existenzdauer des Emittenten, soweit diese nicht unbefristet ist.

26.2. Date of incorporation and length of life of the issuer, except where indefinite.

26.3. Rechtsordnung, unter der der Emittent tätig ist, und Rechtsform, die er unter dieser Rechtsordnung angenommen hat.

26.3. Legislation under which the issuer operates and legal form which it has adopted under that legislation.

27. Angaben über die zu Grunde liegenden Aktien

27.1. Beschreibung des Typs und der Kategorie der anzubietenden und/oder zum Handel zuzulassenden zu Grunde liegenden Aktien einschließlich der ISIN (International Security Identification Number) oder eines ähnlichen anderen Sicherheitscodes.

27. Information about the Underlying Shares

27.1. A description of the type and the class of the underlying shares, including the ISIN (International Security Identification Number) or other such security identification code.

27.2. Rechtsvorschriften, auf deren Grundlage die zu Grunde liegenden Aktien geschaffen wurden.

27.2. Legislation under which the underlying shares have been created

27.3. Angabe, ob es sich bei den zu Grunde liegenden Aktien um Namenspapiere oder um Inhaberpapiere handelt und ob die zu Grunde liegenden Aktien verbrieft oder stückelos sind. In letzterem Fall sind der Name und die Anschrift des die Buchungsunterlagen führenden Instituts zu nennen.

27.3. An indication whether the underlying shares are in registered form or bearer form and whether the underlying shares are in certificated form or book-entry form. In the latter case, name and address of the entity in charge of keeping the records.

27.4. Währung der zu Grunde liegenden Aktien.

27.4. Currency of the underlying shares.

27.5. **Beschreibung der Rechte – einschließlich ihrer etwaigen Beschränkungen –, die an die zu Grunde liegenden Aktien gebunden sind, und des Verfahrens zur Ausübung dieser Rechte.**

27.6. **Dividendenrechte:**

a) **fester/e Termin/e, zu dem/denen die Dividendenberechtigung entsteht;**

b) **Verjährungsfrist für den Verfall der Dividendenberechtigung und Angabe des entsprechenden Begünstigten;**

c) **Dividendenbeschränkungen und Verfahren für gebietsfremde Wertpapierinhaber;**

d) **Dividendensatz bzw. Methode zu seiner Berechnung, Angabe der Frequenz und der kumulativen bzw. nichtkumulativen Wesensart der Zahlungen.**

27.7. **Stimmrechte;**

Bezugsrechte bei Angeboten zur Zeichnung von Wertpapieren derselben Kategorie;

Recht auf Beteiligung am Gewinn des Emittenten;

Recht auf Beteiligung am Saldo im Falle einer Liquidation;

– **Tilgungsklauseln;**

– **Wandelbedingungen.**

27.8. **Emissionstermin für die zu Grunde liegenden Aktien, wenn für die Emission der Zertifikate neue zu Grunde liegenden Aktien zu schaffen sind und sie zum Zeitpunkt der Emission der Zertifikate nicht existierten.**

27.9. **Sind für die Emission der Zertifikate neue zu Grunde liegende Aktien zu schaffen, so sind die Beschlüsse, Bevollmächtigungen und Billigungen anzugeben, auf deren Grundlage die neuen zu Grunde liegenden Aktien geschaffen wurden oder noch werden und/oder ausgegeben wurden oder noch werden.**

27.5. A description of the rights, including any limitations of these, attached to the underlying shares and procedure for the exercise of said rights.

27.6. Dividend rights:

(a) fixed date(s) on which the entitlement arises,

(b) time limit after which entitlement to dividend lapses and an indication of the person in whose favour the lapse operates,

(c) dividend restrictions and procedures for non resident holders,

(d) rate of dividend or method of its calculation, periodicity and cumulative or non-cumulative nature of payments.

27.7. Voting rights

Pre-emption rights in offers for subscription of securities of the same class;

Right to share in the issuer's profits;

Rights to share in any surplus in the event of liquidation;

– Redemption provisions;

– Conversion provisions.

27.8. The issue date of the underlying shares if new underlying shares are being created for the issue of the depository receipts and they are not in existence at the time of issue of the depository receipts.

27.9. If new underlying shares are being created for the issue of the depository receipts, state the resolutions, authorisations and approvals by virtue of which the new underlying shares have been or will be created and/or issued.

27.10. Darstellung etwaiger Beschränkungen für die freie Übertragbarkeit der Wertpapiere.

27.11. Hinsichtlich des Landes, in dem der Emittent seinen eingetragenen Sitz hat, und des Landes bzw. der Länder, in dem bzw. denen das Angebot unterbreitet oder die Zulassung zum Handel beantragt wird, sind folgende Angaben zu machen:

a) Angaben über die an der Quelle einbehaltene Einkommensteuer auf die zu Grunde liegenden Aktien;

b) Angabe der Tatsache, ob der Emittent die Verantwortung für die Einbehaltung der Steuern an der Quelle übernimmt.

27.12. Angabe etwaig bestehender obligatorischer Übernahmeangebote und/ oder Ausschluss- und Andienungsregeln in Bezug auf die zu Grunde liegenden Aktien.

27.13. Angabe öffentlicher Übernahmeangebote von Seiten Dritter in Bezug auf das Eigenkapital des Emittenten, die während des letzten oder im Verlauf des derzeitigen Geschäftsjahres erfolgten. Zu nennen sind dabei der Kurs oder die Wandelbedingungen für derlei Angebote sowie das Resultat.

27.14. Lock-up-Vereinbarungen:

– Anzugeben sind die beteiligten Parteien;

– Inhalt und Ausnahmen der Vereinbarung;

– der Zeitraum des „lock up".

27.15. Ggf. Angaben über Aktionäre, die ihre Aktien eventuell veräußern

27.15.1. Name und Geschäftsanschrift der Person oder des Instituts, die/das zu Grunde liegende Aktien zum Verkauf anbietet; Wesensart etwaiger Positionen oder sonstiger wesentlicher Verbindungen, die die Personen mit Verkaufspositionen in den letzten drei Jahren bei dem Emittenten der zu Grunde liegenden Aktien oder etwaigen Vorgängern oder verbundenen Personen innehatte oder mit diesen unterhielt.

27.10. A description of any restrictions on the free transferability of the underlying shares.

27.11. In respect of the country of registered office of the issuer and the country(ies) where the offer is being made or admission to trading is being sought:

(a) information on taxes on the income from the underlying shares withheld at source;

(b) indication as to whether the issuer assumes responsibility for the withholding of taxes at the source.

27.12. An indication of the existence of any mandatory takeover bids and/or squeeze-out and sell-out rules in relation to the underlying shares.

27.13. An indication of public takeover bids by third parties in respect of the issuer's equity, which have occurred during the last financial year and the current financial year. The price or exchange terms attaching to such offers and the outcome thereof must be stated.

27.14. Lock up agreements:

– the parties involved;

– content and exceptions of the agreement;

– indication of the period of the lock up.

27.15. Information about selling share holders if any

27.15.1. Name and business address of the person or entity offering to sell the underlying shares, the nature of any position office or other material relationship that the selling persons has had within the past three years with the issuer of the underlying shares or any of its predecessors or affiliates.

27.16. Verwässerung

27.16.1. Betrag und Prozentsatz der unmittelbaren Verwässerung, die sich aus dem Angebot der Zertifikate ergibt.

27.16.2. Im Falle eines Zeichnungsangebots für die Zertifikate an die existierenden Aktionäre Angabe von Betrag und Prozentsatz der unmittelbaren Verwässerung, wenn sie das neue Angebot für die Zertifikate nicht zeichnen.

27.17. Zusätzliche Angaben, wenn die gleiche Kategorie der zu Grunde liegenden Aktien wie die zu Grunde liegenden Aktien, für die die Zertifikate ausgestellt wurden, gleichzeitig oder fast gleichzeitig angeboten oder zum Handel zugelassen werden.

27.17.1. Falls gleichzeitig oder fast gleichzeitig zur Schaffung von Zertifikaten, für die eine Zulassung zum Handel auf einem geregelten Markt beantragt werden soll, zu Grunde liegende Aktien der gleichen Kategorie wie diejenigen, für die die Zertifikate ausgestellt wurden, privat gezeichnet oder platziert werden, sind Einzelheiten zur Natur dieser Geschäfte sowie zur Zahl und den Merkmalen der zu Grunde liegenden Aktien anzugeben, auf die sie sich beziehen.

27.17.2. Angabe sämtlicher geregelten oder gleichwertigen Märkte, auf denen nach Kenntnis des Emittenten der Zertifikate zu Grunde liegende Aktien der gleichen Kategorie wie diejenigen, für die die Zertifikate ausgestellt wurden, angeboten oder zum Handel zugelassen werden.

27.17.3. Soweit dem Emittenten der Zertifikate bekannt, Angabe, ob Hauptaktionäre oder Mitglieder der Geschäftsführungs-, Aufsichts- oder Verwaltungsorgane des Emittenten an der Zeichnung teilnehmen wollen oder ob Personen mehr als 5 % des Angebots zeichnen wollen.

27.16. Dilution

27.16.1. Amount and percentage of immediate dilution resulting from the offer of the depository receipts.

27.16.2. In the case of a subscription offer of the depository receipts to existing shareholders, disclose the amount and percentage of immediate dilutions if they do not subscribe to the offer of depository receipts.

27.17. Additional information where there is a simultaneous or almost simultaneous offer or admission to trading of the same class of underlying shares as those underlying shares over which the depository receipts are being issued.

27.17.1. If simultaneously or almost simultaneously with the creation of the depository receipts for which admission to a regulated market is being sought underlying shares of the same class as those over which the depository receipts are being issued are subscribed for or placed privately, details are to be given of the nature of such operations and of the number and characteristics of the underlying shares to which they relate.

27.17.2. Disclose all regulated markets or equivalent markets on which, to the knowledge of the issuer of the depository receipts, underlying shares of the same class of those over which the depository receipts are being issued are offered or admitted to trading.

27.17.3. To the extent known to the issuer of the depository receipts, indicate whether major shareholders, members of the administrative, management or supervisory bodies intended to subscribe in the offer, or whether any person intends to subscribe for more than five per cent of the offer.

28. Angaben über die Hinterlegungsscheine

28.1. Beschreibung des Typs und der Kategorie der anzubietenden und/oder zum Handel zuzulassenden Zertifikate.

28.2. Rechtsvorschriften, auf deren Grundlage die Zertifikate geschaffen wurden.

28.3. Angabe, ob es sich bei den Zertifikaten um Namenspapiere oder um Inhaberpapiere handelt und ob sie verbrieft oder stückelos sind. In letzterem Fall sind der Name und die Anschrift des die Buchungsunterlagen führenden Instituts zu nennen.

28.4. Währung der Zertifikate.

28.5. Beschreibung der Rechte – einschließlich ihrer etwaigen Beschränkungen –, die an die Zertifikate gebunden sind, und des Verfahrens zur Ausübung dieser Rechte.

28.6. Wenn sich die Dividendenrechte, die an die Zertifikate gebunden sind, von jenen unterscheiden, die im Zusammenhang mit den Basistiteln bekannt gegeben werden, sind folgende Angaben zu den Dividendenrechten zu machen:

a) fester/e Termin/e, zu dem/denen die Dividendenberechtigung entsteht;

b) Verjährungsfrist für den Verfall der Dividendenberechtigung und Angabe des entsprechenden Begünstigten;

c) Dividendenbeschränkungen und Verfahren für gebietsfremde Wertpapierinhaber;

d) Dividendensatz bzw. Methode zu seiner Berechnung, Angabe der Frequenz und der kumulativen bzw. nichtkumulativen Wesensart der Zahlungen.

28.7. Wenn sich die Stimmrechte, die an die Zertifikate gebunden sind, von jenen unterscheiden, die im Zusammenhang mit den zu Grunde liegenden Aktien bekannt gegeben werden, sind folgende Angaben zu diesen Rechten zu machen:

28. Information regarding the Depository Receipts

28.1. A description of the type and class of depository receipts being offered and/ or admitted to trading.

28.2. Legislation under which the depository receipts have been created.

28.3. An indication whether the depository receipts are in registered or bearer form and whether the depository receipts are in certificated or book-entry form. In the latter case, include the name and address of the entity in charge of keeping the records.

28.4. Currency of the depository receipts.

28.5. Describe the rights attaching to the depository receipts, including any limitations of these attached to the depository receipts and the procedure if any for the exercise of these rights.

28.6. If the dividend rights attaching to depository receipts are different from the dividend rights disclosed in relation to the underlying disclose the following about the dividend rights:

(a) fixed date(s) on which the entitlement arises;

(b) time limit after which entitlement to dividend lapses and an indication of the person in whose favour the lapse operates;

(c) dividend restrictions and procedures for non resident holders;

(d) rate of dividend or method of its calculation, periodicity and cumulative or non-cumulative nature of payments.

28.7. If the voting rights attaching to the depository receipts are different from the voting rights disclosed in relation to the underlying shares disclose the following about those rights:

a) Stimmrechte;

b) Bezugsrechte bei Angeboten zur Zeichnung von Wertpapieren derselben Kategorie;

c) Recht auf Beteiligung am Gewinn des Emittenten;

d) Recht auf Beteiligung am Liquidationserlös;

e) Tilgungsklauseln;

f) Wandelbedingungen.

– Voting rights;

– Pre-emption rights in offers for subscription of securities of the same class;

– Right to share in the issuer's profits;

– Rights to share in any surplus in the event of liquidation;

– Redemption provisions;

– Conversion provisions.

28.8. Beschreibung der Ausübung und Nutzung der Rechte, die an die zu Grunde liegenden Aktien gebunden sind – und insbesondere der Stimmrechte –, der Bedingungen, zu denen der Emittent von Zertifikaten derlei Rechte ausüben kann und der geplanten Maßnahmen, mit denen die Anweisungen von Seiten der Inhaber der Zertifikate eingeholt werden. Ebenfalls Beschreibung des Rechts auf Beteiligung am Gewinn und am Liquidationserlös, d.h. eines Rechts, das nicht auf den Inhaber der Zertifikate übertragen wird.

28.8. Describe the exercise of and benefit from the rights attaching to the underlying shares, in particular voting rights, the conditions on which the issuer of the depository receipts may exercise such rights, and measures envisaged to obtain the instructions of the depository receipt holders – and the right to share in profits and any liquidation surplus which are not passed on to the holder of the depository receipt.

28.9. Erwarteter Emissionstermin für die Zertifikate.

28.9. The expected issue date of the depository receipts.

28.10. Darstellung etwaiger Beschränkungen für die freie Übertragbarkeit der Wertpapiere.

28.10. A description of any restrictions on the free transferability of the depository receipts.

28.11. Hinsichtlich des Lands des eingetragenen Sitzes des Emittenten und des Landes bzw. der Länder, in dem bzw. denen das Angebot unterbreitet oder die Zulassung zum Handel beantragt wird, sind folgende Angaben zu machen:

28.11. In respect of the country of registered office of the issuer and the country(ies) where the offer is being made or admission to trading is being sought:

a) Angaben über die an der Quelle einbehaltene Einkommensteuer auf die zu Grunde liegenden Aktien;

(a) information on taxes on the income from the depository receipts withheld at source;

b) Angabe der Tatsache, ob der Emittent die Verantwortung für die Einbehaltung der Steuern an der Quelle übernimmt.

(b) indication as to whether the issuer assumes responsibility for the withholding of taxes at the source.

28.12. Bankgarantien oder sonstige Garantien, die für die Zertifikate gestellt werden und die Verpflichtungen des Emittenten unterlegen sollen.

28.12. Bank or other guarantees attached to the depository receipts and intended to underwrite the issuer's obligations.

28.13. Möglichkeit des Umtausches der Zertifikate in ursprüngliche Aktien und Verfahren für einen solchen Umtausch.

28.13. Possibility of obtaining the delivery of the depository receipts into original shares and procedure for such delivery.

29. **Angaben über die Bedingungen und Voraussetzungen des Angebots von Hinterlegungsscheinen**

29. Information about the Terms and Conditions of the Offer of the Depository Receipts

29.1. Bedingungen, Angebotsstatistiken, erwarteter Zeitplan und erforderliche Maßnahmen für die Antragstellung

29.1. Conditions, offer statistics, expected timetable and action required to apply for the offer

29.1.1. Gesamtsumme der Emission/des Angebots, wobei zwischen den zum Verkauf und den zur Zeichnung angebotenen Wertpapieren zu unterscheiden ist. Ist der Betrag nicht festgelegt, Beschreibung der Vereinbarungen und des Zeitpunkts für die Ankündigung des endgültigen Angebotbetrags an das Publikum.

29.1.1. Total amount of the issue/offer, distinguishing the securities offered for sale and those offered for subscription; if the amount is not fixed, description of the arrangements and time for announcing to the public the definitive amount of the offer.

29.1.2. Frist – einschließlich etwaiger Änderungen – während deren das Angebot gilt und Beschreibung des Antragverfahrens.

29.1.2. The time period, including any possible amendments, during which the offer will be open and description of the application process.

29.1.3. Angabe des Zeitpunkts und der Umstände, ab dem bzw. unter denen das Angebot widerrufen oder ausgesetzt werden kann, und der Tatsache, ob der Widerruf nach Beginn des Handels erfolgen kann.

29.1.3. An indication of when, and under what circumstances, the offer may be revoked or suspended and whether revocation can occur after dealing has begun.

29.1.4. Beschreibung der Möglichkeit zur Reduzierung der Zeichnungen und der Art und Weise der Erstattung des zu viel gezahlten Betrags an die Zeichner.

29.1.4. A description of the possibility to reduce subscriptions and the manner for refunding excess amount paid by applicants.

29.1.5. Einzelheiten zum Mindest- und/oder Höchstbetrag der Zeichnung (entweder in Form der Anzahl der Wertpapiere oder des aggregierten zu investierenden Betrags).

29.1.5. Details of the minimum and/or maximum amount of application (whether in number of securities or aggregate amount to invest).

29.1.6. Angabe des Zeitraums, während dessen ein Antrag zurückgezogen werden kann, sofern dies den Anlegern überhaupt gestattet ist.

29.1.6. An indication of the period during which an application may be withdrawn, provided that investors are allowed to withdraw their subscription.

29.1.7. Methode und Fristen für die Bedienung der Wertpapiere und ihre Lieferung.

29.1.7. Method and time limits for paying up the securities and for delivery of the securities.

29.1.8. Vollständige Beschreibung der Art und Weise und des Termins, auf die bzw. an dem die Ergebnisse des Angebots offen zu legen sind.

29.1.8. A full description of the manner and date in which results of the offer are to be made public.

29.1.9. Verfahren für die Ausübung eines etwaigen Vorzugsrechts, die Übertragbarkeit der Zeichnungsrechte und die Behandlung der nicht ausgeübten Zeichnungsrechte.

29.1.9. The procedure for the exercise of any right of pre-emption, the negotiability of subscription rights and the treatment of subscription rights not exercised.

29.2. Plan für die Verteilung der Wertpapiere und deren Zuteilung

29.2. Plan of distribution and allotment

29.2.1. Angabe der verschiedenen Kategorien der potenziellen Investoren, denen die Wertpapiere angeboten werden. Erfolgt das Angebot gleichzeitig auf den Märkten in zwei oder mehreren Ländern und wurde/wird eine bestimmte Tranche einigen dieser Märkte vorbehalten, Angabe dieser Tranche.

29.2.1. The various categories of potential investors to which the securities are offered. If the offer is being made simultaneously in the markets of two or more countries and if a tranche has been or is being reserved for certain of these, indicate any such tranche.

29.2.2. Soweit dem Emittenten bekannt, Angabe, ob Hauptaktionäre oder Mitglieder der Geschäftsführungs-, Aufsichts- oder Verwaltungsorgane des Emittenten an der Zeichnung teilnehmen wollen oder ob Personen mehr als 5 % des Angebots zeichnen wollen.

29.2.2. To the extent known to the issuer, indicate whether major shareholders or members of the issuer's management, supervisory or administrative bodies intended to subscribe in the offer, or whether any person intends to subscribe for more than five per cent of the offer.

29.2.3. Offenlegung vor der Zuteilung

29.2.3. Pre-allotment Disclosure:

29.2.3.1. Aufteilung des Angebots in Tranchen, einschließlich der Tranche für die institutionellen Kunden, der Privatkundentranche und der Tranche für die Beschäftigten des Emittenten und sonstige Tranchen;

29.2.3.1. The division into tranches of the offer including the institutional, retail and issuer's employee tranches and any other tranches;

29.2.3.2. Bedingungen, zu denen eine Rückforderung eingesetzt werden kann, Höchstgrenze einer solchen Rückforderung und alle eventuell anwendbaren Mindestprozentsätze für einzelne Tranchen;

29.2.3.2. The conditions under which the claw-back may be used, the maximum size of such claw back and any applicable minimum percentages for individual tranches;

29.2.3.3. Zu verwendende Zuteilungsmethode oder -methoden für die Privatkundentranche und die Tranche für die Beschäftigten des Emittenten im Falle der Mehrzuteilung dieser Tranchen;

29.2.3.3. The allotment method or methods to be used for the retail and issuer's employee tranche in the event of an over-subscription of these tranches;

29.2.3.4. Beschreibung einer etwaigen vorher festgelegten Vorzugsbehandlung, die bestimmten Kategorien von Anlegern oder bestimmten gruppenspezifischen Kategorien (einschließlich Friends and family-Programme) bei der Zuteilung vorbehalten wird, Prozentsatz des für die Vorzugsbehandlung vorgesehenen Angebots und Kriterien für die

29.2.3.4. A description of any pre-determined preferential treatment to be accorded to certain classes of investors or certain affinity groups (including friends and family programmes) in the allotment, the percentage of the offer reserved for such preferential treatment and the criteria for inclusion in such classes or groups;

Aufnahme in derlei Kategorien oder Gruppen;

29.2.3.5. Angabe des Umstands, ob die Behandlung der Zeichnungen oder bei der Zuteilung zu zeichnenden Angebote eventuell von der Gesellschaft abhängig ist, durch die oder mittels deren sie vorgenommen werden;

29.2.3.6. Angestrebte Mindesteinzelzuteilung, falls vorhanden, innerhalb der Privatkundentranche;

29.2.3.7. Bedingungen für das Schließen des Angebots sowie Termin, zu dem das Angebot frühestens geschlossen werden darf;

29.2.3.8. Angabe der Tatsache, ob Mehrfachzeichnungen zulässig sind und wenn nicht, wie trotzdem auftauchende Mehrfachzeichnungen behandelt werden;

29.2.3.9. Verfahren zur Meldung des den Zeichnern zugeteilten Betrags und Angabe, ob eine Aufnahme des Handels vor dem Meldeverfahren möglich ist.

29.2.4. Mehrzuteilung und Greenshoe-Option

29.2.4.1. Existenz und Umfang einer etwaigen Mehrzuteilungsmöglichkeit und/oder Greenshoe-Option;

29.2.4.2. Dauer einer etwaigen Mehrzuteilungsmöglichkeit und/oder Greenshoe-Option;

29.2.4.3. Etwaige Bedingungen für die Inanspruchnahme einer etwaigen Mehrzuteilungsmöglichkeit oder Ausübung der Greenshoe-Option.

29.3. Preisfestsetzung

29.3.1. Angabe des Preises, zu dem die Wertpapiere angeboten werden. Ist der Preis nicht bekannt oder besteht kein etablierter und/oder liquider Markt für die Wertpapiere, ist die Methode anzugeben, mittels deren der Angebotspreis festgelegt wird, einschließlich der Person, die die Kriterien festgelegt hat oder offiziell für deren Festlegung verantwortlich ist. Angabe der Kosten und Steuern, die speziell dem Zeichner oder Käufer in Rechnung gestellt werden.

29.2.3.5. Whether the treatment of subscriptions or bids to subscribe in the allotment may be determined on the basis of which firm they are made through or by;

29.2.3.6. A target minimum individual allotment if any within the retail tranche;

29.2.3.7. The conditions for the closing of the offer as well as the date on which the offer may be closed at the earliest;

29.2.3.8. Whether or not multiple subscriptions are admitted, and where they are not, how any multiple subscriptions will be handled;

29.2.3.9. Process for notification to applicants of the amount allotted and indication whether dealing may begin before notification is made.

29.2.4. Over-allotment and 'green shoe' option

29.2.4.1. The existence and size of any over-allotment facility and/or 'green shoe' option.

29.2.4.2. The existence period of the over-allotment facility and/or 'green shoe' option.

29.2.4.3. Any conditions for the use of the over-allotment facility or exercise of the 'green shoe' option.

29.3. Pricing

29.3.1. An indication of the price at which the securities will be offered. When the price is not known or when there is not an established and/or liquid market for the securities, indicate the method for determination of the offer price, including who has set the criteria or is formally responsible for its determination. Indication of the amount of any expenses and taxes specifically charged to the subscriber or purchaser.

29.3.2. Verfahren für die Offenlegung des Angebotspreises.

29.3.3. Besteht tatsächlich oder potenziell ein wesentlicher Unterschied zwischen dem öffentlichen Angebotspreis und den effektiven Barkosten der von Mitgliedern der Verwaltungs-, Geschäftsführungs- oder Aufsichtsorgane oder des oberen Managements sowie von nahe stehenden Personen bei Transaktionen im letzten Jahr erworbenen Wertpapiere oder deren Recht darauf, ist ein Vergleich des öffentlichen Beitrags zum vorgeschlagenen öffentlichen Angebot und der effektiven Bar-Beiträge dieser Personen einzufügen.

29.4.1. Platzierung und Übernahme (Underwriting)

29.4.2. Name und Anschrift des Koordinators/der Koordinatoren des gesamten Angebots oder einzelner Teile des Angebots und – sofern dem Emittenten bekannt – Angaben zu den Platzierern in den einzelnen Ländern des Angebots.

29.4.2. Name und Anschrift der Zahlstellen und der Verwahrstellen in jedem Land.

29.4.3. Name und Anschrift der Institute, die bereit sind, eine Emission auf Grund einer bindenden Zusage zu zeichnen, und Name und Anschrift der Institute, die bereit sind, eine Emission ohne bindende Zusage oder gemäß Vereinbarungen „zu den bestmöglichen Bedingungen" zu platzieren. Angabe der Hauptmerkmale der Vereinbarungen, einschließlich der Quoten. Wird die Emission nicht zur Gänze übernommen, ist eine Erklärung zum verbleibenden Teil einzufügen. Angabe des Gesamtbetrages der Übernahmeprovision und der Platzierungsprovision.

29.4.4. Angabe des Zeitpunkts, zu dem der Emissionsübernahmevertrag abgeschlossen wurde oder wird.

29.3.2. Process for the disclosure of the offer price.

29.3.3. Where there is or could be a material disparity between the public offer price and the effective cash cost to members of the administrative, management or supervisory bodies or senior management, or affiliated persons, of securities acquired by them in transactions during the past year, or which they have the right to acquire, include a comparison of the public contribution in the proposed public offer and the effective cash contributions of such persons.

29.4. Placing and underwriting

29.4.1. Name and address of the co-coordinator(s) of the global offer and of single parts of the offer and, to the extend known to the issuer, of the placers in the various countries where the offer takes place.

29.4.2. Name and address of any paying agents and depository agents in each country.

29.4.3. Name and address of the entities agreeing to underwrite the issue on a firm commitment basis, and name and address of the entities agreeing to place the issue without a firm commitment or under "best efforts" arrangements. Indication of the material features of the agreements, including the quotas. Where not all of the issue is underwritten, a statement of the portion not covered. Indication of the overall amount of the underwriting commission and of the placing commission.

29.4.4. When the underwriting agreement has been or will be reached.

Rahlf

30. **Zulassung zum Handel und Handelsregeln bei Zertifikaten, die Aktien vertreten**

30.1. Angabe, ob die angebotenen Wertpapiere Gegenstand eines Antrags auf Zulassung zum Handel sind oder sein werden und auf einem geregelten Markt oder sonstigen gleichwertigen Märkten vertrieben werden sollen, wobei die jeweiligen Märkte zu nennen sind. Dieser Umstand ist anzugeben, ohne jedoch den Eindruck zu erwecken, dass die Zulassung zum Handel auch tatsächlich erfolgen wird. Wenn bekannt, sollte eine Angabe der frühestmöglichen Termine der Zulassung der Wertpapiere zum Handel erfolgen.

30.2. Angabe sämtlicher geregelten oder gleichwertigen Märkte, auf denen nach Kenntnis des Emittenten Wertpapiere der gleichen Wertpapiergattung, die zum Handel angeboten oder zugelassen werden sollen, bereits zum Handel zugelassen sind.

30.3. Falls gleichzeitig oder fast gleichzeitig zur Schaffung von Wertpapieren, für die eine Zulassung zum Handel auf einem geregelten Markt beantragt werden soll, Wertpapiere der gleichen Gattung privat gezeichnet oder platziert werden, oder falls Wertpapiere anderer Gattungen für eine öffentliche oder private Platzierung geschaffen werden, sind Einzelheiten zur Natur dieser Geschäfte sowie zur Zahl und den Merkmalen der Wertpapiere anzugeben, auf die sie sich beziehen.

30.4. Name und Anschrift der Institute, die aufgrund einer bindenden Zusage als Intermediäre im Sekundärhandel tätig sind und Liquidität mittels Geld- und Briefkursen zu Verfügung stellen, und Beschreibung der Hauptbedingungen der Zusagevereinbarung.

30.5. Stabilisierung: Hat ein Emittent oder ein Aktionär mit einer Verkaufsposition eine Mehrzuteilungsoption erteilt, oder wird ansonsten vorgeschlagen, dass Kursstabilisierungsmaßnahmen im Zusammenhang mit einem Angebot zu

30. Admission to Trading and Dealing Arrangements in the Depository Receipts

30.1. An indication as to whether the securities offered are or will be the object of an application for admission to trading, with a view to their distribution in a regulated market or other equivalent markets with indication of the markets in question. This circumstance must be mentioned, without creating the impression that the admission to trading necessarily will be approved. If known, the earliest dates on which the securities will be admitted to trading must be given.

30.2. All the regulated markets or equivalent markets on which, to the knowledge of the issuer, securities of the same class of the securities to be offered or admitted to trading are already admitted to trading.

30.3. If simultaneously or almost simultaneously with the creation of the securities for which admission to a regulated market is being sought securities of the same class are subscribed for or placed privately or if securities of other classes are created for public or private placing, details must be given of the nature of such operations and of the number and characteristics of the securities to which they relate.

30.4. Name and address of the entities which have a firm commitment to act as intermediaries in secondary trading, providing liquidity through bid and offer rates and description of the main terms of their commitment.

30.5. Stabilisation: where an issuer or a selling shareholder has granted an overallotment option or it is otherwise proposed that price stabilising activities may be entered into in connection with an offer:

ergreifen sind, so ist Folgendes anzugeben:

30.6. die Tatsache, dass die Stabilisierung eingeleitet werden kann, dass es keine Gewissheit dafür gibt, dass sie eingeleitet wird und jederzeit gestoppt werden kann;

30.7. Beginn und Ende des Zeitraums, während dessen die Stabilisierung erfolgen kann;

30.8. die Identität der für die Stabilisierungsmaßnahmen nach jeder Rechtsordnung verantwortlichen Person, es sei denn, sie ist zum Zeitpunkt der Veröffentlichung nicht bekannt;

30.9. die Tatsache, dass die Stabilisierungstransaktionen zu einem Marktpreis führen können, der über dem liegt, der sich sonst ergäbe.

31. Grundlegende Angaben über die Emission von Hinterlegungsscheinen

31.1. Gründe für das Angebot und Verwendung der Erlöse

31.1.1. Angabe der Gründe für das Angebot und ggf. des geschätzten Nettobetrages der Erlöse, aufgegliedert nach den wichtigsten Verwendungszwecken und dargestellt nach Priorität dieser Verwendungszwecke. Sofern der Emittent weiß, dass die voraussichtlichen Erträge nicht ausreichend sein werden, um alle vorgeschlagenen Verwendungszwecke zu finanzieren, sind der Betrag und die Quellen anderer Mittel anzugeben. Die Verwendung der Erlöse sollte im Detail dargelegt werden, insbesondere wenn sie außerhalb der normalen Geschäftsvorfälle zum Erwerb von Aktiva verwendet werden, die zur Finanzierung des angekündigten Erwerbs anderer Unternehmen oder zur Begleichung, Reduzierung oder vollständigen Tilgung der Schulden eingesetzt werden.

31.2. Interessen von Seiten natürlicher und juristischer Personen, die an der Emission/dem Angebot beteiligt sind

30.6. The fact that stabilisation may be undertaken, that there is no assurance that it will be undertaken and that it may be stopped at any time;

30.7. The beginning and the end of the period during which stabilisation may occur;

30.8. The identity of the stabilisation manager for each relevant jurisdiction unless this is not known at the time of publication;

30.9. The fact that stabilisation transactions may result in a market price that is higher than would otherwise prevail.

31. Essential Information about the Issue of the Depository Receipts

31.1. Reasons for the offer and use of proceeds

31.1.1. Reasons for the offer and, where applicable, the estimated net amount of the proceeds broken into each principal intended use and presented by order of priority of such uses. If the issuer is aware that the anticipated proceeds will not be sufficient to fund all the proposed uses, state the amount and sources of other funds needed. Details must be given with regard to the use of the proceeds, in particular when they are being used to acquire assets, other than in the ordinary course of business, to finance announced acquisitions of other business, or to discharge, reduce or retire indebtedness.

31.2. Interest of natural and legal persons involved in the issue/offer

31.2.1. Beschreibung jeglicher Interessen – einschließlich Interessenskonflikten –, die für die Emission/das Angebot von wesentlicher Bedeutung sind, wobei die involvierten Personen zu spezifizieren und die Art der Interessen darzulegen ist.

31.2.1. A description of any interest, including conflicting ones, that is material to the issue/offer, detailing the persons involved and the nature of the interest.

31.3. Risikofaktoren

31.3. Risk factors

31.3.1. Klare Offenlegung der Risikofaktoren, die für die anzubietenden und/oder zum Handel zuzulassenden Wertpapiere von wesentlicher Bedeutung sind, wenn es darum geht, das Marktrisiko zu bewerten, mit dem diese Wertpapiere behaftet sind. Diese Offenlegung muss unter der Rubrik „Risikofaktoren" erfolgen.

31.3.1. Prominent disclosure of risk factors that are material to the securities being offered and/or admitted to trading in order to assess the market risk associated with these securities in a section headed "Risk Factors".

32. Kosten der Emission/des Angebots von Zertifikaten, die Aktien vertreten

32. Expense of the Issue/Offer of the Depository Receipts

32.1 Angabe des Gesamtnettoertrages und Schätzung der Gesamtkosten der Emission/des Angebots.

32.1. The total net proceeds and an estimate of the total expenses of the issue/offer.

Inhalt

I. Einleitung

Anh. X der EU-ProspV behandelt sog. aktienvertretende Zertifikate (Global Depository Receipts). Aktienvertretende Zertifikate verbriefen Aktien. Sie werden von einer Hinterlegungsbank (Depositary Bank) begeben, die die eigentlichen Aktien des Emittenten für die Anleger verwahrt. Aktienvertretende Zertifikate beruhen somit auf einer Doppelstruktur, bei der die Anleger mittelbar über die aktienvertretenden Zertifikate Anteile an dem Unternehmen erwerben können. Besondere praktische Relevanz haben aktienvertretende Zertifikate in den 90er Jahren für deutsche Unternehmen erlangt, die über die sog. American Depository Receipts Zugang zum US-amerikanischen Kapitalmarkt suchten.[1] Erfolgt die Emission der aktienvertretenden Zertifikate außerhalb der USA, werden die aktienvertretenden

1

---

[1] Vgl. hierzu grundlegend *Röhler*, American Depositary Shares, 1997; *von Rosen*, American Depositary Receipts – attraktiver Weg zum US-Kapitalmarkt, S. 17 ff., in: Seifert (Hrsg.), Zugang zum US-Kapitalmarkt für deutsche Aktiengesellschaften, 1998.

Zertifikate im internationalen Sprachgebrauch überlicherweise als Global Depositary Receipts bezeichnet.

In Deutschland haben aktienvertretende Zertifikate bislang geringe bis gar keine Relevanz erlangt. Sie werden in Europa derzeit schwerpunktmäßig in London oder Luxemburg emittiert. Im Vordergrund stehen dabei Unternehmen, in deren Jurisdiktionen erhebliche Investitionsbeschränkungen für ausländische Anleger bestehen (z. B. Russland oder Indien) und die über aktienvertretende Zertifkate Zugang zum europäischen Kapitalmarkt erhalten.

§ 12 der BörsZulV enthält eine Sondervorschrift für aktienvertretende Zertifikate. Voraussetzung einer Zulassung ist, dass der Emittent der vertretenen Aktien den Zulassungsantrag mit unterzeichnet und dieser die Mindestanforderungen gem. §§ 1 bis 3 der BörsZulV eingehalten hat (§ 12 Abs. 1 Nr. 1 BörsZulV). Darüber hinaus muss sich der Emittent der Aktien gem. § 12 Abs. 1 Nr. 1 BörsZulV verpflichten, die §§ 40 (Folgezulassung späterer ausgebener Aktien bzw. Zertifikate) und 41 (Verpflichtung zur Auskunftserteilung) einzuhalten. Die aktienvertretenden Zertifikate müssen selber die Voraussetzungen der §§ 4 bis 10 der BörsenZulV erfüllen (vgl. § 12 Abs. 1 Nr. 2 BörsZulV) und der Emittent der Zertifikate Gewähr für die Erfüllung seiner Verpflichtungen gegenüber den Zertifikatsinhabern bieten (§ 12 Abs. 1 Nr. 3 BörsZulV). Soweit die Aktien von einem Emittenten stammen, der außerhalb der EU oder des EWR seinen Sitz hat, und die Aktien weder im Sitzstaat noch im Staat der hauptsächlichen Verbreitung der Aktien an einer regulierten Börse zugelassen sind, so hat der Emittent der Zertifikate glaubhaft zu machen, dass eine solche Zulassung nicht aus Gründen des Publikumschutzes unterblieben ist (§ 12 Abs. 2 BörsZulV). In übernahmerechtlicher Hinsicht sollte eine Hinterlegungsbank für Aktien einer dem WpÜG unterfallenden Zielgesellschaft prüfen, ob diese durch die Hinterlegung der Aktien i. S. d. Kontrolle im Sinne von § 29 WpÜG erwirbt. Dies wäre regelmäßig der Fall, soweit der Emittent der Aktien mehr als 30 % seiner stimmberechtigten Aktien bei der Hinterlegungsbank deponiert. In einem solchen Fall empfiehlt sich für die Hinterlegungsbank die Beantragung einer Befreiung bei der BaFin gem. § 37 WpÜG.[2]

Strukturell ist Anh. X an die Anh. I und III EU-ProspV angelehnt. Insofern wird auf die Ausführungen in diesen Anh. verwiesen, soweit die Anforderungen inhaltlich entsprechend sind. Terminologisch unterscheidet der Anh. X EU-ProspV zwischen dem Emittenten, welcher die zugrundeliegenden Aktien emittiert, und dem Emittenten (mithin der Depositary Bank oder Hinterlegungsbank), der die aktienvertretetenden Zertifikate/Hinterlegungsscheine ausgibt.

---

2   Siehe insoweit die WpÜG-Meldung der JP Morgan Chase Bank, N.A., vom 28.05.2008.

II. Mindestangaben

Ziff. 1 zufolge hat der Prospekt die für die Angaben verantwortlichen Perso- 2
nen zu nennen. Darüber hinaus haben die für den Prospekt verantwortlichen
Personen zu erklären, dass die Angaben mit der erforderlichen Sorgfalt gemacht wurden. Ziff. 1. des Anh. X EU-ProspV entspricht den Anforderungen
der Ziff. 1. des Anh. I EU-ProspV (siehe Anh. I EU-ProspV, Rn. 3 ff. bzw.
Rn. 6).

Der Prospekt hat gem. Ziff. 2. die Abschlussprüfer zu benennen (siehe hierzu 3
Anh. I EU-ProspV, Rn. 7 ff. bzw. Rn. 10).

Neben den Finanzinformationen über die Vermögens-, Finanz- und Ertrags- 4
lage des Emittenten sind im Prospekt ausgewählte Finanzinformationen
gem. Ziff. 3. aufzuführen (siehe Anh. I EU-ProspV, Rn. 11 ff. bzw. Rn. 14).

Der Prospekt muss gem. Ziff. 4. die mit dem Erwerb der aktienvertretenden 5
Zertifikate verbundenen Risiken beschreiben (siehe Anh. I EU-ProspV,
Rn. 15 ff.). Der Prospekt sollte diesbezüglich neben den unternehmensspezi-
fischen Risiken ebenfalls Risiken aufführen, die mit dem Erwerb und dem
Halten der aktienvertretenden Zertifikate einhergehen. U. a. sind die folgen-
den Risiken in diesem Zusammenhang von Bedeutung:

– Wechselwährungsrisiken, die mit unterschiedlichen Währungen der aktienvertretenden Zertifikate und der zugrundeliegenden Aktien einhergehen.
– Risiken, die mit einer Börsenzulassung der zugrundeliegenden Aktien verbunden sind.
– Liquiditätsrisiken, die mit den aktienvertretenden Zertifikaten einhergehen können, insb. soweit sich diese aus rechtlichen Beschränkungen hin-
  sichtlich der aktienvertretenden Zertifikate ergeben.
– Hinweis auf die Tatsache, dass Kursschwankungen der zugrundeliegenden Aktien den Kurs der aktienvertretenden Zertifikate beeinflussen.
– Kursvolatilitätsrisiken des zugrundeliegenden Aktienmarktes.
– Einfluss künftiger Aktienemissionen auf den Wert der aktienvertretenden
  Zertifkate.
– Rechtliche Einschränkungen (soweit diese bestehen) bzgl. der Einräumung
  und Ausübung von Bezugsrechten für die zugrundeliegenden Aktien.
– Auswirkungen auf den Wert der aktienvertretenden Zertifikate, die sich
  aus rechtlichen Beschränkungen für die Inhaberschaft ausländischer Akti-
  onäre ergeben.
– Risiken, die sich aus einer evtl. Beschränkung der Stimmrechte bzgl. der
  zugrundeliegenden Aktien ergeben.
– Unterschiede bzgl. der für den Emittenten der zugrundeliegenden Aktien
  geltenden Bilanzierungsregeln.

Der Prospekt hat die in Ziff. 5. bezeichneten Informationen über den Emit- 6
tenten der zugrundeliegenden Aktien zu enthalten (siehe insoweit Anh. I
EU-ProspV, Rn. 22–32).

7 Die nach Ziff. 6. insoweit gem. Anh. X EU-ProspV erforderlichen Angaben entsprechen im Wesentlichen denen in Ziff. 6. in Anh. I EU-ProspV (siehe insoweit Anh. I EU-ProspV, Rn. 33–43).

8 In Bezug auf Ziff. 7. wird auf Anh. I EU-ProspV, Rn. 44 bzw. Rn. 45 verwiesen.

9 In Bezug auf Ziff. 8. wird auf Anh. I EU-ProspV, Rn. 46 ff. bzw. Rn. 49 verwiesen.

10 Zu den zentralen Abschnitten des Prospekts gehören die Angaben zur Geschäfts- und Finanzlage des Emittenten. Sie stehen insoweit neben den historischen Finanzinformationen. Die Anforderungen des Anh. X EU-ProspV entsprechen insoweit denen des Anh. I EU-ProspV (siehe daher Anh. I EU-ProspV, Rn. 52 ff., Rn. 56 f. bzw. Rn. 58).

11 Die Angaben zur Eigenkapitalausstattung entsprechen im Wesentlichen denen in Ziff. 10. in Anh. I EU-ProspV (siehe insoweit Anh. I EU-ProspV, Rn. 59 f.).

12 Vgl. zu Ziff. 11. Anh. I EU-ProspV, Rn. 61 ff.

13 In Bezug auf Ziff. 12. wird auf Anh. I EU-ProspV, Rn. 64 verwiesen.

14 Entscheidet sich der Emittent, in dem Prospekt Angaben zu Gewinnprognosen zu machen, so sind die in Ziff. 13. gestellten Anforderungen zu erfüllen, die im Wesentlichen den Anforderungen des Anh. I EU-ProspV Ziff. 13. entsprechen (siehe Anh. I EU-ProspV, Rn. 65 f. bzw. Rn. 67).

15 In Bezug auf Ziff. 14.1. wird auf Anh. I EU-ProspV, Rn. 69 f.; hinsichtlich Ziff. 14.2. wird auf Anh. I EU-ProspV, Rn. 71 f. verwiesen.

16 In Bezug auf Ziff. 15.1. bzw. Ziff. 15.2. wird auf Anh. I EU-ProspV, Rn. 73 bzw. Rn. 74 verwiesen.

17 Bezüglich Ziff. 16. wird auf Anh. I EU-ProspV, Rn. 75 f. verwiesen.

18 In Bezug auf Ziff. 17. wird auf Anh. I EU-ProspV, Rn. 77 ff. verwiesen.

19 Der Prospekt hat die wesentlichen Aktionäre des Emittenten der zugrundeliegenden Aktien zu nennen. Die in Deutschland anzuwendende Eingangsmeldeschwelle ist 3 %, vgl. § 21 WpHG. Vergleichbare Vorschriften finden sich aufgrund der EU-Transparenzrichtlinie in den anderen EU Staaten. Soweit der Emittent seinen Sitz in einem Drittstaat hat, kann sich eine Meldepflicht in Bezug auf den Emittenten gem. § 21 WpHG über § 2 Abs. 6 Nr. 1 Buchst. b) WpHG ergeben. In Bezug auf Ziff. 18.1. und Ziff. 18.2. wird auf Anh. I EU-ProspV, Rn. 80 f., hinsichtlich Ziff. 18.3. und Ziff. 18.4. wird auf Anh. I EU-ProspV, Rn. 82 f. verwiesen.

20 Bezüglich Ziff. 19. wird auf Anh. I EU-ProspV, Rn. 84 verwiesen.

21 Zu Ziff. 20.1 siehe Anh. I EU-ProspV, Rn. 87 ff.

22 Ziff. 20.1a: Für Stückelungen von 100.000 Euro und größer sieht Ziff. 20.1a Erleichterungen hinsichtlich der Rechnungslegungsanforderungen vor. Insbesondere müssen keine IAS/IFRS Abschlüsse aufgestellt werden. Insoweit

ist dann ein entsprechender Hinweis ausreichend und die finanziellen Verhältnisse können auf Grundlage nationaler Rechnungslegungsstandards dargestellt werden. Der Prospekt muss erläutern, dass die Angaben nicht den IAS/IFRS Rechnungslegungsstandards entsprechen und die Unterschiede zwischen den angewandten Rechnungslegungsstandards und IAS/IFRS müssen erläutert werden. Darüber hinaus müssen die Finanzinformationen mindestens eine Bilanz, eine Gewinn- und Verlustrechnung, eine Übersicht über Veränderungen des Eigenkapitals, eine Kapitalflussrechnung, sowie eine Erläuterung der Rechnungslegungsstrategien und weitere erläuternde Anmerkungen enthalten.

In Bezug auf Ziff. 20.2. bis Ziff. 20.9. wird auf Anh. I EU-ProspV, Rn. 146 bis Rn. 192 verwiesen. *23*

Ziffer 21.1.: Die in Ziff. 21.1.1. verwendete Terminologie ist aus deutscher Sicht erklärungsbedürftig. Ziff. 21.1.1. lit. a) zufolge ist die Zahl der „genehmigten" Aktien anzugeben. Die englische Fassung verwendet insoweit den Terminus „authorised", was wiederum der entsprechenden Begrifflichkeit der englischen Fassung in Anh. I EU-ProspV, Ziff. 21.1.1. lit. a) entspricht. In Abhebung von Ziff. 21.1.1. lit. b), welcher zufolge die tatsächlich ausgegebenen Aktien anzugeben sind, sollte gem. lit. a) das genehmigte Kapital angeführt werden. Empfehlenswert ist es darüber hinaus auch etwaiges bedingtes Kapital (soweit vorhanden) zu beschreiben. *24*

In Bezug auf Ziff. 21.1.2. bis Ziff. 21.1.5. wird auf Anh. I EU-ProspV, Rn. 194– 198, in Bezug auf Ziff. 21.2. auf Anh. I EU-ProspV, Rn. 201 verwiesen. *25*

Hinsichtlich Ziff. 22. wird auf Anh. I EU-ProspV, Rn. 203 verwiesen. *26*

In Bezug auf Ziff. 23. wird auf Anh. I EU-ProspV, Rn. 206 verwiesen. *27*

Zu Ziff. 24. vgl. Anh. I EU-ProspV, Rn. 208. *28*

In Bezug auf Ziff. 25. wird auf Anh. I EU-ProspV, Rn. 209 verwiesen. *29*

Ziff. 26. betrifft die Angaben über den Emittenten der aktienvertretenden Zertifikate, also der Hinterlegungsbank (Depositary Bank). Diese Angaben sind zusätzlich zu den Angaben über den Emittenten nach Ziff. 5 zu machen und können üblicherweise knapp gehalten werden. *30*

Häufig werden bei aktienvertretenden Zertifikaten die zugrundeliegenden Aktien von Emittenten stammen, die außerhalb der EU ihren Sitz haben. Da europäische Anleger regelmäßig nicht mit den rechtlichen Rahmenbedingungen des Emittenten der zugrundeliegenden Aktien vertraut sein werden, empfiehlt es sich, möglichst detailliert die nach Ziff. 27 geforderten Angaben zu beschreiben. *30a*

In Bezug auf Ziff. 27.1. ff. wird auf Anh. III EU-ProspV, Rn. 22 ff. verwiesen *31*

Soweit der Emissionstermin der zugrundeliegenden Aktien nach dem Emissionstermin der aktienvertretenden Zertifikate liegt, sind im Prospekt gem. Ziff. 27.8. Angaben darüber zu machen, wann die zugrundeliegenden Aktien geschaffen werden. *32*

33 Bzgl. Ziff. 27.10. bis Ziff. 27.12. siehe Anh. III EU-ProspV, Rn. 43 ff. Die in Ziff. 27.13. Satz 2 der deutschen Fassung verwendeten Formulierungen „Kurs" und „Wandelbedingungen" sind missverständlich. Gemeint sind hier bei Übernahmeangeboten in Bar die Gegenleistung in Euro bzw. bei aktienbasierten Tauschangeboten das Umtauschverhältnis. In Bezug auf Ziff. 27.14. bzw. Ziff. 27.16. wird auf Anh. III EU-ProspV, Rn. 112 f. verwiesen. Sollten neben den aktienvertretenden Zertifikaten zugleich die vertretenden Aktien angeboten oder zugelassen werden, so sind hierzu Angaben zu machen (n. Ziff. 27.17.). Hinsichtlich Ziff. 27.17.1. siehe Komm. Anh. III EU-ProspV, Rn. 105. Gem. Ziff. 27.17.2. hat der Prospekt zusätzlich alle weiteren organisierten Märkte zu benennen, auf denen die zugrundeliegenden Aktien gehandelt werden. Bzgl. Ziff. 27.17.3. siehe Anh. III EU-ProspV, Rn. 76.

34 Über die Beschreibung der Aktien hinaus, die durch die Zertifikate vertreten werden, muss der Prospekt eine detaillierte Beschreibung der rechtlichen Rahmenbedingungen der Zertifikate selber enthalten. Die wesentlichen Angaben hierzu ergeben sich dabei aus der Hinterlegungsvereinbarung zwischen dem Emittenten und der Hinterlegungsbank (Depositary Bank). Strukturell ähnelt die Ziff. 28 den Angaben, die nach Ziff. 4 des Anh. III EU-ProspV verlangt werden. In Bezug auf Ziff. 28.1. bis 28.5. wird insoweit auf Anh. III EU-ProspV, Rn. 22–36 ff. verwiesen.

35 Ziff. 28.6.: Die Bedingungen der Zertifikate können Dividendenrechte vorsehen, die von denen der zugrundeliegenden Aktien abweichen. Ist dies der Fall, sind die Dividendenbestimmungen der Zertifikate im Detail, wie durch Ziff. 28.6 vorgeschrieben, zu erläutern.

36 Ziff. 28.7.: Gleiches gilt für die mit den Zertifikaten verbundenen Stimmrechte. Weichen diese von den Stimmrechten der zugrundeliegenden Aktien ab, so ist im Prospekt im Einzelnen die Ausgestaltung der Stimmrechte zu beschreiben.

37 Ziff. 28.8.: Der Emittent der Zertifikate muss im Detail die Regelungen über die Ausübung und Nutzung der Rechte, die an die zugrundeliegenden Aktien gebunden sind, sowie die Bedingungen, zu denen der Emittent von Zertifikaten derlei Rechte ausüben kann und Anweisungen der Inhaber der Zertifikate entgegengenommen werden, darlegen. Darüber hinaus sind Gewinn- sowie Liquidationsbeteiligungsrechte zu beschreiben, soweit diese nicht auf den Inhaber der Zertifikate übertragen werden.

38 Hinsichtlich Ziff. 28.9. bis 28.11. wird auf Anh. III EU-ProspV, Rn. 40–43, 49 ff. verwiesen.

39 Ziff. 28.12.: Soweit der Emittent Sicherheiten für seine Verpflichtungen hinterlegt, sind diese zu beschreiben.

40 Ziff. 28.13.: Üblicherweise können aktienvertretende Zertifikate nach einem in der Hinterlegungsvereinbarung bestimmten Verfahren umgetauscht werden. Dies ist zu erläutern.

Die Angaben hinsichtlich des Angebots der aktienvertretenden Zertifikate   *41*
(Ziff. 29.) entsprechen den Anforderungen des Anh. III für Aktien. Insoweit
wird auf Anh. III EU-ProspV, Rn. 42 bis Rn. 72 verwiesen.

Ziff. 30.: In Bezug auf Ziff. 30.1. ff siehe Anh. III EU-ProspV, Rn. 74 ff.   *42*

Ziff. 31.: Bzgl. Ziff. 31.1. und 31.2. siehe Anh. III EU-ProspV, Rn. 16 ff., für
Ziff. 31.3. siehe Anh. III EU-ProspV, Rn. 2 f. und bzgl. Ziff. 32 siehe Anh. III
EU-ProspV, Rn. 114 f.

ARTIKEL 14
Schema für das Registrierungsformular für Banken

ARTICLE 14
Banks registration document schedule

(1) Beim Registrierungsformular für Banken in Bezug auf Schuldtitel, derivative Wertpapiere und sonstige nicht unter Artikel 4 fallende Wertpapiere werden die Angaben gemäß dem in Anhang XI festgelegten Schema zusammengestellt.

(1) For the banks registration document for debt and derivative securities and those securities which are not covered by Article 4 information shall be given in accordance with the schedule set out in Annex XI.

(2) Das in Absatz 1 genannte Schema gilt für Kreditinstitute im Sinne von Artikel 1 Absatz 1 Buchstabe a der Richtlinie 2000/12/EG sowie für Kreditinstitute aus Drittländern, die nicht unter diese Definition fallen, jedoch ihren eingetragenen Sitz in einem Staat haben, der Mitglied der OECD ist.

(2) The schedule set out in paragraph 1 shall apply to credit institutions as defined in point (a) of Article 1(1) of Directive 2000/12/EC as well as to third country credit institutions which do not fall under that definition but have their registered office in a state which is a member of the OECD.

Diese Institute können alternativ auch die Schemata für das Registrierungsformular verwenden, die in Artikel 7 und 12 vorgesehen sind.

These entities may also use alternatively the registration document schedules provided for under in Articles 7 and 12.

Inhalt*

I. Ausnahmen für Kreditinstitute

1 Die EU-ProspRL selbst (Art. 1 Abs. 2 lit. j EU-ProspRL[1]) und damit auch das WpPG (§ 1 Abs. 2 Nr. 5) enthalten für Banken bereits eine begrenzte Ausnahme vom Anwendungsbereich des Prospektrechts. Diese Ausnahme vom Anwendungsbereich der Richtlinie bietet den einzelnen Mitgliedstaaten die Möglichkeit, entsprechende einzelstaatliche Prospekterfordernisse und -anforderungen aufzustellen. Hiervon hat Deutschland begrüßenswerterweise keinen Gebrauch gemacht. Daher müssen in Deutschland Einlagenkreditinstitute gem. § 2 Nr. 8 WpPG, die dauernd oder wiederholt (§ 2 Nr. 12 WpPG)

---

* Überarbeitete und aktualisierte Fassung der Kommentierung von *Wagner* aus der Vorauflage.

1 RL (EG) 71/2003 v. 04.11.2003, ABl. 2003 Nr. L 345/64 v. 31.12.2003 in der durch Art. 1 Nr. 1 a) ii) RL (EU) 73/2010 v. 24.11.2010, ABl. 2010 Nr. L 327/1 v. 11.12.2010 geänderten Fassung.

Nichtdividendenwerte (§ 2 Nr. 3 WpPG) emittieren, die nicht nachrangig, wandelbar oder umtauschbar[2] sind (§ 1 Abs. 2 Nr. 5 a) WpPG) **oder** nicht zur Zeichnung oder zum Erweb anderer Wertpapiere berechtigen und nicht an ein Derivat gebunden sind (§ 1 Abs. 2 Nr. 5 b) WpPG), keinen Prospekt erstellen, wenn der Verkaufspreis aller im Europäischen Wirtschaftsraum angebotenen Wertpapiere innerhalb von zwölf Monaten[3] nicht die Obergrenze von – neu – 75 Mio. Euro (bisher: 50 Mio. Euro) überschreitet.[4, 5] In der Praxis wird damit insb. kleineren Kreditinstituten der Übergang von der vor dem Inkrafttreten des WpPG im Jahre 2005 bestehenden Prospektfreiheit erleichtert – ein ähnliches Ziel wurde mit § 31 Abs. 2 WpPG verfolgt, der für Kreditinstitute bis Ende 2008 Daueremissionen von Schuldverschreibungen und Schuldverschreibungen vergleichbaren Wertpapieren zuließ, ohne dass ein Prospekt veröffentlicht werden musste.

In jedem Fall kann ein Kreditinstitut nicht den europäischen Pass nutzen, wenn es keinen Prospekt nach dem WpPG und der EU-ProspV erstellt. Deshalb regelt § 1 Abs. 3 WpPG, dass Emittenten, Anbieter oder Zulassungsantragsteller unbeschadet der Ausnahme des § 1 Abs. 2 Nr. 2 bis 5 WpPG berechtigt sind, einen Prospekt im Sinne des WpPG zu erstellen, wenn Wertpapiere öffentlich angeboten oder zum Handel an einem organisierten Markt zugelassen werden.

II. Erleichterte Prospektanforderungen für Kreditinstitute

Seit Beginn der Diskussionen über die von CESR zu erarbeitenden Vorschläge für die von Emittenten in Prospekten anzugebenden Informationen im Rahmen der Erstellung der EU-ProspV waren sich alle Beteiligten – sowohl Marktteilnehmer und Aufsichtsbehörden – nahezu einig[6], dass für den Fall, dass man für den Prospektinhalt nach verschiedenen Emittenten und Wertpapierarten differenzieren wolle, für Banken aus zwei Gründen erleichterte Anforderungen gelten sollten: Zum einen unterliegen Banken im Ge- 2

---

2 Wohl aber kündbar, siehe hierzu klarstellend *ESMA* 2014/35, Q&A, 21st updated version v. 14.01.2014, Nr. 38.

3 Die Fristberechnung beginnt mit dem Tag, an dem zum ersten Mal ein Ausgabepreis öffentlich bekannt gemacht wird; vgl. die RegBegr. EU-ProspRL-UmsG, BT-Drucks. 15/4999, S. 27 zu § 1 Abs. 2 Nr. 4 WpPG, auf den die Begr. zu § 1 Abs. 2 Nr. 5 WpPG verweist.

4 Namensschuldverschreibungen, die auch von zahlreichen Kreditinstituten begeben werden, sind per se von der Prospektpflicht nach dem WpPG ausgenommen, da es hier an dem Merkmal der Übertragbarkeit i. S. d. § 2 Nr. 1 WpPG fehlt, da diese nur durch eine Zession übertragen werden können.

5 Erwg. 6 der RL (EU) 73/2010 v. 24.11.2010, ABl. 2010 Nr. L 327/1 v. 11.12. 2010 stellt klar, dass der in der RL (EG) 71/2003 angegebene Gesamtgegenwert bestimmter Angebote auf unionsweiter Basis ermittelt werden sollte (nicht Land für Land). Näheres zur Ermittlung der Obergrenze in Bezug auf § 1 Abs. 2 Nr. 5 WpPG siehe die dortige Kommentierung, Rn. 22 ff.

6 Siehe hierzu *CESR*, prospectus consultation feedback statement, Ref.: CESR/03-129, Tz. 39 ff.

gensatz zu vielen anderen Emittenten einer staatlichen Solvenzaufsicht und müssen daher erhebliche Anforderungen an ihre Eigenkapitalausstattung und ihr Risiko- und Liquiditätsmanagement erfüllen; zum anderen verfügen Banken schon auf Grund der erforderlichen Refinanzierung am Kapitalmarkt über einen erheblichen Anteil am Gesamtmarkt für Wertpapieremissionen, die ihnen erleichtert werden sollten. Daher bestand das gemeinsame Ziel, Banken mit geringeren Anforderungen an den Inhalt des Prospekts die Emissionstätigkeit zu erleichtern, was ein Vergleich zwischen dem nach Art. 14 EU-ProspV, Anh. XI EU-ProspV für Banken geltenden Registrierungsformular und dem nach Art. 7 EU-ProspV, Anh. IV EU-ProspV allgemein für Schuldtitel und derivative Wertpapiere mit einer Stückelung von weniger als 100.000 Euro gültigen Registrierungsformular zeigt.

Im Rahmen der Überarbeitung des Prospektrechts wurde festgelegt, dass bei den spezifischen Angaben in einem Prospekt, die im Wege delegierter Rechtsakte bestimmt werden (Art. 7 Abs. 1 EU-ProspektRL), den unterschiedlichen Tätigkeiten und der Größe des Emittenten, insbesondere von Kreditinstituten, die die in Art. 1 Abs. 2 lit. j der EU-ProspektRL genannten Nichtdividendenwerte begeben (Art. 7 Abs. 2 lit. e Alt. 1 EU-ProspektRL), Rechnung zu tragen ist. Basis für diese Regelung war die Überlegung der Kommission[7], dass die Kosten für einen (freiwilligen, vgl. § 1 Abs. 3 WpPG) Vollprospekt die von Art. 1 Abs. 2 lit. j) EU-ProspRL betroffenen Kreditinstitute über Gebühr belasten könnten, so dass über eine Anpassung der Vorschriften für diese Institute unter der Prämisse nachgedacht werden sollte, dass die Effizienz grenzüberschreitender Emissionen durch reduzierte und damit kostengünstigere prospektrichtlinienkonforme Dokumentation bei gleichzeitig unverändert hohem Anlegerschutz gesteigert werden könnte. ESMA kam im Abschlussbericht zu den technischen Durchführungsbestimmungen der EU-ProspV zu dem Ergebnis, dass Anh. XI EU-ProspV die besondere Regulierung von und Aufsicht über Banken bereits umfassend berücksichtigt. Allein im Hinblick auf historische Finanzinformationen könne für eine prospektrichtlinienkonforme Dokumentation bei Kreditinstituten, die unter Art. 1 Abs. 2 lit. j) der EU-ProspRL fallen, die Aufnahme der geprüften historischen Finanzinformationen des letzten Geschäftsjahres (statt in Anh. XI Ziff. 11.1 EU-ProspV der letzten zwei Geschäftsjahre)genügen.[8] Die entsprechende Regelung findet sich in Art. 26 c EU-ProspV und dem damit korrespondierenden Anh. XXIX EU-ProspV, der ein verhältnismäßiges Schema zu Anh. XI EU-ProspV darstellt. Für Einzelheiten sei auf die Kommentierungen zu Art. 26 c EU-ProspV und Anh. XI EU-ProspV verwiesen.

---

7   Europäische Kommission Vorschlag für eine RL des Europäischen Parlaments und des Rates zur Änderung der RL (EG) 71/2003 v. 23.09.2009, KOM (2009) 491 final, Rn. 5.3.6.
8   *ESMA*, technical advice on possible delegated acts, ESMA/2011/323, Rn. 336, 337.

III. Anwendungsbereich von Art. 14 EU-ProspV

1. Banken

Das Registrierungsformular nach Anh. XI EU-ProspV können zum einen nur 3 Kreditinstitute nach Art. 1 Abs. 1 lit. a) der so genannten Bankenrichtlinie[9] in Anspruch nehmen. In Deutschland handelt es sich hierbei um die in § 2 Nr. 8 WpPG legal definierten Einlagenkreditinstitute, also um Unternehmen i. S. d. § 1 Abs. 3 d Satz 1 KWG. Für Banken aus EU/EWR-Mitgliedstaaten sind die Art. 1 Abs. 1 lit. a) Bankenrichtlinie entsprechenden nationalen Vorschriften zu beachten. Entscheidendes Merkmal ist also, dass es sich um ein Unternehmen handelt, dessen Tätigkeit darin besteht, Einlagen oder andere rückzahlbare Gelder des Publikums entgegenzunehmen und Kredite für eigene Rechnung zu gewähren. Die Gesetzesbegründung zu § 2 Nr. 8 WpPG hebt als weiteres wesentliches Merkmal hervor, dass das Kreditinstitut eine Erlaubnis zum Betreiben des Einlagengeschäfts hat.[10] Das Schema kann gem. Art. 14 Abs. 2 Alt. 2 EU-ProspV zum anderen aber auch von Banken aus Drittländern genutzt werden, die ihren eingetragenen Sitz in einem Staat haben, der Mitglied der OECD ist.[11] Hiermit wollte man zumindest einem gewissen Kreis von Kreditinstituten aus Nicht-EU-Staaten dieselben Erleichterungen ermöglichen, die über einen den EU-Vorgaben für Banken vergleichbaren Standard verfügen.[12]

---

9 RL (EG) 12/2000 v. 20.03.2000, ABl. 2000 Nr. L 126/1 v. 26.05.2000, zuletzt geändert durch RL (EG) 29/2006 v. 08.03.2006, ABl. 2006 Nr. L 70/50 v. 09.03.2006, neu gefasst durch RL (EG) 48/2006 v. 14.06.2006, ABl. 2006 Nr. L 177/1 v. 30.06.2006 – Art. 1 Abs. 1 lit. a der RL (EG) 12/2000 ist wortgleich mit Art. 4 Nr. 1 lit. a der RL (EG) 48/2006.

10 Vgl. die RegBegr. EU-ProspRL-UmsG, BT-Drucks. 15/4999, S. 29.

11 Neben den EU/EWR-Staaten, die gem. dem Übereinkommen über die Organisation für wirtschaftliche Zusammenarbeit und Entwicklung Mitglied der OECD (Organisation for Economic Co-operation and Development) sind, werden damit Banken aus folgenden weiteren Staaten erfasst: Australien, Chile, Israel, Japan, Kanada, Korea, Mexiko, Neuseeland, Schweiz, Türkei, USA; abrufbar unter www.oecd.org/berlin/dieoecd/mitgliederundpartner.htm, abgerufen am 07.03.2014.

12 Siehe hierzu das *CESR*, prospectus consultation feedback statement, Ref.: CESR/03-129, Tz. 44 ff.: „44. Many of the respondents considered that this building block should apply equally to non-EU credit institutions otherwise a large number of banks would be unjustifiably excluded and subject to disclosure requirements which are not relevant for banks. It is said that where non-EU banks are not subject to similar regulatory control as EU banks, this fact should be disclosed to investors. 45. A few of the respondents who stated that the building block should apply to non-EU banks also consider that the 'equivalence' test should be avoided but instead, the building block should apply to all OECD-regulated banks without the need for an 'equivalence' test. The practical difficulties and political sensitivity of applying the 'equivalence test' was a reason cited by one of the respondents as to why this building block should not apply. 46. CESR has taken the view that non-EU banks which are subject to an equivalent standard of prudential and regulatory supervision should benefit from this building block and it is anticipated that OECD-regulated banks will meet this equivalent standard. To do otherwise will result in excluding well regulated non-EU banks that are already issuing large numbers of securities successfully in the EU."

Einen in der Praxis vor dem Inkrafttreten des neuen Rechts oft beschrittenen Weg wollte man aber den Banken nicht eröffnen, nämlich die Nutzung des Registrierungsformulars für Banken, wenn diese über ein so genanntes Special Purpose Vehicle (SPVs) Wertpapiere emittieren, für die sie in der Regel die Garantie übernehmen. Dies haben sowohl CESR[13] in seinen Diskussionen mit den Marktteilnehmern, die diesen Wunsch vorgetragen hatten, als auch die Kommission immer wieder verneint. SPVs werden daher in der Regel neben dem jeweils für die Wertpapierart geltenden Schemata auch Art. 9 sowie Anh. VI EU-ProspV (Modul für Garantien) beachten müssen.

Gegenstand der Diskussion war ferner, inwieweit auch Kreditinstituten ähnliche, gleichfalls beaufsichtigte Institutionen wie Investmentbanken, die nicht unter Art. 1 Abs. 1 lit. a) der so genannten Bankenrichtlinie subsumiert werden können, unter Art. 14 EU-ProspV und damit Anh. XI fallen. CESR hatte noch befürwortet, dass zumindest im Falle einer staatlichen Aufsicht nicht der enge Kreditinstitutsbegriff nach Art. 2 Abs. 1 lit. g) EU-ProspRL gelten solle.[14] Dem hat sich die Kommission jedoch nicht angeschlossen, da man den Gleichlauf zwischen Richtlinie und Verordnung wahren wollte.[15]

2. Arten von Wertpapieren

4 Das nach Anh. XI EU-ProspV zu erstellende Registrierungsformular kann für Schuldtitel, derivative Wertpapiere und sonstige nicht unter Art. 4 EU-

---

13 Vgl. *CESR*, advice, content and format, Ref.: CESR/03-300 Tz. 30: „30. CESR proposes that the specialist building block for banks in Annex K of CESR/03-208 submitted to the Commission in July should be used for banks issuing derivative securities. CESR considers it important to point out for the purposes of clarity that an SPV issuer of derivatives that is guaranteed by a bank can not use this Annex."

14 Vgl. *CESR*, advice content and format, Ref.: CESR/03-300 Tz. 115: The Banks Non-Equity RD schedule can be used by banks issuing any type of non-equity securities (with the exception of asset backed securities issued by SPVs). Banks, for the purposes of the use of this schedules would include not only "credit institutions" as defined by the Prospectus Directive, but also regulated firms such as investment banks that have substantial experience of issuing securities."

15 Vgl. die Begründung der Generaldirektion Binnenmarkt zu den in der EU-ProspV im Vergleich zu den CESR-Empfehlungen vorgenommenen Abweichungen, ESC-Dokument 42/2003-rev2, S. 13 f. (veröffentlicht unter http://ec.europa.eu/internal_market/securities/docs/prospectus/esc-42-2003/rev2_en.pdf, abgerufen am 07.03.2014): Though we agree with CESR that non-EU banks developing important business in the EU should be able to benefit from adequate regulatory arrangements, we face a practical and legal problem to accept this solution as proposed by CESR: Assessment of the quality of banking prudential supervision is not part of the tasks of securities regulators. No harmonised solution is proposed for this assessment by CESR either. Moreover, reference to the fact that those banks have substantial experience in underwriting issues has no precise meaning and cannot form part of a legal text. The inclusion of a reference to OECD provides for legal certainty and for a harmonised solution – which, in any event, is necessary for the purposes of maximum harmonisation provided for in Article 7 of the Directive. Moreover, the reference to "credit institutions" instead of "banks" is in line with the existing acquis, for instance with the banking Directive 2000/12/EC and with the level 1 prospectus Directive.

ProspV fallende Wertpapiere – also für alle Wertpapiere außer Aktien und aktienähnliche Wertpapiere – genutzt werden. Insb. der Einbeziehung von derivativen Wertpapiere war eine lange Diskussion vorausgegangen, da verschiedene Mitgliedstaaten, insb. südeuropäischer Provenienz, nicht nur für die Wertpapierbeschreibung, sondern auch für den Emittenten selbst Prospektanforderungen in einem erheblichen Umfang aufstellen wollten. Nicht zuletzt auf Grund des massiven Widerstands der Marktteilnehmer konnte dies verhindert werden. Auch die Ausweitung auf Aktienemissionen war erwogen worden, letztlich aber von CESR und der Kommission verneint worden, da man hier aus Gründen der Anlegerinformation und des Anlegerschutzes eine umfassendere Information für notwendig erachtete.[16]

3. Verhältnis zu den anderen Schemata

Im Hinblick auf die in Art. 21 Abs. 2 EU-ProspV vorgenommene Rangfolge 5 zwischen den verschiedenen Schemata der EU-ProspV nimmt das Registrierungsformular für Banken nicht nur auf Grund seiner emittentenspezifischen Ausrichtung, sondern auch wegen seiner im Vergleich zu den anderen Schemata geringsten Anforderungen eine Sonderstellung ein. In der Regel wird sich die Rangfolgefrage bei Banken nicht stellen, wenn sie nicht auch Aktien oder ähnliche Wertpapiere nach Art. 4 EU-ProspV emittieren wollen; sie können das Schema nach Art. 14, Anh. XI EU-ProspV in fast allen Fällen nutzen.[17] Daher hat Art. 14 Abs. 2 Unterabs. 2 EU-ProspV auch nur klarstellende Bedeutung dahingehend, dass die in den Art. 7 und 12 EU-ProspV genannten Schemata, also diejenigen für Schuldtitel mit einer Stückelung von weniger oder mehr als 100.000 Euro, alternativ genutzt werden können.[18] Für Banken, die unter Art. 1 Abs. 2 lit. j EU ProspRL (§ 1 Abs. 2 Nr. 5 WpPG) fallen und freiwillig einen Vollprospekt erstellen möchten (§ 1 Abs. 3 WpPG), findet unter den in Art. 26 c EU-ProspV geschilderten Voraussetzungen das

---

16 Siehe hierzu das CESR, prospectus consultation feedback statement, Ref.: CESR/03-129, Tz. 40: „CESR has decided that the banks building block should not be extended to cover equity securities because the rationale for a reduced disclosure regime for banks is the prudential and regulatory supervision providing greater comfort in respect of debt issues. This comfort would not deal with all the interests of investors in equity securities who are more concerned with the value and growth of the issuer. As such banks who issue equity securities will be expected to disclose information based on the core equity building block."
17 Vgl. insoweit auch die in Anh. XVIII EU-ProspV (so genannte Roadmap) dargestellten Möglichkeiten.
18 Vgl. hierzu CESR, advice, content and format, Ref.: CESR/03-300 Tz. 30. Unter Tz. 119 wird ausgeführt: „Regarding the use of the Banks Non-Equity RD schedule CESR points out that these entities have the choice of using their specific schedule or the general Retail or Wholesale Non-Equity RD schedules when issuing debt or derivative securities. This would mean that a bank seeking to issue wholesale debt or derivative securities could produce either a Banks Non-Equity RD or a Wholesale Non-Equity RD. Additionally, banks issuing retail debt or retail derivative securities would have the option to choose between the Banks Non-Equity RD and or the Retail Non-Equity RD."

verhältnismäßige Schema XXIX Anwendung.[19] Diese Banken können aber natürlich jederzeit die strengeren Schemata alternativ anwenden.

4. Nutzung des Basisprospekts

6   Zahlreiche Banken in Deutschland nutzen für ihre Emissionen in der Regel die Erleichterungen des Basisprospekts (§ 6 WpPG, Art. 26 EU-ProspV). Bisher verbot § 12 Abs. 1 Satz 6 WpPG a. F. ausdrücklich die Erstellung von Basisprospekten in mehreren Einzeldokumenten (vgl. § 12 Abs. 1 Satz 2 WpPG: dreiteiliger Prospekt)[20]. Daher erstellten bisher Banken ihre Basisprospekte im Einklang mit den Vorgaben des Art. 26 EU-ProspV, insbesondere von Abs. 2 und 3 und sind in der Reihenfolge der Darstellung der in Anh. XI EU-ProspV verlangten Angaben über sich in ihrer Emittenteneigenschaft recht frei.[21] Dennoch verweisen auch bei Basisprospekten nicht wenige Banken im Wege des § 11 WpPG auf das einmal gebilligte und bei der zuständigen Behörde hinterlegte Registrierungsformular; zu beachten sind hierbei jedoch die Vorgaben über die Gültigkeit von Prospekten nach § 9 WpPG. § 12 Abs. 1 Satz 6 WpPG ist in der neuen Fassung des WpPG gestrichen[22], so dass seit Inkrafttreten der neuen Gesetzeslage am 01.07.2012 auch dreiteilige Basisprospekte möglich sind. Ob die bisher geringe Bedeutung des dreiteiligen Prospekts[23] damit zunimmt, bleibt abzuwarten.

---

19 Näheres hierzu siehe oben Rn. 2 und die Komm. zu Art. 26 c EU-ProspV bzw. Anh. XXIX EU-ProspV.
20 Zu den Gründen: *Heidelbach/Preuße*, BKR 2012, 397, 399.
21 Vgl. Art. 26 EU-ProspV sowie die Komm. zu § 6 WpPG Rn. 9 ff.
22 Hierzu im Detail: *Heidelbach/Preuße*, BKR 2012, 397,399.
23 *Heidelbach/Preuße*, BKR 2012, 397, 399, m.w.N.

ANHANG XI	ANNEX XI
Mindestangaben für das Registrierungsformular für Banken (Schema)	Minimum Disclosure Requirements fort he Banks Registration Document (schedule)

1. Verantwortliche Personen

1. Persons Responsible

1.1. Alle Personen, die für die im Registrierungsformular gemachten Angaben bzw. für bestimmte Abschnitte des Registrierungsformulars verantwortlich sind. Im letzteren Fall sind die entsprechenden Abschnitte aufzunehmen. Im Falle von natürlichen Personen, zu denen auch Mitglieder der Verwaltungs-, Geschäftsführungs- und Aufsichtsorgane des Emittenten gehören, sind der Name und die Funktion dieser Person zu nennen. Bei juristischen Personen sind Name und eingetragener Sitz der Gesellschaft anzugeben.

1.1. All persons responsible for the information given in the registration document and, as the case may be, for certain parts of it, with, in the latter case, an indication of such parts. In the case of natural persons including members of the issuer's administrative, management or supervisory bodies indicate the name and function of the person; in case of legal persons indicate the name and registered office.

1.2. Erklärung der für das Registrierungsformular verantwortlichen Personen, dass sie die erforderliche Sorgfalt haben walten lassen, um sicherzustellen, dass die im Registrierungsformular genannten Angaben ihres Wissens nach richtig sind und keine Tatsachen ausgelassen werden, die die Aussage des Registrierungsformulars wahrscheinlich verändern. Ggf. Erklärung der für bestimmte Abschnitte des Registrierungsformulars verantwortlichen Personen, dass sie die erforderliche Sorgfalt haben walten lassen, um sicherzustellen, dass die in dem Teil des Registrierungsformulars genannten Angaben, für die sie verantwortlich sind, ihres Wissens nach richtig sind und keine Tatsachen ausgelassen werden, die die Aussage des Registrierungsformulars wahrscheinlich verändern.

1.2. A declaration by those responsible for the registration document that, having taken all reasonable care to ensure that such is the case, the information contained in the registration document is, to the best of their knowledge, in accordance with the facts and contains no omission likely to affect its import. As the case may be, declaration by those responsible for certain parts of the registration document that, having taken all reasonable care to ensure that such is the case, the information contained in the part of the registration document for which they are responsible is, to the best of their knowledge, in accordance with the facts and contains no omission likely to affect its import.

2. Abschlussprüfer

2. Statutory Auditors

2.1. Namen und Anschrift der Abschlussprüfer des Emittenten, die für den von den historischen Finanzinformationen abgedeckten Zeitraum zuständig waren (einschließlich der Angabe ihrer Mitgliedschaft in einer Berufsvereinigung).

2.1. Names and addresses of the issuer's auditors for the period covered by the historical financial information (together with their membership in a professional body).

2.2. Wurden Abschlussprüfer während des von den historischen Finanzinformationen abgedeckten Zeitraums abberufen, wurden sie nicht wieder bestellt oder haben sie ihr Mandat niedergelegt, so sind entsprechende Einzelheiten offen zu legen, wenn sie von wesentlicher Bedeutung sind.

2.2. If auditors have resigned, been removed or not been reappointed during the period covered by the historical financial information, details if material.

3.   Risikofaktoren

3.1. Vorrangige Offenlegung von Risikofaktoren, die die Fähigkeit des Emittenten beeinträchtigen können, seinen Verpflichtungen im Rahmen der Wertpapiere gegenüber den Anlegern nachzukommen (unter der Rubrik „Risikofaktoren").

3.   Risk Factors

3.1. Prominent disclosure of risk factors that may affect the issuer's ability to fulfil its obligations under the securities to investors in a section headed 'Risk factors'.

4.   Angaben über den Emittenten

4.1. Geschäftsgeschichte und Geschäftsentwicklung des Emittenten

4.1.1. Juristischer und kommerzieller Name des Emittenten;

4.1.2. Ort der Registrierung des Emittenten und seine Registrierungsnummer;

4.1.3. Datum der Gründung und Existenzdauer des Emittenten, soweit diese nicht unbefristet ist;

4.1.4. Sitz und Rechtsform des Emittenten; Rechtsordnung, in der er tätig ist; Land der Gründung der Gesellschaft; Anschrift und Telefonnummer seines eingetragenen Sitzes (oder Hauptort der Geschäftstätigkeit, falls nicht mit dem eingetragenen Sitz identisch);

4.1.5. Wichtige Ereignisse aus jüngster Zeit in der Geschäftstätigkeit des Emittenten, die in hohem Maße für die Bewertung der Solvenz des Emittenten relevant sind.

4.   Information about the Issuer

4.1. History and development of the Issuer

4.1.1. the legal and commercial name of the issuer;

4.1.2. the place of registration of the issuer and its registration number;

4.1.3. the date of incorporation and the length of life of the issuer, except where indefinite;

4.1.4. the domicile and legal form of the issuer, the legislation under which the issuer operates, its country of incorporation, and the address and telephone number of its registered office (or principal place of business if different from its registered office);

4.1.5. any recent events particular to the issuer which are to a material extent relevant to the evaluation of the issuer's solvency.

5.   Geschäftsüberblick

5.1. Haupttätigkeitsbereiche

5.1.1. Beschreibung der Haupttätigkeiten des Emittenten unter Angabe der wichtigsten Arten der vertriebenen Produkte und/oder erbrachten Dienstleistungen;

5.   Business Overview

5.1. Principal activities:

5.1.1. A brief description of the issuer's principal activities stating the main categories of products sold and/or services performed;

5.1.2. Angabe etwaiger wichtiger neuer Produkte und/oder Dienstleistungen;

5.1.2. An indication of any significant new products and/or activities.

5.1.3. Wichtigste Märkte

5.1.3. Principal markets

Kurze Beschreibung der wichtigsten Märkte, auf denen der Emittent tätig ist;

A brief description of the principal markets in which the issuer competes.

5.1.4. Grundlage für etwaige Angaben des Emittenten im Registrierungsformular zu seiner Wettbewerbsposition.

5.1.4. The basis for any statements in the registration document made by the issuer regarding its competitive position.

6. Organisationsstruktur

6. Organisational Structure

6.1. Ist der Emittent Teil einer Gruppe, kurze Beschreibung der Gruppe und der Stellung des Emittenten innerhalb dieser Gruppe.

6.1. If the issuer is part of a group, a brief description of the group and of the issuer's position within it.

6.2. Ist der Emittent von anderen Einheiten innerhalb der Gruppe abhängig, ist dies klar anzugeben und eine Erklärung zu seiner Abhängigkeit abzugeben.

6.2. If the issuer is dependent upon other entities within the group, this must be clearly stated together with an explanation of this dependence.

7. Trend Informationen

7. Trend Information

7.1. Einzufügen ist eine Erklärung, der zufolge es keine wesentlichen negativen Veränderungen in den Aussichten des Emittenten seit dem Datum der Veröffentlichung der letzten geprüften Jahresabschlüsse gegeben hat.

7.1. Include a statement that there has been no material adverse change in the prospects of the issuer since the date of its last published audited financial statements.

Kann der Emittent keine derartige Erklärung abgeben, dann sind Einzelheiten über diese wesentliche negative Änderung beizubringen.

In the event that the issuer is unable to make such a statement, provide details of this material adverse change.

7.2. Informationen über bekannte Trends, Unsicherheiten, Nachfragen, Verpflichtungen oder Vorfälle, die voraussichtlich die Aussichten des Emittenten zumindest im laufenden Geschäftsjahr wesentlich beeinflussen dürften.

7.2. Information on any known trends, uncertainties, demands, commitments or events that are reasonably likely to have a material effect on the issuer's prospects for at least the current financial year.

8. Gewinnprognosen oder -schätzungen

8. Profit Forecasts or Estimates

Entscheidet sich ein Emittent dazu, eine Gewinnprognose oder eine Gewinnschätzung aufzunehmen, dann hat das Registrierungsformular die Angaben unter den Punkten 8.1. und 8.2. zu enthalten:

If an issuer chooses to include a profit forecast or a profit estimate the registration document must contain the information items 8.1 and 8.2.

8.1. Eine Erklärung, die die wichtigsten Annahmen erläutert, auf die der Emittent seine Prognose oder Schätzung ge-

8.1. A statement setting out the principal assumptions upon which the issuer has based its forecast, or estimate.

stützt hat. Bei den Annahmen sollte klar zwischen jenen unterschieden werden, die Faktoren betreffen, die die Mitglieder der Verwaltungs-, Geschäftsführungs- und Aufsichtsorgane beeinflussen können, und Annahmen in Bezug auf Faktoren, die klar außerhalb des Einflussbereiches der Mitglieder der Verwaltungs-, Geschäftsführungs- und Aufsichtsorgane liegen. Die Annahmen müssen für die Anleger leicht verständlich und spezifisch sowie präzise sein und dürfen nicht der üblichen Exaktheit der Schätzungen entsprechen, die der Prognose zu Grunde liegen.

There must be a clear distinction between assumptions about factors which the members of the administrative, management or supervisory bodies can influence and assumptions about factors which are exclusively outside the influence of the members of the administrative, management or supervisory bodies; be readily understandable by investors; be specific and precise; and not relate to the general accuracy of the estimates underlying the forecast.

8.2. Einen Bericht, der von unabhängigen Buchprüfern oder Abschlussprüfern erstellt wurde und in dem festgestellt wird, dass die Prognose oder die Schätzung nach Meinung der unabhängigen Buchprüfer oder Abschlussprüfer auf der angegebenen Grundlage ordnungsgemäß erstellt wurde und dass die Rechnungslegungsgrundlage, die für die Gewinnprognose oder -schätzung verwendet wurde, mit den Rechnungslegungsstrategien des Emittenten konsistent ist.

8.2. A report prepared by independent accountants or auditors stating that in the opinion of the independent accountants or auditors the forecast or estimate has been properly compiled on the basis stated, and that the basis of accounting used for the profit forecast or estimate is consistent with the accounting policies of the issuer.

Beziehen sich die Finanzinformationen auf das letzte Geschäftsjahr und enthalten ausschließlich nicht irreführende Zahlen, die im Wesentlichen mit den im nächsten geprüften Jahresabschluss zu veröffentlichenden Zahlen konsistent sind, sowie die zu deren Bewertung nötigen erläuternden Informationen, ist kein Bericht erforderlich, sofern der Prospekt alle folgenden Erklärungen enthält:

Where financial information relates to the previous financial year and only contains non-misleading figures substantially consistent with the final figures to be published in the next annual audited financial statements for the previous financial year, and the explanatory information necessary to assess the figures, a report shall not be required provided that the prospectus includes all of the following statements:

a) die für diese Finanzinformationen verantwortliche Person, sofern sie nicht mit derjenigen identisch ist, die für den Prospekt insgesamt verantwortlich ist, genehmigt diese Informationen;

(a) the person responsible for this financial information, if different from the one which is responsible for the prospectus in general, approves that information;

b) unabhängige Buchprüfer oder Abschlussprüfer haben bestätigt, dass diese Informationen im Wesentlichen mit den im nächsten geprüften Jahresabschluss zu veröffentlichenden Zahlen konsistent sind;

(b) independent accountants or auditors have agreed that this information is substantially consistent with the final figures to be published in the next annual audited financial statements;

c) diese Finanzinformationen wurden nicht geprüft.

8.3. Die Gewinnprognose oder -schätzung sollte auf einer Grundlage erstellt werden, die mit den historischen Finanzinformationen vergleichbar ist.

9. Verwaltungs-, Geschäftsführungs- Und Aufsichtsorgane

9.1. Name und Geschäftsanschrift nachstehender Personen sowie ihre Stellung bei dem Emittenten unter Angabe der wichtigsten Tätigkeiten, die sie außerhalb des Emittenten ausüben, sofern diese für den Emittenten von Bedeutung sind:

a) Mitglieder der Verwaltungs-, Geschäftsführungs- und Aufsichtsorgane;

b) persönlich haftende Gesellschafter bei einer Kommanditgesellschaft auf Aktien.

9.2. Interessenkonflikte von Verwaltungs-, Geschäftsführungs- und Aufsichtsorganen sowie vom oberen Management

Potenzielle Interessenkonflikte zwischen den Verpflichtungen der unter Punkt 9.1. genannten Personen gegenüber dem Emittenten und ihren privaten Interessen oder sonstigen Verpflichtungen müssen klar festgehalten werden. Falls keine derartigen Konflikte bestehen, ist eine negative Erklärung abzugeben.

10. Hauptaktionäre

10.1. Sofern dem Emittenten bekannt, Angabe, ob an dem Emittenten unmittelbare oder mittelbare Beteiligungen oder Beherrschungsverhältnisse bestehen, und wer diese Beteiligungen hält bzw. diese Beherrschung ausübt. Beschreibung der Art und Weise einer derartigen Kontrolle und der vorhandenen Maßnahmen zur Verhinderung des Missbrauchs einer derartigen Kontrolle.

10.2. Sofern dem Emittenten bekannt, Beschreibung etwaiger Vereinbarungen,

(c) this financial information has not been audited.

8.3. The profit forecast or estimate must be prepared on a basis comparable with the historical financial information.

9. Administrative, Management, and Supervisory Bodies

9.1. Names, business addresses and functions in the issuer of the following persons, and an indication of the principal activities performed by them outside the issuer where these are significant with respect to that issuer:

(a) members of the administrative, management or supervisory bodies;

(b) partners with unlimited liability, in the case of a limited partnership with a share capital.

9.2. Administrative, Management, and Supervisory bodies conflicts of interests

Potential conflicts of interests between any duties to the issuing entity of the persons referred to in item 9.1 and their private interests and or other duties must be clearly stated. In the event that there are no such conflicts, make a statement to that effect.

10. Major Shareholders

10.1. To the extent known to the issuer, state whether the issuer is directly or indirectly owned or controlled and by whom, and describe the nature of such control, and describe the measures in place to ensure that such control is not abused.

10.2. A description of any arrangements, known to the issuer, the operation of

deren Ausübung zu einem späteren Zeitpunkt zu einer Veränderung bei der Kontrolle des Emittenten führen könnte.

which may at a subsequent date result in a change in control of the issuer.

11. **Finanzinformationen über die Vermögens-, Finanz- und Ertragslage des Emittenten**

11. Financial Information concerning the Issuer's Assets and Liabilities, Financial Position and Profits and Losses

11.1. Historische Finanzinformationen

11.1. Historical Financial Information

Beizubringen sind geprüfte historische Finanzinformationen, die die letzten zwei Geschäftsjahre abdecken (bzw. einen entsprechenden kürzeren Zeitraum, während dessen der Emittent tätig war), sowie ein Bestätigungsvermerk für jedes Geschäftsjahr. Hat der Emittent in der Zeit, für die historische Finanzinformationen beizubringen sind, seinen Bilanzstichtag geändert, so decken die geprüften historischen Finanzinformationen mindestens 24 Monate oder – sollte der Emittent seiner Geschäftstätigkeit noch keine 24 Monate nachgegangen sein – den gesamten Zeitraum seiner Geschäftstätigkeit ab. Derartige Finanzinformationen sind gemäß der Verordnung (EG) Nr. 1606/2002 zu erstellen bzw. für den Fall, dass diese Verordnung nicht anwendbar ist, gemäß den nationalen Rechnungslegungsgrundsätzen eines Mitgliedstaats, wenn der Emittent aus der Gemeinschaft stammt. Bei Emittenten aus Drittstaaten sind diese Finanzinformationen nach den im Verfahren des Artikels 3 der Verordnung (EG) Nr. 1606/2002 übernommenen internationalen Rechnungslegungsstandards oder nach diesen Standards gleichwertigen nationalen Rechnungslegungsstandards eines Drittstaates zu erstellen. Ist keine Äquivalenz zu den Standards gegeben, so sind die Finanzinformationen in Form eines neu zu erstellenden Jahresabschlusses vorzulegen.

Audited historical financial information covering the latest two financial years (or such shorter period that the issuer has been in operation), and the audit report in respect of each year. If the issuer has changed its accounting reference date during the period for which historical financial information is required, the audited historical information shall cover at least 24 monthes, or the entire period for which the issuer has been in operation, whichever is the shorter. Such financial information must be prepared according to Regulation (EC) No 1606/2002, or if not applicable to a Member State national accounting standards for issuers from the Community. For third country issuers, such financial information must be prepared according to the international accounting standards adopted pursuant to the procedure of Article 3 of Regulation (EC) No 1606/2002 or to a third country's national accounting standards equivalent to these standards. If such financial information is not equivalent to these standards, it must be presented in the form of restated financial statements.

Die geprüften historischen Finanzinformationen des letzten Jahres müssen in einer Form dargestellt und erstellt werden, die mit der konsistent ist, die im folgenden Jahresabschluss des Emittenten zur Anwendung gelangen wird, wobei die Rechnungslegungsstandards und

The most recent year's audited historical financial information must be presented and prepared in a form consistent with that which will be adopted in the issuer's next published annual financial statements having regard to accounting standards and policies and legislation appli-

-strategien sowie die Rechtsvorschriften zu berücksichtigen sind, die auf derlei Jahresabschlüsse Anwendung finden.

Ist der Emittent in seiner aktuellen Wirtschaftsbranche weniger als ein Jahr tätig, so sind die geprüften historischen Finanzinformationen für diesen Zeitraum gemäß den Standards zu erstellen, die auf Jahresabschlüsse im Sinne der Verordnung (EG) Nr. 1606/2002 anwendbar sind bzw. für den Fall, dass diese Verordnung nicht anwendbar ist, gemäß den nationalen Rechnungslegungsgrundsätzen eines Mitgliedstaats, wenn der Emittent aus der Gemeinschaft stammt. Bei Emittenten aus Drittstaaten sind diese historischen Finanzinformationen nach den im Verfahren des Artikels 3 der Verordnung (EG) Nr. 1606/2002 übernommenen internationalen Rechnungslegungsstandards oder nach diesen Standards gleichwertigen nationalen Rechnungslegungsstandards eines Drittstaates zu erstellen. Diese historischen Finanzinformationen müssen geprüft worden sein.

Wurden die geprüften Finanzinformationen gemäß nationaler Rechnungslegungsgrundsätze erstellt, dann müssen die unter dieser Rubrik geforderten Finanzinformationen zumindest Folgendes enthalten:

a) die Bilanz;

b) die Gewinn- und Verlustrechnung;

c) nur im Falle der Zulassung der Wertpapiere zum Handel auf einem geregelten Markt eine Kapitalflussrechnung;

d) die Rechnungslegungsstrategien und erläuternde Anmerkungen.

Die historischen jährlichen Finanzinformationen müssen unabhängig und in Übereinstimmung mit den in dem jeweiligen Mitgliedstaat anwendbaren Prüfungsstandards oder einem äquivalenten Standard geprüft worden sein oder es muss für das Registrierungsformular vermerkt werden, ob sie in Übereinstimmung mit dem in dem jeweiligen Mitgliedstaat anwendbaren Prüfungsstan-

cable to such annual financial statements.

If the issuer has been operating in its current sphere of economic activity for less than one year, the audited historical financial information covering that period must be prepared in accordance with the standards applicable to annual financial statements under Regulation (EC) No 1606/2002, or if not applicable to a Member State national accounting standards where the issuer is an issuer from the Community. For third country issuers, the historical financial information must be prepared according to the international accounting standards adopted pursuant to the procedure of Article 3 of Regulation (EC) No 1606/2002 or to a third country's national accounting standards equivalent to these standards. This historical financial information must be audited.

If the audited financial information is prepared according to national accounting standards, the financial information required under this heading must include at least the following:

(a) the balance sheet;

(b) the income statement;

(c) in the case of an admission of securities to trading on a regulated market only, a cash flow statement;

(d) the accounting policies and explanatory notes.

The historical annual financial information must be independently audited or reported on as to whether or not, for the purposes of the registration document, it gives a true and fair view, in accordance with auditing standards applicable in a Member State or an equivalent standard.

dard oder einem äquivalenten Standard
ein den tatsächlichen Verhältnissen entsprechendes Bild vermitteln.

11.2. Jahresabschluss

Erstellt der Emittent sowohl einen Jahresabschluss als auch einen konsolidierten Abschluss, so ist zumindest der konsolidierte Abschluss in das Registrierungsformular aufzunehmen.

11.3. Prüfung der historischen jährlichen Finanzinformationen

11.3.1 Es ist eine Erklärung dahingehend abzugeben, dass die historischen
Finanzinformationen geprüft wurden.
Sofern die Bestätigungsvermerke über
die historischen Finanzinformationen
von den Abschlussprüfern abgelehnt
wurden bzw. sofern sie Vorbehalte oder
Einschränkungen enthalten, sind diese
Ablehnung bzw. diese Vorbehalte oder
Einschränkungen in vollem Umfang
wiederzugeben und die Gründe dafür
anzugeben.

11.3.2. Angabe sonstiger Informationen
im Registrierungsformular, das von den
Abschlussprüfern geprüft wurde.

11.3.3 Wurden die Finanzdaten im Registrierungsformular nicht dem geprüften Jahresabschluss des Emittenten entnommen, so sind die Quelle dieser
Daten und die Tatsache anzugeben, dass
die Daten ungeprüft sind.

11.4. „Alter" der jüngsten Finanzinformationen

11.4.1. Das letzte Jahr der geprüften Finanzinformationen darf nicht älter sein
als 18 Monate ab dem Datum des Registrierungsformulars.

11.5. Zwischenfinanzinformationen- und sonstige Finanzinformationen

11.5.1. Hat der Emittent seit dem Datum
des letzten geprüften Jahresabschlusses
vierteljährliche oder halbjährliche Finanzinformationen veröffentlicht, so
sind diese in das Registrierungsformular

11.2. Financial statements

If the issuer prepares both own and consolidated financial statements, include at
least the consolidated financial statements in the registration document.

11.3. Auditing of historical annual financial information

11.3.1. A statement that the historical financial information has been audited. If
audit reports on the historical financial
information have been refused by the
statutory auditors or if they contain qualifications or disclaimers, such refusal or
such qualifications or disclaimers must
be reproduced in full and the reasons
given.

11.3.2. An indication of other information
in the registration document which has
been audited by the auditors.

11.3.3. Where financial data in the registration document is not extracted from
the issuer's audited financial statements
state the source of the data and state that
the data is un-audited.

11.4. Age of latest financial information

11.4.1. The last year of audited financial
information may not be older than 18
months from the date of the registration
document.

11.5. Interim and other financial information

11.5.1. If the issuer has published quarterly or half yearly financial information
since the date of its last audited financial
statements, these must be included in the
registration document. If the quarterly or

aufzunehmen. Wurden diese vierteljährlichen oder halbjährlichen Finanzinformationen einer teilweisen oder vollständigen Prüfung unterworfen, so sind die
entsprechenden Berichte ebenfalls aufzunehmen. Wurden die vierteljährlichen
oder halbjährlichen Finanzinformationen keiner teilweisen oder vollständigen Prüfung unterzogen, so ist diese
Tatsache anzugeben.

half yearly financial information has
been reviewed or audited the audit or review report must also be included. If the
quarterly or half yearly financial information is unaudited or has not been reviewed state that fact.

**11.5.2. Wurde das Registrierungsformu-
lar mehr als neun Monate nach Ablauf
des letzten geprüften Finanzjahres erstellt, muss es Zwischenfinanzinformationen enthalten, die sich zumindest auf
die ersten sechs Monate des Geschäftsjahres beziehen sollten. Wurden die
Zwischenfinanzinformationen keiner
Prüfung unterzogen, ist auf diesen Fall
eindeutig zu verweisen.**

11.5.2. If the registration document is
dated more than nine months after the
end of the last audited financial year, it
must contain interim financial information, covering at least the first six months
of the financial year. If the interim financial information is un-audited state that
fact.

Diese Zwischenfinanzinformationen
müssen einen vergleichenden Überblick
über denselben Zeitraum wie im letzten
Geschäftsjahr enthalten. Der Anforderung vergleichbarer Bilanzinformationen kann jedoch auch ausnahmsweise
durch die Vorlage der Jahresendbilanz
nachgekommen werden.

The interim financial information must
include comparative statements for the
same period in the prior financial year,
except that the requirement for comparative balance sheet information may be
satisfied by presenting the years end balance sheet.

**11.6. Gerichts- und Schiedsgerichts-
verfahren**

11.6. Legal and arbitration proceedings

**Angaben über etwaige staatliche Inter-
ventionen, Gerichts- oder Schiedsgerichtsverfahren (einschließlich derjenigen Verfahren, die nach Kenntnis des
Emittenten noch anhängig sind oder
eingeleitet werden könnten), die im
Zeitraum der mindestens letzten 12 Monate bestanden/abgeschlossen wurden,
und die sich erheblich auf die Finanzlage oder die Rentabilität des Emittenten und/oder der Gruppe auswirken
bzw. in jüngster Zeit ausgewirkt haben.
Ansonsten ist eine negative Erklärung
abzugeben.**

Information on any governmental, legal
or arbitration proceedings (including any
such proceedings which are pending or
threatened of which the issuer is aware),
during a period covering at least the previous 12 months which may have, or
have had in the recent past, significant
effects on the issuer and/or group's financial position or profitability, or provide an
appropriate negative statement.

**11.7. Wesentliche Veränderungen in der
Finanzlage des Emittenten**

11.7. Significant change in the issuer's
financial position

**Beschreibung jeder wesentlichen Verän-
derung in der Finanzlage der Gruppe,
die seit dem Ende des Stichtags einge-**

A description of any significant change
in the financial position of the group
which has occurred since the end of the

treten ist, für den entweder geprüfte Finanzinformationen oder Zwischenfinanzinformationen veröffentlicht wurden. Ansonsten ist eine negative Erklärung abzugeben.

last financial period for which either audited financial information or interim financial information have been published, or an appropriate negative statement.

12. Wesentliche Verträge

Kurze Zusammenfassung aller abgeschlossenen wesentlichen Verträge, die nicht im Rahmen der normalen Geschäftstätigkeit abgeschlossen wurden und die dazu führen könnten, dass jedwedes Mitglied der Gruppe eine Verpflichtung oder ein Recht erlangt, die bzw. das für die Fähigkeit des Emittenten, seinen Verpflichtungen gegenüber den Wertpapierinhabern in Bezug auf die ausgegebenen Wertpapiere nachzukommen, von wesentlicher Bedeutung ist.

12. Material Contracts

A brief summary of all material contracts that are not entered into in the ordinary course of the issuer's business, which could result in any group member being under an obligation or entitlement that is material to the issuer's ability to meet its obligation to security holders in respect of the securities being issued.

13. Angaben von Seiten Dritter, Erklärungen von Seiten Sachverständiger und Interessenerklärungen

13.1. Wird in das Registrierungsformular eine Erklärung oder ein Bericht einer Person aufgenommen, die als Sachverständiger handelt, so sind der Name, die Geschäftsadresse, die Qualifikationen und – falls vorhanden – das wesentliche Interesse am Emittenten anzugeben. Wurde der Bericht auf Ersuchen des Emittenten erstellt, so ist eine diesbezügliche Erklärung dahingehend abzugeben, dass die aufgenommene Erklärung oder der aufgenommene Bericht in der Form und in dem Zusammenhang, in dem sie bzw. er aufgenommen wurde, die Zustimmung von Seiten dieser Person erhalten hat, die den Inhalt dieses Teils des Registrierungsformulars gebilligt hat.

13. Third Party Information and Statement by Experts and Declerations of any Interest

13.1. Where a statement or report attributed to a person as an expert is included in the registration document, provide such person's name, business address, qualifications and material interest if any in the issuer. If the report has been produced at the issuer's request a statement to that effect that such statement or report is included, in the form and context in which it is included, with the consent of that person who has authorised the contents of that part of the registration document.

13.2. Sofern Angaben von Seiten Dritter übernommen wurden, ist zu bestätigen, dass diese Angaben korrekt wiedergegeben wurden und dass – soweit es dem Emittenten bekannt ist und er aus den von dieser dritten Partei veröffentlichten Informationen ableiten konnte – keine Tatsachen fehlen, die die wiedergegebenen Informationen unkorrekt

13.2. Where information has been sourced from a third party, provide a confirmation that this information has been accurately reproduced and that as far as the issuer is aware and is able to ascertain from information published by that third party, no facts have been omitted which would render the reproduced information inaccurate or misleading In ad-

oder irreführend gestalten würden. Darüber hinaus hat der Emittent die Quelle(n) der Informationen anzugeben.

14. Einsehbare Dokumente

Abzugeben ist eine Erklärung dahingehend, dass während der Gültigkeitsdauer des Registrierungsformulars ggf. die folgenden Dokumente oder deren Kopien eingesehen werden können:

a) die Satzung und die Statuten des Emittenten;

b) sämtliche Berichte, Schreiben und sonstige Dokumente, historischen Finanzinformationen, Bewertungen und Erklärungen, die von einem Sachverständigen auf Ersuchen des Emittenten abgegeben wurden, sofern Teile davon in das Registrierungsformular eingeflossen/einbezogen sind oder in ihm darauf verwiesen wird;

c) die historischen Finanzinformationen des Emittenten oder im Falle einer Gruppe die historischen Finanzinformationen für den Emittenten und seine Tochtergesellschaften für jedes der Veröffentlichung des Registrierungsformulars vorausgegangenen beiden letzten Geschäftsjahre.

Anzugeben ist auch, wo in diese Dokumente entweder in Papierform oder auf elektronischem Wege Einsicht genommen werden kann.

dition, the issuer shall identify the source(s) of the information.

14. Documents on Display

A statement that for the life of the registration document the following documents (or copies thereof), where applicable, may be inspected:

(a) the memorandum and articles of association of the issuer;

(b) all reports, letters, and other documents, historical financial information, valuations and statements prepared by any expert at the issuer's request any part of which is included or referred to in the registration document;

(c) the historical financial information of the issuer or, in the case of a group, the historical financial information of the issuer and its subsidiary undertakings for each of the two financial years preceding the publication of the registration document.

An indication of where the documents on display may be inspected, by physical or electronic means.

Inhalt*

I. Allgemeines

1 Anh. XI EU-ProspV enthält das Schema (siehe Definition in Art. 2 Ziff. 1. EU-ProspV) mit den vorgeschriebenen Mindestangaben für das Registrierungsformular für Banken. Da es bspw. im Gegensatz zu dem Schema für Aktienemissionen weitaus geringere Anforderungen an die Mindestangaben enthält, darf es zum einen nur von Banken im Sinne von Art. 1 Abs. 1 lit. a) der Bankenrichtlinie 2000/12/EG sowie von Nicht-EU-Kreditinstituten aus OECD-Staaten und zum anderen nur bei der Emission bestimmter Wertpapierarten genutzt werden.[1] Im Wesentlichen können Banken dieses Registrierungsformular für Emissionen sämtlicher Wertpapierarten außer Aktien und aktienähnlichen Wertpapieren nutzen. Im Hinblick auf die in Art. 21 Abs. 2 EU-ProspV vorgenommene Rangfolge zwischen den verschiedenen Schemata der EU-ProspV nimmt das Registrierungsformular für Banken nicht nur auf Grund seiner emittentenspezifischen Ausrichtung, sondern auch wegen seiner im Vergleich zu den anderen Schemata geringsten Anforderungen eine Sonderstellung ein.[2]

Im Zuge der Überarbeitung des EU- Prospektrechts[3] neu hinzu gekommen ist Art. 26c EU-ProspV, nach dem Anh. XXIX EU-ProspV als verhältnismäßiges Schema alternativ zu Anh. XI EU-ProspV für diejenigen Banken anwendbar ist, die unter Art. 1 Abs. 2 lit. j der Richtlinie 2003/71/EG fallen. Im Wesentlichen decken sich die Anforderungen des Anh. XXIX EU-ProspV mit denen des Anh. XI EU-ProspV. Einziger Unterschied sind erleichterte Anfor-

---

* Überarbeitete und aktualisierte Fassung der Komm. von *Wagner* aus der Vorauflage.
1 Vgl. auch die Komm. zu Art. 14 EU-ProspV Rn. 3, 4.
2 Siehe zu den weiteren Einzelheiten Komm. zu Art. 14 EU-ProspV Rn. 2.
3 RL (EG) 71/2003 v. 04.11.2003, ABl. 2003 Nr. L 345/64 v. 31.12.2003, zuletzt geändert durch ÄnderungsRL (EU) 73/2010 v. 24.11.2010, ABl. 2010 Nr. L 327/1 v. 11.12.2010; Delegierte VO (EU) 486/2012 v. 30.03.2012, ABl. 2012 Nr. L 150/1 v. 09.06.2012 und Delegierte VO (EU) 862/2012 v. 04.06.2012, ABl. 2012 Nr. L 256/4 v. 22.09.2012 zur Änderung der VO (EG) 809/2004 v. 29.04.2004, ABl. 2004 Nr. L 149/1 v. 30.04.2004, korrigiert durch ABl. 2004 Nr. L 215/3 v. 16.06.2004 und ABl. L 186/3 v. 18.07.2005.

derungen des verhältnismäßigen Schemas im Hinblick auf Ziff. 11.1. der Finanzinformationen.[4]

Die Reihenfolge der Informationsbestandteile ist nicht verbindlich (Art. 25 Abs. 3 EU-ProspV). Die Bundesanstalt für Finanzdienstleistungsaufsicht hat aber von ihrer Möglichkeit nach Art. 25 Abs. 4 EU-ProspV Gebrauch gemacht und verlangt eine Überkreuz-Checkliste, wenn der Prospekt nicht in der Reihenfolge des entsprechenden Anh. der EU-ProspV aufgebaut ist.[5]

II. Verantwortliche Personen

Aufgrund des identischen Wortlauts mit den Ziff. 1.1. und 1.2. des Anh. I EU-ProspV wird auf die dortige Kommentierung verwiesen. Auch wenn bei Börsenzulassungen gem. § 5 Abs. 4 Satz 2 WpPG das Kredit- oder Finanzdienstleistungsinstitut, mit dem der Emittent die Zulassung der Wertpapiere beantragt, genannt werden muss, stellt diese Angabe bei Kreditinstituten eine zu vermeidende Doppelung von Informationen dar, es sei denn, es liegt ein Fall der Emissionsbegleitung vor.   2

III. Abschlussprüfer

Aufgrund des identischen Wortlauts mit den Ziff. 2.1. und 2.2. des Anh. I EU-ProspV wird auf die dortige Kommentierung verwiesen.   3

IV. Risikofaktoren

Aufgrund des identischen Wortlauts mit Ziff. 4. des Anh. I EU-ProspV wird   4
zunächst auf die dortige Kommentierung verwiesen. Das wesentliche Risiko bei Banken wie bei Emittenten von Schuldtiteln allgemein ist das Solvenzrisiko, also die Fähigkeit, die mit dem Wertpapier verbriefte Verbindlichkeit am Ende der Laufzeit des Wertpapiers zu erfüllen. Im Hinblick auf Kreditinstitute kann daher das Risiko, inwieweit die Verbindlichkeiten aus den emittierten Schuldtiteln erfüllt werden können, u. a. auch durch die Nennung des bei Banken üblichen Ratings der verschiedenen Ratingagenturen beschrieben werden, da mit einem Rating die Bonität von Emittenten bewertet und eine Indikation über die Wahrscheinlichkeit der Rück- und Zinszahlung gegeben wird. Nimmt das Kreditinstitut das jeweilige Rating in den Prospekt auf, sollte nicht nur die Nomenklatur der jeweiligen Ratingagentur beschrieben werden, sondern es sollte auch darauf hingewiesen werden, dass das Rating selbst keine Empfehlung darstellt und die Ratingagenturen das jeweilige Rating ändern können, was wiederum oft Auswirkungen auf den Markt-

---

4   Im Detail hierzu siehe die Komm. zu Art. 26 c EU-ProspV und zu Anh. XXIX EU-ProspV.
5   Vgl. Informationen auf der Homepage der BaFin: www.bafin.de, z.B. FAQ zum Auslaufen des Daueremittentenprivilegs vom 10.07.2008; FAQ zum neuen Basisprospektregime vom 31.05.2012 (Stand Januar 2014), jeweils abgerufen am 07.03.2014.

preis der Wertpapiere hat. Zudem stellen bei Kreditinstituten auf Grund ihrer Geschäftstätigkeit u. a. Kreditausfallrisiken, Zinsrisiken, Marktrisiken aus dem Handel mit Finanzinstrumenten oder operationelle Risiken klassische Risiken dar.

V. Angaben über den Emittenten

5 Aufgrund des weitgehend identischen Wortlauts mit Ziff. 5.1. des Anh. I EU-ProspV wird zunächst auf die dortige Kommentierung verwiesen. Im Unterschied zu Ziff. 5.1.5. des Anh. I EU-ProspV wird in Ziff. 4.1.5. des Anh. XI ProspV nicht die Angabe „wichtiger Ereignisse in der Geschäftstätigkeit des Emittenten", sondern „wesentlicher Ereignisse aus jüngster Zeit in der Geschäftstätigkeit des Emittenten, die in hohem Maße für die Bewertung der Solvenz des Emittenten relevant sind", verlangt. Da für Banken und Emittenten von Schuldtiteln[6] das wesentliche Risiko die Solvenz darstellt[7], wird damit korrespondierend auf maßgeblich die Solvenz beeinträchtigende Faktoren der jüngsten Vergangenheit abgestellt, die dem Anleger möglicherweise noch nicht bekannt sein könnten. Angaben über Investitionen wie beim Registrierungsformular für Aktien (dort Ziff. 5.2.) sind bei Banken nicht erforderlich.

VI. Geschäftsüberblick

6 Grds. sei wegen des inhaltlich ähnlichen Wortlauts mit Ziff. 6.1., 6.2., und 6.5. Anh. I EU-ProspV auf die dortige Kommentierung verwiesen. Für Banken wurden wegen ihrer bspw. von Industrieunternehmen zu unterscheidenden Geschäftstätigkeit die Ziff. 5.1.1. und 5.1.2. inhaltlich angepasst. Gleiches gilt für die Ziff. 6.2. Anh. I EU-ProspV (Ziff. 5.3. Anh. XI EU-ProspV) und Ziff. 6.5. Anh. I EU-ProspV (Ziff. 5.1.4. Anh. XI EU-ProspV). Die Beschreibung der Geschäftstätigkeit kann bei vielen Banken wohl recht kurz mit einem Verweis auf das Betreiben von Bankgeschäften sowie das Erbringen von Finanzdienstleistungen und sonstigen Dienstleistungen nach dem KWG erfolgen. Zudem sind natürlich je nach Geschäftsbetrieb der Bank weitere Geschäftsfelder wie bspw. das Betreiben des Hypothekenpfandbriefgeschäfts nach dem Pfandbriefgesetz oder auch das Beteiligungsgeschäft zu nennen.

VII. Organisationsstruktur

7 Wegen der inhaltlichen Übereinstimmungen mit Ziff. 7.1. Anh. I EU-ProspV sei auf die dortige Kommentierung verwiesen. Ziff. 6.2. hingegen unterschei-

---

6 Daher ist der Wortlaut der Ziff. 4.1.5 des Anh. XI EU-ProspV mit Ziff. 5.1.5 des Anh. IV EU-ProspV identisch.

7 Siehe oben Rn. 4.

det sich in seinem Wortlaut von Ziff. 7.2. Anh. I EU-ProspV. Hier ist Raum, um die ggf. bestehende Zugehörigkeit zu Sicherungseinrichtungen zu beschreiben.

VIII. Trend Informationen

Die Angaben sind mit denen nach Ziff. 8. Anh. IV EU-ProspV identisch; daher wird auf die dortigen Ausführungen verwiesen.

8

IX. Gewinnprognosen oder -schätzungen

Die Angaben sind mit denen nach Ziff. 9. Anh. IV EU-ProspV identisch; daher wird auf die dortigen Ausführungen verwiesen. Neu[8] ist gem. Ziff. 8.2. Satz 2 Anh. XI EU-ProspV (entspricht Ziff. 9.2. Satz 2 Anh. IV EU-ProspV) bei Aufnahme einer Gewinnprognose oder -schätzung in den Prospekt die Möglichkeit des Verzichts auf einen Bericht der unabhängigen Buchprüfer oder Abschlussprüfer nach Ziff. 8.2. Satz 1 Anh. XI EU-ProspVO unter den in Ziff. 8.2. Satz 2 EU-ProspV geregelten Voraussetzungen und unter Aufnahme bestimmter Erklärungen in den Prospekt, wie in Ziff. 8.2. Satz 2 lit. a bis lit. c EU-ProspV verlangt.[9]

9

X. Verwaltungs-, Geschäftsführungs- und Aufsichtsorgane

Wegen des identischen Wortlauts mit Ziff. 10. Anh. IV EU-ProspV wird auf die dortigen Ausführungen verwiesen.

10

XI. Hauptaktionäre

Wegen der inhaltlichen Übereinstimmung mit Ziff. 18.3. und 18.4. des Anh. I EU-ProspV sei grds. auf die dortigen Ausführungen verwiesen. Auch wenn hier von Hauptaktionären gesprochen wird, sind dem Sinn und Zweck nach auch Angaben über die Beteiligungsverhältnisse in das Registrierungsformular aufzunehmen, wenn es sich bei dem Kreditinstitut um keine Aktiengesellschaft handelt. Bei anderen Gesellschaftsformen als Aktiengesellschaften sind daher die jeweiligen kontrollierenden Gesellschafter anzugeben, gleiches gilt grds. bei Sparkassen und Volks- und Raiffeisenbanken entsprechend

11

---

8   Art. 1 Nr. 4 i.V.m. Anh. Nr. 6 Delegierten VO (EU) 862/2012 v. 04.06.2012, ABl. 2012 Nr. L 256/4 v. 22.09.2012 zur Änderung der VO (EG) 809/2004 v. 29.04.2004, ABl. 2004 Nr. L 149/1 v. 30.04.2004, korrigiert durch ABl. 2004 Nr. L 215/3 v. 16.06.2004 und ABl. 2005 Nr. L 186/3 v. 18.07.2005, zuletzt geändert durch Delegierte VO (EU) 759/2013 v. 30.04.2013, ABl. 2013 Nr. L 213/1 v. 08.08.2013.

9   Zu den Details der Anforderungen an den Verzicht auf den Bericht und den Inhalt der in den Prospekt aufzunehmenden Erklärungen siehe die Komm. zu Ziff. 9 Anh. IV EU-ProspV, Rn. 18.

der jeweils gewählten Gesellschaftsformen und der – teilweise landesrechtlichen – Bestimmungen. Bei Sparkassen kann dies bspw. ein Zweckverband sein; bei Volks- und Raiffeisenbanken wird es in der Regel schon auf Grund der Struktur keinen kontrollierenden Gesellschafter geben.

XII. Finanzinformationen über die Vermögens-, Finanz- und Ertragslage des Emittenten

12 Im Wesentlichen kann im Hinblick auf die inhaltlichen Anforderungen an die Darstellung der Finanzinformationen über die Vermögens-, Finanz- und Ertragslage des Emittenten auf die Kommentierung zu Anh. IX Ziff. 11. EU-ProspV (Schuldtitel und derivative Wertpapiere mit einer Mindeststückelung von 100.000 Euro) verwiesen werden. Der Umstand, dass Anh. IX EU-ProspV, der insbesondere für Wholesale-Emittenten erleichterte Prospektanforderungen bieten soll, und das Registrierungsformular für Banken ähnliche Anforderungen enthält, ist darauf zurückzuführen, dass man für Banken auf Grund der Solvenzaufsicht Erleichterungen für gerechtfertigt hielt.

Abweichungen zu Ziff. 11. des Anh. IX EU-ProspV enthält Anh. XI Ziff. 11. EU-ProspV – neben sprachlichen oder redaktionellen Unterschieden – jedoch bei Ziff. 11.1. und bei Ziff. 11.5. Nach Ziff. 11.1. werden zusätzliche Angaben zu den historischen Finanzinformationen gefordert, wenn der Emittent – also die Bank – noch nicht ein Jahr als Bank tätig war. Diese Anforderungen werden auch in Anh. IV Ziff. 13.1. Satz 7–9 für das Registrierungsformular für Schuldtitel und derivative Wertpapiere mit einer Stückelung von weniger als 100.000 Euro aufgestellt. Insoweit sei auf die Kommentierung zu Anh. IV EU-ProspV Rn. 43, 44 verwiesen. In Anh. IV EU-ProspV Rn. 57 ff. finden sich ferner Kommentierungen zu den nach Ziff. 11.5. geforderten Zwischenberichten, die bei Wholesale-Emittenten nach Anh. IX EU-ProspV gleichfalls nicht im Prospekt darzustellen sind. Auf diese Ausführungen sei auch für Banken verwiesen. Angemerkt sei schließlich, dass bei Banken, die nach nationalen Rechnungslegungsgrundsätzen bilanzieren können, nach Ziff. 11.1. auch anders als bei Wholesale-Emittenten in den Finanzinformationen eine Kapitalflussrechnung enthalten sein muss – dies gilt jedoch nur dann, wenn eine Zulassung zum regulierten Markt stattfinden soll.[10]

XIII. Wesentliche Verträge

13 Wegen der inhaltlichen Übereinstimmung mit Ziff. 15. Anh. IV EU-ProspV sei auf die dortige Kommentierung verwiesen.

---

10 Siehe hierzu die Komm. zu Anh. IV EU-ProspV, Rn. 45 ff., 63.

XIV. Angaben von Seiten Dritter, Erklärungen von Seiten Sachverständiger und Interessenerklärungen

Auf Grund der inhaltlichen Übereinstimmungen mit Ziff. 23.1. und Ziff. 23.2. *14*
Anh. I EU-ProspV sei auf die dortige Kommentierung verwiesen.

XV. Einsehbare Dokumente

Wegen der inhaltlichen Übereinstimmungen mit Ziff. 24. Anh. I EU-ProspV *15*
wird auf die dortigen Ausführungen verwiesen.

ARTIKEL 15	ARTICLE 15
Schema für die Wertpapierbeschreibung für derivative Wertpapiere	Securities note schedule for derivative securities

(1) Bei der Wertpapierbeschreibung für derivative Wertpapiere werden die Angaben gemäß dem in Anhang XII festgelegten Schema zusammengestellt.

1. For the securities note for derivative securities information shall be given in accordance with the schedule set out in Annex XII.

(2) Mit Ausnahme der in Artikel 6 Absatz 3, Artikel 8 Absätze 3 und 5 und Artikel 16 Absätze 3 und 5 genannten Fälle gilt das Schema für Wertpapiere, auf die die in den Artikeln 6, 8 und 16 genannten anderen Schemata für Wertpapierbeschreibungen keine Anwendung finden. Das Schema gilt für bestimmte Wertpapiere, bei denen die Zahlungs- und/oder Lieferverpflichtungen an einen Basiswert gekoppelt sind.

2. The schedule shall apply to securities which are not in the scope of application of the other securities note schedules referred to in Articles 6, 8 and 16, except for the cases mentioned in Article 6(3), Article 8(3) and (5) and Article 16(3) and (5). The schedule shall apply to certain securities where the payment and/or delivery obligations are linked to an underlying.

Inhalt

I. Verbindlichkeit des Schemas für die Mindestangaben

1 Ein Prospekt, der eine Wertpapierbeschreibung für derivative Wertpapiere enthält, darf nach Art. 15 in Verbindung mit Anh. XII EU-ProspV nicht nach Belieben oder aufgrund von mehr oder weniger naheliegenden Zweckmäßigkeitserwägungen des Emittenten erstellt werden. Zwar bestehen gewisse Freiheiten bei der Erstellung: so können die Emittenten nach den einschlägigen Vorgaben gerade bei komplexen derivativen Wertpapieren – auf freiwilliger Basis – auf zweckmäßige Beispiele zurückgreifen, um bei den Anlegern ein Verständnis dafür zu wecken, wie der Wert ihrer Anlage durch den Wert des Basistitels beeinflusst wird.[1] Ansonsten sind die Freiheiten bei der Erstellung eines Prospekts über ein derivatives Wertpapier jedoch strikt begrenzt. Der Prospekt ist zu erstellen, indem gemäß Art. 15 EU-ProspV auf ein durch europäisches Recht verbindlich vorgegebenes Schema zurückgegriffen wird[2]; dieses Schema ergibt sich aus Art. 15 in Verbindung mit Anh. XII

---

1 So Erwg. 18 zur EU-ProspV.
2 Vgl. Art. 3 Abs. 1 EU-ProspV.

EU-ProspV.[3] Es nennt die Mindestangaben, die ein derartiger Prospekt enthalten muss.[4] Mit anderen Worten darf ein Prospekt über ein derivatives Wertpapier nicht nur, vielmehr muss er die in Anh. XII EU-ProspV genannten Informationsbestandteile enthalten. Diese Mindestanforderungen begrenzen aber zugleich die Eingriffsbefugnisse der zuständigen Wertpapieraufsicht auf Grundlage dieser Vorschriften, da diese für einen Prospekt über derivative Wertpapiere nach den hier einschlägigen Vorgaben nur die im Anh. XII EU-ProspV genannten Informationsbestandteile vorschreiben darf.[5] Bei derivativen Wertpapieren kommt es somit entscheidend auf die in Anh. XII EU-ProspV behandelte Substanz an.

II. Begriff des Derivats

Das in Anh. XII EU-ProspV enthaltene Schema der Mindestangaben für die Wertpapierbeschreibung für derivative Wertpapiere wirft zunächst die Frage nach seinem Anwendungsbereich auf.   2

1. Negativabgrenzung

Art. 15 Abs. 2 EU-ProspV stellt diesbzgl. klar, dass das einschlägige Schema nach Anh. XII nur für Wertpapiere gilt, die nicht in den Anwendungsbereich der in den Art. 6 (Aktien), Art. 8 (Schuldtitel mit einer Einzelstückelung von weniger als 100.000 Euro) und Art. 16 (Schuldtitel mit einer Mindeststückelung von 100.000 Euro) Verordnung (EG) Nr. 809/2004 genannten anderen Schemata für Wertpapierbeschreibungen fallen, mit Ausnahme der in Art. 6 Abs. 3, Art. 8 Abs. 3 und 5 sowie Art. 16 Abs. 3 und 5 genannten Fälle, die sämtlich durch Verordnung (EU) Nr. 759/2013 der Verordnung (EU) Nr. 809/ 2004 angefügt worden sind. In den Anwendungsbereich des Art. 6 EU-ProspV fallen nur Aktien und andere übertragbare, aktienähnliche Wertpapiere.[6] In den Anwendungsbereich von Art. 8 und Art. 16 EU-ProspV fallen nur Schuldtitel, bei denen der Emittent aufgrund der Emissionsbedingungen verpflichtet ist, dem Anleger 100 % des Nominalwertes zu zahlen, der u. U. noch durch eine Zinszahlung aufgestockt wird.[7] Bei Art. 6, 8 und 16 EU-ProspV geht es somit um Wertpapiere, welche mit Ausnahme der in Art. 6 Abs. 3, Art. 8 Abs. 3 und 5 sowie Art. 16 Abs. 3 und 5 genannten Fälle nicht mit den für Derivate typischen Risiken und Eigenarten behaftet sind, so dass die hier vorgenommene klare gesetzliche Abgrenzung durchaus konsequent ist.   3

2. Dynamik in der Typenentwicklung

Auf eine positive Definition des „Derivats" oder „derivativen Wertpapiers" verzichtet das europäische Recht an dieser Stelle indes; weder in Art. 15 noch   4

---

3 Vgl. Art. 15 Abs. 1 EU-ProspV.
4 Vgl. Art. 7 RL 2003/71/EG i. V. m. Art. 3 EU-ProspV.
5 Vgl. Art. 3 Abs. 2 EU-ProspV.
6 Vgl. Art. 6 Abs. 2 EU-ProspV.
7 Vgl. Art. 8 Abs. 2 und Art. 16 Abs. 2 EU-ProspV.

im Anh. XII EU-ProspV findet sich eine solche Definition. Auch das deutsche WpPG hilft hier nicht weiter. Art. 15 EU-ProspV setzt den Begriff des „Derivats" in seiner Existenz voraus, ohne ihn abschließend einzugrenzen. Grund hierfür ist, dass es weder in der europäischen Rechtsprechung noch in der Literatur in den letzten Jahrzehnten gelungen ist, eine Definition zu entwickeln, die allen Erscheinungsformen gerecht wird.[8] Die einschlägigen Definitionsansätze im nationalen Zivilrecht bleiben bislang einzelfallbezogen und beziehen sich regelmäßig nur auf einzelne Derivatetypen.[9] Dies ist vor dem Hintergrund der „Artenvielfalt" derivativer Wertpapiere und der eminenten Dynamik ihrer Entwicklung durchaus nachvollziehbar. Je nachdem, welchem systematischen Ansatz man folgt, lässt sich zwischen zinsbezogene, währungsbezogene, aktien- oder indexbezogene und sonstige Derivate unterscheiden. Schon die Existenz der zwischenzeitlich in Mode gekommenen hybriden derivativen Produkte zeigt die quasi unendlichen Kombinationsmöglichkeiten der zugrundeliegenden Elemente auf (etwa im Rahmen von exotischen oder strukturierten Derivaten[10]). Es ergibt sich ein ganzer Kosmos an Erscheinungsformen, der nur schwer abstrakt zu fassen ist.

5 Vor diesem Hintergrund ist es von nur begrenztem Erkenntniswert, dass Derivate anfangs im Rahmen der modernen Finanz- und Marktwirtschaft – vornehmlich von den Banken – zur Abdeckung eines Sicherungsbedürfnisses (etwa Absicherung eines Währungs-, Zinsänderungs- oder Kreditrisikos) entwickelt wurden.[11] Aus diesen (Kurs-)Sicherungsgeschäften (auch: „Hedginggeschäfte") entwickelten sich aufgrund der beträchtlichen Gewinnaussichten schnell – gelegentlich unter Ausblendung der mit ihnen verbundenen Verlustrisiken – auch reine Spekulationsgeschäfte[12], die inzwischen umsatzmäßig die klassischen Hedginggeschäfte bei weitem übersteigen. An den Definitionsschwierigkeiten in Bezug auf den Begriff des „Derivats" haben diese Entwicklungen wenig geändert, vielmehr haben sie diese aufgrund des Einfallreichtums der beteiligten Akteure eher noch verstärkt.

3. Anderweitige Definitionsversuche des deutschen Gesetzgebers

6 Im deutschen Zivilrecht wird der Begriff des „Derivats" vorausgesetzt, nicht aber abschließend definiert, so etwa in § 312 d Abs. 4 Nr. 6 BGB.[13] Immerhin geht das öffentliche deutsche Kapitalmarktrecht hier weiter; trotz der geschilderten Schwierigkeiten hat der deutsche Gesetzgeber an bestimmten Stellen und ausschließlich in bestimmten Kontexten – etwa in denjenigen

---

8 Vgl. zur Historie *Samtleben*, ZBB 2003, 69, 70.

9 Vgl. etwa die letzte Entscheidung zu Zinsderivategeschäften des BGH, 15.01.2013, II ZR 90/11, abgedruckt etwa in DB 2013, 507 ff.; die dortigen Ausführungen gelten ausschließlich für diesen spezifischen Derivate-Typ.

10 Siehe etwa *Lenenbach*, KapMR, Rn. 6.22 ff..

11 Siehe *Claussen*, Bank- und BörsenR, S. 454.

12 Vgl. etwa *Lenenbach*, KapMR, Rn. 1.36, Rn. 6.29.

13 Auch der BGH scheut die abschließende Begriffsdefinition des „Derivats" im Rahmen der Auslegung des § 312 d Abs. 4 Nr. 6 BGB, vgl. BGH, 27.11.2012, XI ZR 439/11, abgedruckt etwa in ZIP 2013, 258 ff.

des Handels mit Wertpapieren[14] oder des Kreditwesens[15] – eine Begriffsdefinition „gewagt". Zwar kann deutsches – nationales – Recht aufgrund seiner systematischen Nachrangigkeit nicht die Auslegung des europäischen Rechts bestimmen, so dass sich insoweit keine verbindlichen Aussagen zum Verständnis des Art. 15 und des Anh. XII EU-ProspV ableiten lassen; aber immerhin kann das nationale Recht insoweit gewisse Anhaltspunkte zum allgemeinen Verständnis geben. Sowohl § 2 Abs. 2 WpHG als auch die – inhaltlich identische – bankenaufsichtsrechtliche Parallelvorschrift in § 1 Abs. 11 Satz 4 KWG definieren den Begriff des Derivats. Dort heißt es:

„Derivate sind   7

1. als Kauf, Tausch oder anderweitig ausgestaltete Festgeschäfte oder Optionsgeschäfte, die zeitlich verzögert zu erfüllen sind und deren Wert sich unmittelbar oder mittelbar vom Preis oder Maß eines Basiswertes ableitet (Termingeschäfte), mit Bezug auf die folgenden Basiswerte;

a) Wertpapiere oder Geldmarktinstrumente,

b) Devisen oder Rechnungseinheiten,

c) Zinssätze oder andere Erträge,

d) Indices der Basiswerte des Buchstaben a, b oder c, andere Finanzindices oder Finanzmessgrößen oder

e) Derivate;

2. Termingeschäfte mit Bezug auf Waren, Frachtsätze, Emissionsberechtigungen, Klima- oder andere physikalische Variablen, Inflationsraten oder andere volkswirtschaftliche Variablen oder sonstige Vermögenswerte, Indices oder Messwerte als Basiswerte, sofern sie

a) durch Barausgleich zu erfüllen sind oder einer Vertragspartei das Recht geben, einen Barausgleich zu verlangen, ohne dass dieses Recht durch Ausfall oder ein anderes Beendigungsereignis begründet ist,

b) auf einem organisierten Markt oder in einem multilateralen Handelssystem geschlossen werden oder

c) nach Maßgabe des Artikels 38 Abs. 1 der Verordnung (EG) Nr. 1287/ 2006 der Kommission vom 10. August 2006 zur Durchführung der Richtlinie 2004/369/EG des Europäischen Parlaments und des Rates betreffend die Aufzeichnungspflichten für Wertpapierfirmen, die Meldung von Geschäften, die Markttransparenz, die Zulassung von Finanzinstrumenten zum Handel und bestimmte Begriffe im Sinne dieser Richtlinie (ABl. EU Nr. L 241 S. 1) Merkmale anderer Derivate aufweisen und nicht kommerziellen Zwecken dienen und nicht die Voraussetzungen des Artikels 38 Abs. 4 dieser Verordnung gegeben sind, und sofern sie keine Kassageschäfte im Sinne des Artikels 38 Abs. 2 der Verordnung (EG) Nr. 1287/2006 sind;

3. finanzielle Differenzgeschäfte;

---

14 Vgl. § 2 Abs. 2 WpHG.
15 Vgl. § 1 Abs. 11 Satz 4 KWG vgl. näher hierzu BaFin, Merkblatt – Hinweise zu Finanzinstrumenten nach § 1 Abs. 11 Satz 4 KWG (Derivate) (Stand: Mai 2012).

    4. als Kauf, Tausch oder anderweitig ausgestaltete Festgeschäfte oder Optionsgeschäfte, die zeitlich verzögert zu erfüllen sind und dem Transfer von Kreditrisiken dienen (Kreditderivate);

    5. Termingeschäfte mit Bezug auf die in Artikel 39 der Verordnung (EG) Nr. 1287/2006 genannten Basiswerte, sofern sie die Bedingungen der Nummer 2 erfüllen.

8 Im Gegensatz zum europäischen Recht wird der Derivate-Begriff somit im deutschen Recht zumindest teilweise positiv legal definiert. Die kennzeichnenden Merkmale der von diesen Vorschriften umfassten Derivate sind erstens, dass die Bewertung des jeweils in Rede stehenden Rechts unmittelbar oder mittelbar von der Preisentwicklung eines Basiswerts („Underlying") abhängt, der seinerseits Preis- oder sonstigen Schwankungen unterliegt.[16] Zum anderen sind sie nach zutreffender Auffassung durch den hinausgeschobenen Erfüllungszeitpunkt – also durch ein Zukunftselement – gekennzeichnet.[17] Gemeinhin[18] werden auf dieser Grundlage vier große Gruppen von Derivaten unterschieden: Optionsgeschäfte[19], Swaps[20], Termingeschäfte[21] (auch: „Futures") und die Wertpapierleihe. Derartige Eingrenzungs- oder Typisierungsversuche können aufgrund der oben geschilderten Dynamik bei der Entwicklung neuer derivativer Typen allerdings nicht abschließend sein, sondern lediglich systematisierende Anhaltspunkte im Sinne einer Momentaufnahme bieten.

9 Zudem können – aufgrund des bereits erwähnten hierarchischen Verhältnisses des europäischen gegenüber dem deutschen Recht – die diesbezüglichen Anstrengungen des deutschen Gesetzgebers keine formal bindende Wirkung für die Auslegung des fraglichen europäischen Rechts haben. Allerdings ist insoweit in Rechnung zu stellen, dass § 1 Abs. 11 Satz 4 KWG inhaltlich auf europäischen Vorgaben zum Bankenaufsichtsrecht beruht (MiFID), die allerdings keine abschließende Begriffsdefinition, sondern eine exemplarische Typenaufzählung enthalten[22]. Dies hilft für die hiesigen Überlegungen zur Auslegung des Art. 15 in Verbindung mit Anh. XII EU-ProspV zumindest indirekt weiter, weil nicht davon auszugehen ist, dass der euro-

---

16 Vgl. *Beck*, in: Schwark/Zimmer, KapMRK, § 2 WpHG Rn. 9; *Möllers/Puhle*, JZ 2012, 592 ff.

17 So auch *Möllers/Puhle*, JZ 2012, 592 ff.; *Casper*, WM 2003, 161, 162.

18 Siehe etwa *Lenenbach*, KapMR, Rn. 1.33 ff., 6.22 ff.; *Claussen*, Bank- und BörsenR, S. 452 ff.

19 Berechtigung (nicht Verpflichtung), von der anderen Vertragspartei die Erfüllung der vereinbarten Leistung zu verlangen.

20 Austausch von zins- und währungsindexierten Geldbeträgen zwischen zwei Handelspartnern.

21 Bindend abgeschlossene Festpreis- (auch: Fix-)geschäfte (in Wertpapieren, Zinsen, Währungen, Indices, Rohstoffen, Edelmetallen, landwirtschaftlichen Produkten o. ä.), die – im Gegensatz zu Kassageschäften – erst zu einem späteren Zeitpunkt zu erfüllen sind.

22 Anh. I Absch. C Nrn. 4 bis 10 der RL 2004/39/EG des Europäischen Parlaments und des Rates v. 21.04.2004 über Märkte für Finanzinstrumente, zur Änderung der RL 85/611/EWG und 93/6/EWG des Rates und der RL 2000/12/EG des Europäischen Parlaments und des Rates und zur Aufhebung der RL 93/22/EWG des Rates (Markets in Financial Instruments Directive – MiFID).

päische Normgeber im Bereich der Regelung kapitalmarktrechtlicher Sachverhalte dem Bankenaufsichtsrecht ein vollkommen anderes Verständnis des Begriffs „Derivat" zugrundelegen wollte als dem Wertpapierprospektrecht. Im Ergebnis lässt sich somit aus diesen Vorgaben zwar keine abschließende Definition des Derivatebegriffs im europäischen Wertpapierprospektrecht ableiten, immerhin ergeben sich aber entsprechende Anhaltspunkte.

4. Allgemeine Lehren

Darüber hinaus wurde der Versuch unternommen, das „Derivat" als solches   *10* zumindest aus der Perspektive des (trotz des europäischen – wenn nicht globalen – Zusammenhangs nach wie vor nationalen) Zivilrechts in einer abstrahierten Form zu erfassen[23]. So hat sich etwa im deutschen rechtswissenschaftlichen Schrifttum[24] die Erkenntnis entwickelt, dass „Derivate" in der Regel aleatorische[25], zweiseitig verpflichtende Verträge zur Erzeugung stochastisch bedingter[26] reproduzier- und bewertbarer[27] Zahlungsströme[28] sind. Naturgemäß stehen derartige zivilrechtliche Definitionsversuche häufig im Kontext mit dem aktuell in der nationalen Zivil-Rechtsprechung entwickelten Problembewusstsein; sie stehen somit regelmäßig im Kontext mit den vor den nationalen Zivilgerichten erhobenen Klagen und dem Einfallsreichtum der klagenden und beklagten Zivilparteien sowie der entscheidenden Zivilrichter.[29] Sie sind daher orts- und zeitabhängig und somit gerade nicht universal-abstrakt. Im Detail unterscheiden sich die zivilrechtlichen Eigenarten der jeweiligen Derivatetypen erheblich voneinander, was entsprechende Definitionsansätze erschwert.[30]

---

23 Die Rspr. beschränkt sich regelmäßig auf die konkretisierte Subsumtion, so dass abstrahierte Definitionsansätze insoweit fehlen; vgl. exemplarisch die bereits erwähnte Entscheidung des BGH, 15.01.2013, II ZR 90/11, abgedruckt in DB 2013, 507 ff.
24 Vgl. etwa *Reiner*, DerivFin, S. 1 ff.
25 Bei aleatorischen Verträgen hängt die Erfüllung von einem ungewissen Ereignis oder vom Zufall ab, typische Erscheinungsform ist die Wette auf ein zukünftiges Ereignis („Risikovertrag"); vgl. *Reiner*, DerivFin, S. 27 ff. m.w.N.
26 Der Betrag der geschuldeten zukünftigen Zahlung ist zumindest auf einer Vertragsseite vom Zufall abhängig und bis zur Fälligkeit der Höhe nach unsicher; vgl. *Reiner*, DerivFin, S. 18 ff. m.w.N.
27 Zu jedem beliebigen Zeitpunkt während der Laufzeit des Derivats lässt sich eine geeignete Anlagestrategie finden, die zeitgleich dieselben Zahlungsströme erzeugt wie das Derivat (synthetisches Derivat); vgl. *Reiner*, DerivFin, S. 21 ff. m.w.N.
28 Einmalige (etwa Futures, Forwards, Optionen) oder wiederholte (etwa Swaps, Swap-Derivate) Geldleistungspflichten in in- oder ausländischer Währung; vgl. *Reiner*, DerivFin, 2002, S. 13 ff. m.w.N.
29 Vgl. aus der jüngeren Rspr. etwa BGH, 15.01.2013, II ZR 90/11, abgedruckt in DB 2013, 507 ff.; BGH, 27.11.2012, XI ZR 439/11, abgedruckt etwa in ZIP 2013, 258 ff.; BGH, 09.11.2010, VI ZR 303/09, abgedruckt etwa in WM 2011, 17 ff.
30 Vgl. etwa *Lenenbach*, KapMR, Rn. 6.35 zur zivilrechtlichen Qualifikation von Zinsfutures, Rn. 6.37 zur zivilrechtlichen Qualifikation von Indexfutures, Rn. 6.42 zur zivilrechtlichen Qualifikation von Forward Rate Agreements, Rn. 6.50 zur zivilrechtlichen Qualifikation v. Optionen, Rn. 6.60 zur zivilrechtlichen Qualifikation von Zinsbegrenzungsverträgen (Caps, Floors und Collars), und Rn. 6.71 zur zivilrechtlichen Qualifikation von Swaps.

11 Dieses Phänomen ist nicht auf das moderne Zivilrecht westlicher Prägung beschränkt. Geschäfte mit Derivaten gab und gibt es überall auf der Welt seit dem Altertum, weil sie offenbar einem menschlichen Bedürfnis entsprechen, aufgrund der regelmäßig in das Geschäft implementierten Hebelwirkung[31] – unter Inkaufnahme unter Umständen erheblicher wirtschaftlicher Risiken – überdurchschnittliche Gewinne aus zukünftigen Entwicklungen zu erzielen.[32] Dementsprechend nimmt ein nicht primär zivilrechtlich, sondern ökonomisch orientierter Ansatz die typischerweise mit Derivaten verbundenen Risiken in den Blick.[33] Derivate bewirken je nach ihrer konkreten Ausgestaltung zumeist die Risikoverlagerung von einem Marktteilnehmer auf den nächsten. In diesem Zusammenhang sind vier mit Derivaten typischerweise verbundene Risiken zu unterscheiden: das Marktrisiko[34], das Kontrahenten- (auch: Insolvenz-)risiko[35], das technische Risiko[36] und das Systemrisiko.[37] Ob aber ein risikobezogener Definitionsansatz allen Spielarten der (zukünftigen) Entwicklung von Derivaten gerecht werden kann, erscheint jedoch ebenfalls als zweifelhaft. Immerhin lässt sich feststellen, dass der europäische Gesetzgeber die hier erwähnten Risiken durch Art. 15 in Verbindung mit Anh. XII der EU-ProspV zumindest teilweise abzufangen sucht. Gleichwohl beantwortet dieser Ansatz nicht abschließend die Frage, welche Merkmale und welche rechtlichen Regeln es sind, die ein Derivat ausmachen.

12 Aus einer globaleren Perspektive dürfte man sich – in Ermangelung einer umfassenden rechtlichen Ordnung der Derivate – zumindest darauf einigen können, dass der Begriff des „Derivats" aus dem Lateinischen[38] stammt und darauf hindeutet, dass der Preis des jeweiligen Instruments grds. von einem

---

31 Derivate ermöglichen zwar hohe Gewinne bei relativ geringem Kapitaleinsatz, bergen aber auch damit verbundene hohe finanzielle Risiken (Totalverlust oder sogar Nachschusspflicht).

32 Ähnlich *Zeising*, in: Just/Voß/Ritz/Zeising, WpPG, Anh. XX EU-ProspektVO Rn. 2 m.w.N.; weitere Nachweise bei *Claussen*, Bank- und Börsenrecht, S. 453.

33 Vgl. etwa *Claussen*, Bank- und BörsenR, S. 454 ff.

34 Risiko: die mit der Spekulation verbundenen Erwartungen an die Marktentwicklung könnten enttäuscht werden; dem lässt sich durch den (in Deutschland) zivilrechtlich lediglich im Bereich der Termingeschäfte einigermaßen ausgereiften Grundsatz der „Vollinformation" des Anlegers („Termingeschäftsfähigkeit") vorbeugen; außerhalb der Termingeschäfte gelten im deutschen Zivilrecht traditionell keine gesetzlichen Regeln, sondern lediglich die durch die Rechtsprechung entwickelte Pflicht zur „anlegergerechten Beratung"; vgl. etwa grundlegend BGH, NJW 1991, S. 1947 f. Zur Anlageberatung von Finanzistrumenten nach den FRUG *Holzborn*, NJW 2008, 791, 792 ff.

35 Risiko: der Geschäftspartner des Derivategeschäfts könnte nicht vertragsgemäß leisten.

36 Risiko: die zur Abwicklung der Derivategeschäfte erforderlichen technischen Systeme (insb.: Computersysteme) könnten ganz oder teilweise versagen.

37 Risiko: es könnte eine Finanzmarktkrise von systemgefährdenden Ausmaßen eintreten, die den sogenannten „Dominoeffekt" auslöst, indem sich die (möglicherweise kombinierten) Markt-, Kontrahenten bzw. technischen Risiken realisieren, weil das diesbezügliche dezentrale Risikomanagement bei den Marktteilnehmern ganz oder teilweise versagt.

38 derivare = ableiten.

ihm zugrundliegenden Primärprodukt oder Marktgegenstand (Basiswert; auch: „Underlying")[39] abhängt. Darüber hinaus scheint eine abschließende genauere Eingrenzung derzeit kaum möglich zu sein. Damit dürfte aus der vorrangigen europäischen Perspektive die verhältnismäßige begriffliche Unbestimmtheit für das „Derivat" weiterhin konstituierend bleiben. Vorbehaltlich zukünftiger Aktivitäten des europäischen Gesetzgebers oder der einschlägigen Rechtsprechung gilt daher bis auf weiteres die bedingt zufriedenstellende Erkenntnis, dass der Begriff des „Derivats" für die Zwecke des europäischen Verkaufsprospektrechts letztlich offen bleibt, wobei sich gewisse Anhaltspunkte aus den erwähnten verwandten Rechtsgebieten ergeben.

III. Verbreitung von Derivaten im Markt und Aufklärungserfordernisse

Für die Praxis wird das Prospekt-Schema in Anh. XII EU-ProspV zunehmend *13* relevant, weil die Bedeutung derivativer Wertpapiere in den europäischen Märkten seit Jahren steigt. Derivate wie Optionen, Futures, Optionsscheine und Zertifikate – zur näheren Eingrenzung des Begriffs siehe oben[40] – bilden in der globalen Finanzbranche nach wie vor einen großen Wachstumsmarkt; daran hat auch die Finanzkrise vor einigen Jahren wenig geändert. Diese Entwicklung wurde nicht nur durch institutionelle Investoren verursacht, die Derivate wie erwähnt anfangs vornehmlich zu Absicherungszwecken einsetzten. Vielmehr hat im Bereich der Derivate seit den 90er Jahren insbesondere das Engagement zu Spekulationszwecken einerseits und von Privatanlegern andererseits deutlich zugenommen und das Marktvolumen hat bereits Mitte des Jahres 2006 die Grenze von 100 Milliarden Euro überschritten[41], was – bei allen Schwankungen – auch aktuell dem Stand allein im börslichen Handel entspricht.[42] Dieses beeindruckende Wachstum privater Investitionen in derivative Wertpapiere dürfte einem in Deutschland zuvor vergleichsweise unterentwickelten Gesamtmarkt und einem nach wie vor relativ liberalen regulatorischen Umfeld zuzuschreiben sein.[43] Derzeit werden im deutschen[44] börslichen Derivate-Handel die meisten Umsätze[45] mit Knock-Out-Produkten erzielt, gefolgt von Discount-Zertifikaten, Index- und

---

39 Diesen Aspekt sieht *Zeising*, in: Just/Voß/Ritz/Zeising, WpPG, Anh. XX EU-ProspektVO Rn. 2, m. w. N. als allein maßgeblich an.

40 Siehe oben Rn. 2 ff.

41 Vgl. die Schätzung des Derivate Forums, Der Deutsche Markt für Derivative Produkte. Open Interest bei Privatanlegern im August 2006, S. 1 ff.

42 Vgl. „Marktvolumen von derivativen Wertpapieren", Februar 2013, online abrufbar unter: http://www.deutscherderivateverband.de.

43 Vgl. *McHattie*, Covered Warrants; Bertram and Fehle, Alternative Market Structures for Derivatives, 2005.

44 Präsenzbörsenplätze Frankfurt (Scoach Europa AG) und Stuttgart (EUWAX AG).

45 Über 85 % des Gesamtumsatzes im börslichen Präsenzhandel entfallen auf diese Derivatetypen; vgl. Monatsstatistik März 2013, online abrufbar unter: http://www.deutscherderivateverband.de.

Partizipationszertifikaten, Bonuszertifikaten und Optiosscheinen[46]; dabei ist selbst in Bezug auf 0,3 % dieses – börslichen (!) – Umsatzes unklar, welchem Derivatetyp (im Sinne wenigstens einer Grobeinordnung) die entsprechenden Anlageformen überhaupt zuzuordnen sind.

14   Bereits vor der Finanzkrise hielten Privatanleger in Deutschland rund 2 % ihres Vermögens in Derivaten.[47] Bemerkenswert in diesem Zusammenhang ist, dass vor der Finanzkrise – die insoweit eine relevante Zäsur darstellt – insbesondere Kleininvestoren zu Investments in Derivaten neigten, wogegen bei vermögenden Anlegern noch eher Zurückhaltung verbreitet war. Dies dürfte darauf zurückzuführen gewesen sein, dass Derivate häufig unbegrenzte Gewinnchancen bieten, und hierdurch ein gewisses – zum Teil als leicht unseriös empfundenes, zum Teil aber auch gezielt nachgefragtes – „Zocker-Image" gewonnen haben. Hierbei wurde und wird gelegentlich verkannt, dass Chancen und Risiken solcher Investments miteinander korrelieren.

15   Die Komplexität vieler derivativer Wertpapiere und die teils hohen Verlustrisiken werfen die Frage auf, wie vor allem kleinere Privatanleger insoweit angemessen geschützt werden können. Die Erfahrung zeigt, dass die aus allgemeinen zivilrechtlichen Grundsätzen folgenden Beratungs- und Aufklärungspflichten häufig nicht ausreichen, um ein solches angemessenes Schutzniveau zu statuieren; die einschlägige Rechtsprechung spricht hier Bände[48]. Auch insoweit (abstrakte) Termingeschäftsfähigkeit[49] durch Aufklärung herzustellen ist, vermag das hierdurch beim Anleger erreichte Kenntnis- und Schutzniveau die – oben geschilderten – konkret mit einem bestimmten derivativen Wertpapier verbundenen Risiken nicht hinreichend zu entschärfen. Denn es handelt sich hierbei nach wie vor um einen formalisierten Prozess, der zwar mindestens alle zwei Jahre zu wiederholen ist, gleichwohl aber nur über die generellen Risiken von Termingeschäften aufklären kann, ohne konkrete Einzelheiten und Besonderheiten bestimmter Derivate zu berücksichtigen.

16   Die zentrale Aufgabe, den Anleger über die spezifischen Risiken eines Wertpapiers aufzuklären, haben daher auch im Falle von Derivaten die vom Emittenten zu erstellenden Wertpapierprospekte. Die die Mindestinhalte von Prospekten betreffende und nicht sonderlich konkrete EU-ProspRL[50] des Europäischen Parlaments und des Rates wurde auf europäischer Ebene durch die Verordnung (EG) Nr. 809/2004 der Kommission umgesetzt. Die EU-ProspV enthält in Art. 15 mit Verweisung auf Anh. XII die Anforderun-

---

46 Vgl. Monatsstatistik März 2013, online abrufbar unter: http://www.deutscherderivateverband.de.

47 *Heberle*, Sicherheit gefragt, Der deutsche Derivatemarkt – ein Vergleich mit Österreich und der Schweiz. FAZ Nr. 235, 10.10.2006, S. B1.

48 Vgl. bspw. BGH NJW-RR 93, 1114 (zum Pflichtenumfang); BGHZ 80, 80, 82 Vermittlung von Warentermingeschäften); BGHZ 139, 225, 232 (zur börsenrechtlichen Prospekthaftung); vgl. auch Komm. zu §§ 44 ff. BörsG.

49 Im deutschen Recht nach § 37 d WpHG.

50 RL 2003/71/EG v. 04.11.2003, ABl. L 345/64.

gen zu den Prospekten derivativer Wertpapiere. Die Verordnung verfolgt den Anspruch einer umfassenden Harmonisierung; sie ist als unmittelbar anwendbares europäisches Sekundärrecht gem. Art. 288 Abs. 2 AEUV selbst verbindlich, ohne erst in nationales Recht umgesetzt werden zu müssen. Die Verbindlichkeit und unmittelbare Anwendbarkeit bezieht sich auf alle Teile der Verordnung, also auch auf den hier relevanten Anh. XII. § 7 WpPG ist vor diesem Hintergrund insoweit rein deklaratorisch.

IV. Übergangsregelung

Im Rahmen der rechtspolitischen Diskussion vor Erlass des WpPG war auf Seiten der Emittenten die Befürchtung geäußert worden[51], dass die hohen Anforderungen, die sich aus der Verordnung (EG) Nr. 809/2004 ergeben, den gesamten entstandenen Markt für Derivate oder zumindest dessen weiteres Wachstum ersticken könnten. *17*

Diese Befürchtungen haben sich allerdings bisher nicht bewahrheitet. Dies mag auch daran gelegen haben, dass in Deutschland eine Übergangsregelung zugelassen wurde; im VerkProspG wurde durch Art. 2 Prospektrichtlinie-Umsetzungsgesetz an den geltenden § 18 Abs. 2 VerkProspG eine Übergangsregelung angehängt.[52] Nach § 18 Abs. 2 Satz 3 VerkProspG galt das VerkProspG bis 30.06.2006 für vor dem 01.07.2005 veröffentliche Verkaufsprospekte für Wertpapiere, die von Nicht-Kreditinstituten emittiert wurden. Für Verkaufsprospekte für von Kreditinstituten begebene Wertpapiere bleibt das VerkProspG nach § 18 Abs. 2 Satz 2 dieses Gesetzes unbefristet anwendbar. Die Fortgeltung wirkt sich zum einen auf die Aktualisierungspflicht aus, zum anderen jedoch auch auf Neuemissionen nach dem 01.07.2005, sofern sie auf einem unvollständigen Verkaufsprospekt beruhen, der noch vor diesem Datum gebilligt wurde. Bedeutsam ist diese Übergangsfrist für unzählige Derivate, für die bereits ein unvollständiger Verkaufsprospekt existiert. Inwieweit eine derartige Vorschrift ohne Befristung rechtspolitisch geboten war, mag dahinstehen. Gerade in Deutschland hat sie jedoch für einen vergleichsweise reibungslosen Übergang auf die Anforderungen nach dem WpPG und der Verordnung (EG) Nr. 809/2004 gesorgt. *18*

Langfristig werden die Emittenten jedoch – nicht zuletzt um potentielle Haftungsfälle zu vermeiden[53] – ihre Prospekte in Einklang mit dem WpPG und dem vorrangigen europäischen Recht bringen müssen. *19*

---

51 Vgl. Deutsches Derivate Institut (2005), Stellungnahme für die öffentliche Anhörung des Finanzausschusses des Deutschen Bundestages zu dem RegE des Prospektrichtlinie-Umsetzungsgesetzes am 13.04.2005. Deutsches Derivate Institut e.V.
52 Vgl. *Kullmann/Sester*, WM 2005, S. 1076.
53 Vgl. insoweit schon den Hinweis von Holzborn, „Kleiner Baustein, Ein Jahr Wertpapierprospektgesetz", FAZ Nr. 235 v. 10.10.2006, B3.

ANHANG XII

Mindestangaben für die Wertpapierbeschreibung für derivative Wertpapiere (Schema)

ANNEX XII

Minimum Disclosure Requirements for the Securities Note for derivative securities (schedule)

1. Verantwortliche Personen

1.1. Alle Personen, die für die im Prospekt gemachten Angaben bzw. für bestimmte Abschnitte des Prospekts verantwortlich sind. Im letzteren Fall sind die entsprechenden Abschnitte aufzunehmen. Im Falle von natürlichen Personen, zu denen auch Mitglieder der Verwaltungs-, Geschäftsführungs- oder Aufsichtsorgane des Emittenten gehören, sind der Name und die Funktion dieser Person zu nennen. Bei juristischen Personen sind Name und eingetragener Sitz der Gesellschaft anzugeben.

1.2. Erklärung der für den Prospekt verantwortlichen Personen, dass sie die erforderliche Sorgfalt haben walten lassen, um sicherzustellen, dass die im Prospekt genannten Angaben ihres Wissens nach richtig sind und keine Tatsachen ausgelassen worden sind, die die Aussage des Prospekts wahrscheinlich verändern. Ggf. Erklärung der für bestimmte Abschnitte des Prospekts verantwortlichen Personen, dass sie die erforderliche Sorgfalt haben walten lassen, um sicherzustellen, dass die in dem Teil des Prospekts genannten Angaben, für die sie verantwortlich sind, ihres Wissens nach richtig sind und keine Tatsachen ausgelassen worden sind, die die Aussage des Prospekts wahrscheinlich verändern.

1. Persons Responsible

1.1. All persons responsible for the information given in the prospectus and, as the case may be, for certain parts of it, with, in the latter case, an indication of such parts. In the case of natural persons including members of the issuer's administrative, management or supervisory bodies indicate the name and function of the person; in case of legal persons indicate the name and registered office.

1.2. A declaration by those responsible for the prospectus that, having taken all reasonable care to ensure that such is the case, the information contained in the prospectus is, to the best of their knowledge, in accordance with the facts and contains no omission likely to affect its import. As the case may be, declaration by those responsible for certain parts of the prospectus that, having taken all reasonable care to ensure that such is the case, the information contained in the part of the prospectus for which they are responsible is, to the best of their knowledge, in accordance with the facts and contains no omission likely to affect its import.

2. Risikofaktoren

Klare Offenlegung der Risikofaktoren, die für die Beurteilung der mit den Wertpapieren, die angeboten und/oder zum Handel zugelassen werden sollen, verbundenen Marktrisiken wesentlich sind (im Abschnitt "Risikofaktoren"). Es ist ein Risikohinweis für den Fall aufzunehmen, dass der Anleger den Wert seiner Anlage insgesamt oder teilweise verlieren könnte und/oder ein entspre-

2. Risk Factors

Prominent disclosure of risk factors that are material to the securities being offered and/or admitted to trading in order to assess the market risk associated with these securities in a section headed 'risk factors'. This must include a risk warning to the effect that investors may lose the value of their entire investment or part of it, as the case may be, and/or, if the investor's liability is not limited to the value

chender Hinweis, wenn die Haftung des Anlegers nicht an den Wert der Anlage gebunden ist, in der die Umstände beschrieben werden, in denen es zu einer zusätzlichen Haftung kommen kann und welche voraussichtlichen finanziellen Folgen eintreten können.

of his investment, a statement of that fact, together with a description of the circumstances in which such additional liability arises and the likely financial effect.

3. Grundlegende Angaben

3.1. Interessen von Seiten natürlicher und juristischer Personen, die an der Emission/dem Angebot beteiligt sind

Beschreibung jeglicher Interessen – einschließlich Interessenkonflikte –, die für die Emission/das Angebot von wesentlicher Bedeutung sind, wobei die betreffenden Personen zu nennen sind und die Art der Interessen darzulegen ist.

3.2. Gründe für das Angebot und die Verwendung der Erlöse (sofern diese nicht in der Gewinnerzielung und/oder Absicherung bestimmter Risiken liegen)

Wenn die Gründe für das Angebot und die Verwendung der Erlöse angegeben werden, Angabe des Nettobetrages der Erlöse und der geschätzten Gesamtkosten für die Emission/das Angebot.

4. Angaben über die anzubietenden bzw. zum Handel zuzulassenden Wertpapiere

4.1. Angaben über die Wertpapiere

4.1.1. Beschreibung des Typs und der Kategorie der anzubietenden und/oder zum Handel zuzulassenden Wertpapiere einschließlich der ISIN (International Security Identification Number) oder eines ähnlichen anderen Sicherheitscodes.

4.1.2. Klare und umfassende Erläuterung, die den Anlegern verständlich macht, wie der Wert ihrer Anlage durch den Wert des Basisinstruments/der Basisinstrumente beeinflusst wird, insbesondere in Fällen, in denen die Risiken am offensichtlichsten sind, es sei denn, die Wertpapiere haben eine Mindeststückelung von 100 000 EUR oder können

3. Essential Information

3.1. Interest of natural and legal persons involved in the issue/offer

A description of any interest, including conflicting ones that is material to the issue/offer, detailing the persons involved and the nature of the interest.

3.2. Reasons for the offer and use of proceeds when different from making profit and/or hedging certain risks

If reasons for the offer and use of proceeds are disclosed provide the total net proceeds and an estimate of the total expenses of the issue/offer.

4. Information concerning the Securities to be offered/admitted to Trading

4.1. Information concerning the securities

4.1.1. A description of the type and the class of the securities being offered and/or admitted to trading, including the ISIN (International Security Identification Number) or other such security identification code.

4.1.2. A clear and comprehensive explanation to help investors understand how the value of their investment is affected by the value of the underlying instrument (s), especially under the circumstances when the risks are most evident unless the securities have a denomination per unit of at least EUR 100 000 or can only be acquired for at least EUR 100 000 per security.

lediglich für mindestens 100 000 EUR
pro Wertpapier erworben werden.

**4.1.3. Rechtsvorschriften, auf deren
Grundlage die Wertpapiere geschaffen
wurden.**

4.1.3. Legislation under which the securities have been created.

**4.1.4. Angabe, ob es sich bei den Wertpapieren um Namenspapiere oder um
Inhaberpapiere handelt und ob die
Wertpapiere verbrieft oder stückelos
sind. In letzterem Fall sind der Name
und die Anschrift des die Buchungsunterlagen führenden Instituts zu nennen.**

4.1.4. An indication whether the securities are in registered form or bearer form
and whether the securities are in certificated form or book-entry form. In the latter case, name and address of the entity
in charge of keeping the records.

4.1.5. Währung der Wertpapieremission.

4.1.5. Currency of the securities issue.

**4.1.6. Einstufung der Wertpapiere, die
angeboten und/oder zum Handel zugelassen werden sollen, einschließlich der
Zusammenfassung etwaiger Klauseln,
die die Rangfolge beeinflussen können
oder das Wertpapier derzeitigen oder
künftigen Verbindlichkeiten des Emittenten nachordnen können.**

4.1.6. Ranking of the securities being offered and/or admitted to trading, including summaries of any clauses that are intended to affect ranking or subordinate
the security to any present or future liabilities of the issuer.

**4.1.7. Beschreibung der Rechte – einschließlich ihrer etwaigen Beschränkungen –, die an die Wertpapiere gebunden
sind, und des Verfahrens zur Ausübung
dieser Rechte.**

4.1.7. A description of the rights, including any limitations of these, attached to
the securities and procedure for the exercise of said rights.

**4.1.8. Im Falle von Neuemissionen Angabe der Beschlüsse, Ermächtigungen
und Billigungen, die die Grundlage für
die erfolgte bzw. noch zu erfolgende
Schaffung der Wertpapiere und/oder deren Emission bilden.**

4.1.8. In the case of new issues, a statement of the resolutions, authorisations
and approvals by virtue of which the securities have been or will be created and/
or issued.

4.1.9. Angabe des erwarteten Emissionstermins der Wertpapiere.

4.1.9. The issue date of the securities.

**4.1.10. Darstellung etwaiger Beschränkungen für die freie Übertragbarkeit der
Wertpapiere.**

4.1.10. A description of any restrictions
on the free transferability of the securities.

4.1.11. – Verfalltag oder Fälligkeitstermin der derivativen Wertpapiere;

4.1.11. The expiration or maturity date of
the derivative securities.

**– Ausübungstermin oder endgültiger
Referenztermin.**

The exercise date or final reference date.

4.1.12. Beschreibung des Abrechnungsverfahrens für die derivativen Wertpapiere.

4.1.12. A description of the settlement
procedure of the derivative securities.

**4.1.13. Beschreibung, wie die Rückgabe
der derivativen Wertpapiere erfolgt und
Angabe des Zahlungs- oder Lieferter-**

4.1.13. A description of how any return
on derivative securities takes place, the
payment or delivery date, and the way it
is calculated.

mins und der Art und Weise der Berechnung.

4.1.14. Hinsichtlich des Lands des eingetragenen Sitzes des Emittenten und des Landes bzw. der Länder, in dem bzw. denen das Angebot unterbreitet oder die Zulassung zum Handel beantragt wird, sind folgende Angaben zu machen:

a) Angaben über die an der Quelle einbehaltene Einkommensteuer auf die Wertpapiere;

b) Angabe der Tatsache, ob der Emittent die Verantwortung für die Einbehaltung der Steuern an der Quelle übernimmt.

4.2. Angaben über die zugrunde liegenden Aktien

4.2.1. Ausübungspreis oder endgültiger Referenzpreis des Basiswerts.

4.2.2. Erklärung mit Erläuterungen zum Typ des Basiswertes und Einzelheiten darüber, wo Angaben über den Basiswert eingeholt werden können:

– Angaben darüber, wo Angaben über die vergangene und künftige Wertentwicklung des Basiswertes und seine Volatilität eingeholt werden können;

– Handelt es sich bei dem Basiswert um ein Wertpapier, Angabe:

  – des Namens des Wertpapieremittenten;

  – der ISIN („International Security Identification Number") oder eines ähnlichen Sicherheitsidentifikationscodes;

– Handelt es sich bei dem Basiswert um einen Index, Angabe

  – der Bezeichnung des Indexes.

  – Beschreibung des Indexes, wenn er vom Emittenten oder einer derselben Gruppe angehörenden juristischen Person zusammengestellt wird.

  – Beschreibung des Indexes, der durch eine juristische oder natür-

4.1.14. In respect of the country of registered office of the issuer and the country(ies) where the offer is being made or admission to trading is being sought:

(a) information on taxes on the income from the securities withheld at source;

(b) indication as to whether the issuer assumes responsibility for the withholding of taxes at the source.

4.2. Information concerning the underlying

4.2.1. The exercise price or the final reference price of the underlying.

4.2.2. A statement setting out the type of the underlying and details of where information on the underlying can be obtained:

– an indication where information about the past and the further performance of the underlying and its volatility can be obtained,

– where the underlying is a security,

  – the name of the issuer of the security,

  – the ISIN (international security identification number) or other such security identification code,

– where the underlying is an index:

  – the name of the index,

  – a description of the index if it is composed by the issuer or by any legal entity belonging to the same group,

  – a description of the index provided by a legal entity or a natural

liche Person zur Verfügung gestellt wird, die in Verbindung mit dem Emittenten oder in dessen Namen handelt, es sei denn, der Prospekt enthält die folgenden Erklärungen:

– sämtliche Regeln des Indexes und Informationen zu seiner Wertentwicklung sind kostenlos auf der Website des Emittenten oder des Indexanbieters abrufbar;

und

– die Regelungen des Indexes (einschließlich Indexmethode für die Auswahl und die Neuabwägung der Indexbestandteile, Beschreibung von Marktstörungen und Anpassungsregeln) basieren auf vorher festgelegten und objektiven Kriterien.

Wird der Index nicht vom Emittenten zusammengestellt, den Ort, wo Informationen zu diesem Index erhältlich sind.

– **Handelt es sich bei dem Basiswert um einen Zinssatz:**

  – **Beschreibung des Zinssatzes;**

– **Sonstige:**

Fällt der Basiswert nicht unter eine der oben genannten Kategorien, muss die Wertpapierbeschreibung gleichwertige Angaben enthalten;

– **Handelt es sich bei dem Basiswert um einen Korb von Basiswerten:**

– **Angabe der entsprechenden Gewichtungen jedes einzelnen Basiswertes im Korb.**

4.2.3. Beschreibung etwaiger Störungen des Marktes oder bei der Abrechnung, die den Basiswert beeinflussen.

4.2.4. Anpassungsregelungen in Bezug auf Ereignisse, die den Basiswert betreffen.

person acting in association with, or on behalf of, the issuer, unless the prospectus contains the following statements:

– the complete set of rules of the index and information on the performance of the index are freely accessible on the issuer's or on the index provider's website,

and

– the governing rules (including methodology of the index for the selection and the re-balancing of the components of the index, description of market disruption events and adjustment rules) are based on predetermined and objective criteria.

If the index is not composed by the issuer, where information about the index can be obtained.

– where the underlying is an interest rate,

  – a description of the interest rate,

– others:

Where the underlying does not fall within the categories specified above the securities note shall contain equivalent information.

– where the underlying is a basket of underlyings,

– disclosure of the relevant weightings of each underlying in the basket.

4.2.3. A description of any market disruption or settlement disruption events that affect the underlying.

4.2.4. Adjustment rules with relation to events concerning the underlying.

5. **Bedingungen und Voraussetzungen für das Angebot**	5. Terms and Conditions of the Offer
5.1. **Bedingungen, Angebotsstatistiken, erwarteter Zeitplan und erforderliche Maßnahmen für die Antragsstellung**	5.1. Conditions, offer statistics, expected timetable and action required to apply for the offer
5.1.1. **Bedingungen, denen das Angebot unterliegt.**	5.1.1. Conditions to which the offer is subject.
5.1.2. **Gesamtsumme der Emission/des Angebots; Ist die Gesamtsumme nicht festgelegt, Beschreibung der Vereinbarungen und des Zeitpunkts für die öffentliche Bekanntmachung des Angebotsbetrages.**	5.1.2. Total amount of the issue/offer; if the amount is not fixed, description of the arrangements and time for announcing to the public the amount of the offer.
5.1.3. **Frist – einschließlich etwaiger Ergänzungen/Änderungen – während deren das Angebot gilt und Beschreibung des Antragsverfahrens.**	5.1.3. The time period, including any possible amendments, during which the offer will be open and description of the application process.
5.1.4. **Einzelheiten zum Mindest- und/oder Höchstbetrag der Zeichnung (entweder in Form der Anzahl der Wertpapiere oder der aggregierten zu investierenden Summe).**	5.1.4. Details of the minimum and/or maximum amount of application, (whether in number of securities or aggregate amount to invest).
5.1.5. **Methode und Fristen für die Bedienung der Wertpapiere und ihre Lieferung.**	5.1.5. Method and time limits for paying up the securities and for delivery of the securities.
5.1.6. **Vollständige Beschreibung der Art und Weise und des Termins, auf die bzw. an dem die Ergebnisse des Angebots bekanntzugeben sind.**	5.1.6. A full description of the manner and date in which results of the offer are to be made public.
5.2. **Plan für die Verbreitung der Wertpapiere und deren Zuteilung**	5.2. Plan of distribution and allotment
5.2.1. **Angabe der verschiedenen Kategorien der potenziellen Investoren, denen die Wertpapiere angeboten werden. Erfolgt das Angebot gleichzeitig auf den Märkten in zwei oder mehreren Ländern und wurde/wird eine bestimmte Tranche einigen dieser Märkte vorbehalten, Angabe dieser Tranche.**	5.2.1. The various categories of potential investors to which the securities are offered. If the offer is being made simultaneously in the markets of two or more countries and if a tranche has been or is being reserved for certain of these, indicate any such tranche.
5.2.2. **Verfahren zur Meldung des den Zeichnern zugeteilten Betrags und Angabe, ob eine Aufnahme des Handels vor dem Meldeverfahren möglich ist.**	5.2.2. Process for notification to applicants of the amount allotted and indication whether dealing may begin before notification is made.
5.3. **Preisfestsetzung**	5.3. Pricing
Angabe des erwarteten Preises, zu dem die Wertpapiere angeboten werden,	Indication of the expected price at which the securities will be offered or the

oder der Methode zur Preisfestsetzung und des Verfahrens für seine Veröffentlichung. Angabe des Betrags etwaiger Kosten und Steuern, die dem Zeichner oder Käufer speziell in Rechnung gestellt werden.

method of determining the price and the process for its disclosure. Indicate the amount of any expenses and taxes specifically charged to the subscriber or purchaser.

5.4. Platzierung und Übernahme (Underwriting)

5.4. Placing and underwriting

5.4.1. Name und Anschrift des Koordinators/der Koordinatoren des gesamten Angebots oder einzelner Teile des Angebots und — sofern dem Emittenten oder dem Bieter bekannt — Angaben zu den Platzierern in den einzelnen Ländern des Angebots.

5.4.1. Name and address of the coordinator(s) of the global offer and of single parts of the offer and, to the extend known to the issuer or to the offeror, of the placers in the various countries where the offer takes place.

5.4.2. Name und Anschrift der Zahlstellen und der Verwahrstellen in jedem Land.

5.4.2. Name and address of any paying agents and depository agents in each country.

5.4.3. Einzelheiten über die Institute, die bereit sind, eine Emission auf Grund einer bindenden Zusage zu übernehmen, und Einzelheiten über die Institute, die bereit sind, eine Emission ohne bindende Zusage oder gemäß Vereinbarungen „zu den bestmöglichen Bedingungen" zu platzieren. Wird die Emission überhaupt nicht übernommen, ist eine Erklärung zum nicht abgedeckten Teil einzufügen.

5.4.3. Entities agreeing to underwrite the issue on a firm commitment basis, and entities agreeing to place the issue without a firm commitment or under 'best efforts' arrangements. Where not all of the issue is underwritten, a statement of the portion not covered.

5.4.4. Angabe des Zeitpunkts, zu dem der Emissionsübernahmevertrag abgeschlossen wurde oder wird.

5.4.4. When the underwriting agreement has been or will be reached.

5.4.5. Name und Anschrift einer Berechnungsstelle.

5.4.5. Name and address of a calculation agent.

6.   Zulassung zum Handel und Handelsregeln

6.   Admission to Trading and Dealing Arrangements

6.1. Angabe, ob die angebotenen Wertpapiere Gegenstand eines Antrags auf Zulassung zum Handel sind oder sein werden und auf einem geregelten Markt oder sonstigen gleichwertigen Märkten vertrieben werden sollen, wobei die jeweiligen Märkte zu nennen sind. Dieser Umstand ist anzugeben, ohne jedoch den Eindruck zu erwecken, dass die Zulassung zum Handel auch tatsächlich erfolgen wird. Wenn bekannt, sollte eine Angabe der frühestmöglichen Termine

6.1. An indication as to whether the securities offered are or will be the object of an application for admission to trading, with a view to their distribution in a regulated market or other equivalent markets with indication of the markets in question. This circumstance shall be mentioned, without creating the impression that the admission to trading necessarily will be approved. If known, the earliest dates on which the securities will be admitted to trading shall be given.

der Zulassung der Wertpapiere zum Handel erfolgen.

6.2. Angabe sämtlicher geregelten oder gleichwertigen Märkte, auf denen nach Kenntnis des Emittenten Wertpapiere der gleichen Wertpapierkategorie, die zum Handel angeboten oder zugelassen werden sollen, bereits zum Handel zugelassen sind.

6.3. Name und Anschrift der Institute, die aufgrund einer bindenden Zusage als Intermediäre im Sekundärhandel tätig sind und Liquidität mittels Geld- und Briefkursen zur Verfügung stellen, und Beschreibung der Hauptbedingungen der Zusagevereinbarung.

7. Zusätzliche Angaben

7.1. Werden an einer Emission beteiligte Berater in der Wertpapierbeschreibung genannt, ist eine Erklärung zu der Funktion abzugeben, in der sie gehandelt haben.

7.2. Angabe weiterer Informationen in der Wertpapierbeschreibung, die von gesetzlichen Abschlussprüfern teilweise oder vollständig geprüft wurden und über die die Abschlussprüfer einen Bericht erstellt haben. Reproduktion des Berichts oder mit Erlaubnis der zuständigen Behörden Zusammenfassung des Berichts.

7.3. Wird in die Wertpapierbeschreibung eine Erklärung oder ein Bericht einer Person aufgenommen, die als Sachverständiger handelt, so sind der Name, die Geschäftsadresse, die Qualifikationen und – falls vorhanden – das wesentliche Interesse am Emittenten anzugeben. Wurde der Bericht auf Ersuchen des Emittenten erstellt, so ist eine diesbezügliche Erklärung dahingehend abzugeben, dass die aufgenommene Erklärung oder der aufgenommene Bericht in der Form und in dem Zusammenhang, in dem sie bzw. er aufgenommen wurde, die Zustimmung von Seiten dieser Person erhalten hat, die den Inhalt dieses Teils der Wertpapierbeschreibung gebilligt hat.

6.2. All the regulated markets or equivalent markets on which, to the knowledge of the issuer, securities of the same class of the securities to be offered or admitted to trading are already admitted to trading.

6.3. Name and address of the entities which have a firm commitment to act as intermediaries in secondary trading, providing liquidity through bid and offer rates and description of the main terms of their commitment.

7. Additional Information

7.1. If advisors connected with an issue are mentioned in the Securities Note, a statement of the capacity in which the advisors have acted.

7.2. An indication of other information in the Securities Note which has been audited or reviewed by statutory auditors and where auditors have produced a report. Reproduction of the report or, with permission of the competent authority, a summary of the report.

7.3. Where a statement or report attributed to a person as an expert is included in the Securities Note, provide such person's name, business address, qualifications and material interest, if any, in the issuer. If the report has been produced at the issuer's request a statement to that effect that such statement or report is included, in the form and context in which it is included, with the consent of that person who has authorized the contents of that part of the Securities Note.

7.4. Sofern Angaben von Seiten Dritter übernommen wurden, ist zu bestätigen, dass diese Information korrekt wiedergegeben wurde und dass – soweit es dem Emittenten bekannt ist und er aus den von dieser dritten Partei veröffentlichten Informationen ableiten konnte – keine Tatsachen unterschlagen wurden, die die reproduzierten Informationen unkorrekt oder irreführend gestalten würden. Darüber hinaus hat der Emittent die Quelle(n) der Informationen zu anzugeben.

7.4. Where information has been sourced from a third party, provide a confirmation that this information has been accurately reproduced and that as far as the issuer is aware and is able to ascertain from information published by that third party, no facts have been omitted which would render the reproduced information inaccurate or misleading. In addition, the issuer shall identify the source(s) of the information.

7.5. Im Prospekt ist anzugeben, ob der Emittent die Veröffentlichung von Informationen nach erfolgter Emission beabsichtigt. Hat der Emittent die Veröffentlichung derartiger Informationen angekündigt, hat er im Prospekt zu spezifizieren, welche Informationen veröffentlicht werden und wo man sie erhalten kann.

7.5. An indication in the prospectus whether or not the issuer intends to provide post-issuance information. Where the issuer has indicated that it intends to report such information, the issuer shall specify in the prospectus what information will be reported and where such information can be obtained.

Inhalt

I. Mindestangaben in Prospekten über derivative Wertpapiere

1. Verantwortliche Personen

1 Aufgrund des identischen Wortlauts mit den Ziff. 1.1. und 1.2. des Anh. I EU-ProspV wird auf die dortige Kommentierung verwiesen.[1] Im Zusammenhang mit Derivaten sei lediglich darauf hingewiesen, dass in der Praxis zumeist juristische Personen betroffen sind. Besondere Bedeutung kommt diesem

---

1   Siehe Komm. zu Ziff. 1.1. und 1.2. Anh. I EU-ProspV.

Punkt im Hinblick auf derivative Wertpapiere nicht zu, denn es handelt sich in einer Vielzahl von Fällen um Kreditinstitute, wobei diese auch zugleich Emittenten sind. Im Falle von natürlichen Personen, zu denen auch Mitglieder der Verwaltungs-, Geschäftsführungs- oder Aufsichtsorgane des Emittenten gehören, sind der Name und die Funktion dieser Person zu nennen. Wie sich ebenfalls dem Wortlaut entnehmen lässt, beinhalten die Angaben nach Ziff. 1. Anh. XII EU-ProspV zum einen die Informationen, welche natürlichen oder juristischen Person für die jeweiligen Abschnitte des Prospektes verantwortlich sind. Zum anderen wird jedoch auch eine Erklärung über die Ausübung der erforderlichen Sorgfalt verlangt, um sicherzustellen, dass die in dem Prospekt gemachten Angaben nach bestem Wissen richtig sind und keine relevanten Auslassungen enthalten.

Beispiel[2]:   2

> *„Die XXX Bank Aktiengesellschaft (die „Verantwortliche Person" und zusammen mit ihren Tochtergesellschaften und verbundenen Unternehmen „XXX Bank") mit Sitz in XXX ist allein verantwortlich für die in diesem Prospekt gemachten Angaben. Die Emittentin erklärt hiermit, dass sie die erforderliche Sorgfalt hat walten lassen, um sicherzustellen, dass die in diesem Prospekt gemachten Angaben ihres Wissens nach richtig sind und keine Tatsachen ausgelassen worden sind, die die Aussage des Prospekts wahrscheinlich verändern können."*

2. Risikofaktoren

Eine klare und nachvollziehbare Offenlegung der bestehenden Risikofakto-   3
ren spielt in den Prospekten derivativer Wertpapiere eine entscheidende Rolle. Dies liegt zum einen an der Komplexität dieser Produkte, die eine Einschätzung der Risikofaktoren insbesondere für unerfahrene Privatanleger schwierig macht. Zum anderen gebietet dies jedoch auch deren vergleichsweise spekulativer Charakter. Der Wortlaut der EU-ProspV, der in Ziff. 2 des Anh. XII die Mindestangaben zu Risikofaktoren vorgibt, ist insoweit allerdings wenig detailliert. Gleichwohl sind die Mindestangaben hinsichtlich der Risikofaktoren zentrales Element von Derivate-Prospekten und werfen in der Praxis erhebliche Schwierigkeiten auf, da die Komplexität vieler Derivate, das Postulat einer abschließenden Aufzählung sämtlicher Risikofaktoren und dasjenige einer zugleich klaren Darstellung in einem klassischen Zielkonflikt miteinander stehen.[3]

In der Praxis versucht man auf verschiedene Weise dieses Problems Herr zu   4
werden. Teilweise wird der Schwerpunkt auf eine vollständige Darstellung gelegt. Dies führt zu allgemeinen Ausführungen zu sämtlichen in Betracht kommenden Risiken allgemeiner und spezieller Natur. Derartige Aufzählungen erstrecken sich teils über mehrere hundert Seiten und vermögen dem

---

2 Angaben zu den verantwortlichen Personen gem. Basisprospekt der Deutschen Bank v. 29.07.2012 für Zertifikate.

3 Vgl. zum Erfordernis der Verständlichkeit, *Zeising*, in: Just/Voß/Ritz/Zeising, WpPG, Anh. XX EU-ProspektVO Rn. 16 m. w. N.

Leser kaum einen sachgerechten Überblick zu verschaffen; dies gilt gerade gegenüber unerfahrenen Privatanlegern. Teilweise wird auch auf die spezifischen Risiken der verschiedenen Produkte eingegangen, doch wird eine Vielzahl verschiedener Produkte in einem Basisprospekt behandelt, so dass es mitunter nicht leicht ist, die für das gewünschte Wertpapier einschlägige Beschreibung zu finden. Zweckmäßig erscheint es daher, hinsichtlich der Risikofaktoren einerseits eine umfassende Darstellung zu bieten, diese jedoch vorab zusammen zu fassen und darauf hinzuweisen, wie die bestehenden Risiken zu gewichten sind. Nur so wird – gerade dem unerfahrenen – Anleger die Möglichkeit gegeben, die Risiken einschätzen zu können.

5   Formell ist bei der Darstellung der Risikofaktoren zu beachten, dass diese in einem eigenen Abschnitt zu erfolgen hat.[4] Es sind die wesentlichen Risiken aus der Sicht eines durchschnittlich verständigen Anlegers zu erläutern. Aus Sicht des Prospekterstellers sollte aufgrund der Haftungsfolge bei unvollständigen, widersprüchlichen oder irreführenden Prospekten (vgl. §§ 21 ff. WpPG) in dieser Hinsicht im Zweifel ein niedriger Maßstab angelegt werden. Zu beachten ist ferner, dass sich aufgrund des Trennungsgebots eine Relativierung der Risiken durch eine Gegenüberstellung mit Chancen im Abschnitt zu den Risikofaktoren verbietet.[5] Bei der Darstellung der verschiedenen Risikofaktoren ist zwischen emittentenbezogenen und produktspezifischen Risiken, allgemeinen Risikofaktoren in Bezug auf Wertpapiere und Marktfaktoren zu unterscheiden.

a) Emittentenbezogene Risikofaktoren

6   Die Angaben zu den emittentenbezogenen Risikofaktoren betreffen das oben erwähnte[6] Kontrahentenrisiko und sollen den Anleger in die Lage versetzen, das Risiko betreffend die Fähigkeit des Emittenten zur Erfüllung seiner Verbindlichkeiten aus den Wertpapieren einzuschätzen. In der Praxis beschränken sich diese Angaben in der Regel auf eine Darstellung der Bonitätseinstufung der verschiedenen Ratings sowie eine Erklärung derselben und stellen insoweit aus Emittentensicht keine große Schwierigkeit dar. Diese Angaben sind allerdings im Zusammenhang mit Derivaten insofern von großer Bedeutung, als es sich hierbei um Inhaberschuldverschreibungen handelt. Daher spielt das Insolvenzrisiko des Emittenten eine weit größere Rolle, als dies bspw. bei Aktien (also Unternehmensbeteiligungen) der Fall ist. Da dieser Umstand den Anlegern zumeist nicht klar ist[7], sollte sich eben hierauf im Rahmen der emittentenbezogenen Risikofaktoren ein Hinweis finden. Hinsichtlich der Einzelheiten der emittentenbezogenen Risikofaktoren kann auf die Kommentierung zu Ziff. 4 des Anh. I EU-ProspV verwiesen werden[8], weil sich im Zusammenhang mit derivativen Wertpapieren keine Besonderheiten ergeben.

---

4   Näher zum Aufbau, *Zeising*, in: Just/Voß/Ritz/Zeising, WpPG, Anh. XX EU-ProspektVO Rn. 12 ff.

5   Vgl. dazu *Voß*, in: Arndt/Voß, § 2 VermVerkProspV, Rn. 112.

6   Siehe oben Rn. 3.

7   Vgl. *Boehringer*, Die große Unbekannte im Depot, Südd. Zeitung v. 06.02.2007, S. 17.

8   Siehe unten Rn. 15 ff.

b) Produktspezifische Risikofaktoren

Die Beschreibung der produktspezifischen Risikofaktoren sollte bei derivati-   7
ven Wertpapieren naturgemäß den Schwerpunkt bilden; im Rahmen der Pro-
duktrisiken können sich – u. U. in Kombination mit weiteren Marktfaktoren[9]
– insbesondere die mit dem Derivat verbundenen und oben[10] allgemein erwähnten Marktrisiken realisieren. Ein Schwerpunkt in der Darstellung sollte
in diesem Zusammenhang deswegen gebildet werden, weil – soweit ersichtlich – die meisten Emittenten von Derivaten von der Möglichkeit Gebrauch
machen, einen Basisprospekt zu erstellen.[11] Daher wird regelmäßig eine
Vielzahl verschiedener Produkte von einem Basisprospekt erfasst, was
schnell zu einer gewissen Unübersichtlichkeit in der Darstellung führen
kann. Dabei ist die Darstellung dieser Risiken aufgrund der Komplexität vieler Produkte mit einem gewissen Aufwand verbunden. Dies gilt umso mehr,
wenn dem Erfordernis Rechnung getragen werden soll, die Darstellung der
Mindestangaben in leicht nachvollziehbarer und klar verständlicher Form zu
halten.[12]

Die Angaben zu den produktspezifischen Risikofaktoren sind nach den ver-   8
schiedenen von dem etwaigen Basisprospekt umfassten Produktkategorien
zu untergliedern. Regelmäßig sollte pro Kategorie zunächst eine Einführung
gegeben werden, um dann die aus der Funktionsweise des Derivates resultierenden Risiken zu beschreiben. Soweit – wie zumeist – das Risiko eines
Totalverlustes besteht, ist darauf ausdrücklich hinzuweisen;[13] dies gilt erst
recht beim Risiko etwaiger Nachschusspflichten.

Beispiel für Call Optionsscheine[14]:   9

> „... Im schlimmsten Fall, wenn der Wert oder Durchschnittswert des Be-
> zugsobjekts an dem bzw. den festgelegten Tag(en) dem Basispreis ent-
> spricht oder darunter liegt, erfolgt an den Anleger keine Zahlung des Bar-
> betrags. ..."

c) Allgemeine Risikofaktoren im Bezug auf die Wertpapiere

Art. 25 Abs. 1 Nr. 3 der EU-ProspV fordert, dass die allgemeinen Risikofak-   10
toren, die mit dem Emittenten und der Art des Wertpapiers verbunden sind,
in dem Prospekt offengelegt werden. In Bezug auf Derivate ergeben sich
hier keine Besonderheiten, weshalb auf die Komm. zu Art. 25 Verordnung
(EG) Nr. 809/2004 verwiesen werden kann.[15]

---

9 Siehe unten Rn. 11.
10 Siehe oben Rn. 3 ff.
11 Dazu näher *Zeising*, in: Just/Voß/Ritz/Zeising, WpPG, Anh. XX Rn. 18 ff.
12 Vgl. Erwg. 20 der EU-ProspRL.
13 Vgl. S. 2 1. Halbsatz.
14 Vgl. bspw. Basisprospekt der Deutschen Bank zu Optionsscheinen v. 21.05.2008, siehe:
    www.de.x-markets.db.com/DE/binaer_view_contentbase.asp?binaernr=734, Stand v.
    12.08.2008.
15 Vgl. die Komm. zu Art. 25 EU-ProspV.

d) Marktfaktoren

11   Weiter erfordert die Aufklärung über die Risikofaktoren eine Darstellung der Marktfaktoren. Zum einen zählt hierzu bei derivativen Wertpapieren die Beschreibung der Einflussfaktoren auf das Bezugsobjekt, das Wechselkursrisiko und das Zinsänderungsrisiko. Hinsichtlich des Marktwertes sollte sich an dieser Stelle in der Regel der Verweis darauf finden, dass der Marktwert während der Laufzeit vorwiegend von dem Wert und der Volatilität des Bezugsobjektes abhängt.[16] Es gilt auch in diesem Kontext der allgemeine Grundsatz der anlegergerechten „Vollinformation".

3. Wichtige Angaben

12   Zu den Angaben, die unter Ziff. 3. des Anh. XII EU-ProspV offenzulegen sind, zählen insbesondere die Interessen – einschließlich der kollidierenden Interessen – der involvierten natürlichen und juristischen Personen. Etwaige Interessenkonflikte sind hinreichend deutlich und ausführlich darzustellen. Es kann sich auch anbieten, diesen Punkt (auch) im Rahmen der Darstellung der Risikofaktoren abzuhandeln, da in derartigen Interessenkonflikten gerade auch Risikofaktoren liegen können.[17] In Bezug auf Derivate ist in diesem Zusammenhang zum einen darzustellen, dass sich Interessenkonflikte daraus ergeben können, dass der Emittent an Geschäften mit dem Bezugsobjekt des Derivats beteiligt ist.

13   Beispiel[18]:

> *„Die Emittentin kann gegebenenfalls – insbesondere zur Absicherung eigener Positionen – an Geschäften mit [dem Basiswert] [bezüglich Basket- oder Index-Zertifikaten: den in dem Basiswert enthaltenen Wertpapieren] für eigene oder fremde Rechnung beteiligt sein. Solche Geschäfte können sich negativ auf die Wertentwicklung des Basiswerts und somit auch auf den Wert der Zertifikate auswirken. Die Emittentin kann ferner wesentliche Beteiligungen an einzelnen Unternehmen des Basiswerts halten, wodurch Interessenkonflikte im Zusammenhang mit der Ausgabe dieser Zertifikate entstehen können."*

14   Zum anderen sollte dargestellt werden, dass sich Interessenkonflikte aus der Tatsache ergeben können, dass der Emittent im Hinblick auf das Bezugsobjekt verschiedene Funktionen wahrnimmt. So kann ein Kreditinstitut bspw. Emittent und zugleich Berechnungs-, Zahl- oder Verwaltungsstelle sein. Ist das Bezugsobjekt ein Index, sollte darauf verwiesen werden, dass sich Konflikte daraus ergeben können, dass der Emittent Einfluss auf die Zusammen-

---

16   Vgl. bspw. den Basisprospekt der Deutschen Bank für Schuldverschreibungen v. 23.04.2008, www.de.x-markets.db.com/DE/binaer_view_contentbase.asp?binaernr=787, Stand v. 11.09.2008.

17   So bspw. im Basisprospekt der Deutschen Bank für Schuldverschreibungen v. 23.04.2008, www.de.x-markets.db.com/DE/binaer_view_contentbase.asp?binaernr=787, Stand v. 11.09.2008.

18   Vgl. Basisprospekt der Sal. Oppenheimer v. 22.11.2006 für Zertifikate.

setzung des Bezugsobjektes hat. Eine weitere Besonderheit bei derivativen Wertpapieren ist, dass die Emittenten häufig zugleich „Market-Maker" sind.[19] Ein Interessenkonflikt kann sich in diesem Fall daraus ergeben, dass der Emittent die Preise der Wertpapiere selbst bestimmt. Schließlich fordert Ziff. 3 eine Offenlegung der Gründe für das Angebot und die Verwendung der Erträge, soweit diese nicht in der Gewinnerzielung oder Absicherung bestimmter Risiken liegen, was jedoch häufig der Fall sein wird.

4. Angaben über die anzubietenden bzw. zum Handel zuzulassenden Wertpapiere

Der Wortlaut des Anh. XII EU-ProspV der Verordnung ist hinsichtlich der Angaben über die Wertpapiere selbst äußerst detailliert. Um Wiederholungen zu vermeiden wird daher hinsichtlich der Angaben zum Wertpapier zunächst auf die Kommentierung zu Anh. III EU-ProspV, Ziff. 4. Rn. 20 ff. verwiesen.   *15*

Besonderheiten im Hinblick auf derivative Wertpapiere bestehen allerdings bei den unter Ziff. 4.2. geforderten Mindestangaben, die den Basiswert betreffen. Anzugeben sind zunächst der Ausübungspreis, bzw. der endgültige Referenzpreis des Basiswertes. Weiter hat der Emittent den Typ des Basiswertes zu beschreiben und weitergehende diesbezügliche Informationen bereit zu stellen bzw. eine entsprechende Quelle anzugeben. In der Praxis dürfte es sich zumeist empfehlen, auf eine entsprechende Quelle zu verweisen. Bei Basisprospekten besteht zudem in der Regel die Besonderheit, dass die endgültigen Bedingungen zum Zeitpunkt der Prospekterstellung noch nicht feststehen. In diesem Fall sind an der entsprechenden Stelle Hinweise in dem Basisprospekt aufzunehmen, die auf verständliche Art und Weise erläutern, welche Angaben in die endgültigen Bedingungen aufgenommen werden sollen.[20]   *16*

5. Bedingungen und Voraussetzungen für das Angebot

Der Prospekt muss weiterhin erstens Angaben zu den Bedingungen, denen das Angebot unterliegt, zum erwarteten Zeitplan und zu den aus Sicht des Anlegers für die Antragstellung erforderlichen Schritten enthalten; zweitens zu den beabsichtigten Zuteilungsmechanismen; drittens zur Methode und zum Verfahren der Preisfestsetzung; sowie viertens zu den Regeln der Platzierung und der Übernahme. Im Übrigen gelten die im Rahmen des Wortlauts detailliert wiedergegebenen Anforderungen. In diesem Zusammenhang kann auch darauf verwiesen werden, ob und ggf. welcher Rechtsträger als „Market Maker" eingesetzt wird, soweit dies der Fall ist. Wegen des gleichen Wortlauts kann im Übrigen auf die Kommentierung des Anh. II EU-ProspV verwiesen werden.   *17*

---

19 Vgl. auch Zeising, in: Just/Voß/Ritz/Zeising, WpPG, Anh. XX EU-ProspektVO Rn. 25.
20 Ausführlich dazu ebenso Zeising, in: Just/Voß/Ritz/Zeising, WpPG, Anh. XX EU-Prospekt VO Rn. 33.

6. Zulassung zum Handel und Handelsregeln

18 Die Informationen zum Handel und zu den Handelsregeln finden sich meist in den endgültigen Bedingungen zu einem Basisprospekt. Der Wortlaut von Ziff. 6. der Verordnung ist jedoch hinreichend detailliert, weshalb hier im Hinblick auf Derivate keine Besonderheiten bestehen. Hinsichtlich der Ziff. 6.1. und 6.2. kann im Übrigen auf die Kommentierung zur gleichlautenden Passage des Anh. III EU-ProspV[21] verwiesen werden.

7. Zusätzliche Angaben

19 Ziff. 7 des Anh. XII EU-ProspV schreibt vor, welche zusätzlichen Angaben in Prospekten zu machen sind. Im Wesentlichen handelt es sich hierbei um Angaben zur Beteiligung Dritter wie Berater, Abschlussprüfer oder Sachverständiger. Zum einen sind diese Personen zu nennen; auch ist deren Funktion im Rahmen der Emission offenzulegen. Zum anderen ist zu bestätigen, dass Informationen von dritten Personen korrekt wiedergegeben wurden und dass diese Informationen – soweit es dem Emittent bekannt ist – ohne Auslassungen wiedergeben wurden, um Irreführungen zu vermeiden. Hinsichtlich der Ziff. 7.1. bis 7.4. kann auf die Kommentierung der wortgleichen Passage in Anh. III Ziff. 10.1. bis 10.4. EU-ProspV verwiesen werden.[22]

II. Ausblick

20 Eine stichprobenartige Auswertung der derzeit auf dem deutschen Markt befindlichen Prospekte für derivative Wertpapiere zeigt, dass man auch einige Zeit nach Inkrafttreten des WpPG noch weit von einem einheitlichen Standard entfernt ist. Zwar hat die Zahl der Emissionen unter Verkaufsprospekten abgenommen, die noch nach der alten Rechtslage entstanden. Dies ist gerade vor dem Hintergrund der europäischen Harmonisierungsbestrebungen zu begrüßen. In der Praxis bestehen jedoch gerade bei den Basisprospekten, die in Deutschland unter WpPG und ProspV entstanden sind, insb. unter formalen Aspekten wie Aufbau und Umfang noch erhebliche Unterschiede.[23] Als rechtspolitisches Ziel lässt sich postulieren, hier für eine gewisse Einheitlichkeit zu sorgen; dies würde die Emittenten bis zu einem gewissen Grad von einigem Aufwand entlasten und zudem die Verständlichkeit für Anleger deutlich verbessern. Zudem wäre einschlägige Rechtsprechung in Zukunft auf einer solchen Grundlage leichter abstrahierbar und könnte mehr faktische Durchschlagskraft entfalten. Soweit – wie zumeist bei Basisprospekten für Derivate – mehr als ein Produkt umfasst wird, sollte eine klare Trennung zwischen den verschiedenen Produktkategorien eingehalten werden. Dies gilt sowohl für die Produktbeschreibungen, als auch für die produktspezifischen Risikofaktoren. Auch kann es auf lange Sicht nicht aus-

---

21 Vgl. Komm. zu Anh. II EU-ProspV, Rn. 73 ff.
22 Vgl. Komm. zu Anh. III EU-ProspV, Rn. 88 ff.
23 Während viele Basisprospekte ca. 80 Seiten umfassen sind durchaus auch Basisprospekte mit über 2000 Seiten zu finden.

reichend sein, sämtliche bestehenden Risiken aufzuführen, ohne dabei auch deutlich zu machen, welche spezifischen Risikofaktoren sich bei den jeweiligen Produkten mit hoher Wahrscheinlichkeit verwirklichen können. Dem hinkt die Praxis noch weitgehend hinterher.

Die Emittenten und ihre Berater sollten vor diesem Hintergrund versuchen, eine Art best practice herauszubilden. Denn gerade aufgrund der Möglichkeit, in diesem Bereich einen Basisprospekt zu erstellen, kann sich eine gewisse Grundlagenarbeit lohnen. Im Fokus sollte dabei weniger lediglich der einzelfallbezogene Prospekt, sondern vielmehr ein prospektrechtliches System stehen, das im Einzelfall weiterverwendet und ausgebaut werden kann.

Ein Schritt in die richtige Richtung stellt in diesem Zusammenhang der seit Anfang 2007 in Kraft getretene Derivate-Kodex des Deutschen Derivate Verbands (DVV) dar.[24] Hierbei handelt es sich um eine Selbstverpflichtung der Mitglieder des DVV, die rund 95% des gesamten deutschen Zertifikatemarktes respräsentieren. Ziel des Derivate-Kodex ist es, Mindeststandards zu schaffen, die Risiken und Chancen der verschiedenen Produkte angemessen darzustellen, mehr Transparenz hinsichtlich der Basiswerte zu gewährleisten und das Vertrauen der Anleger zu stärken. Die Einhaltung des Derivate Kodex wird zudem regelmäßig von einer neutralen Kommision nach wissenschaftlichen Standards überprüft.[25]

---

24 Der Derivate-Kodex ist unter www.derivateverband.de herunterzuladen.
25 Vgl. den Abschlussbericht zur Überprüfung der Einhaltung des Derivate Kodex von Juni 2011 durch Lutz Johanning, Sigrid Müller, Dirk Schiereck.

ARTIKEL 16

Schema für die Wertpapierbeschreibung für Schuldtitel mit einer Mindeststückelung von 100.000 EUR

ARTICLE 16

Securities note schedule for debt securities with a denomination per unit of at least 100.000 EUR

(1) Bei der Wertpapierbeschreibung für Schuldtitel mit einer Mindeststükkelung von 100.000 EUR werden die Angaben gemäß dem in Anhang XIII festgelegten Schema zusammengestellt.

(1) For the securities note for debt securities with a denomination per unit of at least 100 000 EUR information shall be given in accordance with the schedule set out in Annex XIII.

(2) Das Schema gilt für Schuldtitel, bei denen der Emittent aufgrund der Emissionsbedingungen verpflichtet ist, dem Anleger 100 % des Nominalwertes zu zahlen, wobei zusätzlich noch eine Zinszahlung erfolgen kann.

(2) The schedule shall apply to debt where the issuer has an obligation arising on issue to pay the investor 100 % of the nominal value in addition to which there may be also an interest payment.

(3) Sind Schuldtitel in bereits zum Handel an einem geregelten Markt zugelassene Aktien wandel- oder umtauschbar, so werden auch die unter Punkt 4.2.2 des Schemas in Anhang XII verlangten Angaben vorgelegt.

(3) Where debt securities are exchangeable or convertible into shares already admitted to trading on a regulated market, the information required by item 4.2.2 of the schedule set out in Annex XII shall also be given.

(4) Sind Schuldtitel in Aktien wandel- oder umtauschbar, die zu diesem oder einem künftigen Zeitpunkt vom Schuldtitelemittenten oder von einem Unternehmen derselben Gruppe emittiert werden, und sind diese zugrunde liegenden Aktien nicht schon zum Handel an einem geregelten Markt zugelassen, so werden auch zum Emittenten der zugrunde liegenden Aktien die unter den Punkten 3.1 und 3.2 des Schemas in Anhang III oder gegebenenfalls des verhältnismäßigen Schemas in Anhang XXIV aufgeführten Angaben vorgelegt.

(4) Where debt securities are convertible or exchangeable into shares which are or will be issued by the issuer of the debt security belonging to its group and these underlying shares are not already admitted to trading on a regulated market, information on the issuer of the underlying shares shall also be given in accordance with items 3.1 and 3.2 of the schedule set out in Annex III or, as the case may be, of the proportionate schedule set out in Annex XXIV.

(5) Berechtigen Schuldtitel mit Optionsscheinen zum Erwerb von Aktien des Emittenten und sind diese Aktien nicht zum Handel an einem geregelten Markt zugelassen, so werden außer den unter Punkt 4.2.2 genannten Angaben auch die im Schema des Anhangs XII verlangten Angaben vorgelegt.

(5) Where debt securities with warrants give the right to acquire the issuer's shares and these shares are not admitted to trading on a regulated market, the information required by the schedule set out in Annex XII except item 4.2.2 shall also be given.

Inhalt

I. Überblick

Art. 12 EU-ProspV gibt vor, dass auf Schuldtitel mit einer Stückelung von *1* weniger als 100.000 Euro der Anh. XIII EU-ProspV Anwendung findet. Vom Wortlaut weicht Art. 16 von Art. 12 EU-ProspV bzgl. der Anwendbarkeit ab. Inhaltlich dürfte der Verordnungsgeber aber keinen Unterschied beabsichtigt haben, denn Art. 4 EU-ProspV ist die Sonderbestimmung für Aktien, die hier ausgenommen sind, da für die Wertpapierbeschreibung von Aktien mit Art. 6 EU-ProspV eine speziellere und damit vorgehende Regelung vorhanden ist.

Auch die Ausnahmen bzgl. der Mindestverkaufsgröße von 100.000 Euro dürften hier ebenfalls einschlägig sein, selbst wenn sie nicht ausdrücklich aufgenommen wurden, da anderenfalls, unter Anlegerschutzaspekten, das Zusammenspiel von Art. 16 und Art. 12 EU-ProspV nicht funktionieren würde. Für Wertpapiere, die nicht öffentlich angeboten bzw. nicht an einem organisierten Markt zugelassen werden, sind WpPG und die EU-ProspV nicht anwendbar. Somit gilt auch für Art. 16 EU-ProspV, dass für Wertpapiere, die nicht unter Art. 4 EU-ProspV fallen, sich die Wertpapierbeschreibung eines Prospekts nach Schema XIII des Anh. zur EU-ProspV richtet, wenn sie mit einer Stückelung von weniger als 100.000 Euro oder als nennwertlose Wertpapiere, die für weniger als 100.000 Euro erworben werden können, öffentlich angeboten werden oder an einem organisierten Markt zugelassen werden.

Die Erhöhung der Grenze von 50.000 Euro auf 100.000 Euro erfolgte zur Umsetzung der Änderungen in Art. 3 der Richtlinie 2010/73/EG[1]. Sie hat zur Folge, dass Wertpapiere, die ursprünglich mit einer Stückelung von 50.000 Euro ohne Prospekt öffentlich angeboten werden durften, nun einen Prospekt erfordern, sofern sie nach dem 01.07.2012 öffentlich angeboten werden und keine der Übergangsregelungen des § 36 WpPG greift. Hierzu wird auf die Kommentierung zu § 36 WpPG verwiesen.

II. Wertpapiere

Wertpapiere sind dabei alle Wertpapiere gem. § 2 WpPG bzw. Art. 2 der EU- *2* ProspRL. Hier wird auf die Kommentierung zu § 2 WpPG verwiesen.

Diese Wertpapiere müssen eine Rückzahlung von 100 % ihres Nominalwertes und dürfen zusätzlich Zinsen gewähren. Geht man davon aus, dass der

---

1   Erwg. 3, Delegierte VO (EU) Nr. 486/2012, ABl. EU 2012, L 150/1, L 150/1.

Gesetzgeber schlicht sicherstellen wollte, dass Anleger zumindest den Nominalwert in voller Höhe zurückgezahlt bekommen, so bedeutet dies, dass unter Zinsen alle darüber hinausgehenden Zahlungen zu verstehen sind, unabhängig davon, ob sie zivil- oder steuerrechtlich als Zinsen zu betrachten sind.

III. Wandel- oder umtauschbare Schuldtitel

3 Mit der Delegierten Verordnung (EU) Nr. 759/2013 wurden neue Vorgaben für wandelbare oder umtauschbare Schuldtitel eingeführt. Ziel ist, Anlegern von wandel- oder umtauschbaren Schuldtiteln grundsätzlich vergleichbare Informationen zu geben, die sie bei einer direkten Anlage in das Papier, das sie aufgrund der Wandlung oder des Umtausches erhalten, vorliegen hätten. Diese Angaben sind nicht in Prospekte aufzunehmen, die gebilligt wurden, bevor die Delegierte VO (EU) Nr. 759/2013 in Kraft getreten ist.[2] Die unter diesem Anhang geforderten zusätzlichen Angaben entsprechen denen in Art. 8, so dass auf die Kommentierung zu Art. 8 verwiesen wird.

---

2 Delegierte VO (EU) Nr. 759/2013, Art. 3, L 213/1, L 213/3.

ANHANG XIII	ANNEX XIII
Mindestangaben für die Wertpa-pierbeschreibung für Schuldtitel mit einer Mindeststückelung von EUR 100.000 (Schema)	Minimum Disclosure Requirements for the Securities Note for debt securities with a denomination per unit of at least EUR 100 000 (Schedule)

1. Verantwortliche Personen

1. Persons Responsible

1.1. Alle Personen, die für die im Pros-pekt gemachten Angaben bzw. für be-stimmte Abschnitte des Prospekts ver-antwortlich sind. Im letzteren Fall ist eine Angabe der entsprechenden Ab-schnitte aufzunehmen. Im Falle von natürlichen Personen, zu denen auch Mitglieder der Verwaltungs-, Geschäfts-führungs- und Aufsichtsorgane des Emittenten gehören, sind der Name und die Funktion dieser Person zu nennen. Bei juristischen Personen sind Name und eingetragener Sitz der Gesellschaft anzugeben.

1.1. All persons responsible for the infor-mation given in the prospectus and, as the case may be, for certain parts of it, with, in the latter case, an indication of such parts. In case of natural persons in-cluding members of the issuer's adminis-trative, management or supervisory bod-ies indicate the name and function of the person; in case of legal persons indicate the name and registered office.

1.2. Erklärung der für den Prospekt ver-antwortlichen Personen, dass sie die er-forderliche Sorgfalt haben walten las-sen, um sicherzustellen, dass die im Prospekt genannten Angaben ihres Wis-sens nach richtig sind und keine Tatsa-chen ausgelassen worden sind, die die Aussage des Prospekts wahrscheinlich verändern. Ggf. Erklärung der für be-stimmte Abschnitte des Prospekts ver-antwortlichen Personen, dass sie die er-forderliche Sorgfalt haben walten lassen, um sicherzustellen, dass die in dem Teil des Prospekts genannten An-gaben, für die sie verantwortlich sind, ihres Wissens nach richtig sind und keine Tatsachen ausgelassen worden sind, die die Aussage des Prospekts wahrscheinlich verändern.

1.2. A declaration by those responsible for the prospectus that, having taken all reasonable care to ensure that such is the case, the information contained in the prospectus is, to the best of their knowl-edge, in accordance with the facts and contains no omission likely to affect its import. As the case may be, declaration by those responsible for certain parts of the prospectus that the information con-tained in the part of the prospectus for which they are responsible is, to the best of their knowledge, in accordance with the facts and contains no omission likely to affect its import.

2. Risikofaktoren

2. Risk Factors

Klare Offenlegung der Risikofaktoren, die für die zum Handel zuzulassenden Wertpapiere von wesentlicher Bedeu-tung sind, wenn es darum geht, das Marktrisiko zu bewerten, mit dem diese Wertpapiere behaftet sind. Diese Offen-legung muss unter der Rubrik „Risiko-faktoren" erfolgen.

Prominent disclosure of risk factors that are material to the securities admitted to trading in order to assess the market risk associated with these securities in a sec-tion headed 'Risk factors'.

3. Grundlegende Angaben	3. Essential Information
Interessen von Seiten natürlicher und juristischer Personen, die an der Emission beteiligt sind.	Interest of natural and legal persons involved in the issue.
Beschreibung jeglicher Interessen – einschließlich Interessenkonflikte –, die für die Emission von wesentlicher Bedeutung sind, wobei die involvierten Personen zu spezifizieren und die Art der Interessen darzulegen ist.	A description of any interest, including conflicting ones, that is material to the issue, detailing the persons involved and the nature of the interest.
4. Angaben über die zum Handel zuzulassenden Wertpapiere	4. Information Concerning The Securities To Be Admitted To Trading
4.1. Gesamtbetrag der Wertpapiere, die zum Handel zuzulassen sind.	4.1. Total amount of securities being admitted to trading.
4.2. Beschreibung des Typs und der Kategorie der zum Handel zuzulassenden Wertpapiere einschließlich der ISIN (International Security Identification Number) oder eines ähnlichen Sicherheitsidentifikationscodes.	4.2. A description of the type and the class of the securities being admitted to trading, including the ISIN (international security identification number) or other such security identification code.
4.3. Rechtsvorschriften, auf deren Grundlage die Wertpapiere geschaffen wurden.	4.3. Legislation under which the securities have been created.
4.4. Angabe, ob es sich bei den Wertpapieren um Namenspapiere oder um Inhaberpapiere handelt und ob die Wertpapiere verbrieft oder stückelos sind. In letzterem Fall sind der Name und die Anschrift des die Buchungsunterlagen führenden Instituts zu nennen.	4.4. An indication of whether the securities are in registered or bearer form and whether the securities are in certificated or book-entry form. In the latter case, name and address of the entity in charge of keeping the records.
4.5. Währung der Wertpapieremission.	4.5. Currency of the securities issue.
4.6. Rangfolge der Wertpapiere, die zum Handel zugelassen werden sollen, einschließlich der Zusammenfassung etwaiger Klauseln, die die Rangfolge beeinflussen können oder das Wertpapier derzeitigen oder künftigen Verbindlichkeiten des Emittenten nachordnen können.	4.6. Ranking of the securities being admitted to trading, including summaries of any clauses that are intended to affect ranking or subordinate the security to any present or future liabilities of the issuer.
4.7. Beschreibung der Rechte – einschließlich ihrer etwaigen Beschränkungen –, die an die Wertpapiere gebunden sind, und des Verfahrens zur Ausübung dieser Rechte.	4.7. A description of the rights, including any limitations of these, attached to the securities and procedure for the exercise of said rights.
4.8. Angabe des nominalen Zinssatzes und Bestimmungen zur Zinsschuld:	4.8. The nominal interest rate and provisions relating to interest payable:

– Datum, ab dem die Zinsen zahlbar werden, und Zinsfälligkeitstermine;

– Gültigkeitsdauer der Ansprüche auf Zins- und Kapitalrückzahlungen.

Ist der Zinssatz nicht festgelegt, eine Erklärung zur Art des Basiswerts und eine Beschreibung des Basiswertes, auf den er sich stützt, und der bei der Verbindung von Basiswert und Zinssatz angewandten Methode.

– Beschreibung etwaiger Ereignisse, die eine Störung des Marktes oder der Abrechnung bewirken und den Basiswert beeinflussen,

– Anpassungsregeln in Bezug auf Ereignisse, die den Basiswert betreffen,

– Name der Berechnungsstelle.

4.9. Fälligkeitstermin und Vereinbarungen für die Darlehenstilgung, einschließlich der Rückzahlungsverfahren. Wird auf Initiative des Emittenten oder des Wertpapierinhabers eine vorzeitige Tilgung ins Auge gefasst, so ist sie unter Angabe der Tilgungsbedingungen zu beschreiben.

4.10. Angabe der Rendite.

4.11. Repräsentationen von Schuldtitelinhabern unter Angabe der die Anleger vertretenden Organisation und der auf die Repräsentation anwendbaren Bestimmungen, Angabe des Ortes, an dem die Anleger die Verträge einsehen können, die diese Repräsentationsformen regeln.

4.12. Angabe der Beschlüsse, Ermächtigungen und Billigungen, die die Grundlage für die erfolgte Schaffung der Wertpapiere und/oder deren Emission bilden.

4.13. Angabe des Emissionstermins der Wertpapiere.

4.14. Darstellung etwaiger Beschränkungen für die freie Übertragbarkeit der Wertpapiere.

– the date from which interest becomes payable and the due dates for interest,

– the time limit on the validity of claims to interest and repayment of principal.

Where the rate is not fixed, a statement setting out the type of underlying and a description of the underlying on which it is based and of the method used to relate the underlying and the rate:

– a description of any market disruption or settlement disruption events that affect the underlying,

– adjustment rules with relation to events concerning the underlying,

– name of the calculation agent.

4.9. Maturity date and arrangements for the amortisation of the loan, including the repayment procedures. Where advance amortisation is contemplated, on the initiative of the issuer or of the holder, it must be described, stipulating amortisation terms and conditions.

4.10. An indication of yield.

4.11. Representation of debt security holders including an identification of the organisation representing the investors and provisions applying to such representation. Indication of where investors may have access to the contracts relating to these forms of representation.

4.12. A statement of the resolutions, authorisations and approvals by virtue of which the securities have been created and/or issued.

4.13. The issue date of the securities.

4.14. A description of any restrictions on the free transferability of the securities.

5. Zulassung zum Handel und Handelsregeln

5.1. Angabe des Marktes, auf dem die Wertpapiere gehandelt werden und für die ein Prospekt veröffentlicht wurde. Wenn bekannt, sollten die frühestmöglichen Termine für die Zulassung der Wertpapiere zum Handel angegeben werden.

5.2. Name und Anschrift etwaiger Zahlstellen und Verwahrstellen in jedem Land.

6. Kosten der Zulassung zum Handel

Angabe der geschätzten Gesamtkosten für die Zulassung zum Handel.

7. Zusätzliche Angaben

7.1. Werden an einer Emission beteiligte Berater in der Wertpapierbeschreibung genannt, ist eine Erklärung zu der Funktion abzugeben, in der sie gehandelt haben.

7.2. Angabe weiterer Informationen in der Wertpapierbeschreibung die von gesetzlichen Abschlussprüfern teilweise oder vollständig geprüft wurden und über die die Abschlussprüfer einen Prüfungsbericht erstellt haben. Reproduktion des Berichts oder mit Erlaubnis der zuständigen Behörden Zusammenfassung des Berichts.

7.3. Wird in die Wertpapierbeschreibung eine Erklärung oder ein Bericht einer Person aufgenommen, die als Sachverständiger handelt, so sind der Name, die Geschäftsadresse, die Qualifikationen und – falls vorhanden – das wesentliche Interesse am Emittenten anzugeben. Wurde der Bericht auf Ersuchen des Emittenten erstellt, so ist eine diesbezügliche Erklärung dahingehend abzugeben, dass die aufgenommene Erklärung oder der aufgenommene Bericht in der Form und in dem Zusammenhang, in dem sie bzw. er aufgenommen wurde, die Zustimmung von Seiten dieser Person erhalten hat, die den Inhalt dieses

5. Admission to Trading and Dealing Arrangements

5.1. Indication of the market where the securities will be traded and for which prospectus has been published. If known, give the earliest dates on which the securities will be admitted to trading.

5.2. Name and address of any paying agents and depository agents in each country.

6. Expense of the Admission to Trading

An estimate of the total expenses related to the admission to trading.

7. Additional Information

7.1. If advisors are mentioned in the Securities Note, a statement of the capacity in which the advisors have acted.

7.2. An indication of other information in the Securities Note which has been audited or reviewed by auditors and where auditors have produced a report. Reproduction of the report or, with permission of the competent authority, a summary of the report.

7.3. Where a statement or report attributed to a person as an expert is included in the Securities Note, provide such person's name, business address, qualifications and material interest if any in the issuer. If the report has been produced at the issuer's request a statement to that effect that such statement or report is included, in the form and context in which it is included, with the consent of that person who has authorised the contents of that part of the Securities Note.

Teils der Wertpapierbeschreibung gebilligt hat.

7.4. Sofern Angaben von Seiten Dritter übernommen wurden, ist zu bestätigen, dass diese Information korrekt wiedergegeben wurde und dass – soweit es dem Emittenten bekannt ist und er aus den von dieser dritten Partei veröffentlichten Informationen ableiten konnte – keine Tatsachen unterschlagen wurden, die die wiedergegebenen Informationen unkorrekt oder irreführend gestalten würden. Darüber hinaus ist/sind die Quelle(n) der Informationen anzugeben.

7.4. Where information has been sourced from a third party, provide a confirmation that this information has been accurately reproduced and that as far as the issuer is aware and is able to ascertain from information published by that third party, no facts have been omitted which would render the reproduced information inaccurate or misleading. In addition, identify the source(s) of the information.

7.5. Angabe der Ratings, mit dem ein Emittent oder seine Schuldtitel auf Anfrage des Emittenten oder in Zusammenarbeit mit dem Emittenten im Rahmen eines Ratingverfahren bewertet wurde(n).

7.5 Credit ratings assigned to an issuer or its debt securities at the request or with the co-operation of the issuer in the rating process.

Inhalt

I. Einleitung

Dieser Anh. XIII EU-ProspV enthält gegenüber dem Anh. V EU-ProspV Erleichterungen, da bei einer Mindeststückelung von 100.000 Euro unterstellt wird, dass Käufer nur qualifizierte Anleger sind, die sich ausreichende Kenntnisse über Emittent und Emission auch ohne Prospekt verschaffen können.[1] Auch wenn die ursprüngliche Grenze von 50.000 Euro nunmehr in Anpassung an Art. 1 der Richtlinie 2010/73/EU auf 100.000 Euro heraufgesetzt wurde[2], ist der Hintergrund der unterschiedlichen Anforderungen unverändert.   1

---

[1] *Heidelbach/Preuße*, BKR 2006, 316, 319. Hier noch mit ursprünglich 50.000 Euro.

[2] Delegierte VO (EG) 486/2012, ABl. der EU 2012, L 150/1, L 150/1 Erwg. 3; RL 2010/73/EU v. 24.11.2010, ABl. EU L 327/1, L 327/5.

Auch dieser Anhang setzt voraus, dass im Prospekt alle Angaben enthalten sein müssen, die für die Beurteilung des Emittenten oder der Wertpapiere notwendig sind. Sie sind aber weniger detailliert darzustellen. So müssen hier bspw. die Gründe für das Angebot und die Verwendung der Erträge nicht und die Angaben zur Zulassung zum Handel und Handelsregeln nur in verringertem Umfang genannt werden.

2 Die Anwendung des strengeren Anh. V EU-ProspV kann aber sinnvoll sein, wenn ohne die dort verlangten zusätzlichen Angaben der Prospekt kein vollständiges Bild gewährleisten würde und diese Angaben für die Beurteilung der Wertpapiere notwendig sind. In den Ziff. 2. und 4. dieses Anh. XIII EU-ProspV wird auf Wertpapiere abgestellt, die zum Handel zuzulassen sind. In Anh. V EU-ProspV dagegen sind sowohl diese Wertpapiere als auch solche genannt, die angeboten werden. Hieraus dürfte sich jedoch keine inhaltliche Unterscheidung ableiteten lassen, da die EU-ProspRL in Art. 1 (1) klarstellt, dass sie für Prospekte anwendbar ist, die bei der Zulassung zum Handel an einem organisierten Markt oder für ein öffentliches Angebot von Wertpapieren erforderlich sind.

3 Mit der Delegierten Verordnung (EU) Nr. 759/2013 wurden neue Vorgaben für wandelbare oder umtauschbare Schuldtitel eingeführt. Diese Angaben sind nicht in Prospekte aufzunehmen, die gebilligt wurden, bevor die Delegierte VO (EU) Nr. 759/2013 in Kraft getreten ist.[3]

Die Angaben unter Punkt 4.2.2 des Schemas in Anhang XII sind auch unter diesem Anhang aufzunehmen, wenn die Schuldtitel in an einem geregelten Markt zugelassene Aktien gewandelt oder umgetauscht werden können. Bei Schuldtiteln, die in Aktien wandel- oder umtauschbar sind, die vom Schuldtitelemittenten oder einem Emittenten aus der Gruppe des Schuldtitelemittenten begeben werden, aber noch nicht zum Handel an einem geregelten Markt zugelassen sind, sollte den Anlegern eine Erklärung zum Geschäftskapital und eine Erklärung zu Kapitalbildung und Verschuldung des Emittenten der Aktien zur Verfügung gestellt werden.[4] Daher sind die Angaben unter den Punkten 3.1 und 3.2 des Schemas in Anhang III oder ggf. des verhältnismäßigen Schemas in Anhang XXIV aufzunehmen. Wenn Schuldtitel mit Optionsscheinen zum Erwerb von Aktien des Emittenten berechtigen und diese Aktien nicht zum Handel an einem geregelten Markt zugelassen sind, sind auch unter diesem Anhang außer den unter Punkt 4.2.2 des Anhangs XII genannten Angaben zusätzlich die gesamten im Schema des Anhangs XII verlangten Angaben aufzunehmen.[5] Im Übrigen wird auf die Kommentierung zu Art. 8 sowie zu den Anhängen III, Ziff. 3.1 und 3,2, XII und XXIV verwiesen.

Die Zuordnung der nachstehenden Angaben zu den verschiedenen Kategorien erfolgt über Art. 2a EU-ProspV und deren Anhang XX, auf deren Kommentierung verwiesen wird.

---

3 Delegierte VO (EU) Nr. 759/2013, Art. 3, L 213/1, L 213/3.
4 Vgl. Erwg. 6, Delegierte VO (EU) Nr. 759/2013, L 213/1, L 213/1.
5 Erwg. 7, Delegierte VO (EU) Nr. 759/2013, L 213/1, L 213/1.

II. Verantwortliche Personen, Ziff. 1.

Es wird auf die Kommentierung zu Anh. V Ziff. 1. EU-ProspV verwiesen. *4*

III. Risikofaktoren, Ziff. 2.

Der Begriff „Risikofaktoren" ist in Art 2 Ziff. 3. EU-ProspV legal definiert und *5*
bezeichnet eine Liste von Risiken, die für die jeweilige Situation des Emittenten und/oder der Wertpapiere spezifisch sind und die Anlageentscheidung wesentlich beeinflussen.[6]

Mit der Zuordnung zu Kategorie A[7] ist damit klargestellt, dass Ergänzungen *6*
in den endgültigen Bedingungen nicht zulässig sind. Dies könnte in der Praxis dazu führen, dass die Risiken künftig allgemeiner dargestellt werden,
z.B. bezogen auf bestimmte Arten von Basiswerten. Die VO hat damit praktisch die Möglichkeit abgeschnitten, bei Basisprospekten auf Risiken bestimmter einzelner Basiswerte einzugehen, da bei der Prospekterstellung der
konkrete Basiswert und damit auch die für diesen einzelnen Basiswert spezifischen Risiken noch nicht bekannt sein können. In der Regel wird eine allgemeiner Darstellung auf Ebene bestimmter Arten von Basiswerten völlig
ausreichen, da es keine spezifischen Risiken gibt. Das hat zur Folge, dass in
den Fällen, in denen auf spezifische Risiken einzugehen wäre, die noch nicht
im Basisprospekt beschreiben sind, ein neuer Prospekt erforderlich wird.
Dies ist ein unverhältnismäßiger Aufwand für den Emittent, zumal der
Kunde die endgültigen Bedingungen in jedem Fall benötigt und zur Kenntnis nimmt, da nur dort die emissionsspezifischen Details enthalten sind.

Chancen sind in diesem Abschnitt nicht darzustellen.[8] Damit soll erreicht *7*
werden, dass der Anleger sich einen zusammenhängenden Gesamtüberblick
über die Risiken erhält. Er soll nicht durch die gleichzeitige Darstellung der
Chancen von den tatsächlich vorhandenen Risiken abgelenkt werden.

Trotzdem bleibt zur Zeit das Ergebnis, dass die Risikofaktoren abschließend *8*
darzustellen sind. Im Übrigen wird auf die Kommentierung zu Anhang V
Ziff. 2. verwiesen.

IV. Grundlegende Angaben, Ziff. 3.

Anders als in Anh. V EU-ProspV wird in diesem Anh. XIII EU-ProspV auf *9*
verschiedene Angaben, z. B. die Offenlegung der Gründe für das Angebot
und die Angabe der Verwendung der Erträge, verzichtet. Darüber hinaus
sind auch keine Angaben zur Renditeberechnung oder Quellensteuer erforderlich.[9] Dies erscheint insofern sachgerecht, da es sich bei Anh. XIII EU-

---

6 *Holzborn/Israel*, ZIP 2005, 1668, 1672, Fn. 69.
7 Delegierte VO (EG) 486/2012, ABl. der EU 2012, L 150/1, L 150/17 Ziff. 18.
8 Vgl. hierzu auch *Kullmann/Sester*, ZBB-Report 2005, 209, 212.
9 *Seitz/Maier*, in: Assmann/Schlitt/von Kopp-Colomb, WpPG/VerkProspG, Anh. XIII EU-
ProspV Rn. 8.

ProspV um Wertpapiere mit einer Mindeststückelung oder Verkaufsgröße von 100.000 Euro handelt, die von qualifizierten Anlegern erhoben werden, die sich regelmäßig über die für sie relevanten Informationen, z. B. zu mögliche Steuerproblematiken, kennen oder sich diese auch ohne Prospekt verschaffen können.[10] Der Anleger eines Wertpapiers soll erfahren, welche Personen die Nutznießer der Emission oder bestimmter Teile einer Struktur sind und welche Interessen sie dabei verfolgen. Insb. wenn es Interessenkonflikte gibt, sind diese offenzulegen.

Sofern tatsächlich vorhandene Interessenkonflikte im Zeitpunkt der Prospekterstellung bekannt sind, müssen diese Angaben aufgenommen werden. Hiervon zu unterscheiden sind potentielle Interessenkonflikte, die möglicherweise eintreten werden, aber noch nicht konkretisiert haben. In diesen Fällen kann kein Emittent ausschließen, dass solche Interessenkonflikte zu einem späteren Zeitpunkt auftauchen.[11] Im Zusammenhang mit Wertpapieren, für die nach diesem Anh. XIII ein Prospekt zu erstellen ist, wird es in der Regel keine Interessenkonflikte geben. Da diese Angaben unter die Kategorie C fallen, können sie ggf. in den endgültigen Bedingungen ergänzt werden.[12] Da in Anh. XX keine Änderungen der anderen Anhänge erfolgt, ist mit der ungenauen Wiedergabe keine andere Angabe gemeint als „Interessenkonflikte".

V. Angaben über die zum Handel zuzulassenden Wertpapiere, Ziff. 4.

10 Die Angaben gem. Ziff. 4. beschreiben die wichtigsten Inhalte des Wertpapiers und seiner Rahmenbedingungen. Sie sind weitgehend selbsterklärend. Für die Zuordnung dieser Angaben zu den verschiedenen Kategorien wird auf Anh. XX verwiesen. In den meisten Fällen dürfte die Zuordnung auch für die Erstellung eines Basisprospektes unproblematisch und über die Nutzung von Optionen gut lösbar sein. Fraglich ist dies lediglich bei den Angaben zu Ziff. 4.8., vgl. dort. Zu den Rahmenbedingungen gehören bspw. die Angaben gem. Ziff. 4.11., 4.12. und 4.14.

Anders als im Anh. V EU-ProspV werden nach diesem Anhang keine Angaben zu Quellensteuern verlangt. Dies erscheint insofern sachgerecht, da es sich bei Anh. XIII EU-ProspV um Wertpapiere mit einer Mindeststückelung oder Verkaufsgröße von 100.000 Euro handelt, die von qualifizierten Anlegern erhoben werden, die sich regelmäßig über die für sie relevanten Steuervorgaben informieren und denen mögliche Steuerproblematiken normalerweise bekannt sind, so dass sie nicht auf Angaben des Emittenten angewiesen sind.[13]

---

10 Mit gleichem Ergebnis *Seitz/Maier*, in: Assmann/Schlitt/von Kopp-Colomb, WpPG/VerkProspG, Anh. XIII EU-ProspV Rn. 8. Vgl. zur Quellensteuer Anh. V EU-ProspV.

11 Vgl. auch die Komm. zu Registrierungsdokumenten – Interessenkonflikten.

12 Delegierte VO (EG) 486/2012, ABl. der EU 2012, L 150/1, L 150/17 mit ungenauer Wiedergabe von Anh. XIII.

13 Vgl. zur Quellensteuer Anh. V EU-ProspV.

An mehreren Stellen finden sich zwischen dem Anh. V EU-ProspV und dem Anh. XIII EU-ProspV Wortabweichungen. So verwendet dieser Anh. XIII EU-ProspV in Ziff. 4.8. die Worte „Marktzerrüttung" und „Störung", Anh. V EU-ProspV dagegen „Marktstörung" und „Unterbrechung". Ein inhaltlicher Unterschied lässt sich daraus jedoch nicht herleiten, zumal sich die Abweichungen in der englischen Originalfassung nicht finden. Da mit der Verordnung ein bereits bestehender Markt mit seinen Geschäften reguliert werden sollte, kann hier von den im Kapitalmarkt bislang verwendeten Bedeutungen ausgegangen werden.

Ziff. 4.1. beinhaltet die Angabe des Gesamtbetrags der Wertpapiere, die zum *11*
Handel zuzulassen sind. Da es dem Emittenten freigestellt ist, ob er einen Antrag auf Zulassung der Wertpapiere zum Handel an einem organisierten Markt stellt, kann hier nur gemeint sein, dass die Angabe erfolgt, ob er beabsichtigt, eine entsprechende Zulassung zu beantragen bzw. ob er sie bereits beantragt hat. Als Angabe kann der Nominalbetrag oder, sofern die Teilschuldverschreibungen oder Zertifikate nicht mit einem Nennbetrag ausgestattet sind, die Anzahl der Stücke der des öffentlichen Angebots oder der Emission angegeben werden.[14] Bei Programmen können Zulassungsanträge insgesamt bis zur Höhe des Programmvolumens gestellt werden, da dies das maximale Volumen ist, das unter dem Programm an einer Börse zugelassen werden kann.

Ziff. 4.2. verlangt die Angabe des Typs und der Kategorie der Wertpapiere. *12*
Hierunter kann eine Kurzbeschreibung der Wertpapiere, für die der Prospekt erstellt wurde, verstanden werden. Die Angaben sind vom jeweiligen Emittenten und den von ihm begebenen Wertpapieren abhängig. Eine Möglichkeit der Typisierung und Kategorisierung lehnt sich an die Systematik der Anhänge an und unterscheidet nach der Rückzahlung von mindestens 100 % oder von weniger als 100 %. Ebenso kann hier abgegeben werden, ob einzelne Tranchen unter einer Emission begeben werden können. Ferner sind die Angaben aufzunehmen, die erforderlich sind, um die Wertpapiere zu identifizieren. Anders als in diesem Anhang wurde in Anh. V EU-ProspV auf die Angabe des Emissions- oder Angebotsvolumens verzichtet.

Ziff. 4.3. verlangt die Angabe, unter welchem Recht die Wertpapiere bege- *13*
ben wurden. Bei deutschen Emittenten wird dies in der Regel deutsches Recht sein. Dies ist aber nicht zwingend und insb. für Emissionsprogramme oder für Anleihen, die international vertrieben werden, sind auch andere rechtliche Grundlagen, wie bspw. englisches Recht, üblich.

Ziff. 4.4. unterscheidet zwischen Namens- und Inhaberpapieren und verlangt *14*
für Namenspapiere die Angabe, ob die Wertpapiere verbrieft oder stückelos begeben werden. Bei Wertpapieren, die nach deutschem Recht begeben werden, ist gem. § 793 BGB für ihre Entstehung grds. eine Verbriefung erforderlich.[15] Für Wertpapiere nach deutschem Recht ist hier anzugeben, ob

---

14 Ebenso *Seitz/Maier*, in: Assmann/Schlitt/von Kopp-Colomb, WpPG/VerkProspG, Anh. XIII EU-ProspV Rn. 19.
15 *Sprau*, in: Palandt, BGB, § 793 Rn. 1.

es effektive Stücke gibt oder ob das Wertpapier in einer Sammelurkunde verbrieft wird, an der der Erwerber Miteigentum erlangt. Sofern Wertpapiere außerhalb des BGB in dematerialisierter Form begeben werden, wäre dies im Prospekt aufzunehmen zusammen mit der Angabe des „Buchungsunterlagen führenden Instituts", also der Stelle, die die Zuordnung der Wertpapiere beim jeweiligen Erwerb vornimmt.

15 Ziff. 4.5. verlangt die Angabe, in welcher Währung die Wertpapiere begeben werden.

4.6. benutzt das Wort „Rangfolge". Gemeint ist die Angabe, ob die Wertpapiere gleichrangig mit bestimmten anderen Wertpapieren des Emittenten oder nachrangig zu bestimmten anderen Wertpapieren des Emittenten begeben werden.

16 Ziff. 4.7.: Zu den Rechten, einschließlich ihrer etwaigen Beschränkungen, die an die Wertpapiere gebunden sind, gehören bspw. Emittenten- und Gläubigerkündigungsrechte. Damit zusammenhängend zu beschreiben ist das Verfahren, mit dem die Kündigung ausgeübt wird. Bei Emittentenkündigungsrechten wird die Kündigung häufig durch Veröffentlichung der Kündigung erfolgen. Auch Rückkaufsrechte des Emittenten können an dieser Stelle erwähnt werden. Für nachrangige Schuldverschreibungen nach deutschem Recht gehört hierher auch der Hinweis auf die entsprechenden Beschränkungen, die sich aus dem KWG ergeben.

17 Ziff. 4.8.: Auch wenn in Ziff. 4.8. der deutschen Fassung etliche Änderungen in der Wortwahl gegenüber der bisher gültigen Fassung auffallen, führen diese Änderungen nicht zu einer inhaltlichen Änderung, wie die englische Fassung zeigt, in der sich keine Änderungen in der Wortwahl finden. Ziff. 4.8. regelt mehrere Fälle. Zunächst wird die Angabe von Zinsen bzw. eines Zinssatzes sowie die Berechnungsbasis für den Zinsbetrag und die Rückzahlungsmodalitäten verlangt. Ebenfalls unter diesem Punkt werden Verjährungsfristen erwähnt, wie bspw. in § 801 BGB geregelt, mit der Möglichkeit die Vorlegungsfristen vertraglich zu bestimmen. Als weitere Möglichkeit sieht die EU-ProspV, dass die Zinsen und die Rückzahlung nicht durch eine Betragsangabe konkretisiert sind, sondern eine Bindung an einen Basiswert vorgesehen wird. Dabei verlangt die EU-ProspV die Beschreibung des Basiswerts und der verwendeten Methode zur Verbindung beider Werte. Neben diesen beiden Angaben wird jetzt zusätzlich eine Erklärung zur Art des Basiswertes verlangt.[16] Die geforderten Angaben werden von der EU-ProspV konkretisiert.

In der Delegierten VO (EG) 486/2012, Erwägungsgründe 7[17] und 9[18] legen zu diesem Punkt dar, dass die im Basisprospekt enthaltenen Angaben durch die endgültigen Bedingungen weder verändert noch ersetzt werden sollten. Dabei sind insbesondere alle Angaben, die die Bewertung des Emittenten oder der Wertpapiere beeinflussen könnten, entweder im Prospekt selbst

---

16 Delegierte VO (EG) 486/2012, ABl. der EU 2012, L 150/1, L 150/8 Ziff. 18.
17 Delegierte VO (EG) 486/2012, ABl. der EU 2012, L 150/1, L 150/2 Erwg. 7.
18 Delegierte VO (EG) 486/2012, ABL. der EU 2012, L 150/1, L 150/2 Erwg. 9.

darzustellen oder durch einen Nachtrag einzufügen. Konsequenterweise sollen somit alle zum Zeitpunkt der Prospektbilligung bereits bekannten Angaben zur Art des Basiswerts enthalten sein. Lediglich emissionsspezifische Einzelheiten sollen noch in den endgültigen Bedingungen aufgenommen werden.[19]

In Anh. XX ProspV ist die Angabe der Art des Basiswertes mit der Kategorie A[20] belegt, so dass dort keine ergänzenden oder konkretisierenden Angaben in den endgültigen Bedingungen mehr gemacht werden können. Als Kategorien kommen z. B. „Zinssatz" oder „Aktie" oder „Index" in Frage. Anders verhält es sich dagegen mit der Beschreibung des Basiswerts selbst. Dieser ist mit Kategorie C belegt[21], so dass dieser Teil vollständig in den endgültigen Bedingungen ergänzt werden kann, da die nähere Beschreibung erst möglich ist, wenn auch feststeht, welcher Basiswert verwendet werden soll. Wie in Anh. V EU-ProspV werden auch hier keine konkreten Angaben zum Inhalt des Basiswerts oder – bspw. bei Aktien – keine Beschreibung eines eventuellen Emittenten des Basiswerts verlangt. Vielmehr soll der Anleger verstehen, um was für einen Basiswert es sich handelt, wie z. B. einen Index oder einen Zinssatz. *17a*

Insb. muss der Prospekt darüber Auskunft geben, wie sich der Basiswert auf das Wertpapier auswirkt. Ausdrücklich verlangt wird „eine Beschreibung der bei der Verbindung von Basiswert und Zinssatz angewandten Methode"[22].Grundlage für eine Beschreibung kann z. B. eine Formel sein, anhand derer beschrieben wird, wie die Berechnungen erfolgen und auf welcher Basis, also auf welchen Feststellungen sie erfolgen. Zwingend ist dies jedoch nicht, wenn die Beschreibung in Worten möglich ist. Allerdings unterliegt diese Angabe der Kategorie B, sodass alle grundlegenden Angaben bereits im Prospekt enthalten sein müssen. Nur die Einzelheiten, die bei Billigung des Basisprospekts noch nicht bekannt sind, dürfen in die endgültigen Bedingungen eingefügt werden.[23] *17b*

Ebenso zu beschreiben sind Anpassungs- und Marktstörungsregelungen für den Basiswert. In Anh. XX EU-ProspV ist die Angabe der Anpassungs- und Marktstörungsregelungen für den Basiswertes mit der Kategorie B[24] belegt. Damit sind alle grundlegenden Angaben im Basisprospekt aufzunehmen. Auch für diese Angabe gilt, dass nur die Einzelheiten, die bei Billigung des Basisprospekts noch nicht bekannt sind, in die endgültigen Bedingungen eingefügt werden dürfen.[25] Hier bleibt abzuwarten, wie sich die Abgrenzung in der Praxis zwischen grundlegenden Angaben und möglichen Ergänzungen in den endgültigen Bedingungen entwickeln wird.

---

19 Delegierte VO (EG) 486/2012, ABl. der EU 2012, L 150/1, L 150/2 Erwg. 9.
20 Delegierte VO (EG) 486/2012 ABl: der EU 2012, L 150/1, L 150/18.
21 Delegierte VO /EG) 486/2012, ABl. der EU 2012, L 150/1, L 150/18.
22 Delegierte VO /EG) 486/2012, ABl. der EU 2012, L 150/1, L 150/8.
23 Delegierte VO (EG) 486/2102 ABl. der EU 2012, L 150/1, L 150/3 Ziff. 3.
24 Delegierte VO (EG) 486/2012 ABl. der EU 2012, L 150/1, L 150/8.
25 Delegierte VO (EG) 486/2102 ABl. der EU 2012, L 150/1, L 150/3 Ziff. 3.

18 Ziff. 4.9. bezieht sich vom Wortlaut her auf eine Darlehenstilgung. Da Darlehen nicht unter das WpPG fallen, kann hier nur die Tilgung/Rückzahlung der Wertpapiere gemeint sein. Grds. kann zwischen Rückzahlung in einer Summe am Ende der Laufzeit oder einer ratenweisen Tilgung während der Laufzeit der Wertpapiere unterschieden werden. Daneben fällt auch eine vorzeitige Rückzahlung unter Ziff. 4.9. Diese kann insb. bei Änderungen der steuerlichen Basis oder bei derivativen Elementen einer Anleihe in Frage kommen. Die zu beschreibende Ausgestaltung hängt vom jeweiligen Einzelfall ab.

19 Zu Ziff. 4.10. können nicht allen in Fällen Angaben gemacht werden. Dies ist insbesondere dann nicht möglich, wenn die Wertpapiere keinen von vornherein festgelegten Zinssatz und Rückzahlungsbetrag haben, da eine Renditeberechnung voraussetzt, dass diese Beträge feststehen.Sofern eine Rendite angegeben werden kann, ist die Darlegung der Berechnungsmethode hier nicht erforderlich.[26]

20 Ziff. 4.11.: Unter diesen Punkt fallen bspw. Gläubigerversammlungen, die für unter englischem Recht begebene Wertpapiere einschlägig sind.

21 Ziff. 4.12. umfasst im Wesentlichen gesetzliche, behördliche und nach Satzung oder anderer Gesellschaftsstatuten des Emittenten erforderliche Genehmigungen und Beschlüsse. Bei Emissionsprogrammen wird in der Regel das Programm vom Vorstand beschlossen. Dieser Beschluss umfasst dann üblicherweise auch die Begebung von Anleihen unter diesem Emissionsprogramm, so dass für die Begebung der jeweiligen Anleihe kein erneuter Beschluss des Vorstandes erforderlich ist.

22 Ziff. 4.13. verlangt die Angabe des Emissionstermins. Angegeben wird unter diesem Punkt regelmäßig die Valuta des Wertpapiers. Da der Prospekt vor dem öffentlichem Angebot zu erstellen ist, kann in der Regel nur der erwartete Emissionstermin angegeben werden. Der tatsächliche Emissionstermin wäre dann anzugeben, wenn der Prospekt nach Valuta, bspw. für die Zulassung an einem organisierten Markt erstellt wird. Anders als in Anh. V EU-ProspV werden hier auch keine Angaben zu den Bedingungen und Voraussetzungen für das Angebot verlangt. Da in diesem Anh. aufgrund der Mindeststückelung bzw. Mindestverkaufsgröße nicht davon ausgegangen wird, dass nicht qualifizierte Anleger diese Wertpapiere kaufen, reichen auch in diesem Punkt die erweiterten Informationsmöglichkeiten der angesprochenen Anleger aus.

23 Ziff. 4.14.: Unter diesem Punkt können gesetzliche Beschränkungen angegeben werden, daneben auch faktische Beschränkungen, wie bspw. Verkaufsbeschränkungen, die in den jeweiligen Ländern gelten. Insb. für die USA und Großbritannien werden in der Praxis regelmäßig Verkaufsbeschränkungen aufgenommen. Im Übrigen richten sich die Angaben nach der geplanten Verkaufstätigkeit bei der Begebung der jeweiligen Anleihe. Diese Angaben

---

26 *Seitz/Maier*, in: Assmann/Schlitt/von Kopp-Colomb, WpPG/VerkProspG, Anh. XIII EU-ProspV Rn. 21.

sind mit Kategorie A belegt, so dass sie bereits vollständig im Basisprospekt aufzunehmen sind. Sofern also nach der Billigung eines Basisprospektes dieser in ein noch nicht im Basisprospekt angelegtes Land notifiziert wird, müsste dieser Punkt als Nachtrag im Basisprospekt aufgenommen werden. Dies sollte auch zulässig sein, da diese Notifizierung ein für die Wertpapiere neuer und wesentlicher Umstand im Sinne des § 16 WpPG darstellt.

VI. Zulassung zum Handel und Handelsregeln, Ziff. 5.

Anders als in Anh. V EU-ProspV sind die Angaben zu den Bedingungen für   *24*
das Angebot hier keine Pflichtangabe. Ziff. 5.1. enthält Angaben, die dazu führen, dass der Anleger einschätzen kann, ob und evtl. ab wann er die Möglichkeit haben wird, seine Papiere an einem Markt wieder zu verkaufen. Ebenso soll er darüber informiert werden, ob es bereits einen Handel gibt und damit bereits eine Preisbildung stattfindet. Ebenfalls soll er darüber informiert werden, ob es verschiedene Märkte für diese Papiere geben wird und welche Institute Liquidität zur Verfügung stellen werden. Als Zahlstellen können bspw. Clearingstellen, wie Clearstream Banking AG, Frankfurt, genannt werden.

VII. Kosten der Zulassung zum Handel, Ziff. 6.

Die Kosten für die Zulassung zum Handel richten sich in erster Linie nach   *25*
den Gebührenordnungen der jeweiligen Börsen. Sie können auch Kosten für Wirtschaftsprüfer oder Anwälte umfassen,[27] vorausgesetzt, diese Kosten können einer konkreten Emission zugeordnet werden.

VIII. Zusätzliche Angaben, Ziff. 7.

Es wird auf die Kommentierung zu Anh. V EU-ProspV Ziff. 7. verwiesen. Auf   *26*
eine kurze Erläuterung der Ratings kann unter diesem Anhang verzichtet werden, da aufgrund der Stückelung keine Kleinanleger angesprochen werden, sondern qualifizierte Anleger, für die eine Erläuterung im Hinblick auf die Bedeutung des Ratings nicht erforderlich ist.[28]

---

27 *Seitz/Maier*, in: Assmann/Schlitt/von Kopp-Colomb, WpPG/VerkProspG, Anh. XIII EU-ProspV Rn. 28, der die Kosten für Wirtschaftsprüfer und Anwälte zwingend einbezieht.

28 *Seitz/Maier*, in: Assmann/Schlitt/von Kopp-Colomb, WpPG/VerkProspG, Anh. XIII EU-ProspV Rn. 30.

ARTIKEL 17
Zusätzliches Modul für die zugrunde liegende Aktie in Form von Dividendenwerten

ARTICLE 17
Additional information building block on the underlying share

(1) Die zusätzlichen Angaben zu den zugrunde liegenden Aktien werden gemäß dem in Anhang XIV festgelegten Modul zusammengestellt.

(1) For the additional information on the underlying share, the description of the underlying share shall be given in accordance with the building block set out in Annex XIV.

Ist der Emittent der zugrunde liegenden Aktien ein Unternehmen, das der gleichen Gruppe angehört, so sind darüber hinaus in Bezug auf diesen Emittenten die Angaben beizubringen, die in dem in Artikel 4 genannten Schema vorgesehen sind.

In addition, if the issuer of the underlying share is an entity belonging to the same group, the information required by the schedule referred to in Article 4 shall be given in respect of that issuer.

(2) Die in Absatz 1 Unterabsatz 1 genannten zusätzlichen Angaben gelten nur für Wertpapiere, die die folgenden Bedingungen erfüllen:

(2) The additional information referred to in the first subparagraph of paragraph 1 shall only apply to those securities which comply with both of the following conditions:

1. sie können nach dem Ermessen des Emittenten oder des Anlegers oder aufgrund der bei der Emission festgelegten Bedingungen in Aktien oder andere übertragbare, Aktien gleichzustellende Wertpapiere umgewandelt oder umgetauscht werden, oder sie ermöglichen auf andere Art und Weise den Erwerb/Bezug von Aktien oder anderen übertragbaren, Aktien gleichzustellenden Wertpapieren,

1. they can be converted or exchanged into shares or other transferable securities equivalent to shares, at the issuer's or at the investor's discretion, or on the basis of the conditions established a the moment of the issue or give, in any other way, the possibility to acquire shares or other transferable securities equivalent to shares;

und

and

2. diese Aktien oder anderen übertragbaren, Aktien gleichzustellenden Wertpapiere werden zu diesem oder einem künftigen Zeitpunkt vom Emittenten des Wertpapiers, einem Unternehmen derselben Gruppe oder einem Dritten emittiert und werden zum Zeitpunkt der Billigung des die Wertpapiere betreffenden Prospekts noch nicht an einem geregelten oder einem vergleichbaren Markt außerhalb der Union gehandelt, und die zugrunde liegenden Aktien oder anderen übertragbaren, Aktien gleichzustellenden Wertpapiere können stückemäßig geliefert werden.

2. provided that these shares or other transferable securities equivalent to shares are or will be issued by the issuer of the security, by an entity belonging to the group of that issuer or by a third party and are not yet traded on a regulated market or an equivalent market outside the Union at the time of the approval of the prospectus covering the securities, and that the underlying shares or other transferable securities equivalent to shares can be delivered with physical settlement.

Preuße

Inhalt

I. Überblick

Art. 17 EU-ProspV bestimmt zusammen mit Anh. XIV EU-ProspV zusätzliche   *1*
Angaben in der Wertpapierbeschreibung für bestimmte Wertpapiere, die ein
Bezugsrecht auf Aktien beinhalten. In der Praxis werden dies vor allem Wandelschuldverschreibungen, Optionsanleihen und bestimmte Formen von Optionsscheinen sein. Er ist daher nur ergänzend zu einem weiteren Anhang
für eine Wertpapierbeschreibung zu verwenden. In Betracht kommen die
Anh. V, IX und XII EU-ProspV.[1] Der Anwendungsbereich wird in Abs. 2 festgelegt. Hintergrund der Regelung ist ein ergänzendes Informationsbedürfnis
des Anlegers, da die zu beziehenden Aktien aufgrund fehlender Zulassung
zu einem geregelten Markt nicht den kapitalmarktrechtlichen Informationspflichten (§§ 30 a ff., 37 v ff. WpHG) unterliegen müssen.

II. Anwendungsbereich (Abs. 2)

Der Anwendungsbereich des Art. 17/Anh. XIV EU-ProspV ist eng begrenzt.   *2*
Im Wesentlichen sind hierfür die folgenden Voraussetzungen maßgebend:

1. Wandel-/Umtausch-/oder sonstiges Bezugsrecht (Nr. 1)

Das zugrundeliegende Wertpapier[2] muss den Bezug von Aktien oder Aktien   *3*
gleichzustellenden Wertpapieren ermöglichen. Abs. 2 Nr. 1 nennt insbesondere Wandel- oder Umtauschrechte, die mit dem zugrunde liegenden Wertpapier verbunden sind, ist aber hierauf nicht begrenzt. Auch der Erwerb/Bezug von Aktien „auf andere Art und Weise" genügt. Praktisch kommen
beispielsweise Options- oder Wandelanleihen auf Aktien in Betracht.

2. Emittent/keine Zulassung zum Handel an einem regulierten Markt (Nr. 2)

Bislang war eine weitere Voraussetzung, dass der Emittent der zu beziehen-   *4*
den Aktien und der Emittent der zugrundeliegenden Wertpapiere identisch
sind oder der Emittent der Aktien der gleichen Unternehmensgruppe[3] ange-

---

[1] Vgl. zu den Kombinationsmöglichkeiten von Anh. XIV EU-ProspV den Anh. XVIII EU-ProspV.
[2] Dies wird zumeist eine Schuldverschreibung sein.
[3] Zu den dann weiteren Voraussetzungen vgl. unten Rn. 5.

hört. Dies ist mit der Verordnung (EU) Nr. 759/2013 erweitert worden. Ermittent kann auch ein Dritter sein. Der materielle Gehalt der Nr. 2 beschränkt sich damit darauf, dass die Aktien zum Zeitpunkt der Billigung des die Wertpapiere betreffenden Prospekts noch nicht an einem regulierten Markt in der EU oder einem vergleichbaren Markt außerhalb der EU zum Handel zugelassen sind.

III. Unternehmen, das der gleichen Gruppe angehört (Abs. 1 Satz 2)

5   Gehört der Emittent der zu beziehenden Aktien der Unternehmensgruppe des Emittenten der zugrundeliegenden Wertpapiere an, so sind zusätzlich die Angaben des Registrierungsformulars für Aktien (Art. 4/Anh. I EU-ProspV) aufzunehmen. Dies ist auch interessengerecht, da in diesem Fall dem Anleger noch keine Emittenteninformationen zugänglich sind. Inhaltlich wird auf die Kommentierung zu Art. 4/Anh. I EU-ProspV verwiesen.

ANHANG XIV
Zusätzliches Modul für die zugrunde liegende Aktie

ANNEX XIV
Additional information building block on the underlying share

1. **Beschreibung des Basistitels.**

1. Description of the underlying share

1.1. Beschreibung des Typs und der Kategorie der Anteile.

1.1. Describe the type and the class of the shares

1.2. Rechtsvorschriften, denen zufolge die Anteile geschaffen wurden oder noch werden.

1.2. Legislation under which the shares have been or will be created

1.3. Angabe, ob es sich bei den Wertpapieren um Namenspapiere oder um Inhaberpapiere handelt und ob die Wertpapiere verbrieft oder stückelos sind. In letzterem Fall sind der Name und die Anschrift des die Buchungsunterlagen führenden Instituts zu nennen.

1.3. Indication whether the securities are in registered form or bearer form and whether the securities are in certificated form or book-entry form. In the latter case, name and address of the entity in charge of keeping the records

1.4. Angabe der Währung der Emission.

1.4. Indication of the currency of the shares issue

1.5. Beschreibung der Rechte – einschließlich ihrer etwaigen Beschränkungen –, die an die zu Grunde liegenden Aktien gebunden sind, und des Verfahrens zur Ausübung dieser Rechte:

1.5. A description of the rights, including any limitations of these, attached to the securities and procedure for the exercise of those rights:

– **Dividendenrechte:**

– Dividend rights:

– **fester/e Termin/e, ab dem/denen die Dividendenberechtigung entsteht;**

– fixed date(s) on which the entitlement arises,

– **Frist für den Verfall der Dividendenberechtigung und Angabe des entsprechenden Begünstigten;**

– time limit after which entitlement to dividend lapses and an indication of the person in whose favour the lapse operates,

– **Dividendenbeschränkungen und Verfahren für gebietsfremde Wertpapierinhaber;**

– dividend restrictions and procedures for non resident holders,

– **Dividendensatz bzw. Methode zu seiner Berechnung, Angabe der Frequenz und der kumulativen bzw. nichtkumulativen Wesensart der Zahlungen;**

– rate of dividend or method of its calculation, periodicity and cumulative or non-cumulative nature of payments.

– **Stimmrechte;**

– Voting rights.

– **Vorzugsrechte bei Angeboten zur Zeichnung von Wertpapieren derselben Kategorie;**

– Pre-emption rights in offers for subscription of securities of the same class.

– **Recht auf Beteiligung am Gewinn des Emittenten;**

– Right to share in the issuer's profits.

– **Recht auf Beteiligung am Saldo im Falle einer Liquidation;**

– Rights to share in any surplus in the event of liquidation.

– Tilgungsklauseln;

– Wandelbedingungen.

– Redemption provisions.

– Conversion provisions.

1.6. Im Falle von Neuemissionen Angabe der Beschlüsse, Ermächtigungen und Billigungen, die die Grundlage für die erfolgte bzw. noch zu erfolgende Schaffung der Wertpapiere und/oder deren Emission bilden und Angabe des Emissionstermins.

1.6. In the case of new issues, a statement of the resolutions, authorisations and approvals by virtue of which the shares have been or will be created and/or issued and indication of the issue date.

1.7. Angabe des Orts und des Zeitpunkts der erfolgten bzw. noch zu erfolgenden Zulassung der Papiere zum Handel.

1.7. Where and when the shares will be or have been admitted to trading.

1.8. Darstellung etwaiger Beschränkungen für die freie Übertragbarkeit der Wertpapiere.

1.8. Description of any restrictions on the free transferability of the shares.

1.9. Angabe etwaig bestehender obligatorischer Übernahmeangebote und/oder Ausschluss- und Andienungsregeln in Bezug auf die Wertpapiere.

1.9. Indication of the existence of any mandatory takeover bids/or squeeze-out and sell-out rules in relation to the shares.

1.10. Angabe öffentlicher Übernahmeangebote von Seiten Dritter in Bezug auf das Eigenkapital des Emittenten, die während des letzten oder im Verlauf des derzeitigen Geschäftsjahres erfolgten. Zu nennen sind dabei der Kurs oder die Wandelbedingungen für derlei Angebote sowie das Resultat.

1.10. Indication of public takeover bids by third parties in respect of the issuer's equity, which have occurred during the last financial year and the current financial year. The price or exchange terms attaching to such offers and the outcome thereof must be stated.

1.11. Auswirkungen der Ausübung des Rechts des Basistitels auf den Emittenten und eines möglichen Verwässerungseffekts für die Aktionäre.

1.11. Impact on the issuer of the underlying share of the exercise of the right and potential dilution effect for the shareholders.

2. Wenn der Emittent des Basistitels ein Unternehmen ist, das derselben Gruppe angehört, so sind die für diesen Emittenten beizubringenden Angaben jene, die im Schema des Registrierungsformulars für Aktien gefordert werden.

2. When the issuer of the underlying is an entity belonging to the same group, the information to provide on this issuer is the one required by the share registration document schedule.

Bezüglich der unter 1. zu machenden inhaltlichen Angaben wird auf die Kommentierung des Anh. III, Ziff. 4. der EU-ProspV verwiesen. Die Inhalte sind weitestgehend identisch. Zu 2. vgl. die Kommentierung zu Art. 17 EU-ProspV Rn. 3.

ARTIKEL 18

Schema für das Registrierungsformular für Organismen für gemeinsame Anlagen des geschlossenen Typs

(1) Zusätzlich zu den nach den Punkten 1, 2, 3, 4, 5.1, 7, 9.1, 9.2.1, 9.2.3, 10.4, 13, 14, 15, 16, 17.2, 18, 19, 20, 21, 22, 23, 24, 25 des Anhangs I vorgeschriebenen Informationen, werden beim Registrierungsformular für Wertpapiere, die von Organismen für gemeinsame Anlagen des geschlossenen Typs ausgegeben werden, die Informationen nach dem in Anhang XV festgelegten Schema zusammengestellt.

(2) Das Schema gilt für Organismen für gemeinsame Anlagen des geschlossenen Typs, die im Namen von Anlegern ein Portfolio von Vermögenswerten halten. Dabei

1. muss der jeweilige Organismus gemäß dem nationalen Recht des Mitgliedstaats anerkannt sein, in dem er als Organismus für gemeinsame Anlagen des geschlossenen Typs gegründet wurde,

oder

2. darf der jeweilige Organismus nicht die rechtliche oder die verwaltungsmäßige Kontrolle eines der Emittenten seiner zugrunde liegenden Anlagen übernehmen oder versuchen, dies zu tun. In einem solchen Fall darf eine rechtliche Kontrolle und/oder Beteiligung an den Verwaltungs-, Management- und Aufsichtsorganen der/des Basisemittenten ergriffen bzw. eingegangen werden, wenn ein solches Vorgehen für das eigentliche Anlageziel nebensächlich bzw. für den Schutz der Anteilsinhaber erforderlich ist und nur unter Umständen erfolgt, die verhindern, dass der Organismus für gemeinsame Anlagen eine bedeutende Managementkontrolle über die Geschäfte des/der Basisemittenten ausübt.

ARTICLE 18

Registration document schedule for collective investment undertakings of the closed-end type

(1) In addition to the information required pursuant to items 1, 2, 3, 4, 5.1, 7, 9.1, 9.2.1, 9.2.3, 10.4, 13, 14, 15, 16, 17.2, 18, 19, 20, 21, 22, 23, 24, 25 of Annex I, for the registration document for securities issued by collective investment undertakings of the closed-end type information shall be given in accordance with the schedule set out in Annex XV.

(2) The schedule shall apply to collective investment undertakings of the closed-end type holding a portfolio of assets on behalf of investors that:

1. are recognised by national law in the Member State in which it is incorporated as a collective investment undertaking of the closed end type;

or

2. do not take or seek to take legal or management control of any of the issuers of its underlying investments. In such a case, legal control and/or participation in the administrative, management or supervisory bodies of the underlying issuer(s) may be taken where such action is incidental to the primary investment objective, necessary for the protection of shareholders and only in circumstances where the collective investment undertaking will not exercise significant management control over the operations of that underlying issuer(s).

ANHANG XV
Mindestangaben für das Registrierungsformular für Wertpapiere, die von Organismen für gemeinsame Anlagen des geschlossenen Typs ausgegeben werden (Schema)

ANNEX XV
Minimum disclosure requirements for the registration document for securities issued by collective investment undertakings of the closed-end type (schedule)

Zusätzlich zu den in diesem Schema geforderten Angaben müssen die Organismen für gemeinsame Anlagen die Angaben beibringen, die unter den Absätzen und Punkten 1, 2, 3, 4, 5.1, 7, 9.1, 9.2.1, 9.2.3, 10.4, 13, 14, 15, 16, 17.2, 18, 19, 20, 21, 22, 23, 24, 25 in Anhang 1 (Mindestangaben für das Registrierungsformular für Aktien (Schema)) gefordert werden.

In addition to the information required in this schedule, the collective investment undertaking must provide the following information as required under paragraphs and items 1, 2, 3, 4, 5.1, 7, 9.1, 9.2.1, 9.2.3, 10.4, 13, 14, 15, 16, 17.2, 18, 19, 20, 21, 22, 23, 24, 25 in Annex I (minimum disclosure requirements for the share registration document schedule).

1.   Anlageziel und Anlagepolitik

1.   Investment Objective and Policy

1.1. Detaillierte Beschreibung der Anlagepolitik und der Anlageziele, die der Organismus für gemeinsame Anlagen verfolgt, und Erläuterung, wie diese Anlageziele und die Anlagepolitik geändert werden können, einschließlich solcher Umstände, unter denen eine derartige Änderung die Zustimmung der Anleger erfordert. Beschreibung der Techniken und Instrumente, die bei der Verwaltung des Organismus für gemeinsame Anlagen zum Einsatz kommen können.

1.1. A detailed description of the investment objective and policy which the collective investment undertaking will pursue and a description of how that investment objectives and policy may be varied including any circumstances in which such variation requires the approval of investors. A description of any techniques and instruments that may be used in the management of the collective investment undertaking.

1.2. Angabe der Obergrenzen für die Kreditaufnahme und/oder für das Leverage des Organismus für gemeinsame Anlagen. Sind keine Obergrenzen gegeben, muss dies angegeben werden.

1.2. The borrowing and/or leverage limits of the collective investment undertaking. If there are no such limits, include a statement to that effect.

1.3. Status des Organismus für gemeinsame Anlagen, der durch eine Regulierungs- oder Aufsichtsbehörde kontrolliert wird, und Angabe des/der Namens/Namen der Regulierungs- bzw. Aufsichtsbehörde(n) im Land seiner Gründung.

1.3. The regulatory status of the collective investment undertaking together with the name of any regulator in its country of incorporation.

1.4. Profil eines typischen Anlegers, auf den der Organismus für gemeinsame Anlagen zugeschnitten ist.

1.4. The profile of a typical investor for whom the collective investment undertaking is designed.

2.   Anlagebeschränkungen

2.   Investment Restrictions

2.1. Ggf. Angabe der Anlagebeschränkungen, denen der Organismus für ge-

2.1. A statement of the investment restrictions which apply to the collective in-

meinsame Anlagen unterliegt, und Angabe, wie die Wertpapierinhaber über Maßnahmen informiert werden, die der Vermögensverwalter im Falle eines Verstoßes gegen die Beschränkungen ergreift.

2.2. Können mehr als 20 % der Bruttovermögenswerte eines Organismus für gemeinsame Anlagen wir folgt angelegt werden (es sei denn, die Punkte 2.3. oder 2.5. finden Anwendung):

a) **direkte oder indirekte Anlage oder Ausleihung an jeden einzelnen Basisemittenten (einschließlich seiner Tochtergesellschaften oder verbundenen Unternehmen);**

oder

b) **Anlage in einem Organismus oder mehrere Organismen für gemeinsame Anlagen, die über die 20 % ihrer Bruttovermögenswerte hinaus in andere Organismen für gemeinsame Anlagen (des geschlossenen oder des offenen Typs) investieren dürfen;**

oder

c) **Exponierung in Bezug auf die Bonität oder die Solvenz einer anderen Gegenpartei (einschließlich Tochtergesellschaften oder verbundenen Unternehmen);**

sind folgende Informationen zu veröffentlichen:

i) **Angaben über jeden Basisemittenten/ jeden Organismus für gemeinsame Anlagen/jede Gegenpartei, so als wäre er ein Emittent im Sinne des Schemas der Mindestangaben für das Registrierungsformular für Aktien (im Fall von a)) oder im Sinne des Schemas der Mindestangaben für das Registrierungsformular für Wertpapiere, die von Organismen für gemeinsame Anlagen des geschlossenen Typs ausgegeben werden (im Fall von b)) oder im Sinne des Schemas der Mindestangaben für das Registrierungsformular für Schuldtitel und derivative Wertpapiere mit einer Mindeststückelung von 100.000 EUR (im Falle von c));**

ii) **wenn die Wertpapiere, die von einem Basisemittenten/einem Organismus für**

vestment undertaking, if any, and an indication of how the holders of securities will be informed of the actions that the investment manager will take in the event of a breach.

2.2. Where more than 20% of the gross assets of any collective investment undertaking (except where items 2.3. or 2.5. apply) may be:

(a) invested in, either directly or indirectly, or lent to any single underlying issuer (including the underlying issuer's subsidiaries or affiliates);

or

(b) invested in one or more collective investment undertakings which may invest in excess of 20c% of its gross assets in other collective investment undertakings (open-end and/or closed-end type);

or

(c) exposed to the creditworthiness or solvency of any one counterparty (including its subsidiaries or affiliates);

the following information must be disclosed:

(i) information relating to each underlying issuer/collective investment undertaking/counterparty as if it were an issuer for the purposes of the minimum disclosure requirements for the share registration document schedule (in the case of (a)) or minimum disclosure requirements for the registration document schedule for securities issued by collective investment undertaking of the closed-end type (in the case of (b)) or the minimum disclosure requirements for the debt and derivative securities with an individual denomination per unit of at least EUR 100.000 registration document schedule (in the case of (c));

or

gemeinsame Anlagen/einer Gegenpartei ausgegeben wurden, bereits zum Handel auf einem geregelten Markt oder einem gleichwertigen Markt zugelassen sind, oder wenn die Verpflichtungen von einem Unternehmen garantiert werden, dessen Wertpapiere bereits zum Handel auf einem geregelten oder einem gleichwertigen Markt zugelassen sind, Name, Anschrift, Land der Gründung, Art der Geschäftstätigkeit und Name des Marktes, auf dem seine Wertpapiere zugelassen werden.

Diese Anforderung gilt nicht, wenn die 20%-Grenze aus folgenden Gründen überschritten wird: Wertsteigerungen und Wertminderungen, Wechselkursänderungen oder Erhalt von Rechten, Gratifikationen, Leistungen in Form von Kapital oder sonstige Maßnahmen, die jeden Inhaber einer Anlage betreffen, sofern der Vermögensverwalter den Schwellenwert berücksichtigt, wenn er die Veränderungen im Anlagenportfolio analysiert.

2.3. Darf ein Organismus für gemeinsame Anlagen über die Grenze von 20 % seiner Bruttovermögenswerte hinaus in andere Organismen für gemeinsame Anlagen (des offenen und/oder des geschlossenen Typs) investieren, ist zu beschreiben, ob und wie das Risiko bei diesen Anlagen gestreut wird. Darüber hinaus findet Punkt 2.2. in aggregierter Form so auf die Basisanlagen Anwendung, als wären diese direkt getätigt worden.

2.4. Werden hinsichtlich Punkt 2.2. Buchstabe c Sicherheiten zur Abdeckung des Teils des Risikos in Bezug auf eine Gegenpartei gestellt, bei der die Anlage über die 20 %-Grenze der Bruttovermögenswerte des Organismus für gemeinsame Anlagen hinausgeht, sind die Einzelheiten derartiger Sicherheitsvereinbarungen anzugeben.

2.5. Darf ein Organismus für gemeinsame Anlagen über die Anlagegrenze von 40 % seiner Bruttovermögenswerte hinaus Anlagen in einen anderen Organismus für gemeinsame Anlagen tätigen, muss eine der nachfolgend genann-

(ii) if the securities issued by the underlying issuer/collective investment undertaking/counterparty have already been admitted to trading on a regulated or equivalent market or the obligations are guaranteed by an entity admitted to trading on a regulated or equivalent market, the name, address, country of incorporation, nature of business and name of the market in which its securities are admitted.

This requirement shall not apply where the 20% is exceeded due to appreciations or depreciations, changes in exchange rates, or by reason of the receipt of rights, bonuses, benefits in the nature of capital or by reason of any other action affecting every holder of that investment, provided the investment manager has regard to the threshold when considering changes in the investment portfolio.

2.3. Where a collective investment undertaking may invest in excess of 20 % of its gross assets in other collective investment undertakings (open ended and/or closed ended), a description of if and how risk is spread in relation to those investments. In addition, item 2.2. shall apply, in aggregate, to its underlying investments as if those investments had been made directly.

2.4. With reference to point (c) of item 2.2., if collateral is advanced to cover that portion of the exposure to any one counterparty in excess of 20 % of the gross assets of the collective investment undertaking, details of such collateral arrangements.

2.5. Where a collective investment undertaking may invest in excess of 40 % of its gross assets in another collective investment undertaking either of the following must be disclosed:

ten   Informationen   veröffentlicht
werden:

a) Angaben über jeden „Basis"-Organismus für gemeinsame Anlagen, so
als wäre er ein Emittent im Sinne des
Schemas der Mindestangaben für das
Registrierungsformular für Wertpapiere, die von Organismen für gemeinsame Anlagen des geschlossenen Typs ausgegeben werden;

b) wenn die Wertpapiere, die von einem „Basis"-Organismus für gemeinsame Anlagen ausgegeben wurden,
bereits zum Handel auf einem geregelten Markt oder einem gleichwertigen Markt zugelassen sind, oder
wenn die Verpflichtungen von einem
Unternehmen   garantiert   werden,
dessen   Wertpapiere   bereits   zum
Handel auf einem geregelten oder
einem gleichwertigen Markt zugelassen sind, Name, Anschrift, Land
der Gründung, Art der Geschäftstätigkeit und Name des Marktes, auf
dem seine Wertpapiere zugelassen
werden.

(a) information relating to each underlying collective investment undertaking
as if it were an issuer under minimum
disclosure requirements for the registration document schedule for securities issued by collective investment
undertaking of the closed-end type;

(b) if securities issued by an underlying
collective   investment   undertaking
have already been admitted to trading on a regulated or equivalent market or the obligations are guaranteed
by an entity admitted to trading on a
regulated or equivalent market, the
name, address, country of incorporation, nature of business and name of
the market in which its securities are
admitted.

2.6. Physische Warengeschäfte

Investiert ein Organismus für gemeinsame Anlagen direkt in physische Waren/Güter, Angaben dieser Tatsache und
des investierten Prozentsatzes.

2.6. Physical Commodities

Where a collective investment undertaking invests directly in physical commodities a disclosure of that fact and the percentage that will be so invested.

2.7. Organismen für gemeinsame Anlagen, die in Immobilien investieren

Handelt es sich bei dem Organismus für
gemeinsame Anlagen um einen Organismus, der in Immobilien investiert,
sind diese Tatsache und der Prozentsatz
des Portfolios zu veröffentlichen, der in
Immobilien investiert werden soll. Ferner sind eine Beschreibung der Immobilie vorzunehmen und etwaige bedeutende Kosten anzugeben, die mit dem
Erwerb und dem Halten einer solchen
Immobilie einhergehen. Zudem ist ein
Bewertungsgutachten für Immobilie(n)
beizubringen.

2.7. Property Collective investment undertakings

Where a collective investment undertaking is a property collective investment
undertaking, disclosure of that fact, the
percentage of the portfolio that is to be
invested in the property, as well as a description of the property and any material
costs relating to the acquisition and holding of such property. In addition, a valuation report relating to the properties
must be included.

Die Veröffentlichung unter Punkt 4.1.
gilt für:

Disclosure of item 4.1. applies to:

a) den Gutachter;

(a) the valuation entity;

b) eine andere Stelle, die für die Verwaltung der Immobilie zuständig ist.

(b) any other entity responsible for the administration of the property.

2.8. Derivative Finanzinstrumente/Geldmarktinstrumente/Währungen

2.8. Derivatives Financial instruments/ Money Market Instruments/Currencies

Investiert ein Organismus für gemeinsame Anlagen in derivative Finanzinstrumente, Geldmarktinstrumente oder Währungen, die nicht dem Ziel einer effizienten Portfolioverwaltung dienen (z.B. ausschließlich, um das Anlagerisiko in den Basisanlagen eines Organismus für gemeinsame Anlagen zu reduzieren, zu übertragen oder auszuschließen, wozu auch eine Technik oder Instrumente zur Absicherung gegen Wechselkur- und Kreditrisiken gehören können), so ist anzugeben, ob diese Anlagen für das Hedging oder für Anlagezwecke verwendet werden und zu beschreiben, ob und wie das Risiko in Bezug auf diese Anlagen gestreut wird.

Where a collective investment undertaking invests in derivatives financial instruments, money market instruments or currencies other than for the purposes of efficient portfolio management (i.e. solely for the purpose of reducing, transferring or eliminating investment risk in the underlying investments of a collective investment undertaking, including any technique or instrument used to provide protection against exchange and credit risks), a statement whether those investments are used for hedging or for investment purposes, and a description of if and how risk is spread in relation to those investments.

2.9. Punkt 2.2. gilt nicht für Anlagen in Wertpapiere, die von einer Regierung, den öffentlichen Organen und Stellen eines Mitgliedstaats, seinen regionalen und lokalen Gebietskörperschaften oder von einem OECD-Land ausgegeben oder garantiert werden.

2.9. Item 2.2. does not apply to investment in securities issued or guaranteed by a government, government agency or instrumentality of any Member State, its regional or local authorities, or OECD Member State.

2.10. Punkt 2.2. Buchstabe a gilt nicht für Organismen für gemeinsame Anlagen, deren Anlageziel darin besteht, ohne wesentliche Änderung einen Index nachzubilden, der sich auf ein großes Wertpapierspektrum stützt und allgemein anerkannt ist. Beizufügen ist eine Erklärung mit Einzelheiten zu dem Ort, wo Informationen zu diesem Index erhältlich sind.

2.10. Point (a) of item 2.2 does not apply to a collective investment undertaking whose investment objective is to track, without material modification, that of a broadly based and recognised published index. A statement setting out details of where information about the index can be obtained shall be included.

3. Dienstleister eines Organismus für gemeinsame Anlagen

3. The Applicant's Service Providers

3.1. Angabe des tatsächlichen oder geschätzten Höchstbetrages der wesentlichen Vergütungen, die ein Organismus für gemeinsame Anlagen direkt oder indirekt für jede Dienstleistung zu zahlen hat, die er im Rahmen von Vereinbarungen erhalten hat, die zum Termin der Abfassung des Registrierungsformulars oder davor geschlossen wurden, und

3.1. The actual or estimated maximum amount of all material fees payable directly or indirectly by the collective investment undertaking for any services under arrangements entered into on or prior to the date of the registration document and a description of how these fees are calculated.

eine Beschreibung, wie diese Vergütungen berechnet werden.

3.2. Beschreibung jeglicher Vergütung, die von einem Organismus für gemeinsame Anlagen direkt oder indirekt zu zahlen ist und nicht Punkt 3.1. zugeordnet werden kann, dennoch aber wesentlich ist oder sein könnte.

3.3. Erhält ein Dienstleister eines Organismus für gemeinsame Anlagen Leistungen von Seiten Dritter (also nicht vom Organismus für gemeinsame Anlagen) für die Erbringung einer Dienstleistung für eben diesen Organismus für gemeinsame Anlagen, und können diese Leistungen nicht dem Organismus für gemeinsame Anlagen zugeordnet werden, so ist darüber eine Erklärung abzugeben und ggf. der Name der dritten Partei, und eine Beschreibung der Wesensmerkmale der Leistungen beizubringen.

3.4. Angabe des Namens des Dienstleisters, der für die Bestimmung und Berechnung des Nettoinventarwerts des Organismus für gemeinsame Anlagen zuständig ist.

3.5. Beschreibung potenzieller wesentlicher Interessenkonflikte, die ein Dienstleister eines Organismus für gemeinsame Anlagen eventuell zwischen seinen Verpflichtungen gegenüber diesem Organismus und Verpflichtungen gegenüber Dritten und ihren sonstigen Interessen sieht. Beschreibung etwaiger Vereinbarungen, die zur Behebung derartiger Interessenkonflikte eingegangen werden.

4. Vermögensverwalter/Vermögensberater

4.1. Für jeden Vermögensverwalter Beibringung von Informationen, so wie sie gemäß den Punkten 5.1.1. bis 5.1.4. offen zu legen sind, und falls erheblich gemäß Punkt 5.1.5. von Anhang I. Ebenfalls Beschreibung seines Regulierungsstatus und seiner Erfahrungen.

4.2. Bei Unternehmen, die eine Anlageberatung in Bezug auf die Vermögenswerte eines Organismus für gemeinsame

3.2. A description of any fee payable directly or indirectly by the collective investment undertaking which cannot be quantified under item 3.1. and which is or may be material.

3.3. If any service provider to the collective investment undertaking is in receipt of any benefits from third parties (other than the collective investment undertaking) by virtue of providing any services to the collective investment undertaking, and those benefits may not accrue to the collective investment undertaking, a statement of that fact, the name of that third party, if available, and a description of the nature of the benefits.

3.4. The name of the service provider which is responsible for the determination and calculation of the net asset value of the collective investment undertaking.

3.5. A description of any material potential conflicts of interest which any of the service providers to the collective investment undertaking may have as between their duty to the collective investment undertaking and duties owed by them to third parties and their other interests. A description of any arrangements which are in place to address such potential conflicts.

4. Investment Manager/advisers

In respect of any Investment Manager such information as is required to be disclosed under items 5.1.1. to 5.1.4. and, if material, under item 5.1.5. of Annex I together with a description of its regulatory status and experience.

In respect of any entity providing investment advice in relation to the assets of the collective investment undertaking,

Anlagen vornehmen, sind der Name und eine kurze Beschreibung des Unternehmens beizubringen.

the name and a brief description of such entity.

5. Verwahrung

5.1. Vollständige Beschreibung, wie und von wem die Vermögenswerte eines Organismus für gemeinsame Anlagen gehalten werden, und einer jeglichen treuhänderischen oder ähnlichen Beziehung zwischen dem Organismus für gemeinsame Anlagen und einer dritten Partei in Bezug auf die Verwahrung.

Wird ein solcher Verwahrer, Verwalter oder sonstiger Treuhänder bestellt, sind folgende Angaben zu machen:

a) **Angaben, so wie sie gemäß den Punkten 5.1.1. bis 5.1.4. offen zu legen sind, und falls erheblich, gemäß Punkt 5.1.5. von Anhang I;**

b) **Beschreibung der Verpflichtungen einer solchen Partei im Rahmen der Verwahrung oder einer sonstigen Vereinbarung;**

c) **etwaige delegierte Verwahrungsvereinbarungen;**

d) **reglementärer Status des designierten Verwahreres und seiner delegierten Stellen.**

5.2. Hält ein anderes Unternehmen als die unter Punkt 5.1. genannten Vermögenswerte am Organismus für gemeinsame Anlagen, Beschreibung, wie diese Vermögenswerte gehalten werden und etwaiger sonstiger Risiken.

5. Custody

5.1. A full description of how the assets of the collective investment undertaking will be held and by whom and any fiduciary or similar relationship between the collective investment undertaking and any third party in relation to custody:

Where a custodian, trustee, or other fiduciary is appointed:

(a) such information as is required to be disclosed under items 5.1.1. to 5.1.4. and, if material, under item 5.1.5. of Annex I;

(b) a description of the obligations of such party under the custody or similar agreement;

(c) any delegated custody arrangements;

(d) the regulatory status of such party and delegates.

5.2. Where any entity other than those entities mentioned in item 5.1, holds any assets of the collective investment undertaking, a description of how these assets are held together with a description of any additional risks.

6. Bewertung

6.1. Beschreibung wie oft und aufgrund welcher Bewertungsprinzipien und -methoden der Nettoinventarwert eines Organismus für gemeinsame Anlagen bestimmt wird, unterschieden nach den verschiedenen Anlagekategorien sowie Erklärung, wie der Nettoinventarwert den Anlegern mitgeteilt werden soll.

6.2. Detaillierte Beschreibung aller Umstände, unter denen Bewertungen ausgesetzt werden können. Erklärung, wie eine derartige Aussetzung den Anlegern

6. Valuation

6.1. A description of how often, and the valuation principles and the method by which, the net asset value of the collective investment undertaking will be determined, distinguishing between categories of investments and a statement of how such net asset value will be communicated to investors.

6.2. Details of all circumstances in which valuations may be suspended and a statement of how such suspension will be

mitgeteilt oder zur Verfügung gestellt werden soll.

communicated or made available to investors.

7. Wechselseitige Haftung

7.1. Im Falle eines Dach-Organismus für gemeinsame Anlagen („umbrella collective investment undertaking"), Angabe etwaiger wechselseitiger Haftung, die zwischen verschiedenen Teilfonds oder Anlagen in anderen Organismen für gemeinsame Anlagen auftreten kann, und Angabe der Maßnahmen zur Begrenzung einer derartigen Haftung.

7. Cross Liabilities

7.1. In the case of an umbrella collective investment undertaking, a statement of any cross liability that may occur between classes or investments in other collective investment undertakings and any action taken to limit such liability.

8. Finanzinformationen

8.1. Hat ein Organismus für gemeinsame Anlagen seit dem Datum seiner Gründung oder Niederlassung bis zum Tag der Erstellung des Registrierungsformulars seine Tätigkeit nicht aufgenommen und wurde kein Jahresabschluss erstellt, Angabe dieser Tatsache.

Hat ein Organismus für gemeinsame Anlagen seine Tätigkeit aufgenommen, gelten die Bestimmungen von Punkt 20 in Anhang I zu den Mindestangaben für das Registrierungsformular für Aktien.

8.2. Umfassende und aussagekräftige Analyse des Portfolios des Organismus für gemeinsame Anlagen (wenn ungeprüft, entsprechender klarer Hinweis).

8.3. Angabe des aktuellsten Nettoinventarwerts pro Wertpapier im Schema für die Wertpapierbeschreibung (wenn ungeprüft, entsprechend klarer Hinweis).

8. Financial Information

8.1. Where, since the date of incorporation or establishment, a collective investment undertaking has not commenced operations and no financial statements have been made up as at the date of the registration document, a statement to that effect.

Where a collective investment undertaking has commenced operations, the provisions of item 20 of Annex I on the Minimum Disclosure Requirements for the share registration document apply.

8.2. A comprehensive and meaningful analysis of the collective investment undertaking's portfolio (if un-audited, clearly marked as such).

8.3. An indication of the most recent net asset value per security must be included in the securities note schedule (and, if un-audited, clearly marked as such).

Inhalt

I. Grundlagen

1. Übersicht

1   Art. 18 EU-ProspV regelt durch Verweis auf Anh. XV der EU-ProspV die Anforderungen an das Registrierungsformular von Wertpapieren, die ein Organismus für gemeinsame Anlagen (OGA) des geschlossenen Typs emittiert. Art. 18 Abs. 1 EU-ProspV legt die Zusammenstellung der Informationsbestandteile aus den Angaben des Anh. I sowie den Zusatzangaben aus Anh. XV der EU-ProspV, Abs. 2 der Vorschrift den Anwendungsbereich fest. Anh. XV der EU-ProspV wurde mit Einführung einer neuen Nr. 2.10 zuletzt geändert durch die Delegierte Verordnung (EU) Nr. 862/2012 der Kommission vom 04.06.2012 zur Änderung der Verordnung (EG) Nr. 809/2004 in Bezug auf die Zustimmung zur Verwendung des Prospekts, die Informationen über Basisindizes und die Anforderungen eines von unabhängigen Buchprüfern oder Abschlussprüfern erstellten Berichts.[1]

---

1   ABl. EU Nr. L 256, 22.09.2012, S. 4. Dazu unten Rn. 37 f.

2. Entwicklung

Bereits frühere europäische Richtliniengenerationen enthielten Mindestan-   2
forderungen für die Erstellung des Registrierungsformulars in Bezug auf
Wertpapiere, die ein OGA des geschlossenen Typs ausgibt.[2] Durch den Aktionsplan zur Umsetzung des Finanzmarktrahmens (Financial Services Action Plan – FSAP)[3] wurden die Anforderungen in der ProspektRL konsolidiert
und in zwei Durchführungsverordnungen[4] konkretisiert. Im Wortlaut[5] blieb
der Anwendungsbereich unverändert, die Mindestanforderungen an das Registrierungsformular von durch OGA begebene Wertpapiere wurden in der
EU-ProspV ausdifferenziert. Die Anforderungen des Art. 18 sowie des Anh.
XV der EU-ProspV präjudizieren nicht die Anforderungen an die Primärmarktpublizität anderer Richtlinien[6], wie etwa die der OGAW-RL[7].

---

2   Zum Anwendungsbereich vgl. Art. 2 Buchst. a der Richtlinie des Rates vom 05.03.1979
    zur Koordinierung der Bedingungen für die Zulassung von Wertpapieren zur amtlichen
    Notierung an einer Wertpapierbörse, ABl. (EWG) Nr. L 66, 16.03.1979, S. 21 (Börsenzu-
    lassungsRL), Art. 2 Buchst. a und b der RL 80/390/EWG des Rates vom 17.03.1980 zur
    Koordinierung der Bedingungen für die Erstellung, die Kontrolle und die Verbreitung
    des Prospekts, der für die Zulassung von Wertpapieren zur amtlichen Notierung an einer
    Wertpapierbörse zu veröffentlichen ist, ABl. (EWG) Nr. L 100, 17.04.1980, S. 26 (Börsen-
    zulassungsprospektRL) sowie Art. 2 Nr. 2 Buchst. b, c und k, 3 Buchst. a und b der Richt-
    linie 89/298/EWG des Rates vom 17.04.1989 zur Koordinierung der Bedingungen für die
    Erstellung, Kontrolle und Verbreitung des Prospekts, der im Falle öffentlicher Angebote
    von Wertpapieren zu veröffentlichen ist, ABl. (EWG) Nr. L 124, 05.05.1989, S. 8 (Emissi-
    onsprospektRL).
3   *Europäische Kommission*, Umsetzung des Finanzmarktrahmens: Aktionsplan, KOM(1999)
    232, insb. S. 22 (FSAP).
4   Vgl. die VO (EG) Nr. 809/2004 der Kommission vom 29.04.2004 zur Umsetzung der RL
    2003/71/EG des Europäischen Parlaments und des Rates betreffend die in Prospekten
    enthaltenen Informationen sowie das Format, die Aufnahme von Informationen mittels
    Verweis und die Veröffentlichung solcher Prospekte und die Verbreitung von Werbung,
    ABl. (EG) Nr. L 149, 30.04.2004, S. 1 (EUProspV) sowie die VO (EG) Nr. 1569/2007 der
    Kommission vom 21.12.2007 über die Einrichtung eines Mechanismus zur Festlegung
    der Gleichwertigkeit der von Drittstaatemittenten angewandten Rechnungslegungs-
    grundsätze gemäß den RL 2003/71/EG und 2004/109/EG des Europäischen Parlaments
    und des Rates, ABl. (EG) Nr. L 340, 22.12.2007, S. 66.
5   Ursprünglich „geschlossene Fonds", vgl. Art. 1 Abs. 3 Buchst. a des Vorschlags für eine
    Richtlinie des Europäischen Parlaments und des Rates über den Prospekt, der beim öf-
    fentlichen Angebot von Wertpapieren oder bei deren Zulassung zum Handel zu veröf-
    fentlichen ist, von der Kommission vorgelegt am 01.06.2001, ABl. EG Nr. C 240 E,
    28.08.2001, S. 272. Dazu noch Rn. 4 ff.
6   *CESR*, advice, advertisement, Ref: CESR/03-399, Tz. 51. Nach *CESR*, ebd., soll die Euro-
    päische Kommission die Wechselwirkung zu anderen Richtlinien untersuchen, was bis-
    lang, soweit ersichtlich, jedoch nicht geschehen ist. Zum Verhältnis zum KAGB als Um-
    setzungsgesetz der AIFM-RL, vgl. unten Rn. 50 ff.
7   Richtlinie 2009/65/EG des Europäischen Parlaments und des Rates vom 13.07.2009 zur
    Koordinierung der Rechts- und Verwaltungsvorschriften betreffend bestimmte Organis-
    men für gemeinsame Anlagen in Wertpapieren (OGAW), ABl. EG Nr. L 302, 17.11.2009,
    S. 32 (OGAW-RL).

3. Konkordanz mit AIFM-RL (KAGB)

3   Art. 18 sowie Anh. XV der EU-ProspV respektive die Prospektbilligung nach dem WpPG wird durch die AIFM-RL[8] beeinflusst. Die Richtlinie, welche im KAGB umgesetzt ist,[9] harmonisiert die Vorschriften zur Zulassung, laufenden Tätigkeit und Transparenz der Verwalter alternativer Investmentfonds (AIFM)[10], die EU-/EWR-weit alternative Investmentfonds (AIF) verwalten und/oder vertreiben.[11] Dabei ist gleichgültig, welche Rechtsstruktur der AIF hat.[12] Die Richtlinie harmonisiert die Regulierung von Verwaltern von AIF.[13] Die AIFM-RL regelt zwar den Vertrieb von AIF-Anteilen an professionelle Anleger, nicht jedoch an das Publikum. Sie statuiert jenseits prospektähnlicher Mindestvertriebsinformationen nach Art. 23 AIFM-RL auch keine Prospektpflicht.[14]

4   Zwar sind die Basisdefinitionen und Anwendungsbereiche der beiden Rechtsakte nicht deckungsgleich: Art. 18 und Anh. XV der EU-ProspV betreffen OGA, die AIFM-RL betrifft AIF. Aber die AIF-Definition konsumiert die OGA-Definition. Zudem sind die Rechtsakte teils auf identische Ziele ausgerichtet. Beide Rechtsakte dienen zumindest auch dem Anlegerschutz und jeweils sollen Holding-Gesellschaften aus dem Anwendungsbereich ausgegrenzt sein. Beide Richtlinien sehen Europapässe vor, jedoch mit abweichenden Voraussetzungen, so dass die Schnittmenge beider Rechtsakte voneinander abgegrenzt werden muss. Eine einfache Wertung, wonach einem der Rechtsakte als lex specialis oder aufgrund der zeitlichen Abfolge des Inkrafttretens Vorrang gebührt, verbietet sich: Insbesondere aus Art. 23 Abs. 3 AIFM-RL ist abzuleiten, dass eine Parallelgeltung von AIFM-RL und ProspektRL beabsichtigt ist.[15] Dies rechtfertigt eine Auslegung, die die beiden Rechtsakte im Wege praktischer Konkordanz mit Bezug auf die jeweils im anderen Rechtsakt geäußerten Wertungen und Prinzipien in Einklang

---

8   RL 2011/61/EU des Europäischen Parlaments und des Rates vom 08.06.2011 über die Verwalter alternativer Investmentfonds und zur Änderung der RL 2003/41/EG und 2009/65/EG und der VO (EG) Nr. 1060/2009 und (EU) Nr. 1095/2010, ABl. EU Nr. L 174, 01.07.2011, S. 1.

9   BGBl. I 2013, Nr. 35, S. 1981.

10 Im Folgenden wird die europäische Fondsverwalterbezeichnung „AIFM" i. S. v. Art. 4 Abs. 1 Buchst. b) AIFM-RL gebraucht, die im KAGB mit der „Kapitalverwaltungsgesellschaft" (KVG) nach §§ 17 ff. KAGB bzw. § 44 KAGB („kleiner AIFM /„kleine KVG") umgesetzt wurde.

11 Vgl. Art. 1 AIFM-RL. Dazu ausführlich *Zetzsche* (Hrsg.), AIFMD, 2012.

12 Vgl. Art. 2 Buchst. c AIFM-RL. Vgl. dazu *Zetzsche/Preiner*, WM 2013, 2101 f.

13 Vgl. §§ 17 ff. KAGB. Die OGAW-RL erfasst nur OGAW, d. h. Fonds des offenen Typs, vgl. Art. 3 Buchst. a OGAW-RL, auf den § 1 Abs. 2 KAGB verweist. Zu den Auswirkungen der AIFM-RL auf OGA des geschlossenen Typs, vgl. etwa *Bußalb/Unzicker*, BKR 2012, 309; *Kramer/Recknagel*, DB 2011, 2077; *Kind/Haag*, DStR 2010, 1526; *Volhard/Jang*, DB 2013, 273 sowie den Nachw. in Fn. 9.

14 Vgl. Art. 23 Abs. 1 und 3 AIFM-RL, umgesetzt in §§ 164 Abs. 1, 165 Abs. 2 und 7, 173 Abs. 1, 268 Abs. 1, 295 Abs. 4–7, 297 Abs. 2 und 4, 299 Abs. 5, 300, 307 Abs. 1 und 4, 318 Abs. 3 und 6 KAGB. Ausführlich *Zetzsche/Eckner*, in: Zetzsche, AIFMD, S. 333, 339 ff. Dazu noch unten Rn. 50 ff.

15 Vgl. auch Erwg. 60 AIFM-RL.

bringt, soweit dies mit dem Wortlaut des jeweils anderen Rechtsakts vereinbar ist.

II. Anwendungsbereich

1. Emittent: Organismus für gemeinsame Anlagen

a) Zentralbegriff des Europäischen Investmentrechts

Der Begriff des OGA ist trotz häufiger Verwendung im europäischen Finanz-   5
marktrecht[16] nicht durch europäische Rechtsakte definiert. Auch eine Definition durch die Europäische Wertpapier- und Marktaufsichtsbehörde (European Securities and Markets Authority – ESMA) ist nicht beabsichtigt[17], sondern soll sog. Level 1-Maßnahmen (d.h. europäischen Primärrechtsakten) vorbehalten sein.[18] Eine Annäherung ergibt sich aus anderen Fondsdefinitionen: Nach Art. 1 Abs. 2 OGAW-RL, auf den § 1 Abs. 2 KAGB verweist, sind Organismen für gemeinsame Anlagen in Wertpapieren (OGAW) „Organismen" des offenen Typs, deren ausschließlicher Zweck die Investition beim Publikum beschaffter Gelder für gemeinsame Rechnung nach dem Grundsatz der Risikostreuung in liquiden Finanzinstrumenten ist.[19] AIF sind „Organismen für gemeinsame Anlagen", die Kapital von einer Anzahl an Anlegern einwerben, um diese gemäß einer vordefinierten Anlagepolitik für Rechnung der Anleger anzulegen, und die nicht als OGAW zugelassen sind.[20] AIF können geschlossene und offene Fonds sein.[21] Der OGA wird von der EU-RisikokapitalfondsVO[22] sowie EU-VO zu Fonds für soziales Unternehmertum[23] wie ein AIF nach der AIFM-RL definiert.

---

16 Der Begriff wurde bereits seit den 1970er Jahren im europäischen Unternehmens- und Kapitalmarktrecht gebraucht, um den Anwendungsbereich bestimmter Rechtsakte abzugrenzen. Vgl. dazu *Zetzsche*, in: Zetzsche, AIFMD, S. 40f. m.w.N.

17 Vgl. *ESMA*, key concepts, AIFMD, ESMA/2013/600, Tz. 23. Die ESMA geht lediglich kursorisch auf einzelne Elemente der gesetzlichen OGA-Beschreibungen ein.

18 Vgl. *CESR*, advice, advertisement, Ref: CESR/03-399, Tz. 52. Dazu und zu den Aktualisierungen der ESMA noch unten Rn. 34.

19 Art. 1 Abs. 2 OGAW-RL.

20 Art. 4 Abs. 1 Buchst. a AIFM-RL, umgesetzt insb. in § 1 Abs. 1 und 3 KAGB.

21 Art. 2 Abs. 2 Buchst. a AIFM-RL. Vgl. zur Definition offener Fonds Art. 7 Abs. 1 der Delegierten VO (EU) Nr. 231/2013 der Kommission vom 19.12.2012 zur Ergänzung der Richtlinie 2011/61/EU des Europäischen Parlaments und des Rates im Hinblick auf Ausnahmen, die Bedingungen für die Ausübung der Tätigkeit, Verwahrstellen, Hebelfinanzierung, Transparenz und Beaufsichtigung, ABl. EU Nr. L 83, 22.03.2013, S. 1 (AIFM-VO).

22 Art. 3 Abs. 1 Buchst. b VO (EU) Nr. 345/2013 des Europäischen Parlaments und des Rates vom 17.04.2013 über Europäische Risikokapitalfonds, ABl. EU Nr. L 115, 25.04.2013, S. 1.

23 Art. 3 Abs. 1 Buchst. b VO (EU) Nr. 346/2013 des Europäischen Parlaments und des Rates vom 17.04.2013 über Europäische Fonds für soziales Unternehmertum, ABl. EU Nr. L 115, 25.04.2013, S. 18.

6 Die europäischen Rechtsakte grenzen zwar nicht OGA, wohl aber AIF negativ ab.[24] Keine AIF[25] sind Pensionsfonds als Einrichtungen der betrieblichen
Altersvorsorge[26], im öffentlichen Interesse handelnde staatliche Banken und
supranationale Institutionen, (Verbriefungs-) Zweckgesellschaften[27], Arbeit-
nehmerbeteiligungssysteme und Arbeitnehmersparpläne [28] sowie Holdinggesellschaften[29]. Weil der OGA-Definition aber nicht identisch mit der Definition des AIF ist, gelten die Negativabgrenzungen nicht für OGA. Die
Lösung liegt in einer abstrahierenden Bestimmung der wesentlichen Merkmale eines OGA.

b) Definitionsmerkmale

7 Aus den OGA-Umschreibungen des europäischen Finanzmarktrechts lassen
sich vier abstrakte Definitionsmerkmale ableiten[30]: Anlage, Gemeinschaft
von Anlegern (Kollektiv), Vermögensbündelung (Fonds) und Fremdverwaltung.

aa) Anlage

8 Das Anlagekriterium weist zwei Ausprägungen auf. Zum einen ist der Erwerb von Anlagegegenständen in der Erwartung zukünftiger Wertsteigerungen oder Vermögensrückflüsse (Dividenden, Zinsen, Kapitalanteil) gemeint.
Damit grenzt die Anlage zur operativen Unternehmung, zu welcher auch die
Holding zählt, sowie zum Handel ab, bei dem der Händler regelmäßig nicht
zur mittel- oder langfristigen Risikoübernahme bereit ist.

9 Zum anderen betrifft das Kriterium den Vermögenseinsatz zur Schaffung
oder Erweiterung einer produktiven Vermögensgesamtheit (Aufwand zur Er-
tragssteigerung). Anlage ist gegeben, wenn den Anlegern der Ertrag aus der
Verwaltung der Anlagegegenstände zusteht. Im Gegenzug werden sie an
Gewinn, Verlust und Verwaltungskosten beteiligt.

---

24 Der Negativkatalog ist nicht abschließend. Der Anwendungsbereich der AIFM-RL soll
    möglichst viele Gestaltungen erfassen, um Umgehungen vorzubeugen. Vgl. bereits oben
    Rn. 2 sowie Art. 2 Abs. 2 Buchst. b AIFM-RL sowie ausführlich *Zetzsche/Preiner*, WM
    2013, 2101, 2106 ff.
25 Art. 2 Abs. 3 Buchst. a bis g AIFM-RL, umgesetzt in § 2 Abs. 1 bis 3 KAGB.
26 Vgl. §§ 112 ff. VAG und die RL 2003/41/EG des Europäischen Parlaments und des Rates
    vom 03.06.2003 über die Tätigkeiten und die Beaufsichtigung von Einrichtungen der be-
    trieblichen Altersversorgung, ABl. EG Nr. L 235, 23.09.2003, S. 10 (IORP-RL). Dazu noch
    unten Rn. 17.
27 Grundlegend zu Zweckgesellschaften und deren Originatoren §§ 1 b, 18 a, 18 b KWG so-
    wie §§ 225 bis 268 SolvV, dazu *Thelen-Pischke*, in: Zerey, Zweckgesellschaften, S. 104 ff.
    sowie *Zetzsche/Eckner*, in: Zetzsche, AIFMD, S. 527, 530 f.
28 Dazu noch unten Rn. 33 f.
29 Dazu oben Rn. 4 sowie unten Rn. 34.
30 Ausführlich *Zetzsche*, Prinzipien der kollektiven Vermögensanlage, Erster Teil. Zur Ar-
    beitsdefinition der ESMA für Zwecke der AIFM-RL, vgl. *ESMA*, key concepts, AIFMD,
    ESMA/2013/600, Tz. 22 ff., Anh. III Tz. 12. Zudem *ESMA*, technical standards, AIFMs,
    ESMA/2013/413. Kritisch dazu *Zetzsche/Preiner*, WM 2013, 2101, 2102 f.

Das Anlagekriterium umfasst somit vier Elemente: (1) Einsatz von Anlagege-   *10*
genständen (2) zur planmäßigen Erzielung von Einnahmen (3) für eine gewisse Dauer (4) durch Partizipation an einer zukünftigen Wertentwicklung.

bb) Gemeinschaft von Anlegern (Kollektiv)

Aus dem Merkmal der gemeinsamen Anlage folgt das Erfordernis der Anle-   *11*
germehrzahl, als deren Folge der Verwalter verschiedene Interessen miteinander in Einklang bringen muss.[31] Das Gegenteil zum OGA bildet die individuelle Direkt-Vermögensanlage als Aktionär oder Schuldverschreibungsinhaber
oder mittelbar durch einen (individuellen) Vermögensverwalter.[32]

Mischformen, deren Einordnung schwierige Fragen aufwerfen, betreffen   *12*
etwa die Vermögensverwaltung nach verbindlichen Musterdepots/Managed
Accounts, Ein-Anleger-Fonds sowie die ausgelagerte Vermögensverwaltung
an einen externen Verwalter, dessen Tätigkeit für den einzelnen Fonds u.U.
den Tatbestand der (individuellen) Finanzportfolioverwaltung nach § 1
Abs. 1a Nr. 3 KWG erfüllt.[33] Eine „Anzahl von Anlegern" als Teil der AIF-
Definition ist bereits dann gegeben, wenn die konstituierenden Dokumente
die Möglichkeit eröffnen, dass sich mehr als nur ein Anleger am AIF beteiligt, selbst wenn kein Anleger von dieser Option Gebrauch macht.[34] Dieser
nur potentielle Mehr-Anleger-Fonds ist ebenfalls OGA, weil die produkttyp-
ischen Gefahren auch hier jederzeit und ohne weiteren Zulassungs- oder
Gestaltungsakt entstehen können.

cc) Vermögensbündelung („Fonds")

Aus dem „Organismus" ist das Merkmal der Vermögensbündelung in einer   *13*
zumindest teilrechtsfähigen Einheit („Fonds") abzuleiten. Die Bündelung
setzt einen Zuordnungswechsel voraus und grenzt zur unmittelbaren Anlage
durch einzelne Anleger ab. Ein OGA liegt vor, wenn im Zeitpunkt des Beginns der Finanzdienstleistung die eingezahlten Anlagen in eine andere
Rechtsträgerschaft überführt werden. Die Rechtsform des OGA ist dabei
gleichgültig.[35] Nach der Rechtsform richten sich allerdings die Reichweite
der institutionellen Aufsicht – insbesondere weil das KAGB für zugelassene

---

31 Vgl. für die Anlageverwaltung als Finanzdienstleistung, die sich aber nur auf natürliche
     Personen bezieht, RegBegr PfandBFEG, BR-Drucks. 703/08, S. 72: „mindestens zwei Per-
     sonen". Dazu auch *Köndgen/Schmies*, in: Schimansky/Bunte/Lwowski, Bankrechts-
     Handbuch, § 113 Rn. 5 f.
32 Dazu etwa *F. Schäfer/Lang*, in: Schäfer/Sethe/Lang, Hdb. Vermögensverwaltung, § 1
     Rn. 48 ff.
33 Vgl. dazu im Übrigen *ESMA*, key concepts, AIFMD, ESMA/2013/600, Anh. III Tz. 19.
     Hierzu ausführlich *Zetzsche*, Prinzipien der kollektiven Vermögensanlage, § 1.B.III. so-
     wie *Zetzsche/Preiner*, WM 2013, 2101, 2104.
34 Dazu *BaFin*, Auslegungsschreiben zum Anwendungsbereich des KAGB und zum Begriff
     des „Investmentvermögens", WA 41-Wp 2137–2013/0001, S. 4 (unter Pkt. 3). Die BaFin
     hat sich den Empfehlungen der ESMA angeschlossen, vgl. dazu *ESMA*, key concepts,
     AIFMD, ESMA/2013/600, Anh. III Tz. 17 f.
35 Vgl. bereits oben Rn. 2. Näher *Zetzsche*, ZVglRWiss 111 (2012), 371 ff.

AIFM einen Numerus Clausus der Rechtsformen statuiert[36] –, die Haftung der Anleger[37] sowie das Steuerrecht.

14   Ein OGA liegt stets vor, wenn bei Beginn der Dienstleistung ein gemeinschaftliches Vermögen gebildet wird, d.h. die Anlegermehrzahl und der Zuordnungswechsel i.S. einer Vermögensmischung zusammenkommen.[38]

dd) Fremdverwaltung

15   Fremdverwaltung meint Auswahl und Verwaltung eines Anlageportfolios für Dritte.[39] Das Merkmal grenzt zu Organisationen ab, bei denen die Anleger die Anlageentscheidung treffen, z.B. Investmentclubs und sog. Autopilot-Organismen. Solche Organismen sind insbesondere Verbriefungszweckgesellschaften, bei denen die Verwaltung nach ex ante festgelegten Kriterien erfolgt.[40] Fremdverwaltung liegt vor, wenn die Anlageentscheidung ein angestammtes Recht des Verwalters des OGA ist, er also stets anlagebezogenes Ermessen ausüben kann. Ermessen in Bezug auf Details der Anlagegegenstände genügt. Eine detaillierte Anlagestrategie, deren Umsetzung eigenständige Entscheidung bedingt, ist mit der Fremdverwaltung vereinbar.[41]

16   Fremdverwaltung und Ermessen bei Administration und Vertrieb genügen nicht, ebenso wenig wie bei operativen, z.B. Personalentscheidungen des Verwalters oder der Depotbank.[42]

17   Eine die Fremdverwaltung ausschließende Eigen- und Anlegerverwaltung liegt vor, wenn

– eine objektive, unbeschränkte Entscheidungskompetenz der Anleger gegenüber dem Verwalter hinsichtlich der Auswahl der Anlagegegenstände besteht,
– diese Kompetenz in den konstituierenden Dokumenten des OGA (Vertragsbedingungen oder Satzung) festgesetzt ist, und
– die Entscheidungskompetenz täglich praktiziert wird.[43]

---

36   Ausführlich *Zetzsche*, AG 2013, 613 ff.
37   Dazu *Zetzsche*, in: Möllers/Kloyer, KAGB, S. 131, 151.
38   So wohl auch *ESMA*, key concepts, AIFMD, ESMA/2013/600, Anh. III Tz. 12. Ausführlich *Zetzsche*, Prinzipien der kollektiven Vermögensanlage, Erster Teil.
39   Vgl. *Köndgen/Schmies*, in: Schimansky/Bunte/Lwowski, Bankrechts-Handbuch, § 113 Rn. 3. Bestätigt etwa durch *ESMA*, Consultation paper, key concepts, AIFMD, ESMA/ 2012/117, Tz. 34.
40   Vgl. *Zetzsche/Eckner*, in: Zetzsche, AIFMD, S. 527, 536 f.; *Zerey*, in: Zerey, Zweckgesellschaften, § 1 Rn. 6 f., der beim ermessensgebundenen Verwalter von einem Corporate Service Provider spricht, der die Entscheidungskriterien der Verbriefungszweckgesellschaft ausführt.
41   Bspw. bei Indexfonds, die Berechnung des Indizes oder welcher Broker zugunsten des AIF handelt.
42   *Zetzsche*, in: Zetzsche, AIFMD, S. 39, 42 f.; *Sethe*, in: Schäfer/Sethe/Lang, Hdb. Vermögensverwaltung, § 4 Rn. 84; *Schäfer*, in: Boos/Fischer/Schulte-Mattler, KWG, § 1 Rn. 150 n.
43   *Zetzsche*, in: Zetzsche, AIFMD, S. 39, 43. Vgl. dazu die Beispiele bei *Zetzsche/Preiner*, WM 2013, 2101, 2103.

c) Parallelregulierungen und Anwendungsausschluss

Pensionsfonds als Einrichtungen der betrieblichen Altersversorgung (IORP) **18** nach §§ 112 ff. VAG können zwar OGA sein[44], begeben jedoch in Eigenemission[45] weder prospektpflichtige Wertpapiere i. S. d. WpPG noch Investmentvermögensanteile nach dem KAGB[46]. Für IORP gilt eine Bereichsausnahme.[47] Nach dem VAG bzw. der IORP-RL bestehen spezielle Informationspflichten gegenüber Dritten.[48]

OGAW nach § 1 Abs. 2 KAGB sind stets offene OGA und deshalb außerhalb **19** des Anwendungsbereichs von Art. 18 EU-ProspV, der nur geschlossene Fonds erfasst.[49]

Zwar OGA, aber nicht AIF, sind Familienvermögensstrukturen (Family Office **20** Vehikel), bei denen die Gelder der Familie von einem externen Verwalter für Rechnung der Familie verwaltet werden. Anteile solcher OGA werden aufgrund der familiären Verbundenheit, die dem OGA vorgelagert ist,[50] aufgeteilt. Mangels öffentlichen Angebots sind sie von den Prospektpflichten ausgenommen.[51] Dies kann sich mit der Anteilsübernahme durch Dritte ändern.

---

44 Vgl. dazu die Begriffsbestimmung in Art. 6 Buchst. a IORP-RL.

45 Bei Fremdemissionen könnten Wertpapiere i. S. d. WpPG oder Anteile i. S. d. KAGB vorliegen. So auch *Maas*, in: Assmann/Schlitt/von Kopp-Colomb, WpPG/VerkProspG, § 8 f VerkProspG Rn. 125 a. E.

46 Pensionsfonds unterliegen nicht den Pflichten des KAGB, vgl. § 2 Abs. 1 Nr. 2 KAGB. Siehe auch § 2 Nr. 2 VermAnlG a. F. Nach RegBegr VermAnlG, BT-Drs. 17/6051, S. 32 wurde die Ausnahme in § 8 f Abs. 2 Nr. 2 VerkProspG übernommen, vgl. auch RegBegr AnSVG, BT-Drucks. 15/3174, S. 42.

47 Ebenso wohl § 8 f Abs. 2 Nr. 2 VerkProspG a. F., wonach Pensionsfonds per se nicht unter das Prospektrecht fallen. Dazu RegBegr AnSVG, BT-Drucks. 15/3174, S. 42; *Maas*, in: Assmann/Schlitt/von Kopp-Colomb, WpPG/VerkProspG, § 8 f VerkProspG Rn. 125; *Hennrichs*, in: Schwark/Zimmer, KapMRK, § 8 f VerkProspG Rn. 25.

48 So auch die RegBegr AnSVG, BT-Drucks. 15/3174, S. 42 zu § 8 f Abs. 2 Nr. 2 VerkProspG. Vgl. *Hennrichs*, in: Schwark/Zimmer, KapMRK, § 8 f VerkProspG Rn. 25. Nach dem EIOPA-Vorschlag zur Überarbeitung der IORP-RL (IORP-II-RL) sollen Anlegerinformationen künftig in Anlehnung an Art. 78 ff. OGAW-RL 2009/65/EG, insbesondere in Form eines IORP-spezifischen „Key Information Documents", offengelegt werden, vgl. *EIOPA*, EIOPA's Advice to the European Commission on the review of the IORP Directive 2003/41/EC, 15 February 2012, EIOPA-BOS-12/015, Tz. 29., insb. 29.5.

49 Vgl. Art. 1 Abs. 1 und 2, 3 Buchst. a OGAW-RL, auf den § 1 Abs. 2 KAGB verweist.

50 Vgl. hierzu auch *ESMA*, key concepts, AIFMD, ESMA/2013/600, Anh. III Tz. 3 (pre-existing group).

51 In Anlehnung an Erwg. 7 AIFM-RL, wonach Family Offices vom Anwendungsbereich der RL ausgenommen sind. So auch im KAGB, vgl. RegBegr AIFM-UmsetzungsG, BT-Drs. 17/12294, S. 204 f. zu § 2 Abs. 1. Dazu *Zetzsche/Preiner*, WM 2013, 2101, 2104 f.

2. Geschlossener Typ

a) Definition der ProspektRL/WpPG

21 Die ProspektRL bzw. das WpPG definiert OGA des geschlossenen Typs[52] nicht. Im Umkehrschluss aus dem zweiten Merkmal des Art. 2 Abs. 1 Buchst. o ProspektRL handelt es sich um einen OGA des nicht-geschlossenen Typs, wenn seine Anteile auf Verlangen des Anlegers unmittelbar oder mittelbar zulasten des Vermögens des OGA zurückgekauft oder abgelöst werden können, vgl. auch § 1 Abs. 2 Nr. 1 WpPG.[53] Wie häufig ein Rücknahmerecht bestehen muss, ist damit noch nicht gesagt.

b) Definition der AIFM-RL/KAGB

22 Nach dem Grundsatz der praktischen Konkordanz (Rn. 4) sind die Wertungen des KAGB bzw. der AIFM-RL mit Art. 18 EU-ProspV in Einklang zu bringen. Art. 3 Abs. 2 Buchst. b und der 34. Erwägungsgrund der AIFM-RL[54] lassen auf einen Rücknahmeanspruch binnen fünf Jahren schließen. Nach ESMA müssen offene Fonds ihren Anlegern einmal jährlich Rücknahmerechte gewähren.[55] Die Europäische Kommission hat diesen Ansatz für zu strikt erachtet und durch eine offene Formulierung ersetzt. Danach ist für die Einstufung als AIF des offenen Typs nicht die Häufigkeit der Rücknahme entscheidend, sondern bereits der Umstand jeglicher Rücknahmemöglichkeit

---

52 Dazu bereits oben Rn. 2 mit Fn. 5. Vgl. dazu auch *von Kopp-Colomb/Witte*, in: Assmann/Schlitt/von Kopp-Colomb, WpPG/VerkProspG, § 1 WpPG Rn. 11.

53 Dies entspricht Art. 1 Abs. 2 Buchst. b Satz 1 OGAW-RL.

54 Vgl. Erwg. 34 AIFM-RL: „Für AIF, bei denen innerhalb von fünf Jahren nach Tätigung der ersten Anlagen keine Rücknahmerechte ausgeübt werden können, und die im Einklang mit ihrer Hauptanlagestrategie in der Regel nicht in Vermögenswerte investieren, die gemäß dieser Richtlinie im Depot verwahrt werden müssen oder in der Regel in Emittenten oder nicht börsennotierte Unternehmen investieren, um gemäß dieser Richtlinie möglicherweise die Kontrolle über solche Unternehmen erlangen zu können, wie zum Beispiel Private-Equity-Fonds, Risikokapital-Fonds und Immobilienfonds, sollten Mitgliedstaaten es zulassen können, dass ein Notar, Rechtsanwalt, eine Registrierstelle oder eine andere Stelle beauftragt wird, die Funktionen einer Verwahrstelle wahrzunehmen."

55 Vgl. Erwg. 3 sowie Art. 1 Abs. 2 Buchst. b der technischen Regulierungsstandards der ESMA, die nach Art. 10 der VO (EU) Nr. 1095/2010 des Europäischen Parlaments und des Rates vom 24. November 2010 zur Errichtung einer Europäischen Aufsichtsbehörde (Europäische Wertpapier-und Marktaufsichtsbehörde), zur Änderung des Beschlusses Nr. 716/2009/EG und zur Aufhebung des Beschlusses 2009/77/EG der Kommission, ABl. EU Nr. L 331, 15.12.2010, S. 84 (ESMA-VO) in einer (Delegierten) Verordnung der Europäischen Kommission erlassen werden. Dazu *ESMA*, technical standards, AIFMs, ESMA/2013/413. Zur Rolle der ESMA bei der Standardsetzung nach Art. 8 Abs. 1 Buchst. a, Abs. 2 Buchst. a und b i.V. m. Art. 10 bis 15 ESMA-VO, vgl. auch die Komm. zu § 28 a WpPG.

vor Liquidation des AIF.[56] Diese Abgrenzung ist für die EU-ProspV heranzuziehen.

3. Produkt: Wertpapiere

Nach Art. 2 Abs. 1 Buchst. a ProspektRL gilt der Wertpapierbegriff des Art. 1 23
Abs. 4 ISD[57], der inzwischen in Art. 4 Abs. 1 Nr. 18 MiFID aufgegangen ist.[58]
Im Anwendungsbereich der ProspektRL gilt somit der Wertpapierbegriff der
MiFID. Nationale Anforderungen bleiben bei der Qualifikation als Wertpapier unberücksichtigt[59], andererseits werden die nationalen Wertpapierdefinitionen für Zwecke jenseits der ProspektRL nicht von deren Wertpapierbegriff berührt.[60]

a) *Übertragbare Wertpapiere*

Nach Art. 4 Abs. 1 Nr. 18 MiFID sind „übertragbare Wertpapiere" solche 24
Gattungen von Wertpapieren, die auf dem Kapitalmarkt gehandelt werden
können; ausgenommen sind Zahlungsinstrumente. Der Wertpapierbegriff
wird im europäischen Finanzmarktrecht nicht definiert, sondern typologisch
umschrieben.[61] Die in Art. 4 Abs. 1 Nr. 18 Buchst. a bis c MiFID genannten

---

56 Vgl. *ESMA*, Draft regulatory technical standards on types of AIFMs under Article 4(4) of
   Directive 2011/61/EU, 13 August 2013, ESMA/2013/1119, Annex I, Art. 1(2): "An AIFM
   of an open-ended AIF shall be considered to be an AIFM which manages an AIF the
   shares or units of which are, at the request of any of its shareholders or unitholders, re-
   purchased or redeemed prior to the commencement of its liquidation phase or wind-
   down, directly or indirectly, out of the assets of the AIF and in accordance with the procedures and frequency set out in its rules or instruments of incorporation, prospectus or
   offering documents."
57 RL 93/22/EWG des Rates vom 10.05.1993 über Wertpapierdienstleistungen, ABl. EG Nr.
   L 141, 11.6.1993, S. 27 (Investment Services Directive, ISD).
58 Vgl. dazu den dynamischen Verweis in Art. 69 der RL 2004/39/EG des Europäischen
   Parlaments und des Rates vom 21.04.2004 über Märkte für Finanzinstrumente, zur Änderung der RL 85/611/EWG und 93/6/EWG des Rates und der RL 2000/12/EG des Europäischen Parlaments und des Rates und zur Aufhebung der RL 93/22/EWG, ABl. EG
   Nr. L 145, 30.04.2004, S. 1 (MiFID), dazu ausführlich die Komm. zu § 2 WpPG, dort.
   Rn. 3 ff.
59 Vgl. *Ritz/Zeising*, in: Just/Voß/Ritz/Zeising, WpPG, § 2 Rn. 12 ff.; *von Kopp-Colomb/
   Knobloch*, in: Assmann/Schlitt/von Kopp-Colomb, WpPG/VerkProspG, § 2 WpPG Rn. 6 f.
   m.w.N., auch zur vereinzelt vertretenen Gegenauffassung.
60 Vgl. Erwg. 12 ProspektRL.
61 *ESME*, Financial Instruments – Impact of definitions on the perimeter of FSAP Directives,
   6 May 2008; *Veil*, in: Veil, Europäisches Kapitalmarktrecht, § 5 Rn. 4 ff.; zum Wertpapierbegriff des WpPG ausführlich *Heidelbach*, in: Schwark/Zimmer, KapMRK, § 2 WpPG
   Rn. 3 ff.; *von Kopp-Colomb/Knobloch*, in: Assmann/Schlitt/von Kopp-Colomb, WpPG/
   VerkProspG, § 2 WpPG Rn. 5 ff.; zum Wertpapierbegriff des WpHG vgl. nur *Assmann*,
   in: Assmann/U. H. Schneider, WpHG, § 2 Rn. 4 ff.; zum gemeinschaftsrechtlichen Ursprung ausführlich *Lehmann*, Finanzinstrumente, S. 292 ff.

Beispiele sind nicht abschließend.[62] Die Typologie weist mit der (1) Handelbarkeit, (2) Standardisierung und (3) Fungibilität drei Kriterien auf[63], deren Bedeutendstes die Handelbarkeit an organisierten Märkten ist.[64] Dieses Kriterium weisen zunehmend auch Derivate auf, die Finanzinstrumente, nicht aber Wertpapiere sind. Der Wertpapierbegriff als Differenzierungskriterium ist de lege ferenda zu überdenken.

b) OGA-Anteile

25 Ob OGA auf organisierten Märkten handelbare Wertpapiere begeben, ist eine Frage der Ausgestaltung der OGA-Anteile. Geschlossene inländische Investmentvermögen dürfen nach § 139 KAGB nur in der Form der Investmentaktiengesellschaft mit fixem Kapital (§§ 140 ff. KAGB) oder als geschlossene Investmentkommanditgesellschaft (§§ 149 ff. KAGB) betrieben werden.

26 Die Investmentaktiengesellschaft begibt regelmäßig Aktien (§ 141 KAGB) und damit übertragbare Wertpapiere. Geschlossene inländische Publikumsinvestmentaktiengesellschaften fallen damit grundsätzlich[65] in den Anwendungsbereich des Art. 18 EU-ProspV.

27 Keine Wertpapiere sollen nach in Deutschland überwiegender Auffassung[66] Anteile an geschlossenen Fonds in Form von Gesellschaftsanteilen, insbesondere Investment-Kommanditbeteiligungen sein, da sie aufgrund ihrer Individualisierung weder vertretbar noch zirkulationsfähig und damit nicht handelbar sind. Diese Auffassung ist zu pauschal. Sie ist mit der Entstehung eines Sonder-KG-Rechts im KAGB[67] noch zweifelhafter geworden.[68] Der dort statuierte Haftungsausschluss für Anleger erleichtert die Handelbarkeit. Die Eintragung im Handelsregister kann über Treuhänder substituiert werden.

---

62 *von Kopp-Colomb/Knobloch*, in: Assmann/Schlitt/von Kopp-Colomb, WpPG/Verk-ProspG, § 2 WpPG Rn. 6; *Assmann*, in: Assmann/Schneider, WpHG, § 2 Rn. 58 ff.; *Schäfer*, in: Boos/Fischer/Schulte-Mattler, KWG, § 1 Rn. 217 ff.

63 Zum Verhältnis von AIFM-RL, ProspektRL und MiFID *Zetzsche/Eckner*, in: Zetzsche, AIFMD, S. 358 ff.

64 Vgl. nur *ESME*, Financial Instruments – Impact of definitions on the perimeter of FSAP Directives, 6 May 2008. So auch *Veil*, in: Veil, Europäisches Kapitalmarktrecht, § 5 Rn. 9; *Moloney*, EC Securities Regulation, S. 132. Ausführlich zur Handelbarkeit *Lehmann*, Finanzinstrumente, S. 305 ff.

65 Dazu noch unten Rn. 45 f.

66 Vgl. RegBegr FRUG, BT-Drucks. 16/4028, S. 54; RegBegr ProspektRL-UmsetzungsG, BT-Drucks. 15/4999, S. 28 (zu § 2); *Kumpan*, in: Schwark/Zimmer, KapMRK, § 2 WpHG Rn. 18 f.; *Schäfer*, in: Boos/Fischer/Schulte-Mattler, KWG, § 1 Rn. 218 a jeweils m. w. N.; *Voß*, BKR 2007, 45, 50 ff.; *Sester*, ZBB 2008, 369 ff.; *Kind*, in: Lüdicke/Arndt, Geschlossene Fonds, S. 177 f.; *Spindler/Kasten*, WM 2006, 1749, 1751 f.; *dies.*, WM 2007, 1245, 1264; *Volhard/Wilkens*, DB 2006, 2051, 2054 f. Krit. *Assmann*, in: Assmann/U.H. Schneider, WpHG, § 2 Rn. 15 ff.; *Zetzsche*, Prinzipien der kollektiven Vermögensanlage, § 15.A.II.2.

67 Vgl. *Freitag*, NZG 2013, 329 ff.; Zetzsche, AG 2013, 613, 614 ff., 618.

68 A.A. *Volhard/Jang*, DB 2013, 273, 275 mit Verweis auf die Streichung von § 2 Abs. 1 Satz 2 WpHG und Einfügung der „Anteile an einem Investmentvermögen" i. S. d. KAGB in § 2 Abs. 2 b WpHG, dazu auch RegBegr AIFM-UmsG, BT-Drucks. 17/12294, S. 308.

Damit geht die Entwicklung auch hierzulande dahin, dass, wie in anderen europäischen Staaten[69], Anteile an Personengesellschaften durchaus Wertpapier sein können. Zum Verhältnis der EU-ProspV und dem KAGB, vgl. noch Rn. 50 f.

4. Einschränkung durch Art. 18 Abs. 2 EU-ProspV

a) Halten eines Portfolios von Vermögenswerten im Namen von Anlegern (Abs. 2 Halbs. 1)

Art. 18 Abs. 2 Halbs. 1 EU-ProspV schließt OGA von Art. 18 EU-ProspV aus, **28** die nicht im Namen von Anlegern ein Portfolio von Vermögenswerten halten. Entgegen der unzutreffenden Übersetzung[70] der Verordnung kommt es nicht auf das Halten im Namen, sondern für Rechnung der Anleger an. Es handelt sich um das Pendant der Anlage zum Nutzen der Anleger gemäß Art. 4 Abs. 1 Buchst. a AIFM-RL bzw. § 1 Abs. 1 KAGB[71]

Unklar ist, wie viele Gegenstände ein Portfolio ausmacht. Die Wortlautaus- **29** legung trägt auch eine Auslegung, wonach ein einziger Anlagegegenstand ausreicht. Dieses Kriterium genügt aus Schutzzweckerwägungen für AIF und muss nach dem Konkordanzgedanken (Rn. 4) auch für die OGA-Definition genügen.[72]

b) Anerkennung als OGA des geschlossenen Typs im Herkunftsstaat (Abs. 2 Halbs. 2 Nr. 1)

Nach Art. 18 Abs. 2 Halbs. 2 Nr. 1 EU-ProspV muss der Organismus nach **30** dem Recht seines Herkunftsstaats als OGA des geschlossenen Typs anerkannt sein. Der materielle Anwendungsbereich der Verordnung richtet sich damit nach dem Gründungsstaat des OGA. Es kommt weder auf den tatsächlichen Verwaltungssitz der Gesellschaft, die einen oder mehrere OGA verwaltet, (i. d. R. „der AIFM"), noch darauf an, ob der OGA des geschlossenen Typs im Vertriebsstaat ein OGA des geschlossenen Typs ist. Damit ist die Produktregulierung des deutschen KAGB unerheblich, wenn ein nach liechtensteinischem AIFMG[73] oder britischen AIFM Regulations 2013[74] zuge-

---

69 Vgl. dazu etwa Art. 5:1 (1) des niederländischen Finanzmarktaufsichtsgesetzes (NFSA), Art. 14 des liechtensteinischen AIFMG sowie die Definition des closed-ended investment fund in Annex A der britischen UKLA in FCA Handbook, LR 15.1.1. Ausführlich *Zetzsche*, Prinzipien der kollektiven Vermögensanlage, § 20.A.III.
70 Vgl. den englischen Originalwortlaut: „The schedule shall apply to collective investment undertakings of the closed-end type holding a portfolio of assets on behalf of investors [...]." Im Namen von Anlegern werden Anlagegegenstände von Fonds selten gehalten, regelmäßig aber auf deren Rechnung.
71 Dazu *ESMA*, key concepts, AIFMD, ESMA/2013/600, Anh. III Tz. 13.
72 Vgl. ebenso für AIF *ESMA*, key concepts, AIFMD, ESMA/2013/600, Anh. III Tz. 12 sowie arg. ex. § 262 KAGB.
73 Vgl. das Gesetz vom 19.12.2012 über die Verwalter alternativer Investmentfonds (AIFMG), LGBl. 2013 Nr. 49, 08.02.2013, LNR 951.30.
74 FSM 2013 No. 1773.

lassener geschlossener AIF in Deutschland Wertpapiere mittels des Prospektpasses vertreibt.

31 Neben einem Prospekt nach der ProspektRL muss eine Notifikation (nur) des AIFM nach Art. 31 bis 33 AIFM-RL (umgesetzt in §§ 53, 54 Abs. 1 bis 3, 295 Abs. 1, 316 Abs. 1, 3 und 4, 321 Abs. 1, 3, und 4, 323, 331 Abs. 1, 2, 4, 5 und 7 KAGB) erfolgen. Die deutsche Produktregulierung ist nur einschlägig, wenn der AIF/OGA in Deutschland angesiedelt ist und auch nur dann sind ggf. die nach deutschem Recht statuierten zusätzlichen Informationspflichten zu beachten. Im Übrigen bleibt es bei den Pflichten nach Art. 18 EU-ProspV, ausschließlich ergänzt um die nach Art. 23 Abs. 3 AIFM-RL (entspricht § 308 Abs. 3 KAGB) erforderlichen Informationen. Soweit diese Erkenntnis den Vorschriften des KAGB nicht zu entnehmen ist, ist eine europarechtskonforme Korrektur geboten, die im Ergebnis zu einer Reduktion des KAGB führt, soweit das Europarecht den Vorrang des Prospektrechts gebietet.

32 Das Herkunftsstaatsprinzip des Art. 18 Abs. 2 Halbs. 2 Nr. 1 EU-ProspV wiederholt damit ein allgemeines Prinzip des europäischen Finanzmarktrechts, welches auch an der Schnittstelle zwischen AIFM-RL und ProspektRL fortbesteht: die Bündelung der Aufsicht bei der Aufsichtsbehörde des Herkunftsstaats.

c) Kontrollverzicht (Abs. 2 Halbs. 2 Nr. 2)

33 Nach Art. 18 Abs. 2 Halbs. 2 Nr. 1 EU-ProspV gelten die Anforderungen des Art. 18 Abs. 1 EU-ProspV für solche OGA des geschlossenen Typs, die nicht die rechtliche oder verwaltungsmäßige Kontrolle eines der Emittenten ihrer zugrunde liegenden Vermögenswerte übernehmen oder dies beabsichtigen. In diesem Fall darf eine rechtliche Kontrolle und/oder Beteiligung nur ergriffen oder eingegangen werden, wenn – kumulativ – die Kontrollerlangung für das eigentliche Anlageziel (1) nebensächlich und (2) für den Schutz der Anteilsinhaber erforderlich ist. (3) Dabei darf es nicht zu einer bedeutenden Managementkontrolle über die Geschäfte des/der Emittenten der zugrunde liegenden Aktien kommen.[75] Zweck der Regelung ist die Abgrenzung zwischen OGA einerseits, Holdinggesellschaften und Konsortialstrukturen andererseits. Für Holdinggesellschaften und Konsortialstrukturen sind die allgemeinen Registrierungsformulare und Wertpapierbeschreibungen für Aktien und Schuldtitel anzuwenden.[76]

34 Der gleiche Zweck stellt sich bei der Unterscheidung zwischen AIF im Verhältnis zu Holdinggesellschaften und Joint Ventures: AIF sind reguliert, Holdinggesellschaften nicht. Die dortigen Kriterien sind im Sinne der praktischen Konkordanz (Rn. 4) heranzuziehen, wonach Widersprüche zwischen AIFM-RL bzw. KAGB und Art. 18 Abs. 2 Halbs. 2 Nr. 2 EU-ProspV möglichst zu vermeiden sind.[77]

---

75 Darunter sollen laut einer im Jahr 2003 geäußerten Meinung von CESR etwa Immobilien-OGA des geschlossenen Typs fallen, vgl. *CESR*, advice, advertisement, Ref: CESR/03-399, Präambel zu Anh. D.

76 *CESR*, advice, advertisement, Ref: CESR/03-399, Tz. 53.

77 Vgl. auch *ESMA*, key concepts, AIFMD, ESMA/2013/600, Tz. 21.

Für die Ausnahme ist daher nicht die rechtliche oder verwaltungsmäßige   35
Kontrolle im Sinne von § 30 WpÜG bzw. §§ 261 Abs. 7, 287 ff.
KAGB,[78] son-
dern der Verzicht auf eine dauerhafte Leitung maßgeblich, bei der die ope-
rative, unternehmerische Tätigkeit (day-to-day-business) und die Absicht,
den Anteil in absehbarer Zeit profitabel zu veräußern, überwiegen.[79] Private
Equity und Venture Capital Fonds sind, weil sie unstreitig AIF i. S. v. Art. 1
Abs. 1 AIFM-RL bzw. § 1 Abs. 1, 3 KAGB sind, somit auch OGA.

d) Verhältnis von Abs. 2 zu Abs. 1

Wenn eine der Alternativen des Abs. 2 vorliegt, ist Art. 18 EU-ProspV anzu-   36
wenden. Ein OGA des geschlossenen Typs muss daher entweder als solcher
im Herkunftsstaat anerkannt sein (Nr. 1) oder er muss auf die laufende Geschäftsleitung (Rn. 33) verzichten (Nr. 2). Ist ein Private Equity Fonds im Herkunftsstaat als OGA des geschlossenen Typs anerkannt, ist nicht von Belang,
ob er die laufende Geschäftsleitung nach Art. 18 Abs. 2 Nr. 2 EU-ProspV anstrebt. Damit ist Art. 18 Abs. 2 Nr. 2 EU-ProspV nicht bedeutsam: eine Behörde wird kein Prospekt billigen und keine Notifikation nach Maßgabe von
Art. 18 und Anh. XV EU-ProspV durchführen, wenn sie nicht der Überzeugung ist, dass es sich um einen OGA des geschlossenen Typs handelt.

III. Mindestangaben

1. Angaben aus Anh. I

OGA des geschlossenen Typs haben ausgewählte Mindestangaben des Re-   37
gistrierungsformulars für Aktien des Anh. I[80] in den Prospekt aufzunehmen.[81] Darunter fallen Angaben zur Fund Governance, Rechnungslegung[82],

---

78 Ausführlich *Koch,* in: Möllers/Kloyer, KAGB, S. 111 ff.; *Zetzsche,* NZG 2012, 1164 ff.;
   Clerc, in: Zetzsche, AIFMD, S. 575 ff.; *van Dam/Mullmaier,* ebd., S. 623 ff.
79 Zur Unterscheidung zwischen AIF und Holding, vgl. *Zetzsche,* in: Zetzsche, AIFMD,
   S. 56, 58 ff.; *ESMA,* Guidelines on key concepts of the AIFMD (Consultation paper),
   ESMA/2012/845, Anh. V Tz. 9. Im Anschluss an ESMA *BaFin,* Auslegungsschreiben zum
   Anwendungsbereich des KAGB und zum Begriff des „Investmentvermögens", WA 41-
   Wp 2137–2013/0001, S. 6 f. (unter Pkt. 6). Dazu krit. *Zetzsche/Preiner,* WM 2013, 2101,
   2107 ff.
80 Vgl. dazu *CESR,* Consultation paper, implementing measures, CESR/03-162, Tz. 24, 147,
   150.
81 Vgl. die Komm. ebd. sowie *CESR,* Consultation paper, implementing measures, CESR/
   03-162, Tz. 24, 147, 150.
82 Vgl. Nr. 3 (Ausgewählte Finanzinformationen), Nr. 9.1 (Angaben zur Geschäfts- und Finanzlage) und Nr. 9.2.1 (Information über ertragsschmälernde Faktoren) sowie Nr. 9.2.3
   (Betriebsergebnisse, Darlegungspflicht bei wesentlicher Veränderung im Jahresabschluss bei Nettoumsätzen oder Nettoerträgen), Nr. 13 (Gewinnprognose oder -schätzun-
   gen), Nr. 20 (Finanzielle Informationen über die Vermögens-, Finanz- und Ertragslage
   des Emittenten) und Nr. 21.1 (Zusätzliche Angaben, Aktienkapital) in Anh. I.

Angaben zu Beteiligungen und Strukturmaßnahmen[83], zum Risikomanagement[84], Informationen zum Offenlegungsverfahren[85] sowie Angaben von Seiten Dritter[86].

2. Zusatzangaben aus Anh. XV

38 Neben den Angaben aus Anh. I muss das Registrierungsformular für Wertpapiere eines OGA des geschlossenen Typs die Zusatzangaben aus Anh. XV enthalten. Diese umfassen die Anlagen des OGA betreffende Informationen (Nr. 1 und 2), Informationen über Dritte, die für den OGA tätig werden (Nr. 3 bis 5), Informationen zur Bewertung v.a. des Nettoinventarwerts (Nr. 6), etwaige Informationen zur wechselseitigen Haftung von Dach-OGA-Konstruktionen (Nr. 7) sowie Finanzinformationen (Nr. 8). CESR[87] hat einige Anforderungen konkretisiert; diese hat ESMA übernommen[88].

a) Anlagepolitik und -ziele

39 Die Beschreibung der Anlagepolitik und -ziele nach Nr. 1.1 des Anh. XV der EU-ProspV soll verdeutlichen, ob eine aktive oder passive Anlagestrategie verfolgt wird. Folgende Daten sollen zum Anlageportfolio offengelegt werden:

– geographische Lage;
– Industriesektoren;
– Marktkapitalisierung;
– Kreditrating und/oder Anlagebonität; und
– Zulassung zum Handel an einem regulierten Markt.[89]

b) Anlagebeschränkungen

40 Die Zusatzpflichten nach Nr. 2.2 Buchst. a entfallen nach Nr. 2.10 für Index-OGA.[90] Einen allgemein anerkannten und auf ein großes Wertpapierspektrum bezogenen Index kennzeichnen folgende Merkmale:

---

83 Vgl. Nr. 19 (Geschäfte mit verbundenen Parteien), Nr. 22 (Wichtige Verträge) und Nr. 25 (Informationen über Beteiligungen) in Anh. I.

84 Vgl. Nr. 4 (Risikofaktoren) und Nr. 10.4 (Eigenkapitalausstattung, Angaben über Beschränkungen des Rückgriffs auf Eigenkapitalausstattung) in Anh. I.

85 Vgl. Nr. 24 (Einsehbare Dokumente) in Anh. I.

86 Vgl. Nr. 23 (Angaben von Seiten Dritter, Erklärungen von Seiten Sachverständiger und Interessenerklärungen).

87 Vgl. *CESR*, recommendations, CESR/05–054b.

88 Vgl. *ESMA*, update CESR recommendation, consistent implementation, ESMA/2013/319, Anh. 2k, Tz. 167–172.

89 *ESMA*, update CESR recommendation, consistent implementation, ESMA/2013/319, Tz. 167.

90 ABl. EU Nr. L 256, 22.09.2012, S. 4. Die Vorschrift wurde zuletzt geändert durch die Delegierte VO (EU) Nr. 862/2012 der Kommission vom 04.06.2012 zur Änderung der VO (EG) Nr. 809/2004 in Bezug auf die Zustimmung zur Verwendung des Prospekts, die Informationen über Basisindizes und die Anforderungen eines von unabhängigen Buchprüfern oder Abschlussprüfern erstellten Berichts.

– Hinreichende Diversifikation und Abbildung des in Bezug genommenen Markts;
– hinreichende Berechnung zur Sicherung der angemessenen und zeitnahen Bepreisung sowie der Information über die Bestandteile des Indizes;
– weitverbreitete Publikation zur Sicherung der Verbreitung unter den Anlegern; und
– Zusammenstellung und Berechnung durch eine von dem OGA unabhängige Partei sowie Verfügbarkeit für andere Zwecke als die bloße Ertragsberechnung des OGA.[91]

Die Kriterien der hinreichenden Diversifikation, der adäquaten Bezugs-   *41*
grundlage für den Markt sowie der Veröffentlichung in angemessener Weise definieren Art. 9 Abs. 1 Buchst. a bis c UCITS-EAD[92]. Aufgrund des gleichgelagerten Schutzzwecks von OGAW-RL (einschließlich der UCITS-EAD) sowie ProspektRL bzw. WpPG (einschließlich der EU-ProspV)[93] ist Art. 9 UCITS-EAD zur Auslegung von und zur Herstellung der Kohärenz mit Nr. 2.10 ergänzend heranzuziehen.

c) Vergütung

Offenlegungspflichtig sind Vergütungen von Dienstleistern nach den   *42*
Nrn. 3.1 und 3.2 des Anh. XV der EU-ProspV, die ein OGA des geschlossenen Typs mittel- oder unmittelbar zu zahlen hat, wenn es sich etwa um Ausgabeaufschläge, Rücknahmegebühren, Vertriebsvergütungen, Platzierungsgebühren, variable Managementvergütungen sowie sämtliche Vergütungen und Gebühren im Zusammenhang mit der Änderung der Portfoliozusammensetzung handelt.[94]

Für AIF sind die ESMA-Empfehlungen zu den Nrn. 3.1 und 3.2 des Anh. XV   *43*
der EU-ProspV, insbesondere die Aufzählung der offenlegungspflichtigen Vergütungsbestandteile, nicht abschließend. Parallel sind die Pflichten als AIFM zu beachten: § 37 Abs. 1 KAGB, die Ausführungsempfehlungen der ESMA zu AIF-Vergütungen[95] und die weitergehenden Offenlegungspflichten nach Art. 23 Abs. 3 AIFM-RL, umgesetzt in § 307 Abs. 3 KAGB.

---

91 Vgl. *ESMA*, update CESR recommendation, consistent implementation, ESMA/2013/319, Tz. 168.
92 RL 2007/16/EG der Kommission vom 19.03.2007 zur Durchführung der RL 85/611/EWG des Rates zur Koordinierung der Rechts- und Verwaltungsvorschriften betreffend bestimmte Organismen für gemeinsame Anlagen in Wertpapieren (OGAW) im Hinblick auf die Erläuterung gewisser Definitionen, ABl. EG Nr. L 79, 20.03.2007, S. 11 (OGAW-DefinitionsRL, UCITS-Eligible Assets-Directive – UCITS-EAD).
93 Ziel ist jeweils die Sicherstellung des Anlegerschutzes, die in beiden RL an einem vergleichbaren Maßstab ausgerichtet ist, vgl. hierzu Erwg. 10, 16 ProspektRL sowie ErwG 8, 10, 31 a. E., 39, 43 OGAW-RL.
94 Vgl. *ESMA*, update CESR recommendation, consistent implementation, ESMA/2013/319, Tz. 169.
95 *ESMA*, Guidelines on sound remuneration policies under the AIFMD (Final report), ESMA/2013/201, Anh. III Tz. 160 ff. (Guidelines on (external) disclosure).

d) Vermögensverwalter

44 Der regulatorische Status des Vermögensverwalters, einschließlich der zuständigen Aufsichtsbehörde[96], ist für AIF innerhalb der EU/des EWR zwingend der Status eines (kleinen oder großen) AIFM. Nur für Verwalter von Single-Family-Offices, die nur OGA und kein AIF sind, kommt ein anderer Status in Betracht. Die Beschreibung der Erfahrung umfasst die des Vermögensverwalters (als juristischer Person) und seiner Mitarbeiter, die für die Anlagegegenstände des OGA wesentliche Tätigkeiten verrichten. Die verwalteten Anlagevermögen sind nach Art und Umfang offenzulegen.[97]

e) Verwahrstelle

45 Nr. 5 des Anh. XV der EU-ProspV verlangt eine vollständige Beschreibung über die Verwahrung der Vermögenswerte des OGA, einschließlich treuhänderischer oder ähnlicher Beziehungen zwischen dritten Parteien und dem OGA in Bezug auf die Verwahrung (vgl. Nr. 5.1). Der Prospekt hat dazu folgende Angaben zu machen:

– Angaben der Nr. 5.1.1 bis 5.1.4[98] sowie, falls erforderlich, Nr. 5.1.5[99] des Anh. I der EU-ProspV;
– Beschreibung der Verpflichtungen des Verwahrers und/oder Dritten;
– Angaben zu delegierten Verwahrungsvereinbarungen; sowie
– Regulierungsstatus des Verwahrers und, falls erforderlich, Unterverwahrers.

Nr. 5.2 des Anh. XV der EU-ProspV, der zusätzliche Angaben für den Fall verlangt, in denen die Vermögenswerte des OGA von einem „andere[n] Unternehmen" als „Verwahrer, Verwalter oder sonstige[r] Treuhänder" i. S. v. Nr. 5.1 des Anh. XV der EU-ProspV verwahrt werden, ist in Ansehung der zwingend zu bestellenden, einzigen Verwahrstelle nach den Erfordernissen des Art. 21 AIFM-RL/der §§ 80 ff. KAGB überholt, soweit der OGA zugleich AIF ist.

46 Die nach Nr. 5 des Anh. XV der EU-ProspV erforderlichen Angaben sind im Übrigen kongruent mit den Anforderungen der §§ 80 ff. KAGB zur Beauftragung der Verwahrstelle, Verwahrung und Unterverwahrung, den Kontroll- und Zustimmungsfunktionen sowie Verhaltensregeln (Interessenkollision).

---

96 *ESMA*, update CESR recommendation, consistent implementation, ESMA/2013/319, Tz. 170.
97 Vgl. *ESMA*, update CESR recommendation, consistent implementation, ESMA/2013/319, Tz. 171.
98 Diese Angaben umfassen den juristischen und kommerziellen Namen des Emittenten (5.1.1), den Ort der Registrierung des Emittenten und seine Registrierungsnummer (5.1.2), das Datum der Gründung und Existenzdauer des Emittenten, soweit diese nicht unbefristet ist (5.1.3), sowie die Rechtsform und den Sitz des Emittenten, die Rechtsordnung, in der er tätig ist, das Land der Gründung der Gesellschaft, die Geschäftsanschrift und Telefonnummer seines eingetragenen Sitzes oder den Hauptort der Geschäftstätigkeit, falls nicht mit dem eingetragenen Sitz identisch (5.1.4).
99 Die Angabe umfasst wichtige Ereignisse in der Entwicklung der Geschäftstätigkeit des Emittenten (5.1.5).

Eine Angabe über die Haftung der Verwahrstelle i. S. v. § 88 KAGB sieht die EU-ProspV, wie auch die Mindestangaben des Verkaufsprospekts für geschlossene Publikums-AIF nach § 269 Abs. 2 KAGB, nicht vor. Zum weiteren Verhältnis zwischen EU-ProspV und KAGB, unten Rn. 50 ff.

f) Portfoliozusammensetzung

Die umfassende und aussagekräftige „Analyse" meint, wie sich aus den   *47* ESMA-Konkretisierungen ergibt, keine technische Portfolioanalyse, sondern eine einfache Darstellung. Die „Analyse" des Portfolios umfasst nach Nr. 8.2 des Anh. XV der EU-ProspV folgende Angaben:

– Industrie- oder Gewerbesektoren sowie geographische Lage; und/oder
– Unterscheidung zwischen Aktien, Wandelanleihen, festverzinslichen Wertpapieren, Typen oder Kategorien von derivativen Finanzinstrumenten, Währungen und anderen Finanzinstrumenten, wobei zwischen gelisteten und nicht gelisteten Wertpapieren und, im Fall von Derivaten, zwischen dem Handel an regulierten und nicht regulierten Märkten unterschieden werden soll; und/oder
– Währung/Zahlungsmittel unter Nennung des Marktwerts in Bezug auf den Anteil des Portfolios. [100]

Ein Negativhinweis, wonach das Portfolio ungeprüft ist,[101] ist in Ansehung der zwingend sicherzustellenden Bewertung der Vermögenswerte sowie des Nettoinventarwerts des (geschlossenen) Fonds durch den Verwalter bzw. einen externen Bewerter nach Art. 19 AIFM-RL/§§ 168 ff., 216 f., 271 f. KAGB entbehrlich geworden.

IV. Verhältnis zu Art. 23 EU-ProspV

Nach Art. 23 EU-ProspV können die zuständigen Behörden des Herkunftsstaats   *48* von Investmentgesellschaften als *specialist issuers* die Aufnahme zusätzlicher Informationen in den Prospekt verlangen, wenn dies für den Anlegerschutz und im Hinblick auf deren besondere Tätigkeit erforderlich ist.[102] Insoweit haben die europäischen Behörden auf eine Konkretisierung verzichtet.[103]

---

100 *ESMA*, update CESR recommendation, consistent implementation, ESMA/2013/319, Tz. 172.
101 *ESMA*, update CESR recommendation, consistent implementation, ESMA/2013/319, Tz. 172: "A comprehensive and meaningful analysis of the collective investment undertaking's portfolio *(if un-audited, clearly marked as such)."*
102 Vgl. dazu *Fingerhut/Voß*, in: Just/Voß/Ritz/Zeising, WpPG, Anh. XIX EU-ProspektVO, Rn. 1; *Schnorbus*, WM 2009, 249; *Schlitt/Wilczek*, in: Habersack/Mülbert/Schlitt, Hdb. Kapitalmarktinformationen, § 5 Rn. 17 ff.; *Schlitt/Schäfer*, in: Assmann/Schlitt/von Kopp-Colomb, WpPG/VerkProspG, ProspektVO Anh. XIX Rn. 1; *Heidelbach/Doleczik*, in: Schwark/Zimmer, KapMRK, § 7 WpPG Rn. 42 ff. Dazu auch ausführlich die Komm. zu Art. 23 EU-ProspV sowie Anh. XIX der EU-ProspV.
103 Vgl. *CESR*, consultations consistent implementation, feedback statement, Ref.: CESR/ 05-055b, Tz. 77 f. Dazu *Schnorbus*, WM 2009, 249, 255. Auch nach Inkrafttreten der AIFM-RL erfolgte keine Aktualisierung.

49 Bereits vor Inkrafttreten der AIFM-RL sollte das Verlangen nur „ausnahmsweise"[104] gestellt werden. Der Anwendungsbereich des Art. 23 EU-ProspV
ist durch die zwingenden Publizitätspflichten gem. Art. 23 AIFM-RL bzw.
§ 307 KAGB weiter reduziert. Die Rechtfertigung eines Ergänzungsverlangens ist damit im Regelfall nicht gegeben. Für ein solches Verlangen müssen
ganz außergewöhnliche Umstände vorliegen.

V. Verhältnis zum KAGB

1. Vorbemerkung

50 Art. 23 Abs. 1 und 2 AIFM-RL, umgesetzt in § 269 Abs. 1 KAGB i. V. m. § 165
KAGB und § 307 Abs. 1 KAGB, ergänzen die Primärmarktpublizität der Pro-
spektRL mit prospektähnlichen Vertriebsinformationen.[105] Diese richten sich
nur an professionelle und semi-professionelle Anleger, die diesbezüglichen
Informationen sind aber auch in einen Prospekt aufzunehmen, der nach der
ProspektRL zu erstellen ist, vgl. Art. 23 Abs. 3 AIFM-RL/§ 307 Abs. 4 KAGB.
Danach erstellen inländische Publikums-AIF des geschlossenen Typs, deren
Anteile Wertpapiere sind (oben Rn. 25 ff.), einen Wertpapierprospekt nach
dem WpPG, in den, neben den Mindestangaben nach § 7 WpPG i. V. m.
Art. 18, Anh. XV EU-ProspV, die Angaben des § 269 KAGB aufzunehmen
sind.[106] Nach dem Wortlaut des § 268 Abs. 1 Satz 3 KAGB hat die inländi-
sche, geschlossene AIF-Publikumsinvestmentaktiengesellschaft die Angaben
des § 269 KAGB als ergänzende Informationen in den Prospekt nach WpPG/
EU-ProspV aufzunehmen. Insoweit müssen in der Verkaufsunterlage, ggfs.
als zusätzlicher Abschnitt nach den Mindestangaben des Art. 18 EU-ProspV,
die Informationsbestandteile des § 269 KAGB deutlich erkennbar sein.[107]
Durch diese Parallelität der Primärmarktpublizitätspflichten in KAGB und
ProspektRL bzw. WpPG i. V. m. der EU-ProspV entstehen Konvergenzpro-
bleme im Hinblick auf die Durchführbarkeit der gesetzlichen Anordnung in
§ 307 Abs. 4 i. V. m. § 269 KAGB.

2. Konvergenz von KAGB und ProspektRL

51 Nach Art. 43 AIFM-RL können die Mitgliedstaaten den Vertrieb von Anteilen an geschlossenen Fonds an Kleinanleger betreffende Regeln nur „unbeschadet anderer Rechtsakte der Union" erlassen. Ein solcher Rechtsakt ist
die ProspektRL sowie Anh. XV der EU-ProspV, der OGA des geschlossenen
Typs betrifft. Ausdrücklich bestätigt der 60. Erwägungsgrund der AIFM-RL,
dass die ProspektRL „ebenfalls den Vertrieb von AIF an Anleger in der

---

104 Vgl. *CESR*, consultations consistent implementation, feedback statement, Ref.: CESR/
    05-055b, Tz. 78 a. E.
105 Zum Verhältnis zwischen Art. 23 AIFM-RL und ProspektRL/EU-ProspV, vgl. ausführlich
    Zetzsche/Eckner, in: Zetzsche, AIFMD, S. 333, 339 ff.
106 Arg e Art. 23 Abs. 3 AIFM-RL bzw. § 307 Abs. 4 KAGB.
107 Vgl. RegBegr AIFM-UmsG, BT-Drucks. 17/12294, S. 273.

Union regeln" kann.[108] Damit verbunden ist die Prospektaufsicht im Heimatstaat des Emittenten. Die offiziöse Meinung der Europäischen Kommission
zum Verhältnis von Prospekt-RL und nationaler Gesetzgebung ist ambiva-
lent: „It follows that in such cases the rules of the Prospectus Directive will
also apply. Therefore both regimes apply."[109] Die Auflösung des Spannungs-
verhältnisses stellt eine Herausforderung dar.

Aus Art. 61 Abs. 2 AIFM-RL[110] folgt, dass die Zulassung und Notifikations-   52
pflicht als AIFM gemäß §§ 53, 54, 316 und 323 KAGB neben das Prospektrecht tritt. Jeder EU-/EWR-AIFM benötigt somit eine nationale oder
grenzüberschreitende Notifikation als AIF-Verwalter sowie des zu vertrei-
benden Produkts. Daneben muss der AIFM gemäß Art. 23 Abs. 3 AIFM-
RL[111] einige abschließend aufgezählte Angaben in den Wertpapierprospekt
aufnehmen. Fraglich ist, ob mit dieser Notifikation eine Verpflichtung zur
Einhaltung der privatanlegerschützenden Produktregulierung des KAGB
einhergeht. Insoweit sind bei Gebrauch eines Prospekts für OGA-Wertpa-
piere an Privatanleger folgende Fälle zu unterscheiden:

---

108 Vgl. dazu Erwg. 60 AIFM-RL: „Anteile eines AIF sollten nur dann an einem geregelten
    Markt in der Union notiert oder von Dritten, die für den AIFM in einem bestimmten
    Mitgliedstaat tätig sind, angeboten bzw. platziert werden dürfen, wenn der AIFM, der
    die AIF verwaltet, selbst Anteile des AIF in diesem Mitgliedstaat vertreiben darf. Dar-
    über hinaus können andere nationale Rechtsvorschriften oder Rechtsvorschriften der
    Union, wie etwa die RL 2003/71/EG ... oder die RL 2004/39/EG, ebenfalls den Vertrieb
    von AIF an einen Anleger in der Union regeln."
109 Vgl. dazu auch die Antwort der Europäischen Kommission im Rahmen des Q&A-Ver-
    fahrens zur AIFM-RL, ID 1178, abrufbar unter http://ec.europa.eu/yqol/index.cfm?fuse-
    action=question.show&questionId=l 178: Marketing to retail investors: „If the possibility
    for derogation provided for in Article 43 is used by Member States, it seems that there
    is a possible overlap between the AIFMD and the Prospectus Directive. For this pur-
    pose, Article 43 starts with the wording "Without prejudice to other instruments of
    Union law." It follows that in such cases the rules of the Prospectus Directive will also
    apply. Therefore both regimes apply."
110 Art. 61 Abs. 2 AIFM-RL lautet: „Die Artikel 31, 32 und 33 dieser RL gelten nicht für den
    Vertrieb von Anteilen an AIF, die Gegenstand eines laufenden öffentlichen Angebots
    mittels eines Prospekts sind, der gemäß der RL 2003/71/EG vor dem 22.07.2013 erstellt
    und veröffentlicht wurde, solange dieser Prospekt Gültigkeit hat."
111 Umgesetzt im KAGB in § 307 Abs. 4 („Ist die AIF-Verwaltungsgesellschaft durch das
    Wertpapierprospektgesetz oder durch die RL 2003/71/EG verpflichtet, einen Wertpa-
    pierprospekt zu veröffentlichen, so hat sie die in Absatz 1 genannten Angaben entwe-
    der gesondert oder als ergänzende Angaben im Wertpapierprospekt offenzulegen.")
    und § 318 Abs. 3 („Für EU-AIF-Verwaltungsgesellschaften oder ausländische AIF-Ver-
    waltungsgesellschaften, die nach der RL 2003/71/EG einen Prospekt zu veröffentlichen
    haben, bestimmen sich die in diesen Prospekt aufzunehmenden Mindestangaben nach
    dem Wertpapierprospektgesetz und der VO (EG) Nr. 809/2004. Enthält dieser Prospekt
    zusätzlich die in den Absätzen 1 und 2 geforderten Angaben, muss darüber hinaus kein
    Verkaufsprospekt erstellt werden. Die Absätze 4 und 6 gelten entsprechend.")

(1) Ein inländischer AIFM legt einen inländischen AIF auf.
(2) Ein EU-/EWR-AIFM legt einen inländischen AIF auf.
(3) Ein inländischer AIFM legt einen EU-/EWR-AIF auf.
(4) Ein EU-/EWR-AIFM legt einen EU-/EWR-AIF auf.

In den Fällen (1) und (2) ist der AIF im Inland ansässig, in den Fällen (3) und (4) im Ausland. Weil sich die Produktregulierung nach dem Sitzstaat des AIF richtet, ist in den Fällen (1) und (2) die Produktregulierung des KAGB für Privatanlegerfonds einschlägig, im Übrigen die des Herkunftsstaats des AIF, welche deutlich weniger ausgeprägt sein kann.

53   Dann stellt sich die Folgefrage, ob der Vertrieb im Geltungsbereich des KAGB an weitere, insbesondere zusätzliche Informationspflichten inhaltlicher[112] und formeller Art[113] und die Prospektprüfung nach den Maßstäben des KAGB geknüpft werden kann. Dies richtet sich nach der Auslegung des Art. 43 Abs. 1 Unterabs. 1 AIFM-RL. Danach sind Vorschriften der Mitgliedstaaten zum Vertrieb von AIF an Privatanleger nur unbeschadet weiterer europäischer Vorschriften (oben Rn. 51) zulässig. Nimmt das europäische Prospektrecht durch Vorschriften des KAGB Schaden, d. h. wird der Europäische Prospektpass durch weitere Prospektanforderungen und -billigungen eingeschränkt, ist die maßgebliche Vorschrift des KAGB unzulässig. Dass diese Auslegung zwingend ist, ergibt sich aus Sinn und Zweck von Art. 23 Abs. 3 AIFM-RL: Die Vorschrift ist entbehrlich, wenn sie nationale Zusatzinformationspflichten beim Fondsvertrieb an Privatanleger nicht begrenzt. Denn eine Prospektpflicht besteht nur bei einem öffentlichen, d.h. an eine gewisse Anzahl von Privatanlegern gerichteten Angebot.[114]

3. Auflösung des Konvergenzproblems

54   Im Ergebnis muss es bei der europäischen Pflichtinformation nach der ProspektRL bleiben. Zusatzpflichten sind im Geltungsbereich von Anh. XV der EU-ProspV nicht mit Verweis auf Art. 43 AIFM-RL zu rechtfertigen. Dieses Ergebnis ist aus den Bestimmungen des KAGB,[115] der Regierungsbegrün-

---

112 D. h. weitere Angaben.
113 Z. B. wesentliche Anlegerinformation.
114 Vgl. § 3 Abs. 2 i.V. m. § 2 Nr. 6 KAGB.
115 Nach § 295 Abs. 8 KAGB bleibt die EU-ProspRL zwar „unberührt", allerdings nur dann, wenn sämtliche in § 269 KAGB genannten Anforderungen in den – dann – Wertpapierprospekt aufgenommen sind und aus den Vorschriften des Kapitels 4 (§§ 293–336) KAGB nichts anderes hervorgeht. Nimmt man dies wörtlich, kehrt sich das in Art. 43 AIFMD-RL angelegte Regel-Ausnahme-Verhältnis um. Unklar ist auch, ob damit explizit die Prospekt-RL betreffende Vorschriften gemeint sind. Vgl. zudem § 268 Abs. 1 Satz 3 KAGB: „Die Pflicht zur Erstellung eines Verkaufsprospekts gilt nicht für solche geschlossenen AIF-Publikumsinvestmentaktiengesellschaften, die einen Prospekt nach dem Wertpapierprospektgesetz erstellen müssen und in diesen Prospekt zusätzlich die Angaben gemäß § 269 als ergänzende Informationen aufnehmen."
§ 293 Abs. 1 Nr. 5: „Vertrieb ist das direkte oder indirekte Anbieten oder Platzieren von Anteilen oder Aktien eines Investmentvermögens oder das Werben für ein Investment-
(Fortsetzung auf Seite 806)

dung zum KAGB[116] und der Begründung zu der gleichzeitig beschlossenen Änderung des WpPG[117] nicht leicht zu gewinnen. Die Pflicht des AIFM zur Vorlage einer wesentlichen Anlegerinformation ist dabei lediglich ihrer Zeit voraus. Eine gegenwärtig bestehende Kollision mit den Schlüsselinformationen und Warnhinweisen gemäß § 5 Abs. 2 a und 2 b WpPG ist kraft Voraus-

---

vermögen. Als Vertrieb gilt nicht, wenn „ [5.] in einen Prospekt für Wertpapiere Mindestangaben nach § 7 des Wertpapierprospektgesetzes oder Zusatzangaben gemäß § 268 oder § 307 oder in einen Prospekt für Vermögensanlagen Mindestangaben nach § 8 g des Verkaufsprospektgesetzes oder nach § 7 des Vermögensanlagengesetzes aufgenommen werden ... ".

116 Vgl. RegBegr AIFM-UmsG, BT-Drucks. 17/12294, S. 487 (zu § 295 KAGB): „Absatz 8 Satz 1 dient der Umsetzung des Erwg. 60 und des Artikels 61 Absatz 2 der Richtlinie 2011/61/EU. Absatz 8 Satz 2 regelt, dass grundsätzlich die in einem Wertpapierprospekt enthaltenen Angaben nach § 269 an die Stelle der Regelungen in Bezug auf den Verkaufsprospekt eines AIF in diesem Kapitel treten. Dies betrifft etwa die Pflichten in Bezug auf den Verkaufsprospekt in § 297 oder die Prospekthaftung gemäß § 306."
   RegBegr AIFM-UmsG, BT-Drucks. 17/12294, S. 273 (zu § 268): „Die Ausnahmeregelung in Satz 3 trägt dem Umstand Rechnung, dass Publikumsinvestmentaktiengesellschaften mit fixem Kapital, bei denen die Anleger kein Recht zur Rückgabe ihrer Aktien haben, dem Wertpapierprospektgesetz unterfallen, da der Ausnahmetatbestand des § 1 Absatz 2 Nummer 1 des Wertpapierprospektgesetzes nicht greift. Satz 3 setzt zugleich Artikel 23 Absatz 3 der Richtlinie 2011/61/EU für Publikums-AIF um. Die Veröffentlichung der jeweils aktuellen Fassung auf der Internetseite der AIF-Kapitalverwaltungsgesellschaft entspricht § 13 Absatz 5 VermAnlG."
   RegBegr AIFM-UmsG, BT-Drucks. 17/12294, S. 286 (zu § 318): „Absatz 3 basiert auf § 137 Absatz 3 des aufzuhebenden Investmentgesetzes, der jedoch an Artikel 23 Absatz 3 in Verbindung mit Artikel 43 Absatz 1 Unterabsatz 2 der Richtlinie 2011/61/EU angepasst wurde. Dementsprechend wird verlangt, dass nicht nur die Angaben nach Artikel 23 Absatz 1 und 2 in den Wertpapierprospekt aufgenommen werden müssen, sondern alle Angaben nach Absatz 1 bis 4, um der Pflicht zur Erstellung eines zusätzlichen Verkaufsprospektes nach dem Kapitalanlagegesetzbuch zu vermeiden."

117 Vgl. RegBegr AIFM-UmsG, BT-Drucks. 17/12294, S. 309 f. (zu Artikel 9 [Änderung des Wertpapierprospektgesetzes]): „Die Änderung ist eine Anpassung an die geänderte Terminologie des Kapitalanlagegesetzbuchs und berücksichtigt die durch die Richtlinie 2011/61/EU unveränderte Vorgabe des Artikel 1 Absatz 2 Buchstabe a der Prospektrichtlinie 2003/71/EG, wonach ein Prospekt nach dieser Richtlinie nicht für Anteile an Organismen für gemeinsame Anlagen (OGA) anderer als des geschlossenen Typs zu veröffentlichen ist. Diese Definition von offenen OGAs findet sich nun in § 1 Absatz 4 KAGB, auf den daher verwiesen wird. Im Übrigen bleibt das WpPG unverändert und kann daher, entsprechend den in Erwg. 60 und Artikel 23 Absatz 3, Artikel 61 Absatz 2 der RL 2011/61/EU niedergelegten Grundsätzen, auch weiter auf geschlossene OGAs Anwendung finden. Dies setzt jedoch voraus, dass es sich um übertragbare Wertpapiere im Sinne des § 2 WpPG handelt, was in den meisten Ausgestaltungen von geschlossenen Fonds auch künftig nicht der Fall sein dürfte. In den Fällen, wo ein Prospekt nach dem WpPG zu erstellen ist, kann dieser mit entsprechenden Ergänzungen auch nach dem KAGB verwendet werden."

wirkung des zukünftigen Europarechts hinzunehmen.[118] Europarechtswidrig sind jedoch über den Pflichtinhalt des Prospektrechts und Art. 23 AIFM-RL hinausgehende Angabepflichten inhaltlicher Art, z. B. zu mitgliedstaatlich definierten Fondstypen.

---

118 Eine Pflicht zur Veröffentlichung von Basisinformationsblättern für alle Kleinanleger-fonds wird mit der PRIP-VO verpflichtend, vgl. *Europäische Kommission*, Vorschlag für eine VO des Europäischen Parlaments und Rates über Basisinformationsblätter für An-lageprodukte, KOM (2012) 352 end. Der Vorschlag der Europäischen Kommission wurde in erster Lesung durch das Europäische Parlament angenommen, vgl. die Vor-abfassung v. 20. 11. 2013, Az. A7-0368/2013.

ARTIKEL 19	ARTICLE 19
Schema für das Registrierungs-formular für Mitgliedstaaten, Drittstaaten und ihre regionalen und lokalen Gebietskörperschaften	**Registration document schedule for Member States, third countries and their regional and local authorities**

(1) Beim Registrierungsformular für Wertpapiere, die von Mitgliedstaaten, Drittstaaten und ihren regionalen und lokalen Gebietskörperschaften ausgegeben werden, werden die Angaben gemäß dem in Anhang XVI festgelegten Schema zusammengestellt.

(1) For the registration document for securities issued by Member States, third countries and their regional and local authorities information shall be given in accordance with the schedule set out in Annex XVI.

(2) Das Schema gilt für alle Arten von Wertpapieren, die von den Mitgliedstaaten, Drittstaaten sowie ihren regionalen und lokalen Gebietskörperschaften ausgegeben werden.

(2) The schedule shall apply to all types of securities issued by Member States, third countries and their regional and local authorities.

Diesbezüglich wird auf die Kommentierung zu Anh. XVI EU-ProspV verwiesen.

ANHANG XVI
Mindestangaben für das Registrierungsformular für Wertpapiere, die von Mitgliedstaaten, Drittstaaten und ihren regionalen und lokalen Gebietskörperschaften ausgegeben werden (Schema)

ANNEX XVI
Minimum disclosure requirements for the registration document for securities issued by Member States, third countries and their regional and local authorities (schedule)

1. Verantwortliche Personen

1.1. Alle Personen, die für die im Registrierungsformular gemachten Angaben bzw. für bestimmte Abschnitte des Registrierungsformulars verantwortlich sind. Im letzteren Fall sind die entsprechenden Abschnitte aufzunehmen. Im Falle von natürlichen Personen, zu denen auch Mitglieder der Verwaltungs-, Geschäftsführungs- und Aufsichtsorgane des Emittenten gehören, sind der Name und die Funktion dieser Person zu nennen. Bei juristischen Personen sind Name und eingetragener Sitz der Gesellschaft anzugeben.

1.2. Erklärung der für das Registrierungsformular verantwortlichen Personen, dass sie die erforderliche Sorgfalt haben walten lassen, um sicherzustellen, dass die im Registrierungsformular genannten Angaben ihres Wissens nach richtig sind und keine Tatsachen ausgelassen worden sind, die die Aussage des Registrierungsformulars wahrscheinlich verändern. Ggf. Erklärung der für bestimmte Abschnitte des Registrierungsformulars verantwortlichen Personen, dass sie die erforderliche Sorgfalt haben walten lassen, um sicherzustellen, dass die in dem Teil des Registrierungsformulars genannten Angaben, für die sie verantwortlich sind, ihres Wissens nach richtig sind und keine Tatsachen ausgelassen worden sind, die die Aussage des Registrierungsformulars wahrscheinlich verändern.

2. Risikofaktoren

Klare Offenlegung der Risikofaktoren, die die Fähigkeit des Emittenten beeinträchtigen können, seinen sich aus den Wertpapieren gegenüber den Anlegern ergebenden Verpflichtungen nachzu-

1. Persons Responsible

1.1. All persons responsible for the information given in the registration document and, as the case may be, for certain parts of it, with, in the latter case, an indication of such parts. In the case of natural persons including members of the issuer's administrative, management or supervisory bodies indicate the name and function of the person; in case of legal persons indicate the name and registered office.

1.2. A declaration by those responsible for the registration document that, having taken all reasonable care to ensure that such is the case, the information contained in the registration document is, to the best of their knowledge in accordance with the facts and contains no omission likely to affect its import. As the case may be, declaration by those responsible for certain parts of the registration document that, having taken all reasonable care to ensure that such is the case the information contained in the part of the registration document for which they are responsible is, to the best of their knowledge, in accordance with the facts and contains no omission likely to affect its import.

2. Risk Factors

Prominent diclosure of risk factors that may affect the issuer's ability to fulfil ist obligations under the securities to investors in a section headed 'Risk factors'.

kommen (unter der Rubrik „Risikofaktoren").

3. Angaben über den Emittenten

**3.1. Gesetzlicher Name des Emittenten
und kurze Beschreibung seiner Stellung
im nationalen öffentlichen Rahmen.**

**3.2. Wohnsitz oder geografische Bele-
genheit sowie Rechtsform des Emittenten, seine Kontaktadresse und Telefonnummer.**

**3.3. Etwaige Ereignisse aus jüngster
Zeit, die für die Bewertung der Zahlungsfähigkeit des Emittenten relevant
sind.**

**3.4. Beschreibung des wirtschaftlichen
Umfelds des Emittenten, insbesondere
aber:**

**a) der Wirtschaftsstruktur mit detail-
lierten Angaben zu den Hauptwirtschaftszweigen;**

**b) des Bruttoinlandsprodukts mit einer
Aufschlüsselung nach Wirtschaftszweigen für die letzten beiden Geschäftsjahre.**

**3.5. Allgemeine Beschreibung des poli-
tischen Systems des Emittenten und der
Regierung, einschließlich detaillierter
Angaben zu dem verantwortlichen
Organ, dem der Emittent untersteht.**

4. Öffentliche Finanzen und Handel

**Angaben zu den nachfolgend genannten
Punkten für die letzten beiden Geschäftsjahre, die dem Datum der Erstellung des Registrierungsformulars vorausgehen:**

a) Steuer- und Haushaltssystem;

**b) Bruttostaatsverschuldung, ein-
schließlich einer Übersicht über die
Verschuldung, die Fälligkeitsstruktur
der ausstehenden Verbindlichkeiten
(unter besonderer Kennzeichnung
der Verbindlichkeiten mit einer Rest-
laufzeit von weniger als einem Jahr),
die Schuldentilgung und die Teile
der Verschuldung, die in nationaler**

3. Information about the Issuer

3.1. The legal name of the issuer and a
brief description of the issuer's position
within the national governmental framework.

3.2. The domicile or geographical location and legal form of the issuer and it's
contact address and telephone number.

3.3. Any recent events relevant to the
evaluation of the issuer's solvency.

3.4. A description of the issuer's economy including:

a) the structure of the economy with details of the main sectors of the economy;

b) gross domestic product with a breakdown by the issuer's economic sectors
over for the previous two fiscal years.

3.5. A general description of the issuer's
political system and government including details of the governing body of the
issuer.

4. Public Finance and Trade

Information on the following for the two
fiscal years prior to the date of the registration document:

a) the tax and budgetary systems;

b) gross public debt including a sum-
mery of the debt, the maturity structure of outstanding debt (particularly
noting debt with a residual maturity
of less than one year) and debt payment record, and of the parts of debt
denominated in the domestic currency of the issuer and in foreign currencies;

Währung sowie in Fremdwährung notiert sind;

c) Zahlen für den Außenhandel und Zahlungsbilanz;

d) Devisenreserven, einschließlich möglicher Belastungen dieser Reserven, wie Termingeschäfte oder Derivate;

e) Finanzlage und Ressourcen, einschließlich in einheimischer Währung verfügbarer Bareinlagen;

f) Zahlen für Einnahmen und Ausgaben;

Beschreibung der Audit-Verfahren und der Verfahren der externen Prüfung der Abschlüsse des Emittenten.

c) foreign trade and balance of payment figures;

d) foreign exchange reserves including any potential encumbrances to such foreign exchange reserves as forward contracts or derivatives;

e) financial position and resources including liquid deposits available in domestic currency;

f) income and expenditure figures.

Description of any auditing or independent review procedures on the accounts of the issuer.

5. Wesentliche Veränderungen

5.1. Einzelheiten über wesentliche Veränderungen seit Ende des letzten Geschäftsjahres bei den Angaben, die gemäß Punkt 4 beigebracht wurden. Ansonsten ist eine negative Erklärung abzugeben.

5. Significant Change

5.1. Details of any significant changes to the information provided pursuant to item 4 which have occurred since the end of the last fiscal year, or an appropriate negative statement.

6. Gerichts- und Schiedsgerichtsverfahren

6.1. Angaben über etwaige staatliche Interventionen, Gerichts- oder Schiedsgerichtsverfahren (einschließlich derjenigen Verfahren, die nach Kenntnis des Emittenten noch anhängig sind oder eingeleitet werden könnten), die im Zeitraum der mindestens letzten 12 Monate bestanden/abgeschlossen wurden, und die sich erheblich auf die Finanzlage des Emittenten auswirken bzw. in jüngster Zeit ausgewirkt haben. Ansonsten ist eine negative Erklärung abzugeben.

6.2. Angaben über eine etwaige Immunität, die der Emittent bei Gerichtsverfahren genießt.

6. Legal and Arbitration Proceedings

6.1. Information on any governmental, legal or arbitration proceedings (including any such proceedings which are pending or threatened of which the issuer is aware), during a period covering at least the previous 12 months which may have, or have had in the recent past, significant effects on the issuer financial position, or provide an appropriate negative statement.

6.2. Information on any immunity the issuer may have from legal proceedings.

7. Erklärungen von Seiten Sachverständiger und Interessenerklärungen

Wird in das Registrierungsformular eine Erklärung oder ein Bericht einer Person aufgenommen, die als Sachverständiger handelt, so sind der Name, die Geschäftsadresse und die Qualifikation anzugeben. Wurde der Bericht auf Ersuchen des Emittenten erstellt, so ist eine diesbezügliche Erklärung dahingehend abzugeben, dass die aufgenommene Erklärung oder der aufgenommene Bericht in der Form und in dem Zusammenhang, in dem sie bzw. er aufgenommen wurde, die Zustimmung von Seiten der Person erhalten hat, die den Inhalt dieses Teils des Registrierungsformulars gebilligt hat.

Soweit dem Emittenten bekannt, sind Angaben über etwaige Interessen des Sachverständigen beizubringen, die sich auf seine Unabhängigkeit bei der Abfassung des Berichts auswirken können.

8. Einsehbare Dokumente

Abzugeben ist eine Erklärung dahingehend, dass während der Gültigkeitsdauer des Registrierungsformulars ggf. die folgenden Dokumente (oder deren Kopien) eingesehen werden können:

a) Finanzberichte und Bestätigungsvermerke über den Emittenten für die beiden letzten Geschäftsjahre und Budget für das laufende Geschäftsjahr;

b) Sämtliche Berichte, Schreiben und sonstigen Dokumente, Bewertungen und Erklärungen, die von einem Sachverständigen auf Ersuchen des Emittenten erstellt bzw. abgegeben wurden, sofern Teile davon in das Registrierungsformular eingeflossen sind oder in ihm darauf verwiesen wird.

Anzugeben ist auch, wo in diese Dokumente entweder in Papierform oder auf elektronischem Wege Einsicht genommen werden kann.

7. Statement by Experts and Declarations of any Interest

Where a statement or report attributed to a person as an expert is included in the registration document, provide such person's name, business address and qualifications. If the report has been produced at the issuer's request a statement to that effect, that such statement or report is included, in the form and context in which it is included, with the consent of that person, who has authorised the contents of that part of the registration document.

To the extent known to the issuer, provide information in respect of any interest relating to such expert which may have an effect on the independence of the expert in the preparation of the report.

8. Documents On Display

A statement that for the life of the registration document the following documents (or copies thereof), where applicable, may be inspected:

a) financial and audit reports for the issuer covering the last two fiscal years and the budget for the current fiscal year;

b) all reports, letters, and other documents, valuations and statements prepared by any expert at the issuer's request any part of which is included or referred to in the registration document.

An indication of where the documents on display may be inspected, by physical or electronic means.

I. Überblick

1 Art. 19 der EU-ProspV bestimmt die Mindestinhalte des Registrierungsformulars für Wertpapiere, die von Mitgliedstaaten, Drittstaaten und ihren regionalen und lokalen Gebietskörperschaften ausgegeben werden.

1. Allgemeines

2 Auf den ersten Blick scheint es zu überraschen, dass auch Mitgliedstaaten von Art. 19 umfasst werden. Denn die EU-ProspRL nimmt in ihrem Kap. I Art. 1 Abs. 2 b) ausdrücklich Nichtdividendenwerte, die von einem Mitgliedstaat oder einer Gebietskörperschaft eines Mitgliedstaats ausgegeben werden, aus ihrem Anwendungsbereich aus, so dass demnach eine Prospektpflicht nicht besteht. Ergebnis der zuvor beschriebenen Ausnahmeregelung der EU-ProspRL ist also, dass letztlich nur hoheitliche Emittenten aus Drittstaaten sowie deren regionale oder lokale Gebietskörperschaften zur Vorlage eines Prospekts verpflichtet sind, sofern sie in einem Mitgliedstaat der Gemeinschaft ein öffentliches Angebot von Wertpapieren machen oder ihre Wertpapiere zum Handel auf einem geregelten Markt zulassen möchten.[1]

3 Die generelle Erfassung aller Emissionen sowohl von Mitglied- als auch von Drittstaaten und deren Gebietskörperschaften durch Anh. XVI EU-ProspV macht jedoch aus folgendem Grund Sinn:[2] Auf Grundlage des Kap. I Art. 1 Abs. 3 der EU-ProspRL besteht auch für Mitgliedstaaten sowie deren Gebietskörperschaften die Möglichkeit, für deren Wertpapiere freiwillig einen Prospekt gem. den Bestimmungen der EU-ProspRL zu erstellen, sogenanntes

---

1 Vgl. auch die Präambel der EU-ProspV, S. 5 Ziff. 20.
2 Vgl. auch *CESR* advice, advertisement, Ref: CESR/03-399, Tz. 40.

„Opt-In", sofern sie es ausdrücklich wünschen.[3] In diesem Fall sorgt die Anwendung des Anh. XVI EU-ProspV für einen einheitlichen Anspruch an den Prospektinhalt. Umgesetzt wurde diese Wahlmöglichkeit in § 1 Abs. 3 WpPG, wonach unbeschadet der Ausnahmevorschriften des § 1 Abs. 2 Nr. 2 bis 5 WpPG Emittenten, Anbieter oder Zulassungsantragsteller berechtigt sind, einen Prospekt im Sinne des WpPG zu erstellen. Wählt ein Emittent diese Möglichkeit des „Opt-In", so finden die Vorschriften des WpPG in seiner Gesamtheit Anwendung. Im Gegenzug wird die Möglichkeit eröffnet, die Wertpapiere grenzüberschreitend öffentlich anzubieten oder zum Handel an einem organisierten Markt zuzulassen, d. h. von den Vorzügen des „Europäischen Passes" profitieren zu können.[4]

Darüber hinaus ist anzumerken, dass die Mitgliedstaaten frei wählen konn-   **4** ten, ob sie diese Ausnahmevorschriften der EU-ProspRL übernehmen,[5] oder ob sie nationale, nicht auf EU-Ebene harmonisierte Regeln für eine Prospektpflicht dieser Emittenten von Nichtdividendenwerten vorsehen.[6] Der deutsche Gesetzgeber jedenfalls ist den Ausnahmevorgaben der EU-ProspRL gefolgt. Er hat die prospektfreie Emission von Nichtdividendenwerten durch Art. 1 § 1 Abs. 2 Nr. 2 des Prospektrichtlinie-Umsetzungsgesetzes vom 22.06. 2005[7] sogar auch auf andere Vertragsstaaten des Abkommens über den Europäischen Wirtschaftsraum sowie deren Gebietskörperschaften erweitert. Diese Vorschrift ist den §§ 36, 52 Börsengesetz (BörsG) und § 3 Nr. 1 a) und b) Verkaufsprospektgesetz[8] (VerkProspG), die ebenfalls von Gesetzes wegen eine Befreiung der vorgenannten öffentlich rechtlichen Emittenten von der Prospektpflicht vorsahen, nachgebildet.[9] Allerdings gilt die ehemals in § 3 Nr. 1 VerkProspG vorgesehene Ausnahme nicht mehr für Vollmitgliedstaaten der Organisation für wirtschaftliche Entwicklung und Zusammenarbeit, sowie für Staaten, die mit dem Internationalen Währungsfonds besondere Kreditabkommen im Zusammenhang mit dessen Allgemeinen Kreditvereinbarungen getroffen haben.

Sofern ein Mitgliedstaat entgegen den vorherigen Ausführungen die Ausnahmevorgaben der EU-ProspRL nicht umgesetzt hat, sondern nationale, nicht auf EU-Ebene harmonisierte Regeln für eine Prospektpflicht vorsieht,[10]

---

3 Vgl. auch die Präambel der EU-ProspRL, Abl. L 345 v. 04.11.2003, Erwg. 11; *Holzborn/ Israel*, ZIP 2005, 1668; *Kunold/Schlitt*, BB 2004, 501, 503; *Holzborn/Schwarz-Gondek*, BKR 2003, 927, 929.

4 Vgl. auch RegBegr. EU-ProspRL-UmsG BT-Drucks. 15/4999, S. 28; *Holzborn/Schwarz-Gondek*, BKR 2003, 927, 929; *Kunold/Schlitt*, BB 2004, 501, 503.

5 Vgl. RegBegr. EU-ProspRL-UmsG BT-Drucks. 15/4999, S. 27.

6 Vgl. auch *Kunold/Schlitt*, BB 2004, 501, 503.

7 BGBl. I 2005, 1698, 1699.

8 Diese Vorschrift ist i. R. d. EU-ProspRL-UmsG weggefallen. Bei dem hier angeführten ehem. Text des VerkProspG handelt es sich um die Fassung der Bekanntmachung vom 09.09.1998 (BGBl. I S. 2701), zuletzt geändert durch Art. 8 Abs. 6 des Gesetzes vom 04.12.2004 (BGBl. I S. 3166).

9 RegBegr. EU-ProspRL-UmsG BT-Drucks. 15/4999, S. 27

10 Vgl. insoweit auch die Übersicht zur nationalen Umsetzung der EU-ProspektRL in VÖB/ NSL, Der europäische Pass für Wertpapierprospekte und seine Anforderungen, S. 15 f.

profitieren diese Wertpapiere dann auch nicht von den mit der Harmonisierung verbundenen Vorteilen und erhalten keinen „Europäischen Pass".[11]

2. Ähnlichkeiten zu dem ehem. § 42 BörsZulVO

5   Betrachtet man nunmehr die Mindestinhalte des Anh. XVI EU-ProspV, so erkennt man diverse Ähnlichkeiten zu dem ehem. § 42 BörsZulVO[12], welcher unter dem Abschnitt „Prospektinhalt in Sonderfällen" die Anforderungen an den Börsenzulassungsprospekt für die Zulassung von Schuldverschreibungen zur amtl. Notierung von Staaten, Gebietskörperschaften und zwischenstaatlichen Einrichtungen regelte. Die BörsZulVO, welche auf einem Entwurf der Bundesregierung vom 20.02.1987[13] beruhte, regelte seit ihrem InKrafttreten am 01.05.1987[14] in ihrem § 42 die Mindestinhalte der Prospekte für die vorgenannten Emittenten. Diese bezogen sich auf 1. die geographischen und staatsrechtlichen Verhältnisse, 2. die Zugehörigkeit zu zwischenstaatlichen Einrichtungen, 3. die Wirtschaft, insbesondere ihre Struktur, Produktionszahlen der wesentlichen Wirtschaftszweige, Entstehung und Verwendung des Bruttosozialprodukts und des Volkseinkommens, die Beschäftigung, Preise und Löhne, 4. den Außenhandel, die Zahlungsbilanz und die Währungsreserven, 5. den Staatshaushalt und die Staatsverschuldung, 6. die jährlichen Fälligkeiten der bestehenden Verschuldung und 7. auf die Erfüllung der Verbindlichkeiten aus bisher ausgegebenen Schuldverschreibungen. Danach waren die Angaben zu den Nr. 3 bis 5 jeweils für die letzten drei Jahre aufzunehmen. Für die Zulassung von Schuldverschreibungen, die von Gebietskörperschaften oder von zwischenstaatlichen Einrichtungen emittiert wurden, waren diese Regelungen entsprechend anzuwenden. Die Gesetzesbegründung führte zu dieser Regelung aus, dass die darin geforderten Mindestinhalte für den Prospekt der Praxis der Börsen entsprach.[15] Aber auch die Empfehlung des CESR zu den Mindestinhalten dieses Anh. fußen letztlich auf Erfahrungswerten zu Prospekten, welche in der Vergangenheit durch die hier angesprochenen Emittenten erstellt wurden.[16] Jedenfalls werden im Rahmen der nachfolgenden Gliederungspunkte die inhaltlichen Parallelen des ehem. § 42 BörsZulVO zu Anh. XVIEU-ProspV weitergehend herausgearbeitet.

Der Vollständigkeit halber wird darauf hingewiesen, dass dieser Anh. nicht für lediglich territoriale Untergliederungen eines Mitgliedstaates, etwa französische Departements oder britische Countries gilt, da sie bspw. nicht die

---

11 Vgl. auch *Kunold/Schlitt*, BB 2004, 501, 503.

12 I. R. d. des EU-ProspRL-UmsG vom 22.06.2005 (BGBl I 2005 S. 1716) weggefallen. Der ehem. Text zur BörsZulVO ist zu entnehmen: BGBl. III/FNA 4110-1-1, i. d. F. der Bekanntmachung vom 09.09.1998, (BGBl. I S. 2832), und geändert durch Art. 20 Viertes FinanzmarktförderungsG v. 21.06.2002 (BGBl. I S. 2010).

13 BR-Drucks. 72/87.

14 Vgl. die Ausführungen von *Groß*, KapMR, 2. Aufl. BörsZulV Rn. 1.

15 RegBegr. BörsZulVO BR-Drucks. 72/87, S. 67, 84.

16 Vgl. *CESR* advice, advertisement, Ref: CESR/03-399, Tz. 42 und Annex B.

einem deutschen Bundesland vergleichbare föderalistische Selbständigkeit besitzen.[17]

II. Das Registrierungsformular gemäß Anh. XVI

Der Anh. XVI EU-ProspV enthält die Mindestangaben für das Registrie- 6
rungsformular für Wertpapiere, die von Mitgliedstaaten, Drittstaaten und ihren regionalen und lokalen Gebietskörperschaften ausgegeben werden.[18]

1. Verantwortliche Personen

Allein die namentliche Benennung als Prospektverantwortlicher im Prospekt 7
führt dazu, dass der so Genannte als Prospektverantwortlicher im Sinne des
§ 45 Abs. 1 Nr. 1 BörsG anzusehen ist, obwohl diese Ziff. 1.1. keine materielle Haftungsregelung zum Gegenstand hat.[19]

a) Ziff. 1.1.

In Erfüllung der Verpflichtung der Ziff. 1.1. wird im Regelfall in das Regist- 8
rierungsformular folgende Erklärung aufgenommen: „Der Emittent XY übernimmt für die im Prospekt gemachten Angaben die Verantwortung." Als verantwortliche Personen werden im Prospekt regelmäßig juristische Personen,
also die Emittenten selbst, oder die Anbieter bzw. Zulassungsantragsteller
eingetragen. Wie insbesondere die Regelung 1.1. belegt, kann diese Aussage auch von natürlichen Personen gemacht sowie auf bestimmte Abschnitte beschränkt werden. Dass eine Verpflichtung zur Aufnahme auch natürlicher Personen als Verantwortliche besteht, kann dem Verordnungstext
an dieser Stelle nicht entnommen werden. Außerdem sollte bei einem „einteiligen" Prospekt eine Verantwortlichkeitserklärung für den gesamten Prospekt ausreichen, wobei eine Teilverantwortlichkeit nur für bestimmte Abschnitte daneben möglich bleibt.

Handelt es sich bei dem für den Prospekt Verantwortlichen um den Emittenten selbst, also einen Staat bzw. dessen Gebietskörperschaft als juristische
Personen des öffentlichen Rechts, so ist als dessen Name die amtlich bzw.
gesetzlich verankerte Bezeichnung anzuführen, welche üblicherweise auch
die Staatsform beinhaltet, bspw. Bundesrepublik Deutschland. Je nachdem,
um welche Art von Emittent es sich handelt, wird der amtl. Name in der Regel entweder in der Verfassung des Staates oder in einer für seine regionalen
und lokalen Gebietskörperschaften entsprechenden Rechtsgrundlage verankert sein. Als eingetragener Sitz wird in diesem Zusammenhang die Adresse

---

17 Vgl. insoweit auch die entsprechend anwendbaren Ausführungen von *Heidelbach*, in:
  Schwark, KapMRK, 3. Aufl., § 36 BörsG Rn. 6.
18 Zu der Reihenfolge der Informationsbestandteile vgl. Anh. I EU-ProspV, Rn. 2.
19 Vgl. die Ausführungen von *Groß*, KapMR, 2. Aufl., §§ 13–32 BörsZulV Rn. 4; weitere
  Ausführungen zur Prospekthaftung, vgl. Anh. I EU-ProspV, Rn. 3 und § 44, 45 BörsG,
  vgl. auch *Fingerhut/Voß*, in: Just/Voß/Ritz/Zeising, WpPG, Anh. I EU-ProspV, Rn. 14.

der abwickelnden Stelle des Emittenten genannt, und dies ist zumeist das zuständige Finanzministerium.[20]

b) Ziff. 1.2.

9   Der in Ziff. 1.2. vorgeschriebenen Erklärung kommen die Verantwortlichen in der Regel dadurch nach, dass sie den Verordnungstext, so wie er vorgegeben ist, wiederholen und auf sich beziehen, d. h.: „der XY Verantwortliche hat die erforderliche Sorgfalt walten lassen, um sicherzustellen, dass die im Registrierungsformular genannten Angaben seines Wissens nach richtig sind und keine Tatsachen ausgelassen worden sind, die die Aussage des Registrierungsformulars wahrscheinlich verändern".[21] In diesem Zusammenhang ist klarzustellen, dass der teilweise unterschiedliche Wortlaut in den Anhängen, und zwar einmal dahingehend, dass die Auslassung von Angaben den Inhalt „wahrscheinlich verändern"[22], und ein anderes mal darauf abstellend, dass sich der Inhalt durch Auslassung „verändern kann",[23] nur auf eine uneinheitliche Übersetzung zurück zu führen ist.[24] Demnach wird in allen Anhängen zu diesem Punkt materiell das Gleiche verlangt.

2. Risikofaktoren

10   Bei der Darstellung der Risikofaktoren geht es um die klare Offenlegung der Umstände, welche die Fähigkeit des Emittenten beeinträchtigen können, seinen Verpflichtungen aus den Wertpapieren nachzukommen. Eine ähnlich lautende Vorschrift enthielt der ehem. § 42 BörsZulVO[25] nicht.[26]

a) Inhalt der Risikofaktoren

11   Was letztlich mit der Darstellung der Risikofaktoren für die in Anh. XVI EU-ProspV geregelten Emittenten gemeint ist, lässt sich zum Teil den Niederschriften der CESR-Beratungen entnehmen, aus welchen hervorgeht, dass

---

20   Vgl. bspw. den Prospekt der Republik Columbien vom 20.12.2011, U.S. $ 1,000,000,000 Global Bonds Prospectus, S. 10: „Dirección General de Crédito Público y Tesoro Nacional, Ministerio de Hacienda y Crédito Público, Carrera 8, No. 6C-38, Piso 1, Bogotá D.C., Colombia", und den Prospekt der Republik Türkei vom 03.02.2011, ergänzt zum 15.01. 2013, S. 26 Nr. 6: „The address of the Republic is: The Undersecretariat of Treasury of the Republic Prime Ministry, Ismet Inonu Bulvari, No. 36, 06510 Emek, Ankara, Turkey", hinterlegt bei der Bourse de Luxembourg, www.bourse.lu.
21   Zur Sorgfaltserklärung siehe auch Anh. I EU-ProspV, Rn. 6.
22   Vgl. auch Anh. VII 1.2., IX 1.2., X 1.2., XI 1.2., XII 1.2., XIII 1.2., XVI 1.2. der EU-ProspV.
23   Vgl. insofern auch Anh. I 1.2., III 1.2., IV 1.2. und V 1.2. der EU-ProspV.
24   Vgl. insoweit auch den englischen Text der vorgenannten Anhänge, der grds. lautet: „contains no omission likely to affect its import".
25   Vgl. die Ausführungen zum ehem. Text der BörsZulVO in Anh. XVI unter Rn. 1.
26   Allgemeine Erläuterungen zu dem Informationsbestandteil „Risikofaktoren" befinden sich in Anh. I EU-ProspV, Rn. 15 f; vgl. auch *Fingerhut/Voß*, in: Just/Voß/Ritz/Zeising, WpPG, Anh. I EU-ProspV, Rn. 14 und Anh. XI EU-ProspV, Rn. 13.

Grundlage für diese Vorschrift u. a. die von der IOSCO[27] veröffentlichten internationalen Offenlegungsstandards sind.[28] Diese Offenlegungsstandards beinhalten detaillierte Vorgaben für Dividendenpapiere. Allerdings sind diese im Rahmen der CESR Beratungen ebenfalls auf Wertpapiere, die keine Dividendenpapiere darstellen, u. a. mit der Begründung für anwendbar erklärt worden, dass auch der Gläubiger von Nichtdividendenpapieren ein Interesse an dem Risiko, welches auf die Rückzahlungsfähigkeit des Emittenten eingeht, hat.[29] Diese Ausführungen gelten auch für die Anwendung des vorliegenden Anh. XVI EU-ProspV.[30] Im Grundsatz führen die IOSCO Offenlegungsstandards an dieser Stelle aus,[31] dass in dem Registrierungsformular deutlich die Risikofaktoren darzustellen seien, die spezifisch für den Emittenten bzw. das emittierende Unternehmen sind. In diesem Zusammenhang wird auch empfohlen, nicht gefordert, die Risikofaktoren nach Rangfolge bzw. Dringlichkeit darzustellen. Diesem Vorschlag ist zum Zwecke der Übersichtlichkeit zu folgen.[32] Außerdem wird ausgeführt, dass die Sektion der Risikofaktoren zur Darstellung der Risikoinformationen gelten soll, auf deren Hintergründe an anderer Stelle des Prospekts detaillierter eingegangen werden kann. Demzufolge sind in der nachfolgenden Ziff. 3.3. die gesamten Entwicklungen von Umständen, die für die Bewertung der Zahlungsfähigkeit des Emittenten relevant sind, ausführlich zu beschreiben. Dabei ist jedoch darauf zu achten, dass die Risiken, welche aus den vorgenannten Entwicklungen und Umständen resultieren können, ausschließlich unter Ziff. 2. darzustellen sind. Demgegenüber ist den CESR-Beratungen nicht zu entnehmen, dass bei der Darstellung der Risikofaktoren ebenfalls diesen gegenüber stehende Chancen zu erläutern wären. Gegen eine Chancendarstellung spricht ebenfalls die eindeutige Begriffsbestimmung für das Wort „Risikofaktoren" in Kap. I Art. 2 Nr. 3 der EU-ProspV, welche diese als eine Liste von Risiken bezeichnet.

Des Weiteren ist den Beispielen, welche in den Niederschriften der CESR-Beratungen enthalten sind,[33] zu entnehmen, dass es bei der Bewertung der aufzuführenden Risikofaktoren keine Rolle spielt, ob diese intern, also innerhalb der Organisation- bzw. des Machtbereichs des Emittenten begründet liegen bzw. entstanden sind, oder ob sie von externen Faktoren, also außerhalb des politischen und wirtschaftlichen Einflussbereichs des Emittenten liegend, herrühren.

---

27 The International Organisation of Securities Commissions, www.iosco.org/=IOSCO.
28 Vgl. *CESR*, public consultation possible implementation measures, Ref: CESR/02.185b i. V. m. Annex J.
29 Vgl. *CESR*, advice, advertisement, Ref: CESR/03-208, Tz. 55–57 i. V. m. Ref: CESR/03-208 Annexes, Minimum Disclosure Requirements for the Retail Debt Registration Document.
30 Vgl. *CESR*, advice, advertisement, Ref: CESR/03-399, Tz. 40–47.
31 Vgl. *CESR*, public consultation possible implementation measures, Ref: CESR/02, 185b i. V. m. Annex J, III.D. „Risk Factors".
32 Zur Darstellung der Risikofaktoren vgl. auch Anh. I EU-ProspV, Rn. 19 f.
33 Vgl. *CESR*, public consultation possible implementation measures, Ref: CESR/02, 185b i. V. m. Annex J, III.D. „Risk Factors".

12 Weiterhin wird man annehmen können, dass die Strategie des Emittenten zur Risikoreduzierung, also eine Beschreibung des Risikomanagements, an dieser Stelle dargestellt werden kann. Damit wird das tatsächlich bestehende Risiko in seiner Deutlichkeit nicht verschleiert. Vielmehr wird dem Anleger erklärt, dass die dargestellten Risiken trotz eines Risikomanagements bestehen und deshalb nicht zu unterschätzen sind. Durch eine Beschreibung des risikoreduzierenden Managements wird dem Anleger jedoch die Möglichkeit gewährt, einen Einblick in die Vorsorge des Emittenten zu erhalten, wobei ihm gleichfalls klar wird, dass dieses Management allein nicht zu einer Auflösung des Risikos führen kann. Ansonsten wäre eine Darstellung des Risikos unter dieser Ziff. bereits nicht mehr notwendig. Dem Emittenten sollte also an dieser Stelle die Möglichkeit gegeben werden, den Anleger über seine Maßnahmen zu informieren, damit dieser eine fundierte Ausgangsbasis zur Einschätzung der Emittentenrisiken hat. Dies gilt auch vor dem Hintergrund, dass die weiteren Ziff. des Anh. keinen geeigneten Rahmen für die Darstellung dieser Materie bieten. Auch der Consultation Report der IOSCO aus dem Jahre 2005[34] bekräftigt die Annahme der Darstellbarkeit des Risikomanagements. Zweck der Beschreibung der Risiken ist demnach, dass der Anleger Informationen erhält, welche ihm die tatsächlichen Risiken im Sinne der Vorschrift erklären. Zwar ist dabei darauf zu achten, dass nicht derart viele Risiken identifiziert bzw. dargestellt werden, dass die Bewertung und Einschätzung der eigentlich bedeutenden Risiken unterlaufen wird. Auf der anderen Seite sollen selbstverständlich ausreichende Informationen zu den tatsächlich bedeutenden Risiken beigesteuert werden, welche dem Anleger ermöglichen, diese richtig beurteilen bzw. abschätzen zu können.

b) Beispiele für Risikofaktoren

13 Beispiele[35] für Risikofaktoren der in Anh. XVI EU-ProspV aufgeführten Emittenten sind u. a. politische Instabilitäten, auch benachbarter Regionen, und

---

34 Die International Disclosure Principles for Cross-Border Offerings and Listings of Debt Securities by foreign Issuers, Report of the Technical Committee of the IOSCO, III „Risk Factors", S. 11. www.iosco.org/library/index.cfm?CurrentPage=3&section=pubdocs&year=none&rows=10, Stand v. 16.07.2007.

35 Vgl. bspw. den zusammengefassten Überblick zu den Risikofaktoren im Prospekt der Republik Türkei vom 03.02.2011, ergänzt zum 15.01.2013, S. 7: Risks associated with the Republic generally include: 1) Turkey is a foreign sovereign state and accordingly it may be difficult to obtain or enforce judgments against it; 2) there can be no assurance that Turkey's credit ratings will not change; 3) changes in the Republic's domestic and international political and economic environment may have a negative effect on its financial condition; 4) the volatile international markets may have a negative effect on the Turkish market and Turkish Securities; 5) potential refinancing risk; 6) potential inflation risks; 7) risks associated with Turkey's current account deficit; 8) risks associated with the foreign exchange rate of the Republic's currency; 9) risks associated with delays or other adverse developments in the Republic's accession to the European Union which may have a negative impact on the Republic's economic performance and credit ratings; 10)

(Fortsetzung auf Seite 821)

Bedenken zur inneren Sicherheit eines Staates. Auch die Erläuterung der Geld- und Währungspolitik des Emittenten ist neben der Darstellung entsprechender Währungsrisiken notwendig, da sie auf eine Instabilität der Emittentenwährung hinweisen. Daneben sind Inflations- bzw. Deflationsrisiken mit ihren Auswirkungen auf die wirtschaftliche Situation des Emittenten darzustellen. Ebenso ist auf Refinanzierungsrisiken des Emittenten hinzuweisen, welche sich bspw. durch eine zu hohe Staatsverschuldung im Verhältnis zum geringen Bruttoinlandsprodukt ergeben können, so dass die Rückführung fälliger Schulden problematisch sein kann. Darüber hinaus wird regelmäßig die gesamtwirtschaftliche Einschätzung der Emittenten durch sogenannte „Sovereign Debt Ratings" dargestellt, welche die bekannten internationalen Rating-Agenturen für Staaten und Gebietskörperschaften erstellen, und die eine Einstufung der Rückzahlungswahrscheinlichkeit von Zins und Tilgung beinhalten. Die Angabe einer Ratingeinstufung kann zwar nicht verlangt werden[36], zumindest ist dies den formal geforderten Angaben des Anh. in Ziff. 2. nicht zu entnehmen. Jedoch werden Ratinggrades üblicherweise in die Aufzählung der Risikofaktoren aufgenommen, damit der Anleger einen Messwert der Ausfallwahrscheinlichkeit erhält.[37] Außerdem sind Umstände, auf die Dritte hinweisen, von dem Emittenten bzw. Prospekterlassern daraufhin zu überprüfen, ob sie, soweit sie zutreffen, im Interesse des Anlegerschutzes in den Prospekt aufzunehmen sind.[38]

3. Angaben über den Emittenten

Konkrete Informationen über den Emittenten werden in Ziff. 3. gefordert. *14*

---

risks associated with pending arbitration proceedings; and 11) risks associated with external shocks.", und den Überblick zu den Risikofaktoren im Prospekt der Republik Columbien vom 20.12.2011, ergänzt zum 22.01.2013, S. 10 f. S. 8 f.: „ Risk factors relating to Colombia: Colombia is a foreign sovereign state and accordingly it may be difficult to obtain or enforce judgments against it. Certain economic risks are inherent in any investment in an emerging market country such as Colombia. Colombia's economy is vulnerable to external shocks, including the global economic crisis that began in 2008 and those that could be caused by continued or future significant economic difficulties of its major regional trading partners or by more general "contagion" effects, all of which could have a material adverse effect on Colombia's economic growth and its ability to service its public debt." Beide Prospekte sind hinterlegt bei der Bourse de Luxembourg, www.bourse.lu.

36 Es ist streitig, ob über die Anforderungen der geforderten Prospektinhalte hinaus die Aufnahme eines (negativen) Rating des Emittenten gefordert werden kann, vgl. *Roth*, in: Assmann/Schütze, HdbKapAnlR, § 12 Rn. 38; ablehnend *Schwark*, in: Schwark, KapMRK, 3. Aufl., §§ 44, 45 BörsG Rn. 33.

37 Vgl. auch die kritischen Anmerkungen von *Fingerhut/Voß*, in: Just/Voß/Ritz/Zeising, WpPG, Anh. XI EU-ProspV, Rn. 15: „Selbst wenn die Nomenklatur der jeweiligen Ratingagentur beschrieben wird, ist doch unbedingt darauf zu achten, dass eine Risikobeschreibung unter Rekurrierung auf Ratings nicht zu einer Relativierung der Darstellung führt."

38 Vgl. auch *Schwark*, in: Schwark, KapMRK, 3. Aufl. §§ 44, 45 BörsG, Rn. 33.

a) Ziff. 3.1.

15 In dieser Ziff. ist erneut der amtl. bzw. gesetzlich verankerte Name des Emittenten anzuführen. Der Name ist an dieser Stelle zu wiederholen, d. h., ein Verweis auf Ziff. 1.1. ist nicht möglich, damit eine zusammenhängende Beschreibung des Emittenten gewährleistet wird. Je nach Art der in diesem Anh. geregelten Emittenten wird der amtl. Name in der Regel entweder in der Verfassung des Staates oder in einer für seine regionalen und lokalen Gebietskörperschaften entsprechenden Rechtsgrundlage verankert sein.

16 Des Weiteren ist die Stellung des Emittenten im nationalen öffentlichen Rahmen kurz zu beschreiben. Zur Auslegung dieser Regelung ist zunächst auf die englische Version des Verordnungstextes zurückzugreifen, welcher lautet: „the issuer's position within the national governmental framework". „Governmental framework" kann sowohl Staats- als auch Regierungsrahmen bedeuten. Vor dem Hintergrund, dass der Begriff Staatsrahmen allgemeiner bzw. umfassender ist, kann die treffende Übersetzung sinnvollerweise statt „öffentlichen Rahmen" nur „Staatsrahmen" lauten. Im Übrigen kann vergleichsweise der ehem. § 42 Abs. 1 Nr. 1 BörsZulVO[39] herangezogen werden. Bei den allgemeinen Angaben über den Emittenten schrieb § 42 Abs. 1 Nr. 1 BörsZulVO vor, dass neben den geographischen auch die staatsrechtlichen Verhältnisse im Prospekt enthalten sein mussten. Deshalb ist auch hier anzunehmen, dass es sich in diesem Ziff. um die Stellung des Emittenten im nationalen Staatsrahmen, der Aufschluss über die nationalen, staatsrechtlichen Verhältnisse geben soll, handelt. Die staatsrechtlichen Verhältnisse bzw. die Stellung des Emittenten in diesem wird mit einer kurzen Beschreibung der Staatsform und -organisation, welche sich mit dem Aufbau des Staates, seiner Organe sowie ihrer Beziehungen untereinander und der Gesetzgebung auseinandersetzt, erklärt. Handelt es sich bei dem Emittenten um eine Gebietskörperschaft, so ist deren Eingliederung in den vorgenannten Aufbau darzustellen. Darüber hinaus nutzten Emittenten diesen Ziff. üblicherweise auch dazu, einen kurzen historischen Abriss zur Entstehung der staatlichen Verhältnisse zu geben.

Wäre bspw. ein Land der Bundesrepublik Deutschland Emittent, so könnte die Beschreibung der Stellung im nationalen Staatsrahmen etwa folgendermaßen aussehen: „Deutschland hat eine föderale Struktur. Die Verteilung der staatlichen Befugnisse auf Bund und Länder hat das Grundgesetz in der Weise geregelt, dass für die Erfüllung der staatlichen Aufgaben grds. die Länder zuständig sind, soweit das Grundgesetz selbst keine andere Regelung trifft oder zulässt. Obwohl wichtige Teile der Gesetzgebung dem Bund zugewachsen sind, sind die Kompetenzen der Länder immer noch beträchtlich. Insb. unterliegen das Bildungswesen, die Kultur und Polizei der Gesetzgebung des Landes. Die Länder sind in ihrer Haushaltswirtschaft selbständig. Das Land verfügt ebenso wie die anderen deutschen Länder über ein gewähltes Parlament und ein Exekutive, welcher der vom Landtag gewählte Ministerpräsident vorsteht. Die Landesbehörden setzen nicht nur Landesge-

---

39 Vgl. die Ausführungen zum ehem. Text der BörsZulVO in Anh. XVI EU-ProspV, Rn. 5.

setze um, sondern – unter Aufsicht der Bundesbehörde – auch die meisten Bundesgesetze."[40] Nähere Angaben zum politischen System innerhalb der Staatsorganisation werden sodann in Ziff. 3.5. dargestellt.

Der Wortlaut der Ziff. 3.1. lässt wegen seiner Begrenzung auf „nationalen **17** Rahmen" den Schluss zu, dass an dieser Stelle die internationale Beziehungen bzw. die Zugehörigkeit zu zwischenstaatlichen Einrichtungen des Emittenten nicht erwähnt werden müssen, so wie es vormals § 42 Abs. 1 Nr. 2 BörsZulVO[41] vorsah. Es ist aber bereits unter Anwendung der Prospektverordnung gängige Praxis der Emittenten, diese Information dennoch an dieser Stelle zu platzieren, zumal die übrigen Gliederungsziffern dem Emittenten keine passende Möglichkeit bieten. Bspw. werden an dieser Stelle Mitgliedschaften bspw. in den Vereinten Nationen (United Nations), der EU (Europäische Union), der NATO (North Atlantic Treaty Organisation), der OECD (Organisation for Economic Cooperation and Development) angeführt.[42]

b) Ziff. 3.2.

Staaten bzw. Gebietskörperschaften zeichnen sich durch ihre Beziehung zu **18** einem bestimmten Territorium aus. Deshalb wird diese Ziffer regelmäßig durch die Beschreibung der geographischen Belegenheit beantwortet. Diese beinhaltet typischerweise die Gesamtfläche des Territoriums sowie die Anliegerstaaten mit den entsprechenden Grenzlängen, aber auch das prägende Landschaftsbild wird durch die Beschreibung von Niederungen, Tälern, Fluss- und Seenlandschaften so wie Ortshöhenlagen dargestellt. Darüber hinaus sind die wichtigsten bzw. schiffbaren Flüsse zu erwähnen, angehörige Inseln, sowie Hauptstädte und Regierungssitz zu benennen. Auch die Beschreibung des Klimas bzw. des jährlichen Niederschlags ist hier zu verorten.[43] Neben der Lage, Fläche und dem Klima wird oftmals zusätzlich die Bevölkerungsanzahl und -dichte erwähnt. Neben der Rechtsform des Emittenten sind des Weiteren die Kontaktadresse sowie Telefonnummer anzugeben. Hier werden üblicherweise die Kontaktdaten der zuständigen Behörde, welche organisatorisch hinter der Auflegung des Prospektes steht – dies ist üblicherweise das jeweilige Finanzministerium – aufgeführt.

---

40 Vgl. den Prospekt des Landes Brandenburg vom 27.04.2012, Euro 5.000.000.000 Debt Issuance Programme, S. 107, hinterlegt bei der Bourse de Luxembourg, www.bourse.lu.

41 Vgl. die Ausführungen zum ehem. Text der BörsZulVO in Anh. XVI EU-ProspV, Rn. 5.

42 Vgl. bspw. den Prospekt der Republik Libanon vom 17.10.2005, U.S. $ 17,000,000,000 Global Medium-Term Note Program, S. 12, 20 „International Relations"; den Prospekt der Republik Türkei vom 03.02.2011, ergänzt zum 15.01.2013, S. 31 i.V.m. dem Annual Report on Form 18-K for 2011 S. 6 „Description of the Republic", hinterlegt bei der Bourse de Luxembourg, www.bourse.lu.

43 Vgl. auch die geographischen Angaben des Statistischen Bundesamtes Deutschland auf www.destatis.de/themen/d/thm_geograf.php, Stand v. 16.07.2007.

c) Ziff. 3.3.

19 In dieser Ziff. geht es um die Beschreibung etwaiger Ereignisse aus jüngster Zeit, die für die Bewertung der Zahlungsfähigkeit des Emittenten relevant sind. Die deutsche Übersetzung stimmt mit dem englischen Text der Verordnung in diesem Ziff. in der Bedeutung überein. Der Regelung ist an dieser Stellen nicht zu entnehmen, dass es sich bei der Darstellung nur um Ereignisse handeln darf, welche einen negativen Einfluss auf den Emittenten haben können. Deshalb sind in diesem Ziff. alle Ereignisse, sowohl positiver als auch negativer Art, sowie nationalen oder internationalen Ursprungs, zu beschreiben, sofern sie für die Bewertung der Solvenz des Emittenten relevant sind.[44] Eine vergleichbare Anforderung sah der ehem. § 42 Abs. 1 BörsZulVO[45] an den Börsenzulassungsprospekt für die Schuldverschreibungen von Staaten, Gebietskörperschaften und zwischenstaatlichen Einrichtungen nicht vor.

Zur Erklärung, was mit dem unbestimmten Rechtsbegriff „relevant" für die Bewertung der Zahlungsfähigkeit der Emittenten gemeint ist, sollte zunächst auf den englischen Verordnungstext zurückgegriffen werden. Schließlich kann das englische Wort „relevant" auch mit „erheblich" bzw. „wichtig" oder „von Bedeutung" übersetzt werden.[46] Allerdings wird man in Anlehnung an den ehem. § 20 Abs. 2 BörsZulVO bzw. § 7 Abs. 2 VerkProspVO[47] davon ausgehen können,[48] dass eine Darstellung der hier gemeinten Ereignisse nur dann erforderlich ist, wenn sie überhaupt geeignet sind, die Vermögens-, Finanz- oder Ertragslage des Emittenten gegenwärtig oder zukünftig zu beeinflussen.[49] Wie die Bemessung letztlich ausfallen muss, beurteilt sich nach dem Adressatenkreis des Prospekts, d. h. dem Anleger. Entscheidend ist, dass die Änderung für seine Anlageentscheidung erheblich ist.[50]

---

44 Vgl. den Prospekt der Republik Libanon vom 17.10.2005, U.S. $ 17,000,000,000 Global Medium-Term Note Program, S. 12 f. „General Background – History": Beschreibung von das Land beeinflussenden Kriegen, UN-Resolutionen, terroristischen Anschlägen etc; den Prospekt der Republik Türkei vom 03.02.2011, ergänzt zum 15.01.2013, S. 9 i.V.m. dem Annual Report on Form 18-K for 2011 S. 11 f. „Recent Developments", hinterlegt bei der Bourse de Luxembourg, www.bourse.lu.

45 Vgl. die Ausführungen zum ehem. Text der BörsZulVO in Anh. XVI EU-ProspV, Rn. 5.

46 Vgl. auch Anh. IV EU-ProspV Ziff. 5.1.5. und Anh. IX EU-ProspV Ziff. 4.1.5.

47 Diese Vorschriften bzw. die gesamte VerkProsVO sind i.R.d. Gesetzes zur Umsetzung der RL 2003/71/EG des EU-ProspRL-UmsG vom 22.06.2005, BGBl. I 2005, S. 1716 aufgehoben worden.

48 Die vorgenannten Paragraphen, welche Angaben zur Geschäftätigkeit von Emittenten, welche keine Staaten, Gebietskörperschaften oder zwischenstaatlichen Einrichtungen waren, forderten, verlangten u. a. auch Ausführungen zu außergewöhnlichen Ereignissen, welche die Geschäftätigkeit des Emittenten beeinflusst haben.

49 In diesem Punkt können die Erläuterungen zu den „Außergewöhnlichen Faktoren" aus Anh. I EU-ProspV Ziff. 6.3; vgl. auch herangezogen werden, vgl. Anh. I EU-ProspV, Rn. 41; vgl. auch die Ausführungen von *Groß*, KapMR, 2. Aufl., §§ 1–15 VerkProspV, Rn. 8; vgl. auch *Fingerhut/Voß*, in: Just/Voß/Ritz/Zeising, WpPG, Anh. XI EU-ProspV, Rn. 16.

50 Vgl. auch *Lenz*, in: Assmann/Lenz/Ritz, VerkProspG, § 8 Rn. 15; *Groß*, KapMR, 2. Aufl., §§ 1–15 VerkProspV, Rn. 9.

Im Übrigen kann zur Beschreibung des unbestimmten Rechtsbegriffs „wesentlich" bzw. „erheblich" auf die grundsätzlichen Ausführungen zu § 16 WpPG zurückgegriffen werden. Die Pflicht zur Nachtragsveröffentlichung orientiert sich an dem ehem. § 11 VerkProspVO.[51] Danach müssen die eingetretenen Tatsachen bzw. Ereignisse geeignet sein, beim Anleger zu einer veränderten Beurteilung des Emittenten oder der Wertpapiere zu führen.[52]

Im Verhältnis zur Darstellung der „Risikofaktoren" in Ziff. 2. sind hier die Umstände bzw. Hintergründe zu beschreiben, welche Risiken bilden bzw. dazu führen können. Eine detaillierte Beschreibung dient dazu, die ausschließlich in Ziff. 2. darzustellenden Risikofaktoren besser verstehen zu können.   **20**

Was in diesem Zusammenhang Ereignisse aus „jüngster Zeit" bedeutet, ist auszulegen. Die Übersetzung aus dem Englischen ist jedenfalls zutreffend. Demnach ist eine Interpretation dieser Zeitangabe vor dem Hintergrund der übrigen Regelungen des Anh. XVI EU-ProspV zu lesen, in welchen Mindestangaben ebenfalls in einen zeitlichen Kontext gestellt werden. So fordern die nachfolgenden Ziff. 3.4. und 4. jeweils konkrete Angaben zum wirtschaftlichen Umfeld, sowie zu den öffentlichen Finanzen und dem Handel des Emittenten für die letzten beiden Geschäfts- bzw. Rechnungsjahre des Emittenten, welche in der Regel mit den Kalenderjahren übereinstimmen.[53] Durch die Lieferung dieser Daten soll bereits ein konkretes Bild von der Solvenz des Emittenten gezeichnet werden, indem alle wichtigen Finanz- und Handelsinformationen der letzten zwei Rechnungsjahre darin einfließen. Deshalb kann darauf geschlossen werden, dass mit Ereignissen aus „jüngster Zeit" Vorkommnisse gemeint sind, die seit dem Schluss des letzten Geschäfts- bzw. Rechnungsjahres, auf das sich auch der letzte offengelegte Abschluss bezieht, eingetreten sind, und die sich noch nicht in der Rechnungslegung des Emittenten für das letzte Rechnungsjahr wiederfinden.[54] Mit dem letzten Geschäfts- bzw. Rechnungsjahr ist immer das Jahr gemeint, welches gem. Ziff. 4. Satz 1 dem Datum der Erstellung des Registrierungsformulars vorausgeht. Sollte der Anknüpfungspunkt oder die Grundlage für das Ereignis zeitlich in oder vor dem letzten Rechnungsjahr liegen, so wird dieser zum Zwecke der Übersichtlichkeit zusammen mit der Nennung des Ereignisses erklärt.   **21**

d) Ziff. 3.4.

In dieser Ziff. wird nach Angaben zum wirtschaftlichen Umfeld des Emittenten gefragt. Betrachtet man den Gesamtaufbau dieser Ziff., so ist die Anfor-   **22**

---

51 Vgl. RegBegr. EU-ProspRL-UmsG BT-Drucks. 15/4999, S. 36.

52 *Groß*, KapMR, 2. Aufl., § 11 VerkProspG, Rn. 4 ff.

53 Vgl. insoweit bspw. §§ 4, 37 Haushaltsgrundsätzegesetz und §§ 4, 80 Bundeshaushaltsordnung, welche zunächst das Rechnungsjahr (Haushaltsjahr) mit dem Kalenderjahr gleichsetzen und bestimmen, dass das für die Finanzen zuständige Ministerium für jedes Haushaltsjahr die Haushalts- und die Vermögensrechnung aufstellt.

54 Vgl. auch *Fingerhut/Voß*, in: Just/Voß/Ritz/Zeising, WpPG, Anh. XI EU-ProspV, Rn. 20.

derung der Beschreibung des wirtschaftlichen Umfelds des Emittenten vor die Aufzählung der Unterpunkte 3.4. a) und b) gesetzt worden. Demnach lässt der deutsche Text darauf schließen, dass es um die generelle Beschreibung des wirtschaftlichen Tätigkeitsfeldes, in welche „insb." detaillierte Angaben zu den Ziff. 3.4. a) und b) gemacht werden müssen, geht. Der englische Verordnungstext dagegen lässt mit dem Wort „including", welches mit „dazu gehören" übersetzt werden kann, klar werden, dass mit der Aufzählung der Unterpunkte die Mindestanforderungen an den Prospektinhalt zur Beschreibung des wirtschaftlichen Umfelds des Emittenten gemeint sind.[55] Letztendlich hat der Emittent jedoch auch bei der Darstellung der geforderten Angaben gem. Ziff. 3.4. die Aufgabe, ein möglichst umfassendes, übersichtliches und hinreichend gegliedertes Gesamtbild des wirtschaftlichen Geschehens zu geben. Auch hier gilt also, dass der Inhalt des Prospekts im Einzelfall trotz der buchstäblichen Beachtung der Mindestvorgaben unrichtig oder unvollständig sein kann.[56] Letztlich soll dieser alle Angaben enthalten, die notwendig sind, um dem Publikum ein zutreffendes Urteil über den Emittenten und die Wertpapiere ermöglichen.

23 Zunächst sind also ausführliche Informationen zu der in 3.4. a) benannten Wirtschaftsstruktur mit detaillierter Angaben zu den Hauptwirtschaftszweigen zu machen. Der Begriff „Wirtschaftsstruktur" ist unbestimmt. Er bezeichnet alles und letztlich nichts.[57] Erreicht werden soll jedoch durch die Beschreibung der Wirtschaftsstruktur, dass der Anleger Informationen zur herrschenden Wirtschaftslage erhält. Zu den Grundlagen der Wirtschaftsstruktur kann der Aufbau und die Gestaltung der Wirtschaft eines Landes gezählt werden, welche nach unterschiedlichen Merkmalen und unter verschiedenen Gesichtspunkten betrachtet werden können: Dazu zählen die Produktions-, die Beschäftigungs- oder Erwerbsstruktur, die Beschreibung der geographischen Regionen wie z.B. die Küsten- und die Alpengebiete oder die „Zonenrand"-Gebiete und die wirtschaftlichen „Kernräume", sowie die Einkommens- und Vermögensstruktur.[58] Diesen Vorgaben folgte auch der ehem. § 42 Abs. 1 Nr. 3 BörsZulVO[59], der die Mindestinhalte für Prospekte von Schuldverschreibungen von Staaten, Gebietskörperschaften und zwischenstaatlichen Einrichtungen vorgab. Demnach waren zur Beschreibung der Wirtschaft des Emittenten insb. die Struktur, Produktionszahlen der wesentlichen Wirtschaftszweige, Entstehung und Verwendung des Bruttosozialprodukts (heute: Bruttonationaleinkommen) und des Volkseinkommens, die Beschäftigung, Preise und Löhne darzustellen. Diese Mindestinhalte sollten auch heute noch zur Konkretisierung der Beschreibung zur Wirtschaftsstruktur herangezogen werden.

---

55 Vgl. bereits die Ausf. von *Hamann*, in: Schäfer (1999), §§ 45, 46 a. F. BörsG, Rn. 78.

56 Vgl. auch *Hamann*, in: Schäfer (1999), §§ 45, 46 a. F. BörsG, Rn. 78; *Kümpel*, Bank-KapMR, Rn. 11.184, *Claussen*, Bank- und BörsR, § 9 Rn. 82.

57 *Woll*, Wirtschaftspolitik, 4. Aufl., 2. Kap. II, S. 60.

58 Vgl. auch *Frey/Kirchgässner*, Demokratische Wirtschaftspolitik, 15. Kap C.3., S. 441; *Woll*, Wirtschaftspolitik, 4. Aufl., 2. Kap. II, S. 60.

59 Vgl. die Komm. zum ehem. Text der BörsZulVO in Anh. XVI EU-ProspV, Rn. 5.

Was zu den Hauptwirtschaftszweigen gezählt werden kann, lässt sich nicht   24
eindeutig beantworten, da ein konkreter Richtwert nicht vorgeben ist. Zur
Auffüllung des unbestimmten Rechtsbegriffs „Hauptwirtschaftszweig", kann
ebenfalls wieder der ehem. § 42 Abs. 1 Nr. 3 BörsZulVO[60] herangezogen
werden.[61] Demnach können damit nur die wesentlichen Wirtschaftszweige
gemeint sein. In Anlehnung an den ehem. § 20 Abs. 1 Nr. 3 BörsZulVO wird
man wohl als RL zur Bestimmung der wesentlichen Wirtschaftszweige die
dort genannte 10%-Grenze übertragen können,[62] wobei jedoch die näheren
Umstände jedes Einzelfalles zu prüfen sind.[63] Bemessungsgrundlage für das
Erreichen der 10 %-Grenze wäre das Bruttoinlandsprodukt des Emittenten.

Danach hat gem. Ziff. 3.4. b) die Beschreibung des Bruttoinlandsprodukts mit
einer Aufschlüsselung nach Wirtschaftszweigen für die letzten beiden Ge-
schäfts- bzw. Rechnungsjahre zu folgen. Welchen Zeitraum das Rechnungsjahr umfasst, ist darzustellen. Üblicherweise wird es sich dabei um das jeweilige Kalenderjahr handeln.

e) Ziff. 3.5.

In dieser Ziff. werden von dem Emittenten neben einer allgemein gehalte-   25
nen Beschreibung seines politischen Systems und der Regierung ebenfalls
detaillierte Angaben zu dem verantwortlichen Organ verlangt, dem der
Emittent untersteht. Die allgemeinen Angaben zum politischen System und
der Regierung umfassen regelmäßig die Darstellung folgender Bereiche:
Verfassung und Verfassungsorgane, Regierungsform, Gewaltenteilung, sowie Wahl-, Parteien und Verbändesystem. Hinsichtlich der detaillierten Angaben zu dem verantwortlichen Organ sind konkrete Ausführungen zu der
aktuellen Zusammensetzung, z. B. des Parlaments, zu machen.

4. Öffentliche Finanzen und Handel

Die Aufzählung der Anforderungen an die Informationen zu den öffentlichen   26
Finanzen und dem Handel des Emittenten sind inhaltlich selbsterklärend

---

60 Vgl. die Komm. zum ehem. Text der BörsZulVO in Anh. XVI EU-ProspV, Rn. 5.
61 Vgl. auch *Fingerhut/Voß*, in: Just/Voß/Ritz/Zeising, WpPG, Anh. XI EU-ProspV, Rn. 21.
62 Der ehem. § 20 Abs. 1 Nr. 3 BörsZulVO verlangte zur Geschäftätigkeit des Emittenten
    – bei welchen es sich allerdings weder um Staaten noch um dessen Gebietskörperschaft
    handelte – u. a. die Angabe solcher Betriebe des Emittenten, die jeweils mehr als zehn
    vom Hundert zum Umsatz oder zu den erzeugten Gütern oder erbrachten Dienstleistun-
    gen beitrugen. Es ist streitig, ob diese 10 %-Grenze als RL auf unbestimmte Rechtsbe-
    griffe wie „wichtigste", „wesentliche" und „erhebliche" im Zusammenhang mit Anga-
    ben zur Geschäftätigkeit des Emittenten übertragen werden kann; vgl. insoweit auch
    die Ausführungen von *Groß*, KapMR, 2. Aufl., §§ 13–32 BörsZulV Rn. 11, §§ 1–15 Verk-
    ProspV Rn. 8, *Heidelbach*, in: Schwark, KapMRK, 3. Aufl., § 20 BörsZulV, Rn. 2; ableh-
    nend *Lenz*, in: Assmann/Lenz/Ritz, VerkProspG, § 7 Rn. 5, *Fingerhut/Voß*, in: Just/Voß/
    Ritz/Zeising, WpPG, Anh. XI EU-ProspV, Rn. 22.
63 Vgl. auch die Kommentierung zu den „Wichtigsten Märkten" in Anh. I EU-ProspV
    Ziff. 6.2., Anh. I EU-ProspV, Rn. 39 cf.

Breuer   827

und stimmen inhaltlich mit dem englischen Verordnungstext überein. Die Angaben sind für die letzten beiden Geschäfts- bzw. Rechnungsjahre[64], die dem Datum der Erstellung des Registrierungsformulars vorausgehen, zu machen.

Darüber hinaus verlangt der deutsche Text die Beschreibung „der" Audit-Verfahren und „der" Verfahren der externen Prüfung der Abschlüsse des Emittenten, wohingegen der ursprüngliche englische Text nur von der „description of „any" auditing „or" independent review procedures on the accounts of the issuer" spricht. Das englische Wort „any" kann in diesem Fall mit „irgendwelcher" übersetzt werden, so dass die Beibringung solcher Angaben über Audit-Verfahren „oder" Prüfungen nur erforderlich ist, sofern sie existieren. Sollte der Emittent also keine Audit-Verfahren oder externen Prüfungen der Abschlüsse vornehmen, dann kann eine Information zu dieser Ziff. ganz entfallen.[65] Dieses Ergebnis ergibt sich aber auch im Vergleich zu den übrigen Anhängen IV Ziff. 13.1. und 13.3., VII Ziff. 8.2., IX Ziff. 11.1. und 11.3., X Ziff. 20.1. und 20.3., XI Ziff. 20.1. und 20.4., in welchen ausdrücklich „geprüfte" historische Finanzinformationen mit Bestätigungsvermerk des Abschlussprüfers beizubringen sind. Auch der ehem. § 42 Abs. 1 Nr. 3 Börs-ZulVO[66], der die Mindestangaben für die Prospekte von Schuldverschreibungen von Staaten, Gebietskörperschaften und zwischenstaatlichen Einrichtungen vorschrieb, sah eine Beschreibung etwaiger Audit-Verfahren und externer Prüfungen der Rechnungsabschlüsse des Emittenten nicht vor, obwohl der ehem. § 30 BörsZulVO für alle übrigen Emittenten ausdrücklich verlangte, dass der Prospekt eine Erklärung enthalten müsse, dass die Jahresabschlüsse geprüft worden sind.

5. Wesentliche Änderungen

27 5.1.: Hier sind alle wesentlichen Veränderungen bei den Angaben, die gem. Ziff. 4. beigebracht wurden, anzugeben. Im Verhältnis zu Ziff. 3.3. müssen hier u. a. konkrete Auswirkungen der zuvor beschriebenen jüngsten Ereignisse, sofern sie sich auch auf die unter Ziff. 4. a) bis f) dargelegten öffentlichen Finanzen und den Handel des Emittenten niedergeschlagen haben, dargestellt werden. Dabei können die anzugebenden Veränderungen auch

---

64 Auch hier ist kurz auf den Zeitraum des jeweiligen Geschäfts- bzw. Rechnungsjahres einzugehen, vgl. bereits die Ausführungen zu Ziff. 3.4. b).

65 Vgl. *CESR*, advice, content and format, Ref: CESR/03-300, V. Tz. 125 Road Map zum Thema „Blanket Clause": „As a general principle, if certain information required in the schedules or equivalent information is not applicable to the issuer, to the offer or to the securities to which the prospectus relates, this information can be omitted. In other words, the issuer must only provide the required information, „if any".

66 Vgl. insoweit die Komm. zum ehem. Text der BörsZulVO in Anh. XVI EU-ProspV, Rn. 5.

hier sowohl positiver als auch negativer Natur sein, solange sie nur wesentlich sind.[67] Ansonsten ist ein Negativattest erforderlich.

Wesentlich ist auch in diesem Zusammenhang auslegungsfähig.[68]

6. Gerichts- und Schiedsgerichtsverfahren

6.1.: Unter dieser Ziff. sind Interventionen, Gerichts- oder Schiedsgerichts-   *28*
verfahren aufzuführen, sofern sie sich erheblich auf die Finanzlage der Emittenten auswirken bzw. in jüngster Zeit ausgewirkt haben. Zur Auslegung der Angaben, welche an dieser Stelle erwartet werden, können ebenfalls die Anforderungen der ehem. § 20 Abs. 1 Nr. 6 BörsZulVO bzw. § 7 Abs. 1 Nr. 3 VerkProspVO herangezogen werden,[69] wonach Gerichts- und Schiedsverfahren, die einen erheblichen Einfluss auf die wirtschaftliche Lage des Emittenten haben können, anzugeben waren. Auch wenn dort der Bezug auf die „wirtschaftliche" und nicht, wie hier, auf die „finanzielle Lage" des Emittenten genommen wurde, war die „wirtschaftliche Lage" in § 20 Abs. 1 Nr. 6 BörsZulVO europarechtskonform gem. Nr. 4.4 bzw. 4.3 der Kapitel 4 in Schemata A und B der Börsenzulassungsprospekt-RL/EG als Finanzlage zu verstehen, wobei zur Auslegung dieses Begriffs auf § 264 Abs. 2 Satz 1 HGB zurückgegriffen werden kann.[70] Demnach betrifft die Finanzlage die Finanzierung und vor allem die künftige Liquidität des Emittenten.[71] Offen ist dagegen die Auslegung des Begriffs „erheblich". In Anlehnung an den ehem. § 20 Abs. 1 Nr. 3 BörsZulVO wird man wohl als RL zur Bestimmung der Erheblichkeit die dort genannte 10 %-Grenze übertragen können,[72] wobei jedoch immer auch die näheren Umstände jedes Einzelfalles zu prüfen sind. Jedenfalls sind Gerichts- und Schiedsgerichtsverfahren demnach erheblich, sofern sie 10 % der Finanzlage des Emittenten beeinflussen können.[73]

Der negativen Erklärung kommen die Verantwortlichen in der Regel dadurch nach, dass sie den Verordnungstext, so wie er vorgegeben ist, wiederholen und auf sich beziehen, d.h. im Klartext: „XY sind keine etwaigen Interventionen, Gerichts- oder Schiedsgerichtsverfahren, einschließlich derjenigen Verfahren, die nach seiner/ihrer Kenntnis noch anhängig sind oder eingeleitet werden könnten, die im Zeitraum der mindestens letzten zwölf Monate bestanden/abgeschlossen wurden, und die sich erheblich auf die Fi-

---

67 Vgl. insoweit auch die International Disclosure Principles for Cross-Border Offerings and Listings of Debt Securities by foreign Issuers, Report of the Technical Committee of the IOSCO, XII „Financial Information" B. „Significant Changes", www.iosco.org/library/index.cfm?CurrentPage=3&section=pubdocs&year=none&rows=10, Stand v. 16.07.2007.
68 Vgl. die Komm. zur Auslegung des Wortes „relevant" in Anh. XVI EU-ProspV, Ziff. 3.3. Rn. 19.
69 Vgl. die Komm. zu diesen aufgehobenen Vorschriften in Anh. XVI EU-ProspV, Ziff. 3.3., 3.4.
70 *Groß*, KapMR, 2. Aufl., §§ 13–32 BörsZulV, Rn. 11.
71 Vgl. *Baumbach/Hopt*, HGB, § 264 Rn. 11.
72 Vgl. bereits die Ausführungen zu dem aufgehobenen § 20 Abs. 1 Nr. 3 BörsZulVO in Anh. XVI EU-ProspV, Ziff. 3.4. Rn. 22.
73 Vgl. auch *Fingerhut/Voß*, in: Just/Voß/Ritz/Zeising, WpPG, Anh. I EU-ProspV, Rn. 360.

nanzlage des Emittenten auswirken bzw. in jüngster Zeit ausgewirkt haben, bekannt."

29 6.2.: Angaben über eine etwaige Immunität, die der Emittent bei Gerichts-verfahren genießt, sind an dieser Stelle zu verorten. Dabei sind die Rechts-grundlagen, welche die Immunität gewähren, darzulegen.

7. Erklärungen von Seiten Sachverständiger und Interessenerklärungen

30 Die Anforderung an die Offenlegung der in dieser Ziff. geforderten Daten stimmt im Großen und Ganzen mit den geforderten Daten in den übrigen Anhängen überein.[74] Allerdings ist nicht davon auszugehen, dass der Sach-verständige ein wesentliches Interesse an dem Emittenten selber haben wird, sofern es sich bei dem Emittenten um einen Staat oder eine internatio-nale zwischenstaatliche Organisation handelt.[75] Deshalb ist im Unterschied zu den anderen Anhängen in diesem Punkt nach Angaben über jegliche Konflikte bzw. Interessenkonflikte des Sachverständigen gefragt, sofern diese sich auf seine Unabhängigkeit auswirken können.[76]

8. Einsehbare Dokumente

31 Im Hinblick auf den identischen Wortlaut wird auf die entspr. Erläuterungen in Anh. I EU-ProspV Ziff. 24 verwiesen.

---

74 Vgl. Anh. I Ziff. 23.1., Anh. V Ziff. 7.3., Anh. VII Ziff. 9.1., Anh. IX Ziff. 13.1., Anh. X Ziff. 23.1., Anh. XI Ziff. 13.1., Anh. XII Ziff. 7.3., Anh. XIII. Ziff. 7.3, vgl. auch *Fingerhut/Voß*, in: Just/Voß/Ritz/Zeising, WpPG, Anh. I EU-ProspV, Rn. 364.
75 Vgl. *CESR*, disclosure requirements sovereign issuers, Ref: CESR/03-210b, III.1 Tz. 41.
76 Vgl. zu dem gesamten Themenkreis auch *ESMA*, update CESR recommendation, con-sistent implementation, ESMA/2013/319, III.2.h.

ARTIKEL 20

Schema für das Registrierungsformular für internationale öffentliche Organisationen und für Emittenten von Schuldtiteln, deren Garantiegeber ein OECD-Mitgliedstaat ist

ARTICLE 20

Registration document schedule for public international bodies and for issuers of debt securities guaranteed by a member state of the OECD

(1) Beim Registrierungsformular für Wertpapiere, die von internationalen öffentlichen Organisationen ausgegeben werden, und für Wertpapiere, die kraft nationaler Rechtsvorschriften uneingeschränkt und unwiderruflich durch einen Staat, der Mitglied der OECD ist, garantiert werden, werden die Angaben gemäß dem Anh. XVII festgelegten Schema zusammengestellt.

(1) For the registration document for securities issued by public international bodies and for securities unconditionally and irrevocably guaranteed, on the basis of national legislation, by a state which is member of the OECD information shall be given in accordance with the schedule set out in Annex XVII.

(2) Das Schema gilt für:

(2) The schedule shall apply to:

– **alle von internationalen öffentlichen Organisationen ausgegebenen Arten von Wertpapieren;**

– all types of securities issued by public international bodies,

– **Wertpapiere, die kraft nationaler Rechtsvorschriften uneingeschränkt und unwiderruflich durch einen Staat, der Mitglied der OECD ist, garantiert werden.**

– to debt securities unconditionally and irrevocably guaranteed, on the basis of national legislation, by state which is member of the OECD.

Diesbezüglich wird auf die Kommentierung zu. Anh. XVII EU-ProspV verwiesen.

Breuer 831

ANHANG XVII
Mindestangaben für das Registrierungsformular für Wertpapiere, die von internationalen öffentlichen Organismen ausgegeben werden, und für Schuldtitel, deren Garantiegeber ein OECD-Mitgliedstaat ist (Schema)

ANNEX XVII
Minimum disclosure requirements for the registration document for securities issued by public international bodies and for debt securities guaranteed by a Member State of the OECD (schedule)

1. Verantwortliche Personen

1.1. Alle Personen, die für die im Registrierungsformular gemachten Angaben bzw. für bestimmte Abschnitte des Registrierungsformulars verantwortlich sind. Im letzteren Fall sind die entsprechenden Abschnitte aufzunehmen. Im Falle von natürlichen Personen, zu denen auch Mitglieder der Verwaltungs-, Geschäftsführungs- und Aufsichtsorgane des Emittenten gehören, sind der Name und die Funktion dieser Person zu nennen. Bei juristischen Personen sind Name und eingetragener Sitz der Gesellschaft anzugeben.

1.2. Erklärung der für das Registrierungsformular verantwortlichen Personen, dass sie die erforderliche Sorgfalt haben walten lassen, um sicherzustellen, dass die im Registrierungsformular genannten Angaben ihres Wissens nach richtig sind und keine Tatsachen ausgelassen worden sind, die die Aussage des Registrierungsformulars wahrscheinlich verändern. Ggf. Erklärung der für bestimmte Abschnitte des Registrierungsformulars verantwortlichen Personen, dass sie die erforderliche Sorgfalt haben walten lassen, um sicherzustellen, dass die in dem Teil des Registrierungsformulars genannten Angaben, für die sie verantwortlich sind, ihres Wissens nach richtig sind und keine Tatsachen ausgelassen worden sind, die die Aussage des Registrierungsformulars wahrscheinlich verändern.

2. Risikofaktoren

Klare Offenlegung der Risikofaktoren, die die Fähigkeit des Emittenten beeinträchtigen können, seinen sich aus den Wertpapieren gegenüber den Anlegern

1. Persons Responsible

1.1. All persons responsible for the information given in the registration document and, as the case may be, for certain parts of it, with, in the latter case, an indication of such parts. In the case of natural persons including members of the issuer's administrative, management or supervisory bodies indicate the name and function of the person; in case of legal persons indicate the name and registered office.

1.2. A declaration by those responsible for the registration document that, having taken all reasonable care to ensure that such is the case, the information contained in the registration document is, to the best of their knowledge in accordance with the facts and contains no omission likely to affect its import. As the case may be, declaration by those responsible for certain parts of the registration document that, having taken all reasonable care to ensure that such is the case the information contained in the part of the registration document for which they are responsible is, to the best of their knowledge, in accordance with the facts and contains no emission likely to affect its import.

2. Risk Factors

Prominent disclosure of risk factors that may affect the issuer's ability to fulfil its obligations under the securities to investors in a section headed 'Risk factors'.

ergebenden Verpflichtungen nachzukommen (unter der Rubrik „Risikofaktoren").

3. Angaben über den Emittenten

3.1. Gesetzlicher Name des Emittenten und kurze Beschreibung seines Rechtsstatus.

3.2. Belegenheit des Hauptsitzes sowie Rechtsform des Emittenten, seine Kontaktadresse und Telefonnummer.

3.3. Einzelheiten über das verantwortliche Organ, dem der Emittent untersteht, und ggf. Beschreibung seiner Verwaltungsvereinbarungen.

3.4. Kurze Beschreibung der Hauptzielsetzungen und -aufgaben des Emittenten.

3.5. Finanzierungsmittel des Emittenten, Garantien und andere Verpflichtungen gegenüber seinen Mitgliedern.

3.6. Etwaige Ereignisse aus jüngster Zeit, die für die Bewertung der Zahlungsfähigkeit des Emittenten relevant sind.

3.7. Liste der Mitglieder des Emittenten.

4. Finanzinformationen

4.1. Die beiden jüngsten veröffentlichten und geprüften Jahresabschlüsse, die gemäß den Rechnungslegungs- und den Abschlussprüfungsgrundsätzen erstellt wurden, die zuvor vom Emittenten angenommen wurden, und kurze Beschreibung dieser beiden Grundsatzkategorien.

Einzelheiten zu etwaigen wesentlichen Veränderungen in der Finanzlage des Emittenten, die seit der Veröffentlichung des letzten geprüften Jahresabschlusses eingetreten sind. Ansonsten ist eine negative Erklärung abzugeben.

5. Gerichts- und Schiedsgerichtsverfahren

5.1. Angaben über etwaige staatliche Interventionen, Gerichts- oder Schiedsgerichtsverfahren (einschließlich derje-

3. Information about the Issuer

3.1. The legal name of the issuer and a brief description of the issuer's legal status

3.2. The location of the principal office and the legal form of the issuer and it's contact address and telephone number.

3.3. Details of the governing body of the issuer and a description of its governance arrangements, if any.

3.4. A brief description of the issuer's purpose and functions.

3.5. The sources of funding, guarantees and other obligations owed to the issuer by its members.

3.6. Any recent events relevant to the evaluation of the issuer's solvency.

3.7. A list of the issuer's members.

4. Financial Information

4.1. The two most recently published audited annual financial statements prepared in accordance with the accounting and auditing principles adopted by the issuer, and a brief description of those accounting and auditing principles.

Details of any significant changes to the issuer's financial position which has occurred since the end of the latest published audited annual financial statement, or an appropriate negative statement.

5. Legal and arbitration Proceedings

5.1. Confirmation on any governmental, legal or arbitration proceedings (including any such proceedings which are

nigen Verfahren, die nach Kenntnis des Emittenten noch anhängig sind oder eingeleitet werden könnten), die im Zeitraum der mindestens letzten 12 Monate bestanden/abgeschlossen wurden, und die sich erheblich auf die Finanzlage des Emittenten auswirken bzw. in jüngster Zeit ausgewirkt haben. Ansonsten ist eine negative Erklärung abzugeben.

pending or threatened of which the issuer is aware), during a period covering at least the previous 12 months which may have, or have had in the recent past, significant effects on the issuer's financial position, or provide an appropriate negative statement.

5.2. Angaben über eine etwaige sich aus den Gründungsdokumenten ergebende Immunität, die der Emittent bei Gerichtsverfahren genießt.

5.2. Information on any immunity the issuer may have from legal proceedings pursuant to its constituent document.

6.   Erklärungen von Seiten Sachverständiger und Interessenerklärungen

6.   Statement by Experts And declarations of any Interest

Wird in das Registrierungsformular eine Erklärung oder ein Bericht einer Person aufgenommen, die als Sachverständiger handelt, so sind der Name, die Geschäftsadresse und die Qualifikation anzugeben. Wurde der Bericht auf Ersuchen des Emittenten erstellt, so ist eine diesbezügliche Erklärung dahingehend abzugeben, dass die aufgenommene Erklärung oder der aufgenommene Bericht in der Form und in dem Zusammenhang, in dem sie bzw. er aufgenommen wurde, die Zustimmung von Seiten der Person erhalten hat, die den Inhalt dieses Teils des Registrierungsformulars gebilligt hat.

Where a statement or report attributed to a person as an expert its included in the registation document, provide such person's name, business address and qualifications. If the report has been produced at the issuer's request a statement to that effect, that such statement or report is included, in the form and context in which it is included, with the consent of that person, who has authorised the contents of that part of the registration document.

Soweit dem Emittenten bekannt, sind Angaben über etwaige Interessen des Sachverständigen beizubringen, die sich auf seine Unabhängigkeit bei der Abfassung des Berichts auswirken können.

To the extent known to the issuer, provide information in respect of any interest relating to such expert which may have an effect on the independence of the expert in the preparation of the report.

7.   Einsehbare Dokumente

7.   Documents on Display

Abzugeben ist eine Erklärung dahingehend, dass während der Gültigkeitsdauer des Registrierungsformulars ggf. die folgenden Dokumente (oder deren Kopien) eingesehen werden können:

A statement that for the life of the registration document the following documents (or copies thereof), where applicable, will be made available on request:

a) Jahresberichte und Bestätigungsvermerke über den Emittenten für die beiden letzten Geschäftsjahre, die gemäß den vom Emittenten ange-

a)   annual and audit reports of the issuer for each of the last two financial years prepared in accordance with the ac-

nommenen Rechnungslegungs- und Abschlussprüfungsgrundsätzen erstellt wurden;

b) sämtliche Berichte, Schreiben und sonstigen Dokumente, Bewertungen und Erklärungen, die von einem Sachverständigen auf Ersuchen des Emittenten erstellt bzw. abgegeben wurden, sofern Teile davon in das Registrierungsformular eingeflossen sind oder in ihm darauf verwiesen wird;

c) die Gründungsdokumente des Emittenten.

Anzugeben ist auch, wo in diese Dokumente entweder in Papierform oder auf elektronischem Wege Einsicht genommen werden kann.

counting and auditing principles adopted by the issuer;

b) all reports, letters, and other documents, valuations and statements prepared by any expert at the issuer's request any part of which is included or referred to in the registration document;

c) the issuer's constituent document.

An indication of where the documents on display may be inspected, by physical or electronic means.

Inhalt

I. Überblick

Art. 20 der EU-ProspV bestimmt die Mindestinhalte des Registrierungsformulars für Wertpapiere, die von internationalen öffentlichen Organismen[1] ausgegeben werden, und für Wertpapiere, deren Garantiegeber ein OECD-Mitgliedstaat ist.[2]

1

---

1 Vgl. die Begriffsbestimmung des Art. 2, Ziff. 8 der EU-ProspV. Danach bezeichnet „Öffentliche internationale Einrichtung" eine durch einen internationalen Vertrag zwischen souveränen Staaten gegründete juristische Person öffentlicher Natur, zu deren Mitgliedern ein oder mehrere Mitgliedstaaten zählen.

2 Vgl. die auf Anh. XVII EU-ProspV entsprechend anwendbaren allgemeinen Ausführungen zu Anh. XVI EU-ProspV, Rn. 5.

1. Allgemeines

2   Die Begriffsbestimmung in Art. 2, Ziff. 8 der EU-ProspV bezeichnet als „Öffentliche internationale Einrichtung" eine durch einen internationalen Vertrag zwischen souveränen Staaten gegründete juristische Person öffentlicher Natur, zu deren Mitgliedern ein oder mehrere Mitgliedstaaten zählen.

3   Auf den ersten Blick scheint es zu überraschen, dass auch internationalen Organismen öffentlich-rechtlicher Art, denen ein oder mehrere Mitgliedstaaten angehören, d. h. also alle Wertpapiere dieser Emittenten, die keine Dividendenwerte sind[3], und Wertpapiere, die uneingeschränkt und unwiderruflich von einem Mitgliedstaat oder einer Gebietskörperschaft eines Mitgliedstaates garantiert werden, von dieser Regelung umfasst werden, obwohl die EU-ProspRL in ihrem Kap. I Art. 1 Abs. 2 b) und d) ausdrücklich die vorgenannten Wertpapiere dieser Emittenten aus ihrem Anwendungsbereich ausnimmt und demnach eine Prospektpflicht nicht besteht.

Ergebnis der zuvor beschriebenen Ausnahmeregelung der EU-ProspRL ist also, dass letztlich nur internationale Organismen, denen kein Mitgliedstaat angehört, d. h. also alle Wertpapiere dieser Emittenten, die keine Dividendenwerte sind[4], und Emittenten von Wertpapieren, die zwar von einem OECD-Mitgliedstaat, aber nicht von einem Mitgliedstaat der EU oder dessen Gebietskörperschaft uneingeschränkt und unwideruflich garantiert werden, zur Vorlage eines entsprechenden Prospekts verpflichtet sind, sofern sie in einem Mitgliedstaat der Gemeinschaft ein öffentliches Angebot von Wertpapieren machen oder ihre Wertpapiere zum Handel auf einem geregelten Markt zulassen möchten.[5]

Die generelle Erfassung aller Emissionen internationaler Organismen bzw. mit entsprechendem Garantiegeber durch Anh. XVII EU-ProspV macht jedoch aus folgendem Grund Sinn[6]: Aufgrund des Kap. I Art. 1 Abs. 3 der EU-ProspRL besteht auch für internationale Organismen öffentlich-rechtlicher Art bzw. für Wertpapieremittenten mit vorgenanntem Garantiegeber, welche grundsätzlich aus dem Anwendungsbereich der EU-ProspRL ausgenommen sind, die Möglichkeit, für diese Emissionen freiwillig einen Prospekt gemäß den Bestimmungn der EU ProspRL zu erstellen, so genanntes „Opt-In", sofern sie es ausdrücklich wünschen.[7] In diesem Fall sorgt die Anwendung des Anh. XVII EU-ProspV für einen einheitlichen Anspruch an den Prospektinhalt. Umgesetzt wurde diese Wahlmöglichkeit in § 1 Abs. 3 WpPG, wonach unbeschadet der Ausnahmevorschriften des § 1 Abs. 2 Nr. 2 bis 5 WpPG

---

3   Vgl. auch Kap. I Art. 2 Abs. 1 c) der EU-ProspRL, Abl. L 345 vom 04.11.2003, 69.

4   Vgl. auch Kap. I Art. 2 Abs. 1 c) der EU-ProspRL, Abl. L 345 vom 04.11.2003, 69.

5   Vgl. auch die Präambel der EU-ProspRL, Abl. L 345 vom 04.11.2003, S. 65 Punkt (11).

6   Vgl. auch CESR's advice, advertisment, Ref: CESR/03/399, III.2 Tz. 40.

7   Vgl. auch die Präambel der EU-ProspRL, Abl. L 345 vom 04.11.2003, Erwg. 11; *Holzborn/Israel*, ZIP 2005, 1668; *Kunold/Schlitt*, BB 2004, 501, 503; *Holzborn/Schwarz-Gondek*, BKR 2003, S. 927, 929.

Emittenten, Anbieter oder Zulassungsantragsteller berechtigt sind, einen Prospekt im Sinne des WpPG zu erstellen. Wählt ein Emittent diese Möglichkeit des „Opt-In", so finden die Vorschriften des WpPG in seiner Gesamtheit Anwendung. Im Gegenzug wird die Möglichkeit eröffnet, die Wertpapiere grenzüberschreitend öffentlich anzubieten oder zum Handel an einem organisierten Markt zuzulassen, d. h. von den Vorzügen des „Europäischen Passes" profitieren zu können.[8]

Darüber hinaus ist anzumerken, dass die Mitgliedstaaten frei wählen konnten, ob sie diese Ausnahmevorschriften der EU-ProspRL übernehmen[9], oder ob sie nationale, nicht auf EU-Ebene harmonisierte Regeln für eine Prospektpflicht dieser Emittenten von Nichtdividenden vorsehen.[10]

Er hat die prospektfreie Emission von Nichtdividendenwerten durch Art. 1 § 1 Abs. 2 Nr. 2 des Prospektrichtlinie-Umsetzungsgesetzes vom 22.06.2005 sogar auch auf internationale Organisationen des öffentlichen Rechts, denen mindestens ein Staat des Europäischen Wirtschaftsraums angehört, erweitert. Gleiches gilt für Wertpapiere, die uneingeschränkt und unwiderruflich von einem Staat des Europäischen Wirtschaftsraums oder einer Gebietskörperschaft eines solchen Staates garantiert werden, vgl. Art. 1 § 1 Abs. 2 Nr. 3 des Prospektrichtlinie-Umsetzungsgesetzes. Diese Vorschriften sind § 3 Nr. 1 c) und d) „alten" Verkaufsprospektgesetz[11] (VerkProspG), die ebenfalls von Gesetzes wegen eine Befreiung der vorgenannten öffentlich rechtlichen Emittenten von der Prospektpflicht vorsahen, nachgebildet.[12]

Sofern ein Mitgliedstaat entgegen den vorherigen Ausführungen die Ausnahmevorgaben der Prospektrichtlinie nicht umgesetzt hat, sondern nationale, nicht auf EU-Ebene harmonisierte Regeln für eine Prospektpflicht vorsieht[13], profitieren diese Wertpapiere dann auch nicht von den mit der Harmonisierung verbundenen Vorteilen und erhalten keinen „Europäischen Pass".[14]   **4**

2. Ähnlichkeiten zu dem ehem. § 42 BörsZulVO

Betrachtet man nunmehr die Mindestinhalte des Anh. XVII EU-ProspV, so   **5** erkennt man nicht mehr viele Ähnlichkeiten zu dem ehem. § 42 BörsZu-

---

8 Vgl. RegBegr. EU-ProspRL-UmsG BT-Drucks. 15/4999 S. 28; Kunold/Schlitt, BB 2004, 501, 503; *Holzborn/Schwarz-Gondek*, BKR 2003, S. 927, 929.

9 Vgl. RegBegr. EU-ProspRL-UmsG BT-Drucks. 15/4999 S. 27.

10 Vgl. auch *Kunold/Schlitt*, BB 2004, 502, 503. Der deutsche Gesetzgeber jedenfalls ist den Ausnahmevorgaben der EU-ProspRL gefolgt.

11 Diese Vorschrift ist im Rahmen des EU-ProspRL-UmsG weggefallen. Bei dem hier angeführten ehem. Text des VerkProspG handelt es sich um die Fassung der Bekanntmachung vom 09.09.1998 (BGBl. I S. 2701), zuletzt geändert durch Art. 8 Abs. 6 des Gesetzes vom 04.12.2004 (BGBl. I S. 3166).

12 RegBegr. EU-ProspRL-UmsG BT-Drucks. 15/4999, S. 27.

13 Vgl. insoweit auch die Übersicht zur nationalen Umsetzung der EU-ProspRL.

14 Vgl. auch *Kunold/Schlitt*, WpPG, BB 2004, 501, 503.

lVO[15], welcher vormals unter dem Abschnitt „Prospektinhalt in Sonderfällen" die Anforderungen an den Börsenzulassungsprospekt für die Zulassung von Schuldverschreibungen zur amtl. Notierung von Staaten, Gebietskörperschaften und zwischenstaatlichen Einrichtungen regelte. Die BörsZulVO, welche auf einem Entwurf der Bundesregierung vom 20.02.1987[16] beruhte, regelte seit ihrem in Kraft treten am 01.05.1987[17] in § 42 Abs. 1 BörsZulVO die Mindestinhalte der Prospekte für die vorgenannten Emittenten. Diese bezogen sich auf 1. die geographischen und staatsrechtlichen Verhältnisse, 2. die Zugehörigkeit zu zwischenstaatlichen Einrichtungen, 3. die Wirtschaft, insb. ihre Struktur, Produktionszahlen der wesentlichen Wirtschaftszweige, Entstehung und Verwendung des Bruttosozialprodukts und des Volkseinkommens, die Beschäftigung, Preise und Löhne, 4. den Außenhandel, die Zahlungsbilanz und die Währungsreserven, 5. den Staatshaushalt und die Staatsverschuldung, 6. die jährlichen Fälligkeiten der bestehenden Verschuldung und 7. auf die Erfüllung der Verbindlichkeiten aus bisher ausgegebenen Schuldverschreibungen. Danach waren die Angaben zu den Nr. 3 bis 5 jeweils für die letzten drei Jahre aufzunehmen. Für die Zulassung von Schuldverschreibungen, die von zwischenstaatlichen Einrichtungen emittiert wurden, war der vorgenannte Abs. gem. § 42 Abs. 2 BörsZulVO entsprechend anzuwenden. Die Gesetzesbegründung führte zu dieser Regelung aus, dass die darin geforderten Mindestinhalte für den Prospekt der Praxis der Börsen entsprach.[18]

6 Allerdings begründen sich nunmehr die Mindestinhalte dieses Anh. auf den Erkenntnissen und Empfehlungen von CESR.[19] Die CESR Beratungen[20] gingen im Vorfeld dahin, dass der Anh. XVI EU-ProspV für internationale öffentliche Organismen trotz ihres öffentlichen Charakters als eher unpassend erklärt wurde. Die Begründung dafür war, dass diese Organismen in ihrer Struktur privatrechtlichen Unternehmen ähnlicher seien, so dass der entsprechende „retail or wholesale debt annex", welcher auf den IOSCO[21] „International Disclosure Standards" basiert, Anwendung finden sollte.[22] Die Rückmeldungen auf diese CESR-Empfehlung ergaben jedoch, dass trotz der unternehmerischen Strukturgleichheit das Risikoprofil dieser Organismen eher dem von Staaten gleiche. Aufgrund dessen entsann sich CESR einer

---

15 Im Rahmen des EU-ProspRL-UmsG weggefallen. Der ehem. Text zur Verordnung über die Zulassung von Wertpapieren zum amtl. Markt an einer Wertpapierbörse (Börsenzulassungs-Verordnung-BörsZulVO), ist zu entnehmen: Fassung der Bekanntmachung vom 09.09.1998, (BGBl. I S. 2832), geändert durch Art. 20 Viertes FinanzmarktförderungsG v. 21.06.2002 (BGBl. I S. 2010).

16 BR-Drucks. 72/87.

17 Vgl. die Ausf. von *Groß*, KapMR, 2. Aufl., BörsZulV, Rn. 1.

18 RegBegr BörsZulVO, BR-Drucks. 72/87, S. 67, 84.

19 Vgl. *CESR*, advice, advertisement, Ref: CESR/03-399, III.2 Tz. 42 und Annex C.

20 Vgl. *CESR*, disclosure requirements sovereign issuers, Ref: CESR/03-210b, III.1 Tz. 27–29.

21 The International Organisation of Securities Commissions, http://www.iosco.org.

22 Vgl. *CESR*, public consultations possible implementation measures, Ref: CESR/02-185b i.V.m. Annex I.

Liste von internationalen öffentlichen Organismen[23], auf welche dieser neu entworfene Anh. XVII EU-ProspV anzuwenden ist.[24] Dabei wies CESR darauf hin, dass dieser Anh. allgemein auf Organismen zugeschnitten sei, welche durch internationale Staatsverträge zwischen souveränen Staaten begründet und bereits am internationalen Kapitalmarkt aktiv seien. Zu solchen Organismen bzw. zwischenstaatlichen Einrichtungen, auf die Hoheitsrechte übertragen werden, wird man aber nicht nur solche zählen können, an denen nur Staaten beteiligt werden. Erfasst werden auch Organismen, an denen andere zwischenstaatliche Einrichtungen, die Völkerrechtssubjekt sind, teilnehmen. Grundlage ist aber, dass der internationale öffentliche Organismus einen eigenen, von den Beteiligten unabhängigen Hoheitsbereich hat.[25] Des Weiteren geht CESR davon aus, dass die von diesem Anh. umfassten Organismen bereits ein hohes Kreditrating der bekannten Kreditrating-Agenturen tragen,[26] und dass ihre Wertpapiere entweder uneingeschränkt und unwiderruflich von ihren staatlichen Mitgliedern garantiert werden, oder aber dass ihre Darlehensvergabegrenzen immer so gesetzt sind, dass diese mit dem gebilligten Kapital der staatlichen Mitglieder übereinstimmen.[27]

Sofern Wertpapiere begeben werden, deren Garantiegeber ein OECD-Mitgliedstaat ist, sind neben den inhaltlichen Anforderungen dieses Schemas an den Emittenten ebenfalls die geforderten Angaben des Anh. XVI EU-ProspV bzgl. des Garantiegebers im Prospekt zu berücksichtigen.[28]   7

II. Das Registrierungsformular gemäß Anh. XVII

Der Anh. XVII EU-ProspV enthält die Mindestangaben für das Registrierungsformular für Wertpapiere, die von internationalen öffentlichen Organismen ausgegeben werden, und für Schuldtitel, deren Garantiegeber ein OECD-Mitgliedstaat ist (Schema).[29]   8

---

23 Vgl. *CESR*, advice, advertisement, Ref: CESR/03-399, Tz. 50: African Development Bank, Asian Development Bank, Council of Europe Development Bank, Eurofima, European Bank for Reconstruction and Development, European Investment Bank, Inter-American Development Bank, International Bank for Reconstruction and Development, International Finance Corporation, Nordic Investment Bank, World Bank, International Monetary Fund.
24 Vgl. *CESR*, advice, advertisement, Ref: CESR/03-399, Tz. 45.
25 Vgl. *Schmidt-Bleibtreu/Klein*, GG, Art. 24, Rn. 3 ff.
26 Vgl. die allg. Ausf. zum Meinungsstand bzgl. der Notwendigkeit der Aufnahme eines Ratings in Anh. XVI EU-ProspV, II. Angaben über den Emittenten Rn. 13.
27 Vgl. *CESR*, advice, advertisement, Ref: CESR/03-399, Tz. 45.
28 Vgl. insb. Anh. VI EU-ProspV Punkt 3; vgl. *CESR*, advice, advertisement, Ref: CESR/03-399. Tz. 50.
29 Vgl. die Ausf. zur Reihenfolge der Informationsbestandteile in Anh. I EU-ProspV, Rn. 2.

1. Verantwortliche Personen

9 An dieser Stelle sind alle Personen zu nennen, die für die im Registrierungsformular gemachten Angaben bzw. für bestimmte Abschnitte des Registrierungsformulars verantwortlich sind.[30]

a) Ziff. 1.1.

10 Bei dem Prospektverantwortlichen kann es sich um den Emittenten selbst bzw. den Garantiegeber[31] handeln. Ist der Emittent ein internationaler öffentlicher Organismus, so sind der üblicherweise innerhalb des Gründungsvertrages geregelte Name sowie der Hauptsitz in den Prospekt zu übernehmen.[32]

b) Ziff. 1.2.

11 Der in Punkt 1.2. vorgeschriebenen Erklärung kommen die Verantwortlichen in der Regel dadurch nach, dass sie den Verordnungstext, so wie er vorgegeben ist, wiederholen und auf sich beziehen, d. h. im Klartext: „Der XY Verantwortliche hat die erforderliche Sorgfalt walten lassen, um sicherzustellen, dass die im Registrierungsformular genannten Angaben seines Wissens nach richtig sind und keine Tatsachen ausgelassen worden sind, die die Aussage des Registrierungsformulars wahrscheinlich verändern".[33] In diesem Zusammenhang ist klarzustellen, dass der teilweise unterschiedliche Wortlaut in den Anhängen, und zwar einmal dahingehend, dass die Auslassung von Angaben den Inhalt „wahrscheinlich verändern"[34], und ein anderes mal darauf abstellend, dass sich der Inhalt durch Auslassung „verändern kann"[35], nur auf eine uneinheitliche Übersetzung zurückzuführen ist.[36] Demnach wird in allen Anhängen zu diesem Punkt materiell das Gleiche verlangt.

---

30 Zu den allg. Ausf. vgl. auch Anh. XVI EU-ProspV, II. Das Registrierungsformular gem. Anh. XVI EU-ProspV, Rn. 8.
31 Vgl. die Ausführungen bzgl. des Namen und Sitzes von Staaten in Anh. XVI EU-ProspV, Ziff. 1.1.
32 Vgl. bspw. den Gründungsvertrag der Asian Development Bank: http://www.adb.org/documents/agreement-establishing-asian-development-bank-adb-charter, Stand v. 10.05. 2013; im Übrigen ist die Firma und der Sitz des Emittenten anzugeben, vgl. §§ 17, 29 HGB.
33 Zur Sorgfaltserklärung siehe auch Anh. I EU-ProspV, Rn. 6.
34 Vgl. insofern auch Anh. VII 1.2., IX 1.2., X 1.2., XI 1.2., XII 1.2., XIII 1.2., XVI 1.2. der EU-ProspV.
35 Vgl. insofern auch Anh. I 1.2., III 1.2., IV 1.2. und V 1.2. der EU-ProspV.
36 Vgl. insoweit auch den englischen Text der vorgenannten Anhänge, der grds. lautet: „contains no emission likely to affect its import".

2. Risikofaktoren

Bei der Darstellung der Risikofaktoren geht es um die klare Offenlegung der   *12*
Umstände, welche die Fähigkeit des Emittenten beeinträchtigen können,
seinen Verpflichtungen aus den Wertpapieren nachzukommen.[37] Eine ähnlich lautende Vorschrift enthielt der ehem. § 42 BörsZulVO, der früher die
Mindestinhalte der Prospekte für die nun in Anh. XVII EU-ProspV genannten Emittenten regelte, nicht.[38] Da es sich bei den in Anh. XVII EU-ProspV
aufgeführten internationalen Organismen regelmäßig um Banken handelt,[39]
ähneln die Risikofaktoren vornehmlich den in der Bankpraxis vorkommenden, wie u.a. Kredit-, Liquiditäts- und Marktrisiken.[40] Hinzu tritt das Risiko
der Nichterfüllung von vertraglich eingegangenen Verpflichtungen durch
Staaten, die an der zwischenstaatlichen Einrichtung beteiligt sind.[41] Bei
Schuldtiteln, die von einem OECD-Mitgliedstaat garantiert werden, sind
zum einen die der Rechtspersönlichkeit des Emittenten entspringenden Risiken bzw. die seines Umfelds darzustellen, und zum anderen die des Garantiegebers.[42]

3. Angaben über den Emittenten

Konkrete Informationen über den Emittenten werden in Ziff. 3. gefordert.   *13*

a) Ziff. 3.1.

In diesem Punkt ist erneut, wie bereits in Punkt 1.1. erklärt, der gesetzliche   *14*
Name des Emittenten anzuführen. Der Name ist an dieser Stelle zu wiederholen, d.h., ein Verweis auf Punkt 1.1. ist nicht möglich, damit eine zusammenhängende Beschreibung des Emittenten gewährleistet wird. Des Weiteren wird eine kurze Beschreibung des Rechtsstatus verlangt. Die englische
Formulierung „legal status" kann auch mit Rechtsstellung übersetzt werden.
Zur Erklärung des Rechtsstatus bzw. der Rechtsstellung des Emittenten sind
die entsprechenden Rechtsgrundlagen anzuführen, auf deren Basis der Emittent arbeitet.

---

37 Allg. Ausf. zu dem Stichwort „Risikofaktoren" befinden sich in Anh. I EU-ProspV,
    Rn. 15 f.
38 Vgl. die entsprechend anwendbaren Ausführungen in Anh. XVI EU-ProspV, II. Das Re-
    gistierungsformular gem. Anh. XVI EU-ProspV, Rn. 11.
39 Vgl. auch die beispielhafte Aufzählung zu internationalen öffentlichen Organismen.
40 Vgl. auch die Ausf. zu den Risikofaktoren von Banken in Anh. XI EU-ProspV.
41 Vgl. insoweit die Ausf. zu den Risikofaktoren von Staaten in Anh. XVI EU-ProspV, II.
    Das Registrierungsformular gem. Anh. XVI EU-ProspV, Rn. 11.
42 Vgl. auch hier die Ausf. zu den Risikofaktoren von Staaten in Anh. XVI EU-ProspV, II.
    Das Registrierungsformular gem. Anh. XVI EU-ProspV, Rn. 11.

15 Insbesondere bei den in diesem Anhang ins Auge gefassten internationalen öffentlichen Organismen[43] handelt es sich regelmäßig um zwischenstaatliche Organisationen. Diese besitzen in der Regel Völkerrechtssubjektivität, wobei die Staaten, die solche Organisationen gründen es in der Hand haben, über die Völkerrechtsfähigkeit der von ihnen geschaffenen Organisation zu entscheiden.[44] Völkerrechtssubjektivität ist die Fähigkeit, Träger völkerrechtlicher Rechte und Pflichten zu sein.[45] Ob und in welchem Umfang die einzelne internationale Organisation die Völkerrechtssubjektivität besitzt, ergibt sich aus ihrer jeweiligen Satzung, auch Gründungsvertrag genannt. Dieser ist ein multilateraler Vertrag, der von den Gründungsmitgliedern ausgearbeitet und in Kraft gesetzt wird. Besitzt die internationale Organisation die Völkerrechtsfähigkeit, so richtet sich deren Umfang nach der Zielsetzung der Organisation, die ebenfalls aus der Satzung ersichtlich ist. Diese partielle Völkerrechtssubjektivität besteht nicht automatisch, sondern setzt die Anerkennung als Völkerrechtssubjekt durch die Staaten voraus. Der Gründungsvertrag bzw. völkerrechtliche Vertrag ist somit die Rechtsquelle und sein Abschluss ist rechtsetzendes Handeln.[46] Dieser ist als Grundlage zur Beschreibung des Rechtsstatus von internationalen öffentlichen Organismen heranzuziehen.[47]

b) Ziff. 3.2.

16 Die Belegenheit des Hauptsitzes sowie die Kontaktadresse und Telefonnummer ergeben sich für die internationalen öffentlichen Organisationen regelmäßig aus dem Gründungsvertrag bzw. es ist ihm zu entnehmen, wer für die Festlegung dieser Daten zuständig ist.[48] Des Weiteren ist in diesem Punkt zu beantworten, welche Rechtsform der Emittent hat. Insb. beim internationalen

---

43 Vgl. die Begriffsbestimmung des Art. 2, Ziff. 8 der EU-ProspV. Danach bezeichnet „Öffentliche internationale Einrichtung" eine durch einen internationalen Vertrag zwischen souveränen Staaten gegründete juristische Person öffentlicher Natur, zu deren Mitgliedern ein oder mehrere Mitgliedstaaten zählen. CESR wies darauf hin, dass dieser Anh. allgemein auf Organismen zugeschnitten sei, welche durch internationale Staatsverträge zwischen souveränen Staaten begründet seien und die bereits am internationalen Kapitalmarkt aktiv seien: vgl. *CESR*, advice, advertisement, Ref: CESR/03-399, Tz. 50.

44 *Kimminich/Hobe*, Völkerrecht 8. Aufl., 3.2.2., S. 122; *Ignaz Seidl-Hohenverldern/Gerhard Loibl*, Recht der int. Organ., § 3 A.I. Rn. 0310.

45 *Kimminich/Hobe*, Völkerrecht 8. Aufl., 3., S. 71.

46 *Kimminich/Hobe*, Völkerrecht 8. Aufl., 4.2., S. 173.

47 Vgl. bspw. den Gründungsvertrag der International Bank for Reconstruction and Development (IBRD), Article VII, Section 2: Status, Immunities, Privileges: „The Bank shall possess full juridical personality, and, in particular, the capacity: (i) to contract; (ii) to acquire and dispose of immovable and movable property; (iii) to institure legal proceedings." Vgl:http://web.worldbank.org/WBSITE/EXTERNAL/EXTABOUTUS/0,,contentMDK:20049557~menuPK:63000601~pagePK:34542~piPK:36600~theSitePK:29708,00.html, Stand v. 10.05.2013.

48 Bspw. der Gründungsvertrag der African Development Bank legt in Art. 39 fest, dass der „Board of Governors" in seinem ersten Zusammentreffen über den Hauptsitz der Bank zu befinden hat, vgl.: www.afdb.org/pls/portal/docs/PAGE/ADB_ADMIN_PG/DOCUMENTS/LEGALINFORMATION/AGREEMENT_ESTABLISHING_ADB_JULY2002_EN.DOC, Stand v. 16.07.2007.

öffentlichen Organismus ist darzulegen, aus welchem Recht er seine funktionelle Rechtspersönlichkeit im innerstaatlichen Recht ableitet. Zumeist vermeiden es die Mitgliedstaaten einer solchen Organisation nach Möglichkeit, diese dem innerstaatlichen Recht eines der Mitgliedstaaten zu unterstellen. Stattdessen versuchen die einschlägigen Bestimmungen die wesentlichsten Rechte, die sich aus dem Bestehen einer solchen Rechtspersönlichkeit ergeben, im Gründungsvertrag über Privilegien und Immunitäten selbst zu umschreiben. Zumeist wird in diesen Verträgen ebenfalls geregelt, dass die Organisation im Bereiche des innerstaatlichen Rechtes Rechtspersönlichkeit genießen soll.[49] Demzufolge leitet sich die Rechtsform bzw. die Rechtspersönlichkeit üblicherweise aus dem völkerrechtlichen Vertrag der internationalen öffentlichen Organisationen ab.[50]

Etwas anderes kann gelten, wenn die Teilnahme am Wirtschaftsleben in einem oder mehreren der Mitgliedstaaten ein wichtiger Teil der Aufgaben der Organisation oder eines besonderen Organisationsteils ist. Dies ist bei den „internationalen Unternehmen" der Fall. Diesen Gebilden ist gemeinsam a) die Beteiligung mehrer Staaten, Untergliederungen von Staaten und/oder von staatsbeherrschten, aber privatrechtlich organisierten Unternehmen, b) zur Erreichung eines wirtschaftlichen Ziels, c) in einer Organisationsform, die dem innerstaatlichen Recht eines Mitgliedstaats entnommen oder daran angelehnt ist. Diese zwischenstaatlichen gemeinsamen Unternehmen können entweder durch einen Gründungsakt gem. dem Recht eines Staates oder durch einen völkerrechtlichen Akt gegründet werden.

c) Ziff. 3.3.

Die Einzelheiten über das verantwortliche Organ, dem der Emittent untersteht, sind bei internationalen öffentlichen Organismen regelmäßig dem Gründungsvertrag zu entnehmen, der sodann ausführliche Regelungen zur Einrichtung, zum Aufgabenbereich, zur Zusammensetzung sowie zur Beschlussfähigkeit dieses Organs beinhaltet.[51] Der mit Verwaltungsvereinbarung übersetzte Begriff „governance arrangements" kann ebenfalls mit Maßnahmen bzw. Anordnungen des verantwortlichen Organs übersetzt werden, so dass solche unternehmerischen Entscheidungen des verantwortlichen Or- *17*

---

49 Vgl. insoweit auch Gründungsverträge der African Development Bank und der World Bank, International Development Association: http://www.afdb.org/fileadmin/uploads/afdb/Documents/Legal-Documents/Agreement%20Establishing%20the%20ADB%20final%202011.pdf, Stand v. 10.05.2013; http://www.worldbank.org/ida/articles-agreement/IDA-articles-of-agreement.pdf, Stand v. 10.05 2013; *Ignaz Seidl-Hohenverldern/Gerhard Loibl*, Recht der int. Organ. § 3 B.II.1. Rn. 033 f.

50 Dies haben die vom CESR für diesen Anhang ins Auge gefassten Organisationen gemeinsam: vgl. *CESR*, advice, advertisement, Ref: CESR/03-399, III.3 (50); *Ignaz Seidl-Hohenverldern/Gerhard Loibl*, Recht der int. Organ., § 3B.I. Rn. 0327.

51 Vgl. bspw. Art. 29–31 des Gründungsvertrages der African Development Bank: http://www.afdb.org/fileadmin/uploads/afdb/Documents/Legal-Documents/Agreement%20Establishing%20the%20ADB%20final%202011.pdf, Stand v. 10.05.2013.

gans an dieser Stelle zu benennen sind, sofern sie bestehen. Ansonsten kann eine Beschreibung zu diesem Punkt gänzlich entfallen.[52]

d) Ziff. 3.4.

18   Die Hauptzielsetzungen und -aufgaben des Emittenten ergeben sich im Falle der internationalen öffentlichen Organismen regelmäßig aus dem der Organisation zu Grunde liegenden völkerrechtlichen Vertrag, dem Gründungsvertrag.[53]

e) Ziff. 3.5.

19   Bei der Anforderung, Finanzierungsmittel des Emittenten, Garantien und andere Verpflichtungen gegenüber seinen Mitgliedern zu beschreiben, ist zunächst der letzte Teil richtigerweise aus der englischen Fassung mit „und andere Verpflichtungen, welche die Mitglieder dem Emittenten schulden" zu übersetzen. Dieser Punkt zielt darauf ab zu erklären, wie der Emittent, bei dem es sich insb. um einen internationalen öffentlichen Organismus handeln kann, seine Finanzierungsmittel aufbringt, und nicht, wem der Emittent etwas schuldet. Die grundsätzliche Funktion der Finanzausstattung von internationalen öffentlichen Organismen lässt sich üblicherweise dem Gründungsvertrag der Organisation mitsamt der Mitgliederliste entnehmen. Bspw. ist die Zeichnung von Aktien durch die Mitglieder im Wege sog. „paid-up" oder „callable shares" oder durch Bereitstellung bzw. Zeichnung bestimmter Beiträge, sog. „initial funds" als Finanzierungsmittel üblich. Darüber hinaus sehen die Satzungen der Organisationen häufig die Möglich-

---

52   Vgl. CESR, advice content and format, Ref: CESR/03-300, Tz. 125 Road Map zum Thema „Blanket Clause": „As a general principle, if certain information required in the schedules or equivalent information is not applicable to the issuer, to the offer or to the securities to which the prospectus relates, this information can be omitted. In other words, the issuer must only provide the required information, „if any".

53   Vgl. bspw. die Präambel des Gründungsvertrags der African Development Bank: „THE GOVERNMENTS on whose behalf this Agreement is signed, DETERMINED to strengthen African solidarity by means of economic co-operation between African States, CONSIDERING the necessity of accelerating the development of the extensive human and natural resources of Africa in order to stimulate economic development and social progress in that region, REALIZING the importance of co-ordinating national plans of economic and social development for the promotion of the harmonious growth of African economies as a whole and the expansion of African foreign trade and, in particular, inter-African trade, RECOGNIZING that the establishment of a financial institution common to all African countries would serve these ends, CONVINCED that a partnership of African and non-African countries will facilitate an additional flow of international capital through such an institution for the economic development and social progress of the region, and the mutual benefit of all parties to this Agreement." Vgl. http://www.afdb.org/fileadmin/uploads/afdb/Documents/Legal-Documents/Agreement%20Establishing%20the%20ADB%20final%202011.pdf, Stand v. 10.05.2013.

keit zur Gründung spezieller Fonds vor, welche allerdings den Regelungen des Gründungsvertrages unterworfen werden.[54]

Detaillierte Informationen zu den Finanzierungsmitteln beinhalten die entsprechenden Jahresabschlüsse bzw. „Information Statements".[55]

f) Ziff. 3.6.

In diesem Punkt geht es um die Beschreibung etwaiger Ereignisse aus jüngs-   20 ter Zeit, die für die Bewertung der Zahlungsfähigkeit des Emittenten relevant sind.[56] Was in diesem Zusammenhang Ereignisse aus „jüngster Zeit" bedeutet, ist auszulegen. Die Übersetzung aus dem Englischen ist jedenfalls zutreffend. Demnach ist eine Interpretation dieser Zeitangabe vor dem Hintergrund der übrigen Regelungen des Anh. XVII EU-ProspV zu lesen, in welchen Mindestangaben ebenfalls in einen zeitlichen Kontext gestellt werden. So fordert die nachfolgende Ziff. 4. bzw. 4.1. die beiden jüngsten veröffentlichten und geprüften Jahresabschlüsse. Durch die Lieferung dieser Daten soll bereits ein konkretes Bild von der Solvenz des Emittenten gezeichnet werden. Deshalb kann darauf geschlossen werden, dass mit Ereignissen aus „jüngster Zeit" Vorkommnisse gemeint sind, die seit dem Schluss des letzten Geschäftsjahres, auf das sich der jüngste offengelegte Jahresabschluss bezieht, bis zur Prospektaufstellung eingetreten sind, und die sich noch nicht in dem jüngsten offengelegten Jahresabschluss des Emittenten wiederfinden.[57] Sollte der Anknüpfungspunkt oder die Grundlage für das Ereignis zeitlich in oder vor dem Geschäftsjahr liegen, auf welches sich der jüngste offengelegte Jahresabschluss bezieht, so ist dieser zum Zwecke der Übersichtlichkeit zusammen mit der Nennung des Ereignisses zu erklären.

g) Ziff. 3.7.

In diesem Punkt sind die Mitglieder des Emittenten, sofern es sich bei die-   21 sem um einen internationalen öffentlichen Organismus handelt, der üblicherweise Mitglieder hat, zu nennen.

---

54 Vgl. Art. 6 und 8 des „Agreement Establishing The African Development Bank": Vgl. http://www.afdb.org/fileadmin/uploads/afdb/Documents/Legal-Documents/Agreement%20Establishing%20the%20ADB%20final%202011.pdf, Stand v. 10.05 2013 oder die Article II und III des Gründungsvertrages der International Development Association (IDA) der World Bank: http://www.worldbank.org/ida/articles-agreement/IDA-articles-of-agreement.pdf, Stand v. 10.05.2013.

55 Vgl. bspw. das Information Statement der African Development Bank: http://www.afdb.org/en/documents/financial-information/financial-statements-and-data/2011www, Stand v. 10.05.2013.

56 Vgl. die entsprechend anwendbare Komm. in Anh. XVI EU-ProspV, II. Das Registrierungsformular gem. Anh. XVI EU-ProspV, 3.3. Angaben über den Emittenten, Rn. 21.

57 Vgl. auch *Fingerhut/Voß*, in: Just/Voß/Ritz/Zeising, WpPG, Anh. XI EU-ProspV, Rn. 20.

4. Finanzinformationen

22 Die Verpflichtung für die in den übrigen Anhängen behandelten Emittenten, die geforderten historischen Finanzinformationen grds. gem. Art. 35 der EU-ProspV, also gem. der Verordnung (EG) Nr. 1606/2002 („IAS-V") bzw. dem entsprechend[58], zu erstellen[59], gilt nicht für Emittenten dieses Anh.[60] Allerdings sind die Rechnungslegungs- und Abschlussprüfungsgrundsätze, für die sich der Emittent entschieden hat, kurz zu beschreiben.[61]

Außerdem sind etwaige wesentliche Veränderungen in der Finanzlage des Emittenten darzulegen, die seit der Veröffentlichung des letzten geprüften Jahresabschlusses eingetreten sind. Im Hinblick auf die Übereinstimmung der geforderten Informationen mit denen in Anh. I EU-ProspV, Ziff. 20.9. und Anh. XVI EU-ProspV, Ziff. 5.1., wird auf die dortigen Ausführungen verwiesen.[62]

5. Gerichts und Schiedsgerichtsverfahren

23 Angaben zu Gerichts-, Schiedsgerichtsverfahren sowie zu Immunitäten des Emittenten werden in Ziff. 5. verlangt.

a) Ziff. 5.1.

24 Unter dieser Ziff. sind Interventionen, Gerichts- oder Schiedsgerichtsverfahren aufzuführen, sofern sie sich erheblich auf die Finanzlage der Emittenten auswirken bzw. in jüngster Zeit ausgewirkt haben.[63]

b) Ziff. 5.2.

25 Angaben über eine etwaige Immunität, die der Emittent bei Gerichtsverfahren genießt, sind an dieser Stelle zu verorten. Dabei sind die Rechtsgrundla-

---

58 Vgl. die Komm. zu Anh. I EU-ProspV, Ziff. 20.1. Rn. 104.

59 Vgl. insoweit auch die Komm. zu Anh. I EU-ProspV, Ziff. 20.1. Rn. 97.

60 Vgl. Art. 35 EU-ProspV, der die Aufbereitung historischer Finanzinformationen der IAS-V entsprechend nur für die Anh. I, Ziff. 20.1., Anh. IV, Ziff. 13.1., Anh. VII, Ziff. 8.2., Anh. X, Ziff. 20.1., Anh. XI, Ziff. 11.1. EU-ProspV fordert.

61 Vgl. bspw. die Ausf. der Worldbank oder der Asian Development Bank (ADB) zu diesem Thema unter: http://siteresources.worldbank.org/EXTANNREP2012/Resources/8784408-1346247445238/8817772-1346257698669/5_FinancialStatementsComplete. pdf, http://www.afdb.org/fileadmin/uploads/afdb/Documents/Publications/AfDB%202012 %20EN_WEB.pdf. Dort heißt es „IBRD prepares its financial statements in conformity with accounting principles generally accepted in the United States of America (U.#cS. GAAP) and referred to in this document as the „reported basis", vgl. S. 3 des Worldbank Annual Report 2012. Die ADB führt aus: „ADB prepares its financial statements in accordance with accounting principles generally accepted in the United States (US)", vgl. S. 43 des ADB Annual Reports 2011.

62 Vgl. Anh. I EU-ProspV, Ziff. 20.9. Rn. 192 und Anh. XVI EU-ProspV, Ziff. 5.1.

63 Vgl. die entsprechend anwendbare Komm. zu Anh. XVI EU-ProspV, II. Das Registrierungsformular gem. Anh. XVI EU-ProspV, 6. Gerichts- und Schiedsgerichtsverahren, Rn. 28.

gen bzw. die Regelungen aus den Gründungsdokumenten des internationalen öffentlichen Organismus, welche die Immunität gewähren, darzulegen.

6. Erklärungen von Seiten Sachverständiger und Interessenerklärungen

Die Anforderung an die Offenlegung der in diesem Punkt geforderten Daten   26
stimmt im Großen und Ganzen mit den geforderten Daten in den übrigen
Anhängen überein.[64] Allerdings ist nicht davon auszugehen, dass der Sachverständige ein wesentliches Interesse an dem Emittenten selber haben wird, sofern es sich bei dem Emittenten um einen Staat oder eine internationale zwischenstaatliche Organisation handelt.[65] Deshalb ist im Unterschied zu den anderen Anhängen in diesem Punkt nach Angaben über jegliche Konflikte bzw. Interessenkonflikte des Sachverständigen gefragt, sofern diese sich auf seine Unabhängigkeit auswirken können.[66]

7. Einsehbare Dokumente

Im Hinblick auf den identischen Wortlaut wird auf die entsprechenden Er-   27
läuterungen in Anh. I EU-ProspV, Ziff. 24. verwiesen.

---

64 Vgl. Anh. I Ziff. 23.1., Anh. V Ziff. 7.3., Anh. VII Ziff. 9.1., Anh. IX Ziff. 13.1., Anh. X
    Ziff. 23.1., Anh. XI Ziff. 13.1., Anh. XII Ziff. 7.3., Anh. XIII Ziff. 7.3. EU-ProspV.
65 Vgl. *CESR*, disclosure requirements sovereign issuers, Ref: CESR/03-210b, Tz. 41.
66 Vgl. zu dem gesamten Themenkreis auch *ESMA*, update CESR recommendation, consistent implementation, ESMA/2013/319, III.2h.

ARTIKEL 21
Kombinationsmöglichkeiten der Schemata und Module

ARTICLE 21
Combination of schedules and building blocks

(1) Die Verwendung der Kombinationsmöglichkeiten im Sinne der Tabelle in Anhang XVIII ist für die Erstellung von Prospekten verbindlich, die Arten von Wertpapieren betreffen, auf die die Kombinationen im Sinne dieser Tabelle zutreffen.

(1) The use of the combinations provided for in the table set out in Annex XVIII shall be mandatory when drawing up prospectuses for the types of securities to which those combinations correspond according to this table.

Demgegenüber können für Wertpapiere, auf die diese Kombinationsmöglichkeiten nicht zutreffen, weitere Kombinationsmöglichkeiten verwendet werden.

However, for securities not covered by those combinations further combinations may be used.

(2) Das umfassendste und strengste Schema für ein Registrierungsformular, das anspruchsvollste Schema in Bezug auf die Zahl der Informationsbestandteile und den Umfang der in ihnen enthaltenen Angaben darf stets für die Emission von Wertpapieren verwendet werden, für die ein weniger umfassendes und strenges Registrierungsformularschema vorgesehen ist, wobei die nachfolgende Reihenfolge der Schemata gilt:

(2) The most comprehensive and stringent registration document schedule, i.e. the most demanding schedule in term of number of information items and the extent of the information included in them, may always be used to issue securities for which a less comprehensive and stringent registration document schedule is provided for, according to the following ranking of schedules:

1. Schema für ein Registrierungsformular für Aktien;

1. share registration document schedule;

2. Schema für ein Registrierungsformular für Schuldtitel und derivative Wertpapiere mit einer Stückelung von weniger als 100.000 EUR;

2. debt and derivative securities registration document schedule for securities with a denomination per unit of less than EUR 100.000;

3. Schema für ein Registrierungsformular für Schuldtitel und derivative Wertpapiere mit einer Mindeststückelung von 100.000 EUR.

3. debt and derivative securities registration document schedule for securities with a denomination per unit at least EUR 100.000.,

(3) Der Emittent, der Anbieter und die die Zulassung zum Handel an einem geregelten Markt beantragende Person können sich dafür entscheiden, einen Prospekt anstatt nach den Anhängen I, III, IV, IX, X und XI wie in Unterabsatz 2 beschrieben nach den in den Anhängen XXIII bis XXIX dargestellten verhältnismäßigen Schemata zu erstellen, sofern die einschlägigen Bedingungen der Artikel 26a, 26b und 26c erfüllt sind.

(3) The issuer, the offeror and the person asking for admission to trading on a regulated market may choose to draw up a prospectus in accordance with the proportionate schedules set out in Annexes XXIII to XXIX instead of the schedules set out in Annexes I, III, IV, IX, X and XI as described in the second subparagraph provided that the respective conditions laid down in Articles 26a, 26b and 26c are fulfilled.

Wenn der Emittent, der Anbieter und die die Zulassung zum Handel an einem

Where the issuer, the offeror and the person asking for admission to trading on a regulated market makes that choice:

geregelten Markt beantragende Person diese Entscheidung trifft:

a) **ist der Verweis auf Anhang I in Anhang XVIII als Verweis auf die Anhänge XXIII oder XXV zu verstehen;**

b) **ist der Verweis auf Anhang III in Anhang XVIII als Verweis auf Anhang XXIV zu verstehen;**

c) **ist der Verweis auf Anhang IV in Anhang XVIII als Verweis auf Anhang XXVI zu verstehen;**

d) **ist der Verweis auf Anhang IX in Anhang XVIII als Verweis auf Anhang XXVII zu verstehen;**

e) **ist der Verweis auf Anhang X in Anhang XVIII als Verweis auf Anhang XXVIII zu verstehen;**

f) **ist der Verweis auf Anhang XI in Anhang XVIII als Verweis auf Anhang XXIX zu verstehen.**

(a) the reference to Annex I in Annex XVIII shall be read as a reference to Annex XXIII or XXV;

(b) the reference to Annex III in Annex XVIII shall be read as a reference to Annex XXIV;

(c) the reference to Annex IV in Annex XVIII shall be read as a reference to Annex XXVI;

(d) the reference to Annex IX in Annex XVIII shall be read as a reference to Annex XXVII;

(e) the reference to Annex X in Annex XVIII shall be read as a reference to Annex XXVIII;

(f) the reference to Annex XI in Annex XVIII shall be read as a reference to Annex XXIX.

ANHANG XVIII
Kombinationsübersicht

ANHANG XVIII Teil 1

Nr.	ARTEN VON WERTPAPIEREN	REGISTRIERUNGSFORMULAR								
		SCHEMATA					MODUL	SCHEMATA		
		Aktien	Schuldtitel und derivative Wertpapiere (< 100 000 EUR)	Schuldtitel und derivative Wertpapiere (> oder = 100 000 EUR)	Asset backed securities	Schuldtitel und derivative Wertpapiere von Banken	Pro-forma-Informationen (falls zutreffend)	Organismen für gemeinsame Anlagen des geschlossenen Typs	Staaten und ihre regionalen und lokalen Gebietskörperschaften	Internationale öffentliche Organisationen/ Schuldtitel, deren Garantiegeber ein OECD-Mitgliedstaat ist
1	Aktien (Vorzugsaktien, rückzahlbare Aktien, Aktien mit Vorzugszeichnungsrechten usw. ...)									
2	Schuldtitel (Standardschuldtitel, Gewinnschuldverschreibungen, strukturierte Schuldtitel usw. ...) mit einer Stückelung von weniger als 100 000 EUR		oder			oder				
3	Schuldtitel (Standardschuldtitel, Gewinnschuldverschreibungen, strukturierte Schuldtitel usw. ...) mit einer Stückelung von mindestens 100 000 EUR			oder		oder				
4	Von Dritten garantierte Schuldtitel		oder	oder		oder				
5	Von Dritten garantierte derivative Wertpapiere		oder	oder		oder				
6	Asset backed securities									
7	Schuldtitel, die in Aktien des Emittenten oder der Gruppe, die an einem geregelten Markt zugelassen sind, umtausch- oder wandelbar sind		oder	oder		oder				
8	Schuldtitel, die in nicht an einem geregelten Markt zugelassene Aktien Dritter umtausch- oder wandelbar sind — Emittent der umtausch- oder wandelbaren Schuldtitel		oder	oder		oder				
	Emittent der (zugrunde liegenden) Aktien									

ANHANG XVIII
Teil I

Nr.	ARTEN VON WERTPAPIEREN	REGISTRIERUNGSFORMULAR								
		SCHEMATA					MODUL	SCHEMATA		
		Aktien	Schuldtitel und derivative Wertpapiere (< 100 000 EUR)	Schuldtitel und derivative Wertpapiere (> oder = 100 000 EUR)	Asset backed securities	Schuldtitel und derivative Wertpapiere von Banken	Pro-forma-Informationen (falls zutreffend)	Organismen für gemeinsame Anlagen des geschlossenen Typs	Staaten und ihre regionalen und lokalen Gebietskörperschaften	Internationale öffentliche Organisationen/ Schuldtitel, deren Garantiegeber ein OECD-Mitgliedstaat ist
9	Schuldtitel, die in nicht an einem geregelten Markt zugelassene Aktien des Emittenten umtausch- oder wandelbar sind									
10	Schuldtitel, die in nicht an einem geregelten Markt zugelassene Aktien der Gruppe umtausch- oder wandelbar sind — Emittent der umtausch- oder wandelbaren Schuldtitel		oder	oder		oder				
	Emittent der (zugrunde liegenden) Aktien									
11	Schuldtitel mit Optionsscheinen zum Erwerb von Aktien des Emittenten, die nicht zum Handel an einem geregelten Markt zugelassen sind									
12	Aktien mit Optionsscheinen zum Erwerb von Aktien des Emittenten, die nicht zum Handel an einem geregelten Markt zugelassen sind									
13	Derivative Wertpapiere, die zur Zeichnung oder zum Erwerb von nicht zum Handel an einem geregelten Markt zugelassen Aktien des Emittenten berechtigen									
14	Derivative Wertpapiere, die zum Erwerb von nicht zum Handel an einem geregelten Markt zugelassen Aktien der Gruppe berechtigen		oder	oder		oder				
15	Derivative Wertpapiere, die zur Zeichnung oder zum Erwerb von zum Handel an einem geregelten Markt zugelassenen Aktien des Emittenten oder der Gruppe berechtigen, und derivative Wertpapiere, die an einen anderen Basiswert als Aktien des Emittenten oder der Gruppe gebunden und nicht zum Handel an einem geregelten Markt zugelassen sind (einschließlich sämtlicher derivativer Wertpapiere, die zur Barregulierung berechtigen)		oder	oder		oder				

ANHANG XVIII
Teil 1

Nr.	ARTEN VON WERTPAPIEREN	WERTPAPIERBESCHREIBUNG						
		SCHEMATA				ZUSÄTZLICHE MODULE		
		Aktien	Schuldtitel (< 100 000 EUR)	Schuldtitel (> oder = 100 000 EUR)	Derivative Wertpapiere	Garantien	Asset backed securities	Zugrunde liegende Aktien
1	Aktien (Vorzugsaktien, rückzahlbare Aktien, Aktien mit Vorzugszeichnungsrechten usw.)	■						
2	Schuldtitel (Standardschuldtitel, Gewinnschuldverschreibungen, strukturierte Schuldtitel usw. ...) mit einer Stückelung von weniger als 100 000 EUR		■					
3	Schuldtitel (Standardschuldtitel, Gewinnschuldverschreibungen, strukturierte Schuldtitel usw. ...) mit einer Stückelung von mindestens 100 000 EUR			■				
4	Von Dritten garantierte Schuldtitel		oder	oder		■		
5	Von Dritten garantierte derivative Wertpapiere		oder	oder	und nur Punkt 4.2.2	■		
6	Asset backed securities		oder	oder			■	
7	Schuldtitel, die in an einem geregelten Markt zugelassene Aktien Dritter oder Aktien des Emittenten oder der Gruppe umtausch- oder wandelbar sind	und nur Punkte 3.1 und 3.2	oder	oder				
8	Umtausch- oder wandelbare Schuldtitel — Schuldtitel, die in nicht an einem geregelten Markt zugelassene Aktien Dritter umtausch- oder wandelbar sind — (Zugrunde liegende) Aktien		oder	oder				und außer Punkt 2 ■
9	Schuldtitel, die in nicht an einem geregelten Markt zugelassene Aktien des Emittenten umtausch- oder wandelbar sind	und nur Punkte 3.1 und 3.2	oder	oder				
10	Umtausch- oder wandelbare Schuldtitel — Schuldtitel, die in nicht an einem geregelten Markt zugelassene Aktien der Gruppe umtausch- oder wandelbar sind — (Zugrunde liegende) Aktien		oder	oder				■
11	Schuldtitel mit Optionsscheinen zum Erwerb von Aktien des Emittenten, die nicht zum Handel an einem geregelten Markt zugelassen sind		oder	oder	und außer Punkt 4.2.2			■
12	Aktien mit Optionsscheinen zum Erwerb von Aktien des Emittenten, die nicht zum Handel an einem geregelten Markt zugelassen sind	■			und außer Punkt 4.2.2			■

ANHANG XVIII
Teil I

WERTPAPIERBESCHREIBUNG

Nr.	ARTEN VON WERTPAPIEREN	SCHEMATA				ZUSÄTZLICHE MODULE		
		Aktien	Schuldtitel (< 100 000 EUR)	Schuldtitel (> oder = 100 000 EUR)	Derivative Wertpapiere	Garantien	Asset backed securities	Zugrunde liegende Aktien
13	Derivative Wertpapiere, die zur Zeichnung oder zum Erwerb von nicht zum Handel an einem geregelten Markt zugelassen Aktien des Emittenten berechtigen				und außer Punkt 4.2.2			▨
14	Derivative Wertpapiere, die zum Erwerb von nicht zum Handel an einem geregelten Markt zugelassen Aktien der Gruppe berechtigen				und außer Punkt 4.2.2			▨
15	Derivative Wertpapiere, die zur Zeichnung oder zum Erwerb von zum Handel an einem geregelten Markt zugelassen Aktien des Emittenten oder der Gruppe berechtigen, und derivative Wertpapiere, die an einen anderen Basiswert als Aktien des Emittenten oder der Gruppe gebunden und nicht zum Handel an einem geregelten Markt zugelassen sind (einschließlich sämtlicher derivativer Wertpapiere, die zur Barregulierung berechtigen)				▨			

TEIL II

Kombinationsübersicht für Bezugsrechtsemissionen für Schuldtitel, die in Aktien des Emittenten wandel- oder umtauschbar sind, und Schuldtitel, die in Aktien des Emittenten wandel- oder umtauschbar sind, wenn diese Bezugsrechtsemissionen und Schuldtitel von kleinen und mittleren Unternehmen („KMU") oder von Unternehmen mit geringer Marktkapitalisierung („Small Caps") emittiert werden (verhältnismäßige Angabepflichten).

Die Emittenten können ihren Prospekt jedoch auch unter Einhaltung der vollen Angabepflichten erstellen.

ANHANG XVIII
Teil II: Verhältnismäßige Angabepflichten

REGISTRIERUNGSFORMULAR

Nr.	ARTEN VON WERTPAPIEREN	SCHEMATA				MODUL	SCHEMATA		
		Aktien	Schuldtitel und derivative Wertpapiere (< 100 000 EUR)	Schuldtitel und derivative Wertpapiere (> oder = 100 000 EUR)	Asset backed securities	Schuldtitel und derivative Wertpapiere von Banken	Pro-forma-Informationen (falls zutreffend)	Organismen für gemeinsame Anlagen des geschlossenen Typs	Staaten und ihre regionalen und lokalen Gebietskörperschaften	Internationale öffentliche Organisationen/ Schuldtitel, deren Garantiegeber ein OECD-Mitgliedstaat ist
1	Bezugsrechtsemissionen für Schuldtitel, die in Aktien des Emittenten wandel- oder umtauschbar sind, wenn Aktien des Emittenten derselben Gattung bereits an einem geregelten Markt oder bei einer MHP zugelassen und die in Artikel 26a Absatz 2 genannten Bedingungen erfüllt sind.	▨								
2	Schuldtitel von KMU und Small Caps, die in an einem geregelten Markt zugelassene Aktien Dritter oder Aktien des Emittenten oder der Gruppe umtausch- oder wandelbar sind		oder	oder		oder				

ANHANG XVIII
Teil II: Verhältnismäßige Angabepflichten

		REGISTRIERUNGSFORMULAR								
		SCHEMATA					MODUL	SCHEMATA		
Nr.	ARTEN VON WERTPAPIEREN	Aktien	Schuldtitel und derivative Wertpapiere (< 100 000 EUR)	Schuldtitel und derivative Wertpapiere (> oder = 100 000 EUR)	Asset backed securities	Schuldtitel und derivative Wertpapiere von Banken	Pro-forma-Informationen (falls zutreffend)	Organismen für gemeinsame Anlagen des geschlossenen Typs	Staaten und ihre regionalen und lokalen Gebietskörperschaften	Internationale öffentliche Organisationen/ Schuldtitel, deren Garantiegeber ein OECD-Mitgliedstaat ist
3	Schuldtitel von KMU und Small Caps, die in einem geregelten Markt zugelassene Aktien Dritter umtausch- oder wandelbar sind — Umtausch- oder wandelbare Schuldtitel		oder	oder		oder				
	(Zugrunde liegende) Aktien									
4	Schuldtitel von KMU und Small Caps, die in nicht an einem geregelten Markt zugelassene Aktien des Emittenten umtausch- oder wandelbar sind									
5	Schuldtitel von KMU und Small Caps, die in nicht an einem geregelten Markt zugelassene Aktien der Gruppe umtausch- oder wandelbar sind — Umtausch- oder wandelbare Schuldtitel		oder	oder		oder				
	(Zugrunde liegende) Aktien									

ANHANG XVIII
Teil II: Verhältnismäßige Angabepflichten

		WERTPAPIERBESCHREIBUNG						
		SCHEMATA				ZUSÄTZLICHE MODULE		
Nr.	ARTEN VON WERTPAPIEREN	Aktien	Schuldtitel (< 100 000 EUR)	Schuldtitel (> oder = 100 000 EUR)	Derivative Wertpapiere	Garantien	Asset backed securities	Zugrunde liegende Aktien
1	Bezugsrechtsemissionen für Schuldtitel, die in Aktien des Emittenten umtausch- oder wandelbar sind, wenn Aktien des Emittenten derselben Gattung bereits an einem geregelten Markt oder bei einer MHP zugelassen und die in Artikel 26a Absatz 2 genannten Bedingungen erfüllt sind.	und nur Punkte 3.1 und 3.2	oder	oder				
2	Schuldtitel von KMU und Small Caps, die in an einem geregelten Markt zugelassene Aktien Dritter oder Aktien des Emittenten oder der Gruppe umtausch- oder wandelbar sind		oder	oder	und Punkt 4.2.2			und außer Punkt 2

ANHANG XVIII

Teil II: Verhältnismäßige Angabepflichten

Nr.	ARTEN VON WERTPAPIEREN		WERTPAPIERBESCHREIBUNG						
		SCHEMATA				ZUSÄTZLICHE MODULE		
		Aktien	Schuldtitel (< 100 000 EUR)	Schuldtitel (> oder = 100 000 EUR)	Derivative Wertpapiere	Garantien	Asset backed securities	Zugrunde liegende Aktien
3	Schuldtitel von KMU und Small Caps, die in nicht an einem geregelten Markt zugelassene Aktien Dritter umtausch- oder wandelbar sind — Umtausch- oder wandelbare Schuldtitel		oder	oder				
	Zugrunde liegende Aktien							und außer Punkt 2
4	Schuldtitel von KMU und Small Caps, die in nicht an einem geregelten Markt zugelassene Aktien des Emittenten umtausch- oder wandelbar sind	und nur Punkte 3.1 und 3.2	oder	oder				
5	Schuldtitel von KMU und Small Caps, die in nicht an einem geregelten Markt zugelassene Aktien der Gruppe umtausch- oder wandelbar sind — Schuldtitel		oder	oder				
	(Zugrunde liegende) Aktien	und nur Punkte 3.1 und 3.2*						

855

ANNEX XVIII
Table of combinations

ANNEX XVIII — Part 1

REGISTRATION DOCUMENT — SCHEDULES / BUILDING BLOCK / SCHEDULES

No	TYPES OF SECURITIES	Share	Debt and Derivative (< EUR 100 000)	Debt and Derivative (> or = EUR 100 000)	Asset Backed Securities	Banks Debt and Derivative	Pro forma Information (if applicable)	Collective Investment Undertaking of the closed-end Type	States and their Regional and local Authorities	Public International Bodies/debt Securities guaranteed by a Member State of the OECD
1	Shares (preference shares, redeemable shares, shares with preferential subscription rights, etc.)	▓					▓		▓	▓
2	Debt securities (vanilla debt securities, income Debt securities, structured Debt securities, etc.) with a denomination of less than EUR 100 000		OR			OR			▓	▓
3	Debt securities (vanilla Debt Securities, income Debt Securities, structured Debt securities, etc.) with a denomination of at least EUR 100 000			OR		OR			▓	▓
4	Debt securities guaranteed by a third party		OR	OR		OR			▓	▓
5	Derivative securities guaranteed by a third party		OR	OR		OR			▓	▓
6	Asset backed securities				▓					
7	Debt securities exchangeable or convertible into third party shares or issuer's or group shares which are admitted on a regulated market		OR	OR		OR				
8	Debt securities exchangeable or convertible into third party shares not admitted on a regulated market — Issuer of debt Securities exchangeable or convertible		OR	OR		OR				
	Issuer of (underlying) Shares	▓								

ANNEX XVIII
Part I

		REGISTRATION DOCUMENT								
		SCHEDULES					BUILDING BLOCK	SCHEDULES		
No	TYPES OF SECURITIES	Share	Debt and Derivative (< EUR 100 000)	Debt and Derivative (> or = EUR 100 000)	Asset Backed Securities	Banks Debt and Derivative	Pro forma Information (if applicable)	Collective Investment Undertaking of the closed-end Type	States and their Regional and local Authorities	Public International Bodies/debt Securities guaranteed by a Member State of the OECD
9	Debt securities exchangeable or convertible into the issuer's shares not admitted on a regulated market									
10	Debt securities exchangeable or convertible into group's shares not admitted on a regulated market — Issuer of debt securities exchangeable or convertible		OR	OR		OR				
	Issuer of (underlying) shares									
11	Debt securities with warrants to acquire the issuer's shares not admitted to trading on a regulated market									
12	Shares with warrants to acquire the issuer's shares not admitted to trading on a regulated market									
13	Derivatives securities giving the right to subscribe or to acquire the issuer's shares not admitted on a regulated market									
14	Derivatives securities giving the right to acquire group's shares not admitted on a regulated market		OR	OR		OR				
15	Derivatives securities giving the right to subscribe or to acquire issuer's or group shares which are admitted on a regulated market and derivatives securities linked to any other underlying than issuer's or group shares which are not admitted on a regulated market (including any derivatives securities entitling to cash settlement)		OR	OR		OR				

ANNEX XVIII
Part I

No	TYPES OF SECURITIES	SECURITIES NOTE						
		SCHEDULES				ADDITIONAL BUILDING BLOCKS		
		Share	Debt (< EUR 100 000)	Debt (> or = EUR 100 000)	Derivatives securities	Guarantees	Asset backed securities	Underlying share
1	Shares (preference shares, redeemable shares, shares with preferential subscription rights, etc.)	■						
2	Debt Securities (vanilla Debt Securities, income Debt Securities, structured Debt Securities, etc.) with a denomination of less than EUR 100 000		■					
3	Debt Securities (vanilla Debt Securities, income Debt Securities, structured Debt Securities, etc.) with a denomination of at least EUR 100 000			■				
4	Debt Securities guaranteed by a third party		OR	OR		■		
5	Derivative securities guaranteed by a third party			OR	■	■		
6	Asset backed securities		OR	OR			■	
7	Debt Securities exchangeable or convertible into third party shares or issuer's or group shares which are admitted on a regulated market		OR	OR	AND only item 4.2.2			
8	Debt Securities exchangeable or convertible into the issuer's shares not admitted on a regulated market — Debt Securities exchangeable or convertible		OR	OR				
	(Underlying) Shares							AND except item 2
9	Debt Securities exchangeable or convertible into the issuer's shares not admitted on a regulated market	AND only items 3.1 and 3.2	OR	OR				
10	Debt Securities exchangeable or convertible into group's shares not admitted on a regulated market — Debt Securities exchangeable or convertible		OR	OR				
	(Underlying) Shares	AND only items 3.1 and 3.2						
11	Debt securities with warrants to acquire the issuer's shares not admitted to trading on a regulated market		OR	OR	AND except item 4.2.2			■
12	Shares with warrants to acquire the issuer's shares not admitted to trading on a regulated market	■			AND except item 4.2.2			■

ANNEX XVIII
Part I

No	TYPES OF SECURITIES	SECURITIES NOTE						
		SCHEDULES				ADDITIONAL BUILDING BLOCKS		
		Share	Debt (< EUR 100 000)	Debt (> or = EUR 100 000)	Derivatives securities	Guarantees	Asset backed securities	Underlying share
13	Derivatives securities giving the right to subscribe or to acquire the issuer's shares not admitted on a regulated market				AND except item 4.2.2			
14	Derivatives securities giving the right to acquire group's shares not admitted on a regulated market				AND except item 4.2.2			
15	Derivatives securities giving the right to subscribe or to acquire issuer's or group shares which are admitted on a regulated market and derivatives securities linked to any other underlying than issuer's or group shares which are not admitted on a regulated market (including any derivatives securities entitling to cash settlement)							

PART II

Table of combinations regarding rights issues of debt securities convertible or exchangeable into issuer's shares and debt securities convertible or exchangeable into issuer's shares where such rights issues and debt securities are issued by small and medium sized enterprises ("SMEs") or companies with reduced market capitalisation ("Small Caps") (proportionate disclosure regime)

However, issuers may choose to draw up the prospectus in accordance with the full disclosure regime.

ANNEX XVIII
Part II: PDR

No	TYPES OF SECURITIES	REGISTRATION DOCUMENT								
		SCHEDULES					BUILDING BLOCK		SCHEDULES	
		Share	Debt and Derivative (< EUR 100 000)	Debt and derivative (> or = EUR 100 000)	Asset backed securities	Banks debt and derivative	Pro forma information (if applicable)	Collective investment undertaking of the closed-end type	States and their regional and local authorities	Public international Bodies/debt securities guaranteed by a Member State of the OECD
1	Rights issues of Debt Securities convertible or exchangeable into issuer's shares, when the issuer has shares of the same class already admitted on a regulated market or MTF if conditions in Article 26a(2) are fulfilled			OR		OR				
2	SMEs and Small Caps Debt securities exchangeable or convertible into third party shares or issuer's or group shares which are admitted on a regulated market		OR							

ANNEX XVIII Part II: PDR

REGISTRATION DOCUMENT

No	TYPES OF SECURITIES	SCHEDULES					BUILDING BLOCK	SCHEDULES		
		Share	Debt and Derivative (< EUR 100 000)	Debt and derivative (> or = EUR 100 000)	Asset backed securities	Banks debt and derivative	Pro forma information (if applicable)	Collective investment undertaking of the closed-end type	States and their regional and local authorities	Public international Bodies/debt securities guaranteed by a Member State of the OECD
3	SMEs and Small Caps Debt Securities exchangeable or convertible into third party shares not admitted on a regulated market									
	Debt Securities exchangeable or convertible		OR	OR		OR				
	(Underlying) Shares									
4	SMEs and Small Caps Debt Securities exchangeable or convertible into the issuer's shares not admitted on a regulated market									
5	SMEs and Small Caps Debt Securities exchangeable or convertible into group's shares not admitted on a regulated market									
	Debt Securities exchangeable or convertible		OR	OR		OR				
	(Underlying) Shares									

ANNEX XVIII Part II: PDR

SECURITIES NOTE

No	TYPES OF SECURITIES	SCHEDULES				ADDITIONAL BUILDING BLOCKS		
		Share	Debt (< EUR 100 000)	Debt (> or = EUR 100 000)	Derivatives Securities	Guarantees	Asset backed securities	Underlying share
1	Rights issues of debt securities exchangeable or convertible into issuer's shares, when the issuer has shares of the same class already admitted on a regulated market or MTF if conditions in Article 26a(2) are fulfilled	AND only items 3.1 and 3.2	OR	OR	AND only item 4.2.2			
2	SMEs and Small Caps Debt Securities exchangeable or convertible into third party shares or issuer's or group shares which are admitted on a regulated market	OR	OR	OR				AND except item 2

ANNEX XVIII
Part II: PDR

No	TYPES OF SECURITIES		SECURITIES NOTE						
			SCHEDULES				ADDITIONAL BUILDING BLOCKS		
			Share	Debt (< EUR 100 000)	Debt (> or = EUR 100 000)	Derivatives Securities	Guarantees	Asset backed securities	Underlying share
3	SMEs and Small Caps Debt securities exchangeable or convertible into third party shares not admitted on a regulated market	Debt Securities exchangeable or convertible		OR	OR				
		Underlying Shares							AND except item 2
4	SMEs and Small Caps Debt securities exchangeable or convertible into the issuer's shares not admitted on a regulated market		AND only items 3.1 and 3.2		OR				
5	SMEs and Small Caps Debt securities exchangeable or convertible into group's shares not admitted on a regulated market	Debt securities		OR	OR				
		(Underlying) Shares	AND only items 3.1 and 3.2						

861

ARTIKEL 2A
Angabekategorien im Basis-prospekt und in den endgültigen Bedingungen

(1) Die in Anhang XX aufgeführten Kategorien bestimmen den Flexibilitäts-grad, mit dem Angaben im Basispros-pekt oder in den endgültigen Bedingun-gen enthalten sein dürfen. Die Katego-rien sind wie folgt definiert:

a) ‚Kategorie A' bezeichnet die ein-schlägigen Angaben, die im Ba-sisprospekt enthalten sein müssen. Diese Angaben dürfen nicht ausge-lassen und zu einem späteren Zeit-punkt in die endgültigen Bedingun-gen eingefügt werden.

b) ‚Kategorie B' bedeutet, dass der Ba-sisprospekt alle grundsätzlichen Punkte der verlangten Informationen enthalten muss und nur die Einzel-heiten, die bei Billigung des Ba-sisprospekts noch nicht bekannt sind, ausgelassen und zu einem späteren Zeitpunkt in die endgültigen Bedin-gungen eingefügt werden können.

c) ‚Kategorie C' bedeutet, dass der Ba-sisprospekt für Angaben, die bei Bil-ligung des Basisprospekts nicht be-kannt waren, eine Auslassung enthalten darf, die zu einem späteren Zeitpunkt ergänzt wird. Die Angaben werden in die endgültigen Bedin-gungen aufgenommen.

(2) Sind die Voraussetzungen des Arti-kels 16 Absatz 1 der Richtlinie 2003/71/ EG erfüllt, muss ein Nachtrag erfolgen.

Sind diese Voraussetzungen nicht er-füllt, geben der Emittent, der Anbieter oder die die Zulassung zum Handel an einem geregelten Markt beantragende Person die Änderung in einer Mittei-lung bekannt.

ARTICLE 2A
Categories of information in the base prospectus and the final terms

1. The categories set out in Annex XX shall determine the degree of flexibility by which the information can be given in the base prospectus or the final terms. The categories shall be defined as fol-lows:

(a) "Category A" means the relevant in-formation which shall be included in the base prospectus. This information cannot be left in blank for later inser-tion in the final terms;

(b) "Category B" means that the base prospectus shall include all the gen-eral principles related to the informa-tion required, and only the details which are unknown at the time of the approval of the base prospectus can be left in blank for later insertion in the final terms;

(c) "Category C" means that the base prospectus may contain a reserved space for later insertion for the infor-mation which was not known at the time of the approval of the base pro-spectus. Such information shall be in-serted in the final terms.

2. Where the conditions of Article 16(1) of Directive 2003/71/EC apply, a supple-ment shall be required.

Where those conditions do not apply, the issuer, the offer or or the person asking for admission to trading on a regulated market shall publish a notice of the change.

Inhalt

I. Überblick

Bislang konnte auf die Aufnahme derjenigen Informationsbestandteile im 1
Basisprospekt verzichtet werden, die zum Zeitpunkt der Billigung des Basisprospekts noch nicht bekannt waren und erst zum Zeitpunkt der jeweiligen Emission bestimmt werden konnten.[1] Diese grundsätzliche Regelung ist nach wie vor in Art. 22 Abs. 2 EU-ProspV enthalten. Nunmehr wird jedoch detaillierter geregelt, welche Informationsbestandteile bereits im Basisprospekt enthalten sein müssen und welche in den endgültigen Bedingungen aufgenommen werden. Die Regelungen sind ein komplexes Zusammenspiel verschiedener Artikel und der Anhänge mit der Folge, dass die an sich bezweckte Flexibilität für die Emittenten entscheidend eingeschränkt wird.[2]

Art. 2a EU-ProspV regelt, in welche Kategorien die nach den Modulen und 2
Schemata erforderlichen Informationsbestandteile einzuteilen sind. Gleichzeitig wird festgelegt, welche der Kategorien und in welchem Umfang sie jeweils im Basisprospekt bzw. den endgültigen Bedingungen genannt werden müssen. Für die genaue Zuteilung der Informationsbestandteile der Wertpapierbeschreibung zu den Kategorien verweist er auf Anh. XX EU-ProspV.

Art. 2a EU-ProspV regelt, dass die Informationsbestandteile der Kategorie A 3
vollständig im Prospekt enthalten sein müssen[3]. Die Informationsbestandteile der Kategorie B müssen ebenfalls im Basisprospekt enthalten sein, jedoch können hier bestimmte Details in den endgültigen Bedingungen ergänzt werden. Für Informationsbestandteile der Kategorie C darf der Basisprospekt Auslassungen enthalten, die dann in den endgültigen Bedingungen ergänzt werden dürfen. Diese Auslassungen können im Basisprospekt mit einem Platzhalter gekennzeichnet werden, z.B. für ISINs, Zinssätze oder Angebotskonditionen.[4] Die im Basisprospekt enthaltenen Angaben dürfen jedoch in den endgültigen Bedingungen weder verändert noch ersetzt werden.[5]

Darüberhinaus sind wenige freiwillige zusätzliche Angaben nach Anhang XXI EU-ProspV sowie die Wiederholung oder Nennung bestimmter, im Basisprospekt aufgenommener Optionen erlaubt.

---

1 von *Kopp-Colomb/Seitz*, WM 2012, 1220, 1222.
2 *Heidelbach/Preusse*, BKR 2012, 397, 398.
3 *Heidelbach/Preusse*, BKR 2012, 397, 398.
4 *Heidelbach/Preusse*, BKR 2012, 397, 399.
5 von *Kopp-Colomb/Seitz*, WM 2012, 1220, 1223.

II. Nutzung von Optionen

4 Art. 22 Abs. 1a EU-ProspV regelt, dass alle Kategorien Optionen enthalten können. Damit können verschiedene Produktvarianten dargestellt werden. Wichtig ist dies insbesondere für Angaben der Kategorie A, wie z. B. Risikofaktoren oder die Angabe der Art des Basiswerts. Da bei Billigung des Basisprospekts z. B. noch nicht feststeht, welcher Basiswert mit welchen Risiken bei der jeweiligen späteren Emission verwendet werden soll, können durch die Ausgestaltung solcher Optionen verschiedene Möglichkeiten in einem Basisprospekt erfasst werden. Der Basisprospekt darf dabei alle Angaben optional enthalten.[6] Die Angaben sind so vollständig auszuformulieren, wie es die entsprechende Kategorisierung fordert.[7]

5 Für die Darstellung in den endgültigen Bedingungen sieht Art. 22 Abs. 1a EU-ProspV zwei Möglichkeiten vor. Es kann entweder auf die entsprechenden Rubriken des Basisprospekts verwiesen werden oder es können die betreffenden Angaben im Wortlaut der gezogenen Option wiederholt werden.[8] Wie vollständig damit die endgültigen Bedingungen die einzelnen Aspekte des jeweiligen Wertpapiers wiedergeben, richtet sich letztlich nach der Ausgestaltung der jeweiligen Optionen, die damit faktisch den konsolidierten Bedingungen in der bisherigen Emissionspraxis entsprechen würden.[9] Bei einem Basisprospekt müssten jedoch in den jeweiligen Optionen Platzhalter erlaubt sein. Dies ist zwar nicht ausdrücklich verboten, die Zulässigkeit einer solchen Vorgehensweise ist aber auch noch nicht abschließend geklärt.[10]

6 Gegen vollständig konsolidierte endgültige Bedingungen spricht grundsätzlich Art. 26 Abs. 5 EU-ProspV, der besagt, dass die im Basisprospekt enthaltenen Informationsbestandteile aus dem betreffenden Schema für die Wertpapierbeschreibung und seinen Modulen in den endgültigen Bedingungen nicht wiederholt werden. Exakt dieser Punkt wurde jedoch durch Art. 22 Abs. 1a EU-ProspV wieder eingeschränkt, indem ausdrücklich die Wiedergabe von Optionen erlaubt wird.

7 Die optionale Ausgestaltung des Basisprospekts und die Möglichkeit, Informationen aus dem Basisprospekt zu wiederholen, hat ihre Grenze dann, wenn dies dazu dient, letztlich doch wesentliche Teile der wertpapierbezogenen Angaben des Basisprospekts zu wiederholen.[11] Zulässig dürfte es aber sein, zumindest Teile der Anleihe- oder Emissionsbedingungen in einer konsolidierten Form in den endgültigen Bedinugnen wiederzugeben, soweit diese Teile im Basisprospekt optional ausgestaltet sind.[12] Dabei soll auch die

---

6 *BaFin*, FAQ vom 31.05.2012, zuletzt geändert am 06.11.2012, Nr. 2.

7 *BaFin*, FAQ vom 31.05.2012, zuletzt geändert am 06.11.2012, Nr. 2.

8 *Heidelbach/Preusse*, BKR 2012, 397, 399; *von Kopp-Colomb/Seitz*, WM 2012, 1220, 1224; *BaFin*, FAQ vom 31.05.2012, zuletzt geändert am 06.11.2012, Nr. 2.

9 *Heidelbach/Preusse*, BKR 2012, 397, 400.

10 *Heidelbach/Preusse*, BKR, 2012, 297, 200, vgl. *von Kopp-Colomb/Seitz*, WM 2012, 1220, 1225, der diese Möglichkeit als zulässig erachtet.

11 *von Kopp-Colomb/Seitz*, WM 2012, 1220, 1225.

12 *von Kopp-Colomb/Seitz*, WM 2012, 1220, 1225.

Ergänzung der Informationsbestandteile der Kategorien B und C innerhalb der jeweiligen Optionen zulässig sein.[13] Damit kann auch den aus deutschem Recht bestehenden AGB-rechtlichen Anforderungn an die Anleihebedingungen Rechnung getragen werden.[14]

III. Nachtrag

Art. 2a Abs. 2 EU-ProspV regelt, dass ein Nachtag zu schalten ist, wenn die   8
Voraussetzungen des Art. 16 Abs. 1 der EU-ProspRL erfüllt sind. Danach ist jeder wesentliche neue oder unrichtige Umstand, der den Emittent oder die Wertpapiere betrifft, in einem Nachtrag aufzunehmen. Da sich ein Basisprospekt nicht auf ein konkretes Wertpapier bezieht, sondern verschiedene Wertpapiere beschreibt, deren Details erst in den endgültigen Bedingungen festgelegt werden, kann argumentiert werden, dass nicht nur Umstände, die bereits begebene Wertpapiere betreffen, gemeint sind, sondern alle in einem Basisprospekt dargestellten Wertpapiere. Dann wäre es sinnvoll, Veränderungen der dargestellten Wertpapiere, z. B. in der Auszahlungsmöglichkeit oder Verzinsung, als Produktnachtrag zuzulassen[15], da diese Veränderungen stets für den Anleger wesentlich sind. Für diese Argumentation spricht auch, dass der Erwägungsgrund 7 Delegierte VO (EU) Nr. 486/2012 die Möglichkeit zum Nachtrag oder neuen Basisprospekt zur Aufnahme neuer Wertpapierinformationen gleichwertig behandelt.[16]

Dagegen könnte argumentiert werden, dass ein Nachtrag nur solche Um-   9
stände betreffen kann, die ein bereits im Prospekt abgebildetes Wertpapier betreffen[17] oder die im sachlichen Zusammenhang mit den Angaben im Prospekt stehen und diesen verändern. [18]Auch die BaFin nimmt bezüglich der Möglichkeit einen Basisprospekt mittels eines Nachtrags zu ergänzen bislang einen restriktiven Standpunkt ein; mit der Argumentation, dass nachträglich durch einen Nachtrag nicht der Billigungsgegenstand eines Prospektes erweitert werden darf.[19]

Da jedoch auch Nachträge von der jeweiligen Aufsichtsbehörde zu billigen sind, wären auch diese neuen Produktvarianten von der Aufsicht auf Verständlichkeit und Kohärenz geprüft, so dass Gründe des Anlegerschutzes nicht gegen Produktnachträge sprechen[20] und auch die Prüfungsmöglichkeit der Aufsichtsbehörde nicht beeinträchtigt wird.

---

13 *von Kopp-Colomb/Seitz*, WM 2012, 1220, 1225.

14 *von Kopp-Colomb/Seitz*, WM 2012, 1220, 1225.

15 Im Ergebnis ebenso *Oulds*, WM 2011, 1452, 1453 und *Friedl/Ritz*, in: Just/Voß/Ritz/Zeisig, WpPG, § 16 Rn. 115.

16 *Heidelbach/Preusse*, BKR 2012, 397, 404.

17 *Oulds*, WM 2011, 1452, 1453.

18 *Friedl/Ritz*, in: Just/Voß/Ritz/Zeisig, WpPG, § 16 Rn. 22.

19 *von Kopp-Colomb/Seitz*, WM 2012, 1220, 1224.

20 So auch *Heidelbach/Preusse*, BKR 2012, 397, 404 und *Friedl/Ritz*, in: Just/Voß/Ritz/Zeisig, WpPG, § 16 Rn. 115.

Eine Abgrenzung ergibt sich aus dem Prospektregime selbst. Ist das Produktmaterial, welches nachgetragen werden soll, nach dem für die Erstellung des Basisprospektes gewählten Anhang nicht zulässig, ist die Billigung eines neuen Prospekts notwendig,[21] da nur in diesem Fall, kein Bezug mehr zu den bisherigen Prospektangaben vorhanden wäre. Vor dem Hintergrund der sehr restriktiven Darstellungsmöglichkeit in Basisprospekten bestünde mit solchen Produktnachträgen die Möglichkeit, neue Produktvarianten den Marktanforderungen entsprechend emittieren zu können.

Da für solche Nachträge die Billigung der zuständigen Behörde erforderlich ist, kommt es aber letztlich auf deren Vorgehensweise an. Die Klärung dieser Frage dürfte damit für Deutschland davon abhängen, wie sich die ESMA zu der Frage äußert, wann ein Nachtrag oder ein neuer (Basis-) Prospekt erforderlich ist.[22]

10   Hinzuweisen ist noch auf Art. 22 Abs. 7 EU-ProspV, der nunmehr klarstellt, dass bei Nachträgen, die sich nur auf eine oder mehrere spezifische Emissionen beziehen, das entsprechende Widerrufsrecht gemäß Art. 16 Abs. 2 der Richtlinie 2003/71/EG auf die entsprechenden Emissionen beschränkt ist.[23]

Im Übrigen wird auf die Kommentierung zu § 16 WpPG verwiesen.

---

21 *Heidelbach/Preusse*, BKR 2012, 397, 404; *Friedl/Ritz*, in: Just/Voß/Ritz/Zeisig, WpPG, § 16 Rn. 115.
22 Vgl. *von Kopp-Colomb/Seitz*, WM 2012, 1220, 1225.
23 *von Kopp-Colomb/Seitz*, WM 2012, 1220, 1225.

ANHANG XX
**Verzeichnis der Schemata und Module
für die Wertpapierbeschreibung**

Anhang V		Einstufung
1.	HAFTENDE PERSONEN	
1.1.	Alle Personen, die für die Angaben im Prospekt bzw. für bestimmte Teile des Prospekts haften. Im letzteren Fall sind die entsprechenden Teile anzugeben. Handelt es sich dabei um natürliche Personen, zu denen auch Mitglieder des Verwaltungs-, Leitungs- oder Aufsichtsorgans des Emittenten gehören, sind Name und Funktion dieser Person zu nennen. Bei juristischen Personen sind Name und eingetragener Sitz der Gesellschaft anzugeben.	Kategorie A
1.2.	Erklärung der für den Prospekt haftenden Personen, dass die Angaben im Prospekt ihres Wissens richtig sind und keine Auslassungen beinhalten, die die Aussage des Prospekts verzerren könnten, und dass sie die erforderliche Sorgfalt haben walten lassen, um dies zu gewährleisten. Ggf. Erklärung der für bestimmte Teile des Prospekts haftenden Personen, dass die Angaben in dem Teil des Prospekts, für den sie haften, ihres Wissens richtig sind und keine Auslassungen beinhalten, die die Aussage des Prospekts verzerren könnten.	Kategorie A
2.	RISIKOFAKTOREN	
2.1.	Klare und deutliche Angabe der Risikofaktoren, die für die Bewertung der Marktrisiken der zum Handel angebotenen und/oder zuzulassenden Wertpapiere wesentlich sind. Diese Angabe muss in einer Rubrik „Risikofaktoren" erfolgen.	Kategorie A
3.	GRUNDLEGENDE ANGABEN	
3.1.	**Beteiligungen der an der Emission/dem Angebot beteiligten natürlichen und juristischen Personen**	
	Beschreibung aller für die Emission/das Angebot wesentlichen — auch kollidierenden — Beteiligungen unter Angabe der betreffenden Personen und der Art der jeweiligen Beteiligung.	Kategorie C
3.2.	**Gründe für das Angebot und Zweckbestimmung der Erlöse**	
	Gründe für das Angebot (sofern diese nicht in der Gewinnerzielung und/oder der Absicherung bestimmter Risiken liegen). Gegebenenfalls Angabe der geschätzten Gesamtkosten der Emission/des Angebots und der geschätzten Nettoerlöse, jeweils aufgeschlüsselt nach	Kategorie C
	den einzelnen wichtigsten Zweckbestimmungen und dargestellt nach Priorität dieser Zweckbestimmungen. Weiß der Emittent, dass die voraussichtlichen Erträge nicht für alle geplanten Zweckbestimmungen ausreichen werden, sind Höhe und Quellen der benötigten übrigen Finanzierungsmittel anzugeben.	
4.	ANGABEN ZU DEN ANZUBIETENDEN/ZUM HANDEL ZUZULASSENDEN WERTPAPIEREN	

		Anhang V	Einstufung
4.1.	i)	Beschreibung von Art und Gattung der angebotenen und/oder zum Handel zuzulassenden Wertpapiere.	Kategorie B
	ii)	ISIN (International Security Identification Number, internationale Wertpapierkennnummer) oder ähnliche Wertpapierkennung.	Kategorie C
4.2.		Rechtsvorschriften, auf deren Grundlage die Wertpapiere geschaffen wurden.	Kategorie A
4.3.	i)	Angabe, ob es sich bei den Wertpapieren um Namens- oder Inhaberpapiere handelt und ob sie in Stückeform oder stückelos vorliegen.	Kategorie A
	ii)	In letzterem Fall Name und Anschrift des die Buchungsunterlagen führenden Instituts.	Kategorie C
4.4.		Währung der Wertpapieremission.	Kategorie C
4.5.		Rangfolge der angebotenen und/oder zum Handel zuzulassenden Wertpapiere, einschließlich einer Zusammenfassung aller etwaigen Klauseln, die die Rangfolge beeinflussen oder das Wertpapier etwaigen derzeitigen oder künftigen Verbindlichkeiten des Emittenten nachordnen sollen.	Kategorie A
4.6.		Beschreibung der mit den Wertpapieren verbundenen Rechte, einschließlich aller etwaigen Beschränkungen dieser Rechte und des Verfahrens zur Wahrnehmung dieser Rechte.	Kategorie B
4.7.	i)	Nominaler Zinssatz,	Kategorie C
	ii)	Bestimmungen zur Zinsschuld,	Kategorie B
	iii)	Datum, ab dem die Zinsen zahlbar werden,	Kategorie C
	iv)	Zinsfälligkeitstermine,	Ktegorie C
	v)	Gültigkeitsdauer der Ansprüche auf Zins- und Kapitalrückzahlungen.	Kategorie B
		Ist der Zinssatz nicht festgelegt,	
	vi)	Angabe der Art des Basiswerts,	Kategorie A
	vii)	Beschreibung des Basiswerts, auf den er sich stützt,	Kategorie C
	viii)	und der Methode, die zur Verknüpfung der beiden Werte verwendet wird,	Kategorie B
	ix)	Hinweis darauf, wo Informationen über die vergangene und künftige Wertentwicklung des Basiswerts und dessen Volatilität erhältlich sind.	Kategorie C
	x)	Beschreibung aller etwaigen Ereignisse, die eine Störung des Markts oder der Abrechnung bewirken und den Basiswert beeinflussen,	Kategorie B
	xi)	Anpassungsregeln in Bezug auf Ereignisse, die den Basiswert betreffen,	Kategorie B
	xii)	Name der Berechnungsstelle,	Kategorie C

Anhang V		Einstufung
	xiii) wenn das Wertpapier bei der Zinszahlung eine derivative Komponente aufweist, klare und umfassende Erläuterung, die den Anlegern verständlich macht, wie der Wert ihrer Anlage durch den Wert des Basisinstruments/der Basisinstrumente beeinflusst wird, insbesondere in Fällen, in denen die Risiken am offensichtlichsten sind.	Kategorie B
4.8.	i) Fälligkeitstermin,	Kategorie C
	ii) Tilgungsmodalitäten, einschließlich der Rückzahlungsverfahren. Wird auf Initiative des Emittenten oder des Wertpapierinhabers eine vorzeitige Tilgung ins Auge gefasst, so ist diese unter Angabe der Tilgungskonditionen zu beschreiben.	Kategorie B
4.9.	i) Angabe der Rendite.	Kategorie C
	ii) Beschreibung der Methode zur Berechnung der Rendite in Kurzform.	Kategorie B
4.10.	Vertretung der Schuldtitelinhaber unter Angabe der die Anleger vertretenden Organisation und der für diese Vertretung geltenden Bestimmungen. Angabe des Ortes, an dem die Öffentlichkeit die Verträge, die diese Repräsentationsformen regeln, einsehen kann.	Kategorie B
4.11.	Bei Neuemissionen Angabe der Beschlüsse, Ermächtigungen und Genehmigungen, aufgrund deren die Wertpapiere geschaffen und/oder emittiert wurden oder werden sollen.	Kategorie C
4.12.	Bei Neuemissionen Angabe des voraussichtlichen Emissionstermins.	Kategorie C
4.13.	Beschreibung aller etwaigen Beschränkungen für die freie Übertragbarkeit.	Kategorie A
4.14.	Zum Staat, in dem der Emittent seinen eingetragenen Sitz unterhält, und zum Staat/den Staaten, in dem bzw. denen das Angebot unterbreitet oder die Zulassung	Kategorie A
	zum Handel beantragt wird, sind folgende Angaben zu machen:	
	Informationen über Steuern, die an der Quelle auf die Wertpapiererträge erhoben werden,	
	Hinweis darauf, ob der Emittent die Einbehaltung der Steuern an der Quelle übernimmt.	
5.	KONDITIONEN DES ANGEBOTS	
5.1.	**Konditionen, Angebotsstatistiken, erwarteter Zeitplan und erforderliche Maßnahmen für die Antragstellung**	
5.1.1.	Angebotskonditionen.	Kategorie C
5.1.2.	Gesamtsumme der Emission/des Angebots. Ist diese nicht festgelegt, Beschreibung der Regelungen und Angabe des Zeitpunkts für die öffentliche Bekanntmachung des Angebotsbetrags.	Kategorie C

		Anhang V	Einstufung
5.1.3.	i)	Frist – einschließlich etwaiger Änderungen – während deren das Angebot gilt,	Kategorie C
	ii)	Beschreibung des Antragsverfahrens.	Kategorie C
5.1.4.		Beschreibung der Möglichkeit zur Reduzierung der Zeichnungen und des Verfahrens für die Erstattung des zu viel gezahlten Betrags an die Antragsteller.	Kategorie C
5.1.5.		Mindest- und/oder maximale Zeichnungshöhe (ausgedrückt als Anzahl der Wertpapiere oder aggregierte Anlagesumme).	Kategorie C
5.1.6.		Methode und Fristen für die Bedienung der Wertpapiere und ihre Lieferung.	Kategorie C
5.1.7.		Umfassende Beschreibung der Modalitäten und des Termins für die öffentliche Bekanntgabe der Angebotsergebnisse.	Kategorie C
5.1.8.		Verfahren für die Ausübung eines etwaigen Vorkaufsrechts, die Übertragbarkeit der Zeichnungsrechte und die Behandlung nicht ausgeübter Zeichnungsrechte.	Kategorie C
5.2.		**Verteilungs- und Zuteilungsplan**	
5.2.1.	i)	Angabe der verschiedenen Anlegerkategorien, denen die Wertpapiere angeboten werden,	Kategorie A
	ii)	werden die Papiere gleichzeitig an den Märkten zweier oder mehrerer Staaten angeboten und ist eine bestimmte Tranche einigen dieser Märkte vorbehalten, so ist diese Tranche anzugeben.	Kategorie C
5.2.2.		Verfahren für die Benachrichtigung der Zeichner über den ihnen zugeteilten Betrag und Hinweis darauf, ob mit dem Handel schon vor einer solchen Benachrichtigung begonnen werden kann.	Kategorie C
5.3.		**Preisfestsetzung**	
5.3.1.	i)	Angabe des Preises, zu dem die Wertpapiere voraussichtlich angeboten werden, oder	Kategorie C
	ii)	Methode, nach der der Preis festgesetzt wird, und Verfahren für seine Bekanntgabe,	Kategorie B
	iii)	Angabe etwaiger Kosten und Steuern, die speziell dem Zeichner oder Käufer in Rechnung gestellt werden.	Kategorie C
5.4.		**Platzierung und Übernahme (Underwriting)**	
5.4.1.		Name und Anschrift des Koordinators/der Koordinatoren des gesamten Angebots sowie einzelner Angebotsteile und – sofern dem Emittenten oder Bieter bekannt – Name und Anschrift derjenigen, die das Angebot in den verschiedenen Staaten platzieren.	Kategorie C
5.4.2.		Name und Anschrift der Zahl- und Verwahrstellen in jedem Land.	Kategorie C
5.4.3.		Name und Anschrift der Institute, die sich fest zur Übernahme einer Emission verpflichtet haben, sowie Name und Anschrift der Institute, die die Emission ohne verbindliche Zusage oder zur Verkaufsvermittlung platzieren. Angabe der wesentlichen Bestandteile der entsprechenden Vereinbarungen einschließ-	Kategorie C

Anhang V	Einstufung
lich Kontingente. Wird nicht die gesamte Emission übernommen, Angabe des nicht übernommenen Teils. Angabe der Gesamthöhe der Übernahmeprovision und der Platzierungsprovision.	
5.4.4. Datum, zu dem der Emissionsübernahmevertrag geschlossen wurde oder geschlossen wird.	Kategorie C
6. ZULASSUNG ZUM HANDEL UND HANDELSMODALITÄTEN	
6.1. i) Es ist anzugeben, ob für die angebotenen Wertpapiere ein Antrag auf Zulassung zum Handel gestellt wurde oder werden soll, um sie an einem geregelten Markt oder anderen gleichwertigen Märkten zu platzieren, wobei die betreffenden Märkte zu nennen sind. Dieser Umstand muss angegeben werden, ohne den Eindruck zu erwecken, dass die Zulassung zum Handel auf jeden Fall erteilt wird.	Kategorie B
ii) Falls bekannt, sollten die ersten Termine angegeben werden, zu denen die Wertpapiere zum Handel zugelassen sind.	Kategorie C
6.2. Anzugeben sind alle geregelten oder gleichwertigen Märkte, an denen nach Kenntnis des Emittenten bereits Wertpapiere derselben Gattung wie die angebotenen oder zum Handel zuzulassenden Wertpapiere zum Handel zugelassen sind.	Kategorie C
6.3. Name und Anschrift der Institute, die aufgrund einer festen Zusage als Intermediäre im Sekundärhandel tätig sind und über An- und Verkaufskurse Liquidität zur Verfügung stellen, sowie Beschreibung der maßgeblichen Konditionen ihrer Zusage.	Kategorie C
7. ZUSÄTZLICHE ANGABEN	
7.1. Werden an einer Emission beteiligte Berater in der Wertpapierbeschreibung genannt, ist anzugeben, in welcher Funktion sie gehandelt haben.	Kategorie C
7.2. Es ist anzugeben, welche anderen in der Wertpapierbeschreibung enthaltenen Informationen von gesetzlichen Abschlussprüfern geprüft oder durchgesehen wurden, über die die Abschlussprüfer einen Vermerk erstellt haben. Wiedergabe oder bei entsprechender Erlaubnis der zuständigen Behörden Zusammenfassung des Vermerks.	Kategorie A
7.3. Wird in die Wertpapierbeschreibung eine Erklärung oder ein Vermerk einer Person aufgenommen, die als Sachverständiger handelt, so sind deren Name, Geschäftsadresse und Qualifikationen sowie jede etwaige wesentliche Beteiligung dieser Person am Emittenten anzugeben. Wurde der Vermerk im Auftrag des Emittenten erstellt, ist zu bestätigen, dass die Aufnahme der Erklärung oder des Vermerks in der vorliegenden Form und im vorliegenden Kontext mit Zustimmung der Person erfolgt ist, die den Inhalt dieses Teils der Wertpapierbeschreibung gebilligt hat.	Kategorie A

	Anhang V	Einstufung
7.4.	Sofern Angaben von Seiten Dritter übernommen wurden, ist zu bestätigen, dass diese korrekt wiedergegeben wurden und nach Wissen des Emittenten und soweit für ihn aus den von diesem Dritten veröffentlichten Angaben ersichtlich, nicht durch Auslassungen unkorrekt oder irreführend gestaltet wurden. Darüber hinaus ist/sind die Informationsquelle/n anzugeben.	Kategorie C
7.5.	i) Angabe der Ratings, die für einen Emittenten in dessen Auftrag oder in Zusammenarbeit mit ihm beim Ratingverfahren erstellt wurden, und kurze Erläuterung der Bedeutung des Ratings, sofern zuvor von der Ratingagentur veröffentlicht.	Kategorie A
	ii) Angabe der Ratings, die für die Wertpapiere im Auftrag des oder in Zusammenarbeit mit dem Emittenten beim Ratingverfahren erstellt wurden, und kurze Erläuterung der Bedeutung des Ratings, sofern zuvor von der Ratingagentur veröffentlicht.	Kategorie C

	Anhang XII	Einstufung
1.	HAFTENDE PERSONEN	
1.1.	Alle Personen, die für die Angaben im Prospekt bzw. für bestimmte Teile des Prospekts haften. Im letzteren Fall sind die entsprechenden Teile anzugeben. Handelt es sich dabei um natürliche Personen, zu denen auch Mitglieder des Verwaltungs-, Leitungs- oder Aufsichtsorgans des Emittenten gehören, sind Name und Funktion dieser Person zu nennen. Bei juristischen Personen sind Name und eingetragener Sitz der Gesellschaft anzugeben.	Kategorie A
1.2.	Erklärung der für den Prospekt haftenden Personen, dass die Angaben im Prospekt ihres Wissens richtig sind und keine Auslassungen beinhalten, die die Aussage des Prospekts verzerren könnten, und dass sie die erforderliche Sorgfalt haben walten lassen, um dies zu gewährleisten. Ggf. Erklärung der für bestimmte Teile des Prospekts haftenden Personen, dass die Angaben in dem Teil des Prospekts, für den sie haften, ihres Wissens richtig sind und keine Auslassungen beinhalten, die die Aussage des Prospekts verzerren könnten, und dass sie die erforderliche Sorgfalt haben walten lassen, um dies zu gewährleisten.	Kategorie A
2.	RISIKOFAKTOREN	
2.1.	Klare und deutliche Angabe der Risikofaktoren, die für die Bewertung der Marktrisiken der zum Handel angebotenen und/oder zuzulassenden Wertpapiere wesentlich sind. Diese Angabe muss in einer Rubrik „Risikofaktoren" erfolgen. Diese muss einen Risikohinweis darauf enthalten, dass der Anleger seinen Kapitaleinsatz ganz oder teilweise verlieren könnte, und/oder gegebenenfalls einen Hinweis darauf, dass die Haftung des Anlegers nicht auf den Wert seiner Anlage beschränkt ist, sowie eine Beschreibung der Umstände, unter denen es zu einer zusätzlichen Haftung kommen kann und welche finanziellen Folgen dies voraussichtlich nach sich zieht.	Kategorie A

Anhang XII		Einstufung
3.	GRUNDLEGENDE ANGABEN	
3.1.	**Beteiligungen der an der Emission/dem Angebot beteiligten natürlichen und juristischen Personen**	
	Beschreibung aller für die Emission/das Angebot wesentlichen — auch kollidierenden — Beteiligungen unter Angabe der betreffenden Personen und der Art der jeweiligen Beteiligung.	Kategorie C
3.2.	**Gründe für das Angebot und Zweckbestimmung der Erlöse (sofern diese nicht in der Gewinnerzielung und/oder der Absicherung bestimmter Risiken liegt)**	
	Werden die Gründe für das Angebot und die Zweckbestimmung der Erlöse genannt, sind die Gesamtnettoerlöse anzugeben und die Gesamtkosten der Emission/des Angebots zu schätzen.	Kategorie C
4.	ANGABEN ZU DEN ANZUBIETENDEN UND ZUM HANDEL ZUZULASSENDEN WERTPAPIEREN	
4.1.	**Angaben zu den Wertpapieren**	
4.1.1.	i) Beschreibung von Art und Gattung der angebotenen und/oder zum Handel zuzulassenden Wertpapiere.	Kategorie B
	ii) ISIN (International Security Identification Number, internationale Wertpapierkennnummer) oder ähnliche Wertpapierkennung.	Kategorie C
4.1.2.	Klare und umfassende Erläuterung für die Anleger, wie der Wert ihrer Anlage durch den Wert des Basisinstruments/der Basisinstrumente beeinflusst wird, insbesondere in Fällen, in denen die Risiken am offensichtlichsten sind, es sei denn, die Wertpapiere haben eine Mindeststückelung von 100.000 EUR oder können lediglich für mindestens 100.000 EUR pro Stück erworben werden.	Kategorie B
4.1.3.	Rechtsvorschriften, auf deren Grundlage die Wertpapiere geschaffen wurden.	Kategorie A
4.1.4.	i) Angabe, ob es sich bei den Wertpapieren um Namens- oder Inhaberpapiere handelt und ob sie in Stückeform oder stückelos vorliegen.	Kategorie A
	ii) In letzterem Fall Name und Anschrift des die Buchungsunterlagen führenden Instituts.	Kategorie C
4.1.5.	Währung der Wertpapieremission.	Kategorie C
4.1.6.	Rangfolge der angebotenen und/oder zum Handel zuzulassenden Wertpapiere, einschließlich einer Zusammenfassung aller etwaigen Klauseln, die die Rangfolge beeinflussen oder das Wertpapier etwaigen derzeitigen oder künftigen Verbindlichkeiten des Emittenten nachordnen sollen.	Kategorie A
4.1.7.	Beschreibung der mit den Wertpapieren verbundenen Rechte, einschließlich aller etwaigen Beschränkungen dieser Rechte, und des Verfahrens zur Wahrnehmung dieser Rechte.	Kategorie B

Anhang XII		Einstufung
4.1.8.	Bei Neuemissionen Angabe der Beschlüsse, Ermächtigungen und Billigungen, aufgrund deren die Wertpapiere geschaffen und/oder emittiert wurden oder werden sollen.	Kategorie C
4.1.9.	Emissionstermin.	Kategorie C
4.1.10.	Beschreibung aller etwaigen Beschränkungen für die freie Übertragbarkeit der Wertpapiere.	Kategorie A
4.1.11.	i) Verfalltermin der derivativen Wertpapiere,	Kategorie C
	ii) Ausübungstermin oder letzter Referenztermin.	Kategorie C
4.1.12.	Beschreibung des Abrechnungsverfahrens für die derivativen Wertpapiere.	Kategorie B
4.1.13.	i) Beschreibung der Ertragsmodalitäten bei derivativen Wertpapieren (1),	Kategorie B
	ii) Zahlungs- oder Liefertermin,	Kategorie C
	iii) Berechnungsweise.	Kategorie B
4.1.14.	Zum Staat, in dem der Emittent seinen eingetragenen Sitz unterhält, und zum Staat/den Staaten, in dem bzw. denen das Angebot unterbreitet oder die Zulassung zum Handel beantragt wird, sind folgende Angaben zu machen:	Kategorie A
	– Informationen über Steuern, die an der Quelle auf die Wertpapiererträge erhoben werden,	
	– Hinweis darauf, ob der Emittent die Einbehaltung der Steuern an der Quelle übernimmt.	
4.2.	**Angaben zum Basiswert**	
4.2.1.	Ausübungspreis oder endgültiger Referenzpreis des Basiswerts.	Kategorie C
4.2.2.	Erklärung zur Art des Basiswerts.	Kategorie A
	Hinweis darauf, wo Informationen über die vergangene und künftige Wertentwicklung des Basiswerts und dessen Volatilität erhältlich sind.	Kategorie C
	i) Wenn es sich bei dem Basiswert um ein Wertpapier handelt,	
	– Name des Wertpapieremittenten,	Kategorie C
	– die ISIN (International Security Identification Number, internationale Wertpapierkennnummer) oder eine ähnliche Wertpapierkennung.	Kategorie C
	ii) wenn es sich bei dem Basiswert um einen Index handelt:	
	– die Bezeichnung des Indexes.	Kategorie C
	– Beschreibung des Indexes, wenn er vom Emittenten oder einer derselben Gruppe angehörenden juristischen Person zusammengestellt wird.	Kategorie A
	– Beschreibung des Indexes, der durch eine juristische oder natürliche Person zur Verfügung gestellt wird, die in Verbindung mit dem Emittenten oder in dessen Namen handelt, es sei denn, der Prospekt enthält die folgenden Erklärungen:	Kategorie A

Anhang XII	Einstufung
– sämtliche Regeln des Indexes und Informationen zu seiner Wertentwicklung sind kostenlos auf der Website des Emittenten oder des Indexanbieters abrufbar; und	
– die Regeln des Indexes (einschließlich Indexmethode für die Auswahl und die Neuabwägung der Indexbestandteile, Beschreibung von Marktstörungen und Anpassungsregeln) basieren auf vorher festgelegten und objektiven Kriterien.	
– der Index nicht vom Emittenten zusammengestellt, den Ort, wo Informationen zu diesem Index erhältlich sind.	Kategorie C
iii) Wenn es sich bei dem Basiswert um einen Zinssatz handelt,	
eine Beschreibung des Zinssatzes.	Kategorie C
iv) Wenn der Basiswert unter keine der oben genannten Kategorien fällt,	
muss die Wertpapierbeschreibung gleichwertige Angaben enthalten.	Kategorie C
v) Wenn es sich bei dem Basiswert um einen Korb von Basiswerten handelt,	
die Gewichtung der einzelnen Basiswerte im Korb.	Kategorie C
4.2.3. Beschreibung aller etwaigen Ereignisse, die eine Störung des Marktes oder der Abrechnung bewirken und den Basiswert beeinflussen.	Kategorie B
4.2.4. Anpassungsregeln in Bezug auf Ereignisse, die den Basiswert betreffen.	Kategorie B
5. KONDITIONEN DES ANGEBOTS	
5.1. **Konditionen, Angebotsstatistiken, erwarteter Zeitplan und erforderliche Maßnahmen zur Zeichnung des Angebots**	
5.1.1. Angebotskonditionen.	Kategorie C
5.1.2. Gesamtsumme der Emission/des Angebots; ist diese nicht festgelegt, Beschreibung der Regelungen und Angabe des Zeitpunkts für die öffentliche Bekanntmachung des endgültigen Angebotsbetrags.	Kategorie C
5.1.3. i)Frist — einschließlich etwaiger Änderungen — während deren das Angebot gilt,	Kategorie C
ii)Beschreibung des Zeichnungsverfahrens.	Kategorie C
5.1.4. Mindest- und/oder maximale Zeichnungshöhe (ausgedrückt als Anzahl der Wertpapiere oder aggregierte Anlagesumme).	Kategorie C
5.1.5. Methode und Fristen für die Bedienung der Wertpapiere und ihre Lieferung.	Kategorie C
5.1.6. Umfassende Beschreibung der Modalitäten und des Termins für die öffentliche Bekanntgabe der Angebotsergebnisse.	Kategorie C
5.2. **Verteilungs- und Zuteilungsplan**	
5.2.1. i) Angabe der verschiedenen Anlegerkategorien, denen die Wertpapiere angeboten werden,	Kategorie A

	Anhang XII	Einstufung
	ii) werden die Papiere gleichzeitig an den Märkten zweier oder mehrerer Staaten angeboten und ist eine bestimmte Tranche einigen dieser Märkte vorbehalten, so ist diese Tranche anzugeben.	Kategorie C
5.2.2.	Verfahren für die Benachrichtigung der Zeichner über den ihnen zugeteilten Betrag und Hinweis darauf, ob mit dem Handel schon vor einer solchen Benachrichtigung begonnen werden kann.	Kategorie C
5.3.	**Preisfestsetzung**	
5.3.1.	i) Angabe des Preises, zu dem die Wertpapiere voraussichtlich angeboten werden, oder	Kategorie C
	ii) Methode, nach der der Preis festgesetzt wird, und Verfahren für seine Bekanntgabe,	Kategorie B
	iii) Angabe etwaiger Kosten und Steuern, die speziell dem Zeichner oder Käufer in Rechnung gestellt werden.	Kategorie C
5.4.	**Platzierung und Übernahme (Underwriting)**	
5.4.1.	Name und Anschrift des Koordinators/der Koordinatoren des gesamten Angebots sowie einzelner Angebotsteile und — soweit dem Emittenten oder Anbieter bekannt — Name und Anschrift derjenigen, die das Angebot in den verschiedenen Ländern platzieren.	Kategorie C
5.4.2.	Name und Anschrift der Zahl- und Verwahrstellen in jedem Land.	Kategorie C
5.4.3.	Angabe der Institute, die sich fest zur Übernahme einer Emission verpflichtet haben, und Angabe der Institute, die die Emission ohne verbindliche Zusage oder zu bestmöglichen Bedingungen platzieren. Wird die Emission nicht zur Gänze übernommen, ist anzugeben, welchen Teil dies betrifft.	Kategorie C
5.4.4.	Datum, an dem der Emissionsübernahmevertrag geschlossen wurde oder wird.	Kategorie C
5.4.5.	Name und Anschrift einer Berechnungsstelle.	Kategorie C
6.	ZULASSUNG ZUM HANDEL UND HANDELSMODALITÄTEN	
6.1.	i) Es ist anzugeben, ob für die angebotenen Wertpapiere ein Antrag auf Zulassung zum Handel gestellt wurde oder werden soll, um sie an einem geregelten Markt oder anderen gleichwertigen Märkten zu platzieren, wobei die betreffenden Märkte zu nennen sind. Dieser Umstand ist anzugeben, ohne den Eindruck zu erwecken, dass die Zulassung zum Handel auf jeden Fall erteilt wird.	Kategorie B
	ii) Falls bekannt, sollten die ersten Termine angegeben werden, zu denen die Wertpapiere zum Handel zugelassen sind.	Kategorie C
6.2.	Anzugeben sind alle geregelten oder gleichwertigen Märkte, an denen nach Wissen des Emittenten bereits Wertpapiere der gleichen Gattung wie die angebotenen oder zuzulassenden Wertpapiere zum Handel zugelassen sind.	Kategorie C

	Anhang XII	Einstufung
6.3.	Name und Anschrift der Institute, die aufgrund einer bindenden Zusage als Intermediäre im Sekundärhandel tätig sind und über An- und Verkaufskurse Liquidität zur Verfügung stellen, sowie Beschreibung der Hauptbedingungen ihrer Zusage.	Kategorie C
7.	ZUSÄTZLICHE ANGABEN	
7.1.	Werden an einer Emission beteiligte Berater in der Wertpapierbeschreibung genannt, ist anzugeben, in welcher Funktion sie gehandelt haben.	Kategorie C
7.2.	Es ist anzugeben, welche anderen in der Wertpapierbeschreibung enthaltenen Informationen von gesetzlichen Abschlussprüfern geprüft oder durchgesehen wurden, über die die Abschlussprüfer einen Vermerk erstellt haben. Wiedergabe oder bei entsprechender Erlaubnis der zuständigen Behörden Zusammenfassung des Vermerks.	Kategorie A
7.3.	Wird in die Wertpapierbeschreibung eine Erklärung oder ein Vermerk einer Person aufgenommen, die als Sachverständiger handelt, so sind deren Name, Geschäftsadresse und Qualifikationen sowie jede etwaige wesentliche Beteiligung dieser Person am Emittenten anzugeben. Wurde der Vermerk im Auftrag des Emittenten erstellt, ist zu bestätigen, dass die Aufnahme der Erklärung oder des Vermerks in der vorliegenden Form und im vorliegenden Kontext mit Zustimmung der Person erfolgt, die den Inhalt dieses Teils der Wertpapierbeschreibung gebilligt hat.	Kategorie A
7.4.	Wurden Angaben von Seiten Dritter übernommen, ist zu bestätigen, dass diese korrekt wiedergegeben wurden und nach Wissen des Emittenten und soweit für ihn aus den von diesem Dritten veröffentlichten Angaben ersichtlich, nicht durch Auslassungen unkorrekt oder irreführend gestaltet wurden. Darüber hinaus hat der Emittent die Informationsquelle(n) anzugeben.	Kategorie C
7.5.	Im Prospekt ist anzugeben, ob der Emittent nach erfolgter Emission Informationen veröffentlichen will oder nicht. Hat er dies angekündigt, so gibt er im Prospekt an, welche Informationen er vorlegen wird und wo sie erhältlich sein werden.	Kategorie C
	Anhang XIII	Einstufung
1.	HAFTENDE PERSONEN	
1.1.	Alle Personen, die für die Angaben im Prospekt bzw. für bestimmte Teile des Prospekts haften. Im letzteren Fall sind die entsprechenden Teile anzugeben. Handelt es sich um natürliche Personen, zu denen auch Mitglieder des Verwaltungs-, Leitungs- oder Aufsichtsorgan des Emittenten gehören, sind Name und Funktion dieser Person zu nennen. Bei juristischen Personen sind Name und eingetragener Sitz der Gesellschaft anzugeben.	Kategorie A

	Anhang XIII	Einstufung
1.2.	Erklärung der für den Prospekt haftenden Personen, dass die im Prospekt enthaltenen Angaben ihres Wissens richtig sind und keine Auslassungen beinhalten, die die Aussage des Prospekts verzerren könnten, und dass sie die erforderliche Sorgfalt haben walten lassen, um dies zu gewährleisten. Ggf. Erklärung der für bestimmte Teile des Prospekts haftenden Personen, dass die Angaben in dem Teil des Prospekts, für den sie haften, ihres Wissens richtig sind und keine Auslassungen beinhalten, die die Aussage des Prospekts verzerren könnten.	Kategorie A
2.	RISIKOFAKTOREN	
	Klare und deutliche Angabe der Risikofaktoren, die für die Bewertung der Marktrisiken der zum Handel zuzulassenden Wertpapiere wesentlich sind. Diese Angabe muss in einer Rubrik „Risikofaktoren" erfolgen.	Kategorie A
3.	GRUNDLEGENDE ANGABEN	
	Beteiligungen der an der Emission beteiligten natürlichen und juristischen Personen.	
	Beschreibung aller für die Emission wesentlichen — auch kollidierenden — Beteiligungen unter Angabe der betreffenden Personen und der Art der Beteiligung.	Kategorie C
4.	ANGABEN ZU DEN ZUM HANDEL ZUZULASSENDEN WERTPAPIEREN	
4.1.	Gesamtbetrag der zum Handel zuzulassenden Wertpapiere.	Kategorie C
4.2.	i) Beschreibung von Art und Gattung der angebotenen und/oder zum Handel zuzulassenden Wertpapiere.	Kategorie B
	ii) ISIN (International Security Identification Number, internationale Wertpapierkennnummer) oder ähnliche Wertpapierkennung.	Kategorie C
4.3.	Rechtsvorschriften, auf deren Grundlage die Wertpapiere geschaffen wurden.	Kategorie A
4.4.	i) Angabe, ob es sich bei den Wertpapieren um Namens- oder Inhaberpapiere handelt und ob sie in Stückeform oder stückelos vorliegen.	Kategorie A
	ii) In letzterem Fall Name und Anschrift des die Buchungsunterlagen führenden Instituts.	Kategorie C
4.5.	Währung der Wertpapieremission.	Kategorie C
4.6.	Rangfolge der angebotenen und/oder zum Handel zuzulassenden Wertpapiere, einschließlich einer Zusammenfassung aller etwaigen Klauseln, die die Rangfolge beeinflussen oder das Wertpapier etwaigen derzeitigen oder künftigen Verbindlichkeiten des Emittenten nachordnen sollen.	Kategorie A
4.7.	Beschreibung der mit den Wertpapieren verbundenen Rechte, einschließlich aller etwaigen Beschränkungen dieser Rechte und des Verfahrens zur Wahrnehmung dieser Rechte.	Kategorie B
4.8.	i) Nominaler Zinssatz,	Kategorie C
	ii) Bestimmungen zur Zinsschuld,	Kategorie B

Anhang XIII		Einstufung
iii)	Datum, ab dem die Zinsen fällig werden,	Kategorie C
iv)	Zinsfälligkeitstermine,	Kategorie C
v)	Gültigkeitsdauer der Ansprüche auf Zins- und Kapital-rückzahlungen.	Kategorie B
	Ist der Zinssatz nicht festgelegt,	
vi)	Angabe der Art des Basiswerts,	Kategorie A
vii)	Beschreibung des Basiswerts, auf den er sich stützt,	Kategorie C
viii)	und der Methode, die zur Verknüpfung der beiden Werte verwendet wird,	Kategorie B
ix)	Beschreibung aller etwaigen Ereignisse, die eine Störung des Markts oder der Abrechnung bewirken und den Basiswert beeinflussen,	Kategorie B
x)	Anpassungsregeln in Bezug auf Ereignisse, die den Basiswert betreffen,	Kategorie B
xi)	Name der Berechnungsstelle.	Kategorie C
4.9.	i) Fälligkeitstermin,	Kategorie C
	ii) Tilgungsmodalitäten, einschließlich der Rückzahlungsverfahren. Wird auf Initiative des Emittenten oder des Wertpapierinhabers eine vorzeitige Tilgung ins Auge gefasst, so ist diese unter Angabe der Tilgungskonditionen zu beschreiben.	Kategorie B
4.10.	Angabe der Rendite.	Kategorie C
4.11.	Vertretung der Schuldtitelinhaber unter Angabe der die Anleger vertretenden Organisation und der für diese Vertretung geltenden Bestimmungen. Angabe des Ortes, an dem die Öffentlichkeit die Verträge, die diese Repräsentationsformen regeln, einsehen kann.	Kategorie B
4.12.	Angabe der Beschlüsse, Ermächtigungen und Billigungen, aufgrund deren die Wertpapiere geschaffen und/oder emittiert wurden.	Kategorie C
4.13.	Emissionstermin.	Kategorie C
4.14.	Beschreibung aller etwaigen Beschränkungen für die freie Übertragbarkeit der Wertpapiere.	Kategorie A
5.	ZULASSUNG ZUM HANDEL UND HANDELSMODALITÄTEN	
5.1.	i) Angabe des Markts, an dem die Wertpapiere künftig gehandelt werden und für den ein Prospekt veröffentlicht wurde.	Kategorie B
	ii) Falls bekannt, sollten die ersten Termine angegeben werden, zu denen die Wertpapiere zum Handel zugelassen sind.	Kategorie C
5.2.	Name und Anschrift der Zahl- und Verwahrstellen in jedem Land.	Kategorie C

	Anhang XIII	**Einstufung**
6.	KOSTEN DER ZULASSUNG ZUM HANDEL	
	Schätzung der durch die Zulassung zum Handel insgesamt verursachten Kosten.	Kategorie C
7.	ZUSÄTZLICHE ANGABEN	
7.1.	Werden in der Wertpapierbeschreibung Berater genannt, ist anzugeben, in welcher Funktion sie gehandelt haben.	Kategorie C
7.2.	Es ist anzugeben, welche anderen in der Wertpapierbeschreibung enthaltenen Informationen von gesetzlichen Abschlussprüfern geprüft oder durchgesehen wurden, über die die Abschlussprüfer einen Vermerk erstellt haben. Wiedergabe oder bei entsprechender Erlaubnis der zuständigen Behörden Zusammenfassung des Vermerks.	Kategorie A
7.3.	Wird in die Wertpapierbeschreibung eine Erklärung oder ein Vermerk einer Person aufgenommen, die als Sachverständiger handelt, so sind deren Name, Geschäftsadresse und Qualifikationen sowie jede etwaige wesentliche Beteiligung dieser Person am Emittenten anzugeben. Wurde der Vermerk im Auftrag des Emittenten erstellt, ist zu bestätigen, dass die Aufnahme der Erklärung oder des Vermerks in der vorliegenden Form und im vorliegenden Kontext mit Zustimmung der Person erfolgt, die den Inhalt dieses Teils der Wertpapierbeschreibung gebilligt hat.	Kategorie A
7.4.	Wurden Angaben von Seiten Dritter übernommen, ist zu bestätigen, dass diese korrekt wiedergegeben wurden und nach Wissen des Emittenten und soweit für ihn aus den von diesem Dritten veröffentlichten Angaben ersichtlich, keine Auslassungen beinhalten, die die wiedergegebenen Angaben unkorrekt oder irreführend gestalten würden. Darüber hinaus ist/sind die Informationsquelle(n) anzugeben.	Kategorie C
7.5.	i) Angabe der Ratings, die für einen Emittenten in dessen Auftrag oder in Zusammenarbeit mit ihm beim Ratingverfahren erstellt wurden.	Kategorie A
	ii) Angabe der Ratings, die im Auftrag des Emittenten oder in Zusammenarbeit mit ihm beim Ratingverfahren für Wertpapiere erstellt wurden.	Kategorie C
	Anhang VIII	**Einstufung**
1.	DIE WERTPAPIERE	
1.1.	Mindeststückelung einer Emission.	Kategorie C
1.2.	Werden Angaben zu einem nicht an der Emission beteiligten Unternehmen/Schuldner veröffentlicht, ist zu bestätigen, dass die das Unternehmen/den Schuldner betreffenden Angaben korrekt den vom Unternehmen/Schuldner selbst publizierten Informationen entnommen wurden und nach Wissen des Emittenten und soweit für ihn aus den von dem Unternehmen bzw. Schuldner veröffentlichten Angaben ersichtlich nicht durch Auslassungen irreführend gestaltet wurden.	Kategorie C

Anhang VIII	Einstufung
Darüber hinaus ist/sind die Quelle(n) der in der Wertpapierbeschreibung enthaltenen Informationen, d. h. die Fundstelle der vom Unternehmen oder Schuldner selbst publizierten Angaben zu nennen.	Kategorie C
2. DIE BASISWERTE	
2.1. Es ist zu bestätigen, dass die der Emission zugrunde liegenden verbrieften Aktiva so beschaffen sind, dass sie die Erwirtschaftung von Finanzströmen gewährleisten, die alle für die Wertpapiere fälligen Zahlungen abdecken.	Kategorie A
2.2. **Liegt der Emission ein Pool von Einzelaktiva zugrunde, sind folgende Angaben zu liefern:**	
2.2.1. Die für diesen Aktiva-Pool geltende Rechtsordnung,	Kategorie C
2.2.2. a) bei einer kleineren Zahl leicht identifizierbarer Schuldner eine allgemeine Beschreibung jedes Schuldners,	Kategorie A
b) in allen anderen Fällen eine Beschreibung der allgemeinen Charakteristika der Schuldner und des wirtschaftlichen Umfelds,	Kategorie B
sowie globale statistische Daten in Bezug auf die verbrieften Aktiva,	Kategorie C
2.2.3. Rechtsnatur der Aktiva,	Kategorie C
2.2.4. Verfall- oder Fälligkeitstermin(e) der Aktiva,	Kategorie C
2.2.5. Betrag der Aktiva,	Kategorie C
2.2.6. Beleihungsquote oder Besicherungsgrad,	Kategorie C
2.2.7. Verfahren zur Originierung oder Schaffung der Aktiva sowie bei Darlehen oder Kreditverträgen die Hauptvergabekriterien samt Hinweis auf etwaige Darlehen, die diesen Kriterien nicht genügen, sowie etwaige Rechte oder Verpflichtungen im Hinblick auf die Zahlung weiterer Vorschüsse,	Kategorie B
2.2.8. Hinweis auf wichtige Zusicherungen und Sicherheiten, die dem Emittenten in Bezug auf die Aktiva gemacht oder gestellt wurden,	Kategorie C
2.2.9. etwaige Substitutionsrechte für die Aktiva und eine Beschreibung der Art und Weise, wie die Aktiva ersetzt werden können, und der Art der substituierbaren Aktiva; sollte die Möglichkeit einer Substitution durch Aktiva einer anderen Gattung oder Qualität bestehen, ist dies anzugeben und sind die Auswirkungen einer solchen Substitution darzulegen,	Kategorie B
2.2.10. Beschreibung sämtlicher relevanter Versicherungspolicen, die für die Aktiva abgeschlossen wurden. Eine Konzentration bei ein und demselben Versicherer sollte angegeben werden, wenn sie für die Transaktion wesentlich ist.	Kategorie B
2.2.11. Setzen sich die Aktiva aus Schuldverschreibungen von maximal fünf Schuldnern zusammen, bei denen es sich um juristische Personen handelt, oder sind mehr als 20 % der Aktiva einem einzigen Schuldner zuzurechnen oder ist nach Kenntnis des Emittenten und/oder soweit für ihn aus den von dem/den Schuldner(n) veröffentlichten Informationen ersichtlich, ein	

	Anhang VIII	Einstufung
	wesentlicher Teil der Aktiva einem einzelnen Schuldner zuzurechnen, so ist eine der beiden folgenden Angaben zu machen:	
	a) Angaben über jeden Schuldner, als wäre er ein Emittent, der für Schuldtitel und derivative Wertpapiere mit einer Mindeststückelung von 100 000 EUR ein Registrierungsformular zu erstellen hat,	Kategorie A
	b) wenn es sich um einen Schuldner oder Garantiegeber handelt, dessen Wertpapiere bereits zum Handel an einem geregelten oder vergleichbaren Markt zugelassen wurden, oder wenn die Schuldverschreibungen von einem Unternehmen garantiert werden, das bereits zum Handel an einem geregelten oder vergleichbaren Markt zugelassen wurde, Name, Anschrift, Land der Gründung, Art der Geschäftstätigkeit und Bezeichnung des Marktes, an dem die Wertpapiere zugelassen sind.	Kategorie C
2.2.12.	Besteht zwischen dem Emittenten, dem Garantiegeber und dem Schuldner eine für die Emission wesentliche Beziehung, sind die Hauptkennzeichen dieser Beziehung im Einzelnen anzugeben.	Kategorie C
2.2.13.	Umfassen die Aktiva nicht an einem geregelten oder gleichwertigen Markt gehandelte Schuldverschreibungen, sind die wichtigsten Konditionen dieser Schuldverschreibungen darzulegen.	Kategorie B
2.2.14.	Umfassen die Aktiva Dividendenwerte, die zum Handel an einem geregelten oder gleichwertigen Markt zugelassen sind, ist Folgendes anzugeben:	
	a) eine Beschreibung der Wertpapiere,	Kategorie C
	b) eine Beschreibung des Markts, an dem sie gehandelt werden, einschließlich seines Gründungsdatums, der Art und Weise, wie Kursinformationen veröffentlicht werden, der täglichen Handelsvolumina, der Bedeutung des Markts in seinem Land und der für den Markt zuständigen Regulierungsbehörde,	Kategorie C
	c) die Abstände, in denen die Kurse der einschlägigen Wertpapiere veröffentlicht werden.	Kategorie C
2.2.15.	Sind mehr als zehn (10) Prozent der Aktiva Dividendenwerte, die nicht an einem geregelten oder gleichwertigen Markt gehandelt werden, sind diese Dividendenwerte zu beschreiben und gleichwertige Angaben zu liefern, die im Schema für das Aktien-Registrierungsformular für jeden Emittenten dieser Wertpapiere vorzulegen sind.	Kategorie A
2.2.16.	Ist ein wesentlicher Teil der Aktiva durch Immobilien besichert oder unterlegt, ist ein Gutachten für diese Immobilien vorzulegen, in dem sowohl die Immobilien selbst als auch die Kapitalfluss- und Einkommensströme geschätzt werden. Diese Angaben können entfallen, wenn es sich um eine Emission von Wertpapieren handelt, die durch immobilienbesicherte Hypothekendarlehen unterlegt sind, die Immobilien für die	Kategorie A

	Anhang VIII	Einstufung
	Zwecke der Emission nicht neubewertet wurden und unmiss-verständlich angegeben ist, dass es sich bei den genannten Schätzungen um die zum Zeitpunkt des ursprünglichen Hypo-thekendarlehens durchgeführten Schätzungen handelt.	
2.3.	**Liegt der Emission ein aktiv gemanagter Pool von Aktiva zu-grunde, sind folgende Angaben zu liefern:**	
2.3.1.	Gleichwertige Angaben wie unter 2.1 und 2.2, damit Art, Qualität, Hinlänglichkeit und Liquidität der im Portfolio ge-haltenen Aktiva-Arten, die die Emission besichern, bewertet werden können.	Siehe Punkte 2.1 und 2.2
2.3.2.	Die Parameter, innerhalb deren die Anlagen getätigt werden können; Name und Beschreibung des für die Verwaltung zu-ständigen Unternehmens, einschließlich einer Beschreibung des in diesem Unternehmen vorhandenen Sachverstands bzw. der bestehenden Erfahrungen; Zusammenfassung der Bestim-mungen über die Abbestellung eines solchen Unternehmens und die Bestellung einer anderen Verwaltungsgesellschaft und Beschreibung der Beziehung dieses Unternehmens zu al-len anderen an der Emission beteiligten Parteien.	Kategorie B
2.4.	Schlägt ein Emittent vor, weitere, mit denselben Aktiva unter-legte Wertpapiere zu emittieren, ist dies klar und deutlich an-zugeben und für den Fall, dass diese neuen Wertpapiere nicht mit den vorhandenen Schuldtitelgattungen austauschbar oder diesen nicht nachgeordnet sind, darzulegen, wie die Inhaber dieser Gattung unterrichtet werden sollen.	Kategorie C
3.	STRUKTUR UND KAPITALFLUSS	
3.1.	Beschreibung der Struktur der Transaktion, erforderlichenfalls mit Strukturdiagramm.	Kategorie A
3.2.	Beschreibung der an der Emission beteiligten Unternehmen und der von ihnen auszuführenden Aufgaben.	Kategorie A
3.3.	Beschreibung der Methode und des Datums des Verkaufs, der Übertragung, der Novation oder der Zession der Aktiva bzw. etwaiger sich aus den Aktiva ergebender Rechte und/oder Pflichten gegenüber dem Emittenten, oder ggf. der Art und Weise und der Frist, auf die bzw. innerhalb deren der Emittent die Erträge der Emission vollständig investiert haben wird.	Kategorie B
3.4.	**Erläuterung des Mittelflusses, einschließlich**	
3.4.1.	der Art und Weise, wie der sich aus den Aktiva ergebende Ka-pitalfluss den Emittenten in die Lage versetzen soll, seinen Verpflichtungen gegenüber den Wertpapierinhabern nachzu-kommen. Erforderlichenfalls ist eine Tabelle mit der Bedie-nung der finanziellen Verpflichtungen aufzunehmen sowie eine Beschreibung der Annahmen, die bei der Erstellung die-ser Tabelle zugrunde gelegt wurden.	Kategorie B
3.4.2.	Angaben über etwaige Bonitätsverbesserungen; Angabe, wo wesentliche Liquiditätsengpässe auftreten und Liquiditätshil-fen vorhanden sein könnten; Angabe der Bestimmungen, die die Zinsrisiken bzw. Kapitalausfallrisiken auffangen sollen.	Kategorie B

Anhang VIII		Einstufung
3.4.3.	unbeschadet des Punktes 3.4.2 Einzelheiten zur Finanzierung etwaiger nachgeordneter Verbindlichkeiten.	Kategorie C
3.4.4.	Angabe etwaiger Parameter für die Anlage zeitweiliger Liquiditätsüberschüsse und Beschreibung der für eine solche Anlage zuständigen Parteien,	Kategorie B
3.4.5.	der Art und Weise, wie Zahlungen in Bezug auf die Aktiva vereinnahmt werden,	Kategorie B
3.4.6.	der Rangfolge der Zahlungen, die der Emittent an die Inhaber der betreffenden Wertpapiergattungen leistet,	Kategorie A
3.4.7.	detaillierter Angaben zu etwaigen anderen Vereinbarungen, von denen Zins- und Kapitalzahlungen an die Anleger abhängen.	Kategorie A
3.5.	Name, Anschrift und wesentliche Geschäftstätigkeiten der Originatoren der verbrieften Aktiva.	Kategorie C
3.6.	Ist die Rendite und/oder Rückzahlung des Wertpapiers an die Wertentwicklung oder Kreditwürdigkeit anderer Aktiva geknüpft, die keine Aktiva des Emittenten sind, gelten die Punkte 2.2 und 2.3.	Siehe Punkte 2.2 und 2.3
3.7.	Name, Anschrift und wesentliche Geschäftstätigkeiten des Verwalters, der Berechnungs- oder einer ähnlichen Stelle, samt einer Zusammenfassung der Aufgaben des Verwalters bzw. der Berechnungsstelle und deren Beziehung zu dem Institut, das die Aktiva originiert oder geschaffen hat, sowie eine Zusammenfassung der Bestimmungen über die Abbestellung des Verwalters/der Berechnungsstelle und die Bestellung eines anderen Verwalters/einer anderen Berechnungsstelle.	Kategorie C
3.8.	Namen und Anschriften sowie eine kurze Beschreibung	
	a) etwaiger Swap-Vertragsparteien und Steller anderer wesentlicher Formen der Bonitäts- oder Liquiditätsverbesserung,	Kategorie A
	b) der Banken, bei denen die Hauptkonten in Bezug auf die Transaktion geführt werden.	Kategorie C
4.	„EX POST"-ANGABEN	
4.1.	Im Prospekt ist anzugeben, ob in Bezug auf die zum Handel zuzulassenden Wertpapiere und die Wertentwicklung der zugrunde liegenden Sicherheiten nach erfolgter Emission Transaktionsinformationen veröffentlicht werden sollen. Hat der Emittent seine entsprechende Absicht bekundet, ist im Prospekt anzugeben, welche Angaben veröffentlicht werden, wo sie erhältlich sind und in welchen Abständen sie veröffentlicht werden.	Kategorie C
Anhang XIV		**Einstufung**
1.	Beschreibung des Basistitels.	
1.1	Beschreibung von Typ und Gattung der Aktien.	Kategorie A
1.2.	Rechtsvorschriften, auf deren Grundlage die Aktien geschaffen wurden oder werden sollen.	Kategorie A

	Anhang XIV	**Einstufung**
1.3.	Angabe, ob es sich um Namens- oder Inhaberpapiere handelt und ob sie in Stückeform oder stückelos vorliegen. In letzterem Fall Name und Anschrift des die Buchungsunterlagen führenden Instituts.	Kategorie A
1.4.	Angabe der Währung der Emission.	Kategorie A
1.5.	Beschreibung der mit den Wertpapieren verbundenen Rechte, einschließlich aller etwaigen Beschränkungen dieser Rechte, und des Verfahrens zur Wahrnehmung dieser Rechte. – Dividendenrechte: – feste(r) Termin(e), zu dem/denen der Anspruch entsteht, – Frist, nach deren Ablauf der Dividendenanspruch verfällt und Nennung des in diesem Fall Begünstigten, – Dividendenbeschränkungen und Verfahren für gebietsfremde Wertpapierinhaber, – Dividendensatz bzw. Methode für dessen Berechnung, Häufigkeit und Art der Zahlungen (kumulativ oder nichtkumulativ), – Stimmrechte, – Vorkaufsrechte bei Angeboten von Wertpapieren derselben Gattung, – Recht auf Beteiligung am Gewinn des Emittenten, – Recht auf Beteiligung am Saldo im Falle einer Liquidation, – Tilgungsklauseln, – Wandelbedingungen.	Kategorie A
1.6.	Bei Neuemissionen Angabe der Beschlüsse, Ermächtigungen und Billigungen, aufgrund deren die Aktien geschaffen und/oder emittiert wurden oder werden sollen, und Angabe des Emissionstermins.	Kategorie C
1.7.	Ort und Zeitpunkt der künftigen bzw. erfolgten Zulassung der Aktien zum Handel.	Kategorie C
1.8.	Beschreibung aller etwaigen Beschränkungen für die freie Übertragbarkeit der Aktien.	Kategorie A
1.9.	Angabe etwaiger obligatorischer Übernahmeangebote und/oder Squeeze-Out- und Sell- Out-Regeln in Bezug auf die Wertpapiere.	Kategorie A
1.10.	Angabe öffentlicher Übernahmeangebote für das Eigenkapital des Emittenten, die Dritte während des letzten oder des laufenden Geschäftsjahres unterbreitet haben. Für solche Angebote sind der Preis oder die Wandelbedingungen sowie das Resultat zu nennen.	Kategorie A
1.11.	Auswirkungen der Rechteausübung auf den Emittenten des Basistitels und möglicher Verwässerungseffekt für die Aktionäre.	Kategorie C

	Anhang XIV	**Einstufung**
2.	Ist der Emittent des Basistitels ein Unternehmen derselben Gruppe, sind für diesen Emittenten die gleichen Angaben zu liefern wie im Aktien-Registrierungsformular.	Kategorie A
	Anhang VI	**Einstufung**
1.	ART DER GARANTIE	
	Beschreibung jeder Vereinbarung, mit der sichergestellt werden soll, dass jede für die Emission wesentliche Verpflichtung angemessen erfüllt wird, ob in Form einer Garantie, einer Sicherheit, einer Patronatserklärung (keep well agreement), einer „Mono-line"-Versicherungspolice oder einer gleichwertigen anderen Verpflichtung (nachfolgend unter dem Oberbegriff „Garantien" zusammengefasst, wobei der Steller als „Garantiegeber" bezeichnet wird). Unbeschadet der Allgemeingültigkeit des vorstehenden Absatzes umfassen derartige Vereinbarungen auch Verpflichtungen zur Gewährleistung der Rückzahlung von Schuldtiteln und/oder der Zahlung von Zinsen. In der Beschreibung sollte auch dargelegt werden, wie mit der Vereinbarung sichergestellt werden soll, dass die garantierten Zahlungen ordnungsgemäß geleistet werden.	Kategorie B
2.	UMFANG DER GARANTIE	
	Konditionen und Umfang der Garantie sind im Einzelnen darzulegen. Unbeschadet der Allgemeingültigkeit des vorstehenden Absatzes sollten diese Angaben sämtliche Auflagen für die Inanspruchnahme der Garantie bei Ausfall umfassen, die in den Wertpapierkonditionen und den wesentlichen Bestimmungen etwaiger „Mono-line"-Versicherungen oder Patronatserklärungen zwischen Emittent und Garantiegeber festgelegt sind. Auch etwaige Vetorechte des Garantiegebers in Bezug auf Änderungen bei den Wertpapierinhaberrechten, wie sie häufig in „Mono-line"-Versicherungen zu finden sind, müssen im Einzelnen dargelegt werden.	Kategorie B
3.	ANGABEN ZUM GARANTIEGEBER	
	Der Garantiegeber muss über sich selbst die gleichen Angaben machen wie der Emittent der Art von Wertpapieren, die Gegenstand der Garantie ist.	Kategorie A
4.	EINSEHBARE DOKUMENTE	
	Angabe der Orte, an denen die Öffentlichkeit die wesentlichen Verträge und sonstige mit der Garantie verbundene Dokumente einsehen kann.	Kategorie A
	Anhang XXX	**Einstufung**
1.	ZUR VERFÜGUNG ZU STELLENDE INFORMATIONEN ÜBER DIE ZUSTIMMUNG DES EMITTENTEN ODER DER FÜR DIE ERSTELLUNG DES PROSPEKTS ZUSTÄNDIGEN PERSON	
1.1	Ausdrückliche Zustimmung seitens des Emittenten oder der für die Erstellung des Prospekts zuständigen Person zur Verwendung des Prospekts und Erklärung, dass er/sie die Haftung für den Inhalt des Prospekts auch hinsichtlich einer spä-	Kategorie A

Anhang XXX		Einstufung
	teren Weiterveräußerung oder endgültigen Platzierung von Wertpapieren durch Finanzintermediäre übernimmt, die die Zustimmung zur Verwendung des Prospekts erhalten haben.	
1.2	Angabe des Zeitraums, für den die Zustimmung zur Verwendung des Prospekts erteilt wird.	Kategorie A
1.3	Angabe der Angebotsfrist, während deren die spätere Weiterveräußerung oder endgültige Platzierung von Wertpapieren durch Finanzintermediäre erfolgen kann.	Kategorie C
1.4	Angabe der Mitgliedstaaten, in denen Finanzintermediäre den Prospekt für eine spätere Weiterveräußerung oder endgltige Platzierung von Wertpapieren verwenden dürfen	Kategorie A
1.5	Alle sonstigen klaren und objektiven Bedingungen, an die die Zustimmung gebunden ist und die für die Verwendung des Prospekts relevant sind.	Kategorie C
1.6	Deutlich hervorgehobener Hinweis für die Anleger, dass für den Fall, dass ein Finanzintermediär ein Angebot macht, dieser Finanzintermediär die Anleger zum Zeitpunkt der Angebotsvorlage über die Angebotsbedingungen unterrichtet.	Kategorie A
2A	ZUSÄTZLICHE INFORMATIONEN FÜR DEN FALL, DASS EIN ODER MEHRERE SPEZIFISCHE FINANZINTERMEDIÄRE DIE ZUSTIMMUNG ERHALTEN	
2A.1	Liste und Identität (Name und Adresse) des Finanzintermediärs/der Finanzintermediäre, der/die den Prospekt verwenden darf/dürfen.	Kategorie C
2A.2	Angabe, wie etwaige neue Informationen zu Finanzintermediären, die zum Zeitpunkt der Billigung des Prospekts, des Basisprospekts oder ggf. der Übermittlung der endgültigen Bedingungen unbekannt waren, zu veröffentlichen sind, und Angabe des Ortes, an dem sie erhältlich sind.	Kategorie A
2B	ZUSÄTZLICHE INFORMATIONEN FÜR DEN FALL, DASS SÄMTLICHE FINANZINTERMEDIÄRE DIE ZUSTIMMUNG ERHALTEN	
2B.1	Deutlich hervorgehobener Hinweis für Anleger, dass jeder den Prospekt verwendende Finanzintermediär auf seiner Website anzugeben hat, dass er den Prospekt mit Zustimmung und gemäß den Bedingungen verwendet, an die die Zustimmung gebunden ist.	Kategorie A

(1) Ist eine Komponente der Formel 0 oder 1 und wird diese bei einer bestimmten Emission nicht verwendet, sollte die Möglichkeit bestehen, die Formel in den endgültigen Bedingungen ohne die nicht angewandte Komponente wiederzugeben.

ANNEX XX
List of securities note schedules and building block(s)

	Annex V	**Instructions**
1.	PERSONS RESPONSIBLE	
1.1.	All persons responsible for the information given in the prospectus and, as the case may be, for certain parts of it, with, in the latter case, an indication of such parts. In the case of natural persons including members of the issuer's administrative, management or supervisory bodies indicate the name and function of the person; in case of legal persons indicate the name and registered office.	Category A
1.2.	A declaration by those responsible for the prospectus that, having taken all reasonable care to ensure that such is the case, the information contained in the prospectus is, to the best of their knowledge, in accordance with the facts and contains no omission likely to affect its import. As the case may be, declaration by those responsible for certain parts of the prospectus that the information contained in the part of the prospectus for which they are responsible is, to the best of their knowledge, in accordance with the facts and contains no omission likely to affect its import.	Category A
2.	RISK FACTORS	
2.1.	Prominent disclosure of risk factors that are material to the securities being offered and/or admitted to trading in order to assess the market risk associated with these securities in a section headed "Risk Factors".	Category A
3.	ESSENTIAL INFORMATION	
3.1.	**Interest of natural and legal persons involved in the issue/offer**	
	A description of any interest, including conflicting ones, that is material to the issue/offer, detailing the persons involved and the nature of the interest.	Category C
3.2.	**Reasons for the offer and use of proceeds**	
	Reasons for the offer if different from making profit and/or hedging certain risks. Where applicable, disclosure of the estimated total expenses of the issue/offer and the estimated net amount of the proceeds. These expenses and proceeds shall be broken into each principal intended use and presented by order of priority of such uses. If the issuer is aware that the anticipated proceeds will not be sufficient to fund all the proposed uses, state the amount and sources of other funds needed.	Category C
4.	INFORMATION CONCERNING THE SECURITIES TO BE OFFERED/ADMITTED TO TRADING	
4.1.	(i) A description of the type and the class of the securities being offered and/or admitted to trading,	Category B
	(ii) the ISIN (International Security Identification Number) or other such security identification code.	Category C

		Annex V	Instructions
4.2.		Legislation under which the securities have been created	Category A
4.3.	(i)	An indication of whether the securities are in registered form or bearer form and whether the securities are in certificated form or book-entry form.	Category A
	(ii)	In the latter case, name and address of the entity in charge of keeping the records.	Category C
4.4.		Currency of the securities issue	Category C
4.5.		Ranking of the securities being offered and/or admitted to trading, including summaries of any clauses that are intended to affect ranking or subordinate the security to any present or future liabilities of the issuer.	Category A
4.6.		A description of the rights attached to the securities, including any limitations of those rights, and procedure for the exercise of those rights.	Category B
4.7.	(i)	Nominal interest rate	Category C
	(ii)	Provisions relating to interest payable	Category B
	(iii)	The date from which interest becomes payable	Category C
	(iv)	The due dates for interest	Category C
	(v)	The time limit on the validity of claims to interest and re-payment of principal	Category B
		Where the rate is not fixed,	
	(vi)	statement setting out the type of underlying	Category A
	(vii)	description of the underlying on which it is based	Category C
	(viii)	and of the method used to relate the two	Category B
	(ix)	an indication where information about the past and the further performance of the underlying and its volatility can be obtained	Category C
	(x)	Description of any market disruption or settlement disruption events that affect the underlying	Category B
	(xi)	Adjustment rules with relation to events concerning the underlying	Category B
	(xii)	Name of the calculation agent	Category C
	(xiii)	If the security has a derivative component in the interest payment, provide a clear and comprehensive explanation to help investors understand how the value of their investment is affected by the value of the underlying instrument(s), especially under the circumstances when the risks are most evident.	Category B
4.8.	(i)	maturity date	Category C
	(ii)	arrangements for the amortisation of the loan, including the repayment procedures. Where advance amortisation is contemplated, on the initiative of the issuer or of the holder, it shall be described, stipulating amortisation terms and conditions	Category B

	Annex V	Instructions
4.9.	(i) An indication of yield	Category C
	(ii) Describe the method whereby that yield is calculated in summary form.	Category B
4.10.	Representation of debt security holders including an identification of the organisation representing the investors and provisions applying to such representation. Indication of where the public may have access to the contracts relating to these forms of representation.	Category B
4.11.	In the case of new issues, a statement of the resolutions, authorisations and approvals by virtue of which the securities have been or will be created and/or issued.	Category C
4.12.	In the case of new issues, the expected issue date of the securities.	Category C
4.13.	A description of any restrictions on the free transferability	Category A
4.14.	In respect of the country of registered office of the issuer and the country(ies) where the offer being made or admission to trading is being sought: – information on taxes on the income from the securities withheld at source – indication as to whether the issuer assumes responsibility for the withholding of taxes at source	Category A
5.	TERMS AND CONDITIONS OF THE OFFER	
5.1.	**Conditions, offer statistics, expected timetable and action required to apply for the offer**	
5.1.1.	Conditions to which the offer is subject	Category C
5.1.2.	Total amount of the issue/offer; if the amount is not fixed, description of the arrangements and time for announcing to the public the definitive amount of the offer.	Category C
5.1.3.	(i) The time period, including any possible amendments, during which the offer will be open	Category C
	(ii) description of the application process.	Category C
5.1.4.	A description of the possibility to reduce subscriptions and the manner for refunding excess amount paid by applicants.	Category C
5.1.5.	Details of the minimum and/or maximum amount of application (whether in number of securities or aggregate amount to invest)	Category C
5.1.6.	Method and time limits for paying up the securities and for delivery of the securities	Category C
5.1.7.	A full description of the manner and date in which results of the offer are to be made public.	Category C
5.1.8.	The procedure for the exercise of any right of pre-emption, the negotiability of subscription rights and the treatment of subscription rights not exercised	Category C
5.2.	**Plan of distribution and allotment**	
5.2.1.	(i) The various categories of potential investors to which the securities are offered	Category A

	Annex V	Instructions
	(ii) If the offer is being made simultaneously in the markets of two or more countries and if a tranche has been or is being reserved for certain of these, indicate any such tranche.	Category C
5.2.2.	Process for notification to applicants of the amount allotted and the indication whether dealing may begin before notification is made	Category C
5.3.	**Pricing**	
5.3.1.	(i) An indication of the expected price at which the securities will be offered or	Category C
	(ii) the method of determining the price and the process for its disclosure	Category B
	(iii) Indicate the amount of any expenses and taxes specifically charged to the subscriber or purchaser.	Category C
5.4.	**Placing and Underwriting**	
5.4.1.	Name and address of the coordinator(s) of the global offer and of single parts of the offer and, to the extend known to the issuer or to the offeror, of the placers in the various countries where the offer takes place.	Category C
5.4.2.	Name and address of any paying agents and depository agents in each country	Category C
5.4.3.	Name and address of the entities agreeing to underwrite the issue on a firm commitment basis, and name and address of the entities agreeing to place the issue without a firm commitment or under "best efforts" arrangements. Indication of the material features of the agreements, including the quotas. Where not all of the issue is underwritten, a statement of the portion not covered. Indication of the overall amount of the underwriting commission and of the placing commission.	Category C
5.4.4.	When the underwriting agreement has been or will be reached.	Category C
6.	ADMISSION TO TRADING AND DEALING ARRANGEMENTS	
6.1.	(i) An indication as to whether the securities offered are or will be the object of an application for admission to trading, with a view to their distribution in a regulated market or other equivalent markets with indication of the markets in question. This circumstance must be mentioned, without creating the impression that the admission to trading will necessarily be approved.	Category B
	(ii) If known, give the earliest dates on which the securities will be admitted to trading	Category C
6.2.	All regulated markets or equivalent markets on which, to the knowledge of the issuer, securities of the same class of the securities to be offered or admitted to trading are already admitted to trading	Category C

	Annex V	Instructions
6.3.	Name and address of the entities which have a firm commitment to act as intermediaries in secondary trading, providing liquidity through bid and offer rates and description of the main terms of their commitment.	Category C
7.	ADDITIONAL INFORMATION	
7.1.	If advisors connected with an issue are mentioned in the Securities Note, a statement of the capacity in which the advisors have acted.	Category C
7.2.	An indication of other information in the Securities Note which has been audited or reviewed by statutory auditors and where auditors have produced a report. Reproduction of the report or, with permission of the competent authority, a summary of the report	Category A
7.3.	Where a statement or report attributed to a person as an expert is included in the Securities Note, provide such persons' name, business address, qualifications and material interest if any in the issuer. If the report has been produced at the issuer's request a statement to that effect that such statement or report is included, in the form and context in which it is included, with the consent of that person who has authorised the contents of that part of the Securities Note.	Category A
7.4.	Where information has been sourced from a third party, provide a confirmation that this information has been accurately reproduced and that as far as the issuer is aware and is able to ascertain from information published by that third party, no facts have been omitted which would render the reproduced information inaccurate or misleading. In addition, identify the source(s) of the information.	Category C
7.5.	(i) Credit ratings assigned to an issuer at the request or with the cooperation of the issuer in the rating process and brief explanation of the meaning of the rating if this has previously been published by the rating provider	Category A
	(ii) Credit ratings assigned to securities at the request or with the cooperation of the issuer in the rating process and brief explanation of the meaning of the rating if this has previously been published by the rating provider	Category C
	Annex XII	Instructions
1.	PERSONS RESPONSIBLE	
1.1.	All persons responsible for the information given in the prospectus and, as the case may be, for certain parts of it, with, in the latter case, an indication of such parts. In the case of natural persons including members of the issuer's administrative, management or supervisory bodies indicate the name and function of the person; in case of legal persons indicate the name and registered office.	Category A
1.2.	A declaration by those responsible for the prospectus that, having taken all reasonable care to ensure that such is the case, the information contained in the prospectus is, to the	Category A

	Annex XII	Instructions
	best of their knowledge, in accordance with the facts and contains no omission likely to affect its import. As the case may be, declaration by those responsible for certain parts of the prospectus that, having taken all reasonable care to ensure that such is the case, the information contained in the part of the prospectus for which they are responsible is, to the best of their knowledge, in accordance with the facts and contains no omission likely to affect its import.	
2.	RISK FACTORS	
2.1.	Prominent disclosure of risk factors that are material to the securities being offered and/or admitted to trading in order to assess the market risk associated with these securities in a section headed "risk factors". This must include a risk warning to the effect that investors may lose the value of their entire investment or part of it, as the case may be, and/or, if the investor's liability is not limited to the value of his investment, a statement of that fact, together with a description of the circumstances in which such additional liability arises and the likely financial effect	Category A
3.	ESSENTIAL INFORMATION	
3.1.	**Interest of natural and legal persons involved in the issue/ offer**	
	A description of any interest, including conflicting ones that is material to the issue/offer, detailing the persons involved and the nature of the interest	Category C
3.2.	**Reasons for the offer and use of proceeds when different from making profit and/or hedging certain risks**	
	If reasons for the offer and use of proceeds are disclosed provide the total net proceeds and an estimate of the total expenses of the issue/offer.	Category C
4.	INFORMATION CONCERNING THE SECURITIES TO BE OFFERED AND ADMITTED TO TRADING	
4.1.	**Information concerning the securities**	
4.1.1.	(i) A description of the type and the class of the securities being offered and/or admitted to trading,	Category B
	(ii) the ISIN (International Security Identification Number) or other such security identification code.	Category C
4.1.2.	A clear and comprehensive explanation to help investors understand how the value of their investment is affected by the value of the underlying instrument(s), especially under the circumstances when the risks are most evident unless the securities have a denomination per unit of at least EUR 100.000 or can only be acquired for at least EUR 100.000 per security.	Category B
4.1.3.	Legislation under which the securities have been created.	Category A
4.1.4.	(i) An indication of whether the securities are in registered form or bearer form and whether the securities are in certificated form or book-entry form.	Category A

	Annex XII	Instructions
	(ii) In the latter case, name and address of the entity in charge of keeping the records.	Category C
4.1.5.	Currency of the securities issue	Category C
4.1.6.	Ranking of the securities being offered and/or admitted to trading, including summaries of any clauses that are intended to affect ranking or subordinate the security to any present or future liabilities of the issuer.	Category A
4.1.7.	A description of the rights attached to the securities, including any limitations of those rights, and procedure for the exercise of said rights.	Category B
4.1.8.	In the case of new issues, a statement of the resolutions, authorisations and approvals by virtue of which the securities have been or will be created and/or issued.	Category C
4.1.9.	The issue date of the securities	Category C
4.1.10.	A description of any restrictions on the free transferability of the securities	Category A
4.1.11.	(i) The expiration date of the derivative securities	Category C
	(ii) The exercise date or final reference date	Category C
4.1.12.	A description of the settlement procedure of the derivative securities	Category B
4.1.13.	(i) A description of how any return on derivative securities takes place (1)	Category B
	(ii) the payment or delivery date	Category C
	(iii) the way it is calculated	Category B
4.1.14.	In respect of the country of registered office of the issuer and the country(ies) where the offer being made or admission to trading is being sought: information on taxes on the income from the securities withheld at source indication as to whether the issuer assumes responsibility for the withholding of taxes at source	Category A
4.2.	Information concerning the underlying	
4.2.1.	The exercise price or the final reference price of the underlying	Category C
4.2.2.	A statement setting out the type of the underlying	Category A
	an indication where information about the past and the further performance of the underlying and its volatility can be obtained	Category C
	(i) where the underlying is a security	
	– the name of the issuer of the securityCategory C	
	– the ISIN (international security identification number) or other such security identification code	Category C
	(ii) where the underlying is an index:	
	– the name of the index,	Category C

	Annex XII	Instructions
	– a description of the index if it is composed by the issuer or by any legal entity belonging to the same group,	Category A
	– a description of the index provided by a legal entity or a natural person acting in association with, or on behalf of, the issuer, unless the prospectus contains the following statements: – the complete set of rules of the index and information on the performance of the index are freely accessible on the issuer's or on the index provider's website, and – the governing rules (including methodology of the index for the selection and the re-balancing of the components of the index, description of market disruption events and adjustment rules) are based on predetermined and objective criteria,	Category A
	– if the index is not composed by the issuer, an indication of where to obtain information about the index.	Category C
	(iii) where the underlying is an interest rate	
	– a description of the interest rate	Category C
	(iv) others	
	– Where the underlying does not fall within the categories specified above the securities note shall contain equivalent information.	Category C
	(v) where the underlying is a basket of underlyings	
	– disclosure of the relevant weightings of each underlying in the basket	Category C
4.2.3.	A description of any market disruption or settlement disruption events that affect the underlying	Category B
4.2.4.	Adjustment rules with relation to events concerning the underlying.	Category B
5.	TERMS AND CONDITIONS OF THE OFFER	
5.1.	**Conditions, offer statistics, expected timetable and action required to apply for the offer**	
5.1.1.	Conditions to which the offer is subject	Category C
5.1.2.	Total amount of the issue/offer; if the amount is not fixed, description of the arrangements and time for announcing to the public the definitive amount of the offer.	Category C
5.1.3.	(i) The time period, including any possible amendments, during which the offer will be open	Category C
	(ii) description of the application process.	Category C
5.1.4.	Details of the minimum and/or maximum amount of application (whether in number of securities or aggregate amount to invest)	Category C
5.1.5.	Method and time limits for paying up the securities and for delivery of the securities	Category C

	Annex XII	Instructions
5.1.6.	A full description of the manner and date in which results of the offer are to be made public.	Category C
5.2.	**Plan of distribution and allotment**	
5.2.1.	(i) The various categories of potential investors to which the securities are offered	Category A
	(ii) If the offer is being made simultaneously in the markets of two or more countries and if a tranche has been or is being reserved for certain of these, indicate any such tranche.	Category C
5.2.2.	Process for notification to applicants of the amount allotted and the indication whether dealing may begin before notification is made	Category C
5.3.	**Pricing**	
5.3.1.	(i) An indication of the expected price at which the securities will be offered or	Category C
	(ii) the method of determining the price and the process for its disclosure	Category B
	(iii) Indicate the amount of any expenses and taxes specifically charged to the subscriber or purchaser.	Category C
5.4.	**Placing and Underwriting**	
5.4.1.	Name and address of the coordinator(s) of the global offer and of single parts of the offer and, to the extend known to the issuer or to the offeror, of the placers in the various countries where the offer takes place.	Category C
5.4.2.	Name and address of any paying agents and depository agents in each country	Category C
5.4.3.	Entities agreeing to underwrite the issue on a firm commitment basis, and entities agreeing to place the issue without a firm commitment or under "best efforts" arrangements. Where not all of the issue is underwritten, a statement of the portion not covered	Category C
5.4.4.	When the underwriting agreement has been or will be reached.	Category C
5.4.5.	Name and address of a calculation agent.	Category C
6.	ADMISSION TO TRADING AND DEALING ARRANGEMENTS	
6.1.	(i) An indication as to whether the securities offered are or will be the object of an application for admission to trading, with a view to their distribution in a regulated market or other equivalent markets with indication of the markets in question. This circumstance shall be mentioned, without creating the impression that the admission to trading necessarily will be approved.	Category B
	(ii) If known, give the earliest dates on which the securities will be admitted to trading	Category C

Annex XII		Instructions
6.2.	All the regulated markets or equivalent markets on which, to the knowledge of the issuer, securities of the same class of the securities to be offered or admitted to trading are already admitted to trading	Category C
6.3.	Name and address of the entities which have a firm commitment to act as intermediaries in secondary trading, providing liquidity through bid and offer rates and description of the main terms of their commitment.	Category C
7.	ADDITIONAL INFORMATION	
7.1.	If advisors connected with an issue are mentioned in the Securities Note, a statement of the capacity in which the advisors have acted.	Category C
7.2.	An indication of other information in the Securities Note which has been audited or reviewed by statutory auditors and where auditors have produced a report. Reproduction of the report or, with permission of the competent authority, a summary of the report.	Category A
7.3.	Where a statement or report attributed to a person as an expert is included in the Securities Note, provide such person's name, business address, qualifications and material interest, if any, in the issuer. If the report has been produced at the issuer's request a statement to that effect that such statement or report is included, in the form and context in which it is included, with the consent of that person who has authorised the contents of that part of the Securities Note.	Category A
7.4.	Where information has been sourced from a third party, provide a confirmation that this information has been accurately reproduced and that as far as the issuer is aware and is able to ascertain from information published by that third party, no facts have been omitted which would render the reproduced information inaccurate or misleading. In addition, the issuer shall identify the source(s) of the information	Category C
7.5.	An indication in the prospectus whether or not the issuer intends to provide post- issuance information. Where the issuer has indicated that it intends to report such information, the issuer shall specify in the prospectus what information will be reported and where such information can be obtained.	Category C
Annex XIII		Instructions
1.	PERSONS RESPONSIBLE	
1.1.	All persons responsible for the information given in the prospectus and, as the case may be, for certain parts of it, with, in the latter case, an indication of such parts. In case of natural persons including members of the issuer's administrative, management or supervisory bodies indicate the name and function of the person; in case of legal persons indicate the name and registered office.	Category A
1.2.	A declaration by those responsible for the prospectus that, having taken all reasonable care to ensure that such is the case, the information contained in the prospectus is, to the	Category A

		Annex XIII	Instructions
		best of their knowledge, in accordance with the facts and contains no omission likely to affect its import. As the case may be, declaration by those responsible for certain parts of the prospectus that the information contained in the part of the prospectus for which they are responsible is, to the best of their knowledge, in accordance with the facts and contains no omission likely to affect its import.	
2.		RISK FACTORS	
		Prominent disclosure of risk factors that are material to the securities admitted to trading in order to assess the market risk associated with these securities in a section headed "Risk factors".	Category A
3.		ESSENTIAL INFORMATION	
		Interest of natural and legal persons involved in the issue	
		A description of any interest, including conflicting ones, that is material to the issue, detailing the persons involved and the nature of the interest.	Category C
4.		INFORMATION CONCERNING THE SECURITIES TO BE ADMITTED TO TRADING	
4.1.		Total amount of securities being admitted to trading.	Category C
4.2.	(i)	A description of the type and the class of the securities being offered and/or admitted to trading,	Category B
	(ii)	the ISIN (International Security Identification Number) or other such security identification code.	Category C
4.3.		Legislation under which the securities have been created	Category A
4.4.	(i)	An indication of whether the securities are in registered form or bearer form and whether the securities are in certificated form or book-entry form.	Category A
	(ii)	In the latter case, name and address of the entity in charge of keeping the records.	Category C
4.5.		Currency of the securities issue	Category C
4.6.		Ranking of the securities being offered and/or admitted to trading, including summaries of any clauses that are intended to affect ranking or subordinate the security to any present or future liabilities of the issuer.	Category A
4.7.		A description of the rights attached to the securities, including any limitations of those rights, and procedure for the exercise of those rights.	Category B
4.8.	(i)	Nominal interest rate	Category C
	(ii)	Provisions relating to interest payable	Category B
	(iii)	The date from which interest becomes payable	Category C
	(iv)	The due dates for interest	Category C
	(v)	The time limit on the validity of claims to interest and repayment of principal	Category B

	Annex XIII	Instructions
	Where the rate is not fixed	
	(vi) Statement setting out the type of the underlying	Category A
	(vii) description of the underlying on which it is based	Category C
	(viii) and of the method used to relate the two	Category B
	(ix) Description of any market disruption or settlement disruption events that affect the underlying	Category B
	(x) Adjustment rules with relation to events concerning the underlying	Category B
	(xi) Name of the calculation agent	Category C
4.9.	(i) maturity date	Category C
	(ii) arrangements for the amortisation of the loan, including the repayment procedures. Where advance amortisation is contemplated, on the initiative of the issuer or of the holder, it shall be described, stipulating amortisation terms and conditions	Category B
4.10.	(i) An indication of yield	Category C
4.11.	Representation of debt security holders including an identification of the organisation representing the investors and provisions applying to such representation. Indication of where the public may have access to the contracts relating to these forms of representation.	Category B
4.12.	A statement of the resolutions, authorisations and approvals by virtue of which the securities have been created and/or issued.	Category C
4.13.	The issue date of the securities	Category C
4.14.	A description of any restrictions on the free transferability of the securities	Category A
5.	ADMISSION TO TRADING AND DEALING ARRANGEMENTS	
5.1.	(i) Indication of the market where the securities will be traded and for which prospectus has been published.	Category B
	(ii) If known, give the earliest dates on which the securities will be admitted to trading.	Category C
5.2.	Name and address of any paying agents and depository agents in each country.	Category C
6.	EXPENSE OF THE ADMISSION TO TRADING	
	An estimate of the total expenses related to the admission to trading	Category C
7.	ADDITIONAL INFORMATION	
7.1.	If advisors are mentioned in the Securities Note, a statement of the capacity in which the advisors have acted.	Category C
7.2.	An indication of other information in the Securities Note which has been audited or reviewed by auditors and where auditors have produced a report. Reproduction of the report or, with permission of the competent authority, a summary of the report.	Category A

	Annex XIII	**Instructions**
7.3.	Where a statement or report attributed to a person as an expert is included in the Securities Note, provide such person's name, business address, qualifications and material interest if any in the issuer. If the report has been produced at the issuer's request a statement to that effect that such statement or report is included, in the form and context in which it is included, with the consent of that person who has authorised the contents of that part of the Securities Note.	Category A
7.4.	Where information has been sourced from a third party, provide a confirmation that this information has been accurately reproduced and that as far as the issuer is aware and is able to ascertain from information published by that third party, no facts have been omitted which would render the reproduced information inaccurate or misleading. In addition, identify the source(s) of the information	Category C
7.5.	(i)Credit ratings assigned to an issuer at the request or with the cooperation of the issuer in the rating process	Category A
	(ii)Credit ratings assigned to securities at the request or with the cooperation of the issuer in the rating process	Category C
	Annex VIII	**Instructions**
1.	THE SECURITIES	
1.1.	The minimum denomination of an issue.	Category C
1.2.	Where information is disclosed about an undertaking/obligor which is not involved in the issue, provide a confirmation that the information relating to the undertaking/obligor has been accurately reproduced from information published by the undertaking/obligor. So far as the issuer is aware and is able to ascertain from information published by the undertaking/obligor no facts have been omitted which would render the reproduced information misleading.	Category C
	In addition, identify the source(s) of information in the Securities Note that has been reproduced from information published by an undertaking/obligor.	Category C
2.	THE UNDERLYING ASSETS	
2.1.	Confirmation that the securitised assets backing the issue have characteristics that demonstrate capacity to produce funds to service any payments due and payable on the securities.	Category A
2.2.	**In respect of a pool of discrete assets backing the issue:**	
2.2.1.	The legal jurisdiction by which the pool of assets is governed	Category C
2.2.2.	(a) In the case of a small number of easily identifiable obligors, a general description of each obligor	Category A
	(b) In all other cases, a description of: the general characteristics of the obligors; and the economic environment,	Category B
	as well as global statistical data referred to the securitised assets.	Category C
2.2.3.	the legal nature of the assets	Category C

	Annex VIII	Instructions
2.2.4.	the expiry or maturity date(s) of the assets	Category C
2.2.5.	the amount of the assets	Category C
2.2.6.	loan to value ratio or level of collateralisation	Category C
2.2.7.	the method of origination or creation of the assets, and for loans and credit agreements, the principal lending criteria and an indication of any loans which do not meet these criteria and any rights or obligations to make further advances	Category B
2.2.8.	an indication of significant representations and collaterals given to the issuer relating to the assets	Category C
2.2.9.	any rights to substitute the assets and a description of the manner in which and the type of assets which may be so substituted; if there is any capacity to substitute assets with a different class or quality of assets a statement to that effect together with a description of the impact of such substitution	Category B
2.2.10.	a description of any relevant insurance policies relating to the assets. Any concentration with one insurer must be disclosed if it is material to the transaction	Category B
2.2.11.	Where the assets comprise obligations of 5 or fewer obligors which are legal persons or where an obligor accounts for 20 % or more of the assets, or where an obligor accounts for a material portion of the assets, so far as the issuer is aware and/or is able to ascertain from information published by the obligor(s) indicate either of the following:	
	(a) information relating to each obligor as if it were an issuer drafting a registration document for debt and derivative securities with an individual denomination of at least EUR 100.000	Category A
	(b) if an obligor or guarantor has securities already admitted to trading on a regulated or equivalent market or the obligations are guaranteed by an entity admitted to trading on a regulated or equivalent market, the name, address, country of incorporation, nature of business and name of the market in which its securities are admitted.	Category C
2.2.12.	If a relationship exists that is material to the issue, between the issuer, guarantor and obligor, details of the principal terms of that relationship	Category C
2.2.13.	Where the assets comprise obligations that are not traded on a regulated or equivalent market, a description of the principal terms and conditions of the obligations	Category B
2.2.14.	Where the assets comprise equity securities that are admitted to trading on a regulated or equivalent market indicate the following:	
	(a) a description of the securities	Category C
	(b) a description of the market on which they are traded including its date of establishment, how price information . is published, an indication of daily trading volumes, in-	Category C

Annex VIII		Instructions
	formation as to the standing of the market in the country and the name of the market's regulatory authority	
	(c) the frequency with which prices of the relevant securities, are published.	Category C
2.2.15.	Where more than ten (10) per cent of the assets comprise equity securities that are not traded on a regulated or equivalent market, a description of those equity securities and equivalent information to that contained in the schedule for share registration document in respect of each issuer of those securities	Category A
2.2.16.	Where a material portion of the assets are secured on or backed by real property, a valuation report relating to the property setting out both the valuation of the property and cash flow/income streams. Compliance with this disclosure is not required if the issue is of securities backed by mortgage loans with property as security, where there has been no revaluation of the properties for the purpose of the issue, and it is clearly stated that the valuations quoted are as at the date of the original initial mortgage loan origination	Category A
2.3.	**In respect of an actively managed pool of assets backing the issue**	
2.3.1.	equivalent information to that contained in items 2.1 and 2.2 to allow an assessment of the type, quality, sufficiency and liquidity of the asset types in the portfolio which will secure the issue	see items 2.1 and 2.2
2.3.2.	the parameters within which investments can be made, the name and description of the entity responsible for such management including a description of that entity's expertise and experience, a summary of the provisions relating to the termination of the appointment of such entity and the appointment of an alternative management entity, and a description of that entity's relationship with any other parties to the issue	Category B
2.4.	Where an issuer proposes to issue further securities backed by the same assets, a prominent statement to that effect and unless those further securities are fungible with or are subordinated to those classes of existing debt, a description of how the holders of that class will be informed	Category C
3.	STRUCTURE AND CASH FLOW	
3.1.	Description of the structure of the transaction, including, if necessary, a structure diagram	Category A
3.2.	Description of the entities participating in the issue and description of the functions to be performed by them	Category A
3.3.	Description of the method and date of the sale, transfer, novation or assignment of the assets or of any rights and/or obligations in the assets to the issuer or, where applicable, the manner and time period in which the proceeds from the issue will be fully invested by the issuer	Category B
3.4.	**An explanation of the flow of funds including:**	

	Annex VIII	Instructions
3.4.1.	how the cash flow from the assets will meet the issuer's obligations to holders of the securities, including, if necessary, a financial service table and a description of the assumptions used in developing the table	Category B
3.4.2.	information on any credit enhancements, an indication of where material potential liquidity shortfalls may occur and the availability of any liquidity supports and indication of provisions designed to cover interest/principal shortfall risks	Category B
3.4.3.	without prejudice to item 3.4.2, details of any subordinated debt finance	Category C
3.4.4	an indication of any investment parameters for the investment of temporary liquidity surpluses and description of the parties responsible for such investment	Category B
3.4.5.	how payments are collected in respect of the assets	Category B
3.4.6.	the order of priority of payments made by the issuer to the holders of the class of securities in question	Category A
3.4.7.	details of any other arrangements upon which payments of interest and principal to investors are dependent	Category A
3.5.	the name, address and significant business activities of the originators of the securitised assets	Category C
3.6.	Where the return on, and/or repayment of the security is linked to the performance or credit of other assets which are not assets of the issuer, items 2.2 and 2.3 are necessary	See items 2.2 and 2.3
3.7.	the name, address and significant business activities of the administrator, calculation agent or equivalent, together with a summary of the administrator's/calculation agents responsibilities, their relationship with the originator or the creator of the assets and a summary of the provisions relating to the termination of the appointment of the administrator/calculation agent and the appointment of an alternative administrator/calculation agent	Category C
3.8.	the names and addresses and brief description of:	
	(a)any swap counterparties and any providers of other material forms of credit/liquidity enhancement	Category A
	(b)the banks with which the main accounts relating to the transaction are held.	Category C
4.	POST ISSUANCE REPORTING	
4.1.	Indication in the prospectus whether or not it intends to provide post-issuance transaction information regarding securities to be admitted to trading and the performance of the underlying collateral. Where the issuer has indicated that it intends to report such information, specify in the prospectus what information will be reported, where such information can be obtained, and the frequency with which such information will be reported	Category C
	Annex XIV	**Instructions**
1.	Description of the underlying share	

	Annex XIV	Instructions
1.1.	Describe the type and the class of the shares	Category A
1.2.	Legislation under which the shares have been or will be created	Category A
1.3.	Indication whether the securities are in registered form or bearer form and whether the securities are in certificated form or book-entry form. In the latter case, name and address of the entity in charge of keeping the records	Category A
1.4.	Indication of the currency of the shares issue	Category A
1.5.	A description of the rights, including any limitations of these, attached to the securities and procedure for the exercise of those rights: – Dividend rights: – fixed date(s) on which the entitlement arises, – time limit after which entitlement to dividend lapses and an indication of the person in whose favour the lapse operates, – dividend restrictions and procedures for non resident holders, – rate of dividend or method of its calculation, periodicity and cumulative or non-cumulative nature of payments. – Voting rights. – Pre-emption rights in offers for subscription of securities of the same class. – Right to share in the issuer's profits. – Rights to share in any surplus in the event of liquidation. – Redemption provisions. – Conversion provisions.	Category A
1.6.	In the case of new issues, a statement of the resolutions, authorisations and approvals by virtue of which the shares have been or will be created and/or issued and indication of the issue date.	Category C
1.7.	Where and when the shares will be or have been admitted to trading	Category C
1.8.	Description of any restrictions on the free transferability of the shares	Category A
1.9.	Indication of the existence of any mandatory takeover bids/or squeeze-out and sell-out rules in relation to the shares	Category A
1.10.	Indication of public takeover bids by third parties in respect of the issuer's equity, which have occurred during the last financial year and the current financial year. The price or exchange terms attaching to such offers and the outcome thereof must be stated	Category A
1.11.	Impact on the issuer of the underlying share of the exercise of the right and potential dilution effect for the shareholders.	Category C

	Annex XIV	**Instructions**
2.	When the issuer of the underlying is an entity belonging to the same group, the information to provide on this issuer is the one required by the share registration document schedule	Category A

	Annex VI	**Instructions**
1.	NATURE OF THE GUARANTEE	
	A description of any arrangement intended to ensure that any obligation material to the issue will be duly serviced, whether in the form of guarantee, surety, Keep well Agreement, Mono-line Insurance policy or other equivalent commitment (hereafter referred to generically as "guarantees" and their provider as "guarantor" for convenience). Without prejudice to the generality of the foregoing, such arrangements encompass commitments to ensure obligations to repay debt securities and/or the payment of interest and the description shall set out how the arrangement is intended to ensure that the guaranteed payments will be duly serviced.	Category B
2.	SCOPE OF THE GUARANTEE	
	Details shall be disclosed about the terms and conditions and scope of the guarantee. Without prejudice to the generality of the foregoing, these details should cover any conditionality on the application of the guarantee in the event of any default under the terms of the security and the material terms of any mono-line insurance or keep well agreement between the issuer and the guarantor. Details must also be disclosed of any guarantor's power of veto in relation to changes to the security holder's rights, such as is often found in Mono-line Insurance.	Category B
3.	INFORMATION TO BE DISCLOSED ABOUT THE GUARANTOR	
	The guarantor must disclose information about itself as if it were the issuer of that same type of security that is the subject of the guarantee.	Category A
4.	DOCUMENTS ON DISPLAY	
	Indication of the places where the public may have access to the material contracts and other documents relating to the guarantee.	Category A

	Annex XXX	**Instructions**
1.	INFORMATION TO BE PROVIDED REGARDING CONSENT BY THE ISSUER OR PERSON RESPONSIBLE FOR DRAWING UP THE PROSPECTUS	
1.1	Express consent by the issuer or person responsible for drawing up the prospectus to the use of the prospectus and statement that it accepts responsibility for the con-	Category A
	tent of the prospectus also with respect to subsequent resale or final placement of securities by any financial intermediary which was given consent to use the prospectus.	
1.2	Indication of the period for which consent to use the prospectus is given.	Category A

	Annex XXX	Instructions
1.3	Indication of the offer period upon which subsequent resale or final placement of securities by financial intermediaries can be made.	Category C
1.4	Indication of the Member States in which financial intermediaries may use the prospectus for subsequent resale or final placement of securities.	Category A
1.5	Any other clear and objective conditions attached to the consent which are relevant for the use of the prospectus.	Category C
1.6	Notice in bold informing investors that, in the event of an offer being made by a financial intermediary, this financial intermediary will provide information to investors on the terms and conditions of the offer at the time the offer is made.	Category A
2A	ADDITIONAL INFORMATION TO BE PROVIDED WHERE A CONSENT IS GIVEN TO ONE OR MORE SPECIFIED FINANCIAL INTERMEDIARIES	
2A.1	List and identity (name and address) of the financial intermediary or intermediaries that are allowed to use the prospectus.	Category C
2A.2	Indication how any new information with respect to financial intermediaries unknown at the time of the approval of the prospectus, the base prospectus or the filing of the final terms, as the case may be, is to be published and where it can be found.	Category A
2B	ADDITIONAL INFORMATION TO BE PROVIDED WHERE A CONSENT IS GIVEN TO ALL FINANCIAL INTERMEDIARIES	
2B.1	Notice in bold informing investors that any financial intermediary using the prospectus has to state on its website that it uses the prospectus in accordance with the consent and the conditions attached thereto.	Category A

(1) If a component of the formula is 0 or 1 and the respective component is not used for a specific issue, there should be the possibility to render the formula in the final terms without the unapplied component.

1 Anhang XX enthält die Schemata und Module für die Wertpapierbeschreibung mit der Einordnung der jeweiligen Informationsbestandteile zu den Kategorien A, B oder C. Eine inhaltliche Änderung der Anhänge selbst soll hier nicht erfolgen. Im Übrigen wird auf die Kommentierung zu den jeweiligen Anhängen, sowie Art. 2a EU-ProspV verwiesen.

ARTIKEL 26A
Verhältnismäßiges Schema für Bezugsrechtsemissionen

ARTICLE 26A
Proportionate schedule
for rights issues

(1) Die verhältnismäßigen Schemata in den Anhängen XXIII und XXIV gelten für Bezugsrechtsemissionen, sofern vom Emittenten begebene Anteile derselben Gattung zuvor schon zum Handel an einem geregelten Markt oder zum Handel über ein multilaterales Handelssystem im Sinne des Artikels 4 Absatz 1 Nummer 15 der Richtlinie 2004/39/EG des Europäischen Parlaments und des Rates*) zugelassen wurden.

1. The proportionate schedules set out in Annexes XXIII and XXIV shall apply to rights issues, provided that the issuer has shares of the same class already admitted to trading on a regulated market or a multilateral trading facility as defined in point 15 of Article 4(1) of Directive 2004/39/EC of the European Parliament and of the Council*).

(2) Emittenten, deren zur selben Gattung gehörenden Anteile zuvor schon zum Handel über ein multilaterales Handelssystem zugelassen wurden, können die in den Anhängen XXIII und XXIV dargestellten Schemata nur dann nutzen, wenn die Vorschriften des multilateralen Handelssystems Folgendes enthalten:

2. Issuers whose shares of the same class are already admitted to trading on a multilateral trading facility can only make use of the schedules set out in Annexes XXIII and XXIV when the rules of that multilateral trading facility contain the following:

a) Bestimmungen, nach denen die Emittenten dazu verpflichtet sind, innerhalb von sechs Monaten nach Ablauf eines jeden Geschäftsjahres Jahresabschlüsse und Bestätigungsvermerke, innerhalb von vier Monaten nach Ablauf der ersten sechs Monate eines jeden Geschäftsjahres Halbjahresabschlüsse sowie Insider-Informationen im Sinne von Artikel 1 Absatz 1 Nummer 1 der Richtlinie 2003/6/EG gemäß Artikel 6 der genannten Richtlinie zu veröffentlichen;

(a) provisions requiring issuers to publish annual financial statements and audit reports within 6 months after the end of each financial year, half yearly financial statements within 4 months after the end of the first 6 months of each financial year and make public inside information as defined in point 1 of the first paragraph of Article 1 of Directive 2003/6/EC pursuant to Article 6 of that Directive;

b) Bestimmungen, nach denen die Emittenten dazu verpflichtet sind, die unter Buchstabe a genannten Vermerke und Informationen der Öffentlichkeit zugänglich zu machen, indem sie sie auf ihrer Website veröffentlichen;

(b) provisions requiring issuers to make the reports and information referred to in point (a) available to the public by publishing them on their websites;

c) Bestimmungen zur Verhinderung von Insiderhandel und Marktmanipulation gemäß der Richtlinie 2003/6/EG.

(c) provisions preventing insider dealing and market manipulation in accordance with Directive 2003/6/EC.

(3) Mit einer Erklärung am Prospektanfang wird unmissverständlich darauf

3. A statement at the beginning of the prospectus shall indicate clearly that the

*) ABl. L 145 vom 30.4.2004, S. 1.

*) OJL 145, 30.4.2004, p.1.

hingewiesen, dass sich die Bezugs-rechtsemission an die Anteilseigner des Emittenten richtet und der Umfang der im Prospekt veröffentlichten Angaben im Verhältnis zu dieser Emissionsart bemessen ist.

rights issue is addressed to shareholders of the issuer and that the level of disclosure of the prospectus is proportionate to that type of issue.

ANHANG XXIII
Mindestangaben für das Aktienregistrierungsformular bei Bezugsrechtsemissionen (verhältnismäßiges Schema)

ANNEX XXIII
Proportionate Schedule for Minimum Disclosure Requirements for the Share Registration Document for Rights

1. Haftende Personen

1.1. Alle Personen, die für die Angaben im Registrierungsformular bzw. für bestimmte Teile des Registrierungsformulars haften. Im letzteren Fall sind die entsprechenden Teile anzugeben. Handelt es sich dabei um natürliche Personen, zu denen auch Mitglieder des Verwaltungs-, Leitungs- oder Aufsichtsorgans des Emittenten gehören, sind Name und Funktion dieser Person zu nennen. Bei juristischen Personen sind Name und eingetragener Sitz der Gesellschaft anzugeben.

1.2. Erklärung der für das Registrierungsformular haftenden Personen, dass die Angaben im Registrierungsformular ihres Wissens richtig sind und keine Auslassungen beinhalten, die die Aussage des Registrierungsformulars verzerren könnten, und dass sie die erforderliche Sorgfalt haben walten lassen, um dies sicherzustellen. Ggf. Erklärung der für bestimmte Teile des Registrierungsformulars haftenden Personen, dass die Angaben in dem Teil des Registrierungsformulars, für den sie haften, ihres Wissens richtig sind und keine Auslassungen beinhalten, die die Aussage des Registrierungsformulars verzerren könnten, und dass sie die erforderliche Sorgfalt haben walten lassen, um dies sicherzustellen.

1. Persons Responsible

1.1. All persons responsible for the information given in the Registration Document and, as the case may be, for certain parts of it, with, in the latter case, an indication of such parts. In the case of natural persons including members of the issuer's administrative, management or supervisory bodies indicate the name and function of the person; in case of legal persons indicate the name and registered office.

1.2. A declaration by those responsible for the registration document that, having taken all reasonable care to ensure that such is the case, the information contained in the registration document is, to the best of their knowledge, in accordance with the facts and contains no omission likely to affect its import. As the case may be, a declaration by those responsible for certain parts of the registration document that, having taken all reasonable care to ensure that such is the case, the information contained in the part of the registration document for which they are responsible is, to the best of their knowledge, in accordance with the facts and contains no omission likely to affect its import.

2. Abschlussprüfer

2.1. Name und Anschrift der Abschlussprüfer des Emittenten, die für den von den historischen Finanzinformationen abgedeckten Zeitraum zuständig waren (einschließlich ihrer Mitgliedschaft in einer Berufsvereinigung).

2.2. Wurden Abschlussprüfer während des von den historischen Finanzinformationen abgedeckten Zeitraums abberufen, nicht wieder bestellt oder haben

2. Statutory Auditors

2.1. Names and addresses of the issuer's auditors for the period covered by the historical financial information (together with their membership in a professional body).

2.2. If auditors have resigned, been removed or not been re-appointed during the period covered by the historical financial information, indicate details if material.

sie ihr Mandat selbst niedergelegt, so
sind entsprechende Einzelheiten – soweit wesentlich – anzugeben.

3.   Risikofaktoren

Klare Angabe der Risikofaktoren, die
für den Emittenten oder seine Branche
charakteristisch sind, unter der Rubrik
‚Risikofaktoren'.

4.   Angaben 7um Emittenten

**4.1. Gesetzliche und kommerzielle Be-
zeichnung des Emittenten.**

4.2. Investitionen

**4.2.1. Beschreibung (einschließlich des
Betrags) der wichtigsten Investitionen
des Emittenten zwischen dem Ende des
von dem zuletzt veröffentlichten geprüften Abschluss abgedeckten Zeitraums
und dem Datum des Registrierungs formulars.**

**4.2.2. Beschreibung der wichtigsten lau-
fenden Investitionen des Emittenten,
einschließlich ihrer geografischen Verteilung (Inland und Ausland) und der
Finanzierungsmethode (Eigen- oder
Fremdfinanzierung).**

**4.2.3. Angaben zu den wichtigsten künf-
tigen Investitionen des Emittenten, die
von seinen Leitungsorganen bereits fest
beschlossen sind.**

5.   Überblick über die Geschäftstätig-
keit

5.1. Haupttätigkeitsbereiche

Kurze Beschreibung des Betriebs und
der Haupttätigkeiten des Emittenten sowie etwaiger bedeutender Änderun gen,
die sich seit dem Ende des von dem zuletzt veröffentlichten geprüften Abschluss abgedeckten Zeitraums auf den
Betrieb und die Haupttätigkeiten des
Emittenten ausgewirkt haben, und Angaben zu neu eingeführten wesentlichen
Produkten und Dienstleistungen sowie
zum Stand der Entwicklung neuer Produkte oder Dienstleistungen, soweit deren Entwicklung öffentlich bekanntgegeben wurde.

3.   Risk Factors

Prominent disclosure of risk factors that
are specific to the issuer or its industry in
a section headed 'Risk Factors'.

4.   Information About The issuer

4.1. The legal and commercial name of
the issuer

4.2. Investments

4.2.1. A description, (including the
amount) of the principal investments
made since the end of the period covered
by the latest published audited financial
statements and up to the date of the registration document.

4.2.2. A description of the issuer's principal investments that are in progress, including the geographic distribution of
these investments (home and abroad)
and the method of financing (internal or
external)

4.2.3. Information concerning the issuer's
principal future investments on which its
management bodies have already made
firm commitments.

5.   Business Overview

5.1. Principal Activities

A brief description of the issuer's operations and principal activities and of any
significant changes impacting these operations and activities since the end of
the period covered by the latest published audited financial statements, including an indication of any significant
new products and services that have
been introduced and, to the extent the
development of new products or services
has been publicly disclosed, the status of
development.

5.2. Wichtigste Märkte

Kurze Beschreibung der wichtigsten Märkte, auf denen der Emittent tätig ist, sowie etwaiger wesentlicher Änderungen auf diesen Märkten seit dem Ende des von dem zuletzt veröffentlichten geprüften Abschluss abgedeckten Zeitraums.

5.3. Wurden die unter den Punkten 5.1 und 5.2 genannten Informationen seit dem Ende des von dem zuletzt veröffentlichten geprüften Abschluss abgedeckten Zeitraums durch außergewöhnliche Faktoren beeinflusst, so ist dies anzugeben.

5.4. Kurze Darstellung, inwieweit der Emittent von Patenten oder Lizenzen, Industrie-, Handels- oder Finanzierungsverträgen oder neuen Herstellungsverfahren abhängig ist, wenn diese Faktoren für die Geschäftstätigkeit oder die Rentabilität des Emittenten von wesentlicher Bedeutung sind.

5.5. Grundlage für etwaige Angaben des Emittenten zu seiner Wettbewerbsposition.

6.   Organisationsstruktur

6.1. Ist der Emittent Teil einer Gruppe, kurze Beschreibung der Gruppe und der Stellung des Emittenten innerhalb dieser Gruppe.

7.   Trendinformationen

7.1. Angabe der wichtigsten aktuellen Trends bei Produktion, Umsatz und Vorräten sowie bei Kosten und Verkaufspreisen zwischen dem Ende des letzten Geschäftsjahres und dem Datum des Registrierungsformulars.

7.2. Angabe aller bekannten Trends, Unsicherheiten, Anfragen, Verpflichtungen oder Vorfälle, die die Aussichten des Emittenten nach vernünftigem Ermessen zumindest im laufenden Geschäftsjahr wesentlich beeinflussen werden.

5.2. Principal Markets

A brief description of the principal markets in which the issuer competes and of any significant changes impacting these markets since the end of period covered by the latest published audited financial statements.

5.3. Where the information given pursuant to items 5.1. and 5.2. has been influenced by extraordinary factors since the end of period covered by the latest published audited financial statements, mention that fact.

5.4. If material to the issuer's business or profitability, summary information regarding the extent to which the issuer is dependent, on patents or licenses, industrial, commercial or financial contracts or new manufacturing processes.

5.5. The basis for any statements made by the issuer regarding its competitive position.

6.   Organisational Structure

6.1. If the issuer is part of a group, a brief description of the group and the issuer's position within the group.

7.   Trend Information

7.1. The most significant recent trends in production, sales and inventory, and costs and selling prices since the end of the last financial year to the date of the registration document.

7.2. Information on any known trends, uncertainties, demands, commitments or events that are reasonably likely to have a material effect on the issuer's prospects for at least the current financial year.

8. Gewinnprognosen oder -schätzungen

Entscheidet sich ein Emittent zur Aufnahme einer Gewinnprognose oder -schätzung, so muss das Registrierungsformular die unter den Punkten 8.1 und 8.2 genannten Angaben enthalten.

8.1. Erläuterung der wichtigsten Annahmen, auf die der Emittent seine Prognose oder Schätzung gestützt hat.

Hier muss klar unterschieden werden zwischen Annahmen in Bezug auf Faktoren, die die Mitglieder des Verwaltungs-, Leitungs- oder Aufsichtsorgans beeinflussen können, und Annahmen in Bezug auf Faktoren, die klar außerhalb des Einflussbereichs der Mitglieder des Verwaltungs-, Leitungs- oder Aufsichtsorgans liegen. Die An nahmen müssen für die Anleger ohne Weiteres verständlich, spezifisch sowie präzise sein und dürfen sich nicht auf die allgemeine Genauigkeit der der Prognose zugrunde liegenden Schätzungen beziehen.

8.2. Einen Bericht, der von unabhängigen Buchprüfern oder Abschlussprüfern erstellt wurde und in dem festgestellt wird, dass die Prognose oder die Schätzung nach Meinung der unabhängigen Buchprüfer oder Abschlussprüfer auf der angegebenen Grundlage ordnungsgemäß erstellt wurde und dass die Rechnungslegungsgrundlage, die für die Gewinnprognose oder -schätzung verwendet wurde, mit den Rechnungslegungsstrategien des Emittenten konsistent ist.

Beziehen sich die Finanzinformationen auf das letzte Geschäftsjahr und enthalten ausschließlich nicht irreführende Zahlen, die im Wesentlichen mit den im nächsten geprüften Jahresabschluss zu veröffentlichenden Zahlen konsistent sind, sowie die zu deren Bewertung nötigen erläuternden Informationen, ist kein Bericht erforderlich, sofern der Prospekt alle folgenden Erklärungen enthält:

a) die für diese Finanzinformationen verantwortliche Person, sofern sie nicht mit derjenigen identisch ist, die für den Prospekt insgesamt verant-

8. Profit Forecasts or Estimates

If an issuer chooses to include a profit forecast or a profit estimate the registration document must contain the information set out in items 8.1 and 8.2:

8.1. A statement setting out the principal assumptions upon which the issuer has based its forecast, or estimate.

There must be a clear distinction between assumptions about factors which the members of the administrative, management or supervisory bodies can influence and assumptions about factors which are exclusively outside the influence of the members of the administrative, management or supervisory bodies; the assumptions must be readily understandable by investors, be specific and precise and not relate to the general accuracy of the estimates underlying the forecast.

8.2. A report prepared by independent accountants or auditors stating that in the opinion of the independent accountants or auditors the forecast or estimate has been properly compiled on the basis stated, and that the basis of accounting used for the profit forecast or estimate is consistent with the accounting policies of the issuer.

Where financial information relates to the previous financial year and only contains non-misleading figures substantially consistent with the final figures to be published in the next annual audited financial statements for the previous financial year, and the explanatory information necessary to assess the figures, a report shall not be required provided that the prospectus includes all of the following statements:

(a) the person responsible for this financial information, if different from the one which is responsible for the prospectus in general, approves that in-

wortlich ist, genehmigt diese Informationen;

formation;

b) unabhängige Buchprüfer oder Abschlussprüfer haben bestätigt, dass diese Informationen im Wesentlichen mit den im nächsten geprüften Jahresabschluss zu veröffentlichenden Zahlen konsistent sind;

(b) independent accountants or auditors have agreed that this information is substantially consistent with the final figures to be published in the next annual audited financial statements;

c) diese Finanzinformationen wurden nicht geprüft.

(c) this financial information has not been audited.

8.3. Die Gewinnprognose oder -schätzung ist auf einer Grundlage zu erstellen, die mit den historischen Finanzinformationen vergleichbar ist.

8.3. The profit forecast or estimate must be prepared on a basis comparable with the historical financial information

8.4. Wurde in einem Prospekt, der noch aussteht, eine Gewinnprognose veröffentlicht, dann ist zu erläutern, ob diese Prognose noch so zutrifft wie zur Zeit der Erstellung des Registrierungsformulars, und ggf. darzulegen, warum diese Prognose nicht mehr zutrifft.

8.4. If a profit forecast in a prospectus has been published which is still outstanding, then provide a statement setting out whether or not that forecast is still correct as at the time of the registration document, and an explanation of why such forecast is no longer valid if that is the case.

9. Verwaltungs-, Leitungs- und Aufsichtsorgan und Oberes Management

9. Administrative, Management, and Supervisory bodies and Senior Management

9.1. Name und Geschäftsanschrift folgender Personen sowie Angabe ihrer Stellung beim Emittenten und der wichtigsten Tätigkeiten, die sie neben der Tätigkeit beim Emittenten ausüben, sofern diese für den Emittenten von Bedeutung sind:

9.1. Names, business addresses and functions in the issuer of the following persons and an indication of the principal activities performed by them outside that issuer where these are significant with respect to that issuer:

a) Mitglieder des Verwaltungs-, Leitungs- und Aufsichtsorgans;

(a) members of the administrative, management or supervisory bodies;

b) persönlich haftende Gesellschafter bei einer Kommanditgesellschaft auf Aktien;

(b) partners with unlimited liability, in the case of a limited partnership with a share capital;

c) Gründer, wenn es sich um eine Gesellschaft handelt, die seit weniger als fünf Jahren besteht, und

(c) founders, if the issuer has been established for fewer than 5 years; and

d) sämtliche Mitglieder des oberen Managements, die für die Feststellung relevant sind, ob der Emittent über die für die Führung der Geschäfte erforderliche Kompetenz und Erfahrung verfügt.

(d) any senior manager who is relevant to establishing that the issuer has the appropriate expertise and experience for the management of the issuer's business.

Art einer etwaigen verwandtschaftlichen Beziehung zwischen diesen Personen.

Für jedes Mitglied des Verwaltungs-, Leitungs- oder Aufsichtsorgans des Emittenten und für jede der in Unterabsatz 1 Buchstaben b und d genannten Personen detaillierte Angabe der einschlägigen Managementkompetenz und -erfahrung sowie folgende Angaben:

a) die Namen sämtlicher Kapital- und Personengesellschaften, bei denen die betreffende Person während der letzten fünf Jahre Mitglied des Verwaltungs-, Leitungs- oder Aufsichtsorgans bzw. Gesellschafter war, und Angabe, ob die Mitgliedschaft in diesen Organen oder der Gesellschafterstatus weiter fortbesteht. Es ist nicht erforderlich, sämtliche Tochtergesellschaften des Emittenten aufzulisten, bei denen die betreffende Person ebenfalls Mitglied des Verwaltungs-, Leitungs- oder Aufsichtsorgans ist.

b) etwaige Verurteilungen wegen Betrugsdelikten während zumindest der letzten fünf Jahre;

c) detaillierte Angaben über etwaige Insolvenzen, Insolvenzverwaltungen oder Liquidationen während zumindest der letzten fünf Jahre, mit der eine in Unterabsatz 1 Buchstaben a und d genannte Person im Zusammenhang stand, die in einer der in Unterabsatz 1 Buchstaben a und d genannten Funktionen handelte, und

d) detaillierte Angaben zu etwaigen öffentlichen Anschuldigungen und/oder Sanktionen gegen die genannte Person durch die gesetzlich befugten Stellen oder die Regulierungsbehörden (einschließlich bestimmter Berufsverbände) und ggf. Angabe, ob diese Person während zumindest der letzten fünf Jahre von einem Gericht für die Mitgliedschaft in einem Verwaltungs-, Leitungs- oder Aufsichtsorgan eines Emittenten oder für die Tätigkeit im Management oder der

The nature of any family relationship between any of those persons.

In the case of each member of the administrative, management or supervisory bodies of the issuer and of each person mentioned in points (b) and (d) of the first subparagraph, details of that person's relevant management expertise and experience and the following information:

(a) the names of all companies and partnerships of which such person has been a member of the administrative, management or supervisory bodies or partner at any time in the previous 5 years, indicating whether or not the individual is still a member of the administrative, management or supervisory bodies or partner. It is not necessary to list all the subsidiaries of an issuer of which the person is also a member of the administrative, management or supervisory bodies;

(b) any convictions in relation to fraudulent offences for at least the previous 5 years;

(c) details of any bankruptcies, receiverships or liquidations with which a person described in (a) and (d) of the first subparagraph who was acting in the capacity of any of the positions set out in (a) and(d) of the first subparagraph was associated for at least the previous 5 years;

(d) details of any official public incrimination and/or sanctions of such person by statutory or regulatory authorities (including designated professional bodies) and whether such person has ever been disqualified by a court from acting as a member of the administrative, management or supervisory bodies of an issuer or from acting in the management or conduct of the affairs of any issuer for at least the previous 5 years.

Führung der Geschäfte eines Emittenten als untauglich angesehen wurde.

Liegt keiner der genannten Umstände vor, ist eine entsprechende Erklärung abzugeben.

If there is no such information to be disclosed, a statement to that effect is to be made.

9.2. Verwaltungs-, Leitungs- und Aufsichtsorgan sowie oberes Management — Interessenkonflikte Potenzielle Interessenkonflikte zwischen den Verpflichtungen der unter Punkt 9.1 genannten Personen gegenüber dem Emittenten und ihren privaten Interessen und/oder sonstigen Verpflichtungen sind klar anzugeben. Falls keine derartigen Konflikte bestehen, ist eine entsprechende Erklärung abzugeben.

9.2. Administrative, Management, and Supervisory bodies and Senior Management conflicts of interests Potential conflicts of interests between any duties to the issuer, of the persons referred to in item 9.1., and their private interests and or other duties must be clearly stated. In the event that there are no such conflicts, a statement to that effect must be made.

Ferner ist jede Vereinbarung oder Abmachung mit den Hauptaktionären, Kunden, Lieferanten oder sonstigen Personen zu nennen, aufgrund deren eine unter Punkt 9.1 genannte Person zum Mitglied eines Verwaltungs-, Leitungs- oder Aufsichtsorgans bzw. zum Mitglied des oberen Managements bestellt wurde.

Any arrangement or understanding with major shareholders, customers, suppliers or others, pursuant to which any person referred to in item 9.1 was selected as a member of the administrative, management or supervisory bodies or member of senior management.

Zudem sind die Einzelheiten aller Veräußerungsbeschränkungen zu nennen, die die unter Punkt 9.1 genannten Personen für die von ihnen gehaltenen Wertpapiere des Emittenten für einen bestimmten Zeitraum vereinbart haben.

Details of any restrictions agreed by the persons referred to in item 9.1 on the disposal within a certain period of time of their holdings in the issuer's securities.

10. Vergütung und sonstige Leistungen

10. Remuneration and benefits

Bei Emittenten, die nicht an einem geregelten Markt notiert sind, sind für das letzte abgeschlossene Geschäftsjahr in Bezug auf die unter Punkt 9.1 Unterabsatz 1 Buchstaben a und d genannten Personen folgende Angaben vorzulegen:

In case of issuers not listed on a regulated market and in relation to the last full financial year for those persons referred to in points (a) and (d) of the first subparagraph of item 9.1.

10.1. Höhe der Vergütung (einschließlich etwaiger erfolgsgebundener oder nachträglicher Vergütungen) und Sachleistungen, die diesen Personen vom Emittenten und seinen Tochterunternehmen für Dienstleistungen gezahlt bzw. gewährt wurden, die für den Emittenten oder eine seiner Tochtergesellschaften von jeglicher Person in jeglicher Funktion erbracht wurden.

10.1. The amount of remuneration paid (including any contingent or deferred compensation), and benefits in kind granted to such persons by the issuer and its subsidiaries for services in all capacities to the issuer and its subsidiaries by any person.

Diese Angaben sind individuell vorzulegen, außer wenn eine individuelle Offenlegung im Herkunftsland des Emittenten nicht vorgeschrieben ist oder wenn die Angaben vom Emittenten bereits anderweitig veröffentlicht wurden.

That information must be provided on an individual basis unless individual disclosure is not required in the issuer's home country or when the issuer has already publicly disclosed that information.

10.2. Gesamthöhe der vom Emittenten oder seinen Tochtergesellschaften gebildeten Reserven oder Rückstellungen für Pensions- und Rentenzahlungen oder ähnliche Leistungen.

10.2. The total amounts set aside or accrued by the issuer or its subsidiaries to provide pension, retirement or similar benefits.

11. Praktiken des Leitungsorgans

11. Board Practices

Bei Emittenten, die nicht an einem geregelten Markt notiert sind, sind für das letzte abgeschlossene Geschäftsjahr – sofern nichts anderes angegeben ist – in Bezug auf die unter Punkt 9.1. Unterabsatz 1 Buchstabe a genannten Personen folgende Angaben vorzulegen:

In case of issuers not listed on a regulated market and in relation to the issuer's last completed financial year, and unless otherwise specified, with respect to those persons referred to in point (a) of the first subparagraph of 9.1.:

11.1. Ggf. Ende der laufenden Mandatsperiode und Zeitraum, in dem die betreffende Person ihre Aufgabe wahrgenommen hat.

11.1. Date of expiration of the current term of office, if applicable, and the period during which the person has served in that office.

11.2. Angaben zu den Dienstleistungsverträgen, die zwischen den Mitgliedern des Verwaltungs-, Leitungs- oder Aufsichtsorgans und dem Emittenten bzw. einer seiner Tochtergesellschaften geschlossen wurden und die bei Beendigung des Beschäftigungsverhältnisses Leistungen vorsehen. Ansonsten ist eine negative Erklärung abzugeben.

11.2. Information about members of the administrative, management or supervisory bodies' service contracts with the issuer or any of its subsidiaries providing for benefits upon termination of employment, or an appropriate negative statement.

11.3. Angaben zum Audit-Ausschuss und zum Vergütungsausschuss des Emittenten, einschließlich der Namen der Ausschussmitglieder und einer Zusammenfassung der Satzung des Ausschusses.

11.3. Information about the issuer's audit committee and remuneration committee, including the names of committee members and a summary of the terms of reference under which the committee operates.

11.4. Erklärung, ob der Emittent der/den Corporate-Governance-Regelung(en) im Land seiner Gründung genügt. Sollte der Emittent einer solchen Regelung nicht folgen, ist eine entsprechende Erklärung zusammen mit einer Erläuterung aufzunehmen, aus der hervorgeht, warum der Emittent dieser Regelung nicht Folge leistet.

11.4. A statement as to whether or not the issuer complies with its country's of incorporation corporate governance regime(s). In the event that the issuer does not comply with such a regime, a statement to that effect must be included together with an explanation regarding why the issuer does not comply with such regime.

12. Beschäftigte

12.1. In Bezug auf jede der unter Punkt 9.1 Unterabsatz 1 Buchstaben a und d genannten Personen sind so aktuelle Informationen wie möglich über ihren Aktienbesitz und etwaige Optionen auf Aktien des Emittenten beizubringen.

12.2. Beschreibung etwaiger Vereinbarungen über eine Beteiligung der Beschäftigten am Kapital des Emittenten.

13. Hauptaktionäre

13.1. Soweit dem Emittenten bekannt, sind alle Personen anzugeben, die nicht Mitglied des Verwaltungs-, Leitungs- oder Aufsichtsorgans sind und die direkt oder indirekt eine Beteiligung am Eigenkapital des Emittenten oder den entsprechenden Stimmrechten halten, die nach nationalem Recht zu melden ist, einschließlich des Betrags der Beteiligung. Ansonsten ist eine negative Erklärung abzugeben.

13.2. Angabe, ob die Hauptaktionäre des Emittenten unterschiedliche Stimmrechte haben. Ansonsten ist eine negative Erklärung abzugeben.

13.3. Soweit dem Emittenten bekannt, Angabe, ob an dem Emittenten unmittelbare oder mittelbare Beteiligungen oder Beherrschungsverhältnisse bestehen und wer diese Beteiligungen hält bzw. diese Beherrschung ausübt. Beschreibung der Art und Weise einer derartigen Beherrschung und der vorhandenen Maßnahmen zur Verhinderung des Missbrauchs einer solchen Beherrschung.

13.4. Sofern dem Emittenten bekannt, Beschreibung etwaiger Vereinbarungen, deren Ausübung zu einem späteren Zeitpunkt zu einer Änderung in der Beherrschung des Emittenten führen könnte.

14. Geschäfte Mit Verbundenen Parteien

Soweit die gemäß der Verordnung (EG) Nr. 1606/2002 übernommenen internationalen Rechnungslegungsstandards auf

12. Employees

12.1. Shareholdings and stock options with respect to each person referred to in points (a) and (d) of the first subparagraph of item 9.1. provide information as to their share ownership and any options over such shares in the issuer as of the most recent practicable date.

12.2. Description of any arrangements for involving the employees in the capital of the issuer.

13. Major Shareholders

13.1. In so far as is known to the issuer, the name of any person other than a member of the administrative, management or supervisory bodies who, directly or indirectly, has an interest in the issuer's capital or voting rights which is notifiable under the issuer's national law, together with the amount of each such person's interest or, if there are no such persons, an appropriate negative statement.

13.2. Whether the issuer's major shareholders have different voting rights, or an appropriate negative statement.

13.3. To the extent known to the issuer, state whether the issuer is directly or indirectly owned or controlled and by whom and describe the nature of such control and describe the measures in place to ensure that such control is not abused.

13.4. A description of any arrangements, known to the issuer, the operation of which may at a subsequent date result in a change in control of the issuer.

14. Related Party Transactions

If International Financial Reporting Standards adopted according to the Regulation (EC) No 1606/2002 do not apply to

den Emittenten keine Anwendung finden, sind folgende Informationen für den Zeitraum, auf den sich die historischen Finanzinformationen beziehen, bis zum Datum des Registrierungsformulars anzugeben:

a) Art und Umfang der Geschäfte, die als einzelnes Geschäft oder insgesamt für den Emittenten von wesentlicher Bedeutung sind. Erfolgt der Abschluss derartiger Geschäfte mit verbundenen Parteien nicht auf marktkonforme Weise, ist zu erläutern, weshalb. Im Falle ausstehender Darlehen einschließlich Garantien jeglicher Art ist der ausstehende Betrag anzugeben.

b) Betrag der Geschäfte mit verbundenen Parteien oder Anteil dieser Geschäfte am Umsatz des Emittenten. Finden gemäß der Verordnung (EG) Nr. 1606/200 übernommene internationale Rechnungslegungsstandards auf den Emittenten Anwendung, so sind die vorstehend genannten Informationen nur für diejenigen Geschäfte anzugeben, die seit dem Ende des letzten Berichtszeitraums, für den geprüfte Finanzinformationen veröffentlicht wurden, getätigt wurden.

the issuer, the following information must be disclosed for the period covered by the historical financial information and up to the date of the registration document:

(a) The nature and extent of any transactions which are – as a single transaction or in their entirety – material to the issuer. Where such related party transactions are not concluded at arm's length provide an explanation of why these transactions were not concluded at arms length. In the case of outstanding loans including guarantees of any kind indicate the amount outstanding.

(b) The amount or the percentage to which related party transactions form part of the turnover of the issuer. If international Financial Reporting Standards adopted according to the Regulation (EC) No 1606/2002 apply to the issuer, the above information must be disclosed only for the transactions occurred since the end of the last financial period for which audited financial information have been published.

15. Finanzinformationen über die Vermögens-, Finanz- Und Ertragslage des Emittenten

15. Financial Information Concerning the Issuer's assets and Liabilities, financial Position and Profits and Losses

15.1. Historische Finanzinformationen

15.1. Historical Financial Information

Beizubringen sind geprüfte historische Finanzinformationen, die das letzte Geschäftsjahr abdecken (bzw. einen entsprechenden kürzeren Zeitraum, in dem der Emittent tätig war), sowie der Bestätigungsvermerk. Hat der Emittent in der Zeit, für die historische Finanzinformationen beizubringen sind, seinen Bilanzstichtag geändert, so decken die geprüften historischen Finanzinformationen mindestens 12 Monate oder – sollte der Emittent seiner Geschäftätigkeit noch keine 12 Monate nachgegangen sein – den gesamten Zeitraum seiner Ge-

Audited historical financial information covering the last financial year (or such shorter period that the issuer has been in operation and the audit report. If the issuer has changed its accounting reference date during the period for which historical financial information is required, the audited historical information shall cover at least 12 months, or the entire period for which the issuer has been in operation, whichever is the shorter. Such financial information must be prepared according to Regulation (EC) No 1606/2002, or if not applicable to a Mem-

schäftstätigkeit ab. Derartige Finanzinformationen sind gemäß der Verordnung (EG) Nr. 1606/2002 zu erstellen bzw. für den Fall, dass diese Verordnung nicht anwendbar ist, gemäß den nationalen Rechnungslegungsgrundsätzen eines Mitgliedstaats, wenn der Emittent aus der Europäischen Union stammt.

ber State national accounting standards for issuers from the European Union.

Bei Emittenten aus Drittstaaten sind diese Finanzinformationen nach den im Verfahren des Artikels 3 der Verordnung (EG) Nr. 1606/2002 übernommenen internationalen Rechnungslegungsstandards oder nach diesen Standards gleichwertigen nationalen Rechnungslegungsgrundsätzen eines Drittstaates zu erstellen. Ist keine Gleichwertigkeit mit den Standards gegeben, so sind die Finanzinformationen in Form eines neu zu erstellenden Abschlusses vorzulegen.

For third country issuers, such financial information must be prepared according to the international accounting standards adopted pursuant to the procedure of Article 3 of Regulation (EC) No 1606/2002 or to a third country's national accounting standards equivalent to these standards. If such financial information is not equivalent to these standards, it must be presented in the form of restated financial statements.

Die geprüften historischen Finanzinformationen sind in einer Form zu erstellen und vorzulegen, die mit der Form des folgenden Jahresabschlusses des Emittenten im Einklang steht, wobei die Rechnungslegungsgrundsätze und -strategien sowie die für diese Jahresabschlüsse geltenden Rechtsvorschriften zu berücksichtigen sind.

The audited historical financial information must be presented and prepared in a form consistent with that which will be adopted in the issuer's next published annual financial statements having regard to accounting standards and policies and legislation applicable to such annual financial statements.

Ist der Emittent in seiner aktuellen Wirtschaftsbranche weniger als ein Jahr tätig, so sind die geprüften historischen Finanzinformationen für diesen Zeitraum gemäß den Standards zu erstellen, die auf Jahresabschlüsse im Sinne der Verordnung (EG) Nr. 1606/2002 anwendbar sind, bzw. für den Fall, dass diese Verordnung nicht anwendbar ist, gemäß den nationalen Rechnungslegungsgrundsätzen eines Mitgliedstaats, wenn der Emittent aus der Europäischen Union stammt. Bei Emittenten aus Drittstaaten sind diese historischen Finanzinformationen nach den im Verfahren des Artikels 3 der Verordnung (EG) Nr. 1606/2002 übernommenen internationalen Rechnungslegungsstandards oder nach diesen Standards gleichwertigen nationalen Rechnungslegungsgrundsätzen eines Drittstaates zu erstellen. Diese historischen Finanzinformationen müssen geprüft worden sein.

If the issuer has been operating in its current area of economic activity for less than 1 year, the audited historical financial information covering that period must be prepared in accordance with the standards applicable to annual financial statements under the Regulation (EC) No 1606/2002, or if not applicable to a Member State national accounting standards where the issuer is an issuer from the European Union. For third country issuers, the historical financial information must be prepared according to the international accounting standards adopted pursuant to the procedure of Article 3 of Regulation (EC) No 1606/2002 or to a third country's national accounting standards equivalent to these standards. This historical financial information must be audited.

Wurden die geprüften Finanzinformationen gemäß nationalen Rechnungslegungsgrundsätzen erstellt, dann müssen die unter dieser Rubrik geforderten Finanzinformationen zumindest Folgendes enthalten:

a) die Bilanz;

b) die Gewinn- und Verlustrechnung;

c) eine Übersicht, aus der entweder alle Veränderungen im Eigenkapital oder nur die Veränderungen im Eigenkapital hervorgehen, die sich nicht aus Eigenkapitaltransaktionen mit Eigenkapitalgebern oder Ausschüttungen an diese ergeben;

d) Kapitalflussrechnung;

e) Rechnungslegungsstrategien und erläuternde Vermerke.

Die historischen jährlichen Finanzinformationen müssen unabhängig und in Übereinstimmung mit den in dem jeweiligen Mitgliedstaat anwendbaren Prüfungsstandards oder gleichwertigen Grundsätzen geprüft worden sein, oder es muss für das Registrierungsformular vermerkt werden, ob sie in Übereinstimmung mit den in dem jeweiligen Mitgliedstaat anwendbaren Prüfungsstandards oder gleichwertigen Grundsätzen ein den tatsächlichen Verhältnissen entsprechendes Bild vermitteln.

15.2. Pro-Forma-Finanzinformationen

Im Falle einer bedeutenden Brutto-Veränderung ist zu beschreiben, wie die Transaktion ggf. die Aktiva und Passiva sowie die Erträge des Emittenten beeinflusst hätte, wenn sie zu Beginn des Berichtszeitraums oder zum Berichtszeitpunkt durchgeführt worden wäre.

Dieser Anforderung wird normalerweise durch die Aufnahme von Pro-Forma-Finanzinformationen Genüge getan. Diese Pro-Forma-Finanzinformationen sind gemäß Anhang II zu erstellen und müssen die darin geforderten Angaben enthalten.

Den Pro-Forma-Finanzinformationen ist ein Vermerk beizufügen, der von unab-

If the audited financial information is prepared according to national accounting standards, the financial information required under this heading must include at least:

(a) balance sheet;

(b) income statement;

(c) a statement showing either all changes in equity or changes in equity other than those arising from capital transactions with owners and distributions to owners;

(d) cash flow statement;

(e) accounting policies and explanatory notes

The historical annual financial information must be independently audited or reported on as to whether or not, for the purposes of the registration document, it gives a true and fair view, in accordance with auditing standards applicable in a Member State or an equivalent standard.

15.2. Pro forma financial information

In the case of a significant gross change, a description of how the transaction might have affected the assets and liabilities and earnings of the issuer, had the transaction been undertaken at the commencement of the period being reported on or at the date reported.

This requirement will normally be satisfied by the inclusion of pro forma financial information. This pro forma financial information is to be presented as set out in Annex II and must include the information indicated therein.

Pro forma financial information must be accompanied by a report prepared

hängigen Buchprüfern oder Abschlussprüfern erstellt wurde.

by independent accountants or auditors.

15.3. Abschlüsse

Erstellt der Emittent sowohl einen eigenen Jahresabschluss als auch einen konsolidierten Jahresabschluss, so ist zumindest der konsolidierte Abschluss in das Registrierungsformular aufzunehmen.

15.3. Financial statements

If the issuer prepares both own and consolidated annual financial statements, include at least the consolidated annual financial statements in the registration document.

15.4. Prüfung der historischen jährlichen Finanzinformationen

15.4.1. Es ist eine Erklärung dahingehend abzugeben, dass die historischen Finanzinformationen geprüft wurden. Sofern Bestätigungsvermerke über die historischen Finanzinformationen von den Abschlussprüfern abgelehnt wurden bzw. sofern sie Vorbehalte enthalten oder eingeschränkt erteilt wurden, sind diese Ablehnung bzw. diese Vorbehalte oder die eingeschränkte Erteilung in vollem Umfang wiederzugeben und die Gründe dafür anzugeben.

15.4. Auditing of historical annual financial information

15.4.1. A statement that the historical financial information has been audited. If audit reports on the historical financial information have been refused by the statutory auditors or if they contain qualifications or disclaimers, such refusal or such qualifications or disclaimers must be reproduced in full and the reasons given.

15.4.2. Angabe sonstiger Informationen im Registrierungsformular, die von den Abschlussprüfern geprüft wurden.

15.4.2. Indication of other information in the registration document which has been audited by the auditors.

15.4.3. Wurden die Finanzdaten im Registrierungsformular nicht dem geprüften Abschluss des Emittenten entnommen, so ist die Quelle dieser Daten anzugeben und darauf hinzuweisen, dass die Daten ungeprüft sind.

15.4.3. Where financial data in the registration document is not extracted from the issuer's audited financial statements state the source of the data and state that the data is unaudited.

15.5. Alter der jüngsten Finanzinformationen

15.5.1. Das letzte Jahr der geprüften Finanzinformationen darf nicht länger zurückliegen als

15.5. Age of latest financial information

15.5.1. The last year of audited financial information may not be older than one of the following:

a) **18 Monate ab dem Datum des Registrierungsformulars, wenn der Emittent geprüfte Zwischenabschlüsse in sein Registrierungsformular aufnimmt, oder**

(a) 18 months from the date of the registration document if the issuer includes audited interim financial statements in the registration document;

b) **15 Monate ab dem Datum des Registrierungsformulars, wenn der Emittent ungeprüfte Zwischenabschlüsse**

(b) 15 months from the date of the registration document if the issuer includes unaudited interim financial

in sein Registrierungsformular aufnimmt.

statements in the registration document.

15.6. Zwischenfinanzinformationen und sonstige Finanzinformationen

15.6. Interim and other financial information

15.6.1. Hat der Emittent seit dem Datum des letzten geprüften Abschlusses vierteljährliche oder halbjährliche Finanzinformationen veröffentlicht, so sind diese in das Registrierungsformular aufzunehmen. Wurden diese vierteljährlichen oder halbjährlichen Finanzinformationen einer Prüfung oder prüferischen Durchsicht unterzogen, so sind die entsprechenden Vermerke ebenfalls aufzunehmen. Wurden die vierteljährlichen oder halbjährlichen Finanzinformationen keiner prüferischen Durchsicht oder Prüfung unterzogen, so ist dies anzugeben.

15.6.1. If the issuer has published quarterly or half yearly financial information since the date of its last audited financial statements, these must be included in the registration document. If the quarterly or half yearly financial information has been reviewed or audited, the audit or review report must also be included. If the quarterly or half yearly financial information is unaudited or has not been reviewed state that fact.

15.6.2. Wurde das Registrierungsformular mehr als neun Monate nach Ablauf des letzten geprüften Geschäftsjahres erstellt, muss es Zwischenfinanzinformationen enthalten, die ungeprüft sein können (worauf hinzuweisen ist) und zumindest die ersten sechs Monate des Geschäftsjahres abdecken.

15.6.2. If the registration document is dated more than 9 months after the end of the last audited financial year, it must contain interim financial information, which may be unaudited (in which case that fact must be stated) covering at least the first 6 months of the financial year.

Diese Zwischenfinanzinformationen sollten einen Vergleich mit dem gleichen Zeitraum des letzten Geschäftsjahres beinhalten, es sei denn, diese Anforderung ist durch Vorlage der Bilanzdaten zum Jahresende erfüllt.

The interim financial information must include comparative statements for the same period in the prior financial year, except that the requirement for comparative balance sheet information may be satisfied by presenting the year end balance sheet.

15.7. Dividendenpolitik

15.7. Dividend policy

Beschreibung der Politik des Emittenten auf dem Gebiet der Dividendenausschüttungen und etwaiger diesbezüglicher Beschränkungen.

A description of the issuer's policy on dividend distributions and any restrictions thereon.

15.7.1. Angabe des Betrags der Dividende pro Aktie für den Zeitraum, der von den historischen Finanzinformationen abgedeckt wird. Wurde die Zahl der Aktien des Emittenten geändert, ist eine Bereinigung zu Vergleichszwecken vorzunehmen.

15.7.1. The amount of the dividend per share for the period covered by the historical financial information adjusted, where the number of shares in the issuer has changed, to make it comparable.

15.8. Gerichts- und Schiedsgerichtsverfahren

Angaben über etwaige staatliche Interventionen, Gerichts- oder Schiedsgerichtsverfahren (einschließlich derjenigen Verfahren, die nach Kenntnis des Emittenten noch anhängig sind oder eingeleitet werden könnten), die im Zeitraum der mindestens 12 letzten Monate stattfanden und die sich in jüngster Zeit erheblich auf die Finanzlage oder die Rentabilität des Emittenten und/oder der Gruppe ausgewirkt haben oder sich in Zukunft auswirken könnten. Ansonsten ist eine negative Erklärung abzugeben.

15.9. Bedeutende Veränderungen in der Finanzlage oder der Handelsposition des Emittenten

Beschreibung jeder bedeutenden Veränderung in der Finanzlage oder der Handelsposition der Gruppe, die seit dem Ende des letzten Geschäftsjahres eingetreten ist, für das entweder geprüfte Finanzinformationen oder Zwischenfinanzinformationen veröffentlicht wurden. Ansonsten ist eine negative Erklärung abzugeben.

16.   Zusätzliche Angaben

16.1. Aktienkapital

Aufzunehmen sind die folgenden Angaben zum Stichtag der jüngsten Bilanz, die Bestandteil der historischen Finanzinformationen sind:

16.1.1. Betrag des ausgegebenen Kapitals und für jede Gattung des Aktienkapitals:

a) **Zahl der genehmigten Aktien,**

b) **Zahl der ausgegebenen und voll eingezahlten Aktien und Zahl der ausgegebenen und nicht voll eingezahlten Aktien,**

c) **Nennwert pro Aktie bzw. Angabe, dass die Aktien keinen Nennwert haben, und**

d) **Überleitungsrechnung für die Zahl der ausstehenden Aktien zu Beginn**

15.8. Legal and arbitration proceedings

Information on any governmental, legal or arbitration proceedings (including any such proceedings which are pending or threatened of which the issuer is aware), during a period covering at least the previous 12 months which may have, or have had in the recent past significant effects on the issuer and/or group's financial position or profitability, or provide an appropriate negative statement.

15.9. Significant change in the issuer's financial or trading position

A description of any significant change in the financial or trading position of the group which has occurred since the end of the last financial period for which either audited financial information or interim financial information have been published, or provide an appropriate negative statement.

16.   Additional Information

16.1. Share Capital

The following information as of the date of the most recent balance sheet included in the historical financial information:

16.1.1. The amount of issued capital, and for each class of share capital:

(a) the number of shares authorised;

(b) the number of shares issued and fully paid and issued but not fully paid;

(c) the par value per share, or that the shares have no par value; and

(d) a reconciliation of the number of shares outstanding at the beginning

und zum Ende des Geschäftsjahres. Wurde mehr als 10 % des Kapitals während des Zeitraums, auf den sich die historischen Finanzinformationen beziehen, mit anderen Aktiva als Barmitteln eingezahlt, so ist dies anzugeben.

16.1.2. Sollten Aktien vorhanden sein, die nicht Bestandteil des Eigenkapitals sind, so sind die Anzahl und die wesentlichen Merkmale dieser Aktien anzugeben.

16.1.3. Angabe etwaiger wandelbarer Wertpapiere, umtauschbarer Wertpapiere oder etwaiger Wertpapiere mit Optionsscheinen, wobei die geltenden Bedingungen und Verfahren für die Wandlung, den Umtausch oder die Zeichnung darzulegen sind.

16.1.4. Angaben über eventuelle Akquisitionsrechte und deren Bedingungen und/oder über Verpflichtungen in Bezug auf genehmigtes, aber noch nicht ausgegebenes Kapital oder in Bezug auf eine Kapitalerhöhung.

16.1.5. Angaben, ob auf den Anteil eines Mitglieds der Gruppe ein Optionsrecht besteht oder ob bedingt oder bedingungslos vereinbart wurde, einen Anteil an ein Optionsrecht zu knüpfen, sowie Einzelheiten über solche Optionen, die auch jene Personen betreffen, die diese Optionsrechte erhalten haben.

17. Wesentliche Verträge

Zusammenfassung jedes im letzten Jahr vor der Veröffentlichung des Registrierungsformulars abgeschlossenen wesentlichen Vertrags (mit Ausnahme von Verträgen, die im Rahmen der normalen Geschäftstätigkeit abgeschlossen wurden), bei dem der Emittent oder ein sonstiges Mitglied der Gruppe eine Vertragspartei ist.

Zusammenfassung aller sonstigen zum Datum des Registrierungsformulars bestehenden Verträge (mit Ausnahme von Verträgen, die im Rahmen der normalen Geschäftstätigkeit abgeschlossen wurden), die von Mitgliedern der Gruppe abgeschlossen wurden und eine Bestim-

and end of the year. If more than 10 % of capital has been paid for with assets other than cash within the period covered by the historical financial information, state that fact.

16.1.2. If there are shares not representing capital, state the number and main characteristics of such shares.

16.1.3. The amount of any convertible securities, exchangeable securities or securities with warrants, with an indication of the conditions governing and the procedures for conversion, exchange or subscription.

16.1.4. Information about and terms of any acquisition rights and or obligations over authorised but unissued capital or an undertaking to increase the capital.

16.1.5. Information about any capital of any member of the group which is under option or agreed conditionally or unconditionally to be put under option and details of such options including those persons to whom such options relate.

17. Material Contracts

A summary of each material contract, other than contracts entered into in the ordinary course of business, to which the issuer or any member of the group is a party, for the last year immediately preceding publication of the registration document.

A summary of any other contract (not being a contract entered into in the ordinary course of business) entered into by any member of the group which contains any provision under which any member of the group has any obligation or entitlement which is material to the group as at

mung enthalten, der zufolge ein Mitglied der Gruppe eine Verpflichtung eingeht oder ein Recht erlangt, die bzw. das für die Gruppe von wesentlicher Bedeutung ist.

the date of the registration document.

18. Angaben von seiten Dritter, Erklärungen von seiten Sachverständiger und Interessenerklärungen

18. Third Party Information and Statement by Experts and Declarations of any interest

18.1. Wird in das Registrierungsformular eine Erklärung oder ein Bericht einer Person aufgenommen, die als Sachverständiger handelt, so sind der Name, die Geschäftsanschrift, die Qualifikationen und eine etwaige wesentliche Beteiligung dieser Person an dem Emittenten anzugeben. Wurde der Bericht auf Ersuchen des Emittenten erstellt, so ist eine Erklärung abzugeben, dass die aufgenommene Erklärung oder der aufgenommene Bericht in der Form und in dem Zusammenhang, in dem sie bzw. er aufgenommen wurde, die Zustimmung von Seiten der Person erhalten hat, die den Inhalt dieses Teils des Registrierungsformulars gebilligt hat.

18.1. Where a statement or report attributed to a person as an expert is included in the Registration Document, provide such person's name, business address, qualifications and material interest if any in the issuer. If the report has been produced at the issuer's request a statement to the effect that such statement or report is included, in the form and context in which it is included, with the consent of the person who has authorised the contents of that part of the Registration Document.

18.2. Wurden Angaben von Seiten Dritter übernommen, ist zu bestätigen, dass diese Angaben korrekt wiedergegeben wurden und nach Wissen des Emittenten und soweit für ihn aus den von diesem Dritten veröffentlichten Angaben ersichtlich, nicht durch Auslassungen unkorrekt oder irreführend gestaltet wurden. Darüber hinaus hat der Emittent die Quelle(n) der Angaben zu nennen.

18.2. Where information has been sourced from a third party, provide a confirmation that this information has been accurately reproduced and that as far as the issuer is aware and is able to ascertain from information published by that third party, no facts have been omitted which would render the reproduced information inaccurate or misleading. In addition, identify the source(s) of the information.

19. Einsehbare Dokumente

19. Documents on Display

Abzugeben ist eine Erklärung dahingehend, dass während der Gültigkeitsdauer des Registrierungsformulars ggf. die folgenden Dokumente oder deren Kopien eingesehen werden können:

A statement that for the life of the registration document the following documents (or copies thereof), where applicable, may be inspected:

a) die Satzung und die Statuten des Emittenten,

(a) the memorandum and articles of association of the issuer;

b) sämtliche Berichte, Schreiben und sonstigen Dokumente, historischen Finanzinformationen, Bewertungen und Erklärungen, die von einem Sachverständigen auf Ersuchen des

(b) all reports, letters, and other documents, historical financial information, valuations and statements prepared by any expert at the issuer's request any part of which is included

Emittenten abgegeben wurden, sofern Teile davon in das Registrierungsformular eingefügt worden sind oder in ihm darauf verwiesen wird.

Anzugeben ist auch, wo in diese Dokumente in Papierform oder auf elektronischem Wege Einsicht genommen werden kann.

or referred to in the registration document.

An indication of where the documents on display may be inspected, by physical or electronic means.

Inhalt

I. Einleitung

1. Begriff der Bezugsrechtsemission

1 Anh. XXIII EU-ProspV ist durch die Verordnung Nr. 486/2012/EU neu eingefügt worden und enthält das Schema für die Mindestangaben für das Aktienregistrierungsformular bei Bezugsrechtsemissionen. Eine Legaldefinition für den Begriff der Bezugsrechtsemission ergibt sich aus Art. 2 Nr. 13 der Verordnung Nr. 486/2012/EU. Hiernach ist eine Bezugsrechtsemission jede Emission satzungsmäßiger Bezugsrechte, in deren Rahmen neue Anteile gezeichnet werden können und die sich nur an bestehende Anteilseigner richtet. Auch

wenn die deutsche Fassung der Verordnung nur von satzungsmäßigen Bezugsrechten spricht, fallen unter die Legaldefinition auch gesetzliche Bezugsrechte.[1]

Nach deutschem Recht ist von einer Bezugsrechtsemission i. S. d. der Legal-   2
definition insbesondere im Falle einer Kapitalerhöhung einer Aktiengesellschaft nach §§ 182 ff. AktG auszugehen, die den Altaktionären nach § 186 Abs. 1 S. 1 AktG ein gesetzliches Bezugsrecht einräumt.[2]

2. Prospektpflicht

Bislang hat die BaFin in ihrer Verwaltungspraxis Bezugsrechtskapitalerhö-   3
hungen von Aktiengesellschaften nicht als öffentliches Angebot i. S. v. § 2 Nr. 4 WpPG angesehen, sofern kein öffentlicher Bezugsrechtshandel durchgeführt wurde.[3] Demnach konnten Kapitalerhöhungen im Rahmen der bestehenden Bezugsrechte in der Vergangenheit ohne die Erstellung eines Prospektes erfolgen. Diese Verwaltungspraxis der BaFin wurde, auch mit Blick auf das abweichende Verständnis der europäischen Institutionen und EU-Mitgliedsstaaten (außer Österreich), als problematisch angesehen.[4]

Infolge der Einfügung des neuen Art. 7 Abs. 2 lit. g) in die Prospektrichtlinie   4
2003/71/EG, wodurch auch für Bezugsrechtsemissionen eine angemessene Offenlegung sichergestellt werden soll, wird diese Auslegungspraxis bzw. Rechtsauffassung der BaFin nun aufgegeben. Die BaFin fordert nunmehr auch bei Bezugsrechtsemissionen die Veröffentlichung eines Prospekts.[5] Nach Auffassung der BaFin setzt bereits die bloße Existenz der neu eingefügten Anhänge XXIII – Mindestangaben für das Aktienregistrierungsformular bei Bezugsrechtsemissionen – sowie XXIV – Mindestangaben für die Wertpapierbeschreibung für Aktien bei Bezugsrechtsemissionen - in der EU-Prospektverordnung voraus, dass es sich bei Bezugsrechtsemissionen nur an Altaktionäre um ein öffentliches Angebot i. S. d. § 2 Nr. 4 WpPG handelt.[6] Aus den aufgeführten Regelungen ergibt sich somit zwingend, dass Bezugsangebote grundsätzlich prospektpflichtig sind.[7] Andernfalls wäre die Normierung eben solcher Regelungen und Ausführungen im Sinne der Anhänge XXIII und XXIV obsolet.[8] Diese pauschale Aussage der BaFin steht jedoch unter dem Vorbehalt, dass die Voraussetzungen eines öffentlichen Angebots i. S. d. § 2 Nr. 4 WpPG gegeben sein müssen. Nicht jede Bezugsrechtskapitalerhöhung führt zu einem öffentlichen Angebot. Vielmehr muss auch hier einzelfallabhängig zwischen dem öffentlichen Angebot und einer Privatplatzierung unterschieden werden und insoweit stets gemäß § 2 Nr. 4

---

1 Vgl. zur neu eingefügten Legaldefinition auch die Komm. zu Art. 2 Nr. 13 EU-ProspV; *Henningsen*, BaFin-Journal 09/12, 5, 7.
2 *Servatius*, in: Spindler/Stilz, AktG, 2. Aufl. 2010, § 186 Rn. 1.
3 *Grosjean*, in: Heidel, AktG, § 2 WpPG Rn. 20.
4 Vgl. ausführlich hierzu *Leuering/Stein*, NJW-Spezial 2012, 591.
5 *Henningsen*, BaFin-Journal 09/12, 5, 7.
6 *Henningsen*, BaFin-Journal 09/12, 5, 7.
7 *Oltmanns/Zöllter-Petzoldt*, NZG 13/2013, 489.
8 *Henningsen*, BaFin-Journal 09/12, 7, 7; *Brocker/Wohlfarter*, BB 2013, 393, 394.

WpPG geprüft werden, ob ein öffentliches Angebot vorliegt.[9] Eine Privatplatzierung löst keine Prospektpflicht aus.

5 Der europäische Gesetzgeber hat jedoch der besonderen Situation bei Bezugsrechtsemissionen Rechnung getragen und hat die Anforderungen für die Mindestangaben für das Aktienregistrierungsformular für Bezugsrechtsemissionen im Vergleich zum klassischen Prospekt nach Anh. I EU-ProspV in bestimmten Abschnitten reduziert, so dass teilweise – wenn auch etwas überspitzt formuliert – von einem „Mini-Prospekt" gesprochen wird.[10] Begründet werden die erleichterten Anforderungen damit, dass durch das verhältnismäßige Schema die Handelsplätze der EU attraktiver gemacht und die Verwaltungskosten der Emittenten für die Kapitalbeschaffung reduziert werden sollen.[11] Zur Verfolgung dieses Ziels ist ein verhältnismäßiges Schema mit reduzierten Mindestangaben gerechtfertigt, da das neue Schema die bereits bestehenden allgemeinen gesetzlichen Veröffentlichungspflichten (in Deutschland insbesondere nach dem HGB und dem WpHG) und die damit den Märkten bereits bekannten Informationen (z. B. in den veröffentlichen Jahresabschlüssen) mitberücksichtigt. Die Erleichterungen bei der Prospekterstellung betreffen dabei insbesondere die Bereiche Finanzinformationen und Beschreibung der Geschäftätigkeit und Märkte sowie sonstige allgemeine Angaben, die bereits öffentlich zugänglich sind.

3. Einschränkung nach § 15 Abs. 5 Satz 2 WpPG („Offenlegungspflicht")

6 Abzuwarten bleibt, wie sich der Prospekt nach dem verhältnismäßigen Schema in der Praxis bewähren wird, insbesondere auch im Lichte des § 15 Abs. 5 Satz 2 WpPG. Nach dieser Regelung[12] müssen wesentliche Informationen, die sich an qualifizierte Anleger oder besondere Anlegergruppen richten, allen Anlegergruppen mitgeteilt und demzufolge in den Prospekt aufgenommen werden. Eine selektive Offenlegung (sog. „selective disclosure") von wesentlichen Informationen im Rahmen von Road-Shows, Analystenpräsentationen oder Investorengesprächen ist damit nicht zulässig[13]. Alle Investoren müssen daher im Rahmen der Zurverfügungstellung von Informationen gleichgestellt werden. Erstellt daher der Emittent den Prospekt strikt nach dem verhältnismäßigen Schema, d. h. nur die Mindestangaben aus dem Anh. XXIII bzw. Anh. XXIV, so darf der Emittent solche wesentlichen Informationen, die er nicht im Prospekt veröffentlich hat, auch nicht selektiv an einzelne Investoren oder Anlegergruppen weitergegeben. Es empfiehlt sich ggfs. daher, sich nicht nur auf die Mindestangaben nach dem Anh. XXIII bzw. Anh. XXIV zu beschränken, sondern auch solche wesentlichen Informationen im Prospekt zu veröffentlichen, die im Rahmen der Vermarktung

---

9 Vgl. zu den allg. Voraussetzungen des öffentlichen Angebots die Komm. zu § 2 Nr. 4 WpPG sowie *Leuering/Stein*, NJW-Spezial 2012, 592.
10 *Leuering/Stein*, Der Konzern 2012, 382, 388.
11 Vgl. Erwg. 12 Delegierte VO (EU) 486/2012 zur EU-ProspV.
12 Vgl. auch ergänzend Komm. zu § 15 WpPG.
13 *Groß*, in: Ebenroth/Boujong/Joost/Strohn, HGB, 2. Auf. 2008, § 15 WpPG, Rn. IX 738; *Müller*, WpPG, § 15 WpPG, Rn. 1.

verwendet werden sollen.[14] Eine Übererfüllung der Mindestangaben ist nicht schädlich. Auch steht es dem Emittenten frei, einen Prospekt freiwillig nach den ausführlicheren Anhängen I und III zu gestalten.[15] Dies wird zwar ausdrücklich in Art. 26 b EU-ProspV nur für kleinere und mittlere Unternehmen sowie für Unternehmen mit geringer Marktkapitalisierung geregelt, dies steht einem ausführlicheren Prospekt auch im Rahmen von Bezugsrechtsemissionen jedoch nicht entgegen. Die neu geschaffenen verhältnismäßigen Schemata sollen für den Emittenten lediglich eine Option darstellen, keine Verpflichtung.

II. Anwendungsbereich des verhältnismäßigen Schema

1. Art. 26 a Abs. 1 EU-ProspV

Das verhältnismäßige Schema in den Anhängen XXIII und XXIV ist gem. 7
Art 26 a Abs.1 EU-ProspV bei Bezugsrechtsemissionen anwendbar, sofern vom Emittenten begebene Anteile derselben Gattung zuvor schon zum Handel an einem geregelten Markt oder zum Handel über ein multilaterales Handelssystem (Multilateral Trading Facility – MTF) im Sinne des Art. 4 Abs. 1 Nr. 15 der Richtlinie 2004/39/EG zugelassen wurden. Ein MTF ist entsprechend der dort genannten Definition ein von einer Wertpapierfirma oder einem Marktbetreiber betriebenes multilaterales System, das die Interessen einer Vielzahl Dritter am Kauf und Verkauf von Finanzinstrumenten innerhalb des Systems in einer bestimmten Weise zusammenführt. In Deutschland gilt der Betrieb eines MTF als Wertpapierdienstleistung und unterliegt der Aufsicht durch die BaFin.[16]

2. Art. 26 a Abs. 2 EU-ProspV

Sind die vom Emittenten begebenen Anteile zuvor schon zum Handel an 8
einem geregelten Markt zugelassen, sind keine weiteren Voraussetzungen zu erfüllen. Anders ist dies, wenn nur die zweite Alternative, Zulassung zum Handel über ein multilaterales Handelssystem, gegeben ist. In diesem Fall kann das verhältnismäßige Schema nur dann angewandt werden, wenn das MTF die in Art 26a Abs. 2 EU-ProspV genannten Regeln enthält. Dabei muss das MTF insbesondere folgende Voraussetzungen erfüllen:

– Veröffentlichungspflicht geprüfter Jahresabschlüsse innerhalb von sechs Monaten nach Ablauf eines jeden Geschäftsjahres (Art. 26 a Abs. 2 a) EU-ProspV)

---

14 Dies ist bei einer Neuemission von KMUs und Unternehmen nach dem verhältnismäßigen Schemata gem. Anh. XXV EU-ProspV wahrscheinlich noch relevanter, da neue Investoren angesprochen werden sollen (vgl. auch Komm. zu Anh. XXV EU-ProspV).

15 Vgl. *Henningsen*, BaFin-Journal 09/12, 5, 6.

16 *Jung*, in: Schulze/Zuleeg/Kadelbach, Europarecht, Handbuch für die deutsche Rechtspraxis, 2. Aufl. 2010, § 20 Rn. 63.

– Veröffentlichungspflicht von Halbjahresabschlüssen innerhalb von vier Monaten nach Ablauf der ersten sechs Monate eines jeden Geschäftsjahres (Art. 26 a Abs. 2 a) EU-ProspV)

– Veröffentlichungspflicht von Insiderinformationen i. S. v. Art. 1 Abs. 1 Nr. 1 der Richtlinie 2003/6/EG („Marktmissbrauchsrichtlinie") gemäß Art. 6 der Marktmissbrauchsrichtlinie (Art. 26 a Abs. 2 a) EU-ProspV)

– Veröffentlichungspflicht der o. g. Angaben auf der Website des Emittenten (Art. 26 a Abs. 2 b) EU-ProspV)

– Bestimmungen zur Verhinderung von Insiderhandel und Marktmanipulation gemäß der Marktmissbrauchsrichtlinie (Art. 26 a Abs. 2 c) EU-ProspV)

9 Diese an das MTF gestellten Anforderungen soll eine teilweise Gleichstellung mit den Vorgaben des regulierten Marktes bewirken[17]. Die Erfüllung der Anforderungen muss der BaFin dabei bei Antragsstellung auf Genehmigung des Prospekts nachgewiesen werden. Dies erfolgt nach der Verwaltungspraxis der BaFin durch Vorlage einer Bestätigung des Betreibers des MTF oder durch konkrete Angabe der Bestimmungen in den Geschäftsbedingungen des MTF[18]. Ob der Entry Standard diese Anforderungen erfüllt, ist fraglich. Dazu müssten die durch die Deutsche Börse AG für den Freiverkehr eingeführten Allgemeinen Geschäftsbedingungen (AGB) die oben genannten Voraussetzungen hinsichtlich Veröffentlichungspflichten, Insiderinformationen und Marktmanipulation erfüllen. Die BaFin lehnt dies ab. Dies kann damit begründet werden, dass die AGBs der Deutschen Börse AG keinen adäquaten Grad an Transparenz und Offenlegung, insbesondere im Hinblick auf Insiderhandel, bieten. Solange die BaFin an dieser Rechtsauffassung festhält und die Deutsche Börse AG ihre AGBs nicht entsprechend ändert, steht den Unternehmen im Entry Standard nicht die Möglichkeit der Anwendung des verhältnismäßigen Schema zu[19].

3. Art. 26 a Abs. 3 EU-ProspV

10 Gemäß Art. 26 a Abs. 3 EU-ProspV muss der Prospekt bereits am Anfang eine unmissverständliche Erklärung enthalten, wonach sich die Bezugsrechtsemission nur an bestehende Aktionäre des Emittenten richtet und sich der Umfang der im Prospekt veröffentlichen Angaben im Verhältnis zu der Art der Emission bemessen lässt. Zweck dieser Regelung ist den Aktionären bewusst zu machen, dass sie nicht den gleichen Informationsgehalt erwarten dürfen wie in einem klassischen Prospekt. Um den mit dieser Vorschrift verfolgten Zweck gerecht zu werden, sollte dieser Hinweis bereits gut sichtbar auf der Titelseite des Prospekts enthalten sein.

---

17 *Kuthe/Zipperle*, jurisPraxisReport-Handels-und GesellschaftsRecht, Anm. 1.
18 Vgl. *Henningsen*, BaFin-Journal 09/12, 5, 7.
19 Vgl. hierzu ausführlich *Oltmanns/Zöllter-Petzoldt*, NZG 13/2013, 489, 491.

III. Mindestangaben nach Anh. XXIII

Anh. XXIII EU-ProspV entspricht im Aufbau und Inhalt im Wesentlichen   11
dem Schema nach Anh. I EU ProspV, so dass vielfach auf die dortige Kommentierung verwiesen werden kann. Entsprechend dem Zweck der Vereinfachung der Prospekterstellung bei Bezugsrechtsemissionen wurden Mindestangaben aus Anh. I EU-ProspV jedoch teilweise angepasst, reduziert
oder gänzlich gestrichen.

Vollständig aus dem Anh. I EU-ProspV gestrichen wurden z. B. Ziff. 8.–11.   12
und Ziff. 25. Insbesondere die Streichung der Ziff. 9. (Angaben zur Geschäfts-
und Finanzlage) sowie Ziff. 10 (Eigenkapitalausstattung) führt zu einer deutlichen Erleichterung bei der Prospekterstellung, da somit die üblicherweise
umfangreiche Analyse der Vermögens- und Ertragslage[20] entfallen kann.

Es ist darauf hinzuweisen, dass trotz identischen Wortlauts der Anforderungen nach Anh. I EU-ProspV und Anh. XXIII EU-ProspV in der englischen
Version, die deutsche Fassung des Anh. XXIII EU-ProspV teilweise sprachlich leicht von den Formulierungen in Anh. I EU-ProspV abweicht. Wesentliche inhaltliche Änderungen sollten sich daraus jedoch grundsätzlich nicht
ergeben, sofern nicht nachfolgend kommentiert.

1. Haftende Personen (Ziff. 1.)

Wegen des fast identischen Wortlauts mit den Ziff. 1.1. und 1.2. des Anh. I   13
EU-ProspV kann im Wesentlichen auf die dortige Kommentierung verwiesen
werden.

Neben einigen rein sprachlichen Abweichungen wird in Anh. XXIII EU-
ProspV anstatt „Verantwortliche Personen" nunmehr der Begriff „Haftende
Personen" verwendet. Dies erscheint etwas verwunderlich, da auch die englische Fassung weiterhin von „Persons Responsible" spricht. Hier stellt sich
die Frage, ob die veränderte Wortwahl auch Ausfluss auf die inhaltlichen
Anforderungen hat. Die Begriffe sind im Rahmen der Prospekthaftung nämlich nicht als Synonyme anzusehen, sondern sind unterschiedlich belegt[21].
Die Prospekthaftung nach § 21 Abs.1 WpPG trifft nach Nr. 1 zum einen diejenigen Personen, die für den Prospekt die Verantwortung übernommen haben als auch nach Nr. 2 diejenigen Personen, von denen der Erlass des Prospekts ausgeht. Dies bedeutet, dass der Kreis der haftenden Personen größer
sein kann als der, der formal i. S. d. § 5 Abs. 4 Satz 1, 1. Halbs. WpPG die
Verantwortung für den Inhalt des Prospekts übernimmt. Folgt man konsequenterweise der Formulierung in der deutschen Version des Anh. XXIII EU-
ProspV, sind somit auch diejenigen Personen mitaufzunehmen, von denen
der Erlass des Prospekts ausgeht. Dies sind solche Personen, die ein eigenes
wirtschaftliches Interesse an der Emission haben, wie z. B. eine Konzernmuttergesellschaft oder ein Großaktionär, der seine Beteiligung über die Emis-

---

20 Im Englischen auch bekannt als *„Management Discussions & Analysis"* (MD&A) oder
   „Operating and Financial Review" (OFR).
21 Vgl. auch Komm. zu Ziff. 1.1. des Anh. I EU-ProspV.

sion veräußert.[22] Diese Personen sind zwar ggfs. schon nach Ziff. 3.3. des Anh. I bzw. Anh. XXIII EU-ProspV als Personen aufzunehmen, die ein Interesse an der Emission haben. Jedoch müssen diese Personen nun auch die entsprechende Erklärung nach Ziff. 1.2. des Anh. XXIII EU-ProspV im Prospekt abgeben. Dies würde das Haftungsrisiko dieser Personen erheblich erhöhen. Ob dies bei der Erstellung der deutschen Version des Anh. XXIII EU-ProspV tatsächlich bezweckt war, ist stark anzuzweifeln, da es keinen Anhaltspunkt dafür gibt, dass die Haftung bestimmter Personenkreise bei Anwendung des verhältnismäßigen Schemas verschärft werden sollte.

14 Interessant ist auch die geringfügige Veränderung des Wortlauts in Ziff. 1.2. des Anh. XXIII EU-ProspV im Vergleich zur Formulierung in Ziff. 1.2. des Anh. I EU-ProspV. Während es bei der Erklärung der haftenden Personen im Anh. I EU-ProspV heißen muss, dass „keine Tatsachen ausgelassen worden sind, die die Aussage des Prospekts wahrscheinlich verändern können", muss die Erklärung in Anh. XXIII EU-ProspV nun lauten, dass „die Angaben im Prospekt [...] keine Auslassungen beinhalten, die die Aussage des Prospektes verzerren könnten". Streng nach dem Wortlaut bezieht sich die Erklärung in Anh. XXIII EU-ProspV nicht nur auf Auslassungen von Tatsachen, sondern auf sämtliche Auslassungen. Dies kann somit auch Werturteile oder sonstige subjektive Ansichten des Emittenten beinhalten, z. B. zur Entwicklung des Marktumfeldes und der Geschäftsentwicklung. Dadurch wird das Haftungsrisiko der für den Prospekt haftenden Personen erhöht. Die neue Formulierung in Anh. XXIII EU-ProspV ist jedoch näher an der englischen Fassung, die sowohl in Ziff. 1.2. des Anh. XXIII EU-ProspV als auch in Ziff. 1.2. des Anh. I EU-ProspV allgemein von „omission" spricht.

Die Streichung des Wortes „wahrscheinlich" in Anh. XXIII EU-ProspV kann darin resultieren, dass auch solche Auslassungen zu einer Haftung der für den Prospekt haftenden Personen führen können, die nur eventuell zu einer Verzerrung des Prospektes führen können. Die englische Version enthält jedoch weiterhin auch in Ziff. 1.2. des Anh. XXIV die Einschränkung „likely", so dass zweifelhaft ist, ob die deutsche Fassung bewusst auf das Wort „wahrscheinlich" verzichtet hat, oder dies nur ein redaktioneller Fehler ist.

Die geringfügigen Änderungen können dazu führen, dass bei der Frage, ob eine Tatsache bzw. Ansicht im Prospekt offengelegt werden sollte, in dubio pro Offenlegung durch die für den Prospekt haftenden Personen gestimmt werden muss.

2. Abschlussprüfer (Ziff. 2)

15 Wegen des identischen Wortlauts mit den Ziff. 2.1. und 2.2. des Anh. I EU-ProspV wird auf die dortige Kommentierung verwiesen.

---

22 *Müller*, WpPG, § 21 Rz. 17; vgl. hierzu auch Komm. zu § 21 WpPG.

3. Risikofaktoren (Ziff. 3.)

Wegen des identischen Wortlauts mit der Ziff. 4. des Anh. I EU-ProspV wird   16
auf die dortige Kommentierung verwiesen, auch im Hinblick auf den Umfang der Risikofaktoren. Es bestehen keine Anhaltspunkte dafür, dass der
Gesetzgeber einen geringeren Umfang der Darstellung der Risikofaktoren
bei Bezugsrechtsemissionen akzeptieren wollte als bei dem klassischen Prospekt nach Anh. I EU-ProspV. Es könnte zwar argumentiert werden, dass die
bestehenden Aktionäre, an die sich die Bezugsrechtsemission richtet, nicht
im gleichen Umfang schutzbedürftig sind wie neue Investoren, da sie bereits
„Miteigentümer" des Emittenten sind. Zum einen sind die Informations-
rechte eines Aktionärs jedoch sehr eingeschränkt[23] und zum anderen hat der
Gesetzgeber durch die Einführung der verhältnismäßigen Schemata diesem
Aspekt bereits Rechnung getragen.

4. Angaben zum Emittenten (Ziff. 4.)

Im Hinblick auf die gesetzliche und kommerzielle Bezeichnung des Emitten-   17
ten (Ziff. 4.1.) kann aufgrund des identischen Wortlauts auf die Kommentierung zu Ziff. 5.1.1. des Anh. I EU-ProspV verwiesen werden. Die sonstigen
Angaben zum Emittenten, die in Anh. I EU-ProspV abgefragt werden, wie
z. B gesellschaftsrechtliche Angaben (Sitz, Gründungsdatum, Rechtsform
etc.) und wichtige Ereignisse in der Entwicklungen der Geschäftätigkeit
(„business milestones") werden in dem verhältnismäßigen Schema nach
Anh. XXIII EU-ProspV nicht mehr für erforderlich gehalten und entfallen daher.

Bezüglich der Beschreibung der Investitionen des Emittenten (Ziff. 4.2.) kann   18
im Grundsatz aufgrund des fast identischen Wortlauts auf die Kommentierung zu Ziff. 5.2.1. bis 5.2.3. des Anh. I EU-ProspV verwiesen werden. Wesentlicher Unterschied ist jedoch der Zeitraum in der Vergangenheit, für den
eine Beschreibung der wesentlichen Investitionen des Emittenten erfolgen
muss. Während dies beim klassischen Prospekt nach Anh. I EU-ProspV für
den gesamten Zeitraum, der von den historischen Finanzinformationen abgedeckt wird[24], bis zum Datum des Prospekts erfolgen muss, reicht es bei dem
verhältnismäßigen Schema nach Anh. XXIII EU-ProspV aus, wenn die wesentlichen Investitionen für den Zeitraum zwischen dem Ende des von dem
zuletzt veröffentlichten geprüften Abschluss und dem Datum des Prospekts
beschrieben werden. Diese Erleichterung kann damit begründet werden,
dass die bestehenden Aktionäre durch Einsichtnahme in die veröffentlichten
Jahresabschlüsse der letzten Jahre die entsprechenden Informationen erlangen können, da etwaige getätigte wesentliche Investitionen im Jahresabschluss veröffentlicht werden müssen. Für die laufenden und zukünftigen
Investitionen ist dagegen eine vollständige Offenlegung im Prospekt entsprechend dem Umfang aus Anh. I EU-ProspV erforderlich.

---

23 Vgl. *Hüffer*, AktG, § 131 Rn. 11; *Siems*, in: Spindler/Stilz, AktG, 2. Auf. 2010, § 131
    Rn. 58.
24 Vgl. Ziff. 20.1. Anh. I EU-ProspV.

5. Überblick über die Geschäftstätigkeit (Ziff. 5.)

19 Eine wesentliche Änderung des verhältnismäßigen Schemas nach Anh. XXIII EU-ProspV im Vergleich zur entsprechenden Ziff. 6. des Anh. I EU-ProspV betrifft die Beschreibung der Geschäftstätigkeit. Der Wortlaut in Ziff. 5.1. des Anh. XXIII EU-ProspV verlangt nur eine „kurze" Beschreibung des Betriebs und der Haupttätigkeit des Emittenten. Die Praxis wird jedoch zeigen, ob dies tatsächlich einen wesentlichen Unterschied darstellen wird. Auch wenn der Prospekt formal kein Marketingmaterial ist bzw. auch nicht sein darf[25], dient der Prospekt dem Emittenten jedoch auch als „Informationsmemorandum" für die Investoren. Auch im Hinblick auf § 15 Abs. 5 WpPG[26] wird der Emittent daher im Zweifel seine Geschäftstätigkeit eher ausführlich beschreiben wollen. Zudem werden die Anforderungen aus der EU-ProspV auch ergänzt/überlagert von den allgemeinen gesetzlichen Anforderungen an den Inhalt eines Prospekts.[27] So muss der Prospekt gem. § 5 Abs. 1 WpPG sämtliche Angaben enthalten, die „im Hinblick auf den Emittenten und die öffentlich angebotenen oder zum Handel an einem organisierten Markt zugelassenen Wertpapiere notwendig sind, um dem Publikum ein zutreffendes Urteil über die Vermögenswerte und Verbindlichkeiten, die Finanzlage, die Gewinne und Verluste, die Zukunftsaussichten des Emittenten und jedes Garantiegebers sowie über die mit diesen Wertpapieren verbundenen Rechte zu ermöglichen".[28] Richtig ist zwar, dass die Mindestangaben für die Prospekterstellung gem. § 7 WpPG durch die EU-ProspV und ihre Anhänge ausgestaltet und definiert werden.[29] Die Generalnorm nach § 5 Abs. 1 WpPG, die den Prospektgrundsatz der Vollständigkeit normiert, geht aber vor.[30]

Sofern daher zur Erfüllung des Prospektgrundsatzes der Vollständigkeit eine ausführlichere Beschreibung erforderlich ist, wird sich der Emittent nicht mit einer „kurzen" Beschreibung der Geschäftstätigkeit zufrieden geben dürfen. Die BaFin wird eine nur kurze Beschreibung der Geschäftstätigkeit in ihren Anmerkungen zum Prospektentwurf im Rahmen des Genehmigungsverfahrens ggfs. nicht monieren. Jedoch schützt die Genehmigung des Prospekts durch die Bafin den Emittenten nicht vor etwaigen Haftungsansprüchen[31], so dass auch vor diesem Hintergrund tendenziell eine umfassendere Beschreibung der Geschäftstätigkeit, soweit erforderlich, empfehlenswert ist.

20 Unkritisch und begrüßenswert ist dagegen die Änderung im Hinblick auf den Zeitraum, für den die Geschäftstätigkeit beschrieben werden muss. Während nach Ziff. 6.1.1. des Anh. I EU-ProspV die Geschäftstätigkeit für jedes Geschäftsjahr innerhalb des Zeitraums, der von den historischen Finanz-

---

25 Die BaFin achtet darauf, dass Prospekt nicht zu werberisch und reißerisch ist.
26 Vgl. Komm. zu § 15 WpPG unter Rn. 15.
27 Vgl. Komm. zu § 7 WpPG unter Rn. 2.
28 Vgl. Komm. zu § 5 Abs. 1 WpPG.
29 *Groß*, KapMR, § 5 Rn. 2.
30 *Groß*, KapMR, § 7 Rn. 2; vgl. auch die Komm. zu § 7 WpPG unter Rn. 1.
31 *Heidelbach*, in: Schwark/Zimmer, KapMRK, § 13 Rn. 17; *Groß*, KapMR, 5. Aufl. 2012, § 13 Rn. 12; *Grosjean*, in: Heidel, AktG, § 13 Rn. 16.

informationen abgedeckt wird[32], dargestellt werden muss, reicht es bei dem verhältnismäßigen Schemata nach Ziff. 5.1. des Anh. XXIII EU-ProspV aus, wenn nur etwaige bedeutende Änderungen seit dem Ende des von dem zuletzt veröffentlichten geprüften Abschluss abgedeckten Zeitraums offengelegt werden. Dies ist insbesondere dann eine wesentliche Erleichterung, wenn sich die Geschäftstätigkeit des Emittenten in den letzten Jahren gewandelt hat. So erspart man sich die Darstellung der ggfs. andersartigen Geschäftstätigkeit aus der (nicht mehr relevanten) Vergangenheit.

Bzgl. der Darstellung der ebenfalls in Ziff. 5.1. des Anh. XXIII EU-ProspV geforderten Angaben zu den neu eingeführten Produkten und Dienstleistungen sowie zum Stand der Entwicklungen wird auf die Kommentierung zu Ziff. 6.1.2. des Anh. I EU-ProspV verwiesen. *21*

Ähnlich wie bereits im Hinblick auf die Geschäftstätigkeit dargestellt, wurden auch die Anforderungen für die Beschreibung der wichtigsten Märkte in Ziff. 5.2. des Anh. XXIII EU-ProspV reduziert. So ist ebenfalls im Vergleich zu Ziff. 6.2. des Anh. I EU-ProspV nur noch eine „kurze" Beschreibung der wichtigsten Märkte, auf dem der Emittent tätig ist, erforderlich. Zudem ist das Erfordernis der Aufschlüsselung der Gesamtumsätze nach Art der Tätigkeit und geographischem Markt für jedes Geschäftsjahr innerhalb des Zeitraums, der von den historischen Finanzinformationen abgedeckt ist, nicht von Ziff. 6.2. des Anh. I EU-ProspV in das verhältnismäßigen Schema nach Anh. XXIII EU-ProspV übernommen worden. Dies kann eine wesentliche Erleichterung darstellen, da die beim Emittenten vorhandenen Finanzinformationen eine solche Aufschlüsselung nicht unbedingt immer hergeben bzw. eine klare Zuteilung nicht immer möglich ist, z. B. wenn der Emittent seine Produkte an Großhändler liefert, die für den Export gedacht sind. Hier fehlen daher teilweise verlässliche Daten für eine klare geographische Segmentierung, wodurch auch die Abgabe des Comfort Letters durch die Wirtschaftsprüfer erschwert wird. *22*

Zu beachten ist, dass zwar nach Ziff. 5.2. des Anh. XXIII EU-ProspV nicht mehr die Aufschlüsselung der Gesamtumsätze nach Art der Tätigkeit und geographischem Markt für jedes Geschäftsjahr innerhalb des Zeitraums, der von den historischen Finanzinformationen abgedeckt ist, erforderlich ist, jedoch müssen etwaige wesentlichen Änderungen auf den wichtigsten Märkten seit dem Ende des von dem zuletzt veröffentlichten Abschluss abgedeckten Zeitraum offengelegt werden. Da die Beschreibung der wichtigsten Märkte in der Regel auf Basis von aktuellen Marktstudien erfolgt[33], die auch die jüngsten Entwicklungen auf den Märkten berücksichtigen sollten, dürfte dieses Offenlegungskriterium keine besonderen Schwierigkeiten darstellen.

Im Hinblick auf die Offenlegung von außergewöhnlichen Faktoren nach Ziff. 5.3. des Anh. XXIII EU-ProspV, die die Informationen nach Ziff. 5.1. und 5.2. des Anh. XXIII EU-ProspV beeinflusst haben, kann im Wesentlichen auf die Kommentierung zu Ziff. 6.3. des Anh. I EU-ProspV verwiesen werden. *23*

---

32 Vgl. Ziff. 20.1. des Anh. I EU-ProspV.
33 Vgl. hierzu Komm. zu Ziff. 6.2. des Anh. I EU-ProspV.

Lediglich der Zeitraum für den diese Offenlegung erforderlich ist (seit dem Ende des von dem zuletzt veröffentlichten Abschluss abgedeckten Zeitraums) wurde konsequenterweise im Vergleich zum Anh. I EU-ProspV angepasst.

In Bezug auf die Ziff. 5.4. und 5.5. des Anh. XXIII EU-ProspV wird wegen des nahezu identischen Wortlauts mit den Ziff. 6.4 und 6.5 des Anh. I EU-ProspV auf die dortige Kommentierung verwiesen.

6. Organisationsstruktur (Ziff. 6.)

24   Wegen des identischen Wortlauts mit der Ziff. 7.1. des Anh. I EU-ProspV wird auf die dortige Kommentierung verwiesen. Zu erwähnen ist hier, dass im verhältnismäßigen Schema nach Anh. XXIII EU-ProspV nunmehr als Teil der Darstellung der Organisationsstruktur keine Liste der wichtigsten Tochtergesellschaften des Emittenten mehr in den Prospekt aufzunehmen ist. Es erscheint jedoch sinnvoll, als Teil der Beschreibung der Gruppe in Ziff. 6.1. des Anh. XXIII EU-ProspV auch die wichtigsten Tochtergesellschaften mitaufzunehmen, insbesondere wenn die Tochtergesellschaften einen wesentlichen Teil zum operativen Ergebnis beisteuern. Dies dient der Vollständigkeit der Darstellung im Prospekt, auch wenn die Liste der Tochtergesellschaften sich in der Regel auch aus den Jahresabschlüssen ergibt.

25   Konsequenterweise wurde im selben Kontext auch Ziff. 25. des Anh. I EU-ProspV (Angaben über Beteiligungen) nicht in den Anh. XXIII EU-ProspV übernommen. Wenn schon keine wesentlichen Tochtergesellschaften mehr dargestellt werden müssen, dann erst recht nicht etwaige bloße Beteiligungen, auch wenn diesen bei der Bewertung des Vermögens-, Finanz- und Ertragslage des Emittenten eine erhebliche Bedeutung zukommt. Nichtsdestotrotz erscheint eine Darstellung auch solcher wesentlichen Beteiligungen im Prospekt erwähnenswert, um ein vollständiges Bild zu zeigen.

7. Trendinformationen (Ziff. 7.)

26   Wegen des fast identischen Wortlauts mit der Ziff. 12. des Anh. I EU-ProspV wird auf die dortige Kommentierung verwiesen. Eine Einschränkung hat Ziff. 7.2. der deutschen Version des Anh. XXIII im Vergleich zur entsprechenden Regelung in Ziff. 12.2. des Anh. I EU-ProspV dahingehend erfahren, dass die Trendinformationen anzugeben sind, die „nach vernünftigem Ermessen" die Aussichten des Emittenten zumindest im laufenden Geschäftsjahr wesentlichen beeinflussen werden. Die Version in Ziff. 12. des Anh. I EU-ProspV geht noch von einer „voraussichtlichen" wesentlichen Beeinflussung aus. Passender ist tatsächlich die neue Fassung in Ziff. 7.2. des Anh. XXIII, da es auf eine sorgfältige Einschätzung des Emittenten ankommt, die nicht auf rein objektiven faktischen Maßstäben basiert. Diese Betrachtungsweise stimmt auch mit der englischen Version überein, die sowohl in Ziff. 7.2. des Anh. XXIII als auch in Ziff. 12.2. des Anh. I EU-ProspV von „reasonable" spricht.

8. Gewinnprognosen oder Schätzungen (Ziff. 8.)

Wegen des fast identischen Wortlauts mit der Ziff. 13. des Anh. I EU-ProspV   *27*
wird auf die dortige Kommentierung verwiesen.

9. Verwaltungs-, Leitungs- und Aufsichtsorgan und oberes Management (Ziff. 9.)

Wegen des nahezu identischen Wortlauts mit der Ziff. 14. des Anh. I EU-   *28*
ProspV wird auf die dortige Kommentierung verwiesen. Eine geringfügige
Abweichung, die sich inhaltlich auswirken kann, ist die neue Formulierung
in Ziff. 9.1. (d) des Anh. XXIII EU-ProspV, wonach „sämtliche" Mitglieder
des oberen Managements, die für die Feststellung relevant sind, ob der
Emittent über die für die Führung erforderliche Kompetenz und Erfahrung
verfügt, aufzunehmen sind. Folgt man streng dem Wortlaut, sind somit alle
Mitglieder des oberen Managements zu nennen. Dies geht im Prinzip über
das hinaus, was ursprünglich mit dieser Regelung gewollt war. Gedacht war,
und müsste auch ausreichend sein, dass nur die Mitglieder des oberen Managements genannt werden, die erforderlich sind, um die Sachkenntnis des
Emittenten darzustellen. Auch die englische Version folgt der Formulierung
aus Ziff. 14. (d) des Anh. I EU-ProspV. Nichtsdestotrotz sind im Zweifel aufgrund der neuen Formulierung alle Mitglieder des oberen Managements zu
nennen.

10. Vergütung und sonstige Leistungen (Ziff. 10.)

Der Anwendungsbereich des Abschnitts über die Offenlegung der Vergü-   *29*
tungsstrukturen für Mitglieder des Verwaltungs-, Leitungs- und Aufsichtsorgan in Ziff. 10. des Anh. XXIII EU-ProspV ist im Gegensatz zu der entsprechenden Regelung in Ziff. 15. des Anh. I EU-ProspV nur dann eröffnet, wenn
der Emittent nicht an einem geregelten Markt notiert ist. Begründet werden
kann dieser eingeschränkte Anwendungsbereich damit, dass für Emittenten
am geregelten Markt bereits diesbezügliche gesetzliche Offenlegungspflichten bestehen.

So ergeben sich die entsprechenden Offenlegungspflichten für deutsche
Emittenten am geregelten Markt bereits aus § 87 AktG sowie den §§ 285
Satz 1 Nr. 9 lit. a), 314 Abs. 1 Nr. 6 lit. a) HGB. § 87 AktG ist ebenso wie
§ 285 Satz 1 Nr. 9 lit. a) HGB Teil des Gesetzes über die Offenlegung von
Vorstandsvergütung (VorstOG) vom 03.08.2005 (BGB I S 2267) und entspricht Ziff. 5. der Empfehlung der Europäischen Kommission vom 14.12.
2004 (2004/913/EG).[34] § 285 Satz 1 Nr. 9 lit. a) HGB umfasst neben dem Vorstand der Aktiengesellschaft auch die Mitglieder eines Aufsichtsrates, eines
Beirates der Kapitalgesellschaft oder einer ähnlichen Einrichtung und verpflichtet zur Veröffentlichung einer aggregierten Angabe der jeweiligen
Gruppe.[35] Börsennotierte Gesellschaften verpflichtet § 285 Satz 1 Nr. 9 lit. a)

---

34 *Hüffer*, AktG, § 87 Rn. 14.
35 *Baumbach/Hopt*, HGB, 35. Aufl. 2012, § 285 Rn. 9.

HGB zur gesonderten Angabe der Bezüge jedes einzelnen Vorstandsmitglieds unter voller Namensnennung und die Aufschlüsselung der Einzelbezüge nach erfolgsunabhängigen und erfolgsbezogenen Komponenten sowie nach Komponenten mit langfristiger Anreizwirkung.[36] Nach dem Vorgenannten bestehen für börsennotierte Gesellschaften bereits umfangreiche Offenlegungspflichten im Hinblick auf die Vergütungsstrukturen, so dass eine explizite Offenlegung im Prospekt aus Anlegerschutzgesichtspunkten nicht mehr notwendig erscheint.

Bei Emittenten, die nicht am geregelten Markt notiert sind, wird wegen des identischen Wortlauts mit den Ziff. 15.1. und 15.2. des Anh. I EU-ProspVO auf die dortige Kommentierung verwiesen.

11. Praktiken der Geschäftsführung (Ziffer 11.)

30 Wie auch bei Ziff. 10. des Anh. XXIII EU-ProspV, greift Ziff. 11. des Anh. XXIII EU-ProspV im Hinblick auf die Praktiken der Geschäftsführung nur dann ein, wenn der Emittent nicht an einem geregelten Markt notiert ist. Auch dies ist nachvollziehbar, da für börsennotierte Aktiengesellschaften ergänzende gesetzliche Offenlegungspflichten bestehen, die die Anforderungen der Ziff. 11. des Anh. XXIII EU-ProspV weitestgehend abdecken. So sind die Mandatsperioden von Vorstand und Aufsichtsrat, die nach Ziff. 11.1. des Anh. XXIII EU-ProspV im Prospekt offengelegt werden müssten, öffentlich bekannt, da die Bestellungsbeschlüsse beim Handelsregister eingereicht werden.

31 Im Hinblick auf die geforderten Angaben in Ziff. 11.3. und Ziff. 11.4. des Anh. XXIII ist auf die gesonderte Erklärung zur Unternehmensführung nach § 289a HGB (sog, Corporate Governance Erklärung) hinzuweisen, die durch das BilMoG eingeführt wurde und entweder im Lagebericht des Jahresabschlusses oder auf der Internetseite zu veröffentlich ist[37]. Diese Erklärung umfasst die nach Ziff. 11.3. des Anh. XXIII EU-ProspV geforderten Angaben zu Ausschüssen des Aufsichtsrats als auch die Entsprechenserklärung nach § 161 AktG zu den Corporate Goverance Regelungen, die in Ziff. 11.4. des Anh. XXIII EU-ProspV vorgesehen ist.

32 Nicht vollständig durch sonstige gesetzliche Offenlegungsvorschriften in Deutschland abgedeckt sind die in Ziff. 11.2. des Anh. XXIII EU-ProspV geforderten Angaben zu Dienstleistungsverträgen zwischen Mitgliedern des Verwaltungs-, Leitungs- oder Aufsichtsorgan mit dem Emittenten bzw. einer seiner Tochtergesellschaften, die bei Beendigung des Beschäftigungsverhältnisses Leistungen vorsehen. Dies gilt im deutschen Recht nur für Leistungen an den Vorstand. Diese sind nach § 285 Nr. 9a) bb) HGB im Anhang zum Jahresabschluss anzugeben. Für Aufsichtsräte gilt diese Offenlegungspflicht nicht, so dass diese Information nicht im Jahresabschluss auftaucht und nach der neuen Regelung der Ziff. 11. des Anh. XXIII EU-ProspV bei börsenno-

---

36 *Fleischer*, in: Spindler/Stilz, AktG, 2. Aufl. 2010, § 87 Rn. 85.
37 *Baumbach/Hopt*, HGB, 35. Aufl. 2012, § 289a Rz. 1.

tierten Gesellschaften auch nicht mehr Eingang in den Prospekt finden muss. Der deutsche Gesetzgeber hat bei der Einführung des VorstOG bewusst auf eine gesetzliche Regelung auch für Aufsichtsratsmitglieder verzichtet. Begründet wurde dies im Wesentlichen mit der untergeordneten Bedeutung im Vergleich zu Vorstandsmitgliedern sowie dem Hinweis auf eine vergleichbare Verpflichtung im Corporate Governance Kodex unter Punkt 5.5.4.[38] Im Übrigen wird im Hinblick auf die inhaltliche Ausgestaltung der Ziff. 11. des Anh. XXIII EU-ProspV, sofern anwendbar, wegen des identischen Wortlauts mit der Ziff. 16. des Anh. I EU-ProspV auf die dortige Kommentierung verwiesen.

12. Beschäftigte (Ziff. 12.)

Gestrichen wurde aus Anh. I EU-ProspV die Ziff. 17.1., wonach Angaben zu   33
der Zahl der Beschäftigten gemacht werden müssen, wenn möglich unter Aufschlüsselung der beschäftigten Personen nach Haupttätigkeitskategorie und geographischer Belegenheit. Dies ist nach der entsprechenden Ziff. 12. des Anh. XXIII EU-ProspV nicht mehr erforderlich, da davon auszugehen ist, dass diese Angaben bereits anderweitig veröffentlicht und damit bekannt sind. Auch müssen keine Angaben mehr zu Zeitarbeitskräften gemacht werden. Eine diesbezügliche ausdrückliche Offenlegung empfiehlt sich jedoch dann, wenn sich hieraus ein besonderes Risiko ergeben kann, was insbesondere dann der Fall ist, wenn ein Großteil der Belegschaft in einem Zeitarbeitsverhältnis steht. Im Übrigen wird für die Ziff. 12.1. und 12.2. des Anh. XXIII EU-ProspV wegen des nahezu identischen Wortlauts mit den Ziff. 17.2. und 17.3. des Anh. I EU-ProspV auf die dortige Kommentierung verwiesen.

13. Hauptaktionäre (Ziff. 13.)

Wegen des nahezu identischen Wortlauts mit der Ziff. 18. des Anh. I EU-   34
ProspV wird auf die dortige Kommentierung verwiesen. Die geringfügigen sprachlichen Abweichungen haben keine materiellen Änderungen der Anforderungen zur Folge.

14. Geschäfte mit verbundenen Parteien (Ziff. 14.)

Eine Erleichterung erfährt der Emittent bei der Darstellung der Geschäfte   35
mit verbundenen Parteien, sofern die internationalen Rechnungslegungsstandards gemäß der Verordnung Nr. 1606/2002/EG auf den Emittenten Anwendung finden. In einem solchen Fall sind Informationen nur über solche Geschäfte mit verbundenen Parteien anzugeben, die seit dem Ende des letzten Berichtszeitraums, für den geprüfte Finanzinformationen veröffentlicht wurden, getätigt wurden (vgl. Ziff. 14. des Anh. XXIII EU-ProspV a. E.), d. h. nicht für den Gesamtzeitraum der historischen Finanzinformationen. Diese reduzierten Anforderungen sind dadurch gerechtfertigt, dass die Geschäfte

---

38 Vgl. Begr. RegE VorstOG, BT-Drucks. 15/5577 S. 7.

mit verbundenen Unternehmen bei der Rechnungslegung nach den internationalen Rechnungslegungsstandards gemäß der Verordnung Nr. 1606/2002/ EG in den Jahresabschluss aufgenommen werden müssen und damit als bekannt gelten. Die Angaben über Beziehungen zu nahestehenden Unternehmen und Personen normiert im Speziellen der International Accounting Standard (IAS) 24.21. Dieser Standard soll sicherstellen, dass die Abschlüsse eines Unternehmens alle Angaben enthalten, die notwendig sind, um auf die Möglichkeit hinzuweisen, dass die Vermögens- und Finanzlage und der Gewinn oder Verlust des Unternehmens u. U. durch die Existenz nahestehender Unternehmen und Personen sowie durch Geschäftsvorfälle und ausstehende Salden mit diesen beeinflusst worden sind. IAS 24.21 deckt dabei im Wesentlichen, wenn auch nicht vollständig, den Umfang von Ziff. 14 des Anh. XXIII ab. Nichtsdestotrotz hat der europäische Gesetzgeber die Offenlegung im Jahresabschluss nach IAS 24 für ausreichend erachtet, um den Anleger über kritische Geschäfte des Emittenten mit verbundenen Unternehmen zu informieren. Inhaltlich wird im Übrigen wegen des identischen Wortlauts mit der Ziff. 19. des Anh. I EU-ProspV auf die dortige Kommentierung verwiesen.

15. Finanzinformationen über die Vermögens- Finanz- und Ertragslage des Emittenten (Ziff. 15.)

36   Auch bei den Mindestangaben für die Finanzinformationen wurde der Zeitraum, für den die Finanzinformationen in dem Prospekt veröffentlicht werden müssen, deutlich verkürzt. Während beim Prospekt nach Ziff. 20.1. des Anh. I EU-ProspV die geprüften historischen Finanzinformationen die letzten drei Geschäftsjahre abdecken müssen, reicht es im verhältnismäßigen Schema gemäß Ziff. 15.1. des Anh. XXIII EU-ProspV aus, wenn die entsprechenden Finanzinformationen das letzte Geschäftsjahr abdecken. Im eher seltenen Fall der Änderung des Bilanzstichtags während dieses Veröffentlichungszeitraums muss sichergestellt werden, dass Finanzinformationen über mindestens 12 Monate bzw. über den gesamten Zeitraum der Geschäftstätigkeit vorliegen. Im Übrigen wird inhaltlich wegen des nahezu identischen Wortlauts mit der Ziff. 20.1. des Anh. I EU-ProspV auf die dortige Kommentierung verwiesen. Etwas unglücklich erscheint hierbei die zum Anh. I EU-ProspV veränderte Formulierung zu den „accounting policies". Diese werden in der Ziff. 20.1. e) des Anh. XXIII EU-ProspVO mit „Rechnungslegungsstrategien" bezeichnet. Die Begriffe „Bilanzierungs- und Bewertungsmethoden" in Ziff. 20.1. des Anh. I EU-ProspV erscheinen hier treffender.

37   Im Hinblick auf die Ziff. 15.2. – 15.9. des Anh. XXIII EU-ProspV wird ebenfalls wegen des nahezu identischen Wortlauts mit den Ziff. 20.2. – 20.9. des Anh. I EU-ProspV auf die dortige Kommentierung verwiesen. Hinzuweisen sei lediglich auf die etwas missverständliche Formulierung in Ziff. 15.6.2. des Anh. XXIII EU-ProspV, wonach im Falle der Erstellung von Zwischeninformationen diese einen Vergleich mit dem gleichen Zeitraum des letzten Geschäftsjahres beinhalten „sollten". Die entsprechende englische Version fordert, dass die Zwischeninformationen einen solchen Vergleich beinhalten müssen: „must include". Da die EU-ProspV die Mindestangaben vorgibt und

darüber hinaus nicht bloß Empfehlungen ausspricht, ist nicht davon auszugehen, dass der europäische Gesetzgeber von dieser Systematik abweichen und nur einen Vorschlag unterbreiten wollte, die Vergleichszahlen miteinzufügen. Daher ist die Regelung zu den Vergleichszahlen in Ziff. 15.6.2 als bindend anzusehen und nicht nur als eine reine „Soll-Vorschrift".

16. Zusätzliche Angaben (Ziff. 16.)

Im Hinblick auf die Ziff. 16.1. des Anh. XXIII EU-ProspV wird wegen des nahezu identischen Wortlauts mit der Ziff. 21.1 des Anh. I EU-ProspV auf die dortige Kommentierung verwiesen. Verbessert wurde aus sprachlicher Sicht die Terminologie in Ziff. 16.1. des Anh. XXIII EU-ProspV, in der nicht mehr von „Kategorie" von Aktien oder „zugelassenen Aktien" gesprochen wird[39], sondern juristisch treffender von „Gattung" bzw. von „genehmigten Aktien". Vollständig gestrichen wurden die Anforderungen bezüglich der Angaben zur Satzung und zu den Statuten der Gesellschaft, die im Prospekt nach Ziff. 21.2. des Anh. I EU-ProspV veröffentlichungspflichtig sind. Dies ist nachvollziehbar, da diese Informationen leicht durch Einsichtnahme in die im Handelsregister veröffentlichte Satzung erlangt werden können.

38

17. Wesentliche Verträge (Ziff. 17.)

Eine deutliche Erleichterung bringt die Änderung in Ziff. 17. des Anh. XXIII EU-ProspV im Vergleich zur Ziff. 22. des Anh. I EU-ProspV mit sich. Nunmehr ist nur noch eine Zusammenfassung der wesentlichen Verträge für das letzte Jahr (anstatt für die letzten beiden Jahre) vor der Veröffentlichung des Prospekts erforderlich. Die Erleichterung führt zum einen zu weniger Aufwand bei der Beschreibung der wesentlichen Verträge. Zum anderen kann, wie in der Kommentierung zu Ziff. 22. des Anh. I EU-ProspV dargestellt wird[40], die Offenlegung von Verträgen aus Wettbewerbssicht problematisch sein. Die Verkürzung des veröffentlichungspflichtigen Zeitraums kann somit dazu führen, dass solche aus Wettbewerbssicht problematische Verträge aus dem Raster fallen. Im Übrigen wird wegen des nahezu identischen Wortlauts mit der Ziff. 22. des Anh. I EU-ProspV auf die dortige Kommentierung verwiesen.

39

18. Angaben von Seiten Dritter, Erklärungen von Seiten Sachverständiger und Interessenerklärungen (Ziff. 18.)

Wegen des nahezu identischen Wortlauts mit der Ziff. 23. des Anh. I EU-ProspV wird auf die dortige Kommentierung verwiesen. Geändert hat sich im Vergleich die Formulierung im Hinblick auf eine mögliche Beziehung zwischen dem Sachverständigen und dem Emittenten. Während Ziff. 23.1. des Anh. I EU-ProspV fordert, dass ein „wesentliches Interesse" des Sachverständigen an dem Emittenten offenzulegen ist, geht die neue Formulie-

40

---

39 Vgl. hierzu noch die Formulierung in Ziff. 21.1.1. (a) und (b) des Anh. I EU-ProspV.
40 Vgl. hierzu Komm. zu Ziff. 22 des Anh. I EU-ProspV.

rung in Ziff. 18. des Anh. XXIII EU-ProspV nur von einer Offenlegungspflicht bezüglich einer „wesentlichen Beteiligung" aus. Letztere Formulierung spricht eher dafür, dass nur eine gesellschaftsrechtliche Beteiligung offenzulegen ist. Der englische Begriff „interest", der entsprechend in der englischen Version verwendet wird, hilft hier bei der Auslegung nicht weiter, da dieser englische Begriff beide Übersetzungen zulässt. Da aber die Regelung dazu dienen soll, etwaige potentielle Interessenskonflikte gegenüber dem Investor offenzulegen, die Ausfluss auf die Glaubwürdigkeit des Sachverständigen haben können, ist eher von einer weiten Auslegung auszugehen, so dass alle mögliche Formen eines wirtschaftliche Interesses offengelegt werden sollten. Das CESR hat hierzu einen Beispielkatalog entworfen[41], der auch bei der Anwendung der Ziff. 18. des Anh. XXIII EU-ProspV berücksichtigt werden sollte.

19. Einsehbare Dokumente (Ziff. 19.)

41 Für das verhältnismäßigen Schemata nach Anh. XXIII EU-ProspV wird im Gegensatz zu dem Anh. I EU-ProspV nicht verlangt, dass auch die historischen Finanzinformationen dem Investor zugänglich gemacht werden müssen. Eine entsprechende Anforderung wurde nicht in Ziff. 19. des Anh. XXIII EU-ProspV übernommen und reduziert somit den administrativen Aufwand. Im Übrigen wird wegen des ansonsten identischen Wortlauts mit der Ziff. 24. des Anh. I EU-ProspV auf die dortige Kommentierung verwiesen.

---

41 Vgl. hierzu Komm. zu Ziff. 23.1 des Anh. I EU-ProspV.

ANHANG XXIV
Mindestangaben für die Wertpapierbeschreibung für Aktien bei Bezugsrechtsemissionen (verhältnismäßiges Schema)

ANNEX XXIV
Proportionate Schedule for Minimum Disclosure Requirements for the Share Securities Note for Rights Issues

1. **Haftende Personen**

1.1. Alle Personen, die für die Angaben im Prospekt bzw. für bestimmte Teile des Prospekts haften. Im letzteren Fall sind die entsprechenden Teile anzugeben. Handelt es sich dabei um natürliche Personen, zu denen auch Mitglieder des Verwaltungs-, Leitungs- oder Aufsichtsorgans des Emittenten gehören, sind Name und Funktion dieser Person zu nennen. Bei juristischen Personen sind Name und eingetragener Sitz der Gesellschaft anzugeben.

1. Persons Responsible

1.1. All persons responsible for the information given in the prospectus and, as the case may be, for certain parts of it, with, in the latter case, an indication of such parts. In the case of natural persons including members of the issuer's administrative, management or supervisory bodies indicate the name and function of the person; in case of legal persons indicate the name and registered office.

1.2. Erklärung der für den Prospekt haftenden Personen, dass die Angaben im Prospekt ihres Wissens richtig sind und keine Auslassungen beinhalten, die die Aussage des Prospekts verzerren könnten, und dass sie die erforderliche Sorgfalt haben walten lassen, um dies sicherzustellen. Ggf. Erklärung der für bestimmte Teile des Prospekts haftenden Personen, dass die Angaben in dem Teil des Prospekts, für den sie haften, ihres Wissens richtig sind und keine Auslassungen beinhalten, die die Aussage des Prospekts verzerren könnten, und dass sie die erforderliche Sorgfalt haben walten lassen, um dies sicherzustellen.

1.2. A declaration by those responsible for the prospectus that, having taken all reasonable care to ensure that such is the case the information contained in the prospectus is, to the best of their knowledge, in accordance with the facts and contains no omission likely to affect its import. As the case may be, declaration by those responsible for certain parts of the prospectus that, having taken all reasonable care to ensure that such is the case the information contained in the part of the prospectus for which they are responsible is, to the best of their knowledge, in accordance with the facts and contains no omission likely to affect its import.

2. **Risikofaktoren**

Klare Angabe der Risikofaktoren, die für die Bewertung des mit den anzubietenden und/oder zum Handel zuzulassenden Wertpapiere verbundenen Marktrisikos von wesentlicher Bedeutung sind, unter der Rubrik „Risikofaktoren".

2. Risk Factors

Prominent disclosure of risk factors that are material to the securities being offered and/or admitted to trading in order to assess the market risk associated with these securities in a section headed "Risk Factors".

3. **Grundlegende Angaben**

3.1. Erklärung zum Geschäftskapital

Erklärung des Emittenten, dass das Geschäftskapital seiner Meinung nach seine derzeitigen Anforderungen deckt.

3. Essential Information

3.1. Working capital Statement

Statement by the issuer that, in its opinion, the working capital is sufficient for the issuer's present requirements or, if

Ansonsten ist darzulegen, wie das zusätzlich erforderliche Geschäftskapital beschafft werden soll.

not, how it proposes to provide the additional working capital needed.

3.2. Kapitalbildung und Verschuldung

Aufzunehmen ist eine Übersicht über Kapitalbildung und Verschuldung (wobei zwischen garantierten und nicht garantierten, besicherten und unbesicherten Verbindlichkeiten zu unterscheiden ist) zu einem Zeitpunkt, der höchstens 90 Tage vor dem Datum des Dokuments liegt. Zur Verschuldung zählen auch indirekte Verbindlichkeiten und Eventualverbindlichkeiten.

3.2. Capitalisation and indebtedness

A statement of capitalisation and indebtedness (distinguishing between guaranteed and unguaranteed, secured and unsecured indebtedness) as of a date no earlier than 90 days prior to the date of the document. Indebtedness also includes indirect and contingent indebtedness.

3.3. Beteiligungen natürlicher und juristischer Personen, die an der Emission/dem Angebot beteiligt sind.

Beschreibung aller für die Emission wesentlichen – auch kollidierenden – Beteiligungen unter Angabe der betreffenden Personen und der Art der Beteiligung.

3.3. Interest of natural and legal persons involved in the issue/offer

A description of any interest, including conflicting ones that is material to the issue/offer, detailing the persons involved and the nature of the interest.

3.4. Gründe für das Angebot und Verwendung der Erträge

Angabe der Gründe für das Angebot und ggf. des geschätzten Nettobetrages der Erträge, aufgegliedert nach den wichtigsten Verwendungszwecken und dargestellt nach Priorität dieser Verwendungszwecke. Wenn der Emittent weiß, dass die voraussichtlichen Erträge nicht ausreichen werden, um alle vorgeschlagenen Verwendungszwecke zu finanzieren, sind der Betrag und die Quellen anderer Mittel anzugeben. Die Verwendung der Erträge muss im Detail dargelegt werden, insbesondere wenn sie außerhalb der normalen Geschäftstätigkeit zum Erwerb von Aktiva verwendet, zur Finanzierung des angekündigten Erwerbs anderer Unternehmen oder zur Begleichung, Reduzierung oder vollständigen Tilgung der Schulden eingesetzt werden.

3.4. Reasons for the offer and use of proceeds

Reasons for the offer and, where applicable, the estimated net amount of the proceeds broken into each principal intended use and presented by order of priority of such uses. If the issuer is aware that the anticipated proceeds will not be sufficient to fund all the proposed uses, state the amount and sources of other funds needed. Details must be given with regard to the use of the proceeds, in particular when they are being used to acquire assets, other than in the ordinary course of business, to finance announced acquisitions of other business, or to discharge, reduce or retire indebtedness.

4. Angaben über die Anzubietenden bzw. uum handel zuzulassenden Wertpapiere

4. information concerning the securities to be offered/admitted to trading

4.1. Beschreibung der Art und Gattung der anzubietenden und/oder zum Handel zuzulassenden Wertpapiere einschließlich der ISIN (International Security Identification Number) oder einer ähnlichen Wertpapierkennung.

4.1. A description of the type and the class of the securities being offered and/ or admitted to trading, including the ISIN (International Security Identification Number) or other such security identification code.

4.2. Rechtsvorschriften, auf deren Grundlage die Wertpapiere geschaffen wurden.

4.2. Legislation under which the securities have been created.

4.3. Angabe, ob es sich bei den Wertpapieren um Namens- oder Inhaberpapiere handelt und ob sie in Stückeform oder stückelos vorliegen. In letzterem Fall sind Name und Anschrift des die Buchungsunterlagen führenden Instituts zu nennen.

4.3. An indication whether the securities are in registered form or bearer form and whether the securities are in certificated form or book-entry form. In the latter case, name and address of the entity in charge of keeping the records.

4.4. Währung der Wertpapieremission.

4.4. Currency of the securities issue.

4.5. Beschreibung der mit den Wertpapieren verbundenen Rechte einschließlich etwaiger Beschränkungen und des Verfahrens zur Ausübung dieser Rechte.

4.5. A description of the rights attached to the securities, including any limitations of those rights, and procedure for the exercise of those rights.

Dividendenrechte:

Dividend rights:

– **feste(r) Termin(e), ab dem/denen die Dividendenberechtigung entsteht;**

– Fixed date(s) on which the entitlement arises,

– **Frist für den Verfall der Dividendenberechtigung und Angabe des Begünstigten;**

– Time limit after which entitlement to dividend lapses and an indication of the person in whose favour the lapse operates,

– **Dividendenbeschränkungen und Verfahren für gebietsfremde Wertpapierinhaber;**

– Dividend restrictions and procedures for non-resident holders,

– **Dividendensatz bzw. Methode zu dessen Berechnung, Häufigkeit und Art der Zahlungen (kumulativ oder nichtkumulativ);**

– Rate of dividend or method of its calculation, periodicity and cumulative or non-cumulative nature of payments.

Stimmrechte;

Voting rights.

Vorkaufsrechte bei Angeboten zur Zeichnung von Wertpapieren derselben Gattung; Recht auf Beteiligung am Gewinn des Emittenten;

Pre-emption rights in offers for subscription of securities of the same class. Right to share in the issuer's profits.

Recht auf Beteiligung am Liquidationserlös; Tilgungsklauseln;

Rights to share in any surplus in the event of liquidation. Redemption provisions.

Wandelbedingungen.

Conversion provisions.

4.6. Angabe der Beschlüsse, Ermächtigungen und Genehmigungen, aufgrund

4.6. A statement of the resolutions, authorisations and approvals by virtue of

deren Wertpapiere geschaffen und/oder begeben wurden oder werden.

4.7. Voraussichtlicher Emissionstermin der Wertpapiere.

4.8. Beschreibung etwaiger Beschränkungen für die freie Übertragbarkeit der Wertpapiere.

4.9. Hinsichtlich des Lands des eingetragenen Sitzes des Emittenten und des Landes bzw. der Länder, in dem bzw. denen das Angebot unterbreitet oder die Zulassung zum Handel beantragt wird, sind folgende Angaben zu machen:

– **Angaben zu den Steuern, die an der Quelle auf die Wertpapiererträge erhoben werden,**

– **Hinweis darauf, ob der Emittent die Einbehaltung der Steuern an der Quelle übernimmt.**

5. Konditionen des Angebots

5.1. Konditionen, Angebotsstatistiken, erwarteter Zeitplan und erforderliche Maßnahmen für die Antragstellung.

5.1.1. Angebotskonditionen.

5.1.2. Gesamtsumme der Emission/des Angebots.

5.1.3. Frist — einschließlich etwaiger Änderungen — während deren das Angebot gilt, und Beschreibung des Antragsverfahrens.

5.1.4. Zeitpunkt und Umstände, zu dem bzw. unter denen das Angebot widerrufen oder ausgesetzt werden kann, und Angabe, ob der Widerruf nach Beginn des Handels erfolgen kann.

5.1.5. Beschreibung der Möglichkeit zur Reduzierung der Zeichnungen und der Art und Weise der Erstattung des zu viel gezahlten Betrags an die Zeichner.

5.1.6. Einzelheiten zum Mindest- und/oder Höchstbetrag der Zeichnung (entweder in Form der Anzahl der Wertpapiere oder des aggregierten zu investierenden Betrags).

5.1.7. Angabe des Zeitraums, während dessen ein Antrag zurückgezogen wer-

which the securities have been or will be created and/or issued.

4.7. The expected issue date of the securities

4.8. A description of any restrictions on the free transferability of the securities

4.9. In respect of the country of registered office of the issuer and the country(ies) where the offer is being made or admission to trading is being sought:

– Information on taxes on the income from the securities withheld at source,

– Indication as to whether the issuer assumes responsibility for the withholding of taxes at the source.

5. Terms and Conditions of the Offer

5.1. Conditions, offer statistics, expected timetable and action required to apply for the offer

5.1.1. Conditions to which the offer is subject.

5.1.2. Total amount of the issue/offer.

5.1.3. The time period, including any possible amendments, during which the offer will be open and description of the application process.

5.1.4. An indication of when, and under which circumstances, the offer may be revoked or suspended and whether revocation can occur after dealing has begun.

5.1.5. A description of the possibility to reduce subscriptions and the manner for refunding excess amount paid by applicants.

5.1.6. Details of the minimum and/or maximum amount of application (whether in number of securities or aggregate amount to invest).

5.1.7. An indication of the period during which an application may be withdrawn,

den kann, sofern dies den Anlegern gestattet ist.

5.1.8. Methode und Fristen für die Bedienung der Wertpapiere und ihre Lieferung.

5.1.9. Umfassende Beschreibung der Modalitäten und des Termins für die öffentliche Bekanntgabe der Angebotsergebnisse.

5.1.10. Verfahren für die Ausübung eines etwaigen Vorkaufsrechts, die Handelbarkeit der Zeichnungsrechte und die Behandlung der nicht ausgeübten Zeichnungsrechte.

5.2. Zuteilung.

5.2.1. Soweit dem Emittenten bekannt, Angabe, ob Hauptaktionäre oder Mitglieder des Leitungs-, Aufsichts- oder Verwaltungsorgans des Emittenten an der Zeichnung teilnehmen wollen oder ob Personen mehr als 5 % des Angebots zeichnen wollen.

5.2.2. Verfahren zur Meldung gegenüber den Zeichnern über den zugeteilten Betrag und Angabe, ob eine Aufnahme des Handels vor der Meldung möglich ist.

5.3. Preisfestsetzung.

5.3.1. Angabe des Preises, zu dem die Wertpapiere angeboten werden. Ist der Preis nicht bekannt oder besteht kein etablierter und/oder liquider Markt für die Wertpapiere, ist die Methode anzugeben, mittels deren der Angebotspreis festgelegt wird, einschließlich der Person, die die Kriterien festgelegt hat oder offiziell für deren Festlegung verantwortlich ist. Angabe der Kosten und Steuern, die speziell dem Zeichner oder Käufer in Rechnung gestellt werden.

5.3.2. Verfahren für die Offenlegung des Angebotspreises.

5.3.3. Verfügen die Aktionäre des Emittenten über Vorkaufsrechte und werden diese Rechte eingeschränkt oder entzogen, ist die Basis des Emissionspreises anzugeben, wenn die Emission in bar erfolgt, zusammen mit den Gründen und

provided that investors are allowed to withdraw their subscription.

5.1.8. Method and time limits for paying up the securities and for delivery of the securities.

5.1.9. A full description of the manner and date in which results of the offer are to be made public.

5.1.10. The procedure for the exercise of any right of pre-emption, the negotiability of subscription rights and the treatment of subscription rights not exercised.

5.2. Allotment

5.2.1. To the extent known to the issuer, an indication of whether major shareholders or members of the issuer's management, supervisory or administrative bodies intended to subscribe in the offer, or whether any person intends to subscribe for more than five per cent of the offer.

5.2.2. Process for notification to applicants of the amount allotted and indication whether dealing may begin before notification is made.

5.3. Pricing

5.3.1. An indication of the price at which the securities will be offered. If the price is not known or if there is no established and/or liquid market for the securities, indicate the method for determining the offer price, including a statement as to who has set the criteria or is formally responsible for the determination. Indication of the amount of any expenses and taxes specifically charged to the subscriber or purchaser.

5.3.2. Process for the disclosure of the offer price.

5.3.3. If the issuer's equity holders have pre-emptive purchase rights and this right is restricted or withdrawn, indication of the basis for the issue price if the issue is for cash, together with the reasons for and ben-

den Begünstigten einer solchen Beschränkung oder eines solchen Entzugs.

eficiaries of such restriction or withdrawal.

5.4. Platzierung und Übernahme (Underwriting).

5.4. Placing and Underwriting

5.4.1. Name und Anschrift des Koordinators/der Koordinatoren des gesamten Angebots oder einzelner Teile des Angebots und – sofern dem Emittenten oder dem Bieter bekannt – Angaben zu den Platzierern in den einzelnen Ländern des Angebots.

5.4.1. Name and address of the coordinator(s) of the global offer and of single parts of the offer and, to the extend known to the issuer or to the offeror, of the placers in the various countries where the offer takes place

5.4.2. Name und Anschrift etwaiger Zahlstellen und Verwahrstellen in jedem Land.

5.4.2. Name and address of any paying agents and depository agents in each country.

5.4.3. Name und Anschrift der Institute, die bereit sind, eine Emission auf Grund einer festen Zusage zu zeichnen, und Name und Anschrift der Institute, die bereit sind, eine Emission ohne feste Zusage oder „zu den bestmöglichen Bedingungen" zu platzieren. Angabe der Hauptmerkmale der Vereinbarungen, einschließlich der Quoten. Wird die Emission nicht zur Gänze übernommen, ist eine Erklärung zum verbleibenden Teil einzufügen. Angabe des Gesamtbetrags der Übernahmeprovision und der Platzierungsprovision.

5.4.3. Name and address of the entities agreeing to underwrite the issue on a firm commitment basis, and name and address of the entities agreeing to place the issue without a firm commitment or under "best efforts" arrangements. Indication of the material features of the agreements, including the quotas. Where not all of the issue is underwritten, a statement of the portion not covered. Indication of the overall amount of the underwriting commission and of the placing commission.

5.4.4. Datum, zu dem der Emissionsübernahmevertrag geschlossen wurde oder wird.

5.4.4. When the underwriting agreement has been or will be reached.

6. Zulassung zum Handel und Handelsmodalitäten

6. Admission to trading and dealing Arrangements

6.1. Angabe, ob die angebotenen Wertpapiere Gegenstand eines Antrags auf Zulassung zum Handel sind oder sein werden und auf einem geregelten Markt oder sonstigen gleichwertigen Märkten platziert werden sollen, wobei die jeweiligen Märkte zu nennen sind. Dieser Umstand ist anzugeben, ohne den Eindruck zu erwecken, dass die Zulassung zum Handel auf jeden Fall erteilt wird. Falls bekannt, sollten die ersten Termine angegeben werden, zu denen die Wertpapiere zum Handel zugelassen sind.

6.1. An indication as to whether the securities offered are or will be the object of an application for admission to trading, with a view to their distribution in a regulated market or other equivalent markets with indication of the markets in question. This circumstance must be mentioned, without creating the impression that the admission to trading will necessarily be approved. If known, the earliest dates on which the securities will be admitted to trading.

6.2. Anzugeben sind alle geregelten oder gleichwertigen Märkte, an denen nach Kenntnis des Emittenten bereits

6.2. All the regulated markets or equivalent markets on which, to the knowledge of the issuer, securities of the same class

Wertpapiere der gleichen Gattung wie die zum Handel angebotenen oder zuzulassenden Wertpapiere zum Handel zugelassen sind.

6.3. Falls gleichzeitig oder fast gleichzeitig zur Schaffung von Wertpapieren, für die eine Zulassung zum Handel an einem geregelten Markt beantragt werden soll, Wertpapiere der gleichen Gattung privat gezeichnet oder platziert werden, oder falls Wertpapiere anderer Gattungen für eine öffentliche oder private Platzierung geschaffen werden, sind Einzelheiten zur Art dieser Geschäfte sowie zur Zahl und den Merkmalen der Wertpapiere anzugeben, auf die sie sich beziehen.

6.4. Detaillierte Angaben zu den Instituten, die aufgrund einer festen Zusage als Intermediäre im Sekundärhandel tätig sind und über An- und Verkaufskurse Liquidität zur Verfügung stellen, sowie Beschreibung der Hauptbedingungen ihrer Zusage.

7.   Lock-up-Vereinbarungen

7.1. Lock-up-Vereinbarungen:

Anzugeben sind die beteiligten Parteien, Inhalt und Ausnahmen der Vereinbarung, der Zeitraum des „Lock-up".

8.   Kosten der Emission/des Angebots

8.1. Angabe der Gesamtnettoerträge und Schätzung der Gesamtkosten der Emission/des Angebots.

9.   Verwässerung

9.1. Betrag und Prozentsatz der unmittelbaren Verwässerung, die sich aus der Emission/dem Angebot ergibt.

9.2. Betrag und Prozentsatz der unmittelbaren Verwässerung, wenn die existierenden Aktionäre das neue Angebot nicht zeichnen.

of the securities to be offered or admitted to trading are already admitted to trading.

6.3. If simultaneously or almost simultaneously with the creation of the securities for which admission to a regulated market is being sought, securities of the same class are subscribed for or placed privately or if securities of other classes are created for public or private placing, give details of the nature of such operations and of the number and characteristics of the securities to which they relate.

6.4. Details of the entities which have a firm commitment to act as intermediaries in secondary trading, providing liquidity through bid and offer rates and description of the main terms of their commitment.

7.   Lock-up Agreements

7.1. Lock-up agreements

The parties involved.

Content and exceptions of the agreement. Indication of the period of the lock up.

8.   Expense of the Issue/offer

8.1. The total net proceeds and an estimate of the total expenses of the issue/offer.

9.   Dilution

9.1. The amount and percentage of immediate dilution resulting from the issue/offer.

9.2. The amount and percentage of immediate dilution if they do not subscribe to the new offer.

10. Zusätzliche Angaben

10.1. Werden an einer Emission beteiligte Berater in der Wertpapierbeschreibung genannt, ist anzugeben, in welcher Funktion sie gehandelt haben.

10.2. Es ist anzugeben, welche anderen in der Wertpapierbeschreibung enthaltenen Angaben von Abschlussprüfern geprüft oder durchgesehen wurden, über die die Abschlussprüfer einen Vermerk erstellt haben. Der Vermerk ist wiederzugeben oder bei entsprechender Erlaubnis der zuständigen Behörden zusammenzufassen.

10.3. Wird in die Wertpapierbeschreibung eine Erklärung oder ein Bericht einer Person aufgenommen, die als Sachverständige(r) handelt, so sind der Name, die Geschäftsanschrift, die Qualifikationen und eine etwaige wesentliche Beteiligung dieser Person am Emittenten anzugeben. Wurde der Bericht auf Ersuchen des Emittenten erstellt, so ist eine Erklärung dahingehend abzugeben, dass die aufgenommene Erklärung oder der aufgenommene Bericht in der Form und in dem Zusammenhang, in dem sie bzw. er aufgenommen wurde, die Zustimmung von Seiten der Person erhalten hat, die den Inhalt dieses Teils der Wertpapierbeschreibung gebilligt hat.

10.4. Wurden Angaben von Seiten Dritter übernommen, ist zu bestätigen, dass diese Angaben korrekt wiedergegeben wurden und nach Wissen des Emittenten und soweit für ihn aus den von diesem Dritten veröffentlichten Angaben ersichtlich, nicht durch Auslassungen unkorrekt oder irreführend gestaltet wurden. Darüber hinaus hat der Emittent die Quelle(n) der Angaben zu nennen.

10. Additional Information

10.1. If advisors connected with an issue are mentioned in the Securities Note, a statement of the capacity in which the advisors have acted.

10.2. An indication of other information in the Securities Note which has been audited or reviewed by statutory auditors and where auditors have produced a report. Reproduction of the report or, with permission of the competent authority, a summary of the report.

10.3. Where a statement or report attributed to a person as an expert is included in the Securities Note, provide such persons' name, business address, qualifications and material interest if any in the issuer. If the report has been produced at the issuer's request a statement to the effect that such statement or report is included, in the form and context in which it is included, with the consent of the person who has authorised the contents of that part of the Securities Note.

10.4. Where information has been sourced from a third party, provide a confirmation that this information has been accurately reproduced and that as far as the issuer is aware and is able to ascertain from information published by that third party, no facts have been omitted which would render the reproduced information inaccurate or misleading. In addition, identify the source(s) of the information.

Inhalt

I. Einleitung

Anh. XXIV EU-ProspV ist durch die Verordnung Nr. 486/2012/EU neu ein-   *1*
gefügt worden und enthält das Schema für die Mindestangaben für die
Wertpapierbeschreibung für Aktien bei Bezugsrechtsemissionen. Für die
Frage des Anwendungsbereichs des Anh. XXIV EU-ProspV wird auf die Einleitung zur Kommentierung zum Anh. XXIII EU-ProspV verwiesen. Das
Schema zu Anh. XXIV EU-ProspV entspricht im Wesentlichen Annex III EU-
ProspV, so dass vielfach auf die dortige Kommentierung verwiesen werden
kann, auch wenn in den deutschen Versionen teilweise sprachliche Abweichungen zu erkennen sind, die sich jedoch inhaltlich nicht wesentlich auswirken.

II. Mindestangaben nach Anh. XXIV

1. Haftende Personen (Ziff. 1)

Wegen des fast identischen Wortlauts mit den Ziff. 1.1 und 1.2 des Anh. III   *2*
EU-ProspV wird inhaltlich auf die dortige Kommentierung verwiesen. Bzgl.
der sprachlichen Abweichungen zwischen den verschiedenen Versionen
wird auf die Kommentierung zu Ziff. 1 des Anh. XXIII EU-ProspV verwiesen.

2. Risikofaktoren (Ziff. 2)

Inhaltlich kann auf die Kommentierung zu Ziff. 2 des Anh. III EU-ProspV   *3*
verwiesen werden. Die deutsche Fassung der Ziff. 2 des Anh. III EU-ProspV
hat zwar den Wortlaut etwas umgestellt, jedoch ohne inhaltliche Änderungen vorzunehmen.

3. Zentrale Angaben (Ziffer 3)

Trotz geringfügiger Abweichungen im Wortlaut kann inhaltlich auf die Kom-   *4*
mentierung zu Ziff. 3 des Anh. III EU-ProspV verwiesen werden. Unglücklich erscheint die Änderung des Wortlauts der deutschen Version in Ziff. 3.3

des Anh. XXIV EU-ProspV, in der von der Offenlegung von wesentlichen – auch kollidierenden – „Beteiligungen" gesprochen wird. Vom europäischen Gesetzgeber war stets die Offenlegung von „Interessen" der an der Emission/dem Angebot beteiligten Personen gewollt.[1] Dafür spricht auch, dass gemäß Ziff. 3.3 des Anh. XXIV EU-ProspV „auch kollidierende" offenzulegen sind, was sprachlich nur zu „Interessen passt. Das dennoch in der deutschen Version der Ziff. 3.3 des Anh. XXIV EU-ProspV verwendete Wort „Beteiligung" ist in diesem Zusammenhang missverständlich. Es sollte aber bei der weiten Auslegung bleiben, wonach etwaige Interessen der an der Emission/dem Angebot beteiligten Personen offengelegt werden müssen, um dem Anlegerschutzgedanken gerecht zu werden.

4. Angabe über die anzubietenden bzw. zum Handel zuzulassenden Wertpapiere (Ziff. 4)

5   Trotz geringfügiger Abweichungen im Wortlaut kann im Wesentlichen inhaltlich auf die Kommentierung zu Ziff. 4 des Anh. III EU-ProspV verwiesen werden. Auf folgende Änderungen in der neuen deutschen Version sei nachfolgend hingewiesen:

Bei der deutschen Version der Ziff. 4.1 des Anh. XXIV EU-ProspV wurde eine unpassende Übersetzung des englischen Begriffs „class of securities" aus Ziff. 4.1 des Anh. III EU-ProspV mit dem treffenderen juristischen Begriff „Gattung" anstatt „Kategorie" korrigiert. Auch wenn in Anh. III EU-ProspV der Begriff „Kategorie" weiterhin verwendet wird, ist in beiden Fällen das Gleiche gemeint.

6   Gestrichen wurden im neuen Anh. XXIV EU-ProspV die Mindestangaben aus Ziff. 4.9 und 4.10 des Anh. III EU-ProspV. Dies ist vom Gesetzgeber konsequent im Sinne der Vereinfachung der verhältnismäßigen Schemata für die Informationen, die bereits öffentlich bekannt sind. Dies gilt für Ziff. 4.9 aus Anh. III EU-ProspV für etwaige Pflichtübernahmeangebote oder Ausschlussregeln (im Sinne eines squeeze-out), die öffentlich sind. Für etwaige Andienungsregeln, die nach Ziff. 4.9 aus Anh. III EU-ProspV im Prospekt offenzulegen sind, gilt dies dann, wenn die Andienungsregeln in der Satzung verankert sind. Auch für etwaige freiwillige Übernahmeangebote, die nach Ziff. 4.10 aus Anh. III EU-ProspV im Prospekt offenzulegen sind, gilt dies entsprechend, da die Übernahmeangebote öffentlich sind. Die Streichung führt hiermit zu einer Vereinfachung der Prospekterstellung, wenn es in der Vergangenheit entsprechende Übernahmeangebote etc. gab.

7   Während die deutsche Fassung der Ziff. 4.11 des Anh. III EU-ProspV im Hinblick auf Steuern ausdrücklich auf die an der Quelle einzubehaltende „Einkommenssteuer" abstellt[2], ist in der entsprechenden Fassung der Ziff. 4.9 des Anh. XXIV EU-ProspV die Bezugnahme auf die Einkommenssteuer nicht

---

1   Vgl. Komm. zu Ziff. 3.3 des Anh. I EU-ProspV.
2   Im Einklang mit der englischen Version, die auch von *„Information on taxes on the income from the securities withheld at source"* spricht.

mehr gegeben, sondern es wird allgemein auf die Quellensteuer verwiesen. Dies ist der richtige Ansatz, da in Deutschland als Quellensteuer auf Dividenden die Kapitalertragsteuer und der Solidaritätszuschlag anzusehen ist.[3] Der Solidaritätszuschlag ist dabei streng formal nicht als Einkommenssteuer anzusehen, sondern stellt eine Ergänzungsabgabe zur Einkommens- und Körperschaftssteuer dar[4], so dass die Änderung der Begrifflichkeit in Ziff. 4.9 des Anh. XXIV EU-ProspV richtig erscheint.

5. Konditionen des Angebots (Ziffer 5)

Im Hinblick auf die Konditionen, die nach Ziff. 5 des Anh. XXIV EU-ProspV offenzulegen sind, kann trotz teilweiser geringfügiger Abweichungen im Wortlaut im Wesentlichen inhaltlich auf die Kommentierung zu Ziff. 5.1 des Anh. III EU-ProspV verwiesen werden. Folgendes ist jedoch zu einzelnen Ziffern zu beachten: 8

Bei der Angabe zur Gesamtsumme der Emission/des Angebots nach Ziff. 5.1.2 des Anh. XXIV EU-ProspV muss, anders als bei Ziff. 5.1.2 des Anh. III EU-ProspV, nicht zwischen Verkauf und Zuteilung unterschieden werden, da es bei der Bezugsrechtsemission nur eine Zuteilung geben kann, keinen Verkauf. Nicht gefordert wird in Ziff. 5.1.2 des Anh. III EU-ProspV auch die Beschreibung der Vereinbarung und des Zeitpunkts für die Ankündigung des endgültigen Angebotsbetrages, wenn der Betrag des Angebots noch nicht festgelegt wird. Auch dies ist nachvollziehbar, da bei einer Bezugsrechtsemission das Verfahren für die endgültige Festlegung des Ausgabebetrages gesetzlich vorgeschrieben wird.[5]

Bei Ziff. 5.1.10 des neuen Anh. XXIV EU-ProspV hat die deutsche Fassung für die englischen Begriffe „right of pre-emption" und „negotiability" andere Begriffe verwendet als noch in Ziff. 5.1.10 des Anh. III EU-ProspV. So wird nicht mehr von „Vorzugsrecht", sondern von einem „Vorkaufsrecht" gesprochen. Inhaltlich haben sich dadurch jedoch keine inhaltlichen Änderungen ergeben. In beiden Fällen sind insbesondere die Bezugsrechte der Altaktionäre im Rahmen einer Kapitalerhöhung gemeint[6]. Auch bei der unterschiedlichen Verwendung der Begriffe „Übertragbarkeit" und „Handelbarkeit" dürfte sich keine Änderung der Anforderungen ergeben.   9

Bei den Angaben zur Zuteilung in Ziff. 5.2 des Anh. XXIV EU-ProspV sind die Ziff. 5.2.1, 5.2.3 und 5.2.5 aus dem Anh. III EU-ProspV nicht in das verhältnismäßige Schema übernommen worden. Dies ist konsequent, da der überwiegende Teil dieser Anforderungen bei einer Bezugsrechtsemission ins Leere laufen würde. Durch die Ausübung der Bezugsrechte verwandeln sich diese in Bezugsansprüche, die nach dem Verhältnis der Beteiligung am bisherigen Grundkapital zum Anteil am Kapitalerhöhungsbetrag (Bezugs-   10

---

3   Vgl. Komm. zu Ziff. 4.11 des Anh. III EU-ProspV unter Rn. 52.
4   Vgl. § 1 Abs. 1 SolZG.
5   Vgl. für das deutsche Recht § 186 Abs. 2 AktG.
6   Vgl. hierzu auch Komm. zu Ziff. 5.1.10 des Anh. III EU-ProspV.

rechtsverhältnis) gleichmäßig zu bedienen sind.[7] Insoweit erübrigt sich hier eine umfangreiche Beschreibung des Zuteilungsverfahrens.

11 Bei der Preisfestsetzung nach Ziff. 5.3 des Anh. XXIV EU-ProspV kann aufgrund des fast identischen Wortlauts auf die entsprechende Kommentierung zu Ziff. 5.3 des Anh. III EU-ProspV verwiesen werden. Gestrichen wurden die Anforderungen im Hinblick auf die Darstellung etwaiger Akquisitionen der Wertpapiere durch Verwaltungs-, Geschäftsführungs- oder Aufsichtsorgane im letzten Jahr. Diese Informationen gelten bei pflichtgemäßen Mitteilungen über Directors' Dealings, welches im deutschen Recht in § 15a WpHG kodifiziert ist, als bekannt. § 15a WpHG gilt jedoch nur für Emittenten, die am geregelten Markt notiert sind.[8]

12 Bei den Angaben zur Platzierung und Übernahme in Ziff. 5.4 des Anh. XXIV EU-ProspV ergibt sich im Vergleich zu den Anforderungen nach Ziff. 5.4 des Anh. III EU-ProspV lediglich eine unterschiedliche Begriffsverwendung in der jeweiligen deutschen Version für die Art der Übernahme. Während Ziff. 5.4.3 des Anh. III EU-ProspV für ein „firm committment" von einer „bindenden" Zusage durch den „Unterwriter" spricht, benutzt Ziff. 5.4.3 des Anh. XXIV EU-ProspV die Terminologie „feste" Zusage. Inhaltlich dürfte hier aber nichts anderes gemeint sein. In beiden Fassungen stellt sich die Frage, ob der „Underwriter" sich verpflichtet, das vollständige Emissionsvolumen zu zeichnen, unabhängig davon, wie viel Aktien der „Underwriter" platzieren kann (auch sog. „hard underwriting"), oder ob er nur die Aktien zeichnen muss, für die der „Underwriter" auch Abnehmer hat.

6. Zulassung zum Handel und Handelsregeln (Ziff. 6)

13 Für die Ziff. 6.1–6.4 des Anh. XXIV EU-ProspV kann aufgrund des fast identischen Wortlauts auf die Kommentierung der entsprechenden Ziffern des Anh. III EU-ProspV verwiesen werden, auch wenn es bei einzelnen Formulierungen wieder leichte Abweichungen in den deutschen Versionen gibt, wobei die englischen Versionen gleichgeblieben sind. Sprachlich unglücklich ist dabei insbesondere die Formulierung in Ziff. 6.1 des Anh. XXIV EU-ProspV, wonach „falls bekannt, die ersten Termine angegeben werden, zu denen die Wertpapiere zum Handel zugelassen sind". Die Formulierung „frühestmögliche Termine" in Ziff. 6.1 des Anh. III EU-ProspV passt hier deutlich besser, und ist auch sprachlich im Einklang mit der englischen Version, die von „earliest dates" spricht. Inhaltlich sollte sich hier jedoch keine unterschiedliche Behandlung ergeben. Genauso wie bei den unterschiedlichen Formulierungen im Hinblick auf den englischen Begriff „bid und offers", wenn es in Ziff. 6.4 des Anh. XXIV EU-ProspV um die Zurverfügungstellung von Liquidität durch die Intermediäre geht. Da die Begriffe „An- und Verkaufskurse"[9] und Geld- und Briefkurse[10] regelmäßig als Synonyme

---

7 *Ekkenga*, in: Fleischer, Handbuch des Vorstandsrechts, 1. Aufl. 2006, § 21 Rn. 94.
8 *Zimmer/Osterloh*, in: Schwark/Zimmer, KapMRK, § 15a Rn. 29.
9 Vgl. Ziff. 6.4 des Anh. XXIV EU-ProspV.
10 Vgl. Ziff. 6.4 des Anh. III EU-ProspV.

verwendet werden, ergeben sich auch hier keine Änderungen. Es zeigt sich jedoch auch an diesem Beispiel, dass sich die deutsche Version des Anh. XXIV EU-ProspV sich näher am Wortlaut der englischen Fassung orientiert, als dies die deutsche Version des Anh. III EU-ProspV tut.

Die Ziff. 6.5 des Anh. III EU-ProspV ist nicht in das verhältnismäßige Schema   *14*
nach Anh. XXIV EU-ProspV übernommen worden, da das dort behandelte Thema Stabilisierungsmaßnahmen bei einer Bezugsrechtsemission grundsätzlich keine Anwendung findet. Grund hierfür ist, dass keine Mehrzuteilungs- und Greenshoe-Optionen im Rahmen von reinen Bezugsrechtsemissionen eingeräumt werden, so dass auch keine Kurspflege betrieben wird.[11]

7. Lock-up Vereinbarungen (Ziff. 7)

Im Hinblick auf die Darstellung von Lock-Up Vereinbarungen wird aufgrund   *15*
des identischen Wortlauts auf die Kommentierung zur Ziff. 7.3 des Anh. III EU-ProspV verwiesen. Das ebenfalls in Ziff. 7 des Anh. III EU-ProspV behandelte Thema „Wertpapierinhaber mit Verkaufspositionen" ist bei einer Bezugsrechtsemission nicht relevant, da es keinen Verkauf bestehender Wertpapiere durch Altaktionäre gibt.

8. Kosten der Emission/des Angebots (Ziff. 8)

Aufgrund des identischen Wortlauts wird bzgl. der Kosten auf die Kommen-   *16*
tierung zur Ziff. 8 des Anh. III EU-ProspV verwiesen.

9. Verwässerung (Ziff. 9)

Inhaltlich kann bezüglich der Anforderungen an die Darstellung einer mög-   *17*
lichen Verwässerung auf die Kommentierung zu Ziff. 9 des Anh. III EU-ProspV verwiesen werden. Der Wortlaut in Ziff. 9.2 des Anh. XXIV EU-ProspV wurde im Vergleich zur entsprechenden Regelung in Ziff. 9.2 des Anh. III EU-ProspV leicht angepasst, da das verhältnismäßige Schema des Anh. XXIV EU-ProspV nur an die existierenden Aktionäre gerichtet ist.

10. Zusätzliche Angaben (Ziff. 10)

Trotz geringfügiger Abweichungen im Wortlaut kann inhaltlich auf die Kom-   *18*
mentierung zu Ziff. 10 des Anh. III EU-ProspV verwiesen werden, da es sich bei den Abweichungen in den deutschen Versionen um rein sprachliche Änderungen handelt.

---

11 Vgl. zu dieser Thematik ausführlich auch *Schlitt/Seiler*, WM 2003, 2175, 2182, die in bestimmten Konstellationen auch bei Bezugsrechtsemissionen die Möglichkeit von Kurspflege sehen.

ARTIKEL 26B	ARTICLE 26B
Verhältnismäßige Schemata für kleine und mittlere Unternehmen und Unternehmen mit geringer Marktkapitalisierung	**Proportionate schedules for small and medium-sized enterprises and companies with reduced market capitalisation**

Die in den Anhängen XXV bis XXVIII dargestellten verhältnismäßigen Schemata finden Anwendung, wenn von kleinen und mittleren Unternehmen sowie von Unternehmen mit geringer Marktkapitalisierung begebene Wertpapiere dem Publikum angeboten oder zum Handel an einem geregelten Markt mit Sitz oder Tätigkeit in einem Mitgliedstaat zugelassen werden.

The proportionate schedules set out in Annexes XXV to XXVIII shall apply when securities issued by small and medium-sized enterprises and companies with reduced market capitalisation are offered to the public or admitted to trading on a regulated market situated or operating within a Member State.

Kleinen und mittleren Unternehmen und Unternehmen mit geringer Marktkapitalisierung steht es jedoch frei, ihre Prospekte stattdessen gemäß den in den Anhängen I bis XVII und XX bis XXIV dargestellten Schemata zu erstellen.

However, small and medium-sized enterprises and companies with reduced market capitalisation may instead choose to draw up a prospectus in accordance with the schedules set out Annexes I to XVII and XX to XXIV.

Diesbezüglich wird auf die Kommentierung zu Anh. XXV verwiesen.

ANHANG XXV

Mindestangaben für das Aktienregistrierungsformular von KMU und Unternehmen mit geringer Marktkapitalisierung (verhältnismäßiges Schema)

ANNEX XXV

Proportionate Schedule for Minimum Disclosure Requirements for the Share Registration Document for SMEs and companies with reduced market capitalisation

1. Haftende Personen

1.1. Alle Personen, die für die Angaben im Registrierungsformular bzw. für bestimmte Teile des Registrierungsformulars haften. Im letzteren Fall sind die entsprechenden Teile anzugeben. Handelt es sich dabei um natürliche Personen, zu denen auch Mitglieder des Verwaltungs-, Leitungs- oder Aufsichtsorgans des Emittenten gehören, sind Name und Funktion dieser Person zu nennen. Bei juristischen Personen sind Name und eingetragener Sitz der Gesellschaft anzugeben.

1.2. Erklärung der für das Registrierungsformular haftenden Personen, dass die Angaben im Registrierungsformular ihres Wissens richtig sind und keine Auslassungen beinhalten, die die Aussage des Registrierungsformulars verzerren könnten, und dass sie die erforderliche Sorgfalt haben walten lassen, um dies sicherzustellen. Ggf. Erklärung der für bestimmte Teile des Registrierungsformulars haftenden Personen, dass die Angaben in dem Teil des Registrierungsformulars, für den sie haften, ihres Wissens richtig sind und keine Auslassungen beinhalten, die die Aussage des Registrierungsformulars verzerren könnten, und dass sie die erforderliche Sorgfalt haben walten lassen, um dies sicherzustellen.

1. Persons Responsible

1.1. All persons responsible for the information given in the Registration Document and, as the case may be, for certain parts of it, with, in the latter case, an indication of such parts. In the case of natural persons including members of the issuer's administrative, management or supervisory bodies indicate the name and function of the person; in case of legal persons indicate the name and registered office.

1.2. Declaration by those responsible for the registration document that, having taken all reasonable care to ensure that such is the case, the information contained in the registration document is, to the best of their knowledge, in accordance with the facts and contains no omission likely to affect its import. As the case may be, a declaration by those responsible for certain parts of the registration document that, having taken all reasonable care to ensure that such is the case, the information contained in the part of the registration document for which they are responsible is, to the best of their knowledge, in accordance with the facts and contains no omission likely to affect its import.

2. Abschlussprüfer

2.1. Name und Anschrift der Abschlussprüfer des Emittenten, die für den von den historischen Finanzinformationen abgedeckten Zeitraum zuständig waren (einschließlich ihrer Mitgliedschaft in einer Berufsvereinigung).

2.2. Wurden Abschlussprüfer während des von den historischen Finanzinfor-

2. Statutory Auditors

2.1. Names and addresses of the issuer's auditors for the period covered by the historical financial information (together with their membership in a professional body).

2.2. If auditors have resigned, been removed or not been re-appointed during

mationen abgedeckten Zeitraums abbe rufen, nicht wieder bestellt oder haben sie ihr Mandat selbst niedergelegt, so sind entsprechende Einzelheiten — soweit wesentlich — anzugeben.

the period covered by the historical financial information, indicate details if material.

3. Ausgewählte Finanzinformationen

3.1. Ausgewählte historische Finanzinformationen über den Emittenten sind für jedes Geschäftsjahr für den Zeitraum vorzulegen, auf den sich die historischen Finanzinformationen beziehen, sowie für jeden darauf folgenden Zwischenzeitraum, und zwar in derselben Währung wie die Finanzinformationen.

Die ausgewählten historischen Finanzinformationen müssen Kennzahlen enthalten, anhand deren sich die Finanzlage des Emittenten beurteilen lässt.

3.2. Werden ausgewählte Finanzinformationen für Zwischenzeiträume vorgelegt, so sind auch Vergleichsdaten für den gleichen Zeitraum des vorhergehenden Geschäftsjahres vorzulegen, es sei denn, die Anforderung der Beibringung vergleichbarer Bilanzinformationen wird durch die Vorlage der Bilanzdaten zum Jahresende erfüllt.

3. Selected Financial Information

3.1. Selected historical financial information regarding the issuer, presented for each financial year for the period covered by the historical financial information, and any subsequent interim financial period, in the same currency as the financial information.

The selected historical financial information must provide the key figures that summarise the financial condition of the issuer.

3.2. If selected financial information for interim periods is provided, comparative data from the same period in the prior financial year must also be provided, except that the requirement for comparative balance sheet information is satisfied by presenting the year end balance sheet information.

4. Risikofaktoren

Klare Angabe der Risikofaktoren, die für den Emittenten oder seine Branche charakteristisch sind, unter der Rubrik „Risikofaktoren".

4. Risk Factors

Prominent disclosure of risk factors that are specific to the issuer or its industry in a section headed 'Risk Factors'.

5. Angaben über den Emittenten

5.1. Geschichte und Entwicklung des Emittenten.

5.1.1. Gesetzliche und kommerzielle Bezeichnung des Emittenten.

5.1.2. Eintragungsort und -nummer.

5.1.3. Datum der Gründung der Gesellschaft und Existenzdauer des Emittenten, soweit diese nicht unbefristet ist.

5.1.4. Sitz und Rechtsform des Emittenten, das für den Emittenten geltende Recht, Land der Gründung der Gesellschaft, Anschrift und Telefonnummer

5. Information About The Issuer

5.1. History and Development of the Issuer

5.1.1. the legal and commercial name of the issuer;

5.1.2. the place of registration of the issuer and its registration number;

5.1.3. the date of incorporation and the length of life of the issuer, except where indefinite;

5.1.4. the domicile and legal form of the issuer, the legislation under which the issuer operates, its country of incorporation, and the address and telephone

seines eingetragenen Sitzes (oder des Hauptorts der Geschäftstätigkeit, falls nicht mit dem eingetragenen Sitz identisch).

number of its registered office (or principal place of business if different from its registered office);

5.1.5. Wichtige Ereignisse in der Entwicklung der Geschäftstätigkeit des Emittenten.

5.1.5. the important events in the development of the issuer's business.

5.2. Investitionen.

5.2. Investments

5.2.1. Beschreibung (einschließlich des Betrags) der wichtigsten Investitionen des Emittenten für jedes Geschäftsjahr in dem Zeitraum, auf den sich die historischen Finanzinformationen beziehen, bis zum Datum des Registrierungsformulars.

5.2.1. A description (including the amount) of the issuer's principal investments for each financial year for the period covered by the historical financial information up to the date of the registration document.

5.2.2. Beschreibung der wichtigsten laufenden Investitionen des Emittenten, einschließlich ihrer geografischen Verteilung (Inland und Ausland) und der Finanzierungsmethode (Eigen- oder Fremdfinanzierung).

5.2.2. A description of the issuer's principal investments that are in progress, including the geographic distribution of these investments (home and abroad) and the method of financing (internal or external).

5.2.3. Angaben zu den wichtigsten künftigen Investitionen des Emittenten, die von seinen Leitungsorganen bereits fest beschlossen sind, und zu den voraussichtlichen Finanzierungsquellen zur Erfüllung dieser Verpflichtungen.

5.2.3. Information concerning the issuer's principal future investments on which its management bodies have already made firm commitments and the anticipated sources of funds needed to fulfil these commitments.

6. Überblick über die Geschäftstätigkeit

6. Business Overview

6.1. Haupttätigkeitsbereiche

6.1. Principal Activities

Kurze Beschreibung des Betriebs und der Haupttätigkeiten des Emittenten sowie etwaiger bedeutender Änderungen, die sich seit den beiden zuletzt veröffentlichten geprüften Abschlüssen auf den Betrieb und die Haupttätigkeiten des Emittenten ausgewirkt haben, und Angaben zu neu eingeführten wesentlichen Produkten und Dienstleistungen sowie zum Stand der Entwicklung neuer Produkte oder Dienstleistungen, soweit deren Entwicklung öffentlich bekanntgegeben wurde.

A brief description of the issuer's operations and principal activities and of any significant changes impacting these operations and activities since latest two published audited financial statements, including an indication of any significant new products and services that have been introduced and, to the extent the development of new products or services has been publicly disclosed, the status of development.

6.2. Wichtigste Märkte

6.2. Principal Markets

Kurze Beschreibung der wichtigsten Märkte, auf denen der Emittent tätig ist,

A brief description of the principal markets in which the issuer competes and of

sowie etwaiger wesentlicher Änderungen auf diesen Märkten seit den beiden zuletzt veröffentlichten geprüften Abschlüssen.

any significant changes impacting these markets since latest two published audited financial statements.

6.3. Wurden die unter den Punkten 6.1 und 6.2 genannten Angaben durch außergewöhnliche Faktoren beeinflusst, so ist dies anzugeben.

6.3. Where the information given pursuant to items 6.1. and 6.2. has been influenced by extraordinary factors, mention that fact.

6.4. Kurze Darstellung, inwieweit der Emittent von Patenten oder Lizenzen, Industrie-, Handels- oder Finanzierungsverträgen oder neuen Herstellungsverfahren abhängig ist, wenn diese Faktoren für die Geschäftstätigkeit oder die Rentabilität des Emittenten von wesentlicher Bedeutung sind.

6.4. If material to the issuer's business or profitability, summary information regarding the extent to which the issuer is dependent, on patents or licenses, industrial, commercial or financial contracts or new manufacturing processes.

6.5. Grundlage für etwaige Angaben des Emittenten zu seiner Wettbewerbsposition.

6.5. The basis for any statements made by the issuer regarding its competitive position.

7. Organisationsstruktur

7. Organisational Structure

7.1. Ist der Emittent Teil einer Gruppe, kurze Beschreibung der Gruppe und der Stellung des Emittenten innerhalb dieser Gruppe.

7.1. If the issuer is part of a group, a brief description of the group and the issuer's position within the group.

7.2. Soweit nicht in den Abschlüssen enthalten, Auflistung der wichtigsten Tochtergesellschaften des Emittenten mit Angabe des Namens, des Landes der Gründung oder des Sitzes, des Anteils an Beteiligungsrechten und — falls nicht identisch — des Anteils der gehaltenen Stimmrechte.

7.2. If not included in the financial statements, a list of the issuer's significant subsidiaries, including name, country of incorporation or residence, proportion of ownership interest and, if different, proportion of voting power held.

8. Sachanlagen

8. Property, Plants And Equipment

8.1. Beschreibung etwaiger Umweltfragen, die die Verwendung der Sachanlagen durch den Emittenten beeinflussen könnten.

8.1. A description of any environmental issues that may affect the issuer's utilisation of the tangible fixed assets.

9. Angaben zur Geschäfts- und Finanzlage

9. Operating and Financial Review

Der Emittent muss folgende Angaben machen, wenn die gemäß Artikel 46 der Richtlinie 78/660/EWG und Artikel 36 der Richtlinie 83/349/EWG erstellten und vorgelegten Lageberichte für die Zeiträume, auf die sich die historischen Finanzinformationen beziehen, nicht im

The issuer must disclose the following information if the Annual Reports, presented and prepared in accordance with Article 46 of Directive 78/660/EEC and Article 36 of Directive 83/349/EEC for the periods covered by the historical financial information, are

Prospekt enthalten oder diesem beigefügt sind:

not included in or annexed to the prospectus:

9.1. Finanzlage.

Sofern nicht an anderer Stelle im Registrierungsformular vermerkt, Beschreibung der Finanzlage des Emittenten, der Veränderungen in der Finanzlage und der Geschäftsergebnisse für jedes Jahr und jeden Zwischenzeitraum, für den historische Finanzinformationen verlangt werden, einschließlich der Ursachen wesentlicher Veränderungen, die von einem Jahr zum anderen in den Finanzinformationen auftreten, soweit dies für das Verständnis der Geschäftstätigkeit des Emittenten insgesamt erforderlich ist.

9.1. Financial Condition

To the extent not covered elsewhere in the registration document, provide a description of the issuer's financial condition, changes in financial condition and results of operations for each year and interim period, for which historical financial information is required, including the causes of material changes from year to year in the financial information to the extent necessary for an understanding of the issuer's business as a whole.

9.2. Betriebsergebnisse.

9.2.1. Angaben zu bedeutenden Faktoren, einschließlich ungewöhnlicher oder seltener Vorfälle oder neuer Entwicklungen, die die Geschäftserträge des Emittenten wesentlich beeinträchtigen, und über das Ausmaß, in dem die Erträge auf diese Weise beeinflusst wurden.

9.2. Operating Results

9.2.1. Information regarding significant factors, including unusual or infrequent events or new developments, materially affecting the issuer's income from operations, indicating the extent to which income was so affected.

9.2.2. Falls der Abschluss wesentliche Veränderungen bei den Nettoumsätzen oder den Nettoerträgen ausweist, sind die Gründe für diese Veränderungen in einer ausführlichen Erläuterung darzulegen.

9.2.2. Where the financial statements disclose material changes in net sales or revenues, provide a narrative discussion of the reasons for such changes.

9.2.3. Angaben zu staatlichen, wirtschaftlichen, steuerlichen, monetären oder politischen Strategien oder Faktoren, die die Geschäfte des Emittenten direkt oder indirekt wesentlich beeinträchtigt haben oder beeinträchtigen könnten.

9.2.3. Information regarding any governmental, economic, fiscal, monetary or political policies or factors that have materially affected, or could materially affect, directly or indirectly, the issuer's operations.

10. Eigenkapitalausstattung

10.1. Erläuterung der Quellen und der Beträge der Kapitalflüsse des Emittenten und ausführliche Darstellung dieser Posten.

10. Capital Resources

10.1. An explanation of the sources and amounts of and a narrative description of the issuer's cash flows;

10.2. Angaben zu jeglichen Beschränkungen des Rückgriffs auf die Eigenkapitalausstattung, die die Geschäfte des

10.2. Information regarding any restrictions on the use of capital resources that have materially affected, or could materi-

Emittenten direkt oder indirekt wesentlich beeinträchtigt haben oder beeinträchtigen könnten.

ally affect, directly or indirectly, the issuer's operations.

11. Forschung und Entwicklung, Patente und Lizenzen

Soweit von wesentlicher Bedeutung, Beschreibung der Forschungs- und Entwicklungsstrategien des Emittenten für jedes Geschäftsjahr innerhalb des Zeitraums, auf den sich die historischen Finanzinformationen beziehen, und Angabe des vom Emittenten für die finanzielle Förderung von Forschung und Entwicklung aufgewandten Betrags.

11. Research and Development, Patents and licences

Where material, provide a description of the issuer's research and development policies for each financial year for the period covered by the historical financial information, including the amount spent on issuer-sponsored research and development activities.

12. Trendinformationen

12.1. Angabe der wichtigsten aktuellen Trends bei Produktion, Umsatz und Vorräten sowie bei Kosten und Verkaufspreisen zwischen dem Ende des letzten Geschäftsjahres und dem Datum des Registrierungsformulars.

12. Trend Information

12.1. The most significant recent trends in production, sales and inventory, and costs and selling prices since the end of the last financial year to the date of the registration document.

12.2. Angaben aller bekannten Trends, Unsicherheiten, Anfragen, Verpflichtungen oder Vorfälle, die die Aussichten des Emittenten nach vernünftigem Ermessen zumindest im laufenden Geschäftsjahr wesentlich beeinflussen werden.

12.2. Information on any known trends, uncertainties, demands, commitments or events that are reasonably likely to have a material effect on the issuer's prospects for at least the current financial year.

13. Gewinnprognosen oder -schätzungen

Entscheidet sich ein Emittent zur Aufnahme einer Gewinnprognose oder -schätzung, so muss das Registrierungsformular die unter den Punkten 13.1 und 13.2 genannten Angaben enthalten.

13. Profit Forecasts or Estimates

If an issuer chooses to include a profit forecast or a profit estimate the registration document must contain the information set out in items 13.1 and 13.2:

13.1. Erläuterung der wichtigsten Annahmen, auf die der Emittent seine Prognose oder Schätzung gestützt hat.

13.1. A statement setting out the principal assumptions upon which the issuer has based its forecast, or estimate.

Hier muss klar unterschieden werden zwischen Annahmen in Bezug auf Faktoren, die die Mitglieder des Verwaltungs-, Leitungs- oder Aufsichtsorgans beeinflussen können, und Annahmen in Bezug auf Faktoren, die klar außerhalb des Einflussbereiches der Mitglieder des Verwaltungs-, Leitungs- oder Aufsichtsorgans liegen. Die Annahmen müssen

There must be a clear distinction between assumptions about factors which the members of the administrative, management or supervisory bodies can influence and assumptions about factors which are exclusively outside the influence of the members of the administrative, management or supervisory bodies; the assumptions must be readily under-

für die Anleger ohne Weiteres verständlich sowie spezifisch und präzise sein und dürfen sich nicht auf die allgemeine Genauigkeit der der Prognose zugrunde liegenden Schätzungen beziehen.

standable by investors, be specific and precise and not relate to the general accuracy of the estimates underlying the forecast.

13.2. Einen Bericht, der von unabhängigen Buchprüfern oder Abschlussprüfern erstellt wurde und in dem festgestellt wird, dass die Prognose oder die Schätzung nach Meinung der unabhängigen Buchprüfer oder Abschlussprüfer auf der angegebenen Grundlage ordnungsgemäß erstellt wurde und dass die Rechnungslegungsgrundlage, die für die Gewinnprognose oder -schätzung verwendet wurde, mit den Rechnungslegungsstrategien des Emittenten konsistent ist.

13.2. A report prepared by independent accountants or auditors stating that in the opinion of the independent accountants or auditors the forecast or estimate has been properly compiled on the basis stated, and that the basis of accounting used for the profit forecast or estimate is consistent with the accounting policies of the issuer.

Beziehen sich die Finanzinformationen auf das letzte Geschäftsjahr und enthalten ausschließlich nicht irreführende Zahlen, die im Wesentlichen mit den im nächsten geprüften Jahresabschluss zu veröffentlichenden Zahlen konsistent sind, sowie die zu deren Bewertung nötigen erläuternden Informationen, ist kein Bericht erforderlich, sofern der Prospekt alle folgenden Erklärungen enthält:

Where financial information relates to the previous financial year and only contains non-misleading figures substantially consistent with the final figures to be published in the next annual audited financial statements for the previous financial year, and the explanatory information necessary to assess the figures, a report shall not be required provided that the prospectus includes all of the following statements:

a) die für diese Finanzinformationen verantwortliche Person, sofern sie nicht mit derjenigen identisch ist, die für den Prospekt insgesamt verantwortlich ist, genehmigt diese Informationen;

(a) the person responsible for this financial information, if different from the one which is responsible for the prospectus in general, approves that information;

b) unabhängige Buchprüfer oder Abschlussprüfer haben bestätigt, dass diese Informationen im Wesentlichen mit den im nächsten geprüften Jahresabschluss zu veröffentlichenden Zahlen konsistent sind;

(b) independent accountants or auditors have agreed that this information is substantially consistent with the final figures to be published in the next annual audited financial statements;

c) diese Finanzinformationen wurden nicht geprüft.

(c) this financial information has not been audited.

13.3. Die Gewinnprognose oder -schätzung ist auf einer Grundlage zu erstellen, die mit den historischen Finanzinformationen vergleichbar ist.

13.3. The profit forecast or estimate must be prepared on a basis comparable with the historical financial information

13.4. Wurde in einem Prospekt, der noch aussteht, eine Gewinnprognose veröffentlicht, ist zu erläutern, ob diese Prognose noch so zutrifft wie zur Zeit der Erstellung des Registrierungsformu-

13.4. If a profit forecast in a prospectus has been published which is still outstanding, then provide a statement setting out whether or not that forecast is still correct as at the time of the registra-

lars, und ggf. darzulegen, warum diese Prognose nicht mehr zutrifft.

tion document, and an explanation of why such forecast is no longer valid if that is the case.

14. Verwaltungs-, Leitungs- und Aufsichtsorgane und Oberes Management

14. Administrative, Management, and Supervisory bodies and Senior Management

14.1. Name und Geschäftsanschrift folgender Personen sowie Angabe ihrer Stellung beim Emittenten und der wichtigsten Tätigkeiten, die sie neben der Tätigkeit beim Emittenten ausüben, sofern diese für den Emittenten von Bedeutung sind:

14.1. Names, business addresses and functions in the issuer of the following persons and an indication of the principal activities performed by them outside that issuer where these are significant with respect to that issuer:

a) Mitglieder des Verwaltungs-, Leitungs- und Aufsichtsorgans;

(a) members of the administrative, management or supervisory bodies;

b) persönlich haftende Gesellschafter bei einer Kommanditgesellschaft auf Aktien;

(b) partners with unlimited liability, in the case of a limited partnership with a share capital;

c) Gründer, wenn es sich um eine Gesellschaft handelt, die seit weniger als fünf Jahren besteht, und

(c) founders, if the issuer has been established for fewer than 5 years; and

d) sämtliche Mitglieder des oberen Managements, die für die Feststellung relevant sind, ob der Emittent über die für die Führung der Geschäfte erforderliche Kompetenz und Erfahrung verfügt.

(d) any senior manager who is relevant to establishing that the issuer has the appropriate expertise and experience for the management of the issuer's business.

Art einer etwaigen verwandtschaftlichen Beziehung zwischen diesen Personen.

The nature of any family relationship between any of those persons.

Für jedes Mitglied des Verwaltungs-, Leitungs- oder Aufsichtsorgans des Emittenten und für jede der in Unterabsatz 1 Buchstaben b und d genannten Personen detaillierte Angabe der einschlägigen Managementkompetenz und -erfahrung sowie folgende Angaben:

In the case of each member of the administrative, management or supervisory bodies of the issuer and of each person mentioned in points (b) and (d) of the first subparagraph, details of that person's relevant management expertise and experience and the following information:

a) die Namen sämtlicher Kapital- und Personengesellschaften, bei denen die betreffende Person während der letzten fünf Jahre Mitglied des Verwaltungs-, Leitungs- oder Aufsichtsorgans bzw. Gesellschafter war, und Angabe, ob die Mitgliedschaft in diesen Organen oder der Gesellschafterstatus weiter fortbesteht. Es ist nicht erforderlich, sämtliche Tochtergesellschaften des Emittenten aufzu-

(a) the names of all companies and partnerships of which such person has been a member of the administrative, management or supervisory bodies or partner at any time in the previous 5 years, indicating whether or not the individual is still a member of the administrative, management or supervisory bodies or partner. It is not necessary to list all the subsidiaries of an issuer of which the person is also a

listen, bei denen die betreffende Person ebenfalls Mitglied des Verwaltungs-, Leitungs- oder Aufsichtsorgans ist;

b) etwaige Verurteilungen wegen Betrugsdelikten während zumindest der letzten fünf Jahre;

c) detaillierte Angaben über etwaige Insolvenzen, Insolvenzverwaltungen oder Liquidationen während zumindest der letzten fünf Jahre, mit der eine in Unterabsatz 1 Buchstaben a und d genannte Person im Zusammenhang stand, die in einer der in Unterabsatz 1 Buchstaben a und d genannten Funktionen handelte, und

d) detaillierte Angaben zu etwaigen öffentlichen Anschuldigungen und/oder Sanktionen gegen die genannte Person durch die gesetzlich befugten Stellen oder die Regulierungsbehörden (einschließlich bestimmter Berufsverbände) und ggf. Angabe, ob diese Person während zumindest der letzten fünf Jahre von einem Gericht für die Mitgliedschaft in einem Verwaltungs-, Leitungs- oder Aufsichtsorgan eines Emittenten oder für die Tätigkeit im Management oder die Führung der Geschäfte eines Emittenten als untauglich angesehen wurde.

Liegt keiner der genannten Umstände vor, ist eine entsprechende Erklärung abzugeben.

14.2. Verwaltungs-, Leitungs- und Aufsichtsorgane und oberes Management – Interessenkonflikte

Potenzielle Interessenkonflikte zwischen den Verpflichtungen der unter Punkt 14.1 genannten Personen gegenüber dem Emittenten und ihren privaten Interessen oder sonstigen Verpflichtungen sind klar anzugeben. Falls keine derartigen Konflikte bestehen, ist eine entsprechende Erklärung abzugeben.

Ferner ist jede Vereinbarung oder Abmachung mit den Hauptaktionären, Kunden, Lieferanten oder sonstigen Personen zu nennen, aufgrund deren eine

member of the administrative, management or supervisory bodies;

(b) any convictions in relation to fraudulent offences for at least the previous 5 years;

(c) details of any bankruptcies, receiverships or liquidations with which a person described in (a) and (d) of the first subparagraph who was acting in the capacity of any of the positions set out in (a) and (d) of the first subparagraph was associated for at least the previous 5 years;

(d) details of any official public incrimination and/or sanctions of such person by statutory or regulatory authorities (including designated professional bodies) and whether such person has ever been disqualified by a court from acting as a member of the administrative, management or supervisory bodies of an issuer or from acting in the management or conduct of the affairs of any issuer for at least the previous 5 years.

If there is no such information to be disclosed, a statement to that effect is to be made.

14.2. Administrative, Management, and Supervisory bodies and Senior Management conflicts of interests

Potential conflicts of interests between any duties to the issuer, of the persons referred to in item 14.1., and their private interests and or other duties must be clearly stated. In the event that there are no such conflicts, a statement to that effect must be made.

Any arrangement or understanding with major shareholders, customers, suppliers or others, pursuant to which any person referred to in item 14.1 was selected as a

unter Punkt 14.1 genannte Person zum Mitglied eines Verwaltungs-, Leitungs- oder Aufsichtsorgans bzw. zum Mitglied des oberen Managements bestellt wurde.

Zudem sind die Einzelheiten aller Veräußerungsbeschränkungen anzugeben, die die unter Punkt 14.1 genannten Personen für die von ihnen gehaltenen Wertpapiere des Emittenten für einen bestimmten Zeitraum vereinbart haben.

15. Vergütungen und Sonstige Leistungen

Für das letzte abgeschlossene Geschäftsjahr sind in Bezug auf die unter Punkt 14.1 Unterabsatz 1 Buchstaben a und d genannten Personen folgende Angaben vorzulegen:

15.1. Höhe der Vergütung (einschließlich etwaiger erfolgsgebundener oder nachträglicher Vergütungen) und Sachleistungen, die diesen Personen vom Emittenten und seinen Tochterunternehmen für Dienstleistungen gezahlt oder gewährt wurden, die für den Emittenten oder seine Tochtergesellschaften von jeglicher Person in jeglicher Funktion erbracht wurden.

Diese Angaben sind individuell vorzulegen, außer wenn eine individuelle Offenlegung im Herkunftsland des Emittenten nicht vorgeschrieben ist oder wenn die Angaben vom Emittenten bereits anderweitig veröffentlicht wurden.

15.2. Gesamthöhe der vom Emittenten oder seinen Tochtergesellschaften gebildeten Reserven oder Rückstellungen für Pensions- und Rentenzahlungen oder ähnliche Leistungen.

16. Praktiken des Leitungsorgans

Für das letzte abgeschlossene Geschäftsjahr des Emittenten sind – sofern nichts anderes angegeben ist – in Bezug auf die unter Punkt 14.1 Unterabsatz 1 Buchstabe a genannten Personen folgende Angaben vorzulegen:

16.1. Ggf. Ende der laufenden Mandatsperiode und Zeitraum, während dessen

member of the administrative, management or supervisory bodies or member of senior management.

Details of any restrictions agreed by the persons referred to in item 14.1 on the disposal within a certain period of time of their holdings in the issuer's securities.

15. Remuneration and Benefits

In relation to the last full financial year for those persons referred to in points (a) and (d) of the first subparagraph of item 14.1.

15.1. The amount of remuneration paid (including any contingent or deferred compensation), and benefits in kind granted to such persons by the issuer and its subsidiaries for services in all capacities to the issuer and its subsidiaries by any person.

That information must be provided on an individual basis unless individual disclosure is not required in the issuer's home country or when the issuer has already publicly disclosed that information.

15.2. The total amounts set aside or accrued by the issuer or its subsidiaries to provide pension, retirement or similar benefits.

16. Board Practices

In relation to the issuer's last completed financial year, and unless otherwise specified, with respect to those persons referred to in point (a) of the first subparagraph of item 14.1.

16.1. Date of expiration of the current term of office, if applicable, and the pe-

die jeweilige Person ihre Aufgabe wahrgenommen hat.

16.2. Angaben zu den Dienstleistungsverträgen, die zwischen den Mitgliedern des Verwaltungs-, Leitungs- oder Aufsichtsorgans und dem Emittenten bzw. einer seiner Tochtergesellschaften geschlossen wurden und die bei Beendigung des Beschäftigungsverhältnisses Leistungen vorsehen. Ansonsten ist eine negative Erklärung abzugeben.

16.3. Angaben zum Audit-Ausschuss und zum Vergütungsausschuss des Emittenten, einschließlich der Namen der Ausschussmitglieder und einer Zusammenfassung der Satzung des Ausschusses.

16.4. Erklärung, ob der Emittent der/ den Corporate-Governance-Regelung(en) im Land seiner Gründung genügt. Sollte der Emittent einer solchen Regelung nicht folgen, ist eine entsprechende Erklärung zusammen mit einer Erläuterung aufzunehmen, aus der hervorgeht, warum der Emittent dieser Regelung nicht Folge leistet.

17. Beschäftigte

17.1. Entweder Angabe der Zahl der Beschäftigten zum Ende des Berichtzeitraums oder Angabe des Durchschnitts für jedes Geschäftsjahr im Zeitraum, auf den sich die historischen Finanzinformationen beziehen, bis zum Datum der Erstellung des Registrierungsformulars (und Angabe etwaiger wesentlicher Veränderungen bei diesen Zahlen). Sofern möglich und wesentlich, Aufschlüsselung der beschäftigten Personen nach Haupttätigkeitskategorie und Ort der Tätigkeit. Beschäftigt der Emittent eine erhebliche Zahl von Zeitarbeitskräften, ist die durchschnittliche Zahl dieser Zeitarbeitskräfte während des letzten Geschäftsjahrs anzugeben.

17.2. In Bezug auf die unter Punkt 14.1 Unterabsatz 1 Buchstaben a und d genannten Personen sind so aktuelle Informationen wie möglich über ihren Aktienbesitz und etwaige Optionen auf Ak-

riod during which the person has served in that office.

16.2. Information about members of the administrative, management or supervisory bodies' service contracts with the issuer or any of its subsidiaries providing for benefits upon termination of employment, or an appropriate negative statement.

16.3. Information about the issuer's audit committee and remuneration committee, including the names of committee members and a summary of the terms of reference under which the committee operates.

16.4. A statement as to whether or not the issuer complies with its country's of incorporation corporate governance regime(s). In the event that the issuer does not comply with such a regime, a statement to that effect must be included together with an explanation regarding why the issuer does not comply with such regime.

17. Employees

17.1. Either the number of employees at the end of the period or the average for each financial year for the period covered by the historical financial information up to the date of the registration document (and changes in such numbers, if material) and, if possible and material, a breakdown of persons employed by main category of activity and geographic location. If the issuer employs a significant number of temporary employees, include disclosure of the number of temporary employees on average during the most recent financial year.

17.2. Shareholdings and stock options with respect to each person referred to in points (a) and (d) of the first subparagraph of item 14.1. provide information as to their share ownership and any op-

tien des Emittenten beizubringen.

17.3. Beschreibung etwaiger Vereinbarungen über eine Beteiligung der Beschäftigten am Kapital des Emittenten.

tions over such shares in the issuer as of the most recent practicable date.

17.3. Description of any arrangements for involving the employees in the capital of the issuer.

18. Hauptaktionäre

18.1. Soweit dem Emittenten bekannt, Angabe aller Personen, die nicht Mitglied des Verwaltungs-, Leitungs- oder Aufsichtsorgans sind und die direkt oder indirekt eine Beteiligung am Eigenkapital des Emittenten oder den entsprechenden Stimmrechten halten, die nach nationalem Recht zu melden ist, einschließlich des Betrags der Beteiligung der jeweiligen Person. Ansonsten ist eine negative Erklärung abzugeben.

18.2. Angaben darüber, ob die Hauptaktionäre des Emittenten unterschiedliche Stimmrechte haben. Ansonsten ist eine negative Erklärung abzugeben.

18.3. Soweit dem Emittenten bekannt, Angabe, ob an dem Emittenten unmittelbare oder mittelbare Beteiligungen oder Beherrschungsverhältnisse bestehen und wer diese Beteiligungen hält bzw. diese Beherrschung ausübt. Beschreibung der Art und Weise einer derartigen Beherrschung und der vorhandenen Maßnahmen zur Verhinderung des Missbrauchs einer solchen Beherrschung.

18.4. Sofern dem Emittenten bekannt, Beschreibung etwaiger Vereinbarungen, deren Ausübung zu einem späteren Zeitpunkt zu einer Änderung in der Beherrschung des Emittenten führen könnte.

18. Major Shareholders

18.1. In so far as is known to the issuer, the name of any person other than a member of the administrative, management or supervisory bodies who, directly or indirectly, has an interest in the issuer's capital or voting rights which is notifiable under the issuer's national law, together with the amount of each such person's interest or, if there are no such persons, an appropriate negative statement.

18.2. Whether the issuer's major shareholders have different voting rights, or an appropriate negative statement.

18.3. To the extent known to the issuer, state whether the issuer is directly or indirectly owned or controlled and by whom and describe the nature of such control and describe the measures in place to ensure that such control is not abused.

18.4. A description of any arrangements, known to the issuer, the operation of which may at a subsequent date result in a change in control of the issuer.

19. Geschäfte mit verbundenen Parteien

Soweit die gemäß der Verordnung (EG) Nr. 1606/2002 übernommenen internationalen Rechnungslegungsstandards auf den Emittenten keine Anwendung finden, sind folgende Informationen für den Zeitraum, auf den sich die historischen Finanzinformationen beziehen, bis zum Datum des Registrierungsformulars anzugeben:

19. Related Party Transactions

If International Financial Reporting Standards adopted according to the Regulation (EC) No 1606/2002 do not apply to the issuer, the following information must be disclosed for the period covered by the historical financial information and up to the date of the registration document:

a) Art und Umfang der Geschäfte, die als einzelnes Geschäft oder insgesamt für den Emittenten von wesentlicher Bedeutung sind. Erfolgt der Abschluss derartiger Geschäfte mit verbundenen Parteien nicht auf marktkonforme Weise, ist zu erläutern, weshalb. Im Falle ausstehender Darlehen einschließlich Garantien jeglicher Art ist der ausstehende Betrag anzugeben.

(a) The nature and extent of any transactions which are – as a single transaction or in their entirety – material to the issuer. Where such related party transactions are not concluded at arm's length provide an explanation of why these transactions were not concluded at arms length. In the case of outstanding loans including guarantees of any kind indicate the amount outstanding.

b) Betrag der Geschäfte mit verbundenen Parteien oder Anteil dieser Geschäfte am Umsatz des Emittenten. Finden gemäß der Verordnung (EG) Nr. 1606/200 übernommene internationale Rechnungslegungsstandards auf den Emittenten Anwendung, so sind die vorstehend genannten Informationen nur für diejenigen Geschäfte offenzulegen, die seit dem Ende des letzten Berichtszeitraums, für den geprüfte Finanzinformationen veröffentlicht wurden, getätigt wurden.

(b) The amount or the percentage to which related party transactions form part of the turnover of the issuer. If international Financial Reporting Standards adopted according to the Regulation (EC) No 1606/2002 apply to the issuer, the above information must be disclosed only for the transactions occurred since the end of the last financial period for which audited financial information have been published.

20. Finanzinformationen über die Vermögens-, finanz- und Ertragslage des Emittenten

20. Financial Information Concerning the Issuer's Assets and Liabilities, financial Position and Profits and Losses

20.1. Historische Finanzinformationen

20.1. Historical Financial Information

Es ist eine Erklärung vorzulegen, dass geprüfte historische Finanzinformationen für die letzten zwei Geschäftsjahre (bzw. für einen kürzeren Zeitraum, in dem der Emittent tätig war) gemäß der Verordnung (EG) Nr. 1606/2002 (bzw. bei Emittenten aus der Europäischen Union, die der Verordnung nicht unterliegen, gemäß den nationalen Rechnungslegungsgrundsätzen eines Mitgliedstaats) erstellt wurden, und anzugeben, wo eigene bzw. konsolidierte Abschlüsse erhältlich sind.

A statement that audited historical financial information covering the latest 2 financial years (or such shorter period that the issuer has been in operation) have been prepared according to Regulation (EC) No 1606/2002, or, if not applicable, to a Member State national accounting standards for issuers from the European Union, and where own and consolidated financial statements as the case may be can be obtained.

Für jedes Jahr ist der Bestätigungsvermerk beizufügen.

The audit report in respect of each year must be included.

Bei Emittenten aus Drittstaaten ist eine Erklärung vorzulegen, dass diese Finanzinformationen nach den im Verfahren des Artikels 3 der Verordnung (EG) Nr. 1606/2002 übernommenen internationa-

For third country issuers, a statement that such financial information have been prepared and audited according to the international accounting standards adopted pursuant to the procedure of Arti-

len Rechnungslegungsstandards oder nach diesen Standards gleichwertigen nationalen Rechnungslegungsgrundsätzen eines Drittstaates erstellt wurden, und anzugeben, wo diese erhältlich sind. Ist keine Gleichwertigkeit mit den Standards gegeben, so ist eine Erklärung abzugeben, dass für die Finanzinformationen ein neuer Abschluss erstellt wurde, und anzugeben, wo dieser erhältlich ist.

cle 3 of Regulation (EC) No 1606/2002 or to a third country's national accounting standards equivalent to these standards, and where it can be obtained. If such financial information is not equivalent to these standards, a statement that it has been prepared in the form of restated financial statements, and where it can be obtained.

20.2. Pro-Forma-Finanzinformationen

Im Falle einer bedeutenden Brutto-Veränderung ist zu beschreiben, wie die Transaktion ggf. die Aktiva und Passiva sowie die Erträge des Emittenten beeinflusst hätte, wenn sie zu Beginn des Berichtszeitraums oder zum Berichtszeitpunkt durchgeführt worden wäre.

Dieser Anforderung wird normalerweise durch die Aufnahme von Pro-Forma-Finanzinformationen Genüge getan. Diese Pro-Forma-Finanzinformationen sind gemäß Anhang II zu erstellen und müssen die darin geforderten Angaben enthalten.

Den Pro-Forma-Finanzinformationen ist ein Vermerk beizufügen, der von unabhängigen Buchprüfern oder Abschlussprüfern erstellt wurde.

20.2. Pro forma financial information

In the case of a significant gross change, a description of how the transaction might have affected the assets and liabilities and earnings of the issuer, had the transaction been undertaken at the commencement of the period being reported on or at the date reported.

This requirement will normally be satisfied by the inclusion of pro forma financial information. This pro forma financial information is to be presented as set out in Annex II and must include the information indicated therein.

Pro forma financial information must be accompanied by a report prepared by independent accountants or auditors.

20.3. Prüfung der historischen jährlichen Finanzinformationen

20.3.1. Es ist eine Erklärung dahingehend abzugeben, dass die historischen Finanzinformationen geprüft wurden. Sofern Bestätigungsvermerke über die historischen Finanzinformationen von den Abschlussprüfern abgelehnt wurden bzw. sofern sie Vorbehalte enthalten oder eingeschränkt erteilt wurden, sind diese Ablehnung bzw. diese Vorbehalte oder die eingeschränkte Erteilung in vollem Umfang wiederzugeben und die Gründe dafür anzugeben.

20.3.2. Angabe sonstiger Informationen im Registrierungsformular, die von den Abschlussprüfern geprüft wurden.

20.3. Auditing of historical annual financial information

20.3.1. A statement that the historical financial information has been audited. If audit reports on the historical financial information have been refused by the statutory auditors or if they contain qualifications or disclaimers, such refusal or such qualifications or disclaimers must be reproduced in full and the reasons given.

20.3.2. Indication of other information in the registration document which has been audited by the auditors.

20.3.3. Wurden die Finanzdaten im Registrierungsformular nicht dem geprüften Abschluss des Emittenten entnommen, so ist die Quelle dieser Daten anzugeben und darauf hinzuweisen, dass die Daten ungeprüft sind.

20.3.3. Where financial data in the registration document is not extracted from the issuer's audited financial statements state the source of the data and state that the data is unaudited.

20.4. Alter der jüngsten Finanzinformationen

20.4. Age of latest financial information

20.4.1. Das letzte Jahr der geprüften Finanzinformationen darf nicht länger zurückliegen als:

20.4.1. The last year of audited financial information may not be older than one of the following:

a) 18 Monate ab dem Datum des Registrierungsformulars, wenn der Emittent geprüfte Zwischenabschlüsse in sein Registrierungsformular aufnimm, oder

(a) 18 months from the date of the registration document if the issuer includes audited interim financial statements in the registration document;

b) 15 Monate ab dem Datum des Registrierungsformulars, wenn der Emittent ungeprüfte Zwischenabschlüsse in sein Registrierungsformular aufnimmt.

(b) 15 months from the date of the registration document if the issuer includes unaudited interim financial statements in the registration document.

20.5. Zwischenfinanzinformationen und sonstige Finanzinformationen

20.5. Interim and other financial information

20.5.1. Hat der Emittent seit dem Datum des letzten geprüften Abschlusses vierteljährliche oder halbjährliche Finanzinformationen veröffentlicht, so ist eine entsprechende Erklärung in das Registrierungsformular aufzunehmen und anzugeben, wo diese Informationen erhältlich sind. Wurden diese vierteljährlichen oder halbjährlichen Finanzinformationen einer prüferischen Durchsicht oder Prüfung unterzogen, so sind die entsprechenden Vermerke ebenfalls aufzunehmen. Wurden die vierteljährlichen oder halbjährlichen Finanzinformationen keiner prüferischen Durchsicht oder Prüfung unterzogen, so ist dies anzugeben.

20.5.1. If the issuer has published quarterly or half yearly financial information since the date of its last audited financial statements, a statement in that respect must be included in the registration document, and where it can be obtained. If the quarterly or half yearly financial information has been reviewed or audited, the audit or review report must be included. If the quarterly or half yearly financial information is unaudited or has not been reviewed state that fact.

20.6. Dividendenpolitik

20.6. Dividend policy

Beschreibung der Politik des Emittenten auf dem Gebiet der Dividendenausschüttungen und etwaiger diesbezüglicher Beschränkungen.

A description of the issuer's policy on dividend distributions and any restrictions thereon.

20.6.1. Angabe des Betrags der Dividende pro Aktie für jedes Geschäftsjahr

20.6.1. The amount of the dividend per share for each financial year for the pe-

innerhalb des Zeitraums, auf den sich die historischen Finanzinformationen beziehen. Wurde die Zahl der Aktien am Emittenten geändert, ist eine Bereinigung zu Vergleichszwecken vorzunehmen.

riod covered by the historical financial information adjusted, where the number of shares in the issuer has changed, to make it comparable.

20.7. Gerichts- und Schiedsgerichtsverfahren

20.7. Legal and arbitration proceedings

Angaben über etwaige staatliche Interventionen, Gerichts- oder Schiedsgerichtsverfahren (einschließlich derjenigen Verfahren, die nach Kenntnis des Emittenten noch anhängig sind oder eingeleitet werden könnten), die im Zeitraum der mindestens 12 letzten Monate stattfanden und die sich in jüngster Zeit erheblich auf die Finanzlage oder die Rentabilität des Emittenten und/oder der Gruppe ausgewirkt haben oder sich in Zukunft auswirken könnten. Ansonsten ist eine negative Erklärung abzugeben.

Information on any governmental, legal or arbitration proceedings (including any such proceedings which are pending or threatened of which the issuer is aware), during a period covering at least the previous 12 months which may have, or have had in the recent past significant effects on the issuer and/or group's financial position or profitability, or provide an appropriate negative statement.

20.8. Bedeutende Veränderungen in der Finanzlage oder der Handelsposition des Emittenten

20.8. Significant change in the issuer's financial or trading position

Beschreibung jeder bedeutenden Veränderung in der Finanzlage oder der Handelsposition der Gruppe, die seit dem Ende des letzten Berichtszeitraums eingetreten ist, für den entweder geprüfte Finanzinformationen oder Zwischenfinanzinformationen veröffentlicht wurden. Ansonsten ist eine negative Erklärung abzugeben.

A description of any significant change in the financial or trading position of the group which has occurred since the end of the last financial period for which either audited financial information or interim financial information have been published, or provide an appropriate negative statement.

21. ZUSÄTZLICHE ANGABEN

21. Additional Information

21.1. Aktienkapital

21.1. Share Capital

Aufzunehmen sind die folgenden Angaben zum Stichtag der jüngsten Bilanz, die Bestandteil der historischen Finanzinformationen sind:

The following information as of the date of the most recent balance sheet included in the historical financial information:

21.1.1. Betrag des ausgegebenen Kapitals und für jede Gattung des Aktienkapitals:

21.1.1. The amount of issued capital, and for each class of share capital:

a) Zahl der genehmigten Aktien;

(a) the number of shares authorised;

b) Zahl der ausgegebenen und voll eingezahlten Aktien und Zahl der aus

(b) the number of shares issued and fully paid and issued but not fully paid;

gegebenen und nicht voll eingezahlten Aktien;

c) **Nennwert pro Aktie bzw. Angabe,
dass die Aktien keinen Nennwert haben, und**

d) **Überleitungsrechnung für die Zahl
der ausstehenden Aktien zu Beginn
und zum Ende des Geschäftsjahres.
Wurde mehr als 10 % des Kapitals
während des von den historischen
Finanzinformationen abgedeckten
Zeitraums mit anderen Aktiva als
Barmitteln eingezahlt, so ist dies anzugeben.**

**21.1.2. Sollten Aktien vorhanden sein,
die nicht Bestandteil des Eigenkapitals
sind, so sind die Anzahl und die wesentlichen Merkmale dieser Aktien anzugeben.**

**21.1.3. Angabe der Anzahl, des Buch-
wertes sowie des Nennbetrages der Aktien, die Bestandteil des Eigenkapitals
des Emittenten sind und die vom Emittenten selbst oder in seinem Namen
oder von Tochtergesellschaften des
Emittenten gehalten werden.**

**21.1.4. Angabe etwaiger wandelbarer
Wertpapiere, umtauschbarer Wertpa-
piere oder etwaiger Wertpapiere mit
Optionsscheinen, wobei die geltenden
Bedingungen und Verfahren für die
Wandlung, den Umtausch oder die
Zeichnung darzulegen sind.**

**21.1.5. Angaben über eventuelle Akqui-
sitionsrechte und deren Bedingungen
und/oder über Verpflichtungen in Bezug
auf genehmigtes, aber noch nicht ausgegebenes Kapital oder in Bezug auf eine
Kapitalerhöhung.**

**21.1.6. Angaben, ob auf einen Anteil
eines Mitglieds der Gruppe ein Optionsrecht besteht oder ob bedingt oder
bedingungslos vereinbart wurde, einen
Anteil an ein Optionsrecht zu knüpfen,
sowie Einzelheiten über solche Optionen, die auch jene Personen betreffen, die diese Optionsrechte erhalten
haben.**

**21.1.7. Die Entwicklung des Eigenkapi-
tals mit besonderer Hervorhebung der**

(c) the par value per share, or that the
shares have no par value; and

(d) a reconciliation of the number of
shares outstanding at the beginning
and end of the year. If more than 10 %
of capital has been paid for with assets other than cash within the period
covered by the historical financial information, state that fact.

21.1.2. If there are shares not representing capital, state the number and main
characteristics of such shares.

21.1.3. The number, book value and face
value of shares in the issuer held by or on
behalf of the issuer itself or by subsidiaries of the issuer.

21.1.4. The amount of any convertible
securities, exchangeable securities or securities with warrants, with an indication
of the conditions governing and the procedures for conversion, exchange or subscription.

21.1.5. Information about and terms of
any acquisition rights and or obligations
over authorised but unissued capital or
an undertaking to increase the capital.

21.1.6. Information about any capital of
any member of the group which is under
option or agreed conditionally or unconditionally to be put under option and details of such options including those persons to whom such options relate.

21.1.7. A history of share capital, highlighting information about any changes,

Angaben über etwaige Veränderungen, die während des von den historischen Finanzinformationen abgedeckten Zeitraums erfolgt sind.

for the period covered by the historical financial information.

21.2. Satzung und Statuten der Gesellschaft

21.2.1. Beschreibung der Zielsetzungen des Emittenten und an welcher Stelle sie in der Satzung und den Statuten der Gesellschaft verankert sind.

21.2.2. Zusammenfassung etwaiger Bestimmungen der Satzung und der Statuten des Emittenten sowie der Gründungsurkunde oder sonstiger Satzungen, die die Mitglieder des Verwaltungs-, Leitungs- und Aufsichtsorgans betreffen.

21.2.3. Beschreibung der Rechte, Vorrechte und Beschränkungen, die an jede Gattung der vorhandenen Aktien gebunden sind.

21.2.4. Erläuterung, welche Maßnahmen erforderlich sind, um die Rechte der Inhaber von Aktien zu ändern, wobei die Fälle anzugeben sind, in denen die Bedingungen strenger sind als die gesetzlichen Vorschriften.

21.2.5. Beschreibung der Art und Weise, wie die Jahreshauptversammlungen und die außerordentlichen Hauptversammlungen der Aktionäre einberufen werden, einschließlich der Teilnahmebedingungen.

21.2.6. Kurze Beschreibung etwaiger Bestimmungen der Satzung und der Statuten des Emittenten sowie der Gründungsurkunde oder sonstiger Satzungen, die eine Verzögerung, einen Aufschub oder die Verhinderung eines Wechsels in der Beherrschung des Emittenten bewirken könnten.

21.2.7. Angabe etwaiger Bestimmungen der Satzung und der Statuten des Emittenten sowie der Gründungsurkunde oder sonstiger Satzungen, die für den Schwellenwert gelten, ab dem der Aktienbesitz offengelegt werden muss.

21.2.8. Darlegung der Bedingungen, die in der Satzung und den Statuten des Emittenten sowie der Gründungsur-

21.2. Memorandum and Articles of Association

21.2.1. A description of the issuer's objects and purposes and where they can be found in the memorandum and articles of association.

21.2.2. A summary of any provisions of the issuer's articles of association, statutes, charter or bylaws with respect to the members of the administrative, management and supervisory bodies.

21.2.3. A description of the rights, preferences and restrictions attaching to each class of the existing shares.

21.2.4. A description of what action is necessary to change the rights of holders of the shares, indicating where the conditions are more significant than is required by law.

21.2.5. A description of the conditions governing the manner in which annual general meetings and extraordinary general meetings of shareholders are called including the conditions of admission.

21.2.6. A brief description of any provision of the issuer's articles of association, statutes, charter or bylaws that would have an effect of delaying, deferring or preventing a change in control of the issuer.

21.2.7. An indication of the articles of association, statutes, charter or bylaw provisions, if any, governing the ownership threshold above which shareholder ownership must be disclosed.

21.2.8. A description of the conditions imposed by the memorandum and articles of association statutes, charter or by-

kunde oder sonstigen Satzungen vorgesehen sind und die die Veränderungen im Eigenkapital betreffen, sofern diese Bedingungen strenger sind als die gesetzlichen Vorschriften.

law governing changes in the capital, where such conditions are more stringent than is required by law.

22. Wesentliche Verträge

Zusammenfassung jedes in den letzten beiden Jahren vor der Veröffentlichung des Registrierungsformulars abgeschlossenen wesentlichen Vertrags (mit Ausnahme von Verträgen, die im Rahmen der normalen Geschäftstätigkeit abgeschlossen wurden), bei dem der Emittent oder ein sonstiges Mitglied der Gruppe eine Vertragspartei ist.

Zusammenfassung aller sonstigen zum Datum des Registrierungsformulars bestehenden Verträge (mit Ausnahme von Verträgen, die im Rahmen der normalen Geschäftstätigkeit abgeschlossen wurden), die von Mitgliedern der Gruppe abgeschlossen wurden und eine Bestimmung enthalten, der zufolge ein Mitglied der Gruppe eine Verpflichtung eingeht oder ein Recht erlangt, die bzw. das für die Gruppe von wesentlicher Bedeutung ist.

22. Material Contracts

A summary of each material contract, other than contracts entered into in the ordinary course of business, to which the issuer or any member of the group is a party, for the 2 years immediately preceding publication of the registration document.

A summary of any other contract (not being a contract entered into in the ordinary course of business) entered into by any member of the group which contains any provision under which any member of the group has any obligation or entitlement which is material to the group as at the date of the registration document.

23. Angaben von seiten Dritter, Erklärungen von seiten Sachverständiger und Interessenerklärungen

23.1. Wird in das Registrierungsformular eine Erklärung oder ein Bericht einer Person aufgenommen, die als Sachverständige(r) handelt, so sind der Name, die Geschäftsadresse, die Qualifikationen und eine etwaige wesentliche Beteiligung dieser Person am Emittenten anzugeben. Wurde der Bericht auf Ersuchen des Emittenten erstellt, so ist eine Erklärung dahingehend abzugeben, dass die aufgenommene Erklärung oder der aufgenommene Bericht in der Form und in dem Zusammenhang, in dem sie bzw. er aufgenommen wurde, die Zustimmung von Seiten der Person erhalten hat, die den Inhalt dieses Teils des Registrierungsformulars gebilligt hat.

23. Third Party Information and Statement by Experts and Declarations of anny Interest

23.1. Where a statement or report attributed to a person as an expert is included in the Registration Document, provide such person's name, business address, qualifications and material interest if any in the issuer. If the report has been produced at the issuer's request a statement to the effect that such statement or report is included, in the form and context in which it is included, with the consent of the person who has authorised the contents of that part of the Registration Document.

23.2. Wurden Angaben von Seiten Dritter übernommen, ist zu bestätigen, dass diese Angaben korrekt wiedergegeben wurden und nach Wissen des Emittenten und soweit für ihn aus den von diesem Dritten veröffentlichten Angaben ersichtlich, nicht durch Auslassungen unkorrekt oder irreführend gestaltet wurden. Darüber hinaus hat der Emittent die Quelle(n) der Angaben zu nennen.

23.2. Where information has been sourced from a third party, provide a confirmation that this information has been accurately reproduced and that as far as the issuer is aware and is able to ascertain from information published by that third party, no facts have been omitted which would render the reproduced information inaccurate or misleading. In addition, identify the source(s) of the information.

24. Einsehbare Dokumente

24. Documents on Display

Erklärung, dass während der Gültigkeitsdauer des Registrierungsformulars ggf. die folgenden Dokumente oder deren Kopien eingesehen werden können:

A statement that for the life of the registration document the following documents (or copies thereof), where applicable, may be inspected:

a) die Satzung und die Statuten des Emittenten;

(a) the memorandum and articles of association of the issuer;

b) sämtliche Berichte, Schreiben und sonstigen Dokumente, historischen Finanzinformationen, Bewertungen und Erklärungen, die von einem/einer Sachverständigen auf Ersuchen des Emittenten abgegeben wurden, sofern Teile davon in das Registrierungsformular eingefügt worden sind oder in ihm darauf verwiesen wird;

(b) all reports, letters, and other documents, historical financial information, valuations and statements prepared by any expert at the issuer's request any part of which is included or referred to in the registration document;

c) die historischen Finanzinformationen des Emittenten oder im Falle einer Gruppe die historischen Finanzinformationen für den Emittenten und seine Tochtergesellschaften für jedes der beiden letzten Geschäftsjahre vor der Veröffentlichung des Registrierungsformulars.

(c) the historical financial information of the issuer or, in the case of a group, the historical financial information for the issuer and its subsidiary undertakings for each of the 2 financial years preceding the publication of the registration document.

Anzugeben ist auch, wo in diese Dokumente in Papierform oder auf elektronischem Wege Einsicht genommen werden kann.

An indication of where the documents on display may be inspected, by physical or electronic means.

25. Angaben Über Beteiligungen

25. Information on Holdings

Angaben zu Unternehmen, an denen der Emittent einen Teil des Eigenkapitals hält, der bei der Bewertung seiner eigenen Vermögens-, Finanz- und Ertragslage eine wichtige Rolle spielen dürfte.

Information relating to the undertakings in which the issuer holds a proportion of the capital likely to have a significant effect on the assessment of its own assets and liabilities, financial position or profits and losses.

Inhalt

I. Einleitung

Die ursprüngliche Fassung der EU-ProspRL sah bereits vor, dass die Besonderheiten bei kleinen und mittleren Unternehmen (KMU) als Emittenten berücksichtigt und die im Prospekt aufzunehmenden Mindestangaben ihren Verhältnissen entsprechend angepasst werden sollten.[1] Allerdings ging die Europäische Kommission beim Erlass der EU-ProspV noch nicht darauf ein, so dass bislang spezielle Regelungen zu KMU fehlten. Im Zuge der Überprüfung der EU-ProspRL und deren anschließender Revision findet sich abermals die Forderung, dass für KMU eine angemessene Offenlegungsregelung eingeführt werden soll.[2] Ebenso sollen für Unternehmen mit geringer Marktkapitalisierung geringere Anforderung an die Prospektmindestangaben ge-

1

---

1 Vgl. Erwg. 4 und Art. 7 Abs. 2 lit. e) EU-ProspRL.
2 Vgl. Erwg. 18 und Art. 7 Abs. 2 lit. e) EU-ProspRLÄndRL 618.

stellt werden. Die europäische Kommission hat dies bei der Revision der EU-ProspV nun berücksichtigt [3] und schuf mit Art. 26 b und den Anhängen XXV bis XXVIII die entsprechenden rechtlichen Grundlagen.

II. Anwendungsbereich des verhältnismäßigen Schema

2 Nach Art. 26 b Satz 1 EU-ProspV bestehen nun für KMU und Unternehmen mit geringer Marktkapitalisierung bei der Begebung verschiedener Wertpapiere, wenn diese dem Publikum angeboten oder zum Handel an einem geregelten Markt mit Sitz oder Tätigkeit in einem Mitgliedstaat zugelassen werden, entsprechend der Anhänge XXV bis XXVIII EU-ProspV geringere Offenlegungsanforderungen. Allerdings können die Unternehmen nach Art. 26 b Satz 2 EU-ProspV auf diese eingeschränkte Offenlegungspflicht verzichten und stattdessen Angaben entsprechend den einschlägigen Anhängen I bis XVII und XX bis XXIV EU-ProspV in den Prospekt aufnehmen. Zu beachten ist, dass es für KMU und Unternehmen mit geringer Marktkapitalisierung keinen eigenen Anhang für die Mindestangaben für die Wertpapierbeschreibung für Aktien gibt. Es ist daher auf den Anh. III der EU-ProspVO zurückzugreifen.

1. Kleine und mittlere Unternehmen

3 Der Begriff „kleine und mittleren Unternehmen" ist in Art. 2 Abs. 1 lit. f) EU-ProspRL legal definiert. Danach sind KMU Gesellschaften, die laut ihrem letzten Jahresabschluss bzw. konsolidierten Abschluss zumindest zwei der nachfolgenden drei Kriterien erfüllen:

– eine durchschnittliche Beschäftigtenzahl im letzten Geschäftsjahr von weniger als 250,
– eine Gesamtbilanzsumme von höchstens EUR 43.000.000 und
– ein Jahresnettoumsatz von höchstens EUR 50.000.000.

Hinweise zu den Definitionen für die Kriterien lassen sich der Empfehlung der Kommission vom 06.05.2003 betreffend die Definition der Kleinstunternehmen sowie der kleinen und mittleren Unternehmen[4] entnehmen. Demnach entspricht die Mitarbeiterzahl der Zahl der Jahresarbeitseinheiten (JAE), d.h. der Zahl der Personen, die in dem betroffenen Unternehmen oder auf Rechnung dieses Unternehmens während des gesamten Berichtsjahres einer Vollzeitbeschäftigung nachgegangen sind. Personen, die nicht das ganze Jahr tätig waren oder einer Teilzeitbeschäftigung nachgegangen sind, wird der jeweilige Bruchteil der JAE berechnet. Als Mitarbeiter gelten Lohn- und Gehaltsempfänger, tätige Personen in einem Unterordnungsverhältnis (Arbeitnehmer nach nationalem Recht), mitarbeitende Eigentümer und Teilhaber, die eine regelmäßige Tätigkeit im Unternehmen ausüben und finan-

---

3   Vgl. Erwg. 13 Delegierte VO (EU) 486/2012 zur EU-ProspV.
4   Vgl. Anhang (Definitionen; Statistik) der Empf 2003/361/EG.

zielle Vorteile daraus ziehen.[5] Der Jahresnettoumsatz entspricht dem Jahres-umsatz abzüglich der Mehrwertsteuer und sonstiger indirekter Steuern oder Abgaben. Für die Gesamtbilanzsumme gibt es in der o. g. Empfehlung der Kommission vom 06.05.2003 keine eigenständige Definition. Hier ist daher auf die allgemeinen Rechnungslegungsgrundsätze zurückzugreifen. Die Ge-samtbilanzsumme entspricht demnach der Summe aller Bilanzpositionen ei-ner Bilanzseite, wobei Bilanzvermerke außerhalb der Bilanz nicht zu berück-sichtigen sind.[6]

Das Vorliegen der Voraussetzungen für die Anwendbarkeit des verhältnis-mäßigen Schema muss das Unternehmen der BaFin in der Querverweisliste nach Art. 24 Abs. 4 EU-ProspV oder im Anschreiben des Antrags zur Pros-pektbilligung nachweisen.[7] Dies erfolgt dadurch, dass auf die konkreten Sei-ten im Jahresabschluss verwiesen werden muss, aus denen sich die zwei betreffenden Angaben ergeben. Zusätzlich ist der BaFin der letzte Jahresab-schluss zu Beweiszwecken zu übersenden, oder es muss eine Mitteilung er-folgen, wo der Jahresabschluss im Internet zu finden ist.[8] 4

Die Schwellenwerte in Art. 2 Abs. 1 lit. f) EU-ProspRL sind nicht identisch mit den Merkmalen, die in Deutschland ein Unternehmen als mittelgroße Kapitalgesellschaft nach § 267 Abs. 2 HGB qualifizieren. Die europäischen Vorgaben für KMU sind in Bezug auf Umsatz und Bilanzsumme höher. Der Schwellenwert für die Beschäftigtenanzahl ist jedoch identisch. Die Definiti-onen der finanziellen Schwellenwerte in der EU-ProspRL sind im Grundsatz identisch mit denen gemäß HGB. Lediglich bei der Bestimmung der Beschäf-tigtenzahl können sich leichte Unterschiede ergeben, da das deutsche Recht bei der Einordung als Mitarbeiter teilweise andere Kriterien ansetzt.[9] Eine mittelgroße Kapitalgesellschaft nach § 267 Abs. 2 HGB ist somit in fast allen Fällen auch ein KMU nach Art. 2 Abs. 1 lit. f) EU-ProspRL. 5

2. Unternehmen mit geringer Marktkapitalisierung

Der Begriff „Unternehmen mit geringer Marktkapitalisierung" wurde mit der Änderungsrichtlinie 2010/73 zur EU-ProspRL neu eingeführt. Nach Art. 2 Abs. 1 lit. f) und t) EU-ProspRL fallen solche Unternehmen unter diesen Be-griff, die auf einem geregelten Markt notiert sind und deren durchschnittliche Marktkapitalisierung auf der Grundlage der Notierungen zum Jahresende für die vorangegangenen drei Kalenderjahre weniger als EUR 100.000.000 be-trug. Berechnet wird die Marktkapitalisierung anhand des offiziellen Schluss-kurses am jeweils letzten Börsenhandelstag der vorangegangenen drei Kalen-derjahre.[10] Aus diesen 3 Schlusskursen wird die durchschnittliche Marktkapi-talisierung errechnen. Falls ein Unternehmen noch keine drei Jahre an einem 6

---

5 Vgl. Anhang (Definitionen; Statistik) der Empf 2003/361/EG.
6 *Reiner*, in: MüKo HGB, 3. Aufl. 2013, § 267 Rn. 6.
7 *Henningsen*, BaFin-Journal 09/12, S. 5, 8.
8 *Henningsen*, BaFin-Journal 09/12, S. 5, 8.
9 *Reiner*, in: MüKo HGB, 3. Aufl. 2013, § 267 Rn. 8 ff.
10 *Henninsgen*, BaFin-Journal 09/12, S. 5, 8.

geregelten Markt notiert ist, dann kann das Unternehmen nichtsdestotrotz das verhältnismäßige Schema für sich in Anspruch nehmen. In dem Fall werden für die Berechnung der durchschnittlichen Marktkapitalisierung die vorhandenen Jahresschlusskurse verwendet.[11] Ist ein Unternehmen an mehreren organisierten Märkten notiert, ist jeweils der höchste offizielle Jahresschlusskurs ausschlaggebend.[12]

Auch bei den Unternehmen mit geringer Marktkapitalisierung muss der Nachweis erbracht werden, dass die Voraussetzungen für die Anwendbarkeit des verhältnismäßigen Schemata gegeben sind. Dies sollte ebenfalls entweder in der Querverweisliste oder im Anschreiben zum Billigungsantrag erfolgen. Zu nennen ist die Anzahlt der Aktien, die am geregelten Markt notiert sind, damit die BaFin die Marktkapitalisierung ermitteln kann.[13]

3. Erklärung entsprechend Art. 26 a Abs. 3 EU-ProspV

7   Gemäß Art. 26 a Abs. 3 EU-ProspV (für Bezugsrechtsemissionen) muss der Prospekt bereits am Anfang eine unmissverständliche Erklärung enthalten, wonach sich die Bezugsrechtsemission nur an bestehende Aktionäre des Emittenten richtet und sich der Umfang der im Prospekt veröffentlichen Angaben im Verhältnis zu der Art der Emission bemessen lässt. Art. 26 b EU-ProspV enthält keine entsprechende Regelung. Es erscheint jedoch zum Schutz der potentiellen Investoren und auch aus Haftungsgesichtspunkten empfehlenswert, dass auch bei dem verhältnismäßigen Schema für KMU und Unternehmen mit geringer Marktkapitalisierung eine Erklärung vorangestellt wird, dass es sich bei dem Emittenten um ein KMU bzw. Unternehmen mit geringer Marktkapitalisierung handelt und der Prospekt im Hinblick auf die Offenlegung von Angaben danach ausgerichtet ist.

III. Mindestangaben nach Anh. XXV

8   Anh. XXV EU-ProspV entspricht im Aufbau und Inhalt im Wesentlichen dem Schema nach Anh. I EU ProspV, so dass vielfach auf die dortige Kommentierung verwiesen werden kann. Entsprechend dem Zweck der Vereinfachung der Prospekterstellung bei KMU und Unternehmen mit geringer Marktkapitalisierung, wurden Mindestangaben aus Anh. I EU-ProspV jedoch teilweise angepasst, reduziert oder gänzlich gestrichen, wenn auch nicht in dem Umfang wie nach Anh. XXIII EU-ProspV für Bezugrechtsemissionen. Nicht aus dem Anh. I EU-ProspV übernommen wurden z. B. Ziff. 6.1.2., 8.2. und Ziff. 10.3.–10.5. sowie die Ziff. 20.3. und 20.6.2. Potentielle Erleichterungen erfährt der Emittent insbesondere in den Bereichen Finanzinformationen und Beschreibung der Geschäftätigkeit und Märkte. Wie auch bei dem verhältnismäßigen Schema für Bezugrechtsemissionen nach Anh. XXIII und Anh. XXIV EU-ProspV gibt es auch im Anh. XXV EU-ProspV in der deut-

---

11 *Henningsen*, BaFin-Journal 09/12, S. 5, 8.
12 *Henningsen*, BaFin-Journal 09/12, S. 5, 8.
13 *Henningsen*, BaFin-Journal 09/12, S. 5, 8.

schen Version teilweise sprachliche Abweichungen zu Anh. I EU-ProspV ohne in der Regel inhaltliche Auswirkungen. Dies wird auch dadurch belegt, dass die entsprechenden englischen Versionen wortgleich geblieben sind.

1. Haftende Personen (Ziff. 1.)

Wegen des nahezu identischen Wortlauts mit den Ziff. 1.1. und 1.2. des   *9*
Anh. I EU-ProspV wird auf die dortige Kommentierung sowie bzgl. der sprachlichen Abweichungen auf die entsprechende Kommentierung zu Anh. XXIII EU-ProspV verwiesen.

2. Abschlussprüfer (Ziff. 2.)

Wegen des identischen Wortlauts mit den Ziff. 2.1. und 2.2. des Anh. I EU-   *10*
ProspVO wird auf die dortige Kommentierung verwiesen.

3. Ausgewählte Finanzinformationen (Ziff. 3.)

Anders als bei dem verhältnismäßigen Schema für Bezugsrechtsemissionen   *11*
sind ausgewählte Finanzinformationen mit in den Prospekt aufzunehmen. Inhaltlich kann wegen des identischen Wortlauts mit den Ziff. 3.1. und 3.2. des Anh. I EU-ProspVO auf die dortige Kommentierung verwiesen werden. Der Zeitraum, für den die ausgewählten Finanzinformationen offengelegt werden müssen, ist jedoch entsprechend dem Zeitraum der historischen Finanzinformationen kürzer als nach Anh. I EU-ProspV.[14]

4. Risikofaktoren (Ziff. 4.)

Wegen des nahezu identischen Wortlauts mit der Ziff. 4. des Anh. I EU-   *12*
ProspV wird auf die dortige Kommentierung verwiesen.

5. Angaben über den Emittenten (Ziff. 5.)

Wegen des nahezu identischen Wortlauts mit der Ziff. 5. des Anh. I EU-   *13*
ProspV kann im Wesentlichen auf die dortige Kommentierung verwiesen werden. Zu beachten ist, dass nach Ziff. 5.2.3. des Anh. XXV EU-ProspV nunmehr, anders als bei Anh. I EU-ProspV, die Finanzierungsquellen nicht nur für die laufenden Investitionen anzugeben sind, sondern auch die voraussichtlichen Finanzierungsquellen für die zukünftigen Investitionen. Dies ist eine ungewöhnliche Verschärfung der Anforderungen im neu eingefügten verhältnismäßigen Schema. Dies kann damit zusammenhängen, dass der Investor bei KMU und Unternehmen mit geringer Marktkapitalisierung ein großes Interesse an einer soliden Finanzierung der Geschäftstätigkeit hat. Es ist aber in der Regel davon auszugehen, dass insbesondere die Erlöse aus der Platzierung der Aktien im Rahmen des Angebots der Finanzierung der

---

14 Vgl. Komm. zu Ziff. 20. des Anh. XXV.

zukünftigen Investitionen dienen sollen und somit dieser neuen Anforderung relativ leicht im Prospekt gerecht werden kann.

6. Geschäftsüberblick (Ziff. 6.)

14 Das verhältnismäßige Schema für KMU und Unternehmen mit geringer Kapitalisierung sieht für die Darstellung des Geschäftsüberblicks im Grundsatz die gleichen Erleichterungen vor wie bei der Bezugsrechtsemission. Im Wesentlichen wird daher auf die entsprechende Kommentierung zu Ziff. 5. des Anh. XXIII EU-ProspV verwiesen. Zu beachten ist jedoch, dass der Zeitraum, für den etwaige Änderungen auf den wesentlichen Märkten nach Ziff. 6.2. des Anh. XXV EU-ProspV und die außergewöhnlichen Faktoren nach Ziff. 6.3. des Anh. XXV EU-ProspV offen gelegt werden müssen, den Zeitraum seit den beiden zuletzt veröffentlichten geprüften Abschlüssen umfassen muss. Dies bedeutet, dass die in dem letzten abgelaufenen Geschäftsjahr erfolgten Änderungen bis zum Tag der Prospektbilligung beschrieben werden müssen.

15 Noch stärker als bei der Bezugsrechtsemission, welche sich nur an bestehende Aktionäre richtet, wird die Praxis zeigen müssen, ob der verkürzte Prospekt für die KMUs und Unternehmen mit geringer Kapitalisierung nach Anh. XXV EU-ProspV tatsächlich eine attraktive Alternative ist. Da auch neue Investoren angesprochen werden sollen, wird dem Emittenten daran gelegen sein, den Prospekt so aufschlussreich und informativ wie möglich zu gestalten, um den Investoren Vertrauen zu geben. Eine kurze Beschreibung der Geschäftstätigkeit und Märkte reicht dafür ggfs. nicht aus. Auch aufgrund des Spannungsfeldes mit § 15 WpPG[15] sollte der Emittent nicht zu sparsam mit der Offenlegung von Informationen sein, da diese sonst ggfs. auch nicht gegenüber einzelnen Investoren im Rahmen von Roadshows etc. offengelegt werden können, sofern es sich um wesentliche Informationen handelt.

7. Organisationsstruktur (Ziff. 7.)

16 Auch in Ziff. 7. des Anh. XXV EU-ProspV zeigt sich wieder der Wille des EU Gesetzgebers, die mit dem verkürzten Prospekt verfolgten Ziele umzusetzen[16]. So sind nach Ziff. 7.2. des Anh. XXV EU-ProspV die wichtigsten Tochtergesellschaften des Emittenten nur dann aufzulisten, wenn sie nicht schon in den Abschlüssen offengelegt wurden. Im Übrigen kann aufgrund des identischen Wortlauts auf die Kommentierungen zu Ziff. 7. des Anh. I EU-ProspV verwiesen werden.

8. Sachanlagen (Ziff. 8.)

17 Während das verkürzte Schema für Bezugsrechtsemissionen ganz auf die Angaben zu Sachanlagen verzichtet, ist nach Ziff. 8.1. des Anh. XXV zumin-

---

15 Vgl. hierzu auch die Komm. zu § 15 WpPG Rn. 1.
16 Vgl. hierzu auch die Komm. zu Art. 26a der EU-ProspV Rn. 5.

dest eine Beschreibung etwaiger Umweltfragen, die die Verwendung der Sachanlagen durch den Emittenten beeinflussen könnten, aufzunehmen. Hierzu kann auf die entsprechende Kommentierung zu Ziff. 8.2. des Anh. I EU-ProspV verwiesen werden. Sonstige Angaben zu bestehenden oder geplanten Sachanlagen, die nach Ziff. 8.1. des Anh. I EU-ProspV gefordert werden, sind hier nicht weiter erforderlich.

9. Angaben zur Geschäfts- und Finanzlage (Ziff. 9.)

Ob der Prospekt die Angaben zur Geschäfts- und Finanzlage[17], die üblicherweise einen wichtigen Teil der Prospekterstellung darstellen, enthalten muss, hängt nach der Neuregelung in Ziff. 9. des Anh. XXV EU-ProspV davon ab, ob die nach Art. 46 der Richtlinie 78/660/EWG und Art. 36 der Richtlinie 83/349/EWG vorgelegten Lageberichte für die Zeiträume, auf die sich die historischen Finanzinformationen beziehen, im Prospekt enthalten sind. Im deutschen Recht wurden die Richtlinien der EU durch das Bilanzrechtsmodernisierungsgesetz (BilMoG) 2009 ins nationale Recht umgesetzt. Insbesondere § 289 HGB betreffend den Lagebericht ist hierdurch modernisiert worden. Ob der Prospekt die besagten Lageberichte enthält, hängt davon ob, in welcher Form die Finanzinformationen nach Ziffer 20.1. des Anh. XXV EU-ProspV beigebracht werden. Mindestvoraussetzung nach Ziff. 20.1. des Anh. XXV EU-ProspV ist lediglich, dass der Emittent eine Erklärung abgibt, dass für die letzten zwei Geschäftsjahre historische Finanzinformationen gem. der Verordnung (EG) Nr. 1606/2002 erstellt wurden. Die Beifügung dieser historischen Finanzinformationen zum Prospekt ist daher nicht zwingend erforderlich. Werden diese aber nicht beigefügt, so sind die in Ziff. 9.1. und 9.2. des Anh. XXV EU-ProspV abgefragten Informationen in den Prospekt mitaufzunehmen. Diesbezüglich kann aufgrund des nahezu identischen Wortlauts auf die Kommentierung zu Ziff. 9.1. und 9.2. des Anh. I EU-ProspV verwiesen werden.   *18*

Sind die historischen Finanzinformationen im Prospekt enthalten oder diesem beigefügt, so fallen die Anforderungen nach Ziff. 9.1. und 9.2. des Anh. XXV EU-ProspV weg, wenn die historischen Finanzinformationen die Lageberichte nach Art. 46 der Richtlinie 78/660/EWG und Art. 36 der Richtlinie 83/349/EWG enthalten. Nach deutschem Recht haben die gesetzlichen Vertreter gem. § 264 Abs. 1 HGB den Jahresabschluss um einen Anhang und einen Lagebericht i. S. d. § 289 HGB zu erweitern. Kleine Kapitalgesellschaften nach § 267 Abs. 1 HGB brauchen den Lagebericht nicht aufzustellen. Sofern daher der Emittent eine kleine Kapitalgesellschaft i. S. d. § 267 Abs. 1 HGB ist und von der Option, keinen Lagebericht aufzustellen, Gebrauch gemacht hat, steht ihm auch kein Lagebricht zur Verfügung, der die gesonderte Analyse der Geschäfts- und Finanzlage im Prospekt ersetzen könnte.   *19*

---

17 Im Englischen auch *„Management Discussions & Analysis"* oder *„Operating and Financial Review"* genannt.

10. Eigenkapitalausstattung (Ziff. 10.)

20 Eine Erleichterung erfährt das verhältnismäßige Schema für die KMUs und die Unternehmen mit geringer Marktkapitalisierung im Hinblick auf die Darstellung der Eigenkapitalausstattung. Nicht erforderlich sind im Vergleich zu Anh. I EU-ProspV die Angaben zur kurz- und langfristigen Kapitalausstattung des Emittenten, zum Fremdfinanzierungbedarf und der Finanzierungsstruktur als auch zu den erwarteten Finanzierungsquellen. Dagegen müssen nach Ziff. 10.1. des Anh. XXV EU-ProspV die Quellen und Beträge der Kapitalzuflüsse weiterhin erläutert werden. Diese Erläuterung erfolgt regelmäßig im Rahmen der Darstellung zur Geschäfts- und Finanzlage. Entfällt diese nach Ziff. 9. des Anh. XXV EU-ProspV, muss im Prospekt ein eigener Abschnitt hierzu geschaffen werden. Zum Inhalt der Darstellung der Quellen und Beträge der Kapitalzuflüsse wird auf die Kommentierung zu Ziff. 10.2. des Anh. I EU-ProspV verwiesen. Im Hinblick auf die Anforderung nach Ziff. 10.2. des Anh. XXV EU-ProspVO wird aufgrund des identischen Wortlauts auf die Kommentierung zu Ziff. 10.4. des Anh. I EU-ProspV verwiesen.

11. Forschung und Entwicklung, Patente und Lizenzen (Ziff. 11.)

21 Wegen des nahezu identischen Wortlauts mit der Ziff. 11. des Anh. I EU-ProspV wird auf die dortige Kommentierung verwiesen.

12. Trendinformationen (Ziff. 12.)

22 Trotz des leicht abweichenden Wortlauts kann inhaltlich auf die Kommentierung zu Ziff. 12. des Anh. I EU-ProspV sowie wegen der geringfügigen sprachlichen Abweichungen auf die ergänzenden Anmerkungen zu Ziff. 7. des Anh. XXIII EU-ProspV verwiesen werden.

13. Gewinnprognosen oder -schätzungen (Ziff. 13.)

23 Wegen des nahezu identischen Wortlauts mit der Ziff. 13. des Anh. I EU-ProspVO wird auf die dortige Kommentierung verwiesen. Die Abweichungen im Wortlaut sind rein sprachlicher Natur und führen nicht zu unterschiedlichen inhaltlichen Aussagen.

14. Verwaltungs-, Geschäfts-, Führungs-, Aufsichtsorgane sowie oberes Management (Ziff. 14.)

24 Wegen des nahezu identischen Wortlauts mit der Ziff. 14. des Anh. I EU-ProspV wird auf die dortige Kommentierung verwiesen sowie auf die ergänzenden Anmerkungen zu Ziff. 9. des Anh. XXIII EU-ProspV.

15. Bezüge und Vergünstigungen (Ziff. 15.)

25 Wegen des nahezu identischen Wortlauts mit der Ziff. 15. des Anh. I EU-ProspV wird auf die dortige Kommentierung verwiesen.

16. Praktiken der Geschäftsführung (Ziff. 16.)

Im Hinblick auf die Ziff. 16. des Anh. XXV EU-ProspV wird wegen des fast *26* identischen Wortlauts mit der Ziff. 16 des Anh. I EU-ProspV auf die dortige Kommentierung verwiesen.

17. Beschäftigte (Ziff. 17.)

Wegen des nahezu identischen Wortlauts mit der Ziff. 17. des Anh. I EU- *27* ProspV wird auf die dortige Kommentierung verwiesen.

18. Hauptaktionäre (Ziff. 18.)

Wegen des identischen Wortlauts mit der Ziff. 18. des Anh. I EU-ProspV wird *28* auf die dortige Kommentierung verwiesen.

19. Geschäfte mit verbunden Parteien (Ziff. 19.)

Korrespondierend zur Vereinfachung beim verhältnismäßigen Schema für *29* Bezugsrechtsemissionen, sind auch nach Ziff. 19. des Anh. XXV EU-ProspV die Angaben zu den Geschäften mit verbundenen Unternehmen auf den Zeitraum seit dem Ende des letzten Berichtszeitraums, für den geprüfte Finanzinformationen veröffentlicht wurden, beschränkt, sofern die internationalen Rechnungslegungsstandards gem. der Verordnung Nr. 1606/2002/EG auf den Emittenten Anwendung finden. Dadurch wird dem Umstand Rechnung getragen, dass die in Ziff. 19. des Anh. XXV EU-ProspV genannten Angaben bereits aufgrund der Veröffentlichung in den Jahresabschlüssen als bekannt gelten, sofern die internationalen Rechnungslegungsstandards verwendet wurden. Dies ist bei KMU nicht zwingend der Fall. Liegen keine Jahresabschlüsse entsprechend der Verordnung Nr. 1606/2002/EG vor, sind die Geschäfte mit verbundenen Parteien für den gesamten Zeitraum, auf den sich die historischen Finanzinformationen beziehen, offenzulegen. Inhaltlich kann hierzu auf die Kommentierung zu Ziff. 19. des Anh. I EU-ProspV verwiesen werden.

20. Finanzinformationen über die Vermögens-, Finanz-, und Ertragslage des Emittenten (Ziff. 20.)

Eine praktische Erleichterung im Vergleich zum klassischen Prospekt nach *30* Anh. I EU-ProspV kommt dem Prospektersteller nach Ziff. 20.1. des Anh. XXV EU-ProspV zugute. Anstatt die historischen Finanzinformationen im Prospekt einpflegen zu müssen, reicht es aus, wenn der Emittent eine Erklärung abgibt, dass geprüfte historische Finanzinformationen für die letzten beiden Geschäftsjahre gemäß der Verordnung Nr. 1606/2002/EG (oder soweit nicht anwendbar nach den nationalen Rechnungslegungsgrundsätzen) erstellt wurden. War der Emittent nur für einen kürzeren Zeitraum tätig, beziehen sich die historischen Finanzinformationen auf den kürzeren Zeitraum.

Neben der Erklärung, dass geprüfte historische Finanzinformationen erstellt *31* wurden, ist auch ein Hinweis aufzunehmen, wo diese Abschlüsse erhältlich

sind. In der Regel müsste hier der Verweis auf die Veröffentlichung im Bundesanzeiger gemäß §§ 325 ff. HGB ausreichen. Bei einer Emission ist jedoch davon auszugehen, dass die Anleger (insbesondere ausländische Investoren) Einblick in Jahresabschlüsse wünschen, die nach internationalen Rechnungslegungsstandards erstellt wurden. Ist dies bei den KMU in der Vergangenheit nicht der Fall gewesen, so sind solche Abschlüsse für Zwecke der Emission in der Regel neu zu erstellen und zu veröffentlichen, um den Anforderungen der Ziff. 20.1. des Anh. XXV EU-ProspV gerecht zu werden. Alternativ ist es auch möglich, die Jahresabschlüsse nach internationalen Rechnungslegungsstandards für die letzten beiden Geschäftsjahre im Prospekt zu veröffentlichen. Da gemäß Ziff. 24. c) des Anh. XXV zudem auch eine Erklärung abgegeben werden muss, wo die die historischen Finanzinformationen einsehbar sind, kann der Hinweis für Ziff. 20.1. des Anh. XXV korrespondierend auch in der Weise lauten, dass die historischen Finanzinformationen beispielsweise in den Geschäftsräumen oder auch auf der Interseite des Emittenten erhältlich sind. Beizufügen ist dem Prospekt der Bestätigungsvermerk zu den Jahresabschlüssen und zwar einzeln für jedes Jahr.

32 Konsequenterweise wurde im Anh. XXV EU-ProspV die Ziff. 20.3. des Anh. I XXV EU-ProspV gestrichen, da das verhältnismäßige Schema für KMUs und Unternehmen mit geringer Marktkapitalisierung die Aufnahme der historischen Finanzinformationen in den Prospekt nicht vorsieht, so dass auch nicht geregelt werden muss, dass zumindest der konsolidierte Abschluss aufzunehmen ist. Im Übrigen kann wegen des fast identischen Wortlauts im Hinblick auf die Ziff. 20.2.–20.8. des Anh. XXV EU-ProspV auf die entsprechende Kommentierung zu Ziff. 20.2.–20.9. (ohne 20.3) des Anh. I EU-ProspV verwiesen werden.

21. Zusätzliche Angaben (Ziff. 21.)

33 Wegen des nahezu identischen Wortlauts mit der Ziff. 21. des Anh. I EU-ProspV wird auf die dortige Kommentierung verwiesen. Verbessert wurde aus sprachlicher Sicht die Terminologie in Ziff. 21.1. des Anh. XXV EU-ProspV, wo nicht mehr von „Kategorie" von Aktien oder „zugelassenen Aktien" gesprochen wird[18], sondern juristisch treffender von „Gattung" und „genehmigten Aktien".

22. Wesentliche Verträge (Ziff. 22.)

34 Wegen des nahezu identischen Wortlauts mit der Ziff. 22. des Anh. I EU-ProspV wird auf die dortige Kommentierung verwiesen.

---

18 Vgl. hierzu die Formulierung in Ziff. 21.1.1. (a) und (b) des Anh. I EU-ProspV.

23. Angaben von Seiten Dritter, Erklärungen von Seiten Sachverständiger und Interessenerklärungen (Ziff. 23.)

Wegen des nahezu identischen Wortlauts mit der Ziff. 23. des Anh. I EU-   *35*
ProspV wird auf die dortige Kommentierung sowie auf die ergänzenden Anmerkungen in Ziff. 18. des Anh. XXIII EU-ProspV im Hinblick auf die sprachlichen Abweichungen verwiesen.

24. Einsehbare Dokumente (Ziff. 24.)

Anders als beim verhältnismäßigen Schemata für Bezugsrechtsemissionen   *36*
muss dem potentiellen Anleger gem. Ziff. 24. c) des Anh. XXV EU-ProspV die Möglichkeit gegeben werden, die historischen Finanzinformationen einzusehen. Die Erklärung nach Ziff. 20.1. kann somit auch vorsehen, dass die historischen Finanzinformationen beispielsweise in den Geschäftsräumen des Emittenten ausgelegt sind oder auf der Internetseite des Emittenten elektronisch zur Verfügung stehen. Im Übrigen kann aufgrund des nahezu identischen Wortlauts mit der Ziff. 24. des Anh. I EU-ProspV auf die dortige Kommentierung verwiesen werden.

25. Angaben über Beteiligungen (Ziff. 25.)

Wegen des nahezu identischen Wortlauts mit der Ziff. 25. des Anh. I EU-   *37*
ProspV wird auf die dortige Kommentierung verwiesen.

ANH. XXVI EU-PROSPV
Mindestangaben für das Registrierungsformular für Schuldtitel und derivative Wertpapiere (Schema) (Schuldtitel und derivative Wertpapiere (kleiner EUR 100.000) von KMU und Unternehmen mit geringer Marktkaptalisierung (verhältnismäßiges Schema)[1]

ANNEX XXVI
Proportional Schedule for Minimum disclosure Requirements for the debt and derivative securities <100 000 EUR Registration document for SMEs and companies with reduced marked capitalisation[1]

1.	Haftende Personen	1.	Persons Responsible
2.	Abschlussprüfer	2.	Statutory Auditors
3.	Ausgewählte Finanzinformationen	3.	Selected Financial Information
4.	Risikofaktoren	4.	Risk Factors
5.	Angaben über den Emittenten	5.	Information about the Issuer
6.	Überblick über die Geschäftstätigkeit	6.	Business Overview
7.	Organisationsstruktur	7.	Organisational Structure
8.	Trendinformationen	8.	Trend Information
9.	Gewinnprognosen oder -schätzungen	9.	Profit Forecasts or Estimates
10.	Verwaltungs-, Geschäftsführungs- und Aufsichtsorgane	10.	Administrative, Management, and Supervisory Bodies
11.	Praktiken des Leitungsorgans	11.	Board Practices
12.	Hauptaktionäre	12.	Major Shareholders
13.	Finanzinformationen über die Vermögens-, Finanz- und Ertragslage des Emittenten	13.	Financial Information Concerning the Issuer's Assets and Liabilities, Financial Position and Profits and Losses

13.1. Historische Finanzinformationen

Bei Emittenten aus der Europäischen Union ist eine Erklärung abzugeben, dass geprüfte historische Finanzinformationen für das letzte Geschäftsjahr (bzw. einen kürzeren Zeitraum, in dem der Emittent tätig war), gemäß der Verordnung (EG) Nr. 1606/2002 (bzw. sofern die Verordnung nicht anwendbar ist, gemäß den Rechnungslegungsgrundsätzen

13.1. Historical financial information

A statement that audited historical financial information covering the last financial year (or such shorter period that the issuer has been in operation) have been prepared according to Regulation (EC) No 1606/2002 or, if not applicable to a Member State national accounting standards for issuers from the European Union, and where own and consolidated

---

1 Unterpunkte gemäß Anh. IV der Verordnung (EG) Nr. 809/2004, mit Ausnahme der Änderungen unter Punkt 13 (Finanzinformationen).

(1) Sub-items as in Annex IV of Regulation (EC) No 809/2004, except the amendment in item 13 (Financial Information)

eines Mitgliedstaats) erstellt wurden, und anzugeben, wo eigene bzw. konsolidierte Abschlüsse erhältnlich sind.

financial statements as the case may be can be obtained.

Der Bestätigungsvermerk ist beizufügen.

The audit report must be included.

Bei Emittenten aus Drittstaaten ist eine Erklärung abzugeben, dass diese Finanzinformationen nach den im Verfahren des Artikels 3 der Verordnung (EG) Nr. 1606/2002 übernommenen internationalen Rechnungslegungsstandards oder nach diesen Standards gleichwertigen nationalen Rechnungslegungsgrundsätzen eines Drittstaates erstellt wurden, und anzugeben, wo diese erhältlich sind. Ist keine Gleichwertigkeit mit den Standards gegeben, so ist ein Erklärung abzugeben, dass für die Finanzinformationen ein neuer Abschluss erstellt wurde, und anzugeben, wo dieser erhältlich ist.

For third country issuers, a statement that such financial information have been prepared and audited according to the international accounting standards adopted pursuant to the procedure of Article 3 of Regulation (EC) No 1606/2002 or to a third country's national accounting standards equivalent to these standards ans where can be obtained. If such financial information is not equivalent to these standards, a statement that it has been prepared in the form of restated financial statements, and where it can be obtained.

13.2. Prüfung der historischen jährlichen Finanzinformationen

13.2. Financial statements

13.2.1. Es ist eine Erklärung abzugeben, dass die historischen Finanzinformationen geprüft wurden. Sofern Bestätigungsvermerke über die historischen Finantinformationen von den Abschlussprüfern abgelehnt wurden, bzw. sofern sie Vorbehalte enthalten oder eingeschränkt erteilt wurden, sind diese Ablehnung bzw. diese Vorbehalte oder die eingeschränkte Erteilung in vollem Umfang wiederzugeben und die Gründe dafür anzugeben.

13.2.1. A statement that the historical financial information has been audited. If audit reports on the historical financial information have been refused by the statutory auditors or if they contain qualifications or disclaimers, such refusal or such qualifications or disclaimers must be reproduced in full and the reasons given.

13.2.2. Angabe sonstiger Informationen im Registrierungsformular, die von den Abschlussprüfern geprüft wurden.

13.2.2. Indication of other information in the registration document which has been audited by the auditors.

13.2.3. Wurden die Finanzdaten im Registrierungsformular nicht dem geprüften Jahresabschluss des Emittenten entnommen, so ist die Quelle dieser Daten anzugeben, und darauf hinzuweisen, dass die Daten ungeprüft sind.

13.2.3 Where financial data in the registration document is not extracted from the issuer's audited financial statements state the source of the data and state that the data is unaudited.

13.3. Zwischenfinanzinformationen und sonstige Finanzinformationen

13.3. Interim and other financial information

Hat der Emittent seit dem Datum des letzten geprüften Abschlusses viertel-

If the issuer has published quarterly or half yearly financial information since the

jährliche oder halbjährliche Finanzinformationen veröffentlicht, so ist eine entsprechende Erklärung in das Registrierungsformular aufzunehmen und anzugeben, wo diese Informationen erhältlich sind. Wurden diese vierteljährlichen oder halbjährlichen Finanzinformationen einer prüferischen Durchsicht oder Prüfung unterzogen, so sind die entsprechenden Vermerke ebenfalls aufzunehmen. Wurden die vierteljährlichen oder halbjährlichen Finanzinformationen keiner prüferischen Durchsicht oder Prüfung unterzogen, so ist dies anzugeben.

date of its last audited financial statements, a statement in that respect must be included in the registration document and where it can be obtained. If the quarterly or half yearly financial information has been reviewed or audited, the audit or review report must be included. If the quarterly or half yearly financial information is unaudited or has not been reviewed state that fact.

13.4. Gerichts- und Schiedsgerichtsverfahren

Angaben über etwaige staatliche Interventionen, Gerichts- oder Schiedsgerichtsverfahren (einschließlich derjenigen Verfahren, die nach Kenntnis des Emittenten noch anhängig sind oder eingeleitet werden könnten), die im Zeitraum der mindestens letzten 12 Monate stattfanden und die sich in jüngster Zeit erheblich auf die Finanzlage oder die Rentabilität des Emittenten und/oder der Gruppe ausgewirkt haben oder sich in Zukunft auswirken könnten. Ansonsten ist eine negative Erklärung abzugeben.

13.4. Legal and arbitration proceedings

Information on any governmental, legal or arbitration proceedings (including any such proceedings which are pending or threatened of which the issuer is aware), during a period covering at least the previous 12 months which may have, or have had in the recent past significant effects on the issuer and/or group's financial position or profitability, or provide an appropriate negative statement.

13.5. Bedeutende Veränderungen in der Finanzlage oder der Handelsposition des Emittenten

Beschreibung jeder bedeutenden Veränderung in der Finanzlage oder der Handelsposition der Gruppe, die seit dem Ende des letzten Geschäftsjahres eingetreten ist, für das entweder geprüfte Finanzinformationen oder Zwischenfinanzinformationen veröffentlicht wurden. Ansonsten ist eine negative Erklärung abzugeben.

13.5. Significant change in the issuer's financial or trading position

A description of any significant change in the financial or trading position of the group which has occurred since the end of the last financial period for which either audited financial information or interim financial information have been published, or provide an appropriate negative statement.

14. Zusätzliche Angaben

15. Wesentliche Verträge

14. Additional Information

15. Material Contracts

16. Angaben von Seiten Dritter, Erklärungen von Seiten Sachverständiger und Interessenerklärungen	16. Third Party Information and Statement by Experts and Declarations of any Interest
17. Einsehbare Dokumente	17. Documents On Display

Inhalt

I. Einleitung

Die Anh. XXVI und XXVII EU-ProspV wurden eingeführt, um der Größe der **1** Emittenten Rechnung zu tragen, insbesondere bei kleinen und mittleren Unternehmen mit geringer Marktkapitalisierung.[2] Diese Emittenten können zwischen den verhältnismäßigen Anforderungen und den vollen Angabepflichten wählen.[3] Zugleich entsprechen diese Anhänge der gleichen Systematik wie die entsprechenden Anh. IV und IX EU-ProspV für die vollen Angabepflichten. Dieser Anh. XXVI EU-ProspV umfasst gegenüber dem Anh. XXVII EU-ProspV die höheren Anforderungen, was, entsprechend den Anh. IV und IX EU-ProspV, damit begründet werden kann, dass es sich hier um Angaben handelt, die auch für andere als qualifizierte Anleger verwendet werden. Bei diesen kann jedoch nicht unterstellt werden, dass sie sich ausreichende Kenntnisse über Emittent und Emission auch ohne Prospekt verschaffen können.[4]

---

2 Delegierte VO (EU) 486/2012, ABl. der EU 2012, L 150/1, L 150/2.
3 Erwg. 13, Delegierte VO (EU) 486/2012, ABl. EU 2012, L 150/1, L 150/2.
4 Vgl. *Heidelbach/Preuße*, BKR 2006, 316, 319 zu den vollen Angabepflichten.

Das verhältnismäßige Schema XXVI EU-ProspV deckt sich in weiten Teilen mit Anh. IV EU-ProspV, denn es sind die Unterpunkte gemäß Anh. IV der Verordnung (EG) Nr. 809/2004 zu verwenden.[5] Eine Ausnahme gilt lediglich für die unter Punkt 13 geforderten Angaben.[6] Aufgrund der Wahlmöglichkeit zwischen diesem Anhang und den Anhängen mit den vollen Angabepflichten, besteht auch weiterhin die Möglichkeit eventuellen höheren Anforderungen aus Marktsicht entsprechen zu können. Sofern der Emittent ein Kreditinstitut ist, gilt als verhältnismäßiges Schema Anh. XXIX EU-ProspV, auf dessen Kommentierung verwiesen wird.

II. Haftende Personen, Ziff. 1.

2 Inhaltlich wird auf die Kommentierung zu Ziff. 1. Anh. IV EU-ProspV verwiesen.

III. Abschlussprüfer, Ziff. 2.

3 Der im Registrierungsformular gem. Anh. XXVI Ziff. 2. EU-ProspV zu nennende Abschlussprüfer kann eine natürliche oder eine juristische Person sein. In der Regel wird es sich um eine Prüfungsgesellschaft handeln, die mit ihrer Adresse zu nennen ist. Zu Fragen der anzugebenden Adresse, Mitgliedschaft in einer Berufsvereinigung und Offenlegung der Einzelheiten für eine Abberufung, nicht Wiederbestellung oder Niederlegung des Mandats wird auf die Kommentierung von Anh. IV Ziff. 2. EU-ProspV verwiesen.

IV. Ausgewählte Finanzinformationen, Ziff. 3.

4 Diese Angabe wird hier zusätzlich zu den Anforderungen in Anh. XXVII EU-ProspV verlangt. Anleger sollen sich unmittelbar aus dem Prospekt auch ein Bild über die Finanzlage machen können, ohne ggf. weiter Dokumente einsehen zu müssen. Ergänzend ist hierzu Anh. XXVI Ziff. 13. EU-ProspV zu sehen. Im Übrigen wird auf die Konmentierung zu Anh. IV Ziff. 3. EU-ProspV verwiesen.

V. Risikofaktoren, Ziff. 4.

5 Inhaltlich wird auf die Kommentierung zu Anh. IV Ziff. 4. verwiesen.

VI. Angaben über den Emittenten, Ziff. 5.

6 Inhaltlich wird auf die Kommentierung zu Anh. IV Ziff. 5. verwiesen.

---

5 Fn 1, Delegierte VO (EU) 486/2012, ABl. EU 2012, L 150/1, L 150/53.
6 Fn 1, Delegierte VO (EU) 486/2012, ABl. EU 2012, L 150/1, L 150/53.

VII. Überblick über die Geschäftstätigkeit, Ziff. 6.

Inhaltlich wird auf die Kommentierung zu Anh. IV Ziff. 6. EU-ProspV verwiesen.

7

VIII. Organisationsstruktur, Ziff. 7.

In diesem wird die Darstellung des Emittenten unter Konzern-/Gruppenaspekten verlangt. Für Einzelheiten wird auf die Kommentierung zu Anh. IV Ziff. 7. EU-ProspV verwiesen.

8

IX. Trendinformationen, Ziff. 8.

Inhaltlich wird auf Anh. IV Ziff. 8. EU-ProspV verwiesen.

9

X. Gewinnprognosen- oder -schätzungen, Ziff. 9.

Die Änderungen, die durch DELEGIERTE VERORDNUNG (EU) Nr. 862/ 2012 DER KOMMISSION vom 04.06.2012 zur Änderung der Verordnung (EG) Nr. 809/2004 in Bezug auf die Zustimmung zur Verwendung des Prospekts, die Informationen über Basisindizes und die Anforderungen eines von unabhängigen Buchprüfern oder Abschlussprüfern erstellten Berichts zu diesem Punkt vorgenommen wurden, entsprechen inhaltlich den Änderungen zu Anh. IV Ziff. 9. EU-ProspV, so dass auf dessen Kommentierung verwiesen wird.

10

XI. Verwaltungs-, Leitungs- und Aufsichtsorgan, Ziff. 10.

Inhaltlich wird auf die Kommentierung zu Anh. IV Ziff. 10. EU-ProspV verwiesen.

11

XII. Praktiken des Leitungsorgans, Ziff. 11.

Inhaltlich wird auf Anh. IV Ziff. 11. EU-ProspV verwiesen.

12

XIII. Hauptaktionäre, Ziff. 12.

Inhaltlich wird auf Anh. IV Ziff. 12. EU-ProspV verwiesen.

13

XIV. Finanzinformationen, Ziff. 13.

Obwohl die Informationen gemäß Anh. XXVI EU-ProspV auch für nicht qualifizierte Anleger geeignet sein sollen, sind formal relativ große Erleichterun-

14

gen im Bereich der Finanzausweise im Vergleich zu Anh. IV EU-PropV vorgesehen. Sie ist deckungsgleich mit der Regelung gemäß Anh. XXVII Ziff. 11. So muss lediglich eine Erklärung abgegeben werden, dass historische Finanzinformationen für das letzte Geschäftsjahr vorliegen. Falls der Emittent über einen kürzeren Zeitraum tätig war, ist entsprechend dieses Zeitraums zu berichten. Damit ist ein Abschluss über ein Rumpfgeschäftsjahr ausreichend. Voraussetzung ist, dass dieser Abschluss entweder der IAS-Verordnung genügt, oder – falls der Emittent nicht der IAS-Verordnung unterliegt – gemäß den nationalen Standards. Darüber hinaus muss angegeben werden, wo die Abschlüsse genau erhältlich sind. Dabei kann es sich sowohl um Einzel- als auch um Konzernabschlüsse handeln. Auch wenn grundsätzlich diese Erklärung ausreicht, ist gemäß Anh. XXVI Ziff. 13. Satz 2 der Bestätigungsvermerk beizufügen. Damit wird klargestellt, dass es sich in jedem Fall um geprüfte Abschlüsse handeln muss. Eine vergleichbare Regelung ist entsprechend für Aktien gemäß Anh. XXV Ziff. 20. vorgesehen.[7]

Viele Abschlussprüfer befürworten jedoch den Abdruck des Bestätigungsvermerks nur im Zusammenhang mit dem Abdruck des gesamten Abschlusses, auf den sich der Vermerk bezieht. Damit wird diese Erleichterung wohl kaum praktische Bedeutung erlangen. Darüber hinaus besteht der Aufwand für das zu erstellende Unternehmen wohl weniger im Abdruck eines vorhandenen Abschlusses, sondern vielmehr in der Erstellung neuer Abschlüsse. Auch deswegen stellt diese Neuerung kaum eine echte Erleichterung für Unternehmen dar. Aus finanzmarkttheoretischer Sicht ist der Informationsbedarf für Anleger bei kleineren und damit potenziell illiquideren Werten besonders hoch. Daher mag es nicht überzeugen, warum gerade bei solchen Werten auf den Abdruck der Finanzausweise verzichtet werden kann. Wenn es einem Anleger grundsätzlich zumutbar wäre, sich die Finanzinformationen an anderer Stelle zu besorgen, müsste dies auch für Anleger von Wertpapieren größerer Emittenten zumutbar sein.

Emittenten aus Drittstaaten haben zusätzlich zu erklären, ob die Finanzinformationen der IAS-Verordnung entsprechen oder mit diesen Standards gleichwertig sind.[8] Etwas missverständlich fordert Anh. XXVI Ziff. 13. Satz 4 EU-ProspV, dass bei keiner Gleichwertigkeit eine Erklärung abzugeben ist, dass für die Finanzinformationen ein neuer Abschluss erstellt wurde und Informationen aufzunehmen sind, wo dieser erhältlich ist. Dies kann aber wohl kaum bedeuten, dass ein Abschluss gemäß der IAS-Verordnung zu erstellen wäre.

15 Anh. XXVI Ziff. 13.2. EU-ProspV regelt Informationspflichten zur Prüfung der historischen jährlichen Finanzinformationen. Grundsätzlich ist eine Erklärung aufzunehmen, dass diese Finanzinformationen geprüft wurden. Auch müssen Vorbehalte, Einschränkungen oder Ablehnungen im Rahmen der Prüfung historischer Finanzinformationen wörtlich abgedruckt und darüber hinaus die Gründe hierfür angebeben werden.[9] Sind andere Angaben

---

7 Vgl. hierzu ausführlich die Komm. zu Anh. XXV Ziff. 20., Rn. 21 ff.
8 Zur Interpretation der Gleichwertigkeit siehe die Komm. zu Anh. I Ziff. 20., Rn. 104 ff.
9 Zu Formen der Bestätigungsvermerke siehe die Komm. zu Anh. I Ziff. 20., Rn. 163 ff.

im Prospekt vom Abschlussprüfer geprüft worden, ist dies anzugeben. Sind umgekehrt bestimmte Finanzdaten im Registrierungsformular nicht geprüft, so ist die Quelle anzugeben und explizit darauf zu verweisen, dass diese Informationen ungeprüft sind.

Emittenten von Schuldtiteln und derivativen Wertpapieren unterliegen nicht   16 notwendigerweise einer Zwischenabschlusspflicht. Gemäß Anh. XXVI Ziff. 13.3. EU-ProspV ist aber eine Erklärung in den Prospekt aufzunehmen, falls vierteljährliche oder halbjährliche Finanzinformationen vorliegen und wo diese erhältlich sind. Auch ist darüber zu informieren, ob diese geprüft oder einer prüferischen Durchsicht unterzogen wurden. In diesen Fällen sind die entpsrechende Vermerke abzudrucken. Ansonsten ist eine Negativerklärung aufzunehmen.

Zu Angaben über Gerichts- und Schiedsgerichtsverfahren gemäß Anh. XXVI   17 Ziff. 13.4. EU ProspV wird auf die Kommentierung zu Anh. IV Ziff. 13.6. EU-ProsV verwiesen.

Zu Angaben über Bedeutende Veränderungen in der Finanzlage oder der   18 Handelsposition des Emittenten gemäß Anh. XXVI Ziff. 13.5. EU-ProspV wird auf die Kommentierung zu Anh. IV Ziff. 13.7. EU ProsV verwiesen.

XV. Zusätzliche Angaben, Ziff. 14.

Inhaltlich wird auf die Kommentierung zu Anh. IV, Ziff. 14. EU-ProspV ver-   19 wiesen.

XVI. Wesentliche Verträge, Ziff. 15.

Verträge, die im unmittelbaren Zusammenhang zu den konkreten Wertpa-   20 pieren stehen, auf die sich der Prospekt bezieht, werden nicht unter diesem Anh. XXVI Ziff. 15. EU-ProspV, sondern sind im Rahmen der Wertpapierbeschreibung dargestellt. Unter diesen Anh. XXVI Ziff. 15. EU-ProspV fallen nur Verträge, die allgemein für alle Wertpapiere eines Emittenten von Bedeutung sind. Das sind Verträge, die auf die Zahlungsfähigkeit bzw. die Bonität des Emittenten Einfluss haben, wie z. B. Gewinnabführungs- oder Garantieverträge, sofern diese nicht bereits im Rahmen von Anh. XXVI Ziff. 12. EU-ProspV genannt wurden. Im übrigen wird auf die Kommentierung zu Anh. IV, Ziff. 15. EU-ProspV verwiesen.

XVII. Angaben von Seiten Dritter, Erklärungen von Seiten Sachverständiger und Interessenerklärungen, Ziff. 16.

Diese Anforderungen sind weitgehend selbsterklärend.   21

Inhaltlich wird auf die Kommentierung Anh. IV, Ziff. 16. EU-ProspV sowie die ausführliche Kommentierung zu Anh. I EU-ProspV verwiesen.

XVIII. Einsehbare Dokumente, Ziff. 17.

22 Der Anleger soll darüber informiert werden, wo er die Unterlagen, auf die er im Prospekt Bezug nimmt, einsehen bzw. erhalten kann. Viele Emittenten nutzen die Möglichkeit, den Anlegern diese Dokumente über das Internet auf ihrer Homepage zur Verfügung zu stellen.

ANHANG XXVII	ANNEX XXVII
Mindestangaben für das Regis-trierungsformular für Schuldtitel und derivative Wertpapiere (100 000 EUR) von KMU und Unternehmen mit geringer Marktkapitalisierung (verhältnis-mäßiges Schema)[1]	Proportionate Schedule for Minimum Disclosure Requirements for the Debt and Drivative Secutities ≥ 100 000 EUR Registration Document for SMEs and companies with reduced market capitalisation (schedule)[1]

1.	**Haftende Personen**	1.	Persons Responsible2.#nStatutory Auditors
2.	**Abschlussprüfer**	2.	Statutory Auditors
3.	**Risikofaktoren**	3.	Risk Factors
4.	**Angaben über den Emittenten**	4.	Information about the Issuer
5.	**Überblick über die Geschäftstätig-keit**	5.	Business Overview
6.	**Organisationsstruktur**	6.	Organisational Structure
7.	**Trendinformationen**	7.	Trend Information
8.	**Gewinnprognosen oder -schätzun-gen**	8.	Profit Forecasts or Estimates
9.	**Verwaltungs-, Geschäftsführungs- und Aufsichtsorgane**	9.	Administrative, Management, and Supervisory Bodies
10.	**Hauptaktionäre**	10.	Major Shareholders
11.	**Finanzinformationen über die Ver-mögens-, Finanz- und Ertragslage des Emittenten**	11.	Financial Information concerning the Issuer's Assets and Liabilities, Financial Position and Profits and Losses

11.1. Historische Finanzinformationen

11.1. Historical Financial Information

Bei Emittenten aus der Europäischen Union ist eine Erklärung abzugeben, dass geprüfte historische Finanzinfor-mationen für das letzte Geschäftsjahr (bzw. einen entsprechenden kürzeren Zeitraum, in dem der Emittent tätig war), gemäß der Verordnung (EG) Nr. 1606/2002 (bzw. sofern die Verord-nung nicht anwendbar ist, gemäß den nationalen Rechnungslegungsgrundsät-zen eines Mitgliedstaats) erstellt wur-den, und anzugeben, wo die eigenen

A statement that audited historical finan-cial information covering the latest finan-cial year (or such shorter period that the issuer has been in operation), have been prepared according to Regulation (EC) No 1606/2002, or if not applicable to a Member's State national accounting stan-dards for issuers from the European Union, and where own and consolifdated financial statements as the case may be can be obtained.

---

1 Unterpunkte gemäß Annex IX der Ver-ordnung (EG) Nr. 809/2004 der Kommis-sion, mit Ausnahme der Änderungen unter Punkt 11 (Finanzinformationen).

1 Sub-items as in Annex IX of Commis-sion regulation (EC) No 809/2004, ex-cept the amendment in item 11 (Finan-cial Information)

bzw. konsolidierten Abschlüsse erhältlich sind.

Der Bestätigungsvermerk ist beizufügen.

The audit report mus be included.

Bei Emittenten aus Drittstaaten ist eine
Erklärung abzugeben, dass diese Finanzinformationen nach den im Verfahren
des Artikels 3 der Verordnung (EG)
Nr. 1606/2002 übernommenen internationalen Rechnungslegungsstandards oder
nach diesen Standards gleichwertigen
nationalen Rechnungslegungsgrundsätzen eines Drittstaates erstellt wurden,
und anzugeben, wo diese Informationen
erhältlich sind. Ist keine Gleichwertigkeit mit den Standards gegeben, so ist
ein Erklärung abzugeben, dass für die Finanzinformationen ein neuer Abschluss
erstellt wurde, und anzugeben, wo dieser
erhältlich ist.

For third country issuers, a statement that
such financial information have been
prepared and audited according to the
international accounting standards adopted pursuant to the procedure of Article 3 of Regulation (EC) No 1606/2002 or
to a third country's national accounting
standards equivalent to these standards,
and where it can be obtained.

If such financial information is not equivalent to these standards, a statement that
it has been prepared in the form of restated financial statements, and where it
can be obtained.

**11.2. Prüfung der historischen jährlichen
Finanzinformationen**

11.2. Auditing of historical annual financial information

**11.2.1. Es ist eine Erklärung abzugeben,
dass die historischen Finanzinformationen geprüft wurden. Sofern Bestätigungsvermerke über die historischen Finanzinformationen von den Abschlussprüfern abgelehnt wurden, bzw. sofern
sie Vorbehalte enthalten oder eingeschränkt erteilt wurden, sind diese Ablehnung bzw. diese Vorbehalte oder die
eingeschränkte Erteilung in vollem Umfang wiederzugeben und die Gründe dafür anzugeben.**

11.2.1. A statement that the historical financial information has been audited. If
audit reports on the historical financial
information have been refused by the
statutory auditors or if they contain qualifications or disclaimers, such refusal or
such qualifications or disclaimers must
be reproduced in full and the reasons
given.

**11.2.2. Angabe sonstiger Informationen
im Registrierungsformular, das von den
Abschlussprüfern geprüft wurde.**

11.2.2. Indication of other information in
the registration document which has
been audited by the auditors.

**11.2.3. Wurden die Finanzdaten im Re-
gistrierungsformular nicht dem geprüften Abschluss des Emittenten entnommen, so sind die Quelle dieser Daten anzugeben, und darauf hinzuweisen, dass
die Daten ungeprüft sind.**

11.2.3. Where financial data in the registration document is not extracted from
the issuer's audited financial statements
state the source of the data and state that
the data is unaudited.

**11.3. Zwischenfinanzinformationen und
sonstige Finanzinformationen**

11.3. interim and other financial information

**Hat der Emittent seit dem Datum des
letzten geprüften Abschlusses vierteljährliche oder halbjährliche Finanzin-**

If the issuer has published quarterly or
half yearly financial information since the
date of its last audited financial state-

Glismann

formationen veröffentlicht, so ist eine entsprechende Erklärung in das Registrierungsformular aufzunehmen und anzugeben, wo diese Informationen erhältlich sind. Wurden diese vierteljährlichen oder halbjährlichen Finanzinformationen einer prüferischen Durchsicht oder Prüfung unterzogen, so sind die entsprechenden Vermerke ebenfalls aufzunehmen. Wurden die vierteljährlichen oder halbjährlichen Finanzinformationen keiner prüferischen Durchsicht oder Prüfung unterzogen, so ist dies anzugeben.

ments, a statement in that respect must bei included in the registration document and where it can be obtained. If the quarterly or half yearly financial information has been reviewed or autdited, the audit or review report must be included. If the quartely or half yearly financial information is unaudited or has not been reviewed sate that fact.

11.4. Gerichts- und Schiedsgerichtsverfahren

Angaben über etwaige staatliche Interventionen, Gerichts- oder Schiedsgerichtsverfahren (einschließlich derjenigen Verfahren, die nach Kenntnis des Emittenten noch anhängig sind oder eingeleitet werden könnten), die im Zeitraum der mindestens letzten 12 Monate bestanden/abgeschlossen wurden, und die sich erheblich auf die Finanzlage oder die Rentabilität des Emittenten und/oder der Gruppe auswirken bzw. in jüngster Zeit ausgewirkt haben. Ansonsten ist eine negative Erklärung abzugeben.

11.4. Legal and arbitration proceedings

Information on any governmental, legal or arbitration proceedings (including any such proceedings which are pending or threatened of which the issuer is aware), during a period covering at least the previous 12 months which may have, or have had in the recent past, significant effects on the issuer and/or group's financial position or profitability, or provide an appropriate negative statement.

11.5. Bedeutende Veränderungen in der Finanzlage oder der Handelsposition des Emittenten

Beschreibung jeder bedeutenden Veränderung in der Finanzlage oder der Handelsposition der Gruppe, die seit dem Ende des letzten Geschäftsjahres eingetreten ist, für das entweder geprüfte Finanzinformationen oder Zwischenfinanzinformationen veröffentlicht wurden. Ansonsten ist eine negative Erklärung abzugeben.

11.5. Significant change in the issuer's financial or trading position

A description of any significant change in the financial or trading position of the group which has occurred since the end of the last financial period for which either audited financial information or interim financial information have been published, or provide an appropriate negative statement.

12. Wesentliche Verträge

13. Angaben von Seiten Dritter, Erklärungen von Seiten Sachverständiger und Interessenerklärungen

14. Einsehbare Dokumente

12. Material Contracts

13. Third Party Information and Statement by Experts and Declarations of any Interest

14. Documents on Display

Inhalt

I. Einleitung

1 Die Anhänge XXVI und XXVII wurden eingeführt, um der Größe der Emittenten Rechnung zu tragen, insbesondere bei kleinen und mittleren Unternehmen mit geringer Marktkapitalisierung.[2] Diese Emittenten können zwischen den verhältnismäßigen Anforderungen und den vollen Angabepflichten wählen.[3] Zugleich entsprechen diese Anhänge der gleichen Systematik wie die entsprechenden Anhänge für die vollen Angabepflichten. So enthält dieser Anh. XXVII EU-ProspV gegenüber dem Anh. XXVI EU-ProspV Erleichterungen, die damit begründet werden können, dass bei einer Mindeststückelung von 100.000 Euro auch hier unterstellt werden kann, dass Käufer nur qualifizierte Anleger sind, die sich ausreichende Kenntnisse über Emittent und Emission auch ohne Prospekt verschaffen können.[4]

Aufgrund der Wahlmöglichkeit zwischen diesem Anhang und den Anhängen mit den vollen Angabepflichten, besteht auch weiterhin die Möglichkeit, eventuellen höheren Anforderungen aus Marktsicht entsprechen zu können. Sofern der Emittent ein Kreditinstitut ist, gilt als verhältnismäßiges Schema Anh. XXIX, auf dessen Kommentierung verwiesen wird.

2 Das verhältnismäßige Schema XXVI EU-ProspV deckt sich in weiten Teilen mit Anh. IX EU-ProspV, denn es sind die Unterpunkte gemäß Anh. IX der Verordnung (EG) Nr. 809/2004 zu verwenden[5], auf dessen Kommentierung verwiesen wird. Eine Ausnahme gilt lediglich für die unter Punkt 11 geforderten Angaben.[6] Für Prospekte, die nach Anhang XXVII erstellt werden,

---

2 Delegierte VO (EU) 486/2012, ABl. der EU 2012, L 150/1, L 150/2 Erwg. 13.
3 Delegierte VO (EU) 486/2012, ABl. der EU 2012, L 150/1, L 150/2 Erwg. 13.
4 Vgl. *Heidelbach/Preuße*, BKR 2006, 316, 319 zu den vollen Angabepflichten.
5 Fn 1, Delegierte VO (EU) 486/2012, ABl. EU 2012, L 150/1, L 150/53.
6 Fn 1, Delegierte VO (EU) 486/2012, ABl. EU 2012, L 150/1, L 150/53.

sind folgende Angaben, die in Anhang XXVI verlangt werden, nicht erforderlich:

– Angaben zu ausgewählten Finanzinformationen (Anh. XXVI, Ziff. 3.)
– Praktiken des Leitungsorgans (Anh. XXVI, Ziff. 11.)
– zusätzliche Angaben (Anh. XXVI, Ziff. 14.).

II. Haftende Person, Ziff. 1.

Inhaltlich wird auf die Kommentierung zu Anh. IX Ziff. 1. EU-ProspV verwiesen. 3

III. Abschlussprüfer, Ziff. 2.

Wie bereits in Ziff. 2. des Anhhang IX dargelegt, kann der zu nennende Abschlussprüfer auch nach dem Registrierungsformular gem. Anh. XXVII Ziff. 2. EU-ProspV eine natürliche oder eine juristische Person sein. In der Regel wird es sich um eine Prüfungsgesellschaft handeln, die mit ihrer Adresse zu nennen ist. 4

Zu Fragen der anzugebenden Adresse, Mitgliedschaft in einer Berufsvereinigung und Offenlegung der Einzelheiten für eine Abberufung, nicht Wiederbestellung oder Niederlegung des Mandats wird auf die Kommentierung von Anh. IV Ziff. 2. EU-ProspV verwiesen.

IV. Risikofaktoren, Ziff. 3.

Inhaltlich wird auf die Kommentierung zu Anh. IX Ziff. 3. EU-ProspV verwiesen. 5

V. Angaben zum Emittenten, Ziff. 4.

Inhaltlich wird auf die Kommentierung zu Anh. IX Ziff. 4. EU-ProspV verwiesen. 6

VI. Überblick über die Geschäftätigkeit, Ziff. 5.

Inhaltlich wird auf die Kommentierung zu Anh. IX Ziff. 5. EU-ProspV verwiesen. 7

VII. Organisationsstruktur, Ziff. 6.

In diesem wird die Darstellung des Emittenten unter Konzern-/Gruppenaspekten verlangt. Für Einzelheiten wird auf die Kommentierung über Anh. IX Ziff. 6. auf Anh. IV Ziff. 7. EU-ProspV verwiesen. 8

VIII. Trendinformationen, Ziff. 7.

9   Inhaltlich wird auf Anh. IX Ziff. 7. in Verbindung mit Anh. IV Ziff. 8. EU-ProspV verwiesen.

IX. Gewinnprognosen- oder -schätzungen, Ziff. 8.

10   Inhaltlich wird auf die Kommentierung zu Anh. IX Ziff. 8. EU-ProspV verwiesen.

X. Verwaltungs-, Leitungs- und Aufsichtsorgan, Ziff. 9.

11   Inhaltlich wird über Anh. IX Ziff. 9. auf die Kommentierung zu Anh. IV Ziff. 10. EU-ProspV verwiesen.

XI. Hauptaktionäre, Ziff. 10.

12   Inhaltlich wird auf Anh. IX Ziff. 10. EU-ProspV verwiesen.

XII. Finanzinformationen über die Vermögens-, Finanz- und Ertragslage des Emittenten, Ziff. 11.

13   Anh. XXVII Ziff. 11. EU-ProspV sieht hinsichtlich der Erstellung und Veröffentlichung von Finanzausweisen formal wesentliche Erleichterungen gegenüber Anh. IX Ziff. 11. EU-ProspV vor. So muss lediglich eine Erklärung abgegeben werden, dass historische Finanzinformationen für das letzte Geschäftsjahr vorliegen. Eine vergleichbare Regelung ist entsprechend für Aktien gemäß Anh. XXV Ziff. 20. vorgesehen.[7] Falls der Emittent über einen kürzeren Zeitraum tätig war, ist entsprechend dieses Zeitraums zu berichten. Damit ist ein Abschluss über ein Rumpfgeschäftsjahr ausreichend. Voraussetzung ist, dass dieser Abschluss entweder der IAS-Verordnung genügt, oder – falls der Emittent nicht der IAS-Verordnung unterliegt – gemäß den nationalen Standards. Darüber hinaus muss angegeben werden, wo die Abschlüsse genau erhältlich sind. Dabei kann es sich sowohl um Einzel-, als auch um Konzernabschlüsse handeln. Auch wenn grundsätzlich diese Erklärung ausreicht, ist gemäß Anh. XXVII Ziff. 11. Satz 2 der Bestätigungsvermerk beizufügen. Damit wird klargestellt, dass es sich in jedem Fall um geprüfte Abschlüsse handeln muss. Viele Abschlussprüfer befürworten jedoch den Abdruck des Bestätigungsvermerks nur im Zusammenhang mit dem Abdruck des gesamten Abschlusses, auf den sich der Vermerk bezieht. Damit wird diese Erleichterung wohl kaum praktische Bedeutung erlangen.[8] Emittenten aus Drittstaaten haben zusätzlich zu erklären, ob die Finanzinforma-

---

7   Vgl. hierzu ausführlich die Komm. zu Anh. XXV Ziff. 20., Rn. 21 ff.
8   Siehe auch die Anm. zu Anh. XXVI Ziff. 13. EU-ProspV, Rn. 15.

tionen der IAS-Verordnung entsprechen oder mit diesen Standards gleichwertig sind.[9] Etwas missverständlich fordert Anh. XXVII Ziff. 11. Satz 4 EU-ProspV, dass bei keiner Gleichwertigkeit eine Erklärung abzugeben ist, dass für die Finanzinformationen ein neuer Abschluss erstellt wurde und Informationen aufzunehmen sind, wo dieser erhältlich ist. Dies kann aber wohl kaum bedeuten, dass ein Abschluss gemäß der IAS-Verordnung zu erstellen wäre.

Anh. XXVII Ziff. 11.2. EU-ProspV regelt Informationspflichten zur Prüfung *14* der historischen jährlichen Finanzinformationen. Grundsätzlich ist eine Erklärung aufzunehmen, dass diese Finanzinformationen geprüft wurden. Auch müssen Vorbehalte, Einschränkungen oder Ablehnungen im Rahmen der Prüfung historischer Finanzinformationen wörtlich abgedruckt und darüber hinaus die Gründe hierfür angebeben werden.[10] Sind andere Angaben im Prospekt vom Abschlussprüfer geprüft worden, ist dies anzugeben. Sind umgekehrt bestimmte Finanzdaten im Registrierungsformular nicht geprüft, so ist die Quelle anzugeben und explizit darauf zu verweisen, dass diese Informationen ungeprüft sind.

Emittenten von Schuldtiteln und derivativen Wertpapieren mit einer Min- *15* deststückelung von 100.000 Euro unterliegen keiner Zwischenabschlusspflicht. Gemäß Anh. XXVII Ziff. 11.3. EU-ProspV ist aber eine Erklärung in den Prospekt aufzunehmen, falls vierteljährliche oder halbjährliche Finanzinformationen vorliegen und wo diese erhältlich sind. Auch ist darüber zu informieren, ob diese geprüft oder einer prüferischen Durchsicht unterzogen wurden. In diesen Fällen sind die entpsrechende Vermerke abzudrucken. Ansonsten ist eine Negativerklärung aufzunehmen.

Zu Angaben über Gerichts- und Schiedsgerichtsverfahren gemäß *16* Anh. XXVII Ziff. 11.4. EU-ProspV wird auf die Kommentierung zu Anh. IX Ziff. 11.5. EU-ProsV verwiesen.

Zu Angaben über Bedeutende Veränderungen in der Finanzlage oder der *17* Handelsposition des Emittenten gemäß Anh. XXVII Ziff. 11.5 EU-ProspV wird auf die Kommentierung zu Anh. IX Ziff. 11.6. EU ProsV verwiesen.

XIII. Wesentliche Verträge, Ziff. 12.

Inhaltlich wird auf die Kommentierung zu Anh. IX Ziff. 12. EU-ProspV ver- *18* wiesen.

---

9 Zur Interpretation der Gleichwertigkeit siehe die Komm. zu Anh. I Ziff. 20, Rn. 104 ff.
10 Zu Formen der Bestätigungsvermerke siehe die Komm. zu Anh. I Ziff. 20, Rn. 163 ff.

XIV. Angaben von Seiten Dritter, Erklärungen von Seiten Sachverständiger und Interessenerklärungen, Ziff. 13.

19 Diese Anforderungen sind weitgehend selbsterklärend.

Inhaltlich wird auf die Kommentierung zu Anh. IX, Ziff. 13. EU-ProspV sowie die ausführliche Kommentierung zu Anh. I EU-ProspV verwiesen.

XV. Einsehbare Dokumente, Ziff. 14

20 Wie bei Anh. IX Ziff. 14. EU-ProspV soll der Anleger darüber informiert werden, wo er die Unterlagen, auf die im Prospekt Bezug genommen wird, einsehen bzw. erhalten kann. Viele Emittenten nutzen die Möglichkeit, den Anlegern diese Dokumente über das Internet auf ihrer Homepage zur Verfügung zu stellen.

ANHANG XXVIII EU-PROSPV
Mindestangaben für Aktienzertifi-kate von KMU und Unternehmen mit geringer Marktkapitalisierung (verhältnismäßiges Schema)[1]

ANNEX XXVIII
Proportionate Schedule for Minimum Disclosure Requirements for the Depositary Receipts issued over shares for SMEs and companies with reduced market capitalisation[1]
(1)

1. **Haftende Personen**

1.1. Alle Personen, die für die Angaben im Registrierungsformular bzw. für bestimmte Teile des Registrierungsformu-lars haften. Im letzteren Fall sind die entsprechenden Teile anzugeben. Handelt es sich dabei um natürliche Personen, zu denen auch Mitglieder des Verwaltungs-, Leitungs- oder Aufsichtsorgans des Emittenten gehören, sind Name und Funktion dieser Person zu nennen. Bei juristischen Personen sind Name und eingetragener Sitz der Gesellschaft anzugeben.

1.2. Erklärung der für das Registrie-rungsformular haftenden Personen, dass die Angaben im Registrierungsformular ihres Wissens richtig sind und keine Auslassungen beinhalten, die die Aussage des Registrierungsformulars verzerren könnten, und dass sie die erforderliche Sorgfalt haben walten lassen, um dies sicherzustellen. Ggf. Erklärung der für bestimmte Teile des Registrie-rungsformulars haftenden Personen, dass die Angaben in dem Teil des Registrierungsformulars, für den sie haften, ihres Wissens richtig sind und keine Auslassungen beinhalten, die die Aussage des Registrierungsformulars verzerren könnten, und dass sie die erforderliche Sorgfalt haben walten lassen, um dies sicherzustellen.

1. Persons Responsible

1.1. All persons responsible for the information given in the Registration Document and, as the case may be, for certain parts of it, with, in the latter case, an indication of such parts. In the case of natural persons including members of the issuer's administrative, management or supervisory bodies indicate the name and function of the person; in case of legal persons indicate the name and registered office.

1.2. A declaration by those responsible for the registration document that, having taken all reasonable care to ensure that such is the case, the information contained in the registration document is, to the best of their knowledge, in accordance with the facts and contains no omission likely to affect its import. As the case may be, a declaration by those responsible for certain parts of the registration document that, having taken all reasonable care to ensure that such is the case, the information contained in the part of the registration document for which they are responsible is, to the best of their knowledge, in accordance with the facts and contains no omission likely to affect its import.

2. **Abschlussprüfer**

2.1. Name und Anschrift der Abschluss-prüfer des Emittenten, die für den von den historischen Finanzinformationen

2. Statutory Auditors

2.1. Names and addresses of the issuer's auditors for the period covered by the historical financial information (together

---

1 Unterpunkte der Punkte 26-32 gemäß Anhang X der VO (EG) Nr. 809/2004.

1 For Items 26-32, Sub-items as in Annex X of Regulation (EC) No 809/2004.

abgedeckten Zeitraum zuständig waren (einschließlich ihrer Mitgliedschaft in einer Berufsvereinigung).

with their membership in a professional body).

2.2. Wurden Abschlussprüfer während des von den historischen Finanzinformationen abgedeckten Zeitraums abberufen, nicht wieder bestellt oder haben sie ihr Mandat selbst niedergelegt, so sind entsprechende Einzelheiten anzugeben, wenn sie von wesentlicher Bedeutung sind.

2.2. If auditors have resigned, been removed or not been re-appointed during the period covered by the historical financial information, indicate details if material.

3. Ausgewählte Finanzinformationen

3. Selected Financial Information

3.1. Ausgewählte historische Finanzinformationen über den Emittenten sind für jedes Geschäftsjahr für den Zeitraum vorzulegen, auf den sich die historischen Finanzinformationen beziehen, sowie für jeden darauf folgenden Zwischenberichtszeitraum, und zwar in derselben Währung wie die Finanzinformationen.

3.1. Selected historical financial information regarding the issuer, presented for each financial year for the period covered by the historical financial information, and any subsequent interim financial period, in the same currency as the financial information.

Die ausgewählten historischen Finanzinformationen müssen Kennzahlen enthalten, anhand deren sich die Finanzlage des Emittenten beurteilen lässt.

The selected historical financial information must provide the key figures that summarise the financial condition of the issuer.

3.2. Werden ausgewählte Finanzinformationen für Zwischenzeiträume vorgelegt, so sind auch Vergleichsdaten für den gleichen Zeitraum des vorhergehenden Geschäftsjahres vorzulegen, es sei denn, die Anforderung der Beibringung vergleichbarer Bilanzinformationen wird durch die Vorlage der Bilanzdaten zum Jahresende erfüllt.

3.2. If selected financial information for interim periods is provided, comparative data from the same period in the prior financial year shall also be provided, except that the requirement for comparative balance sheet information is satisfied by presenting the year end balance sheet information.

4. Risikofaktoren

4. Risk Factors

Klare Angabe der Risikofaktoren, die für den Emittenten oder seine Branche charakteristisch sind, unter der Rubrik „Risikofaktoren".

Prominent disclosure of risk factors that are specific to the issuer or its industry in a section headed 'Risk Factors'.

5. Angaben Zum Emittenten

5. Information About The issuer

5.1. Geschichte und Entwicklung des Emittenten.

5.1. History and Development of the Issuer

5.1.1. Gesetzliche und kommerzielle Bezeichnung des Emittenten.

5.1.1. The legal and commercial name of the issuer;

5.1.2. Eintragungsort und -nummer.

5.1.2. The place of registration of the issuer and its registration number;

5.1.3. Datum der Gründung der Gesellschaft und Existenzdauer des Emittenten, soweit diese nicht unbefristet ist.

5.1.3. The date of incorporation and the length of life of the issuer, except where indefinite;

5.1.4. Sitz und Rechtsform des Emittenten; das für den Emittenten geltende Recht, Land der Gründung der Gesellschaft, Anschrift und Telefonnummer seines eingetragenen Sitzes (oder des Hauptorts der Geschäftstätigkeit, falls nicht mit dem eingetragenen Sitz identisch).

5.1.4. the domicile and legal form of the issuer, the legislation under which the issuer operates, its country of incorporation, and the address and telephone number of its registered office (or principal place of business if different from its registered office);

5.1.5. Wichtige Ereignisse in der Entwicklung der Geschäftstätigkeit des Emittenten.

5.1.5. the important events in the development of the issuer's business.

5.2. Investitionen

5.2. Investments

5.2.1. Beschreibung (einschließlich des Betrags) der wichtigsten Investitionen des Emittenten für jedes Geschäftsjahr, und zwar für den Zeitraum, auf den sich die historischen Finanzinformationen beziehen, bis zum Datum des Prospekts.

5.2.1. A description, (including the amount) of the issuer's principal investments for each financial year for the period covered by the historical financial information up to the date of the prospectus.

5.2.2. Beschreibung der wichtigsten laufenden Investitionen des Emittenten, einschließlich ihrer geografischen Verteilung (Inland und Ausland) und der Finanzierungsmethode (Eigen- oder Fremdfinanzierung).

5.2.2. A description of the issuer's principal investments that are currently in progress, including the distribution of these investments geographically (home and abroad) and the method of financing (internal or external);

5.2.3. „Angaben zu den wichtigsten künftigen Investitionen des Emittenten, die von seinen Leitungsorganen bereits fest beschlossen sind, und zu den voraussichtlichen Finanzierungsquellen zur Erfüllung dieser Verpflichtungen."

5.2.3. 'Information concerning the issuer's principal future investments on which its management bodies have already made firm commitments and the anticipated sources of funds needed to fulfil these commitments.'

6. Überblick über die geschäftstätigkeit

6. Business Overview

6.1. Haupttätigkeitsbereiche

6.1. Principal Activities

6.1.1. Kurze Beschreibung des Betriebs und der Haupttätigkeiten des Emittenten sowie etwaiger bedeutender Änderungen, die sich seit den beiden zuletzt veröffentlichten geprüften Jahresabschlüssen auf den Betrieb und die Haupttätigkeiten des Emittenten ausgewirkt haben, und Angaben zu neu eingeführten wesentlichen Produkten und Dienstleistungen sowie zum Stand der Entwicklung neuer Produkte oder Dienstleistungen,

6.1.1. A brief description of the issuer's operations and principal activities and of any significant changes impacting these operations and activities since latest two published audited financial statements, including an indication of any significant new products and services that have been introduced and, to the extent the development of new products or services has been publicly disclosed, the status of development.

soweit deren Entwicklung öffentlich bekanntgegeben wurde.

6.2. Wichtigste Märkte

Kurze Beschreibung der wichtigsten
Märkte, auf denen der Emittent tätig ist,
sowie etwaiger wesentlicher Änderungen auf diesen Märkten seit den beiden
zuletzt veröffentlichten Abschlüssen.

**6.3. Wurden die unter den Punkten 6.1
und 6.2 genannten Angaben durch außergewöhnliche Faktoren beeinflusst, so
ist dies anzugeben.**

**6.4. Kurze Darstellung, inwieweit der
Emittent von Patenten oder Lizenzen, In-
dustrie-, Handels- oder Finanzierungsverträgen oder neuen Herstellungsverfahren abhängig ist, wenn diese Faktoren
für die Geschäftstätigkeit oder die Rentabilität des Emittenten von wesentlicher
Bedeutung sind.**

**6.5. Grundlage für etwaige Angaben
des Emittenten zu seiner Wettbewerbsposition.**

7. Organisationsstruktur

**7.1. Ist der Emittent Teil einer Gruppe,
kurze Beschreibung der Gruppe und der
Stellung des Emittenten innerhalb dieser Gruppe.**

8. Sachanlagen

**8.1. Beschreibung etwaiger Umweltfra-
gen, die die Verwendung der Sachanlagen durch den Emittenten beeinflussen
könnten.**

**9. Angaben Zur Geschäfts- Und Fi-
  nanzlage**

Der Emittent muss folgende Angaben
machen, wenn die gemäß Artikel 46 der
Richtlinie 78/660/EWG und Artikel 36
der Richtlinie 83/349/EWG erstellten
und vorgelegten Lageberichte für die
Zeiträume, auf die sich die historischen
Finanzinformationen beziehen, nicht im
Prospekt enthalten oder diesem beigefügt sind:

6.2. Principal Markets

A brief description of the principal markets in which the issuer competes and of
any significant changes impacting these
markets since latest two published audited financial statements.

6.3. Where the information given pursuant to items 6.1. and 6.2. has been influenced by extraordinary factors, mention
that fact.

6.4. If material to the issuer's business or
profitability, summary information regarding the extent to which the issuer is
dependent, on patents or licenses, industrial, commercial or financial contracts or
new manufacturing processes.

6.5. The basis for any statements made
by the issuer regarding its competitive
position.

7. Organizational Structure

7.1. If the issuer is part of a group, a brief
description of the group and the issuer's
position within the group.

8. Property, Plants and equipment

8.1. A description of any environmental
issues that may affect the issuer's utilisation of the tangible fixed assets.

9. Operating and Financial Review

The issuer must disclose the following information if the Annual Reports, presented and prepared in accordance with
Article 46 of Directive 78/660/EEC and
Article 36 of Directive 83/349/EEC for
the periods covered by the historical financial information, are not included in
or annexed to the prospectus:

9.1. Finanzlage

Sofern nicht an anderer Stelle im Registrierungsformular vermerkt, Beschreibung der Finanzlage des Emittenten, der Veränderungen in der Finanzlage und der Geschäftsergebnisse für jedes Jahr und jeden Zwischenzeitraum, für den historische Finanzinformationen verlangt werden, einschließlich der Ursachen wesentlicher Veränderungen, die von einem Jahr zum anderen in den Finanzinformationen auftreten, sofern dies für das Verständnis der Geschäftstätigkeit des Emittenten insgesamt erforderlich ist.

9.1. Financial Condition

To the extent not covered elsewhere in the registration document, provide a description of the issuer's financial condition, changes in financial condition and results of operations for each year and interim period, for which historical financial information is required, including the causes of material changes from year to year in the financial information to the extent necessary for an understanding of the issuer's business as a whole.

9.2. Betriebsergebnisse

9.2.1. Angaben zu wichtigen Faktoren, einschließlich ungewöhnlicher oder seltener Vorfälle oder neuer Entwicklungen, die die Geschäftserträge des Emittenten wesentlich beeinträchtigen, und über das Ausmaß, in dem die Erträge auf diese Weise beeinflusst wurden.

9.2.2. Falls der Abschluss wesentliche Veränderungen bei den Nettoumsätzen oder den Nettoerträgen ausweist, sind die Gründe für diese Veränderungen in einer ausführlichen Erläuterung darzulegen.

9.2.3. Angaben zu staatlichen, wirtschaftlichen, steuerlichen, monetären oder politischen Strategien oder Faktoren, die die Geschäfte des Emittenten direkt oder indirekt wesentlich beeinträchtigt haben oder beeinträchtigen könnten.

9.2. Operating Results

9.2.1. Information regarding significant factors, including unusual or infrequent events or new developments, materially affecting the issuer's income from operations, indicating the extent to which income was so affected.

9.2.2. Where the financial statements disclose material changes in net sales or revenues, provide a narrative discussion of the reasons for such changes.

9.2.3. Information regarding any governmental, economic, fiscal, monetary or political policies or factors that have materially affected, or could materially affect, directly or indirectly, the issuer's operations.

10. Eigenkapitalausstattung

10.1. Erläuterung der Quellen und der Beträge der Kapitalflüsse des Emittenten und ausführliche Darstellung dieser Posten.

10.2. Angaben zu jeglichen Beschränkungen des Rückgriffs auf die Eigenkapitalausstattung, die die Geschäfte des Emittenten direkt oder indirekt wesentlich beeinträchtigt haben oder beeinträchtigen könnten.

10. Capital Resources

10.1. An explanation of the sources and amounts of and a narrative description of the issuer's cash flows;

10.2. Information regarding any restrictions on the use of capital resources that have materially affected, or could materially affect, directly or indirectly, the issuer's operations.

11. **Forschung und Entwicklung, Patente und Lizenzen**

Soweit wesentlich, Beschreibung der Forschungs- und Entwicklungsstrategien des Emittenten für jedes Geschäftsjahr innerhalb des Zeitraums, auf den sich die historischen Finanzinformationen beziehen, und Angabe des vom Emittenten für die finanzielle Förderung von Forschung und Entwicklung aufgewandten Betrags.

11. Research and Development, Patents and Licences

Where material, provide a description of the issuer's research and development policies for each financial year for the period covered by the historical financial information, including the amount spent on issuer-sponsored research and development activities.

12. **Trendinformationen**

12.1. Angabe der wichtigsten aktuellen Trends bei Produktion, Umsatz und Vorräten sowie bei Kosten und Verkaufspreisen zwischen dem Ende des letzten Geschäftsjahres und dem Datum des Registrierungsformulars.

12. Trend Information

12.1. The most significant recent trends in production, sales and inventory, and costs and selling prices since the end of the last financial year to the date of the registration document.

12.2. Angabe aller bekannten Trends, Unsicherheiten, Anfragen, Verpflichtungen oder Vorfälle, die die Aussichten des Emittenten nach vernünftigem Ermessen zumindest im laufenden Geschäftsjahr wesentlich beeinflussen werden.

12.2. Information on any known trends, uncertainties, demands, commitments or events that are reasonably likely to have a material effect on the issuer's prospects for at least the current financial year.

13. **Gewinnprognosen oder -schätzungen**

Entscheidet sich ein Emittent zur Aufnahme einer Gewinnprognose oder -schätzung, so muss das Registrierungsformular die unter den Punkten 13.1 und 13.2 genannten Angaben enthalten.

13. Profit Forecasts or Estimates

If an issuer chooses to include a profit forecast or a profit estimate the registration document must contain the information set out in items 13.1 and 13.2:

13.1. Erläuterung der wichtigsten Annahmen, auf die der Emittent seine Prognose oder Schätzung gestützt hat.

13.1. A statement setting out the principal assumptions upon which the issuer has based its forecast, or estimate.

Hier muss klar unterschieden werden zwischen Annahmen in Bezug auf Faktoren, die die Mitglieder des Verwaltungs-, Leitungs- oder Aufsichtsorgans beeinflussen können, und Annahmen in Bezug auf Faktoren, die klar außerhalb des Einflussbereichs der Mitglieder des Verwaltungs-, Leitungs- oder Aufsichtsorgans liegen. Die Annahmen müssen für die Anleger ohne Weiteres verständlich, spezifisch sowie präzise sein und dürfen sich nicht auf die allgemeine Ge-

There must be a clear distinction between assumptions about factors which the members of the administrative, management or supervisory bodies can influence and assumptions about factors which are exclusively outside the influence of the members of the administrative, management or supervisory bodies; the assumptions must be readily understandable by investors, be specific and precise and not relate to the general accuracy of the estimates underlying the

nauigkeit der der Prognose zugrunde liegenden Schätzungen beziehen.

forecast.

13.2. Einen Bericht, der von unabhängigen Buchprüfern oder Abschlussprüfern erstellt wurde und in dem festgestellt wird, dass die Prognose oder die Schätzung nach Meinung der unabhängigen Buchprüfer oder Abschlussprüfer auf der angegebenen Grundlage ordnungsgemäß erstellt wurde und dass die Rechnungslegungsgrundlage, die für die Gewinnprognose oder -schätzung verwendet wurde, mit den Rechnungslegungsstrategien des Emittenten konsistent ist.

13.2. A report prepared by independent accountants or auditors stating that in the opinion of the independent accountants or auditors the forecast or estimate has been properly compiled on the basis stated, and that the basis of accounting used for the profit forecast or estimate is consistent with the accounting policies of the issuer.

Beziehen sich die Finanzinformationen auf das letzte Geschäftsjahr und enthalten ausschließlich nicht irreführende Zahlen, die im Wesentlichen mit den im nächsten geprüften Jahresabschluss zu veröffentlichenden Zahlen konsistent sind, sowie die zu deren Bewertung nötigen erläuternden Informationen, ist kein Bericht erforderlich, sofern der Prospekt alle folgenden Erklärungen enthält:

Where financial information relates to the previous financial year and only contains non-misleading figures substantially consistent with the final figures to be published in the next annual audited financial statements for the previous financial year, and the explanatory information necessary to assess the figures, a report shall not be required provided that the prospectus includes all of the following statements:

a) die für diese Finanzinformationen verantwortliche Person, sofern sie nicht mit derjenigen identisch ist, die für den Prospekt insgesamt verantwortlich ist, genehmigt diese Informationen;

(a) the person responsible for this financial information, if different from the one which is responsible for the prospectus in general, approves that information;

b) unabhängige Buchprüfer oder Abschlussprüfer haben bestätigt, dass diese Informationen im Wesentlichen mit den im nächsten geprüften Jahresabschluss zu veröffentlichenden Zahlen konsistent sind;

(b) independent accountants or auditors have agreed that this information is substantially consistent with the final figures to be published in the next annual audited financial statements;

c) diese Finanzinformationen wurden nicht geprüft.

(c) this financial information has not been audited.

13.3. Die Gewinnprognose oder -schätzung ist auf einer Grundlage zu erstellen, die mit den historischen Finanzinformationen vergleichbar ist.

13.3. The profit forecast or estimate must be prepared on a basis comparable with the historical financial information

13.4. Wurde in einem Prospekt, der noch aussteht, eine Gewinnprognose veröffentlicht, dann ist zu erläutern, ob diese Prognose noch so zutrifft wie zur Zeit der Erstellung des Registrierungsformulars, und ggf. darzulegen, warum diese Prognose nicht mehr zutrifft.

13.4. If a profit forecast in a prospectus has been published which is still outstanding, then provide a statement setting out whether or not that forecast is still correct as at the time of the registration document, and an explanation of why such forecast is no longer valid if that is the case.

14. Verwaltungs-, Leitungs- und Aufsichtsorgan und oberes Management

14. Administrative, Management, and Supervisory Bodies and Senior Management

14.1. Name und Geschäftsanschrift folgender Personen sowie Angabe ihrer Stellung beim Emittenten und der wichtigsten Tätigkeiten, die sie neben der Tätigkeit beim Emittenten ausüben, sofern diese für den Emittenten von Bedeutung sind:

14.1. Names, business addresses and functions in the issuer of the following persons and an indication of the principal activities performed by them outside that issuer where these are significant with respect to that issuer:

a) Mitglieder des Verwaltungs-, Leitungs- und Aufsichtsorgans;

(a) members of the administrative, management or supervisory bodies;

b) persönlich haftende Gesellschafter bei einer Kommanditgesellschaft auf Aktien;

(b) partners with unlimited liability, in the case of a limited partnership with a share capital;

c) Gründer, wenn es sich um eine Gesellschaft handelt, die seit weniger als fünf Jahren besteht, und

(c) founders, if the issuer has been established for fewer than 5 years; and

d) sämtliche Mitglieder des oberen Managements, die für die Feststellung relevant sind, ob der Emittent über die für die Führung der Geschäfte erforderliche Kompetenz und Erfahrung verfügt.

(d) any senior manager who is relevant to establishing that the issuer has the appropriate expertise and experience for the management of the issuer's business.

Art einer etwaigen verwandtschaftlichen Beziehung zwischen diesen Personen.

The nature of any family relationship between any of those persons.

Für jedes Mitglied des Verwaltungs-, Leitungs- oder Aufsichtsorgans des Emittenten und für jede der in Unterabsatz 1 Buchstaben b und d genannten Personen detaillierte Angabe der einschlägigen Managementkompetenz und -erfahrung sowie folgende Angaben:

In the case of each member of the administrative, management or supervisory bodies of the issuer and of each person mentioned in points (b) and (d) of the first subparagraph, details of that person's relevant management expertise and experience and the following information:

a) die Namen sämtlicher Kapital- und Personengesellschaften, bei denen die betreffende Person während der letzten fünf Jahre Mitglied des Verwaltungs-, Leitungs- oder Aufsichtsorgans bzw. Gesellschafter war, und Angabe, ob die Mitgliedschaft in diesen Organen oder der Gesellschafterstatus weiter fortbesteht. Es ist nicht erforderlich, sämtliche Tochtergesellschaften des Emittenten aufzulisten, bei denen die betreffende Person ebenfalls Mitglied des Verwaltungs-, Leitungs- oder Aufsichtsorgans ist;

(a) the names of all companies and partnerships of which such person has been a member of the administrative, management or supervisory bodies or partner at any time in the previous 5 years, indicating whether or not the individual is still a member of the administrative, management or supervisory bodies or partner. It is not necessary to list all the subsidiaries of an issuer of which the person is also a member of the administrative, management or supervisory bodies;

b) etwaige Verurteilungen wegen Betrugsdelikten während zumindest der letzten fünf Jahre;

c) detaillierte Angaben über etwaige Insolvenzen, Insolvenzverwaltungen oder Liquidationen während zumindest der letzten fünf Jahre, mit der eine in Unterabsatz 1 Buchstaben a und d genannte Person im Zusammenhang stand, die in einer der in Unterabsatz 1 Buchstaben a und d genannten Funktionen handelte, und

d) detaillierte Angaben zu etwaigen öffentlichen Anschuldigungen und/oder Sanktionen gegen die genannte Person durch die gesetzlich befugten Stellen oder die Regulierungsbehörden (einschließlich bestimmter Berufs verbände) und ggf. Angabe, ob diese Person während zumindest der letzten fünf Jahre von einem Gericht für die Mitgliedschaft in einem Verwaltungs-, Leitungs- oder Aufsichtsorgan eines Emittenten oder für die Tätigkeit im Management oder der Führung der Geschäfte eines Emittenten als untauglich angesehen wurde.

Liegen keine der genannten Umstände vor, ist eine entsprechende Erklärung abzugeben.

14.2. Verwaltungs-, Leitungs- und Aufsichtsorgan und oberes Management – Interessenkonflikte

Potenzielle Interessenkonflikte zwischen den Verpflichtungen der unter Punkt 14.1 genannten Personen gegenüber dem Emittenten und ihren privaten Interessen oder sonstigen Verpflichtungen müssen klar angegeben werden. Falls keine derartigen Konflikte bestehen, ist eine entsprechende Erklärung abzugeben.

Ferner ist jegliche Vereinbarung oder Abmachung mit den Hauptaktionären, Kunden, Lieferanten oder sonstigen Personen zu nennen, aufgrund deren eine unter Punkt 14.1 genannte Person zum Mitglied eines Verwaltungs-, Leitungs- oder Aufsichtsorgans bzw. zum Mitglied

(b) any convictions in relation to fraudulent offences for at least the previous 5 years;

(c) details of any bankruptcies, receiverships or liquidations with which a person described in (a) and (d) of the first subparagraph who was acting in the capacity of any of the positions set out in (a) and (d) of the first subparagraph was associated for at least the previous 5 years;

(d) details of any official public incrimination and/or sanctions of such person by statutory or regulatory authorities (including designated professional bodies) and whether such person has ever been disqualified by a court from acting as a member of the administrative, management or supervisory bodies of an issuer or from acting in the management or conduct of the affairs of any issuer for at least the previous 5 years.

If there is no such information to be disclosed, a statement to that effect is to be made.

14.2. Administrative, Management, and Supervisory bodies and Senior Management conflicts of interests

Potential conflicts of interests between any duties to the issuer, of the persons referred to in item 14.1, and their private interests and or other duties must be clearly stated. In the event that there are no such conflicts, a statement to that effect must be made.

Any arrangement or understanding with major shareholders, customers, suppliers or others, pursuant to which any person referred to in item 14.1 was selected as a member of the administrative, management or supervisory bodies or member of senior management.

des oberen Managements bestellt wurde.

15. Vergütungen und sonstige Leistungen

Für das letzte abgeschlossene Geschäftsjahr sind in Bezug auf die unter Punkt 14.1 Unterabsatz 1 Buchstaben a und d genannten Personen folgende Angaben vorzulegen:

15.1. Betrag der Vergütungen (einschließlich etwaiger erfolgsgebundener oder nachträglicher Vergütungen) und Sachleistungen, die diesen Personen vom Emittenten und seinen Tochterunternehmen für Dienstleistungen gezahlt oder gewährt wurden, die für den Emittenten oder seine Tochtergesellschaften von jeglicher Person in jeglicher Funktion erbracht wurden.

Diese Angaben sind individuell vorzulegen, außer wenn eine individuelle Offenlegung im Herkunftsland des Emittenten nicht vorgeschrieben ist oder wenn die Angaben vom Emittenten bereits anderweitig veröffentlicht wurden.

15.2. Gesamthöhe der vom Emittenten oder seinen Tochtergesellschaften gebildeten Reserven oder Rückstellungen für Pensions- und Rentenzahlungen oder ähnliche Leistungen.

16. Praktiken des Leitungsorgans

Für das letzte abgeschlossene Geschäftsjahr des Emittenten sind – sofern nichts anderes angegeben ist – in Bezug auf die unter Punkt 14.1 Unterabsatz 1 Buchstabe a genannten Personen folgende Angaben vorzulegen:

16.1. Ggf. Ende der laufenden Mandatsperiode und Zeitraum, während dessen die betreffende Person ihre Aufgabe wahrgenommen hat.

16.2. Angaben zu den Dienstleistungsverträgen, die zwischen den Mitgliedern des Verwaltungs-, Leitungs- oder Aufsichtsorgans und dem Emittenten bzw. seinen Tochtergesellschaften geschlossen wurden und die bei Beendigung des Beschäftigungsverhältnisses Leistungen

15. Remuneration and Benefits

In relation to the last full financial year for those persons referred to in points (a) and (d) of the first subparagraph of item 14.1.

15.1. The amount of remuneration paid (including any contingent or deferred compensation), and benefits in kind granted to such persons by the issuer and its subsidiaries for services in all capacities to the issuer and its subsidiaries by any person.

This information must be provided on an individual basis unless individual disclosure is not required in the issuer's home country or when the issuer has already publicly disclosed that information.

15.2. The total amounts set aside or accrued by the issuer or its subsidiaries to provide pension, retirement or similar benefits.

16. Board Practices

In relation to the issuer's last completed financial year, and unless otherwise specified, with respect to those persons referred to in point (a) of the first subparagraph of item 14.1:

16.1. Date of expiration of the current term of office, if applicable, and the period during which the person has served in that office.

16.2. Information about members of the administrative, management or supervisory bodies' service contracts with the issuer or any of its subsidiaries providing for benefits upon termination of employment, or an appropriate negative statement.

vorsehen. Ansonsten ist eine negative Erklärung abzugeben.

16.3. Angaben zum Audit-Ausschuss und zum Vergütungsausschuss des Emittenten, einschließlich der Namen der Ausschussmitglieder und einer Zusammenfassung der Satzung des Ausschusses.

16.3. Information about the issuer's audit committee and remuneration committee, including the names of committee members and a summary of the terms of reference under which the committee operates.

16.4. Erklärung, ob der Emittent der/den Corporate-Governance-Regelung(en) im Land seiner Gründung genügt. Sollte der Emittent einer solchen Regelung nicht folgen, ist eine entsprechende Erklärung zusammen mit einer Erläuterung aufzunehmen, aus der hervorgeht, warum der Emittent dieser Regelung nicht Folge leistet.

16.4. A statement as to whether or not the issuer complies with its country's of incorporation corporate governance regime(s). In the event that the issuer does not comply with such a regime, a statement to that effect must be included together with an explanation regarding why the issuer does not comply with such regime.

17. Beschäftigte

17. Employees

17.1. Entweder Angabe der Zahl der Beschäftigten zum Ende des Berichtzeitraums oder Angabe des Durchschnitts für jedes Geschäftsjahr in dem Zeitraum, auf den sich die historischen Finanzinformationen beziehen, bis zum Datum der Erstellung des Registrierungsformulars (und Angabe etwaiger wesentlicher Veränderungen bei diesen Zahlen). Sofern möglich und wesentlich, Aufschlüsselung der beschäftigten Personen nach Haupttätigkeitskategorie und Ort der Tätigkeit. Beschäftigt der Emittent eine erhebliche Zahl von Zeitarbeitskräften, ist die durchschnittliche Zahl dieser Zeitarbeitskräfte während des letzten Geschäftsjahrs anzugeben.

17.1. Either the number of employees at the end of the period or the average for each financial year for the period covered by the historical financial information up to the date of the registration document (and changes in such numbers, if material) and, if possible and material, a breakdown of persons employed by main category of activity and geographic location. If the issuer employs a significant number of temporary employees, include disclosure of the number of temporary employees on average during the most recent financial year.

17.2. In Bezug auf die unter Punkt 14.1 Unterabsatz 1 Buchstaben a und d genannten Personen sind so aktuelle Informationen wie möglich über ihren Aktienbesitz und etwaige Optionen auf Aktien des Emittenten beizubringen.

17.2. Shareholdings and stock options with respect to each person referred to in points (a) and (d) of the first subparagraph of item 14.1. provide information as to their share ownership and any options over such shares in the issuer as of the most recent practicable date.

17.3. Beschreibung etwaiger Vereinbarungen über eine Beteiligung der Beschäftigten am Kapital des Emittenten.

17.3. Description of any arrangements for involving the employees in the capital of the issuer.

18. Hauptaktionäre

18. Major Shareholders

18.1. Soweit dem Emittenten bekannt, Angabe jeglicher Person, die nicht Mit-

18.1. In so far as is known to the issuer, the name of any person other than a

glied des Verwaltungs-, Leitungs- oder Aufsichtsorgans ist und die direkt oder indirekt eine Beteiligung am Eigenkapital des Emittenten oder den entsprechenden Stimmrechten hält, die nach nationalem Recht zu melden ist, einschließlich des Betrags der Beteiligung dieser Person. Ansonsten ist eine negative Erklärung abzugeben.

18.2. Angabe, ob die Hauptaktionäre des Emittenten unterschiedliche Stimmrechte haben. Ansonsten ist eine negative Erklärung abzugeben.

18.3. Soweit dem Emittenten bekannt, Angabe, ob an dem Emittenten unmittelbare oder mittelbare Beteiligungen oder Beherrschungsverhältnisse bestehen und wer diese Beteiligungen hält bzw. diese Beherrschung ausübt. Beschreibung der Art und Weise einer derartigen Beherrschung und der vorhandenen Maßnahmen zur Verhinderung des Missbrauchs einer solchen Beherrschung.

18.4. Sofern dem Emittenten bekannt, Beschreibung etwaiger Vereinbarungen, deren Ausübung zu einem späteren Zeitpunkt zu einer Änderung in der Beherrschung des Emittenten führen könnte.

19. Geschäfte mit verbundenen Parteien

„Soweit die gemäß der Verordnung (EG) Nr. 1606/2002 übernommenen internationalen Rechnungslegungsstandards auf den Emittenten keine Anwendung finden, sind folgende Angaben für den Zeitraum, auf den sich die historischen Finanzinformationen beziehen, bis zum Datum des Registrierungsformulars vorzulegen:

a) Art und Umfang der Geschäfte, die als einzelnes Geschäft oder insgesamt für den Emittenten von wesentlicher Bedeutung sind. Erfolgt der Abschluss derartiger Geschäfte mit verbundenen Parteien nicht auf marktkonforme Weise, ist zu erläutern, weshalb. Im Falle ausstehender Darlehen einschließlich Garantien

member of the administrative, management or supervisory bodies who, directly or indirectly, has an interest in the issuer's capital or voting rights which is notifiable under the issuer's national law, together with the amount of each such person's interest or, if there are no such persons, an appropriate negative statement.

18.2. Whether the issuer's major shareholders have different voting rights, or an appropriate negative statement.

18.3. To the extent known to the issuer, state whether the issuer is directly or indirectly owned or controlled and by whom and describe the nature of such control and describe the measures in place to ensure that such control is not abused.

18.4. A description of any arrangements, known to the issuer, the operation of which may at a subsequent date result in a change in control of the issuer.

19. Related Party Transactions

If International Financial Reporting Standards adopted according to the Regulation (EC) No 1606/2002 do not apply to the issuer, the following information must be disclosed for the period covered by the historical financial information and up to the date of the registration document:

(a) The nature and extent of any transactions which are – as a single transaction or in their entirety – material to the issuer. Where such related party transactions are not concluded at arm's length provide an explanation of why these transactions were not concluded at arms length. In the case of outstanding loans including guar-

jeglicher Art ist der ausstehende Betrag anzugeben.

b) Betrag der Geschäfte mit verbundenen Parteien oder Anteil dieser Geschäfte am Umsatz des Emittenten." Finden gemäß der Verordnung (EG) Nr. 1606/2002 übernommene internationale Rechnungslegungsstandards auf den Emittenten Anwendung, so sind die vorstehend genannten Informationen nur für diejenigen Geschäfte anzugeben, die seit dem Ende des letzten Berichtszeitraums, für den geprüfte Finanzinformationen veröffentlicht wurden, getätigt wurden.

antees of any kind indicate the amount outstanding.

(b) The amount or the percentage to which related party transactions form part of the turnover of the issuer.' If international Financial Reporting Standards adopted according to the Regulation (EC) No 1606/2002 apply to the issuer, the above information must be disclosed only for the transactions occurred since the end of the last financial period for which audited financial information have been published.

20. Finanzinformationen über die Vermögens-, finanz- und Ertragslage des Emittenten

20. Financial Information Concerning the Issuer's Assets and Liabilities, Financial Position and Profits and Losses

20.1. Historische Finanzinformationen

20.1. Historical Financial Information

Bei Emittenten aus der Europäischen Union ist eine Erklärung abzugeben, dass geprüfte historische Finanzinformationen für die letzten beiden Geschäftsjahre (bzw. für einen entsprechenden kürzeren Zeitraum, in dem der Emittent tätig war) gemäß der Verordnung (EG) Nr. 1606/2002 (bzw. sofern die Verordnung nicht anwendbar ist, gemäß den nationalen Rechnungslegungsgrundsätzen eines Mitgliedstaats) erstellt wurden, und anzugeben, wo eigene bzw. konsolidierte Abschlüsse erhältlich sind.

A statement that audited historical financial information covering the latest 2 financial years (or such shorter period that the issuer has been in operation) have been prepared according to Regulation (EC) No 1606/2002, or, if not applicable, to a Member State national accounting standards for issuers from the European Union, and where own and consolidated financial statements as the case may be can be obtained.

Für jedes Jahr ist der Bestätigungsvermerk beizufügen.

The audit report in respect of each year must be included.

Bei Emittenten aus Drittstaaten ist eine Erklärung vorzulegen, dass diese Finanzinformationen nach den im Verfahren des Artikels 3 der Verordnung (EG) Nr. 1606/2002 übernommenen internationalen Rechnungslegungsstandards oder nach diesen Standards gleichwertigen nationalen Rechnungslegungsgrundsätzen eines Drittstaates erstellt wurden, und anzugeben, wo diese Informationen erhältlich sind. Ist keine Gleichwertigkeit mit den Standards gegeben, so ist eine Erklärung abzugeben, dass für die

For third country issuers, a statement that such financial information have been prepared and audited according to the international accounting standards adopted pursuant to the procedure of Article 3 of Regulation (EC) No 1606/2002 or to a third country's national accounting standards equivalent to these standards, and where it can be obtained. If such financial information is not equivalent to these standards, a statement that it has been prepared in the form of restated financial statements, and where it can be

Finanzinformationen ein neuer Abschluss erstellt wurde, und anzugeben, wo dieser erhältlich ist.

obtained.

20.2. Prüfung der historischen jährlichen Finanzinformationen

20.2. Auditing of historical annual financial information

20.2.1. Es ist eine Erklärung abzugeben, dass die historischen Finanzinformationen geprüft wurden. Sofern Bestätigungsvermerke über die historischen Finanzinformationen von den Abschlussprüfern abgelehnt wurden bzw. sofern sie Vorbehalte enthalten oder eingeschränkt erteilt wurden, sind diese Ablehnung bzw. diese Vorbehalte oder die eingeschränkte Erteilung in vollem Umfang wiederzugeben und die Gründe dafür anzugeben.

20.2.1. A statement that the historical financial information has been audited. If audit reports on the historical financial information have been refused by the statutory auditors or if they contain qualifications or disclaimers, such refusal or such qualifications or disclaimers must be reproduced in full and the reasons given.

20.2.2. Angabe sonstiger Informationen im Registrierungsformular, die von den Abschlussprüfern geprüft wurden.

20.2.2. Indication of other information in the registration document which has been audited by the auditors.

20.2.3. Wurden die Finanzdaten im Registrierungsformular nicht dem geprüften Abschluss des Emittenten entnommen, so ist die Quelle dieser Daten anzugeben und darauf hinzuweisen, dass die Daten ungeprüft sind.

20.2.3. Where financial data in the registration document is not extracted from the issuer's audited financial statements state the source of the data and state that the data is unaudited.

20.3. Alter der jüngsten Finanzinformationen

20.3. Age of latest financial information

20.3.1. Das letzte Jahr der geprüften Finanzinformationen darf nicht länger zurückliegen als:

20.3.1. The last year of audited financial information may not be older than one of the following:

a) 18 Monate ab dem Datum des Registrierungsformulars, wenn der Emittent geprüfte Zwischenabschlüsse in sein Registrierungsformular aufnimmt; oder

(a) 18 months from the date of the registration document if the issuer includes audited interim financial statements in the registration document;

b) 15 Monate ab dem Datum des Registrierungsformulars, wenn der Emittent ungeprüfte Zwischenabschlüsse in sein Registrierungsformular aufnimmt.

(b) 15 months from the date of the registration document if the issuer includes unaudited interim financial statements in the registration document.

20.4. Zwischenfinanzinformationen und sonstige Finanzinformationen

20.4. Interim and other financial information

20.4.1. Hat der Emittent seit dem Datum des letzten geprüften Abschlusses vierteljährliche oder halbjährliche Finanz-

20.4.1. If the issuer has published quarterly or half yearly financial information since the date of its last audited financial

informationen veröffentlicht, so ist eine entsprechende Erklärung in das Registrierungsformular aufzunehmen und anzugeben, wo diese Informationen erhältlich sind. Wurden diese vierteljährlichen oder halbjährlichen Finanzinformationen einer prüferischen Durchsicht oder Prüfung unterzogen, so sind die entsprechenden Bestätigungsvermerke ebenfalls aufzunehmen. Wurden die vierteljährlichen oder halbjährlichen Finanzinformationen keiner prüferischen Durchsicht oder Prüfung unterzogen, so ist dies anzugeben.

statements, a statement in that respect must be included in the registration document and where it can be obtained. If the quarterly or half yearly financial information has been reviewed or audited, the audit or review report must be included. If the quarterly or half yearly financial information is unaudited or has not been reviewed state that fact.

20.5. Dividendenpolitik

Beschreibung der Politik des Emittenten auf dem Gebiet der Dividendenausschüttungen und etwaiger diesbezüglicher Beschränkungen.

20.5.1. Angabe des Betrags der Dividende pro Aktie für jedes Geschäftsjahr innerhalb des von den historischen Finanzinformationen abgedeckten Zeitraums. Wurde die Zahl der Aktien am Emittenten geändert, ist eine Bereinigung zu Vergleichszwecken vorzunehmen.

20.6. Gerichts- und Schiedsgerichtsverfahren

Angaben über etwaige staatliche Interventionen, Gerichts- oder Schiedsgerichtsverfahren (einschließlich derjenigen Verfahren, die nach Kenntnis des Emittenten noch anhängig sind oder eingeleitet werden könnten), die im Zeitraum der mindestens 12 letzten Monate stattfanden und die sich in jüngster Zeit erheblich auf die Finanzlage oder die Rentabilität des Emittenten und/oder der Gruppe ausgewirkt haben oder sich in Zukunft auswirken könnten. Ansonsten ist eine negative Erklärung abzugeben.

20.7. Bedeutende Veränderungen in der Finanzlage oder der Handelsposition des Emittenten

Beschreibung jeder bedeutenden Veränderung in der Finanzlage oder der Han-

20.5. Dividend policy

A description of the issuer's policy on dividend distributions and any restrictions thereon.

20.5.1. The amount of the dividend per share for each financial year for the period covered by the historical financial information adjusted, where the number of shares in the issuer has changed, to make it comparable.

20.6. Legal and arbitration proceedings

Information on any governmental, legal or arbitration proceedings (including any such proceedings which are pending or threatened of which the issuer is aware), during a period covering at least the previous 12 months which may have, or have had in the recent past significant effects on the issuer and/or group's financial position or profitability, or provide an appropriate negative statement.

20.7. Significant change in the issuer's financial or trading position

A description of any significant change in the financial or trading position of the

delsposition der Gruppe, die seit dem Ende des letzten Geschäftsjahres eingetreten ist, für das entweder geprüfte Finanzinformationen oder Zwischenfinanzinformationen veröffentlicht wurden. Ansonsten ist eine negative Erklärung abzugeben.

group which has occurred since the end of the last financial period for which either audited financial information or interim financial information have been published, or provide an appropriate negative statement.

21. Zusätzliche Angaben

21. Additional Information

21.1. Aktienkapital

21.1. Share Capital

Aufzunehmen sind die folgenden Angaben zum Stichtag der jüngsten Bilanz, die Bestandteil der historischen Finanzinformationen sind:

The following information as of the date of the most recent balance sheet included in the historical financial information:

21.1.1. Betrag des ausgegebenen Kapitals und für jede Gattung des Aktienkapitals:

21.1.1. The amount of issued capital, and for each class of share capital:

a) Zahl der genehmigten Aktien;

(a) the number of shares authorised;

b) Zahl der ausgegebenen und voll eingezahlten Aktien und Zahl der ausgegebenen und nicht voll eingezahlten Aktien;

(b) the number of shares issued and fully paid and issued but not fully paid;

c) Nennwert pro Aktie bzw. Angabe, dass die Aktien keinen Nennwert haben, und

(c) the par value per share, or that the shares have no par value; and

d) Überleitungsrechnung für die Zahl der ausstehenden Aktien zu Beginn und zum Ende des Geschäftsjahres. Wurde mehr als 10 % des Kapitals während des Zeitraums, auf den sich die historischen Finanzinformationen beziehen, mit anderen Aktiva als Barmitteln eingezahlt, so ist dies anzugeben.

(d) a reconciliation of the number of shares outstanding at the beginning and end of the year. If more than 10 % of capital has been paid for with assets other than cash within the period covered by the historical financial information, state that fact.

21.1.2. Sollten Aktien vorhanden sein, die nicht Bestandteil des Eigenkapitals sind, so sind die Anzahl und die wesentlichen Merkmale dieser Aktien anzugeben.

21.1.2. If there are shares not representing capital, state the number and main characteristics of such shares.

21.1.3. Angabe der Anzahl, des Buchwertes sowie des Nennbetrags der Aktien, die Bestandteil des Eigenkapitals des Emittenten sind und die vom Emittenten selbst oder in seinem Namen oder von Tochtergesellschaften des Emittenten gehalten werden.

21.1.3. The number, book value and face value of shares in the issuer held by or on behalf of the issuer itself or by subsidiaries of the issuer.

21.1.4. Angabe etwaiger wandelbarer Wertpapiere, umtauschbarer Wertpapiere oder etwaiger Wertpapieren mit

21.1.4. The amount of any convertible securities, exchangeable securities or securities with warrants, with an indication

Optionsscheinen, wobei die geltenden Bedingungen und Verfahren für die Wandlung, den Umtausch oder die Zeichnung darzulegen sind.

of the conditions governing and the procedures for conversion, exchange or subscription.

21.1.5. Angaben über eventuelle Akquisitionsrechte und deren Bedingungen und/oder über Verpflichtungen in Bezug auf genehmigtes, aber noch nicht ausgegebenes Kapital oder in Bezug auf eine Kapitalerhöhung.

21.1.5. Information about and terms of any acquisition rights and or obligations over authorised but unissued capital or an undertaking to increase the capital.

21.1.6. Angaben, ob auf den Anteil eines Mitglieds der Gruppe ein Optionsrecht besteht oder ob bedingt oder bedingungslos vereinbart wurde, einen Anteil an ein Optionsrecht zu knüpfen, sowie Einzelheiten über solche Optionen, die auch jene Personen betreffen, die diese Optionsrechte erhalten haben.

21.1.6. Information about any capital of any member of the group which is under option or agreed conditionally or unconditionally to be put under option and details of such options including those persons to whom such options relate.

21.1.7. Die Entwicklung des Eigenkapitals mit besonderer Hervorhebung der Angaben über etwaige Veränderungen, die während des von den historischen Finanzinformationen abgedeckten Zeitraums erfolgt sind.

21.1.7. A history of share capital, highlighting information about any changes, for the period covered by the historical financial information.

21.2. Satzung und Statuten der Gesellschaft

21.2. Memorandum and Articles of Association

21.2.1. Beschreibung der Zielsetzungen des Emittenten und an welcher Stelle sie in der Satzung und den Statuten der Gesellschaft verankert sind.

21.2.1. A description of the issuer's objects and purposes and where they can be found in the memorandum and articles of association.

21.2.2. Zusammenfassung etwaiger Bestimmungen der Satzung und der Statuten des Emittenten sowie der Gründungsurkunde oder sonstiger Satzungen, die die Mitglieder des Verwaltungs-, Leitungs- und Aufsichtsorgans betreffen.

21.2.2. A summary of any provisions of the issuer's articles of association, statutes, charter or bylaws with respect to the members of the administrative, management and supervisory bodies.

21.2.3. Beschreibung der Rechte, Vorrechte und Beschränkungen, die an jede Gattung der vorhandenen Aktien gebunden sind.

21.2.3. A description of the rights, preferences and restrictions attaching to each class of the existing shares.

21.2.4. Erläuterung, welche Maßnahmen erforderlich sind, um die Rechte der Inhaber von Aktien zu ändern, wobei die Fälle anzugeben sind, in denen die Bedingungen strenger sind als die gesetzlichen Vorschriften.

21.2.4. A description of what action is necessary to change the rights of holders of the shares, indicating where the conditions are more significant than is required by law.

21.2.5. Beschreibung der Art und Weise, wie die Jahreshauptversammlungen und

21.2.5. A description of the conditions governing the manner in which annual

die außerordentlichen Hauptversammlungen der Aktionäre einberufen werden, einschließlich der Teilnahmebedingungen.

general meetings and extraordinary general meetings of shareholders are called including the conditions of admission.

21.2.6. Kurze Beschreibung etwaiger Bestimmungen der Satzung und der Statuten des Emittenten sowie der Gründungsurkunde oder sonstiger Satzungen, die eine Verzögerung, einen Aufschub oder die Verhinderung eines Wechsels in der Beherrschung des Emittenten bewirken könnten.

21.2.6. A brief description of any provision of the issuer's articles of association, statutes, charter or bylaws that would have an effect of delaying, deferring or preventing a change in control of the issuer.

21.2.7. Angabe etwaiger Bestimmungen der Satzung und der Statuten des Emittenten sowie der Gründungsurkunde oder sonstiger Satzungen, die für den Schwellenwert gelten, ab dem der Aktienbesitz offengelegt werden muss.

21.2.7. An indication of the articles of association, statutes, charter or bylaw provisions, if any, governing the ownership threshold above which shareholder ownership must be disclosed.

21.2.8. Darlegung der Bedingungen, die in der Satzung und den Statuten des Emittenten sowie der Gründungsurkunde oder sonstigen Satzungen vorgeschrieben sind und die die Veränderungen im Eigenkapital betreffen, sofern diese Bedingungen strenger sind als die gesetzlichen Vorschriften.

21.2.8. A description of the conditions imposed by the memorandum and articles of association statutes, charter or bylaw governing changes in the capital, where such conditions are more stringent than is required by law.

22. Wesentliche Verträge

Zusammenfassung jedes in den letzten beiden Jahren vor der Veröffentlichung des Registrierungsformulars abgeschlossenen wesentlichen Vertrags (mit Ausnahme von Verträgen, die im Rahmen der normalen Geschäftstätigkeit abgeschlossen wurden), bei dem der Emittent oder ein sonstiges Mitglied der Gruppe eine Vertragspartei ist.

22. Material Contracts

A summary of each material contract, other than contracts entered into in the ordinary course of business, to which the issuer or any member of the group is a party, for the 2 years immediately preceding publication of the registration document.

Zusammenfassung aller sonstigen zum Datum des Registrierungsformulars bestehenden Verträge (mit Ausnahme von Verträgen, die im Rahmen der normalen Geschäftstätigkeit abgeschlossen wurden), die von Mitgliedern der Gruppe abgeschlossen wurden und eine Bestimmung enthalten, der zufolge ein Mitglied der Gruppe eine Verpflichtung eingeht oder ein Recht erlangt, die bzw. das für die Gruppe von wesentlicher Bedeutung ist.

A summary of any other contract (not being a contract entered into in the ordinary course of business) entered into by any member of the group which contains any provision under which any member of the group has any obligation or entitlement which is material to the group as at the date of the registration document.

23. **Angaben von seiten Dritter, Erklärungen von seiten Sachverständiger und Interessenerklärungen**

23.1. Wird in das Registrierungsformular eine Erklärung oder ein Bericht einer Person aufgenommen, die als Sachverständige(r) handelt, so sind der Name, die Geschäftsadresse, die Qualifikationen und eine etwaige wesentliche Beteiligung dieser Person an dem Emittenten anzugeben. Wurde der Bericht auf Ersuchen des Emittenten erstellt, so ist eine Erklärung abzugeben, dass die aufgenommene Erklärung oder der aufgenommene Bericht in der Form und in dem Zusammenhang, in dem sie bzw. er aufgenommen wurde, die Zustimmung von Seiten der Person erhalten hat, die den Inhalt dieses Teils des Registrierungsformulars gebilligt hat.

23.2. Wurden Angaben von Seiten Dritter übernommen, ist zu bestätigen, dass diese Angaben korrekt wiedergegeben wurden und nach Wissen des Emittenten und soweit für ihn aus den von diesem Dritten veröffentlichten Angaben ersichtlich, nicht durch Auslassungen unkorrekt oder irreführend gestaltet wurden. Darüber hinaus hat der Emittent die Quelle(n) der Angaben zu nennen.

24. **Einsehbare Dokumente**

Abzugeben ist eine Erklärung, dass während der Gültigkeitsdauer des Registrierungsformulars ggf. die folgenden Dokumente oder deren Kopien eingesehen werden können:

a) **die Satzung und die Statuten des Emittenten;**

b) **sämtliche Berichte, Schreiben und sonstigen Dokumente, historischen Finanzinformationen, Bewertungen und Erklärungen, die von einem/einer Sachverständigen auf Ersuchen des Emittenten abgegeben wurden, sofern Teile davon in das Registrierungsformular eingefügt worden sind oder in ihm darauf verwiesen wird;**

23. Third Party Information and Statement by Experts and Declarations of any Interest

23.1. Where a statement or report attributed to a person as an expert is included in the Registration Document, provide such person's name, business address, qualifications and material interest if any in the issuer. If the report has been produced at the issuer's request a statement to the effect that such statement or report is included, in the form and context in which it is included, with the consent of the person who has authorised the contents of that part of the Registration Document.

23.2. Where information has been sourced from a third party, provide a confirmation that this information has been accurately reproduced and that as far as the issuer is aware and is able to ascertain from information published by that third party, no facts have been omitted which would render the reproduced information inaccurate or misleading. In addition, identify the source(s) of the information.

24. Documents on Display

A statement that for the life of the registration document the following documents (or copies thereof), where applicable, may be inspected:

(a) the memorandum and articles of association of the issuer;

(b) all reports, letters, and other documents, historical financial information, valuations and statements prepared by any expert at the issuer's request any part of which is included or referred to in the registration document;

c) die historischen Finanzinformationen des Emittenten oder im Falle einer Gruppe die historischen Finanzinformationen für den Emittenten und seine Tochtergesellschaften für beide der Veröffentlichung des Registrierungsformulars vorausgegangenen Geschäftsjahre.

(c) the historical financial information of the issuer or, in the case of a group, the historical financial information for the issuer and its subsidiary undertakings for each of the 2 financial years preceding the publication of the registration document.

Anzugeben ist auch, wo in diese Dokumente in Papierform oder auf elektronischem Wege Einsicht genommen werden kann.

An indication of where the documents on display may be inspected, by physical or electronic means.

25. Angaben über Beteiligungen

25. Information on Holdings

Beizubringen sind Angaben über Unternehmen, an denen der Emittent einen Teil des Eigenkapitals hält, dem bei der Bewertung seiner eigenen Vermögens-, Finanz- und Ertragslage voraussichtlich eine erhebliche Bedeutung zukommt.

Information relating to the undertakings in which the issuer holds a proportion of the capital likely to have a significant effect on the assessment of its own assets and liabilities, financial position or profits and losses.

26. **Angaben zum Emittenten der Zertifikate, die Aktien Vertreten**

26. Information about the Issuer of the Depositary Receipts

27. **Angaben zu den zugrunde liegenden Aktien**

27. Information about the underlying Shares

28. **Angaben zu den Zertifikaten, die Aktien vertreten**

28. Information regarding the Depositary Receipts

29. **Angaben zu den Konditionen des Angebots von Zertifikaten, die Aktien vertreten**

29. Information about the Terms and Conditions of the Offer of the Depositary Receipts

30. **Zulassung zum Handel und Handelsmodalitäten bei Zertifikaten, die Aktien Vertreten**

30. Admission to Trading and Dealing Arrangements in the Depositary Receipts

31. **Grundlegende Angaben über die Emission von Hinterlegungsscheinen**

31. Essential Information about the Issue of the Depository Receipts

32. **Kosten der Emission/des Angebots von Zertifikaten, die Aktien vertreten**

32. Expense of the Issue/offer of the Depositary Receipts

Inhalt

I. Einleitung

Anh. XXVIII EU-ProspV stellt die Mindestangaben für Aktienzertifikate von *1*
KMU und Unternehmen mit geringer Marktkapitalisierung dar und wurde
ebenso wie die Anhänge XXV bis XXVII bei der Revision der EU-ProspV[2]
neu eingefügt. Der vorliegende Anh. XXVIII EU-ProspV korrespondiert weitestgehend in Bezug auf die allgemeinen Angaben mit dem Anh. XXV EU-
ProspV, welcher sich mit den Mindestangaben für Aktien von KMU und Unternehmen beschäftigt, so dass insoweit auf die ausführliche Kommentierung
zum Anwendungsbereich des Anh. XXV EU-ProspV verwiesen werden
kann. Die Anforderungen an die Beschreibung der Aktienzertifikate ist identisch mit den Angaben im Anh. X EU-ProspV, so dass die dortige Kommentierung zur Anwendung kommt.

II. Mindestangaben nach Anhang XXVIII

Anh. XXVIII EU-ProspV entspricht im Aufbau und Inhalt fast ausschließlich *2*
dem Schema nach Anh. XXV EU ProspV. Die Ziff. 1. bis 25. des Anh. XXVIII
der EU-ProspV sind mit wenigen Ausnahmen identisch zu denen im Anh.
XXV EU-ProspV. Insoweit kann auf die dortige Kommentierung verwiesen
werden. Änderungen im Vergleich zu Anh. XXV EU-ProspV ergeben sich
nur in den Ziff. 7., 14. und 20. So wird in Anh. XXVIII EU-ProspV auf die
Auflistung der wichtigsten Tochtergesellschaften des Emittenten (siehe
Ziff. 7.2. des Anh. XXV EU-ProspV) verzichtet. Auch die Einzelheiten aller
Veräußerungsbeschränkungen, die bestimmte, unter Ziff. 14.1. des
Anh. XXV EU-ProspV genannte Personen für die von ihnen gehaltenen
Wertpapiere für einen bestimmten Zeitraum vereinbart haben (siehe
Ziff. 14.2. a. E. des Anh. XXV EU-ProspV), müssen nicht aufgeführt werden.
Nicht Teil der Mindestangaben für Aktienzertifikate im Anh. XXVIII ist auch
die Darstellung von Pro-Forma-Finanzinformationen (siehe Ziff. 20.2. des
Anh. XXV EU-ProspV).

Im Vergleich zu Anh. XXV EU-ProspV sind jedoch im vorliegenden *3*
Anh. XXVIII EU-ProspV die Ziff. 26. bis 32. hinzugetreten. Hierbei handelt
es sich um Angaben zum Emittenten der Zertifikate, die Aktien vertreten
(Ziff. 26); Angaben zu den zugrunde liegenden Aktien (Ziff. 27.); Angaben
zu den Zertifikaten, die Aktien vertreten (Ziff. 28.); Angaben zu den Konditionen des Angebots von Zertifikaten, die Aktien vertreten (Ziff. 29); Zulassung zum Handel und Handelsmodalitäten bei Zertifikaten, die Aktien ver-

---

2 Vgl. Erwg. 13 Delegierte VO (EU) 486/2012 zur EU-ProspV.

treten (Ziff. 30.); Zentrale Angaben zur Emission von Zertifikaten, die Aktien vertreten (Ziff. 31.) sowie Kosten der Emission/des Angebots von Zertifikaten, die Aktien vertreten (Ziff. 32.).

4   Die in Ziff. 26. bis 32. des Anh. XXVIII EU-ProspV dargestellten Angaben beziehen sich funktionsgemäß in vollem Umfang auf die Eigenschaft als Aktienzertifikate. Insoweit entsprechen die Angaben gänzlich denen in Anh. X EU-ProspV (Mindestangaben für Zertifikate, die Aktien vertreten). Daher kann auch an dieser Stelle auf die detaillierte Kommentierung zu den Ziff. 26. bis 32. des Anh. X EU-ProspV verwiesen werden.

5   Wie auch bei den anderen Anhängen gibt es vorliegend in Anh. XXVIII EU-ProspV in der deutschen Version teilweise sprachliche Abweichungen zu Anh. X EU-ProspV ohne inhaltliche Auswirkungen. Dies wird auch dadurch belegt, dass die entsprechenden englischen Versionen wortgleich geblieben sind.

ARTIKEL 26c

Verhältnismäßige Anforderungen für die in Artikel 1 Absatz 2 Buchstabe j der Richtlinie 2003/71/EG genannten Emissionen von Kreditinstituten

Kreditinstituten, die in Artikel 1 Absatz 2 Buchstabe j der Richtlinie 2003/71/EG genannte Wertpapiere begeben und einen Prospekt gemäß Artikel 1 Absatz 3 der genannten Richtlinie erstellen, steht es frei, in ihren Prospekt gemäß Anhang XXIX der vorliegenden Verordnung historische Finanzinformationen nur für das letzte Geschäftsjahr oder den gegebenenfalls kürzeren Zeitraum der Geschäftstätigkeit des Emittenten aufzunehmen.

ARTICLE 26c

Proportionate requirements for issues by credit institutions referred to in Article 1(2)(j) of Directive 2003/71/EC

Credit institutions issuing securities referred to in Article 1(2)(j) of Directive 2003/71/EC that draw up a prospectus in accordance with Article 1(3) of that Directive may choose to include in their prospectus historical financial information covering only the last financial year, or such shorter period that the issuer has been in operation, in accordance with Annex XXIX to this Regulation.

Inhalt

I. Allgemeines, Ausnahmen für Kreditinstitute

Art. 26c EU-ProspV ist mit der Delegierten VO (EU) 486/2012[1] neu in die EU-ProspV aufgenommen worden und damit seit 01.07.2012 anwendbar. In Erwägungsgrund 13 der Delegierten VO (EU) 486/2012 wird auf Art. 7 Abs. 2 lit. e) der Prospektrichtlinie (EG) 71/2003[2] Bezug genommen, wonach verhältnismäßige Angabepflichten der Größe des Emittenten Rechnung tragen sollen, insbesondere von Kreditinstituten, die die in Art. 1 Abs. 2 lit. j der Richtlinie (umgesetzt durch § 1 Abs. 2 Nr. 5 WpPG) genannten Nichtdividendenwerte begeben und sich für die Anwendung der Prospektrichtlinie entscheiden. Bisher hatten die unter § 1 Abs. 2 Nr. 5 WpPG fallenden Kreditinstitute (die grundsätzlich nicht in den Anwendungsbereich des WpPG fallen und damit keiner Prospektpflicht unterliegen) die Möglichkeit, sich freiwillig (vgl. § 1 Abs. 3 WpPG) für die Erstellung eines prospektrichtlinienkonformen Prospekts zu entscheiden, wenn ihre Wertpapiere öffentlich angeboten oder zum Handel an einem organisierten Markt zugelassen werden sollten. Diese Kreditinstitute mussten in diesem Fall allerdings den Prospekt nach Art. 14,

1

---

1   Delegierte VO (EU) 486/2012 v. 30.03.2012, ABl. 2012 Nr. L 150/1 v. 09.06.2012.
2   RL (EG) 71/2003 v. 04.11.2003, ABl. 2003 Nr. L 345/64 v. 31.12.2003, zuletzt geändert durch ÄnderungsRL (EU) 73/2010 v. 24.11.2010, ABl. 2010 Nr. L 327/1 v. 11.12.2010.

Anh. XI der EU-ProspV erstellen (vgl. die Kommentierung zu Art. 14, Rn. 1), weil die EU-ProspV über die Erleichterungen im Registrierungsformular für Banken in Anh. XI der EU-ProspV hinaus keine weitere Anpassung der Vorschriften für die unter § 1 Abs. 2 Nr. 5 WpPG fallenden Kreditinstitute vorsah.

2 Im Rahmen der Überarbeitung des Prospektrechts brachte die Kommission[3] die Befürchtung zum Ausdruck, dass die Kosten für einen freiwilligen Vollprospekt die von § 1 Abs. 2 Nr. 5 WpPG betroffenen Kreditinstitute über Gebühr belasten könnten, so dass über eine Anpassung der Vorschriften für diese Institute unter der Prämisse nachgedacht werden sollte, die Effizienz grenzüberschreitender Emissionen durch reduzierte und damit kostengünstigere prospektrichtlinienkonforme Dokumentation bei gleichzeitig unverändert hohem Anlegerschutz zu steigern. ESMA kam im Abschlussbericht zu den technischen Durchführungsbestimmungen der EU-ProspV zu dem Ergebnis, dass Anhang XI EU-ProspV die besondere Regulierung von und Aufsicht über Banken bereits umfassend berücksichtigt. Allein im Hinblick auf historische Finanzinformationen könne für eine prospektrichtlinienkonforme Dokumentation bei Kreditinstituten, die unter Art. 1 Abs. 2 lit. j) der EU-ProspRL/§ 1 Abs. 2 Nr. 5 WpPG fallen, die Aufnahme der geprüften historischen Finanzinformationen des letzten Geschäftsjahres (statt in Anh. XI Ziff. 11.1. EU-ProspV der letzten zwei Geschäftsjahre) genügen.[4]

Mit dem durch Art. 1 Nr. 8 der delegierten VO (EU) 486/2012 neu in die EU-ProspVO aufgenommenen Art. 21 Abs. 3 EU-ProspV werden diese Überlegungen nun umgesetzt und der Abwägung zwischen verbessertem Anlegerschutz und der Berücksichtigung der Menge der an den Märkten bereits veröffentlichten Angaben im Hinblick auf verhältnismäßige Angabepflichten Rechnung getragen[5]. Darin ist geregelt, dass der Emittent, der Anbieter und die die Zulassung zum Handel an einem geregelten Markt beantragende Person sich im Falle, dass es sich hierbei um ein Kreditinstitut im Sinne des § 1 Abs. 2 Nr. 5 WpPG handelt, dafür entscheiden können, einen Prospekt anstatt nach Anh. XI der EU-ProspV gemäß dem verhältnismäßigen Schema in Anh. XXIX zu erstellen, sofern die einschlägigen Bedingungen des Art. 26c EU-ProspV erfüllt sind.

II. Anwendungsbereich

3 Art. 26c EU-ProspV gilt für Kreditinstitute, die in Art. 1 Abs. 2 lit. j der Prospektrichtlinie (EG) 71/2003[6], umgesetzt durch § 1 Abs. 2 Nr. 5 WpPG, genannte Wertpapiere begeben und (freiwillig) gem. Art. 1 Abs. 3 der genannten Richtlinie, umgesetzt durch § 1 Abs. 3 WpPG, einen Prospekt erstellen.

---

3 *Europäische Kommission* Vorschlag für eine Richtlinie des Europäischen Parlaments und des Rates zur Änderung der RL (EG) 71/2003 v. 23.09.2009, KOM (2009) 491 final, Rn. 5.3.6.

4 ESMA 2011/323 Final Report v. 04.10.2011, Rn. 336, 337.

5 Erwg. 14 der Delegierten VO (EU) 486/2012 v. 30.03.2012, ABl. 2012 Nr. L 150/1 v. 09.06.2012.

6 RL (EG) 71/2003 v. 04.11.2003, ABl. 2003 Nr. L 345/64 v. 31.12.2003, zuletzt geändert durch ÄnderungsRL (EU) 73/2010 v. 24.11.2010, ABl. 2010 Nr. L 327/1 v. 11.12.2010.

Damit können (Wortlaut Art. 26 c EU-ProspV: „steht es frei") in Deutschland Einlagenkreditinstitute gem. § 2 Nr. 8 WpPG, die dauernd oder wiederholt (§ 2 Nr. 12 WpPG) Nichtdividendenwerte (§ 2 Nr. 3 WpPG) emittieren, die nicht nachrangig, wandelbar oder umtauschbar[7] sind (§ 1 Abs. 2 Nr. 5 a) WpPG) oder nicht zur Zeichnung oder zum Erwerb anderer Wertpapiere berechtigen und nicht an ein Derivat gebunden sind (§ 1 Abs. 2 Nr. 5 b) WpPG), wenn der Verkaufspreis aller im Europäischen Wirtschaftsraum[8] angebotenen Wertpapiere innerhalb von zwölf Monaten[9] nicht die Obergrenze von – neu – 75 Mio. Euro (bisher: 50 Mio. Euro) überschreitet und wenn diese Einlagenkreditinstitute freiwillig einen Prospekt erstellen, statt Anh. XI EU-ProspV das vereinfachte Schema des Anh. XXIX EU-ProspV zur Anwendung bringen, wobei aber ansonsten das gesamte WpPG und die Durchführungsverordnung anwendbar sind[10]. Zu den Einzelheiten des § 1 Abs. 2 Nr. 5 s. die Kommentierung zu § 1 WpPG, Rn. 22–30. Zum Verhältnis zu anderen Schemata siehe unten Rn. 4.

III. Inhaltliche Anforderungen

Inhaltlich entsprechen die Anforderungen des verhältnismäßigen Schemas in 4 Anh. XXIX EU-ProspV exakt denen des Anh. XI EU-ProspV, also dem Registrierungsformular für Banken, mit der einzigen Ausnahme, dass für die in Ziff. 11.1 geforderte Aufnahme der geprüften historischen Finanzinformationen in Anh. XXIX EU-ProspV die historischen Finanzinformationen des letzten Geschäftsjahres bzw. eines kürzeren Zeitraums, je nach Aufnahme der Geschäftätigkeit des Emittenten, statt in Anh. XI EU-ProspV der letzten zwei Geschäftsjahre bzw. eines kürzeren Tätigkeitszeitraums des Emittenten genügen.[11] Im Detail zu den Voraussetzungen des Anh. XI EU-ProspV und Anh. XXIX EU-ProspV siehe die dortigen Kommentierungen.

IV. Verhältnis zu anderen Schemata

Sofern sich ein Einlagenkreditinstitut, dessen Wertpapiere unter § 1 Abs. 2 5 Nr. 5 WpPG fallen, gem. § 1 Abs. 3 WpPG für die freiwillige Erstellung eines Prospekts entscheidet, finden auf diesen Prospekt die Vorschriften des

---

7 Wohl aber kündbar, siehe hierzu klarstellend ESMA 2014/35, FAQ, 21st updated version v. 14.01.2014, Nr. 38.
8 Gem. Abkommen über den Europäischen Wirtschaftsraum, ABl. 1994 Nr. L 001 v. 03.01. 1994, S. 0003–0036 sind das die EU Mitgliedsstaaten, Island, Liechtenstein und Norwegen; von der Schweiz wurde das Abkommen nicht ratifiziert.
9 Die Fristberechnung beginnt mit dem Tag, an dem zum ersten Mal ein Ausgabepreis öffentlich bekannt gemacht wird; vgl. die RegBegr. EU-ProspRL-UmsG, BT-Drucks. 15/ 4999, S. 27 zu § 1 Abs. 2 Nr. 4 WpPG, auf den die Begründung zu § 1 Abs. 2 Nr. 5 WpPG verweist.
10 RegBegr. EU-ProspRL-UmsG, BT-Drucks. 15/4999, S. 27.
11 Zu den Gründen für die vergleichsweise geringe Erleichterung des verhältnismäßigen Schemas zum Schema des Registrierungsformulars für Banken siehe auch oben Rn. 1.

WpPG und der EU-ProspV vollumfänglich Anwendung[12]. Dies vorausge-schickt, regelt Art. 26c EU-ProspV, dass es den (betroffenen) Kreditinstituten frei steht, für den Prospekt das vereinfachte Schema gem. Anh. XXIX EU-ProspV, das das allgemeine Schema für Banken nach Anh. XI der EU-ProspV relativiert (siehe oben Rn. 3), zu nutzen. Das bedeutet, dass diese Kreditins-titute ebenfalls das Schema in Anh. XI EU-ProspV vollständig anwenden können, aber selbstverständlich auch jedes andere (strengere) Schema, des-sen Verwendung gem. Art. 18 EU-ProspV i.V.m. Art. 21 Abs. 3 EU-ProspV zulässig ist (vgl. dazu im Detail die Kommentierung zu Art. 14 EU-ProspV Rn. 5).

V. Erfordernis einer Zusammenfassung in Prospekten

6 Nachdem auch bei Wahl des verhältnismäßigen Schemas gem. Anh. XXIX EU-ProspV das WpPG und die übrigen Vorschriften der EU-ProspV vollstän-dig zur Anwendung kommen, wenn ein unter § 1 Abs. 2 Nr. 5 WpPG fallen-des Kreditinstitut freiwillig einen Prospekt erstellt, muss dieses Kreditinstitut auch die Vorgaben über die Erstellung des Prospekts gem. §§ 5 ff. WpPG i.V.m. den Vorschriften der EU-ProspV beachten. Dazu gehört auch, dass der Prospekt gem. § 5 Abs. 2 Satz 1 WpPG vorbehaltlich des § 5 Abs. 2 Satz 5 WpPG eine Zusammenfassung enthalten muss, die Schlüsselinformationen nach § 5 Abs. 2a WpPG und Warnhinweise nach § 5 Abs. 2b WpPG beinhal-ten muss. Gem. § 5 Abs. 2 Satz 5 WpPG kann auf eine Zusammenfassung nur dann verzichtet werden, wenn der Prospekt die Zulassung von Nichtdi-videndenwerten mit einer Mindeststückelung von EUR 100.000 an einem or-ganisierten Markt betrifft.

Gem. § 5 Abs. 2 Satz 4 WpPG ist die Zusammenfassung nach dem einheitli-chen Format zu erstellen, das durch die delegierte VO (EU) 486/2012[13] vor-gegeben ist. Die Vorgaben zur Zusammenfassung finden sich in Art. 24 EU-ProspV und Anh. XXII zur EU-ProspV (zu den Vorgaben im Einzelnen s. die dortigen Kommentierungen).

Dass in Anh. XXII der EU-ProspV weder Anh. XXIX EU-ProspV noch sons-tige verhältnismäßige Schemata genannt sind, darf nicht so verstanden wer-den, dass im Falle der Anwendung eines verhältnismäßigen Schemas keine Zusammenfassung erforderlich ist; vielmehr ist die Ausnahme in § 5 Abs. 2 Satz 5 WpPG abschließend, so dass in jedem Fall auch bei Verwendung eines verhältnismäßigen Schemas wie Anh. XXIX EU-ProspV eine Zusam-menfassung zu erstellen ist[14].

---

12 RegBegr. EU-ProspRL-UmsG, BT-Drucks. 15/4999, S. 27.
13 Delegierte VO (EU) 486/2012 v. 30.03.2012, ABl.2012 Nr. L 150/1 v. 09.06.2012.
14 *Henningsen*, BaFinJournal 09/2012, 5, 6.

ANHANG XXIX
Mindestangaben bei Emissionen von Kreditinstituten gemäß Artikel 1 Absatz 2 Buchstabe j der Richtlinie 2003/71/EG (verhältnismäßiges Schema)

Mindestangaben bei Emissionen von Kreditinstituten gemäß Artikel 1 Absatz 2 Buchstabe j der Richtlinie 2003/71/EG (verhältnismäßiges Schema) (1)

1. **Haftende Personen**

2. **Abschlussprüfer**

3. **Risikofaktoren**

4. **Angaben zum Emittenten**

5. **Überblick über die Geschäftstätigkeit**

6. **Organisationsstruktur**

7. **Trendinformationen**

8. **Gewinnprognosen oder -schätzungen**

9. **Verwaltungs-, Leitungs- und Aufsichtsorgan**

10. **Hauptaktionäre**

11. **Finanzinformationen über die Vermögens-, finanz- Und Ertragslage des Emittenten**

Beizubringen sind geprüfte historische Finanzinformationen, die das letzte Geschäftsjahr abdecken (bzw. einen entsprechenden kürzeren Zeitraum, in dem der Emittent tätig war), sowie der Bestätigungsvermerk. Hat der Emittent in der Zeit, für die historische Finanzinformationen beizubringen sind, seinen Bilanzstichtag geändert, so decken die geprüften historischen Finanzinformationen mindestens 12 Monate oder — sollte der Emittent seiner Geschäftstätig keit noch keine 12 Monate nachgegangen sein — den gesamten Zeitraum seiner Geschäftstätigkeit ab. Derartige Finanzinformationen sind gemäß der Verordnung (EG) Nr. 1606/2002 zu erstellen bzw. für den Fall, dass diese Verordnung

ANNEX XXIX
Proportionate Schedule for Minimum Disclosure Requirements for Issues by Credit Institutions referred to in Article 1(2)(j) of Directive 2003/71/EC

Minimum Disclosure Requirements for issues by credit institutions referred to in Article 1(2)(j) of Directive 2003/71/EC (1)

1. Persons Responsible

2. Statutory Auditors

3. Risk Factors

4. Information about the Issuer

5. Business Overview

6. Organisational Structure

7. Trend Information

8. Profit Forecasts or Estimates

9. Administrative, Management, and Supervisory Bodies

10. Major Shareholders

11. Financial Information concerning the Issuer's Assets and Liabilities, Financial Position and Profits and Losses

Audited historical financial information covering the last financial year (or such shorter period that the issuer has been in operation), and the audit report. If the issuer has changed its accounting reference date during the period for which historical financial information is required, the audited historical information shall cover at least 12 months, or the entire period for which the issuer has been in operation, whichever is the shorter. Such financial information must be prepared according to Regulation (EC) No 1606/2002, or if not applicable to a Member States national accounting standards for issuers from the European Union.

nicht anwendbar ist, gemäß den nationalen Rechnungslegungsgrundsätzen eines Mitgliedstaats, wenn der Emittent
aus der Europäischen Union stammt.

12. **Wesentliche Verträge**	12. Material Contracts
13. **Angaben von seiten Dritter, Erklärungen von seiten Sachverständiger und Interessenerklärungen**	13. Third Party Information and Statement by Experts and Declarations of any Interest
14. **Einsehbare Dokumente**	14. Documents On Display
(1) Unterpunkte gemäß Anhang XI der Verordnung (EG) Nr. 809/2004, mit Ausnahme der Änderungen unter Punkt 11.1 (Finanzinformationen).	(1) Sub-items as in Annex XI of Regulation (EC) No 809/2004, except the amendment in item 11.1 (Historical Financial Information).'

Inhalt

I. Allgemeines

1   Anh. XXIX EU-ProspV enthält ein verhältnismäßiges Schema (siehe Definition in Art. 2 Ziff. 1 EU-ProspV); für Kreditinstitute gem. Art. 1 Abs. 2 lit. j der EU-ProspRL[1] (umgesetzt durch § 1 Abs. 2 Nr. 5 WpPG) bestehen gegenüber den Mindestanforderungen an das Registrierungsformular für Banken (Anh. XI EU-ProspV) modifizierte Anforderungen. Schon das Registrierungsformular für Banken nach Anh. XI EU-ProspV enthält gegenüber anderen Schemata wesentlich geringere Anforderungen[2], allerdings bot die EU-ProspV trotz Art. 7 Abs. 2 lit. e) der EU-ProspRL (EG) 71/2003[3], der bei Ausarbeitung der verschiedenen Mindestangaben die Rücksichtnahme auf unterschiedliche Größen und Tätigkeitsfelder der Emittenten festschrieb, bis-

---

1   RL (EG) 71/2003 v. 04.11.2003, ABl. 2003 Nr. L 345/64 v. 31.12.2003, zuletzt geändert durch ÄnderungsRL (EU) 73/2010 v. 24.11.2010, ABl. 2010 Nr. L 327/1 v. 11.12.2010.
2   Zu den Gründen siehe Komm. zu Anh. XI EU-ProspV, Rn. 1.
3   RL (EG) 71/2003 v. 04.11.2003, ABl. 2003 Nr. L 345/64 v. 31.12.2003.

her für Banken gem. § 1 Abs. 2 Nr. 5 WpPG, die freiwillig gem. § 1 Abs. 3 WpPG einen Prospekt erstellen wollten, keine Erleichterungen gegenüber anderen Banken. Auch diese Kreditinstitute mussten auf Anh. XI EU-ProspV zurückgreifen. Im Zuge der Überarbeitung der Prospektrichtlinie wurde unter Abwägung eines zu verbessernden Anlegerschutzes mit den möglicherweise zu hohen Belastungen der von § 1 Abs. 2 Nr. 5 WpPG betroffenen Emittenten[4] im Wege des neu geschaffenen Art. 26 c EU-ProspV Anh. XXIX der EU-ProspV geschaffen, der die Mindestanforderungen an das Registrierungsformular für Banken für Einlagenkreditinstitute gem. § 1 Abs. 2 Nr. 5 WpPG reduziert[5].

Anh. XXIX EU-ProspV enthält im Wesentlichen die gleichen Überschriften   2 wie Anh. XI EU-ProspV. Unterschiede im Wortlaut wie „Angaben zum Emittenten (Anh. XXIX EU-ProspV)/Über den Emittenten (Anh. XI EU-ProspV)", „Überblick über die Geschäftstätigkeit (Anh. XXIX EU-ProspV)/Geschäftsüberblick (Anh. XI EU-ProspV)" etc. haben inhaltlich keine Relevanz. Die inhaltlich einzige Ausnahme bildet der Informationsbestandteil „11. Finanzinformationen über die Vermögens-, Finanz- und Ertragslage des Emittenten". Wie die Regieanweisung in Fußnote (1) des Anh. XXIX EU-ProspV klarstellend regelt, gelten inhaltlich die Unterpunkte des Anh. XI der Verordnung (EG) Nr. 809/2004[6] auch im Rahmen des Anh. XXIX EU-ProspV (auch wenn diese in Anh. XXIX EU-ProspV nicht explizit aufgeführt sind) mit der Ausnahme der in Anh. XXIX EU-ProspV explizit genannten Änderungen zu Ziff. 11.1 Anh. XI EU-ProspV im Hinblick auf Finanzinformationen. Anh. XXIX EU-ProspV regelt in Abweichung zu Anh. XI EU-ProspV, dass historische Finanzinformationen statt für zwei Geschäftsjahre nur für ein Geschäftsjahr beizubringen sind[7].

Klarstellend ist hervorzuheben, dass sonstige Unterpunkte der Ziff. 11 des Anh. XI EU-ProspV im Rahmen des Anh. XXIX EU-ProspV selbstverständlich zur Anwendung kommen. Die Reihenfolge der Informationsbestandteile ist nicht verbindlich (Art. 25 Abs. 3 EU-ProspV). Die Bundesanstalt für Finanzdienstleistungsaufsicht hat aber von ihrer Möglichkeit nach Art. 25 Abs. 4 EU-ProspV Gebrauch gemacht und verlangt eine Überkreuz-Checkliste, wenn der Prospekt nicht in der Reihenfolge des entsprechenden Anh. der EU-ProspV aufgebaut ist.[8]

---

4 Erwg. 14 der Delegierten VO (EU) 486/2012 v. 30.03.2012, ABl. 2012 Nr. L 150/1 v. 09.06.2012.
5 Näheres zur Entstehung der Anpassung und zum Anwendungsbereich siehe die Komm. zu Art. 26 c EU-ProspV, Rn. 1.
6 VO (EG) 809/2004 v. 29.04.2004, ABl. 2004 Nr. L 149/1 v. 30.04.2004.
7 Näheres siehe unten Rn. 12.
8 Vgl. Informationen auf der Homepage der BaFin: www.bafin.de, z. B. FAQ zum Auslaufen des Daueremittentenprivilegs vom 10.07.2008; FAQ zum neuen Basisprospektregime vom 31.05.2012 (Stand Januar 2014), jeweils abgerufen am 07.03.2014.

II. Haftende Personen

3 Wegen der inhaltlichen Übereinstimmung mit Ziff. 1 Anh. XI EU-ProspV wird auf die dortige Kommentierung verwiesen.

III. Abschlussprüfer

4 Wegen der inhaltlichen Übereinstimmung mit Ziff. 2 Anh. XI EU-ProspV wird auf die dortige Kommentierung verwiesen.

IV. Risikofaktoren

5 Wegen der inhaltlichen Übereinstimmung mit Ziff. 3 Anh. XI EU-ProspV wird auf die dortige Kommentierung verwiesen.

V. Angaben zum Emittenten

6 Wegen der inhaltlichen Übereinstimmung mit Ziff. 4 Anh. XI EU-ProspV wird auf die dortige Kommentierung verwiesen.

VI. Überblick über die Geschäftstätigkeit

7 Wegen der inhaltlichen Übereinstimmung mit Ziff. 5 Anh. XI EU-ProspV wird auf die dortige Kommentierung verwiesen.

VII. Organisationsstruktur

8 Wegen der inhaltlichen Übereinstimmung mit Ziff. 6 Anh. XI EU-ProspV wird auf die dortige Kommentierung verwiesen.

VIII. Trendinformationen

9 Wegen der inhaltlichen Übereinstimmung mit Ziff. 7 Anh. XI EU-ProspV wird auf die dortige Kommentierung verwiesen.

IX. Gewinnprognosen oder -schätzungen

10 Wegen der inhaltlichen Übereinstimmung mit Ziff. 8 Anh. XI EU-ProspV wird auf die dortige Kommentierung verwiesen.

Klarstellend ist festzuhalten, dass gem. Art. 1 Nr. 4 der und Anhang Nr. 17 zu der delegierten VO (EU) 862/2012[9] Ziff. 8.2 des Anh. XXIX EU-ProspV mit Wirkung zum 22.09.2012 (Datum der Veröffentlichung im Amtsblatt der Europäischen Union gem. Art. 3 der VO (EU) 862/2012) geändert wurde. Die Änderung entspricht inhaltlich der Anpassung, die gem. Art. 1 Nr. 4 und Anhang Nr. 6 der delegierten Verordnung (EU) 862/2012 im Hinblick auf die Mindestanforderungen der Ziff. 8.2 des Anh. XI EU-ProspV vorgenommen wurde.

---

9 Delegierte VO (EG) 211/2007 v. 27.02.2007, ABl. 2007 Nr. L 61/24 v. 28.02.2007.

X. Verwaltungs-, Leitungs- und Aufsichtsorgan

Wegen der inhaltlichen Übereinstimmung mit Ziff. 9 Anh. XI EU-ProspV *11*
wird auf die dortige Kommentierung verwiesen.

XI. Hauptaktionäre

Wegen der inhaltlichen Übereinstimmung mit Ziff. 10 Anh. XI EU-ProspV *12*
wird auf die dortige Kommentierung verwiesen.

XII. Finanzinformationen über die Vermögens-, Finanz- und Ertragslage des Emittenten

In Abweichung zu Ziff. 11.1 des Anh. XI EU-ProspV müssen Emittenten ge- *13*
prüfte historische Finanzinformationen nur für das letzte Geschäftsjahr (statt
für die letzten zwei Geschäftsjahre) bzw. einen entsprechend kürzeren Zeitraum, in dem der Emittent tätig war, beibringen. Sofern der Emittent in der
Zeit, für die historische Finanzinformationen beizubringen sind (also im der
Emission vorangegangenen Geschäftsjahr), seinen Bilanzstichtag geändert
hat, müssen die geprüften historischen Finanzinformationen mindestens
zwölf Monate oder – falls der Emittent seiner Geschäftätigkeit noch keine
zwölf Monate nachgegangen ist – den gesamten Zeitraum seiner Geschäftstätigkeit abdecken. Die Regelung im Hinblick auf die Änderung des Bilanzstichtags korrespondiert inhaltlich mit Anh. XI Ziff. 11.1 Satz 2 der EU-
ProspV (in der durch Art. 1 Nr. 4 der delegierten VO (EG) 211/2007 geänderten Fassung), wie auch die sonstigen Anforderungen an den Inhalt der Finanzinformationen sich mit denen in Anh. XI Ziff. 11.1 EU-ProspV decken.
Insoweit sei auf die dortige Kommentierung verwiesen.

XIII. Wesentliche Verträge

Wegen der inhaltlichen Übereinstimmung mit Ziff. 12 Anh. XI EU-ProspV *14*
wird auf die dortige Kommentierung verwiesen.

XIV. Angaben von Seiten Dritter, Erklärungen von Seiten Sachverständiger und Interessenerklärungen

Wegen der inhaltlichen Übereinstimmung mit Ziff. 13 Anh. XI EU-ProspV *15*
wird auf die dortige Kommentierung verwiesen.

XV. Einsehbare Dokumente

Wegen der inhaltlichen Übereinstimmung mit Ziff. 14 Anh. XI EU-ProspV *16*
wird auf die dortige Kommentierung verwiesen.

ARTIKEL 20A	ARTICLE 20A
Zusätzliches Angabemodul für die Zustimmung gemäß Artikel 3 Absatz 2 der Richtlinie 2003/71/EG	Additional information building block for consent given in accordance with Article 3(2) of Directive 2003/71/EC

(1) Für die Zwecke von Artikel 3 Absatz 2 Unterabsatz 3 der Richtlinie 2003/71/EG enthält der Prospekt folgende Angaben:

1. For the purposes of the third subparagraph of Article 3(2) of Directive 2003/71/EC, the prospectus shall contain the following:

a) die zusätzlichen Informationen gemäß Anhang XXX Abschnitte 1 und 2A, wenn ein oder mehrere spezifische Finanzintermediäre die Zustimmung erhalten;

(a) the additional information set out in Sections 1 and 2A of Annex XXX where the consent is given to one or more specified financial intermediaries;

b) die zusätzlichen Informationen gemäß Anhang XXX Abschnitte 1 und 2B, wenn der Emittent oder die für die Erstellung des Prospekts zuständige Person sich dafür entscheidet, allen Finanzintermediären die Zustimmung zu erteilen.

(b) the additional information set out in Sections 1 and 2B of Annex XXX where the issuer or the person responsible for drawing up the prospectus chooses to give its consent to all financial intermediaries.

(2) Hält ein Finanzintermediär die im Prospekt veröffentlichten Bedingungen, an die die Zustimmung gebunden ist, nicht ein, ist gemäß Artikel 3 Absatz 2 Unterabsatz 2 der Richtlinie 2003/71/EG ein neuer Prospekt zu erstellen.

2. Where a financial intermediary does not comply with the conditions attached to consent as disclosed in the prospectus, a new prospectus shall be required in accordance with the second paragraph of Article 3(2) of Directive 2003/71/EC.

Inhalt

I. Überblick

1 Art. 20a der EU-ProspV ist durch die delegierte Verordnung 862/2012 neu in die EU-ProspV eingeführt worden. Die Regelung betrifft die Aufnahme von spezifischen Informationen in den Prospekt in dem Fall, dass die Emittenten oder sonst Prospektverantwortliche i. S. v. § 5 Abs. 4 Satz 1 WpPG Finanzintermediären die Zustimmung zum Vertrieb der im Prospekt angebotenen Wertpapiere erteilen möchten. Dies ist auf europäischer Ebene in Art. 3 Abs. 2 Unterabs. 3 der EU-ProspRL geregelt, in Deutschland umgesetzt in § 3 Abs. 3 WpPG.

Art. 20 a enthält in Abs. 1 eine Vorgabe dazu, in welchen Fällen welche Teile   2
von Anh. XXX zur EU-ProspV zu beachten sind. Abs. 2 enthält eine Vorgabe
dazu, wann stattdessen ein neuer Prospekt erforderlich wird. Anh. XXX
wurde parallel zu Art. 20 a eingeführt und enthält zusätzliche Angaben für
die Stellen, in denen ein Vertrieb über Finanzintermediäre organisiert wird.
Sofern die Vorgaben aus § 3 Abs. 3 WpPG und Art. 20 a nicht eingehalten
werden, muss der entsprechende Finanzintermediär einen Prospekt veröffentlichen, vgl. Art. 20 a Abs. 2 EU-ProspV.

II. Anwendungsbereich

Art. 20 a Abs. 1 EU-ProspV enthält zunächst einen Hinweis darauf, dass „für   3
die Zwecke von Art. 3 Abs. 2 Unterabs. 3 der Richtlinie 2003/71/EG Anga-
ben zu machen sind". Hieraus ergibt sich, dass die in dieser Regelung der
Richtlinie genannten Fälle vorliegen müssen. Die Vorgaben von Art. 20 a
Abs. 1 der EU-ProspV sind also immer dann zu beachten, sofern einer der in
§ 3 Abs. 3 WpPG (denn dort ist die Richtlinie insoweit umgesetzt) geregelten
Fälle vorliegt.[1] Kurz gesagt, liegt ein solcher Fall immer dann vor, wenn ein
Finanzintermediär im Rahmen eines öffentlichen Angebots tätig werden soll.
Typisches Beispiel hierfür ist es etwa, wenn eine Direktbank über ihre
Homepage die Zeichnung von Wertpapieren, wie Anleihen oder Zertifika-
ten, ermöglicht und dabei auch den Prospekt auf ihrer Homepage setzt.
Auch sogenannte „Sales Agents", die im Rahmen des Vertriebs tätig werden,
sind immer dann, wenn sie dies in einer Weise machen, die zu einem öffent-
lichen Angebot führt und dabei einen Prospekt verwenden, erfasst.

Offen lässt die Prospekt-VO, was unter dem Begriff Finanzintermediär zu   4
verstehen ist.[2] Der deutsche Gesetzgeber verwendet in § 3 Abs. 3 WpPG
nicht den in der EU-ProspRL genutzten Begriff Finanzintermediär, sondern
formuliert stattdessen, dass es sich um ein Institut im Sinne des § 1 Abs. 1b
des KWG oder ein nach § 53 Abs. 1 Satz 1 oder § 53 b Abs. 1 Satz 1 oder
Abs. 7 KWG tätiges Unternehmen handelt. Damit definiert der deutsche Gesetzgeber konkludent den Begriff des Finanzintermediärs. Getragen sein
dürfte dies von dem Gedanken, dass eine Weiterveräußerung oder Platzierung von Wertpapieren als Emissionsgeschäft im Sinne des § 1 Abs. 1 Nr. 10
KWG oder Platzierungsgeschäft im Sinne des § 1 Abs. 1a Satz 2 Nr. 1c KWG
zu qualifizieren ist und demgemäß nur ein entsprechend zugelassenes Institut auch eine solche Tätigkeit ausüben darf. In der Literatur wird teilweise
diese enge Definition bedauert, so sieht man etwa auch einen Großaktionär
als potenziellen Adressaten der Regelung an, wenn dieser Wertpapiere um-
platziert.[3] Dies wäre in der Tat ein Fall, bei dem ein Großaktionär kein Emissionsgeschäft im Sinne des KWG vornimmt, vielmehr wäre das ein Fall der

---

1   Vgl. dazu auch § 3 Rn. 23.
2   Auch in der Literatur zum neuen Prospektrecht wird der Begriff, ohne ihn zu klären, ge-
    nutzt, vgl. etwa *Heidelbach/Preuße*, BKE 2012, 397 ff.; *Müller*, WpPG, § 3 Rn. 9 ff.
3   *Groß*, KapMR, § 3 WpPG, Rn. 10 d.

erlaubnisfreien Eigenemission,[4] aber trotzdem eine Platzierung i.S.v. § 3 Abs. 3 WpPG. Der deutsche Gesetzgeber hat hier aber die Ausnahmeregelung von der Prospektpflicht in § 3 Abs. 3 WpPG eindeutig formuliert.

5 Es verbleibt aber die Frage, wie für Zwecke der Pflichtangaben nach Art. 20 i.V.m. Anh. XXX EU-ProspV der europarechtliche Begriff Finanzintermediär auszulegen ist. Denkbar wäre es die Angaben immer dann zu fordern, wenn eines der in § 3 Abs. 3 WpPG genannten Institute und Unternehmen irgendeine Funktion im Zusammenhang mit der Emission hat. Dann müssten die Angaben beispielsweise in Bezug auf Zahlstellen gemacht werden, bei denen z.B. der Prospekt verfügbar ist. Dies ist jedoch abzulehnen. Durch den Verweis auf Art. 3 Abs. 2 Unterabs. 3 der EU-ProspRL wird deutlich, dass die in § 3 Abs. 3 WpPG genannten Personengruppen in einer Weise tätig werden müssen, die als späteres (öffentliches) Angebot oder als spätere endgültige Platzierung einzustufen ist. Der Begriff Platzierung ist dabei im Sinne einer Platzierung, die als öffentliches Angebot zu verstehen ist, einzuordnen, denn nur dann greift die Ausnahmeregelung von der Prospektpflicht i.S.v. § 3 Abs. 3 WpPG ein. Eine Zahlstelle, um auf das Beispiel zurückzukommen, nimmt aber weder ein späteres öffentliches Angebot vor, noch platziert sie Wertpapiere öffentlich und somit sind Angaben über diese entbehrlich. Auch Selling Agents, die ausschließlich im Rahmen einer Privatplatzierung tätig sind, unterfallen nicht dem Begriff des Finanzintermediärs.

6 Kapitalerhöhungen bei Aktiengesellschaften mit einem größeren Aktionärskreis, insbesondere bei börsennotierten Aktiengesellschaften, werden in der Praxis immer im Wege des mittelbaren Bezugsrechts abgewickelt. Diese in § 186 Abs. 5 AktG vorgesehene Regelung erlaubt es, die Kapitalerhöhung technisch über eine Bank abzuwickeln. Da die Aktien von den Aktionären im Depot gehalten werden, erklären diese über ihre Depotbank ihre Zeichnungen, die Depotbank gibt diese Zeichnungserklärungen an die Bezugsstelle weiter und diese zeichnet dann für den Gesamtbetrag. Es handelt sich hierbei letztlich um eine rein technische Dienstleistung der Emissionsbanken.[5] Das Aktiengesetz formuliert allerdings, dass die Bank den Aktionären ein eigenes Bezugsangebot macht, das nur von der Gesellschaft bekannt gemacht wird (vgl. § 186 Abs. 5 Satz 1, 2 AktG). Das Emissionsinstitut zeichnet die Aktien und schließt im zweiten Schritt mit den Aktionären, die ihr Bezugsrecht ausüben, einen Kaufvertrag ab.[6] Immer dann, wenn ein eigenes Angebot eines Dritten vorliegt, ist es aber naheliegend über den Anwendungsbereich von § 3 Abs. 3 WpPG nachzudenken. Sachlich erscheint eine solche Anwendung nicht gerechtfertigt. Denn nach den Vorstellungen aller Beteiligten ist Anbieter die Aktiengesellschaft und die Bank hat eine rein technische Funktion in der Angelegenheit. Sie agiert quasi wie ein Treuhänder. Jedoch ist man sich heute einig, dass ein eigenständiger Anspruch der

---

4 Vgl. zur Abgrenzung *Schäfer*, in: Boos/Fischer/Schulte-Mattler, KWG, Rn. 103, das Emissions- oder Platzierungsgeschäft erfordert ein Übernahmeelement, also dass ein Dritter Papiere platziert, die vom Emittenten oder Aktionär kommen.
5 Vgl. *Peifer*, in: MüKo AktG § 186 Rn. 105.
6 Vgl. nur *Hüffer*, AktG, § 51 Rn. 51.

Aktionäre gegen das Emissionsunternehmen entsteht, dass dieses den Aktionären gegenüber ein eigenes Angebot auf Abschluss eines Kaufvertrags über die Aktien unterbreitet.[7] Auf dieser dogmatischen Grundlage muss man wohl – auch wenn dies inhaltlich wenig überzeugend erscheint – zu dem Ergebnis kommen, dass mit Unterbreitung des Bezugsangebots das Emissionsunternehmen eine endgültige Platzierung i. S. v. § 3 Abs. 3 WpPG vornimmt. Damit liegt ein eigenes öffentliches Angebot des Emissionsunternehmens vor und dieses braucht die Erlaubnis zur Verwendung des Prospekts um einer eigenen Prospektpflicht zu entgehen, so dass damit auch die Angaben nach Art. 20 a, Anh. XXX EU-ProspV erforderlich sind.

III. Spezifische Erlaubnis oder generelle Erlaubnis

Ist der Anwendungsbereich von § 3 Abs. 3 WpPG und damit von Art. 20 a   7
Abs. 1 der EU-ProspV eröffnet, so unterscheidet Art. 20 a Abs. 1 der EU-ProspV zwei Fälle. In Abs. 1 lit. a sind die Anforderungen für den Fall geregelt, dass ein oder mehrere spezifische Finanzintermediäre die Zustimmung zur Verwendung des Prospekts erhalten haben; Art. 20 a Abs. 1 lit. b betrifft den Fall, dass allen Finanzintermediären die Zustimmung erteilt wurde. Die Abgrenzung bereitet in der Praxis keine Schwierigkeiten. Spezifische Finanzintermediäre sind solche, die dem Emittenten bzw. den Prospektverantwortlichen mit Namen und Adresse bekannt sind. In dem Fall muss also eine ausdrückliche Aufzählung durch den Emittenten erfolgen. Liegt keine Zustimmung für spezifische Finanzintermediäre vor, gestattet der Emittent quasi als Blankoermächtigung die Nutzung des Prospektes durch sämtliche Finanzintermediäre, auch wenn er mit diesen kein Rechtsverhältnis hat.

IV. Zustimmung vs. Einwilligung zur Prospektnutzung

Art. 20 a Abs. 1 EU-ProspV spricht davon, dass der oder die Finanzintermediäre „die Zustimmung" zur Nutzung des Prospekts erhalten haben. § 3   8
Abs. 3 WpPG hingegen verwendet den Begriff der Einwilligung. Zustimmung umfasst nach §§ 183, 184 BGB sowohl die vorherige Einwilligung als auch die nachträgliche Genehmigung. Im Rahmen des Gesetzgebungsverfahrens wurde allerdings darauf hingewiesen, dass Emittenten und Prospektverantwortliche ein Interesse daran haben, dass nur bei vorheriger Einwilligung die Finanzintermediäre unter dem Haftungsdach des Prospekts tätig sein können[8]. Demgemäß wurde der Begriff der Zustimmung, der sich noch im Referentenentwurf zu § 3 Abs. 3 WpPG fand, dort in die Einwilligung geändert. Auch in der EU-ProspV wird man den Begriff entsprechend

---

7 Vgl. *Peifer*, in: MüKo AktG § 186 Rn. 112.
8 *DAI*, „Stellungnahme zum Regierungsentwurf eines Gesetzes zur Umsetzung der Richtlinie 2010/73/EU und zur Änderung des Börsengesetzes", Februar 2012, S. 3; *Groß*, KapMR, § 3 WpPG, Rn. 10 c.

auszulegen haben, denn es kann denklogisch nur um eine vorherige Einwilligung gehen, über die im Prospekt berichtet wird.

V. Form der Einwilligung

9 Grundsätzlich gilt, dass die Einwilligung des Emittenten oder Prospektverantwortlichen schriftlich erteilt werden muss. Nach Verwaltungspraxis der BaFin und allgemeiner Auffassung finden die strengen Anforderungen des § 126 BGB jedoch keine Anwendung.[9] Auch ist es nicht erforderlich, dass Prospektverantwortlicher und Intermediär einen Vertrag über die Nutzung abschließen. Dies empfiehlt sich zwar bei einer kleinen Gruppe von Vertriebsstellen, wenn die Gruppe der Intermediäre aber größer ist, kann eine andere Gestaltungsform gewählt werden, die eine vergleichbare Transparenz ermöglicht, etwa indem ein Lead Manager für den Emittenten entsprechende Einwilligungen an Selling Agents erklärt.[10] Jedenfalls muss der von der Einwilligung begünstigte Intermediär bestimmt oder bestimmbar sein.[11]

VI. Fehlende Einwilligung/Verfehlung von Bedingungen

10 Bei Verstoß gegen etwaige Bedingungen, an die der Emittent/Prospektverantwortliche die Einwilligung geknüpft hat oder bei Verweigerung der Einwilligung insgesamt, scheidet eine Nutzung des Prospekts durch den Finanzintermediär aus. Dieser kann höchstens einen neuen Prospekt erstellen, wenn er die entsprechenden Wertpapiere öffentlich anbieten will. Er muss jedoch für diesen, inklusive jeglicher Verweise auf den Erstprospekt, selbst haften, Art. 20a Abs. 2 EU-ProspV.

---

9 BaFin – Basisprospektregime 2012 „Häufig gestellte Fragen zum neuen Basisprospektregime ab 1. Juli 2012", Abschnitt VI; *de Boer*, „Vertriebskette und Finanzintermediäre – höhere Transparenz für alle Beteiligten", in: BondGuide – Newsletter für Unternehmensanleihen, KW 1/2, 2013, S. 14; *Henningsen*, „Änderungen im Wertpapierprospektrecht", in: BaFinJournal 09/12, S. 9; *Müller*, WpPG, § 3 Rn. 11.

10 *Müller*, WpPG, § 3 Rn. 11.

11 *Müller*, WpPG, § 3 Rn. 11; RegE-Begr. Gesetz zur Umsetzung der RL 2010/73/EU und zur Änderung des Börsengesetzes, BT-Drucks. 17/8684, S. 17; *Groß*, KapMR, § 3 WpPG, Rn. 10c.

ANH. XXX	ANNEX XXX

ANH. XXX
Zusätzliches Angabemodul für die Zustimmung gemäß Artikel 20a (Zusätzliches Modul)

ANNEX XXX
Additional information regarding consent as referred to in Article 20a (Additional building block)

1 Zur Verfügung zu stellende Informationen über die Zustimmung des Emittenten oder der für die Erstellung des Prospekts zuständigen Person

1 Information to be provided regarding consent by the issuer or person responsible for drawing up the prospectus

1.1 Ausdrückliche Zustimmung seitens des Emittenten oder der für die Erstellung des Prospekts zuständigen Person zur Verwendung des Prospekts und Erklärung, dass er/sie die Haftung für den Inhalt des Prospekts auch hinsichtlich einer späteren Weiterveräußerung oder endgültigen Platzierung von Wertpapieren durch Finanzintermediäre übernimmt, die die Zustimmung zur Verwendung des Prospekts erhalten haben.

1.1 Express consent by the issuer or person responsible for drawing up the prospectus to the use of the prospectus and statement that it accepts responsibility for the content of the prospectus also with respect to subsequent resale or final placement of securities by any financial intermediary which was given consent to use the prospectus.

1.2 Angabe des Zeitraums, für den die Zustimmung zur Verwendung des Prospekts erteilt wird.

1.2 Indication of the period for which consent to use the prospectus is given.

1.3 Angabe der Angebotsfrist, während deren die spätere Weiterveräußerung oder endgültige Platzierung von Wertpapieren durch Finanzintermediäre erfolgen kann.

1.3 Indication of the offer period upon which subsequent resale or final placement of securities by financial intermediaries can be made.

1.4 Angabe der Mitgliedstaaten, in denen Finanzintermediäre den Prospekt für eine spätere Weiterveräußerung oder endgültige Platzierung von Wertpapieren verwenden dürfen.

1.4 Indication of the Member States in which financial intermediaries may use the prospectus for subsequent resale or final placement of securities.

1.5 Alle sonstigen klaren und objektiven Bedingungen, an die die Zustimmung gebunden ist und die für die Verwendung des Prospekts relevant sind.

1.5 Any other clear and objective conditions attached to the consent which are relevant for the use of the prospectus.

1.6 Deutlich hervorgehobener Hinweis für die Anleger, dass für den Fall, dass ein Finanzintermediär ein Angebot macht, dieser Finanzintermediär die Anleger zum Zeitpunkt der Angebotsvorlage über die Angebotsbedingungen unterrichtet

1.6 Notice in bold informing investors that, in the event of an offer being made by a financial intermediary, the financial intermediary will provide information to investors on the terms and conditions of the offer at the time the offer is made.

| 2a | Zusätzliche Informationen für den Fall, dass ein oder mehrere spezifische Finanzintermediäre die Zustimmung erhalten | 2a | Additional information to be provided where a consent is given to one or more specified financial intermediaries |

2A.1 Liste und Identität (Name und Adresse) des Finanzintermediärs/der Finanzintermediäre, der/die den Prospekt verwenden darf/dürfen.

2A.1 List and identity (name and address) of the financial intermediary or intermediaries that are allowed to use the prospectus.

2A.2 Angabe, wie etwaige neue Informationen zu Finanzintermediären, die zum Zeitpunkt der Billigung des Prospekts, des Basisprospekts oder ggf. der Übermittlung der endgültigen Bedingungen unbekannt waren, zu veröffentlichen sind, und Angabe des Ortes, an dem sie erhältlich sind.

2A.2 Indication how any new information with respect to financial intermediaries unknown at the time of the approval of the prospectus, the base prospectus or the filing of the final terms, as the case may be, is to be published and where it can be found.

| 2b | Zusätzliche Informationen für den Fall, dass sämtliche Finanzintermediäre die Zustimmung erhalten | 2b | Additional information to be provided where a consent is given to all financial intermediaries |

Deutlich hervorgehobener Hinweis für Anleger, dass jeder den Prospekt verwendende Finanzintermediär auf seiner Website anzugeben hat, dass er den Prospekt mit Zustimmung und gemäß den Bedingungen verwendet, an die die Zustimmung gebunden ist.

Notice in bold informing investors that any financial intermediary using the prospectus has to state on its website that it uses the prospectus in accordance with the consent and the conditions attached thereto.

Inhalt

1   Anh. XXX zur EU-ProspV ist ein zusätzliches Angabenmodul, das nur Anwendung findet, wenn eine Zustimmung im Sinne von Art. 20a der EU-ProspV und damit im Sinne von § 3 Abs. 3 WpPG vorliegt. Anh. XXX gliedert sich in zwei Abschnitte. Im ersten Abschnitt geht es um Informationen, die in jedem Fall der Anwendbarkeit von Anh. XXX aufzunehmen sind. Der zweite Abschnitt unterscheidet danach, ob die Zustimmung zur Verwendung des Prospekts an spezifische Finanzintermediäre oder an sämtliche Finanzintermediäre erteilt wurde.

I. Ziffer 1 (Informationen über die Zustimmung)

Die Bestimmungen aus Ziff. 1. in Anh. XXX EU-ProspV sind im Anwendungsbereich dieses Anhangs immer zu beachten, sowohl bei der Zustimmung an ausgewählte Finanzintermediäre, als auch bei der generellen Zustimmung. 2

1. Ziffer 1.1.

Anh. XXX Ziff. 1.1. verlangt eine ausdrückliche Zustimmung zur Verwendung des Prospekts durch Finanzintermediäre. Auch hier ist der Begriff der Zustimmung nach deutschem Rechtsverständnis im Sinne einer Einwilligung zu verstehen.[1] Nach Ziff. 1.1. Anh. XXX EU-ProspV muss der Prospekt eine ausdrückliche Erklärung enthalten, dass der Emittent oder sonstige Prospektverantwortliche die Haftung für den Inhalt des Prospekts auch hinsichtlich einer späteren Weiterveräußerung oder endgültigen Platzierung von Wertpapieren durch die Finanzintermediäre übernimmt, die eine Zustimmung zur Verwendung des Prospekts erhalten haben. Es muss sich dabei um eine eigene Erklärung des Emittenten bzw. Prospektverantwortlichen handeln. Er muss damit einer Verwendung des Prospektes (ggf. unter bestimmten Bedingungen) durch einen/mehrere Finanzintermediär/e ausdrücklich zustimmen, unabhängig von etwaigen Vereinbarungen zwischen Emittent und Intermediär außerhalb des Prospekts. 3

Durch die Erklärung des Emittenten oder Prospektverantwortlichen wird gewährleistet, dass die Anleger darüber informiert sind, wer die Verantwortung für die Verwendung des Prospekts durch die Intermediäre übernimmt. Darüber hinaus von erheblicher Relevanz ist aber die hier im Rahmen des Prospekts zu erklärende Haftungsübernahme. Diese ist quasi das Gegenstück dazu, dass die entsprechenden Finanzintermediäre keinen Prospekt erstellen müssen. Sie können mit dem veröffentlichten Prospekt agieren und damit unter das Haftungsdach dieses Prospektes schlüpfen. Daraus ergibt sich im Umkehrschluss, dass die Prospektverantwortlichen auch für den Inhalt des Prospekts bei Verwendungsschäden durch die entsprechenden Finanzintermediäre haften. Dies bedeutet aber nicht eine generelle Haftung für die entsprechenden Vertriebsaktivitäten, etwa wegen fehlerhafter Beratung, sondern ist ausschließlich auf den Inhalt des Prospekts beschränkt. 4

Das Zustimmungserfordernis hat damit aus Sicht des Emittenten bzw. der Prospektverantwortlichen eine wichtige Funktion: auf diese Weise kann die Haftung kontrolliert und begrenzt werden. Finanzintermediäre, denen die Zustimmung zur Verwendung des Prospekts nicht erteilt wurde oder die gegen die entsprechenden Bedingungen zur Verwendung verstoßen, scheiden aus dem Haftungsdach aus. Eine solche Bedingung könnte etwa sein, dass der Prospekt nicht zu einer Platzierung außerhalb des Gebiets, auf das sich das öffentliche Angebot bezieht, verwendet werden darf oder auch innerhalb dessen nicht zu einer Platzierung an bestimmte Personen, etwa an so- 5

---

1 Vgl. dazu oben EU-ProspV Art. 20a Rn. 8

genannte „US-Personen" nach dem US Securities Act von 1933. Ein Finanzintermediär, der ohne eine solche Zustimmung oder unter Missachtung der
Bedingungen der Zustimmung handelt, ist verpflichtet, einen eigenen Prospekt für dieses eigene öffentliche Angebot zu erstellen. Im Falle einer wirksamen Einwilligung kann sich jedoch auch der Finanzintermediär darauf
verlassen, dass der Prospekt, auch durch Nachträge durch den Emittenten
oder Prospektverantwortlichen, aktuell gehalten wird.

2. Ziffer 1.2.–1.5.

6   Die Ziff. 1.2. bis 1.5. enthalten weitere Details, die im Zusammenhang mit
der Zustimmung zur Verwendung des Prospekts durch Finanzintermediäre
in den Prospekt aufzunehmen sind. Es muss der Zeitraum angegeben werden, für den die Zustimmung zur Verwendung des Prospekts durch den oder
die spezifischen Finanzintermediäre erteilt wird (Ziff. 1.2.). In der Praxis entspricht dies meistens dem Angebotszeitraum. Nach Ziff. 1.3. muss die Angebotsfrist angegeben werden, während derer die spätere Weiterveräußerung
oder die Platzierung durch die Finanzintermediäre erfolgen kann. Auch dies
wird typischerweise der Angebotsfrist des Prospekts entsprechen.

Nach Ziff. 1.4. hat eine Aufzählung der Mitgliedstaaten, in denen Finanzintermediäre den Prospekt für eine spätere Weiterveräußerung oder endgültige Platzierung nutzen dürfen, zu erfolgen. Dies können alle Staaten der EU
sein, innerhalb derer der Prospekt ein öffentliches Angebot zulässt, auch
eine Teilmenge davon ist möglich, wenn etwa ein Finanzintermediär nur für
ein bestimmtes Gebiet für die Platzierung beauftragt wird. Weitergehen als
der Prospekt darf die örtliche Begrenzung hier aber nicht.

Nach Abschnitt 1.5. müssen im Fall der Bedingung der Zustimmung, die Bedingungen für die Verwendung klar und objektiv sein und ebenfalls im Prospekt aufgeführt werden.

3. Ziffer 1.6.

7   Nach Ziff. 1.6. ist zuletzt ein deutlich hervorgehobener Hinweis für die Anleger erforderlich, dass im Fall eines Angebots durch einen Finanzintermediär dieser die Anleger im Zeitpunkt des Angebots über die Bedingungen
unterrichtet.

II. Ziffer 2 (Angaben zu den Finanzintermediären)

8   Ziff. 2 in Anh. XXX EU-ProspV unterscheidet zwei Fälle, 2A und 2B.

1. Ziffer 2A

9   Soweit die Zustimmung ausdrücklich an einen oder mehrere spezifische Finanzintermediäre erteilt wird, richten sich die zusätzlichen Angaben nach
Ziff. 2A, Angaben gemäß Ziff. 2B entfallen.

Nach Ziff. 2A.1 ist dem Prospekt eine Liste mit der Identität (Name und Adresse) des oder der Finanzintermediäre beizufügen, die den Prospekt verwenden dürfen.

Ziff. 2A.2 fordert Angaben dazu, wie etwaige neue Informationen zu Finanzintermediären, die zum Zeitpunkt der Billigung des Prospekts, des Basisprospekts oder gegebenenfalls der Übermittlung der endgültigen Bedingungen unbekannt waren, zu veröffentlichen sind und Angabe des Ortes, an denen sie erhältlich sind. Regelmäßig werden solche Informationen auf der Homepage des Emittenten veröffentlicht und dies wird hier entsprechend angegeben. Unklar ist, was eigentlich diese etwaigen neuen Informationen sein sollen. Die BaFin hat sich in der Praxis auf den Standpunkt gestellt, dass dies nicht neue Angaben nach Ziff. 2A.1 (geänderter Name oder Adresse des Finanzintermediärs) sind, entsprechende Formulierungen wurden in Billigungsverfahren zurückgewiesen. Aber gerade das erscheint doch sinnvoll. Ändert etwa ein Finanzintermediär seine Adresse, so könnte dies auf der Homepage des Emittenten entsprechend veröffentlicht werden. Sollten sich die Angaben nach Ziff. 2A.2 hingegen nicht auf die Identität (Name und Adresse) der Finanzintermediäre beziehen, würde hier einem völlig unbestimmten Rechtsbegriff Tür und Tor geöffnet, man müsste sich fragen, was alles zu veröffentlichen wäre. Sollte dann etwa darunter fallen, dass der Finanzintermediär eine geänderte Erlaubnis nach dem KWG hat? Wenn er einen Jahresabschluss veröffentlicht? Dies ginge ersichtlich zu weit. Die Regelung sollte daher auf Name und Adresse beschränkt werden.

2. Ziffer 2B

Soweit eine generelle Zustimmung zur Nutzung des Prospekts zur Platzierung unter dem Haftungsdach des Emittenten/Prospektverantwortlichen an sämtliche Finanzintermediäre erteilt wird, muss der Prospekt nach Ziff. 2B einen Hinweis für die Anleger enthalten, dass jeder Finanzintermediär, der den Prospekt nutzt, auf seiner Webseite angibt, dass er den Prospekt mit Zustimmung und zu den entsprechenden Bedingungen nutzt.

III. Basisprospekt-Kategorien

Die nach Anh. XXX erforderlichen Angaben unterfallen ausschließlich den Kategorien A und C i. S. d. Art. 2 a i. V. m. Anh. XX der EU-ProspV. In die Kategorie A gehören die Abschnitte 1.1, 1.2, 1.4, 1.6, 2A.2, 2B.1. Die übrigen Abschnitte, also 1.3, 1.5 und 2A.1, gehören in die Kategorie C.

IV. Angaben in Zusammenfassung

Zusammen mit Anh. XXX EU-ProspV wurden auch die Anforderungen an die Zusammenfassung ergänzt. Dort wurde eine Ziff. A.2 ergänzt, die in den Fällen von Anh. XXX anzugeben ist. Ist Anh. XXX nicht anwendbar, weil keine Zustimmung an Finanzintermediäre erteilt wurde, ist zu A.2 eine Negativerklärung erforderlich, die etwa wie folgt lauten kann:

> *„Entfällt, da keine Zustimmung zur Verwendung des Prospekts für die spätere Weiterveräußerung oder endgültige Platzierung von Aktien durch Finanzintermediäre erteilt wurde."*

14 Anderenfalls fordert Ziff. A.2 die folgenden Angaben:

– Es muss aufgenommen werden, ob die Zustimmung zur Weiterverwendung des Prospekts an einen/mehrere spezifische (dann mit Auflistung von Name und Adresse), oder aber an alle Finanzintermediäre erteilt wird (Abschnitt 1.1) und für welche Dauer (1.2).

– Darüber hinaus ist zu erklären, die Erklärung, dass der Emittent/Prospektverantwortliche die Haftung für den Inhalt des Prospekts übernimmt, auch hinsichtlich einer späteren Weiterveräußerung oder endgültigen Platzierung (1.1).

– Für den Fall, dass die Zustimmung des Emittenten vorbehaltlich der Einhaltung etwaiger Bedingungen gilt, ist auch darauf in der Zusammenfassung hinzuweisen (1.5). Auch die Formulierung „Die Zustimmung ist an keine weiteren Bedingungen geknüpft", findet sich häufig.

– Für den Fall, dass die Zustimmung nur an spezifische Intermediäre erteilt wurde, muss sich in der Zusammenfassung der Hinweis finden, dass und wo etwaige neue Informationen zu den Finanzintermediären unverzüglich veröffentlicht werden (2.A.2).

– Zuletzt sollte sich dort, fett gedruckt, die Angabe finden, dass der Finanzintermediär, für den Fall, dass er ein Angebot macht, die Anleger zum Zeitpunkt der Angebotsvorlage über die Angebotsbedingungen unterrichtet (1.6).

Die Angaben in der Zusammenfassung entsprechen damit weitgehend den Angaben nach Anh. XXX EU-ProspV in vollständiger Form, daher bietet es sich an in Zusammenfassung und Hauptteil des Prospekt identische Texte aufzunehmen.

V. Übergangsregelung

15 In zeitlicher Hinsicht enthält die Delegierte Verordnung (EU) 486/2012 in Art. 2 Abs. 1 eine Übergangsvorschrift, wonach für vor dem 22.09.2012 gebilligte Prospekte kein Nachtrag betreffend die Zustimmung zur Weiterverwendung des Prospekts erforderlich ist.

Das WpPG enthält hingegen keine entsprechenden Übergangsvorschriften und die Anwendbarkeit der neuen Vorschriften des WpPG ist vom Inkrafttreten der delegierten Verordnung unabhängig. Dementsprechend sollten Emittenten und Finanzintermediäre beachten, dass ab dem 1.7.2012 auch die vor diesem Datum gebilligten Prospekte im Rahmen von Vertriebsketten nur noch auf Grundlage von einer schriftlichen Zustimmung genutzt werden dürfen.

§ 8
Nichtaufnahme von Angaben

(1) Für den Fall, dass der Ausgabepreis der Wertpapiere (Emissionspreis) und die Gesamtzahl der öffentlich angebotenen Wertpapiere (Emissionsvolumen) im Prospekt nicht genannt werden können, muss der Prospekt die Kriterien oder die Bedingungen angeben, anhand deren die Werte ermittelt werden. Abweichend hiervon kann bezüglich des Emissionspreises der Prospekt auch den Höchstpreis angeben. Enthält der Prospekt nicht die nach Satz 1 oder Satz 2 erforderlichen Kriterien oder Bedingungen, hat der Erwerber das Recht, seine auf den Abschluss des Vertrages gerichtete Willenserklärung innerhalb von zwei Werktagen nach Hinterlegung des endgültigen Emissionspreises und des Emissionsvolumens zu widerrufen. Der Widerruf muss keine Begründung enthalten und ist in Textform gegenüber der im Prospekt als Empfänger des Widerrufs bezeichneten Person zu erklären; zur Fristwahrung genügt die rechtzeitige Absendung. Auf die Rechtsfolgen des Widerrufs ist § 357 des Bürgerlichen Gesetzbuchs entsprechend anzuwenden. Der Anbieter oder Zulassungsantragsteller muss den endgültigen Emissionspreis und das Emissionsvolumen unverzüglich nach deren Festlegung in einer nach § 14 Abs. 2 zulässigen Art und Weise veröffentlichen. Erfolgt kein öffentliches Angebot, sind der endgültige Emissionspreis und das Emissionsvolumen spätestens einen Werktag vor der Einführung der Wertpapiere zu veröffentlichen. Werden Nichtdividendenwerte eingeführt, ohne dass ein öffentliches Angebot erfolgt, kann die Veröffentlichung nach Satz 6 nachträglich vorgenommen werden, wenn die Nichtdividendenwerte während einer längeren Dauer und zu veränderlichen Preisen ausgegeben werden. Der endgültige Emissionspreis und das Emissionsvolumen sind zudem stets am Tag der Veröffentlichung bei der Bundesanstalt zu hinterlegen. Der Prospekt muss in den Fällen des Satzes 3 an hervorgehobener Stelle eine Belehrung über das Widerrufsrecht enthalten.

(2) Die Bundesanstalt kann gestatten, dass bestimmte Angaben, die nach diesem Gesetz oder der Verordnung (EG) Nr. 809/2004 vorgeschrieben sind, nicht aufgenommen werden müssen, wenn

1. die Verbreitung dieser Angaben dem öffentlichen Interesse zuwiderläuft,
2. die Verbreitung dieser Angaben dem Emittenten erheblichen Schaden zufügt, sofern die Nichtveröffentlichung das Publikum nicht über die für eine fundierte Beurteilung des Emittenten, des Anbieters, des Garantiegebers und der Wertpapiere, auf die sich der Prospekt bezieht, wesentlichen Tatsachen und Umstände täuscht, oder
3. die Angaben für das spezielle Angebot oder für die spezielle Zulassung zum Handel an einem organisierten Markt von untergeordneter Bedeutung und nicht geeignet sind, die Beurteilung der Finanzlage und der Entwicklungsaussichten des Emittenten, Anbieters oder Garantiegebers zu beeinflussen.

(3) Sind bestimmte Angaben, die nach der Verordnung (EG) Nr. 809/2004 in den Prospekt aufzunehmen sind, dem Tätigkeitsbereich oder der Rechtsform des Emittenten oder den Wertpapieren, auf die sich der Prospekt bezieht, ausnahmsweise nicht angemessen, hat der Prospekt unbeschadet einer angemessenen Information des Publikums Angaben zu enthalten, die den geforderten Angaben gleichwertig sind.

(4) Übernimmt ein Staat des Europäischen Wirtschaftsraums eine Garantie für ein Wertpapier, so muss der Prospekt keine Angaben über diesen Garantiegeber enthalten.

Inhalt

I. Überblick

1 Gem. § 8 WpPG brauchen bestimmte Angaben in Ausnahmefällen nicht im Prospekt aufgenommen zu werden. Dabei ist zwischen den folgenden Konstellationen zu unterscheiden: Die Regelung des Abs. 1 erfasst den Fall, dass es dem Anbieter oder Zulassungsantragsteller zum Zeitpunkt der Erstellung des Prospekts nicht möglich oder er aus anderen Gründen nicht willens ist, den Emissionspreis und das Emissionsvolumen zu konkretisieren. Da auf der anderen Seite das Publikum in einer solchen Situation besonders schutzbedürftig ist, muss der Prospekt zumindest die Kriterien oder Bedingungen, anhand derer die fehlenden Angaben (später) ermittelt werden, oder – anstelle des Emissionspreises – einen Höchstpreis angeben.

Unter den Voraussetzungen des Abs. 2 kann die Bundesanstalt gestatten, dass einzelne Angaben nicht im Prospekt aufgenommen werden müssen.

Nach Abs. 3 brauchen bestimmte Angaben, die für den Emittenten oder die Wertpapiere aufgrund des Tätigkeitsbereichs oder der Rechtsform des Emittenten nicht in Betracht kommen, nicht im Prospekt aufgenommen zu werden.

Abs. 4 gestattet die Nichtangabe des Garantiegebers, sofern es sich dabei um einen Staat des Europäischen Wirtschaftsraums handelt.

II. Entstehungsgeschichte

§ 8 WpPG setzt Art. 8 der Prospektrichtlinie um. Die Regelung des § 8 Abs. 1 WpPG orientiert sich an § 10 VerkProspG und am früheren § 44 BörsZulVO. Abs. 2 orientiert sich inhaltlich am früheren § 47 BörsZulVO, da Art. 8 Abs. 2 der EU-ProspRL an Art. 24 der Richtlinie 2001/34/EG anknüpft, der wiederum in § 47 BörsZulVO umgesetzt worden ist. Abs. 4 wurde mit dem Gesetz zur Umsetzung der Richtlinie 2010/73/EUR und zur Änderung des Börsengesetzes vom 26.06.2012 nachträglich eingefügt und setzt den durch Art. 1 Nr. 8 lit. b der ÄnderungsRL neu eingefügten Art. 8 Abs. 3a der EU-ProspRL um.   2

III. Zweck der Regelung

Während die ursprüngliche Fassung des § 8 Abs. 1 WpPG in Satz 6 vorsah,   3 dass der endgültige Emissionspreis und das Emissionsvolumen spätestens am Tag des öffentlichen Angebots veröffentlicht werden sollten, ist die Regelung aufgrund der Beschlussempfehlung und des Beschlusses des Finanzausschusses vom 21.04.2005[1] dahingehend geändert worden, dass die Veröffentlichung von Emissionspreis und Emissionsvolumen erst unverzüglich nach deren Festlegung erfolgen muss. Hintergrund dieser Änderung war der Wunsch des Gesetzgebers, das Bookbuilding-Verfahren weiterhin zu gewährleisten. Bei diesem Verfahren handelt es sich um ein Auktionsverfahren für neu zuzulassende Aktien, bei dem die Investoren ihre Gebote innerhalb einer vorgegebenen Preisspanne abgeben müssen. Im Unterschied zum klassischen Festpreisverfahren werden die Investoren auf diese Weise direkt in die Preisfindung einbezogen. Der endgültige Emissionskurs wird schließlich aus dem Durchschnitt der Gebote gebildet. Das Bookbuilding-Verfahren ermöglicht dem Emittenten einen den Marktverhältnissen entsprechenden Preis festzusetzen.[2] Bei der Variante des sog. Accelerated Bookbuilding-Verfahrens wird der Plazierungszeitraum abhängig vom Volumen und der Aufnahmebereitschaft der Investoren auf wenige Stunden verkürzt. Dieses beschleunigte Bookbuilding-Verfahren wird vornehmlich bei Sekundärplazierungen ange-

---

1 BT-Drucks. 15/5373, S. 15 f.
2 Zu den Einzelheiten siehe *Hein*, WM 1996, 1 ff.; *Meyer*, in: Marsch-Barner/Schäfer, Hdb börsnot AG, § 8 Rn. 30.

wandt. Die Abkürzung des Preisfindungszeitraums bringt dem Emittenten den Vorteil, dass die vorgegebene Preisspanne nur kurzzeitig den möglicherweise extremen Schwankungen des Börsenumfelds ausgesetzt wird.

Mit der ursprünglichen Pflicht zur Veröffentlichung der Angaben des Emissionspreises und des Emissionsvolumens am Tag des öffentlichen Angebots wäre die Durchführung eines Bookbuilding-Verfahrens nicht mehr möglich gewesen, da die Festsetzung von Preis und Volumen im Bookbuilding-Verfahren erst nach Ablauf der Zeichnungsfrist im Rahmen des Zuteilungsverfahrens erfolgt. Da der Gesetzgeber das Verfahren als einen der wesentlichen Bestandteile von Börsengängen ansah und als flexibles Gestaltungsinstrument fördern wollte, brauchen die beiden Angaben nunmehr erst zum Zeitpunkt ihrer Festlegung veröffentlicht zu werden.[3]

IV. Inhalt der Norm

1. Nichtaufnahme von Emissionspreis und Emissionsvolumen (Abs. 1)

a) Emissionspreis und Emissionsvolumen

4 Gem. Abs. 1 kann der Prospekt ohne Emissionspreis und Emissionsvolumen veröffentlicht werden, wenn deren Nennung zum Zeitpunkt der Veröffentlichung nicht möglich ist. Dies betrifft insbesondere die Fälle, in denen Preis und Volumen der Emission aufgrund der Art des Angebots bzw. der Bestimmung des Angebotspreises bei Beginn des Angebots nicht möglich ist.[4]

Die Regelung des § 8 Abs. 1 WpPG definiert das Emissionsvolumen als Gesamtzahl der öffentlich angebotenen Wertpapiere. Der Emissionspreis wird als „Ausgabepreis der Wertpapiere" definiert. Diese Definition ist für Aktienemissionen dahingehend zu verstehen, dass der endgültige Emissionskurs bzw. der endgültige Angebotspreis – und nicht der ursprüngliche Ausgabepreis – als Emissionspreis anzusehen ist.[5] Bei Schuldverschreibungen und derivativen Wertpapieren sind die Regelungen der ProspV zu berücksichtigen, nach denen grundsätzlich der anfängliche Kurs anzugeben ist.[6] Wird kein Ausgabepreis festgelegt, so gilt als Höchstpreis der erste nach Einführung der Wertpapiere festgestellte oder gebildete Börsenpreis. Wird der Börsenpreis gleichzeitig an mehreren organisierten Märkten festgestellt oder gebildet, so gilt als Höchstpreis der höchste erste Börsenpreis.[7]

---

3 *König,* ZEuS 2004, 251, 281.
4 *Meyer,* in: Frankf Komm § 8 WpPG Rn. 12.
5 *Groß,* KapMR, § 8 WpPG Rn. 2; *Heidelbach,* in: Schwark/Zimmer, KapMRK, § 8 WpPG Rn. 5; *Meyer,* in: Frankf Komm § 8 WpPG Rn. 9.
6 *Groß,* in: Ebenroth/Boujong/Joost/Strohn, HGB, § 8 WpPG Rn. IX675.
7 RegBegr. BR-Drucks. 85/05, S. 70 sowie EU-ProspRL-UmsetzungsG, BT-Drucks. 15/4999, S. 10; *Groß,* KapMR, § 8 WpPG Rn. 2; *Groß,* in: Ebenroth/Boujong/Joost/Strohn, HGB, § 8 WpPG Rn. IX675; *Heidelbach,* in: Schwark/Zimmer, KapMRK, § 8 WpPG Rn. 7; *Just,* in: Just/Voß/Ritz/Zeising, WpPG, § 8 Rn. 24; *Straßner,* in: Heidel, AktG, § 8 WpPG Rn. 3; krit. *Meyer,* in: Frankf Komm § 8 WpPG Rn. 35.

*b) Kriterien und Bedingungen für die Ermittlung von Emissionspreis
und Emissionsvolumen*

Werden Emissionspreis und Emissionsvolumen nicht angegeben, sind die   5
Kriterien oder die Bedingungen anzugeben, anhand derer die Werte ermittelt werden. Diesem Erfordernis genügt die übliche Darstellung des Bookbuilding-Verfahrens.[8] Eine Formulierung kann beispielsweise sein:

> *„Grundlage dieses Bookbuilding-Verfahrens wird die Preisspanne sein,
> die vor Beginn des Angebotszeitraums in Form eines Nachtrags zu die-
> sem Prospekt veröffentlicht werden wird. Der Preisfestsetzung liegen die
> im sogenannten Orderbuch gesammelten Kaufangebote zugrunde, die
> von Investoren während des Angebotszeitraums abgegeben wurden.
> Diese Kaufangebote werden nach dem gebotenen Preis sowie nach der
> erwarteten Ausrichtung der betreffenden Investoren ausgewertet. Die
> Festsetzung des Kaufpreises und der Zahl der zu platzierenden Aktien er-
> folgt auf dieser Grundlage zum einen im Hinblick auf eine angestrebte
> Erlösmaximierung. Zum anderen wird darauf geachtet, ob der Kaufpreis
> und die Zahl der zu platzierenden Aktien angesichts der sich aus dem Or-
> derbuch ergebenden Nachfrage nach den Aktien der Gesellschaft ver-
> nünftigerweise die Aussicht auf eine stabile Entwicklung des Aktienkurses
> im Zweitmarkt erwarten lassen. Dabei wird nicht nur den von den Inves-
> toren gebotenen Preisen und der Zahl der zu einem bestimmten Preis Ak-
> tien nachfragenden Investoren Rechnung getragen. Vielmehr wird auch
> die Zusammensetzung des Aktionärskreises der Gesellschaft (sogenann-
> ter Investoren-Mix), die sich bei der zu einem bestimmten Preis mögli-
> chen Zuteilung ergibt, und das erwartete Investorenverhalten berücksich-
> tigt."*

Werden die Kriterien oder Bedingungen anders als mittels des Bookbuilding-
Verfahrens dargestellt, ist der Emittent gehalten, bei der Formulierung der
Kriterien und Bedingungen, anhand derer die genannten Werte ermittelt
werden können, möglichst sorgfältig vorzugehen, um auf diese Weise sicherzustellen, dass ein – sicherlich nicht in seinem Interesse liegendes – Widerrufsrecht des Anlegers nicht entsteht.[9]

c) Angabe des Höchstpreises

Werden weder der Emissionspreis noch die Kriterien und Bedingungen für   6
dessen Ermittlung angegeben, so kann stattdessen gem. § 8 Abs. 1 Satz 2
WpPG der Höchstpreis angegeben werden. Der Emittent hat insoweit ein
Wahlrecht.[10] Der Höchstpreis vermittelt dem Anleger eine Sicherheit bzgl.
der maximalen Höhe des Preises, bringt für den Emittenten jedoch den
Nachteil, dass er sich bereits bei Prospektveröffentlichung in gewisser Weise

---

8 *Schlitt/Schäfer*, AG 2005, 498, 505.
9 *Hamann*, in: Schäfer/Hamann, KapMG (April 2012), § 8 WpPG Rn. 6; *Kullmann/Sester*,
   ZBB 2005, 209, 212.
10 *Hamann*, in: Schäfer/Hamann, KapMG (April 2012), § 8 WpPG Rn. 7.

bindet und sowohl der zu hoch als auch der zu niedrig eingeschätzte Preis eine abschreckende Wirkung auf den Anleger erzeugen können.

d) Problemfall Preisspanne

7 Fraglich ist, ob der Emittent dazu verpflichtet ist eine Preisspanne im Prospekt aufzunehmen. Bei einer Preisspanne gibt der Emittent zwei Werte an, zwischen denen sich der Preis voraussichtlich bewegen wird. Wenn allerdings gem. § 8 Abs. 1 Satz 1 und Satz 2 WpPG weder der Emissionspreis noch ein Höchstpreis angegeben werden müssen, kann auch keine Verpflichtung zur Angabe einer Preisspanne bestehen.[11] Entscheidet sich der Emittent freiwillig für die Aufnahme einer Preisspanne, stellt sich die Frage, ob diese freiwillige Angabe unter die Regelung des § 8 WpPG oder die des § 16 WpPG fällt. Dabei sind die drei folgenden Konstellationen zu unterscheiden:

aa) Konstellation 1

Denkbar ist zunächst, dass der Emittent im Prospekt zunächst eine Preisspanne angibt. Während des Angebotszeitraums stellt sich der endgültige Emissionspreis heraus. Da die Preisspanne im Grunde aus einem Höchst- und einem Niedrigstpreis besteht, kann sie als qualifizierte Angabe des Höchstpreises im Sinne des § 8 Abs. 1 Satz 2 WpPG angesehen werden. Folglich richtet sich ihre weitere rechtliche Behandlung nach den Regelungen des § 8 WpPG. Dies hat zur Folge, dass ein Widerrufsrecht aufgrund der Angabe des Höchstpreises gem. § 8 Abs. 1 WpPG nicht besteht. Darüber hinaus ist der endgültige Emissionspreis unverzüglich nach seiner Festlegung gem. § 8 Abs. 1 Satz 6 i. V. m. § 14 Abs. 2 WpPG zu veröffentlichen.[12] Eines Nachtrags gem. § 16 WpPG bedarf es für die Bekanntgabe des endgültigen Emissionspreises in diesem Fall folglich nicht.

bb) Konstellation 2

In einem zweiten Fall nimmt der Emittent im Prospekt gar keine Angaben bzgl. des Emissionspreises auf, d. h. er gibt weder einen Emissionspreis, noch einen Höchstpreis, noch eine Preisspanne an. Während des Angebotszeitraums möchte er allerdings eine Preisspanne veröffentlichen. Da der Prospekt keine Angaben zum Emissionspreis enthält, wird er entweder die Kriterien und Bedingungen für die Ermittlung des Emissionspreises gem. § 8 Abs. 1 Satz 1 WpPG oder die Belehrung über das Widerrufsrecht gem. § 8 Abs. 1 Satz 10 WpPG enthalten. Der Tatbestand des § 8 Abs. 1 WpPG ist bei der nachträglichen Veröffentlichung einer Preisspanne nicht mehr betroffen, da es sich nicht um die Angabe des endgültigen Emissionspreises im Sinne des § 8 Abs. 1 Satz 6 WpPG handelt und nur der endgültige Emissionspreis nachträglich anzugeben ist. Die Preisspanne wird allerdings typischerweise als wichtiger neuer Umstand in Bezug auf die Beurteilung der Wertpapiere

---

11 So auch *Groß*, KapMR, § 8 WpPG Rn. 3.
12 Vgl. die Komm. zu § 14 Abs. 2 WpPG.

im Sinne des § 16 Abs. 1 Satz 1 WpPG anzusehen sein. Infolgedessen ist die Preisspanne vor ihrer Veröffentlichung als Nachtrag gem. § 16 Abs. 1 WpPG von der Bundesanstalt zu prüfen und zu billigen. Dementsprechend richtet sich auch das Widerrufsrecht nach § 16 Abs. 3 WpPG. Der endgültige Emissionspreis kann schließlich gem. den Regelungen des § 8 Abs. 1 Satz 6 WpPG veröffentlicht werden, ohne dass es eines gebilligten Nachtrags gem. § 16 WpPG bedarf.[13]

cc) Konstellation 3

In einer dritten Konstellation nimmt der Emittent im Prospekt eine Preisspanne auf, die er noch während des Angebotszeitraums ändern will. Die Angabe der Preisspanne ist zwar – entsprechend den Ausführungen zu Konstellation 1 – als qualifizierte Angabe des Höchstpreises anzusehen, eine Änderung derselben muss jedoch – entsprechend den Ausführungen zu Konstellation 2 – als wichtiger neuer Umstand betreffend die Wertpapiere den Regelungen des § 16 WpPG folgen.[14] Eine Änderung der Preisspanne ist somit als Nachtrag gem. § 16 Abs. 1 Satz 2 WpPG bei der Bundesanstalt einzureichen und vor der Veröffentlichung von ihr zu billigen. Der endgültige Emissionspreis ist – entsprechend den Ausführungen zu Konstellation 2 – gem. § 8 Abs. 1 Satz 6 WpPG zu veröffentlichen.

e) *Abhängigkeit der Pflichtangaben im Prospekt von Emissionspreis und Emissionsvolumen*

Bestimmte unter den Anhängen der EU-ProspV zwingend im Prospekt aufzunehmende Angaben sind vom Emissionspreis und vom Emissionsvolumen abhängig. Zu solchen preis- oder volumensabhängigen Angaben gehören die Gesamtsumme der Emission (für Aktienemissionen gem. Ziff. 5.1.2. des Anh. III der EU-ProspV, der Emissionserlös und die Emissionskosten (für Aktienemissionen gem. Ziff. 8.1. des Anh. III der EU-ProspV), Bankenprovisionen (für Aktienemissionen u. a. gem. Ziff. 3.3. des Anh. III der EU-ProspV) und die Tabellen zur Kapitalisierung und Verschuldung (für Aktienemissionen gem. Ziff. 3.2. des Anh. III der EU-ProspV). Diese Angaben sind von § 8 Abs. 1 WpPG nicht erfasst, d. h. auf sie kann im Prospekt nicht verzichtet werden.[15] Um zu vermeiden, dass die Bestimmung des § 8 Abs. 1 WpPG nicht z. B. durch die Angabe der Gesamtsumme der Emission obsolet wird, muss es möglich sein, diesbezüglich nur ungefähre bzw. voraussichtliche Angaben zu machen.[16] Steht der endgültige Emissionspreis schließlich fest, so ist die entsprechend anzupassende Gesamtsumme der Emission mittels

8

---

13 So auch *Schlitt/Schäfer*, AG 2005, 498, 507.

14 A. A. *Schlitt/Schäfer*, in: Assmann/Schlitt/von Kopp-Colomb, WpPG/VerkProspG, § 8 WpPG Rn. 14 (Veröffentlichungspflicht nach § 8 WpPG).

15 A. A. *Meyer*, in: Frankf Komm § 8 WpPG Rn. 21 ff.

16 Gem. *Schlitt/Schäfer*, in: Assmann/Schlitt/von Kopp-Colomb, WpPG/VerkProspG, § 8 WpPG Rn. 13 ist § 8 Abs. 1 WpPG und wohl auch nach *Just*, in: Just/Voß/Ritz/Zeising, WpPG, § 8 Rn. 31 auch auf abhängige Angaben anzuwenden. Dies entspricht jedoch nicht der Praxis der Bundesanstalt.

Nachtrags gem. § 16 zu veröffentlichen.[17] Damit ist bei Nichtfestlegung des Preises sowie den sonstigen vom Emissionspreis und vom Emissionsvolumen abgeleiteten Zahlen immer auch ein Nachtrag nach § 16 WpPG vorzunehmen.[18]

f) Abgrenzung zur Nachtragspflicht gem. § 16 WpPG

9 Sofern Emissionspreis und Emissionsvolumen in zulässiger Weise gem. § 8 Abs. 1 WpPG im Prospekt nicht angegeben wurden und nach ihrer Festlegung gem. § 8 Abs. 1 Satz 6 WpPG veröffentlicht werden, bedarf es keines Nachtrags gem. § 16 WpPG. Etwas anderes gilt dann, wenn Emissionspreis und Emissionsvolumen zunächst im Prospekt angegeben und während des öffentlichen Angebots geändert werden. In einem solchen Fall findet § 8 WpPG keine Anwendung; bei Vorliegen der Voraussetzungen des § 16 WpPG ist ein Nachtrag zu erstellen.[19]

g) Veröffentlichung von endgültigem Emissionspreis und Emissionsvolumen

10 Endgültiger Emissionspreis und endgültiges Emissionsvolumen müssen unverzüglich nach ihrer Festlegung veröffentlicht werden (§ 8 Abs. 1 Satz 6 WpPG). Bei einer Platzierung von Wertpapieren über das elektronische Handelssystem Xetra kann der Emissionspreis nicht unmittelbar nach Aufnahme des Handels genannt werden, da die Preisbildung erst im Xetra System erfolgt. In einem solchen Fall muss es ausreichen, wenn der Emissionspreis erst am Ende des ersten Handelstages veröffentlicht wird.[20]

Hinsichtlich der Unverzüglichkeit sind drei Konstellationen zu unterscheiden: Erfolgt – neben einer Zulassung zum Handel an einem organisierten Markt – zumindest auch ein öffentliches Angebot, sind der endgültige Emissionspreis und das endgültige Emissionsvolumen unverzüglich nach ihrer Festlegung zu veröffentlichen (§ 8 Abs. 1 Satz 6 WpPG). Handelt es sich lediglich um eine Zulassung zum Handel an einem organisierten Markt, sind der endgültige Emissionspreis und das endgültige Emissionsvolumen spätestens einen Werktag vor der Einführung der Wertpapiere gem. § 38 Abs. 1 BörsG zu veröffentlichen (§ 8 Abs. 1 Satz 7 WpPG). Bei der Einführung von Nichtdividendenwerten ohne öffentliches Angebot kann die Veröffentlichung nachträglich vorgenommen werden, wenn die Nichtdividendenwerte während einer längeren Dauer und zu veränderlichen Preisen ausgegeben werden (§ 8 Abs. 1 Satz 8 WpPG).

11 Die Veröffentlichung des Emissionspreises und des Emissionsvolumens müssen in der nach § 14 Abs. 2 WpPG zulässigen Art und Weise erfolgen. Anders als § 16 Abs. 1 Satz 4 WpPG verlangt § 8 Abs. 1 Satz 6 WpPG nicht die

---

17 A. A. *Groß*, KapMR, § 8 WpPG Rn. 3a (kein Nachtrag erforderlich).
18 *Heidelbach*, in: Schwark/Zimmer, KapMRK, § 8 WpPG Rn. 13.
19 *Hamann*, in: Schäfer/Hamann, KapMG (April 2012), § 8 WpPG Rn. 5; *Müller*, WpPG, § 16 Rn. 4.
20 So auch *Just*, in: Just/Voß/Ritz/Zeising, WpPG, § 8 Rn. 30.

Veröffentlichung in „derselben Art und Weise" wie der Prospekt, sondern nur in einer „nach § 14 Abs. 2 WpPG zulässigen Art und Weise". Somit sind Emittent, Anbieter bzw. Zulassungsanstragsteller frei in der Wahl des Veröffentlichungsmediums. Die Veröffentlichung kann somit jeweils entsprechend den genauen Vorgaben des § 14 Abs. 2 WpPG in einer Wirtschafts- oder Tageszeitung, durch Bereithaltung einer kostenlosen Ausgabe des Prospekts oder auf einer Internetseite erfolgen.[21]

Für die Form der Veröffentlichung von festgelegtem Emissionspreis und fest-   12
gelegtem Emissionsvolumen bestehen zwei Möglichkeiten: Zum einen können die beiden Werte als solche bekannt gegeben werden.[22] Dabei ist es entsprechend der Veröffentlichung eines Nachtrags nach § 16 WpPG erforderlich, sämtliche sich aufgrund der Festlegung der beiden Werte ergebenden Änderungen im Prospekt darzulegen und zu veröffentlichen. Dazu gehören bspw. die Verwendung des Emissionserlöses, die Gesamtsumme der Emission sowie die Gesamtnettoerträge und die Gesamtkosten der Emission.[23] Aber auch sämtliche anderen Angaben, d. h. auch solche, die nicht Pflichtangaben sind, sind entsprechend anzupassen und bekannt zu geben. Zum anderen kann der Emittent die Angaben auch im Rahmen eines aktualisierten Prospekts veröffentlichen.[24]

h) Verletzung der Veröffentlichungspflicht

Werden der Emissionspreis oder das Emissionsvolumen entgegen § 8 Abs. 1   13
Satz 6 oder 7 nicht, nicht richtig, nicht in der vorgeschriebenen Weise oder nicht rechtzeitig veröffentlicht, liegt gemäß § 35 Abs. 1 Nr. 2 WpPG eine Ordnungswidrigkeit vor, die gem. § 35 Abs. 3 WpPG mit einer Geldbuße von bis zu 50.000 Euro geahndet werden kann.

i) Hinterlegung

Gem. § 8 Abs. 1 Satz 9 WpPG sind endgültiger Emissionspreis und Emissi-   14
onsvolumen stets am Tag der Veröffentlichung bei der Bundesanstalt zu hinterlegen. Damit hat der Gesetzgeber in § 8 WpPG eine eigene Hinterlegungsregelung geschaffen und nicht auf die bereits in § 14 Abs. 3 WpPG enthaltene Vorschrift Bezug genommen. Da die Bezugnahme in § 8 Abs. 1 Satz 6 WpPG – anders als in § 16 Abs. 1 Satz 4 WpPG – ausschließlich auf das Informationsmedium, nicht aber auf den gesamten § 14 WpPG gerichtet ist, kann nicht verlangt werden, dass Anbieter oder Zulassungsantragsteller die Voraussetzungen des § 14 Abs. 3 WpPG praeter legem erfüllen. Dennoch erscheint es sinnvoll, der Bundesanstalt Datum und Ort der Veröffentlichung von endgültigem Emissionspreis und Emissionsvolumen mitzuteilen.

---

21 *Hamann*, in: Schäfer/Hamann, KapMG (April 2012), § 8 WpPG Rn. 19.
22 So auch *Just*, in: Just/Voß/Ritz/Zeising, WpPG, § 8 Rn. 37.
23 Für Aktienemissionen in Ziff. 3.4., 5.1.2. und 8.1. des Anh. III der EU-ProspV geregelt.
24 So auch *Just*, in: Just/Voß/Ritz/Zeising, WpPG, § 8 Rn. 37.

j) Verletzung der Hinterlegungspflicht

15 Werden der Emissionspreis oder das Emissionsvolumen entgegen § 8 Abs. 1 Satz 9 nicht oder nicht rechtzeitig hinterlegt, liegt gemäß § 35 Abs. 1 Nr. 3 WpPG eine Ordnungswidrigkeit vor, die gem. § 35 Abs. 3 WpPG mit einer Geldbuße von bis zu 50.000 Euro geahndet werden kann.

k) Widerrufsrecht

16 Sofern Emissionspreis und Emissionsvolumen oder die Kriterien zur Ermittlung derselben bzw. der Höchstpreis nicht im Prospekt angegeben werden, räumt § 8 Abs. 1 Satz 3 WpPG dem Anleger die Möglichkeit ein, sich von seiner auf den Abschluss des Zeichnungsvertrags gerichteten Erklärung mittels Widerrufs zu lösen.

aa) Voraussetzungen

17 Um das Widerrufsrecht auszulösen, dürfen nach dem Wortlaut des Gesetzes weder Emissionspreis, noch Emissionsvolumen, noch die Kriterien oder Bedingungen, anhand derer die genannten Werte ermittelt werden können, noch die Angabe eines Höchstpreises im Prospekt enthalten sein. Die Zeichnungserklärung muss in jedem Fall vor der Veröffentlichung von Emissionspreis und Emissionsvolumen abgegeben worden sein.[25]

18 Die Regelung des Widerrufsrechts wirft die Frage auf, ob durch die explizite Regelung des Widerrufsrechts ein solches ausschließlich unter den strengen Voraussetzungen des § 8 Abs. 1 Satz 1 und Satz 2 WpPG gegeben sein soll oder ob jedenfalls im Bookbuilding-Verfahren ein Widerrufsrecht auch in dem Fall gegeben sein kann, in dem entweder der Emissionspreis, der Höchstpreis, das Emissionsvolumen oder die Ermittlungskriterien und Bedingungen im Prospekt angegeben sind.[26] Zwar spricht die gesetzliche Regelung gegen die Annahme eines auch sonst bestehenden Widerrufsrechts. Ein solches Ergebnis würde jedoch weder den Publikumsinteressen noch den Interessen der Anbieter gerecht, denn ohne Widerrufsrecht würden die Anleger ihre Angebote erst am Ende der Zeichnungsperiode abgeben.[27] Damit ist ein Widerrufsrecht auch dann anzuerkennen, wenn eine der Angaben (Emissionspreis, Höchstpreis, Emissionsvolumen oder Ermittlungskriterien und Bedingungen) im Prospekt enthalten ist.

---

25 *Groß*, KapMR, § 8 WpPG Rn. 4; *Groß*, in: Ebenroth/Boujong/Joost/Strohn, HGB, § 8 WpPG Rn. IX678; *Heidelbach*, in: Schwark/Zimmer, KapMRK, § 8 WpPG Rn. 20; *Meyer*, in: Frankf Komm § 8 WpPG Rn. 43; *Müller*, WpPG, § 8 Rn. 1; *Schlitt/Schäfer*, in: Assmann/Schlitt/von Kopp-Colomb, WpPG/VerkProspG, § 8 WpPG Rn. 34.

26 So *Hamann*, in: Schäfer/Hamann, KapMG (April 2012), § 8 WpPG Rn. 11; *Heidelbach*, in: Schwark/Zimmer, KapMRK, § 8 WpPG Rn. 19; *Just*, in: Just/Voß/Ritz/Zeising, WpPG, § 8 Rn. 41; nach a. A. besteht ein Widerrufsrecht nur, wenn keine der Angaben vorliegt: *Groß*, KapMR, § 8 WpPG Rn. 4, 6; *Schlitt/Schäfer*, in: Assmann/Schlitt/von Kopp-Colomb, WpPG/VerkProspG, § 8 WpPG Rn. 33.

27 So auch *Groß*, KapMR, § 8 WpPG Rn. 6.

bb) Frist

Der Widerruf muss innerhalb von zwei Werktagen nach Hinterlegung des   19
endgültigen Emissionspreises und des Emissionsvolumens erklärt werden
(§ 8 Abs. 1 Satz 3 WpPG). Ausreichend ist die rechtzeitige Absendung des
Widerrufs (§ 8 Abs. 1 Satz 4 WpPG). Die Hinterlegung wird dem Anleger
zwar nicht mitgeteilt, sie hat allerdings gemäß § 8 Abs. 1 Satz 9 WpPG am
Tag der Veröffentlichung zu erfolgen. Auf dieser Grundlage kann der Anleger die Frist berechnen.

§ 8 Abs. 1 WpPG enthält keine Regelung zu der Frage, ob ein Widerruf nur   20
solange möglich sein soll, bis Erfüllung eingetreten ist. Erfüllung tritt in dem
Moment ein, in dem der Anleger die Wertpapiere bezahlt und geliefert be-
kommen hat. Denkbar ist insofern die analoge Anwendung des § 16 Abs. 3
Satz 1, letzter Halbs. WpPG, nach dem das Widerrufsrecht mit Erfüllung endet. Die Interessenlage ist vergleichbar: Grds. soll der Anleger zwar vor un-
erwarteten Preisentwicklungen geschützt werden, andererseits soll dem
Emittenten nicht die Bürde auferlegt werden, ein bereits abgeschlossenes
Geschäft wieder rückgängig zu machen. Daher ist auch im Fall des § 8
WpPG das Widerrufsrecht nur solange zu gewähren, als noch keine Erfül-
lung eingetreten ist.[28]

cc) Inhalt, Form, Adressat

Der Widerruf muss keine Begründung enthalten und ist in Textform (§ 126b   21
BGB) gegenüber der im Prospekt als Empfänger des Widerrufs genannten
Person zu erklären (§ 8 Abs. 1 Satz 4 WpPG). Den Anforderungen der Text-
form genügt die Übermittlung per E-Mail oder Computerfax.[29]

2. Gestattung der Nichtaufnahme von Angaben (Abs. 2)

Gem. der Regelung des § 8 Abs. 2 WpPG kann die Bundesanstalt dem Emit-   22
tenten gestatten, bestimmte Angaben aus übergeordneten Erwägungen heraus nicht offenlegen zu müssen. In solchen Fällen bedarf der Emittent einer
vorhergehenden Befreiung durch die Bundesanstalt. Er kann nicht selbst
entscheiden, ob ein solcher Grund gegeben ist, und die Angabe von sich aus
nicht im Prospekt aufnehmen.[30] Die wegzulassende Angabe ist daher spätestens bei Prospekteinreichung gegenüber der Bundesanstalt offenzulegen.

Die Bundesanstalt hat einen Ermessensspielraum im Hinblick auf die Ent-   23
scheidung über die Nichtaufnahme von Angaben.[31] Die Gestattung der
Nichtaufnahme von Angaben gem. Abs. 2 erfolgt laut der amtlichen Begründung des Regierungsentwurfs ausschließlich im öffentlichen Interesse.[32] We-

---

28 So auch *Kullmann/Sester*, ZBB 2005, 209, 212.
29 *Ellenberger*, Palandt, BGB, § 126b Rn. 3.
30 *Crüwell*, AG 2003, 243, 247.
31 *Hamann*, in: Schäfer/Hamann, KapMG (April 2012), § 8 WpPG Rn. 23.
32 So auch *Hamann*, in: Schäfer/Hamann, KapMG (April 2012), § 8 WpPG Rn. 23; *Wehow-
    sky*, in: Erbs/Kohlhaas, Strafrechtliche Nebengesetze, § 8 WpPG Rn. 5.

gen des Interesses des Publikums an einer umfassenden Information über den Emittenten und die angebotenen Wertpapiere seien daher hohe Anforderungen an die Voraussetzungen zu stellen, unter denen die Bundesanstalt die Nichtaufnahme gestatten kann. Prospekthaftungsansprüche würden durch die Regelung nicht ausgeschlossen.[33] Dies bedeutet für den Anbieter oder Zulassungsantragsteller, dass er durch die Gestattung der Nichtaufnahme durch die Bundesanstalt nicht vor Prospekthaftungsansprüchen geschützt ist.[34] Da die Bundesanstalt bei der Gestattung der Nichtaufnahme von Angaben nach § 8 Abs. 2 WpPG ausschließlich im öffentlichen Interesse handelt, kommen Amtshaftungsansprüche gegen die Bundesanstalt nicht in Betracht.[35]

24 Da die Vorschrift des § 8 Abs. 2 WpPG dem öffentlichen Interesse zu dienen bestimmt ist, dürfen die Interessen der Anleger nicht dadurch verletzt werden, dass der Emittent ihnen Angaben unter Berufung auf die Dispensregelung der Nr. 2 vorenthält. Für den unter diesem Tatbestand geforderten erheblichen Schaden ist eine detaillierte Begründung abzugeben.[36] Dabei sollte der Schaden soweit möglich beziffert oder zumindest dessen ungefähre Höhe angegeben werden.

3. Nichtangemessenheit der Aufnahme bestimmter Angaben (Abs. 3)

25 Gem. Abs. 3 hat der Prospekt bei Angaben, die zwar nach der Verordnung (EG) Nr. 809/2004 in den Prospekt aufzunehmen sind, die jedoch dem Tätigkeitsbereich oder der Rechtsform des Emittenten oder den Wertpapieren, auf die sich der Prospekt bezieht, ausnahmsweise nicht angemessen sind, unbeschadet einer angemessenen Information des Publikums stattdessen Angaben zu enthalten, die den geforderten Angaben gleichwertig sind. Im Unterschied zu Abs. 2 betrifft Abs. 3 damit Fälle, in denen bestimmte Informationsanforderungen für bestimmte Emittenten nicht anwendbar sind.

Die unter Abs. 3 geregelten Fälle sind nach der Begründung des RegE von den Fällen zu unterscheiden, in denen eine bestimmte Angabepflicht denklogisch nicht erfüllt werden kann.[37] Für denklogisch nicht anwendbare Angaben bestimmt Erwägungsgrund (24) der Verordnung (EG) Nr. 809/2004, dass der Emittent die Möglichkeit haben soll, auf diese Angaben zu verzichten.

---

33 RegBegr. EU-ProspRL-UmsG, BT-Drucks. 15/4999, S. 33.

34 *Groß*, KapMR, § 8 WpPG Rn. 10; *Hamann*, in: Schäfer/Hamann, KapMG (April 2012), § 8 WpPG Rn. 23; *Meyer*, in: Frankf Komm § 8 WpPG Rn. 61; *Müller*, WpPG, § 8 Rn. 2; *Schlitt/Schäfer*, in: Assmann/Schlitt/v. Kopp-Colomb, WpPG/VerkProspG, § 8 WpPG Rn. 47.

35 *Schlitt/Schäfer*, in: Assmann/Schlitt/von Kopp-Colomb, WpPG/VerkProspG, § 8 WpPG Rn. 48.

36 So auch *Just*, in: Just/Voß/Ritz/Zeising, WpPG, § 8 Rn. 49.

37 RegBegr. EU-ProspRL-UmsG, BT-Drucks. 15/4999, S. 33; *Hamann*, in: Schäfer/Hamann, KapMG (April 2012), § 8 WpPG Rn. 28.

4. Gestattung der Nichtaufnahme des Garantiegebers (Abs. 4)

Gemäß Abs. 4 muss der Propekt keine Angaben über den Garantiegeber   26
enthalten, wenn ein Staat des Europäischen Wirtschaftsraums eine Garantie
für ein Wertpapier übernimmt. Erwägungsgrund 19 der ÄnderungsRL verweist diesbezüglich auf den Umstand, dass Staaten ohnehin „reichlich Informationen" über ihre Finanzlage veröffentlichen, die im Allgemeinen öffentlich zugänglich seien. Dass ein Anleger die Bonität eines Staates zuverlässig
beurteilen kann, wurde allerdings bereits während des Gesetzgebungsverfahrens angezweifelt.[38]

V. Verhältnis der Regelung des § 8 WpPG
zum Basisprospekt gemäß § 6 WpPG

§ 8 WpPG erfasst den Fall des unvollständigen Prospekts. Im Gegensatz zum   27
Basisprospekt nach § 6 WpPG fehlen dem unvollständigen Prospekt aus-
schließlich die Angaben von Emissionspreis und Emissionsvolumen. Dem
Basisprospekt hingegen müssen darüber hinaus noch sämtliche endgültigen
Bedingungen des Angebots hinzugefügt werden.

Im Übrigen kann ein Basisprospekt ausschließlich für Nichtdividendenwerte,
nicht jedoch für Aktien und andere Dividendenwerte erstellt werden.[39] Ein
unvollständiger Prospekt gem. § 8 WpPG kann hingegen sowohl für Divi-
denden- als auch für Nichtdividendenwertpapiere erstellt werden.

---

38 *Mattil*, Stellungnahme und Vorschläge zu dem Gesetzentwurf der Bundesregierung,
   „Entwurf eines Gesetzes zur Umsetzung der RL 2010/73/EU und zur Änderung des Börsengesetzes" – Drucksache 17/8684 –, S. 6.
39 Vgl. § 6 Abs. 1 WpPG.

§ 9
Gültigkeit des Prospekts, des Basisprospekts und des Registrierungsformulars

(1) Ein Prospekt ist nach seiner Billigung zwölf Monate lang für öffentliche Angebote oder Zulassungen zum Handel an einem organisierten Markt gültig, sofern er um die nach § 16 erforderlichen Nachträge ergänzt wird.

(2) ¹Im Falle eines Angebotsprogramms ist der Basisprospekt nach seiner Billigung zwölf Monate lang gültig. ²Werden während des Gültigkeitszeitraums eines Basisprospekts endgültige Bedingungen für ein Angebot hinterlegt, verlängert sich der Gültigkeitszeitraum des Basisprospekts für dieses öffentliche Angebot bis zu dessen Ablauf, höchstens jedoch um weitere zwölf Monate ab Hinterlegung der endgültigen Bedingungen bei der Bundesanstalt.

(3) Bei Nichtdividendenwerten im Sinne des § 6 Abs. 1 Nr. 2 ist der Prospekt gültig, bis keines der betroffenen Wertpapiere mehr dauernd oder wiederholt ausgegeben wird.

(4) ¹Ein zuvor gebilligtes und hinterlegtes Registrierungsformular im Sinne des § 12 Absatz 1 Satz 2 und 3 ist nach seiner Billigung bis zu zwölf Monate lang gültig. ²Ein Registrierungsformular, das gemäß § 12 Absatz 3 oder § 16 aktualisiert worden ist, ist zusammen mit der Wertpapierbeschreibung und der Zusammenfassung als gültiger Prospekt anzusehen.

(5) (weggefallen)

Inhalt*

---

* Überarbeitete und aktualisierte Fassung des Kommentars von Wagner aus der Vorauflage.

I. Allgemeines

Durch die Richtlinie des Europäischen Parlaments und des Rates vom 1
24.11.2010 zur Änderung der Richtlinie 2003/71/EG („Änderungsrichtlinie")
betreffend den Prospekt, der beim öffentlichen Angebot von Wertpapieren
oder bei deren Zulassung zum Handel zu veröffentlichen ist,[1] wurden u. a.
die Vorgaben betreffend die Gültigkeit von Prospekten überarbeitet, wobei
jedoch die bereits mit der Prospektrichtlinie aus dem Jahre 2003 und deren
Umsetzung durch das WpPG eingeführte Grundsystematik eines Gültig-
keitsregimes für Prospekte keine Änderungen erfahren hat.[2] Wie schon die
Prospektrichtlinie aus dem Jahre 2003 sieht auch die Änderungsrichtlinie
keine Ermächtigung für die Europäische Kommission vor, im Rahmen des
Lamfalussy-Verfahrens in Bezug auf den für § 9 WpPG relevanten Art. 9 der
Prospektrichtlinie näher präzisierende Durchführungsmaßnahmen zu erlassen. Des Weiteren sind auch nach neuer Rechtslage in Bezug auf die stichtagsbezogene Richtigkeit des Prospekts keine Änderungen zu verzeichnen.
Gleiches gilt grundsätzlich auch für die Gültigkeitsdauer, die bei Prospekten
bei zwölf Monaten für öffentliche Angebote oder Zulassungen zum Handel
verblieben ist. Im Rahmen des europäischen Gesetzgebungsverfahrens war
zwar eine Verlängerung der Gültigkeitsdauer angedacht,[3] der europäische
Gesetzgeber hat sich jedoch in der verabschiedeten Fassung gegen eine
Ausweitung der Gültigkeitsdauer ausgesprochen.[4] Das Hauptargument[5]
hierfür war, dass durch die damit einhergehende notwendige Vielzahl von
Nachträgen zu einem Prospekt dieser unübersichtlich wird. Diese Begründung überzeugt nicht, denn durch geeignete Vorgaben in Bezug auf die
Nachtragserstellung hätte dies gelöst werden können.[6] So hätte man z. B. bei
einer Verlängerung der Gültigkeitsdauer zusätzlich bestimmen können, dass
nach Ablauf der 12-Monatsfrist der Emittent eine Leseversion des Prospekts
veröffentlichen muss, die alle bereits vorgenommenen Nachträge beinhaltet.
Geändert hat sich jedoch der Beginn der Gültigkeitsfrist. Dabei wird nach
neuer Rechtslage nicht auf die Veröffentlichung, sondern auf die Billigung
des Prospekts durch die Bundesanstalt abgestellt. Weiterhin erforderlich ist,

---

1 Eingehende Darstellung zum europäischen Rechtsetzungsverfahren vgl. die Komm. Einleitung Rn. 17.
2 Zum Gültigkeitsregime und deren Einführung vgl. *Weber*, NZG 2004, 360, 365.
3 Siehe Vorschlag der Kommission zu Art. 9 Abs. 1 und Abs. 2, Europäische Kommission
   v. 23.09.2009 – 2009/0132 (COD) – http://ec.europa.eu/internal_market/securities/docs/
   prospectus/proposal_240909/proposal_de.pdf (15.04.2014).
4 Vgl. Art. 9 Abs. 1 und 2 RL (EG) 73/2010 vom 24.11.2010, ABl. Nr. L 327 v. 11.12.2010.
5 Vgl. Begründung zu den Änderungen Nr. 49 und Nr. 50 im Bericht des Wirtschafts- und
   Währungsausschusses des Europäischen Parlaments Dok. A7-0102/2010 – http://
   www.europarl.europa.eu/sides/getDoc.do?type=REPORT&mode=XML&reference=A7-
   2010-102&language=EN (15.04.2014).
6 So z. B. der Vorschlag von *Voß*, ZBB 2010, 194, 203, der sich für eine Verlängerung der
   Gültigkeitsdauer ausspricht, soweit ab dem zweiten Nachtrag die sog. „Ein-Dokumen-
   ten-Lösung" vorgeschrieben ist. Dies soll nur dann nicht gelten, wenn der Gegenstand
   des Nachtrags lediglich Finanzinformationen betrifft, die als abgeschlossener Teil auch
   in einem separaten Dokument nachgetragen werden könnten, ohne die Lesbarkeit des
   Prospekts zu beeinträchtigen.

dass der Prospekt um ggf. erforderliche Nachträge nach § 16 WpPG aktualisiert wird, die der Emittent bei der Bundesanstalt oder bei der entsprechenden Aufsichtsbehörde eines anderen Mitgliedstaates zur Billigung einreichen muss. Neu ist dagegen, dass nunmehr auch das Registrierungsformular durch Nachträge gemäß § 16 WpPG aktualisiert werden kann.

Unberührt geblieben ist die Sonderregelung des § 9 Abs. 3 WpPG, die zum Gegenstand die dauernden oder wiederholten Emissionen von gedeckten Nichtdividendenwerten durch Einlagenkreditinstitute wie bspw. von Pfandbriefen hat. Bei solchen Emissionen ist auch nach Ablauf von zwölf Monaten kein neuer Prospekt erforderlich. Der Prospekt ist solange gültig, bis keine gedeckten Nichtdividendenwerte mehr emittiert werden.

2 Eine wesentliche Änderung hat sich jedoch durch die ersatzlose Streichung des § 9 Abs. 5 WpPG a. F. ergeben. Nach alter Rechtslage konnte trotz Verstreichens der zwölfmonatigen Gültigkeitsdauer eines Prospekts das bereits begonnene öffentliche Angebot von Wertpapieren fortgesetzt werden. Nach neuer Rechtslage ist dies nicht mehr möglich. Damit sind erhebliche praktischen Auswirkungen verbunden.[7] Zwar könnte man meinen, dass für davon besonders betroffene Daueremissionen von Nichtdividendenwerten die Regelung des § 9 Abs. 2 Satz 2 WpPG einen Ausgleich geschaffen hat. Tatsächlich ist dem jedoch nicht so. Nach § 9 Abs. 2 Satz 2 WpPG verlängert sich nämlich nur der Gültigkeitszeitraum des Basisprospekts für dieses öffentliche Angebot bis zu dessen Ablauf um maximal weitere zwölf Monate ab Hinterlegung der endgültigen Bedingungen bei der Bundesanstalt. Somit stehen dem Emittenten nach neuer Rechtslage nunmehr nur noch 12 Monate je Emission für ein öffentliches Angebot zur Verfügung.

Ursprünglich sah der Regierungsentwurf zur Änderung des WpPG keine Übergangsvorschriften vor. Erst im Rahmen der Beschlussempfehlung des Finanzausschusses[8] wurde eine Übergangsvorschrift in § 36 Abs. 2 WpPG aufgenommen, nach der Wertpapiere, die bereits vor dem 01.07.2012 auf Grundlage eines von der Bundesanstalt vor diesem Datum gebilligten Basisprospekts und bei ihr dazu hinterlegter endgültiger Bedingungen in Anwendung des § 9 Abs. 5 WpPG in der bis zum 30.06.2012 geltenden Fassung öffentlich angeboten wurden, noch bis einschließlich 31.12.2013 weiter öffentlich angeboten werden dürfen.[9]

II. Gültigkeit des Prospekts und Nachtragspflicht, § 9 Abs. 1 WpPG

3 § 9 Abs. 1 WpPG bestimmt, dass ein Emittent einen von der zuständigen Behörde gebilligten Prospekt für ein öffentliches Angebot oder eine Zulassung zum Handel an einem organisierten Markt grundsätzlich zwölf Monate nut-

---

7 Vgl. hierzu *von Kopp-Colomb/Seitz*, WM 2012, 1220, 1228.
8 Vgl. Beschlussempfehlung und Bericht des Finanzausschusses zu dem Gesetzentwurf der Bundesregierung (BT-Drucks. 17/8684) – http://dipbt.bundestag.de/dip21/btd/17/096/1709645.pdf (24.11.2013).
9 Vgl. *Groß*, KapMR, § 36; *von Kopp-Colomb/Seitz*, WM 2012, 1220, 1228.

zen kann. Voraussetzung hierfür ist, dass entsprechende aktualisierende Nachträge nach § 16 WpPG vorgenommen werden.

1. Berechnung der zwölf Monate

Für die Berechnung des Zwölfmonatszeitraums finden die allgemeinen Re-   4
geln der §§ 187 ff. BGB Anwendung, auch wenn der deutsche Gesetzgeber
dies nur an anderen Stellen des WpPG in seiner Gesetzesbegründung explizit aufgegriffen hat.[10] Entsprechend § 187 Abs. 1 BGB beginnt die Gültigkeit
eines Prospekts ein Tag nach dessen Billigung durch die Bundesanstalt und
endet damit entsprechend § 188 Abs. 2 Alt. 2 BGB mit dem Ablauf des Tages, an dem vor zwölf Monaten die Billigung des Prospekts erteilt wurde.
Abweichendes gilt für die Fristberechnung nach § 9 Abs. 2 Satz 2 WpPG.[11]

2. Beginn der Gültigkeit ab Billigung des Prospekts

Die Gültigkeit beginnt jedoch nicht wie in der Fassung des § 9 WpPG bis   5
zum 30.06.2012 erst mit dem Tag der Veröffentlichung des Prospekts nach
§ 14 WpPG, sondern bereits mit der Billigung durch die Bundesanstalt. Der
damit durch die Neuregelung des § 9 Abs. 1 WpPG eingetretenen Vorverlagerung des Gültigkeitsbeginns wird jedoch praktisch weitgehend keine Bedeutung beizumessen sein, da nach § 14 Abs. 1 WpPG der Emittent den Prospekt nach der Billigung bei der Bundesanstalt hinterlegen und unverzüglich
– nach dem Maßstab des § 121 Abs. 1 BGB ohne schuldhaftes Zögern – veröffentlichen muss. Stellte die Gesetzesbegründung zur alten Fassung des § 9
Abs. 1 WpPG noch auf das Interesse des Anlegers an einer möglichst frühen
Veröffentlichung des Prospekts ab,[12] so wurde die Abänderung auf den Bil-
ligungszeitpunkt damit begründet, dass dieser Zeitpunkt leichter überprüfbar ist.[13] Gerade im Zusammenspiel mit den Pflichten aus § 14 WpPG wird
ein Emittent somit keine Möglichkeit mehr haben, die Gültigkeitsdauer seines Prospekts zu beeinflussen.

Mit dem Abstellen des Gesetzgebers auf die Billigung des Prospekts scheiden
auch andere Anknüpfungspunkte aus; spätere Veröffentlichungen von Nachträgen verlängern bspw. nicht die Gültigkeitsdauer. Auch bei Emissionen im
Ausland, bei denen im jeweiligen Aufnahmemitgliedsstaat der Prospekt
nochmals veröffentlicht wird, respektive bei Emittenten, die ihren bereits im
Herkunftsmitgliedstaat veröffentlichten Prospekt nochmals in Deutschland
veröffentlichen,[14] ist für die Gültigkeit an die ursprüngliche Billigung anzu-
knüpfen, da ansonsten ders. Prospekt unterschiedliche Gültigkeitsdauern

10 Vgl. bspw. zu § 1 Abs. 2 Nr. 4, RegBegr. EU-ProspRL-UmsG, BT-Drucks. 15/4999, S. 27.
11 Vgl. hierzu die Komm. § 9 WpPG, Rn. 7.
12 Vgl. RegBegr. EU-ProspRL-UmsetzungsG, BT-Drucks. 15/4999, S. 35.
13 Vgl. BT-Drucks. 17/8684, S. 18.
14 Eine solche Veröffentlichungspflicht des bereits im Ausland gebilligten und veröffentlichten Prospekts besteht jedenfalls für nach Deutschland notifizierte Prospekte nicht.
Vgl. z.B. *von Kopp-Colomb/Witte*, in: WpPG/VerkProspG, § 17 Rn. 34; a.A. *Linke*, in:
Schäfer/Hamann, KapMG, § 17 WpPG Rn. 4 (01/2008).

aufwiese. Dies würde jedoch dem Sinn und Zweck der Vorschrift des § 9 WpPG sowie des Art. 9 der Prospektrichtlinie widersprechen.

3. Nachtragspflicht

6 Der Prospekt kann innerhalb der Gültigkeitsdauer nur für öffentliche Angebote oder die Zulassung zum organisierten Markt verwandt werden, wenn er ggf. um seit seiner Billigung eingetretene wichtige Umstände, die für die Bewertung des jeweiligen Wertpapiers wichtig sind, in Form von Nachträgen nach § 16 WpPG ergänzt bzw. aktualisiert wird. Kommt der Emittent zu dem Schluss, dass seit der Billigung des Prospekts Umstände im Sinne des § 16 WpPG eingetreten sind, hat er vor einem neuen Angebot oder Handel an einem organisierten Markt gem. § 16 Abs. 1 WpPG diese in Form eines Nachtrags bei der Bundesanstalt einzureichen und nach einer entsprechenden Billigung unverzüglich zu veröffentlichen. Auf Grund der in § 16 Abs. 1 WpPG vorgesehenen Billigungsfrist von höchstens[15] sieben Werktagen sollte der Emittent für den Emissionszeitplan daher ggf. entsprechende Verzögerungen einplanen.[16]

Eine Nachtragspflicht besteht jedoch nicht dergestalt, dass der Emittent auch nach dem Abschluss des öffentlichen Angebots oder[17] der Einführung in den Handel an einem organisierten Markt noch Nachträge vornehmen muss, um die Gültigkeit des Prospekts aufrecht zu erhalten. Nicht zuletzt die eindeutigen in § 16 Abs. 1 WpPG enthaltenen Beschränkungen der Nachtragspflicht auf die Beendigung des öffentlichen Angebots oder die Einführung in den Handel sprechen gegen eine solche Nachtragspflicht. Werden aufgrund der Beendigung des öffentlichen Angebots Nachträge unterlassen, sollte nicht vom Ende der grds. zwölf Monate währenden Gültigkeit gesprochen werden[18], sondern von einem Aussetzen. Es liegt allein in der Hand des Emittenten, inwieweit er für spätere Emissionen innerhalb des Zwölfmonatszeitraums den an sich noch gültigen Prospekt durch Nachträge wieder aktualisiert. Aus der fehlenden Nachtragspflicht nach dem Ende des öffentlichen Angebots oder der Zulassung zum Handel folgt ferner, dass der Emittent ggf. erforderliche Nachträge erst vor der erneuten Verwendung des Prospekts vornehmen muss.[19]

---

15 Die Bundesanstalt wendet § 13 Abs. 3 WpPG auch auf Nachträge an. Das führt dazu, dass man einen unvollständigen Nachtrag neu einreichen muss und die Frist erneut zu Laufen beginnt.

16 Vgl. hierzu die Komm. § 16 WpPG, Rn. 19.

17 Die früher geführte Diskussion, wie sich die beiden Alternative zeitlich zueinander verhalten, hat sich durch die nun ergänzten klarstellenden Worte im § 16 Abs. 1 Satz 1 WpPG („falls diese später erfolgen") erledigt. Vgl. *Groß*, KapMR, 5. Aufl. 2012, § 16 Rn. 5; zur alten Rechtslage umfassende Darstellung *Berrar*, in: Frankf Komm WpPG, § 16 Rn. 83 ff.

18 So aber *Holzborn/Schwarz-Gondek*, BKR 2003, 927, 933; *Seitz*, in: Assmann/Schlitt/ von Kopp-Colomb, WpPG/VerkProspG, § 9 Rn. 40 spricht von: „... besteht die Gültigkeit des Prospekts ... solange nicht ...".

19 Vgl. *Friedl/Ritz*, in: Just/Voß/Ritz/Zeising, WpPG, § 16 Rn. 182 ff. mit weiteren Verweisen.

III. Gültigkeit des Basisprospekts und Nachtragspflicht, § 9 Abs. 2 WpPG

Um Missverständnisse zu vermeiden, stellt § 9 Abs. 2 WpPG klar, dass der 7
Basisprospekt für Angebotsprogramme (vgl. auch § 2 Nr. 5 WpPG) gleichfalls
zwölf Monate ab seiner Billigung gültig ist. Dies bedeutet, dass durch die
Nutzung der endgültigen Bedingungen nach § 6 Abs. 3 WpPG der Basisprospekt über zwölf Monate hinweg für die Emissionen von Wertpapieren genutzt werden kann, die im Basisprospekt bereits angelegt sind.[20] Gemäß der
Rechtslage bis zum 30.06.2012 begann die Gültigkeit mit der Veröffentlichung des Basisprospekts. Dies hat sich nun durch die Einfügung des § 9
Abs. 2 Satz 2 WpPG und die damit im Zusammenhang stehende Streichung
des § 9 Abs. 5 WpPG geändert. Nach neuer Rechtslage verlängert sich der
Gültigkeitszeitraum des Basisprospekts für dieses öffentliche Angebot bis zu
dessen Ablauf, höchstens jedoch um weitere zwölf Monate ab Hinterlegung
der endgültigen Bedingungen bei der Bundesanstalt.

Fraglich ist, ob die Regelung des § 9 Abs. 2 WpPG im Widerspruch zu Art. 9
der geänderten Prospektrichtlinie steht, weil die Norm von einer Verlängerung des Gültigkeitszeitraums spricht. Dies ist zu verneinen.[21] Durch § 9
Abs. 2 WpPG wurde die europäische Vorgabe für Prospekte von zwölf Monaten nicht verändert. Entscheidend ist, worin der Fristbeginn bei Emissionen unter einem Basisprospekt zu sehen ist. Dies wird man nur in der Hinterlegung der endgültigen Bedingungen annehmen können, da diese erst
zusammen mit dem Basisprospekt den Prospekt für diese Emission darstellt.
Ab diesem Zeitpunkt läuft dann die zwölfmonatige Gültigkeitsfrist i. S. d.
Art. 9 der geänderten Prospektrichtlinie. Die Tatsache, dass § 9 Abs. 2 WpPG
von „verlängert" spricht, ist für die Europakonformität der deutschen Umset-
zungsnorm unschädlich, weil für die jeweilige Emission tatsächlich nur 12
Monate für das öffentliche Angebot zur Verfügung stehen.[22]

In der Praxis werden Emittenten zu einem aktiven Prospektmanagement
übergehen müssen. Unter aktivem Prospektmanagement ist dabei die Implementierung von Prozessen zu verstehen, die die Gültigkeit jedes öffentlichen
Angebots überwachen.[23] Auf Einzelemissionsebene muss sichergestellt werden, dass "abgelaufene" Wertpapiere nicht mehr öffentlich angeboten werden.[24] Jegliche Werbung ist insoweit einzustellen. Insbesondere wird es
sinnvoll sein, dass auf der Internetseite des Emittenten die nicht mehr im öffentlichen Angebot aber noch gehandelten Wertpapiere optisch von den
noch im öffentlichen Angebot befindlichen Wertpapieren getrennt dargestellt werden. Zudem ist erforderlich, dass die Informationen bezüglich der
nicht mehr im öffentlichen Angebot befindlichen Wertpapiere auf die reine

---

20 Vgl. hierzu die Komm. § 6 WpPG, Rn. 21.
21 So auch *Heidelbach/Preuße*, BKR 2012, 397, 401; wohl auch *von Kopp-Colomb/Seitz*,
   WM 2012, 1220, 1228.
22 Vgl. *Heidelbach/Preuße*, BKR 2012, 397, 401.
23 *Lawall/Maier*, DB 2012, 2503, 2503.
24 *Lawall/Maier*, DB 2012, 2503, 2503; vgl. hierzu die Komm. § 2 WpPG, Rn. 10 ff.

Ausstattungsmerkmale begrenzt und weder Verlinkungen zu Handelsplätzen bestehen noch fortlaufende Kursinformationen zu Verfügung gestellt werden. Die Bundesanstalt hat zwischenzeitlich die Auslegung des Begriffs öffentliches Angebot im Sinne des § 2 Nr. 4 WpPG konkretisiert.[25]

Die Fristberechnung für § 9 Abs. 2 Satz 2 WpPG richtet sich im Gegensatz zu § 9 Abs. 1 WpPG nicht nach §§ 187 Abs. 1, 188 Abs. 2 Alt. 1 BGB sondern nach §§ 187 Abs. 2 Satz 1, 188 Abs. 2 Alt. 2 BGB, da der Tag der Hinterlegung der endgültigen Bedingungen bei der Berechnung der Frist mitgerechnet wird. Für § 9 Abs. 2 Satz 2 WpPG ist aber Voraussetzung, dass der Basisprospekt am Tag der Hinterlegung der endgültigen Bedingungen bereits gültig ist.

IV. Besonderheiten bei Pfandbriefemissionen, § 9 Abs. 3 WpPG

8 Pfandbriefemissionen unterlagen in der Zeit vor dem In-Kraft-Treten der Prospektrichtlinie aus dem Jahre 2003 in der Regel keiner Prospektpflicht. Pfandbriefemittenten konnten sich insofern meist auf die für daueremittierende Kreditinstitute geltenden Ausnahmen im VerkProspG und in der BörsZulVO stützen.[26] Um diesen Emittenten, bei denen es sich um Einlagenkreditinstitute und damit den Regeln der Bank- und Solvenzaufsicht unterliegenden Institute handelte, sowohl den Übergang zur Prospektpflicht als auch ihre häufigen Emissionen wenigstens in einem gewissen Ausmaß zu erleichtern, wurde neben den mit dem Basisprospekt (vgl. § 6 Abs. 1 Nr. 2 WpPG) verbundenen Erleichterungen in § 9 Abs. 3 WpPG angeordnet, dass der Basisprospekt bei Daueremissionen von gedeckten Nichtdividendenwerten so lange gültig ist, wie keine der betroffenen Wertpapiere mehr dauernd oder wiederholt ausgegeben werden. Insbesondere die spezialgesetzlich existierenden Transparenzanordnungen rechtfertigten die Durchbrechung der zwölfmonatigen Gültigkeitsregelung.[27] Bei Daueremissionen anderer Wertpapiere besteht jedoch für diese Emittenten gleichfalls die Pflicht, sich alle zwölf Monate einen Prospekt bei der zuständigen Behörde billigen zu lassen, um auf dieser Basis weiterhin emittieren zu können.[28] Durch die Überarbeitung der Prospektrichtlinie und die damit verbundene Änderung des WpPG haben sich keine Änderungen in Bezug auf § 9 Abs. 3 WpPG ergeben.

---

25 Vgl. Schreiben der BaFin v. 24.06.2013 – PRO 1 – Wp 2030 – 2012/0013 – http://www.bafin.de/SharedDocs/Veroeffentlichungen/DE/Auslegungsentscheidung/WA/ae_130624_oeffentliches_angebot_WpPG.html (14.04.2014); Vgl. hierzu auch die Komm. § 2 WpPG, Rn. 10 ff.

26 Prospektfreiheit bestand nur noch für daueremittierende Kreditinstitute nach § 1 Abs. 2 Nr. 5 WpPG bis 31.12.2008.

27 *Heidelbach/Preuße*, BKR 2012, 397, 401.

28 *Boos/Preuße*, ZFGK 2005, 523, 524.

1. Daueremittierende Einlagenkreditinstitute

Gem. §§ 9 Abs. 3, 6 Abs. 1 Nr. 2, 2 Nr. 8 WpPG ist vom Anwendungsbereich   9
nur ein Einlagenkreditinstitut im Sinne des § 1 Abs. 3 Satz 1 KWG erfasst.
Dieses Kreditinstitut muss zudem entsprechend § 6 Abs. 1 Nr. 2 WpPG dauernd oder wiederholt emittieren. § 2 Nr. 12 WpPG bestimmt dabei, dass für
die Erfüllung der Voraussetzung „dauernde oder wiederholte Emission" ausreichend ist, wenn mindestens zwei Emissionen innerhalb von zwölf Monaten stattfinden.[29] Zukünftig wird der Begriff des Einlagenkreditinstituts
durch den Begriff CRR-Kreditinstitute ersetzt werden.[30]

2. Emissionen gedeckter Nichtdividendenwerte

Die Ausnahme nach § 9 Abs. 3 WpPG besteht nur für gedeckte Nichtdivi-   10
dendenwerte gem. § 6 Abs. 1 Nr. 2 WpPG. Nach der Gesetzesbegründung
sind dies insb. Hypothekenpfandbriefe, Kommunalschuldverschreibungen
sowie Schiffspfandbriefe.[31]

3. Erforderlichkeit von Nachträgen nach § 16 WpPG

Streng nach dem Wortlaut von § 9 Abs. 3 WpPG könnte bei einem Vergleich   11
mit § 9 Abs. 1 WpPG der Eindruck entstehen, dass ggf. ein nach Abs. 1 für
die Gültigkeit erforderlicher Nachtrag nach § 16 WpPG für die unbegrenzte
Gültigkeit in den Fällen von Emissionen von gedeckten Nichtdividendenwerten nach Abs. 3 nicht erforderlich ist. Einer solchen Auslegung stehen jedoch nicht nur Sinn und Zweck (Anlegerschutz durch umfassende und aktuelle Informationen über die Emission), sondern auch entgegen, dass § 9
Abs. 1 HS. 2 WpPG nur deklaratorischer Natur sein dürfte, da die bei öffentlichen Angeboten geltende Nachtragspflicht für alle Fälle durch § 16 WpPG
und nicht nur in § 9 Abs. 1 WpPG für die Gültigkeit des Prospekts angeordnet wird. Daher ist es den von § 9 Abs. 3 WpPG begünstigten Emittenten
zwar erlaubt, den einmal gebilligten Prospekt bis zum Ende der Emission –
über Jahre oder gar Jahrzehnte – zu nutzen, dies jedoch nur unter der Voraussetzung, dass bei entsprechenden wichtigen neuen Umständen oder wesentlichen Unrichtigkeiten in Bezug auf die im Prospekt enthaltenen Angaben, die die Beurteilung der gedeckten Nichtdividendenwerte beeinflussen
können, ein Nachtrag nach § 16 WpPG erfolgt.[32]

---

29 Vgl. hierzu die Komm. § 6 WpPG, Rn. 7; sowie *Heidelbach/Preuße*, BKR 2006, 316, 317
    zum Merkmal „dauernd oder wiederholt".
30 Vgl. CRD IV-Umsetzungsgesetzes vom 28.08.2013 – http://dipbt.bundestag.de/extrakt/
    ba/WP17//470/47091.html (24. 11. 2013).
31 Vgl. RegBegr. EU-ProspRL-UmsG, BT-Drucks. 15/4999, S. 32; vgl. hierzu die Komm. § 6
    WpPG, Rn. 8.
32 Ebenso *Friedl/Ritz*, in: Just/Voß/Ritz/Zeising, WpPG, § 9 Rn. 20 ff.; *Seitz*, in: Assmann/
    Schlitt/von Kopp-Colomb, WpPG/VerkProspG, § 9 Rn. 58; *Hamann*, in: Schäfer/Hamann,
    KapMG, § 9 WpPG Rn. 5 (01/2008).

V. Gültigkeit des Registrierungsformulars, § 9 Abs. 4 WpPG

12 Nicht nur ein Prospekt selbst, sondern auch ein zuvor gebilligtes und hinterlegtes Registrierungsformular ist nach § 9 Abs. 4 WpPG zwölf Monate gültig. Insoweit wollte man sich auch in Europa insgesamt an das im US-amerikanischen Recht bekannte Konzept einer so genannten shelf registration anlehnen,[33] auch wenn in Europa und damit auch in Deutschland zahlreiche Abweichungen von diesem Konzept vorgenommen wurden. Die nach § 12 WpPG zulässige Dreiteilung des Prospekts in das Registrierungsformular (Angaben zum Emittenten), die Wertpapierbeschreibung (Angaben zum Wertpapier an sich) und die Zusammenfassung kann ein Emittent daher nutzen, indem er separat vorab ein Registrierungsformular billigen lässt[34], dieses bei der zuständigen Aufsicht hinterlegt und auf dieser Basis zu einem späteren Zeitpunkt Emissionen begibt. Der Emittent hat in diesen Fällen nur noch die fehlende Wertpapierbeschreibung und Zusammenfassung bei der zuständigen Aufsicht einzureichen und nach der entsprechenden Billigung den aus drei Einzeldokumenten bestehenden Prospekt zu veröffentlichen. War diese Vorgehensweise in der Vergangenheit für Emittenten weniger interessant, hat sich dies durch die Streichung des entsprechenden Vorbehalts in Art. 5 Abs. 3 Satz 1 Prospektrichtlinie a. F. durch die Änderungsrichtlinie und die entsprechende Streichung von § 12 Abs. 1 Satz 6 WpPG a. F. geändert. Danach ist es möglich, dass auch Basisprospekte in Form eines dreiteiligen Prospekts erstellt werden können. Damit bietet es sich nun für Emittenten, die gerade unterschiedlichste Produktgruppen emittieren wollen und insoweit eine ganze Reihe von Basisprospekten benötigen, das Registrierungsformular getrennt billigen zu lassen und darauf aufbauend den jeweiligen Basisprospekt durch Einreichung der Wertpapierbeschreibung und der Zusammenfassung billigen zu lassen. Bei der Erstellung und Billigung des Registrierungsformulars ist jedoch darauf zu achten, dass es für zukünftige Emissionen sämtliche Prospektanforderungen der geplanten Produktgruppen beinhaltet.[35]

Voraussetzung für die Verwendung des Registrierungsformulars ist zudem, dass Aktualisierungen durchgeführt werden. Für die Aktualisierung des Registrierungsformulars sieht § 9 Abs. 4 Satz 2 WpPG nunmehr auch Nachträge nach § 16 WpPG vor. Die Frage, ob nach alter Rechtslage Registrierungsformulare auch durch Nachträge aktualisiert werden konnten[36], hat sich damit erledigt.[37] Nach neuer Rechtslage hat der Emittent nun die Wahl, ob er das Registrierungsformular nach § 16 WpPG aktualisiert oder ob er die Aktualisierung des Basisprospekts vornimmt. Dabei wird er sich bei der Wahl des Mittels wesentlich durch die Wirkung der jeweiligen Aktualisierungsalterna-

---

33 Vgl. *Friedl*, in: Just/Voß/Ritz/Zeising, WpPG, § 12 Rn. 4 ff.
34 § 12 Abs. 4 WpPG lässt es zu, dass der Emittent auch ein nicht gebilligtes Registrierungsformular hinterlegt. Dies dürfte in der Praxis jedoch ein Ausnahmefall darstellen.
35 Vgl. Art. 4 und Art. 7 EU-ProspV (EG) 809/2004 vom 29.04.2004.
36 So u. a. *Kullmann/Sester*, ZBB 2005, 209, 211.
37 Umfassende Darstellung des nunmehr erledigten Meinungsstreits vgl. *Seitz*, in: Assmann/Schlitt/von Kopp-Colomb, WpPG/VerkProspG, § 12 Rn. 35 ff.

Ebermann

tive leiten lassen. Bei Aktualisierungen über die Wertpapierbeschreibungen werden diese nur für den jeweiligen Prospekt wirksam und bei jedem neuen Prospekt ist die Aktualisierung zum hinterlegten und gebilligten Registrierungsformular erneut vorzunehmen, denn die Aktualisierung nach § 12 Abs. 3 WpPG entfaltet keine dynamische Wirkung.[38] Ein Nachtrag nach § 16 WpPG hat dagegen genau diesen Vorteil, sodass bei nachfolgenden Prospekten diese Aktualisierungen nicht erneut vorgenommen werden müssen. Das nachgetragene Registrierungsformular ist bereits auf aktuellem Stand. Dies gilt nur dann nicht, wenn das Registrierungsformular durch Verweis in den Prospekt einbezogen wurde, denn hier wird nicht das Registrierungsformular selbst Teil des Prospekts, sondern es werden nur die Angaben aus dem entsprechenden Registrierungsformular in den Prospekt einbezogen.[39]

1. Billigung als Anknüpfungspunkt

Für die zwölfmonatige Nutzungsdauer des Registrierungsformulars knüpft das Gesetz nunmehr wie auch bei § 9 Abs. 1 bis 3 WpPG an den Zeitpunkt der Billigung bei der Bundesanstalt an.   *13*

2. Gültigkeitsdauer

Zu unterscheiden von der Gültigkeitsdauer des Registrierungsformulars ist die Gültigkeitsdauer des vollständigen Prospekts, wenn das noch gültige Registrierungsformular gem. § 12 Abs. 2 und 3 WpPG für die Prospekterstellung genutzt wird.[40] Nutzt ein Emittent bei der Erstellung des Emissionsprospekts nämlich ein bereits vor einigen Monaten gebilligtes, hinterlegtes und noch gültiges Registrierungsformular, kann sich die Frage stellen, ob sich die Gültigkeitsdauer des neuen Prospekts nach der des Registrierungsformulars richtet oder ob sie mit der Billigung des neuen Prospekts bestehend aus Wertpapierbeschreibung, Zusammenfassung und bereits hinterlegtem Registrierungsformular beginnt. Insbesondere systematische Gründe sprechen dafür, dass für die Berechnung der Gültigkeitsdauer nicht das Registrierungsformular maßgeblich sein kann. So ordnet zum einen § 9 Abs. 4 Satz 2 WpPG an, dass erst das Registrierungsformular zusammen mit der Wertpapierbeschreibung und der Zusammenfassung als gültiger Prospekt anzusehen ist, der ab seiner Billigung gem. § 13 WpPG entsprechend § 9 Abs. 1 WpPG ein Jahr gültig ist. Zudem ist eine Parallelwertung zu Emissionen unter einem Basisprospekt vorzunehmen, bei denen sich die Gültigkeitsdauer durch die Hinterlegung der endgültigen Bedingungen und nicht ausschließlich an der Billigung des Basisprospekts orientiert.[41] Letztlich rechtfertigen auch Anlegerschutzgesichtspunkte keine andere Betrachtungsweise. Der mit seinen sämtlichen Einzeldokumenten veröffentlichte Prospekt ist – auch wenn sein Registrierungsformular möglicherweise schon mehrere Monate alt ist – auf-   *14*

---

38 Vgl. *Lawall/Maier*, DB 2012, 2503, 2504.
39 *Lawall/Maier*, DB 2012, 2503, 2504.
40 Zur Einbeziehung im Wege des Verweises, vgl. hierzu die Komm. § 9 WpPG, Rn. 16.
41 Vgl. hierzu die Komm. § 9 WpPG, Rn. 7.

grund der Aktualisierungspflichten zum Zeitpunkt seiner Veröffentlichung auf dem aktuellen Stand und beinhaltet sämtliche für den Anleger relevanten Informationen.

3. Aktualisierungspflicht, § 12 Abs. 2, 3 WpPG bzw. § 16 WpPG

15   Bei der Nutzung eines hinterlegten, noch gültigen Registrierungsformulars ist dieses entweder durch einen Nachtrag nach § 16 WpPG oder der Basisprospekt selbst zu aktualisieren.[42]

VI. Auswirkung auf die Gültigkeitsdauer bei Einbeziehungen im Wege des Verweises nach § 11 WpPG

16   Eine ähnlich gelagerte Frage wie sie sich bei der Gültigkeit von Registrierungsformularen stellt, ergibt sich in Bezug auf Fälle, bei denen im Wege des Verweises von anderen, bereits bei der Bundesanstalt hinterlegten Prospekten Teile dieser Prospekte in den neuen Prospekt einbezogen wurden. So kann es sich bspw. anbieten, über die Möglichkeit nach § 9 Abs. 4 WpPG hinaus ein in einem anderen Prospekt enthaltenes Registrierungsformular für die beabsichtigte Emission in den neuen Prospekt im Wege des § 11 WpPG einzubeziehen. Sollte das Registrierungsformular jedoch Bestandteil eines nur noch wenige Monate gültigen Prospekts sein, stellt sich wie bei § 9 Abs. 4 WpPG die Frage, ob die Gültigkeit sich nach dem ursprünglichen Prospekt bemisst oder aber nach dem neuen Prospekts, in welchem Teile des nur noch wenige Monaten gültigen Prospekts im Wege des Verweises aufgenommen wurden.

Auch hier sprechen nicht nur Praktikabilitätsgesichtspunkte, sondern auch systematische Aspekte dafür, dass der neue Prospekt ab seiner Billigung zwölf Monate gültig ist.[43] Würde man zum einen an die Gültigkeit des „alten" Prospekts anknüpfen, wäre die zutreffende Gültigkeitsdauer nicht zuletzt für die Aufsichtsbehörden nur schwer überwachbar, zum anderen wäre eine erhebliche Rechtsunsicherheit (bspw. Haftung) die Folge. Weiterhin enthält das Gesetz für eine derartige Differenzierung auch keine Anhaltspunkte. Die Aufnahme von Dokumenten im Wege des Verweises nach § 11 WpPG hat der Gesetzgeber ausdrücklich zugelassen und – bewusst oder unbewusst – wegen des Hinterlegungserfordernisses primär auf solche Dokumente beschränkt, die Bestandteil eines anderen Prospekts sein können. Hätte er hier von § 9 Abs. 1 WpPG abweichende Regelungen treffen wollen, hätte er eine diesbezügliche Gültigkeitsanordnung in § 11 WpPG aufnehmen müssen. Da zudem auch ein Prospekt, der Angaben in Form eines Verweises enthält, als ein einheitlicher Prospekt anzusehen ist, muss für diesen nach § 9 Abs. 1 WpPG, der gleichfalls keinerlei Differenzierungen enthält, eine Gültigkeit von zwölf Monaten ab dem Zeitpunkt der Billigung bestehen.

---

42 Vgl. hierzu die Komm. § 9 WpPG, Rn. 12.
43 Vgl. hierzu die Komm. § 11 WpPG, Rn. 7 ff.

Ebermann

VII. Ablauf der Gültigkeit

§ 9 Abs. 5 WpPG a. F. wurde durch das Änderungsgesetz vom 26.06.2012 er- *17*
satzlos gestrichen. Die positive Verbotsnorm ist insoweit entfallen. Dies bedeutet jedoch nicht, dass nach Ablauf der Gültigkeit eines Prospekts der
Emittent nun berechtigt ist, unter dem dann abgelaufenen Prospekt Wertpapiere öffentlich anzubieten. Das Verbot, auch wenn es nun nicht mehr positiv
normiert ist, besteht weiter fort und ist für den Fall des Verstoßes sanktioniert.

Die Streichung des § 9 Abs. 5 WpPG a. F. hat jedoch zu einer wesentlichen
Änderung geführt. Nach § 9 Abs. 5 WpPG a. F. war es untersagt, dass der
Emittent unter dem nicht mehr gültigen Prospekt ein „neues" öffentliches
Angebot von Wertpapieren vornimmt. Zulässig war dagegen das Fortführen
eines öffentlichen Angebots, auch wenn der Gültigkeitszeitraum des Prospekts bereits abgelaufen war. Gerade für den Bereich der Emission von derivativen Wertpapieren, die häufig als Open end-Produkte angeboten wurden, war diese Ausnahme relevant und wichtig. Nach alter Rechtslage
wurde der Anlegerschutz durch die nach § 16 WpPG weiterhin bestehende
Aktualisierungspflicht sichergestellt, denn § 16 WpPG stellt im Gegensatz zu
§ 9 Abs. 5 WpPG a. F. nicht auf die Frage ab, ob es sich um ein neues oder
nur fortgeführtes öffentliches Angebot handelte.[44] Durch die ersatzlose Streichung des § 9 Abs. 5 WpPG a. F. ist der Emittent nunmehr verpflichtet, das
öffentliche Angebot unter diesem Prospekt einzustellen. Gleichwohl kann
der Anleger nach Abschluss des öffentlichen Angebots das Produkt im Sekundärmarkt noch kaufen; in diesem Fall jedoch, ohne dass ihm ein aktua-
lisierter Prospekt zur Verfügung steht. Daneben ergeben sich durch die
Streichung des § 9 Abs. 5 WpPG a. F. weitere Folgeprobleme, die im Wesentlichen mit der Beantwortung der Frage verbunden sind, wann ein öffentliches Angebot vorliegt und wann dies abzulehnen ist.[45]

VIII. Verstöße und Haftung

Bietet ein Emittent zwölf Monate nach der Billigung des Prospekts ein Wert- *18*
papier neu an oder beantragt er die Zulassung zum Handel, verstößt dies
gegen § 9 WpPG. Im Rahmen eines Zulassungsprozesses dürfte dies keine
großen Auswirkungen haben – die Zulassungsbehörde wird den Zulassungsantrag ablehnen. Bei neuen öffentlichen Angeboten der Wertpapiere stellen
sich jedoch nicht nur aufsichtsrechtliche Sanktionsfragen, sondern auch
schadensersatzrechtliche Aspekte werden zu berücksichtigen sein.

---

44 Vgl. zur alten Rechtslage *Seitz*, in: Assmann/Schlitt/von Kopp-Colomb, WpPG/Verk-
   ProspG, § 9 Rn. 77 ff.
45 Eingehende Darstellung des Begriffs des öffentlichen Angebots vgl. hierzu die Komm.
   § 2 WpPG, Rn. 10 ff.

1. Ordnungswidrigkeit beim öffentlichen Angebot

19 Bietet ein Emittent Wertpapiere entweder ohne Prospekt oder ohne einen neuen Prospekt nach zwölf Monaten an, kann es sich hierbei um eine Ordnungswidrigkeit handeln. Da in diesen Fällen entgegen § 3 Abs. 1 WpPG ein Wertpapier ohne „gültigen" Prospekt angeboten wird, ist der Anwendungsbereich des § 35 Abs. 1 Nr. 1 WpPG eröffnet. Das in der oben genannten zweiten Fallkonstellation zwar „bereits" ein Prospekt veröffentlicht wurde, ist dabei unerheblich. Der ursprünglich gebilligte Prospekt nach § 9 WpPG ist nicht mehr gültig. Weitere Voraussetzung für den Bußgeldtatbestand ist, dass das Anbieten ohne gültigen Prospekt leichtfertig bzw. vorsätzlich erfolgt ist. Leichtfertigkeit ist eine gesteigerte Form der Fahrlässigkeit, d.h. der Täter muss gerade das unberücksichtigt lassen, was jedem Dritten offenbar eingeleuchtet hätte.[46]

Ist der Tatbestand des § 35 Abs. 1 Nr. 1 WpPG verwirklicht, kann die Bundesanstalt als Verwaltungsbehörde im Sinne des § 36 Abs. 1 Nr. 1 des Gesetzes über Ordnungswidrigkeiten (vgl. § 35 Abs. 5 WpPG) die Ordnungswidrigkeit gem. § 35 Abs. 2 WpPG mit bis zu 500.000 € ahnden. Damit hat sich die maximale Bußgeldhöhe durch die Überarbeitung des WpPG um das 10fache erhöht.[47]

2. Ordnungswidrigkeit bei der Zulassung

20 In der Praxis wird sich die Frage nicht stellen, da die zuständige Behörde die Zulassung versagen muss, wenn ein Emittent ohne bzw. mit einem nicht mehr gültigen Prospekt um Zulassung ersucht.

3. Haftung

a) § 24 WpPG

21 Erfolgt entgegen § 9 WpPG eine Emission ohne gültigen Prospekt, löst dies den Haftungstatbestand des § 24 WpPG aus, da entgegen § 3 Abs. 1 WpPG ein Wertpapier ohne einen (gültigen) Prospekt öffentlich angeboten wird. Die haftungsbegründende Kausalität der Pflichtwidrigkeit im Falle der Haftung für einen fehlenden Prospekt nach § 24 WpPG wird vom Gesetz vermutet, da die Haftung bereits an die nicht erfüllte Pflicht zur Erstellung eines Prospekts anknüpft.[48] Bis zum Inkrafttreten des § 24 WpPG ergab sich die Haftung wegen fehlendem Prospekt im Wesentlichen aus § 13 a VerkProspG, der durch die Überarbeitung des Gesetzes zur Novellierung des Finanzanlagenvermittler- und Vermögensanlagenrechts zum 31.05.2012 aufgehoben wurde.[49]

---

46 *Groß*, KapMR, § 35 WpPG.
47 Vgl. § 30 Abs. 3 WpPG a. F.
48 *Groß*, KapMR, § 24 Rn. 1; vgl. zur alten Rechtslage *Schäfer*, ZGR 2006, 40, 53.
49 BGBl. I 2011 v. 12.12.2011 S. 2491.

b) *§ 21 WpPG*

Erfolgt eine Zulassung zum Handel an einem organisierten Markt, stellt sich   22
die Frage, ob die in § 9 WpPG angeordnete Gültigkeit dazu führt, dass der
Emittent über zwölf Monate hinweg seinen Prospekt in Form von Nachträgen nach § 16 WpPG auf dem aktuellen Stand halten muss, um sich keinen
Prospekthaftungsansprüchen auszusetzen.

Unstrittig besteht eine solche Aktualisierungspflicht bis zur Einführung des
Wertpapiers. Gleiches gilt, wenn das Wertpapier auch nach Ablauf der
Zeichnungsfrist öffentlich angeboten werden soll. Außerhalb dieser zwei Bereiche ist die Rechtslage jedoch umstritten. Überwiegend wird in der Literatur[50] und der Rechtsprechung[51] eine Aktualisierungspflicht nach Beendigung des öffentlichen Angebots jedoch verneint. Dem ist zuzustimmen. Zwar
besteht grds. nach § 21 WpPG nicht nur für den Ersterwerb, sondern auch
beim Zweit- oder Dritterwerb, sofern das jeweilige Wertpapiergeschäft nach
der Veröffentlichung des Prospekts und innerhalb von sechs Monaten nach
der erstmaligen Einführung des Wertpapiers abgeschlossen wurde, eine Prospekthaftung des Emittenten. Jedoch stellt § 16 Abs. 1 WpPG klar, dass die
Nachtragspflicht mit dem endgültigen Schluss des öffentlichen Angebots
oder, falls diese später erfolgt, der Einführung in den Handel an einem organisierten Markt endet. Ab diesem Zeitpunkt ist der Emittent nicht mehr
verpflichtet, den Prospekt auf dem aktuellen Stand zu halten.[52]

Historisch betrachtet wollten zudem weder der europäische noch der deutsche   23
Gesetzgeber bei der Einführung der Prospektrichtlinie und auch bei deren Änderung und jeweiligen Implementierung im WpPG das bestehende Prospekthaftungsregime ändern. Die Prospektrichtlinie enthält lediglich in Art. 6 eine
grds. Anordnung, dass die Mitgliedsstaaten Prospekthaftungsansprüche gegen Emittenten und andere Prospektverantwortliche vorsehen müssen; zu
weitergehenden Haftungsregelungen war der europäische Gesetzgeber auf
Grund des EGV bzw. jetzt AEUV auch nicht befugt. Auch der deutsche Gesetzgeber hat das Prospekthaftungsregime im Zuge der Umsetzung nicht berührt. Dem Sinn und Zweck nach soll § 9 WpPG dem Emittenten zumindest
über einen bestimmten Zeitraum hinweg die Emissionen von Wertpapieren
mit einem bereits gebilligten Prospekt erleichtern.[53] Anlegerschützende Auflage ist lediglich die Veröffentlichung entsprechender Nachträge, die in § 9
Abs. 1 WpPG jedoch nur noch einmal deklaratorisch angeführt wurde, da die
entsprechende Pflicht bereits durch § 16 WpPG angeordnet ist. Ausschlaggebend für die Entscheidung über eine zwingende Nachtragspflicht ist damit
§ 16 WpPG. Dieser verlangt jedoch – abschließend –, dass nur bis zum endgültigen Schluss des öffentlichen Angebots oder, falls diese später erfolgt, bis
zur Beendigung der Einführung in den Handel an einem organisierten Markt

---

50 Vgl. *Groß*, KapMR, § 21 Rn. 59 Fn. 260 mit weiteren Nachweisen.
51 OLG Frankfurt, Urteil v. 06.07.2004 – 5U122/03, ZIP 2004, 1411, 1413; LG Frankfurt, Ur-
    teil v. 17.01.2003 – 3-07 O 26/01, ZIP 2003, 400, 404.
52 Eingehende Darstellung des Meinungsstreits *Groß*, KapMR, § 21 Rn. 59 ff.
53 *Weber*, NZG 2004, 360, 365, spricht von einer nutzungsbezogenen Einschränkung der
    Gültigkeit.

Nachträge erfolgen müssen. Hätte der Gesetzgeber daher aus Prospekthaftungsgesichtspunkten eine Ausweitung der Nachtragspflicht vorsehen wollen, hätte er dies in § 16 WpPG positiv anordnen müssen; dies ist unterblieben, so dass eine Ausweitung des Haftungstatbestands nach § 21 WpPG auf Grund der durch § 9 WpPG vorgesehenen Gültigkeit ausscheidet.[54]

IX. Übergangsregelungen

24   Die Änderung des § 9 WpPG wurde nur in Bezug auf § 9 Abs. 5 WpPG a. F. mit einer Übergangsvorschrift (vgl. § 36 Abs. 2 WpPG) versehen. Danach dürfen Wertpapiere noch bis einschließlich 31.12.2013 weiter öffentlich angeboten werden, wenn diese bereits vor dem 01.07.2012 auf Grundlage eines von der Bundesanstalt vor diesem Datum gebilligten Basisprospekts und bei ihr dazu hinterlegter endgültiger Bedingungen in Anwendung des § 9 Abs. 5 WpPG a. F. öffentlich angeboten wurden.

Im Übrigen gibt es keine Übergangsregelungen, sodass sich die Frage stellt, ob in allen anderen Fällen dann uneingeschränkt die neue Rechtslage direkt Anwendung findet. Dies wird man bejahen müssen. Insbesondere die Gesetzesbegründung lässt darauf schließen, dass sich alle aus einer Billigung folgenden, in diesem Gesetz verankerten Pflichten, ausschließlich nach neuer Rechtslage richten, unabhängig davon, wann oder aufgrund welcher Rechtslage die Billigung erfolgte.[55] In Bezug auf § 9 WpPG führt dies dazu, dass man für die Berechnung der Gültigkeit von vor der Gesetzesänderung gebilligten und veröffentlichten Prospekten nicht mehr auf den Zeitpunkt der Veröffentlichung, sondern nunmehr auf den der Billigung abstellen muss. Folglich verkürzt sich die Gültigkeitsfrist des unter alter Rechtslage gebilligten Prospekts eben um diese Zeitspanne.

§ 10
Jährliches Dokument

(weggefallen)

ARTIKEL 27
Veröffentlichung des in Artikel 10 Absatz 1
der Richtlinie 2003/71/EG genannten Dokuments

(weggefallen)

---

54 Vgl. noch zum § 44 BörsG: *Holzborn/Schwarz-Gondek*, BKR 2003, 927, 933; vgl. auch *Kunold/Schlitt*, BB 2004, 501, 510 Fn. 118; *Schlitt/Schäfer*, AG 2005, 498, 507; *Weber*, NZG 2004, 360, 365.
55 Vgl. BT-Drucks. 17/8684 S. 21.

§ 11
Angaben in Form eines Verweises

(1) Der Prospekt kann Angaben in Form eines Verweises auf eines oder mehrere zuvor oder gleichzeitig veröffentlichte oder der Öffentlichkeit zur Verfügung gestellte Dokumente enthalten,

1. die nach diesem Gesetz von der Bundesanstalt gebilligt oder bei ihr hinterlegt wurden, oder

2. deren Veröffentlichung der Bundesanstalt nach § 2 b Absatz 1, § 15 Absatz 5, § 15 a Absatz 4, § 26 Absatz 2, den §§ 26 a, 29 a Absatz 2, § 30 e Absatz 1, § 30 f Absatz 2 des Wertpapierhandelsgesetzes, jeweils auch in Verbindung mit der Wertpapierhandelsanzeige- und Insiderverzeichnisverordnung, mitgeteilt worden ist, oder

3. deren öffentliches Zurverfügungstellen der Bundesanstalt nach § 37 v Absatz 1, § 37 w Absatz 1, § 37 x Absatz 1, § 37 y oder § 37 z des Wertpapierhandelsgesetzes, jeweils auch in Verbindung mit der Wertpapierhandelsanzeige- und Insiderverzeichnisverordnung, mitgeteilt worden ist.

Der Prospekt kann auch Angaben in Form eines Verweises auf ein oder mehrere zuvor oder gleichzeitig veröffentlichte Dokumente enthalten, die nach den in anderen Staaten des Europäischen Wirtschaftsraums zur Umsetzung der Richtlinie 2003/71/EG des Europäischen Parlaments und des Rates vom 4. November 2003 betreffend den Prospekt, der beim öffentlichen Angebot von Wertpapieren oder bei deren Zulassung zum Handel zu veröffentlichen ist, und zur Änderung der Richtlinie 2001/34/EG (ABl. L 345 vom 31.12.2003, S. 64) in der jeweils geltenden Fassung oder zur Umsetzung der Richtlinie 2004/109/EG des Europäischen Parlaments und des Rates vom 15. Dezember 2004 zur Harmonisierung der Transparenzanforderungen in Bezug auf Informationen über Emittenten, deren Wertpapiere zum Handel auf einem geregelten Markt zugelassen sind, und zur Änderung der Richtlinie 2001/34/EG (ABl. L 390 vom 31.12.2004, S. 38) in der jeweils geltenden Fassung erlassenen Vorschriften von der zuständigen Behörde gebilligt oder bei ihr hinterlegt wurden. Dabei muss es sich um die aktuellsten Angaben handeln, die dem Emittenten zur Verfügung stehen. Die Zusammenfassung darf keine Angaben in Form eines Verweises enthalten.

(2) Werden Angaben in Form eines Verweises aufgenommen, muss der Prospekt eine Liste enthalten, die angibt, an welchen Stellen Angaben im Wege des Verweises in den Prospekt aufgenommen worden sind, um welche Angaben es sich handelt und wo die im Wege des Verweises einbezogenen Angaben veröffentlicht sind.

Inhalt

I. Europäische Rechtsgrundlagen und Normzweck

1 Durch diese Vorschrift wurde im Rahmen der Umsetzung von Art. 11 der EU-ProspRL die Aufnahme von Angaben in Prospekte in Form von Verweisen (incorporation by reference) in das WpPG eingeführt. Durch Art. 11 Abs. 3 der EU-ProspRL wurde der Kommission die Ermächtigung zum Erlass von weiteren Bestimmungen zu der Durchführung gewährt, welche durch Art. 28 der EU-ProspV sodann erfolgt sind. Weiteren Einfluss auf die Fortentwicklung der Vorschrift hatte die RL (EU) 2010/73, welche eine Verweismöglichkeit für nach Maßgabe der Transparenzrichtlinie (RL (EG) 2004/109)[1] erfolgte Hinterlegungen einführte.

2 Im Rahmen der Umsetzung der RL (EU) 2010/73 durch das Gesetz zur Umsetzung der RL (EU) 2010/73 und zur Änderung des Börsengesetzes vom 26.06.2012[2] wurden die Arten der Dokumente, auf welche verwiesen werden kann, wesentlich erweitert und der bisher geringe praktische Anwendungsbereich damit signifikant erweitert.[3] Der praktische Anwendungsbereich des § 11 Abs. 1 Satz 1 WpPG a. F. war u. a. aufgrund der von der BaFin geübten Verwaltungspraxis einer Beschränkung der Zulässigkeit von Verweisen auf Dokumente, welche nach dem WpPG oder dem BörsG bzw. dem entsprechenden harmonisierten Recht eines Staates des EWR von der zuständigen Behörde gebilligt waren oder verpflichtend bei ihr hinterlegt worden waren, erheblich eingeschränkt.[4] Nach der nun geltenden Rechtslage kann in Prospekten ein Verweis auch auf Dokumente erfolgen, die nach ihrer Veröffentlichung gemäß der Transparenzrichtlinie (RL (EG) 2004/109)[5] bei der zustän-

---

1 ABl. EG L 390 v. 31.12.2004, S. 38.
2 BGBl. I 2012, 1375.
3 Vgl. *Groß*, KapMR, § 11 Rn. 1; *Müller*, WpPG, § 11 Rn. 2.
4 Vgl. *Singhof*, in: Frankf Komm WpPG, § 11 Rn. 3; *von Ilberg*, in: Assmann/Schlitt/
von Kopp-Colomb WpPG/VerkProspG, § 11 Rn. 11; *Friedl*, in: Just/Voß/Ritz/Zeising,
WpPG, § 11 Rn. 23; *Hamann*, in: Schäfer/Hamann, KapMG (Stand 01/2008), § 11 WpPG
Rn. 6; *Groß*, KapMR, § 11 Rn. 1; *Müller*, WpPG, § 11 Rn. 2.
5 ABl. EG L 390 v. 31.12.2004, S. 38.

digen Behörde hinterlegt wurden. In Deutschland wurde diese Hinterlegung durch bloße Mitteilung der Veröffentlichung an die BaFin umgesetzt.[6] Dementsprechend können in Prospekte nun Angaben aus allen in § 11 Abs. 1 Satz 1 Nr. 2 und 3 WpPG aufgeführten Dokumenten per Verweis einbezogen werden, obwohl diese weder von der BaFin gebilligt wurden noch physisch bei ihr hinterlegt wurden.[7] Hierunter fallen u. a die in der Praxis wichtigen Jahresberichte nach § 37v WpHG, Halbjahresfinanzberichte nach § 37w WpHG und Zwischenmitteilungen der Geschäftsführung nach § 37x WpHG. Die Erweiterung kann daher den in Erwägungsgrund 29 EU-ProspRL und Erwägungsgrund 30 EU-ProspektV zu der Einführung der *incorporation by reference* niedergelegten Bestrebungen auch in der Praxis größere Relevanz verleihen.[8] Nach den vorgenannten Erwägungsgründen soll die Möglichkeit der Aufnahme von Angaben in Form eines Verweises auf Dokumente nämlich dazu dienen, die Erstellung eines Prospekts zu erleichtern und die Kosten für die Emittenten zu senken, ohne dass dadurch der Anlegerschutz beeinträchtigt wird.[9] In der Praxis geht es im Wesentlichen darum, die oftmals umfangreichen Finanzinformationen des Emittenten, Garantiegebers oder der Zielgesellschaft über einen Verweis in den Prospekt einzubeziehen.[10]

Eine Verringerung der in einem Wertpapierprospekt aufzunehmenden Mindestangaben ergibt sich aus der Verweismöglichkeit nicht. § 11 WpPG bietet nur eine technische Möglichkeit, die erforderlichen Mindestangaben statt durch Abdruck in dem Prospekt selbst durch einen Verweis auf die erforderlichen Angaben in einem anderen (i. S. d. § 11 WpPG zulässigen) Dokument zu machen. Die durch Verweis einbezogenen Angaben werden dabei Bestandteil des Prospekts.[11] Als Bestandteil des Prospekts unterfallen sie folglich auch in gleichem Maße wie die restlichen Prospektteile der Prüfung nach § 13 Abs. 1 Satz 2 WpPG.[12] Die Aufnahme von Angaben in Form von Verweisen darf dabei nach Art. 28 Abs. 5 EU-ProspV nicht zu einer Beeinträchtigung des Anlegerschutzes im Hinblick auf die Verständlichkeit und

3

---

6 Gesetz zur Umsetzung der RL 2004/109/EG des Europäischen Parlaments und des Rates vom 15. Dezember 2004 zur Harmonisierung der Transparenzanforderungen in Bezug auf Informationen über Emittenten, deren Wertpapiere zum Handel auf einem geregelten Markt zugelassen sind, und zur Änderung der RL 2001/34/EG (Transparenzrichtlinie-UmsG – TUG) – BGBl. I 2007, S. 10.

7 Vgl. *Groß*, KapMR, § 11 Rn. 3.

8 Vgl. auch *Groß*, KapMR, § 11 Rn. 1; *Müller*, WpPG, § 11 Rn. 2.

9 Letzteres Anliegen des EU-Gesetzgebers konkretisiert insbesondere Art. 28 Abs. 5 EU-ProspV; siehe dazu auch Art. 28 EU-ProspV Rn. 7.

10 Vgl. in der Vorauflage *Assion*, in: Holzborn, WpPG, 1. Aufl. 2008, § 11 Rn. 3; darauf verweisend: *Becker*, in: Heidel, AktG, § 11 WpPG Rn. 1; *Singhof*, in: Frankf Komm WpPG, § 11 Rn. 3.

11 Vgl. RegBegr. EU-ProspRL-UmsG, BT-Dr. 15/4999, S. 34.; *Singhof*, in: Frankf Komm WpPG, § 11 Rn. 2, 25; *von Ilberg*, in: Assmann/Schlitt/von Kopp-Colomb WpPG/VerkProspG, § 11 Rn. 2; *Friedl*, in: Just/Voß/Ritz/Zeising, WpPG, § 11 Rn. 8 f., 23; *Heidelbach*, in: Schwark/Zimmer, KapMRK, § 11 WpPG, Rn. 3; *Hamann*, in: Schäfer/Hamann, KapMG (Stand 01/2008), § 11 WpPG Rn. 2; *Becker*, in: Heidel, AktG, § 11 WpPG Rn. 3; *Groß*, KapMR, § 11 Rn. 2; *Müller*, WpPG, § 11 Rn. 1.

12 Vgl. auch *Singhof*, in: Frankf Komm WpPG, § 11 Rn. 10.

Zugänglichkeit der Angaben führen. Dementsprechend bilden das Interesse des Emittenten an der Vereinfachung der Prospekterstellung einerseits und das Anlegerschutzinteresse andererseits die beiden Waagschalen, welche der Emittent bei der Prüfung von Verweisungsgegenstand und Verweisungsumfang möglichst ins Gleichgewicht bringen muss. Dabei ist zu beachten, dass der übliche Ort für die Abbildung der Mindestangaben weiterhin der Prospekt bleibt und dieser nicht zu einem reinen Verweisdokument werden soll.[13]

II. § 11 Abs. 1 Satz 1 und 2 WpPG

1. Prospekt

4 Dem Wortlaut nach gewährt § 11 Abs. 1 und 2 WpPG bei „Prospekten" die Möglichkeit, Angaben in Form eines Verweises aufzunehmen. Aus Art. 28 EU-ProspV (EG) Nr. 809/2004 ergibt sich sodann, dass Angaben in Form von Verweisen auch bei Basisprospekten möglich sind. Dies muss zudem für Registrierungsformulare und Wertpapierbeschreibungen gelten, da es in diesem Fall keinen sachlichen Unterschied macht, ob ein einzelnes Dokument oder mehrere Einzeldokumente erstellt werden. Dafür spricht auch die Formulierung in § 12 Abs. 1 Satz 1 WpPG: „der Prospekt kann als ein einziges Dokument oder in mehreren Einzeldokumenten erstellt werden".[14] Streitig ist die Zulässigkeit der Einbeziehung von Angaben durch Verweise bei Nachträgen i. S. d. § 16 WpPG. Da der Nachtrag zu einer Änderung des Prospektes führt, erscheint eine Behandlung des Nachtrags entsprechend des Prospekts selbst dem Sinn und Zweck des § 11 WpPG nach jedoch angemessen.[15] Nach der Amtspraxis der BaFin ist die Einbeziehung von Angaben durch Verweise in Nachträge nach § 16 WpPG allerdings nicht zulässig, was jedoch nicht ausschließt, dass in Prospekte mithilfe eines Nachtrages nach § 16 WpPG zusätzliche Angaben per Verweis einbezogen werden.

2. Zulässige Verweisdokumente

5 Auf welche Arten von Dokumente der Emittent im Prospekt verweisen darf, ergibt sich aus § 11 Abs. 1 Satz 1 und 2 WpPG. Demnach kann nach § 11 Abs. 1 Satz 1 Nr. 1 WpPG auf Dokumente verwiesen werden, die nach diesem Gesetz von der Bundesanstalt gebilligt oder bei ihr hinterlegt wurden,

---

13 Vgl. *CESR*, public consultation possible implementation measures, Ref. CESR/185b, Tz. 270 und *CESR*, advice disclosure obligations, Ref. CESR/03-208, Tz. 91; *von Ilberg*, in: Assmann/Schlitt/von Kopp-Colomb WpPG/VerkProspG, § 11 Rn. 7.

14 Vgl. *Singhof*, in: Frankf Komm WpPG, § 11 Rn. 5; *Heidelbach*, in: Schwark/Zimmer, Kap-MRK, § 11 WpPG, Rn. 5.

15 Wie hier *Singhof*, in: Frankf Komm WpPG, § 11 Rn. 5; *Hamann*, in: Schäfer/Hamann, KapMG (Stand 01/2008), § 11 WpPG Rn. 3; a. A. *von Ilberg*, in: Assmann/Schlitt/von Kopp-Colomb WpPG/VerkProspG, § 11 Rn. 26 mit dem letztlich nicht überzeugenden Argument, dass der Wortlaut sich auf einen „Prospekt" beziehe und es sich formal aber um zwei separate Dokumente handele.

oder nach § 11 Abs. 1 Satz 1 Nr. 2 WpPG auf Dokumente, deren Veröffentlichung der Bundesanstalt nach dem WpHG mitgeteilt worden ist, oder nach § 11 Abs. 1 Satz 1 Nr. 3 WpPG auf Dokumente, deren öffentliche Zurverfügungstellung der Bundesanstalt nach dem WpHG mitgeteilt worden ist (siehe zu den einzelnen Bestimmungen nachfolgend Rn. 9 ff.). Voraussetzung ist jeweils zudem, dass das in Bezug genommene Dokument zuvor oder gleichzeitig veröffentlicht oder der Öffentlichkeit zur Verfügung gestellt wurde (siehe hierzu nachfolgend unter Rn. 17). Entsprechendes gilt nach § 11 Abs. 1 Satz 2 WpPG für nach dem entsprechenden harmonisierten Recht eines Staates des EWR von der zuständigen Behörde gebilligte oder nach den harmonisierten Vorschriften verpflichtend bei ihr hinterlegte Dokumente.

Weiteres ergibt sich aus Art. 28 Abs. 1 EU-ProspV, v. a. enthält dieser eine **6** Aufzählung verschiedener Dokumente, die „insbesondere" zur Einbeziehung durch Verweis zugelassen werden. Schon dieser Wortlaut zeigt, dass die Aufzählung nicht abschließend zu verstehen ist. In Betracht kommen danach insbesondere Dokumente, die Finanzinformationen aus der Zwischenberichterstattung eines Emittenten enthalten, die Jahresabschlüsse eines Emittenten nebst der zugehörigen Bestätigungsvermerke, die Satzung des Emittenten sowie auch schon zuvor gebilligte und veröffentliche Prospekte.

Da aufgrund des Wortlauts der Vorschrift auch der deutsche Gesetzgeber die **7** Aufzählung in Art. 28 Abs. 1 EU-ProspV als nicht abschließend angesehen hat – die Gesetzesbegründung[16] spricht im Zusammenhang mit Art. 28 EU-ProspV ausdrücklich von „Beispielen, welche Angaben im Wege eines Verweises einbezogen werden können" – kommen der Art nach auch noch andere als die in Art. 28 Abs. 1 EU-ProspV genannten Dokumente in Betracht.[17] In der Praxis beschränkt sich das Interesse der Emittenten bei der Prospekterstellung allerdings im Wesentlichen darauf, die häufig sehr umfangreichen historischen Finanzinformationen zum Emittenten und/oder Garantiegeber durch Verweis in den Prospekt einzubeziehen, um die ohnehin schon sehr umfangreichen Prospekte von den ebenfalls sehr detailreichen Finanzinformationen möglichst freizuhalten.[18] Zudem müssen die Voraussetzungen des § 11 WpPG vorliegen (siehe nachfolgend hierzu v. a. Rn. 10).

Möglich ist auch die Vornahme von Teilverweisen, wie sich aus Art. 28 **8** Abs. 4 EU-ProspV ergibt.[19] In diesem Fall ist insbesondere auf eine genaue Bezeichnung in der Verweisliste nach § 11 Abs. 2 WpPG zu achten.

---

16 RegBegr. EU-ProspRL-UmsG, BT-Dr. 15/4999, S. 34.
17 Wie hier: *Kullmann/Sester*, ZBB 2005, 209, 214; *Singhof*, in: Frankf Komm WpPG, § 11 Rn. 15.
18 Vgl. in der Vorauflage *Assion*, in: Holzborn, WpPG, 1. Aufl. 2008, § 11 Rn. 3; darauf verweisend: *Becker*, in: Heidel, AktG, § 11 WpPG Rn. 1; *Singhof*, in: Frankf Komm WpPG, § 11 Rn. 3.
19 Vgl. *von Ilberg*, in: Assmann/Schlitt/von Kopp-Colomb WpPG/VerkProspG, § 11 Rn. 22; *Singhof*, in: Frankf Komm WpPG, § 11 Rn. 9.

a) Billigung und Hinterlegung nach Satz 1 Nr. 1

9 Nach § 11 Abs. 1 Satz 1 Nr. 1 und Satz 2 WpPG kann auf solche Dokumente verwiesen werden, die nach dem WpPG, den Umsetzungsgesetzen der übrigen EU-Mitgliedstaaten zur EU-ProspRL bzw. den entsprechenden Umsetzungsgesetzen der EU-Mitgliedstaaten zu der Transparenzrichtlinie (RL (EG) 2004/109)[20] von der zuständigen Behörde gebilligt oder bei ihr hinterlegt worden sind. Bei der BaFin werden nach dem WpPG nur Prospekte und Nachträge gebilligt und hinterlegt nach § 13, 14 bzw. § 16 WpPG. Dementsprechend gehören Nachträge auch zu den zulässigen Verweisdokumenten.[21] Allein hinterlegt werden nach dem WpPG bei der BaFin endgültige Bedingungen im Sinne des § 6 Abs. 3 WpPG und nicht gebilligte Registrierungsformulare nach § 12 Abs. 4 WpPG.

10 Da Verweise nach Abs. 1 Satz 1 Nr. 1 und Satz 2 WpPG lediglich auf nach den dort genannten Vorschriften gebilligte oder hinterlegte Dokumente möglich sind, scheidet jedenfalls eine Einbeziehung solcher Dokumente aus, die nach anderen Vorschriften bei der BaFin vorgelegt werden müssen. Wenn etwa Kreditinstitute nach § 26 KWG verpflichtet sind, Jahresabschlüsse, Lageberichte und Prüfungsberichte der BaFin vorzulegen, erfolgt dies nicht aufgrund einer Verpflichtung nach den in Abs. 1 Satz 1 genannten Vorschriften. Auch eine Bezugnahme auf Informationen in nach dem VerkProspG a. F. bei der BaFin hinterlegte Prospekte kommt angesichts des klaren Wortlauts der Vorschrift nicht in Betracht.[22] Entsprechendes gilt nach § 11 Abs. 1 Satz 2 WpPG in Bezug auf Dokumente, die in anderen Staaten des EWR gebilligt oder hinterlegt wurden. Die im Schrifttum[23] teilweise im Hinblick auf eine richtlinienkonforme Auslegung des Art. 28 EU-ProspV geforderte Möglichkeit einer freiwillige Hinterlegung von Dokumenten i. S. d. Art. 28 EU-ProspV zur Einbeziehung in Prospekte nach § 11 WpPG kommt nach der Verwaltungspraxis der BaFin und in Übereinstimmung mit dem Wortlaut des § 11 WpPG nicht in Betracht.[24] Dies führte in der Vergangenheit zu einem recht eingeschränkten praktischen Anwendungsbereich von § 11 WpPG. Durch das Gesetz zur Umsetzung der RL (EU) 2010/73 und zur Änderung des Börsengesetzes vom 26.06.2012[25] erfolgte eine signifikante Erweiterung der Arten der Dokumente, auf welche verwiesen werden kann.[26]

---

20 ABl. EG L 390 v. 31.12.2004, S. 38.

21 Vgl. *von Ilberg*, in: Assmann/Schlitt/von Kopp-Colomb WpPG/VerkProspG, § 11 Rn. 25.

22 So schon in der Vorauflage *Assion*, in: Holzborn, WpPG, 1. Aufl. 2008, § 11 Rn. 3; nun auch *von Ilberg*, in: Assmann/Schlitt/von Kopp-Colomb WpPG/VerkProspG, § 11 Rn. 8.; *Singhof*, in: Frankf Komm WpPG, § 11 Rn. 10; *Groß*, KapMR, § 11 Rn. 3; anders: *Schlitt/Schäfer*, AG 2005, 498, 503.

23 Vgl. *Kullmann/Sester*, ZBB 2005, 209, 214; *Holzborn/Israel*, ZIP 2005, 1868, 1674; siehe auch die Darstellung der Argumentation in der Vorauflage: *Assion*, in: Holzborn, WpPG, 1. Aufl. 2008, § 11 Rn. 5.

24 Vgl. *Singhof*, in: Frankf Komm WpPG, § 11 Rn. 15; *von Ilberg*, in: Assmann/Schlitt/von Kopp-Colomb WpPG/VerkProspG, § 11 Rn. 15; *Friedl*, in: Just/Voß/Ritz/Zeising, WpPG, § 11 Rn. 19 ff., 22.

25 BGBl. I 2012, 1375.

26 Vgl. *Groß*, KapMR, § 11 Rn. 1; *Müller*, WpPG, § 11 Rn. 2.

Nun können u. a die in der Praxis wichtigen Jahresberichte nach § 37 v WpHG, Halbjahresfinanzberichte nach § 37 w WpHG und Zwischenmitteilungen der Geschäftsführung nach § 37 x WpHG über § 11 Abs. 1 Satz 1 Nr. 3 WpPG bzw. nach § 11 Abs. 1 Satz 2 WpPG durch Verweis einbezogen werden.

Hinterlegungsstellen können neben der BaFin die nach ausländischem Recht für die Billigung von Wertpapierprospekten zuständigen Stellen – in der Regel die Aufsichtsbehörden in den jeweiligen Mitgliedstaaten – sein. Sofern auf Angaben in Dokumenten verwiesen wird, die von einer zuständigen Behörde eines anderen EU-Mitgliedstaates gebilligt oder dort hinterlegt wurden, sind diese dem Billigungsantrag beizufügen, da diese der BaFin nicht vorliegen.[27] Der Verweis auf Dokumente durch Drittstaatenemittenten auf von der für diese zuständigen Behörde gebilligte oder dort hinterlegte Dokumente ist nur möglich, sofern diese zuvor bei der zuständigen Stelle eines Staates des EWR hinterlegt wurden.[28] **11**

Verweise auf ein Dokument, welches selbst wiederum nur einen Verweis auf die Angaben enthält, welche Gegenstand des Verweises nach § 11 WpPG sein sollen, sind nach der Verwaltungspraxis der BaFin unzulässig.[29] Dies betraf insbesondere die Einbeziehung von Angaben, die in dem jährlichen Dokument nach § 10 WpPG a. F. enthalten waren, da diese regelmäßig durch Verweis in dieses Dokument selbst inkorporiert wurden. Problematisch war zudem zunächst, dass bei der BaFin nur die nach dem WpPG genannten Dokumente zu hinterlegen sind und daher ein Verweis auf andere Dokumente deswegen nicht möglich war, weil diese nach keiner Vorschrift des WpPG bei der BaFin zu hinterlegen sind. Dies hatte zur Folge, dass eine Einbeziehung von Jahresabschlüssen durch Verweis nach § 11 WpPG mangels Hinterlegung ders. nicht in Betracht kam. Um dem Verlangen der Emittenten entgegen zu kommen, auch Jahresabschlüsse oder Teile von diesen per Verweis in einen Prospekt einzubeziehen, behalf sich die BaFin zunächst damit, die entsprechenden Dokumente als Anlagen zum ersten, von einem Emittenten zur Billigung nach dem WpPG eingereichten Prospekt anzunehmen, sie als „hinterlegt" zu behandeln und einen Verweis nach § 11 WpPG im Prospekt zuzulassen. Zwischenzeitlich wird von der BaFin eine solche Vorgehensweise mangels Rechtsgrundlage für die Hinterlegung von Geschäftsberichten oder deren Bestandteilen im WpPG nicht mehr akzeptiert. Vielmehr sind die Jahresabschlüsse regelmäßig Bestandteil von Prospekten, müssen also in die Seitennummerierung des Prospekts einbezogen sein, und können nicht lediglich in ihrer ursprünglich veröffentlichten Form als Anlage beigefügt werden. Ermöglicht wird hierdurch eine Verweisung auf diese Jahres- **12**

---

27 Vgl. *Friedl*, in: Just/Voß/Ritz/Zeising, WpPG, § 11 Rn. 24; *von Ilberg*, in: Assmann/ Schlitt/von Kopp-Colomb WpPG/VerkProspG, § 11 Rn. 9; *Singhof*, in: Frankf Komm WpPG, § 11 Rn. 12.

28 Vgl. *Singhof*, in: Frankf Komm WpPG, § 11 Rn. 13; *Friedl*, in: Just/Voß/Ritz/Zeising, WpPG, § 11 Rn. 24.

29 Vgl. *von Ilberg*, in: Assmann/Schlitt/von Kopp-Colomb WpPG/VerkProspG, § 11 Rn. 21; *Singhof*, in: Frankf Komm WpPG, § 11 Rn. 16; *Groß*, KapMR, § 11 Rn. 3.

abschlüsse nach § 11 Abs. 1 Satz 1 Nr. 1 WpPG, ohne die Gefahr einer nach Ansicht der BaFin unzulässigen Kettenverweisung.[30] Denn der Prospekt enthält die Finanzinformationen jeweils originär und verweist nicht lediglich auf bei der BaFin gesondert hinterlegte Jahresabschlüsse. Seit Inkrafttreten des Gesetzes zur Umsetzung der RL (EU) 2010/73 und zur Änderung des Börsengesetzes vom 26.06.2012 ergibt sich für den Verweis auf Finanzberichte die Möglichkeit nach § 11 Abs. 1 Satz 1 Nr. 3 WpPG (siehe Rn. 14 unten), sofern es sich um einen Emittenten handelt, der bereits vorher Wertpapiere emittiert hat[31].

b) Mitteilung der Veröffentlichung nach Satz 1 Nr. 2

13 Durch das Gesetz zur Umsetzung der RL (EU) 2010/73 und zur Änderung des Börsengesetzes vom 26.06.2012[32] kann in Prospekten nun ein Verweis auch auf Dokumente erfolgen, die nach ihrer Veröffentlichung gemäß der Transparenzrichtlinie (RL (EG) 2004/109)[33] bei der zuständigen Behörde hinterlegt wurden. In Deutschland wurde diese Hinterlegung durch bloße Mitteilung der Veröffentlichung an die BaFin umgesetzt.[34] Dementsprechend können in Prospekte nun alle in § 11 Abs. 1 Satz 1 Nr. 2 und 3 WpPG aufgeführten Dokumente per Verweis einbezogen werden, obwohl diese weder von der BaFin gebilligt wurden noch physisch bei ihr hinterlegt wurden.[35] Nach § 11 Abs. 1 Satz 1 Nr. 2 und 3 WpPG ist daher nun ein Verweis auch auf Veröffentlichungen nach § 2 b Abs. 1, § 15 Abs. 5, § 15 a Abs. 4, § 26 Abs. 2 WpPG sowie nach § 26 a, § 29 a Abs. 2, § 30 e Abs. 1, § 30 f Abs. 2 WpHG, welche der BaFin, jeweils auch in Verbindung mit der Wertpapierhandelsanzeige- und Insiderverzeichnisverordnung, mitgeteilt wurden, möglich. Nach der Amtspraxis der BaFin ist in solchen Fällen allerdings erforderlich, dass entweder im Anschreiben zum Prospektbilligungsantrag oder im Prospekt selbst die zum Zwecke der Einbeziehung in Bezug genommene Vorschrift konkret benannt wird.

c) Mitteilung der öffentlichen Zurverfügungstellung nach Satz 1 Nr. 3

14 Nach § 11 Abs. 1 Satz 1 Nr. 3 kann nun u. a auf die in der Praxis wichtigen und dementsprechend auch in der Gesetzesbegründung besonders hervor-

---

30 Siehe hierzu unten Rn. 19.

31 Vgl. *Singhof*, in: Frankf Komm WpPG, § 11 Rn. 14; *von Ilberg*, in: Assmann/Schlitt/ von Kopp-Colomb WpPG/VerkProspG, § 11 Rn. 11 und in Bezug auf Nachträge in Rn. 25.

32 BGBl. I 2012, 1375.

33 ABl. EG L 390 v. 31.12.2004, S. 38.

34 Gesetz zur Umsetzung der RL 2004/109/EG des Europäischen Parlaments und des Rates vom 15. Dezember 2004 zur Harmonisierung der Transparenzanforderungen in Bezug auf Informationen über Emittenten, deren Wertpapiere zum Handel auf einem geregelten Markt zugelassen sind, und zur Änderung der RL 2001/34/EG (Transparenzrichtlinie-Umsetzungsgesetz – TUG) – BGBl. I 2007, S. 10.

35 Vgl. *Groß*, KapMR, § 11 Rn. 3.

gestellten[36] Jahresberichte nach § 37v WpHG, Halbjahresfinanzberichte nach § 37w WpHG und Zwischenmitteilungen der Geschäftsführung nach § 37x WpHG verwiesen werden, sofern die weiteren Voraussetzungen des § 11 WpPG erfüllt sind. Auch in diesen Fällen verlangt die BaFin, dass entweder im Anschreiben zum Prospektbilligungsantrag oder im Prospekt selbst die zum Zwecke der Einbeziehung in Bezug genommene Vorschrift konkret benannt wird.

3. Einbeziehung und Prospektgültigkeit

Werden Finanzinformationen, die in einem bereits hinterlegten Prospekt enthalten sind, per Verweis in neue Prospekte einbezogen, verweist der neue Prospekt zwar auf Teile eines möglicherweise zwischenzeitlich nach § 9 Abs. 1 WpPG ungültig gewordenen Prospekts. Ein Prospekt, der eine Verweisung auf einen bereits ungültigen Prospekt enthält, ist aber – unabhängig von der Gültigkeitsdauer des durch Verweis einbezogenen Dokuments – seinerseits nach § 9 Abs. 1 WpPG nach seiner Billigung zwölf Monate lang gültig. Also kommt es für dessen Gültigkeit auch nur auf den Zeitpunkt seiner Billigung, nicht hingegen auf den der Billigung des Prospekts an, auf den verwiesen wird.[37]

15

Einen Gültigkeitszeitraum von zwölf Monaten ordnet das WpPG nach § 9 Abs. 1 allein in Bezug auf Prospekte an. Die Einbeziehung von Angaben aus einem anderen Dokument führt nicht zu einer Abhängigkeit von der Gültigkeit des anderen Dokuments bzw. einer Koppelung der Gültigkeit der Dokumente. Der Wortlaut des § 11 WpPG gibt keine Anhaltspunkte für eine solche Einschränkung und anderenfalls wäre die Praxistauglichkeit der Einbeziehung nach § 11 WpPG zudem stark eingeschränkt.[38] Zudem ist es nach h. M. und der Verwaltungspraxis der BaFin möglich, zumindest Teile aus nicht mehr gültigen Prospekten per Verweis in einen neuen Prospekt einzubeziehen, so lange dem Aktualitätserfordernis des § 11 Abs. 1 Satz 4 WpPG Genüge getan ist.[39] Zu denken ist in diesem Zusammenhang etwa an die Einbeziehung von – keiner Gültigkeit unterliegenden – historischen Finanzinformationen oder von in einem nicht mehr gültigen Basisprospekt nach § 6 Abs. 1 WpPG enthaltenen Emissionsbedingungen. Eine Einbeziehung letzterer kann bspw. dann sachgerecht sein, wenn ein Emittent eine Emission aus einem bereits abgelaufenen Basisprospekt aufstocken möchte. In diesem Fall muss er für jede neue Tranche neue endgültige Bedingungen veröffentlichen. Hierzu kann er nach Ablauf der Fristen des § 9 Abs. 2 WpPG den abgelaufenen Basisprospekt nicht mehr verwenden. Er kann aber auch

16

---

36 BT-Drucks. 17/8684, S. 13, 19.

37 Vgl. hierzu auch oben die Komm. von *Ebermann* zu § 9 WpPG.

38 Vgl. *Ilberg*, in: Assmann/Schlitt/von Kopp-Colomb WpPG/VerkProspG, § 11 Rn. 33 ff.; *Friedl*, in: Just/Voß/Ritz/Zeising, WpPG, § 11 Rn. 29 ff.; *Hamann*, in: Schäfer/Hamann, KapMG (Stand 01/2008), § 11 WpPG Rn. 10.

39 *Ilberg*, in: Assmann/Schlitt/von Kopp-Colomb WpPG/VerkProspG, § 11 Rn. 36 ff.; *Friedl*, in: Just/Voß/Ritz/Zeising, WpPG, § 11 Rn. 26 f.; *Hamann*, in: Schäfer/Hamann, KapMG (Stand 01/2008), § 11 WpPG Rn. 10; a. A. *Becker*, in: Heidel, AktG, § 11 WpPG Rn. 5.

unter einem neuen Basisprospekt eine entsprechende Ziehung begeben, wenn die einschlägigen Emissionsbedingungen aus dem alten Basisprospekt – ggf. durch einen entsprechenden Nachtrag nach § 16 Abs. 1 WpPG – per Verweis in den aktuellen Basisprospekt einbezogen werden. Gegen ein entsprechendes Vorgehen haben auch die Mitglieder von ESMA keine Bedenken, soweit den sonstigen Anforderungen des Art. 28 EU-ProspV Genüge getan ist.[40]

4. Gleichzeitige Veröffentlichung/der Öffentlichkeit Zurverfügungstellung

17 Die Dokumente, auf welche verwiesen wird, müssen nach Abs. 1 Satz 1 und Satz 2 entweder zuvor oder gleichzeitig mit dem Prospekt (siehe hierzu Rn. 5 oben) veröffentlicht oder der Öffenlichkeit zur Verfügung gestellt worden sein bzw. werden. Nicht erforderlich ist, dass das Dokument, in welchem die durch Verweis einbezogenen Angaben enthalten sind, nach § 14 WpPG veröffentlicht wurde.[41] Zu beachten ist in diesem Zusammenhang, dass es einer gesonderten Veröffentlichung der Angaben, auf welche verwiesen wird, zwar nicht mehr bedarf, aber durch Verweis einbezogene Dokumente selbstverständlich Prospektbestandteil werden. D. h. aber auch, dass deren Inhalt während der Dauer des öffentlichen Angebots bzw. bis zur Einführung oder Einbeziehung der Wertpapiere in den Handel den Anlegern zugänglich sein muss. Zwar dürfte auszuschließen sein, dass der betreffende Prospekt als i. S. d. § 35 Abs. 1 Ziff. 6 WpPG unvollständig veröffentlicht anzusehen ist, denn die Angaben, auf welche verwiesen wird, sind ja bereits veröffentlicht worden. Andererseits erscheint eine fortbestehende Verfügbarkeit aus Gründen des Anlegerschutzes und im Lichte des Art. 28 Abs. 5 EU-ProspV („Zugänglichkeit") unabdingbar. Unterstützt wird dies durch Ziff. 25 des Anh. I des EU-ProspV, welcher vorschreibt, dass „sonstige Dokumente, [...] sofern Teile davon in das Registrierungsformular eingeflossen sind oder in ihm darauf verwiesen wird" während dessen Gültigkeitsdauer einsehbar sein müssen.[42] Zudem erscheint die mangelnde Zugänglichkeit von Informationen, auf die in einem Prospekt verwiesen wird, auch prospekthaftungsrechtlich nicht unproblematisch.[43]

5. Unzulässigkeit von dynamischen Verweisen und Kettenverweisungen

18 Nach § 11 Abs. 1 Satz 1 müssen die Dokumente, welche durch Verweis einbezogen werden sollen, gleichzeitig veröffentlicht werden oder bereits vor Veröffentlichung des Prospekts veröffentlicht sein. Unzulässig sind daher insbesondere so genannte dynamische Verweisungen, bei denen etwa auf das „jeweils gültige" Dokument verwiesen wird. Auch eine Verweisung auf erst künftig zu veröffentlichende Dokumente kommt nicht in Betracht. Ver-

---

40 Vgl. *ESMA*, Q&A, 21st updated version, ESMA/2014/35, question 8.
41 *Singhof*, in: Frankf Komm WpPG, § 11 Rn. 8; *Heidelbach*, in: Schwark/Zimmer, KapMRK, § 11 WpPG, Rn. 16.
42 *Singhof*, in: Frankf Komm WpPG, § 11 Rn. 7.
43 Zu Haftungsfragen ausführlich unten: *Wackerbarth*, §§ 21 ff. WpPG.

weise etwa auf den „aktuellen Quartalsbericht" sind unzulässig.[44] Relevante nachträglich entstehende Informationen sind in einen Nachtrag nach § 16 WpPG – unter dessen Voraussetzungen – aufzunehmen. In diesem kann eine Einbeziehung eines nachträglich veröffentlichten Dokuments durch Verweis erfolgen (siehe zur Zulässigkeit Rn. 4 oben).[45]

Die BaFin akzeptiert aus Gründen der Aufrechterhaltung der Lesbarkeit und   19 damit der Verständlichkeit des Prospekts[46] keine Verweisung auf ein Dokument, welches seinerseits auf eines oder mehrere andere Dokumente verweist, da der Anleger in derartigen Fällen gezwungen wäre, sich die relevanten Informationen aus mindestens drei verschiedenen Dokumenten zu verschaffen.[47] Betroffen hiervon ist insbesondere die Einbeziehung eines Registrierungsformulars durch Verweis, in das zuvor schon Informationen per Verweis einbezogen worden sind. § 12 Abs. 1 Satz 6 WpPG ist gestrichen. Um die Nutzung eines bereits bei der BaFin hinterlegten Registrierungsformulars auch bei Basisprospekten zu ermöglichen, kann das Registrierungsformular im Wege der Einbeziehung durch Verweis nach § 11 WpPG i.V.m. Art. 26 Abs. 4 EU-ProspV zum Inhalt des Basisprospekts gemacht werden. Das allerdings im Hinblick auf das Verbot der Kettenverweisung nur dann, wenn es selbst keinerlei Verweisungen enthält. Hier ist daher wegen der bei Einzel- und Basisprospekten im Hinblick auf die Einbeziehung des Registrierungsformulars unterschiedlichen rechtlichen Systematik[48] schon bei der Erstellung des Registrierungsformulars zu prüfen, ob später neben einzelnen Wertpapierbeschreibungen auch Basisprospekte unter dem Registrierungsformular zur Billigung eingereicht werden sollen. Ist dies der Fall, sollte das Registrierungsformular keinen Verweis enthalten.

---

44 Vgl. *Singhof*, in: Frankf Komm WpPG, § 11 Rn. 6; *von Ilberg*, in: Assmann/Schlitt/ von Kopp-Colomb WpPG/VerkProspG, § 11 Rn. 16; *Friedl*, in: Just/Voß/Ritz/Zeising, WpPG, § 11 Rn. 13; *Heidelbach*, in: Schwark/Zimmer, KapMRK, § 11 WpPG, Rn. 15; *Müller*, WpPG, § 11 Rn. 4, der jedoch dafür plädiert, dynamische Verweise nicht grundsätzlich auszuschließen; *Hamann*, in: Schäfer/Hamann, KapMG (Stand 01/2008), § 11 Rn. 3, stellt fest, dass dynamische Verweise dem Wortlaut entgegen stehen, hält allerdings aus Anlegerinteresse an der jeweils aktuellsten Information eine teleologische Auslegung für sinnvoll; a.A. *Becker*, in: Heidel, AktG, § 11 WpPG Rn. 5, der dynamischen Verweise auch für mit dem Wortlaut vereinbar hält.
45 Vgl. *Singhof*, in: Frankf Komm WpPG, § 11 Rn. 6.
46 §§ 5 Abs. 1 Satz 3, 13 Abs. 1 Satz 2 WpPG; ferner Art. 28 Abs. 5 EU-ProspV.
47 Ebenso: *von Ilberg*, in: Assmann/Schlitt/von Kopp-Colomb WpPG/VerkProspG, § 11 Rn. 21; *Schlitt/Schäfer*, AG 2005, 498, 503; *Becker*, in: Heidel, AktG, § 11 WpPG Rn. 7; *Holzborn/Israel*, ZIP 2005, 1668, 1674; *Singhof*, in: Frankf Komm WpPG, § 11 Rn. 16 im Zusammenhang mit dem jährlichen Dokument nach § 10 WpPG a. F.
48 Beim Basisprospekt: Einbeziehung nur über Verweisung nach § 11 WpPG mit der Konsequenz des Verbots von Kettenverweisungen; beim Einzelprospekt: Registrierungsformular wird gem. § 12 WpPG Prospektbestandteil.

III. § 11 Abs. 1 Satz 3 WpPG – Aktualitätsanforderungen

20 Die Verweise müssen sich auf die aktuellsten Angaben beziehen, die dem Emittenten zur Verfügung stehen. Diese Vorschrift stellt ausweislich der Gesetzesbegründung lediglich klar, dass auch bei der Einbeziehung im Wege des Verweises die gleichen Anforderungen an die Aktualität der in den Prospekt aufgenommenen Angaben gelten.[49] Das schließt nicht aus, dass der Emittent auch die nach den jeweiligen Anhängen erforderlichen historischen Finanzinformationen im Wege des Verweises nach § 11 WpPG in den Prospekt aufnimmt.[50]

IV. § 11 Abs. 1 Satz 4 WpPG

1. Keine Verweise in der Zusammenfassung

21 Abs. 1 Satz 4 ordnet an, dass in dem eigenständigen Prospektteil „Zusammenfassung"[51] keine Angaben in Form eines Verweises enthalten sein dürfen. Die Vorschrift korrespondiert mit § 5 Abs. 2 Satz 2 WpPG, wonach in der Zusammenfassung kurz und allgemein verständlich die wesentlichen Merkmale und Risiken zu nennen sind, die auf den Emittenten, jeden Garantiegeber und die Wertpapiere zutreffen. Die Zusammenfassung stellt bei grenzüberschreitenden Angeboten häufig den einzigen in der Muttersprache des Anlegers erstellten Prospektteil dar. Dementsprechend sollte sich die Zusammenfassung regelmäßig als in sich abschließender Prospektteil präsentieren; eine Einbeziehung von externen Angaben durch Verweis würde den vom Gesetzgeber gewünschten Charakter der Zusammenfassung als kompakte Informationsvermittlung über die wesentlichen Inhalte des Prospekts zunichte machen. Die Verwaltungspraxis der BaFin geht noch einen Schritt weiter: Danach sind selbst dokumenteninterne Verweisungen in andere Prospektteile, also das Registrierungsformular oder die Wertpapierbeschreibung, in der Zusammenfassung nicht zulässig. Dies dient insbesondere der nach §§ 5 Abs. 1 Satz 3, 13 Abs. 1 Satz 2 WpPG geforderten Verständlichkeit der Zusammenfassung aus sich selbst heraus. Gleichwohl zulässig sind allerdings Hinweise auf unbeschränkt zugängliche Internetseiten etwa der verschiedenen Aufsichtsbehörden, die Informationen allgemeiner Natur enthalten. Eine Aufnahme der Zusammenfassung als solcher durch Verweis in einen Prospekt ist ebenso unzulässig, da bei grenzüberschreitenden Angeboten oder Zulassungen zum Handel an einem organisierten Markt die Zu-

---

49 Vgl. RegBegr. EU-ProspRL-UmsG, BT-Drucks. 15/4999, S. 34.; *Singhof*, in: Frankf Komm WpPG, § 11 Rn. 19; *von Ilberg*, in: Assmann/Schlitt/von Kopp-Colomb, WpPG/VerkProspG, § 11 Rn. 39 f.; *Friedl*, in: Just/Voß/Ritz/Zeising, WpPG, § 11 Rn. 25; *Heidelbach*, in: Schwark/Zimmer, KapMRK, § 11 WpPG, Rn. 12 f.; *Groß*, KapMR, § 11 Rn. 4.

50 Vgl. *CESR*, advice disclosure obligations, Ref: CESR/03-208, Tz. 96; *Friedl*, in: Just/Voß/Ritz/Zeising, WpPG, § 11 Rn. 25; *von Ilberg*, in: Assmann/Schlitt/von Kopp-Colomb, WpPG/VerkProspG, § 11 Rn. 40.

51 Vgl. § 5 Abs. 2 WpPG.

sammenfassung der einzige Teil des Prospekts sein kann, welcher zwingend in der jeweiligen Amtssprache des Aufnahmestaates abzufassen ist.[52]

2. BaFin-Praxis bezüglich Risikofaktoren

Daneben akzeptiert die BaFin auch in den Risikofaktoren[53] keine Verweise   22
auf andere Dokumente[54] oder dokumenteninterne Verweisungen auf andere Prospektteile[55]. Da die Reihenfolge der Prospektangaben nach Art. 25 Abs. 1 EU-ProspV verbindlich vorgegeben ist, ist diese Verwaltungspraxis nur konsequent. Denn wenn innerhalb der Beschreibung der Risikofaktoren mit einer Vielzahl von Verweisen gearbeitet würde, würde zwar formal die Reihenfolge der Angaben nach Art. 25 Abs. 1 EU-ProspV eingehalten. Inhaltlich würden die Risikofaktoren letztlich allerdings u. U. vollständig sinnentleert, so dass der mit der Festlegung der Reihenfolge der Prospektbestandteile verfolgte Zweck einer zum Anlegerschutz erforderlichen, möglichst prominenten, konzentrierten und zusammenhängenden Darstellung der Risikofaktoren letztlich verfehlt würde.[56] Allerdings wird zur Vermeidung von Überfrachtungen der Risikofaktoren mit der Darstellung komplexer Wertpapierstrukturen insbesondere im Bereich der Prospekte für derivative Produkte ein Verweis auf die Darstellung der einzelnen Produktstruktur in den Anleihebedingungen akzeptiert.[57]

V. § 11 Abs. 2 WpPG

1. Verweisliste

Hiernach muss der Prospekt eine Liste enthalten, die angibt, an welchen   23
Stellen Angaben in Form eines Verweises aufgenommen wurden, um welche Angaben es sich handelt und wo diese Angaben veröffentlicht sind. In der Praxis hat sich bewährt, die entsprechenden Angaben tabellarisch aufzubereiten. In jedem Falle ist darauf zu achten, dass auf dasjenige Dokument verwiesen wird, welches Gegenstand der Hinterlegung war, regelmäßig also der Prospekt selbst. Erforderlich ist weiterhin – insb. bei einer nur teilweisen

---

52 Vgl. RegBegr. EU-ProspRL-UmsG, BT-Drucks. 15/4999, S. 34.; *Groß*, KapMR, § 11 Rn. 3.
53 Die Aufnahme von emittenten- bzw. wertpapierbezogenen Risikohinweisen wird in nahezu sämtlichen Anhängen der EU-ProspV gefordert, vgl. nur für das Registrierungsformular und die Wertpapierbeschreibung für Aktien: Anh. I EU-ProspV, Ziff. 4, Anh. III EU-ProspV, Ziff. 2.
54 Vgl. *Singhof*, in: Frankf Komm WpPG, § 11 Rn. 22; *von Ilberg*, in: Assmann/Schlitt/von Kopp-Colomb, WpPG/VerkProspG, § 11 Rn. 44; *Friedl*, in: Just/Voß/Ritz/Zeising, WpPG, § 11 Rn. 37.; *Müller*, WpPG, § 11 Rn. 3.
55 Vgl. *Singhof*, in: Frankf Komm WpPG, § 11 Rn. 22; *von Ilberg*, in: Assmann/Schlitt/von Kopp-Colomb, WpPG/VerkProspG, § 11 Rn. 44; *Friedl*, in: Just/Voß/Ritz/Zeising, WpPG, § 11 Rn. 37; *Becker*, in: Heidel, AktG, § 11 WpPG Rn. 10; *Groß*, KapMR, § 11 Rn. 3; *Müller*, WpPG, § 11 Rn. 3.
56 Vgl. auch *Singhof*, in: Frankf Komm WpPG, § 11 Rn. 22; *von Ilberg*, in: Assmann/Schlitt/von Kopp-Colomb, WpPG/VerkProspG, § 11 Rn. 44.
57 So schon in der Vorauflage *Assion*, in: Holzborn, WpPG, 1. Aufl. 2008, § 11 Rn. 16.

Einbeziehung – eine genaue Bezeichnung der einzubeziehenden Abschnitte des in Bezug genommenen Prospekts, etwa durch genaue Seiten- und/oder Abschnittsangaben. Bei Internetveröffentlichungen sollte eine genaue Angabe der Internetseite erfolgen, auf der die betreffenden Dokumente tatsächlich vorzufinden sind und nicht lediglich ein Hinweis auf die Homepage des Emittenten.[58]

2. „documents on display"

24   Hinzuweisen ist zudem auf eine häufig anzutreffende Verwechslung mit der nach Ziff. 24 Anh. I EU-ProspV erforderlichen Liste einsehbarer Dokumente.[59] Die Verpflichtung des Emittenten nach Ziff. 24 Anh. I der EU-ProspV, etwa die historischen Finanzinformationen für die Dauer der Gültigkeit des Prospekts zur Einsicht bereit zu halten, besteht nämlich unabhängig davon, ob der Emittent die historischen Finanzinformationen zum Prospektbestandteil gemacht hat oder diese lediglich nach § 11 WpPG durch Verweis einbezogen hat. Die nach § 11 Abs. 2 WpPG geforderte Liste muss zudem sämtliche Seiten des Prospekts nennen, auf denen Verweise auf außenstehende Dokumente enthalten sind, und diesen Stellen die jeweiligen Fundstellen in den durch Verweis einbezogenen Dokumenten zuordnen. Diese Liste muss dementsprechend wesentlich detaillierter sein, als dies die Liste der einsehbaren Dokumente nach Ziff. 24 Anh. I EU-ProspV erfordert.

VI. Prospekthaftung

25   Die Einbeziehung von Angaben aus den Verweisdokumente führt dazu, dass diese Prospektbestandteil werden.[60] Dies erfüllt einerseits den erwünschten Zweck, dass durch den Verweis und die daraus resultierende Einbeziehung die erforderlichen Angaben erbracht werden, um einen vollständigen und billigungsfähigen Prospekt zu erhalten. Andererseits bedeutet dies, dass sich

---

58 Siehe auch *Singhof*, in: Frankf Komm WpPG, § 11 Rn. 23 f.; *von Ilberg*, in: Assmann/Schlitt/von Kopp-Colomb WpPG/VerkProspG, § 11 Rn. 45; *Friedl*, in: Just/Voß/Ritz/Zeising, WpPG, § 11 Rn. 38; *Heidelbach*, in: Schwark/Zimmer, KapMRK, § 11 WpPG, Rn. 18 f.; *Hamann*, in: Schäfer/Hamann, KapMG (Stand 01/2008), § 11 WpPG Rn. 13; *Groß*, KapMR, § 11 Rn. 5; *Müller*, WpPG, § 11 Rn. 6.

59 So genannte *„documents on display"*. Identische Inhalte finden sich auch in Anh. IV EU-ProspV, Ziff. 17 (Registrierungsformular für Schuldtitel und derivative Wertpapiere mit einer Stückelung von weniger als 100.000 Euro) und Anh. XI EU-ProspV, Ziff. 14 (Registrierungsformular für Banken).

60 Vgl. RegBegr. EU-ProspRL-UmsG, BT-Drucks. 15/4999, S. 34.; *Singhof*, in: Frankf Komm WpPG, § 11 Rn. 2, 25; *von Ilberg*, in: Assmann/Schlitt/von Kopp-Colomb WpPG/VerkProspG, § 11 Rn. 2; *Friedl*, in: Just/Voß/Ritz/Zeising, WpPG, § 11 Rn. 8 f., 23; *Heidelbach*, in: Schwark/Zimmer, KapMRK, § 11 WpPG, Rn. 3; *Hamann*, in: Schäfer/Hamann, KapMG (Stand 01/2008), § 11 WpPG Rn. 2; *Becker*, in: Heidel, AktG, § 11 WpPG Rn. 3; *Groß*, KapMR, § 11 Rn. 2; *Müller*, WpPG, § 11 Rn. 1.

auch die Prospekthaftung auf diese einbezogenen Angaben erstreckt.[61] Umstritten ist, ob eine Möglichkeit besteht, die Haftung für die einbezogenen Informationen einzuschränken. Dies beruht v. a. auf dem Gedanken, dass in Fällen, in denen Anbieter und Emittent verschieden sind, oder z. B. in Fällen von Umtausch- oder Aktienanleihen, die Informationen für die Aktienkomponente von Dritten stammen.[62] Ein Hinweis darauf, dass die Verantwortlichkeit nur für die korrekte Übernahme dieser Informationen übernommen werde, und nicht für deren Inhalt, vermag jedoch nicht zu überzeugen. Auf Grund der Natur der Verweise nach § 11 WpPG als rein technische Erleichterung der Vervollständigung der erforderlichen Mindestangaben kann es keinen haftungsrechtlichen Unterschied machen, ob die Informationen direkt im Prospekt abgebildet werden oder auf diese verwiesen wird. Anderenfalls wäre es möglich, die Haftung für den Prospekt durch weitreichende Nutzung des § 11 WpPG entsprechend zu reduzieren. Dies entspricht jedoch nicht der ratio des § 11 WpPG. Dementsprechend muss die Wirksamkeit von Haftungsbeschränkungen gleichlaufend bei dokumentenintern Angaben und solchen, die über Verweise erfolgt sind, beurteilt werden.[63] Eine Haftungseinschränkung ist demnach nicht möglich.[64]

---

61 Vgl. *Singhof*, in: Frankf Komm WpPG, § 11 Rn. 26; *von Ilberg*, in: Assmann/Schlitt/ von Kopp-Colomb, WpPG/VerkProspG, § 11 Rn. 47; *Friedl*, in: Just/Voß/Ritz/Zeising, WpPG, § 11 Rn. 39; *Heidelbach*, in: Schwark/Zimmer, KapMRK, § 11 WpPG, Rn. 3; *Becker*, in: Heidel, AktG, § 11 WpPG Rn. 12; *Groß*, KapMR, § 11 Rn. 2.
62 *Groß*, KapMR, § 11 Rn. 2.
63 Vgl. auch *Singhof*, in: Frankf Komm WpPG, § 11 Rn. 26; *von Ilberg*, in: Assmann/Schlitt/ von Kopp-Colomb, WpPG/VerkProspG, § 11 Rn. 48; *Friedl*, in: Just/Voß/Ritz/Zeising, WpPG, § 11 Rn. 39 ff.; *Becker*, in: Heidel, AktG, § 11 WpPG Rn. 12; a. A. *Groß*, KapMR, § 11 Rn. 2.
64 Vgl. *von Ilberg*, in: Assmann/Schlitt/von Kopp-Colomb, WpPG/VerkProspG, § 11 Rn. 48 und ausführlich zu Haftungsfragen unten: *Wackerbarth*, §§ 21 ff. WpPG.

ARTIKEL 28
Regelungen über die Aufnahme von Angaben in Form eines Verweises

(1) Es können Angaben in Form eines Verweises in einen Prospekt oder einen Basisprospekt aufgenommen werden, wenn sie insbesondere bereits in den nachfolgend genannten Dokumenten enthalten sind:

1. jährlich und unterjährig vorzulegende Finanzinformationen;

2. Dokumente, die im Zuge einer spezifischen Transaktion erstellt werden, wie z.B. einer Fusion oder einer Entflechtung;

3. Bestätigungsvermerke und Jahresabschlüsse;

4. Satzung und Statuten der Gesellschaft;

5. zu einem früheren Zeitpunkt gebilligte und veröffentlichte Prospekte und/oder Basisprospekte;

6. vorgeschriebene Informationen;

7. Rundschreiben an die Wertpapierinhaber.

(2) Die Dokumente, die Angaben enthalten, die in Form eines Verweises in einen Prospekt, einen Basisprospekt oder dessen Bestandteile übernommen werden können, sind gemäß Artikel 19 der Richtlinie 2003/71/EG abzufassen.

(3) Enthält ein Dokument, das in Form eines Verweises aufgenommen werden kann, Angaben, die wesentlich abgeändert wurden, so ist dieser Umstand im Prospekt oder im Basisprospekt klar anzugeben; ferner sind auch die aktualisierten Angaben zur Verfügung zu stellen.

(4) Der Emittent, der Anbieter oder die Person, die die Zulassung zum Handel auf einem geregelten Markt beantragt hat, kann Angaben in einen Prospekt oder einen Basisprospekt aufnehmen, indem er/sie lediglich auf bestimmte Teile eines Dokuments verweist und er/sie erklärt, dass die nicht aufgenommenen Teile entweder für den Anleger

ARTICLE 28
Arrangements for incorporation by reference

(1) Information may be incorporated by reference in a prospectus or base prospectus, notably if it is contained in one the following documents:

1. annual and interim financial information;

2. documents prepared on the occasion of a specific transaction such as a merger or de-merger;

3. audit reports and financial statements;

4. memorandum and articles of association;

5. earlier approved and published prospectuses and/or base prospectuses;

6. regulated information;

7. circulars to security holders.

(2) The documents containing information that may be incorporated by reference in a prospectus or base prospectus or in the documents composing it shall be drawn up following the provisions of Article 19 of Directive 2003/71/EC.

(3) If a document which may be incorporated by reference contains information which has undergone material changes, the prospectus or base prospectus shall clearly state such a circumstance and shall give the updated information.

(4) The issuer, the offeror or the person asking for admission to trading on a regulated market may incorporate information in a prospectus or base prospectus by making reference only to certain parts of a document, provided that it states that the non-incorporated parts are either not relevant for the investor or covered elsewhere in the prospectus.

nicht relevant sind oder bereits an anderer Stelle im Prospekt enthalten sind.

(5) Bei der Aufnahme von Angaben in Form eines Verweises bemühen sich die Emittenten, die Anbieter oder die Personen, die die Zulassung zum Handel auf einem geregelten Markt beantragt haben, darum, den Anlegerschutz im Hinblick auf Verständlichkeit der Angaben und ihrer Zugänglichkeit nicht zu beeinträchtigen.

(5) When incorporating information by reference, issuers, offerors or persons asking for admission to trading on a regulated market shall endeavour not to endanger investor protection in terms of comprehensibility and accessibility of the information.

Inhalt

I. Zulässige Verweisdokumente

Art. 28 Abs. 1 EU-ProspV benennt beispielhaft – nicht abschließend[1] – die Dokumente, auf die verwiesen werden kann, ihrer Art nach. Für die Zulässigkeit der Einbeziehung von Angaben durch Verweis reicht allerdings nicht allein aus, dass die Art des einzubeziehenden Dokuments in Art. 28 Abs. 1 EU-ProspV genannt ist. Vielmehr ist darüber hinaus erforderlich, dass das betreffende Dokument gem. § 11 Abs. 1 WpPG zuvor oder gleichzeitig veröffentlicht oder der Öffentlichkeit zur Verfügung gestellt und bei der zuständigen Behörde gebilligt oder hinterlegt worden ist bzw. wird. Nach Art. 11 Abs. 1 der EU-ProspRL können „Angaben auf ein oder mehrere zuvor oder gleichzeitig veröffentlichte Dokumente [...], die gemäß [der EU-Prosp-RL] oder der Richtlinie 2004/109/EG [(Transparenzrichtlinie)[2]] von der zuständigen Behörde gebilligt oder bei ihr hinterlegt wurden" per Verweis einbezogen werden. Die genannten Voraussetzungen müssen sowohl nach der EU-ProspRL als auch nach dem WpPG kumulativ vorliegen. Damit bedarf es in jedem Fall einer zwingenden Hinterlegung oder Billigung des einzubeziehenden Dokuments bei der nach WpPG oder dem entsprechenden nationalen Umsetzungsgesetz zur EU-ProspRL jeweils hierfür zuständigen Behörde.[3] Dies verkennen *Kullmann/Sester*[4], die es für eine Einbeziehung unabhängig von einer Hin-

1

---

1 Vgl. auch die Komm. zu § 11 Rn. 7; siehe auch *Singhof*, in: Frankf Komm WpPG, Art. 28 EU-ProspV Rn. 12.

2 ABl. EG L 390 v. 31.12.2004, S. 38.

3 Vgl. insoweit auch den eindeutigen Wortlaut des § 11 Abs. 1 Satz 1 und 2 WpPG und des Art. 11 EU-ProspRL.

4 *Kullmann/Sester*, ZBB 2005, 209, 214.

terlegung oder Billigung ausreichen lassen wollen, dass es sich bei dem einzubeziehenden Dokument um eines der in Art. 28 Abs. 1 EU-ProspV genannten handelt.[5] Eine solche von einer Billigung oder Hinterlegung unabhängige
mögliche Einbeziehung sowie die im Schrifttum[6] teilweise im Hinblick auf
eine richtlinienkonforme Auslegung des Art. 28 EU-ProspV diskutierte Möglichkeit einer freiwillige Hinterlegung von Dokumenten i. S. d. Art. 28 Abs. 1
EU-ProspV zur Einbeziehung in Prospekte nach § 11 WpPG kommt nach der
Verwaltungspraxis der BaFin und in Übereinstimmung mit dem Wortlaut des
§ 11 WpPG und des Art. 11 EU-Prosp-RL nicht in Betracht.[7] Aus diesem
Grund war der praktische Anwendungsbereich des Art. 28 EU-ProspV (bzw.
von § 11 Abs. 1 WpPG a. F.) in der Vergangenheit auf Dokumente, welche
nach dem WpPG oder dem BörsG bzw. dem entsprechenden harmonisierten
Recht eines Staates des EWR von der zuständigen Behörde gebilligt waren
oder verpflichtend bei ihr hinterlegt worden waren, beschränkt. Im Rahmen
der Umsetzung der RL (EU) 2010/73 durch das Gesetz zur Umsetzung der RL
(EU) 2010/73 und zur Änderung des Börsengesetzes vom 26.06.2012[8] wurden
die Arten der Dokumente, auf welche nach § 11 WpPG verwiesen werden
kann, erheblich erweitert.[9] Nun kann in Prospekten auch ein Verweis auf Dokumente erfolgen, welche nach ihrer Veröffentlichung gemäß der Transparenzrichtlinie (RL (EG) 2004/109)[10] bei der zuständigen Behörde hinterlegt
wurden. In Deutschland wurde diese Hinterlegung durch bloße Mitteilung
der Veröffentlichung an die BaFin umgesetzt.[11] Dementsprechend können in
Prospekte nun Angaben aus allen in § 11 Abs. 1 Satz 1 Nr. 2 und 3 WpPG aufgeführten Dokumenten per Verweis einbezogen werden, obwohl diese weder
von der BaFin gebilligt wurden noch physisch bei ihr hinterlegt wurden.[12]
Hierzu zählen u. a die in der Praxis wichtigen in Art. 28 Abs. 1 Nr. 1 genannten „jährlich und unterjährig vorzulegenden Finanzinformationen", d. h. insbesondere die Jahresberichte nach § 37 v WpHG, Halbjahresfinanzberichte
nach § 37 w WpHG, Zwischenmitteilungen der Geschäftsführung nach § 37 x
WpHG und Konzernabschlüsse nach § 37 y WpHG, die nun explizit in § 11
Abs. 1 Satz 1 Nr. 3 WpPG genannt werden.[13] Soweit nach den Umsetzungs-

---

5 Siehe auch *Singhof*, in: Frankf Komm WpPG, Art. 28 EU-ProspV Rn. 2 zu dem Erfordernis der „gesetzlich angeordneten" bzw. zwingenden Hinterlegung.

6 Vgl. *Kullmann/Sester*, ZBB 2005, 209, 214; *Holzborn/Israel*, ZIP 2005, 1868, 1674; siehe
   auch die Darstellung der Argumentation in der Vorauflage: *Assion*, in: Holzborn, WpPG,
   1. Aufl. 2008, § 11 Rn. 5.

7 Vgl. *Singhof*, in: Frankf Komm WpPG, § 11 Rn. 15; *von Ilberg*, in: Assmann/Schlitt/
   von Kopp-Colomb WpPG/VerkProspG, § 11 Rn. 15; *Friedl*, in: Just/Voß/Ritz/Zeising,
   WpPG, § 11 Rn. 19 ff., 22.

8 BGBl. I 2012, 1375.

9 Vgl. *Groß*, KapMR, § 11 Rn. 1; *Müller*, WpPG, § 11 Rn. 2.

10 ABl. EG L 390 v. 31.12.2004, S. 38.

11 Gesetz zur Umsetzung der RL 2004/109/EG des Europäischen Parlaments und des Rates
    vom 15. Dezember 2004 zur Harmonisierung der Transparenzanforderungen in Bezug
    auf Informationen über Emittenten, deren Wertpapiere zum Handel auf einem geregel-
    ten Markt zugelassen sind, und zur Änderung der RL 2001/34/EG (Transparenzrichtli-
    nie-Umsetzungsgesetz – TUG) – BGBl. I 2007, S. 10.

12 Vgl. *Groß*, KapMR, § 11 Rn. 3.

13 Siehe hierzu im Detail auch die Komm. zu § 11 WpPG.

vorschriften anderer Mitgliedstaaten zur EU-ProspRL die Hinterlegung oder Billigung weiterer in Art. 28 Abs. 1 EU-ProspV genannter Dokumente vorgesehen ist, kann ein Emittent zudem im Falle eines in Deutschland durchgeführten Billigungsverfahrens bereits bei den zuständigen Behörden anderer Mitgliedstaaten hinterlegte oder gebilligte Dokumente per Verweis einzubeziehen.[14] Sofern allerdings auf Angaben in solchen Dokumenten verwiesen wird, sind diese dem Billigungsantrag beizufügen, da sie der BaFin nicht vorliegen.[15] Der Verweis auf Dokumente durch Drittstaatenemittenten auf von der für diese zuständigen Behörde gebilligte oder dort hinterlegte Dokumente ist zudem nur möglich, sofern diese zuvor bei der zuständigen Stelle eines Staates des EWR hinterlegt wurden.[16]

II. Einbeziehung und Notifizierung nach § 19 WpPG

Im Zusammenhang mit der Notifizierung von Prospekten in andere Mitgliedstaaten ist die Regelung in Art. 28 Abs. 2 EU-ProspV von erheblicher praktischer Bedeutung. Danach sind die Dokumente, auf die verwiesen wird, „gemäß Artikel 19 der Richtlinie 2003/71/EG abzufassen". Die Verweisung der Verordnung auf Art. 19 der Richtlinie ist insofern unglücklich, als die Richtlinie kein unmittelbar anwendbares Recht darstellt. Das Sprachenregime des jeweiligen Mitgliedstaates richtet sich demzufolge nicht direkt nach Art. 19 der Richtlinie, sondern vielmehr nach der jeweils einschlägigen Vorschrift aus dem nationalen Umsetzungsgesetz.[17] In Deutschland ist dies § 19 WpPG. 2

Eine ausdrückliche Bestimmung, ob die per Verweis einbezogenen Dokumente in der gleichen Sprache wie der Prospekt selbst abgefasst sein müssen, findet sich weder im WpPG, noch in der EU-ProspRL oder der EU-ProspV.[18] Aus dem Verweis von Art. 28 Abs. 2 EU-ProspV auf die Sprachenregelung wird vielfach geschlossen, dass es erforderlich sei, die per Verweis einbezogenen Dokumente in derselben Sprache abzufassen wie den Prospekt selbst.[19] Art. 28 Abs. 2 EU-ProspV verlangt jedoch lediglich isoliert die Abfassung des Verweisdokuments „gemäß Artikel 19 der Richtlinie", ohne 3

---

14 Vgl. auch den Wortlaut des § 11 Abs. 1 Satz 2 WpPG n. F.; im Ergebnis zutreffend daher *Kullmann/Sester*, ZBB 2005, 209, 214.

15 Vgl. *Friedl*, in: Just/Voß/Ritz/Zeising, WpPG, § 11 Rn. 24; *von Ilberg*, in: Assmann/Schlitt/von Kopp-Colomb, WpPG/VerkProspG, § 11 Rn. 9; *Singhof*, in: Frankf Komm WpPG, § 11 Rn. 12.

16 Vgl. *Singhof*, in: Frankf Komm WpPG, § 11 Rn. 13; *Friedl*, in: Just/Voß/Ritz/Zeising, WpPG, § 11 Rn. 24.

17 Der Vorauflage zustimmend: *Singhof*, in: Frankf Komm WpPG, Art. 28 EU-ProspV Rn. 17.

18 So auch *Friedl*, in: Just/Voß/Ritz/Zeising, WpPG, § 11 Rn. 32.

19 Vgl. *Weber*, NZG 2004, 360, 363; *Kunold/Schlitt*, BB 2004, 501, 506; *Becker*, in: Heidel, Aktienrecht und Kapitalmarktrecht, § 11 Rn. 8; zustimmend, aber die Ausnahme des gebrochenen Sprachregimes anerkennend: *von Ilberg*, in: Assmann/Schlitt/von Kopp-Colomb, WpPG/VerkProspG, § 11 Rn. 30 f. und *Friedl*, in: Just/Voß/Ritz/Zeising, WpPG, § 11 Rn. 34 f.; den Meinungsstand wiedergebend: *Groß*, KapMR, § 11 Rn. 3 (dort Fn. 11).

eine Bindung an die Sprache des Prospekts vorzunehmen.[20] Zwar ist der Prospekt nach Art. 19 der EU-ProspRL jeweils in „einer" anerkannten oder in
Finanzkreisen allgemein gebräuchlichen Sprache abzufassen. Hieraus
könnte man schließen, dass eine Abfassung in mehreren Sprachen unzulässig ist.[21] Die BaFin vertritt mit dem Konzept des so genannten gebrochenen
Sprachenregimes[22] jedoch zu Recht eine weite Interpretation des insoweit
mit der EU-ProspRL übereinstimmenden § 19 WpPG. Danach können in sich
abgeschlossene Abschnitte eines Prospekts in unterschiedlichen Sprachen
abgefasst werden. Per Verweis einbezogene Angaben stellen in der Regel
einen in sich abgeschlossenen Prospektteil dar, dessen Abfassung in einer
anderen als der Prospektsprache in der Verwaltungspraxis der BaFin – jedenfalls wenn es sich um eine von der BaFin anerkannte Sprache handelt –
akzeptiert wird. So ist es also durchaus möglich, Finanzangaben, die lediglich in englischer Sprache vorhanden sind, per Verweis nach § 11 WpPG in
einen ansonsten in deutscher Sprache abgefassten Prospekt einzubeziehen
(sofern die für diesen Prospekt nach § 19 WpPG möglichen Sprachen Englisch und Deutsch sind bzw. der Prospekt nicht zwingend in deutscher Sprache abzufassen ist).[23] Anstelle eines Verweises auf die Finanzangaben in
englischer Sprache hätte der Emittent nach § 19 WpPG in einem solchen Fall
auch die Finanzangaben in englischer Sprache in dem deutschsprachigen
Prospekt abdrucken können. Dementsprechend entsteht dem Anleger auch
kein Nachteil aus der Möglichkeit diese per Verweis aufzunehmen.[24] Die
Mitglieder von ESMA gehen sogar davon aus, dass auch eine Übersetzung
eines von der zuständigen Behörde in einer anderen Sprache gebilligten
oder bei ihr hinterlegten Dokuments per Verweis in einen Prospekt einbezogen werden kann, so lange die Anforderungen der Art. 11 und 19 EU-ProspRL erfüllt werden.[25] Erforderlich ist in solchen Fällen also nach der Auffassung von ESMA, dass auch die Übersetzungen, die per Verweis
einbezogen werden sollen, bei der zuständigen Behörde zumindest hinterlegt sind.

4   Unabhängig davon hat der Emittent allerdings darauf zu achten, dass die
von ihm per Verweis in den Prospekt einbezogenen Dokumente die sprachlichen Voraussetzungen auch der Mitgliedstaaten erfüllen, in die er zum
Zwecke des öffentlichen Angebots von Wertpapieren oder der Zulassung

---

20 Wie hier: *Mattil/Mösslein*, WM 2007, 819, 821; *Singhof*, in: Frankf Komm WpPG, Art. 28
    EU-ProspV Rn. 18.
21 So unter ausdrücklichem Verweis auf Art. 28 Abs. 2 EU-ProspV: *Kunold/Schlitt*, BB 2004,
    501, 506.
22 Ausführlich hierzu *Preuße*, Komm. zu § 19 Rn. 19.
23 Ebenfalls dem Konzept des gebrochenen Sprachregimes zustimmend: *Singhof*, in:
    Frankf Komm WpPG, Art. 28 EU-ProspV Rn. 18; *Heidelbach*, in: Schwark/Zimmer, Kap-
    MRK, § 11 WpPG, Rn. 6; *Hamann*, in: Schäfer/Hamann, KapMG (Stand 01/2008), § 11
    WpPG Rn. 11; als Ausnahme anerkennend: *Mattil/Mösslein*, WM 2007, 819, 821;
    von Ilberg, in: Assmann/Schlitt/von Kopp-Colomb, WpPG/VerkProspG, § 11 Rn. 31;
    Friedl, in: Just/Voß/Ritz/Zeising, WpPG, § 11 Rn. 35.
24 Vgl. *von Ilberg*, in: Assmann/Schlitt/von Kopp-Colomb, WpPG/VerkProspG, § 11 Rn. 31.
25 Vgl. *ESMA*, Q&A, 21st updated version, ESMA/2014/35, question 7.

zum organisierten Markt von der BaFin notifiziert werden soll.[26] Sind die per Verweis einbezogenen Angaben in deutscher Sprache abgefasst, kann eine Notifizierung des Prospekts nur in solche Mitgliedsstaaten erfolgen, in denen Deutsch als Prospektsprache anerkannt ist. Gleichfalls ist in den Fällen, in denen die durch Verweis einbezogenen Angaben lediglich in englischer Sprache zur Verfügung stehen, zu prüfen, ob der jeweilige Aufnahmemitgliedstaat, in den ein Prospekt notifiziert werden soll, Englisch als Prospektsprache anerkennt.

III. Behandlung von Nachträgen bei der Einbeziehung durch Verweis

Art. 28 Abs. 3 EU-ProspV spricht ein weiteres Problem an, welches bei der 5 Aufnahme von Angaben in Form eines Verweises auftreten kann: Wenn nämlich beispielsweise Angaben aus einem Prospekt per Verweis einbezogen werden sollen, die bereits durch einen Nachtrag nach § 16 WpPG geändert worden sind, so ist dieser Umstand im Prospekt anzugeben und die aktualisierten Angaben sind zur Verfügung zu stellen. An dieser Stelle sollte der Emittent prüfen, ob nicht aus Gründen der Übersichtlichkeit der Prospektangaben die Aufnahme der entsprechend aktualisierten Angaben in den Prospekt einer Einbeziehung durch Verweis vorzuziehen ist.[27]

IV. Zulässigkeit der teilweisen Einbeziehung von Dokumenten

Nach Art. 28 Abs. 4 EU-ProspV kann der jeweilige Prospektersteller auch 6 nur auf bestimmte Teile eines Prospekts verweisen. Erforderlich ist danach jedoch, dass der Prospektersteller erklärt, die nicht aufgenommenen Teile seien für den Anleger entweder nicht relevant oder seien bereits an anderer Stelle im Prospekt enthalten.[28] In der Praxis erfolgt häufig der Verweis auf in einem Prospekt abgedruckte einzelne Teile von Geschäftsberichten.[29] Auch die BaFin verlangt nunmehr eine ausdrückliche Erklärung nach Art. 28 Abs. 4 EU-ProspV im Prospekt.

---

26 Darauf wird auch in *ESMA*, Q&A, 21st updated version, ESMA/2014/35, question 7, ausdrücklich hingewiesen. Siehe auch *Singhof*, in: Frankf Komm WpPG, Art. 28 EU-ProspV Rn. 19.
27 Der Vorauflage zustimmend: *Singhof*, in: Frankf Komm WpPG, Art. 28 EU-ProspV Rn. 25.
28 Ebenso *von Ilberg*, in: Assmann/Schlitt/von Kopp-Colomb, WpPG/VerkProspG, § 11 Rn. 24; *Singhof*, in: Frankf Komm WpPG, Art. 28 EU-ProspV Rn. 21.
29 Etwa den Jahresabschluss, die Bilanz oder die GuV.

V. Verständlichkeit und Zugänglichkeit von Informationen

7   Art. 28 Abs. 5 EU-ProspV macht schließlich nochmals deutlich, dass die Aufnahme von Angaben in Form eines Verweises seitens der Emittenten im Hinblick auf den Anlegerschutz dahin zu überprüfen sind, ob der Prospekt dennoch verständlich ist und die Zugänglichkeit der Angaben für den Anleger[30] nicht beeinträchtigt wird. Wenn auch die Verordnung an dieser Stelle lediglich verlangt, dass die Emittenten sich bemühen, die Verständlichkeit des Prospekts sicherzustellen, kann die BaFin nach § 13 Abs. 1 Satz 2 WpPG ohnehin unter Hinweis auf die Unverständlichkeit der Prospektangaben die Streichung entsprechend unübersichtlicher Verweisungen im Prospekt verlangen.[31]

---

30 Siehe hierzu auch die Komm. zu § 11 Rn. 17.
31 Vgl. auch *Singhof*, in: Frankf Komm WpPG, Art. 28 EU-ProspV Rn. 24.

§ 12
Prospekt aus einem oder mehreren Einzeldokumenten

(1) Der Prospekt kann als ein einziges Dokument oder in mehreren Einzeldokumenten erstellt werden. Besteht ein Prospekt aus mehreren Einzeldokumenten, so sind die geforderten Angaben auf ein Registrierungsformular, eine Wertpapierbeschreibung und eine Zusammenfassung aufzuteilen. Das Registrierungsformular muss die Angaben zum Emittenten enthalten. Die Wertpapierbeschreibung muss die Angaben zu den Wertpapieren, die öffentlich angeboten oder zum Handel an einem organisierten Markt zugelassen werden sollen, enthalten. Für die Zusammenfassung gilt § 5 Absatz 2 bis 2 b.

(2) Ein Emittent, dessen Registrierungsformular bereits von der Bundesanstalt gebilligt wurde, ist zur Erstellung der Wertpapierbeschreibung und der Zusammenfassung verpflichtet, wenn die Wertpapiere öffentlich angeboten oder zum Handel an einem organisierten Markt zugelassen werden.

(3) Im Fall des Absatzes 2 muss die Wertpapierbeschreibung die Angaben enthalten, die im Registrierungsformular enthalten sein müssen, wenn es seit der Billigung des letzten aktualisierten Registrierungsformulars zu erheblichen Veränderungen oder neuen Entwicklungen gekommen ist, die sich auf die Beurteilung durch das Publikum auswirken könnten. Satz 1 ist nicht anzuwenden, wenn das Registrierungsformular wegen dieser neuen Umstände bereits nach § 16 aktualisiert worden ist. Die Wertpapierbeschreibung und die Zusammenfassung werden von der Bundesanstalt gesondert gebilligt.

(4) Hat ein Emittent nur ein nicht gebilligtes Registrierungsformular hinterlegt, so bedürfen alle Dokumente der Billigung der Bundesanstalt.

Inhalt

I. Einteilig oder mehrteilig (Abs. 1)

§ 12 Abs. 1 WpPG regelt in Übereinstimmung mit Art. 5 Abs. 3 der EU-PropRL, dass der Anbieter (§ 2 Nr. 10) oder Zulassungsantragssteller (§ 2 Nr. 1) den Prospekt entweder als einteiliges Dokument oder aus mehreren Dokumenten[1] erstellen kann (Abs. 1 Satz 1).[2] Es besteht folglich ein Wahlrecht.[3] Dies gilt nach Streichung von § 12 Abs. 1 Satz 6 WpPG a. F. durch das   *1*

---

1   Mit dem Vorbild der US-amerikanischen shelf registration, SEC Rule 415.
2   RegBegr. EU-ProspRL-UmsG, BT-Drucks. 15/4999 S. 34.
3   *Seitz*, in: Assmann/Schlitt/von Kopp-Colomb, WpPG/VerkProspG, § 12 WpPG Rn. 35; *Weber*, NZG 2004, 360, 363.

ProspRLÄndRL-UmsG auch für Basisprospekte im Sinne von § 6 WpPG.[4] Im Hinblick auf die Verständlichkeit sind beide Formen der Prospekterstellung denselben Anforderungen unterworfen.[5] Generell gilt § 12 WpPG sowohl für Wertpapier- (früher Verkaufs-) als auch für Wertpapierzulassungs- (früher Börsenzulassungs-)prospekte.[6] Der einteilige Prospekt[7] ist für eine einmalige Emission von Wertpapieren, insbesondere von Aktien, geeignet.[8] Besteht ein Prospekt aus mehreren Einzeldokumenten, so sind die geforderten Angaben in ein Registrierungsformular (registration document) nach Abs. 1 Satz 3, eine Wertpapierbeschreibung (securities note) gemäß Abs. 1 Satz 4 und eine Zusammenfassung (summary note) im Sinne von Abs. 1 Satz 5 aufzuteilen.[9] Das Registrierungsformular muss die Angaben zum Emittenten wiedergeben. Die Wertpapierbeschreibung hat Ausführungen zu den Wertpapieren (§ 2 Nr. 1 WpPG), sowohl zu den öffentlich angebotenen (§ 2 Nr. 4 WpPG) als auch zu den am Handel an einem organisierten Markt (§ 2 Nr. 16 WpPG) zugelassenen, zu enthalten. Demgemäß sind die inhaltsbestimmenden Anhänge der EU-ProspektRL weitgehend in Emittenten- und Wertpapierbeschreibung (unter Zusatz von bestimmten Modulen) unterschieden.[10] Bei der Aufteilung in mehrere Einzeldokumente sollten Wiederholungen vermieden werden.[11] Diese von Abs. 1 Satz 2 geforderte Aufteilung schließt eine weitergehende Trennung in beliebig viele Einzeldokumente aus.[12] Der mehrteilige Prospekt ist somit grundsätzlich dreiteilig (zur Reihenfolge vgl. Art. 25 Rn. 2). Die Zusammenfassung nach § 5 Abs. 2 bis 2b WpPG kann gemäß § 5 Abs. 2 Satz 5 WpPG nur dann weggelassen werden, wenn der Prospekt die Zulassung von Nichtdividendenwerten (§ 2 Nr. 3 WpPG) mit einer Mindeststückelung von 100.000 Euro zum Handel an einem organisierten Markt (§ 2 Nr. 16 WpPG) betrifft. Beim mehrteiligen Prospekt kann das Registrierungsformular unabhängig von der Erstellung der Wertpapierbeschreibung und der Zusammenfassung zur Billigung durch die BaFin eingereicht werden.[13] Plant der Emittent die Begebung unterschiedlicher Wertpapiere (Dividendenwerte und Nichtdividendenwerte), kann er die jeweiligen Wertpapiere unter einem einheitlichen Registrierungsformular begeben.[14] Der mehrteilige Prospekt ist

---

4 RegBegr. ProspRLÄndRL-UmsG, BT-Drucks. 17/8684, S. 19.

5 RegBegr. EU-ProspRL-UmsG, BT-Drucks. 15/4999 S. 34; *Röhrborn*, in: Heidel, AktG, § 12 WpPG Rn. 1; *Singhof*, in: Frankf Komm WpPG, § 12 WpPG Rn. 6; *Keunecke*, Prosp KapM, Rn. 216; *Weber*, NZG 2004, 360, 363: die inhaltlichen Anforderungen sind identisch.

6 *Kunold/Schlitt*, BB 2004, 501, 505.

7 Zum Inhalt vgl. *Holzborn/Israel*, ZIP 2005, 1668, 1671; Kritik am Nutzen *Hallmann/Sester*, WM 2005, 1068, 1072.

8 *Boos/Preuße*, ZFGK 2005, 523.

9 *Holzborn/Schwarz-Gondek*, BKR 2003, 927, 931 f.; *Schlitt/Singhof/Schäfer*, BKR 2005, 251.

10 Vgl. § 7 Rn. 4 ff.

11 *Keunecke*, Prosp KapM, Rn. 216; siehe Erwägungsgrund 4 der EU-ProspV.

12 *Röhrborn*, in: Heidel, AktG, § 12 WpPG Rn. 2.

13 www.bafin.de/SharedDocs/Downloads/DE/FAQ/de_FAQ_Daueremittentenprivileg.pdf, 10. 07. 2008; *König*, ZEuS 2004, 251, 271.

14 Vgl. www.bafin.de/SharedDocs/Downloads/DE/FAQ/de_FAQ_Daueremittentenprivileg.pdf, 10. 07. 2008.

daher insbesondere dann geeignet, wenn der Emittent kein CRR-Kredit-institut ist oder wenn die Einreichung eines Basisprospekts mangels vergleichbarer Struktur der zu begebenden Papiere ausscheidet.[15]

II. Mehrfache Verwendung eines Registrierungsformulars

1. Billigung (Abs. 2)

§ 12 Abs. 2 WpPG setzt Art. 12 der EU-ProspRL um.[16] Ein Emittent (§ 2 Nr. 9   2 WpPG), dessen Registrierungsformular bereits von der BaFin (§ 2 Nr. 17 WpPG) gemäß § 13 WpPG gebilligt wurde, ist noch zur Erstellung der Wertpapierbeschreibung und der Zusammenfassung verpflichtet, wenn die Wertpapiere öffentlich angeboten oder zum Handel an einem organisierten Markt (§ 2 Nr. 16 WpPG) zugelassen werden. Voraussetzung ist eine Billigung im Verfahren nach § 13 WpPG. Dadurch kann ein Registrierungsformular für mehrere Emissionen genutzt werden, es müssen nur noch die Wertpapierbeschreibung und die Zusammenfassung ergänzt werden.[17] Dieses Verfahren befreit nicht von sonstigen für den Prospekt geltenden Anforderungen, insbesondere gelten die Gültigkeitsvorschriften ungeschmälert. Z. B. kann ein gebilligtes Registrierungsformular nur dann für ein weiteres öffentliches Angebot genutzt werden, wenn das Registrierungsformular nach § 9 Abs. 4 WpPG bis zum Ablauf des Angebots gültig bleibt.[18] Ferner müssen auch bei dieser Erstellungsform alle Einzeldokumente von der BaFin gebilligt werden,[19] das Registrierungsformular kann gesondert gebilligt werden.[20] Probleme bestehen bei der Verwendung von dreiteiligen Prospekten bei sog. Kettenverweisungen, etwa durch Verweis auf historische Finanzinformationen in einem separaten Registrierungsformular, auf welches in einer Wertpapierbeschreibung verwiesen werden soll.[21]

2. Aktualisierung in der Wertpapierbeschreibung (Abs. 3)

§ 12 Abs. 3 WpPG enthält für den dreiteiligen Prospekt eine Sondervorschrift   3 zur Aktualisierung von Emittenteninformationen. Nach Änderung durch das ProspRLÄndRL-UmsG[22] stellt die Vorschrift nunmehr klar, dass sowohl die Möglichkeit eines Nachtrags zum Registrierungsformular als auch die der

---

15 Vgl. www.bafin.de/DE/Aufsicht/Prospekte/ProspekteWertpapiere/erstellung_billigung_node.html, Stand vom 10.05.2013.
16 RegBegr. EU-ProspRL-UmsG, BT-Drucks. 15/4999 S. 34.
17 RegBegr. EU-ProspRL-UmsG, BT-Drucks. 15/4999 S. 34; *Röhrborn*, in: Heidel, AktR, § 12 WpPG, Rn. 3; *Singhof*, in: Frankf Komm WpPG, § 12 WpPG Rn. 13.
18 RegBegr. EU-ProspRL-UmsG, BT-Drucks. 15/4999 S. 34.
19 *Groß*, KapMR, WpPG § 12 Rn. 3.
20 *Röhrborn*, in: Heidel, AktG, § 12 WpPG Rn. 3.
21 Vgl. § 11 WpPG Rn. 12.
22 In Umsetzung von Art. 1 Ziff. 12 EU-ProspRLÄndRL, der wiederum Art. 12 Abs. 2 EU-ProspRL neufasst.

Aufnahme in die Wertpapierbeschreibung zur Verfügung stehen.[23] Dies war zuvor umstritten; insbesondere BaFin und CESR[24] vertraten die Auffassung, dass eine Aktualisierung von Emitenteninformationen nur über die Aufnahme in die Wertpapierbeschreibung erfolgen könne.[25]

Die Neuregelung in Abs. 3 geht dabei vom Grundsatz der Aufnahme in die Wertpapierbeschreibung aus: Im Fall des Abs. 2 (bei mehrfacher Verwendung des Registrierungsformulars, siehe Rn. 2) muss dann die Wertpapierbeschreibung die Angaben enthalten, die im Registrierungsformular enthalten sein müssten, wenn es seit der Billigung des letzten aktualisierten Registrierungsformulars zu erheblichen Veränderungen oder neuen Entwicklungen gekommen ist, die sich auf die Beurteilung durch das Publikum auswirken könnten (Abs. 3 Satz 1). Das Registrierungsformular selbst muss dann nicht mehr aktualisiert werden.[26] Diese Aktualisierung dient dem Interesse des Publikums an der Übersichtlichkeit der Angaben des Prospekts.[27] Im Sinne dieser Übersichtlichkeit ist es in diesem Fall genügend, wenn die aktualisierten Angaben in der Wertpapierbeschreibung ausgewiesen sind.

Die Ausweisung in der Wertpapierbeschreibung ist jedoch nicht vorzunehmen, wenn das Registrierungsformular wegen der neuen Umstände bereits nach § 16 WpPG aktualisiert worden ist. Beide Möglichkeiten – Ausweisung in der Wertpapierbeschreibung bzw. Nachtrag zum Registrierungsformular – stehen nach Änderung von Abs. 3 durch das ProspRLÄndRL-UmsG somit nebeneinander zur Abbildung der wesentlichen Veränderungen oder Entwicklungen zur Verfügung.[28] Ein Nachtrag gemäß Abs. 3 zu einem Registrierungsformular hat dabei auch Nachtragswirkung in Bezug auf zuvor gebilligte Prospekte, dessen Bestandteil es ist; ein zusätzlicher Nachtrag zu diesen Prospekten ist nicht erforderlich.[29]

Die Wertpapierbeschreibung und die Zusammenfassung werden von der BaFin gesondert gebilligt (Abs. 3 Satz 3).

III. Hinterlegung eines nicht gebilligten Registrierungsformulars (Abs. 4)

4 Hat ein Emittent nur ein nicht gebilligtes Registrierungsformular hinterlegt, so bedürfen alle Dokumente der Billigung der Bundesanstalt. Abs. 4 stellt damit klar, dass bei einem dreiteiligen Prospekt auch das Registrierungsformular in jedem Fall gebilligt werden muss.[30]

---

23 RegBegr. ProspRLÄndRL-UmsG, BT-Drucks. 17/8684, S. 19; mit diesem Verständnis auch *Groß*, KapMR, WpPG § 12 Rn. 4; *Müller*, WpPG, § 12 Rn. 3, vgl. § 16 Rn. 16.

24 *ESMA*, Q&A, 17th updated version, ESMA/2012/605, Tz. 34: *„The registration document is updated through the securities note published each time the issuer wishes to offer securities."*

25 Vgl. zum (nun überholten) Meinungsstreit *Seitz*, in: Assmann/Schlitt/von Kopp-Colomb, WpPG/VerkProspG, § 12 WpPG Rn. 35 ff.; *Müller*, WpPG, § 12 Rn. 5, jeweils m.w.N.

26 *Müller/Oulds*, WM 2007, 573, 577.

27 RegBegr. EU-ProspRL-UmsG, BT-Drucks. 15/4999, S. 34.

28 Vgl. *Groß*, KapMR, WpPG § 12 Rn. 4; *Müller*, WpPG, § 12 Rn. 3.

29 Zutreffend *Müller*, WpPG, § 12 Rn. 4.

30 *Röhrborn*, in: Heidel, AktG, § 12 WpPG Rn. 5; RegBegr. EU-ProspRL-UmsG, BT-Drucks. 15/4999, S. 34.

ABSCHNITT 3
Billigung und Veröffentlichung des Prospekts

§ 13
Billigung des Prospekts

(1) Ein Prospekt darf vor seiner Billigung nicht veröffentlicht werden. Die Bundesanstalt entscheidet über die Billigung nach Abschluss einer Vollständigkeitsprüfung des Prospekts einschließlich einer Prüfung der Kohärenz und Verständlichkeit der vorgelegten Informationen.

(2) Die Bundesanstalt teilt dem Anbieter oder dem Zulassungsantragsteller innerhalb von zehn Werktagen nach Eingang des Prospekts ihre Entscheidung mit. Die Frist beträgt 20 Werktage, wenn das öffentliche Angebot Wertpapiere eines Emittenten betrifft, dessen Wertpapiere noch nicht zum Handel an einem in einem Staat des Europäischen Wirtschaftsraums gelegenen organisierten Markt zugelassen sind und der Emittent zuvor keine Wertpapiere öffentlich angeboten hat.

(3) Hat die Bundesanstalt Anhaltspunkte, dass der Prospekt unvollständig ist oder es ergänzender Informationen bedarf, so gelten die in Absatz 2 genannten Fristen erst ab dem Zeitpunkt, an dem diese Informationen eingehen. Die Bundesanstalt soll den Anbieter oder Zulassungsantragsteller hierüber innerhalb von zehn Werktagen ab Eingang des Prospekts unterrichten.

(4) Die Bundesanstalt macht die gebilligten Prospekte auf ihrer Internetseite für jeweils zwölf Monate zugänglich.

(5) Der zu billigende Prospekt einschließlich der Übersetzung der Zusammenfassung ist der Bundesanstalt sowohl in Papierform als auch elektronisch über das Melde- und Veröffentlichungssystem der Bundesanstalt oder auf einem Datenträger zu übermitteln.

Inhalt*

---

* Überarbeitete und aktualisierte Fassung der Komm. von Leuering aus der Vorauflage.

I. Vorbemerkungen

1   § 13 WpPG dient im Wesentlichen der Umsetzung von Art. 13 EU-ProspRL. Die in Art. 13 Abs. 5 EU-ProspRL vorgesehene Möglichkeit, die Prospektbilligung auf die zuständige Behörde eines anderen Mitgliedstaates zu übertragen, wurde nicht übernommen.[1] Die Vorschrift regelt das zwingend erforderliche Prüfungs- und Billigungsverfahren für einen Prospekt durch die BaFin. Hierzu zählen die Zuständigkeit, das Verfahren[2] und der Prüfungsumfang. Mit dem Gesetz zur Umsetzung der Richtline 2010/73/EU wurde der Abs. 5 neu gefasst. Hintergrund ist die Verpflichtung der Bundesanstalt zur Unterrichtung der ESMA über gebilligte Prospekte und deren Zugänglichmachung.[3]

Seine Vorgänger findet § 13 WpPG zum einen in dem früheren § 8a VerkProspG a. F. für Verkaufsprospekte bei öffentlichen Angeboten, zum anderen in § 30 Abs. 4 und § 51 Abs. 3 BörsG a. F. für Börsenzulassungsprospekte von Wertpapieren. Auf eine Unterscheidung der Prospektart kommt es bei der Billigung des Prospekts durch die BaFin nicht an: Ein durch die BaFin gebilligter Prospekt findet einerseits für die Zulassung von Wertpapieren zum Börsenhandel (§ 32 Abs. 3 Nr. 2 BörsG) Verwendung, andererseits für die Erfüllung der Prospektpflicht bei öffentlichen Angeboten (§ 3 Abs. 1 Satz 1 WpPG).[4]

2   § 13 WpPG normiert ein Verbot der Veröffentlichung nicht gebilligter Prospekte[5] mit Genehmigungsvorbehalt der BaFin. Nur ein nach § 13 WpPG durch die BaFin gebilligter Prospekt darf veröffentlicht werden. Dasselbe gilt für Nachträge zum Prospekt gem. § 16 WpPG, bei denen die für die Billigung eines Prospekts geltenden Regeln des § 13 WpPG Anwendung finden[6] und die von der BaFin zu genehmigen sind, § 16 Abs. 1 Satz 3 WpPG.

3   Eine dem Normzweck verwandte Vorschrift findet sich in § 14 WpÜG für die Prüfung und Gestattung von Angebotsunterlagen nach dem Wertpapiererwerbs- und Übernahmegesetz durch die BaFin.[7]

II. Billigungsvorbehalt

4   Gem. § 13 Abs. 1 Satz 1 WpPG darf ein Prospekt vor seiner Billigung nicht veröffentlicht werden. Damit stellt das Gesetz klar, dass es einer dem Antragsteller gegenüber kundgetanenen Entscheidung der BaFin in Form eines Verwaltungsaktes[8] bedarf. Entgegen der früheren Praxis der Prospektbilli-

---

1   Vgl. näher: *von Kopp-Colomb*, in: Assmann/Schlitt/von Kopp-Colomb, WpPG/VerkProspG, § 13, Rn. 2.
2   Zum Verfahren vgl. auch § 21 WpPG.
3   Vgl. Änderung von Art. 13 Abs. 2, Art. 14 Abs. 1 und Art. 18 Abs. 3 EU-ProspRL (RL 2003/71/EG) durch die RL 2010/73/EU.
4   Vgl. RegBegr. EU-ProspRL-UmsG, BT-Drucks. 15/4999, S. 25.
5   Vgl. § 5 WpPG.
6   Vgl. RegBegr. zu § 16 WpPG, BT-Drucks. 15/4999, S. 36.
7   Dazu z.B. *Seydel*, in: Kölner Komm z. WpÜG, § 14 Rn. 2ff.
8   Vgl. *Ritz/Voß*, in: Just/Voß/Ritz/Zeising, WpPG, § 13, Rn. 46.

gung und auch entgegen § 14 WpÜG ist eine durch Fristablauf erwachsende Genehmigungsfiktion nicht vorgesehen. Dies entspricht den Vorgaben der EU-ProspRL, in der die „Billigung" in Art. 2 Abs. 1 lit. q) zunächst als eine „positive Handlung bei Abschluss der Vollständigkeitsprüfung des Prospekts" definiert ist. Des Weiteren bestimmt Art. 13 Abs. 2 Unterabs. 2 der EU-ProspRL ausdrücklich, dass es nicht als Billigung gilt, wenn innerhalb der gesetzlichen Frist keine Entscheidung der zuständigen Behörde über den Prospekt ergeht. Daher muss es zu einer konkreten Entscheidung kommen, Raum für eine Fiktion ist nicht vorhanden. Daraus folgt aber auch zugleich, dass dem Prospektpflichtigen ein gerichtlich durchsetzbarer Anspruch auf eine Entscheidung zusteht.[9]

III. Das Billigungsverfahren/-voraussetzungen

Für das Billigungsverfahren ergeben sich aus § 13 WpPG folgende Einzelheiten.[10]   5

1. Zuständige Behörde

Gem. § 13 Abs. 1 Satz 2, § 2 Nr. 17 WpPG entscheidet die Bundesanstalt für   6
Finanzdienstleitungsaufsicht (BaFin) über die Billigung eines Prospekts. Die Zuständigkeit der BaFin ist bei nationalen Emissionen, bei denen also ein in Deutschland ansässiger Emittent in Deutschland Wertpapiere öffentlich anbieten oder zulassen will, grundsätzlich gegeben. Dies ergibt sich aus Art. 13 Abs. 1 EU-ProspRL der die Zuständigkeit der Behörde anhand des Herkunftsstaats bestimmt.[11] Herkunftsstaat ist nach der Definition des § 2 Nr. 13 lit. a) WpPG der Staat des EWR, in dem der Emittent seinen Sitz hat. Sitzstaat ist als jeweiliger statuarischer Gesellschaftssitz zu verstehen.[12] Liest man also diese beiden Bestimmungen in den § 13 WpPG hinein, ist die Zuständigkeit der BaFin grundsätzlich dann gegeben, wenn der Emittent seinen statutarischen Sitz in Deutschland hat.[13] Dies gilt für Prospekte von Aktienemissionen und von Emissionen von Nichtdividendenwerten mit einer Mindeststückelung von unter 1000 Euro. Ausnahmen zu diesem Grundsatz ergeben sich aus § 2 Nr. 13 lit. b) WpPG, insbesondere für Emissionen von Nichtdividendenwerten mit einer Mindeststückelung von 1000 Euro.

---

9 Siehe unten Rn. 31.
10 Die BaFin veranstaltet unregelmäßig Workshops zum WpPG, in denen sie auch über die Verwaltungspraxis bei Billigungsverfahren berichtet; die dort dargestellte Verwaltungspraxis der BaFin wurde hier berücksichtigt.
11 Art. 13 Abs. 1 EU-ProspRL lautet: „Ein Prospekt darf vor der Billigung durch die zuständige Behörde des *Herkunftsmitgliedstaats* nicht veröffentlicht werden" (Hervorhebung hinzugefügt); vgl. auch *Heidelbach*, in: Schwark/Zimmer, KapMRK, § 13 WpPG, Rn. 29.
12 *Kullmann/Sester*, WM 2005, 1068, 1070; *Heidelbach*, in: Schwark/Zimmer, KapMRK, § 2 WpPG, Rn. 73, 75.
13 *Groß*, KapMR § 13 WpPG Rn. 5; im Ergebnis ebenso *Schlitt/Schäfer*, AG 2005, 498, 506; *Kullmann/Sester*, WM 2005, 1068, 1070.

7 Erfolgt die Emission über eine ausländische Tochtergesellschaft, begründet deren statutarischer Sitz die örtliche Zuständigkeit der dortigen Genehmigungsbehörde.[14] Die mittelbare Beteiligung der Muttergesellschaft ist unbeachtlich.

8 Vorbehaltlich des aus § 2 Nr. 13 lit. b) WpPG resultierenden Wahlrechts ist die Zuständigkeit der BaFin ferner dann zu bejahen, wenn der Emittent mit Sitz außerhalb des EWR erstmalig Wertpapiere in der Bundesrepublik anbieten oder zulassen will, ohne dass er bereits in einem anderen EWR-Staat Wertpapiere angeboten oder zur Zulassung beantragt hat. Ein erstes öffentliches Angebot oder ein Antrag auf Zulassung zum Handel von Wertpapieren in einem EWR-Staat bestimmt diesen Staat zu seinem Herkunftsstaat, der für alle künftigen Emissionen gilt, § 2 Nr. 1 lit. c) WpPG.[15]

9 Ein in Deutschland gültiger Prospekt muss aber nicht zwingend von der BaFin gebilligt werden. Im Wege des Europäischen Passes für Wertpapieremissionen sind von anderen zuständigen Behörden der EWR-Staaten gebilligte Prospekte gem. § 17 Abs. 3 WpPG auch in Deutschland gültig.[16] Vor diesem Hintergrund stellt sich die Frage, warum nicht auch Art. 13 Abs. 5 EU-ProspRL Niederschlag im WpPG gefunden hat.[17] Dieser besagt, dass die zuständige Behörde des Herkunftsmitgliedstaats die Billigung eines Prospekts der zuständigen Behörde eines anderen Mitgliedstaats – mit deren Einverständnis sowie Information der ESMA – übertragen kann. Damit soll im Sinne des Europäischen Passes auch bei einer internationalen Mehrbeteiligung von Emittenten über einen Wertpapierprospekt nur in einem Mitgliedstaat des EWR entschieden werden können. Eine solche Übertragungsmöglichkeit der Entscheidungskompetenz sieht das WpPG bei deutsch-internationalen Beteiligungen aber nicht vor. Im Hinblick auf den Sinn und Zweck des Europäischen Passes ist aber kaum zu erklären, warum bei einer auch deutschen Emittentenbeteiligung zwingend eine Prüfung der BaFin neben die Prüfung einer anderen zuständigen Behörde aus dem EWR-Raum treten muss.[18] Ein Abstimmen der Behörden und die Verbindung der Verfahren von Seiten der BaFin soll nach EU-ProspRL möglich sein. Einen Anspruch des Emittenten auf die Übertragung auf nur eine zuständige Behörde sieht hingegen auch Art. 13 Abs. 5 EU-ProspRL nicht vor.[19]

10 Die interne Zuständigkeit der BaFin für die Prospekte nach dem WpPG liegt bei den Referaten PRO 1 und PRO 2 der Prospektgruppe, Bereich Wertpapieraufsicht/Asset-Management mit Dienstsitz in Frankfurt am Main. Dieser

---

14 *Schlitt/Schäfer*, AG 2005, 498, 506; *Kunold/Schlitt*, BB 2004, 501, 509.
15 Vgl. *Kullmann/Sester*, WM 2005, 1068, 1070; *Heidelbach*, in: Schwark/Zimmer, KMRK, § 2 WpPG, Rn. 75.
16 Zum Verfahren und zu weiteren grenzüberschreitenden Konstellationen vgl. §§ 17 f. WpPG
17 Vgl. *Ritz/Voß*, in: Just/Voß/Ritz/Zeising, WpPG, § 13, Rn. 2, sie vermuten, dass im Gesetzgebungsverfahren zum EU-ProspRL-UmsG die Zustimmungspflicht des Bundesrates (Art. 23 Abs. 1 Satz 2 GG) vermieden werden sollte.
18 So bereits *Kullmann/Sester*, WM 2005, 1068, 1070.
19 *Weber*, NZG 2004, 360, 364.

Dienstsitz empfiehlt sich daher als Adressat für die Einreichung von Prospekten, wenngleich auch ein Eingang am Dienstsitz der BaFin in Bonn den Fristlauf gem. § 13 Abs. 2 und 3 WpPG bewirkt, handelt es sich doch bei letzterem nur um die unzuständige Abteilung (Bearbeiter) ein und derselben Anstalt[20] und nicht um eine unzuständige Behörde.[21] Vollständigkeitshalber sei an dieser Stelle darauf hingewiesen, dass Frankfurt am Main sowohl für Klagen gegen die BaFin als Sitz der Behörde als auch im Verfahren nach dem Gesetz über Ordnungswidrigkeiten als Sitz der Verwaltungsbehörde gilt, § 1 Abs. 3 Satz 1 und 2 FinDAG.[22]

2. Einleitung des Prüfungsverfahrens

Bei der Billigung des Prospekts i.S.d. WpPG oder deren Versagung handelt *11* es sich um eine öffentlich-rechtliche Einzelfallregelung mit Außenwirkung, so dass die Entscheidung einen begünstigenden Verwaltungsakt im Sinne des § 35 VwVfG darstellt.[23] Das Prüfungsverfahren ist, auch ohne dass es das Gesetz ausdrücklich fordert, durch einen – ggf. konkludent – gestellten Billigungsantrag des Anbieters oder Zulassungsantragstellers (§ 3 WpPG) eingeleitet.[24] Grundsätzlich ist auch eine Antragstellung durch den Emittenten möglich.[25] Der/die Antragsteller werden zu Verfahrensbeteiligten i. S. d. § 13 VwVfG; es gelten die allgemeinen verwaltungsrechtlichen Grundsätze.[26] Eine Prüfung von Amts wegen erfolgt nicht (§ 22 Satz 2 Nr. 2 VwVfG). Die BaFin selbst fordert im Rahmen der Prospekteinreichung ein aussagekräftiges Anschreiben, das die Anschrift, insbesondere Telefon- und Faxnummer, des Ansprechpartners und des Empfängers des Gebührenbescheids enthält. Einzureichen ist der entsprechend seiner Spezifikation vollständige Prospekt in einfacher Ausfertigung. Das Antragsexemplar soll bis auf Layout und drucktechnisch bedingte Veränderungen mit dem Wertpapierprospekt (Billigungsfassung) identisch sein und ist – abweichend von den allgemeinen verwaltungsrechtlichen Grundsätzen[27] – nach der Aufsichtspraxis der BaFin mit einer Originalunterschrift zu versehen. Für die abschließende Prospektbilligung ist die Einreichung eines gem. der Vorgaben des § 5 Abs. 3 WpPG vom Anbieter und/oder den Zulassungsantragstellern unterschriebenen Prospekts (Billigungsfassung) erforderlich.[28]

---

20 § 1 Abs. 2 der Satzung der BaFin v. 29.04.2002 (BGBl. I, 2002, 1499), zuletzt geändert am 01.03.2013 (BGBl. I, 2013, 355).
21 Vgl. dazu *Schliesky*, in: Knack/Hennecke, VwVfG, 9. Aufl., 2009, § 3 Rn. 31 ff.
22 Gesetz über die BaFin v. 22.09.2002 (BGBl. I, 1310).
23 Ebenso *Ritz/Voß*, in: Just/Voß/Ritz/Zeising, WpPG, § 13, Rn. 18; von Kopp-Colomb, in: Assmann/Schlitt/von Kopp-Colomb, WpPG, § 13, Rn. 15; vgl. auch RegBegr. EU-ProspRL-UmsG, BT-Drucks. 15/4999, S. 34.
24 *Ritz/Voß*, in: Just/Voß/Ritz/Zeising, WpPG, § 13, Rn. 12.
25 *Groß*, KapMR, § 13 WpPG Rn. 4; *Heidelbach*, in: Schwark/Zimmer, KMRK, § 13 WpPG, Rn. 6.
26 Dazu z. B. *Ritgen,* in: Knack/Hennecke, VwVfG, 9. Aufl., 2009, § 13 Rn. 8 m.w. N.
27 Ebs. *Ritz/Voß*, in: Just/Voß/Ritz/Zeising, WpPG, § 13, Rn. 14.
28 Siehe oben § 5 Rn. 27.

12 Neben der Einreichung des Prospekts können weitere Unterlagen vorzulegen sein. Fehlt dem Prospekt ein den Anhängen der EU-ProspV[29] entsprechender Aufbau, so ist dem Vorlageexemplar zusätzlich eine sog. Überkreuz-
Checkliste gem. Art. 25 Abs. 4 und Art. 26 Abs. 3 der EU-ProspV beizufügen.
Bei per Verweis in den Prospekt einbezogenen Angaben gem. § 11 WpPG
fordert die BaFin, dass ihr die Dokumente – soweit sie nicht bereits von ihr
gebilligt und bei ihr hinterlegt wurden – in Papierform und elektronisch zur
Verfügung gestellt werden. Bei der Einreichung eines überarbeiteten Pros-
pekts sind zwei Prospektversionen vorzulegen: Neben dem überarbeiteten
Prospekt (sog. clean version) ist eine markierte Fassung (sog. blacklined ver-
sion) einzureichen, aus der die vorgenommenen Änderungen (Einfügungen,
Streichungen und Verschiebungen) ersichtlich sind. Letztere verfolgt den
Zweck, sämtliche im Vergleich zu der zuvor eingereichten und geprüften
Prospektversion vorgenommenen Änderungen schnell nachvollziehbar zu
machen. Hierzu fordert die BaFin eine schriftliche Identitätserklärung des
Anbieters/Zulassungsantragstellers, aus der hervorgeht, dass andere als die
in der blacklined version markierten Änderungen gegenüber der zuvor ein-
gereichten Prospektversion nicht vorgenommen wurden.

13 Da die BaFin den Anbieter und/oder Zulassungsantragsteller über die ände-
rungsbedürftigen Punkte unterrichtet (§ 13 Abs. 3 Satz 2 WpPG, siehe unten
Rn. 24) und im weiteren Verlauf eine oder ggf. auch mehrere Anhörungen
durchführt, fordert sie für das Prüfungsverfahren, dass es zu keinen Änderungen des Prospekts kommt, die nicht im Zusammenhang mit einer vorangegangenen Anhörung stehen. Ist eine solche zusätzliche Änderung dennoch zwingend notwendig, sollen auch die in der Anhörung nicht erörterten
Änderungen in der blacklined version markiert und zusätzlich im beiliegen-
den Anschreiben erläutert werden.

14 Nach § 13 Abs. 5 WpPG, der im Zuge der WpPG-Novelle vom Juli 2012 geändert wurde, ist der Prospekt verpflichtend auch in elektronischer Form
über die Melde- und Veröffentlichungsplattform (MVP)[30] oder auf einem Datenträger (CD-ROM) der BaFin zu übermitteln. Dies soll nach der Aufsichtspraxis der BaFin regelmäßig in einem nicht veränderlichen Format (pdf-Datei) erfolgen. Hintergrund ist die Verpflichtung der BaFin zur Übermittlung
des gebilligten Prospektes an die Europäische Wertpapier- und Marktaufsichtsbehörde, ESMA (vgl. Art. 14 Abs. 1 EU-PRL).[31]

15 Eine Einreichung des Prospekts via E-Mail ist grundsätzlich nicht möglich;
einen entsprechenden elektronischen Zugang hat die BaFin nicht eröffnet.
Eine zumindest die Prüfungsfrist auslösende Vorabübermittlung per Telefax

---

29 VO (EG) Nr. 809/2004 v. 29.04.2004 zur Umsetzung der RL 2003/71/EG des Europäischen Parlaments und des Rates betreffend die in Prospekten enthaltenen Informationen
sowie das Format, die Aufnahme von Informationen mittels Verweis und die Veröffentlichung solcher Prospekte und die Verbreitung von Werbung (ABl. L 186, S. 3 ff. v.
18.07.2005); vgl. Komm. zu § 7 WpPG.
30 Siehe www.bafin.de/MVP Portal/Meldeplattform; vgl. näher *Ritz/Voß*, in: Just/Voß/Ritz/
Zeising, WpPG, § 13, Rn. 15.
31 RegBegr. EU-ProspRL-UmsG, BT-Drucks. 17/8684, S. 19.

ist in eilbedürftigen Fällen möglich, soweit das unterzeichnete Original unverzüglich – nach Verwaltungspraxis der BaFin innerhalb von drei Werktagen – nachgereicht wird. Hierbei ist zusätzlich eine entsprechende Identitätserklärung erforderlich.

Grundsätzlich empfiehlt sich, bereits vor der Beantragung einer Billigung   16
frühzeitig das anstehende Verfahren und den Inhalt des Prospekts (insb.
bzgl. der Finanzinformationen) mit der BaFin abzustimmen und einen Zeitplan festzulegen. Ein solches vorgeschaltetes, aber nur informelles Vorverfahren hat sich in der Praxis bewährt und trägt erheblich zur Effektivität des Billigungsverfahrens bei: So kann vermieden werden, dass nach Antragstellung überraschend weitere Informationen oder Unterlagen angefordert werden, die zu einer Verlängerung der Prüfungsfrist nach § 13 Abs. 3 WpPG führen. Einen Verstoß gegen die Neutralitätspflicht der BaFin ist bei dieser Vorgehensweise nicht zu befürchten. Eine verbindliche Vorabstimmung eines Entwurfs des Prospekts ist aber nicht möglich; ebenso begründet eine Vorabstimmung nicht das Recht zur (vorzeitigen) Veröffentlichung eines Prospekts.[32] Die Fixierung eines bestimmten Billigungszeitpunkts gehört zwar nicht zur Verwaltungspraxis, kann aber in Absprache mit der BaFin für den Einzelfall zumindest angestrebt werden. Die Billigung (und auch Anhörung) an einem Samstag, Sonn- oder Feiertag ist nicht möglich.

Ein billigungsfähiger Prospekt liegt vor, wenn bei der BaFin eine gebundene   17
(Spiralbindung, Klebebindung etc.) Billigungsfassung eingereicht wird, die
der zuletzt vorgelegten, von der BaFin nicht mehr beanstandeten Prospektfassung entspricht und gemäß den Vorgaben des § 5 Abs. 3 WpPG unterschrieben ist.

3. Prüfungsumfang

Die Bundesanstalt entscheidet nach Abschluss einer Vollständigkeitsprüfung   18
des Prospekts einschließlich einer Prüfung der Kohärenz und Verständlichkeit der vorgelegten Informationen über die Billigung, § 13 Abs. 1 Satz 2 WpPG. Weitere Konkretisierungen des Umfangs der Prospektprüfung enthält das Gesetz nicht. Den Prüfungsumfang definieren damit die drei Eckpunkte Vollständigkeits-, Verständlichkeits- und Kohärenzprüfung.

Die Vollständigkeitsprüfung der BaFin beinhaltet die Überwachung der   19
kompletten Erteilung der nach den §§ 5, 7 i.V.m. der ProspektVO geforderten Mindestangaben,[33] bzw. deren zulässiger Weglassung[34]. Zu dieser Prüfung gehört es inzident zu kontrollieren, ob der Prospekt auch nach den für die beschriebenen Wertpapiere zutreffenden Anhängen erstellt[35] wurde und

---

32 So auch zum Verfahren bei § 14 WpÜG *Seydel*, in: Kölner Komm WpÜG, 2010, § 14
   Rn. 42 f.
33 Vgl. *Heidelbach*, in: Schwark/Zimmer, KapMRK, § 13 WpPG, Rn. 10; *Ritz/Voß*, in: Just/
   Voß/Ritz/Zeising, WpPG, § 13, Rn. 41; *von Kopp-Colomb*, in: Assmann/Schlitt/von Kopp-
   Colomb, WpPG/VerkProspG, § 13, Rn. 10.
34 *Heidelbach*, in: Schwark/Zimmer, KapMRK, § 13 WpPG, Rn. 10.
35 *Heidelbach*, in: Schwark/Zimmer, KapMRK, § 13 WpPG, Rn. 10.

ob das Sprachregime eingehalten wurde.[36] Zum Prüfungsumfang der BaFin gehört zudem auch die Frage, ob über die Mindestangaben hinaus ggf. weitere Angaben aufsichtsrechtlich erforderlich sind.[37]

20 Die Verständlichkeitsprüfung erfolgt aus der Sicht eines durchschnittlich kundigen Anlegers; ihm soll eine unbehinderte Lesbarkeit des Prospekts, § 5 Abs. 1 WpPG spricht von einer leicht analysierbaren Form, ermöglicht werden.[38] Bei der Prüfung der Verständlichkeit ist die Komplexität der im Prospekt beschriebenen Wertpapiere mit zu berücksichtigen.[39] Nach der Verwaltungspraxis der BaFin ist bspw. der Gebrauch von unüberschaubaren Verweisen (Kettenverweise) oder schwierigen, nicht definierten Fachbegriffen unzulässig.[40] Mit der WpPG-Novelle 2012 ist der Grundsatz der Verständlichkeit stärker in den Mittelpunkt gerückt.[41] So soll insbesondere das geänderte Basisprospektregime zu lesbareren Basispropekten führen, indem mehr Wertpapierinformationen unmittelbar im Prospekt angegeben werden müssen.[42] Diskutiert wird zudem auch, ob ab einem bestimmten Umfang eines Prospektes per se der Verständlichkeitsgrundsatz nicht mehr zu erfüllen ist. Dies ist abzulehnen, da durch eine entsprechende deutliche Gestaltung oder Separierung der Wertpapierinformationen auch umfangreiche Prospekte gut lesbar sein können.

21 Der Kontrollumfang der Kohärenzprüfung wird vom Gesetzgeber so verstanden, dass die BaFin prüft, ob die Angaben des Prospekts konsistent sind, der Prospekt also keine inneren Widersprüche enthält.[43] Offensichtlich widersprüchliche Angaben erfüllen dieses Kriterium nicht.[44] Stellt die BaFin sich widersprechende Angaben fest, so bemängelt sie diese, prüft aber nicht, welche der Angaben richtig ist.[45] Dies wäre dann eine inhaltliche Prüfung, die das WpPG nicht kennt. Bei einem dreiteiligen Prospekt sind alle Teile auf ihre Kohärenz auch untereinander zu überprüfen.[46] Gleiches gilt für per Verweis einbezogene Dokumente. Die Kohärenzprüfung eines Nachtrages bezieht sich schon aufgrund der kurzen Prüfungsfrist nur auf diesen selbst.[47] Bei mehrsprachigen Prospekten bezieht sich die Kohärenz nur auf jede ein-

---

36 *Heidelbach*, in: Schwark/Zimmer, KapMRK, § 13 WpPG, Rn. 10.

37 Str. *Heidelbach*, in: Schwark/Zimmer, KapMRK, § 13 WpPG, Rn. 10; a. A. *Ritz/Voß*, in: Just/Voß/Ritz/Zeising, WpPG, § 13, Rn. 41.

38 Vgl. grds. aus zivilrechtlicher Sicht: BGH XI ZR 344/11, WM 2012, 2147 ff.

39 *Ritz/Voß*, in: Just/Voß/Ritz/Zeising, WpPG, § 13, Rn. 46.

40 Zum Grundsatz der Prospektverständlichkeit vgl. auch § 5 .

41 Vgl. Erwg. 17 und Art. 5 Abs. 4 Unterabs. 3 Satz 2 RL 2010/73/EU.

42 Vgl. im Einzelnen die Komm. zu § 6; krit. *Heidelbach/Preuße*, BKR 2012, 397, 398 und *Kusserow/Scholl*, RdF 2011, 310, 314.

43 RegBegr. EU-ProspRL-UmsG, BT-Drucks. 15/4999, S. 34.

44 *Heidelbach*, in: Schwark/Zimmer, KapMRK, § 13 WpPG, Rn. 11.

45 *von Kopp-Colomb*, in: Assmann/Schlitt/von Kopp-Colomb, WpPG/VerkProspG, § 13, Rn. 11.

46 *Heidelbach*, in: Schwark/Zimmer, KapMRK, § 13 WpPG, Rn. 11; *von Kopp-Colomb*, in: Assmann/Schlitt/von Kopp-Colomb, WpPG/VerkProspG, § 13, Rn. 12.

47 *von Kopp-Colomb*, in: Assmann/Schlitt/von Kopp-Colomb, WpPG, § 13, Rn. 12.

zelne Sprachfassung, da es sich nach Auffassung der BaFin um verschiedene Prospekte handelt.[48] Zwingend ist diese Auffassung nicht.

Obwohl der Gesetzgeber betont, dass die Bundesanstalt im Ergebnis die 22 Prüfung der Bonität des Emittenten und der inhaltlichen Richtigkeit des Prospekts nicht vorsieht,[49] ist in diesem Zusammenhang nicht unumstritten, ob und ggf. in welchem Umfang die BaFin im Rahmen der Billigung auch, zumindest teilweise, die inhaltliche Richtigkeit des Prospekts überprüft.[50] Die Frage nach dem Prüfungsmaßstab der BaFin für Prospekte ist nicht neu: Bereits zum § 8a VerkProspG a.f. stand zur Diskussion, inwieweit neben der Vollständigkeitsprüfung auch eine materielle Prüfungspflicht i. S. einer Plausibilitätsprüfung gem. § 30 Abs. 3 Nr. 3 BörsG a. F. erfolgen sollte.[51] Mit der Streichung von § 8a VerkProspG a. F. und § 30 Abs. 3 Nr. 3 BörsG a. F. ist die dazu geleistete Begründungsarbeit zwar obsolet geworden,[52] nicht aber die daraus bekannte Interessenverteilung.[53] Groß vertritt zu § 13 WpPG, dass der Prüfungsumfang einen absolut rein formalen Charakter besitzt.[54] Die überwiegende Meinung geht über den aus § 8a VerkProspG a. F. bekannten, nach h. M. formalen Vollständigkeitsprüfungsumfang hinaus und nimmt eine weitergehende Prüfungsdichte an,[55] ohne dass dadurch die zu § 30 Abs. 3 Nr. 3 BörsG a. F. angewandte Prüfungsintensität erreicht würde.[56] Insoweit wird von einer begrenzten materiellen Prüfung der BaFin gesprochen.[57] Der letztgenannten Ansicht kann mit der Maßgabe zugestimmt werden, dass es um die Überprüfung von Rechtsverstößen geht, die sich unmittelbar aus den Prospektangaben selbst ergeben, oder um inhaltliche Unrichtigkeiten des Prospekts, die bereits erkennbar nach außen treten (d. h. bekannt sind)[58], so dass die Voraussetzungen für eine Untersagung nach § 21 Abs. 8 WpPG vorliegen. Es wäre widersprüchlich, einen Prospekt mangels inhaltlicher Prüfungspflicht formell zu billigen, um ihn anschließend gem. § 21 Abs. 8 WpPG zu untersagen.[59]

---

48 *von Kopp-Colomb*, in: Assmann/Schlitt/von Kopp-Colomb, WpPG/VerkProspG, § 13, Rn. 12; *Ritz/Voß*, in: Just/Voß/Ritz/Zeising, WpPG, § 13, Rn. 44.

49 RegBegr. EU-ProspRL-UmsG, BT-Drucks. 15/4999, S. 34.

50 *Mülbert/Steup*, WM 2005, 1633 (1640).

51 Zur früheren Rechtslage vgl. *Heidelbach*, in: Schwark, KapMRK, 3. Aufl., § 8a VerkProspG (a. F.) Rn. 3f. und § 30 BörsG (a. F.) Rn. 23ff. m.w.N.

52 *Groß*, KapMR, § 13 WpPG Rn. 8.

53 Siehe auch die vergleichbare Diskussion zum Prüfungsumfang der BaFin für Angebotsunterlagen gem. § 14 WpÜG; zum Meinungsstand *Seydel*, in: Kölner Komm z. WpÜG, 2010, § 14 Rn. 36ff. m.w.N.

54 *Groß*, KapMR, § 13 WpPG Rn. 8.

55 *Schlitt/Schäfer*, AG 2005, 498, 506; *Mülbert/Steup*, WM 2005, 1633, 1640; ebenso *Kunold/Schlitt*, BB 2004, 501, 509 und *Crüwell*, AG 2003, 243, 250f. zur EU-ProspRL.

56 *Holzborn/Israel*, ZIP 2005, 1668, 1670; *Heidelbach*, in: Schwark/Zimmer, KapMRK, § 13 WpPG, Rn. 14.

57 *Küting*, DStR 2006, 1007, 1008; auch M. *Weber*, NZG 2004, 360, 365, letzterer zur EU-ProspRL.

58 A. A. *Ritz/Voß*, in: Just/Voß/Ritz/Zeising, WpPG, § 13, Rn. 41ff.

59 Ebs. *Heidelbach*, in: Schwark/Zimmer, KapMRK, § 13 WpPG, Rn. 14.

Andernfalls untersucht die BaFin die Prospektangaben nur auf ihre innere Schlüssigkeit; die als inhaltlich richtig zu unterstellenden Angaben (daher „inneren" Angaben) dürfen sich in ihrem Aussageinhalt nicht widersprechen. Deckt die BaFin einen solchen materiellen Widerspruch auf, kann sie gem. § 13 Abs. 3 Satz 1 WpPG ergänzende Informationen vom Anbieter/Zulassungsantragsteller verlangen, die den inhaltlichen Widerspruch beheben. Ob allerdings die nachvollziehbare Beseitigung eines Widerspruchs den tatsächlichen „äußeren" Verhältnissen entspricht, überprüft die BaFin nicht. Eine weitergehende materielle Prüfungspflicht trifft die BaFin nicht. Der Gesetzgeber formuliert klarstellend, dass im Billigungsverfahren keine inhaltliche Prüfung des Prospekts erfolgen darf.[60] Hiermit stimmt es überein, dass die BaFin keine Verantwortung für die Vollständigkeit oder Richtigkeit des Prospekts übernimmt.[61] Deshalb kann und wird die BaFin nicht abschließend beurteilen, ob bspw. Renditeerwartungen angemessen, marktgerecht und realisierbar sind und die im Prospekt gemachten Angaben auf wahren Umständen beruhen.

23 Die Prüfung bezieht sich auf die vorgelegten Informationen, so § 13 Abs. 1 Satz 2 WpPG. Dies meint zunächst die im Prospekt enthaltenen Informationen, ferner auch die ergänzenden Informationen nach § 13 Abs. 3 Satz 1 WpPG. Fordert die BaFin ergänzende Informationen zur Beseitigung eines Widerspruchs etc., wird es jedoch auch stets erforderlich sein, dass diese auch in den Prospekt aufgenommen werden, damit dieser seine Widersprüchlichkeit verliert. Insoweit bezieht sich die Prüfung letztlich wiederum nur allein auf den Prospekt. Zur Möglichkeit der BaFin zusätzliche, d. h. weitergehende als in der Prospektverordnung vorgegebenen Informationsbestandteile im Prospekt zur Aufnahme fordern zu können, vgl. die Kommentierung zu Art. 23 EU-ProspV.

4. Prüfungsfristen

24 § 13 Abs. 2 Satz 1 WpPG geht von einer Grundfrist von zehn Werktagen ab Eingang des Prospekts aus. Innerhalb dieser zehn Werktage hat die BaFin ihre Entscheidung hinsichtlich der Billigung des Prospekts zu bescheiden. Zu den Werktagen gehören Samstage, nicht jedoch Sonn- und Feiertage.[62] Eine verlängerte Prüfungsfrist von 20 Werktagen ab Eingang des Prospekts sieht § 13 Abs. 2 Satz 2 WpPG für den Fall des öffentlichen Angebots eines Emittenten vor, dessen Wertpapiere noch nicht zum Handel an einem geregelten Markt zugelassen sind und der zuvor keine Wertpapiere öffentlich angeboten hat, also etwa im Fall einer Neuemission. Bei beiden Billigungfristen bewirkt deren Ablauf keine automatische Billigung des Prospekts.[63]

---

60 RegBegr. EU-ProspRL-UmsG, BT-Drucks. 15/4999, S. 39.
61 RegBegr. EU-ProspRL-UmsG, BT-Drucks. 15/4999, S. 35.
62 Vgl. zur Fristberechnung: *Heidelbach*, in: Schwark/Zimmer, KapMRK, § 13 WpPG, Rn. 23 ff.
63 Siehe oben Rn. 4.

Die Fristen laufen ab Eingang des Prospekts bei der BaFin. Gelangt die   25
BaFin jedoch zu der Auffassung[64], dass der Prospekt unvollständig ist oder
es ergänzender Informationen bedarf, so tritt an die Stelle dieses Fristbe-
ginns der Zeitpunkt, zu dem diese Information eingeht, § 13 Abs. 3 Satz 1
WpPG. Der tatsächliche Fristbeginn hängt somit vom Ergebnis einer Prüfung
nach § 13 Abs. 2 Satz 1 WpPG ab. Dieses Ergebnis soll die BaFin dem An-
bieter/Zulassungsantragsteller innerhalb einer Frist von zehn Tagen nach
Prospekteinreichung mitteilen, § 13 Abs. 3 Satz 2 WpPG. Auch wenn sie dem
in Ausnahmefällen nicht nachkommt, ändert dies nichts daran, dass sich der
Fristbeginn verschoben hat, da es insoweit allein auf die Auffassung der Ba-
Fin ankommt. Es entspricht jedoch der Verwaltungspraxis der BaFin, diese
Auffassung in einem Anhörungsschreiben innerhalb der ersten zehn Tage
mitzuteilen.

In diesem Sinne unvollständig ist der Prospekt, wenn er nach Abschluss ei-   26
ner Prüfung gem. § 13 Abs. 1 Satz 2 WpPG nicht gebilligt werden kann; dies
schließt die fehlende Kohärenz des Prospekts mit ein, da auch sie nach der
Gesetzessystematik Teil der Vollständigkeitsprüfung ist. Die Frage, ob ein
Prospekt vollständig und damit zu billigen ist, ist eine Rechtsfrage. Deshalb
scheint die Formulierung von § 13 Abs. 3 Satz 1 WpPG, wonach es darauf
ankommen soll, ob die BaFin Anhaltspunkte für die Unvollständigkeit des
Berichts hat, etwas unpräzise, da sie eher zu Sachverhaltsermittlungen passt.
Die Formulierung von Art. 13 Abs. 4 Satz 1 EU-ProspRL, die auf die Auffas-
sung der Aufsichtsbehörde abstellt, erscheint insoweit vorzugswürdig.

Des Weiteren verschiebt auch die Auffassung der BaFin, dass es ergänzen-   27
der Informationen bedarf, den Fristbeginn. Auf Grund dieser Formulierung
geht es also nicht darum, dass der Prospekt unvollständig ist und dieser ergänzender Informationen bedarf, sondern dass diese für die Prüfung erforderlich sind. An erster Stelle ist hier die Überkreuz-Checkliste zu nennen,
die immer dann erforderlich ist, wenn der Prospekt nicht dem Aufbau der
Anhänge der EU-ProspV folgt; die Prüfungsfrist wird folglich erst mit deren
Einreichung in Gang gesetzt.

Lehnt es der Anbieter/Zulassungsantragsteller ab, die angeforderten zusätz-   28
lichen Informationen zu erteilen, beginnt überhaupt keine Prüfungsfrist der
Behörde, da diese nicht i. S. v. § 13 Abs. 3 Satz 1 WpPG eingehen. Nichtsdestotrotz kann die BaFin sodann den Billigungsantrag abschlägig bescheiden.

Fraglich ist, ob auch jede minimale Nachforderung der BaFin den Fristbe-   29
ginn verschiebt.[65] Die Verschiebung der Billigungsfrist ist damit zu rechtfertigen, dass die BaFin ihrem Prüfungsauftrag nur auf der Grundlage eines
vollständigen Prospekts nachkommen kann.[66] Demgegenüber ist aber auch

---

64 Art. 13 Abs. 4 Satz 1 EU-ProspRL spricht von der „hinreichend begründeten Auffas-
    sung".
65 Grds. krit. zu der in Art. 13 Abs. 4 EU-ProspRL verfassten und in § 13 Abs. 3 WpPG über-
    nommenen Nachforderungsmöglichkeit der Behörden. *Kunold/Schlitt*, BB 2004, 501, 509
    und *Crüwell*, AG 2003, 243, 251.
66 RegBegr. EU-ProspRL-UmsG, BT-Drucks. 15/4999, S. 35; *Holzborn/Israel*, ZIP 2005,
    1668, 1670.

zu berücksichtigen, dass das VwVfG – dem das Billigungsverfahren durch die BaFin als verwaltungsrechtliche Entscheidung unterstellt ist – verschiedentlich eine Gelegenheit zur Erörterung laufender Verfahren vorsieht, in deren Verlauf auf geringfügige Mängel des Prospekts hingewiesen werden kann und eine Möglichkeit zur Ergänzung eröffnet wird, ohne dass sich hierdurch der Fristbeginn (erneut) verschiebt.[67] Im Hinblick auf den Verhältnismäßigkeitsgrundsatz und aus Praktikabilitätsgründen ist eine solche Nachbesserungsmöglichkeit zu befürworten. Allerdings dürfte sich diese nur auf einfache Fehler oder offensichtlich versehentliche Erklärungen erstrecken, die aus dem Prospekt selbst erkennbar werden und eine Billigkeitsprüfung der BaFin nicht hindern. Einer zu weitgehenden Ergänzungspraxis nach dem VwVfG steht der Regelungszweck des § 13 Abs. 3 WpPG entgegen.

5. Billigung und ihre Wirkung

30 Die Entscheidung über die Prospektbilligung wird im § 13 WpPG nicht näher behandelt. Die Billigung erfolgt im schriftlichen Verfahren. Die Entscheidung hat nach Ausübung eines pflichtgemäßen Ermessens der BaFin zu erfolgen. Liegen die Voraussetzungen für die Billigung vor, hat der Antragsteller einen Anspruch auf Billigung.[68] Diese wird von der BaFin als begünstigender Verwaltungsakt nach § 35 VwVfG in Form einer öffentlich-rechtlichen Erlaubnis erlassen. Anderenfalls hat die BaFin die Billigung zu versagen, so wenn Angaben im Prospekt fehlen.[69] Im Falle der Versagung der Billigung ist diese als belastender Verwaltungsakt nach § 39 VwVfG zu begründen. Mit der Billigung des Prospekts durch die BaFin kann der Prospekt in zulässiger Weise gemäß § 14 veröffentlicht werden, die Notifizierung nach § 18 ist ebenfalls möglich.[70] In keiner Weise begründet die Billigung des Prospekts eine Befreiung von der Prospekthaftung.[71]

6. Einstellung im Internet gem. Abs. 4

31 § 13 Abs. 4 WpPG schreibt der BaFin vor, gebilligte Prospekte auf ihrer Internetseite für zwölf Monate zugänglich zu machen. Nach dem Willen des Gesetzgebers wird mit einer solchen Veröffentlichung der BaFin die Veröffentlichungspflicht der Anbieter oder Zulassungsantragsteller nicht berührt; die Veröffentlichungen stehen nebeneinander. Dabei umfasst die Einstellung eines Prospekts auch die dazugehörigen gebilligten Nachträge gem. § 16

---

67 *Groß*, KapMR, § 13 WpPG Rn. 10 unter Hinweis auf § 25 VwVfG; ebenso zur alten Rechtslage *Lenz*, in: Assmann/Lenz/Ritz, VerkProspG, § 8 a (a. F.) Rn. 20 unter Hinweis auf § 28 Abs. 1 VwVfG.

68 *Groß*, KapMR, § 13 WpPG Rn. 11; ebenso zur alten Rechtslage vgl. *Heidelbach*, in: Schwark, KapMRK, 3. Aufl., § 8 a VerkProspG (a. F.) Rn. 8 und § 30 BörsG (a. F.) Rn. 33.

69 RegBegr. EU-ProspRL-UmsG, BT-Drucks. 15/4999, S. 35.

70 Ebs. *Heidelbach*, in: Schwark/Zimmer, KapMRK, § 13 WpPG, Rn. 19.

71 RegBegr. EU-ProspRL-UmsG, BT-Drucks. 15/4999, S. 35; *Groß*, KapMR, § 13 WpPG Rn. 10; *Heidelbach*, in: Schwark/Zimmer, KapMRK, § 13 WpPG, Rn. 20.

WpPG. Die Zwölfmonatsfrist beginnt mit dem der Einstellung des Prospekts auf der Internetseite der BaFin folgenden Werktag.[72] Die BaFin erfüllt ihre Pflicht durch Veröffentlichung in ihrer „Datenbank der hinterlegten Prospekte für Wertpapiere".[73]

7. Übermittlung an die Bundesanstalt gem. Abs. 5

Der mit der WpPG-Novelle 2012 geänderte Abs. 5 verpflichtet zur Einreichung des zu billigenden Prospekts in Papierform als auch in elektronischer Form, vgl. oben Rn. 14.   *32*

IV. Rechtsschutz

Das Billigungsverfahren ist ein Verwaltungsverfahren. Ebenso wie die Billigung stellt eine Ablehnung der Billigung einen Verwaltungsakt dar. Die Antragsberechtigten können daher nach Durchführung eines Widerspruchsverfahrens mittels Anfechtungs- oder Verpflichtungsklage sowie ggf. einer Fortsetzungsklage[74] den Verwaltungsrechtsweg beschreiten. Kommt die BaFin im Rahmen der genannten Fristen ihrer Entscheidungspflicht nicht nach, können die Antragsberechtigten eine Untätigkeitsklage erheben. Ein Vorverfahren ist in diesem Fall nicht erforderlich. Auch ansonsten gelten die allgemeinen Grundsätze der VwGO. Aktivlegitimiert sind die aus § 3 WpPG verpflichteten Zulassungsantragsteller und Anbieter; fallen Emittent und Anbieter auseinander, ist der Emittent nicht aktivlegitimiert.[75] Dritte, insbesondere Anleger oder Aktionäre, sind nicht widerspruchs- oder klagebefugt.[76]   *33*

V. Haftung

Haftungsansprüche gegen die BaFin könnten einerseits aus der Sicht der Anleger, andererseits aus der Sicht der am Billigungsverfahren Beteiligten (also Zulassungsantragsteller, Anbieter bzw. Emittenten) erwogen werden. Erstere sind streitig. Zu beantworten ist dabei die Frage, inwieweit die BaFin ausschließlich im öffentlichen Interesse handelt oder ob sich im Regelungsbereich des WpPG auch Vorschriften mit drittschützendem Charakter finden lassen, die eine Amtshaftung für drittgerichtetes pflichtwidriges Handeln der BaFin nach § 839 BGB i. V. m. Art. 34 GG begründen können. Die Problematik ist nicht neu, vielmehr wird diese Frage auch in anderen Bereichen des   *34*

---

72 RegBegr. EU-ProspRL-UmsG, BT-Drucks. 15/4999, S. 35.
73 Vgl. www.bafin.de, Daten&Dokumente, Hinterlegte Prospekte, Prospekte für Wertpapiere.
74 VG Frankfurt/M., Urteil v. 12.1.2007 – 1 E 1163/06 (1) n. v.
75 Zum alten Recht *Heidelbach*, in: Schwark, KapMRK, 3. Aufl., § 8a VerkProspG (a. F.) Rn. 7 a. E.; offen *Groß*, KapMR, § 13 WpPG Rn. 13 f.
76 *Groß*, KapMR, § 13 WpPG Rn. 15.

Aufsichtsrechts aufgeworfen.[77] Grundsätzlich stehen sich einerseits eine auch bei der Bankenaufsicht als Staatsaufsicht zu beachtende grundrechtlich verankerte Drittschutzpflicht[78] und andererseits der gesetzgeberische Auftrag, dass die Bundesanstalt die ihr zugewiesenen Aufgaben und Befugnisse nur im öffentlichen Interesse wahrnimmt, gegenüber. Für das WpPG ist dabei festzuhalten, dass das Gesetz selbst zwar eine solche, ausdrücklich auf das öffentliche Nutzen konzentrierende Regelung – so wie z. B. in § 4 Abs. 2 WpÜG – nicht enthält.[79] Dies ist im Hinblick auf § 4 Abs. 4 FinDAG aber auch nicht erforderlich, da dieser explizit die Wahrnehmung der Aufgaben und Befugnisse der Bundesanstalt ganz allgemein in das öffentliche Interesse stellt.[80] Gleichwohl erscheint ein so formelhafter Ausschluss des grundgesetzlich begründeten Amtshaftungsrechts durch den einfachen Gesetzgeber auch im Rahmen des WpPG sowohl unter verfassungsrechtlichen als auch unter rechtssystematischen Gesichtspunkten nicht unproblematisch.[81] Die gesetzgeberische Intention ist vor dem Hintergrund der wegen unzureichender Beaufsichtigung von Banken durch das Bundesaufsichtsamt für das Kreditwesen ergangenen höchstrichterlichen Rechtsprechung nachvollziehbar.[82] Demgemäß betont der Gesetzgeber auch in seiner Begründung zum WpPG wiederholt das öffentliche Interesse der Prospektbilligung und verneint ihre Verantwortung für die Richtigkeit und Vollständigkeit des Prospekts.[83] Dennoch ist nicht zu verkennen, dass die BaFin ihre Tätigkeit ebenfalls zum Zwecke des Anlegerschutzes in seiner Gesamtheit erfüllt[84] und diesbezüglich zu Maßnahmen ordnungsrechtlicher Art berechtigt wird (vgl.

---

77 Für einen grundsätzlichen Amtshaftungsausschluss sprechen sich aus *Döhnel*, in: Assmann/Schneider, WpHG, 6. Aufl., 2012, § 4 Rn. 22 f.; *Dreyling*, in: Achleitner/Thoma, Handbuch für Corporate Finance, 2005, 1.8.2, S. 14; *Beck*, in: Schwark/Zimmer, KapMRK, § 4 WpHG Rn. 11 ff.; *Schwennicke*, in: Geibel/Süßmann, WpÜG, 2008, § 4 Rn. 11 ff.; i. E. auch *Groß*, KapMR, § 13 WpPG Rn. 16; *Ledermann*, in: Schäfer/Hamann, KapMG, vor § 1 BörsG Rn. 47; *Lenz*, in: Assmann/Lenz/Ritz, VerkProspG, § 8 a (a. F.) Rn. 26, aber für eine Amtshaftung der Börsenzulassungsstelle, vgl. § 6 (a. F.) Rn. 25 f.

78 Grundlegend dazu aus Verfassungssicht *Maunz/Düring*, Grundgesetz, 58. Lfg., 2010, Art. 34 Rn. 235 ff. und *Papier*, in: MüKo BGB, 5. Aufl., 2009, § 839 Rn. 252 ff.; zum Drittschutz betroffener Anleger aus kapitalmarktrechtlicher Sicht vgl. auch *Weber*, NJW 2004, 3674, 3679 m. z. w. N.

79 Darauf hinweisend *Groß*, KapMR, § 13 WpPG Rn. 16.

80 Auf Grund dieser Vorschrift wurden gerade vergleichbare Regelungen in § 6 Abs. 4 KWG, § 4 Abs. 2 WpHG gestrichen. Insofern stellt sich Frage, warum der Gesetzgeber nicht auch die Bestimmung des § 4 Abs. 2 WpÜG aufgehoben hat. Vgl. aber auch §§ 1 Abs. 6, 31 Abs. 5 oder 49 Abs. 2 BörsG, wonach die Zulassungsstelle auch nur im öffentlichen Interesse handelt, ebenso die Aufsichtsbehörde BaFin bei Versicherungsunternehmen gem. § 81 Abs. 1 Satz 3 VAG.

81 Vgl. dazu instruktiv zur früheren Rechtslage und der Entwicklung bis zur höchstrichterlichen Rechtsprechung *Reischauer/Kleinhans*, KWG, Lfg. 4/2006, § 6 Rn. 17 ff.

82 Vgl. BGHZ 74, 144 ff. = NJW 1979, 1354 ff. „Wetterstein" und BGHZ 75, 120 f. = NJW 1979, 1879 ff. „Herstatt Bank"; beachte aber auch die Entscheidungen LG Bonn, NJW 2000, 815 ff. und OLG Köln, WM 2001, 1372 ff., die Amtshaftungsansprüche mit Blick auf § 6 Abs. 4 KWG n. F. verneint haben.

83 Vgl. RegBegr. EU-ProspRL-UmsG, BT-Drucks. 15/4999, S. 25 und 34 f.

84 Vgl. RegBegr. EU-ProspRL-UmsG, BT-Drucks. 15/4999, S. 25.

z. B. Untersagung der Prospektveröffentlichung, Aufnahme zusätzlicher Prospektangaben zum Schutze des Publikums, Aussetzung des öffentlichen Angebots, § 21 WpPG), um zumindest mittelbar ebenfalls Rechtsgüter Dritter nicht gänzlich ungeschützt zu lassen. Daher wird man auch im Rahmen des WpPG die Drittbezogenheit von Aufsichtspflichten nicht ohne Weiteres ausnahmslos ausschließen können.[85] Ob im Rahmen des WpPG drittschützende Normen betroffen sind und zudem summarisch eine erhebliche qualifizierte Grundrechtverletzung verwirklichen, ist somit jeweils anhand der einzelnen Umstände genau zu prüfen.

Klarer verhält es sich dagegen mit etwaigen Amtshaftungsansprüchen der Zulassungsantragsteller, Anbieter bzw. Emittenten. Diese können sich dann ergeben, wenn die BaFin unrechtmäßig gegenüber diesen handelt, so insbesondere wenn sie ihre Billigungsfrist versäumt. Der Antrag an die BaFin über die Billigung des Prospekts begründet die Pflicht zum Erlass eines Verwaltungsaktes. Nach allgemeinen Grundsätzen hat jede Behörde über den beantragten Erlass eines Verwaltungsaktes zügig zu entscheiden, was insbesondere dann gelten muss, wenn das Gesetz die Handlungspflicht der Behörde – so wie hier – durch eine (kurze) Frist verfestigt.[86] Die fristgemäße Billigung des Prospekts stellt somit eine Amtspflicht i. S. d. § 839 BGB i. V. m. Art. 34 GG dar. 35

Dabei ist der Ansicht zuzustimmen, die den Verantwortungsbereich der BaFin auch auf nicht billigungsfähige Prospekte erstreckt. Die BaFin ist zur Einhaltung der Fristen sowohl aus § 13 Abs. 2 WpPG als auch aus Abs. 3 verpflichtet. Daher vermag sie dem Amtshaftungsanspruch eines Anbieters oder Zulassungsantragstellers nicht damit entgegentreten können, der Prospekt sei – ex post betrachtet – nicht billigungsfähig oder es seien ergänzende Informationen erforderlich gewesen.[87] Denn in diesem Fall erwächst der BaFin die Unterrichtungspflicht aus § 13 Abs. 3 WpPG. Ein grundsätzliches Nichtstun der BaFin ist nicht zu legitimieren. Andererseits wäre die gesetzgeberische Entscheidung gegen eine Billigungsfiktion nach Zeitablauf kaum zu rechtfertigen. Der Zweck der Fristbestimmung findet sich darin, den Beteiligten eine genaue Zeitplanung zu ermöglichen und die Behörde zu einer fristgerechten Entscheidung zu verpflichten.[88] 36

---

85 A. A. *Heidelbach*, in: Schwark/Zimmer, KapMRK, § 13 WpPG, Rn. 20; *von Kopp-Colomb*, in: Assmann/Schlitt/von Kopp-Colomb, WpPG, § 13, Rn. 35 ff.; offen lassend *Ritz/Voß*, in: Just/Voß/Ritz/Zeising, WpPG, § 13, Rn. 80.

86 Eingehend zur Amtshaftung *Papier*, in: MüKo BGB, 4. Aufl., 2004, § 839 Rn. 129 ff. (217).

87 *Kullmann/Sester*, WM 2005, 1068, 1073 unter Hinweis auf eine denkbare Entlastung mit dem Einwand rechtmäßigen Alternativverhaltens; wie hier bereits *Groß*, KapMR, § 13 WpPG Rn. 17.

88 *Kullmann/Sester*, WM 2005, 1068, 1073.

§ 14
Hinterlegung und Veröffentlichung des Prospekts

(1) Nach seiner Billigung hat der Anbieter oder Zulassungsantragsteller den Prospekt bei der Bundesanstalt zu hinterlegen und unverzüglich, spätestens einen Werktag vor Beginn des öffentlichen Angebots, nach Absatz 2 zu veröffentlichen. Werden die Wertpapiere ohne öffentliches Angebot in den Handel an einem organisierten Markt eingeführt, ist Satz 1 mit der Maßgabe entsprechend anzuwenden, dass für den Zeitpunkt der spätesten Veröffentlichung anstelle des Beginns des öffentlichen Angebots die Einführung der Wertpapiere maßgebend ist. Findet vor der Einführung der Wertpapiere ein Handel von Bezugsrechten im organisierten Markt statt, muss der Prospekt mindestens einen Werktag vor dem Beginn dieses Handels veröffentlicht werden. Im Falle eines ersten öffentlichen Angebots einer Gattung von Aktien, für die der Emittent noch keine Zulassung zum Handel an einem organisierten Markt erhalten hat, muss die Frist zwischen dem Zeitpunkt der Veröffentlichung des Prospekts nach Satz 1 und dem Abschluss des Angebots mindestens sechs Werktage betragen.

(2) Der Prospekt ist zu veröffentlichen

1. in einer oder mehreren Wirtschafts- oder Tageszeitungen, die in den Staaten des Europäischen Wirtschaftsraums, in denen das öffentliche Angebot unterbreitet oder die Zulassung zum Handel angestrebt wird, weit verbreitet sind,

2. indem der Prospekt in gedruckter Form zur kostenlosen Ausgabe an das Publikum bereitgehalten wird

   a) bei den zuständigen Stellen des organisierten Marktes, an dem die Wertpapiere zum Handel zugelassen werden sollen,
   b) beim Emittenten,
   c) bei den Instituten im Sinne des § 1 Abs. 1b des Kreditwesengesetzes oder den nach § 53 Abs. 1 Satz 1 oder § 53b Abs. 1 Satz 1 des Kreditwesengesetzes tätigen Unternehmen, die die Wertpapiere platzieren oder verkaufen, oder
   d) bei den Zahlstellen,
3. auf der Internetseite
   a) des Emittenten,
   b) der Institute im Sinne des § 1 Abs. 1b des Kreditwesengesetzes oder der nach § 53 Abs. 1 Satz 1 oder § 53b Abs. 1 Satz 1 des Kreditwesengesetzes tätigen Unternehmen, die die Wertpapiere platzieren oder verkaufen, oder
   c) der Zahlstellen oder
4. auf der Internetseite des organisierten Marktes, für den die Zulassung zum Handel beantragt wurde.

Sofern der Prospekt nach Nummer 1 oder Nummer 2 veröffentlicht wird, ist er zusätzlich nach Nummer 3 zu veröffentlichen. Die Bereitstellung nach den Nummern 2, 3 und 4 muss mindestens bis zum endgültigen Schluss des öffentlichen Angebotes oder, falls diese später erfolgt, bis zur Einführung in den Handel an einem organisierten Markt andauern.

(3) Der Anbieter oder der Zulassungsantragsteller hat der Bundesanstalt Datum und Ort der Veröffentlichung des Prospekts unverzüglich schriftlich mitzuteilen.

(4) Wird der Prospekt in mehreren Einzeldokumenten erstellt oder enthält er Angaben in Form eines Verweises, können die den Prospekt bildenden Dokumente und Angaben getrennt in einer der in Absatz 2 genannten Art und Weise veröffentlicht werden. In jedem Einzeldokument ist anzugeben, wo die anderen Einzeldokumente erhältlich sind, die zusammen mit diesem den vollständigen Prospekt bilden.

(5) Wird der Prospekt im Internet veröffentlicht, so muss dem Anleger vom Anbieter, vom Zulassungsantragsteller oder von den Instituten im Sinne des § 1 Abs. 1 b des Kreditwesengesetzes oder den nach § 53 Abs. 1 Satz 1 oder § 53 b Abs. 1 Satz 1 des Kreditwesengesetzes tätigen Unternehmen, die die Wertpapiere platzieren oder verkaufen, auf Verlangen eine Papierversion kostenlos zur Verfügung gestellt werden.

(6) Der hinterlegte Prospekt wird von der Bundesanstalt zehn Jahre aufbewahrt. Die Aufbewahrungsfrist beginnt mit dem Schluss des Kalenderjahres, in dem der Prospekt hinterlegt worden ist.

Inhalt

I. Allgemeines

Die Vorschrift basiert auf Art. 14 EU-ProspRL[1] und setzt diesen in nationales Recht um. Die Änderungsrichtlinie 2010/73/EU hat nur zu wenigen Änderungen an Art. 14 EU-ProspRL geführt. Im Wesentlichen wurde die Pflicht der BaFin eingeführt, der ESMA gebilligte Prospekte zugänglich zu machen.[2] Die ESMA veröffentlicht auf ihrer Internetseite zudem eine Liste der

1

---

1 EU-ProspRL 2003/71/EG vom 04.11.2003, zuletzt geändert durch die RL 2010/73/EU vom 24.11.2010.
2 Vgl. Art. 14 Abs. 1 EU-ProspRL.

in den Mitgliedstaaten nach der EU-ProspRL gebilligten Prospekte.[3] Da es sich um unmittelbare Pflichten von BaFin und ESMA handelt, brauchten diese Vorschriften nicht in deutsches Recht umgesetzt werden. Im Zuge der Umsetzung der Änderungrichtlinie 2010/73/EU hat der Gesetzgeber von dem in Art. 14 Abs. 2 Satz 2 EU-PRL enthaltenen Wahlrecht Gebrauch gemacht und vorgeschrieben, dass im Fall der Veröffentlichung des Prospekts im Wege der Zeitungs- oder Schalterpubliziät zusätzlich eine Veröffentlichung im Internet erfolgen muss (§ 14 Abs. 2 Satz 2). § 14 Abs. 2 Satz 3 WpPG enthält zudem neu eine Vorschrift zur Dauer der Veröffentlichungspflicht im Falle der Veröffentlichung nach den Ziff. 2 bis 4. Ergänzend sind die Art. 29 bis 33 EU-ProspV zu beachten, die einzelne Veröffentlichungsformen näher ausgestalten. Geregelt werden dort die Anforderungen an die Hinterlegung und Veröffentlichung eines Prospekts, auf dessen Basis ein öffentliches Angebot oder die Einführung von Wertpapieren in den Handel an einem organisierten Markt erfolgen soll.

2 § 14 Abs. 1 WpPG regelt die Hinterlegung und Veröffentlichung eines gebilligten Prospektes. § 14 Abs. 2 WpPG legt die zulässigen Veröffentlichungsformen und die Dauer der Veröffentlichung fest. § 14 Abs. 3 WpPG enhält eine Mitteilungspflicht über die erfolgte Veröffentlichung ggü. der BaFin. In § 14 Abs. 4 WpPG wird die Veröffentlichung von dreiteiligen Prospekten und Verweisdokumenten ergänzend geregelt. § 14 Abs. 5 WpPG enthält ergänzende Pflichten bei einer Internetveröffentlichung. § 14 Abs. 6 WpPG regelt die Dauer der Aufbewahrung von hinterlegten Prospekten durch die BaFin.

II. Hinterlegung des Prospekts, Frist zur Veröffentlichung des Prospekts (Abs. 1)

1. Hinterlegung des Prospekts

3 Zur Hinterlegung und Veröffentlichung des Prospekts sind entweder der Anbieter oder der Zulassungsantragsteller verpflichtet.[4]

4 Hinterlegung ist nach dem Gesetz die Übermittlung des Prospekts in der von der BaFin zuvor gebilligten Fassung an diese.[5] Hierdurch soll die BaFin in die Lage versetzt werden, die Prospekte auf ihrer Internetseite zugänglich zu machen (§ 13 Abs. 4 WpPG) und in ihrer Funktion als Evidenzzentrale die Aufbewahrung der Prospekte sicherzustellen (§ 14 Abs. 6 WpPG). Entsprechend § 5 Abs. 3 WpPG ist der zu hinterlegende Prospekt mit dem Datum seiner Erstellung zu versehen und vom Anbieter oder im Falle der beabsichtigten Zulassung der Wertpapiere an einem organisierten Markt vom Zulassungsantragsteller zu unterzeichnen, Näheres siehe dort. Der Hinterlegung kommt ein eigenständiger Rechtscharakter zu und ist nicht nur Reflex der

---

3 Vgl. Art. 14 Abs. 4 a EU-ProspRL.
4 Zum Begriff des Anbieters vgl. § 2 Nr. 10 WpPG, zu dem des Zulassungsantragstellers vgl. § 1 Nr. 11 WpPG.
5 RegBegr. EU-ProspRL-UmsG, BT-Drucks. 15/4999, S. 35.

Billigung. Sie kann daher Gegenstand eigenständiger verwaltungsrechtlicher Streitigkeiten sein.[6]

Nach der Aufsichtspraxis der BaFin muss bereits zur Billigung eine mit Originalunterschrift versehene Endfassung des Prospekts bei dieser eingereicht werden. Andernfalls soll keine Billigung des Prospekts erfolgen.[7] Dieses Verfahren wird die Hinterlegungsverpflichtung regelmäßig mit erfüllen.[8] In diesem Fall kommt der Hinterlegungsverpflichtung keine selbständige Bedeutung mehr zu.[9] Eine freiwillige Hinterlegung von Prospekten, die die BaFin nicht gebilligt hat, ist nach der Aufsichtspraxis der BaFin nicht möglich.[10]   5

Aufgrund der Unterzeichnungspflicht des § 5 Abs. 3 WpPG kann die Hinterlegung im Regelfall nur durch Übermittlung eines mit Originalunterschrift versehenen Prospekts erfolgen. Eine Übermittlung in elektronischer Form mittels der Melde- und Veröffentlichungsplattform der Bundesanstalt ist nach wie vor nicht möglich, da diese die Erfordernisse einer qualifizierten elektronischen Signatur nach dem Signaturgesetz als elektronischen Unterschriftenersatz (vgl. § 126a BGB) nicht erfüllt.   6

2. Veröffentlichung des Prospekts

Der Anbieter oder Zulassungsantragsteller muss den Prospekt unverzüglich, spätestens einen Werktag vor Beginn des öffentlichen Angebots, veröffentlichen. Dies geht über die Anforderungen des Art. 14 Abs. 1 EU-ProspRL hinaus, wonach eine Veröffentlichung spätestens mit Beginn des öffentlichen Angebots genügen würde,[11] entspricht aber den bisherigen Anforderungen in § 9 Abs. 1 VerkProspG a. F. und § 43 Abs. 1 BörsZulVO a. F., an denen der Gesetzgeber festhalten wollte.[12] Der Unverzüglichkeit kommt nach herrschender Auffassung im Regelfall keine eigenständige Bedeutung zu. Sie ist im Sinne der gesetzlich festgelegten Veröffentlichungsfrist zu verstehen.[13] Daraus folgt, dass ein Prospekt nicht zwingend umittelbar nach seiner Billigung veröffentlicht werden muss. Dies kann zweckmäßig sein, wenn das An-   7

6 *Ritz/Voß*, in: Just/Voß/Ritz/Zeising, WpPG, § 14, Rn. 15.
7 Vgl. *Kunold*, in: Assmann/Schlitt/von Kopp-Colomb, WpPG/VerkProspG, § 14, Rn. 5; *Ritz/Voß*, in: Just/Voß/Ritz/Zeising, WpPG, § 14, Rn. 10 ff.
8 *Heidelbach*, in: Schwark/Zimmer, KapMRK, § 14, Rn. 5; *Kunold*, in: Assmann/Schlitt/von Kopp-Colomb, WpPG/VerkProspG, § 14, Rn. 5; *Ritz/Voß*, in: Just/Voß/Ritz/Zeising, WpPG, § 14, Rn. 10 ff.
9 Die BaFin führt die Hinterlegungspflicht daher auch in ihren Hinweisen zu „Prospekterstellung und Billigungsverfahren" auch nicht als eigenständigen Schritt auf, abgerufen unter „www.bafin.de/Aufsicht/Prospekte/ProspekteWertpapiere" im Mai 2013; *Kunold*, in: Assmann/Schlitt/von Kopp-Colomb, WpPG/VerkProspG, § 14 WpPG, Rn. 5; *Ritz/Voß*, in: Just/Voß/Ritz/Zeising, WpPG, § 14, Rn. 12.
10 Vgl. *Ritz/Voß*, in: Just/Voß/Ritz/Zeising, WpPG, § 14, Rn. 13.
11 *Groß*, KapMR, § 14, Rn. 4; *Kullmann/Sester*, WM 2005, 1068, 1073.
12 Vgl. RegBegr. EU-ProspRL-UmsG, BT-Drucks. 15/4999, S. 35.
13 *Ritz/Voß*, in: Just/Voß/Ritz/Zeising, WpPG, § 14, Rn. 22; *Kunold*, in: Assmann/Schlitt/von Kopp-Colomb, WpPG/VerkProspG, § 14, Rn. 6; *Heidelbach*, in: Schwark/Zimmer, KapMRK, § 14, Rn. 6; *Gebhard*, in: Schäfer/Hamann, KapMG, § 14 WpPG, Rn. 4.

gebot an ein bestimmtes Marktumfeld, etwa bei einem IPO, gebunden ist. Anlegerschutzgründe stehen dem nicht entgegen, da die gesetzliche Frist eine Veröffentlichung vor dem öffentlichen Angebot sicherstellt. Das zeitliche Auseinanderfallen darf allerdings nicht rechtsmissbräuchlich sein.[14] Dann wäre der Bußgeldtatbestand des § 35 Abs. 1 Nr. 6 WpPG einschlägig. Zudem sind etwaige Aktualisierungspflichten nach § 16 Abs. 1 WpPG zu beachten.

8 Die Berechnung der Frist von einem Werktag war längere Zeit umstritten. Nach einer Auffassung sollte hierauf § 187 Abs. 1 BGB mit der Folge Anwendung finden, dass zwischen Veröffentlichung und Beginn des öffentlichen Angebots bzw. der Einführung der Wertpapiere ein voller Werktag verstreichen muss.[15] Die Gegenauffassung hatte zu Recht § 187 Abs. 2 BGB für anwendbar gehalten, wonach das öffentliche Angebot bzw. die Einführung der Wertpapiere bereits am auf die Veröffentlichung folgenden Werktag beginnen kann.[16] Die BaFin hat sich letzterer Auffassung angeschlossen.[17] Es genügt, den Prospekt am Werktag vor dem Beginn des öffentlichen Angebots bzw. der Einführung der Wertpapiere zu veröffentlichen, wobei der Samstag als Werktag gilt.[18] Die zulässigen Veröffentlichungsformen regelt Abs. 2 detailliert.[19]

9 § 14 Abs. 1 Satz 2 WpPG befasst sich mit dem Fall, dass die Wertpapiere ohne vorheriges oder gleichzeitiges[20] öffentliches Angebot in den Handel an einem regulierten Markt eingeführt werden. Die Veröffentlichung des Prospekts muss dann spätestens einen Werktag vor der Einführung der Wertpapiere erfolgen. Eine Einführung von Wertpapieren erfolgt mit der Aufnahme der (ersten) Notierung der zugelassenen Wertpapiere an der Börse, setzt also die vorherige Börsenzulassung der Wertpapiere voraus.[21] Die Zulassung von Wertpapieren an einem regulierten Markt ist gem. § 32 Abs. 3 Nr. 2 BörsG aber an die zuvor erfolgte Veröffentlichung des Prospekts geknüpft. In der Praxis dürfte daher aufgrund einer zuvor erfolgenden Zulassung der Wertpapiere zum regulierten Markt die Veröffentlichungspflicht des § 14 Abs. 1 Satz 2 WpPG bereits erfüllt sein. Für § 14 Abs. 1 Satz 2 WpPG verbleibt insoweit zumeist keine eigenständige Bedeutung.[22]

---

14 Vgl. hierzu *Kunold*, in: Assmann/Schlitt/von Kopp-Colomb, WpPG/VerkProspG, § 14, Rn. 6; *Ritz/Voß*, in: Just/Voß/Ritz/Zeising, WpPG, § 14, Rn. 22.

15 So noch die Bekanntmachung des BAWe v. 06.09.1999, BA Nr. 177 v. 21.09. 1999, S. 16180; *Ritz*, in: Assmann/Lenz/Ritz, VerkProspG, § 9 VerkProspG a.F., Rn. 7 ff.

16 *Kunold*, in: Assmann/Schlitt/von Kopp-Colomb, WpPG/VerkProspG, § 14, Rn. 8; *Heidelbach*, in: Schwark/Zimmer, KapMRK, § 14, Rn. 5 ff.

17 Vgl. „www.bafin.de/Aufsicht/Prospekte/ProspekteWertpapiere", Ziff. 3.a) „Billigung und Veröffentlichung des Prospekts"; abgerufen im Mai 2013.

18 Kritisch: *Ritz/Voß*, in: Just/Voß/Ritz/Zeising, WpPG, § 14, Rn. 20; *Kunold*, in: Assmann/Schlitt/von Kopp-Colomb, WpPG/VerkProspG, § 14, Rn. 8.

19 Siehe Rn. 12 ff.

20 Vgl. *Kunold*, in: Assmann/Schlitt/von Kopp-Colomb, WpPG/VerkProspG, § 14, Rn. 11.

21 Vgl. § 38 Abs. 1 BörsG; *Heidelbach*, in: Schwark/Zimmer, KapMRK, § 38 BörsG, Rn. 2 ff.

22 So auch *Kunold*, in: Assmann/Schlitt/von Kopp-Colomb, WpPG/VerkProspG, § 14, Rn. 11; *Ekkenga*, BB 2005, 561, 563; offen lassend *Schlitt/Schäfer*, AG 2005, 498, 507.

Für den Fall des Handels von Bezugsrechten an einem regulierten Markt 10
wird die Frist zur Veröffentlichung des Prospekts auf den Werktag vor Beginn des Handels mit den Bezugsrechten vorverlegt (§ 14 Abs. 1 Satz 3
WpPG). Diese Pflicht wird aber nicht ausgelöst, wenn kein öffentlicher Bezugsrechtshandel angeboten wird, weil die Bezugsrechte nur unter den Aktionären gehandelt und nicht an einer Börse eingeführt werden.[23]

§ 14 Abs. 1 Satz 4 WpPG formuliert für den Fall eines Erstangebotes einer 11
Gattung von Aktien, zum Beispiel im Falle eines IPO, eine Mindestfrist von
sechs Werktagen, die zwischen der Veröffentlichung des Prospektes und
dem Abschluss des Angebotes liegen muss.[24] Für die Veröffentlichungspflicht selbst gilt auch in diesem Fall § 14 Abs. 1 Satz 1 WpPG, also spätestens der Werktag vor dem Angebotsbeginn. Die Regelung ist erfüllt, wenn
das öffentliche Angebot mindestens sechs Werktage andauert oder der Prospekt dem Anleger für sechs Werktage vor Beginn des öffentlichen Angebots
zur Verfügung gestellt wird.[25] In beiden Fällen wird der Schutzzweck des
Gesetzes, die erhöhte Informationsmöglichkeit des Anlegers[26], erfüllt.

III. Veröffentlichungsformen (Abs. 2)

Abs. 2 bestimmt die zulässigen Veröffentlichungsformen für einen Prospekt. 12
Dabei sind die vier grds. vorgesehenen Möglichkeiten alternativ zu verstehen, es wird also ein Wahlrecht für den Anbieter oder Zulassungsantragsteller begründet. Ausreichend ist die Veröffentlichung nach einer der genannten Fomen.[27]

1. Zeitungspublizität, Abs. 2 Nr. 1

Nach Nr. 1 kann der Prospekt durch einen vollständigen Abdruck in einer 13
oder mehreren Wirtschafts- oder Tageszeitungen, die in den Staaten des
EWR, in denen das öffentliche Angebot unterbreitet oder die Zulassung zum
Handel angestrebt wird, weit verbreitet sind, veröffentlicht werden (sog. Zeitungspublizität). Es ist hiernach zumindest eine Wirtschafts- oder Tageszeitung für die Veröffentlichung des Prospekts auszuwählen. Erfasst sein
dürften die gängigen überregionalen Börsenpflichtblätter. Nur regional erscheinende Zeitungen erfüllen das Verbreitungskriterium nicht.[28] Erfolgt ein
öffentliches Angebot oder eine Zulassung zum Handel in mehreren Staaten

---

23 *Heidelbach*, in: Schwark/Zimmer, KapMRK, § 14, Rn. 11.
24 Vgl. ausführlich: *Heidelbach*, in: Schwark/Zimmer, KapMRK, § 14, Rn. 12 ff.
25 Vgl. *Ritz/Voß*, in: Just/Voß/Ritz/Zeising, WpPG, § 14 Rn. 27; *Kunold*, in: Assmann/Schlitt/
   von Kopp-Colomb, WpPG/VerkProspG, § 14, Rn. 10; *Heidelbach*, in: Schwark/Zimmer,
   KapMRK, § 14, Rn. 12.
26 Vgl. RegBegr. EU-ProspRL-UmsG, BT-Drucks. 15/4999, S. 35.
27 *Ritz/Voß*, in: Just/Voß/Ritz/Zeising, WpPG, § 14, Rn. 28.
28 Vgl. *Ritz/Voß*, in: Just/Voß/Ritz/Zeising, WpPG, § 14, Rn. 31 f.; *Kunold*, in: Assmann/
   Schlitt/von Kopp-Colomb, WpPG/VerkProspG, § 14, Rn. 14 f.; *Heidelbach*, in: Schwark/
   Zimmer, KapMRK, § 14, Rn. 19.

des EWR, so muss die gewählte Wirtschafts- oder Tageszeitung entweder in allen Staaten eine weite Verbreitung finden oder es muss ggf. in mehreren Zeitungen eine Veröffentlichung erfolgen. Des Weiteren ist Art. 30 EU-ProspV zu beachten, Näheres siehe dort. Von praktischer Bedeutung ist diese Veröffentlichungsform nicht mehr, da die Prospekte aufgrund der weitgehenden inhaltlichen Anforderungen zu umfangreich sind.[29] Zudem ist seit der WpPG-Novelle 2012 zusätzlich zwingend[30] eine Veröffentlichung im Internet nach § 14 Abs. 2 Nr. 3 WpPG erforderlich.

2. Schalterpublizität, Abs. 2 Nr. 2

14 Entsprechend Nr. 2 besteht die Möglichkeit, den Prospekt in gedruckter Form zur kostenlosen Ausgabe an das Publikum bereitzuhalten (sog. Schalterpublizität). Dieses kann bei den zuständigen Stellen des organisierten Marktes, an dem die Wertpapiere zum Handel zugelassen werden sollen, beim Emittenten, den Plazeuren einer Emission oder den Zahlstellen erfolgen.[31] Die Schalterpublizität alleine ist seit der WpPG-Novelle 2012 keine ausreichende Veröffentlichungsform mehr (vgl. Abs. 2 Satz 2). Zusätzlich ist zwingend eine Veröffentlichung im Internet nach Abs. 2 Nr. 3 erforderlich. Dies soll der leichten Zugänglichkeit der Prospekte dienen.[32] Die Schalterpublizität dürfte angesichts dessen ihre Praxisrelevanz wohl nahezu verlieren. Ob dies für einen Emittenten immer ohne „nennenswerten zusätzlichen Aufwand"[33] bleibt, darf vor dem Hintergrund kleiner und mittelständischer Emittenten bezweifelt werden.

Umstritten ist, was unter Ausgabe zu verstehen ist, da der Wortlaut des Abs. 1 Nr. 2, anders als in Abs. 5, nicht klar davon ausgeht, dass dem Anleger eine gedruckte Fassung zur Mitnahme auszuhändigen ist. Daher wird teilweise davon ausgegangen, dass eine Übergabepflicht nicht besteht.[34] Überwiegend wird jedoch zu Recht angenommen, dass der Anleger nicht nur ein Einsichtsrecht, sondern auch ein Mitnahmerecht hat.[35] Angesichts

---

29 Vgl. *Ritz/Voß*, in: Just/Voß/Ritz/Zeising, WpPG, § 14, Rn. 34; *Heidelbach*, in: Schwark/Zimmer, KapMRK, § 14, Rn. 17.

30 Vgl. § 14 Abs. 2 Satz 2 WpPG.

31 Der EuGH hat entschieden (vgl. AZ: C-359/12), dass Art. 14 Abs. 2b) EU-PRL dahingehend auszulegen ist, dass der Prospekt dem Publikum sowohl am Sitz des Emittenten als auch bei den Finanzintermediären zur Verfügung gestellt werden muss. Hintergrund ist die gebotene einheitliche Umsetzung des Art. 14 Abs. 2b) EU-PRL. In der deutschen Sprachfassung werden die Veröffentlichungsmöglichkeiten der Vorschrift alternativ verstanden, während in anderen Sprachfassungen dieser Bestimmung die Veröffentlichungsmöglichkeiten kumulativ formuliert sind (vgl. Ziffer 61 des Urteils). Die Umsetzung der Vorschrift in § 14 Abs. 2 Nr. 2 WpPG ist dann auf Basis der deutschen Sprachfassung der EU-Prospektrichtlinie erfolgt, so dass auch dort die Veröffentlichungsmöglichkeiten alternativ vorgesehen sind. Insbesondere in grenzüberschreitenden Fällen sollte dies, sofern diese Veröffentlichungsform gewählt wird, beachtet werden.

32 RegBegr. ProspRLÄndRLUmsG, BT-Drucks. 17/8684, S. 20.

33 RegBegr. ProspRLÄndRLUmsG, BT-Drucks. 17/8684, S. 20.

34 *Heidelbach*, in: Schwark/Zimmer, KapMRK, § 14, Rn. 25.

35 *Ritz/Voß*, in: Just/Voß/Ritz/Zeising, WpPG, § 14, Rn. 37 f.; *Kunold*. in: Assmann/Schlitt/von Kopp-Colomb, WpPG/VerkProspG, § 14, Rn. 23.

des erheblichen Umfangs der Prospekte kann nicht davon ausgegangen werden, dass der Anleger bei einer Einsichtnahme den Prospektinhalt hinreichend zur Kenntnis nehmen kann. Ein Anspruch auf einen kostenlosen Versand per Post lässt sich aus Abs. 1 Nr. 2 hingegen nicht ableiten, da dies begrifflich über ein „bereithalten" hinausgehen würde.[36]

Die Anforderung „Bereithalten in gedruckter Form" lässt aber, insbesondere angesichts der deutlichen Formulierung in Abs. 5, offen, ob hiermit zwingend die Verkörperung des Prospekts auf Papier als dauerhaftem Datenträger[37] gemeint ist. Eine Druckfassung kann bspw. auch auf einem elektronischen Datenträger (CD-ROM) dauerhaft verkörpert sein. Angesichts der weiten Verbreitung elektronischer Medien bestehen auch aus Sicht des Anlegers keine Gründe, andere Verkörperungsformen als die Papierversion auszuschließen.[38] Im Regelfall ist davon auszugehen, dass der Anleger auch elektronische Fassungen leicht[39] zur Kenntnis nehmen kann.

Die Dauer des Bereithaltens in Form der Schalterpublizität ist nunmehr legal definiert. Nach Abs. 2 Satz 3 muss die Veröffentlichung während der gesamten Dauer des öffentlichen Angebots oder, falls diese später erfolgt, bis zur Einführung in den Handel an einem organisierten Markt erfolgen.

3. Elektronische Publizität, Abs. 2 Nr. 3 und 4

Das WpPG lässt als eine weitere Veröffentlichungsform das Einstellen des   15
Prospekts auf einer Internetseite zu. Zugelassen sind die Internetseite des Emittenten, des Finanzintermediärs, einer Zahlstelle oder des organisierten Marktes. Es besteht ein Wahlrecht, die Veröffentlichung muss also nur an einer der genannten Stellen erfolgen.[40] Mit der WpPG-Novelle 2012 ist die elektronische Publizität zum gesetzlichen Regelfall ausgestaltet worden. § 14 Abs. 2 Satz 2 WpPG schreibt nunmehr vor, dass im Falle der Zeitungs- und Schalterpublizität zusätzlich die elektronische Publizität erforderlich ist. Versäumt worden ist, in diesem Rahmen auch die Art. 14 Abs. 7 EU-ProspRL/ § 14 Abs. 5 WpPG einer Revision zu unterziehen. Es hätte nahe gelegen, bei der Aufwertung der elektronischen Publizität zur Regelpublizität auch auf die dortige Pflicht zu verzichten. Hinsichtlich der weiteren Anforderungen an diese Veröffentlichungsform ist Art. 29 EU-ProspV zu beachten.[41] Zudem gilt ergänzend die Anforderung des § 14 Abs. 5 WpPG. Dem Anleger muss

---

36 Ebs. *Kunold*, in: Assmann/Schlitt/von Kopp-Colomb, WpPG/VerkProspG, § 14, Rn. 23; a. A. *Ritz/Voß*, in: Just/Voß/Ritz/Zeising, WpPG, § 14, Rn. 38 f.

37 Vgl. *Heidelbach*, in: Schwark/Zimmer, KapMRK, § 14, Rn. 23.

38 A. A. *Kunold*, in: Assmann/Schlitt/von Kopp-Colomb, WpPG/VerkProspG, § 14, Rn. 22; *Gebhard*, in: Schäfer/Hamann, WpPG, § 14, Rn. 10.

39 Der Gesetzgeber selbst hat die elektronische Veröffentlichung im Internet als „leicht zugängliche Information" bewertet, vgl. RegBegr. ProspRLÄndRLUmsG, BT-Drucks. 17/8684, S. 20.

40 *Kunold*, in: Assmann/Schlitt/von Kopp-Colomb, WpPG/VerkProspG, § 14, Rn. 24; *Gebhard*, in: Schäfer/Hamann, WpPG, § 14, Rn. 12; *Heidelbach*, in: Schwark/Zimmer, KapMRK, § 14, Rn. 35; *Ritz/Voß*, in: Just/Voß/Ritz/Zeising, WpPG, § 14, Rn. 40.

41 Siehe die Komm. zu Art. 29 EU-ProspV.

auf Verlangen eine Papierversion kostenlos zur Verfügung gestellt werden. Papierversion meint hier, im Unterschied zu Nr. 2 (siehe Rn. 14), eine ausgedruckte Fassung.[42]

4. Verhältnis zu § 13 Abs. 4 WpPG

16 Gem. § 13 Abs. 4 WpPG ist die BaFin verpflichtet, einen gebilligten Prospekt auf ihrer Internetseite für jeweils zwölf Monate „zugänglich zu machen". Hierbei handelt es sich nicht um eine zulässige Veröffentlichungsform, sondern um ein – so bezeichnet es das Gesetz – „zugänglich machen", welches den Anbieter oder Zulassungsantragsteller von seinen Verpflichtungen aus § 14 WpPG nicht befreit. Das Einstellen des Prospekts auf der Internetseite der BaFin tritt also neben die Veröffentlichung nach Abs. 2.[43]

IV. Mitteilung der Veröffentlichung an die Bundesanstalt (Abs. 3)

17 Gem. Abs. 3 hat der Anbieter oder Zulassungsantragsteller die Pflicht, der BaFin Datum und Ort der Veröffentlichung des Prospekts unverzüglich schriftlich mitzuteilen. Ort der Veröffentlichung meint die jeweils konkrete Veröffentlichungsart im Sinne des Abs. 2 Nr. 1 bis 4. Im Fall der elektronischen Regelpublizität ist die Internetadresse, unter der der Prospekt heruntergeladen werden kann, mit zu übermitteln. Die Mitteilung muss unverzüglich, also ohne schuldhaftes Zögern[44] der BaFin übersandt werden. Ein Zeitraum von drei Tagen wird allgemein für zulässig gehalten.[45] Ein Verstoß gegen die Mitteilungspflicht ist mit einen Bußgeld bedroht, § 35 Abs. 1 Nr. 7 WpPG.

V. Veröffentlichung von Einzeldokumenten (Abs. 4)

18 Die Vorschrift bestimmt für einen dreiteiligen Prospekt, dass jedes Einzeldokument[46] auch getrennt in einer in Abs. 2 genannten Art und Weise veröffentlicht werden kann. Praktisch bedeutet dies, dass unbeschadet dessen, dass alle Dokumente nur zusammen den Prospekt bilden, für jedes Dokument jeweils eine andere Veröffentlichungsart i. S. d. Abs. 2 gewählt werden

---

42 *Kunold*, in: Assmann/Schlitt/von Kopp-Colomb, WpPG/VerkProspG, § 14, Rn. 24; *Ritz/ Voß*, in: Just/Voß/Ritz/Zeising, WpPG, § 14, Rn. 63.

43 Vgl. RegBegr. EU-ProspRL-UmsG, BT-Drucks. 15/4999, S. 35; *Kullmann/Sester*, WM 2005, 1068, 1074.

44 Vgl. § 121 Abs. 1 BGB.

45 *Heidelbach*, in: Schwark/Zimmer, KapMRK, § 14, Rn. 42; *Kunold*, in: Assmann/Schlitt/ von Kopp-Colomb, WpPG/VerkProspG, § 14, Rn. 30; *Ritz/Voß*, in: Just/Voß/Ritz/Zeising, WpPG, § 14, Rn. 52.

46 Gem. § 12 Abs. 1 WpPG kann ein Prospekt in die Einzeldokumente Registrierungsformular, Wertpapierbeschreibung und Zusammenfassung gegliedert werden, Siehe Komm. zu § 12.

könnte.[47] Allerdings ist gem. Satz 2 auf das jeweils andere Dokument zu referenzieren. Nicht erfasst von Abs. 4 sind Basisprospekte, für die die allgemeinen Regeln des Abs. 2 gelten.[48]

Gleiches gilt, wenn gem. § 11 WpPG Angaben in Form eines Verweises in   *19* den Prospekt einbezogen werden. Bezüglich des verwiesenen Dokumentes enthält § 11 Abs. 2 WpPG eine speziellere Vorschrift. Wenn bei dessen Veröffentlichung noch nicht feststand, ob es in einen Prospekt einbezogen wird, kann die Referenz auf den Prospekt dort nicht erfolgen.[49]

VI. Papierversion bei Internetveröffentlichung (Abs. 5)

Gem. Abs. 5 muss ein ausschließlich[50] im Internet veröffentlichter Prospekt   *20* (siehe oben § 14 Abs. 2 Nr. 3 WpPG) dem Anleger auf Verlangen auch als Papierversion kostenlos zur Verfügung gestellt werden. Dies soll die gleichen Zugangsmöglichkeiten für das gesamte Publikum sicherstellen.[51] Nach der Regierungsbegründung soll der in Papierform zur Verfügung gestellte Prospekt zudem stets alle Angaben enthalten.[52] Vor dem Hintergrund der Aufwertung der elektronischen Publizität zur Regelpublizität sollte diese Vorschrift überdacht werden. Da der Gesetzgeber der elektronischen Veröffentlichungsform nunmehr den Vorrang eingeräumt hat, sollte auch auf die Papierfassung nach Abs. 5 verzichtet werden.

VII. Aufbewahrungsfrist (Abs. 6)

Die Vorschrift bestimmt die Frist, innerhalb derer die Bundesanstalt bei ihr   *21* hinterlegte Prospekte in ihrer Funktion als Evidenzzentrale aufbewahren muss. Sie entspricht der bisherigen Aufbewahrungsfrist nach § 8 Satz 3 und 4 VerkProspG.

---

47 Vgl. RegBegr. EU-ProspRL-UmsG, BT-Drucks. 15/4999, S. 36.
48 *Heidelbach*, in: Schwark/Zimmer, KapMRK, § 14, Rn. 66.
49 Vgl. auch *Heidelbach*, in: Schwark/Zimmer, KapMRK, § 14, Rn. 65.
50 Vgl. RegBegr. EU-ProspRL-UmsG, BT-Drucks. 15/4999, S. 36.
51 Vgl. RegBegr. EU-ProspRL-UmsG, BT-Drucks. 15/4999, S. 36.
52 Vgl. RegBegr. EU-ProspRL-UmsG, BT-Drucks. 15/4999, S. 36; *Groß*, KapMR, § 14, Rn. 9.

ARTIKEL 29
**Veröffentlichung in
elektronischer Form**

ARTICLE 29
Publication in electronic form

(1) Die Veröffentlichung des Prospekts oder des Basisprospekts in elektronischer Form im Sinne von Artikel 14 Absatz 2 Buchstaben c, d und e der Richtlinie 2003/71/EG oder als ein zusätzliches Mittel der Verfügbarkeit hat folgende Voraussetzungen zu erfüllen:

(1) The publication of the prospectus or base prospectus in electronic form, either pursuant to points (c) (d) and (e) of Article 14(2) of Directive 2003/71/EC, or as an additional means of availability, shall be subject to the following requirements:

1. der Prospekt oder der Basisprospekt müssen bei Aufrufen der Website leicht zugänglich sein;

1. the prospectus or base prospectus shall be easily accessible when entering the web-site;

2. das Format der Datei muss dergestalt sein, dass sich der Prospekt oder Basisprospekt nicht modifizieren lassen;

2. the file format shall be such that the prospectus or base prospectus cannot be modified;

3. der Prospekt oder der Basisprospekt dürfen keine „Hyperlinks" enthalten, mit Ausnahme der Verbindungen zu elektronischen Adressen, über die die in Form eines Verweises aufgenommenen Angaben abrufbar sind;

3. the prospectus or base prospectus shall not contain hyperlinks, with exception of links to the electronic addresses where information incorporated by reference is available;

4. den Anlegern muss es möglich sein, den Prospekt bzw. den Basisprospekt herunter zu laden und auszudrucken. Die in Unterabsatz 1 Nummer 3 genannte Ausnahme gilt nur für Dokumente, die in Form eines Verweises aufgenommen wurden. Diese Dokumente müssen durch einfache und unmittelbar anwendbare technische Maßnahmen verfügbar sein.

4. the investors shall have the possibility of downloading and printing the prospectus or base prospectus. The exception referred to in point 3 of the first subparagraph shall only be valid for documents incorporated by reference; those documents shall be available with easy and immediate technical arrangements.

(2) Werden ein Prospekt oder ein Basisprospekt für das Angebot von Wertpapieren dem Publikum auf der Website des Emittenten oder der Finanzintermediäre oder der geregelten Märkte zur Verfügung gestellt, so ergreifen diese Maßnahmen, mit denen vermieden wird, die Gebietsansässigen in Mitgliedstaaten oder Drittstaaten anzusprechen, in denen die Wertpapiere dem Publikum nicht angeboten werden. Dies kann z. B. durch eine deutliche Erklärung dahingehend erfolgen, wer die Adressaten des Angebots sind.

(2) If a prospectus or base prospectus for offer of securities to the public is made available on the web-sites of issuers and financial intermediaries or of regulated markets, these shall take measures, to avoid targeting residents in Members States or third countries where the offer of securities to the public does not take place, such as the insertion of a disclaimer as to who are the addressees of the offer.

Inhalt

Gem. § 14 Abs. 2 Nr. 3 und 4 WpPG ist die Veröffentlichung eines Prospekts   1
auf der Internetseite des Emittenten, eines Finanzintermediärs, einer Zahlstelle oder des organisierten Marktes, für den die Zulassung zum Handel beantragt wurde, als elektronische Veröffentlichungsform möglich. Art. 29 EU-
ProspV bestimmt für diese Veröffentlichungsform weitere Anforderungen.

I. Leicht zugänglich (Abs. 1 Nr. 1)

Bei einer elektronischen Veröffentlichung des Prospekts im Internet gem.   2
§ 14 Abs. 2 Nr. 3 und 4 WpPG muss dieser beim Aufrufen der Internetseite
leicht zugänglich sein. Sinn und Zweck dieser Vorschrift ist es, dem Anleger
das Auffinden des Prospekts auf einer Internetseite zu erleichtern.[1] Leicht
zugänglich ist der Prospekt immer dann, wenn der Internetauftritt des Veröffentlichenden von dessen Eingangsseite („Homepage") bis zur Zielseite,
auf der sich die elektronische Fassung des Prospekts befindet, so strukturiert
ist, dass einem durchschnittlichen Anleger das gezielte Auffinden des veröffentlichten Prospekts ohne weitere technische oder praktische Hürden[2] möglich ist. Nicht verpflichtend ist es hiernach, dass der Prospekt direkt auf die
Eingangsseite eines Internetauftritts eingestellt wird, ein solches starres Un-
mittelbarkeitserfordernis ergibt sich aus der Vorschrift nicht. Ebenso ergibt
sich aus der Vorschrift nicht, dass mehr als ein weiterführender Link schädlich[3] ist.[4]

II. Nicht modifizierbar (Abs. 1 Nr. 2)

Des Weiteren muss das Format der Prospektdatei so ausgestaltet sein, dass   3
diese bzw. dessen Inhalt nicht modifizierbar ist. Hiermit soll insb. die Vollständigkeit der Angaben gewahrt und Manipulationen oder Änderungen
durch nicht befugte Personen vermieden werden.[5] Dementsprechend muss
die auf der Internetseite verfügbare elektronische Prospektdatei durch ihr
Format oder ihre technische Beschaffenheit ausreichend Schutz gegen Ma-

---

1   Vgl. EU-ProspV Nr. 809/2004 v. 29.04.2004, ABl. EU L 186 v. 18.07.2005, Erwg. 31; *Ku-*
   nold, in: Assmann/Schlitt/von Kopp-Colomb, WpPG/VerkProspG § 14, Rn. 26.
2   *Kunold*, in: Assmann/Schlitt/von Kopp-Colomb, WpPG/VerkProspG, § 14, Rn. 26.
3   So aber *Ritz/Voß*, in: Just/Voß/Ritz/Zeising, WpPG, § 14, Rn. 43.
4   Ebs. *Kunold*, in: Assmann/Schlitt/von Kopp-Colomb, WpPG/VerkProspG, § 14, Rn. 26.
5   Vgl. EU-ProspV, Erwg. 31.

nipulationen oder Änderungen bieten. Hierfür scheint insbesondere das pdf-Format geeignet, da dieses Manipulationen nicht ohne Weiteres zulässt.[6]

III. Elektronischer Verweis auf Dokumente (Abs. 1 Nr. 3)

4   Nr. 3 befasst sich mit der Aufnahme von elektronischen Verweisen (sogenannten Hyperlinks oder Links) in elektronisch veröffentlichten Prospekten. Mit diesen kann gezielt und in der Regel automatisiert eine Verbindung zu einem weiteren Dokument hergestellt werden. Derartige elektronische Verweise dürfen entsprechend Nr. 3 nur dann in einem Prospekt enthalten sein, wenn hiermit auf Angaben, die in Form eines Verweises im Sinne des § 11 WpPG in den Prospekt einbezogen sind, zurückgegriffen werden soll.[7] Dies ist aus Sicht des § 11 WpPG auch folgerichtig, da auf Prospektangaben in anderen Dokumenten als dem Prospekt selbst nur unter dessen Voraussetzungen verwiesen werden darf. Nicht erfasst sein dürften elektronische Verweise, die lediglich ergänzend in einen Prospekt aufgenommen werden, sofern die eigentlich erforderlichen Angaben bzw. Inhalte schon im Prospekt selbst enthalten sind.

IV. Verfügbarkeit eines elektronischen Prospekts und per Verweis einbezogener Angaben (Abs. 1 Nr. 4)

5   Ein in elektronischer Form veröffentlichter Prospekt muss technisch so verfügbar sein, dass er „heruntergeladen werden kann", im Ergebnis also durch den Anleger auf einem externen Speichermedium (Festplatte, CD-ROM etc.) dauerhaft gespeichert werden kann. Dies setzt die Möglichkeit eines Datentransports zum Anleger voraus. Zudem muss nach Nr. 4 Satz 1, 2. Alt. der Prospekt in einem Datenformat vorgehalten werden, das dessen Ausdruck auf Papier zulässt. Der Anleger soll sich eine lesbare und dauerhafte Fassung des Prospektes verschaffen können.[8]

6   Nach Nr. 4 Satz 2 müssen Angaben, die mittels Verweis im Sinne des § 11 WpPG in einen Prospekt einbezogen sind, zudem durch einfache und unmittelbar anwendbare technische Maßnahmen verfügbar sein. Hierfür kann es bspw. genügen, wenn die einbezogenen Dokumente ebenfalls auf der Internetseite, die den Prospekt enthält, elektronisch verfügbar sind, siehe auch I.

---

6   *Kunold*, in: Assmann/Schlitt/von Kopp-Colomb, WpPG/VerkProspG, § 14, Rn. 27; *Ritz/Voß*, in: Just/Voß/Ritz/Zeising, WpPG, § 14, Rn. 44.

7   *Kunold*, in: Assmann/Schlitt/von Kopp-Colomb, WpPG/VerkProspG, § 14, Rn. 27; *Ritz/Voß*, in: Just/Voß/Ritz/Zeising, WpPG, § 14, Rn. 45.

8   *Kunold*, in: Assmann/Schlitt/von Kopp-Colomb, WpPG/VerkProspG, § 14, Rn. 27.

V. Zugriffsbeschränkungen (Abs. 2)

Abs. 2 schreibt vor, bestimmte Vorkehrungen dahingehend zu treffen, dass 7
ein auf der Internetseite veröffentlichter Prospekt nicht auch zur Ansprache
des Publikums in Mitglied- oder Drittstaaten führt, in denen die Wertpapiere
nicht angeboten werden. Dies kann bspw. durch eine technisch zwingend
vorgesehene Abfrage des Wohnortes bzw. Herkunftslandes des Anlegers erfolgen, nach deren Beantwortung entschieden wird, ob ihm der Prospekt zugänglich gemacht wird oder nicht. Zwingend ist eine solche Abfrage nach
Abs. 2 aber nicht, da hierfür auch schon eine deutliche Erklärung (Disclaimer) im Sinne einer ausdrücklichen Bezeichnung genügen soll, die angibt,
wer Adressat des Angebotes ist.[9]

---

9   Ebs. *Kunold*, in: Assmann/Schlitt/von Kopp-Colomb, WpPG/VerkProspG, § 14, Rn. 28;
    Ritz/Voß, in: Just/Voß/Ritz/Zeising, WpPG, § 14, Rn. 47.

ARTIKEL 30	ARTICLE 30
Veröffentlichung in Zeitungen	Publication in newspapers

(1) Um Artikel 14 Absatz 2 Buchstabe a der Richtlinie 2003/71/EG zu genügen, erfolgt die Veröffentlichung eines Prospekts oder eines Basisprospekts in einer allgemeinen Zeitung oder in einer Finanzzeitung mit landesweiter oder überregionaler Auflage.

(1) In order to comply with point (a) of Article 14(2) of Directive 2003/71/EC the publication of a prospectus or a base prospectus shall be made in a general or financial information newspaper having national or supra-regional scope;

(2) Ist die zuständige Behörde der Auffassung, dass die für die Veröffentlichung gewählte Zeitung nicht den Anforderungen von Absatz 1 entspricht, bestimmt sie eine Zeitung, deren Verbreitung sie für diesen Zweck angemessen hält. Dabei ist insbesondere dem geografischen Raum, der Zahl der Einwohner und den Lesegewohnheiten in jedem Mitgliedstaat Rechnung zu tragen.

(2) If the competent authority is of the opinion that the newspaper chosen for publication does not comply with the requirements set out in paragraph 1, it shall determine a newspaper whose circulation is deemed appropriate for this purpose taking into account, in particular, the geographic area, number of inhabitants and reading habits in each Member State.

1   Die Vorschrift befasst sich näher mit der Zeitungspublizität, § 14 Abs. 2 Nr. 1 WpPG. Erforderlich ist hiernach, dass die Veröffentlichung des Prospekts in einer Wirtschafts- oder Tageszeitung erfolgt, die in dem Staat, in dem das öffentliche Angebot erfolgt oder die Zulassung zum Handel angestrebt wird, weit verbreitet ist. Nach Abs. 1 ist dies der Fall, wenn die Veröffentlichung in einer allgemeinen Zeitung oder einer Finanzzeitung mit landesweiter oder überregionaler Auflage erfolgt.[1] Die Auswahl einer Zeitung mit landesweiter Auflage dürfte zumindest für den Fall ausreichend sein, dass nur in einem Staat das öffentliche Angebot erfolgt oder die Zulassung zum Handel angestrebt wird. Erfolgt dies dagegen in mehreren Staaten, so kann nach der Vorschrift die Veröffentlichung ebenfalls nur in einer Zeitung erfolgen, soweit diese in mehreren EWR-Ländern erscheint, also zumindest auch in den Staaten, in denen das konkrete öffentliche Angebot oder die Zulassung zum Handel erfolgen soll. In Deutschland erfüllen jedenfalls die nach § 32 Abs. 5 BörsG festgelegten Börsenpflichtblätter diese Voraussetzungen.[2]

2   Abs. 2 räumt der BaFin für den Fall, dass eine Veröffentlichung nicht den Erfordernissen des Abs. 1 entspricht, die Befugnis ein, selbst eine ihr geeignet erscheinende Zeitung zu bestimmen. Bei ihrer diesbezüglichen Ermessensentscheidung hat sie nach Satz 2 den geografischen Raum, die Zahl der Einwohner und die Lesegewohnheiten in dem Mitgliedstaat zu berücksichtigen. Eine allgemeine Festlegung geeigneter Zeitungen durch die BaFin ist hiermit nicht verbunden.[3]

---

1   *Kunold*, in: Assmann/Schlitt/von Kopp-Colomb, WpPG/VerkProspG, § 14, Rn. 14.
2   *Kunold*, in: Assmann/Schlitt/von Kopp-Colomb, WpPG/VerkProspG, § 14, Rn. 14; vgl. weitere Beispiele bei *Ritz/Voß*, in: Just/Voß/Ritz/Zeising, WpPG, § 14, Rn. 31 f.
3   *Kunold*, in: Assmann/Schlitt/von Kopp-Colomb, WpPG/VerkProspG, § 14, Rn. 15.

ARTIKEL 31
Veröffentlichung der Mitteilung

(1) Nimmt ein Mitgliedstaat die in Artikel 14 Absatz 3 der Richtlinie 2003/71/ EG genannte Option in Anspruch, der zufolge er die Veröffentlichung einer Mitteilung verlangt, aus der hervorgeht, dass der Prospekt oder der Basisprospekt dem Publikum zur Verfügung gestellt wurden und wo er erhältlich ist, so ist diese Mitteilung in einer Zeitung zu veröffentlichen, die den Anforderungen für die Veröffentlichung von Prospekten gemäß Artikel 30 dieser Verordnung genügt. Bezieht sich die Mitteilung auf einen Prospekt oder einen Basisprospekt, der lediglich für die Zwecke der Zulassung von Wertpapieren zum Handel auf einem geregelten Markt veröffentlicht wurde, auf dem bereits Wertpapiere der gleichen Kategorie zugelassen sind, kann die Mitteilung alternativ dazu in das Amtsblatt des geregelten Marktes aufgenommen werden, und zwar unabhängig davon, ob dieses Amtsblatt in Papierform oder in elektronischer Form erscheint.

(2) Die Mitteilung wird entsprechend Artikel 14 Absatz 1 der Richtlinie 2003/ 71/EG spätestens am nächsten Arbeitstag veröffentlicht, der dem Datum der Veröffentlichung des Prospekts oder des Basisprospekts folgt.

(3) Die Mitteilung enthält folgende Angaben:

1. genaue Bezeichnung des Emittenten;

2. Art, Kategorie und Betrag der anzubietenden Wertpapiere und/oder Angabe, ob die Zulassung zum Handel beantragt wurde, sofern diese Elemente zum Zeitpunkt der Veröffentlichung der Mitteilung bekannt sind;

3. beabsichtigter Zeitplan für das Angebot/die Zulassung zum Handel;

4. ein Hinweis, dass ein Prospekt oder ein Basisprospekt veröffentlicht wurden und wo sie erhältlich sind;

5. für den Fall, dass der Prospekt oder der Basisprospekt in gedruckter Form veröffentlicht wurden, Angabe des

ARTICLE 31
Publication of the notice

(1) If a Member State makes use of the option, referred to in Article 14(3) of Directive 2003/71/EC, to require the publication of a notice stating how the prospectus or base prospectus has been made available and where it can be obtained by the public, that notice shall be published in a newspaper that fulfils the requirements for publication of prospectuses according to Article 30 of this Regulation. If the notice relates to a prospectus or base prospectus published for the only purpose of admission of securities to trading on a regulated market where securities of the same class are already admitted, it may alternatively be inserted in the gazette of that regulated market, irrespective of whether that gazette is in paper copy or electronic form.

(2) The notice shall be published no later than the next working day following the date of publication of the prospectus or base prospectus pursuant to Article 14(1) of Directive 2003/71/EC.

(3) The notice shall contain the following information:

1. the identification of the issuer;

2. the type, class and amount of the securities to be offered and/or in respect of which admission to trading is sought, provided that these elements are known at the time of the publication of the notice;

3. the intended time schedule of the offer/admission to trading;

4. a statement that a prospectus or base prospectus has been published and where it can be obtained;

5. if the prospectus or base prospectus has been published in a printed form, the addresses where and the period

Preuße 1131

Ortes und des Zeitraums, wo bzw. während dessen der Ausdruck dem Publikum zur Verfügung steht;	of time during which such printed forms are available to the public;
6. für den Fall, dass der Prospekt oder der Basisprospekt in elektronischer Form veröffentlicht wurden, Angabe des Ortes, an dem die Anleger eine Papierfassung erhalten können;	6. if the prospectus or base prospectus has been published in electronic form, the addresses to which investors shall refer to ask for a paper copy;
7. Datum der Mitteilung.	7. the date of the notice.

Die Veröffentlichung einer Hinweisbekanntmachung in einer Zeitung ist nach dem WpPG nicht mehr vorgesehen.[1] Art. 31 hat daher für Deutschland keine praktische Relevanz mehr.

§ 14 Abs. 3 Satz 2 WpPG hat bis zum 24.12.2008 in Ausübung des Wahlrechts des Art. 14 Abs. 3 EU-ProspRL die Veröffentlichung einer Hinweisbekanntmachung in einer Zeitung vorgesehen. Diese Pflicht wurde durch Art. 36 Nr. 1 Jahressteuergesetz 2009[2] aufgehoben.

---

1   Vgl. zur Rechtslage zuvor: *Kunold*, in: Assmann/Schlitt/von Kopp-Colomb, WpPG/VerkProspG, § 14, Rn. 3.
2   BGBl. I 2008, S. 2842.

ARTIKEL 32
Liste der gebilligten Prospekte

In der Liste der gebilligten Prospekte und Basisprospekte, die auf der Website der zuständigen Behörde im Sinne von Artikel 14 Absatz 4 der Richtlinie 2003/71/EG veröffentlicht wird, ist anzugeben, wie diese Prospekte dem Publikum zur Verfügung gestellt wurden und wo sie erhältlich sind.

ARTICLE 32
List of approved prospectuses

The list of the approved prospectuses and base prospectuses published on the web-site of the competent authority, in accordance with Article 14(4) of Directive 2003/71/EC, shall mention how such prospectuses have been made available and where they can be obtained.

Gem. § 13 Abs. 4 WpPG macht die BaFin gebilligte Prospekte auf ihrer Internetseite für jeweils zwölf Monate als Gesamtdokument zugänglich. Der deutsche Gesetzgeber hat sich damit für die erste Alternative des Art. 14 Abs. 4 EU-ProspRL entschieden. Art. 32 EU-ProspV knüpft hingegen an die zweite Alternative der Zugänglichmachung mittels einer Liste der gebilligten Prospekte an. Für ihn verbleibt daher nach dem WpPG kein Anwendungsbereich.[1]

---

1 *von Kopp-Colomb*, in: Assmann/Schlitt/von Kopp-Colomb, WpPG/VerkProspG, § 13, Rn. 33.

ARTIKEL 33
**Veröffentlichung der endgültigen Be-
dingungen der Basisprospekte**

**Die Art der Veröffentlichung für die
endgültigen Bedingungen zum Basisprospekt muss nicht mit der für den Basisprospekt verwendeten identisch sein,
sofern es sich bei der erstgenannten Art
um eine der in Artikel 14 der Richtlinie
2003/71/EG genannte Art für die Veröffentlichung handelt.**

ARTICLE 33
Publication of the final terms of base
prospectuses

The publication method for final terms
related to a base prospectus does not
have to be the same as the one used for
the base prospectus as long as the publication method used is one of the publication methods indicated in Article 14 of
the Directive 2003/71/EC.

Die Vorschrift stellt klar, dass die Veröffentlichungsart des Basisprospekts
und der zugehörigen endgültigen Bedingungen nicht identisch sein muss,
sofern beide Veröffentlichungen den Anforderungen des § 14 Abs. 2 WpPG
entsprechen. Endgültige Bedingungen können daher auf alle in § 14 Abs. 2
WpPG genannten Arten veröffentlicht werden.[1] In der Praxis wird gleichwohl in der Regel die Veröffentlichung im Internet gewählt.

---

1   *Seitz*, in: Assmann/Schlitt/von Kopp-Colomb, WpPG/VerkProspG, § 6, Rn. 89.

§ 15
Werbung

(1) Jede Art von Werbung, die sich auf ein öffentliches Angebot von Wertpapieren oder auf eine Zulassung zum Handel an einem organisierten Markt bezieht, muss nach Maßgabe der Absätze 2 bis 5 erfolgen. Die Absätze 2 bis 4 sind nur anzuwenden, wenn das öffentliche Angebot von Wertpapieren oder die Zulassung von Wertpapieren zum Handel an einem organisierten Markt prospektpflichtig ist.

(2) In allen Werbeanzeigen ist darauf hinzuweisen, dass ein Prospekt veröffentlicht wurde oder zur Veröffentlichung ansteht und wo die Anleger ihn erhalten können.

(3) Werbeanzeigen müssen als solche klar erkennbar sein. Die darin enthaltenen Angaben dürfen nicht unrichtig oder irreführend sein. Die Angaben dürfen darüber hinaus nicht im Widerspruch zu den Angaben stehen, die der Prospekt enthält oder die im Prospekt enthalten sein müssen, falls dieser erst zu einem späteren Zeitpunkt veröffentlicht wird.

(4) Alle über das öffentliche Angebot oder die Zulassung zum Handel an einem organisierten Markt verbreiteten Informationen, auch wenn sie nicht zu Werbezwecken dienen, müssen mit den im Prospekt enthaltenen Angaben übereinstimmen.

(5) Besteht nach diesem Gesetz keine Prospektpflicht, muss der Anbieter wesentliche Informationen über den Emittenten oder über ihn selbst, die sich an qualifizierte Anleger oder besondere Anlegergruppen richten, einschließlich Informationen, die im Verlauf von Veranstaltungen betreffend Angebote von Wertpapieren mitgeteilt werden, allen qualifizierten Anlegern oder allen besonderen Anlegergruppen, an die sich das Angebot ausschließlich richtet, mitteilen. Muss ein Prospekt veröffentlicht werden, sind solche Informationen in den Prospekt oder in einen Nachtrag zum Prospekt gemäß § 16 Abs. 1 aufzunehmen.

(6) Hat die Bundesanstalt Anhaltspunkte für einen Verstoß gegen die Absätze 2 bis 5, kann sie anordnen, dass die Werbung für jeweils höchstens zehn aufeinander folgende Tage auszusetzen ist. Die Bundesanstalt kann die Werbung mit Angaben untersagen, die geeignet sind, über den Umfang der Prüfung nach § 13 oder § 16 irrezuführen. Vor allgemeinen Maßnahmen nach Satz 2 sind die Spitzenverbände der betroffenen Wirtschaftskreise und des Verbraucherschutzes zu hören.

Inhalt

I. Überblick

1 § 15 WpPG enthält Regelungen über Werbung, die sich auf ein öffentliches Angebot von Wertpapieren oder auf eine Zulassung zum Handel an einem organisierten Markt beziehen. Das WpPG stellt strenge Anforderungen an jede Art von Werbung. In allen Werbeanzeigen ist auf den Prospekt hinzuweisen. Die in der Werbung enthaltenen Informationen dürfen nicht unrichtig oder irreführend sein. Alle Informationen, unabhängig davon, ob sie mündlich oder schriftlich verbreitet werden, müssen mit den im Prospekt gemachten Angaben übereinstimmen. Schließlich sind wesentliche Informationen des Emittenten, die sich an qualifizierte Anleger oder besondere Anlegergruppen richten, einschließlich Informationen, die im Verlauf von Veranstaltungen betreffend Angebote von Wertpapieren mitgeteilt werden, auch im Prospekt aufzunehmen.

II. Entstehungsgeschichte

2 Die umfangreiche Regelung der Werbung ist neu im deutschen Prospektrecht. Früher war die Werbung in den §§ 8 e und 12 VerkProspG nur rudimentär geregelt. Gem. § 12 VerkProspG ist in Werbeanzeigen auf den Prospekt und seine Veröffentlichung zu verweisen. Mit der Regelung des § 15 WpPG kommen verschiedene formelle und materielle Anforderungen an eine Emissionswerbung hinzu.

In den ersten Entwürfen der EU-ProspRL war vorgesehen, dass jede Bekanntmachung, Anzeige und Broschüre vor ihrer Veröffentlichung der zuständigen Herkunftsmitgliedstaatsbehörde vorgelegt und von ihr geprüft werden sollte.[1] Diese Regelung wurde bereits in der ersten Stellungnahme des Wirtschafts- und Sozialausschusses als „nicht angemessen und unverhältnismäßig streng" kritisiert. Dass darüber hinaus keine Frist für die Prüfung bestand, wurde als „unannehmbar" angesehen.[2] Schließlich ver-

---

1 Art. 13 des Vorschlags der Kommission der Europäischen Gemeinschaften für eine RL des Europäischen Parlaments und des Rates v. 01.06.2001, ABl. C 240 v. 28.08. 2001, S. 278.
2 Stellungnahme des Wirtschafts- und Sozialausschusses v. 16. und 17.01.2002, ABl. C 80 v. 03.04.2002, S. 59.

schwand die Prüfungspflicht durch die zuständige Behörde aus dem Entwurf der Richtlinie.[3] Während § 15 WpPG grundsätzlich Art. 15 der EU-ProspRL umsetzt, wird mit § 15 Abs. 6 WpPG Art. 21 Abs. 3 lit. e) der EU-ProspRL umgesetzt.

III. Inhalt der Norm

1. Begriff Werbung

Art. 2 Nr. 9 der EU-ProspV definiert den Begriff Werbung als Bekanntma-   3
chungen, die sich auf ein bestimmtes öffentliches Angebot von Wertpapieren oder deren Zulassung zum Handel auf einem geregelten Markt beziehen und darauf abzielen, die mögliche Zeichnung oder den möglichen Erwerb von Wertpapieren besonders zu fördern. Damit ist die Definition sehr weitreichend.[4] Unter Werbung fallen somit jegliche Erklärungen, die über eines der in Art. 34 der EU-ProspV genannten 18 Medien verbreitet werden und inhaltlich darauf gerichtet sind, einen Anleger zum Erwerb oder Handel mit Wertpapieren zu bewegen. Darunter kann bereits eine Unternehmensnachricht mit dem Hinweis auf eine Zeichnungs- oder Handelsmöglichkeit unter Angabe von WKN oder ISIN fallen. Erfasst sind nach hier vertretener Auffassung auch Zeitungsanzeigen, TV- und Radio-Werbespots, Materialien, die auf Roadshows verteilt werden, Informationen, die per E-Mail, über das Internet oder mittels Broschüren verbreitet werden, Telefonate, Plakate sowie Analystenpräsentationen.[5] Nach anderer Ansicht sind nicht verkörperte Werbeaussagen, wie z.B. Werbung in TV- und Radio-Spots und Telefonansagen, sowie auf Produkten aufgedruckte Werbeaussagen nicht unter den Begriff Werbung zu fassen.[6]

Nicht als Werbung anzusehen sind solche Informationen, die nicht Veräußerungszwecken dienen. Die Werbung muss dabei Verkaufsbemühungen unterstützen (directed selling efforts) oder das Interesse am Erwerb der Wertpapiere hervorrufen wollen (solicitation of interest).[7] Die Abgrenzung zu Informationen, die keinen Veräußerungszweck verfolgen, dürfte typischerweise schwer fallen. Ferner sind solche Werbeaussagen und Informationen nicht erfasst, die sich nicht auf ein konkretes Wertpapier, sondern beispielsweise auf eine Produktmarke beziehen.[8] Für die Bezugnahme auf ein be-

---

3   Erstmals im Standpunkt des Europäischen Parlaments festgelegt in 1. Lesung am 14.03.2002, ABl. C 47, S. 537.

4   *Gebhardt*, in: Schäfer/Hamann, KapMG, § 15 WpPG Rn. 4; *Wieneke*, NZG 2005, 109, 110.

5   *Gebhardt*, in: Schäfer/Hamann, KapMG, § 15 WpPG Rn. 4; *Grosjean*, in: Heidel, AktG, § 15 WpPG Rn. 3; *Groß*, in: Ebenroth/Boujong/Joost/Strohn, HGB, § 15 WpPG Rn. IX736; *Müller*, WpPG, § 15 Rn. 1; *Voß*, in: Just/Voß/Ritz/Zeising, WpPG, § 15 Rn. 11; *Wehowsky*, in: Erbs/Kohlhaas, Strafrechtliche Nebengesetze, § 15 WpPG Rn. 2.

6   *Heidelbach*, in: Schwark/Zimmer, KapMRK, § 15 WpPG Rn. 6, 8.

7   *Berrar*, in: Frankf Komm WpPG, § 15 Rn. 16.

8   *Heidelbach*, in: Schwark/Zimmer, KapMRK, § 15 WpPG Rn. 5, 8.

stimmtes Wertpapier kann allerdings bereits die Angabe der WKN oder ISIN ausreichend sein.[9]

2. Abgrenzung zwischen Werbung und Prospekt

4 Bei einer Druckschrift, die nicht den Anforderungen des WpPG und der EU-ProspV genügt, kann sich die Frage stellen, ob es sich dabei um einen fehlerhaften und zudem nicht von der Bundesanstalt gebilligten Wertpapierprospekt oder um Werbung handelt. Zur Abgrenzung kann hier die Tatsache herangezogen werden, ob das Schriftstück der Bundesanstalt vor seiner Veröffentlichung zugeschickt wurde oder nicht.[10] Hat die Druckschrift der Bundesanstalt vorgelegen, so deutet dies darauf hin, dass der Emittent sie als Prospekt angesehen hat. Nicht entscheidend ist, ob die Bundesanstalt den Prospekt geprüft und gebilligt hat. Hat die Druckschrift der Bundesanstalt zu keinem Zeitpunkt vorgelegen, so spricht dies für die Annahme einer Werbeanzeige.

Darüber hinaus können der Umfang der Broschüre sowie der Inhalt der darin aufgenommenen Informationen Anhaltspunkte für die Abgrenzung bieten. So dürfte ein eher umfangreiches Schriftstück, in dem zumindest ein großer Teil der gesetzlich geforderten Prospektangaben enthalten ist, für die Annahme eines der Bundesanstalt vorzulegenden und von ihr zu billigenden Wertpapierprospekts sprechen.[11]

Nicht zuletzt deutet auch die Bezeichnung des Schriftstücks als „Prospekt" darauf hin, dass der Emittent einen solchen und keine Werbeanzeige veröffentlichen wollte.

3. Anwendungsbereich

5 § 15 WpPG gilt für alle Arten von Wertpapieren. Es spielt keine Rolle, ob das öffentliche Angebot oder die Zulassung im In- oder im Ausland erfolgt.[12] Dies hat zur Folge, dass eine in Deutschland verbreitete Werbung für ein öffentliches Angebot oder für die Zulassung ausländischer Wertpapiere den Anforderungen des § 15 WpPG genügen muss.[13]

In zeitlicher Hinsicht enthält § 15 WpPG keine Regelung zum Anwendungsbereich. Die sich aus § 15 WpPG ergebenden Pflichten können sich jedoch erst dann ergeben, wenn eine Erwerbsmöglichkeit für die angebotenen oder zuzulassenden Wertpapiere besteht oder zumindest angekündigt wird.[14] Der

---

9 *Voß*, in: Just/Voß/Ritz/Zeising, WpPG, § 15 Rn. 14.
10 *Schäfer*, ZGR 2006, 40, 50.
11 Ausführlich *Berrar*, in: Frankf Komm WpPG, § 15 Rn. 19 ff., vgl. zu Werbeinterview als Prospektbestandteil Komm. zu §§ 21–23 Rn. 32, 117 a.
12 *Gebhardt*, in: Schäfer/Hamann, KapMG, § 15 WpPG Rn. 3.
13 *Gebhardt*, in: Schäfer/Hamann, KapMG, § 15 WpPG Rn. 3.
14 So auch *Heidelbach*, in: Schwark/Zimmer, KapMRK, § 15 WpPG Rn. 8.

Anwendungsbereich endet mit dem Abschluss des öffentlichen Angebots bzw. mit der erfolgten Zulassung.[15]

4. Prospektpflicht (Abs. 1)

Gem. Abs. 1 sind die Abs. 2 bis 4 nur anzuwenden, wenn das öffentliche An- 6
gebot von Wertpapieren oder die Zulassung von Wertpapieren zum Handel an einem organisierten Markt prospektpflichtig ist. Die Bestimmung der Prospektpflicht richtet sich nach den Regelungen der §§ 3, 4 WpPG. Werbung für öffentliche Angebote oder Zulassungen zum Handel, die nicht prospektpflichtig sind, unterliegt den Anforderungen des § 15 Abs. 5 WpPG. Sofern das WpPG gem. § 1 Abs. 2 WpPG gar nicht anwendbar ist, greift auch § 15 Abs. 5 WpPG nicht ein.[16]

Entscheidet sich ein Emittent gem. § 1 Abs. 3 WpPG freiwillig für die Erstel- 7
lung und Veröffentlichung eines Prospekts (sog. Opt-in), so fragt sich, ob die Werbung für das jeweilige öffentliche Angebot bzw. die Zulassung zum Handel den Anforderungen der Abs. 2 bis 4 genügen muss oder ob Abs. 5 anwendbar ist. Nach dem Wortlaut des Abs. 1 wäre lediglich Abs. 5 anwendbar. Die Regelungen der Abs. 2 bis 4 sind nur dann sinnvoll, wenn neben der Werbung ein Prospekt veröffentlicht wurde. Existiert ein Prospekt, soll die Werbung einen Hinweis auf den Prospekt enthalten, keine unrichtigen oder irreführenden Angaben enthalten und mit den Angaben im Prospekt übereinstimmen. Dabei kann es nicht darauf ankommen, ob der Prospekt aufgrund gesetzlicher Verpflichtung oder freiwillig erstellt wurde. In jedem Fall sollten die Voraussetzungen der Abs. 2 bis 4 erfüllt sein. Auch im Falle einer freiwilligen Erstellung und Veröffentlichung eines Prospekts sollte eine Werbeanzeige daher den Anforderungen der Abs. 2 bis 4 genügen.[17]

5. Hinweispflicht (Abs. 2)

Abs. 2 verlangt, dass in allen Werbeanzeigen darauf hinzuweisen ist, dass 8
ein Prospekt veröffentlicht wurde oder zur Veröffentlichung ansteht und wo die Anleger ihn erhalten können. Der Prospekt wird damit als zentrales Informationsmedium angesehen. Der Hinweis muss auch erteilt werden, wenn der Prospekt noch nicht veröffentlicht wurde. Werbung für ein Wertpapier darf somit bereits vor Prospektveröffentlichung erfolgen; gemäß § 3 Abs. 1 Satz 1 WpPG darf sie jedoch kein öffentliches Angebot darstellen.[18]

Nach zutreffender Ansicht ist es ausreichend, auf die bereits erfolgte bzw. die anstehende Veröffentlichung eines Prospekts und damit auf die Prospektpflicht hinzuweisen. Es muss nicht mitgeteilt werden, ob der Prospekt ein öffentliches Angebot oder die Zulassung zu einen organisierten Markt

---

15 *Groß*, KapMR, § 15 WpPG Rn. 1a; *Groß*, in: Ebenroth/Boujong/Joost/Strohn, HGB, § 15 WpPG Rn. IX737.
16 *Heidelbach*/Preuße, BKR 2006, 316, 322.
17 So auch *Berrar*, in: Frankf Komm WpPG, § 15 Rn. 11.
18 *Gebhardt*, in: Schäfer/Hamann, KapMG, § 15 WpPG Rn. 7.

betrifft.[19] Nach anderer Ansicht soll der Hinweis zudem die Erläuterung enthalten, dass der Prospekt sich auf ein konkretes Angebot bzw. eine Zulassung bezieht und diesbezüglich weitere Informationen beinhaltet, die eine sachgerechte Anlageentscheidung erst ermöglichen und die in der Werbemaßnahme nicht enthalten sind.[20] Diese Auffassung ist jedoch nicht mit dem Gesetzeswortlaut vereinbar.

9 Die Angabe des Ortes, an dem der Anleger den Prospekt erhalten kann, hängt vom Veröffentlichungsmedium ab: Wird der Prospekt in einer Zeitung veröffentlicht (§ 14 Abs. 2 Nr. 1 WpPG), ist ein Hinweis auf die Fundstelle in der entsprechenden Zeitung ausreichend. Bei Bereithaltung des Prospekts in gedruckter Form (§ 14 Abs. 2 Nr. 2 WpPG) ist anzugeben, wo der Prospekt bereitgehalten wird. Im Fall einer Veröffentlichung im Internet (§ 14 Abs. 2 Nr. 3 oder Nr. 4 WpPG) genügt der allgemeine Verweis auf die Webseite.[21] Sofern der Prospekt auf mehreren Wegen veröffentlicht wird, ist der Hinweispflicht des § 15 Abs. 2 WpPG Genüge getan, wenn auf eine Veröffentlichung verwiesen wird.[22] Steht die Veröffentlichung des Prospekts noch bevor und ist noch keine Entscheidung über den Veröffentlichungsweg getroffen, wird verlangt, dass im Rahmen des Hinweises nach § 15 Abs. 2 WpPG erläutert wird, welche Formen der Veröffentlichung nach § 14 WpPG zulässig sind.[23]

10 Wenn sich ein Anleger in einer Informationsveranstaltung vor der Veröffentlichung des Prospekts in eine Mailingliste eingetragen hat, so ist er bei Versand des Informationsmaterials per Post oder per E-Mail auf den Prospekt hinzuweisen. Der Hinweis ist sowohl inhaltlich eindeutig zu formulieren, als auch im Format deutlich sichtbar in der Werbeanzeige zu platzieren.

11 Die Hinweispflicht gilt auch für nicht schriftliche Werbung, d.h. auch in Präsentationen oder Radio- und TV-Werbespots ist – mündlich – auf die Veröffentlichung eines Prospekts und den Bezugsort hinzuweisen.[24] Der Wortlaut des Gesetzes („Werbeanzeigen") ist insofern zu eng und auf einen Übersetzungsfehler des von der EU-ProspRL verwendeten Begriffs „advertisements" zurückzuführen.[25] Die Regelung gilt somit für Werbemaßnahmen aller Art.[26]

---

19 *Heidelbach*, in: Schwark/Zimmer, KapMRK, § 15 WpPG Rn. 9.
20 *Voß*, in: Just/Voß/Ritz/Zeising, WpPG, § 15 Rn. 20.
21 *Heidelbach*, in: Schwark/Zimmer, KapMRK, § 15 WpPG Rn. 10.
22 *Heidelbach*, in: Schwark/Zimmer, KapMRK, § 15 WpPG Rn. 10.
23 *Berrar*, in: Frankf Komm WpPG, § 15 Rn. 28; *Voß*, in: Just/Voß/Ritz/Zeising, WpPG, § 15 Rn. 26.
24 *Gebhardt*, in: Schäfer/Hamann, KapMG, § 15 WpPG Rn. 8; *Wehowsky*, in: Erbs/Kohlhaas, Strafrechtliche Nebengesetze, § 15 WpPG Rn. 3.
25 *Berrar*, in: Frankf Komm WpPG, § 15 Rn. 29; *Gebhardt*, in: Schäfer/Hamann, KapMG, § 15 WpPG Rn. 8; *Heidelbach*, in: Schwark/Zimmer, KapMRK, § 15 WpPG Rn. 6.
26 *Berrar*, in: Frankf Komm WpPG, § 15 Rn. 29; *Voß*, in: Just/Voß/Ritz/Zeising, WpPG, § 15 Rn. 18.

6. Keine Unrichtigkeit oder Irreführung (Abs. 3)

Gem. Abs. 3 müssen Werbeanzeigen als solche klar erkennbar sein. Der vom 12
deutschen Gesetzestext verwendete Begriff der Werbeanzeige ist zu eng und
– wie in Abs. 2 – auf einen Übersetzungsfehler des von der EU-ProspRL verwendeten Begriffs „advertisements" zurückzuführen.[27] Erfasst ist damit jegliche, nicht nur schriftliche Werbung. Für einen potentiellen Anleger muss
ersichtlich sein, ob es sich um Werbung, einen Prospekt oder eine sonstige
Erklärung handelt. Grundsätzlich ist es nicht erforderlich ausdrücklich zu erwähnen, dass es sich um Werbung handelt.[28] Sollte dies jedoch nicht eindeutig sein, wird empfohlen, einen hervorgehobenen Hinweis aufzunehmen,
wonach die Werbemaßnahme Werbung darstellt.[29]

Darüber hinaus dürfen die Angaben in der Werbung nicht unrichtig oder ir- 13
reführend sein. Insbesondere dürfen sie nicht im Widerspruch zum Prospekt
stehen. Dies kann dann problematisch werden, wenn der Prospekt erst nach
Veröffentlichung der Werbung erstellt und veröffentlicht wird. Sollte der
Emittent nach Veröffentlichung der Werbung feststellen, dass deren Inhalt
unrichtig ist und dass er im Prospekt abweichende Angaben aufnehmen
muss, so hat er die Werbung unverzüglich zu unterlassen.[30] Dasselbe muss
gelten, wenn er – trotz Prospektpflicht – schließlich doch keinen Prospekt
veröffentlicht: Auch dann ist es unzulässig, unrichtige oder irreführende Angaben in einer Werbung zu machen. Die Werbung ist unverzüglich einzustellen. Nicht erforderlich ist es, eine widersprüchliche Werbeaussage nachträglich durch eine entsprechende Mitteilung zu korrigieren.[31]

Unrichtig sind im Rahmen von Werbung erfolgende Tatsachendarstellungen,
Werturteile oder Prognosen, wenn sie nicht der Wahrheit entsprechen. Auf
die subjektive Vorstellung des Urhebers der Werbung kommt es nicht an.[32]

7. Kongruenzgebot (Abs. 4)

Über die in Abs. 3 geregelte Übereinstimmung zwischen den Angaben in 14
der Werbung und im Prospekt hinaus verlangt Abs. 4, dass sämtliche über
ein öffentliches Angebot oder die Zulassung zum Handel an einem organisierten Markt verbreiteten Informationen, selbst wenn sie nicht zu Werbezwecken dienen, mit den im Prospekt enthaltenen Angaben übereinstimmen
müssen (sog. Kongruenzgebot oder Informationssymmetriegebot). Auch hier
kann sich die Konstellation ergeben, dass eine Information zunächst veröffentlicht wurde und sich noch vor der Veröffentlichung des Prospekts herausstellt, dass die Information unrichtig war. Selbstverständlich kann die unrichtige Information in einem solchen Fall nicht im Prospekt wiederholt

---

27 *Gebhardt*, in: Schäfer/Hamann, KapMG, § 15 WpPG Rn. 9; *Heidelbach*, in: Schwark/
    Zimmer, KapMRK, § 15 WpPG Rn. 6.
28 *Berrar*, in: Frankf Komm WpPG, § 15 Rn. 31.
29 *Voß*, in: Just/Voß/Ritz/Zeising, WpPG, § 15 Rn. 34.
30 So auch *Berrar*, in: Frankf Komm WpPG, § 15 Rn. 36.
31 A. A. *Berrar*, in: Frankf Komm WpPG, § 15 Rn. 36.
32 *Gebhardt*, in: Schäfer/Hamann, KapMG, § 15 WpPG Rn. 10.

werden, nur um dem Kongruenzgebot des Abs. 4 zu genügen. Soweit dies möglich ist, sollte die unzutreffende Information unverzüglich zurückgezogen werden.

Zu überlegen ist, ob aus Abs. 4 eine Verpflichtung des Emittenten hergeleitet werden kann, die ihm bekannten Anleger über die unrichtigen Informationen zu benachrichtigen. Dies ist jedoch abzulehnen. Zunächst wäre eine Durchsetzung dieser Verpflichtung insofern schwierig, als die Bundesanstalt einen Nachweis erbringen müsste, dass dem Emittenten die Identität bestimmter – nicht benachrichtigter Anleger – bekannt war. Des Weiteren würde eine Benachrichtigungspflicht den Emittenten unverhältnismäßig belasten. Vor allem aber wäre eine Gleichbehandlung aller Anleger nicht zu gewährleisten, wenn nur bestimmte Anleger über die unrichtigen Angaben informiert würden. Aus diesen Gründen kann aus Abs. 4 keine Benachrichtigungspflicht folgen.

8. Gleichbehandlungsgrundsatz (Abs. 5)

a) Anwendungsbereich

15 Während die Abs. 2 bis 4 den Fall regeln, dass das beworbene Angebot bzw. die Zulassung zum Handel prospektpflichtig ist, erfasst Abs. 5 den Fall, dass keine Prospektpflicht besteht. Die Feststellung der Prospektpflicht richtet sich nach den Regelungen der §§ 3, 4 WpPG.[33] Eine Prospektpflicht besteht zwar auch dann nicht, wenn das WpPG insgesamt gemäß § 1 Abs. 2 WpPG keine Anwendung findet.[34] In einem solchen Fall gilt jedoch auch § 15 Abs. 5 WpPG nicht.[35]

Nach dem Wortlaut der Regelung ist nur der Anbieter Adressat der Informationspflichten des Abs. 5. Bei der Beschränkung auf den Anbieter dürfte es sich jedoch um ein Redaktionsversehen handeln.[36] Die Vorschrift dürfte sich sowohl an den Anbieter als auch an den Zulassungsantragsteller richten.[37]

b) Wesentliche Informationen

16 Ein weiteres Versehen des Gesetzgebers dürfte die Formulierung „wesentliche Informationen über den Emittenten oder über ihn selbst" sein: Gemäß der der EU-ProspRL sind jegliche wesentlichen Informationen erfasst (Art. 15 Abs. 5 EU-ProspRL).[38]

---

33 Zur Anwendbarkeit des Abs. 5 im Falle eines Opt-ins vgl. Rn. 6.

34 *Gebhardt*, in: Schäfer/Hamann, KapMG, § 15 WpPG Rn. 6.

35 *Berrar*, in: Frankf Komm WpPG, § 15 Rn. 43; *Heidelbach*, in: Schwark/Zimmer, KapMRK, § 15 WpPG Rn. 16; a. A. *Grosjean*, in: Heidel, AktG, § 15 WpPG Rn. 7.

36 *Gebhardt*, in: Schäfer/Hamann, KapMG, § 15 WpPG Rn. 13.

37 *Gebhardt*, in: Schäfer/Hamann, KapMG, § 15 WpPG Rn. 13; *Heidelbach*, in: Schwark/Zimmer, KapMRK, § 15 WpPG Rn. 17 (auch für den Emittenten); zurückhaltender *Voß*, in: Just/Voß/Ritz/Zeising, WpPG, § 15 Rn. 57 (für den Emittenten); a. A. *Grosjean*, in: Heidel, AktG, § 15 WpPG Rn. 8 und wohl auch *Berrar*, in: Frankf Komm WpPG, § 15 Rn. 14, 44.

38 *Gebhardt*, in: Schäfer/Hamann, KapMG, § 15 WpPG Rn. 14; wohl auch *Heidelbach*, in: Schwark/Zimmer, KapMRK, § 15 WpPG Rn. 18.

Der Begriff der Wesentlichkeit ist entsprechend der Wesentlichkeit in § 16 Abs. 1 Satz 1 WpPG zu bestimmen (siehe § 16 WpPG Rn. 4 ff.).[39]

c) Gleichbehandlungspflicht

Haben Anbieter oder Zulassungsantragsteller qualifizierten Anlegern oder besonderen Anlegergruppen wesentliche Informationen – auch im Verlauf von Veranstaltungen – mitgeteilt, sind sie verpflichtet, diese Informationen sämtlichen qualifizierten Anlegern und allen besonderen Anlegergruppen, an die sich das Angebot richtet, mitzuteilen. Das bedeutet, dass im Rahmen von Präsentationen auf Roadshows oder auf Veranstaltungen für Analysten verbreitete Informationen, auch wenn sie keinen Werbecharakter haben, mit den Angaben im Prospekt abgestimmt werden müssen.[40] Eine selektive Informationsweitergabe (selective disclosure) scheidet somit aus.[41] 17

Ergibt sich nachträglich eine Prospektpflicht, so sind die bereits den qualifizierten Anlegern oder besonderen Anlegergruppen mitgeteilten Informationen in den Prospekt aufzunehmen oder mittels Nachtrags gem. § 16 Abs. 1 WpPG zu veröffentlichen.

9. Aussetzung und Untersagung durch die Bundesanstalt (Abs. 6)

a) Anwendungsbereich

Aufgrund der Bezugnahme des Abs. 6 auf die Regelungen in Abs. 2?5, betrifft das Recht zur Aussetzung und Untersagung gemäß Abs. 6 nicht nur Werbeaussagen, sondern auch Informationen gemäß Abs. 4 und Abs. 5.[42] 18

b) Aussetzung

Abs. 6 sieht vor, dass die Bundesanstalt eine Werbung für jeweils höchstens zehn aufeinander folgende Tage aussetzen kann, sobald sie Anhaltspunkte für einen Verstoß gegen die Abs. 2 bis 5 hat. Dadurch, dass die Befristung zehn Tage beträgt, sind auch Sonn- und Feiertage eingeschlossen. Der Rechtsgedanke des § 193 BGB findet dabei laut der amtlichen Begründung des Regierungsentwurfs keine Anwendung.[43] Daraus folgt, dass die Bundesanstalt in ihrer Aussetzungsverfügung als Beginn oder Ende einer Ausset- 19

---

39 *Berrar*, in: Frankf Komm WpPG, § 15 Rn. 45; *Voß*, in: Just/Voß/Ritz/Zeising, WpPG, § 15 Rn. 61.
40 *König*, ZEuS 2004, 251, 283; *Kunold/Schlitt*, BB 2004, 501, 511; *Weber*, NZG 2004, 360, 365.
41 *Berrar*, in: Frankf Komm WpPG, § 15 Rn. 45; *Gebhardt*, in: Schäfer/Hamann, KapMG, § 15 WpPG Rn. 14; *Grosjean*, in: Heidel, AktG, § 15 WpPG Rn. 7; *Groß*, KapMR, § 15 WpPG Rn. 2; *Groß*, in: Ebenroth/Boujong/Joost/Strohn, HGB, § 15 WpPG Rn. IX738; *Müller*, WpPG, § 15 Rn. 1.
42 *Gebhardt*, in: Schäfer/Hamann, KapMG, § 15 WpPG Rn. 15; a. A. offenbar *Wehowsky*, in: Erbs/Kohlhaas, Strafrechtliche Nebengesetze, § 15 WpPG Rn. 7.
43 RegBegr. EU-ProspRL-UmsG, BT-Drucks. 15/4999, S. 36.

zung auch einen Sonn- oder Feiertag bestimmen kann, ohne dass sich die Aussetzung auf den darauffolgenden Werktag verlängert. Aus der Formulierung, dass die Aussetzung für „jeweils" zehn Tage erfolgen kann, ergibt sich, dass die Bundesanstalt eine Aussetzung mehrfach hintereinander anordnen kann.[44]

20 Die Bundesanstalt kann eine Aussetzung von Werbung verfügen, sofern sie „Anhaltspunkte" für einen Verstoß hat. Nicht ausreichend ist insofern, dass ein geringfügiger oder unbegründeter Hinweis auf einen Verstoß besteht. Erforderlich ist vielmehr, dass die Anhaltspunkte hinreichend oder vernünftig sind.[45] Sie müssen auf konkreten und belastbaren Tatsachen beruhen; bloße Annahmen oder die Befürchtung einer abstrakten Gefahr werden als nicht ausreichend angesehen.[46]

c) Untersagung

21 Darüber hinaus hat die Bundesanstalt die Befugnis, Werbung zu untersagen, die geeignet ist, über den Umfang der Prüfung nach §§ 13 oder 16 WpPG irrezuführen. Gem. §§ 13, 16 WpPG ist die Bundesanstalt dazu verpflichtet, den Prospekt auf Vollständigkeit einschließlich Kohärenz und Verständlichkeit der vorgelegten Informationen zu prüfen. Eine darüber hinausgehende Prüfung führt die Bundesanstalt nicht durch. So prüft sie weder die Richtigkeit der Prospektangaben noch die Seriosität der angebotenen Anlage oder die Bonität des Emittenten.

Enthält die Werbeanzeige die Angabe, dass der Prospekt durch die Bundesanstalt geprüft wurde, so darf dies nur der Information der Anleger dienen, nicht jedoch zu Werbezwecken missbraucht werden. Die Werbeaussage darf nicht den Eindruck erwecken, die Prüfung des Prospekts durch die Bundesanstalt sei umfangreicher als vom Gesetz – in §§ 13, 16 WpPG – verlangt. Ein solcher Eindruck kann dadurch vermieden werden, dass der Prüfungsumfang der §§ 13, 16 WpPG wörtlich wiedergegeben wird und ein Hinweis dahingehend erteilt wird, dass keine inhaltliche Prüfung des Prospekts vorgenommen wurde.[47] Sofern der Eindruck entsteht, die Bundesanstalt habe den Prospekt inhaltlich geprüft, ist von einer Irreführung auszugehen.[48] Die Prüfung und insbesondere die Billigung des Prospekts durch die Bundesanstalt dürfen in der Werbung nicht als eine Art Gütesiegel dargestellt werden.

---

44 *Gebhardt*, in: Schäfer/Hamann, KapMG, § 15 WpPG Rn. 16; *Wehowsky*, in: Erbs/Kohlhaas, Strafrechtliche Nebengesetze, § 15 WpPG Rn. 7.

45 *Heidelbach*, in: Schwark/Zimmer, KapMRK, § 15 WpPG Rn. 22.

46 *Voß*, in: Just/Voß/Ritz/Zeising, WpPG, § 15 Rn. 66.

47 *Groß*, in: Ebenroth/Boujong/Joost/Strohn, HGB, § 15 WpPG Rn. IX739.

48 *Gebhardt*, in: Schäfer/Hamann, KapMG, § 15 WpPG Rn. 18; *Heidelbach*, in: Schwark/Zimmer, KapMRK, § 15 WpPG Rn. 25; *Wehowsky*, in: Erbs/Kohlhaas, Strafrechtliche Nebengesetze, § 15 WpPG Rn. 8.

d) Anhörung der Spitzenverbände

Soll die Untersagung nach Satz 2 in Form einer Allgemeinverfügung („allge- 22
meine Maßnahmen") erfolgen, sind gemäß § 15 Abs. 6 Satz 2 WpPG die
Spitzenverbände der betroffenen Wirtschaftskreise und des Verbraucherschutzes zu hören. Damit bedarf es einer Anhörung nicht, sofern sich die Untersagung gegen eine einzelne Person oder ein einzelnes Unternehmen richtet.[49]

e) Verstoß gegen eine Aussetzungs- oder Untersagungsverfügung

Der Verstoß gegen eine Aussetzungs- oder Untersagungsverfügung kann 23
gemäß § 35 Abs. 2 Nr. 1 WpPG mit einem Bußgeld von bis zu fünfzigtausend
Euro geahndet werden.

10. Zuständigkeit für die Aufsicht über Werbung

Zuständige Behörde für die Aufsicht über jegliche Art von Werbung ist gem. 24
Art. 15 Abs. 6 der EU-ProspRL die Behörde des Herkunftsmitgliedstaats und
damit grundsätzlich die Behörde des Staates, in dem der Emittent seinen Sitz
hat.[50] Damit ist nicht grundsätzlich die zuständige Behörde des Aufnahmemitgliedstaates, in dem die Wertpapiere öffentlich angeboten werden, zuständig. Auch kommt es nicht darauf an, in welchem Staat die Werbung veröffentlicht wurde. Wird die Werbung jedoch in einem anderen Staat
veröffentlicht, so bedarf es einer Abstimmung zwischen der Behörde des
Herkunftsmitgliedstaats und der ausländischen Behörde.[51]

Dies entspricht der Intention des Gesetzgebers. Gem. Erwägungsgrund (35)
der EU-ProspV sollen die Mitgliedstaaten eine wirksame Einhaltung der
Werbevorschriften für öffentliche Angebote und die Zulassung zum Handel
auf einem geregelten Markt sicherstellen. Bei grenzübergreifenden Angeboten oder einer grenzübergreifenden Zulassung zum Handel soll eine angemessene Koordinierung zwischen den zuständigen Behörden bewerkstelligt
werden.

IV. Ausblick

Die EU-Kommission hat den Vorschlag einer „Richtlinie des Europäischen 25
Parlaments und des Rates zur Änderung der Richtlinien 2003/71/EG und
2009/138/EG im Hinblick auf die Befugnisse der Europäischen Aufsichtsbehörde für das Versicherungswesen und die betriebliche Altersversorgung
und der Europäischen Wertpapieraufsichtsbehörde" vorgelegt (sog. Omni-
bus-II-Richtlinie). Darin enthalten ist u. a. der Vorschlag, der EU-Kommission

---

49 *Gebhardt*, in: Schäfer/Hamann, KapMG, § 15 WpPG Rn. 19.
50 Siehe Art. 2 Abs. 1 lit. m) der EU-ProspRL und § 2 Nr. 13 WpPG.
51 *Gebhardt*, in: Schäfer/Hamann, KapMG, § 15 WpPG Rn. 2; *Kunold/Schlitt*, BB 2004, 501,
   511; *Schlitt/Schäfer*, AG 2005, 498, 510.

die Befugnis zu übertragen, die Bestimmungen zur Verbreitung von Werbeanzeigen zu spezifizieren, in denen die Absicht des öffentlichen Angebots
von Wertpapieren bzw. die Zulassung zum Handel an einem geregelten
Markt angekündigt wird, insbesondere bevor der Prospekt dem Publikum
zur Verfügung gestellt oder bevor die Zeichnung eröffnet wird.[52]

---

[52] Art. 1 Abs. 5 des Entwurfs der RL, KOM(2011) 8 v. 19.01.2011.

ARTIKEL 34	ARTICLE 34
Werbung	Dissemination of advertisements

Werbung, die sich auf ein Angebot von Wertpapieren an das Publikum oder die Zulassung von Wertpapieren zum Handel auf einem geregelten Markt beziehen, können von Seiten interessierter Parteien (wie z.B. dem Emittenten, dem Anbieter oder der Person, die die Zulassung zum Handel beantragt, Finanzintermediären, die an der Platzierung und/oder Emission von Wertpapieren teilhaben) insbesondere über folgende Medien an das Publikum verbreitet werden:

Advertisements related to an offer to the public of securities or to an admission to trading on a regulated market may be disseminated to the public by interested parties, such as issuer, offeror or person asking for admission, the financial intermediaries that participate in the placing and/or underwriting of securities, notably by one of the following means of communication:

1. **Adressierte oder nicht adressierte Schriftstücke;**
2. **Elektronische Nachrichten oder Werbung über Mobiltelefone oder Personenrufgeräte;**
3. **Standardschreiben;**
4. **Anzeigen in der Presse mit oder ohne Bestellformular;**
5. **Katalog;**
6. **Telefon mit oder ohne menschlichen Ansprechpartner;**
7. **Seminare und Präsentationen;**
8. **Radio;**
9. **Videophon;**
10. **Videotext;**
11. **E-Mail;**
12. **Fax;**
13. **Fernsehen;**
14. **Mitteilung;**
15. **Plakat;**
16. **Poster;**
17. **Broschüre;**
18. **Web-Anzeigen einschließlich Internetbanner.**

1. addressed or unaddressed printed matter;
2. electronic message or advertisement received via a mobile;
3. telephone or pager;
4. standard letter;
5. Press advertising with or without order form;
6. catalogue;
7. telephone with or without human intervention;
8. seminars and presentations;
9. radio;
10. videophone;
11. videotext;
12. electronic mail;
13. facsimile machine (fax);
14. television;
15. notice;
16. bill;
17. brochure;
18. web posting including internet banners.

Ist nach der Richtlinie 2003/71/EG kein Prospekt vorgeschrieben, so enthält jede Werbung einen entsprechenden Hinweis, es sei denn, der Emittent, der Anbieter oder die die Zulassung zum Handel an einem geregelten Markt beantragende Person entscheidet sich für die

Where no prospectus is required in accordance with Directive 2003/71/EC, any advertisement shall include a warning to that effect unless the issuer, the offeror or the person asking for admission to trading on a regulated market chooses to publish a prospectus which complies

Veröffentlichung eines Prospekts, der den Anforderungen der Richtlinie 2003/71/EG und der vorliegenden Verordnung genügt.

with Directive 2003/71/EC and this Regulation.

Diesbezüglich wird auf die Kommentierung zu § 15 WpPG verwiesen.

§ 16
Nachtrag zum Prospekt

(1) Jeder wichtige neue Umstand oder jede wesentliche Unrichtigkeit in Bezug auf die im Prospekt enthaltenen Angaben, die die Beurteilung der Wertpapiere beeinflussen könnten und die nach der Billigung des Prospekts und vor dem endgültigen Schluss des öffentlichen Angebots oder, falls diese später erfolgt, der Einführung in den Handel an einem organisierten Markt auftreten oder festgestellt werden, müssen in einem Nachtrag zum Prospekt genannt werden. Der Emittent, Anbieter oder Zulassungsantragsteller muss den Nachtrag bei der Bundesanstalt einreichen. Der Nachtrag ist innerhalb von höchstens sieben Werktagen nach Eingang bei der Bundesanstalt nach § 13 zu billigen. § 13 Absatz 2 Satz 1 Halbsatz 2 gilt entsprechend. Nach der Billigung muss der Anbieter oder Zulassungsantragsteller den Nachtrag unverzüglich in derselben Art und Weise wie den ursprünglichen Prospekt nach § 14 veröffentlichen.

(2) Die Zusammenfassung und etwaige Übersetzungen davon sind um die im Nachtrag enthaltenen Informationen zu ergänzen.

(3) Betrifft der Nachtrag einen Prospekt für ein öffentliches Angebot von Wertpapieren, haben Anleger, die vor der Veröffentlichung des Nachtrags eine auf den Erwerb oder die Zeichnung der Wertpapiere gerichtete Willenserklärung abgegeben haben, das Recht, diese innerhalb einer Frist von zwei Werktagen nach Veröffentlichung des Nachtrags zu widerrufen, sofern der neue Umstand oder die Unrichtigkeit gemäß Absatz 1 vor dem endgültigen Schluss des öffentlichen Angebots und vor der Lieferung der Wertpapiere eingetreten ist. Die Widerrufsfrist kann vom Emittenten, Anbieter oder Zulassungsantragsteller verlängert werden. Der Nachtrag muss an hervorgehobener Stelle eine Belehrung über das Widerrufsrecht nach Satz 1 enthalten; die Widerrufsfrist ist anzugeben. § 8 Absatz 1 Satz 4 und 5 ist mit der Maßgabe entsprechend anzuwenden, dass an die Stelle der im Prospekt als Empfänger des Widerrufs bezeichneten Person die im Nachtrag als Empfänger des Widerrufs bezeichnete Person tritt.

Inhalt

I. Überblick

1 Ein Prospekt ist gem. § 9 Abs. 1 WpPG nach seiner Veröffentlichung zwölf Monate lang für öffentliche Angebote oder Zulassungen zum Handel an einem organisierten Markt gültig, solange er um die nach § 16 WpPG erforderlichen Nachträge ergänzt wird. Die Nachtragspflicht wird in § 16 Abs. 1 WpPG dahingehend präzisiert, dass jeder wichtige Umstand und jede wesentliche Unrichtigkeit in Bezug auf die im Prospekt enthaltenen Angaben, die die Beurteilung der Wertpapiere beeinflussen könnten und die nach der Billigung des Prospekts und vor dem endgültigen Schluss des öffentlichen Angebots oder, falls diese später erfolgt, der Einführung in den Handel an einem organisierten Markt auftreten oder festgestellt werden, in einem Nachtrag zum Prospekt genannt werden müssen. In diesem Nachtrag müssen auch die Zusammenfassung und Übersetzungen davon um die neuen bzw. berichtigten Angaben ergänzt werden. Der Nachtrag muss zunächst von der Bundesanstalt gebilligt werden und ist dann in derselben Art und Weise wie der Prospekt gem. § 14 WpPG zu veröffentlichen. Hat ein Anleger vor der Veröffentlichung des Nachtrags eine Zeichnungserklärung im Rahmen eines öffentlichen Angebots von Wertpapieren abgegeben, so hat er gem. Abs. 3 ein Widerrufsrecht.

II. Entstehungsgeschichte

2 Die Pflicht zur Veröffentlichung eines Nachtrags orientiert sich an § 11 VerkProspG und dem früheren § 52 Abs. 2 BörsZulVO. Letztere Vorschrift ist im Zuge der Verabschiedung des WpPG gestrichen worden. § 16 WpPG verlangt im Unterschied zu § 11 VerkProspG in seiner bis zum Inkrafttreten des WpPG geltenden Fassung einen Nachtrag nicht nur beim Eintritt einer Ver-

änderung, d. h. bei Eintritt eines wichtigen neuen Umstands, sondern auch bei Feststellung einer wesentlichen Unrichtigkeit der im Prospekt enthaltenen Angaben. Emittent, Anbieter und Zulassungsantragsteller können sich demgemäß nicht darauf berufen, dass seit Erstellung des Prospekts keine Veränderungen eingetreten seien und der Prospekt von Anfang an unrichtig gewesen sei. Unter dem WpPG trifft sie die Nachtragspflicht auch bei ursprünglicher Unrichtigkeit.

Seit dem WpPG muss der Nachtrag von der Bundesanstalt gebilligt werden, während er nach altem Recht grds. lediglich veröffentlicht zu werden brauchte.[1] In Einzelfällen wurde auch nach altem Recht nach allerdings umstrittener Ansicht die Billigung eines Nachtrags gefordert.[2] Nicht zuletzt wurde mit Abs. 3 erstmals ein Widerrufsrecht für Anleger eingeräumt, die ihre Zeichnungserklärung vor der Veröffentlichung des Nachtrags abgegeben haben.

Mit dem Gesetz zur Umsetzung der Richtlinie 2010/73/EU und zur Änderung des Börsengesetzes vom 26.06.2012[3] obliegt die Nachtragspflicht nicht mehr nur Anbieter oder Zulassungsantragsteller, sondern auch dem Emittenten. Geändert wurden ferner der Zeitraum, während dessen Nachträge einzureichen sind, sowie das Widerrufsrecht nach Abs. 3.

III. Zweck der Regelung

Die Regelung des § 16 WpPG bezweckt die regelmäßige Aktualisierung des Prospekts nach dem Eintritt wichtiger neuer Umstände sowie die Berichtigung wesentlicher Unrichtigkeiten. Ohne diese Aktualisierungen und Berichtigungen verliert der Prospekt seine Gültigkeit gem. § 9 Abs. 1 WpPG. **3**

IV. Inhalt der Norm

1. Nachtragspflicht (Abs. 1)

a) Wichtiger neuer Umstand oder wesentliche Unrichtigkeit

Die Nachtragspflicht entsteht, wenn ein wichtiger neuer Umstand (Aktualisierungspflicht) oder eine wesentliche Unrichtigkeit (Berichtigungspflicht) in Bezug auf die im Prospekt enthaltenen Angaben, die die Beurteilung der Wertpapiere beeinflussen könnten, auftritt oder festgestellt wird. Damit sind nicht nur die den obligatorischen Prospektinhalt betreffenden Angaben zu berichtigen, sobald ihre Unrichtigkeit festgestellt wird, sondern sämtliche im **4**

---

1 Siehe § 11 VerkProspG in der bis zum 30.06.2005 geltenden Fassung; vgl. *Grub/Thiem*, NZG 2005, 750, 751; zum alten Nachtragsrecht siehe *Stephan*, AG 2002, 3, 6 f.
2 Zum Streitstand siehe *Schlitt/Schäfer*, AG 2005, 498, 507; *Schlitt/Singhof/Schäfer*, BKR 2005, 251, 256.
3 BT-Drucks. 17/8684 v. 26.06.2012, S. 23, 30.

Prospekt enthaltenen Angaben.[4] Ein anderes Verständnis[5] ist mit dem Wortlaut des Gesetzes nicht vereinbar. Unrichtig ist ein Prospekt im Hinblick auf
die Nachtragspflicht auch dann, wenn Prospektangaben unvollständig sind.[6]

5 Welche nachträglich eintretenden Umstände oder unrichtigen Prospektangaben nachtragspflichtig sind, lässt sich nicht abstrakt beurteilen. Dazu dürften
jedenfalls die in der Zusammenfassung aufgenommenen Angaben gehören.
Des Weiteren legen § 15 Abs. 4 und Abs. 5 WpPG im Falle der Information-
sasymmetrie für bestimmte Informationen eine zwingende Nachtragsverpflichtung fest.[7] Für nicht ausdrücklich normierte Nachtragstatbestände verweist der Gesetzgeber in der Begründung des RegE auf den Maßstab des § 5
Abs. 1 Satz 1 WpPG.[8] Danach sind solche Umstände nachtragspflichtig, die
im Hinblick auf den Emittenten und die öffentlich angebotenen oder zum
Handel an einem organisierten Markt zugelassenen Wertpapiere notwendig
sind, um dem Publikum ein zutreffendes Urteil über die Vermögenswerte
und Verbindlichkeiten, die Finanzlage, die Gewinne und Verluste, die Zukunftsaussichten des Emittenten und jedes Garantiegebers sowie über die
mit diesen Wertpapieren verbundenen Rechte zu ermöglichen. Es obliegt
dem Emittenten, Anbieter oder Zulassungsantragsteller im Einzelfall zu beurteilen, ob diese Voraussetzungen erfüllt sind.[9] Abzustellen hat er bei der
Beurteilung auf den Empfängerhorizont des Anlegers. Hält ein verständiger
Anleger einen Umstand für geeignet, die Beurteilung der Wertpapiere zu beeinflussen, besteht eine Nachtragspflicht.[10] Der Emittent, Anbieter oder Zulassungsantragsteller hat für diese Beurteilung einen Ermessensspielraum.

6 Durch die gesetzliche Formulierung, dass sämtliche Umstände bzw. unrichtigen Angaben die Nachtragspflicht auslösen, die die Beurteilung der Wertpapiere beeinflussen könnten, ist die Nachtragsverpflichtung sehr weit auszulegen. Es wird nicht zwischen positiven und negativen Umständen

---

4 So auch *Berrar*, in: Frankf Komm WpPG, § 16 Rn. 22.
5 So wohl *Ekkenga*, BB 2005, 561, 564.
6 *Berrar*, in: Frankf Komm WpPG, § 16 Rn. 17; *Hamann*, in: Schäfer/Hamann, KapMG,
   § 16 WpPG Rn. 3.
7 So auch *Becker*, in: Heidel, AktG, § 16 WpPG Rn. 3; a. A. *Berrar*, in: Frankf Komm WpPG,
   § 16 Rn. 20.
8 RegBegr. EU-ProspRL-UmsG, BT-Drucks. 15/4999, S. 36; so auch *Becker*, in: Heidel,
   AktG, § 16 WpPG Rn. 3; *Groß*, KapMR, § 16 WpPG Rn. 2; *Groß*, in: Ebenroth/Boujong/
   Joost/Strohn, HGB, § 16 WpPG Rn. IX741; *Hamann*, in: Schäfer/Hamann, KapMG, § 16
   WpPG Rn. 4; *Heidelbach*, in: Schwark/Zimmer, KapMRK, § 16 WpPG Rn. 11; *Heidel-
   bach/Preuße*, BKR 2006, 316, 320; *Holzborn/Israel*, ZIP 2005, 1668, 1674; *Müller*, WpPG,
   § 16 Rn. 3; *Seitz*, in: Assmann/Schlitt/von Kopp-Colomb, WpPG/VerkProspG, § 16
   Rn. 34; *Wehowsky*, in: Erbs/Kohlhaas, Strafrechtliche Nebengesetze, § 16 WpPG Rn. 2.
9 So auch *Becker*, in: Heidel, AktG, § 16 WpPG Rn. 3.
10 *Becker*, in: Heidel, AktG, § 16 WpPG Rn. 3; *Hamann*, in: Schäfer/Hamann, KapMG, § 16
   WpPG Rn. 4; *Heidelbach/Preuße*, BKR 2006, 316, 320; *Seitz*, in: Assmann/Schlitt/
   von Kopp-Colomb, WpPG/VerkProspG, § 16 Rn. 35.

unterschieden, so dass auch positive Umstände eine Nachtragspflicht auslösen können.[11]

§ 16 WpPG berechtigt den Emittenten, Anbieter oder Zulassungsantragstel-   7
ler nicht, einen Nachtrag zu erstellen, wenn die Voraussetzungen des § 16
Abs. 1 Satz 1 WpPG nicht erfüllt sind, d. h. wenn im relevanten Zeitraum
kein wichtiger neuer Umstand und keine wesentliche Unrichtigkeit in Bezug
auf die im Prospekt enthaltenen Angaben die Beurteilung der Wertpapiere
beeinflussen könnte.[12]

Umstände, die die Beurteilung der Wertpapiere nicht beeinflussen können,
dürfen auch dann nicht im Rahmen eines Nachtrags veröffentlicht werden,
wenn der Nachtrag aufgrund sonstiger nachtragsfähiger Umstände grundsätzlich berechtigt ist, d. h. wird ein Nachtrag aufgrund von Umständen, die
die Beurteilung der Wertpapiere beeinflussen können, erstellt, so können darin nicht auch Angaben korrigiert werden, die die Beurteilung der Wertpapiere nicht beeinflussen können.[13] Andernfalls wäre es für den Anleger nicht
eindeutig, aufgrund welcher Angaben der Nachtrag erstellt wurde.

Die Frage, ob die Beurteilung der Wertpapiere durch den neuen oder unrich-   8
tigen Umstand beeinflusst werden können, kann von der Art eines Wertpapiers abhängig sein. Beispielsweise sind bei Eigenkapital (Aktienemissionen) typischerweise jegliche Angaben über den Emittenten oder seine
unternehmerischen Entscheidungen von Bedeutung, sofern sie sich auf den
Kurs auswirken können.[14] Hingegen kommt es bei der Emission von Fremdkapital (wie z.B. Schuldverschreibungen) in erster Linie auf die Bonität des
Emittenten und die Sicherheit der Erfüllung der zugrundeliegenden Forderungen und der Handelbarkeit und Liquidität des Wertpapiers an.[15] Letztlich
können wesentlich mehr Informationen bei Aktienemissionen eine Nachtragspflicht auslösen als bei Fremdkapitalemissionen.

Vor diesem Hintergrund sind die folgenden Einzelfälle zu beurteilen:

---

11 *Kullmann/Metzger*, WM 2008, 1292, 1297; *Müller*, WpPG, § 16 Rn. 3; *Seitz*, in: Assmann/
    Schlitt/von Kopp-Colomb, WpPG/VerkProspG, § 16 Rn. 40; a. A. *Heidelbach*, in:
    Schwark/Zimmer, KapMRK, § 16 WpPG Rn. 14 (nur bei negativen Auswirkungen auf
    den Wert der Wertpapiere).

12 *Berrar*, in: Frankf Komm WpPG, § 16 Rn. 30; *Friedl/Ritz*, in: Just/Voß/Ritz/Zeising,
    WpPG, 1. Aufl. 2009, § 16 Rn. 41 ff.; *Hamann*, in: Schäfer/Hamann, KapMG, § 16 WpPG
    Rn. 4.

13 A. A. *Berrar*, in: Frankf Komm WpPG, § 16 Rn. 35; *Seitz*, in: Assmann/Schlitt/von Kopp-
    Colomb, WpPG/VerkProspG, § 16 Rn. 38 (Änderungen unter der Nachtragsschwelle
    können aufgenommen werden, wenn sich bspw. in einer Krisensituation des Emittenten
    die Bestimmung der Nachtragsfähigkeit aufgrund der Vielzahl von Faktoren schwierig
    gestaltet).

14 *Heidelbach*, in: Schwark/Zimmer, KapMRK, § 16 WpPG Rn. 12; *Seitz*, in: Assmann/
    Schlitt/von Kopp-Colomb, WpPG/VerkProspG, § 16 Rn. 39.

15 *Berrar*, in: Frankf Komm WpPG, § 16 Rn. 20; *Heidelbach*, in: Schwark/Zimmer, KapMRK,
    § 16 WpPG Rn. 13; *Seitz*, in: Assmann/Schlitt/von Kopp-Colomb, WpPG/VerkProspG,
    § 16 Rn. 39, 140.

aa) Erweiterung der Produktpalette

9 Unzulässig ist eine Ausdehnung der mit dem Prospekt bisher angebotenen Wertpapiere auf andere Wertpapiere.[16] Richtet sich ein Prospekt ursprünglich nur auf ein konkretes Wertpapier, so kann nicht mittels Nachtrags ein weiteres Wertpapier angeboten werden. Auch kann ein Basisprospekt für Zertifikate bezogen auf den Kurs von Aktien nicht per Nachtrag um Zertifikate bezogen auf den Kurs von Indizes, Fondsanteilen, Rohstoffen oder anderen Werten erweitert werden. In sämtlichen dieser Fälle handelt es sich um eine Erweiterung der Produktpalette statt um eine Aktualisierung der ursprünglichen Angaben des Prospekts. Der Nachtrag enthielte in solchen Fällen keine Angabe, die sich auf die im Prospekt dargestellten Wertpapiere bezieht, sondern würde die Einbeziehung neuer Wertpapiere bedeuten. Ein solcher Nachtrag ist weder vom Wortlaut des § 16 Abs. 1 WpPG noch von dessen Sinn und Zweck erfasst. Eine Erweiterung der Produktpalette erfordert folglich die Erstellung und Billigung eines eigenen Prospekts für die neuen Wertpapiere.

bb) Aufstockungen

10 Ebenso wenig kann das ursprüngliche Emissionsvolumen von Einzelprospekten im Wege eines Nachtrags aufgestockt werden (sog. increase advert).[17] Ist das im Prospekt vorgesehene Emissionsvolumen bereits abverkauft, so ist im Falle eines vollständigen Prospekts ein neuer Prospekt zu erstellen und zu veröffentlichen. Handelte es sich um einen Basisprospekt, so hat der Anbieter neue endgültige Bedingungen zu erstellen und zu veröffentlichen. Diese Situation kann freilich dazu führen, dass in Bezug auf denselben Anbieter und dieselben Wertpapiere zwei verschiedene Prospektunterlagen gültig sein können. Dies erscheint für den Anbieter – insb. bei vollständigen Prospekten – zunächst außerordentlich aufwendig, bringt ihm jedoch den Vorteil, dass das mit einem Nachtrag verbundene Widerrufsrecht gem. § 16 Abs. 3 WpPG ausgeschlossen ist.

Einen Hinweis auf eine mögliche Aufstockung – durch Veröffentlichung neuer endgültiger Bedingungen – kann der Anbieter lediglich im Rahmen eines Basisprospekts aufnehmen. In einem vollständigen Prospekt kann ein Hinweis auf die Möglichkeit einer Aufstockung nicht erfolgen, da dies nicht vom Gesetz gedeckt ist und somit ein neuer Prospekt zu veröffentlichen ist.

---

16 So auch *Becker*, in: Heidel, AktG, § 16 WpPG Rn. 8; *Berrar*, in: Frankf Komm WpPG, § 16 Rn. 51; *Heidelbach*, in: Schwark/Zimmer, KapMRK, § 16 WpPG Rn. 11; *Müller*, WpPG, § 16 Rn. 6.

17 So auch *Friedl/Ritz*, in: Just/Voß/Ritz/Reising, WpPG, § 16 Rn. 120 ff., die auf die ebenfalls restriktive Auffassung der BaFin verweisen: *Müller*, WpPG, § 16 Rn. 6; *Seitz*, in: Assmann/Schlitt/von Kopp-Colomb, WpPG/VerkProspG, § 16 Rn. 60; a. A. *Berrar*, in: Frankf Komm WpPG, § 16 Rn. 39 ff.; *Becker*, in: Heidel, AktG, § 16 WpPG Rn. 6. Die Luxemburger Aufsichtsbehörde hat bei öffentlichen Angeboten Aufstockungen durch Nachtrag nicht beanstandet.

cc) Neuer Anbieter oder Zulassungsantragsteller

Abzulehnen ist auch die Aufnahme eines neuen Anbieters oder Zulassungs- **11** antragstellers per Nachtrag.[18] Auch eine solche Änderung der ursprünglich im Prospekt enthaltenen Angaben zum Anbieter bzw. Zulassungsantragsteller kann nicht als nachtragsfähiger Umstand im Sinne des § 16 Abs. 1 WpPG angesehen werden. Zwar handelt es sich hier möglicherweise um dasselbe Wertpapier und dieselbe Anzahl an angebotenen oder zuzulassenden Wertpapieren, die Änderung oder Ergänzung des Anbieters oder Zulassungsantragstellers stellt jedoch eine derart schwerwiegende Grundlage des Angebots dar, dass eine Änderung per bloßem Nachtrag ihrer Bedeutung nicht gerecht werden würde. Ein Anleger, der sich auf der Grundlage des Prospekts für den Erwerb der Wertpapiere entscheidet, muss nicht zwangsläufig sämtliche Nachträge zu Rate ziehen. Er muss nicht damit rechnen, dass so entscheidende Grundlagen für das Angebot der Wertpapiere wie deren Emittenten mittels Nachtrags geändert werden. Wenn ein neuer Anbieter oder Zulassungsantragsteller einbezogen werden soll, ist demnach ein neuer Prospekt zu erstellen.

dd) Zwischenabschlüsse

Dass Zwischenabschlüsse einen nachtragspflichtigen neuen Umstand im **12** Sinne des § 16 Abs. 1 WpPG auslösen, kann nicht generell angenommen werden.[19] Ob ein Zwischenabschluss eine Nachtragspflicht auslöst, hat der Emittent – wie immer – am Maßstab des § 5 Abs. 1 Satz 1 WpPG zu beurteilen. Ändern sich wichtige Kennzahlen gegenüber den im Prospekt veröffentlichten Finanzinformationen, bspw. bzgl. der Vermögenswerte und Verbindlichkeiten oder der Gewinne und Verluste, so muss bewertet werden, ob diese aus Sicht des verständlichen Anlegers so wichtig oder wesentlich sind, dass sie die Beurteilung der Wertpapiere beeinflussen können.[20] Werden die Finanzinformationen der Zwischenabschlüsse gem. § 15 WpHG als Ad-hoc-Mitteilung veröffentlicht, so lösen sie gem. § 15 Abs. 4 WpPG auch die Veröffentlichungspflicht gem. § 16 WpPG aus.[21]

ee) Rechtschreibfehler, Rechenfehler und offensichtliche Unrichtigkeiten

Da es sich nicht um wesentliche Unrichtigkeiten oder wichtige neue Um- **13** stände handelt, können Rechtschreibfehler, Rechenfehler und andere offensichtliche Unrichtigkeiten nicht im Rahmen eines Nachtrags korrigiert wer-

---

18 So auch *Becker*, in: Heidel, AktG, § 16 WpPG Rn. 8; *Heidelbach*, in: Schwark/Zimmer, KapMRK, § 16 WpPG Rn. 11 (für den Basisprospekt); differenzierend *Berrar*, in: Frankf Komm WpPG, § 16 Rn. 46 ff.

19 So auch *Heidelbach*, in: Schwark/Zimmer, KapMRK, § 16 WpPG Rn. 16; *Heidelbach/ Preuße*, BKR 2006, 316, 320; *Müller/Oulds*, WM 2007, 573, 576; *Seitz*, in: Assmann/ Schlitt/von Kopp-Colomb, WpPG/VerkProspG, § 16 Rn. 44.

20 So auch *Seitz*, in: Assmann/Schlitt/von Kopp-Colomb, WpPG/VerkProspG, § 16 Rn. 44.

21 Zum Verhältnis zwischen § 16 WpPG und § 15 WpHG siehe unten Rn. 40 f.

den.[22] Andererseits ist es dem Emittenten, Anbieter oder Zulassungsantragsteller auch nicht erlaubt, den Prospekt anderweitig, d. h. ohne Durchführung des Billigungs- oder des Nachtragsverfahrens zu ändern oder zu
ergänzen, da dieser in der gebilligten Form von der Bundesanstalt auf ihrer
Internetseite gem. § 13 Abs. 4 WpPG zu veröffentlichen ist. Würde der Emittent, Anbieter oder Zulassungsantragsteller „seine" Fassung des Prospekts
verändern, so wären verschiedene Fassungen desselben Prospekts im Umlauf. Aus Publikumsschutzgesichtspunkten darf es nicht dazu kommen, dass
sich der Anleger nicht sicher sein kann, welcher Prospekt gültig ist. Der Prospekt ist somit in unveränderter Form, d. h. einschließlich der offensichtlichen Unrichtigkeiten zu belassen.[23]

ff) Endgültiger Emissionspreis und endgültiges Emissionsvolumen

14 Sofern der endgültige Emissionspreis und das endgültige Emissionsvolumen
nicht im Prospekt enthalten sind, sind sie gem. § 8 Abs. 1 Satz 6 WpPG nach
§ 14 Abs. 2 WpPG zu veröffentlichen. Ein Nachtrag nach § 16 WpPG ist nicht
erforderlich.[24] Dasselbe gilt für solche Angaben, die vom Emissionspreis und
Emissionsvolumen abhängig sind, wie z. B. die Höhe des Emissionserlöses,
einer Bankenprovision und der Tabellen zur Kapitalisierung und Verschuldung.[25] Etwas anderes gilt jedoch dann, wenn Emissionspreis und Emissionsvolumen zunächst im Prospekt angegeben und während des öffentlichen
Angebots geändert werden. In einem solchen Fall findet § 8 WpPG keine
Anwendung; bei Vorliegen der Voraussetzungen des § 16 WpPG ist jedoch
ein Nachtrag zu erstellen.[26]

gg) Preisspanne

15 Zur Preisspanne siehe die Ausführungen zu § 8 WpPG Rn. 7 ff.

b) *Bezugsobjekt Prospekt*

16 Als Bezugsobjekt eines Nachtrags nennt § 16 WpPG den Prospekt. Dabei kann
es sich entweder um einen vollständigen Prospekt oder um einen Basisprospekt handeln. Endgültige Bedingungen sind folglich nicht nachtragsfähig. Seit

---

22 So auch *Seitz*, in: Assmann/Schlitt/von Kopp-Colomb, WpPG/VerkProspG, § 16 Rn. 50.

23 So auch *Berrar*, in: Frankf Komm WpPG, § 16 Rn. 33; *Seitz*, in: Assmann/Schlitt/
von Kopp-Colomb, WpPG/VerkProspG, § 16 Rn. 50; a. A. *Heidelbach*, in: Schwark/Zim-
mer, KapMRK, § 16 WpPG Rn. 21 (für „prospektrechtliche" Berichtigungsmöglichkeit).

24 *Apfelbacher/Metzner*, BKR 2006, 81, 87; *Chr. Becker*, in: Heidel, AktG, § 16 WpPG Rn. 5;
Groß, in: Ebenroth/Boujong/Joost/Strohn, HGB, § 16 WpPG Rn. IX747; *Hamann*, in:
Schäfer/Hamann, KapMG, § 16 Rn. 12; *Seitz*, in: Assmann/Schlitt/von Kopp-Colomb,
WpPG/VerkProspG, § 16 Rn. 5.

25 *Becker*, in: Heidel, AktG, § 16 WpPG Rn. 5; *Berrar*, in: Frankf Komm WpPG, § 16 Rn. 25;
Groß, in: Ebenroth/Boujong/Joost/Strohn, HGB, § 16 WpPG Rn. IX747; a. A. *Apfelba-
cher/Metzner*, BKR 2006, 81, 87; *Hamann*, in: Schäfer/Hamann, KapMG, § 16 WpPG
Rn. 12.

26 *Hamann*, in: Schäfer/Hamann, KapMG (Stand April 2012), § 8 WpPG Rn. 5; *Müller*,
WpPG, § 16 Rn. 4.

dem Gesetz zur Umsetzung der Richtlinie 2010/73/EU und zur Änderung des Börsengesetzes vom 26.06.2012[27] kann auch ein Registrierungsformular per Nachtrag aktualisiert werden (siehe § 12 Abs. 3 Satz 2 WpPG).

c) Zeitraum der Nachtragspflicht

Die Nachtragspflicht beginnt mit der Billigung des Prospekts und endet mit   17
dem endgültigem Schluss des öffentlichen Angebots oder, falls diese später erfolgt, der Einführung der Wertpapiere in den Handel an einem organisierten Markt. Seit der durch Gesetz zur Umsetzung der Richtlinie 2010/73/EU und zur Änderung des Börsengesetzes vom 26.06.2012[28] in Kraft getretenen Änderung des § 16 WpPG endet die Nachtragspflicht nicht bereits mit der Einführung der Wertpapiere in den Handel, wenn diese vor dem Schluss des öffentlichen Angebots erfolgt.

Weder die EU-ProspRL noch das WpPG nennen einen Zeitpunkt für die Veröffentlichung des Nachtrags.[29] Im Sinne eines umfassenden Anlegerschutzes scheint es jedoch sinnvoll, den Nachtrag unverzüglich im Sinne des § 121 BGB nach Kenntnisnahme des wichtigen neuen Umstands oder der wesentlichen Unrichtigkeit zur Billigung einzureichen und zu veröffentlichen.[30] Es ist daher auch nicht angezeigt, zunächst abzuwarten und weitere wichtige neue Umstände oder wesentliche Unrichtigkeiten zu „sammeln", um dann einen gemeinsamen Nachtrag zu veröffentlichen. Dies ist nur möglich, wenn unwesentliche neue Umstände erst in ihrer Vielzahl zu einem wesentlichen Umstand erwachsen.[31]

Das öffentliche Angebot ist nach h.M. endgültig geschlossen, wenn die im öffentlichen Angebot festgelegte Angebots- oder Zeichnungsfrist abgelaufen ist.[32] Vorher kann ein öffentliches Angebot bereits beendet sein, wenn die angebotenen Wertpapiere vollständig platziert sind, d.h. wenn sämtliche verkauften Wertpapiere emittiert wurden.[33]

Eingeführt sind Wertpapiere in den Handel gem. § 38 Abs. 1 Satz 1 BörsG, wenn die Notierung zugelassener Wertpapiere im regulierten Markt aufgenommen wird. Problematisch kann das Ende der Nachtragspflicht bei Wertpapieren sein, die nicht in den Amtl. oder Geregelten Markt, sondern in den

---

27 BT-Drucks. 17/8684 v. 26.06.2012, S. 23, 30.
28 BT-Drucks. 17/8684 v. 26.06.2012, S. 23, 30.
29 Ebenso *Seitz*, in: Assmann/Schlitt/von Kopp-Colomb, WpPG/VerkProspG, § 16 Rn. 77.
30 So auch *Hamann*, in: Schäfer/Hamann, KapMG, § 16 WpPG Rn. 14; *Heidelbach*, in: Schwark/Zimmer, KapMRK, § 16 WpPG Rn. 24; *Holzborn/Schwarz-Gondek*, BKR 2003, 927, 933.
31 So auch *Becker*, in: Heidel, AktG, § 16 WpPG Rn. 10.
32 *Groß*, KapMR, § 16 WpPG Rn. 5a m.w.N.; *Heidelbach*, in: Schwark/Zimmer, KapMRK, § 16 WpPG Rn. 7; *Seitz*, in: Assmann/Schlitt/von Kopp-Colomb, WpPG/VerkProspG, § 16 Rn. 67.
33 *Heidelbach*, in: Schwark/Zimmer, KapMRK, § 16 WpPG Rn. 7; *Heidelbach/Preuße*, BKR 2006, 316, 320; *Seitz*, in: Assmann/Schlitt/von Kopp-Colomb, WpPG/VerkProspG, § 16 Rn. 67.

Freiverkehr eingeführt werden. Hier endet die Nachtragspflicht nicht mit der Einführung in den Freiverkehr, da dieser nicht unter den Begriff des organisierten Marktes im Sinne des § 2 Nr. 16 WpPG fällt. Auf den ersten Blick erscheint dieses Ergebnis gerechtfertigt, da die Einführung in einen organisierten Markt zahlreiche Zulassungsfolgepflichten, wie z. B. die Ad-hoc-Mitteilungspflicht, Directors Dealings, Stimmrechteschwellenmeldungen und sonstige Berichtspflichten mit sich bringt, die bei der Einführung in den Freiverkehr nicht bestehen. Allerdings können die geringen Anforderungen an die Annahme eines öffentlichen Angebots im Sinne des § 2 Nr. 4 WpPG dazu führen, dass der Emittent über einen langen Zeitraum zur Erstellung eines Nachtrags verpflichtet bleibt.[34] Er ist solange zur Erstellung von Nachträgen verpflichtet, wie sein öffentliches Angebot andauert. Die Nachtragspflicht endet erst dann, wenn ab der Einführung lediglich noch Mitteilungen aufgrund des Handels erfolgen.[35] Dabei ist eine reine Kursinformation in Nachrichtendiensten nicht als Werbung, sondern als bloße Mitteilung aufgrund des Handels anzusehen.[36] Ob diesen aus Sicht des Emittenten unerwünschten Auswirkungen der gesetzlichen Regelung – Nachtragsverpflichtung bis zur Beendigung des öffentlichen Angebots – z. B. durch eine restriktive Auslegung des Begriffs des öffentlichen Angebots oder im Wege einer Gesetzesänderung entgegengetreten wird, bleibt abzuwarten.

18   Keine Aussage findet sich in § 16 WpPG zu der Frage, ob der Emittent auch nach Ablauf des in § 16 WpPG vorgesehenen Nachtragszeitraums einen Anspruch auf Prüfung und Billigung eines Nachtrags hat, d. h. ob die Bundesanstalt vom Emittenten eingereichte Nachträge auch nach dem endgültigem Schluss des öffentlichen Angebots oder der Einführung oder Einbeziehung der Wertpapiere in den Handel prüfen und billigen muss. Zwar ergibt sich eine solche Verpflichtung nicht aus § 16 WpPG, jedoch würde ein Prospekt gem. § 9 WpPG seine Gültigkeit verlieren, würde er nicht um die erforderlichen Nachträge ergänzt. Der Emittent muss daher jederzeit innerhalb des gesamten Gültigkeitszeitraums des Prospekts (zwölf Monate) dazu berechtigt sein, der Bundesanstalt Nachträge zur Billigung vorzulegen.[37]

Nach Ansicht der Bundesanstalt ist § 16 Abs. 1 WpPG dahingehend auszulegen, dass eine Verpflichtung zur Prüfung und Billigung von Nachträgen nicht mehr besteht, wenn das öffentliche Angebot endgültig geschlossen ist und die Wertpapiere in den Handel eingeführt bzw. einbezogen sind; mithin kann die Verpflichtung auch vor Ablauf des Gültigkeitszeitraums entfallen.

19   Daran anschließend stellt sich die Frage, ob Nachträge im Zeitraum ab dem Ende der (zwingenden) Nachtragspflicht, d. h. nach dem endgültigem Schluss des öffentlichen Angebots oder der Einführung oder Einbeziehung

---

34 Vgl. *Grosjean*, GoingPublic 2007, 68, 70.
35 BeschlEmpf und Bericht Finanzausschuss, BT-Drucks. 15/5373 v. 21.04.2005, S. 50; *Hamann*, in: Schäfer/Hamann, KapMG, § 16 WpPG Rn. 6; vgl. auch *Kullmann/Sester*, WM 2005, 1068, 1075.
36 *Heidelbach/Preuße*, BKR 2006, 316, 321.
37 So im Ergebnis auch *Heidelbach*, in: Schwark/Zimmer, KapMRK, § 16 WpPG Rn. 27; *Kunold/Schlitt*, BB 2004, 501, 510.

der Wertpapiere in den Handel bis zum Ende der Gültigkeitsdauer des Prospekts ebenfalls unverzüglich eingereicht werden müssen, oder ob es ausreicht, wenn der Emittent sie erst kurz vor der erneuten Verwendung des Prospekts oder eines Prospektteils billigen lässt und veröffentlicht. Nach h. M. steht es im Belieben des Emittenten, ob und wann er Nachträge erstellt, solange er sie rechtzeitig vor Verwendung des Prospekts für weitere Emissionen veröffentlicht. Weder der Wortlaut des § 9 WpPG, noch die Regelung des § 16 WpPG verlangten eine unverzügliche Mitteilung nach dem Ende der zwingenden Nachtragspflicht.[38] Nach anderer Ansicht ist der Prospekt auch nach dem Ablauf der gesetzlichen Nachtragspflicht unverzüglich um Nachträge zu ergänzen, sofern der Emittent den Prospekt nochmals zu verwenden beabsichtigt.[39]

Unstreitig liegt es in der Hand des Emittenten zu entscheiden, ob er seinen Prospekt mittels Nachtragsveröffentlichungen aktualisieren und damit seine Gültigkeit aufrechterhalten möchte. Aus diesem Grund kann er auch nicht verpflichtet werden, Nachträge unverzüglich zu veröffentlichen. Die Aktualisierung des Prospekts ist nur dann sinnvoll, wenn der Prospekt tatsächlich für eine weitere Emission verwendet wird. Solange dies nicht der Fall ist, sind potentielle Anleger auch nicht schutzbedürftig. Da für sie aktuell keine Investitionsentscheidung ansteht, bedürfen sie auch keiner aktualisierten Prospektangaben. Es ist daher interessengerecht, dem Emittenten die Aktualisierung des Prospekts durch Nachträge erst kurz vor seiner erneuten Verwendung zuzugestehen.

d) Form des Nachtrags und im Nachtrag aufzunehmende Angaben

Im Hinblick auf die Form des Nachtrags lässt das Gesetz dem Prospekter- 20
steller freien Gestaltungsspielraum. Aus dem Sinn der Nachtragspflicht ergibt sich, dass der Nachtrag derart formuliert ist, dass sich dem Anleger ohne Weiteres die Bedeutung der nachtragspflichtigen Angaben erschließt. Unter diesem Gesichtspunkt erscheinen die beiden folgenden Gestaltungsmöglichkeiten sinnvoll:

Zunächst ist es denkbar, den bereits gebilligten Prospekt um die wichtigen neuen Umstände zu ergänzen und die wesentlichen Unrichtigkeiten zu korrigieren.[40] Dabei müssten die Änderungen im Prospekt (formatierungstechnisch) derart hervorgehoben werden, dass sie der Anleger bei Lektüre des überarbeiteten Prospekts eindeutig und ohne großen Zeitaufwand identifizieren kann. Alternativ kann der Nachtrag als separates Dokument neben dem Prospekt stehen.[41] Dann muss er sämtliche Änderungen und Ergänzungen des Prospekts enthalten und klarstellen, welche Stellen (bspw. unter

---

38 *Holzborn/Israel*, ZIP 2005, 1668, 1671; *Kunold/Schlitt*, BB 2004, 501, 510; *Schlitt/Schäfer*, AG 2005, 498, 507.
39 *Holzborn/Schwarz-Gondek*, BKR 2003, 927, 933.
40 *Seitz*, in: Assmann/Schlitt/von Kopp-Colomb, WpPG/VerkProspG, § 16 Rn. 82.
41 *Seitz*, in: Assmann/Schlitt/von Kopp-Colomb, WpPG/VerkProspG, § 16 Rn. 83.

Verweis auf die Seitenzahlen im Prospekt) durch den Nachtrag geändert werden.

Die zuletzt genannte Variante ist die in der Praxis typischerweise gewählte Nachtragsform. Sie bietet sich insb. deshalb an, weil der Anleger die neuen bzw. geänderten Angaben auf diese Weise auf einen Blick erfassen kann ohne den gesamten Prospekt ein weiteres Mal vollständig lesen zu müssen.

Die Bundesanstalt verlangt, dass der Zeitpunkt des nachtragspflichtigen Umstands möglichst genau anzugeben ist, d. h. dass mindestens das Datum des Eintritts des nachtragspflichtigen Umstands zu benennen ist. Sofern der Nachtrag mehrere nachtragspflichtige Umstände umfasst, ist jedenfalls das Datum des ersten Ereignisses anzugeben.[42]

e) Zwingender Charakter der Nachtragspflicht

21 Bei Vorliegen der gesetzlichen Voraussetzungen besteht eine zwingende Nachtragspflicht. Von dieser kann sich der Prospektersteller auch nicht dadurch befreien, dass er im Prospekt eine Erklärung abgibt, der Prospekt werde bei nachträglich eintretenden Änderungen der Prospektangaben nicht aktualisiert bzw. nicht durch Nachträge ergänzt. Abgesehen davon, dass eine solche Erklärung nicht dazu führen kann, die zwingende gesetzliche Regelung (einseitig) aufzuheben, ist sie aus Anlegerschutzgesichtspunkten unzulässig. Der Prospektersteller darf nicht den Eindruck erwecken, die Aktualisierung des Prospekts läge in seinem Ermessen. Eine Ausnahme kann nur dann zugelassen werden, wenn im Prospekt erklärt wird, dass jedenfalls den gesetzlichen Nachtragspflichten Genüge getan wird.

f) Verpflichteter der Nachtragspflicht

22 Verpflichtet zur Einreichung des Nachtrags bei der Bundesanstalt sind der Emittent, der Anbieter und der Zulassungsantragsteller.[43] Der Emittent ist auch dann zur Einreichung des Nachtrags verpflichtet, wenn er die Wertpapiere nicht mehr anbietet.[44]

g) Verletzung der Nachtragspflicht

23 Die Verletzung der Nachtragspflicht durch Unterlassen oder verspätete Einreichung eines Nachtrags ist keine Ordnungswidrigkeit. Gem. § 35 Abs. 1 Nr. 9 WpPG kann lediglich die Verletzung der Veröffentlichungspflicht als Ordnungswidrigkeit mit einem Bußgeld belegt werden (siehe Rn. 30).

---

42 *Lawall/Maier*, DB 2012, 2503, 2506.
43 Der Emittent ist erst seit der durch Gesetz zur Umsetzung der EU-ProspÄndRL 2010/73/EU und zur Änderung des Börsengesetzes vom 26. Juni 2012 in Kraft getretenen Änderung des § 16 WpPG zur Einreichung verpflichtet.
44 *Müller*, WpPG, § 16 Rn. 1.

2. Billigung durch die Bundesanstalt (Abs. 1)

a) Prüfungsmaßstab

§ 16 Abs. 1 Satz 3 WpPG sieht vor, dass die Bundesanstalt den Nachtrag 24
nach § 13 WpPG zu billigen hat. Demgemäß hat sie den Nachtrag auf Vollständigkeit, Kohärenz und Verständlichkeit zu prüfen.[45] Denkbar ist dabei zum einen, Vollständigkeit, Kohärenz und Verständlichkeit allein auf den Nachtrag oder aber auf den Prospekt im Ganzen einschließlich der durch den Nachtrag eingefügten Angaben zu beziehen. Richtigerweise kann sich die Prüfung der Bundesanstalt nur auf den Prospekt im Ganzen beziehen.[46] In keinem Fall prüft die Bundesanstalt, ob die im Nachtrag enthaltenen Angaben als wichtige neue Umstände oder als wesentliche Änderungen anzusehen sind.[47]

b) Frist

Die Bundesanstalt hat den Nachtrag innerhalb von sieben Werktagen ab 25
Eingang des Nachtrags bei der Bundesanstalt zu billigen. Erst in der zweiten Lesung des Europäischen Parlaments für die Prospektrichtlinie wurde die Prüfungsfrist für Nachträge auf sieben Tage begrenzt.[48] Bis zu diesem Zeitpunkt sahen die Entwürfe die Prüfung von Nachträgen „auf die gleiche Art und Weise" wie Prospekte vor.[49] Dennoch wird mit dieser sowohl für Anleger als auch Emittenten ungewünscht langen Frist die im Interesse der Markttransparenz gebotene unverzügliche Veröffentlichung des Nachtrags nicht mehr gewährleistet.[50] Noch deutlicher werden die Konsequenzen in dem Fall, dass die Bundesanstalt Anhaltspunkte dafür hat, dass die ihr übermittelten Unterlagen unvollständig sind oder es ergänzender Informationen bedarf. In einem solchen Fall beginnt die Frist von sieben Werktagen gem. § 16 Abs. 1 Satz 3 i. V. m. § 13 Abs. 3 Satz 1 WpPG erst dann, wenn ihr diese Informationen vorgelegt wurden.

Zwar könnte die Verweisregelung des § 16 Abs. 1 Satz 3 WpPG auch so verstanden werden, dass auch auf die Fristenregelung des § 13 Abs. 2 und Abs. 3 WpPG verwiesen wird und damit die längeren Fristen des § 13 WpPG gelten. Dem steht jedoch die speziellere Regelung des § 16 Abs. 1 Satz 2 WpPG entgegen. Unabhängig davon, ob die vom Emittenten eingereichten Unterlagen bereits beim ersten Einreichen oder erst auf Nachfordern seitens

---

45 Nach *Hamann*, in: Schäfer/Hamann, KapMG, § 16 WpPG Rn. 15 hat die Bundesanstalt Nachträge nur auf Kohärenz und Verständlichkeit zu prüfen.

46 A. A. *Seitz*, in: Assmann/Schlitt/von Kopp-Colomb, WpPG/VerkProspG, § 16 Rn. 91.

47 So auch *Seitz*, in: Assmann/Schlitt/von Kopp-Colomb, WpPG/VerkProspG, § 16 Rn. 91.

48 Standpunkt des Europäischen Parlaments festgelegt in 2. Lesung am 02.07.2003, ABl. C 74, S. 271.

49 Art. 14 des Vorschlags der Kommission der Europäischen Gemeinschaften für eine RL des Europäischen Parlaments und des Rates vom 01.06.2001, ABl. C 240 v. 28.08.2001, S. 278.

50 Krit. bzgl. der siebentägigen Frist *Crüwell*, AG 2003, 243, 251; *König*, ZEuS 2004, 251, 275; *Kunold/Schlitt*, BB 2004, 501, 510.

der Bundesanstalt für billigungsfähig gehalten werden, beläuft sich die Frist folglich immer auf sieben Werktage. Dennoch bleibt festzuhalten, dass es aus der Sicht des Marktes wünschenswert wäre, die gesetzlich vorgeschriebene Frist soweit wie möglich zu verkürzen.[51]

c) Verletzung der Frist

26 Hält die Bundesanstalt die Billigungsfrist nicht ein, wird die Billigung nicht fingiert.[52] Die Bundesanstalt haftet dem Emittenten, Anbieter bzw. Zulassungsantragsteller jedoch für den eingetretenen Schaden aus Amtspflichtverletzung nach § 839 BGB i. V. m. Art. 34 GG.[53]

3. Veröffentlichung des Nachtrags (Abs. 1)

27 Gem. § 16 Abs. 1 Satz 4 WpPG hat der Emittent, Anbieter oder Zulassungsantragsteller den Nachtrag unverzüglich in derselben Art und Weise wie den ursprünglichen Prospekt nach § 14 WpPG zu veröffentlichen. Unverzüglich ist die Veröffentlichung, wenn sie ohne schuldhaftes Zögern gem. § 121 Abs. 1 BGB erfolgt.[54] Die Unverzüglichkeit bezieht sich auf den Zugang der Billigungsentscheidung der Bundesanstalt beim Verpflichteten.[55]

a) Anwendbarkeit der Regelungen des § 14 WpPG

28 Dabei finden grds. sämtliche Regelungen des § 14 WpPG entsprechende Anwendung auf die Veröffentlichung des Nachtrags. Insb. sind die Regelungen des § 14 Abs. 3, Abs. 5 und Abs. 6 WpPG entsprechend anzuwenden. Emittent, Anbieter oder Zulassungsantragsteller haben der Bundesanstalt somit unverzüglich mitzuteilen, wann und wo sie den Nachtrag veröffentlicht haben.[56] Der bis 2008 geforderten Hinweisbekanntmachung nach § 14 Abs. 3 Satz 2 WpPG a. F. bedarf es seit der Novellierung des § 14 WpPG nicht mehr.

b) Veröffentlichungsmedium

29 Eine Ausnahme von der entsprechenden Anwendung des § 14 WpPG ergibt sich allerdings bei der Wahl des Veröffentlichungsmediums: Da der Nachtrag in „derselben Art und Weise" wie der Prospekt zu veröffentlichen ist, entfällt das in § 14 Abs. 2 WpPG vorgesehene Wahlrecht des Emittenten, An-

---

51 So auch *Groß*, in: Ebenroth/Boujong/Joost/Strohn, HGB, § 16 WpPG Rn. IX750.
52 *Hamann*, in: Schäfer/Hamann, KapMG, § 16 WpPG Rn. 15; *Seitz*, in: Assmann/Schlitt/ von Kopp-Colomb, WpPG/VerkProspG, § 16 Rn. 97
53 *Groß*, KapMR, § 16 WpPG Rn. 10; *Groß*, in: Ebenroth/Boujong/Joost/Strohn, HGB, § 16 WpPG Rn. IX750; *Hamann*, in: Schäfer/Hamann, KapMG, § 16 WpPG Rn. 15; *Heidelbach*, in: Schwark/Zimmer, KapMRK, § 16 WpPG Rn. 32.
54 Zu den Einzelheiten siehe *Ellenberger*, in: Palandt, BGB, § 121 Rn. 3; *Armbrüster*, in: MüKo BGB, § 121 Rn. 7 ff.
55 *Heidelbach*, in: Schwark/Zimmer, KapMRK, § 16 WpPG Rn. 38.
56 *Groß*, in: Ebenroth/Boujong/Joost/Strohn, HGB, § 16 WpPG Rn. IX751; *Hamann*, in: Schäfer/Hamann, KapMG, § 16 WpPG Rn. 17.

bieters oder Zulassungsantragstellers.[57] Wurde der Prospekt bspw. gem. § 14 Abs. 2 Nr. 1 WpPG in einer Wirtschafts- oder Tageszeitung veröffentlicht, so muss der Nachtrag – zumindest auch – in derselben Wirtschafts- oder Tageszeitung veröffentlicht werden.[58] Es ist unzulässig, den Nachtrag ausschließlich auf der Internetseite des Emittenten oder in einer anderen, gem. § 14 Abs. 2 WpPG zugelassenen Art, zu veröffentlichen.

c) Verletzung der Veröffentlichungspflicht

Wird ein Nachtrag entgegen § 16 Abs. 1 Satz 5 WpPG nicht, nicht richtig, nicht vollständig, nicht in der vorgeschriebenen Weise oder nicht rechtzeitig veröffentlicht, liegt gem. § 35 Abs. 1 Nr. 9 WpPG eine Ordnungswidrigkeit vor, die gem. § 35 Abs. 3 WpPG mit einer Geldbuße von bis zu 50.000 Euro geahndet werden kann.   *30*

4. Ergänzung der Zusammenfassung und von Übersetzungen (Abs. 2)

Gem. § 16 Abs. 2 WpPG sind die Zusammenfassung und etwaige Überset-   *31* zungen der Zusammenfassung ebenfalls um die im Nachtrag enthaltenen Informationen zu ergänzen. Durch diese Vorschrift beabsichtigt der Gesetzgeber dem Publikum einen erleichterten Zugang zu den im Nachtrag enthaltenen Informationen zu ermöglichen.[59]

Der Nachtragsverpflichtete hat die Wahl, einen Nachtrag zur bisherigen Zusammenfassung mit den neuen oder geänderten Angaben zu veröffentlichen oder die bisherige Zusammenfassung neu zu erstellen.[60]

Zwar sind die Zusammenfassung und Übersetzungen davon nach dem Aufbau des § 16 WpPG nicht vom Prüfungsumfang der Bundesanstalt umfasst. Nach dem Sinn und Zweck der Vorschrift muss sich die Prüfungskompetenz der Bundesanstalt jedoch auch auf diese Dokumente beziehen. Zum einen ergibt sich dies aus dem Wortlaut des Abs. 1, nach dem Bezugsobjekt des Nachtrags der „Prospekt", d. h. der gesamte Prospekt einschließlich der Zusammenfassung ist. Zum anderen kann die Prüfung auf Vollständigkeit, Kohärenz und Verständlichkeit nicht abschließend erfolgen, wenn die Zusammenfassung ausgeschlossen wäre.[61]

---

57 So auch *Becker*, in: Heidel, AktG, § 16 WpPG Rn. 13; a.A. *Seitz*, in: Assmann/Schlitt/ von Kopp-Colomb, WpPG/VerkProspG, § 16 Rn. 99.

58 *Groß*, KapMR, § 16 WpPG Rn. 11; *Groß*, in: Ebenroth/Boujong/Joost/Strohn, HGB, § 16 WpPG Rn. IX751; *Heidelbach*, in: Schwark/Zimmer, KapMRK, § 16 WpPG Rn. 34.

59 RegBegr. BR-Drucks. 85/05, S. 79 sowie EU-ProspRL-UmsG, BT-Drucks. 15/4999, S. 36; *Holzborn/Israel*, ZIP 2005, 1668, 1674.

60 *Hamann*, in: Schäfer/Hamann, KapMG, § 16 WpPG Rn. 18; *Seitz*, in: Assmann/Schlitt/ von Kopp-Colomb, WpPG/VerkProspG, § 16 Rn. 103.

61 Vgl. oben, Rn. 24.

5. Widerrufsrecht (Abs. 3)

a) Voraussetzungen des Widerrufsrechts

32 Betrifft der Nachtrag einen Prospekt für ein öffentliches Angebot von Wertpapieren, kann ein Anleger, der vor der Veröffentlichung eines Nachtrags eine Zeichnungserklärung abgegeben hat, diese innerhalb von zwei Werktagen nach Veröffentlichung des Nachtrags widerrufen, sofern der neue Umstand oder die Unrichtigkeit gemäß Abs. 1 vor dem endgültigen Schluss des öffentlichen Angebots und vor Lieferung der Wertpapiere eingetreten ist. Im Hinblick auf Nachträge, die aufgrund von wichtigen neuen Umständen (nicht aber für Nachträge aufgrund einer wesentlichen Unrichtigkeit) veröffentlicht wurden, hat der Gesetzgeber das Widerrufsrecht in der Begründung des RegE auf die Fälle eingeschränkt, in denen die Zeichnungserklärung des Anlegers nach dem Eintritt des nachtragspflichtigen neuen Umstands abgegeben wurde. Damit könnte ein Anleger, der seine Zeichnungserklärung nach der Veröffentlichung des Prospekts, jedoch vor dem Eintritt des neuen Umstands abgegeben hat, nicht widerrufen. Der Gesetzgeber begründet diese Einschränkung damit, dass der neue Umstand im Prospekt noch nicht genannt werden konnte.[62]

Eine solche Beschränkung des Widerrufsrechts ist nicht nachzuvollziehen. Zum einen ist sie nicht mit dem Wortlaut des § 16 Abs. 3 Satz 1 WpPG vereinbar. Zum anderen kann es für den Anleger keinen Unterschied machen, ob der nachtragspflichtige Umstand vor oder nach seiner Zeichnungserklärung eingetreten ist. In keinem Fall hatte er Kenntnis des neuen Umstands, so dass er ihn bei der Abgabe seiner Willenserklärung nicht berücksichtigen konnte. Damit muss dem Anleger ein Widerrufsrecht auch dann zustehen, wenn er seine Zeichnungserklärung nach dem Eintritt des nachtragspflichtigen neuen Umstands abgegeben hat.[63]

33 Daneben stellt sich die Frage, ob das Widerrufsrecht auch dann bestehen soll, wenn der Anleger die Wertpapiere zwar vor Veröffentlichung des Nachtrags, jedoch in Kenntnis einer zuvor veröffentlichten Ad-hoc-Mitteilung erworben hat.[64] Weder der Wortlaut des § 16 Abs. 3 WpPG noch die Regelungen des § 15 WpHG zur Ad-hoc-Mitteilungspflicht enthalten eine Einschränkung des Widerrufsrechts auf den Fall der Unkenntnis des Anlegers. Im Rahmen einer teleologischen Reduktion des Widerrufsrechts muss dieses jedoch einem Anleger versperrt sein, der die Wertpapiere trotz Kenntnis des Inhalts der Ad-hoc-Mitteilung zeichnet und sich anschließend auf sein Wi-

---

62 RegBegr. EU-ProspRL-UmsG, BT-Drucks. 15/4999, S. 36 f. *ders.*, in: Ebenroth/Boujong/Joost/Strohn, HGB, § 16 WpPG Rn. IX755; *Müller*, WpPG, § 16 Rn. 9; *Schlitt/Singhof/Schäfer*, BKR 2005, 251, 256.

63 A. A. *Becker*, in: Heidel, AktG, § 16 WpPG Rn. 21.

64 Zum Verhältnis zwischen der Nachtragspflicht nach § 16 WpPG und der Ad hoc-Mitteilungspflicht gem. § 15 WpHG siehe unten Rn. 40 f.

derrufsrecht beruft. Sein Verhalten ist als venire contra factum proprium unzulässig.[65] Ein Widerrufsrecht ist in einem solchen Fall abzulehnen.

Das Widerrufsrecht kann auch noch nach Lieferung der Wertpapiere ausgeübt   *34* werden, wenn der nachtragspflichtige Umstand vor der Lieferung eingetreten ist. Entscheidend ist mithin der objektive Eintritt des nachtragspflichtigen Umstands und nicht die Kenntnisnahme des Anlegers vom nachtragspflichtigen Umstand oder die Veröffentlichung des Nachtrags.[66]

Das Widerrufsrecht gilt nur für den Kauf von Wertpapieren, die im Rahmen   *35* eines öffentlichen Angebots erworben wurden, nicht dagegen für Wertpapiere, die über den Handel bezogen wurden.[67]

b) Beginn und Ende des Widerrufsrechts

Das Widerrufsrecht beginnt mit der Veröffentlichung des Nachtrags. Es en-   *36* det zwei Werktage nach dessen Veröffentlichung, sofern nicht im Nachtrag eine längere Frist für den Widerruf bestimmt wird. Im Nachtrag ist die Länge der Frist anzugeben (§ 16 Abs. 3 Satz 3 WpPG). Auf die Erfüllung des Geschäfts kommt es seit dem Gesetz zur Umsetzung der Richtlinie 2010/73/EU und zur Änderung des Börsengesetzes vom 26.06.2012[68] nicht mehr an, d. h. dass der Anleger seine auf den Erwerb oder die Zeichnung von Wertpapieren gerichtete Erklärung auch noch nach Einbuchung der Wertpapiere in sein Depot (der Lieferung der Wertpapiere) widerrufen kann, solange der nachtragspflichtige Umstand vor dem endgültigen Schluss des öffentlichen Angebots und vor der Lieferung der Wertpapiere eingetreten ist.

Gem. § 16 Abs. 3 Satz 4 WpPG wird auf § 8 Abs. 1 Satz 5 WpPG und damit auf § 357 BGB verwiesen. § 357 BGB regelt die Rückabwicklung bereits erfüllter Rechtsgeschäfte. Im Normalfall dürften die Wertpapiergeschäfte bei Bestehen des Widerrufsrechts noch nicht erfüllt sein, so dass der Verweis auf § 357 BGB in den meisten Fällen nicht erforderlich wäre.[69]

Zur Fristwahrung genügt die Absendung des Widerrufs gemäß § 16 Abs. 3 Satz 4 WpPG i.V.m. § 8 Abs. 1 Satz 4 WpPG.[70]

---

65 So auch *Becker*, in: Heidel, AktG, § 16 WpPG Rn. 21; *Hamann*, in: Schäfer/Hamann, KapMG, § 16 WpPG Rn. 20; *Heidelbach*, in: Schwark/Zimmer, KapMRK, § 16 WpPG Rn. 26; *Müller*, WpPG, § 16 Rn. 5; *Müller /Oulds*, WM 2007, 573, 577; *Schlitt/Schäfer*, AG 2005, 498, 507; *Seitz*, in: Assmann/Schlitt/v. Kopp-Colomb, WpPG/VerkProspG, § 16 Rn. 112.

66 *Müller*, WpPG, § 16 Rn. 8.

67 *Groß*, KapMR, § 16 WpPG Rn. 15; *Müller*, WpPG, § 16 Rn. 8.

68 BT-Drucks. 17/8684 v. 26.06.2012, S. 23, 30.

69 *Groß*, KapMR, § 16 WpPG Rn. 16.

70 *Becker*, in: Heidel, AktG, § 16 WpPG Rn. 22; *Seitz*, in: Assmann/Schlitt/von Kopp-Colomb, WpPG/VerkProspG, § 16 Rn. 120.

c) Hinweispflicht

37 Gem. § 16 Abs. 3 Satz 3 WpPG ist der Emittent verpflichtet, an hervorgehobener Stelle im Nachtrag eine Belehrung über das Widerrufsrecht aufzunehmen. Zu überlegen wäre, den Hinweis auf das Widerrufsrecht in Fällen eines reinen Zulassungsprospekts, d.h. ohne öffentliches Angebot im Wege einer teleologischen Reduktion für entbehrlich zu halten. Dies ist jedoch im Hinblick auf den eindeutigen Wortlaut der Vorschrift abzulehnen.

Die Bundesanstalt schlägt folgende Formulierung für die Belehrung über das Widerrufsrecht vor:

„Nach § 16 Abs. 3 Wertpapierprospektgesetz können Anleger, die vor der Veröffentlichung des Nachtrags eine auf den Erwerb oder die Zeichnung der Wertpapiere gerichtete Willenserklärung abgegeben haben, diese innerhalb von zwei Werktagen nach Veröffentlichung des Nachtrags widerrufen, sofern noch keine Erfüllung eingetreten ist. Der Widerruf ist an [Empfänger des Widerrufs] zu richten."

d) Form des Widerrufs

38 Der Widerruf muss keine Begründung enthalten. Er ist in Textform zu erklären.[71]

6. Verhältnis zu anderen Vorschriften

a) Nichtaufnahme von Angaben gemäß § 8 WpPG

39 Zur Abgrenzung zwischen dem Tatbestand der Nichtaufnahme von Angaben gem. § 8 und Nachträgen gem. § 16 WpPG siehe oben Rn. 14.

b) Ad hoc-Mitteilungspflicht gemäß § 15 WpHG

40 Eine Besonderheit besteht in Fällen, in denen ein gem. § 16 WpPG nachtragspflichtiger Umstand eintritt, der zugleich den Tatbestand der Insiderinformation gem. § 13 WpHG erfüllt und damit die Veröffentlichungspflicht nach § 15 WpHG hervorruft. Gem. § 15 WpHG hat ein Emittent von Finanzinstrumenten, die zum Handel an einem inländischen organisierten Markt zugelassen sind oder für die er eine solche Zulassung beantragt hat, Insiderinformationen, die ihn unmittelbar betreffen, unverzüglich zu veröffentlichen.[72]

Während ein Nachtrag nach § 16 WpPG vor seiner Veröffentlichung der vorherigen Prüfung und Billigung durch die Bundesanstalt bedarf, ist eine Ad-hoc-Mitteilung nach § 15 WpHG ohne behördliche Prüfung unverzüglich zu veröffentlichen. Erfüllt ein Umstand den Tatbestand der beiden Vorschriften,

---

71 *Becker*, in: Heidel, AktG, § 16 WpPG Rn. 22; *Seitz*, in: Assmann/Schlitt/von Kopp-Colomb, WpPG/VerkProspG, § 16 Rn. 120.
72 Zur Ad hoc-Publizitätspflicht bei Börsengängen und Aktienplatzierungen siehe *Parmentier*, NZG 2007, 407 ff.

so stellt sich für den Emittenten die Frage, ob er den Umstand zunächst von der Bundesanstalt gem. § 16 WpPG billigen lassen muss oder ob er ihn unverzüglich und ohne vorherige Billigung gem. § 15 WpHG zu veröffentlichen hat. Dabei ist zu berücksichtigen, dass das Kongruenzgebot des § 15 Abs. 4 und Abs. 5 WpPG (sic!) verlangt, dass sämtliche über das öffentliche Angebot oder die Zulassung verbreiteten Informationen im Prospekt oder in einem Nachtrag aufgenommen werden müssen. Damit sind per Ad-hoc-Mitteilung veröffentlichte Informationen als Nachtrag gem. § 16 WpPG nachträglich zu billigen und zu veröffentlichen. Dies geschieht regelmäßig per Einbeziehung in Form eines Verweises gem. § 11 WpPG.

Eine Subsidiaritätsregelung ist weder im WpPG noch im WpHG enthalten. Der Gesetzgeber hat in der Begründung des RegE die folgenden Grundsätze zum Verhältnis der beiden Regelungen aufgestellt: Grds. gehe die Regelung des § 15 WpHG der Vorschrift des § 16 WpPG vor. Der Emittent hat im Hinblick auf den Schutz des Marktes somit zunächst eine Ad-hoc-Mitteilung zu veröffentlichen. Unverzüglich im Anschluss an diese Veröffentlichung sei der Prospekt jedoch um einen Hinweis auf die Veröffentlichung gem. § 15 WpHG zu ergänzen und in der gleichen Art wie der Prospekt zu veröffentlichen, wobei die Ergänzung nicht der Billigung durch die Bundesanstalt bedürfe.

Etwas anderes gelte für das öffentliche Angebot von Wertpapieren, die zum Handel an einem organisierten Markt zugelassen werden sollen. Aufgrund der besonderen Anlagestimmung bestehe für Umstände, die eine Veröffentlichungspflicht nach § 15 WpHG auslösen, eine Nachtragspflicht gem. § 16 WpPG. Der Nachtrag sei dann frühestens zum Zeitpunkt der Veröffentlichung der Mitteilung nach § 15 WpHG zu veröffentlichen.[73] Damit sind Umstände im Rahmen von geplanten Börsengängen nach dem Willen des Gesetzgebers der Bundesanstalt als Nachtrag vorzulegen und von ihr zu prüfen und zu billigen. Die Veröffentlichung des Nachtrags darf dabei nicht vor der Ad-hoc-Meldung erfolgen.

Die fehlende Subsidiaritätsklausel ist aus folgenden Gründen zu kritisieren: *41* Wenn der Zulassungsantrag bereits gestellt wurde und damit der Anwendungsbereich der Ad-hoc-Mitteilungspflicht eröffnet ist, der Prospekt aber noch nicht veröffentlicht wurde, würde aus dem vom Gesetzgeber gewünschten Vorrang der Ad-hoc-Mitteilungspflicht folgen, dass jeder Prospekt vor seiner Prüfung und Billigung durch die Bundesanstalt im Rahmen einer Ad-hoc-Meldung veröffentlicht werden müsste. Dies wird von Wieneke zu Recht als absurd bezeichnet.[74] Zu einer solchen Konstellation kommt es jedoch nur dann, wenn der Zulassungsantrag vor der Veröffentlichung des Prospekts gestellt wurde.

Darüber hinaus ist nicht einzusehen, warum dem Publikum vor Prüfung und Billigung eines Nachtrags durch die Bundesanstalt eine ungeprüfte Ad-hoc-Mitteilung gemacht werden soll. Dies ergibt weder Sinn, wenn die Ad-hoc-

---

73 RegBegr. EU-ProspRL-UmsG, BT-Drucks. 15/4999, S. 36.
74 *Wieneke*, NZG 2005, 109, 114.

Meldung zutreffend war, denn dann ist die Veröffentlichung eines Nachtrags entbehrlich. Noch hilft die (voreilige) Ad-hoc-Mitteilung, wenn ihr Inhalt nach Prüfung durch die Bundesanstalt gerügt und in korrigierter Form als Nachtrag veröffentlicht wird. In einem solchen Fall führt die als Ad-hoc-Meldung vorab mitgeteilte Information eher zur Verwirrung der Anleger als zu deren Schutz.[75] Darüber hinaus ist sie mittels Korrekturmeldung gem. § 15 Abs. 2 Satz 2 WpHG zu berichtigen, die wiederum gem. § 15 Abs. 5 Satz 2 WpPG per Nachtrag gem. § 16 WpPG in den Prospekt einbezogen werden muss.[76]

Abschließend ist festzuhalten, dass das Zusammenspiel von Ad-hoc-Mitteilung und Nachtrag weder durch die gesetzliche Regelung noch durch die Stellungnahme des Gesetzgebers in befriedigender Weise gelöst wurde. Bis zur Verabschiedung einer gesetzlichen Klarstellung sollte der Emittent zu seiner eigenen Sicherheit in jedem Fall vorab eine Ad-hoc-Mitteilung veröffentlichen.

42 Zum Widerrufsrecht im Fall der Zeichnung der Wertpapiere vor der Veröffentlichung eines Nachtrags, jedoch nach Veröffentlichung der Ad-hoc-Mitteilung siehe Rn. 33.

---

75 *Ekkenga*, BB 2005, 561, 564; *Merkner/Sustmann*, NZG 2005, 729, 734.
76 Auch dies kann per Verweis gem. § 11 WpPG geschehen.

Grenzüberschreitende Angebote und Zulassung zum Handel

§ 17

Grenzüberschreitende Geltung gebilligter Prospekte

(1) Soll ein Wertpapier auch oder ausschließlich in einem oder mehreren anderen Staaten des Europäischen Wirtschaftsraums öffentlich angeboten oder zum Handel an einem organisierten Markt zugelassen werden, so ist unbeschadet des § 29 der von der Bundesanstalt gebilligte Prospekt einschließlich etwaiger Nachträge in beliebig vielen Aufnahmestaaten ohne zusätzliches Billigungsverfahren für ein öffentliches Angebot oder für die Zulassung zum Handel gültig, sofern die Europäische Wertpapier- und Marktaufsichtsbehörde und die zuständige Behörde jedes Aufnahmestaates nach § 18 unterrichtet werden.

(2) Sind seit der Billigung des Prospekts wichtige neue Umstände oder wesentliche Unrichtigkeiten im Sinne von § 16 aufgetreten, hat die Bundesanstalt vom Anbieter oder Zulassungsantragsteller die Einreichung eines Nachtrags zum Prospekt zur Billigung und dessen Veröffentlichung zu verlangen. Hat die Bundesanstalt Anhaltspunkte dafür, dass ein Nachtrag nach § 16 zu veröffentlichen ist, kann sie diese nach § 28 der zuständigen Behörde des Herkunftsstaates übermitteln.

(3) Ein von der zuständigen Behörde eines anderen Staates des Europäischen Wirtschaftsraums gebilligter Prospekt einschließlich etwaiger Nachträge ist in der Bundesrepublik Deutschland ohne zusätzliches Billigungsverfahren für ein öffentliches Angebot oder für die Zulassung zum Handel gültig, sofern die Bundesanstalt nach den § 18 entsprechenden Vorschriften des Herkunftsstaates unterrichtet wird und die Sprache des Prospekts die Anforderungen des § 19 Abs. 4 und 5 erfüllt.

Inhalt

I. Der „Europäische Pass" – Überblick

1 Die §§ 17 und 18 WpPG setzen die Art. 17 und 18 EU-ProspRL[1] um. Art. 17 EU-ProspRL ist die zentrale Vorschrift des so genannten Europäischen Passes, der die einmalige Billigung[2] eines Wertpapierprospekts innerhalb des EWR[3] ermöglicht.[4] Ein Wertpapierprospekt, der von der zuständigen Behörde gebilligt wurde, kann – unter Einhaltung der Übermittlungspflicht (Art. 18 EU-ProspRL und § 18 WpPG) und der Sprachregelung (Art. 19 EU-ProspRL und § 19 WpPG) – vom Emittenten im gesamten EWR bei öffentlichen Angeboten oder Zulassungen an einem organisierten Markt (vgl. § 1 Abs. 1 und § 2 Nr. 16 WpPG) – in der Diktion der EU-ProspRL geregelten Markt (vgl. Art. 1 Abs. 1 und Art. 2 Abs. 1 lit. j) EU-ProspRL) – verwendet werden, ohne dass es in den übrigen Ländern eines erneuten Prüf- und Billigungsverfahrens bedarf.[5] Die EU-ProspRL und die Prospektanforderungen konkretisierenden EG-Verordnungen legen damit nicht nur einheitliche materielle Anforderungen an die Wertpapierprospekte – u. a. zum Schutz der Anleger[6] – fest. Die EU-ProspRL stellt auch formell sicher, dass die Einhaltung dieser materiellen Anforderungen in der Europäischen Gemeinschaft nur von einer zuständigen Behörde überprüft (zentralisiertes Genehmi-

---

1   RL 2003/71/EG des Europäischen Parlaments und des Rates v. 04.11.2003 betreffend den Prospekt, der beim öffentlichen Angebot von Wertpapieren oder bei deren Zulassung zum Handel zu veröffentlichen ist, und zur Änderung der RL 2001/34/EG ABl. EG L 345 v. 31.12.2003, S. 64.

2   In den Erwg. des Richtlinienvorschlags wird der Begriff „Zulassung" verwendet (vgl. Erwg. 2 des Richtlinienvorschlags der Kommission, ABl. EG C 240 E v. 28.08.2001, S. 272). Im deutschen Recht ist „Billigung" der terminus technicus.

3   Die EU-ProspektRL gilt gem. Art. 36 Abs. 2 i.V.m. Annex IX Ziff. III (i) 24. des Abkommens über den Europäischen Wirtschaftsraum (abrufbar unter http://secretariat.efta.int, Stand v. 07.11.2006) auch in den Staaten des EWR, die nicht Mitglied der Europäischen Gemeinschaft sind (Island, Liechtenstein und Norwegen).

4   Zur Definition des Europäischen Passes als Einmalzulassung siehe z.B. Erwg. 1 und 2 des Richtlinienvorschlags der Kommission, ABl. EG C 240 E v. 28.08.2001, S. 272. Zum Ursprung des Begriffs siehe *Kunold/Schlitt*, BB 2004, 501, Fn. 12. Der Europäische Rat hatte zur Vollendung des Binnenmarktes für Finanzdienstleistungen das Ziel gesetzt, den Zugang zu Investitionskapital vermittels eines einheitlichen „Passes" zu erleichtern, siehe Nr. 21 der Schlussfolgerungen des Europäischen Rats vom Gipfeltreffen in Lissabon am 23. und 24.03.2000. Ausführlich zur Entstehungsgeschichte der EU-ProspektRL siehe *von Kopp-Colomb/Witte*, in: Assmann/Schlitt/von Kopp-Colomb, WpPG, § 17 Rn. 1–4; *Zeising*, in: Just/Voß/Ritz/Zeising, WpPG, § 17 Rn. 1 ff.; *Kunold/Schlitt*, BB 2004, 501 f.; *Sandberger*, EWS 2004, 297 f.; *Wagner*, Die Bank, 2003, 681 f.; *Weber*, NZG 2004, 360 f. *Wieneke* spricht von dem „Rechtsvorteil der Einmalzulassung", *Wieneke*, NZG 2005, 109, 110.

gungsverfahren[7]) und mit Hilfe von Aufsichtsmaßnahmen sichergestellt wird. Durch die Möglichkeit der europaweiten Verwendung eines einmal gebilligten Prospekts soll der „weitestmögliche Zugang zu Anlagekapital auf Gemeinschaftsbasis"[8] gewährleistet und das Ziel der „Vollendung des Binnenmarktes für Wertpapiere"[9] erreicht werden.[10]

Die ursprünglich geäußerte Befürchtung, dass durch den Europäischen Pass ein Wettbewerb zwischen den Finanzplätzen innerhalb des EWR eröffnet wird[11], hat sich nicht erfüllt. Die Auswahl einer Wertpapierbörse für die Zulassung von Wertpapieren eines Emittenten wird von vielen Faktoren, insbesondere aber dem Markt- und sonstigen Investorenumfeld des jeweiligen Finanzplatzes bestimmt. Vereinzelt haben auch die unterschiedlichen Verfahren zur Billigung von Wertpapierprospekten in den einzelnen Staaten bei der Wahl des Finanzplatzes einen mitentscheidenden Faktor gebildet. Bei der Begebung von Schuldverschreibungen hat der luxemburgische Markt seine dominierende Stellung behalten. Hier dürfte in den vergangenen Jahren auch geholfen haben, dass das Billigungsverfahren der luxemburgischen Aufsichtsbehörde (Commission de Surveillance du Secteur Financier) von den Marktteilnehmern als flexibler und schneller als die Verfahren in anderen Staaten wahrgenommen wurde. Abgesehen vom Kapitalmarktverkehr bei Nichtdividendenwerten insbesondere zwischen Luxemburg und Deutschland ist aber eine deutliche Zurückhaltung der Emittenten hinsichtlich einer europaweiten Nutzung des „Europäischen Passes" bemerkbar.[12] Dies dürfte für die Marktteilnehmer auch daran liegen, dass hinsichtlich der Prospekthaftung das Risiko verbleibt, dass Gerichte der einzelnen Staaten, in denen etwa ein Angebot durchgeführt wird, ein unterschiedliches Verständnis von der Richtigkeit und Vollständigkeit eines Prospekts haben oder die Bestimmungen der EU-ProspRL unterschiedlich auslegen.[13]

---

5 Zum Konzept des „Europäischen Passes" siehe u. a. *Holzborn/Israel*, ZIP 2005, 1668, 1675; *Kullmann/Sester*, WM 2005, 1068, 1069 f.; *Sandberger*, EWS 2004, 297, 298; *Schlitt/ Schäfer*, AG 2005, 498, 508; *Seitz*, AG 2005, 678, 689. In der Praxis hat sich gezeigt, dass die Aufsichtsbehörden einiger Staaten des EWR und sonstige gesetzliche Regelungen nichtsdestotrotz weitere Anforderungen stellen, vgl. hierzu die Ausführungen in *CESR*, report, supervisory functioning, Ref: CESR/07-225, Tz. 240; siehe auch die Ausf. zu § 18 WpPG unter Rn. 14.

6 Zum Anlegerschutz als einem Ziel der EU-ProspektRL siehe Erwg. 10 und *Kunold/ Schlitt*, BB 2004, 501, 502.

7 *König*, ZEuS 2004, 251, 267.

8 Erwg. 4 EU-ProspRL.

9 Vgl. Erwg. 45 EU-ProspRL.

10 Ausführlich zum Regelungszweck und zu dessen Auswirkung auf Auslegungsfragen: *Wolf*, in: Berrar/Meyer u. a., Frankf Komm WpPG, § 17 Rn. 1–4.

11 So *Grub/Thiem*, NZG 2005, 750, 752.

12 Vgl. auch *Heidelbach*, in: Schwark, Kapitalmarktrecht, § 17 WpPG Rn. 2, und *Wolf*, in: Berrar/Meyer u. a., Frankf Komm WpPG, § 17 Rn. 4, der auch Hinweise auf Datenerhebungen der Aufsichtsbehörden zu erfolgten Notifizierungen gibt.

13 *Schanz*, Börseneinführung, § 13 Rz. 71. Zu kollisionrechtlichen Fragen der Prospekthaftung und eingehend *Kuntz*, WM 2007, 432 ff.; *Zeising*, in: Just/Voß/Ritz/Zeising, WpPG, 2009, § 17 Rn. 42; *Heidelbach*, in: Schwark/Zimmer, KapMRK, § 17 WpPG Rn. 12.

II. Entstehungsgeschichte

2 Die § 17 Abs. 1 und 3 WpPG setzen Art. 17 Abs. 1 EU-ProspRL um. Als nationale Vorschrift unterscheidet § 17 WpPG zwischen der Anerkennung in Deutschland gebilligter Prospekte im EWR (Abs. 1)[14] und der Anerkennung in anderen Mitgliedstaaten gebilligter Prospekte in Deutschland (Abs. 3). § 17 Abs. 2 WpPG geht auf Art. 17 Abs. 2 EU-ProspRL zurück.

1. Art. 17 EU-ProspRL

3 Die eindeutige Beschränkung auf ein Zulassungsverfahren für Wertpapierprospekte für den gesamten EWR beruht auf den Eingaben des Europäischen Parlaments. Der ursprüngliche Richtlinienvorschlag der Kommission war in der Formulierung ungenau. Bei einem Zulassungsantrag innerhalb von drei Monaten nach Billigung des Prospekts im Herkunftsstaat[15] sollte die Behörde des Aufnahmestaates[16] den gebilligten Prospekt „akzeptieren" müssen.[17] Diese Formulierung schloss ein eigenständiges Zulassungsverfahren zumindest nicht eindeutig aus. Zudem beließ der Entwurf den Behörden des Aufnahmestaates weitreichende Kompetenzen: Bei einer mehr als drei Monate zurückliegenden Billigung sollte die zuständige Behörde des Aufnahmestaates eine Aktualisierung des Prospekts verlangen können.[18] Bei Fehlen bestimmter inhaltlicher Anforderungen sollte die Behörde des Aufnahmestaates die Annahme des Prospekts verweigern können.[19] Den Emittenten wäre damit ein Zulassungsverfahren in den Aufnahmestaaten nicht erspart geblieben, öffentliches Angebot und Zulassung zu einem geregelten Markt in Aufnahmestaaten wären u. U. nicht wesentlich erleichtert worden.

4 Das Europäische Parlament forderte in seiner Stellungnahme zum Kommissionsvorschlag, bei einmal erfolgter Billigung des Prospekts im Herkunftsstaat auf weitere Verwaltungsverfahren in Aufnahmestaaten zu verzichten. Der einmal gebilligte Prospekt sollte in jedem Mitgliedstaat gültig sein, sofern Prospekt und Zulassungsbescheinigung der Behörde des Aufnahmestaates durch die Behörde des Herkunftsstaates vorgelegt wurden.[20] Allerdings beließ auch das Europäische Parlament der Behörde des Aufnahmestaates insoweit Aufsichtsbefugnisse gegenüber Anbietern und Zulassungsantragstellern (vgl. Definitionen in § 2 Nr. 10 und 11 WpPG) aus anderen Mitgliedstaaten, als sie bei Änderung wichtiger Gegebenheiten ein ergänzendes Dokument

---

14 Zum mangelnden Regelungscharakter dieser Vorschrift siehe unten Rn. 7.

15 In der EU-ProspektRL wird der Begriff Herkunftsmitgliedstaaten verwendet. Das WpPG verwendet den Begriff Herkunftsstaaten, siehe § 2 Nr. 13 WpPG, da auch die übrigen Staaten des EWR erfasst werden. Der Diktion des WpPG wird hier gefolgt.

16 In der EU-ProspektRL wird der Begriff Aufnahmemitgliedstaaten verwendet. Das WpPG verwendet den Begriff Aufnahmestaaten, siehe § 2 Nr. 14 WpPG, da auch die übrigen Staaten des EWR erfasst werden. Der Diktion des WpPG wird hier gefolgt.

17 Art. 15 Abs. 1 Vorschlag der Kommission, ABl. EG C 240 E v. 28.08.2001, S. 272, 278.

18 Art. 15 Abs. 2 Vorschlag der Kommission, ABl. EG C 240 E v. 28.08.2001, S. 272, 279.

19 Art. 15 Abs. 3 Vorschlag der Kommission, ABl. EG C 240 E v. 28.08.2001, S. 272, 279.

20 Art. 14 Abs. 1 und 2 Vorschlag der Kommission in der vom Europäischen Parlament in 1. Lesung geänderten Fassung, ABl. EG C 47 E v. 27.02.2003, S. 525, 538.

verlangen können sollte, das allerdings wiederum von der zuständigen Behörde des Herkunftsstaates zu genehmigen gewesen wäre.[21]

In ihrem Änderungsentwurf übernahm die Kommission die gemeinschaftsweite Geltung gebilligter Prospekte und den Verzicht auf weitere Zulassungsverfahren in Aufnahmestaaten.[22] Zudem nahm sie auch für Nachträge bei wesentlichen Änderungen davon Abstand, den Behörden des Aufnahmemitgliedstaates Aufgaben des Gesetzesvollzugs zuzuschreiben. Nachträge nach Art. 16 EU-ProspRL (umgesetzt in § 16 WpPG) soll allein die Behörde des Herkunftsstaates verlangen, ggf. nach einem entsprechenden Hinweis durch die zuständige Behörde des Aufnahmestaates. Der Rat übernahm in seinem Gemeinsamen Standpunkt den Änderungsentwurf der Kommission.[23]

2. § 17 WpPG

Im Verlauf des Gesetzgebungsverfahrens zu § 17 WpPG zeigte sich die Schwierigkeit bei der Umsetzung von Art. 17 EU-ProspRL in nationales Recht.[24] Der Referentenentwurf des WpPG hatte Art. 17 EU-ProspRL noch übernommen und allein die enthaltenen Verweise auf andere Vorschriften des WpPG angepasst.[25] Im Regierungsentwurf wurde die Unterscheidung zwischen der gemeinschaftsweiten Geltung im Inland gebilligter Prospekte (Abs. 1) und der Geltung im europäischen Ausland gebilligter Prospekte in Deutschland (Abs. 3) aufgenommen,[26] die der letztendlichen Fassung von § 17 WpPG entspricht.

III. Grenzüberschreitende Geltung

§ 17 Abs. 1 WpPG betrifft die europaweite Geltung von Prospekten, die von der Bundesanstalt für Finanzdienstleistungsaufsicht (BaFin) gebilligt wurden. Da die europäischen Richtlinien grds. nur die Mitgliedstaaten binden

5

6

7

---

21 Art. 14 Abs. 3 Vorschlag der Kommission in der vom Europäischen Parlament in 1. Lesung geänderten Fassung, ABl. EG C 47 E v. 27.02.2003, S. 525, 538.

22 Begr. zu Art. 17 und Art. 17 Abs. 1 des geänderten Vorschlags der Kommission, ABl. EG C 20 E v. 28.01.2003, S. 122, 134.

23 Art. 17 des Gemeinsamen Standpunkts Nr. 25/2003, ABl. EG C 125 E v. 27.05.2003, S. 21, 35, 54.

24 Zur mangelnden Hoheit des deutschen Gesetzgebers, die Geltung der Prospekte in anderen Staaten vorzuschreiben siehe Ausführungen unter Rn. 7.

25 http://www.kapitalmarktrecht-im-internet.eu/de/Rechtsgebiete/Kapitalmarktrecht/Artikelgesetze/13/Prospektrichtlinie-Umsetzungsgesetz.htm#an4_0_3 (15.04.2014).

26 EU-ProspRL-UmsG, BT-Drucks. 15/4999, S. 13. Insofern passt die Gesetzesbegründung zu § 18 Abs. 1 WpPG nicht zum Wortlaut der Vorschrift. § 18 Abs. 1 WpPG betrifft „von der Bundesanstalt gebilligte Prospekte" für Wertpapiere, die „auch oder ausschließlich in einem oder mehreren anderen Staaten des Europäischen Wirtschaftsraums" verwendet werden sollen. Die Begründung zu § 18 Abs. 1 WpPG bezieht sich auf Prospekte, die von der „zuständigen Behörde eines anderen Herkunftsstaats" gebilligt wurden. Deren Geltung in Deutschland wird aber in § 17 Abs. 3 WpPG normiert.

(Art. 288 Unterabs. 3 AEUV), müssen die Mitgliedstaaten die europaweite Geltung der im Herkunftsstaat gebilligten Prospekte in nationales Recht umsetzen. Für die Anerkennung im Herkunftsstaat gebilligter Prospekte im EU-Ausland entsteht naturgemäß die Schwierigkeit, dass der Gesetzgeber des Herkunftsstaates im EU-Ausland keine Gesetzgebungskompetenz hat (Territorialitätsprinzip). Der deutsche Gesetzgeber kann daher die europaweite Geltung der von der BaFin gebilligten Prospekte nicht rechtlich verbindlich anordnen.[27] Insofern hat § 17 Abs. 1 WpPG nur deklaratorische Wirkung.[28] Für die Geltung der in Deutschland gebilligten Wertpapierprospekte im EWR sind zunächst die jeweiligen nationalen, dem § 17 Abs. 3 WpPG entsprechenden Vorschriften maßgeblich.[29]

IV. Herkunftsstaatsprinzip

8   Art. 17 EU-ProspRL enthält Regelungen zur Verteilung der Zuständigkeit zwischen den nationalen Behörden, die in § 17 WpPG nur unzureichend wiedergegeben werden. Nach der EU-ProspRL ist hinsichtlich der Zuständigkeit für Prospektbilligung und Aufsichtsmaßnahmen das Herkunftsstaatsprinzip maßgeblich.[30] Sowohl die Billigung des Prospekts als auch Aufsichtsmaßnahmen sollen gegenüber den Anbietern und Zulassungsantragstellern allein durch die zuständige Behörde des Herkunftsstaates erfolgen. Ersteres ergibt sich aus Art. 13, letzteres aus Art. 17 EU-ProspRL. Welcher der Herkunftsstaat ist, ist in Art. 2 Abs. 2 lit. m) EU-ProspRL definiert.

9   Die Zuständigkeit nach dem Herkunftsstaatsprinzip lässt sich dem WpPG genau genommen nicht entnehmen.[31] Weder § 13 noch § 17 WpPG beschränken ihrem Wortlaut nach die Zuständigkeit der BaFin auf Anbieter und Zulassungsantragsteller, deren Herkunftsstaat i. S. d. § 2 Nr. 13 WpPG die Bundesrepublik Deutschland ist. Auch § 2 WpPG enthält nach seiner Überschrift keine Zuständigkeitsregelungen. Daher könnten nach dem Wortlaut der Vorschriften Anbieter und Zulassungsantragsteller, deren Herkunftsstaat nicht Deutschland ist, einen Billigungsantrag nach § 13 WpPG stellen mit der Folge, dass der – allerdings deklaratorische[32] – § 17 Abs. 1 WpPG einschlägig wäre. Sind Umsetzungsgesetze in anderen Mitgliedstaaten ähn-

---

27 Die Formulierung in der RegBegr. EU-ProspRL-UmsG, BT-Drucks. 15/4999, S. 37 ist daher schief.

28 *Groß*, KapMR, § 17 WpPG Rn. 3; *von Kopp-Colomb/Witte*, in: Assmann/Schlitt/von Kopp-Colomb, WpPG/VerkProspG, § 17 Rn. 7; *Linke*, in: Schäfer/Hamann, KapMG, § 17 WpPG Rn. 6; *Zeising*, in: Just/Voß/Ritz/Zeising, WpPG, § 17 Rn. 17; *Wolf*, in: Berrar/Meyer u. a., Frankf Komm WpPG, § 17 Rn. 24.

29 *Kullmann/Sester*, WM 2005, 1068, 1069; *Seitz*, AG 2005, 678, 689.

30 Vgl. Erwg. 14 EU-ProspRL und *Apfelbacher/Metzner*, BKR 2006, 81, 83.

31 A. A. *Kullmann/Sester*, WM 2005, 1068, 1070; *Wolf*, in: Berrar/Meyer u. a., Frankf Komm WpPG, § 17 Rn. 3. Die Frage ist letztlich rein dogmatischer Natur und es kann im Ergebnis offen bleiben, woraus sich die Zuständigkeit nach dem Herkunftsstaatsprinzip ergibt.

32 Vgl. Ausführungen oben Rn. 7.

lich unpräzise, böte sich für deutsche Anbieter und Zulassungsantragsteller die Möglichkeit der Prospektbilligung im Ausland und Verwendung der Prospekte in der Bundesrepublik unter Berufung auf § 17 Abs. 3 WpPG.

Dass sich die Zuständigkeit nach dem Herkunftsstaatsprinzip richtet, die BaFin daher nur die Prospekte von Antragstellern mit Deutschland als Herkunftsstaat billigen kann, ergibt sich lediglich aus einer richtlinienkonformen Auslegung des WpPG. Die EU-ProspRL legt zur Vereinfachung für die Anbieter und Zulassungsantragsteller, aber auch im Sinne einer effizienten Aufsicht, eine Behördenzuständigkeit nach dem Herkunftsstaatsprinzip fest. Die effektive Umsetzung der EU-ProspRL verlangt, durch richtlinienkonforme Auslegung die Zuständigkeit der BaFin auf Anbieter und Zulassungsantragsteller zu beschränken, deren Herkunftsstaat i. S. d. § 2 Nr. 13 WpPG Deutschland ist.

Nach § 2 Nr. 13 lit. b) WpPG kann für Emissionen von den darin genannten Nichtdividendenwerten durch Emittenten mit Sitz in Deutschland der Herkunftsstaat auch ein anderer Staat als Deutschland sein. In diesen Fällen kann damit auch eine Emission von Wertpapieren durch ein deutsches Unternehmen in den Anwendungsbereich von § 17 Abs. 3 fallen. Emittenten von bestimmten Nichtdividendenwerten sowie Drittstaatenemittenten (vgl. § 2 Nr. 13 lit. c) WpPG) steht damit ein Wahlrecht hinsichtlich des Herkunftsstaates zu. Lediglich für Emittenten von Dividendenwertpapieren gilt derjenige Staat des EWR als Herkunftsstaat, in dem der jeweilige Emittent seinen Sitz hat.

V. § 17 Abs. 1 WpPG

1. Legaldefinierte Begriffe

Eine Vielzahl der in § 17 Abs. 1 WpPG genannten Tatbestandsmerkmale sind in § 2 WpPG legaldefiniert.[33] § 17 Abs. 1 WpPG erfasst Wertpapiere im Sinne des § 2 Nr. 1 WpPG, d. h. alle Dividendenwerte und Nichtdividendenwerte (siehe § 2 Nr. 2 und 3 WpPG). In Übereinstimmung mit dem Anwendungsbereich des WpPG (siehe § 1 WpPG) werden nur Wertpapiere erfasst, die öffentlich angeboten oder zum Handel an einem organisierten Markt[34] zugelassen werden.[35]

10

---

33 Für ausführliche Erläuterungen siehe Komm. zu § 2 WpPG.

34 In der EU-ProspRL ist von der Zulassung zum Handel mit Wertpapieren an einem „geregelten Markt" die Rede, wobei für die Definition des Begriffs auf Art. 1 Abs. 13 der RL 93/22/EWG verwiesen wird. Das WpPG verwendet den Begriff des organisierten Marktes und nennt eine eigene Definition in § 2 Nr. 16 WpPG, was die Anwendung des Gesetzes erheblich erleichtert.

35 Die Zulassung ist der Rechtsakt, der nach den Regeln der jeweiligen Börse erforderlich ist, damit die Wertpapiere dort gehandelt werden können. Zum Begriff der Zulassung vgl. die Komm. zu § 1 WpPG und § 32 BörsG.

2. Gebilligter Prospekt

11   § 17 Abs. 1 WpPG erfasst gebilligte Prospekte einschließlich etwaiger Nachträge. Dies bedeutet, dass der jeweilige Prospekt und ggf. vorgelegte Nachträge das Billigungsverfahren nach § 13 WpPG durchlaufen haben und durch Verwaltungsakt[36] gebilligt worden sein müssen. Wegen dieses Erfordernisses erfasst § 17 Abs. 1 WpPG keine endgültigen Bedingungen, da diese gemäß § 6 Abs. 3 WpPG nicht gebilligt, sondern nur hinterlegt werden.[37] Einzelne Registrierungsformulare werden nach verbreiteter Auffassung mangels Prospektqualität nicht von § 17 Abs. 1 WpPG erfasst.[38]

3. Notifizierung nach § 18 WpPG

12   § 17 WpPG übernimmt im Hinblick auf die erforderliche Notifizierung nach § 18 WpPG die Formulierung der EU-ProspRL. Nach Art. 17 Abs. 1 EU-ProspRL setzt die grenzüberschreitende Geltung der Prospekte eine Unterrichtung der Europäischen Wertpapier- und Marktaufsichtsbehörde (European Securities and Markets Authority, kurz ESMA) und der zuständigen Stelle jedes Aufnahmemitgliedstaates voraus. Nicht erforderlich ist die Unterrichtung sämtlicher Staaten des EWR. Unterrichtet werden müssen die zuständigen Stellen der Staaten des EWR, in denen ein öffentliches Angebot unterbreitet oder die Zulassung zum Handel angestrebt werden soll (vgl. § 2 Ziff. 14 WpPG).

4. „Unbeschadet des § 29 WpPG"

13   Ein gebilligter Prospekt soll „unbeschadet des § 29 WpPG" gelten. Hier wurde in § 17 Abs. 1 WpPG lediglich die Formulierung der EU-ProspRL übernommen. Der Gesetzgeber hat nicht berücksichtigt, dass § 17 WpPG zwischen der Geltung in Deutschland gebilligter Prospekte im Ausland (Abs. 1) und der Geltung von in Staaten des EWR gebilligten Prospekten in Deutschland (Abs. 3) unterscheidet. § 29 WpPG betrifft die Aufsicht durch die BaFin gegenüber Anbietern und Zulassungsantragstellern, deren Herkunftsstaat nicht Deutschland ist. § 17 Abs. 1 WpPG erfasst dagegen Prospekte von Anbietern und Zulassungsantragstellern, deren Herkunftsstaat Deutschland ist, und für welche die BaFin zuständige Behörde des Herkunftsstaates ist. In diesem Rechtsverhältnis besteht für § 29 WpPG kein Anwendungsbereich. Gegenüber deutschen Anbietern und Zulassungsantragstellern handelt die Bundesanstalt nach § 26 WpPG. Der Verweis auf § 29 WpPG in § 17 Abs. 1 WpPG ist daher nicht erforderlich.[39]

---

36 Zum Verwaltungsaktcharakter der Billigung siehe RegBegr. EU-ProspRL-UmsG, BT-Drucks. 15/4999, S. 34.
37 *Zeising*, in: Just/Voß/Ritz/Zeising, WpPG, § 17 Rn. 19; *von Kopp-Colomb/Witte*, in: Assmann/Schlitt/von Kopp-Colomb, WpPG/VerkProspG, § 18 Rn. 10.
38 Vgl. *von Kopp-Colomb/Witte*, in: Assmann/Schlitt/von Kopp-Colomb, WpPG, § 18 Rn. 10; *Wolf*, in: Berrar/Meyer u. a., Frankf Komm WpPG, § 17 Rn. 7; überzeugend krit. hierzu *Zeising*, in: Just/Voß/Ritz/Zeising, WpPG, § 17 Rn. 20 ff.
39 So auch *von Kopp-Colomb/Witte*, in: Assmann/Schlitt/von Kopp-Colomb, WpPG/VerkProspG, § 17 Rn. 16.

Der Zusatz „unbeschadet des § 29 WpPG" hätte vielmehr in § 17 Abs. 3 WpPG aufgenommen werden müssen.[40] Diese Vorschrift betrifft Anbieter und Zulassungsantragsteller, deren Herkunftsstaat nicht Deutschland ist. Ihnen gegenüber kann die Bundesanstalt Aufsichtsmaßnahmen nach § 29 WpPG ergreifen.

VI. § 17 Abs. 2 WpPG

Dem Zuständigkeitsschema der EU-ProspRL folgend unterscheidet § 17 Abs. 2 WpPG zwischen Anbietern und Zulassungsantragstellern, deren Herkunftsstaat Deutschland ist (Satz 1), und solchen, für die Deutschland der Aufnahmestaat ist (Satz 2). Satz 1 bezieht sich also auf in Deutschland gebilligte Prospekte, während Satz 2 auf nach Deutschland notifizierte Prospekte Anwendung findet. Allerdings ist auch hier wieder der adressatenbezogene Anwendungsbereich der Vorschriften nicht eindeutig formuliert und ergibt sich erst aus einer systematischen und richtlinienkonformen Auslegung.[41]   *14*

1. Satz 1

a) Nachtragserhebliche Umstände

Gemäß § 17 Abs. 2 Satz 1 WpPG hat die BaFin vom Anbieter oder Zulassungsantragsteller die Einreichung eines Nachtrags zum Prospekt zur Billigung und dessen Veröffentlichung zu verlangen, wenn seit der Billigung des Prospekts wichtige neue Umstände oder wesentliche Unrichtigkeiten im Sinne von § 16 aufgetreten sind.[42] Zur Beschreibung der nachtragserheblichen Umstände übernimmt § 17 Abs. 2 Satz 1 WpPG die Tatbestandsmerkmale des § 16 WpPG.[43]   *15*

Trotz der Verwendung des Plurals in § 17 Abs. 2 Satz 1 WpPG ist davon auszugehen, dass bereits ein wichtiger neuer Umstand oder eine wesentliche Unrichtigkeit ausreicht, um die Nachtragspflicht zu begründen. Nach § 16 Abs. 1 WpPG wird die Nachtragspflicht bereits durch einzelne Umstände oder Unrichtigkeiten ausgelöst. § 17 Abs. 2 Satz 1 WpPG greift, sobald eine Nachtragspflicht nach § 16 WpPG entstanden ist.

Die Voraussetzungen des Satz 1 sind nicht so zu verstehen, dass die BaFin verpflichtet wäre, eigenständig Nachforschungen anzustellen, um etwaige nachtragserhebliche Umstände in Erfahrung zu bringen. Obgleich diese

---

40 So auch *Zeising*, in: Just/Voß/Ritz/Zeising, WpPG, § 17 Rn. 26, und *Wolf*, in: Berrar/ Meyer u. a., Frankf Komm WpPG, § 17 Rn. 20, die beide auch den Hintergrund dieses Redaktionsversehens erläutern. Zu einer richtlinienkonformen Auslegung des § 17 Abs. 3 WpPG siehe Ausführungen unter Rn. 26.

41 Vgl. Ausführungen unter Rn. 8.

42 Eingehend zu den rechtshistorischen Hintergründen dieser Norm: *Zeising*, in: Just/Voß/ Ritz/Zeising, WpPG, § 17 Rn. 30–33; *Wolf*, in: Berrar/Meyer u. a., Frankf Komm WpPG, § 17 Rn. 26–28.

43 Zur Nachtragspflicht nach § 16 WpPG siehe Komm. zu § 16 WpPG m.w.N.

Norm einen anderen Wortlaut als Satz 2 hat, dürften hinsichtlich der Beschaffung der relevanten Umstände keine unterschiedlichen Anforderungen gelten, so dass es auch im Rahmen des Satz 1 darauf ankommt, ob die BaFin „Anhaltspunkte" hat. Diese Wendung ist allerdings in dem Sinne zu verstehen, dass eine aktive Nachforschungspflicht – also eine Marktaufsicht – nicht besteht.[44]

b) Verwaltungsaktqualität

16 Für die Frage der Qualifikation des Nachtragsverlangens nach § 17 Abs. 2 Satz 1 WpPG als Verwaltungsakt ist entscheidend, ob es eigenständigen Regelungscharakter hat. Dies ist zu verneinen. Das WpPG verwendet zwar z. B. in § 26 WpPG das Tatbestandsmerkmal des Verlangens und schreibt solchen Aufforderungen der BaFin Regelungscharakter zu (vgl. § 31 WpPG, der die Verwaltungsaktqualität der Maßnahmen nach § 26 WpPG unterstellt). Ungeachtet der Befugnis, welche § 17 Abs. 2 Satz 1 WpPG der BaFin einräumt und der hiermit verbundenen Pflicht, dem Verlangen nachzukommen, ist der Anbieter oder Zulassungsantragsteller aber ohnehin verpflichtet, einen Nachtrag gemäß § 16 WpPG zu erstellen und zu veröffentlichen. Daher kann § 17 Abs. 2 Satz 1 WpPG nicht so verstanden werden, dass der Anbieter oder Zulassungsantragsteller nur tätig werden müsste, wenn die BaFin dies mit einem Nachtragsverlangen fordert. Das Nachtragsverlangen nach § 17 Abs. 2 Satz 1 WpPG gibt insofern nur eine Pflicht wieder, die schon durch das Gesetz (§ 16 Abs. 1 WpPG) begründet wird. Die aufsichtsrechtlichen Hoheitsbefugnisse der BaFin, die auch Nachträge betreffen, bleiben hiervon gemäß § 26 Abs. 8 WpPG unberührt.[45]

Verlangt die BaFin nach § 17 Abs. 2 Satz 1 WpPG einen Nachtrag, können Anbieter und Zulassungsantragsteller ggf. vor dem Verwaltungsgericht beantragen, festzustellen, dass eine Nachtragspflicht nach § 16 WpPG nicht besteht. In den weitaus meisten Fällen werden diese Fragen allerdings keine praktische Rolle spielen, da dem Anbieter oder Zulassungsantragsteller vor dem Hintergrund einer möglichen Prospekthaftung daran gelegen sein dürfte, wichtige neue Umstände oder wesentliche Unrichtigkeiten in einem Nachtrag zu veröffentlichen.

Die BaFin kann mit ihrem Nachtragsverlangen den Anbieter oder Zulassungsantragsteller nicht zugleich verpflichten, auch einen Notifizierungsantrag für den Nachtrag zu stellen, auch wenn dies sinnvoll wäre.[46] Auch insoweit wird der Anbieter oder Zulassungsantragsteller jedoch regelmäßig

---

44 *Zeising*, in: Just/Voß/Ritz/Zeising, WpPG, § 17 Rn. 36.

45 Letztlich hat der Gesetzgeber in dieser Vorschrift auf etwas unpräzise Weise die Zuständigkeitsregelung in Art. 17 Abs. 2 EU-ProspRL zwischen den nationalen Behörden übernommen. Wegen § 26 Abs. 8 WpPG hätte der Gesetzgeber § 17 Abs. 2 Satz 1 WpPG weglassen und allenfalls einen klarstellenden Zusatz in § 26 WpPG dergestalt aufnehmen sollen, dass dieser nur auf Anbieter und Zulassungsantragsteller mit Deutschland als Herkunftsstaat anwendbar ist.

46 *Zeising*, in: Just/Voß/Ritz/Zeising, WpPG, § 17 Rn. 34; *Wolf*, in: Berrar/Meyer u. a., Frankf Komm WpPG, § 17 Rn. 28.

aus eigenem Antrieb einen Notifizierungsantrag stellen, um eine mögliche Prospekthaftung abzuwenden.

c) Keine drittschützende Wirkung

§ 17 Abs. 2 Satz 1 WpPG hat keine drittschützende Wirkung.[47] Keinem Tatbestandsmerkmal des § 17 Abs. 2 Satz 1 WpPG lässt sich nach Sinn und Zweck entnehmen, dass es drittschützende Wirkung entfalten soll. § 17 Abs. 2 Satz 1 WpPG geht auf eine Regelung der Zuständigkeit zwischen den nationalen Behörden in der EU-ProspRL zurück und dient nicht dem Anlegerschutz. Die dem Anlegerschutz dienenden aufsichtsrechtlichen Befugnisse ggf. erforderlicher Nachträge sind in § 26 Abs. 8 WpPG geregelt.

    17

2. Satz 2

a) Anwendungsbereich

Der Zuständigkeitsverteilung der EU-ProspRL folgend gilt § 17 Abs. 2 Satz 2 WpPG allein für Anbieter und Zulassungsantragsteller, für die Deutschland Aufnahmestaat ist.

    18

§ 17 Abs. 2 Satz 2 WpPG steht neben § 29 WpPG, der die BaFin u. a. ermächtigt, bei einem Verstoß gegen § 16 WpPG die zuständige Behörde des Herkunftsstaates und die ESMA zu informieren. Zeitlich ist § 17 Abs. 2 Satz 2 WpPG dem § 29 WpPG vorgelagert, da für die Information der zuständigen Behörden des Mitgliedstaates und der ESMA bereits Anhaltspunkte für die Erforderlichkeit eines Nachtrags ausreichen und kein Verstoß gegen § 16 WpPG erforderlich ist.

b) Anhaltspunkte

Anhaltspunkte dafür, dass ein Nachtrag nach § 16 WpPG zu veröffentlichen ist, liegen vor, wenn Indizien vorhanden sind, die nach den Erfahrungen der BaFin dafür sprechen, dass ein Nachtrag erforderlich ist. Da Anhaltspunkte ausreichen, muss der nach § 16 WpPG notwendige Einfluss der neuen Umstände oder bekannten Unrichtigkeiten auf die Beurteilung der Wertpapiere nicht nachweisbar sein. Anhaltspunkte für die Erforderlichkeit eines Nachtrags sind schon gegeben, wenn ein solcher Einfluss nach den Erfahrungen der BaFin wahrscheinlich ist. Sie ergeben sich für die BaFin in der Regel insb. aus Presse- oder Internetveröffentlichungen. Hinsichtlich der Feststellung der Wahrscheinlichkeit eines solchen Einflusses dürfte der BaFin ein erheblicher Beurteilungsspielraum zukommen, der gerichtlich nur eingeschränkt überprüfbar ist.

    19

---

[47] RegBegr. EU-ProspRL-UmsG, BT-Drucks. 15/4999, S. 37; *Keunecke*, Prosp KapM, Rn. 305; so auch *Wolf*, in: Berrar/Meyer u. a., Frankf Komm WpPG, § 17 Rn. 29.

c) Keine Anhörung

20 Eine Pflicht der BaFin, die Anbieter und Zulassungsantragsteller vor einer Information der zuständigen Behörde des Herkunftsstaates und der ESMA anzuhören, besteht nicht.[48] Sie ergibt sich insbesondere nicht aus § 28 Vw-VfG. Die Weitergabe der Informationen ist mangels Regelungsgehalts gegenüber den Anbietern und Zulassungsantragsteller kein Verwaltungsakt. Die aufsichtsbehördlichen Maßnahmen, die Anbieter und Zulassungsantragsteller zu einem Handeln, Tun oder Unterlassen verpflichten, ergehen erst durch die zuständige Behörde des Herkunftsstaates. Anhörungsrechte des Anbieters oder Zulassungsantragstellers richten sich dann nach dem Recht des Herkunftsstaates. Gegenüber der BaFin steht dem Anbieter bzw. dem Zulassungsantragsteller dagegen kein Anhörungsrecht zu, so dass ihm die Möglichkeit zu einer Unterlassungsklage rechtstatsächlich nur dann eröffnet ist, wenn die BaFin selbst eine Anhörung zum Zwecke der Sachverhaltsermittlung durchführt oder wenn der Anbieter bzw. Zulassungsantragsteller in anderer Weise informiert wird. Die Erfolgsaussichten einer solchen Klage dürften in vielen Fällen gering sein, weil es hierfür eines qualifizierten Rechtsschutzbedürfnisses bedarf, das nur dann gegeben ist, wenn dem Betroffenen aus besonderen Gründen ein Abwarten nicht zuzumuten ist.[49] Praktische Bedeutung haben Rechtsmittel gegen die Weitergabe von Informationen bisher allerdings nicht erlangt.

d) Verweis auf § 28 WpPG

21 Mit dem Verweis auf § 28 WpPG („nach § 28 WpPG") in § 17 Abs. 2 Satz 2 WpPG wird die in § 17 Abs. 2 Satz 2 WpPG enthaltene Ermächtigung, die zuständige Behörde des Herkunftsstaates zu informieren, konkretisiert. Der Verweis auf § 28 WpPG ist – wie in der Parallelnorm § 29 Abs. 1 WpPG – materiell insbesondere als Verweis auf die Abs. 3 bis 5 zu verstehen.[50] Er gibt der BaFin die Möglichkeit, von einer Informationsvermittlung abzusehen. Zugleich erlegt er ihr die Pflicht auf, bei Vorliegen der Tatbestandsvoraussetzungen des § 28 Abs. 3 WpPG das Ermessen bei der Entscheidung über die Weitergabe der Informationen ordnungsgemäß auszuüben. Ferner kann die BaFin gemäß § 28 Abs. 4 Satz 1 WpPG die zuständige Behörde eines Herkunftsstaates um die Durchführung von Untersuchungen und die Übermittlung von Informationen ersuchen und, wenn dies verweigert wird, gemäß § 28 Abs. 4 Satz 4 WpPG die ESMA um Hilfe ersuchen.

---

48 *von Kopp-Colomb/Witte*, in: Assmann/Schlitt/von Kopp-Colomb, WpPG/VerkProspG, § 17 Rn. 23; in der Vorauflage dieser Komm. zu § 17 wurde noch ein Anhörungsrecht der Anbieter bzw. Zulassungsantragsteller gegenüber der BaFin angenommen.

49 *Pietzker*, in: Schoch/Schneider/Bier, VwGO – Kommentar, Loseblatt (Stand August 2012) § 42 Rn. 166.

50 Vgl. auch *von Kopp-Colomb/Witte*, in: Assmann/Schlitt/von Kopp-Colomb, WpPG/Verk-ProspG, § 17 Rn. 22, der hervorhebt, dass die BaFin bei der Übermittlung von Informationen den Empfänger darauf hinzuweisen hat, dass die Informationen nur für die in § 28 Abs. 2 Sätze 1 und 2 WpPG genannten Zwecke verwendet werden dürfen.

VII. § 17 Abs. 3 WpPG

Der entscheidende Teil der Umsetzung des Art. 17 EU-ProspRL durch § 17 22
WpPG findet sich in dessen Abs. 3.[51] Diese Vorschrift setzt die gemeinschaftsweite Geltung von Wertpapierprospekten zugunsten der Anbieter und
Zulassungsantragsteller um, für die Deutschland Aufnahmestaat ist.

1. Gebilligter Prospekt

Die Verwendung eines Prospekts in Deutschland setzt voraus, dass er von 23
der zuständigen Behörde eines anderen Staates des EWR gebilligt wurde.
Der Rechtsakt der Billigung muss erfolgt sein. Verwendet werden darf der
Prospekt in der gebilligten Fassung ggf. ergänzt um erforderliche Nachträge.
Erfasst werden einteilige und dreiteilige Prospekte sowie Basisprospekte[52]
(zu den verschiedenen Prospekttypen siehe § 12 WpPG). Nicht erfasst sind
einzelne Registrierungsformulare und Wertpapierbeschreibungen.[53]

Diskutiert wird, ob auch Prospekte hinsichtlich solcher Finanzinstrumente, 24
die nach deutschem Recht nicht als Wertpapiere zu qualifizieren wären, in
den Anwendungsbereich des § 17 Abs. 3 WpPG fallen. Diese Frage ist zu bejahen, da auch insofern das Herkunftsstaatsprinzip gelten sollte, es also allein darauf ankommt, ob das Finanzinstrument nach dem Recht des Herkunftsstaates als Wertpapier im Sinne der EU-ProspRL in seiner jeweiligen
einzelstaatlichen Umsetzung zu qualifizieren ist.[54]

2. Kein eigenes Prüfverfahren

In den Aufnahmestaaten erfolgt kein eigenständiges Verfahren zur Prüfung 25
des Prospekts.[55] Für eine Verwendung des Prospekts in Deutschland bedarf
es keines formalen Akts der BaFin. Die BaFin prüft bei Prospekten, die in
anderen Staaten des EWR gebilligt wurden, grds. nicht, ob die Prospekte die
inhaltlichen Anforderungen der Verordnung zur Umsetzung der EU-ProspRL[56] erfüllen. Sie hat keine präventiven Prüfkompetenzen in Bezug auf
den Prospekt. Materiell prüft sie lediglich, ob die Anforderungen der §§ 18
und 19 WpPG eingehalten sind. Ist dies nicht der Fall, hat dies jedoch keine
Auswirkungen auf den Akt der Billigung. Der Prospekt bleibt (in anderen

---

51 So auch *Groß*, KapMR, § 17 WpPG Rn. 4; *Wolf*, in: Berrar/Meyer u. a., Frankf Komm
   WpPG, § 17 Rn. 5.
52 BaFin, Wertpapierprospektgesetz, Hinterlegungsverfahren, Notifizierungsverfahren, Präsentation v. 29.05.2006 zum Workshop v. 17. und 22.05.2006, S. 28.
53 BaFin, Präsentation v. 03.11.2005 zum Workshop: 100 Tage WpPG, Das Notifizierungsverfahren, S. 4; *Wolf*, in: Berrar/Meyer u. a., Frankf Komm WpPG, § 17 Rn. 7; siehe auch
   die Ausführungen oben unter Rn. 11.
54 *von Kopp-Colomb/Witte*, in: Assmann/Schlitt/von Kopp-Colomb, WpPG/VerkProspG,
   § 17 Rn. 29; *Wolf*, in: Berrar/Meyer u. a., Frankf Komm WpPG, § 17 Rn. 8; a. A.: *Linke*, in:
   Schäfer/Hamann, KapMG, § 17 WpPG Rn. 1.
55 Vgl. auch oben Rn. 1.
56 EU-ProspV (EG) 809/2004 i. d. F. der Berichtigung der EU-ProspV Nr. 809/2004 ABl. EG
   L 186 v. 18.07.2005, S. 3.

Staaten des EWR) ein gebilligter Prospekt, dessen Verwendung die BaFin in Deutschland allerdings nach richtiger, wenngleich umstrittener Auffassung[57] nach § 26 Abs. 4 WpPG einschränken kann. Dies erfolgt dann, wenn die Billigung des Prospekts nicht nach § 17 Abs. 3 WpPG i. V. m. § 18 WpPG nachgewiesen wurde oder der Prospekt nicht der Sprachenregelung des § 19 WpPG genügt. Bei solchen Verstößen ist eine Aussetzung oder Untersagung des öffentlichen Angebots in Deutschland durch die BaFin nach § 26 Abs. 4 WpPG möglich.

3. Maßnahmen nach § 29 WpPG

26 Unklar ist bei der Umsetzung des Art. 17 Abs. 1 EU-ProspRL durch § 17 Abs. 3 WpPG, welche Konsequenzen Maßnahmen nach § 29 WpPG für die grenzüberschreitende Geltung eines gebilligten Prospekts nach § 17 Abs. 2 Satz 2 WpPG haben.[58] Nach der EU-ProspRL sollen Prospekte unbeschadet etwaiger Vorsichtsmaßnahmen nach Art. 23 EU-ProspRL grenzüberschreitend gelten. Die grenzüberschreitende Geltung soll nicht dadurch aufgehoben werden, dass die Behörde des Aufnahmestaates Maßnahmen nach Art. 23 EU-ProspRL ergriffen hat. Der deutsche Gesetzgeber hat in § 17 Abs. 3 WpPG auf eine Klarstellung des Verhältnisses zu § 29 WpPG verzichtet. Dies könnte darauf hindeuten, dass Wertpapierprospekte von Anbietern und Zulassungsantragstellern anderer Herkunftsstaaten in Deutschland nicht mehr gelten, sobald die BaFin Vorsichtsmaßnahmen nach § 29 WpPG ergriffen hat. Allerdings lässt sich der Gesetzesbegründung zu § 17 WpPG kein entsprechendes Bestreben des deutschen Gesetzgebers entnehmen. Eine solche Auslegung würde auch nicht dem eindeutigen Wortlaut des Art. 17 Abs. 1 EU-ProspRL entsprechen. Zudem würde es gegen die von der EU-ProspRL vorgesehene Zuständigkeitsverteilung verstoßen, würde die grenzüberschreitende Geltung mit Information der zuständigen Behörden der Mitgliedstaaten nach § 29 Abs. 1 WpPG durch die BaFin aufgehoben. Damit könnte de facto die BaFin Aufsichtsbefugnisse gegenüber den Anbietern und Zulassungsantragstellern anderer Herkunftsstaaten ausüben und die Verwendung von Prospekten durch eine Informationsvermittlung nach § 29 Abs. 1 WpPG unterbinden. § 17 Abs. 3 WpPG ist daher richtlinienkonform mit dem Zusatz „unbeschadet des § 29 WpPG" zu lesen.[59]

---

57 So auch *Wolf*, in: Berrar/Meyer u. a., Frankf Komm WpPG, § 17 Rn. 14; a. A. *von Kopp-Colomb/Witte*, in: Assmann/Schlitt/von Kopp-Colomb, WpPG/VerkProspG, § 17 Rn. 32, die bei einem Verstoß gegen die in § 17 Abs. 3 WpPG vorgesehene Sprachenregelung der BaFin lediglich die Möglichkeit geben, gemäß § 28 WpPG mit der Behörde des Herkunftsstaates Kontakt aufzunehmen und auf diesem Weg eine Behebung des Verstoßes zu bewirken. Dieser Ansicht kann jedoch mit Blick auf den von der EU-ProspRL bezweckten Anlegerschutz nicht gefolgt werden. Auch der Wortlaut der Art. 18 und 19 Abs. 2, 3 der EU-ProspRL legen letztlich ein eigenständiges formelles Prüfungsrecht nahe.

58 Vgl. unter Rn. 13.

59 So auch *Wolf*, in: Berrar/Meyer u. a., Frankf Komm WpPG, § 17 Rn. 20.

4. Notifizierung

Ein von der zuständigen Behörde eines anderen Staates des EWR gebilligter   27
Prospekt gilt in Deutschland nur, wenn diese Behörde die BaFin unterrichtet.
Die Anforderungen an die Unterrichtung richten sich nicht nach § 18 WpPG,
sondern nach den § 18 WpPG entsprechenden Vorschriften des Herkunftsstaates. Damit überlässt es der deutsche Gesetzgeber zwar den Gesetzge-
bern der übrigen Staaten des EWR, in Deutschland geltende rechtliche Anforderungen zu normieren. Dies ist aber insoweit unproblematisch als die
jeweiligen Anbieter und Zulassungsantragsteller in jedem Fall der Hoheits-
gewalt ihres Herkunftsstaates unterliegen. Die Regelung führt allerdings
dazu, dass die BaFin bei der Prüfung, ob der Prospekt ordnungsgemäß notifiziert wurde, auf ausländisches Recht zurückgreifen muss. In der Praxis erfolgt eine Übermittlung der Unterlagen per E-Mail nebst Anlagen unter Verwendung eines sog. Certificate of Approval.[60]

Die Veröffentlichung des der BaFin notifizierten Prospekts hat nach umstrit-   28
tener, gleichwohl zutreffender Ansicht nach den Vorschriften des Herkunftsstaates und nicht gem. § 14 Abs. 2 WpPG zu erfolgen, da auch für die Ver-
öffentlichungsvorschriften allein das Herkunftsstaatsprinzip gilt.[61] Das
öffentliche Angebot kann in Deutschland am Tag der Notifizierung beginnen, wenn ein von der Behörde des Herkunftsstaates gebilligter Prospekt
mindestens einen Tag vor der Notifizierung an die BaFin in einer Art und
Weise veröffentlicht wird, die der jeweiligen Umsetzung des Art. 14 Abs. 2
EU-ProspRL im Herkunftsstaat entspricht.[62]

Da das Notifizierungsverfahren als „zwischenbehördliches" Verfahren kon-
zipiert ist, ergeht gegenüber dem Anbieter oder Zulassungsantragsteller
kein Verwaltungsakt.[63] Dies bedeutet, dass für die Beteiligten in der Praxis
auf andere Weise sicherzustellen ist, dass die Voraussetzungen des § 17
Abs. 3 WpPG erfüllt worden sind und sie aufgrund der ordnungsgemäß erfolgten Notifizierung die Wertpapiere in Deutschland öffentlich anbieten
dürfen. Denn ein öffentliches Angebot ist erst ab dem Zeitpunkt des Zugangs der Bescheinigung bei der BaFin zulässig.[64] Ein offizielles Verfahren
für die unmittelbare Erteilung von Bestätigungen über die erfolgte Notifizierung durch die BaFin gibt es aber nicht, auch wenn § 18 Abs. 4 WpPG
vorgibt, dass Bescheinigungen über die Billigung von Prospekten und Prospektnachträgen, welche die BaFin von einer anderen Aufsichtsbehörde er-

---

60 Vgl. *Wolf*, in: Berrar/Meyer u. a., Frankf Komm WpPG, § 17 Rn. 13, CESR/07-225, Tz.
    245.
61 So auch *Zeising*, in: Just/Voß/Ritz/Zeising, WpPG, § 17 Rn. 24 – 28; *Wolf*, in: Berrar/
    Meyer u. a., Frankf Komm WpPG, § 17 Rn. 17 – 19; auch CESR/09-103, Antwort auf Frage
    3 legt dies nahe. A. A.: *Rimbeck*, in Heidel, AktR, § 17 WpPG Rn. 4.
62 *von Kopp-Colomb/Witte*, in: Assmann/Schlitt/von Kopp-Colomb, WpPG/VerkProspG,
    § 17 Rn. 35.
63 Vgl. *Zeising*, in: Just/Voß/Ritz/Zeising, WpPG, § 17 Rn. 14 („interbehördliches" Verfah-
    ren); *Wolf*, in: Berrar/Meyer u. a., Frankf Komm WpPG, § 17 Rn. 21 („zwischenbehördli-
    ches" Verfahren); siehe hierzu auch die Komm. zu § 18 Rn. 13.
64 *Wolf*, in: Berrar/Meyer u. a., Frankf Komm WpPG, § 17 Rn. 22.

teilt, in einer Liste auf ihrer Internetseite zu veröffentlichen sind. Insofern ist weiterhin eine telefonische Abstimmung mit der BaFin erforderlich. Zwar wird ein Anbieter oder Zulassungsantragsteller regelmäßig davon ausgehen dürfen, dass eine ordnungsgemäß beantragte Notifizierung auch innerhalb der gesetzlichen Fristen erfolgt. Zudem dürften etwaige Übermittlungsfehler auch außerhalb seiner Sphäre liegen und sollten daher keine nachteiligen Rechtsfolgen auslösen können.[65] Derzeit ist aber rasche Rechtssicherheit nur über eine solche Kontaktaufnahme mit der BaFin zu erreichen.

5. Sprache

29   Ein von der zuständigen Behörde eines anderen Staates des EWR gebilligter Prospekt kann in Deutschland nur verwendet werden, wenn er der Sprachenregelung in § 19 Abs. 4 und 5 WpPG entspricht. Art. 17 Abs. 1 EU-ProspRL enthält zwar keinen derartigen Verweis auf die Sprachenregelung. Trotzdem ist der Verweis auf § 19 Abs. 4 und 5 WpPG mit der EU-ProspRL vereinbar. Nach Art. 17 Abs. 1 EU-ProspRL setzt die grenzüberschreitende Geltung der Prospekte voraus, dass eine Notifizierung vorgenommen wurde, die den Anforderungen des Art. 18 EU-ProspRL entspricht. Art. 18 Abs. 1 EU-ProspRL wiederum sieht vor, dass der Notifizierung ggf. eine Übersetzung der Zusammenfassung beizufügen ist. Ein solcher Fall ist gegeben, wenn ein Mitgliedstaat von seinem nach Art. 19 Abs. 2 Satz 2 EU-ProspRL bestehenden Recht, eine solche Zusammenfassung zu verlangen, Gebrauch gemacht hat. Entsprechend verweist Art. 17 Abs. 1 EU-ProspRL über Art. 18 Abs. 1 auf Art. 19 Abs. 2 EU-ProspRL. Der unmittelbare Bezug auf die Sprachenregelung in § 19 Abs. 4 und 5 WpPG durch den deutschen Gesetzgeber ist daher nicht zu beanstanden.

30   Die von der Bundesanstalt anerkannte Sprache i. S. d. § 19 Abs. 4 WpPG und eine in internationalen Finanzkreisen gebräuchliche Sprache[66] ist Englisch. Daneben muss der Prospekt eine Zusammenfassung in deutscher Sprache enthalten. Beispiele für in anderen Staaten des EWR gebilligte und für ein öffentliches Angebot und die Zulassung von Aktien zum regulierten Markt der Frankfurter Wertpapierbörse verwendete Prospekte sind die Prospekte der Air Berlin PLC (gebilligt von der britischen Financial Services Authority), der SAF-HOLLAND S.A. (gebilligt von der luxemburgischen Commission de Surveillance du Secteur Financier) und der RTL Group (gebilligt von der luxemburgischen Commission de Surveillance du Secteur Financier).

---

65 *Heidelbach*, in: Schwark/Zimmer, KapMRK, § 18 WpPG Rn. 20.
66 Vgl. BeschlEmpf und Bericht des Finanzausschusses, BT-Drucks. 15/5373, S. 50. Zu den mit der Sprache des Emissionsprospekts verbundenen praktischen Auswirkungen auf den Anlegerschutz, *Mattil/Möslein*, WM 2007, 819 ff.

§ 18
Bescheinigung der Billigung

(1) Die Bundesanstalt übermittelt den zuständigen Behörden der Aufnahmestaaten und gleichzeitig der Europäischen Wertpapier- und Marktaufsichtsbehörde auf Antrag des Anbieters oder Zulassungsantragstellers innerhalb von drei Werktagen eine Bescheinigung über die Billigung des Prospekts, aus der hervorgeht, dass der Prospekt gemäß diesem Gesetz erstellt wurde, sowie eine Kopie dieses Prospekts. Wird der Antrag zusammen mit der Einreichung des Prospekts zur Billigung gestellt, so beträgt die Frist nach Satz 1 einen Werktag nach Billigung des Prospekts. Der Anbieter oder Zulassungsantragsteller hat dem Antrag die Übersetzungen der Zusammenfassung gemäß der für den Prospekt geltenden Sprachenregelung des jeweiligen Aufnahmemitgliedstaates beizufügen. Dem Anbieter oder Zulassungsantragsteller wird die Bescheinigung zur gleichen Zeit übermittelt wie den zuständigen Behörden der Aufnahmestaaten.

(2) Absatz 1 ist auf gebilligte Nachträge zum Prospekt entsprechend anzuwenden.

(3) Im Falle einer Gestattung nach § 8 Abs. 2 oder Abs. 3 sind die Vorschriften, auf denen sie beruht, in der Bescheinigung zu nennen und ihre Anwendung zu begründen.

(4) Erhält die Bundesanstalt als zuständige Behörde des Aufnahmestaates Bescheinigungen über die Billigung von Prospekten und Prospektnachträgen nach den Absatz 1 Satz 1 entsprechenden Vorschriften eines Herkunftsstaates, veröffentlicht sie auf ihrer Internetseite eine Liste der übermittelten Bescheinigungen, gegebenenfalls einschließlich einer elektronischen Verknüpfung zu den Prospekten und Prospektnachträgen auf der Internetseite der zuständigen Behörde des Herkunftsstaates, des Emittenten oder des organisierten Marktes. Die Bundesanstalt hält die Liste nach Satz 1 stets auf dem aktuellen Stand und sorgt dafür, dass jeder Eintrag für mindestens zwölf Monate zugänglich ist.

Inhalt

I. Die Notifizierung

1 Die grenzüberschreitende Geltung der Prospekte (siehe § 17 WpPG und Art. 17 EU-ProspRL) wird ergänzt durch ein Notifizierungsverfahren zwischen den zuständigen Behörden der Mitgliedstaaten und übrigen Staaten des EWR sowie gegenüber der Europäischen Wertpapier- und Marktaufsichtsbehörde (European Securities and Markets Authority, kurz ESMA). Durch das Notifizierungsverfahren in § 18 Abs. 1 bis 3 WpPG werden die zuständigen Behörden der jeweiligen Aufnahmestaaten und die ESMA davon in Kenntnis gesetzt, dass eine Billigung erfolgt ist und in welcher Fassung der Prospekt gebilligt wurde. Damit kann der Prospekt auch in anderen Mitgliedstaaten für ein öffentliches Angebot oder die Zulassung von Wertpapieren zum Handel genutzt werden. Die zuständige Behörde des Aufnahmestaates hat zwar keine unmittelbaren Befugnisse gegenüber diesen Anbietern und Zulassungsantragstellern. Sie muss aber über Billigung und Inhalt des Prospekts in Kenntnis gesetzt werden, um dessen Verwendung im Aufnahmestaat überwachen und ggf. die zuständige Behörde des Herkunftsstaates informieren zu können (vgl. § 29 WpPG). Insofern soll das Notifizierungsverfahren einen angemessenen Anlegerschutz sicherstellen.[1]

Bereits kurz nach der Einführung des neuen Prospektrechts wurde von der Notifizierung umfassend Gebrauch gemacht.[2] Insgesamt hat die BaFin im Zeitraum vom 01.07.2005 bis 30.06.2012 in 2.392 Fällen die zuständigen Behörden der Aufnahmestaaten notifiziert und 3.229 Notifizierungen erhalten.[3] Dabei bietet die Zahl der Notifizierungen bei der BaFin, mit welcher die BaFin im europäischen Vergleich regelmäßig einen der vorderen Ränge einnimmt, ein Indiz für die Attraktivität des Finanzplatzes Deutschland für Anbieter und Zulassungsantragsteller aus dem europäischen Ausland.

II. Entstehungsgeschichte

2 § 18 WpPG orientiert sich weitgehend am Wortlaut des Art. 18 EU-ProspRL.

1. Art. 18 EU-ProspRL

Obwohl im ursprünglichen Richtlinienentwurf noch unklar geblieben war, ob Wertpapierprospekte nur noch ein Verfahren im Herkunftsstaat durchlaufen sollten[4], war bereits eine Meldung über die Prospektbilligung an die zuständige Behörde des Aufnahmestaates vorgesehen.[5] Die Frist für die Notifizierung geht auf den Vorschlag des Europäischen Parlaments zum Richtlinie-

---

1 Begr. zu Art. 18 des geänderten Vorschlags der Kommission, ABl. EG C 20 E v. 28.01.2003, S. 122, 134.
2 *Seitz*, AG 2005, 678, 689.
3 Vgl. *CESR* und ESMA reports, Ref: CESR/07-225; CESR/09-315; CESR/09-707; CESR/10-282; ESMA/2012-602; ESMA/2012-603.
4 Vgl. Ausführungen zu § 17 WpPG Rn. 3.
5 Art. 17 Vorschlag der Kommission, ABl. EG C 240 E v. 28.08.2001, S. 272, 279.

nentwurf zurück.[6] In ihrem geänderten Richtlinienentwurf übernahm die Kommission diesen Vorschlag und ergänzte Art. 18 um die Pflicht, eine ggf. erforderliche Übersetzung der Zusammenfassung aufzunehmen, und stellte klar, dass das Notifizierungsverfahren auch für Nachträge gilt.[7] Ob die Kommission in dieser Fassung des Art. 18 absichtlich auf die Übermittlung eines Prospekts in der gebilligten Fassung an die zuständige Behörde des Aufnahmestaates verzichtet hat, bleibt unklar. In seinem gemeinsamen Standpunkt nahm der Rat jedenfalls neben der Pflicht zur Übermittlung der Billigungsbescheinigung die Pflicht zur Übermittlung einer Kopie des gebilligten Prospekts wieder auf.[8] Die letztendliche Fassung der EU-ProspRL enthält zusätzlich eine Erweiterung der Fristenregelung um den Fall der gleichzeitig mit der Billigung beantragten Notifizierung.[9]

Nachdem Art. 18 einige Jahre unverändert blieb, wurde diese Norm zuletzt durch zwei kurz aufeinanderfolgende Richtlinien mit Wirkung zum 31.12. 2010 (RL 2010/73/EU) bzw. 04.01.2011 (RL 2010/78/EU) geändert. Mit der RL 2010/73/EU wurde eine Pflicht der zuständigen Behörden des Herkunftsstaates geschaffen, die für den Prospekt verantwortlichen Personen darüber zu informieren, ob und wann die Notifizierung stattgefunden hat. Mit der Richtlinie 2010/78/EU wurde die Pflicht der zuständigen Behörden des Herkunftsstaates geschaffen, die Notifizierung nicht nur gegenüber der zuständigen Behörde des Aufnahmestaates, sondern auch gegenüber der ESMA vorzunehmen. Ferner müssen die Behörden der Aufnahmestaaten und die ESMA eine Liste der erhaltenen Notifizierungen der Herkunftsstaaten auf ihrer Internetseite veröffentlichen, die Liste stets aktuell halten und jeden Eintrag in der Liste mindestens zwölf Monate aufrecht erhalten. Schließlich wird die ESMA ermächtigt, zur Vereinheitlichung des Notifzierungsverfahrens Durchführungsstandards zu erlassen.

2. § 18 WpPG

Die ursprünglich beschlossene Fassung des § 18 WpPG entspricht überwiegend dem ursprünglichen Referentenentwurf.[10] Änderungen im Gesetzgebungsverfahren sind vorwiegend sprachlicher Natur. Ausnahmen bilden der Hinweis auf die Sprachenregelungen der Aufnahmemitgliedstaaten in § 18 Abs. 1 Satz 2 WpPG und die Regelung der Nachträge in einem gesonderten Absatz. Beides wurde erst im Regierungsentwurf[11] aufgenommen.

3

---

6 Art. 16 Vorschlag der Kommission in der vom Europäischen Parlament in erster Lesung geänderten Fassung, ABl. EG C 47 E v. 27.02.2003, S. 525, 538.

7 Art. 18 geänderter Vorschlag der Kommission, ABl. EG C 20 E v. 28.01.2003, S. 122, 149.

8 Art. 18 Gemeinsamer Standpunkt Nr. 25/2003, ABl. EG C 125 E v. 27.05.2003, S. 21, 35, 54.

9 Weitere Hinweise zur Vor- und Entstehungsgeschichte: *von Kopp-Colomb/Witte*, in: Assmann/Schlitt/von Kopp-Colomb, WpPG/VerkProspG, § 18 Rn. 1–3.

10 Vorläufiger Regierungsentwurf, abrufbar unter: http://www.kapitalmarktrecht-im-internet.eu/de/Rechtsgebiete/Kapitalmarktrecht/Artikelgesetze/13/Prospektrichtlinie-Umsetzungsgesetz.htm#an4_0_3 (15.04.2014).

11 RegBegr. EU-ProspRL-UmsG, BT-Drucks. 15/4999, S. 13 f.

Auch die Änderungen des § 18 WpPG durch die Richtlinien 2010/73/EU und 2010/78/EU entsprechen weitgehend den Vorgaben dieser Richtlinien, wobei nur diejenigen Vorgaben in nationales Recht umgesetzt wurden, die den Rechte- und Pflichtenkreis der BaFin als zuständige mitgliedstaatliche Aufsichtsbehörde betreffen.

III. § 18 Abs. 1 WpPG

1. Inhalt des Antrags

4   Die Notifizierung der zuständigen Behörde des Aufnahmestaates und der ESMA nach § 18 Abs. 1 WpPG erfolgt nur auf Antrag des Anbieters oder Zulassungsantragstellers.[12] Eine Notifizierung aller zuständigen Behörden des EWR von Amts wegen hätte eine Vielzahl unnötiger Benachrichtigungen zur Folge und wäre nicht praktikabel. Die Notifizierung auf Antrag ist sinnvoll, da sie auf die Staaten beschränkt werden kann, in denen der Wertpapierprospekt verwendet werden soll. Zuständig für die sog. ausgehenden Notifizierungen nach § 18 Abs. 1 WpPG ist allein die BaFin als zuständige Behörde des Herkunftsstaates gemäß § 2 Nr. 13 WpPG.[13] Ein Anbieter oder Zulassungsantragsteller ist nicht berechtigt, die Bescheinigung über die Billigung und die Prospektkopie an die zuständige Behörde des Aufnahmestaates zu übermitteln.[14]

a) Aufnahmestaat

5   Für den Notifizierungsantrag gelten keine Formvorschriften, er ist jedoch aus Praktikabilitätsgründen und zu Dokumentationszwecken schriftlich einzureichen.[15] Er muss den Staat benennen, in dem der Wertpapierprospekt für ein öffentliches Angebot oder einen Antrag auf Zulassung an einem geregelten Markt[16] verwendet werden soll.[17] Diese inhaltliche Anforderung ergibt sich nicht ausdrücklich aus § 18 Abs. 1 WpPG, wohl aber aus dessen Auslegung. Nach § 18 Abs. 1 WpPG übermittelt die BaFin Bescheinigung und Kopie des

---

12 Zur Abweichung der Terminologie gegenüber der EU-ProspRL, die in Art. 18 Abs. 1 EU-ProspRL von Emittenten und für die Erstellung des Prospekts verantwortliche Personen spricht: *Heidelbach,* in: Schwark/Zimmer, KapMRK, § 18 WpPG Rn. 5.

13 *von Kopp-Colomb/Witte,* in: Assmann/Schlitt/von Kopp-Colomb, WpPG/VerkProspG, § 18 Rn. 5.

14 *von Kopp-Colomb/Witte,* in: Assmann/Schlitt/von Kopp-Colomb, WpPG/VerkProspG, § 18 Rn. 5; *Linke,* in: Schäfer/Hamann, KapMG, § 18 WpPG Rn. 2.

15 *Heidelbach,* in: Schwark/Zimmer, KapMRK, § 18 WpPG Rn. 7.

16 In der EU-ProspektRL ist von der Zulassung zum Handel mit Wertpapieren an einem „geregelten Markt" die Rede, wobei für die Definition des Begriffs auf Art. 1 Abs. 13 der RL 93/22/EWG verwiesen wird. Das WpPG verwendet den Begriff des organisierten Marktes und nennt eine eigene Definition in § 2 Nr. 16 WpPG, was die Anwendung des Gesetzes erheblich erleichtert.

17 BaFin, Präsentation v. 03.11.2005 zum Workshop: 100 Tage WpPG, Das Notifizierungsverfahren, S. 5.; *von Kopp-Colomb/Witte,* in: Assmann/Schlitt/von Kopp-Colomb, WpPG/VerkProspG, § 18 Rn. 6.

Prospekts an die zuständigen Behörden der Aufnahmestaaten. Aufnahmestaaten sind nach § 2 Nr. 14 WpPG nicht alle übrigen Staaten des EWR, sondern nur die, in denen ein öffentliches Angebot unterbreitet werden soll oder die Zulassung zum Handel angestrebt wird. Welches Land Aufnahmestaat ist, wird daher von den Anbietern und Zulassungsantragstellern festgelegt, so dass der Aufnahmestaat zwingend im Antrag angegeben werden muss. Die Notifizierung kann in beliebig viele Mitgliedstaaten erfolgen. Die BaFin stellt auf ihrer Internetseite ein Muster für den Notifizierungsantrag zur Verfügung.[18]

b) Zuständige Behörden

Ob sich § 18 Abs. 1 WpPG auch dahingehend auslegen lässt, dass im Antrag auf Notifizierung, wie von der BaFin gefordert, auch die zuständige Behörde des Aufnahmestaates genannt werden muss[19], ist fraglich. In der Praxis wird die Angabe der zuständigen Behörde des Aufnahmestaates wohl jedoch sinnvoll und üblich sein. Es ist für den Antragsteller zudem empfehlenswert, den Zeitplan und andere Details der Notifizierung unmittelbar mit der zuständigen Behörde abzustimmen.[20] Die zuständigen Behörden der Aufnahmestaaten sind (zur Vereinfachung sind, soweit vorhanden, jeweils die offiziellen englischen Bezeichnungen aufgeführt)[21]: Financial Services and Markets Authority (Autorité des services et marchés financier/Autoriteit voor Financiële Diensten en Markten) (Belgien)[22], Financial Supervision Commission (Комисията за финансов надзор) (Bulgarien)[23], Danish Financial Supervision Authority (Finanstilsynet) (Dänemark)[24], Estonian Financial Supervision Authority (Finantsinspektsioon) (Estland)[25], Financial Supervisory Authority (Finanssivalvonta) (Finnland)[26], Autorité des Marchés Financiers (Frankreich)[27], Hellenic Capital Market Commission (Επιτροπή Κεφαλαιαγοράς) (Grie-

6

---

18 http://www.bafin.de/SharedDocs/Downloads/DE/Formular/WA/fo_muster_antragnotif daueremittenten_wppg18.html (30.04.2013).

19 BaFin, Präsentation v. 03.11.2005 zum Workshop: 100 Tage WpPG, Das Notifizierungsverfahren, S. 5; so auch *Wolf*, in: Berrar/Meyer u. a., Frankf Komm WpPG, § 18 Rn. 4.

20 *von Kopp-Colomb/Witte*, in: Assmann/Schlitt/von Kopp-Colomb, WpPG/VerkProspG, § 18 Rn. 6, 16.

21 Rechtliche Angaben wurden nur für die Staaten aufgenommen, deren Regelung von der zuständigen Behörde bestätigt wurde. Fehlt ein Rechtshinweis wurde die für die Finanzmarktaufsicht insgesamt zuständige Behörde aufgenommen.

22 Internetseite: www.fsma.be.

23 Article 13 paragraph (1) item 8 Financial Supervision Commission Act und article 73 paragraph (2) and articles 90–92h Law on Public Offering of Securities. Internetseite: www.fsc.bg.

24 Securities Trading, etc. Act, Consolidating Act no. 855 of 17 August 2012, No. 83, 23.2 und 45.2. Internetseite: www.finanstilsynet.dk.

25 § 8 Securities Market Act und Financial Supervision Authority Act. Internetseite: www.fi.ee.

26 Act on the Financial Supervisory Authority (878/2008) Chapter 1, Section 5. Internetseite: http://www.finanssivalvonta.fi.

27 Règlement général de l'Autorité des marchés financiers, Livre II article. 212-2. Internetseite: www.amf-france.org.

chenland)[28], Central Bank of Ireland (Irland)[29], Financial Supervisory Authority, Iceland (Fjármálaeftirlitið) (Island)[30], Commissione Nazionale per le Società e la Borsa (Italien)[31], Financial and Capital Market Commission (Finanšu un kapitāla tirgus komisija) (Lettland)[32], Finanzmarktaufsicht (Liechtenstein)[33], Bank of Lithuania (Lietuvos Bankas) (Litauen)[34], Commission de Surveillance du Secteur Financier (Luxemburg)[35], Malta Financial Services Authority (Malta)[36], Autoriteit Financiële Markten (Niederlande)[37], The Financial Supervisory Authority of Norway (Finanstilsynet) (Norwegen)[38], Finanzmarktaufsicht (Österreich)[39], Polish Financial Supervision Authority (Komisja Nadzoru Finansowego) (Polen)[40], Comissão do Mercado de Valores Mobiliários (Portugal)[41], Romanian National Securities Commission (Comisia Naţionălală a Valorilor Mobiliare) (Rumänien)[42], Finansinspektionen (Schweden)[43], National Bank of Slovakia (Narodna banka Slovenska) (Slowakische Republik)[44], Comisión Nacional del Mercado de Valores (Spanien)[45], Czech National Bank (Česká národní banka) (Tschechische Republik)[46], Hungarian Financial Supervisory Authority (Pénzügyi Szervezetek Állami Felügyelete) (Ungarn)[47], Financial Services Authority, die diesbezüglich auch als UK Lis-

---

28 Internetseite: www.hcmc.gr.

29 Internetseite: http://www.centralbank.ie.

30 Regulation no. 242/2006 and 244/2006. Internetseite: www.fme.is.

31 Article 98 LEGISLATIVE DECREE No. 58 OF 24 FEBRUARY 1998 Consolidated Law on Finance pursuant to Articles 8 and 21 of Law no. 52 of 6 February 1996. Internetseite: www.consob.it.

32 Internetseite: www.fktk.lv.

33 § 22 Abs. 3 Wertpapierprospektgesetz. Internetseite: www.fma-li.li.

34 Internetseite: www.lb.lt.

35 Art. 18 Law on Prospectuses for Securities. Internetseite: www.cssf.lu.

36 Companies Act, Chapter 386, Second Schedule, paragraph 27. Internetseite: www.mfsa.com.mt.

37 Sec. 5:11 Act on Financial Supervision. Internetseite: www.afm.nl.

38 Internetseite: www.finanstilsynet.no.

39 § 8b Abs. 1 Kapitalmarktgesetz. Internetseite: www.fma.gv.at.

40 Art. 37 para. 1 of the Act on Public Offering, Conditions Governing the Introduction to Organised Trading, and Public Companies of July 29th 2005. Internetseite: www.knf.gov.pl/.

41 Art. 146 para. 1 of the Securities Code. Internetseite: www.cmvm.pt.

42 Internetseite: www.cnvmr.ro.

43 Chapter 2, Section 25 of the Swedish Financial Instruments Trading Act. Internetseite: www.fi.se.

44 Art. 125 d para. 2 Act on Securities and Investment Services No. 566/2001. Internetseite: www.nbs.sk.

45 Artículo 29 Ley 24/1988, de 28 de julio, del Mercado de Valores. Internetseite: www.cnmv.es

46 Section 36f para. 1 Act No. 256/2004 Coll., on Business Activities on the Capital Market. Internetseite: www.sec.cz.

47 Sec. 58–64 Act No. CXX of 2001 on the Capital Market. Internetseite: www.pszaf.hu.

ting Authority bezeichnet wird (Vereinigtes Königreich)[48], und Cyprus Securities and Exchange Commission (Επιτροπή Κεφαλαιαγοράς) (Zypern)[49].

Ob der Antrag auch die ESMA explizit benennen muss, ist nicht festgelegt. Im Unterschied zur Bezeichnung des Aufnahmestaates dient die Notifizierung gegenüber der ESMA nicht zugleich der Festlegung, in welchen Staaten ein öffentliches Angebot erfolgen soll, sondern muss durch die BaFin in jedem Fall erfolgen. Daher erscheint eine explizite Benennung der ESMA im Notifizierungsantrag nicht zwingend erforderlich.

c) Sonstige Anforderungen an den Inhalt des Antrags

Trotz des fehlenden Formerfordernisses kann die Ankündigung im Wertpa-   7
pierprospekt, dass die betreffenden Wertpapiere auch in einem anderen Mitglied- oder EWR-Staat öffentlich angeboten bzw. zugelassen werden sollen, einen eigenen Antrag nicht ersetzen.[50] Auch ein Nachtrag gemäß § 16 WpPG, der nach einer Notifizierung des ursprünglichen Prospekts bei der BaFin zum Zwecke der Billigung eingereicht wird, beinhaltet keinen konkludenten Notifizierungsantrag.[51]

In vielen Fällen wird der Antrag aus zeitlichen Gründen gleichzeitig mit der Einreichung des Wertpapierprospekts zur Billigung gestellt. Sollte es in Ausnahmefällen erst zu einem nachträglichen Antrag kommen, muss dem Antrag der Prospekt beigefügt sein und er muss die Erklärung beinhalten, dass der beigefügte Prospekt mit der Billigungsfassung übereinstimmt.[52] Der Antrag und der beizufügende Prospekt können entweder als PDF-Datei auf einer CD/DVD oder über die Melde- und Veröffentlichungsplattform der BaFin (MVP) eingereicht werden. Die Melde- und Veröffentlichungsplattform kann nur von registrierten Personen genutzt werden. Da der Registrierungsprozess gegebenenfalls mit einer zeitlichen Verzögerung verbunden ist, sollte der Antragsteller diesen Prozess rechtzeitig vor der Stellung des Notifizierungsantrags initiieren. Eine Einreichung per E-Mail gestattet die BaFin derzeit noch nicht.

Erforderlich ist es zudem, der zuständigen Behörde Dokumente zuzusenden, die per Verweis in den Prospekt einbezogene Angaben enthalten (zum Beispiel bestimmte Finanzinformationen oder Registrierungsformulare).[53]

---

48 Sections 72(1) and 87A(1) Financial Services and Markets Act 2000. Internetseite: www.fsa.gov.uk.
49 Art. 32.-(1) of the Law 114(I)/2005. Internetseite: www.cysec.gov.cy.
50 *Zeising*, in: Just/Voß/Ritz/Zeising, WpPG, 2009, § 18 Rn. 2.
51 *Wolf*, in: Berrar/Meyer u.a., Frankf Komm WpPG, § 18 Rn. 4.
52 *Wolf*, in: Berrar/Meyer u.a., Frankf Komm WpPG, § 18 Rn. 6.
53 Str.; so auch *Linke*, in: Schäfer/Hamann, KapMG, § 18 WpPG Rn. 3, 4; *Wolf*, in: Berrar/Meyer u.a., Frankf Komm WpPG, § 18 Rn 6; *Straßner*, in Heidel, Aktienrecht, § 18 WpPG Rn. 2; *Heidelbach*, in: Schwark/Zimmer, KapMRK, § 18 WpPG Rn. 12; a.A.: *von Kopp-Colomb/Witte*, in: Assmann/Schlitt/von Kopp-Colomb, WpPG/VerkProspG, § 18 Rn. 9.

2. Sprachenregelung

8   Dem Antrag auf Notifizierung muss die nach der Sprachenregelung des jeweiligen Aufnahmemitgliedstaates ggf. erforderliche Übersetzung der Zusammenfassung beigefügt sein. Insofern legt der deutsche Gesetzgeber fest, dass ein Teil der Notifizierungsvoraussetzungen nach § 18 Abs. 1 WpPG vom Gesetzgeber der übrigen Staaten des EWR normiert wird. Dies ist insoweit unproblematisch, als deutsche Anbieter und Zulassungsantragsteller der Gesetzgebungshoheit dieser Staaten unterliegen, wenn sie dort Wertpapiere öffentlich anbieten oder deren Zulassung an einem geregelten Markt beantragen wollen. Letztendlich muss der Prospekt der Sprachenregelung des jeweiligen Staates entsprechen, d. h. ggf. eine Übersetzung der Zusammenfassung enthalten, da diese Voraussetzung für die grenzüberschreitende Geltung des Prospekts ist.[54]

9   Die BaFin geht davon aus, dass die korrekte Sprachfassung des Prospekts allein im Verantwortungsbereich des Antragstellers liegt.[55] Trotzdem muss die BaFin die Sprachfassung des Prospekts kontrollieren. § 18 WpPG formuliert die Pflicht zur Anpassung an die Sprachenregelung des Aufnahmestaates als Notifizierungsvoraussetzung, die damit von der BaFin zu prüfen ist. Nach dem Wortlaut des § 18 Abs. 1 WpPG muss die BaFin die Notifizierung ablehnen, wenn sie nicht der Sprachenregelung des Aufnahmemitgliedstaates entspricht.[56]

10   In den Staaten des EWR gelten folgende Sprachenregelungen hinsichtlich der Zusammenfassungen[57]:

Belgien: französische und holländische Zusammenfassung im Falle eines öffentlichen Angebots erforderlich, eine Übersetzung ist dagegen nicht erforderlich, wenn lediglich eine Zulassung zum regulierten Markt in Belgien erfolgen soll – wird im Falle eines öffentlichen Angebots nur eine der beiden Sprachen für die Zusammenfassung gewählt, darf die Werbung auch nur in der gewählten Sprache erfolgen;

Bulgarien: bulgarische Zusammenfassung „sollte" erfolgen;

Dänemark: dänische Zusammenfassung erforderlich, außer wenn der Prospekt sich auf Wertpapiere bezieht, die kein Eigenkapital verbriefen und eine Stückelung von mindestens 100.000 Euro aufweisen;

---

54 Vgl. insoweit die deutsche Regelung in § 17 Abs. 3 WpPG und die Komm. unter § 17 WpPG Rn. 29.

55 BaFin, Wertpapierprospektgesetz, Hinterlegungsverfahren, Notifizierungsverfahren, Präsentation v. 29.05.2006 zum Workshop v. 17. und 22.05.2006, S. 33.

56 Dies entspricht auch der auf S. 32 der Präsentation geäußerten Vorgehensweise, nach der die BaFin bei einer Notifizierung prüft, ob alle erforderlichen Dokumente eingereicht wurden, siehe BaFin, Wertpapierprospektgesetz, Hinterlegungsverfahren, Notifizierungsverfahren, Präsentation v. 29.05.2006 zum Workshop vom 17. und 22.05.2006, S. 33. A. A. anscheinend *Zeising*, in: Just/Voß/Ritz/Zeising, WpPG, § 18 Rn. 7.

57 Vgl. *CESR*, Languages accepted for the purpose of the scrutiny of the Prospectus and requirements for the translation of the Summary, Ref: CESR/10-1113 (Stand: Oktober 2010) unter Beachtung der angepassten Schwellenwerte nach der EU-ProspRLÄndRL 2010/73/EU.

Deutschland: für englischsprachige Prospekte ist eine deutsche Zusammenfassung erforderlich, außer wenn der Prospekt sich auf die Zulassung zum Handel an einem regulierten Markt von Wertpapieren bezieht, die kein Eigenkapital verbriefen und eine Stückelung von mindestens 100.000 Euro aufweisen;

Estland: estnische Zusammenfassung erforderlich;

Finnland: finnische oder schwedische Zusammenfassung erforderlich, außer wenn der Prospekt sich auf Ausgabe von Wertpapieren bezieht, die kein Eigenkapital verbriefen und eine Stückelung von mindestens 100.000 Euro aufweisen;

Frankreich: französische Zusammenfassung erforderlich, außer wenn der Prospekt sich auf die Zulassung zum Handel an einem regulierten Markt von Wertpapieren bezieht, die kein Eigenkapital verbriefen und eine Stückelung von mindestens 100.000 Euro aufweisen;

Griechenland: die Capital Markets Commission kann eine griechische Zusammenfassung verlangen (Ermessensentscheidung), außer wenn der Prospekt sich auf Wertpapiere bezieht, die kein Eigenkapital verbriefen und eine Stückelung von mindestens 100.000 Euro aufweisen;

Irland: irische oder englische Zusammenfassung erforderlich, außer wenn der Prospekt sich auf Ausgabe von Wertpapieren bezieht, die kein Eigenkapital verbriefen und eine Stückelung von mindestens 100.000 Euro aufweisen;

Island: isländische Zusammenfassung erforderlich, außer wenn der Prospekt sich auf Ausgabe von Wertpapieren bezieht, die kein Eigenkapital verbriefen und eine Stückelung von mindestens 100.000 Euro aufweisen;

Italien: italienische Zusammenfassung erforderlich;

Lettland: lettische Zusammenfassung erforderlich;

Litauen: litauische Zusammenfassung erforderlich;

Luxemburg: soweit der Prospekt nicht in englisch, französisch, deutsch oder luxemburgisch verfasst worden ist, ist die Übersetzung des gesamten Prospekts in eine dieser Sprachen erforderlich;

Niederlande: keine holländische Zusammenfassung erforderlich;

Norwegen: eine Übersetzung der Zusammenfassung ist nicht erforderlich, wenn der Prospekt in dänisch, englisch oder schwedisch verfasst ist, außer wenn Zeichnungs- bzw. Antragsformular in norwegisch verfasst ist;

Österreich: deutsche Zusammenfassung nur erforderlich, wenn der Prospekt in einer anderen als der englischen Sprache veröffentlicht worden ist;

Polen: polnische Zusammenfassung erforderlich;

Portugal: portugiesische Zusammenfassung erforderlich, außer wenn der Prospekt sich auf Wertpapiere bezieht, die kein Eigenkapital verbriefen und eine Stückelung von mindestens 100.000 Euro aufweisen oder wenn sie kein

Eigenkapital verbriefen und beabsichtigt ist, dass sie an einem Markt oder Marktsegment gehandelt werden sollen, welcher nur für institutionelle Investoren zugänglich ist;

Rumänien: rumänische Zusammenfassung erforderlich;

Schweden: schwedische Zusammenfassung erforderlich, außer wenn der Prospekt sich auf Wertpapiere bezieht, die kein Eigenkapital verbriefen und eine Stückelung von mindestens 100.000 Euro aufweisen;

Slowakische Republik: slowakische Zusammenfassung erforderlich;

Slowenien: slowenische Zusammenfassung erforderlich;

Spanien: spanische Zusammenfassung erforderlich, außer wenn der Prospekt sich auf Wertpapiere bezieht, die kein Eigenkapital verbriefen und eine Stückelung von mindestens 100.000 Euro aufweisen;

Tschechische Republik: tschechische Zusammenfassung erforderlich;

Ungarn: ungarische Zusammenfassung erforderlich;

Vereinigtes Königreich: Die Financial Services Authority verlangt eine englische Zusammenfassung;

Zypern: Die Cyprus Securities and Exchange Commission darf eine griechische Zusammenfassung verlangen (Ermessensentscheidung), außer wenn der Prospekt sich auf Wertpapiere bezieht, die kein Eigenkapital verbriefen und eine Stückelung von mindestens 100.000 Euro aufweisen.

Neben der Frage, in welcher Sprache die Übersetzung der Zusammenfassung zu erstellen ist, stellt sich zudem die Frage, welche sprachlichen Anforderungen an den Prospekt selbst zu stellen sind. Unbestritten kann von vornherein ein Prospekt in englischer Sprache als der „in internationalen Finanzkreisen gebräuchlichen Sprache" erstellt werden, der von der Behörde des Herkunftsstaates (z. B. der BaFin) gebilligt wird und sodann mit einer entsprechenden Zusammenfassung in den Aufnahmestaat notifiziert wird. Will der Prospekterstellter jedoch eine andere Sprache verwenden, etwa weil bereits ein deutschsprachiger Prospekt von der BaFin gebilligt worden ist, so ist es nach verbreiteter Auffassung erforderlich, aber auch ausreichend, dem Notifizierungsantrag eine vollständige, aber nicht gebilligte Übersetzung des Prospekts beizufügen.[58] In diesem Fall muss der Prospekterstellter zudem bestätigen, dass die Übersetzung dem gebilligten Prospekt entspricht.

3. Inhalt der Notifizierung

11 Wenn die Voraussetzungen des § 18 Abs. 1 Satz 1 WpPG erfüllt sind, muss die BaFin die Notifizierung vornehmen. Ein Ermessen hat sie nicht.[59] Neben der Kopie des Prospekts übermittelt die BaFin an die zuständige Behörde

---

58 *Wolf*, in: Berrar/Meyer u. a., Frankf Komm WpPG, § 18 Rn. 13; *Zeising*, in: Just/Voß/Ritz/Zeising, WpPG, § 18 Rn. 13; *Linke*, in: Schäfer/Hamann, KapMG, § 18 WpPG Rn. 8; *von Kopp-Colomb/Witte*, in: Assmann/Schlitt/von Kopp-Colomb, WpPG/VerkProspG, § 17 Rn. 13; *Ritz/Voß*, in: Just/Voß/Ritz/Zeising, WpPG, § 19 Rn. 34–38.
59 *Heidelbach*, in: Schwark/Zimmer, KapMRK, § 18 WpPG Rn. 10.

eine Bescheinigung (sog. Certificate of Approval)[60] darüber, dass der Prospekt den Vorschriften des WpPG entspricht. Sofern erforderlich übermittelt sie zusätzlich die Übersetzung der Zusammenfassung. Diese sollte bei der Übermittlung als gesonderter Anhang übermittelt werden, um sicherzustellen, dass sie nicht als Teil des geprüften Prospekts missverstanden wird.[61] Ggf. muss die Bescheinigung daneben einen Hinweis auf die Rechtsgrundlage für gestattete Ausnahmen und eine Begründung der Ausnahmeerteilung enthalten.[62] Die BaFin übermittelt den Prospekt in der gebilligten Fassung und ggf. die Übersetzung der Zusammenfassung per E-mail. Die relevanten Dokumente werden als PDF-Dateien der E-Mail beigefügt.

Notifizierungsfähig sind gemäß §§ 5, 6, 16 WpPG Prospekte, Basisprospekte und Nachträge hierzu, nicht dagegen endgültige Bedingungen. Letztere können bei der BaFin gemäß § 6 Abs. 3 WpPG hinterlegt, durch den Emittenten direkt übermittelt sowie der zuständigen Behörde des Aufnahmestaates „mitgeteilt" („communicated" gemäß Art. 5 Abs. 4 UAbs. 3 der EU-ProspRL) werden.[63]

Die Bescheinigung wird in deutscher Sprache oder einer in internationalen Finanzkreisen gebräuchlichen Sprache, als welche nach der gegenwärtigen Praxis der BaFin nur Englisch in Betracht kommt, erstellt.[64]

12

Die BaFin ist gemäß § 18 Abs. 1 Satz 4 WpPG seit dem 01.06.2012 verpflichtet, dem Anbieter oder Zulassungsantragsteller die Bescheinigung zur gleichen Zeit wie auch den zuständigen Behörden der Aufnahmestaaten zu übermitteln. Diese Verpflichtung entsprach bereits vor diesem Datum der üblichen Praxis, so dass die Neuregelung überwiegend klarstellenden Charakter hat sowie der Stärkung der Rechtssicherheit[65] dient. Der Antragsteller wird von der BaFin üblicherweise per Telefax oder E-Mail darüber benachrichtigt, dass eine Notifizierung erfolgt ist und welchen Inhalt diese gehabt hat. Sie weist dabei darauf hin, dass die Benachrichtigung keine Bestätigung darüber ist, dass die Notifizierung bei der Aufnahmestaatbehörde angekommen ist und empfiehlt, sich an die entsprechende Behörde zu wenden.[66] Die

13

---

60 Die zuständigen Behörden verwenden mit dem Certificate of Approval ein weitgehend einheitliches Formular auf der Grundlage eines von der CESR (jetzt ESMA) entwickelten Vordrucks. Auch in Zukunft ist mit einer Vereinheitlichung des Notifizierungsprozesses zu rechnen, da die ESMA gemäß Art. 18 Abs. 4 UAbs. 1 der EU-ProspRL ermächtigt wird, technische Durchführungsstandards zu erlassen.

61 *von Kopp-Colomb/Witte,* in: Assmann/Schlitt/von Kopp-Colomb, WpPG/VerkProspG, § 18 Rn. 13.

62 Vgl. § 18 Abs. 3 WpPG und die Komm. unter Rn. 21 f.

63 BaFin-Workshop, Präsentation v. 04.06.2012/05.06.2012 zum Thema „Basisprospektregime nach neuem Recht", S. 20.

64 Vgl. *Groß,* KapMR, WpPG § 18 Rn. 2.

65 Erwg. 25 der EU-ProspRLÄndRL 2010/73/EU; *Lawall/Maier,* DB 2012, 2503–2507 (2507).

66 Bei Notifizierungen nach Luxemburg im Zusammenhang mit Aktienemissionen ist es bspw. üblich, dass der Emittent oder seine rechtlichen Berater vorab eine E-Mail an die CSSF unter prospectus.approval@cssf.lu senden, in dem auf das voraussichtliche Datum der Billigung und die bevorstehende Notifizierung durch die BaFin und den Beginn des öffentlichen Angebots hingewiesen wird.

Notifizierung ist mangels Regelungscharakters kein Verwaltungsakt.[67] Die Rechtsfolge der Notifizierung – Geltung des Prospekts im Aufnahmestaat – ergibt sich aus dem Gesetz, nicht der Notifizierung.[68]

14 Die EU-ProspRL sieht keine weiteren Anforderungen hinsichtlich der Notifizierung und der Prüfungskompetenz der Behörden des Aufnahmestaates vor. Dennoch haben die Behörden einiger Aufnahmestaaten praktisch weitere Anforderungen gestellt (z. B. die zusätzliche Übersendung von Marketingunterlagen oder gedruckter Fassungen des Prospekts). Teils ergeben sich solche Anforderungen auch aus einzelstaatlichen Regelungen (z. B. die Pflichten des § 14 Abs. 3 WpPG).[69]

4. Fristen

15 § 18 Abs. 1 WpPG enthält Fristen, innerhalb derer die BaFin der zuständigen Behörde des Aufnahmestaates die erforderlichen Unterlagen übermitteln muss.

a) Übermittlungszeitraum

Wird der Notifizierungsantrag nach der Billigung des Prospekts gestellt, muss die BaFin die Unterlagen innerhalb von drei Werktagen der zuständigen Behörde des Aufnahmestaates übermitteln (§ 18 Abs. 1 Satz 1 WpPG). Wird die Notifizierung gleichzeitig mit der Billigung des Prospekts beantragt, muss sie innerhalb eines Werktags erfolgen (§ 18 Abs. 1 Satz 2 WpPG). Die Frist wird nach § 31 VwVfG i.V.m. §§ 187 ff. BGB berechnet, d.h. der Tag der Antragstellung wird nicht mitgezählt.[70] Obgleich auch der Samstag ein Werktag ist, ist de facto an diesem Tag eine Notifizierung nicht zu erwarten, da der Samstag bei der BaFin – wie auch bei anderen europäischen Aufsichtsbehörden – kein Arbeitstag ist.[71]

Nicht geregelt ist der Fall, dass die Notifizierung nach dem Billigungsantrag und vor erfolgter Billigung beantragt wird. Ein solcher Notifizierungsantrag ist dahingehend auszulegen, dass der Antrag auf Billigung des Prospekts um den Antrag auf Notifizierung ergänzt wird und wie ein gemeinsamer Antrag behandelt werden soll. Da das Verwaltungsverfahren anders als bei einem Notifizierungsantrag nach Billigung des Prospekts bei einem Antrag vor erfolgter Billigung noch nicht abgeschlossen ist, für den Notifizierungsantrag daher kein neues Verfahren eröffnet werden muss, besteht kein Anlass, den Notifizierungsantrag vor erfolgter Billigung wie einen Antrag nach erfolgter

---

67 Differenzierend: *Heidelbach*, in: Schwark/Zimmer, KapMRK, § 18 WpPG Rn. 23.
68 Mangels entsprechender Hoheitsbefugnisse kann die BaFin genauso wenig wie der Gesetzgeber die Geltung des Prospekts im Herkunftsstaat anordnen, vgl. die Komm. zu § 17 Rn. 7.
69 Vgl. hierzu die Ausführungen und Beispiele in CESR, report, Ref: CESR/07-225, Tz. 240.
70 RegBegr. EU-ProspRL-UmsG, BT-Drucks. 15/4999, S. 37.
71 *Linke*, in: Schäfer/Hamann, KapMG, § 18 WpPG Rn. 6.

Billigung zu behandeln. Entsprechend gilt die Frist des § 18 Abs. 1 Satz 2 WpPG (ein Werktag).[72] Sie beginnt mit der Billigung des Prospekts.[73] In allen Fällen ist die BaFin gemäß § 18 Abs. 1 Satz 4 WpPG jedenfalls verpflichtet, dem Anbieter oder Zulassungsantragsteller die Bescheinigung zur gleichen Zeit wie auch den zuständigen Behörden der Aufnahmestaaten zu übermitteln.

b) Eingang der Unterlagen

§ 18 Abs. 1 WpPG verlangt die Übermittlung der Unterlagen an die zuständige Behörde des Aufnahmestaates, nicht deren Eingang.[74] Damit ist nach dem Wortlaut der Vorschrift denkbar, dass auch unmittelbar nach Ablauf der Frist die Notifizierungsunterlagen bei der Behörde des Aufnahmestaates noch nicht eingegangen sind, der Prospekt dort also noch nicht verwendet werden kann. Da die Übermittlung durch die BaFin in der Regel per E-Mail und Fax erfolgt[75], gehen die Unterlagen in der Praxis jedoch meist am Tage der Übermittlung ein. Die zuständige Behörde des Aufnahmestaates ist zudem gemäß Art. 18 Abs. 3 UAbs. 2 der EU-ProspRL bzw. dessen jeweiliger nationaler Umsetzung verpflichtet, auf ihrer Internetseite eine aktuell zu haltende Liste der übermittelten Bescheinigungen zu veröffentlichen. Die Anbieter bzw. Zulassungsantragsteller können sich daher Klarheit darüber verschaffen, wann der Prospekt in dem Aufnahmestaat verwendet werden kann, auch wenn sich eine direkte Kontaktaufnahme mit der zuständigen Behörde anbietet, soweit diese Liste nicht taggleich aktualisiert wird. Die Verwaltungspraxis der Aufsichtsbehörden einiger Mitgliedstaaten bestätigen zudem auf Anfrage per E-Mail den Erhalt der Bescheinigung. Auch die ESMA ist zu einer entsprechenden Veröffentlichung auf ihrer Internetseite verpflichtet.

16

c) Rechtsfolge bei Fristablauf

Die Rechtsfolge des Fristablaufs ist in § 18 Abs. 1 WpPG nicht geregelt. Ohne ausdrückliche Regelung kann nicht angenommen werden, dass mit Ablauf der Frist die Notifizierung fingiert wird, zumal innerhalb der Frist die Übermittlung und nicht der Zugang erfolgen muss und nach dem Recht des

17

---

72 So auch *Heidelbach*, in: Schwark/Zimmer, KapMRK, § 18 WpPG Rn. 15; *Wolf*, in: Berrar/Meyer u. a., Frankf Komm WpPG, § 18 Rn. 22, m. w. N.; *von Kopp-Colomb/Witte*, in: Assmann/Schlitt/von Kopp-Colomb, WpPG/VerkProspG, § 18 Rn. 15; *Linke*, in: Schäfer/Hamann, KapMG, § 18 WpPG Rn. 5; *Groß*, KapMR, § 18 WpPG Rn. 2; A. A. *Kullmann/Sester*, WM 2005, 1068, 1069; *Zeising*, in: Just/Voß/Ritz/Zeising, WpPG, § 18 Rn. 5; *Straßner*, in: Heidel, AktG, § 18 WpPG Rn. 2.

73 So auch *Kullmann/Sester*, die auf diesen Fall allerdings § 18 Abs. 1 Satz 1 WpPG anwenden, WM 2005, 1068, 1069.

74 A. A. *Heidelbach*, in: Schwark/Zimmer, KapMRK, § 18 WpPG Rn. 17.

75 So für eingehende Notifizierungen BaFin, Wertpapierprospektgesetz, Hinterlegungsverfahren, Notifizierungsverfahren, Präsentation vom 29.05.2006 zum Workshop vom 17. und 22.05.2006, S. 31.

Aufnahmestaates die grenzüberschreitende Geltung des Prospekts die Notifizierung bei der zuständigen Behörde des Aufnahmestaates voraussetzt.

d) Drittschutz

18 Die Bestimmung der Frist hat jedoch drittschützende Wirkung. Zweck der Vorschrift ist es, zugunsten der Anbieter und Zulassungsantragsteller sicherzustellen, dass die Notifizierung innerhalb kurzer Zeit erfolgt. Eine Übermittlung nach Ablauf der Frist kann daher Amtshaftungsansprüche auslösen, wenn dem Anbieter oder Zulassungsantragsteller durch die Verzögerung der Verwendungsmöglichkeit des Prospekts ein Schaden entstanden ist. Da etwaige Übermittlungsfehler der zuständigen Behörde zudem außerhalb der Sphäre des Anbieters oder Zulassungsantragstellers liegen, sollten sie im Grundsatz für ihn keine nachteiligen Rechtsfolgen auslösen.[76]

5. Rechtsschutz

19 Die Notifizierung ist mangels Regelungscharakters kein Verwaltungsakt.[77] Unterbleibt nach einem Antrag die Notifizierung, muss der Anbieter oder Zulassungsantragsteller vor dem Verwaltungsgericht die allgemeine Leistungsklage erheben. Praktische Bedeutung dürfte dieses Rechtsmittel allerdings nicht haben, da es für die BaFin keinen ersichtlichen Grund gibt, nach erfolgter Billigung die Notifizierung zu unterlassen.

IV. § 18 Abs. 2 WpPG

20 Auch die Nachträge nach § 16 WpPG sind zu notifizieren. Es gelten die Regelungen des § 18 Abs. 1 WpPG entsprechend. Die Billigung des Nachtrags entspricht der Billigung des Prospekts.

Neben dem Nachtrag ist der zuständigen Behörde des Aufnahmestaates auch die nach § 16 Abs. 2 WpPG ergänzte Zusammenfassung zu übermitteln, ggf. zusammen mit deren Übersetzung.

V. § 18 Abs. 3 WpPG

1. Gestattung und Begründung

21 Sofern eine Gestattung hinsichtlich der Nichtaufnahme von Angaben nach § 8 Abs. 2 oder nach § 8 Abs. 3 WpPG erfolgt ist, muss dies in der Notifizierung zusammen mit einer Begründung angegeben sein. Sofern die BaFin also ihr Ermessen ausgeübt hat mit der Folge, dass Pflichtangaben nicht in den Prospekt aufgenommen werden müssen, oder sie festgestellt hat, dass

---

76 Vgl. auch *Heidelbach*, in: Schwark/Zimmer, KapMRK, § 18 WpPG Rn. 20.
77 So auch *von Kopp-Colomb/Witte*, in: Assmann/Schlitt/von Kopp-Colomb, WpPG/VerkProspG, § 18 Rn. 14.

bestimmte Pflichtangaben ausnahmsweise nicht angemessen sind und durch gleichwertige Angaben ersetzt wurden, muss dieser Umstand im Certificate of Approval genannt und begründet werden.[78] Dies dient der effizienten Zusammenarbeit zwischen den Behörden. Ohne eine solche Information über die erfolgte Gestattung nach § 8 WpPG könnte sich die zuständige Behörde des Aufnahmestaates nach Eingang der Notifizierung veranlasst sehen, die BaFin über vermeintliche Rechtsverletzungen zu informieren, die ihr ggf. hinsichtlich des Fehlens von Angaben auffallen. Um ein solches erneutes Verwaltungsverfahren zu vermeiden, ist die zuständige Behörde des Aufnahmestaates von vornherein über eine erfolgte Gestattung zu informieren.

2. Drittschutz

Wenn die Angaben über eine erfolgte Gestattung nach § 8 WpPG fehlen, entspricht die Notifizierung nicht den rechtlichen Anforderungen, die in Art. 17 Abs. 1 EU-ProspRL und den nationalen Umsetzungsgesetzen normiert sind. Der betreffende Prospekt kann im Aufnahmestaat nicht verwendet werden, da die Voraussetzungen für eine grenzüberschreitende Geltung nicht erfüllt sind. 22

Unterbleiben die Angaben über Gestattungen nach § 8 WpPG, kann dies für den Anbieter und Zulassungsantragsteller daher u. U. weitreichende Konsequenzen haben. Entsprechend stellt sich die Frage, ob die Verpflichtung in § 18 Abs. 3 WpPG drittschützende Wirkung hat. Die Regelung in Art. 18 Abs. 2 EU-ProspRL verfolgt zwar in erster Linie den Zweck, die zuständige Behörde des Aufnahmestaates von der Ausnahmegestattung zu informieren. Für die Verwendung des Prospekts im Aufnahmestaat ist der Anbieter oder Zulassungsantragsteller aber auf eine erfolgreiche Notifizierung angewiesen. Nach Sinn und Zweck des § 18 Abs. 3 WpPG ist daher auch zugunsten von Anbietern und Zulassungsantragstellern sicherzustellen, dass die Notifizierung erfolgreich ist. Damit sollte § 18 Abs. 3 WpPG drittschützenden Charakter haben.[79]

VI. § 18 Abs. 4 WpPG

Seit dem 01.06.2012 ist die BaFin gemäß § 18 Abs. 4 WpPG verpflichtet, eine Liste der an sie übermittelten Notifizierungen auf ihrer Internetseite zu veröffentlichen. Die BaFin veröffentlicht mit dieser Liste zudem „gegebenenfalls" eine elektronische Verknüpfung zu den Prospekten und Prospektnachträgen auf der Internetseite der zuständigen Behörde des Herkunftsstaates, des Emittenten oder des organisierten Marktes. Unklar ist, ob mit dem Wort „gegebenenfalls" gemeint ist, dass die BaFin über ein Ermessen in dieser Frage verfügt oder ob sie zu einer Veröffentlichung der elektronischen Ver- 23

---

78 *von Kopp-Colomb/Witte*, in: Assmann/Schlitt/von Kopp-Colomb, WpPG/VerkProspG, § 18 Rn. 19.
79 A. A. RegBegr. EU-ProspRL-UmsG, BT-Drucks. 15/4999, S. 37; *Groß*, KapMR, WpPG § 18 Rn. 4; *Wolf*, in: Berrar/Meyer u. a., Frankf Komm WpPG, § 18 Rn. 26.

knüpfung verpflichtet ist, soweit ihr diese mit der Notifizierung mitgeteilt wird. Die Richtlinie gibt hierüber keinen unmittelbaren Aufschluss, da die entsprechende Norm auch nur das Wort „gegebenenfalls" enthält. Da gemäß Erwägungsgrund 29 der Richtlinie 2010/78/EU der Zweck dieser neuen Bestimmung in der Erhöhung der Transparenz besteht, spricht einiges dafür, dass die BaFin und die anderen Behörden der Aufnahmestaaten zu einer Veröffentlichung der elektronischen Verknüpfungen verpflichtet sind, soweit die Behörden der Herkunftsstaaten diese der BaFin mitgeteilt haben.

VII. Gebühren

24 Für die Notifizierung fällt eine Gebühr an, deren Höhe sich allein nach der Zahl der Aufnahmestaaten bemisst.[80] Unbeachtlich ist, ob die Übermittlung innerhalb von drei oder nur einem Werktag erfolgt. Ohne Einfluss ist zudem, ob nach § 18 Abs. 3 WpPG gesonderte Ausführungen erforderlich sind.

---

80 Siehe § 2 der Wertpapierprospektgebührenverordnung v. 29.06.2005, BGBl. I 2005, 1875, zuletzt geändert durch Gesetz vom 26.06.2012 (BGBl. I 2012, 1375) i.V.m. Nr. 9 des Gebührenverzeichnisses; für jeden Mitgliedstaat, an den die Notifizierung zu übermitteln ist, fällt eine Gebühr von 8,55 Euro an.

ABSCHNITT 5
Sprachenregelung und Emittenten mit Sitz in Drittstaaten

§ 19
Sprachenregelung

(1) Werden Wertpapiere, für die der Herkunftsstaat des Emittenten die Bundesrepublik Deutschland ist, im Inland öffentlich angeboten oder wird im Inland die Zulassung zum Handel an einem organisierten Markt beantragt und nicht auch in einem anderen Staat oder mehreren anderen Staaten des Europäischen Wirtschaftsraums, ist der Prospekt in deutscher Sprache zu erstellen. Die Bundesanstalt kann die Erstellung eines Prospekts in einer in internationalen Finanzkreisen gebräuchlichen Sprache gestatten, sofern der Prospekt auch eine Übersetzung der Zusammenfassung in die deutsche Sprache enthält und im Einzelfall unter Berücksichtigung der Art der Wertpapiere eine ausreichende Information des Publikums gewährleistet erscheint.

(2) Werden Wertpapiere, für die der Herkunftsstaat des Emittenten die Bundesrepublik Deutschland ist, nicht im Inland öffentlich angeboten und wird nicht im Inland die Zulassung an einem organisierten Markt beantragt, sondern nur in einem anderen Staat oder mehreren anderen Staaten des Europäischen Wirtschaftsraums, kann der Anbieter oder Zulassungsantragsteller den Prospekt nach seiner Wahl in einer von der zuständigen Behörde des Aufnahmestaates oder den zuständigen Behörden der Aufnahmestaaten anerkannten Sprache oder in einer in internationalen Finanzkreisen gebräuchlichen Sprache erstellen. In den Fällen des Satzes 1 ist der Prospekt zusätzlich in einer von der Bundesanstalt anerkannten oder in internationalen Finanzkreisen gebräuchlichen Sprache zu erstellen, sofern eine solche Sprache nicht bereits nach Satz 1 gewählt worden ist.

(3) Werden Wertpapiere, für die der Herkunftsstaat des Emittenten die Bundesrepublik Deutschland ist, im Inland öffentlich angeboten oder wird im Inland die Zulassung an einem organisierten Markt beantragt und werden die Wertpapiere auch in einem anderen Staat oder mehreren anderen Staaten des Europäischen Wirtschaftsraums öffentlich angeboten oder wird auch dort die Zulassung zum Handel beantragt, ist der Prospekt in deutscher oder in einer in internationalen Finanzkreisen gebräuchlichen Sprache zu erstellen. Ist der Prospekt nicht in deutscher Sprache erstellt, muss er auch eine Übersetzung der Zusammenfassung in die deutsche Sprache enthalten.

(4) Werden Wertpapiere, für die der Herkunftsstaat des Emittenten nicht die Bundesrepublik Deutschland ist, im Inland öffentlich angeboten oder wird im Inland die Zulassung zum Handel an einem organisierten Markt beantragt, kann der Prospekt in einer von der Bundesanstalt anerkannten

Sprache oder in einer in internationalen Finanzkreisen gebräuchlichen Sprache erstellt werden. Ist der Prospekt nicht in deutscher Sprache erstellt, muss er auch eine Übersetzung der Zusammenfassung in die deutsche Sprache enthalten.

(5) Wird die Zulassung von Nichtdividendenwerten mit einer Mindeststückelung von 100 000 Euro zum Handel an einem organisierten Markt in einem Staat oder mehreren Staaten des Europäischen Wirtschaftsraums beantragt, kann der Prospekt in einer von der Bundesanstalt und der zuständigen Behörde des Aufnahmestaates oder den zuständigen Behörden der Aufnahmestaaten anerkannten Sprache oder in einer in internationalen Finanzkreisen gebräuchlichen Sprache erstellt werden.

Inhalt

I. Einleitung

1 § 19 WpPG enthält in Umsetzung des Art. 19 EU-ProspRL[1] die Sprachenregelung für nach dem WpPG zu billigende Prospekte. Die Vorschrift ist im Zuge der WpPG-Novelle 2012[2] materiell unverändert geblieben, lediglich in Abs. 5 wurde in Folge der Anhebung der Mindeststückelung zur Befreiung von der Prospektpflicht (§ 3 Abs. 2 Nr. 3 und 4 WpPG) dieser Betrag ebenfalls angepasst. Die in § 19 WpPG enthaltene gestufte Sprachenregelung legt fest, wann im Interesse eines möglichst effizienten, grenzüberschreitenden

---

1 EU-ProspRL 2003/71/EG vom 04.11.2003, zuletzt geändert durch die RL 2010/73/EU vom 24.11.2010.
2 Gesetz zur Umsetzung der RL 2010/73/EU und zur Änderung des BörsG, BT-Drucks. 17/8684.

Kapitalmarktzugangs[3] einem Anleger Prospektinformationen auch in einer in internationalen Finanzkreisen gebräuchlichen Sprache gegeben werden dürfen. Den Interessen des Anlegerschutzes wird in diesem Fall durch die Übersetzung der Zusammenfassung in die deutsche Sprache Rechnung getragen. Das gefundene System ist ausgewogen und hat sich in der Praxis bewährt.[4] Der Anleger erhält durch die Erweiterung der Zusammenfassung um die Schlüsselinformationen zum Emittenten und zum Wertpapier (§ 5 Abs. 2 WpPG) noch weitergehendere Prospektinformationen auch in deutscher Sprache. Daneben tritt die Anlageberatung nach dem WpHG, in dessen Rahmen der Anleger vertiefte, individuelle Infomationen beziehen kann.[5] Die Regelungen zum Sprachenregime sind ein Teilbereich des mit der EU-ProspRL eingeführten europäischen Passes für Emittenten. Die hiermit verbundene, prinzipielle Gültigkeit[6] eines von einer Aufsichtsbehörde gebilligten Prospektes in mehreren EWR-Staaten ist ohne ein einheitliches Sprachenregime nicht denkbar. Gleichwohl war das Sprachenregime auf europäischer wie auf deutscher Ebene ein wesentlicher Diskussionspunkt.[7]

II. Europäische Rechtsgrundlagen

1. § 19 Abs. 1 WpPG

Die europäische Rechtsgrundlage für die Regelung des § 19 Abs. 1 WpPG   2
findet sich in Art. 19 Abs. 1 der EU-ProspRL. Allerdings wird dort für den Fall, dass die Wertpapiere nur im Herkunftsmitgliedstaat öffentlich angeboten werden oder nur dort die Zulassung zum Handel an einem organisierten Markt beantragt wird, lediglich vorgeschrieben, dass der Prospekt in einer von der zuständigen Behörde des Herkunftsmitgliedstaates anerkannten Sprache erstellt wird. Eine zwingende Festlegung auf die jeweilige(n) Amtssprache(n) des Herkunftsmitgliedstaates ist damit aber gerade nicht erfolgt.[8] Unter europarechtlichen Gesichtspunkten bestand daher keine Notwendigkeit zur in § 19 Abs. 1 WpPG vorgenommenen grundsätzlichen Verpflichtung auf die deutsche Sprache.

2. § 19 Abs. 2 WpPG

Die europarechtliche Basis für die Regelung des § 19 Abs. 2 Satz 1 WpPG   3
findet sich in Art. 19 Abs. 2 Satz 1 der EU-ProspRL. Danach kann für grenzüberschreitende öffentliche Angebote bzw. Börsenzulassungen an einem or-

---

3 Vgl. hierzu Erwg. 35 der EU-ProspRL; *Heidelbach*, in: Schwark/Zimmer, KapMRK, § 19 WpPG, Rn. 3; *Ritz/Voß*, in: Just/Voß/Ritz/Zeising, WpPG, § 19, Rn. 1 ff.; *Crüwell*, AG 2003, 243, 248; *Wagner*, Die Bank, 2003, 681, 684.
4 *Holzborn/Israel*, ZIP 2005, 1668, 1673.
5 Vgl. *Heidelbach*, in: Schwark/Zimmer, KapMRK, § 19 WpPG, Rn. 3.
6 Vgl. §§ 17 f. WpPG.
7 Vgl. *Ritz/Voß*, in: Just/Voß/Ritz/Zeising, WpPG, § 19, Rn. 2 ff.
8 Vgl. *Heidelbach*, in: Schwark/Zimmer, KapMRK, § 19 WpPG, Rn. 3 ff.; *Kunold/Schlitt*, BB 2004, 501, 508.

ganisierten Markt, die nicht auch im Herkunftsmitgliedstaat erfolgen, durch den Aufnahmemitgliedstaat keine vollständige Übersetzung des Prospekts in dessen Amtssprache verlangt werden.[9] Vielmehr kann der Emittent entscheiden, ob er eine englische Sprachfassung oder eine Sprache wählt, die seitens einer der zuständigen Behörden eines Aufnahmestaates akzeptiert wird.[10] Die europäischen Vorgaben wurden diesbezüglich ohne Abweichungen in das deutsche Recht umgesetzt.

4 § 19 Abs. 2 Satz 2 WpPG beruht auf der Regelung in Art. 19 Abs. 2 Satz 3 EU-PRL. Sofern der Prospekt nicht in einer in internationalen Finanzkreisen gebräuchlichen Sprache erstellt ist, muss dieser danach auch in einer von der zuständigen Herkunftsstaatbehörde anerkannten Sprache verfasst werden. Damit soll diese Behörde in die Lage versetzt werden, den Inhalt des zu billigenden Prospekts zu verstehen.[11]

3. § 19 Abs. 3 WpPG

5 Die europarechtliche Grundlage für die Regelung des § 19 Abs. 3 WpPG stellt Art. 19 Abs. 3 der EU-ProspRL dar.

4. § 19 Abs. 4 WpPG

6 Die Grundlage für die Regelung des § 19 Abs. 4 Satz 1 WpPG findet sich in Art. 19 Abs. 2 Satz 2 EU-ProspRL. Danach kann die zuständige Behörde des Aufnahmemitgliedstaates nur eine Übersetzung der Zusammenfassung in ihre Amtssprache(n) bestimmen. Soweit mehrere Amtssprachen vorliegen (z. B. Belgien), kann daher eine Übersetzung der Zusammenfassung in sämtliche Amtssprachen verlangt werden.[12]

5. § 19 Abs. 5 WpPG

7 Die Grundlage für die Regelung des § 19 Abs. 5 WpPG findet sich in Art. 19 Abs. 4 Satz 1 der EU-PRL.

III. § 19 Abs. 1 WpPG, Angebot/Zulassung nur im Inland

1. Grundsatzregelung (§ 19 Abs. 1 Satz 1 WpPG)

8 Gem. § 19 Abs. 1 Satz 1 WpPG ist der Prospekt in deutscher Sprache zu erstellen, wenn Wertpapiere, für die der Herkunftsstaat des Emittenten die Bundesrepublik Deutschland ist, nur im Inland öffentlich angeboten werden

---

9 *Kunold/Schlitt*, BB 2004, 501, 508.

10 Vgl. *Heidelbach*, in: Schwark/Zimmer, KapMRK, § 19 WpPG, Rn. 12 ff.; *Crüwell*, AG 2003, 243, 248.

11 Vgl. *Ritz/Voß*, in: Just/Voß/Ritz/Zeising, WpPG, § 19, Rn. 21 ff.; *Kunold/Schlitt*, BB 2004, 501, 508; *Crüwell*, AG 2003, 243, 249.

12 Vgl. *Ritz/Voß*, in: Just/Voß/Ritz/Zeising, WpPG, § 19, Rn. 58 ff.; *Crüwell*, AG 2003, 243, 249.

oder nur im Inland die Zulassung zum Handel an einem[13] organisierten Markt beantragt wird. Die Regelung hat ihren Ursprung darin, dass in den von § 19 Abs. 1 WpPG erfassten Fällen mit dem öffentlichen Angebot oder der Zulassung von Wertpapieren zum Handel an einem inländischen organisierten Markt ausschließlich oder vorrangig in Deutschland ansässige Anleger angesprochen werden.[14] Allerdings ist die nun in Abs. 1 getroffene Regelung eine Abweichung zur Praxis vor Inkrafttreten des WpPG, da bislang zumindest ausländische Emittenten u. a. für ausschließlich in Deutschland angebotene Wertpapiere auch einen englischsprachigen Prospekt verwenden konnten.[15] Insgesamt ist daher die in Abs. 1 gefundene Regelung im Hinblick auf die Belange ausländischer Emittenten nicht ganz zufriedenstellend ausgefallen.

2. Begriffsdefinitionen

Der Begriff Wertpapier wird in § 2 Nr. 1 WpPG definiert. Legaldefinitionen finden sich im WpPG darüber hinaus auch für die in § 19 WpPG verwendeten Termini Herkunftsstaat,[16] öffentliches Angebot von Wertpapieren,[17] Staat des EWR,[18] Emittent[19] sowie organisierter Markt.[20]   9

3. Ausnahmemöglichkeit (§ 19 Abs. 1 Satz 2 WpPG)

Auch bei Vorliegen der in § 19 Abs. 1 Satz 1 WpPG genannten Voraussetzungen kann der Prospekt – bei entsprechender Gestattung, die im Ermessen der BaFin liegt – abweichend von dem prinzipiellen Erfordernis der deutschen Sprache in einer in internationalen Finanzkreisen gebräuchlichen Sprache erstellt werden, sofern der Prospekt auch eine Übersetzung der Zusammenfassung in die deutsche Sprache enthält und im Einzelfall unter Berücksichtigung der Art der Wertpapiere eine ausreichende Information des Publikums gewährleistet erscheint.   10

Die Ausnahmemöglichkeit soll „aus Gründen des Schutzes des Publikums" eher restriktiv ausgelegt werden.[21] Bei einer solchen Entscheidung ist auch zu berücksichtigen, ob es sich um Wertpapiere handelt, deren Funktionsweise besondere Kenntnisse erfordert, und ob die Einschätzung des Ertrags-   11

---

13 Die Zulassung kann auch an mehreren organisierten Märkten in Inland erfolgen, vgl. *Heidelbach*, in: Schwark/Zimmer, KapMRK § 19 WpPG, Rn. 9.
14 RegBegr. EU-ProspRL-UmsG, BT-Drucks. 15/4999, S. 37.
15 Vgl. § 15 Abs. 1 Satz 2 und Abs. 3 Satz 2 VerkProspG a. F., § 2 Abs. 1 Satz 4 VerkProspVO a. F., § 13 Abs. 1 Satz 3 BörsZulVO a. F.
16 Vgl. § 2 Nr. 13 WpPG.
17 Vgl. § 2 Nr. 4 WpPG.
18 Vgl. § 2 Nr. 14 WpPG.
19 Vgl. § 2 Nr. 9 WpPG.
20 Vgl. § 2 Nr. 16 WpPG.
21 RegBegr. EU-ProspRL-UmsG, BT-Drucks. 15/4999, S. 25 und 37; *Holzborn/Israel*, ZIP 2005, 1668, 1673; *Groß*, KapMR, § 20 WpPG, Rn. 3.

und Verlustrisikos spezielle Informationen voraussetzt.[22] Der Publikumsschutz soll bei Angeboten ausschließlich an institutionelle Anleger aber nicht
entgegenstehen[23], vgl. zur Praxisrelevanz aber Rn. 12. Eine Gestattung
durch die BaFin soll allerdings bei der Emission von Aktien nicht in Betracht
kommen.[24]

12   Die Ausnahme hat wegen der Verpflichtung der BaFin zu einer restriktiven
Handhabung in der Praxis keine wesentliche Relevanz erlangt.[25] Das in der
Begründung zum Regierungsentwurf angeführte Beispiel für einen Ausnahmefall („Wertpapiere werden im Inland ausschließlich institutionellen Anlegern angeboten"[26]) dürfte ebenso kaum praxisrelevant sein, da hier gerade
die generelle Ausnahme von der Prospektpflicht gem. § 3 Abs. 2 Nr. 1 WpPG
einschlägig ist.[27]

13   Als eine in internationalen Finanzkreisen gebräuchliche Sprache wird Englisch anzusehen sein.[28] Dafür spricht auch die Praxis im Hinblick auf die im
bisherigen, durch das EU-ProspRL-Umsetzungsgesetz aufgehobenen § 15
Abs. 1 Satz 2 und Abs. 3 Satz 2 VerkProspG (Angebot in mehreren Mitgliedstaaten der EU oder in anderen Vertragsstaaten des Abkommens über den
EWR) verwendete Formulierung „im Inland auf dem Gebiet des grenzüberschreitenden Wertpapierhandels nicht unüblichen Sprache".[29] Darüber hinaus war eine im Hinblick auf die Sprachvorgaben vergleichbare Regelung
auch in den bisherigen, durch das EU-ProspRL-Umsetzungsgesetz aufgehobenen § 15 Abs. 1 Satz 3 BörsenG (Gleichzeitiger Zulassungsantrag an mehreren Börsen) sowie in § 13 Abs. 1 Satz 3 BörsZulVO enthalten. Die Gesetzesbegründung zu § 13 Abs. 1 Satz 3 BörsZulVO, der durch das 3. FMFG[30]
eingeführt wurde, führt aus, dass die Voraussetzung „im Inland auf dem Gebiet des grenzüberschreitenden Wertpapierhandels nicht unüblich ist" in der
Regel bei Verwendung der englischen Sprache erfüllt ist.[31] Auch der Deut-

---

22 RegBegr. EU-ProspRL-UmsG, BT-Drucks. 15/4999, S. 37/38 zur inhaltlich vergleichbaren
    Regelung im ursprünglichen Abs. 3.
23 Ebs. vgl. *Ritz/Voß*, in: Just/Voß/Ritz/Zeising, WpPG, § 19, Rn. 19; *Heidelbach*, in: Schwark/
    Zimmer, KapMRK, § 19 WpPG, Rn. 11.
24 RegBegr. EU-ProspRL-UmsG, BT-Drucks. 15/4999, S. 38 zur inhaltlich vergleichbaren
    Regelung im ursprünglichen Abs. 3.
25 *Heidelbach*, in: Schwark/Zimmer, KapMRK, § 19 WpPG, Rn. 11.
26 RegBegr. EU-ProspRL-UmsG, BT-Drucks. 15/4999, S. 37.
27 So zutr. *Holzborn/Israel*, ZIP 2005, 1668, 1673 und *Schlitt/Schäfer*, AG 2005, 498, 509 un-
    ter Hinweis, dass der Prospekt in diesen Fällen allein der Börsenzulassung der Aktie
    dient; vgl. auch *Heidelbach*, in: Schwark/Zimmer, KapMRK, § 19 WpPG, Rn. 11.
28 *Heidelbach*, in: Schwark/Zimmer, KapMRK, § 19 WpPG, Rn. 5 ff.; *Ritz/Voß*, in: Just/Voß/
    Ritz/Zeising, WpPG, § 19, Rn. 11 ff.; *von Ilberg*, in: Assmann/Schlitt/von Kopp-Colomb,
    WpPG/VerkProspG § 19 WpPG, Rn. 21; *Linke*, in: Schäfer/Hamann, KapMG, § 19 WpPG,
    Rn. 3; *Kunold/Schlitt*, BB 2004, 501, 508; *Crüwell*, AG 2003, 243, 248; *Boos/Preuße*,
    ZFGK, 2005, 523, 525.
29 Zutr. *Crüwell*, AG 2003, 243, 248.
30 BGBl. I 1998, S. 529.
31 BT-Drucks. 13/8933, S. 54, 74 zu § 40 a a. F.; *Heidelbach*, in: Schwark/Zimmer, KapMRK,
    § 35 BörsG Rn. 3 und § 34 BörsG Rn. 8; *Meyer*, in: Habersack/Mülbert/Schlitt, UntFi-
    nanzKM, § 24 Rn. 12 .

sche Bundestag hat sich im Rahmen des Gesetzgebungsverfahrens dahingehend geäußert, dass eine in internationalen Finanzkreisen gebräuchliche Sprache die englische Sprache ist.[32]

Im Gegensatz zu § 19 Abs. 1 WpPG gestattet das österreichische Kapitalmarktgesetz auch in den Fällen einer rein nationalen Zulassung zum Handel an einem geregelten Markt bzw. einem rein nationalen öffentlichen Angebot generell auch die Verwendung der englischen Sprache.[33] Das luxemburgische Umsetzungsgesetz zur EU-Prospektrichtlinie geht sogar noch weiter und lässt für diesen Fall die Sprachen Luxemburgisch, Französisch, Deutsch oder Englisch als gleichberechtigt zu.[34]   14

IV. § 19 Abs. 2 WpPG, Angebot/Zulassung nur im Ausland

1. Grundsatzregelung (§ 19 Abs. 2 Satz 1 WpPG)

Nach § 19 Abs. 2 Satz 1 WpPG kann der Antragsteller bzw. Zulassungsantragsteller den Prospekt nach seiner Wahl in einer von der zuständigen Behörde des Aufnahmestaates oder den zuständigen Behörden der Aufnahmestaaten anerkannten Sprache oder in einer in internationalen Finanzkreisen gebräuchlichen Sprache erstellen, wenn Wertpapiere, für die der Herkunftsstaat des Emittenten die Bundesrepublik Deutschland ist, nicht im Inland öffentlich angeboten werden und im Inland nicht die Zulassung zum Handel an einem organisierten Markt beantragt wird, sondern nur in einem anderen Staat oder mehreren anderen Staaten des EWR. Der Begriff Aufnahmestaat wird in § 2 Nr. 14 WpPG definiert.   15

2. Pflicht zur Prospekterstellung in zusätzlicher Sprache (§ 19 Abs. 2 Satz 2 WpPG)

In den Fällen von § 19 Abs. 2 Satz 1 WpPG ist der Prospekt zusätzlich in einer von der BaFin anerkannten oder in internationalen Finanzkreisen gebräuchlichen Sprache zu erstellen, allerdings nur dann, wenn eine solche Sprache nicht bereits nach Abs. 2 Satz 1 gewählt worden ist. In der Praxis wird daher zumeist die englische Sprache als eine in internationalen Finanzkreisen gebräuchliche Sprache zur Vermeindung eines doppelsprachigen Prospektes gewählt.[35]   16

---

32 Bericht und BeschlEmpf des Bundestages, BT-Drucks. 15/5373, S. 50; *Groß*, KapMR, § 20 Rn. 5.

33 Vgl. § 7b Abs. 1 Kapitalmarktgesetz; das Gesetz kann auf der Internet-Seite der FMA – Finanzmarktaufsicht, Österreich – unter www.fma.gv.at/rechtliche-grundlagen/gesetzliche-grundlagen/aufsichtsgesetz abgerufen werden.

34 Vgl. Art. 20 Ziff. 1 des luxemburgischen Umsetzungsgesetzes; das Gesetz kann auf der Internet-Seite der Luxemburger Börse unter www.bourse.lu/listing-requirements abgerufen werden.

35 Vgl. *Heidelbach*, in: Schwark/Zimmer, KapMRK § 19 WpPG, Rn. 12.

V. § 19 Abs. 3 WpPG, Angebot/Zulassung im In- und Ausland

1. Grundsatzregelung (§ 19 Abs. 3 Satz 1 WpPG)

17 Gem. § 19 Abs. 3 Satz 1 WpPG kann der Prospekt in deutscher oder in einer in internationalen Finanzkreisen gebräuchlichen Sprache erstellt werden, wenn die Wertpapiere, für die der Herkunftsstaat des Emittenten die Bundesrepublik Deutschland ist, im Inland öffentlich angeboten werden oder im Inland die Zulassung zum Handel an einem organisierten Markt beantragt wird und die Wertpapiere auch in einem anderen Staat oder mehreren anderen Staaten des EWR öffentlich angeboten werden oder auch dort die Zulassung zum Handel beantragt wird.

Diese Regelung war im Rahmen der Umsetzung der EU-ProspRL besonders umstritten. Der Regierungsentwurf enthielt noch eine Regelung, wonach der Prospekt grds. in deutscher Sprache zu erstellen ist und die BaFin eine Prospekterstellung „in einer in internationalen Finanzkreisen gebräuchlichen Sprache" nur unter bestimmten Voraussetzungen gestatten kann.[36] Grenzüberschreitend tätige Emittenten haben allerdings ein erhebliches Interesse, ohne wesentliche Zeitverzögerungen und Kostenbelastungen mit einmal gebilligten Prospekten Emissionen in Europa begeben zu können. Insofern bestand die Gefahr, dass bei Aufrechterhaltung einer Verpflichtung zur Erstellung eines Prospekts in deutscher Sprache als Regelfall die internationale Attraktivität des Finanzplatzes Deutschland beeinträchtigt wird und hinter andere europäische Finanzplätze zurückfällt.[37] Bereits der Bundesrat hat in seiner Stellungnahme zu dem Regierungsentwurf der Bundesregierung auf diese Punkte hingewiesen.[38] Diesen Vorschlag hat der Deutsche Bundestag mit dem Hinweis darauf, dass durch die Einräumung eines Wahlrechtes, ob der Prospekt in deutscher oder in einer in Finanzkreisen gebräuchlichen Sprache erstellt wird, die internationale Attraktivität des Finanzplatzes Deutschland weiter erhöht werden soll, aufgegriffen.[39] Damit hat der Gesetzgeber die gängige Praxis, insb. bei Emissionsprogrammen, berücksichtigt.[40]

18 Auf den ersten Blick nicht klar erscheinen die gesetzlichen Vorgaben im Hinblick auf das anzuwendende Sprachenregime bei Vorliegen eines Basisprospektes unter dem sowohl grenzüberschreitende als auch rein nationale Emissionen begeben werden sollen. Auch hier dürfte § 19 Abs. 3 WpPG für den gesamten Basisprospekt einschlägig sein, sobald auch nur eine Emission unter dem Basisprospekt grenzüberschreitend erfolgen soll.[41] Im Hinblick darauf, dass das Sprachenregime eines Basisprospekts nicht teilbar ist,

---

36 RegBegr. EU-ProspRL-UmsG, BT-Drucks. 15/4999, S. 14 und 37.

37 Vgl. auch *von Ilberg*, in: Assmann/Schlitt/von Kopp-Colomb, WpPG/VerkProspG, § 19 WpPG, Rn. 56 ff.

38 Stellungnahme BR zum RegE BT-Drucks. 15/5219, S. 4.

39 BeschlEmpf und Bericht des Finanzausschusses, BT-Drucks. 15/5373, S. 50; *Grub/Thiem*, NZG 2005, 750, 751.

40 *Boos/Preuße*, ZFGK, 2005, 523, 525; *von Ilberg*, in: Assmann/Schlitt/von Kopp-Colomb, WpPG/VerkProspG, § 19 WpPG, Rn. 64 f.

41 Zutr. daher *Kullmann/Sester*, WM 2005, 1068, 1071.

kann in diesem Fall nicht § 19 Abs. 1 WpPG für den gesamten Basisprospekt maßgeblich sein; ansonsten wäre dem Emittenten eine Wahlmöglichkeit genommen, die ihm bei einer entsprechenden grenzüberschreitenden Emission außerhalb des Basisprospektes ohne Zweifel offen stünde.

Vollständig zweisprachig abgefasste Prospekte sind nach Auffassung der Ba-   *19*
Fin nach dem WpPG nicht zulässig.[42] Sie werden von der BaFin wie die Einreichung von zwei Prospekten behandelt, insbesondere eine Konsistenzprüfung zwischen beiden Sprachfassungen findet nicht statt.[43] Seitens der BaFin wird aber ein deutschsprachiger Prospekt mit englischsprachigem Finanzteil sowie ein englischsprachiger Prospekt mit deutschsprachigem Finanzteil akzeptiert; darüber hinaus dürfen die Emissionsbedingungen deutsch- und englischsprachig im Prospekt angelegt sein[44], wenn die verbindliche Sprache erst in den endgültigen Bedingungen festgelegt werden soll.[45] Die BaFin begründet ihre einschränkende Auffassung damit, dass ansonsten die in § 13 Abs. 1 WpPG vorgesehene Kohärenzprüfung auch die Kohärenz der zwei Sprachversionen umfassen müsse. Eine andere Auffassung kann aufgrund nachfolgender Argumente durchaus vertreten werden: (1) Zwar spricht der Wortlaut in § 19 Abs. 3 WpPG im Hinblick auf die zulässigen Sprachen von einem „oder". Im Wege einer europarechtskonformen Auslegung wird man allerdings zu dem Ergebnis kommen können, dass dieses „oder" wie ein „oder/und" zu interpretieren ist.[46] (2) Auch wenn ein vollständig zweispra-chiger Prospekt vorliegt, so wird allein schon aus Gründen der Prospekthaftung für eine Emission immer eine der beiden Sprachen als verbindlich gekennzeichnet. Die andere, unverbindliche Sprache ist daher für eine konkrete Emission lediglich als Lesehilfe anzusehen. Insofern dürfte unter dem Gesichtspunkt der Kohärenz seitens der BaFin u. a. nur geprüft werden, ob der deutsche bzw. englische Teil in sich verständlich ist. Gegenstand der Prüfung dürfte aber nicht sein, ob die verbindliche Sprachfassung auch korrekt in die nicht-verbindliche Sprache übersetzt wurde, da der Investor gerade nicht auf die letztgenannte Fassung seine Entscheidung abstellen kann. (3) Auch Anlegerschutzgesichtspunkte sprechen für die Zulässigkeit zwei-sprachiger Prospekte. Sofern ein Prospekt in englischer Sprache nach dem WpPG erstellt werden darf, so dürfte es aus Sicht des (deutschen) Anlegers doch zu begrüßen sein, wenn sich der Emittent nicht auf die lediglich vorgeschriebene Zusammenfassung in deutscher Sprache beschränkt, sondern stattdessen zusätzlich noch einen vollständigen deutschsprachigen Prospekt

---

42 *von Ilberg*, in: Assmann/Schlitt/von Kopp-Colomb, WpPG/VerkProspG, § 19 WpPG, Rn. 68 f.

43 *von Ilberg*, in: Assmann/Schlitt/von Kopp-Colomb, WpPG/VerkProspG, § 19 WpPG, Rn. 68.

44 So genanntes „gebrochenes Sprachenregime".

45 Vgl. auch *von Ilberg*, in: Assmann/Schlitt/von Kopp-Colomb, WpPG/VerkProspG, § 19 WpPG, Rn. 69 ff.

46 Art. 19 Abs. 3 EU-ProspRL lautet: „... so wird der Prospekt in einer von der zuständigen Behörde des Herkunftsmitgliedstaats anerkannten Sprache erstellt und darüber hinaus je nach Wahl des Emittenten ... entweder in einer von den zuständigen Behörden der einzelnen Aufnahmemitgliedstaaten anerkannten Sprache oder in einer in internationalen Finanzkreisen gebräuchlichen Sprache zur Verfügung gestellt. ... "

erstellt. Selbst wenn man der Argumentation der BaFin folgen würde, so sollte zumindest für den Fall, dass eine der beiden Sprachen ausdrücklich und klar erkennbar als „verbindlich" gekennzeichnet würde, zweisprachige Prospekte als zulässig erachten.

2. Zusammenfassung in deutscher Sprache (§ 19 Abs. 3 Satz 2 WpPG)

20   Ist der Prospekt nicht in deutscher Sprache erstellt, muss er auch eine Übersetzung der Zusammenfassung mit den nach der WpPG-Novelle erforderlichen Schlüsselinformationen (§ 5 Abs. 2, 2a WpPG) in die deutsche Sprache enthalten.

VI. § 19 Abs. 4 WpPG, Herkunftsstaat nicht Deutschland

1. Grundsatzregelung (§ 19 Abs. 4 Satz 1 WpPG)

21   Nach § 19 Abs. 4 Satz 1 WpPG kann der Prospekt in einer von der BaFin anerkannten oder in einer in internationalen Finanzkreisen gebräuchlichen Sprache erstellt werden, wenn Wertpapiere, für die der Herkunftsstaat des Emittenten nicht die Bundesrepublik Deutschland ist, im Inland öffentlich angeboten werden oder im Inland die Zulassung zum Handel an einem organisierten Markt beantragt wird. Der Prospekt wird in diesem Fall durch die Behörde des Herkunftsstaates an die BaFin im Rahmen der Art. 17 ff. EU-ProspRL notifiziert. § 19 Abs. 4 WpPG gilt entsprechend für Drittstaatenemittenten, § 20 Abs. 2 WpPG.

22   Die Formulierung „kann" ist allerdings nicht so zu verstehen, als ob bei Vorliegen der Voraussetzungen von § 19 Abs. 4 WpPG der Emittent auch eine andere, in Abs. 4 nicht genannte Sprache wählen könnte. Vielmehr sind seine Wahlmöglichkeiten bzgl. der Prospekterstellung auf Deutsch und Englisch beschränkt.[47] Daher ist die „kann"-Formulierung wie ein „muss" zu lesen.[48]

2. Zusammenfassung in deutscher Sprache (§ 19 Abs. 4 Satz 2 WpPG)

23   Ist der Prospekt nicht in deutscher Sprache erstellt, muss er auch eine Übersetzung der Zusammenfassung in die deutsche Sprache enthalten. Im Hinblick auf die bisherige Rechtslage stellt die Verpflichtung zur Erstellung einer deutschen Zusammenfassung im Fall eines englischsprachigen Prospekts eine negative, wenn auch auf europäischen Vorgaben beruhende Entwicklung dar, da in der bisherigen Praxis vom Erfordernis einer Übersetzung in der Regel abgesehen wurde.[49]

---

47 *von Ilberg*, in: Assmann/Schlitt/von Kopp-Colomb, WpPG/VerkProspG, § 19 WpPG, Rn. 76.

48 So auch *Kullmann/Sester*, WM 2005, 1068, 1071.

49 *von Ilberg*, in: Assmann/Schlitt/von Kopp-Colomb, WpPG/VerkProspG, § 19 WpPG, Rn. 79 f.; *Schlitt/Schäfer*, AG 2005, 498, 509 unter Verweis auf § 7 Abs. 2 VerkProspG a. F. i. V. m. § 2 Abs. 1 Satz 4 VerkProspVO bzw. § 5 Abs. 1 VerkProspG a. F. i. V. m. § 13 Abs. 1 Satz 3 BörsenZulVO a. F.; hierzu auch *Meyer*, in: Habersack/Mülbert/Schlitt, Unt-FinanzKM, § 24 Rn. 12; *Crüwell*, AG 2003, 243, 246.

Das Luxemburgische Umsetzungsgesetz sieht bspw. keine Notwendigkeit 24
für die Übersetzung der Zusammenfassung vor, wenn der Prospekt in deutscher, französischer, englischer oder luxemburgischer Sprache verfasst ist.[50]

VII. § 19 Abs. 5 WpPG

Gem. § 19 Abs. 5 WpPG kann der Prospekt in einer von der BaFin und der 25
zuständigen Behörde des Aufnahmestaates oder den zuständigen Behörden
der Aufnahmestaaten anerkannten Sprache oder in einer in internationalen
Finanzkreisen gebräuchlichen Sprache erstellt werden, wenn die Zulassung
von Nichtdividendenwerten mit einer Mindeststückelung von 100.000 Euro
zum Handel an einem organisierten Markt in einem Staat oder mehreren
Staaten des EWR beantragt wird. Der Begriff Nichtdividendenwerte wird in
§ 2 Nr. 14 WpPG definiert.

---

50 Vgl. Art. 20 Nr. 5 Luxemburger Umsetzungsgesetz; *Schlitt/Schäfer*, AG 2005, 498, 509.

§ 20
Drittstaatemittenten

(1) Die Bundesanstalt kann einen Prospekt, der von einem Emittenten nach den für ihn geltenden Rechtsvorschriften eines Staates, der nicht Staat des Europäischen Wirtschaftsraums ist, erstellt worden ist, für ein öffentliches Angebot oder die Zulassung zum Handel an einem organisierten Markt billigen, wenn

1. dieser Prospekt nach den von internationalen Organisationen von Wertpapieraufsichtsbehörden festgelegten internationalen Standards, einschließlich der Offenlegungsstandards der International Organisation of Securities Commissions (IOSCO), erstellt wurde und
2. die Informationspflichten, auch in Bezug auf Finanzinformationen, den Anforderungen dieses Gesetzes gleichwertig sind.

(2) Die §§ 17, 18 und 19 sind entsprechend anzuwenden.

(3) Das Bundesministerium der Finanzen kann im Einvernehmen mit dem Bundesministerium der Justiz durch Rechtsverordnung, die nicht der Zustimmung des Bundesrates bedarf, bestimmen, unter welchen Voraussetzungen die Informationspflichten gleichwertig im Sinne des Absatzes 1 Nr. 2 sind. Dies kann auch in der Weise geschehen, dass Vorschriften bezeichnet werden, bei deren Anwendung die Gleichwertigkeit gegeben ist. Das Bundesministerium der Finanzen kann die Ermächtigung durch Rechtsverordnung auf die Bundesanstalt für Finanzdienstleistungsaufsicht übertragen.

Inhalt

I. Inhalt und europäische Rechtsgrundlagen

1 Die europäische Rechtsgrundlage für die Regelung des § 20 WpPG findet sich in Art. 20 EU-PRL. Die Richtlinienvorschrift wurde unverändert in deutsches Recht umgesetzt. In Art. 20 Abs. 3 EU-ProspRL findet sich eine Ermächtigung für den Erlass von Durchführungsmaßnahmen durch die EU-Kommission, mittels deren festgelegt werden soll, welche Regelungen eines Drittstaats den Anforderungen an einen Prospekt im Sinne der EU-PRL entspricht. ESMA hat im März 2013 Rahmenbedingungen für die Prüfung der Gleichwertigkeit eines Drittstaatenprospektes veröffentlicht.[1]

---

1 Vgl. *ESMA,* opinion third country prospectuses, ESMA/2013/317, abrufbar unter http://www.esma.europa.eu/page/prospectus.

§ 20 WpPG ermöglicht es der BaFin, Prospekte, die nach dem Recht eines Drittstaates erstellt sind, zu billigen, wenn diese als gleichwertig zum EU-Prospektrecht anzusehen sind. Mit der Billigung erwerben Drittstaatenemittenten alle Befugnisse des WpPG, insbesondere kann der Prospekt im Rahmen der §§ 17, 18 WpPG in andere EWR-Staaten notifiziert werden.[2]

II. § 20 Abs. 1 WpPG (Gleichwertigkeit)

Nach § 20 Abs. 1 WpPG kann die BaFin – sofern sie zuständige Behörde   2
nach § 2 Nr. 13 WpPG ist[3] – unter bestimmten Voraussetzungen einen Prospekt eines Emittenten aus einem Staat, der nicht dem EWR angehört, nach den für diesen geltenden Rechtsvorschriften sowohl für ein öffentliches Angebot als auch die Zulassung zum Handel an einem organisierten Markt billigen. Maßgebend hierfür ist, dass der Prospekt nach den Bestimmungen des Drittstaates erstellt wurde. Dessen Anforderungen müssen gleichwertig zu denen des WpPG sein. Darüber hinaus muss der Prospekt auch die Standards von internationalen Organisationen der Wertpapieraufsichtsbehörden, wie der International Organisation of Securities Commissions (IOSCO) erfüllen. Die Billigung nach § 20 Abs. 1 WpPG durch die BaFin ist eine Ermessensentscheidung.[4] Sie wird hierbei zu berücksichtigen haben, dass eine Billigung eine europaweite Nutzung des Prospektes zur Folge hat.[5] Daher muss für die Billigung ein ähnlich strenger Prüfungsmaßstab wie für Prospekte von EWR-Emittenten gelten.[6] § 20 Abs. 1 WpPG ist eine gesonderte Billigungsbefugnis der BaFin für Drittstaatenprospekte, die – auch inhaltlich – nicht der des § 13 Abs. 1 Satz 2 WpPG entspricht.[7]

ESMA hat im März 2013 Rahmenbedingungen für die Prüfung von Drittstaa-   3
tenprospekten veröffentlicht.[8] Hiernach sollen diejenigen Informationen, die nach der EU-ProspRL/EU-ProspV verbindlich vorgeschrieben sind, in dem zu billigenden Drittstaatenprospekt jedoch nicht oder nicht in geeigneter Art und Weise beschrieben sind, in ein Zusatzdokument zum Drittstaatenprospekt aufgenommen werden können, um in der Gesamtschau mit dem Drittstaatenprospekt eine Gleichwertigkeit der Informationen herzustellen.[9] Er-

---

2 Vgl. *von Ilberg*, in: Assmann/Schlitt/von Kopp-Colomb, WpPG/VerkProspG, § 19 WpPG, Rn. 7.

3 Die BaFin ist zuständig, wenn durch den Drittstaatenemittenten Wertpapiere im EWR erstmals in Deutschland öffentlich angeboten werden oder wenn in Deutschland der erste Antrag auf Zulassung zum Handel an einem organisierten Markt gestellt worden ist. Vgl. näher die Komm. zu § 2 Nr. 13 WpPG.

4 *von Ilberg*, in: Assmann/Schlitt/von Kopp-Colomb, WpPG/VerkProspG, § 19 WpPG, Rn. 20; *Just*, in: Just/Voß/Ritz/Zeising, WpPG, § 20, Rn. 13.

5 Vgl. § 20 Abs. 2 WpPG.

6 Vgl. *von Ilberg*, in: Assmann/Schlitt/von Kopp-Colomb, WpPG/VerkProspG, § 19 WpPG, Rn. 15.

7 *Just*, in: Just/Voß/Ritz/Zeising, WpPG, § 20, Rn. 6,

8 Vgl. *ESMA*, opinion third country prospectuses, ESMA/2013/317, abrufbar unter http://www.esma.europa.eu/page/prospectus.

9 Vgl. *ESMA*, opinion third country prospectuses, ESMA/2013/317, Tz. 5, Ziff. 6. 1. ff.

gänzend hat ESMA die Angaben der Annexe I, II, III, XXII, XXIII, XXIV, XXV und XXX gewichtet und in die Kategorien A und B eingeteilt.[10] Angaben der Kategorie A werden als so wesentlich eingestuft, dass diese, wenn sie nicht genau nach den Anforderungen der EU-ProspV dargestellt sind, verpflichtend in das Zusatzdokument aufgenommen werden müssen.[11] Für Inhalte der Kategorie B ist ein gegenüber der Kategorie A erweitertes Ermessen vorgesehen. Hier genügt es, dass die Angaben „substantiell" im Drittstaatenprospekt vorhanden sind[12], wenn auch nicht im gleichen Detaillierungsgrad oder in einer abweichenden Form. Die Zusammenfassung zum Prospekt ist als Kategorie A Angabe eingestuft, sie muss daher, sofern nicht vorhanden, in der Form des Annex XXII erstellt werden.[13] ESMA hat angekündigt, ihre Arbeiten bzgl. der Drittstaatenäquivalenz von Prospekten fortzusetzen und aufzulisten, welche konkreten Angaben bezogen auf einen bestimmten Drittstaat in das Zusatzdokument aufzunehmen sind, um eine Vergleichbarkeit mit dem EU-Prospektrecht herzustellen.[14] Das von ESMA entwickelte Modell scheint grundsätzlich praxistauglich. Insbesondere die Zulassung der Ergänzung von nicht äquivalenten Informationen in einem Zusatzdokument dürfte den europäischen Kapitalmarkt für Drittstaatenemittenten ausreichend attraktiv machen. Eine große praktische Bedeutung konnte die Vorschrift bislang gleichwohl nicht erlangen[15], auch, weil die Prüfung der Einhaltung der jeweiligen nationalen Prospektvorschriften verbunden mit der Beurteilung der Gleichwertigkeit die europäischen Billigungsbehörden vor erhebliche Schwierigkeiten stellen kann.[16]

III. § 20 Abs. 2 WpPG

4 § 20 Abs. 2 WpPG regelt, dass auch in den Fällen eines „Drittstaatprospekts" die Vorschriften über die grenzüberschreitende Geltung gebilligter Prospekte, § 17 und 18 WpPG sowie die Sprachenregelung des § 19 WpPG anzuwenden sind. Das Notifizierungsverfahren ist also wie bei EWR-Prospekten durchzuführen und die Sprachanforderungen des § 19 WpPG sind zu erfüllen.

IV. § 20 Abs. 3 WpPG

5 Von der Verordnungsermächtigung des § 20 Abs. 3 WpPG, wonach das Bundesministerium der Finanzen bestimmen kann, unter welchen Voraussetzungen die Informationspflichten im vorgenannten Sinne als gleichwertig anzu-

---

10 Vgl. *ESMA*, opinion third country prospectuses, ESMA/2013/317, Tz. 5, Ziff. 6. 2.
11 Vgl. *ESMA*, opinion third country prospectuses, ESMA/2013/317, Tz. 5, Ziff. 6. 2. a.
12 Vgl. *ESMA*, opinion third country prospectuses, ESMA/2013/317, Tz. 5, Ziff. 6. 2. b.
13 Vgl. *ESMA*, opinion third country prospectuses, ESMA/2013/317, Tz. 5, Ziff. 6. 2 d.
14 Vgl. *ESMA*, opinion third country prospectuses, ESMA/2013/317, Tz. 5, Ziff. 6. 3.
15 Vgl. *von Ilberg*, in: Assmann/Schlitt/von Kopp-Colomb, WpPG/VerkProspG, § 19 WpPG, Rn. 17; *Just*, in: Just/Voß/Ritz/Zeising, WpPG, § 20, Rn. 13.
16 *Just*, in: Just/Voß/Ritz/Zeising, WpPG, § 20, Rn. 7, 14.

sehen sind, wurde bislang kein Gebrauch gemacht. Allerdings wurde die Verordnungsermächtigung, wie in § 20 Abs. 3 Satz 3 WpPG vorgesehen, zwischenzeitlich auf die BaFin übertragen.[17] Die Vorschrift wurde im Vorgriff auf entsprechende Durchführungsmaßnahmen der EU-Kommission gem. Art. 20 Abs. 3 der EU-ProspRL aufgenommen.[18]

---

17 Vgl. § 1 Nr. 7 VO zur Übertragung von Befugnissen zum Erlass von Rechtsverordnungen auf die Bundesanstalt für Finanzdienstleistungsaufsicht, zuletzt geändert durch Art. 1 der VO vom 20.11.2012 (BGBl. I 2012, S. 2343).
18 RegBegr. EU-ProspRL-UmsG, BT-Drucks. 15/4999, S. 38.

§ 21
Haftung bei fehlerhaftem Börsenzulassungsprospekt

(1) Der Erwerber von Wertpapieren, die auf Grund eines Prospekts zum Börsenhandel zugelassen sind, in dem für die Beurteilung der Wertpapiere wesentliche Angaben unrichtig oder unvollständig sind, kann

1. von denjenigen, die für den Prospekt die Verantwortung übernommen haben, und
2. von denjenigen, von denen der Erlass des Prospekts ausgeht,

als Gesamtschuldnern die Übernahme der Wertpapiere gegen Erstattung des Erwerbspreises, soweit dieser den ersten Ausgabepreis der Wertpapiere nicht überschreitet, und der mit dem Erwerb verbundenen üblichen Kosten verlangen, sofern das Erwerbsgeschäft nach Veröffentlichung des Prospekts und innerhalb von sechs Monaten nach erstmaliger Einführung der Wertpapiere abgeschlossen wurde. Ist kein Ausgabepreis festgelegt, gilt als Ausgabepreis der erste nach Einführung der Wertpapiere festgestellte oder gebildete Börsenpreis, im Falle gleichzeitiger Feststellung oder Bildung an mehreren inländischen Börsen der höchste erste Börsenpreis. Auf den Erwerb von Wertpapieren desselben Emittenten, die von den in Satz 1 genannten Wertpapieren nicht nach Ausstattungsmerkmalen oder in sonstiger Weise unterschieden werden können, sind die Sätze 1 und 2 entsprechend anzuwenden.

(2) Ist der Erwerber nicht mehr Inhaber der Wertpapiere, so kann er die Zahlung des Unterschiedsbetrags zwischen dem Erwerbspreis, soweit dieser den ersten Ausgabepreis nicht überschreitet, und dem Veräußerungspreis der Wertpapiere sowie der mit dem Erwerb und der Veräußerung verbundenen üblichen Kosten verlangen. Absatz 1 Satz 2 und 3 ist anzuwenden.

(3) Sind Wertpapiere eines Emittenten mit Sitz im Ausland auch im Ausland zum Börsenhandel zugelassen, besteht ein Anspruch nach Absatz 1 oder 2 nur, sofern die Wertpapiere auf Grund eines im Inland abgeschlossenen Geschäfts oder einer ganz oder teilweise im Inland erbrachten Wertpapierdienstleistung erworben wurden.

(4) Einem Prospekt steht eine schriftliche Darstellung gleich, auf Grund deren Veröffentlichung der Emittent von der Pflicht zur Veröffentlichung eines Prospekts befreit wurde.

§ 22
Haftung bei sonstigem fehlerhaften Prospekt

Sind in einem nach § 3 Absatz 1 Satz 1 veröffentlichten Prospekt, der nicht Grundlage für die Zulassung von Wertpapieren zum Handel an einer inländischen Börse ist, für die Beurteilung der Wertpapiere wesentliche Angaben unrichtig oder unvollständig, ist § 21 entsprechend anzuwenden mit der Maßgabe, dass

1. bei der Anwendung des § 21 Absatz 1 Satz 1 für die Bemessung des Zeitraums von sechs Monaten anstelle der Einführung der Wertpapiere der Zeitpunkt des ersten öffentlichen Angebots im Inland maßgeblich ist und
2. § 21 Absatz 3 auf diejenigen Emittenten mit Sitz im Ausland anzuwenden ist, deren Wertpapiere auch im Ausland öffentlich angeboten werden.

§ 23
Haftungsausschluss

(1) Nach den §§ 21 oder 22 kann nicht in Anspruch genommen werden, wer nachweist, dass er die Unrichtigkeit oder Unvollständigkeit der Angaben des Prospekts nicht gekannt hat und dass die Unkenntnis nicht auf grober Fahrlässigkeit beruht.

(2) Ein Anspruch nach den §§ 21 oder 22 besteht nicht, sofern

1. die Wertpapiere nicht auf Grund des Prospekts erworben wurden,
2. der Sachverhalt, über den unrichtige oder unvollständige Angaben im Prospekt enthalten sind, nicht zu einer Minderung des Börsenpreises der Wertpapiere beigetragen hat,
3. der Erwerber die Unrichtigkeit oder Unvollständigkeit der Angaben des Prospekts bei dem Erwerb kannte,
4. vor dem Abschluss des Erwerbsgeschäfts im Rahmen des Jahresabschlusses oder Zwischenberichts des Emittenten, einer Veröffentlichung nach § 15 des Wertpapierhandelsgesetzes oder einer vergleichbaren Bekanntmachung eine deutlich gestaltete Berichtigung der unrichtigen oder unvollständigen Angaben im Inland veröffentlicht wurde oder
5. er sich ausschließlich auf Grund von Angaben in der Zusammenfassung oder einer Übersetzung ergibt, es sei denn, die Zusammenfassung ist irreführend, unrichtig oder widersprüchlich, wenn sie zusammen mit den anderen Teilen des Prospekts gelesen wird, oder sie enthält, wenn sie zusammen mit den anderen Teilen des Prospekts gelesen wird, nicht alle gemäß § 5 Absatz 2 Satz 1 in Verbindung mit Absatz 2a erforderlichen Schlüsselinformationen.

Inhalt

I. Einführung

1 Die Prospekthaftung ist dreigeteilt. Auf der einen Seite steht die spezialgesetzliche Prospekthaftung aufgrund des WpPG und des VermAnlG, die Gegenstand der vorliegenden Komm. sind. Daneben steht die allgemeine zivilrechtliche Prospekthaftung im engeren Sinne, die durch die Rechtsprechung
als Ausprägung der Vertrauenshaftung[1] entwickelt wurde und im Zusammenhang mit dem sog. grauen Kapitalmarkt weiterentwickelt wird. Weite
Teile der bürgerlich-rechtlichen Prospekthaftung wurden freilich durch das
AnSVG in die spezialgesetzliche Prospekthaftung überführt (unten Rn. 8).
Drittens gibt es noch die zivilrechtliche Prospekthaftung im weiteren Sinne,
die nichts anderes als ein Unterfall der Haftung für vorvertraglich in Anspruch genommenes Vertrauen ist und diejenigen trifft, die sich zur Erfüllung ihnen obliegender Aufklärungspflichten eines von Dritten erstellten
Prospekts bedienen.

---

1 *Ellenberger*, S. 6, *Schwark*, in: Schwark/Zimmer, KapMRK, § 45 BörsG Rn. 7; a. A. BGH
v. 03.02. 2003 – II ZR 233/01 (Analogie zu den gesetzlichen Prospekthaftungstatbeständen); ausführlich zur zivilrechtlichen Prospekthaftung unten Rn. 117 ff.

Die spezialgesetzliche Prospekthaftung ist Teil der kapitalmarktbezogenen 2
Informationshaftung, zu der ferner die gesetzlich angeordnete Haftung für
fehlerhafte Ad hoc-Meldungen gem. § 37 b/c WpHG und die neuere sog. Informationsdeliktshaftung gehören, die der BGH auf der Grundlage des § 826
BGB im Rahmen der Aufarbeitung der Vorgänge am Neuen Markt entwickelt und ausgestaltet hat.² Daraus kann sich – soweit der schwierige Nachweis der subjektiven Tatbestandsvoraussetzungen des § 826 BGB sowie der
Kausalität gelingt – insbesondere auch eine Haftung einzelner Organmitglieder eines Emittenten ergeben. In Betracht kommen Täuschungen des Publikums durch falsche Ad hoc-Meldungen, Zwischenberichte oder sonstige fehlerhafte Kapitalmarktkommunikation.³

II. Entwicklung der Prospekthaftung

1. Ursprung der spezialgesetzlichen Prospekthaftung

Das Bedürfnis nach einer börsenrechtlichen Prospekthaftung entstand, als in 3
der zweiten Hälfte des 19. Jahrhunderts die rasante Entwicklung der deutschen Börsen Rechtsunsicherheiten und Missstände mit sich brachte.⁴ Lücken im Zivilrechtsschutz ließen eine generelle Haftung der Gründer wünschenswert erscheinen. Die „Leitenden Gesichtspunkte" des Vorstands der
Berliner Börse, die von den übrigen Börsen übernommen wurden, forderten
erstmals für das Publikum standardisierte Prospekte, welche die notwendigen Angaben enthielten, mittels derer es sich ein zutreffendes Bild der jeweiligen Wertpapiere machen konnte.⁵ Der Gesetzgeber des BörsG v. 22.06.
1896⁶ hielt an diesem Gedanken fest und führte nach einem streitreichen
Gesetzgebungsverfahren eine erste gesetzliche Regelung der Prospekthaftung ein.⁷

2. Änderungen durch das Börsenzulassungsgesetz

Nachdem diese Regelungen 90 Jahre lang trotz mehrfacher Novellen des 4
BörsG⁸ unverändert blieben, führte das Börsenzulassungsgesetz v. 16.12.
1986 in Umsetzung dreier europäischer RiL zu einigen Veränderungen.
Durch die Einführung des „geregelten Marktes" als neues Marktsegment
wurde zum einen die Haftung erweitert, zum anderen wurden Inhalt und
Veröffentlichung des Prospekt durch die BörsZulVO (§§ 13–47) geregelt.⁹

---

2 Dazu zählen insbesondere BGH v. 19.07.2004 – II ZR 218/03, NJW 2004, 2664 (Infomatec
   I); BGH v. 09.05.2005 – II ZR 287/02, NZG 2005, 672 (EMTV); sowie die sog. Comroad
   Entscheidungen, zuletzt BGH v. 04.06.2007 – II ZR 147/05, NZG 2007, 708 (Comroad IV).
3 Dazu eingehend *Fleischer*, in: Assmann/Schütze, HdbKapAnlR, § 7; *Mülbert/Steup*, in:
   Habersack/Mülbert/Schlitt, UntFinanzKM, 3. Aufl., § 41 Rn. 237 ff.
4 *Schwark*, in: Schwark/Zimmer, KapMRK, BörsG Einl. Rn. 1.
5 *Hamann*, in: Schäfer/Hamann, KapMG, §§ 44, 45 Rn. 7.
6 RGBl. 1896, S. 157.
7 *Schwark*, in: Schwark/Zimmer, KapMRK, BörsG Einl. Rn. 1.
8 Vgl. *Schwark*, in: Schwark/Zimmer, KapMRK, BörsG Einl. Rn. 2–4.
9 *Hamann*, in: Schäfer/Hamann, KapMG, §§ 44, 45 Rn. 9.

3. Änderungen durch das dritte Finanzmarktförderungsgesetz

5 Entscheidend wurde die spezialgesetzliche Prospekthaftung erst durch das
Dritte Finanzmarktförderungsgesetz v. 24.03.1998 novelliert[10], das insbesondere Wortlaut und Aufbau der §§ 44, 45 BörsG (§§ 45, 46 BörsG a. F.) grundlegend änderte und wesentliche Kritikpunkte[11] an den bis dahin geltenden
Regelungen behob. Diverse Regelungen zur Beweislast erleichtern seitdem
die Durchsetzung der Ansprüche für den Anleger: so wurde das Verschulden
des Prospektverantwortlichen vermutet, § 45 Abs. 1 BörsG a. F.; in § 45
Abs. 2 Nr. 1 BörsG a. F. fand sich eine Beweislastumkehr für die haftungsbegründende Kausalität des Prospekts für den Wertpapiererwerb; ebenso existiert seither eine Beweislastumkehr für die haftungsausfüllende Kausalität
für den Schaden des Anlegers (§ 45 Abs. 2 Nr. 2 BörsG a.F.). Weiterhin wurden in § 44 Abs. 4 BörsG a. F. einem Prospekt schriftliche Darstellungen
gleichgestellt, auf Grund derer der Emittent von der Pflicht zur Veröffentlichung eines Prospekts befreit wurde; gem. § 44 Abs. 1 Satz 3 BörsG a. F. erstreckte sich nun die Prospekthaftung auch auf andere nicht unterscheidbare
Wertpapiere desselben Emittenten; der Inlandsbezug kann auch bei teilweise im Inland erbrachten Wertpapierdienstleistungen gegeben sein, § 44
Abs. 3 BörsG a.F.; es findet keine Unterscheidung mehr zwischen Unrichtigkeit und Unvollständigkeit des Prospekts statt, § 45 Abs. 1 BörsG a. F.; einzig
positive Kenntnis des Erwerbers führt zum Ausschluss des Anspruchs, § 45
Abs. 2 Nr. 3 BörsG a. F.; der frühere Erwerber hat nun auch nach Aufgabe
des Besitzes einen Anspruch, § 44 Abs. 2 BörsG a. F. Der haftungsrelevante
Zeitraum wurde auf sechs Monate nach erstmaliger Einführung beschränkt
(§ 44 Abs. 1 Satz 1 BörsG a. F.); Prospektverantwortliche können die Haftungsgefahr durch Berichtigung des Prospekts ausschließen (§ 45 Abs. 2
Nr. 4 BörsG a. F.). Auf der Rechtsfolgenseite steht jetzt die Rücknahme der
Wertpapiere gegen Erwerbspreis oder ein modifizierter Schadensersatzanspruch des früheren Inhabers. All diese Regelungen sind praktisch wortgleich auch in die neuen §§ 21, 23 WpPG übernommen worden. Freilich
wurden damit nicht alle Kritikpunkte behoben, insb. erfolgte keine Angleichung von spezialgesetzlicher und allgemeiner zivilrechtlicher Prospekthaftung i. e. S.[12]

4. Änderungen durch das Vierte Finanzmarktförderungsgesetz

6 Das Vierte Finanzmarktförderungsgesetz v. 21.06.2002 brachte in Hinblick
auf die Prospekthaftung nur eine Änderung der Verjährung in § 46 BörsG
a. F. mit sich.[13]

---

10 Überblick bei *Sittmann*, NZG 1998, 490 ff.

11 Vgl. hierzu *Hamann*, in: Schäfer/Hamann, KapMG, §§ 44, 45 Rn. 12.

12 Zur Abgrenzung von zivilrechtlicher Prospekthaftung i. e. S. und i. w. S., sowie zur Forderung nach Angleichung *Meyer*, WM 2003, 1301, 1302 ff.; allgemein zu nach wie vor
bestehenden Missständen *Hamann*, in: Schäfer/Hamann, KapMG, §§ 44, 45 Rn. 16.

13 Vgl. *Schwark*, in: Schwark/Zimmer, KapMRK, § 46 Rn. 1 f.; BörsG Einl. Rn. 9.

5. EU-ProspRL (Richtlinie 2003/71/EG)

Am 31.12.2003 trat die sog. EU-ProspRL[14] in Kraft. Ziel der Richtlinie ist die   7
Harmonisierung der Bedingungen für Erstellung, Billigung und Verbreitung
des Prospekts, der beim öffentlichen Angebot bzw. bei der Zulassung von
Wertpapieren zum Handel an einem geregelten Markt eines Mitgliedstaates
zu veröffentlichen ist (Art. 1 Abs. 1 der RiL). Den Emittenten sollte durch die
EU-ProspRL u.a. ein sog. europäischer Pass ermöglicht werden: mit einem
einmal zugelassenen Prospekt können sie auch in anderen Mitgliedstaaten
Wertpapiere zulassen oder ein Angebot für Wertpapiere veröffentlichen,
ohne dass es einer erneuten Billigung des Prospekts bedarf.[15] Die Prospekthaftung selbst wurde aber durch die EU-ProspRL nicht harmonisiert, vielmehr blieb die inhaltliche Ausgestaltung der Prospekthaftung den Mitgliedstaaten überlassen.[16] Nach Art. 6 EU-ProspRL musste nur sichergestellt
werden, dass eine Haftung der Prospektverantwortlichen gegeben ist, was
in Deutschland ohnehin bereits der Fall war. Die Vorgaben der EU-ProspRL
erforderten also keine wesentliche Änderung der §§ 44, 45 BörsG a. F. Allerdings verlangte bereits Art. 5 Abs. 2 der EU-ProspRL, dass der Prospekt eine
Zusammenfassung enthält, welche kurz und in verständlicher Sprache wesentliche Merkmale und Risiken des Emittenten, des Garantiegebers und der
Wertpapiere nennt. Ferner muss die Zusammenfassung bestimmte Warnhinweise enthalten, eine Haftung kann sich aus ihr nur ausnahmsweise ergeben. Mittelbare Bedeutung für die Prospekthaftung wird der EU-ProspRL zusammen mit den Durchführungsmaßnahmen, insb. der sog. EU-ProspVO,
durch die umfassende Regelung der Aufmachung und des Inhalts des Prospekts beigemessen.[17] Zu den Auswirkungen der Regelungen über den Europäischen Pass siehe unten Rn. 18. Die Überprüfung der EU-ProspRL durch
die Kommission im Jahr 2010 brachte in Form der Änderungsrichtlinie 2010/
73/EU nur moderate Änderungen, insbesondere muss die Zusammenfassung
nunmehr bestimmte Schlüsselinformationen enthalten, deren Fehlen für eine
Prospekthaftung genügen kann (unten Rn. 103a).

6. Neuere Entwicklungen

Das AnSVG vom 28.10.2004[18] führte zu einer erstmaligen Regelung der Pro-   8
spektpflicht und -haftung für einen großen Bereich des früher sog. grauen
Kapitalmarkts durch den neuen § 8f VerkProspG. § 13 VerkProspG a. F. verwies seitdem für die Haftung auf die §§ 44, 45 BörsG a. F. Weiterhin existierte nun eine gesetzliche Regelung der Haftung bei fehlendem Prospekt,
§ 13a VerkProspG a. F. Dadurch wurde das zweigleisige Haftungssystem von
spezialgesetzlicher und allgemeiner zivilrechtlicher Prospekthaftung in wei-

---

14 RL 2003/71/EG v. 04.11.2003, ABl. L 345/64.
15 Näher die Komm. zu § 17 WpPG.
16 *Hamann*, in: Schäfer/Hamann, KapMG, §§ 44, 45 Rn. 20.
17 *Hamann*, in: Schäfer/Hamann, KapMG, §§ 44, 45 Rn. 20.
18 BGBl. I, S. 2360.

ten Teilen beseitigt.[19] Durch das Prospektrichtlinie-Umsetzungsgesetz vom 22.06.2005[20] kam der Gesetzgeber den Vorgaben der EU-ProspRL nach, indem er die Zusammenfassung in § 5 Abs. 2 WpPG geregelt hat und in § 45 Abs. 2 Nr. 5 BörsG a.f. eine entsprechende Haftungsregelung einfügte. Nicht weiterverfolgt wurde der Entwurf eines Kapitalmarktinformationshaftungsgesetzes (KapInHaG) aus dem Jahr 2004,[21] in dessen Rahmen eine Haftung Dritter (Wirtschaftsprüfer, Rechtsanwälte) für die von ihnen stammenden Angaben vorgesehen sowie die für die Erstellung des Prospekts verantwortlichen Mitglieder der Organe des Emittenten begrenzt persönlich in Anspruch genommen hätten werden können. Insb. an einem Bedürfnis für eine (begrenzte) Expertenhaftung bestehen allerdings nach wie vor keine Zweifel, siehe dazu unten Rn. 49 ff. Im Jahr 2005 in Kraft getreten ist indessen das Kapitalanleger-Musterverfahrensgesetz (KapMuG),[22] das durch die Möglichkeit vereinfachter Bündelung von Verfahren geschädigter Anleger die prozessuale Durchsetzung von Prospekthaftungsansprüchen verbessern soll. Im Zuge dieses Gesetzes wurde § 48 BörsG a.F. gestrichen, nach § 32b ZPO können Prospekthaftungsklagen nunmehr ausschließlich vor dem Gericht am Sitz des betroffenen Emittenten erhoben werden.

9 Durch das Finanzmarkt-Richtlinie-Umsetzungsgesetz (FRUG) vom 16.07. 2007[23] wurde die EU-Richtlinie über Märkte für Finanzinstrumente RiL 2004/39/EG (MiFID) in das nationale Recht umgesetzt. In diesem Zuge kam es zu einer Erweiterung des § 47 Abs. 2 BörsG a.F. (jetzt § 25 Abs. 2 WpPG), wonach auch Ansprüche aus grob fahrlässig begangenen unerlaubten Handlungen von der gesetzlichen Prospekthaftung unberührt blieben. Ferner wurde die amtliche Überschrift des § 44 BörsG a.F. angepasst (Wertpapierprospekt statt Börsenprospekt). Die Zulassungsstellen bei den Börsen wurden abgeschafft; die Börsenzulassung von Wertpapieren wurde den Geschäftführungen der Börsen übertragen. Ferner wird das Börsensegment des amtl. Handels abgeschafft, in Zukunft ist statt des geregelten und des amtl. Marktes gesetzlicher Markt nur der sogenannte Regulierte Markt. Dabei handelt es sich im Wesentlichen um eine neue Sprachregelung.[24]

7. Übernahme in das WpPG und Aufhebung der spezialgesetzlichen Verjährung

10 Mit Art. 6 und 7 des Gesetzes zur Novellierung des Finanzanlagenvermittler- und Vermögensanlagenrechts (VermAnlGEG)[25] wurden die Vorschriften zur Prospekthaftung in den 6. Abschnitt des WpPG übernommen und damit sys-

---

19 *Pankoke*, in: Just/Voß/Ritz/Zeising, WpPG, vor § 44 BörsG Rn. 14: spielt „praktisch keine Rolle mehr".
20 BGBl. I, S. 1698.
21 Abgedruckt in NZG 2004, 1042; zum (vorläufigen) Scheitern des Entwurfs *Pankoke*, in: Just/Voß/Ritz/Zeising, WpPG, vor § 44 BörsG Rn. 33.
22 Gesetz v. 16.08.2005, BGBl. I, S. 2437.
23 BGBl. I 2007, 1330 v. 19.07.2007
24 Umfassend zu den Änderungen durch das FRUG etwa *Schlitt/Schäfer*, AG 2007, 227 ff.
25 BGBl. I, S. 2481 v. 06.12.2011.

tematisch hinter die Vorschriften gestellt, die die Prospektpflicht anordnen. Zugleich wurde die Sonderverjährung des § 46 BörsG a. F. gestrichen, dazu näher unten Rn. 125 f. Schließlich wird mit den zuletzt erfolgten Änderungen durch das Gesetz zur Umsetzung der Änderungsrichtlinie 2010/73/EU zur Prospektrichtlinie (ProspRLUGuaÄndG)[26] die Zusammenfassung des Prospekts zunehmend standardisiert (vgl. § 5 Abs. 2 a WpPG), dem trägt die Einschränkung des Haftungsausschlusses für die Prospektzusammenfassung in § 23 Abs. 1 Nr. 5 WpPG Rechnung (siehe unten Rn. 103 a). Ferner erfolgt eine Präzisierung bzw. zeitliche Ausdehnung der Nachtragspflicht, dazu § 16 WpPG Rn. 2, 19 und unten Rn. 79. Die Übergangsbestimmungen für das neue Recht finden sich für Nichtzulassungsprospekte in § 37 WpPG, und für Börsenzulassungsprospekte in § 52 Abs. 8 BörsG (vgl. die Erläuterungen zu § 37 WpPG Rn. 2 f.).

III. Normzweck und Einbettung in das System

1. Normzweck: Kompensation und Prävention

Betrachtet man die Voraussetzungen der Prospekthaftung, dann wird sofort *11* klar, dass sie nicht nur Schutz und Kompensation des durch fehlerhaftes Emittentenverhalten geschädigten Anlegers verfolgen kann. Zwar dürfte Kompensation des eingetretenen Schadens auch ein Zweck der Haftung sein. Doch sind Voraussetzungen und Rechtsfolgen der Haftung in vielfacher Weise typisiert und vom individuellen Anleger unabhängig. Der einzelne Anleger muss nicht einmal seine Kenntnis vom Prospekt nachweisen und ihm nützt der nämliche Nachweis andererseits nichts mehr, wenn er das Geschäft erst sechs Monate nach Prospektveröffentlichung abgeschlossen hat. Deshalb geht es zumindest auch um Prävention, d. h. darum, das kapitalmarktrechtliche Ziel einer umfassenden Information der Märkte zu fördern und Vorsprünge aufgrund von Insiderwissen möglichst gering zu halten, um so Gründungsschwindel auszuschließen. Für ein solches Verständnis des Normzwecks spricht ferner, dass nicht der individuell entstandene Schaden des Anlegers, sondern ein nach Maßgabe des § 21 Abs. 1 und 2 WpPG typisierter Schaden ersetzt wird. Nach h. M. soll ferner nicht die individuelle Kausalität, sondern eine typisierte Kausalität (zur Anlagestimmung siehe unten Rn. 81 ff.) entscheidend für das Bestehen des Anspruchs sein. Auch die Verabschiedung des Kapitalanleger-Musterverfahrensgesetzes, die nicht so sehr den Schutz der Anleger, sondern eher die Sanktionierung des Emittenten im Auge hat, spricht für eine präventive Funktion der Prospekthaftung. Die Prospektpflicht selbst und die Haftung beugen so einem Betrug des Publikums vor und erfüllen damit Ziele, die von § 823 Abs. 2 i. V. m. § 263 StGB angesichts ihres Zuschnitts auf Zweipersonenverhältnisse nicht erfüllt werden können.

---

26 BGBl. I, S. 1375 v. 26.6.2012.

2. Rechtsnatur und Dogmatik der Prospekthaftung

12 Die Rechtsnatur der gesetzlichen Prospekthaftung ist umstritten und nicht abschließend geklärt. Die wohl noch h. M. versteht die §§ 21 ff. WpPG als eine gesetzliche Vertrauenshaftung.[27] Zunehmend wird aber auch eine deliktsrechtliche Einordnung vertreten,[28] vereinzelt gar eine Einordnung als Vertragshaftung.[29] Man kann die Unsicherheit selbst des Gesetzgebers in dieser Frage an § 25 Abs. 2 WpPG sehen. Dort wird die Prospekthaftung sowohl gegen das Delikts- wie das Vertragsrecht abgegrenzt. Eine praktische Bedeutung dieses Streits ist wohl nur für kollisionsrechtliche Fragen zu vermerken.[30]

13 Das unter 1. Erläuterte führt aber dazu, dass nicht nur auf der Tatbestandsseite kaum mit allgemeinen Maßstäben des Schadensersatzrechts gemessen werden kann. Der Sache nach geht es hier nicht wirklich um allgemein bürgerlich-rechtliche Vertrags-, Delikts- oder Vertrauenshaftung. All diese Erklärungsversuche sind begrenzt, weil sie die eigentliche Funktion der Prospekthaftung nur unvollständig erkennen. Denn zuvorderst geht es um die Beteiligung an einem Unternehmen, sei es als Gesellschafter, sei es als Fremdkapitalgeber. Bei einem solchen Vertragsschluss darf zwar jeder im Grundsatz seine eigenen Zwecke ohne Rücksicht auf die anderen verfolgen. Dieses Recht wird üblicherweise durch die Möglichkeit des anderen Vertragspartners begrenzt, den Vertragsschluss abzulehnen und den anderen Partner auf diese Weise zu Zugeständnissen, vor allem zu ausreichender Information zu zwingen, bevor der Vertrag abgeschlossen wird.

14 Dieses Ausgleichsspiel funktioniert bei dem Erwerb einer Beteiligung an einem kapitalmarktorientierten Unternehmen aber nicht, da der Weg ein anderer ist: Das Unternehmen, für das Geldgeber gesucht werden, ist ein komplexer Prozess, über den die künftigen Partner nicht annähernd vergleichbare Informationen haben (können) wie diejenigen, die die Beteiligung veräußern wollen. Diese umgekehrt nutzen schon aus Kostengründen nicht das Mittel eines individuell ausgehandelten Vertragsschlusses, sondern wenden sich mit dem Prospekt an die Öffentlichkeit. Diese Einbeziehung der Öffentlichkeit rechtfertigt letztlich auch ein gesetzgeberisches Eingreifen in den Prozess des Vertragsschlusses, zumal die Gefahr sehr hoch ist, dass der Vertrag wegen der Anlagestimmung auch ohne korrekte Information abgeschlossen wird. Deshalb benötigt man einen gesetzlichen Ausgleich der Informationsasymmetrien. Die Prospekthaftung sollte daher an dem Ziel des Abschlusses eines Vertrags über eine im Ausgangspunkt langfristige Investition in ein Unternehmen gemessen und aus diesem Ziel begründet werden. Die AG als Kapitalsammelstelle funktioniert nur, wenn Informationsasymme-

---

27 BGH, Urteil v. 12.07.1982 – II ZR 175/81, WM 1982, 862 ff. (BuM), *Canaris*, Bankvertragsrecht Rn. 2277, *Hamann*, in: Schäfer/Hamann, KapMG, §§ 44, 45 BörsG Rn. 33–36.

28 *Assmann*, Prospekthaftung, S. 241 ff., 252 ff., 377 mit Fn. 1; *Lenenbach*, KapMR, Rn. 8.80; *Pankoke*, in: Just/Voß/Ritz/Zeising, WpPG, vor § 44 BörsG Rn. 15.

29 Vgl. *Köndgen*, AG 1983, 85, 91 ff.; siehe auch *Schnauder*, NJW 2013, 3207, 3212 (Geschäftsbesorgungsverhältnis).

30 Vgl. dazu unten Rn. 16.

trien weitgehend ausgeschaltet werden und die Kapitalgeber damit möglichst „auf Augenhöhe" gebracht werden.

Noch anders gesagt: Während das Vertragsrecht vom Grundsatz der Freiheit 15
gekennzeichnet ist und Informationsvorsprünge niemals gesetzlich vollständig ausschalten darf, weil es sonst den Anreiz zu selbständigem Handeln und Wirtschaften nimmt, besteht an einem börsennotierten Unternehmen ein öffentliches Interesse, das einen Eingriff und die Ausschaltung solcher Informationsasymmetrien rechtfertigt. Da die Anleger typischerweise unterlegen sind, ist der Ausgleich solcher Asymmetrien durch das kapitalmarktrechtliche Täuschungsverbot geboten. Einen Ausschnitt daraus bildet die Prospekthaftung.

IV. Anwendungsbereich und Abgrenzung

1. Kollisionsrecht

Der internationale Anwendungsbereich der Prospekthaftung ist umstritten. 16
Die Frage wird nach vorzugswürdiger Auffassung nicht in § 21 Abs. 3 WpPG geregelt. Diese Vorschrift ist lediglich eine Sachnorm, hingegen keine Kollisionsnorm, da sie selbst materielle Rechtsfolgen anordnet und nicht das anwendbare Recht bestimmt.[31] Die Gegenauffassung meint, § 21 Abs. 3 WpPG enthalte auch die maßgebende Kollisionsnorm, da sie auf den Ort des Geschäftsabschlusses abstelle.[32] Dagegen spricht aber, dass der Ort des konkreten Geschäftsabschlusses nicht genügend die Zielrichtung des Prospekts als Information der Marktöffentlichkeit berücksichtigt. Die Prospektverantwortlichkeit mag zwar im Hinblick auf das konkret abgeschlossene Geschäft eingeschränkt werden. Der Anwendungsbereich der Regeln selbst kann indessen mit Blick auf das verfolgte Ziel der Prospektpflicht und -haftung nicht von individuellen Umständen abhängig sein. Dass ohne ein Inlandsgeschäft keine Prospekthaftung besteht, besagt nicht, dass § 21 Abs. 3 WpPG deshalb eine Kollisionsregel enthält. Die fehlende Haftung kann auch die materiell gewollte Rechtsfolge sein.[33]

Angeknüpft wird die spezialgesetzliche Prospekthaftung nach mittlerweile 17
herrschender Meinung an den Platzierungsmarkt.[34] Das ist (mit der im nächsten Absatz besprochenen Ausnahme) das Recht des Marktes, auf dem die Wertpapiere mit Wissen und Wollen des Emittenten im Rahmen der Emission zum Verkauf angeboten werden und der Prospekt veröffentlicht

---

31 *Pankoke*, in: Just/Voß/Ritz/Zeising, WpPG, § 44 BörsG Rn. 54; *Hamann*, in: Schäfer/Hamann, KapMG, §§ 44, 45 BörsG Rn. 129; vgl. *Baumbach/Hopt*, HGB, § 44 BörsG Rn. 12.

32 *Schwark*, in: Schwark/Zimmer, KapMRK, § 45 BörsG Rn. 41; *Kuntz*, WM 2007, 432 ff.

33 A. A. *Kuntz*, WM 2007, 432, 434.

34 *Hamann*, in: Schäfer/Hamann, KapMG, §§ 44, 45 BörsG Rn. 75; *Baumbach/Hopt*, HGB, § 44 BörsG Rn. 12; *Kiel*, Intenationales Kapitalanlegerschutzrecht, 1994, S. 223; *Schnyder*, in: MüKo BGB, IntKapMarktR Rn. 95 ff.; *Bischoff*, AG 2002, 489, 494; *Pankoke*, in: Just/Voß/Ritz/Zeising, WpPG, vor § 44 BörsG Rn. 23; krit. *Kindler*, in: MüKo BGB, IntGesR Rn. 30 cf.

wird.[35] Ggf. kann es mehrere Platzierungsorte geben, in diesem Fall ist nur die Rechtsordnung anwendbar, in dem der Erwerber seinen Sitz oder gewöhnlichen Aufenthaltsort hat. Die frühere Anknüpfung an das Deliktsstatut[36] dürfte überholt sein, da sie zur kumulativen Anwendung verschiedener Haftungsregeln auf ein und dasselbe Geschäft führen kann.[37] Der so bestimmte internationale Anwendungsbereich der §§ 21 ff. WpPG wird sachlich weiter durch § 21 Abs. 3 WpPG eingeschränkt, vgl. unten Rn. 61 ff.

18 Die Haftung für gem. § 17 ff. WpPG im Inland ohne weiteres gültige Prospekte aus einem Mitgliedsstaat des EWR (Europäischer Pass) richtet sich dagegen nach vorzugswürdiger Auffassung nach dem Heimatrecht des Prospekts,[38] da sonst über die Anwendung der inländischen Haftungsregeln die Vorschriften über den Europäischen Pass zunichte gemacht würden.[39] Dabei geht es – unabhängig von dem Ort des Erwerbsgeschäftes – um solche Prospekte, die von der zuständigen Behörde eines anderen Staates des EWR gebilligt wurden und die der Emittent gem. § 17 Abs. 3 WpPG im Inland veröffentlicht hat, sofern die Bundesanstalt nach den § 18 WpPG entsprechenden Vorschriften des Herkunftsstaates unterrichtet wird und die Sprache des Prospekts die Anforderungen des § 19 Abs. 4 und 5 WpPG erfüllt, er insbesondere eine Zusammenfassung in deutscher Sprache enthält (§ 19 Abs. 4 Satz 2 WpPG). Auch die Haftung für diese Zusammenfassung richtet sich jedoch nach dem Heimatrecht, eine gemischte Rechtsanwendung wäre mit dem Ziel der Regelungen über den Europäischen Pass nicht vereinbar, siehe dazu noch unten Rn. 103. Dementsprechend richtet sich umgekehrt die Haftung für inländische Prospekte, die nach Maßgabe der §§ 17 ff. WpPG im EWR-Ausland Gültigkeit besitzen, nach deutschem Recht. Dies hat insb. Folgen für die Anwendung des § 21 Abs. 3 WpPG, siehe dazu unten Rn. 63.

2. Prospektbegriff (§ 21 Abs. 1 und Abs. 4, § 22)

a) Zulassungsprospekte (§ 21 Abs. 1)

19 Gem. § 21 WpPG gehaftet wird für Prospekte, auf Grund derer Wertpapiere zum Börsenhandel zugelassen sind. „Auf Grund eines Prospektes zum Börsenhandel" zugelassen werden Wertpapiere nach § 32 BörsG (nämlich zum Regulierten Markt, oben Rn. 10). Die Einbeziehung nach § 33 BörsG genügt nicht, in diesen Fällen wird jedoch für das öffentliche Angebot ein Prospekt i. S. d. § 22 WpPG erforderlich und für diesen ebenfalls gehaftet.[40] Anwendbar sind die §§ 21 ff. WpPG nur auf diejenigen Dokumente, die Grundlage für die Zulassung waren, nicht hingegen auf sonstige Werbemaßnahmen,

---

35 *Bischoff*, AG 2002, 489, 493.
36 So noch *Schütze*, in: Assmann/Schütze, HdbKapAnlR, § 10 Rn. 22, 24; vgl. *Kuntz*, WM 2007, 432, 435.
37 Ausführlich *Bischoff*, AG 2002, 489, 492 ff.
38 Ausführlich und zutr. Kuntz, WM 2007, 432, 437 ff.; ferner unter Berücksichtigung des Verhältnisses zur Rom II-VO *Tschäpe/Kramer/Glück*, RIW 2008, 657, 665 ff.; nur de lege ferenda *Schnyder*, in: MüKo BGB, IntKapMarktR Rn. 121 f.
39 A. A. *Pankoke*, in: Just/Voß/Ritz/Zeising, WpPG, vor § 44 BörsG Rn. 23 m. w. N.
40 *Pankoke*, in: Just/Voß/Ritz/Zeising, WpPG, § 44 BörsG Rn. 2.

Berichte, Mitteilungen, Aufforderungen, Ad hoc-Mitteilungen und ähnliches, siehe dazu noch Rn. 32.

Der Prospekt besteht nicht notwendig aus nur einem Dokument. Der Emittent kann sich auch gem. § 12 WpPG, Art. 25 Abs. 3 EU-ProspVO dafür entscheiden, den Prospekt in Registrierungsformular, Wertpapierbeschreibung und Zusammenfassung aufzuteilen.[41] Ferner können Basisprospekt und endgültige Bedingungen des Angebots auf unterschiedliche Dokumente verteilt sein (§ 6 Abs. 3 WpPG) und bilden gleichwohl zusammen einen einheitlichen Prospekt.[42]

b) Prospekte nach § 22

Erfasst sind ferner gem. § 22 WpPG für sämtliche Prospekte, die nicht zum   20
Zwecke der Zulassung sondern aufgrund einer Wertpapier-Prospektpflicht nach § 3 Abs. 1 WpPG veröffentlicht sind (zu Verkaufsprospekten für Vermögensanlagen siehe ferner die Erläuterungen zu § 20 ff. VermAnlG). Soweit Wertpapiere anderweitig öffentlich angeboten werden, verweist § 22 WpPG ausdrücklich auf die Haftung nach § 21 WpPG. Eine Prospektpflicht besteht gem. § 3 Abs. 1 WpPG auch dann, wenn bereits zugelassene Wertpapiere öffentlich angeboten werden, z. B. bei einer Zweitmarktplatzierung.[43] Unmittelbar greift § 21 WpPG in solchen Fällen nicht ein, da der Prospekt dann nicht Grundlage der Zulassung, sondern nur der Platzierung der Wertpapiere ist. Anders als der frühere § 13 VerkProspG a. F. beschränkt der Wortlaut des Tatbestands des § 22 WpPG seine Anwendung nun nicht mehr auf nicht zugelassene Wertpapiere, sondern auf Prospekte, die keine Zulassungsprospekte sind. Die frühere Unsicherheit, ob auch Prospekte für Zweitmarktplatzierungen der Prospekthaftung unterlagen[44], ist damit endlich beseitigt. Deshalb wird auch für solche Prospekte über den Verweis in § 22 Abs. 1 WpPG gehaftet.[45]

c) Gleichgestellte Darstellungen (§ 21 Abs. 4 WpPG)

Dem Prospekt steht eine schriftliche Darstellung gleich, „auf Grund deren   21
Veröffentlichung" der Emittent von der Prospektpflicht befreit wird. Damit waren früher die in § 45 BörsZulV a. F. erwähnten Darstellungen gemeint, die prospektersetzende Qualität hatten. Die Vorläufernorm (§ 44 Abs. 4

---

41 Näher oben Erläuterungen zu § 12 WpPG.

42 *Pankoke*, in: Just/Voß/Ritz/Zeising, WpPG, § 44 BörsG Rn. 12.

43 Näher Erläuterungen zu § 4 WpPG Rn. 8.

44 Siehe dazu einerseits *Assmann*, in: Assmann/Schütze, HdbKapAnlR, § 6 Rn. 59; *Schlitt/Schäfer*, AG 2005, 498, 510; a. A. für Informationsmemoranden zum Zwecke der Umplatzierung, die nach Rechtslage erstellt werden konnten, *Mülbert/Steup*, in: Habersack/Mülbert/Schlitt UntFinanzKM, 1. Aufl. § 26 Rn. 120 (anders 2. Aufl. § 33 Rn. 19, 150) und – wohl nur noch nicht aktualisiert – *Hamann*, in: Schäfer/Hamann, KapMG, §§ 44, 45 BörsG Rn. 57.

45 Ausführlich *Groß*, KapMR, § 21 WpPG Rn. 27–28; *Mülbert/Steup*, in: Habersack/Mülbert/Schliff, UntFinanzKM, § 41 Rn. 23; vgl. noch Rn. 31, 33.

BörsG a. F.) des heutigen Abs. 4 diente ursprünglich der Schließung von Lücken, die entstehen konnten, weil die „schriftlichen Darstellungen" keine Prospekte i. S. d. BörsG a. F. oder des VerkProspG a. F. waren.[46] Nunmehr, so *Hamann*[47], beziehe sich die Norm auf die in § 4 WpPG genannten „Dokumente", die jedenfalls z. T. an die Stelle der von § 45 BörsZulV a. F. verlangten Informationen getreten seien.

Während die h. M. zur Vorgängervorschrift (§ 44 Abs. 4 BörsG a. F.) davon ausging, dass mit Abs. 4 nur Dokumente gemeint gewesen seien, aufgrund derer letztlich die Zulassung von Wertpapieren erfolgt sei, steht nach der Neufassung der Prospekthaftung und der Einführung des § 22 WpPG zweifelsfrei fest, dass Abs. 4 auch solche Dokumente erfasst, die (wie die in § 22 genannten Prospekte) nicht der Zulassung, sondern nur der Ermöglichung eines öffentlichen Angebots dienen.[48] Insoweit kommen also zunächst Dokumente gem. § 4 Abs. 1 Nr. 2–5 und Abs. 2 Nr. 3–6 WpPG als Haftungsgrundlage in Betracht. Jedoch ist im Einzelnen zu differenzieren:[49]

22 Für Angebotsunterlagen (§ 4 Abs. 2 Nr. 3 WpPG) bei Wertpapiererwerbs- und Übernahmeangeboten nach dem WpÜG könnte man die Qualität als schriftliche Darstellung im Sinne des § 21 Abs. 4 WpPG zunächst mit der Begründung in Zweifel ziehen, dass gem. § 12 WpÜG eine eigene Haftung für fehlerhafte Angebotsunterlagen anordnet und lex specialis zu §§ 21 ff. WpPG sei. Jedoch hat diese Haftung nach dem WpÜG ausschließlich die Funktion des Dokuments als Angebotsunterlage im Auge.[50] Soweit etwa ein Tauschangebot nach dem WpÜG dazu benutzt wird, neue Wertpapiere zuzulassen, benötigen nicht nur die von § 12 WpÜG geschützten Angebotsempfänger, sondern auch die von diesen im Anschluss an das Angebot erwerbenden Zweiterwerber (unten Rn. 56) den Schutz durch die Prospekthaftung. Die institutionelle Sicherung durch Prüfung der BAFin reicht insoweit nicht aus.[51] Ob auch die Angebotsempfänger selbst sich zusätzlich auf § 21 Abs. 4 WpPG berufen können, ist dagegen problematisch und eher zu bezweifeln.

23 In Betracht kommen ferner nach § 4 Abs. 2 Nr. 4 WpPG Verschmelzungsberichte. Diese müssen allerdings nicht notwendig veröffentlicht werden. Nach § 4 Abs. 2 Nr. 4 WpPG reicht es für die Befreiung aus, dass der Verschmelzungsbericht „verfügbar" ist. Soweit deshalb Verschmelzungsberichte auch ohne Veröffentlichung als Grundlage einer Befreiung anzusehen sind,[52] beruht die Befreiung nicht auf einer (evtl. nichtsdestoweniger vorgenommenen) Veröffentlichung. Es kann sich in diesem Fall nicht um eine Darstellung im Sinne des § 21 Abs. 4 WpPG handeln, da die Befreiung „auf Grund der Ver-

---

46 Näher dazu *Assmann*, AG 1996, 508 ff.

47 *Hamann*, in: Schäfer/Hamann, KapMG, §§ 44, 45 BörsG Rn. 39 a.

48 A. A. aber noch immer *Groß*, KapMR § 21 WpPG Rn. 27, der auch bei § 22 nichts Abweichendes erläutert.

49 Zu pauschal *Pankoke*, in: Just/Voß/Ritz/Zeising, WpPG, § 44 BörsG Rn. 17 f., der praktisch sämtliche in § 4 WpPG genannten Dokumente als erfasst ansieht.

50 *Mülbert/Steup*, WM 2005, 1633, 1642 f.

51 A. A. offenbar *Mülbert/Steup*, WM 2005, 1633, 1642.

52 Vgl. dazu die Komm. zu § 4 WpPG Rn. 7.

öffentlichung" Tatbestandsvoraussetzung der Gleichstellung mit einem Prospekt ist. Eine Haftung kommt dann nur nach der allgemeinen bürgerlich-rechtlichen Prospekthaftung in Betracht. Hält man indessen eine Veröffentlichung doch für erforderlich und ist sie nicht erfolgt, so ist davon auszugehen, dass eine Haftung aus § 24 WpPG herzuleiten ist, weil diese Vorschrift öffentliche Angebote von Wertpapieren erfasst, die bereits zugelassen sind (dazu näher § 24 WpPG Rn. 4).

Die übrigen in § 4 Abs. 2 Nr. 5, 6 und 8 WpPG genannten Dokumente sind **24** entweder keine Darstellungen, aufgrund derer von der Prospektpflicht befreit wird,[53] oder aber die §§ 21 ff. WpPG sind (Nr. 8) bereits aus kollisionsrechtlichen Gründen nicht anwendbar.[54]

Problematisch ist, ob § 21 Abs. 4 WpPG über den Verweis in § 22 WpPG im **25** Grundsatz auch für die in § 4 Abs. 1 Nr. 2–5 WpPG genannten Dokumente gilt. Der entsprechende Streit ist bisher freilich nur zu den prospekthaftungsrechtlichen Vorgängernormen im BörsG a.F. und VerkProspG a. F. ausgetragen worden: Während eine Auffassung § 44 Abs. 4 BörsG a. F. jedenfalls im Grundsatz auf alle in § 4 WpPG genannten Dokumente anwenden wollte,[55] meinten andere, die Vorgängervorschrift des § 22 (§ 13 VerkProspG a. F.) habe nie auf § 44 Abs. 4 BörsG a. F. verwiesen und ordne dementsprechend nach wie vor nur eine Haftung für fehlerhafte Prospekte, nicht hingegen für gleichgestellte Dokumente, an.[56] In der Vorauf. wurde bereits eine Haftung gem. § 13 VerkProspG a. F. auch für gleichgestellte Dokumente vertreten. Aus den Äußerungen während der Gesetzgebungsgeschichte[57] ergibt sich nunmehr vollkommen eindeutig (nämlich e contrario), dass der Gesetzgeber in § 22 WpPG (anders als in § 20 VermAnlG) auch auf § 21 Abs. 4 WpPG verweisen wollte und es damit auch für Nicht-Zulassungsprospekte allein drauf ankommt, ob eine prospektgleiche Darstellung vorhanden ist, aufgrund „deren Veröffentlichung" der Anbieter von der Prospektpflicht befreit wurde. Die Argumentation der Gegner einer Haftung für die in § 4 Abs. 1 WpPG genannten Dokumente ist damit überholt.[58]

In Betracht kommen insoweit die in § 4 Abs. 1 Nr. 2 und 3 WpPG genannten Dokumente (Angebotsunterlage, Verschmelzungsbericht, hier gelten die Ausführungen oben Rn. 22 f. entsprechend). Die in § 4 Abs. 1 Nr. 4 und 5

---

53 Für Nr. 5 und 6 zutr. *Mülbert/Steup*, WM 2005, 1633, 1642; vgl. auch *Schwark*, in: Schwark/Zimmer, KapMRK, § 45 BörsG Rn. 15.

54 Jedenfalls i. Erg. auch *Mülbert/Steup*, WM 2005, 1633, 1642; *Mülbert/Steup*, in: Habersack/Mülbert/Schlitt, UntFinanzKM, § 41 Rn. 28 unter Verweis darauf, dass gem. § 23 Abs. 2 Nr. 5 WpPG ohnehin nicht für bloße Zusammenfassungen gehaftet wird.

55 *Hamann*, in: Schäfer/Hamann, KapMG, §§ 44, 45 BörsG Rn. 39 a; *Assmann*, in: Assmann/Schütze, HdbKapAnlR, § 6 Rn. 47; *Pankoke*, in: Just/Voß/Ritz/Zeising, WpPG, § 44 BörsG Rn. 17.

56 *Mülbert/Steup*, WM 2005, 1633, 1644; *Mülbert/Steup*, in: Habersack/Mülbert/Schlitt, UntFinanzKM, 2. Aufl., § 33 Rn. 25 und 3. Aufl., § 41 Rn. 29.

57 BR-Drucks. 209/11 S. 58.

58 Übersehen von *Mülbert/Steup*, in: Habersack/Mülbert/Schlitt, UntFinanzKM, 3. Aufl., § 41 Rn. 29.

WpPG genannten Dokumente sind hingegen nicht detailliert genug und die Befreiung erfolgt nicht allein im Hinblick auf diese Dokumente, sondern auch wegen der anderen in Nr. 4 und 5 enthaltenen Tatbestandsvoraussetzungen.

d) Freiwillige Prospekte

26 § 1 Abs. 3 WpPG stellt klar, dass Emittenten nicht prospektpflichtiger Wertpapiere gleichwohl einen Prospekt nach den Vorschriften des WpPG veröffentlichen dürfen. Die Regel des § 1 Abs. 3 WpPG dürfte, obschon sie unmittelbar nur für die Befreiungstatbestände des § 1 Abs. 2 WpPG gilt, zumindest analog auch auf solche Prospekte anzuwenden sein, die trotz eines Befreiungstatbestandes des § 3 Abs. 2 oder des § 4 WpPG erstellt werden.[59] Wird ein freiwilliger Prospekt erstellt, so gelten auch für ihn die Vorschriften des WpPG i.V.m. EU-ProspVO, einschließlich des Gebots der Richtigkeit und Vollständigkeit, er ist ferner der BaFin zur Billigung gem. § 13 WpPG vorzulegen, siehe dazu noch die Rn. 28 ff. Im Ergebnis haften die Prospektverantwortlichen bei einer Billigung (nur) nach den §§ 21 ff. WpPG.[60] Bei freiwilligen Prospekten griffe andernfalls die (schärfere)[61] zivilrechtliche Prospekthaftung, obschon der Emittent über seine Pflichten hinaus einen Prospekt erstellt und sich dem Billigungsverfahren vor der BaFin unterzogen hat, also mehr getan hat, als er musste.[62] Soweit hingegen bei fehlender Prospektpflicht zwar ein Prospekt erstellt wurde, dieser jedoch der BaFin nicht zur Billigung vorgelegt wurde, muss nach der allgemein bürgerlich-rechtlichen Prospekthaftung gehaftet werden.[63] Das Risiko der Falschbeurteilung der Prospektpflicht tragen der Emittent bzw. der Anbieter, siehe dazu § 24 WpPG Rn. 10.

---

59 Ausführlich und richtig *Schnorbus*, AG 2008, 389, 401 f. m.w. N. in Fn. 115; a. A. *Groß*, KapMR, § 1 WpPG Rn. 10 (vgl. aber *Groß* § 22 WpPG Rn. 3 mit Fn. 10); *Klöhn*, FS Hoffmann-Becking (2013), S. 679, 686 m.w. N. in Fn. 44, wobei sich *Hamann* entgegen *Klöhn* a.a.O. zur Frage letztlich nicht äußert. Diese Gegenauffassung überzeugt nicht, da in den Fällen der §§ 3 und 4 das WpPG jedenfalls anwendbar ist. Es wäre ein Wertungswiderspruch und mitnichten vom Wortlaut des § 1 Abs. 3 WpPG gedeckt, bei bloßem Entfall der Prospektpflicht freiwillige Propekte für unzulässig zu halten, bei Entfall des Gesetzes (§ 1 Abs. 2) hingegen für zulässig; darauf weist zu Recht auch *Schnorbus* a.a.O. hin.

60 So im Grundsatz auch *Hamann*, in: Schäfer/Hamann, KapMG, §§ 44, 45 BörsG Rn. 21 a.

61 Zu den Unterschieden siehe *Klöhn*, FS Hoffmann-Becking (2013), S. 679, 681 ff., ferner *Heisterhagen*, DStR 2006, 759 ff.

62 Vgl. auch *Pankoke*, in: Just/Voß/Ritz/Zeising, WpPG, § 44 BörsG Rn. 10, 16.

63 Im Grundsatz ebenso *Klöhn*, FS Hoffmann-Becking (2013), S. 679, 688 f. m.w. N. in Fn. 57, der diese allerdings in solchen Fällen „modifizieren" und an die spezialgesetzliche Haftung angleichen möchte, ohne dafür hinreichende Argumente vorzubringen: Die Argumentationslast liegt bei ihm, da die bürgerlich-rechtliche Prospekthaftung Ausgangspunkt ist, wenn die spezialgesetzliche Haftung nicht greift. Dass das Billigungsverfahren bei der BaFin keine vollständige Richtigkeitsgewähr bietet (so *Klöhn* a.a.O. S. 680), besagt nichts für die Frage: Immerhin bietet es eine Chance, dass Fehler entdeckt werden. Wird das Verfahren nicht durchlaufen, fehlt ergo auch die Rechtfertigung für mildere Haftungsvorschriften.

Anders ist es bei Verkaufsprospekten nach den §§ 20 ff. VermAnlG. Hier   27
kommt es auf die Prospektpflicht gem. § 6 VermAnlG an. Für freiwillige Prospekte für Vermögensanlagen, für die eine Prospektpflicht nach § 6 Verm-
AnlG nicht besteht, also z. B. für die ausdrücklich in § 2 VermAnlG von der
Prospektpflicht ausgenommenen Vermögensanlagen, kommt nur die allgemeine zivilrechtliche Prospekthaftung in Betracht.[64] Denn § 2 VermAnlG
enthält keine dem § 1 Abs. 3 WpPG vergleichbare Norm und die §§ 20 ff.
VermAnlG sind gem. § 2 VermAnlG ausdrücklich nicht auf solche Vermögensanlagen anwendbar, für die keine Prospektpflicht gem. § 6 VermAnlG
besteht.[65]

e) Formaler Prospektbegriff der spezialgesetzlichen Prospekthaftung

Eine Definition des Prospektbegriffes findet sich weder im WpPG noch in an-   28
deren Vorschriften. Zwar spricht das Gesetz teilweise von „Prospekt im
Sinne des Gesetzes" (§ 1 Abs. 3 WpPG), enthält aber keine nähere Erläuterung. Eine Definition ist aus zwei Gründen notwendig. Erstens benötigt man
sie zur Abgrenzung der Haftung für einen fehlerhaften Nichtzulassungs-Pro-
spekt (§ 22 WpPG) von der Haftung für einen fehlenden Prospekt (§ 24
WpPG), weil es bei letzterer auf die Fehlerhaftigkeit eines evtl. vorhandenen, aber nicht als Prospekt einzuordnenden Dokuments nicht ankommt.[66]
Und zweitens stellt sich die Frage, unter welchen Umständen ein freiwillig
erstellter Prospekt ein solcher im Sinne des Gesetzes ist, für den dann nach
§§ 22 WpPG gehaftet wird.

Versuche einer Definition in der Literatur bezogen sich bislang meist auf das   29
VerkProspG a. F. Nach der früheren Rechtslage konnte es Fälle geben, in denen zwar ein Prospekt oder ein ähnliches Dokument erstellt wurde, jedoch
der BaFin nicht zur Gestattung vorgelegt worden war. In diesen Fällen
wurde als Prospekt dasjenige vom Anbieter ausgestellte Schriftstück angesehen, das nach seinem (aus den Umständen zu ermittelnden) Willen zur Erfüllung der Verpflichtungen aufgrund des Verkaufsprospektgesetzes erstellt
wurde. Ohne dieses Verständnis hätte eine Regelung für solche Dokumente
gefehlt, da früher eine gesetzliche Haftung für fehlende Prospekte nicht
existierte. Durch die Einführung der Haftung für fehlende Prospekte in § 13 a
VerkProspG a. F. (siehe jetzt § 24 WpPG) wurde dies obsolet (vgl. Vorauflage).

Heute ist an die Stelle eines materiellen ein formales Verständnis des Pros-   30
pektbegriffs getreten. Eine Haftung nach § 21 f. WpPG kommt – immer, aber
auch nur – dann in Frage, wenn der Prospekt von der BaFin gem. § 13 WpPG

---

64 Wie Fn. zuvor; vgl. auch *Nobbe*, WM 2013, 193, 202; ferner *Hahn*, VersR 2012, 393, 394
    unter II.2.; a. A. *Kind/Bruchwitz*, BKR 2011, 10, 11 f.
65 Ebenso *Klöhn*, FS Hoffmann-Becking (2013), S. 679, 686.
66 Vgl. dazu *Barta*, NZG 2005, 305 ff.

gebilligt wurde.[67] Zwar ergibt sich dies nicht aus dem Wortlaut der § 21 f. WpPG, in dem die Billigung durch die BaFin nicht erwähnt wird. Doch zeigt die Entstehung und Entwicklung der spezialgesetzlichen Prospekthaftung, dass jedenfalls die unmittelbare Anwendung des § 21 WpPG schon immer auf einem staatlichen Akt der Anerkennung des Prospekts beruhte. Ferner kann man der neuen Fassung des § 22 WpPG entnehmen, dass für alle „nach § 3 Abs. 1 veröffentlichte" Prospekte gehaftet werden soll. Da die Billigung jedes Prospekts (also nicht nur der Zulassungsprospekte im Sinne des § 21 WpPG) stets Voraussetzung seiner Veröffentlichung ist (§ 13 Abs. 1 Satz 1 WpPG) und seit dem Inkrafttreten des AnSVG eine besondere Haftung für Angebote unter Verstoß gegen die Prospektpflicht angeordnet ist (§ 24 WpPG), ist auch für § 22 WpPG davon auszugehen, dass nur gebilligte Prospekte als „nach § 3 Abs. 1 veröffentlicht" in Betracht kommen. Zu diesen Prospekten gehören ggf. dann auch nicht gebilligte Teile wie etwa Nachträge, endgültige Angebotsbedingungen oder andere Vertriebsmaßnahmen (oben Rn. 19 a. E.) Umgekehrt ist ein Prospekt immer schon dann im Sinne des § 24 WpPG „nicht veröffentlicht", wenn er der BaFin nicht zur Billigung vorgelegt wurde (siehe § 24 Rn. 4).

31 Eine Haftung nach § 20 VermAnlG für unrichtige oder unvollständige Verkaufsprospekte für Vermögensanlagen besteht dementsprechend genau dann, wenn eine Prospektpflicht gem. § 6 VermAnlG zu bejahen ist und das Dokument gem. § 8 VermAnlG von der BaFin gebilligt ist. Fehlt es an einer der beiden Voraussetzungen, so handelt es sich nicht um einen Prospekt im Sinne der spezialgesetzlichen Prospekthaftung. Ein „nicht veröffentlichter" Verkaufsprospekt im Sinne des § 21 VermAnlG liegt nur dann vor, wenn eine Prospektpflicht bestand und es entweder an einem gebilligten Dokument oder seiner Veröffentlichung oder an beidem fehlt.[68]

f) Einzelfälle

32 Nicht Prospekte im Sinne der §§ 21 ff. WpPG sind die Finanzberichterstattung gem. §§ 37 v ff. WpHG (frühere Zwischenberichterstattung gem. § 40 BörsG a. F. i. V. m. § 53 ff. BörsZulVO a. F.), Mitteilungen nach § 30 b oder §§ 30 e, 30 f WpHG (früher § 39 Abs. 1 Nr. 3 BörsG a. F. i. V. m. §§ 63, 66 BörsZulVO a. F.) und vergleichbare Veröffentlichungen wie Zeichnungsaufforderungen.[69] Weder die Erklärung zum Corporate Governance Kodex gem. § 161 AktG[70] noch Werbung, Presseberichte oder Wertpapieranalysen zählen

---

67 *Barta*, NZG 2005, 305, 308; *Schäfer*, ZGR 2006, 40, 50; *Assmann*, in: Assmann/Schütze, HdbKapAnlR, § 6 Rn. 62; siehe auch *Assmann*, in Assmann/Schlitt/von Kopp-Colomb, WpPG/VerkProspG, § 13 VerkProspG Rn. 16; *Nobbe*, WM 2013, 193 f. m.w.N. in Fn. 4.

68 Vgl. näher die Komm. zu § 20 ff. VermAnlG und OLG München v. 2.11.2011 – 20 U 2289/11, EWiR 2012, 711 m. Anm. *Voß*.

69 Siehe dazu *Schäfer*, ZGR 2006, 40, 45 m.w.N.; *Hamann*, in: Schäfer/Hamann, KapMG, §§ 44, 45 BörsG Rn. 39; *Groß*, KapMR, § 21 WpPG Rn. 25.

70 Dazu *Fleischer*, in: Assmann/Schütze, HdbKapAnlR, § 7 Rn. 64, *Hamann*, in: Schäfer/Hamann, KapMG, §§ 44, 45 BörsG Rn. 53.

zu den Prospekten i. S. d. § 21 Abs. 1 WpPG,[71] siehe dazu aber noch unten Rn. 65 a. E. und Rn. 117 a. Wird durch die Verwendung solcher Dokumente und Medien allerdings der Eindruck erweckt, sie seien Bestandteil eines Prospekts, so wird man aufgrund der unter Rn. 117a dargestellten Rechtsprechung u. U. eine Haftung nach den Grundsätzen der bürgerlich-rechtlichen Prospekthaftung bejahen müssen. Auch Ad hoc-Mitteilungen sind nach einer Entscheidung des BGH aus dem Jahr 2004 keine Prospekte.[72] Die daneben vielfach noch genannten Bezugsrechtsangebote fallen nach Änderung der EU-ProspektVO nunmehr unter die Prospektpflicht.[73]

Fraglich ist, inwieweit sog. Informationsmemoranden als Prospekte anzusehen sind. Soweit die oben unter Rn. 20–27 besprochenen Darstellungen lediglich als derartige Informationsmemoranden oder -schriften bezeichnet werden, insb. etwa bei Prospekten für eine Zweitmarktplatzierung (Umplatzierung), soll dies nichts an ihrer Einordnung als Prospekt oder gleichgestellte Darstellung ändern.[74] Richtigerweise handelt es sich nur dann um Prospekte, wenn sie von der BaFin gebilligt sind. Allerdings kann der Prospekt unrichtig sein, wenn behauptet wird, er sei kein Zulassungs- oder Verkaufsprospekt. Werden ohne Billigung durch die BaFin Informationsmemoranden erstellt, ohne dass eine Pflicht nach dem WpPG dazu besteht, z. B. im Rahmen des Freiverkehrs oder bei Vorliegen der Ausnahmetatbestände des § 3 Abs. 2 WpPG, so dürften sie – unabhängig von ihrer Bezeichnung – der zivilrechtlichen Prospekthaftung unterliegen (siehe noch unten Rn. 117 ff.). 33

V. Haftungsadressaten (Prospektverantwortliche)

1. § 21 Abs. 1 Nr. 1 WpPG

a) Verantwortungsübernahme und Verantwortlichkeitsklausel

Für den Prospekt haften zunächst diejenigen, die für den Prospekt die Verantwortung übernommen haben. Die frühere Fassung, die auf diejenigen abstellte, die den Prospekt „erlassen haben" besagte letztlich das Gleiche.[75] Entscheidend ist, dass die Verantwortungsübernahme nach außen erkennbar geworden ist. Die Verantwortungsübernahme gem. § 21 Abs. 1 Nr. 1 WpPG ist trotz des Wortlauts nach ganz h. M. nicht mit der Aufnahme in die Verantwortlichkeitsklausel des § 5 Abs. 4 WpPG identisch. Vielmehr soll bereits in der Unterzeichnung des Prospekts gem. § 5 Abs. 3 WpPG auch die Übernahme der Verantwortung im Sinne der Nr. 1 liegen.[76] 34

---

71 Vgl. *Groß*, KapMR, § 21 WpPG Rn. 25; *Hamann*, in: Schäfer/Hamann, KapMG, §§ 44, 45 BörsG Rn. 39.

72 BGH, Urteil vom 19.07.2004 – II ZR 402/02, ZIP 2004, 1593, 1595, siehe noch unten Rn. 117 f.

73 Siehe dazu *Brocker/Wohlfarter*, BB 2013, 393.

74 *Hamann*, in: Schäfer/Hamann, KapMG, §§ 44, 45 BörsG Rn. 56; *Groß*, KapMR, § 21 WpPG Rn. 26.

75 Vgl. *Groß*, KapMR, § 21 WpPG Rn. 30, *Schwark*, in: Schwark/Zimmer, KapMRK, § 45 BörsG Rn. 8.

76 Siehe nur *Groß*, KapMR, § 21 WpPG Rn. 30, *Hamann*, in: Schäfer/Hamann, KapMG, §§ 44, 45 BörsG Rn. 88 f.

35 Dementsprechend haften gem. Abs. 1 Nr. 1 jedenfalls alle Unterzeichner des Prospekts (d. h. der Emittent, der Anbieter, das emissionsbegleitende Institut).[77] Für das emissionsbegleitende Institut hat der BGH im Fall „Elsflether Werft"[78] angenommen, dass es auch dann zu den Verantwortlichen im Sinne der Nr. 1 zählt, wenn die Unterzeichnung unterblieben ist. Allein durch die Antragstellung übernehme die Bank die Verantwortung für den Prospekt, so dass sie zu den Prospekterlassern zu rechnen sei. In der Literatur hat diese Argumentation teils Zustimmung,[79] teils Ablehnung erfahren.[80] Die Unterschrift des emissionsbegleitenden Instituts war vor Erlass des WpPG im Bereich des (damaligen) geregelten Marktes fakultativ, nunmehr ist sie gem. § 5 Abs. 4 Satz 2 WpPG im Regulierten Markt stets erforderlich, so dass es in aller Regel auf die Frage nicht mehr ankommen wird.[81] Ohnehin besteht letztlich Einigkeit, dass die Bank jedenfalls nach Nr. 2 verantwortlich ist. Dennoch ist – etwa für Fälle des Behördenversagens – festzuhalten, dass es für die Anwendung der Nr. 1 nicht auf die tatsächliche Unterzeichnung ankommt, sondern bereits die gesetzliche Pflicht zur Unterzeichnung ausreichen dürfte, weil diese die Erwartungshaltung der Anleger prägt.

36 Angesichts der Wortwahl des BGH im Fall „Elsflether Werft" ist nicht mit letzter Sicherheit zu sagen, ob der BGH nicht einfach nur sagen wollte, dass die Bank jedenfalls Prospektverantwortliche i. S. d. Abs. 1 ist und die Einordnung in Nr. 1 oder Nr. 2 letztlich offengelassen hat. Schon angesichts Art. 6 Abs. 1 EU-ProspRL muss die bloße Antragstellung jedenfalls für die Prospektverantwortlichkeit ausreichen.

37 Zusätzlich haften in jedem Falle aber diejenigen, die – soweit ihnen zurechenbar – mit in die Verantwortlichkeitsklausel aufgenommen wurden, also etwa Personen, die sonst nach Nr. 2 haften würden und deshalb bereits vorsorglich im Prospekt als Verantwortliche genannt werden.

b) Konsortium

38 Wird die Emission von einem Konsortium begleitet, so sind nur die einzelnen Konsortialmitglieder Verantwortliche im Sinne des Gesetzes. Nach *Groß*[82] soll das insb. bei internationalen Konsortien dazu führen, dass nur ein Teil der emissionsbegleitenden Banken in die Haftung nach Nr. 1 genommen würde.[83] Denn einzelne Mitglieder erfüllten möglicherweise die Voraussetzungen des § 32 Abs. 2 Satz 2 BörsG nicht.

39 In der Tat haften nicht stets sämtliche Mitglieder eines Konsortiums. Aus § 32 Abs. 2 Satz 2 BörsG kann das jedoch nicht abgeleitet werden. Handelt

---

77 Vgl. *Hamann*, in: Schäfer/Hamann, KapMG, §§ 44, 45 BörsG Rn. 88 f.; *Pankoke*, in: Just/Voß/Ritz/Zeising, WpPG, § 44 BörsG Rn. 20.
78 BGH v. 14.07.1998 – XI ZR 173-97, NJW 1998, 3345 (Elsflether Werft).
79 *Ellenberger*, Prospekthaftung, S. 25.
80 *Hamann*, in: Schäfer/Hamann, KapMG, §§ 44, 45 Rn. 89 m.w.N.
81 So auch *Groß*, KapMR, § 21 WpPG Rn. 32.
82 *Groß*, KapMR, § 21 WpPG Rn. 32 ff.
83 Vgl. *Groß*, KapMR, § 21 WpPG Rn. 32 ff.

es sich zunächst – ggf. teilweise – bei dem Konsortium nur um eine Innengesellschaft, so treten nur einzelne Mitglieder des Konsortiums nach außen in Erscheinung, d. h. stellen den Antrag und müssen dementsprechend auch die Voraussetzungen des § 32 Abs. 2 Satz 2 BörsG erfüllen. Die anderen haben dann gerade nicht eine Verantwortung nach außen übernommen und haften folglich nicht nach Nr. 1.[84] Entsprechendes gilt, wenn nach der Antragstellung durch ein Institut Konsortialanteile an andere Banken weiterverkauft werden oder wenn Unterbeteiligungen begeben werden (sub-underwriting). Die anderen Konsorten können in solchen Fällen allerdings u. U. aus Nr. 2 in Anspruch genommen werden. Zur Zurechnung von Verschulden eines Konsorten an andere, insb. auch zum Verhältnis der Konsorten zum Konsortialführer siehe unten Rn. 96 f.

Handelt es sich um eine Außengesellschaft, so sollen nach *Mülbert/Steup*[85]   40 die einzelnen Konsorten gleichwohl nur im eigenen Pflichtenkreis auftreten und keine Handlungen für die Gesellschaft vornehmen. Indessen wird man hier unterscheiden müssen. Soweit eine Konsortialbank zwar nicht den Zulassungsantrag gestellt hat und den Prospekt nicht unterschrieben hat, sie jedoch im Prospekt als Emissionsbegleiter genannt wird oder der Eindruck erweckt wird, sie sei an der Herausgabe des Prospekts beteiligt, so kann sie nach Nr. 1 in Anspruch genommen werden.[86] Die Nennung eines Mitglieds des Konsortiums im Prospekt schafft insoweit für die Anleger genau die Erwartungshaltung, die der BGH in der Entscheidung „Elsflether Werft" für entscheidend gehalten hat.[87] Wenn ihre Beteiligung jedoch nicht über eine reine Übernahme von Aktien hinausgeht und dies aus dem Prospekt klar ersichtlich ist (Mitglieder des Konsortiums müssen nach der EU-ProspVO im Prospekt genannt werden), so haften sie nicht nach Nr. 1. Siehe noch unten Rn. 47 und 97.

Häufig wird zwischen den Konsorten vereinbart, dass lediglich der Konsor-   41 tialführer, der den Prospekt mit erstellt hat, haften soll. Solche Vereinbarungen im Innenverhältnis entfalten lediglich Wirkung für den Ausgleich unter den Konsorten. Ihre Inanspruchnahme durch die Anleger wird dadurch nicht ausgeschlossen.[88] Das gilt wegen § 25 Abs. 1 WpPG auch dann, wenn sich im Prospekt ein Hinweis auf derartige Vereinbarungen befindet.

---

84 *Hamann*, in: Schäfer/Hamann, KapMG, §§ 44, 45 BörsG Rn. 90; vgl. auch *Schwark*, in: Schwark/Zimmer, KapMRK, § 45 BörsG Rn. 10; *Pankoke*, in: Just/Voß/Ritz/Zeising, WpPG, § 44 BörsG Rn. 21.

85 *Mülbert/Steup*, in: Habersack/Mülbert/Schlitt, UntFinanzKM, § 41 Rn. 71.

86 *Assmann*, in: Assmann/Schütze, HdbKapAnlR, § 6 Rn. 222.

87 BGH v. 14. 07. 1998 – XI ZR 173-97, NJW 1998, 3345, 3346 (Elsflether Werft).

88 *Ellenberger*, Prospekthaftung, S. 27; *Mülbert/Steup*, in: Habersack/Mülbert/Schlitt, UntFinanzKM, 3. Aufl., § 41 Rn. 72.

2. § 21 Abs. 1 Nr. 2 WpPG

a) *Allgemeines*

aa) Definition

42 Der Prospektverantwortung nach §§ 21 ff. WpPG unterliegen ferner diejenigen, von denen der Erlass des Prospekts ausgeht. Damit sollen die tatsächlichen Urheber oder Hintermänner des Prospekts erfasst werden.[89] Es geht nach einer vielfach verwendeten, aber missverständlichen (dazu Rn. 43 f.) Definition um diejenigen Personen, die „ein eigenes wirtschaftliches Interesse an der Emission der Wertpapiere haben und darauf hinwirken, dass ein unrichtiger oder unvollständiger Prospekt veröffentlicht wird".[90] Darüber, unter welchen konkreten Umständen diese Merkmale erfüllt sind, besteht aber deutliche Unsicherheit. Der III. Senat des BGH hält die Frage nach den Hintermännern für eine Tatsachenfrage, die sich abstrakter Klärung entziehe.[91] Schaut man sich die einschlägigen Entscheidungen an, so kann man sie zumindest systematisieren und einige Grundlinien aufzeigen. Die im Rahmen der bürgerlich-rechtlichen Prospekthaftung entwickelten Grundsätze zur Haftung von „Hintermännern" müssen insoweit auf § 21 Abs. 1 Nr. 2 WpPG übertragen werden.[92] Denn der BGH hat den angestrebten Gleichlauf zwischen bürgerlich-rechtlicher und spezialgesetzlicher Prospekthaftung ausdrücklich betont.[93]

bb) Wirtschaftliches Eigeninteresse

43 Dabei dürfte zunächst das wirtschaftliche Eigeninteresse einer Person an der Emission weder eine notwendige, noch eine hinreichende Bedingung für die Einbeziehung in den Kreis der Haftenden nach Nr. 2 sein (anders noch Voraufl.).[94] Zwar wird auch in der jüngsten Entscheidung des BGH das Eigeninteresse noch zur Definition der tatsächlichen Urheberschaft verwendet.[95] Zugleich wird dort aber gesagt, die gesellschaftsrechtliche Stellung und ein wirtschaftliches Eigeninteresse des Hintermannes könne für seine Einflussnahme auf die Konzeption des Modells sprechen; das entspricht der ständigen Rechtsprechung zur bürgerlich-rechtlichen Prospekthaftung.[96] In der

---

89 *Groß*, KapMR, § 21 WpPG Rn. 35; *Schwark*, in: Schwark/Zimmer, KapMRK, § 45 BörsG Rn. 9.

90 So die zusammenfassende Formulierung in BGH v. 18.09.2012 – XI ZR 344/11, NZG 2012, 1262, 1266 Rn. 36.

91 Siehe etwa BGH v. 16.09.2010 – III ZR 333/09, BeckRS 2010, 23611 Rn. 4.

92 Ausführlich *Wackerbarth*, WM 2011, 193, 195; siehe zur bürgerlich-rechtlichen Prospekthaftung unten Rn. 119 f.

93 BGH v. 6.10.1980 – II ZR 60/80, NJW 1981, 1449, 1450; BGH v. 18.09.2012 – XI ZR 344/11, NZG 2012, 1262, 1266 Rn. 37; in diesem Sinne auch *Assmann*, in: Assmann/Schlitt/ von Kopp-Colomb, WpPG/VerkProspG, § 13 VerkProspG Rn 74.

94 Siehe bereits *Wackerbarth*, WM 2011, 193, 197.

95 BGH v. 18.09.2012 – XI ZR 344/11, NZG 2012, 1262, 1266 Rn. 36.

96 BGH v. 18.09.2012 – XI ZR 344/11, NZG 2012, 1262, 1266 Rn. 37; BGH 8.12.2005 – VII ZR 372/03, NJW-RR 2006, 610 f. Rn. 14; BGH v. 07.09.2000 – VII ZR 443/99, NJW 2001, 436, 437.

ganz überwiegenden Literatur wird hingegen deutlich weitergehend geradezu eine Beschränkung auf solche Personen angenommen, die ein wirtschaftliches Eigeninteresse an der Emission haben.[97] Das entspricht nicht dem tatsächlichen Rang des Eigeninteresses als bloßes Hilfsindiz für die Einflussnahme in der Rechtsprechung.[98] Grund für dieses einschränkende Verständnis der Urheberschaft mag in der Erwähnung des Eigeninteresses in der Begründung zum 3. FMFG liegen.[99] Dort wird jedoch bei näherer Betrachtung nur darauf hingewiesen, dass das Eigeninteresse bei Prospektveranlassern typischerweise gegeben sei.[100] Richtigerweise folgt aus dem Vorhandensein wirtschaftlichen Eigeninteresses also lediglich eine Vermutung, dass bestehender Einfluss auch tatsächlich ausgeübt wurde. Das wirtschaftliche Eigeninteresse ist jedoch nicht Tatbestandsvoraussetzung für die „eigentliche Urheberschaft". Denn es wird nicht nach dem gesucht, der an dem Prospekt ein Interesse hat, sondern nach demjenigen, der für den Prospekt Mitverantwortung trägt.

cc) Veranlassung des Prospekts, nicht der Unrichtigkeit

Einfluss auf das Zustandekommen des Prospekts nimmt, wer aufgrund einer   43a
gesellschaftsrechtlichen oder tatsächlichen Stellung das Management der Initiatorengesellschaft (bei der spezialgesetzlichen Haftung also: des Emittenten) bildet oder es beherrscht,[101] alternativ, wer auf den Prospekt, seinen konkreten Inhalt oder die konkrete Gestaltung des mit dem Prospekt beworbenen Modells bestimmenden Einfluss genommen hat.[102] Dabei ist – erneut trotz der mißverständlichen Definition – nicht etwa zu verlangen, dass die konkrete Unrichtigkeit des Prospekts veranlasst wurde. Vielmehr geht es um die Beherrschung des Projekts oder des Prospektprozesses. In § 21 Abs. 1 Nr. 2 WpPG ist nicht formuliert, „von denen die Unrichtigkeit des Prospekts ausgeht", sondern „von denen der Erlass des Prospekts ausgeht".[103]

Allerdings gelten bei dieser zweiten Variante der Prospektveranlassung, die auf den konkreten Prospekt und nicht auf den Emittenten bzw. das Projekt als Ganzes bezogen ist, Einschränkungen. Die bloße Mitwirkung an der Herausgabe des Prospekts[104] oder an dessen Gestaltung,[105] etwa auch durch

---

97 Siehe etwa *Assmann*, in: Assmann/Schlitt/von Kopp-Colomb, WpPG/VerkProspG, § 13 VerkProspG Rn 74; *Hamann*, in: Schäfer/Hamann, KapMG, §§ 44, 45 BörsG Rn 91 je m.w.N.; ferner *Pankoke*, in: Just/Voß/Ritz/Zeising, WpPG; § 44 BörsG Rn. 22; *Klöhn*, FS Hoffmann-Becking (2013), S. 679, 683 m.w.N. in Fn. 30; auch noch Voraufl. Rn 42.
98 Siehe bereits Fn. 96.
99 RegE 3. FMFG, BT-Drucks. 13/8933 v. 6.11.1997, S. 78.
100 RegE 3. FMFG, BT-Drucks. 13/8933 v. 6.11.1997, S. 78.
101 Grundlegend BGH v. 06.10.1980 – II ZR 60/80, NJW 1981, 1449, 1450 unter Verweis auf BGH v. 24.04.1978 – II ZR 172/76, NJW 1978, 1625; siehe ferner BGH v. 14.06.2007 – III ZR 125/06, ZIP 2007, 1993, 1995 Rn. 19 m.w.N. und öfter; zuletzt BGH v. 08.02.2010 – II ZR 42/08 BeckRS 2010, 05639 Rn. 21.
102 BGH v. 18.09.2012 – XI ZR 344/11, NZG 2012, 1262, 1266 Rn. 37.
103 Siehe bereits *Wackerbarth*, WM 2011, 193, 199.
104 Siehe etwa BGH v. 06.10.1980 – II ZR 60/80, NJW 1981, 1449, 1452.
105 BGH 08.12.2005 – VII ZR 372/03, NJW-RR 2006, 610f. Rn. 14.

bloße Lieferung von Material,[106] reicht nämlich für die Annahme eines bestimmenden Einflusses auf den konkreten Prospekt ebenso wenig aus wie der nur in Teilbereichen ausgeübte bzw. feststellbare bestimmende Einfluss.[107] Mit anderen Worten: Weil die Börsenprospekthaftung nach den §§ 21 f. WpPG grundsätzlich nur als Generalhaftung für den ganzen Prospekt in Betracht kommt, muss auch ein bestimmender Einfluss auf den ganzen Prospekt – und nicht nur auf (ggf. wesentliche) Teile davon – ausgeübt worden sein, um eine Verantwortlichkeit als Prospektveranlasser bejahen zu können.[108]

dd) Alternative, nicht kumulative Verantwortungsbegründung

43b Nicht gefolgt werden kann ferner denjenigen, die die Rechtsprechung im Sinne eines Tatbestands mit zwei kumulativ zu erfüllenden Voraussetzungen (Beherrschung des Anbieters und des Prospektprozesses) verstehen.[109] In der Rechtsprechung des BGH gibt es keinerlei Hinweise darauf, dass beides kumulativ Voraussetzung sei. Wohl aber existieren deutlich Hinweise auf die Alternativität.[110] Ausdrücklich sagt der BGH, es komme gerade nicht darauf an, ob der Hintermann an dem Prozess der Prospekterstellung konkret mitgewirkt hat.[111] Auch lässt er es zu Lasten des Gesellschafters gehen, wenn ein Einfluss des Gesellschafters weder festgestellt noch widerlegt werden kann.[112] Würde man es anders sehen, so leistete das unerwünschten Vermeidungstaktiken durch die Veranlasser der Emission Vorschub.[113]

b) Aktionäre

44 Je nach den Umständen des Einzelfalls kommen insb. bedeutende Aktionäre des Emittenten, etwa der seine Beteiligung veräußernde Großaktionär, aber auch Aktionäre des Emissionsbegleiters als tatsächliche Urheber in Betracht. Bei im Sinne des § 17 AktG abhängigen Emittenten sollten angesichts der

---

106 So bereits RegE 3. FFG, BT-Drucks. 13/8933 v. 06.11.1997, S. 78; *Hamann*, in: Schäfer/Hamann, KapMG, §§ 44, 45 BörsG Rn 93, *Schwark*, in: Schwark/Zimmer, KapMRK, § 45 BörsG Rn. 9, 12.
107 BGH v. 31.03.1992 – XI ZR 70/91, NJW-RR 1992, 879, 883f.
108 Die Gesamtverantwortung betonend auch *Hamann*, in: Schäfer/Hamann, KapMG, §§ 44, 45 BörsG Rn. 93.
109 In diesem Sinne etwa *Mülbert/Steup*, in: Habersack/Mülbert/Schlitt, UntFinanzKM, 3. Aufl., § 41 Rn. 75; *Schlitt*, CF Law 2010, 304, 306; *Schlitt/Ries*, in: Jesch/Striegel/Boxberger, Rechtshandbuch Private Equity, 2010, § 16 Ziff. 4.1.8.
110 So formuliert der BGH: „die auf ihr Geschäftsgebaren **oder** die Gestaltung des konkreten Kapitalanlagemodells besonderen Einfluss ausüben und deshalb Mitverantwortung tragen" [Hervorheb. durch den Verf.], BGH v. 31.03.1992 – XI ZR 70/91, NJW-RR 1992, 879, 883f.; BGH NJW-RR 2007, 1479, Rn. 11 m.w.N.; BGH v. 07.12.2009 – II ZR 32/09, DStR 2010, 233, 235 Rn. 11.
111 BGH v. 18.09.2012 – XI ZR 344/11, NZG 2012, 1262, 1267 Rn. 40; BGH v. 08.12.2005 – VII ZR 372/03, NJW-RR 2006, 610f. Rn. 16: „mag der Beklagte zu 2 auch inhaltlich an der Prospektgestaltung nicht beteiligt gewesen sein".
112 BGH v. 07.09.2000 – VII ZR 443/99, NJW 2001, 436f.
113 Dazu *Wackerbarth*, WM 2011, 193, 198.

1240 *Wackerbarth*

Beweisschwierigkeiten keine allzu großen Anforderungen an die tatsächliche Einflussnahme durch den Mehrheitsaktionär gestellt werden,[114] da das wirtschaftliche Eigeninteresse des Mehrheitsaktionärs auf der Hand liegt.

In der Literatur wird teilweise behauptet, es hafte nicht, wer nur eine wesentliche Beteiligung an dem Emittenten innehabe und keinen tatsächlichen Einfluss auf die Prospekterstellung ausübe.[115] Sollte diese Aussage dahin zu verstehen sein, dass auch eine Mehrheitsbeteiligung allein nicht für eine Verantwortlichkeit ausreicht, so widerspricht sie der Rechtsprechung des BGH. Dieser hat gerade die Mehrheitsbeteiligung ausreichen lassen.[116] Und auch in einer jüngeren Entscheidung reichte es bereits aus, dass gegen den Willen des Hintermanns eine Entscheidung nicht getroffen werden konnte.[117] Mehr als der bloße Einfluss war in beiden Entscheidungen nicht festgestellt.

Eine Emission gegen den Willen des herrschenden Aktionärs ist nicht vorstellbar, da er entweder seine Aktien abgeben oder einer Kapitalerhöhung zustimmen muss. Die darin liegende Einflussnahme reicht aus. Die Emission ist durch seine Interessen veranlasst, auch wenn er seine Beteiligung nicht verkauft. Der herrschende Aktionär ist daher stets zu den tatsächlichen Urhebern des Prospekts zu zählen, auch wenn er an der Erstellung des Prospekts selbst nicht nachweisbar beteiligt ist, da es gerade darum geht, die hinter den unmittelbaren Erlassern stehenden Personen in die Haftung einzubeziehen. Dann kann dieser sich nicht hinter seiner Gesellschaft verschanzen und hat als derjenige zu gelten, der "die Fäden zieht".[118] Demgegenüber wird man bei bloßen Großaktionären die Prospektverantwortung nicht ohne Weiteres bejahen können. Siehe zu Muttergesellschaften des Emissionsbegleiters noch unten Rn. 47 f.

c) Organmitglieder

Als haftende Veranlasser kommen ferner Vorstandsmitglieder des Emittenten und andere Organmitglieder in Betracht, wenn sie ein eigenes geschäftliches Interesse an der Emission haben und/oder die Prospekterstellung maßgeblich gesteuert haben bzw. falsche Angaben gemacht haben. Die bloße Stellung als Vorstandsmitglied allein reicht nach h. M. im Unterschied etwa zu der Rechtslage in den USA nicht aus, Details sind freilich umstritten   45

---

114 Vgl. auch *Hamann*, in: Schäfer/Hamann, KapMG, §§ 44, 45 BörsG Rn. 92; *Schwark*, in: Schwark/Zimmer, KapMRK, § 45 BörsG Rn. 9; *Groß*, KapMR, § 21 WpPG Rn. 35, die freilich nicht sagen, unter welchen genauen Umständen die Muttergesellschaft als Urheber der Emission anzusehen sein soll.

115 So *Assmann*, in: Assmann/Schlitt/von Kopp-Colomb, WpPG/VerkProspG, § 13 VerkProspG Rn 74; vgl. auch *Assmann*, in: Assmann/Schütze, Hdb KapAnlR, § 6 Rn. 223; ferner *Schlitt*, CF Law 2010, 304, 306 m. w. N. in Fn. 15; *Schlitt/Ries*, in: Jesch/Striegel/Boxberger, Rechtshandbuch Private Equity, 2010, § 16 Zif. 4.1.8.

116 BGH v. 08.12.2005 – VII ZR 372/03, NJW-RR 2006, 610 f.

117 BGH v. 08.02.2010 – II ZR 42/08, BeckRS 2010, 05639 Rn. 21.

118 Vgl. auch *Köndgen*, WuB I G 5 Immobilienanlagen 6.01 in seiner Anm. zu BGH v. 07.09.2000 – VII ZR 443/99, NJW 2001, 436, 437.

und nicht höchstrichterlich geklärt.[119] Ein solches eigenes Interesse begründen wird jedenfalls ein eigenes Aktienpaket des Vorstands oder Aktienoptionen als Vergütungsbestandteil, sofern deren Umfang nicht gering ist.[120] In solchen Fällen wird insbesondere ein Vorstandsmitglied der Einordnung als Prospektverantwortlicher außer durch vorherige Veräußerung seiner Anteile oder Optionen kaum entgehen können, da die Steuerung der Emission zu seinen Hauptaufgaben gehört. Vor einer Haftung geschützt wird es dann nur noch durch das Verschuldenserfordernis des § 23 Abs. 1 WpPG. Fehlt ein wirtschaftliches Eigeninteresse, so kommt seine Haftung wohl nur unter der Voraussetzung einer tatsächlichen Verantwortungsübernahme durch Unterzeichnung des Prospekts im eigenen Namen (und nicht nur in Vertretung des Emittenten) sowie in den Fällen des § 826 BGB in Betracht.

46 Bei sonstigen Organmitgliedern ist hingegen auch bei gegebenem Eigeninteresse immerhin denkbar, dass sie sich aus dem Verfahren unter Hinweis auf eben diesen Interessenkonflikt herausgehalten haben und dieses geltend machen. Jedenfalls sollte bei § 23 Abs. 1 WpPG die jeweilige Aufgabe des Organmitglieds besondere Berücksichtigung finden. Der häufig anzutreffenden Formulierung, Beirats- oder Aufsichtsratsmitglieder kämen als Haftungsadressaten nur in Betracht, wenn sie die Prospektherstellung maßgeblich gesteuert hätten, kann indessen nicht beigepflichtet werden. Zu den Aufgaben des Aufsichtsrates gehört maßgeblich die Überwachung und Kontrolle der Vorstandstätigkeit, deshalb ist im Ausgangspunkt – sofern ein Eigeninteresse gegeben ist – die Möglichkeit einer Beeinflussung des Prospektinhalts nicht von der Hand zu weisen.

d) Emissionsbegleiter

47 Ähnliches gilt für die Emissionsbegleitung, soweit das Institut nicht schon gem. Nr. 1 haftet. Das Provisionsinteresse des Emissionsbegleiters reicht schon wegen der eher marginalen Höhe der Provision nicht aus, um den Emissionsbegleiter oder ein Mitglied des Börseneinführungskonsortiums oder Platzierungskonsortiums ohne weiteres als „Prospektveranlasser" anzusehen. Dabei ist „marginal" als Verhältnis der Provision zum Volumen der Emission zu verstehen, da die Einbeziehung in den Kreis der Verantwortlichen nicht von der Größe oder dem Umsatz des jeweiligen Emissionshauses abhängen kann.

48 Wohl aber haftet eine Bank aus Nr. 2, die ihrer Eigenschaft als emissionsbegleitendes Kreditinstitut im Sinne der Nr. 1 entgehen will, indem sie eine weniger starke Tochter-Bank vorschiebt.[121] Fraglich ist, welche Anforderungen an ein solches „Vorschieben zum Zwecke der Haftungsvermeidung" zu stellen sind. Immerhin haftet die Muttergesellschaft ja schon nach §§ 311 Abs. 1, 317 i. V. m. § 309 Abs. 4 Satz 2 AktG für die Schulden der Tochter, soweit sie diese zu einem nachteiligen Rechtsgeschäft „veranlasst" hat. Der

---

119 Näher *Fleischer*, BKR 2003, 608 f. mit weitergehenden Forderungen de lege ferenda.
120 Vgl. näher *Fleischer*, BKR 2003, 608 f.
121 So auch *Hamann*, in: Schäfer/Hamann, KapMG, §§ 44, 45 BörsG Rn. 92.

Unterschied zwischen einer Haftung der Muttergesellschaft nach §§ 311 Abs. 1, 317 Abs. 1 AktG und der Haftung nach § 21 Abs. 1 Nr. 2 WpPG dürfte in den Anforderungen zu sehen sein, die an die Einflussnahme auf die Tochter zu stellen sind. Nach § 311 AktG haftet die Mutter bei Veranlassung der Tochter zum Abschluss eines nachteiligen Geschäfts. Bei § 21 Abs. 1 Nr. 2 WpPG dürfte hingegen bereits die Veranlassung per se ausreichen. Eine pauschale Möglichkeit der Inanspruchnahme von Konzernobergesellschaften aus § 21 Abs. 1 Nr. 2 WpPG ohne Nachweis einer Einflussnahme wird man der Formulierung der Vorschrift indes nicht entnehmen können.[122] Anders kann es – je nach den konkreten Umständen des Einzelfalls – aber dann sein, wenn sich die Emission für die Tochter angesichts ihrer Kapitalausstattung als besonders riskantes Geschäft darstellt und die Mutter die Emission unproblematisch auch selbst hätte begleiten können. In diesen Fällen muss die Muttergesellschaft nachvollziehbare Gründe dafür darlegen, warum sie die Emission nicht selbst begleitet hat.

3. Prospektbegleiter (Expertenhaftung)

Wirtschaftsprüfer, Abschlussprüfer, Sachverständige und an der Erstellung des Prospekts beteiligte Rechtsanwälte haben in aller Regel nur an Teilen des Prospekts mitgewirkt. Ihre (Mit-) Urheberschaft und damit die Eigenschaft, Veranlasser im Sinne des § 21 Abs. 1 Nr. 2 WpPG zu sein, wird nicht schon durch bloße Zulieferung von Material oder Mitarbeit am Prospekt selbst begründet. Von maßgeblichen Teilen der Literatur wird ihre Haftung nach §§ 21 f. WpPG daher regelmäßig insgesamt abgelehnt.[123] Sie sollen nur höchst ausnahmsweise dann aus §§ 21 f. WpPG haften, wenn sie entweder den Prospekt insgesamt ganz maßgeblich mitbeeinflusst haben oder aber wenn ihnen ein eigenes geschäftliches Interesse an der Emission nachgewiesen werden kann, weil sie dann entsprechend weniger Interesse an eine objektiven Prüfung der Richtigkeit des Prospekts haben.[124] Das übliche Vergütungsinteresse reicht dafür aber nicht aus. 49

Diese h. M. hält auch der an ihr geübten Kritik[125] stand. *Hamann*[126] legt zutreffend dar, dass insbesondere die von Wirtschaftsprüfern testierten Jahresabschlüsse zwar einen besonders wichtigen Teil des Prospekts darstellen, doch wird allein dadurch ein eigenes Interesse des Wirtschaftsprüfers an der Emission selbst nicht begründet. Die Wirtschaftsprüfer sind in aller Regel nicht die Hintermänner, auf die § 21 Abs. 1 Nr. 2 WpPG zielt. 50

---

122 Unklar *Schwark*, in: Schwark/Zimmer, KapMRK, § 45 BörsG Rn. 9; *Groß*, KapMR, § 21 Rn. 35; nicht eindeutig auch *Hamann*, in: Schäfer/Hamann, KapMG, §§ 44, 45 BörsG Rn. 92.

123 So etwa *Schwark*, in: Schwark/Zimmer, KapMRK, § 45 BörsG Rn. 12; ausführlich *Hamann*, in: Schäfer/Hamann, KapMG, §§ 44, 45 BörsG Rn. 100 ff., auch *Assmann*, AG 2004, 435, 436 f. m. w. N.; *Pankoke*, in: Just/Voß/Ritz/Zeising, WpPG, § 44 BörsG Rn. 23 ff.

124 *Hamann*, in: Schäfer/Hamann, KapMG, §§ 44, 45 BörsG Rn. 104, 93.

125 Etwa *Bosch*, ZHR 163 (1999), 274, 281 f.; *Schwark*, FS Hadding, 2004, 1117, 1126.

126 *Hamann*, in: Schäfer/Hamann, KapMG, §§ 44, 45 BörsG Rn. 93.

51 Auch die Auffassung, Experten seien stattdessen aus der allgemeinen zivil-rechtlichen Prospekthaftung in Anspruch zu nehmen, ist letztlich nicht halt-bar.[127] Im Rahmen der zivilrechtlichen Prospekthaftung können Dritte von den Geschädigten als sog. Berufsgaranten in Anspruch genommen werden, soweit sie durch ihr nach außen in Erscheinung tretendes Mitwirken am Pro-spekt einen besonderen – zusätzlichen – Vertrauenstatbestand schaffen.[128] Gegen die Anwendung dieser Grundsätze auf Experten im Rahmen spezial-gesetzlicher Prospekthaftungstatbestände spricht schon, dass Experten dann schärfer hafteten als Emittent und begleitende Bank, da ihnen die begünsti-genden Elemente der gesetzlichen Prospekthaftung[129] nicht zugute kämen. Die überwiegende Auffassung[130] meint daher zu Recht, ein Rückgriff auf die allgemeine zivilrechtliche Prospekthaftung sei durch § 25 Abs. 2 WpPG aus-geschlossen. Die Prospekthaftung nach §§ 21f. WpPG ist stets eine General-haftung für die Richtigkeit des gesamten Prospekts. Hier geht es aber nur um die Richtigkeit der konkreten Aussagen des fraglichen Experten. Dafür hat der Gesetzgeber letztlich eine bewusste und daher durch Analogie nicht zu schließende Lücke in den Prospekthaftungstatbeständen gelassen, die – trotz des Entwurfs des KapInHaG im Jahr 2004 (oben Rn. 8) – bis heute nicht geschlossen ist. Wirtschaftsprüfer sind deshalb bis heute nicht als Berufsga-ranten der spezialgesetzlichen Prospekthaftung anzusehen.

52 Anders kann man dies entgegen landläufiger Meinung[131] im Rahmen der Haftung nach § 20 ff. VermAnlG sehen, da der Gesetzgeber mit der weitge-henden Einbeziehung der bisher der allgemeinen Prospekthaftung unterlie-genden Tatbestände in das Haftungsregime des VermAnlG wohl nicht die bislang bestehende Berufsgarantenhaftung Dritter (siehe unten Rn. 120) hat aufgeben wollen, sondern die Rechtsstellung der Anleger lediglich hat ver-bessern wollen.[132]

53 Ihre Haftung aus Vertrag bzw. die Berufshaftung der genannten Personen wird dadurch zwar nicht ausgeschlossen. Abschlussprüfer, mit deren Zustim-mung die Jahresabschlüsse und die von ihnen hierzu erteilten Testate in den Prospekt aufgenommen werden, können deshalb den Anlegern, die auf die Richtigkeit dieser Testate vertrauen, deliktisch oder aus Vertrag mit Schutzwirkung für Dritte haften. Eine solche Haftung setzt nach der – durch die Gesetzeslage gerechtfertigten, wenn auch rechtspolitisch zweifelhaften – Rechtsprechung des III. Senats des BGH voraus, dass die Parteien des Prü-

---

127 So aber wohl ein größerer Teil der Lit., siehe etwa *Groß*, KapMR, § 21 WpPG Rn. 37; *Ellenberger*, Prospekthaftung, S. 29 f.; *Baumbach/Hopt*, HGB, § 44 BörsG Rn. 3.
128 Hierzu BGH, Urteil v. 14.06.2007 – III ZR 125/06, NJW-RR 2007, 1333.
129 Beschränkung auf grobe Fahrlässigkeit, schärfere Kausalitätserfordernisse, Modifizie-rung des Ersatzanspruchs, vgl. zur zivilrechtlichen Prospekthaftung unten Rn. 117 ff.; siehe auch *Klöhn*, FS Hoffmann-Becking (2013), S. 679, 681 ff.; *Heisterhagen*, DStR 2006, 759, 762 f.
130 Ausführlich *Hamann*, in: Schäfer/Hamann, KapMG, §§ 44, 45 BörsG Rn. 103, § 47 BörsG Rn. 8 m.w.N.; ferner *Pankoke*, in: Just/Voß/Ritz/Zeising, WpPG, § 44 BörsG Rn. 24 f.
131 *Suchomel*, NJW 2013, 1126, 1129; *Schnauder*, NJW 2013, 3207, 3209 m.w.N. in Fn. 20.
132 Siehe dazu zweifelnd *Heisterhagen*, DStR 2006, 759, 763; Fleischer, BKR 2004, 339, 344.

fungsauftrags mehr oder weniger eindeutig eine vertragliche Schutzpflicht des Prüfers gegenüber bestimmten Dritten vereinbart haben oder es im Rahmen der Prüfung zu einem Kontakt mit dem Dritten gekommen ist,[133] um eine Haftung nicht entgegen der gesetzgeberischen Intention uferlos werden zu lassen. Diese Voraussetzungen sind gegenüber dem Anlegerpublikum, das nur den Prospekt kennt, aber gerade nicht erfüllt.

Rechtspolitisch ist eine auf den eigenen Beitrag begrenzte unmittelbare   54
(Teil-)Prospekt-Verantwortung der Wirtschaftsprüfer und anderer Experten uneingeschränkt zu befürworten und ist die geltende Rechtslage geradezu ein Skandal. Allein durch die Arbeitsteilung bei der Prospekterstellung dürfen keinerlei Haftungsprivilegien herbeigeführt werden. Entscheidend für die Haftung spricht deshalb auf der einen Seite der maßgebliche Beitrag, den die Wirtschaftsprüfer in aller Regel zur Außenwirkung des Prospekts leisten, ohne dadurch regelmäßig zum Veranlasser zu werden.[134] Und zweitens stimmt eine solche Haftung auch mit dem Rechtsgedanken des § 21 Abs. 1 Nr. 1 und 2 WpPG überein, nach dem nicht nur diejenigen haften sollen, die die Verantwortung ausdrücklich übernommen haben, sondern auch diejenigen, die hinter dem Prospekt stehen. Auf eine Haftungsübernahme durch die Prüfer oder einen Nennung im Prospekt kann es daher rechtspolitisch nicht ankommen. Der Sache nach geht es um eine Änderung des § 21 Abs. 1 WpPG, in dem an Stelle des Wortes „Prospekt" stehen sollte „Prospekt oder wesentlicher Teil des Prospekts".[135]

VI. Haftungstatbestand

1. Erwerb von prospektpflichtigen Wertpapieren (§ 21 Abs. 1 Satz 1 und 3, Abs. 3 WpPG)

a) Grundsatz und gleichgestellte Papiere (§ 21 Abs. 1 Satz 1 und 3 WpPG)

§ 21 Abs. 1 Satz 1 WpPG knüpft die Prospekthaftung nach seinem Wortlaut   55
an den Erwerb von Wertpapieren, die auf Grund eines Prospekts zum Börsenhandel zugelassen sind. Über den Verweis in § 22 Abs. 1 WpPG werden diesen solche Wertpapiere gleichgestellt, die zwar nicht aufgrund eines Prospekts zugelassen sind, die aber aufgrund eines Prospektes im Sinne des WpPG öffentlich angeboten werden. Soweit es um zugelassene Wertpapiere geht, beschränkt sich die Prospekthaftung im Grundsatz auf die jeweilige Emission. Früher bereits emittierte Wertpapiere desselben Emittenten unterliegen der Haftung nicht. Der Gesetzgeber sah es als nicht zumutbar an, eine Emissionsbank auch für solche (alten) Papiere haften zu lassen, deren Emission sie selbst ja nicht notwendig begleitet hat. Aus dieser Regelung ergab sich eine Lücke im Anlegerschutz. Dem einzelnen Anleger war es bei der

---

133 Ausführlich BGH, v. 06.04.2006 – III ZR 256/04, NJW 2006, 1975, 1977 f.; bestätigt von BGH v. 30.10.2008 – III ZR 307/07, NJW 2009, 512 f.

134 Dazu *Groß*, KapMR, § 21 WpPG Rn. 37.

135 Andere, weniger weitgehende Vorschläge z. B. bei *Baums/Fischer*, Arbeitspapier Nr. 115 des ILF Frankfurt, sowie im DiskE des Kapitalmarktinformationshaftungsgesetzes von 2004, NZG 2004, 1042 ff.

Emission junger Stücke in aller Regel nicht möglich zu beweisen, aus welcher Emission die von ihm erworbenen Stücke stammten. Denn regelmäßig werden die jungen Wertpapiere unter ders. ISIN ausgegeben und der Anleger hat im Rahmen der Girosammelverwahrung keinen Anspruch auf Auslieferung der für ihn verwahrten Stücke.[136] Diese Lücke ist durch die Regelung in § 21 Abs. 1 Satz 3 WpPG geschlossen, nach der der Erwerber von ausstattungsgleichen Wertpapieren ebenfalls Ansprüche geltend machen kann. Werden freilich die neu emittierten Wertpapiere besonders kenntlich gemacht (z. B. durch eine getrennte ISIN), bezieht sich die in § 21 WpPG angeordnete Haftung nach wie vor nur auf diese.[137]

56 Unter Erwerb bzw. Erwerbsgeschäft i. S. d. § 21 Abs. 1 Satz 1 WpPG ist bereits das auf die Erlangung von Eigentum an den Wertpapieren gerichtete Verpflichtungsgeschäft zu verstehen, da sich mit dem Abschluss des Kaufvertrags die Erwerbsentscheidung manifestiert und der Preis festgelegt wird.[138] Ein auf Erlangung bloßer Verfügungsbefugnis, bzw. Nießbrauch oder Pfandrecht gerichtetes Geschäft reicht nicht aus.[139] Der Erwerb kann über die Börse oder außerhalb erfolgen (allg. Meinung). Als Erwerb kommt nicht nur rechtsgeschäftlicher Erwerb sondern auch ein solcher im Wege der Gesamtrechtsnachfolge (Erbfall, Umwandlung) in Betracht. Auch der Zweit- oder Dritterwerber ist geschützt, solange die übrigen Voraussetzungen der Haftung (insb. der Erwerb innerhalb der 6-Monatsfrist) gegeben sind.[140] Ob der Erwerber noch im Besitz der Wertpapiere ist, spielt nach § 21 Abs. 2 WpPG nicht für das Bestehen, sondern nur für den Inhalt seines Anspruchs eine Rolle.

b) Entgeltlichkeit des Erwerbs?

57 Nach der Gesetzesbegründung kommt als Anspruchsteller nur in Betracht, wer die fraglichen Papiere entgeltlich erworben hat.[141] Dem kann mit der überwiegenden Auffassung in der Literatur[142] nicht gefolgt werden. Bspw.

---

136 Näher *Hamann*, in: Schäfer/Hamann, KapMG, §§ 44, 45 Rn. 118.

137 Dazu, dass diese Kenntlichmachung nicht stets unproblematisch möglich ist, sondern eine vorübergehend unterschiedliche Ausstattung der Wertpapiere (z. B. mit einer Sonderdividende) erforderlich ist, *Schäfer*, ZGR 2006, 40, 47 f.; siehe ferner *Klühs*, BKR 2008, 154, 155 f.: der Beweis, dass der Anleger alte Stücke erworben hat, reicht nicht aus. Allerdings sei eine Haftung für alte Stücke gegenüber dem einzelnen Anleger durch die Zahl der jungen Stücke (Emissionsvolumen) begrenzt (zweifelhaft, weil der Anleger wegen § 44 Abs. 1 Satz 3 BörsG gerade davon ausgehen darf, dass der Emittent unbegrenzt haftet).

138 Begr. RegE 3. FMFG BT-Drucks. 13/8933, S. 77; allg. Meinung, siehe nur *Assmann*, in: Assmann/Schlitt/von Kopp-Colomb, WpPG/VerkProspG, § 13 VerkProspG Rn. 82 m.w.N. in Fn. 158; *Pankoke*, in: Just/Voß/Ritz/Zeising, WpPG, § 44 BörsG Rn. 5.

139 Etwas weiter wohl *Hamann*, in: Schäfer/Hamann, KapMG, §§ 44, 45 Rn. 121, die bloße Verfügungsbefugnis kann aber wegen der Möglichkeit ihrer rechtsgeschäftlichen Erteilung (§ 185 BGB) kaum ausreichen.

140 *Ellenberger*, Prospekthaftung, S. 63 f.

141 BR-Drucks. 605/97, S. 76; siehe auch *Groß*, KapMR, § 21 WpPG Rn. 70.

142 Vgl. etwa *Hamann*, in: Schäfer/Hamann, KapMG, §§ 44, 45 Rn. 122, *Schwark*, in: Schwark/Zimmer, KapMRK, § 45 BörsG Rn. 40.

kann dem Erben des Erwerbers der Anspruch nicht einfach abgeschnitten werden, weil er unentgeltlich im Wege der Gesamtrechtsnachfolge erworben hat. Hier ist daher auf den Erwerb durch den Erblasser abzustellen.[143] Anders ist es bei rechtsgeschäftlichem unentgeltlichen Erwerb: Zwar ist das „Geschenk" weniger wert, wenn der Prospektfehler bekannt wird. Doch wer etwa durch Schenkung erworben hat, wird dies in aller Regel nicht „auf Grund eines Prospekts" getan haben. Die Entgeltlichkeit des Erwerbs bildet daher im Ergebnis eine praktische, nicht aber eine rechtliche Voraussetzung der Haftung. Auf den Prospekt vertraut hat letztlich nicht der Beschenkte, sondern nur der Schenker, dem deshalb in solchen Fällen nach § 21 Abs. 2 WpPG ein Ersatzanspruch zusteht (zur Berechnung des Schadens des Schenkenden siehe noch bei den Rechtsfolgen Rn. 110 f.).

c) Maßgeblicher Zeitraum (§ 21 Abs. 1 Satz 1 WpPG, § 22 Nr. 1 WpPG)

Der Erwerb, d. h. der Abschluss des Verpflichtungsgeschäfts, nicht die Erfül-   58
lung muss nach Prospektveröffentlichung (§ 14 WpPG) und innerhalb von sechs Monaten nach erstmaliger Einführung der Wertpapiere stattgefunden haben. Da vor jedem öffentlichen Angebot ein Prospekt zu veröffentlichen ist (§ 3 Abs. 1 WpPG), ist ein Erwerb vor Prospektveröffentlichung praktisch kaum noch denkbar.[144] Findet er gleichwohl statt, so dürfte § 24 WpPG einschlägig sein.

Zweck der Sechs-Monatsfrist ist es nach h. M., Rechtssicherheit über die   59
Frage zu schaffen, wie lange die von dem fraglichen Prospekt erzeugte sog. Anlagestimmung (dazu näher unten Rn. 81 ff.) anhält, die im Recht der Prospekthaftung an die Stelle einer individuellen Kausalitätsbetrachtung treten soll.[145] Nach Ablauf der Frist ist eine Haftung in jedem Falle ausgeschlossen. Auch vor Ablauf der Frist kann die Anlagestimmung jedoch nach h. M. entfallen, dann soll die Haftung u. U. an der haftungsbegründenden Kausalität scheitern können, vgl. unten Rn. 82. Die Frist ist im Verhältnis zu der von der Rechtsprechung für die allgemeine zivilrechtliche Prospekthaftung entwickelte Frist von bis zu einem Jahr und im Hinblick auf internationale Regelungen (etwa in den USA: ein Jahr) sehr kurz bemessen. Kaum erklärbar ist, dass der Gesetzgeber die kurze Frist ausgerechnet damit rechtfertigen will, sie trage zu einer Verbesserung der Rahmenbedingungen am Risikokapitalmarkt Deutschland bei;[146] das Gegenteil ist richtig.

Die Begrenzung des Haftungszeitraums steht noch dazu im Widerspruch zu anderen Grundsätzen des Prospektrechts, namentlich zu § 9 Abs. 1 und § 16 WpPG. Hiernach stellt der Prospekt grundsätzlich für ein Jahr seit Veröffentlichung die Grundlage für ein laufendes öffentliches Angebot dar und ist

---

143 *Schwark*, in: Schwark/Zimmer, KapMRK, § 45 BörsG Rn. 40; *Hamann*, in: Schäfer/Hamann, KapMG, §§ 44, 45 Rn. 122.

144 Ausführlich *Hamann*, in: Schäfer/Hamann, KapMG, §§ 44, 45 Rn. 127 f.

145 *Hamann*, in: Schäfer/Hamann, KapMG, §§ 44, 45 Rn. 124; vgl. auch *Assmann*, in: Assmann/Schlitt/von Kopp-Colomb, WpPG/VerkProspG, § 13 VerkProspG Rn. 88 m. Nachw.

146 BT-Drucks. 13/8993, S. 77.

während des Angebots, ggf. noch darüber hinaus durch Nachträge zu aktualisieren. Durch die Zeitraumgrenze in §§ 21 f. WpPG kann der Anbieter u. U. nach Ablauf des Haftungszeitraums bei noch laufendem Angebot falsche oder irreführende Nachträge zum Prospekt veröffentlichen und dadurch Anleger zum Erwerb der Wertpapiere veranlassen, ohne noch für die Unrichtigkeit zu haften. Das ist verfassungsrechtlich bedenklich (Art. 3 Abs. 1 GG). Zu Recht hat daher das OLG Dresden für die Haftung nach § 13 VerkProspG a. F. eine Verlängerung des Haftungszeitraums um jeweils 6 Monate durch jeden Nachtrag zum Verkaufsprospekt angenommen,[147] der III. Senat des BGH denkt obiter über eine Anwendung der bürgerlich-rechtlichen Prospekthaftung im engeren Sinne nach, wenn der Haftungszeitraum abgelaufen ist.[148]

60 Der Sechs-Monatszeitraum beginnt mit der erstmaligen Einführung, d. h. Aufnahme der Notierung der zugelassenen Wertpapiere an der Börse (§ 38 BörsG). Nach § 22 Nr. 1 WpPG beginnt der Zeitraum bei sonstigen Prospekten abweichend mit dem Zeitpunkt des ersten öffentlichen Angebots der Wertpapiere im Inland. Was ein öffentliches Angebot ist, bestimmt § 2 Nr. 4 WpPG:[149] eine Mitteilung an das Publikum in jedweder Form und auf jedwede Art und Weise, die ausreichende Informationen über die Angebotsbedingungen und die anzubietenden Wertpapiere enthält, um einen Anleger in die Lage zu versetzen, über den Kauf oder die Zeichnung dieser Wertpapiere zu entscheiden. Der Begriff des „ersten Angebots" ist damit freilich nicht geklärt. Nach der Gesetzesbegründung zum 3. Finanzmarktförderungsgesetz ist damit der Zeitpunkt gemeint, in dem erstmals ein Angebot erfolgt, da dies die Veröffentlichung des Prospekts voraussetze und die Anleger damit von Angebot und Prospekt Kenntnis nehmen könnten.[150] Durch die gesetzliche Regelung könnten die Prospektverantwortlichen allerdings auf die Idee kommen, den Vertrieb der fraglichen Wertpapiere erst nach Ablauf des Sechs-Monatszeitraums zu betreiben und etwa erst dann die Wertpapiere verstärkt zu bewerben.[151] In solchen Mißrauchsfällen kann das erste Angebot im Einzelfall auch deutlich nach der Prospektveröffentlichung liegen. Wird die durch die Haftung geschützte Anlage erst zu einem Zeitpunkt deutlich nach der Veröffentlichung des Prospekts beworben und finden erst dann auch Verkäufe in erheblichem Umfang statt, so ist darin auch der Zeitpunkt des ersten öffentlichen Angebots zu sehen.[152]

60a Aber auch unabhängig von solchen Missbrauchsfällen stellt sich die Frage, wie der Begriff des ersten Angebots zu verstehen ist. Nach dem Wortlaut wäre es möglich, dass ein Erwerber von Wertpapieren, auf die er durch ei-

---

147 OLG Dresden v. 23. 12. 2013 – 8 U 999/12, 8 U 0999/12 –, juris Rn. 106 f.
148 BGH v. 21. 02. 2013, WM 2013, 689 Rn. 13.
149 Dazu die Komm. zu § 2 WpPG Rn. 10 ff.; siehe auch *Brocker/Wohlfarter*, BB 2013, 393.
150 Begr. RegE 3. FMFG, BT-Druck. 13/8933, S. 89.
151 *Heisterhagen*, DStR 2006, 759, 762.
152 A. A. noch, auf die Prospektveröffentlichung abstellend, *Heisterhagen*, DStR 2006, 759, 762; wie hier *Heidelbach*, in: Schwark/Zimmer, KapMRK, § 13 VerkProspG Rn. 22 a. E.; unklar *Groß*, KapMR, § 22 WpPG Rn. 6.

nen unrichtigen oder unvollständigen Prospekt aufmerksam wurde, keinerlei Ansprüche hat, wenn das erste Angebot bereits länger als 6 Monate vor Veröffentlichung des Prospekts lag. Denn nach dem Wortlaut des § 22 kommt es allein auf das Angebot, nicht aber auf die Prospektveröffentlichung an. Zwar ist ein Angebot ohne Prospekt rechtswidrig und seinerseits haftungsbewehrt nach § 24 WpPG, doch endet diese Haftungsbewehrung ebenfalls 6 Monate nach dem ersten öffentlichen Angebot. Da, worauf der Gesetzgeber des 3. Finanzmarktförderungsgesetzes jedoch hingewiesen hat, das (rechtmäßige) Angebot die Prospektveröffentlichung voraussetzt, wird man auch bei bereits erfolgtem (rechtswidrigen) Angebot im Zeitpunkt der Veröffentlichung des Prospekts das Vorliegen eines neuen ersten Angebots im Sinne des § 22 annehmen müssen.

d) Inlandsbezug des Erwerbs (§ 21 Abs. 3 WpPG)

§ 21 Abs. 3 WpPG ist eine Sachnorm, keine Kollisionsnorm,[153] die von der Haftung bei gegebener Anwendbarkeit des WpPG solche Fälle ausnimmt, bei denen der Emittent seinen tatsächlichen Verwaltungssitz (nicht notwendig auch seinen Satzungssitz) im Ausland hat und kein Inlandsbezug des Erwerbs vorliegt. Die Anwendung des § 21 Abs. 3 WpPG setzt zunächst voraus, dass der ausländische Emittent dem deutschen Prospekthaftungsrecht unterliegt. Das ist nur dann der Fall, wenn die Aktien in Deutschland platziert wurden und der Erwerber seinen Sitz oder seinen gewöhnlichen Aufenthaltsort in Deutschland hat[154]. Hingegen ist deutsches Recht nicht anwendbar wenn die Geltung des Prospekts in Deutschland nach Maßgabe der §§ 17 ff. WpPG erfolgt.[155] In diesem Falle unterliegen die Prospektverantwortlichen ausschließlich dem Haftungsrecht des Staates des EWR, aus dem der Prospekt stammt, auf die Einschränkung des § 21 Abs. 3 WpPG kommt es nicht an.

61

Soweit deutsches Recht danach anwendbar ist, so ist Voraussetzung für die Ausnahme neben dem ausländischen Verwaltungssitz die Zulassung der Wertpapiere des Emittenten auch (!) im Ausland zum Handel auf einem dem deutschen Regulierten Markt vergleichbaren Markt. Die Wertpapiere müssen also zum Handel auf einem Geregelten Markt i. S. v. Art. 4 Abs. 1 Nr. 14 MIFID zugelassen sein, der Freiverkehr genügt nicht.

62

Ein Inlandsbezug liegt vor, wenn entweder das Erwerbsgeschäft (Kausalgeschäft) im Inland abgeschlossen wurde (Inlandsgeschäft) oder die Wertpapiere aufgrund einer ganz oder teilweise im Inland erbrachten Wertpapierdienstleistung erworben werden. Der Begriff des Inlandsgeschäfts ist umstritten,[156] der Streit dürfte jedoch nach den durch das 3. Finanzmarktförderungsgesetz erfolgten Änderungen praktisch kaum noch Auswirkungen

63

---

153 *Hamann*, in: Schäfer/Hamann, KapMG, §§ 44, 45 Rn. 129; *Pankoke*, in: Just/Voß/Ritz/ Zeising, WpPG, § 44 BörsG Rn. 54.
154 Vgl. oben Rn. 16 ff.
155 Siehe oben Rn. 16 ff.
156 Ausführlich dazu *Bischoff*, AG 2002, 489, 495 ff.

haben. Erfolgt der Erwerb der in Deutschland platzierten Wertpapiere an einer deutschen Börse, so dürfte es sich angesichts der Erweiterung des Wortlauts der Norm stets mindestens um einen Erwerb aufgrund einer im Inland erbrachten Wertpapierdienstleistung handeln, so dass die Ausnahme des Abs. 3 nicht einschlägig ist.[157] Gleiches muss für einen Erwerb an einer ausländischen Börse gelten, soweit der in Deutschland von der BaFin gebilligte Prospekt nach Maßgabe der §§ 17 ff. WpPG und der einschlägigen ausländischen Regeln dort ebenfalls gilt. In diesem Fall entfaltet die maßgebliche Anlagestimmung aufgrund des Europäischen Passes auch dort Wirkung. Der Begriff des „Inlands" ist deshalb im Rahmen der neuen Regeln zum Europäischen Pass im Sinne des „EWR-Inlands" zu verstehen.

64 Erfolgt der Wertpapiererwerb hingegen ausnahmsweise außerbörslich, so ist auf den gewöhnlichen Aufenthaltsort bzw. die Niederlassung der geschädigten Partei abzustellen. Befindet sich dieser Ort bei Abschluss des Geschäftes im (EWR-)Inland, so liegt ein Inlandsgeschäft vor. In allen anderen Fällen ist ein Inlandsgeschäft zu verneinen. Von einer international-privatrechtlichen Anknüpfung des konkreten Erwerbsgeschäfts kann die gesetzliche Prospekthaftung der unterschiedlichen Prospektverantwortlichen hingegen nicht abhängig sein, da die Anknüpfung nur zwischen Erwerber und Veräußerer Geltung entfaltet.[158]

64a § 22 Nr. 2 WpPG erklärt auch bei Nichtzulassungsprospekten die Haftung auch auf Emittenten mit Sitz im Ausland für anwendbar, soweit der in § 21 Abs. 3 BörsG geregelte Inlandsbezug gegeben ist. Die Voraussetzung der Börsenzulassung der Wertpapiere des Emittenten im Ausland passt schlecht für öffentliche Angebote nicht zugelassener Wertpapiere, weshalb § 22 Nr. 2 WpPG davon spricht, dass die betreffenden Wertpapiere „auch im Ausland" öffentlich angeboten werden. Wenn der ausländische Emittent allein in Deutschland platziert, ist ein Inlandsbezug ohnehin gegeben.

2. Unrichtigkeit oder Unvollständigkeit von für die Beurteilung wesentlichen Angaben (§ 21 Abs. 1 Satz 1, § 23 Abs. 2 Nr. 4 WpPG)

a) Allgemeines, Gesamteindruck

65 Die Richtigkeit und Vollständigkeit des Prospekts richtete sich bis 2005 nach dem Anforderungskatalog der BörsZulVO, der VerkprospVO und ggf. der Börsenordnung der Wertpapierbörsen. Nunmehr bemisst sie sich nach den Vorschriften der §§ 5 ff. WpPG in Verbindung mit der EU-ProspVO. Neben diesem formalen Katalog kommt der materielle Maßstab des § 21 Abs. 1 WpPG zur Anwendung, der auf die Bedeutung der Angaben „für die Beurteilung der Wertpapiere" abstellt. Aufgestellt wird damit in erster Linie ein Täuschungsverbot. Die vom Gesetz verlangten Informationen über bestimmte Gegenstände (siehe im Einzelnen die Erläuterungen zu §§ 5 und 7 WpPG) dürfen weder durch Weglassen vorhandener und im Kontext bedeut-

---

157 Vgl. auch *Pankoke*, in: Just/Voß/Ritz/Zeising, WpPG, § 44 BörsG Rn. 59 (denkbar weites Verständnis).
158 Zutr. *Bischoff*, AG 2002, 489, 495.

samer Einzeltatsachen (unvollständige Angaben) noch durch die Behauptung nicht existenter Tatsachen oder durch die Angabe von im Kontext unwichtigen Tatsachen (unrichtige Angaben) verfälscht werden. Gegenüber der früheren Rechtslage bedeutsam dürfte im Zusammenhang mit den in den Prospekt aufzunehmenden Angaben insbesondere § 15 Abs. 5 WpPG sein, wonach wesentliche Informationen, die im Verlauf von Werbeveranstaltungen wie Road Shows oder Analystenpräsentationen mitgeteilt werden, in den Prospekt aufzunehmen sind. Solche Veranstaltungen können sich daher u. U. zu echten Haftungsrisiken entwickeln.

Hinsichtlich der Vollständigkeit ist neben den Angaben des Katalogs der   66
EU-ProspVO sicherzustellen, dass über alle tatsächlichen und rechtlichen Verhältnisse, die zur Beurteilung der zuzulassenden Wertpapiere wesentlich sind, Auskunft erteilt wird. Eine Ausnahme für Betriebs- und Geschäftsgeheimnisse gilt lediglich sehr eingeschränkt im Rahmen von § 8 Abs. 2 WpPG; im Grundsatz entscheidet über die Notwendigkeit der Geheimhaltung in Abwägung der Interessen also die BaFin.[159] Auch wenn von der Veröffentlichung aufgrund eines berechtigten Geheimhaltungsinteresses abgesehen werden darf, muss die Tatsache aber haftungsrechtlich jedenfalls dann angegeben werden, wenn ihre Geheimhaltung ohnehin gefährdet ist. Auch sonst muss jede Irreführung durch die fehlende Angabe vermieden werden.[160] Wenn das nicht möglich erscheint, muss von einem going public eben ganz abgesehen werden, da damit nun einmal eine bestimmter Informationsanspruch des Publikums verbunden ist. Keinesfalls lässt die allein öffentlich-rechtlich wirkende Befreiung durch die BaFin gem. § 8 Abs. 2 WpPG „regelmäßig" das Verschulden entfallen.[161] Denn sonst wären nicht mehr § 21 Abs. 1 („für die Beurteilung der Wertpapiere wesentliche Angaben") Maßstab der Prospekthaftung, sondern die formalen Vorgaben des WpPG (vgl. auch Rn. 70). Zur Vollständigkeit gehört auch die Aktualität des Prospekts, was sich indirekt aus § 16 WpPG sowie aus der Möglichkeit einer haftungsbefreienden Berichtigung gem. § 23 Abs. 2 Nr. 4 WpPG ergibt (näher unten Rn. 78 ff.). Soweit das WpPG oder die ProspektVO lediglich bestimmte stichtagsbezogene Daten verlangen, müssen diese allerdings nicht aktualisiert werden, solange sich dadurch das Gesamtbild nicht verfälscht. Die Beweislast für die Unrichtigkeit oder Unvollständigkeit wesentlicher Angaben liegt beim Anleger.[162]

---

159 *Assmann*, in: Assmann/Schütze, HdbKapAnlR, § 6 Rn. 126–128; *Hamann*, in: Schäfer/Hamann, KapMG §§ 44, 45 Rn. 161.
160 *Assmann*, in: Assmann/Schütze, HdbKapAnlR, § 6 Rn. 128; den Vorrang des Informationsanspruchs des Publikums betonend auch *Schwark*, in: Schwark/Zimmer, KapMRK, § 45 BörsG Rn. 33.
161 So aber *Assmann*, in: Assmann/Schlitt/von Kopp-Colomb, WpPG/VerkProspG, § 13 VerkProspG Rn. 65 a. E., ihm folgend *Groß*, KapMR, § 8 WpPG Rn. 10 trotz RegBegr. zum EU-ProspRL-UmsG, BT-Drucks. 15/4999, S. 25, 31.
162 *Hamann*, in: Schäfer/Hamann, KapMG §§ 44, 45 Rn. 210 m. w. N.; *Holzborn/Foelsch*, NJW 2003, 932, 933.

b) Anlegerhorizont

67 Beurteilungsmaßstab für die Erfüllung der Anforderungen ist im Ausgangspunkt der durchschnittliche Anleger.[163] Welche Anforderungen an die Kenntnisse und das Verständnis eines durchschnittlichen Anlegers zu stellen sind, ist freilich umstritten. Die überwiegende Meinung geht jedenfalls für Zulassungsprospekte im Sinne des § 21 WpPG mit der Rechtsprechung von einem Anleger aus, der nicht über ein überdurchschnittliches Fachwissen verfügt und nicht mit der in eingeweihten Kreisen gebräuchlichen Schlüsselsprache vertraut ist, aber einen Jahresabschluss lesen kann.[164] Demgegenüber wird auch vertreten, dass der Emittent selbst über den Anlegerhorizont bestimmen könne, soweit sich die Anlage nur an bestimmte (z. B. spekulative) Anleger richtet und er dies ausdrücklich im Prospekt kenntlich macht.[165] Dem kann schon deshalb nicht zugestimmt werden, da der Gesetzgeber selbst (nur) in bestimmten – abschließenden – Fällen der Auffassung ist, der entsprechende Anleger benötige keinen Schutz durch Prospekt und Prospekthaftung, vgl. dazu § 1 Abs. 2, § 3 Abs. 2 und § 4 WpPG.

67 a In umgekehrter Richtung (zugunsten des Anlegers) kann der Prospektverantwortliche nach der Rechtsprechung des BGH freilich schärferen Anforderungen unterworfen sein. Das gilt namentlich dann, wenn ein Verkaufsprospekt sich ausdrücklich (auch) an unerfahrene Anleger richtet.[166] In diesem Fall muss unter Umständen auch über die Bedeutung gesetzlicher Regeln aufgeklärt werden, obschon diese selbst eben durch einen Blick in einschlägige Gesetze für jedermann feststellbar sind.[167] Ob diese für Verkaufsprospekte nach dem VerkProspG a. F. ergangene Rechtsprechung auch bei Wertpapierprospekten im Sinne des § 22 WpPG Anwendung finden kann, ist zweifelhaft: Jedenfalls beim Angebot von bereits zugelassenen Aktien ist zu berücksichtigen, dass diese ein „Standardprodukt" sind; daher gibt es etwa die Satzungsstrenge im Aktienrecht. Für solche „Produkte" sollten auch ka-

---

163 BGH v. 12.07.1982 – II ZR 175/81, WM 1982, 862, 863 (BuM); *Assmann*, in: Assmann/ Schütze, HdbKapAnlR, § 6 Rn. 83; *Hamann*, in: Schäfer/Hamann, KapMG §§ 44, 45 Rn. 190 m.w.N.

164 BGH v. 12.07.1982 – II ZR 175/81, WM 1982, 862, 865 (BuM); OLG Frankfurt v. 06.07.2004 – 5 U 122/03, AG 2004, 510, 512 (EMTV); OLG Frankfurt v. 01.02.1994 – 5 U 213/92, WM 1994, 291, 295 = AG 1994, 184 (Bond); *Hamann*, in: Schäfer/Hamann, KapMG, §§ 44, 45 Rn. 190 f.; *Ellenberger*, S. 34; *Baumbach/Hopt*, § 44 BörsG Rn. 7; die unterstellten Bilanzkenntnisse bezweifeln *Assmann*, in: Assmann/Schütze, Hdb-KapAnlR, § 6 Rn. 83; *Schwark*, in: Schwark/Zimmer, KapMRK, § 45 BörsG Rn. 21, das OLG Frankfurt entgegnet in der EMTV-Entscheidung zu Recht, ein anderer Maßstab führe nur zu ausufernden und letztlich irreführenden zusätzlichen Erläuterungen im Prospekt.

165 *Hamann*, in: Schäfer/Hamann, KapMG, §§ 44, 45 Rn. 190 f.; vgl. auch *Buck-Heeb*, LMK 2013, 341712; ferner *Pankoke*, in: Just/Voß/Ritz/Zeising, WpPG, § 45 BörsG Rn. 39.

166 BGH v. 18.09.2012 – XI 344/11, NZG 2012, 1262, 1265 Rn. 25 ff.; *Wiechers*, WM 2013, 341, 347; kritisch *Zech/Hanowski*, NJW 2012, 510, 511 f.; vgl. auch *Assmann*, in: Assmann/Schütze, HdbKapAnlR, § 6 Rn. 85: praktisch unmöglich.

167 So verlangt etwa BGH v. 18.09.2012 – XI 344/11, NZG 2012, 1262, 1265 f. Rn. 31 ff. Aufklärung über die Möglichkeit, im Vertragskonzern über nachteilige Weisungen der Tochter Vermögen zu entziehen.

pitalmarktrechtlich standardisierte Anforderungen gelten, die vom angesprochenen Adressatenkreis unabhängig sind. Ferner spricht die nunmehr einheitliche Regelung von Zulassungs- und Nichtzulassungsprospekten im WpPG für insgesamt einheitliche Maßstäbe im Sinne einer vom konkret angesprochenen Anlegerkreis unabhängigen Standardisierung.[168] Lediglich bei Vermögensanlagen i. S. d. VermAnlG muss man es anders sehen.

Es wird auch formuliert, dass der Anleger ein aufmerksamer Leser und kritischer Anleger sein müsse.[169] Nach der EU-ProspRL besteht im Ergebnis kein Erfordernis eines deutschsprachigen Prospektes und eines HGB-Konzernabschlusses mehr. Ob ein durchschnittlicher Anleger über die notwendigen Sprachkenntnisse verfügt[170] bzw. einen IFRS-Abschluss lesen kann, dürfte freilich genauso zweifelhaft sein wie das Vorhandensein von Bilanzkenntnissen. Dennoch sollte man den von der Rechtsprechung bislang verwendeten Beurteilungsmaßstab nicht deshalb für verfehlt halten, weil er an den statistisch-tatsächlichen Kenntnissen durchschnittlicher Anleger vorbeigeht.[171] Denn nicht diese lesen die Prospekte tatsächlich, vielmehr kommt diese Aufgabe letztlich den Finanzintermediären zu, die ihre Erkenntnisse dann weitervermitteln. Es handelt sich deshalb zwar um einen künstlichen Maßstab, der indessen geeignet erscheint, weil er (a) in Bezug auf standardisierte Teile des Prospekts (Zahlen, Jahresabschluss) eine einfache Beurteilung ermöglicht und einen "information overflow" durch zu viele Erläuterungen verhindert (b) in Bezug auf die nicht standardisierten Teile des Prospekts darauf abstellt, ob ein normaler Anleger irregeführt wird oder nicht. Das ermöglicht eine bestmögliche Balance zwischen Voraussehbarkeit der Rechtsfindung, also Rechtssicherheit auf der einen Seite, und Schutz der Anleger im konkreten Einzelfall auf der anderen Seite.

68

c) Angaben

Als Gegenstand der Angaben kommen nicht nur Tatsachen (dem Beweis zugängliche äußere oder innere Vorgänge oder Zustände der Gegenwart oder Vergangenheit) in Frage, sondern auch im Prospekt enthaltene Werturteile und Prognosen. Solche Werturteile bzw. Prognosen enthält der Prospekt vor allem in Gestalt von Renditeprojektionen oder Wirtschaftlichkeitsberechnungen. Sie sind dann unrichtig, wenn sie nicht hinreichend durch Tatsachen gedeckt oder wenn sie kaufmännisch nicht vertretbar sind.[172] Was das im Einzelnen bedeutet, ist letztlich nicht näher geklärt.[173] Jedenfalls ist uner-

69

---

168 So auch *Zech/Hanowski*, NJW 2012, 510, 512.
169 OLG Frankfurt v. 19.07.2005 – 5 U 182/03, AG 2005, 851 ff.; OLG Frankfurt v. 06.07. 2004 – 5 U 122/03, AG 2004, 510, 512.
170 *Pankoke*, in: Just/Voß/Ritz/Zeising, WpPG, § 45 BörsG Rn. 39: er müsse des Englischen mächtig sein.
171 So aber wohl *Pankoke*, in: Just/Voß/Ritz/Zeising, WpPG, § 45 BörsG Rn. 39.
172 BGH v. 12.07.1982 – II ZR 175/81, WM 1982, 862, 865 (BuM); OLG Düsseldorf v. 05.04. 1984 – 6 U 239/82, WM 1984, 586, 592; OLG Frankfurt v. 01.02.1994 – 5 U 213/92, WM 1994, 291, 295 (Bond); *Hamann*, in: Schäfer/Hamann, KapMG, §§ 44, 45 Rn. 149 m.w.N.; ausführlich zur Haftung für fehlerhafte Prognosen *Fleischer*, AG 2006, 2 ff.
173 *Fleischer*, AG 2006, 2, 14 f.

heblich, ob die Prognose zutrifft, solange sie im Zeitpunkt der Prospektveröffentlichung gerechtfertigt war (ex-ante-Perspektive).[174] Prognosen müssen ausreichend als solche kenntlich gemacht werden.[175] Gem. Anh. I Nr. 13 EU-ProspVO muss der Prospekt, soweit er Gewinnprognosen enthält, eine Erläuterung der wichtigsten Annahmen enthalten, auf die der Emittent seine Prognose oder Schätzung stützt, die Prognosegrundlage muss mit den historischen Finanzinformationen vergleichbar sein und es muss ein bestätigender Bericht eines Abschlussprüfers enthalten sein. Darüber hinaus ist dem BGH zuzustimmen, wenn er bei Prognosen „allgemeine Zurückhaltung" in dem Sinne verlangt, dass der Prospekt, wenn er bei noch unsicheren und riskanten Sanierungsmaßnahmen schon Prognosen aufstellt, diese an einen deutlichen Vorbehalt unter Hinweis auf die Risiken knüpft oder besser von einer wirtschaftlichen Voraussage überhaupt absieht.[176]

d) Wesentliche

70 Die Angaben müssen für die Beurteilung des Prospekts „wesentlich" sein. Zu den wesentlichen Angaben gehören jedenfalls im Ausgangspunkt zunächst die Mindestangaben nach § 7 WpPG i.V.m. der EU-ProspVO. Dazu gehören grundsätzlich auch Angaben, die der Emittent als geheimhaltungsbedürftig ansieht, es sei denn, er hat das Verfahren nach § 8 Abs. 2 WpPG eingehalten.[177] Je nach den Umständen des Einzelfalls können diese aber zu relativieren sein. Manche der dort genannten Angaben können im Einzelfall entbehrlich, manche können zusätzlich wesentlich und damit anzugeben sein.[178] Nach h.M. geht es bei den wesentlichen Angaben um solche Umstände, die ein durchschnittlicher, verständiger Anleger „eher als nicht" bei seiner Anlageentscheidung berücksichtigen würde (vgl. auch § 13 Abs. 1 Satz 2 WpHG).[179] Das sind die wertbildenden Faktoren der Wertpapiere.[180] Diese sind aber wiederum nur im Einzelfall festzustellen. Einen gewissen Maßstab bzw. Anhaltspunkt wird man in der Möglichkeit der Kursbeeinflussung (vgl. wiederum § 13 WpHG) einer bestimmten Information sehen. Führt andererseits die einzelne unrichtige oder fehlende Angabe nur zu einer marginalen Fehldarstellung (z.B. von Bilanzzahlen), ist die Wesentlichkeit zu verneinen, solange nicht durch Kumulation verschiedener Marginalien ein falsches Bild entsteht.[181] Letztlich weist das Tatbestandsmerkmal der „we-

---

174 *Assmann*, in: Assmann/Schütze, HdbKapAnlR, § 6 Rn. 89.
175 *Fleischer*, AG 2006, 2, 14.
176 Zustimmend *Pankoke*, in: Just/Voß/Ritz/Zeising, WpPG, § 44 BörsG Rn. 50; a. A. *Schwark*, in: Schwark/Zimmer, KapMRK, § 45 BörsG Rn. 26; *Fleischer*, AG 2006, 2, 14 f. unter Hinweis auf den Grundsatz ausgewogener Darstellung von Risiken und Chancen.
177 *Pankoke*, in: Just/Voß/Ritz/Zeising, WpPG, § 44 BörsG Rn. 45
178 Näher oben Komm. zu § 7 Rn. 3 ff., bei Fn. 6 und Fn. 10.
179 *Hamann*, in: Schäfer/Hamann, KapMG, §§ 44, 45 Rn. 148 m.w.N.
180 *Assmann*, Prospekthaftung, S. 319; *Ellenberger*, Prospekthaftung, S. 33; *Pankoke*, in: Just/Voß/Ritz/Zeising § 44 BörsG Rn. 28 (namentlich Ertragslage, Risiken, Strategien); *Groß*, KapMR, § 21 WpPG Rn. 68; *Hamann*, in: Schäfer/Hamann, KapMG, §§ 44, 45 Rn. 148; *Assmann*, in: Assmann/Schütze, HdbKapAnlR, § 6 Rn. 87 m.w.N.
181 I. Erg. ähnlich *Hamann*, in: Schäfer/Hamann, KapMG, §§ 44, 45 Rn. 148.

sentlichen" Angaben so nur erneut darauf hin, dass es auf das Gesamtbild ankommt, das der Prospekt vermittelt.

Steht fest, dass über eine im WpPG oder der EU-ProspVO vorgeschriebene   71
Angabe unrichtig informiert wurde (sei es, dass Angaben fehlen, sei es, dass sie unwahr sind, wobei eine Ausnahme für erkennbare Schreibfehler zu machen ist), so ist prozessual zunächst von ihrer Wesentlichkeit auszugehen, da die Aufnahme in den gesetzlichen Katalog die Vermutung der Wesentlichkeit begründet. Es ist dann Sache des in Anspruch genommenen Prospektverantwortlichen nachzuweisen, dass die entsprechende Angabe für die Beurteilung der Wertpapiere nicht wesentlich war.

e) Unrichtig oder unvollständig

Die Unrichtigkeit oder Unvollständigkeit[182] kann sich zunächst im Hinblick   72
auf Einzelangaben ergeben. Dabei kommt es insb. auch auf die Wortwahl im Detail an. So dürfen unsichere Projekte, Absatz- oder Geschäftserwartungen nicht als bereits abgeschlossen oder gesichert dargestellt werden.[183] Soweit jedoch in einem Jahresabschluss nach IFRS Umsätze als „realisiert" angegeben werden, kann sich der Anleger nicht auf abweichende HGB-Bilanzprinzipien berufen und muss als bilanzkundiger Leser (oben Rn. 67 f.) u. U. erkennen, dass es sich um noch nicht abgeschlossene Leistungsbeziehungen handelte.[184] Vgl. im Übrigen zur Finanzberichterstattung Anh. I Nr. 20 der EU-ProspVO. Richtigerweise bilden unrichtige oder unvollständige Einzelangaben ihrerseits nur ein Indiz für die Unrichtigkeit des Prospekts, die letztlich allein entscheidet. Es kommt maßgebend auf den Gesamteindruck an, den der Prospekt über tatsächliche Verhältnisse und die Vermögens-, Finanz- und Ertragslage des emittierenden Unternehmens vermittelt.[185]

Beispiele für Unrichtigkeit oder Unvollständigkeit   73

– Die Geschäftsaussichten werden zu positiv oder überhaupt nicht geschildert.[186]
– Alle Möglichkeiten der Bilanzkosmetik werden genutzt,[187] was allerdings nur in Ausnahmefällen zu einer Unrichtigkeit führen dürfte,[188] soweit

---

182 Die Abgrenzung zwischen Unrichtigkeit (enthält unwahre Angaben) und Unvollständigkeit (wesentliche Angaben fehlen) ist entbehrlich, vgl. *Pankoke*, in: Just/Voß/Ritz/Zeising, WpPG, § 44 BörsG Rn. 29.
183 Beispiele aus der Rechtsprechung zur allgemeinen Prospekthaftung: Bezeichnung als gekauft, ohne dass ein Kaufvertrag abgeschlossen war, BGH v. 28. 09. 1992 – II ZR 224/91, WM 1992, 1892; fehlender Hinweis auf die Umstände, die einen bereits abgeschlossenen Vertrag oder die Absatzerwartungen gefährden, v. 22. 03. 1979 – VII ZR 259/77, BGHZ 74, 108, 110; v. 06. 10. 1980 – II ZR 60/80, BGHZ 79, 337, 344; Darstellung eines genehmigungspflichtigen Projekts als gesichert, obwohl nur eine unverbindliche Absichtserklärung der Behörde vorlag BGH v. 07.04.2003 – II ZR 160/02, WM 2003, 1086.
184 OLG Frankfurt v. 06.07.2004 – 5 U 122/03, AG 2004, 510, 512 (EMTV).
185 I. Erg. auch *Pankoke*, in: Just/Voß/Ritz/Zeising, WpPG, § 44 BörsG Rn. 35.
186 Vgl. dazu OLG Frankfurt v. 01.02.1994 – 5 U 213/92, WM 1994, 291, 295 (Bond).
187 BGH v. 12.07.1982 – II ZR 175/81, WM 1982, 862, 863 (BuM).
188 *Schwark*, in: Schwark/Zimmer, KapMRK, § 45 BörsG Rn. 29: namentlich wenn Gebot des „true and fair" view verletzt wird.

diese Möglichkeiten legal sind. Eine Unvollständigkeit oder Unrichtigkeit kann sich etwa ergeben, wenn die in Anh. I Nr. 9 EU-ProspVO geforderten Erläuterungen zum Jahresabschluss fehlen oder irreführend sind.

– Durch Rücklagenauflösung ausgeglichene Verluste werden verschleiert, indem aktuelle Dividendenzahlungen betont werden.[189] Allgemein müssen Einmaleffekte durch den Verkauf von Vermögenswerten auch als solche herausgestellt werden.

– Wesentliche Zahlungsrückstände auch von Tochtergesellschaften werden nicht mitgeteilt.[190]

– Fehlende Mitteilung eines Rechtsstreits von erheblicher Tragweite für den Emittenten.[191]

– Bestimmte Risiken (z. B. eines Übernahmekampfes[192] oder einer drohenden Enteignung ausländischer Tochtergesellschaften oder drohender Absatzeinbußen) werden nicht oder nicht ausreichend dargestellt.

– Der Prospekt sagt einen Sanierungserfolg voraus, ohne zugleich die wesentlichen Voraussetzungen dafür bzw. dessen Risiken zu verdeutlichen.

74 Ob sich die Unrichtigkeit oder Unvollständigkeit von Angaben auch aus einer mangelhaften Gestaltung des Prospekts ergeben kann, ist zweifelhaft. Angesichts der Anforderungen, die die Rechtsprechung an die Intensität der Lektüre des Prospekts durch den Anleger stellt (siehe Rn. 67 f., 72), sollen Prospektgestaltungsmängel allein nicht zu einer Unrichtigkeit führen können.[193] Andererseits resultiert eine Täuschung in bestimmten Fällen gerade aus der Anordnung bestimmter Informationen, aus einem geringeren Schriftgrad wichtiger Tatsachen oder der unterschiedlichen Platzierung von zusammengehörenden Chancen und Risiken eines Projekts im Prospekt. Die Gestaltung kann eine bestimmte Wertung durch den Leser nahelegen, ohne dies ausdrücklich zu sagen. Man sollte die äußere Gestaltung deshalb jedenfalls nicht für unbeachtlich halten.[194]

75 Die Nichtangabe von Werturteilen Dritter, z. B. eine Negativberichterstattung durch die Presse, führt im Grundsatz nicht zur Unvollständigkeit oder Unrichtigkeit, sondern nur das Fehlen der Berichterstattung zugrundeliegender Tatsachen.[195] Anders verhält es sich mit der Einstufung durch Rating-Agenturen, soweit sich diese unmittelbar auf die wirtschaftlichen Verhält-

---

189 BGH v. 12.07.1982 – II ZR 175/81, WM 1982, 862, 863 (BuM).

190 BGH v. 12.07.1982 – II ZR 175/81, WM 1982, 862, 863 (BuM).

191 BGH v. 14.07.1998 – XI ZR 173/97, NJW 1998, 3345, 3346 (Elsflether Werft): Anfechtungsklage gegen Kapitalerhöhungsbeschluss, auf dem Emission neuer Aktien beruht.

192 OLG Frankfurt v. 01.02.1994 – 5 U 213/92, WM 1994, 291, 295 (Bond).

193 *Holzborn/Foelsch*, NJW 2003, 932, 933; *Hamann*, in: Schäfer/Hamann, KapMG, §§ 44, 45 Rn. 189.

194 Wie hier *Ellenberger*, S. 37 f. m.w.N.; wohl noch schärfer *Pankoke*, in: Just/Voß/Ritz/ Zeising § 44 BörsG Rn. 36 a.E. unter Verweis auf die Anforderungen nach § 5 Abs. 1 Satz 3 WpPG, siehe dazu oben die Erläuterungen zu § 5 WpPG Rn. 15 ff., vgl. aber *ders.*, in: Just/Voß/Ritz/Zeising, WpPG, § 44 BörsG Rn. 51.

195 *Hamann*, in: Schäfer/Hamann, KapMG, §§ 44, 45 Rn. 166; *Assmann*, in: Assmann/ Schütze, HdbKapAnlR, § 6 Rn. 97 f. m.w.N.; *Pankoke*, in: Just/Voß/Ritz/Zeising, WpPG, § 44 BörsG Rn. 50.

nisse (namentlich die Fähigkeit zur Erlangung von Krediten) des Emittenten auswirken,[196] oder wenn Berichte Dritter nur einseitig ausgewählt werden.[197] Zu weit geht aber wohl die Entscheidung des LG Frankfurt in der Sache Bond,[198] nach der schon dann ein Prospektfehler vorliegen soll, wenn nicht erwähnt wird, dass eine „Mehrheit von Finanzanalysten … vom Kauf der (ausländischen) Anleihen" abgeraten und eine Rating-Agentur den Emittenten herabgestuft hatte.

f) Nachträge (Aktualisierung, Berichtigung)

Nach § 23 Abs. 2 Nr. 4 kann der Prospektpflichtige seine Haftung für die Zukunft dadurch vermeiden, dass er freiwillig eine sog. Berichtigung veröffentlicht, dazu näher unten Rn. 101. Von einer Berichtigung anfänglich unrichtiger Angaben zu trennen, ist eine Aktualisierung des Prospekts, der den ursprünglich fehlerfreien Prospekt an zwischenzeitliche Tatsachenänderungen oder neue Erkenntnisse anpasst. Als Oberbegriff für beide Sachverhalte wählt § 16 Abs. 1 WpPG den Begriff des Nachtrags zum Prospekt, in der Literatur hatte sich dagegen bislang umgekehrt der Begriff der Aktualisierung als Oberbegriff eingebürgert.[199]   76

Von der freiwilligen Berichtigung ist auch der berichtigende Nachtrag i. S. d. § 16 Abs. 1 WpPG zu unterscheiden.[200] Zu letzterem ist der Emittent verpflichtet, ersterer ist nur eine den Prospektverantwortlichen eingeräumte Möglichkeit zur Haftungsminimierung. § 16 Abs. 1 WpPG ordnet bis zu einem gewissen Zeitpunkt die Pflicht zur Nennung wesentlicher Unrichtigkeiten des Prospekts an und schreibt dafür auch ein einzuhaltendes Verfahren bis zur Veröffentlichung eines solchen berichtigenden Nachtrags vor (näher § 16 WpPG Rn. 26 ff.). Für freiwillige Berichtigungen im Sinne des § 23 Abs. 2 Nr. 4 gelten hingegen andere formale Anforderungen (unten Rn. 102). Erfüllt eine Berichtigung nur die Anforderungen des § 23 Abs. 2 Nr. 4, stellt aber zugleich eine rechtzeitige Beseitigung einer wesentlichen Unrichtigkeit i. S. d. § 16 Abs. 1 dar, so „gehen" nicht etwa die Verfahrens- und Formvorschriften des   77

---

196 Wie hier *Hamann*, in: Schäfer/Hamann, KapMG, §§ 44, 45 Rn. 166; a. A. (generell keine Unrichtigkeit des Prospekts bei Fehlen solcher Angaben annehmend) die h. M.: *Assmann*, in: Assmann/Schütze, HdbKapAnlR, § 6 Rn. 97 f.; einschränkungslos verneinend auch *Schwark*, in: Schwark/Zimmer, KapMRK, § 45 BörsG Rn. 36; siehe auch *Mülbert/ Steup*, in: Habersack/Mülbert/Schlitt, UntFinanzKM, 3. Aufl., § 41 Rn. 45, nunmehr mit der Qualifikation, dass jedoch nicht einseitig berichtet werden dürfe; so bereits zuvor *Groß*, KapMR § 21 WpPG Rn. 51 ff.

197 *Pankoke*, in: Just/Voß/Ritz/Zeising, WpPG, § 44 BörsG Rn. 50.

198 LG Frankfurt v. 06.10.1992 – 3/11 O 173/91, WM 1992, 1768, 1771 f.; ablehnend dagegen die nächste Instanz OLG Frankfurt v. 01.02.1994 – 5 U 213/92, WM 1994, 291, 297.

199 *Stephan*, AG 2002, 3.

200 Zutr. *Schwark*, in: Schwark/Zimmer, KapMRK, § 45 BörsG Rn. 62; *Pankoke*, in: Just/ Voß/Ritz/Zeising, WpPG, § 44 BörsG Rn. 43; unklare Abgrenzung bei *Assmann*, in: Assmann/Schlitt/von Kopp-Colomb, WpPG/VerkProspG, § 13 VerkProspG Rn. 70 mit dem Verweis auch auf Rn. 34; die Nachtragspflicht des § 16 WpPG umfasst indessen auch Berichtigungen, soll also nicht nur vermeiden, dass ein Prospekt fehlerhaft wird, sondern auch dass er unrichtig bleibt.

§ 16 „vor", wie *Schwark* meint.[201] Vielmehr entfaltet eine solche Berichtigung durchaus die haftungsbefreiende Wirkung des § 23 Abs. 2 Nr. 4, mag sie auch keine Pflichterfüllung im Sinne des § 16 WpPG darstellen.

78 Umstrittener ist die Frage einer Aktualisierung, also der Anpassung des Prospekts an nachträglich eingetretene Veränderungen oder neue Umstände. Hier hatte der BGH im Urteil „Elsflether Werft" angenommen, aus § 52 Börs-ZulVO und § 11 VerkProspG (a. F.) folge auch eine Pflicht zur Veröffentlichung nachträglich eingetretener wesentlicher Veränderungen während der Dauer des Angebots, wobei er den genauen Zeitraum allerdings offen ließ.[202] In der Folge blieb eine Aktualisierungspflicht angesichts der unklaren gesetzlichen Formulierungen umstritten.[203]

79 Aus der jüngst präzisierten Vorschrift des § 16 Abs. 1 WpPG folgt eine ausdrückliche gesetzliche Pflicht zur Aktualisierung („neue Umstände ... müssen genannt werden") bis zum „endgültigen Schluss des öffentlichen Angebots oder, falls diese später erfolgt, der Einführung in den Handel". Zum Begriff des öffentlichen Angebots siehe Rn. 60, zum „endgültigen Schluss" vgl. die Erläuterungen zu § 16 WpPG Rn. 19 (grundsätzlich das Ende der Angebots- oder Zeichnungsfrist, ggf. der frühere Zeitpunkt des bereits erfolgten Abverkaufs[204]). Nach der Gesetzesänderung nur noch von sekundärer Bedeutung ist die Einführung in den Handel, da sie die Nachtragspflicht nur noch beendet, wenn auch das öffentliche Angebot beendet ist.[205] Bei Aktienemissionen liegt die Einführung, d. h. die Aufnahme der Notierung an einem organisierten Markt in aller Regel nach dem Ende der Zeichnungsfrist. Daher endet die Nachtragspflicht bei Zulassungsprospekten in aller Regel mit dem Beginn der Preisermittlung der Wertpapiere an der Börse. Bei Prospekten im Sinne von § 22 WpPG, z. B. bei Umplatzierungen oder bei Emissionen bereits zugelassener Aktien, kommt es hingegen allein auf das Ende des Angebots an. Unter Umständen besteht also bei Nichtzulassungsprospekten während der gesamten Dauer des 6-Monatszeitraums auch eine Nachtragspflicht. Kommen die Prospektverantwortlichen der Nachtragspflicht nicht nach, so haften sie aus § 22 WpPG, da die Nachtragspflicht sich von vornherein nur auf wesentliche Umstände bezieht.[206]

---

201 *Schwark*, in: Schwark/Zimmer, KapMRK, § 45 BörsG Rn. 62.

202 BGH v. 14.07.1998 – XI ZR 173/97, NJW 1998, 3345, 3347 (Elsflether Werft).

203 Für die alte Rechtslage vertraten eine Aktualisierungspflicht *Baumbach/Hopt*, HGB, § 44 BörsG Rn. 7; *Ellenberger*, S. 17 ff.; *Assmann*, FS Ulmer (2003), S. 757, 768 ff.; dagegen die h. M., für diese ausführlich *Hamann*, in: Schäfer/Hamann, KapMG, §§ 44, 45 Rn. 276–280 m.w.N.

204 Siehe etwa *Seitz*, in: Assmann/Schlitt/von Kopp-Colomb, WpPG/VerkProspG, § 16 WpPG Rn. 67.

205 *Heidelbach/Preuße*, BKR 2012, 397, 403, oben Komm. zu § 16 WpPG Rn. 19.

206 *Pankoke*, in: Just/Voß/Ritz/Zeising, WpPG, § 44 BörsG Rn. 41; *Groß*, KapMR, § 21 WpPG Rn. 59; *Mülbert/Steup*, in: Habersack/Mülbert/Schlitt, UntFinanzKM, § 41 Rn. 52–54; vgl. aber nun *Assmann*, in: Assmann/Schlitt/von Kopp-Colomb, WpPG/VerkProspG, § 13 VerkProspG Rn. 36: Der Wortlaut des § 13 a VerkProspG (a. F. = § 24 WpPG n. F.) stehe einer Haftung für fehlende Nachträge entgegen. Das ist abzulehnen, da es nicht um die Haftung für Nichterfüllung einer Nachtragspflicht geht, sondern um die Haftung für den ursprünglichen, nun unrichtigen Prospekt.

Auch wenn das nicht der Fall ist, die Aktualisierungspflicht also vor Beginn   80
oder während des Sechs-Monatszeitraums endet, so ist damit jedoch nicht
notwendig auch die Haftung für einen im Sechs-Monatszeitraum unrichtig
gewordenen Prospekt ausgeschlossen.[207] Auch nach Ende des Zeitraums der
in § 16 WpPG angeordneten Nachtragspflicht besteht jedenfalls ein Recht
zur Veröffentlichung von Nachträgen, vgl. Komm. zu § 16 WpPG Rn. 21. Soweit diese erfolgen, muss also für einen dadurch eventuell unrichtig gewordenen Prospekt ohnehin gehaftet werden. Die Formulierung des § 21 Abs. 1
Satz 1 WpPG[208] spricht – zusammen mit den Überlegungen *Ellenbergers*[209]
– dafür, dass darüber hinaus für jeden im Haftungszeitraum unrichtig gewordenen Prospekt gehaftet wird, soweit also das Erwerbsgeschäft nach dem
Ende der Nachtragspflicht, aber innerhalb des Sechs-Monatszeitraums abgeschlossen wurde (Aktualisierungsobliegenheit). Dass nach Einführung der
Wertpapiere anderweitige Mitteilungspflichten, etwa nach § 15 WpHG, bestehen, die haftungsrechtlich abweichend geregelt sind, bildet kein Gegen-
argument,[210] da etwa auch eine Berichtigung gem. § 23 Abs. 2 Nr. 4 WpPG
als Ad hoc-Meldung erfolgen darf und bei ihrer Fehlerhaftigkeit nicht nur
aus dem WpHG, sondern weiter aus den §§ 21 ff. WpPG gehaftet wird.

3. Kausalität (§ 23 Abs. 2 Nr. 1 und 2 WpPG)

*a) Haftungsbegründende Kausalität des Prospekts für den Erwerb
(Anlagestimmung, § 23 Abs. 2 Nr. 1 WpPG)*

§ 23 Abs. 2 Nr. 1 WpPG schließt die Haftung sämtlicher Prospektverantwort-   81
licher für sämtliche Fehler des Prospektes aus, soweit der Anleger die Wertpapiere nicht auf Grund des Prospekts erworben hat. Der Ausschlusstatbe-
stand ist eng auszulegen. Der Prospekt darf zum Erwerb der Wertpapiere
nicht einmal beigetragen haben. Umgekehrt muss für eine Haftung der Erwerb also nicht unbedingt ausschließlich auf dem Prospekt beruhen. Es
kommt ferner nicht darauf an, ob gerade die fehlerhaften oder fehlenden
Angaben den Anleger zum Erwerb verleitet haben. Es ist nicht einmal erforderlich, dass der Anleger den Prospekt selbst gelesen hat. Vielmehr geht das
Gesetz davon aus, dass jeder Prospekt die sog. Anlagestimmung erzeugt und

---

207 So aber die h. M.: *Hamann,* in: Schäfer/Hamann, KapMG, §§ 44, 45 Rn. 275 a; *Mülbert/
Steup,* in: Habersack/Mülbert/Schlitt, UntFinanzKM, § 41 Rn. 55; *Schwark,* in: Schwark/
Zimmer, KapMRK, § 45 BörsG Rn. 32; *Pankoke,* in: Just/Voß/Ritz/Zeising, WpPG, § 44
BörsG Rn. 41 i. V. m. § 45 BörsG Rn. 31; zur neuen Rechtslage *Groß,* KapMR, § 21 WpPG
Rn. 59–62, ohne freilich zwischen Pflicht und Haftung zu unterscheiden. A. A., sogar
eine echte Nachtragspflicht während des 6-Monats-Zeitraums annehmend, *Assmann,*
in: Assmann/Schütze, HdbKapAnlR, § 6 Rn. 112 ff.; unklar nun leider *Assmann,* in: Ass-
mann/Schlitt/von Kopp-Colomb, WpPG/VerkProspG, § 13 VerkProspG Rn. 36 (dazu bereits Fn. zuvor).
208 Es heißt dort: „in dem Angaben … unrichtig … sind …" und nicht etwa „in dem Angaben von Anfang an unrichtig … waren".
209 *Ellenberger,* Prospekthaftung, S. 17 ff., namentlich in Anbetracht der Interessen der Prospektadressaten an zeitnaher Information und der Zumutbarkeit der zeitlich auf 6 Monate begrenzten Aktualisierung für Emittent und Emissionsbegleiter.
210 So aber OLG Frankfurt v. 06.07.2004 – 5 U 122/03, AG 2004, 510, 511 (EMTV).

ein Erwerb daher stets auf Grund des Prospekts erfolgt. Diese bezeichnet die positive Stimmung, die nicht nur eine optimistische Darstellung der Wertpapiere im Prospekt selbst, sondern auch Berichte in der Presse durch Anlageberater oder durch Werbemaßnahmen hervorrufen. Denn der Prospekt ist für solche Berichte und Maßnahmen stets der Ausgangspunkt.

82 Die durch den Prospekt hervorgerufene Anlagestimmung war bereits vor der jetzigen Fassung der §§ 21 ff. WpPG allerdings nicht eine Tatbestandsvoraussetzung der Haftung, sondern ein Mittel für die Rechtsprechung, dem Anleger den Beweis dafür zu erleichtern, dass der Prospekt für seine Anlageentscheidung kausal geworden ist. Nach der Neufassung ist die ganz h. M. in der Literatur[211] der Auffassung, mit der Sechs-Monatsfrist in § 21 Abs. 1 Satz 1 WpPG habe der Gesetzgeber nur eine Höchstfrist gesetzt. Auch vor Ablauf der sechs Monate könne die Anlagestimmung entfallen mit der Folge, dass die Kausalität des Prospekts für die Anlageentscheidung zu verneinen ist. Dadurch würde die Anlagestimmung freilich zu einer materiellen Haftungsvoraussetzung, die sie niemals war.

83 Dem ist zu widersprechen. Mit der Neuregelung hat der Gesetzgeber nicht einfach nähere Regeln für die nach wie vor notwendige Anlagestimmung aufgestellt, sondern vielmehr die richterlichen Überlegungen zur Anlagestimmung durch die Sechs-Monatsfrist in § 21 Abs. 1 Satz 1 WpPG und die Kausalitätsvermutung in § 23 Abs. 2 Nr. 1 WpPG ersetzt. Damit benötigt man den Begriff der Anlagestimmung im Rahmen der gesetzlichen Börsenprospekthaftung nicht mehr; er taucht im Gesetzeswortlaut im Übrigen auch nicht auf. Die Begrenzung der Haftung auf Erwerbe innerhalb der ersten sechs Monate nach der Veröffentlichung (§ 21 Abs. 1 Satz 1 WpPG) und die Vermutung in § 23 Nr. 2 WpPG, dass der Erwerb auf dem Prospekt beruht, stellen eine eindeutige und abschließende Regelung dar.

84 Für den nach § 23 Abs. 2 Nr. 1 WpPG möglichen Beweis, dass der Anleger seine individuelle Erwerbsentscheidung nicht aufgrund des fehlerhaften Prospekts getroffen hat, ist zu verlangen, dass der Anspruchsgegner die individuellen Beweggründe des Anlegers nachweist, unter denen das Vorhandensein eines Prospekts keine Rolle gespielt haben darf. Das wird praktisch nur in ganz seltenen Ausnahmefällen gelingen. Der Nachweis, dass eine Anlagestimmung schon vor Ablauf der Sechs-Monatsfrist nicht (mehr) bestand, kann dafür nicht ausreichen. Entgegen der Auffassung von *Pankoke* hat der

---

211 Etwa *Ellenberger*, Prospekthaftung, S. 40; *Kort*, AG 1999, 9, 12 f.; *Groß*, AG 1999, 199, 205; *Hamann*, in: Schäfer/Hamann, KapMG, §§ 44, 45 Rn. 253; *Baumbach/Hopt*, HGB, § 45 BörsG Rn. 2; *Pankoke*, in: Just/Voß/Ritz/Zeising § 45 BörsG Rn. 24 f., ferner *Assmann*, in: Assmann/Schlitt/von Kopp-Colomb, WpPG/VerkProspG, § 13 VerkProspG Rn. 88 mit Fn. 174: eine unwiderlegliche Vermutung sei der Begründung des RegE nicht zu entnehmen; weitere Nachweise aufzählend, ohne sich mit den hier in den folgenden Rn. vertretenen Argumenten auseinanderzusetzen. Dass die Begründung des RegE eine unwiderlegliche Vermutung aufstelle, wurde und wird hier nicht behauptet (vgl. Rn. 84), insofern zitiert Assmann die vorliegenden Erläuterungen falsch. Was der Begründung nicht zu entnehmen ist, ist für die Auslegung des Gesetzes im Übrigen schon aus methodischen Gründen irrelevant, a. A. offenbar *Assmann* a.a.O.

Gesetzgeber die Überlegungen der Rechtsprechung zur Anlagestimmung nicht „kodifiziert",[212] sondern ausdrücklich nur „aufgegriffen" und durch konkrete Vorschriften ersetzt.[213] Dabei hat er auch Regeln zulasten der Anleger getroffen, indem er die Frist auch dann auf sechs Monate beschränkt, wenn die Anlagestimmung tatsächlich darüber hinaus andauerte. Würde man auch nach der Neuregelung die Grundsätze der Anlagestimmung heranziehen, so trüge man gerade die Rechtsunsicherheit in die Frage der Kausalität hinein, die der Gesetzgeber durch die Neuregelung ausdrücklich beseitigen wollte.[214] Rechtsunsicherheit würde es nämlich mit sich bringen, wenn etwa dramatische Kurseinbrüche (wie hoch?), massive Presseveröffentlichungen (wie massiv?), neue Jahresabschlüsse (wie schlecht?) oder Veröffentlichungen im Rahmen des § 15 WpHG (welcher Qualität?) die Sechs-Monatsfrist weiter verkürzen könnten.[215] Ferner passte zum Erfordernis einer Anlagestimmung nicht die Haftung bei einem fehlenden Prospekt, die ebenfalls nur für Erwerbe innerhalb von sechs Monaten nach dem öffentlichen Angebot gilt (§ 24 WpPG), und auch nicht die Haftung für Vermögensanlagen-Verkaufsprospekte nach § 20 VermAnlG, bei der die Frist schon nach dem Gesetzeswortlaut („spätestens") als Höchstfrist ausgestaltet ist. Hätte der Gesetzgeber vergleichbares in § 21 WpPG gewollt, so hätte er auch dort ein „spätestens" hineinschreiben können.

Die gesetzliche Entscheidung darf nicht durch die Hintertür mit dogmatischen Überlegungen unterlaufen werden.[216] Aus der Begründung zum RegE ergibt sich nichts anderes. Der Gesetzgeber wollte danach zwar die Überlegungen zur Anlagestimmung für eine eigene Regelung „aufgreifen";[217] die Regelung selbst weicht aber eben von den bisherigen richterlichen Überlegungen ab.[218] Wenn man einerseits bei der Expertenhaftung (oben Rn. 49 ff.) mit formalem Normverständnis darauf besteht, der Gesetzgeber habe eine Lücke gelassen, so muss man an dieser Stelle ebenso konsequent formal argumentieren. Nichts spricht dafür, dass der Gesetzgeber § 23 Abs. 2 Nr. 1 WpPG im Sinne einer Bezugnahme auf eine irgendwie typisierte Kausalität verstanden hat. Vielmehr wird nach dem Wortlaut auf die individuelle Ent-

85

212 *Pankoke*, in: Just/Voß/Ritz/Zeising § 45 BörsG Rn. 24.
213 Begr. RegE 3. FMFG, BT-Drucks. 13/8993, S. 76 f.; vgl. auch die Wortwahl in BGH v. 19.07.2004 – II ZR 218/03, NJW 2004, 2664, 2666 f. (Infomatec I): „Diese für die Emissions-Prospekthaftung geltende neue Beweislastregel und die feste zeitliche Haftungsbegrenzung", auch *Baumbach/Hopt*, HGB, § 45 BörsG Rn. 2 versteht den BGH in diese Richtung.
214 Begr. RegE 3. FMFG, BT-Drucks. 13/8993, S. 76 f.
215 So aber etwa *Kort*, AG 1999, 9, 13 unter Verweis auf ältere Rechtsprechung; ähnlich *Groß*, AG 1999, 199, 205; bezeichnend *Schwark*, in: Schwark/Zimmer, KapMRK, § 45 BörsG Rn. 47 a. E.: Frage des Einzelfalls.
216 Vgl. auch *Stephan*, AG 2002, 3 ff., 11 in Fn. 62: „Bezeichnenderweise hat der Gesetzgeber ... das Kausalitätserfordernis ‚klassisch' und ohne Rückgriff auf die Anlagestimmung formuliert, die vielmehr vom kundigen Gesetzesanwender erst wieder in die Vorschrift hineingelesen werden muss".
217 Begr. RegE 3. FMFG BT-Drucks. 13/8933, S. 76.
218 Neben der Sache daher die Erwägungen von *Assmann*, in: Assmann/Schlitt/von Kopp-Colomb, WpPG/VerkProspG, § 13 VerkProspG Rn. 88 in Fn. 174.

scheidung des Anlegers abgestellt. Das mag nicht recht zum Normzweck der spezialgesetzlichen Prospekthaftung passen (oben Rn. 11), ist aber eine eindeutige gesetzliche Regelung und vermeidet die in Rn. 84 aufgezeigten Unwägbarkeiten. Folglich muss der Anspruchsgegner beweisen, dass die individuelle Entscheidung des Anlegers nicht auf dem Prospekt beruhte.

86 Es besteht auch keine Gefahr, dass damit Anleger die Prospekthaftung für sachfremde Zwecke ausnutzen könnten, in dem sie Wertpapiere erwerben, von denen sie bereits wissen, dass die Anlagestimmung z. B. aufgrund eines dramatischen Kurseinbruchs beseitigt ist. Denn die Prospektverantwortlichen können dem jederzeit vorbeugen, indem sie den entsprechenden Prospektmangel durch eine Berichtigung oder Aktualisierung beseitigen.

b) Haftungsausfüllende Kausalität des Fehlers für den Börsenpreis (§ 23 Abs. 2 Nr. 2 WpPG)

87 Die Haftung ist ferner ausgeschlossen, wenn der konkrete Fehler des Prospekts nicht mindestens auch zur Minderung des Börsenpreises beigetragen hat (Preiskausalität des Fehlers). Gemeint sein kann nur, dass das Bekanntwerden des Fehlers ohne nachteiligen Einfluss auf den Kurs der Papiere geblieben ist. Erforderlich ist also, dass ausschießlich andere Umstände als der Fehler für den Preisrückgang ursächlich waren. *Schwark* nennt als andere Umstände beispielhaft ein down rating, die Insolvenz des Emittenten sowie unübliche Kurspflegepläne.[219] Der Nachweis, dass das Bekanntwerden des Fehlers, ggf. auch durch eine Berichtigung, keinen nachteiligen Einfluss auf den Kurs hat, obliegt dem Anspruchsgegner und dürfte kaum zu führen sein.[220]

4. Verschulden (§ 23 Abs. 1 WpPG)

a) Beschränkung auf grobe Fahrlässigkeit

88 Die Prospektverantwortlichen haften nur bei Kenntnis oder mindestens grob fahrlässiger Unkenntnis der Fehlerhaftigkeit des Prospekts. Unter grober Fahrlässigkeit versteht man im Allgemeinen, dass die im Verkehr erforderliche Sorgfalt in besonders schwerem Maße verletzt wird. Das ist der Fall, wenn schon ganz naheliegende Überlegungen nicht angestellt werden bzw. nicht beachtet wird, was jedem einleuchten muss.[221]

89 Die Begrenzung der Verantwortlichkeit auf grobe Fahrlässigkeit wird in der Literatur unterschiedlich beurteilt,[222] der Gesetzgeber meint, er fördere mit

---

219 *Schwark*, in: Schwark/Zimmer, KapMRK, § 45 BörsG Rn. 58.
220 Dazu *Hamann*, in: Schäfer/Hamann, KapMG, §§ 44, 45 Rn. 260.
221 *Hamann*, in: Schäfer/Hamann, KapMG, §§ 44, 45 Rn. 213.
222 Den geltenden Maßstab befürwortend *Groß*, AG 1999, 199, 205; *Kort* AG 1999, 9, 20; zweifelnd *Hamann*, in: Schäfer/Hamann, KapMG, §§ 44, 45 Rn. 214; für leichte Fahrlässigkeit dagegen die wohl überwiegende Meinung in der Lit., z. B. *Baumbach/Hopt*, HGB, § 45 BörsG Rn. 1; *Ellenberger*, Prospekthaftung, S. 57 ff., *Grundmann/Selbherr*, WM 1996, 985, 989; *Schwark*, in: Schwark/Zimmer, KapMRK, § 45 BörsG Rn. 48 in Fn. 1 je m. w. N.

dieser Haftungsbegrenzung Emissionen.[223] Ob der vom Gesetzgeber gewählte Sorgfaltsmaßstab im praktischen Ergebnis tatsächlich zu anderen Er-
gebnissen führt als ein strengerer Maßstab, ist freilich zu bezweifeln. Steht
fest, dass eine wesentliche Angabe unrichtig ist, werden sich in aller Regel
auch Anhaltspunkte dafür finden lassen, die vom Prospektverantwortlichen
außer Acht gelassen wurden. Die Beurteilung der praktischen Grenzlinie
liegt bei der Rechtsprechung, die freilich noch kaum Gelegenheit hatte, dazu
Stellung zu nehmen.

Das Verschuldenserfordernis des § 23 Abs. 1 Nr. 1 WpPG steht in einem ge-   90
wissen Gegensatz zu § 21 Abs. 1 Nr. 1 WpPG. Die danach Prospektverantwortlichen unterschreiben, weil sie dazu gesetzlich verpflichtet sind. Sie sollen „die Verantwortung für den Prospekt übernehmen". Dazu passt es nicht,
wenn sie sich später unter Hinweis auf Fehler Dritter wieder aus ebendieser
Verantwortung stehlen können sollen. Eine echte Prospektverantwortung
wird nur dann übernommen, wenn für den Inhalt des Prospekts später auch
verschuldensunabhängig gehaftet wird. Da der Gesetzgeber die Möglichkeit
einer Exkulpation aber nun einmal in das Gesetz aufgenommen hat, muss
man sich in jedem Einzelfall und für jeden Prospektverantwortlichen getrennt die Frage stellen, ob er oder sie die Fehlinformation hätte vermeiden
können.

Die Prospektverantwortlichen können sich zu ihrer Entlastung nicht auf die   90a
Prüfung und Billigung des Prospekts durch die BaFin berufen, weil diese
keine umfassende Richtigkeitsgewähr bietet.[224] Auch das Verneinen von
Prospektfehlern durch den Einzelrichter in der ersten Instanz oder das Ver-
neinen einer Strafbarkeit durch den Staatsanwalt belegen nicht, dass der
Verantwortliche „nur" fahrlässig in Unkenntnis der fehlerhaften Prospekt-
angaben gehandelt hat.[225] Auch der fehlerhafte Rat von Dritten kann den
Verantwortlichen nicht entlasten. Zu weit geht der XI. Senat freilich mit der
Bemerkung, auch das Bemühen, Informationsmaterial mit Hilfe eines Rechtsanwalts den Anforderungen der Rechtsprechung anzupassen, lasse selbst
Vorsatz nicht entfallen, wenn dies nicht in der Absicht geschehe, Anleger
sachgerecht aufzuklären, sondern Haftungsrisiken zu verringern, ohne die
Anleger sachgerecht aufzuklären.[226] Entscheidend ist de lege lata nicht, mit
welcher Absicht der Prospekt erstellt wird, sondern ob der Rechtsirrtum über
den richtigen Inhalt des Prospekts vermeidbar war (in aller Regel nicht!). Dabei ist richtigerweise ein Verschulden des Rechtsanwalts dem Prospektverantwortlichen im Außenverhältnis zuzurechnen; er mag dann ggf. den
Rechtsanwalt oder sonstigen Berater in Regress nehmen.

---

223 Begr. RegE 3. FMFG BT-Drucks. 13/8933, S. 80.
224 Statt aller BGH v. 18.09.2012 – XI ZR 344/11, NZG 2012, 1262, 1267 Rn. 45.
225 BGH v. 18.09.2012 – XI ZR 344/11, NZG 2012, 1262, 1267 Rn. 45.
226 BGH v. 18.09.2012 – XI ZR 344/11, NZG 2012, 1262, 1267 Rn. 47.

b) Unterschiedliche Anforderungen an Prospektverantwortliche

91 Der Sorgfaltsmaßstab ist zwar für alle Haftenden gleich, seine Beurteilung soll jedoch für unterschiedliche Prospektverantwortliche unterschiedlich ausfallen können.[227] Je näher der fragliche Verantwortliche an dem Ursprung der Information sei, desto größer sei seine Verantwortlichkeit für die zutreffende Darstellung im Prospekt.[228] Für den Emittenten und die nach § 21 Abs. 1 Nr. 2 WpPG Haftenden werden insoweit scharfe Anforderungen aufgestellt, da die Informationen in aller Regel vom Emittenten selbst stammen und er sich deshalb kaum damit verteidigen kann, von ihnen keine Kenntnis zu haben.[229] Gleiches gilt für die nach § 21 Abs. 1 Nr. 2 WpPG haftenden eigentlichen Urheber des Prospekts.[230] Insbesondere für das emissionsbegleitende Institut wird jedoch behauptet, es kenne die in aller Regel vom Emittenten oder von sachverständigen Dritten stammenden Informationen nur aus zweiter Hand und könne sich daher eher auf fehlendes Verschulden berufen.[231] Noch weniger scharf sollen einzelne Konsortialmitglieder haften (unten Rn. 96).

c) Sorgfaltsmaßstab bei Mitwirkung Dritter

92 Im Grundsatz kann es den Prospektverantwortlichen zwar nicht entlasten, wenn er die Erstellung der Angebotsunterlage (teilweise) Dritten, insb. Sachverständigen überlässt. Zu berücksichtigen ist insb., dass die Wirtschaftsprüfer den Anlegern nicht haften (siehe oben Rn. 49 ff.) und deshalb die Gefahr besteht, dass durch die Vergabe von Teilen des Prospekts an Experten die Verantwortung für solche Teile und eben auch die Haftung gegenüber den Anlegern ins Nirgendwo verlegt wird. Die interne Arbeitsverteilung zwischen Emittent, Wirtschaftsprüfern und Emissionsbegleiter kann nicht entscheidend für die Frage des Verschuldens sein. Den Prospektverantwortlichen kann indessen ein evtl. Verschulden des Wirtschaftsprüfers wegen dessen gesetzlicher Pflicht zur Prüfung des Jahresabschlusses einschließlich der Buchführung nicht nach § 278 BGB zugerechnet werden; insoweit kommt nach h. M. lediglich ein Auswahlverschulden in Betracht.[232] Auf die

---

227 *Hamann*, in: Schäfer/Hamann, KapMG, §§ 44, 45 Rn. 213 m.w.N.; *Assmann*, in: Assmann/Schütze, HdbKapAnlR, § 6 Rn. 237; Begr. RegE 3. FFG BT-Drucks. 13/8933, S. 80; *Holzborn/Foelsch*, NJW 2003, 932, 934.

228 *Hamann*, in: Schäfer/Hamann, KapMG, §§ 44, 45 Rn. 213; *Groß*, KapMR, §§ 21 WpPG Rn. 76; *Schwark*, in: Schwark/Zimmer, KapMRK, § 45 BörsG Rn. 48; *Sittmann*, NZG 1998, 490, 494.

229 Ausführlich *Ellenberger*, Prospekthaftung, S. 44 f.; *Hamann*, in: Schäfer/Hamann, KapMG, §§ 44, 45 Rn. 218; *Mülbert/Steup*, in: Habersack/Mülbert/Schlitt, UntFinanzKM, § 41 Rn. 106.

230 *Hamann*, in: Schäfer/Hamann, KapMG, §§ 44, 45 Rn. 221; *Schwark*, in: Schwark/Zimmer, KapMRK, § 45 BörsG f. Rn. 49; *Groß*, KapMR, § 21 WpPG Rn. 77 f.; *Mülbert/Steup*, in: Habersack/Mülbert/Schlitt, UntFinanzKM, § 41 Rn. 106.

231 Siehe etwa *Groß*, KapMR, § 21 WpPG Rn. 79 ff.; *Mülbert/Steup*, in: Habersack/Mülbert/Schlitt, UntFinanzKM, § 41 Rn. 107 ff.

232 *Schwark*, in: Schwark/Zimmer, KapMRK, Rn. 49; *Mülbert/Steup*, in: Habersack/Mülbert/Schlitt, UntFinanzKM, § 41 Rn. 117.

Angaben sonstiger sachkundiger Dritter (etwa in technischen oder rechtlichen Gutachten) können sich Emittent und Emissionsbegleiter nach h. M. schon mangels eigener Sachkunde ohne nähere Prüfung verlassen.[233]

d) Insbesondere: Emissionsbegleitendes Institut und Konsortialmitglieder

Trotz der umfassenden Informationspflichten im Gesetz ist angesichts der Exkulpationsmöglichkeit bei mangelnder Kenntnis letztlich unklar, zu was die verschiedenen Prospektverantwortlichen eigentlich im Detail verpflichtet sind. Erst wenn aber ihre jeweiligen Informations- bzw. Prüfungs- oder Kontrollpflichten im Einzelnen feststehen, kann man die Frage einer Pflichtverletzung sinnvoll beurteilen. Solche Verantwortungsbereiche sind indessen nirgends gesetzlich niedergelegt. **93**

Deshalb streitet man insb. über die Reichweite von Prüfungs- und Nachforschungspflichten des Emissionsbegleiters. Für diesen sind letztlich sämtliche Informationen, auch die vom Emittenten stammenden, Angaben eines Dritten. Zwar darf sich die Bank nicht einfach darauf berufen – und dies im Prospekt so bekanntgeben – sie habe die Angaben des Emittenten ungeprüft übernommen.[234] Vielmehr muss sie die Angaben soweit möglich und zumutbar nachprüfen.[235] Dabei stellt sich freilich sofort die Frage, was möglich und zumutbar ist. Teilweise wird die Durchführung einer due diligence-Prüfung verlangt.[236] Da das Institut den Emittenten in aller Regel auf Herz und Nieren im Wege einer due diligence prüft, erklärt ein Teil der Literatur eine solche due diligence auch für erforderlich.[237] Demgegenüber hält die überwiegende Literatur eine bloße Plausibilitätskontrolle durch das emissionsbegleitende Institut für grds. ausreichend und meint, nur bei konkreten Anhaltspunkten für die Unrichtigkeit von Prospektangaben gebe es eine besondere Nachforschungspflicht der Emissionsbank.[238] Teilweise wird noch weiter unterschieden: Eine schärfere Prüfungspflicht des Instituts soll bzgl. der Angaben bestehen, die vom Emittenten stammen, während eine Prüfung der Angaben sachverständiger Dritter, insb. also des Jahresberichts, nur geboten sein soll, wenn die Anhaltspunkte für Unstimmigkeiten sich geradezu aufdrängen.[239] Soweit dem Institut Informationen, auch Werturteile Dritter, z. B. Ratings von **94**

---

233 *Groß*, KapMR, § 21 WpPG Rn. 82; vgl. zur zivilrechtlichen Prospekthaftung auch OLG Hamm v. 29.03.2007 – 27 U 121/05 BeckRS 2007 05606.

234 OLG Frankfurt v. 17.03.1999 – 21 U 260/97, ZIP 1999, 1005, 1007 f. (MHM Mode); *Mülbert/Steup*, in: Habersack/Mülbert/Schlitt, UntFinanzKM, § 41 Rn. 108.

235 *Hamann*, in: Schäfer/Hamann, KapMG, §§ 44, 45 Rn. 224 m. w. N.

236 *Hamann*, in: Schäfer/Hamann, KapMG, §§ 44, 45 Rn. 226: je weniger die Bank den Emittenten kenne, desto intensiver müsse die due diligence ausfallen.

237 *Hamann*, in: Schäfer/Hamann, KapMG, §§ 44, 45 Rn. 227 m. w N.; *Fleischer*, Gutachten F 64. Deutschen Juristentag 2002, F 65.

238 *Schwark*, in: Schwark/Zimmer, KapMRK, § 45 BörsG Rn. 51 f.; *Groß*, KapMR, § 21 WpPG Rn. 82; *Ellenberger*, Prospekthaftung, S. 47; vgl. auch *Mülbert/Steup*, in: Habersack/Mülbert/Schlitt, UntFinanzKM, § 41 Rn. 109 f.

239 Vgl. *Groß*, KapMR, § 21 WpPG Rn. 81 m. w. N.; *Mülbert/Steup*, in: Habersack/Mülbert/Schlitt, UntFinanzKM, § 41 Rn. 116.

Rating-Agenturen oder Presseberichte vorliegen, soll dies ebenfalls eine nähere Überprüfung auch des Gesamtbildes des Prospektes nahelegen.[240] Für die hier vertretene Auffassung vgl. die Erläuterungen unten Rn. 98 zur Beweislast.

95 Strittig ist, inwieweit das Institut dabei das im Rahmen von anderen Geschäftsbeziehungen mit dem Emittenten (Sitz im Aufsichtsrat, Informationen der Kreditabteilung) erlangte Wissen zu berücksichtigen hat. Nach überwiegender Auffassung ist dies im Grundsatz zu bejahen, es sei denn die Informationsweitergabe ist z. B. durch Insiderrecht (soweit dieses für den Emittenten bereits gilt) oder § 33 Abs. 1 Nr. 2 WpHG verboten.[241] Ob die Kenntnisse von Aufsichtsratsmitgliedern des Emittenten, die zugleich als Vorstand oder Arbeitnehmer für das emissionsbegleitende Institut tätig sind, der Bank zuzurechnen sind, wird ebenfalls unterschiedlich beurteilt. Nach h. M. ist das Aufsichtsratsmitglied zur Informationsweitergabe angesichts der aktienrechtlichen Verschwiegenheitspflicht gem. § 116 AktG (strafbewehrt nach § 404 AktG) nicht berechtigt und seine Kenntnisse dürfen deshalb dem Kreditinstitut nicht zugerechnet werden.[242] Demgegenüber meint *Ellenberger*, angesichts der Verpflichtung des Emittenten, die Bank umfassend zu informieren, sei logisch ausgeschlossen, dass eine prospektpflichtige Angabe vertraulich im Sinne der §§ 116, 93 AktG sei.[243] Dem ist zuzustimmen. *Hamann* weist dagegen darauf hin, dass das Recht des Aufsichtsratsmitglieds zur Weitergabe der Information zumindest nicht sicher sei und er daher eben doch der Gefahr einer Strafverfolgung ausgesetzt sei.[244] Dagegen ist einzuwenden, dass die Bank auf eine rechtsgeschäftliche Befreiung von der Vertraulichkeit bestehen kann. Will der Emittent sich nicht darauf einlassen, besteht ohnehin nicht die notwendige Vertrauensgrundlage für den geplanten Börsengang. Verzichtet die Bank auf die Befreiung und betreibt gleichwohl die Emission weiter, so handelt sie schon deshalb grob fahrlässig. Dieses Verständnis ist geboten, weil aufgrund der besonderen Einblicksmöglichkeiten des betreffenden Aufsichtsratsmitglieds sonst die nicht von der Hand zu weisende Gefahr besteht, dass die Bank tatsächlich wesentliche Informationen erlangt und noch darüber hinaus weiß, trotz Unrichtigkeit des Prospekts dafür nicht haften zu müssen. Derartige Spielräume zur haftungsfreien Ausnutzung von Informationsvorsprüngen will die gesetzliche Regelung indessen gerade vermeiden.

---

240 OLG Frankfurt v. 01.02.1994 – 5 U 213/92, WM 1994, 291, 297 (Bond); *Groß*, KapMR, § 21 WpPG Rn. 80.

241 Ausführlich *Hamann*, in: Schäfer/Hamann, KapMG, §§ 44, 45 Rn. 238; *Mülbert/Steup*, in: Habersack/Mülbert/Schlitt, UntFinanzKM, § 41 Rn. 111; *Schwark*, in: Schwark/Zimmer, KapMRK, Rn. 53; weniger weitgehend *Groß*, KapMR, § 21 WpPG Rn. 79.

242 *Hamann*, in: Schäfer/Hamann, KapMG, §§ 44, 45 Rn. 239 m.w.N.; *Schwark*, in: Schwark/Zimmer, KapMRK, Rn. 53; *Groß*, KapMR, § 21 WpPG Rn. 79; *Mülbert/Steup*, in: Habersack/Mülbert/Schlitt, UntFinanzKM, § 41 Rn. 112; ausführlich zum Verhalten von Aufsichtsratsmitgliedern bei Interessenkonflikten *Hanau/Wackerbarth*, Unternehmensmitbestimmung und Koalitionsfreiheit, 2004, S. 32–63.

243 *Ellenberger*, Prospekthaftung, S. 55.

244 *Hamann*, in: Schäfer/Hamann, KapMG, §§ 44, 45 Rn. 239.

Zur Frage unterschiedlicher Sorgfaltsmaßstäbe bei Begebung durch ein 96
Emissionskonsortium vertritt die überwiegende Auffassung höhere Anforderungen an den Konsortialführer, während die übrigen Konsorten lediglich
eine einfache Plausibilitätskontrolle des Prospekts vornehmen und für eine
ausreichende Überwachung des Konsortialführers sorgen müssten.[245] Eine
Verschuldenszurechnung des Konsortialführers an die Konsorten wird abgelehnt.[246] Umgekehrt soll selbst eine Verletzung der Überwachungspflichten
unschädlich sein, wenn der Konsortialführer die notwendige Sorgfalt hat
walten lassen.[247] *Ellenberger* vertritt dagegen einen einheitliche Anwendung
des Sorgfaltsmaßstabs auf alle und bejaht zudem noch eine Verschuldenszurechnung aus dem Konsortialvertrag als Gesellschaft bürgerlichen Rechts.[248]

Wenn man die Zurechnung des Verschuldens dem Konsortialvertrag entnä- 97
hme, könnten die Konsorten diese logischerweise auch ausschließen. Daher
ist eine Zurechnung im Grundsatz mit der h.M. zu verneinen. Richtig erscheint es dagegen, für die Haftung von Konsorten mit *Ellenberger* in erster
Linie auf den Prospekt abzustellen. Dort wird durch die Übernahme der Verantwortung durch mehrere Konsorten der Eindruck erweckt, es hätte eine
umfassendere Prüfung stattgefunden und es sei eine größere Haftungsmasse
vorhanden. Dass die herausragende Rolle des Konsortialführers auch dem
Anlegerpublikum erkennbar war,[249] dürfte dagegen nach dem Anlegerhorizont keine Rolle spielen, da der Anleger angesichts der Übernahme der Verantwortung eine Haftung aller im Prospekt als nach § 21 Abs. 1 Nr. 1 WpPG
haftende Konsorten erwartet (zur Frage, unter welchen Umständen Konsorten überhaupt in den Kreis der Haftenden einzubeziehen sind, s.o. Rn. 40).
Auch der Umstand, dass die prüfungsrelevanten Informationen den übrigen
Konsortialbanken weniger leicht zugänglich sind, folgt letztlich aus dem
Rechtsverhältnis zwischen den Konsorten und dem Emittenten und bildet allenfalls ein Argument für eine gesetzliche Neuregelung mit eingeschränkten
Überwachungspflichten einfacher Konsortialmitglieder. De lege lata können
sich die einzelnen Konsorten gegenüber den Anlegern gerade nicht auf ihre

245 *Hamann*, in: Schäfer/Hamann, KapMG, §§ 44, 45 Rn. 220, 307; *Groß*, KapMR, § 21
   WpPG Rn. 83; einschränkend *Schwark*, in: Schwark, KapMRK, 3. Aufl., § 45 BörsG
   Rn. 11, der eine Unterscheidung zwischen den verschiedenen Mitgliedern zwar für ge-
   boten hält, eine bloße Plausibilitätskontrolle aber nicht für ausreichend; vgl. auch *Mül-
   bert/Steup*, in: Habersack/Mülbert/Schlitt, UntFinanzKM, § 41 Rn. 118; § 26 Rn. 65, 85
   (gestufte Verantwortlichkeit); ferner *Assmann*, in: Assmann/Schlitt/von Kopp-Colomb,
   WpPG/VerkProspG, § 13 VerkProspG Rn. 95 f.
246 *Mülbert/Steup*, in: Habersack/Mülbert/Schlitt, UntFinanzKM, § 41 Rn. 118; *Hamann*, in:
   Schäfer/Hamann, KapMG, §§ 44, 45 Rn. 220, 307; *Groß*, KapMR, § 21 WpPG Rn. 83;
   Schwark, in: Schwark, KapMRK, 3. Aufl., § 45 BörsG Rn. 11.
247 *Hamann*, in: Schäfer/Hamann, KapMG, §§ 44, 45 Rn. 220.
248 *Ellenberger*, Prospekthaftung, S. 48 f.; auch *Hamann*, in: Schäfer/Hamann, KapMG,
   §§ 44, 45 Rn. 307 zieht in Ausnahmefällen eine Zurechnung in Betracht, wenn der Prospekt den zurechenbaren Anschein erweckt, die Konsorten hätten den Prospekt verantwortlich geprüft.
249 *Hamann*, in: Schäfer/Hamann, KapMG, §§ 44, 45 Rn. 307.

interne Aufgabenverteilung berufen.[250] Ansonsten müsste man auch eine Haftungsbeschränkung des Konsortialführers selbst bejahen, wenn er im Prospekt darauf hinweist, die Angaben des Emittenten ungeprüft übernommen zu haben. Das aber tut die h. M. gerade nicht (vgl. oben Rn. 94). Letztlich geht es auch nur um die Frage, wer das Insolvenzrisiko des Konsortialführers zu tragen hat, da im Innenverhältnis ja ein Ausgleich zwischen den Konsortialmitgliedern vorgenommen werden kann. Und insoweit stehen die einzelnen Konsorten dem Konsortialführer, den sie sich selbst ausgesucht haben, jedenfalls näher als die Anleger. Wollen die Konsortialmitglieder eine Inanspruchnahme durch die Anleger vermeiden, müssen sie eben ein reines Innenkonsortium vereinbaren (oben Rn. 39), dann sind sie lediglich als Übernehmer von Aktien im Prospekt zu erwähnen und haften nicht (oben Rn. 40 a. E.).

e) Beweislast

98 Die Beweislast für das Fehlen eines Verschuldens liegt im Grundsatz gem. § 23 Abs. 1 WpPG bei demjenigen, der in Anspruch genommen wird und zum Kreis der Haftenden gehört. Die Exkulpationsmöglichkeit wirft ihrerseits ein Informationsproblem auf. Denn selbst wenn ein Prospektmangel feststeht, kann der Anleger sich gleichwohl nicht darauf verlassen, einen Schadensersatzprozess auch zu gewinnen. Insb. könnte der jeweilige Beklagte, soweit es sich nicht um den Emittenten selbst handelt, sich in dem Prozess mit einer bislang geheimen Dokumentation der durch ihn im Einzelnen vorgenommenen Prüfung der Angaben des Emittenten oder Dritter verteidigen.[251] Wie weit seine Prüfung gereicht hat, erfährt der Anleger dann erst in Nachhinein, wenn es bereits zu spät und der Schaden entstanden ist. Richtig erscheint es daher, den Prospektverantwortlichen lediglich dann die Möglichkeit der Exkulpation zu eröffnen, wenn und soweit sie bereits im Prospekt dargelegt haben, welche Angaben sie von wem geprüft oder ungeprüft übernommen haben.[252] Klärt der jeweilige Prospektverantwortliche nicht bereits im Prospekt auf, wie und wie weitreichend die Angaben des Emittenten oder Dritter von ihm geprüft wurden, müssen sich die Anleger darauf verlassen können, dass der jeweilige Verantwortliche eine grds. umfassende Kontrolle in Form einer due diligence vorgenommen hat und für den Prospektmangel haftet, soweit dieser im Rahmen einer due diligence

---

250 Widersprüchlich deshalb *Mülbert/Steup*, in: Habersack/Mülbert/Schlitt, UntFinanzKM, § 41 Rn. 72, wenn sie einerseits die interne Aufgabenverteilung im Konsortium für das Außenverhältnis irrelevant erklären, sie aber dennoch im Rahmen des Verschuldens für relevant halten wollen.

251 Vgl. dazu *Sittmann*, NZG 1998, 490, 494; ausführlich *Hamann*, in: Schäfer/Hamann, KapMG, §§ 44, 45 Rn. 242 ff.

252 Vgl. (nur für Einzelaspekte des Prospekts) *Hamann*, in: Schäfer/Hamann, KapMG, §§ 44, 45 Rn. 228.

aufgefallen wäre.[253] Eine entsprechende Dokumentation der due diligence ist gleichwohl notwendig, um darlegen zu können, dass die im Prospekt behauptete due diligence tatsächlich stattgefunden hat.

Sollte die Rechtsprechung künftig zur Auffassung gelangen, dass eine due diligence-Prüfung nicht nur die tatsächliche Regel, sondern auch der rechtlich gebotene Maßstab der geschuldeten Sorgfalt ist, könnten sich die Prospektverantwortlichen umgekehrt nicht darauf berufen, bereits im Prospekt darauf hingewiesen zu haben, eine due diligence-Prüfung nicht vorgenommen zu haben.[254] Das folgt schon aus § 25 Abs. 1 WpPG. Vielmehr erschwert umgekehrt eine entsprechende Klausel den Entlastungsbeweis, da damit feststeht, dass die gebotene Prüfung nicht erfolgt ist. Diese Auffassung wird auch am besten dem Zweck des § 23 Abs. 1 WpPG gerecht, der den Beweis für fehlendes Verschulden den Prospektverantwortlichen aufbürdet. Die durch das Verschuldenserfordernis geschaffene Unklarheit über die Reichweite der Pflichten der Prospektverantwortlichen darf aber nicht zu Lasten der Anleger gehen.

99

5. Haftungsausschluss (§ 23 Abs. 2 Nrn. 3, 4 und 5 WpPG)

a) Kenntnis des Fehlers (Nr. 3)

Kennt der Anleger im Zeitpunkt des Erwerbs den Fehler, also: die fehlende wesentliche Angabe oder den wahren, im Prospekt unrichtig dargestellten Sachverhalt, so ist die Haftung wegen dieses Fehlers ausgeschlossen. Zwar ist entgegen *Schwark*[255] nicht denknotwendig die haftungsbegründende Kausalität des Prospekts für seine Anlageentscheidung ausgeschlossen. Denn er mag dem Fehler eine andere Bedeutung beigemessen haben, als sich später als tatsächliche herausstellte. Dennoch schließt der Gesetzgeber in diesem Falle die Haftung der Prospektverantwortlichen aus, da der Erwerber insoweit auf eigenes Risiko handelte. Erforderlich ist positive Kenntnis im Zeitpunkt des Abschlusses des schuldrechtlichen Verpflichtungsgeschäfts, grobfahrlässige Unkenntnis genügt nach der Neufassung nicht mehr. Entgegen *Hamann*[256] reicht damit auch die leichte Erkennbarkeit eines Druckfehlers nicht mehr für einen Haftungsausschluss aus, ebenso wenig reicht die Kenntnis von Kursverlusten.[257] Auch hier trägt der Anspruchsgegner die Beweislast für die individuelle Kenntnis des Anlegers, der nachzukommen ihm regelmäßig unmöglich sein wird. Bei § 23 Nr. 3 WpPG handelt

100

---

253 *Hamann*, in: Schäfer/Hamann, KapMG, §§ 44, 45 Rn. 307 will dagegen in Umkehrung dieser Wertung die Prospektpflichtigen allenfalls dann auch ohne individuelles Verschulden haften lassen, wenn sie im Prospekt den Eindruck verantwortlicher Prüfung erweckt haben. Diese Auffassung übersieht, dass genau dieser Eindruck der Ausgangspunkt jedes Börsenprospekts ist und daher nicht das Vertrauen der Anleger, sondern Anhaltspunkte für dessen Einschränkung die darzulegende Ausnahme ist.
254 Siehe OLG München v. 17.11.2000 – 23 U 2136/99, NZG 2001, 860, 863; vgl. *Hamann*, in: Schäfer/Hamann, KapMG, §§ 44, 45 Rn. 72.
255 *Schwark*, in: Schwark/Zimmer, KapMRK, § 45 BörsG Rn. 59.
256 *Hamann*, in: Schäfer/Hamann, KapMG, §§ 44, 45 Rn. 262.
257 OLG Frankfurt v. 01.02.1994 – 5 U 213/92, WM 1994, 291, 298 (Bond).

es sich nach überwiegender Auffassung[258] um eine Sonderregelung des Mitverschuldens bei der Haftungsbegründung, so dass nicht über § 254 BGB ein anderes Ergebnis erzielt werden kann.[259]

b) Berichtigung (Nr. 4)

101 Die Haftung der Prospektverantwortlichen wird durch eine rechtzeitige Berichtigung ausgeschlossen, d. h. einer öffentlichen Beseitigung einer bestehenden wesentlichen Unrichtigkeit oder Unvollständigkeit. Die Prospektverantwortlichen haben zunächst stets das Recht, den Prospekt zu berichtigen. Eine Pflicht zur Berichtigung ordnet § 23 Abs. 2 Nr. 4 WpPG indessen nicht an, sie besteht aber gem. § 16 WpPG bis zum Zeitpunkt der Einführung oder des Angebotsendes (siehe oben Rn. 77). Ausgeschlossen ist die Haftung nur, soweit eine Korrektur unrichtiger oder unvollständiger Angaben vor Abschluss des Erwerbsgeschäfts veröffentlicht wurde. Hierbei ist nach richtiger Auffassung nicht auf den Vertragsschluss, sondern auf die unwiderrufliche Bindung des Erwerbers abzustellen;[260] beim Bookbuilding-Verfahren ist dies das Ende der Angebotsfrist. Die Berichtigung hat keine Rückwirkung und schließt bereits entstandene Ansprüche aus § 21 Abs. 1 WpPG nicht aus. Sie dient letztlich nur der Haftungsbegrenzung der Prospektverantwortlichen. Umgekehrt kommt es für den Haftungsausschluss nicht auf die Kenntnis der Adressaten von der Berichtigung an. Nach Ablauf der 6-Monatsfrist wird sie sinnlos.[261]

102 Die Berichtigung muss entweder im Jahresabschluss, in einem „Zwischenbericht" (der Gesetzeswortlaut ist überholt, gemeint sind Zwischenmitteilungen gem. §§ 37v ff. WpHG) oder in einer Ad hoc-Mitteilung (§ 15 WpHG) nach den für diese Informationen geltenden Vorschriften oder in einer vergleichbaren Bekanntmachung erfolgen. Die Berichtigung muss deutlich gestaltet sein. Nach Auffassung der Gesetzesbegründung ist ein ausdrücklicher Hinweis auf einen Prospektfehler nicht erforderlich, da eine solche Verpflichtung in der Praxis einer Aufforderung zur Geltendmachung von Prospekthaftungsansprüchen gleichkäme und es dann in der Praxis kaum zu einer Berichtigung käme.[262] Dem folgt die überwiegende Auffassung in der Literatur jedoch nicht, die zuvor unrichtige oder unvollständige Angabe soll vielmehr kenntlich gemacht und die Berichtigung auch als solche bezeichnet werden.[263] Sieht man wie hier in der spezialgesetzlichen Prospekthaftung eine Regelung, die in erster Linie der Funktionsfähigkeit des Kapitalmarkts

258 *Hamann*, in: Schäfer/Hamann, KapMG, §§ 44, 45 Rn. 264 m.w.N.

259 Siehe auch *Assmann*, in: Assmann/Schlitt/von Kopp-Colomb, WpPG/VerkProspG, § 13 VerkProspG Rn. 97 f.

260 *Schwark*, in: Schwark/Zimmer, KapMRK, § 45 BörsG Rn. 61; a. A. *Hamann*, in: Schäfer/Hamann, KapMG, §§ 44, 45 Rn. 268.

261 *Stephan*, AG 2002, 3, 11.

262 Begr. RegE 3. FMFG BT-Drucks. 13/8933, S. 81; dem weitgehend folgend *Groß*, KapMR, § 22 WpPG Rn. 9 m.w.N. in Fn. 10.

263 *Hamann*, in: Schäfer/Hamann, KapMG, §§ 44, 45 Rn. 271; *Schwark*, in: Schwark/Zimmer, KapMRK, § 45 BörsG Rn. 60; *Ellenberger*, S. 71.

und nur in zweiter Linie dem individuellen Anlegerschutz dient, wofür die Beschränkung der Haftung auf einen weitgehend typisierten Schadensersatz spricht (vgl. oben Rn. 11), dann wird man sich der ersten Auffassung anschließen müssen. Die Berichtigung ist selbst kein Prospekt, bedarf daher nicht der Billigung durch die BaFin und verlängert auch nicht die 6-Monatsfrist des § 21 Abs. 1 Satz 1 WpPG.[264] Ist sie selbst unrichtig oder unvollständig, so haften die Prospektverantwortlichen nur, soweit dadurch der Prospekt in seiner „berichtigten" Fassung fehlerhaft geblieben ist.[265]

c) Angaben in der Zusammenfassung (Nr. 5)

Nach § 5 Abs. 2 Satz 1 WpPG muss nunmehr jeder Wertpapierprospekt eine Zusammenfassung enthalten, in der kurz und allgemein verständlich die wesentlichen Merkmale und Risiken genannt werden müssen, die auf den Emittenten, jeden Garantiegeber und die Wertpapiere zutreffen. Abs. 2 Nr. 5 ordnet an, dass ein Anspruch nach § 21 WpPG ausscheidet, wenn der Mangel sich ausschließlich auf Grund von Angaben in der Zusammenfassung (oder einer Übersetzung dieser Zusammenfassung)[266] ergibt. Die Zusammenfassung soll also nicht selbst den Gesamteindruck des Prospekts bilden bzw. ersetzen können. Das schließt allerdings nicht aus, dass die Zusammenfassung, wenn sie zusammen mit den anderen Teilen des Prospekts gelesen wird, zu einem irreführenden Gesamteindruck des Prospekts führt.[267] Das kann der Fall sein, wenn sie etwa neue Angaben enthält oder frühere Angaben leugnet,[268] vor allem aber auch, wenn sie nicht die in § 5 Abs. 2 b WpPG vorgeschriebenen Warnhinweise enthält, weil dann für den Anleger ihr Charakter als bloße Einführung, aus der allein nicht gehaftet wird, nicht erkennbar ist. Dass bei einem Auslandsprospekt gem. § 19 Abs. 4 Satz 2 WpPG eine deutsche Zusammenfassung zu erstellen ist, birgt zwar für den Emittenten ein gewisses Sprachrisiko, das aber durch den Vorteil einer einheitlichen Haftung nach nur einem Statut (oben Rn. 18) wieder aufgewogen wird.

103

Neu hinzugefügt wurde durch das ProspRLUmsGÄndG[269] die Haftung für das sog. Fehlen von Schlüsselinformationen gem. § 23 Abs. 2 Nr. 5 Hs. 2 WpPG. Diese Haftung knüpft an die nunmehr in § 5 Abs. 2a WpPG eingefügten Mindestbestandteile einer Prospektzusammenfassung an. Diese verlangen in Nr. 1 und 2 freilich eine kurze Emittenten- und Wertpapierbeschreibung nebst Angabe von Risiken und damit sozusagen noch einmal

103a

264 *Stephan*, AG 2002, 3, 12; *Hamann*, in: Schäfer/Hamann, KapMG, §§ 44, 45 Rn. 274. Zum Verhältnis zum berichtigenden Nachtrag siehe oben Rn. 77.
265 *Stephan*, AG 2002, 3, 12; *Hamann*, in: Schäfer/Hamann, KapMG, §§ 44, 45 Rn. 274.
266 Dazu *Hamann*, in: Schäfer/Hamann, KapMG, §§ 44, 45 Rn. 280 a.
267 *Assmann*, in: Assmann/Schütze, HdbKapAnlR, § 6 Rn. 92; *Hamann*, in: Schäfer/Hamann, KapMG, §§ 44, 45 Rn. 280 c.
268 Vgl. auch die Formulierung des sich an die Nr. 5 anlehnenden § 22 Abs. 1 Nr. 1 VermAnlG: „nicht mit den einschlägigen Teilen des Verkaufsprospekts vereinbar".
269 BGBl. I, S. 1375 v. 26.06.2012; zu den Hintergründen *Lorenz/Schönemann/Wolf*, CFL 2012, 346, 349 f.

abstrakt einen Prospekt in Kurzform. „Vollständig" können diese Schlüssel-informationen also kaum sein. Deshalb kommt eine Haftung nur in Betracht, wenn die Schlüsselinformationen zusammen mit den anderen Teilen des Prospekts gelesen wird und dann unrichtig oder unvollständig sind. Vollends logisch ist das nicht, weil dann ja auch der Prospekt unvollständig wäre.[270] Man wird den Text deshalb so verstehen müssen, dass die Zusammenfassung unvollständig ist, wenn sie sich (1) nicht zu allen in § 5 Abs. 2b WpPG genannten Aspekten verhält und sie (2) dadurch dem Anleger ein vom Hauptprospekt abweichendes Gesamtbild vermittelt. Insofern ist Auffassungen zu widersprechen, die meinen, für die Frage der Haftung sei stets eine Gesamtlektüre erforderlich:[271] Für den Richter trifft das zwar zu, der Anleger hingegen muss sich darauf verlassen dürfen, dass die Zusammenfassung nicht das Gesamtbild des Hauptteils des Prospekts verzerrt.

VII. Rechtsfolgen

1. Inhalt der Haftung

a) Anspruch des Inhabers (§ 21 Abs. 1 Satz 1 und 2 WpPG)

aa) Grundsatz

104 Rechtsfolge ist gem. § 21 Abs. 1 Satz 1 WpPG ein Anspruch auf Erstattung des Erwerbspreises – höchstens des ersten Ausgabepreises (Rn. 105) – sowie der üblichen Kosten des Erwerbs Zug um Zug gegen Rückgabe der Wertpapiere. Bei den Kosten werden als üblich angesehen Provisionen oder Maklercourtagen sowie Aufwendungen für Bezugsrechte, mit deren Hilfe der Wertpapiererwerb stattgefunden hat, nicht aber Stückzinsen beim Kauf von Schuldverschreibungen.[272] In der Sache liegt hierin letztlich nicht viel mehr als ein Rücktrittsrecht des Erwerbers. Ein individueller Vertrauensschaden, etwa der entgangene Gewinn aus einem wegen des Wertpapiererwerbs nicht abgeschlossenen Geschäfts, wird im Unterschied zur früheren Rechtslage nicht ersetzt.[273] Das zeigt auch die Begrenzung des Ersatzes auf den Ausgabepreis – es ist ohne Bedeutung, wenn der Anleger tatsächlich einen höheren Erwerbspreis gezahlt hat.

bb) Begrenzung auf den Ausgabepreis

105 Der erste Ausgabepreis wird regelmäßig in einem Nachtrag zum Prospekt angegeben.[274] Sind – wie bei einer Daueremission – die Ausgabepreise variabel, so ist der anfänglich verlangte Preis maßgebend,[275] mangels eines sol-

---

270 Siehe auch *Lorenz/Schönemann/Wolf*, CFL 2012, 346, 351.
271 Siehe auch *Lorenz/Schönemann/Wolf*, CFL 2012, 346, 351.
272 *Hamann*, in: Schäfer/Hamann, KapMG, §§ 44, 45 Rn. 289; *Mülbert/Steup*, in: Habersack/Mülbert/Schlitt, UntFinanzKM, § 41 Rn. 132.
273 *Ellenberger*, Prospekthaftung, S. 59f.; *Hamann*, in: Schäfer/Hamann, KapMG, §§ 44, 45 Rn. 289.
274 Vgl. die Komm. zu § 8 WpPG Rn. 9.
275 *Hamann*, in: Schäfer/Hamann, KapMG, §§ 44, 45 Rn. 287.

chen (etwa bei nachträglicher Zulassung bereits im Ausland zugelassener Papiere) gem. § 21 Abs. 1 Satz 2 WpPG der nach Einführung der Wertpapiere festgestellte oder gebildete Börsenpreis, im Falle der Feststellung oder Bildung an mehreren inländischen Börsen der höchste dieser Preise.

Die Begrenzung auf den Ausgabepreis wird u. a. damit gerechtfertigt, sie halte die Haftung überschaubar und trage so zur Risikokapitalförderung bei.[276] Mit diesem Pauschalargument könnte freilich auch die vollständige Abschaffung der Prospekthaftung gerechtfertigt werden. Genauso gut kann umgekehrt argumentiert werden: Eher fördert eine schärfere Haftung zusammen mit schärferen Kapitalmarktinformationspflichten das Anlegervertrauen und trägt damit zur Erhöhung von Investitionen auf dem Kapitalmarkt bei. Zutreffend erscheint dagegen die Überlegung der Gesetzesbegründung, der Prospekt sei gerade im Hinblick auf den ersten Ausgabepreis erstellt worden. Nachfolgende Veränderungen hingen nicht allein vom Prospekt ab, sondern auch von anderen Faktoren, über die der Prospekt keine Aussage treffen wolle.[277] *106*

Finden während der Dauer der Sechs-Monatsfrist des § 21 Abs. 1 Satz 1 WpPG weitere Transaktionen statt, bevor der nämliche Prospektfehler bekannt wird, so können auch Zweit- und Dritterwerber „auf Grund des Prospekts" erwerben (oben Rn. 56). Begrenzt man den Schaden entgegen der h. M. (zu ihr Rn. 110) auf die Differenz zwischen Erwerbspreis (höchstens: Ausgabepreis) und an der Börse erzielbarem Preis am Tage der Veräußerung (unten Rn. 111), wird der Haftende unabhängig von der Zahl der zwischenzeitlichen Veräußerungen insgesamt höchstens einmal mit dem Ausgabepreis belastet (zzgl. der Transaktionskosten).[278] *107*

cc) Rückgabe der Wertpapiere

Ist der Erwerber noch Inhaber der Wertpapiere, so ist der Haftende nur zur Leistung Zug um Zug gegen deren Rückgabe verpflichtet. Ist das von den Wertpapieren eingeräumte Recht zwischenzeitlich erloschen (z. B. bei Optionsscheinen), wäre es rechtsmissbräuchlich, wenn der Haftende auf die Rückgewähr besteht.[279] Die Rückgabe kann er indessen verlangen, soweit nur eines von mehreren Rechten erloschen ist.[280] Auch die Insolvenz lässt die Rückgewährpflicht nicht entfallen.[281] *108*

b) *Anspruch des früheren Inhabers (§ 21 Abs. 2 WpPG)*

Nach früherer Rechtslage[282] war Voraussetzung für den Anspruch, dass der Anleger noch im Besitz der Wertpapiere war, die aufgrund des Prospekts zu- *109*

---

276 Siehe etwa *Groß*, KapMR, § 21 WpPG Rn. 86, *Hamann*, in: Schäfer/Hamann KapMG, §§ 44, 45 Rn. 286.

277 Begr. RegE 3. FMFG BT-Drucks. 13/8933, S. 54, 78; *Ellenberger*, S. 60.

278 *Ellenberger*, Prospekthaftung, S. 64.

279 *Baumbach/Hopt*, HGB, § 44 BörsG Rn. 10.

280 Beispiel nach *Hamann*, in: Schäfer/Hamann, KapMG, §§ 44, 45 Rn. 291: Optionsanleihe, aus der ein Optionsschein stammt.

281 *Pankoke*, in: Just/Voß/Ritz/Zeising, WpPG, § 44 BörsG Rn. 65 m.w. N.

282 Dazu *Ellenberger*, Prospekthaftung, S. 61.

gelassen worden waren. Wer bei sinkenden Kursen die Wertpapiere weiterverkaufte, um den eigenen Schaden so gering wie möglich zu halten, verlor damit seine Ansprüche auf Prospekthaftung. Durch die Einfügung des § 21 Abs. 2 WpPG wurde diese Lücke geschlossen. Nunmehr hat auch derjenige einen Anspruch, der lediglich zeitweise Inhaber der fraglichen Wertpapiere war. Der Inhalt des Anspruchs besteht nach der gesetzlichen Anordnung in der Differenz zwischen dem Erwerbspreis, begrenzt auf den Ausgabepreis (wie Rn. 105) und dem Veräußerungspreis zuzüglich der Kosten für beide (!) Transaktionen.

110 Wer die fraglichen Wertpapiere verschenkt hat, müsste – konsequent – den vollständigen Erwerbspreis als Schadensersatz erhalten. Wird das Wertpapier unter Wert veräußert, so wäre der Schaden jedenfalls höher als die Differenz zwischen Erwerbs- und Börsenpreis am Tag des Verkaufs. Beides kann nicht zutreffen. Es muss grds. die Differenz zwischen Erwerbspreis und Börsenpreis am Tag der Schenkung oder der Veräußerung unter Wert maßgeblich sein. Dieses Ergebnis ist unstreitig. Die h. M. gelangt dazu erst über eine Anwendung der Regeln über das Mitverschulden des Geschädigten gem. § 254 BGB.[283] Dem ist zu widersprechen, weil dem Anleger ein Mitverschulden allenfalls nach Kenntnis des Prospektmangels zugerechnet werden könnte.

111 Der Beschenkte bzw. derjenige, der die Wertpapiere unter Wert erworben hat, würde nach dem Gesetzeswortlaut dagegen nichts erhalten bzw. auf den Ersatz seines Erwerbspreises beschränkt sein. Zu Recht meint *Schwark*, darin liege eine nachträgliche Entwertung des Geschenks oder des guten Geschäfts. Dem könne man dadurch begegnen, dass für den Zweiterwerber statt des tatsächlichen Erwerbspreises der Börsenpreis am Tag des Erwerbs zugrundegelegt wird.[284] Freilich scheint diese Auffassung dem eindeutigen Wortlaut des Gesetzes zu widersprechen. Sie lässt sich aber halten, wenn man davon ausgeht, dass der Gesetzgeber unter Erwerbs- und Veräußerungspreis den entsprechenden Börsenpreis am Tag der Veräußerung meint und der Schaden der Anleger daher insgesamt einer typisierten Betrachtungsweise unterliegt. Wollte man das anders sehen, so müsste man ferner bedenken, dass durch ein Verschenken der Wertpapiere oder einen Verkauf unter Marktpreis der durch den Prospektfehler verursachte Schaden insoweit zufällig auf den Erwerber verlagert wird. Insoweit gelangte man über die Grundsätze der Drittschadensliquidation zum gleichen Ergebnis.

---

283 Siehe etwa *Mülbert/Steup*, in: Habersack/Mülbert/Schlitt, UntFinanzKM, § 41 Rn. 134; *Assmann*, in: Assmann/Schütze, HdbKapAnlR, § 6 Rn. 253, *Baumbach/Hopt*, HGB, § 44 BörsG Rn. 11; *Ellenberger*, Prospekthaftung, S. 68; *Groß*, KapMR, § 21 WpPG Rn. 87; *Pankoke*, in: Just/Voß/Ritz/Zeising, WpPG, § 44 BörsG Rn. 73.
284 *Schwark*, in: Schwark/Zimmer, KapMRK, § 45 BörsG Rn. 40.

2. Mitverschulden nach § 254 BGB

Der Geschädigte ist nach ganz h. M. nicht verpflichtet, unverzüglich nach *112*
Kenntnis des Prospektmangels die Wertpapiere zu veräußern.[285] Strittig ist, ob
er seine Ansprüche unverzüglich anmelden muss.[286] Das ist mit *Schwark* zu
verneinen, weil die Anmeldung selbst zur Schadenserverminderung nicht beiträgt.[287] Der Verkauf unter Wert ist nach zutreffender Auffassung nicht als
Mitverschulden einzuordnen, sondern ist angesichts der typisierten Bemessung des Schadens durch das Gesetz einfach irrelevant (dazu soeben Rn. 111).

3. Haftung als Gesamtschuldner

Prospekterlasser und -veranlasser nach Nr. 1 und Nr. 2 haften als Gesamt- *113*
schuldner im Außenverhältnis. Eine gegenseitige Zurechnung des Verschuldens zwischen ihnen findet nach § 425 Abs. 2 BGB im Grundsatz nicht
statt.[288] Im Innenverhältnis wird in der Praxis in aller Regel eine Haftungsfreistellung der Emissionsbegleiter durch den Emittenten vereinbart,[289] zwischen Konsortialmitgliedern dagegen eine quotale Haftung mit einer Regelung für den Fall des Ausfalls eines Mitglieds.[290] Fehlt eine Regelung, ist
§ 426 BGB einschlägig, da § 21 WpPG keine abweichende Verteilung bestimmt.[291] Die in § 426 BGB angeordnete Verteilung im Zweifel nach Köpfen
ist gerade bei gesamtschuldnerischer Haftung für einen verursachten Schaden letztlich nur eine selten zur Anwendung kommende Hilfsregel.[292] Eine
vertragliche oder eine anwendbare gesetzliche Regelung der Verteilung zwischen den Gesamtschuldnern geht dieser Hilfsregel vor. Bei der Haftung
mehrerer für einen eingetretenen Schaden ist die Vorschrift des § 254 BGB,
zumindest der hinter ihr stehende Rechtsgedanke, nach allgemeiner Auffas-

---

285 H. M., *Schwark*, in: Schwark/Zimmer, KapMRK, § 45 BörsG Rn. 73 m. w. N.; *Assmann*,
in: Assmann/Schütze, HdbKapAnlR, § 6 Rn. 253; *Pankoke*, in: Just/Voß/Ritz/Zeising,
WpPG, § 44 BörsG Rn. 72.
286 Dagegen *Schwark*, in: Schwark/Zimmer, KapMRK, Rn. 72; *Assmann*, in: Assmann/
Schütze, HdbKapAnlR, § 6 Rn. 253; *Assmann*, in: Assmann/Schlitt/von Kopp-Colomb,
WpPG/VerkProspG, § 13 VerkProspG Rn. 98; ausführlich *Ellenberger*, Prospekthaftung,
S. 66 f. *Baumbach/Hopt*, HGB, § 44 BörsG Rn. 10, für eine solche Pflicht dagegen *Mül-
bert/Steup*, in: Habersack/Mülbert/Schlitt, UntFinanzKM, § 41 Rn. 134 m. w. N.; je nach
den konkreten Umständen *Pankoke*, in: Just/Voß/Ritz/Zeising, WpPG, § 44 BörsG
Rn. 71 a. E. m. w. N.
287 *Schwark*, in: Schwark/Zimmer, KapMRK, Rn. 72.
288 Gegen eine Zurechnung etwa *Schwark*, in: Schwark/Zimmer, KapMRK, § 45 BörsG
Rn. 11; *Assmann*, in: Assmann/Schütze, HdbKapAnlR, § 6 Rdn. 240; *Hamann*, in: Schä-
fer/Hamann, KapMG, §§ 44, 45 Rn. 307; *Groß*, KapMR, § 21 WpPG Rn. 83; für eine Zurechnung dagegen *Ellenberger*, Prospekthaftung, S. 48 f.
289 Siehe dazu etwa *Diekmann*, in: Habersack/Mülbert/Schlitt, UntFinanzKM, § 31
Rn. 72 ff.
290 *Schücking*, in: Habersack/Mülbert/Schlitt, UntFinanzKM, 2. Aufl., § 26 Rn. 51.
291 Allg. Meinung, siehe etwa *Hamann*, in: Schäfer/Hamann, KapMG, §§ 44, 45 BörsG
Rn. 308; *Wackerbarth*, WM 2011, 193, 199; *Schwark*, in: Schwark/Zimmer, KapMRK,
§ 45 BörsG Rn. 75; *Pankoke*, in: Just/Voß/Ritz/Zeising, WpPG, § 44 BörsG Rn. 82.
292 *Bydlinski*, in: MüKo-BGB, § 426 BGB Rn. 14.

sung eine „andere Bestimmung" i. S. d. § 426 Abs. 1 S. 1 BGB.[293] Soweit eine ausdrückliche anderweitige Bestimmung fehlt, muss eine Verteilung der Haftungsanteile also in erster Linie nach Verursachungs- und Verschuldensanteilen gem. § 254 BGB erfolgen.[294]

113a Der BGH betrachtet in seinem Telekom III-Urteil aus dem Jahr 2011 diese eindeutige Rechtslage freilich ggf. als Verstoß gegen § 57 AktG: Haftet nach den dargestellten Grundsätzen im Innenverhältnis der Emittent, während der Prospekt allein zum Zwecke einer Umplatzierung durch einen Großaktionär erstellt wurde, so liege in der Prospekthaftung wirtschaftlich eine (mittelbare) Leistung an den Großaktionär.[295] Die Übernahme des Prospekthaftungsrisikos sei einer Sicherheitenbestellung für Forderungen gegen den Gesellschafter vergleichbar.[296] Die Zuwendung könne nicht durch nicht bilanzierbare (weiche) Vorteile wie verbesserte Handelbarkeit der Aktien oder Verringerung der Abhängigkeit des Emittenten, sondern nur durch eine vertragliche Haftungsfreistellung seitens des Großaktionärs kompensiert werden.[297] Ein (Mit-)Verschulden des Emittenten sei unbeachtlich.[298] Die Entscheidung hat ein erhebliches Echo in der Literatur hervorgerufen, die u.a. auf die problematischen Folgen für den Exit von Großaktionären über die Börse hinweist.[299] Das Urteil ist abzulehnen, soweit es §§ 57, 62 AktG betrifft, schon weil das mit der Prospekterstellung verbundene gesetzliche Haftungsrisiko keine Leistung an den Großaktionär darstellt, auch keine mittelbare.[300] Im Übrigen passt weder die vom BGH angeordnete Rechtsfolge (§ 62 AktG gibt keinen Freistellungsanspruch)[301] noch der Vergleich mit der Sicherheitenbestellung. Letzterer ist sogar gänzlich verkehrt, da hier nicht einem Dritten das Insolvenzrisiko des Aktionärs abgenommen wird, sondern – wenn überhaupt – dem Großaktionär Risiken seiner Inanspruchnahme durch Dritte abgenommen werden.[302] Die Praxis wird sich wegen der (abzulehnen-

---

293 *Bydlinkski*, in: MüKo-BGB, § 426 BGB Rn. 21 f.; *Noack*, in: Staudinger, BGB, § 426 BGB Rn. 97 je m.w.N.
294 *Noack*, in: Staudinger, BGB, § 426 BGB Rn. 98: in erster Linie kommt es auf das Maß der Verursachung, in zweiter Linie auf das Maß des Verschuldens an.
295 BGH v. 31.5.2011 – II ZR 141/09, NJW 2011, 2719, 2720 Rn. 15, 16: „Die gesetzlich angeordnete oder freiwillig übernommene Haftung für ein Risiko, das wirtschaftlich einen anderen trifft, stellt nach wirtschaftlicher Betrachtung eine Leistung an diesen dar."
296 BGH v. 31.5.2011 – II ZR 141/09, NJW 2011, 2719, 2720 Rn. 16 a. E.
297 BGH v. 31.5.2011 – II ZR 141/09, NJW 2011, 2719, 2721 Rn. 25.
298 BGH v. 31.5.2011 – II ZR 141/09, NJW 2011, 2719, 2721 Rn. 22.
299 *Nodoushani*, ZIP 2012, 97 ff.; *Arnold/Aubel*, ZGR 2012, 113 ff.; *Mylich*, AG 2011, 765; *Fleischer/Thaten*, NZG 2011, 1081; *Wink*, AG 2011, 569; *Maaß/Troidl*, BB 2011, 2563; *Leuschner*, NJW 2011, 3275; *Krämer/Gillessen/Kiefner*, CLF 2011, 328; *Arbeitskreis zum „Deutsche Telekom III Urteil" des BGH*, CFL 2011, 377 nebst Erwiderung von *Wackerbarth* unter: http://blog.fernuni-hagen.de/blawg/2011/12/22/.
300 Ausführlich *Wackerbarth*, CFL 2011, 193, 199 ff.
301 So bereits *Wackerbarth*, LMK 2011, 321437.
302 Auch dies rechtfertigt keine Inanspruchnahme aus § 62 AktG, weil der Großaktionär seine Aktien auch ohne den Börsengang hätte veräußern können und damit der Gesellschaft ganz legal weit höheren Schaden hätte zufügen können als durch sein Verlangen nach Umplatzierung.

den) Bemerkungen des BGH zur Veranlassung des Börsengangs durch den Großaktionär vermutlich darauf verlegen, künftig von reinen Umplatzierungen abzusehen, und gemischte Börsengänge durchführen[303] und/oder eine Versicherung einschalten.[304] Ob das helfen wird, bleibt abzuwarten. Folgen des Urteils für die Haftungsfreistellung der Emissionsbegleiter (oben Rn. 113) werden in der Literatur zu Recht verneint.[305]

VIII. Kollision mit anderen Normen

1. Konkurrenzen

Siehe dazu die Komm. zu § 25 Abs. 2 WpPG.   *114*

2. Verhältnis zur aktienrechtlichen Kapitalerhaltung

Noch immer nicht endgültig geklärt ist das Verhältnis der Prospekthaftung zum   *115* aktienrechtlichen Verbot der Einlagenrückgewähr (§ 57 AktG) und dem Verbot des Erwerbs eigener Aktien (§ 70 ff. AktG). Nach h. M. ist jedenfalls beim Aktienerwerb in Form eines Umsatzgeschäfts die gesetzliche Prospekthaftung lex specialis und lex posterior gegenüber der aktienrechtlichen Regelung.[306] Hat der Anleger die Aktien demgegenüber unmittelbar durch Zeichnung (originärer Erwerb) erlangt, wird insbesondere in der älteren Literatur von manchen weiter danach differenziert, ob die geltend gemachten Ansprüche aus dem freien Vermögen der Aktiengesellschaft erfüllt werden können oder ob zur Befriedigung auch das Grundkapital (einschließlich der gesetzlichen Rücklagen gem. § 150 AktG) in Anspruch genommen werden müsse. Ansprüche der Anleger sollen nach dieser Auffassung (nur) aus dem freien Vermögen der Aktiengesellschaft befriedigt werden können.[307] Innerhalb dieser Auffassung ist dann noch weiter streitig, ob bei einem mittelbaren Erwerb über ein Emissionskonsortium ein derivativer oder originärer Erwerb vorliegt.[308]

---

303 Dazu insbesondere *Arbeitskreis zum „Deutsche Telekom III Urteil" des BGH*, CFL 2011, 377, 379 (These 5), der meint, die Haftung so gänzlich vermeiden zu können; dagegen plädiert die überwiegende Auffassung in diesem Fall für eine pro-rata-Haftung von Altaktionär und Emittent, siehe etwa *Nodoushani*, ZIP 2012, 97, 101; *Arnold/Aubel*, ZGR 2012, 113, 143 ff.

304 Dazu insbesondere *Krämer/Gillessen/Kiefner*, CLF 2011, 328, 338; *Nodoushani*, ZIP 2012, 97, 102; *Arnold/Aubel*, ZGR 2012, 113, 137 ff.

305 *Groß*, KapMR, § 21 Rn. 17 ff. m.w.N.; *Arnold/Aubel*, ZGR 2012, 113, 148 f.

306 OLG Frankfurt v. 17.03.1999 – 21 U 260/97, ZIP 1999, 1005, 1007 f. (MHM Mode); *Schwark*, in: Schwark/Zimmer, KapMRK, § 45 BörsG Rn. 13; *Pankoke*, in: Just/Voß/Ritz/ Zeising, WpPG, § 44 BörsG Rn. 79 f.; *Mülbert/Steup*, in: Habersack/Mülbert/Schlitt, UntFinanzKM, 3. Aufl., § 41 Rn. 6 ff. je m.w.N.

307 *Schwark*, FS Raisch, 1995, S. 269, 288 f.; *Schwark*, in: Schwark/Zimmer, KapMRK, § 45 BörsG Rn. 13; i.E. auch *Zöllner/Winter*, ZHR 158 (1994), 59, 78; *Henze*, in: Großkomm. AktG, 4. Aufl. 2001, § 57 Rn. 20 ff., 23; *Henze*, NZG 2005, 120 f.; wohl auch *Schön*, FS Röhricht (2005), S. 559, 567 ff.; vgl. dazu *Bayer*, in: MüKo AktG, § 57 Rn. 23.

308 *Schwark*, in: Schwark/Zimmer, KapMRK, § 45 BörsG Rn. 13 (originärer Erwerb) gegenüber *Krämer/Baudisch*, WM 1998, 1161, 1169; *Henze*, in: Großkomm. AktG, 4. Aufl. 2001, § 57 Rn. 24 (derivativer Erwerb).

115a Nach einer jüngeren, mittlerweile wohl als überwiegend zu bezeichnenden Auffassung soll der Vorrang der gesetzlichen Prospekthaftung, sei es nach §§ 21 ff. WpPG, sei es nach den §§ 20 f. VermAnlG, hingegen auch im Falle des unmittelbaren Erwerbs durch Zeichnung gelten. Die genannten Tatbestände seien im Verhältnis zu §§ 57, 71 ff. AktG leges speciales, so dass im praktischen Ergebnis die Prospekthaftung uneingeschränkten Vorrang vor der aktienrechtlichen Kapitalerhaltung hat.[309] Für den rechtsfortbildend auf der Basis von § 826 BGB geschaffenen Tatbestand der sog. Informationsdeliktshaftung, nicht jedoch auch ausdrücklich für die gesetzlichen Prospekthaftungstatbestände, hat der II. Senat des Bundesgerichtshofs dies ebenso gesehen.[310] Das erscheint auch mit EU-Recht vereinbar.[311] Dem ist im Ergebnis zuzustimmen. Es ist nicht Zweck der §§ 57 ff. oder der §§ 70 ff. AktG, das Vermögen der AG vor Verlusten zu schützen, die sich aus einer schädigenden Handlung der Gesellschaft selbst ergeben. Insb. aus § 71 AktG kann nichts abweichendes hergeleitet werden, da, wie der BGH zu Recht bemerkt, die Rückgabe der Wertpapiere im Rahmen des Schadensersatzes vor allem darauf beruht, dass dem Geschädigten aus Anlass der Schädigung kein über den Ersatz des Schadens hinausgehender Vorteil verbleiben soll.[312] Auf eine solche Konstellation ist das in § 71 AktG enthaltene Verbot nicht zugeschnitten, da die Gesellschaft hierdurch etwas erlangt und nicht verliert.

IX. Gerichtliche Zuständigkeit

116 Nach Wegfall des § 48 BörsG a.F. richtet sich die Zuständigkeit für Streitigkeiten nunmehr nach § 32 b Abs. 1 ZPO i. V. m. § 71 Abs. 2 Nr. 3 GVG. Danach ist ausschließlich zuständig in erster Instanz das Landgericht am Sitz des betroffenen Emittenten oder des betroffenen Anbieters von sonstigen Vermögensanlagen, sofern der Sitz im Inland liegt. Gem. § 32 b Abs. 2 ZPO können die Streitigkeiten bei bestimmten Landgerichten konzentriert werden. Diese Möglichkeit haben bislang Bayern (LG München I) und NRW (LG Düsseldorf, Dortmund, Köln) genutzt.[313]

---

309 *Hamann*, in: Schäfer/Hamann, KapMG, §§ 44, 45 BörsG Rn. 83 f.; *Baumbach/Hopt*, § 44 BörsG Rn. 5; *Groß*, KapMR, § 21 WpPG Rn. 14; *Ellenberger*, Prospekthaftung, S. 75; *Bayer*, in: MüKo AktG, 3. Aufl. 2008, § 57 AktG Rn. 27; *Hüffer*, AktG, § 57 AktG Rn. 3; wohl de lege lata auch *Horn*, FS Ulmer, 2003, S. 817, 827; *Hellgardt*, Kapitalmarktdeliktsrecht, 2008, S. 402; rechtsformübergreifend *Weber*, ZHR 176 (2012), 184 ff.

310 BGH v. 09.05.2005 – II ZR 287/02, NZG 2005, 672, 674 (EMTV) m. w. N.; gegen Kritik bestätigt durch BGH v. 04.06.2007 – II ZR 147/05, NJW 2008, 76, 77 (Comroad IV), BGH v. 04.06.2007 – II ZR 173/05, NZG 2007, 711, 712 (Comroad V).

311 Vgl. EuGH v. 19.12.2013, Rs. C-174/12, ZiP 2014, 121 ff.; ausführlich zu diesem Problemfeld *Fleischer/Schneider/Thaten*, NZG 2012, 801; siehe auch *Cahn/von Spannenberg*, in: Spindler/Stilz, AktG, 2. Aufl. 2010, § 57 AktG Rn. 49 m. w. N. zur Gegenauffassung.

312 BGH v. 09.05.2005 – II ZR 287/02, NZG 2005, 672, 674 f. (EMTV); a. A. *Ziegler*, NZG 2005, 301, 302 f.

313 *Pankoke*, in: Just/Voß/Ritz/Zeising, WpPG, vor § 44 BörsG Rn. 28.

X. Die allgemeine bürgerlich-rechtliche Prospekthaftung im engeren Sinne

1. Prospektbegriff

Soweit eine Prospektpflicht nicht besteht, kann gleichwohl für Prospekte aus den §§ 280 Abs. 1, 311 Abs. 3 Satz 1 BGB gehaftet werden, das nennt man auch die allgemeine zivilrechtliche Prospekthaftung im engeren Sinne. Grund für die Entwicklung dieser Haftung durch die Rechtsprechung war, dass der Anleger nicht nur demjenigen, der die Beitrittsverhandlungen führt oder ihm die Anlagebedingungen erläutert, Vertrauen entgegenbringt, sondern aufgrund des Emissionsprospekts auch denen, mit deren Wissen und Wollen der Prospekt erstellt wurde (den sog. Hintermännern). 117

Der Prospektbegriff der allgemeinen zivilrechtlichen Prospekthaftung ist bislang nicht endgültig geklärt.[314] Nach der weiten Definition der h. M. soll jede marktbezogene schriftliche Erklärung ausreichen, soweit sie für die Beurteilung der angebotenen Anlage erhebliche Angaben enthält oder den Eindruck eines solchen Inhalts erweckt.[315] Einer nur wenig engeren Definition zufolge muss es sich um einen Bericht handeln, der Angaben enthält, die einem unbestimmten Personenkreis die Beurteilung von Vermögensanlagen ermöglichen und zugleich Grundlage für eine Entscheidung sein soll.[316] Die Literatur weist zutreffend darauf hin, dass „schriftlich" nicht im engeren Sinne des § 126 BGB zu verstehen ist, sondern elektronische Dokumente miteinzubeziehen sind; das ist freilich noch nicht höchstrichterlich entschieden.[317]

Um den mindestens erforderlichen Eindruck der Vollständigkeit zu vermeiden, könnten Prospektverantwortliche auf den Gedanken kommen, erhebliche Aussagen über die Kapitalanlage auf verschiedene – jeweils für sich betrachtet nicht umfassende – Informationsmedien aufzuteilen, die dann für sich betrachtet keine Prospekte wären. Diese Möglichkeit hat der III. Senat des BGH im Jahr 2011 in seiner Rupert-Scholz-Entscheidung[318] abgeschnitten: auch ein körperlich von dem Prospekt getrenntes Schriftstück, das zusammen mit dem Emissionsprospekt vertrieben wird, kann Bestandteil eines Prospekts im Sinne der bürgerlich-rechtlichen Prospekthaftung sein. Wie weit die in der Entscheidung postulierte Gesamtbetrachtung[319] geht, ist zwar nicht geklärt.[320] Immerhin hat der BGH in der Entscheidung auch den Abdruck eines Interviews mit Verantwortlichen des Fonds genügen lassen. 117a

---

314 Näher *Hamann*, in: Schäfer/Hamann, KapMG, §§ 44, 45 BörsG Rn. 46.

315 BGH v. 17.11.2011 – III ZR 103/10, NJW 2012, 758 ff. m. w. N. in Rn. 21; *Hamann*, in: Schäfer/Hamann, KapMG, §§ 44, 45 BörsG Rn. 46.

316 *Groß*, § 25 WpPG Rn. 5 a. E.

317 *Nobbe*, WM 2013, 191, 198; *Groß*, § 25 WpPG Rn. 5; *Hamann*, in: Schäfer/Hamann, KapMG, §§ 44, 45 BörsG Rn. 46.

318 BGH v. 17.11.2011 – III ZR 103/10, NJW 2012, 758 ff. (Rupert Scholz).

319 BGH v. 17.11.2011 – III ZR 103/10, NJW 2012, 758, Rn. 22 ff.

320 Beispiele bei *Buck-Heeb*, LMK 2012, 327753 (Angebot der Zusendung „weiterer Materials", zeitliche Verzögerung des Versands von zusätzlichen Informationen).

Durch die offene Definition (es kommt auf den „erweckten Eindruck" an) werden Missbrauchsfälle künftig verlässlich erfasst werden können.

118 In der Infomatec-Entscheidung aus dem Jahr 2004 hat der BGH Ad hoc-Meldungen die Prospektqualität abgesprochen, da sie erkennbar nicht den Anspruch erheben, eine das Publikum umfassend informierende Beschreibung zu sein.[321] Angesichts der erwähnten Rupert-Scholz-Entscheidung wird man der Infomatec-Entscheidung keine irgendwie geartete Einschränkung des Prospektbegriffs oder ein enges Verständnis durch den BGH mehr entnehmen können.[322] Denn immerhin ziehen fehlerhafte Ad hoc-Mitteilungen nunmehr eine eigene Haftung nach § 37 b und § 37 c WpHG nach sich. Außerdem sind diese Informationen für den Sekundärmarkt, nicht für den Primärmarkt bestimmt und fallen bereits von daher aus (jeder) Prospektdefinition heraus.

In der jüngeren Rechtsprechung zeichnet sich zudem eine gewisse Tendenz dahingehend ab, von einer Haftung für einen bestimmten Prospekt hin zu einer allgemeinen Haftung für „informationsbasierten Vertrieb" von Kapitalanlagen zu gelangen. Gehen neben dem Prospekt verwendete Darstellungen über reine Werbemaßnahmen hinaus, indem sie den Eindruck der Vollständigkeit erwecken und geeignet sind, den Anleger zum Erwerb zu veranlassen, so sollten sie daher der dargestellten Gesamtbetrachtung unterfallen.[323]

2. Prospektverantwortliche

a) Unbeschränkt Prospektverantwortliche

119 Nach der Rechtsprechung des BGH unterliegen der Haftung wegen unrichtiger oder unvollständiger Angaben in einem Prospekt die Herausgeber des Prospekts und die für dessen Herstellung Verantwortlichen, insbesondere die das Management bildenden Initiatoren, Gestalter und Gründer der Gesellschaft. Insgesamt nennt man die solchermaßen einflussnehmenden Personen auch die sog. „eigentliche Leitungsgruppe".[324] Zu ihr gehört zunächst, wer aufgrund einer gesellschaftsrechtlichen oder tatsächlichen Stellung das Management der Initiatorengesellschaft bildet oder beherrscht, also in erster Linie Geschäftsführer und Mehrheitsgesellschafter.[325]

---

321 BGH v. 19.07.2004 – II ZR 218/03, NJW 2004, 2664 (Infomatec I).
322 Dies zieht noch *Hamann*, in: Schäfer/Hamann, KapMG, §§ 44, 45 BörsG Rn. 46 a. E. in Betracht.
323 *Assmann*, in: Assmann/Schütze, HdbKapAnlR, § 6 Rn. 79; *Hamann*, in: Schäfer/Hamann, KapMG, §§ 44, 45 BörsG Rn. 63; vgl. auch *Groß*, KapMR, § 25 WpPG Rn. 4.
324 BGH v. 24.04.1978 – II ZR 172/76, NJW 1978, 1625 f.; BGH v. 26.09.1991 – VII ZR 376/89, BGZ 115, 213, 218; BGH v. 01.12.1994 – III ZR 93/93, NJW 1995, 1025; BGH v. 27.01.2004 – XI ZR 37/03, NJW 2004, 1376, 1379; BGH v. 15.12.2005 – III ZR 424/04, NZG 2006, 862, 863 Rn. 15; BGH v. 03.05.2006 – IV ZR 252/04, NJW-RR 2006, 1405 Rn. 8; BGH v. 14.06.2007 – III ZR 125/06, NJW-RR 2007, 1333; Zusammenfassung der Rspr. bei BGH v. 18.09.2012 – XI ZR 344/11, NZG 2012, 1262, 1266 Rn. 37.
325 Grundlegend BGH v. 6.10.1980 – II ZR 60/80, NJW 1981, 1449, 1450 unter Verweis auf BGH v. 24.04.1978 – II ZR 172/76, NJW 1978, 1625; siehe ferner BGH v. 14.06.2007 – III ZR 125/06, ZIP 2007, 1993, 1995 Rn. 19 m.w.N. und öfter; BGH v. 08.02.2010 – II ZR 42/08, BeckRS 2010, 05639 Rn. 21.

Darüber hinaus haften Personen, die hinter der Gesellschaft stehen und besonderen Einfluss ausüben (auf ihr Geschäftsgebaren oder die Gestaltung des konkreten Modells) und deshalb Mitverantwortung tragen.[326] Dies gilt auch dann, wenn sie nicht nach außen in Erscheinung getreten sind.[327] Nicht erforderlich ist auch eine Mitwirkung unmittelbar bei der Gestaltung des Prospekts, dieser muss allerdings mit Kenntnis der solcherart Verantwortlichen in den Verkehr gebracht sein.[328] Damit sind die "Hintermänner", vergleichbar den Prospektveranlassern im Sinne des § 21 Abs. 1 Nr. 2 WpPG gemeint.

Ist ein beherrschender Einfluss auf den Emittenten oder Anbieter der Wertpapiere oder auf die Konzeption des Projekts nicht feststellbar, so kann als Prospektveranlasser anzusehen sein, wer auf den Prospekt, seinen konkreten Inhalt oder seine konkrete Gestaltung bestimmenden Einfluss genommen hat. Allerdings gelten bei dieser zweiten Variante der Prospektveranlassung, die auf den konkreten Prospekt und nicht auf den Emittenten bzw. das Projekt als Ganzes bezogen ist, Einschränkungen. Die bloße Mitwirkung an der Herausgabe des Prospekts[329] oder an dessen Gestaltung,[330] etwa durch bloße Lieferung von Material,[331] reicht nämlich für die Annahme eines bestimmenden Einflusses auf den konkreten Prospekt ebenso wenig aus wie der nur in Teilbereichen ausgeübte bzw. feststellbare bestimmende Einfluss.[332]

Die Haftung ist an standardisiertes, diesen Personen typischerweise entgegengebrachtes Vertrauen geknüpft und, da persönliche Beziehungen zwischen den Anlegern und diesem Personenkreis in aller Regel nicht zustande kommen, auch nicht davon abhängig, dass die jeweiligen Personen und ihr Einfluss im Prospekt offenbar werden oder den Anlegern sonst bekannt geworden sind.[333] Die gesellschaftsrechtliche Ausgestaltung der wahrgenommenen Funktion ist nicht ausschlaggebend. Der „Leitungsgruppe" können vielmehr alle Personen zugerechnet werden, denen ähnliche Schlüsselfunktionen zukommen. Auch ein Generalbevollmächtigter[334] oder der Leiter ei-

---

326 BGH v. 19.07.2004 – II ZR 218/03, NJW 2004, 2664 (Informatec I).
327 So schon BGH v. 06.10.1980 – II ZR 60/80, NJW 1981, 1449, 1450 unter Verweis auf BGH 16.11.1978 – II ZR 94/77, NJW 1979, 718; ferner BGH v. 31.05.1990 – VII ZR 340/88, NJW 1990, 2461; BGH v. 14.06.2007 – III ZR 125/06, ZIP 2007, 1993, 1995 Rn. 19; BGH v. 08.02.2010 – II ZR 42/08, BeckRS 2010, 05639 Rn. 21.
328 BGH v. 18.09.2012 – XI ZR 344/11, NZG 2012, 1262, 1267 Rn. 40; BGH 08.12.2005 – VII ZR 372/03, NJW-RR 2006, 610f. Rn. 14; BGH v. 26.09.1991 – VII ZR 376/89, NJW 1992, 228, 229f.; BGH v. 07.09.2000 – VII ZR 443/99, NJW 2001, 436, 437.
329 Siehe etwa BGH v. 06.10.1980 – II ZR 60/80, NJW 1981, 1449, 1452.
330 BGH 08.12.2005 – VII ZR 372/03, NJW-RR 2006, 610f. Rn. 14.
331 So bereits RegE 3. FFG, BT-Drucks. 13/8933 v. 06.11.1997, S. 78; *Hamann*, in: Schäfer/Hamann, KapMG, §§ 44, 45 BörsG Rn. 93, *Schwark*, in: Schwark/Zimmer, KapMR, § 45 BörsG Rn. 9, 12.
332 BGH v. 31.03.1992 – XI ZR 70/91, NJW-RR 1992, 879, 883f.
333 BGH v. 14.06.2007 – III ZR 125/06, NJW-RR 2007, 1333; v. 26.09.2000 – X ZR 94/98, BGHZ 145, 187, 196; BGH v. 03.05.2006 – IV ZR 252/04, NJW-RR 2006, 1405.
334 BGH v. 06.10.1980 – II ZR 60/80, BGHZ 79, 337, 343.

ner für die Baubetreuung zuständigen „Planungsgemeinschaft"[335] sind bereits als solche Mitverantwortliche angesehen worden.

b) Haftung Dritter

120 Dritte, die durch ihr nach außen in Erscheinung tretendes Mitwirken am Prospekt einen besonderen – zusätzlichen – Vertrauenstatbestand schaffen, können von den Geschädigten als sog. Berufsgaranten in Anspruch genommen werden.[336] Hierzu zählen diejenigen, die angesichts ihrer beruflichen oder sonst herausgehobenen Stellung den Anlegern als besonders vertrauenswürdig erscheinen müssen (insbesondere Rechtsanwälte, Wirtschaftsprüfer, Steuerberater und Sachverständige). Insbesondere kann auch das Jahresabschlusstestat eines Wirtschaftsprüfers seine Haftung als "Garant" für ihm zuzurechnende Prospektaussagen begründen, sofern seine entsprechende Tätigkeit nach außen erkennbar geworden ist.[337] In der Rupert-Scholz-Entscheidung hat der BGH diese Voraussetzung auch bei einem Universitätsprofessor und ehemaligem Bundesminister als gegeben angesehen, weil dieser in Interviews seinen Einfluss auf das Anlagekonzept betont und für sich Integrität, Kompetenz und Objektivität in Anspruch genommen hatte.[338] Ihre Haftung richtet sich zum einen nach dem Maß und der Art ihrer Mitwirkung, zum anderen danach, wie der Einfluss im Prospekt dargestellt wird. Kündigt etwa ein Prospekt lediglich eine Prüfung durch einen Wirtschaftsprüfer an, so haftet der Prüfer nicht bereits aus dieser Ankündigung, auch wenn er zwischenzeitlich das Gutachten erstellt hat.[339] Die Dritten haften nicht für den gesamten Prospekt, sondern nur, soweit die ihnen zurechenbaren Angaben falsch sind und zum Schaden geführt haben; im Einzelfall kann es aber auch so liegen, dass sie eine umfassende Gewähr abgegeben haben.[340]

3. Prospektfehler und Verschulden

121 Ein Prospekt muss den Beteiligungsinteressenten nach ständiger Rechtsprechung ein zutreffendes Bild von dem Anlageobjekt vermitteln. Sämtliche Umstände, die für die Anlageentscheidung von Bedeutung sein können, müssen richtig und vollständig dargestellt werden.[341] Der Anleger muss insbesondere über die mit der angebotenen speziellen Beteiligungsform verbundenen Nachteile und Risiken sowie über Tatsachen, die den Vertragszweck vereiteln können, zutreffend, verständlich und vollständig aufgeklärt

---

335 BGH v. 13.03.1980 – II ZR 258/78, BGHZ 76, 231, 233 f.
336 BGH v. 15.12.2005 – III ZR 424/04, NZG 2006, 862, 863 f. Rn. 19; BGH v. 14.06.2007 – III ZR 125/06, NJW-RR 2007, 1333, 1334, Rn. 26 je m.w.N. zur älteren Rspr.; BGH v. 21.02.2013 – III ZR 139/12, WM 2013, 689 Rn. 12.
337 BGH v. 21.02.2013 – III ZR 139/12, WM 2013, 689 Rn. 12.
338 BGH v. 17.11.2011 – III ZR 103/10, NJW 2012, 758, 760 Rn. 28 (Rupert Scholz).
339 BGH v. 14.06.2007 – III ZR 125/06, NJW-RR 2007, 1333.
340 BGH v. 31.05.1990 – VII ZR 340/88, NJW 1990, 2461; näher *Nobbe*, WM 2013, 193, 199, 201 m.w.N.
341 BGH v. 06.02.2006 – II ZR 329/04, NJW 2006, 2042.

werden.[342] Jedoch kommt es bei der Beurteilung der Richtigkeit und Vollständigkeit nicht auf einzelne Formulierungen an, sondern auf das Gesamtbild, wobei vom Anleger sorgfältige Lektüre des Prospekts erwartet wird.[343] Auch werden im Prospekt keine Rechtsausführungen erwartet, etwa zur Bedeutung einer gesamtschuldnerischen Haftung.[344] Die soeben wiedergegebene, eher weniger anlegerfreundliche Rechtsprechung des III. Senats steht in einem gewissen Spannungsverhältnis zu aktuellen Entscheidungen des XI. Senats (siehe oben Rn. 67a). Die Informationen müssen ggf. aktualisiert werden, indem die Verantwortlichen den Prospekt nachträglich durch eine Ergänzung berichtigen oder den Anlageinteressenten bei Vertragsschluss eine entsprechende Mitteilung machen.[345] Dies sollte gelten, solange die betreffende Beteiligung angeboten wird.

Für die allgemeine zivilrechtliche Prospekthaftung hat der BGH den allgemeinen Sorgfaltsmaßstab des § 276 BGB angewendet, so dass sie schon bei leichter Fahrlässigkeit eingreift.[346] Zusätzlich wird bei Vorliegen eines Prospektmangels zulasten des Prospektverantwortlichen ein Verschulden vermutet, so dass dieser Umstände zu seiner Entlastung darlegen und beweisen muss.[347] Haftungsausschlüssen oder -einschränkungen (auch mittelbaren durch Verjährungsverkürzung) im Wege allgemeiner Geschäftsbedingungen (ob nun im Prospekt oder im Gesellschaftsvertrag) wird von der Rechtsprechung trotz § 310 Abs. 4 BGB zu Recht die Wirkung versagt.[348]   *122*

4. Kausalität

Liegen Prospektmängel vor, spricht nach der Rechtsprechung des BGH in aller Regel die Lebenserfahrung dafür, dass die Mängel für die Anlageentscheidung ursächlich geworden sind.[349] Die Vermutung gilt auch dann, wenn es um in ihrer Reichweite begrenzte, da stichtagsbezogene Finanzdaten geht.[350] Anders als im Rahmen der Börsenprospekthaftung gem. § 23 Abs. 2 Nr. 2 WpPG kommt es im Rahmen der haftungsausfüllenden Kausalität darauf an, ob der Anleger bei Kenntnis der Prospektunrichtigkeit auf die Vermögensanlage verzichtet hätte, nicht darauf, ob die Unrichtigkeit zum   *123*

---

342 BGH v. 23.10.2012 – II ZR 82/11, BeckRS 2013, 01863 m.w.N. in Rn. 11.
343 BGH v. 05.03.2013 – III ZR 252/11, WM 2013, 734, 735 Rn. 14 m.w.N.
344 BGH v. 05.03.2013 – III ZR 252/11, WM 2013, 734, 735 Rn. 21, 22 m.w.N.
345 BGH v. 15.12.2003 – II ZR 244/01, NZG 2004, 229f.; BGH v. 05.07.1993 – II ZR 194/92, NJW 1993, 2865, 2867.
346 BGH v. 12.02.1986 – IVa ZR 76/84, NJW-RR 1986, 1102.
347 BGH v. 23.04.2012 – II ZR 211/09, DStR 2012, 1517, 1520 Rn. 31; BGH v. 06.02.2006 – II ZR 329/04, NJW 2006, 2042.
348 BGH v. 23.04.2012 – II ZR 211/09, DStR 2012, 1520f., Rn. 38ff.; BGH v. 23.04.2012 @ II ZR 75/10, NZG 2012, 789, 791f. Rn. 30ff.
349 BGH v. 21.02.2013 – III ZR 139/12, WM 2013, 689 Rn. 15; BGH v. 23.04.2012 – II ZR 211/09, DStR 2012, 1520 m.w.N. in Rn. 30; ferner BGH v. 13.07.2006 – III ZR 361/04, NJW-RR 2007, 406; BGH v. 09.02.2006 – III ZR 20/05, NJW-RR 2006, 685, 687f.
350 BGH v. 21.02.2013 – III ZR 139/12, WM 2013, 689 Rn. 16f. (falscher Bestätigungsvermerk eines Wirtschaftsprüfers).

Wertverlust der Anlage geführt hat.[351] Geschützt wird mit anderen Worten das wirtschaftliche Selbstbestimmungsrecht des Anlegers.

Die Kausalitätsvermutung kann freilich widerlegt werden, auf der ersten Stufe insbesondere dadurch, dass der Prospekt bei dem konkreten Vertragsschluss keinerlei Verwendung gefunden hat.[352] Bereits die Schulung des Verkaufspersonals mithilfe des Prospekts lässt der BGH freilich für dessen „Vewendung" genügen,[353] erst Recht die Übergabe bei Zeichnung der Beteiligung.[354] Im Rahmen der haftungsausfüllenden Kausalität kann auch nachgewiesen werden, dass der Anleger bei zutreffender Aufklärung über den unrichtig dargestellten Umstand gleichwohl die Beteiligung gezeichnet hätte.[355] Dies ist indessen praktisch kaum möglich, weil es nicht genügt, wenn der Prospektverantwortlich auf das vernünftige Verhalten eines durchschnittlichen Anlegers verweist, sondern ihm die Beweislast für das hypothetische Verhalten des individuell klagenden Anleger auferlegt.[356]

5. Rechtsfolgen

124 Ist der Anlageinteressent durch unrichtige Prospekte oder Verletzung der Aufklärungspflichten bewogen worden, einer Anlagegesellschaft als Gesellschafter beizutreten, so kann er zwischen zwei Möglichkeiten des Schadensausgleichs wählen. Er kann an seiner Beteiligung festhalten und den Ersatz des Betrages verlangen, um den er seine Gesellschaftsbeteiligung wegen des Mangels zu teuer erworben hat;[357] er kann aber auch verlangen, so gestellt zu werden, wie er gestanden hätte, wenn er der Gesellschaft nicht beigetreten wäre.[358] Dann hat er gegen die Prospektverantwortlichen Anspruch auf Rückzahlung seiner Aufwendungen für den Erwerb Zug um Zug gegen Abtretung der Beteiligung.[359]

XI. Verjährung

1. Allgemeines

125 Im Zuge der Transplantation der Prospekthaftung in das WpPG ist die Sonderverjährungsnorm des § 46 BörsG a. F. gestrichen worden. Diese ließ die Ansprüche ein Jahr ab Kenntnis des Prospektfehlers, spätestens jedoch drei Jahre nach Veröffentlichung des Prospekts verjähren.

---

351 BGH v. 23.04.2012 – II ZR 211/09, DStR 2012, 1520 Rn. 33
352 BGH v. 03.12.2007 – II ZR 21/06, DStR 2008, 515 Rn. 16.
353 BGH v. 03.12.2007 – II ZR 21/06, DStR 2008, 515 Rn. 17 f.
354 BGH v. 07.12.2009 – II ZR 15/08, NJW 2010, 1077, 1079 Rn. 23.
355 BGH v. 07.12.2009 – II ZR 15/08, NJW 2010, 1077, 1079 Rn. 24.
356 BGH v. 07.12.2009 – II ZR 15/08, NJW 2010, 1077, 1079 Rn. 24.
357 BGH v. 08.12.1988 – VII ZR 83/88, NJW 1989, 1793.
358 BGH v. 03.02.2003 – II ZR 233/01, DStR 2003, 1494.
359 BGH v. 01.03.2004 – II ZR 88/02, WM 2004, 928, 929 f.; BGH v. 06.02 2006 – II ZR 329/04, NJW 2006, 2042.

2. Spezialgesetzliche Prospekthaftung

Ansprüche aus §§ 21 ff. WpPG verjähren nunmehr gem. §§ 195, 199 Abs. 1,   *126*
3 BGB in 3 Jahren ab Kenntnis oder grobfahrlässiger Unkenntnis der den
Anspruch begründenden Umstände, spätestens jedoch 10 Jahre nach ihrer
Entstehung.[360] Der Anspruch „entsteht" verjährungsrechtlich grundsätzlich,
sobald er erstmals geltend gemacht und mit Klage durchgesetzt werden
kann, mithin mit dem Vorliegen aller seiner Voraussetzungen, zu denen
auch der Eintritt des Schadens gehört; zusätzlich wird noch Fälligkeit verlangt.[361] Der Schaden tritt aber frühestens mit dem Abschluss des Erwerbsgeschäfts ein.[362]

Für die kenntnisabhängige Verjährung dürfte es nach wie vor maßgebend
auf die Kenntnis bzw. Kennenmüssen des Anlegers vom Prospektfehler ankommen,[363] die Kenntnis von der Person des Schuldners (bzw. der Personen,
also der Prospektverantwortlichen) kann er sich anschließend in aller Regel
aus dem Prospekt selbst verschaffen. Nach neuem Recht genügt grob fahrlässige Unkenntnis, schon früher durfte sich der Anleger nicht einer sich auf-
drängenden Kenntnis verschließen.[364] Der Unterschied dürfte praktisch
kaum spürbar sein.[365] Die Kenntnis ist von dem in Anspruch Genommenen
zu beweisen.[366] Anders als nach altem Recht beginnt die Höchstfrist von 10
Jahren nicht mehr mit der Veröffentlichung des Prospekts, sondern mit dem
Ende des Jahres, in dem das Erwerbsgeschäft abgeschlossen wurde (§ 199
Abs. 3 Nr. 1 BGB). Aus Sicht des Emittenten herrscht Rechtsfrieden also frühestens 10 Jahre nach dem Ende des Jahres, in dem die 6-Monatsfrist des
§ 21 Abs. 1 Satz 1 WpPG abgelaufen ist. Das ist zu lang![367]

3. Zivilrechtliche Prospekthaftung im engeren Sinne

Prospekthaftungsansprüche im engeren Sinne verjährten nach früherer   *127*
Rechtsprechung in einem Jahr ab Kenntnis des Prospektfehlers, spätestens
aber drei Jahre nach dem Erwerb des Anteils.[368] Für diese Rechtsprechung
lehnte sich der BGH ausdrücklich an die Regelung in § 46 BörsG a. F. für die
spezialgesetzliche Prospekthaftung an. Eine Ausnahme von seiner Rechtsprechung machte der BGH für Bauträgermodelle, da sich diese von anderen
Anlagemodellen grundlegend unterscheiden. Für sie sollte eine 30-jährige

---

360 *Groß*, KapMR, § 21 WpPG Rn. 91; zu Recht kritisch *Lorenz/Schönemann/*Wolf, CFL
    2012, 346, 348 f.
361 *Grothe*, in: MüKo BGB, 6. Aufl. 2012, § 199 BGB Rn. 4.
362 Siehe auch BGH v. 22.07.2010 – III ZR 99/09 Rn. 12, insoweit nicht abgedr. in NZG
    2011, 68 ff.
363 Vgl. *Kind/Bruchwitz*, BKR 2011, 10, 12.
364 *Hamann*, in: Schäfer/Hamann, KapMG, §§ 46 Rn. 9.
365 A. A. *Leuering*, NJW 2012, 1905, 1906: Beweis grob fahrlässiger Unkenntnis dürfte eher
    einmal gelingen, ferner gebe es Pflicht des Anlegers, bei Erkennen wertbeeinträchti-
    gender Umstände den Prospekt auf Fehler durchzusehen (wohl zu weitgehend).
366 *Schwark*, in: Schwark/Zimmer, KapMRK, § 46 BörsG Rn. 2.
367 Vgl. auch *Lorenz/Schönemann/*Wolf, CFL 2012, 346, 348 f.
368 BGH v. 07.12.2009 – II ZR 15/08, NJW 2010, 1077.

Verjährungsfrist gelten.[369] Nach der Schuldrechtsreform und der Streichung von § 46 BörsG a.F. dürfte die auch hier die Regelfrist der §§ 195, 199 BGB (kenntnisabhängig drei Jahre, Höchstfrist 10 Jahre, wohl auch bei Bauträgermodellen) einschlägig sein.[370]

---

369 BGH v. 13.11.2003 – VII ZR 26/03, NJW 2004, 288.
370 *Emmerich*, in: MüKo BGB, § 311 BGB Rn. 169 f.; siehe auch *Lakkis*, in: jurisPK-BGB, 6. Aufl. 2012, § 195 BGB Rn. 17; unentschieden *Groß*, KapMR, § 25 WpPG Rn. 8.

§ 24
Haftung bei fehlendem Prospekt

(1) Ist ein Prospekt entgegen § 3 Absatz 1 Satz 1 nicht veröffentlicht worden, kann der Erwerber von Wertpapieren von dem Emittenten und dem Anbieter als Gesamtschuldnern die Übernahme der Wertpapiere gegen Erstattung des Erwerbspreises, soweit dieser den ersten Erwerbspreis nicht überschreitet, und der mit dem Erwerb verbundenen üblichen Kosten verlangen, sofern das Erwerbsgeschäft vor Veröffentlichung eines Prospekts und innerhalb von sechs Monaten nach dem ersten öffentlichen Angebot im Inland abgeschlossen wurde. Auf den Erwerb von Wertpapieren desselben Emittenten, die von den in Satz 1 genannten Wertpapieren nicht nach Ausstattungsmerkmalen oder in sonstiger Weise unterschieden werden können, ist Satz 1 entsprechend anzuwenden.

(2) Ist der Erwerber nicht mehr Inhaber der Wertpapiere, so kann er die Zahlung des Unterschiedsbetrags zwischen dem Erwerbspreis und dem Veräußerungspreis der Wertpapiere sowie der mit dem Erwerb und der Veräußerung verbundenen üblichen Kosten verlangen. Absatz 1 Satz 1 gilt entsprechend.

(3) Werden Wertpapiere eines Emittenten mit Sitz im Ausland auch im Ausland öffentlich angeboten, besteht ein Anspruch nach Absatz 1 oder Absatz 2 nur, sofern die Wertpapiere auf Grund eines im Inland abgeschlossenen Geschäfts oder einer ganz oder teilweise im Inland erbrachten Wertpapierdienstleistung erworben wurden.

(4) Der Anspruch nach den Absätzen 1 bis 3 besteht nicht, sofern der Erwerber die Pflicht, einen Prospekt zu veröffentlichen, beim Erwerb kannte.

Inhalt

I. Allgemeines

Der Haftung bei fehlendem Prospekt wurde erstmals in Form des § 13a *1*
VerkProspG a. F. durch das AnSVG im Jahre 2004 eingeführt. Über den genauen Normzweck und Hintergrund schweigt sich die Gesetzesbegründung aus. Im Unterschied zur Haftung für einen fehlerhaften Prospekt trifft die Haftung bei fehlendem Prospekt lediglich „Emittent" und Anbieter, richti-

gerweise sogar nur den Anbieter (siehe unten Rn. 9). Wie insbesondere *Klöhn* eingehend dargelegt hat,[1] liegt der Haftungsgrund nicht in einem Informationsdefizit, das durch das Fehlen des Prospekts entsteht. Vielmehr scheint es um einen Verfahrensverstoß zu gehen, weil Wertpapiere unter Verstoß gegen § 3 Abs. 1 WpPG öffentlich angeboten werden.[2] Die Vorschrift wäre dann eine „strenge Sanktionsnorm zur Gewährleistung von Prospektpublizität".[3] Doch auch diese Deutungsmöglichkeit überzeugt nicht. Der Verfahrensverstoß stünde mit der angeordneten Rechtsfolge in keinem inneren Zusammenhang und wäre eine im deutschen Recht äußerst unübliche Strafnorm: Warum soll der Anleger die Wertpapiere zurückgeben können, wenn der Anbieter seine öffentlich-rechtlichen Pflichten nicht erfüllt?

2 Es gibt noch eine weitere, durch § 24 Abs. 4 nahegelegte Möglichkeit: Der dortige Haftungsausschluss bei Kenntnis des Anlegers ist aus dem BGB vor allem in den Fällen der Vertrauenshaftung gem. § 122 Abs. 2 BGB und § 179 Abs. 3 S. 1 BGB bekannt. Ist der Geschädigte über die Anfechtbarkeit oder die fehlende Vertretungsmacht informiert, so vertraut er nicht und ihm ist daher auch kein Vertrauensschaden zu ersetzen. Die Rechtsfolgen des § 24 WpPG sind in der Sache auf den Ersatz des negativen Interesses am Geschäft gerichtet (unten Rn. 11). Von daher liegt es nahe, § 24 WpPG insgesamt als Unterfall der Vertrauenshaftung einzuordnen. Die Interpretation als Vertrauenshaftung erklärte zum einen den ansonsten unverständlichen § 24 Abs. 4 (siehe unten Rn. 8) und zum anderen legt sie nahe, dass der eigentliche Grund für die Rechtsfolgen nicht in einem Verfahrensverstoß des Anbieters, sondern in der Inanspruchnahme von Vertrauen auf Seiten des Anlegers liegt; dieser kauft nämlich aufgrund des Angebots in der Annahme, dass bei dem Angebot „alles mit rechten Dingen zugegangen sei". Das ist (wie die Haftung nach §§ 122, 179 BGB) im Übrigen vereinbar mit dem fehlenden Verschuldenserfordernis (unten Rn. 10) und der Loslösung vom Wissen des Anlegers über wesentliche Angaben. Auch erklärt es den beschränkten Kreis der Haftenden, es haftet nämlich letztlich nur der Anbieter (siehe unten Rn. 9). Nach allem besteht entgegen *Klöhn* kein Zwang, die Haftung nach § 24 WpPG als eine von einer schädigenden Handlung und einem eingetretenem Schaden völlig losgelöste reine Privatvollstreckung öffentlicher Pflichten nach US-amerikanischer Art zu verstehen.

3 Der Schwerpunkt des inneren Haftungsgrundes liegt im Übrigen nicht auf dem fehlenden Prospekt, sondern auf dem öffentlichen Anbieten. Dieses Tun und das dadurch begründete Vertrauen des Anlegers rechtfertigen die Haftung, nicht etwa die Unterlassung der Prospektveröffentlichung[4] oder der Einreichung des Prospekts bei der BaFin. Stellt man auf das öffentliche Anbieten ab, so werden die Ähnlichkeiten mit der Haftung des Anfechtenden

---

1 *Klöhn*, DB 2012, 1854, 1855, 1857 ff.; *Klöhn*, FS Hoffmann-Becking (2013), S. 679, 691 f.

2 Zustimmend *Nobbe*, WM 2013, 193 f.

3 So in der Tat – schon vor *Klöhn* – *Rosa*, Prospektpflichten und Prospekthaftung für geschlossene Fonds, 2009, S. 178.

4 So aber *Rosa*, Prospektpflichten und Prospekthaftung für geschlossene Fonds, 2009, S. 180; *Bongertz*, BB 2012, 470, 474.

offenbar, der ja nicht wegen des Unterlassens ordnungsgemäßer Willensbildung haftet, sondern wegen des durch seine Willenserklärung hervorgerufenen Vertrauens beim Empfänger; ebensolches gilt für die Haftung des vollmachtlosen Vertreters nach § 179 Abs. 2 BGB, der nicht haftet, weil ihm der Mangel seiner Vertretungsmacht verborgen blieb, sondern weil er – und wenn ohne Verschulden – Vertrauen beim Erklärungsempfänger hervorgerufen hat. Zu den Anwendungsvoraussetzungen des § 24 vgl. ergänzend die Erläuterungen zu §§ 21–23 WpPG, insbesondere Rn. 19 ff. zum Prospektbegriff.

II. Haftung bei fehlenden Prospekt

1. Öffentliches Angebot ohne gebilligten Prospekt trotz Prospektpflicht

Voraussetzung der Haftung nach § 24 Abs. 1 WpPG ist, dass trotz Prospekt- 4 pflicht nach § 3 Abs. 1 Satz 1 WpPG ein Wertpapiererwerb nach einem öffentlichen Angebot der Wertpapiere stattgefunden hat, ohne dass bis dahin ein von der BaFin gebilligter Prospekt veröffentlicht wurde. Der Wortlaut des § 24 Abs. 1 Satz 1 Hs. 1 WpPG ist insoweit mißverständlich, da er auf einen Verstoß gegen eine Prospektveröffentlichungspflicht abzustellen scheint. Erst aus dem letzten Teilsatz des Abs. 1 Satz 1 ergibt sich, dass es um das öffentliche Anbieten trotz fehlenden, aber erforderlichen Prospekts geht, also um das Anbieten von Wertpapieren, obwohl noch kein gültiger Prospekt vorhanden ist. Dabei kann es nur um das Angebot bereits zugelassener Wertpapiere gehen, da bei fehlenden Prospekten im Sinne des § 21 WpPG einfach die Zulassung versagt wird und eine Haftung wegen fehlenden Prospekts nicht erforderlich ist.[5]

Nicht veröffentlicht ist ein Prospekt im Sinne der Vorschrift auch dann, wenn zwar ein Prospekt erstellt und der Öffentlichkeit zugänglich gemacht wurde, dieser jedoch zuvor nicht das Billigungsverfahren gem. § 13 WpPG durchlaufen hat, da nur durch die Veröffentlichung eines gebilligten Prospekts die Prospektpflicht nach § 3 Abs. 1 Satz 1 WpPG erfüllt wird (näher oben §§ 21–23 Rn. 29 f.).[6] Verstöße gegen die Detailvorgaben zur Prospektveröffentlichung in § 13 WpPG schaden hingegen nach dem eindeutigen Wortlaut des § 24 Abs. 1 WpPG nicht. Wird der BaFin ein Prospekt vorgelegt, lehnt die Behörde jedoch eine Billigung irrtümlich wegen scheinbar nicht bestehender Prospektpflicht ab, so haftet der Anbieter nach einer Entscheidung des OLG München gleichwohl wegen des Verstoßes.[7] Denn das Versagen der Behörde ändert nichts am Entstehen eines Vertrauenstatbestandes auf der Seite des Anlegers und dieser ist schutzwürdig, solange er nicht weiß, dass der Prospekt der BaFin zur Billigung vorgelegen hat. Erst dieses Wissen schließt die Haftung aus (unten Rn. 8, 10). De lege ferenda ist die gesetzliche

---

5 Begr. RegE BT-Drucks. 17/6051, S. 46 f.
6 OLG München v. 2.11.2011 – 20 U 2289/11 Rn. 31, zit. nach *juris*, EWiR 2012, 711 m. Anm. *Voß*.
7 OLG München v. 2.11.2011 – 20 U 2289/11 Rn. 33 a.E., 34, zit. nach *juris*, EWiR 2012, 711 m. zust. Anm. *Voß*.

Einführung einer verbindliche Entscheidung der BaFin über das Bestehen der Prospektpflicht ratsam, dann kann es zu Fällen wie dem, der dem OLG München zur Entscheidung vorlag, nicht mehr kommen.

5 Wird ein Prospekt ohne Billigung veröffentlicht, so haften die Prospektverantwortlichen für die eventuelle Fehlerhaftigkeit dieses Prospekts ausschließlich nach den Grundsätzen der bürgerlich-rechtlichen Prospekthaftung. Das gilt unabhängig von der Frage, ob eine Prospektpflicht bestand (dann Idealkonkurrenz mit der Haftung nach § 24)[8] oder nicht (dazu bereits oben §§ 21–23 WpPG Rn. 26 a. E. mit Nachweisen), und aus welchen Gründen die BaFin eine Billigung versagt hat.

2. Erwerb innerhalb von 6 Monaten nach erstem öffentlichen Angebot

6 Zum Erwerb siehe die Erläuterungen zu §§ 21–23 WpPG Rn. 56. Zum abschließenden Charakter des 6-Monatszeitraums siehe zu §§ 21–23 WpPG Rn. 82 ff. Gemäß § 24 Abs. 1 Satz 1 löst das erste öffentliche Angebot im Inland den Beginn des Haftungszeitraums aus, dazu näher die Erläuterungen zu §§ 21–23 WpPG Rn. 60, 60a. Wird innerhalb des 6-Monats-Zeitraums doch noch ein gebilligter Prospekt veröffentlicht, so ändert das zwar nichts mehr an der Haftung für bis dahin bereits erfolgte Erwerbe. Für Erwerbe nach der verspäteten Veröffentlichung ist jedoch nicht mehr § 24 WpPG einschlägig, da dem Erwerb dann ein gebilligter Prospekt zugrundelag. Vielmehr richtet sich die Haftung in solchen Fällen nach § 22 WpPG. Der Haftungszeitraum wird in diesem Fall nicht etwa wegen des vorherigen rechtswidrig prospektlosen Angebots verkürzt (siehe §§ 21–23 WpPG Rn. 60a).

3. Sonstige Kautelen (Abs. 3, 4)

a) Inlandsbezug, Kausalität

7 § 24 Abs. 3 und 4 WpPG ordnen weitere Kautelen an, die der Regelung der § 21 ff. WpPG entsprechen. Zum nach Abs. 3 erforderlichen Inlandsbezug vgl. zunächst oben § 21 Rn. 64a). Naturgemäß fehlen die prospektspezifischen Ausschlusstatbestände des § 23 Abs. 2 Nr. 1, 2, 4 und 5 WpPG.[9] Die Unzulässigkeit von Haftungsbeschränkungen und das Verhältnis zu sonstigen Ansprüchen sind in § 25 WpPG geregelt (siehe Erläuterungen dort).

---

8 OLG München v. 02.11.2011 – 20 U 2289/11 Rn. 37 ff., zit. nach *juris*, EWiR 2012, 711 m. Anm. *Voß*; im Grundsatz ebenso *Klöhn*, FS Hoffmann-Becking (2013), S. 679, 694; a. A. *Assmann*, in: Assmann/Schlitt/von Kopp-Colomb,WpPG/VerkProspG, § 13 a VerkProspG Rn. 31 f. mit der abzulehnenden Annahme, die vom Gesetzgeber beabsichtigte Lückenschließung sei mit § 24 auch insoweit abschließend erfolgt. Zwar scheint in der Tat die Systematik (§ 25 WpPG) gegen die Ergänzung des § 24 um eine bürgerlich-rechtliche Haftung zu sprechen. Deren Ausschluss nach § 25 Abs. 2 WpPG kann sich jedoch letztlich nur darauf beziehen, dass auch aus der bürgerlichen Prospekthaftung ausnahmsweise Prospektpflichten hergeleitet werden, nicht aber soweit es um die Haftung für fehlerhafte Publizität geht, ebenso *Klöhn*, DB 2012, 1850, 1859 a. E.

9 Zur haftungsbegründenden Kausalität siehe *Bohlken/Lange*, DB 2005, 1259, 1261.

Streitig ist, ob die Haftung gleichwohl – gewissermaßen analog § 23 Abs. 2 Nr. 1 WpPG – voraussetzt, dass bei Prospektveröffentlichung die Wertpapiere nicht erworben worden wären.[10] Die Frage ist schon deshalb zu verneinen, da der Gesetzgeber das Erfordernis unproblematisch durch eine dem § 23 Abs. 2 Nr. 1 WpPG entsprechende Formulierung hätte regeln können, wenn er gewollt hätte.[11] Ferner zeigt der Haftungsausschluss (nur) bei Kenntnis des Erwerbers von der Pflicht zur Prospektveröffentlichung in Abs. 4, dass es gerade nicht auf die Frage ankommt, welche Folgen die Kenntnis oder eben Unkenntnis der Pflicht für das Verhalten des Anlegers haben.[12]

b) Haftungsausschluss bei Kenntnis (Abs. 3, 4)

Dem Tatbestand des § 23 Abs. 2 Nr. 3 WpPG (vgl. dazu oben §§ 21–23 WpPG Rn. 100) entspricht § 24 Abs. 4 WpPG nur unvollkommen. Während es nämlich in § 23 Abs. 2 Nr. 3 WpPG um die Kenntnis von Tatsachen geht, scheint § 24 Abs. 4 WpPG auf die Rechtskenntnisse des Erwerbers abzustellen. Das kann letztlich vom Gesetzgeber nicht gewollt sein, es wäre auch nicht verfassungsgemäß, wenn etwa Wertpapierjuristen als Anspruchsteller nach § 24 WpPG automatisch ausgeschlossen wären. Genausowenig zulässig wäre das alternative Verständnis, nach der der Anleger lediglich alle Tatsachen kennen müsste, aus denen sich die Prospektpflicht ergibt. Denn in diesem Falle dürfte es praktisch nie zur Haftung nach § 24 WpPG kommen, da die Prospektpflicht sich ja aus § 3 Abs. 1 WpPG als Regel ergibt. Nach zutreffendem Verständnis stellt § 24 Abs. 4 WpPG daher darauf ab, ob der Anleger davon ausgehen durfte, das öffentliche Angebot sei ohne Verstoß gegen § 3 Abs. 1 WpPG erfolgt. Abs. 4 nimmt erkennbar Bezug auf die Formulierung des § 24 Abs. 1 WpPG, der bereits mißverständlich auf einen Verstoß gegen eine Prospektveröffentlichungspflicht abzustellen scheint, obwohl es in Wahrheit um das öffentliche Anbieten trotz bestehenden Verbots geht (oben Rn. 2, 4). Er vertraut darauf, dass die ihm zugänglichen oder zugegangenen Informationen ordnungsgemäß zustandegekommen sind. Dieses Vertrauen aber ist nur ausgeschlossen, wenn der Anleger konkrete Kenntnis darüber besaß, dass die veröffentlichten Angebotsunterlagen vor der Veröffentlichung der BaFin zur Genehmigung vorgelegt wurden oder nicht. Das erforderliche Wissen bringt der Gesetzgeber freilich in der Norm nur unzureichend zum Ausdruck; die anderen Interpretationsmöglichkeiten sind aber – wie beschrieben – entweder ohne Sinn oder aber nicht verfassungskonform.

8

---

10 So *Assmann*, in: Assmann/Schlitt/von Kopp-Colomb, WpPG/VerkProspG, § 13 a VerkProspG Rn. 20; dagegen *Pankoke*, in: Just/Voß/Ritz/Zeising, WpPG, § 13 a VerkProspG Rn. 10; *Klöhn*, FS Hoffmann-Becking (2013), S. 679, 681; *Rosa*, Prospektpflichten und Prospekthaftung für geschlossene Fonds, 2009, S. 182 f.

11 Ebenso *Rosa*, Prospektpflichten und Prospekthaftung für geschlossene Fonds, 2009, S. 182; vgl. dazu *Klöhn*, DB 2012, 1854.

12 Im Ergebnis ebenso *Klöhn*, DB 2012, 1854, 1859.

4. Haftungsadressaten

9 Nach dem Gesetzeswortlaut haften Emittent und Anbieter. Anbieter ist derjenige, der für das öffentliche Angebot der Wertpapiere verantwortlich ist und gegenüber den Anlegern erkennbar auftritt.[13] Dazu gehören auch diejenigen, die nach außen hin für das öffentliche Angebot verantwortlich zeichnen, z. B. im Rahmen eines (nicht gestatteten) Prospekts oder einer anderen Darstellung im Zusammenhang mit dem Angebot.[14] Zu weit versteht das OLG München den Begriff des Anbieters, wenn es (noch für § 13 a VerkProspG a.F.) darlegt, dass die Unterzeichnung des Vorworts zum Prospekt die Unterzeichner aus Sicht der Anleger zu Verantwortlichen für das Angebot und damit zu Anbietern mache. Es mag ja sein, dass die Geschäftsführer des jeweiligen Fonds für den Vertrieb zuständig waren und sozusagen Hintermänner des Angebots waren. Doch ist Anbieter i. S. d. § 24 Abs. 1 WpPG nur, wer Wertpapiere öffentlich anbietet. Das WpPG und die EU-Prospektrichtlinie verwenden den Begriff stets im Singular und verstehen deshalb darunter nicht auch die „Veranlasser des Angebots". Ist der Emittent nicht auch zugleich der Anbieter der Wertpapiere, haftet er entgegen dem mißverständlichen Wortlaut des Gesetzes nicht, da ihn eine Prospektpflicht nur im Falle des öffentlichen Angebots treffen kann.[15]

5. Verschulden

10 Ein Verschuldenserfordernis wie in § 23 Abs. 1 WpPG hat der Gesetzgeber nicht aufgestellt. Offenbar ging er davon aus, dass ein Verkennen der Pflicht, einen Prospekt zu erstellen und der BaFin zur Billigung vorzulegen, lediglich ein unbeachtlicher Rechtsirrtum sein kann. Daran ist mit der wohl überwiegenden Auffassung festzuhalten.[16] Die Gegenauffassung,[17] die entsprechend § 23 Abs. 1 WpPG grobe Fahrlässigkeit fordert, kann nicht überzeugen. Sie

---

13 *Bohlken/Lange*, DB 2005, 1259, 1261.

14 OLG München v. 02.11.2011 – 20 U 2289/11 Rn. 35, zit. nach *juris*, EWiR 2012, 711 m. Anm. *Voß*.

15 *Assmann*, in: Assmann/Schütze, HdbKapAnlR, § 6 Rn. 274; *Assmann*, in: Assmann/ Schlitt/von Kopp-Colomb, WpPG/VerkProspG, § 13 a VerkProspG Rn. 12; *Klöhn*, DB 2012, 1854, 1857 m.w.N. in Fn. 57.

16 OLG München v. 02.11.2011 – 20 U 2289/11 Rn. 34, zit. nach *juris*, EWiR 2012, 711 mit zust. Anm. *Voß*; *Fleischer*, BKR 2004, 339, 346; *Klöhn*, DB 2012, 1854 ff., 1859; *Klöhn*, in FS Hoffmann-Becking (2013), S. 679, 681 m.w.N. in Fn. 13; *Becker*, in: Heidel, AktG, § 13a VerkProspG, Rn. 14; *Pankoke*, in: Just/Voß/Ritz/Zeising, WpPG, § 13 a VerkProspG Rn. 11; *Panetta/Zessel* NJOZ 2010, 418, 419; *Benecke*, BB 2006, 2597, 2600; *Rosa*, Prospektpflichten und Prospekthaftung für geschlossene Fonds, 2009, S. 181 ff., 186.

17 *Bohlken/Lange*, DB 2005, 1259, 1261 (Verschuldenserfordernis zur Vermeidung von Wertungswidersprüchen); auch *Mülbert/Steup*, in: Habersack/Mülbert/Schlitt, UntFinanzKM, § 33 Rn. 111 (Fremdkörper); *Spindler*, NJW 2004, 3449, 3455 (gewollter Gleichlauf mit Haftung für fehlerhaften Prospekt); *Assmann*, in: Assmann/Schlitt/von Kopp-Colomb, WpPG/VerkProspG, § 13 a VerkProspG Rn. 21 ff. (ungeplante Lücke, die Anwendung des spezialgesetzlichen Verschuldenserfordernisses rechtfertigt); *Schäfer*, ZGR 2006, 40, 51 f. (anderes Ergebnis wäre systemwidrig); jüngst *Bongertz*, BB 2012, 470, 474 f. (Gefährdungshaftung für Vermögensverletzung wäre ein Novum).

stellt vor allem darauf ab, dass eine verschuldensunabhängige Haftung systemwidrig wäre und nicht zu den übrigen Regeln der spezialgesetzlichen Prospekthaftung passte. Doch ist ein Verschuldenserfordernis weder mit der Gesetzgebungsgeschichte[18] noch mit dem Wortlaut des § 24 WpPG in Anbetracht seiner systematischen Stellung eben hinter § 23 Abs. 1 WpPG vereinbar, noch passte es zum Haftungsgrund (vgl. oben Rn. 1–3). Eine systemwidrige Garantiehaftung oder deliktische Gefährdungshaftung des Prospektpflichtigen ergibt sich daraus gerade nicht. Es werden vielmehr lediglich die Regeln über die Vertrauenshaftung angewendet, da ja nicht für das Fehlen eines Prospekts, sondern für die Inanspruchnahme von Vertrauen durch das öffentliche Angebot gehaftet wird (siehe oben Rn. 1).

6. Rechtsfolge, „Erwerbspreis" (Abs. 1, Abs. 2)

Fehlt es an einem erforderlichen Prospekt, sieht Abs. 1 vor, dass der Erwerber von dem Emittenten und dem Anbieter die Rücknahme der Wertpapiere oder Vermögensanlagen „gegen Erstattung des Erwerbspreises, soweit dieser den ersten Erwerbspreis nicht überschreitet, und der mit dem Erwerb verbundenen üblichen Kosten verlangen" kann. Diese Rechtsfolge ist wenig mehr als ein Rücktrittsrecht des Anlegers und stellt ihn im Ergebnis so, als wäre das Erwerbsgeschäft nicht zustandegekommen (Ersatz des negativen Interesses). Ist der Erwerber nicht mehr Inhaber der Wertpapiere oder Vermögensanlagen, so kann er nach Abs. 2 „die Zahlung des Unterschiedsbetrages zwischen dem Erwerbspreis und dem Veräußerungspreis der Wertpapiere oder Vermögensanlagen sowie der mit dem Erwerb und der Veräußerung verbundenen üblichen Kosten verlangen". Diese Regeln entsprechen der Rechtslage nach § 21 WpPG (vgl. die Erläuterungen dort Rn. 104–113a ff.) mit der Besonderheit, dass auf den „Erwerbspreis" abgestellt wird. Damit gemeint sein kann indessen nur ein „späterer Erwerbspreis", m.a.W. der gemeine Wert der Vermögensanlage, soweit sich ein solcher feststellen lässt. Lässt er sich nicht feststellen, so kann die Haftung dennoch nicht scheitern; ggf. ist der gemeine Wert nach § 286f. ZPO zu schätzen. Auf eine Veränderung des Erwerbspreises durch den Anbieter kann es dagegen nicht ankommen, da dieser es sonst in der Hand hätte, bis zum Ablauf der Frist den Preis gleich zu halten und so von der Haftung frei zu werden.

11

7. Verjährung

Die Verjährung richtet sich nach den allgemeinen Regeln der §§ 195, 199 BGB (siehe bereits §§ 21–23 WpPG Rn. 125ff.). Problematisch ist allein der Verjährungsbeginn der kenntnisabhängigen Verjährung. Auch hier kann es nicht auf Rechtskenntnisse des Anlegers ankommen, maßgebend für den Beginn ist daher richtigerweise die Kenntnis von Umständen, aus denen sich der Verstoß des Anbieters gegen § 3 Abs. 1 WpPG ergibt.

12

---

18 Das noch im ersten Referentenentwurf zu § 13a VerkProspG a.F. enthaltene Verschuldenserfordernis wurde später gestrichen, vgl. *Benecke*, BB 2006, 2597, 2600.

§ 25
Unwirksame Haftungsbeschränkung; sonstige Ansprüche

(1) Eine Vereinbarung, durch die Ansprüche nach §§ 21, 23 oder 24 im Voraus ermäßigt oder erlassen werden, ist unwirksam.

(2) Weitergehende Ansprüche, die nach den Vorschriften des bürgerlichen Rechts auf Grund von Verträgen oder unerlaubten Handlungen erhoben werden können, bleiben unberührt.

Inhalt

I. Verbot haftungsbeschränkender Abreden

1 § 25 Abs. 1 WpPG verbietet nicht zum einen sämtliche Individualabreden, in denen sich Prospektverantwortliche „im Voraus" von der Haftung (teilweise) freizeichnen. Darüber hinaus steht die Vorschrift richtigerweise bereits Klauseln im Prospekt selbst entgegen, die die Haftung einschränken sollen. „Im Voraus" bedeutet nach einer Auffassung vor Entstehen des Anspruchs[1], nach anderer Auffassung vor Kenntnis des Anlegers von dessen Entstehen.[2] Keinesfalls ist das Gesetz oder der Wille des Gesetzgebers insoweit eindeutig.[3] Der zweiten Auffassung ist zuzustimmen, da vor Kenntnis des Anlegers von dem Prospektmangel eine bewusste Entscheidung über einen Verzicht nicht getroffen werden kann. Im Nachhinein ist ein Verzicht unproblematisch, etwa im Rahmen eines Vergleichs.

II. Konkurrenzen (§ 25 Abs. 2 WpPG/§ 47 Abs. 2 BörsG a. F.)

2 Nach § 47 Abs. 2 BörsG a.F. blieben weitergehende Ansprüche, die nach den Vorschriften des bürgerlichen Rechts auf Grund von Verträgen oder unerlaubten Handlungen erhoben werden, „unberührt"; dieser Formulierung, die alles andere als eindeutig ist, entnehmen Gesetzesbegründung und h. M. im Umkehrschluss eine Verdrängung sämtlicher dort nicht genannten Ansprü-

---

1 *Assmann*, in: Assmann/Schütze, HdbKapAnlR, § 6 Rn. 258; *Groß*, KapMR, § 25 WpPG Rn. 2; *Schwark*, in: Schwark/Zimmer, KapMRK, § 47 BörsG Rn. 1; *Pankoke*, in: Just/Voß/Ritz/Zeising, WpPG, § 47 BörsG Rn. 1.

2 *Hamann*, in: Schäfer/Hamann, KapMG, § 47 BörsG Rn. 2; *Baumbach/Hopt*, HGB, § 47 BörsG Rn. 1; nun auch *Assmann*, in: Assmann/Schlitt/von Kopp-Colomb, WpPG/VerkProspG, § 13 VerkProspG Rn. 116.

3 So aber *Pankoke*, in: Just/Voß/Ritz/Zeising, WpPG, § 47 BörsG Rn. 1; dagegen zutr. *Assmann*, in: Assmann/Schlitt/von Kopp-Colomb, WpPG/VerkProspG, § 13 VerkProspG Rn. 116.

che durch §§ 21 ff. WpPG, insb. solcher aus der allgemeinen zivilrechtlichen Prospekthaftung im engeren Sinne.[4] Die zutreffende Begründung dafür ist richtigerweise im abschließenden Charakter der wertpapierprospektgesetzlichen Regelung zu sehen, die eine Abwägung der widerstreitenden Interessen enthält. Insb. dürfen die auf Begrenzung des Haftungsrisikos für die Prospektverantwortlichen angelegten Regeln nicht durch die Anwendung der allgemeinen Prospekthaftungsregeln unterlaufen werden.[5] Das schließt freilich nicht aus, die bürgerlich-rechtliche Prospekthaftung immer dann eingreifen zu lassen, wenn der Anwendungsbereich des WpPG nicht eröffnet ist, etwa bei zusätzlichen Informationen, soweit diese nicht mit dem gesetzlichen Prospekt zusammen zu betrachten sind (dazu oben §§ 21–23 WpPG Rn. 19, 117a) oder bei freiwilligen Prospekten, die nicht über § 1 Abs. 3 i.V. m. § 13 dem WpPG unterstellt werden (oben §§ 21–23 WpPG Rn. 26 f.; 32 f.).[6] Siehe zum Eingreifen der bürgerlich-rechtlichen Prospekthaftung ferner §§ 21–23 WpPG Rn. 26 a. E.; 32 f., 118 sowie § 24 Rn. 5 a. E.

§ 47 Abs. 2 BörsG a. F. schloss zunächst Ansprüche auf Grund eines Vertrages nicht aus, nach h. M. auch nicht solche, die auf einer schuldrechtlichen Sonderverbindung beruhen (c. i. c.).[7] Solche Ansprüche setzen jedoch mindestens ein persönlich in Anspruch genommenes Vertrauen voraus und sind aus diesem Grunde in aller Regel nicht einschlägig. Eine allgemeine kapitalmarktrechtliche Vertrauenshaftung ohne unmittelbaren geschäftlichen Kontakt ist abzulehnen.[8] Insbesondere folgen aus dem Forderungsrecht bei einem mittelbaren Bezugsrecht keine Beratungspflichten der Banken.[9]   3

§ 25 Abs. 2 WpPG erlaubt die Geltendmachung von Ansprüchen aus unerlaubter Handlung. Die noch in § 47 Abs. 2 BörsG a.F. enthaltene Beschrän-   4

---

4   Begr. RegE 3. FFG, BT-Drucks. 13/8933, S. 81; nur referierend BGH v. 21.02.2013 – III ZR 139/12, WM 2013, 689 Rn. 14, *Hamann*, in: Schäfer/Hamann, KapMG, § 47 Rn. 4; *Groß*, KapMR, § 25 WpPG Rn. 3; *Schwark*, in: Schwark/Zimmer, KapMRK, § 45 BörsG Rn. 79; *Assmann*, in: Assmann/Schlitt/von Kopp-Colomb, WpPG/VerkProspG, § 13 VerkProspG Rn. 120; *Hahn*, VersR 2012, 393, 394; *Nobbe*, WM 2013, 193, 201 f. m.w.N. in Fn. 121; speziell für § 20 Abs. 6 VermAnlG auch *Suchomel*, NJW 2013, 1126, 1129 ff.; a. A. etwa *Emmerich*, in: MüKo BGB, 6. Aufl. 2012, § 311 BGB Rn. 153 m.w.N. in Fn. 622, von denen allerdings mindestens die Verweise auf *Holzborn/Israel* ZIP 2005, 1668, 1671 ff. und *Otto*, in: Staudinger, BGB, § 280 BGB Rn. C 50 ff. nicht nachvollziehbar sind und *Kersting*, JR 2009, 221, 224, der immerhin die spezialgesetzlichen Privilegierungen auf die bürgerlich-rechtliche Haftung übertragen will, also auch kaum der Mindermeinung zugerechnet werden kann; die Verweise in der genannten Fußnote von Emmerich offenbar ungeprüft übernommen hat jedoch *Nobbe*, WM 2013, 193, 202 in Fn. 124.
5   Begr. RegE 3. FFG, BT-Drucks. 13/8933, S. 81.
6   Siehe *Groß*, KapMR, § 25 WpPG Rn. 3; *Pankoke*, in: Just/Voß/Ritz/Zeising, WpPG, § 47 BörsG Rn. 5.
7   *Hamann*, in: Schäfer/Hamann, KapMG, § 47 Rn. 6; *Schwark*, in: Schwark/Zimmer, KapMRK, § 47 BörsG Rn. 4; *Assmann*, in: Assmann/Schlitt/von Kopp-Colomb, WpPG/VerkProspG, § 13 VerkProspG Rn. 120; *Pankoke*, in: Just/Voß/Ritz/Zeising, WpPG, § 47 BörsG Rn. 3.
8   *Hamann*, in: Schäfer/Hamann, KapMG, § 47 Rn. 6; *Schwark*, in: Schwark/Zimmer, KapMRK, § 45 BörsG Rn. 79.
9   OLG Bremen v. 21.05.1997 – 1 U 132/96, AG 1997, 420, 421 (Elsflether Werft).

kung auf grob fahrlässige Delikte ist entfallen, was allerdings kaum praktische Auswirkungen haben dürfte.[10] Insoweit kommen angesichts des bloßen Vermögensschadens der Anleger nur Ansprüche aus § 823 Abs. 2 BGB i.V. m. einem Schutzgesetz und aus § 826 BGB in Betracht. Als Schutzgesetze kommen neben § 263 StGB[11] und § 264a StGB (Kapitalanlagebetrug)[12] insbesondere auch § 399 Abs. 1 Nr. 4 AktG (Kapitalerhöhungsschwindel) und § 400 Abs. 1 AktG in Betracht.[13] Das gilt auch für die Haftung von Berufsgaranten der bürgerlich-rechtlichen Prospekthaftung (siehe dazu §§ 21–23 WpPG Rn. 120), etwa aus § 823 Abs. 2 BGB i.V. m. § 264a Abs. 1, § 27 Abs. 1 StGB und § 332 HGB.[14] Die Bestimmungen des WpHG haben in aller Regel keine drittschützende Wirkung,[15] das gilt insb. für § 15 WpHG, wegen dessen Abs. 6 und zumal diese Norm im WpHG selbst haftungsbewehrt ist. Ebenso wenig sind die §§ 21 ff. WpPG selbst Schutzgesetze, weil sonst über den Umweg des § 823 Abs. 2 BGB die nur beschränkte Ersatzhaftung ausgehebelt werden könnte.[16] In jüngerer Zeit hat der BGH in dieser Hinsicht die sog. Informationsdeliktshaftung auf der Grundlage des § 826 BGB schärfer konturiert.[17]

---

10 So auch *Lorenz/Schönemann/Wolf*, CFL 2012, 346, 349; *Leuering*, NJW 2012, 1905, 1906.
11 Dazu BGH 19.07.2004 – II ZR 218/03, NJW 2004, 2664, 2666 (Infomatec I); OLG Köln 26.08.1999 – 1 U 43/99, AG 2000, 281, 284.
12 Dazu BGH 19.07.2004 – II ZR 218/03, NJW 2004, 2664, 2666 (Infomatec I).
13 Dazu *Schwark*, in: Schwark/Zimmer, KapMRK, § 45 BörsG Rn. 80f.
14 BGH v. 21.02.2013 – III ZR 139/12, WM 2013, 689 Rn. 14.
15 BGH v. 13.12.2011 – XI ZR 51/10, NZG 2012, 263, 265 Rn. 18, 25 (IKB) für §§ 20a, 15 WpHG; BGH v. 22.06.2010 – VI ZR 212/09, NZG 2010, 1071 für 34a WpHG; BGH v. 19.02.2008 – XI ZR 170/07, NZG 2008, 477 für § 32 II Nr. 1 WpHG.
16 *Pankoke*, in: Just/Voß/Ritz/Zeising, WpPG, § 47 BörsG Rn. 11.
17 Nachweise in oben §§ 21–23 WpPG Rn. 2.

§ 20
Haftung bei fehlerhaftem Verkaufsprospekt

(1) Sind für die Beurteilung der Vermögensanlagen wesentliche Angaben in einem Verkaufsprospekt unrichtig oder unvollständig, kann der Erwerber der Vermögensanlagen von denjenigen, die für den Verkaufsprospekt die Verantwortung übernommen haben, und denjenigen, von denen der Erlass des Verkaufsprospekts ausgeht, als Gesamtschuldnern die Übernahme der Vermögensanlagen gegen Erstattung des Erwerbspreises, soweit dieser den ersten Erwerbspreis der Vermögensanlagen nicht überschreitet, und der mit dem Erwerb verbundenen üblichen Kosten verlangen, sofern das Erwerbsgeschäft nach Veröffentlichung des Verkaufsprospekts und während der Dauer des öffentlichen Angebots nach § 11, spätestens jedoch innerhalb von zwei Jahren nach dem ersten öffentlichen Angebot der Vermögensanlagen im Inland, abgeschlossen wurde. Auf den Erwerb von Vermögensanlagen desselben Emittenten, die von den in Satz 1 genannten Vermögensanlagen nicht nach Ausstattungsmerkmalen oder in sonstiger Weise unterschieden werden können, ist Satz 1 entsprechend anzuwenden.

(2) Ist der Erwerber nicht mehr Inhaber der Vermögensanlagen, so kann er die Zahlung des Unterschiedsbetrags zwischen dem Erwerbspreis, soweit dieser den ersten Erwerbspreis nicht überschreitet, und dem Veräußerungspreis der Vermögensanlagen sowie der mit dem Erwerb und der Veräußerung verbundenen üblichen Kosten verlangen. Absatz 1 Satz 2 ist anzuwenden.

(3) Nach Absatz 1 oder Absatz 2 kann nicht in Anspruch genommen werden, wer nachweist, dass er die Unrichtigkeit oder Unvollständigkeit der Angaben des Verkaufsprospekts nicht gekannt hat und dass die Unkenntnis nicht auf grober Fahrlässigkeit beruht.

(4) Der Anspruch nach Absatz 1 oder Absatz 2 besteht nicht, sofern

1. die Vermögensanlagen nicht auf Grund des Verkaufsprospekts erworben wurden,
2. der Sachverhalt, über den unrichtige oder unvollständige Angaben im Verkaufsprospekt enthalten sind, nicht zu einer Minderung des Erwerbspreises der Vermögensanlagen beigetragen hat oder
3. der Erwerber die Unrichtigkeit oder Unvollständigkeit der Angaben des Verkaufsprospekts beim Erwerb kannte.

(5) Werden Vermögensanlagen eines Emittenten mit Sitz im Ausland auch im Ausland öffentlich angeboten, besteht der Anspruch nach Absatz 1 oder Absatz 2 nur, sofern die Vermögensanlagen auf Grund eines im Inland abgeschlossenen Geschäfts oder einer ganz oder teilweise im Inland erbrachten Wertpapierdienstleistung erworben wurden.

(6) Eine Vereinbarung, durch die der Anspruch nach Absatz 1 oder Absatz 2 im Voraus ermäßigt oder erlassen wird, ist unwirksam. Weiter gehende Ansprüche, die nach den Vorschriften des bürgerlichen Rechts auf Grund von Verträgen oder unerlaubten Handlungen erhoben werden können, bleiben unberührt.

Inhalt

I. Übersicht

1   Die Prospekthaftung nach den §§ 20 ff. VermAnlG ist der Haftung für unrichtige oder fehlende Wertpapierprospekte gem. §§ 21–25 WpPG nachgebildet. Sie gilt nur für Verkaufsprospekte für Vermögensanlagen im Sinne des VermAnlG, d. h. für nach § 6 VermAnlG vorgeschriebene Prospekte (siehe bereits §§ 21–23 WpPG Rn. 27, 31). Die Regeln enthalten auch eine § 24 WpPG weitgehend entsprechende Haftung bei fehlendem Prospekt (§ 21 VermAnlG). Neu eingeführt hat der Gesetzgeber darüber hinaus eine an die Vorschrift für die Prospekt-Zusammenfassung gem. § 23 Abs. 2 Nr. 5 WpPG angelehnte Haftung für das sog. Vermögensanlagen-Informationsblatt in § 22 VermAnlG, die aber als misslungen anzusehen ist (näher unten § 22 VermAnlG Rn. 1).

2   Für § 20 VermAnlG (Haftung für fehlerhafte Vermögensanlagen-Verkaufsprospekte) kann bis auf einige nachfolgend dargestellte Besonderheiten auf die Erläuterungen zu §§ 21–23 und § 25 WpPG verwiesen werden. Das gilt insbesondere für die Haftungsadressaten (§§ 21–23 WpPG Rn. 34–54)[1], den Haftungstatbestand (a. a. O. Rn. 55–75), für das in Abs. 3 geregelte Verschulden (a. a. O. Rn. 88–92), für die Rechtsfolgen (a. a. O. Rn. 104–113 a) einschließlich der in Abs. 2 geregelten Ansprüche des früheren Inhabers (a. a. O. Rn. 109–111) und für die Verjährung (a. a. O. Rn. 125 f.) Ferner ist für Emittenten mit Sitz im Ausland (Abs. 5) auf die Erläuterungen zu §§ 21–23 WpPG Rn. 64 a zu verweisen. Für das in § 20 Abs. 6 VermAnlG geregelte Verbot vorheriger haftungsbeschränkender Vereinbarungen sowie die Konkurrenzen wird auf die Erläuterungen zu § 25 WpPG verwiesen. Besonderheiten bestehen vor allem im Hinblick auf den Haftungszeitraum, bei der in Abs. 4 geregelten Kausalität und für Aktualisierung und Berichtigung.

II. Besonderheiten der Prospekthaftung nach § 20 VermAnlG

1. Verlängerung des Haftungszeitraums auf Dauer des Angebots, höchstens 2 Jahre

3   Die bisher gem. § 13 VerkProspG a. F. auch für Vermögensanlagen-Verkaufsprospekte geltende sechsmonatige Ausschlussfrist (vgl. § 21 Abs. 1 WpPG)

---

1   Strittig für den Emittenten als Adressat, vgl. *Schnauder*, NJW 2013, 3207 ff. m. w. N. in FN. 18; sowie für die Garantenhaftung, vgl. §§ 21–23 WpPG Rn. 52

wird durch die Dauer des öffentlichen Angebots, längstens jedoch durch eine zwei Jahre lange Ausschlussfrist ersetzt. Gem. § 20 Abs. 1 VermAnlG ist für den Beginn des Haftungszeitraums anstelle der erstmaligen Einführung der Wertpapiere der Zeitpunkt des ersten öffentlichen Angebots im Inland maßgeblich, siehe dazu die Erläuterungen zu §§ 21–23 WpPG Rn. 60 f. Zur Begründung führt der Gesetzgeber an, die kurze Frist des § 21 WpPG sei auf Wertpapiere iSd. WpPG zugeschnitten und bei Vermögensanlagen nicht sachgerecht, weil der Verkaufsprospekt im Bereich der Vermögensanlagen für die Anlageentscheidung eine weitaus größere und auch zeitlich längere Bedeutung habe.[2] Zudem gebe es keine informationsverarbeitenden Preisfindungsmechanismen wie an den Wertpapiermärkten, auch gebe es nicht nur eine vorübergehende aktuelle Anlagestimmung zu Beginn der Platzierungsphase, im Übrigen in aller Regel länger als 6 Monate dauere.[3] Die Begrenzung auf die Dauer des Angebots, höchstens aber zwei Jahre, rechtfertigt der Gesetzgeber mit der auf die Dauer des Angebots begrenzten Nachtragspflicht gem. § 11 VermAnlG sowie mit dem Gebot der Rechtssicherheit.[4]

Das rechtfertigt allerdings nicht die Höchstfrist von 2 Jahren. Wie das OLG Dresden zu Recht darlegt, könnte dadurch nämlich der Zweck der Prospekthaftung allzu leicht unterlaufen werden.[5] Der Prospekt müsste dazu nur über den Zeitraum von 2 Jahren hinaus durch Nachträge aktuell gehalten werden, eine zeitliche Gültigkeitsgrenze für den Prospekt wie in § 9 Abs. 1 WpPG existiert im VermAnlG nicht. Selbst bei irreführenden Nachträgen könnten haftungsfrei weiter Vermögensanlagen verkauft werden. Da durch die Nachträge der Eindruck eines aktuellen Prospekts neu geschaffen wird, sollte man deshalb auf den Prospekt in der Fassung des Nachtrags die Regeln der bürgerlich-rechtlichen Prospekthaftung im engeren Sinne anwenden.[6] Die Argumente, die gegen eine solche Anwendung im Rahmen des WpPG (Erläuterungen zu § 25 WpPG Rn. 2) sprechen, sind hier nicht einschlägig: Eine umfassende Interessenabwägung durch den Gesetzgeber ist nicht ersichtlich, dieser hatte die einschlägigen Fälle nicht vor Augen. Auch geht es hier nicht mehr um eine Begrenzung des Haftungsrisikos des Anbieters. Die Verlängerung des öffentlichen Angebots über den 2-Jahres-Zeitraum hinaus beruht ja auf seiner Entscheidung.

2. Kausalität, Haftungsausschluss (Abs. 4)

§ 20 Abs. 4 VermAnlG verlangt für die Haftung ferner Transaktionskausalität, deren Vorhandensein allerdings vermutet wird (Abs. 4 Nr. 1, dazu §§ 21–23 WpPG Rn. 81 ff.). Angesichts der Regierungsbegründung zum Gesetz zur Novellierung des Finanzanlagenvermittler- und Vermögensanlagenrechts[7]   *4*

---

2 Begr. RegE, BT-Drucks. 17/6051 S. 36.
3 Begr. RegE, BT-Drucks. 17/6051 S. 36.
4 Begr. RegE, BT-Drucks. 17/6051 S. 37.
5 OLG Dresden v. 23. 12. 2013 – 8 U 999/12, 8 U 0999/12 –, juris Rn. 107.
6 Erwogen, aber offengelassen von BGH v. 21. 02. 2013, WM 2013, 689 Rn. 13.
7 Begr. RegE, BT-Drucks. 17/6051 S. 36: Es könne „nicht davon ausgegangen werden, dass der Verkaufsprospekt nur vorübergehend und nur zu Beginn der Platzierungsphase eine aktuelle Anlagestimmung … hervorruft".

kann es im Rahmen des § 20 erst Recht nicht auf eine tatsächliche Anlage-stimmung ankommen.

Ferner ist Preiskausalität (Abs. 4 Nr. 2, dazu §§ 21–23 WpPG Rn. 87) erfor-derlich, die ebenfalls vermutet wird. Da die Vermögensanlagen des Verm-AnlG gerade nicht in Wertpapieren verbrieft und im Allgemeinen nur schlecht oder nicht übertragbar sind und damit auch nicht an der Börse ge-handelt werden, tritt an die Stelle des in § 23 Abs. 2 Nr. 2 WpPG genannten Börsenpreises der Erwerbspreis. Damit gemeint sein kann indessen nur so etwas wie ein „späterer Erwerbspreis", m.a.W. der gemeine Wert der Ver-mögensanlage, wenn sich ein solcher feststellen lässt. Auf Veränderungen des Erwerbspreises durch den Anbieter kann es dagegen nicht ankommen, da dieser es sonst in der Hand hätte, bis zum Ablauf der Frist den Preis gleich zu halten und so von der Haftung frei zu werden. Lässt sich der ge-meine Wert nicht feststellen, so scheitert die Haftung nicht am Kausalitäts-erfordernis des § 23 Abs. 2 Nr. 2 WpPG, weil den aus § 20 VermAnlG in An-spruch Genommenen insoweit die Beweislast trifft.

5 § 20 Abs. 4 Nr. 3 VermAnlG entspricht § 23 Abs. 1 Nr. 3 WpPG (dazu §§ 21–23 WpPG Rn. 100). Kennt der Anleger die Fehlerhaftigkeit, so erwirbt er die Vermögensanlage auf eigenes Risiko. Einen Haftungsausschluß für eine feh-lerhafte Prospektzusammenfassung (vgl. § 23 Abs. 2 Nr. 5 WpPG) kennt das VermAnlG hingegen nicht, da es statt einer Zusammenfassung ein standar-disiertes Vermögensanlagen-Informationsblatt eingeführt hat, für die der An-bieter (nur er!) unter gewissen Umständen haftet (siehe die Erläuterungen zu § 22 VermAnlG).

3. Aktualisierung und Berichtigung

6 Der erste Diskussionsentwurf hatte darüber hinaus noch eine Ausnahme von der Haftung bei rechtzeitiger Berichtigung – ähnlich § 23 Abs. 2 Nr. 4 WpPG enthalten, die in späteren Entwürfen dann fehlte. Nach der Gesetzesbegrün-dung ist eine solche Ausnahme in § 20 Abs. 4 entbehrlich, weil gem. § 11 VermAnlG Nachträge unbürokratisch seien.[8] Daraus und aus der Tatsache, dass der Haftungszeitraum mit dem Zeitraum der Nachtragspflicht gem. § 11 VermAnlG synchronisiert wurde, folgt umgekehrt zwingend, dass auch für unrichtig gewordene Prospekte gehaftet wird, der zu § 13 VerkProspG a.F. diskutierte Fall, dass die Nachtragspflicht bereits vor dem Ende des Haf-tungszeitraums abgelaufen ist,[9] kann nicht mehr auftreten.

---

8 Begr. RegE, BT-Drucks. 17/6051 S. 36.
9 Siehe die Erläuterungen zu §§ 21–23 WpPG Rn. 80.

§ 21
Haftung bei fehlendem Verkaufsprospekt

(1) Der Erwerber von Vermögensanlagen kann, wenn ein Verkaufsprospekt entgegen § 6 nicht veröffentlicht wurde, von dem Emittenten der Vermögensanlagen und dem Anbieter als Gesamtschuldnern die Übernahme der Vermögensanlagen gegen Erstattung des Erwerbspreises, soweit dieser den ersten Erwerbspreis nicht überschreitet, und der mit dem Erwerb verbundenen üblichen Kosten verlangen, sofern das Erwerbsgeschäft vor Veröffentlichung eines Verkaufsprospekts und innerhalb von zwei Jahren nach dem ersten öffentlichen Angebot der Vermögensanlagen im Inland abgeschlossen wurde. Auf den Erwerb von Vermögensanlagen desselben Emittenten, die von den in Satz 1 genannten Vermögensanlagen nicht nach Ausstattungsmerkmalen oder in sonstiger Weise unterschieden werden können, ist Satz 1 entsprechend anzuwenden.

(2) Ist der Erwerber nicht mehr Inhaber der Vermögensanlagen, kann er die Zahlung des Unterschiedsbetrags zwischen dem Erwerbspreis und dem Veräußerungspreis der Vermögensanlagen sowie der mit dem Erwerb und der Veräußerung verbundenen üblichen Kosten verlangen. Absatz 1 Satz 1 gilt entsprechend.

(3) Werden Vermögensanlagen eines Emittenten von Vermögensanlagen mit Sitz im Ausland auch im Ausland öffentlich angeboten, besteht ein Anspruch nach Absatz 1 oder Absatz 2 nur, sofern die Vermögensanlagen auf Grund eines im Inland abgeschlossenen Geschäfts oder einer ganz oder teilweise im Inland erbrachten Wertpapierdienstleistung erworben wurden.

(4) Der Anspruch nach den Absätzen 1 bis 3 besteht nicht, sofern der Erwerber die Pflicht, einen Verkaufsprospekt zu veröffentlichen, beim Erwerb kannte.

(5) Eine Vereinbarung, durch die ein Anspruch nach den Absätzen 1 bis 3 im Voraus ermäßigt oder erlassen wird, ist unwirksam. Weiter gehende Ansprüche, die nach den Vorschriften des bürgerlichen Rechts auf Grund von Verträgen oder unerlaubten Handlungen erhoben werden können, bleiben unberührt.

Besonderheiten der Haftung bei fehlendem Prospekt nach § 21 VermAnlG

§ 21 VermAnlG ist bis auf Abs. 5 mit § 24 WpPG wortlautidentisch, weshalb vollumfänglich auf die dortigen Erläuterungen zu verweisen ist. Einzige Abweichung ist der Haftungszeitraum (2 Jahre statt 6 Monate), dazu bereits § 20 VermAnlG Rn. 3. Abs. 5 entspricht § 25 WpPG.

Ob eine Prospektpflicht bestand, ergibt sich nicht aus § 3 WpPG, sondern aus § 6 VermAnlG. Im Unterschied zum WpPG (§ 2 Nr. 4) ist der Begriff des öffentlichen Anbietens im VermAnlG nicht legaldefiniert. Sachlich dürfte das öffentliche Anbieten jedoch mit dem des öffentlichen Angebots im Sinne des § 2 Nr. 4 WpPG identisch sein.

§ 22
Haftung bei unrichtigem Vermögensanlagen-Informationsblatt

(1) Wer Vermögensanlagen auf Grund von Angaben in einem Vermögens-anlagen-Informationsblatt erworben hat, kann von dem Anbieter die Über-nahme der Vermögensanlagen gegen Erstattung des Erwerbspreises, soweit dieser den ersten Erwerbspreis der Vermögensanlagen nicht über-schreitet, und der mit dem Erwerb verbundenen üblichen Kosten verlan-gen, wenn

1. die in dem Vermögensanlagen-Informationsblatt enthaltenen Angaben irreführend, unrichtig oder nicht mit den einschlägigen Teilen des Ver-kaufsprospekts vereinbar sind und
2. das Erwerbsgeschäft nach Veröffentlichung des Verkaufsprospekts und während der Dauer des öffentlichen Angebots nach § 11, spätestens je-doch innerhalb von zwei Jahren nach dem ersten öffentlichen Angebot der Vermögensanlagen im Inland abgeschlossen wurde.

(2) Ist der Erwerber nicht mehr Inhaber der Vermögensanlagen, kann er die Zahlung des Unterschiedsbetrags zwischen dem Erwerbspreis, soweit dieser den ersten Erwerbspreis nicht überschreitet, und dem Veräuße-rungspreis der Vermögensanlagen sowie der mit dem Erwerb und der Ver-äußerung verbundenen üblichen Kosten verlangen.

(3) Nach Absatz 1 oder Absatz 2 kann nicht in Anspruch genommen wer-den, wer nachweist, dass er die Unrichtigkeit des Vermögensanlagen-Infor-mationsblatts nicht gekannt hat und dass die Unkenntnis nicht auf grober Fahrlässigkeit beruht.

(4) Der Anspruch nach Absatz 1 oder Absatz 2 besteht nicht, sofern

1. der Erwerber die Unrichtigkeit der Angaben des Vermögensanlagen-In-formationsblatts beim Erwerb kannte oder
2. der Sachverhalt, über den unrichtige Angaben im Vermögensanlagen-Informationsblatt enthalten sind, nicht zu einer Minderung des Erwerbs-spreises der Vermögensanlagen beigetragen hat.

(5) Werden Vermögensanlagen eines Emittenten mit Sitz im Ausland auch im Ausland öffentlich angeboten, besteht der Anspruch nach Absatz 1 oder Absatz 2 nur, sofern die Vermögensanlagen auf Grund eines im Inland ab-geschlossenen Geschäfts oder einer ganz oder teilweise im Inland erbrach-ten Wertpapierdienstleistung erworben wurden.

(6) Eine Vereinbarung, durch die der Anspruch nach Absatz 1 oder Absatz 2 im Voraus ermäßigt oder erlassen wird, ist unwirksam. Weiter gehende Ansprüche, die nach den Vorschriften des bürgerlichen Rechts auf Grund von Verträgen oder unerlaubten Handlungen erhoben werden können, bleiben unberührt.

Wackerbarth

Inhalt

I. Verfassungsgemäßheit des § 22 VermAnlG?

§ 13 VermAnlG verpflichtet die Anbieter von Vermögensanlagen, ein soge- 1
nanntes Vermögensanlagen-Informationsblatt (i. F.: VIB) zu erstellen, durch
das der Prospekt für das Publikum noch einmal auf höchstens drei DIN A4
Seiten verständlich zusammengefasst werden soll (sog. Beipackzettel). Die
Vorschrift enthält zum Teil unbestimmte (DIN A4 Seiten in 12-Punkt- oder 5-
Punkt-Schrift?) oder kaum erfüllbare Pflichten in Form von nicht justiziablen
Zielvorgaben (der Anleger soll aufgrund der Angaben „einschätzen" bzw.
„bestmöglich vergleichen" können).[10] Die entsprechende Haftungsvorschrift
des § 22 VermAnlG ist schon deshalb möglicherweise verfassungswidrig.
Ferner steht die in § 22 VermAnlG angeordnete Haftung auch noch im Gegensatz zu einem der vorgeschriebenen Hinweise, die das Informationsblatt
gem. § 13 Abs. 2 Nr. 4 VermAnlG enthalten muss, nämlich dem Hinweis darauf, dass der Anleger seine Anlageentscheidung auf die Prüfung des gesamten Prospekts stützen „sollte". Dieser Hinweis ist irreführend, wenn doch
anschließend aus der in § 22 Abs. 1 Nr. 1 VermAnlG angeordneten Voraussetzung (Angaben im VIB) ersichtlich wird, dass der Anleger seine Anlageentscheidung eben doch auch allein auf das Informationsblatt stützen darf.
Das VIB ist also gleich per gesetzlicher Anordnung irreführend. Wegen dieser Unvorhersehbarkeiten und Widersprüchlichkeiten ist § 22 VermAnlG als
mit dem Rechtsstaatsprinzip unvereinbar anzusehen. Auch die Festlegung
des Kreises der Haftenden ist mit dem GG nicht vereinbar (siehe Rn. 4).

II. Voraussetzungen der Haftung

1. Tatbestand und Haftungsadressaten

Die Vorschrift lehnt sich laut Gesetzesbegründung an die Haftung bei feh- 2
lerhafter Prospektzusammenfassung gem. §§ 21, 23 Abs. 2 Nr. 5 an,[11] ist aber
insgesamt der Haftung für fehlerhafte Verkaufsprospekte gem. § 20 Verm-
AnlG praktisch bis ins Detail nachgebildet. Das gilt insbesondere für die
Absätze 2, 3, 5 und 6 (siehe insoweit die Erläuterungen zu § 20 VermAnlG).

---

10 Ausführlich zum Inhalt *Rinas/Pobortscha*, BB 2012, 1615 ff. mit dem Versuch einer Konkretisierung, vgl. *Rinas/Pobortscha*, BB 2012, 1616: „Gefahr eines allgemeinen Auffang-
   tatbestandes ohne klare Abgrenzungen"; vgl. auch *Friedrichsen/Weisner*, ZIP 2012, 756,
   758: „Wie alle diese Anforderungen zu erfüllen sind, ist unklar".
11 Begr. RegE, BT-Drucks. 17/6051 S. 36.

Offenbar übersehen hat es der Gesetzgeber, auch die Haftung für ausstattungsgleiche Vermögensanlagen anzuordnen. Da diese Abweichung zu § 20 Abs. 1 Satz 2 in der Gesetzesbegründung mit keinem Wort erwähnt wird, vielmehr auf die Entsprechung zu § 20 Abs. 1 VermAnlG ausdrücklich hingewiesen wird,[12] ist insoweit von einem Redaktionsversehen und also einer ungeplanten Lücke auszugehen, die die analoge Anwendung des § 20 Abs. 1 Satz 2 VermAnlG rechtfertigt (siehe dazu §§ 21–23 WpPG Rn. 55).

3 Der zentrale Unterschied ist (neben der Beweislast für die Kausalität, dazu Rn. 2) zum einen die Tatsache, dass für die Unvollständigkeit des VIB nicht gehaftet wird. Es dürfen also im Gegensatz zum Prospekt wesentliche Angaben fehlen, solange dadurch weder eine Irreführung noch eine Unvereinbarkeit mit den einschlägigen Teilen des Prospekts entsteht. Der Gesetzgeber wollte eine Überfrachtung des VIB verhindern.[13] Auch hier werden die rechtsstaatsprinzipiellen Schwächen des Gesetzes offenbar: Wie kann es mit den „einschlägigen Teilen" des Prospekts vereinbar sein, wenn wesentliche Angaben fehlen? Und muss das VIB sich nicht wenigstens formal zu sämtlichen in § 13 Abs. 2 Nr. 1–5 VermAnlG geforderten Gegenständen verhalten und die in § 13 Abs. 3 VermAnlG vorgeschriebenen Hinweise enthalten, ist also nicht wenigstens eine formale Vollständigkeit des VIB zu fordern? Will man dem Tatbestand einen nachvollziehbaren Sinn geben, dann kann es nur darauf ankommen, ob das VIB ein mit dem sich aus dem Prospekt ergebenden Gesamtbild unvereinbares Bild zeichnet, oder einzelne Angaben unrichtig sind oder die Auswahl der (richtigen) Angaben in die Irre führt, denn (im Sinne des Gesetzes) „richtige", aber zugleich in die Irre führende Angaben gibt es grundsätzlich nicht.

4 Die zweite Besonderheit liegt bei den Haftungsadressaten: Nach dem Wortlaut des Gesetzes kommt nur der Anbieter als Haftender in Frage. Warum nicht auch die Hintermänner des Prospekts haften sollen, ist unklar und wird vom Gesetzgeber nicht im Einzelnen erläutert. Offenbar versteht er selbst die Haftung nach § 22 VermAnlG als Sanktion für die – gem. § 13 VermAnlG allein den Anbieter treffende – Pflicht zur Veröffentlichung des VIB. Es handelt sich andererseits nicht um eine Haftung nur für einen Verfahrensverstoß, da ja letztlich für die durch ein VIB verursachte Fehlinformation gehaftet wird, was sich auch ganz deutlich aus § 22 Abs. 4 Nr. 1 VermAnlG ergibt. Die Ungleichbehandlung von (möglicher) Haftung von Hintermännern aus einer Prospektzusammenfassung gem. § 21 Abs. 1 i.V.m. § 23 Abs. 2 Nr. 5 WpPG einerseits und (ausgeschlossener) Haftung von Hintermännern aus § 22 VermAnlG andererseits bei ansonsten gleicher Sachlage, z.B. irreführende Prospektzusammenfassung bzw. VIB, stellt nach hier vertretener Auffassung einen Verstoß gegen Art. 3 Abs. 1 GG dar, so dass die Vorschrift auch unter diesem Gesichtspunkt verfassungswidrig ist.

---

12 Begr. RegE, BT-Drucks. 17/6051 S. 38.
13 Begr. RegE, BT-Drucks. 17/6051 S. 37 f.

2. Kausalität und Beweislast

Sollte die Vorschrift für verfassungsgemäß erklärt werden, wird sich eine 5
Haftung aus ihr in aller Regel nicht durchsetzen lassen. Denn im Gegensatz
zur Haftung für den Prospekt (§ 20 Abs. 4 Nr. 1 VermAnlG) verlangt § 22
Abs. 1 VermAnlG als Voraussetzung der Haftung, dass der Anleger die Vermögensanlage auf Grund des Informationsblattes erworben hat; ein § 20
Abs. 4 Nr. 1 VermAnlG entsprechender Ausschluss fehlt demgemäß in § 22
Abs. 4 VermAnlG. Damit weist das Gesetz dem Anleger den Kausalitäts-
nachweis zu, er muss darlegen und ggf. beweisen, dass das VIB conditio sine
qua non für seine Anlageentscheidung gewesen ist. Laut Gesetzesbegründung[14] ist diese Beweislastverteilung auch so gewollt, obschon die Schwierigkeiten des Beweises einer Transaktionskausalität aus der Rechtsprechung
zur Kapitalmarktinformationsdeliktshaftung hinlänglich bekannt sind.[15]

3. Aktualisierung und Berichtigung

Von dieser Besonderheit abgesehen lässt § 22 VermAnlG die Haftung weit- 6
gehend mit § 20 VermAnlG gleichlaufen. Es stellt sich allerdings bei § 22
VermAnlG im Besonderen die Frage, wie mit Aktualisierung und Berichtigung umzugehen ist. Blickt man auf § 13 Abs. 5 VermAnlG, so klärt sich die
Frage: Die in dem Vermögensanlagen-Informationsblatt enthaltenen Angaben sind während der Dauer des öffentlichen Angebots zu aktualisieren,
wenn sie unrichtig oder unvereinbar mit den Angaben im Verkaufsprospekt
sind oder wenn ergänzende Angaben in einem Nachtrag zum Verkaufsprospekt nach § 11 VermAnlG veröffentlicht werden. Kommt der Anbieter dieser Pflicht nicht unverzüglich[16] nach, und wird das Informationsblatt deshalb
unrichtig, so kommt eine Haftung nach § 22 Abs. 1 VermAnlG grundsätzlich
in Betracht.

---

14 Begr. RegE, BT-Drucks. 17/6051 S. 37.
15 Siehe etwa BGH v. 28.11.2005 – II ZR 80/04, NZG 2007, 345 (Comroad I), BGH v. 04.06.
2007 – II ZR 147/05, NJW 2008, 76, 79 (Comroad IV), BGH v. 03.03.2008 – II ZR 310/06,
NJW-RR 2008, 1004, 1005 (Comroad VIII) und dazu *Wagner*, in: MüKo BGB, § 826 BGB
Rn. 73f.; *Möllers*, NZG 2008, 413.
16 *Rinas/Pobortscha*, BB 2012, 1615, 1618.

ABSCHNITT 7
Zuständige Behörde und Verfahren

§ 26
Befugnisse der Bundesanstalt

(1) Ist bei der Bundesanstalt ein Prospekt zur Billigung eingereicht worden, kann sie vom Anbieter oder Zulassungsantragsteller die Aufnahme zusätzlicher Angaben in den Prospekt verlangen, wenn dies zum Schutz des Publikums geboten erscheint.

(2) Die Bundesanstalt kann vom Emittenten, Anbieter oder Zulassungsantragsteller Auskünfte, die Vorlage von Unterlagen und die Überlassung von Kopien verlangen, soweit dies zur Überwachung der Einhaltung der Bestimmungen dieses Gesetzes erforderlich ist. Die Befugnis nach Satz 1 besteht auch gegenüber

1. einem mit dem Emittenten, dem Anbieter oder Zulassungsantragsteller verbundenen Unternehmen,
2. demjenigen, bei dem Tatsachen die Annahme rechtfertigen, dass er Anbieter im Sinne dieses Gesetzes ist.

Im Falle des Satzes 2 Nr. 2 dürfen Auskünfte, die Vorlage von Unterlagen und die Überlassung von Kopien nur insoweit verlangt werden, als sie für die Prüfung, ob es sich um einen Anbieter im Sinne dieses Gesetzes handelt, erforderlich sind.

(3) Die Bundesanstalt kann von den Abschlussprüfern und Mitgliedern von Aufsichts- oder Geschäftsführungsorganen des Emittenten, des Anbieters oder Zulassungsantragstellers sowie von den mit der Platzierung des öffentlichen Angebots oder der Zulassung zum Handel beauftragten Instituten im Sinne des § 1 Abs. 1 b des Kreditwesengesetzes oder einem nach § 53 Abs. 1 Satz 1 oder § 53 b Abs. 1 Satz 1 des Kreditwesengesetzes tätigen Unternehmen Auskünfte, die Vorlage von Unterlagen und die Überlassung von Kopien verlangen, soweit dies zur Überwachung der Einhaltung der Bestimmungen dieses Gesetzes erforderlich ist.

(4) Die Bundesanstalt hat ein öffentliches Angebot zu untersagen, wenn entgegen § 3 kein Prospekt veröffentlicht wurde, entgegen § 13 ein Prospekt veröffentlicht wird, der Prospekt oder das Registrierungsformular nicht mehr nach § 9 gültig ist, die Billigung des Prospekts nicht durch eine Bescheinigung im Sinne des § 18 Abs. 1 nachgewiesen worden ist oder der Prospekt nicht der Sprachenregelung des § 19 genügt. Hat die Bundesanstalt Anhaltspunkte dafür, dass gegen eine oder mehrere der in Satz 1 genannten Bestimmungen verstoßen wurde, kann sie jeweils anordnen, dass ein öffentliches Angebot für höchstens zehn Tage auszusetzen ist. Die nach Satz 2 gesetzte Frist beginnt mit der Bekanntgabe der Entscheidung.

(5) Die Bundesanstalt kann der Geschäftsführung der Börse und der Zulassungsstelle Daten einschließlich personenbezogener Daten übermitteln, wenn Tatsachen den Verdacht begründen, dass gegen Bestimmungen dieses Gesetzes verstoßen worden ist und die Daten zur Erfüllung der in der Zuständigkeit der Geschäftsführung der Börse oder der Zulassungsstelle liegenden Aufgaben erforderlich sind.

(6) Der zur Erteilung einer Auskunft Verpflichtete kann die Auskunft auf solche Fragen verweigern, deren Beantwortung ihn selbst oder einen der in § 383 Abs. 1 Nr. 1 bis 3 der Zivilprozessordnung bezeichneten Angehörigen der Gefahr strafgerichtlicher Verfolgung oder eines Verfahrens nach dem Gesetz über Ordnungswidrigkeiten aussetzen würde. Der Verpflichtete ist über sein Recht zur Verweigerung der Auskunft zu belehren.

(7) Die Bundesanstalt darf personenbezogene Daten nur zur Erfüllung ihrer aufsichtlichen Aufgaben und für Zwecke der Zusammenarbeit nach Maßgabe des § 28 verwenden.

(8) Werden der Bundesanstalt bei einem Prospekt, auf Grund dessen Wertpapiere zum Handel an einem organisierten Markt zugelassen werden sollen, Umstände bekannt gegeben, auf Grund derer begründete Anhaltspunkte für die wesentliche inhaltliche Unrichtigkeit oder wesentliche inhaltliche Unvollständigkeit des Prospekts bestehen, die zu einer Übervorteilung des Publikums führen, stehen ihr die Befugnisse des Absatzes 2 zu. Die Bundesanstalt kann in den Fällen des Satzes 1 vom Anbieter verlangen, das öffentliche Angebot bis zur Klärung des Sachverhalts auszusetzen. Steht die inhaltliche Unrichtigkeit oder inhaltliche Unvollständigkeit des Prospekts fest, kann die Bundesanstalt die Billigung widerrufen und das öffentliche Angebot untersagen. Die Bundesanstalt kann nach Satz 1 erhobene Daten sowie Entscheidungen nach den Sätzen 2 und 3 der Geschäftsführung der Börse und inländischen sowie ausländischen Zulassungsstellen übermitteln, soweit diese Informationen zur Erfüllung deren Aufgaben erforderlich sind.

Inhalt

I. Grundlagen und Normentwicklung

§ 26 WpPG regelt die Aufsichtsbefugnisse der BaFin als zentrale zuständige   1
Aufsichtsbehörde[1] im Rahmen des WpPG auf deutschem Hoheitsgebiet und
tritt als Bestandteil der begrenzten Finanzaufsichtsbefugnisse[2] neben die § 4
WpHG, § 4 WpÜG, § 81 VAG, § 6 KWG, § 3 VermAnlG, § 5 KAGB.

---

1 Vgl. Erwg. 37 und Art. 21 Abs. 1 EU-ProspRL. Zum europäischen Hintergrund *Schammo*, EU Prospectus Law, S. 54 ff.
2 Vgl. dazu nur *Zetzsche*, in: Schwark/Zimmer, KapMRK, § 4 WpHG Rn. 1 (Prinzip der be- grenzten Generalbefugnisse).

2 Diese Aufsichtsbefugnisse nimmt die BaFin nach überwiegender Ansicht im ausschließlichen Interesse der Öffentlichkeit wahr.[3]

3 Die Aufsichtsbefugnisse des § 26 WpPG werden ergänzt durch verwaltungsverfahrens- und verwaltungsvollstreckungsrechtliche Vorschriften des VwVfG und VwVG, die teilweise durch das FinDAG[4] sowie ergänzende Verordnungen[5] überlagert werden. Die Ergänzung durch nationales Verwaltungsrecht reicht allerdings nur soweit, wie das WpPG oder die europäischen Grundlagen (EU-ProspRL, EU-ProspV) keine abschließende Regelung zum Verwaltungsverfahren des Wertpapierprospektregimes vorsehen.[6]

4 Die Norm beruht weitgehend[7] auf der Umsetzung des Art. 21 EU-ProspRL.[8] Bei Auslegungs- und Wertungsfragen im Zusammenhang mit Maßnahmen der BaFin nach § 26 WpPG ist auf europäisches Recht zurückzugreifen (europarechtskonforme Auslegung).[9] Faktisch-verbindliche Wirkung[10] weisen zudem die Veröffentlichungen und Maßnahmen der Einrichtungen des Europäischen Systems der Finanzaufsicht (European System of Financial Su-

---

3 H.M., vgl. RegBegr. EU-ProspRL-UmsG, BT-Drucks. 15/4999, S. 38; *Heidelbach*, in: Schwark/Zimmer, KapMRK, § 21 WpPG Rn. 13; *Müller*, in: Frankf Komm WpPG, § 21 Rn. 4; *Röhrborn*, in: Heidel, AktG, § 21 WpPG Rn. 1; *von Kopp-Colomb*, in: Assmann/Schlitt/von Kopp-Colomb, WpPG/VerkProspG, § 21 WpPG Rn. 2; *Groß*, KapMR, § 26 WpPG Rn. 3; *Linke*, in: Schäfer/Hamann, KapMG, § 21 Rn. 1. Für die korrespondierenden Vorschriften, vgl. etwa differenzierend *Döhmel/Vogel*, in: Assmann/Schneider, WpHG, § 4 Rn. 67 ff.; *Zetzsche*, in: Schwark/Zimmer, KapMRK, § 4 WpHG Rn. 12 ff.; *Klepsch*, in: Steinmeyer, WpÜG, § 4 Rn. 13 ff.; *Noack*, in: Schwark/Zimmer, KapMRK, § 4 Rn. 11 ff.

4 Gesetz über die Bundesanstalt für Finanzdienstleistungsaufsicht vom 22.04.2002, BGBl. I 2002, Nr. 28, S. 1310 (FinDAG). Vgl. dazu auch RegBegr. FinDAG, BT-Drs. 14/7033 sowie die Komm. von *Laars*, FinDAG und *Lindemann*, in: Boos/Fischer/Schulte-Mattler, KWG, § 51 Rn. 10 ff.

5 So etwa die VO über die Erhebung von Gebühren und die Umlegung von Kosten nach dem Finanzdienstleistungsaufsichtsgesetz vom 29.04.2002, BGBl. I 2002, Nr. 28, S. 1504 und Nr. 35, S. 1847 (FinDAGKostV).

6 Vgl. auch *Müller*, in: Frankf Komm WpPG, § 21 Rn. 3.

7 Im Kern wurde Art. 21 Abs. 3 EU-ProspRL mit § 26 WpPG, im Übrigen in §§ 13 und 15 Abs. 6 WpPG, in §§ 3 Abs. 4 Satz 5 f., 25, 41 Abs. 2 Satz 2 und 54 BörsG sowie §§ 4 Abs. 2 Satz 2 und Abs. 4, 30a ff. WpHG umgesetzt. Vgl. dazu RegBegr. EU-ProspRL-UmsG, BT-Drs. 15/4999, S. 25, 38 sowie *von Kopp-Colomb*, in: Assmann/Schlitt/von Kopp-Colomb, WpPG/VerkProspG, § 21 WpPG Rn. 1 ff. Zur teilweise umstrittenen Frage, ob Art. 21 EU-ProspRL damit, insbesondere im Hinblick auf die europäische Vorgabe einer „zentralen zuständigen Verwaltungsbehörde", ordnungsgemäß umgesetzt wurde, vgl. *Groß*, KapMR, § 26 WpPG Rn. 2 f. sowie *Müller*, in: Frankf Komm WpPG, § 21 Rn. 1 jeweils m.w.N.

8 RegBegr. EU-ProspRL-UmsG, BT-Drucks. 15/4999, S. 38 f. Zum Hintergrund, vgl. *Müller*, in: Frankf Komm WpPG, § 21 Rn. 1. Zu Art. 21 EU-ProspRL. Vgl. auch *Avgouleas*, 22(3) J.I.B.L.R. 153, 159 (2007); *Crüwell*, AG 2003, 243, 250; *Schammo*, EU Prospectus Law, S. 55 f.; *von Kopp-Colomb/Lenz*, AG 2002, 24, 29.

9 Hierzu instruktiv *Möllers*, ZEuP 2008, 480 ff.

10 Zum Problem der Faktizität von Aufsichtsstandards und -empfehlungen vgl. nur *Spindler/Hupka*, in: Möllers, Geltung und Faktizität von Standards, S. 122 ff. sowie *Möllers*, ebd., S. 147 ff.

---

pervision – ESFS)[11], insbesondere der Europäischen Wertpapier- und Marktaufsichtsbehörde (European Securities and Markets Authority – ESMA) auf[12], die auf Level 3 des Lamfalussy-Verfahrens erlassen werden.[13]

Die Befugnisse der zentralen zuständigen Verwaltungsbehörde[14] weichen   5
trotz der Maximalharmonisierung des Art. 21 EU-ProspRL[15] teilweise innerhalb der einzelnen Mitgliedstaaten voneinander ab.[16] Im Einzelnen lässt sich
das Niveau der Umsetzung der EU-ProspRL als eine der vier zentralen
FSAP-Richtlinien[17] in den sog. *Lamfalussy League Tables*[18] als Level 4-Maß-

---

11 Dazu etwa *Lehmann/Manger-Nestler*, ZBB 2011, 2; *Schmitz-Lippert*, E.C.F.R. 2010, 266; Weber-Rey, AG 2011, R259; *Fischer-Appelt*, Law and Financial Markets Review 2010, 490, 495 f.; *dies.*, Law and Financial Markets Review 2011, 21; *Moloney*, in: Wymeersch/ Hopt/Ferrarini, Financial Regulation and Supervision, 4.57 ff. Vgl. im Detail die Komm. zu § 28 a WpPG.

12 Vgl. insbesondere *ESMA*, Q&A, 21st updated version, ESMA/2014/35. Siehe auch die Komm. zu § 28 WpPG.

13 Dazu allg. *Moloney*, EC Securities Regulation, S. 1007 ff. sowie *Walla*, in: Veil, Europäisches Kapitalmarktrecht, § 2 Rn. 19 ff. Speziell im Zusammenhang mit der EU-ProspRL *Grundmann-van de Krol*, 1 E.C.L. 32 (2004).

14 In der engl. Fassung der EU-ProspRL: „central competent administrative authority".

15 So die überwiegende Ansicht, vgl. *CESR*, report supervisory functioning, Ref.: CESR/07-225, Tz. 25; *Schammo*, EU Prospectus Law, S. 69 ff.; *Assmann*, in: Assmann/Schlitt/ von Kopp-Colomb, WpPG/VerkProspG, Einl WpPG Rn. 7; Vgl. aber auch *von Kopp-Colomb/Knobloch*, in: Assmann/Schlitt/von Kopp-Colomb, WpPG/VerkProspG, § 2 WpPG Rn. 51 ff. zu divergierenden Definitionsansätzen des öffentlichen Angebots von Wertpapieren. Vgl. auch *Möllers*, in: Gsell/Herresthal, Vollharmonisierung im Privatrecht, S. 248 ff. zur Vollharmonisierung des Kapitalmarktrechts unter Einbeziehung der Regelungskompetenzen der Mitgliedstaaten.

16 Dazu etwa *Vokuhl*, in: Veil, Europäisches Kapitalmarktrecht, § 13 Rn. 15 f.; *Burn* (ed.), 1(1) C.M.L.J. 89 (2006) zu Frankreich, Deutschland, Irland, Italien, Luxemburg, Niederlande, Spanien und UK.

17 Vgl. dazu *Europäische Kommission*, Umsetzung des Finanzmarktrahmens: Aktionsplan, KOM(1999) 232 (FSAP). Neben der EU-ProspRL sind die übrigen einschlägigen Level 1-Maßnahmen zur weiteren Harmonisierung des Europäischen Binnenmarktes für Wertpapierdienstleistungen (FSAP-Richtlinien) die RL 2004/39/EG des Europäischen Parlaments und des Rates vom 21.04.2004 über Märkte für Finanzinstrumente, zur Änderung der RL 85/611/EWG und 93/6/EWG des Rates und der RL 2000/12/EG des Europäischen Parlaments und des Rates und zur Aufhebung der RL 93/22/EWG des Rates, ABl. EG Nr. L 145, 30.04.2004, S. 1 (MiFID), die RL 2004/109/EG des Europäischen Parlaments und des Rates vom 15. 12.004 zur Harmonisierung der Transparenzanforderungen in Bezug auf Informationen über Emittenten, deren Wertpapiere zum Handel auf einem geregelten Markt zugelassen sind, und zur Änderung der RL 2001/34/EG, ABl. EG Nr. L 390, 31.12.2004, S. 38 (TransparenzRL), sowie die RL 2003/6/EG des Europäischen Parlaments und des Rates vom 28.01. 2003 über Insider-Geschäfte und Marktmanipulation (Marktmissbrauch), ABl. EG Nr. L 96, 12.04.2003, S. 16 (MarktmissbrauchsRL).

18 Die *Lamfalussy League Table* zu den FSAP-Richtlinien (Stand: 14.07.2008) ist abrufbar unter http://ec.europa.eu, dort unter Internal Market/Securities/Transposition of Lamfalussy Directives. Zur Umsetzung der Post-FSAP-RL (Stand: 15.01.2014), vgl. *ebd.*, unter Internal Market/Finances/Policy [Financial Services Policy], General Policy/Financial Services Action Plan (FSAP).

nahme des Lamfalussy-Verfahrens[19] nachvollziehen. Dies ist insbesondere im Hinblick auf den Europäischen Wertpapierpass bei grenzüberschreitendem Wertpapiervertrieb von Bedeutung.[20] Als Vorgängereinrichtung der ESMA hat der Ausschuss der europäischen Wertpapierregulierungsbehörden (Committee of European Securities Regulators – CESR)[21] einen Überblick zum Status innerhalb der Mitgliedstaaten erstellt.[22]

6   Die Vorschrift wurde zuletzt angepasst durch Art. 6 Nr. 6 des Gesetzes zur Novellierung des Finanzanlagenvermittler- und Vermögensanlagenrechts vom 06.12.2011 (VermAnlG).[23] Zu den Änderungen des Abschnitts 7 durch das Gesetz zur Umsetzung der Richtlinie 2010/78/EU vom 24.11.2010 im Hinblick auf die Errichtung des Europäischen Finanzaufsichtssystems vom 04.12.2011 (EUFAAnpG)[24], vgl. vor allem die Komm. zu § 28 a WpPG. Der Verweis auf die Zulassungsstelle in § 26 WpPG ist gegenstandlos, weil die Zulassung seit dem Gesetz zur Umsetzung der Richtlinie über Märkte für Finanzinstrumente und der Durchführungsrichtlinie der Kommission vom 16.07.2007 (FRUG)[25] nach § 32 Abs. 1 BörsG durch die Geschäftsführung der Börse erfolgt.[26] Eine redaktionelle Anpassung ist trotz zahlreicher Änderungen des Abschnitts 7 respektive 6 a. F. nicht erfolgt.

II. Änderungsverlangen, Zusatzangaben im Prospekt (§ 26 Abs. 1 WpPG)

1. Grundlagen und Gegenstand des Änderungsverlangens

7   § 26 Abs. 1 WpPG setzt Art. 21 Abs. 3 Unterabs. 1 Satz 2 Buchst. a EU-ProspRL um.[27] Danach wird die BaFin ermächtigt, die Aufnahme zusätzlicher Angaben in den Prospekt zu verlangen, wenn dies zum Schutz des Publikums geboten ist. Schutz des Publikums meint Anlegerschutz.[28] Die Befugnis gilt allgemein und unabhängig von der Tätigkeit des Emittenten. Für

---

19 Vgl. dazu die Nachw. in Fn. 14.

20 Vgl. auch *Müller*, in: Frankf Komm WpPG, § 21 Rn. 1 f.; *Burn* (ed.), 1(1) C.M.L.J. 89, 100 (2006); *Schlitt/Schäfer*, AG 2008, 525, 539 f.; *Schammo*, 7(2) E.B.O.R. 501, 521 (2006).

21 Dazu die Komm. zu § 28 a WpPG.

22 *CESR*, Report on CESR Members' Powers under the Prospectus Directive and Its Implementing Measures, Ref.: CESR/07-383 (June 2007).

23 BGBl. I 2011, Nr. 63, S. 2481.

24 BGBl. I 2011, Nr. 62, S. 2427. Dazu RegBegr. EUFAAnpG, BT-Drs. 17/6255.

25 BGBl. I 2007, Nr. 31, S. 1330. Vgl. RegBegr. FRUG, BT-Drs. 16/4028, S. 87.

26 Vgl. dazu auch *Heidelbach*, in: Schwark/Zimmer, KapMRK, § 32 BörsG Rn. 13; *Groß*, KapMR, § 32 BörsG Rn. 35 ff.; *Ritz/Voß*, in: Just/Voß/Ritz/Zeising, WpPG, § 21 Rn. 37.

27 RegBegr. EU-ProspRL-UmsG, BT-Drucks. 15/4999, S. 38.

28 Vgl. etwa *Ritz/Voß*, in: Just/Voß/Ritz/Zeising, WpPG, § 21 Rn. 2. Zum abweichenden Wortlaut zwischen Umsetzungsvorschrift und EU-ProspRL („Anlegerschutz"), vgl. noch unten Rn. 12 sowie Erwg. 16 EU-ProspRL: „Ein Ziel dieser Richtlinie ist der Anlegerschutz."

Emittenten, die in den Anwendungsbereich des Anh. XIX der EU-ProspV fallen[29], gilt außerdem Art. 23 Abs. 1 Unterabs. 1 EU-ProspV. Danach kann die zuständige Behörde des Herkunftsmitgliedstaats aufgrund der besonderen Art der Tätigkeiten dieser Emittenten die Aufnahme besonderer Angaben in den Prospekt verlangen.[30]

Das Änderungsverlangen nach § 26 Abs. 1 WpPG tritt neben das Billigungs- **8** verfahren nach § 13 WpPG. Dabei ist der Prüfungsmaßstab der BaFin in § 26 Abs. 1 WpPG auf die Maßstäbe der Prospektbilligungsprüfung nach § 13 WpPG begrenzt.[31] Nach § 13 Abs. 1 Satz 2 WpPG entscheidet die BaFin vor einer Billigungsfähigkeitsprüfung über die Billigung eines Prospekts nach Abschluss einer Vollständigkeitsprüfung einschließlich einer Prüfung der Kohärenz und Verständlichkeit der vorgelegten Informationen[32]; eine materielle Prüfung i.S. einer Plausibilitäts- und Richtigkeitsprüfung der Prospektinhalte findet nicht statt.[33] Die Verantwortung für den Inhalt des Prospekts verbleibt mithin stets beim Prospektverantwortlichen.[34] Maßstab der Vollständigkeits-, Verständlichkeits- und Kohärenzprüfung ist § 7 WpPG sowie die EU-ProspV. Ist der Prospekt unvollständig oder sind die in ihm enthalte-

---

29 Dies betrifft Immobilien-, Bergbau-, Investment-, in der wissenschaftlichen Forschung tätige, seit weniger als drei Jahren bestehende sowie Schifffahrtsgesellschaften. Vgl. dazu die Komm. zu Art. 23 und Anh. XIX EU-ProspV.

30 Vgl. dazu die Komm. zu Art. 23 und Anh. XIX der EU-ProspV. Trotz Formulierung als Ermessensvorschrift, liegt im Fall von Art. 23 EU-ProspV als auch § 26 Abs. 1 WpPG aufgrund der Prospektbilligung nach Art. 13 EU-ProspRL und § 13 WpPG eine Ermessensreduktion auf Null vor. Vgl. dazu *Heidelbach*, in: Schwark/Zimmer, KapMRK, § 21 WpPG Rn. 10 und *Ritz/Voß*, in: Just/Voß/Ritz/Zeising, WpPG, § 21 Rn. 5 sowie unten Rn. 12 f.

31 *Heidelbach*, in: Schwark/Zimmer, KapMRK, § 21 WpPG Rn. 9; *von Kopp-Colomb*, in: Assmann/Schlitt/von Kopp-Colomb, WpPG/VerkProspG, § 21 WpPG Rn. 4; *Röhrborn*, in: Heidel, AktG, § 21 WpPG Rn. 2. Zur Begrenzung des Ergänzungsverlangens durch die zwingend zu beachtenden Art. 3, 4 a EU-ProspV, vgl. *Müller*, in: Frankf Komm WpPG, § 21 Rn. 7.

32 Siehe auch Art. 2 Abs. 1 Buchst. q EU-ProspRL. Vgl. dazu nur *Schammo*, 7(2) E.B.O.R. 501, 506 et seq. (2006) m.w.N. zur europarechtlichen Auslegung des Prüfungsumfangs der zuständigen Behörden der Mitgliedstaaten.

33 So die wohl überwiegende Auffassung mit Verweis auf RegBegr. EU-ProspRL-UmsG, BT-Drucks. 15/4999, S. 34, vgl. *Röhrborn*, in: Heidel, AktG, § 21 WpPG Rn. 2; *Linke*, in: Schäfer/Hamann, KapMG, § 21 WpPG Rn. 3; *Müller*, in: Frankf Komm WpPG, § 21 Rn. 13 a.E.; *von Kopp-Colomb*, in: Assmann/Schlitt/von Kopp-Colomb, WpPG/Verk-ProspG, § 13 WpPG Rn. 9 ff. und § 21 WpPG Rn. 5; *Groß*, KapMR, § 26 WpPG Rn. 4. Zur differenzierenden a.A., vgl. *Berrar*, in: Frankf Komm WpPG, § 13 Rn. 11 f.; *Heidelbach*, in: Schwark/Zimmer, KapMRK, § 13 Rn. 14 und § 21 WpPG Rn. 9; *Grosjean*, in: Heidel, AktG, § 13 WpPG Rn. 5; *Kunold/Schlitt*, BB 2004, 501, 509; *Schlitt/Schäfer*, AG 2005, 498, 506; *Müller/Steup*, WM 2005, 1633, 1640; *Crüwell*, AG 2003, 243, 250 sowie die Komm. zu § 13 WpPG. Mit berechtigten Zweifeln an der Ablehnung einer auch nur annähernden, weil faktisch erforderlichen , materiellen' Prüfungspflicht *Schammo*, 7(2) E.B.O.R. 501, 506 et seq. (2006) mit Hinweis auf die Beeinträchtigung des Europäischen Wertpapierprospektpass durch unterschiedliche, mitgliedstaatliche Auslegung des Prüfungsumfangs.

34 So RegBegr. EU-ProspRL-UmsG, BT-Drucks. 15/4999, S. 38.

nen Angaben nicht kohärent oder missverständlich, gibt § 26 Abs. 1 WpPG der BaFin die Befugnis, die Ergänzung unvollständiger oder die Berichtigung, Klarstellung oder Erläuterung der inhaltlichen Angaben zu verlangen. Erst mit Aufnahme der von der BaFin verlangten Angaben in den bis dahin den Anforderungen nicht genügenden Prospekt werden die Voraussetzungen für dessen Billigung nach § 13 Abs. 1 WpPG geschaffen.[35] Dem Verhältnismäßigkeitsgrundsatz entsprechend kann die BaFin ihr Verlangen jedoch erst dann auf § 26 Abs. 1 WpPG stützen, wenn zuvor der Adressat trotz Unterrichtung nach § 13 Abs. 3 Satz 2 WpPG den Prospekt nicht in einer den Anforderungen des § 7 WpPG i.V.m. der EU-ProspV sowie des § 13 WpPG genügenden Weise geändert hat.[36] Die Ausübung der Befugnis nach § 26 Abs. 1 WpPG ist somit implizit durch § 13 WpPG begrenzt, der verbleibende Anwendungsbereich einzelfallabhängig, jedoch in Ansehung von § 13 Abs. 3 Satz 2 WpPG zutreffend in seiner Bedeutung bezweifelt.[37]

2. Begrenzung auf das Billigungsverfahren

9 Gegensatz zu der zeitlich unbegrenzten Befugnis nach § 26 Abs. 2 WpPG, die Bereitstellung von Informationen zu verlangen, ist das Änderungsverlangen nach § 26 Abs. 1 WpPG zeitlich begrenzt. Die BaFin kann die Aufnahme zusätzlicher Angaben in den Prospekt nur während des Billigungsverfahrens verlangen.[38] Der Zeitpunkt der Einreichung eines Prospekts zur Billigung und der Zeitpunkt unmittelbar vor der Billigung selbst stellen insoweit den frühstmöglichen und den letztmöglichen Zeitpunkt für die Ausübung der Befugnis nach § 26 Abs. 1 WpPG dar.[39] Ist der Prospekt einmal gebilligt, steht der BaFin die Befugnis zur Aufnahme zusätzlicher Angaben in den Prospekt nicht mehr zu. Die zeitliche Begrenzung nach § 26 Abs. 1 WpPG umfasst auch Nachträge i.S.v. § 16 WpPG oder separat eingereichte Dokumente.[40] Durch die Unterrichtungspflicht der BaFin nach § 13 Abs. 3 Satz 2 WpPG findet jedoch bereits im Billigungsverfahren nach § 13 WpPG ein Austausch mit dem Anbieter oder Zulassungsantragsteller über die die Billigung beeinträchtigenden Umstände (Fehlerhaftigkeit, Unvollständigkeit oder Inkohä-

---

35 Im Detail, vgl. die Komm. ebd. sowie *Heidelbach*, in: Schwark/Zimmer, KapMRK, § 13 WpPG Rn. 9 ff.

36 Krit. zum Anwendungsbereich des § 26 Abs. 1 WpPG *Groß*, KapMR, § 26 WpPG Rn. 4; *von Kopp-Colomb*, in: Assmann/Schlitt/von Kopp-Colomb, WpPG/VerkProspG, § 21 WpPG Rn. 5.

37 Dazu noch unten Rn. 9. Vgl auch *Groß*, KapMR, § 26 WpPG Rn. 4, 6; *von Kopp-Colomb*, in: Assmann/Schlitt/von Kopp-Colomb, WpPG/VerkProspG, § 21 WpPG Rn. 5; so wohl auch *Röhrborn*, in: Heidel, AktG, § 21 WpPG Rn. 3; *Heidelbach*, in: Schwark/Zimmer, KapMRK, § 21 WpPG Rn. 19; *Ritz/Voß*, in: Just/Voß/Ritz/Zeising, WpPG, § 21 Rn. 3 ff.

38 Vgl. RegBegr. EU-ProspRL-UmsG, BT-Drucks. 15/4999, S. 38.

39 Zur Fristberechnung des § 13 Abs. 2 und Abs. 3 WpPG, vgl. *Heidelbach*, in: Schwark/Zimmer, KapMRK, § 13 Rn. 23 ff.; *von Kopp-Colomb*, in: Assmann/Schlitt/von Kopp-Colomb, WpPG/VerkProspG, § 13 Rn. 20 ff., 29 ff.; *Groß*, KapMR, § 13 WpPG Rn. 9 f.

40 Vgl. *Müller*, in: Frankf Komm WpPG, § 21 Rn. 15.

renz der Angaben nach §7 WpPG i. V. m. EU-ProspV) statt[41], die im Rahmen der der BaFin obliegenden Prospektprüfung offenbar werden. Ob eine Pflicht zu diesem Austausch i. S. einer Anhörung vor ablehnenden, begünstigenden Verwaltungsakten nach §28 VwVfG besteht, ist umstritten.[42] Da die BaFin in Ansehung des Art. 13 Abs. 4 EU-ProspRL und Art. 3 EU-ProspV sowie ihrer Verwaltungspraxis im Hinblick auf die Unterrichtung im Prospektbilligungsverfahren mit (reduziertem) Ermessen handelt, dürfte jedoch grundsätzlich von der Erforderlichkeit einer Anhörung auszugehen sein.[43] Jedenfalls das Änderungsverlangen im Hinblick auf Zusatzangaben im Prospekt nach §26 Abs. 1 WpPG ist damit praktisch obsolet, durch die Anwendbarkeit des §13 WpPG und den in §26 Abs. 1 WpPG anwendbaren Prüfungsmaßstab des Billigungsverfahrens allenfalls deklaratorisch.[44]

Der Anwendungsbereich des §26 Abs. 1 WpPG soll jedoch dann zweckmäßig **10** sein, wenn die BaFin in Einzelfällen formell, d.h. außerhalb des informellen Austauschs mit dem Antragsteller, eine Änderung des Prospekts erreichen will; dies soll beispielsweise dann der Fall sein, wenn ein „unkooperativer Antragsteller" die Billigung des Prospekts nicht weiter verfolgt, die BaFin jedoch ihre Auffassung zum Inhalt des Prospektentwurfs kundtun will.[45] Eine andere Auffassung misst §26 Abs. 1 WpPG insoweit einen, wenngleich geringfügigen, eigenen Anwendungsbereich zu, indem der BaFin danach ermöglicht sei, die Angabe der zwingenden Mindestangaben präzisieren zu lassen; beispielsweise soll danach möglich sein, dass eine als Risiko für Anleger identifizierte Information, die jedoch nicht im Abschnitt Risikofaktoren erscheint, als solche dorthin ergänzt verlangt werden kann.[46]

Unberührt hiervon bleiben jedoch die Befugnisse der BaFin nach §26 Abs. 8 **11** WpPG zur vorläufigen und endgültigen Untersagung des öffentlichen Angebots von Wertpapieren, die zum Handel an einem organisierten Markt zugelassen werden sollen, wenn nach der Billigung ihres Prospekts Umstände bekannt werden, auf Grund derer begründete Anhaltspunkte für eine übervorteilende wesentliche inhaltliche Unrichtigkeit oder wesentliche in-

---

41 Dies geschieht regelmäßig auf Grundlage eines von der BaFin versandten Anhörungsschreibens, nach dem sich der Antragsteller zu den für die Billigung entscheidenden Zweifelsfragen vor formeller Einleitung eines Ergänzungsverlangens äußern kann. Vgl. dazu *Berrar*, in: Frankf Komm WpPG, §13 Rn. 42; *Müller*, in: Frankf Komm WpPG, §21 Rn. 8; *Ritz/Voß*, in: Just/Voß/Ritz/Zeising, WpPG, §13 WpPG Rn. 31; *von Kopp-Colomb*, in: Assmann/Schlitt/von Kopp-Colomb, WpPG/VerkProspG, §13 WpPG Rn. 17.
42 Vgl. dazu allg. *Kopp/Ramsauer*, VwVfG, §28 Rn. 26 ff. m.w.N. und *Hermann*, in: Bader/Ronellenfitsch, BeckOK VwVfG, §28 Rn. 13 sowie *Müller*, in: Frankf Komm WpPG, §21 Rn. 8 mit Fn. 20; *Ritz/Voß*, in Just/Voß/Ritz/Zeising, WpPG, §13 WpPG Rn. 12, 31.
43 So auch die überwiegende Auffassung zu §28 VwVfG, vgl. *Kopp/Ramsauer*, VwVfG, §28 Rn. 26 ff. und *Hermann*, in: Bader/Ronellenfitsch, BeckOK VwVfG, §28 Rn. 13 jeweils m.w.N.
44 Vgl. schon oben Rn. 8 mit Fn. 38.
45 Dazu *Müller*, in: Frankf Komm WpPG, §21 Rn. 9, zugleich mit Zweifeln zur Wirkung der (informellen) Anhörungsschreiben in Fn. 23.
46 Zu alledem *Ritz/Voß*, in: Just/Voß/Ritz/Zeising, WpPG, §21 Rn. 7.

haltliche Unvollständigkeit des Prospekts bestehen.[47] Unberührt bleiben ebenfalls Befugnisse nach anderen Gesetzen.[48]

3. Ermessen und Ermessensausübung

12 § 26 Abs. 1 WpPG stellt das Ergänzungsverlangen in das Ermessen der Ba-Fin. Die Ermessensausübung richtet sich nach § 40 VwVfG.[49] Art. 21 Abs. 3 Satz 2 Buchst. a EU-ProspRL begnügt sich zur Ausfüllung dieses Ermessens damit, dass eine Aufnahme zusätzlicher Angaben dann durch die zuständige Behörde verlangt werden kann, wenn der Anlegerschutz dies gebietet. Die abweichende Formulierung in § 26 Abs. 1 WpPG („Schutz des Publikums") ist insoweit klarstellender Natur, als dass die Ratio des Anlegerschutzes i. S. d. EU-ProspRL und seiner Umsetzung sowohl tatsächliche Anleger als auch Interessenten erfasst.[50] Der Schutz des Publikums erfordert, dass die tatsächlichen wirtschaftlichen und rechtlichen Verhältnisse des Emittenten und des Wertpapiers, die für die Beurteilung einer Investition wesentlich sind, richtig, vollständig und verständlich wiedergegeben werden.[51]

13 Maßstab und Grenzen der Ermessensausübung ergeben sich hinsichtlich der Vollständigkeit der inhaltlichen Angaben aus § 7 WpPG i. V. m. der EU-ProspV und hinsichtlich der Kohärenz und der Verständlichkeit der vorgelegten Informationen aus § 13 Abs. 1 WpPG.[52] Obwohl die Vorschrift zugunsten der BaFin ein Ermessen eröffnet, ist es durch den Prüfungsmaßstab der Prospektbilligung nach § 13 WpPG faktisch auf Null redziert.[53] Insbesondere darf im Hinblick auf ein grundsätzlich mögliches Abänderungsverlangen die Ermessensausübung der BaFin nicht den Zweck des Prospektbilligungsverfahrens zu einer impliziten Vorwegnahme der Anlageentscheidung des Anlegers erweitern.[54]

4. Adressat

14 Gegenüber Art. 21 Abs. 3 Satz 3 Buchst. a EU-ProspRL bleibt § 26 Abs. 1 WpPG insoweit zurück, als dass nach § 26 Abs. 1 WpPG die Aufnahme zusätzlicher Angaben nur vom Anbieter oder Zulassungsantragsteller verlangt werden kann. Die BaFin hat im Hinblick auf die Inanspruchnahme ein Aus-

---

47 Vgl. dazu unten, Rn. 64 ff.

48 Vgl. bereits oben, Rn. 1.

49 Dazu allg. *Kopp/Ramsauer*, VwVfG, § 40; *Ritz/Voß*, in: Just/Voß/Ritz/Zeising, WpPG, § 21 Rn. 8; *Müller*, in: Frankf Komm WpPG, § 21 Rn. 16.

50 Vgl. dazu auch die Erwg. 18 bis 21 EU-ProspRL.

51 Arg ex § 5 Abs. 1 WpPG. Dazu die Komm. ebd. sowie *Groß*, KapMR, § 5 WpPG Rn. 2 ff.; *Heidelbach*, in: Schwark/Zimmer, KapMRK, § 5 WpPG Rn. 3; *Schlitt/Schäfer*, in: Assmann/Schlitt/von Kopp-Colomb, WpPG/VerkProspG, § 5 WpPG Rn. 8 ff.

52 RegBegr. EU-ProspRL-UmsG, BT-Drucks. 15/4999, S. 38.

53 Vgl. *Heidelbach*, in: Schwark/Zimmer, KapMRK, § 21 WpPG Rn. 10.

54 *Müller*, in: Frankf Komm WpPG, § 21 Rn. 16 f. m. w. N.; wohl auch *Ritz/Voß*, in: Just/Voß/Ritz/Zeising, WpPG, § 21 Rn. 9 a. E. Dazu *CESR*, advice, historical financial information, Ref.: CESR/05-582, Tz. 21.

wahlermessen. Für die Qualifikation des Anbieters und Zulassungsantragstellers gelten die Begriffsbestimmungen des § 2 Nr. 10 und 11 WpPG.

§ 26 Abs. 1 WpPG ist jedoch richtlinienkonform auszulegen.[55] Insoweit[56]   15 kann das Änderungsverlangen auch gegenüber dem Emittenten sowie jeder anderen Person, die ein Prospekt zur Billigung einreicht, geltend gemacht werden.[57]

5. Abgrenzung der Verantwortungsbereiche

Mit § 26 Abs. 1 WpPG korrespondieren Art. 3 Abs. 3 und Art. 4 a Abs. 1 und 2   16 EU-ProspV. Das Verhältnis dieser Vorschriften ist für die Bestimmung der Grenzen dessen, was die BaFin an zusätzlichen Angaben zulässigerweise verlangen darf, von Bedeutung.[58] Die Verantwortung für den Inhalt und die Aufmachung des Prospekts trägt unabhängig von der Aufnahme zusätzlicher Angaben aufgrund eines entsprechenden Verlangens der BaFin jedoch allein und stets der Prospektverantwortliche.[59]

III. Informationsverlangen (§ 26 Abs. 2 WpPG)

1. Grundlagen und Gegenstand des Informationsverlangens

Mit § 26 Abs. 2 WpPG wird Art. 21 Abs. 3 Unterabs. 1 Satz 2 Buchst. b EU-   17 ProspRL umgesetzt.[60] Die Vorschrift ist weitgehend vergleichbar mit § 8 c Abs. 1 und 2 VerkProspG a. F.[61] sowie § 8 i Abs. 4 und Abs. 4 a VerkProspG[62]. § 26 Abs. 2 WpPG ermöglicht der BaFin, durch Ausübung der dort genannten Befugnisse i. S. effektiver Sachverhaltsaufklärung die Einhaltung der Be-

---

55 Die richtlinienkonforme Auslegung umfasst nicht nur den Text der Level 1-Maßnahme, sondern auch sämtliche weiteren Maßnahmen im Rahmen des Lamfalussy-Verfahrens, die auf Grundlage gemeinsamer Verständigung durch die ESMA und/oder die Europäische Kommission veröffentlicht werden. Zur richtlinienkonformen Auslegung, vgl. bereits oben, Rn. 4 m.w.N.

56 Vgl. den Wortlaut des Art. 21 Abs. 3 Satz 2 Buchst. a EU-ProspRL: „Eine zuständige Behörde, die einen Antrag auf Billigung eines Prospekts erhalten hat, muss zumindest befugt sein, ...von Emittenten, Anbietern oder Personen, die eine Zulassung zum Handel an einem geregelten Markt beantragen, die Aufnahme zusätzlicher Angaben in den Prospekt zu verlangen, wenn der Anlegerschutz dies gebietet." (engl., „issuers, offerors or persons asking for admission to trading on a regulated market").

57 So auch *Heidelbach*, in: Schwark/Zimmer, KapMRK, § 21 WpPG Rn. 11; *Ritz/Voß*, in: Just/Voß/Ritz/Zeising, WpPG, § 21 Rn. 2.

58 Vgl. auch *Müller*, in: Frankf Komm WpPG, § 21 Rn. 7.

59 Vgl. schon oben, Rn. 8. So RegBegr EU-ProspRL-UmsG, BT-Drucks. 15/4999, S. 38. Dazu auch *Heidelbach*, in: Schwark/Zimmer, KapMRK, § 21 WpPG Rn. 9 m.w.N.

60 RegBegr. EU-ProspRL-UmsG, BT-Drucks. 15/4999, S. 38.

61 Vgl. dazu auch RegBegr. EU-ProspRL-UmsG, BT-Drucks. 15/4999, S. 38.

62 *Ritz/Voß*, in: Just/Voß/Ritz/Zeising, WpPG, § 21 Rn. 10.

stimmungen des WpPG zu überwachen.[63] Nach dieser Vorschrift ist sie befugt, vom Emittenten (§ 2 Nr. 9 WpPG), Anbieter (§ 2 Nr. 10 WpPG), Zulassungsantragsteller (§ 2 Nr. 11 WpPG) oder Scheinanbieter (§ 26 Abs. 2 Satz 2 Nr. 2 WpPG)[64] alle zur Überwachung erforderlichen Auskünfte, Vorlagen von Unterlagen sowie Überlassungen von Kopien zu verlangen, soweit dies zur Erfüllung ihrer Überwachungsaufgabe nach dem WpPG erforderlich ist. Hauptanwendungsfall des Auskunftsverlangens ist, die Anbietereigenschaft der verschiedenen Beteiligten bei unerlaubten Angeboten ohne Prospekt zu klären sowie das mögliche Vorliegen von Ausnahmetatbeständen zu prüfen, bevor eine Untersagung nach § 26 Abs. 4 WpPG ausgesprochen wird.[65]

2. Keine Beschränkung auf das Billigungsverfahren

18 Das Informationsverlangen ist im Gegensatz zu § 26 Abs. 1 WpPG zeitlich nicht auf das Billigungsverfahren beschränkt, sondern kann darüber hinaus auch vor Einreichung und nach Billigung eines Prospektes ausgeübt werden.

3. Umfang des Informationsverlangens

19 Die Befugnis der BaFin nach § 26 Abs. 2 Satz 1 WpPG umfasst das Verlangen zur Ausgabe von Auskünften, zur Vorlage von Unterlagen und zur Überlassung von Kopien. Die Befugnisse können von der BaFin nur ausgeübt werden, soweit dies zur Überwachung der Einhaltung der Bestimmungen des WpPG und der übrigen anwendbaren Vorschriften, insbesondere der EU-ProspV, erforderlich ist. Die BaFin ist bei der Ausübung des Informationsverlangens somit an den verwaltungsrechtlichen Verhältnismäßigkeitsgrundsatz gebunden.[66] Das Informationsverlangen kann sich vorbehaltlich des Satzes 3 auf alle Informationen erstrecken, die zur Erreichung dieses Zwecks erforderlich sind. Die Befugnis des § 26 Abs. 2 WpPG ist damit nicht etwa auf die Prospektpflicht beschränkt.[67] Die Erforderlichkeit schließt einerseits eine Geeignetheitsprüfung ein, andererseits begrenzt sie das Informationsverlangen auf den im Einzelfall zu beurteilenden Anwendungsbereich des WpPG.[68]

20 Das Informationsverlangen richtet sich auf Tatsachen. Der Tatsachenbegriff ist grundsätzlich extensiv und europarechtskonform auszulegen.[69] Ziel ist

---

63 So auch *Groß*, KapMR, § 26 WpPG Rn. 5; *Röhrborn*, in: Heidel, AktG, § 21 WpPG Rn. 4; *Linke*, in: Schäfer/Hamann, KapMG, § 21 WpPG Rn. 4; *Müller*, in: Frankf Komm WpPG, § 21 Rn. 20.

64 Vgl. dazu noch unten, Rn. 23 ff.

65 *von Kopp-Colomb*, in: Assmann/Schlitt/von Kopp-Colomb, WpPG/VerkProspG, § 21 WpPG Rn. 5 nennt als weiteren Anwendungsfall beispielsweise Ermittlungen im Hinblick auf Werbung nach § 15 WpPG.

66 Vgl. dazu nur *Ritz/Voß*, in: Just/Voß/Ritz/Zeising, WpPG, § 21 Rn. 11.

67 *Heidelbach*, in: Schwark/Zimmer, KapMRK, § 21 WpPG Rn. 15.

68 Ähnlich *Heidelbach*, in: Schwark/Zimmer, KapMRK, § 21 WpPG Rn. 16.

69 Vgl. im Kontext von Informationen, die unter die Verschwiegenheitpflicht fallen, auch die Komm. zu § 27 WpPG, dort Rn. 5 m. w. N.

dabei vor allem die Anwendung eines kohärenten Tatsachenbegriffs für das gesamte Finanzmarktrecht, der die Effektivierung und Gewährleistung supervisorischer Ziele berücksichtigt. Gegenständlich ist somit ein Tatsachenbegriff, der nicht dazu geeignet ist, eine reibungslose und funktionierende Finanzmarktaufsicht der BaFin zu behindern. Aus europäischer Perspektive ist zu beachten, dass die EU-ProspRL den Tatsachenbegriff nicht begrenzt. Weder Art. 21 EU-ProspRL noch andere Regelungen bedingen Anforderungen an den Gegenstand der Tatsachen aus.[70] Aus mitgliedstaatlicher Perspektive sind Tatsachen danach nicht nur alle gegenwärtigen und vergangenen Umweltzustände und Zustände des menschlichen Innenlebens, die wahrnehm- und überprüfbar, d. h. verifizierbar, dem Beweis zugänglich, sind.[71] Vielmehr umfasst der Tatsachenbegriff auch subjektive Einschätzungen, Werturteile und Prognosen[72], wenn sie geeignet sind, den Betroffenen nicht nur unerheblich zu beeinträchtigen und/oder zumindest in ihrem wesentlichen Aussagegehalt auf einem Tatsachenkern beruhen.[73]

Informationsverlangen kommen insbesondere in Bezug auf die Billigung und 21 Veröffentlichung eines Prospektes, die Werbung, in Bezug auf Nachträge zum Prospekt sowie auf die laufende Überwachung bei Wertpapieren i. S. v. § 26 Abs. 8 WpPG[74], die zum Handel an einem organisierten Markt zugelassen werden sollen, wenn nach der Billigung ihres Prospektes Umstände bekannt werden, auf Grund derer begründete Anhaltspunkte für eine übervorteilende wesentliche inhaltliche Unrichtigkeit oder wesentliche inhaltliche Unvollständigkeit des Prospekts bestehen. Informationen sind jedoch nur zu solchen Sachverhalte zu übermitteln, von denen der Informationspflichtige

---

70 Vgl. dazu etwa Art. 22 Abs. 1 EU-ProspRL im Kontext der Verschwiegenheitspflicht, der nur von „unter das Berufsgeheimnis fallende Informationen" spricht. Auch Art. 21 Abs. 3 Unterabs. 1 Satz 2 Buchst. b EU-ProspRL stellt an die (Vorlage von) „Informationen" keine weiteren Erfordernisse.

71 Allg. Ansicht zum strafrechtlichen Tatsachenbegriff, vgl. nur *Cramer/Perron*, in: Schönke/Schröder, StGB, § 263 Rn. 8 m.w. N. auch zur Rspr. Zum Tatsachenbegriff des § 13 WpHG, vgl. v. a. BaFin, Emittentenleitfaden 2009, S. 30; *Assmann*, in: Assmann/ Schneider, WpHG, § 13 Rn. 12 ff. m.w. N.

72 Von besonderer Bedeutung ist insoweit die Kasuistik zum Tatsachenbegriff der Prospekthaftung, vgl. dazu nur BGH, Urt. v. 12.07.1982 – II ZR 175/81, WM 1982, 862 = NJW 1982, 2823, 2824 f.; BGH, Urt. v. 27.102009 – XI ZR 337/08, WM 2009, 2303 = BKR 2010, 35, 36 f.; OLG Düsseldorf, Urt. v. 05.04.1984 – 6 U 239/82, WM 1984, 586 = DB 1984, 1025, 1027; OLG Frankfurt, Urt. v. 21.06.2011 – 5 U 103/10, ZIP 2011, 1909 = AG 2011, 920, 921. Dazu im Übrigen *Groß*, KapMR, § 21 WpPG Rn. 40 sowie *Mülbert/Steup*, in: Habersack/Mülbert/Schlitt, Hdb. Kapitalmarktinformationen, § 41 Rn. 36 sowie § 36 Rn. 57 ff. jeweils m.w. N. zu Lit. und Rspr.

73 Vgl. zum insiderrechtlichen Tatsachenbegriff nur *Assmann*, in: Assmann/Schneider, WpHG, § 13 Rn. 13 m.w. N.; *Assmann*, in: Assmann/Schlitt/von Kopp-Colomb, WpPG/ VerkProspG, § 13 VerkProspG Rn. 37, 54 ff.; *Klöhn*, WM 2010, 289 ff. Zu § 27 WpPG, vgl. auch *Ritz/Voß*, in: Just/Voß/Ritz/Zeisig, WpPG, § 22 Rn. 9 sowie *von Kopp-Colomb*, in: Assmann/Schlitt/von Kopp-Colomb, WpPG/VerkProspG, § 22 WpPG Rn. 11. A. A. *Müller*, in: Frankf Komm WpPG, § 21 Rn. 26. Im Übrigen entspricht der Tatsachenbegriff dem des § 27 WpPG, vgl. die Komm. ebd.

74 Vgl. dazu Rn. 64 ff.

Kenntnis hat. § 26 Abs. 2 WpPG statuiert einen Informationszugangsanspruch, keinen Informationsbeschaffungsanspruch. Der Informationspflichtige ist nicht zur Aufklärung von Sachverhalten verpflichtet, von denen er keine Kenntnis hat.[75]

22 Das Informationsverlangen kann auf die Übersendung von Unterlagen in Papierform[76], auf die Übersendung eines Datenträgers für elektronische Informationen, auf die Übermittlung von Informationen auf elektronischem Weg[77] sowie die Abgabe mündlicher Auskünfte gerichtet sein[78]. Die Überlassung von Kopien ist als Konkretisierung der Überlassung von „Unterlagen" zu verstehen.[79] Ein Stufenverhältnis zwischen Auskunftsverlangen und Unterlagenübermittlung besteht nicht.[80] Die Übermittlung der Informationen ist grundsätzlich auf die BaFin als Informationsempfänger beschränkt. Eine Veröffentlichung der Informationen kann auf Grundlage der Norm nicht verlangt werden.[81]

4. Adressat

23 Die BaFin kann nach § 26 Abs. 2 Satz 1 WpPG von ihren Befugnissen zunächst gegenüber den Erstadressaten[82], d.h. Emittent (§ 2 Nr. 9 WpPG)[83], Anbieter (§ 2 Nr. 10 WpPG)[84] oder Zulassungsantragsteller (§ 2 Nr. 11

75 Allg. Ansicht von *Kopp-Colomb*, in: Assmann/Schlitt/von Kopp-Colomb, WpPG/VerkProspG, § 21 WpPG Rn. 10; *Linke*, in: Schäfer/Hamann, KapMG, § 21 WpPG Rn. 7; *Röhrborn*, in: Heidel, AktG, § 21 WpPG Rn. 5; *Müller*, in: Frankf Komm WpPG, § 21 Rn. 26.
76 Vgl. von *Kopp-Colomb*, in: Assmann/Schlitt/von Kopp-Colomb, WpPG/VerkProspG, § 21 WpPG Rn. 12 zur Überlassung von Kopien als „leichte Variante der Vorlagepflicht". Spricht der Verhältnismäßigkeitsgrundsatz nicht dagegen, etwa aufgrund überschaubaren Umfangs, sind Kopien vom Adressaten kostenlos bereitzustellen. Vgl. dazu im Zusammenhang mit dem Informationsbegehren nach § 4 Abs. 3 WpHG, RegBegr AnSVG, BT-Drucks. 15/3174, S. 30.
77 Das Informationsverlangen im Hinblick auf die Weiterleitung von unternehmensinternen E-Mails ist nicht unproblematisch, vgl. ausführlich *Schantz*, WM 2009, S. 2112 ff. Zur Befugnis nach § 4 Abs. 3 WpHG, vgl. auch *Zetzsche*, in: Schwark/Zimmer, KapMRK, § 4 WpHG Rn. 47 ff., insb. Rn. 51 ff.
78 von *Kopp-Colomb*, in: Assmann/Schlitt/von Kopp-Colomb, WpPG/VerkProspG, § 21 WpPG Rn. 11.; *Röhrborn*, in: Heidel, AktG, § 21 WpPG Rn. 6.
79 Art. 21 Abs. 3 Unterabs. 1 Satz 2 Buchst. a EU-ProspRL nennt als zu übermittelnde Informationsgegenstände nicht „Kopien", vgl. nur *Ritz/Voß*, in: Just/Voß/Ritz/Zeising, WpPG, § 21 Rn. 16.
80 *Ritz/Voß*, in: Just/Voß/Ritz/Zeising, WpPG, § 21 Rn. 14. A. A. wohl *Altenhain*, in: Köln Komm WpHG, § 4 Rn. 118 zum korrespondierenden § 4 Abs. 3 WpHG.
81 *Heidelbach*, in: Schwark/Zimmer, KapMRK, § 21 WpPG Rn. 22.
82 *Heidelbach*, in: Schwark/Zimmer, KapMRK, § 21 WpPG Rn. 23.
83 Vgl. auch Art. 2 Abs. 1 Buchst. h EU-ProspRL (Rechtspersönlichkeit, die Wertpapiere begibt oder zu begeben beabsichtigt).
84 Vgl. auch Art. 2 Abs. 1 Buchst. i EU-ProspRL (juristische oder natürliche Person, die Wertpapiere öffentlich anbietet).

WpPG)[85], Gebrauch machen. § 26 Abs. 2 Satz 2 WpPG erweitert den Kreis von Adressaten möglicher Maßnahmen (Zweitadressaten) auf die mit dem Emittenten, dem Anbieter oder Zulassungsantragsteller verbundenen Unternehmen (Nr. 1)[86] sowie auf diejenigen, bei denen Tatsachen die Annahme rechtfertigen, dass sie Anbieter i. S. d. WpPG sind (Nr. 2, sog. Scheinanbieter)[87].

Der Begriff des verbundenen Unternehmens nach § 26 Abs. 2 Satz 2 Nr. 1   **24** WpPG entspricht dem des § 15 AktG[88], ist jedoch in Zweifelsfällen zugleich europarechtskonform auszulegen.[89]

Ist Adressat der Maßnahmen derjenige, bei dem Tatsachen die Annahme   **25** rechtfertigen, dass er Anbieter i. S. d. WpPG ist (Scheinanbieter nach § 26 Abs. 2 Satz 2 Nr. 2 WpPG)[90], ist die Möglichkeit, Auskünfte, die Vorlage von Unterlagen und die Überlassung von Kopien zu verlangen, begrenzt. Das Informationsverlangen muss auf die Übermittlung von Informationen beschränkt sein, die für die Prüfung erforderlich sind, ob es sich um einen Anbieter i. S. d. WpPG handelt.[91] Einem darüber hinausgehenden Verlangen braucht der Scheinanbieter nicht zu entsprechen. Der Scheinanbieter hat dem Informationsverlangen jedoch auch dann zu entsprechen, wenn sich

---

85 Der Zulassungsantragsteller wird in der EU-ProspRL nicht definiert, vgl. dazu die Komm. zu § 2 WpPG sowie *von Kopp-Colomb/Knobloch*, in: Assmann/Schlitt/von Kopp-Colomb, WpPG/VerkProspG, § 2 WpPG Rn. 74.

86 § 26 Abs. 2 Satz 2 Nr. 1 WpPG setzt Art. 21 Abs. 3 Unterabs. 1 Satz 2 Buchst. b, Halbs. 2 EU-ProspRL um, vgl. *Heidelbach*, in: Schwark/Zimmer, KapMRK, § 21 WpPG Rn. 24.

87 Der Begriff des Scheinanbieters beruht nicht auf der Umsetzung von Europarecht, sondern vielmehr auf einer Adaption des § 8 c VerkProspG a. F., vgl. auch *Heidelbach*, in: Schwark/Zimmer, KapMRK, § 21 WpPG Rn. 25.

88 Vgl. RegBegr. EU-ProspRL-UmsG, BT-Drucks. 15/4999, S. 38.

89 Art. 21 Abs. 3 Unterabs. 1 Satz 2 Buchst. b, Halbs. 2 EU-ProspRL spricht (lediglich) von „Personen, die diese [Erstadressaten] kontrollieren oder von diesen kontrolliert werden." Zur Gewährleistung des Europäischen Wertpapierprospektpasses sowie der kohärenten Anwendung europäischen Finanzmarktrechts ist damit insbesondere bei grenzüberschreitenden Sachverhalten zur Auslegung der Kontrolle respektive Verbundenheit auch die Richtlinie 2002/87/EG des Europäischen Parlaments und des Rates vom 16.12.2002 über die zusätzliche Beaufsichtigung der Kreditinstitute, Versicherungsunternehmen und Wertpapierfirmen eines Finanzkonglomerats und zur Änderung der RL 73/239/EWG, 79/267/EWG, 92/49/EWG, 92/96/EWG, 93/6/EWG und 93/22/EWG des Rates und der RL 98/78/EG und 2000/12/EG des Europäischen Parlaments und des Rates, ABl. EG Nr. L 35, 11.02.2003, S. 1 (FICOD) sowie gruppen- respektive konzernrechtlichen Sonderbestimmungen, wie etwa CRD IV (RL 2013/36/EU und Verordnung (EU) Nr. 575/2013), einzubeziehen.

90 Vgl. auch die korrespondierenden Vorschriften der aufsichtsrechtlichen Auskunfts- und Vorlageverlangen in § 4 Abs. 3 WpHG sowie § 40 Abs. 1 WpÜG. Hierzu ausführlich *Döhmel/Vogel*, in: Assmann/Schneider, WpHG, § 4 Rn. 29 ff. und *Assmann*, in: Assmann/Pötzsch/Schneider, WpÜG, § 40 Rn. 9 ff. jeweils m. w. N.

91 Allg. Ansicht, vgl. *Müller*, in: Frankf Komm WpPG, § 21 Rn. 23; *von Kopp-Colomb*, in: Assmann/Schlitt/von Kopp-Colomb, WpPG/VerkProspG, § 21 WpPG Rn. 9 a. E.; *Röhrborn*, in: Heidel, AktG, § 21 WpPG Rn. 4; *Ritz/Voß*, in: Just/Voß/Ritz/Zeising, WpPG, § 21 Rn. 19; *Heidelbach*, in: Schwark/Zimmer, KapMRK, § 21 WpPG Rn. 25.

---

nach der Informationsübermittlung herausstellt, dass ihm die Anbietereigenschaft fehlt.[92]

26 Für die Inanspruchnahme des Scheinanbieters müssen Tatsachen[93] die Annahme rechtfertigen, dass die Anbietereigenschaft im Sinne des WpPG gegeben ist. Dies gilt unabhängig davon, ob den Rechtsschein der Anscheinsanbieter selbst oder ein Dritter gesetzt hat.[94]

27 Der BaFin steht im Hinblick auf die Inanspruchnahme des Emittenten, Anbieters, Zulassungsantragstellers oder eines mit dem Emittenten, dem Anbieter oder Zulassungsantragsteller verbundenen Unternehmens ein Auswahlermessen zu. Das Auswahlermessen hinsichtlich des verbundenen Unternehmens ist, vorausgesetzt Emittent, Anbieter oder Zulassungsantragsteller sind selbst im Inland ansässig, jedoch insoweit reduziert, als dass sich die BaFin nach dem Verhältnismäßigkeitsgrundsatz vorrangig an den im Inland ansässigen Adressaten wenden muss. Ist weder der Emittent noch der Anbieter oder Zulassungsantragsteller, jedoch ein mit dem Emittenten, dem Anbieter oder Zulassungsantragsteller verbundenes Unternehmen im Inland ansässig, darf sich die BaFin vorrangig an dieses verbundene Unternehmen wenden.

5. Auskunftsverweigerungsrecht

28 Das Informationsverlangen ist Verwaltungsakt i. S. d. § 35 VwVfG.[95] Der zur Bereitstellung der Informationen Verpflichtete ist auf sein Auskunftsverweigerungsrecht nach § 26 Abs. 6 WpPG hinzuweisen.[96]

6. Keine aufschiebende Wirkung von Rechtsmitteln

29 Widerspruch und Anfechtungsklage gegen Maßnahmen nach § 26 Abs. 2 WpPG haben nach § 31 Nr. 1 WpPG keine aufschiebende Wirkung. Hierdurch soll eine schnelle Sachverhaltsaufklärung erreicht und die BaFin in die Lage versetzt werden, ohne bedeutende zeitliche Verzögerung die geeigneten, erforderlichen und verhältnismäßigen Maßnahmen zu treffen, um Einklang mit dem WpPG herzustellen. Andernfalls könnten Anleger Wertpa-

---

92 Vgl. die Voraufl. zu § 21 Rn. 10. Dem folgend *Müller*, in: Frankf Komm WpPG, § 21 Rn. 24 a. E.

93 Vgl. dazu oben Rn. 20.

94 Unter § 8 c VerkProspG a. F. war dies streitig, vgl. *Müller*, in: Frankf Komm WpPG, § 21 Rn. 24 sowie die Voraufl. zu § 21 WpPG Rn. 10. Dazu auch *Heidelbach*, in: Schwark/ Zimmer, KapMRK, § 21 WpPG Rn. 25.

95 *Groß*, KapMR, § 26 WpPG Rn. 5; *von Kopp-Colomb*, in: Assmann/Schlitt/von Kopp-Colomb, WpPG/VerkProspG, § 21 WpPG Rn. 14; *Müller*, in: Frankf Komm WpPG, § 21 Rn. 28 *Heidelbach*, in: Schwark/Zimmer, WpPG, § 21 Rn. 31. Siehe dazu noch unten Rn. 75.

96 Vgl. auch § 3 Abs. 4 BörsG. Im Übrigen, vgl. die Komm. zu § 26 Abs. 6 WpPG, unten Rn. 58 ff.

piere erwerben, für die keine oder fehlerhafte Prospekte erstellt oder veröffentlich wurden.[97]

IV. Erweiterung des Kreises der Informationspflichtigen (§ 26 Abs. 3 WpPG)

1. Gegenstand und Umfang

§ 26 Abs. 3 WpPG setzt Art. 21 Abs. 3 Unterabs. 1 Satz 2 Buchst. c EU-ProspRL um. Die Vorschrift erweitert den Kreis der Informationspflichtigen auf potentielle Informationsträger und ermöglicht der BaFin, durch Inanspruchnahme auch dieser Informationsträger, die Einhaltung der Bestimmungen des WpPG i. S. einer effektiven Sachverhaltsaufklärung zu überwachen.   30

2. Keine Beschränkung auf das Billigungsverfahren

Das Informationsverlangen ist ebenso wie bei § 26 Abs. 2 WpPG, vgl. Komm. ebd., Rn. 18, zeitlich nicht auf das Billigungsverfahren begrenzt, sondern kann darüber hinaus auch vor Einreichung und nach Billigung eines Prospektes ausgeübt werden.   31

3. Adressat

a) Überblick

§ 26 Abs. 3 WpPG erweitert den Kreis der Maßnahmeadressaten auf Abschlussprüfer oder Mitglieder der Aufsichts- oder Geschäftsführungsorgane des Emittenten, Anbieters oder Zulassungsantragstellers. Auskunftspflichtig sind außerdem die mit der Platzierung des öffentlichen Angebots oder der Zulassung zum Handel beauftragten Kreditinstitute im Sinne des § 1 Abs. 1b KWG oder nach § 53 Abs. 1 Satz 1 oder § 53b Abs. 1 Satz 1 KWG tätigen Unternehmen, d.h. Zweigstellen von Kredit- und Finanzdienstleistungsinstituten mit Sitz im Ausland, die Bank- und Finanzdienstleistungsgeschäfte betreiben sowie Wertpapierdienstleistungsunternehmen und Einlagenkreditinstitute aus Staaten des Europäischen Wirtschaftsraums.   32

aa) Abschlussprüfer

Im Hinblick auf Informationsverlangen gegenüber Abschlussprüfern ist insbesondere der begrenzte Informationsanspruch der BaFin zu beachten, der auf dem Prüfungsmaßstab des § 13 WpPG beruht.[98] Zwar erscheint eine Erweiterung der Auskunftsverlangen auf Abschlussprüfer sinnvoll[99], jedoch kann die BaFin mit § 26 Abs. 3 WpPG keine Richtigkeitsprüfung durch die   33

---

97 Siehe außerdem die Komm. zu § 31 WpPG.
98 Vgl. dazu oben Rn. 8 f.
99 Krit. zur Erweiterung des Rechts auf Abschlussprüfer des Anbieters und Zulassungsantragstellers, *Ritz/Voß*, in: Just/Voß/Ritz/Zeising, WpPG, § 21 Rn. 24.

Hintertür etablieren, etwa dahingehend, ob Bewertungen und sonstige Finanzinformationen im Prospekt auch inhaltlich korrekt sind.[100] Im Übrigen sind die Auskünfte auf die Zeiträume beschränkt, für die die Abschlussprüfer zur Auskunft verantwortlich sind.[101] Die Befugnisse gelten nach dem Wortlaut der Norm auch gegenüber ehemaligen Abschlussprüfern.[102]

bb) Mitglieder der Aufsichts- oder Geschäftsführungsorgane

34 Gegenüber den Mitgliedern der Aufsichts- oder Geschäftsführungsorgane[103] gewinnen die Befugnisse an Bedeutung, wenn deren Wissen dem Emittenten, Anbieter oder Zulassungsantragsteller nicht zugerechnet werden kann oder Maßnahmen nach § 26 Abs. 2 WpPG erfolglos oder nicht erfolgversprechend sind.[104]

cc) Beauftragte Institute und Unternehmen

35 Dritte Gruppe der Sekundäradressaten sind die mit der Platzierung des öffentlichen Angebots oder der Zulassung zum Handel beauftragten Institute nach § 1 Abs. 1b KWG sowie nach § 53 Abs. 1 Satz 1 oder § 53 b Abs. 1 Satz 1 tätige Unternehmen. Ein Auskunftsrecht kann bei einer Weiterplatzierung i. S. v. § 3 Abs. 2 Satz 2 und 3 WpPG in Betracht kommen.[105] Im Übrigen ist das Informationsverlangen aufgrund regelmäßig fehlender Erforderlichkeit in seinem Anwendungsbereich begrenzt.[106]

b) Auswahlermessen

36 Bei der Erweiterung der Informationspflichtigen ist der Verhältnismäßigkeitsgrundsatz im Rahmen des Auswahlermessens der BaFin zu beachten. Der Verhältnismäßigkeitsgrundsatz begrenzt i. S. eines Vorrangigkeitsprinzips das Auswahlermessen infolge einer Erforderlichkeitsprüfung bei der Inanspruchnahme der Informationsträger auf die Erstadressaten.[107] Macht die effektive Sachverhaltsermittlung sowie die Gewährleistung der dem WpPG zugrundeliegenden, supervisorischen Ziele es jedoch erforderlich, kann die BaFin im Einzelfall ihr Auskunftsverlangen grundsätzlich auch parallel gegenüber mehrere Informationsträger richten. Insoweit ist das Auswahlermessen auf jeden Informationsträger individuell, nicht in Korrelation zueinander,

---

100 So jedenfalls auch *Ritz/Voß*, in: Just/Voß/Ritz/Zeising, WpPG, § 21 Rn. 23.
101 *Heidelbach*, in: Schwark/Zimmer, KapMRK, § 21 WpPG Rn. 27.
102 *Heidelbach*, in: Schwark/Zimmer, KapMRK, § 21 WpPG Rn. 27.
103 Dazu, insbesondere zum abweichenden Wortlaut des Art. 21 Abs. 3 Unterabs. 1 Satz 2 Buchst. c EU-ProspRL („Führungskräfte" bzw. „Managers"), krit. *Heidelbach*, in: Schwark/Zimmer, KapMRK, § 21 WpPG Rn. 28.
104 *Ritz/Voß*, in: Just/Voß/Ritz/Zeising, WpPG, § 21 Rn. 25. A. A. wohl *Heidelbach*, in: Schwark/Zimmer, KapMRK, § 21 WpPG Rn. 28, die mangels Erforderlichkeit des Auskunftsverlangen für § 26 Abs. 3 WpPG im Hinblick auf Gremienmitglieder keinen praktisch-relevanten Anwendungsbereich sieht.
105 *Ritz/Voß*, in: Just/Voß/Ritz/Zeising, WpPG, § 21 Rn. 26.
106 Vgl. dazu nur *Heidelbach*, in: Schwark/Zimmer, KapMRK, § 21 WpPG Rn. 29 a. E.
107 So *Heidelbach*, in: Schwark/Zimmer, KapMRK, § 21 WpPG Rn. 30.

auszuüben. In jedem Fall ist die Befugnisausübung der BaFin durch den Umfang und Maßstab der Prospektprüfung nach § 13 WpPG begrenzt.[108]

4. Kollision mit Verschwiegenheitspflichten

§ 26 WpPG kollidiert mit der Verschwiegenheitspflicht der Abschlussprüfer **37** nach § 323 Abs. 1 Satz 1 Halbs. 1, Satz 2, Abs. 3 HGB und §§ 43 Abs. 1 Satz 1, 57 b Abs. 1 WPO. Als spezialgesetzliche Ausnahme gegenüber den vorgenannten Bestimmungen können sich Abschlussprüfer und Kreditinstitute gegenüber einem Informationsverlangen der BaFin i. S. v. § 26 Abs. 3 WpPG nicht auf ihre Verschwiegenheitspflicht berufen.[109] Die partielle Aufhebung der Verschwiegenheitspflicht wird dadurch begrenzt, dass die Mitarbeiter der BaFin ihrerseits gemäß § 27 WpPG der Verschwiegenheitspflicht unterworfen sind.[110] Im Übrigen lässt § 26 Abs. 3 WpPG die Verschwiegenheitspflichten der Abschlussprüfer und der Kreditinstitute gegenüber Dritten unberührt.

5. Auskunftsverweigerungsrecht

Das Informationsverlangen ist Verwaltungsakt i. S. d. § 35 VwVfG. Der zur **38** Bereitstellung der Informationen Verpflichtete ist auf sein Auskunftsverweigerungsrecht nach § 26 Abs. 6 WpPG hinzuweisen.[111]

6. Keine aufschiebende Wirkung von Rechtsmitteln

Widerspruch und Anfechtungsklage gegen Maßnahmen nach § 26 Abs. 3 **39** WpPG haben nach § 31 Nr. 1 WpPG keine aufschiebende Wirkung.[112]

V. Allgemeine Untersagungs- und Aussetzungsbefugnis (§ 26 Abs. 4 WpPG)

1. Grundlagen

§ 26 Abs. 4 WpPG setzt Art. 21 Abs. 3 Unterabs. 1 Satz 2 Buchst. d EU- **40** ProspRL um.[113] § 26 Abs. 4 WpPG enthält zwei unterschiedliche, in ihrer Intensität und Auswirkung beim Adressaten, abgestufte Handlungsbefugnisse

---

108 Vgl. RegBegr. EU-ProspRL-UmsG, BT-Drucks. 15/4999, S. 38; *Groß*, KapMR, § 26 WpPG Rn. 6; *Röhrborn*, in: Heidel, AktG, § 21 WpPG Rn. 9; *Müller*, in: Frankf Komm WpPG, § 21 Rn. 33 sowie oben, Rn. 8.
109 Vgl. nur *von Kopp-Colomb*, in: Assmann/Schlitt/von Kopp-Colomb, WpPG/VerkProspG, § 21 WpPG Rn. 17.
110 Vgl. dazu die Komm. zu § 27 WpPG.
111 Vgl. unten Rn. 58.
112 Siehe noch Rn. 75 sowie außerdem die Komm. zu § 31 WpPG.
113 RegBegr. EU-ProspRL-UmsG, BT-Drucks. 15/4999, S. 38.

der BaFin[114], das öffentliche Angebot von Wertpapieren zu untersagen oder auszusetzen.

2. Abgrenzung

41 Sowohl die Untersagungsverfügung als auch die Aussetzungsanordnung sind als Verwaltungsakte zu qualifizieren.[115] Den schwereren Eingriff stellt die Untersagungsverfügung nach § 26 Abs. 4 Satz 1 WpPG dar. Ihr Erlass kommt in Betracht, wenn ein Verstoß gegen die in Satz 1 genannten Bestimmungen als erwiesen gilt.[116] Die BaFin hat insoweit kein Entschließungsermessen.[117] Die Untersagung ist nicht befristet und zeitlich nur insoweit begrenzt, als ein Verstoß gegen die genannten Bestimmungen anhält. Den leichteren Eingriff stellt die Aussetzungsanordnung nach § 26 Abs. 4 Satz 2 WpPG dar. Es handelt sich um eine auf höchstens zehn Tage befristete und somit vorläufige Untersagung. Liegen lediglich Anhaltspunkte dafür vor, dass gegen mindestens eine der in Satz 2 genannten Bestimmungen verstoßen wurde, kann die BaFin anordnen, dass ein öffentliches Angebot für höchstens zehn Tage auszusetzen ist. Bei der vorläufigen Untersagung steht der BaFin ein Ermessensspielraum zu.[118] In der Aufsichtspraxis dürfte die Aussetzungsanordnung gegenüber der Untersagungsverfügung jedoch regelmäßig von nur untergeordneter Bedeutung sein, da die durch Art. 21 Abs. 3 Unterabs. 1 Satz 2 Buchst. d EU-ProspRL umgesetzte Frist von zehn Tagen zur Aufklärung eines Sachverhalts sehr kurz bemessen ist.

42 Die Untersagung erfolgt regelmäßig in einem zweistufigen Verfahren. Liegen nur Anhaltspunkte vor, dass gegen bestimmte Vorschriften des WpPG verstoßen wurde, ohne dass ein Verstoß gegen diese Bestimmungen feststeht, kann die vorläufige Untersagung des öffentlichen Angebotes angeordnet werden. Während der Dauer der Aussetzung hat die BaFin die Möglichkeit zu prüfen, ob ein Verstoß gegen bestimmte Vorschriften des WpPG tatsächlich vorliegt und der Erlass einer endgültigen Untersagungsverfügung gerechtfertigt ist.[119] Die BaFin ist jedoch nicht dazu verpflichtet, zur Prüfung des Sachverhalts zunächst eine vorläufige Untersagung vorzuschalten und nach Abschluss der Untersuchung eine endgültige Untersagung nachfolgen zu lassen; sie kann auch unmittelbar von ihrer Befugnis zur endgültigen Untersagung Gebrauch machen.

---

114 Der Regelungsgedanke ist grundsätzlich vergleichbar mit § 8b VerkProspG a. F.
115 Vgl. dazu noch unten, Rn. 75.
116 Indizien genügen grundsätzlich nicht. Die BaFin hat zuvor angemessen zu ermitteln, ggfs. unter der Maßnahmebefugnis des § 26 Abs. 2 WpPG, oder im Verwaltungsverfahren durch Anhörung des Adressaten nach § 28 VwVfG. Vgl. auch *von Kopp-Colomb*, in: Assmann/Schlitt/von Kopp-Colomb, WpPG/VerkProspG, § 21 WpPG Rn. 25.
117 *Groß*, KapMR, § 26 WpPG Rn. 7; *von Kopp-Colomb*, in: Assmann/Schlitt/von Kopp-Colomb, WpPG/VerkProspG, § 21 WpPG Rn. 25.
118 *Groß*, KapMR, § 26 WpPG Rn. 7; *von Kopp-Colomb*, in: Assmann/Schlitt/von Kopp-Colomb, WpPG/VerkProspG, § 21 WpPG Rn. 26.
119 Zur praktischen Bedeutung siehe unter Rn. 40.

3. Öffentliches Angebot

Vorläufige und endgültige Untersagung richten sich gegen ein öffentliches *43*
Angebot i. S. d. § 2 Nr. 4 WpPG. Ein öffentliches Angebot ist jede Mitteilung
an das Publikum unabhängig von Form, Art und Weise, die ausreichende Informationen über die Angebotsbedingungen und die anzubietenden Wertpapiere enthält, um einen Anleger in die Lage zu versetzen, über den Kauf
oder die Zeichnung dieser Wertpapiere zu entscheiden. Eine Ausnahme
hiervon gilt nur für Mitteilungen auf Grund des Handels von Wertpapieren
an einem organisierten Markt oder im Freiverkehr.[120]

4. Maßnahme

a) Untersagungsverfügung

Vorläufige und endgültige Untersagung nach § 26 Abs. 4 Satz 1 WpPG setzt *44*
zwingend einen Verstoß gegen Bestimmungen des WpPG voraus. Der Verstoß muss vor Erlass der Untersagungsverfügung feststehen. Verdachtsmomente reichen nicht aus. Liegt ein Verstoß gegen Bestimmungen des WpPG
vor, hat die BaFin im Hinblick auf den Erlass einer Untersagungsverfügung
kein Entschließungsermessen.

Voraussetzung für den Erlass einer endgültigen Untersagung sind ein oder *45*
mehrere Verstöße gegen eine oder mehrere Bestimmungen des WpPG. Der
Katalog des § 26 Abs. 4 Satz 1 WpPG ist abschließend.[121] In Betracht kommen die fehlende Veröffentlichung eines Prospekts entgegen § 3 Abs. 1
WpPG[122], wenn es sich einerseits auch um Wertpapiere i. S. v. § 2 Nr. 1
WpPG handelt und andererseits keiner der Befreiungstatbestände nach § 3
Abs. 2, 3 und § 4 Abs. 1 WpPG einschlägig ist, die Veröffentlichung eines
von der BaFin nicht oder nicht in der veröffentlichten Form gebilligten Prospekts entgegen § 13 Abs. 1 WpPG[123], der Ablauf der in § 9 WpPG genannten Fristen[124] hinsichtlich der Gültigkeit eines Prospekts oder eines Registrierungsformulars[125], der fehlende Nachweis der Billigung eines Prospekts

---

120 Vgl. dazu ausführlich *Heidelbach*, in: Schwark/Zimmer, KapMRK, § 2 WpPG Rn. 14 ff.;
von Kopp-Colomb/Knobloch, in: Assmann/Schlitt/von Kopp-Colomb, WpPG/Verk-
ProspG, § 2 WpPG Rn. 28 ff.; *Groß*, KapMR, § 2 WpPG sowie die Komm. von § 2 WpPG.
Zur Auslegung des § 2 Nr. 4 WpPG durch die BaFin, vgl. *BaFin*, Vermerk: Wertpapierprospektgesetz (WpPG); hier: Auslegung des Begriffs des öffentlichen Angebots nach
§ 2 Nr. 4 WpPG, 29.04.2013, GZ: PRO 1- Wp 2030-2012/0013.
121 So auch *von Kopp-Colomb*, in: Assmann/Schlitt/von Kopp-Colomb, WpPG/VerkProspG,
§ 21 WpPG Rn. 20.
122 Dazu auch *Ritz/Voß*, in: Just/Voß/Ritz/Zeising, WpPG, § 21 Rn. 29.
123 Es muss eine wirksame Veröffentlichung i. S. v. § 14 Abs. 2 WpPG vorliegen sowie die
übrigen Anwendungsvoraussetzungen des WpPG erfüllt sein. Vgl. auch *von Kopp-
Colomb*, in: Assmann/Schlitt/von Kopp-Colomb, WpPG/VerkProspG, § 21 WpPG Rn. 22.
124 Vgl. *Ritz/Voß*, in: Just/Voß/Ritz/Zeising, WpPG, § 21 Rn. 30. Dazu ausführlich die
Komm. zu § 9 WpPG.
125 Zu einer Konfliktlage im Hinblick auf Nachträge nach § 16 WpPG, vgl. *von Kopp-
Colomb*, in: Assmann/Schlitt/von Kopp-Colomb, WpPG/VerkProspG, § 21 WpPG Rn. 23.

durch eine Bescheinigung im Sinne des § 18 Abs. 1 WpPG[126] oder die fehlende Übereinstimmung mit § 19 WpPG hinsichtlich der Sprachenregelung[127].

46 Der Verweis auf § 18 WpPG ist insoweit missverständlich, als dass es sich nicht um die nach § 18 Abs. 1 WpPG erstellte Bescheinigung der Billigung durch die BaFin handelt, sondern um die Bescheinigung der zuständigen Behörde des Herkunftstaates, die die Bescheinigung nach der jeweiligen nationalen, § 18 WpPG bzw. Art. 18 EU-ProspRL entsprechenden Vorschrift erstellt hat.

b) Aussetzungsanordnung

47 Steht nicht fest, dass gegen eines oder mehrere der in § 26 Abs. 4 Satz 1 WpPG genannten Gebote verstoßen wurde, sondern liegen nur Anhaltspunkte hierfür vor, steht es im Ermessen der BaFin, durch eine vorläufige Untersagungsverfügung anzuordnen, dass ein öffentliches Angebot für höchstens zehn Tage auszusetzen ist.[128] Die Entscheidung über den Erlass einer Anordnung ist dabei anhand des Umfangs der vorliegenden Tatsachen[129], die den Verdacht eines Gesetzesverstoßes begründen, und ihrer Gewichtung im jeweiligen Einzelfall zu würdigen. An das Vorliegen von Verdachtsmomenten sind einerseits keine überspannten Anforderungen zu stellen.[130] Andererseits genügt die Besorgnis einer Übertretung der Gebote des WpPG bzw. der EU-ProspV oder eine abstrakte Gefahr des Verstoßes grundsätzlich nicht.[131] Sinn und Zweck der Aussetzungsanordnung im Verhältnis zur Untersagungsverfügung bedingen jedoch, dass die BaFin keine vollständige und abschließende Sachverhaltsermittlung durchführen muss.[132] Es soll somit genügen, aber auch erforderlich sein, dass die Anhaltspunkte von einem „konkreten Tatsachenkern"[133] getragen werden.[134]

48 Der der BaFin zur Verfügung stehende Ermessensspielraum gilt nicht nur hinsichtlich des Ob, sondern auch hinsichtlich des Wie der Aussetzung, d. h. der Dauer der Aussetzung, die jedoch auf höchstens zehn Tage begrenzt ist. Der Erlass einer Anordnung kann auch dann rechtmäßig sein, wenn sich nach dem Erlass herausstellt, dass ein Verstoß gegen die in § 26 Abs. 4 Satz 1 WpPG genannten Gebote nicht vorgelegen hat.

---

126 Dazu *Ritz/Voß*, in: Just/Voß/Ritz/Zeising, WpPG, § 21 Rn. 31.
127 Hierzu auch *Ritz/Voß*, in: Just/Voß/Ritz/Zeising, WpPG, § 21 Rn. 32.
128 Zur praktischen Bedeutung siehe unter Rn. 40.
129 Zum Tatsachenbegriff, vgl. oben Rn. 20.
130 *Linke*, in: Schäfer/Hamann, KapMG, § 21 WpPG, Rn. 13.
131 Vgl. *von Kopp-Colomb*, in: Assmann/Schlitt/von Kopp-Colomb, WpPG/VerkProspG, § 21 WpPG Rn. 26; *Ritz/Voß*, in: Just/Voß/Ritz/Zeising, WpPG, § 21 Rn. 34.
132 I. E. auch *von Kopp-Colomb*, in: Assmann/Schlitt/von Kopp-Colomb, WpPG/VerkProspG, § 21 WpPG Rn. 26 a. E.
133 So zu § 4 Abs. 3 WpHG, vgl. RegBegr. AnsVG (Beschlussempfehlung und Bericht des Finanzausschusses), BT-Drucks. 15/3493, S. 15.
134 Vgl. dazu noch *Ritz/Voß*, in: Just/Voß/Ritz/Zeising, WpPG, § 21 Rn. 34 m. w. N.

5. Adressat

Als Adressat der Untersagungsverfügung oder Aussetzungsanordnung 49
kommt in erster Linie der Anbieter i. S. d. § 2 Nr. 10 in Betracht.[135] Jedenfalls
im Hinblick auf die Aussetzungsanordnung, die auch bei noch nicht abschließend geklärtem Sachverhalt erlassen werden kann[136], kommt zweitens
auch der Scheinanbieter als Adressat der Maßnahme in Betracht.[137] Beim
Widerruf der Billigung nach § 26 Abs. 8 Satz 3 WpPG ist für die Adressaten-
eigenschaft entscheidend, wer Empfänger des Billigungsbescheids nach § 13
Abs. 2 Satz 1 WpPG ist; dabei ist seine Anbietereigenschaft grundsätzlich
gleichgültig.[138]

6. Bekanntgabe

Die mit dem Erlass einer vorläufigen Untersagung verbundene Frist von bis 50
zu zehn Tagen beginnt nach § 26 Abs. 8 Satz 3 WpPG mit der Bekanntgabe
der vorläufigen Untersagung. Mangels spezialgesetzlicher Vorgabe gilt für
die Bekanntgabe § 41 VwVfG. Dass § 26 Abs. 3 Satz 3 WpPG auf Tage und
nicht auf Werktage abstellt, wird überwiegend so ausgelegt, dass die Frist
auch Sonn- und Feiertage umfasst.[139]

7. Keine aufschiebende Wirkung von Rechtsmitteln

Widerspruch und Anfechtungsklage gegen Maßnahmen nach § 26 Abs. 4 51
WpPG haben nach § 31 Nr. 1 WpPG keine aufschiebende Wirkung. Durch
die sofortige Vollziehung soll verhindert werden, dass das öffentliche Angebot trotz bestehender Untersagungsverfügung durch Einlegung von Rechtsmitteln aufrecht erhalten wird und bis zur rechtskräftigen Entscheidung über
die Rechtsmittel die Wertpapiere bereits vollständig platziert sind.[140]

VI. Datenübermittlungsbefugnis
(§ 26 Abs. 5 WpPG)

1. Überblick

§ 26 Abs. 5 WpPG regelt als lex specialis zu § 1 Abs. 3 BDSG[141] den Daten- 52
austausch zwischen der BaFin und der Geschäftsführung der Börse bei mög-

---

135 Vgl. *Heidelbach*, in: Schwark/Zimmer, KapMRK, § 21 WpPG Rn. 48; *Müller*, in: Frankf
  Komm WpPG, § 21 Rn. 43; *Ritz/Voß*, in: Just/Voß/Ritz/Zeising, WpPG, § 21 Rn. 60.
136 Vgl. dazu oben Rn. 46.
137 So *Müller*, in: Frankf Komm WpPG, § 21 Rn. 49.
138 So *Heidelbach*, in: Schwark/Zimmer, KapMRK, § 21 WpPG Rn. 49.
139 RegBegr. EU-ProspRL-UmsG, BT-Drucks. 15/4999, S. 36 zu § 15 Abs. 6 WpPG, der auf
  Art. 21 Abs. 3 Unterabs. 1 Satz 2 Buchst. e EU-ProspRL beruht. Im Übrigen allg. Ansicht, vgl. *v. Kopp-Colomb*, in: Assmann/Schlitt/von Kopp-Colomb, WpPG/VerkProspG,
  § 21 WpPG Rn. 27; *Röhrborn*, in: Heidel, AktG, § 21 WpPG Rn. 11 (§ 193 BGB sei nicht
  anwendbar); *Ritz/Voß*, in: Just/Voß/Ritz/Zeising, WpPG, § 21 Rn. 35.
140 Vgl. die Komm. zu § 31 WpPG.
141 Vgl. dazu auch *Ritz/Voß*, in: Just/Voß/Ritz/Zeising, WpPG, § 21 Rn. 41.

lichen Verstößen gegen das WpPG.[142] Die Vorgabe hat keine unmittelbare Grundlage in der EU-ProspRL, ist aber wegen Art. 21 Abs. 2 Unterabs. 1 Satz 2 Buchst. g und h EU-ProspRL erforderlich.[143] Der Datenaustausch soll die Geschäftsführung der Börse in die Lage versetzen, die in ihren Zuständigkeitsbereich fallenden Aufgaben nach dem BörsG wahrnehmen oder vorbereiten zu können.[144]

53 Die Datenübermittlung gewährleistet, dass ein frühzeitiges und zeitgleiches Tätigwerden der BaFin und der Börse innerhalb ihrer Zuständigkeitsbereiche erfolgen kann.[145] Erst nach der Datenübermittlung überprüfen BaFin und Börse, ob und inwieweit im Rahmen ihrer jeweiligen Zuständigkeitsbereiche ein Tätigwerden geboten ist. Durch eine rechtzeitige Datenübermittlung soll die Börse außerdem in die Lage versetzt werden, ihre Maßnahmen ohne bedeutenden zeitlichen Abstand zu den Maßnahmen der BaFin zu treffen.

2. Ermessen und Ermessensausübung

54 § 26 Abs. 5 WpPG räumt der BaFin für die Entscheidung zur Übermittlung der Daten einen Ermessens- und Beurteilungsspielraum ein. Sie hat zu beurteilen, ob und inwieweit Tatsachen[146] vorliegen, die den Verdacht eines Verstoßes gegen das WpPG begründen. Hierbei sind der Umfang der vorliegenden Tatsachen und ihre Gewichtung im jeweiligen Einzelfall zu würdigen. Für die Begründung eines Verdachts ist es nicht notwendig, dass die Tatsachen so verdichtet oder gewichtig sein, dass ein Verstoß gegen das WpPG als erwiesen gilt.[147] Es reicht aus, wenn ein Verstoß möglich erscheint, wobei die Entscheidung im Ermessen der BaFin steht, ob eine Erheblichkeitsschwelle erreicht oder überschritten ist.

55 In der Ermessensentscheidung ist ebenfalls zu beurteilen, ob und inwieweit die zu übermittelnden Daten zur Erfüllung der in der Zuständigkeit der Geschäftsführung der Börse liegenden Aufgaben erforderlich sind. Auch hier muss die Erforderlichkeit der Daten zur Aufgabenerfüllung durch die Geschäftsführung vor der Datenübermittlung nicht erwiesen sein.

---

142 Die Zulassungsstelle ist abgeschafft, eine redaktionelle Anpassung bisher unterblieben. Der Verweis in § 26 Abs. 5 WpPG ist somit gegenstandslos. Vgl. dazu noch oben, Rn. 6.
143 So auch *Ritz/Voß*, in: Just/Voß/Ritz/Zeising, WpPG, § 21 Rn. 37.
144 Vgl. auch *Groß*, KapMR, § 26 WpPG Rn. 8; *von Kopp-Colomb*, in: Assmann/Schlitt/ von Kopp-Colomb, WpPG/VerkProspG, § 21 WpPG Rn. 30; *Röhrborn*, in: Heidel, AktG, § 21 WpPG Rn. 12. Zur Verschwiegenheitspflicht und zum unbefugten Offenbaren, vgl. die Komm. zu § 27 WpPG Rn. 5.
145 Siehe Fn. 144.
146 Vgl. oben Rn. 20.
147 So auch im Anschluss an die hiesige Vorauflage *von Kopp-Colomb*, in: Assmann/Schlitt/ von Kopp-Colomb, WpPG/VerkProspG, § 21 WpPG Rn. 31.

3. Umfang und Gegenstand der Datenübermittlung

Der Umfang der Datenübermittlung ist am Zweck der Norm ausgerichtet.[148]   **56**
Es dürfen daher nur solche Daten übermittelt werden, die für die Überprüfung durch die Börse, ob und inwieweit ihr Tätigwerden geboten ist, erforderlich sein können. Mit dieser Einschränkung ist § 26 Abs. 5 WpPG einerseits eher extensiv als restriktiv auszulegen, da nicht die BaFin, sondern die
Börse für ihren Zuständigkeitsbereich überprüft, welche konkreten Daten für
die Erfüllung ihrer Aufgaben erforderlich sind. Andererseits werden sich die
Daten jedoch im Hinblick auf den Aufgabenbereich der Börsen faktisch auf
die Prospektpflichten konzentrieren.[149] Unter diesen Voraussetzungen ist bei
der Übermittlung der Daten vorbehaltlich des § 26 Abs. 7 WpPG keine Unterscheidung danach zu treffen, ob personenbezogene oder andere Daten
übermittelt werden. Daten, die jedoch zur Aufgabenerfüllung offensichtlich
nicht erforderlich sind, dürfen nicht übermittelt werden.[150]

Auf welchem Wege die BaFin von den verdachtbegründenden Tatsachen   **57**
Kenntnis erhält, ist für die Zulässigkeit des Datenaustausches unerheblich.
Die BaFin kann von diesen Tatsachen auch aufgrund einer Mitteilung der
Geschäftsführung der Börse im Rahmen eines Ersuchens um Datenaustausch
Kenntnis erlangen.[151]

Der Datenaustausch kann auch dann zulässig sein, wenn sich erst nach der   **58**
Datenübermittlung herausstellt, dass weder ein Verstoß gegen das WpPG
vorgelegen hat, noch dass die Daten zur Erfüllung der in der Zuständigkeit
der Geschäftsführung der Börse liegenden Aufgaben erforderlich waren.[152]

VII. Auskunftsverweigerungsrecht
(§ 26 Abs. 6 WpPG)

1. Grundlagen

Das Auskunftsverweigerungsrecht nach § 26 Abs. 6 WpPG[153] ist eine Aus-   **59**
prägung des rechtsstaatlichen Prinzips der Unzumutbarkeit der Selbstan-
zeige[154] oder Anzeige naher Angehöriger i. S. v. § 383 Abs. 1 Nr. 1 bis 3 ZPO

---

148 Das Erforderlichkeitskriterium statuiert einen „Zweckbindungsgrundsatz", vgl. so *Röhrborn*, in: Heidel, AktG, § 21 WpPG Rn. 12 a.E.
149 So auch *Heidelbach*, in: Schwark/Zimmer, KapMRK, § 21 WpPG Rn. 53, die den Umfang der Datenübermittlung auf Prospektpflichtverstöße beschränkt, weil die Börse nur
   in diesem Fall zuständig ist und damit im Übrigen die Erforderlichkeit der Übermittlung
   entfiele. Dazu auch *Ritz/Voß*, in: Just/Voß/Ritz/Zeising, WpPG, § 21 Rn. 38. Vgl. aber
   auch *Röhrborn*, in: Heidel, AktG, § 21 WpPG Rn. 12 zu weiteren Beispielen der Kompetenzen und Aufgaben der Geschäftsführung der Börsen im Zusammenhang mit § 21
   Abs. 5 WpPG a.F.
150 Zur Verschwiegenheitspflicht, vgl. die Komm. zu § 27 WpPG Rn. 5.
151 Vgl. hierzu auch *Heidelbach*, in: Schwark/Zimmer, KapMRK, § 21 WpPG Rn. 57 m.w.N.
152 Vgl. zur Datenverwendung Rn. 62 ff.
153 Regelungsvorbild ist § 8 c Abs. 3 VerkProspG a. F. Vgl. dazu RegBegr. EU-ProspRL-
   UmsG, BT-Drucks. 15/4999, S. 38.
154 Etwa *Groß*, KMR, § 26 WpPG Rn. 9; *Müller*, in: Frankf Komm WpPG, § 21 Rn. 34.

wegen einer Straftat oder Ordnungswidrigkeit[155]. Die Vorschrift entspricht den üblichen Regelungen zum Auskunftsverweigerungsrecht[156] und enthält keine abweichenden Besonderheiten.[157]

60 Zur Auskunftsverweigerung ist derjenige berechtigt, der ein Auskunftsersuchen der BaFin erhält, sofern er sich bei Auskunftserteilung der Gefahr straf- oder ordnungswidrigkeitsrechtlicher Verfolgung aussetzt. Dies ist stets dann der Fall, wenn die Auskunft eine begangene Ordnungswidrigkeit oder Straftat aufdeckt.[158] Diesen Erstberechtigten stehen Angehörige i. S. v. § 383 Abs. 1 Nr. 1 bis 3 ZPO gleich. Voraussetzung ist allerdings, dass die Personen das Auskunftsverweigerungsrecht auch ausdrücklich geltend machen; bloßes Schweigen genügt nicht.[159]

61 Der Betroffene ist nach § 26 Abs. 6 Satz 2 WpPG zwingend[160] zu belehren. Fehlende oder fehlerhafte Belehrungen führen zur Unverwertbarkeit der erhaltenen Auskünfte.[161]

2. Reichweite

62 Die Reichweite des Auskunftsverweigerungsrechts ist umstritten. Nach überwiegender Ansicht soll nach dem Wortlaut des § 26 Abs. 6 WpPG das Auskunftsverweigerungsrecht nur auf die durch die BaFin verlangten Auskünfte, nicht hingegen auf Unterlagen und Kopien, anwendbar sein.[162]

---

155 Vgl. bspw. RegBegr. 3 FMFG, BT-Drucks. 13/8933, S. 54, 88.

156 Vgl. dazu etwa die korrespondierenden Regelungen in § 4 Abs. 9 Satz 1 und 2 WpHG sowie § 40 Abs. 3 WpÜG.

157 Vgl. auch RegBegr. 3. FMFG, BT-Drucks. 13/8933, S. 88 zu § 8 c VerkProspG.

158 Dazu *Ritz/Voß*, in: Just/Voß/Ritz/Zeising, WpPG, § 21 Rn. 43 m. w. N.

159 *Ritz/Voß*, in: Just/Voß/Ritz/Zeising, WpPG, § 21 Rn. 44, auch zum Fall mehrerer Auskünfte.

160 So auch *von Kopp-Colomb*, in: Assmann/Schlitt/von Kopp-Colomb, WpPG/VerkProspG, § 21 WpPG Rn. 34; *Müller*, in: Frankf Komm WpPG, § 21 Rn. 36; Ritz/Voß, in: Jost/Voß/ Ritz/Zeising, WpPG, § 21 Rn. 45.

161 Zur Unverwertbarkeit, vgl. Nachw. in Fn. 160. Dies entspricht der allg. Rechtslage in Zivil-, Straf- und Steuerverfahren, vgl. BGH, Urt. v. 19.01.1984 – III ZR 93/82, NJW 1985, 1158 = MDR 1984, 824; OLG Hamm, Beschl. v. 15.06.1988 – 11 W 71/88, NWVBl 1989, 218 = NJW-RR 1989, 573; OLG Celle, Beschl. v. 07.02.2001 – 32 Ss 101/01, NStZ 2002, 386; BFH, Urt. v. 31.10.1990 – II R 180/87, BFHE 163, 103 = BStBl. 1991, 204; BFH, Beschl. v. 09.02.2010 – VIII B 32/09, BFH/NV 2010, 929 = ZSteu 2010, R326; Hess. VGH, Urt. v. 27.10.1993 – 8 UE 1160/92, GewArch 1994, 64 = DÖV 1994, 442; Hess. VGH, Beschl. v. 23.08.2012 – 6 B 1374/12, DVBl 2012, 1445 = WM 2013, 416 (Auskunftsverweigerungsrecht bei Möglichkeit der Selbstbelastung wegen unerlaubten Betreibens von Finanzdienstleistungen).

162 So *VG Berlin*, Urt. v. 23.07.1987 – 14 A 16.87 = NJW 1988, S. 1105 (zum Auskunftsverweigerungsrecht des § 44 Abs. 4 KWG a. F.) mit Zustimmung von *Hartung*, NJW 1988, S. 1070, der eine Rechtfertigung der Einschränkung auf Grundlage des sog. Gemeinschuldnerbeschlusses vornimmt, vgl. BVerfG, Beschl. v. 13.01.1981 – 1 BvR 116/77 = BVerfGE 56, 37 (Selbstbezichtigung des Gemeinschuldners); dem folgt *Braun*, in: Boos/ Fischer/Schulte-Mattler, KWG, § 44 Rn. 89 sowie *Lindemann*, ebd., § 44 c Rn. 61 ff. mit

(Fortsetzung auf Seite 1333)

Einschränkend wird zudem argumentiert, dass das Auskunftsverweigerungsrecht zwar nicht auf Unterlagen gelte, die gewonnene Erkenntnis aus den vorzulegenden Unterlagen jedoch zu einem Verwertungsverbot in den dem Verwaltungsverfahren nachgeschalteten Straf- und Ordnungswidrigkeitsverfahren führen könne, so eine Selbstbezichtigung vorliegt.[163] Andere fassen das Auskunftsverweigerungsrecht des § 26 Abs. 6 WpPG als umfassend auf und beziehen auch Unterlagen in den Schutz der Vorschrift, da andernfalls die rechtsstaatliche Ratio der Norm nicht hinreichend berücksichtigt sei.[164] Insbesondere *Ritz/Voß*[165] weisen darauf hin, dass bei einem begrenzten Auskunftsverweigerungsrecht die Gefahr bestehe, dass die in diesem Fall durch § 26 Abs. 6 WpPG geschützte Auskunft durch ein Ersuchen um Unterlagenvorlage ausgehebelt werden könne, mit der Folge, dass – bei Annahme nur eines Verwetungsverbots in nachgeschalteten Straf- oder Bußgeldverfahren – jedenfalls aufgrund der Kenntnislage der BaFin aber etwa ein öffentliches Angebot untersagt werden könne.

VIII. Verwendung personenbezogener Daten (§ 26 Abs. 7 WpPG)

§ 26 WpPG[166] regelt die Speicherung, Nutzung und Veränderung personenbezogener Daten durch die BaFin. Die Verwendung personenbezogener Daten ist nur zur Erfüllung der finanzaufsichtlichen Aufgaben, die der BaFin nach dem WpPG zugewiesen sind, und zur Zusammenarbeit mit den zuständigen Aufsichtsbehörden anderer Staaten des Europäischen Wirtschaftsraumes zulässig. Im Rahmen der Aufsichtskooperation mit der ESMA richtet sich die Verwendung personenbezogener Daten nach § 28a WpPG bzw. der ESMA-VO.[167] Personenbezogene Daten sind nach § 3 Abs. 1 BDSG Einzel- 63

Verweis auf OVG Berlin, Beschl. v. 28.01.1964 – OVG VI 6 16/63 (Fn. 65); *von Kopp-Colomb*, in: Assmann/Schlitt/von Kopp-Colomb, WpPG/VerkProspG, § 21 WpPG Rn. 33; *Röhrborn*, in: Heidel, AktG, § 21 WpPG Rn. 13; *Müller*, in: Frankf Komm WpPG, § 21 Rn. 37; *Döhmel*, in: Assmann/Schneider, WpPG, § 4 Rn. 38 mit Verweis auf VG Frankfurt, Beschl. v. 22.11.2004 – 1 G 4052/04 (juris) zu § 83 Abs. 6 VAG.

163 Vgl. *Klepsch*, in: Steinmeyer, WpÜG, § 40 Rn. 26 zur korrespondierenden Regelung in § 40 Abs. 3 WpÜG, der zudem die zu §§ 44, 44c KWG (sowie VAG und GWB) ergangene Rspr. und Literaturansicht aufgrund unterschiedlicher „Aufsichtszwecke" der Regelungen nicht auf § 40 Abs. 3 WpÜG übertragen wissen will.

164 So *Heidelbach*, in: Schwark/Zimmer, KapMRK, § 21 WpPG Rn. 33; *Ritz/Voß*, in: Jost/Voß/Ritz/Zeising, WpPG, § 21 Rn. 46f. Für das WpÜG, vgl. *Noack/Holzborn*, in: Schwark/Zimmer, KapMRK, § 40 WpÜG Rn. 9. Für das VerkProspG, vgl. *Hennrichs*, in: Schwark/Zimmer, KapMRK, § 8i VerkProspG Rn. 21. Im Kontext des § 44c KWG, tendenziell wohl auch *Hess. VGH*, Beschl. v. 23.08.2012 – 6 B 1374/12, WM 2013, 416 = Juris, Rn. 31ff.

165 Vgl. *Ritz/Voß*, in: Jost/Voß/Ritz/Zeising, WpPG, § 21 Rn. 46f.

166 Die Norm entspricht § 4 Abs. 10 WpHG, vgl. RegBegr. WpPG, BT-Drucks. 15/4999, S. 31.

167 Vgl. dazu die Komm. zu § 28a WpPG mit Erläuterung des Art. 35 ESMA-VO.

angaben über persönliche oder sachliche Verhältnisse einer bestimmten oder bestimmbaren natürlichen Person.

64 Im Gegensatz zu § 4 Abs. 10 WpHG[168] ergibt sich jedoch weder aus § 26 Abs. 7 WpPG noch aus der Gesetzesbegründung, das personenbezogene Daten, die zur Erfüllung der aufsichtlichen Aufgaben sowie für Zwecke der Zusammenarbeit zumindest zeitweise nicht benötigt werden, nicht mehr, weil die Erforderlichkeit entfallen ist, gespeichert werden dürfen und zu löschen sind. Der insoweit abweichende Wortlaut des § 26 Abs. 7 WpPG ist jedoch teleologisch i. S. d. § 4 Abs. 10 WpHG auszulegen.[169] Der Begriff des Verwendens umfasst somit die Speicherung, Verwendung und die Weitergabe von Daten.[170]

IX. Qualifizierte Maßnahmebefugnis (§ 26 Abs. 8 WpPG)

1. Anwendungsbereich

65 § 26 Abs. 8 WpPG regelt die Befugnisse der BaFin in besonderen Ausnahmefällen[171], in denen die wesentliche inhaltliche Unrichtigkeit oder die wesentliche inhaltliche Unvollständigkeit eines Prospekts zu einer Übervorteilung des Publikums führt.[172] Die Regelung wird vereinzelt als ergänzende Umsetzung von Art. 21 Abs. 3 Unterabs. 1 Satz 2 Buchst. a bis d und f EU-ProspRL[173], überwiegend jedoch als deutsche Sonderregelung verstanden[174].

---

168 Vgl. *Vogel,* in: Assmann/Schneider, WpHG, § 4 Rn. 64.

169 *Heidelbach,* in: Schwark/Zimmer, KapMRK, § 21 WpPG Rn. 58 spricht von „gleichsetzen".

170 So auch *von Kopp-Colomb,* in: Assmann/Schlitt/von Kopp-Colomb, WpPG/VerkProspG, § 21 Rn. 35. Vgl. auch RegBegr. EU-ProspRL-UmsG, BT-Drucks. 15/4999, S. 39; Reg-Begr. AnSVG, BT-Drucks. 15/3174, S. 31.

171 Vgl. RegBegr. EU-ProspRL-UmsG, BT-Drucks. 15/4999, S. 39. Dazu auch *Ritz/Voß,* in: Just/Voß/Ritz/Zeising, WpPG, § 21 Rn. 51.

172 Kritisch zum Anwendungsbereich des § 26 Abs. 8 WpPG respektive § 21 Abs. 8 WpPG a. F. insbesondere *Röhrborn,* in: Heidel, AktG, § 21 WpPG Rn. 16 ff., der die Vorschrift grundsätzlich nicht oder nur in eng begrenzten Ausnahmefällen anwenden will (Rn. 24). So wohl auch *Linke,* in: Schäfer/Hamann, KapMG, § 21 WpPG Rn. 20.

173 Die RegBegr. EU-ProspRL-UmsG, BT-Drucks. 15/4999, S. 39 indiziert dies indes nicht, vgl. aber *Groß,* KapMR, § 26 WpPG Rn. 11; *von Kopp-Colomb,* in: Assmann/Schlitt/ von Kopp-Colomb, WpPG/VerkProspG, § 21 Rn. 36. Nach Art. 21 Abs. 3 Unterabs. 1 Satz 2 Buchst. f EU-ProspRL ist sicherzustellen, dass die zuständige Behörde, die über die Billigung eines Prospekts zu bescheiden hat, zumindest befugt sein soll, ein öffentliches Angebot zu untersagen, wenn sie feststellt, dass gegen die Bestimmungen dieser Richtlinie verstoßen wurde, oder ein hinreichend begründeter Verdacht besteht, dass gegen sie verstoßen wurde. Vgl. aber auch *Röhrborn,* in: Heidel, AktG, § 21 WpPG, der Abs. 8 im Zusammenhang mit dem Übergang von Kompetenzen der Zulassungsstelle der Börsen auf die BaFin sieht.

174 So *Ritz/Voß,* in: Just/Voß/Ritz/Zeising, WpPG, § 21 Rn. 1; *Linke,* in: Schäfer/Hamann, KapMG, § 21 WpPG Rn. 19; *Röhrborn,* in: Heidel, AktG, § 21 WpPG Rn. 16 ff.

Die Befugnisse des § 26 Abs. 8 WpPG gelten nur im Hinblick auf Wertpa-   66
piere, die zum Handel an einem organisierten Markt zugelassen werden sollen. Sind die Wertpapiere bereits zum Handel an einem organisierten Markt
zugelassen, greifen die besonderen Bestimmungen des BörsG. Zwingende
Voraussetzung der Anwendbarkeit der Qualifikation des § 26 Abs. 8 WpPG
ist somit die Verknüpfung des öffentlichen Angebots mit einer erstmaligen
öffentlichen Platzierung der Wertpapiere.[175] Um den Vollzug dieser Bestimmungen zu gewährleisten, sieht § 26 Abs. 8 Satz 4 WpPG die Möglichkeit
des Datenaustauschs zwischen der BaFin und der Geschäftsführung der
Börse vor.

§ 26 Abs. 8 WpPG soll als Korrektiv zum begrenzten Prüfungsmaßstab der   67
BaFin im Billigungsverfahren nach § 13 Abs. 1 WpPG für solche Fälle anwendbar sein, in denen ein Prospekt zwar verständlich, kohärent und vollständig ist, aber inhaltlich falsch; die BaFin soll somit davor bewahrt werden,
„sehenden Auges einen Prospekt, in dem ‚kohärent gelogen‘ wird"[176], zu
billigen.[177]

2. Voraussetzungen

a) Unrichtigkeit und Unvollständigkeit

Der BaFin müssen Umstände bekannt gegeben werden, auf Grund derer be-   68
gründete Anhaltspunkte für die wesentliche inhaltliche Unrichtigkeit oder
wesentliche inhaltliche Unvollständigkeit des Prospekts bestehen. Die Art
und Weise, wie der BaFin die Umstände bekannt gegeben werden, ist unerheblich, sie kann mündlich oder schriftlich erfolgen. Die Bekanntgabe setzt
keine eigene, ihr vorausgehende Maßnahme zur Sachverhaltsermittlung
durch die BaFin voraus.[178]

Unrichtigkeit und Unvollständigkeit müssen haftungsrelevant sein.[179] Inso-   69
weit gelten die prospekthaftungsrechtlichen Maßstäbe. Eine inhaltliche Unrichtigkeit liegt danach vor, wenn die Angaben in dem Prospekt mit den
tatsächlichen Verhältnissen nicht übereinstimmen. Eine inhaltliche Unvollständigkeit des Prospekts als Unterfall der Unrichtigkeit besteht, wenn die
Anforderungen der § 7 WpPG i. V. m. den Bestimmungen der EU-ProspV hinsichtlich der in den Prospekt aufzunehmenden Angaben nicht erfüllt wer-

---

175 So wohl *Ritz/Voß*, in: Just/Voß/Ritz/Zeising, WpPG, § 21 Rn. 50 a. E., die feststellen, dass
    die Regelung nicht für solche Prospekte gilt, die sich *nur* auf ein öffentliches Angebot
    beziehen.
176 *Ritz/Voß*, in: Just/Voß/Ritz/Zeising, WpPG, § 21 Rn. 50.
177 Dazu im Übrigen *Heidelbach*, in: Schwark/Zimmer, KapMRK, § 21 WpPG Rn. 38 f.; *Mül-
    ler*, in: Frankf Komm WpPG, § 21 Rn. 64; *Linke*, in: Schäfer/Hamann, KapMG, § 21
    WpPG Rn. 19 f., die unisono den Ausnahmecharakter der Vorschrift hervorheben.
178 So auch *Ritz/Voß*, in: Just/Voß/Ritz/Zeising, WpPG, § 21 Rn. 53.
179 So *Ritz/Voß*, in: Just/Voß/Ritz/Zeising, WpPG, § 21 Rn. 55. Vgl. dazu und zum ff. aus-
    führlich etwa *Habersack*, in: Habersack/Mülbert/Schlitt, Hdb. Kapitalmarktinforma-
    tionen, § 29 Rn. 10 ff.; *Groß*, KapMG, § 21 WpPG Rn. 39 ff., 68 sowie die Komm. zu
    Abschnitt 6, §§ 21 f. WpPG, ebd.

den. Wesentlich ist die inhaltliche Unrichtigkeit oder Unvollständigkeit des Prospekts dann, wenn die fehlerhafte oder unvollständige Information über die Angebotsbedingungen und die anzubietenden Wertpapiere geeignet ist, die Entscheidung des Anlegers über den Kauf oder die Zeichnung dieser Wertpapiere zu beeinflussen. Beurteilungsmaßstab ist dabei eine typisierende Betrachtungsweise, d. h. die objektivierte Sicht eines kritischen und verständigen Anlegers, der die Angaben seiner Anlageentscheidung im konkreten Einzelfall zugrunde legt.[180]

b) Übervorteilung des Publikums

70 Die wesentliche inhaltliche Unrichtigkeit oder wesentliche inhaltliche Unvollständigkeit des Prospekts muss zu einer Übervorteilung des Publikums, d. h. der Anleger, führen. Für die Ausübung der Befugnisse des § 26 Abs. 8 WpPG durch die BaFin muss die Übervorteilung nicht tatsächlich verursacht worden sein.[181] Ausreichend, aber auch erforderlich, ist eine konkrete Gefahr der Übervorteilung.[182]

71 Wann eine Übervorteilung vorliegt, wird unterschiedlich beurteilt.[183] Eine überwiegende Ansicht konzentrierte sich auf eine typologische Beurteilung der Frage und nahm eine Übervorteilung des Publikums etwa dann an, wenn ein erheblicher Kursverfall zu befürchten ist[184] oder, wenn etwaige Anhaltspunkte die künftige Rentabilität des Unternehmens unwahrscheinlich[185] erscheinen lassen.[186] In Ansehung der über die EU-ProspRL hinausgehenden Befugnis nach § 26 Abs. 8 WpPG sowie ihren Ausnahmecharakter dürften im Ergebnis, neben einer ohnehin stattgreifenden Einzelfallbeurteilung, an die Übervorteilung des Publikums hohe Anforderungen zu stellen sein. Insbesondere muss die wesentliche inhaltliche Unrichtigkeit oder wesentliche inhaltliche Unvollständigkeit unter Einbeziehung der europäischen Schutzzwecke der Richtlinie ein solches Ausmaß auf die Anlegerschaft zei-

---

180 Vgl. dazu nur RegBegr. 3. FMFG, BT-Drucks. 13/8933, S. 76 zu § 45 Abs. 1 BörsG a. F. sowie BGH, Urt. v. 12.07.1982 – II ZR 175/81, WM 1982, 862 = NJW 1982, 2823, 2824. Im Übrigen instruktiv *Habersack*, in: Habersack/Mülbert/Schlitt, Hdb. Kapitalmarktinformationen, § 29 Rn. 14 ff. m.w.N. zur überwiegenden Auffassung in Lit. und Rspr. sowie zur krit. Gegenauffassung.
181 Vgl. nur *Ritz/Voß*, in: Just/Voß/Ritz/Zeising, WpPG, § 21 Rn. 56 m.w.N.
182 *Ritz/Voß*, in: Just/Voß/Ritz/Zeising, WpPG, § 21 Rn. 56.
183 Die Ansichten beruhen weitgehend auf § 30 Abs. 3 Nr. 3 BörsG a. F., der den Begriff der Übervorteilung verwendete. Dazu im Überblick *Ritz/Voß*, in: Just/Voß/Ritz/Zeising, WpPG, § 21 Rn. 57 f.; *von Kopp-Colomb*, in: Assmann/Schlitt/von Kopp-Colomb, WpPG/VerkProspG, § 21 WpPG Rn. 40.
184 *Groß*, KapMR, § 56 BörsG Rn. 3; *ders.*, KapMR, § 26 WpPG Rn. 11.
185 Zu § 30 Abs. 3 Nr. 3 BörsG a. F., vgl. *Heidelbach*, in: Schwark, KapMRK, § 30 BörsG Rn. 73.
186 Zu den übrigen Ansichten, insbesondere zur Anlehnung an den zivilrechtlichen Begriff des Wuchers, vgl. *Ritz/Voß*, in: Just/Voß/Ritz/Zeising, WpPG, § 21 Rn. 57; *von Kopp-Colomb*, in: Assmann/Schlitt/von Kopp-Colomb, WpPG/VerkProspG, § 21 WpPG Rn. 40.

tigen, dass es zu einer objektiv-gerechtfertigten Erforderlichkeit der Maßnahme durch die zuständige mitgliedstaatliche Aufsichtsbehörde führt.[187]

3. Maßnahmen

a) Informationsverlangen

Bestehen begründete Anhaltspunkte für eine übervorteilende wesentliche inhaltliche Unrichtigkeit oder Unvollständigkeit eines Prospekts, kann die BaFin zunächst vom Emittenten, Anbieter, Zulassungsantragsteller oder einem mit diesen verbundenen Unternehmen Auskünfte, die Vorlage von Unterlagen und die Überlassung von Kopien verlangen. § 26 Abs. 2 WpPG ist insoweit entsprechend anzuwenden. Die BaFin prüft nach Erhalt der übermittelten Informationen, inwieweit der Erlass einer vorläufigen oder endgültigen Untersagung des öffentlichen Angebots sowie der Billigung des Prospekts gerechtfertigt ist. Trotz Bezugnahme auf die inhaltliche Unrichtigkeit oder Unvollständigkeit findet keine Inhaltsprüfug der BaFin statt, der Prüfungsmaßstab wird durch § 26 Abs. 8 WpPG nicht geändert.[188]

72

b) Vorläufige Aussetzungsanordnung

Liegen begründete Anhaltspunkte für eine übervorteilende wesentliche inhaltliche Unrichtigkeit oder wesentliche inhaltliche Unvollständigkeit eines Prospektes vor, kann die BaFin nach ihrem Ermessen (i. S. v. § 40 VwVfG) vom Anbieter die Aussetzung des öffentlichen Angebotes bis zur Klärung des Sachverhalts verlangen.[189] Dies kann nach einem entsprechenden Informationsverlangen gemäß Satz 1 erfolgen. Ein solches Informationsverlangen ist jedoch nicht Voraussetzung für den Erlass einer vorläufigen Untersagungsverfügung. Das Informationsverlangen kann sowohl zur Vorbereitung der vorläufigen Untersagung als auch zeitgleich mit ihr zur Vorbereitung der endgültigen Untersagung des öffentlichen Angebots oder des Widerrufs der Billigung geltend gemacht werden. Eine Befristung der vorläufigen Untersagung ist nicht vorgesehen.

73

c) Widerruf der Billigung und endgültige Untersagung

Ein Widerruf der Billigung[190] und eine endgültige Untersagung des öffentlichen Angebots kommen in Betracht, wenn die inhaltliche Unrichtigkeit oder

74

---

187 Zur praktischen Relevanz der Norm, vgl. jedoch *Ritz/Voß*, in: Just/Voß/Ritz/Zeising, WpPG, § 21 Rn. 59.

188 Vgl. dazu bereits oben Rn. 66 sowie *von Kopp-Colomb*, in: Assmann/Schlitt/von Kopp-Colomb, WpPG/VerkProspG, § 21 WpPG Rn. 37 f.

189 Die Vorschrift hat insoweit praktische Bedeutung, als dass die BaFin bei Börsengängen an regulierte Märkte etwa Zeitpläne zum Erliegen bringen kann. Dazu *von Kopp-Colomb*, in: Assmann/Schlitt/von Kopp-Colomb, WpPG/VerkProspG, § 21 WpPG Rn. 41.

190 § 21 Abs. 8 Satz 3 WpPG ist eine spezialgesetzliche Ermächtigung zum Widerruf eines begünstigenden Verwaltungsakts i. S. v. § 49 Abs. 2 Nr. 1 VwVfG. Der Widerrufsempfänger hat keinen Entschädigungsanspruch gegenüber der BaFin, vgl. § 49 Abs. 6 VwVfG. Dazu *von Kopp-Colomb*, in: Assmann/Schlitt/von Kopp-Colomb, WpPG/VerkProspG, § 21 WpPG Rn. 42; *Linke*, in: Schäfer/Hamann, KapMG, § 21 WpPG Rn. 23. Vgl. aber auch *Ritz/Voß*, in: Just/Voß/Ritz/Zeising, WpPG, § 21 Rn. 65.

inhaltliche Unvollständigkeit des Prospekts feststeht. Auch für den Widerruf und die Untersagung kommt es darauf an, dass die wesentliche inhaltliche Unrichtigkeit oder wesentliche inhaltliche Unvollständigkeit des Prospekts zu einer Übervorteilung des Publikums führen.[191]

4. Keine aufschiebende Wirkung von Rechtsmitteln

75 Widerspruch und Anfechtungsklage gegen Maßnahmen nach § 26 Abs. 8 WpPG haben nach § 31 Nr. 1 WpPG keine aufschiebende Wirkung. Durch die sofortige Vollziehung soll verhindert werden, dass ein inhaltlich unrichtiger oder inhaltlich unvollständiger Prospekt trotz bestehender Untersagungsverfügung durch Einlegung von Rechtsmitteln weiterhin öffentlich angeboten werden kann und das Angebot möglicherweise erst zu einem Zeitpunkt unterbunden wird, zu dem es bereits beendet ist.[192]

X. Verfahren, Gebühren, Rechtsschutz

1. Grundverfügung und Zwangsmittel

76 Die Maßnahmen der BaFin nach § 26 WpPG stellen Verwaltungsakte[193] dar.[194] Kommen die Adressaten den nach § 26 WpPG erlassenen Verwaltungsakten nicht nach, kann die BaFin ihre Befolgung mangels aufschiebender Wirkung[195] gemäß § 17 Satz 1 FinDAG[196] nach ihrem Ermessen[197] unter besonderer Beachtung des Verhältnismäßigkeitsgrundsatzes unmittelbar mit den Mitteln des VwVG durchsetzen. Nach § 9 VwVG kommt die Ersatzvornahme (§ 10 Abs. 1 VwVG), der unmittelbare Zwang (§ 12 VwVG) oder das Zwangsgeld (§ 11 VwVG) in Betracht. Dem Zwangsgeld kommt als taugliches Zwangsmittel, auch im Hinblick auf § 9 Abs. 2 VwVG, die überwiegende Bedeutung zu[198], da die mit den Zwangsmitteln durchgesetzten Pflichten regelmäßig unvertretbare Handlungen darstellen.[199] Die Höhe des

---

191 Zwingende Voraussetzung, vgl. RegBegr. EU-ProspRL-UmsG, BT-Drucks. 15/4999, S. 39.
192 Vgl. die Komm. zu § 31 WpPG.
193 Dies betrifft Abs. 1 (Änderungsverlangen), Abs. 2 und 3 (Informationsverlangen), Abs. 4 Satz 1, Abs. 8 Satz 3 (Untersagungsverfügung), Abs. 4 Satz 2, Abs. 8 Satz 2 (Aussetzungsanordnung) und Abs. 8 Satz 3 (Billigungswiderruf).
194 Siehe auch *von Kopp-Colomb*, in: Assmann/Schlitt/von Kopp-Colomb, WpPG/VerkProspG, § 21 WpPG Rn. 45; *Müller*, in: Frankf Komm WpPG, § 21 Rn. 16.
195 Vgl. dazu auch § 6 Abs. 1 VwVG.
196 Dazu *Laars*, FinDAG, § 17 Rn. 1 f.
197 Zu Ermessensfehlern im Zusammenhang mit § 17 FinDAG und der Veröffentlichung von Finanzberichten nach §§ 37n ff. WpHG, vgl. OLG Frankfurt, Beschl. v. 28.06.2012 – WpÜG 8/11, NZG 2012 = AG 2012, 719, 720 ff.
198 Zur korrespondieren Vorschrift des § 46 WpÜG, vgl. *Klepsch*, in: Steinmeyer, WpÜG, § 46 Rn. 8 m.w.N.
199 Dazu allg. *Engelhardt/App/Schlatmann/Glotzbach*, in: Engelhardt/App, VwVG/VwZG, § 11 VwVG Rn. 6; *Röhrborn*, in: Heidelbach, AktG, § 21 WpPG Rn. 8; *Assmann*, in: Assmann/Pötzsch/Schneider, WpÜG, § 46 Rn. 13 jeweils m.w.N. Vgl. auch VG Frankfurt, Beschl. v. 11.01.2011 – 9 L 2966/10.F, Juris Rn. 11 f.; VG Frankfurt, Beschl v. 25.10.2011 – 9 L 2634/11.F, Juris Rn. 8.

Zwangsgeld kann nach § 17 Satz 4 FinDAG abweichend von § 11 Abs. 3 VwVG[200] eine Summe in Höhe von bis zu 250.000 Euro betragen.[201] Die Höhe ist im Einzelfall nach dem Grundsatz der Verhältnismäßigkeit festzusetzen.[202] Der Höchstbetrag ist nicht erweiterbar.[203]

2. Gebühren

Mit der Bekanntgabe der etwaigen Maßnahme nach § 26 WpPG wird die Ba- 77
Fin dem Adressaten zugleich einen Gebührenbescheid zustellen. Für Maßnahmen nach § 26 WpPG erhebt die BaFin gemäß § 33 WpPG i.V. m. der Verordnung über die Erhebung von Gebühren nach dem WpPG (WpP-GebV)[204] gegenüber den Maßnahmeadressaten Gebühren in unterschiedlicher Höhe. Die Gebühren werden bestimmt nach § 2 WpGebV i.V. m. dem Gebührenverzeichnis der Anlage (zu § 2).

Für die Untersagung eines öffentlichen Angebots nach § 26 Abs. 4 Satz 1 78
WpPG werden nach Nr. 12 des Gebührenverzeichnisses der Anlage (zu § 2) Gebühren i. H. v. 4.000 Euro erhoben, für die Anordnung, ein öffentliches Angebot für höchsten zehn Tage nach § 26 Abs. 4 Satz 2 WpPG auszusetzen, nach Nr. 13 des Gebührenverzeichnisses der Anlage (zu § 2) 2.500 Euro. Für die damit im Zusammenhang stehenden Befugnisse der Aussetzungsordnung und Untersagungsverfügung bzgl. Werbung nach § 15 Abs. 6 Satz 1 WpPG bzw. § 15 Abs. 6 Satz 2 WpPG werden Gebühren i. H. v. 1.250 Euro bzw. 2.000 Euro nach Nr. 6 bzw. 7 des Gebührenverzeichnisses der Anlage (zu § 2) erhoben. Für die Höhe der Gebühren im Fall der vollständigen oder teilweisen Zurückweisung eines Widerspruchs, vgl. § 3 Abs. 2 WpPGebV.

3. Rechtsschutz

Sowohl die Grundverfügungen, d. h. die Maßnahmen nach § 26 WpPG[205], als 79
auch die eingesetzten Zwangsmittel der BaFin sind als belastende Verwal-

---

200 Dazu und zur fehlenden Euroumstellung in § 11 Abs. 3 VwVG, vgl. *Engelhardt/App/Schlatmann/Glotzbach*, in: Engelhardt/App, VwVG/VwZG, § 11 Rn. 8.
201 Zum insoweit abweichenden § 46 Satz 4 WpÜG, der einen Höchstbetrag von 500.000 Euro vorsieht, vgl. *Klepsch*, in: Steinmeyer, WpÜG, § 46 Rn. 8; *Assmann*, in: Assmann/Pötzsch/Schneider, WpÜG, § 46 Rn. 11, 17.
202 Zum Entschließungsermessen und Verhältnismäßigkeitsgrundsatz im Hinblick auf das *Ob* und das *Wie* des Zwangsgelds, vgl. *Engelhardt/App/Schlatmann/Glotzbach*, in: Engelhardt/App, VwVG/VwZG, § 11 Rn. 8 m.w. N. zur Rspr.
203 Insoweit ist insbesondere bei finanzkräftigen Intermediären die Wirksamkeit des Einsatzes von Verwaltungszwangs zur effizienten Durchsetzung der Aufsichtsziele durch die BaFin zu bezweifeln. Vgl. dazu auch *Laars*, FinDAG, § 17 Rn. 1 sowie *Röhrborn*, in: Heidel, AktG, § 21 WpPG Rn. 8, der jedoch den Anwendungsbereich des § 17 FinDAG nicht einbezieht. Im Übrigen besteht im Hinblick auf die Präventions- und Disziplinierungswirkung des § 17 Satz 4 FinDAG keine Korrelation zum Bußgeldtatbestand des § 35 Abs. 3 i.V. m. Abs. 1 Nr. 5 und Abs. 2 Nr. 2 WpPG.
204 BGBl. I 2005, S. 1875.
205 Vgl. oben, Rn. 75 mit Fn. 195.

tungsakte angreifbar.[206] Statthaft ist die Anfechtungsklage nach § 42 Abs. 1 Alt. 1 VwGO sowie das Eilrechtsschutzverfahren nach § 80 Abs. 5 VwGO neben dem Widerspruch.[207] Nach § 78 Abs. 1 Nr. 1 VwGO ist Klagegegner die BaFin als selbständige rechtsfähige Anstalt des öffentlichen Rechts mit eigener Rechtspersönlichkeit.[208] Trotz der nach § 1 Abs. 2 FinDAG gleichberechtigten Behördensitze in Frankfurt am Main und Bonn, sind Klagen gegen die BaFin nach § 1 Abs. 3 Satz 1 FinDAG stets in Frankfurt am Main als Sitz der Behörde zu erheben.[209]

---

206 Zum (deklaratorischen) Art. 18 Abs. 1 VwVG, vgl. *Engelhardt/App/Schlatmann/Glotzbach*, in: Engelhardt/App, VwVG/VwZG, § 18 Rn. 1 ff. Siehe auch *Assmann*, in: Assmann/Pötzsch/Schneider, WpÜG, 2. Aufl. 2013, § 46 Rn. 6; *Heidelbach*, in: Schwark/Zimmer, KapMRK, § 21 WpPG Rn. 12 mit dem Hinweis, dass Rechtsmittel jedenfalls gegen die Grundverfügung aufgrund des Unterrichtungsverfahrens in § 13 Abs. 3 WpPG praktisch bedeutungslos sind.

207 Vgl. auch *von Kopp-Colomb*, in: Assmann/Schlitt/von Kopp-Colomb, WpPG/VerkProspG, § 21 WpPG Rn. 48.

208 *Laars*, in: FinDAG, § 1 Rn. 1.

209 Vgl. dazu auch *Laars*, FinDAG, § 1 Rn. 2 f.; *von Kopp-Colomb*, in: Assmann/Schlitt/von Kopp-Colomb, WpPG/VerkProspG, § 21 WpPG Rn. 48.

ARTIKEL 23
Anpassung an die Mindestangaben im Prospekt und im Basisprospekt

ARTICLE 23
Adaptations to the minimum information given in prospectuses and base prospectuses

(1) Unbeschadet des Artikels 3 Unterabsatz 2 und des Artikels 22 Absatz 1 Unterabsatz 2 kann die zuständige Behörde des Herkunftmitgliedstaats in Fällen, in denen die Tätigkeiten des Emittenten unter eine der in Anhang XIX genannten Kategorien fallen, aufgrund der besonderen Art dieser Tätigkeiten zusätzlich zu den Informationsbestandteilen der in den Artikeln 4 bis 20 genannten Module und Schemata besondere Angaben verlangen, sowie gegebenenfalls eine Bewertung des Vermögens des Emittenten oder einen diesbezüglichen Bericht eines anderen Sachverständigen vorschreiben, um der in Artikel 5 Absatz 1 der Richtlinie 2003/71/EG festgelegten Verpflichtung nachzukommen. Die zuständige Behörde setzt die Kommission unverzüglich hiervon in Kenntnis.

(1) Notwithstanding Articles 3 second paragraph and 22(1) second subparagraph, where the issuer's activities fall under one of the categories included in Annex XIX, the competent authority of the home Member State, taking into consideration the specific nature of the activities involved, may ask for adapted information, in addition to the information items included in the schedules and building blocks set out in Articles 4 to 20, including, where appropriate, a valuation or other expert's report on the assets of the issuer, in order to comply with the obligation referred to in Article 5(1) of Directive 2003/71/EC. The competent authority shall forthwith inform the Commission thereof.

Will ein Mitgliedstaat die Aufnahme einer neuen Kategorie in den Anhang XIX erreichen, so richtet er einen entsprechenden Antrag an die Kommission. Die Kommission aktualisiert die Liste nach dem in Artikel 24 der Richtlinie 2003/71/EG vorgesehenen Ausschussverfahren.

In order to obtain the inclusion of a new category in Annex XIX a Member State shall notify its request to the Commission. The Commission shall update this list following the Committee procedure provided for in Article 24 of Directive 2003/71/EC.

(2) Ersucht ein Emittent, ein Anbieter oder eine Person, die die Zulassung von Wertpapieren zum Handel auf einem geregelten Markt beantragt hat, abweichend von Artikel 3 bis 22 um die Billigung eines Prospekts oder eines Basisprospekts für ein Wertpapier, das nicht mit den anderen Arten von Wertpapieren identisch, wohl aber mit diesen vergleichbar ist, die in der Kombinationsübersicht von Anhang XVIII genannt werden, so fügt der Emittent, der Anbieter oder die Person, die die Zulassung von Wertpapieren zum Handel auf einem geregelten Markt beantragt hat, die entsprechenden Informationsbestandteile aus dem anderen in Artikel 4 bis 20 vorgesehenen Schema für eine Wertpapierbeschreibung dem gewählten Hauptschema für eine Wertpapierbeschreibung an. Dieser Zusatz erfolgt ge-

(2) By way of derogation of Articles 3 to 22, where an issuer, an offeror or a person asking for admission to trading on a regulated market applies for approval of a prospectus or a base prospectus for a security which is not the same but comparable to the various types of securities mentioned in the table of combinations set out in Annex XVIII, the issuer, the offeror or the person asking for admission to trading on a regulated market shall add the relevant information items from another securities note schedule provided for in Articles 4 to 20 to the main securities note schedule chosen. This addition shall be done in accordance with the main characteristics of the securities being offered to the public or admitted to trading on a regulated market.

mäß den Hauptmerkmalen der Wertpapiere, die öffentlich angeboten werden oder zum Handel auf einem geregelten Markt zugelassen werden sollen.

(3) Ersucht ein Emittent, ein Anbieter oder eine Person, die die Zulassung von Wertpapieren zum Handel auf einem geregelten Markt beantragt hat, abweichend von Artikel 3 bis 22 um die Billigung eines Prospekts oder eines Basisprospekts für eine neue Art von Wertpapier, so übermittelt der Emittent, der Anbieter oder die Person, die die Zulassung von Wertpapieren zum Handel auf einem geregelten Markt beantragt hat, den Entwurf des Prospekts oder des Basisprospekts der zuständigen Behörde des Herkunftsmitgliedstaats.

Die zuständige Behörde befindet dann im Einvernehmen mit dem Emittenten, dem Anbieter oder der Person, die die Zulassung von Wertpapieren zum Handel auf einem geregelten Markt beantragt hat, welche Angaben in den Prospekt bzw. den Basisprospekt aufzunehmen sind, um der Verpflichtung von Artikel 5 Absatz 1 der Richtlinie 2003/71/EG nachzukommen. Die zuständige Behörde setzt die Kommission unverzüglich hiervon in Kenntnis.

Die in Unterabsatz 1 genannte Abweichung gilt nur im Falle einer neuen Art von Wertpapieren, die sich in ihren Merkmalen völlig von den anderen Arten von Wertpapieren unterscheidet, die in Anhang XVIII genannt werden, sofern die Merkmale dieses neuen Wertpapiers dergestalt sind, dass eine Kombination der verschiedenen Informationsbestandteile der in Artikel 4 bis 20 genannten Schemata und Module nicht angemessen ist.

(4) In den Fällen, in denen in Abweichung von Artikel 3 bis 22 die in den Schemata oder Modulen geforderten Informationsbestandteile gemäß Artikel 4 bis 20 oder gleichwertige Angaben für den Emittenten, den Anbieter oder für die Wertpapiere, für die der Prospekt erstellt wurde, nicht angemessen sind, brauchen diese Angaben nicht aufgenommen zu werden.

(3) By way of derogation of Articles 3 to 22, where an issuer, an offeror or a person asking for admission to trading on a regulated market applies for approval of a prospectus or a base prospectus for a new type of security, the issuer, the offeror or the person asking for admission to trading on a regulated market shall notify a draft prospectus or base prospectus to the competent authority of the home Member State.

The competent authority shall decide, in consultation with the issuer, the offeror or the person asking for admission to trading on a regulated market, what information shall be included in the prospectus or base prospectus in order to comply with the obligation referred to in Article 5(1) of Directive 2003/71/EC. The competent authority shall forthwith inform the Commission thereof.

The derogation referred to in the first subparagraph shall only apply in case of a new type of security which has features completely different from the various types of securities mentioned in Annex XVIII, if the characteristics of this new security are such that a combination of the different information items referred to in the schedules and building blocks provided for in Articles 4 to 20 is not pertinent.

(4) By way of derogation of Articles 3 to 22, in the cases where one of the information items required in one of the schedules or building blocks referred to in 4 to 20 or equivalent information is not pertinent to the issuer, to the offer or to the securities to which the prospectus relates, that information may be omitted.

Inhalt

I. Grundlagen

1. Überblick

Nach Art. 23 Abs. 1 EU-ProspV kann die zuständige Behörde von Emitten-   *1*
ten, die in den Anwendungsbereich des Anh. XIX der EU-ProspV fallen *(spe-cialist issuers)*, aufgrund der besonderen Art der von diesen Unternehmen ausgeübten Tätigkeiten zusätzlich zu den nach Art. 4 bis 20 EU-ProspV er-forderlichen Informationsbestandteilen die Aufnahme weiterer Angaben in den Prospekt verlangen.

2   Grundsätzlich sind die Informationsbestandteile nach Art. 4 ff. EU-ProspV i. V. m. den Anh. I bis XVII, auch im Hinblick auf die mitgliedstaatliche Prospektbilligung nach Art. 3 Unterabs. 2 Satz 2 EU-ProspV, abschließend zu verstehen. Aufgrund eines speziellen Informationsbedürfnisses des Publikums bei besonderen Kategorien von Emittenten durchbricht Anh. XIX jedoch diesen Grundsatz.[1] Damit ergänzt Art. 23 Abs. 1 EU-ProspV zugleich auch Art. 5 Abs. 1 EU-ProspRL.[2] Nach dieser Vorschrift muss der Prospekt sämtliche Angaben enthalten, die entsprechend den Merkmalen des Emittenten und der öffentlich angebotenen bzw. zum Handel an dem geregelten Markt zugelassenen Wertpapiere erforderlich sind, damit sich die Anleger ein fundiertes Urteil über die Vermögenswerte und Verbindlichkeiten, die Finanzlage, die Gewinne und Verluste, die Zukunftsaussichten des Emittenten und jedes Garantiegebers sowie über die mit diesen Wertpapieren verbundenen Rechte bilden können.[3]

3   Etwaige Zusatzangaben in Prospekten der *specialist issuers* nach Art. 23 Abs. 1 EU-ProspV sind nicht per se aufzunehmen, sondern nur, wenn die zuständige mitgliedstaatliche Behörde (Prospektbilligungsbehörde) an den Adressaten ein entsprechendes Verlangen richtet. Das Ergänzungsverlangen ist sowohl im Hinblick auf das Ob als auch das Wie (dazu sogleich unter Rn. 4) der Zusatzinformationen in das Ermessen der Prospektbilligungsbehörde gestellt.[4]

2. Auslegung des Ergänzungsverlangens

4   Gegenstand und Umfang des Ergänzungsverlangens sind weder in Art. 23 EU-ProspV noch in Anh. XIX festgelegt. Die Europäische Kommission hat im 22. Erwägungsgrund der EU-ProspV jedoch dem Ausschuss der europäischen Wertpapierregulierungsbehörden (Committee of European Securities

---

1   So auch Erwg. 22 EU-ProspV. Dazu *Schnorbus*, WM 2009, 249, 250; *Schlitt/Schäfer*, in: Assmann/Schlitt/von Kopp-Colomb, WpPG/VerkProspG, EU-ProspV Anh. XIX Rn. 1 sowie *Schlitt/Wilczek*, in: Habersack/Mülbert/Schlitt, Hdb. Kapitalmarktinformationen, § 5 Rn. 17 ff.; *Meyer*, in: Habersack/Mülbert/Schlitt, Unternehmensfinanzierung, § 36 Rn. 73 f.

2   Vgl. Erwg. 22 EU-ProspV: „For some categories of issuers the competent authority should be entitled to require adapted information going beyond the information items included in the schedules and building blocks because of the particular nature of the activities carried out by those issuers. A precise and restrictive list of issuers for which adapted information may be required is necessary. The adapted information requirements for each category of issuers included in this list should be appropriate and proportionate to the type of business involved. The Committee of European Securities Regulators could actively try to reach convergence on these information requirements within the Community. Inclusion of new categories in the list should be restricted to those cases where this can be duly justified." Dazu auch *Fingerhut/Voß*, in: Just/Voß/Ritz/Zeising, WpPG, Anh. XIX EU-ProspV, Rn. 1.

3   Art. 5 Abs. 1 EU-ProspRL wurde umgesetzt in § 5 WpPG. Dazu ausführlich die Komm. ebd. sowie *Groß*, KapMR, § 5 WpPG Rn. 2 ff. und *Schlitt/Schäfer*, in: Assmann/Schlitt/von Kopp-Colomb, WpPG/VerkProspG, § 5 WpPG Rn. 1 ff. jeweils m. w. N.

4   So auch *Fingerhut/Voß*, in: Just/Voß/Ritz/Zeising, WpPG, Anh. XIX EU-ProspV Rn. 1.

Regulators – CESR) anheimgestellt, die Informationsanforderungen nach Art. 23 EU-ProspV im Europäischen Wirtschaftsraum anzugleichen. Die Empfehlungen der CESR sind nicht obligatorisch, sondern voluntativ.[5] Auch die durch die Rechtsnachfolgerin des CESR übernommenen und teilweise ergänzten Empfehlungen der Europäischen Wertpapier- und Marktaufsichtsbehörde (European Securities and Markets Authority – ESMA) vom 20.03.2013[6] sind nicht als Leitlinien und Empfehlungen i. S. v. Art. 16 ESMA-VO[7] veröffentlicht worden.[8] Gleichwohl spiegeln die Empfehlungen die ständige Praxis der mitgliedstaatlichen Prospektbilligungsbehörden und stellen faktisch bindende Maßnahmen der prospektrechtlichen Harmonisierung dar.

Bei der Auslegung und Anwendung von Art. 23 EU-ProspV sind folgende   5
Dokumente des CESR bzw. der ESMA zu beachten:

– CESR's Advice (July submission) on level 2 implementing measures for the prospectus directive (CESR/03-208);
– CESR's Advice (September submission) on level 2 implementing measures for the prospectus directive (CESR/03-300);
– CESR's Advice (December submission) on level 2 implementing measures for the prospectus directive (CESR/03-399);
– The role of CESR at „level 3" under the Lamfalussy process (CESR/04-104b);
– Consultation Paper on proposed amendments to CESR's recommendations for the consistent implementation of the Prospectuses Regulation regarding mineral companies (CESR/10-411);
– Feedback Statement: Consultation Paper on proposed amendments to CESR's recommendations for the consistent implementation of the Prospectuses Regulation regarding mineral companies (ESMA/2011/67);
– Recommendations – ESMA update of the CESR recommendations on the consistent implementation of Commission Regulation (EC) No 809/2004 implementing the Prospectus Directive (ESMA/2011/81);
– Consultation Paper on proposed amendments to ESMA update of the CESR recommendations on the consistent implementation of Commission Regulation (EC) No 809/2004 implementing the Prospectus Directive (ESMA/2012/607); und
– Feedback Statement on the Consultation Paper on proposed amendments to the ESMA update of the CESR recommendations for the consistent implementation of the Prospectuses Regulation regarding mineral companies (ESMA/2013/318).

---

5   Vgl. *CESR*, recommendations, consistent implementation, Ref: CESR/05-054b, Tz. 9.
6   *ESMA*, update CESR recommendation, consistent implementation, ESMA/2013/319.
7   VO (EU) Nr. 1095/2010 des Europäischen Parlaments und des Rates vom 24.11.2010 zur Errichtung einer Europäischen Aufsichtsbehörde (Europäische Wertpapier-und Marktaufsichtsbehörde), zur Änderung des Beschlusses Nr. 716/2009/EG und zur Aufhebung des Beschlusses 2009/77/EG der Kommission (ESMA-VO), ABl. EU Nr. L 331, 15.12.2010, S. 84. Vgl. dazu die Komm. zu § 28 a WpPG.
8   Vgl. *ESMA*, update CESR recommendation, consistent implementation, ESMA/2013/319, zu I., Unterabs. 3 (grandfathering provision). Hierzu allg. *Moloney*, EC Securities Regulation, S. 1007 ff.; *Walla*, in: Veil, Europäisches Kapitalmarktrecht, § 2 Rn. 19 ff.

II. Anwendungsbereich

1. Überblick

6   Art. 23 Abs. 1 EU-ProspV ist nur anwendbar, wenn der Emittent zu einer der in Anh. XIX der EU-ProspV genannten Kategorie von Unternehmen *(specialist issuers)* gehört. Im Einzelnen sind dies:

- Immobiliengesellschaften *(property companies)*;
- Bergbaugesellschaften *(mineral companies)*;
- Investmentgesellschaften *(investment companies)*[9];
- In der wissenschaftlichen Forschung tätige Gesellschaften *(scientific research based companies)*;
- Seit weniger als drei Jahren bestehende Gesellschaften *(companies with less than three years of existence, start-up companies)* und
- Schifffahrtgesellschaften *(shipping companies)*.

7   Die Liste ist abschließend.[10] Nach Art. 23 Abs. 1 Unterabs. 2 EU-ProspV kann sie jedoch auf einen entsprechenden, an die Europäische Kommission zu richtenden Antrag eines Mitgliedstaates erweitert werden.[11] Aufgrund des Ausnahmecharakters der Vorschrift (dazu Rn. 2) muss der mitgliedstaatliche Antrag hinreichend substantiiert sein. Der Antrag muss vor allem ein ausnahmsweise besonderes Informationsbedürfnis bei dem speziellen Emittenten erkennen lassen.[12]

8   Ist der Unternehmensgegenstand des Emittenten einer der Kategorien in Anh. XIX der EU-ProspV zuzuordnen, kann die zuständige Prospektbilligungsbehörde aufgrund der besonderen Art dieser Tätigkeiten zusätzlich zu den Informationsbestandteilen der in den Art. 4 bis 20 EU-ProspV genannten Module und Schemata die Aufnahme besonderer Angaben sowie gegebenenfalls eine Bewertung des Vermögens des Emittenten oder einem diesbezüglichen Bericht eines anderen Sachverständigen in den Prospekt verlangen.[13]

2. Besondere Kategorien von Emittenten

a) Vorbemerkung

9   Die besonderen Kategorien von Emittenten *(specialist issuers)* werden im europäischen Prospektrecht nicht definiert. Begriffsbestimmungen finden sich

---

9 Zum Verhältnis des Ergänzungsverlangens und Art. 18 EU-ProspV, vgl. die Komm. ebd.
10 Vgl. Erwg. 22 EU-ProspV; *Heidelbach/Doleczik*, in: Schwark/Zimmer, KapMRK, § 7 WpPG Rn. 42; *Schnorbus*, WM 2009, 249, 259.
11 Vgl. dazu *Schlitt/Schäfer*, in: Assmann/Schlitt/von Kopp-Colomb, WpPG/VerkProspG, EU-ProspV Anh. XIX Rn. 1 sowie *Schlitt/Wilczek*, in: Habersack/Mülbert/Schlitt, Hdb. Kapitalmarktinformationen, § 5 Rn. 17 ff.
12 Neue Emittentenkategorien sind nur in ausreichend begründeten Fällen vorgesehen, vgl. Erwg. 22 EU-ProspV.
13 Vgl. auch *Schnorbus*, WM 2009, 249; *Schlitt/Schäfer*, in: Assmann/Schlitt/von Kopp-Colomb, WpPG/VerkProspG, EU-ProspV Anh. XIX Rn. 1; *Heidelbach/Doleczik*, in: Schwark/Zimmer, KapMRK, § 7 WpPG Rn. 42 ff.

in den Empfehlungen der ESMA (ESMA/2013/319), die jedoch Rechtsakte auf Level 1- und 2-Ebene nicht präjudizieren oder überlagern.[14]

Bei der Kategorisierung ist somit (auch) auf europäisches Sekundärrecht zu rekurrieren. Dies gilt vor allem für die Begriffsbestimmungen in den Empfehlungen der ESMA, die im Zweifel, d.h. bei Abweichungen oder Überlagerungen, zur Herstellung von Kohärenz im Kontext höherrangigen Europarechts auszulegen sind.   10

b) Immobiliengesellschaften (property companies)

Als Immobiliengesellschaften *(property companies)* im prospektrechtlichen Sinne gelten solche Gesellschaften, deren tatsächliches oder geplantes Kerngeschäft[15] das unmittelbare oder mittelbare Halten von Immobilien einschließlich ihrer Bestandsentwicklung zur dauerhaften[16] Vermietung oder für andere Investmentzwecke ist.[17] Liegen diese Voraussetzungen nicht vor, ist der Unternehmensgegenstand der Gesellschaft also nicht auf die Verwaltung eigener Immobilien gerichtet, liegt keine Immobiliengesellschaft im prospektrechtlichen Sinne vor.[18]   11

Unter Immobilien sind Grundeigentum, Erbbaurechte, Miet- oder Pachtbesitz oder gleichartige Rechte zu verstehen.[19]   12

Als Immobiliengesellschaften können beispielsweise Real Estate Investment Trusts (REITs)[20], Immobilien-Aktiengesellschaften sowie Wohnungsbauge-   13

---

14 Vgl. auch *ESMA*, update CESR recommendation, consistent implementation, ESMA/ 2013/319, Tz. 9.

15 Dies ist nach Aufsichtspraxis der BaFin bereits dann der Fall, wenn der Gewinn- und Umsatzbeitrag aus der Hauptgeschäftstätigkeit mindestens 50 % beträgt. Vgl. *Schlitt/ Schäfer*, in: Assmann/Schlitt/von Kopp-Colomb, WpPG/VerkProspG, EU-ProspV Anh. XIX Rn. 4 m.w.N.; *Fingerhut/Voß*, in: Just/Voß/Ritz/Zeising, WpPG, Anh. XIX EU-ProspV Rn. 6.

16 Der zeitliche Schwellenwert liegt in der deutschen Aufsichtspraxis bei einem Jahr, vgl. *Schlitt/Schäfer*, in: Assmann/Schlitt/von Kopp-Colomb, WpPG/VerkProspG, EU-ProspV Anh. XIX Rn. 4 mit Verweis auf *Knobloch/Langenkamp*, Der Prospekt für Immobiliengesellschaften, BaFin-Workshop v. 04.09.2007. Vgl. auch *Fingerhut/Voß*, in: Just/Voß/Ritz/ Zeising, WpPG, Anh. XIX EU-ProspV Rn. 6.

17 *ESMA*, update CESR recommendation, consistent implementation, ESMA/2013/319, Tz. 129.

18 So auch *Schlitt/Schäfer*, in: Assmann/Schlitt/von Kopp-Colomb, WpPG/VerkProspG, EU-ProspV Anh. XIX Rn. 4 mit Verweis auf die Aufsichtspraxis, vgl. Fn. 5; *Heidelbach/Doleczik*, in: Schwark/Zimmer, KapMRK, § 7 WpPG Rn. 43.

19 *ESMA*, update CESR recommendation, consistent implementation, ESMA/2013/319, Tz. 129.

20 Vgl. § 12 Abs. 2, 3 des Gesetzes über deutsche Immobilien-Aktiengesellschaften mit börsennotierten Anteilen (REITG), BGBl. Teil I v. 28.05.2007, S. 914. Dazu instruktiv *Vaupel*, in: Habersack/Mülbert/Schlitt, Unternehmensfinanzierung, § 25; *Wohltmann*, AG 2011, 444 ff. jeweils m.w.N. Vgl. auch *Heidelbach/Doleczik*, in: Schwark/Zimmer, KapMRK, § 7 WpPG Rn. 43.

sellschaften mit eigenem Bestand an Immobilien[21] qualifiziert werden. Auch geschlossene Immobilienfonds können Immobiliengesellschaften i. S. v. Anh. XIX der EU-ProspV sein, wenn Anteile an diesen Organismen für gemeinsame Anteile (OGA) in Immobilien als übertragbare Wertpapiere qualifiziert werden können.[22]

c) Bergbaugesellschaften (mineral companies)

14 Der in der deutschsprachigen Fassung der EU-ProspV verwendete Begriff Bergbaugesellschaften ist, gegenüber dem englischsprachigen Begriff *mineral companies*, zu eng gefasst.[23] Durch die Aktualisierung der ESMA-Empfehlung ist der Begriff nunmehr noch weiter zu verstehen als unter Geltung der CESR-Empfehlung, da das Klassifizierungsmerkmal des gewerbsmäßigen Abbaus von Bodenschätzen als tatsächliche oder geplante Haupttätigkeit *(principal activity test)* weggefallen ist.

15 Bergbaugesellschaften sind Unternehmen mit „bedeutenden mineralischen Projekten" *(material mineral projects)*.[24] Mineralische Projekte umfassen die Exploration, Entwicklung, Planung und Produktion, einschließlich sog. *royality interests*, im Hinblick auf Mineralien respektive Bodenschätze. Diese umfassen metallische Erze und nicht-metallische Erze, mineralische Konzentrate, industrielle Minerale, Aggregate, mineralische Öle, Naturgas, Hydrocarbonate und Festbrennstoffe einschließlich Kohle.[25] Bedeutend sind solche Projekte dann, wenn eine Bewertung des mineralischen Projekts erforderlich ist, um aus der Sicht eines Anlegers eine informierte Einschätzung über die Aussichten des Emittenten zu ermöglichen.[26]

---

21 Vgl. auch *Schlitt/Schäfer*, in: Assmann/Schlitt/von Kopp-Colomb, WpPG/VerkProspG, EU-ProspV Anh. XIX Rn. 4; *Schnorbus*, WM 2009, 249, 250; *Schlitt/Schäfer*, AG 2008, 525, 535.

22 Grundsätzlich ablehnend *Fingerhut/Voß*, in: Just/Voß/Ritz/Zeising, WpPG, Anh. XIX EU-ProspV Rn. 4. Im Einklang mit der (noch) überwiegenden Ansicht sind, anders als in anderen Mitgliedstaaten des Europäischen Wirtschaftsraums, Anteile, die ein geschlossener Immobilienfonds in der Rechtsform einer Personengesellschaft begibt, mangels Fungibilität und Übertragungshindernissen keine übertragbaren Wertpapiere und damit nicht prospektrelevant. Durch die Neuregelungen des Kapitalanlagegesetzbuches (KAGB), als Umsetzungsgesetz der AIFM-Richtlinie 2011/61/EU (dazu Rn. 19 f.), ist jedoch eine ähnliche Rechtslage, wie etwa in den Niederlanden oder Großbritannien denkbar. Dazu ausführlich die Komm. zu Art. 18 EU-ProspV m. w. N. zur Prospektrechtsrelevanz von durch OGA des geschlossenen Typs begebene Anteile.

23 So auch *Fingerhut/Voß*, in: Just/Voß/Ritz/Zeising, WpPG, Anh. XIX EU-ProspV Rn. 12.

24 Hierzu und zum ff. *ESMA*, update CESR recommendation, consistent implementation, ESMA/2013/319, Tz. 131.

25 Siehe im Übrigen *ESMA*, update CESR recommendation, consistent implementation, ESMA/2013/319, Tz. 131 zu b).

26 Für Fälle, in denen regelmäßig eine Bewertung des *material mineral project* erforderlich ist, vgl. *ESMA*, update CESR recommendation, consistent implementation, ESMA/2013/319, Tz. 131 zu c). Vgl. auch *Castelli/D'Amelj*, 27:4 J. Energy & Nat. Resources L. 645, 647 (2009), allerdings noch auf Grundlage der CESR-Empfehlung.

d) Investmentgesellschaften (investment companies)

In den finalen Empfehlungen zur Auslegung des Begriffs Investmentgesell-   16
schaft *(investment company)* wurde im Kontext des Art. 23 EU-ProspV abgesehen[27], da das Bemühen im Rahmen der Konsultationen zu den ursprünglichen Empfehlungen des CESR überwiegend auf Kritik gestoßen ist.[28] Auch
nach Inkrafttreten der AIFM-RL[29] erfolgte keine Anpassung der CESR-Empfehlung durch die ESMA. So die Investmentgesellschaft zur Veröffentlichung
eines Prospekts nach WpPG i. V. m. der EU-ProspV verpflichtet ist[30], könnten
somit grundsätzlich die zuständigen Behörden des Herkunftsmitgliedstaats
im Einzelfall ergänzende Informationen in Ansehung der spezifischen Natur
der Tätigkeit der Investmentgesellschaft verlangen.[31]

Art. 23 EU-ProspV ist allenfalls dann von Bedeutung, wenn ein Organismus   17
für gemeinsame Anlagen (OGA) des geschlossenen Typs Wertpapiere begibt.[32] Bei der Emission von Anteilen an einem OGA in Wertpapieren
(OGAW) gelten die Vorschriften der Primärmarktpublizität der OGAW-RL[33],
die im KAGB[34] umgesetzt sind. Für den Fall der Erstellung eines Wertpapierprospekts für Wertpapiere eines OGA des geschlossenen Typs ist zugleich
Art. 18 sowie Anh. XV der EU-ProspV zu beachten, vgl. die Komm. Art. 18
EU-ProspV.

In deutscher Diktion sind als Investmentgesellschaften i. S. v. Art. 23 EU-   18
ProspV solche Investmentvermögen zu verstehen, die in der Rechtsform
einer Investmentaktiengesellschaft oder Investmentkommanditgesellschaft
firmieren, vgl. § 1 Abs. 11 KAGB. Ein Investmentvermögen i. S. v. § 1 Abs. 1
Satz 1 KAGB ist jeder Organismus für gemeinsame Anlagen, der von einer
Anzahl von Anlegern Kapital einsammelt, um es gemäß einer festgelegten
Anlagestrategie zum Nutzen dieser Anleger zu investieren und der kein ope-
rativ tätiges Unternehmen außerhalb des Finanzsektors ist.[35] Art. 23 EU-

---

27 *CESR*, Feedback statement, consistent implementation, CESR/05–055b, Tz. 78.
28 Vgl. *CESR*, Feedback statement, consistent implementation, CESR/05–055b, Tz. 77.
29 RL 2011/61/EU des Europäischen Parlaments und des Rates vom 08.06.2011 über die
   Verwalter alternativer Investmentfonds und zur Änderung der RL 2003/41/EG und 2009/
   65/EG und der Verordnungen (EG) Nr. 1060/2009 und (EU) Nr. 1095/2010, ABl. EU Nr.
   L 174, 01.07.2011, S. 1 (AIFM-RL). Dazu ausführlich Zetzsche (Hrsg.), The Alternative Investment Fund Managers Directive, 2012. Vgl. im Übrigen, auch zur Umsetzung der
   AIFM-RL im KAGB, noch unten Rn. 19 f.
30 Dazu ausführlich die Komm. zu Art. 18 EU-ProspV.
31 *CESR*, Feedback statement, consistent implementation, CESR/05–055b, Tz. 78. Vgl. dazu
   kritisch und unter Einbeziehung der AIFM-RL 2011/61/EU die Komm. zu Art. 18 EU-ProspV.
32 Zum Begriff des OGA des geschlossenen Typs, vgl. ausführlich die Komm. zu Art. 18 EU-
   ProspV.
33 RL 2009/65/EG des Europäischen Parlaments und des Rates vom 13.07.2009 zur Koordinierung der Rechts- und Verwaltungsvorschriften betreffend bestimmte Organismen
   für gemeinsame Anlagen in Wertpapieren (OGAW), ABl. EG Nr. L 302, 17.11.2009, S. 32
   (OGAW-RL).
34 Vgl. dort §§ 164 ff. KAGB.
35 Ausführlich zu den einzelnen Merkmalen die Komm. zu Art. 18 EU-ProspV sowie *Zetz-
   sche/Preiner*, WM 2013, im Erscheinen.

ProspV ist dann unanwendbar, wenn solche Investmentgesellschaften einer Verkaufsprospektpflicht nach KAGB unterliegen.[36] Investmentgesellschaften fallen somit erst dann in den Anwendungsbereich des Art. 23 EU-ProspV, wenn sie einerseits als OGA des geschlossenen Typs zu klassifizieren sind und andererseits übertragbare Wertpapiere im Anwendungsbereich des WpPG begeben, vgl. dazu ausführlich die Komm. zu Art. 18 EU-ProspV.

e) In der wissenschaftlichen Forschung tätige Gesellschaften
   (scientific research based companies)

19 Die Haupttätigkeit einer in der wissenschaftlichen Forschung tätigen Gesellschaft (scientific research based companies) muss in der laborgestützten Forschung und Entwicklung chemischer oder biologischer Produkte oder Prozesse liegen. Pharmaunternehmen und solche, die unter den zuvor genannten Voraussetzungen im Bereich der wissenschaftliche Diagnostik und der agrarwirtschaftlichen Forschung tätig sind, werden diesen Gesellschaften zugerechnet.[37]

f) Seit weniger als drei Jahren bestehende Gesellschaften
   (companies with less than three years of existence, start-up companies)

20 Startup-Unternehmen *(companies with less than three years of existence, start-up companies)* sind solche Unternehmen, die weniger als drei Jahre existieren. Für den Beginn der Existenz ist nicht auf einen rechtsförmlichen Akt wie beispielsweise die Feststellung der Satzung oder die Eintragung in ein Handels- oder Gewerberegister, sondern die tatsächliche Aufnahme der Hauptgeschäftstätigkeit abzustellen.[38] Zu den Startups gehören jedoch auch solche Unternehmen, die ihren Geschäftsgegenstand oder ihre Hauptgeschäftstätigkeit innerhalb der letzten drei Jahre vollständig geändert haben.[39] Auf die Branchenzugehörigkeit der Startups kommt es nicht an.[40]

21 Nicht zu den Startup-Unternehmen zählen Holding-Gesellschaften und (Verbriefungs-) Zweckgesellschaften i. S. d. Art. 2 Abs. 4 EU-ProspV.[41]

22 Bei der Klassifizierung eines Startup-Unternehmens kann auch auf die Begriffsbestimmung des qualifizierten Portfoliounternehmens i. S. v. Art. 3

---

36 *Zwissler*, in: Habersack/Mülbert/Schlitt, Hdb. Kapitalmarktinformationen, § 8 Rn. 131 ff.; *Schlitt/Schäfer*, in: Assmann/Schlitt/von Kopp-Colomb, WpPG/VerkProspG, Anh. XIX Rn. 14.

37 *ESMA*, update CESR recommendation, consistent implementation, ESMA/2013/319, Tz. 134.

38 *ESMA*, update CESR recommendation, consistent implementation, ESMA/2013/319, Tz. 136.

39 *ESMA*, update CESR recommendation, consistent implementation, ESMA/2013/319, Tz. 136.

40 *ESMA*, update CESR recommendation, consistent implementation, ESMA/2013/319, Tz. 136.

41 *ESMA*, update CESR recommendation, consistent implementation, ESMA/2013/319, Tz. 136.

Buchst. d EuVECA-VO[42] zurückgegriffen werden. Danach ist ein qualifizier-
tes Portfoliounternehmen ein solches Unternehmen, das nicht an einem geregelten Markt oder MTF[43] gelistet ist, weniger als 250 Personen beschäftigt,
einen geringeren Jahresumsatz als 50 Mio. Euro oder eine Jahresbilanzsu-
mme von höchstens 43 Mio. Euro ausweist, kein regulierter Intermediär ist[44]
und im Hoheitsgebiet eines Mitgliedsstaats des Europäischen Wirtschaftsraums oder in einem Drittstaat[45] niedergelassen ist.

g) Schifffahrtgesellschaften (shipping companies)

Schifffahrtgesellschaften *(shipping companies)* sind Unternehmen, deren   23
Kerngeschäft sich auf die Meeresschifffahrt *(ocean-going shipping)*[46] bezieht
und die hierzu die Nutzung von Fracht- oder Passagierschiffen als unmittelbare oder mittelbare rechtliche oder wirtschaftliche Eigentümer verwalten.[47]

III. Ergänzungsverlangen

1. Befugnisse der Behörde

Fällt nach Art. 23 Abs. 1 Unterabs. 1 EU-ProspV der Emittent in eine der in   24
Anh. XIX der EU-ProspV genannten Unternehmenskategorien, kann die Behörde zusätzlich zu den nach Art. 4 bis 20 EU-ProspV erforderlichen Informationsbestandteilen die Aufnahme besonderer Angaben in den Prospekt
verlangen, gegebenenfalls einschließlich einer Bewertung des Vermögens
des Emittenten oder eines diesbezüglichen Berichts eines anderen Sachverständigen.[48] Die Vorschrift macht jedoch weder Vorgaben dazu, welcher Art
oder welchen Umfanges die besonderen Angaben sein müssen, noch bestimmt sie Inhalt und Umfang des Bewertungsberichts oder stellt Anforderungen an die Qualifikation des Sachverständigen.[49]

---

42 VO (EU) Nr. 345/2013 des Europäischen Parlaments und des Rates vom 17.04.2013 über
   Europäische Risikokapitalfonds, ABl. EU Nr. L 115, 24.04.2013, S. 1 (EuVECA-VO).
43 Vgl. Art. 4 Abs. 1 Nr. 14 und 15 MiFID.
44 Darunter fallen einerseits OGA i. S. d. AIFM-RL 2011/61/EU und OGAW-RL 2009/65/EG
   sowie andererseits Kreditinstitute (CRD, RL 2006/48/EG), Wertpapierfirmen (MiFID,
   2004/39/EG), Versicherungsunternehmen (Solvabilität II, RL 2009/138/EG), Finanzhol-
   dinggesellschaft (CRD, 2006/48/EG) oder gemischte Unternehmen (CRD, 2006/48/EG).
45 Zu den Bedingungen an Unternehmen aus Drittstaaten, vgl. Art. 3 Buchst. d Ziff. iv)
   EuVECA-VO.
46 Die Binnenschifffahrt ist nicht Gegenstand der Definition, vgl. auch *Fingerhut/Voß,* in:
   Just/Voß/Ritz/Zeising, WpPG, Anh. XIX EU-ProspV Rn. 26.
47 *ESMA,* update CESR recommendation, consistent implementation, ESMA/2013/319,
   Tz. 141.
48 Zu den Einzelheiten vgl. *ESMA* update of the CESR recommendations, ESMA/2011/81,
   23 March 2011 sowie die Komm. zu Anh. XIX der EU-ProspV.
49 Dazu bereits oben Rn. 3. Die Empfehlungen der ESMA (Level 3 des Lamfalussy-Verfahrens) sind nicht rechtlich verbindlich, weshalb Einzelheiten der mitgliedstaatlichen Aufsichtspraxis überlassen sind. Vgl. dazu auch *Schlitt/Schäfer,* in: Assmann/Schlitt/
   von Kopp-Colomb, WpPG/VerkProspG, EU-ProspV Anh. XIX Rn. 3.

a) Besondere Prospektangaben

25 Besondere Angaben i. S. d. Art. 23 Abs. 1 EU-ProspV sind solche, die nicht bereits nach Art. 5 Abs. 1 EU-ProspRL verlangt werden können.

26 Der Ausschuss der Europäischen Aufsichtsbehörden für das Wertpapierwesen (Committee of European Securities Regulators – CESR), als Vorgängereinrichtung der Europäischen Wertpapier- und Marktaufsichtsbehörde (European Securities and Markets Authority – ESMA)[50], hat in seinen Empfehlungen zur EWR-weit einheitlichen Anwendung der EU-ProspV einen Katalog besonderer Angaben zusammengestellt, die nach der Empfehlung von CESR und Aktualisierung durch die ESMA[51] regelmäßig von den in Anh. XIX der EU-ProspV genannten Unternehmen in den Prospekt aufgenommen werden sollen.[52] CESR bzw. ESMA ist bei der Erstellung bzw. Aktualisierung der ausnahmsweise erforderlichen Angabenkataloge für die speziellen Emittenten des Anh. XIX der EU-ProspV grundsätzlich dazu angehalten, die besonderen Informationspflichten nach Art ihrer Tätigkeiten quantitativ und qualitativ angemessen zu gestalten.[53]

aa) Immobiliengesellschaften

27 Immobiliengesellschaften *(property companies)* sollen einen gekürzten Bewertungsbericht in den Prospekt aufnehmen, wenn ein öffentliches Angebot von Aktien, immobilienbesicherten Schuldverschreibungen mit einem Nennwert von weniger als 50.000 Euro einschließlich Wandelschuldverschreibungen oder aktienvertretende Zertifikate mit einem Nennbetrag von weniger als 50.000 Euro vorbereitet oder deren Zulassung zum Handel beantragt werden soll.[54]

bb) Bergbaugesellschaften

28 Bergbaugesellschaften *(mineral companies)* haben auf Verlangen der BaFin, im Fall eines öffentlichen Angebots oder eines Antrags auf Zulassung zum Handel von Aktien, Schuldverschreibungen mit einem Nennwert von weni-

---

50 ESMA ist Rechtsnachfolgerin der CESR, vgl. Art. 76 Abs. 4 der VO (EU) Nr. 1095/2010 des Europäischen Parlaments und des Rates vom 24.11.2010 zur Errichtung einer Europäischen Aufsichtsbehörde (Europäische Wertpapier- und Marktaufsichtsbehörde), zur Änderung des Beschlusses Nr. 716/2009/EG und zur Aufhebung des Beschlusses 2009/77/EG der Kommission, ABl. EU Nr. L 331, 15.12.2010, S. 84 (ESMA-VO). Liegen keine Aktualisierungen vor, beanspruchen die Empfehlungen, Leitlinien und sonstigen supervisorischen Maßnahmen des CESR vollumfänglich Geltung. Vgl. dazu ausführlich die Komm. zu § 28 a WpPG.
51 *ESMA,* update CESR recommendation, consistent implementation, ESMA/2013/319, Tz. 128 ff.
52 *CESR,* recommendations, Ref: CESR/05-054b, Tz. 128 ff. Vgl. die Aktualisierungen in ESMA update of the CESR recommendations, ESMA/2011/81, 23 March 2011.
53 Vgl. Erwg. 22 der EU-ProspV. Dazu auch *Heidelbach/Doleczik,* in: Schwark/Zimmer, KapMRK, § 7 WpPG Rn. 42 (Beachtung des Verhältnismäßigkeitsgrundsatzes).
54 *ESMA,* update CESR recommendation, consistent implementation, ESMA/2013/319, Tz. 128 ff., zu den Inhalten des gekürzten Bewertungsberichts siehe unter Rn. 24.

ger als 100.000 Euro, aktienvertretenden Zertifikaten mit einem Nennbetrag von weniger als 100.000 Euro oder Derivaten mit einem Nennbetrag von weniger als 100.000 Euro, folgende Informationen in den Prospekt aufzunehmen:

– Einzelheiten zu Rohstoffquellen und, soweit erforderlich, zu nicht abgebauten Vorkommen und Reserven sowie zu Explorationsergebnissen und -aussichten, die im Einklang mit den anwendbaren Berichtsstandards verfasst sein müssen[55];   *29*

– Angaben zum erwarteten Explorationspotential der Rohstoffquelle/Mine oder Angaben zur Dauer der kommerziellen Bergbauaktivitäten;

– Angaben zu den Befristungen sowie Hauptinhalten und -bedingungen von Lizenzen und Konzessionen, einschließlich einer Erläuterung der rechtlichen, wirtschaftlichen und ökologischen Grundlagen, auf denen die Nutzung dieser Lizenzen und Konzessionen beruht;

– Angaben über den derzeitigen Entwicklungsstand und künftigen Fortschritt der Arbeitsprozesse der Mineralienexploration und/oder Ausgrabungen und Verwertungen, einschließlich einer Erläuterung über die Verfügbarkeit des Mineralienvorkommens;

– eine Erklärung über etwaige außergewöhnliche Faktoren, die die vorbenannten Informationen beeinflusst haben.[56]

Beschreibt der Prospekt der Bergbaugesellschaft die Akquisition einer anderen Bergbaugesellschaft, eines Mineralienvorkommens und/oder einer Rohstoffquelle, die eine bedeutende Gesamtveränderung der Situation des Emittenten i. S. d. 9. Erwägungsgrunds der EU-ProspV oder eine bedeutende Bruttoveränderung i. S. v. Art. 4 a Abs. 6 der Verordnung (EG) Nr. 211/2007 der Kommission vom 27.02.2007 zur Änderung der Verordnung (EG) Nr. 809/2004 zur Umsetzung der Richtlinie 2003/71/EG des Europäischen Parlaments und des Rates in Bezug auf die Finanzinformationen, die bei Emittenten mit komplexer finanztechnischer Vorgeschichte oder bedeutenden finanziellen Verpflichtungen im Prospekt enthalten sein müssen (Änderungs-/DurchführungsVO)[57] darstellt, sollte der Emittent die Mindestangaben der ESMA-Empfehlung zusätzlich für die jeweils erworbenen und getrennt von den bestehenden Vermögenswerten angeben.[58]   *30*

Für den Fall, dass die in den Prospekt aufgenommenen Zusatzangaben nach den ESMA-Empfehlungen mit bereits veröffentlichten Anlegerinformationen inkonsistent sind, sollen etwaige Divergenzen im Prospekt erläutert werden.[59]   *31*

---

55 Vgl. unten Rn. 61 f. sowie Anhang A.
56 *ESMA*, update CESR recommendation, consistent implementation, ESMA/2013/319, Tz. 132.
57 ABl. EU Nr. L 61, 28.2.2007, S. 24.
58 *ESMA*, update CESR recommendation, consistent implementation, ESMA/2013/319, Tz. 132.
59 *ESMA*, update CESR recommendation, consistent implementation, ESMA/2013/319, Tz. 132.

cc) In der wissenschaftlichen Forschung tätige Unternehmen

32   Unternehmen, die im Bereich der wissenschaftlichen Forschung tätig sind *(scientific research based companies)*, müssen auf Verlangen der BaFin folgende Informationen ergänzend in den Prospekt aufnehmen:[60]

33   – Einzelheiten ihrer laborgestützten Forschung und Entwicklung einschließlich der Nutzung und Verwertung von Patenten für die Geschäftszwecke des Unternehmens sowie zum Fortschritt der Tests, mit denen die Leistungsfähigkeit der entwickelten Produkte geprüft wird, soweit diese für den (potentiellen) Investor von materieller Bedeutung sind. Wenn möglich, sollten diese Informationen in Zusammenhang mit den Angaben zu Forschung und Entwicklung sowie Patenten und Lizenzen gemacht werden. Sollten keine relevanten Informationen vorhanden sein, ist dies in einer Negativanzeige anzugeben. Von einer Offenlegung ist abzusehen, wenn durch die Offenlegung berechtigte Interessen des Unternehmens an der Geheimhaltung dieser Einzelheiten verletzt werden;

34   – eine ausführliche Beschreibung der Fachkompetenz sowie Forschungs- und Entwicklungserfahrung des verantwortlichen Fachpersonals als Gesamtheit;

35   – Angaben darüber, ob der Emittent in gemeinschaftlichen Forschungs- und Entwicklungsprojekten zusammen mit bedeutenden Industrieunternehmen oder industrienahestehenden Organisationen engagiert ist, soweit diese Angaben für den (potentiellen) Investor von materieller Bedeutung sind. Falls solche gemeinschaftlichen Forschungs- und Entwicklungsprojekte nicht aufgenommen wurden, ist anzugeben, welchen Einfluss dies auf den Erfolg und die Qualität der eigenen Forschungs- und Entwicklungsarbeit haben kann;

36   – eine ausführliche Erläuterung derjenigen Produkte, deren Entwicklung materielle Auswirkungen auf die Zukunftsaussichten des Emittenten haben könnte.

37   Im Übrigen sind in der wissenschaftlichen Forschung tätige Unternehmen zur Darlegung der gleichen Informationen verpflichtet, die auch Startup-Unternehmen darlegen müssen (dazu sogleich, Rn. 35), so die BaFin ein entsprechendes Verlangen an sie richtet.

dd) Seit weniger als drei Jahren bestehende Gesellschaften

38   Die BaFin kann Startup-Unternehmen *(companies with less than three years of existence, start-up companies)* zur Aufnahme folgender Zusatzangaben in den Prospekt verpflichten:

39   – Angaben zum Zeitpunkt der tatsächlichen Aufnahme der Hauptgeschäftstätigkeit. Das gilt auch, wenn das Unternehmen seinen Geschäftsgegenstand oder seine Hauptgeschäftstätigkeit innerhalb der letzten drei Jahre vollständig geändert hat.[61]

---

60 Vgl. *ESMA*, update CESR recommendation, consistent implementation, ESMA/2013/319, Tz. 134.
61 Vgl. *ESMA*, update CESR recommendation, consistent implementation, ESMA/2013/319, Tz. 136.

– Erläuterungen des Geschäftsplans des Emittenten, der Erläuterungen der   *40*
strategischen Ziele des Emittenten einschließt, solange berechtigte Unter-
nehmensbelange dem nicht entgegenstehen. Die Erläuterungen müssen
auch darlegen, auf Basis welcher Grundannahmen der Geschäftsplan und
die strategischen Ziele entwickelt wurden. Die Erläuterungen müssen ferner auf die Entwicklung der Vertriebstätigkeiten, die Entwicklung neuer
Produkte oder Dienstleistungen während der nächsten zwei Jahre eingehen sowie eine Sensivitätsanalyse des Geschäftsplanes in Bezug auf Änderungen der dem Geschäftsplan zugrunde liegenden wesentlichen Annahmen enthalten. Die zahlenmäßige Unterlegung des Geschäftsplanes
muss nicht transparent gemacht werden. Enthält der Geschäftsplan Gewinnprognosen oder -schätzungen, muss ein Bericht i. S. d. Ziff. 13.2. des
Anh. I der EU-ProspV[62] aufgenommen werden.[63]

– Informationen, in welchem Umfang die Geschäftstätigkeit des Emittenten   *41*
von Einzelpersonen abhängig ist, soweit dies von materieller Bedeutung
ist, zu den gegenwärtigen wie potentiellen Wettbewerbern des Emittenten,
zur Abhängigkeit von bestimmten Kunden, Anbietern oder Lieferanten sowie dazu, welche betriebsnotwendigen Produktionsmittel nicht im Eigentum des Emittenten stehen.[64]

Optional kann der Emittent einen von einem unabhängigen Sachverständi-   *42*
gen erstellten Bericht über die Bewertung der vom Emittenten hergestellten
Produkte oder erbrachten Dienstleistungen in den Prospekt aufnehmen.[65]

ee) Schifffahrtsgesellschaften

Schifffahrtgesellschaften *(shipping companies)*, die ein öffentliches Angebot   *43*
von Aktien, schiffsbesicherten Schuldverschreibungen mit einem Nennwert
von weniger als 50.000 Euro, einschließlich Wandelschuldverschreibungen
oder aktienvertretenden Zertifikaten mit einem Nennbetrag von weniger als
50.000 Euro vorbereiten oder deren Zulassung zum Handel beantragen,
müssen auf Verlangen der BaFin die folgenden Angaben in den Prospekt
aufnehmen[66]:

---

62 Bericht, der von unabhängigen Buchprüfern oder Abschlussprüfern erstellt wurde und
   in dem festgestellt wird, dass die Prognose oder die Schätzung nach Meinung der unabhängigen Buchprüfer oder Abschlussprüfer auf der angegebenen Grundlage ordnungsgemäß erstellt wurde, und dass die Rechnungslegungsgrundlage, die für die Gewinnprognose oder -schätzung verwendet wurde, mit den Rechnungslegungsstrategien
   des Emittenten konsistent ist.

63 *ESMA*, update CESR recommendation, consistent implementation, ESMA/2013/319,
   Tz. 137.

64 *ESMA*, update CESR recommendation, consistent implementation, ESMA/2013/319,
   Tz. 137.

65 *ESMA*, update CESR recommendation, consistent implementation, ESMA/2013/319,
   Tz. 138.

66 *ESMA*, update CESR recommendation, consistent implementation, ESMA/2013/319,
   Tz. 140 ff.

44 – den Namen jeder vom Emittenten beauftragten Schiffverwaltungsgesell-
schaft oder -gruppe, die mit der Verwaltung der Schiffe beauftragt ist, einschließlich Angaben über Inhalt, Bedingungen und Dauer der Beauftragung, die Grundlagen für die Berechnung der Vergütung sind und die
Bestimmungen betreffend die Beendigung der Beauftragung;

45 – alle relevanten Informationen hinsichtlich jedes einzelnen vom Emittenten
verwalteten, geleasten oder unmittelbar oder mittelbar in dessen Eigentum
stehenden Schiffes, einschließlich Angaben über den Typ, Ort des Regis-
tereintrags, wirtschaftlichen Eigentümer, Finanzierungsgrundlagen und
-bedingungen, Kapazität sowie sämtlicher übriger relevanter Einzelheiten;

46 – alle relevanten Informationen hinsichtlich jedes einzelnen Schiffes, wenn
der Emittent Verträge über den Bau neuer Schiffe oder die Bestandsentwicklung bereits bestehender Schiffe abgeschlossen hat. Zu den relevanten
Informationen gehören detaillierte Ausführungen zu den Kosten und entsprechenden Finanzierungsgrundlagen und -bedingungen, zu Erstattun-
gen, Garantien, nebenvertraglichen Zusagen, Chartertyp, Größenordnung,
Kapazität sowie sämtlicher übriger relevanter Einzelheiten. Die Angaben
sollen bei den Angaben zu den zukünftigen Investitionsschwerpunkten
oder den Verträgen von materieller Bedeutung gemacht werden; und

47 – einen gekürzten Bewertungsbericht.[67]

ff) Investmentgesellschaften

48 An Investmentgesellschaften *(investment companies)* werden im Rahmen
von Art. 23 EU-ProspV keine europäisch angeglichenen Vorgaben an das
aufsichtsbehördliche Prospektergänzungsverlangen gestellt.[68] Begeben Investmentgesellschaften übertragbare Wertpapiere im Anwendungsbereich
des WpPG können die Anforderung an das Registrierungsformular für durch
OGA des geschlossenen Typs emittierte Wertpapiere nach Art. 18 EU-
ProspV einschlägig sein.[69]

b) Bewertungsbericht

49 Die Empfehlungen der ESMA machen zwar verschiedene Vorgaben zu den
in den Bewertungsbericht aufzunehmenden Informationen, konkretisieren jedoch sonst keine an den Bewertungsbericht zu stellenden spezifischen Anforderungen.[70] Ein Maßstab, welche qualitativen Anforderungen an den Bewertungsbericht zu stellen sind, kann sich aus den vom International Valuation

---

67 *ESMA*, update CESR recommendation, consistent implementation, ESMA/2013/319,
Tz. 143.

68 Vgl. zum Hintergrund bereits oben Rn. 16 ff.

69 Dazu sowie zum Verhältnis zu Art. 23 EU-ProspV, vgl. ausführlich die Komm. zu Art. 18
EU-ProspV.

70 *ESMA*, update CESR recommendation, consistent implementation, ESMA/2013/319,
Tz. 128 ff.

Standards Committee[71] entwickelten und fortlaufend aktualisierten International Valuation Standards, Applications und Guidance Notes[72] ergeben.

aa) Immobilien- und Schifffahrtsgesellschaften

Für Immobilien- und Schifffahrtgesellschaften muss ein Bewertungsbericht   50
nur in verkürzter Form erstellt werden.[73] Nähere Angaben zum Umfang machen die Empfehlungen nicht. In die verkürzte Form des Bewertungsberichts sind jedenfalls keine Einzelheiten aus dem Bewertungsgutachten aufzunehmen, soweit diese nicht von materieller Bedeutung für den Investor sind und es sich nicht um die nachstehenden, in den Bericht aufzunehmenden Angaben (Rn. 51 f.)handelt.

Der Bewertungsbericht von *Immobiliengesellschaften* soll folgende Angaben   51
beinhalten:

– das Datum der Begutachtung der Immobilien;
– Einzelheiten zu den für die Bewertung relevanten Merkmalen der Immobilie;
– das Datum der Anfertigung des Bewertungsgutachtens für jede einzelne Immobilie, das nicht länger als ein Jahr vor der Veröffentlichung des Prospektes zurückliegen darf;
– das Datum der Fertigstellung des Bewertungsberichts;
– die Bestätigung des Emittenten, dass es zu keinen materiellen Änderungen in den Bewertungsgrundlagen seit dem Datum der Anfertigung des Bewertungsgutachtens für die einzelne Immobilie gekommen ist; und
– eine Auflistung der einzelnen Grundstücke, an denen rechtliches oder wirtschaftliches Eigentum besteht einschließlich eines Ausweises der Summe der Einzelwerte dieser Grundstücke, wenn diese auf Basis der gleichen Bewertungsgrundlagen bewertet wurden, ausgenommen der gesondert auszuweisenden negativen Einzelwerte, und die Angabe des im letzten Jahresabschluss des Emittenten ausgewiesenen Spiegelbetrags derselben Immobilie einschließlich einer Erläuterung der Unterschiede der jeweils ausgewiesenen Wertansätze.[74]

Der Bewertungsbericht von *Schifffahrtgesellschaften* soll folgende Angaben   52
beinhalten:

– das Datum der Begutachtung der Schiffe und von wem sie durchgeführt wurde;
– sämtliche Einzelheiten, die für die Bewertung der Schiffe von Bedeutung sind (z. B. die Bewertungsmethode);

---

71 Vgl. www.ivsc.org.
72 Dazu *Barthel*, DStR 2010, 2003 ff.; *Luttermann*, NZG 2007, 611 ff.; *Pawelzik*, DB 2012, 1882 ff.
73 *ESMA*, update CESR recommendation, consistent implementation, ESMA/2013/319, Tz. 128 und 143.
74 *ESMA*, update CESR recommendation, consistent implementation, ESMA/2013/319, Tz. 130.

– eine Einzelaufstellung der Schiffe, deren Refinanzierung durch die Emission von Wertpapieren erfolgt;
– das Datum der Anfertigung des Bewertungsgutachtens hinsichtlich jedes einzelnen Schiffes, wenn dieses Datum nicht länger als ein Jahr vor Veröffentlichung des Prospektes zurückliegt, einschließlich einer Bestätigung des Emittenten, dass es zu keinen materiellen Änderungen in den Bewertungsgrundlagen seit dem Datum der Anfertigung des Bewertungsgutachtens für das einzelne Schiff gekommen ist;
– die Angabe des im letzten Jahresabschluss des Emittenten ausgewiesenen Spiegelbetrags desselben Schiffes, einschließlich einer Erläuterung der Unterschiede in den jeweils ausgewiesenen Wertansätzen; und
– das Datum der Fertigstellung des Bewertungsberichts[75].

53   Bei Schifffahrtsgesellschaften bedarf es dann keines verkürzten Bewertungsberichts, wenn die Emission nicht zur Refinanzierung der Anschaffung oder Charter eines oder mehrerer neuer Schiffe dient, für diese Schiffe keine Neubewertung im Hinblick auf die Emission vorgenommen wurde und hervorgehoben wird, dass die für die Schiffe ausgewiesenen Wertansätze den Anschaffungs- oder Charterkosten entsprechen.[76]

bb) Seit weniger als drei Jahren bestehende Gesellschaften

54   Startup-Unternehmen können einen Bewertungsbericht über die von dem Unternehmen erbrachten Dienstleistungen oder die von ihm hergestellten Produkte in den Prospekt aufnehmen; der Emittent hat insoweit ein Wahlrecht.[77] Der Bewertungsbericht muss von einem unabhängigen Sachverständigen erstellt werden.[78]

cc) Bergbaugesellschaften

55   Die Anforderungen an die Mindestangaben des Bewertungsberichts für Bergbaugesellschaften (competent person's report – CPR) hat ESMA in ihren Empfehlungen zuletzt im März 2013 novelliert.[79] Der Prospekt soll einen CPR neben den Mindestangaben (siehe Rn. 28 ff.) enthalten, wenn ein öffentliches Angebot oder ein Antrag auf Zulassung zum Handel von Aktien und aktienvertretenden Zertifikaten mit einem Nennbetrag von weniger als

---

75 *ESMA*, update CESR recommendation, consistent implementation, ESMA/2013/319, Tz. 144.
76 *ESMA*, update CESR recommendation, consistent implementation, ESMA/2013/319, Tz. 145.
77 *ESMA*, update CESR recommendation, consistent implementation, ESMA/2013/319, Tz. 139.
78 *ESMA*, update CESR recommendation, consistent implementation, ESMA/2013/319, Tz. 139.
79 Vgl. *ESMA*, update CESR recommendation, consistent implementation, ESMA/2013/319, Tz. 19, 133. Vgl. auch *ESMA*, feedback Statement, consultation Paper on proposed amendments to the ESMA update of the CESR recommendations for the consistent implementation of the Prospectuses Regulation regarding mineral companies, ESMA/2013/318.

100.000 Euro vorliegt.[80] Zu den Anforderungen an den Sachverständigen (competent person), vgl. unten Rn. 61 ff. sowie Anhang.

Der CPR darf nicht älter als sechs Monate in Bezugnahme zum Veröffentli-   56
chungszeitpunkt des Prospekts sein, es sei denn, der Emittent bestätigt, dass keine wesentlichen Änderungen seit Erscheinen des CPR stattgefunden haben; die Auslassung dieser Bestätigung macht den CPR irreführend.[81] Die Angaben des Prospekts im Hinblick auf Mineralienvorkommen, Rohstoffquellen, Reserven- und Explorationspotentiale sowie sämtliche Informationen wissenschaftlicher und/oder technischer Natur dürfen nicht vom CPR abweichen.[82] Diese sowie sonstige Informationen können jedoch für den Fall ausgelassen werden, in denen das Kapitalmarktrecht eines Drittstaats die Veröffentlichung verbietet, vorausgesetzt, der Emittent weist auf die Auslassung sowie den anwendbaren Rechtsgrund hin.[83]

---

80 ESMA hat Ausnahmekriterien festgelegt, bei deren Vorliegen kein CPR erforderlich ist, insbesondere für den Fall, dass bereits eine Zulassung zu einem geregelten Markt, einem vergleichbaren Drittstaatmarkt oder einer MTF besteht, vgl. *ESMA*, update CESR recommendation, consistent implementation, ESMA/2013/319, Tz. 133 Pkt. ii): „An issuer is exempt from including the competent person's report required by paragraph 133(i) if the issuer can demonstrate that:
   a) its equity securities are already admitted to trading on either a regulated market, an equivalent third country market, or an appropriate multi-lateral trading facility; and
   b) it has reported and published annually details of its mineral resources and where appli-cable reserves (presented separately) and exploration results/prospects in accordance with one or more of the reporting standards set out in Appendix I for at least three years.
   If an issuer has not reported on three financial years since its equity securities were admitted to trading and it is admitted to trading on a regulated market or an equivalent third country market then the condition in paragraph 133(ii)(b) will be deemed to be met if it has met the criteria in paragraph 133(ii)(b) for each annual reporting period since first admission of its equity securities.
   If an issuer has not reported on three financial years since its equity securities were admitted to trading and it is admitted to trading on an appropriate multi-lateral trading facility, then the condition in paragraph 133(ii)(b) will be deemed to be met if:
   – it published in connection with its admission a competent person's report by a suitably qualified and experienced independent expert which measured its mineral resources and, where applicable, reserves (presented separately) and exploration results/prospects; and
   – it has reported and published annually details of its mineral resources and where applicable reserves (presented separately) and exploration results/prospects in accordance with one of the reporting standards set out in Appendix I for each annual reporting period since the first admission to trading.
   If annual reporting of all classes of mineral resources and where applicable reserves and exploration results/prospects has not been possible because it has been prohibited by third country securities laws or regulations then the condition in paragraph (b) can be deemed to be met by the annual reporting of those classes that can be reported."
81 *ESMA*, update CESR recommendation, consistent implementation, ESMA/2013/319, Tz. 133 Pkt. i)b).
82 *ESMA*, update CESR recommendation, consistent implementation, ESMA/2013/319, Tz. 133 Pkt. iii).
83 *ESMA*, update CESR recommendation, consistent implementation, ESMA/2013/319, Tz. 133 Pkt. iv).

57 Inhalt und Umfang des CPR richten sich einerseits nach den einschlägigen Branchenstandards (vgl. Anhang A), andererseits nach den ausführlichen Empfehlungen der ESMA zu Minenabbauprojekten (vgl. Anhang B) sowie Öl- und Gasprojekten (vgl. Anhang C).[84]

dd) Sonstige Kategorien von Emittenten

58 An die Bewertungsberichte anderer *specialist issuers*, d. h. in der wissenschaftlichen Forschung tätige Unternehmen[85] und Investmentgesellschaften, werden keine prospektrechtlichen Anforderungen in den Empfehlungen der ESMA ausbedungen.

c) *Sachverständiger*

aa) Grundlagen

59 Nach den Empfehlungen der ESMA müssen die Berichte von einem unabhängigen und erfahrenen Sachverständigen erstellt werden.[86] Spezifische Angaben zur Unabhängigkeit oder Qualifikation des Sachverständigen machen die Empfehlungen, bis auf den Sachverständigen des Bewertungsberichts von Bergbaugesellschaften (dazu Rn. 61 f.), nicht. Ausgehend vom Wortlaut von Art. 23 Abs. 1 Unterabs. 1 EU-ProspV muss es sich nicht um einen Abschlussprüfer oder Buchprüfer handeln. Von einer hinreichenden Berufserfahrung wird man ausgehen dürfen, wenn der Sachverständige über mehr als zwei Jahre an Erfahrung bei der Bewertung der jeweiligen spezifischen Vermögensgegenstände als nach seinen anerkannten berufsständischen Grundsätzen qualifizierter Sachverständiger verfügt.

60 Anhaltspunkt für die Unabhängigkeit des Sachverständigen können die Empfehlungen zum „materiellen Interesse" eines Sachverständigen an einem Emittenten sein, auf das ein Sachverständiger in Stellungnahmen bezüglich dieses Emittenten in bestimmten Dokumenten hinzuweisen hat.[87] Ein Sachverständiger ist dann nicht unabhängig vom Emittenten, wenn er ein materielles Interesse an diesem hat. Ein solches liegt vor, wenn der Sachverständige Wertpapiere des Emittenten oder eines anderen konzernzugehö-

---

84 Vgl. *ESMA*, update CESR recommendation, consistent implementation, ESMA/2013/319, Tz. 133 Pkt. i)c) und d) sowie die Anhänge „Acceptable Internationally Recognised Mineral Standards", „Mining Competent Person's Report – recommended content", „Oil and Gas Competent Persons Report – recommended content" (vgl. Anhang A bis C). Dazu ausführlich unter Einbeziehung der Rechtslage vor der Novellierung der Anforderungen durch die ESMA im März 2013 *Castelli/D'Amelj*, 27:4 J. Energy & Nat. Resources L. 645, 647 (2009).

85 *ESMA*, update CESR recommendation, consistent implementation, ESMA/2013/319, Tz. 134 Unterabs. 2 bezieht sich nur auf die Ergänzungsanforderungen im Prospekt, nicht hingegen auf den Bewertungsbericht.

86 *ESMA*, update CESR recommendation, consistent implementation, ESMA/2013/319, Tz. 130, 144.

87 *ESMA*, update CESR recommendation, consistent implementation, ESMA/2013/319, Tz. 156 ff.

rigen Unternehmens oder Optionsrechte zum Erwerb solcher Wertpapiere hält, von dem Emittenten aus früheren Tätigkeiten für ihn Vergütungen erhalten hat, einem der Organe des Emittenten angehört, vertragliche Beziehungen zu den in das Angebot oder die Zulassung eingebundenen Finanzintermediären unterhält oder andere Umstände vorliegen, die für ein materielles Interesse an dem Emittenten sprechen.

bb) Bergbaugesellschaften (mineral companies)

Im Hinblick auf den Sachverständigenbericht (competent person's report – CPR) für Bergbaugesellschaften *(mineral companies)* werden durch die ESMA-Fitnessanforderungen an den Sachverständigen ausbedungen.[88] *61*

Der Sachverständigenbericht ist von einer natürlichen Person *(individual)* zu verfassen, die entweder die erforderlichen Kompetenzanforderungen erfüllt, die die einschlägigen Branchenstandards (Acceptable Internationally Recognised Mineral Standards – AIRMS)[89] vorschreiben, oder, wenn die AIRMS keine Vorgaben enthalten, die von der ESMA aufgestellten Kriterien nachweisen kann. Danach muss der Sachverständige zum einen als solcher qualifiziert, ordentliches Mitglied eines einschlägigen, in der Sache befassten Berufsverbands sowie dessen durchsetzbaren Verhaltensregeln unterworfen sein. Zum anderen muss der Sachverständige mindestens über fünf Jahre einschlägige Berufserfahrung verfügen, die sich gerade auf die Spezifik der von der Bergbaugesellschaft betriebenen, mineralischen Projekte bezieht.[90] *62*

Neben den Anforderungen in Rn. 62 muss der Sachverständige vom Emittenten, seinen Gremienmitgliedern und sonstigen Beratern unabhängig sein. Er darf zudem weder ein wirtschaftliches Interesse zum Emittenten noch zum mineralischen Projekt selber haben. Die Fitnessanforderungen liegen auch dann nicht vor, wenn die Vergütung des Sachverständigen an die Zulassung oder den Wert des Emittenten gebunden ist.[91] *63*

---

88 Dazu und im ff. *ESMA*, update CESR recommendation, consistent implementation, ESMA/2013/319, Tz. 133 zu Buchst. a).

89 *ESMA*, update CESR recommendation, consistent implementation, ESMA/2013/319, Anh. I untergliedert die anwendbaren Standards in Mining Reporting Standards, Oil and Gas Reporting Standards sowie Valuation Standards. Letztere betreffen den Code for Technical Assessment and Valuation of Mineral and Petroleum Assets and Securities for Independent Expert Reports, prepared by a joint committee of the Australasian Institute of Mining and Metallurgy, Australian Institute of Geoscientists and the Mineral Industry Consultants Association, as amended ('VALMIN'), South African Code for the Reporting of Mineral Asset Valuation, prepared by the South African Mineral Valuation Committee under the joint auspices of the Southern African Institute of Mining and Metallurgy and the Geological Society of South Africa, as amended ('SAMVAL') sowie die Standards and Guidelines for Valuation of Mineral Properties endorsed by the Canadian Institute of Mining, Metallurgy and Petroleum, as amended ('CIMVAL').

90 *ESMA*, update CESR recommendation, consistent implementation, ESMA/2013/319, Tz. 133.

91 *ESMA*, update CESR recommendation, consistent implementation, ESMA/2013/319, Tz. 133.

2. Ermessen

64 Die Ausübung der Befugnis nach Art. 23 Abs. 1 EU-ProspV, die Aufnahme zusätzlicher Angaben in den Prospekt zu verlangen, ist grundsätzlich in das Ermessen der Behörde gestellt. Bei der Ausübung des Ermessens hat die Behörde jedoch insbesondere die von der ESMA veröffentlichten Empfehlungen zur Anwendung der EU-ProspV zu beachten, die eine EU-/EWR-weit einheitliche Anwendung der EU-ProspV gewährleisten sollen. Die Empfehlungen enthalten einen ausführlichen Katalog, welche Angaben regelmäßig von den in Anh. XIX der EU-ProspV genannten Unternehmen in den Prospekt aufgenommen werden müssen.[92] Wo die Empfehlung nicht ausdrücklich der Behörde einen Ermessensspielraum eröffnet, ist das Ermessen durch die Selbstverpflichtung der Behörde zur Beachtung der Empfehlung daher eingeschränkt. Nach der Empfehlung hat die Behörde insbesondere einen Ermessensspielraum bei der inhaltlichen Gestaltung des von einer Bergbaugesellschaft anzufertigenden Sachverständigenberichts, dessen Inhalt mit der zuständigen Behörde abzustimmen ist.[93] Ermessensleitend kann außerdem die Angemessenheit der aufzunehmenden Angaben sein.[94]

3. Verhältnis zu anderen Vorschriften der EU-ProspV

65 Unberührt von dem Ergänzungsverlangen nach Art. 23 Abs. 1 EU-ProspV bleiben die teilweise durch Art. 22 Abs. 1 Unterabs. 2 EU-ProspV eingeschränkten Befugnisse der Behörde nach Art. 3 Abs. 1 EU-ProspV, nach dem die Behörde nur die Aufnahme der in den Anh. I bis XVII der EU-ProspV genannten Informationsbestandteile in den Prospekt verlangen kann. Bei der Ausübung des Ermessens[95] ist außerdem Art. 23 Abs. 4 EU-ProspV zu beachten, nach dem Informationsbestandteile nicht in den Prospekt aufgenommen zu werden brauchen, wenn die Aufnahme nicht angemessen ist.

IV. Anpassung der Prospektangaben bei vergleichbaren Wertpapieren

66 Art. 23 Abs. 2 EU-ProspV sieht eine Anpassung von Prospektangaben in solchen Fällen vor, in denen ein Emittent, ein Anbieter oder eine Person, die die Zulassung von Wertpapieren zum Handel auf einem geregelten Markt beantragt hat, die Billigung eines Prospekts für ein Wertpapier ersucht, das zwar nicht mit den in der EU-ProspV genannten Arten von Wertpapieren identisch, aber mit den in der Kombinationsübersicht von Anh. XVIII der EU-ProspV genannten Wertpapieren vergleichbar ist.

---

92 *ESMA*, update CESR recommendation, consistent implementation, ESMA/2013/319, Tz. 128 ff.
93 Vgl. *ESMA*, update CESR recommendation, consistent implementation, ESMA/2013/319, Tz. 133.
94 Vgl. oben Rn. 35.
95 Vgl. oben Rn. 31.

Von Art. 23 Abs. 2 EU-ProspV werden Finanzinnovationen erfasst, auf die 67
die Anforderungen der EU-ProspV im Hinblick auf die in den Prospekt aufzunehmenden Informationsbestandteile teilweise nicht angewendet werden
können.

V. Anpassung der Prospektangaben bei neuen Arten von Wertpapieren

Art. 23 Abs. 3 EU-ProspV betrifft Sachverhalte, in denen ein Emittent, ein 68
Anbieter oder eine Person, die die Zulassung von Wertpapieren zum Handel
auf einem geregelten Markt beantragt hat, die Billigung eines Prospekts für
eine neue Art von Wertpapier ersucht. Die Vorschrift hat Ausnahmecharakter. Eine neue Art von Wertpapieren liegt nur vor, wenn sich diese Wertpapiere in ihren Merkmalen völlig von den anderen Arten von Wertpapieren
unterscheiden, die in Anh. XVIII der EU-ProspV genannt werden, und diese
Merkmale dergestalt sind, dass eine Kombination der verschiedenen Informationsbestandteile der in Art. 4 bis 20 EU-ProspV genannten Schemata und
Module nicht angemessen ist.

Von Art. 23 Abs. 3 EU-ProspV werden Finanzinnovationen aufgrund neuer 69
Marktentwicklungen erfasst, auf die die Anforderungen der EU-ProspV im
Hinblick auf die in den Prospekt aufzunehmenden Informationsbestandteile
ganz überwiegend nicht angewendet werden können. Die Vorschrift ermög-
licht in diesen Fällen eine entsprechend individualisierte Anpassung des
Prospekts.

Die Anpassung der Prospektangaben erfolgt auf Basis einer Einzelfallbe- 70
trachtung. Die vorgenannten Personen haben zunächst der Behörde den Entwurf des Prospekts zu übermitteln. Die Behörde befindet dann im Einvernehmen mit den vorgenannten Personen, welche Angaben in den Prospekt
aufzunehmen sind. Maßstab für diese Einzelfallentscheidung sind die Transparenzanforderungen des Art. 5 Abs. 1 EU-ProspRL, nach denen der Prospekt sämtliche Angaben enthalten muss, die entsprechend den Merkmalen
des Emittenten und der öffentlich angebotenen bzw. zum Handel an dem geregelten Markt zugelassenen Wertpapiere erforderlich sind, damit sich die
Anleger ein fundiertes Urteil über die Vermögenswerte und Verbindlichkeiten, die Finanzlage, die Gewinne und Verluste, die Zukunftsaussichten des
Emittenten und jedes Garantiegebers sowie über die mit diesen Wertpapieren verbundenen Rechte bilden können.

VI. Keine Aufnahme von Angaben wegen fehlender Angemessenheit

Nach Art. 23 Abs. 4 EU-ProspV brauchen Angaben, wenn sie zwar zu den 71
Informationsbestandteilen nach den Art. 4 bis 20 EU-ProspV gehören, nicht
in den Prospekt aufgenommen zu werden, wenn die Aufnahme für den
Emittenten, den Anbieter oder für die Wertpapiere, für die der Prospekt er-

stellt wurde, nicht angemessen ist.[96] Die Vorschrift gilt für alle Emittenten unabhängig davon, ob sie zu den in Anh. XIX der EU-ProspV genannten Unternehmen zu rechnen sind oder Art. 23 Abs. 2 und 3 EU-ProspV auf sie anwendbar ist.

72 Nach dem 24. Erwägungsgrund der EU-ProspV können bestimmte Informationsbestandteile, die in den Schemata und Modulen gefordert werden, oder gleichwertige Informationsbestandteile für ein bestimmtes Wertpapier nicht relevant sein. Diese Schemata und Module sind daher im Einzelfall ganz oder teilweise nicht anwendbar. Der Emittent soll dann die Möglichkeit haben, auf diese Angaben ganz oder teilweise zu verzichten. Die fehlende Relevanz muss jedoch offensichtlich sein. Insoweit handelt es sich um kritisch zu würdigende, auf Einzelfälle begrenzte Ausnahmen. Zu einer Umkehr des Regelverhältnisses, dass grundsätzlich alle in den Schemata oder Modulen geforderten Informationsbestandteile gemäß Art. 4 bis 20 EU-ProspV oder gleichwertigen Angaben in den Prospekt aufgenommen werden müssen, darf es nicht kommen.

Anhang

A. Acceptable Internationally Recognised Mineral Standards[97]

73 For the purposes of meeting the exemption in paragraph 133(ii) above, predecessors of these following reporting standards (Mining Reporting and Oil and Gas Reporting) are acceptable

Mining Reporting

74 – The Australasian Code for Reporting of Exploration Results, Mineral Resources and Ore Reserves published by the Joint Ore Reserves Committee of the Australasian Institute of Mining and Metallurgy, Australian Institute of Geoscientists and Minerals Council of Australia, as amended ('JORC');
   – The South African Code for the Reporting of Exploration Results, Mineral Resources and Mineral Reserves published by the South African Mineral Resource Committee under the joint auspices of the Southern African Institute of Mining and Metallurgy and the Geological Society of South Africa, as amended ('SAMREC');
   – The various standards and guidelines published and maintained by the Canadian Institute of Mining, Metallurgy and Petroleum ('CIM Guidelines'), as amended;
   – A Guide for Reporting Mineral Exploration Information, Mineral Resources and Mineral Reserves prepared by the US Society for Mining, Metallurgy and Exploration, as amended ('SME');

---

96 Vgl. dazu bereits oben Rn. 1 und 4.
97 *ESMA*, update CESR recommendation, consistent implementation, ESMA/2013/319, Appendix I.

- The Pan European Resources Code jointly published by the UK Institute of Materials, Minerals, and Mining, the European Federation of Geologists, the Geological Society, and the Institute of Geologists of Ireland, as amended ('PERC');
- Certification Code for Exploration Prospects, Mineral Resources and Ore Reserves as published by the Instituto de Ingenieros de Minas de Chile, as amended; or
- Russian Code for the Public Reporting of Exploration Results, Mineral Resources and Mineral Reserves prepared by the National Association for Subsoil Examination (NAEN) and the Society of Russian Experts on Subsoil Use (OERN) (The 'NAEN Code')

Oil and Gas Reporting

- The Petroleum Resources Management System jointly published by the 75 Society of Petroleum Engineers, the World Petroleum Council, the American Association of Petroleum Geologists and the Society of Petroleum Evaluation Engineers, as amended;
- Canadian Oil and Gas Evaluation Handbook prepared jointly by The Society of Petroleum Evaluation Engineers and the Canadian Institute of Mining, Metallurgy & Petroleum ("COGE Handbook") and resources and reserves definitions contained in National Instrument 51-101 Standards of Disclosure for Oil and Gas Activities; or
- Norwegian Petroleum Directorate classification system for resources and reserves.

Valuation

- The Code for Technical Assessment and Valuation of Mineral and Petro- 76 leum Assets and Securities for Independent Expert Reports, prepared by a joint committee of the Australasian Institute of Mining and Metallurgy, Australian Institute of Geoscientists and the Mineral Industry Consultants Association, as amended ('VALMIN');
- The South African Code for the Reporting of Mineral Asset Valuation, prepared by the South African Mineral Valuation Committee under the joint auspices of the Southern African Institute of Mining and Metallurgy and the Geological Society of South Africa, as amended ('SAMVAL');
- Standards and Guidelines for Valuation of Mineral Properties endorsed by the Canadian Institute of Mining, Metallurgy and Petroleum, as amended ('CIMVAL')

B. Mining Competent Person's Report – recommended content[98]

ESMA recommends that competent persons should provide competent per- 77 son's reports structured in accordance with either the model content recom-

---

98 *ESMA*, update CESR recommendation, consistent implementation, ESMA/2013/319, Appendix II.

mended under the code, statute or regulation the company is reporting under (see Appendix I) or, where there no such model content is set out in the code, ESMA recommends the competent person should address the information set out in this appendix. The competent person may, with the agreement of the relevant member state's competent authority, adapt these contents where appropriate for the circumstances of the issuer.

78 i) Legal and Geological Overview – a description of:

    (1) the nature and extent of the company's rights of exploration and extraction and a description of the properties to which the rights attach, with details of the duration and other principal terms and conditions of these rights including environmental obligations, and any necessary licences and consents including planning permission;

    (2) any other material terms and conditions of exploration and extraction including host government rights and arrangements with partner companies;

79 ii) Geological Overview – a description of the geological characteristics of the properties, the type of deposit, its physical characteristics, style of mineralisation, including a discussion of any material geotechnical, hydro-geological/hydrological and geotechnical engineering issues;

80 iii) Resources and reserves

    (1) a table providing data on (to the extent applicable): exploration results inclusive of commentary on the quantity and quality of this, inferred, indicated/measured resources, and proved/probable reserves and a statement regarding the internationally recognised reporting standard used;

    (2) a description of the process followed by the competent person in arriving at the published statements and a statement indicating whether the competent person has audited and reproduced the statements, what additional modifications have been included, or whether the authors have reverted to a fundamental recalculation;

    (3) a statement as to whether mineral resources are reported inclusive or exclusive of reserves;

    (4) supporting assumptions used in ensuring that mineral resource statements are deemed to be 'potentially economically mineable';

    (5) supporting assumptions including commodity prices, operating cost assumptions and other modifying factors used to derive reserve statements;

    (6) reconciliations between the proposed and last historic statement;

    (7) a statement of when and for how long a competent person last visited the properties (or a statement that no visit has been made if that is the case);

    (8) for proved and probable reserves (if any) a discussion of the assumed:

        (a) mining method, metallurgical processes and production forecast;
        (b) markets for the company's production and commodity price forecasts;
        (c) mine life;
        (d) capital and operating cost estimates;

iv) Valuation of reserves – taking consideration of internationally recognised *81* valuation codes as set out in Appendix I a valuation of reserves comprising:

(1) an estimate of net present value (or a valuation arrived at on an alternative basis, with an explanation of the basis and of the reasons for adopting it) of reserves;

(2) the principal assumptions on which the valuation of proved and probable reserves is based including those relating to discount factors, commodity prices, exchange rates, realised prices, local fiscal terms and other key economic parameters;

(3) information to demonstrate the sensitivity to changes in the principal assumptions;

(or a statement that the valuation of reserves is omitted).

v) Environmental, Social and Facilities – an assessment of *82*

(1) environmental closure liabilities inclusive of biophysical and social aspects, including (if appropriate) specific assumptions regarding sale of equipment and/or recovery of commodities on closure, separately identified;

(2) environmental permits and their status including where areas of material non-compliance occur;

(3) commentary on facilities which are of material significance;

vi) Historic Production/Expenditures – an appropriate selection of historic *83* production statistics and operating expenditures over a minimum of a three year period;

vii) Infrastructure – a discussion of location and accessibility of the properties, availability of power, water, tailings storage facilities, human resources, occupational health and safety; *84*

viii) Maps etc. – maps, plans and diagrams showing material details featured *85* in the text; and

ix) Special factors – if applicable a statement setting out any additional information required for a proper appraisal of any special factors affecting the exploration or extraction businesses of the company (for example in the polar regions where seasonality is a special factor). *86*

C. Oil and Gas Competent Persons Report – recommended content[99]

ESMA recommends that competent persons should provide competent person's reports structured in accordance with either the model content recommended under the code, statute or regulation the company is reporting under (see Appendix I) or, where there no such model content is set out in the code, *87*

---

99 *ESMA*, update CESR recommendation, consistent implementation, ESMA/2013/319, Appendix III.

ESMA recommends the competent person should address the information set out in this appendix. The competent person may, with the agreement of the relevant member state's competent authority, adapt these contents where appropriate for the circumstances of the issuer.

88   i) Legal Overview – a description of:

(1) the nature and extent of the company's rights of exploration and extraction and a description of the properties to which the rights attach, with details of the duration and other principal terms and conditions of these rights including environmental and abandonment obligations, and any necessary licences and consents including planning permission;

(2) any other material terms and conditions of exploration and extraction including host government rights and arrangements with partner companies;

89   ii) Geological Overview – a description of the geological characteristics of the properties, the type of deposit, its extent and the nature of the reservoir and its physical characteristics;

90   iii) Resources and reserves

(1) a table providing data on (to the extent applicable): exploration prospects, prospective resources, contingent resources, possible reserves, probable reserves and proved reserves in accordance with either deterministic or probabilistic techniques of determination and an explanation of the choice of methodology;

(2) a statement as to whether mineral resources are reported inclusive or exclusive of reserves;

(3) reconciliations between the proposed and last historic statement;

(4) a statement of when and for how long a competent person last visited the properties (or a statement that no visit has been made if that is the case);

(5) statement of production plans for proved and probable reserves (if any) including:

    (a) a timetable for field development;
    (b) time expected to reach peak production;
    (c) duration of the plateau;
    (d) anticipated field decline and field life;
    (e) commentary on prospects for enhanced recovery, if appropriate;

91   iv) Valuation of reserves – taking consideration of internationally recognised valuation codes as set out in Appendix I a valuation of reserves comprising

(1) an estimate of net present value (or a valuation arrived at on an alternative basis, with an explanation of the basis and of the reasons for adopting it) of reserves;

(2) the principal assumptions on which the valuation of proved and probable reserves is based including those relating to discount factors, commodity

prices, exchange rates, realised prices, local fiscal terms and other key economic parameters;

(3) information to demonstrate the sensitivity to changes in the principal assumptions;

(or a statement that the valuation of reserves is omitted).

v) Environmental and Facilities – commentary on facilities such as offshore platforms which are of material significance in the field abandonment plans and associated environmental protection matters; 92

vi) Historic Production/Expenditures – an appropriate selection of historic production statistics and operating expenditures over a minimum of a three year period; 93

vii) Infrastructure – a discussion of location and accessibility of the properties, availability of power, water, human resources, occupational health and safety; 94

viii) Maps, plans and diagrams showing material details featured in the text; and 95

ix) Special factors – if applicable a statement setting out any additional information required for a proper appraisal of any special factors affecting the exploration or extraction businesses of the company (for example in the polar regions where seasonality is a special factor) 96

ANH. XIX	ANNEX XIX
Verzeichnis bestimmter Kategorien von Emittenten	List of specialist issuers
– Immobiliengesellschaften	– Property companies
– Bergbaugesellschaften	– Mineral companies
– Investmentgesellschaften	– Investment companies
– In der wissenschaftlichen Forschung tätige Gesellschaften	– Scientific research based companies
– Seit weniger als drei Jahren bestehende Gesellschaften (Startups)	– Companies with less than three years of existence (start-up companies)
– Schifffahrtgesellschaften	– Shipping companies

1   Anh. XIX der EU-ProspV enthält eine Liste bestimmter Kategorien von Emittenten *(specialist issuers)*, für die nach Art. 23 EU-ProspV auf Verlangen der zuständigen mitgliedstaatlichen Behörde Anpassungen an die Mindestangaben im Prospekt vorgenommen werden können. Die specialist issuers umfassen Immobiliengesellschaften *(property companies)*, Bergbaugesellschaften *(mineral companies)*, Investmentgesellschaften *(investment companies)*, in der wissenschaftlichen Forschung tätige Gesellschaften *(scientific research based companies)*, seit weniger als drei Jahren bestehende Gesellschaften *(start-up companies)* sowie Schifffahrtsgesellschaften *(shipping companies)*.[1]

2   Grundsätzlich sind die Informationsbestandteile nach Art. 4 ff. EU-ProspV i. V. m. den Anh. I bis XVII, auch im Hinblick auf die mitgliedstaatliche Prospektbilligung, abschließend zu verstehen. Aufgrund eines speziellen Informationsbedürfnisses des Publikums durchbricht Anh. XIX diesen Grundsatz. Nach Art. 23 Abs. 1 Unterabs. 2 EU-ProspV kann die Liste auf einen entsprechenden, an die Europäische Kommission zu richtenden Antrag eines Mitgliedstaates erweitert werden.[2]

3   Ist der Unternehmensgegenstand des Emittenten einer dieser Kategorien zuzuordnen, können aufgrund der besonderen Art dieser Tätigkeiten zusätzlich zu den Informationsbestandteilen der in den Artt. 4 bis 20 EU-ProspV genannten Module und Schemata besondere Angaben sowie gegebenenfalls eine Bewertung des Vermögens des Emittenten oder ein diesbezüglicher Bericht eines anderen Sachverständigen in den Prospekt aufzunehmen sein.[3]

---

1   Zu den Definitionen und Tätigkeitsbeschreibungen der *specialist issuers* sowie zu Art. 23 EU-ProspV, vgl. ausführlich die Komm. ebd.

2   Vgl. dazu auch *Schlitt/Schäfer*, in: Assmann/Schlitt/von Kopp-Colomb, WpPG/VerkProspG, EU-ProspV Anh. XIX Rn. 1 sowie *Schlitt/Wilczek*, in: Habersack/Mülbert/ Schlitt, Hdb. Kapitalmarktinformationen, § 5 Rn. 17 ff. Ein etwaiger, mitgliedstaatlicher Antrag muss hinreichend substantiiert sein und ein ausnahmsweise besonderes Informationsbedürfnis bei dem speziellen Emittent erkennen lassen. Ähnlich Erwg. 22 EU-ProspV, der neue Emittentenkategorien nur in ausreichend begründeten Fällen vorsieht.

3   Vgl. auch *Schnorbus*, WM 2009, 249; *Schlitt/Schäfer*, in: Assmann/Schlitt/von Kopp-Colomb, WpPG/VerkProspG, EU-ProspV Anh. XIX Rn. 1; *Heidelbach/Doleczik*, in: Schwark/Zimmer, KapMRK, § 7 WpPG Rn. 42 ff.; *Fingerhut/Voß*, in: Just/Voß/Ritz/Zeising, WpPG, Anh. XIX EU-ProspV, Rn. 1 ff.

Zu den Anforderungen an eine Ergänzung von Prospektangaben sowie den 4
Angabeerfordernissen für die bestimmten Kategorien von Emittenten nach
Anh. XIX, vgl. ausführlich die Komm. zu Art. 23 EU-ProspV.

§ 27
Verschwiegenheitspflicht

(1) Die bei der Bundesanstalt Beschäftigten und die nach § 4 Abs. 3 des Finanzdienstleistungsaufsichtsgesetzes beauftragten Personen dürfen die ihnen bei ihrer Tätigkeit bekannt gewordenen Tatsachen, deren Geheimhaltung im Interesse eines nach diesem Gesetz Verpflichteten oder eines Dritten liegt, insbesondere Geschäfts- und Betriebsgeheimnisse sowie personenbezogene Daten, nicht unbefugt offenbaren oder verwerten, auch wenn sie nicht mehr im Dienst sind oder ihre Tätigkeit beendet ist. Dies gilt auch für andere Personen, die durch dienstliche Berichterstattung Kenntnis von den in Satz 1 bezeichneten Tatsachen erhalten. Ein unbefugtes Offenbaren oder Verwerten im Sinne des Satzes 1 liegt insbesondere nicht vor, wenn Tatsachen weitergegeben werden an

1. **Strafverfolgungsbehörden oder für Straf- und Bußgeldsachen zuständige Gerichte,**
2. **kraft Gesetzes oder im öffentlichen Auftrag mit der Überwachung von Börsen oder anderen Märkten, an denen Finanzinstrumente gehandelt werden, des Handels mit Finanzinstrumenten oder Devisen, von Kreditinstituten, Finanzdienstleistungsinstituten, Investmentgesellschaften, Finanzunternehmen oder Versicherungsunternehmen betraute Stellen sowie von diesen beauftragte Personen,**
3. **die Europäische Wertpapier- und Marktaufsichtsbehörde, die Europäische Aufsichtsbehörde für das Versicherungswesen und die betriebliche Altersversorgung, die Europäische Bankenaufsichtsbehörde, den Gemeinsamen Ausschuss der Europäischen Finanzaufsichtsbehörden, den Europäischen Ausschuss für Systemrisiken oder die Europäische Kommission,**

soweit diese Stellen die Informationen zur Erfüllung ihrer Aufgaben benötigen. Für die bei den in Satz 3 Nummer 1 und 2 genannten Stellen beschäftigten Personen sowie von diesen Stellen beauftragten Personen gilt die Verschwiegenheitspflicht nach Satz 1 entsprechend. Befindet sich eine in Satz 3 Nummer 1 oder 2 genannte Stelle in einem anderen Staat, so dürfen die Tatsachen nur weitergegeben werden, wenn die bei dieser Stelle beschäftigten und die von dieser Stelle beauftragten Personen einer dem Satz 1 entsprechenden Verschwiegenheitspflicht unterliegen.

(2) Die §§ 93, 97 und 105 Abs. 1, § 111 Abs. 5 in Verbindung mit § 105 Abs. 1 sowie § 116 Abs. 1 der Abgabenordnung gelten nicht für die in Absatz 1 Satz 1 oder 2 genannten Personen, soweit sie zur Durchführung dieses Gesetzes tätig werden. Sie finden Anwendung, soweit die Finanzbehörden die Kenntnisse für die Durchführung eines Verfahrens wegen einer Steuerstraftat sowie eines damit zusammenhängenden Besteuerungsverfahrens benötigen, an deren Verfolgung ein zwingendes öffentliches Interesse besteht, und nicht Tatsachen betroffen sind, die den in Absatz 1 Satz 1 oder 2 bezeichneten Personen durch eine Stelle eines anderen Staates im Sinne des Absatzes 1 Satz 3 Nr. 2 oder durch von dieser Stelle beauftragte Personen mitgeteilt worden sind.

Inhalt

I. Grundlagen

§ 27 WpPG normiert eine umfassende Verschwiegenheitspflicht zur Gewähr- 1
leistung eines Geheimhaltungsanspruchs mit Offenbarungsvorbehalt[1]. Die
Vorschrift setzt Art. 22 Abs. 1 EU-ProspRL um.[2] Neben der redaktionellen
Anpassung (Nummerierung) durch Art. 6 des Gesetzes zur Novellierung des
Finanzanlagenvermittler- und Vermögensanlagenrechts vom 06.12.2011[3],
wurde die Norm zuletzt geändert durch das Gesetz zur Umsetzung der
Richtlinie 2010/78/EU vom 24.11.2010 im Hinblick auf die Errichtung des
Europäischen Systems der Finanzaufsicht (EUFAAnpG).[4] Hinzugefügt wurde
eine Nr. 3 in § 27 Abs. 1 Satz 3 WpPG, nach der ein unbefugtes Offenbaren
dann nicht vorliegt, wenn die der Verschwiegenheitspflicht unterfallenden
Informationen an die Einrichtungen des Europäischen Systems der Finanzaufsicht (European System of Financial Supervision – ESFS) sowie die Europäische Kommission weitergegeben werden, so sie die Informationen zur
Aufgabenerfüllung benötigen.[5] Dazu wurde ferner § 27 Abs. 1 Satz 4 WpPG
geändert und nach dem neu eingefügten Satz 4 als Satz 5 eingefügt. Die Bestimmung entspricht den finanzmarktrechtlichen Regelungen zur Verschwiegenheitspflicht, wie etwa § 9 KWG, § 84 VAG, § 8 WpHG[6], § 9 WpÜG, § 10
BörsG, § 4 VermAnlG, § 8 KAGB. Trotz teilweise divergierender Formulie-

---

1 Zur Geheimhaltung persönlicher Daten als Bestandteil des rechtsstaatlichen Verfahrens
   sowie zum Anwendungsbereich, vgl. *Konk/Kallerhoff*, in: Stelkens/Bonk/Sachs, VwVfG,
   § 30 Rn. 2, 11 ff., 17.
2 RegBegr. EU-ProspRL-UmsG, BT-Drucks. 15/4999, S. 39. Vgl. auch die korrespondierenden Vorschriften in Art. 54, 58 MiFID, Art. 14 TransparenzRL, Art. 9 MarktmissbrauchsRL sowie Art. 44 Abs. 2 BankenRL.
3 BGBl. 2011, Teil 1 Nr. 63, S. 2481.
4 BGBl. 2011, Teil I Nr. 62, S. 2427. Vgl. dazu auch RegBegr. EUFAAnpG, BT-Drucks. 17/
   6255 sowie die Komm. zu § 28 a WpPG.
5 § 27 WpPG korrespondiert dabei mit dem Berufsgeheimnis (professional secrecy) nach
   Art. 70 EBA-/EIOPA-/ESMA-VO. Vgl. dazu im Detail die Komm. zu § 28 a WpPG.
6 § 8 WpHG diente als Orientierung zu § 22 WpPG (a. F.), vgl. RegBegr. EU-ProspRL-
   UmsG, BT-Drucks. 15/4999, S. 39.

rungen[7], enthält § 27 WpPG keine grundsätzlich abweichenden Besonderheiten.

2   Die Vorschrift ordnet sowohl eine Verschwiegenheitpflicht als auch ein Verwertungsverbot hinsichtlich von Tatsachen an, deren Geheimhaltung im Interesse eines nach dem WpPG Verpflichteten oder eines Dritten liegt, insbesondere hinsichtlich Geschäfts- und Betriebsgeheimnissen sowie personenbezogener Daten. Die besondere gesetzliche Anordnung einer Verschwiegenheitpflicht als lex specialis zu § 30 VwVfG[8] und § 67 BBG (bzw. § 37 BeamtStG) und eines Verwertungsverbotes ist notwendig, um einerseits das erforderliche Vertrauen in die Integrität der Aufsichtspraxis und eine entsprechende Kooperationsbereitschaft der Beaufsichtigten sicherzustellen.[9] Andererseits unterliegen die Adressaten des WpPG umfangreichen Informationspflichten gegenüber der BaFin, weshalb die spezialgesetzliche Verschwiegenheitpflicht zugleich die Beaufsichtigten vor unbefugter Weitergabe von sie betreffenden Informationen zu schützen beabsichtigt.[10]

II. Normadressat

3   Die Vorschrift richtet sich an die bei der BaFin Beschäftigten sowie diejenigen Personen, derer sich die BaFin nach § 4 Abs. 3 FinDAG zur Durchführung ihrer Aufgaben bedient (Hilfsorgane und Erfüllungsgehilfen)[11], sowie an Personen, die durch dienstliche Berichterstattung[12] Kenntnis von den von der Verschwiegenheitpflicht und dem Verwertungsverbot erfassten Tatsachen erhalten. Nach überwiegender Auffassung soll die Verschwiegenheitpflicht, wenngleich in § 27 WpPG nicht ausdrücklich nomiert, zugleich auch die BaFin als Behörde adressieren.[13]

---

7   Vgl. etwa § 84 VAG.

8   Dazu *Konk/Kallerhoff*, in: Stelkens/Bonk/Sachs, VwVfG, § 30 Rn. 4.

9   Vgl. dazu RegBegr. WpHG, BT-Drucks. 12/6679, S. 42. *Beck*, in: Schwark/Zimmer, KapMRK, § 8 WpHG Rn. 1; *Döhmel*, in: Assmann/Schneider, WpHG, § 8 Rn. 4; *Linke*, in: Schäfer/Hammen, KapMG, § 22 WpPG Rn. 1. Dazu krit. *Ritz*, in: Just/Voß/Ritz/Zeising, WpPG, § 22 Rn. 4.

10 *Ritz*, in: Just/Voß/Ritz/Zeising, WpPG, § 22 Rn. 3. Vgl. auch *Klepsch*, in: Steinmeyer, WpÜG, § 9 Rn. 1.

11 Dazu RegBegr. FinDAG, BT-Drucks. 14/7033, S. 34. Vgl. auch *Döhmel*, in: Assmann/Schneider, WpHG, Vor § 3 Rn. 20 ff.; *Linke*, in: Schäfer/Hammen, KapMG, § 22 WpPG Rn. 2. Hierzu zählt insbesondere der Wirtschaftsprüfer als ‚verlängerter Arm' der Finanzaufsicht. Zu Wirtschaftsprüfern im Gefüge der Finanzaufsicht, vgl. auch *Zetzsche/Eckner*, in: Hölscher/Altenhain, Hdb. Aufsichts- und Verwaltungsräte in Kreditinstituten, S. 373, 377 f.

12 Dies betrifft etwa Mitarbeiter des Bundesministeriums der Finanzen, vgl. dazu auch *Linke*, in: Schäfer/Hammen, KapMG, § 22 WpPG Rn. 2; *Müller*, in: Frankf Komm WpPG, § 22 Rn. 10.

13 Vgl. BVerwG, Urt. v. 24.05.2011 – 7 C 6/10, ZIP 2011, 1313; *Hess.* VGH, Beschl. v. 30.04. 2010 – 6 A 1341/09, NVwZ 2010, 1112; *Ritz*, in: Just/Voß/Ritz/Zeising, WpPG, § 22 Rn. 8; *Müller*, in: Frankf Komm WpPG, § 22 Rn. 9. Zu den korrespondierenden Vorschriften,

(Fortsetzung auf Seite 1375)

Adressaten sind auch solche Personen, die bei Strafverfolgungsbehörden 4 oder bei für Straf- und Bußgeldsachen zuständigen Gerichten (Abs. 1 Satz 3 Nr. 1) oder bei Stellen beschäftigt oder von ihnen beauftragt sind, die kraft Gesetzes oder im öffentlichen Auftrag mit der Überwachung von Börsen oder anderen Märkten, an denen Finanzinstrumente gehandelt werden, des Handels mit Finanzinstrumenten oder Devisen, von Kreditinstituten, Finanzdienstleistungsinstituten, Investmentgesellschaften, Finanzunternehmen oder Versicherungsunternehmen betraut sind (Abs. 1 Satz 3 Nr. 2). Die Auferlegung einer Verschwiegenheitspflicht und eines Verwertungsverbots für Personen, die durch dienstliche Berichterstattung Kenntnis von relevanten Tatsachen erlangen oder die bei Strafverfolgungsbehörden, für Straf- und Bußgeldsachen zuständigen Gerichten oder mit der Überwachung betrauten Stellen beschäftigt sind, ist zumindest in den Fällen klarstellender Natur, in denen diese Personen bereits nach den für diese Institutionen geltenden Gesetzen einer Verschwiegenheitspflicht und einem Verwertungsverbot unterworfen sind (z.B. § 10 BörsG). Auf den Beschäftigungsstatus (z.B. Beamter, Richter, Angestellter oder Arbeiter) kommt es ebenso wenig an wie auf die Umstände der Beschäftigung im Einzelfall (z.B. Tätigkeit am Dienstsitz, Abordnung oder Dienstreise).[14] Personen, die durch dienstliche Berichterstattung Kenntnis von den der Verschwiegenheitspflicht und dem Verwertungsverbot unterworfenen Tatsachen erhalten, sind nicht nur diejenigen, die für die Rechts- und Fachaufsicht gemäß § 2 FinDAG im Bundesministerium der Finanzen (BMF) zuständig sind, sondern auch solche, die anlässlich der dienstlichen Berichterstattung Kenntnis von diesen Tatsachen erhalten (z.B. Boten). In allen Fällen wirkt die Verschwiegenheitspflicht auch bei Beendigung und/oder Änderung des Arbeits- bzw. Dienstverhältnisses fort.[15]

III. Inhalt, Umfang und Grenzen

1. Tatsachen

Verschwiegenheitspflicht und Verwertungsverbot erstrecken sich auf alle 5 Tatsachen, die dem Normadressaten bei seiner Tätigkeit bekannt geworden sind und deren Geheimhaltung im Interesse eines nach dem WpPG Verpflichteten oder eines Dritten liegt, insbesondere (aber nicht ausschließlich)

---

vgl. *Döhmel*, in: Assmann/Schneider, WpHG, § 8 Rn. 5 m.w.N.; *Döhmel*, in: Assmann/Pötzsch/Schneider, WpÜG, § 9 Rn. 5; *Lindemann*, in: Boos/Fischer/Schulte-Mattler, KWG, § 9 Rn. 3. Vgl. aber den Hinweis von *Noack*, in: Schwark/Zimmer, KapMRK, § 9 WpÜG Rn. 2 mit Fn. 4, wonach der Streit wenig bis keine praktische Relevanz aufweist.

14 *Noack*, in: Schwark/Zimmer, KapMRK, § 9 WpÜG Rn. 2; *Beck*, in: Schwark/Zimmer, KapMRK, § 8 WpHG Rn. 2.

15 Vgl. nur *Noack*, in: Schwark/Zimmer, KapMRK, § 9 WpÜG Rn. 4 m.w.N.

Geschäfts- und Betriebsgeheimnisse[16] sowie personenbezogene Daten[17]. Der Tatsachenbegriff ist grundsätzlich extensiv und europarechtskonform auszulegen.[18] Tatsachen sind nicht nur alle gegenwärtigen und vergangenen Umweltzustände und Zustände des menschlichen Innenlebens, die wahrnehm- und überprüfbar, d.h. dem Beweis zugänglich, sind.[19] Der Tatsachenbegriff des § 27 WpPG umfasst auch subjektive Einschätzungen und Werturteile, wenn sie geeignet sind, den Betroffenen nicht nur unerheblich zu beeinträchtigen und zumindest in ihrem wesentlichen Aussagegehalt auf einem konkreten Tatsachenkern beruhen.[20] Gegen eine restriktivere Auslegung des Tatsachenbegriffs spricht Art. 22 Abs. 1 Satz 2 ProspektRL, der lediglich von „unter das Berufsgeheimnis fallenden Informationen" spricht, ohne dabei die Information auf bestimmte Bestandteile zu begrenzen.

6 Tatsachen, die außerdienstlich bekannt geworden sind, fallen grundsätzlich nicht in den Anwendungsbereich der Verschwiegenheitspflicht.[21] Kommt es jedoch außerhalb des Dienstverhältnisses zum Informationsaustausch zwischen den Normadressaten lebt die Verschwiegenheitspflicht wieder auf.[22]

---

16 Geschäfts- und Betriebsgeheimnisse sind solche Tatsachen, an denen der Informationsträger ein wirtschaftliches Interesse (z.B. Geschäftsstrategie, Finanzlage, Wettbewerb) hat, die unmittelbar oder mittelbar im Zusammenhang mit den Tätigkeiten im Geschäftsbetrieb des Informationsträgers stehen und die nur einem beschränkten Kreis von Informationsträgern bekannt sind. Vgl. dazu *Lindemann*, in: Boos/Fischer/Schulte-Mattler, KWG, § 9 Rn. 8 f.; *Linke*, Schäfer/Hamann, KapMG, § 22 WpPG Rn. 2; *Noack*, in: Schwark/Zimmer, KapMRK, § 9 WpÜG Rn. 8.

17 Vgl. dazu die Legaldefinition in § 3 Abs. 1 BDSG, wonach personenbezogene Daten Einzelangaben über persönliche oder sachliche Verhältnisse einer bestimmten oder bestimmbaren natürlichen Person (Betroffener) sind.

18 Keine Beschränkung auf den straf- und/oder zivilrechtlichen Tatsachenbegriff, vgl. *Ritz*, in: Just/Voß/Ritz/Zeising, WpPG, § 22 Rn. 9; *Beck*, in: Schwark/Zimmer, KapMRK, § 8 WpHG Rn. 5 f.; *Döhmel*, in: Assmann/Schneider, WpHG, § 8 Rn. 7; *Döhmel*, in: Assmann/Pötzsch/Schneider, WpÜG, § 9 Rn. 8. Zudem sollen durch einen zu engen Tatsachenbegriff nicht die Wertungen der EU-ProspRL konterkariert werden, vgl. dazu ausführlich die Komm. zu § 26 WpPG, dort Rn. 20 m.w.N.

19 Allg. Ansicht zum strafrechtlichen Tatsachenbegriff, vgl. nur *Cramer/Perron*, in: Schönke/Schröder, StGB, § 263 Rn. 8 m.w.N. auch zur Rspr. Vgl. auch *Lindemann*, in: Boos/Fischer/Schulte-Mattler, KWG, § 9 Rn. 5 mit Hinweis auf RGZ 16, 368; Z 22, 158; Z 55, 131.

20 So wohl auch *Müller*, in: Frankf Komm WpPG, § 22 Rn. 15; *Beck*, in: Schwark/Zimmer, KapMRK, § 8 WpHG Rn. 6; *Döhmel*, in: Assmann/Schneider, WpHG, § 8 Rn. 7 („Marktgerüchte"). Zu § 4 Abs. 3 WpHG, vgl. RegBegr. AnSVG (Beschlussempfehlung und Bericht des Finanzausschusses), BT-Drucks. 15/3493, S. 15.

21 Allg. Ansicht, vgl. *Döhmel*, in: Assmann/Schneider, WpHG, § 8 Rn. 11; *Linke*, in: Schäfer/Hamann, KapMG, § 22 WpPG Rn. 4; *Noack*, in: Schwark/Zimmer, KapMRK, § 9 WpÜG Rn. 6.

22 Erfasst sind solche Fälle, in denen sich z.B. Mitarbeiter der BaFin in ihrer Freizeit über verschwiegenheitspflichtige Sachverhalte austauschen. Ähnlich *Döhmel*, in: Assmann/Schneider, WpHG, § 8 Rn. 11. Zu § 9 KWG, vgl. auch *Lindemann*, in: Boos/Fischer/Schulte-Mattler, KWG, § 9 Rn. 6; *Ritz*, in: Just/Voß/Ritz/Zeising, WpPG, § 22 Rn. 10.

2. Geheimhaltungsinteresse

An den Tatsachen muss ein Geheimhaltungsinteresse eines nach dem WpPG 7
Verpflichteten (Emittent, Anbieter oder Zulassungsantragsteller i. S. d. § 2
Nr. 9 bis 11 WpPG) oder eines Dritten bestehen. Allein dem Geheimhaltungsinteresse der BaFin unterfallende Tatsachen seien jedenfalls nicht von § 27
WpPG umfasst.[23] Ein Geheimhaltungsinteresse entfällt grundsätzlich dann,
wenn die Tatsache bereits öffentlich bekannt ist, durch den Informationsträger durch Zustimmung freigegeben wird oder mithilfe öffentlicher Quellen[24]
in Erfahrung gebracht werden kann.[25] Ob ein schützenswertes Geheimhaltungsinteresse vorliegt, ist anhand einer Abwägung aller Umstände unter Berücksichtigung der Verkehrsanschauung zu bestimmen.[26] Es muss sich um
Tatsachen handeln, deren Weitergabe an Außenstehende unter Berücksichtigung der Verkehrsauffassung und aus der Sicht eines objektiven Dritten nicht
ohne Zustimmung des Betroffenen erfolgen darf.[27] Beispielhaft genannt sind
Geschäfts- und Betriebsgeheimnisse.[28] Ein berechtigtes Interesse an der
Geheimhaltung kommt insbesondere dann in Betracht, wenn es sich bei den
Tatsachen etwa um Informationen aus dem Bereich Finanzen, Personal, Forschung und Entwicklung, Patente und Lizenzen, strategische Ziele, zukünftige Geschäftsausrichtung oder Risikomanagement handelt.

Geschützt sind auch die geschäftlichen und privaten Geheimnisse der Anle- 8
ger der Wertpapiere, mit denen die BaFin im Rahmen ihrer Aufsichtstätigkeit
in Kontakt steht.[29] Sind die Daten von dem Betroffenen selbst, mit dessen
Zustimmung oder unter dessen bewusster Mitwirkung öffentlich zugänglich
gemacht worden, liegt ein schützenswertes Geheimhaltungsinteresse nicht
vor.[30] Verschwiegenheitspflicht und Verwertungsverbot schließen insbesondere Stellungnahmen zu, aber auch Verbreitungen oder Verwertungen von
Tatsachen ein, die zwar öffentlich zugänglich gemacht wurden, jedoch ohne
Zustimmung oder bewusster Mitwirkung des Betroffenen.

---

23 *Ritz*, in: Just/Voß/Ritz/Zeising, WpPG, § 22 Rn. 12.
24 Als öffentliche Quelle kommt etwa der Bundesanzeiger (www.bundesanzeiger.de) oder
die Datenbanken und Nachrichtenarchive der ESMA (www.esma.europa.eu) in Betracht.
25 *Ritz*, in: Just/Voß/Ritz/Zeising, WpPG, § 22 Rn. 13; *Döhmel*, in: Assmann/Schneider,
WpHG, § 9 Rn. 14; *Noack*, in: Schwark/Zimmer, KapMRK, § 9 WpÜG Rn. 7; *Lindemann*,
in: Boos/Fischer/Schulte-Mattler, KWG, § 9 Rn. 8 f., 11.
26 *Ritz*, in: Just/Voß/Ritz/Zeising, WpPG, § 22 Rn. 12; *Noack*, in: Schwark/Zimmer, Kap-
MRK, § 9 WpÜG Rn. 7 m. w. N. auch zur Gegenauffassung.
27 *Noack*, in: Schwark/Zimmer, KapMRK, § 9 WpÜG Rn. 7; so wohl auch *Ritz*, in: Just/Voß/
Ritz/Zeising, WpPG, § 22 Rn. 13; *Lindemann*, in: Boos/Fischer/Schulte-Mattler, KWG, § 9
Rn. 8. A. A. wohl *Döhmel*, in: Assmann/Pötzsch/Schneider, WpÜG, § 9 Rn. 9.
28 Vgl. bereits oben Rn. 5.
29 Ähnlich *Döhmel*, in: Assmann/Schneider, WpHG, § 9 Rn. 8.
30 Vgl. die Nachw. in Fn. 24.

3. Offenbarung und Verwertung

a) Überblick

9 Verschwiegenheitspflicht und Verwertungsverbot umfassen das unbefugte Offenbaren oder die Verwertung von Tatsachen. Offenbaren stellt jede Form der Weitergabe an oder Nutzbarmachung durch Dritte dar, unabhängig von der Art und Weise der Weitergabe oder Nutzbarmachung.[31] Erfasst werden die mündliche Kundgebung von Tatsachen, die Weiterleitung von Schriftstücken, elektronischer Datenträger oder elektronischer Informationen sowie das Zugänglichmachen dieser Schriftstücke, Datenträger oder Informationen.[32] Eine Verwertung liegt vor, wenn die Tatsachen bewusst zum eigenen Vorteil oder Vorteil eines Dritten verwendet werden.[33] Dabei kann es sich um einen Vorteil jeglicher Art, nicht notwendigerweise wirtschaftlicher Natur handeln.[34] Werden die Tatsachen hinreichend anonymisiert, können sie im Rahmen wissenschaftlicher Tätigkeiten verwerten werden, ohne dass der Verwender Gefahr läuft, seine Verschwiegenheitspflicht zu verletzen.[35]

b) Offenbarungs- und Vewertungsbefugnisse

aa) Institutionalisierte Befugnisse

10 Ein Verstoß gegen die Verschwiegenheitspflicht und das Verwertungsverbot liegt dann nicht vor, wenn die Tatsachen befugt offenbart oder verwertet werden. Die Befugnis liegt stets dann vor, wenn ein Rechtfertigungsgrund gegeben ist. § 27 Abs. 1 WpPG enthält hierfür nicht abschließende Regelbeispiele.[36] Ein befugtes Offenbaren oder Verwerten liegt insbesondere dann vor, wenn Tatsachen an Strafverfolgungsbehörden, an für Straf- und Bußgeldsachen zuständige Gerichte oder an kraft Gesetzes oder im öffentlichen Auftrag mit der Überwachung von Börsen oder anderen Märkten, an denen Finanzinstrumente gehandelt werden, des Handels mit Finanzinstrumenten oder Devisen, von Kreditinstituten, Finanzdienstleistungsinstituten, Investmentgesellschaften, Finanzunternehmen oder Versicherungsunternehmen betraute Stellen sowie von diesen beauftragte Personen weitergegeben werden.[37] Nach § 27 Abs. 1 Satz 3 Nr. 3 WpPG liegt ein unbefugtes Offenbaren oder Verwerten der unter die Verschwiegenheitspflicht fallenden Informa-

---

31 Etwa *von Kopp-Colomb*, in: Assmann/Schlitt/von Kopp-Colomb, WpPG/VerkProspG, § 22 WpPG Rn. 7; *Noack*, in: Schwark/Zimmer, KapMRK, § 9 WpÜG Rn. 10; *Döhmel*, in: Assmann/Schneider, WpHG, § 8 Rn. 12.
32 Zum unzulässigen Offenbaren zu privaten Zwecken, insbesondere im Zusammenhang mit zivilprozessualem Parteivortrag, vgl. *Döhmel*, in: Assmann/Schneider, WpHG, § 8 Rn. 12 mit Hinweis auf VG Köln, Beschl. v. 29.04.20002 – 14 L 2316/01, S. 15 (zu § 9 KWG) – Juris, dort Rn. 70 ff. Im Übrigen, vgl. *Noack*, in: Schwark/Zimmer, KapMRK, § 9 WpÜG Rn. 10 m. w. N.
33 Vgl. RegBegr. 2. FMFG, BT-Drucks. 12/6679, S. 42.
34 Vgl. auch *Beck*, in: Schwark/Zimmer, KapMRK, § 8 WpHG Rn. 12 mit Fn. 27.
35 Allg. Ansicht, vgl. *Beck*, in: Schwark/Zimmer, KapMRK, § 8 WpHG Rn. 12; *Döhmel*, in: Assmann/Schneider, WpHG, § 8 Rn. 13.
36 *Linke*, in: Schäfer/Hamann, KapMG, § 22 WpPG Rn. 6.
37 Vgl. z. B. § 26 Abs. 5 WpPG.

tionen auch dann nicht vor, wenn die Tatsachen an die Einrichtungen des Europäischen Systems der Finanzaufsicht (European System of Financial Supervision – ESFS) sowie die Europäische Kommission weitergegeben werden. Auch in den Fällen des § 27 Abs. 1 Satz 3 Nr. 1 und 2 WpPG gilt das rechtmäßige Durchbrechen der Verschwiegenheitspflicht nur dann, soweit diese Stellen die Informationen zur Erfüllung der ihnen übertragenen Aufgaben benötigen und verwenden.[38]

Ein entsprechendes Ersuchen der Strafverfolgungsbehörden, für Straf- und   **11** Bußgeldsachen zuständigen Gerichte oder der für die Überwachung betrauten Stellen an die BaFin ist nicht Voraussetzung für die Weitergabe der Tatsachen. Der Weitergebende muss jedoch in eigener Verantwortung ausgerichtet am Zweck der Norm selbst überprüfen, ob die vorgenannten Stellen die Informationen zur Erfüllung ihrer Aufgaben benötigen. Insoweit besteht ein Beurteilungsspielraum. Ob die Informationen zur Erfüllung der Aufgaben benötigt werden, muss zumindest naheliegend sein. Denn ob diese Stellen die Informationen zur Erfüllung ihrer Aufgaben tatsächlich benötigen, wird letztlich von der jeweiligen Stelle innerhalb des ihr zugewiesenen Zuständigkeits- und Aufgabenbereichs selbst und nicht von der BaFin überprüft und entschieden. Ein Verstoß gegen die Verschwiegenheitspflicht liegt daher nicht vor, wenn sich nach einer Überprüfung des Weitergebenden einerseits sowie der empfangenden Stelle andererseits herausstellt, dass diese Stelle die Informationen zur Erfüllung ihrer Aufgaben tatsächlich nicht benötigt, z.B. weil die Informationen für die Sachverhaltsermittlung im konkreten Fall von untergeordneter Bedeutung sind.

Nach § 27 Abs. 3 Satz 4 WpPG wird klargestellt, dass Strafverfolgungsbehör-   **12** den oder für Straf- und Bußgeldsachen zuständige Gerichte (§ 27 Abs. 1 Satz 3 Nr. 1 WpPG), so insbesondere Verwaltungsgerichte in Verfahren gegen die Festsetzung bzw. Anordnung von Bußgeldern nach § 35 WpPG durch die BaFin, sowie kraft Gesetzes oder in öffentlichem Auftrag mit der Überwachung von regulierten Märkten betraute Stellen und von diesen beauftragten Personen (§ 27 Abs. 1 Satz 3 Nr. 2 WpPG) auch der Verschwiegenheitspflicht des § 27 Abs. 1 Satz 1 WpPG unterliegen. Dieser deklaratorische Hinweis[39] erstreckt sich nicht auf die Einrichtungen des ESFS, da diese nicht § § 27 WpPG unterworfen werden können. Gleichwohl sind sie zur Verschwiegenheit verpflichtet[40] und können die Informationen nur im Rahmen ihrer Befugnisse weitergeben. Bei der Weitergabe von Informationen an die Einrichtungen des ESFS muss die BaFin daher nicht prüfen, ob sie einer gleichwertigen Verschwiegenheitspflicht unterliegen.[41] Im Übrigen richtet

---

38 Zum Aufgabenkatalog der Europäischen Wertpapier- und Marktaufsichtsbehörde (European Securities and Markets Authority – ESMA), vgl. die Komm. zu § 28 a WpPG.
39 Die genannten Adressaten unterliegen bereits spezialgesetzlichen Verschwiegenheitspflichten, vgl. etwa § 10 BörsG und § 67 BBG.
40 Die Verschwiegenheitspflicht folgt im Allgemeinen aus Art. 339 AEUV, im Speziellen aus Art. 8 der Verordnung (EU) 1092/2010 sowie Art. 70 der ESMA-Verordnung, EBA-Verordnung und EIOPA-Verordnung. Dazu noch die Komm. zu § 28 a WpPG.
41 Vgl. RegBegr. EUFAAnpG, BT-Drucks. 17/6255, S. 30.

sich die Kooperation der BaFin und den Einrichtungen des ESFS, insbesondere der Europäischen Wertpapier- und Marktaufsichtsbehörde (European Securities and Markets Authority – ESMA), nach § 28a WpPG.[42]

13 Handelt es sich im Einzelfall um eine grenzüberschreitende Informationsweitergabe, müssen die ausländischen Stellen i.S.d. § 27 Abs. 1 Satz 3 Nr. 1 und 2 WpPG den gleichen Anforderungen an die Verschwiegenheitspflicht des § 27 Abs. 1 Satz 1 WpPG unterliegen. Im Hinblick auf EWR-Mitgliedstaaten ist grundsätzlich eine den Anforderungen des § 27 Abs. 1 Satz 1 WpPG genügende Verschwiegenheitspflicht anzunehmen, da die Maßstäbe durch die mitgliedstaatliche Pflicht zur Umsetzung der ProspektRL aus Art. 288 Abs. 3 AEUV i.V.m. Art. 4 Abs. 3 EUV harmonisiert sind. Bei der Weitergabe von der Verschwiegenheitspflicht unterfallenden Tatsachen an in Drittstaaten ansässige Stellen hat die BaFin eine entsprechende Prüfungspflicht im Hinblick auf den im Drittstaat geltenden Maßstab der Verschwiegenheitspflicht. Hierbei ist insbesondere darauf zu achten, dass die der Verschwiegenheitspflicht zugrunde liegende Wertung des § 27 WpPG bzw. Art. 22 Abs. 1 EU-ProspRL in der Fortwirkung der Weitergabe von Informationen nicht konterkariert wird. Eine Verschwiegenheitspflicht wird jedoch regelmäßig nach den Grundsätzen der internationalen Zusammenarbeit[43] in einem bilateralen oder multilateralen Memorandum of Understanding (MoU) zwischen der BaFin und der zuständigen Behörde(n) des Drittstaates vorgesehen sein.[44]

bb) Presserechtliche Befugnis

14 Ein Offenbaren kann auch aufgrund der Beachtung von Landespressegesetzen gerechtfertigt sein.[45] Das Landespresserecht kann vorsehen, dass eine Behörde zur Erteilung von Auskünften grundsätzlich verpflichtet ist und eine Auskunft nur verweigert werden kann, wenn durch die Auskunft die sachgemäße Durchführung eines straf- oder dienststrafgerichtlichen Verfahrens vereitelt, erschwert, verzögert oder gefährdet werden könnte und an der öffentlichen Bekanntgabe persönlicher Angelegenheiten Einzelner kein berechtigtes Interesse besteht.[46] Insoweit bedarf es einer Güterabwägung zwischen dem Interesse an der unbeeinträchtigten Durchführung eines rechtsstaatlichen Verfahrens und dem Recht auf informationelle Selbstbestimmung einerseits sowie dem öffentlichen Interesse an Information und Sachverhaltsaufklärung andererseits. Die Erteilung einer entsprechenden

---

42 Vgl. die Komm. ebd. sowie zu § 28 WpPG.
43 Vgl. hierzu ausführlich die Komm. zu § 28 WpPG.
44 Siehe beispielsweise das zwischen der SEC und BaFin bestehende Memorandum of Understanding Concerning Consultation, Cooperation and the Exchange of Information Related to Market Oversight and the Supervision of Financial Services Firms (2007-76), Article 7 para. 31 et seq. (Permissible Uses and Confidentiality of Information), abrufbar unter http://www.sec.gov/about/offices/oia/oia_bilateral/germany_regcoop.pdf. Vgl. dazu auch die Komm. zu § 28 WpPG.
45 Umstr. ist lediglich die dogmatische Grundlage für die Anwendung der Landespressegesetze auf Bundesbehörden. Vgl. dazu im Überblick auch *Klepsch*, in: Steinmeyer, WpÜG, § 9 Rn. 11 mit Fn. 49. Im Detail *Hecker*, DVBl 2006, 1416.
46 Vgl. etwa § 3 PresseG HE sowie § 4 PresseG NW.

Auskunft dürfte daher regelmäßig nur dann in Betracht kommen, wenn persönliche Belange Einzelner nicht berührt sind.[47] Letzteres ist jedoch der Fall, wenn es, insbesondere durch individualisierte Informationen, zu einer unbilligen medialen Vorverurteilung mit gesteigertem Reputationsrisiko[48] für die Betroffenen kommt.[49]

cc) Befugnis nach Art. 35 GG

Da § 27 Abs. 1 Satz 3 WpPG („insbesondere") nicht abschließend ist, kann 15
ferner im Wege der Rechts- und Amtshilfe nach Art. 35 GG eine Befugnis zur Weitergabe und Verwertung von Tatsachen in Betracht kommen.[50] Dabei handelt es sich stets um eine Einzelfallentscheidung, bei der die BaFin pflichtgemäßes Ermessen anzuwenden hat.[51] Wenn es jedoch ausschließlich um die Verfolgung zivilrechtlicher Ansprüche geht, soll die Weitergabe nicht gestattet sein; insoweit sei insbesondere der Verweis auf für Straf- und Bußgeldsachen zuständige Gerichte abschließend.[52] Dies ist grundsätzlich im Hinblick auf systematische und teleologische Erwägungen sachgerecht, wird jedoch durch Ansprüche nach dem IFG (dazu sogl.) in der Spruchpraxis erheblich relativiert.[53]

dd) Befugnis nach Informationsfreiheitsgesetz (IFG)

Von besonderer praktischer Relevanz[54] für die Verschwiegenheitspflicht 16
nach § 27 WpPG und das (befugte) Offenbaren von Informationen sind Informationszugangsansprüche gegen die BaFin nach dem Informationsfrei-

---

47 Zur allgemeinen Anwendung der Landespressegesetze, vgl. BayVGH, Urt. v. 07.10.2008 – 5 Bv 07.2162, DVBl 2009, 323 (Auskunftsanspruch gegen Unfallversicherungsträger); OVG Berlin, Urt. v. 25.07.1995 – 8 B 16/94, NVwZ-RR 1997, 32 (Auskunftsersuchen einer Fernsehanstalt gegen das BAV). Zum Informationszugang in die Aufsichtsakten der BaFin, VG Frankfurt, Beschl. v. 28.07.2009 – 7 L 1553/09.F, Juris Rn. 11 f.
48 Zum sog. *perp walk*, vgl. instruktiv *Skeel*, 2 Berkeley Bus. L.J. 105, 112 (2005) sowie die Komm. zu § 30 WpPG im Zusammenhang mit Bekanntmachungen der BaFin.
49 Die Wertung des § 30 WpPG ist entsprechend heranzuziehen, vgl. die Komm. ebd. Vgl. auch *Beck*, in: Schwark/Zimmer, KapMRK, § 8 Rn. 18 m.w.N.
50 Dies soll nur ausnahmsweise bei höherrangigen Interessen der Fall sein, da die spezialgesetzliche Verschwiegenheitspflicht ansonsten die Amtshilfeverpflichtung verdrängt. Vgl. dazu *Lindemann*, in: Boos/Fischer/Schulte-Mattler, KWG, § 9 Rn. 14.
51 *Beck*, in: Schwark/Zimmer, KapMRK, § 8 WpHG Rn. 24; *Döhmel*, in: Assmann/Schneider, WpHG, § 8 Rn. 37.
52 Für das WpHG, vgl. *Beck*, in: Schwark/Zimmer, KapMRK, § 8 WpHG Rn. 24. Für das KWG, vgl. *Lindemann*, in: Boos/Fischer/Schulte-Mattler, KWG, § 9 Rn. 20. Differenzierend *Döhmel*, in: Assmann/Schneider, WpHG, § 8 Rn. 37.
53 Für das KWG, so auch *Lindemann*, in: Boos/Fischer/Schulte-Mattler, KWG, § 9 Rn. 20. Dazu insbesondere Hess. VGH, Beschl. v. 02.03.2010 – 6 A 1684/08, NVwZ 2010, 1036.
54 In 2011 wurden bei der BaFin insgesamt 577 Anfragen nach dem IFG gestellt, in 507 Fällen der Informationszugang abgelehnt und Widerspruch eingelegt; daraufhin wurde in mehr als der Hälfte der Verfahren Klage erhoben (257). Vgl. dazu BaFin, Jahresbericht 2011, S. 265 f.

heitsgesetz des Bundes (IFG)[55]. Nach § 1 Abs. 1 Satz 1 IFG hat jede natürliche oder juristische Person einen nicht weiter zu substantiierenden Anspruch gegen Bundesbehörden auf Zugang zu amtlichen Informationen. Nach § 2 IFG ist amtliche Information jede amtlichen Zwecken dienende Aufzeichnung, unabhängig von der Art ihrer Speicherung, die jedoch Bestandteil eines Vorgangs war, ist oder wird. § 1 IFG ist Informationszugangsanspruch, nicht Informationsbeschaffungsanspruch.[56] Die BaFin muss, so ein Anspruch auf Informationszugang besteht, auch grundsätzlich über die Information verfügungsberechtigt sein.[57] Sieht man den Anwendungsbereich des IFG eröffnet[58], so muss die BaFin insoweit selbst tatsächlich über die Informationen verfügen.

17 Der weite Informationsanspruch ist begrenzt; §§ 3, 4 IFG schließt Informationsansprüche aus öffentlichem Interesse aus, §§ 5, 6 IFG begrenzt sie zum Schutz personenbezogener Daten[59], geistigen Eigentums sowie Betriebs- und Geschäftsgeheimnissen.[60] Damit normiert das IFG keine allgemeine Durchbrechung der finanzmarktrechtlichen Verschwiegenheitspflicht im Sinne einer Offenbarungsbefugnis der BaFin.[61] Ist eine Weitergabe nach § 27 WpPG unter den genannten Voraussetzungen, insbesondere nach pflichtgemäßer Ermessensausübung und „Gefährdungsprognose"[62] der BaFin nicht möglich, werden etwaige Informationszugangsansprüche über § 3 Nr. 4 IFG ausgeschlossen. Danach besteht kein Anspruch auf Informations-

---

55 BGBl. 2005 I, S. 2722. Dazu RegBegr. IFG, BT-Drucks. 15/4493.

56 Dies gilt auch im Hinblick auf den Zugang zu Informationen, die aus einem anderen Staat des Europäischen Wirtschaftsraums oder einem Drittstaat stammen, und dort hinreichend abgelehnt wurden. Vgl. dazu Hess. VGH, Beschl. v. 28.04.2010 – 6 A 1767/08, BB 2010, 1354 = Juris, Rn. 43 (Keine Pflicht der BaFin zu Informationsersuchen zugunsten Dritter gegenüber der britischen FSA).

57 Vgl. auch VG Berlin, Urt. v. 29.11.2012 – 2 K 28.12, Juris, Rn. 31 f. zur Verfügungsberechtigung über die Protokolle des Verwaltungsrats der BaFin. Zur Verfügungsberechtigung RegBegr. IFG, BT-Drucks. 15/4493, S. 14.

58 Grundsätzlich ablehnend wohl *Klepsch*, in: Steinmeyer, WpÜG, § 9 Rn. 11 m.w.N., der jedoch im Anschluss an BVerwG, Urt. v. 24.5.2011 – 7 C 6.10, NVwZ 2011, 1012 zumindest ein „gewisses Risiko der Aufdeckung von nach § 9 [WpÜG] geschützten Daten" sieht. Im Übrigen gilt jedoch grundsätzlich, dass das, „was nach anderen Vorschriften geheim gehalten werden muss, ... auch unter der Geltung des Informationsfreiheitsgesetzes geheim" bleibt, vgl. BVerwG, Urt. v. 29.10.2009 – 7 C 22/08, NVwZ 2010, 321, 325 (CIA-Flüge).

59 Vgl. dazu etwa VG Karlsruhe, Urt. v. 05.08.2011 – 2 K 765/11, Juris Rn. 22 ff.

60 Dazu im Detail *Berger/Roth/Scheel*, Informationsfreiheitsgesetz (2006); Rossi, Informationsfreiheitsgesetz (2013).

61 Vgl. nur *Spindler*, ZGR 2011, 716, 731 m.w.N. auch zur vereinzelt vertretenen Gegenauffassung.

62 Zum KWG, vgl. Hess. VGH, Beschl. v. 24.03.2010 – 6 A 1832/09, NVwZ 2010, 1112 = Juris Rn. 14 f.; *Lindemann*, in: Boos/Fischer/Schulte-Mattler, KWG, § 9 Rn. 24 b. Vgl. auch Hess. VGH, Urt. v. 21.03.2012 – 6 A 1150/10, DVBl 2012, 701 = Juris, Rn. 40 ff. (zum Ausschlussgrund des § 3 Nr. 1 Buchst. g IFG).

zugang, wenn die Informationen einer durch Rechtsvorschrift[63] oder durch die Allgemeine Verwaltungsvorschrift zum materiellen und organisatorischen Schutz von Verschlusssachen geregelten Geheimhaltungs- oder Vertraulichkeitspflicht oder einem Berufs- oder besonderen Amtsgeheimnis unterliegt. Dies trifft etwa auf den Verlauf und die Inhalte der Verwaltungsratssitzungen der BaFin zu, die nach § 6 Abs. 1 Satz 2 FinDASa nicht öffentlich sind und als Tatsachen der Geheimhaltung unterliegen.[64]

In Betracht kommt zudem ein Ausschluss des Informationsbegehrens im Fall von nachteiligen Auswirkungen auf die Kontroll- oder Aufsichtstätigkeit von Finanz-, Wettbewerbs- und Regulierungsbehörden nach § 3 Nr. 1 Buchst. d IFG.[65] Letzterer Ausschlussgrund ist nicht unumstritten.[66] Nach überwiegender Ansicht ist die BaFin Finanzbehörde i. S. v. § 3 Nr. 1 Buchst. d IFG, da sie im Geschäftsbereich des Bundesministeriums für Finanzen tätig wird.[67] Nimmt man an, dass die Aufzählung in § 3 Nr. 1 Buchst. d IFG unter Hinweis auf die Regierungsbegründung nur beispielhaft ist[68], so ließe sich jedenfalls zutreffender annehmen, dass die BaFin als Regulierungsbehörde zu kategorisieren ist. Die Regierungsbegründung zum IFG nennt solche Behörden „Regulierungsbehörden", denen die Aufsicht über das GWB, TKG und EnWG übertragen ist[69], mithin Bereiche des besonderen öffentlichen Wirt-

18

---

63 Als „Rechtsvorschrift" genügen beispielsweise bereits die Vorschriften der Satzung der Bundesanstalt für Finanzdienstleistungsaufsicht (FinDASa), BGBl. 2002, Teil I Nr. 28, S. 1500, die auf Grundlage der Verordnung über die Satzung der Bundesanstalt für Finanzdienstleistungsaufsicht (FinDASaV), BGBl. 2013, Teil I Nr. 11, S. 355 im Wege der Ermächtigung nach § 5 Abs. 3 FinDAG durch das Bundesministerium der Finanzen erlassen wird. Vgl. dazu VG Berlin, Urt. v. 29.11.2012 – 2 K 28.12, Juris Rn. 36.

64 Zutreffend VG Berlin, Urt. v. 29.11.2012 – 2 K 28.12, Juris Rn. 34 ff. Die Ansicht des VG Berlin wird zudem getragen von höchstrichterlicher Verwaltungsrechtsprechung, vgl. BVerwG, Urt. v. 27.09.2007 – 7 C 4/07, NWVBl 2008, 179 = Juris, Rn. 16 f. (Zugang zu Umweltinformationen und Vertraulichkeit der Beratung des Kreistags sowie seiner Ausschüsse); BVerwG, Urt. v. 24.05.2011 – 7 C 6/10, ZIP 2011, 1313 = Juris, Rn. 15 (Informationsbegehren über meldepflichtige Beteiligungen an einem Unternehmen).

65 So auch *Döhmel*, in: Assmann/Schneider, WpHG, § 8 Rn. 27 ff. m. w. N., insbesondere zur einhelligen Kommentarliteratur zum IFG, die die BaFin als Finanzbehörde einstuft. A. A. *Ritz*, in: Just/Voß/Ritz/Zeising, WpPG, § 22 Rn. 20; *Gurlit*, WM 2009, 773, 776; *Möllers/ Wenninger*, ZHR 170 (2006), 455, 467.

66 Vgl. die Nachw. in Fn. 41.

67 Vgl. nur BVerwG, Urt. v. 24.5.2011 – 7 C 6.10, NVwZ 2011, 1012, 1013 (Rn. 13) m. w. N. zur überwiegenden Auffassung. Monographisch *Rudkowski*, Geschäftsgeheimnisse des Versicherers, S. 50 f., die auf den Telos der Norm und RegBegr. IFG, BT-Drs. 15/4493, S. 9 f. hinweist. Siehe dazu auch die Grundsätze für die Ausübung der Rechts- und Fachaufsicht des Bundesministeriums der Finanzen (BMF) über die BaFin (Stand: 16.02.2010), abrufbar unter www.bafin.de, sowie RegBegr. AufsichtsstrukturmodernisierungsG, BT-Drs. 16/7078 zum Verhältnis des BMF und der BaFin. Zur a. A., vgl. die Nachw. in Fn. 62 a. E.

68 So BVerwG, Urt. v. 24.5.2011 – 7 C 6.10, NVwZ 2011, 1012, 1013 (Rn. 13) mit Verweis auf die RegBegr. IFG, BT-Drucks. 15/4493. Vgl. auch *Schoch*, VBlBW 2010, 333, 340.

69 RegBegr. IFG, BT-Drucks. 15/4493, S. 9 f.

schaftsrechts respektive Regulierungswirtschaftsrechts.[70] Das durch die Ba-
Fin überwachte Finanzmarktrecht, hier die Bestimmungen des WpPG, dürften unzweifelhaft Bestandteil des Regulierungswirtschaftsrechts sein[71],
womit die BaFin auch als Regulierungsbehörde tätig wird. Eine Berufung darauf, dass die BaFin in diesem Kleide jedoch generell die Möglichkeit der
Aufgabenbeeinträchtigung zu befürchten habe, genügt mangels einer expliziten Bereichsausnahme zum Schutz von besonderen öffentlichen Belangen
in § 3 IFG nicht. Mithin ist ein Anspruchsausschluss nach § 3 Nr. 1 Buchst. d
IFG grundsätzlich möglich, allerdings nur unter hinreichender Substantiie-
rung der „nachteiligen Auswirkungen" durch die BaFin.[72]

19   Der Ausschluss des Informationszugangsanspruchs nach §§ 3 bis 6 IFG geht
somit nur so weit, wie die kapitalmarktrechtliche Verschwiegenheitspflicht
sowie das schützenswerte Interesse an der integren und funktionierenden
Aufsicht selbst. An die Darlegung der Ausschlussgründe werden hohe Anforderungen gestellt.[73] Ein Berufen der BaFin auf aufwändige und kostenin-
tensive Bereitstellung der Informationen nach § 7 Abs. 3 IFG, die Verminderung der Kooperationsbereitschaft der Beaufsichtigten in der Aufsichtspraxis,
die alleinige Betreibung und/oder Vorbereitung zivilrechtlicher Verfahren
des Informationssuchenden[74] und vor allem ein generell schützenswertes
Sonderinteresse der Finanzaufsicht genügt nicht.[75] Letzteres war weder in

---

70 Dazu aus dem deutschen Schrifttum etwa *Stober/Eisenmenger*, Besonderes Wirtschafts-
    verwaltungsrechts, S. 174 ff. sowie *Ruffert*, in: Ehlers/Fehling/Pünder, Besonderes Ver-
    waltungsrecht, Bd. 1, S. 706 ff. (§ 21). Aus dem englischen Schrifttum ausführlich *Bald-
    win/Cave/Lodge*, in: Baldwin/Cave/Lodge, Oxford Handbook of Regulation, S. 3 ff.;
    Moloney, edb., S. 437 ff.
71 Vgl. die Nachweise in Fn. 67 sowie für die deutsche Wertpapier- und Börsenaufsicht
    etwa *Augsberg*, in: Ehlers/Fehling/Pünder, Besonderes Verwaltungsrecht, Bd. 1,
    S. 1241 ff. (§ 34) und S. 1262 ff. (§ 35). Aus europäischer Perspektive, unter Hinweis auf
    Spannungsverhältnisse des europäischen Kapitalmarktrechts und den Privatrechtsord-
    nungen der Mitgliedstaaten, etwa *Zetzsche*, in: Gebauer/Teichmann, Europäisches Pri-
    vat- und Unternehmensrecht (Enzyklopädie Europarecht, Bd. 6), § 7.
72 Dazu noch Rn. 15. Vgl. zudem die stRspr des BVerwG, Urt. v. 24.05.2011 – 7 C 6/10,
    NVwZ 2011, 1012; BVerwG, Beschl. v. 23.06.2011 – 20 F 21.10, DVBl. 2011, 1092 =
    BeckRS 2011, 52369, Rn. 8 f.; BVerwG, Beschl. v. 05.10.2011 – 20 F 24.10, BeckRS 2011,
    56302, Rn. 8 f.; BVerwG, Beschl. v. 12.04.2012 – 20 F 2/11, Juris Rn. 10 f.; BVerwG, Be-
    schl. v. 27.08.2012 – 20 F 3/12, Juris Rn. 7; BVerwG, Beschl. v. 25.04.2012 – 20 F 6/11,
    Juris Rn. 9. Zum (abgelehnten) Informationszugang in grenzüberschreitendem Kontext
    vgl. VG Frankfurt, Beschl. v. 07.05.2009 – 7 L 676/09.F, WM 2009, 1843, 1844 f.
73 Für die Darlegungslast im Hinblick auf Verfahren gegen Sperrerklärungen des BMF, vgl.
    die Nachw. in Fn. 71. Siehe zudem *Wilsing/Paul*, BB 2011, 276; *Wilsing/Paul*, BB 2009,
    114.
74 Dazu Hess. VGH, Urt. v. 26.07.2012 – 6 E 533/12, NVwZ-RR 2012, 999, 1000; VG Berlin,
    Urt. v. 21.10.2010 – 2 K 89.09, Juris Rn. 23 ff. jeweils m.w.N. zur stRspr.
75 Vgl. BVerwG, Urt. v. 24.05.2011 – 7 C 6/10, NVwZ 2011, 1012, dazu *Möllers/Niedorf*,
    EWiR 2011, 569; Hess. VGH, Beschl. v. 02.03.2010 – 6 A 1684/08, NVwZ 2010, 1036;
    Hess. VGH, Beschl. v. 24.03.2010 – 6 A 1832/09, NVwZ 2010, 1112; VG Frankfurt, Urt.
    v. 23.01.2008 – 7 E 3280/06 (V), NVwZ 2008, 1384; VG Frankfurt, Beschl. v. 18.05.2010
    – 7 K 1645/09.F, Juris Rn. 17 jeweils m.w.N. zur Rspr. zum IFG.

der Spruchpraxis noch auf Gesetzgebungsebene Erfolg versprechend.[76] Sieht die BaFin die Verschwiegenheitspflicht dennoch nicht nur unerheblich beeinträchtigt, kann sie die geheimhaltungsbedürftigen Unterlagen zurückhalten und ein in-camara-Verfahren nach § 99 Abs. 2 Satz 2 VwGO anstrengen, in dem nach § 189 VwGO ein Fachsenat des BVerwG die Rechtmäßigkeit des nicht eröffneten Zugangs zu den Information durch die BaFin unter Ausschluss der Öffentlichkeit prüft.[77]

IV. Auskünfte gegenüber Finanzbehörden

Als Erweiterung des Offenbarungsverbotes[78] normiert § 27 Abs. 2 WpPG,   20
dass bestimmte, nach der Abgabenordnung grundätzlich von Behörden und Beamten gegenüber den Finanzbehörden bestehende Auskunfts- (§ 93 AO), Vorlage- (§ 97 AO) und Anzeigepflichten (§§ 111 Abs. 5, 105 Abs. 1, 116 Abs. 1 AO) für die in § 27 Abs. 1 Satz 1 oder 2 WpPG genannten Personen im Regelfall nicht gelten, soweit diese Personen zur Durchführung des WpPG tätig werden.[79] Das öffentliche Interesse an einer gleichmäßigen Besteuerung tritt insoweit gegenüber einer effektiven Verfolgung der Aufsichtsziele des WpPG zurück.[80] Die vorgenannten Pflichten leben nur noch in Ausnahmefällen auf, soweit die Finanzbehörden die Kenntnisse für die Durchführung eines Verfahrens wegen einer Steuerstraftat sowie eines damit zusammenhängenden Besteuerungsverfahrens benötigen, an deren Verfolgung ein zwingendes öffentliches Interesse besteht, und nicht Tatsachen betroffen sind, die den in § 27 Abs. 1 Satz 1 oder 2 WpPG bezeichneten Personen durch eine Stelle eines anderen Staates i. S. d. § 27 Abs. 1 Satz 3 Nr. 2 WpPG oder durch von dieser Stelle beauftragte Personen mitgeteilt worden sind. In Anlehnung an die in § 30 Abs. 4 Nr. 5 AO genannten Fallgruppen[81] ist von einem zwingenden öffentlichen Interesse nur bei Vorliegen schwer-

---

76 Art. 8 a zur Änderung des Informationsfreiheitsgesetzes in RegBegr. Zahlungsdienste-UmsetzungsG, BT-Drucks. 16/11613, S. 64 zur Einführung einer Bereichsausnahme der BaFin wurde mehrheitlich abgelehnt. Vgl. dazu auch den Bericht des Finanzausschusses (7. Ausschuss), BT-Drucks. 16/12487, S. 3 f.

77 Vgl. Hess. VGH, Beschl. v. 24.03.2010 – 6 A 1832/09, NVwZ 2010, 1112, Ls. 3 im Anschluss an BVerwG, Beschl. v. 15.10.2008 – 20 F 1/08, ZUR 2009, 322. Die BaFin kann jedoch das Geheimhaltungsinteresse nicht auf § 99 Abs. 1 Satz 2 Alt. 2 VwGO i. V. m. der spezialgesetzlichen Verschwiegenheitspflicht stützen (stRspr, vgl. Nachw. in Fn. 71). Erfolg versprechend ist allenfalls § 99 Abs. 1 Satz 2 Alt. 3 VwGO, wobei die BaFin im Hinblick auf ihre Darlegungslast auf die Kooperation und Mitwirkung des betroffenen Finanzmarktteilnehmers angewiesen ist. Vgl. auch BaFin, Geschäftsbericht 2011, S. 266.

78 *Noack*, in Schwark/Zimmer, KapMRK, § 9 WpÜG Rn. 17.

79 Dazu ausführlich auch *Fingerhut/Voß*, in: Just/Voß/Ritz/Zeising, WpPG, § 22 Rn. 28 ff.

80 Zur korrespondierenden Vorschrift des § 9 WpÜG, vgl. auch RegBegr. RegE WpÜG, BT-Drucks. 14/7034, S. 38. Vgl. auch *Fingerhut/Voß*, in: Just/Voß/Ritz/Zeising, WpPG, § 22 Rn. 28 m. w. N.

81 Nach § 30 Abs. 4 Nr. 5 AO ist ein zwingendes öffentliches Interesse („Achillesferse des Steuergeheimnisses", *Drüen*, in: Tipke/Kruse, AO/FGO, § 30 Rn. 119) namentlich gegeben, wenn (Fortsetzung auf Seite 1386)

wiegender Gründe auszugehen. Dies ist etwa der Fall, wenn Gefahr besteht, dass im Falle des Unterlassens des Offenbarens schwere Nachteile für das allgemeine Wohl eintreten[82], d. h. so gravierende Nachteile, dass die durch die Fallgruppen des § 30 Abs. 4 Nr. 5 AO indizierte „Schwelle des Offenbarens" überschritten wird.[83] Die Darlegungslast für die Voraussetzungen der Ausnahme des § 27 Abs. 2 Satz 2 WpPG trägt die Finanzbehörde.[84]

21 Die Beschränkung der Weitergabe auf solche Tatsachen, die nicht durch eine Stelle eines anderen Staates i. S. d. § 27 Abs. 1 Satz 3 Nr. 2 WpPG oder durch von dieser Stelle beauftragte Personen mitgeteilt worden sind, trägt dem Umstand Rechnung, dass der grenzüberschreitende Informationsaustausch regelmäßig auf die Übermittlung von Informationen zur Erfüllung von Überwachungsaufgaben nach der ProspektRL und für damit zusammenhängende Verwaltungs- und Gerichtsverfahren beschränkt ist.[85] Eine Verwendung der Informationen für steuerliche Zwecke kann den Informationsaustausch auf internationaler Ebene gefährden.[86] Die Beschränkung ist insoweit sachgerecht, da jedenfalls die von der Bundesrepublik Deutschland abgeschlossenen Doppelbesteuerungsabkommen[87] regelmäßig eigene Bestimmungen zum Informationsaustausch und zur Amtshilfe der Finanzbehörden in Besteuerungsverfahren bei grenzüberschreitenden Sachverhalten enthalten, so

---

a) Verbrechen und vorsätzliche schwere Vergehen gegen Leib und Leben oder gegen den Staat und seine Einrichtungen verfolgt werden oder verfolgt werden sollen,

b) Wirtschaftsstraftaten verfolgt werden oder verfolgt werden sollen, die nach ihrer Begehungsweise oder wegen des Umfangs des durch sie verursachten Schadens geeignet sind, die wirtschaftliche Ordnung erheblich zu stören oder das Vertrauen der Allgemeinheit auf die Redlichkeit des geschäftlichen Verkehrs oder auf die ordnungsgemäße Arbeit der Behörden und der öffentlichen Einrichtungen erheblich zu erschüttern, oder

c) die Offenbarung erforderlich ist zur Richtigstellung in der Öffentlichkeit verbreiteter unwahrer Tatsachen, die geeignet sind, das Vertrauen in die Verwaltung erheblich zu erschüttern.

82 So *Beck*, in: Schwark/Zimmer, KapMR, § 8 WpHG Rn. 18; *Lindemann*, in: Boos/Fischer/Schulte-Mattler, KWG, § 9 Rn. 23; *Noack*, in Schwark/Zimmer, KapMRK, § 9 WpÜG Rn. 18. Zu § 30 Abs. 4 Nr. AO krit. *Drüen*, in: Tipke/Kruse, AO/FGO, § 30 AO Rn. 119, 120 a ff. m. w. N., der hervorhebt, dass eine unsichere Determinante („zwingendes öffentliches Interesse") durch eine andere („schwere Nachteile für das allgemeine Wohl") ersetzt wird. Die Norm ist daher äußerst restriktiv auszulegen, vgl. auch *Krömker*, in: Lippross, Basiskommentar Steuerrecht, § 30 AO Rn. 40.

83 Vgl. nur *Drüen*, in: Tipke/Kruse, AO/FGO, § 30 AO Rn. 120 a a. E.

84 *Noack*, in Schwark/Zimmer, KapMRK, § 9 WpÜG Rn. 18; *Drüen*, in: Tipke/Kruse, AO/FGO, § 30 AO Rn. 120 a. E. jeweils m. w. N.

85 Vgl. die korrespondierenden Regelungen in § 23 Abs. 2 und 4 WpPG.

86 *Döhmel*, in: Assmann/Schneider, WpHG, § 8 Rn. 40; *Lindemann*, in: Boos/Fischer/Schulte-Mattler, KWG, § 9 Rn. 24; so wohl auch *Linke*, in: Schäfer/Hamann, KapMG, § 22 WpPG Rn. 7

87 Vgl. Art. 26 und 27 OECD-MA 2012. Für einen Überblick der mit der Bundesrepublik Deutschland bestehenden Doppelbesteuerungsabkommen, vgl. Bundesministerium der Finanzen, Stand der Doppelbesteuerungsabkommen und anderer Abkommen im Steuerbereich sowie der Abkommensverhandlungen am 01.01.2014 (IV B 2-S 1301/07/10017-05), 22.01.2014.

dass die von § 27 Abs. 2 WpPG ausgeklammerten Fälle auch diese Vorschriften aufgefangen werden können.

V. Rechtsfolgen von Verstößen gegen die Verschwiegenspflicht und das Verwertungsverbot

Das WpPG hält keine Möglichkeit bereit, Verstöße gegen die Verschwiegenheitspflicht und das Vewertungsverbot aufzufangen.[88] In Betracht kommen zivil- und/oder strafrechtliche sowie disziplinarische oder arbeitsrechtliche Konsequenzen.   22

§ 27 WpPG ist Schutzgesetz i.S.v. § 823 Abs. 2 BGB sowie drittschützende Amtspflicht.[89] Die Norm bezweckt einerseits den Schutz der Marktfunktionen, zugleich vermittelt sie jedoch Individualschutz zugunsten der von der Information und deren Weitergabe Betroffenen. Liegt ein vorsätzlicher oder fahrlässiger Verstoß gegen die Verschwiegenheitspflicht vor, tritt an die Stelle der Schutzgesetzverletzungshaftung ein Amtshaftungsanspruch aus § 839 Abs. 1 BGB i.V.m. Art. 34 GG, da die Normadressaten regelmäßig ein öffentliches Amt ausüben, wenn es zu einer Verletzung des § 27 WpPG kommt.[90] Der Amtshaftungsanspruch verdrängt in diesem Fall einen Anspruch aus unerlaubter Handlung.[91] Anspruchsgegner ist die BaFin, auch für den Fall, dass sie Hilfsorgane oder Erfüllungsgehilfen eingeschaltet hat, die ihrerseits die Verschwiegenheitspflicht verletzen.[92] Die BaFin kann sich jedenfalls gegenüber ihren Bediensteten nach Art. 34 Satz 2 GG regressieren.[93] Klage ist vor den Zivilgerichten zu erheben (Art. 34 Satz 3 GG). Im Fall der Amtshaftung richtet sich die Zuständigkeit nach § 32 ZPO, im Übrigen   23

---

88 Vgl. auch *Fingerhut/Voß*, in: Just/Voß/Ritz/Zeising, WpPG, § 22 Rn. 49.

89 H.M., vgl. *Fingerhut/Voß*, in: Just/Voß/Ritz/Zeising, WpPG, § 22 Rn. 53 sowie zu den korrespondierenden Verschwiegenheitspflichten *Döhmel*, in: Assmann/Schneider, WpHG, § 8 Rn. 45; *Döhmel*, in: Assmann/Pötzsch/Schneider, WpÜG, § 9 Rn. 2; *Lindemann*, in: Boos/Fischer/Schulte-Mattler, KWG, § 9 Rn. 25; *Klepsch*, in: Steinmeyer, WpÜG, § 9 Rn. 20; *Noack*, in Schwark/Zimmer, KapMRK, § 9 WpÜG Rn. 19 mit Fn. 1 und 2.

90 Zu einem ausnahmsweise möglichen Anspruch nach § 823 Abs. 2 BGB i.V.m. der spezialgesetzlichen Verschwiegenheitspflicht bei Ausnutzung der Information zu privaten Zwecken, vgl. *Beck*, in: Schwark/Zimmer, KapMRK, § 8 WpHG Rn. 29; *Döhmel*, in: Assmann/Pötzsch/Schneider, WpÜG, § 9 Rn. 40, 42. Vgl. auch *Fingerhut/Voß*, in: Just/Voß/Ritz/Zeising, WpPG, § 22 Rn. 52 m.w.N.

91 Vgl. nur *Palandt/Sprau*, § 839 Rn. 1, 3.

92 Vgl. *Beck*, in: Schwark/Zimmer, KapMRK, § 8 WpHG Rn. 29. Bei Verstößen eines Wirtschaftsprüfers gegen die Verschwiegenheitspflicht entfaltet der zwischen ihm und der BaFin bestehende Vertrag keine Schutzwirkung zugunsten Dritter, vgl. grundlegend BGH, Urt. v. 07.05.2009 – III ZR 277/08, BGHZ 181, 12 = WM 2009, 1128.

93 Vgl. dazu aber auch BVerwG, Urt. v. 23.11.2011 – 8 C 20.10, AG 2012, 253, 254 zu umlagefähigen Aufwendungen zur Regulierung von Amtshaftungsansprüchen nach der Verordnung über die Erhebung von Gebühren und die Umlegung von Kosten nach dem Finanzdienstleistungsaufsichtsgesetz vom 29.04.2002, BGBl. 2002, Teil I Nr. 28, S. 1504 und Nr. 35, S. 1847 (FinDAGKostV). Siehe dazu die Komm. zu § 26 WpPG.

gilt für Klagen trotz der gleichberechtigten Behördensitze der BaFin in Frankfurt am Main und Bonn nach § 1 Abs. 2 FinDAG der Sitz der Behörde in Frankfurt am Main.[94]

24 Strafrechtliche Verantwortung kann bei der Verletzung der Verschwiegenheitspflicht aus § 203 Abs. 2 StGB (Verletzung von Privatgeheimnissen), § 204 StGB (Verwertung fremder Geheimnisse) und u. U. aus § 353b Abs. 1 StGB (Verletzung des Dienstgeheimnisses und einer besonderen Geheimhaltungspflicht) folgen. §§ 203 Abs. 2 und 204 StGB verlangen vorsätzliche Deliktsverwirklichung; die Versuchsstrafbarkeit ist mangels gesetzlicher Anordnung (§ 23 Abs. 1 StGB) ausgeschlossen. Zudem besteht ein Strafantragserfordernis für §§ 203 Abs. 2 und 204 StGB nach § 205 StGB, es sei denn die Staatsanwaltschaft sieht ein besonderes öffentliches Interesse an der Strafverfolgung. Ferner kann eine Strafbarkeit nach § 353b Abs. 1 und 2 (Verletzung des Dienstgeheimnisses und einer besonderen Geheimhaltungspflicht), § 331 (Vorteilsnahme), § 332 (Bestechlichkeit) StGB sowie §§ 14, 38 Abs. 1 WpHG (Insiderstraftat) in Betracht kommen.[95]

25 Schließlich kann eine Verletzung der Verschwiegenheitspflicht aus § 27 WpPG als Dienstvergehen i. S. v. § 77 BBG disziplinarische[96], bei Nichtbeamten, arbeitsrechtliche Konsequenzen haben.

---

94 § 1 Abs. 3 Satz 1 FinDAG. Dazu *Laars*, FinDAG, § 1 Rn. 2 f.
95 Vgl. nur *Döhmel*, in: Assmann/Pötzsch/Schneider, WpÜG, § 9 Rn. 38 f.
96 Vgl. dazu § 77 Abs. 3 BBG i. V. m. §§ 5 ff. Bundesdisziplinargesetz (BDG).

§ 28

Zusammenarbeit mit zuständigen Stellen in anderen Staaten des Europäischen Wirtschaftsraums

(1) Der Bundesanstalt obliegt die Zusammenarbeit mit den für die Überwachung öffentlicher Angebote oder die Zulassung von Wertpapieren an einem organisierten Markt zuständigen Stellen der Europäischen Union und der anderen Staaten des Europäischen Wirtschaftsraums. Die Bundesanstalt kann im Rahmen ihrer Zusammenarbeit zum Zweck der Überwachung der Einhaltung der Bestimmungen dieses Gesetzes und entsprechender Bestimmungen der in Satz 1 genannten Staaten von allen ihr nach dem Gesetz zustehenden Befugnissen Gebrauch machen, soweit dies geeignet und erforderlich ist, einem Ersuchen der in Satz 1 genannten Stellen nachzukommen.

(2) Auf Ersuchen der in Absatz 1 Satz 1 genannten zuständigen Stellen kann die Bundesanstalt Untersuchungen durchführen und Informationen übermitteln, soweit dies für die Überwachung von organisierten Märkten sowie von Emittenten, Anbietern oder Zulassungsantragstellern oder deren Abschlussprüfern oder Geschäftsführungs- und Aufsichtsorganen nach den Vorschriften dieses Gesetzes und entsprechenden Vorschriften der in Absatz 1 genannten Staaten oder damit zusammenhängender Verwaltungs- oder Gerichtsverfahren erforderlich ist. Bei der Übermittlung von Informationen hat die Bundesanstalt den Empfänger darauf hinzuweisen, dass er unbeschadet seiner Verpflichtungen im Rahmen von Strafverfahren die übermittelten Informationen einschließlich personenbezogener Daten nur zur Erfüllung von Überwachungsaufgaben nach Satz 1 und für damit zusammenhängende Verwaltungs- und Gerichtsverfahren verwenden darf.

(3) Die Bundesanstalt kann eine Untersuchung oder die Übermittlung von Informationen verweigern, wenn

1. Hierdurch die Souveränität, die Sicherheit oder die öffentliche Ordnung der Bundesrepublik Deutschland beeinträchtigt werden könnte,
2. auf Grund desselben Sachverhalts gegen die betreffenden Personen bereits ein gerichtliches Verfahren eingeleitet worden oder eine unanfechtbare Entscheidung ergangen ist oder
3. die Untersuchung oder die Übermittlung von Informationen nach dem deutschen Recht nicht zulässig ist.

(4) Die Bundesanstalt kann die in Absatz 1 Satz 1 genannten zuständigen Stellen um die Durchführung von Untersuchungen und die Übermittlung von Informationen ersuchen, die für die Erfüllung ihrer Aufgaben nach den Vorschriften dieses Gesetzes erforderlich sind, insbesondere wenn für einen Emittenten mehrere Behörden des Herkunftsstaates zuständig sind, oder wenn die Aussetzung oder Untersagung des Handels bestimmter Wertpapiere verlangt wird, die in mehreren Staaten des Europäischen Wirtschaftsraums gehandelt werden. Werden der Bundesanstalt von einer Stelle eines anderen Staates des Europäischen Wirtschaftsraums Informationen mitgeteilt, so darf sie diese unbeschadet ihrer Verpflichtungen in strafrechtlichen Angelegenheiten, die Verstöße gegen Vorschriften dieses Ge-

setzes zum Gegenstand haben, nur zur Erfüllung von Überwachungsaufgaben nach Absatz 2 Satz 1 und für damit zusammenhängende Verwaltungs- und Gerichtsverfahren offenbaren oder verwerten. Eine anderweitige Verwendung der Informationen ist nur mit Zustimmung der übermittelnden Stelle zulässig. Die Bundesanstalt kann die Europäische Wertpapier- und Marktaufsichtsbehörde nach Maßgabe des Artikels 19 der Verordnung (EU) Nr. 1095/2010 des Europäischen Parlaments und des Rates vom 24. November 2010 zur Errichtung einer Europäischen Aufsichtsbehörde (Europäische Wertpapier- und Marktaufsichtsbehörde), zur Änderung des Beschlusses Nr. 716/2009/EG und zur Aufhebung des Beschlusses 2009/77/EG der Kommission (ABl. L 331 vom 15.12.2010, S. 84) um Hilfe ersuchen, wenn ein Ersuchen nach Satz 1 zurückgewiesen worden ist oder innerhalb einer angemessenen Frist zu keiner Reaktion geführt hat.

(5) Die Vorschriften des Wertpapierhandelsgesetzes über die Zusammenarbeit mit den entsprechenden zuständigen Stellen anderer Staaten sowie die Regelungen über die internationale Rechtshilfe in Strafsachen bleiben unberührt.

Inhalt

Höninger/Eckner

I. Grundlagen

1. Zweck und Normentwicklung

§ 28 WpPG setzt Art. 22 Abs. 2 EU-ProspRL um.[1] Die Vorschrift regelt die   1
Zusammenarbeit der BaFin mit den für die Überwachung öffentlicher Angebote oder die Zulassung von Wertpapieren an einem organisierten Markt zuständigen Stellen der Europäischen Union und der anderen Staaten des Europäischen Wirtschaftsraums.[2] Zweck der Regelung ist die auf zunehmend globalisierten Finanzmärkten bestehenden Aufsichtskooperationen kohärent zu verstärken und anzugleichen.[3] Damit ist § 28 WpPG etwa auf den wechselseitigen Informationsaustausch in den Fällen ausgerichtet, in denen ein Verstoß gegen Vorschriften des WpPG oder entsprechender Vorschriften der anderen Staaten noch nicht feststeht und es bei der Überwachung der Einhaltung dieser Vorschriften weiterer Sachverhaltsermittlung bedarf.[4] § 28 WpPG ist zugleich eine Ausprägung der allgemeinen Pflicht und Befugnis der BaFin zur Aufsichtskooperation nach § 4 Abs. 2 FinDAG.[5]

Die Norm wurde zuletzt geändert durch das Gesetz zur Umsetzung der   2
Richtlinie 2010/78/EU vom 24.11.2010 im Hinblick auf die Errichtung des Europäischen Finanzaufsichtssystems (EUFAAnpG).[6] Eingefügt wurden in § 28 Abs. 1 Satz 1 und Abs. 4 Satz 4 WpPG die zuständigen Stellen der Europäischen Union, wobei es sich wiederum um eine Umsetzung des Art. 5 Nr. 10 Buchst. a Unterabs. 2 der Richtlinie 2010/78/EU des Europäischen Parlaments und des Rates vom 24.11.2010 zur Änderung der Richtlinien 98/26/EG, 2002/87/EG, 2003/6/EG, 2003/41/EG, 2003/71/EG, 2004/39/EG, 2004/109/EG, 2005/60/EG, 2006/48/EG, 2006/49/EG und 2009/65/EG im Hinblick auf die Befugnisse der Europäischen Aufsichtsbehörde (Europäische Bankenaufsichtsbehörde), der Europäischen Aufsichtsbehörde (Europäische Aufsichtsbehörde für das Versicherungswesen und die betriebliche Altersversorgung) und der Europäischen Aufsichtsbehörde (Europäische Wertpapier- und Marktaufsichtsbehörde)[7] handelt, womit Abs. 1b in Art. 21 ProspektRL eingefügt wurde. Die drei zuständigen, vertikal-supervisorischen Europäischen Aufsichtsbehörden (European Supervisory Authorities – ESA)

---

1   RegBegr. EU-ProspRL-UmsG, BT-Drucks. 15/4999, S. 39. Zur Normentwicklung, vgl. auch *Heidelbach*, in: Schwark/Zimmer, KapMRK, § 23 WpPG Rn. 1 f.; *Ritz/Voß*, in: Just/Voß/Ritz/Zeising, WpPG, § 23 Rn. 2 f.
2   Korrespondierende Vorschriften sind etwa § 7 WpHG (dazu noch unten Rn. 38 f.) sowie § 8 WpÜG.
3   Vgl. *von Kopp-Colomb*, in: Assmann/Schneider/von Kopp-Colomb, WpPG/VerkProspG, § 23 WpPG Rn. 2 m.w.N.; *Müller*, in: Frankf Komm WpPG, § 23 Rn. 5 f.; *Ritz/Voß*, in: Just/Voß/Ritz/Zeising, WpPG, § 23 Rn. 2 f.
4   Zu weiteren Beispielen, vgl. *von Kopp-Colomb*, in: Assmann/Schneider/von Kopp-Colomb, WpPG/VerkProspG, § 23 WpPG Rn. 1; *Heidelbach*, in: Schwark/Zimmer, KapMRK, § 23 WpPG Rn. 6.
5   Vgl. dazu die Komm. von *Laars*, FinDAG, § 4.
6   BGBl. I 2011, Nr. 62, S. 2427. Vgl. dazu auch RegBegr. EUFAAnpG, BT-Drucks. 17/6255 sowie die Komm. zu § 28a WpPG, Rn. 5.
7   ABl. EU Nr. L 331, 15.12.2010, S. 120 (Omnibus I-Richtlinie).

als Bestandteil des Europäischen Systems der Finanzaufsicht (European System of Financial Supervision – ESFS) sind die Europäische Bankaufsichtsbehörde (European Banking Authority – EBA)[8], die Europäische Aufsichtsbehörde für das Versicherungswesen und die betriebliche Altersversorgung (European Insurance and Occupational Pensions Authority – EIOPA)[9] sowie die Europäische Wertpapier- und Marktaufsichtsbehörde (European Securities and Markets Authority – ESMA)[10]. Im Hinblick auf § 28 WpPG ist die ESMA zuständig für die Koordination und Überwachung der nationalen Aufsichtsbehörden sowie für die Angleichung von Aufsichtsstandards im Rahmen des europäischen Prospektrechts.[11] Die Norm erstreckt sich nunmehr auch auf die Zusammenarbeit mit der ESMA, stipuliert jedoch zugleich die Möglichkeit der BaFin unter Beachtung eines Subsidiaritätsverhältnisses die ESMA um Hilfe zu ersuchen.

3 § 28 WpPG regelt die Zusammenarbeit der BaFin mit den zuständigen Stellen der Europäischen Union und der anderen Staaten des Europäischen Wirtschaftsraums ausschließlich im Hinblick auf die Sachverhaltsermittlung und anschließende Informationsübermittlung. Sachverhaltsermittlung und Informationsübermittlung sollen den jeweils zuständigen Behörden und Stellen im Vorfeld die Überprüfung ermöglichen, ob und welche Maßnahmen innerhalb ihres Zuständigkeitsbereichs zu treffen sind, um einen Einklang mit den Bestimmungen des WpPG oder den entsprechenden Vorschriften der anderen Staaten herbeizuführen. Die Gesetzesbegründung stellt ausdrücklich klar, dass eine Zusammenarbeit der BaFin nicht erfolgt, um einheitliche Wettbewerbsbedingungen zwischen den verschiedenen Handelsplätzen sicherzustellen.[12]

4 Strukturell sieht die Vorschrift in Abs. 1 Satz 1 zunächst die Grundlagen der Zusammenarbeit, in Abs. 1 Satz 2 eine Kompetenzübertragung an die BaFin, bei der internationalen Zusammenarbeit alle Befugnisse des WpPG unter Beachtung des Verhältnismäßigkeitsgrundsatzes wahrzunehmen, vor.

---

8 VO (EU) Nr. 1093/2010 des Europäischen Parlaments und des Rates vom 24.11. 2010 zur Errichtung einer Europäischen Aufsichtsbehörde (Europäische Bankenaufsichtsbehörde), zur Änderung des Beschlusses Nr. 716/2009/EG und zur Aufhebung des Beschlusses 2009/78/EG der Kommission, ABl. EU Nr. L 331, 15.12.2010, S. 12 (EBA-VO).

9 VO (EU) Nr. 1094/2010 des Europäischen Parlaments und des Rates vom 24.11. 2010 zur Errichtung einer Europäischen Aufsichtsbehörde (Europäische Aufsichtsbehörde für das Versicherungswesen und die betriebliche Altersversorgung), zur Änderung des Beschlusses Nr. 716/2009/EG und zur Aufhebung des Beschlusses 2009/79/EG der Kommission, ABl. EU Nr. L 331, 15.12.2010, S. 48 (EIOPA-VO).

10 VO (EU) Nr. 1095/2010 des Europäischen Parlaments und des Rates vom 24.11. 2010 zur Errichtung einer Europäischen Aufsichtsbehörde (Europäische Wertpapier- und Marktaufsichtsbehörde), zur Änderung des Beschlusses Nr. 716/2009/EG und zur Aufhebung des Beschlusses 2009/77/EG der Kommission, ABl. EU Nr. L 331, 15.12.2010, S. 84 (ESMA-VO).

11 Dazu Art. 1 Abs. 2 ESMA-VO. Zu weiteren Aufgaben und Befugnissen, vgl. die Komm. zu § 28 a WpHG Rn. 10.

12 Vgl. RegBegr. EU-ProspRL-UmsG, BT-Drucks. 15/4999, S. 39. Vgl. dazu auch *Groß*, KapMR, § 28 WpPG.

§ 28 WpPG normiert sodann die Informationsübermittlung der BaFin an die zuständigen Stellen der anderen Staaten des Europäischen Wirtschaftsraums (Abs. 2) sowie vice versa das Ersuchen der BaFin um Informationsübermittlung der zuständigen Stellen anderer Staaten des Europäischen Wirtschaftsraums an die BaFin selbst (Abs. 4). Zu beachten ist, dass nach § 27 Abs. 1 Satz 5 WpPG die BaFin die Tatsachen an eine zuständige Stelle eines anderen Staates jedoch nur weitergegeben darf, wenn diese Stelle und die von ihr beauftragten Personen einer dem § 27 Abs. 1 Satz 1 WpPG entsprechenden Verschwiegenheitspflicht unterliegt. Abs. 3 sieht ein Auskunftsverweigerungsrecht bei eingehenden Ersuchen an die BaFin vor. Schließlich legt Abs. 5 fest, dass die Vorschriften des WpHG sowie die Regelungen über die internationale Rechtshilfe in Strafsachen unberührt bleiben.

2. Zusammenarbeit im EWR (§ 28 Abs. 1 Satz 1 WpPG)

Innerhalb des Europäischen Wirtschaftsraums[13] findet eine Zusammenarbeit   5
zwischen den zuständigen Behörden der einzelnen Mitgliedstaaten auf Grundlage der europäischen Rechtsakte[14] statt. Die Mitgliedstaaten haben dazu eine zentrale zuständige Verwaltungsbehörde zu designieren.[15] Im Zusammenhang mit Art. 47 Satz 1 der Richtlinie 2004/39/EG des Europäischen Parlaments und des Rates vom 21.04.2004 über Märkte für Finanzinstrumente, zur Änderung der Richtlinien 85/611/EWG und 93/6/EWG des Rates und der Richtlinie 2000/12/EG des Europäischen Parlaments und des Rates und zur Aufhebung der Richtlinie 93/22/EWG des Rates (MiFID)[16], der jeden Mitgliedstaat zur Erstellung eines Verzeichnisses der geregelten Märkte, für die der Herkunftsmitgliedstaat zuständig ist, verpflichtet, hat die Europäische Kommission auf Grundlage der Informationen der Mitgliedstaaten eine

---

13 Dem EWR gehören alle Mitgliedstaaten der EU sowie drei Staaten der Europäischen Freihandelszone (European Free Trade Association – EFTA), Island, Norwegen und Liechtenstein an. Die Schweiz ist ebenfalls EFTA-Mitglied, hat jedoch das EWR-Abkommen nicht ratifiziert. Vgl. dazu noch Fn. 14.

14 Für die EFTA-Staaten gilt die Verpflichtung zur Zusammenarbeit insoweit, als dass nach dem *acquis communautaire* des Art. 7 EWR-Abkommen (vgl. ABl. Nr. L 1, 01.03.1994, S. 3) Rechtsakte auf den Gebieten Finanzdienstleistungen (Anh. IX), Kapitalverkehrsfreiheit (Anh. XII) sowie Gesellschaftsrecht (Anh. XXII) in das mitgliedstaatliche Recht umzusetzen sind (EWR-relevante Rechtsakte). Im Hinblick auf die EFTA-Mitgliedstaaten des EWR ist jedoch zu beachten, dass zur Inkraftsetzung europäischen Rechts ein Konsens nach Art. 107 EWR-Abkommen (Einstimmigkeitsprinzip) zwischen Island, Norwegen und Liechtenstein durch gemeinsamen Beschluss nach Art. 102 EWR-Abkommen im gemeinsamen Ausschuss des EWR erreicht werden muss (Übernahme des Rechtsakts in das EWR-Abkommen). Fehlt ein solcher, tritt das Umsetzungsgesetz zwar nach ordnungsgemäßem inländischem Gesetzgebungsverfahren in Kraft, erhält aber nicht die Privilegien des europäischen Rechts, wie etwa einen Europäischen Pass (europaweiter Marktzugang). Vgl. dazu ausführlich etwa *Hummer*, in: Dauses, EU-Wirtschaftsrecht, Bd. 1 (2012), Abschn. K. III. Rn. 187 ff.

15 Vgl. Art. 21 Abs. 1 EU-ProspRL *(central competent administrative authority)*. Zu den Bedenken im Hinblick auf die deutsche Umsetzung der Vorschrift in § 26 WpPG, vgl. die Komm. ebd., Rn. 4.

16 ABl. EG Nr. L 15, 30.04.2004, S. 1.

Übersicht der zuständigen Aufsichtsbehörden innerhalb des Europäischen Wirtschaftsraums erstellt.[17]

3. Zusammenarbeit im ESFS

6   Die Zusammenarbeit der zuständigen Aufsichtsbehörden innerhalb des Europäischen Wirtschaftsraums im Europäischen System der Finanzaufsicht (European System of Financial Supervision – ESFS) ist in zweifacher Hinsicht institutionalisiert.

a) Multilateral-institutionalisierte Zusammenarbeit

7   Zur Gewährleistung der Regeln des europäischen Prospektregimes und zur Effektivierung des europäischen Passes bei grenzüberschreitendem Wertpapiervertrieb arbeiten die jeweiligen, zuständigen Aufsichtsbehörden der Mitgliedstaaten zentral über die ESMA zusammen (multilateral-institutionalisierte Zusammenarbeit).[18] Zweck und Ziel ist die Entwicklung gemeinsamer, flächendeckender Aufsichtspraktiken zum Prospektrecht. Dadurch wird vor allem verhindert, dass durch die Etablierung von beispielsweise abweichender Praktiken der mitgliedstaatlichen Prospektbilligung das höherrangige Ziel eines reibungslos funktionierenden Binnenmarkts aufgeweicht wird. Resultat der Zusammenarbeit auf der Plattform der ESMA ist eine regelmäßig aktualisierte Q&A-Liste zur aufsichtsrechtlich-harmonisierten Anwendung der Vorschriften der EU-ProspRL[19], auf die sich die zuständigen Aufsichtsbehörden verständigt haben.[20] Die Q&A-Liste ist ein praktisches Hilfsmittel und Instrument zur Erhöhung der Konvergenz gemeinsamer Aufsichtskonzepte und -praktiken i. S. v. Art. 29 Abs. 2 ESMA-VO.[21] Nach Auffassung der ESMA sollen mit der Liste jedoch nicht nur die Aufsichtsbehörden mit hinreichend konkretisierten Ansichten zur europäischen Aufsichtspraxis unter der EU-ProspRL ausgestatten, sondern auch die Marktteilnehmer selber mit Rechtssicherheit im Hinblick auf die Anforderungen des (europäischen) Prospektrechts versorgt werden.[22]

---

17   Siehe *Europäische Kommission* (Informationen der Mitgliedstaaten), Mit Anmerkungen versehene Übersicht über die geregelten Märkte und einzelstaatlichen Rechtsvorschriften zur Umsetzung der entsprechenden Anforderungen der Richtlinie über Märkte für Finanzinstrumente (MiFID) (RL 2004/39/EG des Europäischen Parlaments und des Rates), 2010/C 348/09, ABl. EU Nr. C 348, 21.12.2010, S. 9.

18   Vgl. zur Aufsichtskooperation zwischen den zuständigen nationalen Aufsichtsbehörden und der ESMA für den Fall der Informationsübermittlung noch die Komm. zu § 28 a WpPG.

19   Vgl. *ESMA*, Q&A, 21st updated version, ESMA/2014/35.

20   *ESMA*, Q&A, 21st updated version, ESMA/2014/35, Tz. 4.

21   Als solche hat die ESMA davon abgesehen, eine formelle Konsultation durchzuführen und/oder die Liste in einem formellen Rechtskleid zu verabschieden. Sie ist weder Leitlinie noch Empfehlung. Die ESMA behält sich allerdings vor, die Antworten auf die Fragen zur ProspektRL mit ihren ständigen Komitees oder externen Parteien zu überprüfen. Vgl. *ESMA*, Q&A, 21st updated version, ESMA/2014/35, Tz. 8.

22   *ESMA*, Q&A, 21st updated version, ESMA/2014/35, Tz. 5.

Zu beachten ist, dass die Q&A-Liste der ESMA nicht nur für die Aufsicht- 8
spraxis der BaFin von Bedeutung ist, sondern seit dem AVT-Urteil des
BVerwG zugleich eine Richtigkeitsvermutung[23] bei der Auslegung von Vorschriften des WpPG beansprucht.[24] Die Vermutung ist die gleiche, die auch
auf förmliche Leitlinien und Empfehlungen anzuwenden ist.[25] Durch die
Qualifikation als sekundäre Rechtsquelle[26] entsteht, wenngleich die Level 3-
Maßnahmen als rechtlich unverbindlich kategorisiert wurden[27], jedoch eine
über die faktische Bindungswirkung in Form einer Befassungs- oder Befol-
gungspflicht hinausgehende, abgeschwächte Rechtsbindung.[28]

b) Zentral-institutionalisierte Zusammenarbeit

Neben der multilateral-institutionalisierten Zusammenarbeit wird die Zu- 9
sammenarbeit der zuständigen, mitgliedstaatlichen Behörden auch durch die
ESMA koordiniert (zentral-institutionalisierte Zusammenarbeit). Auf Level 3
des Lamfalussy-Verfahrens[29] erlässt die ESMA Leitlinien und Empfehlungen
zu europäischen Rechtsakten. Die in diesem Zusammenhang entwickelten
Standards dienen nicht nur der Interpretation und Konkretisierung der
Level 1- und 2-Maßnahmen, d. h. des Sekundärrechts der Europäischen
Union. Die Level 3-Maßnahmen vereinheitlichen darüber hinaus auf zentra-
lisierter Basis durch die ESMA auch die Anforderungen der mitgliedstaatlichen Aufsicht an die sekundärrechtlichen Vorschriften. Dies gilt einerseits im
Hinblick auf die nationalen Erfordernisse, andererseits aber auch für die
grenzüberschreitenden Dimensionen des Sekundärrechts. Dadurch wird mittelbar die Zusammenarbeit der zuständigen, mitgliedstaatlichen Aufsichtsbehörden gefördert und vereinheitlicht.

Im Gegensatz zu den praktischen Hilfsmitteln und Instrumenten zur Schaf- 10
fung, Förderung und Erhöhung der Konvergenz gemeinsamer Aufsichtskonzepte und -praktiken i. S. v. Art. 29 Abs. 2 ESMA-VO gilt dies insbesondere
für einheitliche Aufsichtsstandards nach Art. 29 Abs. 1 Satz 2 Buchst. c

---

23 Dazu *Möllers*, NZG 2010, 285, 286 m. w. N., insbesondere zum subjektiven Vertrauenstatbestand in der britischen Rechtsauffassung.

24 BVerwG, Urt. v. 24.05.2011 – 7 C 6/10, ZIP 2011, 1313 = NVwZ 2011, 1012, 1015 (AVT-
Urteil), vorgehend VG Frankfurt, Urt. v. 26.03.2010 – 7 K 1496/09.F, ZIP 2010, 1345 =
ZBB 2010, 319. Zum AVT-Urteil des BVerwG, vgl. *Möllers/Niedorf*, EWiR 2011, 569;
Walla, BKR 2012, 265, 267.

25 Vgl. die Nachw. in Fn. 23.

26 Zum Begriff *Möllers*, in: Möllers, Geltung und Faktizität von Standards, S. 143.

27 Vgl. dazu nur *European Commission*, Final Report of the Committee of Wise Men on the
Regulation of European Securities Markets, 15 February 2001, 38: „The outcome of this
work [Ann.: on Level 3 by CESR] would be non-binding although clearly it would carry
considerable authority". Siehe jedoch auch *Moloney*, 12(2) E.B.O.R. 41, 65, 67 (2011) zur
Bindungswirkung der Maßnahmen der ESMA: „[T]here is a compelling case for a uni-
form rule-book and the political context makes it a practical reality".

28 Ausführlich *Möllers*, in: Möllers, Geltung und Faktizität von Standards, S. 143 ff.

29 Hierzu allg. *Moloney*, EC Securities Regulation, S. 1007 ff.; *Walla*, in: Veil, Europäisches
Kapitalmarktrecht, § 2 Rn. 19 ff.

ESMA-VO. Darunter fällt etwa der von der ESMA aktualisierte und durch die Vorgängereinrichtung CESR[30] veröffentlichte Standard zur konsistenten Anwendung der EU-ProspV.[31] Im Hinblick auf die zentral-institutionalisierte Zusammenarbeit sind zudem die faktisch-verbindlichen[32], technischen Regulierungs- und Durchführungsstandards nach Art. 8 Abs. 1 Buchst. a, Abs. 2 Buchst. a und b i. V. m. Art. 10 bis 15 ESMA-VO von Bedeutung.[33]

4. Zusammenarbeit mit Drittstaaten

11 Die Globalisierung der Kapitalmärkte bedingen nicht nur die Grenzüberschreitung innerhalb des Europäischen Wirtschaftsraums, sondern führen zu einem globalen Wertpapiervertrieb.[34] Neben der Zusammenarbeit der BaFin mit zuständigen Aufsichtsbehörden innerhalb des Europäischen Wirtschaftsraums ist somit auch die internationale Zusammenarbeit mit ausländischen Behörden in Drittstaaten von Bedeutung.[35]

12 Die internationale Zusammenarbeit gestaltet sich entweder über bilaterale oder multilaterale Verständigungen zwischen den zuständigen Aufsichtsbehörden[36] (Gemeinsame Standpunkte – Memorandum of Understanding, MoU). Im Rahmen der weltweiten Kooperation der Finanzaufsichtsbehörden ist die BaFin Vereinbarungen in den Sektoren der Banken-, Versicherungs- und Wertpapieraufsicht eingegangen.[37] Im Bereich der Wertpapier-

---

30 Dazu Art. 76 f. ESMA-VO sowie die Komm. zu § 28 a WpPG.

31 Vgl. *ESMA*, update CESR recommendation, consistent implementation, ESMA/2013/319.

32 Dazu im Detail die Komm. zu § 28 a WpPG, Rn. 11 f.

33 Vgl. etwa *ESMA*, technical advice on possible delegated acts, ESMA/2011/323 zur Umsetzung delegierter Rechtsakte der Europäischen Kommission zur RL 2010/73/EU des Europäischen Parlaments und des Rates vom 24.11.2010 zur Änderung der RL 2003/71/EG betreffend den Prospekt, der beim öffentlichen Angebot von Wertpapieren oder bei deren Zulassung zum Handel zu veröffentlichen ist, und der RL 2004/109/EG zur Harmonisierung der Transparenzanforderungen in Bezug auf Informationen über Emittenten, deren Wertpapiere zum Handel auf einem geregelten Markt zugelassen sind, ABl. EU Nr. L 327, 11.12.2010, S. 1.

34 Vgl. zur Bedeutung auch *Döhmel/Vogel*, in: Assmann/Schneider, WpHG, § 7 Rn. 1 f.

35 Zum Prospektrecht im Hinblick auf Drittstaaten ausführlich, *Schammo*, EU Prospectus Law, S. 165 ff. Vgl. auch im Kontext der RL 2011/61/EU des Europäischen Parlaments und des Rates vom 08.06.2011 über die Verwalter alternativer Investmentfonds und zur Änderung der RL 2003/41/EG und 2009/65/EG und der VO (EG) Nr. 1060/2009 und (EU) Nr. 1095/2010, ABl. EU Nr. L 174, 01.07.2011, S. 1 (AIFM-RL) ausführlich *Zetzsche/Litwin*, in: Zetzsche, The Alternative Investment Fund Managers Directive, S. 367 ff.

36 Unmittelbarer Zugang auf die Websites der Aufsichtsbehörden steht über eine Liste von Links auf der Website der BaFin zur Verfügung, vgl. www.bafin.de/DE/Internationales/BilateraleZusammenarbeit.

37 Eine Übersicht zum Status der Gemeinsamen Standpunkte (MoU) und der Heimatlandaufsichtsbehörden nach Sektoren findet sich auf der Website der BaFin, vgl. www.bafin.de/DE/Internationales/BilateraleZusammenarbeit/GemeinsameStandpunkte_MoU.

aufsicht[38] ist die BaFin zudem ordentliches Mitglied der Internationalen Organisation der Wertpapieraufsichtsbehörden (International Organization of Securities Commissions – IOSCO)[39], die sich der Zieltrias aus Anlegerschutz, Reduzierung systemischer Risiken sowie der Gewährleistung eines fairen, effizienten und transparenten Marktes verpflichtet hat.[40] Als ordentliches Mitglied hat die BaFin eine durch IOSCO ausgearbeitete multilaterale Verständigung zur Aufsichtspraxis und zum Informationsaustausch unterzeichnet.[41]

§ 28 WpPG enthält keine Regelung über die Zusammenarbeit mit zuständigen Behörden aus Drittstaaten. Hier ist zu beachten, dass nach § 28 Abs. 5 Alt. 1 WpPG die Vorschriften des WpHG unberührt bleiben.[42] Eine Regelung zu supervisorischen Drittstaatenbeziehungen sieht § 7 Abs. 7 WpHG vor.[43] *13*

II. Allgemeine Befugnisse der BaFin (§ 28 Abs. 1 Satz 2 WpPG)

§ 28 Abs. 1 Satz 1 und Satz 2 Halbs. 1 WpPG normiert eine Generalbefugnis *14*
der BaFin bei der Zusammenarbeit mit den zuständigen Aufsichtsbehörden des Europäischen Wirtschaftsraums. Danach kann sie im Rahmen der europäischen Aufsichtskooperation zur Überwachung der Einhaltung der Bestimmungen des WpPG sowie entsprechender Bestimmungen der Mitgliedstaaten des Europäischen Wirtschaftsraums von allen ihr nach dem WpPG zustehenden Befugnissen Gebrauch machen. Die Befugnisse des § 26 WpPG werden durch § 28 Abs. 1 Satz 2 Halbs. 1 WpPG nicht erweitert[44], aber in Abs. 2 der Vorschrift konkretisiert.

---

38 Zu gemeinsamen, multilateralen Standpunkten der Versicherungsaufsicht, vgl. die Internationale Vereinigung der Versicherungsaufsichtsbehörden (International Association of Insurance Supervisors – IAIS), www.iaisweb.org; zur Bankenaufsicht, vgl. den Basler Ausschuss für Bankenaufsicht (Basel Committee on Banking Supervision – BCBS), www.bis.org/bcbs, sowie das Financial Stability Board (FSB) respektive die Senior Supervisory Group (SSG), www.financialstabilityboard.org.

39 Es wird zwischen dem Status des *ordinary member, associate member* und *affiliate member* innerhalb der IOSCO unterschieden, der mit jeweils abgestuften Rechten und Pflichten verbunden ist. Die Mitgliederliste ist auf der Website der IOSCO einsehbar, vgl. www.iosco.org/lists.

40 Vgl. dazu *IOSCO*, Objectives and Principles of Securities Regulation (June 2010), S. 3, abrufbar unter www.iosco.org.

41 Vgl. *IOSCO*, Multilateral Memorandum of Understanding Concerning Consultation and Cooperation and the Exchange of Information (MMoU), May 2012, abrufbar unter www.iosco.org/library/pubdocs/pdf/IOSCOPD386.pdf. Vgl. dazu auch die FAQ-Liste der IOSCO, die als Auslegungshilfe des MMoU herangezogen werden kann, abrufbar unter www.iosco.org/library/mou/pdf/mou_faqs.pdf. Mit Stand November 2013 haben 97 Mitgliedsbehörden das IOSCO MMoU unterzeichnet, darunter auch Russland als letzter BRICS-Staat. Aktualisierungen sind auf der Website der IOSCO abrufbar.

42 Dazu noch unten Rn. 38 f.

43 Vgl. dazu ausführlich etwa *Döhmel/Vogel*, in: Assmann/Schneider, WpHG, § 7 Rn. 5 ff., 26.

44 *von Kopp-Colomb*, in: Assmann/Schneider/von Kopp-Colomb, WpPG/VerkProspG, § 23 Rn. 8 a. E.; *Heidelbach*, in: Schwark/Zimmer, KapMRK, § 23 WpPG Rn. 6.

15 Die grenzüberschreitende Dimension sowie richtlinienkonforme Auslegung bedingen, dass die allgemeinen Befugnisse der BaFin nach § 28 Abs. 1 Satz 2 Halbs. 1 WpPG nicht auf tatsächliche oder potentielle Verstöße des WpPG begrenzt, sondern vielmehr auch auf Sachverhaltsermittlung im Hinblick auf mitgliedstaatliches Recht erweitert sind.[45] Da die ProspektRL eine Maximalharmonisierung bezweckt[46], ist grundsätzlich davon auszugehen, dass die mitgliedstaatlichen Umsetzungsgesetze jedenfalls keine strengeren Regelungen vorsehen.[47] Im Einzelnen lässt sich das Niveau der Umsetzung der ProspektRL als eine der vier zentralen FSAP-Richtlinien[48] in den sog. *Lamfalussy League Tables*[49] als Level 4-Maßnahme des Lamfalussy-Verfahrens nachvollziehen.

16 Diese Generalbefugnis wird durch § 28 Abs. 1 Satz 2 Halbs. 2 WpPG begrenzt. Danach kann die BaFin ihre Befugnisse nach dem WpPG nur dann wahrnehmen, soweit dies geeignet und erforderlich ist, einem Ersuchen der mit den für die Überwachung öffentlicher Angebote oder die Zulassung von Wertpapieren an einem organisierten Markt zuständigen Stellen der anderen Staaten des Europäischen Wirtschaftsraums nachzukommen. Die BaFin hat

---

45 Vgl. auch *von Kopp-Colomb*, in: Assmann/Schneider/von Kopp-Colomb, WpPG/Verk-ProspG, § 23 Rn. 8; *Heidelbach*, in: Schwark/Zimmer, KapMRK, § 23 WpPG Rn. 5, 19 a. E.; *Müller*, in: Frankf Komm WpPG, § 23 Rn. 10.

46 So die überwiegende Ansicht, vgl. *CESR*, Report on the supervisory functioning of the Prospectus Directive and Regulation, June 2007, CESR/07-225, Tz. 25; *Schammo*, EU Prospectus Law, S. 69 ff.; *Assmann*, in: Assmann/Schlitt/von Kopp-Colomb, WpPG/Verk-ProspG, Einl WpPG Rn. 7. Vgl. aber etwa auch *von Kopp-Colomb/Knobloch*, in: Assmann/Schlitt/von Kopp-Colomb, WpPG/VerkProspG, § 2 WpPG Rn. 51 ff. zu divergierenden Definitionsansätzen des öffentlichen Angebots von Wertpapieren und deren Auswirkung.

47 So auch *von Kopp-Colomb*, in: Assmann/Schlitt/von Kopp-Colomb, WpPG/VerkProspG, § 23 WpPG Rn. 8 („keine größeren Unterschiede"). Vgl. aber *Vokuhl*, in: Veil, Europäisches Kapitalmarktrecht, § 13 Rn. 15 f.; *Burn* (ed.), 1(1) C.M.L.J. 89 (2006) zu Frankreich, Deutschland, Irland, Italien, Luxemburg, Niederlande, Spanien und UK. Vgl. dazu auch die Nachweise in Fn. 51.

48 Vgl. dazu *Europäische Kommission*, Umsetzung des Finanzmarktrahmens: Aktionsplan, KOM(1999) 232 (FSAP). Neben der EU-ProspRL sind die übrigen, einschlägigen Level 1-Maßnahmen zur weiteren Harmonisierung des Europäischen Binnenmarktes für Wertpapierdienstleistungen die RL 2004/39/EG vom 21.04.2004 über Märkte für Finanzinstrumente, zur Änderung der RL 85/611/EWG und 93/6/EWG und der RL 2000/12/EG und zur Aufhebung der RL 93/22/EWG, ABl. EG Nr. L 145, 30.04.2004, S. 1 (MiFID), die RL 2004/109/EG vom 15.12.2004 zur Harmonisierung der Transparenzanforderungen in Bezug auf Informationen über Emittenten, deren Wertpapiere zum Handel auf einem geregelten Markt zugelassen sind, und zur Änderung der RL 2001/34/EG, ABl. EG Nr. L 390, 31.12.2004, S. 38 (TransparenzRL), sowie die RL 2003/6/EG vom 28.01.2003 über Insider-Geschäfte und Marktmanipulation (Marktmissbrauch), ABl. EG Nr. L 96, 12.04.2003, S. 16 (MarktmissbrauchsRL).

49 Die *Lamfalussy League Tables* zu den FSAP-Richtlinien (Stand: 14.07.2008) sind abrufbar unter http://ec.europa.eu, dort unter *Internal Market/Securities/Transposition of Lamfalussy Directives*. Zur Umsetzung der Post-FSAP-Richtlinien (Stand: 25.02.2014), vgl. *ebd.*, unter Internal Market/Finances/Policy [Financial Services Policy], *General Policy/Financial Services Action Plan* (FSAP).

vor der Wahrnehmung ihrer Befugnisse eine Verhältnismäßigkeitsprüfung durchzuführen.[50] Die Befugnisse sind, wie schon in den Fällen des § 26 WpPG, nur in den Grenzen der Verhältnismäßigkeit zulässig. Zu den allgemeinen Anforderungen der Ermessenausübung nach § 40 VwVfG bestehen keine Besonderheiten. Das Ermessen ist jedoch an dem Zweck der Generalbefugnis in § 28 Abs. 1 Satz 2 WpPG auszurichten.[51]

Die Befugnisse der BaFin nach § 28 Abs. 1 Satz 2 Halbs. 2 WpPG bleiben auch dann zulässig, wenn sich die Maßnahme als nachträglich gegenstandslos erweist. Dies soll beispielsweise für solche Fälle gelten, in denen ein Anfangsverdacht verworfen wird oder die ersuchende zuständige Behörde aus dem Ausland zwischenzeitlich auf andere Weise die ersuchten Tatsachen erlangt hat.[52] 17

III. Ersuchen an die BaFin (§ 28 Abs. 2 WpPG)

1. Überblick

Als Konkretisierung der Generalbefugnis nach § 28 Abs. 1 Satz 2 Halbs. 1 WpPG kann die BaFin nach § 28 Abs. 2 WpPG auf Ersuchen der zuständigen Aufsichtsbehörde im EWR-Ausland, einerseits Untersuchungen durchführen, andererseits Informationen übermitteln. Untersuchung und Informationsübermittlung sind nur zulässig, soweit dies für die Überwachung von organisierten Märkten sowie von Emittenten, Anbietern oder Zulassungsantragstellern oder deren Abschlussprüfern oder Geschäftsführungs- und Aufsichtsorganen nach dem WpPG und entsprechenden Vorschriften anderer Staaten des Europäischen Wirtschaftsraums oder mit der Überwachung zusammenhängender Verwaltungs- oder Gerichtsverfahren erforderlich ist. Die BaFin hat bei der Wahrnehmung der ersuchten Maßnahmen zur Sachverhaltsermittlung pflichtgemäßes Ermessen auszuüben.[53] 18

An das Ersuchen der zuständigen Aufsichtsbehörde im EWR-Ausland an die BaFin werden keine gesetzlichen Formerfordernisse gestellt.[54] Aus dem Ersuchen der zuständigen, mitgliedstaatlichen Behörde muss erkenntlich werden, dass die ersuchten Informationen für die Sachverhaltsermittlung dienlich sind; eine dahingehende, objektive Prüfung der BaFin ist jedoch nicht erforderlich.[55] Fällt das Ersuchen ganz offensichtlich nicht in den Tätigkeits- 19

50 Vgl. *von Kopp-Colomb*, in: Assmann/Schlitt/von Kopp-Colomb, WpPG/VerkProspG, § 23 WpPG Rn. 8; *Müller*, in: Frankf Komm WpPG, § 23 Rn. 13; *Linke*, in: Schäfer/Hamann, KapMG, § 23 Rn. 2; *Ritz/Voß*, in: Just/Voß/Ritz/Zeising, WpPG, § 23 Rn. 6.
51 Vgl. nur *Ritz/Voß*, in: Just/Voß/Ritz/Zeising, WpPG, § 23 Rn. 9 f.
52 Dazu nur *Müller*, in: Frankf Komm WpPG, § 23 Rn. 14.
53 Vgl. bereits oben Rn. 16.
54 Vgl. auch *Müller*, in: Frankf Komm WpPG, § 23 Rn. 11; *von Kopp-Colomb*, in: Assmann/Schlitt/von Kopp-Colomb, WpPG/VerkProspG, § 23 WpPG Rn. 10.
55 So auch *Ritz/Voß*, in: Just/Voß/Ritz/Zeising, WpPG, § 23 Rn. 14; *von Kopp-Colomb*, in: Assmann/Schlitt/von Kopp-Colomb, WpPG/VerkProspG, § 23 WpPG Rn. 10 m.w.N. auch zur Anwendbarkeit des § 15 Abs. 1 Satz 1 Nr. 1 Alt. 1 BDSG für das Ersuchen von Daten durch die mitgliedstaatliche Behörde im EWR.

bereich der ersuchenden Mitgliedstaatsbehörde oder bestehen daran besonders erhebliche Zweifel, kann die BaFin nicht tätig werden.[56] Damit findet jedenfalls eine abgeschwächte materielle Prüfung der BaFin statt.

2. Durchführung von Untersuchungen (Alt. 1)

20 Untersuchungen durch die BaFin können unmittelbar über den Befugniskatalog des § 26 WpPG oder im Wege der Amtshilfe nach §§ 4 f. VwVfG durchgeführt werden.[57] Dazu ist ein Verstoß gegen das WpPG aufgrund der Erweiterung um mitgliedstaatliches Recht nicht vorausgesetzt.[58] Allerdings kann die BaFin Untersuchungen nur dann durchführen, wenn sie auch erforderlich sind. Im Gegensatz zur Prüfung der objektiven Erforderlichkeit des ausländischen Ersuchens, hat die BaFin jedoch bei eigenem Tätigwerden die Erforderlichkeit ihrer Maßnahmen entsprechend zu prüfen.[59]

3. Übermittlung von Informationen (Alt. 2)

21 Grundsätzlich kann die BaFin aufgrund der Ermächtigung in § 28 Abs. 2 Satz 1 Alt. 2 WpPG vorhandene Informationen in der Angelegenheit des Ersuchens an die ersuchende zuständige Behörde im EWR-Ausland übermitteln. Als eigene Maßnahme hat die BaFin, wie auch bei der Durchführung von Untersuchungen, entsprechend die Erforderlichkeit zu prüfen.[60]

22 Im Fall der Informationsübermittlung ist nach § 28 Abs. 2 Satz 2 WpPG zusätzlich eine Zweckbestimmung[61] vorgesehen.[62] Danach hat die BaFin bei der Übermittlung der Informationen an die zuständige, mitgliedstaatliche Behörde darauf hinzuweisen, dass sie die von der BaFin erhaltenen Informationen, die auch personenbezogene Daten enthalten können, ausschließlich zur Erfüllung der Aufgaben zur Überwachung von organisierten Märkten sowie von Emittenten, Anbietern oder Zulassungsantragstellern oder deren Abschlussprüfern oder Geschäftsführungs- und Aufsichtsorganen sowie für die damit zusammenhängenden Verwaltungs- und Gerichtsverfahren ver-

---

56 Allg. A., vgl. *Müller*, in: Frankf Komm WpPG, § 23 Rn. 12; *von Kopp-Colomb*, in: Assmann/Schlitt/von Kopp-Colomb, WpPG/VerkProspG, § 23 WpPG Rn. 10; *Ritz/Voß*, in: Just/Voß/Ritz/Zeising, WpPG, § 23 Rn. 14.
57 *von Kopp-Colomb*, in: Assmann/Schlitt/von Kopp-Colomb, WpPG/VerkProspG, § 23 WpPG Rn. 11. Allg. zur verwaltungsrechtlichen Amtshilfe etwa *Bonk/Schmitz*, in: Stelken/Bonk/Sachs,VwVfG, § 4 Rn. 1 ff., insb. 12 ff.
58 Vgl. dazu oben Rn. 15.
59 So auch *von Kopp-Colomb*, in: Assmann/Schlitt/von Kopp-Colomb, WpPG/VerkProspG, § 23 WpPG Rn. 12.
60 *von Kopp-Colomb*, in: Assmann/Schlitt/von Kopp-Colomb, WpPG/VerkProspG, § 23 WpPG Rn. 13.
61 *von Kopp-Colomb*, in: Assmann/Schlitt/von Kopp-Colomb, WpPG/VerkProspG, § 23 WpPG Rn. 14; *Ritz/Voß*, in: Just/Voß/Ritz/Zeising, WpPG, § 23 Rn. 16.
62 Regelung ist als gesetzliche Manifestation der gemeinsamen Verständigung der mitgliedstaatlichen Aufsichtsbehörden zur erlaubten Verwendung von ausgetauschten Informationen und zur Vertraulichkeit nach Art. 6 CESR-MMoU auszulegen. Dazu unten Rn. 23.

wenden darf.[63] Diese Zweckbindung gilt unbeschadet der im mitgliedstaatlichen Recht geltenden Verpflichtungen im Rahmen von Strafverfahren. Zwar darf die ersuchende Behörde die Informationen somit auch an Strafverfolgungsbehörden und Gerichte in ihrer Jurisdiktion weiterleiten, jedoch nur soweit, wie die Überwachungsbefugnisse ihres ProspektRL-Umsetzungsgesetzes strafrechtliche Sanktionen vorsieht. Insbesondere Strafverfahren in steuerrechtlichen Angelegenheiten sind per se ausgeschlossen.[64]

Nicht nur im Hinblick auf Drittstaatenbeziehungen, sondern auch im Verhältnis der Mitgliedstaaten des EWR wird der Informationsaustausch zusätzlich und speziell durch eine gemeinsame Verständigung (Multilateral Memorandum of Understanding – MMoU) der mitgliedstaatlichen Behörden über die ESMA bzw. ihre Vorgängereinrichtung, CESR, geregelt.[65] Nach Art. 1 CESR-MMoU tritt die Verständigung zum informationellen Austausch zwischen den unterzeichnenden Mitgliedstaatsbehörden als allgemeines Rahmenwerk neben die Vorschriften der einzelnen europäischen Rechtsakte und dient der Ermöglichung einer reibungslosen Aufgabenerfüllung der Aufsichtsbehörden. Neben dem gegenseitigen Ersuchen (Art. 4 f. CESR-MMoU) ist vor allem die erlaubte Verwendung der übermittelten Informationen sowie eine spezielle Verschwiegenheitspflicht Gegenstand der supervisorischen Verständigung, vgl. Art. 6 CESR-MMoU. Für die gegenseitige Aufsichtskooperation innerhalb des Europäischen Wirtschaftsraums ist vor allem Art. 6 Abs. 4 CESR-MMoU von Bedeutung, wonach bei außerhalb der Zweckbestimmung liegenden Verwendung der übermittelten Informationen eine Bestätigung der bereitstellenden Behörde erfolgen soll, ggfs. auch unter Hinzufügung von Auflagen oder Verwendungsbeschränkungen. Unbeschadet der Arbeitsaufnahme der ESMA, gilt das gegenwärtige CESR-MMoU bis zum Zeitpunkt etwaiger Aktualisierungen durch die ESMA vollumfänglich fort.[66]   23

4. Verweigerung des Ersuchens (§ 28 Abs. 3 WpPG)

Nach § 28 Abs. 3 WpPG[67] kann die BaFin in abschließend genannten Fällen[68] eingehende Ersuchen verweigern. Die Verweigerung der BaFin ist in   24

---

63 Dazu kritisch *Heidelbach*, in: Schwark/Zimmer, KapMRK, § 23 WpPG Rn. 17 f.
64 So auch *von Kopp-Colomb*, in: Assmann/Schlitt/von Kopp-Colomb, WpPG/VerkProspG, § 23 WpPG Rn. 14. Zur korrespondierenden Rechtslage unter § 7 WpHG, vgl. etwa *Beck*, in: Schwark/Zimmer, KapMRK, § 7 WpHG Rn. 21, 27.
65 Vgl. *CESR*, Multilateral Memorandum of Understanding on the Exchange of Information and Surveillance of Securities Activities, 26 January 1999/4 May 2005, CESR/05-335 (CESR-MMoU).
66 Vgl. dazu Art. 76 Abs. 4 ESMA-VO sowie allg. die Komm. zu § 28 a WpPG.
67 Zur weitgehend korrespondierenden Vorschrift des § 7 Abs. 3 Satz 1 WpHG, vgl. *Döhmel/Vogel*, in: Assmann/Schneider, WpHG, § 7 Rn. 22 (Kooperationshindernisse). Zu § 8 Abs. 2 Satz 4 und 5 WpÜG, vgl. *Döhmel*, in: Assmann/Pötzsch/Schneider, WpÜG, § 8 Rn. 13 ff.
68 *von Kopp-Colomb*, in: Assmann/Schlitt/von Kopp-Colomb, WpPG/VerkProspG, § 23 WpPG Rn. 16.

drei Fällen möglich. Das Ersuchen um Informationen oder die Untersuchung der zuständigen Behörde des EWR-Mitgliedsstaats ist zu verweigern, wenn eine Beeinträchtigung der Souveränität, Sicherheit oder öffentlichen Ordnung der Bundesrepublik Deutschland zu besorgen ist (Nr. 1)[69]. Zu verweigern ist ferner, wenn die Untersuchung oder Informationsübermittlung eine Person betrifft, gegen die bereits ein gerichtliches Verfahren oder eine unanfechtbare Entscheidung ergangen ist (Nr. 2).[70] Schließlich kommt eine Untersuchung oder Informationsübermittlung nicht in Betracht, wenn ihre Zulässigkeit mit deutschem Recht unvereinbar ist (Nr. 3).[71]

25 Liegt einer der Fälle des § 28 Abs. 3 Nr. 1 bis 3 WpPG vor, ist die BaFin verpflichtet, das Informations- oder Untersuchungsersuchen der zuständigen Stelle aus dem EWR-Ausland zu verweigern. Richtigerweise ist in Ansehung der gesetzlichen Verweigerungsgründe von einer Verweigerungspflicht und nicht von einem Verweigerungsrecht, das Ermessen im Hinblick auf die Zusammenarbeit der BaFin eröffnen würde, auszugehen.[72]

26 Die Verweigerung nach § 28 Abs. 3 WpPG soll nicht für den Anwendungsbereich des § 28 Abs. 1 Satz 2 WpPG, sondern vielmehr nur im Hinblick auf Informationsübermittlungen und Untersuchungen nach § 28 Abs. 2 WpPG gelten.[73]

27 Anders als nach § 7 Abs. 3 Satz 2 WpHG[74] soll die BaFin darüber hinaus bei Verweigerung des Ersuchens der mitgliedstaatlichen Aufsichtsbehörde nach § 28 Abs. 3 WpPG nicht zur Begründung oder Darlegung der Verweigerungsgründe verpflichtet sein.[75] Dies trifft jedenfalls insoweit zu, als dass keine, dem § 7 Abs. 3 Satz 2 WpHG vergleichbare, gesetzliche Anordnung der Begründung durch die BaFin im WpPG existiert. Es ist jedoch dann gegenstandlos, wenn die ersuchende Behörde aufgrund der Verweigerung nach Art. 19 ESMA-VO eine Beilegung von Meinungsverschiedenheiten durch die ESMA ersucht. Spätestens in diesem Streitschlichtungsverfahren wird die BaFin sich regelmäßig äußern müssen.[76]

---

69 Zur sog. *ordre public*-Klausel, vgl. Art. 6 EGBGB sowie *Ritz/Voß*, in: Just/Voß/Ritz/Zeising, WpPG, § 23 Rn. 19.

70 Die Norm verhindert die Störung des Rechtsfriedens und verwirklicht den Rechtsgedanken des Art. 103 Abs. 3 GG (ne bis in idem). Vgl. dazu *von Kopp-Colomb*, in: Assmann/Schlitt/von Kopp-Colomb, WpPG/VerkProspG, § 23 WpPG Rn. 16 m.w.N.

71 Hinderungsgrund kann die Verschwiegenheitspflicht nach § 27 WpPG sein, vgl. auch *von Kopp-Colomb*, in: Assmann/Schlitt/von Kopp-Colomb, WpPG/VerkProspG, § 23 WpPG Rn. 16 a.E.; *Müller*, in: Frankf Komm WpPG, § 23 Rn. 22.

72 In diese Richtung wohl auch *von Kopp-Colomb*, in: Assmann/Schlitt/von Kopp-Colomb, WpPG/VerkProspG, § 23 WpPG Rn. 16.

73 So *Linke*, in: Schäfer/Hamann, KapMG, § 23 WpPG Rn. 2; *Müller*, in: Frankf Komm WpPG, § 23 Rn. 23.

74 Die Norm setzt Art. 6 Nr. 25 Omnibus I-Richtlinie um, die Art. 59 Abs. 2 MiFID entsprechend angepasst hat. Dazu *Döhmel*, in: Assmann/Schneider, WpHG, § 7 Rn. 22.

75 So *Ritz/Voß*, in: Just/Voß/Ritz/Zeising, WpPG, § 23 Rn. 18.

76 Für den umgekehrten Fall, vgl. unten Rn. 36f.

IV. Ersuchen von der BaFin (§ 28 Abs. 4 WpPG)

1. Überblick

Nach § 28 Abs. 4 Satz 1 bis 3 WpPG gelten entsprechend § 28 Abs. *28*
2 WpPG die gleichen Anforderungen an ein Ersuchen um die Durchführung von Untersuchungen oder die Übermittlung von Informationen, das von der BaFin an die zuständigen Aufsichtsbehörden innerhalb des Europäischen Wirtschaftsraums ausgeht. Wie die ersuchende Behörde im EWR-Ausland nach § 28 Abs. 2 WpPG, hat die BaFin nach § 28 Abs. 4 WpPG das Ersuchen entsprechend zu begründen, d.h. anzugeben, dass sie das mitgliedstaatliche Maßnahmeersuchen stellt, um ihren Aufgaben nach dem WpPG nachzukommen. Durch Art. 21 ProspektRL ist der Befugnis- und Kompetenzkatalog der zuständigen Behörde im EWR-Ausland weitgehend harmonisiert.

Neben dem mitgliedstaatlichen Ersuchen hat die BaFin nach § 28 Abs. 4 *29*
Satz 4 WpPG, der durch Art. 3 Nr. 7 EUFAAnpG in das WpPG eingefügt wurde[77], zudem die Möglichkeit, die ESMA um Hilfe zu ersuchen.[78]

2. Allgemeines Ersuchen an EWR-Aufsichtsbehörden

a) *Durchführung von Untersuchungen (Alt. 1)*

Bittet die BaFin die zuständige, mitgliedstaatliche Behörde um die Durchfüh- *30*
rung von Untersuchungen, müssen diese für die Erfüllung der Aufgaben der BaFin nach dem WpPG erforderlich sein. Vor dem Ersuchen hat die BaFin die Erforderlichkeit entsprechend zu prüfen. Die Erforderlichkeit wird in zwei Regelbeispielen des § 28 Abs. 4 Satz 1 Halbs. 3 und 4 WpPG angenommen. Danach ist das Ersuchen der BaFin regelmäßig erforderlich, wenn für einen Emittenten mehrere Behörden des Herkunftsstaats zuständig sind (Regelbeispiel Nr. 1), oder wenn die Aussetzung oder Untersagung des Handels bestimmter Wertpapiere verlangt wird, die in mehreren Staaten des Europäischen Wirtschaftsraums gehandelt werden (Regelbeispiel Nr. 2).

Im Hinblick auf das Regelbeispiel Nr. 1 ist zwar grundsätzlich nach Art. 21 *31*
Abs. 1 Unterabs. 1 EU-ProspRL von einer zentralen zuständigen Verwaltungsbehörde auszugehen.[79] § 28 Abs. 4 Satz 1 Halbs. 3 WpPG meint jedoch den Fall, dass ein Emittent mehrere Herkunftsstaatsbehörden wählt, nicht jedoch mehrere Aufsichtsbehörden in einem Herkunftsstaat hat.[80] In Anlehnung an den Wortlaut der ProspektRL ist regelmäßig dann von einer Zusammenarbeit auszugehen, wenn für den Emittenten aufgrund der Emission mehrerer Gattungen von Wertpapieren oder aufgrund der Übertragung der

---

77 Dazu oben Rn. 2.
78 Dazu unten Rn. 34 ff.
79 Vgl. dazu auch die Komm. zu § 26 WpPG, dort Rn. 1.
80 Vgl. Erwg. 37 EU-ProspRL: „Under strict conditions, a Member State should be allowed to designate more than one competent authority, but only one will assume the duties for international cooperation." Dazu auch *von Kopp-Colomb*, in: Assmann/Schlitt/von Kopp-Colomb, WpPG/VerkProspG, § 23 WpPG Rn. 1, 19; *Heidelbach*, in: Schwark/Zimmer, KapMRK, § 23 WpPG Rn. 26; *Ritz/Voß*, in: Just/Voß/Ritz/Zeising, WpPG, § 23 Rn. 21.

Prospektbilligung auf die Behörde eines anderen Mitgliedsstaats die Zuständigkeit von mehr als einer Behörde des Herkunftsmitgliedstaats begründet ist.[81]

32 Regelbeispiel Nr. 2 dürfte weitgehend gegenstandslos sein[82], handelt es sich dabei jedoch um eine ausdrückliche Umsetzung von Art. 22 Abs. 2 Satz 4 EU-ProspRL.[83] Einerseits hat die BaFin jedenfalls nach dem WpPG nicht die Befugnis zur Aussetzung oder Untersagung des Handels bestimmter Wertpapiere, die in mehreren EWR-Mitgliedstaaten gehandelt werden. Eine etwaige Befugnis sieht vielmehr § 7 Abs. 1 Satz 3 WpHG vor.[84] Andererseits und mit Blick auf die Befugnis nach § 7 Abs. 1 Satz 3 WpHG, ist Art. 22 Abs. 2 Satz 4 EU-ProspRL ersichtlich nicht mit der Befugnis aus Art. 50 Abs. 1 und Abs. 2 Buchst. j und k sowie Art. 41 MiFID vereinbar, wonach die zuständige Behörde und/oder der Betreiber eines geregelten Marktes die Aussetzung des Handels mit einem Finanzinstrument und/oder den Ausschluss eines Finanzinstruments vom Handel verlangen kann, gleichgültig, ob der Handel des Finanzinstruments auf einem geregelten Markt oder über ein anderes Handelssystem stattfindet.

b) Übermittlung von Informationen (Alt. 2)

33 Die BaFin kann die zuständige, mitgliedstaatliche Aufsichtsbehörde ferner um die Übermittlung von Informationen ersuchen. Auch in diesem Fall ist eine gesetzliche Zweckbestimmung vorgesehen.[85] Nach § 28 Abs. 4 Satz 2 und 3 WpPG darf die BaFin die übermittelten Informationen aus dem EWR-Ausland nur zur Erfüllung ihrer Aufgaben nach § 28 Abs. 2 Satz 1 WpPG und für damit zusammenhängende Verwaltungs- und Gerichtsverfahren offenbaren oder verwerten; weitere Verwendung bedarf der Zustimmung der mitgliedstaatlichen Aufsichtsbehörde, die die Information übermittelt. Das Zustimmungserfordernis des § 28 Abs. 2 Satz 3 WpPG verleiht Art. 6 Abs. 4 CESR-MMoU Gesetzeskraft.[86] Zur Effektivierung der Aufsichtskooperation und in Ansehung des einheitlichen Vorgangs kann die BaFin die Zustimmung trotz der auf das WpPG beschränkten Kompetenzen nach § 28 Abs. 4 Satz 1 WpPG im Zweifel auch bei der zuständigen mitgliedstaatlichen Be-

---

81 Vgl. Art. 22 Abs. 2 Satz 3 EU-ProspRL, dessen engl. Fassung lautet: „In particular, they shall exchange information and cooperate when an issuer has more than one home competent authority because of its various classes of securities, or where the approval of a prospectus has been transferred to the competent authority of another Member State pursuant to Article 13(5)."

82 So auch *von Kopp-Colomb*, in: Assmann/Schlitt/von Kopp-Colomb, WpPG/VerkProspG, § 23 WpPG Rn. 19. Deutlicher *Heidelbach*, in: Schwark/Zimmer, KapMRK, § 23 WpPG Rn. 26 zu Abs. 4 Satz 3 und 4: „Die Umsetzung ist nicht geglückt."

83 Art. 22 Abs. 2 Satz 4 EU-ProspRL: „They shall also closely cooperate when requiring suspension or prohibition of trading for securities traded in various Member States in order to ensure a level playing field between trading venues and protection of investors."

84 Dies ist Folge des Prinzips der begrenzten Generalbefugnisse, dazu die Komm. zu § 26 WpPG, dort Rn. 1 sowie *Zetzsche*, in: Schwark/Zimmer, KapMRK, § 4 WpHG Rn. 1.

85 Vgl. dazu schon oben Rn. 22.

86 Dazu oben Rn. 24.

hörde ersuchen.[87] Die Erweiterung der Verwendungsmöglichkeit von übermittelten Informationen im Hinblick auf Verpflichtungen der BaFin in strafrechtlichen Angelegenheiten, die Verstöße gegen Vorschriften des WpPG zum Gegenstand haben, ist insoweit gegenstandlos, als dass das WpPG keine Straftatbestände enthält.[88] Es gilt § 28 Abs. 5 WpPG, vgl. Rn. 40 f.

3. Qualifiziertes Ersuchen an die ESMA

a) Überblick

Nach § 28 Abs. 4 Satz 4 Halbs. 1 WpPG kann die BaFin auch die ESMA um   34
Hilfe ersuchen. Die Befugnis steht in einem Subsidiaritätsverhältnis zum mitgliedstaatlichen Maßnameersuchen durch die BaFin nach § 28 Abs. 4 Satz 1 bis 3 WpPG. Das Ersuchen der ESMA nach § 28 Abs. 4 Satz 4 Halbs. 1 WpPG ist aus Gründen der Effektivierung und Bürokratieentlastung des ESFS[89] insoweit nachrangig und begrenzt, als dass es nach § 28 Abs. 4 Satz 4 Halbs. 2 WpPG nur dann möglich ist, wenn ein Ersuchen der BaFin durch die mitgliedstaatliche Aufsichtsbehörde zurückgewiesen wurde (Alt. 1) oder innerhalb einer angemessenen Frist zu keiner Reaktion geführt hat (Alt. 2).

Die ESMA stellt das Vorliegen der Meinungsverschiedenheit nach objekti-   35
ven Kriterien fest.[90] Das Ersuchen der ESMA durch die BaFin ist daher hinreichend zu substantiieren. Die mitgliedstaatliche Zurückweisung eines Ersuchens der BaFin (Alt. 1) kann sich am Maßstab des § 28 Abs. 3 WpPG orientieren, beschränkt sich jedoch nicht auf ein mitgliedstaatliches Auskunftsverweigerungsrecht. Grundsätzlich ist die Zurückweisung an den konkreten Umständen des Einzelfalls zu messen. Dabei sind vor allem die europäischen Erwägungen der EU-ProspRL sowie die zentral-institutionalisierten Grundsätze der Zusammenarbeit einzubeziehen, wie etwa die Verständigung zum Informationsaustausch im CESR-MMoU.

Ähnlich zu bestimmen ist das Ausbleiben einer Reaktion innerhalb ange-   36
messener Frist (Alt. 2). Die Angemessenheit der Frist ist einzelfallabhängig, insbesondere im Zusammenhang mit dem Zeitfenster der Sachverhaltsermittlung in der ersuchten Angelegenheit zu beurteilen. Im Hinblick auf die Subsidiarität des Ersuchens der ESMA hat die BaFin im Zweifel solange auf eine bilaterale Verständigung mit der zuständigen Behörde aus dem EWR-Ausland hinzuwirken, bis eine Reaktion unwahrscheinlich erscheint (vgl. auch noch im Folgenden, Rn. 37 ff.). Eine Vereitelung der Sachverhaltsaufklärung ist jedoch nicht hinzunehmen.

---

87 Die Gründe führen zu einer teilweisen Durchbrechung des Prinzips der begrenzten Generalbefugnisse. Das in Bezug genommene CESR-MMoU erweitert für diesen Fall die Kompetenz der BaFin. Auch Art. 22 Abs. 2 und 3 ProspektRL sehen insoweit keine Restriktion vor. A. A. *Heidelbach*, in: Schwark/Zimmer, KapMRK, § 23 WpPG Rn. 28.

88 So wohl auch *von Kopp-Colomb*, in: Assmann/Schlitt/von Kopp-Colomb, WpPG/VerkProspG, § 23 WpPG Rn. 21. Vgl. aber § 35 WpPG sowie die Komm. ebd. sowie *Heidelbach*, in: Schwark/Zimmer, KapMRK, § 23 Rn. 29. *Ritz/Voß*, in: Just/Voß/Ritz/Zeising, WpPG, § 23 Rn. 23.

89 Dazu die Komm. zu § 28 a WpPG Rn. 24.

90 Vgl. Art. 19 Abs. 1 Unterabs. 2 ESMA-VO.

b) Anforderungen des Art. 19 ESMA-VO

37 Der Maßstab des Ersuchens nach § 28 Abs. 4 Satz 4 WpPG richtet sich nach Art. 19 ESMA-VO. Danach hat die ESMA als Streitschlichtungsbehörde im Anwendungsbereich der ProspektRL (vgl. Art. 1 Abs. 2 ESMA-VO) im Fall von Meinungsverschiedenheiten zwischen den zuständigen, mitgliedstaatlichen Aufsichtsbehörden des Europäischen Wirtschaftsraums in grenzüberschreitenden Fällen eine Einigung zu erzielen und die Angelegenheit beizulegen. Die Befugnisse der ESMA nach Art. 17 ESMA-VO zur Einleitung von Untersuchungen bei der Verletzung von Unionsrecht bleiben von Art. 19 ESMA-VO unberührt.

38 Die ESMA kann erst dann als Streitschlichtungsbehörde tätig werden, wenn sie durch eine mitgliedstaatliche Behörde entsprechend ersucht wird. Kann die ESMA in diesem Ersuchen unter Zugrundelegung objektiver Kriterien[91] eine Meinungsverschiedenheit zwischen den betroffenen Mitgliedstaatsbehörden feststellen, hat sie von Amts wegen eine Einigung nach einem dreistufigen Verfahren in Art. 19 Abs. 2 bis 4 ESMA-VO[92] herbeizuführen.

39 Die Intensität der Maßnahmen der ESMA als Streitschlichtungsbehörde nimmt in dem dreistufigen Verfahren graduell zu. In der ersten Stufe (Vermittlungs-/Schlichtungsphase) handelt die ESMA nach Art. 19 Abs. 2 ESMA-VO nur als Vermittlungsbehörde und nicht als aktive Mediatorin zwischen den zuständigen Mitgliedsstaaten, in dem sie ihnen lediglich, unter Einbeziehung etwaiger, relevanter Fristen der EU-ProspRL sowie der Komplextität und Dringlichkeit der Meinungsverschiedenheit, eine Frist zur Streitschlichtung setzt. Die Mitgliedstaatsbehörden sind, ggfs. unter Beachtung zusätzlicher Hinweise der ESMA im Wege der Fristsetzung, zu einer eigenständigen Schlichtung aufgerufen. Erst auf der zweiten Stufe (Schlichtungsbeschluss-/zentralisierte Schlichtungsphase) fasst die ESMA nach Art. 19 Abs. 3 i. V. m. Art. 44 Abs. 1 Unterabs. 3 und 4 ESMA-VO einen verbindlichen Schlichtungsbeschluss gegenüber den Mitgliedstaatsbehörden. Der Beschluss verpflichtet die betreffenden zuständigen Behörden zur Beilegung der Meinungsverschiedenheit unter Beachtung der von der ESMA festgesetzten Maßnahme(n), die in der Vornahme oder in der Unterlassung einer mitgliedstaatlichen Aufsichtsmaßnahme zur Gewährleistung der Einhaltung von Unionsrecht bestehen kann. Als ultima ratio kann die ESMA im Einzelfall schließlich auf der dritten Verfahrensstufe (Phase des unmittelbaren Maßnahmebeschlusses), unbeschadet der Befugnisse zur Einleitung eines Vertragsverletzungsverfahrens der Europäischen Kommission nach Art. 258 AEUV, einen Beschluss an einen Finanzmarktteilnehmer richten und ihn so dazu verpflichten[93], die zur Einhaltung seiner Pflichten im Rahmen des Uni-

---

91 Dazu bereits oben Rn. 35.

92 *ESMA*, FAQ – A Guide to Understanding ESMA, ESMA/2011/009, S. 4 f. (Pkt. 6). Hierzu etwa *Schammo*, EU Prospectus Law, S. 47 ff.; *Moloney*, 2 E.B.O.R. 177, 199 (2011); *Döhmel*, in: Assmann/Schneider, WpHG, § 7a Rn. 9 f.

93 Die Ermächtigung zur Quasi-Gesetzgebung, jedenfalls aber unmittelbaren Maßnahmeergreifung der ESMA gegenüber Finanzmarktteilnehmern, ist verfassungsrechtlich

(Fortsetzung auf Seite 1407)

onsrechts erforderlichen Maßnahmen zu treffen, die im Zweifel auch die Einstellung jeder, in Bezug auf den Anwendungsbereich der EU-ProspRL ausgeführten Tätigkeit umfassen kann. Voraussetzung ist, dass eine zuständige Mitgliedstaatsbehörde dem Beschluss der ESMA nach Art. 19 Abs. 3 ESMA-VO nicht nachkommt und damit nicht sicherstellt, dass der Finanzmarktteilnehmer die unmittelbar auf ihn anwendbaren Anforderungen der ProspektRL erfüllt. Nach Art. 19 Abs. 5 ESMA-VO haben die Beschlüsse der ESMA absoluten Vorrang vor etwaigen Maßnahmen der zuständigen Mitgliedstaatsbehörden in der gleichen Angelegenheit. Schließlich sind die Resultate der einzelnen Phasen im Bericht des Vorsitzenden der ESMA nach Art. 19 Abs. 6 i.V.m. Art. 50 Abs. 2 ESMA-VO zu dokumentieren und an das Europäische Parlament weiterzuleiten.

V. Internationale Zusammenarbeit (§ 28 Abs. 5 WpPG)

1. Zusammenarbeit mit Drittstaaten

§ 28 WpPG erfasst nur die Zusammenarbeit der BaFin mit den zuständigen **40** Behörden innerhalb des Europäischen Wirtschaftsraums. Internationale Kooperation sieht das WpPG nicht vor. Insoweit bestimmt § 28 Abs. 5 Alt. 1 WpPG jedoch, dass die Vorschriften des WpHG unberührt bleiben. Eine Kooperation der BaFin mit Finanzaufsichtsbehörden in Drittstaaten sieht § 7 Abs. 7 WpHG vor. Danach kann die BaFin nach den Maßgaben der Abs. 1 bis 6 des § 7 WpHG und den Besonderheiten in § 7 Abs. 7 Satz 2 bis 4 WpHG mit Drittstaatenbehörden zusammenarbeiten und Vereinbarungen über den Informationsaustausch abschließen. Die ESMA ist nach § 7 Abs. 7 Satz 5 WpHG von etwaigen Kooperationen der BaFin zu unterrichten.[94] Zum Billigungsverfahren bei Prospekten von Drittstaatenemittenten, vgl. die Komm. zu § 20 WpPG.[95]

2. Internationale Rechtshilfe in Strafsachen

Ferner bleiben nach § 28 Abs. 5 Alt. 2 WpPG die Regelungen über die inter- **41** nationale Rechtshilfe in Strafsachen unberührt. Eine etwaige Zusammenarbeit der BaFin in Strafsachen erfolgt nicht über § 28 WpPG, sondern richtet

---

nicht unbestritten. Vgl. dazu ausführlich *Moloney*, 47 C.M.L.R. 1317, 1354 (2010); *dies.*, 60 I.C.L.Q. 521 (2011); *dies.*, 12(2) E.B.O.R. 41, 43 (2011), *Häde*, EuZW 2011, 662. Siehe auch *Lehmann/Manger-Nestler*, EuZW 2010, 87; *dies.*, ZBB 2011, 2; *Kämmerer*, NVwZ 2011, 1281. Siehe auch die Komm. zu § 28a WpPG Rn. 12 ff.

94 Vgl. dazu ausführlich *Döhmel/Vogel*, in: Assmann/Schneider, WpHG, § 7 Rn. 5 ff., 26.

95 Dazu und zu den Standards der IOSCO im Übrigen *Heidelbach*, in: Schwark/Zimmer, KapMRK, § 20 Rn. 1 f., 9; *von Kopp-Colomb*, in: Assmann/Schlitt/von Kopp-Colomb, WpPG, § 23 WpPG Rn. 22; *von Ilberg*, in: Assmann/Schlitt/von Kopp-Colomb, WpPG/VerkProspG, § 20 WpPG Rn. 1, 7, 14 f.; *Wolf*, in: Frankf Komm WpPG, § 20 Rn. 1, 5 ff. Siehe dazu auch § 1 Nr. 7 der Verordnung zur Übertragung von Befugnissen zum Erlass von Rechtsverordnungen auf die Bundesanstalt für Finanzdienstleistungsaufsicht (BaFin-BefugV), BGBl. I 2003, Nr. 1, S. 3.

sich vielmehr nach dem Gesetz über die internationale Rechtshilfe in Strafsachen (IRG)[96]. Der Verweis in § 28 Abs. 5 Alt. 2 WpPG dürfte insoweit gegenstandslos sein, jedenfalls aber lediglich deklaratorischer Natur[97], als dass er bereits durch § 28 Abs. 5 Alt. 1 WpPG erfasst wird[98]. Danach bleiben die Vorschriften des WpHG unberührt; § 7 Abs. 6 WpHG enthält eine entsprechende Vorgabe im Hinblick auf die internationale Rechtshilfe in Strafsachen.

42 Der Anwendungsbereich des IRG ist extensiv.[99] Als strafrechtliche Angelegenheiten gelten nach § 1 Abs. 2 IRG auch Verfahren wegen einer Tat, die nach deutschem Recht als Ordnungswidrigkeit mit Geldbuße oder die nach ausländischem Recht mit einer vergleichbaren Sanktion bedroht ist, sofern über deren Festsetzung ein auch für Strafsachen zuständiges Gericht entscheiden kann. Für die Weitergabe von Informationen ist durch die Zuständigkeitsbegründung in § 74 Abs. 1 Satz 2 IRG eine Bewilligung des Bundesministeriums der Finanzen (BMF) erforderlich, wobei nach Satz 3 der Vorschrift das BMF die Ausübung seiner Befugnisse auf eine nachgeordnete Bundesbehörde übertragen kann. Das BMF hat die Vornahme und Ausübung der Befugnis auf die BaFin als bundesunmittelbare, rechtsfähige Anstalt des öffentlichen Rechts in seinem Geschäftsbereich (§ 1 Abs. 1 FinDAG) übertragen, weshalb zuständige Behörde zur Erbringung von Rechtshilfe i. S. v. § 74 Abs. 1 Satz 2 IRG die BaFin ist.[100] Im Übrigen wird das Verfahren nach IRG durch die Richtlinien für den Verkehr mit dem Ausland in strafrechtlichen Angelegenheiten (RiVASt) konkretisiert.[101]

---

96 Vgl. Gesetz über die internationale Rechtshilfe in Strafsachen in der Fassung der Bekanntmachung vom 27.06.1994 (BGBl. I 1994, Nr. 44, S. 1537), zuletzt geändert durch Art. 1 des Gesetzes über die Vereinfachung des Austauschs von Informationen und Erkenntnissen zwischen den Strafverfolgungsbehörden der Mitgliedstaaten der Europäischen Union (EUInfoVereinfG), BGBl. I 2012, Nr. 35, S. 1566.
97 *Ritz/Voß*, in: Just/Voß/Ritz/Zeising, WpPG, § 23 Rn. 26 mit Verweis auf RegBegr. WpÜG, BT-Drucks. 14/7034, S. 38 zum korrespondierenden § 8 WpÜG.
98 *Heidelbach*, in: Schwark/Zimmer, KapMRK, § 23 WpPG Rn. 9.
99 Dazu *Vogler*, NJW 1983, 2114, 2115 f. sowie *Vogel*, in: Assmann/Schneider, WpHG, § 7 Rn. 31 ff. m.w.N. Im Übrigen instruktiv *Schomburg/Lagodny*, NJW 2012, 348 zur Rechtsverteidigung im internationalen Strafverfahren sowie *Wastl/Litzka/Pusch*, NStZ 2009, 68 zu Ermittlungen der SEC in Deutschland.
100 Die im Kontext des § 7 Abs. 4 WpHG ergangene Verfügung ist auf prospektrechtliche Sachverhalte zu übertragen. Vgl. dazu nur *Vogel*, in: Assmann/Schneider, WpHG, § 7 Rn. 40 mit Verweis auf *BMF*, Verfügung v. 23.07.1998, Gz. Vii B 5 – W 6027 – 41/98 sowie w.N. Zum korrespondieren § 8 Abs. 4 WpÜG, vgl. *Klepsch*, in: Steinmeyer, WpÜG, § 8 Rn. 12 sowie *Döhmel*, in: Assmann/Pötzsch/Schneider, WpÜG, § 8 Rn. 21 f.
101 Die RiVASt bom 08.12.2008 sind abrufbar unter der Website des Bundesministeriums der Justiz (www.bmj.de), dort unter Service/Fachinformationen, Statistiken, Publikationen (Stand: 13.11.2013).

§ 28a
Zusammenarbeit mit der Europäischen Wertpapier- und Marktaufsichtsbehörde

Die Bundesanstalt stellt der Europäischen Wertpapier- und Marktaufsichts-behörde gemäß Artikel 35 der Verordnung (EU) Nr. 1095/2010 auf Verlangen unverzüglich alle für die Erfüllung ihrer Aufgaben erforderlichen Informationen zur Verfügung.

Inhalt

I. Grundlagen, Normzweck und Entwicklung

§ 28a WpPG regelt eine Informationsübermittlungspflicht der BaFin durch Rechtsgrundverweis, die auf Verlangen der Europäischen Wertpapier- und Marktaufsichtsbehörde (European Securities and Markets Authority – ESMA) ausgelöst wird.[1] Die Vorschrift ist zugleich Ausprägung der allgemeinen Pflicht und Befugnis der BaFin zur Aufsichtskooperation nach § 4 Abs. 2 FinDAG.[2] **1**

Die Norm dient der Anpassung an das durch die Europäische Union infolge der Finanzmarktkrise *(subprime crisis)*[3] implementierte Europäische System **2**

---

1 Vgl. auch die korrespondierenden Vorschriften in § 7a WpHG, § 7b f. KWG, § 83 Satz 2 VAG, § 9 KAGB.

2 Vgl. dazu auch die Komm. von *Laars*, FinDAG, § 4.

3 Vgl. *The High Level Group of Financial Supervision in the EU*, Report, 25 February 2009 (de Larosière-Report), S. 4: „In essence, we have two alternatives: the first 'chacun pour soi' beggar-thy-neighbour solutions; or the second – enhanced, pragmatic, sensible European cooperation for the benefit of all to preserve an open world economy. This will bring undoubted economic gains, and this is what we favour." Dazu instruktiv *Hopt*,

(Fortsetzung auf Seite 1410)

der Finanzaufsicht (European System of Financial Supervision – ESFS).[4] Das
ESFS soll (1) die angemessene Einhaltung des europäischen Finanzmarktrechts gewährleisten, (2) Finanzstabilität und Vertrauen in das Finanzsystem
sicherstellen, sowie (3) für hinreichenden Schutz von Kunden, die Finanzdienstleistungen beanspruchen, sorgen.[5] Es basiert auf zwei, sich gegensei-
tig ergänzenden und vervollständigenden Säulen, der mikro- und marko-
prudentiellen Aufsicht. Die makroprudentielle, auf die Überwachung der
europäischen Finanzmarktstabilität ausgerichtete Aufsicht obliegt dem Europäischen Ausschuss für Systemrisiken (European Systemic Risk Board –
ESRB) mit Sitz in Frankfurt am Main[6], der seine Aufgaben mit der Europäischen Zentralbank koordiniert[7]. Die mikroprudentielle, auf die Überwachung einzelner Institute und Unternehmen konzentrierte Aufsicht wird auf
europäischer Ebene durch drei Europäische Aufsichtsbehörden (European
Supervisory Authorities – ESA) wahrgenommen. Die zuständigen, vertikal-
supervisorischen ESA sind die Europäische Bankaufsichtsbehörde (European

NZG 2009, 1401, 1404 ff.; *Moloney*, in: Wymeersch/Hopt/Ferrarini, Financial Regulation and Supervision, S. 71 ff. (4.01 ff.); Vgl. auch *Binder*, GPR 2011, 34; *Lehmann/Manger-Nestler*, EuZW 2010, 87; *Baur/Boegl*, BKR 2011, 177; *Möllers*, NZG 2010, 285; *Partsch*, ZBB 2010, 72; *Weber-Rey*, AG 2010, R453.

4 Dazu noch unten Rn. 5 sowie *Lehmann/Manger-Nestler*, ZBB 2011, 2; *Schmitz-Lippert*, E.C.F.R. 2010, 266; *Weber-Rey*, AG 2011, R259; *Fischer-Appelt*, Law and Financial Markets Review 2010, 490, 495 f.; *dies.*, Law and Financial Markets Review 2011, 21; *Assmann*, in: Assmann/Schneider, WpHG, Einl. Rn. 79 ff.; *Bundesministerium der Finanzen*, Die Reform der Europäischen Finanzaufsichtsstrukturen, Monatsbericht v. 20.12.2010, abrufbar unter www.bundesfinanzministerium.de, dort *Service/Monatsberichte*; *Kämmerer*, NVwZ 2011, 1281; *Häde*, EuZW 2011, 662; *Zülch/Hoffmann/Detzen*, EWS 2011, 167; *Weber-Rey*, AG 2011, R259.

5 Dazu bereits de Larosière-Report (o. Fn. 3), S. 13, 38 f. Im Übrigen, vgl. Art. 1 Abs. 2 ESRB-VO sowie Art. 2 Abs. 1 ESMA-/EBA-/EIOPA-VO (vgl. Fn. 8 bis 10) und *Moloney*, in: Wymeersch/Hopt/Ferrarini, Financial Regulation and Supervision, 4.57 ff.; *dies.*, 12 E.B.O.R. 41 und 177 (2011).

6 VO (EU) Nr. 1092/2010 des Europäischen Parlaments und des Rates vom 24.11. 2010 über die Finanzaufsicht der Europäischen Union auf Makroebene und zur Errichtung eines Europäischen Ausschusses für Systemrisiken, ABl. EU Nr. L 331, 15.12.2010, S. 1 (ESRB-VO).

7 VO (EU) Nr. 1096/2010 des Rates vom 17.11.2010 zur Betrauung der Europäischen Zentralbank mit besonderen Aufgaben bezüglich der Arbeitsweise des Europäischen Ausschusses für Systemrisiken, ABl. EU Nr. L 331, 15.12.2010, S. 1 (EZB-Aufgaben-VO). Instruktiv zum Verhältnis der EZB und dem ESRB, vgl. *Hartig*, EuZW 2012, 775; *Mayer*, ZBB 2011, 25; *Weber-Rey*, AG 2012, R204. Zur einheitlichen Europäischen Bankenaufsicht (Single Supervisory Mechanism), vgl. *Europäische Kommission*, Vorschlag für eine Verordnung des Rates zur Übertragung besonderer Aufgaben im Zusammenhang mit der Aufsicht über Kreditinstitute auf die Europäische Zentralbank, 12.09.2012, COM(2012) 511 final (SSM Verordnung) sowie RegBegr Entwurf eines Gesetzes zum Vorschlag für eine Verordnung des Rates zur Übertragung besonderer Aufgaben im Zusammenhang mit der Aufsicht über Kreditinstitute auf die Europäische Zentralbank, BR-Drucks. 408/13. Dazu *Herdegen*, WM 2012, 1889; *Grünewald*, EuZ 2013, 32.

Banking Authority – EBA) mit Sitz in London[8], die Europäische Aufsichtsbehörde für das Versicherungswesen und die betriebliche Altersversorgung (European Insurance and Occupational Pensions Authority – EIOPA) mit Sitz in Frankfurt am Main[9] sowie die Europäische Wertpapier- und Marktaufsichtsbehörde (European Securities and Markets Authority – ESMA) mit Sitz in Paris[10]. Auf horizontal-supervisorischer Ebene koordinieren die ESA ihre Überwachungs- und Maßnahmetätigkeiten zur Herstellung sektorenübergreifender Kohärenz[11] einerseits in einem Gemeinsamen Ausschuss der Europäischen Aufsichtsbehörden (Joint Committee)[12] sowie andererseits in einem Beschwerdeausschuss (Board of Appeal)[13].

Die ESA sind Rechtsnachfolger des Ausschusses der europäischen Wertpa- 3
pierregulierungsbehörden (Committee of European Securities Regulators – CESR), des Ausschusses der Europäischen Aufsichtsbehörden für das Versicherungswesen und die betriebliche Altersversorgung (Committee of European Insurance and Occupational Pensions Supervisors – CEIOPS) und des Ausschusses der Europäischen Aufsichtsbehörden für das Bankwesen (Committee of European Banking Supervisors – CEBS).[14] Maßnahmen der Vorgängereinrichtungen, insbesondere Empfehlungen zu Durchführungsregeln der Europäischen Kommission auf Level 3 des Lamfalussy-Verfahrens bleiben weiterhin zu beachten und haben, im Falle fehlender oder noch ausstehender Aktualisierungen der ESA, eine indikative Wirkung bei der Auslegung des europäischen Sekundärrechts, vor allem den Level 1- und 2-Maßnahmen des Lamfalussy-Verfahrens[15].

---

8 VO (EU) Nr. 1093/2010 des Europäischen Parlaments und des Rates vom 24.11. 2010 zur Errichtung einer Europäischen Aufsichtsbehörde (Europäische Bankenaufsichtsbehörde), zur Änderung des Beschlusses Nr. 716/2009/EG und zur Aufhebung des Beschlusses 2009/78/EG der Kommission, ABl. EU Nr. L 331, 15.12.2010, S. 12 (EBA-VO).

9 VO (EU) Nr. 1094/2010 des Europäischen Parlaments und des Rates vom 24.11. 2010 zur Errichtung einer Europäischen Aufsichtsbehörde (Europäische Aufsichtsbehörde für das Versicherungswesen und die betriebliche Altersversorgung), zur Änderung des Beschlusses Nr. 716/2009/EG und zur Aufhebung des Beschlusses 2009/79/EG der Kommission, ABl. EU Nr. L 331, 15.12.2010, S. 48 (EIOPA-VO).

10 VO (EU) Nr. 1095/2010 des Europäischen Parlaments und des Rates vom 24.11. 2010 zur Errichtung einer Europäischen Aufsichtsbehörde (Europäische Wertpapier- und Marktaufsichtsbehörde), zur Änderung des Beschlusses Nr. 716/2009/EG und zur Aufhebung des Beschlusses 2009/77/EG der Kommission, ABl. EU Nr. L 331, 15.12.2010, S. 84 (ESMA-VO).

11 Art. 2 Abs. 3 ESMA-/EBA-/EIOPA-VO. Vgl. dazu auch *Joint Committee*, Joint Protocol on Cooperation between CESR, CEBS and CEIOPS, CESR 05-405/CEBS 05 99/CEIOPS-3L3-01/05. Zur Anwendbarkeit der Verlautbarungen und Maßnahmen der Vorgängereinrichtungen, vgl. im Folgenden Rn. 3.

12 Art. 54 bis 57 ESMA-/EBA-/EIOPA-VO.

13 Art. 58 und 59 ESMA-/EBA-/EIOPA-VO.

14 Vgl. Art. 76 Abs. 4 ESMA-/EBA-/EIOPA-VO.

15 Dazu aus dem deutschen Schrifttum etwa *Walla*, in: Veil, Europäisches Kapitalmarktrecht, § 2 Rn. 19 ff. Aus dem englischen Schrifttum, vgl. nur *Moloney*, EC Securities Regulation, S. 1007 ff.

4   Im Einklang mit dem Subsidiaritäts- und Verhältnismäßigkeitsgrundsatz[16] verbleibt die laufende Überwachung aufgrund der Sachnähe[17] grundsätzlich und europarechtlich beabsichtigt in der Zuständigkeit der nationalen Aufsichtsbehörden (integriertes Finanzaufsichtsnetzwerk).[18] Insoweit sind die Aufgaben der ESA auf die Koordination und Überwachung der nationalen Finanzaufsichtsbehörden sowie auf die Angleichung der Aufsichtsstandards innerhalb der Europäischen Union konzentriert, soweit nicht ein in Einzelfällen möglicher, unmittelbarer Eingriff in das nationale Marktgeschehen vorgesehen und erforderlich ist.[19]

5   § 28a WpPG wurde eingefügt durch das Gesetz zur Umsetzung der Richtlinie 2010/78/EU vom 24.11.2010 im Hinblick auf die Errichtung des Europäischen Finanzaufsichtssystems (EUFAAnpG).[20] Die Norm setzt Art. 5 Nr. 10 Buchst. a Unterabs. 2 der Richtlinie 2010/78/EU des Europäischen Parlaments und des Rates vom 24.11.2010 zur Änderung der Richtlinien 98/26/EG, 2002/87/EG, 2003/6/EG, 2003/41/EG, 2003/71/EG, 2004/39/EG, 2004/109/EG, 2005/60/EG, 2006/48/EG, 2006/49/EG und 2009/65/EG im Hinblick auf die Befugnisse der Europäischen Aufsichtsbehörde (Europäische Bankenaufsichtsbehörde), der Europäischen Aufsichtsbehörde (Europäische Aufsichtsbehörde für das Versicherungswesen und die betriebliche Altersversorgung) und der Europäischen Aufsichtsbehörde (Europäische Wertpapier- und Marktaufsichtsbehörde)[21] um, mit dem Abs. 1b in Art. 21 ProspektRL eingefügt wurde, und stellt zugleich die nationale Vorkehrung zur wirksamen Anwendung der ESMA-VO dar[22]. Trotz der Umsetzung von Art. 5 Nr. 10 Buchst. a Unterabs. 2 Omnibus I-Richtlinie respektive Art. 21 Abs. 1b ProspektRL, hat § 28a WpPG nur deklaratorische Bedeutung, da sich die Verpflichtung zur Informationsübermittlung an die ESMA unmittelbar aus Art. 35 Abs. 1 ESMA-/EBA-/EIOPA-VO ergibt. Eine redaktionelle Anpassung (Nummerierung) erfolgte durch das Gesetz zur Novellierung des Finanzanlagenvermittler- und Vermögensanlagenrechts vom 06.12.2011.[23]

6   Die zum 01.01.2011 erfolgte Arbeitsaufnahme des ESFS ist nur so wirkungsvoll, effektiv und seinen Zielen gerecht zu werden geeignet, wie es die Unterstützung und Mitwirkung der nationalen Aufsichtsbehörden erhält. Dies zielt neben weiteren Kooperationspflichten insbesondere auf eine ausreichende Informationsversorgung durch die nationalen Aufsichtsbehörden ab,

---

16 Vgl. dazu Erwg. 66 ESMA-/EBA-/EIOPA-VO sowie Erwg. 36 Omnibus I-Richtlinie, dazu unten Rn. 5 mit Fn. 19.

17 Zu diesem Rechtsgedanken, vgl. die Beratungsdokumente der Europäischen Kommission zur Errichtung des ESFS, KOM(2009) 501, S. 2; KOM(2009) 502, S. 2; KOM(2009) 503, S. 2.

18 Erwg. 9 EBA-/ESMA-VO sowie Erwg. 8 EIOPA-VO.

19 Erwg. 9 EBA-/ESMA-VO sowie Erwg. 8 EIOPA-VO. Zu den Ausnahmen, vgl. die Aufgaben- und Befugniskataloge in Art. 8 ESMA-/EBA-/EIOPA-VO.

20 BGBl. I 2011, Nr. 62, S. 2427. Vgl. dazu auch RegBegr EUFAAnpG, BT-Drucks. 17/6255.

21 ABl. EU Nr. L 331, 15.12.2010, S. 120 (Omnibus I-Richtlinie). Vgl. dazu *Weber-Rey*, AG 2010, R453; *dies.*, AG 2011, R259; *Assmann*, in: Assmann/Schneider, WpHG, Einl. Rn. 57.

22 Vgl. Art. 78 ESMA-VO.

23 BGBl. I 2011, Nr. 63, S. 2481.

die einerseits durch Art. 2 Abs. 2 Buchst. f, Abs. 4 und Art. 78 ESMA-/EBA-/ EIOPA-VO sowie andererseits durch Art. 35 ESMA-/EBA-/EIOPA-VO sichergestellt ist. Durch die auf Verlangen der ESMA gerichtete Informationsübermittlungspflicht der BaFin nach § 28a WpPG wird somit das reibungs- und lückenlose Funktionieren der europäischen Finanzaufsicht sowie die Kooperation und Mitwirkung gewährleistet.[24]

II. Informationsübermittlungspflicht der BaFin

1. Grundlagen

Nach § 28a WpPG hat die BaFin auf Verlangen der ESMA im Einklang mit   7
Art. 35 ESMA-VO alle für die Erfüllung ihrer Aufgaben erforderlichen Informationen unverzüglich zur Verfügung zu stellen. Art. 35 Abs. 1 ESMA-VO stipuliert, dass eine Weitergabe von Informationen nur dann stattfinden soll, wenn die BaFin auch rechtmäßigen Zugang zu den einschlägigen, zur Aufgabenwahrnehmung der ESMA erforderlichen Informationen hat. Im Übrigen besteht ein mehrstufiges, am Grundsatz der Erforderlichkeit ausgerichtetes Verfahren, wenn die Informationsgesuche scheitern.[25] Schließlich wird die Informationsübermittlungspflicht der BaFin durch Art. 35 Abs. 7 ESMA-VO dahingehend begrenzt, als dass die nach Art. 35 ESMA-VO erhaltenen, vertraulichen Informationen nur zur Aufgabenerfüllung nach der ESMA-VO verwandt werden dürfen. Weitere Informationsübermittlungs- respektive Unterrichtungspflichten der BaFin gegenüber der ESMA ergeben sich aus § 29 WpPG.[26]

Trotz des Generalverweises auf Art. 35 ESMA-VO dürfte jedenfalls im Hin-   8
blick auf § 28a WpPG nur eine Einzelfallabfrage der ESMA indiziert sein. Die Möglichkeit nach Art. 35 Abs. 2 ESMA-VO, die Informationen nach Art. 35 Abs. 1 ESMA-VO auch in regelmäßigen Abständen und vorgegebenen Formaten zur Verfügung zu stellen, ist im Anwendungsbereich der ProspektRL respektive des WpPG nicht eröffnet. Dies ergibt sich aus Art. 5 Nr. 10 Buchst. a Unterabs. 2 Omnibus I-Richtlinie, der sich im Gegensatz zu Art. 3 Nr. 4 Unterabs. 1 und Art. 6 Nr. 18 Unterabs. 1 Omnibus I-Richtlinie, mit denen Art. 14 Abs. 5 MarktmissbrauchsRL und Art. 51 Abs. 4 MiFID eingefügt und in § 7a WpHG umgesetzt wurden[27], nicht auf Art. 35 Abs. 2 ESMA-VO erstreckt. Eine Korrektur ist durch die Omnibus II-Richtlinie nicht vorgesehen.[28]

---

24 Zum korrelierenden Informationsübermittlungsrecht der BaFin gegenüber der ESMA, vgl. unten Rn. 20ff.
25 Dazu unten Rn. 15ff.
26 Vgl. die Komm. zu § 29 WpPG.
27 Dazu *Döhmel*, in: Assmann/Schneider, WpHG, § 7a Rn. 18.
28 Vgl. Art. 1 des Vorschlags für eine Richtlinie des Europäischen Parlaments und des Rates zur Änderung der RL 2003/71/EG und 2009/138/EG im Hinblick auf die Befugnisse der Europäischen Aufsichtsbehörde für das Versicherungswesen und die betriebliche Altersversorgung und der Europäischen Wertpapieraufsichtsbehörde vom 19.01.2011, KOM(2011) 8 endgültig (Omnibus II-Richtlinie).

2. Gegenstand der Informationsübermittlungspflicht (Art. 35 Abs. 1 ESMA-VO)

a) Grundlagen und Tätigkeitsbereich der ESMA

9   Die ersuchten Informationen müssen zur Erfüllung der Aufgaben der ESMA erforderlich sein. Die Informationsübermittlungspflicht ist damit durch die Zuweisung des Tätigkeitsbereichs in der ESMA-VO begrenzt.

10   Als Bestandteil des ESFS ist die ESMA eine Einrichtung der Europäischen Union mit eigener Rechtspersönlichkeit.[29] Sie ist dem Europäischen Parlament und dem Rat rechenschaftspflichtig, erfüllt ihre Aufgaben jedoch objektiv, unabhängig und im alleinigen Interesse der Europäischen Union.[30] Nach Art. 1 Abs. 2 ESMA-VO umspannt der Tätigkeitsbereich, in dem die ESMA die durch die Verordnung übertragenen Aufgaben und Befugnisse wahrnehmen kann, eine vergleichsweise große[31] Anzahl europäischer Rechtsakte[32], nicht nur des traditionellen Kapitalmarktrechts[33]. Zudem hat sie als einzige Einrichtung unter den Europäischen Aufsichtsbehörden eine (Quasi-) Exklusivzuständigkeit im Hinblick auf die RatingVO[34] sowie LeerverkaufsVO[35].

b) Aufgaben und Befugnisse der ESMA

11   Der ESMA sind einerseits originäre Kernbereichsaufgaben als Wertpapier- und Marktaufsichtsbehörde übertragen, andererseits Aufgaben und Befugnisse im Bereich des Vebraucherschutzes.

---

29 Vgl. Art. 2 Abs. 1 i.V.m. Art. 5 Abs. 1 ESMA-VO.

30 Vgl. Art. 1 Abs. 5 Unterabs. 4, Art. 3 ESMA-VO.

31 Zum Tätigkeitsbereich der übrigen ESA, vgl. Art. 1 Abs. 2 EBA-VO sowie Art. 1 Abs. 2 EIOPA-VO.

32 Im Detail: AnlegerentschädigungsRL (97/9/EG), FinalitätsRL (98/26/EG), KapitalmarktpublizitätsRL (2001/34/EG), FinanzsicherheitenRL (2002/47/EG), MarktmissbrauchsRL oder MAD (2003/6/EG), ProspektRL (2003/71/EG), MiFID (2004/39/EG), TransparenzRL (2004/109/EG), OGAW-RL (2009/65/EG), CRD (2006/49/EG) sowie AIFM-RL (2011/61/EU) einschließlich sämtlicher (künftiger) Rechtsakte, die auf deren Grundlage angenommen wurden, sowie FICOD (2002/87/EG, nunmehr 2011/89/EU), Dritte GeldwäscheRL (2005/60/EG) und Richtlinie über den Fernabsatz von Finanzdienstleistungen an Verbraucher (2002/65/EG), soweit diese für Wertpapierdienstleistungsunternehmen und OGAW Anwendung finden.

33 Der Tätigkeitsbereich umfasst auch – unbeschadet der Zuständigkeit der EBA – die CRD einschließlich sämtlicher Rechtsakte, die auf deren Grundlage angenommen wurden.

34 Vgl. Art. 8 Abs. 1 Buchst. j der VO (EU) Nr. 513/2011 des Europäischen Parlaments und des Rates vom 11.04.2011 zur Änderung der VO (EG) Nr. 1060/2009 über Ratingagenturen, ABl. EU Nr. L145, 31.05.2011, S. 30 (RatingÄnderungVO). Vgl. dazu auch *ESMA*, Guidelines and Recommendations – Cooperation including delegation between ESMA, the competent authorities and the sectoral competent authorities under Regulation (EU) No 513/2011 on credit rating agencies, ESMA/2011/188.

35 Vgl. Art. 18 ff., 27 ff. der VO (EU) Nr. 236/2012 des Europäischen Parlaments und des Rates vom 14.03.2012 über Leerverkäufe und bestimmte Aspekte von Credit Default Swaps, ABl. EU Nr. 86, 24.03.2012, S. 1 (LeerverkaufsVO).

aa) Kernbereichsaufgaben

Die originären Kernbereichsaufgaben der ESMA sind in Art. 8 ESMA-VO als *12* zentraler, verweisender Aufgaben- und Befugnisnorm abgebildet. Die Aufgaben und Befugnisse reichen von konsultativen Tätigkeiten bis hin zu Tätigkeiten mit hoher, unmittelbarer Eingriffsqualität gegenüber Finanzmarktteilnehmern in der Europäischen Union bzw. im Europäischen Wirtschaftsraum.

Von übergeordneter Natur ist die Befugnis und zugleich Pflicht der ESMA, *13* nach einem dreistufigen Verfahren, die Anwendung und Einhaltung des Unionsrechts zu überwachen.[36] Am weitgehend bedeutsamsten ist die Befugnis der ESMA, in Level 2 des Lamfalussy-Verfahrens[37] nach Art. 8 Abs. 1 Buchst. a, Abs. 2 Buchst. a und b i.V.m. Art. 10 bis 15 ESMA-VO, sog. technische Regulierungs- und Durchführungsstandards durch delegierte Ermächtigung der Europäischen Kommission zu entwerfen, die ihrerseits regelmäßig als (Delegierte) Verordnung durch die Europäische Kommission erlassen werden. Die Europäische Kommission hat den Entwurf der ESMA unmittelbar an das Europäische Parlament und den Rat weiterzuleiten, Änderungen sollen nur unter Erforderlichkeitsgesichtspunkten im Hinblick auf das Unionsinteresse und nur ganz ausnahmsweise erfolgen.[38] Damit erhält die ESMA eine – verfassungsrechtlich zweifelhafte[39] – Quasi-Gesetzgebungsbefugnis.[40]

Weniger eingriffsintensiv sind die Befugnisse der ESMA, in Level 3 des Lam- *14* falussy-Verfahrens Leitlinien und Empfehlungen an die nationalen Aufsichtsbehörden und Finanzmarktteilnehmer zur Anwendung des Unionsrechts zu verfassen.[41] Weiter werden der ESMA Maßnahmebefugnisse im Krisenfall durch Legitimation des Europäischen Rates übertragen. Durch Beschluss kann die ESMA mit unmittelbarer Rechtswirkung zunächst die nationalen Aufsichtsbehörden sowie subsidiär auch Finanzmarktteilnehmer verpflichten.[42] Schließlich ist die ESMA Vermittlungs- und Beilegungsbehörde bei Meinungs-

---

36 Im Detail, vgl. Art. 8 Abs. 1 Buchst. b, Abs. 2 Buchst. d i.V.m. Art. 17 sowie Erwge. 27 bis 29 ESMA-VO.

37 Dazu allg. etwa *Moloney*, EC Securities Regulation, S. 1007 ff.; *Walla*, in: Veil, Europäisches Kapitalmarktrech, § 2 Rn. 19 ff. Im Kontext des ESFS, vgl. auch *Rötting/Lang*, EuZW 2012, 8.

38 Vgl. Erwg. 23 Satz 2, Art. 10 Abs. 1 Unterabs. 5 Satz 2, Art. 15 Abs. 1 Unterabs. 4 Satz 3 ESMA-VO.

39 Vgl. zu den Bedenken v.a. *Häde*, EuZW 2011, 662. Siehe auch *Lehmann/Manger-Nestler*, EuZW 2010, 87; *Lehmann/Manger-Nestler*, ZBB 2011, 2; *Kämmerer*, NVwZ 2011, 1281.

40 Dazu *Moloney*, 47 C.M.L.R. 1317, 1354 (2010); *dies.*, 60 I.C.L.Q. 521 (2011); *dies.*, 12(2) E.B.O.R. 41, 43 (2011). Instruktiv zum Rechtsschutz gegen die Maßnahmen der ESA *Sonder*, BKR 2012, 8.

41 Vgl. Art. 8 Abs. 2 Buchst. c, 16 ESMA-VO.

42 Vgl. dazu Art. 8 Abs. 2 Buchst. e und f i.V.m. Art. 18 Abs. 3 und Art. 19 Abs. 3 sowie Art. 17 Abs. 6, Art. 18 Abs. 4 und Art. 19 Abs. 4 ESMA-VO.

verschiedenheit (Art. 19 und 20 ESMA-VO)[43] sowie zur Beteiligung an Aufsichtskollegien befugt und verpflichtet (Art. 21 ESMA-VO). Daneben hat die ESMA eng mit dem ESRB zusammenzuarbeiten und gleichermaßen systemische Risiken dauerhaft zu überwachen (Art. 22 bis 24, 36 ESMA-VO). Sie hat sich ferner an der Entwicklung von Sanierungs- und Abwicklungsverfahren (Art. 25 und 27 ESMA-VO) sowie am europäischen System der nationalen Anlegerentschädigungssysteme (Art. 26 ESMA-VO) zu beteiligen, eine gemeinsame Aufsichtskultur zu schaffen (Art. 29 ESMA-VO) und Peer Reviews der nationalen Aufsichtstätigkeit, einhergehend mit Koordinationsfunktionen (Art. 31 ESMA-VO), zu erstellen (Art. 30 ESMA-VO), Marktentwicklungen zu bewerten (Art. 32 ESMA-VO), Stellungnahmen abzugeben (Art. 34 ESMA-VO)[44], Aufsichtsdelegation zwischen den zuständigen nationalen Aufsichtsbehörden anzuregen (Art. 28 ESMA-VO), sowie Informationen zu beschaffen (Art. 35 ESMA-VO). Die ESMA ist zudem paneuropäische Behörde für die Einbindung in internationale Netzwerke (Art. 33 ESMA-VO).[45] Sie führt ferner eine zentral zugängliche Datenbank der in ihrem Zuständigkeitsbereich registrierten Finanzmarktteilnehmer (Art. 8 Abs. 1 Buchst. k, Abs. 2 Buchst. j ESMA-VO). Zu den zusätzlichen Aufgaben im Tätigkeitsbereich der RatingVO sowie LeerverkaufsVO, vgl. oben Rn. 10.

bb) Verbraucherschutzbefugnisse

15 Die zusätzlichen Aufgaben und Befugnisse im Bereich des Verbraucherschutzes legt Art. 9 ESMA-VO fest. Der ESMA soll im Verbraucherschutz in Zusammenhang mit Finanztätigkeiten eine Führungsrolle zukommen.[46] Zur Förderung der Transparenz, Einfachheit und Fairness im Binnenmarkt für Finanzprodukte und -dienstleistungen für Verbraucher hat sie dazu die Befugnis, als mildestes Mittel, Warnungen herauszugeben, soweit Finanztätigkeiten eine ernsthafte Bedrohung für die Ziele der ESMA darstellen.[47] Zudem hat die ESMA als einen ihrer integrativen institutionellen Bestandteile einen Ausschuss für Finanzinnovationen einzurichten, der neuartige Produkte und Dienstleistungen im Hinblick auf ihre regulatorische und supervisorische Relevanz beurteilt.[48]

---

43 Beispielsweise sieht § 28 Abs. 4 Satz 4 WpPG nach Maßgabe des Art. 19 ESMA-VO ein Ersuchen der BaFin um Hilfe der ESMA vor, wenn ein nationales Ersuchen an eine mitgliedstaatliche Aufsichtsbehörde des EWR um Durchführung von Untersuchungen oder um Übermittlung von Informationen innerhalb der Aufsichtskooperation zurückgewiesen wird oder nach einer angemessenen Frist zu keiner Reaktion führt. Vgl. dazu die Komm. zu § 28 WpPG Rn. 34 ff.

44 Insbesondere zum Erwerb von Beteiligungen i. S. v. Art. 10 bis 10 b MiFID.

45 Hierzu instruktiv *Ross*, ESMA's role in European and international regulatory cooperation, ESMA/2012/367.

46 Insoweit und in Ansehung des Art. 9 ESMA-VO dürfte der Verbraucherschutz weder deckungsgleich mit dem in Art. 8 Abs. 2 Buchst. h ESMA-Verordnung genannten Anlegerschutz sein, noch eine Ausprägung dessen; vielmehr handelt es sich um eine neue originäre Zuständigkeit, die neben die übliche Verbraucherschutzzuständigkeit der Europäischen Kommission tritt. Vgl. hierzu auch *Reifner*, VuR 2011, 410.

47 Vgl. Art. 9 Abs. 3 i. V. m. Art. 1 Abs. 5 ESMA-VO.

48 Art. 9 Abs. 4 ESMA-VO.

Als ultima ratio ist der ESMA eröffnet, unter Einhaltung eines bestimmten   *16*
Verfahrens, Finanztätigkeiten vorübergehend oder endgültig unter Beteiligung der Europäischen Kommission zu verbieten oder zu beschränken.[49] Im
Hinblick auf die eingriffsintensivste Maßnahme des endgültigen Verbots
bzw. der endgültigen Beschränkung sind schon bei der Überprüfung durch
die ESMA hohe Anforderungen an die Angemessenheits- und Verhältnismäßigkeitsprüfung zu stellen, die die Europäische Kommission bei entsprechendem Ersuchen der ESMA objektiv, unabhängig und im alleinigen Interesse
der Europäischen Union und des Verbraucherschutzes zu prüfen hat. In beiden Fällen muss hinreichend substantiiert sein, dass die Finanztätigkeit das
ordnungsgemäße Funktionieren und die Integrität der Finanzmärkte oder
die Stabilität des Finanzsystems in der Europäischen Union als Ganzes oder
in Teilen gefährdet.[50]

cc) Grundsätze der Befugniswahrnehmung

Die Aufgaben und Befugnisse nach der ESMA-VO hat die ESMA grundsätz-   *17*
lich unabhängig, objektiv, im ausschließlichen Interesse der Europäischen
Union sowie ohne sachfremde Einflüsse auszuüben.[51] Die Aufgaben- und
Befugniswahrnehmung hat sich im Übrigen an den Zielen der ESMA auszurichten. Neben dem Schutz des öffentlichen Interesses durch kurz-, mittel-
und langfristige Stabilität und Effektivität des Finanzsystems soll die Behörde zur Verbesserung eines funktionierenden Binnenmarkts durch eine solide und kohärente Regulierung und Überwachung, zur Gewährleistung von
Integrität, Transparenz und Effizienz eines funktionierenden Finanzmarkts,
zum Ausbau der internationalen Aufsichtskoordination sowie einhergehen-
der Vermeidung von Aufsichtsarbitrage und Förderung gleicher Wettbewerbsbedingungen, zur angemessen Risikoregulierung (insbesondere der
Übernahme von Anlagerisiken) sowie zur Verbesserung des Verbraucherschutzes beitragen.[52]

3. Verfahren (Art. 35 Abs. 1, Abs. 4 bis 6 ESMA-VO)

Bevor die ESMA ein Informationsverlangen an die mitgliedstaatliche Be-   *18*
hörde richtet, hat sie zunächst eigenständig zur Vermeidung von doppelten
Berichtspflichten nach Art. 35 Abs. 4 ESMA-VO entsprechende Statistiken
des Europäischen Statistischen Systems sowie des Europäischen Systems der
Zentralbanken zu konsultieren. Für den Anwendungsbereich des WpPG re-

---

49 Art. 9 Abs. 5 ESMA-VO.
50 Vgl. dazu Art. 9 Abs. 1 Unterabs. 1 ESMA-VO.
51 Vgl. Art. 1 Abs. 5 Unterabs. 4, 42 Unterabs. 2 ESMA-VO.
52 Diese Ziele müssen bei der Auslegung von in Streit stehenden Maßnahmen, insbeson-
    dere vor dem Beschwerdeausschuss (Art. 60 ESMA-VO), aber auch bei Rechtsbehelfen
    vor dem EuG und EuGH (Art. 61 ESMA-VO), zwingend beachtet werden. Vgl. Art. 1
    Abs. 5 Unterabs. 1 ESMA-VO.

spektive der EU-ProspRL dürfte Art. 35 Abs. 4 ESMA-VO weitgehend bedeutungslos sein.[53]

19 Grundsätzlich hat die BaFin bei entsprechendem Verlangen der ESMA die Informationen nach Art. 35 Abs. 1 ESMA-VO unverzüglich *(without delay)* zur Verfügung zu stellen. Unverzüglich meint in deutscher Diktion ohne schuldhaftes Zögern. Präziser lässt sich die Unverzüglichkeit nach Auslegung von Inhalt und Funktion der aufsichtsrechtlichen Handlungspflicht bestimmen.[54] Für § 28a WpPG respektive Art. 21 Abs. 1b ProspektRL bedeutet dies, dass die BaFin nach Erhalt des Informationsgesuchs zumindest so viel Zeit hat, um einerseits zu prüfen, ob sie rechtmäßigen Zugang zu den angefragten Informationen hat (arg ex Art. 35 Abs. 1 ESMA-VO) sowie andererseits, ob die Weitergabe selbst rechtmäßig ist, wenngleich die BaFin nicht dazu verpflichtet ist, die Zuständigkeit und den Aufgabenbereich der ESMA zu überprüfen. Allenfalls kommen (wohl eher seltene) Ersuche in Betracht, die offensichtlich nicht in den Aufgabenbereich der ESMA fallen.

20 Verfügt die BaFin über die ersuchten Informationen nicht oder kommt dem Informationsverlangen nicht rechtzeitig nach, wird die ESMA durch Art. 35 Abs. 5 ESMA-VO ermächtigt, das Informationsersuchen auch an andere nationale Aufsichtsbehörden, an das Bundesministerium für Finanzen[55], an die Bundesbank oder an das Statistische Bundesamt zu richten. Zu beachten ist, dass das Informationsgesuch nach Art. 35 Abs. 5 ESMA-VO hinreichend gerechtfertigt und begründet ist.

21 Verfügen andere nationale Aufsichtsbehörden, das Bundesministerium für Finanzen, die Bundesbank oder das Statistische Bundesamt nicht über die Informationen oder kommen dem hinreichend gerechtfertigten und begründeten Ersuchen nicht nach, kann sich die ESMA nach Art. 35 Abs. 6 ESMA-VO als ultima ratio unmittelbar an den betreffenden Finanzmarktteilnehmer richten. Auch in diesem Fall hat die ESMA das Ersuchen hinreichend zu rechtfertigen und mit Gründen zu versehen. Nach Art. 35 Abs. 6 Unterabs. 1 Satz 2 ESMA-VO hat sie insbesondere Gründe zu nennen, warum die Informationen über die einzelnen Finanzmarktteilnehmer für die Erfüllung ihrer Aufgaben notwendig sind. Die BaFin hat für diesen Fall bei der Einholung der ersuchten Informationen mitzuwirken, Art. 35 Abs. 6 Unterabs. 3 ESMA-VO.

22 Nach Art. 35 Abs. 6 Unterabs. 2 ESMA-VO hat die ESMA in den Fällen des Art. 35 Abs. 5 und 6 ESMA-VO über das Informationsgesuch die BaFin in Kenntnis zu setzen.

---

53 Die Datenbanken der Einrichtungen haben allenfalls mittelbare Bedeutung für die wertpapierprospektrechtliche Aufsicht. Vgl. für den Umfang und die Begrenzung der statistischen Daten im Detail die Websites der Einrichtungen, http://epp.eurostat.ec.europa.eu (ESS) sowie www.ecb.europa.eu/stats (ECB).

54 Zum Zeitpunkt der Veröffentlichungspflicht des Prospekts, *Kunold*, in: Assmann/Schlitt/ von Kopp-Colomb, WpPG/VerkProspG, § 14 WpPG Rn. 6; *Heidelbach*, in: Schwark/Zimmer, KapMRK, § 14 WpPG Rn. 5 ff.; *Groß*, KapMR, § 14 WpPG Rn. 4 f. jeweils m.w.N.

55 Dabei muss das BMF überhaupt über einschlägige aufsichtsrechtliche Informationen verfügen, vgl. Art. 35 Abs. 5 Halbs. 2 ESMA-VO.

III. Korrespondierendes Informationsrecht
der BaFin aus Art. 35 Abs. 3 ESMA-VO

1. Überblick

Mit der Informationsübermittlungspflicht der BaFin korrespondiert zugleich 23
das Recht der BaFin, sämtliche Informationen zur Erfüllung ihrer Aufgaben
nach dem WpPG von der ESMA zu ersuchen.[56] Allerdings ist dieses Recht
in dreifacher Hinsicht begrenzt.

2. Voraussetzungen und Grenzen

a) Grenzziehung durch Substantiierungspflicht

Die BaFin muss den Antrag des Informationsersuchens hinreichend begrün- 24
den. Diese Substantiierungspflicht nach Art. 35 Abs. 3 ESMA-VO steht im
Gegensatz zum Informationsverlangen der ESMA nach Abs. 1 der Vorschrift.
Die abweichende Anforderungsintensität ist dahingehend auszulegen, dass
einerseits aus Gründen der Effektivierung und Bürokratieentlastung des
ESFS als Schranken zugunsten des Informationsverlangens der ESMA keine
Substantiierungspflicht besteht, andererseits die von der ESMA im Rahmen
ihres Aufgabenbereichs verarbeiteten Informationen nicht notwendigerweise
mit denen für die Zuständigkeit der nationalen Aufsichtsbehörden erforderlichen Informationen übereinstimmt. Zudem ist der erleichterte Zugang zu
Informationen zugunsten der ESMA unter Gesichtspunkten ihrer Aufgabe
zur Überwachung und ggfs. unmittelbaren Maßnahmeergreifens im Hinblick
auf systemische Risiken zu erklären.[57]

b) Grenzziehung durch Ermessen der ESMA

Selbst bei hinreichend begründetem Antrag der BaFin ist die Informations- 25
weitergabe in das Ermessen der ESMA gestellt. Nach Art. 35 Abs. 3 ESMA-
VO entscheidet die ESMA einerseits in eigener Sache über Umfang und Gegenstand der Informationsübermittlung („kann ... vorlegen"), andererseits
zugleich im Hinblick auf die Frage, ob die BaFin ohne die ersuchten Informationen in ihrer Aufgabenwahrnehmung beeinträchtigt wäre („erforderlich
..., damit die zuständige Behörde ihre Aufgaben wahrnehmen kann").[58]

---

56 Vgl. Art. 35 Abs. 3 ESMA-VO.
57 Dazu ausführlich *Zetzsche/Eckner*, in: Zetzsche, The Alternative Investment Fund Managers Directive, S. 333, 348 ff. (im Kontext der AIFM-Richtlinie 2011/61/EU); *Ferran/
   Alexander*, 35(6) E.L. Rev. 751 (2010); *Moloney*, FS Hopt, S. 2265.
58 In deutscher Diktion dürfte es sich dabei um einen Fall des intendierten Ermessens handeln, da Art. 35 Abs. 3 ESMO-VO von der ESMA keine spezifische Ermessensabwägung
   erwartet, wenn die BaFin die Informationen im Rahmen ihrer Zuständigkeiten ersucht.
   Zum Begriff des intendierten Ermessens, vgl. BVerwG, Urt. v. 05.07.1985 – 8 C 22/83,
   BVerwGE 72, 1, 6 = NJW 1986, 738; BVerwG, Urt. v. 16.06.1997 – 3 C 22/96, BVerwGE
   105, 55, 57 f. = NJW 1998, 2233. Krit. *Maurer*, Allgemeines Verwaltungsrecht, § 7 Rn. 12.

c) Grenzziehung durch Verschwiegenheitspflichten

26 Schließlich wird das Informationsersuchen der BaFin dadurch begrenzt, dass zwingende Vorgaben zu Berufsgeheimnissen respektive Verschwiegenheitspflichten des europäischen Finanzmarktrechts sowie Art. 70 ESMA-VO eingehalten werden müssen. Die in Art. 35 Abs. 3 ESMA-VO genannten Verpflichtungen aufgrund des Berufsgeheimnisses gemäß den sektoralen Rechtsvorschriften meint bei Informationsersuchen nach Art. 35 Abs. 3 ESMA-VO im Zusammenhang mit dem mit § 28 a WpPG korrespondierenden Recht der BaFin jenes Berufsgeheimnis des Art. 22 Abs. 1 ProspektRL.[59]

27 Daneben legt Art. 70 ESMA-VO fest, dass Mitglieder des Rates der Aufseher[60] und des Verwaltungsrats[61], der Exekutivdirektor[62] und die Mitglieder des Personals der Behörde, einschließlich der von den Mitgliedstaaten vorübergehend abgeordneten Beamten und aller weiterer Personen, die auf vertraglicher Grundlage für die Behörde Aufgaben durchführen, auch nach Beendigung ihrer Amtstätigkeit den Anforderungen des Berufsgeheimnisses gemäß Art. 339 AEUV und den einschlägigen Bestimmungen des Unionsrechts unterliegen. Im Übrigen bestehen gegenüber den finanzmarktrechtlichen Verschwiegenheitspflichten keine Besonderheiten.[63]

---

59 Vgl. dazu die Komm. zu § 27 WpPG.
60 Vgl. Art. 6 Nr. 1 i. V. m. Art. 40 ff. ESMA-VO.
61 Vgl. Art. 6 Nr. 2 und 3 i. V. m. Art. 45 ff. ESMA-VO.
62 Vgl. Art. 6 Nr. 4 i. V. m. Art. 51 ff. ESMA-VO.
63 Dazu auch die Komm. zu § 27 WpPG. Vgl. insbesondere Art. 44 BankenRL, Art. 64 Solvabilität II-RL, Art. 54 MiFID, Art. 22 ProspektRL, Art. 25 TransparenzRL, Art. 4 Abs. 3 ÜbernahmeRL, Art. 102 OGAW IV-RL und Art. 47 Abs. 2 AIFM-RL.

§ 29
Vorsichtsmaßnahmen

(1) Verstößt der Emittent, ein mit der Platzierung des öffentlichen Angebots beauftragtes Institut im Sinne des § 1 Abs. 1b des Kreditwesengesetzes oder ein mit der Platzierung beauftragtes nach § 53 Abs. 1 Satz 1, § 53b Abs. 1 oder 7 des Kreditwesengesetzes tätiges Unternehmen gegen § 3 Absatz 1 oder 4, die §§ 7, 9, 14 bis 16, 18 oder 19 oder gegen Zulassungsfolgepflichten, übermittelt die Bundesanstalt diese Informationen der zuständigen Behörde des Herkunftsstaates und der Europäischen Wertpapier- und Marktaufsichtsbehörde. § 28 Abs. 3 bis 5 findet entsprechende Anwendung.

(2) Verstößt der Emittent, ein mit der Platzierung des öffentlichen Angebots beauftragtes Institut im Sinne des § 1 Abs. 1b des Kreditwesengesetzes oder ein mit der Platzierung beauftragtes nach § 53 Abs. 1 Satz 1 oder § 53b Abs. 1 Satz 1 des Kreditwesengesetzes tätiges Unternehmen trotz der von der zuständigen Behörde des Herkunftsstaates ergriffenen Maßnahmen oder weil Maßnahmen der Behörde des Herkunftsstaates unzweckmäßig sind, gegen die einschlägigen Rechts- oder Verwaltungsbestimmungen, so kann die Bundesanstalt nach vorheriger Unterrichtung der zuständigen Behörde des Herkunftsstaates und der Europäischen Wertpapier- und Marktaufsichtsbehörde alle für den Schutz des Publikums erforderlichen Maßnahmen ergreifen. Die Europäische Kommission und die Europäische Wertpapier- und Marktaufsichtsbehörde sind zum frühestmöglichen Zeitpunkt über derartige Maßnahmen zu unterrichten.

Inhalt

I. Grundlagen und Normentwicklung

§ 29 WpPG setzt Art. 23 EU-ProspRL um[1], insbesondere Abs. 1 und 2.[2] Die Norm ergänzt die Vorschriften zur Zusammenarbeit mit den zuständigen Aufsichtsbehörden in den Mitgliedstaaten des Europäischen Wirtschaftsraums (EWR) nach § 28 WpPG[3], ist unmittelbarer Ausdruck des Herkunfts-   *1*

---

[1] RegBegr. EU-ProspRL-UmsG, BT-Drucks. 15/4999, S. 39.

[2] Zur Normentwicklung auf europäischer Ebene, vgl. auch *von Kopp-Colomb*, in: Assmann/Schlitt/von Kopp-Colomb, WpPG/VerkProspG, § 23 WpPG Rn. 1.

[3] Vgl. die Komm. zu § 28 WpPG sowie die Regelungen des Art. 17 Abs. 1 Satz 2, Abs. 2 EU-ProspRL zur aufsichtsbehördlichen Zuständigkeit innerhalb des Europäischen Wirtschaftsraums.

staatsprinzips[4] und betrifft die BaFin als Aufnahmestaatsbehörde i. S. v. § 2 Nr. 14 WpPG[5], als solche sie gegenüber Emittenten, die außerhalb ihres Herkunftsstaats prospektrechtsrelevanten Tätigkeiten nachgehen, auf dem deutschen Hoheitsgebiet bei Feststellung eines Verstoßes gegen das WpPG nicht unmittelbar tätig werden kann.[6] Die Vorschrift ist zugleich eine Ausprägung der allgemeinen Aufsichtskooperationsbefugnis nach § 4 Abs. 2 FinDAG.[7]

2   Für die Fälle der grenzüberschreitenden Aufsichtskooperation regelt § 29 WpPG ein zweistufiges Verfahren mit steigender Befugnisermächtigung der zuständigen Behörde des Aufnahmemitgliedsstaates.[8] Eine Zusammenarbeit mit Drittstaaten ist von der Vorschrift nicht umfasst.[9]

3   Der zuständigen Behörde des Herkunftstaates soll durch die Informationsübermittlung einerseits die Möglichkeit eingeräumt werden, zunächst selbst eigene Maßnahmen zu treffen. Andererseits ist die BaFin nach § 29 Abs. 2 WpPG erst dann befugt, die für den Schutz des Publikums erforderlichen Maßnahmen zu ergreifen, wenn entgegen den von der zuständigen Behörde des Herkunftsstaats ergriffenen Maßnahmen gegen die in Abs. 1 genannten Bestimmungen des WpPG oder gegen Zulassungsfolgepflichten verstoßen wird oder die Maßnahmen der Behörde des Herkunftsstaats unzweckmäßig sind. Eine Maßnahme durch die Behörde des Herkunftsstaats setzt jedoch voraus, dass sie über die entsprechenden Informationen verfügt, auf deren Grundlage sie über die Ergreifung der erforderlichen Maßnahmen entscheiden kann.

4   § 29 WpPG wurde zuletzt geändert durch das Gesetz zur Umsetzung der Richtlinie 2010/78/EU vom 24.11.2010 im Hinblick auf die Errichtung des Europäischen Finanzaufsichtssystems (EUFAAnpG).[10] Das EUFAAnpG dient der Umsetzung der Richtlinie 2010/78/EU des Europäischen Parlaments und des Rates vom 24.11.2010 zur Änderung der Richtlinien 98/26/EG, 2002/87/EG, 2003/6/EG, 2003/41/EG, 2003/71/EG, 2004/39/EG, 2004/109/EG, 2005/60/EG, 2006/48/EG, 2006/49/EG und 2009/65/EG im Hinblick auf die Befugnisse der Europäischen Aufsichtsbehörde (Europäische Bankenaufsichtsbehörde), der Europäischen Aufsichtsbehörde (Europäische Aufsichtsbehörde für das Versicherungswesen und die betriebliche Altersversorgung) und der

---

4 Dazu nur *Ritz/Voß*, in: Just/Voß/Ritz/Zeising, WpPG, § 24 Rn. 2.

5 Der Aufnahmestaat ist der Staat, in dem ein öffentliches Angebot unterbreitet oder die Zulassung zum Handel angestrebt wird, sofern dieser Staat nicht Herkunftsstaat i. S. v. § 2 Nr. 13 WpPG ist. Vgl. dazu *Heidelbach*, in: Schwark/Zimmer, KapMRK, § 2 Rn. 68 ff.

6 *Ritz/Voß*, in: Just/Voß/Ritz/Zeising, WpPG, § 24 Rn. 1; *von Kopp-Colomb*, in: Assmann/Schlitt/von Kopp-Colomb, WpPG/VerkProspG, § 23 WpPG Rn. 1. Vgl. dazu auch die Komm. zu § 26 WpPG, dort Rn. 1.

7 Vgl. dazu die Komm. von *Laars*, FinDAG, § 4.

8 Die amtliche Überschrift („Vorsichtsmaßnahmen") ist insoweit irreführend, vgl. auch *Ritz/Voß*, in: Just/Voß/Ritz/Zeising, WpPG, § 24 Rn. 3. Wohl auch *von Kopp-Colomb*, in: Assmann/Schlitt/von Kopp-Colomb, WpPG/VerkProspG, § 23 WpPG Rn. 2.

9 Vgl. auch die Komm. zu § 28 WpPG, dort Rn. 11 ff.

10 BGBl. I 2011, Nr. 62, S. 2427. Vgl. dazu auch RegBegr. EUFAAnpG, BT-Drs. 17/6255.

Europäischen Aufsichtsbehörde (Europäische Wertpapier- und Marktaufsichtsbehörde).[11] Nach Art. 3 Nr. 9 Buchst. a EUFAAnpG wurde in § 29 Abs. 1 Satz 1 WpPG von einem vormaligen Ermessen der BaFin zur Übermittlung des Verstoßes gegen die Bestimmungen des WpPG oder Zulassungsfolgepflichten an die zuständigen Behörden des Herkunftsstaates eine Übermittlungspflicht, die nicht mehr nur gegenüber den mitgliedstaatlichen Behörden, sondern auch gegenüber der Europäischen Wertpapier- und Marktaufsichtsbehörde (European Securities and Markets Authority – ESMA) gilt. Änderungen in § 29 Abs. 2 Satz 1 und 2 WpPG durch Art. 3 Nr. 9 Buchst. b EUFAAnpG galten ebenso der Einbindung der ESMA als Informationsempfängerin. Eine redaktionelle Anpassung (Nummerierung) erfolgte durch Art. 6 des Gesetzes zur Novellierung des Finanzanlagenvermittler- und Vermögensanlagenrechts vom 6. Dezember 2011.[12]

II. Informationsübermittlung (§ 29 Abs. 1 WpPG)

1. Überblick

Im Gegensatz zu § 28 WpPG regelt § 29 Abs. 1 WpPG für zwei Fälle die ein- 5
seitige, initiative[13] Informationsübermittlung der BaFin an die zuständige Behörde des Herkunftstaates, in denen der Verstoß eines Emittenten oder eines mit der Platzierung des öffentlichen Angebots beauftragten Instituts oder Unternehmens (1) gegen bestimmte Vorschriften des WpPG oder (2) gegen Zulassungsfolgepflichten[14] feststeht, ohne dass der Informationsübermittlung ein entsprechendes Ersuchen der zuständigen Behörde des Herkunftstaates vorangegangen ist.

Die Vorschrift unterliegt dem Grundsatz der Subsidiarität. Nach § 29 Abs. 1 6
Satz 2 WpPG findet die Informationsübermittlung nur dann statt, soweit nach § 28 Abs. 5 WpPG im WpHG oder in den Regelungen über die internationale Rechtshilfe in Strafsachen keine abschließenden Regelungen getroffen wurden.[15] Eine Zusammenarbeit kommt dann nur nach den Vorschriften jenes

---

11 ABl. EU Nr. L 331, 15.12.2010, S. 120.
12 BGBl. I 2011, Nr. 63, S. 2481.
13 Ein vorheriges Ersuchen der zuständigen, mitgliedstaatlichen Behörde nach § 28 WpPG ist nicht erforderlich. Vgl. *Heidelbach*, in: Schwark/Zimmer, KapMRK, § 24 WpPG Rn. 3.
14 Grundsätzlich genügt für die Informationsübermittlung ein Verstoß gegen Zulassungsfolgepflichten anderer Gesetze aufgrund des Prinzips der begrenzten Generalbefugnisse (dazu die Komm. zu § 26 WpPG, dort Rn. 1) nicht. Vgl. zudem *ESMA*, update CESR recommendation, consistent implementation, ESMA/2013/319, Question No. 35: „ESMA agreed that as the Prospectus Directive only harmonises the aspects included in it, the irregularities and breaches mentioned in Article 23 refer only to obligations under the Prospectus Directive as transposed into the host national legislation". Zur insoweit übernommenen, (gegenwärtig) nicht aktualisierten Empfehlung des CESR, vgl. auch *Heidelbach*, in: Schwark/Zimmer, KapMRK, § 24 WpPG Rn. 8.
15 Vgl. *Linke*, in: Schäfer/Hamann, KapMG, § 24 Rn. 3; *Groß*, KapMR, § 29 WpPG Rn. 1. Vgl. zudem die Komm. zu § 28 WpPG, dort Rn. 38 ff.

Gesetzes in Betracht, nicht jedoch nach § 29 Abs. 1 WpPG.[16] Eine abschließende Regelung enthält insbesondere § 7 Abs. 5 WpHG.[17]

2. Adressat

7 Nach § 29 Abs. 1 Satz 1 WpPG ist Adressat der Informationsübermittlung ausschließlich die zuständige Behörde des Herkunftstaats sowie die Europäische Wertpapier- und Marktaufsichtsbehörde (European Securities and Markets Authority – ESMA). Übermittelt die BaFin die Informationen an die zuständige Behörde des Herkunftsstaats, hat sie die Informationen zeitgleich an die ESMA zu übermitteln. Sinn und Zweck der zusätzlichen Übermittlungspflicht ist die Einbindung der BaFin in die zentral-institutionalisierte Aufsicht im Rahmen des Europäischen Systems der Finanzaufsicht (European System of Financial Supervision – ESFS).[18]

3. Gegenstand und Umfang der Informationsübermittlung

8 § 29 Abs. 1 WpPG räumt der BaFin die Befugnis ein, im Falle eines Verstoßes gegen bestimmte Bestimmungen des WpPG oder gegen Zulassungsfolge- pflichten[19] durch einen in einem anderen EWR-Staat ansässigen Emittenten i. S. v. § 2 Nr. 9 WpPG oder ein mit der Platzierung eines öffentlichen Ange- bots beauftragten Instituts i. S. v. § 1 Abs. 1b KWG oder Unternehmens i. S. v. §§ 53 Abs. 1 Satz 1, 53 b Abs.1 oder 7 KWG, das in einem anderen EWR- Staat ansässig ist (§ 53 b Abs. 1 Satz 1 KWG)[20], der zuständigen Behörde des Herkunftsstaats Informationen über diesen Verstoß zu übermitteln. Der An- wendungsbereich des § 29 Abs. 1 WpPG ist abschließend; Anbieter i. S. v. § 2 Nr. 10 WpPG oder Zulassungsantragssteller sind im Einklang mit der europä- ischen Regelungsvorgabe[21] nicht erfasst.[22] § 29 Abs. 1 WpPG ist jedoch enger formuliert als Art. 23 Abs. 1 EU-ProspRL.[23]

---

16 RegBegr. EU-ProspRL-UmsG, BT-Drucks. 15/4999, S. 39. Vgl. bereits die Nachw. in Fn. 14.

17 Vgl. dazu *Döhmel*, in: Assmann/Schneider, WpHG, § 7 Rn. 25 sowie die Komm. zu § 28 WpPG, dort Rn. 38 ff.

18 Vgl. RegBegr. EUFAAnpG, BT-Drucks. 17/6255, S. 1, 19 f. Dazu ausführlich die Komm. zu § 28 a WpPG.

19 Dazu *von Kopp-Colomb*, in: Assmann/Schlitt/von Kopp-Colomb, WpPG/VerkProspG, § 24 WpPG Rn. 3; *Ritz/Voß*, in: Just/Voß/Ritz/Zeising, WpPG, § 24 Rn. 7.

20 Vgl. dazu *von Kopp-Colomb*, in: Assmann/Schlitt/von Kopp-Colomb, WpPG, § 24 WpPG Rn. 4, der bei Zweifeln über die Herkunftsstaatsbehörde von Unternehmen nach § 53 b Abs. 1 Satz 1 KWG auf Informationsaustauschwege nach dem WpHG verweist. Da sich die Aufsichtpflicht und -befugnis der BaFin nach § 29 WpPG nach dem Grundsatz der begrenzten Generalbefugnisse richtet, hat die BaFin in Zweifelsfällen zunächst die Her- kunftsstaatsbehörde i. S. einer Sachverhaltsaufklärung zu ermitteln, bevor sie sich auf andere, weitergehende Befugnisse rekurriert.

21 Vgl. Art. 23 EU-ProspRL.

22 Zum Hintergrund, vgl. *Heidelbach*, in: Schwark/Zimmer, KapMRK, § 24 WpPG Rn. 8.

23 *von Kopp-Colomb*, in: Assmann/Schlitt/von Kopp-Colomb, WpPG/VerkProspG, § 24 WpPG Rn. 3.

Die Befugnis der BaFin wird nur ausgelöst, wenn eine der folgenden Bestim- 9
mungen verletzt wurde:

- § 3 Abs. 1 WpPG: Öffentliches Angebot ohne vorangegangene Prospektveröffentlichung;
- § 3 Abs. 4 WpPG: Zulassung zum Handel an einem organisierten Markt
  ohne vorangegangene Prospektveröffentlichung;
- § 7 WpPG: Diskrepanzen im Hinblick auf die erforderlichen Mindestangaben nach der ProspektVO;
- § 9 WpPG: Ungültigkeit des Prospekts;
- § 14 WpPG: Keine unverzügliche bzw. fristgemäße Veröffentlichung des
  Prospekts[24];
- § 15 WpPG: Nicht den Anforderungen genügende Werbung;
- § 16 WpPG: Nicht den Anforderungen genügender oder unterlassener
  Nachtrag zum Prospekt;
- § 18 WpPG: Fehlende Notifizierung, i.V.m. § 17 Abs. 3 WpPG[25]; und
- § 19 WpPG: Nichteinhaltung der Sprachenregelung.

Grundsätzlich genügt ein Verstoß gegen Zulassungsfolgepflichten anderer 10
Gesetze als des WpPG nicht.[26] Der Verweis in § 29 Abs. 1 WpPG auf Zulas-
sungsfolgepflichten des WpPG ist damit nur begrenzt bedeutsam, da die
Umsetzung etwaiger Pflichten der EU-ProspRL nicht oder nur zum Teil im
WpPG erfolgte.[27]

Der Verstoß gegen die Vorschriften des WpPG muss erwiesen sein. Es reicht 11
nicht aus, wenn nur Anhaltspunkte vorliegen.[28] Zur Effektivierung der Aufsichtskooperation sowie zur Gewährleistung der mit der ProspektRL bezweckten Ziele dürften im Einzelfall jedoch bereits hinreichend konkretisierte Verdachtsmomente, die einen Verstoß gegen die Bestimmungen des
WpPG oder Zulassungsfolgepflichten nicht ganz unwahrscheinlich erscheinen lassen, genügen.

§ 29 Abs. 1 Satz 2 WpPG erklärt die § 28 Abs. 3 bis 5 WpPG für entspre- 12
chend anwendbar.[29] Der Verweis ist im Hinblick auf § 28 Abs. 4 WpPG entbehrlich, weil er im Vorfeld der Ermittlung eines Verstoßes gegen Bestimmungen des WpPG oder Zulassungsfolgepflichten bereits unmittelbar

---

24 Zu den Bedenken des Tätigwerdens der Aufnahmestaatsbehörde, vgl. *Ritz/Voß*, in: Just/
    Voß/Ritz/Zeising, WpPG, § 24 Rn. 6, die auf CESR/09-103, Frage 3 verweisen. Dazu auch
    ESMA, update CESR recommendation, consistent implementation, ESMA/2013/319,
    Question No. 3 (unverändert).
25 Vgl. dazu *Ritz/Voß*, in: Just/Voß/Ritz/Zeising, WpPG, § 24 Rn. 6.
26 So auch RegBegr. EU-ProspRL-UmsG, BT-Drucks. 15/4999, S. 39. Vgl. bereits oben Rn. 6
    m.w.N.
27 Dazu einerseits *Heidelbach*, in: Schwark/Zimmer, KapMRK, § 24 WpPG Rn. 8 sowie an-
    dererseits die multilaterale Verständigung der zuständigen Aufsichtsbehörden des EWR
    zur Auslegung des Art. 23 EU-ProspRL in *ESMA*, update CESR recommendation, consis-
    tent implementation, ESMA/2013/319, Question No. 35.
28 So auch *Ritz/Voß*, in: Just/Voß/Ritz/Zeising, WpPG, § 24 Rn. 4; *Heidelbach*, in: Schwark/
    Zimmer, KapMRK, § 24 WpPG Rn. 4. A.A. *Müller*, in: Frankf Komm WpPG, § 24 Rn. 10.
29 Vgl. dazu die Komm. zu § 28 WpPG Rn. 24 ff.

anwendbar, und im Hinblick auf § 28 Abs. 5 WpPG lediglich klarstellend ist.[30]

4. Unterrichtungspflicht

13 Wurde gegen die Vorschriften des WpPG oder Zulassungsfolgepflichten verstoßen, muss die BaFin die entsprechenden Informationen an die zuständige Behörde des Herkunftstaats sowie an die ESMA nach dem durch das EUFA-AnpG geänderten Wortlaut des § 29 Abs. 1 WpPG übermitteln.[31] Ein Ermessen der BaFin ist nicht eröffnet.[32] Weiterhin zu beachten ist, dass nach § 27 Abs. 1 Satz 5 WpPG die BaFin die Tatsachen an eine zuständige Stelle eines anderen Staates jedoch nur weitergegeben darf, wenn diese Stelle und die von ihr beauftragten Personen einer dem § 27 Abs. 1 Satz 1 WpPG entsprechenden Verschwiegenheitspflicht unterliegt.[33]

III. Vorsichtsmaßnahme (§ 29 Abs. 2 WpPG)

1. Überblick

14 § 29 Abs. 2 WpPG ist eine subsidiäre Ermächtigung zugunsten der Behörde des Aufnahmemitgliedstaates. Satz 1 der Vorschrift räumt der BaFin ausnahmsweise die Befugnis ein, alle für den Schutz des Publikums erforderlichen Maßnahmen zu ergreifen, wenn von einem in einem anderen EWR-Mitgliedsstaat ansässigen Emittenten oder einem mit der Platzierung eines öffentlichen Angebots beauftragten Institut oder Unternehmen, das in einem anderen EWR-Mitgliedsstaat ansässig ist, gegen einschlägige Rechts- oder Verwaltungsbestimmungen verstoßen wurde. § 29 Abs. 2 WpPG ist mangels Bestimmtheit („alle für den Schutz des Publikums erforderlichen Maßnahmen") keine eigenständige Rechtsgrundlage[34], sondern vielmehr ein (indi-

---

30 So wohl auch *von Kopp-Colomb*, in: Assmann/Schlitt/von Kopp-Colomb, WpPG/VerkProspG, § 24 WpPG Rn. 6

31 Zur vorherigen Regelung, die die Übermittlung der Informationen gegenüber der zuständigen Behörde des Herkunftsstaats in das Ermessen der BaFin gestellt hat, vgl. RegBegr EU-ProspRL-UmsG, BT-Drucks. 15/4999, S. 39; *von Kopp-Colomb*, in: Assmann/Schlitt/von Kopp-Colomb, WpPG/VerkProspG, § 24 WpPG Rn. 8; *Müller*, in: Frankf Komm WpPG, § 24 Rn. 8; *Katko*, in: Heidel, AktG, § 24 Rn. 2; *Ritz/Voß*, in: Just/Voß/Ritz/Zeising, WpPG, § 24 Rn. 5.

32 Im Hinblick auf § 24 WpPG a. F. galt nach RegBegr. EU-ProspRL-UmsG, BT-Drucks. 15/4999, S. 39, dass sich das Ermessen der BaFin zur Informationsübermittlung im Einklang mit Art. 23 Abs. 1 EU-ProspRL zu einer Pflicht zur Übermittlung reduziert, wenn über Verstöße gesicherte Erkenntnisse vorliegen. Vgl. dazu noch *Linke*, in: Schäfer/Hamann, KapMG, § 24 WpPG Rn. 2 mit Hinweis auf richtlinienkonforme Auslegung des § 29 WpPG (§ 24 WpPG a. F.) unter Heranziehung des Art. 23 EU-ProspRL, nach dem sich ausdrücklich eine Ermessensreduktion ergibt. So wohl auch *von Kopp-Colomb*, in: Assmann/Schlitt/von Kopp-Colomb, WpPG/VerkProspG, § 24 WpPG Rn. 5 („vertretbar"); *Katko*, in: Heidel, AktG, § 24 Rn. 2; *Müller*, in: Frankf Komm WpPG, § 24 Rn. 8.

33 Dazu ausführlich die Komm. zu § 27 WpPG.

34 So auch *von Kopp-Colomb*, in: Assmann/Schlitt/von Kopp-Colomb, WpPG/VerkProspG, § 24 WpPG Rn. 8.

rekter) Rechtsgrundverweis auf Maßnahmebefugnisse der BaFin nach dem WpPG, wie etwa die des § 21 WpPG.

Der Verweis auf die „einschlägigen Rechts- oder Verwaltungsbestimmungen" bezieht sich auf die in § 29 Abs. 1 WpPG genannten Bestimmungen des WpPG und Zulassungsfolgepflichten. Bei einem Verstoß gegen Verbots- oder Gebotsnormen anderer Gesetze kommen die Sanktionsbestimmungen dieser Gesetze zur Anwendung.[35]   *15*

2. Gegenstand und Umfang der Vorsichtsmaßnahme

Voraussetzungen für den Erlass eigener Maßnahmen durch die BaFin nach § 29 Abs. 1 Satz 1 WpPG sind zum einen der entweder fruchtlose oder unzweckmäßige Erlass von Maßnahmen durch die zuständige Behörde des Herkunftstaats sowie zum anderen die vorherige Unterrichtung der zuständigen Behörde des Herkunftstaats sowie der ESMA über den beabsichtigten Erlass eigener Maßnahmen.   *16*

Fruchtlos ist eine Maßnahme dann, wenn der Emittent, ein mit der Platzierung des öffentlichen Angebots beuftragtes Institut (§ 1 Abs. 1b KWG) oder ein mit der Platzierung beauftragtes, nach § 53 Abs. 1 Satz 1 oder § 53 b Abs. 1 Satz 1 KWG tätiges Unternehmen trotz Erlass der Maßnahme weiterhin gegen das WpPG verstößt.[36] Unzweckmäßig ist der Erlass von Maßnahmen durch die zuständige Behörde des Herkunftsstaats, wenn sie innerhalb des Geltungsbereiches des WpPG nicht oder nicht rechtzeitig durchgesetzt werden können.[37] Die Unzweckmäßigkeit liegt insbesondere bei einem öffentlichen Angebot von Wertpapieren ohne gebilligten Prospekt außerhalb des Herkuftsstaats vor.[38]   *17*

Die ergriffene Maßnahme der BaFin nach § 29 Abs. 2 WpPG ist regelmäßig Verwaltungsakt.[39] Nach §§ 43 Abs. 1, 41 VwVfG wird der Verwaltungsakt erst wirksam, wenn er ordnungsgemäß bekanntgegeben wurde. Für die Maßnahmen im Kontext des § 29 Abs. 2 WpPG ist dabei für die wirksame Bekanntgabe des Verwaltungsakts in der Regel § 15 VwVfG zu beachten, wenn die Adressaten keinen Wohnsitz oder gewöhnlichen Aufenthalt (natürliche Person) oder keinen Sitz oder keine Geschäftsleitung (juristische Person) im Inland haben.   *18*

---

35 Vgl. dazu bereits oben zu Abs. 1, Rn. 6.
36 Vgl. *von Kopp-Colomb*, in: Assmann/Schlitt/von Kopp-Colomb, WpPG/VerkProspG, § 24 WpPG Rn. 7.
37 *Groß*, KapMR, § 29 WpPG Rn. 2. Dazu auch RegBegr. EU-ProspRL-UmsG, BT-Drucks. 15/4999, S. 39.
38 So das Beispiel in RegBegr. EU-ProspRL-UmsG, BT-Drucks. 15/4999, S. 39.
39 Vgl. *Ritz/Voß*, in: Just/Voß/Ritz/Zeising, WpPG, § 24 Rn. 13; Dazu auch die Komm. zu § 26 WpPG, dort Rn. 75.

3. Ermessen

19 Im Gegensatz zu Abs. 1 eröffnet § 29 Abs. 2 WpPG der BaFin einen Ermessensspielraum im Hinblick auf das Ergreifen der Vorsichtsmaßnahme, den sie nach den allgemeinen verwaltungsrechtlichen Grundsätzen i. S. v. § 40 VwVfG auszuüben hat. Sie kann infolge ordnungsgemäßer Unterrichtung der zuständigen Behörde des Herkunftstaats sowie der ESMA alle für den Schutz des Publikums erforderlichen Maßnahmen ergreifen. Der Wortlaut entspricht insoweit dem Wortlaut des Art. 23 Abs. 2 ProspektRL und ist, gemessen an den Maßstäben des deutschen, rechtsstaatlichen Bestimmtheitsgrundsatzes, zu unbestimmt. Die Norm ist daher keine eigenständige Ermächtigungsgrundlage zugunsten der BaFin.[40] Das Ermessen der BaFin ist insoweit beschränkt, als dass nur solche Maßnahmen ergriffen werden können, zu deren Erlass die BaFin nach dem WpPG auch gegenüber in der Bundesrepublik Deutschland ansässigen Emittenten, Instituten oder Unternehmen berechtigt wäre.[41]

4. Unterrichtungspflicht

20 § 29 Abs. 2 Satz 2 WpPG bestimmt, dass die BaFin zur frühstmöglichen Unterrichtung der Europäischen Kommission sowie der ESMA über die nach Abs. 2 Satz 1 ergriffenen Maßnahmen verpflichtet ist. Diese Unterrichtung tritt neben die Absichtserklärung nach § 29 Abs. 2 Satz 1 WpPG.

21 Die Neufassung des § 29 Abs. 2 Satz 2 WpPG durch Art. 3 Nr. 9 Buchst. b Doppelbuchst. bb EUFAAnpG im Hinblick auf die Unterrichtung der ESMA nach Vorbild des Art. 5 Nr. 12 Unterabs. 2 Omnibus I-Richtlinie ist zweifelhaft. Die Auslegung der Omnibus I-Richtlinie offenbart, dass die zuständige Behörde des Aufnahmemitgliedstaats der ESMA eine zweifache Informations- und Unterrichtungspflicht schuldet. Einerseits hat die zuständige Behörde des Aufnahmemitgliedstaats noch vor Ergreifen der Maßnahme neben der zuständigen Behörde des Herkunftstaats die ESMA zu informieren und zu unterrichten. Hier ist die Informations- und Unterrichtungspflicht somit zwingende Voraussetzung dafür, dass die Ermächtigungsbefugnis zur Maßnahmeergreifung der zuständigen Behörde des Aufnahmemitgliedstaats überhaupt eröffnet ist. Andererseits ist die ESMA, neben der Europäischen Kommission, zugleich über die durch die zuständige Behörde des Aufnahmemitgliedstaats ergriffenen Maßnahmen zu informieren und zu unterrichten. Der Wortlaut („so bald wie möglich")[42] indiziert dabei, dass jedenfalls

---

40 So auch *von Kopp-Colomb*, in: Assmann/Schlitt/von Kopp-Colomb, WpPG/VerkProspG, § 24 WpPG Rn. 8.

41 *Linke*, in: Schäfer/Hamann, KapMG, § 24 WpPG Rn. 4 a. E. bezweifelt im Hinblick auf RegBegr. EU-ProspRL-UmsG, BT-Drucks. 15/4999, S. 39, bei Vorliegen der Voraussetzungen der Ausnahmeeingriffsbefugnis nach Abs. 2, wie die BaFin Verwaltungsakte etwa gegenüber ausländischen Emittenten durchsetzen will, die zwar in Deutschland tätig sind, aber dort keinen Sitz haben.

42 Der deutsche Gesetzgeber hat sich mit „zum nächstmöglichen Zeitpunkt" an der englischen Fassung der Omnibus I-Richtlinie orientiert, die von „at the earliest opportunity" spricht.

die Informationsübermittlung und Unterrichtung der Europäischen Kommission nicht Voraussetzung der Maßnahmeergreifung durch die zuständige Behörde des Aufnahmemitgliedstaats ist.[43]

Da die zuständige Behörde des Aufnahmemitgliedstaats bereits nach Art. 5 **22** Nr. 12 Unterabs. 2 Omnibus I-Richtlinie zur Informationsübermittlung und Unterrichtung der ESMA verpflichtet ist, dürfte der Regelungsgehalt des § 29 Abs. 2 Satz 2 WpPG daher gering sein. Allenfalls hat die zuständige Behörde des Aufnahmemitgliedstaats eine zweite Unterrichtung vorzunehmen, wenn zwischen vorheriger Unterrichtung und Ergreifen der Maßnahme ein nicht ganz unerheblicher Zeitabstand liegt. Angesichts des gesetzlichen Wortlauts muss die Absichtserklärung mit der Erklärung nach § 29 Abs. 2 Satz 2 WpPG jedoch deckungsgleich sein. Andernfalls, etwa dann, wenn die tatsächliche Vorsichtsmaßnahme von der in der Absichtserklärung genannten Maßnahme abweicht, dürfte eine zwingende Voraussetzung des Ergreifens einer Vorsichtsmaßnahme wegfallen. Im Übrigen ist die Unterrichtung nach § 29 Abs. 2 Satz 2 WpPG sodann von nur deklaratorischer Bedeutung im Hinblick auf die tatsächlich getroffene Maßnahme der BaFin.

---

43 So wurde auch § 24 Abs. 2 Satz 2 WpPG a. F. aufgefasst, vgl. *Heidelbach*, in: Schwark/ Zimmer, KapMRK, § 24 Rn. 17.

§ 30
Bekanntmachung von Maßnahmen

Die Bundesanstalt kann unanfechtbare Maßnahmen, die sie wegen Verstößen gegen Verbote oder Gebote dieses Gesetzes getroffen hat, auf ihrer Internetseite öffentlich bekannt machen, soweit dies zur Beseitigung oder Verhinderung von Missständen geboten ist, es sei denn, diese Veröffentlichung würde die Finanzmärkte erheblich gefährden oder zu einem unverhältnismäßigen Schaden bei den Beteiligten führen.

Inhalt

I. Grundlagen, Normzweck und Regelungscharakter

1   § 30 WpPG setzt Art. 25 Abs. 2 EU-ProspRL um.[1] Die Vorschrift entspricht weitgehend § 40 b WpHG.[2] § 30 WpPG ermächtigt die BaFin, die von ihr wegen Verstößen gegen Verbote oder Gebote des WpPG getroffenen Maßnahmen auf ihrer Internetseite oder durch Verlinkung auf andere Internetseiten[3] zu veröffentlichen (sog. *naming and shaming*[4]), soweit dies zur Beseitigung oder Verhinderung von Missständen geboten ist und diese Veröffentlichung die Finanzmärkte nicht erheblich gefährdet und nicht zu einem unverhältnismäßigen Schaden bei den Beteiligten führt. Damit stellt § 30 WpPG einerseits eine tatbestandliche Ausnahme zur Verschwiegenheitspflicht nach § 27 Abs. 1 WpPG dar[5], andererseits eine Intensivierung der (Grund-)Maßnahme der BaFin nach dem WpPG.

---

1   Vgl. dazu RegBegr. EU-ProspRL-UmsG, BT-Drucks. 15/4999, S. 39.

2   § 40 b WpHG setzt Art. 14 Abs. 4 MarktmissbrauchsRL um, der wörtlich mit Art. 25 Abs. 2 EU-ProspRL übereinstimmt. Vgl. dazu RegBegr. AnSVG, BT-Drucks. 15/3174, S. 41. Die Ausführungen zu § 40b WpHG sind entsprechend heranzuziehen. Vgl. auch die z.T. unterschiedliche Nuancierung in den korrespondierenden Regelungen in §§ 37 Abs. 1 Satz 3, 60 b KWG, § 81f Abs. 1 Satz 3 VAG, § 44 WpÜG, § 31 Abs. 4 VermAnlG und § 5 Abs. 7 KAGB.

3   Dazu *Katko/Röhrborn*, in: Heidel, AktG, § 25 WpPG Rn. 1 sowie RegBegr. AnSVG, BT-Drucks. 15/3174, S. 41. Vgl. noch unten Rn. 11.

4   Vgl. zum Rechtsbegriff des *corporate shamings* nur *Fleischer*, ZGR 2004, 437, 475 ff. und ausführlich zu Grenzen und rechtsvergleichenden Aspekten in der internationalen Finanzmarktregulierung *Greene/Boehm*, 97 Cornell L. Rev. 1083 (2012) jeweils m.w.N. sowie allg. *Kubiciel*, ZStW 2006, 44.

5   So auch *Müller*, in: Frankf Komm WpPG, § 25 Rn. 3; *Linke*, in: Schäfer/Hamann, KapMG, § 25 WpPG Rn. 1. Zu § 40 b WpHG spricht *Vogel*, in: Assmann/Schneider,
(Fortsetzung auf Seite 1431)

Welche Rechtsnatur die Vorschrift aufweist, wird nicht eindeutig beantwor-   *2*
tet.[6] § 30 WpPG dürfte ein doppelter Regelungscharakter zukommen. Einerseits handelt es sich bei der Bekanntmachung um eine staatliche Informati-
onsmaßnahme zur Informationsvorsorge[7] mit weitgehend präventiver,
gefahrenabwehrrechtlicher Wirkung.[8] Die Bekanntmachungsbefugnis erlaubt eine kostengünstige und effiziente Durchsetzung supervisorischer und
legislativer Ziele.[9] Zweck der Bekanntmachung ist danach vor allem der
Schutz der Anleger vor Unternehmen mit unredlichem Geschäftsgebaren
durch Schaffung einer möglichst weitgehenden Transparenz.[10] Andererseits
stellt die Bekanntmachung eine behördliche Eingriffsmaßnahme mit zumindest faktisch repressiver, pönaler Wirkung dar[11], die über die intendierte Abschreckungswirkung gegenüber und den Disziplinierungseffekt von Marktteilnehmern hinaus geht.[12] Mit der beabsichtigt präventiven Prangerwirkung
der Bekanntmachung sind Reputationsschäden für den betroffenen Addres-
saten verbunden, die das Maß der durch die Verwaltungsbefugnisse der Ba-
Fin drohenden Vermögensschäden, insbesondere das von der Festsetzung
von Ordnungswidrigkeiten nach § 35 WpPG[13], zu übersteigen geeignet ist.

WpHG, § 40b Rn. 1 von einem „Rechtfertigungsgrund, der sich auf strafrechtliche Ge-
heimnisverratstatbestände bezieht". Das Veröffentlichungsrecht der BaFin nach § 44
WpÜG sei dagegen eine „Ausprägung des Informationsgrundsatzes" nach § 3 Abs. 2
WpÜG, vgl. *Noack/Holzborn*, in: Schwark/Zimmer, KapMRK, § 44 WpÜG Rn. 1. Siehe
noch unten Rn. 15.

6 Vgl. schon die Nachw. in Fn. 5. Zur korrespondierenden Regelung in § 40b WpHG, vgl.
Altenhain, in: Köln Komm WpHG, § 40b Rn. 3 sowie *Vogel*, in: Assmann/Schneider,
WpHG, § 40b Rn. 4, der die Rechtsnatur der Bekanntmachung als „primär präventiv"
bezeichnet und den Charakter der repressiven Sanktion ausschließt. In diesem Sinne
wohl auch *Ritz/Voß*, in: Just/Voß/Ritz/Zeising, WpPG, § 25 Rn. 1; *Müller*, in: Frankf
Komm WpPG, § 25 Rn. 2, 4. Vgl. aber auch *Heidelbach*, in: Schwark/Zimmer, KapMRK,
§ 25 WpPG Rn. 2, wonach die Bekanntmachung eine „anprangernde Veröffentlichung"
sei.

7 Vgl. dazu nur *Di Fabio*, in: Maunz/Dürig, GG, Art. 2 Rn. 180 m.w.N.

8 Danach ist dieBekanntmachung Bestandteil „negativer Publizität". Vgl. dazu *Altenhain*,
in: Köln Komm WpHG, § 40b Rn. 1; *Zimmer/Cloppenburg*, in: Schwark/Zimmer,
KapMRK, § 40b WpHG Rn. 1; *Vogel*, in: Assmann/Schneider, WpHG, § 40b Rn. 3.

9 Vgl. dazu *Möllers*, AcP 208 (2008), 1, 2 ff., 15.

10 Zur mit Art. 25 Abs. 2 ProspektRL korrespondierenden Regelung in Art. 14 Abs. 4 Markt-
missbrauchsRL, vgl. auch *Europäische Kommission*, Vorschlag für eine Richtlinie des Eu-
ropäischen Parlaments und des Rates über Insider-Geschäfte und Marktmanipulation
(Marktmissbrauch), 30.05.2001, KOM(2001) 281 endg., S. 11: „Die Bekanntgabe von
Sanktionen hat eine äußerst starke Abschreckungswirkung." Im Kontrast ist etwa der
Zweck der Verschwiegenheitspflicht nach § 27 WpPG der Schutz vor allem des redlichen
Verfahrensbeteiligten und dessen Recht auf informationelle Selbstbestimmung. Vgl.
dazu die Komm. zu § 27 WpPG.

11 A. A. *Müller*, in: Frankf Komm WpPG, § 25 Rn. 4, die auf Wortlaut und (deutsche) Systematik der Norm rekurriert.

12 Dazu auch *von Kopp-Colomb*, in: Assmann/Schlitt/von Kopp-Colomb, WpPG/Verk-
ProspG, § 25 WpPG Rn. 2.

13 Für Ordnungswidrigkeiten kann höchstens eine Geldbuße von 500.000 Euro festgesetzt
werden, vgl. § 35 Abs. 3 WpPG. Vgl. dazu die Komm. zu § 35 WpPG sowie *Laars*,
FinDAG, § 17 Rn. 2.

In so verstandenem Sinne steht die öffentliche Bekanntmachung von Rechtsverstößen jedenfalls in der systematischen Rechtsetzungstradition des europäischen Gesetzgebers.[14]

3 Die Bekanntmachung weist Grundrechtsrelevanz i. S. eines Eingriffs in das allgemeine Persönlichkeitsrecht in seiner Ausprägung als Recht auf informationelle Selbstbestimmung (Art. 2 Abs. 1, 1 Abs. 1 GG) auf. Da hoheitliche Eingriffe in Grundrechte nur vorgenommen werden dürfen, wenn sie von einer gesetzlichen Grundlage gedeckt sind[15], bietet § 30 WpPG insoweit die den Grundrechtseingriff rechtfertigende Schranke. In diesem Sinne ist die BaFin an die gesetzlichen Ermessensvorgaben des § 30 WpPG (Gebotenheit und Güter-/Interessenabwägung) sowie an eine verfassungsrechtlich gebotene, umfassende Verhältnismäßigkeitsprüfung vor etwaiger Bekanntmachung gehalten. Aufgrund des Regelungscharakters des § 30 WpPG ist dabei ein strenger, den Grundrechtsschutz des Betroffenen einzubeziehender Maßstab anzulegen. Ein restriktiver Gebrauch sollte insbesondere bei nicht-anonymisierten Bekanntmachungen gelten.

II. Missstand

4 Eine Veröffentlichung darf nur erfolgen, soweit dies zur Beseitigung oder Verhinderung von Missständen geboten ist. Ein Missstand liegt stets dann vor, wenn die Aufsichtsziele und Bestimmungen des WpPG und die über das WpPG anwendbaren Bestimmungen anderer Rechtsakte, insbesondere der EU-ProspV, beeinträchtigt werden[16], d. h. grundsätzlich jede negative Abweichung vom Standard, die eine gewisse Erheblichkeit und Nachhaltigkeit aufweisen muss[17]. Unerheblich ist, ob der Missstand bereits eingetreten ist oder das Eintreten eines Missstandes bevorsteht.[18] Es reicht jedoch nicht aus, wenn Tatsachen lediglich den Verdacht begründen, dass der Eintritt eines Missstandes bevorsteht. Entsprechend den allgemeinen Prinzipien des Gefahrenabwehrrechts ist eine Veröffentlichung vielmehr erst dann gerechtfertigt, wenn die Tatsachen so verdichtet oder gewichtig sind, dass mit an Si-

---

14 Als allgemeines Prinzip des europäischen Kapitalmarktrechts finden sich die Vorschriften des *naming and shaming* in den Abschnitten der Sanktionsregulierung, vgl. Art. 14 Abs. 4 MarktmissbrauchsRL, Art. 25 Abs. 2 EU-ProspRL, Art. 28 Abs. 2 TransparenzRL, Art. 51 Abs. 3 MiFID.

15 Für Eingriffe in das Recht der informationellen Selbstbestimmung, vgl. nur *Di Fabio*, in: Maunz/Dürig, GG, Art. 2 Rn. 180.

16 Vgl. die Legaldefinition aus dem Versicherungsaufsichtsrecht in § 81 Abs. 2 Satz 2 VAG sowie den Missstandsbegriff in § 4 Abs. 1 Satz 2 WpHG. Vgl. auch *Ritz/Voß*, in: Just/ Voß/Ritz/Zeising, WpPG, § 25 Rn. 10 f. sowie *Müller*, in: Frankf Komm WpPG, § 25 Rn. 8. Der Missstandsbegriff ist dabei weitgehend identisch mit dem polizeirechtlichen Gefahrenbegriff, vgl. dazu *Zetzsche*, in: Schwark/Zimmer, KapMRK, § 4 WpHG Rn. 20 m. w. N. auch zur Normierung des Misstandsbegriffs im besonderen Wirtschaftsverwaltungsrecht.

17 So zum Missstandsbegriff des KWG, vgl. nur *Schäfer*, in: Boos/Fischer/Schulte-Mattler, KWG, § 6 Rn. 32 m. w. N.

18 Für § 40 b WpHG so auch *Vogel*, in: Assmann/Schneider, WpHG, § 40b Rn. 6.

cherheit grenzender Wahrscheinlichkeit vom Eintritt einer Rechtsbeeinträchtigung oder -verletzung auszugehen ist.[19]

Die Missstandsaufsicht der BaFin beschränkt sich im Hinblick auf die Er- 5
mächtigung des § 30 WpPG nur auf das WpPG und die unmittelbar anwendbare EU-ProspV. Bekanntmachungen im Hinblick auf Verstöße anderer Vorschriften sind daher nicht möglich.[20] Trotz faktischer Bindung[21], sind damit auch etwaige Missstände im Hinblick auf aufsichtsbehördliche Empfehlungen der BaFin oder Level 3-Maßnahmen der Europäischen Wertpapier- und Marktaufsichtsbehörde (European Securities and Markets Authority – ESMA), soweit sie nicht ausnahmsweise rechtlich verbindlich sind[22], von der Bekanntmachungsbefugnis nach § 30 WpPG ausgeschlossen.[23]

Für die korrespondierende Vorschrift des § 40 b WpHG ist umstritten, ob ein 6
einmaliger Verstoß für eine Bekanntmachung ausreicht[24] oder mehrere Verstöße mit nicht nur unerheblichen Nachteilen[25] vorliegen müssen. Für das WpPG ist die Frage im Hinblick auf die Eingriffsintensität der Bekanntmachung zu beantworten. Bei nur einmaligem Verstoß wäre eine Bekanntmachung nach § 30 WpPG gemessen an einem Eingriff in das allgemeine Persönlichkeitsrecht durch Veröffentlichung auch von individualisierten oder individualisierbaren Informationen mit vergleichsweise hoher Folgenintensität für den Betroffenen verbunden. Soll bereits ein einmaliger Verstoß noch Ermessen zugunsten der BaFin bei der Entscheidung über eine Bekanntmachung eröffnen, so ist dies jedenfalls als Korrektiv im Rahmen der hohen Anforderungen an die Verhältnismäßigkeitsprüfung zu beachten. [26]

III. Ermessen (Gebotenheit und Verhältnismäßigkeit)

Bei Vorliegen der Voraussetzungen ist die Veröffentlichung in das Ermessen 7
der BaFin gestellt. Die BaFin hat ihr Ermessen zunächst an der Frage der Gebotenheit sowohl im Hinblick auf das Ob der Bekanntmachung als auch auf das Wie, d.h. etwa bezüglich der Anonymisierung und Aufmachung der Bekanntmachung, zu orientieren. Die Veröffentlichung muss danach geeignet und erforderlich sein, einen Missstand zu beseitigen oder dessen Eintritt zu verhindern. Eine Veröffentlichung, die nicht auf dieses Ziel gerichtet ist oder nicht das mildeste Mittel darstellt, weil sie beispielsweise lediglich den

---

19 StRspr zum Gefahrenabwehrrecht, vgl. grundlegend BVerwG, Urt. v. 26.02.1974 – I C 31.72, BVerwGE 45, 51 = DÖV 1974, 637 = NJW 1974, 807 = Juris, Rn. 31 f.; BVerwG, Urt. v. 17.03.1981 – I C 74.76 = BVerwGE 62, 36 = DVBl 1981, 769 = Juris, Rn. 29 f.
20 Dieser Rechtsgedanke ist Ausfluss des Prinzips der begrenzten Generalbefugnisse. Dazu *Zetzsche*, in: Schwark/Zimmer, KapMRK, § 4 WpHG Rn. 1 sowie die Komm. zu § 26 WpPG.
21 Hierzu im Überblick die Komm. zu § 26 WpPG, dort Rn. 4 sowie § 28 WpPG, dort Rn. 7 f.
22 Vgl. dazu die Komm. zu § 28 a WpPG.
23 Dazu noch unten, Rn. 11.
24 So wohl *Altenhain*, in: KölnKomm WpHG, § 40 b Rn. 11.
25 *Vogel*, in: Assmann/Schneider, WpHG, § 40 b Rn. 6.
26 Siehe Rn. 7 ff.

Zweck verfolgt, den Adressaten der Maßnahme bloßzustellen (sog. *perp walk*)[27], darf daher nicht aufgrund von § 30 WpPG erfolgen.[28]

8   Die Anforderungen, die unter Beachtung des Grundsatzes der Verhältnismäßigkeit an die Anwendung des § 30 WpPG gestellt werden, sind grundsätzlich hoch. Der Betroffene muss die Einschränkung seines Rechts auf informationelle Selbstbestimmung nur im überwiegenden Allgemeininteresse hinnehmen. Die Einschränkung muss zum Schutz öffentlicher Interessen unerlässlich sein und darf nicht darüber hinausgehen.[29] An die Rechtfertigung des Eingriffs sind umso höhere Anforderungen zu stellen, je umfangreicher und detaillierter die bekannt zu machenden Informationen sind. Dies betrifft insbesondere den Grad der Individualisierung der Bekanntmachung.

9   Eine Veröffentlichung hat zu unterbleiben, wenn sie die Finanzmärkte erheblich gefährden oder zu einem unverhältnismäßigen Schaden bei den Beteiligten führen würde. Wann eine erhebliche Gefährdung der Finanzmärkte vorliegen soll, wird nicht näher bestimmt. Eine erhebliche Gefährdung der Finanzmärkte dürfte zumindest dann angenommen werden, wenn Auswirkungen in die Nähe von Effekten systemischer Risiken[30] gelangen. Daneben soll sie beispielsweise vorliegen, wenn die Veröffentlichung der Maßnahme „irrationale Panikreaktionen"[31] auslösen kann, zu einer Beeinträchtigung der Liquidität im Markt führt oder eine Beeinträchtigung der Liquidität in einem Marktsegment auf andere Marktsegmente ausstrahlt. Ob die Veröffentlichung zu einem unverhältnismäßigen Schaden bei den Beteiligten führen kann, hat die BaFin anhand einer Güterabwägung unter Berücksichtigung vor allem des Rechts auf informationelle Selbstbestimmung des Adressaten der Maßnahme und dem Anleger- und Marktfunktionsschutz anhand der Umstände des Einzelfalles zu entscheiden.[32] Einzubeziehen ist auch das Ausmaß des Reputationsschadens des Betroffenen im Hinblick auf eine durch die Bekanntmachung potenzierte Insolvenz infolge ausbleibender Refinanzierungsmöglichkeiten oder Verschlechterungen von Ratings.[33]

---

27 Dazu etwa *Skeel*, 2 Berkeley Bus. L.J. 105, 112 (2005). Abzugrenzen ist in diesem Zusammenhang jedenfalls, dass eine Abschreckungswirkung durchaus geeignet, nicht jedoch notwendigerweise auch erforderlich sein kann. Vgl. auch *Vogel*, in: Assmann/Schneider, WpHG, § 40 b Rn. 6, der im Einzelfall zudem die Eignung bereits durch schlichte Informationswirkung begründet sieht.

28 So auch *Vogel*, in: Assmann/Schneider, WpHG, § 40 b Rn. 3.

29 *Di Fabio*, in: Maunz/Dürig, GG, Art. 2 Rn. 181.

30 Instruktiv zu dem nicht unumstrittenen Begriff etwa *European Central Bank*, Financial Stability Review of the European Central Bank (December 2009), S. 134; *Deutsche Bundesbank*, Ansätze zur Messung und makroprudentiellen Behandlung systemischer Risiken, Monatsbericht März 2011, S. 39.

31 *Vogel*, in: Assmann/Schneider, WpHG, § 40 b Rn. 5.

32 *Linke*, in: Schäfer/Hamann, KapMG, § 25 WpPG, Rn. 3.

33 So etwa *Vogel*, in: Assmann/Schneider, WpHG, § 40 b Rn. 7 a. E.

IV. Gegenstand und Umfang der Bekanntmachung

Es kommt nur eine Veröffentlichung von Maßnahmen in Betracht, die von 10
der BaFin wegen Verstößen gegen Verbote oder Gebote des WpPG im Rahmen ihrer Befugnisse nach dem WpPG getroffen wurden.

Zwingend erforderlich ist eine Maßnahme der BaFin selbst[34]; eine Bekannt- 11
machung i. S. einer bloßen Websiteweiterleitung, etwa auf eine Pressemitteilung zu einem strafgerichtlichen Urteil, ist von § 30 WpPG nicht umfasst.[35]
Die BaFin ist kein Sprachrohr der Rechtsprechung, sondern der Gewährleistung funktionierender Finanzmärkte verpflichtete Aufsichtsbehörde (vgl. § 1
Abs. 1 FinDAG). Eine Verlinkung[36] ist daher nur möglich, wenn mit der
Drittmaßnahme auch eine Maßnahme der BaFin verbunden ist oder war. Als
bekanntmachungsfähige Maßnahmen der BaFin kommen vor allem Anordnungen und Untersagungen nach § 26 WpPG, Aussetzungsanordnungen
und Untersagungsverfügungen wegen dem WpPG zuwiderlaufender Werbung nach § 15 Abs. 6 WpPG oder unanfechtbare Bußgeldbescheide nach
§ 35 WpPG[37] in Betracht. Auch Vorsichtsmaßnahmen nach § 29 Abs. 1 und
Abs. 2 Alt. 1 WpPG können, so sie unanfechtbar sind, nach § 30 WpPG durch
die BaFin bekannt gemacht werden.[38] Ausnahmsweise können auch unmittelbar gegenüber Finanzmarktteilnehmern in Deutschland ergangene Maßnahmen der Europäischen Wertpapier- und Marktaufsichtsbehörde (European Securities and Markets Authority – ESMA) nach Art. 8 und 9 der
ESMA-Verordnung[39] durch die BaFin bekannt gemacht werden, wenn sie
neben dem betreffenden Finanzmarktteilnehmer zugleich die Befugnisse der
BaFin rechtlich binden.[40]

Die Maßnahmen dürfen nur veröffentlicht werden, wenn sie unanfechtbar 12
sind, d. h. wenn Bestands- oder Rechtskraft eingetreten ist. Hiervon zu trennen ist die sofortige Vollziehbarkeit der Maßnahme, die auch vor Unanfechtbarkeit der Maßnahmen vorliegen kann.[41]

Veröffentlicht werden dürfen die Informationen nur insoweit, als dies zur 13
Erreichung des angestrebten Zwecks erforderlich ist. Der Umfang der Veröffentlichung kann von der Bekanntmachung der Maßnahme als Rechtsfolgen-

---

34 Zur denkbaren Ausnahme im Hinblick auf verbindliche Maßnahmen der ESMA, vgl. unten sowie die Komm. zu § 28 a WpPG.
35 A. A. wohl *Ritz/Voß*, in: Just/Voß/Ritz/Zeising, WpPG, § 25 Rn. 6 in Anlehnung an Reg-Begr. AnSVG, BT-Drucks. 15/3174, S. 41 zu § 40 b WpHG.
36 Dazu bereits oben Rn. 1.
37 Vgl. auch *Ritz/Voß*, in: Just/Voß/Ritz/Zeising, WpPG, § 25 Rn. 5 ff.
38 Vgl. die Komm. zu § 29 WpPG.
39 VO (EU) Nr. 1095/2010 des Europäischen Parlaments und des Rates vom 24.11. 2010 zur Errichtung einer Europäischen Aufsichtsbehörde (Europäische Wertpapier- und Marktaufsichtsbehörde), zur Änderung des Beschlusses Nr. 716/2009/EG und zur Aufhebung des Beschlusses 2009/77/EG der Kommission, ABl. EU Nr. L 331, 15.12.2010, S. 84 (ESMA-VO).
40 Vgl. die Komm. zu § 28 a WpPG.
41 *Linke*, in: Schäfer/Hamann, KapMG, § 25 WpPG, Rn. 2. Vgl. auch *Müller*, in: Frankf Komm WpPG, § 25 Rn. 6.

anordnung über die Bekanntmachung des zugrunde liegenden anonymisierten Tatbestands bis hin zur Veröffentlichung der Namen der Adressaten der Maßnahme reichen.[42]

V. Rechtsschutz

14   Ein allgemeines Rechtsschutzbedürfnis kann zugunsten natürlicher oder juristischer Personen, die von der Bekanntmachung nach § 30 WpPG betroffen sind, insbesondere – aber nicht ausschließlich – dann bestehen, wenn die Bekanntmachung individualisiert ist und damit personenbezogene Daten enthält. Im Übrigen dürften durch die Grundrechtsrelevanz regelmäßig keine Bedenken am Rechtsschutzbedürfnis bestehen.

15   Nach überwiegender Auffassung ist der Akt der Bekanntmachung nach § 30 WpPG schlicht-hoheitliches, nicht förmliches Verwaltungshandeln (Realakt) und somit nicht im Wege von Widerspruch und Anfechtungsklage, sondern allenfalls durch vorbeugende Unterlassungsklage oder Leistungsklage angreifbar.[43] Zu beachten ist jedoch, dass § 30 WpPG einerseits nicht allein Ausnahmetatbestand zur Verschwiegenheitpflicht nach § 27 WpPG sowie andererseits nicht bloße Wissenserklärung[44] ist, die nicht auf einen Rechtserfolg gerichtet ist. Vielmehr handelt es sich – auch in Ansehung der Ratio von § 30 WpPG, seiner Parallelvorschriften und europarechtlichen Grundlagen – zugleich um eine Qualifikation der Intensität der Maßnahmebefugnis der BaFin gegenüber Betroffenen, die mit nicht nur unerheblichem, vorgeschaltetem Prüfungsaufwand der BaFin verbunden ist. Durch diese Vorverlagerung könnte die Bekanntmachung von Maßnahmen durch die BaFin auch als Verwaltungsakt einzuordnen sein.[45] In der Rechtspraxis entscheidend ist jedoch das Beschreiten des „sichersten Wegs"[46], weshalb jedenfalls im Hinblick auf die Vermeidung etwaiger Verfristung des Rechtschutzes des Betroffenen das Vorgehen gegen die Bekanntmachung von Widerspruch und

---

42 *Vogel*, in: Assmann/Schneider, WpHG, § 40b Rn. 5; *Linke*, in: Schäfer/Hamann, KapMG, § 25 WpPG Rn. 4.

43 In Anlehnung an BVerwG, Urt. v. 23.05.1989 – 7 C 2/87, BVerwGE 82, 76 (78) = NJW 1989, 2272 (Warnungen der Bundesregierung). Vgl. *von Kopp-Colomb*, in: Assmann/Schlitt/von Kopp-Colomb, WpHG/VerkProspG, § 25 WpPG Rn. 10; *Zimmer/Cloppenburg*, in: Schwark/Zimmer, § 40 b WpHG Rn. 5. Vgl. dagegen *Ritz/Voß*, in: Just/Voß/Ritz/Zeising, WpPG, § 25 Rn. 17 (Leistungsklage).

44 Vgl. dazu *Maurer*, Allg VwR, § 15 Rn. 2; *Schmitz*, in: Stelkens/Bonk/Sachs, VwVfG, § 1 Rn. 148. Damit ist sowohl die tatsächliche als auch rechtliche Natur der Bekanntmachung nach § 30 WpPG nicht mit der einer öffentlichen Warnung (dazu *Maurer*, Allgemeines Verwaltungsrecht, § 15 Rn. 8 ff.) vergleichbar, wie etwa in § 3 FinStabG oder Art. 18 ESRB-Verordnung, vgl. dazu auch die Komm. zu § 28 a WpPG.

45 Ähnlich *Altenhain*, in: KölnKomm WpHG, § 40 b Rn. 16.

46 Dazu bereits RGZ 151, 259 (264). Aus neuerer Zeit BGH, Urt. v. 29.06.2006 – IX ZR 76/04, NJW 2006, 3494; BGH, Urt. v. 13.03.2008 – IX ZR 136/07, NJW-RR 2008, 1235 jeweils m.w.N.

Anfechtungsklage zu empfehlen ist.[47] Trotz der gleichberechtigten Behördensitze nach § 1 Abs. 2 FinDAG, gilt für Klagen gegen die BaFin Frankfurt am Main als Sitz der Behörde.[48]

---

47 So auch *Vogel*, in: Assmann/Schneider, WpHG, § 40 b Rn. 9. Das Bekanntmachungsrecht der BaFin nach § 30 WpPG sei in der Praxis bislang nur von geringerer Bedeutung, vgl. *Linke*, in: Schäfer/Hamann, KapMG, § 25 WpPG Rn. 5.
48 § 1 Abs. 3 Satz 1 FinDAG. Dazu *Laars*, FinDAG, § 1 Rn. 2. Zum Rechtsschutz gegen Maßnahmen der BaFin, vgl. auch die Komm. zu § 26 WpPG Rn. 79.

§ 31
Sofortige Vollziehung

Keine aufschiebende Wirkung haben

1. **Widerspruch und Anfechtungsklage gegen Maßnahmen nach § 15 Abs. 6 und § 26 sowie**
2. **Widerspruch und Anfechtungsklage gegen die Androhung oder Festsetzung von Zwangsmitteln.**

Inhalt

I. Grundlagen, Regelungsinhalt und Normzweck

1   Nach § 31 WpPG[1] haben Widerspruch und Anfechtungsklage in Abweichung zu § 80 Abs. 1 VwGO gegen Maßnahmen nach § 15 Abs. 6 WpPG und § 26 WpPG[2] sowie gegen die Androhung oder Festsetzung von Zwangsmitteln keine aufschiebende Wirkung. Bei der Androhung oder Festsetzung von Zwangsmitteln sind nach § 17 FinDAG die Vorschriften des Verwaltungs-Vollstreckungsgesetzes (VwVG) anzuwenden.[3]

2   Durch die sofortige Vollziehung soll erreicht werden, dass ohne bedeutende zeitliche Verzögerung der vom WpPG bezweckte Anlegerschutz und der Schutz der Marktfunktionsfähigkeit[4] verwirklicht werden und nicht ins Leere laufen.[5] Dies soll insbesondere für den Fall der Billigung von Nachträgen

---

1   Die Norm dient nicht der Umsetzung EU-Rechts. Zur Normentwicklung, vgl. etwa *von Kopp-Colomb*, in: Assmann/Schlitt/von Kopp-Colomb, WpPG/VerkProspG, § 26 WpPG Rn. 1. Vgl. auch die korrespondierenden Regelungen in § 49 KWG, § 89 a VAG, § 42 WpÜG, § 4 Abs. 7 WpHG, § 17 Abs. 3, 18 Abs. 2, 19 Abs. 4 VermAnlG, § 7 KAGB.
2   Zu den Maßnahmen nach §§ 15 Abs. 6 WpPG und § 26 WpPG, vgl. im Detail die Komm. ebd. sowie unten, Rn. 3.
3   Zu den Besonderheiten, vgl. etwa OLG Frankfurt, Beschl. v. 28.06.2012 – WpÜG 8/11, NZG 2012, 911 = AG 2012, 719 im Kontext der Zwangsgeldfestsetzung aufgrund fehlerhafter Erfüllung der Offenlegungspflichten nach §§ 37n ff. WpHG. Siehe auch *Laars*, FinDAG, § 17 Rn. 1 f. sowie die Komm. zu § 26 WpPG Rn. 75 ff.
4   Vgl. einerseits RegBegr EU-ProspRL-UmsG, BT-Drucks. 15/4999, S. 25 sowie andererseits Erwge. 10, 16 EU-ProspRL.
5   RegBegr. EU-ProspRL-UmsG, BT-Drucks. 15/4999, S. 25, 40. Anleger sollen insbesondere nicht auf Ansprüche nach §§ 21 ff. WpPG beschränkt werden, vgl. dazu auch *Groß*, KapMR, § 31 WpPG; *von Kopp-Colomb*, in: Assmann/Schlitt/von Kopp-Colomb, WpPG/

(Fortsetzung auf Seite 1439)

i. S. v. § 16 WpPG gelten.[6] Eine schnelle Durchsetzung der Entscheidungen der BaFin ist nur möglich, wenn Widerspruch und Anfechtungsklage gegen die Anordnung oder Festsetzung von Zwangsmitteln keine aufschiebende Wirkung haben.[7] Das Rechtsschutzinteresse des Adressaten der Maßnahme tritt in diesem Stadium des Verwaltungsverfahrens, vorbehaltlich des vorläufigen Rechtschutzverfahrens nach § 80 Abs. 5 VwGO, hinter das Anlegerschutzinteresse zurück.

II. Sofortige Vollziehung

1. Materiellrechtliche Verwaltungsakte (§ 31 Nr. 1 WpPG)

§ 31 Nr. 1 WpPG ordnet an, dass Widerspruch und Anfechtungsklage gegen   3
die Maßnahmen der BaFin, entgegen § 80 Abs. 1 VwGO, keine aufschiebende Wirkung haben. Die Maßnahmen der BaFin stellen Verwaltungsakte dar.[8] Die Regelung erfasst im Einzelnen folgende Verwaltungsakte[9]:

– § 15 Abs. 6 Satz 1 WpPG: Aussetzungsanordnung im Hinblick auf Werbung, die § 15 Abs. 1 i. V. m. Abs. 2 bis 5 WpPG zuwiderläuft;
– § 15 Abs. 6 Satz 2 WpPG: Untersagungsverfügung im Hinblick auf Werbung, die Angaben enthält, die zur Irreführung über den Umfang der Prüfung nach § 13 WpPG oder § 16 WpPG geeignet sind;
– § 26 Abs. 2 Satz 1 WpPG: Informationsverlangen gegenüber Emittent, Anbieter oder Zulassungsantragssteller;
– § 26 Abs. 2 Satz 2 WpPG: Informationsverlangen gegenüber mit dem Emittenten, Anbieter oder Zulassungsantragssteller verbundenen Unternehmen und Scheinanbieter;
– § 26 Abs. 3 WpPG: Informationsverlangen gegenüber Abschlussprüfer, Gremienmitglieder des Emittenten, Anbieters oder Zulassungsantragsstellers sowie Institute, die mit der Platzierung beauftragt wurden;
– § 26 Abs. 4 Satz 1 WpPG: Untersagungsverfügung im Hinblick auf öffentliche Angebote;
– § 26 Abs. 4 Satz 2 WpPG: Aussetzungsanordnung im Hinblick auf öffentliche Angebote;
– § 26 Abs. 8 WpPG: qualifizierte Maßnahmebefugnisse, u. U. auch i. V. m. § 26 Abs. 2 WpPG.

VerkProspG, § 26 WpPG Rn. 2 ff.; *Müller*, in: Frankf Komm WpPG, § 26 Rn. 1; *Ritz/Voß*, in: Just/Voß/Ritz/Zeising, WpPG, § 26 Rn. 1. Zur korrespondierenden Regelung in § 42 WpÜG, vgl. etwa *Klepsch*, in: Steinmeyer, WpÜG, § 42 Rn. 1.

6   RegBegr. EU-ProspRL-UmsG, BT-Drucks. 15/4999, S. 40.

7   Vgl. so auch *Lindemann*, in: Boos/Fischer/Schulte-Mattler, KWG, § 49 Rn. 4; *Zetzsche*, in: Schwark/Zimmer, KapMRK, § 4 WpHG Rn. 72. Zu einzelnen Beispielfällen, inwieweit Anlegerschutzbelange berührt sein können, vgl. auch die Komm. zu § 26 WpPG.

8   Siehe auch *von Kopp-Colomb*, in: Assmann/Schlitt/von Kopp-Colomb, WpPG/VerkProspG, § 21 WpPG Rn. 45; *Müller*, in: Frankf Komm WpPG, § 21 Rn. 16.

9   Vgl. dazu im Detail die einzelnen Komm. ebd.

2. Zwangsmittel (§ 31 Nr. 2 WpPG)

4 Kommen die Adressaten den nach § 26 WpPG oder § 15 Abs. 6 WpPG erlassenen Verwaltungsakten nicht nach, kann die BaFin ihre Befolgung mangels aufschiebender Wirkung[10] nach § 17 Satz 1 FinDAG[11] nach ihrem Ermessen[12] unter besonderer Beachtung des Verhältnismäßigkeitsgrundsatzes unmittelbar mit den Mitteln des VwVG durchsetzen. § 17 Satz 2 bis 4 FinDAG regelt Besonderheiten gegenüber den Vorschriften des VwVG.[13] Nach § 9 VwVG kommt die Ersatzvornahme (§ 10 Abs. 1 VwVG), der unmittelbare Zwang (§ 12 VwVG) oder das Zwangsgeld (§ 11 VwVG) in Betracht. Dem Zwangsgeld kommt als taugliches Zwangsmittel, auch im Hinblick auf § 9 Abs. 2 VwVG, die überwiegende Bedeutung zu[14], da die mit den Zwangsmitteln durchgesetzten Pflichten regelmäßig unvertretbare Handlungen darstellen.[15] Das Zwangsgeld kann nach § 17 Satz 4 FinDAG, abweichend von § 11 Abs. 3 VwVG[16], bis zu 250.000 Euro betragen.[17] Die Höhe ist im Einzelfall nach dem Grundsatz der Verhältnismäßigkeit festzusetzen.[18] Der Höchstbetrag ist nicht erweiterbar.[19] Zur Effektivierung der Finanzaufsicht sowie zur Gewährleistung der supervisorischen Ziele im Regelungsbereich des WpPG haben Widerspruch und Anfechtungsklage gegen die Androhung oder Festsetzung von Zwangsmitteln keine aufschiebende Wirkung.

---

10 Vgl. dazu auch § 6 Abs. 1 VwVG.

11 Dazu *Laars*, FinDAG, § 17 Rn. 1 f. sowie RegBegr. FinDAG, BT-Drucks. 14/7033, S. 28.

12 Zu Ermessensfehlern im Zusammenhang mit § 17 FinDAG und der Veröffentlichung von Finanzberichten nach §§ 37n ff. WpHG, vgl. OLG Frankfurt, Beschl. v. 28.06.2012 – WpÜG 8/11, NZG 2012, 911 = AG 2012, 719, 720 ff.

13 Hierzu auch *Ritz/Voß*, in: Just/Voß/Ritz/Zeising, WpPG, § 26 Rn. 5 ff.

14 Zur korrespondierenden Vorschrift des § 46 WpÜG, vgl. *Klepsch*, in: Steinmeyer, WpÜG, § 46 Rn. 8 m.w.N.

15 Dazu allg. *Engelhardt/App/Schlatmann/Glotzbach*, in: Engelhardt/App, VwVG/VwZG, § 11 VwVG Rn. 6. Vgl. auch *Ritz/Voß*, in: Just/Voß/Ritz/Zeising, WpPG, § 26 Rn. 8; *Röhrborn*, in: Heidelbach, AktG, § 21 WpPG Rn. 8; *Assmann*, in: Assmann/Pötzsch/Schneider, WpÜG, § 46 Rn. 13 jeweils m.w.N. Vgl. zudem VG Frankfurt, Beschl. v. 11.01.2011 – 9 L 2966/10.F, Juris Rn. 11 f.; VG Frankfurt, Beschl v. 25.10.2011 – 9 L 2634/11.F, Juris Rn. 8.

16 Dazu und zur fehlenden Euroumstellung in § 11 Abs. 3 VwVG, vgl. *Engelhardt/App/Schlatmann/Glotzbach*, in: Engelhardt/App, VwVG/VwZG, § 11 Rn. 8.

17 Zum insoweit abweichenden § 46 Satz 4 WpÜG, der einen Höchstbetrag von 500.000 Euro vorsieht, vgl. *Klepsch*, in: Steinmeyer, WpÜG, § 46 Rn. 8; *Assmann*, in: Assmann/Pötzsch/Schneider, WpÜG, § 46 Rn. 11, 17.

18 Zum Entschließungsermessen und Verhältnismäßigkeitsgrundsatz im Hinblick auf das *Ob* und das *Wie* des Zwangsgelds, vgl. *Engelhardt/App/Schlatmann/Glotzbach*, in: Engelhardt/App, VwVG/VwZG, § 11 Rn. 8 m.w.N. zur Rspr.

19 Insoweit wird insbesondere bei finanzkräftigen Intermediären die Wirksamkeit des Einsatzes von Verwaltungszwang zur effektiven Durchsetzung der Aufsichtsziele durch die BaFin bezweifelt. Vgl. dazu auch *Laars*, FinDAG, § 17 Rn. 1 sowie *Röhrborn*, in: Heidel, AktG, § 21 WpPG Rn. 8, der jedoch den Anwendungsbereich des § 17 FinDAG nicht einbezieht. Im Übrigen besteht im Hinblick auf die Präventions- und Disziplinierungswirkung des § 17 Satz 4 FinDAG keine Korrelation zum Bußgeldtatbestand des § 35 Abs. 3 i.V.m. Abs. 1 Nr. 5 und Abs. 2 Nr. 2 WpPG.

III. Aufhebung des Sofortvollzugs, Rechtsschutz

Die Aufhebung des Sofortvollzugs kann ausnahmsweise[20] auf zwei Wegen   5
erfolgen. Einerseits kann die sofortige Vollziehung der Maßnahmen durch
die BaFin selbst aufgehoben werden, entweder durch Rücknahme des Verwaltungsaktes oder durch Aussetzung der Vollziehung. Dies kommt regelmäßig nur in Betracht, wenn der Adressat im Anschluss der Anordnung
seine ihm nach dem WpPG obliegenden Pflichten zwischenzeitlich erfüllt
hat.[21] Andererseits kann durch ein Gericht entweder im Wege der Anordnung der aufschiebenden Wirkung im Rahmen des vorläufigen Rechtsschut-
zes nach § 80 Abs. 5 VwGO oder durch Aufhebung der Maßnahme der So-
fortvollzug beendet werden. Ein erfolgloser Antrag bei der Ausgangs- bzw.
Widerspruchsbehörde nach § 80 Abs. 4 VwGO durch den Adressaten der
aufsichtsbehördlichen Maßnahme ist keine zwingende Voraussetzung.[22]

Den Eilrechtsschutz hat der Adressat der Maßnahme trotz der gleichberech-   6
tigten Behördensitze nach § 1 Abs. 2 FinDAG stets am Sitz der Behörde der
BaFin in Frankfurt a. M. zu beantragen.[23] Aufgrund der Wertung des § 31
WpPG ist zu beachten, dass bei der Interessenabwägung nach § 80 Abs. 5
und Abs. 2 Satz 1 Nr. 3 VwGO grundsätzlich ein strenger Maßstab an das
private Interesse des Antragsstellers anzulegen ist.[24]

Das Vorgehen gegen die von der BaFin eingesetzten Zwangsmittel als be-   7
lastende Verwaltungsakte richtet sich nach den gleichen Regelungen, mit
denen auch die Grundverfügungen der BaFin angreifbar sind.[25]

---

20 Vgl. dazu auch *Klepsch*, in: Steinmeyer, WpÜG, § 42 Rn. 8, der im Hinblick auf die gesetzliche Anordnung der sofortigen Vollziehbarkeit von Maßnahmen der BaFin darauf
   hinweist, dass „ganz außergewöhnliche Umstände vorliegen [müssten], bei denen ein
   Absehen von der sofortigen Vollziehbarkeit, und nicht nur von der sofortigen Durchsetzung, gerechtfertigt sein könnte."
21 Vgl. auch *Heidelbach*, in: Schwark/Zimmer, KapMRK, § 26 WpPG Rn. 4 a. E.; *von Kopp-
   Colomb*, in: Assmann/Schlitt/von Kopp-Colomb, WpPG/VerkProspG, § 26 WpPG Rn. 7.
22 Dazu *Ritz/Voß*, in: Just/Voß/Ritz/Zeising, WpPG, § 26 Rn. 14 m.w.N.
23 Vgl. § 1 Abs. 3 Satz 1 FinDAG. Dazu *Laars*, FinDAG, § 1 Rn. 2.
24 Dazu Hess. VGH, Beschl. v. 23.08.2012 – 6 B 1374/12, BeckRS 2012, 57695 (unter II.),
   mit Verweis auf Hess. VGH, Beschl. v. 23.09.2009 – 6 B 2322/09 (Juris).
25 Vgl. zum (deklaratorischen) Art. 18 Abs. 1 VwVG, allg. *Engelhardt/App/Schlatmann/
   Glotzbach*, in: Engelhardt/App, VwVG/VwZG, § 18 Rn. 1 ff. Siehe auch *Ritz/Voß*, in:
   Just/Voß/Ritz/Zeising, WpPG, § 26 Rn. 16 f.; *Assmann*, in: Assmann/Pötzsch/Schneider,
   WpÜG, § 46 Rn. 6; *Heidelbach*, in: Schwark/Zimmer, KapMRK, § 21 WpPG Rn. 12 mit
   dem Hinweis, dass Rechtsmittel jedenfalls gegen die Grundverfügung aufgrund des Unterrichtungsverfahrens in § 13 Abs. 3 WpPG praktisch bedeutungslos sind.

ABSCHNITT 8
Sonstige Vorschriften

§ 32
Auskunftspflicht von Wertpapierdienstleistungsunternehmen

Vorbehaltlich der schriftlichen Einwilligung des jeweiligen Kunden haben Wertpapierdienstleistungsunternehmen im Sinne des § 2 Absatz 4 des Wertpapierhandelsgesetzes Emittenten oder Anbietern auf Anfrage unverzüglich ihre Einstufung dieses Kunden nach § 31a des Wertpapierhandelsgesetzes mitzuteilen.

Gemäß § 3 Abs. 2 Nr. 1 besteht keine Verpflichtung zur Veröffentlichung eines Prospekts für ein Angebot von Wertpapieren, das sich ausschließlich an qualifizierte Anleger richtet. Wer qualifizierter Anleger ist, ist in § 2 Nr. 6 definiert. Für in Deutschland ansässige Kunden verweist § 2 Nr. 6 lit. a) auf § 31a WpHG. Danach sind qualifizierte Anleger Kunden und Unternehmen, die vorbehaltlich einer Einstufung als Privatkunde professionelle Kunden oder geeignete Gegenparteien im Sinne des § 31a Abs. 2 oder 4 WpHG sind, oder die gemäß § 31a Abs. 5 Satz 1 oder Abs. 7 WpHG auf Antrag als solche eingestuft worden sind oder gemäß § 31a Abs. 6 Satz 5 WpHG weiterhin als professionelle Kunden behandelt werden. Für nicht in Deutschland ansässige Anleger wurde in § 2 Nr. 6 lit. b) bis e) auf die entsprechenden Regelungen der Richtlinie über Märkte für Finanzinstrumente verwiesen, da für deren Einstufung das jeweilige ausländische Recht, mit dem die Richtlinie über Märkte für Finanzinstrumente umgesetzt wurde, entscheidend ist.[1] – § 32 WpPG dient der Umsetzung von Art. 2 Abs. 1 lit. e) Satz 2 EU-ProspRL. **1**

Der Richtliniengeber hat einen Gleichlauf der Begriffsbestimmungen des „qualifizierten Anlegers" im Sinne der EU-ProspRL einerseits und des „professionellen Kunden" im Sinne der MiFID-Richtlinie[2] andererseits herbeigeführt. Dazu verweist Art. 1 Nr. 2 lit. a) Ziff. i) der Änderungsrichtlinie in bestimmte Abschnitte der MiFID,[3] in denen professionelle Kunden und ihnen gleichstehende Personenkreise definiert werden. Diese maßgeblichen Abschnitte sind in § 31a WpHG für in Deutschland ansässige Kunden umgesetzt. Deshalb kann in den Begriffsbestimmungen zum „qualifizierten Anle- **2**

---

1 Begr. RegE ProspRLÄndRL-UmsG, BT-Drucks. 17/8684, S. 13, 16; *Groß*, KapMR, § 2 Rn. 21.

2 RL 2004/39/EG vom 21.04.2004 über Märkte für Finanzinstrumente (MiFID oder Finanzmarktrichtlinie).

3 Anh. II Abschn. I Nr. 1–4, Art. 24 und Art. 71 Absatz 6 der Finanzmarktrichtlinie.

ger" in § 2 Nr. 6 lit. a) für Kunden in Deutschland auf § 31a WpHG verwiesen werden. Für in anderen Staaten des EWR ansässige Anleger verweisen § 2 Nr. 6 lit. b) bis e) hingegen auf die entsprechenden Abschnitte der MiFID, da sich die Einstufung nicht in Deutschland ansässiger Anleger nach den ausländischen Parallelvorschriften zu § 31a WpHG richtet.

3   Im Zuge der Harmonisierung weniger schützenswerter Personenkreise im Anwendungsbereich der Prospekt- und Finanzmarktrichtlinie ist das Register für qualifizierte Anleger, das bis zum 31.05.2012 in § 27 WpPG a. F. und vom 01.06.2012 bis zum 30.06.2012 in § 32 WpPG a. F.[4] angesiedelt war, entfallen. An seine Stelle tritt in § 32 WpPG n. F. ein Auskunftsanspruch von Emittenten und Anbietern. Diese sollen – vorbehaltlich der Einwilligung des Kunden – auf Anfrage unverzüglich die Einstufung einzelner Kunden nach § 31a WpHG bei den Wertpapierdienstleistungsunternehmen abfragen und so von dem Gleichlauf des „qualifizierten Anlegers" nach WpPG und des „professionellen Kunden" nach WpHG profitieren dürfen.

4   Der Begriff des Emittenten meint nach § 2 Nr. 9 eine Person oder Gesellschaft, die Wertpapiere begibt oder zu begeben beabsichtigt. Anbieter ist nach § 2 Nr. 10 eine Person oder Gesellschaft, die Wertpapiere öffentlich anbietet. (Zu den Einzelheiten siehe die dortige Kommentierung).

5   Die Mitteilung darf nur erfolgen, wenn die schriftliche Einwilligung des Kunden, dessen Einstufung mitgeteilt werden soll, vorliegt. Art. 2 Abs. 1 lit. e) der geänderten Prospektrichtlinie bestimmt, dass Wertpapierfirmen und Kreditinstitute ihre Einstufung unbeschadet der einschlägigen Vorschriften über den Datenschutz dem Emittenten auf Antrag mitteilen. Erforderlich ist damit eine Einwilligung mit eigenhändiger Namensunterschrift des Kunden. Zwar kann das Erfordernis der Schriftlichkeit nicht unmittelbar als Verweis auf § 126 Abs. 1 BGB verstanden werden, es muss aber europarechtskonform als Verweis auf das Formerfordernis der Einwilligung zur Datenverarbeitung nach dem Bundesdatenschutzgesetz gelesen werden. Gemäß § 4a Abs. 1 Satz 3 BDSG bedarf auch diese Einwilligung der Schriftform, soweit nicht wegen besonderer Umstände eine andere Form angemessen ist. Die Schriftform des § 4a Abs. 1 Satz 3 BDSG richtet sich nach § 126 BGB.[5] Den Verweis auf besondere Umstände, die der Schriftlichkeit entgegenstehen, sieht § 32 WpPG – anders als § 4a BDSG – nicht vor, so dass diese Ausnahme nicht greift.

---

4   Verschoben durch Art. 6 Nr. 12 des Gesetzes zur Novellierung des Finanzanlagenvermittler- und Vermögensanlagerechts vom 06.12.2011 (BGBl. I 2011, S. 2481).
5   *Helfrich*, in: Hoeren/Sieber, Multimedia-Recht, 32. Erglief. 2012, Teil 16.1 Rn. 64 f.

§ 33
Gebühren und Auslagen

(1) Für individuell zurechenbare öffentliche Leistungen nach diesem Gesetz, nach den auf diesem Gesetz beruhenden Rechtsvorschriften und nach Rechtsakten der Europäischen Union kann die Bundesanstalt Gebühren und Auslagen erheben.

(2) Das Bundesministerium der Finanzen wird ermächtigt, durch Rechtsverordnung, die nicht der Zustimmung des Bundesrates bedarf, die gebührenpflichtigen Tatbestände und die Gebühren nach festen Sätzen oder als Rahmengebühren näher zu bestimmen. Die Gebührensätze und die Rahmengebühren sind so zu bemessen, dass zwischen der den Verwaltungsaufwand berücksichtigenden Höhe und der Bedeutung, dem wirtschaftlichen Wert oder dem sonstigen Nutzen der individuell zurechenbaren öffentlichen Leistung ein angemessenes Verhältnis besteht. Das Bundesministerium der Finanzen kann die Ermächtigung durch Rechtsverordnung auf die Bundesanstalt für Finanzdienstleistungsaufsicht übertragen.

Verordnung über die Erhebung von Gebühren nach dem Wertpapierprospektgesetz (Wertpapierprospektgebührenverordnung – WpPGebV)[1]

Auf Grund des § 28 Abs. 2 Satz 1 und 2 des Wertpapierprospektgesetzes vom 22. Juni 2005 (BGBl. I S. 1698) in Verbindung mit dem 2. Abschnitt des Verwaltungskostengesetzes vom 23. Juni 1970 (BGBl. I S. 821) und § 1 Nr. 7 der Verordnung zur Übertragung von Befugnissen zum Erlass von Rechtsverordnungen auf die Bundesanstalt für Finanzdienstleistungsaufsicht, § 1 Nr. 7 eingefügt durch Artikel 7 Nr. 3 des Gesetzes vom 22. Juni 2005 (BGBl. I S. 1698), verordnet die Bundesanstalt für Finanzdienstleistungsaufsicht:

§ 1 Anwendungsbereich

Die Bundesanstalt für Finanzdienstleistungsaufsicht erhebt für Amtshandlungen nach dem Wertpapierprospektgesetz und nach Rechtsakten der Europäischen Union Gebühren nach dieser Verordnung; Auslagen werden nicht gesondert erhoben. Im Übrigen gilt das Bundesgebührengesetz.

§ 2 Gebühren

Die gebührenpflichtigen individuell zurechenbaren öffentlichen Leistungen und die Gebührensätze bestimmen sich vorbehaltlich der Regelungen in § 3 nach dem anliegenden Gebührenverzeichnis.

§ 3 Gebührenerhebung in besonderen Fällen

(1) (weggefallen)

(2) Für die vollständige oder teilweise Zurückweisung eines Widerspruchs wird eine Gebühr bis zur Höhe von 50 Prozent der für den angefochtenen

---

1 v. 29.06.2005 (BGBl. I 2005, S. 1875).

Verwaltungsakt festgesetzten Gebühr erhoben; dies gilt nicht, wenn der Widerspruch nur deshalb keinen Erfolg hat, weil die Verletzung einer Verfahrens- oder Formvorschrift nach § 45 des Verwaltungsverfahrensgesetzes unbeachtlich ist. War für den angefochtenen Verwaltungsakt eine Gebühr nicht vorgesehen oder wurde eine Gebühr nicht erhoben, wird eine Gebühr bis zu 1 500 Euro erhoben. Bei einem erfolglosen Widerspruch, der sich ausschließlich gegen eine Gebührenentscheidung richtet, beträgt die Gebühr bis zu 10 Prozent des streitigen Betrags; Absatz 3 bleibt unberührt. Wird ein Widerspruch nach Beginn seiner sachlichen Bearbeitung jedoch vor deren Beendigung zurückgenommen, ist keine Gebühr zu erheben. Das Verfahren zur Entscheidung über einen Widerspruch, der sich ausschließlich gegen die festgesetzte

Widerspruchsgebühr richtet, ist gebührenfrei. Die Gebühr beträgt in den Fällen der Sätze 1 bis 3 mindestens 50 Euro.

(3) (weggefallen)

§ 4 Inkrafttreten

Diese Verordnung tritt am 1. Juli 2005 in Kraft.

Anlage (zu § 2 WpPGebV)
Gebührenverzeichnis

	Gebührentatbestand	Gebühren in Euro
1.	**Für die Hinterlegung der endgültigen Bedingungen des Angebots (§ 6 Abs. 3 Satz 2, auch in Verbindung mit Satz 3 WpPG) oder des endgültigen Emissionspreises und des Emissionsvolumens (§ 8 Abs. 1 Satz 9 WpPG)**	1,55
2.	**(weggefallen)**	
3.	Billigung eines Prospekts, der als ein einziges Dokument im Sinne des § 12 Abs. 1 Satz 1, 1. Alt. des WpPG erstellt worden ist, oder eines Basisprospekts im Sinne des § 6 Abs. 1 WpPG (§ 13 Abs. 1 und § 14 Abs. 1 Satz 1 WpPG) und für deren Hinterlegung	6.500
4.	Billigung eines Registrierungsformulars im Sinne des § 12 Abs. 1 Satz 2 und 3 WpPG (§ 13 Abs. 1 und § 14 Abs. 1 Satz 1 WpPG) und für dessen Hinterlegung	3.250
5.	Billigung einer Wertpapierbeschreibung und Zusammenfassung im Sinne des § 12 Abs. 1 Satz 2, 4 und 5 WpPG oder eines Basisprospekts im Sinne des § 6 Abs. 1 WpPG in den Fällen, in denen nach Artikel 26 Abs. 4 der Verordnung (EG) Nr. 809/2004 der Kommission vom 29. April 2004 die Informationen eines Registrierungsformulars durch Verweis einbezogen wurden (§ 13 Abs. 1 und § 14 Abs. 1 Satz 1 WpPG) und für deren Hinterlegung	3.250

	Gebührentatbestand	Gebühren in Euro
6.	Anordnung, dass die Werbung für jeweils zehn aufeinanderfolgende Tage auszusetzen ist (§ 15 Abs. 6 Satz 1 WpPG)	1.250
7.	Untersagung der Werbung (§ 15 Abs. 6 Satz 2 WpPG)	2.000
8.	Billigung eines Nachtrags im Sinne des § 16 Abs. 1 WpPG (§ 16 Abs. 1 Satz 3 in Verbindung mit § 13 Abs. 1 WpPG) und für dessen Hinterlegung	84
9.	Übermittlung einer Bescheinigung im Sinne des § 18 Abs. 1 WpPG über die Billigung des Prospekts für jeden Mitgliedstaat, an dessen zuständige Behörde eine solche Bescheinigung übermittelt wird (§ 18 Abs. 1 Satz 1, auch in Verbindung mit Abs. 2 WpPG)	8,55
10.	Gestattung nach § 19 Abs. 1 Satz 2 WpPG	100
11.	Billigung eines Prospekts, der von einem Emittenten nach den für ihn geltenden Rechtsvorschriften eines Staates, der nicht Staat des Europäischen Wirtschaftsraums ist, erstellt worden ist, für ein öffentliches Angebot oder die Zulassung zum Handel an einem organisierten Markt und für dessen Hinterlegung (§ 20 Abs. 1 und § 14 Abs. 1 Satz 1 WpPG)	9.750
12.	Untersagung eines öffentlichen Angebots (§ 26 Abs. 4 Satz 1 WpPG)	4.000
13.	Anordnung, dass ein öffentliches Angebot für höchstens zehn Tage auszusetzen ist (§ 26 Abs. 4 Satz 2 WpPG)	2.500

Inhalt

I. Vorbemerkungen

§ 33 Abs. 1 normiert das Recht der BaFin, für ihr Handeln nach dem WpPG Gebühren und Auslagen erheben zu können; § 33 Abs. 2 schafft damit die Rechtsgrundlage i. S. d. Art. 80 GG für den Erlass der Wertpapiergebührenverordnung (WpPGebV). Diese wurde von der BaFin aufgrund § 1 Nr. 7 der Verordnung zur Übertragung von Befugnissen zum Erlass von Rechtsverordnungen auf die Bundesanstalt für Finanzdienstleistungsaufsicht vom 13.12.2002 (BGBl. 2003 I S. 3) erlassen. Die WpPGebV ist – derzeit noch, siehe aber Rn. 1b – die zentrale Regelungsquelle für die Bemessung der aus dem Billigungsverfahren anfallenden Kosten und benennt dazu einzelne gebührenpflichtige Tatbestände. Für alle im Übrigen nicht geregelten Fälle findet gem. § 1 Satz 2 WpPGebV das Bundesgebührengesetz (BGebG)[2], das am

1

15.08.2013 an die Stelle des Verwaltungskostengesetz[3] getreten ist, Anwendung, in dessen Anwendungsbereich die BaFin als Anstalt des Bundes gemäß § 2 Abs. 1 BGebG fällt.

Die heutige Regelung des § 33 WpPG fand sich ursprünglich in § 28 WpPG. Sie erhielt durch Art. 6 Nr. 12 des Gesetzes zur Novellierung des Finanzanlagenvermittler- und Vermögensanlagerechts vom 06.12.2011 (BGBl. I S. 2481) eine neue Nummerierung.

Am 15.08.2013 sind Art. 1 und 2 des Gesetzes zur Strukturreform des Gebührenrechts des Bundes vom 07.08.2013 (BGBl. I S. 3154) in Kraft getreten. Art. 1 enthält das Bundesgebührengesetz (BGebG), Art. 2 umfangreiche Folgeänderungen. Zugleich trat das Verwaltungskostengesetz (VwKostG) außer Kraft, Art. 5 des Gesetzes zur Strukturreform des Gebührenrechts des Bundes. Mit dem Gesetz zur Strukturreform des Gebührenrechts des Bundes verfolgt der Gesetzgeber das Ziel, das gesamte Gebührenrecht des Bundes zu modernisieren, zu bereinigen und zu vereinheitlichen. Es soll die Fachgesetze und -verordnungen zu gebührenrechtlichen Regelungen entlasten, indem es die allgemeinen Regelungen zusammenfasst, eine zentrale Ermächtigungsgrundlage für die Normierung von Gebühren schafft und die Bestimmungen der Fachgesetze in einheitlich aufgebauten Besonderen Gebührenverordnungen bündelt.

Durch Art. 2 Abs. 66 des Gesetzes zur Strukturreform des Gebührenrechts des Bundes wurde in § 33 Abs. 1 und 2 der zentrale Begriff der Amtshandlungen durch „individuell zurechenbare öffentliche Leistungen" ersetzt. Ebenso wurde durch Art. 2 Abs. 67 des Gesetzes zur Strukturreform des Gebührenrechts des Bundes der Begriff der Amtshandlungen in § 1 Satz 1 und § 2 der WpPGebV durch „individuell zurechenbare öffentliche Leistungen" ersetzt. § 1 Satz 2 verweist seitdem nicht mehr auf das Verwaltungskostengesetz, sondern auf das Bundesgebührengesetz. § 3 Abs. 2 Sätze 1 und 2 WpPGebV wurde durch Art. 2 Abs. 67 Nr. 3 des Gesetzes zur Strukturreform des Gebührenrechts des Bundes neu gefasst.

Mit Wirkung zum 14.08.2018 wird die WpPGebV aufgehoben werden, so Art. 4 Abs. 56, Art. 5 Abs. 3 des Gesetzes zur Strukturreform des Gebührenrechts des Bundes. An die Stelle der bisherigen „fachrechtlichen Bestimmungen" wird eine Besondere Gebührenverordnung nach § 22 Abs. 4 BGebG treten; es ist zu erwarten, dass sich dort die WpPGebV in ähnlicher Form wiederfinden wird.

---

2 Art. 1 des Art. 1 und 2 des Gesetzes zur Strukturreform des Gebührenrechts des Bundes vom 07.08.2013 (BGBl. I 2013, S. 3154).
3 VwKostG v. 23.06.1970 (BGBl. I 1970, S. 821), aufgehoben durch Art. 5 des Gesetzes zur Strukturreform des Gebührenrechts des Bundes vom 07.08.2013 (BGBl. I 2013, S. 3154).

II. Gebührenpflichtige Handlungen

Sowohl § 33 WpPG als auch die WpPGebV bedienen sich bei der Bestim- 2
mung des Tatbestandsmerkmals „gebührenpflichtige Handlungen" des Begriffs der „individuell zurechenbaren öffentliche Leistungen" aus dem
BGebG, der an die Stelle des aus dem Verwaltungskostenrecht bekannten
Begriffs der Amtshandlung getreten ist. Der Begriff der „individuell zurechenbaren öffentlichen Leistungen" wird in § 3 Abs. 1 und 2 BGebG genauer bestimmt. Bloß behördeninternes Verwaltungshandeln entfaltet keine
Außenwirkung und ist daher grds. nicht gebührenpflichtig, vgl. § 3 Abs. 1
a. E. BGebG.

Nach dem BGebG entsteht die Gebührenschuld grundsätzlich, sobald die individuell zurechenbare öffentliche Leistung beendet ist, § 4 Abs. 1 BGebG.
Anders als das VwKostG stellt das BGebG bei antragsgebundenen Leistungen nicht mehr darauf ab, wann ein Antrag eingegangen ist. Dabei geht die
WpPGebV von einer emissionsbezogenen Gebührenberechnung aus; nach
der Rechtsprechung des Hess. VGH erfüllt die Hinterlegung eines Prospekts
für jede Wertpapierserie mit einheitlicher Wertpapierkennnummer einen eigenständigen Gebührentatbestand.[4]

§ 33 Abs. 1 WpPG sieht die Erhebung von Gebühren und Auslagen vor (vgl. 3
auch die Überschrift der Norm). Gebühren sind öffentlich-rechtliche Geld-
leistungen, die der Gebührengläubiger vom Gebührenschuldner für individuell zurechenbare öffentliche Leistungen erhebt, § 3 Abs. 4 BGebG. Auslagen sind nicht von der Gebühr umfasste Kosten, die die Behörde für
individuell zurechenbare öffentliche Leistungen im Einzelfall nach § 12
Abs. 1 oder 2 BGebG erhebt, § 3 Abs. 5 BGebG. Für Amtshandlungen nach
dem WpPG wird jedoch kein Auslagenersatz erhoben, § 1 Satz 1 2. Halbs.
WpPGebV. Dies entspricht dem Grundsatz des § 12 BGebG. Dem liegt die
Überlegung zu Grunde, dass mögliche Auslagen grds. in die Gebührensätze
einbezogen sind, damit durch separate Inrechnungstellung von Auslagen zusätzlicher, mit Kosten verbundener Aufwand zu Gunsten der Antragsteller
vermieden werden kann.[5]

Der zunächst weite Anwendungsbereich des § 33 Abs. 1 WpPG, generell, 4
also für alle individuell zurechenbaren öffentlichen Leistungen Gebühren erheben zu können, wird durch die WpPGebV konkretisiert. Die im Einzelnen
gebührenpflichtigen Amtshandlungen ergeben sich aus dem Gebührenverzeichnis, das als Anlage zu § 2 WpPGebV geführt wird. Für diese im WpP-
GebV geregelten Fälle hat die BaFin – trotz des Wortlauts in § 33 Abs. 1
WpPG („kann") – die Pflicht zur Erhebung der festgesetzten Gebühren. Das
stellen § 1 BGebG sowie § 1 WpPGebV klar, wonach die BaFin Gebühren für
Amtshandlungen „erhebt". Es besteht eine Gebührenerhebungspflicht.[6]

---

4 Hess. VGH, Urt. v. 16.06.2010 – 6 A 2243/09, WM 2010, 1996.
5 So auch im Wesentlichen die Praxis bei den Gebühren i. R. d. WpÜG, vgl. *Schäfer*, in:
   Kölner Komm. WpÜG, 2003, § 47 Rn. 23 f.
6 Begr. RegE zu § 1 BGebG, BT-Drucks. 17/10422, S. 88.

5 § 3 WpPGebV regelt eine Gebührenerhebung für besondere Fälle. Dieser nannte in Abs. 1 Satz 1 a. F. abgelehnte Anträge für gebührenpflichtige Amtshandlungen und stellte sie kostenrechtlich in der zu erreichenden Gebührenhöhe mit antragsgemäß beschiedenen Anträgen gleich. § 3 Abs. 1 Satz 2 WpPGebV a.F. regelte den Fall, dass ein angefangenes Billigungsverfahren nicht zu Ende geführt wird.

6 Gebührenpflichtige Handlungen können aus dem Widerspruchsverfahren resultieren, § 3 Abs. 2 WpPGebV. Bei einer vollständigen oder teilweisen Zurückweisung eines Widerspruchs ist eine Gebühr bis zur Höhe von 50 Prozent der für den angefochtenen Verwaltungsakt festgesetzten Gebühr möglich. War für den angefochtenen Verwaltungsakt eine Gebühr nicht vorgesehen oder wurde eine Gebühr nicht erhoben, wird eine Gebühr bis zu 1.500 Euro erhoben. Die Gebührenhöhe ist aber beschränkt von mindestens 50 Euro (§ 3 Abs. 3 WpPGebV) bis zu maximal 1.500 Euro (§ 3 Abs. 2 Satz 2 WpPGebV). Ebenfalls gebührenpflichtig, aber in der Höhe beschränkt, sind Widerspruchsverfahren gegen Gebührenentscheidungen aus dem Hauptverfahren. Für sie kommt eine Gebühr in Höhe von bis zu 10 Prozent des streitigen Betrages, wenigstens aber 50 Euro, in Betracht.

7 Ein Gebührenanspruch aus dem Widerspruchsverfahren tritt stets neben den Gebührenanspruch aus dem Hauptverfahren.

8 Gebührenfrei ist dagegen die vollständige oder teilweise Zurückweisung eines Widerspruchs, soweit die zurückweisende Widerspruchsentscheidung nur deshalb ergehen konnte, weil die im Hauptverfahren verletzte Vorschrift eine nach § 45 VwVfG unbeachtliche Verfahrensvorschrift ist. Keine Gebührenpflicht begründet auch ein bis zur Beendigung der sachlichen Bearbeitung zurückgenommener Widerspruch. Des Weiteren gebührenfrei ist das Widerspruchsverfahren, das sich ausschließlich gegen die festgesetzte Widerspruchsgebühr richtet, so § 3 Abs. 2 Satz 4 WpPGebV.

III. Adressaten und Bescheidung

9 Gebührenschuldner einer Gebührenforderung ist grds. der Antragsteller. Treten mehrere Antragsteller auf, sind diese nach § 6 Abs. 2 BGebG als Gesamtschuldner zu behandeln, so dass ein Antragsteller von der BaFin beansprucht werden kann und dieser ggf. im Innenverhältnis einen Ausgleich verfolgen kann. Aus § 1 Satz WpGebV i.V. m. § 8 BGebG folgt auch die im Gebührenrecht des WpPG zu berücksichtigende Gebührenfreiheit für Bund, Länder sowie Gemeinden und Gemeindeverbände. Allerdings tritt die Befreiung nicht ein für wirtschaftliche Unternehmen von Gemeinden und Gemeindeverbänden, für öffentlich-rechtliche Unternehmen des Bundes und der Länder sowie nicht für Sondervermögen und Bundesbetriebe i.S. d. Art. 110 Abs. 1 GG bzw. für gleichartige Einrichtungen der Länder. Ebenfalls ist eine Gebührenbefreiung ausgeschlossen, soweit die persönlich Befreiten berechtigt sind, die Gebühren Dritten aufzuerlegen, § 8 Abs. 3 BGebG.

Die Gebührenfestsetzung erfolgt von Amts wegen. Sie soll zusammen mit *10* der Sachentscheidung, kann aber auch eigenständig erlassen werden, § 13 Abs. 1 Satz 2 BGebG. Die Festsetzung erfolgt entweder schriftlich oder „elektronisch", § 13 Abs. 1 Satz 1 BGebG; damit ist auch eine Festsetzung per E-Mail möglich.[7] Das allgemeine Bestimmheitserfordernis gemäß § 37 Abs. 1 und 3 VwVfG erfordert, dass in der Gebührenfestsetzung die gebührenerhebende Behörde, der Gebührenschuldner, die gebührenpflichtige individuell zurechenbare öffentliche Leistung und der als Gebühr zu zahlende Betrag anzugeben sind; ferner sind Angaben dazu zu machen, wo, wann und wie die Gebühr zu zahlen ist.[8]

Soweit in der Kostenentscheidung kein zu beachtender Leistungszeitpunkt *10a* für die Gebühr genannt ist, wird die Gebühr zehn Tage nach der Bekanntgabe an den Gebührenschuldner fällig, § 14 BGebG. Eine Vorleistung oder ein Vorschuss ist in der WpPGebV nicht vorgesehen, aber nach § 15 BGebG grds. möglich, bei der Billigung von Prospekten jedoch unüblich. Säumniszuschläge stehen nicht mehr im Ermessen der Behörde, sondern sind – nach dem Vorbild des § 240 AO[9] – verbindlich vorgeschrieben; sie sind zu zahlen, sobald der Schuldner mehr als drei Tage säumig ist, § 16 BGebG.

IV. Bemessungsgrundsätze

§ 33 Abs. 2 Satz 2 WpPG ordnet die grundlegend zu berücksichtigende Be- *11* messungsmaxime für die Gebührensätze an. Nach dem Gebührenrecht des WpPG muss zwischen dem Verwaltungsaufwand und der wirtschaftlichen Bedeutung und Nutzen der individuell zurechenbaren öffentlichen Leistung ein angemessenes Verhältnis bestehen. Damit weicht das WpPG vom Kostendeckungsprinzip als „dem tragenden Grundsatz der Gebührenbemessung" und damit des BGebG[10] ab und ordnet das Äquivalenzprinzip an, was nach § 9 Abs. 2 BGebG zulässig ist. Zwar spricht auch der Gesetzgeber von der Deckung der durch das WpPG entstandenen Kosten bei der BaFin[11], normiert aber in § 33 WpPG ausdrücklich das Äquivalenzprinzip. – Vgl. dagegen die abweichende Regelung in § 1 WpÜG-Gebührenverordnung, die an eine Deckung der Verwaltungskosten für die gebührenpflichtigen Handlungen anknüpft (Kostendeckungsprinzip).

Zur Umsetzung werden zunächst die maßgeblichen gebührenpflichtigen Tat- *12* bestände und die dazugehörigen Gebühren im Gebührenverzeichnis der Anlage zu § 2 WpPGebV fest zugeordnet. Sie sind von ihren Tatbestandsvoraussetzungen und insb. in der Gebührenhöhe verbindlich.

---

7 Begr. RegE zu § 13 BGebG, BT-Drucks. 17/10422, S. 111.
8 Begr. RegE zu § 13 BGebG, BT-Drucks. 17/10422, S. 110.
9 Begr. RegE zu § 16 BGebG, BT-Drucks. 17/10422, S. 112.
10 Begr. RegE zu § 9 BGebG, BT-Drucks. 17/10422, S. 101.
11 RegBegr. EU-ProspRL-UmsG, BT-Drucks. 15/4999, S. 40.

V. Verjährung und Rechtsschutz

13 Das BGebG unterscheidet zwischen der Festsetzungs- und der Zahlungsverjährung. Die Festsetzungfrist beträgt vier Jahre, § 13 Abs. 3 BGebG. Die
Festsetzungsverjährung beginnt mit Ablauf des Kalenderjahres, in dem der
Gebührenanspruch entstanden ist. Ansprüche auf Zahlung der Gebühren
verjähren nach fünf Jahren (Zahlungsverjährung), § 18 BGebG. Die Zahlungsverjährung beginnt mit Ablauf des Kalenderjahres, in dem der Anspruch fällig geworden ist. Die Möglichkeiten der Unterbrechung der Zahlungsverjährung regelt § 19 BGebG.

14 Nach § 20 Abs. 1 BGebG kann die Gebührenfestsetzung zusammen mit der
Sachentscheidung oder selbständig angefochten werden. Der Rechtsbehelf
gegen eine Sachentscheidung erstreckt sich auch auf die Gebührenfestsetzung. Wird die Gebührenfestsetzung selbständig angefochten, so ist das
Rechtsbehelfsverfahren gebührenrechtlich als selbständiges Verfahren zu
behandeln, § 20 Abs. 2 BGebG. Aufschiebende Wirkung entfalten die
Rechtsmittel nicht, § 80 Abs. 2 Satz 1 Nr. 2 VwGO; es gelten die allgemeinen
Grundsätze. Dies trifft auch für einen Widerspruch nur gegen die Sachentscheidung zu.

§ 34
Benennungspflicht

Ist für einen Emittenten mit Sitz im Ausland gemäß § 2 Nr. 13 Buchstabe b oder c die Bundesanstalt zuständig, so hat er im Inland einen Bevollmächtigten zu benennen. § 15 Satz 2 und 3 des Verwaltungsverfahrensgesetzes gilt entsprechend.

Inhalt

I. Vorbemerkungen

Gem. § 34 Satz 1 WpPG haben Emittenten mit Sitz im Ausland, für die nach § 2 Nr. 13 lit. b) oder c) WpPG die Bundesanstalt zuständig ist, im Inland einen Bevollmächtigten zu benennen. Sinn und Zweck der Norm ist, dass auch bei ausländischen Emittenten eine zeitnahe und direkte Kommunikation sichergestellt ist, die für die vom Gesetz bezweckte zügige Billigung des Prospekts und Überwachung der sich aus diesem Gesetz ergebenden Pflichten erforderlich ist.[1] Der ausländische Emittent hat folglich durch die Benennung des Bevollmächtigten zu gewährleisten, dass auch unter seiner Beteiligung ein laufendes Billigungsverfahren oder sonstige Maßnahmen nach dem WpPG zügig durchgeführt werden können. Wenngleich nicht vom Gesetzeswortlaut so explizit benannt, geht es im Rahmen der Verfahrensbeschleunigung vorrangig um die Möglichkeit der BaFin, ihre Amtshandlungen bekannt zu machen, da solche mit Verwaltungsaktqualität erst mit der Bekanntgabe wirksam werden, § 41 VwVfG. Nach allgemeinen Regeln kann diese Bekanntgabe durch Zustellung auch an einen Bevollmächtigten erfolgen.[2] **1**

Die heutige Regelung des § 34 WpPG fand sich ursprünglich in § 29 WpPG. Sie wurde durch Art. 6 Nr. 12 des Gesetzes zur Novellierung des Finanzanlagenvermittler- und Vermögensanlagerechts vom 6. Dezember 2011 (BGBl. I S. 2481) verschoben. Die Bestimmung des § 34 WpPG basiert auf § 131 InvG a. F.,[3] der seinerseits aus der früheren Bestimmung des § 15 a AuslInvG hervorgegangen ist.[4] Eine Vorschrift mit vergleichbarem Regelungsinhalt **2**

---

1 RegBegr. EU-ProspRL-UmsG, BT-Drucks. 15/4999, S. 40; ferner *Ritz/Voß*, in: Just/Voß/ Ritz/Zeising, WpPG, § 29 Rn. 4.
2 Vgl. dazu *P. Stelkens/U. Stelkens*, in: Stelkens/Bonk/Sachs, VwVfG, § 41 Rn. 108 b.
3 Vgl. RegBegr. EU-ProspRL-UmsG, BT-Drucks. 15/4999, S. 40, der sich in dieser Form im KAGB nicht findet.
4 Vgl. RegBegr. InvG, BT-Drucks. 15/1553, S. 115.

findet sich in § 43 WpÜG.[5] § 34 WpPG findet keinen unmittelbaren europarechtlichen Ursprung in der Prospekt-Richtlinie. § 347 WpPG ist lex specialis zu § 15 Satz 1 VwVfG.

II. Tatbestand

3 Tatbestandliche Voraussetzung für § 34 WpPG ist der Emittent mit Sitz im Ausland, für den gem. § 2 Nr. 13 lit. b) oder c) WpPG die BaFin zuständig ist.

4 Emittent ist eine Person oder Gesellschaft, die Wertpapiere begibt oder zu begeben beabsichtigt, § 2 Nr. 9 WpPG. Der Auslandssitz des Emittenten ist anhand allgemeiner Regeln zu bestimmen. Bei juristische Personen des Privatrechts ist darunter der Ort zu verstehen, der durch Satzung, Gesellschaftsvertrag, Errichtungsakt o. Ä. bestimmt ist. Andernfalls ist es der Ort, an dem die Verwaltung geführt wird. Bei mehreren in Betracht kommenden Verwaltungsstellen ist dieser anhand des Mittelpunkts der Geschäftstätigkeit bzw. der Führung der Verwaltungsgeschäfte festzulegen.[6] Hat ein Emittent mit Satzungssitz im Ausland allerdings seinen effektiven Verwaltungssitz im Inland, ist eine organschaftliche Vertretung des Emittenten ausreichend. Eine rechtsgeschäftliche Übertragung von Vertretungsmacht an einen Bevollmächtigten ist in diesem Fall überflüssig. § 34 WpPG ist dann entsprechend teleologisch zu reduzieren. Beispiel: Tritt eine Limited mit Satzungssitz in England und einem Verwaltungssitz im Inland als Emittent auf, genügt es, der BaFin den Geschäftsführer am Verwaltungssitz zu benennen; die Bevollmächtigung einer weiteren Person – u. U. durch denselben Geschäftsführer – ist nicht erforderlich.

5 § 34 WpPG knüpft an den Emittenten (§ 2 Nr. 9 WpPG) an und lässt den Anbieter (§ 2 Nr. 10 WpPG) sowie den Zulassungsantragsteller (§ 2 Nr. 11 WpPG) außen vor; Hintergrund dürfte sein, dass über den Emittenten nach § 2 Nr. 13 lit. b) und c) WpPG die Zuständigkeit der BaFin bestimmt wird. Die Benennungspflicht gilt damit nach dem Wortlaut der Norm auch in dem Fall, dass der vom Emittenten abweichende Anbieter seinen Sitz in Deutschland hat, ferner wenn der Emittent überhaupt nicht am Billigungsverfahren als Antragsteller beteiligt ist. Umgekehrt ist nach dem Wortlaut der Norm kein Bevollmächtigter zu benennen, wenn zwar der Emittent seinen Sitz im Inland hat, der verfahrensbeteiligte Anbieter/Zulassungsantragsteller jedoch im Ausland sitzt. Hier ist indes die Interessenlage (Bedürfnis einer inländischen Zustellung) vergleichbar. Nach dem Telos der Norm bedarf es keiner Benennung eines Bevollmächtigten, wenn der ausländische Emittent kein Verfahrensbeteiligter (§ 3 VwVfG) ist.[7] Umgekehrt ist ein Bevollmächtigter

---

5 Das Erfordernis zur Benennung eines Empfangsbevollmächtigten im Inland gehört bereits andernorts zur Verwaltungspraxis der BaFin, so z. B. bei Verfahren mit ausländischen Bank- und Finanzdienstleistungsunternehmen, vgl. BaFin-Merkblatt vom 01.04. 2005 zur Erlaubnispflicht nach § 32 Abs. 1 KWG.

6 *Kopp/Ramsauer*, VwVfG, § 3 Rn. 34 m.w.N.

7 Ebenso wohl *Müller*, in: Frankf Komm WpPG, § 29 Rn. 7.

zu benennen, wenn zwar der Emittent inländisch ist, Anbieter oder Zulassungsantragsteller aber einen ausländischen Sitz haben und verfahrensbeteiligt i. S. d. § 3 VwVfG sind.[8]

Weitere Voraussetzung ist, dass für den Emittenten gem. § 2 Nr. 13 lit. b)   6
oder c) WpPG die BaFin zuständig ist. Siehe dazu oben § 2 WpPG.

III. Rechtsfolge

Rechtsfolge ist, dass der Emittent verpflichtet ist, „im Inland einen Bevoll-   7
mächtigten zu benennen". Diese Formulierung kann nur als sprachlich ver-
unglückt bezeichnet werden und ist nur im Lichte des Telos der Norm verständlich. Wörtlich genommen, hat sich der Emittent ins Inland (also nach
Deutschland) zu begeben und dort einen Bevollmächtigten zu benennen,
ohne dass an diesen Bevollmächtigten (und insb. seinen Sitz) besondere Anforderungen gestellt werden. Das machte nur wenig Sinn. Gemeint ist, dass
der Emittent einen inländischen Bevollmächtigten benennen muss.[9]

Ohne dies ausdrücklich auszusprechen, beinhaltet § 34 WpPG zugleich die   8
Verpflichtung, einen Dritten zu bevollmächtigen.[10]

Inländisch ist, wer eine zustellungsfähige Adresse im Inland hat.[11] Vollmacht   9
ist die durch Rechtsgeschäft erteilte Vertretungsmacht, § 166 Abs. 2 BGB.
Nach § 167 Abs. 1 BGB kann die Vollmacht durch Erklärung gegenüber dem
zu Bevollmächtigenden oder dem Dritten, dem gegenüber die Vertretung
stattfinden soll (im Rahmen des § 34 WpPG also gegenüber der BaFin), erteilt werden. Der Bevollmächtigte muss den Emittenten zumindest passiv gegenüber der BaFin vertreten können, um so den Zugang von Verfügungen
zu ermöglichen. Ein Zugang beim Bevollmächtigten setzt in jedem Fall etwaige Fristen in Lauf; eine zeitverzögernde Bekanntgabe oder Zustellung im
Ausland ist dann nicht erforderlich. Die Möglichkeit, dem Emittenten selbst
eine Verfügung bekannt zu machen, wird durch die Benennung des Bevollmächtigten indes nicht versperrt, da eine Vollmacht keine verdrängende
Wirkung entfaltet. Der Benannte kann den Emittenten grundsätzlich umfassend vertreten (§ 14 Abs. 1 Satz 2 VwVfG, da in aller Regel ein Verwaltungsverfahren i. S. d. § 9 VwVfG vorliegen wird).[12]

Der Bevollmächtigte muss nicht zwingend eine natürliche Person sein. In Be-   10
tracht kommt auch die Bevollmächtigung einer (inländischen) Personengesellschaft oder einer (inländischen) juristischen Person. Auch die Bevollmächtigung einer Personengesellschaft oder juristischen Person mit dem Sitz

8 Ebenso *Ritz/Voß*, in: Just/Voß/Ritz/Zeising, WpPG, § 29 Rn. 5; *Linke*, in: Schäfer/Ha-
   mann, KapMG, § 29 WpPG Rn. 1; a. A. *Müller*, in: Frankf Komm WpPG, § 29 Rn. 3 f. (mit
   entsprechender Empfehlung an den Gesetzgeber de lege lata) sowie *Heidelbach*, in:
   Schwark/Zimmer, KapMRK, § 29 Rn. 3 sowie 5.
9 Ebenso jetzt *Heidelbach*, in: Schwark/Zimmer, KapMRK, § 29 Rn. 4.
10 Ebenso jetzt *Müller*, in: Frankf Komm WpPG, § 29 Rn. 9.
11 Ähnlich *Ritz/Voß*, in: Just/Voß/Ritz/Zeising, WpPG, § 29 Rn. 7.
12 *Müller*, in: Frankf Komm WpPG, § 29 Rn. 10; a. A. die Voraufl.

im Ausland ist möglich, sofern sie eine Niederlassung im Inland (§§ 13 d ff. HGB) hat, denn hier sind Zustellungen möglich.

11 Der Bevollmächtigte ist gegenüber der BaFin namhaft zu machen („ist zu benennen"); dies beinhaltet die Mitteilung einer zustellungsfähigen Adresse. Der Wortlaut der Norm legt nahe, dass es bereits einer rechtsgeschäftlich übertragenen Vertretungsmacht bedarf (zweistufiger Vorgang: erst Bevollmächtigung, dann Benennung). Allerdings genügt es auch, dass die Vollmacht erst durch Erklärung gegenüber der BaFin erteilt wird (einstufiger Vorgang, § 167 Abs. 1 Alt. 2 BGB). Eine besondere Form für die Benennung und die Bevollmächtigung schreibt das Gesetz nicht vor. Vor dem Hintergrund der allgemeinen Regeln[13] ist der BaFin aber regelmäßig eine schriftliche Vollmacht vorzulegen.

12 Der Zeitpunkt der Benennungspflicht fällt spätestens mit dem der Antragstellung zusammen, da von diesem an ein Kommunikationsbedürfnis entsteht. Unterbleibt die Benennung, ist die BaFin nicht verpflichtet, den Emittenten auf diese Pflicht und die möglichen Rechtsfolgen hinzuweisen. Das ergibt sich daraus, dass § 34 Satz 2 WpPG nicht auch auf § 15 Satz 4 VwVfG verweist. Eine nachträgliche Benennung mit ex-nunc-Wirkung ist aber jederzeit möglich.

13 Eine Benennung gem. § 34 Satz 1 WpPG gilt für das Verwaltungsverfahren mit der BaFin, so dass eine Vertretung in einem späteren gerichtlichen Verfahren im Zweifel ohne eine ausdrückliche Erklärung nicht möglich ist.[14] Dann gilt § 56 Abs. 3 VwGO.

IV. Rechtsfolgen bei unterlassener Benennung

14 Kommt der Verpflichtete nicht seiner Pflicht nach, einen Bevollmächtigten zu benennen, greifen über § 29 Satz 2 WpPG die Regelungen des § 15 Satz 2 und 3 VwVfG. Diese lauten: „Unterlässt er dies [scil. die Benennung eines Empfangsbevollmächtigten im Inland], gilt ein an ihn gerichtetes Schriftstück am siebenten Tage nach der Aufgabe zur Post und ein elektronisch übermitteltes Dokument am dritten Tage nach der Absendung als zugegangen. Das gilt nicht, wenn feststeht, dass das Dokument den Empfänger nicht oder zu einem späteren Zeitpunkt erreicht hat."

15 Aus der entsprechenden Anwendung des § 15 Satz 2 und 3 VwVfG folgt, dass bei unterlassener Benennung eines Bevollmächtigten Schriftstücke, die an den Emittenten gerichtet sind, am siebten Tage nach der Aufgabe zur Post und bei elektronischer Dokumentenübermittlung am dritten Tage nach der Absendung als dem Emittenten zugegangen gelten. Diese Zugangsvermutung kann widerlegt werden einerseits für den Fall, dass ein Zugang überhaupt nicht und andererseits zu einem späteren Zeitpunkt erfolgt ist. Umstände, die dies beweisen, sind sowohl auf Vorbringen des Beteiligten als

---

13 § 14 Abs. 1 Satz 3 VwVfG.
14 *Bonk/Schmitz*, in: Stelkens/Bonk/Sachs, VwVfG, § 14 Rn. 12 m. w. N.

auch von Amts wegen zu berücksichtigen. Dagegen kann ein früherer Zugang auch dann nicht berücksichtigt werden, wenn fest steht, dass ein Eingang vor Ablauf der Drei- bzw. Siebentage-Frist zu verzeichnen ist. Es gelten die allgemeinen Grundsätze.[15] – Anderweitige Sanktionen bei unterlassener Benennung bestehen nicht.[16]

---

15 Näher dazu vgl. *Clausen*, in: Knack, VwVfG, § 15 Rn. 5 ff. m. w. N.
16 *Heidelbach*, in: Schwark/Zimmer, KapMRK, § 29 Rn. 6.

§ 35
Bußgeldvorschriften

(1) Ordnungswidrig handelt, wer vorsätzlich oder leichtfertig

1. entgegen § 3 Absatz 1 ein Wertpapier anbietet,
2. entgegen § 8 Abs. 1 Satz 6 oder 7 den Emissionspreis oder das Emissionsvolumen nicht, nicht richtig, nicht in der vorgeschriebenen Weise oder nicht rechtzeitig veröffentlicht,
3. entgegen § 8 Abs. 1 Satz 9 den Emissionspreis oder das Emissionsvolumen nicht oder nicht rechtzeitig hinterlegt,
4. (weggefallen)
5. entgegen § 13 Abs. 1 Satz 1 einen Prospekt veröffentlicht,
6. entgegen § 14 Abs. 1 Satz 1, auch in Verbindung mit Satz 2, einen Prospekt nicht, nicht richtig, nicht vollständig, nicht in der vorgeschriebenen Weise oder nicht rechtzeitig veröffentlicht,
7. entgegen § 14 Abs. 3 eine Mitteilung nicht, nicht richtig, nicht vollständig, nicht in der vorgeschriebenen Weise oder nicht rechtzeitig macht,
8. entgegen § 14 Abs. 5 eine Papierversion des Prospekts nicht zur Verfügung stellt oder
9. entgegen § 16 Absatz 1 Satz 5 einen Nachtrag nicht, nicht richtig, nicht vollständig, nicht in der vorgeschriebenen Weise oder nicht rechtzeitig veröffentlicht.

(2) Ordnungswidrig handelt, wer vorsätzlich oder fahrlässig einer vollziehbaren Anordnung nach

1. § 15 Abs. 6 Satz 1 oder 2 oder § 26 Abs. 2 Satz 1 oder
2. § 26 Abs. 4 Satz 1 oder 2

zuwiderhandelt.

(3) Die Ordnungswidrigkeit kann in den Fällen des Absatzes 1 Nummer 1 und 5 und des Absatzes 2 Nummer 2 mit einer Geldbuße bis zu fünfhunderttausend Euro, in den Fällen des Absatzes 1 Nummer 6 mit einer Geldbuße bis zu einhunderttausend Euro und in den übrigen Fällen mit einer Geldbuße bis zu fünfzigtausend Euro geahndet werden.

(4) Verwaltungsbehörde im Sinne des § 36 Abs. 1 Nr. 1 des Gesetzes über Ordnungswidrigkeiten ist die Bundesanstalt.

Inhalt

I. Überblick

Die Bußgeldvorschrift des § 35 WpPG entspricht weitgehend der Vorgänger- *1*
vorschrift des § 30 WpPG a. F. Lediglich die bisherige Nr. 1 des Abs. 1 wurde
sprachlich neu gefasst, die Nr. 4 ist weggefallen. Die Vorschrift dient der
Umsetzung von Art. 25 Abs. 1 EU-ProspRL. Sie lehnt sich an § 17 Verk-
ProspG sowie § 71 Abs. 1 BörsZulVO an und bedroht nahezu alle Verstöße
gegen Veröffentlichungs- und Hinterlegungspflichten mit Geldbuße. In
Abs. 1 werden verschiedene Verstöße gegen gesetzliche Verpflichtungen geahndet, sofern diese vorsätzlich oder leichtfertig erfolgen. Einfach fahrlässige
Verstöße sind nicht mit Geldbuße bewehrt. Abs. 2 entspricht der Vorschrift
des § 17 Abs. 2 VerkProspG und sanktioniert die vorsätzliche oder fahrlässige Nichtbefolgung von Anordnungen der Bundesanstalt. Abs. 3 enthält
eine je nach Verstoß abgestufte Bußgelddrohung, welche ebenfalls weitgehend § 17 Abs. 3 VerkProspG entspricht.

II. Ordnungswidrigkeiten nach § 35 Abs. 1 WpPG

1. Öffentliches Angebot von Wertpapieren ohne Prospekt (§ 35 Abs. 1 Nr. 1 WpPG)

2 Die Vorschrift der Nr. 1 ist gegenüber der Vorgängervorschrift des § 30 Abs. 1 Nr. 1 WpPG a.F. lediglich sprachlich neu gefasst worden, eine inhaltliche Änderung ist damit nicht verbunden. Bußgeldbewehrt ist das öffentliche Angebot von Wertpapieren entgegen § 3 Abs. 1 Satz 1 WpPG, d. h. ohne dass zuvor ein nach den Vorschriften dieses Gesetzes erforderlicher Prospekt veröffentlicht wurde und keine Ausnahme von der Prospektpflicht nach § 3 Abs. 2 WpPG eingreift. Der Begriff des öffentlichen Angebots ist in § 2 Nr. 4 WpPG legal definiert als eine Mitteilung an das Publikum in jedweder Form und auf jedwede Art und Weise, die ausreichende Informationen über die Angebotsbedingungen und die anzubietenden Wertpapiere enthält, um einen Anleger in die Lage zu versetzen, über den Kauf oder die Zeichnung dieses Wertpapiere zu entscheiden. Das Angebot muss sich auf den Kauf oder die Zeichnung von Wertpapieren richten, unabhängig davon, ob es sich um einen bindenden Antrag i. S. v. § 145 BGB oder eine invitatio ad offerendum handelt. Anbieter (§ 2 Nr. 10 WpPG) ist derjenige, der den Anlegern erkennbar nach außen für das öffentliche Angebot eines Wertpapiers verantwortlich ist oder dessen öffentliche Platzierung beabsichtigt. Maßgebend ist, wer das Angebot zum Abschluss des Kaufvertrages über das Wertpapier abgibt oder entgegennimmt. Dies kann, muss aber nicht stets der Emittent eines Wertpapiers sein. Jedoch wird der Emittent regelmäßig Anbieter sein, unabhängig davon, ob die Wertpapiere im Rahmen einer Eigenemission unmittelbar platziert werden oder dies als Fremdemission unter Mitwirkung von Banken oder Emissionshäusern geschieht.[1] In letzterem Fall können auch Banken oder Emissionshäuser Anbieter sein. Erfolgt der Vertrieb mit Hilfe einer Vertriebsorganisation, einem Netz an angestellten oder freien Vermittlern bzw. Untervermittlern, gilt als Anbieter derjenige, der die Vertriebsaktivitäten verantwortlich koordiniert, wobei Indizien hierfür Vereinbarungen mit dem Emittenten sowie Aufträge und Provisionsvereinbarungen an Vertriebsmittler und Mitarbeiter sein können.[2]

3 Voraussetzung ist stets, dass Wertpapiere zu einem Zeitpunkt öffentlich angeboten werden, zu dem noch kein Prospekt veröffentlicht wurde, obgleich nach § 3 Abs. 1 Satz 1 WpPG eine Prospektpflicht besteht. Dies kann der Fall sein, wenn zum Zeitpunkt des öffentlichen Angebots ein Wertpapierprospekt bei der Bundesanstalt überhaupt noch nicht zur Billigung eingereicht, ein solcher zwar eingereicht (oder zwischenzeitlich zurückgenommen), aber noch nicht gebilligt oder aber zwar gebilligt, aber noch nicht veröffentlicht wurde. Dies gilt gleichermaßen auch für öffentliche Angebote, bei denen ein anderer EWR-Staat Herkunftsstaat i. S. v. § 17 Abs. 3 WpPG ist.[3] Nicht von Nr. 1 erfasst sind die Fälle, in denen bei Beginn des öffentlichen Angebots

---

1 *Groß*, KapMR, § 2 WpPG, Rn. 26.
2 RegBegr. EU-ProspRL-UmsG, BT-Drucks. 15/4999, S. 25, 28.
3 *Wolf*, in: Frankf Komm WpPG, § 30 Rn. 18.

zwar ein Prospekt veröffentlicht war, jedoch die Modalitäten der Veröffentlichung nach § 14 Abs. 2 nicht beachtet wurden. Hier kommt allenfalls eine Ordnungswidrigkeit nach Nr. 5 oder 6 in Betracht.[4] Sind Angaben im Wertpapierprospekt inhaltlich unrichtig oder unvollständig, wird dies nicht von Nr. 1 umfasst. Dies kann aber nach § 264 a StGB strafbar sein.[5] Mängel des Wertpapierprospekts können zudem auch zu einer zivilrechtlichen Haftung führen.

2. Verstoß gegen Pflicht zur Veröffentlichung von Emissionspreis oder Emissionsvolumen (§ 35 Abs. 1 Nr. 2 WpPG)

Die Tathandlung besteht in der Verletzung einer Veröffentlichungspflicht 4 nach § 8 Abs. 1 Satz 6 oder 7 WpPG, indem der Emissionspreis oder das Emissionsvolumen nicht, nicht richtig, nicht vollständig, nicht in der vorgeschriebenen Weise oder nicht rechtzeitig veröffentlicht wurde. Bei einem öffentlichen Angebot muss der Anbieter oder Zulassungsantragsteller den endgültigen Emissionspreis und das Emissionsvolumen unverzüglich nach der Festlegung in einer der in § 14 Abs. 2 WpPG genannten Art und Weise veröffentlichen.

Die Veröffentlichungspflicht trifft den Anbieter (§ 2 Nr. 10 WpPG) oder den 5 Zulassungsantragsteller (§ 2 Nr. 11 WpPG), d. h. denjenigen, der den Antrag auf Zulassung zum Handel an einem organisierten Markt beantragt. Dies ist regelmäßig der Emittent und eines der in § 30 Abs. 2 BörsG genannten Institute. Für die Veröffentlichungspflicht sind Anbieter und Zulassungsantragsteller, soweit sie nicht identisch sind, nebeneinander verantwortlich. Es handelt sich dabei um ein Dauer(unterlassungs)delikt. Die Pflicht zur Veröffentlichung entfällt somit nur dann, wenn einer der Verantwortlichen seiner Veröffentlichungspflicht in richtiger Weise nachgekommen ist. Eine interne Absprache zwischen den Veröffentlichungspflichtigen, wer die Veröffentlichung vornimmt, führt nicht dazu, dass die Verantwortlichkeit der anderen dadurch erlischt, vielmehr treffen diese weiterhin Aufsichts- und Überwachungspflichten, die dann wieder zu einer Veröffentlichungspflicht erstarken, wenn der nach den internen Absprachen Zuständige seiner Veröffentlichungspflicht nicht, nicht richtig oder nicht in gehöriger Weise nachkommt.

Nicht veröffentlicht wird, wenn eine Veröffentlichung von Emissionspreis, 6 Emissionsvolumen oder beiden Angaben vollständig unterlassen wurde. Es handelt sich bei dieser Tatmodalität um ein echtes Unterlassungsdelikt.

Nicht richtig erfolgt die Veröffentlichung, wenn die Angabe von Emissions- 7 preis oder Emissionsvolumen inhaltlich unzutreffend, d. h. unwahr ist.[6]

---

4 A. A. *Heidelbach*, in: Schwark/Zimmer, KapMRK, § 30 WpPG Rn. 6.

5 *Voß*, in: Just/Voß/Ritz/Zeising, WpPG, § 30 Rn. 49; *Wolf*, in: Frankf Komm WpPG, § 30 Rn. 17.

6 *Voß*, in: Just/Voß/Ritz/Zeising, WpPG, § 30 Rn. 54; *Wolf*, in: Frankf Komm WpPG, § 30 Rn. 21; a. A. *Assmann*, in: Assmann/Schlitt/von Kopp-Colomb, WpPG, § 30 WpPG Rn. 27.

8 § 8 Abs. 1 Satz 6 WpPG bestimmt durch Verweisung auf § 14 Abs. 2 WpPG, wie die Veröffentlichung zu erfolgen hat. Danach hat der Veröffentlichungspflichtige die Wahl zwischen den verschiedenen in § 14 Abs. 2 WpPG genannten neun Veröffentlichungsmodalitäten. Nicht in der vorgeschriebenen Weise erfolgt die Veröffentlichung, wenn eine andere, nicht im Gesetz genannte Form der Veröffentlichung gewählt wird oder die Modalitäten einer zulässigen Veröffentlichungsform nicht beachtet werden (z. B. Veröffentlichung in einer nur in geringem Umfang verbreiteten Zeitschrift).

9 Nicht rechtzeitig veröffentlicht ist der Emissionspreis oder das Emissionsvolumen, wenn dies nicht unverzüglich nach der Festlegung geschieht. Unverzüglich bedeutet ohne schuldhaftes Zögern (§ 121 BGB). Die zulässigen Fristen sind unterschiedlich lang, je nachdem, welche der nach § 14 Abs. 2 WpPG zulässigen Veröffentlichungsformen gewählt wird. Erfolgt die Veröffentlichung auf der Internetseite des Emittenten i. S. v. § 14 Abs. 2 Nr. 3 Buchst. a) WpPG hat dies taggleich mit der Festlegung zu erfolgen,[7] in den anderen Fällen ist eine Veröffentlichung unmittelbar danach zu beauftragen. Bei einem nicht öffentlichen Angebot hat die Veröffentlichung von endgültigem Emissionspreis und Emissionsvolumen spätestens einen Werktag (Montag – Samstag) vor Einführung der Wertpapiere zu erfolgen. Für die Fristberechnung ist § 187 Abs. 2 BGB maßgebend. Die Veröffentlichung im Laufe des Vortags der Einführung der Wertpapiere reicht danach aus. Nach § 8 Abs. 1 Satz 8 WpPG ist eine nachträgliche Veröffentlichung bei Nichtdividendenwerten, die ohne öffentliches Angebot platziert werden, dann möglich, wenn diese Nichtdividendenwerte während einer längeren Dauer und zu veränderlichen Preisen ausgegeben werden.

3. Verstoß gegen Hinterlegung von Emissionspreis oder Emissionsvolumen (§ 35 Abs. 1 Nr. 3 WpPG)

10 § 30 Abs. 1 Nr. 3 WpPG ahndet Verstöße gegen die Verpflichtung des § 8 Abs. 1 Satz 9 WpPG, den endgültigen Emissionspreis und das Emissionsvolumen am Tag der Veröffentlichung bei der Bundesanstalt zu hinterlegen. Zur Hinterlegung verpflichtet ist derjenige, den nach § 8 Abs. 1 Satz 6 WpPG die Pflicht zur Veröffentlichung trifft, nämlich der Anbieter oder der Zulassungsantragsteller; nur diese können daher Täter sein.

11 Die Tathandlung besteht im vollständigen Unterlassen einer Hinterlegung oder in der verspäteten Hinterlegung des Emissionspreises oder des Emissionsvolumens bei der Bundesanstalt. Die Hinterlegung muss nach § 8 Abs. 1 Satz 9 WpPG stets am Tag der Veröffentlichung, d.h. bis 24 Uhr, erfolgen. Erfolgt die Veröffentlichung durch mehrere der in § 14 Abs. 2 WpPG zur Verfügung stehenden Veröffentlichungsmodalitäten zu unterschiedlichen Zeitpunkten, hat die Hinterlegung am Tag der frühesten Veröffentlichung zu erfolgen. In welcher Art und Weise die Hinterlegung bei der Bundesanstalt erfolgt, ist hingegen für die Einhaltung der Frist unerheblich. Eine inhaltlich fehlerhafte Hinterlegung, d. h. die Mitteilung eines unrichtigen Emissions-

---

7 *Wolf*, in: Frankf Komm WpPG, § 30 Rn. 24.

preises oder Emissionsvolumens ist hingegen nicht tatbestandsmäßig.[8] Anders als beispielsweise Nr. 2, 6, 7 oder 9 ist bei Nr. 3 die nicht richtige Hinterlegung als Tathandlung nicht ausdrücklich aufgeführt, so dass der Bestimmtheitsgrundsatz des § 3 OWiG, Art. 103 Abs. 2 GG einer ausdehenden Auslegung der Norm entgegensteht.

4. (weggefallen)

Die Verpflichtung zur Veröffentlichung eines jährlichen Dokuments nach § 10 WpPG a. F. ist durch die Novellierung des WpPG weggefallen, denn nach Inkrafttreten der Transparenzrichtlinie und deren Umsetzung in nationales Recht besteht ein entsprechendes Informationsbedürfnis nicht mehr.[9] Nach § 36 Abs. 3 WpPG ist das jährliche Dokument letztmals für den Zeitraum des vor dem 1. Juli 2012 zu veröffentlichenden Jahresabschlusses zu erstellen, dem Publikum zur Verfügung zu stellen und bei der Bundesanstalt zu hinterlegen. Bei der Vorschrift der §§ 10, 30 Abs. 1 Nr. 4 WpPG a. F. handelt es sich nicht um Zeitgesetze i. S. v. § 4 Abs. 4 OWiG, da diese weder ausdrücklich noch nach den Umständen lediglich für eine Übergangzeit oder eine begrenzte Zeitspanne Gültigkeit haben sollten.[10] Mit Aufhebung der Nr. 4 können auch Verstöße gegen § 10 WpPG a.f. in Zeiträumen vor dem 01.07.2012 wegen § 4 Abs. 3 OWiG nicht mehr geahndet werden. 12

5. Vorzeitige Prospektveröffentlichung (§ 35 Abs. 1 Nr. 5 WpPG)

Eine Ordnungswidrigkeit begeht, wer einen Prospekt veröffentlicht, der noch nicht nach § 13 Abs. 1 Satz 1 WpPG durch die Bundesanstalt gebilligt wurde. Erfasst wird dabei die vorzeitige Veröffentlichung eines Prospektes vor der Billigung durch die Bundesanstalt, unabhängig davon, ob der Prospekt schon zur Prüfung eingereicht war oder nicht. An das Verstreichen der Prüfungsfrist des § 13 Abs. 2 WpPG ist keine Billigungsfiktion geknüpft. Ein Prospekt ist dann veröffentlicht, wenn dessen Inhalt von unbestimmt vielen, nicht durch besondere persönliche Beziehungen verbundenen Personen wahrgenommen werden kann; gleichgültig ist hingegen, ob der Prospekt tatsächlich auch wahrgenommen wurde. Ob die Veröffentlichung in einer der in § 14 Abs. 2 WpPG aufgezählten Formen oder in sonstiger Weise erfolgt, ist unerheblich. Nicht vom Tatbestand erfasst ist aber die Zugänglichmachung von Prospektentwürfen, jedenfalls dann, wenn sie nicht zur Verwendung gegenüber einer Vielzahl von Personen bestimmt sind.[11] Eine Vertraulichkeitsvereinbarung ist hierfür nicht erforderlich. 13

Umstritten ist, ob tatbestandsmäßig auch ist, wenn ein Prospekt veröffentlicht wird, der inhaltlich von dem gebilligten abweicht. Bloße Layout-Unter- 14

---

8 Für Übermittlungsfehler ebenso *Wolf*, in: Frankf Komm WpPG, § 30 Rn. 27; *Heidelbach*, in: Schwark/Zimmer, KapMRK, § 30 WpPG Rn. 10.
9 *Lawall/Maier*, DB 2012, 2503, 2506.
10 Karlsruher Komm. OWiG/*Rogall*, § 4 Rn. 37; *Eser/Hecker*, in: Schönke/Schröder, StGB § 2 Rn. 35.
11 *Wolf*, in: Frankf Komm WpPG, § 30 Rn. 38.

schiede sind dabei nach der ratio der Vorschrift nicht tatbestandsmäßig.[12] Der Schutzzweck der Bestimmung, zu verhindern, dass Anlegern ungeprüfte Prospekte zur Verfügung gestellt werden, ist bei einer bloßen Änderung des äußeren Erscheinungsbildung nicht beeinträchtigt. Abgrenzungsfragen stellen sich, wenn zwischen dem gebilligten und dem veröffentlichten Prospekt inhaltliche Unterschiede bestehen. Dies deshalb, weil die nicht richtige Veröffentlichung einen eigenen Bußgeldtatbestand nach Nr. 6 bildet, der mit einer erheblich geringeren Bußgelddrohung bewehrt ist. Ausgehend vom Schutzzweck der Norm wird zu differenzieren sein nach dem Ausmaß der Abweichungen: Geringfügige, inhaltlich unwesentliche Änderungen wie die Korrektur von Schreibfehlern oder anderen kleineren Unrichtigkeiten oder sprachliche Modifikationen, die zu keiner anderen Aussage oder Deutung führen, sind daher nicht tatbestandsmäßig.[13] Anders bei erheblichen Abweichungen, denn in diesem Fall sind die inhaltlichen Aussagen gerade nicht gebilligt worden.

15 Die Ordnungswidrigkeit kann von jedermann begangen werden, nicht nur von dem Anbieter oder Zulassungsantragsteller.

6. Verstoß gegen Prospektveröffentlichungspflicht (§ 35 Abs. 1 Nr. 6 WpPG)

16 Ahndbar macht sich, wer entgegen § 14 Abs. 1 Satz 1 oder 2 einen Prospekt nicht, nicht richtig, nicht vollständig, nicht in der vorgeschriebenen Weise oder nicht rechtzeitig veröffentlicht. Täter können Anbieter oder Zulassungsantragsteller sein, denn diese haben nach § 14 Abs. 1 Satz 1 WpPG einen Prospekt zu veröffentlichen, nachdem er von der Bundesanstalt gebilligt worden ist. Wird der Prospekt vor der Billigung veröffentlicht, unterfällt dies Nr. 5. Der von der Bundesanstalt gebilligte Prospekt muss spätestens einen Werktag vor Beginn des öffentlichen Angebots oder, findet ein öffentliches Angebot nicht statt, spätestens einen Werktag vor Einführung der Wertpapiere veröffentlicht werden. Werktage sind Montag bis Samstag mit Ausnahme öffentlicher Feiertage. Für die Fristberechnung gilt § 187 Abs. 2 BGB.

17 Sanktionsbewehrt ist sowohl die verspätete als auch die völlig unterlassene Veröffentlichung des Prospekts. Verspätet ist die Veröffentlichung, wenn sie nicht unverzüglich nach Billigung des Prospektes erfolgt, wobei der erforderliche Zeitbedarf von der Art der Veröffentlichung und dem Zeitpunkt der Billigung durch die Bundesanstalt abhängt.

18 Nicht richtig wird ein Prospekt veröffentlicht, wenn er mit ganz oder teilweise anderem Inhalt erscheint, als von der Bundesanstalt gebilligt. Die Tatmodalität des „nicht richtig" in Nr. 6 bezieht sich bereits grammatikalisch

---

12 *Voß,* in: Just/Voß/Ritz/Zeising, WpPG, § 30 Rn. 72; *Wolf,* in: Frankf Komm WpPG, § 30 Rn. 42; *Heidelbach,* in: Schwark/Zimmer, KapMRK, § 30 WpPG Rn. 15; a. A. *Assmann,* in: Assmann/Schlitt/von Kopp-Colomb, WpPG/VerkProspG, § 30 WpPG Rn. 32.

13 *Wolf,* in: Frankf Komm WpPG, § 30 Rn. 42; a. A. *Voß,* in: Just/Voß/Ritz/Zeising, WpPG, § 30 Rn. 71; *Assmann,* in: Assmann/Schlitt/von Kopp-Colomb, WpPG/VerkProspG, § 30 WpPG Rn. 32; *Heidelbach,* in: Schwark/Zimmer, KapMRK, § 30 WpPG Rn. 15.

auf die Veröffentlichung und nicht auf die Vollständigkeit und Wahrheitsmä-
ßigkeit der im Prospekt zu machenden Angaben. Inhaltliche Mängel des
Prospekts werden von dieser Vorschrift nicht erfasst,[14] sondern können allenfalls eine Straftat nach § 264 a StGB oder § 400 Abs. 1 Nr. 1 AktG darstellen.
Eine nicht richtige Veröffentlichung liegt beispielsweise dann vor, wenn die
veröffentlichte Fassung des Prospektes geringfügige Änderungen (bei gravierenden Änderungen liegt ein Fall der Nr. 5 vor, vgl. oben Rn. 14) gegenüber der von der Bundesanstalt gebilligten aufweist. Rein formale Abweichungen, wie anderes Layout, reichen demgegenüber nicht.[15]

Ein Fall der nicht vollständigen Veröffentlichung liegt vor, wenn von der   *19*
Bundesanstalt gebilligte Teile des Prospektes nicht mit veröffentlicht werden. Auf welche Art und Weise der Prospekt zu veröffentlichen ist, ist in § 14
Abs. 2 WpPG geregelt. Die Veröffentlichung in einer der dort genannten Modalitäten ist ausreichend. Der Verstoß gegen die Verpflichtung aus § 14
Abs. 3 Satz 2 WpPG, in einer oder mehreren Zeitungen eine Mitteilung zu
veröffentlichen, aus welcher hervorgeht, wie der Prospekt veröffentlicht worden und wo er erhältlich ist, ist selbst nicht bußgeldbewehrt.

7. Verstoß gegen Mitteilungspflicht (§ 35 Abs. 1 Nr. 7 WpPG)

§ 30 Abs. 1 Nr. 7 WpPG ahndet den Verstoß gegen die Verpflichtung, der   *20*
Bundesanstalt unverzüglich Datum und Ort der Veröffentlichung des Prospektes schriftlich mitzuteilen. Tathandlungen sind das Unterlassen einer Mitteilung, die nicht richtige, nicht vollständige, nicht rechtzeitige oder nicht in
der vorgeschriebenen Weise erfolgende Mitteilung. Hierzu verpflichtet sind
Anbieter oder Zulassungsantragsteller. Die Mitteilung hat unverzüglich, also
ohne schuldhaftes Zögern (§ 121 BGB) zu erfolgen. Da die Mitteilung unmittelbar nach der Veröffentlichung zu erfolgen hat und hierfür lediglich orga-
nisatorische Vorkehrungen zu treffen sind, muss die Mitteilung spätestens
innerhalb von drei Tagen nach der Veröffentlichung erfolgen.[16] Die Mitteilung hat in Schriftform zu erfolgen (§ 125 BGB), d. h. durch unterschriebenen
Brief oder als elektronisches Dokument mit qualifizierter elektronischer Signatur (§§ 125 Abs. 3, 126 a BGB). Telefax oder einfache Email genügen nicht.
Nicht richtig erfolgt eine Mitteilung, wenn eine Veröffentlichung des Prospektes entweder gar nicht oder nicht in der genannten Weise bzw. an dem
genannten Tag erfolgt ist. Eine unvollständige Mitteilung liegt vor, wenn
entweder Tag, Ort oder Art der Veröffentlichung nicht genannt sind.

Sehr zweifelhaft ist jedoch, ob bei einem Verstoß gegen die Mitteilungs-   *21*
pflicht oder gar nur einer Verletzung des Schriftformerfordernisses tatsäch-

---

14 *Wolf*, in: Frankf Komm WpPG, § 30 Rn. 50; *Voß*, in: Just/Voß/Ritz/Zeising, WpPG, § 30
   Rn. 76; *Assmann*, in: Assmann/Schlitt/von Kopp-Colomb, WpPG/VerkProspG, § 30
   WpPG Rn. 36; a. A. *Mülbert/Steup* WM 2005, 1633, 1639.
15 *Heidelbach*, in: Schwark/Zimmer, KapMRK, § 30 WpPG Rn. 19.
16 OLG Frankfurt v. 22.04.2003 – WpÜG-Owi 3/02 – NJW 2003, 2111 (zu § 27 Abs. 3 Satz 3
   WpÜG).

lich ein Ahndungsbedürfnis besteht.[17] § 14 Abs. 3 WpPG dient nicht dem Anlegerschutz, denn der von der Bundesanstalt gebilligte Prospekt ist für den Anleger ohnehin nach § 13 Abs. 4 WpPG auf der Homepage der Bundesanstalt abrufbar. Die Mitteilung soll es der Bundesanstalt lediglich erleichtern, die Einhaltung der Veröffentlichungspflicht durch den Anbieter oder Zulassungsantragsteller zu überwachen.

8. Verletzung der Pflicht zur Verfügungstellung der Papierversion des Prospekts (§ 35 Abs. 1 Nr. 8 WpPG)

22 Macht der Anbieter oder Zulassungsantragsteller von der Möglichkeit des § 14 Abs. 2 Nr. 3 oder 4 WpPG Gebrauch, den Prospekt im Internet zu veröffentlichen, so muss dem Anleger auf Verlangen kostenlos eine Papierversion des Prospektes zur Verfügung gestellt werden. Dadurch sollen gleiche Zugangsmöglichkeiten für das gesamte Publikum sichergestellt werden. Die Papierversion muss alle Angaben des im Internet veröffentlichten Prospekts enthalten. Die Verpflichtung, eine Papierversion des Prospektes zur Verfügung zu stellen, trifft den Anbieter, den Zulassungsantragsteller sowie Institute und Unternehmen, die die Wertpapiere platzieren und verkaufen. Mit Bußgeld bedroht ist lediglich das völlige Unterlassen der Zurverfügungstellung einer Papierversion, eine verspätete Übersendung hingegen bleibt sanktionslos.[18]

23 Angesichts des Umstands, dass ein Prospekt typischerweise für jedermann über elektronische Medien verfügbar und in jedem Fall auf der Internetseite der Bundesanstalt abrufbar ist, bestehen erhebliche Zweifel an der Ahndungswürdigkeit eines Verstoßes.[19]

9. Verstoß gegen Nachtragspflicht (§ 35 Abs. 1 Nr. 9 WpPG)

24 Dieser Bußgeldtatbestand entspricht dem der Nr. 6, nur betrifft er nicht den (Erst-)Prospekt, sondern den Nachtrag zu einem bereits veröffentlichten Prospekt. Zur Erstellung eines Nachtrags sind die Personen verpflichtet, die auch die Pflicht zur Veröffentlichung des Prospekts trifft, nämlich Anbieter oder Zulassungsantragsteller. Erfasst werden dabei lediglich Verstöße gegen die Pflicht zu Veröffentlichung eines von der Bundesanstalt gebilligten Nachtrags, nicht hingegen Verstöße gegen die Verpflichtung, nach § 16 Abs. 1 Satz 1 WpPG, überhaupt einen Nachtrag zu erstellen.[20]

---

17 Zustimmend *Wolf*, in: Frankf Komm WpPG, § 30 Rn. 53; ablehnend *Voß*, in: Just/Voß/ Ritz/Zeising, WpPG, § 30 Rn. 96.

18 *Heidelbach*, in: Schwark/Zimmer, KapMRK, § 30 WpPG Rn. 22.

19 *Wolf*, in: Frankf Komm WpPG, § 30 Rn. 56.

20 *Wolf*, in: Frankf Komm WpPG, § 30 Rn. 58; *Voß*, in: Just/Voß/Ritz/Zeising, WpPG, § 30 Rn. 101.

III. Ordnungswidrigkeiten nach Abs. 2

In Abs. 2 werden Verstöße gegen bestimmte vollziehbare Anordnungen der   25
Bundesanstalt sanktioniert. Der Tatbestand ist verwaltungsakzessorisch aufgebaut und knüpft allein an eine Zuwiderhandlung gegen eine vollziehbare
Anordnung der Bundesanstalt an. Gem. § 31 Ziff. 1 WpPG sind Anordnungen der Bundesanstalt nach § 15 Abs. 6 und § 21 WpPG sofort vollziehbar;
Widerspruch und Anfechtungsklage haben keine aufschiebende Wirkung.
Die Vollziehbarkeit endet erst, wenn die sofortige Vollziehbarkeit der Maßnahme durch eine gerichtliche Entscheidung nach §§ 80 Abs. 5, 123 VwGO
oder auf eine Anfechtungsklage hin aufgehoben wird. Der Verstoß gegen
eine nicht (mehr) vollziehbare Anordnung ist nicht bußgeldbewehrt. Fraglich
ist jedoch, ob auch die Nichtbeachtung einer rechtswidrigen vollziehbaren
Anordnung mit Geldbuße bedroht werden soll. Leidet die Anordnung an so
schweren Fehlern, dass diese zur Nichtigkeit führen (§ 43 VwVfG), ist die
Anordnung unbeachtlich und daher auch nicht ahndbar. Zweifelhaft sind
hingegen die Fällen, in denen die Anordnung fehlerhaft und daher rechts-
widrig ist und später aufgehoben wird. Nach einer Auffassung ist die spätere
Aufhebung eines rechtswidrigen Verwaltungsakts, der aber wegen seines
Sofortvollzugs zu befolgen war, für die Sanktionierung unbeachtlich.[21] Zum
Teil wird aber angenommen, dass in diesen Fällen ein außergesetzlicher
Strafaufhebungsgrund eingreife, da es mit dem Rechtsstaatsprinzip nicht in
Übereinstimmung zu bringen sei, die Nichtbefolgung einer rechtswidrigen
Anordnung zu ahnden.[22] Art. 103 Abs. 2 GG verlangt für jede Sanktion, dass
der Betroffene bereits bei Begehung einer Handlung voraussehen können
muss, ob diese mit Strafe oder Bußgeld bedroht ist. Der Gesetzgeber muss
daher erkennen lassen, ob auch der Verstoß gegen eine rechtswidrige Anordnung mit Geldbuße sanktioniert werden soll.[23] Die Gesetzesmaterialien
geben hierfür keine Auskunft. Die Bezugnahme auf die Vollziehbarkeit einer
Anordnung allein ist kein hinreichendes Abgrenzungskriterium.[24] Es mag
zwar ein Bedürfnis bestehen, Anordnungen der Bundesanstalt ohne zeitrau-
bende Prüfung auf ihre Rechtmäßigkeit durchzusetzen, ein Bedürfnis zur
Verhängung eines Bußgeldes besteht jedoch nicht. Aus diesem Grunde setzt
die Verhängung eines Bußgeldes eine rechtmäßige Anordnung der Bundesanstalt voraus[25]. Zumindest sollte bei rechtswidrigen Anordnungen von der

---

21 BGH v. 23.07.1969 – 4 StR 371/68 – BGHSt 23, 86, 94; OLG Köln v. 13.02.1990 – 2 Ws
    648/89 – wistra 1991, 74.
22 OLG Frankfurt v. 21.08.1987 – 1 Ss 488/86 – GA 1987, 549; *Cramer/Heine*, in: Schönke/
    Schröder, Vorbem. §§ 324 ff. Rn. 22.
23 BVerfG v. 01.12.1992 – 1 BvR 88/91, 576/91 – NJW 1993, 581; BVerfG v. 07.03.1995 –
    1 BvR 1564/92 – NJW 1995, 3110, 3111; *Wehowsky*, in: Erbs/Kohlhaas, StrRNG, § 62
    BörsG Rn. 26.
24 BVerfG v. 01.12.1992 – 1 BvR 88/91, 576/91 – NJW 1993, 581; *Wehowsky*, in: Erbs/Kohl-
    haas, StrRNG, § 62 BörsG Rn. 26.
25 BVerfG v. 07.03.1995 – 1 BvR 1564/92 – NJW 1995, 3110, 3112 zu § 111 OWiG; *Erbs/
    Kohlhaas/Wehowsky*, § 30 WpPG Rn. 27; *Assmann*, in: Assmann/Schlitt/von Kopp-
    Colomb, WpPG/VerkProspG, § 30 WpPG Rn. 48; *Wolf*, in: Frankf Komm WpPG, § 30
    Rn. 61.

Möglichkeit der Opportunitätseinstellung des § 47 OWiG Gebrauch gemacht werden.[26]

1. Anordnung gegen unzulässige Werbung (§ 35 Abs. 2 Nr. 1, Alt. 1 WpPG)

26 Nr. 1 betrifft Verstöße gegen die Untersagung unzulässiger Werbung. Nach § 15 Abs. 6 Satz 2 WpPG kann die Bundesanstalt Werbung mit solchen Angaben untersagen, bei denen die Gefahr einer Irreführung über den Umfang der Prüfung nach § 13 oder § 16 WpPG besteht. Die Bundesanstalt prüft nicht die inhaltliche Richtigkeit und Vollständigkeit des Prospektes, sondern nur, ob der Prospekt konsistent ist, d. h. keine inneren Widersprüche enthält.[27] Die Untersagung kann sich auf einen unbestimmt langen Zeitraum erstrecken. Nach § 15 Abs. 6 Satz 1 WpPG kann die Bundesanstalt die Werbung generell oder mit bestimmten Aussagen (sofern diese nicht von § 15 Abs. 6 Satz 2 WpPG erfasst werden) aussetzen, dies jedoch lediglich für einen Zeitraum von höchstens zehn aufeinander folgenden Tagen, wobei Sonn- und Feiertage mitzurechnen sind. Der Adressat der Anordnung verstößt gegen diese sowohl dann, wenn er selbst entgegen der Anordnung die untersagte Werbung weiterbetreibt als auch dann, wenn er dies über Dritte veranlasst. Bei Zugang der Anordnung bereits in die Wege geleitete Werbemaßnahmen hat der Adressat zu verhindern.

2. Verstoß gegen Auskunfts- und Vorlageverpflichtungen (§ 35 Abs. 2 Nr. 1, Alt. 2 WpPG)

27 Der Bußgeldtatbestand knüpft an die Behinderung der Bundesanstalt bei Durchsetzung ihrer Überwachungsaufgaben an. Nach § 21 Abs. 2 Satz 1 WpPG kann die Bundesanstalt von dem Emittenten, dem Anbieter oder dem Zulassungsantragsteller die Vorlage von Unterlagen, die Überlassung von Kopien und die Erteilung von Auskünften verlangen, soweit dies zur Überwachung erforderlich ist. § 21 Abs. 2 Satz 2 WpPG erlaubt es der Bundesanstalt, diese Auskünfte und Unterlagen auch von Unternehmen zu fordern, die mit dem Emittenten, dem Anbieter oder dem Zulassungsantragsteller verbunden sind oder auch von Personen und Unternehmen, die lediglich im Verdacht stehen, Anbieter zu sein.

3. Untersagung öffentlicher Angebote (§ 35 Abs. 2 Nr. 2 WpPG)

28 § 35 Abs. 2 Nr. 2 WpPG dient der Durchsetzung einer Anordnung der Bundesanstalt, die ein öffentliches Angebot untersagt oder ein solches aussetzt. Hierzu ist die Bundesanstalt nach § 21 Abs. 4 berechtigt, wenn entweder kein Prospekt oder aber ein solcher ohne vorherige Billigung durch die Bundesanstalt veröffentlicht wurde, der Prospekt oder das Registrierungsformular nicht mehr gültig ist oder bei einem in einem anderen EU-Mitgliedsstaat gebilligten Prospekt die Billigung des Prospekts nicht durch eine Bescheini-

---

26 *Vogel*, in: Assmann/Schneider WpHG, § 39 Rn. 26.
27 RegBegr. EU-ProspRL-UmsG, BT-Drucks. 15/4999, S. 34.

gung nach § 18 Abs. 1 WpPG nachgewiesen ist bzw. der Prospekt nicht der Sprachregelung des § 19 Abs. 1 WpPG genügt. Die Bundesanstalt kann bereits bei Vorliegen von Anhaltspunkten für eine Verletzung das öffentliche Angebot für bis zu zehn Kalendertage aussetzen.

IV. Subjektiver Tatbestand, Schuld und Irrtum

Geahndet werden können Verstöße gegen Anordnungen der Bundesanstalt nach Abs. 2 sowohl im Falle vorsätzlicher als auch fahrlässiger Zuwiderhandlungen, während bei den in Abs. 1 aufgeführten Ordnungswidrigkeiten Vorsatz oder Leichtfertigkeit vorliegen muss.   *29*

1. Vorsatz

Vorsatz ist Wissen und Wollen der Tatbestandsverwirklichung. Dies setzt zunächst die Kenntnis der tatsächlichen Umstände voraus, an die das Gesetz die Bußgeldandrohung knüpft. Hinzukommen muss ein voluntatives Element, nämlich der Wille, den Tatbestand zu verwirklichen. Dieser Wille kann auch dann vorhanden sein, wenn der Eintritt des tatbestandlichen Erfolges an sich unerwünscht ist, er aber als sicher vorausgesehen wird oder sein Eintritt, um einen anderen Zweck zu erreichen, unvermeidlich ist. Für die Tatbestandsbegehung reicht bedingter Vorsatz (dolus eventualis) aus. Dieser liegt dann vor, wenn der Täter die Tatbestandsverwirklichung weder anstrebt noch für sicher, sondern nur für möglich hält. Bedingter Vorsatz liegt nach der Rechtsprechung vor, wenn der Täter den Erfolg „billigend in Kauf genommen" hat oder er mit dem für möglich erachteten Erfolg einverstanden war, mag der Erfolgseintritt auch unerwünscht sein.   *30*

2. Fahrlässigkeit

Fahrlässig handelt der Beteiligte, der ihn treffende Sorgfaltspflichten verletzt, obgleich er die Tatbestandsverwirklichung vorhersehen konnte und die Rechtswidrigkeit seines Handelns erkennbar war. Die objektive Pflichtwidrigkeit ergibt sich aus dem Verstoß gegen gesetzliche Bestimmungen oder der Missachtung vollziehbarer Anordnungen, die ein bestimmtes Handeln gebieten oder anderes Handelns verbieten. Weitere Voraussetzung ist, dass der Täter den tatbestandlich beschriebenen Erfolg voraussehen konnte, für ihn also die Verwirklichung des Bußgeldtatbestandes erkennbar war. Für die Vorhersehbarkeit ist anders als im Zivilrecht nicht auf einen objektiven Betrachter abzustellen, sondern die Vorhersehbarkeit bemisst sich nach den jeweiligen persönlichen Fähigkeiten und Fertigkeiten des Beteiligten (subjektive Betrachtung). Eine Sorgfaltswidrigkeit kann auch schon darin liegen, dass ein Beteiligter Aufgaben übernimmt, denen er nicht gewachsen ist oder für die ihm die notwendigen Kenntnisse fehlen. Schließlich muss der Beteiligte auch erkennen, dass er rechtswidrig gehandelt hat, ihm also keine Rechtfertigungsgründe zur Seite stehen.   *31*

3. Leichtfertigkeit

32 Leichtfertigkeit ist ein erhöhtes Maß der Fahrlässigkeit und entspricht der groben Fahrlässigkeit des Zivilrechts. Leichtfertigkeit liegt vor, wenn der Täter dasjenige unbeachtet lässt, was jedem einleuchten muss[28] und er in grober Achtlosigkeit nicht erkennt, dass er den Tatbestand verwirklicht, wenn er sich rücksichtslos über die klar erkannte Möglichkeit der Tatbestandsverwirklichung hinwegsetzt oder eine besonders ernst zu nehmende Pflicht verletzt. Allein der Umstand, dass der Täter die Möglichkeit einer Tatbestandsverwirklichung erkennt, genügt noch nicht zur Annahme von Leichtfertigkeit.[29]

4. Irrtum

33 Bei den Ordnungswidrigkeitentatbeständen handelt es sich z.T. um Blankettvorschriften, die durch andere Vorschriften des WpPG ausgefüllt werden und bei denen der genaue Inhalt des Verbots erst durch die Ausfüllungsnorm ersichtlich wird. Darüber hinaus erhalten die Tatbestände z.T. normative Tatbestandsmerkmale, deren Bedeutung sich erst aus anderen Vorschriften ergibt.[30] Die Ausfüllungsvorschriften des WpPG gehören daher zum gesetzlichen Tatbestand der Bußgeldvorschrift. Irrt sich der Täter über das Vorliegen tatsächlicher Umstände, liegt ein Tatbestandsirrtum im Sinne von § 11 Abs. 1 OWiG vor. Dieser führt dazu, dass eine Ahndung wegen eines Vorsatzdeliktes nicht möglich ist, eine Sanktionierung kann lediglich wegen eines Fahrlässigkeitsdelikts erfolgen. Einem Tatbestandsirrtum unterliegt also derjenige, der von der Existenz einer Anordnung i.S.d. Abs. 2 keine Kenntnis besitzt[31] oder der irrig davon ausgeht, eine solche Anordnung sei nicht vollziehbar.[32]

34 Hingegen liegt ein Verbotsirrtum im Sinne von § 11 Abs. 2 OWiG vor, wenn der Täter den Sachverhalt zwar zutreffend erfasst hat aber glaubt, er würde nicht etwas Unerlaubtes tun. Dies ist insb. bei normativen Tatbestandsmerkmalen der Fall, wenn trotz Kenntnis der Umstände noch eine gewisse rechtliche Bewertung erforderlich ist, bspw. die Bewertung, wann ein Prospekt richtig ist. Entscheidend ist in diesen Fällen eine Parallelwertung in der Laiensphäre. Wenn der wesentliche Bedeutungsgehalt richtig erkannt wurde, spielt es keine Rolle, ob auch juristisch exakt unter die gesetzlichen Merk-

---

28 BGH v. 09.11.1997 – 2 StR 257/84 – BGHSt 33, 66, 67; OLG Bremen v. 26.04.1984 – Ws 111/84, Ws 115/84, Ws 116/84 – StV 1985, 282.

29 BGH v. 23.02.1994 – 3 StR 572/93 – StV 1994, 480.

30 Zur Abgrenzung von Blankettvorschriften und normativen Tatbestandsmerkmalen, vgl. *Rengier*, in: Karlsruher Komm. OWiG, § 11 Rn. 28 ff.; *Cramer/Sternberg-Lieben*, in: Schönke/Schröder, § 15 Rn. 103.

31 *Rengier*, in: Karlsruher Komm. OWiG, 3. Aufl., § 11 Rn. 14; *Cramer/Sternberg-Lieben*, in: Schönke/Schröder, StGB, § 15 Rn. 102.

32 *Rengier*, in: Karlsruher Komm. OWiG, 3. Aufl., § 11 Rn. 18; BGH v. 26.01.1989 – 1 StR 740/88 – NStZ 1989, 475.

male subsumiert wurde; der Subsumtionsirrtum ist daher ein bloßer Verbotsirrtum.[33]

Bei einem Verbotsirrtum entfällt die Ahndbarkeit nur dann, wenn dieser un- 35
vermeidbar war. Ein Verbotsirrtum ist vermeidbar, wenn der Täter unter Berücksichtigung seiner Fähigkeiten und Kenntnisse Anlass gehabt hätte, über die mögliche Rechtswidrigkeit seines Verhaltens nachzudenken oder sich über die Rechtslage zu erkundigen. Insbesondere bei Pflichten, die für einen bestimmten Berufskreis bedeutsam sind, nimmt die Rechtsprechung eine Erkundigungspflicht an.[34] Soweit die Bundesanstalt in Merkblättern oder sonstigen Veröffentlichungen[35] zu Einzelfragen Stellung nimmt, dürfte ein Irrtum nur selten unvermeidbar sein. Grds. darf sich ein Bürger auf eine erteilte Auskunft einer nicht erkennbar völlig unzuständigen Behörde verlassen.[36] Auf die Auskunft der eigenen Rechtsabteilung oder eines extern beauftragten Rechtsanwaltes kann grds. vertraut werden, sofern ein Auftrag zur umfassenden Prüfung erteilt war und nicht erkennbar Eigeninteressen im Spiel sind.[37]

V. Beteiligung (§ 14 OWiG), Handeln für einen anderen (§ 9 OWiG) und Aufsichtspflichtverletzung (§ 130 OWiG)

1. Beteiligung (§ 14 OWiG)

Anders als im Strafrecht, das zwischen Täterschaft, Anstiftung und Beihilfe 36
differenziert, gilt im Ordnungswidrigkeitenrecht nach § 14 OWiG der Einheitstäterbegriff. Danach kann gegen jeden eine Geldbuße verhängt werden, der sich in irgendeiner Art und Weise als (Mit-)Täter, Anstifter oder Gehilfe an der Begehung einer Ordnungswidrigkeit beteiligt. Dies gilt nach § 14 Abs. 1 Satz 2 OWiG auch dann, wenn besondere persönliche Merkmale, die die Ahndbarkeit eines Verhaltens erst begründen, nur bei einem der Beteiligten vorliegen. Derartige besondere persönliche Merkmale (§ 9 Abs. 1 OWiG), stellen die Eigenschaft als Anbieter, Emittent, Zulassungsantragsteller oder Adressat einer Anordnung der Bundesanstalt dar. Nur diese Personen treffen diejenigen Pflichten, deren Verletzung § 30 Abs. 1 und 2 WpPG ahndet. Da es ausreicht, wenn die besonderen persönlichen Merkmale bei einem Beteiligten vorliegen, können auch externe Berater bebußt werden,

33 *Rengier*, in: Karlsruher Komm. OWiG, 3. Aufl., § 11 Rn. 14, 16; *Göhler*, in: OWiGK, § 11 Rn. 6 ff.
34 *Göhler*, in: OWiGK, 16. Aufl. 2012, § 11 Rn. 25 f.; *Rengier*, in: Karlsruher Komm. OWiG, 3. Aufl. 2006, § 11 Rn. 65 f.
35 Siehe auch http://www.bafin.de/DE/Aufsicht/Prospekte/prospekte_node.html, wobei die Auslegung der gesetzlichen Vorschriften durch die Bundesanstalt für die Gerichte nicht bindend ist.
36 BGH v. 02.02.2000 – 1 StR 597/99 – NStZ 2000, 364.
37 *Göhler*, in: OWiGK, 16. Aufl. 2012, § 11 Rn. 26 b.; *Rengier*, in: Karlsruher Komm. OWiG, 3. Aufl. 2006, § 11 Rn. 76 ff.

wobei bei der Erteilung von Rechtsrat regelmäßig nicht von einem (bedingt) vorsätzlichen Verhalten auszugehen sein wird.[38]

2. Handeln für einen anderen (§ 9 OWiG)

37 Die Handlungs- und Unterlassungspflichten richten sich vielfach an den Anbieter, den Emittenten oder den Zulassungsantragsteller. Dies können auch juristische Personen oder Personengesellschaften sein. Für die Einhaltung der diese Gesellschaften treffenden Pflichten sind nach § 9 Abs. 1 OWiG alle Mitglieder des vertretungsberechtigten Organs einer juristischen Person bzw. alle vertretungsberechtigten Gesellschafter einer rechtsfähigen Personengesellschaft verantwortlich. Rechtsfähige Personengesellschaften sind neben der Offenen Handelsgesellschaft und der KG auch die Gesellschaft bürgerlichen Rechts, soweit sie als Außengesellschaft auftritt. Bei der Offenen Handelsgesellschaft ist jeder Gesellschafter vertretungsberechtigt, sofern er nicht nach §§ 114 Abs. 2, 117 HGB von der Geschäftsführung ausgeschlossen ist. Bei der KG ist lediglich der Komplementär vertretungsberechtigt.

38 § 9 Abs. 1 OWiG steht einer Übertragung von Aufgaben und Verantwortlichkeiten nicht entgegen. Im Fall einer vertikalen Aufgabendelegation sieht § 9 Abs. 2 OWiG vor, dass auch derjenige verantwortlich ist, der vom Inhaber eines Betriebes oder einem dazu sonst Befugten beauftragt ist, den Betrieb ganz oder zum Teil zu leiten oder der ausdrücklich dazu beauftragt ist, in eigener Verantwortung bestimmte Aufgaben wahrzunehmen. In gleicher Weise können auch innerhalb eines Organs Aufgaben und Zuständigkeiten verteilt werden (horizontale Aufgabenverteilung). In beiden Fällen trifft die ordungswidrigkeitenrechtliche Verantwortlichkeit zunächst denjenigen, in dessen Zuständigkeitsbereich die Erfüllung des gesetzlichen Gebots oder Verbots fällt bzw. der mit der Wahrnehmung dieser Aufgabe ausdrücklich beauftragt ist. Dies führt aber nicht dazu, dass die Verantwortlichkeit der anderen Organmitglieder oder des Betriebsinhabers vollkommen entfällt. Vielmehr wandelt sich die Pflicht zur Vornahme bzw. Unterlassung bestimmter Handlungen in eine Kontroll- und Überwachungspflicht um. Die Primärverantwortlichen haben durch geeignete Kontroll- und Überwachungsmaßnahmen sicherzustellen, dass der Beauftragte bzw. nach Geschäftsverteilung Zuständige die ihm obliegenden Aufgaben zuverlässig erfüllt. Stellt sich allerdings heraus, dass der kraft Delegation Zuständige seinen Pflichten nicht in gehöriger Form nachkommt oder tritt sonst eine Krisensituation ein, fällt die Zuständigkeit wieder auf das Kollegialorgan in seiner Gesamtheit zurück.

---

38 *Häcker*, in: Müller-Guggenberger/Bieneck, Hdb. des Wirtschaftsstrafrecht, 5. Aufl. 2011, § 95 Rn. 12.

3. Aufsichtspflichtverletzung (§ 130 OWiG)

Der Inhaber eines Unternehmens, bei juristischen Personen die Mitglieder   39
des vertretungsberechtigten Organs, bei Personengesellschaften die vertretungsberechtigten Gesellschafter, sind nach § 130 OWiG ahndbar, wenn sie
vorsätzlich oder fahrlässig die Aufsichtsmaßnahmen unterlassen, die erforderlich sind, um in dem Unternehmen Zuwiderhandlungen gegen betriebsbezogene Pflichten zu verhindern, wenn deren Verletzung mit Strafe oder
Geldbuße bedroht ist und die Zuwiderhandlung durch gehörige Aufsicht
verhindert oder jedenfalls wesentlich erschwert worden wäre. Voraussetzung
einer Ahndbarkeit ist stets, dass ein Mitglied des vertretungsberechtigten
Organs oder ein Mitarbeiter mit Straf- oder Bußgeldandrohung versehene
betriebsbezogene Pflichten verletzt hat. Bei allen der in § 35 Abs. 1 und 2
WpPG genannten Pflichten handle es sich um betriebsbezogene, denn sie
stehen im Zusammenhang mit der unternehmerischen Tätigkeit. Zu den vom
Betriebsinhaber zu beachtenden Aufsichtspflichten gehört zunächst die sorgfältige Auswahl der mit den Aufgaben betrauten Mitarbeiter nach deren Eignung, Fähigkeiten und Erfahrungen, die hinreichende Instruktion, insb. die
Aufklärung über die zu beachtenden gesetzlichen Vorschriften und die vorzunehmenden Aufgaben, die hinreichende Organisation des Unternehmens
und Verteilung von Zuständigkeiten und Aufgaben sowie schließlich die
Kontrolle und Überwachung der mit der Aufgabenerfüllung betrauten Mitarbeiter. Die Kontrolle und Überwachung hat nicht nur dann zu erfolgen,
wenn Verstöße aufgedeckt wurden, vielmehr haben nicht anlassbezogen
stichprobenartige Überprüfung der Geschäftsabläufe in einer solchen Dichte
stattzufinden, dass diese von den mit der Aufgabenerfüllung beauftragten
Personen als Kontrolle wahrgenommen werden und geeignet sind, etwaige
Verstöße aufzudecken.

VI. Versuch, Vollendung, Verjährung

Nach § 13 Abs. 2 OWiG kann der Versuch einer Ordnungswidrigkeit nur   40
dann geahndet werden, wenn dies durch Gesetz ausdrücklich bestimmt ist.
Eine Bußgelddrohung für den Versuch sieht § 35 WpPG jedoch nicht vor.

Vollendet ist die Tat, wenn alle Tatbestandsmerkmale verwirklicht sind. Bei   41
echten Unterlassungsdelikten tritt Vollendung dann ein, wenn der Zeitpunkt
verstrichen ist, zu dem der Handlungspflichtige die unterlassene Handlung
spätestens hätte ausführen müssen.

Die Verfolgungsverjährungsfrist beträgt nach § 31 Abs. 2 Nr. 1 OWiG drei   42
Jahre, wobei die Verjährungsfrist mit Beendigung der Tat zu laufen beginnt.
Besteht der Verstoß in einem aktiven Tun, z.B. bei nicht richtiger Veröffentlichung, tritt die Beendigung zeitgleich mit der Vollendung ein, d.h. bei Vornahme der Handlung. Bei Unterlassungsdelikten tritt die Beendigung erst
dann ein, wenn die unterlassene Handlung nachgeholt wurde oder die
Handlungspflicht aus sonstigen Gründen weggefallen ist.

VII. Geldbuße und Verfall

1. Geldbuße

a) Bußgeldhöhe

43 § 35 Abs. 3 WpPG sieht gestaffelte Bußgeldhöhen für verschiedene Verstöße vor. Der Verstoß gegen § 35 Abs. 1 Nr. 1 und 5 sowie des Abs. 2 Nr. 2 WpPG, d. h. das öffentliche Angebot eines Wertpapieres ohne Prospekt, die Veröffentlichung eines Prospekts vor dessen Billigung durch die Bundesanstalt sowie der Verstoß gegen die Untersagung bzw. Aussetzung eines öffentlichen Angebotes, ist mit einer Geldbuße bis zu 500.000 Euro bedroht. Bei Verletzung von Abs. 1 Nr. 6, d. h. bei Vestößen gegen die Verpflichtung, einen Prospekt nach Billigung durch die Bundesanstalt unverzüglich zu veröffentlichen, beträgt Geldbuße bis zu 100.000 Euro, während alle anderen Ordnungswidrigkeiten mit Geldbuße bis zu 50.000 Euro geahndet werden können. Für die fahrlässige oder leichtfertige Tatbegehung beträgt die Bußgeldobergrenze jeweils die Hälfte (§ 17 Abs. 2 OWiG). Die Mindestgeldbuße muss fünf Euro betragen (§ 17 Abs. 1 OWiG). Der Bußgeldrahmen ist durch die Neufassung für Verstöße gegen § 35 Abs. 1 Nr. 1 WpPG gegenüber der Altfassung von 50.000 Euro auf 500.000 Euro angehoben worden, denn sowohl der Verstoß gegen § 3 Abs. 1 als auch derjenige gegen § 13 Abs. 1 Satz 1 WpPG weisen einen vergleichbaren Unrechtsgehalt auf.[39] Erfolgte das öffentliche Angebot i. S. v. § 35 Abs. 1 Nr. 1 WpPG schon vor dem 01.07. 2012, wurde es jedoch danach noch fortgesetzt, so findet nach § 4 Abs. 2 OWiG der neue Bußgeldrahmen Anwendung, wobei allerdings bei der Bußgeldzumessung das geringere Gewicht der vor dem Stichtag liegenden Gesetzesverletzung zu beachten ist.

44 Reicht der Bußgeldrahmen nicht aus, um die wirtschaftlichen Vorteile abzuschöpfen, die der Täter erlangt hat, darf der Bußgeldrahmen nach § 17 Abs. 4 OWiG überschritten werden. Im Übrigen stellt der wirtschaftliche Vorteil, den der Täter persönlich erlangt hat, nur einen Zumessungsgesichtspunkt und im Regelfall die Untergrenze des zu verhängenden Bußgeldes dar. Wirtschaftliche Vorteile, die Dritte aus dem Verhalten des Täters erlangt haben, bspw. die AG, dürfen hierbei nicht berücksichtigt werden[40], sie können aber einen Verfall rechtfertigen. Erforderlich ist aber stets, dass der Vorteil gerade aus der Pflichtwidrigkeit, d. h. der Begehung der Ordnungswidrigkeit erlangt wurde.[41]

45 Für Geldbußen wegen Aufsichtspflichtverletzung nach § 130 OWiG bestimmt § 130 Abs. 3 Satz 2 OWiG, dass sich die Bußgeldhöhe nach derjenigen der Anlasstat richtet.

---

39 BT-Drucks. 17/8684, S. 21.
40 BayObLG v. 25.04.1996 – 3 ObOWi 11/95 – wistra 1995, 360.
41 BayObLG v. 02.01.1998 – 3 ObOWi 143/97 – wistra 1998, 199.

b) Geldbußen gegen juristische Personen und Personengesellschaften

§ 30 OWiG sieht die Möglichkeit vor, auch gegen eine juristische Person 46 oder Personenvereinigung eine Geldbuße zu verhängen, wenn ein vertretungsberechtigtes Organ oder ein vertretungsberechtigter Gesellschafter eine Straftat oder Ordnungswidrigkeit begangen hat und dabei Pflichten verletzt wurden, welche die juristische Person oder Personenvereinigung getroffen haben. Eine derartige Ordnungswidrigkeit stellen nicht nur Ordnungswidrigkeiten nach § 35 WpPG dar, sondern hierzu gehört auch die Aufsichtspflichtverletzung nach § 130 OWiG. Die Möglichkeit der Verhängung einer Unternehmensgeldbuße besteht auch dann, wenn diese Pflichten durch einen Generalbevollmächtigten, einen in leitender Stellung als Prokurist oder Handelsbevollmächtigter Tätigen oder durch eine sonstige Person, die für die Leitung des Betriebes verantwortlich handelt, begangen wurde. Die Bußgeldhöhe entspricht nach § 30 Abs. 2 Satz 2 OWiG derjenigen der Anlasstat. Ist der von dem Unternehmen erlangte Vorteil höher als die Bußgeldobergrenze, kann diese entsprechend überschritten werden (§ 30 Abs. 3 OWiG).

2. Verfall (§ 29 a OWiG)

Nach § 29 a OWiG kann im Fall der Begehung einer Ordnungswidrigkeit 47 dasjenige für verfallen erklärt werden, das der Täter oder das Unternehmen, für das der Täter gehandelt hat, aus der Tat erlangt hat. Erforderlich ist, dass eine unmittelbare Kausalbeziehung zwischen der Tat und dem erlangten Vorteil besteht. § 35 Abs. 1 WpPG betrifft nur Verstöße gegen Veröffentlichungs-, Hinterlegungs- und Mitteilungspflichten. Der aus derartigen Verstößen unmittelbar herrührende Vorteil dürfte sich in den meisten Fällen in ersparten Aufwendungen erschöpfen. Hingegen ist ein solcher Zusammenhang bei einem Verstoß gegen § 35 Abs. 1 Nr. 1 oder Abs. 2 Nr. 2 WpPG durchaus möglich, da bei Aussetzung oder Untersagung des öffentlichen Angebots von Wertpapieren das Unternehmen Leistungen (Zahlungen des Emissionspreises) von Anlegern erhalten kann; Gleiches gilt beim Vertrieb von Wertpapieren, wenn ein Prospekt nicht nur verspätet, sondern überhaupt nicht veröffentlicht wurde.

VIII. Zeitliche Geltung

Die Vorschrift des § 30 WpPG a.F. trat gem. Art. 10 Satz 2 des Prospektricht- 48 linie-Umsetzungsgesetzes am 01.07.2005 in Kraft und erfasst daher alle Verstöße gegen Handlungs- oder Unterlassungspflichten, die nach diesem Zeitpunkt begangen wurden bzw. im Fall der Unterlassung hätten vorgenommen werden müssen. Die Neufassung durch das Gesetz zur Umsetzung der Richtlinie 2010/73/EU und zur Änderung des Börsengesetzes vom 26.06. 2012[42] hat mit Ausnahme des Wegfalls der Ordnungswidrigkeit nach § 30

---

42 BGBl. I 2012, 1375.

Abs. 1 Nr. 4 WpPG a.F. sowie der Erhöhung der Bußgelddrohung für Verstöße gegen Abs. 1 Nr. 1 keine inhaltlichen Änderungen ergeben. Die Ordnungswidrigkeit nach § 30 Abs. 1 Nr. 4 WpPG a. F. ist mit Wirkung zum 01.07.2012 weggefallen. Da es sich bei dieser Vorschrift um kein Zeitgesetz im Sinne von § 4 Abs. 4 OWiG gehandelt hat, können Verstöße hiergegen auch für die Zeit vor der Gesetzesänderung nicht mehr verfolgt werden.

IX. Zusammentreffen mehrerer Gesetzesverstöße

49　Die einzelnen Ordnungswidrigkeiten des § 35 WpPG können nebeneinander verwirklicht werden und können deshalb untereinander in Tatmehrheit (§ 20 OWiG) stehen. Zwischen den Tatmodalitäten des Abs. 1 Nr. 1 und Nr. 5 ist sowohl Tatmehrheit als auch Tateinheit möglich.[43] Die Ordnungswidrigkeiten des § 35 Abs. 2 Nr. 1, 2. Alt. und Nr. 2 WpPG können hingegen mehrmals hintereinander begangen werden, wenn trotz Untersagung von Werbung oder öffentlichem Angebot weiterhin mehrere Werbeanzeigen geschaltet oder das Angebot in verschiedenen Medien mehrmals wiederholt wird. Diese Verstöße können sowohl tateinheitlich begangen werden (z. B. durch das Nichtverhindern bereits beauftragter Werbemaßnahmen), als auch tatmehrheitlich, wenn ungeachtet der Untersagung durch mehrere Willensentschlüsse hiergegen verstoßen wird.

50　§ 35 Abs. 1 Nr. 5, 6 und 9 WpPG können hinter § 264 a StGB (Kapitalanlagebetrug) und § 263 StGB (Betrug) zurücktreten. Dies gilt für die Tatmodalitäten der nicht richtigen und nicht vollständigen Veröffentlichung eines Prospektes. Eine Subsidiarität tritt allerdings nur dann ein, wenn die nicht richtig oder nicht vollständig veröffentlichten Passagen des Prospektes dazu führen, dass entscheidungserhebliche Angaben nicht, nicht richtig oder nicht vollständig gemacht wurden.

X. Verfolgungsbehörde

51　Nach § 35 Abs. 4 WpPG ist Verwaltungsbehörde zur Verfolgung der Ordnungswidrigkeiten die Bundesanstalt für Finanzdienstleistungsaufsicht. Für Entscheidungen gegen Bußgeldbescheide der Bundesanstalt ist gem. § 68 Abs. 1 OWiG das AG Frankfurt zuständig.

---

43 *Wolf*, in: Frankf Komm WpPG, § 30 Rn. 43; *Voß*, in: Just/Voß/Ritz/Zeising, WpPG, § 30 Rn. 87; *Assmann*, in: Assmann/Schlitt/von Kopp-Colomb, WpPG/VerkProspG, § 30 WpPG Rn. 34.

§ 36
Übergangsbestimmungen

(1) Drittstaatemittenten, deren Wertpapiere bereits zum Handel an einem organisierten Markt zugelassen sind, können die Bundesanstalt als für sie zuständige Behörde im Sinne des § 2 Nr. 13 Buchstabe c wählen und haben dies der Bundesanstalt bis zum 31. Dezember 2005 mitzuteilen. Für Drittstaatemittenten, die bereits vor Inkrafttreten dieses Gesetzes im Inland Wertpapiere öffentlich angeboten oder für Wertpapiere einen Antrag auf Zulassung zum Handel an einem im Inland gelegenen organisierten Markt gestellt haben, ist die Bundesrepublik Deutschland Herkunftsstaat, vorausgesetzt es handelt sich um

a) das erste öffentliche Angebot von Wertpapieren in einem Staat des Europäischen Wirtschaftsraums nach dem 31. Dezember 2003 oder

b) den ersten Antrag auf Zulassung von Wertpapieren zum Handel an einem im Europäischen Wirtschaftsraum gelegenen organisierten Markt nach dem 31. Dezember 2003.

(2) Wertpapiere, die bereits vor dem 1. Juli 2012 auf Grundlage eines von der Bundesanstalt vor diesem Datum gebilligten Basisprospekts und bei ihr dazu hinterlegter endgültiger Bedingungen in Anwendung des § 9 Absatz 5 in der bis zum 30. Juni 2012 geltenden Fassung öffentlich angeboten wurden, dürfen noch bis einschließlich 31. Dezember 2013 weiter öffentlich angeboten werden.

(3) Das jährliche Dokument nach § 10 dieses Gesetzes in der bis zum 30. Juni 2012 geltenden Fassung ist letztmalig für den Zeitraum des vor dem 1. Juli 2012 zu veröffentlichenden Jahresabschlusses zu erstellen, dem Publikum zur Verfügung zu stellen und bei der Bundesanstalt zu hinterlegen.

Inhalt

I. Überblick

§ 36 WpPG enthält Übergangsbestimmungen zum einen für Wertpapiere von   *1*
Drittstaatemittenten, die bei Inkrafttreten des WpPG zum 01.07.2005 bereits
zum Handel an einem organisierten Markt zugelassen waren bzw. für die ein
Zulassungsantrag oder Angebot erfolgt ist, zum anderen für durch Einlagenkreditinstitute oder andere Kreditinstitute begebene Schuldverschreibungen
und ähnliche Wertpapiere. § 36 WpPG dient der Umsetzung von Art. 30
Abs. 1 der EU-ProspRL. Der Abs. 1 entspricht der Regelung in § 30 Abs. 1

WpPG a. F., während die Abs. 2 und 3 Übergangsvorschriften für die Novellierung des WpPG enthalten.

2 Nach § 18 Abs. 2 Satz 2 und 3 VerkProspG n. F. gelten die Vorschriften des VerkProspG a. F. für solche Wertpapiere, bei denen der Verkaufsprospekt vor dem 01.07.2005 veröffentlicht wurde, unbegrenzt weiter. Ein zusätzlicher Prospekt nach dem WpPG oder ein Nachtrag nach § 16 WpPG ist für diese Wertpapiere nicht erforderlich. Dies gilt auch für Neuemissionen nach dem 01.07.2005, sofern der (unvollständige) Prospekt vor diesem Tag gebilligt wurde.[1]

II. Regelungen für Drittstaatemittenten
(§ 36 Abs. 1 WpPG)

3 Satz 1 regelt das Wahlrecht von Emittenten aus Drittstaaten gem. § 2 Nr. 13 c WpPG. Danach können Emittenten von solchen Wertpapieren, die nicht in § 2 Nr. 13 b WpPG aufgeführt sind, die Bundesrepublik Deutschland als Herkunftsstaat wählen, wenn Wertpapiere in Deutschland bereits zum Handel an einem organisierten Markt zugelassen sind. Wählen Emittenten aus Drittstaaten die Bundesrepublik Deutschland als Herkunftsstaat, müssen sie dies der Bundesanstalt bis zum 31.12.2005 mitteilen.

4 Satz 2 enthält eine Übergangsregelung für solche Emittenten aus Drittstaaten, die nach dem 31.12.2003 und vor Inkrafttreten des WpPG Wertpapiere in einem Staat des Europäischen Wirtschaftsraums öffentlich angeboten oder deren Zulassung zum Handel an einem organisierten Markt beantragt haben. In diesem Fall ist die Bundesrepublik Deutschland kraft gesetzlicher Fiktion Herkunftsstaat, sofern entweder das erste öffentliche Angebot oder aber der erste Antrag auf Zulassung dieser Wertpapiere zum Handel an einem geregelten organisierten Markt in der Bundesrepublik Deutschland erfolgt ist. Diese Regelung entspricht Art. 2 Abs. 1 lit. m iii) EU-ProspRL. Ist das Angebot in mehreren Staaten gleichzeitig erfolgt, findet die Fiktion keine Anwendung, sondern der Emittent kann weiterhin einen Herkunftsstaat wählen.[2]

III. Angebot von Wertpapieren
(§ 36 Abs. 2 WpPG)

5 **Angebot vor 1. Juli 2012**

§ 36 Abs. 2 wurde durch das Gesetz zur Umsetzung der Richtlinie 2010/73/ EU und zur Änderung des Börsengesetzes neu gefasst. Danach dürfen öffentliche Angebote, die vor dem 01.07.2012 auf Grundlage von Basisprospekten und hinterlegten endgültigen Bedingungen begonnen haben, noch bis 31.12.2013 fortgeführt werden. Die Beschränkung des § 9 Abs. 2 Satz 2

---

1 *Kullmann/Sester*, WM 2005, 1068, 1079; *Groß*, KapMR, § 3 WpPG Rn. 16.
2 *Kollmorgen/Feldhaus*, BB 2007, 225, 229.

WpPG findet dabei keine Anwendung[3] Dies entspricht der Übergangsvorschrift von Art. 2 der Delegierten Verordnung (EU) Nr. 486/2012.[4]

IV. Jährliches Dokument
(§ 36 Abs. 3 WpPG)

Abs. 3 stellt klar, dass das nach § 10 WpPG a. F. zu veröffentlichende jährliche Dokument letztmalig für den Zeitraum des vor dem 01.07.2012 zu veröffentlichenden Jahresabschlusses zu erstellen, dem Publikum zur Verfügung zu stellen und bei der Bundesanstalt zu hinterlegen ist. Da der Bußgeldtatbestand des § 30 Abs. 1 Nr. 4 WpPG a. F. weggefallen ist, kann ein Verstoß gegen die Veröffentlichungspflicht lediglich verwaltungsrechtlich, nicht jedoch mehr bußgeldrechtlich geahndet werden.   6

---

3   *Müller*, § 36 WpPG Rn. 2
4   BT-Drucks. 17/9645, S. 26f.

ARTIKEL 36 **Inkrafttreten**	ARTICLE 36 Entry into force
Diese Verordnung tritt in den Mitgliedstaaten am zwanzigsten Tag nach ihrer Veröffentlichung im Amtsblatt der Europäischen Union in Kraft.	This Regulation shall enter into force in Member States on the twentieth day after its publication in the Official Journal of the European Union.
Sie gilt ab dem 1. Juli 2005.	It shall apply from 1 July 2005.
Diese Verordnung ist in allen ihren Teilen verbindlich und gilt unmittelbar in jedem Mitgliedstaat.	This Regulation shall be binding in its entirety and directly applicable in all Member States.

Artikel 36 der EU-ProspV ist selbsterklärend und bedarf keiner Kommentierung.

Delegierte Verordnung (EU) Nr. 486/2012
der Kommission vom 30.März 2012

ARTIKEL 2
Übergangsbestimmungen

ARTICLE 2
Transitional provision

(1) Artikel 1 Nummer 3, Nummer 9 Buchstaben a bis d, Nummern 10, 11 und 12 gelten nicht für die Billigung von Nachträgen zu einem Prospekt oder Basisprospekt, der vor dem 1. Juli 2012 gebilligt wurde.

1. Point (3), points (9)(a) to (d), and points (10), (11) and (12) of Article 1 shall not apply to the approval of a supplement to a prospectus or base prospectus where the prospectus or base prospectus was approved before 1 July 2012.

(2) Übermittelt die zuständige Behörde des Herkunftsmitgliedstaats der zuständigen Behörde des Aufnahmemitgliedstaats gemäß Artikel 18 der Richtlinie 2003/71/EG eine Bescheinigung über die Billigung eines Prospekts bzw. Basisprospekts, der vor dem 1. Juli 2012 gebilligt wurde, so weist die zuständige Behörde des Herkunftsmitgliedstaats in der Bescheinigung klar und ausdrücklich darauf hin, dass der Prospekt bzw. der Basisprospekt vor dem 1. Juli 2012 gebilligt wurde.

2. Where in accordance with Article 18 of Directive 2003/71/CE the competent authority of the home Member State notifies the competent authority of the host Member State with a certificate of approval in relation to a prospectus or a base prospectus approved before 1 July 2012, the competent authority of the home Member State shall clearly and explicitly indicate in the certificate that the prospectus or base prospectus was approved before 1 July 2012.

Artikel 2 enthält Übergangsbestimmungen für Prospekte bzw. Basisprospekte, die vor Inkrafttreten der Delegierten Verordnung (EU) Nr. 486/2012 gebilligt wurden.   1

Abs. 1 stellt klar, dass die nunmehr zu erfüllenden Prospektanforderungen nicht für Nachträge zu Prospekten und Basisprospekten gelten, die vor Inkrafttreten dieser Verordnung gebilligt wurden. Insoweit verbleibt es dabei, dass an Nachträge keine höheren Anforderungen zu stellen sind als für die Prospekte bzw. Basisprospekte gelten, die sie ergänzen. Damit richten sich die Anforderungen an Nachträge zur vor dem 01.07.2012 gebilligten Prospekten und Basisprospekten weiterhin nach altem Recht.   2

Da Wertpapiere aufgrund eines bis zum 30.06.2012 von einem anderen EU- bzw. EWR-Staat gebilligten Prospekts bzw. Basisprospekts auch in den anderen Mitgliedstaaten vertreten werden dürfen, enthält Abs. 2 eine Verpflichtung des Herkunftsstaates, in seiner Billigung ausdrücklich darauf hinzuweisen, dass diese vor dem 01.07.2012 erfolgt ist. Damit soll für den Rechtsverkehr Sicherheit und Klarheit herrschen und leicht erkennbar sein, ob ein nach dem 01.07.2012 erfolgtes öffentliches Angebot von Wertpapieren sich nach dem Rechtsrahmen des alten oder des neuen Rechts richtet.   3

ARTIKEL 3
Inkrafttreten

ARTICLE 3
Entry into force

Diese Verordnung tritt am 1. Juli 2012 in Kraft. Sie ist in allen ihren Teilen verbindlich und gilt unmittelbar in jedem Mitgliedstaat.

This Regulation shall enter into force on 1 July 2012. This Regulation shall be binding in its entirety and directly applicable in all Member States.

Delegierte Verordnung (EU) Nr. 862/2012
der Kommission vom 4. Juni 2012

ARTIKEL 2	ARTICLE 2
Übergangsbestimmungen	Transitional provision

(1) Diese Verordnung gilt nicht für die Billigung eines Nachtrags zu einem Prospekt oder Basisprospekt, sofern der Prospekt oder der Basisprospekt vor dem in Artikel 3 genannten Datum gebilligt wurde.

1. This Regulation shall not apply to the approval of a supplement to a prospectus or base prospectus where the prospectus or base prospectus was approved before the date referred to in Article 3.

(2) Übermittelt die zuständige Behörde des Herkunftsmitgliedstaats der zuständigen Behörde des Aufnahmemitgliedstaats gemäß Artikel 18 der Richtlinie 2003/71/EG eine Bescheinigung über die Billigung eines vor dem in Artikel 3 genannten Datum gebilligten Prospekts oder Basisprospekts, gibt die zuständige Behörde des Herkunftsmitgliedstaats in der Bescheinigung klar und ausdrücklich an, dass der Prospekt oder Basisprospekt vor dem in Artikel 3 genannten Datum gebilligt wurde.

2. Where in accordance with Article 18 of Directive 2003/71/EC the competent authority of the home Member State notifies the competent authority of the host Member State with a certificate of approval in relation to a prospectus or a base prospectus approved before the date referred to in Article 3, the competent authority of the home Member State shall clearly and explicitly indicate in the certificate that the prospectus or base prospectus was approved before the date referred to in Article 3.

Artikel 2 enthält Übergangsbestimmungen für die Billigung von Nachträgen   1
zu Prospekten bzw. Basisprospekten, die vor Inkrafttreten der Delegierten
Verordnung (EU) Nr. 862/2012 gebilligt wurden.

Abs. 1 stellt klar, dass die nunmehr zu erfüllenden Prospektanforderungen   2
nicht für Nachträge zu Prospekten und Basisprospekten gelten, die vor Inkrafttreten dieser Verordnung gebilligt wurden. Insoweit verbleibt es dabei,
dass an Nachträge keine höheren Anforderungen zu stellen sind als für die
Prospekte bzw. Basisprospekte gelten, die sie ergänzen. Damit richten sich
die Anforderungen an Nachträge zur vor Inkrafttreten dieser Delegierten
Verordnung nach Art. 3 gebilligten Prospekten und Basisprospekten weiterhin nach altem Recht.

Da Wertpapiere aufgrund eines von einem anderen EU- bzw. EWR-Staat ge-   3
billigten Prospekts bzw. Basisprospekts auch in den anderen Mitgliedstaaten
vertreten werden dürfen, enthält Abs. 2 eine Verpflichtung des Herkunftsstaates, in seiner Billigung ausdrücklich darauf hinzuweisen, dass diese vor
dem Inkrafttreten dieser Delegierten-Verordnung erfolgt ist. Damit soll für
den Rechtsverkehr Sicherheit und Klarheit herrschen und leicht erkennbar
sein, ob ein nach Inkrafttreten dieser Delegierten-Verordnung erfolgtes öffentliches Angebot von Wertpapieren sich nach dem Rechtsrahmen des alten
oder des neuen Rechts richtet.

ARTIKEL 3	ARTICLE 3
Inkrafttreten	Entry into force

Diese Verordnung tritt am Tag ihrer Veröffentlichung im Amtsblatt der Europäischen Union in Kraft.

This Regulation shall enter into force on the day of its publication in the Official Journal of the European Union.

Diese Verordnung ist in allen ihren Teilen verbindlich und gilt unmittelbar in jedem Mitgliedstaat.

This Regulation shall be binding in its entirety and directly applicable in all Member States.

Die Verordnung wurde im Amtsblatt L256/4 am 22.09.2012 veröffentlicht und ist mit Wirkung vom 22.09.2012 in Kraft getreten.

§ 37
Übergangsbestimmungen zur Aufhebung des Verkaufsprospektgesetzes

Für Ansprüche wegen fehlerhafter Prospekte, die nicht Grundlage für die Zulassung von Wertpapieren zum Handel an einer inländischen Börse sind und die vor dem 1. Juni 2012 im Inland veröffentlicht worden sind, sind das Verkaufsprospektgesetz und die §§ 44 bis 47 des Börsengesetzes jeweils in der bis zum 31. Mai 2012 geltenden Fassung weiterhin anzuwenden. Wurden Prospekte entgegen § 3 Absatz 1 Satz 1 nicht veröffentlicht, ist für daraus resultierende Ansprüche, die bis zum Ablauf des 31. Mai 2012 entstanden sind, das Verkaufsprospektgesetz in der bis zum 31. Mai 2012 geltenden Fassung weiterhin anzuwenden.

Intertemporales Haftungskollisionsrecht

§ 37 WpPG wurde ursprünglich durch das VermAnlGEG[1] neu eingefügt und   1
enthielt in Abs. 1 eine Übergangsregelung aus dem aufgehobenen Verkaufsprospektgesetz, die durch das Gesetz zur Umsetzung der Richtlinie 2010/73/EU und zur Änderung des Börsengesetzes wieder aufgehoben wurde.[2]

§ 37 WpPG entspricht wortgleich § 32 Abs. 2 VermAnlG und regelt das in-   2
tertemporale Kollisionsrecht der Prospekthaftung für Nichtzulassungsprospekte. Eine entsprechende (und inhaltsgleiche) Übergangsbestimmung für Zulassungsprospekte findet sich in § 52 Abs. 8 BörsG. Im alten Recht verwies § 13 VerkpropG a. F. für Nichtzulassungsprospekte auf die börsengesetzlichen Prospekthaftungsvorschriften der §§ 44 ff. BörsG a. F., während § 13 a VerkprospG a. F. die Haftung für fehlende Prospekte regelte. Entscheidend für die Anwendung dieses alten Rechts ist im Falle der Haftung für fehlerhafte Prospekte der Zeitpunkt seiner Veröffentlichung. Hierfür ist die Regelung des § 14 WpPG einschlägig. Als im Sinne des § 37 WpPG veröffentlicht gilt der Prospekt, wenn er nach Billigung der BaFin in einem der in § 14 Abs. 2 Nr. 1–4 WpPG genannten Medien veröffentlicht ist. Verstöße gegen die Verfahrensvorschriften des § 14 Abs. 1 oder § 14 Abs. 2 S. 2 WpPG ändern nichts am Zeitpunkt der Veröffentlichung. Sie muss nur nach dem Zeitpunkt der Billigung liegen, da ohne Billigung der BaFin kein Prospekt im Sinne des WpPG in der Welt ist (dazu bereits §§ 21–23 WpPG Rn. 30).

Ansprüche aus einem öffentlichen Angebot bei fehlendem Prospekt entste-   3
hen sowohl nach altem Recht (§ 13 a VerkprospG a. F.) wie nach neuem Recht (§ 24 WpPG) in dem Moment, in dem Wertpapiere von Anlegern nach einem öffentlichen Angebot erworben wurden. Ein und dasselbe öffentliche Angebot kann nach § 37 Satz 2 WpPG folglich Ansprüche nach altem und nach neuem Recht zur Folge haben, je nachdem, wann die fraglichen Wertpapiere erworben wurden. Da § 24 WpPG weitgehend der Regelung des § 13 a VerkProspG a. F. entspricht, ist das bei fehlenden Wertpapierprospek-

---

1 BGBl. I, S. 2481 v. 06.12.2011.
2 Näher dazu *Groß*, KapMR, § 37 WpPG Rn. 1.

ten unproblematisch. Im Falle der Parallelregel des § 32 Abs. 2 VermAnlG hingegen kann aufgrund der Anknüpfung an die Anspruchsentstehung (anstelle des öffentlichen Angebots) der Fall auftreten, dass manche Anleger nach altem Recht (6-Monatsregelung) bereits zu spät die Vermögensanlagen erworben haben, während andere Anleger noch später kaufen, aber bereits unter dem Schutz des neuen Rechts (2-Jahresfrist) stehen. Verfassungsrechtlich ist das wohl keine unzulässige Ungleichbehandlung, wiewohl ein Unbehagen angesichts dieser verfehlten Anknüpfung bleibt.[3]

---

3   A. A. offenbar *Groß*, KapMR, § 21 WpPG Rn. 6 b.

Zulassung von Wertpapieren zum Börsenhandel
gem. §§ 32 ff. BörsG*

§ 32
Zulassungspflicht

(1) Wertpapiere, die im regulierten Markt an einer Börse gehandelt werden sollen, bedürfen der Zulassung oder der Einbeziehung durch die Geschäftsführung, soweit nicht in § 37 oder in anderen Gesetzen etwas anderes bestimmt ist.

(2) Die Zulassung ist vom Emittenten der Wertpapiere zusammen mit einem Kreditinstitut, Finanzdienstleistungsinstitut oder einem nach § 53 Abs. 1 Satz 1 oder § 53 b Abs. 1 Satz 1 des Kreditwesengesetzes tätigen Unternehmen zu beantragen. Das Institut oder Unternehmen muss an einer inländischen Wertpapierbörse mit dem Recht zur Teilnahme am Handel zugelassen sein und ein haftendes Eigenkapital im Gegenwert von mindestens 730.000 Euro nachweisen. Ein Emittent, der ein Institut oder Unternehmen im Sinne des Satzes 1 ist und die Voraussetzungen des Satzes 2 erfüllt, kann den Antrag allein stellen.

(3) Wertpapiere sind zuzulassen, wenn

1. der Emittent und die Wertpapiere den Anforderungen nach Artikel 35 der Verordnung (EG) Nr. 1287/2006 sowie den Bestimmungen entsprechen, die zum Schutz des Publikums und für einen ordnungsgemäßen Börsenhandel nach § 34 erlassen worden sind, und
2. ein nach den Vorschriften des Wertpapierprospektgesetzes gebilligter oder bescheinigter Prospekt oder ein Verkaufsprospekt im Sinne des § 42 des Investmentgesetzes in der bis zum 21. Juli 2013 geltenden Fassung veröffentlicht worden ist, der für den in § 345 Absatz 6 Satz 1 des Kapitalanlagegesetzbuchs vorgesehenen Zeitraum noch verwendet werden darf, oder ein Verkaufsprospekt im Sinne des § 165 des Kapitalanlagegesetzbuchs oder ein Prospekt im Sinne des § 318 Absatz 3 des Kapitalanlagegesetzbuchs veröffentlicht worden ist, soweit nicht nach § 1 Absatz 2 oder § 4 Absatz 2 des Wertpapierprospektgesetzes von der Veröffentlichung eines Prospekts abgesehen werden kann.

(4) Der Antrag auf Zulassung der Wertpapiere kann trotz Erfüllung der Voraussetzungen des Absatzes 3 abgelehnt werden, wenn der Emittent seine Pflichten aus der Zulassung zum regulierten Markt an einem anderen organisierten Markt nicht erfüllt.

(5) Die Geschäftsführung bestimmt mindestens drei inländische Zeitungen mit überregionaler Verbreitung zu Bekanntmachungsblättern für die vorgeschriebenen Veröffentlichungen (überregionale Börsenpflichtblätter).

---

*   Überarbeitete und aktualisierte Fassung der Kommentierung von *Hippel* aus der Vorauflage.

Die Bestimmung kann zeitlich begrenzt werden; sie ist durch Börsenbe-kanntmachung zu veröffentlichen.

1 Die Neufassung des § 32 BörsG sorgte im Gesetzgebungsverfahren des Fi-nanzmarktrichtlinie-Umsetzungsgesetzes (FRUG) für erhebliche Diskussio-nen. Zentraler Bestandteil der Norm ist Abs. 1, nach dem die Zustimmung durch die Geschäftsführung der Börse für die Zulassung oder Einbeziehung von im regulierten Markt zu handelnden Wertpapieren zu erfolgen hat, so-fern es sich nicht um staatliche Schuldverschreibungen gem. § 37 BörsG handelt oder in anderen Gesetzen etwas anderes bestimmt ist.

2 Noch der Referentenentwurf des FRUG vom 14.09.2006[1] sah vor, dass ge-mäß Abs. 1 die Zulassung durch die BaFin oder die Geschäftsführung zu er-teilen ist. Dies stieß insbesondere bei den Regionalbörsen auf erhebliche Kri-tik. In einem gemeinsamen Antrag[2] der Börsen Berlin, Düsseldorf, Hamburg, Hannover, München und Stuttgart lehnten diese die Übertragung der Kom-petenz zur Entscheidung über Zulassung bzw. Widerruf auf die BaFin u. a. mit der Begründung ab, dass eine EU-rechtliche Verpflichtung nicht bestehe. Dies folge aus Art. 40 Abs. 1 MiFID, der den Börsen ein Ermessen bei der Entscheidung über die Frage, ob eine Aktie zum Handel zuzulassen sei oder nicht, einräume. Folglich seien allein die Börsen für das Zulassungs- und Wi-derrufsverfahren zuständig. Des Weiteren seien keine zwingenden sachli-chen Gründe ersichtlich, die den Wegfall einer nach Ansicht der o. g. Börsen zentralen Funktion ihrer Tätigkeit begründen könnte. Ferner stelle die Über-tragung ihrer Kompetenz auf die BaFin einen Eingriff in das Selbstverwal-tungsrecht der Börsen dar mit der Gefahr, dass auf Grund der Regelungen in den Börsenordnungen ein weiteres börsliches Zulassungsverfahren erfor-derlich sei. Gleiches gelte als so genannter actus contrarius für das Wider-rufsverfahren. Bemerkenswert ist dabei zunächst, dass sich die Frankfurter Wertpapierbörse insoweit nicht zu einer Stellungnahme veranlasst sah.

3 Der Zentrale Kreditausschuss (ZKA) hingegen vertrat in seiner Stellung-nahme vom 29.01.2007 11.10.2006[3] ebenfalls weitgehend die Ansicht, dass ein doppeltes Zulassungsverfahren zu vermeiden sei. Im Übrigen habe sich die bisherige Praxis – Zuordnung der Zulassung an die Börsen – „bestens be-währt".

---

1   Abrufbar u. a. bei http://www.kapitalmarktrecht-im-internet.eu/file_download.php?l= de&sect=ov&mod=Kapitalmarktrecht&type=artikelgesetze&c=3&q=FRUG&d=Referen-tenentwurf.pdf (15.04.2014).

2   Abrufbar unter http://www.gesmat.bundesgerichtshof.de/gesetzesmaterialien/16_wp/ frug/stellung_bw_wpb_refe.pdf (15.04.2014).

3   Abrufbar u. a. bei http://www.gesmat.bundesgerichtshof.de/gesetzesmaterialien/16_wp/ frug/stellung_zka_art_3.pdf (15.04.2014).

Während sich der Deutsche Anwaltverein in seiner Stellungnahme vom Oktober 2006[4] auf die Seite der Regionalbörsen schlug, befürwortete die Deutsche Schutzgemeinschaft für Wertpapierinhaber (DSW) in ihrer Stellungnahme vom 11.10.2006[5] die Übertragung der Kompetenz zur Entscheidung über Zulassung und Widerruf auf die BaFin. Die DSW begründete ihre Ansicht vor allem mit dem zwischen den Börsen bestehenden unterschiedlichem Anlegerschutzniveau, das vor dem Hintergrund der Entscheidung des BGH in Sachen Ingram/Macrotron[6] einer Anpassung bedürfe.

Die Entscheidung des Gesetzgebers ist im Ergebnis zu begrüßen, wenn auch   4
nur teilweise den von den Regionalbörsen vorgebrachten Argumenten zu
folgen ist. Dies gilt insbsondere für die von den Regionalbörsen vertretene
Ansicht, die Übertragung der Zulassungs- und Widerrufskompetenz auf die
BaFin stelle einen Eingriff in das Selbstverwaltungsrecht der Börsen dar. Dabei ist festzuhalten, dass die Börsen qua Gesetz verpflichtet sind, Wertpapiere bei Vorliegen der Voraussetzungen zuzulassen bzw. einzubeziehen.
Eine privatautonome Entscheidungsbefugnis, eine Zulassung aus sonstigen
Gründen als den im Gesetz genannten zu verweigern, steht ihnen gerade
nicht zu. Gleiches gilt für die Einbeziehung von Wertpapieren.

Zutreffend ist aber, dass der Referentenentwurf die Gefahr einer doppelten
Prüfung und der damit verbundenen Konsequenzen (doppelte Gebühren, erhöhter Zeitaufwand) durch die BaFin einerseits und die Geschäftsführung
andererseits unberücksichtigt gelassen hat. Auch ist es für die Beteiligten
weitaus sachnäher, die entsprechenden Kompetenzen den Geschäftsführungen zu überlassen.

Nachdem dem Gesetzgeber eine Anpassung zur Vermeidung der o.g. Gefahr
offensichtlich zu aufwendig gewesen ist und auch die BaFin die Kompetenz
für Zulassung und Einbeziehung nicht ausdrücklich für sich forderte, verbleibt es bis auf weiteres bei der jetzigen Lösung. Dies könnte sich aber ändern, sollte die Bedeutung der Regionalbörsen in Zukunft abnehmen. Die
Zulassung selbst ist Verwaltungsakt und Voraussetzung für die Einführung
von Wertpapieren.[7]

Abs. 2 entspricht §§ 30 Abs. 2, 51 Abs. 1 Nr. 2 BörsG a. F. Der Zulassungsan-   5
trag selbst ist vom Emittenten gemeinsam mit einem an einer inländischen
Wertpapierbörse – nicht notwendigerweise derselben Börse – zugelassenen
Kredit- oder Finanzdienstleistungsinstitut oder einem anderen Unternehmen,
das die Voraussetzungen nach §§ 53 Abs. 1, 53 b Abs. 1 Satz 1 KWG erfüllt
(sog. Emissionsbegleiter), zu stellen. Des Weiteren muss das Institut oder Un-

---

4   Abrufbar unter http://www.anwaltverein.de/downloads/stellungnahmen/2006-61.pdf;
    (15.04.2014), Abdruck in NZG 2006, 937.
5   Abrufbar unter http://www.gesmat.bundesgerichtshof.de/gesetzesmaterialien/16_wp/
    frug/stellung_dsw_refe.pdf (15.04.2014).
6   Vgl. BGH Urt. v. 25.11.2002 – II ZR 133/01, NJW 2003, 1032ff.
7   *Gebhardt*, in: Schäfer/Hamann, KapMR, § 30 BörsG Rn. 46; *Heidelbach*, in: Schwark/
    Zimmer, KapMRK, § 32 BörsG Rn. 17; zum Wertpapierbegriff siehe die Ausführungen
    bei *Heidelbach*, in: Schwark/Zimmer, KapMRK, § 32 BörsG Rn. 24 ff.

ternehmen den Nachweis über das Mindesteigenkapital gegenüber der Geschäftsführung führen. Durch den gemeinsamen Antrag wird das begleitende Institut bzw. Unternehmen zugleich rechtlich in die Pflicht genommen.[8]

6 Die Beibehaltung der Einbeziehung des Emissionsbegleiters ist teilweise auf Kritik gestoßen, nachdem die entsprechende Regelung in § 38 Abs. 1 BörsG – allerdings ohne nachvollziehbare Begründung des Gesetzgebers – gestrichen worden ist.[9] Dabei ist aber zu bedenken, dass Emissionsbegleiter schon aus eigenem Interesse und zur Vermeidung einer möglichen Haftung selbst dann in der Praxis maßgeblichen Einfluss auf den Emittenten nehmen würden, wenn eine Verpflichtung zur gemeinsamen Antragstellung nicht mehr bestünde. Sofern der Emittent ein Institut oder Unternehmen i. S. d. Satz 1 ist und den Nachweis gemäß Satz 2 führt, ist es allein antragsberechtigt.

7 Abs. 3 schließlich beinhaltet die materiellen Zulassungsvoraussetzungen, die kumulativ erfüllt sein müssen. Dabei verweist Ziff. 1 auf Art. 35 DurchführungsV MiFID sowie die BörsenzulV. Sowohl Art. 35 DurchführungsV MiFID als auch die BörsenzulV überschneiden sich auf vielfältige Weise. Aus diesem Grund sind beide Regelungskomplexe bei der Zulassungsprüfung zu berücksichtigen. Ergeben sich Zweifel, sollte Art. 35 DurchführungsV MiFID Vorrang vor den Regelungen der BörsenZulV als höherrangiges Recht haben.[10] Neben Art. 35 DurchführungsV MiFID und der BörsZulV muss gewährleistet sein, dass die zuzulassenden Wertpapiere den Anforderungen zum Schutz des Publikums und denjenigen eines ordnungsgemäßen Handels bestehenden Vorschriften entsprechen.

8 Nach Abs. 3 Ziff. 2 ist weitere Voraussetzung die vor Antrag auf Zulassung erfolgte Veröffentlichung eines den Vorgaben der Ziff. 2 entsprechenden Prospekts, der entweder gebilligt oder bescheinigt[11] sein muss. In Ziff. 2 ist der durch das AIFM-UmsG[12] vollzogenen Aufhebung des Investmentgesetzes und Ersetzung durch das Kapitalanlagegesetzbuch (KAGB) Rechnung getragen worden. Grundlage der in Ziff. 2 genannten investmentrechtlichen Prospekte ist nunmehr das KAGB. Die Veröffentlichung des Prospektes ist von den Antragstellern nachzuweisen. Eine prospektfreie Zulassung ist möglich, sofern keine Prospektpflicht besteht. Ausnahmeregelungen finden sich in § 1 Abs. 2 sowie § 4 Abs. 2 WpPG.

9 Der Antrag auf Zulassung kann gem. Abs. 4 abgelehnt werden, wenn zwar die Wertpapiere des Emittenten an einem anderen organisierten Markt in-

---

8 *Baumbach/Hopt*, § 32 BörsG Rn. 3; *Heidelbach*, in: Schwark/Zimmer, KapMRK, § 32 BörsG Rn. 34.

9 Siehe etwa *Schanz*, Börseneinführung, 3. Aufl. 2007, § 12 Rn. 4, der jedoch noch davon ausging, dass künftig die BaFin für die Zulassung verwantwortlich ist.

10 So zutreffend *Heidelbach*, in: Schwark/Zimmer, KapMRK, § 32 BörsG Rn. 45. Siehe auch die weiteren Ausführungen unter Rn. 46 ff.

11 Zum irreführenden Begriff der Bescheinigung siehe *Heidelbach*, in: Schwark/Zimmer, KapMRK, § 32 BörsG Rn. 56.

12 Gesetz zur Umsetzung der RL 2011/61/EU über die Verwalter alternativer Investmentfonds (AIFM-Umsetzungsgesetz – AIFM-UmsG) v. 04.07.2013, BGBl. I, S. 1981.

nerhalb der EU oder des EWR zugelassen, er aber seinen ihm obliegenden Folgepflichten im Rahmen dieser Zulassung nicht nachkommt. Lehnt die Geschäftsführung auf Grund des ihr obliegenden Ermessensspielraums den Antrag auf Zulassung ab, kann lediglich der Emittent Widerspruch einlegen und – soweit dieser keinen Erfolg hat – den Verwaltungsrechtsweg im Wege einer Verpflichtungsklage beschreiten.

Die Aktivlegitimation des Emissionsbegleiters ergibt sich schon nicht zwingend aus dem Wortlaut des Abs. 1, wonach auf Grund des gemeinsam zu stellenden Antrags auch das Verfahren nach Ablehnung gemeinsam durchgeführt werden müsste. Auf Grund der gemeinsamen Antragstellung zugleich neben dem Emittenten ist der Emissionsbegleiter auch Adressat des Verwaltungsakts im Falle der Ablehnung. Dies allein reicht aber für eine Klagebefugnis nicht aus. Denn die Rolle des Emissionsbegleiters geht über die Überwachung eines ordnungsgemäßen Zulassungsverfahrens und rein wirtschaftliche Interessen nicht hinaus. Nur der Emittent kann durch die Ablehnung als belastendem Verwaltungsakt in seinen Rechten verletzt sein.[13] Auch sind Dritte, insbesondere mögliche künftige Anleger, nicht aktivlegitimiert.[14] Passivlegitimiert ist die Börse als teilrechtsfähige Anstalt öffentlichen Rechts.[15]   **10**

Abs. 4 eröffnet der Geschäftsführung einen weiten Ermessensspielraum, der gem. § 114 VwGO gerichtlich überprüft werden kann.   **11**

Nach Abs. 5 hat die Geschäftsführung zumindest drei überregionale inländische Zeitungen für die vorgeschriebenen Veröffentlichungen als Bekanntmachungsblätter zu bestimmen, wobei es der Geschäftsführung freisteht, die Bestimmung zeitlich zu begrenzen.   **12**

Die Regelung mutet auf Grund der zunehmenden Möglichkeiten der Verwendung elektronischer Medien anachronistisch an. Insbesondere hätte es nahegelegen, den elektronischen Bundesanzeiger gesetzlich als eines der Börsenpflichtblätter zu benennen. Da es der Börsengeschäftsführung jedoch freisteht, die Bestimmung zeitlich zu begrenzen, dürfte sich die rein elektronische Bekanntmachung von Veröffentlichungen in naher Zukunft weitgehend durchsetzen.

---

13 So auch *Heidelbach*, in: Schwark/Zimmer, KapMRK, § 32 Rn. 63. Zutreffend weist Heidelbach darauf hin, dass es nur selten zu Rechtsstreitigkeiten um die Zulassung kommen dürfte, Rn. 63 a. E.; a. A. etwa *Groß*, KapMR, § 32 BörsG Rn. 44.

14 So ausdrücklich *Heidelbach*, in: Schwark/Zimmer, KapMRK, § 32 BörsG Rn. 63, insb. 71 ff.

15 *Heidelbach*, in: Schwark/Zimmer, KapMRK, § 32 BörsG Rn. 63.

§ 33
Einbeziehung von Wertpapieren in den regulierten Markt

(1) Wertpapiere können auf Antrag eines Handelsteilnehmers oder von Amts wegen durch die Geschäftsführung zum Börsenhandel in den regulierten Markt einbezogen werden, wenn

1. die Wertpapiere bereits

a) an einer anderen inländischen Börse zum Handel im regulierten Markt,
b) in einem anderen Mitgliedstaat der Europäischen Union oder in einem anderen Vertragsstaat des Abkommens über den Europäischen Wirtschaftsraum zum Handel an einem organisierten Markt oder
c) an einem Markt in einem Drittstaat, sofern an diesem Markt Zulassungsvoraussetzungen und Melde- und Transparenzpflichten bestehen, die mit denen im regulierten Markt für zugelassene Wertpapiere vergleichbar sind, und der Informationsaustausch zum Zwecke der Überwachung des Handels mit den zuständigen Stellen in dem jeweiligen Staat gewährleistet ist,

zugelassen sind und

2. keine Umstände bekannt sind, die bei Einbeziehung der Wertpapiere zu einer Übervorteilung des Publikums oder einer Schädigung erheblicher allgemeiner Interessen führen.

(2) Die näheren Bestimmungen über die Einbeziehung von Wertpapieren sowie über die von dem Antragsteller nach erfolgter Einbeziehung zu erfüllenden Pflichten sind in der Börsenordnung zu treffen. Die Börsenordnung muss insbesondere Bestimmungen enthalten über die Unterrichtung des Börsenhandels über Tatsachen, die von dem Emittenten an dem ausländischen Markt, an dem die Wertpapiere zugelassen sind, zum Schutz des Publikums und zur Sicherstellung der ordnungsgemäßen Durchführung des Handels zu veröffentlichen sind; § 38 Abs. 1, die §§ 39 und 41 finden keine Anwendung.

(3) Die Geschäftsführung unterrichtet den Emittenten, dessen Wertpapiere in den Handel nach Absatz 1 einbezogen wurden, von der Einbeziehung.

(4) Für die Aussetzung und die Einstellung der Ermittlung des Börsenpreises gilt § 25 entsprechend. 2Für den Widerruf der Einbeziehung gilt § 39 Abs. 1 entsprechend.

1   Mit § 33 BörsG wurde Art. 40 Abs. 5 der Finanzmarktrichtlinie umgesetzt. Die bis dahin nach § 56 BörsG a. F. – der seinerseits durch das 4. FinanzmarktförderungsG eingeführt wurde – mögliche Einbeziehung in den geregelten Markt gilt nunmehr für sämtliche gesetzlichen Marktsegmente.[1]

---

1   Begr. RegE BT-Drucks. 16/4028, S. 101; zum Einbeziehungsverfahren *Heidelbach*, in: Schwark/Zimmer, KapMRK, § 33 BörsG Rn. 24 ff.

Abs. 1 entspricht weitgehend § 56 Abs. 1 BörsG a. F. Jedoch ist neben dem 2
Antrag durch einen Handelsteilnehmer eine Einbeziehung von Amts wegen
durch die Geschäftsführung möglich. Voraussetzung dafür soll nach der Gesetzesbegründung sein, dass die Geschäftsführung ein entsprechendes
Marktbedürfnis erkennt. Aus der Gesetzesbegründung selbst wird aber nicht
einmal ansatzweise ersichtlich, wann ein solches Marktbedürfnis bestehen
soll. Zwar müssen die weiteren Voraussetzungen gemäß Abs. 1 Nr. 1 lit. a–c
vorliegen. Fraglich – und insoweit der Gesetzesbegründung nicht zu entnehmen – ist aber, wie die Entscheidung der Geschäftsführung zur Einbeziehung eines Wertpapiers bei Vorliegen der weiteren Voraussetzungen zu werten ist, wenn der Antrag auf Einbeziehung durch einen Handelsteilnehmer,
aus welchen Gründen auch immer, bewusst nicht gestellt worden ist. Ferner
ist unklar, anhand welcher Kriterien die Geschäftsführung ein Marktbedürfnis ermitteln will. Wenn überhaupt kann ein Marktbedürfnis durch die Geschäftsführung nur anhand der Negativmerkmale des Abs. 1 Ziff. 2 beurteilt
werden. Soweit ersichtlich finden sich in den einzelnen Börsenordnungen
keine Regelungen, die sich explizit mit dem Marktbedürfnis auseinandersetzen oder dies definieren (vgl. §§ 58 ff. BörsO-FWB).

Abs. 1 wurde im Übrigen dahingehend abgeändert, dass bei Prüfung der 3
Frage, ob ein Wertpapier zum Handel am regulierten Markt einbezogen
werden kann, auf die Zulassung an einer anderen Börse mit Sitz im Inland
oder einem anderen Mitgliedstaat der EU bzw. Vertragsstaat des EWR abzustellen ist.[2] Des Weiteren setzt Abs. 1 Ziff. 1, die den Kreis der einbezie-
hungsfähigen Wertpapiere regelt[3], für die Einbeziehung nur voraus, dass die
Zulassung der Wertpapiere noch nicht erloschen bzw. widerrufen ist. Weitere
Bedingungen müssen für Wertpapiere, die gemäß Ziff. 1 einbezogen werden,
nicht erfüllt sein, da sie die Zulassungsvoraussetzungen bereits erfüllt haben.

Gleiches gilt gemäß Ziff. 2 im Ergebnis für Wertpapiere, die bereits in einem 4
anderen Mitgliedstaat der EU oder des EWR zum Handel an einem organisierten Markt zugelassen sind, da für diese einheitliche Regelungen bzgl.
Melde- und Transparenzanforderungen, Ad-hoc-Publizitätspflichten sowie
Insiderhandelsverbote gelten. Die Gleichwertigkeit der Märkte ist somit sichergestellt.

Bezüglich der Einbeziehung von Wertpapieren aus Drittstaaten ist im We- 5
sentlichen die Vergleichbarkeit der Pflichten von Bedeutung, wobei formal
hauptsächlich auf die rechtliche Implementierung abzustellen ist[4], da die tatsächliche Umsetzung durch die Geschäftsführung nur bedingt überprüft
werden kann. Zwar folgt daraus ein gewisses Risiko, sofern in diesen Staaten
Recht und Praxis allzuweit auseinderfallen. Allerdings wird dieses Risiko
durch Ziff. 2 minimiert, da – selbst wenn die Voraussetzung gem. Abs. 1
Ziff. 1 lit. a, b. oder c erfüllt sind – eine Einbeziehung verweigert werden
kann, sofern eine Übervorteilung des Publikums oder eine Schädigung von

---

2 Vgl. Begr. RegE, BT-Drucks. 16/4028, S. 101.
3 So *Groß*, KapMR, § 33 BörsG Rn. 2.
4 Anders *Schwark*, in: Schwark/Zimmer, KapMRK, § 33 BörsG Rn. 11.

Interessen, die von erheblicher allgemeiner Bedeutung sind, droht. Dabei ist unter Übervorteilung die Gefahr eines erheblichen Kursverfalls zu verstehen, der als Umstand aber nur dann von der Geschäftsführung berücksichtigt werden kann, wenn ein entsprechender Hinweis im Prospekt fehlt. Ob ein solcher Hinweis fehlt, müsste von der Geschäftsführung ohne erheblichen Aufwand festgestellt werden können. Zu den Interessen, die geschädigt werden könnten, zählen neben den Belangen der Allgemeinheit insbesondere solche des Kapitalmarktes, die nicht nur geringfügig beeinträchtigt werden dürfen.

6 Abs. 2 schließlich sieht vor, dass die Börsenordnungen nähere Bestimmungen über Einbeziehung und die darauf folgenden Pflichten des Antragstellers enthalten müssen. Dabei ist eine zeitnahe Unterrichtung des Börsenhandels über die Einbeziehung von zentraler Bedeutung, da diese erhebliche Auswirkungen auf die angemessene Preisbildung haben kann. In der BörsO der FWB finden sich die entsprechenden Regelungen in den §§ 58 ff.

7 Durch den Abs. 3 wird die Geschäftsführung verpflichtet, den Emittenten über die Einbeziehung in Kenntnis zu setzen, wobei damit für den Emittenten keine Folgepflichten verbunden sind.[5]

8 Abs. 4 verweist für den Fall Aussetzung und Einstellung der Ermittlung des Börsenpreises auf § 25 BörsG, der ebenso wie § 39 Abs. 1 BörsG für den Fall des Widerrufs der Einbeziehung entsprechende Anwendung findet.

---

5 Begr. RegE, BT-Drucks. 16/4028, S. 101.

§ 34
Ermächtigung

Die Bundesregierung wird ermächtigt, durch Rechtsverordnung mit Zustimmung des Bundesrates die zum Schutz des Publikums und für einen ordnungsgemäßen Börsenhandel erforderlichen Vorschriften über

1. die Voraussetzungen der Zulassung, insbesondere

   a) die Anforderungen an den Emittenten im Hinblick auf seine Rechtsgrundlage, seine Größe und die Dauer seines Bestehens;
   b) die Anforderungen an die zuzulassenden Wertpapiere im Hinblick auf ihre Rechtsgrundlage, Handelbarkeit, Stückelung und Druckausstattung;
   c) den Mindestbetrag der Emission;
   d) das Erfordernis, den Zulassungsantrag auf alle Aktien derselben Gattung oder auf alle Schuldverschreibungen derselben Emission zu erstrecken;

2. das Zulassungsverfahren

zu erlassen.

§ 34 BörsG entspricht wortgleich § 32 BörsG a. F., der durch das 4. FinanzmarktförderungsG eingeführt wurde. Diese ehemals umfangreiche Vorschrift (vgl. § 32 BörsG i. d. F. vom 16.12.1986) konnte entsprechend gekürzt werden, nachdem auf Grundlage des EU-ProspRL-UmsetzungsG[1] die wesentlichen weiteren Anforderungen bezüglich des Inhalts eines Börsenzulassungsprospekts nunmehr im Wertpapierprospektgesetz geregelt sind.[2]

---

1 BGBl. I, v. 27.06.2005, S. 1698.
2 Siehe im Übrigen die Komm. der BörsZulVO.

§ 35
Verweigerung der Zulassung

(1) Lehnt die Geschäftsführung einen Zulassungsantrag ab, so hat sie dies den anderen Börsen, an denen die Wertpapiere des Emittenten gehandelt werden sollen, unter Angabe der Gründe für die Ablehnung mitzuteilen.

(2) Wertpapiere, deren Zulassung von einer anderen Börse abgelehnt worden ist, dürfen nur mit Zustimmung dieser Börse zugelassen werden. Die Zustimmung ist zu erteilen, wenn die Ablehnung aus Rücksicht auf örtliche Verhältnisse geschah oder wenn die Gründe, die einer Zulassung entgegenstanden, weggefallen sind.

(3) Wird ein Zulassungsantrag an mehreren inländischen Börsen gestellt, so dürfen die Wertpapiere nur mit Zustimmung aller Börsen, die über den Antrag zu entscheiden haben, zugelassen werden. Die Zustimmung darf nicht aus Rücksicht auf örtliche Verhältnisse verweigert werden.

1 § 35 BörsG entspricht § 33 BörsG a. F. und wurde durch das Finanzmarktrichtlinie-Umsetzungsgesetzes (FRUG) nur redaktionell angepasst. Allerdings sind die Absätze 2 und 3 gegenüber der bisherigen Fassung und im Vergleich zu Abs. 1 ungenau gefasst. Über die Annahme bzw. Ablehnung eines Antrags auf Zulassung von Wertpapieren entscheidet allein die Geschäftsführung der Börse, nicht die Börse selbst.

Die Regelung des § 35 BörsG soll eine möglichst einheitliche Behandlung sicherstellen, sofern Wertpapiere an verschiedenen inländischen Börsen zugelassen werden sollen.

2 Abs. 1 greift dann ein, wenn ein Antrag auf Zulassung zunächst nur an einer Börse gestellt worden ist. Lehnt die Geschäftsführung dieser Börse die Zulassung ab, ist sie verpflichtet, die anderen Geschäftsführungen über die Gründe der Ablehnung zu informieren. Dies soll den anderen Geschäftsführungen eine weitere Beurteilung über einen parallel oder nachfolgend gestellten Antrag erleichtern.

3 Abs. 2 Satz 1 bindet die anderen Geschäftsführungen an die Verweigerung einer Geschäftsführung, die Wertpapiere zuzulassen. Dies ist aus Gründen des Anlegerschutzes geboten, um eine mögliche Umgehung durch den Antragsteller bei Verweigerung der Zulassung zu verhindern. Satz 2 ist als Ausnahmeverpflichtung der Geschäftsführung zu verstehen, die einen Antrag zunächst abgelehnt hat. Nicht nachvollziehbar und in der Praxis wenig tauglich ist dabei jedoch, dass die Zustimmung dann zu erteilen ist, wenn die Ablehnung aus Rücksicht auf örtliche Verhältnisse erfolgte. Örtliche Verhältnisse ändern sich entgegen sonstigen Gründen, aufgrund derer eine Ablehnung erfolgt ist, kaum. Zudem stellt Abs. 3 Satz 2 hinreichend klar, dass örtliche Verhältnisse, die schon begrifflich nicht zu fassen sind, keine Berücksichtigung bei der Entscheidung über die Zulassung finden dürfen. Es kann daher zwischen zeitlich aufeinanderfolgenden Anträgen, die von Abs. 2 erfasst werden, und Anträgen, die gleichzeitig an mehreren Börsen

gestellt werden (erfasst von Abs. 3) kein Unterschied bestehen. Dem steht auch das Gebot der einheitlichen Behandlung nicht entgegen, so dass der Passus bei der nächsten Änderung des Börsengesetzes wegfallen sollte.

Die Zustimmung, die als solche keinen anfechtbaren Verwaltungsakt gegen- *4* über dem Antragsteller darstellt[1], muss ferner dann erteilt werden, wenn die Gründe, seien sie rechtlicher oder tatsächlicher Art, die ihr zunächst entgegenstanden, weggefallen sind.

Eine Verpflichtungsklage im Verhältnis zwischen den Geschäftsführungen ist nicht möglich[2]; anderes gilt für den Antragsteller, wenn die Zustimmung trotz der nach seiner Ansicht vorliegenden Voraussetzen nicht erteilt wird. Denn Abs. 2 Satz 2 ist nicht dahingehend auszulegen, dass eine andere Geschäftsführung auf Grund eigener Prüfung befugt wäre, die Zustimmung entgegen der Entscheidung der Geschäftsführung, die die Zustimmung verweigert hat, zu erteilen. Dies würde einen Eingriff in das Selbstverwaltungsrecht dieser Börse darstellen. Daher muss der Antragsteller die Möglichkeit haben, die Zustimmung im Wege der Verpflichtungklage durch die verweigernde Geschäftsführung gerichtlich zu erzwingen.

---

1 *Gebhardt*, in: Schäfer/Hamann, KapMR, § 35 BörsG Rn. 9; *Heidelbach*, in: Schwark, KapMRK, § 35 BörsG Rn. 5.
2 *Gebhardt*, in: Schäfer/Hamann, KapMR, § 35 BörsG Rn. 3, 9; *Heidelbach*, in: Schwark, KapMRK, § 35 BörsG Rn. 5.

§ 36
Zusammenarbeit in der Europäischen Union

(1) Beantragt ein Emittent mit Sitz in einem anderen Mitgliedstaat der Europäischen Union oder in einem anderen Vertragsstaat des Abkommens über den Europäischen Wirtschaftsraum, dessen Aktien entsprechend der Richtlinie 2001/34/EG des Europäischen Parlaments und des Rates vom 28. Mai 2001 über die Zulassung von Wertpapieren zur amtlichen Börsennotierung und über die hinsichtlich dieser Wertpapiere zu veröffentlichenden Informationen (ABl. EG Nr. L 184 S. 1) in diesem Mitgliedstaat oder Vertragsstaat zugelassen sind, die Zulassung von Wertpapieren, mit denen Bezugsrechte für diese Aktien verbunden sind, so hat die Geschäftsführung vor ihrer Entscheidung eine Stellungnahme der zuständigen Stelle des anderen Mitgliedstaates oder Vertragsstaates einzuholen.

(2) Die Vorschriften über die Zusammenarbeit nach dem Wertpapierprospektgesetz bleiben unberührt.

1 § 36 BörsG entspricht im Wesentlichen § 34 BörsG a. F. Abs. 1 des § 34 BörsG a. F. wurde ersatzlos gestrichen. Zuständig für die internationale Zusammenarbeit ist jetzt die BaFin, § 7 Abs. 1 WpHG n. F. Die bisherigen Abs. 2 und 3 entsprechen den Abs. 1 und 2 n. F. Abs. 1 n. F. wurde lediglich redaktionell angepasst, da die Zulassung nunmehr durch die Geschäftsführung erfolgt. § 36 Abs. 1 BörsG erfasst nur noch den Sonderfall der Zulassung von Wertpapieren mit Bezugsrecht auf Aktien eines Emittenten mit Sitz in der EU oder dem EWR. Dabei handelt es sich meist um Wandel- und Optionsanleihen, die entsprechende Bezugsrechte auf Aktien gewähren. Ferner erfasst sind Optionsscheine, sofern sich deren Recht auf Aktien bezieht, die im jeweiligen Heimatstaat des Emittenten zugelassen sind. Konsequenterweise sollten darüber hinaus auch Aktien, die nach dem entsprechenden Recht des Staates des Emittenten mit einem unabdingbaren Bezugsrecht verbunden sind, unter die Vorschrift fallen, da nach Sinn und Zweck der Zusammenarbeit der „Zulassungsstellen" in der EU eine weite Auslegung vorzunehmen ist.[1]

---

1 So *Groß*, KapMR, § 34 BörsG Rn. 2; ihm folgend *Heidelbach*, in: Schwark/Zimmer, KapMRK, § 36 BörsG Rn. 3.

§ 37
Staatliche Schuldverschreibungen

Schuldverschreibungen des Bundes, seiner Sondervermögen oder eines Bundeslandes, auch soweit sie in das Bundesschuldbuch oder in die Schuldbücher der Bundesländer eingetragen sind, sowie Schuldverschreibungen, die von einem anderen Mitgliedstaat der Europäischen Union oder von einem anderen Vertragsstaat des Abkommens über den Europäischen Wirtschaftsraum ausgegeben werden, sind an jeder inländischen Börse zum Handel im regulierten Markt zugelassen.

§ 37 BörsG entspricht § 36 a. F. und wurde redaktionell angepasst. Obwohl die Privilegierung öffentlich-rechtlicher Emittenten mitunter kritisiert wurde, steht die Vorschrift weiter in Einklang mit geltendem EU-Recht.[1] Emissionen der in § 37 BörsG genannten öffentlich-rechtlichen Emittenten sind qua Gesetzes an jeder inländischen Börse zum Handel im regulierten Markt zuzulassen. Es bedarf weder eines Zulassungsantrags noch der Durchführung eines Zulassungsverfahrens. Auch die Pflicht zur Erstellung eines Prospekts und dessen Veröffentlichung entfällt. Nachdem sich sowohl der Bund als auch die Länder in den vergangenen Jahren auf Grund der prekären Haushaltslagen von Beteiligungen getrennt haben und ehemalige „Staatsbetriebe" zunehmend privatisiert worden sind (einer der letzten Überbleibsel ist die Deutsche Bahn AG) verliert die Vorschrift – zumindest, was die Sondervermögen betrifft – weiter an Bedeutung.

---

1 Siehe zur Entstehung *Heidelbach*, in: Schwark/Zimmer, KapMRK, § 37 BörsG Rn. 1.

§ 38
Einführung

(1) Die Geschäftsführung entscheidet auf Antrag des Emittenten über die Aufnahme der Notierung zugelassener Wertpapiere im regulierten Markt (Einführung). Der Emittent hat der Geschäftsführung in dem Antrag den Zeitpunkt für die Einführung und die Merkmale der einzuführenden Wertpapiere mitzuteilen. Das Nähere regelt die Börsenordnung.

(2) Wertpapiere, die zur öffentlichen Zeichnung aufgelegt werden, dürfen erst nach beendeter Zuteilung eingeführt werden.

(3) Die Bundesregierung wird ermächtigt, durch Rechtsverordnung mit Zustimmung des Bundesrates zum Schutz des Publikums den Zeitpunkt zu bestimmen, zu dem die Wertpapiere frühestens eingeführt werden dürfen.

(4) Werden die Wertpapiere nicht innerhalb von drei Monaten nach Veröffentlichung der Zulassungsentscheidung eingeführt, erlischt ihre Zulassung. Die Geschäftsführung kann die Frist auf Antrag angemessen verlängern, wenn ein berechtigtes Interesse des Emittenten der zugelassenen Wertpapiere an der Verlängerung dargetan wird.

1   § 38 BörsG entspricht im Kern § 37 BörsG a. F. Während die Abs. 2–4 lediglich redaktionell angepasst worden sind, wurde in Abs. 1 als Voraussetzung für die Einführung wieder eine Antragspflicht eingeführt. Anders als in der bis zum 4. FinanzmarktförderungsG geltenden Fassung ist antragsberechtigt[1] nicht ein Kredit- oder Finanzdienstleistungsinstitut sondern der jeweilige Emittent. Damit wird die bisherige Legaldefinition der Einführung wieder erweitert und zugleich die gestiegene Bedeutung des Emittenten deutlich. Darüber hinaus ändert diese Antragsberechtigung zugleich den Charakter der Einführung. Denn die Entscheidung über den Antrag ist als Verwaltungsakt einzuordnen. Dies gilt unabhängig davon, ob die Preisfestlegung nicht als öffentlich-rechtlicher Akt angesehen wird.[2] Es obliegt allein der Geschäftsführung der Börse – wie auch bei der Zulassung – über den Antrag zu entscheiden. Lehnt sie den Antrag ab, müssen dem Emittenten Rechtsmittel zur Verfügung stehen. Einstweiliger Rechtsschutz für den Emittenten kommt aber nicht in Betracht. Andernfalls bestünde die Gefahr, dass durch die Einführung Fakten geschaffen werden, die – sollte die Ablehnung begründet sein – nachträglich kaum mehr zu korrigieren sind.

2   Im Übrigen hat der Emittent in dem Antrag den Zeitpunkt für die Einführung und Merkmale der einzuführenden Wertpapiere mitzuteilen, wobei näheres die Börsenordnungen regeln können. Von dieser Möglichkeit wurde u. a. in der BörsO der FWB dahingehend Gebrauch gemacht, dass die Geschäftsführung den Beschluss über die Einführung im Internet veröffentlicht

---

1   Siehe auch *Schanz*, Börseneinführung, § 12 Rn. 5.
2   So für § 38 BörsG a. F. etwa *Groß*, KapMR, § 37 Rn. 2; *Heidelbach*, in: Schwark/Zimmer, KapMRK, § 38 BörsG Rn. 2.

(§ 56 Abs. 3 BörsO-FWB). Die Einführung selbst setzt nach dem Wortlaut des Abs. 1 die Zulassung der Wertpapiere, die eingeführt werden sollen, voraus.

Obwohl die Möglichkeit im Rahmen der Neuregelung des Börsengesetzes 3 bestanden hätte, sah sich der Gesetzgeber nicht veranlasst, die unklare Regelung des Abs. 2 neu zu fassen. Der von Abs. 2 verfolgte Zweck, den Handel per Erscheinen zu verhindern, um dadurch einen unkontrollierten Handel mit Aufschlägen zu vermeiden, wird nicht erreicht. Denn der übliche Telefonhandel per Erscheinen im Vorfeld von Emissionen wird von der Vorschrift nicht erfasst. Für eine restriktive Auslegung[3], die auch den Telefonhandel umfasst, ist kein Raum, nachdem dem Gesetzgeber die Problematik hinreichend bekannt ist und von einer Regelungslücke nicht gesprochen werden kann.

Unter dem Begriff „öffentliche Zeichnung" i. S. d. Abs. 2 ist die Aufforderung 4 an die Öffentlichkeit zur Abgabe eines Kaufangebots an die Emissionshäuser zu verstehen.[4] Einer effektiven Depotbuchung bei den Konsortialführern bzw. den Anlegern bedarf es hinsichtlich der Beendigung der Zuteilung nicht. Vielmehr ist ausreichend, dass eine Benachrichtigung der Konsortialbanken über die ihnen zugeteilte Quote durch den Konsortialführer veranlasst wird.

Die Bestimmung des Zeitpunkts, zu dem die Wertpapiere gemäß Abs. 3 frü- 5 hestens eingeführt werden dürfen, ist nach wie vor in § 52 BörsZulVO geregelt. Danach dürfen die zugelassenen Wertpapiere frühestens am 1. Werktag, der auf die erste Veröffentlichung des Prospekts folgt, eingeführt werden. Liegt kein Prospekt vor, erfolgt die Einführung an dem 1. Werktag nach Veröffentlichung der Zulassung.[5]

Nach Abs. 4 erlöscht die Zulassung, wenn die Einführung der Wertpapiere 6 nicht innerhalb einer Drei-Monatsfrist nach Veröffentlichung der Entscheidung über die Zulassung eingeführt werden. Der Geschäftsführung ist aber auf Antrag eine Entscheidung darüber vorbehalten, die Frist angemessen zu verlängern, wenn ein berechtigtes Interesse für die Verlängerung vorgebracht wird. Die Interessen des Emittenten sind gegen den Publikumsschutz abzuwägen, wobei der Geschäftsführung der Börse ein weiter Ermessensspielraum zukommt.[6] Der Antrag auf Verlängerung ist im Umkehrschluss zu Abs. 1 vom Emittenten zu stellen, auch wenn dies in Abs. 4 nicht ausdrücklich geregelt ist.

---

3 Dafür *Groß*, KapMR, § 37 BörsG Rn. 5.
4 Siehe auch bookbuilding, dazu ausf. Schanz, Börseneinführung, § 10 Rn. 82 ff.
5 Siehe hierzu die Komm. zu § 52 BörsZulVO.
6 Vgl. *Heidelbach*, in: Schwark/Zimmer, KapMRK, § 38 BörsG Rn. 26.

Verordnung über die Zulassung von Wertpapieren zum regulierten Markt an einer Wertpapierbörse (Börsenzulassungsverordnung – BörsZulV)

In der Fassung der Bekanntmachung vom 9. September 1998 (BGBl. I S. 2832), zuletzt geändert durch Art. 2 Absatz 43 des Gesetzes vom 22. Dezember 2011 (BGBl. I S. 3044)

Inhalt[*]

---

[*] Überarbeitete und aktualisierte Fassung der Kommentierung von *Koch* aus der Vorauflage.

Vorbemerkung

Die BörsZulV beruht hinsichtlich §§ 1 bis 12 BörsZulV auf der in § 34 Nr. 1   *1*
BörsG enthaltenen Ermächtigung, wohingegen §§ 48 bis 51 BörsZulV auf
§ 34 Nr. 2 BörsG und § 69 BörsZulV auf § 40 Abs. 2 BörsG beruht.

Die derzeitige Fassung der BörsZulV beruht insbesondere auf der Richtlinie   *2*
2001/34 des Europäischen Parlaments und des Rats vom 28.05.2001 über die
Zulassung von Wertpapieren zur amtlichen Börsennotierung und über die
hinsichtlich dieser Wertpapiere zu veröffentlichenden Informationen (Koordi-
ninierungsRiLi).[1] Es kann daher gesagt werden, dass die BörsZulV die in der
KoordinierungsRiLi enthaltenen börsenrechtlichen europäischen Vorgaben
in das deutsche Recht umsetzt, und die BörsZulV daher in ihrer konkreten
Anwendung im Rahmen der gesetzlichen Vorgaben des Börsengesetzes
(BörsG) richtlinienkonform auszulegen ist.[2] Die BörsZulV ist zudem seit ihrem Inkrafttreten bereits mehrfach geändert worden. Die letzten Änderungen der BörsZulV erfolgten im Rahmen des Prospektrichtlinie-Umsetzungsgesetzes (BGBl. 2005 I S. 1698), im Rahmen des Gesetzes über elektronische
Handelsregister und Genossenschaftsregister sowie das Unternehmensregis-
ter – EHUG (BGBl. 2006 I S. 2553), im Rahmen des Transparenzrichtlinie-
Umsetzungsgesetzes – TUG (BGBl. 2007 I S. 10), im Rahmen des Gesetzes
zur Umsetzung der Richtlinie über Märkte für Finanzinstrumente (RiL 2004/
39/EG, MiFID) und der Durchführungsrichtlinie (RiL 2006/73/EG) der Kommission (Finanzmarkt-Richtlinie-Umsetzungsgesetz) v. 16.07.2007 (FRUG)
sowie im Rahmen des Gesetzes zur Änderung von Vorschriften über Verkün-
dung und Bekanntmachungen sowie der Zivilprozessordnung, des Gesetzes
betreffend die Einführung der Zivilprozessordnung und der Abgabenordnung – BanzDiG (BGBl. 2011 I S. 3044).

Ziel und Zweck der Richtlinie 2003/71/EG, der so genannten „Prospektricht-   *3*
linie", war es, die europaweite Harmonisierung der Prospektbedingungen
sowohl beim öffentlichen Angebot von Wertpapieren als auch bei deren Zulassung zum Börsenhandel an einem organisierten Markt zu ermöglichen.[3]
Zur Umsetzung der Richtlinie 2003/71/EG ist die Verordnung Nr. 809/2004
der Kommission betreffend die in Prospekten enthaltenen Informationen
sowie das Format, die Aufnahme von Informationen mittels Verweises, die
Veröffentlichung solcher Prospekte und die Verbreitung von Werbung ergangen. Die Verordnung regelt insbesondere, welche Angaben ein Wertpapierprospekt enthalten muss. Im Rahmen der europaweiten Harmonisierung
wurden durch das Prospektrichtlinie-Umsetzungsgesetz große Teile der
BörsZulV (Erstes Kapitel, Zweiter Abschnitt (§§ 13 bis 47)) aufgehoben und
flossen inhaltlich in das am 01.07.2005 in Kraft getretene Wertpapierprospektgesetz (WpPG) ein. Abweichend vom bis zu diesem Zeitpunkt geltenden
Prospektregime etablierte das WpPG ein einheitliches Genehmigungsver-

---

1 KoordinierungsRL 2001/34/EG vom 28.05.2001 (veröffentlicht im ABl. EG vom
  06.07.2001 Nr. L 184/1), berichtigt durch ABl. EG vom 11.08.2001 Nr. L 217/18.
2 *Groß*, KapMR, Vor BörsZulV Rn. 1.
3 *Gebhardt*, in: Schäfer/Hamann, KapMG, Vor BörsZulV Rn. 5.

fahren und standardisierte die Prospektanforderungen. Die vorherige Unterscheidung zwischen Verkaufs- und Börsenzulassungsprospekt entfiel damit. Vorbehaltlich weniger in § 3 Abs. 2 WpPG enthaltenen Ausnahmen löst das WpPG zudem eine generelle Pflicht zur Erstellung eines Prospektes aus. Die Prospektprüfungskompetenz, die ehemals bei den Zulassungsstellen der Börsen lag, ging aus Gründen der europaweiten Harmonisierung (wonach in jedem Mitgliedsstaat nur eine zentrale Behörde für die Prüfung der Prospekte zuständig sein soll) seit dem 01.07.2005 auf die Bundesanstalt für Finanzdienstleistungsaufsicht (BaFin) über. Diese hatte vor Inkrafttreten des WpPG bereits die Prüfungskompetenz für die im Rahmen eines öffentlichen Angebotes zu erstellenden Verkaufsprospekte inne und besitzt seit dem vorgenannten Zeitpunkt ebenfalls die Kompetenz zur Prüfung der im Rahmen der Zulassung von Wertpapieren zu erstellenden Prospekte.

4   Das durch die Bundesregierung am 26.06.2006 als Entwurf vorgelegte und am 20. 01. 2007 in Kraft getretene Transparenzrichtlinien-Umsetzungsgesetz – TUG konzentriert wiederum u. a. verschiedene kapitalmarktrechtliche Transparenzpflichten, die bisher im BörsG (§§ 39 und 40) und in der BörsZulV (Zweites Kapitel, Erster Abschnitt (§§ 53 bis 62) sowie Teile des zweiten Abschnitts (§§ 63 bis 67) des Zweiten Kapitels der BörsZulV)) enthalten waren, im Wertpapierhandelsgesetz (WpHG). Die von einem Emittenten zum Börsenhandel zugelassener Wertpapiere einzuhaltenden Zulassungsfolgepflichten sind daher im WpHG enthalten. Für die Überwachung dieser Zulassungsfolgepflichten sind im Zuge der europaweiten Harmonisierung ebenfalls nicht mehr die Zulassungsstellen der Börsen, sondern nur noch die BaFin zuständig[4]. Ziel der europäischen Richtlinie ist es, einheitliche Wettbewerbsbedingungen für Börsen und Finanzdienstleister zu schaffen und gleichzeitig den Anlegerschutz sowie die Effizienz und Integrität des europäischen Finanzmarktes zu verbessern.

5   Die letzten einschneidenden Änderungen erfuhr die BörsZulV durch das FRUG. Das FRUG ist ein Artikelgesetz und trat größtenteils am 01.11.2007 in Kraft und diente insbesondere der Umsetzung der europäischen Richtlinie über Märkte für Finanzinstrumente (MiFID) 2004/39/EG. Das FRUG führte zu umfangreichen Änderungen des Bank- und Kapitalmarktrechts (insbesondere WpHG, BörsG und KWG) und gilt daher – seit der Einführung des WpHG durch das Zweite Finanzmarktförderungsgesetz – als eines der wichtigsten Gesetze im Bereich des Kapitalmarktrechts in Deutschland. Im Bereich des Börsengesetzes wurde die Unterteilung des organisierten Marktes in den amtlichen Markt und in den geregelten Markt durch das FRUG neu geregelt, indem es als gesetzlichen Markt statt des geregelten und des amtlichen Marktes lediglich noch den regulierten Markt gibt. Durch die Ab-

---

4   Die Einhaltung von Zulassungsfolgepflichten, die aus der Zulassung von Aktien/Aktien vertretenden Zertifikaten im regulierten Markt mit weiteren Zulassungsfolgepflichten (Prime Standard) der Frankfurter Wertpapierbörse folgen, wird von der Deutsche Börse AG überwacht. Die Einhaltung der Verpflichtung, für später ausgegebene Aktien gemäß § 69 BörsZulV die Börsenzulassung zu beantragen, wird hingegen von den Börsen selbst überwacht.

schaffung der Zweiteilung der Marktsegmentierung und der damit einhergehenden Schaffung eines einzigen regulierten gesetzlichen Marktsegmentes wurde die bisherige Differenzierung der beiden Marktsegmente im BörsG sowie der BörsZulV durch das FRUG aufgehoben.[5] Die Zulassungsvoraussetzungen, die für den amtlichen Markt bis zum 01.11.2007 galten, gelten seitdem uneingeschränkt für den regulierten Markt und damit auch die Bestimmungen der BörsZulV, die ehemals für die Zulassung zum geregelten Markt keine Anwendung (§ 3 BörsZulV (Dauer des Bestehens des Emittenten); § 7 BörsZulV (Zulassung von Wertpapieren einer Gattung oder Emission); § 9 BörsZulV (Streuung der Aktien) und § 69 BörsZulV (Zulassung später ausgegebener Aktien) fanden.

Vor dem Inkrafttreten des FRUG enthielt die Börsenordnung für die Frankfurter Wertpapierbörse (BörsO FWB) bezüglich der Zulassung von Wertpapieren zum geregelten Markt an der Frankfurter Wertpapierbörse (FWB) in ihrer seit dem 01.01.2003 geltenden Fassung unter § 69 BörsO FWB[6] a. F. eine Generalverweisung auf die für die Zulassung von Wertpapieren für den amtlichen Markt geltenden Vorschriften. Folge dieser – in der Praxis und Literatur nicht unumstrittenen Regelung – war eine fast vollständige Anpassung von sowohl der Zulassungsvoraussetzungen als auch des Zulassungsverfahrens von Wertpapieren zum geregelten Markt mit den Zulassungsvoraussetzungen und dem Zulassungsverfahren des amtlichen Marktes an der FWB.[7] Mit der Abschaffung der Zweiteilung der Marktsegmentierung in amtlicher und geregelter Markt durch das FRUG zu einem einzigen gesetzlichen Marktsegment, dem regulierten Markt, kann die im Rahmen des 4. Finanzmarktförderungsgesetz den Börsen eingeräumte Möglichkeit, in Teilbereichen ihrer Märkte bestimmte Segmente mit weiteren Zulassungs- und Zulassungsfolgepflichten zu schaffen, allerdings weiterhin uneingeschränkt durch die Börsen genutzt werden. Die BörsO FWB differenziert daher in den §§ 45 bis 47 bzw. in den §§ 48 bis 55 konsequenterweise zwischen der Zulassung zum regulierten Markt (General Standard) und der Zulassung zum Teilbereich des regulierten Marktes mit weiteren Zulassungsfolgepflichten (Prime Standard).[8]

6

Für die Zulassung von Wertpapieren zum Börsenhandel ist nach dem Inkrafttreten des FRUG nicht mehr die Zulassungsstelle, die in ihrer Funktion als ein Organ der Börse ersatzlos wegfiel, sondern die Geschäftsführung der betreffenden Börse zuständig. Dieser Schritt war aufgrund der Tatsache, dass der Aufgabenbereich der Zulassungsstelle seit dem Inkrafttreten des Wertpapierprospektgesetzes und der damit verbundenen Prüfung der Börsenzulassungsprospekte durch die Bundesanstalt für Finanzdienstleistungsaufsicht erheblich reduziert wurde, nach Ansicht des Gesetzgebers notwendig ge-

7

---

5 RegBegr. Art. 2 zu § 32 BörsG des FRUG, BT-Drucks. 16/4028, S. 100 ff.
6 Börsenordnung für die Frankfurter Wertpapierbörse in der Fassung vom 16.12.2013 (abrufbar unter www.deutsche-boerse.com/Regelwerke)
7 *Gebhardt*, WM 2003, Sonderbeilage 2, S. 3 ff.
8 Börsenordnung für die Frankfurter Wertpapierbörse in der Fassung vom 16.12.2013 (abrufbar unter www.deutsche-boerse.com/Regelwerke).

worden. Die zwischen den Zulassungsstellen der Börsen in allen Angelegenheiten betreffend die Zulassung von Wertpapieren zum Börsenhandel vereinbarte Zusammenarbeit ist durch den Wegfall des Organs Zulassungsstelle daher gegenstandslos geworden[9] und wurde durch die betreffenden Börsen nur noch bis zum 30.06.2008 fortgeführt.[10] Zulassungsverfahren sind nunmehr durch die betreffende Börse stets selbst zu betreiben mit der Folge, dass Anträge auf Zulassung bei der Geschäftsführung der zuständigen Börse seitens des Emittenten einzureichen sind.

8   Die Geschäftsführung der Frankfurter Wertpapierbörse veröffentlicht bei gegebenem Anlass so genannte „Listing-Rundschreiben", welche über ihre Auslegung von die Börsenzulassung betreffenden Vorschriften informieren. Zudem wird in diesen Rundschreiben auch auf Formalien, wie zum Beispiel die Bereitstellung neuer Antragsformulare, hingewiesen.[11]

---

9 Vgl. Rundschreiben 01/2007 der FWB Zulassungsstelle vom 21.09.2007 (abrufbar unter http://deutsche-boerse.com/INTERNET/EXCHANGE/zpd.nsf/KIR+Web+Publikationen/ HAMN-779C7F/$FILE/Listing01_2007.pdf?OpenElement).
10 Vgl. Rundschreiben 02/2007 der FWB Zulassungsstelle vom 23.10.2007 (abrufbar unter http://deutsche-boerse.com/INTERNET/EXCHANGE/zpd.nsf/KIR+Web+Publikationen/ SSWA-789HKB/$FILE/Listing02_2007.pdf?OpenElement).
11 Vgl. Rundschreiben 02/2012 der FWB Geschäftsführung vom 22.08.2012 (abrufbar unter http://xetra.com/xetra/dispatch/de/binary/gdb_content_pool/imported_files/public_files/ 10_downloads/33_going_being_public/10_products /rs_listing/Listing02_2012.pdf).

ERSTES KAPITEL

Zulassung von Wertpapieren zum regulierten Markt

ERSTER ABSCHNITT
Zulassungsvoraussetzungen

§ 1
Rechtsgrundlage des Emittenten

Die Gründung sowie die Satzung oder der Gesellschaftsvertrag des Emittenten müssen dem Recht des Staates entsprechen, in dem der Emittent seinen Sitz hat.

Sitz des Emittenten ist der in der Satzung festgelegte Sitz.[1] Für die Praxis hat die Vorschrift insbesondere im Falle der Zulassung von Wertpapieren ausländischer Emittenten Bedeutung, da es der Geschäftsführung der Börse in der Regel nicht möglich ist, die ordnungsgemäße Gründung eines ausländischen Emittenten gemäß des für diesen jeweils geltenden Rechtes zu überprüfen. Aus diesem Grund kann seitens der Geschäftsführung der Börse ein entsprechendes Rechtsgutachten oder eine anwaltliche Bestätigung vom antragstellenden Emittenten verlangt werden, aus dem die ordnungsgemäße Gründung des Emittenten im vorgenannten Sinne hervorgeht.   *1*

---

[1]   RegBegr. zu § 1 BörsZulV, BR-Drucks. 72/87, S. 70.

§ 2
Mindestbetrag der Wertpapiere

(1) Der voraussichtliche Kurswert der zuzulassenden Aktien oder, falls seine Schätzung nicht möglich ist, das Eigenkapital der Gesellschaft im Sinne des § 266 Abs. 3 Buchstabe A des Handelsgesetzbuchs, deren Aktien zugelassen werden sollen, muss mindestens 1.250.000 Euro betragen. Dies gilt nicht, wenn Aktien derselben Gattung an dieser Börse bereits zum regulierten Markt zugelassen sind.

(2) Für die Zulassung von anderen Wertpapieren als Aktien muss der Gesamtnennbetrag mindestens 250.000 Euro betragen.

(3) Für die Zulassung von Wertpapieren, die nicht auf einen Geldbetrag lauten, muss die Mindeststückzahl der Wertpapiere zehntausend betragen.

(4) Die Geschäftsführung kann geringere Beträge als in den vorstehenden Absätzen vorgeschrieben zulassen, wenn sie überzeugt ist, dass sich für die zuzulassenden Wertpapiere ein ausreichender Markt bilden wird.

1 Der Verordnungsgeber bezweckte mit Erlass der Vorschrift insbesondere zu vermeiden, dass sehr kleine Aktiengesellschaften die Zulassung der von ihnen emittierten Aktien zum regulierten Markt beantragen und – aufgrund der geringen Stückzahl der Aktien – ein ordnungsgemäßer Börsenhandel ggf. nicht sichergestellt ist. Aus diesem Grunde bestimmt § 2 Abs. 1 Satz 1 BörsZulV, dass der erwartete Kurswert aller zuzulassenden Aktien mindestens 1.250.000 Euro betragen muss. Der Begriff des Kurswertes ist in diesem Zusammenhang missverständlich, da bereits in den vor der Umsetzung des vierten Finanzmarktförderungsgesetz geltenden Fassungen des Börsengesetzes die für Wertpapiere bzw. Aktien an einer Wertpapierbörse ermittelten Preise als Börsenpreise – und eben nicht als Kurse bzw. Börsenkurse – bezeichnet werden (vgl. z. B. §§ 11, 29 BörsG i. d. F. d. Bekanntmachung vom 17.07.1996). Zudem wurde mit der durch das vierte Finanzmarktförderungsgesetz einhergehenden Änderung des Börsengesetzes zum 01.07.2002 auch die amtliche Feststellung von Börsenpreisen durch Kursmakler an der Börse abgeschafft und durch eine Feststellung von Börsenpreisen durch Skontroführer ersetzt. Wenn der Verordnungsgeber somit vom „voraussichtlichen Kurswert der zuzulassenden Aktien" spricht, ist hiermit nichts anderes als die Marktkapitalisierung aller zum Börsenhandel zugelassenen Aktien eines Unternehmens gemeint.

2 Die Geschäftsführung hat somit zum Zeitpunkt der Stellung des Antrages auf Zulassung der Aktien eine dahingehende Prognose abzugeben, wie hoch der Börsenpreis aller zuzulassenden Aktien aller Voraussicht nach sein könnte. Diese Prognose ist durch entsprechenden Beleg zum Tag des Zulassungsbeschlusses von den Antragstellern nachzuweisen. Im Regelfall geben die Banken, die das jeweilige Unternehmen an die Börse führen, eine Preisspanne (Bookbuildingspanne) vor, innerhalb der Zeichnungsaufträge akzeptiert werden. An dieser Bookbuildingspanne orientiert sich wiederum die Geschäftsführung bezüglich der durch sie zu treffenden Prognose. Sollte

nach Notierungsaufnahme der erste festgestellte Börsenpreis unter der Prognose der Geschäftsführung und somit der Wert aller zugelassenen unter 1.250.000 Euro liegen, hat dies nachträglich jedoch keine Auswirkung auf die getroffene Entscheidung der Geschäftsführung. Ausschließlich für den Fall, dass eine Prognose hinsichtlich des erwarteten Börsenpreises aller zuzulassenden Aktien durch die Geschäftsführung nicht getroffen werden kann, hat das Eigenkapital des Emittenten mindestens 1.250.000 Euro zu betragen. Falls Aktien derselben Gattung bereits an der gleichen Börse notiert werden, ist hingegen davon auszugehen, dass der für eine ordnungsgemäße Feststellung des Börsenpreises erforderliche Markt bereits vorhanden ist; für diesen Fall gilt daher die Zugangsregelung des Abs. 1 Satz 1 gemäß Satz 2 nicht.[1]

Gemäß Abs. 2 können Wertpapiere, die keine Aktien sind, nur zugelassen werden, wenn sie einen Gesamtnennbetrag in Höhe von 250.000 Euro aufweisen. Bezüglich der Wertpapiere, die keinen Nennbetrag haben, muss die Stückzahl der zuzulassenden Wertpapiere mindestens 10.000 Stück betragen. Ausgenommen hiervon sind wiederum nennwertlose Stückaktien; für diese gilt ebenfalls die Regelung in Abs. 1. Durch die Regelung in Abs. 2 soll die Bildung von Angebot und Nachfrage in den betreffenden Wertpapieren sichergestellt werden, so dass insbesondere ein ordnungsgemäßer Börsenhandel nebst entsprechender Preisbildung im Interesse der Anleger stattfinden kann.   *3*

Nach Abs. 4 kann die Geschäftsführung im Rahmen einer durch sie nach pflichtgemäßem Ermessen zu treffenden Entscheidung geringere als in den Abs. 1 bis 3 vorgeschriebene Beträge zulassen. Hierbei muss sie zu der Überzeugung gelangt sein, dass sich für die zuzulassenden Wertpapiere nach erfolgter Zulassung und anschließender Aufnahme der Notierung ein ausreichender Markt bilden wird. Die Geschäftsführung muss somit zum Zeitpunkt der Stellung des Antrages auf Zulassung der betreffenden Wertpapiere zu der Überzeugung gelangt sein, dass ein ordnungsgemäßer Börsenhandel in diesen Wertpapieren nach Aufnahme der Notierung gewährleistet ist. In der Praxis ist die Vorschrift bei der erstmaligen Zulassung von Aktien von nicht allzu großer Relevanz, da die Volumina der Börsengänge in den letzten Jahren die in den Abs. 1 bis 3 vorgeschriebenen Beträge regelmäßig überstiegen haben. Etwas anderes kann für die Zulassung von „Exchange Traded Products" (Exchange Traded Funds/ETF, Exchange Traded Commodities/ETC, Exchange Traded Notes/ETN) gelten, wo zumindest in der Verwaltungspraxis der Frankfurter Wertpapierbörse bei geringeren Stückzahlen als 10.000 der jeweilige Nettoinventarwert (Net Asset Value/ NAV) des zuzulassenden Wertpapiers herangezogen wird.   *4*

---

1   RegBegr. zu § 2 BörsZulV, BR-Drucks. 72/87, S. 70.

§ 3
Dauer des Bestehens des Emittenten

(1) Der Emittent zuzulassender Aktien muss mindestens drei Jahre als Unternehmen bestanden und seine Jahresabschlüsse für die drei dem Antrag vorangegangenen Geschäftsjahre entsprechend den hierfür geltenden Vorschriften offengelegt haben.

(2) Die Geschäftsführung kann abweichend von Absatz 1 Aktien zulassen, wenn dies im Interesse des Emittenten und des Publikums liegt.

1   Der Emittent muss gemäß Abs. 1 der Vorschrift für mindestens drei Jahre als Unternehmen bestanden haben. Auf die Rechtsform des Emittenten kommt es hierbei nicht an, womit es folglich nicht notwendig ist, dass das Unternehmen in der Rechtsform der Aktiengesellschaft für mindestens drei Jahre tätig war.

2   Die Jahresabschlüsse der dem Zeitpunkt des Antrages auf Zulassung vorhergehenden letzten drei Geschäftsjahre des Emittenten müssen gemäß den für die betreffende Rechtsform des Emittenten in diesem Zeitraum geltenden Vorschriften durch diesen offen gelegt worden sein. Selbst wenn die betreffenden Rechnungslegungsvorschriften für Personengesellschaften (OHG, KG, BGB-Gesellschaft) bzw. Kapitalgesellschaften (GmbH, KGaA) hinter denen der Aktiengesellschaft zurückbleiben sollten, wird dies im Rahmen der Antragsstellung nicht berücksichtigt.[1]

3   § 3 Abs. 2 BörsZulV ermächtigt die Geschäftsführung abweichend von den in Abs. 1 genannten Voraussetzungen hingegen auch Aktien zum Börsenhandel zuzulassen, wenn eine solche Zulassung sowohl im Interesse des Emittenten als auch im Interesse des Publikums liegt. Die beiden Voraussetzungen haben somit gemäß dem Wortlaut des Abs. 2 kumulativ vorzuliegen. Nach Ansicht des Verordnungsgebers handelt es sich hingegen bei der in diesem Fall durch die Geschäftsführung zu treffenden Entscheidung um eine Ermessensentscheidung, in welcher entgegen dem eigentlichen Wortlaut der Vorschrift, die Interessen des Emittenten gegen die des Publikums abzuwägen sind.[2]

4   Im Falle einer richtlinienkonformen Auslegung der Vorschrift kann hingegen einzig dem Interesse des Emittenten Bedeutung zukommen.[3] Dementsprechend wird in der Praxis gerade nicht den – in der Regel widerstreitenden - Interessen des Publikums und denen des Emittenten im Rahmen einer Abwägung durch die Geschäftsführung Rechnung getragen. Gleichwohl ist die Bezugnahme auf diese Ausnahmevorschrift zu begründen und sollte rechtzeitig mit den Geschäftsführungen der Börsen abgestimmt werden; die Inanspruchnahme lediglich durch Stellung des Zulassungsantrages zur Dokumentation des Emittenteninteresses ist in der Praxis nicht ausreichend.

---

1   *Heidelbach*, in: Schwark/Zimmer, KapMRK, § 3 BörsZulV Rn. 2.
2   RegBegr. zu § 3 Abs. 2 BörsZulV, BR-Drucks. 72/87, S. 71.
3   *Gebhardt*, in: Schäfer/Hamann, KapMG, § 3 BörsZulV Rn. 8.

Ein in der Praxis relevantes Beispiel für die Anwendung des § 3 Abs. 2 Börs-   5
ZulV liegt in der Zulassung von Holdinggesellschaften. Hier stellt zumindest
die Geschäftsführung der FWB auf die Historie der das wesentliche operative Geschäft betreibenden Tochtergesellschaft des Emittenten ab.

Gemäß § 34 Nr. 1 lit. a BörsG ist der Verordnungsgeber zudem ermächtigt,   6
die Voraussetzungen für die Zulassung von Aktien zum regulierten Markt
durch Anforderungen an den Emittenten im Hinblick auf die Dauer seines
Bestehens zu regeln.

§ 4
Rechtsgrundlage der Wertpapiere

Die Wertpapiere müssen in Übereinstimmung mit dem für den Emittenten geltenden Recht ausgegeben werden und den für das Wertpapier geltenden Vorschriften entsprechen.

1 Die Vorschrift fordert die Übereinstimmung der Ausgabe der Wertpapiere mit dem für den Emittenten geltenden Recht, mithin dem auf den Emittenten anwendbaren Recht des Sitzstaates des Emittenten. Maßgeblich für die Ausgabe der Wertpapiere ist somit das gemäß § 1 BörsZulV durch die Geschäftsführung ermittelte Recht, dessen Einhaltung sich die Geschäftsführung, wenn es sich um eine ausländische Rechtsordnung handelt, durch ein Rechtsgutachten oder anwaltliches Schreiben bestätigen lassen kann. Zudem hat die Geschäftsführung zu prüfen, ob die zuzulassenden Wertpapiere wiederum dem für sie geltenden Recht entsprechen. Zusammengefasst prüft die Geschäftsführung die Existenz der zuzulassenden Wertpapiere.[1]

---

1   *Groß*, KapMR, § 4 BörsZulV Rn. 8.

§ 5
Handelbarkeit der Wertpapiere

(1) Die Wertpapiere müssen frei handelbar sein.

(2) Die Geschäftsführung kann

1. **nicht voll eingezahlte Wertpapiere zulassen, wenn sichergestellt ist, dass der Börsenhandel nicht beeinträchtigt wird und wenn in dem Prospekt auf die fehlende Volleinzahlung sowie auf die im Hinblick hierauf getroffenen Vorkehrungen hingewiesen wird oder, wenn ein Prospekt nicht zu veröffentlichen ist, das Publikum auf andere geeignete Weise unterrichtet wird;**
2. **Aktien, deren Erwerb einer Zustimmung bedarf, zulassen, wenn das Zustimmungserfordernis nicht zu einer Störung des Börsenhandels führt.**

Nach dem Wortlaut von Abs. 1 müssen die zugelassenen Wertpapiere frei **1** handelbar sein, was wiederum Grundvoraussetzung eines ordnungsgemäßen Börsenhandels im Sinne von § 39 Abs. 1 BörsG ist. Freie Handelbarkeit liegt nach dem Willen des Gesetzgebers erst dann vor, wenn die Übertragung der Wertpapiere keinen rechtlichen Schranken unterliegt, die eine unerträgliche Erschwernis des Börsenhandels bedeuten würde.[1] So dürfen sowohl das schuldrechtliche Kaufgeschäft als auch die dingliche Eigentumsübertragung an den zum Börsenhandel zugelassenen Wertpapieren grundsätzlich nicht durch gesetzliche Bestimmungen eingeschränkt oder verhindert werden. Gleichwohl führt nicht jede gesetzliche Beschränkung per se dazu, dass die freie Handelbarkeit nicht gewährleistet wäre, denn erst wenn die Beschränkung das Maß der Unerträglichkeit erreicht, kann hiervon ausgegangen werden. Privatrechtliche getroffene Vereinbarungen hingegen, die ein Veräußerungsverbot in einem bestimmten Zeitraum zum Inhalt haben, fallen, da es sich gerade nicht um gesetzliche Bestimmungen handelt, nicht unter die Regelung des Abs. 1.[2]

Nur für den Fall, dass sichergestellt ist, dass der ordnungsgemäße Börsen- **2** handel nicht beeinträchtigt wird und in dem Prospekt auf die fehlende Volleinzahlung sowie auf die im Hinblick hierauf getroffenen Vorkehrungen hingewiesen wird oder falls ein Prospekt nicht zu veröffentlichen ist, das Publikum auf andere geeignete Weise unterrichtet wird, kann die Geschäftsführung gemäß Abs. 2 Nr. 1 auch nicht voll eingezahlte Wertpapiere zum Börsenhandel zulassen. Die Geschäftsführung hat somit – im Gegensatz zu Abs. 1 der Vorschrift, der eine unerträgliche Erschwernis des Börsenhandels voraussetzt – in einem solchen Fall sicherzustellen, dass der Börsenhandel nicht beeinträchtigt wird und somit weiterhin ordnungsgemäß durchgeführt werden kann. Kumulativ hierzu wird gefordert, dass der Emittent im Prospekt auf den Umstand der fehlenden Volleinzahlung sowie auf die in diesem Zusammenhang durch ihn getroffenen Vorkehrungen hingewiesen hat.

---

1 RegBegr. zu § 5 BörsZulV, BR Drucks. 72/87, S. 72.
2 So auch *Gebhardt*, in: Schäfer/Hamann, KapMG, § 5 BörsZulV Rn. 2.

Selbst für den Fall, dass ein von der BaFin gemäß den Bestimmungen des WpPG gebilligter Prospekt vorliegt, kann die Geschäftsführung die Zulassung aufgrund des Fehlens einer Zulassungsvoraussetzung verweigern, wenn im Prospekt diese Angaben nicht vorhanden sind. Für den Fall, dass kein Prospekt zu veröffentlichen ist, hat der Emittent in anderer geeigneter Weise – z.#c#cB. durch Veröffentlichung in einem Börsenpflichtblatt oder auf seiner Internetseite– das Publikum über diesen Umstand zu informieren.

3   Ist die ordnungsgemäße Handelbarkeit der zuzulassenden Wertpapiere nicht dadurch beeinträchtigt, dass der Erwerb der Aktien der Zustimmung des Emittenten bedarf, kann die Geschäftsführung solche Aktien ebenfalls gemäß Abs. 2 Nr. 2 zum Handel zulassen. Aktien, deren Erwerb einer Zustimmung bedarf, werden als vinkulierte Namensaktien bezeichnet, die abweichend vom allgemeinen Grundsatz der freien Verfügbarkeit nach der Satzung der Gesellschaft nur mit Zustimmung der Gesellschaft gemäß § 68 Abs. 2 AktG übertragen werden können. Die Zustimmung zur Übertragung der Aktien erteilt grundsätzlich der Vorstand der Gesellschaft (§ 68 Abs. 2 Satz 2 AktG). Die Satzung der Gesellschaft kann jedoch auch bestimmen, dass der Aufsichtsrat oder die Hauptversammlung über die Erteilung der Zustimmung beschließt (§ 68 Abs. 2 Satz 3 AktG). Die Satzung kann zudem die Gründe bestimmen, aus denen die Zustimmung verweigert werden darf (§ 68 Abs. 2 Satz 4 AktG). Zwecke der Vinkulierung können insbesondere die Prüfung und Sicherung der Zahlungsfähigkeit von Aktionären beim Erwerb nicht voll eingezahlter Aktien, der Schutz vor Überfremdung der Gesellschaft, die Aufrechterhaltung der bisherigen Beteilungsverhältnisse, die Verhinderung des Eindringens unerwünschter Aktionäre in den Aufsichtsrat, wenn sich das Recht zur Entsendung von Aufsichtsratsmitgliedern mit bestimmten Aktien verbindet, die ebenfalls der Vinkulierung unterliegen müssen sowie die Kontrolle des Aktionärskreises bei Gesellschaften mit besonderer Zwecksetzung sein.[3]

4   Die Geschäftsführung hat in derartigen Fällen daher zu prüfen, ob die durch den Emittenten notwendigerweise zwecks Erzielung eines wirksamen Verfügungsgeschäftes zu erteilende Zustimmung zu keiner Störung des Börsenhandels in diesen Aktien führt. Eine solche tritt mit an Sicherheit grenzender Wahrscheinlichkeit immer dann ein, wenn davon auszugehen ist, dass der Emittent die Zustimmung regelmäßig verweigert oder die Satzung der Gesellschaft Bestimmungen enthält, die z.B. ausländische Erwerber vom Erwerb der Aktien ausschließt. In diesem Fall wäre die jederzeitige Veräußerung bzw. der jederzeitige Erwerb der Aktie, die einem ordnungsgemäßen Börsenhandel immanent ist, nicht mehr oder zumindest für einen großen Teil des Publikums nicht mehr möglich und der Börsenhandel in den betreffenden Aktien gestört. In der Praxis wird aus diesem Grund das Zustimmungserfordernis nur dann nicht als eine Störung des Börsenhandels erachtet, wenn der Emittent (bei jedem Zulassungsverfahren) schriftlich gegenüber der Geschäftsführung erklärt hat, in den letzten drei Jahren von der Möglichkeit der Versagung der Zustimmung keinen oder nur in außerordentli-

---

3   *Hüffer*, AktG, § 68 Rn. 10.

chen Fällen im Interesse der Gesellschaft Gebrauch gemacht zu haben und zukünftig zu machen. Die Erklärung muss sich auch auf den Erwerb von Aktien aufgrund der Ausübung von Bezugsrechten beziehen.

§ 6
Stückelung der Wertpapiere

Die Stückelung der Wertpapiere, insbesondere die kleinste Stückelung und die Anzahl der in dieser Stückelung ausgegebenen Wertpapiere, müssen den Bedürfnissen des Börsenhandels und des Publikums Rechnung tragen.

1 Grundsätzlich muss die Stückelung der Wertpapiere sowohl den Bedürfnissen des Börsenhandels als auch denen des Publikums gerecht werden. Sinn und Zweck der Vorschrift ist es, sicherzustellen, dass die Stückelung ausreichend klein gehalten wird, um den Bedürfnissen der privaten Anleger Rechnung tragen zu können. Die Vorschrift dient somit insbesondere der Erleichterung des Börsenhandels.[1] Im Falle von Wertpapieren, die eine Mindeststückelung von 100.000 Euro haben und für welche daher im Rahmen eines öffentlichen Angebots bereits aus diesem Grund kein Prospekt mehr zu veröffentlichen ist[2], liegt somit ein dahingehendes Indiz dafür vor, dass eine solche Stückelung nicht mehr den Bedürfnissen und Interessen des Publikums Rechnung trägt. Letztlich wird in der Praxis auf den Kreis der im Rahmen der Emission angesprochenen Anleger abgestellt, sofern eine ausreichende Anzahl an Stücken dem Börsenhandel zur Verfügung gestellt wird.[3]

Gleichwohl ist die Verwaltungspraxis der Geschäftsführung der Frankfurter Wertpapierbörse wie folgt: Bei Zulassung von Schuldverschreibungen bis zu einer Mindeststückelung von 50.000 Euro werden 1.000 Teilschuldverschreibungen gefordert, wohingegen bei einer Mindeststückelung von mehr als 50.000 Euro 100 Teilschuldverschreibungen als ausreichend angesehen werden.

---

1 RegBegr. zu § 6 BörsZulV, BR-Drucks. 72/87, S. 72.
2 Vgl. die in § 3 Abs. 2 Nr. 3 WpPG genannten Ausnahmen von der Prospektpflicht.
3 *Willamowski*, in: Heidel, AktG, § 6 BörsZulV Rn. 1.

§ 7
Zulassung von Wertpapieren einer Gattung oder einer Emission

(1) Der Antrag auf Zulassung von Aktien muss sich auf alle Aktien derselben Gattung beziehen. Er kann jedoch insoweit beschränkt werden, als die nicht zuzulassenden Aktien zu einer der Aufrechterhaltung eines beherrschenden Einflusses auf den Emittenten dienenden Beteiligung gehören oder für eine bestimmte Zeit nicht gehandelt werden dürfen und wenn aus der nur teilweisen Zulassung keine Nachteile für die Erwerber der zuzulassenden Aktien zu befürchten sind. In dem Prospekt ist darauf hinzuweisen, dass nur für einen Teil der Aktien die Zulassung beantragt wurde, und der Grund hierfür anzugeben; ist ein Prospekt nicht zu veröffentlichen, so ist das Publikum auf andere geeignete Weise zu unterrichten.

(2) Der Antrag auf Zulassung von anderen Wertpapieren als Aktien muss sich auf alle Wertpapiere derselben Emission beziehen.

Abs. 1 der Vorschrift normiert den Grundsatz der Zulassung aller Wertpapiere einer Emission bzw. im Falle von Aktien aller Aktien der Gesellschaft. Abs. 2 stellt zudem klar, dass die Teilzulassung anderer Wertpapiere außer der von Aktien unzulässig ist. Sinn und Zweck der Vorschrift ist es, auszuschließen, dass nur ein Teil einer Emission zum regulierten Markt zugelassen wird, während die aus der Zulassung zum regulierten Markt sich ergebenden Folgen tatsächlich für die gesamte Emission beansprucht werden oder zumindest sich so auswirken.[1]   *1*

§ 7 Abs. 1 Satz 2 BörsZulV lässt in Verbindung mit dem Abgrenzungskriterium der Aktiengattung zwei Ausnahmen vom Grundsatz der Vollzulassung aller Wertpapiere zu. Ausschließlich die Aktien, die die gleichen Rechte gewähren, bilden eine Gattung im Sinne der Vorschrift gemäß dem in § 11 Abs. 2 AktG legal definierten Begriff der Aktiengattung. Dementsprechend bilden z.#c#cB. stimmrechtlose Vorzugsaktien und stimmrechtsgewährende Stammaktien keine gemeinsame Aktiengattung.[2] Der erste in § 7 Abs. 1 Satz 2 BörsZulV genannte Ausnahmetatbestand setzt voraus, dass die Aktien, die nicht zum Börsenhandel zugelassen werden sollen, zu einer der Aufrechterhaltung eines beherrschenden Einflusses auf den Emittenten dienenden Beteilung gehören. Dies kann insbesondere im Falle von Familiengesellschaften der Fall sein, wenn der Groß- oder Mehrheitsaktionär der Gesellschaft auch noch nach dem Börsengang seinen Einfluss entsprechend geltend machen bzw. sichern will.[3] Der Annahme, dass die infrage stehenden Aktien einer zu einer Aufrechterhaltung eines beherrschenden Einflusses dienenden Beteiligung zuzuordnen sind, steht nicht entgegen, dass weitere dieser Beteiligung zurechenbare Aktien bereits zum Börsenhandel zugelassen sind. Die zweite Ausnahme vom Grundsatz der Vollzulassung ei-   *2*

---

1   RegBegr. zu § 7 BörsZulV, BR-Drucks. 72/87, S. 72.
2   *Hüffer*, AktG, § 11 Rn. 7.
3   *Heidelbach*, in: Schwark/Zimmer, KapMRK, § 7 BörsZulV Rn. 2.

ner Aktiengattung betrifft Fälle, in welchen bestimmte Aktien für einen bestimmten Zeitraum einem Handelsverbot unterliegen. Dies kann ggf. dann der Fall sein, wenn der Eigentümer der betreffenden Aktien bestimmten Veräußerungsverboten (z. B. Lock-up-Agreements bzw. Lock-up Periods) unterliegt und sich dahingehend verpflichtet hat, die Aktien für einen bestimmten Zeitraum nicht zu veräußern.

3   Beide Ausnahmetatbestände setzen voraus, dass aus der teilweisen Zulassung der Aktien kein Nachteil für die Erwerber der zuzulassenden Aktien zu befürchten ist. Dies ist insbesondere dann der Fall, wenn die Markttiefe der zuzulassenden Aktien als zu gering zu erachten ist, es mithin an einer ausreichenden Liquidität fehlt, um einen ordnungsgemäßen Börsenhandel – und somit die Ermittlung eines ordnungsgemäßen Börsenpreises – in den entsprechenden Aktien sicherstellen zu können. In beiden Ausnahmetatbeständen ist das Publikum zudem über den Umstand der Teilzulassung entweder im Prospekt oder – falls ein solcher gemäß § 4 WpPG nicht zu erstellen ist – über ein geeignetes anderes Medium zu informieren. Eine entsprechende Information kann z. B. über eine Veröffentlichung in einem Börsenpflichtblatt oder durch Bekanntmachung auf der Website des Emittenten erfolgen. Zu beachten ist hier, dass auch nach Inkrafttreten des WpPG der von der BaFin gebilligte Prospekt entsprechende Angaben enthalten muss.

4   § 7 Abs. 2 BörsZulV stellt klar, dass der Antrag auf Zulassung von anderen Wertpapieren als Aktien sich auf alle Wertpapiere derselben Emission beziehen muss. Im Zusammenhang mit dem Antrag auf Zulassung von anderen Wertpapieren als Aktien zum regulierten Markt können stets nur die bereits übertragenen Wertpapiere als eine Emission verstanden werden, da noch nicht vorhandene verbriefte Rechte nicht Gegenstand der Zulassung sein können.[4]

5   Die Vorschrift fand keine entsprechende Anwendung auf die Zulassung von Wertpapieren zum geregelten Markt an der FWB, da § 69 Abs. 3 Nr. 2 Börsenordnung der Frankfurter Wertpapierbörse[5] a. F. – abweichend von § 7 Abs. 1 Satz 1 BörsZulV – bestimmte, dass die Teilzulassung von Wertpapieren einer Gattung oder einer Emission im geregelten Markt zulässig ist. Für vor dem 01.11.2007 zum geregelten Markt zugelassene Wertpapiere ist die durch das FRUG mit Wirkung zum 01.11.2007 neu eingefügte Übergangsvorschrift des § 72 a Abs. 3 BörsZulV zu beachten.

---

4   RegBegr. zu § 7 BörsZulV, BR-Drucks. 72/87, S. 73.
5   Börsenordnung für die Frankfurter Wertpapierbörse in der Fassung vom 01.02.2007 (abrufbar unter www.deutsche-boerse.com//Regelwerke).

§ 8
Druckausstattung der Wertpapiere

(1) Die Druckausstattung der Wertpapiere in ausgedruckten Einzelurkunden muss einen ausreichenden Schutz vor Fälschung bieten und eine sichere und leichte Abwicklung des Wertpapierverkehrs ermöglichen. Für Wertpapiere eines Emittenten mit Sitz in einem anderen Mitgliedstaat der Europäischen Union oder in einem anderen Vertragsstaat des Abkommens über den Europäischen Wirtschaftsraum reicht die Beachtung der Vorschriften aus, die in diesem Staat für die Druckausstattung der Wertpapiere gelten.

(2) Bietet die Druckausstattung der Wertpapiere keinen ausreichenden Schutz vor Fälschung, so ist in dem Prospekt hierauf hinzuweisen; ist ein Prospekt nicht zu veröffentlichen, so ist das Publikum auf andere geeignete Weise zu unterrichten.

Im Falle der Einzelverbriefung hat die Druckausstattung der Wertpapiere gemäß Abs. 1 Gewähr dafür zu bieten, dass sowohl ein ausreichender Fälschungsschutz vorhanden ist als auch dass eine sichere und leichte Abwicklung des Wertpapierverkehrs ermöglicht wird. Spätestens seit Einführung der gesetzlichen Möglichkeit für Aktiengesellschaften den Anspruch ihrer Aktionäre auf Verbriefung in der Satzung auszuschließen, hat die Vorschrift jedoch in der Praxis an Bedeutung verloren. Die im Rahmen einer Neuemission emittierten Wertpapiere werden heute – unabhängig ob es sich um Aktien oder Schuldverschreibungen handelt – mit wenigen Ausnahmen als Globalurkunden gemäß § 9 a Depotgesetz verbrieft und in Sammelverwahrung bei einer gemäß § 1 Abs. 3 Depotgesetz anerkannten Wertpapiersammelbank, wie z. B. der Clearstream Banking AG, hinterlegt. Da es in der Praxis aufgrund der ausschließlich zur Hinterlegung bei einer anerkannten Wertpapiersammelbank gedachten Globalurkunden keines ausreichenden Schutzes vor Fälschung mehr bedarf, hat die Vorschrift somit nur noch für Wertpapiere, die als Einzelurkunden begeben – und somit als effektive Stücke auch lieferbar sind – Bedeutung. Für diese Wertpapiere gelten weiterhin die in den gemeinsamen Grundsätzen der deutschen Wertpapierbörsen für den Druck von Wertpapieren vom 17. 04. 2000[1] genannten Bestimmungen. *1*

Unabhängig davon hat der Emittent von Wertpapieren mit Sitz in der EU oder dem EWR gemäß Abs. 1 Satz 2 darauf zu achten, dass die von ihm emittierten Wertpapiere die Voraussetzungen betreffend die Druckausstattung einhalten, die im Sitzstaat des Emittenten für diesen Geltung haben. *2*

Für den Fall, dass die Druckausstattung der Wertpapiere keinen ausreichenden Schutz vor Fälschung bietet, ist das Publikum über diesen Umstand gemäß § 8 Abs. 2 BörsZulV im Prospekt – und wenn ein solcher nicht zu erstellen ist – auf andere geeignete Weise zu informieren. Hinsichtlich der Art und Weise der Information für den Fall, dass kein Prospekt zu erstellen ist, gelten die Ausführungen zu § 7 Abs. 1 BörsZulV (Rn. 3) entsprechend.

---

1 Abrufbar unter www.deutsche-boerse.com/Regelwerke.

§ 9
Streuung der Aktien

(1) Die zuzulassenden Aktien müssen im Publikum eines Mitgliedstaats oder mehrerer Mitgliedstaaten der Europäischen Union oder eines Vertragsstaates oder mehrerer Vertragsstaaten des Abkommens über den Europäischen Wirtschaftsraum ausreichend gestreut sein. Sie gelten als ausreichend gestreut, wenn mindestens fünfundzwanzig vom Hundert des Gesamtnennbetrages, bei nennwertlosen Aktien der Stückzahl, der zuzulassenden Aktien vom Publikum erworben worden sind oder wenn wegen der großen Zahl von Aktien derselben Gattung und ihrer breiten Streuung im Publikum ein ordnungsgemäßer Börsenhandel auch mit einem niedrigeren Vomhundertsatz gewährleistet ist.

(2) Abweichend von Absatz 1 können Aktien zugelassen werden, wenn

1. eine ausreichende Streuung über die Einführung an der Börse erreicht werden soll und die Geschäftsführung davon überzeugt ist, dass diese Streuung innerhalb kurzer Frist nach der Einführung erreicht sein wird,

2. Aktien derselben Gattung innerhalb der Europäischen Gemeinschaft oder innerhalb eines Vertragsstaates des Abkommens über den Europäischen Wirtschaftsraum an einem Markt zugelassen werden und eine ausreichende Streuung im Verhältnis zur Gesamtheit aller ausgegebenen Aktien erreicht wird oder

3. die Aktien außerhalb der Europäischen Gemeinschaft oder außerhalb der anderen Vertragsstaaten des Abkommens über den Europäischen Wirtschaftsraum an einem Markt, der mit einem organisierten Markt vergleichbar ist, zugelassen sind und eine ausreichende Streuung im Publikum derjenigen Staaten erreicht ist, in denen diese Aktien zugelassen sind.

1 Ausweislich ihres Wortlautes gilt die Vorschrift nur für Aktien. Sinn und Zweck der Vorschrift ist es, zu gewährleisten, dass aufgrund einer hinreichenden Streuung der Aktien an verschiedene Aktionäre, die für einen ordnungsgemäßen Börsenhandel notwendige Liquidität gewährleistet ist. Diese Liquidität ist wiederum unabdingbare Voraussetzung für die im Interesse des Handels und des Publikums liegende ordnungsgemäße Preisfeststellung in den zum Börsenhandel zugelassenen Aktien.[1] Würde sich die Mehrheit der zum Handel zugelassenen Aktien im Besitz eines einzigen oder mehrerer weniger Aktionäre befinden, wäre gerade nicht dauerhaft gewährleistet, dass Börsenpreise ordnungsgemäß festgestellt werden könnten, da es ggf. zu keinem oder nur geringem Umsatz in den betreffenden Aktien kommen würde. Aus diesem Grund hat der Verordnungsgeber als Zulassungsvoraussetzung für Aktien bestimmt, dass eine ausreichende Streuung gemäß Abs. 1 erst dann vorliegt, wenn mindestens 25 % des Gesamtnennbetrages der zuzulassenden Aktien sich im Besitz des Publikums – somit mehrerer Aktio-

---

1 So auch im Ergebnis RegBegr. zu § 9 BörsZulV, BR-Drucks. 72/87, S. 74.

Seifert/Pfeiffer

näre – befinden (sogenannter „free float"). Als weiteres Erfordernis sieht § 9 Abs. 1 Satz 1 BörsZulV vor, dass die Aktien im Publikum eines oder mehrerer Mitgliedstaaten der Europäischen Union (EU) oder eines oder mehrerer Vertragsstaaten des Abkommens über den Europäischen Wirtschaftsraum (EWR) gestreut sein müssen. Dies bedeutet, dass die sich im Streubesitz befindlichen Aktien in einem oder in mehreren der vorgenannten Staaten gestreut sein müssen. Mithin kann im Einzelfall ein Streubesitz von 25 % nicht ausreichend sein, wenn Aktien des Streubesitzes von Investoren mit Sitz außerhalb der EU bzw. des EWR gehalten werden.[2] Der Streubesitz ist der Geschäftsführung der Wertpapierbörsen grundsätzlich nachzuweisen. Wird die im Rahmen des free float der zugelassenen Aktien zu beachtende 25 %-Schwelle nach erfolgter Zulassung hingegen wieder unterschritten, hat dieser Umstand grundsätzlich keine Auswirkungen auf die bereits erteilte Zulassung, solange kein Fall des § 39 Abs. 1 BörsG vorliegt, der den Widerruf der Zulassung seitens der Geschäftsführung begründen kann.

Gemäß den von der Börsensachverständigenkommission des Bundesministeriums der Finanzen herausgegebenen Grundsätzen für die Zuteilung von Aktienemissionen an Privatanleger vom 07. 06. 2000 sollen die im Rahmen von Mitarbeiterprogrammen („Friends & Family Programme") an von Seiten des Emittenten im Vorfeld der Zulassung bestimmte Mitarbeiter und Geschäftspartner des Unternehmens abzugebende Aktien nicht zum „free float" der zuzulassenden Aktien zählen.[3] Die Ansicht, dass dies auch im Rahmen der Zulassung der Aktien gemäß § 9 BörsZulV gelten soll[4] ist abzulehnen. Obwohl der Emittent im Rahmen des „Friends & Family Programmes" zwar festlegt, welche Personen im Rahmen des Programms bei der Zuteilung der Aktien bevorzugt behandelt werden sollen, kann weiterhin davon ausgegangen werden, dass auch dieser Personenkreis zu einer hinreichenden Streuung der Aktien im Publikum beiträgt bzw. einer hinreichenden Streuung der Aktien zumindest nicht unmittelbar entgegensteht.   2

§ 9 Abs. 1 Satz 2 Alt. 2 BörsZulV enthält eine Ausnahme von der zu beachtenden 25 %-Schwelle, wenn wegen der großen Zahl der Aktien derselben Gattung und ihrer breiten Streuung im Publikum ein ordnungsgemäßer Börsenhandel auch mit einem niedrigeren Prozentsatz sichergestellt erscheint. Die Anwendung dieser Ausnahmeregelung kann bei großen Emissionen mit einer zweistelligen Millionenanzahl der zuzulassenden Aktien in Betracht gezogen werden. Jedenfalls wird der Einzelfall unter Darlegung des Sachverhalts und der Gründe für die Nutzung dieser Ausnahme mit der Geschäftsführung der Wertpapierbörsen abzustimmen sein.   3

---

2 Vgl. Rundschreiben 02/2012 der Geschäftsführung der Frankfurter Wertpapierbörse (abrufbar unter http://xetra.com/xetra/dispatch/de/binary/gdb_content_pool/imported_files /public_files/10_downloads/33_going_being_public/10_products/rs_listing/Listing02_2012.pdf).

3 Begriffsbestimmung „Friends & Family Programme" der Grundsätze für die Zuteilung von Aktienemissionen an Privatanleger der BSK vom 07. 06. 2000.

4 *Groß*, in: KapMR, § 9 BörsZulV Rn. 18.

4 Neben den redaktionellen Folgeänderungen zu den vorhergehenden Vorschriften wurde Abs. 2 durch das FRUG dahingehend geändert, dass zukünftig bei den Regelungen über die Zulassung von ausländischen Aktien nicht mehr auf deren Notierung, sondern einheitlich auf deren Zulassung an einem organisierten Markt oder an einem vergleichbaren Markt mit Sitz außerhalb der Europäischen Union und des Europäischen Wirtschaftsraumes abgestellt wird. § 9 Abs. 2 Nr. 1 BörsZulV erlaubt die Zulassung von Aktien, die die Mindestschwelle gemäß Abs. 1 nicht erfüllen, wenn die Geschäftsführung nach pflichtgemäßem Ermessen der Ansicht ist, dass eine ausreichende Streuung der Aktien nach erfolgter Zulassung und sich anschließender Notierungsaufnahme stattfinden wird. Nach erfolgter Zulassung der Aktien zum regulierten Markt hat die Geschäftsführung nach der Beendigung des seitens des Emittenten bei der Zulassung angegebenen Zeitraumes dann zu überprüfen, ob die geplante Streuung der Aktien auch tatsächlich erfolgt ist.[5]

5 Weitere Ausnahmemöglichkeiten vom Grundsatz des Abs. 1 enthalten Abs. 2 Nr. 2 und Nr. 3.

6 Gemäß § 69 Abs. 2 Nr. 3 Börsenordnung der Frankfurter Wertpapierbörse a. F.[6] galt § 9 BörsZulV nicht für die Zulassung von Aktien in den geregelten Markt der FWB.

---

5 *Gebhardt*, in: Schäfer/Hamann, KapMG, § 9 BörsZulV Rn. 11 ff.
6 Börsenordnung für die Frankfurter Wertpapierbörse in der Fassung vom 01.02.2007 (abrufbar unter www.deutsche-boerse.com).

§ 10
Emittenten aus Drittstaaten

Aktien eines Emittenten mit Sitz in einem Staat außerhalb der Europäischen Gemeinschaft oder außerhalb der anderen Vertragsstaaten des Abkommens über den Europäischen Wirtschaftsraum, die weder in diesem Staat noch in dem Staat ihrer hauptsächlichen Verbreitung an einem Markt, der mit einem organisierten Markt im Sinne des § 2 Abs. 5 des Wertpapierhandelsgesetzes vergleichbar ist, zum Handel zugelassen sind, dürfen nur zugelassen werden, wenn glaubhaft gemacht wird, dass die Zulassung in diesen Staaten nicht aus Gründen des Schutzes des Publikums unterblieben ist.

Die Vorschrift enthält eine Regelung für den Sonderfall, dass Emittenten mit *1* einem Sitz in einem Staat außerhalb der EU oder des EWR, die Zulassung der von ihnen emittierten Aktien begehren, die zuzulassenden Aktien jedoch weder im Staat ihres Sitzes noch im Staat ihrer hauptsächlichen Verbreitung an einem organisierten Markt zum Handel zugelassen sind. Diese Emittenten haben der Geschäftsführung plausibel darzulegen, aus welchen Gründen die Zulassung ihrer Aktien zum Handel unterblieben ist und dass die Zulassung der Aktien gerade nicht aus Gründen des Schutzes des Publikums unterblieben ist.

§ 11
Zulassung von Wertpapieren mit Umtausch- oder Bezugsrecht

(1) Wertpapiere, die den Gläubigern ein Umtausch- oder Bezugsrecht auf andere Wertpapiere einräumen, können nur zugelassen werden, wenn die Wertpapiere, auf die sich das Umtausch- oder Bezugsrecht bezieht, an einer inländischen Börse entweder zum Handel zugelassen oder in einen anderen organisierten Markt einbezogen sind oder gleichzeitig zugelassen oder einbezogen werden.

(2) Die Geschäftsführung kann abweichend von Absatz 1 Wertpapiere zulassen, wenn die Wertpapiere, auf die sich das Umtausch- oder Bezugsrecht bezieht, zum Handel an einem organisierten Markt zugelassen sind und wenn sich das Publikum im Inland regelmäßig über die Kurse unterrichten kann, die sich an dem Markt im Ausland im Handel in diesen Wertpapieren bilden.

1   Sinn und Zweck der Vorschrift ist es, sicherzustellen, dass Wertpapiere, die durch die Ausübung eines Umtausch- oder Bezugsrechts bezogen werden können, zum Zeitpunkt der Ausübung des Rechts an einer inländischen Börse entweder bereits zum Handel zugelassen oder in einen anderen organisierten Markt einbezogen sind oder gleichzeitig zugelassen oder einbezogen werden. Mit der letzten Alternative verfolgte der Verordnungsgeber das Ziel, dass zumindest spätestens zum Zeitpunkt der Ausübung des Umtausch- oder Bezugsrechts die Wertpapiere, auf die sich das Umtausch- oder Bezugsrecht bezieht, an einer inländischen Börse zum Börsenhandel zugelassen bzw. zum Handel in einen anderen organisierten Markt einbezogen werden. Hierdurch soll gewährleistet werden, dass sich der Umtausch- bzw. Bezugsberechtigte jederzeit über den Markt- bzw. Börsenpreis der zu beziehenden Wertpapiere informieren kann.

2   Abzulehnen ist in diesem Zusammenhang die teilweise in der Literatur vertretene Ansicht, dass die Einbeziehung der Wertpapiere (auf die sich das Umtausch- oder Bezugsrecht bezieht) in den Freiverkehr an einer Börse ausreichend sein soll. Grund hierfür ist, dass sowohl der Freiverkehr (in der Terminologie der Deutsche Börse AG als „Open Market" bezeichnet) als auch der Teilbereich des Freiverkehrs mit weiteren Einbeziehungsfolgepflichten (in der Terminologie der Deutsche Börse AG als „Entry Standard" bezeichnet)[1] gerade keinen organisierten Markt im Sinne der Vorschrift darstellen.[2] Bei einem inländischen organisierten Markt gemäß Abs. 1, in welchen die Wertpapiere einbezogen werden können, kann es sich gemäß § 33 BörsG i.V.m. § 2 Abs. 5 WpHG ausschließlich um den regulierten Markt einer anderen inländischen Börse handeln.[3] Der aufgrund der Regelung des § 48

---

1   Vgl. „Allgemeine Geschäftsbedingungen für den Freiverkehr an der Frankfurter Wertpapierbörse" (abrufbar unter www.deutsche-boerse.com/Regelwerke)
2   *Fuchs,* in: Fuchs, WpHG, 1. Aufl. 2009, § 2 Rn. 149.
3   Im Ergebnis auch *Gebhardt,* in: Schäfer/Hamann, KapMG, § 11 BörsZulV Rn. 4.

BörsG durch den Träger der Börse privatrechtlich mittels Erlasses von Geschäftsbedingungen zu organisierende Freiverkehr an einer Börse scheidet daher als organisierter Markt im Sinne des § 11 Abs. 1 BörsZulV aus, da er kein durch staatliche Stellen genehmigtes, geregeltes und überwachtes multilaterales System i. S. v. § 2 Abs. 5 WpHG darstellt.

Gemäß § 11 Abs. 2 BörsZulV ist es der Geschäftsführung im Rahmen ihres 3 pflichtgemäß auszuübenden Ermessens zudem möglich, Wertpapiere zum Börsenhandel zuzulassen, wenn die Wertapiere, auf die sich das Umtauschoder Bezugsrecht bezieht, zum Handel an einem organisierten Markt zugelassen sind und wenn sich das Publikum im Inland regelmäßig über die Kurse unterrichten kann, die sich an dem Markt im Ausland im Handel in diesen Wertpapieren bildet. Die vor dem Inkrafttreten des FRUG in Abs. 2 verwandte Formulierung, die auf einen Markt im Sinne des § 2 Abs. 1 des WpHG verwiesen hatte, war äußerst missverständlich, da der verwandte Begriff des „Marktes" ausschließlich zur Begriffsbestimmung von Wertpapieren gemäß § 2 Abs. 1 WpHG verwandt wurde und nichts darüber aussagte, wie der Markt selbst beschaffen sein musste.

Sinn und Zweck der Vorschrift des § 11 Abs. 2 BörsZulV ist es jedoch, einen 4 Markt im Ausland zu definieren und zu bestimmen, an welchen die betreffenden Wertpapiere gehandelt werden können und an dem zusätzlich die Möglichkeit bestehen muss, dass sich das Publikum im Inland regelmäßig über die Kurse unterrichten kann, die sich an diesem Markt im Ausland im Handel in den betreffenden Wertpapieren gebildet haben. Diesem Ziel ist der Verordnungsgeber nun durch die neue Formulierung in Abs. 2 nachgekommen, wonach die betreffenden Wertpapiere zum Handel an einem organisierten Markt zugelassen sein müssen. Bei einem organisierten Markt im Sinne der Vorschrift handelt es sich um einen solchen gemäß § 2 Abs. 5 WpHG. Hiernach kann ein ausländischer organisierter Markt auch in einem anderen Mitgliedsstaat der Europäischen Union oder in einem anderen Vertragsstaat des Abkommens über den Europäischen Wirtschaftsraum gelegen sein. Der Geschäftsführung der Börse wird daher durch Abs. 2 die Möglichkeit eingeräumt, Wertpapiere zum Börsenhandel auch dann zuzulassen, wenn die Wertpapiere, auf die sich das Umtausch- oder Bezugsrecht bezieht, bereits an einem ausländischen organisierten Markt zugelassen sind und wenn die Möglichkeit besteht, dass sich das Publikum im Inland regelmäßig über die Kurse unterrichten kann, die sich an diesem organisierten Markt im Ausland im Handel in den betreffenden Wertpapieren bilden.

§ 12
Zulassung von Zertifikaten, die Aktien vertreten

(1) Zertifikate, die Aktien vertreten, können zugelassen werden, wenn

1. **der Emittent der vertretenen Aktien den Zulassungsantrag mitunterzeichnet hat, die Voraussetzungen nach den §§ 1 bis 3 erfüllt und sich gegenüber der Geschäftsführung schriftlich verpflichtet, die in den §§ 40 und 41 des Börsengesetzes genannten Pflichten des Emittenten zugelassener Aktien zu erfüllen,**

2. **die Zertifikate, die in den §§ 4 bis 10 genannten Voraussetzungen erfüllen und**

3. **der Emittent der Zertifikate die Gewähr für die Erfüllung seiner Verpflichtungen gegenüber den Zertifikatsinhabern bietet.**

(2) Vertreten die Zertifikate Aktien eines Emittenten mit Sitz in einem Staat außerhalb der Europäischen Gemeinschaft oder außerhalb eines anderen Vertragsstaates des Abkommens über den Europäischen Wirtschaftsraum und werden die Aktien weder in diesem Staat noch in dem Staat ihrer hauptsächlichen Verbreitung an einer Börse amtlich notiert, so ist glaubhaft zu machen, dass die Notierung nicht aus Gründen des Schutzes des Publikums unterblieben ist.

1   Sinn und Zweck der Vorschrift ist es, dass die Inhaber von zum Börsenhandel zugelassenen Aktien vertretenden Zertifikaten bezüglich der aus dem börslichen Handel dieser Zertifikate resultierenden Rechte und Pflichte nicht schlechter stehen, als die Inhaber derjenigen Aktien, auf welche sich die betreffenden Zertifikate beziehen.[1] § 12 Abs. 1 BörsZulV stellt drei kumulativ zu erfüllende Voraussetzungen auf, die zur Zulassung von aktienvertretenden Zertifikaten führen. So hat der Emittent der vertretenen Aktien sowohl den Zulassungsantrag gemeinsam mit dem Antragssteller zu unterzeichen, die Voraussetzungen gemäß §§ 1 bis 3 BörsZulV zu erfüllen und sich schriftlich gegenüber der Geschäftsführung der Börse zu verpflichten, ebenfalls den genannten Pflichten in den §§ 40 und 41 BörsG für den Emittenten zugelassener Aktien nachzukommen. Ferner sind die in den §§ 4 bis 10 BörsZulV genannten Voraussetzungen durch die zuzulassenden Aktien vertretenden Zertifikate zu erfüllen und der Emittent der Zertifikate hat nach der im pflichtgemäßem Ermessen vorzunehmenden Einschätzung durch die Geschäftsführung die Gewähr zu bieten, seinen Verpflichtungen gegenüber den Zertifikateinhabern nachkommen zu können.

---

1   *Willamowski*, in: Heidel, AktG, § 12 Rn. 1 BörsZulV Rn. 1.

ZWEITER ABSCHNITT
(weggefallen)

DRITTER ABSCHNITT
Zulassungsverfahren

§ 48
Zulassungsantrag

(1) Der Zulassungsantrag ist schriftlich zu stellen. Er muss Firma und Sitz der Antragsteller, Art und Betrag der zuzulassenden Wertpapiere angeben. Ferner ist anzugeben, ob ein gleichartiger Antrag zuvor oder gleichzeitig an einer anderen inländischen Börse oder in einem anderen Mitgliedstaat der Europäischen Union oder in einem anderen Vertragsstaat des Abkommens über den Europäischen Wirtschaftsraum gestellt worden ist oder alsbald gestellt werden wird.

(2) Dem Antrag sind ein Entwurf des Prospekts oder ein gebilligter Prospekt und die zur Prüfung der Zulassungsvoraussetzungen erforderlichen Nachweise beizufügen. Der Geschäftsführung sind auf Verlangen insbesondere vorzulegen

1. ein beglaubigter Auszug aus dem Handelsregister nach neuestem Stand;
2. die Satzung oder der Gesellschaftsvertrag in der neuesten Fassung;
3. die Genehmigungsurkunden, wenn die Gründung des Emittenten, die Ausübung seiner Geschäftätigkeit oder die Ausgabe der Wertpapiere einer staatlichen Genehmigung bedarf;
4. die Jahresabschlüsse und die Lageberichte für die drei Geschäftsjahre, die dem Antrag vorausgegangen sind, einschließlich der Bestätigungsvermerke der Abschlussprüfer;
5. ein Nachweis über die Rechtsgrundlage der Wertpapierausgabe;
6. im Falle ausgedruckter Einzelurkunden ein Musterstück jeden Nennwertes der zuzulassenden Wertpapiere (Mantel und Bogen);
7. im Falle einer Sammelverbriefung der zuzulassenden Wertpapiere die Erklärung des Emittenten, dass
   a. die Sammelurkunde bei einer Wertpapiersammelbank (§ 1 Abs. 3 des Depotgesetzes) hinterlegt ist und bei einer Auflösung der Sammelurkunde die Einzelurkunden gemäß Nummer 6 vorgelegt werden und
   b. er auf Anforderung der Geschäftsführung die Sammelurkunde auflösen wird, wenn er gegenüber den Inhabern der in der Sammelurkunde verbrieften Rechte verpflichtet ist, auf Verlangen einzelne Wertpapiere auszugeben;
8. im Falle des § 3 Abs. 2 die Berichte über die Gründung und deren Prüfung (§ 32 Abs. 1, § 34 Abs. 2 des Aktiengesetzes).

Die Vorschrift dient dazu, die Geschäftsführung in die Lage zu versetzen, das *1* Vorliegen der Voraussetzungen für die Zulassung zu beurteilen und zu prü-

fen.[1] Die Zuständigkeit zur Prüfung des Wertpapierprospekts ist durch das Prospektrichtlinie-Umsetzungsgesetz auf die Bundesanstalt für Finanzdienstleistungsaufsicht übergegangen. Die Geschäftsführung der Börse kontrolliert seit dem 01.11.2007 bei der Überprüfung des Vorliegens der Zulassungsvoraussetzungen nunmehr nur noch, ob ein ordnungsgemäß gestellter Antrag sowie der Entwurf eines Prospektes oder ein gebilligter Prospekt vorliegt, der die Mindestangaben gemäß § 48 BörsZulV enthält. Eine inhaltliche dahingehende Überprüfung des Prospektes, ob die diesbezüglichen gesetzlichen Mindestvoraussetzungen ordnungsgemäß aufgeführt wurden, ist seitens der Geschäftsführung nicht mehr durchführen.[2]

2   Gemäß § 32 Abs. 2 Satz 1 BörsG ist die Zulassung vom Emittenten der Wertpapiere zusammen mit einem Kreditinstitut, Finanzdienstleistungsinstitut oder einem nach § 53 Abs. 1 Satz 1 oder § 53 b Abs. 1 Satz 1 KWG tätigen Unternehmen, dem so genannten Emissionsbegleiter, zu beantragen. Der Emissionsbegleiter, mit welchem der Emittent den Antrag gemeinsam stellt, muss gemäß § 32 Abs. 2 Satz 2 BörsG an einer inländischen Wertpapierbörse mit dem Recht zur Teilnahme am Handel zugelassen sein und ein haftendes Eigenkapital im Gegenwert von mindestens 730.000 Euro nachweisen. Für den Fall, dass der Emittent selbst ein Institut oder ein Unternehmen gemäß § 32 Abs. 2 Satz 1 BörsG ist und die Voraussetzungen des § 32 Abs. 2 Satz 2 BörsG erfüllt, bestimmt § 32 Abs. 2 Satz 3 BörsG, dass er den Antrag auf Zulassung alleine stellen kann.

3   Gemäß § 48 Abs. 1 Satz 2 BörsZulV muss im Zulassungsantrag die Firma und der Sitz der Antragsteller sowie Art und Betrag der zuzulassenden Wertpapiere angegeben sein. Für den Fall, dass der Emittent den Antrag zusammen mit einem Emissionsbegleiter stellt, ist auch die Firma und der Sitz dieses Emissionsbegleiters im Zulassungsantrag aufzuführen. Zudem hat der Emittent gemäß § 48 Abs. 1 Satz 3 BörsZulV im Antrag zwingend anzugeben, ob ein gleichartiger Antrag zuvor oder gleichzeitig an einer anderen inländischen Börse oder in einem anderen Mitgliedstaat der Europäischen Union oder in einem anderen Vertragsstaat des Abkommens über den Europäischen Wirtschaftsraum gestellt worden ist oder alsbald gestellt werden wird. Hierdurch soll insbesondere sichergestellt werden, dass wenn gemäß § 35 Abs. 3 BörsG ein Zulassungsantrag an mehreren inländischen Börsen gestellt wurde, die Wertpapiere nur mit Zustimmung aller Börsen, die über den Antrag zu entscheiden haben, zugelassen werden.

4   Gemäß § 48 Abs. 2 Satz 1 BörsZulV wird dem Antragssteller ein dahingehendes Wahlrecht eingeräumt, ob er zunächst lediglich einen Entwurf des Prospekts bei der Geschäftsführung einreicht oder zuvor das Billigungsverfahren gemäß § 13 WpPG bei der BaFin durchläuft und anschließend einen solchen durch die BaFin gebilligten Prospekt bei der Geschäftsführung einer Börse einreicht. Um zeitliche Verzögerungen aufgrund der gesetzlichen Wartefrist von 10 Werktagen (§ 13 Abs. 2 Satz 1 WpPG) bzw. 20 Werktagen

---

1   RegBegr. zu § 48 BörsZulV, BR-Drucks. 72/87, S. 80
2   *Groß*, KapMR, § 48 BörsZulV Rn. 5.

(wenn der Prospekt gemäß § 13 Abs. 2 Satz 2 WpPG das öffentliche Angebot von Wertpapieren des Emittenten betrifft, dessen Wertpapiere noch nicht zum Handel an einem in einem Staat des Europäischen Wirtschaftsraums gelegenen organisierten Markt zugelassen sind und der Emittent zuvor keine Wertpapiere öffentlich angeboten hat) zu vermeiden, kann der Antragsteller alternativ auch den Entwurf des Prospektes bei der Geschäftsführung einreichen und parallel zum Zulassungsverfahren das Billigungsverfahren gemäß § 13 WpPG bei der BaFin betreiben.[3]

Der Geschäftsführung sind gemäß dem Wortlaut des § 48 Abs. 2 Satz 2 Börs-   5
ZulV auf ihr Verlangen insbesondere die in den Ziff. 1 bis 8 genannten Unterlagen durch den Antragsteller einzureichen. Trotz des missverständlichen Wortlautes der Vorschrift gehen sowohl die Geschäftsführung der FWB als auch die Literatur davon aus, dass es sich bei den in Satz 2 aufgezählten Unterlagen, um die zwecks Prüfung des Zulassungsantrages relevanten Unterlagen handelt, welche bereits im Rahmen der Antragsstellung einzureichen sind und ohne welche der Antrag auf Zulassung als nicht vollständig zu erachten ist.[4] In der Praxis übt die Geschäftsführung der FWB ihr Ermessen dahingehend aus, dass die in den Ziff. 1 bis 7 genannten Unterlagen bereits im Rahmen der Antragsstellung als erforderliche Nachweise im Sinne von Abs. 2 Satz 1 beizufügen sind.

---

3   RegBegr. zum EU-ProspRL-UmsG, BT-Drucks. 15/4999, S. 25.
4   *Gebhardt*, in: Schäfer/Hamann, KapMG § 48 BörsZulV Rn. 10.

§ 48 a
Veröffentlichung eines Basisprospekts

Schuldverschreibungen, die gleichzeitig mit ihrer öffentlichen ersten Ausgabe zugelassen werden sollen und für die ein nach dem Wertpapierprospektgesetz gültiger Basisprospekt vorliegt, kann die Geschäftsführung zulassen, wenn die endgültigen Bedingungen des Angebots erst kurz vor der Ausgabe festgesetzt werden und der Basisprospekt innerhalb von zwölf Monaten vor der Zulassung der Schuldverschreibungen veröffentlicht worden ist und darüber Auskunft gibt, wie diese Angaben in den Prospekt aufgenommen werden. Die endgültigen Bedingungen müssen vor der Einführung der Schuldverschreibungen nach § 6 Abs. 3 des Wertpapierprospektgesetzes veröffentlicht werden.

1   Die Vorschrift wurde aufgrund einer entsprechende Prüfbitte des Bundesrates[1] zur Beibehaltung der bisher in § 44 BörsZulV a. F. geregelten vereinfachten Zulassung von Schuldverschreibungen im Wege der so genannten Rahmenzulassungen in die BörsZulV eingefügt. Das Verfahren zur vereinfachten Zulassung von Schuldverschreibungen sollte auch weiterhin ermöglicht werden. Die Regelung des § 44 BörsZulV a. F. musste aufgrund der neuen Vorgaben im WpPG jedoch inhaltlich angepasst werden. Die Formulierung „ein nach dem Wertpapierprospektgesetz gültiger Basisprospekt" erfasst dabei sowohl die nach dem WpPG gebilligten Prospekte als auch nach Deutschland notifizierte Prospekte. Durch die Formulierung „aufgenommen werden" wird klargestellt, dass die endgültigen Bedingungen des Angebots Prospektbestandteil werden.[2]

2   In der Praxis wird bei der so genannten Rahmenzulassung auf die Festlegung der konkreten Ausgestaltungsmerkmale der betreffenden Wertpapiere verzichtet; die Geschäftsführung nimmt in dieser Hinsicht lediglich das maximal zuzulassende Volumen der Anleihen zur Kenntnis. Die Rahmenzulassung erfolgt unter der aufschiebenden Bedingung, dass die Schuldverschreibungen innerhalb von zwölf Monaten nach Veröffentlichung des nach dem Wertpapierprospektgesetz gültigen Basisprospektes erstmals öffentlich ausgegeben werden. Die konkreten Merkmale des Wertpapieres (Stückelung, Zinssatz, Verbriefung, Valutierung, Laufzeit, etc.) werden erst bei der Einführung in den regulierten Markt geprüft.

---

1   BR-Drucks. 85/05 S. 13 Nr. 18.
2   Beschl. und Empf. des Finanzausschusses zum EU-ProspRL-UmsG, BT-Drucks. 15/5373, S. 51.

§ 49
(weggefallen)

Der mit der Zusammenführung des amtlichen und geregelten Marktes einhergehende Wegfall des § 49 BörsZulV strafft, vereinfacht und beschleunigt das Zulassungsverfahren. Der Verzicht auf die Veröffentlichung des Zulassungsantrages im regulierten Markt entspricht der bisherigen Regelung für den geregelten Markt, da nach den §§ 49 ff. BörsG a. F. keine zwingende Anwendbarkeit der §§ 49 ff. BörsZulV vorgesehen war.

§ 50
Zeitpunkt der Zulassung

Die Zulassung darf frühestens an dem auf das Datum der Einreichung des Zulassungsantrags bei der Geschäftsführung folgenden Handelstag erfolgen.

1   Die Vorschrift, welche im Zuge des Inkrafttreten des FRUG zum 01. 11. 2007 neu gefasst wurde, stellt klar, dass die Zulassung der Wertpapiere zum Handel und die damit einhergehende Notierungsaufnahme durch die Geschäftsführung frühestens an dem Handelstag, der dem Tag der Einreichung des Zulassungsantrages bei der Geschäftsführung folgt, erfolgen darf. Die Neufassung der Vorschrift enthält nunmehr eine kürzere Mindestfrist zur Zulassung von Wertpapieren zum regulierten Markt.[1] Der Verordnungsgeber bezweckte seinerzeit mit der längeren Frist des § 50 BörsZulV a. F. von drei Werktagen, dem Publikum noch vor dem Zeitpunkt der Zulassung der Wertpapiere eine angemessene Frist einzuräumen, in welcher etwaige Bedenken gegen die Zulassung der Wertpapiere nach der Veröffentlichung des Antrages auf Zulassung, die aufgrund des Wegfalls von § 49 BörsZulV nun nicht mehr zu erfolgen hat, vorgebracht werden können.[2] Die in § 50 BörsZulV stipulierte Frist beträgt nun einen Tag und beinhaltet somit – da es sich um Börsen- bzw. Handelstage handelt – nicht den Samstag oder Sonntag. Gleichwohl aufgrund der Vorschrift von einer kurzen Bearbeitungsdauer von Zulassungsanträgen auszugehen sein könnte, beträgt der Zeitraum zwischen Antragstellung – einschließlich der Übermittlung der zur Prüfung des Antrags benötigten Unterlagen[3] - in der Praxis einige Tage. Grundsätzlich sollte bei einer erstmaligen Zulassung von Aktien eine Bearbeitungsdauer von ca. zehn Werktagen, bei Zulassungen von später ausgegebenen Aktien bereits börsennotierter Unternehmen von ca. fünf Werktagen eingeplant werden. Diese Zeitangaben sind jedoch vorbehaltlich der Klärung bestimmter Sachverhalte, beispielsweise im Zusammenhang mit der Prüfung einer Ausnahme von der Pflicht zur Veröffentlichung eines Prospekts nach dem Wertpapierprospektgesetz zu sehen.

---

1   RegBegr. zu Art. 9 Nr. 10 des FRUG, BT-Drucks. 16/4028, S. 139 ff.
2   RegBegr. zu §§ 48–52 BörsZulV, BR-Drucks. 72/87, S. 86.
3   Vgl. § 48 BörsZulV.

§ 51
Veröffentlichung der Zulassung

Die Zulassung wird von der Geschäftsführung auf Kosten der Antragsteller im Bundesanzeiger veröffentlicht.

Die Vorschrift dient der Unterrichtung des Publikums und soll wie ehedem   1
§ 50 BörsZulV a. F. ermöglichen, dass von Seiten des Publikums noch etwaige Bedenken gegen die noch ausstehende Einführung der Wertpapiere vorgebracht werden können.[1] Die erfolgte Zulassung ist im Bundesanzeiger zu veröffentlichen. Darüber hinaus bestimmt beispielsweise § 45 Abs. 3 Börsenordnung der Frankfurter Wertpapierbörse,[2] dass die Zulassung auch im Internet, abrufbar auf der Internetseite der Frankfurter Wertpapierbörse, unter www.deutsche-boerse.com, veröffentlicht wird.

Bis zum 31.12.2008 hatte die Veröffentlichung der Zulassung zum regulier-   2
ten Markt zudem noch gemäß § 72 a Abs. 2 BörsZulV in einem überregionalen Börsenpflichtblatt zu erfolgen.

---

1   RegBegr. zu §§ 48–52 BörsZulV, BR-Drucks. 72/87, S. 86.
2   Börsenordnung für die Frankfurter Wertpapierbörse in der Fassung vom 16.12.2013 (abrufbar unter www.deutsche-boerse.com/Regelwerke).

§ 52
Einführung

Die Einführung der Wertpapiere darf frühestens an dem auf die erste Veröffentlichung des Prospekts oder, wenn kein Prospekt zu veröffentlichen ist, an dem der Veröffentlichung der Zulassung folgenden Werktag erfolgen.

1 Die Vorschrift regelt den frühesten Zeitpunkt der Einführung der zum Börsenhandel zugelassenen Wertpapiere und nimmt damit unmittelbar Bezug auf den in § 38 BörsG geregelten Zeitpunkt der Aufnahme der Notierung der betreffenden Wertpapiere. § 52 BörsZulV verdeutlicht nochmals, dass die Aufnahme der Notierung von Wertpapieren, somit der Beginn des Börsenhandels und die damit verbundene Börsenpreisfeststellung, erst dann möglich sind, wenn die betreffenden Wertpapiere zuvor zum Börsenhandel durch die Geschäftsführung zugelassen wurden.

Rein dem Wortlaut zufolge kann die Notierungsaufnahme der Wertpapiere am der Zulassung folgenden Werktag[1], somit auch einem Samstag erfolgen. Da es hier aber um die frühstmögliche Aufnahme des Handels der Wertpapiere geht, muss dieser folgende Tag zwingend ein Handelstag sein.

2 Die Vorschrift dient zudem – wie auch § 51 BörsZulV – der unmittelbaren Information des Publikums[2], indem sie für den Fall des Vorliegens eines Prospektes, den mindesten zeitlichen Abstand zwischen der Information des Publikums durch Veröffentlichung eines Prospektes und der nachfolgenden Aufnahme der Notierung festlegt. Im Falle der prospektfreien Zulassung von Wertpapieren wird der zeitliche Abstand zwischen Veröffentlichung der Zulassung der Wertpapiere (§ 51 BörsZulV) und der Aufnahme der Notierung (§ 38 BörsG) bestimmt.

3 Die Vorschrift wurde im Zuge des Inkrafttretens des FRUG lediglich redaktionell dahingehend geändert, dass die in Abs. 1 enthaltene Bezugnahme auf § 43 Abs. 1 Satz 3 BörsZulV, der bereits vor dem Inkrafttreten des FRUG zum 01.11.2007 aufgehoben war, gestrichen wurde.

4 Der ehemalige Abs. 2 der Vorschrift, der die Bestimmungen zur Prospektnachtragspflicht enthielt, wurde durch das Prospektrichtlinie-Umsetzungsgesetz aufgehoben. Die entsprechenden Regelungen sind nunmehr in § 16 WpPG enthalten.

---

1 § 51 BörsZulV spricht hingegen vom folgenden Handelstag.
2 BGBl. 2005 I S. 1698.

ZWEITES KAPITEL
Pflichten des Emittenten zugelassener Wertpapiere

ERSTER ABSCHNITT
(aufgehoben)

§§ 53–62
(aufgehoben)

ZWEITER ABSCHNITT
Sonstige Pflichten

§ 63–67
(aufgehoben)

§ 68
(aufgehoben)

§ 69
Zulassung später ausgegebener Aktien

(1) Der Emittent zugelassener Aktien ist verpflichtet, für später öffentlich ausgegebene Aktien derselben Gattung wie der bereits zugelassenen die Zulassung zum regulierten Markt zu beantragen, wenn ihre Zulassung einen Antrag voraussetzt. § 7 Abs. 1 Satz 2 und 3 bleibt unberührt.

(2) Der Antrag nach Absatz 1 ist spätestens ein Jahr nach der Ausgabe der zuzulassenden Aktien oder, falls sie zu diesem Zeitpunkt nicht frei handelbar sind, zum Zeitpunkt ihrer freien Handelbarkeit zu stellen. Findet vor der Einführung der Aktien ein Handel von Bezugsrechten im regulierten Markt statt und ist ein Prospekt gemäß dem Wertpapierprospektgesetz zu veröffentlichen, so ist der Antrag auf Zulassung unter Beachtung der in § 14 Abs. 1 des Wertpapierprospektgesetzes für die Prospektveröffentlichung bestimmten Fristen zu stellen.

Die Vorschrift stellt klar, dass auch ein Emittent bereits zugelassener Aktien   *1*
verpflichtet ist, einen Antrag gemäß § 48 BörsZulV für später ausgegebene
Aktien derselben Gattung wie der bereits zugelassenen Aktien zu stellen,
wenn für die bereits zum Handel zugelassenen Aktien ein solcher Antrag erforderlich war. Hierdurch wird dem in § 7 Abs. 1 Satz 1 BörsZulV genannten
Grundsatz Rechnung getragen, wonach sich die Zulassung von Aktien auf
alle Aktien derselben Gattung beziehen muss. Der Antrag ist gemäß Abs. 2
spätestens ein Jahr nach der Ausgabe der zuzulassenden Aktien zu stellen.
Sollten die betreffenden Aktien zu diesem Zeitpunkt noch nicht frei handelbar sein, ist der Antrag zu dem Zeitpunkt zu stellen, zu dem die Aktien frei
gehandelt werden können.

§ 70
(aufgehoben)

DRITTES KAPITEL
Schlussvorschriften

§ 71
(aufgehoben)

§ 72
Allgemeine Bestimmungen über Jahresabschlüsse

(1) Jahresabschlüsse im Sinne dieser Verordnung sind:

1. der Jahresabschluss nach § 242 Abs. 3 des Handelsgesetzbuchs,
2. der Einzelabschluss nach § 325 Abs. 2a des Handelsgesetzbuchs,
3. der Konzernabschluss nach dem Zweiten Unterabschnitt des Zweiten Abschnitts des Dritten Buchs des Handelsgesetzbuchs oder nach dem Zweiten Abschnitt des Publizitätsgesetzes,
4. Abschlüsse nach anderen Vorschriften, sofern darin auf eine der vorgenannten Bestimmungen verwiesen wird, und
5. Abschlüsse nach ausländischem Recht, sofern sie ihrer Art nach einem Abschluss nach den Nummern 1 bis 4 entsprechen.

Die Bestimmungen dieser Verordnung betreffend ausländische Emittenten bleiben unberührt.

(2) Soweit der Emittent nach dieser Verordnung einen Einzelabschluss in den Prospekt aufzunehmen oder anderweitig offen zu legen hat, kann nach seiner Wahl ein Abschluss nach Absatz 1 Satz 1 Nr. 2 an die Stelle eines solchen nach Absatz 1 Satz 1 Nr. 1 oder nach Absatz 1 Satz 1 Nr. 4 in Verbindung mit Nr. 1 treten. Entsprechendes gilt für die Zusammenfassung eines Einzelabschlusses und für den Bestätigungsvermerk dazu.

§ 72a
Übergangsvorschrift

(1) Für Schuldverschreibungen, für die ein Prospekt nach § 44 dieser Verordnung vor dem 1. Juli 2005 veröffentlicht worden ist, findet diese Verordnung in der vor dem 1. Juli 2005 geltenden Fassung weiterhin Anwendung.

(2) (aufgehoben)

(3) Sind Aktien eines Emittenten vor dem 1. November 2007 zum geregelten Markt zugelassen worden, so ist für vor diesem Tag ausgegebene Aktien, die noch nicht zugelassen sind, der Antrag auf Zulassung nach § 69 Abs. 1 zum regulierten Markt spätestens bis zum 31. Oktober 2009 zu stellen. § 69 Abs. 1 Satz 2 bleibt unberührt.

§ 73
(Inkrafttreten)

Schweizer Wertpapierprospektrecht

Inhalt

I. Begriff und Funktion des Prospekts

1 Der Prospekt ist auch in der Schweiz das zentrale Informationsdokument im Primärmarkt. Er soll dem Zielpublikum sämtliche für die Beurteilung einer Anlage erforderlichen Informationen vermitteln.[1] Neben seiner zentralen Informationsfunktion bei der Emission und Notierung von Effekten kommen zwei weitere Funktionen hinzu, die Garantie- und die Werbefunktion.[2]

II. Die Rechtsgrundlagen des Schweizer Prospektrechts

2 Ein einheitliches Prospektrecht gibt es in der Schweiz nicht. Vielmehr wird zwischen dem Emissions- und dem Kotierungsprospekt[3] differenziert. Dann wird auch der Begriff des „vereinfachten Prospektes" verwendet (Art. 5 und 75 KAG). Aufgrund der verschiedenen Rechtsgrundlagen werden an den Emissionsprospekt wesentlich geringere Anforderungen als an den Kotierungsprospekt gestellt, weswegen in der Lehre teilweise gefordert wird, auf die Zweiteilung von Emissions- und Kotierungsprospekt zu verzichten[4] oder zumindest eine Zwischenlösung zwischen dem heutigen Art. 652 a OR und den Art. 27 ff. KR anzustreben.[5] Aufgrund der in der Praxis üblichen freiwilligen Offenlegungen wird aber von einer Änderung von Art. 652 a OR abgesehen.[6]

3 Die Prospektpflicht für den Emissionsprospekt ergibt sich aus dem Obligationenrecht (Art. 652 a OR).[7] Die Anforderungen an den Kotierungsprospekt sind dagegen den Reglementen der Schweizer Börse Swiss Exchange (SIX) zu entnehmen: Die von der SIX erlassenen Bestimmungen regeln die Zulassung der Wertpapiere zum Handel (Sekundärmarkt), die Emission und das

---

1 *Dieter Zobl/Stefan Kramer*, Schweizerisches Kapitalmarktrecht, 2004, § 19 Rn. 1105.

2 *Zobl/Kramer*, Schweizerisches Kapitalmarktrecht, 2004, § 19 Rn. 1106 ff.

3 In der Schweiz spricht man statt von „Börsennotierung" von „Börsenkotierung". Diese sprachlichen Unterschiede sollen nachfolgend beibehalten werden, da auch die gesetzlichen Regelungen diese Begriffe verwenden.

4 *Mirjam Eggen*, Die schweizerische Prospektpflicht für Effekten – eine rechtsvergleichende Untersuchung der bestehenden Rechtslage, SZW 2010, S. 215.

5 *Rolf Watter*, Investorenschutz im Kapitalmarktrecht, AJP 1997, S. 281; *Beat D. Speck*, Privatplatzierungen im Schweizerischen Primärkapitalmarktrecht, Bern 2009, S. 112.

6 *Daniel Daeniker/Stefan Waller*, Kapitalmarktbezogene Informationspflichten und Haftung, in: Rolf H. Weber (Hrsg.), Verantwortlichkeit im Unternehmensrecht, Zürich 2003, S. 59.

7 Bundesgesetz vom 30.03.1911 betreffend die Ergänzung des Schweizerischen Zivilgesetzbuches (Fünfter Teil: Obligationenrecht, OR), SR 220.

Inverkehrsetzen von neuen Wertpapieren (Primärmarkt[8]) wird aber nicht erfasst. Auch das schweizerische Börsengesetz (BEHG)[9] nimmt den Primärmarkt im Wesentlichen von seinem Anwendungsbereich aus, da er bereits im Obligationenrecht geregelt ist (Art. 652a, 1156, 752 OR).[10]

III. Emissionsprospekt

Der Emissionsprospekt enthält Angaben zu einem Wertpapier, das erstmalig öffentlich zum Verkauf angeboten wird.   *4*

1. Prospektpflicht

Die Prospektpflicht für den Emissionsprospekt ist im Obligationenrecht (OR) geregelt.   *5*

a) Neue Aktien

Bietet eine schweizerische Aktiengesellschaft ihre neuen Aktien öffentlich zur Zeichnung an, besteht gemäß Art. 652 a OR eine gesetzliche Prospektpflicht.   *6*

Nach heute herrschender Auffassung gilt die Prospektpflicht auch für die Festübernahme, da dieses Verfahren letztlich nur eine technische Variante der öffentlichen Platzierung von Aktien darstellt.[11]   *7*

Anders als nach § 3 Abs. 1 des deutschen Wertpapierprospektgesetzes (WpPG)[12] entsteht die Prospektpflicht nach Art. 652 a Abs. 1 OR nicht bei jedem öffentlichen Angebot von Aktien, sondern nur wenn es auf die Zeichnung „neuer Aktien" ausgerichtet ist. Ob die Prospektpflicht auf die Fälle des sog. Secondary Offering, in denen ein bisheriger (Groß-)Aktionär seine Titel dem Publikum anbietet, ausgedehnt werden muss, ist deshalb sehr umstritten. Nach einigen Stimmen handelt es sich dabei um einen Tatbestand   *8*

---

8 Zur Definition von Primär- und Sekundärmarkt *Anton K. Schnyder*, Münchner Komm. zum BGB, Bd. 11, 4. Aufl. 2006, IntKapMarktR, Rn. 6 (fortan: MüKo).

9 Bundesgesetz vom 24.03.1995 über die Börsen und den Effektenhandel (Börsengesetz, BEHG), SR 954.1.

10 *Daniel Keist/Jacqueline Morard/Roland Maurhofer*, Kotierungsrecht der SWX – Neue Regularien und Ausblick, ST 2006, 9, 39.

11 *Zobl/Kramer*, Schweizerisches Kapitalmarktrecht, 2004, § 19 Rn. 1109; *Felix M. Huber/ Peter Hodel/Christopher Staub Gierow*, Praxiskommentar zum Kotierungsrecht der SWX, 2004, Art. 32 Rn. 15; *Rolf Watter*, Prospekt(haft)pflicht heute und morgen, AJP 1992, 48, 51; *Vito Roberto/Thomas Wegmann*, Prospekthaftung in der Schweiz, SZW 2001, 161, 165; Basler Kommentar zum Schweizerischen Privatrecht, Obligationenrecht II, Hrsg. Heinrich Honsell/Nedim Peter Vogt/Rolf Watter, 2002 (fortan: BSK OR II) *Zindel/Isler*, Art. 652a Rn. 3b.

12 Gesetz über die Erstellung, Billigung und Veröffentlichung des Prospekts, der beim öffentlichen Angebot von Wertpapieren oder bei der Zulassung von Wertpapieren zum Handel an einem organisierten Markt zu veröffentlichen ist (Wertpapierprospektgesetz, WpPG) vom 22.06.2005, BGBl. I, S. 1698; *Schlitt/Schäfer*, AG 2005, 498, 500, 510.

des Sekundärmarktes, der grundsätzlich von der Prospektpflicht nach Art. 652a OR ausgenommen sein soll.[13] Andere Autoren sprechen sich wiederum für eine weite Auslegung von Art. 652a OR und dessen Ausdehnung auch auf den Sekundärmarkt aus.[14] Gerade mit Blick auf die europäische Rechtsentwicklung[15] sollten die Fälle des sog. Secondary Offering in die Prospektpflicht einbezogen werden. Wird ein Prospekt erstellt, so gilt dafür jedenfalls die entsprechende Haftung (Art. 652 OR).

9   In der Literatur wird die Auffassung vertreten, dass Art. 652a OR die öffentliche Emission ausländischer Aktien[16] bzw. das öffentliche Angebot von Aktien ausländischer Gesellschaften in der Schweiz nicht erfasst.[17] Dahinter steht die Überlegung, dass der Gesetzgeber die Norm im Aktienrecht verortet hat und dieses anerkanntermaßen nur Gesellschaften erfasst, die danach gegründet worden sind. Eine solch restriktive Auslegung von Art. 652a OR hätte bei internationalen Platzierungen von Aktien eine Lücke im Anlegerschutz zur Konsequenz. Beispielsweise bestünde keine Prospektpflicht, wenn ein deutsches Unternehmen Aktien auflegt und diese ausschließlich auf dem schweizerischen Markt zur Zeichnung anbietet. Denn § 3 Abs. 1 WpPG verpflichtet die Anbieter nur dann dazu, einen Prospekt zu erstellen, wenn sie die Wertpapiere in Deutschland öffentlich anbieten, und Art. 652a OR käme mangels Inkorporation der Gesellschaft in der Schweiz nicht zum Tragen.

10   Die höchstrichterliche Rechtsprechung hat zur Frage der Anwendbarkeit von Art. 652a OR auf Emissionen ausländischer Gesellschaften noch nicht Stellung nehmen müssen. Eine Anwendung der entsprechenden Haftungsnorm von Art. 752 OR, die ebenfalls im Aktienrecht verortet ist, auf ausländische Gesellschaften hat sie jedoch mit Hinweis auf deren systematische Stellung abgelehnt.

11   Art. 652a OR stellt trotz seiner Eingliederung in das Gesellschaftsrecht[18] keine gesellschaftsrechtliche, sondern eine kapitalmarktrechtliche Norm dar.[19] Man wird schlechterdings nicht bei einer rein systematischen Auslegung verharren können, sondern muss den Anwendungsbereich entspre-

---

13 *Zobl/Kramer*, Schweizerisches Kapitalmarktrecht, 2004, § 19 Rn. 1109; *Peter Böckli*, Schweizer Aktienrecht, 4. Aufl., § 18 Rn. 19; *Urs Emch/Hugo Renz/Reto Arpagaus*, Das Schweizerische Bankgeschäft, 2004, 638, 639; *Huber/Hodel/Staub Gierow*, Praxiskommentar zum Kotierungsrecht der SWX, 2004, Art. 32 Rn. 17.

14 *Rolf Watter*, Die Festübernahme von Aktien, speziell beim „Initial Public Offering", FS Rolf Bär, 1998, 387, 399f.

15 Die Prospekt-Richtlinie (vgl. Fn. 150) beschränkt die Prospektpflicht nicht auf „neue Aktien".

16 *Emch/Renz/Arpagaus*, Das Schweizerische Bankgeschäft, 2004, 638, 639 Rn. 1971.

17 *Wolfhart F. Bürgi/Ursula Nordmann*, Zürcher Kommentar zum OR, 1957, Art. 752 Rn. 21 (fortan: ZK); *Kinga M. Kondorosy*, Die Prospekthaftung im internationalen Privatrecht, 1999, 147.

18 Vgl. hierfür auch die Ausführungen in Abschnitt 5 „Prospekthaftung".

19 *Klaus J. Hopt*, Die Verantwortlichkeit der Banken bei Emissionen – Recht und Praxis in der EG, in Deutschland und in der Schweiz, 1991, 55; *ders.*, Emission, Prospekthaftung und Anleihetreuhand im internationalen Recht, FS Werner Lorenz, 1991, 413, 417.

chend dem Zweck der Norm, den inländischen Anleger zu schützen und die Funktionsfähigkeit des schweizerischen Kapitalmarkts zu sichern, auf ausländische Aktiengesellschaften ausdehnen.[20] Dafür spricht auch, dass bei Anleihensobligationen (Art. 1156 OR)[21] eine entsprechende Pflicht für ausländische Emittenten allgemein angenommen wird und im Übrigen kein Grund erkennbar ist, warum ausländische Emittenten gegenüber inländischen der Vorteil gewährt werden soll, keinen Prospekt erstellen zu müssen.

Dass es sich bei der Prospektpflicht und der entsprechenden Prospekthaftung nicht um Institute des Gesellschaftsrechts, sondern um solche des Kapitalmarktrechts handelt, zeigt auch die Entscheidung des Gesetzgebers, im internationalen Privatrecht mit Art. 156 IPRG eine Sonderanknüpfung aufzunehmen, die es dem Anleger erlaubt, alternativ das auf die Gesellschaft anwendbare Recht oder das Recht am Ort der Ausgabe der Wertpapiere zu wählen.[22] Ausweislich der Motive[23] zu diesem Gesetz wollte der Gesetzgeber mit dieser Sonderanknüpfung bei grenzüberschreitenden Emissionen den Schutz- und Publizitätsvorschriften des Ausgabestaates Geltung verschaffen. Dieses Ziel würde im Hinblick auf die inländisch schweizerischen Vorschriften vereitelt, wenn man diese aufgrund ihrer systematischen Stellung nicht zur Anwendung kommen ließe. *12*

Demnach kommt die Prospektpflicht von Art. 652 a OR bei Emissionen ausländischer Aktiengesellschaften zum Zuge, wenn der Ausgabeort der Aktien in der Schweiz liegt. Als Ausgabeort wird teilweise der Ort der Zeichnung angesehen.[24] Wenn eine Emissionsbank oder ein Syndikat von Emissionsbanken die Aktien zur Zeichnung anbietet, soll es somit auf deren Sitz ankommen.[25] Nach Sinn und Zweck der Prospektpflicht hat man jedoch denjenigen Ort als Ausgabeort anzusehen, an dem das Angebot zur Zeichnung der Aktien tatsächlich abgegeben wird, mithin den Marktort.[26] Bei einem Abstellen auf den Ort der Zeichnung ließe sich die Prospektpflicht zu Lasten der Investoren leicht aushöhlen. Auch wenn die Anforderungen, die Art. 652a OR an den Prospekt stellt, nicht den Standard der europäischen Prospekt-Richtlinie erreichen und somit vielfach hinter dem des fremden Rechts zurückbleiben, existieren doch zahlreiche Finanzplätze, die wiederum hinter dem Schutzniveau der Schweiz zurückbleiben. *13*

---

20 Ohne nähere Begründung ebenso *Patrick Schleiffer/Christian Rehm*, Zum Prospekt nach Obligationenrecht, ST 2005, 1012.
21 Dazu unten 5/a/bb.
22 *Kondorosy*, Die Prospekthaftung im internationalen Privatrecht, 1999, 160 f., sieht die Sonderanknüpfung als Evidenz dafür, dass der Gesetzgeber die Prospektpflicht als eine vom Gesellschaftsrecht losgelöste selbstständige Pflicht des Kapitalmarktrechts ansieht.
23 Botschaft zum Bundesgesetz über das internationale Privatrecht (IPRG-Gesetz) vom 18.12.1987, BBl. 1983 I, 263 ff.
24 Basler Kommentar zum internationalen Privatrecht, Hrsg. Heinrich Honsell/Nedim Peter Vogt/Anton K. Schnyder, 1996 (fortan: BSK IPRG) *Vischer*, Art. 156 Rn. 5.
25 *Roberto/Wegmann*, Prospekthaftung in der Schweiz, SZW 2001, 162, 163.
26 BSK IPRG-*Watter*, Art. 156 Rn. 16 ff. sowie BSK IPRG-*von Planta/Eberhard*, Art. 151 Rn. 11; *Hansjörg Appenzeller/Stefan Waller*, Haftungsrisiken bei IPO und ihre Minimierung aus Sicht der Gesellschaft, GesKR 2007, 256, 259.

14 Auch Anleihensobligationen dürfen gemäß Art. 1156 Abs. 1 OR nur auf Grund eines Prospektes öffentlich zur Zeichnung aufgelegt oder an der Börse eingeführt werden. Auf diese Weise soll sichergestellt werden, dass die Investoren diejenigen Faktoren über den Emittenten und das Wertpapier erhalten, die für einen fundierten Anlageentscheid notwendig sind. Es handelt sich somit um eine Art vorvertraglicher Aufklärungspflicht.[27] Die Prospektpflicht erstreckt sich grundsätzlich auch auf ausländische Schuldner, welche Anleihensobligationen auf dem Schweizer Markt begeben wollen; dies gilt auch bei sog. „multi-national offerings", bei denen Obligationen in mehreren Staaten angeboten werden, und bei „überregionalen" Angeboten wie Eurobonds.[28] Ferner resultiert aus Art. 156 IPRG, dass ausländische Emittenten auch allfällig höhere Anforderungen des Sitzstaates zu beachten haben[29], während Schweizer im Ausland umgekehrt mindestens den (allerdings niedrigen) Standard von Art. 1156 OR einhalten müssen. Vor diesem Hintergrund plant die FINMA für alle Finanzprodukte, die in der Schweiz vertrieben werden – unabhängig vom Sitzstaat des Schuldners – eine einheitliche Prospektpflicht vorzusehen.[30]

b) Partizipationsscheine

15 Nach Art. 656a Abs. 2 OR finden die Bestimmungen über das Aktienkapital auf das Partizipationskapital entsprechend Anwendung. Aktiengesellschaften können zusätzlich zum Aktienkapital ein Partizipationskapital schaffen, das in Teilsummen zerlegt ist, gegen Einlage ausgegeben wird, auf einen bestimmten Nennwert lautet und kein Stimmrecht gewährt.[31]

c) Forderungspapiere

16 Bei der öffentlichen Platzierung von Anleihensobligationen folgt die Prospektpflicht aus Art. 1156 OR, der weitgehend auf Art. 652a OR verweist. Zu den Anleihensobligationen gehören ebenso die Options- und Wandelanleihen (Art. 653 OR), nicht aber Beteiligungspapiere oder Wertrechte wie Optionen.[32]

17 In Rechtsprechung und Literatur besteht Einigkeit, dass Art. 1156 Abs. 1 OR auch ausländische Emittenten von Anleihensobligationen zur Erstellung eines Prospekts verpflichtet.[33]

---

27 *Rolf Watter*, Prospekt(haft)pflicht heute und morgen, AJP 1992, S. 52.
28 BSK IPRG-*Watter*, Art. 156 Rn. 14.
29 BSK-IPRG-*Watter*, Art. 156 Rn. 31.
30 BSK Wertpapierrecht-*Watter*, Art. 1156 Rn. 15 mit Hinweis auf das FINMA-PP, Vertriebsregeln (Fn. 38).
31 BSK OR II-*Watter*, Art. 656a Rn. 2.
32 BSK OR II-*Watter*, Art. 1156 Rn. 2 f.
33 BGE 129 III 71, 74; BSK OR II-*Watter*, Art. 1156 Rn. 15.

d) Notes

Nach der Richtlinie der SBVg ist bei Notes ein allfällig vorhandenes Rating   18
in den Prospekt aufzunehmen. Diese Angabe wurde auch im alten Anh. I
zum Kotierungsreglement (Ziff. 1.1.7) verlangt, im Schema E zum aktuellen
Kotierungsreglement ist sie entfallen. Dahinter steht offenbar die Überlegung, dass Emittenten freiwillig auf ein allenfalls vorhandenes Rating hinweisen werden. Zudem ist gemäß Art. 27 Abs. 2 KR im Kotierungsprospekt
ausdrücklich auf Risiken hinzuweisen.

e) Anteilscheine an offenen kollektiven Kapitalanlagen

Aus Art. 75 ff. KAG i. V. m. Art. 106 Abs. 1 KKV ergibt sich, dass die Fondlei-   19
tung und die SICAV für jede kollektive Kapitalanlage einen Prospekt mit allen für eine Beurteilung wesentlichen Angaben veröffentlichen und den interessierten Parteien kostenlos vor Vertragsabschluss zur Verfügung stellen
muss. Der Mindestinhalt des Prospekts wird im Anh. 1 zu KKV erläutert. Insbesondere muss das Fondsreglement enthalten sein.

Für Effektenfonds, Immobilienfonds und für die übrigen Fonds für traditio-   20
nelle und alternative Anlagen ist ein vereinfachter Prospekt zu veröffentlichen (Art. 76 Abs. 1 KAG), der eine Zusammenfassung der wesentlichen
Einzelheiten enthält. Die Angaben müssen für den Durchschnittsanleger
leicht verständlich sein (Art. 76 Abs. 2 und 3 KAG). Die Anforderungen an
den vereinfachten Prospekt werden im Anhang 2 zu KKV erläutert.

Die geschlossenen kollektiven Kapitalanlagen, wie z. B. die Kommanditge-   21
sellschaft für kollektive Kapitalanlagen und die SICAF, kennen keine explizite
Verpflichtung zur Erstellung eines Prospekts. Art. 102 Abs. 3 KAG hält jedoch fest, dass namentlich die im Gesellschaftsvertrag enthaltenen Angaben
zu den Anlagerichtlinien im Prospekt zu konkretisieren sind, woraus eine
Prospektpflicht auch für diese Anlageformen abgeleitet werden kann. Dem
Prospekt kommt hier jedoch eine geringere Bedeutung zu, da alle maßge-
benden Bestimmungen bereits im Gesellschaftsvertrag geregelt werden.[34]
Im Weiteren besteht keine Pflicht zur Erstellung eines vereinfachten Prospekts gemäß Art. 76 KAG[35], denn ein vereinfachter Prospekt dient vor allem
den Bedürfnissen des Durchschnittsanlegers (Art. 76 Abs. 3 KAG), während
z.B.die Kommanditgesellschaft für kollektive Kapitalanlagen ausschließlich
qualifizierte Anleger hat (Art. 98 Abs. 3 KAG). Zudem verweist Art. 116
KAG, welcher die Prospektpflicht für die SICAF begründet, ausdrücklich nur
auf Art. 75 und Art. 77, jedoch nicht auf Art. 76 KAG. Daraus kann abgeleitet
werden, dass der vereinfachte Prospekt auf die SICAF gerade nicht anwendbar ist.[36] Art. 15 Abs. 3 KKV muss daher so verstanden werden, dass sich der
Hinweis auf den vereinfachten Prospekt nur auf die beiden Formen der of-

---

34 Botschaft KAG (Fn. 74), S. 6475.
35 Vgl. auch *Franz Hasenböhler*, Recht der kollektiven Kapitalanlagen, Unter Berücksich-
    tigung steuerrechtlicher Aspekte, Zürich 2007, S. 147 ff.
36 Botschaft KAG, S. 6478.

fenen kollektiven Kapitalanlagen bezieht, nicht jedoch auf die Kommanditgesellschaft für kollektive Kapitalanlagen und die SICAF.[37]

f) Vereinheitlichungsbestrebungen

22 Die FINMA hat im FINMA-PP-Vertriebsregeln[38] festgestellt, dass die schweizerischen Prospektvorschriften für Finanzprodukte vielfältig und lückenhaft
sind. Insbesondere die verschiedenen Anforderungen an Prospekte für standardisierte Finanzprodukte führen dazu, dass Kunden je nach Produkttyp
sehr unterschiedliche Informationen zur Verfügung stehen. Dies ist besonders stoßend, wenn sich die Produkte bei wirtschaftlicher Betrachtungsweise
annähern, was z. B. bei einfachen Derivaten, strukturierten Produkten und
Anleihensobligationen der Fall ist.[39] Die FINMA schlägt daher vor, für alle
Produkte, die in der Schweiz vertrieben werden, einen einheitlichen Standard vorzusehen, unabhängig davon, ob das Produkt an der Börse kotiert
wird oder nicht. Zur Verbesserung des Kundenschutzes auf dem Schweizer
Finanzmarkt ist für alle in der Schweiz angebotenen standardisierten Finanzprodukte eine Prospektpflicht einzuführen. Die Prospekte sind nach
einem vorgegebenen Schema aufzubauen und sollen alle relevanten Angaben über den Produzenten sowie das Produkt selbst enthalten.[40] Vor dem Erwerb von zusammengesetzten Finanzprodukten ist den Kunden eine über-
sichtliche und kurze Produktbeschreibung vorzulegen, die die wesentlichen
Produkteigenschaften, Risiken und Kosten aufzeigen soll. Der Gesetzgeber
wird aufgefordert, Vorschriften zur Ausgestaltung des Dokuments zu erlassen, um die Vergleichbarkeit zwischen den verschiedenen Produkttypen zu
erhöhen.[41] Sowohl die Prospektpflicht als auch die Pflicht zur Erstellung
einer Produktbeschreibung sollen primär auf Produkte Anwendung finden,
die sich an Privatkunden richten.[42] Auch das Pflichtenheft der Finanzdienstleister soll ausgeweitet werden: Sie haben Kunden über die eigene Geschäftstätigkeit und ihren Bewilligungsstatus zu informieren, bevor sie ein
Finanzgeschäft ausführen.[43] Darüber hinaus müssen sie Kunden über den
Inhalt ihrer konkreten Dienstleistung aufklären und dürfen sich nur noch als
unabhängig bezeichnen, wenn sie bei der Erbringung von Dienstleistungen
für ihre Kunden keine Anreize von Dritten annehmen.[44] Ferner sind sie verpflichtet, vor der Erbringung der Dienstleistung die Kunden über die Eigenschaften, Risiken und Kosten der zur Diskussion stehenden Geschäftsart
aufzuklären.[45] Sie haben die Produktdokumentationen abzugeben und Pri-

---

37 *Franz Hasenböhler*, Recht der kollektiven Kapitalanlagen, Unter Berücksichtigung steu-
errechtlicher Aspekte, Zürich 2007, S. 147 ff.
38 FINMA, Regulierung der Produktion und des Vertriebs von Finanzprodukten, 24.02.
2012 („FINMA-Positionspapier Vertriebsregeln").
39 FINMA-PP, Vertriebsregeln, S. 7 ff.
40 FINMA-PP, Vertriebsregeln, Kernpunkt 1, S. 10.
41 FINMA-PP, Vertriebsregeln, Kernpunkt 2, S. 11.
42 FINMA-PP, Vertriebsregeln, Kernpunkt 3, S. 11.
43 FINMA-PP, Vertriebsregeln, Kernpunkt 4, S. 14.
44 FINMA-PP, Vertriebsregeln, Kernpunkt 5, S. 14.
45 FINMA-PP, Vertriebsregeln, Kernpunkt 6, S. 15.

vatkunden insbesondere bei zusammengesetzten Finanzprodukten eine Produktbeschreibung anzubieten. Prospektunterlagen sind hingegen nur auf Anfrage zur Verfügung zu stellen. Zudem sind Werbematerialien beim Kontakt mit dem Kunden klar von den aufsichtsrechtlich geforderten Unterlagen zu trennen.[46] Vor der Ausführung eines Geschäfts sind sie darüber hinaus verpflichtet, sich nach den Kenntnissen und Erfahrungen eines Privatkunden in Bezug auf den betroffenen Produkttyp oder die zu erbringende Dienstleistung zu erkundigen. Erachten sie ein Geschäft für unangemessen, haben sie den Kunden zu warnen.[47] Vor der Übernahme von Vermögensverwaltungsmandaten müssen sie sich zudem vergewissern, dass der Kunde die Bedeutung der Auftragserteilung verstanden hat und die gewählte Anlagestrategie für diesen geeignet ist.[48] Geschäfte mit Finanzprodukten dürfen nur dann ohne Angemessenheitsprüfung durchgeführt werden, wenn der Kunde sie von sich aus zur Ausführung des Geschäfts anweist und die betroffenen Produkte einfache Finanzprodukte darstellen, d.h. gut verständlich sind, den Kunden nicht über die Anschaffungskosten hinaus verpflichten und regelmäßig am Markt verkauft oder an den Produzenten zurückgegeben werden können.[49] Über die erbrachten Leistungen ist transparent Rechenschaft abzulegen, insbesondere sind Umfang und Gegenstand der vereinbarten Dienstleistung zu dokumentieren.[50] Vermögensverwalter, die unter geltendem Recht nicht beaufsichtigt werden, sind neu einer Aufsicht zu unterstellen. Sie müssen die Einhaltung der Verhaltenspflichten sicherstellen sowie über eine angemessene Organisation und über genügend Eigenmittel verfügen.[51] Um sicherzustellen, dass Kundenberater und Produktvertreiber über angemessene Minimalvoraussetzungen für eine professionelle Unterstützung ihrer Kunden verfügen, müssen sie in einer Prüfung nachweisen, dass sie ausreichend Kenntnisse über die Verhaltensregeln, die Grundsätze der Finanzplanung und die vertriebenen Produkte haben. Zudem ist ihr Fachwissen durch regelmäßige Weiterbildungen zu verbessern.[52] Schließlich sollen grenzüberschreitende Dienstleistungen in die Schweiz nur noch dann erbracht werden dürfen, wenn sichergestellt ist, dass der Kunde genauso geschützt ist, wie ein Kunde, der eine Leistung eines Finanzdienstleisters mit Sitz in der Schweiz in Anspruch nimmt. Vor diesem Hintergrund sind die Schweizer Vorschriften zum Vertrieb von Finanzprodukten auf Tätigkeiten aus dem Ausland auszudehnen.[53]

---

46 FINMA-PP, Vertriebsregeln, Kernpunkt 7, S. 15 f.
47 FINMA-PP, Vertriebsregeln, Kernpunkt 8, S. 16.
48 FINMA-PP, Vertriebsregeln, Kernpunkt 9, S. 17.
49 FINMA-PP, Vertriebsregeln, Kernpunkt 10, S. 17.
50 FINMA-PP, Vertriebsregeln, Kernpunkt 11, S. 18.
51 FINMA-PP, Vertriebsregeln, Kernpunkt 12, S. 19.
52 FINMA-PP, Vertriebsregeln, Kernpunkt 13, S. 20.
53 FINMA-PP, Vertriebsregeln, Kernpunkt 14, S. 21.

g) Öffentliches Angebot

23 Ein Angebot neuer Aktien ist öffentlich, wenn der Emittent die Einladung zur Zeichnung an einen unbegrenzten Personenkreis richtet (Art. 652 a Abs. 2 OR). Entscheidend ist die Unbestimmtheit des Adressatenkreises und die Art und Weise der Kontaktaufnahme.[54] Als öffentlich gilt dementsprechend jede Zeichnungseinladung bei Gesellschaften mit offensichtlich nicht geschlossenem Aktionärskreis.[55]

24 Das KAG definiert jede Werbung, „die sich an das Publikum richtet" als öffentlich (Art. 3 Satz 1 KAG), während eine ausschließliche Adressierung an qualifizierte Anleger für eine nicht-öffentliche Werbung spricht (Art. 3 Satz 3 KAG). In diesem Sinne reduziert auch das im Zuge des neuen KAG angepasste Rundschreiben der FINMA über die öffentliche Werbung i. S. d. Gesetzgebung über die kollektiven Kapitalanlagen[56] den Bereich der nicht-öffentlichen Werbung auf den Tatbestand des qualifizierten Anlegers und sieht vor, dass keine öffentliche Werbung vorliegt, wenn die Werbung sich ausschließlich an qualifizierte Anleger richtet und nur die für diesen Markt üblichen Werbemittel eingesetzt werden.

25 Da sowohl die Bestimmung im OR als auch diejenige im KAG den Anlegerschutz bezwecken, ist der Begriff einheitlich auszulegen.[57] Daher sieht der Gesetzesentwurf 2007 zum OR auch in einem neuen Abs. 4 zu Art. 652 a vor, dass auf einen Emissionsprospekt verzichtet werden kann, wenn die Aktien ausschließlich qualifizierten Anlegern im Sinne des Kollektivanlagegesetzes (Art. 10 Abs. 3 KAG) angeboten werden.[58] Dazu gehören namentlich neben Banken und Versicherungen sowie Unternehmen mit professioneller Tresorerie (Cash bzw. Treasury Management durch fachlich ausgewiesene, im Finanzbereich erfahrene Personen) auch vermögende Privatpersonen sowie Anleger, die mit bestimmten Finanzintermediären oder unabhängigen Vermögensverwaltern einen schriftlichen Vermögensverwaltungsvertrag abgeschlossen haben.[59]

h) Ausnahmen

26 Wird das Angebot als öffentlich qualifiziert, gibt es keine Ausnahmen von der Prospektpflicht.[60]

---

54 *Zobl/Kramer*, Schweizerisches Kapitalmarktrecht, 2004, § 19 Rn. 1066; *Huber/Hodel/ Staub Gierow*, Praxiskommentar zum Kotierungsrecht der SWX, 2004, Art. 32 Rn. 13.

55 *Forstmoser/Meier-Hayoz/Nobel*, Schweizerisches Aktienrecht, Bern 1996, § 52 N 90.

56 FINMA-RS 2008/8, in Kraft seit dem 01.01.2009, Ziff. 9 ff.

57 *Schleiffer/Fischer*, Prospektfreie Platzierungen, in: Reutter/Werlen (Hrsg.), Kapitalmarkttransaktionen V, Zürich/Basel/Genf 2010, S. 121 ff.

58 Botschaft zur Änderung des Obligationsrechts vom 21.12.2007, BBL 2008, 1644.

59 BSK OR II-*Zindel/Isler*, Art. 652 a Rn. 3

60 *Schleiffer/Rehm*, Zum Prospekt nach Obligationenrecht, ST 2005, 1021.

2. Prospektinhalt

Im internationalen Vergleich, insbesondere im Vergleich zu Art. 7 EU-PRL   27
und den im Anhang der EU-PV aufgelisteten Schemata und Modulen, ist der
Mindestinhalt von Art. 652 a OR sehr rudimentär.[61] Zudem sind die Angaben
häufig bereits aus dem Handelsregister ableitbar.[62]

Der Prospekt muss Angaben machen über:

- den Inhalt der bereits bestehenden Eintragungen im Handelsregister, mit
  Ausnahme der Angaben über die zur Vertretung befugten Personen;
- die bisherige Höhe und Zusammensetzung des Aktienkapitals sowie eventuelle Sonderrechte bei bestimmten Aktiengattungen;
- Bestimmungen der Statuten über eine genehmigte oder eine bedingte Kapitalerhöhung;
- etwaige Genussscheine und damit verbundene Rechte;
- die letzte Jahres- und Konzernrechnung einschließlich des Revisionsbe-
  richts;
- die Zwischenabschlüsse, sofern der Bilanzstichtag mehr als sechs Monate
  zurückliegt;[63]
- die in den vergangenen fünf Jahren oder seit Gründung ausgeschütteten
  Dividenden und
- den Beschluss der Generalversammlung für die Ausgabe neuer Aktien.[64]

---

61 Dies wird auch von Teilen der Lehre kritisiert: *Daniel Daeniker/Stefan Waller*, Kapital-
    marktbezogene Informationspflichten und Haftung, in: Rolf H. Weber (Hrsg.), Verant-
    wortlichkeit im Unternehmensrecht, Zürich 2003, S. 58 f., *Rolf Watter*, Prospekt
    (haft)pflicht heute und morgen, AJP 1992, S. 54; *Rolf Watter*, Investorenschutz im Kapi-
    talmarktrecht, AJP 1997, S. 280; *Frédéric H. Lenoir*, Prospekthaftung im Zusammenhang
    mit Going Publics, Zürich 2004, S. 41; *Patrick Andreas Huser*, Anlegerschutz durch Un-
    ternehmenspublizität, Zürich 1994, S. 103 ff.; *Heinz Hämmerli*, Aspekte des schweizeri-
    schen Emissionsgeschäftes in volkswirtschaftlicher, bankbetriebswirtschaftlicher und ju-
    ristischer Sicht, Zürich, 1986, S. 24 f.; *Daniel Daeniker*, Grenzüberschreitende Aktienplat-
    zierungen schweizerischer Unternehmen, in: Rolf H. Weber (Hrsg.), Neuere Entwicklun-
    gen im Kapitalmarktrecht, Zürich 2000, S. 81; *Dieter Zobl/Reto Arpagaus*, Aktuelle Pro-
    bleme des Primärmarktes – Ein Überblick, SZW 1995, S. 250 f.; *Peter Nobel*, Schweize-
    risches Finanzmarktrecht und internationale Standards, 3. Aufl., Bern 2010, S. 883; *Die-
    ter Zobl/Stefan Kramer*, Schweizerisches Kapitalmarktrecht, Zürich 2004, N 1115; *Peter
    Böckli*, Schweizer Aktienrecht, 4. Aufl., Zürich 2009, § 2 N 105; *Andreas Rohr*, Grund-
    züge des Emissionsrechts, Zürich 1990, S. 233; *Beat D. Speck*, Privatplatzierungen im
    Schweizerischen Primärkapitalmarktrecht, Bern 2009, S. 112; *Christian A. Camenzind*,
    Prospektzwang und Prospekthaftung bei öffentlichen Anleihensobligationen und Notes,
    Zürich 1989, S. 135; *Franco Taisch*, Privatplacierungen, Zürich 1987, S. 116; *Arnold Rolf*,
    Die Publizitätsfunktion des Börsenprospekts, SAG 1971, S. 132.
62 *Peter Böckli*, Schweizer Aktienrecht, 4. Aufl., Zürich 2009, § 18 N 27.
63 Mit Rücksicht auf die internationalen Verhältnisse erscheint hier statt der im Gesetz auf-
    gestellten sechsmonatigen Frist eine neunmonatige Frist angebracht, vgl. *Peter Böckli/
    Jean-Nicolas Druey/Peter Forstmoser/Alain Hirsch/Peter Nobel*, Rechtsgutachten zu
    Handen der Schweizerischen Zulassungsstelle betreffend die Veröffentlichung von Zwi-
    schenabschlüssen in Emissionsprospekten, SZW 1993, 282 ff.
64 Ausführlich zum Prospektinhalt *Schleiffer/Rehm*, Zum Prospekt nach Obligationenrecht,
    ST 2005, 1022 ff.

28 Der Informationsgehalt eines solchen Prospekts ist gering, denn der Emittent muss weder über seine gegenwärtige Organisation, seine Geschäftätigkeit, sein Rating noch über seine Strategie Auskunft erteilen; er muss die das Geschäftsergebnis beeinflussenden Faktoren nicht beurteilen und auch die Erfolgsrechnung, die Liquidität und die wesentlichen Risikofaktoren im Prospekt nicht diskutieren.[65] In der Praxis werden solche Angaben jedoch regelmäßig gemacht.

29 Zudem besteht in der Schweiz im Gegensatz zu den meisten anderen Rechtsordnungen keine amtliche Registrierung oder vorgängige Kontrolle der Prospekte.[66] Auf diese Weise kann auf einen riesigen administrativen Apparat mit entsprechend hohen Kosten verzichtet werden, wie von Teilen der Lehre hervorgehoben wird.[67] Widerrechtlichen Prospektinhalten soll durch das repressive Instrument der Prospekthaftung entgegengewirkt werden.[68] Dieser Verzicht auf eine behördliche Überprüfung wird jedoch unter Hinweis auf den in Art. 1 BEHG verankerten Anlegerschutz im Schrifttum auch heftig kritisiert.[69]

30 Die Statutenbestimmungen über genehmigte oder bedingte Kapitalerhöhungen sind im Wortlaut oder anderweitig detailliert wiederzugeben.[70] Besteht eine Pflicht, einen Zwischenabschluss vorzulegen, so muss dieser nicht geprüft sein. Ausreichend ist zudem eine geraffte Wiedergabe des Zwischenabschlusses.

31 Zusätzliche Angaben werden bei der Emission von Anleihensobligationen nach Art. 1156 Abs. 2 i.V.m. 652a OR verlangt. Ein solcher Prospekt muss außerdem enthalten:

– nähere Angaben zur Anleihe, insbesondere die Verzinsungs- und Rückzahlungsbedingungen der aufgelegten Anleihe;
– die besonderen Sicherheiten und
– gegebenenfalls die Vertretung der Anleihensgläubiger.

Auch hier wird keine Auskunft etwa über die Geschäftätigkeit verlangt.[71]

---

65 *Emch/Renz/Arpagaus*, Das Schweizerische Bankgeschäft, 2004, 640 Rn. 1972.
66 *Rolf Watter*, Prospekt(haft)pflicht heute und morgen, AJP 1992, S. 53.
67 *Daniel Zbinden*, Börsenrechtliche Aspekte eines Initial Public Offering (IPO) in der Schweiz, Bamberg 2003, S. 84 f.
68 *Frédéric H. Lenoir*, Prospekthaftung im Zusammenhang mit Going Publics, Zürich 2004, S. 41; *Dieter Zobl/Reto Arpagaus*, Aktuelle Probleme des Primärmarktes – Ein Überblick, SZW 1995, S. 250 f. In einem früheren Gesetzesentwurf war in der Schweiz eine Registrierung beim Handelsgericht geplant, aber danach wurde es fallengelassen. Vgl *Franz Huber*, Der Schutz der Obligationäre nach den Entwürfen zum OR, Bazenheid 1936, 27. Die Einführung einer eidgenössischen Prospektprüfungsstelle gab schon im Jahr 1915 Anlass zur Debatte im Nationalrat. Vgl. *Alfred Erb*, Der Prospekt und die Prospekthaftung bei Anleihens-Emissionen am Schweizerischen Kapitalmarkt, Basel 1986, S. 98 f.
69 Vgl. *Beat D. Speck*, Privatplatzierungen im Schweizerischen Primärkapitalmarktrecht, Bern 2009, S. 126 m.w.H. sowie *Dieter Zobl/Reto Arpagaus*, Aktuelle Probleme des Primärmarktes – Ein Überblick, SZW 1995, S. 253.
70 BSK OR II-*Zindel/Isler*, Art. 652a Rn. 4.
71 *Emch/Renz/Arpagaus*, Das Schweizerische Bankgeschäft, 2004, 640 Rn. 1973.

Das Gesetz trifft keine Regelung bezüglich der Sprache des Emissionspros- 32
pekts. Analog zu der Regelung der schweizerischen Börse für den Kotierungsprospekt kann dieser in Deutsch, Französisch, Italienisch oder Englisch
verfasst werden.[72]

3. Veröffentlichung

Eine besondere Veröffentlichungspflicht existiert ausweislich des Wortlauts 33
der Art. 652 a oder Art. 1156 OR für den Emissionsprospekt nicht. Es ist aber
klar, dass er ohne weiteres bei der Zeichnung zur Verfügung stehen muss.

4. Prospektprüfung

Im Unterschied zur EU-Prospektrichtlinie verlangt das schweizerische Kapi- 34
talmarktrecht keine präventive Prüfung des Prospekts durch eine staatliche
Behörde. Der Emissionsprospekt ist bei keiner Behörde zur Genehmigung
oder auch nur zur Kenntnisnahme vorzulegen.[73]

Eine Ausnahme besteht bei Prospekten, mit denen Anteile an Anlagefonds 35
beworben werden. Diese müssen der FINMA unaufgefordert spätestens bei
der Veröffentlichung vorgelegt werden (Art. 106 Abs. 2, 107 Abs. 2 KKV).
Auch hier findet keine materielle Prüfung des Prospektinhalts statt.

5. Prospekthaftung

Die Prospekthaftung richtet sich in der Schweiz danach, ob es um einen 36
Emissions- oder einen Kotierungsprospekt geht.

a) Anspruchsgrundlagen

Die Rechtsgrundlagen für die Haftung für einen Emissionsprospekt finden 37
sich im schweizerischen Recht an verschiedenen Orten:

	Schweizerische Aktien- gesellschaft	Andere schweizerische Rechtsformen	Öffentliche Angebote ausländi- scher Emittenten
Aktien, Partizipa- tionsscheine, Optionsscheine	Art. 752 OR		Art. 156 IPRG (Wahl- recht des Anlegers): Art. 752 OR oder ausländische Pro- spekthaftung
Anleihensobliga- tionen (Options- und Wandel- anleihen, etc.)	Art. 752 OR	Art. 1156 Abs. 3 OR	Art. 156 IPRG (Wahl- recht des Anlegers): Art. 1156 Abs. 3 OR oder ausländische Prospekthaftung

---

[72] *Daniel Daeniker/Stefan Waller*, Kapitalmarktbezogene Informationspflichten und Haftung, in: Rolf H. Weber (Hrsg.), Verantwortlichkeit im Unternehmensrecht, 2003, 55, 62.
[73] *Emch/Renz/Arpagaus*, Das Schweizerische Bankgeschäft, 2004, 641 Rn. 1978.

38 Für bankeigene Papiere enthält Art. 39 BankG einen spezialgesetzlichen Haftungstatbestand, der sich jedoch damit begnügt, vollumfänglich auf die allgemeinen Verantwortlichkeitsbestimmungen des OR (Art. 752–760 OR) zu verweisen.

39 Bei kollektiven Kapitalanlagen folgt die Haftung aus Art. 145 KAG, der in Abs. 4 ebenfalls auf das OR und damit auf dessen Art. 752 verweist. Werden kollektive Kapitalanlagen in der Schweiz von ausländischen Fondsgesellschaften emittiert, so besteht ein Wahlrecht der Anleger, die Prospekthaftung am Sitz der Fondsgesellschaft oder nach schweizerischem Recht für sich in Anspruch zu nehmen. Zwar bestimmt Art. 2 Abs. 4 KAG, dass ausländische kollektive Kapitalanlagen, deren Anteile in der Schweiz vertrieben werden, unabhängig von ihrer rechtlichen Ausgestaltung den einschlägigen Bestimmungen des KAG unterworfen sind. Diese Vorschrift enthält ausweislich der Motive des Gesetzgebers jedoch lediglich die Aussage, dass die Rechtsform für sich genommen kein Kriterium für die Qualifikation bzw. Nichtqualifikation einer Anlage als kollektive Kapitalanlage sein kann.[74]

aa) Inländische Emittenten

40 Ist die Emittentin eine schweizerische Aktiengesellschaft, findet ausschließlich die deliktische Haftung nach Art. 752 OR Anwendung. Die Haftung erfasst nicht nur die Ausgabe von Aktien, sondern auch von Obligationen und anderen Titeln.[75]

41 Art. 1156 Abs. 3 OR regelt die deliktische Prospekthaftung bei der Emission von Obligationen. Erfasst werden alle Arten von öffentlich platzierten Anleihen, auch die öffentliche Emission von Notesanleihen.[76] Nach der herrschenden Auffassung ist Art. 752 OR im Verhältnis zu Art. 1156 Abs. 3 OR für Aktiengesellschaften die speziellere Norm.[77] Letztere findet deshalb auf Emittenten in einer anderen Rechtsform als der AG Anwendung.[78] Die andere Anspruchsgrundlage führt aber kaum zu Unterschieden bei der Prospekthaftung, denn im Rahmen des Art. 1156 Abs. 3 OR sind die Tatbestandsmerkmale des Art. 752 OR entsprechend heranzuziehen. Damit sind die Voraussetzungen beider Normen weitgehend angeglichen.[79]

bb) Ausländische Emittenten

42 In der Schweiz existiert, im Unterschied zum deutschen oder zum europäischen Recht, eine explizite kollisionsrechtliche Anknüpfungsnorm für „Ansprüche aus öffentlicher Ausgabe von Beteiligungspapieren und Anleihen".

---

74 Botschaft zum Bundesgesetz über die kollektiven Kapitalanlagen (Kollektivanlagengesetz) vom 23.09.2005, BBl. 2005, 6395, 6437.

75 *Zobl/Kramer* (Fn. 1), § 19 Rn. 1136.

76 *Zobl/Kramer*, Schweizerisches Kapitalmarktrecht, 2004, § 19 Rn. 1137.

77 *Roberto/Wegmann*, Prospekthaftung in der Schweiz, SZW 2001, 163; BSK OR II-*Watter*, Art. 1156 Rn. 23.

78 *Zobl/Kramer*, Schweizerisches Kapitalmarktrecht, 2004, § 19 Rn. 1137.

79 *Roberto/Wegmann*, Prospekthaftung in der Schweiz, SZW 2001, 163 f.

Nach Art. 156 IPRG[80] hat der Anleger die Wahl zwischen dem Recht am Ort der Ausgabe oder das Recht am Sitz der begebenden Gesellschaft, wenn diese Orte auseinanderfallen. Diese Vorschrift bezweckt, dass der Emittent die Vorschriften beider Länder berücksichtigen muss und im Rahmen der Prospektpflicht die für den Anleger günstigeren Vorschriften beachtet werden.[81] Beim Vertrieb von Wertpapieren ausländischer Gesellschaften in der Schweiz kommt somit alternativ das Heimatrecht oder schweizerisches Recht zur Anwendung. Nach der Rechtsprechung des schweizerischen Bundesgerichts und einem Teil der Literatur erfasst die Haftungsnorm von Art. 752 OR jedoch nur Prospekte von Aktiengesellschaften, die nach schweizerischem Recht gegründet worden sind.[82] Hiergegen bestehen die oben angeführten Bedenken. Richtigerweise wird man Art. 752 OR als Rechtsinstitut des Kapitalmarktrechts ansehen müssen, das zur Anwendung gelangt, wenn Beteiligungsrechte von Aktiengesellschaften in der Schweiz vertrieben werden.[83] Es erscheint als Wertungswiderspruch, dass ausländische Aktiengesellschaften bei der Ausgabe von Anleihensobligationen für die Angaben im Verkaufsprospekt haften sollen, bei Beteiligungsrechten hingegen nicht. Im Verhältnis Deutschland/Schweiz ist die Tragweite des Meinungsstreits beschränkt, da sich die Anleger in der Schweiz regelmäßig für die deutschen Haftungsregeln entscheiden werden, deren Anforderungen an den Emissionsprospekt über diejenigen des schweizerischen Rechts weit hinausgehen. Vertreibt eine ausländische Gesellschaft Anleihensobligationen in der Schweiz, greift unstreitig der Haftungstatbestand des Art. 1156 OR.[84]

Das schweizerische Recht sieht weiterhin einen zwingenden Gerichtsstand *43* für Klagen aus Verantwortlichkeit infolge öffentlicher Ausgabe von Beteiligungspapieren und Anleihen vor. Gemäß Art. 151 Abs. 3 IPRG sind hierfür zwingend die schweizerischen Gerichte am Ausgabeort zuständig. Die Bestimmung ist auf Prospekthaftungsansprüche beschränkt.[85] Die Auffassung, die sie auf sämtliche Gläubigerschutzmaßnahmen erstrecken will, ist abzulehnen.[86]

b) Anspruchsvoraussetzungen

Mit der herrschenden Meinung handelt es sich bei der Prospekthaftung um *44* eine deliktische Haftung,[87] so dass ergänzend zu Art. 752 und 1156 OR die

---

80 Bundesgesetz vom 18.12.1987 über das internationale Privatrecht (IPRG), SR 291; dazu auch MüKo-*Schnyder*, IntKapMarktR, Rn. 96.

81 *Watter*, Prospekt(haft)pflicht heute und morgen, AJP 1992, 55; BSK IPRG-*Watter*, Art. 156 Rn. 6; *Roberto/Wegmann*, Prospekthaftung in der Schweiz, SZW 2001, 163.

82 BGE 129 III 71, 74; SemJud 1997, 108, 111.

83 Vgl. oben; BSK OR II-*Watter*, Art. 752 Rn. 2 sieht die Prospekthaftpflicht ebenfalls als eigenständige Haftung für Verletzungen von Informationspflichten gegenüber dem Kapitalmarkt.

84 BGE 129 III 74.

85 BSK IPRG-*von Planta/Eberhard*, Art. 151 Rn. 10 f.

86 So BSK IPRG-*Vischer*, Art. 151 Rn. 9.

87 BGE 129 III 75; *Larissa Marolda/Hans Caspar von der Crone*, Prospekthaftung bei Anleihensobligationen und die Stellung der federführenden Bank, SZW 2003, 158, 161 f.;

(Fortsetzung auf Seite 1554)

allgemeinen Voraussetzungen der Haftung aus unerlaubter Handlung nach Art. 41 OR heranzuziehen sind.

aa) Emissionsprospekt oder prospektähnliche Mitteilungen

45 Eine Prospekthaftung kommt für den Emissionsprospekt und prospektähnliche Mitteilungen in Betracht (Art. 752 OR). Erfasst wird jede im Zusammenhang mit einer Emission veröffentlichte Mitteilung, die sich nicht an individuell bestimmte Anleger richtet. Es muss sich m. E. dabei um schriftliche Äußerungen handeln.[88] Maßgebliches Kriterium für die Qualifizierung einer Kundgebung als prospektähnliche Mitteilung ist nicht die Anzahl der Adressaten. So kann bereits eine schriftliche Äußerung gegenüber einer verhältnismäßig kleinen Anzahl von Personen eine prospektähnliche Mitteilung darstellen. Entscheidend kommt es darauf an, ob die Mitteilung es dem Empfänger erlaubt, sich ein Urteil über die zu tätigende Investition zu machen und aufgrund der in ihr enthaltenen Angaben seine Investionsentscheidung zu treffen.[89] Anders als in Deutschland[90] werden somit auch Inserate in Tageszeitungen, Präsentationen und Pressemitteilungen erfasst.[91]

46 Eine Haftung kann auch ein freiwilliger Emissionsprospekt (Placement Memorandum), ein vorläufiger Prospekt im Bookbuilding-Verfahren oder ein Kotierungsinserat nach sich ziehen.[92] So kann auch für eine Privatplatzierung eine Prospekthaftung in Betracht kommen.[93] Ebenso wird für den kombinierten Emissions- und Kotierungsprospekt gehaftet.

47 Nach höchstrichterlicher Rechtsprechung muss die Mitteilung mit dem Emissionsvorgang in einem funktionalen Zusammenhang stehen.[94] Dies ist je-

---

Zobl/Kramer (Fn. 1), § 19 Rn. 1142; *Peter Böckli*, Schweizer Aktienrecht, 4. Aufl., § 18 Rn. 16; a. A. zur Haftung sui generis wegen Verletzung kapitalmarktrechtlicher Informationspflichten *Michael G. Noth/Evelyne Grob*, Rechtsnatur und Voraussetzungen der obligationenrechtlichen Prospekthaftung – Ein Überblick, AJP 2002, 1448 f.; BSK OR II-*Watter*, Art. 752 Rn. 2; *ders.*, Prospekt(haft)pflicht heute und morgen, AJP 1992, 55.

88 A. A. ZK-*Bürgi/Nordmann*, Art. 752 Rn. 9, die auch nicht-schriftliche Äußerungen, wie Werbespots oder Referate an Veranstaltungen, als prospektähnliche Äußerung zulassen wollen.

89 Nicht entscheidend ist, ob dem Investor eine Überprüfung der Angaben möglich oder zumutbar ist. So aber Kantonsgericht St. Gallen, SJZ 1989, 50; *Huber/Hodel/Staub Gierow*, Praxiskommentar zum Kotierungsrecht der SWX, 2004, Art. 32 Rn. 22; *Roberto/Wegmann*, Prospekthaftung in der Schweiz, SZW 2001, 162; *Emch/Renz/Arpagaus*, Das Schweizerische Bankgeschäft, 2004, 643 Rn. 1983.

90 Vgl. OLG Karlsruhe, WM 2010, 1262, wo eine Produktinformation, in welcher der Beklagte zitiert wurde, nicht als Prospekt und damit auch nicht als haftungsbegründendes Dokument angesehen wurde.

91 *Daeniker/Waller*, Informationspflichten, S. 66 f.

92 BGE 120 IV 122, 129; *Roberto/Wegmann*, Prospekthaftung in der Schweiz, SZW 2001, 162; *Huber/Hodel/Staub Gierow*, Praxiskommentar zum Kotierungsrecht der SWX, 2004, Art. 32 Rn. 22.

93 *Emch/Renz/Arpagaus*, Das Schweizerische Bankgeschäft, 2004, 642 Rn. 1982; BSK OR II-*Watter*, Art. 752 Rn. 5.

94 BGE 112 II 258, 261.

doch lediglich eine notwendige und keineswegs eine hinreichende Bedingung, um einen Wertpapierprospekt oder eine prospektähnliche Mitteilung annehmen zu können.

bb) Pflichtverletzung

Eine Pflichtverletzung liegt vor, wenn trotz einer Prospektpflicht kein Prospekt, ein unvollständiger, ein materiell unrichtiger oder ein irreführender Prospekt erstellt oder verbreitet wird.[95] Ein Prospekt ist auch unrichtig, wenn er übertriebene oder leichtfertig aufgestellte Aussagen über die Erfolgsaussichten einer Investition enthält.[96]   *48*

Für Informationen, die freiwillig erteilt werden oder die über den vorgeschriebenen Mindestinhalt hinausgehen, ist die Haftung auf erhebliche Falschinformationen und gravierende Unterlassungen beschränkt, sofern sie geeignet sind, das Anlegerpublikum irrezuführen.[97]   *49*

Zudem ist der Emittent bis zum Ende der Zeichnungsfrist in begrenztem Umfang zur Aktualisierung von Informationen verpflichtet. Kommt er dieser Pflicht nicht nach, kann ebenfalls eine Prospekthaftung greifen.[98]   *50*

cc) Haftungsbegründende Kausalität

Grundsätzlich muss der Anleger beweisen, dass er sich von den unrichtigen Prospektangaben leiten ließ und die Titel nicht oder zu einem anderen Preis gezeichnet hätte, wenn er über die tatsächliche Lage informiert gewesen wäre.[99] An diesen Beweis stellt die schweizerische Rechtsprechung aber nur geringe Anforderungen. Es genügt, dass der Anleger die überwiegende Wahrscheinlichkeit gemäß dem gewöhnlichen Lauf der Dinge und der allgemeinen Lebenserfahrung glaubhaft macht.[100] Unerheblich ist, ob der Anleger den Prospekt auch tatsächlich gelesen hat oder nicht.[101]   *51*

Die Kausalität wird unterbrochen, wenn der Anleger die Unrichtigkeit der Prospektangaben kannte[102] oder die Information auf seinen Entscheid keinen Einfluss hatte.[103] Eine Pflicht zur Überprüfung des Prospekts gibt es allerdings nicht.[104]   *52*

---

95 *Emch/Renz/Arpagaus*, Das Schweizerische Bankgeschäft, 2004, 642 Rn. 1986.
96 BGE 47 II 272, 287, 292.
97 *Zobl/Kramer* (Fn. 1), § 19 Rn. 1145, 1153; weitergehend *Roberto/Wegmann*, Prospekthaftung in der Schweiz, SZW 2001, 165.
98 *Huber/Hodel/Staub Gierow*, Praxiskommentar zum Kotierungsrecht der SWX, 2004, Art. 32 Rn. 25; *Roberto/Wegmann*, Prospekthaftung in der Schweiz, SZW 2001, 167.
99 BGE 47 II 272, 293.
100 BGE 47 II 272, 293; 120 II 331; 132 III 715.
101 *Zobl/Kramer*, Schweizerisches Kapitalmarktrecht, 2004, § 19 Rn. 1156; *Watter*, Prospekt(haft)pflicht heute und morgen, AJP 1992, 59.
102 *Watter*, Prospekt(haft)pflicht heute und morgen, AJP 1992, 59; *Roberto/Wegmann*, Prospekthaftung in der Schweiz, SZW 2001, 169.
103 Ausführlich *Roberto/Wegmann*, Prospekthaftung in der Schweiz, SZW 2001, 169.
104 Vgl. in diesem Zusammenhang BGE 131 III 306 ff.

dd) Verschulden

53 Die verantwortlichen Personen haften für jedes Verschulden, auch für leichte Fahrlässigkeit. Der Verschuldensmaßstab ist objektiviert und richtet sich nicht nach den spezifischen Fähigkeiten der verantwortlichen Personen.[105] Das Verschulden ist ebenfalls vom Kläger zu beweisen.[106]

54 Für die den Prospekt erstellende Emissionsbank gelten folgende Grundsätze: Sie muss die Vollständigkeit des Prospekts überprüfen. In Bezug auf die Richtigkeit der Prospektangaben ist zu differenzieren. Für ungeprüfte Prospektangaben trifft die Emissionsbank eine Prüfungspflicht. Geht es um geprüfte Prospektangaben oder Aussagen eines sachkundigen Dritten, muss die Bank nur bei entsprechenden Verdachtsmomenten eine Prüfung einleiten.[107]

ee) Schaden

55 Der Schaden besteht in der Vermögensdifferenz, die beim Anleger durch den fehlerhaften Prospekt verursacht worden ist und der ohne die Irreführung oder bei richtiger Darstellung der Tatsachen nicht entstanden wäre.[108]

56 Der beweispflichtige Anleger kann nur unmittelbar verursachte Schäden geltend machen. Der Anleger ist bei der Schadensberechnung so zu stellen, wie er stünde, wenn er durch den Emissionsprospekt korrekt informiert worden wäre.

57 Um den hypothetischen Kursverlauf zu ermitteln, werden meist zwei Verfahren miteinander kombiniert. Zum einen wird für die Schadensermittlung auf die Kurskorrektur nach Bekanntwerden des wahren Sachverhalts abgestellt.[109] Das Ergebnis ist aber nur dann verlässlich, wenn der Kurs nicht von weiteren Faktoren beeinflusst wurde. Zum anderen wird auf die Kursentwicklung vergleichbarer Papiere oder einen Branchenindex abgestellt.[110] Auch diese Methode setzt voraus, dass keine anderen firmenspezifischen Faktoren auf den Kursverlauf Einfluss hatten.[111]

58 Geht es um den Umfang des Schadenersatzanspruchs, der sich nach den allgemeinen Bestimmungen der Art. 42 Abs. 2, 43 und 44 OR richtet, ist insbesondere ein Mitverschulden des Anlegers zu berücksichtigen.[112]

---

105 *Huber/Hodel/Staub Gierow*, Praxiskommentar zum Kotierungsrecht der SWX, 2004, Art. 32 Rn. 27; *Roberto/Wegmann*, Prospekthaftung in der Schweiz, SZW 2001, 170.

106 A. A. *Watter*, Prospekt(haft)pflicht heute und morgen, AJP 1992, 60 wonach das Verschulden vermutet wird.

107 BGE 129 III 76; *Huber/Hodel/Staub Gierow*, Praxiskommentar zum Kotierungsrecht der SWX, 2004, Art. 32 Rn. 27; *Roberto/Wegmann*, Prospekthaftung in der Schweiz, SZW 2001, 168.

108 *Huber/Hodel/Staub Gierow*, Praxiskommentar zum Kotierungsrecht der SWX, 2004, Art. 32 Rn. 24.

109 BSK OR II-*Watter*, Art. 752 Rn. 23.

110 *Watter*, Prospekt(haft)pflicht heute und morgen, AJP 1992, 59 f.

111 *Zobl/Kramer*, Schweizerisches Kapitalmarktrecht, 2004, § 19 Rn. 1149.

112 *Zobl/Kramer*, Schweizerisches Kapitalmarktrecht, 2004, § 19 Rn. 1150.

ff) Aktivlegitimation

Aktivlegitimiert sind die Erwerber der Titel. Das sind nicht nur Erwerber, die   *59*
einen Titel anlässlich der Emission zeichnen (Primärmarkt), sondern auch
spätere Käufer (Sekundärmarkt)[113] und sogar ehemalige Anleger, die ihre
Effekten bereits wieder verkauft haben.[114] Ein kausal verursachter Schaden
wird allerdings in der Regel nur dann gegeben sein, wenn der Prospektmangel während der Besitzdauer bekannt wird. Aus der kapitalmarktrechtlichen
Natur der Haftung ergibt sich schließlich, dass auch derjenige aktivlegitimiert ist, der parallel zu einer Emission „alte" bereits ausgegebene Papiere
der gleichen Kategorie auf dem Markt erwirbt, obwohl sich der Prospekt eigentlich auf die „neuen" Titel bezieht.[115]

Ein kollektives Geltendmachen der Schadenersatzansprüche nach dem Vor-   *60*
bild der US-amerikanischen Class Action gibt es im Schweizer Recht nicht.
Auch existiert kein Kapitalanleger-Musterverfahren vergleichbar dem Verfahren nach dem deutschen KapMuG.

gg) Passivlegitimation

Passivlegitimiert sind alle jene Personen, die maßgeblich an der Erstellung   *61*
oder Verbreitung des Prospekts mitgewirkt haben und Personen, die es trotz
bestehender Prospektpflicht unterlassen haben, einen Prospekt zu erstellen.
Erforderlich ist, dass die verantwortlichen Personen auf den Inhalt und die
Form des Prospekts wesentlich Einfluss nehmen konnten oder hätten nehmen können.[116]

Neben dem Emittenten und dessen Organen kommen etwa auch Anwälte,   *62*
Notare, Wirtschaftsprüfer, Steuerberater oder die federführende Emissionsbank als passivlegitimiert in Betracht.[117]

Mehrere Beteiligte haften nach Art. 759 OR differenziert solidarisch. Das be-   *63*
deutet, dass jeder Beteiligte auch dem Geschädigten gegenüber nur soweit
haftet, als ihm der Schaden persönlich zugerechnet wird.[118] Gemäß Art. 759
Abs. 2 OR kann der Anleger gegen mehrere Beteiligte klagen und die Festsetzung der Ersatzpflicht jedes einzelnen Beklagten verlangen. Art. 759 OR
findet auch auf eine Prospekthaftung nach Art. 1156 Abs. 3 OR Anwendung.

---

113 SemJud 1997, 108, 112.
114 *Huber/Hodel/Staub Gierow*, Praxiskommentar zum Kotierungsrecht der SWX, 2004,
   Art. 32 Rn. 29; *Watter*, Prospekt(haft)pflicht heute und morgen, AJP 1992, 57; *Roberto/
   Wegmann*, Prospekthaftung in der Schweiz, SZW 2001, 173; *Emch/Renz/Arpagaus*, Das
   Schweizerische Bankgeschäft, 2004, 638, 643 Rn. 1985.
115 *Watter*, Prospekt(haft)pflicht heute und morgen, AJP 1992, 57.
116 *Watter*, Prospekt(haft)pflicht heute und morgen, AJP 1992, 57; *Roberto/Wegmann*, Prospekthaftung in der Schweiz, SZW 2001, 168; *Emch/Renz/Arpagaus*, Das Schweizerische
   Bankgeschäft, 2004, 638, 643 Rn. 1984.
117 *Huber/Hodel/Staub Gierow*, Praxiskommentar zum Kotierungsrecht der SWX, 2004,
   Art. 32 Rn. 30; *Roberto/Wegmann*, Prospekthaftung in der Schweiz, SZW 2001, 175.
118 *Roberto/Wegmann*, Prospekthaftung in der Schweiz, SZW 2001, 176.

hh) Verjährung

64 Der Anspruch verjährt innerhalb von fünf Jahren (Art. 760 Abs. 1 OR) oder einem Jahr (Art. 1156 Abs. 3 i. V. m. Art. 60 Abs. 1 OR) ab Kenntnis des Schadens und der Person des Ersatzpflichtigen. Der Anspruch verjährt jedenfalls nach Ablauf von zehn Jahren.

6. Strafrechtliche Sanktionen

65 Die Verwendung eines unwahren Emissionsprospekts kann auch strafrechtliche Konsequenzen nach sich ziehen. In Betracht kommen insbesondere ein Verstoß gegen den Tatbestand der „unwahren Angaben über kaufmännische Gewerbe" (Art. 152 StGB), der „Kursmanipulation" (Art. 161bis StGB), des Insiderdelikts (Art. 161 Ziff. 1 StGB) und des Betrugs (Art. 146 StGB).[119]

IV. Kotierungsprospekt

66 Geht es nicht um die Emission von Wertpapieren, sondern um deren Börseneinführung, sind die Vorschriften der Schweizer Börse (SIX Swiss Exchange) über den Kotierungsprospekt heranzuziehen. Für die an der SIX kotierten Wertpapiere bestehen verschiedene Kotierungsreglemente mit unterschiedlichen Anforderungen an die Wertpapierprospekte. Dies ist durch die besondere Organisation der SIX bedingt.

1. Organisation der SIX Swiss Exchange AG

67 Die SIX Swiss Exchange ist zum einen Kotierungsbehörde für schweizerische Wertpapiere und zum anderen Marktplatz für unterschiedliche Wertpapiersegmente wie Schweizer Aktien, Schweizerfranken-Obligationen und International Bonds sowie nicht standardisierte Derivate, ETFs, ETSFs und den Schweizerfranken-Repo-Handel. Zu diesem Zweck betreibt sie mehrere elektronische Handelsplattformen. Mit Ausnahme der im Swiss Market Index (SMI) und im Swiss Leader Index (SLI)[120] zusammengefassten Titel und der nicht standardisierten Derivate werden alle an der SIX kotierten Effekten sowie sekundärkotierte ausländische Gesellschaften auf den Plattformen der SIX Swiss Exchange gehandelt.

68 Die SIX Swiss Exchange untersteht schweizerischem Recht und wird von der FINMA überwacht. Im Rahmen der im BEHG vorgesehenen Selbstregulierung bestimmt sie die Anforderungen für die Kotierung und deren Aufrechterhaltung an der SIX Swiss Exchange.

69 Eine Besonderheit der Schweizer Börsenlandschaft war bis 2009 die 100 %-ige Tochter der SIX Swiss Exchange, die SWX Europe Ltd. (früher virt-x Ltd.) mit

---

119 Dazu ausführlich *Peter Böckli*, Schweizer Aktienrecht, 4. Aufl., § 18 Rn. 41 ff.
120 Der Swiss Leader Index (SLI) besteht seit dem 02.07.2007; darin sind die 20 grössten Schweizer Titel sowie 10 mittelgrosse zusammengefasst.

Sitz in London.[121] Sie ermöglichte der SIX Swiss Exchange, ihre Dienstleistungen in ganz Europa grenzüberschreitend anzubieten. Nach acht Jahren virt-x und SWX Europe entschieden die Schweizer aber, den Blue Chip Handel in die Schweiz zu „repatriieren". Die Migration erfolgte Anfang Mai 2009. Am 04.05.2009 wurden die Aktien der Blue Chip Unternehmen erstmals unter dem neuen Schweizer Regime gehandelt. Begründet wurde die Rückführung u.a. mit einem vereinfachten regulatorischen Umfeld.[122] Die Auswirkungen der Repatriierung auf die Pflichten der Emittenten bezüglich Erstellung eines Prospekts sollen in Abschnitt IV.1.c) näher betrachtet werden.

a) Selbstregulierung und rechtlicher Rahmen

Das schweizerische Börsengesetz[123] ernennt die Börse zur Selbstregulierungsinstanz (Art. 4 BEHG). Den rechtlichen Rahmen geben neben dem Börsengesetz die Börsenverordnung (BEHV)[124] und die Börsenverordnung der Eidgenössischen Finanzmarktaufsicht (BEHV-FINMA).[125] Der Börse ist es insbesondere selbst überlassen, eine eigene, ihrer Tätigkeit angemessene Betriebs-, Verwaltungs- und Überwachungsorganisation zu schaffen (Art. 4 Abs. 1 BEHG). Entsprechend besteht eine börseneigene Aufsicht, die für die Überwachung der Kursbildung und des Abschlusses sowie für die Abwicklung der getätigten Transaktionen zuständig ist (Art. 6 BEHG). Zudem besteht eine von der Börse bestellte, von dieser jedoch unabhängige Beschwerdestelle (Art. 9 BEHG). Über die Zulassung von Effekten entscheidet das Regulatory Board (Art. 3 KR). Bei Verweigerung der Zulassung kommt die Schiedsgerichtsklausel der SIX zum Tragen.[126] Die Reglemente der SIX und deren Änderungen sind der Aufsichtsbehörde für den Börsen- und Effektenhandel, FINMA, zur Genehmigung zu unterbreiten (Art. 4 Abs. 2 BEHG). Die FINMA ist eine von Einzelweisungen des Bundesrates unabhängige Verwaltungsbehörde des Bundes.[127] Sie prüft die Reglemente lediglich auf ihre Gesetzmäßigkeit. **70**

Das wichtigste Regelwerk der SIX ist ihr Reglement über die Zulassung von Effekten zum Börsenhandel (Kotierungsreglement)[128], das den inländischen und ausländischen Emittenten einen möglichst freien und gleichen Zugang zur SIX und den Anlegern Transparenz verschaffen will (Art. 1 KR). **71**

---

121 www.swx-europe.com (seit 03.03.2008).

122 Vgl. dazu die Medienmitteilungen der SIX Swiss Exchange AG vom 11.11.2008.

123 Vgl. Bundesgesetz vom 24.03.1995 über die Börsen und den Effektenhandel (Börsengesetz, BEHG), SR 954.1.

124 Verordnung vom 02.12.1996 über die Börsen und den Effektenhandel (Börsenverordnung, BEHV), SR 954.11.

125 Verordnung der Eidgenössischen Finanzmarktaufsicht über die Börsen und den Effektenhandel vom 25.10.2008 (Börsenverordnung-FINMA, BEHV-FINMA), SR 954.193.

126 Basler Kommentar zum Börsengesetz, Hrsg. Rolf Watter/Nedim Peter Vogt, 2. Aufl., 2011 (fortan: BSK BEHG) *Lanz/Baumgarten*, Art. 9 Rn. 5; Ziff. 6.3 AGB der SWX v. 02.03.2007, (www.swx.com/download/admission/regulation/general/gc_swx_de.pdf).

127 www.finma.ch/d/finma/Seiten/ziele.aspx.

128 Abrufbar unter: www.swx.com/admission/regulation/rules_de.html.

72 Die wesentlichen Eckpunkte für das Kotierungsreglement gibt Art. 8 BEHG vor. Es muss Vorschriften über die Handelbarkeit der Effekten enthalten und festlegen, welche Informationen für die Beurteilung der Eigenschaften der Effekten und der Qualität des Emittenten durch die Anleger nötig sind (Art. 8 Abs. 2 BEHG). Nach Art. 8 Abs. 3 BEHG muss das Kotierungsreglement außerdem international anerkannten Standards Rechnung tragen. Als solche gelten aus schweizerischer Sicht insbesondere die kapitalmarktrelevanten Richtlinien der Europäischen Gemeinschaft. Entsprechend orientiert sich das geltende Kotierungsreglement an den Richtlinien der Europäischen Gemeinschaft, nämlich:

– Richtlinie 2001/34/EG des Europäischen Parlaments und des Rates vom 28.05.2001 über die Zulassung von Wertpapieren zur amtlichen Börsennotierung und über die hinsichtlich dieser Wertpapiere zu veröffentlichenden Informationen („Kapitalmarktpublizitäts-Richtlinie");

– Richtlinie 2003/71/EG betreffend den Prospekt, der beim öffentlichen Angebot von Wertpapieren oder bei deren Zulassung zum Handel zu veröffentlichen ist, und zur Änderung der Richtlinie 2001/34/EG („Prospekt-Richtlinie");

– Richtlinie 2003/6/EG über Insider-Geschäfte und Marktmanipulationen (Marktmissbrauchs), („Marktmissbrauchs-Richtlinie");[129]

– Richtlinie 2004/109/EG über Transparenzanforderungen („Transparenz-Richtlinie").

Erfüllt der Emittent die Voraussetzungen des Kotierungsreglements, erhält er nach Art. 8 Abs. 4 BEHG einen Anspruch auf Zulassung seiner Wertpapiere.

b) Die Kotierungssegmente und ihre entsprechenden Regularien

73 Die Anforderungen an den Prospekt richten sich wesentlich nach dem jeweiligen Börsensegment. Die SIX führt die nachfolgenden Segmente:

– Main Standard
– Domestic Standard
– Standard für Investmentgesellschaften
– Standard für Immobiliengesellschaften
– Standard für kollektive Kapitalanlagen
– Standard für Hinterlegungsscheine
– Standard für Anleihen
– Standard für Derivate
– Standard für Exchange Traded Produkte

---

129 *Keist/Morard/Maurhofer*, Kotierungsrecht der SWX – Neue Regularien und Ausblick, ST 2006, 40.

aa) Main Standard

Das Hauptsegment dient der Kotierung und dem Handel des überwiegenden   74
Teils der börsengehandelten Wertpapiere (Beteiligungsrechte, Anleihen und
Derivate). Die Voraussetzungen für die Zulassung sind im Kotierungsreglement enthalten. Einen wesentlichen Bereich nehmen Vorschriften zur Größe
und Liquidität der Emittenten und strenge Transparenzvorschriften ein.

bb) Domestic Standard

Der Domestic Standard dient der Kotierung von Beteiligungsrechten von Un-   75
ternehmen, welche sich aufgrund ihrer Investorenbasis, Unternehmensgeschichte, Kapitalisierung oder Streuung nicht oder noch nicht für eine Kotierung gemäß einem anderen Standard qualifizieren. Angesprochen sind
namentlich Unternehmen mit lokaler Bedeutung oder engem Investorenkreis
wie etwa Familienunternehmen, aber auch international tätige Unternehmen. Die Zulassung gemäss Domestic Standard ist in Art. 85 ff. KR geregelt.
Die erforderlichen Angaben im Prospekt entsprechen denen des Main Standards. Das Prospektschema findet sich im Anhang zum KR.

cc) Standard für Investmentgesellschaften

Die von Investmentgesellschaften begebenen Beteiligungsrechte werden ge-   76
mäß einem eigenen regulatorischen Standard kotiert. Bei diesen Gesellschaften handelt es sich um Vehikel für die gemeinschaftliche Kapitalanlage,
welche hauptsächlich die Erzielung von Erträgen und/oder Kapitalgewinnen
bezwecken und keine unternehmerische Tätigkeit im eigentlichen Sinne
verfolgen. Solche Gesellschaften sind hinsichtlich ihrer Investitionsstrategie
mit Anlagefonds zu vergleichen. Sie sind jedoch in gesellschaftsrechtlicher
Form organisiert (Art. 65 ff. KR).

dd) Standard für Immobiliengesellschaften

Einem eigenen regulatorischen Standard sind die Immobiliengesellschaften   77
unterstellt. Als Immobiliengesellschaften gelten Gesellschaften, deren Erträge zu mindestens 2/3 aus Immobilienaktivitäten, namentlich aus Miet-
oder Pachzinseinnahmen, Bewertungs- oder Verkaufserlös sowie Immobili-
endienstleistungen stammen (Art. 77 ff. KR).

ee) Standard für kollektive Kapitalanlagen

Die Art. 105 ff. KR finden auf die Kotierung von Anleihen (oder Aktien) in-   78
und ausländischer kollektiver Kapitalanlagen Anwendung, welche gemäß
KAG der Aufsicht der FINMA unterstellt sind. Auch die an der SIX Swiss
Exchange kotierten Exchange Traded Funds (ETFs) werden von diesen Bestimmungen erfasst.

ff) Standard für Hinterlegungsscheine

Der Standard für Hinterlegungsscheine dient der Kotierung von Hinterle-   79
gungsscheine bzw. Global Depository Receipts. Dabei handelt es sich um

handelbare Zertifikate, die stellvertretend für hinterlegte Beteiligungsrechte ausgegeben werden und die (indirekte) Ausübung der Mitgliedschafts- und Vermögensrechte der hinterlegten Beteiligungsrechte ermöglichen (vgl. Art. 90 ff. KR).

gg) Standard für Anleihen

80 Anleihen (inkl. Wandel- und Optionsanleihen) werden gemäß dem Standard für Anleihen kotiert (siehe Zusatzreglement Anleihen). Im Zusammenhang mit der Kotierung von Anleihen hat der Emittent die Möglichkeit, vom Verfahren der provisorischen Zulassung Gebrauch zu machen.

hh) Standard für Derivate

81 Der Standard für Derivate dient der Kotierung von Derivaten (siehe Zusatzreglement Derivate). Dabei handelt es sich im Allgemeinen um Finanzinstrumente, deren Preis vom Wert der zu Grunde liegenden Vermögenswerte oder Referenzsätze („Underlyings") abgeleitet wird. Wie auch die Anleihen können Derivate vorgängig zur Kotierung provisorisch zum Handel zugelassen werden. Entsprechende Gesuche erfolgen via Internet Based Listing („IBL").

ii) Standard für Exchange Traded Products

82 Der Standard für Exchange Traded Products dient der Kotierung von besicherten und unverzinsten, auf den Inhaber lautenden Forderungsrechten (Schuldverschreibungen), welche als Effekten ausgegeben und in gleicher Struktur und Stückelung fortlaufend verkauft und zurückgekauft werden (siehe Zusatzreglement Exchange Traded Products). Weiter bilden Exchange Traded Products die Kursentwicklung eines zugrundeliegenden Basiswerts unverändert oder gehebelt ab (Tracker-Zertifikat). Die Kotierung von Exchange Traded Products wird in einem speziellen Zusatzreglement geregelt.

c) *Folgen der Repatriierung des Blue Chip Handels*

83 Die in Rn. 69 beschriebene Rückführung des Blue Chip Handels im Zuge der Schließung der SWX Europe Ltd. hat zur Folge, dass das Kotierungssegment „EU kompatibles Segment" der SIX Swiss Exchange gänzlich aufgehoben wird. In diesem Segment wurden Aktien geführt, welche im EU Regulated Market Segment der SWX Europe zugelassen waren. Die Aktien sämtlicher Blue Chip Unternehmen werden im sogenannten Main Standard zusammengeführt.[130]

84 Alle Effekten, die unter dem alten Regime an der SWX Europe gehandelt wurden, sind neu in einem extra geschaffenen Handelssegment der SIX Swiss Exchange, dem Swiss Blue Chip Segment, gelistet. Sowohl das UK

---

130 Vgl. dazu auch die Mitteilung des Regulatory Board Nr. 1/2009 vom 17.04.2009.

Exchange Regulated Market Segment („UKERM") als auch das EU Regulated Market Segment („EURM") wurden in der Folge aufgelöst.[131]

aa) im UKERM-Segment zugelassene Beteiligungsrechte

Nach der Rückführung besteht kein aktuelles, jedoch noch ein historisch-   85
technisches Interesse am UKERM-Segment. Die Repatriierung der im UK-
REM-Segment gehandelten Beteiligungsrechte hatte aus Emittentensicht
keine rechtlichen Konsequenzen. Denn das UKERM-Segment qualifizierte
nicht als geregelter Markt, weswegen EU-Richtlinien wie die EU-Prospektrichtlinie und die EU-Marktmissbrauchsrichtlinie nicht maßgeblich waren.[132]
In der Folge bestand insbesondere für den Primärmarkt in der Regel keine
Prospektpflicht gemäß EU-Prospektrichtlinie.[133] Vielmehr fielen die Kotierung und die Zulassung zum Handel auch hier ausschliesslich in die Regu-
lierungskompetenz der Zulassungsstelle der SIX Swiss Exchange.

bb) im EURM-Segment zugelassene Beteiligungsrechte

Das EURM-Segment war ein geregelter Markt i.S. der einschlägigen EU-   86
Richtlinien.[134] Dementsprechend bestand gemäss Art. 3 Abs. 3 EU-Prospektrichtlinie bei der Zulassung von Beteiligungsrechten grundsätzlich eine Prospektpflicht. Die in der EU-Prospektrichtlinie aufgeführten Kotierungsvoraussetzungen entsprachen dabei weitgehend den im Zusatzreglement für
die Kotierung im „EU-kompatiblen" Segment der SIX Swiss Exchange („ZR
EU") verankerten Kriterien.[135] Dies führte bei der Kotierung im EU-kompatiblen Segment der SIX Swiss Exchange zu parallelen Bewilligungsverfah-
ren: Während die EU-Behörde kontrollierte, dass die Bestimmungen des EU-
Rechts zum Prospekt eingehalten wurden, war die Zulassungsbehörde der
SIX Swiss Exchange für die Überprüfung der Bedingungen für die Kotierung
im EU-kompatiblen Semgent der SIX Swiss Exchange, die Zulassung zum
Handel im EURM-Segment der SWX Europe und die Abnahme des Kotierungsprospekts nach Schweizer Recht zuständig.[136] Im Zuge der Repatriierung wurde das Verfahren für die Kotierung von Beteiligungsrechten erheblich vereinfacht: Denn zum einen wurden die im ZR EU festgeschriebenen
dem EU-Recht angepassten zusätzlichen Erfordernisse an den Prospekt aufgehoben und zum anderen erübrigt sich auch die Kontroll- und Bewilli-

---

131 *Ralph Malacrida/Till Spillmann*, Repatriierung der Schweizer Blue Chip Unternehmen,
GesKR 2008, S. 2.
132 Vgl. auch: *Thomas Reutter/Sten E.D. Rasmussen*, Auswirkungen neuer EU-Richtlinien
auf Kapitalmarkttransaktionen schweizerischer Emittenten, in: Reutter/Watter/Werlen
(Hrsg.), Kapitalmarkttransaktionen, Zürich 2006, S. 1ff.
133 *Ralph Malacrida/Till Spillmann*, Repatriierung der Schweizer Blue Chip Unternehmen,
GesKR 2008, S. 1ff.
134 *Ralph Malacrida/Till Spillmann*, Repatriierung der Schweizer Blue Chip Unternehmen,
GesKR 2008, S. 4.
135 *Markus Brändle/Francesca Imbach*, Verfahrensrechtliche Aspekte der Kotierung bzw.
Zulassung für SMI-Emittenten, GesKR 2007, S. 54ff.
136 Vgl. insb. *Brändle/Imbach*, S. 54ff.

gungspflicht des Prospekts durch die zuständige Behörde des Herkunftsmitgliedstaats. Im Ergebnis ist die Liste der zu erstellenden Dokumente für die Kotierung im Swiss Blue Chip Segment erheblich kürzer.[137]

2. Prospektpflicht

a) Prospektpflicht nach dem Kotierungsreglement

87 Der Emittent hat bei der Börseneinführung eines Wertpapiers einen Prospekt, den sog. Kotierungsprospekt, zu erstellen. Diese Pflicht folgt ausschließlich aus dem Kotierungsrecht (Art. 27 ff. KR) der SIX.

88 Der Emittent muss ein entsprechendes Kotierungsgesuch stellen, dem der Prospekt beigefügt ist (Art. 43 KR). Werden neue Wertpapiere geschaffen und sind diese zur Kotierung vorgesehen, wird regelmäßig aus Praktikabilitätsgründen von der Erstellung eines Emissionsprospekts abgesehen und sogleich ein Kotierungsprospekt erstellt, der die Anforderungen an den Emissionsprospekt umfasst.[138]

89 Mit dem Antrag erkennt der Emittent die in dem „schweizerischen Kotierungsreglement enthaltenen" Regeln an, unabhängig davon, ob es sich um eine in- oder ausländische Gesellschaft handelt. Die SIX ist ihrerseits zur Kotierung verpflichtet, wenn der Emittent die Kotierungsvoraussetzungen erfüllt. Der erteilte Kotierungsentscheid ist keine öffentlich-rechtliche Verfügung, sondern begründet eine quasivertragliche Sonderverbindung.[139]

90 Es gibt die Möglichkeit der Befreiung von der Pflicht zur Erstellung eines Kotierungsprospekts gemäß Art. 33 f. KR, der Kürzung nach Art. 34 KR sowie des Verweises auf einen früheren Kotierungsprospekt nach Art. 35 KR.

aa) Befreiung von der Prospektpflicht

91 Die Zulassungsstelle kann gemäß Art. 33 KR auf ein Gesuch hin von der Prospektpflicht absehen, wenn im Hinblick auf die Kotierung innerhalb der letzten 12 Monate ein Kotierungsprospekt oder ein gleichwertiges Informationsdokument veröffentlicht wurde, welches den allgemeinen Prospektgrundsätzen von Art. 27 ff. KR entspricht und die Angaben gemäß Art. 28 KR enthält.

Zudem ist gemäß Art. 33 KR die Erstellung eines Kotierungsprospekts nicht erforderlich, wenn die Kotierung

– über einen Zeitraum von 12 Monaten gerechnet weniger als 10 % der Effekten derselben Gattung ausmachen, die bereits kotiert sind;

---

137 *Ralph Malacrida/Till Spillmann*, Repatriierung der Schweizer Blue Chip Unternehmen, GesKR 2008, S. 5.

138 *Zobl/Kramer*, Schweizerisches Kapitalmarktrecht, 2004, § 19 Rn. 1113.

139 *Huber/Hodel/Staub Gierow*, Praxiskommentar zum Kotierungsrecht der SWX, 2004, Art. 2 Rn. 5.

- im Austausch für bereits an der SIX Swiss Exchange kotierte Effekten derselben Gattung ausgegeben werden, sofern mit der Emission dieser Effekten keine Kapitalerhöhung des Emittenten verbunden ist;

- bei der Umwandlung oder beim Tausch von anderen Effekten oder infolge der Ausübung von mit anderen Effekten verbundenen Rechten ausgegeben werde, sofern es sich dabei um Effekten derselben Gattung handelt wie die Effekten, die bereits kotiert sind;

- anlässlich einer Übernahme mittels eines Tauschangebots angeboten werden, sofern ein Dokument verfügbar ist, dessen Angaben nach Ansicht des Regulatory Board denen des Kotierungsprospekts gleichwertig sind;

- anlässlich einer Fusion angeboten oder zugeteilt werden bzw. zugeteilt werden sollen, sofern ein Dokument verfügbar ist, dessen Angaben nach Ansicht des Regulatory Board denen des Kotierungsreglements gleichwertig sind;

- bestehenden Inhalten von Effekten unentgeltlich angeboten oder zugeteilt werden sollen, sowie Dividenden in Form von Effekten derselben Gattung wie die Effekten, für die solche Dividenden ausgeschüttet werden, sofern es sich dabei um Effekten derselben Gattung handelt wie diejenigen, die bereits kotiert sind und ein Dokument zur Verfügung gestellt wird, das Informationen über die Anzahl und die Art der Effekten enthält und in dem die Gründe und die Einzelheiten zu dem Angebot dargelegt werden;

- durch den Emittenten oder ein verbundenes Unternehmen derzeitigen oder ehemaligen Mitgliedern des Verwaltungsrats bzw. der Geschäftsleitung oder Beschäftigten angeboten oder zugeteilt werden soll, sofern es sich dabei um Effekten derselben Gattung handelt wie die Effekten, die bereits kotiert sind und ein Dokument zur Verfügung gestellt wird, das Informationen über die Anzahl und Art der Effekten enthält und in dem die Gründe und Einzelheiten zu dem Angebot dargelegt werden.

bb) Kürzung des Kotierungsprospekts

Der Kotierungsprospekt kann gekürzt werden, sofern Effekten des Emittenten bereits kotiert sind und die neuen Effekten den Inhabern aufgrund eines Bezugs- oder Vorwegzeichnungsrechts, sei es gegen Entgelt, sei es unentgeltlich, angeboten werden.   92

Diese Kürzungsmöglichkeit ist jedoch ausgeschlossen, sofern die Richtlinie betr. Darstellung von komplexen finanziellen Verhältnissen im Kotierungsprospekt zur Anwendung kommt.

cc) Verweis auf Referenzdokumente

Im Kotierungsprospekt kann bezüglich einzelner Angaben auch auf ein oder mehrere zuvor oder gleichzeitig veröffentlichte Dokumente verwiesen werden. In Frage kommen: 93

- periodisch vorzulegende Zwischenabschlüsse;
- Berichte des Revisionsorgans

– und Jahresabschlüsse, die gemäß dem anwendbaren Rechnungslegungsstandard erstellt worden sind;
– Dokumente, die im Zuge einer bestimmten Transaktion erstellt worden
sind, wie z. B. einer Fusion oder Abspaltung;
– zu einem früheren Zeitpunkt vom Regulatory Board genehmigte und veröffentlichte Dokumente und Kotierungsprospekte, die zum Zeitpunkt der
Einreichung des Kotierungsgesuches nicht älter als 12 Monate sind;
– Informationen, die an Inhaber von Effekten zugestellt wurden.

Der Emittent muss sicherstellen, dass diese Referenzprodukte die dem Emittent zuletzt zur Verfügung stehenden Angaben enthalten.Wenn das Refe-
renzprodukt nicht mehr den aktuellsten Informationen oder dem letzten
Stand entspricht, so ist im Kotierungsprospekt auf diesen Umstand hinzuweisen und die aktuellsten Informationen sind anzufügen. Wenn nur auf einen
bestimmten Teil eines Referenzdokuments verwiesen wird, muss ein entsprechender Hinweis angebracht werden, welche Teile für die Anleger relevant
sind.

Referenzdokumente müssen zusammen mit dem aktuellen Kotierungsprospekt zeitgerecht, ungehindert, ohne Interessensnachweis und kostenlos bezogen werden können. Der Emittent hat die nötigen organisatorischen Vorkehrungen zu treffen, damit diese Dokumente in physischer Form an einer
zentralen Stelle angefordert werden können. Der Kotierungsprospekt hat
ferner an prominenter Stelle einen Hinweis auf das Referenzdokument mit
der entsprechenden Bezugsmöglichkeit zu enthalten.

dd) Befreiung von einzelnen Angaben

94 Auf Antrag kann das Regulatory Board gemäß Art. 36 KR von der Aufnahme
bestimmter Angaben in den Kotierungsprospekt befreien, wenn:

– die Bekanntmachung dem Emittenten ernsthaft schaden würde, vorausgesetzt, dass die Anleger durch die Nichtaufnahme nicht in Bezug auf Tatsachen und Umstände, die für eine fundierte Beurteilung des Emittenten und
der mit den betreffenden Effekten verbundenen Rechte wesentlich sind, irregeführt werden; oder

– die entsprechende Information nur von untergeordneter Bedeutung und
nicht dazu geeignet ist, die Beurteilung der Vermögens-, Finanz- und Ertragslage und der Entwicklungsaussichten zu beeinflussen; oder

– die zu kotierenden Effekten in einem anderen, von der FINMA überwach-
ten Börsensegment gehandelt werden und die periodische Berichterstattung des Emittenten während der letzten drei Jahre den in Art. 49 ff. KR
niedergelegten Vorschriften zur Rechnungslegung entsprach.

ee) Prospektpflicht ausländischer Gesellschaften

95 Als ausländische Gesellschaften gelten gemäß Art. 3 Abs. 1 RLAG Unternehmen, deren rechtlicher Sitz sich nicht in der Schweiz befindet.

(1) Primärkotierung

Primärkotierung ist die Kotierung eines ausländischen Emittenten, welcher   96
weder an einer Börse im Sitzstaat noch an einer ausländischen Börse primär
kotiert ist.[140]

Ist keine der Befreiungsmöglichkeiten gegeben, ist mit dem Kotierungsgesuch des ausländischen Emittenten ein Kotierungsprospekt einzureichen.[141]
Ein ausländischer Emittent hat bei einer Primärkotierung in der Schweiz den
Nachweis zu erbringen, dass die Kotierung im Sitzstaat bzw. im Staat der
hauptsächlichen Verbreitung der Beteiligungspapiere nicht wegen dort bestehender Anlegerschutzvorschriften unterbleibt.[142] Gemäß Art. 7 RLAG verpflichtet sich der Emittent im Kotierungsprospekt aufzuführen, in welchen
Publikationsorganen die Bekanntmachungen, welche gemäß dem Gesellschaftsrecht des entsprechenden Sitzstaates gefordert werden, veröffentlicht
werden.

(2) Sekundärkotierung

Um eine Sekundärkotierung geht es, wenn ein ausländischer Emittent be-   97
reits an der Heimatbörse oder einer anderen offiziellen Börse zum Handel
zugelassen ist und eine zusätzliche Zulassung an der SIX beantragt.[143]

Stellt ein Emittent ein Kotierungsgesuch für dieselben Beteiligungsrechte innerhalb von sechs Monaten seit der Kotierung an der Primärbörse, erkennt
die SIX den von der Primärbörse genehmigten Prospekt an.[144]

Für den Schweizer Markt sind die folgenden Angaben hinzuzufügen:

- Wertpapier-Nummer
- Zahlstelle
- Clearingstelle
- Handelswährung
- Verbriefung.[145]

Ist dieser zeitliche Zusammenhang nicht gegeben, so ist für die Sekundär-   98
kotierung an der SIX ein Kurzprospekt einzureichen. In einem solchen Kurzprospekt kann zum einen auf bestimmte einzelne Angaben verzichtet, zum
anderen kann für Angaben über den Emittenten auf Referenzdokumente
verwiesen werden, die zusammen mit dem Prospekt einzureichen sind.
Wichtig ist, dass ein Kurzprospekt eine sog. „no material change"-Erklärung
und eine Verantwortlichkeitsklausel enthält.[146]

---

140 Rundschreiben Nr. 3 der Zulassungsstelle vom 01.02.2001, Kotierungsverfahren für Beteiligungsrechte, Rn. 5.
141 Rundschreiben Nr. 3 der Zulassungsstelle vom 01.02.2001, Kotierungsverfahren für Beteiligungsrechte, Rn. 26.
142 Art. 25 KR; Art. 7 RLAG.
143 Rundschreiben Nr. 3 der Zulassungsstelle vom 01.02.2001, Kotierungsverfahren für Beteiligungsrechte, Rn. 7.
144 RL betreffend Kotierung ausländischer Gesellschaften, Rn. 17.
145 RL betreffend Kotierung ausländischer Gesellschaften, Rn. 18–22.
146 Ausführlich RL betreffend Kotierung ausländischer Gesellschaften, Rn. 23.

b) Prospektpflicht nach Zusatzreglementen (Anleihen, Derivate, Exchange Traded Products)

99 Auch bei den Anleihen, Derivaten und Exchange Traded Products regeln Zusatzreglemente die Erstellung eines Prospekts. Im Wesentlichen verweisen sie auf die Regelungen des Kotierungsreglements und stellen gewisse zusätzliche Anforderungen an den Prospekt. Für weitere Einzelheiten ist auf die entsprechenden Zusatzreglemente der SIX und die jeweiligen Schemata zu verweisen. In Abweichung von Art. 29 KR kann der Kotierungsprospekt bei Anleihen, Derivaten und Exchange Traded Products alternativ in folgenden Formen erstellt werden:

– als für jede einzelne Emission vollständiger Kotierungsprospekt („Stand-Alone-Prospekt");
– als für jede einzelne Emission vollständiger Kotierungsprospekt unter Verwendung eines Emissionsprogramms, das im Sinne des jeweiligen Registrierungsprogramms für das entsprechende Produkt registriert wurde.

3. Prospektinhalt

100 Die Anforderungen an den Inhalt des Kotierungsprospekts gehen wesentlich weiter als diejenigen an den Emissionsprospekt nach Art. 652 a Abs. 1 und 1156 Abs. 1 OR[147], insbesondere muss er internationalen Standards genügen (Art. 8 Abs. 3 BEHG).[148] Deshalb sind das Kotierungsreglement und die entsprechenden Schemata im Anhang zu großen Teilen der europäischen Börsenzulassungs-Richtlinie[149] und der Börsenprospekt-Richtlinie[150] nachgebildet.

101 Der Prospekt muss vollständig und inhaltlich richtig sein. Er muss klar, übersichtlich und verständlich sein. Insgesamt muss sich die Darstellung an einen sachkundigen Anleger richten, damit sich dieser ein begründetes Urteil über die Vermögens-, Finanz- und Ertragslage und die Entwicklungsaussichten des Emittenten bilden kann (Art. 27 Abs. 1 KR). Außerdem müssen die An-

---

147 Vgl. Basler Kommentar zum Wertpapierrecht, Art. 965-1186 OR, Bucheffektengesetz, Haager Wertpapier-Übereinkommen, Art. 108a-108d IPRG, Basel 2012 (zit. BSK-Wertpapierrecht), *Watter*, Art. 1156 OR Rz.21: *Watter* geht davon aus, dass der Kotierungsprospekt nach dem Kotierungsreglement internationalen Anforderungen durchaus entspricht.
148 *Zobl/Kramer*, Schweizerisches Kapitalmarktrecht, 2004, § 19 Rn. 1113.
149 RL 79/279/EWG v. 05.03.1979 zur Koordinierung der Bedingungen für die Zulassung von Wertpapieren zur amtlichen Notierung an einer Wertpapierbörse, ABl. EG Nr. L 66 v. 16.03.1979, 21 ff. Die Börsenzulassungs-RL wurde in die neu gefasste RL 2001/34/EG v. 28.05.2001 über die Zulassung von Wertpapieren zur amtlichen Börsennotierung und über die hinsichtlich dieser Wertpapiere zu veröffentlichenden Informationen (ABl. EG Nr. L 217 v. 11.08.2001, 18 ff.) integriert.
150 RL 80/390/EWG v. 17.03.1980 zur Koordinierung der Bedingungen für die Erstellung, die Kontrolle und die Verbreitung des Prospekts, der für die Zulassung von Wertpapieren zur amtlichen Notierung an einer Wertpapierbörse zu veröffentlichen ist, ABl. EG Nr. L 100 v. 17.04.1980, 1 ff. Die Börsenprospekt-RL wurde in die neugefasste RL 2001/34/EG integriert.

gaben aktuell sein.[151] Auf besondere Risiken ist ausdrücklich hinzuweisen (Art. 27 Abs. 2 KR).[152]

Die detaillierten Anforderungen an den Prospekt sind dem im Anhang des Kotierungsreglements enthaltenen Schemata (Schema A–G) zu entnehmen. Der Inhalt des Kotierungsprospekts richtet sich gemäß Art. 28 KR nach Schema A. Verlangt sind namentlich folgende Angaben:

– Allgemeine Informationen über den Emittenten;
– Angaben über Verwaltungs-, Geschäftsleitungs- und Revisionsorgane;
– Geschäftstätigkeit des Emittenten;
– Investitionen;
– Kapital und Stimmrechte des Emittenten;
– Informationspolitik;
– Jahres- und Zwischenabschlüsse;
– Dividende und Ergebnis.

Eine Ratingverpflichtung besteht nach Schweizer Recht nicht.[153]

Der Anhang zum Kotierungsreglement enthält verschiedene Schemata für die jeweiligen Arten von Produkten und Emittenten. Die Schemata sind wie Checklisten aufgebaut, um die Erstellung der Prospekte zu erleichtern.

4. Veröffentlichung

Der Kotierungsprospekt muss in deutscher, französischer, italienischer oder englischer Sprache veröffentlicht werden. *102*

„Form der Veröffentlichung" *103*

Der Kotierungsprospekt muss gemäß Art. 30 KR in einer der folgenden Formen veröffentlicht werden:

– Abdruck in mindestens einer landesweit verbreiteten Zeitung;
– kostenlose Zurverfügungstellung in gedruckter Form am Sitz des Emittenten und bei den Finanzinstituten, welche die Effekten platzieren oder verkaufen;
– elektronische Veröffentlichung auf der Webseite des Emittenten und gegebenenfalls auf der Webseite der die Effekten platzierenden oder verkaufenden Finanzinstitute.

Sofern der Prospekt nicht ungekürzt inseriert wird, hat der Emittent ein Kotierungsinserat zu veröffentlichen (Art. 37 KR). Das Kotierungsinserat soll einen Überblick über die wichtigsten Merkmale des Emittenten und des Valors geben. Es muss außerdem den ausdrücklichen Hinweis enthalten, dass es sich nicht um den Kotierungsprospekt handelt und die Stelle nennen, wo der Prospekt erhältlich ist. *104*

---

151 *Zobl/Kramer*, Schweizerisches Kapitalmarktrecht, 2004, § 19 Rn. 1120.
152 *Huber/Hodel/Staub Gierow*, Praxiskommentar zum Kotierungsrecht der SWX, 2004, Art. 32 Rn. 8.
153 *Zobl/Kramer*, Schweizerisches Kapitalmarktrecht, 2004, § 19 Rn. 1129.

105 Darüber hinaus kann die Zulassungsstelle gemäß Art. 41 KR verlangen, dass diejenigen Informationsdokumente, auf die im Kotierungsprospekt verwiesen wird (etwa wichtige Verträge, Expertisen), zur Einsicht in der Schweiz aufgelegt werden.

106 Außerdem hat die Zulassungsstelle die Möglichkeit, die Veröffentlichung in elektronischer Form zu bewilligen, wenn sie der Auffassung ist, dass die elektronische Verbreitung des Kotierungsprospekts den Informations- und Schutzbedürfnissen der Investoren gerecht wird (Art. 38 Abs. 3 KR).

107 Der Kotierungsprospekt muss spätestens am Tag der Kotierung veröffentlicht werden (Art. 31 KR).

Das Kotierungsinserat muss spätestens am Tag der Kotierung und frühestens drei Monate vor der Kotierung veröffentlicht werden (Art. 39 KR).

5. Prospektprüfung

a) Zulassung

108 Das Regulatory Board entscheidet gestützt auf Art. 8 BEHG über die Zulassung von Effekten sowie die Zuordnung von Effekten unter einzelne regulatorische Standards der SIX Swiss Exchange.

b) Kotierungsgesuch

109 Das Kotierungsgesuch muss von einem anerkannten Vertreter (Gesuchsteller) schriftlich bei SIX Exchange Regulation eingereicht werden (Art. 43 Abs. 1 KR). Wer den Nachweis erbringt, dass er über die vom Regulatory Board vorgeschriebene, erforderliche Sachkunde verfügt, kann bei diesem ein Gesuch um Registrierung als anerkannter Vertreter einreichen (Art. 43 Abs. 2 KR).

c) Genehmigung des allgemeinen Kotierungsprospekts

110 Gemäß Art. 46 KR prüft das Regulatory Board das Kotierungsgesuch aufgrund der eingereichten Unterlagen und heißt es gut, wenn die im KR niedergelegten Voraussetzungen erfüllt sind (Art. 47 Abs. 1 KR). Andernfalls ist das Gesuch vorläufig oder endgültig abzulehnen (Art. 47 Abs. 2 KR).

Die Kotierung stellt kein Werturteil über die Effekten oder den Emittenten dar (Art. 47 Abs. 3 KR). Anders als die europäische Prospektrichtlinie verlangt das schweizerische Kapitalmarktrecht keine materielle präventive Prüfung des Prospekts durch eine staatliche Behörde.[154] Vielmehr genügt eine formelle Prüfung durch die Zulassungsstelle.[155] Sie prüft den Kotierungsprospekt nur auf Vollständigkeit, Klarheit und Übersichtlichkeit anhand der ent-

---

154 *Zobl/Kramer*, Schweizerisches Kapitalmarktrecht, 2004, § 19 Rn. 1131; *Emch/Renz/Arpagaus*, Das Schweizerische Bankgeschäft, 2004, 641 f. Rn. 1979.

155 *Huber/Hodel/Staub Gierow*, Praxiskommentar zum Kotierungsrecht der SWX, 2004, Art. 32 Rn. 19.

sprechenden Schemata („Rule Check") und nimmt eine Plausibilitätskontrolle vor. Ist der Prospekt offensichtlich falsch oder gibt es konkrete Verdachtsmomente, muss sie Erläuterungen, weitere Informationen und Ergänzungen verlangen. Sie kann Rechtsgutachten und Stellungnahmen Dritter einholen (Art. 58 KR).

Dem Gesuch kann auch unter Auflagen stattgegeben werden. Der Entscheid wird schriftlich mitgeteilt und publiziert. Er enthält zugleich einen Hinweis auf das Segment oder die jeweilige Börsenplattform (Art. 47 Abs. 4 KR). *111*

Für die Zulassung und die Aufrechterhaltung der Kotierung werden Gebühren verlangt. Die Einzelheiten sind in einer Gebührenordnung niedergelegt.[156] *112*

6. Sanktionen

Verstößt der Emittent gegen seine Pflichten aus dem Kotierungsreglement oder dem Zusatzreglement, werden die diesbezüglichen Untersuchungen durch den Geschäftsbereich Zulassung der SIX vorgenommen (Ziff. 1.1 und 1.2 der SIX Swiss Exchange Verfahrensordnung, „VO"). Sanktionen werden von der Sanktionskommission ausgesprochen (Ziff. 1.2 Abs. 2). Sanktionen sind namentlich in den Bereichen Ad hoc-Publizität, Rechnungslegung, Meldepflichten, Corporate Governance sowie Management-Transaktionen möglich. Die in Frage kommenden Sanktionen sind in Art. 61 KR geregelt, wozu namentlich der Verweis, Veröffentlichungen, Bussen sowie die Sistierung oder gar Streichung des Handels zählen. *113*

7. Rechtsmittel

a) Die Beschwerdeinstanz

Gegen Sanktionsbescheide der Untersuchungsorgane kann innerhalb von zehn Börsentagen bei der Sanktionskommission Beschwerde erhoben werden (Ziff. 5.2 Abs. 1 VO). *114*

Entscheide der Sanktionskommission über den Ausschluss von Teilnehmern und Händlern sowie über die Dekotierung oder Sistierung von Effekten können von Betroffenen binnen 20 Börsentagen nach Zustellung des Entscheides an die Beschwerdeinstanz gemäß Art. 9 BEHG weiter gezogen werden (Ziff. 5.3 Abs. 1 VO; vgl. auch SIX Reglement für die Beschwerdeinstanz).

b) Das Schiedsgericht der SIX

Nach der Durchführung des internen Beschwerdeverfahrens der Börse ist ein Schiedsgericht vorgesehen. Nach Bekanntgabe des Beschwerdeentscheids hat der Beschwerdeführer die Möglichkeit, innerhalb von 20 Tagen das Schiedsgericht anzurufen (Art. 6.9 SWX Reglement für die Beschwerdeinstanz). *115*

---

156 www.swx.com/admission/charges_de.html.

8. Prospekthaftung

116 Weder das BEHG noch das Kotierungsreglement sehen für einen fehlerhaften Kotierungsprospekt eine Prospekthaftung vor. Wurde – wie in der Praxis zumeist üblich – ein kombinierter Emissions- und Kotierungsprospekt veröffentlicht, bietet Art. 752 OR einen Haftungstatbestand, soweit in dem Prospekt falsche Aussagen getroffen werden oder irreführende Unterlassungen erfolgen. Wird dagegen ein „reiner" Kotierungsprospekt erstellt, so geht ein Teil der Literatur davon aus, dass keine Haftungsnorm greift.[157] In diesem Punkt sei das Kotierungsreglement nicht konform mit internationalen Standards und entsprechend sei der Gesetzgeber gefordert, die Lücke durch einen entsprechenden Haftungstatbestand im Börsengesetz zu schließen.[158] Die überwiegende Meinung sieht jedoch auch in diesem Fall eine Grundlage für eine Prospekthaftung als vorhanden. Sie ergibt sich entweder aus Art. 752 OR, wenn man den Kotierungsprospekt als „ähnlichen Prospekt" bei erweiternder Auslegung unter den Begriff des „Emissionsprospekts" unter die Norm fallen lässt, jedenfalls aber aus allgemeiner deliktischer Haftung nach Art. 41 OR oder aus culpa in contrahendo.[159]

Schon aufgrund der weitgehend gleichen Zweckbestimmung von Emissions- und Kotierungsprospekt muss die Prospekthaftung nach dem OR unabhängig von ihrer dogmatischen Herleitung auch für den Kotierungsprospekt gelten.[160]

Anhang

Art. 652 a OR

[1]Werden neue Aktien öffentlich zur Zeichnung angeboten, so gibt die Gesellschaft in einem Emissionsprospekt Aufschluss über:

1. den Inhalt der bestehenden Eintragung im Handelsregister, mit Ausnahme der Angaben über die zur Vertretung befugten Personen;
2. die bisherige Höhe und Zusammensetzung des Aktienkapitals unter Angabe von Anzahl, Nennwert und Art der Aktien sowie der Vorrechte einzelner Kategorien von Aktien;
3. Bestimmungen der Statuten über eine genehmigte oder eine bedingte Kapitalerhöhung,

---

157 *Zobl/Kramer*, Schweizerisches Kapitalmarktrecht, 2004, § 19 Rn. 1146; a. A. *Daeniker/Waller*, Kapitalmarktbezogene Informationspflichten und Haftung, in: Rolf H. Weber (Hrsg.), Verantwortlichkeit im Unternehmensrecht, 2003, 59 ff. (Art. 752 OR); *Nobel*, Schweizerisches Finanzmarktrecht, 2004, § 11 Rn. 151 (allgemeine deliktische Haftung nach Art. 41 OR oder die culpa in contrahendo).

158 *Zobl/Kramer*, Schweizerisches Kapitalmarktrecht, 2004, § 19 Rn. 1141.

159 Zustimmend *Huber/Hodel/Staub Gierow*, Praxiskommentar zum Kotierungsrecht der SWX, 2004, Art. 32 Rn. 21; kritisch *Zobl/Kramer*, Schweizerisches Kapitalmarktrecht, 2004, § 19 Rn. 1141.

160 So auch *Huber/Hodel/Staub Gierow*, Praxiskommentar zum Kotierungsrecht der SWX, 2004, Art. 32 Rn. 23.

4. die Anzahl der Genussscheine und den Inhalt der damit verbundenen Rechte;

5. die letzte Jahresrechnung und Konzernrechnung mit dem Revisionsbericht und, wenn der Bilanzstichtag mehr als sechs Monate zurückliegt, über die Zwischenabschlüsse;

6. die in den letzten fünf Jahren oder seit der Gründung ausgerichteten Dividenden;

7. den Beschluss über die Ausgabe neuer Aktien.

[2]Öffentlich ist jede Einladung zur Zeichnung, die sich nicht an einen begrenzten Kreis von Personen richtet.

[3]Bei Gesellschaften, die über keine Revisionsstelle verfügen, muss der Verwaltungsrat durch einen zugelassenen Revisor einen Revisionsbericht erstellen lassen und über das Ergebnis der Revision im Emissionsprospekt Aufschluss geben.

Art. 1156 OR

[1]Anleihensobligationen dürfen nur auf Grund eines Prospektes öffentlich zur Zeichnung aufgelegt oder an der Börse eingeführt werden.

[2]Die Bestimmungen über den Prospekt bei Ausgabe neuer Aktien finden entsprechende Anwendung; überdies soll der Prospekt die nähern Angaben enthalten über das Anleihen, insbesondere die Verzinsungs- und Rückzahlungsbedingungen, die für die Obligationen bestellten besondern Sicherheiten und gegebenenfalls die Vertretung der Anleihensgläubiger.

[3]Sind Obligationen ohne Zugrundelegung eines diesen Vorschriften entsprechenden Prospektes ausgegeben worden, oder enthält dieser unrichtige oder den gesetzlichen Erfordernissen nicht entsprechende Angaben, so sind die Personen, die absichtlich oder fahrlässig mitgewirkt haben, solidarisch für den Schaden haftbar.

Stichwortverzeichnis

Die Zahl VOR dem Schrägstrich verweist auf die Seite,
die Zahl NACH dem Schrägstrich verweist auf die Randnummer.